宁波市文化研究工程重点项目

PANORAMA OF
NINGBO REGIONAL CULTURAL
RESOURCES

Historical Events of Ningbo

张如安　张　伟　主编

宁波区域文化资源概览

『宁波事』卷

张　伟　刘恒武　编著

Zhejiang University Press
浙江大学出版社

前　言

　　"一个国家、一个民族的强盛，总是以文化兴盛为支撑"（习近平考察曲阜孔府和孔子研究院时的讲话，2013 年），同样，一个区域、一座城市的发展和繁荣，也离不开历史文化的滋养和优秀传统文化的传承。我们编纂《宁波区域文化资源概览》，就是希望通过挖掘宁波地域文化，激活宁波文化资源，在普及历史文化的同时，繁荣宁波文化创作市场，提升宁波文化品位，助推当代宁波文化强市建设。

一

　　文化是人类的精神家园，而区域文化资源，则是地域社会共同的精神财富。区域文化对地域社会的影响至深至巨，挖掘区域历史文化，对培育家园意识、促进文化认同、增强亲和力和凝聚力具有不可替代的作用。宁波这座文脉绵延、遗产丰厚的国家历史文化名城，是 7000 年前的河姆渡文化的发祥地，是铸造出海上丝路的港口重镇，是成就浙东学术的渊薮之地。自耕自食的田园生活，诗书传家的礼仪之邦，勇立潮头的儒商摇篮……这些优秀的文化基因，深深地烙印在每一个宁波人的身上。挖掘、整理、展示宁波区域历史文化，首要任务就是要找寻共同的思想、信仰、情感和价值认同，用宁波历史教育宁波人民，用宁波文化熏陶宁波人民，用宁波精神鼓舞宁波人民，用宁波经验引领宁波人民，从而引起文化共鸣，创建美好家园。

　　文化创新创造能力是现代都市文明的核心功能和重要标志。"我们应该看到,文化的力量最终可以转化为物质的力量,文化的软实力最终可以转化为经济的硬实力,文化要素是综合竞争力的核心要素,文化资源是经济社会发展的重要资源,文化素质是领导者和劳动者的首要素质。"(习近平:《浙江文化研究工程成果文库总序》,2006年)而在实现这种转化的过程中,各种优秀历史文化读本和文艺创作无疑是放大文化教育功能、汇集革故鼎新能量、凝聚社会良知共识的重要载体,尤其是在信息爆炸、经典消隐、社会热点层出不穷的移动互联网时代,一部好的历史文化读物,一部优秀的历史剧作,可以传播新的文化时尚,成为营造良好文化习惯和社会环境的时代标杆,可以最大限度地汇聚社会正能量,成为引领社会道德风尚和生产生活方式的励志丰碑。我们编纂《宁波区域文化资源概览》,就是要在承担这一教育功能的过程中,将地域历史文化的普及与当代文艺创作联接为一对紧密的命运共同体。

文艺创作离不开乡土历史文化的滋养。从本质上说,文艺创作不仅是文化产品的生产,更是引领时代的精神活动;不仅是创作者的个人行为,更是传道大众的教化事业;不仅是创作者个人的才华展示,更是关注共同焦虑、熔铸共同信仰的社会关切。守护文化之根,才能烛照复兴之路,只有这样的文艺创作,才能真正成就盛世的光辉经典、推动文化的世纪繁荣、助力民族的伟大复兴。而区域历史文化,正是中华民族文化的有机组成部分,是汇成中华文明大河的支流。在涓流不息的区域文化溪泉中,挖掘先民的历史创造、先贤的师表行状和淳厚的文明风俗,昭示世代相传的道德规范、社会观念、人生态度、行为方式和价值信仰,这是当代文艺创作不可或缺的历史命题,是文艺工作者共同的时代使命。

同样,乡土历史文化的普及也离不开文艺创作这个传播载体。从王阳明的理学批判到黄宗羲的工商皆本,从张苍水的无望守望到万斯同的布衣撰史,从鄞江桥的小镇河埠到北仑港的洋洋东方大港,从数十万宁波商帮到近百位两院院士,宁波这块历史悠久的海濡之地所积淀的文化创作素材,绝不应仅仅是博物馆中的精美瓷器、历史长卷中的沉睡记忆。只有通过现代文艺创作的传播,才能最大限度、最大广度地唤醒共同的乡土记忆,把曾经的生活理想嵌入时代发展的愿景,从而孕育出新的社会生命力,激发出新的地域创造力。

二

　　宁波历史悠久,积淀深厚,历史文化资源至为丰富。《宁波区域文化资源概览》在全面挖掘、梳理的基础上,结合宁波文化资源的内容及特点,将其分为"宁波事""宁波学""宁波人""宁波物""宁波俗"五个部分予以叙述。由于宁波在历史上的行政区划多有变动,因此,本书所叙述的宁波地域范围,以现宁波市行政区划为依据,适当兼顾历史上的宁波行政区划。

　　"宁波事"卷主要叙述发生在宁波地域的历史事件以及与民众生产生活休戚相关的种种故事。宁波地处中国沿海中部,随着中唐以后整个中国经济文化中心由西北向东南的转移,其沟通海陆、连接南北的区位优势日益凸显。入宋以后,宁波经济文化迅速崛起,成为沿海中部地区对外交流的枢纽,中华古代文明经此而传播到域外;近代以来,伴随着西学东渐的推进,这里又成为东西方文明交汇、碰撞之地,西方近代文化由此传入周边地区,宁波及周边地区由此走上了近代化发展的历程。因此,"宁波事"所呈现的,既是宁波地域社会的演进历史,也可以说是东南沿海近代化历程的一个缩影。

　　"宁波事"分宁波大事、宁波城事、宁波港事、宁波坊事、宁波乡事五个部分予以叙述。其中"宁波大事"以时间为线索,从宏观上反映不同历史时期发生的、对宁波地域社会发展进程产生重大影响的事件;"宁波城事"主要反映宁波从古代州、县城建设到近代城市建设的历史过程,以及与城市功能演变相关的标志性事件与典型故事;"宁波港事"反映宁波从古代通海河港到抱海大港,从以东亚为中心的区域贸易港口到成为近代国际性贸易大港的演进轨迹中所发生的事件;"宁波坊事"通过挖掘宁波井坊街巷的沿革及民间故事传说,反映城市居民的生活万象;"宁波乡事"重点寻绎村落沿革、乡村集市变迁以及乡村各类群体的故事,反映宁波乡村社会的特征及演变。

　　"宁波学"卷主要叙述历史上宁波学人在文化领域所取得的成就。"宁波学"的兴起和发展,虽植根于本地域,但创造的成果远播海外,其影响已远远超出了地域空间,是整个中华文明的重要组成。相较于其他区域文化,"宁波学"体现出自身鲜明的时代特点和地域特色:植根深厚,高潮迭起;名家辈出,著述如林;辉光四射,影响海外。

　　"宁波学"蕴含了宁波文化的独特因子和人文精神,并在各个领域都有展现,而突出体现在宁波学术、宁波教育、宁波文学、宁波科技、宁波宗教五个方面。其中"宁波学术"主要反映宁波学人在经学、理学、史学、文献及藏书等传统文化领域所取得的业绩和贡献;"宁波教育"主要挖掘官学、书院、近代学堂在宁波教育发展历程中的作用,并对宁波学者的教育思想有所挖掘;"宁波文学"主要反映宁波文人在诗歌、词曲、戏曲、小说领域的成就;"宁波科技"主要反映宁波学人在天文、地理、生物、医学、传统工艺领域所作的探索及取得的代表性成就;"宁波宗教"主要反映宁波佛教、道教、基督教、天主教的传承情况,以及宗教界人士在创宗立教中的典型事例。

"宁波人"卷主要叙述在各个领域有突出贡献或堪为楷模的宁波籍人士,也包括曾在宁波任职或任事,并在宁波大有作为的外籍人士。宁波人杰地灵,自古以来群英荟萃,各类人才如群星璀璨,绵延不绝,尤其是近代以后,宁波人更是活跃在军政、工商、文化、科技以及社会等各个领域,成就非凡,名闻遐迩,为推动宁波社会的发展和中华民族的腾飞做出了不可磨灭的贡献。同时受中华民族优秀传统文化与地域文化的影响,宁波在各个时代都涌现出不少慈善人士、贤达人士和励志模范,他们引领社会风尚,共同助推着宁波社会文明的进步。

"宁波人"分军政界、工商界、科技界、文化界以及不同时代的社会模范人士五个部分予以叙述。其中"军政界人士"主要反映历代军界、政界要人,以及各个时代的民族英雄、抗战人物等;"工商界人士"主要反映在金融、商贸、航运、文化产业领域等从事经济活动的知名人物;"科技界人士"主要介绍著名科学家、科技创新人物、科技领军人物,以及在科技领域中有突出贡献的人物;"文化界人士"主要反映在社科界、教育界、艺术界、体育界中有重要成就,以及在传承、保护民间文化方面有突出贡献的人物;"社会模范人士"主要反映历代贤达人士、慈善人士、励志人士等具有社会榜样作用的人物。

"宁波物"卷主要叙述宁波人民在长期利用自然、改造自然过程中所创造的物质性劳动成果。宁波地域自有人类活动以来,先民们就利用大自然所赐予的资源谋生存,求发展,以勤劳和智慧推动着宁波地域经济的发展,使宁波由一个荒僻之地成为一个鱼米之乡、繁庶之地。这些物质性文化遗产,是古代宁波人智慧与力量的结晶,是先人留给我们的宝贵资源和财富。

"宁波物"分史迹遗存、特色建筑、四明山水、著名物产四个部分予以叙述。其中"史迹遗存"包含宁波史前遗存、水利遗存、海防遗存、丝路遗存、墓葬遗存等;"特色建筑"主要反映具有宁波地域风格的古村落、古桥梁、宅第、楼馆园林以及寺观庙祠等建筑物;"四明山水"主要介绍宁波著名的江河山川、岛屿海湾、珍稀物种,以及人们在开发利用过程中所产生的种种故事传说;"著名物产"主要介绍具有宁波地域特色的农副产品、海产品、手工产品、工艺品以及百年老店,系统展示宁波丰富的物质文化遗产。

"宁波俗"卷主要叙述宁波区域内生成,并世代相沿,为人们所共同遵守的生产生活习俗与行为模式,其中生产习俗是宁波特定地理环境的典型体现,生活习俗是宁波生产习俗的进一步延展,而节庆习俗、信仰习俗、礼仪习俗则是属于更高层面的精神需求,是宁波人千百年来的精神家园。作为一种非正式的社会规范和约定俗成的行为习惯,"宁波俗"既体现出华夏文化影响下的共同性,又有自身习俗的独特性,是农耕文化、海洋文化、佛教文化以及遗民文化等众多文化交织熏染、长期整合的产物,是宁波民众千百年来生产、生活的结晶,留存着宁波人的共同记忆。

"宁波俗"分生产习俗、生活习俗、信仰习俗、节庆习俗、礼仪习俗五个部分予以叙述。其中"生产习俗"主要反映宁波人顺应自然、改造自然而生成的农事习俗、渔事习俗、商贸习俗、集市贸易习俗,以及各类行业的崇拜习俗等;"生活习俗"主要反映宁波民众的服饰习俗、饮食习俗、居住习俗、交通习俗、交际(称谓)习俗等;"信仰习俗"主要反映宁波民众的宗教信仰、庙祀信俗、民间信仰,以及种种信俗传说、信仰禁忌等;"节庆习俗"主要反映宁波民众的传统节日、时令节日、信仰节日、节庆活动以及种种的节日禁忌;"礼仪习俗"主要反映宁波民众的生育习俗、婚嫁习俗、寿庆习俗、丧葬习俗以及祭祀习俗。

三

进入 21 世纪以来,随着宁波市政府和社会各界对文化建设的重视程度不断加深,有关宁波历史文化的著述大量出现。在这些著述中,既有综合性通史类的,也有专门史断代史类的,既有学术研究性的,也有通俗普及性的,可谓精彩纷呈,从不同角度、不同层面推动着宁波区域文化研究的深入和宁波历史文化知识的普及。正是在这样的基础上,我们编纂的《宁波区域文化资源概览》,在重视吸纳众家之长的同时,也试图做一些新的尝试,力求实现学术性与通俗性有机结合、文化共性与地域个性有机结合。为此,本书以"事""学""人""物""俗"五大层面为统系,每一层面设为一卷,每卷由"综述""概述""词条"三部分组成。"综述"旨在通过多层次的考察,从宏观的角度展示其发展历程;"概述"则以专题形式对所述内容展开系统的阐述,使读者对其有更为深入的了解;"词条"为具体落着点,力求内容丰富、首尾完整、阐释准确,同时列出具有代表性的参考资料及相关研究成果,以备读者在需要深入了解、研究时查阅。

我们衷心希望本书的出版,有助于读者对宁波历史文化有一个更为系统的了解,对宁波区域文化资源有一个更为全面的认识。由于我们的研究能力有限,加之时间仓促,书中难免有挂一漏万之失,敬请广大读者批评指正。

编　者

2019 年 10 月

目 录

圣经书房　新江桥　通久源轧花厂

刘牢之筑筱墙　黄晟初建罗城　胡榘修缮城门　汤和设卫宁波　雪舟绘宁波府城　镇海威远城修筑　民国拆城筑路

汉师启航句章　三江口港埠初建　明州设立市舶司　庆元海上漕运　双屿港兴起　英船入港

遣唐使来航　鉴真抵鄮　远交阇婆国　宣和出使高丽　道元问禅　策彦使明　小白礁Ⅰ号沉船

宁波开埠　浙海关设立　太古洋行入驻　庆安会馆建成　宝顺轮始末　宁绍轮船公司创办　报关行兴衰　收回甬港航政

江厦街　孝闻街　药行街　迎凤街　桂井街　桂芳巷　苍水街

海曙范宅　海曙银台第　王阳明故居　鄞州御史中丞第　奉化王钫故居　虞洽卿故居　包玉刚故居

杨坊墙门　石库墙门　合璧墙门　"七十二家房客"式墙门　讨饭墙门

董黯侍母　史浩奉母　倪割猪代母茹素　李景濂侍继母　民国壬戌救灾募修灵桥

严光奇事　袁珙相术　金忠卜术　丰坊嗜书　王征南与四明内家拳　梅调鼎逸事　"赤脚财神"虞洽卿　范文虎轶事

海曙张家潭村　象山黄埠村　江北半浦村　余姚金冠村　鄞州蜜岩村　余姚柿林村　奉化岩头村

综 述

　　"宁波事",是指各个历史时期发生在宁波地域的事件及活动,大到地域演进、城市兴衰、港埠变迁的历史记录,即大事、城事及港事,小至街坊分并、乡村掌故旧话,即坊事和乡事,从各个层面揭示出宁波区域社会的变迁。宁波事也是浙东事、中国事,发生在宁波的大大小小事件,无不与浙东、江南乃至整个中国的历史脉搏息息相关,宁波事往往是在特定的历史背景下发生,同时留下时代发展的痕迹,从一个角度反映着时代的变迁。本书所述的宁波事,主旨在于通过对发生在宁波地域的历史事件和活动的深入研究,从中梳理出相关词条,使读者在了解宁波历史发展脉络的同时,对发生在宁波大地上的主要事件和活动有所了解,进而对宁波的历史文化资源有所了解。

　　宁波地处东海之滨、中国大陆海岸线的中段,有着悠久的历史和灿烂的文化。作为一座港口城市,宁波"港通天下",千万艘华船番舶曾经从海内外各地到此寄碇泊岸,又从这里扬帆启航驶往世界各地。作为一座历史文化名城,宁波"书藏古今",以崇文之风熏育城市,以重教之习和谐乡里。深厚的历史积淀、丰富的文化底蕴,成为今天绘制宁波宏图、谱写港城新篇的巨大能量和宝贵资源。

　　古代部分的宁波事,可分为史前至六朝、唐宋至明清两个大的历史时段。史前的宁波虽远离华夏中原腹地,但历史之神让河姆渡文化升起于东海之滨,成为中国东南史前时代的一道曙光。河姆渡文化距今约7000年,主要分布于宁绍平原的姚江流域,以余姚河姆渡和田螺山、慈溪童家岙和慈城傅家山等遗址为代表。从河姆渡古村落向北10多千米,即为古杭州湾岸线,因此,河姆渡文化又是当时世界上最为接近大海的一支稻作农耕文化,先民们种稻、捕鱼、造屋、烧陶、纺织,逐渐告别蒙昧时代的黑夜,迎来了人类早期文明时代的曙光。骨耜、干栏式长屋、双鸟舁日蝶形器,不仅是先民祭舞的场景和道具,而且也是上古神曲的乐谱与歌词。河姆渡遗址的发现,证明了长江流域与黄河流域同是中华文明的摇篮。进入商周时期后,浙东越土经历了两次历史大变局:第一次以周元王三年(前473)为年代标志,随着于越族建立的越国迅速崛起,越王勾践灭吴雪耻,北上称霸诸侯,并于此建句章,"大城之以彰霸功"[①],铭功表绩。第二次以楚怀王二十三年(前306)为时间界碑,楚人乘越内乱之时,灭亡越国,并设江东为郡,浙东进入楚国版图。秦汉六朝,中央集权帝制将浙东宁波纳入郡县体系之中,宁波属会稽郡。元鼎六年(前111)汉武帝派水军从句章出发取道海路征伐东越,这是一件与宁波有关,且影响到大区域历史的大事,东越政权灭亡后,浙东与浙南地区越文化传统的政治支持力量被彻底涤清,而伴随着儒家文化和先进生产技术的不断输入,宁波地区的华夏化进程加速,经济逐渐得到开发。

进入唐代以后,宁波的发展呈现出与前期判然有别的特征,宁波地域的拓殖由此前的原始性开发进入实质性开发阶段,宁波潜在的地理优势得到较为充分的释放和利用,进入全新的发展阶段。中唐以降,由于北方藩镇割据,战乱不息,陆上丝路阻断。相反,江南地区则相对安定,大批北方人口迁徙到江南,中国经济重心开始由西北向东南转移,海上丝绸之路逐渐取代陆上丝路而成为中外交流的主要通道,明州与泉州、广州、扬州等港口城市一样,在全国的影响力日益上升。在这一历史大背景下,唐政府的两次行政区域调整事件给宁波地区带来了难得的发展机遇:一是唐玄宗开元二十六年(738),因采访使齐澣奏请,朝廷批准设置明州,四明地区自此脱离越州,成为独立的州级行政单位。这一基于中央指令的变更,意味着宁波区域地位的上升;二是唐穆宗长庆元年(821),因刺史韩察建议,浙江东道观察使薛戎同意将明州州治从鄞江小溪移至鄮县,即今天的三江口。这一基于地方决策的移位,意味着句章东迁三江口这一历史过程的最终完成,标志着甬江流域经济开发从低山丘陵地带向平原中心推进过程的基本完成[②],宁波开始面向海洋发展。

两宋是宁波历史发展的重要时期。这一时期,中国的政治、经济与文化

---

① 〔清〕穆彰阿、潘锡恩等纂修:《大清一统志》卷二二四《史部·地理类·总志之属》"句章故城"条,《四库全书》文渊阁本。

② 傅璇琮主编:《宁波通史·史前至唐五代卷》,宁波出版社2009年版,第192页。

经历了两次大的变局:第一次大变局是唐末五代十国的乱局结束后,北宋政局走向统一、稳定发展;第二次大变局是北宋灭亡,宋室及大批贵族士大夫南迁,最终定都临安(今杭州),开始了半壁江山的历史演变。① 两次大变局不仅直接推动了江南地区经济的发展,促成了中国经济重心南移的完成,而且使两浙地区成为当时的政治中心和文化中心。

两宋社会所经历的大变局,深刻影响着这一时期宁波历史的发展进程。

首先,从区域开发的经济层面而言,随着人口的繁衍、北方移民的大量迁入,为缓解人口增加而造成的耕地压力,明州百姓竞相与山争地、与海争地、与湖争地,使耕地面积大量增加,至宝庆年间(1225—1227),史籍上记载的鄞县、慈溪、定海、象山四县官方统计田亩数分别达到 746029 亩、469158 亩、356750 亩、131920 亩(民田),合计 1703857 亩。② 百姓在精耕细作、提高水稻单位面积产量的同时,充分利用不同的土壤条件,种植桑、麻、茶、棉花、席草、水果等多种经济作物。明州农业经济的发展,不仅推动了手工业的发展和商业的繁荣,而且为宁波区域地位的提升奠定了坚实的经济基础。

其次,随着南宋定都临安,明州作为东部屏障,其"控扼海道"的地理位置愈加为朝廷所重视。绍兴三年(1133)九月,为加强浙东海防,在吕颐浩的建议下,南宋政府令侍卫亲军步军都指挥使、武泰军节度使、主管殿前司公事郭仲荀为检校少保、知明州兼沿海制置使,从而开明州守臣兼沿海制置使之例。与此同时,明州作为东南要郡、浙东股肱之郡,两宋政府也加强了城市基础设施的建设和管理,在这种情况下,一种新型的城市管理体制——厢坊制也在宁波应运而生。

再者,两宋时期,宁波的海外贸易空前繁荣。海外贸易是生产能力扩大、国内市场对外延伸的结果。明州区域经济的发展,为海外贸易的繁荣奠定了坚实的物质基础,造船业的发达与航海技术的进步,为海外贸易的发展提供了技术保障,而两宋政府看到对外贸易有利于增加财政收入,对海外贸易采取了一系列的保护和鼓励政策,则直接推动了对外贸易的发展。关于这一点,宋神宗皇帝对发运使薛向的指示,可谓是宋廷重视海外贸易动机的集中体现。他说:"东南利国之大,舶商亦居其一焉。昔钱镠窃据浙广,内足自富、外足抗中国者,亦由笼海商得术也。卿宜创法讲求,不惟岁获厚利,兼

---

① 吴光主编:《中国地域文化通览》(浙江卷),中华书局 2014 年版,第 9—10 页。

② 〔宋〕胡榘修,方万里、罗濬纂:宝庆《四明志》卷一三、一七、一九、二〇,中华书局《宋元方志丛刊》本 1990 年版。

使外蕃辐辏中国,亦壮观一事也。"①正是这些因素的合力,使得宁波的对外贸易地位发生重大变化,表现为:一是设立明州市舶司。太宗淳化三年(992),宋政府将两浙市舶司从杭州移至明州定海县(今宁波镇海),不久迁址于明州城内,是为明州设有市舶司之始。但在次年,因主持市舶司工作的张肃"上言非便",又移回杭州。真宗咸平年间(998—1003),北宋政府在反复权衡后,诏令在两浙市舶司辖下,杭州、明州各置市舶司,并实行相对独立的管理模式。明州市舶司的设立,既是唐代以来宁波对外贸易发展的结果,同时又推动了宁波对外贸易的进一步发展。二是指定明州为中国商人前往日本、高丽贸易的唯一合法港口。宋初,东亚航线基本延续唐末五代的格局,但到神宗熙宁七年(1074)之后,情况有所变化。当时,辽国雄踞中国大陆东北部,高丽王朝为避开辽国的视线,派遣大臣金良鉴赴宋,请求改道由明州诣阙。高丽提出这一改道南路的要求,也符合宋方的意愿,宋廷欣然接受。元丰三年(1080),宋政府明确规定:"诸非广州市舶司,辄发过南蕃纲舶船,非明州市舶司而发过日本、高丽者,以违制论。"②将广州作为中国与南海诸国,明州作为与高丽、日本从事贸易交往的法定港口。至此,明州作为与东亚诸国从事贸易的鳌头地位完全确立。明州不仅与高丽、日本从事贸易,而且由于南海航线的开辟,与东南亚、波斯湾沿岸各国的贸易也有所拓展,成为当时与广州、泉州齐名的东南三大贸易港之一。

此外,这一时期宁波在哲学文化、宗教文化、史学与方志文化等各个领域的发展,都鲜明地呈现出由对中原文化的吸纳消化向形成独树一帜的区域文化转化的迹象。在这一转向过程中,迎来了宁波文化发展的一个高峰期,宁波学术文化在全国崭露头角。

正是这一系列的变化,使宁波在整个中国区域史上的地位又一次发生了具有历史性的转变。绍熙五年(1194),宁宗继位,诏改次年为庆元元年,并升格明州为府,名之为庆元。这标志着明州(庆元府)作为东南大藩的地位至此确立。

元明时期,随着整个中国社会政治格局和东南沿海局势的变动,宁波区域社会的发展也发生了显著变化。首先,从经济层面而言,因宁波地域人口呈现出增长态势,人地关系再次出现紧张局面。因土地承载人口能力有限,

---

① 〔宋〕杨仲良:《续资治通鉴长编纪事本末》卷六六《神宗皇帝·三司条例司》,宋史资料萃编本,文海出版社1967年版。

② 〔宋〕苏轼:《东坡奏议》卷八《乞禁商旅过外国状》,明成化本。

人们不得不背井离乡,另谋营生。元人袁士元曾作诗写道:"鄞依郡之域,去海仅一间。十室九为商,力农苦不惯。"①"十室九为商"虽有夸大成分,但却反映出经商已成为当时宁波人的一种重要谋生方式。这种情形,使宁波社会的运行方式和人们的思想观念为之改变,人们往来南北,大大加强了与异域社会的交往频度,打破了地理上与内地的封闭隔绝格局。② 其次,从政治军事层面而言,这一时期宁波地域的不稳定因素趋于加剧,在军事和海防上的地位日益凸显。总的来说,在唐宋时期,宁波较之北方较少经历战乱,社会相对安宁,因此整个地域社会呈现出稳步发展的态势。元军占领宁波后,因其执政时间较短,且推行安抚之策,对当地社会经济的破坏并不大,而元统治者以武力称雄天下,在国防上充满自信,故其对外交往始终持较为开放的姿态。如当时的庆元港是元代重要的对外贸易港口,据至正《四明续志》卷六《市舶》载,由庆元进口的货物多达 224 种。贸易对象除传统的日本、高丽外,还有东南亚、西亚等国家,甚至与地中海、非洲诸多国家与地区保持贸易往来,其远距离贸易能力已远超宋代。但进入明代后,宁波区域这一较为安宁局面被打破。由于明朝政府推行禁海政策,从一开始限制对外贸易,到"宁波争贡事件"发生后厉行"海禁",朝廷闭关锁国与海上私人贸易不断发展所引发的矛盾与冲突,到明中叶趋于尖锐,终于演绎成为给东南沿海人民带来深重灾难的"嘉靖倭患"。嘉靖以后,宁波开始设置浙直总兵。浙直总兵与分巡道的设立,使宁波成为海防前哨。

再者,从文化发展的层面来看,这一时期,随着宋元鼎革,政治格局发生变化,杭州作为一代皇城的政治中心地位从此一去不复返,浙江无奈地接受了从皇城到行省、从中央到地方的角色变换。③ 受此影响,宁波在政治上自然也失去了畿辅之地的荣耀,重新被边缘化。然而,政治边缘化并不意味着文化的衰落,相反,宁波凭借其独特的区位优势和前期的文化积淀,在经历了短暂的沉寂后迅速崛起,到明中叶终于出现了以阳明心学派为代表的学术文化发展的又一个高峰期。阳明心学以倡导心即理、致良知、知行合一为特色,一时风行天下,在当时的思想界激起了巨大波澜。阳明心学不仅突破了以程朱为代表的宋明理学的思想束缚,而且促成了明中叶以后的思想解放。正如蔡元培所说:"明之中叶,王阳明出,中兴陆学,而思想之气象又一

① 〔元〕袁士元:《书林外集》卷一《又与朱典史》,续修四库全书本。
② 傅璇琮主编:《宁波通史·前言》,宁波出版社 2009 年版,第 6 页。
③ 金普森、陈剩勇主编:《浙江通史·明代卷》,浙江人民出版社 2005 年版,第 68 页。

新焉。"①17世纪初,阳明心学又传到日本,并发展成为日本明治维新的思想先导。

清代是宁波向近代社会演进的重要历史阶段,其间以1840年的鸦片战争为界,大致可分为前清(1644—1840)和晚清(1840—1911)两个阶段。在鸦片战争前的清代,处于17世纪中期到19世纪的中期。在近200年间,宁波社会发展大致呈现出从动荡到稳定,从稳定到动荡的态势。清初,宁波是东南抗清斗争最为激烈的地区之一,连年的战争给宁波社会经济带来了严重的创伤。同时,为了对付郑成功、张煌言等抗清势力,割断其与海外联系,顺治十三年(1656)六月,清政府颁布了《申严海禁敕谕》,宣布实行海禁。直到康熙二十三年(1684),在荡平郑成功势力后,清政府才有限制地开放海禁,并在国内设立粤海、闽海、浙海、江海四个海关。其中浙海关设在宁波,下设宁波、乍浦、温州三大口,宁波依然扮演了海交门户和海疆重镇的角色。与宁波密切相关的晚明、清前期英国东印度公司商船来浙贸易等历史事件,既是浙东区域史上的大事,也是我国明清史上的要事。此后,随着政局的稳定、经济的恢复和发展,宁波进入长达百年的相对安定时期。这一时期,宁波经济的发展表现为农业精耕细作程度提高,经济作物种植面积增加,农副产品商品化程度提高和对外贸易有所发展。而在思想文化领域,明清之际,宁波涌现出一批具有朴素唯物主义和民主启蒙思想的进步思想家、史学家和文学家。他们倡导经世致用,主张工商皆本,对封建专制主义和具有民族压迫性质的社会政治进行了不同程度的批判,形成了以黄宗羲、朱舜水、邵廷采、万斯大、万斯同、全祖望、邵晋涵为代表的在整个清代具有影响的浙东学派,使宁波的学术思想取得了中国封建时代的最高成就。②

近代时期发生在宁波的事件,贯穿着两个关键词,即"抗侮"和"变革"。第一次鸦片战争的战火燃及宁波,爆发于宁波城区、镇海和慈溪的浙东之役是第一次鸦片战争的重要片段。中英之间签订不平等的《南京条约》之后,宁波成为"五口通商"港埠之一。1843年12月,英国在宁波江北岸杨家巷设大英领事馆。1844年1月,宁波开埠,各国商人蜂拥而至,不久江北外滩被划为外国人居留地和商埠区。第二次鸦片战争后,英法联军于1862年5月攻占宁波,先后在外滩设立浙海关、巡捕房、天主教堂、洋行等,西方列强逐渐渗透并控制宁波海关的行政、税收权。1885年,法舰来袭,宁波再次成为

---

① 蔡元培:《中国伦理学史》,东方出版社1996年版,第109页。

② 傅璇琮主编:《宁波通史·清代卷》,宁波出版社2009年版,第8页。

抗击外侮的战场。东西文明的碰撞,也加快了宁波社会走向近代化的步伐,由旅居上海和其他各大城市的甬籍金融、工商业企业家所组成的宁波帮,顺势而变,积极开拓,在上海滩取得成功后转而反哺乡梓,办厂兴学,率先引进新技术,从事新式工商业和近代教育,宁波由此步入了近代工业化的发展道路,同时在吸纳西方文化的过程中向近代文化转型。清末民初,宁波帮步入鼎盛期,并成功地实现从传统商帮向近代工商企业家的群体性转型,由此推动了宁波的近代化进程。1916年,孙中山来到宁波,寄语宁波努力成为"第二个上海"。抗日战争爆发后,宁波社会经济的发展进程因日寇入侵而陷入停滞,但宁波人民在中国共产党的领导下,建立浙东敌后抗日根据地,坚持抗日,直到宁波收复,为浙江和全国的抗战事业做出了重要贡献。全面内战爆发后,宁波人民在中共地下组织的领导下,全面投入反内战、反饥饿、反迫害的斗争之中,最终迎来1949年5月25日宁波的解放。简而言之,借助地处沿海和地近上海的区位优势,近代宁波一直在由新旧制度冲突引发的震荡中曲折前行,在战争和动荡中接受洗礼,举步维艰,直到中华人民共和国成立,人民当家做主,宁波与全国人民一起,在中国共产党的领导下,自此走上了繁荣富强的道路。

"宁波事"具有两个鲜明特点:第一,地域特色鲜明。宁波依山枕海,平原与丘陵交错,湖泊与池沼点布,海岛、港湾彼此映衬,自然地理的复杂性造就了民生形态的多样性,因此,体现在地域文化上,既有江南稻乡式的温婉,又有海滨渔村式的粗犷。兼之宁波地处海上交通要冲,与外部世界接触频繁,地域社会易受外界的激荡冲击。处在这一样貌纷繁的空间载体之中,事件的背景、起因、过程、结果以及影响必然千差万别,从而体现出鲜明的地域特色。第二,时代变迁轨迹明显。随着历史的演进,宁波事在区域、国家乃至全球的影响不断增大。这一特点与历史上宁波区域地位的不断提升有关。晚唐以前,宁波仅是华夏王朝的一座海疆边城,而入宋以后则发展为东亚世界的海上交通枢纽,晚明时期又一度成为西人全球航路的端点,再到近代革故鼎新,领风气之先,从而使这一区域所发生的一切,又具有鲜明的时代变迁特色。

迄今为止,有关"宁波事"的综合性成果,主要包含于一些地域通史类著述之中,其中,最具代表性的有乐承耀的《宁波古代史纲》(宁波出版社,1995年)和《宁波近代史纲》(宁波出版社,1999年)、傅璇琮主编的5卷本《宁波通史》(宁波出版社,2009年)。另外,俞福海主编的《宁波市志》(中华书局,1995年)和宁波市地方志编纂委员会编辑的《宁波市志外编》(中华书局,

1998年)也记述和引用了大量宁波史事和史料。侧重考察宁波城市和港口演进过程中发生的重要史实和关键事件的著作有林士民的《三江变迁——宁波城市发展史话》(宁波出版社，2002年)，周时奋的《宁波老城》(宁波出版社，2008年)，王瑞成、孔伟的《宁波城市史》(宁波出版社，2010年)，郑绍昌主编的《宁波港史》(人民交通出版社，1989年)，林士民的《海上丝绸之路的著名海港——明州》(海洋出版社，1990年)等。集中收纳大量宁波坊间和乡里趣闻逸话的著述则有周时奋、相栋的《宁波老墙门》(宁波出版社，2008年)，徐季子、周冠明的《千年月湖》(宁波出版社，2002年)，杨古城、曹厚德的《四明寻踪》(宁波出版社，2002年)，程旭兰、孙玉光的《宁波古村落史话》(中国文化艺术出版社，2009年)和邱枫的《宁波古村落史研究》(浙江大学出版社，2011年)以及各县市编纂的志书。

　　"宁波事"卷由五部分构成：宁波大事——叙史，聚焦整个宁波历史大叙事中因果清晰、影响重大的事件加以解读；宁波城事——谈城，关注宁波城市的形成、发展和繁荣过程中的标志性事件；宁波港事——论港，审视作为东海门户的宁波由一个通海河港到抱海巨港的演进轨迹；宁波坊事——说坊，考察宁波市井坊巷过往的民生万象；宁波乡事——话乡，寻绎宁波乡间田园昔日的百姓光影。大事、城事、港事属于宏观叙事，坊事、乡事属于微观描述，前者展示宁波事的历史脉络和空间架构，后者揭明宁波事的岁月遗痕和乡土肌理。宁波大事、宁波城事、宁波港事、宁波坊事和宁波乡事叙说的侧重虽有不同，但又密切联系，共同构成了"宁波事"的主体。

第一部分　宁波大事

一、概　述

所谓宁波大事,即宁波在演进历程中发生的大事件,是指对宁波这一人文地理单元曾产生重大影响的史实和史像。

宁波位于我国大陆海岸线中部,地处亚热带季风性湿润气候带。在地理区位上,宁波既地处江南,又位居海疆,宁波大事与江南区域的历史变动密不可分,又与我国海上交通、对外往来活动息息相关。纵观上下7000年,宁波从古代到近代经历了河姆渡鸿蒙初开的辉煌绚丽、唐宋元明清港通天下的包容大气,到近代开埠通商后中西融会的历程。根据这一发展主线,我们把"宁波大事"分为文明渊薮(史前至隋朝)、浙东重镇(唐朝至鸦片战争之前)、近代风云(鸦片战争至新中国成立前夕)三个阶段进行叙述。

(一)文明渊薮

宁波的历史可上溯至约7000年前的河姆渡文化时期。在当时的浙江境内,较河姆渡文化更早的史前文化有以上山遗址(金华浦江)和跨湖桥遗址(杭州萧山)为代表的两种江南早期史前文化遗存,但根据考古遗物的比较可以推断,上山遗存与跨湖桥遗存包含着河姆渡文化的原生基因。年代上与河姆渡文化平行的有马家浜文化,马家浜文化分布于杭州湾北岸的杭嘉湖平原,但长期与河姆渡文化保持着文化因素的对流。以水稻栽培为经济基盘的河姆渡文化和马家浜文化,在文化面貌上与北方黄河流域和辽河流域的粟作文化大相径庭。河姆渡文化时期最为令人瞩目的先民活动包括:骨耜的创制、稻谷的人工栽培、干栏式房屋的建造、对鸟和太阳的宗教崇拜。透过河姆渡文化的遗物和遗迹,可以看到鸿蒙初开时期浙东先民的身影。正因河姆渡遗址展示的江南史前图景如此丰富绚丽,以至于我国历史教科书常常将其与陕西半坡遗址并列,作为我国史前文化一南一北两个代表。另外,余姚为虞舜故里的古老传说折射出了文明曙光出现前夕浙东海滨与中原内陆之间的悠久联系。虽然史前宁波偏居东南一隅,但河姆渡先民及其后继者创造的稻作文化脉流,已经涌动不息地汇入中华文明的源头之中。

进入夏商时代,宁波三江平原与杭州湾北岸地区有了更为密切的联系,这可以从考古资料上得到证明,如小东门(今宁波江北区慈城镇)、钱呑(今宁波鄞州横溪镇)以及塔山(今象山县丹城)的夏商文化遗存均呈现出一种与杭州湾北岸马桥文化拥有较多共性的文化面貌。商代晚期到春秋越国崛起,是浙东地区于越文化萌芽、成长的时期。《史记》《越绝书》等史料均称越王系大禹的苗裔、夏后帝少康的传人。这种说法虽未可尽信,但它从另一个侧面印证了于越文化在形成演进过程中对江淮乃至中原文化因素的摄取,以及于越集团在发展壮大过程中对外来移民的接纳。于越人善驾船操舟,《周书》云:"周成王时,于越献舟。"《越绝书》卷八《外传记·地记》亦载:越人"水行而山处,以船为车,往若飘风,去则难从"。春秋时期越国的疆域,据《国语·越语上》载:"南至于句无,北至于御儿,东至于鄞,西至于姑蔑,广运百里。""鄞"即指宁波。由此可知,宁波是越国的东疆。宁波慈溪至北仑沿海一线是浙东土墩墓的重要分布区,表明这一带在越国时期应有不少的聚落存在。勾践灭吴之后,营建句章城(今江北区慈城镇王家坝)以纪念开疆拓土的霸业。战国时期,越国被楚国吞灭之后,浙东宁波并入楚国的版图。

到了秦代,宁波地区句章、鄞、鄮三邑被纳入秦帝国郡县体制之中,属会稽郡治下。汉承秦制,宁波仍是会稽郡的组成部分。汉武帝元鼎六年(前111)秋,东越王余善反叛,武帝派遣横海将军韩说率军前往征讨。汉军从句章出发,乘船浮海南下,元封元年(前110)冬,进入东越(浙南、闽北一带),最终荡平了叛乱势力。东越地方割据集团覆亡之后,汉武帝强化了浙闽地区的郡县统辖,文书诏令和典章制度皆遵汉廷成法,先秦以来浙江地区固有的于越、瓯越文化传统失去了政治支点,随着汉帝国地方行政管理力度的加强,中原文化因素大量渗入浙东,浙东地区华夏化的进程随之加快。汉武帝征服东越、闽越和南越后,以海路为中原联系诸越地区的交通线,闽粤贡船由福州循海北上,途经宁波前往长江口。如《后汉书》卷六三《郑弘传》记载:"交趾七郡,贡献转运,皆从东冶泛海而至。"东冶即今福建福州市。

东汉时期,宁波的瓷器业已有较大发展,宁波慈溪和绍兴上虞窑场已烧制出了世界上最早的真正意义上的瓷器。同时,从东汉初传入宁波的佛教,到魏晋南北朝时期开始兴起。西晋太康三年(282),并州离石(今山西离石县)人刘萨诃东游至鄮县乌石岙,得佛舍利宝塔,乃修立龛堂供之,结茅守护,直至老死,是为阿育王寺开山之始。西晋永康元年(300),僧人义兴至鄮县东谷,结茅为庐,潜心静修,开天童禅寺之肇端。

另外,由于宁波地处海滨,极易遭到海上武装集团的侵袭,如东汉顺帝阳嘉元年(132),"海贼"曾旌攻掠会稽,句章、鄞、鄮三县的县令遭到杀害。三国时期,宁波甚至成为魏、吴两国涉海交锋的前线。吴景帝永安七年(264)四月,魏将新附督王稚浮海攻入句章,掳走长吏贡林及男女200余口而还。东晋安帝时,孙恩、卢循在浙东沿海集结反晋势力,宁波一度成为孙恩武装船团与晋军角逐的一个主要战场。东晋隆安四年(400)、隆安五年(401),孙恩率水军从海上两次攻打句章,均被刘裕击退。隆安之乱使浙东社会经济受到重创,句章在经历兵燹之后,已残破不堪,治所迁往小溪镇(今海曙区鄞江镇)。此外,南朝在浃口(今镇海)屯兵驻军,宁波边海防御得到强化,同时,镇海开始由一个江海汇流处的埠头向港口城邑发展。开皇九年(589),隋文帝在平陈之后,将余姚、鄞和鄮三县并入句章,隶吴州。

(二)浙东重镇

唐高祖武德四年(621),析句章置鄞州,武德八年(625)又废鄞州,更置鄮县,并将鄮县归隶越州。唐玄宗开元二十六年(738)在鄮县境内设置明州,治所设在新句章故址小溪镇。自此,宁波在地方行政建制上从越州分离出来,固定为一个独立的行政单元。经过中唐时期的发展,宁波三江平原的开发程度大大提升,而且借助海路拓展了与外界的经贸联系,姚江与奉化江交汇处的三江口地带(今宁波市中心)成为水陆物流的枢纽。在这一背景下,唐长庆元年(821),明州州治由偏居鄞西一隅的小溪迁到了三江口。有唐一代,地处东海之滨的明州较少受到民族冲突、藩镇叛乱的消极影响,地域经济与文化的影响力日益扩大,逐渐发展为与楚州、海州、福州等海疆重镇齐名的通海港埠。唐玄宗天宝十一年(752)和唐德宗贞元二十年(804),日本遣唐使两次登陆明州,唐顺宗永贞元年(805)归国的遣唐使船还选择了明州鄮县作为启航之地,使得明州—五岛列岛之间的跨东海航线逐渐建立。唐朝晚期,唐朝海商以明州为基地从事中日间航海贸易,与此同时,明州越窑青瓷通过海路行销东亚、东南亚以及环印度洋地区,明州作为东亚海域枢纽港的地位得以确立。

入宋以后,随着中国经济重心的南移,明州地区人口增长,耕地增加,社会经济发展迅速。百业兴旺带动了人文的繁荣,仁宗时期明州"庆历五先生"开办书院、设席讲学,浙东崇儒向学蔚然成风。阿育王、天童、雪窦等寺大德驻锡、日僧巡礼,明州俨然成为东南佛国。随着中国对外交往的主干道由陆上转到海上,明州也由偏处海疆一隅的边城转变为扼控海路要冲的重镇。北宋早期,宋廷在明州设置市舶司,掌控对日本和高丽的航海贸易。宋神宗熙宁(1068—1077)以后,明州又成为高丽朝贡使入华的口岸和宋使前往高丽的启航地。靖康二年(1127),北宋亡于靖康之难,宋高宗践祚之后,为躲避金兵追击,从明州取道海上遁往温州,金军旋即进逼明州。明州父老向宋将张俊献计,在高桥巧布草席阵大破金骑,这就是脍炙人口的"高桥大捷"。"高桥之战"虽然宋军告捷,但明州最终沦陷于金兵之手。随着金人北还,高宗定都临安(杭州),遭受兵锋蹂躏的明州接纳了大量北方南下的移民,城市在战争废墟上得以重建。南宋时期,作为海隅港城的明州,在历史上第一次成为帝都畿辅,成为都城临安的海上屏藩。宁宗庆元元年(1195),明州升为庆元府。与政治中心空间距离的接近,为明州地方士人带来了更多出宦入仕的机遇,史氏一门三宰辅正是跻身庙堂之高的众多明州籍官绅的典型代表。

13世纪晚期,蒙古政权在征服南宋后,以宁波为庆元路治所,陆续将两浙诸市舶司并归庆元市舶司统辖,庆元、泉州和广州并列为元朝最重要的三大枢纽港。元初东征日本和南征爪哇的大规模军事性航海活动均从庆元启航,这反映出宁波港在元代对外海上交通的地位。元大德六年(1302),改浙东道宣慰司为浙东道宣慰使司都元帅府,治所固定在庆元,庆元在地方行政体系中的地位进一步提升。元朝末年,方国珍割据庆元、温州和台州,庆元成为方氏集团的据点。

明朝建国之初,为了防范倭寇侵扰、加强海疆管理,在江浙沿海构筑起严密的海防体系,宁波境内设有临山卫(余姚临山)、观海卫(慈溪观城)、定海卫(宁波镇海区)、昌国卫(象山昌国镇),各卫又下辖若干戍所,于海滨险要处营建烽堠。在海禁思想支配的明代海政体制之下,宁波更多的是被明廷视为海疆边备链条的一个节点,而非海域交流的门户。不过,作为明朝官方指定的中日勘合朝贡贸易的唯一口岸,宁波仍保持着与域外的联系。嘉靖二年(1523),日本大内氏和细川氏两支对明贸易船团为了争夺勘合贸易权,在宁波发生激烈冲突,结果殃及宁波官府和百姓,史称"宁波争贡事件"。"宁波争贡事件"发生后,明廷厉行海禁,最终导致民间武装私商力量横行海上,宁波成为海上武装私商集团侵扰的主要地带。在浙闽官方出兵驱逐葡人、平息倭乱后,浙东沿海一度海定波宁,但以宁波为枢纽的海上商贸与物流也陷入低谷。明清易代之际,以钱肃乐、张煌言、朱舜水等为代表的宁波士人的抗清斗争,彰显出义薄云天的民族气节,彪炳史册。清代康乾时期一度实施多口通商,在广州、漳州、宁波、云台山(今属南京)设置海关,宁波成为浙海关总口,专务对日航海贸易。

(三)近代风云

鸦片战争至新中国成立之前,中国一方面不断遭到西方殖民势力和日本侵略者的疯狂掠夺和欺凌,另一方面也在近代化道路上蹒跚而行。宁波地处海疆前沿,最早领教了西方坚船利炮的淫威,同时也最早认识到欧美近代科技之先进。睁眼看世界,在进取中求自强,是宁波近代史的主旋律。

乾隆二十二年(1757)后,清廷关闭江海关、浙海关和闽海关,仅留广州一地与外商进行贸易,清政府这一严控对外贸易的锁国举措与西方列强的赴华通商诉求之间的矛盾日益激化。1840年,中英鸦片战争爆发,我国东南沿海一时烽烟四起,当时宁波府及下辖的定海、镇海均被英军攻陷,战争过程中,清军装备之落后、作战能力之低下暴露无遗。奕经策划部署的浙东反攻之战也因战术简单、敌我装备悬殊而惨遭失败。尽管第一次鸦片战争中清军在浙东战场的表现乏善可陈,然而,朱贵父子、谢朝恩、葛云飞力战至死以及藏兵英勇抗敌事迹却惊天动地、可歌可泣。鸦片战争之后,中英签署不平等的《南京条约》,条约要求清廷开放广州、厦门、福州、宁波、上海五座城市为通商口岸,西方势力开始向宁波侵漫。五口通商对中国近代史影响深远,清政府被迫放弃广州一口通商的海外贸易政策,开放包括宁波在内的五个沿海港口城市,允许西方商船前来进行自由贸易。1844年,宁波正式开埠,使宁波处于西风东渐的最前沿。开埠不久,宁波江北岸便发展成为英、法、美三国侨民居留区域,老外滩一带的土地圈占、西式道路建设、洋行设立、码头营造等一系列的活动,无不裹挟着宁波官民无数的交涉、抗争、叹息和无奈,而老外滩上所凝结的宁波人的集体记忆,成为19世纪中后期国人面对西方军事威势与资本霸权苦痛回忆的一部分。然而,不能忘却的是,在宁波半殖民地化的灰暗图景的另一端,宁波帮民族资本力量也在悄然崛起,他们遵循浙东先哲"经世致用"的古训,顺应时势,变革图新,以工商富民,以实业强国,不空谈,不冒进,在沪甬两地逐渐蓄积经济力量,使民族资本力量日益增大,近代工业、商业和金融业开始在宁波兴起。

1861年12月,太平军攻占宁波,在宁波设置各级地方行政机构,政权维持半年之久。1883年,中法战争爆发,法军统帅孤拔率领舰队袭扰宁波府象山石浦和镇海口,宁波又成为抗击法舰入侵的重要战场。这一时期,清朝洋务运动已经开展20余年,清军军事装备水平业已得到大幅提升,然而,在外敌入侵浙东沿海之际,南洋水师望风而逃,镇海守军统帅消极避战,充分暴露出清朝行政及军事体制病入膏肓的实态。相反,守卫镇海口的基层官兵则违令炮击敌舰、击退来犯之敌,反映出中下层民众民族意识的觉醒和爱国精神的高扬。

1911年辛亥革命时期,宁波的光复虽未经历复杂曲折的过程,但宁波与杭州同时响应上海辛亥光复行动,如成立宁波尚武分会、奉化组织敢死队跟随蒋介石参加光复杭州之役等,共同终结了清廷的帝制统治。在辛亥革命史上,宁波的光复对推动和发展全国尤其是东南地区的革命形势,以及支援南京的光复,起到了十分重要的作用,有着重要的历史地位。辛亥革命之后,宁波办学校、建医院、修铁路、收回海关监督权,各项事业蓬勃开展。1916年,革命先行者孙中山莅临宁波,在省立第四中学发表演讲,称赞了宁波的近代化建设成就,鼓励宁波人把宁波建成"中国第二之上海"。由于地近上海,兼为蒋氏故里,宁波的文教、卫生、慈善等公益事业的发展,一度在我国传统社会向近代转型过程中发挥了示范楷模的作用。

1919年五四运动发生后,宁波民众响应北京、上海等地号召,举行了声势浩大的罢工、罢课、罢市。这场运动大大提高了宁波各阶层民众的觉悟,工人阶级则开始以独立的姿态登上了政治舞台,促进了宁波新文化运动的深入发展和马克思主义在宁波的广泛传播,为宁波历史向新民主主义革命方向发展,为中共宁波地方组织的建立,提供了思想和干部条件。在宁波工人阶级力量不断状大和青年学生社团蓬勃发展的背景下,1924年至1925年,中国社会主义青年团宁波地方团和中国共产党宁波支部相继成立。从此,宁波民主革命的面貌焕然一新。"九一八"事变爆发直至抗战胜利,"抗日救亡"成为贯穿这段历史的主题词。1938年8月,中国空军在宁波上空痛击日机;1938年9月至次年8月,镇海和石浦守军连挫来犯日军;1940年7月至次年4月,宁波军民在镇海甬江口和宁波城区与日寇开展了两场激烈的争夺战,虽然镇海和宁波市区最终沦陷,但与百年前鸦片战争浙东战场的惨败结局相比,宁波军民在守家卫土的一系列战役中展示出了不惧强敌的英雄气概,并予侵略者以沉重打击。之后,中国共产党领导的浙东抗日游击纵队在余姚、慈北继续坚持抗战,不断打击敌寇,为抗战的胜利做出了不可磨灭的贡献。抗战胜利后,国民党政府发动全面内战,国民政府宁波当局多次对中共领导的四明山根据地进行"围剿",但浙东游击队在人民的支持下,实现了从隐蔽坚持到发展游击战争的战略转移,最终在解放军百万雄师横渡长江的形势下,浙东解放军又从发展游击战争向发动对国民党军的进攻转移,并配合解放大军南下进入浙江。1945 年 5 月,中国人民解放军挺进宁波,宁波地区陆域宣告解放。次年 5 月,定海及舟山群岛宣告解放。至此,宁波地区全境解放,宁波历史进入了一个新的时代纪元。

二、词 条

稻作海畔

以河姆渡遗址为中心的河姆渡文化,是 20 世纪中国十大考古发现之一。在众多的出土文物中,最重要的是大量人工栽培稻谷的发现,这是目前世界上最古老、最丰富的稻作文化遗址,被看作是世界上最早的人工栽培稻谷。

河姆渡文化遗址集中分布在姚江流域,主要遗址包括余姚市河姆渡镇的河姆渡遗址、宁波市江北区慈城镇的慈湖遗址、余姚市三七镇的田螺山遗址等,其中河姆渡遗址是最主要、最具代表性的发现。河姆渡文化层有四层,可分为四个文化期,距今约 7000～5300 年。其中人工栽培稻谷的发现,主要集中在第 1 期。当时在大约 400 平方米的范围内,出土了大批的稻谷、谷壳、稻秆、稻叶等,它们相互掺杂铺陈的平均厚度达到 40～50 厘米。其中有些稻谷保存相当完好,稻叶的脉络与根须十分清晰,谷壳基本上还呈金黄色,甚至还有个别稻谷与茎叶连在一起的稻穗。有考古学家根据稻谷堆积的厚度及面积,推算出这些稻谷的总量可达 120 吨左右。无论数量还是质量,河姆渡文化的稻谷发现都令人惊叹,它的质量数量不仅是国内之最,而且在整个世界文化遗存中也是极为罕见。经过科学鉴定,这些稻谷均属人工栽培,这说明宁波地区稻谷栽培至少已有 7000 年的历史。

　　除了丰富的稻谷遗存,河姆渡文化遗址还出土了大量的骨制与木制农具,这既是河姆渡文化人工栽培稻谷的证明,也反映了河姆渡文化原始农业的发展程度。农具以骨制的耜为主,共出土有170余件。耜多装有木柄,有双刃、斜刃、平刃等,其功能是用来翻土或平田。此外,遗址中还发现了收割类农具,加工稻谷的石磨盘、陶臼、木杵等,说明河姆渡文化中稻谷的种植、收获与加工都已相当成熟。值得一提的是,河姆渡文化中稻谷层的发掘,是与大量木结构建筑物遗存一起出土的,同时出土的还有稻秆、稻壳以及芦苇秆和木屑等,说明河姆渡已经有专门的稻谷储藏场所。所有这些都反映出,河姆渡文化的稻作农业发展已经进入十分成熟的阶段。

　　作为河姆渡文化最有影响力的考古发现,人工栽培的稻谷不仅轰动了国内外学术界,改写了历史教材中关于中华文明起源地的论断,而且奠定了宁波地区悠久的稻耕文明历史。

河姆渡遗址

　　参见傅璇琮主编:《宁波通史·史前至唐五代卷》,宁波出版社2009年版,第6—19页;管敏义、王慕民主编:《河姆渡文化新论》,海洋出版社2002年版,第239—243页;黄渭金:《浅析河姆渡遗址的原始农业生产》,《农业考古》1996年第3期;黄渭金:《河姆渡文化"古耜"新探》,《文物》1996年第1期。

双鸟舁日

河姆渡文化遗址最重要的原始艺术考古发现,是一件雕刻有合体鸟纹和太阳的象牙蝶形器。这件最终被称为"双鸟舁日"的蝶形器,被看作是河姆渡文化时期的太阳崇拜、生育崇拜和祈求农业丰收的象征。它是河姆渡文化标志性的图腾艺术表现,是中国最早的太阳神像,代表着河姆渡文化的最高艺术成就。

余姚河姆渡遗址第 4 层出土的这件象牙雕蝶形器,长 16.6 厘米,残宽5.9 厘米,厚 1.2 厘米,其中心部分是以一个圆点为核心,由 5 个圆圈组成的同心圆,最外层的圆圈上部呈火焰状。同心圆的双侧,是两只头部相对、身体却连在一起的长尾鸟。这件蝶形器自出土之时起,就被看作是河姆渡文化的艺术象征、河姆渡文化的图腾器。但对它的解读和具体含义,却经历了很长时期的争议,这种争议也代表着对整个中国原始艺术和图腾起源的不同见解。

河姆渡遗址考古人员最先将这件蝶形器命名为"双鸟朝阳",认为它表达了河姆渡人追求光明、祈求日出,从而取得农业丰收的愿望,是河姆渡人太阳神崇拜的实证。其后有研究者认为双鸟连体其实与太阳崇拜无关,它是河姆渡人对双体交感繁殖的感悟,代表着对生命和生育的原始崇拜。又有研究者认为,双鸟的形象实际上是河姆渡人对连体双鸟创造宇宙万物、主宰一切的表达,是对中华文化中阴阳和合而万物生的"和合"理念的原始诠释。还有研究者认为图案中的形象不仅是双鸟连体,双鸟与太阳也是连体的,因此应该称作"双鸟与太阳同体",其中太阳才是核心。其中最有影响的观点,是余姚市文化馆陈忠来提出的"双鸟舁日"之说。他认为"双鸟朝阳"的"朝"是朝拜、拜见的意思,但这件蝶形器中双鸟并非呈现出朝拜的形态,而是双鸟合力托举或者抬着太阳在御空飞行。因此,这件蝶形器应命名为"双鸟舁日","舁"即"共举"的意思。由于中国古代典籍或民间传说中都有飞鸟载日的故事,这件蝶形器最终被命名为"双鸟舁日"。

河姆渡遗址中还出土了与这件蝶形器图形类似的其他器物,如一柄同样是双鸟连体图形的骨匕,以及木质的鸟形器、刻有雌雄双鸟护禾和守祭图的陶器等。将这些形象结合起来,就可以看出,鸟和太阳是河姆渡人将自然崇拜与现实生活愿望相结合的表达,鸟的出没伴随着太阳的升降,同时又与河姆渡人的劳作与休息同步,因此河姆渡人便将农业的丰收、生命的不灭跟鸟和太阳连在了一起,"双鸟舁日"因而成为河姆渡文化最主要的艺术表达。

"双鸟舁日"反映出河姆渡人对鸟的喜爱和对太阳的崇拜,集中体现着河姆渡人的审美观念,是我国新石器时代原始象牙雕刻中的艺术珍品,具有极为珍贵的历史价值。

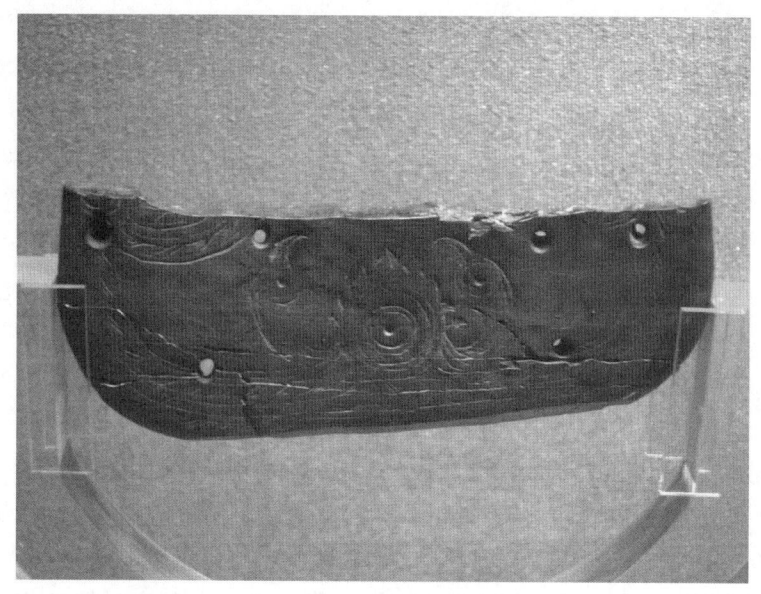

双鸟舁日(摄于浙江省博物馆)

参见傅璇琮主编:《宁波通史·史前至唐五代卷》,宁波出版社 2009 年版,第 26—29 页;唐德中、徐翔:《华夏和合文化的原始雏形——河姆渡先民连体双鸟图腾新探》,管敏义、王慕民主编:《河姆渡文化新论——海峡两岸河姆渡文化学术研讨会论文集》,海洋出版社 2002 年版,第 146—152 页;吕洪年:《河姆渡文化的艺术珍品——释蝶形牙雕"双鸟舁日"》,《文史知识》1996 年第 10 期;孟凡夏:《人类最早的太阳神像——"双鸟舁日"》,《瞭望》1993 年第 40 期;刘政:《河姆渡文化中的双头鸟纹探析》,《湖南科技学院学报》2015 年第 8 期。

先越遗存

宁波地区商晚期至东周时期的先越文化与绍兴地区面貌基本一致,在文化系统上属越文化体系。迄今为止,在宁波地区发现的多处先越文化遗存,尤其是出土的古陶瓷器具、青铜器,证明了上古宁波地区与绍兴地区在文化体系上的一脉相传。

目前宁波地区发现的先越文化遗址,主要是以土墩墓和土墩石室墓为主的墓葬遗存。这些墓葬遗存的分布几乎遍布宁波地区,在以慈溪为中心的杭州湾滨海地区最为集中,并一直延伸到宁波的北仑区。此外,宁波地区中部和南部的鄞州、奉化、象山等也是主要分布区。其中代表性遗址有慈溪东安乡洪家村、余姚老虎山 1 号墩、鄞州甲村石秃山和韩岭龙口山的土墩墓,以及慈溪彭东乡黄岗山、赵家山、慈溪东安乡洪家仙人洞、魏家羊埠墩等土墩石室墓。土墩墓的形制特点:或呈长方形浅坑,坑壁以小石块垒成石框;或平面呈方形,在底部铺设"石床";或既无浅坑、石框,又无"石床",仅见埋葬器物。土墩石室墓的形制有两种:一种是先挖土坑,然后在坑内砌筑墓室;另一种是平整山岩之后,在原地直接建造墓室。根据平面形状,石室又分为长条形、刀形和凸形三种,其中长条形墓无墓道,墓室呈长方形,刀形墓、凸形墓则由墓道和墓室两部分构成,墓道和墓室均呈长方形。

墓葬遗存(摄于宁波博物馆)

遗址中最能体现越文化特点的,是墓葬中出土的以陶瓷器、青铜器为代表的文物。在三座土墩墓内,出土有豆、碗、盂、盘、罐等原始瓷器,瓮、罐、瓯等印纹硬陶器和罐、鼎、盉等普通陶器,此外还有"羽人划船纹"青铜钺、"王"字青铜矛和青铜剑。这些器物都表现出明显的越文化特点。而在土墩石室墓中,则出土了泥质黑陶角形器、盘、甑、陶璧,原始瓷碗、盅、盆、杯,还有镈、削、锛三件青铜器。所有这些器物代表的年代,自商代晚期一直延续到西周时期,它们所体现出来的文化特征,都是当时越文化最有代表性的特征所在。

迄今为止,宁波地区尚未发现有原始瓷器的窑址,而邻近的绍兴地区却已发现 20 余处,且窑址的分布均集中在与宁波紧邻的上虞。由此可见,绍兴地区是当时原始瓷器烧制的中心,宁波地区的原始瓷器应该大多来自绍兴地区。青铜器的特征表现亦是如此,宁波地区出土的青铜器以春秋战国时代的遗物为多,但无论在数量还是形制上,均逊色于绍兴发现的青铜器。因绍兴在春秋战国之际已是越人的青铜器制造中心,宁波地区的青铜器多由绍兴输入。

宁波先越时期出土的大量遗存证明,先越文化与以绍兴为核心的越文化有着紧密的关联,两者在文化系统上同属越文化体系。

参见傅璇琮主编:《宁波通史·史前至唐五代卷》,宁波出版社 2009 年版,第 44—51 页;林士民:《浙东沿海土墩遗存探索》,《南方文物》1998 年第 2 期;高宝萍:《浙江上虞早期越窑窑址概述》,《南方文物》2018 年第 2 期。

越国东疆

古代宁波地区属于古越国,是越国的东疆。在越国时期,宁波地区始终是越国统治空间扩展或收缩的原点,是越国的东部屏障。

对宁波地区地名的最早记载,是《国语·越语上》:"勾践之地,南至于句无,北至于御儿,东至于鄞,西至于姑蔑。"虽然"鄞"指的是一个区域名称还是一个城邑尚无法确定,但是"鄞"地的大体位置在今天的鄞州、奉化一带则已成为共识。乾道《四明图经》卷一《总叙》亦载:"明乃会稽之东境,自勾践灭吴称霸,其后越为楚所灭,子孙散于会稽、瓯闽之间,分有故越之地。"随后又载:"鄞、鄮、句章三县,皆会稽之东部,即今明之地也。"文中"会稽"即指越国,清楚说明宁波地区在当时为越国东疆。

除"鄞"之外,上述记载中还出现了"鄮"和"句章"两个地名,并且指明这三县均在越国东部。南宋罗濬的宝庆《四明志》卷一《沿革论》也载:句章、鄞、鄞均为越国采邑,秦灭六国后置会稽郡,这三县又都在会稽郡辖下。其中"句章"一地,最早的记载见诸《后汉书·臧洪传》中章怀太子所注的《十三州志》:"勾践之地,南至句无,其后并吴,因大城句,章伯功以示子孙,故曰句章。"至于"句章"的具体方位,宝庆《四明志》卷十七《慈溪县志·叙遗》中载:"古句章县,在今县南十五里。面江为邑,城基尚存。故老相传曰:城山旁有城山渡,西去二十五里有句余山,又有句余村。"文中明确指出古句章城的位置在"城山渡"。2009 年 6 月,宁波市文物考古研究所经过考古发掘,明确了句章故城的具体位置,即在今宁波江北区慈城镇王家坝村一带。

不仅如此,句章故城附近的考古发现也验证了宁波地区是"越之东疆"记载的真实性。考古学家在城山渡附近的乍山中学校址发现了商代晚期至西周时期的越文化遗存,发掘出包括土墩墓和印纹陶等具有鲜明越文化特色的器物,这使得宁波地区作为越国东疆的记载在实物上得到证实。

至于乾道《四明图经》、宝庆《四明志》中提到的"鄞",因缺乏更具体的古文献记载,其位置目前尚难以确定。现在对"鄞"地的考古,是根据汉代的鄞城故址,即今天位于鄞州与北仑交接区域的宝幢同岙来进行的,尚无重大发

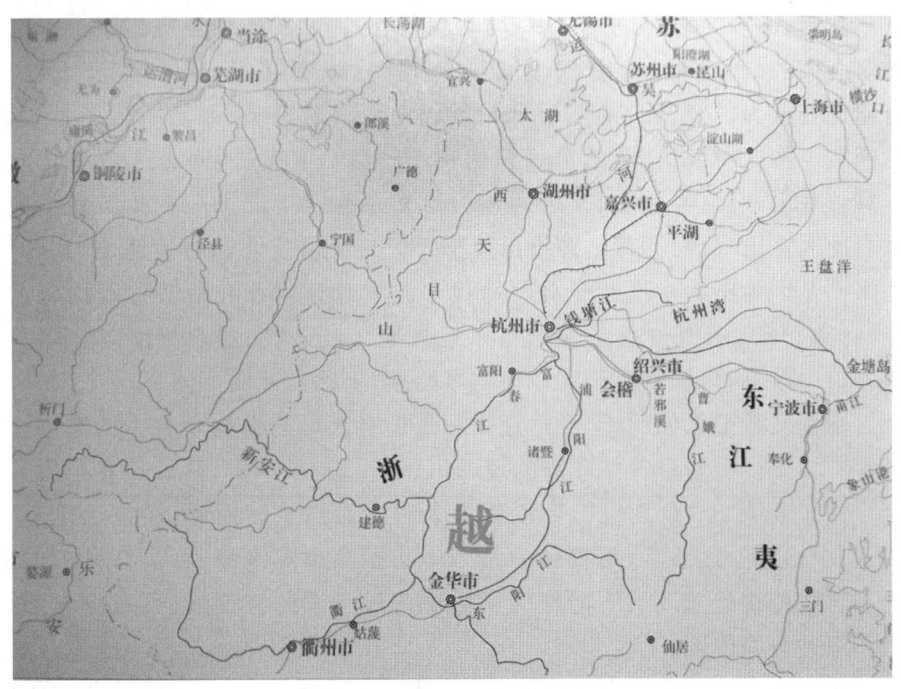

越国疆域(摄于宁波博物馆)

现可以证实。但是,无论是从文献的记载,还是考古的发现,都证实了古代宁波是越国的东疆。

参见傅璇琮主编:《宁波通史·史前至唐五代卷》,宁波出版社 2009 年版,第 52—56 页;〔宋〕张津:乾道《四明图经》卷一,杭州出版社 2009 年版;〔宋〕胡榘修,方万里、罗濬纂:宝庆《四明志》卷一,中华书局 1990 年版。

始皇东巡

秦统一六国后,秦始皇在 12 年的时间里有六次出巡,几乎走遍全国。除第一次出巡是往陇西等西部地区外,其余五次出巡都是往东方向。其中第五次东巡,也就是最后一次出巡,秦始皇到达了宁波,从而在当地留下来不少故事与传说。

秦始皇东巡到宁波的最早记载,见诸司马迁的《史记》。《史记·秦始皇本纪》载:"三十七年十月癸丑,始皇出游⋯⋯上会稽,祭大禹,望于南海,而立石刻颂秦德。"其后司马迁在《封禅书》中又记载:"始皇南至湘山,遂登会稽,并海上,冀遇海中三神山之奇药,不得,还至沙丘,崩。"《史记》明确说明,秦始皇这次东巡到达了海边,而会稽的海边,只能是古越之东境的宁波地区。此后,不少文献对《史记》中提到"海上"一地的具体位置进行了考辨,如东汉袁康的《越绝书》就说,秦始皇这次巡游"东奏槿头,道度诸暨、大越"。有研究者认为,"槿"即"堇",后鄞州就因此而得名,"头"则是浙东滨海地带的通名。按这一说法,秦始皇确到达宁波滨海。宝庆《四明志·慈溪县志》亦载:"香山,旧名大蓬山,又名达蓬山。县东北三十五里⋯⋯秦始皇至此,欲自此入蓬山,故号达蓬山。"指出位于今天慈溪市三北镇的达蓬山,其名称由来便是因为秦始皇巡游至此。清代宁波学者黄宗羲在踏游达蓬山时,曾作《达蓬纪游》感慨这里是秦始皇东巡故地,诗云:"东尽观沧海,往事一慨然。浪中鼓万叠,鲸背血千年。何物秦始皇,于此求神仙。"

不仅文献记载如此,至今达蓬山一带还有大量与秦始皇有关的遗迹、传说等。如传说秦始皇曾经驻跸的埋马山、千人坛、小休洞,再如始建于唐代、至今遗址犹存的"秦渡庵",传说就是为纪念徐福东渡而建,而位于达蓬山顶、祈求坛边的达蓬亭,更被认为是当年秦始皇东观沧海、徐福祭海求仙之处。这些传说与遗迹虽不能作为秦始皇到过宁波的实证,但可以作为秦始皇东巡到海的佐证。

至于秦始皇东巡东海之滨的目的,研究者认为有三:一是匡正此地的民风,宣扬秦一统政权的教化,推进越地百姓的汉化,加强秦统治的政治基础;

二是削弱和分化越地的反秦势力,巩固秦的统治;三是为了求取传说中的所谓神山奇药,追求长生不老。无疑,秦始皇的前两个目的应该是达到了,而他的第三个愿望虽然已经和那个时代一起湮没,但因此而留下的大量故事传说、文化遗迹,却是宁波一段磨不去的历史。

参见傅璇琮主编:《宁波通史·史前至唐五代卷》,宁波出版社 2009 年版,第 61—65 页;〔汉〕司马迁:《史记》卷六、卷二十八,中华书局 1998 年版;〔汉〕袁康:《越绝书》卷八,上海古籍出版社 1992 年版;〔宋〕胡榘修,方万里、罗濬纂:宝庆《四明志》卷十六,中华书局 1990 年版。

越窑初开

越窑是中国古代盛极一时的青瓷窑系,而青瓷是中国最久远的瓷器之一,被公认为是世界的"瓷母"。自东汉晚期青瓷的滥觞,到晚唐、五代时期越窑的兴盛,再到北宋后期的没落,越窑有着近千年的辉煌历史。位于宁波慈溪境内的上林湖,则是越窑青瓷的发源地和重要产业中心。上林湖青瓷生产历史长达 800 余年,尤其在中唐后成为全国各大青瓷名窑之首,这里烧制的"秘色瓷"是有文献可考的最早御用瓷器之一,反映着越窑青瓷的最高成就。

中国在商代已出现原始瓷器,以余姚、上虞、慈溪为中心的宁绍地区,是我国原始瓷的主要出土区域。宁波发现的最古的原始瓷为商代遗物,根据考古发掘报告,在象山塔山遗址第三文化层就出土有原始瓷片。西周以后的古遗址中,宁波地区原始瓷已十分常见,其中土墩遗存中出土数量最多,在慈溪东安 1 号墩和 2 号墩中的西周前期墓中就有不少实物发现。此外,慈溪峙山山顶的一座土墩中,出土了西周晚期原始瓷百余件,器物种类有豆、盂、盆、碗等。春秋时期,原始瓷器型趋于规整,胎壁趋薄,通体施黄绿色釉,釉层薄而均匀,聚釉现象减少。器种有碗、盘、盂、盅和盅式碗。东汉后期,在上林湖窑址,青瓷的烧制完成了由原始青瓷向青瓷的过渡,上林湖因而成为中国青瓷的发源地。唐代中期以后,上林湖窑址生产的"秘色瓷"成为皇室御用贡品。因上林湖原属余姚,而余姚属越州,唐代以州名命名瓷窑,越窑之名便因此而来。

唐代时期,以上林湖为中心生产的越窑青瓷,其质量已居青瓷之冠。越窑青瓷最有魅力的地方,是它的颜色,或碧绿,或淡绿,或青绿,或青中带黄,或青中带灰,甚至呈现褐绿色、暗褐色乃至黑色,但无论何种颜色,都展现出莹润光洁、柔润清莹的色泽。自古以来,不少文人骚客都对越窑青瓷的光润色泽赞不绝口,或说它如冰似玉,或说它澄澈无瑕,或说它如明月春水、如薄冰绿云。茶圣陆羽更是盖棺定论,说天下瓷器,皆不如越窑青瓷,可见越窑青瓷的颜色之美。而越窑青瓷中最负盛名、最具吸引力的,是出自上林湖的"秘色瓷"。"秘色瓷"烧制成功于中唐以后,其得名始于唐代陆龟蒙的《秘色越器》诗:"九秋风露越窑开,夺得千峰翠色来。好向中霄盛沆瀣,共嵇中散斗遗杯。""秘色瓷"最主要的代表颜色是青绿色,它以葱翠青碧、晶莹润泽的色彩特点成为越窑青瓷最杰出的代表,也因此成为皇室御用瓷器。越窑青瓷的另一个艺术成就是其造型。越窑青瓷造型丰富,碗、盏、盘、瓶、炉、壶等俱全,既有生活器具,又有艺术摆件或文房用具,而且式样新颖丰富,姿态百出,或浑厚淳朴,或清秀隽雅,或庄重端方,显示出高超的造型艺术。瓷器上的图案,既有充满生活气息的花鸟鱼虫,又有庄严神圣的神鸟神兽,还有表达感情祈求的佛教形象、金玉富贵等象征形象,这些都反映出越窑青瓷高超的工艺水平。

隋唐时期,越窑青瓷成为海上丝绸之路的主要商品之一,在东西方文化交流和世界贸易史上留下了辉煌的一页。

越窑青瓷(摄于宁波博物馆)

参见傅璇琮主编：《宁波通史·史前至唐五代卷》，宁波出版社 2009 年版，第 49—50 页；马晓建：《冰清玉洁——雅俗共赏的越窑青瓷》，《艺术市场》2011 年第 10 期；方丽川：《略论越窑青瓷的文化形态》，《宁波经济·三江论坛》2006 年第 2 期；张志来：《青瓷出越窑》，《收藏界》2018 年第 3 期；施祖青：《越窑青瓷造型文化探析》，《东方博物》2005 年第 4 期。

虞氏崛起

虞氏家族，是宁波历史上家族规模最大、政治地位最高、社会影响最广的世家大族，是整个浙东古代文化家族的代表。从东汉到唐的约 500 年间，虞氏子弟先后有 20 余人载诸《三国志》等历代国史正传，载诸其他典籍者 50 余人，其中封侯者 7 人，官至三公九卿者 10 余人，出任地方守令者更多。其绵延之长、人物之盛、成就之显，在江东大族中罕有出其右者。

虞氏家族在宁波的历史始于东汉。这一家族中出现的第一个文化代表人物，是三国东吴时期的虞翻。虞翻文武兼备，是一名枪术高手，也是一名易学大师，著有《周易注》《周易集林律历》等书，汇集两汉易学之大成。此外，他于诸子学、天文、历法等领域均有研究和建树，虞氏以儒传家的文化世家地位，就从虞翻开始逐渐彰显。而虞翻对虞氏家族地位上升的贡献，是源于他对东吴孙氏政权的拥戴和支持。虞翻自孙策时开始就大力拥护孙氏，他先是效忠孙策，继而支持孙权，终于使虞氏家族得到孙氏政权的信任与重用，虞氏子弟在东吴时期便有多人官居高位。虞翻奠定了虞氏家族在政治和文化上同时上升的基础。

虞氏家族在两晋时期达到高峰。这一时期虞氏的代表人物，是以武立功的虞潭和以儒立名的虞预、虞喜。虞潭以军功得到司马睿重用，此后更对东晋政权竭尽忠诚，他曾先后起兵平定司马伦、王敦、苏峻之乱，东晋前期的军事大事几乎都有虞潭的参与，他也因军功而高居将军之职，位列庙堂，为虞氏家族在政治上的进一步上升奠定了基础。虞预、虞喜则是这一时期虞氏在文化发展上的代表。虞预著有《晋书》《会稽典录》，是东晋时期著名的史学家，也是虞氏家族最有成就的史学家。虞喜则是虞氏家族最有名的文化人物，他最负盛名的成就，是他在天文学上的贡献。他通过对冬至这天恒星的观测，认为太阳从第一年的冬至到第二年的冬至，向西移过原先的位置，并且推算出每 50 年退一度，由此在中国历史上第一次发现岁差。虞喜又著有《安天论》，主张天高无穷，在上常安不动，而日月星辰各自运行，以批驳之前的浑天说、盖天说。这一观点被李约瑟在《中国科学技术史》中称为

"宇宙观的开明进步",毫不逊色于希腊的任何说法。

虞氏家族的最后一位代表人物是唐初的虞世南。虞世南是唐代著名学者、书法家,一生历仕南朝陈、隋、唐三朝,他学问渊博,著有《君臣谧议》《大唐书仪》《群书理要》《兔园策》《帝王略论》《北堂书钞》等。虞世南品德醇厚,被唐太宗称赞为德行、忠直、文辞、博学、书翰五绝。虞世南在书法上的成就,与同时期的欧阳询、褚遂良等并称,是中国书法史上的代表性人物之一。

虞氏家族的发展,自东汉至唐,绵延 500 余年而不绝,家族中人才或文或武,或显贵或隐世,其兴起和衰落的过程,与东汉至唐代的政治发展历史和世家门阀的兴衰史相始终。因此,一部虞氏家族的历史,也是 500 余年中国历史发展的一个缩影。

参见〔晋〕陈寿:《三国志》卷五十七《虞翻传》,中华书局 1982 年版;〔唐〕房玄龄等:《晋书》卷七十六《虞潭传》、卷九十一《虞喜传》,中华书局 1974 年版;傅璇琮主编:《宁波通史·史前至唐五代卷》,宁波出版社 2009 年版,第 100—116 页;唐燮军、赵莉:《余姚虞氏宗族研究史述评》,《宁波大学学报(人文科学版)》2011 年第 2 期;唐燮军、张伟:《余姚虞氏与六朝政治》,《宁波大学学报(人文科学版)》2005 年第 4 期;黄文杰:《余姚虞氏:绵延五百年的江东文化家族》,《宁波通讯》2014 年第 3 期。

佛寺初创

佛教自东汉末开始传入浙江,而在浙江的传播则是以浙东为先。浙东佛寺的创建,始于三国东吴时期,至南朝时期而大兴。在这一时期,宁波地区佛寺的兴建和佛教的发展,经历了一个由少到多、由边缘到中心的过程,反映出宁波地区在这一时期的经济和文化发展地位。

宁波地区最早见诸记载的佛寺,是东吴孙权时期官至太子太傅、封都乡侯的慈溪人阚泽舍宅而建的普济寺。宝庆《四明志》载:"(普济寺)县东北一里。东吴太子太傅、都乡侯阚泽书堂,后舍为寺。"普济寺寺址,今尚在江北慈城。

东吴时期宁波地区所建的最著名佛寺,则是位于今慈溪市五磊山的五磊寺。相传孙权时,印度来华高僧那延罗在此结庐静修,后成为五磊寺的开山之祖,五磊寺也是宁波见诸记载的最早由僧侣所建的佛寺。至今,在寺西的山麓还有一处古墓,碑铭为:"开山那延罗尊者之塔。"那延罗即后来被中国佛教奉为五百罗汉之一的那延罗尊者,五磊寺也被看作是浙东第一古刹、浙江佛教的起源地,至今已有 1700 余年的历史。

　　两晋至南朝是宁波佛教大发展的时期,著名的宁波三大名寺天童寺、阿育王寺和雪窦寺,均创建于这一时期。天下禅宗十刹之一、号称"东南佛国"的天童寺,位于今宁波市区以东 25 千米的太白山麓。相传西晋永康元年(300),僧人义兴在此结茅开山,因昼夜诵经感动天帝,天帝命太白金星化为童子下凡,因而此处便以太白名山,以天童名寺。天童寺在宁波地区的文化发展史上有着极为重要的地位,荣西、道元等日本僧人先后到天童寺参修教旨,将临济宗法、曹洞宗法等佛教文化传入日本,天童寺因而被称作"东瀛祖庭"。明代时,有日本画圣之称的僧人雪舟,更是在此创作了大量有关浙东山水的作品,成为中日文化交流史上的重要一页。

　　阿育王寺的由来是最具神奇色彩的,相传西晋人刘萨诃重病不死,遂皈依佛门,法号慧达。他千里托钵求食,寻找阿育王所造的释迦牟尼真身舍利宝塔,最终到达宁波太白山麓的乌石岙,在此结茅以居。夜里,他忽闻钟声,见地涌起,舍利宝塔由此而现。后人将此称作涌见岩,这便是阿育王寺的由来。宝庆《四明志》中也有类似的传奇记载,说东晋王导遇一神奇道人,道人自言曾与阿育王同游鄞县,安真身舍利塔。阿育王与道人捧塔飞升海上,众弟子因攀引不及,结果俱坠入海中,化为人形乌石,这便是乌石岙得名及阿育王寺最初建于此地的由来。东晋义熙元年(405),舍利塔院迁至今址所在

天童禅寺

的鄧山南麓,命名为阿育王寺,成为国内现存唯一以印度阿育王命名的寺院,寺内的舍利塔也成为阿育王寺的镇寺之宝,对唐和五代佛教的发展产生了极大影响。

雪窦寺全称雪窦资圣禅寺,位于今奉化溪口镇西 7 千米左右的雪窦山上。相传东晋时有尼姑结庐雪窦山顶,因山川瀑胜,于是建瀑布院,此即雪窦寺草创之始。唐代时,禅师常通将寺院带向兴盛,后被尊为雪窦寺的开山之祖。雪窦寺最著名之处,便在于它是弥勒佛的道场。近代有人主张将雪窦弥勒道场和佛教四大名山并列,称为五大名山,因为弥勒佛修行之处在奉化的岳林寺,而岳林寺已毁,因此弥勒道场便迁于雪窦寺内,成为佛家胜景。

参见〔宋〕胡榘修,方万里、罗濬纂:宝庆《四明志》卷十三《慈溪县志·叙遗》,中华书局 1990 年版;傅璇琮主编:《宁波通史·史前至唐五代卷》,宁波出版社 2009 年版,第 171—175 页;陈荣富:《浙江佛寺史话》,宁波出版社 1999 年版,第 17—36 页;周冠明:《东南佛国天童寺》,《宁波通讯》2002 年第 4 期;徐吉军、丁友甫:《宁波阿育王寺》,《浙江学刊》1986 年第 Z1 期;毛炳岳:《雪窦寺春秋》,《法音》1988 年第 5 期;黄成峰:《弥勒奉化传天下》,《宁波通讯》2014 年第 20 期。

四明设州

宁波从古越之东境,历秦、汉、魏晋时期均隶属会稽郡,一直被看作是古越国属地。直到唐代玄宗时,宁波以"明"为名,独自设州,与越分治,才开始走上了独立发展的道路。此后,宁波以其军事重地、通海之便、经济发展和文化昌盛,成为绵延千年而不衰的浙东重镇。

宁波地区自古以来的核心地域,是鄞、鄧、句章三地,并且一直作为"古越之东境",没有自己独立的行政建置。隋文帝开皇九年(589),改会稽郡为吴州,设总管府,将鄞、鄧、余姚三县并入句章,属吴州,因而此时的句章在后世有"大句章"之说。隋炀帝大业元年(605),废吴州总管府,改置越州,句章属越州。大业十三年(617)又改越州为会稽郡,句章又属会稽。句章的县治,由最早古越时期的城山渡,在东晋时迁至小溪,此后句章逐步成为宁波新的中心。唐高祖武德元年(621),唐政府又将"大句章"析为姚州和鄞州,余姚属姚州,旧句章、鄞、鄧属鄞州,鄞州正是据鄞江而得名。鄞州的州治,一说在小溪镇,一说已迁至今三江口。四年后,唐政府又改姚州为余姚县,改鄞州为鄧县。由于此时的鄧县已兼有旧时鄞、句章、鄧的全境,因此又有"大鄧县"的说法。

唐玄宗开元二十六年(738),又将鄮县析为慈溪、奉化、鄮县、翁山(今定海县)4县,设州以统之,4县均为州之下辖。因境内有四明山,遂取州名为"明州"。明州独立建州,明、越分治,标志着宁波自此跨入实质性开发的新阶段。当时的明州州治设在小溪镇。新鄮县的县治,一说在鄮县旧治,但更多人则以为在小溪镇,州治与县治共存于小溪。玄宗天宝元年(742)改明州为余姚郡,唐德宗至德二年(757)又恢复明州。唐代宗广德二年(764),将象山划归明州,自此明州所辖扩大为5县。

代宗大历六年(771),废翁山县,明州所辖又为4县。值得一提的是,这一年唐政府将鄮县县治迁到三江口,标志着宁波三江口时代的来临。唐穆宗长庆元年(821),明州州治也迁到三江口,刺史韩察易鄮县县治为州治,撤旧城,筑新城,新城的南城门,即今天的鼓楼。鄮县县治则在成为明州州治后,重新迁至小溪镇,到后梁太祖开平三年(909),鄮县改称鄞县,县治又迁回三江口。

从县治尝试迁三江口,到州治定在三江口,再到县治重回三江口,表明宁波的发展重心已一步步移向三江口,从而开启了宁波港口城市发展的新时代,宁波由此进入了一个新的发展期。

参见傅璇琮主编:《宁波通史·史前至唐五代卷》,宁波出版社 2009 年版,第 188—193 页;〔宋〕张津:乾道《四明图经》卷一,杭州出版社 2009 年版;〔宋〕胡榘修,方万里、罗濬纂:宝庆《四明志》卷一,中华书局 1990 年版。

望海置镇

望海镇(今宁波市镇海区)位于东海沿岸,东屏舟山群岛,南接北仑港,北临杭州湾,控扼甬江入海口,自古以来便是海防要地。自唐代明州以三江口为发展重心以来,望海镇就成为明州港外来船舶的第一个停靠点,有"明州第一码头"之称。自唐至宋,望海镇始终是中国海防与商贸的重镇。

镇在唐代,是军事设防地的专称,其职能便是军事防务、维护治安以及镇压人民的反抗,因此它的设置本身便是对军事要地的重视,与郡县设置的地方行政系统有所不同。唐代明州设州,州下所辖鄮县便有望海镇,为鄮县之东境。唐宪宗元和四年(809),在鄮东甬江口建望海镇,此为镇海建治之始。元和十四年(819),浙东观察使薛戎奏请:望海镇俯临大海,与新罗、日本诸番接界,请据敕文不属明州。唐政府准薛戎所奏,将望海镇改属观察使。

五代时,望海镇建置开始有所变化。后梁开平三年(909),吴越王钱镠巡视明州,筑城于望海镇,改称静海镇,镇属明州。是年闰八月,钱镠又因望海镇地滨海口,有渔盐之利,奏请设望海县,此为镇海建县之始,但不久又将县名改名为定海县。因此,在吴越国时期,出现了静海镇和望海县并存的现象。宋太祖建隆元年(960),升静海镇为奉国军,设节度使,地位又进一步上升。神宗熙宁六年(1073),北宋政府将鄞县东部的富都、安期、蓬莱三乡析出,设昌国县(今舟山定海)。高宗绍兴三年(1133),为防御金人自海上入侵,南宋政府加强了对海道的防守,在定海县设浙东福建沿海制置司,辖温州、台州、明州和绍兴府,负责扼守海道、训练水军、组织民防等军务。不过,这一设置乃是一时权宜之计,延续时间并不长。明太祖洪武二十年(1387),昌国废县改卫,原昌国县境统隶于定海县。清康熙二十六年(1687),又改原定海县为镇海县,并于次年析出原昌国境另建定海县,镇海的沿革变迁至此告一段落。

从望海镇到奉国军,再到沿海制置司,镇海作为海防重镇的地位始终没有改变。镇海城东北部的招宝山南吞甬江,北临东海,被称作是控六邑之咽喉、全浙之关键的水陆要冲,历来是海防要地。与此同时,镇海又是船舶所经、货物交集的贸易集中地,自唐代始就成为明州港第一码头,见证着古代宁波海上丝绸之路的发展与繁荣。

镇海楼

参见傅璇琮主编:《宁波通史·史前至唐五代卷》,宁波出版社 2009 年版,第 194—202 页;〔宋〕张津:乾道《四明图经》卷一,杭州出版社 2009 年版;〔宋〕胡榘修,方万里、罗濬纂:宝庆《四明志》卷一、卷二十,中华书局 1990 年版;〔明〕周希哲修,张时彻纂:嘉靖《宁波府志》卷二十二,《中国方志丛书》本,成文出版社 1996 年版。

王安石治鄞

在宁波发展历史上,王安石是一个至关重要的人物。被称为"中国十一世纪最伟大的改革家"的王安石,初入仕途时曾在鄞县任知县 3 年。在任期间,他兴修水利、贷谷与民、发展生产,尤其是兴办学校发展教育,对以后宁波的发展尤其是文化教育的兴盛,起到了重要作用。王安石治鄞被看作是宁波地区历史发展的一个标志性时代,此后的宁波不仅在军事经济上属于东南要地,在文化教育上也步入了一个辉煌的时代。

宋仁宗庆历七年(1047)至皇祐二年(1050),是王安石在鄞县任知县的时间。在任期间,他大兴一县之政,被誉为"治绩大举,民称其德"。王安石在鄞县期间的治绩突出体现在:一是兴修水利,发展生产。鄞县跨江负海,又有深山长谷,水资源丰富,但到仁宗时期,大多水利工程因年久失修,鄞县地区经常遭受水旱之灾。王安石到任后,首先做的大事就是兴修水利,疏浚川流河渠。他亲自穿山越水,实地勘察,摸清了鄞县辖内的水道和河渠,在农闲时亲自组织大量人力修建水利工程。其中最突出的例子,是对东钱湖的疏浚。东钱湖是鄞县东南的大湖,汇聚 72 条溪流,周回有 80 里。但东钱湖因年久失修,淤积严重,河床升高,致使鄞县东乡经常遭受旱涝之灾。于是,王安石采取了恢复湖界、疏浚河道、沿湖围筑堤堰、设置碶闸、发动乡民割除阻塞湖面的葑草等方法,对东钱湖进行全面浚治,最终治湖取得巨大成效。整治后的东钱湖,"溉田五十万亩",使沿岸农田的水利灌溉有了保障。二是贷谷与民,抑制兼并。为使百姓在青黄不接之时免遭豪绅盘剥,王安石把县府仓库中的存粮低息放贷给农户,待秋收后加二分利息归还。同时,他还"特出官钱,轻息以贷",抑制豪绅兼并。这一举措不仅可以充实国库,又起到了安定社会的作用,被看作是熙宁变法时期实施"青苗法"的先导。此外,他还在鄞县改差役为雇役,让百姓按户等出"免役钱",由官府雇人服役,此即后来的"免役法";设置专司以平定物价,打击投机,即后来的"市易法";整顿田赋,使乡绅不能偷漏赋税,增加官府的财政收入,即后来的"方田均税法";他还实行兵农结合的"保甲法";等等。这些措施,不仅是王安石勤政爱民的政绩,而且大多成为熙宁变法的源头。

王安石对宁波文化发展最大的贡献,则是重视教育、兴办学校。在鄞县的第二年,王安石就将县东的先圣庙改建为县学,并将当时宁波著名的"庆历五先生"之一的杜醇礼聘为县学讲师,这被看作是明州兴办官学之始。在王安石的影响下,明州各地都掀起了兴学之风,此后的明州读书讲学蔚然成风,近千年间文化脉络不绝,终成浙东学术渊薮、东南文化重心,后人将这一功绩的源头归结于王安石。

参见〔元〕脱脱等:《宋史》卷三百二十七,中华书局 1985 年版;〔元〕袁桷:延祐《四明志》卷四,中华书局 1990 年版;杨渭生:《王安石在鄞县的事迹考略》,《杭州大学学报》1980 年第 1 期;蔡罕:《王安石治鄞及其四明情怀》,《浙江学刊》2011 年第 4 期;徐剑飞:《王安石治鄞》,《人民文学》2012 年第 9 期。

高桥大捷

高桥大捷又称明州之战,是南宋高宗建炎初年宋金之间发生在明州城西的一场较大战事,后被南宋政府列入"中兴十三处战功"之一。

南宋政权建立后,金人始终不予承认。建炎元年(1127)秋,金太宗以南宋处死其在中原的傀儡皇帝张邦昌为借口,下诏伐宋,企图一举摧垮立足未稳的高宗政权。至建炎三年(1129)十月,南下的金军兀术部势如破竹,攻入江淮,并突破长江防线,兵锋直指浙东。高宗闻知,仓皇自越州(今浙江绍兴)奔至明州,继而旨令张俊留在明州拒敌,自己则领宰执及三千亲兵从东渡门登楼船逃往定海。

建炎三年(1129)十二月二十九日,金兵自高桥袭至明州城下,张俊先令统制官刘宝应敌,但宋军初战失利,其部将党用、丘横阵亡。继命统制官杨沂中、田师中,统领官赵密,御前中军统制张宗颜等出战。是时,诸将皆率兵与敌作战,尤其是杨沂中,弃舟登岸,身先士卒,奋勇斩敌。时主管殿前司公事李质率所部禁军以舟师赶来助战,知明州事刘洪道也率州兵加入战斗。宋军的联合作战,终于大败金军,杀敌数千人,迫使金军退去。建炎四年(1130)正月初二日,金人乘西风起,再度前来攻城。张俊与刘洪道挥师出城掩杀,金军阵营大乱,或坠田间,或坠水中,死伤无数。当夜,金军拔寨退驻余姚。

然而,张俊在取得小胜后,害怕金人重兵压至,遂借口得圣旨前往扈从,率部向台州方向逃遁。接着,李质、刘洪道和浙东副总管张思正也相继弃城而去,城中仅留下崇节作院厢军与百姓自发抵抗者千余人,由酒官李木负责指挥。建炎四年(1130)正月十四日,金军大部赶至,驻屯于西郊广德湖边。十六日,金兵在西门外架起大炮,集中火力攻城,明州城破。金军攻入明州后,即实施屠戮政策,使明州城几成空城,同时大肆烧杀掳掠周边地区。金兵的种种暴行,激起了明州人民的强烈反抗,他们纷纷拿起武器,自发地投入抗金行列之中,其中以余姚、奉化、慈溪等地民众的抗金斗争最为有声有色。同年二月三日,金军撤离明州北返。

关于高桥之捷,人们评价不一。宋人李心传认为,"中兴战功自明州一捷始。敌自入中国以来,未有一人敢撄其锋,至此而军势稍张矣"。清人陈劢《四明怀古》诗云"南渡中兴往事遥,战功第一数高桥"。而宋人汪藻在《浮溪集·奏论诸将无功状》中认为,在当时诸大将拥兵自重、不发一矢的情况下,张俊在明州组织抵抗,值得肯定,但张俊取得小胜后弃城,置百姓于不顾,于是"前日至小之捷,乃莫大之祸",实是"杀明州一城之生灵"。

高桥之战是南宋军队自金军大举入侵江南以来首次有组织的抵抗,它不仅为高宗政权的南撤赢得了时间,而且使金人损兵折将,在一定程度上打击了金军的嚣张气焰,鼓舞了南宋军民的抗金斗志。

参见〔宋〕李心传:《建炎以来系年要录》卷三十、三十一,中华书局 2018 年版;〔宋〕李心传:《建炎以来朝野杂记》卷十九《十三处战功》,中华书局 2000 年版;〔清〕董沛撰,俞福海、方平点注:《明州系年录》,当代中国出版社 2001 年版;傅璇琮主编:《宁波通史·宋代卷》,宁波出版社 2009 年版,第 15—20 页。

一门三相

四明史氏是南宋时期宁波地区最显赫、最负盛名的家族,自史浩到史弥远、史嵩之,史氏家族一门三代封相,两世封王。且史氏家族以诗书传家,是一个文化家族,除三相两王外,其家族还出了五尚书、七十二进士。史氏家族也是南宋宁波最有权势的家族,时有"满朝文武,班出史门""一朝朱紫贵,皆是四明人"之说,对当时南宋的政局产生了重大影响。

史浩是史氏家族第一个宰相,孝宗皇帝继位,史浩以帝师身份封翰林学士、知制诰,不久任相。史浩的主要事迹,一是他在南宋对金关系上,既反对高宗时的屈膝投降政策,也反对匆促北伐,主张先训练士兵、稳定内政,在有充分准备后再进行对金战争,是一个务实而稳健的宰辅。后来,孝宗在主战派官员的怂恿下,贸然发动对金兵战争,结果失败,最终以割地赔款的方式换取双方的暂时和平,事实验证了史浩对宋金形势的正确判断。

史浩为相,还因公正无偏、气度宽厚而获得后世称赞。他主张为岳飞昭雪冤屈,又驱逐秦桧党人,同时还向孝宗举荐了张浚、朱熹、杨简、陆游、叶适等一批人才。这些被举荐者或者不领情,或者怀疑他是笼络人心,但史浩仍然推荐不误。史浩这种不因私而害公的品质在南宋所有宰相中独一无二,真德秀评价他:"方其柄国时,护公道如命脉,惜人才如体肤。在廷诸贤,持议间有不同,而包函容养,亡秋毫忿疾意。异时复还宰路,所荐进皆海内第一流,不以同异为用舍。"史浩后封魏国公,进会稽郡王、追封越王。

史弥远是史浩第三子,南宋宁宗和理宗时的权相,擅权时间长达 25 年,是南宋擅权时间最长的权相,对南宋中后期的政治产生了重大影响。在宋金关系上,史弥远主张对金妥协,为此他伪造密诏,谋杀了主战的宰相韩侂胄,又贬黜多位主战派官员,最终导致南宋对金北伐的失利,被迫与金签订屈辱的"嘉定和议"。在政治上,史弥远排斥异己,引朋结党,无所顾忌地擅权,造成了当时南宋政局的混乱。《宋史》在《史弥远传》中即评价他:"迨宁宗崩,废济王,非宁宗意。立理宗,又独相九年,擅权用事,专任俭壬。理宗德其立己之功,不思社稷大计,虽台谏言其奸恶,弗恤也。"道出了史弥远擅权的经过和原因。史弥远死后被追封卫王。

史嵩之是史浩之孙,史弥远之侄,史氏的第三任宰相。史嵩之最重要的事迹是对襄阳的经营。襄阳是南宋的上游屏障,在宋金关系中具有重要战略意义,史嵩之入仕不久便自愿赴襄阳经营,他在襄阳大力屯田积谷,坚固城防,取得不少成效。其后,史嵩之在与蒙古联合灭金的军事行动中,于蔡州打败金兵,取得不俗战绩。此后又在南宋与蒙古的战争中指挥襄樊地区的战役,也取得一定战绩,并因此而封相。与史浩和史弥远相比,史嵩之偏武功,这在史氏家族是不多见的。史嵩之为相也具有专权贪横的特点,最终因为父亲死后,不肯守孝而打算起复招致弹劾,最终罢相。死后追封少师、安德军节度使,进鲁国公。

史氏三代为相,一门荣耀,是南宋时期宁波在文化发展上进入高度繁荣的反映。

参见〔元〕脱脱等:《宋史》卷三百九十六、卷四百一十四,中华书局 1985年版;〔元〕袁桷:延祐《四明志》卷四,中华书局 1990 年版;何忠礼:《南宋史稿》,杭州大学出版社 1999 年版,第 218—300 页;黄文杰:《四明史氏:繁华南宋的文化大族》,《宁波通讯》2014 年第 11 期;王泰栋、孙肇:《四明史氏家庭与宁波历史文化》,《宁波通讯》2002 年第 5 期。

庆元设府

南宋光宗绍熙五年(1194),宁宗继位,诏改次年为庆元元年,同时下旨将明州由州升格为府。明州改为庆元府,是因宁宗在潜邸时曾遥领明州观察使,因此,这一改名和升格,显示了朝廷对明州的重视。明州升格为府后,知州也相应改称"知军府事"。宁波在北宋建隆元年(960)由明州升为"奉国军",并以节度使知明州事,此后因重文轻武,明州长官改由文臣担任。但因其重要的军事地位,南宋初一度由知州兼安抚使,或兼两浙东路兵马钤辖。高宗绍兴二年(1132)又设沿海制置司,以身为侍卫亲军都指挥使、武泰军节度使、主管殿前司公事的郭仲荀知明州兼沿海制置使。孝宗时又以制置司辖制绍兴、温州、台州和明州四府的军兵、将官、巡尉和辖内屯驻官兵等。所有这些都说明了宋代对明州的重视。

元世祖至元十三年(1276),元军占领庆元,置庆元宣慰司,第二年又改设庆元路总管府管理地方事务。大德七年(1303),元政府又将浙东宣慰使都元帅府迁至庆元,设浙东海右道肃政廉访司分司于庆元,并调派沿海翼上万户府和蕲县翼上万户府镇守庆元,加强对庆元的军事控制并防范海盗与倭寇。这些机构的设置,也说明了元代庆元在政治、军事和海防上的重要性。

从明州到庆元府,再到庆元路,宁波作为东南大藩的地位得到了进一步的确立和巩固。

参见〔元〕脱脱等:《宋史》卷四十七、卷一百六十七,中华书局 1985 年版;〔明〕宋濂:《元史》卷十七、卷九十四,中华书局 1976 年版;傅璇琮主编:《宁波通史·宋代卷》,宁波出版社 2009 年版,第 91—96 页。

方国珍割据浙东

在元末农民战争中,最早起兵反元的为方国珍。此后他割据浙东,对元朝政府时降时叛,始终保持实力。最终在与朱元璋的对峙中,方国珍弃地投降,使宁波、台州等浙东地区免受兵燹。在割据浙东期间,他兴修水利、建造桥梁,对浙东地区的稳定和经济发展有一定贡献。

方国珍是台州黄岩人,元至正八年(1348),因仇家诬陷与作乱者勾结,他与家人杀了仇家,逃亡海上,成为一支反元力量。此后元政府不时派人镇压,先是行省参政朵儿只班率水师追捕,方国珍火烧船只,结果元军因惊吓而溃散,朵儿只班成为方国珍俘虏。方国珍以此要挟元政府招降,被封定海尉,却又因不信任元政府而拒不赴任。

至正十年(1350)方国珍再次入海,焚掠沿海州郡,不久又攻打温州。至正十一年(1351)元浙江行省左丞孛罗帖木儿讨伐方国珍,方国珍又大败元军,俘虏孛罗帖木儿,元政府再次招降,授他为万户。至正十二年(1352),方国珍因怀疑元政府命他去长江口防卫有阴谋,于是再次叛乱,元台州路达鲁花赤泰不华起兵征讨,被方国珍所杀。元政府又一次招降,授方国珍徽州路治中并督促其上任,但方国珍不肯离开浙东。至正十四年(1354),方国珍率兵占领台州,由此割据一方。次年,他率水师攻下庆元,把持了庆元地方政权。此后又攻下昌国(今舟山)、余姚、温州,成为割据庆元和台州、温州的强大势力。元政府不得已再次招降方国珍为浙江行省参知政事,并令其攻打浙西的张士诚。方国珍大败张士诚后,迫使张士诚降元,从而也巩固了自己在浙东的基础,至正十七年(1357)方国珍将统治中心迁到庆元,设江浙行省,正式割据浙东。至正十八年(1358),明太祖朱元璋遣使诏谕方国珍,方国珍采取表面顺从、暗地防范的手法,与朱元璋周旋。至正二十七年(1367)九月,朱元璋遣朱亮祖、汤和、廖永忠等出兵讨伐。十一月,方国珍被迫归顺。次年,朱氏政权将庆元改名明州,彻底结束了方国珍在浙东割据的生涯。

在整个割据浙东的过程中,方国珍或降或叛,一切以保存自身实力为目的,浙东在他统治期间也因此相对安宁。此外,为巩固统治基础,他减轻赋税、发展经济,修筑塘堤、建造桥梁,兴办学校、经营盐业,以改善当地民生。这样,在宁波地区的一些志书、文献中,又记载着他在割据庆元期间的政绩。

参见〔清〕张廷玉等:《明史》卷一、卷三、卷一百二十三,中华书局 1974 年版;〔清〕谷应泰:《明史纪事本末》卷五,中华书局 1977 年版;〔清〕曹秉仁修,万经等纂:雍正《宁波府志》卷三十五,宁波出版社 2014 年版;〔元〕王元恭:至正《四明续志》卷三,中华书局 1990 年版;胡正武:《方国珍首义之功与割据之局简论》,《台州学院院报》2013 年第 5 期;章采烈:《论方国珍的功与过》,《上海大学学报(社会科学版)》1990 年第 4 期。

宁波争贡事件

发生在明嘉靖年间(1522—1566)的宁波争贡事件,是中日关系史上的一件大事,它由最初的日本朝贡贸易使团内部的利益之争,最后演变成重大的外交事件。

宁波争贡事件的起因,是明朝和日本之间的朝贡贸易体系。明太祖朱元璋时,实行严厉的海禁政策,严禁海上民间自由贸易,双方的经济往来是基于朝贡体系下的官方贸易,即朝贡贸易。由于明朝政府始终对日本抱着怀疑的心态,因此,对日方来华朝贡有严格的时间、贡额限制。当时,日本正处于幕府衰落、权臣大名纷纷割据的分裂时期,因朝贡可获取较大的经济利益,各地大名为此展开了激烈的争夺。

明世宗嘉靖二年(1523),雄踞日本西部的大名大内氏,持明正德年间所颁发的勘合,即贸易凭证,任命宗设谦道为贡使,率3艘朝贡船赴明。而掌握室町幕府实权的大名细川氏闻讯后,也立即派遣1艘贡船,由鸾冈瑞佐、宋素卿率领,持弘治年间所发勘合赴明,但比宗设谦道晚几日到达宁波。市舶司对双方船只一同验货,结果发现勘合有新旧之分,于是宗设谦道和鸾冈瑞佐之间产生了关于勘合真伪的争执。其后宋素卿贿赂市舶司太监赖恩,使得鸾冈瑞佐的船队虽较宗设谦道晚到,却得以先行进港验货。接着,在市舶司举行的欢迎来华使团的宴会上,又将鸾冈瑞佐的座位设在宗设谦道之上。宗设谦道对此强烈不满,为之与鸾冈瑞佐发生了激烈争执,终至引发斗殴。宗设谦道率领手下抢出武器,攻入设宴的嘉宾堂,杀死鸾冈瑞佐,其后又追杀宋素卿至余姚、绍兴,沿途烧杀掳掠,掳走明指挥袁琎、百户刘恩,杀死百户胡源。返回宁波后,又大掠城区,夺船逃往海上,明备倭都指挥刘锦、千户张镗在追击过程中战死。最后,宗设谦道在逃回日本的途中被朝鲜守卫捕获,献给明政府。

争贡事件发生后,明朝政府以"倭祸起于市舶"为由,废除福建、浙江市舶司,中日之间的朝贡贸易开始解体。而朝贡贸易的解体,导致了民间大规模走私活动的猖獗,大批的走私商人开始聚集在进出宁波甬江的必经航道、号称宁波门户的双屿港(位于今舟山市普陀区六横镇)从事走私贸易,并与东南沿海豪族、官员勾结,形成了规模庞大的武装走私集团,为后来的"东南倭祸"埋下了伏笔。

参见〔明〕周希哲修,张时彻纂:嘉靖《宁波府志》卷二十二,《中国方志丛书》本,成文出版社1996年版;〔清〕李卫、嵇曾筠修,沈翼机、傅玉露、陆奎勋纂:雍正《浙江通志》卷九十五,《四库全书》文渊阁本;〔清〕谷应泰:《明史纪事本末》卷五十五,中华书局1977年版;童杰:《从明日勘合贸易的历史进程看"宁波争贡事件"》,《宁波大学学报(人文科学版)》2013年第6期;戚文闯:《宁波"争贡"事件与中日海上走私贸易》,《浙江海洋大学学报(人文科学版)》2017年第6期;贺文彬:《简谈"争贡"事件》,《航海》1990年第5期。

蒋洲出使日本

蒋洲出使日本是明嘉靖年间（1522—1566），鄞县人蒋洲、陈可愿等奉命出使宣谕日本、招抚王直的一次外交活动。

自双屿港走私贸易基地被明朝政府捣毁后，王直以日本松浦为根据地，不断扩充势力，攻掠东南沿海。面对以王直为首的倭寇集团，明朝政府感到仅用武力难以奏效，于是统治集团内部出现了招抚之议。嘉靖三十四年（1555）六月，因工部侍郎赵文华举荐，胡宗宪出任浙江等处巡抚并提督军务。鉴于官兵出征屡败，倭寇日益猖獗，胡宗宪与赵文华密商后，决定采用都督万表的建议，遣鄞县人蒋洲、陈可愿及以前与王直有交往者，赴日本招抚。胡宗宪在面见蒋洲，商议对策后，即向朝廷上《奏请遣使宣谕日本疏》，在征得朝廷同意后，以蒋洲为正使、陈可愿为副使，充市舶司员出使日本，劝说日本国王约束倭寇，同时招抚王直。在使团临行前夕，为了显示招抚诚意，胡宗宪以同乡的名义，把拘押在浙江金华的王直母亲和妻子释放，加以优待。

嘉靖三十四年（1555）九月，蒋洲、陈可愿一行从浙江定海关启程，前往日本，因途中遭到海寇侵扰，直到十一月十一日才抵达五岛。在五岛，使团一行会见了五岛夷长宁久、夷僧是柏等人，并谕以朝廷之意。同时向王直养子王潋（即毛海峰）说明此行目的。次日，在王潋的安排下，蒋洲与王直会面。蒋洲在向王直转告了胡宗宪的慰劳之意后，晓以大义，动以骨肉之情，力劝其接受招抚。王直本有归顺之意，现得知母亲、妻儿均无恙，于是决定归附朝廷。为了表示归顺诚意，王直将徐海可能进犯沿海的消息通报给蒋洲，同时表示愿意配合蒋洲劝谕日本各地诸藩。在这种情况下，蒋洲经慎重考虑，决定让陈可愿率王潋及王直部下叶宗满、王汝贤等归抚人员先行回国，并向胡宗宪通报情况，自己则继续在日本的宣谕之行。当时日本处于割据状态，君弱臣强，国王并无约束各岛诸藩的实力，在入侵浙江、福建沿海的倭寇中，以丰后、山口二岛最多，为患也最烈。于是，蒋洲等在王直陪同下，先后前往平户、博多、丰后、山口、对马等地，完成了宣谕任务，并基本修复了两国关系。

嘉靖三十五年（1556）四月，蒋洲与王直一行乘海船数十只，率日本贡使团 400 人、中国流民 600 人，从松浦启程返国。七月，抵达定海后，日本贡使僧德阳、大友义镇使者善妙等提出通贡互市，然明廷以贡使手续不齐为由予以拒绝。蒋洲则因王直所乘船只因遭飓风漂至朝鲜，迟迟未到而遭巡抚周斯顺弹劾,被逮捕入狱。王直于九月抵达定海,当初胡宗宪曾允诺其归顺后授以官职,并互相通商,但此时的胡宗宪因群臣弹劾其私遣蒋洲勾引倭寇,为求自保,遂上疏言遣蒋洲赴日是为了诱捕王直,王直遂被处死于杭州。嘉靖三十九年(1560)二月,胡宗宪以擒获王直之功受赏,蒋洲才得以获赦出狱。时尚书谭纶驻节蓟辽,曾召蒋洲前往参赞军务,但蒋洲经这段经历后已心灰意冷,遂婉言辞谢。明隆庆六年(1572),蒋洲病逝于河北昌平旅舍。

参见王佩弦:《蒋洲出使日本考》,《中国市场》2010 年第 48 期;浙江省社会科学院编:《浙江人物志》(中),浙江人民出版社 1986 年版,第 125—126 页;卞利:《胡宗宪传》,安徽大学出版社 2013 年版,第 112—114 页。

五君子翻城之役

"五君子翻城之役"为清初宁波反清志士华夏等密谋收复宁波、绍兴城的未遂事件。

顺治三年(1646),清军渡钱塘江南下,浙东士民纷纷起而抗争,一时山寨四起,皆以恢复故国为念。顺治四年(1647)冬,驻防浙江的清军主力一部分回撤,一部分转入福建、广东,仍留在浙东的清驻军兵力相对单薄。在这种情况下,宁波"六狂生"中的华夏、王家勤和杨文琦、屠献宸、董德钦(时称五君子)秘密计议,图谋恢复。当时,浙东各州县虽已在清廷控制之下,但在舟山群岛有明肃虏侯黄斌卿部水师,四明山中有王翊、李长祥等义军扼险据守。于是,"五君子"积极奔走,密谋联络各方反清武装力量,以一举攻克绍兴、宁波。他们一面派人与在大岚山结寨抗清的明兵部职方司主事王翊联络,一面通过在舟山的御史冯京第劝说黄斌卿率领海师前来接应,计划由王翊会同立寨上虞东山的李长祥部突袭绍兴,得手后即与黄斌卿海师合攻宁波。而华夏等人则在宁波府城内秘密联络清巡海道孙枝秀部下的中军游击陈天宠、陈仲漠(原史可法部下)届时反正,同时请诸生施邦玠、杜懋俊招募鄞县姜山壮士三千人。他们预定于十二月初四日,利用清浙江巡抚御史秦世祯移驻天台之机,里应外合,一举夺回宁波。

然而此秘密计划为降清未用的废绅谢三宾获知,并在十一月向清分守宁绍台道陈谟告密。秦世祯得到这一密告后,立即改变行程,急调附近驻军突袭余姚大岚山、上虞东山、鄞县管江等义军山寨,大岚山寨主王翊仓促率部转移,杜俊懋所在的管江山寨则被清军袭破。清军还在王翊营中搜得明鲁王监国的印、敕、书信等,其中有华夏、董德钦、王家勤、屠献宸、董志宁联名写给王翊的密信。清政府据此在宁波城内按名搜捕,十二月初二日捕获华夏,屠献宸、董德钦等也相继被捕入狱。在舟山方面,黄斌卿一开始对"翻城"计划犹豫不决,在冯京第等人反复劝说之下,才勉强同意出兵。但他出兵之时,还不知道内应已被破坏,仍按预定方案行事。十二月初四日上午,他率领战船数百艘直抵宁波东门,时清军已有戒备,黄斌卿见城内毫无动静,知事已无望,于是在城外与清江口协镇总兵张杰交战至黄昏后即下令撤返,而清军趁势追杀,致黄斌卿部将李让战死,并损失数十艘船只。至此,"五君子翻城之役"彻底失败。同月十六日,王家勤在管江率义军同清军作战时被捕,仅董志宁侥幸逃脱,遁入舟山。

之后,清政府官员着手审理被捕的华夏等人,华夏在狱中受尽严刑拷打,始终坚贞不屈,保护同谋,拼死不牵累战友,于次年五月初二日英勇就义。屠献宸、董德钦、杨文琦、王家勤亦在同时或稍后遇难。

参见顾诚:《南明史》,中国青年出版社 2003 年版,第 462—468 页;谢国桢:《南明史略》,上海人民出版社 1957 年版,第 114 页;南炳文:《南明史》,南开大学出版社 1992 年版,第 262—264 页。

大宝山保卫战

大宝山保卫战是第一次鸦片战争期间发生在浙东战场的一场重要战役。

1841 年 9 月,英军攻占广州后大举北犯,定海、镇海、宁波相继陷落,清廷派奕经前往浙江调集各省援军,力图收复失地。1842 年正月,朱贵奉命率领陕甘军 500 人进驻慈城西门外大宝山。1842 年 3 月 10 日,清军分兵反攻宁波和镇海。其中攻打宁波的清军遭到英军的猛烈阻击,在英军枪炮的攒射之下损失惨重,最终退出城外,而进攻镇海的清军也因敌我装备悬殊在招宝山炮台下惨遭败绩。

3 月 15 日,英军陆军总司令郭富、海军总司令巴加率陆战军 1200 余人,由宁波向慈城进发,其中一支在距大宝山 3 里的大西坝登陆进攻大宝山,另一支从前江入丈亭口,在彭山浦登岸,从背面包抄大宝山。朱贵身先士卒,指挥清军奋勇迎击。战斗中,英军不断发起攻势,朱贵临危不惧,率部坚守阵地,浴血奋战,其"亲执大旗,麾所部迎击,枪炮并发。夷再进,更番迭战,我兵士无不一以当百,自辰至申,饥不得食,渴不得饮,誓死格斗"(朱绪曾《武显朱将军庙碑记》),但在关键时刻,清军将领余步云临阵溃逃,而刘天保、凌长星则作壁上观,致使朱贵部孤军奋战。在英军密集的炮火下,朱贵不幸中弹殉国。其子昭南、共南接过朱贵大旗,指挥部下反击英军,同时阵亡于大宝山麓,以身殉国。朱贵父子牺牲后,余部仍与英军进行搏击,直至"炮击旗折"而退出。

大宝山战役,是清军继定海保卫战后,浙东战场最顽强的一次保卫战。在这一役中,朱贵部将甘肃西宁镇左营游击黄泰、陕甘督标下马关营守备陈芝兰、陕西提标隆德营守备徐宦及士兵阵亡者 430 余人。但此役也给英国侵略军以沉重打击,在朱贵部的顽强反击下,英军伤亡达 400 余人,自此不敢西侵绍兴。

道光二十三年(1843),当地民众为纪念在鸦片战争中英勇阵亡的朱贵将军及其部下将士,募资在慈城西门外 2 里的大宝山西麓兴建朱贵祠。道光二十七年(1847),礼部侍郎吴骏撰书"慈廊庙碑"十六方,孝丰县知事朱绪曾书"慈溪大宝山武显朱将军庙之碑"。祠内悬挂着林则徐题字的"忠规孝矩"匾额。1963 年,朱贵祠公布为浙江省重点文物保护单位,1992 年公布为江北区爱国主义教育基地。

参见炎明主编:《浙江鸦片战争史料》(下册),宁波出版社 1997 年版,第 77 页;傅璇琮主编:《宁波通史·清代卷》,宁波出版社 2009 年版,第 61—62 页;谢善实:《朱贵血战大宝山》,《宁波日报》2012 年 5 月 2 日;薛秀霞主编:《宁波历史》,宁波出版社 1997 年版,第 76—77 页。

太平军宁波保卫战

1853 年,太平天国定都天京,东南震动。1859 年,为解除清军江南大营对天京的围困,太平军决定进军浙江,开辟浙江根据地。

1861 年,李秀成大军向杭州、绍兴分头推进,同时侍王李世贤,派遣部将黄呈忠、范汝增率 10 万太平军经浦江攻诸暨,为东取宁波开路。在攻克诸暨后,黄呈忠、范汝增、何文庆等分兵两路,一路由绍兴苦竹溪南入孙坳,一路由诸暨经东阳,合攻嵊县(今嵊州)。11 月 9 日,在占领嵊县后,分兵南北两路向宁波挺进:南路由范汝增指挥,从山路经陈公岭,在击退奉化团练后,于 11 月 26 日夺取奉化;北路由黄呈忠指挥,经上虞、余姚,于 11 月 28 日占领慈溪、12 月 7 日攻克镇海。至此,太平军已从南、北、西三面对宁波形成包围。12 月 9 日,黄呈忠、范汝增部同时行动,一举占领宁波府城。清浙江提督陈世章、宁绍台道台张景渠逃入江北岸英国领事馆,乘法国军舰逃往定海。至 12 月 16 日,宁波府属除定海外,均被太平军攻占。

太平军攻占宁波后,为巩固政权,迅速建立起府、县各级行政机构政权,并发布安民告示,编制户口、颁放门牌、发放路凭,全面整顿社会秩序。重视农业生产,对贫困农民进行赈济,规定对 5 亩土地以下的农户免除赋税缴纳。注意恢复和发展工商业,对民间商业和手工业实行保护政策。在对外关系上,坚持独立自主的外交政策,设天宁关(海关),收回海关和关税主权,严禁鸦片输入,保护正常对外通商。

太平军占领宁波后,清朝统治者极为震惊,决定"借师助剿",而英法由于在与太平军交涉中的受挫,也更加仇视太平军,于是中外反动势力开始联合绞杀宁波太平军政权。1862 年 5 月 8 日,英法侵略者无理要求太平军主动退出宁波,遭到太平军的严正拒绝和驳斥。5 月 10 日,清政府勾结英法侵略军进攻宁波府城,太平军奋起反击,打死打伤英法侵略军数十人及清军 100 余人,英国军官戴维斯、科诺华、卡农和法军参将耿民等人被击毙。在战斗中,由于英法侵略军武器精良,城内太平军将士 150 余人伤亡。为保存实力,太平军余部在黄呈忠、范汝增带领下,撤离宁波城,转战于余姚等地。

1862 年 9 月 21 日,"洋枪队"头目华尔在英法侵略军的配合下进攻慈溪县城(今宁波江北区慈城镇),太平军开炮反击,华尔中弹后身亡,太平军士气为之大振。10 月 9 日,英法侵略军与清军进攻奉化,梯王练业坤率领太平军奋起反击,打死美国军官司那师及士兵 24 人。此时,因天京受到湘军包围,形势危急,李世贤等奉命回救,太平军主动撤离宁波。

太平军进军宁波,并建立长达半年之久的农民政权,有力地支援了浙江根据地的建立,沉重地打击了中外反动势力,同时有力地鼓舞了宁波人民的抗清斗争。

参见金普森、陈剩勇主编:《浙江通史·清代卷(中)》,浙江人民出版社 2005 年版,第 129—132 页;傅璇琮主编:《宁波通史·清代卷》,宁波出版社 2009 年版,第 69—89 页;俞福海主编:《宁波市志》(下),中华书局 1995 年版,第 2018—2022 页;周长光:《太平军攻占宁波》,《宁波日报》2008 年 9 月 1 日。

中法镇海之战

镇海之战是中法战争中继台湾基隆、淡水和福建马尾战役后的又一次重大战役。

1884 夏,法国侵略军组成远东舰队,开辟海路战场。1885 年 2 月 26 日,法国远东舰队总司令孤拔率舰队自基隆北上进犯宁波镇海县甬江入海口。2 月 28 日,法舰巴夏尔号、纽回利号、答纳克号、德利用方号和数艘武装轮船抵达镇海口外七里屿海面。

镇海守军得悉法舰已到口外,提督欧阳利见即亲登金鸡山顶督阵,并令各营严阵以待。他自己率领兵勇 2500 名防守江南金鸡山，提督杨岐珍、宁波知府杜冠英指挥兵勇 2500 名驻守江北要塞招宝山，守备吴杰统领南北各炮台，以上布置为第一道防线。总兵钱玉兴领兵 3500 人扼守梅墟至育王岭一带，为第二道防线。元凯号、超武号等 5 艘军舰布防甬江口，甬江水道布设满载石头的旧船以备沉船封江，同时在海口布设水雷，以构成水上防线。

3 月 1 日，孤拔登乘纽回利号进至大游山，侦探清军在港口内外的防御设施。下午 3 时，4 艘法舰进攻招宝山炮台。杜冠英督率吴杰下令炮目周茂训开炮还击，其中一发炮弹炸断纽回利号桅杆支索。纽回利号放排炮回击，威远炮台和港内清军各舰亦合力轰击，镇海之役正式开始。这次战斗，双方互相炮击，各发炮数发，纽回利号因遭到重创，与另外 3 艘法舰一同返泊七里屿。

3 月 3 日，法军夜袭镇海被击退后，又增舰 2 艘进攻招宝山炮台，清军开济、南琛、南瑞 3 舰配合镇海威远炮台，在薛福成、吴杰等指挥下，开炮击中"答纳克"号，并击伤孤拔，法军败退。3 月 5 日晚，法军又派黑白 2 只舢板，从馒头山潜袭港口炮台，被清军副将费金组所率的健左旗士兵用排枪击沉。次日早晨，法军放小轮潜至虎蹲探路，又被清军炮台开炮击退。3 月 20 日，清军统领钱玉兴令王立堂率敢死队将后膛火炮 8 门运至小港前哨阵地，深

中法镇海之战形势图（摄于中国港口博物馆）

夜突袭敌舰,命中 5 发,法军伤亡惨重。后法军增兵,均被击退。从此,法舰不敢再接近大游山。此后,孤拔乘舰离开镇海,前往澎湖,法远东舰队副司令利士比由台湾到镇海接替指挥,双方战事处于僵持状态。

3 月 24 日,中法战争陆路战场的清军在镇南关(今友谊关)大败法军,导致法国茹费里内阁辞职。4 月 4 日,中法两国代表在巴黎草签停战协议。14 日,利士比在抛泊于镇海桃子岙的加利桑尼号上致函欧阳利见,告知奉令于 4 月 15 日停战。

镇海之役从 3 月 1 日爆发,到 4 月 15 日结束,历时一个半月。此役中,清军成功地阻挡了法舰的攻势,牵制了法国海军,使法舰北上京津的企图遭到破灭,同时对中法战争的进程和结局产生了重大影响。这是中国近代史上中国军民抵抗列强侵略取得的又一次重大胜利。

参见金普森、陈剩勇主编:《浙江通史·清代卷(中)》,浙江人民出版社 2005 年版,第 233—237 页;傅璇琮主编:《宁波通史·清代卷》,宁波出版社 2009 年版,第 93—96 页;俞福海主编:《宁波市志》(下),中华书局 1995 年版,第 2035—2038 页。

辛亥宁波光复

辛亥宁波光复是在辛亥革命影响下,宁波近代史上的一次重大历史事件。

1911 年 8 月,在资产阶级革命运动影响下,中国同盟会宁波支部成立,赵家艺为支部会长,陈训正任副会长,受上海中部总会领导。同月,为训练和组建革命武装,由陈训正、范贤方等 9 人发起成立上海国民尚武会宁波分会。10 月 10 日武昌起义爆发后,各地纷纷响应,同盟会宁波支部也开始策划起义。

1911 年 10 月 22 日,在宁波同盟会成员范贤方、魏伯祯等筹划下,以"保地方治安"的名义成立了近 500 人组成的宁波民团,以宁波商会的名义分区建立了 5 个商团,宁波革命党人掌握了一支有 1000 余人的革命武装。与此同时,范贤方、魏伯祯等对驻守宁波的新军四十二协统刘洵、标统马志勖、巡防营统领常荣清等做策反工作,促使他们倾向革命,并向民团提供枪械、弹药。10 月 28 日,宁绍台道道台文博得知宁波民团成立的消息后,指令宁波知府江畚经逮捕范贤方、魏伯祯革命党人。但江畚经看到民心倾向革命,清廷已岌岌可危,也转向了革命,不仅拒绝执行,反而规劝文博认清局势。文博见势不妙,当晚就弃印携眷逃往上海。11 月 1 日,范贤方邀集清军官员及各界代表开会,并以保护地方安全为名,当场成立保安会,推举江翰经为会长,陈训正为副会长,刘洵、马志勋、常荣清、范贤方、赵家荪、魏伯桢、励延豫、顾元琛、林钟崃、费绍冠、余承谊、屠用锡等 12 人为干事,规定此后一切军政事务均由保安会议决后实行。保安会实际上已成为一个过渡性临时革命政权。

1911 年 11 月 5 日,魏伯桢、林端辅等人率领宁波革命党人占领宁绍台道署,并以保安会的名义,发出安民告示。同时召开紧急会议,决定取消保安会,成立宁波军政分府,并连夜赶制"中华民国宁波军政分府都督印"。根据《军政分府之决议》,11 月 6 日,宁波军政分府在小校场召开誓师大会,都督刘洵发布《宣告宁波军政分府成立文》,正式宣布宁波独立。宁波光复后,所属各县纷纷改易旗帜,至 11 日,宁波府属各县先后宣布光复,并随之建立军政支部等临时政权机构。此后,在各县代表会议基础上,成立参议部,推选赵家艺为参议部部长,余镜清为副部长,冯贞群、陈训正等 10 多人为参议员,建立了立法机构。

1912 年元旦,中华民国成立。宁波各县成立县公署,设民事长,后改称县知事,主持县政。5 月 31 日,宁波军政分府取消,由六邑公会接管。

辛亥宁波光复及军政分府,虽然只持续 6 个多月,但它结束了清王朝在宁波的统治,使宁波人民受到了一次资产阶级共和思想的教育,揭开了宁波走向民主共和历史的新篇章。同时,宁波光复对于推动和发展全国尤其是东南地区的革命形势,以及援助南京的光复,具有重要的历史意义。

参见金普森、陈剩勇主编:《浙江通史·清代卷(下)》,浙江人民出版社 2005 年版,第 204—209 页;傅璇琮主编:《宁波通史·清代卷》,宁波出版社 2009 年版,第 137—142 页;乐承耀:《辛亥宁波光复纪略》,《中共宁波市委党校学报》2001 年第 6 期;李磊明:《辛亥革命与宁波的"百年渊源"》,《宁波日报》2011 年 10 月 11 日。

宁波学生五四运动

宁波学生五四运动是宁波学生响应北京、上海等地号召而进行的一场声势浩大的反帝爱国运动。

1919 年 5 月 7 日,北京、上海等地学生反帝爱国斗争的消息传到宁波,全城学生奋起响应。9 日,宁波钟灵学校全体师生率先手执旗帜,高唱国耻歌,上街游行。10 日下午,效实中学、省立四中、甲种工业学校、甲种商业学校、浸会学校、三一中学等校学生四五百人纷纷上街游行示威。当日,效实中学成立"效实中学自助会",并发表成立宣言,指出:"自青岛问题发生后,而轩然大波以起，日人横加侵袭。政府以遏抑民气为主，不肖之官吏且鬻国以自肥。国脉已摧矣。我学生以众望所寄，处今日风云之激荡，不得不速起而为图。"在效实中学带动下，省立四中等校也相继成立自助会或自治会。他们发出宣言和通电，声援北京学生的爱国运动。为团结力量，效实中学与省立四中联合提议组建宁波中等以上学校学生联合会，得到四师、浸会、中工、女师、毓才、甲商、斐迪、崇德、圣模、崇信等 13 校的支持和赞同。5 月 19 日，各校代表在后乐园召开学联成立大会，宣布成立"宁波中等以上学生联合会"（后改称"宁波学生联合会"），并议定将通力从事爱国宣传与抵制日货两事。"学联会"下设评议、执行两部，由学联会会长兼执行部主席，副会长兼评议部主席。执行部下又设宣传、演讲、调查、出版、制造等股。会议公推效实中学袁敦襄为第一任会长，同时由各校推举 21 名代表组成领导机构。宁波学联会的成立，第一次实现了宁波学生界的联合。

宁波学联成立后的一项重要工作是组织宣传队上街演讲，向市民讲述五四运动起因和北京、上海等地民众的爱国斗争，以激发宁波民众的爱国热忱。同时，还组织学生到镇海、鄞县等地宣讲演出。学生们自编自演，形式多样，有双簧、默剧、独角戏、活报剧等，内容既有反映爱国题材的《痛打卖国贼》《东洋乌龟爬不动》《巴黎和会》等，也有反抗封建礼教和揭露社会黑暗的《父与子》《夫妻之争》《苦况》等。从 5 月 19 日起，北京、上海、杭州等地学生相继举行罢课。杭州救国会、上海学联先后派代表来宁波联络，要求一致采取为声援北京学生而罢课的行动，共同对抗反动政府。5 月 31 日，在宁波学联的领导下，各校学生实行总罢课。

宁波学联成立后的第二项重要工作是抵制日货。为推动商界抵制日货，效实中学、省立四中等 11 所学校和商会组织发起成立"宁波商学联合会"，以互相协调，统一行动。在运动期间，学生社团动员宁波全社会查禁、抵制日货，接连查办了新章、余懋、大丰昶等销售日货的商家。同时，随着学生运动的蓬勃开展，宁波的工界、商界也开始罢工、罢市，声援学生爱国运动。在全国人民的强大压力和坚决斗争下，北京政府被迫罢免曹汝霖、章宗祥、陆宗舆的职务，并拒绝在巴黎和约上签字，五四运动取得胜利。

五四运动，促进了宁波新文化运动的深入发展和马克思主义在宁波的广泛传播，为宁波历史向新民主主义方向发展、为中共宁波地方组织的建立，提供了思想和干部条件。

参见金普森、陈剩勇主编：《浙江通史·民国卷（上）》，浙江人民出版社 2005 年版，第 185—192 页；傅璇琮主编：《宁波通史·民国卷》，宁波出版社

2009 年版,第 63—75 页;乐承耀:《五四运动在宁波及其划时代的影响》,《中共宁波市委党校学报》2009 年第 3 期。

宁波工人运动

宁波开埠后,随着近代工业的发展,宁波产业工人的队伍日益壮大,阶级意识和政治觉悟逐渐提高,并开始以独立的身份登上政治舞台。

1918 年,和丰纱厂工人首先起来展开反对日本"拿摩温"(工头)的斗争。1918 年春,镇海灵岩、泰邱两乡锡箔工人因要求增加工钱遭业主拒绝,组织同盟罢工。1919 年五四运动爆发后,为了声援北京学生的五四运动,5 月 15 日,宁波码头扛帮工人首先发动罢工,拒绝为日本富士丸号卸运煤炭,这是五四运动发生后全国最早的罢工之一。为营救北京被捕学生,6 月 9 日,行驶于沪甬航线的"新北京""新宁绍""江天"号等轮船的水手、伙夫同上海海员一起举行罢工。6 月 10 日,沪杭甬铁路全体行车人员加入罢工行列,沪杭甬水陆交通一度中断。与此同时,和丰纱厂、正大火柴厂和一些洋行的中国员工、汽车司机也相继参加罢工。工人的罢工斗争给北洋军阀政府造成了强大的政治压力。五四运动后,宁波工人罢工斗争日渐活跃,他们积极参加政治活动,不断发动经济、政治罢工,其中影响较大的有鄞县织绸工人、宁波银楼工匠、宁波海员工人、宁波永兴洋行职员、宁波美球袜厂女工罢工和余姚竹木业、铁锅业工人罢工,等等,罢工运动不仅波及各个行业,并开始将维护自身经济利益和反帝反封建斗争的历史使命结合在一起。

1925 年五卅运动和省港大罢工后,宁波工人阶级在中国共产党领导下,纷纷组织工会响应声援。6 月 5 日,宁波城区 2 万多工人、商人和学生组织"三罢",响应上海五卅斗争。1926 年 1 月,中共宁波全地方第一次代表大会召开,会议选举产生中共宁波地方执行委员会,由华林任书记,执委会下设工、农、国民、妇女等四个分委员会。此后,工人运动更加风起云涌。5 月 25 日,宁波华泰、华经、涌昌盛等丝绸厂工人举行罢工,要求增加工资。5 月 30 日,宁波城内 50 余家药店店员举行全行业罢工和示威游行,要求提高工薪。从 6 月起,宁波木作、花炮、印刷、理发、香业、麻袋、金银、米业、成衣等行业的工人相继罢工,要求增加工资、改善待遇。其中罢工规模最大、斗争最为激烈的是和丰纱厂的"六月工潮"。10 月 21 日,中共宁波地委以国民党市党部名义,在小校场组织召开了有 3000 多名代表参加的大会,宣告宁波总工会成立,王鲲被选举为总工会会长,当时总工会的会址便设在江北的封仁桥。总工会成立后,王鲲便立即指导各工会开展工作,到 1927 年 4 月,宁波城区共建立工会组织 100 多个,慈溪、镇海、象山、定海、余姚等县也相继成立县总工会及行业工会和基层工会。

宁波早期工人运动的蓬勃开展,显示了工人阶级的伟大力量,同时也扩大了中国共产党在宁波人民中的影响。

参见傅璇琮主编:《宁波通史·民国卷》,宁波出版社 2009 年版,第 61—96 页;宁波市总工会编:《宁波工人运动史》,中国工人出版社 1994 年版,第 15—30 页。

"四一九"宁波战役

"四一九"宁波战役是侵华日军为了实施"南进"计划,而对我国东南沿海实施登陆封锁作战的重要组成部分。

1941 年 3 月下旬,日军大本营指示驻上海吴淞的第五师团实施对浙江沿海的登陆封锁作战。4 月 14 日,驻沪日军第十三军司令官泽田茂奉命设指挥所于杭州,指挥东西两线对浙战争,其中西线日军进攻诸暨、绍兴,东线分 4 路进攻镇海、石浦、海门、瑞安等地。4 月 17 日凌晨,日军第五师团一部乘快艇百余艘,在猛烈的炮火掩护下,直扑镇海要塞及附近地区。同时,提前集结在定海的敌军舰、汽艇,在大津和郎率领下准备再次向镇海发起攻击。当时,国民政府军在象山至曹娥江地区仅有第一九四师和暂编第三十四师分任甬江以南防务,且第三十四师准备赶赴上虞百官参与西线作战。

4 月 19 日凌晨,在大津和郎少将的指挥下,日军第五师团第九旅团的 6 个大队和海军陆战队及伪军一部,在军舰炮击和飞机轰炸的掩护下,向镇海口两侧发起猛烈进攻,在招宝山、后海塘、石塘头、双跟塘等地实施多点分股登陆。在镇海口江北一线,登陆招宝山的日军遭到守军三十四团一团一营的顽强抵抗,守军伤亡惨重,二连连长蔡文烈、一营营长戚威良先后阵亡。另一股日军 1000 余人在石塘头、双跟塘间登陆,一团三营九连在滩头奋勇阻击,守军大部阵亡。其后,登陆日军分两路直扑贵泗妙胜寺,三营剩余官兵英勇抵抗,营长颜怀信及部下官兵大部阵亡,镇海县城沦陷。在镇海口江南一线,700 余名日军于拂晓时分在小港北面的黄瓦跟登陆,并与登陆金鸡山的日军会合,继续西犯。在日舰日机的狂轰滥炸和日军的猛攻之下,守军一九四师五八一团伤亡极大,其中担负竺山头阻击任务的刁君岳连在后援无继的情况下拼死抵抗,全连将士壮烈殉国。在镇海要塞正面,日军炮艇突破镇海口封锁线,溯甬江西犯。其中有两股在甬江北岸的王家洋、清水浦登岸,与守军暂编三十四师第一团激战后突破其防线入侵白沙、孔浦一带;另一股在甬江南岸的梅墟上岸,突破一九四师的防线,进犯宁波江东,与江北日军形成钳形夹攻之势。

19 日午夜,国民政府军一九四师一部、宁波警察总队和前来增援的暂编三二师第一团,在宁波城区和沿江岸线布防。20 日拂晓,日军向江北岸守军进犯,宁波城区与江北岸均处于包围之中,第一九四师和防守司令部被迫退出宁波市区,转向奉化。下午 5 时,日军第九旅团四十联队占领城厢,宁波沦陷。

日军主力在攻下宁波城后,沿鄞奉公路继续向奉化进犯。22 日,日军攻陷溪口。23 日,慈溪、奉化、余姚等县城也相继沦陷。

"四一九"宁波战役后,宁波地区的抗日战争进入了一个新的对峙阶段。

参见金普森、陈剩勇主编:《浙江通史·民国卷(下)》,浙江人民出版社 2005 年版,第 254—258 页;傅璇琮主编:《宁波通史·民国卷》,宁波出版社 2009 年版,第 171—173 页。

解放宁波

1949 年 5 月 25 日,宁波全城解放,宣告了国民党政权在宁波统治的结束。

1949 年 4 月 21 日,解放军百万雄师横渡长江,向南京和上海、杭州推进。5 月 3 日,杭州解放。16 日,人民解放军第三野战军第七兵团二十二军奉命从杭州三墩出发,沿杭甬公路向浙东进军,拉开了解放宁波的序幕。21 日凌晨,二十二军六十五师、六十六师渡过曹娥江,向余姚进击。22 日,上虞解放。同日上午,浙东第五支队与六十五师一九三团在余姚筻竹岭附近的沈湾村、龙舌里胜利会合。23 日拂晓,六十五师、六十六师会师余姚县城,余姚解放。

5 月 24 日晨,二十二军所属六十四师、六十五师、六十六师分路向宁波挺进,上午 9 时,六十五师一九五团歼灭国民党二二一师六六三团 1 个营,俘获杂牌部队 1 个连,解放慈溪县城,下午 3 时进抵宁波江北岸。此时,六十六师一九七团也攻占了骆驼桥,歼灭国民党军的 1 个连,切断了敌军逃往镇海口的退路。当晚 22 时,六十四师一九○团从西郊抵达宁波城西,一九一团则自西向南,截断鄞奉公路,在鄞县石碶一带击溃国民党余姚县保安团。宁波城已处于二十二军的四面包围之中。

25 日拂晓,六十五师一九五团、六十四师一九○团在市中心会师。下午,中共四明工委城工部和鄞县办事处的地方党政军干部与解放军在旧鄞县政府会面,并在商会礼堂召开军民各界大会,宣布宁波解放。28号,宁波市军事管制委员会成立,主任为二十二军政委丁秋生,第一副主任为沙文汉,第二副主任为顾德欢。29日,中国共产党浙江省第二地方委员会(后改称中共宁波地委)成立,书记为丁秋生,第一副书记为沙文汉、顾德欢,第二副书记为陈伟达。6月4日,浙江省第二区专员公署成立(后改称浙江省人民政府专员公署),苏展、朱之光任正副专员。24日,宁波市政府成立,隶属省人民政府和第二区专员公署双重领导,市长为苏展。8月7日,中共宁波市委成立,由省委和地委双重领导,市委书记为陈伟达,副书记为苏展。

在此期间,向嵊县、新昌进击的人民解放军二十一军六十一师进入奉化县境,在宁波解放的同一天解放奉化。二十二军六十六师一九七团于5月25日下午自骆驼桥进入镇海城郊,随即渡过甬江进据镇海小港;一九八团于26日晨解放镇海县城。至29日,柴桥、郭巨和穿山半岛解放。7月初,解放军发起宁象战役,宁海、象山相继解放。至此,除定海外,宁波地区陆域均告解放。1950年5月,经定海战役,解放定海县城及整个舟山群岛,宁波地区全境解放,由此开启了宁波历史发展的新纪元。

参见傅璇琮主编:《宁波通史·民国卷》,宁波出版社2009年版,第242—245页;俞福海主编:《宁波市志》(下),中华书局1995年版,第2056—2058页;褚银良:《宁波城市变迁与发展(1949—1978)》,宁波出版社2009年版,第242—245页;杨明祥、胡国忠:《浙东曙光——宁波解放纪实》,《足迹》2009年第6期。

第二部分　宁波城事

一、概　述

所谓宁波城事,主要指宁波城市由起源、发展、繁荣到近代转型这一历史进程中所发生的事件。作为宁波城事空间载体的宁波城市,在当代已发展成为一个庞大的城市集群,其中心是围绕三江口延展的宁波都市内核板块——海曙、江东、江北、鄞州。三江口都市内核在历史上一直是宁波州府官署所在地,无疑是宁波城事最重要的舞台。环绕宁波都市内核,分布着7个外围城市副中心——镇海、北仑、余姚、慈溪、奉化、宁海、象山,慈溪坐北,余姚偏西,镇海和北仑居东,奉化、宁海和象山在南。

根据宁波城市的发展历史和城市建设特点,本部分分4个专题予以叙述:先民之城——寻绎先秦至唐以前宁波地区的建城史;州县兴衰——梳理唐以后至近代宁波州治和县治的兴衰沿革;昨日荣光——梳理和挖掘新中国成立之前宁波城市的标志性建筑;城墙沧桑——探寻城墙旧迹和卫所遗事。有关宁波城事的整理和爬梳,一方面沿着纵向的时间轴线依次递进,以展现城事之间的时间序列和因果联系;另一方面兼顾横向的空间点面,考察州署、城墙、卫所以及其他市政设施的建设及相关事件。

(一)先民之城

就城市的诞生而言,古代城市是区域中心聚落发展、嬗变的结果,城市起源于聚落，但又不等同于聚落，城市并非简单的聚落几何规模扩大的产物，由聚落到城市的变化意味着一次形态的超越、结构的革命。英国著名学者柴尔德（V. G. Childe）曾在其《城市革命》（"*The Urban Revolution*"）一文中列举了早期城市的 10 项标准：一是扩大的人口规模以及高人口密度；二是从事手工业生产的专门人员；三是财富的集中与再分配；四是大规模的公共设施和建筑物；五是统治阶级与被统治阶级；六是文字的出现与应用；七是科学技术的产生；八是艺术活动；九是远距离贸易；十是以地域为基础的集团构成。其中强调文字、科技、贸易、财富管理、艺术生产等要素的存在，往往是聚落所不具备的。但城市源于聚落几乎是可以肯定的，宁波先民之城便是在聚落的基础上诞生的。

甬江及其两条支流姚江与奉化江是滋育宁波先民的生命之江、造化之水。相较于甬江和奉化江，姚江江水平缓、江面宽阔，较少受到海水咸潮回灌的影响，更易于先民聚居生息。根据宁波史前考古调查，河姆渡文化时期，姚江流域已经出现了为数众多的史前聚落，河姆渡、田螺山、傅家山等著名遗址矗立于姚江之滨，如满天星斗交相辉映。经过河姆渡文化时期、河姆渡后续文化时期以及先越文化时期的发展，四明地区在进入越国时代后，一些中心性聚落开始逐渐向城邑演进。在这一演进过程中，政治因素的促动作用不可忽视，在宁波史前聚落的摇篮和最早城市——句章城邑肇始上，便明显体现出这一特点。根据史料记载，句章就是勾践为纪念灭吴功绩而建。除了句章，先秦时期四明地区还有"鄞"这一地名，而且在秦汉鄞县县邑故址——奉化白杜东北约 5 千米处还发现了横溪钱岙商周遗址，然而，文献史料和考古材料尚不能证明"鄞"已经是一座城市。

秦汉时期，四明三江地区出现了句章、鄞、鄮和余姚 4 个县邑，均属会稽郡管辖。4 座城邑的区域空间配置十分合理：句章和余姚位于姚江之滨，沿江建城，东西相望；鄞和鄮依山立城，南北呼应。根据句章的考古调查状况来看，汉晋句章城址宽约 120～200 米，长约 470 米，其他 3 个县邑的面积也应与之相仿。然而，县邑的空间构成元素远比普通聚落复杂，除了居住区之外，官署、祠庙、市场必不可少，县邑管辖着乡、亭、里等基层行政机构。

西晋太康元年（280），晋廷析出临海郡北 200 户、鄞县南 800 户，置宁海县，治所设于白峤，归临海郡，是为宁海建城之始。东晋末年，孙恩屡攻句章，致句章残破不堪，县所迁往小溪。南朝宋泰始五年（469），龙骧将军周山图屯浃口，击败临海田流叛军，泰始六年（470），又在浃口设戍，镇海城市由此萌芽。隋文帝灭陈之后，将余姚、鄞和鄮 3 县并入句章，隶吴州。

　　先秦至魏晋南北朝,是四明地区城市萌芽和早期发展时期,与各个城邑诞生相关的史实最值得关注。宁波早期城邑的特征为:第一,几乎所有城邑的诞生和早期发展轨迹中都有政治作用力的痕迹。例如,越国时期的句章系越王勾践所筑,秦至六朝的句章、鄞、鄮和余姚四城都是作为县邑营建而存续,镇海城邑的起源与浃口设成有关。朝廷创建这些行政城邑的目的,在于强化对地域社会的控制。第二,各个城邑兴起的叙事脉络,各有特点。句章和余姚在滨江立城,利用姚江水道沟通外界;鄮邑曾是山民和海人的贸易之所,城邑因贸易得名;鄞地附近相传有出锡之山——赤堇山,邑落因锡而兴;浃口戍因地处江海交通要冲,以军事要塞为始,逐渐聚合兵民而形成城邑。

(二)州县兴衰

　　唐武德四年(621),以旧余姚县地设姚州,合句章、鄞、鄮三县地置鄞州,这是宁波设州之始。然而,这一行政建制并未就此稳定下来,武德七年(624),姚州重新降为余姚县,隶属越州。翌年,唐廷又废鄞州,改置鄮县,设治小溪,归隶越州。唐中宗神龙元年(705),析宁海东界在象山东麓彭姥村置象山县。开元二十六年(738),唐廷准江南东道采访使齐澣的奏请,分越州立明州。自此,明州从越州分离出来,固定为一个独立的管县政区。明州州治最初设于小溪,并在小溪建立了州学。后又设慈溪、奉化两县,自此四明地区城市群基本形成。天宝元年(742),明州改为余姚郡。乾元元年(758),余姚郡又恢复为明州。8世纪后半叶,明州频遭战乱之灾。至德二年(757),龚厉父子在余姚起兵,攻明州不克,乾元二年(759)兵败被杀。宝应元年(762)十月,袁晁起义军攻陷明州,次年为唐副元帅李光弼所败。贞元十四年(798),明州镇将栗锽起事,杀刺史虞云,攻略宁海、台州等地,十五年(799)栗锽兵败被俘杀。长庆元年(821),明州迁州治至三江口。太和七年(833),鄮县令王元暐发民于县治西它山旁垒条石修筑它山堰(今海曙区鄞江镇)。大中十四年(860),裘甫义军攻打衢州、婺州、明州,明州官府招募丁勇,在州城外围堆筑土垒、挖掘壕沟、布设栅栏,这是州城有城防设施之始。

　　后梁开平三年(909),吴越王钱镠升明州为望海军,改鄮县为鄞县,将鄞县县治迁至州城。宋建隆元年(960),明州易名为奉国军。宋太宗太平兴国二年(977),奉国军节度使钱惟治调离明州,明州开始由文臣知州管理。天禧二年(1018),知州李夷庚迁立州学于孔庙(今中山公园东侧)。嘉祐六年(1061),知州钱公辅疏浚月湖,于湖滨筑偃月堤,建众乐亭。元祐八年

(1093),知州刘淑发民疏浚月湖,以湖中淤泥堆筑岛屿,形成"月湖十洲"胜景。建炎四年(1130)正月,金兵陷明州城,在城内烧杀掳掠达17日,整个州城化为废墟。绍兴十四年(1144),知州莫将于月湖柳汀修建逸老堂(后称贺秘监祠)供祀唐朝诗人贺知章。绍熙二年(1191),福建舶商沈法询于来安门外奉化江滨建天妃宫。庆元元年(1195),宁宗赵扩即位,升明州奉国军为庆元府,辖县不增。嘉定十三年(1220),庆元府城大火,延燎官民屋舍不计其数。宝庆二年(1226),庆元知府胡榘主持修缮府城,重建子城东、西门。宝祐五年(1257),庆元知府吴潜再次发民大修府城,并于城内平桥立"平"字水则碑。德祐二年(1276),庆元知府赵孟传献城降元,元廷改庆元府为庆元宣慰司。元元贞元年(1295)一度升奉化县为州。大德六年(1302),元廷改浙东宣慰司为浙东道宣慰使都元帅府,将治所自婺州(今金华)迁至庆元,庆元城在浙东地区的行政地位进一步提升。至正十五年(1355),方国珍从海上攻掠庆元,纳麟哈剌献城投降。次年,方国珍降元,仍拥兵驻庆元,其官署在子城北侧(今中山公园)。至正二十七年(1367)五月,方国珍惧于朱元璋军南下,急修庆元城,四旬而毕。不久汤和兵临余姚,进逼庆元,方国珍出降。

明洪武六年(1373),明州卫指挥冯林再修府城,增高城墙,深挖城壕。洪武二十年(1387),汤和迎普陀山宝陀寺佛像供于府城江东补陀寺(今七塔寺)。永乐二年(1404),中日勘合贸易开始,宁波被指定为日本勘合贸易船唯一登陆口岸,宁波府城内先后设安远驿、嘉宾馆接待日本遣明使团。宣德九年(1434),宁波知府黄永在唐宋旧址上重建鼓楼,南面题名"四明伟观",北面悬额"声闻于天"。嘉靖三十年(1551),宁波知府孙宏轼于子城南镇明岭(今镇明路)建正学祠,祀宋淳熙四先生(杨简、袁燮、沈焕、舒璘)。嘉靖三十五年(1556),宁波知府张正和督修府城。万历十三年(1585),宁波知府蔡贵易重修鼓楼。

入清后,宁波府城较之明代变化不大。顺治十五年(1658),浙江提督田雄兴修府城。康熙七年(1668),黄宗羲应万泰等人之邀讲学甬上,设馆于城西万氏墓庄,称甬上证人书院(即白云庄)。雍正八年(1730),重修宁绍台道公署(位于子城西北角,今中山公园内)。1840年6月,鸦片战争爆发,7月英军进犯舟山定海和宁波镇海。1841年10月,英军进攻宁波府城,地方官员纷纷出逃,府城一度沦陷。五口通商之后,宁波三江口府城面貌和城市建设在西方文化影响下逐渐发生变化。1911年辛亥革命之后,宁波府建制终结。1927年宁波设市,府城城墙拆毁,宁波府城古老的躯壳随之消失。

(三)昨日荣光

唐代以前,宁波地区缺少较大规模的城市建筑和设施营造活动。唐代宁波代表性的建筑主要集中于小溪明州旧治和三江口新治,其中包括交通、水利和宗教场所设施。天册万岁至万岁登封年间(695—696),天封塔初建完工。唐圣历二年(699),鄞县县令柳惠古将灵应庙迁至三江口一带。长庆元年(821),明州治所迁至三江口,刺史韩察主持修筑子城,安置官署衙司。长庆三年(823),刺史应彪在奉化江上(今灵桥址)修建东津浮桥。太和七年(833),它山堰蓄淡阻咸水利设施建成(今海曙区鄞江镇)。大中五年(851)建国宁寺(即天宁寺),咸通四年(863),寺僧在山门东西筑起2座五层砖塔,称咸通塔。

两宋至元代,不仅明州(庆元)官方组织的造营工程增多,民间建设活动也远超前代,但当时兴建的寺观楼阁,今存者甚少。北宋大中祥符六年(1013),保国寺住持则全法师与法弟德诚集资募众重建寺内大殿。庆历八年(1048),王周任知州,将新造刻漏计时器置于子城南门楼,王安石为之撰《明州新修刻漏铭》。政和七年(1117),明州为接待高丽使节,在州城城内专置高丽使馆(今镇明路宝奎巷)。绍熙二年(1191),福建舶商沈法询于来安门外奉化江滨建天妃宫。宝庆二年(1226)庆元通判蔡范监市舶务,重修来远亭,易名为来安亭,来安亭是市舶查验货物场所。宝祐五年(1257)知府吴潜在城内平桥建水则亭,于亭内立"平"字水则碑。元大德二年(1298),赵寿在西门外大卿桥创建鄮山书院。至正二十年(1360),方国珍重修东津浮桥,刘仁本为之撰《平章方公重修灵桥记》。

明洪武二十九年(1396),定海(今镇海)县治东北建鼓楼,定海鼓楼存留至今。永乐三年(1405),宁波府城内设安远驿,后增建嘉宾堂,用以安顿日本贡使。明嘉靖四十年(1561),兵部右侍郎范钦辞官回里,在自宅东明草堂东侧始建私家藏书楼——天一阁。清康熙二十一年(1682),江东补陀寺前建塔7座,改名七塔报恩禅寺。康熙四十七年(1708),宁波药商建药王殿于府城(今咸塘街)。雍正五年(1727),旅甬闽粤舶商集资重修江厦天后宫。乾隆四十二年(1777),甬人卢址于宁波府城内石板巷建私家藏书楼,称为抱经楼。道光三年(1823),徐时栋之父徐太茂创建恋湖书楼,后易名为烟屿楼。

鸦片战争后,西方势力渗入宁波,府城内外西式建筑逐渐增多。道光二十四年(1844),英国在宁波派驻领事,领事馆建在中马路,俗称大英公馆。

同年,英国基督教传教士爱尔德赛女士在宁波创建女塾(甬江女中前身),这是中国近代第一所女子学校。道光二十五年(1845),美国长老会在宁波创设华花圣经书房,这是外国人在中国经营的最早的印刷出版机构。道光二十七年(1847),美国基督教浸礼会传教士马高温在宁波创建大美浸会医院,1915年改名华美医院(永丰门故址附近)。咸丰三年(1853),北洋舶商集资营建的庆安会馆落成。咸丰十年(1860),城内药行街建立天主堂。同治元年(1862),英人于和义门道头建姚江浮桥,次年移位至三江口西的桃花渡口,俗称新江桥。同治十一年(1872),江北岸天主堂建成。光绪十三年(1887)3月,宁波帮著名实业家严信厚在姚江江滨湾头下江村创办了通久源轧花厂。光绪二十三年(1897),宁波邮政局成立,地点在江北岸外马路北段,邮政局的两层英式建筑至今尚存。1924年,宁波钱业会馆三江口新馆(位于今和义路东端)竣工。1930年,宁波海曙鼓楼楼顶增筑瞭望台,内置大钟1座。1933年,宁波乡贤募资重修天一阁,并移入府学尊经阁,同时于藏书楼旁增建"明州碑林"和"千晋斋",使天一阁成为一座具有博物性质的设施。1936年,新式钢骨结构的灵桥竣工建成。

(四)城墙沧桑

"城墙沧桑"主要搜集和整理有关城墙修筑、城门建造、卫所建设的故事。考察的年代上限为六朝,下限至近代。

宁波地区最古老的城墙为越国句章城墙。句章城墙经历了秦汉三国,至东晋隆安四年(400),孙恩农民起义军自浃口(今镇海口)登陆,围攻句章城,刘裕据城与之展开激战。经此役后,句章古城已残破不堪。隆安五年(401),刘牢之为抗击孙恩水军来犯,筑土垒于三江口之西,后世称之为筱墙,是为宁波三江口城防设施之始。东晋末年,句章县治迁至小溪。入唐以后,小溪又成为明州最初的州治所在地,但迄今为止小溪一带仍未发现城墙遗迹。唐代长庆元年(821),明州治所迁至三江口,刺史韩察发民修筑了子城城墙。唐末浙东战乱频仍,乾宁五年(898)黄晟征调民夫营筑明州罗城,奠定了此后宁波州城的空间分布格局。

两宋时期,明州(庆元)城墙和城门几经修缮。北宋元丰二年(1079),知州曾巩征调民夫修缮子城和罗城。宝庆二年(1226),庆元府知府胡榘主持府城维修工程并重建望京、东渡、灵桥3座城门。宝祐五年(1257)知府吴潜再次大修府城,重建望京、郑堰、下卸门3座城楼,并修缮甬水门、灵桥门、东渡门楼。入元之后,庆元城墙拆而复建。元军占领庆元之初,拆毁了庆元城墙。至正十二年(1352),为了防范方国珍部来犯,浙东都元帅纳麟哈剌主持重筑元初所毁的庆元城。至正十九年(1359),方国珍惮于朱元璋军势,令部下增筑扩建余姚县城,高明为之撰《余姚筑城记》。至正二十七年(1367),朱元璋下书讨伐方国珍,方国珍急修庆元城御敌。

明代重视海疆防御,不但加强府城和县城城防,而且在滨海要地布设卫城、所城以及烽堠设施,构筑起完善的海防体系。洪武元年(1368),汤和在沿海督建卫所,浙东建明州、临山、观海 3 卫。明洪武六年(1373),明州卫指挥冯林再修府城,对城墙进行增高加厚。洪武十七年(1384),汤和至宁波等处巡视海防与沿海诸城,升昌国千户所为昌国卫。洪武二十年(1387),立定海卫,筑定海城。洪武二十七年(1394),昌国卫从象山县东门山迁至后门山,重筑卫城。成化四年(1468),日本画僧雪舟等杨随日本遣明使团至宁波,绘《宁波府城图》和《育王山图》。嘉靖三十九年(1560)都督卢镗召集军民在定海(今镇海)招宝山巅修建威远城。崇祯十四年(1641),海道副使王应华于府城西南隅建庆云楼,俗称八角楼。清康熙二十四年(1685),宁波知府李照募民维修府城。道光七年(1827),府城东南隅城墙边修路时,发现南宋残碑蔡范《市舶司记》、方万里《来安亭记》,两碑应是南宋来安门故址遗物。

鸦片战争后,宁波城墙基本不再有大的维修活动。不过,为了防御西方列强的入侵,镇海威远城的建设还是有所加强,并增置了新式火炮,例如,光绪九年(1883),在威远城增建月城,在镇海口炮台置炮 45 尊。同治元年(1862),占领宁波府城的太平军为了加强城防,在府城城外沿姚江筑炮台数座,城上列置大炮。英人以城上大炮危及江北外国人居留地安全为由,一再要求太平军撤除,遭到太平军将领坚拒。清朝末年,随着现代武器的广泛使用,城墙在城市防御中的作用不断降低。1920 年春,拆城造路被当时的鄞县县政府提上了议程,并开始陆续拆毁城墙。1927 年,宁波市政府通过了拆毁城墙建设环城马路的提案,开始大规模拆除城墙。到 1931 年,除留下庆云楼和鼓楼外,城墙全部被拆除,并在城基上建起了环城马路。

二、词 条

大城句章

句章是宁波地区早期城邑之一,也是宁波最早的滨江通海之城,位于今宁波江北区慈城姚江北岸，距宁波市中心三江口大约 20 千米。

句章的建城历史可以追溯到先秦越国时代。越王勾践三年（前 494），越军败于吴师，越王勾践也被羁押于吴国，3 年之后，才得以重归故土。自此之后，勾践开始筹划灭吴大业，他一面发展生产，生聚教训，一面厉兵秣马，奋发图强。春秋时期，四明三江地区是越国的东疆，枕山面海，坐拥渔盐之利，但由于人烟稀少，荒壤待垦，塘堤未修，一直未出现物阜民丰的大城硕邑。尽管如此，勾践对越国东疆仍非常重视，曾一度驻于余姚车厩（今余姚河姆渡镇南）一带卧薪尝胆，设营练兵。《读史方舆纪要·浙江四》"车厩山"条记载："县西南四十里，昔越王勾践置厩于此，停车秣马，遗迹犹存。今设车厩驿，有车厩渡，去府城六十里，西去余姚县亦六十里。"

周元王三年（前 473），越王勾践灭吴，吴王夫差成为阶下之囚。勾践打算将夫差安置到甬东海岛，遣百余民户随行，但夫差不愿前往越国极东之地，于是自尽身亡。灭吴之后，勾践为了彰表吞吴称霸的功业，同时出于拓殖东部海疆的考虑，决定在姚江之滨建立一座城邑，于是在当年驻扎练兵的

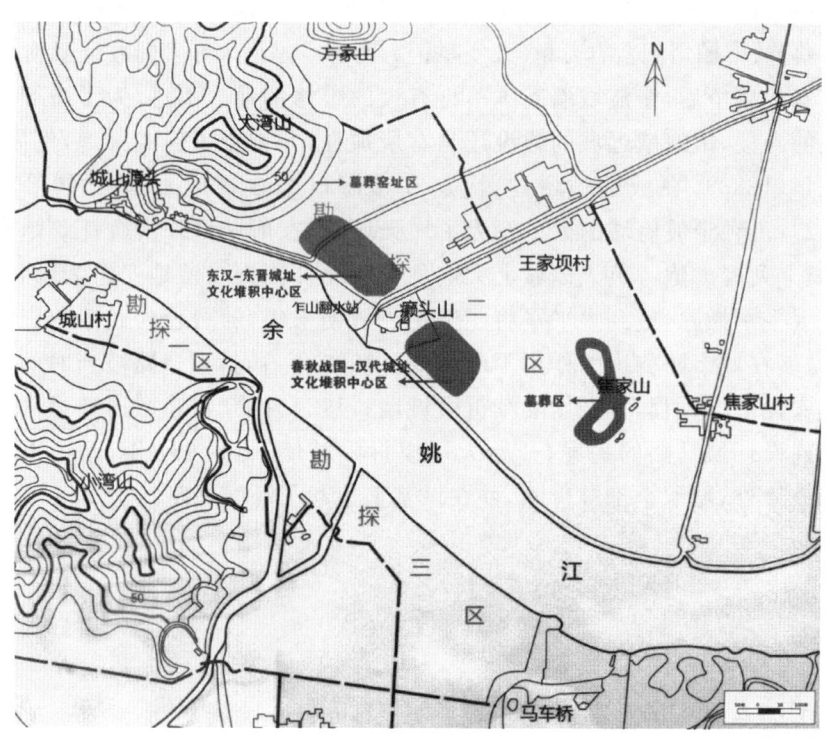

句章故城（摄于宁波博物馆）

车厩一带，沿着姚江寻找高敞开阔、适合聚民筑城的地块，最终将地点确定在今江北慈城句章故城所在地。关于这段史实，北魏阚骃《十三州志》"句章"条记载："勾践之地南至句余，其后并吴，因大城之，章霸功以示子孙，故曰句章。""章"取彰表、彰显之义，"句"是先秦于越族语中的地名缀字，前缀辅助念读，无实际语义。

后世史家一般认为句章故址在今宁波江北城山渡，南宋宝庆《四明志》载："古句章县在今县南十五里，面江为邑，城基尚存，故老相传曰城山，旁有城山渡，西去二十五里有句余山。"近年，宁波市文物考古研究所在江北慈城城山渡及其附近区域进行了考古调查和试掘，出土文物中有春秋战国至汉晋的遗物，由此基本确定先秦至汉晋的句章在今慈城王家坝村一带。王家坝句章故城南依姚江河道，其北侧和西北侧有方家山、大湾山，东南侧又有焦家山，既有下水行舟之利，又有登高避洪之便，城西矗立的山丘还能遮蔽冬季西来的寒风。置身于句章故址，人们不由地感叹先秦越人择地立城的智慧。

句章是四明地区最古老的城邑，越国句章的营建标志着宁波历史进入了一个新阶段。王家坝"句章"故城遗址西距车厩约 5 千米，车厩、句章一带的相关史料、传说和古迹彼此交织，大致呈现出了"大城句章"的历史影像。

参见〔宋〕胡榘修，方万里、罗濬纂：宝庆《四明志》卷十七《慈溪县志·叙遗》，中华书局 1990 年版；〔清〕顾祖禹：《读史方舆纪要》卷九十二《浙江四》"车厩山"条；宁波市文物考古研究所编：《句章故城——考古调查与勘探报告》，科学出版社 2014 年版；王结华、许超、张华琴：《句章故城考古的主要收获与初步认识》，《南方文物》2012 年第 3 期。

白杜鄞城

鄞与句章、鄮并称"甬上三邑"，是一个深处内陆、无滨江达海之便的城邑。鄞作为地名，并作为老宁波的别称之一，一直沿用至今。

鄞是宁波地区最早见于史册的地名，据《国语·越语上》记载，先秦越国疆域"东至于鄞"。对这一地名或邑名的来历，东汉赵晔《吴越春秋》曰："县有赤堇山，故加邑为鄞。"清初顾祖禹所著《读史方舆纪要》云："夏有堇子国，以赤堇山为名，加邑为鄞。""堇子国"之说很可能来自口耳相传的耆老故事。

鄞的所在位置，一般被认为是在今奉化白杜。奉化白杜东北约 5 千米处的横溪镇钱岙遗址包含有商周遗存，这为寻找先秦鄞邑提供了线索。另外，白杜所在的奉化区域内，现已发现名山后良渚文化遗址（奉化南浦乡）、下王渡河姆渡晚期至商周文化遗址（奉化江口街道）。由此可知，早在新石器时代，鄞南、奉化一带就有先民氏族集团的活动，而这一地域的氏族共同体，或许就是残存于甬上耆老记忆中的夏时"堇子国"。

赤堇即赤堇草、野堇菜，又称丹草，中药学上称为紫花地丁，这种植物一般长于山野，顾名思义，赤堇山就是赤堇之山或丹草之山。关于"赤堇山"，有更为浪漫的传说与之相系。在越地古史传说中，赤堇山是春秋时名匠欧冶子铸剑之处。袁康《越绝书·外传记宝剑第十三》载：欧冶子"当造此剑之时，赤堇之山，破而出锡，若耶之溪，涸而出铜"。古代所谓"赤堇山"指的是绵延于今鄞州与奉化交界处的山岭，东起鄞州塘溪，向西延伸至鄞州横溪、奉化白杜。相传赤堇山曾经出锡，这或许是人烟聚集、邑落诞生的原因。

先秦之"鄞"究竟是聚落还是城市，目前尚不得而知。据宁波地方志书，秦汉之际，会稽郡在宁波有句章、鄞、鄮和余姚4个属县，鄞居其一。这是文献可考的鄞地立城之始。乾道《四明图经》曰："古鄞城，按《太平寰宇记》曰，本汉县废城，在今县南，故白杜里有鄞城山。"宝庆《四明志》记曰："今（奉化）县东五十里有鄞城山，下有广福院，旧曰鄞城院，即古鄞县治所也。"文献记载表明，古鄞县治所所在地"鄞城山"位于白杜，而白杜处在古赤堇山的西北段。

2015年至2018年，宁波文物考古工作者在奉化白杜城山一带进行了为期2年多的考古发掘，获得了大量有关鄞县故城的文物信息。鄞县故城城址所在的城山，属于古赤堇山的一段，位于奉化城区之东约14千米、宁波城区南侧20余千米处。城山山脊上发现了北、东、西三段夯筑城墙，城墙合计约360米长，推测城墙夯筑于东汉晚期。城山南侧台地有居住区，文化堆积层早自战国，晚至南朝，城址出土的瓦当、筒瓦以及夯土台基应是官署建筑的遗物和遗迹。故城于山脊筑墙，于山脚台地营屋，是一座凭山而建的城邑，城址以山脊城墙和山侧水系作为围合边界，整体周长760余米，空间延展3.8万平方米。

参见宁波市文物考古研究所：《浙江宁波奉化发现距今5800年史前文化遗址》，《美术观察》2017年第11期；王结华、许超、张华琴：《远逝千年的边陲古城——宁波奉化白杜鄞县故城的考古调查与发现》（中国考古网 http://www.kaogu.cn）。

同谷鄮城

在汉字系统中，鄮和鄞一样，都是宁波的专属用字，而这种地域专属字往往也是地域文化的源代码。"贸"意为贸易,"阝"取邑之义,从字面的意思来看,鄮即是贸易之邑。以鄮为城名,反映了宁波城市基因的特征,揭示出浙东宁波自古就有重商之风。

事实上,关于鄮县县名的来历,顾野王所撰《舆地志》中就说:"邑人以其海中物产于山下鄮易,因名鄮县。"由此可证,鄮之地名确与当地的贸易活动有关。顾野王是南朝梁代人,足见此说由来已久,有较高的可信度。

鄮县是秦汉宁波四县之一。宝庆《四明志》记载:"古鄮县在今阿育王山之西,鄮山之东。"《四明谈助》卷四十一"古鄮城"则载:"汉时建鄮县于同谷,有鄮县城遗址。"同谷在今宁波鄞州区五乡镇同岙附近,位于阿育王寺西北,属于小浃江上游谷地。目前,这里虽尚未发现古代城址,但周边曾探察到汉晋时期的砖瓦和陶器,而且在小浃江上游也发现了大量汉至六朝墓葬。据此可以推知,汉六朝时期,这一带已成为民户聚居地。

那么,鄮地何以成邑,又以何置县?根据南朝梁顾野王的说法,鄮地以贸成城,山海贸易使之成为山人与海民的聚集之所。人集物聚,屋宇乃建,城邑乃成,秦汉置鄮县,即是利用了这里自然形成的邑落。汉晋鄮县故城背靠鄮山,又距小浃江河道不远,需要强调的是,小浃江是一条通海河流,河长约35千米,均宽40余米,均深3米多,与甬江河道平行,但河道尺度、流量规模均比甬江小得多,更容易为秦汉鄮地先民所利用,鄮县邑人可借助小浃江出海,而海人则可操楫持货,逆流深入内陆。因此,此处无疑是山海贸易的便利之所。

关于鄮县的水陆交通之便和山泽物货之丰,在鄮县建县数百年后,西晋名士陆云《答车茂安书》曾说道:"县去郡治,不出三日,直东而出,水陆并通,西有大湖,广纵千顷,北有名山,南有林泽,东临巨海,往往无涯,泛船长驱,一举千里。北接青、徐,东洞交、广,海物惟错,不可称名。"据佛教史籍记载,太康三年(282),来自并州的慧达大师行抵鄮县乌石岙,结庐为寺,是为阿育王寺之缘起。

参见〔宋〕胡榘修,方万里、罗濬纂:宝庆《四明志》卷一《郡志·叙郡上·沿革论》,中华书局1990年版;〔清〕徐兆昺:《四明谈助》卷四十一"古鄮城"条,宁波出版社2000年版;许超:《试论汉唐时期的小浃江流域文化》,《天一文苑》2018年第4辑。

余姚筑城

余姚长期属绍兴辖县,新中国成立之后划归宁波。不过,在地理位置上,余姚与句章、鄞、鄮同在四明三江地区。余姚位于句章故城之西,与句章一样,也是依姚江而建的滨江之城。

关于余姚置县的时间,有秦置说和汉置说两种观点。由于余姚地近会稽,人文繁昌程度居于四明之首,秉承于越传统之余绪,兼收楚汉文化之流韵,物阜民丰,人杰地灵,两汉之交曾出高士严光(严子陵),足证余姚县史脉络之悠久、人文积淀之深厚。汉末三国时期,余姚仓廪充实,户丁兴旺,形成了一些地方望族,其中最具代表性的是浙东名门虞氏家族,汉末三国吴人虞翻即是虞氏家族代表人物。虞翻本人在经学上造诣极深,对《易经》尤有精研。虞翻最初任会稽太守王朗署内功曹,后来加入孙吴集团,先受到孙策赏识重用,后因犯颜直谏孙权而被放逐交州,但其家族在浙东地方的强大影响力一直延续至晋唐时期。虞氏一族的聚居地在余姚龙泉山之东,这里曾有名为"虞宦街"的老街。

余姚原有隔姚江相望的南北两城,北城始建于汉末建安五年(200),南城筑于明代嘉靖年间(1522—1566)。北城城墙修建工程的发起者是东吴名将朱然。朱然原本是毗陵侯朱治的外甥,后被朱治收为义子,由于才能出众,受到孙权的赏识,两人相交甚厚。孙权执权之后,委派年仅19岁的朱然任余姚令,当时余姚县治位于龙泉山东、秘图山南,南临姚江,是一处襟山带水、藏风聚气的宝地,虞氏等地方世家大姓皆聚居于此。朱然鉴于汉末干戈扰攘的动荡时局,于是在此围城1里250步,县署因此有了城墙的屏护,是为汉末余姚筑城的经纬。

由于在浙东任上初显治事之才,朱然大获孙权赏识,不久迁任山阴令、临川太守等职,屡建功勋。余姚围邑造城之后,屋舍比邻,里坊毗连,街衢交织,城内城外接合呼应,渐成虎踞龙盘的大埠气派,周边世家豪族相望守持,繁衍生息,传承人文。目前余姚北城仅存舜江楼附近一段城墙。

参见余姚市地方志编纂委员会编:《余姚市志》,浙江人民出版社1993年版;《余姚城市沿革》(余姚史志网 http://www.yysz.yy.gov.cn);唐燮军:《汉唐间余姚虞氏宗族文化的传承与变易》,《历史教学问题》2011年第3期;黄文杰:《余姚虞氏:绵延五百年的江东文化家族》,《宁波通讯》2014年第3期;许超、李小仙:《浙江余姚发现孙吴时期虞氏家族成员墓》,《中国文物报》2017年9月22日。

宁海建县

三国时期,东吴政权分会稽郡东南之地设置临海郡,又稽查两郡之间山越人的民户和土地,使其成为吴国的编户齐民,同时迁徙人口密集地区的汉人来此垦殖,借此增加赋税。当时宁海是临海郡的北部辖地,吴国的山越汉化、移民拓殖政策促进了当地的经济开发。

西晋太康元年(280),西晋灭吴,晋将王浚率军由会稽郡鄞县南下,以肃清吴国残余势力,同时探查浙东地理民情。大军一路南下,由鄞县到临海,河山交错,土地广袤,但见村落亭驿,而无官署城防,于是王浚向朝廷建议在会稽鄞县和临海章安之间增设一县,归临海郡管辖,以强化浙东的治理。在得到朝廷的许可后,王浚便带人踏勘舆地,寻找建立县治的合适地点,一行人到达宁海白溪一带,看到这里溪流清澈,阡陌纵横,林木繁茂,沿着白溪东行至海,则是一片风平浪静的港湾,于是决定将县署设在白溪北岸,北岸有一处名曰白峤岭的丘埠,四周桃林遍野,风景独好,且有几十户民家,男耕女织,鸡犬相闻,过着宁静悠然的生活,仿佛世外桃源,王浚等人将最初的县署建在了这里,并以"宁海"作为县名,意为海滨宁静之地。考虑到新建的宁海县地广人稀,又奏请晋廷析出临海郡北200户和鄞县南800户归宁海县。

宁海位于四明山脉和天台山脉之间,西侧靠山,东边面海,其地理区位恰好处在汉晋鄞县、鄞县与临海郡之间的交界面,地扼浙东海上往来和陆上交通的节点,西晋王浚奏建宁海县,填补了这一区域的行政空白。

西晋宁海县治所在地白峤,在今冠庄,即汉代设回浦县治之所,地名仍存。隋开皇九年(589)废宁海县,并入临海县(今临海市)。初唐置而再废,直到武周永昌元年(689)复置。永昌元年(689)宁海复建之际,县治由白峤向西移至跃龙山西北的广度里(宁海老城跃龙街道)。现在这一带建有南北向的桃源路,留存了宁海建城之初的记忆与传说。

参见〔明〕宋奎光:《崇祯宁海县志》,明崇祯五年刻本;童章回编:《宁海史迹考》,宁波出版社2014年版,第6—7页;《宁海概况》(宁海新闻网http://nh. cnnb. com. cn)。

镇海浃口设戍

宁波位于甬江冲积平原,姚江和奉化江是甬江的两条支流,两江在宁波三江口汇为甬江,再向东北流入大海。甬江古称大浃江,甬江入海处又称浃口(今镇海)。由三江口至浃口的甬江沿岸地带,是易受海水咸潮浸漫的盐卤之地,故垦殖开发缓慢,出现城邑的年代也较晚。

位于甬江入海处的浃口,是舟山群岛以及苏浙闽沿海各地由海上进入宁波三江平原的门户,堪称海路要津,地理位置极为重要。东晋末年,孙恩曾数次率水军从浃口入甬江河道,再由三江口逆姚江而上,攻掠句章。因句章城防脆弱,刘牢之曾在三江口之西的姚江南侧构筑"筱墙"(今宁波城西筱墙巷),作为阻击海寇顺江来犯的防垒,然在当时这道防垒并未发挥太大的功效。

南朝宋时期,为了稳定浙东海疆秩序,在浃口屯兵设戍。最初的浃口戍实际上仅是一座军事性城堡,后来因戍兵生活需要,农渔工商纷纷附聚,依戍而居的诸业民户也藉之得到安全保障。关于浃口设戍的经纬,史籍中有具体记载,《南齐书·周山图传》云:"(南朝宋泰始)六年,敕山图将兵东屯浃口,广设购募。"周山图是南朝名将,宋明帝为何派他去浃口购粮募民、屯兵安营呢?其缘由在于当时宁波地区爆发了"田流之乱"。宋明帝泰始年间(465—471),临海郡人田流窜至鄞县海滨,聚合边海群氓,自称"东海王",并占据宁波水陆要地,与当地官府抗衡。宋明帝最初派人招安田流,授其龙骧将军号,但田流匪习难改,北取海路劫掠海盐,西走陆路攻袭鄞县,杀害鄞令耿猷,浙东为之大震。危急之际,明帝派遣兼擅水战与陆战的周山图率兵驻扎浃口。因浃口是宁波水陆交通要地,在此驻兵,既可扼海路咽喉,又可控江道门户,于是周山图在这里屯兵聚民,坚壁清野。重压之下,乱军祸起萧墙,田流被手下暨擎所杀,其余部下分兵自守,最终被周山图率兵各个击破,三江地区复归安宁。

田流之乱平定之后,浃口戍得以保留和发展。据《南史·虞玩之传》记载,南朝齐永明二年(484),伪会稽太守孙泓"至浦阳江,而郡丞张思祖遣浃口戍主杨休武拒战,大破之"。浦阳江地处浙中,浙中生乱尚需浙东浃口戍移兵平息,由此可以推知,当时的浃口戍已是一座兵马强壮、钱粮丰足的兵邑。

镇海是海上丝绸东海航线的枢纽,同时又是海防要地,浃口设戍既意味着镇海城市的萌芽,也标志着浙东海防建制的肇始,在宁波历史上意义深远。

参见〔南朝〕萧子显:《南齐书》卷二十九《周山图传》,中华书局1996年版;〔唐〕李延寿:《南史》卷四十七《虞玩之传》,中华书局2016年版;刘恒武、王力军:《试论宁波港城的形成与浙东对外海上航路的开辟》,宁波"海上丝绸之路"申报世界文化遗产办公室、宁波市文物保护管理所、宁波市文物考古研究所编:《宁波与"海上丝绸之路"国际学术研讨会论文集》,科学出版社2005年版,第134—143页。

小溪古城

东晋末年,句章城(今江北区慈城王家坝)迁至小溪(今海曙区鄞江镇),至唐长庆元年(821),再迁至三江口,小溪为句章县城前后存续了 400 余年。

句章迁治,是由东晋末年的"孙恩之乱"直接造成的。据沈约《宋书·武帝本纪》记载,东晋隆安四年(400)五月,"(孙)恩复入会稽,杀卫将军谢琰。十一月,刘牢之复率众东征,恩退走。牢之屯上虞,使高祖戍句章城。句章城既卑小,战士不盈数百人,高祖常披坚执锐,为士卒先,每战辄摧锋陷阵,贼乃退还浃口"。又曰:"五年春,孙恩频攻句章,高祖屡摧破之,恩复走入海。"由此可见,东晋隆安四年至五年(400—401),孙恩叛军频频奔袭句章,刘裕率领句章守军据城力战,最终击退孙恩军,使句章免于失陷。然而,在多次交战中,句章成为攻守双方拉锯的战场,里坊残破,百姓流离,城邑几乎失去了再建的基础。鉴于这种情况,晋廷决定迁新址重建句章。新址回避了姚江沿江地带,选在了四明山东麓、鄞江之滨的小溪。

小溪句章新治依四明山东麓而建,有鄞江之水可通奉化江,向西可据山自保,向东可浮水外联,这里位于宁波三江口西南 25 千米,不仅依山傍水,米谷丰足,而且避开了来自海上的威胁。事实上,小溪句章大致位于王家坝句章故城的正南,自古句章沿鄞西四明山东麓南下,经横街向南就可到达小溪。小溪句章依山建城的思路,与白杜鄞城、同岙鄮城是一致的。从大的空间格局来看,小溪句章、同岙鄮城、白杜鄞城形成一个三角,句章与鄮城东西遥望,鄞城居于正南,三城鼎立,彼此合势,控扼三江,无疑有利于宁波平原的安定。

唐开元二十六年(738),将鄮县分为慈溪、翁山(今舟山定海)、奉化、鄮县 4 个县,设明州以统辖之,明州的州治就设在小溪。因此,句章迁治小溪,既是三江地区城市分布格局的一次调整,也为日后明州州治的设立奠定了基础。

参见〔南朝〕沈约:《宋书》卷一《武帝本纪》,中华书局 1974 年版;〔唐〕李吉甫:《元和郡县图志》卷二十六《江南道三》,中华书局 1983 年版;王结华:《从句章到明州——宁波早期港城发展的考古学观察》,《中国港口》2017 年第 S1 期。

韩察筑子城

明州子城位于今宁波鼓楼一带,鼓楼即子城南门所在地,子城北缘在今中山公园,西限为呼童街,东限为蔡家巷。鼓楼以北的南北正街,就是当年子城的中轴线,而鼓楼以南的镇明路则是宁波罗城(外郭城)的南北轴线。宁波子城的修筑,标志着三江口宁波港城的正式建立。

唐长庆元年(821),明州刺史韩察向浙东观察使薛戎提议将明州州治迁至三江口,薛戎转奏朝廷,获得允准。为了安置从鄮江旧治移徙而来的官署衙司,韩察征调民力修建子城。建成的子城平面呈长方形,南北长、东西窄,南端为谯楼(今鼓楼),北侧为州衙。

1997年1月,公园路唐代子城考古发掘正式开始,经考古确认,唐代三江口明州子城建有城墙。根据发掘调查的子城西墙来看,城墙断面呈下宽上窄的梯形,宽达4.8~6米,墙体内材料为黄褐色黏土,经夯筑而成,墙表以规格统一的方砖错缝包砌,土心夯筑工程和砖表叠砌技术均十分精良。明州子城城墙十分厚实坚固,其优良的军事防御功能不言而喻。可以想见,营建子城之初,刺史韩察对子城的安全性有过充分考虑。8世纪后半叶,龚厉父子在余姚起事,袁晁在翁山(今舟山)兴兵,都曾殃及明州,而贞元年间(785—805)明州镇将栗锽策动的动乱则起自明州境内,鄞县、奉化、慈溪等县山民被裹挟其中,刺史虞云遇害,浙东曾为之震动。当时浙东发生的一系列动荡与骚乱,韩察自是了然于胸,新建的明州子城位于三江交汇之处,容易遭受兵燹,为了保障官署安全,城防设施的营造必须有超乎常规的投入。不过,当时明州的财力尚无法支持外郭城(罗城)的营建,直至唐末黄晟任刺史时,明州才夯筑罗城,将民众居住区屏护在内。

作为明州统治中心的子城,其城内房舍、道路以及排水设施同样精益求精:房屋地面以厚达6厘米的方砖铺地;路面以长方形板砖砌出六角形边框,内以精选的鹅卵石嵌实;水沟的侧壁和底面以条砖铺砌,顶部以石板覆盖。种种细节,无不体现出一流的工程水准和严谨的施工态度。

此外,从子城的位置上来看,韩察对子城的选址也作过缜密考量。首先,子城距离姚江南岸不到300米,而三江口附近的姚江岸是唐代外海船码头所在地,子城官署地近姚江岸,便于官员前往处理涉舶事务;其次,三江口一带原本是两江汇流、塘沼密布的卑湿之地,需要在干爽宜居之处设立子城,而韩察选定的子城所在地,正是一片两晋以来就有庶民聚居的区域,近年子城西侧尚书街一带发现的晋代居址证明了这一点。

参见〔宋〕胡榘修,方万里、罗濬纂:宝庆《四明志》卷一《沿革》、卷三《叙郡下公宇》,中华书局1990年版;宁波市文物考古研究所:《浙江宁波市唐宋子城遗址》,《考古》2002年第3期;刘恒武:《宁波古代对外文化交流》,海洋出版社2009年版,第52—56页;林士民:《三江变迁——宁波城市发展史话》,宁波出版社 2002 年版,第 37—42 页。

象山立县

象山县地处东海之滨,居长三角地区南缘、浙江省东部沿海,位于象山港与三门湾之间,是一处依山环海、环境优美、物产丰饶的宝地,历来有"东方不老岛,海上仙子国"之誉。

象山县之所以名"象山",是因为县城西北的山岭形如俯卧的巨象。象山又名"丹城",这关联着一段历史传说。据传,徐福奉始皇之命前往蓬莱仙岛,寻找长生不老之药,船队启航之后,在海上行驶了几天几夜,来到象山海面,见峰峦叠嶂浮于海上,巨木堆翠现于天际,误以为这里即是蓬莱,于是寄碇登岸,在山脚下结庐安居下来。过了一段时日,才发现落脚之处仍在秦境,无奈之下只好再次解缆东渡。虽然徐福船队已续航东去,但蓬莱山之名却留在了象山。到了六百多年之后的南朝,道家高士陶弘景云游至象山蓬莱,寻徐福旧迹,觅秦人古井,修建蓬莱道观,使象山成为一处道教圣地。因陶弘景曾在这里炼丹,所以象山半岛的蓬莱山又称"丹山",而丹山脚下的城邑自然就得名丹城。

入唐以后,明州与台州、温州之间的海上往来日益频繁,而象山半岛北侧的象山港和南侧的三门湾都是船舶经常出入之所。自宁海建县以后,象山长期都是宁海的属地,但宁海人稀力薄,对于县内东端的海隅之地鞭长莫及。因此,只有在象山半岛增设衙署、强化治理,才有利于海道通畅和海疆安定。《元和郡县图志》卷二十六《江南道三》载:"神龙元年,监察御史崔皎奏于宁海县东界海曲中象山东麓彭姥村置县。"崔皎这一析宁海另置象山县的奏议获朝廷允准。奏议中的县署所在地——彭姥村,应是"蓬莱村"的音讹,位置就在今天的丹城老城区。由此可知,象山县治始于蓬莱山东麓一座带有道家气息的村落,蓬莱、仙道、丹药是书写于象山历史长册最前编的文字。

唐神龙二年(706),象山正式立县,首任县令为徐旃。徐旃字志勉,奉化小万竺人,到任时年仅 22 岁。象山依村立县,易聚落为里坊,除了招募民众,充实城邑之外,还需要营造若干呈现县邑气象的设施。徐旃首先在县治西南建城隍庙,祭奉神祇,以佑一县之民;接着又重建县治西侧山上的蓬莱观,传承文脉,以至于声名远播。鉴于象山立县之初地僻人稀,徐旃便招徕族人到象山东乡垦殖,后来徐氏家族子孙繁衍,成为象山地方望姓。

象山设县后,最初隶属台州府,唐广德二年(764),始成为明州辖县。

参见〔唐〕李吉甫:《元和郡县图志》卷二十六《江南道三》,中华书局 1983 年版;王庆祥:《唐明州象山县蓬莱观碑文考释》,宁波出版社 2012 年版;钱永兴:《象山古代聚落史提要》(中国象山港 http://www.cnxsg.cn);卢如平:《历史上的台州属县》,《台州学院学报》2012 年第 4 期;《浙江概览》编撰委员会编:《浙江概览·综合卷·象山县》,浙江人民出版社 2012 年版,第 134—135 页。

奉化设县

奉化位于宁波南部,南接宁海,东南与象山隔水相望,西连新昌,西北与余姚交界,西靠四明山,东有象山港直通大海,域内有剡江、县江和东江等河流自西南向东北汇入奉化江。

奉化自然环境优越,史前时代就有先民生息繁衍于此,下王渡河姆渡晚期至商周文化遗址(奉化江口街道)、名山后良渚文化遗址(奉化南浦乡)等遗址证明,奉化地区的稻作垦殖历史至少可以上溯至 5000 多年前。

秦汉以来,奉化长期都是鄞县辖域,秦汉鄞治白杜就在奉化境内。到了隋开皇九年(589),句章、鄞、鄮、余姚并入句章,奉化成为句章辖地。唐武德四年(621),以句章、鄞、鄮之地置鄞州。唐武德八年(625),废鄞州,设鄮县。唐开元二十六年(738),唐廷准江南东道采访使齐澣奏请,分越州立明州,明州下设鄮、奉化、慈溪、翁山 4 县,其中,奉化为上县,这是奉化独立建县之始,与明州同年诞生。

唐代奉化治所位于今奉化区县江之西的锦屏街道一带,东距白杜鄞城故址约 14 千米,相比于依山而建的鄞城,奉化县治的所在地平坦开阔。另有一说认为,唐代奉化最初将治所建在县江东岸的大桥镇(今奉化区惠政大桥东南)。关于奉化县的得名:一说明州置州时曾以奉化为郡名,奉化县则以郡名名县;二说奉化以"民皆乐于奉承王化"而得名;三说奉化县名来源于县东奉化山。

奉化县城北有锦屏山、西有凤山,两山夹抱,北溪河自西向东流入县江,县江由南向北流,成为城东的屏护。县治东北原有一座名为崇福院的佛寺,建于南朝梁武帝大同二年(536),到了唐代,崇福院已成为浙东名刹,武宗会昌年间(841—846)一度被毁,唐宣宗大中二年(848)重建,易名为岳林寺,传说唐末五代布袋和尚在此出家。奉化设县之后,除了营造县署、规划里坊之外,还相继在县东北建夫子庙,在县西建城隍庙,使县邑文教有了依托之所。

参见李佩君:《历史风貌地段旧城改造更新策略研究——以奉化市老城

片区为例》,中国城市规划学会编:《城乡治理与规划改革——2014 中国城市规划年会论文集》,中国建筑工业出版社 2014 年版,第 548—556 页;方宗淡:《奉化名称来历叙析》(奉化史志网 http://szb.fh.gov.cn);《奉化县故城考略》(奉化史志网 http://szb.fh.gov.cn)。

慈溪设县

唐开元二十六年(738),慈溪建县,县署设在慈城(今宁波江北区慈城镇),至 1954 年慈溪迁往今慈溪市浒山镇为止,慈城作为慈溪县治的历史长达 1200 余年。

唐玄宗开元二十六年(738)始立明州,下设鄞、奉化、慈溪、翁山四县,新县既设,就要选官执掌县务,唐廷派往慈溪的县令就是房琯。房琯拥有非同一般的出身背景和出仕经历。其家族与唐朝名相房玄龄系出同门,以辈分而论,房琯之父房融是房玄龄的族孙。武周时期,房融曾任正谏大夫。房琯少时就有才名,与当时的大学者吕向交厚,一同隐居于洛阳山中守静攻读。开元十二年(724),因中书令张说的举荐,房琯入秘书省任校书郎,从此步入仕途。开元二十二年(734)擢升为监察御史,不久获罪遭贬,放睦州(今杭州淳安)司户。4 年之后,慈溪设县,房琯调任县令。

慈城古县衙

房琯就任的明州下辖新县,大致圈定汉晋句章故地为县域,但县治所在地并未明确。房琯上任之后要做的第一件事,就是寻找营建县署的地点。到了慈溪县境,房琯先带领随吏踏查了汉晋句章故址,看到田埂边遗落的汉砖晋瓦,想起晋末句章城故事,不免叹惋。之后策马东行,走出不远,见北方一山山岭起伏,葱翠秀美,乡老指曰"浮鳖山"。山名引发了房琯的好奇,在查看了浮鳖山周边地理之后,他才恍然大悟。原来这座浮鳖山南有慈江为带,北、东、西三面为湖水环绕,如鳖浮水上,真是名副其实。从地理上说,浮鳖山一带山清水秀,拥有别开生面的气象;从人文上讲,它位于汉晋句章故城东北 5 千米,也连接着古句章的文脉。因此,房琯决定将县治建在浮鳖山南(今江北慈城镇),另给浮鳖山起一雅名曰"浮碧山"。

相传慈溪起初并未确定县名,县廨建成之后,房琯登上浮鳖山,极目四望,东北阚峰下的董孝子祠映入眼帘,董孝子祠是当地乡民为纪念汉孝子董黯而造,董黯曾在不远处的大隐溪畔筑室汲水奉母,房琯追古思今,想到目下官舍既成、城郭初立,接下来须以教化县民为要,应在当地大倡慈孝之风,以此为立县的根本,于是奏准朝廷将县名定为"慈溪"。

房琯在慈溪政绩斐然,后又迁任他县,皆善政利民,声名日高,受到唐玄宗、唐肃宗的倚重,担任两朝宰辅。可以说,执事慈溪是房琯一生仕途的转折点。

参见〔清〕徐兆昺:《四明谈助》卷四十五《慈溪》,宁波出版社 2000 年版;〔后晋〕刘昫等:《旧唐书》卷一百一十一《房琯传》,中华书局 1975 年版;俞义、王深法、陈苇等:《地灵人杰的江南古城——析古慈城的人居环境》,《城市规划》2003 年第 7 期;牟俊:《基于风水学说的宁波慈城古县城山水格局研究》,华中科技大学硕士学位论文,2015 年。

吴越奉国军门

唐末政局纷乱,浙东明、越、台之间也常受军阀流窜攻掠。唐景福元年(892),黄晟被拥戴为明州刺史,统理地方军政,保境安民。唐乾宁二年(895),董昌在越州自立为帝,唐昭宗以镇海军节度使钱镠为浙东道招讨使讨伐董昌。乾宁三年(896),黄晟发明州兵响应钱镠,董昌腹背受敌,兵败被诛。自此,钱镠兼控杭越二州,成为号令两浙的割据势力。乾宁五年(898),黄晟率领军民修筑罗城,使明州在之后的 11 年中得以自宁于海隅。

公元 907 年,后梁建立,年号开平,钱镠受梁朝册封,为吴越王。后梁开平三年(909),黄晟卒,钱镠收明州。鉴于当时明州已是吴越海上交通枢纽

和海疆防御重地,钱镠在明州设望海军节度使,强化军事管理。公元 960
年,吴越国开始奉宋朝为正朔,用宋朝建隆年号。是年,明州升格为"奉国
军",宋太祖下敕授吴越王钱俶之弟钱亿为奉国军节度使,明州衙署所在
地——子城的南门被称为"奉国军门"。从世系上讲,钱亿是吴越太祖钱镠
之孙,吴越世宗钱元瓘的第十子。钱亿是诸王子中熟谙经济之道的一位,在
其兄钱佐为吴越国君之际,曾议铸铁钱,钱亿明确反对,认为铸造铁钱将使
铜钱流出吴越,不利于吴越商贾,最终影响国家财赋收入。钱佐接受了这一
谏言。钱亿赴明州上任之后,考察民情,见当地水利失修,明州城西的广德
湖水路壅塞、塘堰隳废,周围农户和田亩旱时难以引水自济,涝时无法排水
入湖,于是募集钱米,招募乡夫,筑塘疏水,重建了广德湖周边的农垦水利系
统。当时明州城南的它山堰也年久失修,钱亿率众赴它山庙祭拜神灵,修缮
堰碶,确保了城中的淡水供应。在钱亿的治理下,明州仓廪充实,钱粮丰足,
百姓安居乐业。

　　宋开宝八年(975),吴越王钱俶应宋太祖之约,合攻南唐,其子钱惟治从
军抵常州。钱惟治原本是钱倧长子,聪明倜傥,擅长书法,深受钱俶喜爱,被
收为养子。灭唐之后,太祖擢钱惟治领奉国军。宋太宗太平兴国二年
(977),在宋政权的强大压力下,钱俶纳土献籍,钱惟治奉兵民图籍归朝,宋
廷改授钱惟治为镇国军节度使,留守杭州。离任之前,钱惟治将象征节度权
力的节钺藏置于奉国军门的城楼上。自此之后,明州开始由文臣知州管理。
据《宋史·钱惟治传》记载,钱惟治初镇四明,曾梦见"西岳神",在后来的生
涯中,惟治领华州(今陕西华县)节钺 20 年。

　　参见〔宋〕胡榘修,方万里、罗濬纂:宝庆《四明志》卷一《沿革》,中华书局
1990 年版;〔宋〕欧阳修:《新五代史》卷六十七《吴越世家第七》,中华书局
1974 年版;〔元〕脱脱:《宋史》卷四百八十《钱惟治传》,中华书局 1975 年版;
〔宋〕张津:乾道《四明图经》卷一《水利》,杭州出版社 2009 年版;何勇强:《吴
越国治水成就简述》,《魅力中国》2016 年第 25 期。

胡榘整饬厢坊

　　北宋时期,随着城市的发展,传统的城市坊市制管理已逐渐被厢坊制所
取代。入南宋后,庆元府城"生齿既繁,侵冒滋多,甚至梁水而榬,跨衢而宇,
往来间阻,舆马尤病"。由于人口浩繁,居民违章搭建、侵街情况十分严重,
以至于常常造成交通堵塞。更为严重的是,由于民宅楹宇相连,接栋跨巷,
一旦发生火灾,极难扑救。如绍定元年(1228)正月大火,灭火人员面对火

势,束手无措,整个东北厢焚毁殆尽,并殃及东南厢。

宝庆二年(1226),胡榘知庆元府、兼沿海制置使。他上任后,更新望京、灵桥、东渡三门,修缮城墙,埤薄为厚,增卑为高,补罅易圮,罗城面貌焕然一新。大火之后,胡榘痛定思痛,在奏请尚书省严禁居民违章搭建的同时,整饬厢坊秩序,拆除遮挡街衢、水路的屋宇,疏通沟渠,"凡街衢巷陌经火者,悉从厘正"。经此次整治后,明州城内共设4厢51坊。其中东南厢14坊:锦勋坊,嘉熙四年(1240)制置使赵以夫为宗室赵善湘奉旨立;握兰坊,与西南厢交界,新桥东;清润坊,与西南厢交界,新桥南;连桂坊,施家巷口;余庆坊,与西南厢交界;重桂坊,新寺巷口,嘉定七年(1214)摄守程覃为孙枝、孙起予父子同榜及第立;兴廉坊,洗马桥下;进贤坊,洗马桥南;吉祥坊,破石桥下;康乐坊,皂角庙巷口;锦乐坊,淳祐五年(1245)制帅黄壮猷为余天锡奉旨立;迪教坊,车桥南,绍定元年(1128)郡守胡榘于火灾后重立;积善坊,小江桥南,绍定元年火后重立;状元坊,在天封塔下,嘉泰三年(1203)由郡守黄由为新科状元傅行简立。东北厢9坊:千岁坊,南湖头,与西南厢交界;安平坊,天庆观前;阜财坊,小梁街巷口;开明坊,鄞县前;拱星坊,廊头巷口;富荣坊,能仁寺巷口,与西北厢交界;广慧坊,大梁街巷口;泰和坊,县河下;宣化坊,魏家巷口。东北厢诸坊均由郡守胡榘于绍定元年(1128)火后重立。西南厢15坊:纯教坊,府桥西;美禄坊,四明桥西;迎凤坊,四明桥东;问俗坊,史府前;史君坊,史府前;众乐坊,均奢桥西;释褐状元坊,均奢桥南,嘉泰三年(1203)郡守黄由为两优释褐宣缯立;行春坊,宝云寺西;灵应坊,宣府前;符桂坊,汪运使桥西,嘉定七年(1214)郡守程覃为汪立中立;昼锦坊,楼府东,以王周领乡郡立;振名坊,仓桥北;顺成坊,仓桥下;绶带坊,崇教寺后;惠政坊,天宁寺南。西北厢13坊:宜秋坊,应家巷口;寿宁坊,虹桥北;崇孝坊,路分衙侧;永济坊,奉国楼前;恤仁坊,佛阁下,绍定元年(1128)于火后重立;广仁坊,白衣寺巷口;朝士坊,戴家巷口;修文坊,孝文巷口;影泉坊,蔡家巷口;儒行坊,鉴桥下;朝桂坊,顶戴桥下,为宝庆二年(1226)进士刘炳立;状元坊,鉴桥下,为嘉定七年(1214)状元袁甫立;状元坊,府学前,为淳熙五年(1178)状元姚颖立。

胡榘整饬厢坊街巷的努力,体现了古代城市管理者对维护城市空间秩序的重视。此番整饬奠定了日后庆元府厢坊的总体格局。

参见〔宋〕胡榘修,方万里、罗濬纂:宝庆《四明志》卷三《城郭》《坊巷》,中华书局1990年版;傅璇琮主编:《宁波通史·宋代卷》,宁波出版社2009年版,第134—136页。

元代罗城重建

宁波罗城自晚唐乾宁五年(898)建成之后,几经修缮,一直是抵御战乱的屏障。至元十三年(1276),元军占领庆元府,依照在各地的做法,下令拆除子城和罗城的城墙,设庆元路总管府,在子城内署理公务。至此,存续了455年的宁波子城和仡立了378年的罗城被夷为平地。

大德六年(1302),元朝廷改称浙东道宣慰司为宣慰使司都元帅府,总管浙东七路军政,治所自婺州迁至庆元,并在子城东侧建立都元帅府,此时庆元实际上已经成为一座军政合一的中心城市。至正《四明续志》卷三《城邑》云:"国朝混一区宇,无恃偏壤支垒之险固,郡城之废,垂六十有余载。民居侵蚀,夷为坦途,至元五年省命取勘,起科官租。旧子城直南中阙,今建明远楼于其上,余并废。虽有州东、西二门之名,实为通衢矣。"根据这段记载可知,城废60余年之后,罗城城墙的墙基已被民房和道路挤占。顺宗至元五年(1339),在原子城南门故址重建楼阁,名曰"明远楼",而罗城东西两门,踪迹全无,原址上只见通衢大道。

元末,义军蜂起,至正八年(1348),台州黄岩人方国珍与兄弟逃亡浙东海上,聚众数千人,阻塞海道,劫夺漕粮,攻掠两浙沿海州县。当时的浙东道宣慰使司都元帅纳麟哈剌,对方国珍兵势十分畏惧,担心其自甬江口直抵庆元城下,而且无遮无挡的三江口庆元城,对于水军而言更是手到擒来。无奈之下,纳麟哈剌只好决定强征民夫重筑罗城。筑城工程启动后,才发现毁城容易建城难,首先,宋代罗城已毁弃70余年,原先的城基遍布百姓屋舍,若筑城,必须先要强拆民房,造成民怨载道。其次,与北方各地不同,在浙东地区,城墙版筑技术是一种专门性营造技艺,并不普遍应用于民间,由于长期没有筑城修城的活动,此时庆元地区很难找到熟谙城墙营造法式的工匠。尽管如此,在纳麟哈剌的严督催逼之下,庆元军民用了6个月时间,仓促重筑了罗城和子城城墙。

但是,民众对于元廷的怨愤已积聚于胸,所谓"城墙起,民心失"。之后,元廷派江浙行省参政朵儿只班率军讨伐方国珍,结果大败,朵儿只班也成为阶下之囚。元廷见强攻无效,转以招降为策。几经反复之后,至正十七年(1357),方国珍被元廷授为江浙行省参政,据庆元、台、温等地,重建的庆元城墙成为方氏割据自保的壁垒。

参见〔元〕王元恭修:至正《四明续志》卷三《城邑》,中华书局1990年版;〔清〕张廷玉:《明史》卷一百二十三《方国珍传》,中华书局1974年版。

民国宁波设市

自唐以后,宁波长期以州府为行政建制,元代一度将浙东道宣慰使司设于宁波,而清代则将宁波作为宁绍台道公署驻地。民国初年,置会稽道,治所位于鄞县,直接管辖原宁波、绍兴、台州三府下属诸县。

1927年春,北伐军控制浙江,废会稽道,道内各县直隶浙江省政府。同年5月,国民党浙江分会根据南京国民政府"在政治上、经济上有特殊情形者可酌设市"的规定,呈请南京国民党中央政治会议批准,在浙江省设立杭州、宁波两市。在当时,"市"是一个来自西方的新事物,它不同于传统的市镇,而是一种与县平行的行政单元,一般设在人口稠密、工商发达的地区。民国初期设市,是借鉴西方市政建设经验、变革传统地方治理模式的一种尝试。因此,当时整个浙江只有杭州、宁波两地议定设市。杭州设市,是将杭县城区析出,立杭州市,归浙江省直辖,在城郊保留杭县,也直属省府。宁波设市的方式与杭州完全一致,即划出鄞县县城(三江口宁波老城)及近郊部分地块设宁波市,其余地块归鄞县,宁波市与鄞县均由省府直辖,相互之间无统属关系。

1927年6月,国民党浙江政治分会颁发《宁波市暂行条例(草案)》,决定市政府行政机构由秘书处、工务局、公安局、教育局、卫生局、财政局1处5局组成。1927年7月1日,民国宁波市政府正式成立。首任宁波市长罗惠侨,是民国初期声名赫赫的人物,1909年,他作为首批庚款留美学生进入美国麻省理工学院学习造船,1915年获工程博士学位归国。就任宁波市长之前,罗惠侨曾历任北京大学物理系教授、教育部教育司司长。他就任后,即刻发表宣言,宣布要"兴办各项事业,如户口的调查,市区的实测,城墙的拆除,河道港湾的浚填,公园和公共体育场的兴建,以及筹设自来水厂,改良消防队,设立小菜场"。从宣言中,可以了解到宁波设市之初的基本建设思路,即对宁波进行脱胎换骨的改造,将其由一个传统城邑转变为一座近现代城市。

宁波设市,拉开了城市建设的帷幕。1925年市政筹备处公布的《宁波市工程计划书》中关于城市道路干线、跨江桥梁、市政设施等多项规划被采纳,拆城、筑路、造桥、填河、筑塌、整理沟渠等工程次第展开。尤其在市政公用设施方面,邮电通信、电灯照明、城市排水、公共卫生、图书馆、体育馆、公园、大型菜市场和屠宰场等近代公用事业建设,发展更是迅速。

宁波设市期间,经过对旧城的开发、建设和改造,初步形成了近代市政管理制度,城市面貌发生了前所未有的变化。尽管这一变化因受地方势力的牵制、传统习俗的干扰,以及财政筹措的捉襟见肘等种种因素影响,宁波的市政建设远不及上海、广州、厦门等沿海开埠城市,但在近代化道路上还是迈出了十分重要的一步。

参见苏利冕主编:《近代宁波城市变迁与发展》,宁波出版社2010年版,第63—64页;傅璇琮主编:《宁波通史·民国卷》,宁波出版社2009年版,第388—398页;罗惠侨:《我当宁波市市长旧事(1927.7—1930.1)》,《宁波文史资料》第3辑,1985年;孔伟:《宁波设市:宁波城市建置的新篇章——以1927年宁波市政府设立的意义及影响为中心》,《三江论坛》2010年第3期。

天封塔

天封塔建于初唐时期,早在明州迁治三江口、宁波子城修筑之前,已屹立于奉化江西岸,是宁波城内历史最古的地标性建筑。

据延祐《四明志》记载:"天封院在西南隅,唐通天登封年间建僧伽塔,高十有八丈,以镇郡城。汉乾祐五年建天封塔院。""通天登封年间"即武后万岁登封和万岁通天年间(696—697)。据此可知,天封塔建于武则天时期,最初有塔无院,后汉乾祐五年(952),始营建天封塔院。

关于建造天封塔的缘起,可从延祐《四明志》"唐通天登封年间建僧伽塔"这一记载上推知。僧伽是观音化身,能护航、免水旱灾害,为百姓所尊奉崇拜。因此,僧伽塔是当地民众为了敬奉僧伽、祈求平安而建。但在宁波也流传着这样一则传说:古时三江口有鳖鱼精兴风作浪,行舟往来的百姓深受其害。有位来自四明山的老石匠,听到三江口船民们的抱怨后,就拿出自己珍藏的红宝石降伏了鳖鱼精,三江口重又风平波静。为了三江的长久安宁,老石匠发愿要在宁波城中建造宝塔,保存供置这颗红宝石,最终建成的宝塔就是天封塔。以上虽是志记与传说,但从中可窥见天封塔建造的历史背景。7世纪末,四明地方官民开始整治三江口的水利环境,清理塘沼,围护江岸。然而,三江口地处姚江、奉化江两江汇流处,两江上游洪涝,则三江口江水漫灌。不仅如此,若逢海溢灾害,甬江咸潮大作,三江口也会化为鲸池。因此,在三江口营造天封塔,应含有安土定邑、保一方平安之意。

天封塔为砖木结构,共14层,高达50余米,平面为六角形。最初营造天封塔时,采用了积沙施工法,即地基造好之后,地面每建一层,就在周围积起相应高度的沙土堆,以方便向上运送工料,直至塔顶建成。完工之后,沙土分移。由于有当年建塔堆沙的故事,天封塔南侧街道名为"大沙泥街"。

南宋初期,天封塔一度毁于兵燹,绍兴十四年(1144)重建。1984年,宁波考古部门对天封塔地宫进行了考古发掘,发现了镌有"绍兴十四年"铭文的银殿、银塔等文物。

唐代以来直至近代,天封塔一直是宁波城内最高的建筑物,十分壮丽气派,来自姚江、奉化江和甬江的各地船舶,行近三江口之际,都能望到天封塔,因此天封塔也起着航标塔的作用。

天封塔

参见〔元〕袁桷:延祐《四明志》卷十六《甲乙徒弟教院八》,中华书局1990年版;林士民:《浙江宁波天封塔地宫发掘报告》,《文物》1991年第6期;丁友甫:《浙江宁波天封塔基址发掘报告》,《南方文物》2011年第1期;黄文杰:《文·化宁波——宁波文化的空间变迁与历史表征》,浙江大学出版社2015年版,第37—38页。

东津浮桥

东津浮桥始建于唐长庆三年（823），横跨奉化江下游，曾是宁波最古老的大跨度浮桥。

唐长庆元年（821），明州刺史韩察移州治、建子城，三江口一带的州城营造工程方兴未艾，各种城邑设施依次动工。三江口明州新治设定的坊里核心区以奉化江为东缘，以姚江为北限，以月湖和日湖为南界。但尽管如此，当时奉化江东岸也有百姓聚居，另外，如果从子城前往阿育王寺以及旧鄮邑一带，也必须过奉化江，然后车船交替东行。因此，在奉化江上建桥连通西东、扩展州治的外围依托，成为一件势在必行的要务。

唐长庆三年（823），新任明州刺史应彪决定在奉化江上建桥。实地踏查之后，主持工程的官员发现，地近三江口的奉化江下游，不仅水流较急，而且江道较深，难以在江道中下桩搭设高出水面的平桥或拱桥，最切实可行的方案，是建造一座联舟浮桥，浮桥不仅节省公帑，而且不受江水涨落影响，耐久长存。最初地点选在东渡门所在地，这一地点与子城南门位于同一东西水平线上，若浮桥建在这里，出子城南门笔直东行即可过江。然而，东渡门所在地近三江汇流处，不仅江面宽阔，而且水流迅猛，并不适合建造浮桥。之后，造桥地点改在今址。浮桥由 16 只木舟联锁而成，其上铺设木板，桥长 55 丈、宽 1 丈 4 尺。浮桥竣工之际，天上出现虹状祥云，众人都觉得这一现象非同寻常，故又名之"灵现桥"，简称"灵桥"。

浮桥是联舟成桥，联排固定于水上的浮船，被称为"艐船"，船面铺设垫板，方便行人和车马往来。唐代灵桥的具体形制与结构，无从查考。根据随日本遣明使来华的画僧雪舟的《宁波府城图》中的灵桥图像来看，灵桥门外的灵桥桥头有桥亭，"艐船"单体之间保持一定的间隔。据此推测，唐代以后灵桥及其附属设施的基本样态大致是延续未变的。

连通奉化江两岸的灵桥建成之后，由于交通便利，桥头东西两端的地块随之成为百姓聚集的场所，三江口至灵桥的奉化江岸线也成为船舶乐于停泊之所。到了宋代，市舶司建在灵桥门和来安门内，来安亭（舶货查验处）则设在灵桥西端北侧，自此之后，灵桥以北的奉化江西岸岸线基本就成为外洋船集中靠岸的港区。

东津浮桥的历史结束于 19 世纪 30 年代。自 1931 年起，旅沪甬商开始商议改建灵桥事宜，决定出资聘请德国西门子公司施工。西门子公司于 1934—1936 年在老灵桥原址上建成了一座钢结构新桥，从此，作为浮桥的灵桥退出了历史舞台。

参见黄文杰:《文·化宁波——宁波文化的空间变迁与历史表征》,浙江大学出版社 2015 年版,第 37 页;刘恒武:《宁波古代对外文化交流——以历史文化遗存为中心》,海洋出版社 2009 年版,第 66—68 页。

唐开元寺

开元寺位于宁波老城东南厢五台巷与莲桥街相交区域,在古代宁波对外佛教文化交流上,开元寺具有重要的历史地位。

开元寺建于唐开元二十八年(740),会昌五年(845)一度遭到毁废,唐大中初年,因刺史李敬方奏请复建。开元寺供奉有"不肯去观音"像,而"不肯去观音"像来自五台山,且请来观音像的人并非明州当地僧人,而是一位赴五台巡礼求法的日本僧人。据宝庆《四明志》载:"先是大中十三年,日本国僧惠谔谒五台山欲礼,至中台精舍,睹观音貌像端雅、喜生颜间,乃就恳求愿迎归其国,寺众从之。谔即肩舁至此,以之登舟,而像重不可举,率同行贾客尽力舁之,乃克胜。及过昌国之梅岑山,涛怒风飞,舟人惧甚。谔夜梦一胡僧,谓之曰:'汝但安吾此山,必令便风相送。'谔泣而告众以梦,咸惊异,相与诛茆缚室,敬置其像而去,因呼为不肯去观音。其后,开元僧道载复梦观音欲归此寺,乃创建殿宇,迎而奉之。邦人祈祷辄应,亦号瑞应观音。唐长史韦绚尝记其事。皇朝太平兴国中,重饰旧殿目,曰五台观音院,以其来自五台故也。"据此可知,"不肯去观音"像原为日僧惠谔(惠萼)从五台山请来的观音菩萨宝像,一路肩舁至明州开元寺,打算舶载归国。舟行途中,惠谔因梦将观音像奉置在了普陀山。后来开元寺僧道载又将宝像迎回开元寺,专设殿宇供之。因开元寺内有五台观音院,故而附近街巷就得名五台巷。

9 世纪中期,明州已是赴日唐商住舶的重要港埠,日僧惠谔选择取道明州归国,当时,开元寺是明州城内距三江口奉化江岸最近的寺院,在这里驻锡借宿之后,很容易搬运行李、登舟离岸。

唐咸通三年(862),随日本真如法亲王入唐的日僧贤真曾游明州开元寺,后为开元寺铸钟一口。此事载日本平安朝学者都良香所作《大唐明州开元寺钟铭一首并序》中,其云:"日本国沙门贤真敬造铜钟一口。初,贤真泛海入唐,经过胜地,明州治南得开元寺……自就一游,留连数月。有云树,有烟花,有楼台,有幡盖,禅器之类亦多备焉。但独阙者键椎而已,举寺僧徒相共恨之。其中长老语贤真云'尝闻本国好修功德,若究众冶之工,以合双栾之制,从彼扶桑之域,入我伽蓝之门,遍满国土不得不随喜,第二天众不得不惊听'。尔时,贤真唯然许之。归乡之后,便铸此钟,送达彼寺,遂本意也。"

今天,开元寺伽蓝虽已不复存在,但在古代宁波与日本的佛教文化交流中所留下的篇章,仍然熠熠生辉。

参见〔宋〕胡榘修,方万里、罗濬纂:宝庆《四明志》卷十一《寺院·十方律院》,中华书局 1990 年版;刘恒武:《宁波故城佛寺对外文化交流史实考》,《宁波大学学报(人文科学版)》2010 年第 5 期。

灵山古刹保国寺

灵山位于三江口宁波老城之北偏西,在今江北区庄桥街道灵山村境内,距宁波市区 15 千米。灵山又名骠骑山、马鞍山,之所以有骠骑山之称,是因为东汉初年骠骑将军张意之子张齐芳曾在这里建宅居住,而马鞍山名称的来由是因"山之西,峰联耸,如马鞍"。

最初,山上有灵山寺,但寺始建于何时无从查考,相传为张齐芳舍宅而建。唐武宗会昌年间(842—845),灵山寺与明州开元寺均被毁废。大中初年(847),开元寺复建。大中五年(851)明州子城西侧又新建国宁寺,明州佛教呈现复兴气象。当时,灵山寺周边信众也希望能够复寺,但复寺并非轻而易举之事,首先需要得到官府批准,其次要有资费保证。灵山故寺依山而立,重建工程耗资费工,必须得到更大范围的襄助。唐僖宗广明元年(880),国宁寺僧可恭受施主信众们的委托,筹划复寺事宜。为了取得复寺许可,可

保国寺

恭并未请求明州地方官府代为上奏朝廷,而是亲自跋山涉水、不远千里前往唐都长安,提交了复寺奏文。最终,僖宗不仅批准复寺,而且赐额"保国"。有了官方的支持,复寺资费很快筹齐,工程的进展也十分顺利,不久灵山上又伫立起一座新的寺院——保国寺。

北宋真宗时期,寺院伽蓝已多有损毁。真宗大中祥符四年(1011),宁波城内开元寺的三学则全法师驻锡保国寺,主持寺务。则全法师是延庆寺知礼门下高足,列"南湖十大弟子之首"。他率法弟德诚与徒众招募乡民重修保国寺,历时六年完成寺内建筑群。这次的保国寺再建工程,招能工,募巧匠,选良材,慎布局,谨施工,严格遵循《营造法式》,最终完成的寺院建筑不仅结构独特、工法精良,而且气势恢宏。

建成于大中祥符六年(1013)的保国寺大殿留存至今,是长江以南最古老、保存最完整的木结构佛教建筑之一。大殿木构紧实,气流通畅,鸟不筑巢,虫不结网,无尘无垢。千年古建筑能够留存至今,究其原因,不唯在于工法上乘,而且在于选址佳妙。保国寺大殿的须弥座式石砌佛坛,修造于北宋崇宁元年(1102),佛坛背面有"造石佛台记"铭文。寺内其他殿宇零星保留着宋代的柱础。保国寺大殿的营建,因接近或吻合于《营造法式》,为研究宋代建筑提供了宝贵的实物例证。

参见林士民:《保国寺》,《文物》1980 年第 2 期;余如龙:《江南古建之瑰宝——宁波保国寺》,《中国文化遗产》2007 年第 6 期;项隆元:《宁波保国寺大殿建筑的历史特征与地方特色分析》,《东方博物》2004 年第 1 期。

鼓楼刻漏报时

宁波鼓楼原是宁波子城南门,始建于长庆元年(821)明州迁治三江口之时。今天鼓楼楼顶上叠加着一座西式报时台,是 1935 年添加的设施。不过,古代宁波鼓楼上就设有刻漏和更鼓,用来向城内百姓报知时间。

北宋庆历八年(1048),新上任的鄞县县令王安石在谒见了明州知州后,踌躇满志地登上子城奉国军门(鼓楼),望着眼前鳞次栉比的坊厢民舍,远处高耸入云的罗城城楼,奋笔写下了名篇《新刻漏铭》,铭曰:"戊子王公,始治于明。丁亥孟冬,刻漏具成。追谓属人,嗟汝予铭。自古在昔,挈壶有职。匦器则弊,人亡政息。其政谓何,勿棘勿迟。君子小人,兴息维时。东方未明,自公如之。彼宁不勤,得罪于时。厥荒懈废,乃政之疵。呜呼有州,谨哉惟兹。兹惟其中,俾我后思。"《新刻漏铭》表面上在吟咏刻漏,实是王安石在陈述自己立志勤政济民的政治抱负。

　　事实上,府署子城南门上置放的刻漏及更鼓,其功能首先在于提示衙署官吏们当值时间,所谓"勿棘勿迟""兴息维时",即执勤不能迟到,理事不可早退。其次,准时鸣击更鼓,也是为了让士民按时作息,确保城内秩序井然。因此,州署南门楼上的刻漏和更鼓,具有号令群吏、统理军民的象征意义。

　　元初,子城南门楼与子城城墙一并被拆除。至元五年(1339),在原子城南门故址重建楼阁,名曰"明远楼"。元末,方国珍据庆元,明远楼又毁于兵燹。明宣德九年(1434),在子城南门旧址上建鼓楼。万历十三年(1585),鼓楼重修之际,改名为"海曙楼"。

　　1935年,为了适应宁波市政建设需要,鼓楼增加了现代报时、报警装置。更新后的鼓楼,楼门洞、台基完全保留,对门楼进行了改造,在三层木构的内里正中砌造西式望台和表塔,望台和表塔为方形,钢筋水泥结构,其下半部分藏在老门楼内,上部露出,中西合璧,古今合一,造型十分独特。新鼓楼表

宁波鼓楼

塔的西式标准钟取代了传统刻漏、更鼓的功能,报警钟不仅通报火警,而且在战时用于发布防空警报。

鼓楼是宁波历史上正式置州治、立城市的象征,见证了 1000 多年宁波城市空间的变迁,作为宁波市仅存的古城楼遗址,现已成为国家文物重点保护的古建筑之一。

参见一知:《鼓楼 子城 罗城》,《宁波通讯》2011 年第 20 期;王重光:《鼓楼的风格》,《宁波通讯》2011 年第 8 期;黄文杰:《文·化宁波——宁波文化的空间变迁与历史表征》,浙江大学出版社 2015 年版,第 35—36 页。

华花圣经书房

华花圣经书房是美国长老会传教士柯理夫妇于 1845 年在宁波创办的一家印刷机构,也是浙江省历史上首个近代印刷机构。

华花圣经书房前身为 1844 年 2 月成立的"华英校书房",初设在澳门,但在澳门仅运作了 1 年多一点时间就迁到了宁波。华英校书房移地宁波的契机,是 1844 年 7 月《中美望厦条约》(《中美五口通商章程》)的签订。按照条约,美国可以像英国一样,在广州、宁波等 5 个通商口岸入港通商、建立教堂、兴办医院。柯理夫妇认为澳门孤悬一隅,辐射力有限,而且已有西人设立的印书机构,而宁波是中国东南巨埠,腹地广阔,在宁波开设印书房更有利于教会书籍的广泛发行。1845 年 7 月,柯理夫妇携带着印刷设备来到宁波,在江北岸外国人居留地临时租用了一家西人商行的房舍作为工坊和住所。此时,美国长老会在宁波已有布道站,在甬教士对书房非常重视,同年 9 月,他们合议将"华英校书房"改名为"华花圣经书房"(Chinese and American Sacred Classic Book Establishment),华花圣经书房的"华"指中国,"花"指花旗国,即美国。

华花圣经书房最初租用的商行,因空间狭窄,备用纸料、印刷机器、待装书籍均堆放一处,各道工序的工匠与帮手们摩肩擦踵,不利于书房有序运作。于是柯理夫妇留意在周边寻找新的合适场所,不久在今江北槐树路一带相中了当地卢姓宗祠。宗祠主人原本不愿与西人过从,但看到柯理夫妇态度亲切、温谦有礼,而自家经济拮据,恰好可以借此有些收入,最终还是答应出租。1846 年 2 月,华花圣经书房搬迁至卢氏宗祠。书房新址与商行租金一样,但空间却宽敞了许多,柯理夫妇按印书房运作的需求,对房间做了功能区分,排字室、印刷室、装订室、物料库、主任居室、工匠宿舍逐一分定,物品各归其所,人员各就其位,书房的运作管理也完全按照西式制度执行,很快步入轨道。圣经书房的印刷器材均购自美国,中文铅字字模一部分来自新加坡,一部分由柯理在宁波自制。1849 年,卢姓家族将祠堂典让给了华花圣经书房,柯理夫妇和长老会传道站教士们陆续对祠堂建筑做了修缮与扩建。1860 年 12 月,华花圣经书房迁往上海,易名为"美华书馆"。

圣经书房在宁波前后运营达 14 年,出版了大量传播基督教和介绍西方天文史地的读物,在中国印刷史、出版史和中西文化交流史上均有着重要的地位。

参见田力:《华花圣经书房考》,《历史教学》2012 年第 8 期;曹汝平:《抉择与启蒙:宁波华花圣经书房及中文金属活字印刷技术》,《现代出版》2017 年第 5 期;谢振声:《设在宁波江北岸的华花圣经书房——外国人在中国大陆经营印刷企业之始》,《出版史料》2004 年第 2 期。

新江桥

新江桥跨姚江末端,濒临三江口,是连接海曙、江北两区和通向镇海、慈溪、余姚的要道。但在当时,此处只有一个名叫"桃花渡"的渡口,过往行人需乘渡船往返。清同治元年(1862),在桃花渡西紧依三江口处建造了 1 座由 18 艘木船连排、上铺木板的浮桥,因浮桥与老江桥(灵桥)相对,故称"新江桥"。

新江桥最早由英国人筹款建造。桥梁建成后,为了回本盈利,江北岸的英国领事派巡捕驻守在北桥头,向过桥百姓收取过桥钱。在当地民众看来,全长只有 100 多米的浮桥,收取 4 文过桥费,实在太贵了,再加之守桥的巡捕粗声厉气、态度倨傲,因此,若非急务,民众宁愿选择在桃花渡搭乘渡船过江。

依甬上旧俗,每年农历四月半宁波都要举行赛都神会。同治八年(1869)四月,参加赛都神会的队伍浩浩荡荡踏上新江桥,但到了北桥头,被守桥巡捕拦住索取过桥费。带队人员要求巡捕体察民情民俗,免收桥费,但遭到拒绝,双方发生激烈争执,僵持在桥头,而纷至沓来的围观百姓又不断涌上桥面,最终桥索绷断,400 多人溺水丧生。光绪三年(1877),新江桥上再次因过桥费纠纷发生死亡事件。于是,宁波地方官府与民间商议解决方案,决定募银赎桥。因当时地方财政困窘、府库空虚,官府无力出资,义绅陈政钥便和商人严文周提议,提取洋药局的积余金为底款,加上宁波商家捐资,共筹措银元 1.6 万元,从英国领事馆赎回了新江桥主权。从此,新江桥取消过桥费,成为一座公用桥,百姓自由通行,往来方便,官民莫不为之击掌相庆。鸦片战争后,宁波成为被迫开埠的五个通商口岸之一,经济贸易受控于西人,市民权益得不到保护,甬上绅商募金从英人手中赎买新江桥主权之举,反映出了当时宁波民众国家意识的觉醒。

1899 年,因沿江道路拓宽,浮桥木船减至 16 艘。1927 年,宁波市工务局对桥面进行技术改造,以弧形铁板加固各段桥板衔接处。1936 年、1946 年,民众曾相继发起改建新江桥的倡议,但最终均未能付诸实施。1953 年,为了使汽车能够通行,新江桥改为混凝土桥面。1970 年,拆旧换新,新江桥被改建为双曲拱桥,桥身全长 127 米,宽 19.5 米。2007 年,新建便桥取代了濒危的旧桥。2013—2015 年间再次改造,建成了今天的新桥。

参见王重光、王尧山:《新江桥的变迁》,《宁波晚报》2006 年 11 月 18 日;吴培均等:《阔别八年多的宁波新江桥今日全线通车》,《现代金报》2015 年 11 月 10 日。

通久源轧花厂

光绪十三年(1887),严信厚在宁波创办通久源轧花厂,这是浙江第一家拥有较大规模的近代民营资本企业。

严信厚(1838—1907),字筱舫,浙江慈溪庄桥(今属宁波市江北区)人。年少时做过宁波恒业钱肆和上海宝成银楼的伙计,后被慧眼识才的红顶商人胡雪岩相中,书荐于李鸿章,被派驻上海襄办转运饷械。李鸿章任直隶总督后,严信厚先后奉派督销长芦盐务河南官运事、署天津盐务帮办,其间逐渐积累起巨万资本,于是决定投资经营工商业。

1887 年 3 月,严信厚联合新生泰洋布店老板汤仰高及周晋镳等人,集资 5 万两白银,在距离江北老外滩大约 3 千米处的湾头下江村创办通久源轧花厂。开办之初,使用 40 台用踏板操纵的手摇轧花机,每台由 1 个工人操作。次年 10 月,严信厚从日本进口了 40 台新式轧花机、蒸汽发动机和锅炉等生产设备,同时扩建厂房,雇用工人 300～400 人,利用慈溪、余姚一带出产的棉花,在所聘日本工程师和技师的操作指导下,全年日夜开工,轧出的半成品从宁波港装船销往日本。

由于成本低,销路好,轧花厂获利丰厚。从 1891 年开始,严信厚又从英国购买新发动机及锅炉,从日本添购轧花机和纺纱机,并开设纺纱车间,开始兼营纺纱。1894 年,为了扩大规模,严信厚又集股筹款,获股本银 45 万元,在轧花厂的基础上扩大为公司,厂名为"通久源纺纱织布局"(即"通久源纱厂"),股东有戴瑞卿、汤仰高、周熊甫等上海、宁波的巨商富绅。经过 2 年的筹备,1896 年,扩建的纺纱车间建成投产。当时通久源纱厂雇有工人 750 名,每月出产"龙门"牌 10 支、12 支、14 支及 16 支的棉纱 25 万磅。到 1898 年,纱厂还准备增加纱锭、增招女工,扩大生产。在短短的几年时间,通久源纱厂就取得了非凡的业绩。

然而,就在通久源纱厂事业蒸蒸日上之时,1904 年,因发生利益冲突,大股东戴瑞卿撤股退出,另起炉灶创办和丰纺织厂。1910 年前后,因农村经济萧条,纱厂停闭 3 年。1914 年,因废股押款事件,纱厂遭到查封。在接连不断的打击之下,通久源纱厂开始走向衰落。1917 年,因车间发生火灾,全厂焚毁。次年,经理严廷桢经于股东商议,于是决定盘卖余烬,后为和丰纺织厂收购。从此,通久源纱厂退出历史,和丰纺织股份有限公司取而代之。

通久源轧花厂、通久源纱厂的兴办,开启了宁波企业发展的近代化之门,对宁波近代化产生了深远影响。

参见王遂今:《宁波帮"开山祖师"严信厚》,《民国春秋》1994 年第 2 期;谢振声:《宁波工业化的起点:通久源轧花厂》,《宁波职业技术学院学报》2009 年第 1 期;屠恒培:《浙江最早的机器轧花厂通久源轧花厂》(江北区史志网 http://www.doc88.com);金普森、陈剩勇主编:《浙江通史・清代卷(中)》,浙江人民出版社 2005 年版,第 269—276 页;陈梅龙:《近代浙东棉纺业的双璧——通久源纱厂与和丰纱厂》,浙江省历史学会:《浙江史学论丛》(第一辑),杭州出版社 2004 年版,第 166—171 页。

刘牢之筑筱墙

在今宁波西门西侧 500 余米处,有一条叫"筱墙巷"的南北向街道,相传是东晋大将刘牢之所筑筱墙的遗址所在地。据宝庆《四明志》卷三《叙郡下》记载,筱墙在宋代时墙基尚存,但墙上竹筱丛生,故名"筱墙"。据此可知,筱墙并非这道东晋古墙的原名,而是后人附加的俗称。

筱墙的营建,与东晋末年浙东孙恩之乱有关。东晋隆安四年(400),刘裕据句章城与孙恩军激战,击退孙恩,但句章也因此而残破不堪。孙恩水军屡攻句章,其目的并不只占据句章,以其为陆上大本营,盘踞四明,而在于夺下句章,以之为江上桥头堡,西进会稽。负责浙东防务的刘牢之对此洞若观火,鉴于当时句章城破败,已难以作为江滨堡垒遏制孙恩军沿姚江西进,于是决定在姚江之滨另觅新地屯兵设防。

隆安五年(401),刘牢之决定将防线东移,拒敌于三江口,这样,就必须在三江口一带修筑军事防垒。然而,三江口处两江汇流、咸潮回涌之地,这里地势低洼、塘沼遍布,找到一块合适的安营扎寨之地并非易事。经考察权衡之后,刘牢之将屯兵地点选择在三江口之西大约 2.5 千米的姚江南岸,该地点即今之筱墙巷。现古筱墙已荡然无存,仅留下一条长约 500 米的南北向街巷,考古勘察无从做起,墙址状况不得而知。根据周边环境推测,这一地点所在位置地势相对高亢,东侧有南北向河汊(今北斗河水系)作为外围屏护,进可攻,退可守。筱墙应是防垒的东段,防垒的原始形态很可能是一个围合的空间。这是因为,如果南北西三面没有墙体或沟壕的话,则筱墙防垒形同虚设。

孙恩水军一般由浃口进入甬江河道,然后借海水回潮之力逆流到达三江口,再转棹进入姚江,沿姚江河道西行,攻打句章。姚江河道相对较浅,孙恩水军中的小型战船可以继续顺江而上,但吃水较深的大型海船则无法继续前行,在这种情况下,部分孙军兵卒需在三江口换乘内河小船,或登岸取陆路西进。因此,三江口一带是孙军暂歇休整、分编部队的地点。刘牢之在三江口西约 2.5 千米的姚江南侧筑垒屯兵,正是为了趁来敌立足未稳,有效打击敌人。因此,自刘牢之建造筱墙防垒之后,孙恩水军知难而退,不再取道姚江攻打会稽,改为从杭州湾海上绕道上虞。

筱墙,虽非城墙,却是宁波三江口城防设施之始。

参见刘恒武、王力军:《试论宁波港城的形成与浙东对外海上航路的开辟》,宁波"海上丝绸之路"申报世界文化遗产办公室、宁波市文物保护管理所、宁波市文物考古研究所编:《宁波与"海上丝绸之路"国际学术研讨会论文集》,科学出版社 2005 年版,第 134—143 页;包柱红:《风烛飘摇的千年城墙》,《宁波通讯》2014 年第 13 期;王结华、许超、张华琴:《句章故城若干问题之探讨》,《东南文化》2013 年第 2 期。

黄晟初建罗城

唐乾宁五年(898),刺史黄晟发动民众在三江口西南修筑罗城,这是明州城的一次大拓展,奠定了日后宁波州城的空间分布格局。

唐末,由于政治腐败,战乱频仍。唐大中十三年(859)十二月,裘甫起兵攻陷明州属县象山,浙东大震。咸通元年(860),裘甫又派兵掠明州,明州官民大为恐慌,百姓担心身家性命,纷纷出资招募勇士、制造兵器,组织自卫兵队,并在里坊外围树立栅栏、疏浚壕沟、切断桥梁,以免敌人长驱直入。虽然此次由于裘甫移兵他向,明州州城得以免遭兵燹,但百姓也初尝无罗城防守之忧。

唐景福元年(892),黄晟被民众拥戴为明州刺史。乾宁二年(895),董昌在越州自立为帝,唐昭宗以钱镠为浙东道招讨使讨伐董昌。乾宁三年(896),黄晟发明州兵响应钱镠,击败董昌。自此,钱镠得越州,据杭州,号令两浙。乾宁五年(898),黄晟招率军民修筑罗城。关于修筑罗城的原委,黄晟墓志云:"此郡先无罗郭,民苦野居,晟筑金汤壮其海峤,绝外寇窥觎之患,保一州生聚之安。"此处所谓"外寇",字面上是指自他方来袭的乱军,但实际上最令黄晟担忧的应是钱镠,因为钱氏志在一统两浙。后梁开平三年(909)黄晟卒,钱镠收明州为属郡,且派子弟镇领,这足以反映当时浙东地区势力抗衡的实态。

理想的中国传统城邑,一般是方形轮廓,子城(官署所在地)位于罗城正中偏北,子城的南北中轴线延伸为罗城(外城)的中轴线,城内道路横平竖直,坊里如棋盘般规整排布。然而,黄晟率众修筑的罗城,却无法遵循通常的城邑规划原则,这是因为明州子城所在的三江口西南区块被两江夹抱、湖塘环绕,只能因地制宜划定罗城范围。罗城以奉化江西岸、姚江南岸为东界、北界,以月湖、日湖水系的南缘为南限,以北斗河水系为西界,这样,东晋筱墙并未被连入唐城,而是被置于城西近郊,整个罗城的轮廓呈卵形,又似鸭梨形。但尽管如此,子城被包夹在罗城正中偏北的位置,东西南北主街平正,在内部空间结构上仍然继承了中国传统城郭的特点。

罗城建成之后,大大纾解了明州民众对战乱的恐慌心理,黄晟也因此被视为宁波城市之父。黄晟出身明州本地,在百姓中极具声望,早年宁波民间流传着黄晟姚江斩蛟的传说,每逢端午节,宁波人用染了雄黄的菖蒲制成草剑挂在门上,据称就是为了纪念黄晟斩蛟安民之功。另外,在黄晟的出生地——鄞州区姜山镇上张村建有伏飞庙,专门供奉祭祀黄晟。

参见〔宋〕胡榘修,方万里、罗濬纂:宝庆《四明志》卷三《城郭下》,中华书局 1990 年版;陈武耀、陈科峰:《伏飞庙怀古》,《宁波通讯》2013 年第 16 期。

胡榘修缮城门

南宋宝庆二年(1226),胡榘知庆元府,兼沿海制置使。明州作为南宋朝廷的股肱之郡、东南屏藩,不仅就市舶财政收入而言十分重要,而且在军事防务上也至为关键。在知庆元府期间,胡榘多有作为,其中包括整修庆元罗城城门。

宋代明州(庆元)罗城原有 10 座城门:东侧自北向南依次为东渡门、市舶务门(来安门)、灵桥门、鄞江门;南侧为甬水门;西侧为望京门;北侧沿姚江岸自东南向西北依次为渔浦门、盐仓门、达信门、郑堰门。自北宋神宗元丰二年(1079)曾巩主持大修罗城后,罗城一直未再进行过修缮。到宝庆二年(1226)胡榘知庆元府,城墙虽保存尚好,但诸门城楼已十分破旧,鄞江门、渔浦门、达信门已关闭不用。

上任之后,胡榘开始征调民力、财力,整修庆元罗城城门。考虑到诸门的具体状况,胡榘决定重点更新东渡、灵桥、望京 3 座城门的城楼,这是因为东渡、灵桥两门位于奉化江岸的市舶港区,是庆元城对外彰显威仪的门面;望京门旧名"朝京门",即遥望都城临安,是府官西赴皇都的启程之处,也是京使东来庆元的入城之所,意义非凡。

宝庆三年(1227),3 座城门的城楼更新工程竣工。重建的望京门,"衡七间,纵三丈有九尺,四窗玲珑,与四明山相直",近看西塘河漕船相接,远眺四明山层峦叠翠,胡榘亲自为望京门题写匾额,名之为"明山楼"。更新的灵桥门,"稍拓旧址,易墁壁为窗扉",俯瞰鄞江(奉化江)若长练、灵桥似卧虹,遥望太白山群峰起伏,烟岚缭绕,如诗如画,胡榘书写题匾,名之为"鄞江楼"。两城东西遥相呼应,极为雄壮。东渡门门楼重修之后,门楼上则未书题匾。除了对望京、灵桥、东渡 3 座城门进行更新外,其他城郭楼门均埤薄为厚,增卑为高,补罅易圮,分别做了增厚、加高和补缺等修缮工程。

需要指出的是,灵桥门曾于绍定元年(1228)正月毁于火灾,再建后,垒城高 5 尺,衡缩 2 间,纵加 3 尺,其高度、体量、形制与望京门城楼相等。东渡门亦毁于绍定元年(1228)正月火灾,后复重建。经此番城门整修后,至理宗宝祐四年(1256)吴潜判庆元府的 30 余年间,罗城未有大的修缮工程。

参见〔宋〕胡榘修,方万里、罗濬纂:宝庆《四明志》卷三《城郭下》,中华书局 1990 年版;刘恒武:《宁波古代对外文化交流——以历史文化遗存为中心》,海洋出版社 2009 年版,第 62—71 页;张茜:《宁波古城门遗址保护开发概念性方案设计——以东渡门,望京门遗址公园为例》,西安建筑科技大学硕士学位论文,2017 年。

汤和设卫宁波

南宋时期,宋廷曾在舟山、宁波一带的岛屿及海岸建水寨、设瞭台,防范金兵从海上来袭,但当时的海防设施为布点防范,并未连点成线,形成体系。直到明初,江浙沿海才建立起规模化的海防系统,而江浙沿海海防系统的创建者是明朝开国名将汤和。

汤和系安徽凤阳人,为人持重,足智多谋,深得明太祖器重。元至正二十七年(1367),汤和攻取庆元,招降方国珍,平定了浙东,获军船 400 余艘。之后,他率军从明州出发,取道海路至福州,讨伐割据福建的陈友定。次年,陈友定兵败被擒,福建平定。明洪武三年(1370),明军北伐,太祖命汤和在庆元造船,运粮北上,补给军需。在这期间,汤和督军驱船,往返于两浙、福建沿海,对海疆情况有了充分了解。

洪武十九年(1386),鉴于倭寇频频来犯,朱元璋考虑到汤和曾在东南海滨执掌军务,且行事缜密,于是派他赴江浙构筑海疆防御体系。实地踏查后,汤和在江浙沿海一带选定了 59 处滨海要地,筑城 59 座,大者设卫,小者置所,卫所之间修便道、设烽堠,彼此联络,互通讯信,卫所成为有序串联的海防链条。

当时在宁波沿海,合计设有 4 卫 9 所。今余姚境内有临山卫(今余姚临山镇),下辖沥海所(今上虞沥海镇)、三山所(今慈溪浒山街道);今慈溪沿海主要是观海卫(今慈溪观城镇)防区,下辖龙山所(今慈溪龙山镇)。观海卫城因建在浪港山下,"城成而海水当其前",故名观海卫。观海卫、龙山所与西侧的三山所互为犄角,"三城共一脉",成为宁波北部滨海屏藩。今镇海一带为定海卫辖区,定海卫自北向南,依次设有穿山所(今北仑穿山村)、郭巨所(今北仑郭巨镇)、大嵩所(今鄞州瞻岐镇)。定海卫位于定海县城,扼控甬江入海口,穿山所俯瞰甬舟之间海道,郭巨所、大嵩所瞭望象山港北侧岸线。今象山县海滨属于昌国卫防区,昌国卫(今象山昌国镇)与下辖的石浦所(今象山石浦镇)把守三门湾东北端,钱仓所(今象山涂茨镇)和爵溪所(今象山爵溪镇)则护卫象山县东部岸线。4 卫 9 所均筑城墙、开城门、建城楼。这些协同联动的军事性城邑共同构成了浙东地区的海疆长城。

参见刘恒武:《宁波古代对外文化交流——以历史文化遗存为中心》,海洋出版社 2009 年版,第 207—219 页;尹泽凯:《明代海防聚落体系研究》,天津大学博士学位论文,2015 年;官凌海:《明代中叶沿海卫所的初步地方化——以浙江观海卫为例》,《历史教学问题》2015 年第 1 期。

雪舟绘宁波府城

历代以来,宁波留下了不少地图,这些地图使今人得以直观地了解宁波城市的空间布局。然而,在近代以前,以宁波城市景观为描摹对象的绘画作品却十分稀见。就有关宁波城邑的古代画作而言,日本画僧雪舟的《宁波府城图》,因取景全面、信息丰富,对研究古代宁波城具有重要参考价值。

明成化三年(1467),画僧雪舟等杨作为天与清启率领的日本遣明使团人员之一到达宁波。自唐至清,宁波三江口一直是海外抵甬商舶的寄碇之地,因此三江口也是外国舟客认知中国城市的第一印象区,城墙、城门、浮桥、帆船、码头、往来行人组合成为这一区域的景观。在雪舟的母国日本,无论大小城市一律不建城楼与城墙。遣明使船航抵三江口,明代宁波庄肃瑰丽的城楼与高大雄伟的城墙跃入眼帘,首次来华的雪舟为之感到震撼。

雪舟一行在灵桥门内的境清寺安顿好后,就往宁波城内各处游览,其中包括天封塔、月湖的湖心寺以及子城西侧的天宁寺等见诸史籍的甬邑胜景。在观览城内各处景点后,又出灵桥门,走过灵桥,雪舟来到灵桥东首,瞻望巍然矗立的城墙门楼,观看奉化江西岸的市舶司码头,想到荣西、道元等渡宋高僧曾在这里上岸,道隆、祖元等赴日大德曾于此处扬帆,他不禁感怀万千,便想将眼前的景物留在纸面上,于是提笔展卷,勾绘出传世至今的《宁波府城图》。

《宁波府城图》画面以东城墙全部和北城墙东段为轴线展开,奉化江由南向北流经东城墙外,姚江则由西北向东南流过北城墙下,两江在府城东北隅外侧汇成甬江。和义门至灵桥门一段的城墙、城楼占据了最大比例的画面,因画面以半俯角取景,所以城内部分景物也摄于其中。对于画中关键的景点,雪舟均以小字注明,如灵桥门图像旁注有"宁波府东门也"6个小字。由此可证,明代宁波保留着宋代定制,仍以灵桥门为府城正东门。在灵桥旁,画中注有"船桥"2个字。灵桥系联舟浮桥,因此,船桥应是当时明代宁波坊间对灵桥的俗称。画面之中,灵桥门内西南不远处的多层高塔,即天封塔。天封塔是当时府城城内最高的建筑物,因此在府城图中格外醒目。湖水、拱桥、堂榭依稀之处,写有"湖心寺"3个小字,这是雪舟寻访过的月湖水畔风景绝佳处。与东渡门垂直一线,有双塔,画中旁书"天宁寺"。天宁寺是中日交流史上的名刹,因此,雪舟也做了勾绘和标注。

雪舟的《宁波府城图》,细微毕至地描绘了明代宁波府城全景,是今人研究宁波城市变迁的珍贵资料。

《宁波府城图》(局部)

参见刘恒武:《宁波古代对外文化交流》,海洋出版社 2009 年版,第185—187 页;陈继春:《雪舟的中国之行》,《东南文化》2003 年第 2 期;刘磐磐、翁丽霞：《日僧雪舟与宁波》，《宁波教育学院学报》2012 年第 1 期；金皓：《明州与日本的书画交流》，《文物世界》2006 年第 5 期。

镇海威远城修筑

镇海威远城位于甬江入海口北岸的招宝山山顶，修筑于嘉靖三十九年（1560）。城据山而建，山顶空间被城壁围合，城壁四周峭壁矗立、坡势险峻。威远城自晚明建成之后，长期控扼着镇海口，有"浙东第一雄关"之称。

招宝山威远城由抗倭名将卢镗和谭纶发起修筑。卢镗是处州卫（今浙江丽水市）人，出身将门。嘉靖二十七年（1548），卢镗大败武装私商船队于双屿港。嘉靖三十二年（1553）至三十四年（1555）间，浙海倭乱四起，卢镗先后转守浙北、浙东，以军功升至副总兵。之后，又辅佐督抚胡宗宪歼击倭寇，被擢升为都督同知。谭纶是江西宜黄人，进士出身，嘉靖二十九年（1550）出任台州知府，在当地招募乡勇，加强海防，嘉靖三十七年（1558）三次挫败来犯倭寇。嘉靖三十八年（1559），卢镗出镇定海（今镇海），谭纶任海道副使，两人对浙东海防状况进行合议之后认为，为防御倭寇进犯镇海、宁波，有必要在招宝山修筑城堡，以加强对甬江口的防守。提议上呈后，很快获得了胡宗宪的批准。

嘉靖三十九年（1560）春，卢镗和谭纶率领军民开始筑城，历时 3 个月后，工程竣工，取名"威远"。整个城堡以石条砌就，坚固异常，城堡平面呈长方形，周长 600 余米，辟有东西 2 门，门上筑楼阁，建有雉堞 167 垛。2 年后，又在城内增建石屋，建营房 40 余间，以便戍卒长期驻扎，同时在威远城左右炮台置铁发煩（铁炮）4 门，增强火力配备。

威远城的建成，加强了甬江口一带的防御体系。嘉靖四十年（1561），卢镗与参将牛天赐再次破敌于宁波、温州，浙东倭乱基本平息。是年，卢镗登上招宝山，在威远城赋《登招宝山诗》云："招宝苍茫控咽喉，巍峨雄堞护重楼。洪涛闪烁金光动，大海澄清瘴雾收。百万貔貅屯远垒，三千戈舰列安流。从今夷寇寒心胆，永固皇图亿万秋。"诗中道出了威远城地理之重要和建筑之雄伟。

威远城是镇海口海防遗址的重要组成，具有极为重要的历史价值。1983 年、1984 年，政府拨款进行整修，基本恢复明代原貌。现威远城平面呈长方形，周长 502 米，正面墙高 7.4 米，有雉堞 74 垛。城门上"威远城"额为清道光十二年（1832）十一月知县郭淳章重修威远城时所书，内门联"海不扬波千古定，地无爱宝一山招"为明代建城时所题。1996 年，威远城与其他镇海口海防设施,被列入第 4 批全国重点文物保护单位。

镇海威远城

参见刘恒武:《宁波古代对外文化交流——以历史文化遗存为中心》,海洋出版社 2009 年版,第 213—215 页;刘恒武、杨心珉:《〈浙东备倭议〉考》,《文献》2015 年第 4 期;张伟、苏勇军:《浙江海洋文化资源综合研究》,海洋出版社 2014 年版,第 186—187 页。

民国拆城筑路

为了推进市政建设,1925 年,宁波市政筹备处公布《宁波市工程计划书》,是为宁波近代城市建设有规划的开始。在计划书中,一项重要的建设工程,便是拆除城墙、建设城市道路。

根据工程计划书,拆城分两段入手:第一段拆东半城,自南门经灵桥门、东门至和义门;第二段拆西半城,自南门经西门、北门至和义门。在拆城之前,先行拆去罂城,以罂城城基建设公用场所,其余土地变卖得款充作城市建设经费。在城市道路建设方面,规划城区 4 大干道、2 条支路,并以城墙拆除后的城基为路面,建设环城马路。拆城筑路自 1925 年开始,1927 年 7 月宁波正式设市后,全面铺开。至 1929 年,凝缩了宁波千年历史记忆的古城墙被夷为平地。但由于整个工程推进速度过快,缺乏周密合理的规划,一些环节影响了城市固有的生态体系和民众生计。例如,当时将拆除东城墙的城土用来填埋东城外的护城河——濠河,但濠河连通南塘河,是鄞县西南乡百姓驾船载物前来市区的一条水上便道。因此,拆城填河工程一经启动,旋即遭到西南乡乡民的反对,乡民们在当地乡绅冯炳然的带领下与市政府进行了交涉。最终,市政府调整了原定计划,仅以城土填埋了灵桥附近的小段河道,并责成冯炳然组织民力整治濠河环境。

宁波城墙被夷平后,腾出的空间被用于修建环城马路,宁波的第一道环城道路即是在古城墙的夯土墙基上建起的。建成后的环城道路,路面宽 15 米,自南门(长春门)经灵桥门、东门(东渡门)、和义路(和义门)、北门(盐仓门)、望京门,全长 7668 米。宁波老城墙原呈鸭梨状,环城道路亦如是。

宁波设市后,为加快城内道路建设,市政府开始统一限制街面,拓展原有街道,逐步扩展柏油马路,先后建成一批城市干道,市内交通大为改善。东城墙东渡门至灵桥门成为今江厦街路段,灵桥门南下至甬水门(南门)一段为灵桥路,甬水门北上至望京门(西门)一段为长春路,望京门再北上至永丰门一段为望京路,永丰门向东南至和义门一段为永丰路,和义门至东渡门一段为和义路。东渡门和望京门拆除之后,修出了一条贯穿宁波城市东西的干道——中山路。

毁墙筑路,改变了宁波城市景观面貌,大体形成了日后宁波城市的道路网络。自此之后,宁波城市加速向近代化市政建设迈进,同时老宁波的底色也以更快的速度消退。

参见傅璇琮主编:《宁波通史·民国卷》,宁波出版社 2009 年版,第 388—399 页;罗惠侨:《我当宁波市市长旧事(1927.7—1930.1)》,《宁波文史资料》第 3 辑,1985 年。

第三部分　宁波港事

一、概　述

　　宁波港事,主要是指与宁波港口发展相关的历史事件。宁波港事所叙时段,上起河姆渡文化时期,下迄新中国成立之前,空间上以三江口宁波港为核心场域,兼及象山、宁海等地的古港口。在题材选择上,重点关注那些触发过陆上回响和海上波荡的标志性宁波港事,揭示宁波港从古代向近代演进的历史轨迹。

　　根据这一时期宁波港口的发展进程,我们把它概括为东流到海、海上丝路、港通天下三个专题展开叙述。东流到海——主要叙述古代宁波港的形成与发展历程;海上丝路——主要叙述古代宁波港对外友好交流的史事;港通天下——主要叙述宁波开埠后至新中国成立前的宁波港事。

(一)东流到海

　　宁波港事的历史脉络起始时间早,可以追溯到河姆渡文化时期。2003年,余姚市三七市镇的河姆渡文化田螺山遗址中曾发现一处临近河湖的"河埠设施"遗迹,遗迹地层中还出土了2条保存完好的木桨,这可能是浙东宁波远古时代的港口雏形。越王勾践灭吴后,在姚江之滨营建句章城。考古勘察和试掘结果显示,先秦至魏晋的句章故址位于今天宁波江北区慈城镇王家坝,紧邻姚江北岸线,遗址南侧还发现有通往江滨的道路遗迹,这说明先秦句章已经开始利用姚江水道,成为姚江江滨的一个内河港埠。

秦汉王朝在宁波地区设置句章、鄞、鄮、余姚4县,因四县远离中原,偏居海隅,向朝廷呈报文书和缴纳赋税均要倚重水路,句章和余姚两县位于姚江之滨的港埠在浙东水路交通上的地位日趋重要。西汉元鼎六年(111),横海将军韩说从句章出海讨伐东越叛乱,这说明句章当时已经是一个较为成熟的通海河港,而且具备让大量兵船停泊的条件。东汉阳嘉元年(132),曾旌聚众海上,并攻杀鄞、鄮、句章3县县长。吴永安七年(264),魏国新附督王稚,航海攻袭句章,掳去长吏贲林及平民200余口。吴将孙越带兵出击,截获一船,救回30人。由此可见,汉魏句章港虽属河港,却与海道联结,在海疆戎务方面扮演着重要角色。在当时,句章已经与碣石(秦皇岛)、芝罘(烟台)、琅琊(胶南)、东冶(福州)、番禺(广州)等几个沿海港口齐名。

东晋隆安之乱中,句章港的军事色彩更加凸显。隆安三年至五年(399—401),孙恩率反晋水军数次攻打句章,均被刘裕击退,但句章城及港埠也由此残破不堪。东晋末年,句章县邑迁移至四明山东麓、鄞江之滨的小溪(今海曙区鄞江镇),小溪新址仍是一座河港,可经鄞江水道进入奉化江,再直达三江口。另外,南朝时期浃口港(今镇海)受到重视,南朝宋在浃口屯兵设戍。浃口扼江控海,原是一处海船寄泊地点,这一军事性聚落的出现为日后镇海港口的发展创造了条件。

进入唐代以后,三江口一带的水文环境逐渐得到整治,为后来港埠的崛起奠定了基础。唐开元二十六年(738)设明州,州治仍在小溪,小溪港的地位也随之上升。天宝十一年(752),日本孝谦朝遣唐使舶航抵明州,将海船系缆于三江口埠头,换乘内河船到达小溪州治。晚唐时期,三江口港埠和甬江入海口码头同时趋于成熟,贞元二十年(804),日本桓武朝遣唐使舶再抵明州,仍停泊于三江口。元和四年(809),唐廷在鄮县浃口北岸置望海镇,加强了对甬江口港埠的控制。长庆元年(821),明州州治移至三江口,三江口港航之便是明州迁治于此的要因之一,这一时期三江口海运码头主要利用姚江南侧岸线(今和义路一带)。与此同时,鄮县县治则迁回小溪,小溪仍是四明山区和奉化江平原之间水路交通的枢纽。

经过晚唐五代的发展,三江口港埠的影响力日益提升,行销亚非各地的越窑青瓷主要从这里载上海船,运往外洋。宋代明州设立市舶司,管理两浙海上贸易,明州作为国际大港的地位得以确立。由于市舶机构及其附属设施均位于奉化江西岸的东渡门—灵桥门一带,三江口海运码头也随之固定于奉化江岸线。在对外交流方面,宋神宗熙宁时期(1068—1077)以后,明州成为宋与高丽官方往来的指定口岸。此外,明州港与日本博多港商贸往来十分频繁,宁波出土的留居博多宋人石刻印证了两港交流的盛况。元代庆元港与泉州港、广州港并列为全国三大枢纽港,至元十八年(1281)的第二次征日和至元二十九年(1292)的出征爪哇,舟师主力和辎重均发自庆元港。此外,庆元港海舶的贸易网络不仅覆盖日本列岛与朝鲜半岛,而且还延伸至东南亚及以远地区。

明代,朝廷出于海防考虑,在多数时期内均严格限制海洋贸易。但尽管如此,宁波港被指定为日本遣明使唯一来航口岸,其东亚枢纽港的地位仍然得以保持。宁波府域内除了甬江岸线的三江口—定海组合港之外,甬江口东南海岸线上的小浃港、黄崎港、郭巨港、梅山港、大嵩港、湖头渡、钱仓,以及甬江口西北海岸线的金墩浦、古窑港、胜山港、泗门港、临山港,也屡屡见诸明代文献记录,这些临海港埠或泊岸地的发育,是明代浙东区域海运、私商贸易、海寇盘踞、渔业活动以及军船巡弋的综合结果。16世纪中期,葡萄牙、中国和日本海商聚集于宁波府辖的双屿港(位于今六横岛)进行走私贸易,双屿市政与港埠设施一应俱全,成为当时亚洲最大的海上走私贸易基地。清朝建立以后,浙海关总口设在宁波港,下辖15个口岸,其中包括宁波府内的镇海、古窑港、湖头渡、小港(即明代小浃港,下附穿山、大碶两个旁口)、象山港。有清一代,宁波港的对外贸易主要以日本为主,康乾时期英国海商试图将贸易触角伸至中国大陆海岸线中部,数次来航宁波从事货品交易,但持续时间甚短。英船来航,也为鸦片战争之后宁波港的开埠埋下了伏笔。

(二)海上丝路

据《史记·越王勾践世家》记载,越国大夫范蠡辅佐勾践灭吴称霸功成之后,"乃装其轻宝珠玉,自与其私徒属,乘舟浮海以行,终不反,于是勾践表会稽山以为范蠡奉邑。范蠡浮海出齐,变姓名自谓鸱夷子皮,耕于海畔,苦身戮力,父子治产,居无几何,致产数千万"。范蠡举家浮海至齐的故事,说明春秋时期越人已经开始进行沿东海和黄海海岸的近海航行。另外,越灭吴后,一度徙都于鲁南海滨琅琊(今山东胶南),据《越绝书·外传记地传》,时越有"死士八千人,戈船三百艘",显示出越国强大的航海能力。由此可见,先秦越国时期,浙东于越集团已经将海上航线向北拓展至苏北和鲁南海岸,而宁波海岸向东海伸出,又有舟山群岛拱护,成为越人理想的出航地。

西汉元鼎六年(111),横海将军韩说从句章出海讨伐东越,这一大规模的军事性海上行动表明当时宁波至浙南的航线已经相当成熟。三国时期，吴国是航海强国，海上航线北达辽东和朝鲜半岛，南至闽台和两广，作为吴国沿海县邑的句章和鄮县都已被纳入其发达的海上交通网络。吴黄龙二年（230），吴主孙权派遣将军卫温、诸葛直，率甲士万人浮海赴夷洲（台湾），鄮县是可能的起航地或经行地。吴赤乌年间（238—251），印度僧人那罗延至宁波慈溪五磊山结庐修行，同时期宁波、绍兴一带出土的一些堆塑釉陶罐上出现了胡人雕塑形象，这反映出宁波与南海之间已经存在海路人员往来的史实。东晋末年，孙恩起兵于浙东海上，除数次攻掠浃口、句章之外，还一度取海路北上至海盐、京口（今属镇江）、广陵（今属扬州）和郁洲（今连云港），向南则袭扰临海（今属台州）。根据孙恩船队的航迹，可以勾勒出句章南北航线及其节点：句章—浃口—（舟山）—海盐；句章—浃口—（舟山）—京口—广陵—郁洲；句章—浃口—（舟山）—临海。

　　唐代明州港的国内航线在六朝时期的基础上又有拓展，向北至少可以到达登州和莱州，向南则延伸到广州。更为重要的是，中晚唐以后明州港逐渐成为海上丝绸之路的要津。首先，就海上丝绸之路东海航线而言，自公元8世纪中期起，日本遣唐使开始开辟横渡东海的来华航线，明州与扬州、苏州、楚州等地同为遣唐使船的抵岸地。9世纪以后，明州更成为唐商赴日贸易的主要始发港，大中元年（847），唐商张支信就曾经创下从明州望海镇出帆，仅用3天时间便抵达日本肥前值嘉岛的航行纪录。与此同时，随着越窑青瓷外销区域的不断拓展，作为青瓷舶运基地的明州港，逐渐将海航触角延伸至东南亚和环印度洋地区，这一盛况一直持续至五代和北宋。

　　入宋以后，明州港的地位超越了扬州、江阴、杭州、台州、温州等港，成为海上丝绸之路东海航线的枢纽港。宋丽之间的海上往来以明州—礼成江口为主航路，元丰元年（1078），北宋朝廷命明州建造了两艘分别名为"凌虚致远安济"和"灵飞顺济"的万斛神舟，派遣安焘、陈睦自定海（今镇海）出使高丽，顺利抵达其国。宣和五年（1123），宋徽宗遣路允迪、傅墨卿乘坐明州所造"鼎新利涉怀远康济""循流安逸通济"两艘神舟出使高丽，抵达高丽都城之日，引起了当地居民的极大轰动，"倾国耸观，而欢呼嘉叹"。随团人员徐兢所撰《宣和奉使高丽图经》40卷详细记录了宋丽之间的航路，并记载了罗盘针在航海中的应用。中日之间的商贸和文化往来以明州—博多航线为主轴，明州海商在中日海上丝绸之路上扮演了举足轻重的角色，10世纪晚期至11世纪前期，声名卓著的宁海周氏航帮便是其典型代表。明州阿育王寺、天童寺的宋风佛教文化也随着明州—博多海上丝绸之路传往日域。此外，明州港的海上航路远及东南亚诸国,如淳化三年(992)阇婆国(今印度尼西亚)国王穆罗荼曾遣使向宋朝入贡,其使团船队便先抵达明州。元帝国灭宋后,庆元港与泉州、广州成为元朝三大枢纽港,在元朝廷鼓励海外贸易的政策下,宁波不仅继续保持着与日本、高丽之间的航海联系,而且与南海诸国的商贸联系得到加强。20世纪70年代在朝鲜半岛西南部新安海域发现的"新安沉船"即发自宁波,沉船遗物折射出元代东亚海域贸易的繁荣景象。元代宁波商舶对东南亚贸易活动也比前代更加兴盛,聚居于两浙沿海地区的汉族和色目人船团以庆元和澉浦为基地,航迹遍及南海各地。

明清时期,受海禁政策影响,宁波港的航海贸易活动长期受到抑制。但尽管如此,由明迄清宁波一直与日本保持着密切的海路联系。随着西方殖民势力主导的全球海上贸易网络的扩张,16世纪中期,葡萄牙走私贸易船将其航线延伸到了宁波,18世纪,英国东印度公司商船数度航抵宁波,试图通过广州—宁波航线扩大其在华的贸易利益。"五口通商"后,宁波港的对外航路被迫纳入西方列强的殖民贸易网络之中。

(三)港通天下

1842年,宁波被列为"五口通商"的港埠之一。1844年1月,宁波正式开埠,三江口北侧的甬江西岸成为官方指定的外国人通商居留地,欧洲列国领事和商人纷至沓来,领事馆、商行和货栈依次拔地而起,逐渐形成欧风浓郁的街区,宁波当地百姓开始以"外滩"一词专指这个与宁波老城景观迥异的异质区块。

鸦片战争至新中国成立前的宁波港事,以列强势力入侵、我国沿海港口近代化转型、民族航运力量崛起为背景展开。

宁波开埠后,英国最先向宁波派驻领事,并取得领事裁判权。之后,法、美、德、荷兰、瑞士、挪威等国也先后在宁波设领事和副领事。英国领事馆址位于中马路,被称为"大英公馆",遗址至今尚存。最早出现于宁波老外滩的西方贸易机构主要有美、英等国的旗昌、逊昌、源昌、广源等洋行,输入品主要是呢绒、洋布、煤油等,输出品主要是湖丝、茶叶、棉麻等。然而,开埠数年之后,宁波口岸的中外贸易额有减无增,其原因在于,宁波港依托的直接腹地较小,在江浙沿海从事贸易的外商多转赴上海港。不过,开埠之后宁波港的国内贸易与航运依旧繁荣,作为新式港区的江北外滩仍得以继续发展。随着外人居留地街区的扩大,出于维护治安的需要,道光三十年(1850)外滩开始设巡捕8名,由英国人监带。

与甬江西岸外商港区的发展同步,宁波船商开始着力经营甬江东岸岸线,清咸丰三年(1853),宁波北号舶商集资建造的庆安会馆落成,与清道光三年(1832)宁波南号船商建成的安澜会馆毗邻而立。两馆建筑仍采用本土传统风格,与对岸外滩的欧风洋馆形成鲜明的对照。1854 年,宁波商绅募集 7 万两白银购置外国轮船一艘,名为"宝顺",次年用于护航防盗,此为国内自办近代轮船之始。

1861 年 5 月,宁波浙海关新关任用英人费士莱和华为士为税务司。此时随着轮船的普遍使用,外滩甬江岸边的旧式石墈式码头已经无法满足轮船进出口货物装卸的需要,美商旗昌轮船公司于 1862 年开辟沪甬线后率先建造起趸船式的浮码头,此后外滩码头营造多依新制。19 世纪 70 年代是宁波轮船业发展的黄金期,外滩港埠也随之趋于繁荣。1873 年,轮船招商局宁波分局成立,1875 年开辟沪甬线,在宁波外滩建造码头、仓库。1877 年,英商太古公司宁波分公司正式成立,经营以航运业为主的各种业务,并在外滩建造太古码头,后因以"北京"轮行驶沪甬线之故,俗称"北京码头"。此外,活跃于宁波港的大型轮船公司还有法商东方公司、宁绍公司和三北公司,这些公司客货兼营,主要经营沪甬线,其他一些中小轮船公司则主要经营五山头线(宁波至镇海、舟山、象山、海门和温州)。自 19 世纪末起,代办进出口报关等手续业务的"报关行业"在宁波兴起,到 20 世纪 30 年代初,在宁波浙海关注册的大小报关行有 34 家,其中较为知名的有"元丰""裕昌""元记""诚记""裕丰"等。报关行业的兴盛一直持续至抗日战争前夕。

辛亥革命后,宁波人民反帝、反殖民意识全面觉醒,开始争取收回港口经营权、海关管理权和航行权,但由于 20 世纪 30 年代之前,我国自身的航政体系迟迟未能建立,相关权利的收回工作进展极其缓慢。1931 年,上海航政局设立,并在宁波设置办事处。宁波航政办事处成立之后,逐渐收回了部分航政管理权。

从 1937 年抗战全面爆发至 1941 年 4 月日军占领宁波,这一时期,宁波港成为内地各省货物和战区军用物资的转运口岸,大量物资通过宁波港集散,宁波的工农业产品也供应内陆各省。1941 年 4 月,日军侵占宁波,宁波港被日军势力和汪伪势力控制,港口码头上黑帮、汉奸横行作恶,码头设施破败失修,可以说宁波沦陷的 4 年时间是宁波港史上最为黑暗的时期。抗日战争胜利后,宁波轮船航运业得以恢复,"江亚""江静"两轮主宰沪甬线,"明兴""舟山"两轮则活跃于沪甬闽航线。然而,尽管进出口船只数量吨位恢复到抗战前的水平,但贸易量始终未恢复到抗战前的额度,如 1949 年,宁波港口吞吐量仅 4 万余吨,宁波港逐渐失去了浙东对外运输中心的地位。新中国成立后,港航设施改善,客货航线恢复,宁波港开始重新焕发活力。

二、词 条

汉师启航句章

汉武帝时期,东越王余善反叛。由于战事胶着,汉武帝遣横海将军韩说从句章出发,循海路南下讨伐东越。

句章为宁波古地名,是一处位于姚江之滨的城邑,但其航路已经通达大海。高宇泰《敬止录》载,句章"在姚江东,即今慈溪县南十五里,句余山之东有城山,即句章县治"。句章是中国最古老的港口之一,秦汉时期,句章作为海上交通和军事行动的出入港口已屡见史册。

汉武帝元鼎五年(前 112),南越相吕嘉谋反,东越王余善上书,请求带八千士兵跟随楼船将军杨仆前往征讨。但他的军队行至揭扬时,却以海面风大浪高为由,不再前行,并私下派使者与南越联系。等到汉朝军队攻占番禺,东越的军队仍未到达。这时候楼船将军杨仆派使者上书,请求领兵攻打东越。汉武帝因当时将卒疲乏,不宜再征战,就没有准许,而是命令各支军队驻扎在豫章、梅岭等候命令。

元鼎六年秋,余善听说楼船将军上奏要诛杀他,汉朝的军队已逼近东越边境,于是他决定先下手为强,起兵造反,派兵往汉军必经之路上设伏。他还封将军驺力等为"吞汉将军",进军白沙、武林、梅岭,杀了汉军 3 个校尉。当时,汉朝派大农张成、原山州侯刘齿率兵驻守在这里,然而他们却不敢进攻东越的军队。后来,他们均以不敢作战的渎职罪名被诛。

不久,余善伪造玉玺,并自立称帝。于是汉武帝派遣横海将军韩说从句章出发,渡海从东边进军,楼船将军杨仆从武林出发,中尉王温舒从梅岭出发,并任命两个投降汉朝的南越人为戈船将军和下濑将军,从若邪、白沙出发,进攻东越。元封元年(前 110)冬,汉军进入东越境内。当时东越王麾下的徇北将军守卫武林,击败了楼船将军手下几个校尉并杀死了长吏。楼船将军后又率钱塘人辕终古斩杀徇北将军,辕终古因此被封为御儿侯。

此前,汉武帝想劝降余善归汉,就派留在汉廷的越衍侯吴阳回东越劝说余善,但余善不从。等到横海将军韩说率领的汉军从海路南下登陆东越境内,东越腹背受敌。这时,吴阳也率领其部众700人叛越,并与建成侯敖、繇王居股等人联合杀死余善,投降横海将军,东越始平。

横海将军韩说率部出句章讨伐东越,是秦汉时期最大的一次军事性航海活动。

参见〔汉〕司马迁:《史记》卷一百十四《东越列传》,中华书局1963年版;郑绍昌主编:《宁波港史》,人民交通出版社1989年版,第13页;王结华、许超、张华琴:《句章故城若干问题至探讨》,《东南文化》2013年第2期。

三江口港埠初建

宁波三江口位于甬江、姚江和奉化江汇流之处,建港条件优良。唐朝明州迁治三江口后,三江口港埠规模不断扩大,成为明州对外交流的主要窗口。

汉晋以来,三江口已得到初步开发,逐渐形成了较大规模的居民聚落。东晋隆安四年(400),孙恩起义,东晋守军刘裕率军筑成防守工事,用黏土和竹筋筑成防守工事——筱墙,驻防于三江口一带,与句章守军互为犄角。在今海曙祖关山、江北湾头和江东道士堰一带出土的汉、晋墓葬群,证明在魏晋南北朝前,三江口高地上已形成了较大规模的居民聚落。西晋文学家陆云在其《答车茂安书》的信中,详细描述了当时鄞县五乡平原乡土、物产、风俗与经济的发展情况。

三江区域经济经秦汉以来六个多世纪的开发,贸易渐盛。这一时期,随着越窑青瓷、吴地铸镜技术东传,异国物品舶来及佛教东渐,三江口成为早期海外商品贸易集散地和文化交流传播地。越窑青瓷至迟在东晋时已通过海路输往日本列岛、朝鲜半岛及东南亚国家。目前,这些国家的墓葬和遗址中均有早期越窑青瓷出土。如,韩国江原道原城郡法泉里出土了东晋青瓷羊形器,忠清南道天安郡城南面花城里花院百济墓出土了东晋青瓷盘口壶。东汉、三国时期,会稽郡(浙江)、江夏郡(湖北)、广汉郡(四川)是全国三大铸镜中心,其中会稽郡、江夏郡地属东吴。吴地铸镜工匠带着先进的铸镜技艺,从东海口出发,东渡日本,铸造出具有吴地特色的日本三角缘神兽镜,如日本大阪出土的三角缘神兽镜,与奉化萧王庙镇出土的东汉车马神兽镜一脉相承。而宁波东汉墓葬中出土的一些玻璃、玛瑙质地的随葬品,都是当时从海道携入的舶载品。

到唐玄宗开元二十六年(738),唐析鄞县为慈溪、翁山(今舟山定海)、奉化、鄞县4县,另设明州以统辖之,鄞县县治、明州州治均设在小溪鄞江桥。

这是明州建州的开始。大历六年(771),鄮县县治由小溪移到奉化江、姚江、甬江交汇之处三江口,州治仍在小溪镇,州、县分为两城。唐长庆元年(821),明州刺史韩察以小溪地形卑隘,奏请朝廷将州治从小溪鄮江桥迁至三江口。州城范围在现今的南起鼓楼,北到中山公园,东近军分区驻地,西到呼童街一带。子城建成后,这里就成为当时明州官府办事机构驻地。到唐末,明州刺史黄晟为保一方平安,加强城池防御能力,在现长春路、和义路、东渡路一线构筑城墙,建造罗城。罗城建成后,三江口正式成为浙东区域中心,宁波城市史由此开始。而鄮县县治又迁回小溪镇。五代后梁开平三年(909),改鄮县为鄞县,县治也从小溪镇迁到三江口。

三江口港埠建设不仅推动了宁波对外贸易的繁荣,而且也促进了宁波港口城市的发展。

宁波三江口

参见傅璇琮主编:《宁波通史·史前至唐五代卷》,宁波出版社 2009 年版,第 203—210 页;林士民:《浙江宁波市唐宋子城遗址》,《考古》2002 年第 3 期;涂师平:《秦汉甬地置四县,唐建州城三江口》,《宁波通讯》2012 年第 4 期。

明州设立市舶司

北宋时期,政府在明州设立市舶司,开始对进出口明州港的商品进行管理并征收关税。

宋太祖开宝四年(971)在广州设立市舶司,这是宋代设置的第一个市舶机构。约在太宗太平兴国三年(978)至端拱二年(989)间,北宋在杭州设两浙市舶司。淳化三年(992),两浙市舶司移驻明州定海县,旋迁至明州城内。次年,因主持市舶司工作的监察御史张肃"上言非便",又移司回杭州。真宗咸平二年(999),朝廷经过反复权衡利弊,决定在杭州、明州两处各设置市舶司管理海外贸易,实行相对独立的管理模式。自此开始,明州正式有了自己的市舶机构。为了方便舶务手续办理和舶货进出,又将灵桥门北的来安门辟为市舶专用门。

市舶司作为对外贸易管理的机构,其职责是"掌蕃货、海舶、征榷之事,以来远人,通远物"。具体地说,即负责接待贡使、招徕蕃商,登记管理进出境(港)从事贸易的船舶及搭载人员,负责舶货的抽解、博买及抽博货物的送纳与出售、舶货贩易的管理,执行海禁和缉防走私贸易等具体事务。由于明州港地处沿海中部这一特殊的地理位置,使其成为进出口贸易的一大集散地,"南则闽、广,东则倭人,北则高句丽,商舶往来,物货丰衍"。同时,由于

明州设立市舶司

受东北亚政治格局的影响,明州市舶司除了管理与高丽、日本及东南亚诸国海外贸易事务外,还扮演着与高丽进行航海外交的特殊角色。

在机构管理上,明州市舶司初设时,由知州兼领市舶使,通判为市舶判官,即由地方长官兼领市舶事务。不久,知州领使如劝农之制,通判兼监市舶司。到神宗元丰时期(1078—1085),随着市舶收入的增加,开始由两浙路转运使兼提举官,从而结束了"州郡兼领"的管理体制。徽宗崇宁初年,两浙、福建、广南三路各专置市舶提举官。此后,又一度废罢市舶提举官。至大观元年(1107)复置。在经过多次反复后,到南宋中期,最终确立了两浙转运司提督、知州兼使的管理机制。

明州市舶司的建立,是中唐以后明州地区经济发展、海外贸易不断拓展的必然结果,同时又极大地刺激了明州地区商品经济及制瓷业、纺织业、刻印业和造船业等手工业的发展,进一步确立了宁波港作为东南贸易大港的地位。

参见〔宋〕胡榘修,方万里、罗濬纂:宝庆《四明志》卷六《市舶》,中华书局1990年版;金普森、陈剩勇主编:《浙江通史·宋代卷》,浙江人民出版社2005年版,第486—499页;傅璇琮主编:《宁波通史·宋代卷》,宁波出版社2009年版,第91—96页;张伟:《略论明州在宋丽民间贸易中的地位》,《宁波大学学报(人文科学版)》2004年第5期。

庆元海上漕运

元朝建立后,为了保障京城的粮食供应,不断拓展海上漕运路线,庆元港由此成为重要的海运口岸。

元统一全国后,为了保证大都(今北京)的粮食供应,每年都要从南方经海路运输大量的粮食到北京,以备宫廷和军民之需,这在历史上称之为"漕运"。漕运最初是走运河,但河运受水量与地势等诸多因素制约,不仅运输劳苦,而且耗费时日,为此元政府曾尝试沿海岸航行,但航路过于艰险。此后,经过探索,终于找到了便捷的运输方法,即利用春、夏季风,用大船直接经海道运粮至大都。

海运最早从湖广、江浙、江淮、江西等地方收集粮食运输到大都。但由于运输线路长,江水湍急,又多石矶,船只破损严重。因此,到至大四年(1311),规定海运主要由江淮、江浙财赋府负责办粮充运,朝廷在平江设置海运万户府,后改称海道都漕运万户府,专门负责运输粮食,其统辖的运粮千户所主要有温州台州、杭州嘉兴、昆山崇明、常熟江阴以及庆元绍兴等。

到了元代中后期,海运支线已延伸到温州、台州、福建等地。当时,漕粮通过船只运到浙西,再由浙东入海,庆元由此成为重要的海运口岸。

元代海上漕运航路原来以刘家港为始发港,但浙江和闽广沿海的货物需经由刘家港以南的港口北运,庆元港的作用由此凸显。浙东地区负责粮食运输的是庆元绍兴海运千户所,由于"明、越当海道要冲,舟航繁伙甲他郡",庆元绍兴千户所的地位也就显得十分重要。元人这样评价:"庆元为郡,并江通海,无滩懒椒崖之险,万斛之舟,直抵城下,视他郡则易为力。"至元代中期后,庆元已成为粮食北运的重要地区。至顺年间(1330—1333),庆元每年漕运米物已达到十数万斛。根据后至元年间(1335—1340)记载,此时每年有部分粮食调拨到庆元、温州、台州,由船户直接运输。直到顺帝时,运粮量继续保持这一数字,每年不下 10 万石。

元代庆元港的海漕运输,就其运量而言,所占的比重并不大,对全国海漕总量的增减也没有太多影响。但其主要意义在于,通过海道运粮,庆元港加强了与北方港口的联系,诸多北方商人和商船南下庆元,为此后南北商业船帮的形成奠定了基础。

参见〔明〕陈邦瞻:《元史纪事本末》卷十二《运漕》,《续修四库全书》(第389 册),上海古籍出版社 2002 年版,第 122—131 页;朱子彦:《元明时期的海运与海禁》,《济南大学学报》2018 年第 1 期;郑绍昌主编:《宁波港史》,人民交通出版社 1989 年版,第 74—75 页;傅璇琮主编:《宁波通史·元明卷》,宁波出版社 2009 年版,第 110—111 页。

双屿港兴起

双屿港是宁波东南约 50 千米六横岛和佛渡岛之间的一个港湾,明清之际属于宁波府管辖。16 世纪上半叶,葡萄牙、中国和日本的航海私商船团聚集于此进行贸易,并在六横岛上营造居所、仓库、商栈等建筑和设施,双屿港成为一个国际化的海上私商据点。

明王朝建立后,改庆元路为明州府,隶属浙江行中书省。洪武十四年(1381),为避讳"明"国号,又因宁波附近有定海,朱元璋取"海定则波宁"之意,改明州府为宁波府。朱明政权改"明州"为"宁波",也蕴含着明代宁波海洋社会地位的确立。

明初实施严厉的"海禁"政策,规定"寸板片帆,不许下海",宁波港对外贸易受到严重冲击。虽然之后明政府开放了以宁波为中心的对日朝贡贸易,宁波港成为对日贡使贸易的唯一口岸,"倭奴通贡,势必自宁波入","宁波边海,日本诸国番船进贡,往来不绝"。但这种以法令形式将宁波港作为对日贸易指定港口的做法,表面上看似进一步巩固了宁波港的贸易核心地位,但民间贸易的发展空间却遭受前所未有的打压。

嘉靖二年(1523),来宁波朝贡的日本使者之间发生"争贡"事件。"争贡"事件发生后,嘉靖帝采纳给事中夏言等人"倭患起于市舶"的观点,下令关闭宁波、泉州、广州三地的市舶司,从而断绝了与海外的贸易往来。宁波市舶司的关闭,对已经羽翼丰满的浙江沿海海商和急需中国商品的海外资本而言无异于釜底抽薪,导致宁波沿海居民"以海为生"的经济生活方式受到严重冲击,以至于出现了当时人所说的"海荒"现象。而宁波商人为寻找商业资本新出路,遂铤而走险,从事海上走私贸易,进一步助推了走私贸易的兴盛,双屿港一时成为走私贸易中心,"私市益盛不可止",甚至宁波城乡居民也纷纷前往双屿港贩卖货物,"双桅、三桅连樯往来,愚下之民,一叶之艇,送一瓜,运一樽,率得厚利,驯至三尺童子,亦知双屿之为衣食父母"。

兴盛的海上走私贸易,其后果之一便是导致了"自是番船遍海为患"。据葡萄牙冒险家平托在《远游记》中记载,当时葡萄牙人每年在双屿港的贸易额超过 300 万克鲁扎多,这在当时是个惊人的数字。一个比照是,此前发现印度洋新航线的葡萄牙人达伽马的年薪不过 1000 克鲁扎多,已被称为国内最富有的人了。虽然《远游记》的一些说法尚待考证,但也从一个侧面反映了双屿港的贸易规模。

双屿港自由贸易规模的日益扩大,显然与明朝政权的海禁政策相悖,加之当时倭寇、海盗日益猖獗,频频侵扰浙闽沿海,危及明朝的东南沿海安全,嘉靖二十七年(1548),明政府决定派兵进剿,并一举捣毁了这一中外海商经营 20 多年并盛极一时的远东私人贸易中心。

参见王慕民:《海禁抑商与嘉靖"倭乱"——明代浙江私人海外贸易的兴衰》,海洋出版社 2011 年版,第 74—91 页;傅璇琮主编:《宁波通史·元明卷》,宁波出版社 2009 年版,第 221—232 页;王万盈:《双屿港:世界上最早的自由贸易港》,《宁波通讯》2017 年第 18 期。

英船入港

康熙至乾隆年间,清政府暂停海禁,英国商船开始进入定海,与宁波当地商人相互贸易,双方贸易一度达到高潮。

康熙二十四年(1685),清政府在相继平定三藩之乱、统一台湾、东南沿海政治局势趋于稳定之时,决定解除海禁,允许海外贸易,并于广东广州府、浙江宁波府、江南松江府以及福建厦门开设粤海关、浙海关、江海关和闽海关，负责"海上出入船载贸易货物征收"之事。浙海关设在甬东七图，即现在的江东包家道头。1700年，英国东印度公司的"萨拉号"商船来到宁波，受到定海官员的款待，后"装有丰富和满载的货物"返抵朴次茅斯。此次贸易的成功完成，标志着英国东印度公司与宁波口岸直接贸易的开启。

康熙二十四年（1685）至乾隆元年（1736）间，英船来浙贸易达到高潮。据雍正《宁波府志》记载："康熙三十九年（1700）六月，有红毛夹板船二只，船主一名未氏罗夫，一名未里氏。又八月到卢咖俐船一只，九月到飞立氏船一只。"一时间，定海港口"江海风清，梯航云集，从未有如斯之盛者也"。据统计，从康熙三十九年（1700）到康熙四十五年（1706）的短短六年内，英国来宁波贸易的商船达10艘之多。康熙五十六年（1717），清廷又下令禁海，中英贸易一度受抑。

乾隆二十年（1755），英商试图恢复与宁波口岸的贸易，英船主喀喇生和通事洪任辉受东印度公司派遣率商船来到宁波。此后，从乾隆二十一年至乾隆二十二年间（1756—1757），不断有东印度公司商船来宁波贸易。英商频繁地往来，使得一些清政府官员开始怀疑其经商的目的，并担忧宁波成为"粤之澳门"。闽浙总督喀尔吉善与两广总督杨应据多次上书，请求提高浙海关的关税以限制贸易，同时指出定海附近海防薄弱，容易被英国人入侵。在这种情况下，乾隆二十二年（1757）十一月，清政府下令关闭宁波关口，停止宁波的对外贸易活动。但尽管如此，英国还是想方设法保持与宁波的通商。乾隆二十四年（1759），东印度公司派洪任辉等人，"欲赴宁波开港，既不得请，自海道驾船直入天津，仍乞通市宁波"。但这一要求为清廷拒绝，洪任辉本人也被从陆路"押赴澳门圈禁，三年满日，释逐回国"。乾隆五十八年（1793），英国又利用为乾隆八十岁生日贺寿为名，派遣以马戛尔尼为首的代表团来华，请求清廷开放宁波等地为通商口岸，减轻税则，放宽限制。但这些要求均遭乾隆帝拒绝。道光十二年（1832），又有英国商船到镇海洋面，要求与宁波贸易。当地官员以"市舶有定，不能窜越"为由，令其返航。

宁波口岸与英商的贸易总量虽不高，但在前期清政府与英国的贸易中具有重要的地位，对广州乃至全国范围的对英贸易产生了较大影响。

参见〔清〕于万川修，俞樾纂：光绪《镇海县志》卷九《关税》，《续修四库全书》（第707册），上海古籍出版社2002年版；傅璇琮主编：《宁波通史·清代卷》，宁波出版社2009年版，第259—264页；郑绍昌主编：《宁波港史》，人民交通出版社1989年版，第121—123页。

遣唐使来航

公元 7 世纪中叶后,日本遣唐使团来华改走东海航线,即从日本难波的三津浦出发,横渡东海,在长江口的扬州、楚州、苏州和明州等地登陆。唐显庆四年(659)日本第 4 次遣唐使首次登陆明州,从此揭开了明州与日本遣唐使相互交流的序幕。

唐代,中日之间已开辟出日本九州到扬州、越州和明州等地的直通航线。新航线的开辟极大地促进了中日之间的文化交流,明州也逐渐成为中日经济文化交流的重要中转站。从 7 世纪初唐朝建立,到 9 世纪末的大约260 余年时间中,日本为了学习中国文化,曾 13 次派出遣唐使团来唐朝贡,其中明州作为中日航线的重要中转站,遣唐使多次在明州登陆和返航。主要有:唐显庆四年(659)七月,日本第 4 次遣唐使从日本出发,其中副使津守吉祥的第二船驶至越州鄮县(时明州尚未独立建州),这是遣唐使首次在明州登陆;天宝十一年(752)、十二年(753),第 10 次遣唐使藤原清河,副使大伴古麻吕、吉备真备来华,其中第二、三、四船在明州登岸;贞元二十年(804)九月,第 12 次遣唐使藤原葛野麻吕、副使石川道益等 100 多人至明州登陆,次年从明州鄮县东渡返回日本;开成三年(838)第 13 次遣唐使藤原常嗣、副使小野篁等 270 人到达明州,并受到明州官府的款待。

在遣唐使来华时期,明州对遣唐使活动的开展及推动中日交流起了重

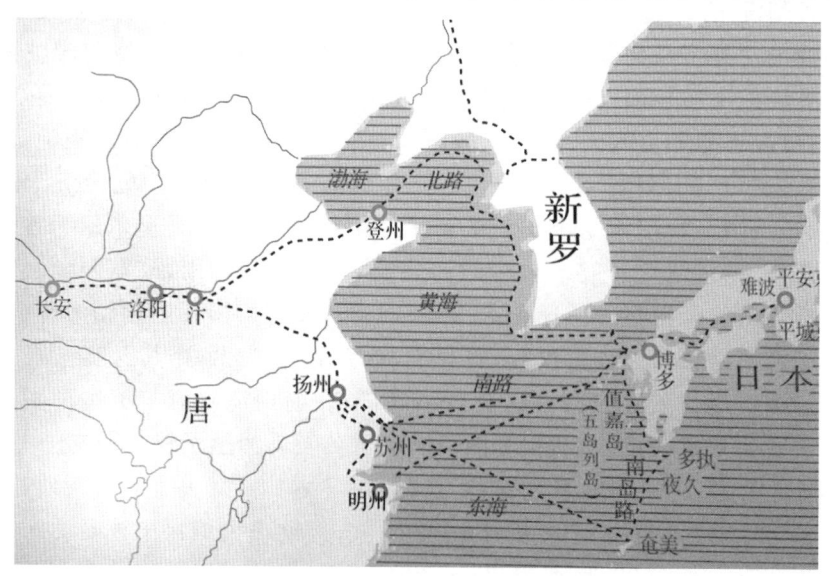

日本遣唐使航线图(摄于宁波博物馆)

要的作用。一些到过明州的遣唐使、留学生和学问僧把制度、文化及物品带回日本,对日本的社会与文化产生了极大影响。同时遣唐使的到来,使得明州、台州一带的佛教得到更加广泛的交流。在当时的遣唐使团中,留学僧远远超过留学生,他们纷纷到东南佛教圣地浙东求法留学。日本天台宗创始者最澄随贞元二十年(804)第 12 次遣唐使到达明州,后往天台山受学天台教义,获《法华经》128 部 345 卷,回国后在比叡山正式创设天台宗。最澄在明州、台州、越州求法巡礼的事迹是中日佛教交流史上的佳话,他当年使用的明州牒、台州牒存留至今。由于天台山接近明州,当时遣唐使中的僧侣往返大多选择通过明州,从而在明州留下了不少中日僧侣友好交流的事迹。

839 年,由于种种原因,日本废止遣唐使制度,但中日之间的民间交流并没有停止。这一时期,明州作为我国东南沿海的大埠,随着东海航线的开辟,其作为中日经济文化交往首要港口的地位开始确立。

参见[日]木宫泰彦著,胡锡年译:《日中文化交流史》,商务印书馆 1980年版,第 203—205 页;傅璇琮主编:《宁波通史·史前至唐五代卷》,宁波出版社 2009 年版,第 207—208、295—296 页;王慕民、张伟、何灿浩:《宁波与日本经济文化交流史》,海洋出版社 2005 年版,第 19—25 页。

鉴真抵鄮

唐天宝三年(744),鉴真第 2 次东渡遇强风漂流至舟山群岛,岛民将鉴真一行送至鄮县港,之后鉴真挂锡于阿育王寺。在驻留阿育王寺期间,鉴真除了巡礼阿育王山佛迹,还偕同日僧荣睿、普照和门下弟子祥彦、思托等人前往越州、杭州、湖州等地巡游。鉴真第 6 次东渡成功后,携往日本"阿育王塔样金铜塔一区",并在《唐大和上东征传》中对阿育王寺做详细介绍。自此之后,鄮县因其与中日佛教交流的渊源而声名日著。

鉴真(688—763),俗姓淳于,14 岁时随父在扬州大明寺出家,后成为律宗南山宗传人,住持扬州大明寺。开元二十一年(733),日本僧人荣睿、普照随遣唐使赴华留学,并受日本佛教界和政府的委托,延请鉴真赴日传授戒律。当时,大明寺众僧"默然无应",唯有鉴真表示"是为法事也,何惜身命",遂决定东渡。

天宝元年(742),鉴真率领僧友、僧徒,带上雕刻师、画师、建筑师等精通技能的手工艺人,乘船从扬州出发准备东渡。当时,东南沿海海盗横行,台州、温州、明州一带深受其害,甚至连海路通行也受到影响。为了掩人耳目,他们商量决定减少人员。时僧人道航认为高丽僧如海等人学艺不精,建议他们几个暂时留在国内,如海对此极为不满,遂向官府诬告道航等勾结海盗,准备造反,鉴真等人因此被拘捕。后虽查明事实真相,但是他们的船只仍被官府没收。第 1 次东渡以失败告终。不久,鉴真出钱 80 贯买下一条退役的军船,雇用 18 名水手,备齐各种佛经、佛像、佛具等,携上祥彦、道兴、德清、荣睿、普照、思托等 17 人,还有玉作人、画师、雕佛、刻镂、铸写等各类艺人 85 人,于天宝二年(743)十二月再度扬帆东下。然而,鉴真一行刚到长江口就遭遇大风,船只损坏严重,只好靠岸整修。一个月以后,他们再次扬帆起航,但在舟山群岛附近又遇大风,船只触礁后,鉴真一行在荒岛上忍饥受冻 3 天 3 夜,后被救至明州阿育王寺安歇。之后,鉴真等人又筹划了多次东渡计划,均未能成功。天宝十二年(753)十一月十五日,他率弟子 40 余人从扬州出发,第六次启程东渡,并于次年到达日本首都平城京(今日本奈良),终于实现了东渡宏愿。

鉴真东渡传法,不仅给日本带去了新的佛教理念,而且还传播了唐朝的建筑、雕塑、医药等知识,其中也包括了明州的工艺技术。同时,他在宁波期间,多次到会稽、余杭、吴兴、宣城等周边地区传播佛法,促进了宁波佛教的发展与对外传播。

参见[日]真人元开著,汪向荣校注:《唐大和上东征传》,中华书局 2000 年版,第 3—6 页;[日]木宫泰彦著,胡锡年译:《日中文化交流史》,商务印书馆 1980 年版,第 206 页;傅璇琮主编:《宁波通史·史前至唐五代卷》,宁波出版社 2009 年版,第 294—295 页。

远交阇婆国

北宋淳化三年(992)十二月,阇婆国(今印度尼西亚)贡使船队在福建建溪舶商毛旭的引导下,抵达明州定海县,从而揭开了宋与阇婆国友好交流的序幕。

中国与阇婆国交流的历史十分悠久,据《宋书·阇婆国传》载,早在南朝宋元嘉十二年(435),阇婆国就派遣使节来华朝贡。北宋淳化三年(992),阇婆国国王穆罗茶遣陀湛、副使蒲亚里、判官李陀那假澄等来宋朝朝贡。贡使船队在熟悉浙闽至阇婆之间航路的福建建溪舶商毛旭引导下,从本国出发,沿途经过勃泥国(今加里曼丹岛北部文莱一带)、三佛齐国(今苏门答腊岛)、古逻国(今泰国)、柴历亭(今马来半岛东岸乞拉丁地区)、交趾国(今越南北部)到广州,再从广州北上,抵达明州定海县,航行历时 60 日。

据《宋史·阇婆国传》载,阇婆国此次来宋,是因为国王穆罗茶认为"中国有真主，本国乃修朝贡之礼"。朝贡物品有"象牙、真珠、绣花销金及绣丝绞、杂色丝绞、吉贝织杂色绞布、檀香、玳瑁槟榔盘、犀装剑、金银装剑、藤织花簟、白鹦鹉、七宝饰檀香亭子"等上等土特产和手工艺品。另外，其使者也贡"玳瑁、龙脑、丁香、藤织花簟"。

贡使一行至明州后，得到明州掌市舶监察御史张肃的接待。与此同时，

> 宋史卷四百八十九
>
> 土俗婚聘無媒妁，但納黃金於女家以娶之。五月遊船，十月遊山，有山馬可乘跨，或乘軟兜。樂有橫笛、鼓板，亦能舞。土人被髮，其衣裝纏胸以下至於膝。疾病不服藥，但禱神求佛。其俗有名而無姓。方言謂真珠為「沒爹蝦羅」，謂牙為「家囉」，謂香為「崑崙盧林」，謂犀為「低密」。
>
> 先是，宋元嘉十二年，遣使朝貢，後絕。淳化三年十二月，其王穆羅茶遣使陀湛、副使蒲亞里、判官李陁那假澄等來朝貢。陁湛云中國有真主，本國乃修朝貢之禮。國王貢象牙、真珠、綉花銷金及綉絲絞、雜色絲絞、吉貝織雜色絞布、檀香、玳瑁檳榔盤、犀裝劍、金銀裝劍、藤織花簟、白鸚鵡、七寶飾檀香亭子，其使別貢玳瑁、龍腦、丁香、藤織花簟。
>
> 先是，朝貢使汎舶船六十日至明州定海縣，掌市舶監察御史張肅先驛奏其使飾服之狀與嘗來入貢波斯相類。又言其國王一號曰「夏至馬囉夜」，王妃曰「落肩娑婆利」，本國亦署置僚屬。又其方言目果寶，則其大猴二先至，土人謂之猴王、猴夫人，食畢，羣猴食其餘。使既至，上令有司傚朝貢。又言其國與三佛齊有嫌怨，互相攻戰。本國山多猴，不畏人，呼以霄霄之聲即出，或投以阿噜。顏色青黑，言語不能曉，拜亦如男子膜拜；一子，項戴金連鎖子，手有金鈎，以帛帶繫之，名舶主為「勃荷」，主妻曰「勃荷比尼贖」。其船中婦人名眉珠，椎髻，無首飾，以螢布纏身，待，久之使還，賜金幣甚厚，仍賜良馬戎具，以從其請。其使云：隣國名婆羅門，有善法藥人情，人欲相危害者皆先知之。

《宋史·阇婆国传》(局部)

张肃马上向朝廷奏报情况,贡使很快被允准赴京城朝贡。真宗对此次阇婆国前来修复朝贡之礼极为重视,令有司优渥礼待。使者告辞归国,"赐金帛甚厚",还送良马军器等以满足他们的请求。此后在大观三年(1109)六月,阇婆国又遣使入贡,徽宗诏令以待交趾国之礼对待阇婆国。到南宋建炎三年(1129),高宗以南郊恩制封阇婆国王为怀远军节度、琳州管内观察处置等使、金紫光禄大夫、检校司空、使持节琳州诸军事、琳州刺史、兼御史大夫、上柱国、阇婆国王,食邑二千四百户,实封一千户。绍兴二年(1132),复加食邑五百户,实封两百户。

阇婆国使团是两浙路市舶司由杭州迁至明州之后第一批海外来航使团,使团的到来和商人毛旭的往来通商,从一个侧面印证了当时宋代明州港在对外交流中所处的重要地位。

参见〔元〕脱脱:《宋史》卷四百八十九《阇婆国传》,中华书局1985年版;傅璇琮主编:《宁波通史·宋代卷》,宁波出版社2009年版,第122—123页;夏秀瑞:《唐宋时期中国同马来群岛各国的友好贸易关系》,《海交史研究》1988年第2期。

宣和出使高丽

宋徽宗宣和五年(1123),国信使路允迪、傅墨卿率使团出访高丽,这是北宋政府继神宗元丰元年(1078)安焘、陈睦出使高丽后,第二次大规模出使高丽。

早在北宋建隆四年(963)春,王建建立的高丽王朝就与北宋建立了正式的外交关系。虽然,双方的官方交往因受东北亚局势的影响而时断时续,但是,基于相似或相近的政治和文化制度,双方在交往期间均十分重视维护传统的友好关系。当时,因契丹在东北建立辽国,宋丽之间的陆路交通被切断,两国间主要通过海上航路交往。关于海路,《宣和奉使高丽图经·封境》载:"若海道,则河北、京东、淮南、两浙、广南、福建皆可往。"但因受季风影响,高丽赴宋,通常走南、北两条航线:北航线从朝鲜半岛西海岸礼成江出航,抵达山东半岛北岸的登州或莱州;南航线从朝鲜半岛西海岸出发,抵达长江下游地区的扬州或明州。宋初,北航线是宋丽官方往来的通道,高丽使者来宋朝贡,多在登州或莱州登陆,再改由陆路往开封。这是因为,北航线远比南航线要便捷得多,如风潮顺向,整个海上航程仅需3天。但到熙宁七年(1074),高丽国王派使者金良鉴来宋,提出"欲远契丹,乞改途由明州诣阙"的要求,为宋廷同意,自此,明州港成为宋丽官方交流的唯一通道。

　　宣和五年(1123)，因高丽国王(睿宗)去世，宋徽宗便以"祭奠吊慰"之名，诏令给事中路允迪、中书舍人傅墨卿充国信使副，率使团出访高丽。使

宣和奉使高麗圖經　卷三十四　二八

衆情故一有倉卒之虞首尾相應如一人則能濟矣若夫神舟之長闊高大什物器用人數皆三倍於客
舟也

招寶山
宣和四年壬寅春三月詔遣給事中路允迪中書舍人傅墨卿充國信使副往高麗秋九月以國王俁薨
被旨兼祭奠弔慰而行遵元豐故事也五年癸卯春二月十八日壬寅促裝治舟二十四日戊申詔赴容
護殿宣示禮物三月十一日甲子赴同文館聽誡諭十三日丙寅皇帝御崇政殿臨軒親遣傳旨宣諭十
四日丁卯錫宴於永寶寺是日解舟出汴夏五月三日乙卯舟次四明先是得旨以二神舟六客舟兼行
十三日乙丑奉禮物入八舟十四日丙寅遣供衞大夫相州觀察使直睿思殿關弼關口宣詔旨錫宴於總
州之廳事十六日戊辰發明州十九日辛未達定海縣先期道中使武功大夫容東海彭年建道場於總
持院七晝夜仍降御香宣祝於顯仁助順淵聖廣德王祠神物出現狀如蜥蜴賓東海龍(君)也廟前十餘
步嘗鄞江窮處一山巍然出於海中上有小浮屠舊傳海舶望是山則知其爲定海也故以招寶山焚御香望再拜
名之自是日天氣晴快巳刻乘東南風張篷鳴艣水勢湍急委蛇而行過虎頭山水淺港口七里山虎頭山以其
形似名之度其地已距定海二十里矣水色與鄞江不異但味差鹹耳蓋百川所會至此尤未澄澈也

虎頭山
過虎頭山行數十里卽至蛟門大抵海中有山對峙其閒有水道可以通舟者皆謂之門蛟門云蛟屬所

《宣和奉使高丽图经》(局部)

团船队由"鼎新利涉怀远康济""循流安逸通济"2艘神舟和6艘客舟组成,于五月十六日从明州东渡门出发,十九日到达定海县,二十四日经定海放洋,经由白水洋、黄水洋、黑水洋到黑山(今济州岛附近),转道经过横屿、富用山(今元山岛)、唐人岛、中心屿(今龙游岛)等地,在经历种种艰难险阻后,于十二日抵达朝鲜半岛礼成江口,六月十三日进入高丽王城。据《宣和奉使高丽图经·神舟》载,因两艘神舟船体之庞大、装饰之豪华"超冠今古",故到达高丽都城之日,"倾国耸观,而欢呼嘉叹",在当地居民中引起了轰动。在完成出使任务后,使团一行于七月十五日从高丽启程沿原路回国,因风向不顺,多次遇险,至八月二十七日才抵达定海县。

此次访问结束后,随团人员徐兢写下《宣和奉使高丽图经》40卷,书中详细记录了从宋代定海县到高丽礼成港的航线,涵盖了沿途水道、大小岛屿、暗礁、气候变化等,同时对高丽的山川、风俗、典章、制度,以及接待之仪文、往来之道路,无不详载,成为研究古朝鲜史和宋代与朝鲜半岛交流史的宝贵文献。

宣和出使高丽,集中体现了宋代与高丽的友好交往,同时也反映了宋代造船业的发达和航海技术的高超,以及明州港在宋丽交流中的作用和历史地位。

参见〔元〕脱脱等:《宋史》卷四百八十七《高丽传》,中华书局1985年版;徐兢:《宣和奉使高丽图经》,中华书局1985年版;傅璇琮主编:《宁波通史·宋代卷》,宁波出版社2009年版,第67、96—104页;杨通方:《中韩古代关系史论》,中国社会科学出版社1996年版,第231—233页。

道元问禅

南宋时期,宁波天童寺禅寺、阿育王禅寺名列"禅院五山"之中,两寺的宋风禅宗文化也随海上丝绸之路传播到日本,阿育王寺成为日本禅宗临济派祖庭,而天童寺则成为日本禅宗曹洞派祖庭。日本曹洞派鼻祖道元与阿育王寺老典座辩论如何悟道的传说,及后来向天童寺如净禅师参禅的故事,是这一时期中日佛教文化交流的一段佳话。

道元(1200—1253),俗姓源,京都人,内大臣久我通亲之子。幼年出家,十三岁时于比睿山习显密之教。次年,于延历寺受菩萨戒,法名"佛法房道元"。十五岁入法然门下。十八岁入建仁寺从荣西研习禅宗。南宋嘉定十六年(1223)三月,二十四岁的道元与师兄明全一起从博多搭商船启程入宋。传说道元在宁波三江口码头滞留期间,一日邂逅阿育王寺老典座(伙头僧)

来到江下码头,登上道元所乘的船舶购买香菰,道元与老典座一番问答之后,劝老典座放弃寺内炊事杂务,一心参禅悟道,典座问道元:"何谓'辩道'?何谓'文字'?"道元一时语塞。后来,道元挂锡天童寺,老典座前来相见,道元请老典座解说"文字"之义,典座答道:"一二三四五。"道元再问"辩道"何解,典座答曰:"遍界不曾藏。"老典座对文字和辩道至简至朴的诠释让道元顿感醍醐灌顶。典座教训是中日佛教交流的一段佳话,情节简单却内涵丰富。

拜别老典座后,道元前往天童寺拜谒住持了然禅师,一年后了然圆寂,道元外出游历江南五山十刹。他听闻如净禅师佛法高深,又重新回到天童寺拜其为师。如净是宋代佛教曹洞宗的高僧,十九岁出家,先后任建康清凉寺、台州黄岩净土寺、杭州净慈寺、明州瑞岩寺住持。如净十分欣赏道元在佛、禅上的悟性,而道元也十分赞同如净的参禅者只管打坐,不用烧香、礼拜、念佛、修忏、看经亦能相见佛祖的观点。道元在如净禅师的门下受益良多,学成后,如净赠予他袈裟、《宝镜三昧》《五位显诀》及自赞顶相。

宝庆三年(1227)秋,道元携明全遗骨及曹洞始祖洞山所著《宝镜三昧》《五位显诀》归国。先住九洲兴圣宝林寺,旋住建仁寺,后往山城深草兴圣寺。在兴圣寺住10余年后,迁居越前。在越前,他得到了波多野义重的支持和布施,建大佛寺,后改名永平寺,以志祖庭。其禅林轨制,一依天童。道

道元禅师入宋纪念碑(摄于宁波江厦公园)

元的禅法,直接继承了曹洞宗天童寺正觉宏智、如净的默照禅风,提倡"只管打坐,身心脱落",主张修证如一,成为日本曹洞宗的鼻祖。孝明天皇赐其"佛法东传国师"。后明治天皇又增赐"承阳大师"谥号。著有《正法眼藏》《永平清规》《传光布报录》等。

道元问禅佳话的背后,反映了南宋时期中日两国佛教的友好交流。其后,道元的弟子寒岩义尹、彻通义介及大批日本曹洞宗信徒赴天童寺参拜,进一步推动了日本与宁波间佛教文化交流的发展。

参见[日]道元著,何燕生译注:《正法眼藏》,宗教文化出版社2003年版,第1—18页;[日]伊藤秀宪撰,林鸣宇译:《〈宝庆记〉之问与答》,吴言生主编:《中国禅学》(第4卷),中华书局2006年版,第99页;董有华:《道元弘传曹洞宗》,《宁波经济》1998年第6期。

策彦使明

明嘉靖年间,日本高僧策彦周良两次出使明朝,这是自明成祖永乐二年(1404)明朝与日本缔结"永乐事例"起,由日本政府正式派出的最后两批遣明使团。

策彦周良(1501—1579),字策彦,名周良,号谦斋禅师,京都天龙寺妙智院高僧。嘉靖十七年(1538),策彦被幕府将军足利义晴任命为遣明副使。次年五月,他随湖心硕鼎正使率大内氏所遣勘合船3艘抵达定海,由总兵护送至宁波口岸。嘉靖十九年(1540)三月,使团进京,贡马及献方物,同年六月返回日本。嘉靖二十八年(1549)六月,策彦又被任命为正使,率领大内氏所遣勘合船4艘进抵定海。因距贡期早了一年,策彦一行未许登陆上岸。直到次年三月经浙江巡抚朱纨奏请,才准许贡船进入宁波。嘉靖二十九年(1550)五月,在完成使命后自宁波起程回国。

在策彦两次入明的5年内,因在宁波等待入京和起航放洋,他探访名胜古迹,广结当地文人学士,留下了许多佳话。初次入明停留宁波期间,他瞻仰孔庙,参拜佛寺,参观贺知章祠,并在丰氏藏书楼阅读了大量藏书。同时他请丰坊为其所作《城西联句》作序。丰坊在序中称赞说:"吾今观公之诗,言近而旨远,词约而思深。写难状之景,如在目前;含不尽之意,见于言外。"丰坊的这一手迹至今仍珍藏于日本。其间策彦的宁波文友还送给他一批书籍,如柯雨窗的《古文大全》,方梅崖的《詹仲和遗墨》《老坡古迹》等。策彦归国前夕,柯雨窗在他的画像上题写了赞语,这幅题写了赞语的画像现珍藏于日本京都妙智院。临行时,柯雨窗和一批与之相交的友人到江边为他饯行,雨窗当场画了一幅宁波东门江滨送别图，并题首"衣锦荣归"。黄允中则在《赠怡斋禅师衣锦荣归赋》中描述了感人的送别场景。

第二次入明停留宁波期间，策彦又与丰坊、黄允中、柯雨窗、叶寅斋、方梅崖、屠月鹿、董秋田、包吉山、赵月川、万英等故交多有交流。同时以其所居住的嘉宾馆为中心，寻访城内名胜古迹，如宁波府衙、市舶司、安远驿、迎恩驿、寿昌寺、补陀寺、月湖贺知章祠、四明驿、尚书桥、董孝子庙、延庆寺、天宁寺、城隍庙、孔庙、石将军庙等。丰坊为之作《谦斋记》。归国之日，方梅崖

策彦周良归日域图

和屠鹿月、董秋田、包吉山等绘制《谦斋老师归日域图》相赠。叶寅斋又亲笔为该画题序,序中有诗曰:"即今帆归不可留,崇肴饯别鄞江皋。十年再会岁月老,今宵尽饮须酕醄。"赵月川还特地赋诗相赠。除了与文人交流切磋,策彦在使明期间,通过多种途径搜集各种典籍 20 余种携回日本。

策彦周良将两次入明的经过,用汉文写成《初渡集》4 卷、《再渡集》2 卷。书中以日记形式详细记录了奉使明朝的行程和交涉经过及在中国的所见所闻,成为研究中日交流史的重要文献。

参见王慕民、张伟、何灿浩:《宁波与日本经济文化交流史》,海洋出版社 2006 年版,第 146—148、196—198 页;陈小法:《日本入明僧携回的中国物品——以策彦周良为例》,《甘肃社会科学》2010 年第 5 期;范金民:《从〈入明记〉看明代嘉靖年间日本使者与浙江士人的交游活动》,《史林》2013 年第 3 期。

小白礁 I 号沉船

2008 年 10—11 月,宁波考古工作者在象山渔山列岛海域小白礁发现一艘清代沉船。这是浙东海域首次通过水下考古手段发现的第一艘具有较高文物价值的古沉船。

这艘商船被称为"浙江·宁波·象山小白礁 I 号沉船",其遗址位于宁波市象山县石浦镇渔山列岛海域。经前期调查和探摸,该沉船为一艘中等规模的远洋商贸运输船,是一艘以龙骨和肋骨为主要纵横构架的尖(圆)底木质海船,属于中等规模的远洋商贸运输船只,约下沉于清代道光年间(1821—1850)。

沉船埋藏于泥沙夹蚝壳的海床之下,遗址表面最低处水深 20～24 米,最高处水深 18～22 米(低平潮—高平潮)。船体残长约 20.35 米、残宽约 7.85 米,遗址散布范围长约 23 米、宽约 11.2 米。船体上层和船舷等高出海床表面的构件已不存,但龙骨、肋骨、隔舱板、船底板等主要构件依然保存较好且清晰可辨,可复原程度较高。

该沉船以运输宁波本地特产的梅园石材为主,前期已采集出水 473 件器物,除少量为船上生活用品和船体构件外,大部分是运输船货,器类主要包括瓷器、陶器、铜器、锡器、石器、木器等。瓷器器型有碗、豆、盘、杯、器盖、罐等,多为青花,器底多篆书"道光年制"款,少量"嘉庆年制"款;陶器器型有罐、壶和砖等;铜器主要为铜钱,包括"乾隆通宝""嘉庆通宝""道光通宝"及日本"宽永通宝"、越南"景兴通宝"等;另有"盛源合记"玉印、西班牙银币、锡盒等珍贵文物。多数器型规整、纹样精美、品相良好，具有较高的文物、科研和展示价值。

"象山小白礁Ⅰ号沉船"是继"南海Ⅰ号""南澳Ⅰ号"之后的又一重大水下考古发现，是目前我国水下考古工作中发现年代较晚的木船，为探索清代晚期中外贸易史、近代海外交通史等问题提供了重要的实物资料。

参见中国国家博物馆水下考古研究中心、宁波市文物考古研究所：《浙江宁波渔山小白礁一号沉船遗址调查与试掘》，《中国国家博物馆馆刊》2011年第11期；陈朝霞：《专家破解"小白礁Ⅰ号"沉船谜团》，《宁波日报》2012年7月11日；刘恒武、王力军：《关于小白礁一号沉船若干问题的思考》，《东南文化》2015年第2期；涂师平：《中国水文化遗产考略》，宁波出版社2015年版，第210—218页。

宁波开埠

1842年8月，中英签订《南京条约》，根据条约，中国开放广州、厦门、福州、宁波、上海五处为通商口岸，实行自由贸易。这标志着宁波作为第一批条约口岸，被迫向西方列强开放。

道光二十年（1840），英国政府以林则徐虎门销烟等为借口，决定派出远征军侵华。1840年6月，英军舰船47艘、陆军4000人在海军少将懿律、驻华商务监督义律率领下，陆续抵达广东珠江口外，封锁海口，中英鸦片战争爆发。鸦片战争以中国失败并赔款割地告终，1842年8月29日，中英双方签订《南京条约》。根据条约：中国开放广州、厦门、福州、宁波、上海为通商口岸，允许英国人在通商口岸设驻领事馆；英国在中国的进出口货物纳税，中国与英国共同议定；英国商人可以自由地与中国商人交易，不受"公行"的限制。道光二十三年（1843）7月22日，中英又在虎门签订《中英五口通商章程》，章程中承认英国享有领事裁判权，规定"英人华民交涉词讼，其英人为何种罪，由英国议定章程、法律，发给管事官照办"，议定海关税率相当于值百抽五。从此，中国丧失了贸易主权、关税主权、贸易主权和司法主权，开始沦为半殖民地半封建化国家。

道光二十三年（1843）十月，英国首任驻华公使璞鼎查与新任英国驻宁波领事罗伯聃对定海、宁波进行实地考察。十月二十八日，罗伯聃率兵舰和大小轮船各1艘，随带通事、随员抵达宁波，并在江北岸租赁民房设领事署，门前所挂馆署为"宁波大英钦命领事署"。同年十一月十二日，宁波正式开埠，法、美两国也援引英国例，在宁波设立领事和副领事。到同治九年

(1870),普鲁士、荷兰、瑞典、挪威各设副领事 1 名常驻宁波,西班牙、葡萄牙通商事务则由英国领事馆代办。次年,日本也在宁波设立领事馆。

宁波开埠后,英国和西方各国在宁波江北岸进行公共建设,企图进一步控制宁波港的对外贸易和经济命脉。1843 年 12 月,英国开始在宁波江北岸圈划英国人居留地,其后,法、英等国也相继进驻。咸丰十一年(1861)十二月十四日,英国、美国、法国三国领事利用太平军攻占宁波之际,以保护外侨生命和财产安全为借口,单方面规定江北岸外人居留地的界址为东起甬江北,西至姚江边,南至三江口,北至北沙河和寺庙一线,并强调外国人在居留地自由居住,不受干涉,领事有制定地域内规则的权力。江北岸外人居留地名义上由中外共管,但实际上完全由外国人控制。开埠不久即设立的巡捕,由宁绍台拨绿营兵勇改任,但由英国人戈林任监带,受税务司节制。同治以后,英国人华生担任督捕,并设立巡捕房,大权也完全由英国人掌握。江北岸外人居留地成为超越中国主权的"国中之国"。

宁波开埠是外国殖民势力扩张的结果,但同时也揭开了宁波社会近代化的序幕,成为宁波近代历史的起点。

参见傅璇琮主编:《宁波通史·清代卷》,宁波出版社 2009 年版,第 63—69 页;郑绍昌主编:《宁波港史》,人民交通出版社 1989 年版,第 129—132 页;陈君静:《浙江近代海洋文明史·晚清卷》,商务印书馆 2017 年版,第 76—78 页;孙善根:《近代宁波港外贸的发展及其影响》,《中国港口》2014 年第 10 期。

浙海关设立

康熙二十四年(1685),清政府开放"海禁",正式在宁波设立浙海关,至乾隆二十二年(1757)下令关闭,史称浙海大关,俗称常关。咸丰十一年(1861),清政府又在宁波建立浙海新关,俗称新关或洋关。

康熙二十四年(1685),随着东南局势渐趋稳定,为了加强对海外贸易的控制、增加财政收入,清政府决定开放浙江沿海的"海禁",允许浙江照福建、广东例,在宁波设立浙海关。浙海关成立后,成为与当时江海关、闽海关、粤海关并列的四大海关之一。浙海关职在征收海舶货税,行署设在宁波府治南旧理刑馆地,关口设在甬东七图,即今江东包家道头。浙海关下辖宁波、乍浦、温州三大口,三大口下又设 7 个分口、11 个小口、15 个旁口及 1 厅。康熙三十七年(1698),在浙海关监督张圣诏的提议下,清政府又在定海城外道头街之西设立浙海关分关,并新建红毛馆,以招徕外商,增加税入。在管理上,浙海关初设满汉海税监督各 1 人、笔帖式各 1 人,下设稿房、洋房、闽房、梁头房等 4 房办事机构,实行"监督"制管理。康熙六十年(1721)后,由浙江巡抚兼巡监督。乾隆元年(1733)年后,由宁波知府或宁绍台道兼任海关监督。浙海关的设立,推动了宁波对外贸易的繁荣。但到乾隆二十二年(1757),清政府又下令关闭漳州、宁波、云台山三关,仅准广州一口通商。次年,浙海关停止征税。

道光二十二年(1842),清政府被迫签订不平等的中英《南京条约》,宁波被列为五口通商口岸之一。道光二十四年(1844),宁波正式开埠,辟江北岸为商埠。咸丰九年(1859)三月,英人李泰国根据《中英通商章程善后条约》向清政府提出建立宁波、镇江等新关的书面建议,并要求概由外国人为税务司。咸丰十一年(1861),经清政府总理衙门批准,建立浙海新关,在宁波江北岸外滩设立税务司公署,征收对外贸易税,俗称新关或洋关,原在江东的浙海大关,改称为浙海常关。英国人华为士被委任为第一任浙海关税务司,宁绍台道台张景渠被任命为第一任浙海关监督。在浙海新关的管理体制上,总税务司为最高长官,负责关员任免、关税征收,而海关监督的权限仅限于江东常关,经营沿海贸易与国际贸易的中国帆船与货物。从此,中国海关的行政权、人事权、征税权都受外国人控制,成为帝国主义对半殖民地半封建的旧中国进行经济侵略的前哨。光绪二十七年(1901),清政府被迫签订丧权辱国的《辛丑条约》后,距宁波府城 50 里内的常关,即江东、镇海两关,小港、沙头两口划归浙海关税务司兼管,常关的收入抵还赔款。50 里外的常关,如家子口(海门)、象山、定海、石浦、沥海口、江下埠等关口仍由海关监督管理征收。民国二十年(1931)初,实行裁厘,常关裁撤,海关监督的经费也由浙海关拨付。

南京国民政府建立后,开始部分收回对外利权。民国二十二年(1933)十月,浙海关税务司一职首次由华人卢寿汶担任,从此结束了由外国人出任浙海关税务司的历史。

参见郑绍昌主编:《宁波港史》,人民交通出版社 1989 年版,第 129—132 页;胡丕阳、乐承耀:《浙海关与近代宁波》,人民出版社 2011 年版,第 38—78 页;傅璇琮主编:《宁波通史·民国卷》,宁波出版社 2009 年版,第 125—126 页。

太古洋行入驻

太古洋行(Swire Pacific Limited)是一家成立于 1816 年的老牌英资洋

行,由英国商人约翰·施怀雅(John Swire)创办于英国利物浦。这是一家对近代中国有较大影响的商贸机构,长期操纵着中国航运业。

　　太古洋行设立之初,主要从事纺织品贸易,从美洲进口原棉,加工成纺织品出口中国,并从中国进口茶叶和丝绸。1861年开始,太古洋行将贸易网络延伸至中国。1867年,其上海办事处开始营业。之后,太古洋行的经营者发现了油轮运输的商机,于1872年在上海设立太古轮船公司,从此太古洋行开始主营轮船事业,并在上海、天津、香港设立总公司,在南京、汕头等地设立分公司。1879年,太古洋行宁波分公司在江北老外滩正式成立,并开始承揽各种业务。公司在江北外滩建有专属码头,称为"太古码头",亦因其曾行驶"北京轮",俗称"北京码头"(位于今城市展览馆一带)。宁波太古公司

浙海新关遗址

属上海总公司管理,主营航运业,长期控制着宁波的海上航运业务,特别是沪甬航线的客货运输,初以木壳"登升"轮行驶沪甬线,后"登升"轮损坏,代之以"宜昌"轮,再更换为铁壳"北京"轮。1909 年,太古公司为挤垮宁波商人虞洽卿创办的宁绍轮船公司,双方曾展开激烈的价格战,结果无功而返。同时,宁波太古公司也附带经营保险、糖果等业务,网点遍布绍兴、柯桥、定海、余姚等地,盈利颇丰。英国太古洋行的第二代老板乔治·沃伦·斯威尔曾于 20 世纪二三十年代巡视宁波,并在"北京轮"上拍摄下宁波太古洋行写字楼及其附近码头和货栈的照片,照片留存至今。

抗日战争爆发后,由于日军封锁沿海,沪甬航线被迫停航。1941 年 4 月,日寇在镇海登陆,宁波国民党军政要员纷纷向内地撤退。同年 12 月 8

太古洋行遗址

日,太平洋战事爆发,日、英成为敌国,上海太古公司的英国人都被日军押入集中营,宁波太古公司也被日军占领和查封。抗日战争胜利后,日军退出宁波,但沪甬航线仍未恢复,公司仅留职工五六人看管财产。解放初,情况仍然如此。1954年,因新中国经济恢复,主权已牢牢掌握在人民手里,太古公司难以卷土重来,遂决定将在中国的所有财产交由中国政府接管,以此作抵押,太古公司不付职工的解散费。同年12月15日,宁波太古公司由宁波港务局接收,职工5人亦由港务局安排录用。至此,借鸦片战争后在中国开辟通商口岸的英商宁波太古公司宣告解散。

如今太古洋行遗址依然存在,成为在半殖民地半封建化社会下,宁波近代化进程的历史见证。

参见包俊文:《英商宁波太古公司始末》,浙江省政协文史资料委员会编:《浙江文史集粹文史资料》(第4辑),浙江人民出版社1996年版,第10—22页;水银:《外滩太古洋行前的小吃摊》,《宁波晚报》2011年5月8日。

庆安会馆建成

庆安会馆位于宁波市江东北路156号,地处奉化江、姚江、甬江汇合的三江口东岸,是甬埠行驶北洋的舶商航工聚会、娱乐以及航运行业日常办公、议事的重要场所,为我国"七大会馆"之一。庆安会馆又名"甬东天后宫",是祭祀妈祖的神殿、妈祖文化的载体,为我国"八大天后宫"之一,是浙江省现存规模最大的天后宫。

会馆的出现与兴起,与商人通商贸易于异地密切相关。以商人为主体的会馆,最早出现于16世纪。会馆的组织者、参与者往往都是商业领域中代表人物,他们以会馆为基地,"研讨商情、联络商务""有利则均沾,有害则共御",因此会馆是行业或商帮群体的利益代表者。宁波商人足迹遍及全国,他们是商贸活动的开拓者,各地由宁波人组建的会馆即是标志,宁波则是会馆的起源和发祥地。清道光三年(1823),宁波南号船商为了方便聚会议事、祭祀妈祖,在三江口附近的甬江东岸建造"安澜会馆"。道光三十年(1850),甬埠北号船商在董秉遇、冯云祥、苏庆和等人的倡议下,募款白银10万两,于安澜会馆北侧创建"庆安会馆"。清咸丰三年(1853),庆安会馆落成,两馆毗邻,交相辉映,两个会馆定期举办活动,增强了甬埠船商的内聚力。庆安会馆和安澜会馆至今仍然伫立于三江口甬江之滨,与外滩码头隔江相望,共同见证着近代宁波航运业的发展。

庆安会馆在历经百年风雨沧桑后,破损严重,自1997年以来,在宁波市政府和社会各界的重视和关心下,由宁波市文化局接管,并做了多次整修。现会馆坐东朝西,规模宏大,占地面积约为 5000 平方米。中轴线上建筑有宫门、仪门、前戏台、正殿、后戏台、后殿、左右厢房、耳房及附属用房。会馆内展陈的 1000 余件朱金木雕,200 多件砖雕、石雕工艺品,体现了清代浙东地区雕刻工艺技术的最高水平。同时,根据庆安会馆建筑原貌及天后宫以展示妈祖文化为主的功能定位,现已改建为我国首家浙东海事民俗馆。

2001 年 6 月,庆安会馆被国务院公布为第五批全国重点文物保护单位。同年 12 月 8 日,修葺如初的庆安会馆(天后宫)正式对外开放。庆安会馆(天后宫)的修复开放,以及妈祖文化的形象展示,使妈祖文化从历史走向现代,并有效地融入宁波城市现代文明建设中,成为宁波"海上丝绸之路"文化

庆安会馆

的重要组成部分。

因庆安会馆是"海上丝绸之路"重要的文化遗存,是研究妈祖文化和我国古代海上交通贸易史的实物例证,具有较高的历史、科学、艺术价值,2014年6月,庆安会馆被列入世界文化遗产中国大运河目录。

参见黄浙苏:《庆安会馆》,中国文联出版社 2002 年版;万伯春:《甬水遗韵》,宁波出版社 2016 年版,第 209 页;丁洁雯:《运河(宁波段)与海上丝绸之路的重要衔接——论庆安会馆的起源、价值与保护对策》,《宁波大学学报(人文科学版)》2016 年第 4 期。

宝顺轮始末

宝顺轮是 1854 年宁波北号船帮购买的一艘英国造轮船,也是由中国人经营的第一艘轮船。

从 1853 年开始,清政府将漕粮改由浙江海运北上。但当时沿海盗匪活动频繁,清朝水师又怯懦无能,导致海上盗匪横行,加之 1854 年太平天国战火燃及东南各地,清廷着力于镇压农民起义,对沿海巡哨已无暇顾及。因此,漕粮海运后,虽有兵船护送,但并不能威慑海盗,而海盗每劫持一船索要的费用又高,从而使船商的营运陷入困境。1854 年,庆安会馆北号商团决定筹措资金,购买轮船,作为护航之用。当时,庆安会馆的北号船商费纶志、盛植官等以 7 万两白银向英国宝顺洋行购得火轮船 1 艘,命名为"宝顺轮",同时设立庆成轮船局,以训练船勇,装备枪炮,宝顺轮担负起了"为商船护航,保护海运之安宁"的责任,成为我国航运史上第一艘华商轮船。北号商团购置宝顺轮后,从宁波官府处申请到了执照。因张斯桂对西方文化颇有了解,就被聘为船长。《宝顺轮始末》记载:"慈溪张斯桂督船勇,镇海贝锦泉司炮舵。"这样,张斯桂就成为中国第一位轮船船长。1855 年 6 月,宝顺轮投入使用后,在浙江、江苏和山东洋面屡次击败海盗,战绩不俗。在 8 月至 11 月的短短四个月中,宝顺轮先后击沉、俘获南北洋海盗船 68 艘,击毙、俘获海盗2000 余人,体现出火轮船这种近代武器在海战中的强大威力,宝顺轮也因此名震海外。宝顺轮在打击海盗上的作用,使各地屡受海盗困扰的商人看到了希望,他们纷纷仿效宁波商人购买西方火轮船。1855 年七八月间,上海沙船船商集资,以 9 万银元从美国旗昌洋行购买了一艘蒸汽拖船"孔夫子号",配给上海船捐捕盗局,用于护航。

1858 年,宝顺轮曾参与弹压东钱湖史致芬起义。1862 年,宝顺轮被调往松江与华尔的洋枪队共同抵抗太平军。1884 年中法战争爆发,为防止法

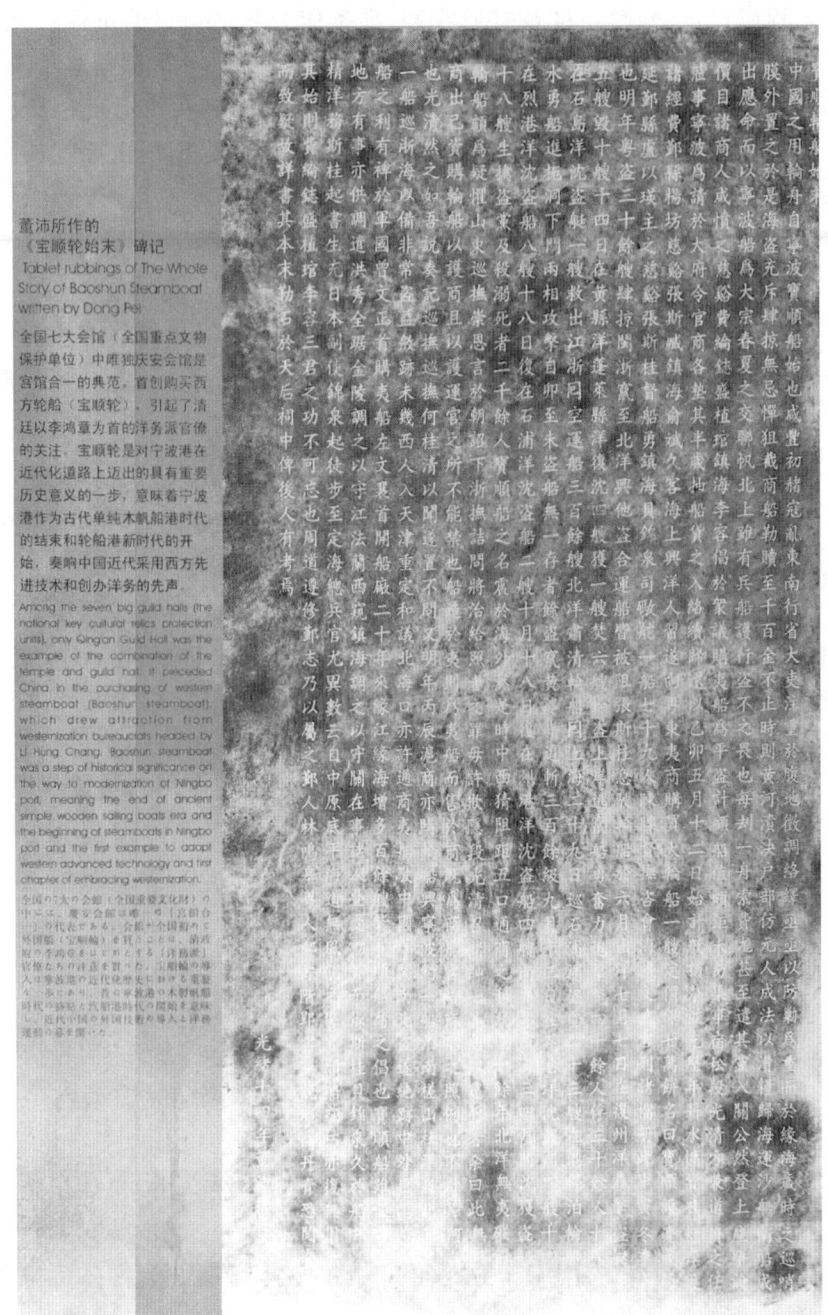

董沛所作的
《宝顺轮始末》碑记
Tablet rubbings of The Whole
Story of Baoshun Steamboat
written by Dong Pei

全国七大会馆（全国重点文物
保护单位）中唯独庆安会馆是
宫馆合一的典范，首创购买西
方轮船（宝顺轮），引起了清
廷以李鸿章为首的洋务派官僚
的关注。宝顺轮是对宁波港在
近代化道路上迈出的具有重要
历史意义的一步，意味着宁波
港作为古代单纯木帆船港时代
的结束和轮船港新时代的开
始，奏响中国近代采用西方先
进技术和创办洋务的先声。

Among the seven big guild halls (the
national key cultural relics protection
units), only Qing'an Guild Hall was the
example of the combination of the
temple and guild hall. It preceded
China in the purchasing of western
steamboat (Baoshun steamboat),
which drew attraction from
westernization bureaucrats headed by
Li Hung Chang. Baoshun steamboat
was a step of historical significance on
the way to modernization of Ningbo
port, meaning the end of ancient
simple wooden sailing boats era and
the beginning of steamboats in Ningbo
port and the first example to adopt
western advanced technology and first
chapter of embracing westernization.

全国の七大会館（全国重要文化財）の
中において、慶安会館は唯一の「宮廟合
一」の代表である。会館で全国初の西
外国製の（宝順輪）を買い入れる。清朝
廷の李鴻章の率いる洋務派官僚の注目を
集めた。宝順輪は寧波港の近代化の第一
歩を踏み出した。宁波港の近代史におけ
る重要な一歩である。それは古い木帆船
時代の終焉と近代の外国技術の導入と洋
務運動の幕が中国で上がった。

順宝轮始末碑记（摄于庆安会馆）

舰进入镇海口,宝顺轮一度被官府收购,准备作为封堵河道的沉船使用,但最终由于法舰在镇海口遭到重创,中法宣布停战,宝顺轮又重新移为商用。光绪年间(1875—1908),宝顺轮终于完成历史使命,宣布报废退役。

宝顺轮为宁波海运的保驾护航发挥了重要作用,是中国由帆船时代走向轮船时代的先声,从此拉开了中国近代洋务运动的帷幕。

参见〔清〕董沛:《宝顺轮始末》碑记,宁波市地方志编纂委员会编:《宁波市志外编》,中华书局1998年版,第884页;郑绍昌主编:《宁波港史》,人民交通出版社1989年版,第136—137页;刘传标编:《近代中国船政大事编年与资料选编》(第1册),九州出版社2011年版,第16—17页;龚缨晏:《中国第一艘轮船的由来》,《浙江大学学报(人文社会科学版)》2017年第2期。

宁绍轮船公司创办

1909年,虞洽卿与宁绍两地旅沪商人联合创办宁绍轮船公司,这是中国近代最著名的航运公司之一。

宁波、上海开埠通商后,沪线客货运输日趋繁忙,成为中国轮运业主要定期航线之一。20世纪初,沪航线由英商太古公司的"北京"轮、法商的"立大"轮、招商局的"江天"轮垄断经营。这些轮船的船主、大副等高级职员都是洋人,他们不仅经常虐待睡在统舱的贫苦乘客,而且船资昂贵,即便是睡统舱,每人也得交付大洋1元。为此,虞洽卿曾以宁波旅沪同乡会名义,多次向各轮船公司要求改变对乘客的态度,降低统舱票价,但各公司并不予以理会。在交涉无果后,虞洽卿下决心自办轮船公司。1909年,虞洽卿邀集陈薰、严义彬、方舜年等宁波、绍兴旅沪商人在上海发起合资创办宁绍轮船公司,以与英商太古公司和法华合资的东方公司抗衡。公司总部设在上海,分号设于宁波。此举立即得到了旅沪宁绍商人的广泛响应,几天内就筹得股金28万元,不足之数则由虞洽卿出面向四明银行贷款。公司创办后,首先向福州马尾造船厂购置了1艘2600吨位轮船,定名"宁绍轮",航行沪甬线上,不久又从中国商业轮船公司买进1艘较小的"甬兴轮"。"宁绍轮"开航后,主要业务是载客,兼接货运,出售的统舱客票为小洋5角,并且在船上挂牌"立永洋五角",以示永不涨价。由于人们都选择乘坐宁绍轮,太古公司和东方公司的客源锐减,有时甚至放空船。为此,资本雄厚的太古公司与东方公司联合,将统舱票价从1元降至2角,并另赠毛巾、肥皂等以招揽乘客,企图以此挤垮宁绍公司。在此情况下,宁波旅沪同乡会发动宁绍商人组织"宁绍航业维持会",捐集10多万元现洋,以贴补宁绍公司。沪甬两地的宁波商人还相约,凡需海运货物,尽量交托宁绍公司承运,不乘载外轮。相持数月后,太古公司、东方公司被迫做出妥协,将票价回升至 5 角。

1913 年,法商东方公司停业,宁绍公司租赁东方公司汉口码头和仓库。1914 年,公司又决定开辟汉口至上海航线。同年,公司将新购置的新宁绍轮代替"老宁绍"以航行于沪甬线上,于是"老宁绍"和"甬兴"改走汉口线。

宁绍公司保单(摄于中国港口博物馆)

在外国势力不断侵夺我国航运权之际,虞洽卿大力创办具有民族资本性质的宁绍轮船公司,这对维护民族尊严,打破西方资本对宁波航运业的垄断具有十分重要的历史意义。

参见童隆福主编:《浙江航运史(古近代部分)》,人民交通出版社 1993 年版,第 322—324 页;宁波市政协文史委员会编:《汉口宁波帮》,中国文史出版社 2009 年版,第 147—148 页;金普森、孙善根主编:《宁波帮大辞典》,宁波出版社 2001 年版,第 84 页;白斌、刘玉婷、刘颖男:《宁波海洋经济史》,浙江大学出版社 2018 年版,第 185—186 页。

报关行兴衰

在近代宁波港发展过程中,随着西方控制的浙海关的建立和轮船运输业与沿海贸易的发展,一种新的从事代客办理货物报关手续兼代办托运、装卸船舶等业务的行业应运而生。这就是在宁波延续了七八十年历史的报关行。

19 世纪后半叶,宁波浙海关开设新关后,进出口货物在装卸船之前,必须先到海关报关、验货和纳税,取得关单后,才能装卸货物。货主在与海关洋人打交道时,限于语言不通和手续繁琐,就需要寻找一个懂得业务又粗通外语的代理人,为其代办进出口报关等手续。这样,一些人开始从事这一行业,具有现代意义的职业报关人出现。同时,随着新式海关管理范围的不断扩大,税种的不断增多,报关行业规模也不断扩大。光绪二十四年(1898),在浙海关注册的报关行已有 16 家。到 20 世纪 30 年代,在浙海关注册的报关行多达 30 余家,"元丰""裕昌""元记"等报关行都是业内的佼佼者。报关行初设时,仅是为客商代办进出口货物报关、纳税等手续,后来客商将进出口货物托运和装卸船的业务也交其代办。报关行大多在海关入册挂钩,承办人员对报关、验货、纳税等手续比较熟悉,也懂得一些外语,能与洋人打交道,这对一些不熟悉手续,又不能与洋人直接打交道的货主来说就方便得多,只要付给报关行一定的代办费就可以从事相关业务。而报关行除了从货主中取得代办费外,又可从承运单位(各轮船公司)获得回扣。此外,他们在向海关报关填写关单时,往往弄虚作假,故意将货物的实际重量填少,从而少付税金和运费,而对客户则按实重收费,牟取不当收益。正因如此,在民国时期,各地海关纷纷出台了对当地报关行的管理规定,以整顿行业秩序。

宁波报关行的兴衰与宁波航运业息息相关。抗战时期,宁波沦陷,航运业一落千丈,报关行也因此趋于式微。抗战胜利后,浙海关虽恢复,但业务基本停止,报关行也大为减少。1947 年,宁波报关行尚剩 55 家,到新中国成立前夕仅剩 10 家左右,且其业务已不再是代货主报关,而是以代办托运和装卸业务为主,宁波报关行逐渐走向衰落。

作为职业报关人,报关行在洋关时期,对推动近代宁波外贸易与航运的发展,发挥了一定的积极作用。

参见陈德义:《"五口通商"后的旧宁波港》,《宁波文史资料》第 2 辑,1984 年;白斌、刘玉婷、刘颖男:《宁波海洋经济史》,浙江大学出版社 2018 年版,第 194—196 页;张忠民、陆兴龙、李一翔主编:《近代中国社会环境与企业发展》,上海社会科学院出版社 2008 年版,第 161 页;包俊文:《英商宁波太古公司始末》,浙江省政协文史资料委员会编:《浙江文史集粹》(第 4 辑),浙江人民出版社 1996 年版,第 10—22 页。

收回甬港航政

20 世纪 30 年代,随着民族自主独立思想的发展,在南京国民政府的支持下,宁波开始收回由外国人把持的宁波航政权。

自第二次鸦片战争后至五四运动之前,宁波港口和海关均由外国人掌控,相关机构中税司、港务长、引水员等大小职位多被洋人占据。随着五四运动的爆发和中国民主革命的兴起,加上 1921 年英籍引水员引领一艘糖船搁浅导致船商损失惨重,沪甬两地航运界及商人给当时的浙海关施加了很大压力。在社会舆论的压力下,当时宁波税务司和港务长不得不撤换 2 名外籍引水员,选用在宁波航运界有丰富经验的周裕昌、顾复生担任引水员。随后在反帝浪潮下,浙海关港务长一职也改由中国人柯秉璋担任。相较"引水权"的收回,宁波"白水权"的问题则更为复杂。1927 年 7 月下旬,宁波地方人士王斌孙、陈行荪等人致函宁波市政府,要求政府收回"白水权"。在地方人士的推动下,宁波市政府开始制定章程,拟定收验契约的办法和日期,决定将江北岸一带由外国人私自出租的岸线全部收回。但当宁波交涉员向各国领事馆交涉时,却遭到英、法领事的反对和抗议。英国驻宁波领事馆领事认为,宁波市政府制定的章程没有经过外国在华公使团审议,因此不具备约束力,不能收回英商在宁波私产。而法国领事馆更是以 1899 年宁绍台道的照会为由,认定当时中国政府已经将这一地带所有权转于个人。1929 年,民国政府开始参照西方模式确立航政法规、区分航政与海关权限。不久,宁波市政府根据外交部指令,对《宁波市暂行租用江河沿岸码头章程》进行修订,并于 1928 年 3 月 17 日上呈浙江省政府和外交部核准。但此后,宁波市政府一直未收到复文,此事不了了之。

1931 年 11 月,上海航政局宁波航政办事处在镇海成立,开始收回由浙海关控制的船舶船员管理、引水员考核和海事处理等权力。同年,宁波行政区划发生变化,宁波市并入鄞县,"白水权"问题划归鄞县处理。在当地民众要求下,鄞县政府于年底制定《鄞县水岸线租借暂行规定》,上报省政府建设厅核准后于 1932 年 1 月实施。根据该规则,宁波沿江两岸水岸线划归国有,所有个人与单位在内河岸线修筑码头等港口设施,均需要向县政府申报和租用。为此,法国驻沪总领事馆向中国政府提出抗议,但在鄞县政府提出强有力证据以及外交部的积极争取下,宁波"白水权"于 1933 年 8 月正式收归国有。

收回"白水权",其实质是收回宁波港水岸线的管理主权。这一主权的收回,对宁波近代城市建设和港口建设具有重要的历史意义。

参见郑绍昌主编:《宁波港史》,人民交通出版社 1989 年版,第 323—325 页;白斌、叶小慧:《浙江近代海洋文明史·民国卷》(第一册),商务印书馆 2017 年版,第 28—29 页;傅璇琮主编:《宁波通史·民国卷》,宁波出版社 2009 年版,第 129—132 页;曹琼:《浙海关沿革与白水权斗争》,《中国港口》2016 年第 1 期。

第四部分　宁波坊事

一、概　述

　　宁波坊事，是指以宁波城区为叙事场域的史事、掌故以及传闻。坊事与城事密切关联，但又各有侧重。宁波城事侧重关注宏观，重点考察与建城历史、州府兴衰、地标变貌有关的事件；宁波坊事则聚焦微观，考察范围覆盖城市、厢坊、宅门、商铺的各种悲喜故事，旨在品味和咀嚼发生在街头巷尾中的人情与事理。较之宁波大事、城事和港事，坊事中相当部分内容是基于民间口耳相传，难免有人为渲染和添加的情节，但这些充溢着鲜活民间气息的细微景观背后，往往寄寓着普通百姓、寻常人家最为喜闻乐见的人间万象。

　　宁波坊事空间上以宁波三江口城市核心区为重点，关注五个方面：街道故事——讲述宁波著名街道的街名来历、掌故趣谈；坊第往事——讲述宁波里坊的望族兴衰、名人行迹；墙门旧事——讲述宁波市民家宅、百姓院落里发生的轶事；孝行义举——讲述城中市内的孝贤故事、慈善义举；奇人异事——讲述历代三教九流的奇闻逸事。宁波坊事涉及历代市民生活的方方面面，它以街道、坊第、墙门为发生场域，充溢着当地民俗的气息，较之宁波大事、城事和港事，具有更加浓烈的地域色彩。

（一）街道故事

　　街道故事讲述的是城市中大街小巷所发生的历史变迁和市民的生活故

事。"街"指的是城市中的大道,即两旁有房屋的比较宽阔的道路,一般指开设有商店的区段;"巷"指的是里弄、胡同,通常笔直的大路称为街,弯曲的称为巷。宁波历史悠久,经过漫长的岁月洗礼,留下了众多的历史遗迹,其中包括反映不同时代市井生活的街巷建筑。作为街道,其表现方式不仅是市民百姓的生活场所,而且也是商品交换的聚集地,是市民生活最真实、最根本、最多元的反映。因此,街道承载着的是一个城市历史的厚重,考察街道故事,可以从中了解城市的历史变迁与人文发展的过程。

宁波坊事中的街道故事,多与街名起源有关。宁波罗城之内的大小街巷基本上在宋代定型,多数街名沿用至今,如西北厢的孝闻街、白衣巷,子城东侧的蔡家巷,子城东南的大梁街、小梁街、开明街,灵桥门内的车桥街、石板巷、咸塘街等。纵观宁波主要街道的演变,大体上仍保留着宋代明州城的布局。不难发现,宁波在历史发展过程中,一直保持着大致相同的道路格局:在东西方向上,自唐代开始就有如今中山东路、中山西路的影子,现已成为宁波市区主干道路和商业中心地带,此外,还有在濠河西侧天封社区的大、小沙泥街;在南北方向上,主要有解放南路、解放北路,从道路名称上就可以略知其与当时政治有关,这条道路曾经也是宁波政治中心所在地,此外还有镇明路等。

宁波街道的命名很有特点,一般来说,可以从街道的名字上猜到背后的故事,既通俗易懂,又富含宁波特有的城市文化与人文气息。宁波在唐代时始设明州城,后明州刺史又在城外修筑外城——罗城,灵桥门、长春门、望京门、东渡门、和义门、鱼浦门、永丰门等都是旧城门,现今的灵桥路、长春路、东渡路、望京巷、和义路、鱼浦巷、永丰路就是以这些城门命名的。又有以学校、书院、文教区所在地命名的街巷:曾是县学所在地,就命名为县学街;效实中学所在,就命名为效实路;月湖书院所在街巷,就命名为大书院巷、小书院巷。此外,文教路、呼童街、育才路等也大同小异。以前,同行的商铺往往开设在同一条街道上,于是依据生产经营类别来命名,药行集中的街道就称药行街,腊店集中的地方就叫腊店巷,打铁及卖铁制工具密集的街巷就称铁锚巷。此外,卖席桥、木行街等,其命名方式也是如此。当然,也有以坊名、街巷特色来命名的。如迎凤街源自迎凤坊,孝闻街源自崇孝坊,桂井街则是因桂枝环绕似井,槐树路则是沿路种满槐树形成一道特色风景。其他诸如黄栀花巷、梧桐巷、杨柳巷、和安坊等皆出于此。镇明路、大小沙泥街、念书巷、解放南路、解放北路、中山路等都是以纪念历史性的事件来取名的。宁波街道的取名可谓别具一格。

这些街道名称与宁波城市互为一体，两者如影随形，街道名称的变化反映宁波城市的变迁，而宁波城市的发展又成为街巷的沉淀。因此，人们可以透过街道的名称，寻找到宁波历史发展的蛛丝马迹，更好地了解宁波作为现代化大都市、大港口城市的前世今生。

（二）坊第往事

坊第往事讲述的是历史上坊第中的著名世家大族及人物的故事。"坊"在《说文解字》中是这样定义的："邑里之名，从土方声。"多指里巷的名称，如状元坊，街市中的店铺，或者是一些标榜功德的建筑物如迎凤坊、崇孝坊等。古时建"坊"，多是为了树立榜样，形成良好的社会风气，体现着统治者的恩典。此后，随着历史的演进，坊逐渐成为城市管理的基本单位，即人们通常所说的城邑为坊，田野为村。"第"在这里专指封建社会官僚贵族的大宅子，如宁波的郎官第、银台第等。

古时宁波虽处东南偏隅，交通不便，但历代名人辈出，人杰地灵。限于文献的匮乏，宁波坊事可追溯整理的起自唐代，唐代的宁波坊事主要以天封塔、灵应庙、纯孝庙等宗教设施为载体展开。宋代以后，随着社会经济的发展、城市人口的增加和城区的拓展，一种新的适应城市发展需要的厢坊制产生，城市居民聚居单位不再是旧坊区，而是按坊巷所在组成新的基层单位。城市空间肌理的不断丰实，宁波坊事开始趋于丰富多样。宁波坊第故事的主角是历代宁波有政治、经济和文化影响力的家族：宋代明州楼、汪、史、高等名门望族造屋构宅，留下了诸多史话；明清宁波又有丰、屠、范、张著姓显家建楼筑墙，演绎了无数趣谈。

相较于宁波街道的命名，坊第的命名则较为简单。在坊第命名时，有直接以主人的名字或者主人姓氏命名的，如虹桥巷董氏别第、李氏旧宅、丰氏别第、陈方伯宅、张氏世居等。张氏本是和州乌江（今安徽和县乌江镇）人，在张邵出使金国后，其弟张祁担任明州观察推官，为了方便侍奉母亲及家属，便徙居鄞县。张邵晚年自金国归来，也居住到鄞县。自此，后人便多居于此，成为甬上的名门望族。这些都是比较简单明了的命名方式。除此之外，有以政治上所获荣耀来取名的，如袁忠臣故居。袁忠臣是宋度宗咸淳年间（1265—1274）进士袁镛，不仅文武双全，而且具有高尚的气节，以死殉国；又如状元坊、傅状元第、袁状元第等，都是因为这些人家中出过状元。有的是以历史上的故事来取名的，如孝闻坊就是因北宋徽宗时期，时任明州知府的楼异为表彰杨庆孝敬父母，为之立牌坊并题名"崇孝"而来。迎凤坊就是宋徽宗崇宁年间(1102—1106),为表彰名医臧中立妙手回春治好当时皇后之病而建立的一座牌坊,因而称"迎凤坊"。

宁波的街道与坊第之间是息息相关的,街道的命名有时也源自这条街道上的名人故第,于是就有了孝闻街、迎凤街。有的是以主人的官职取名的:汪尚书第,就是礼部尚书汪公镗的居所;少司马第,就是兵部侍郎董光宏所居(兵部侍郎为少司马,兵部尚书为大司马);李御史第,就是万历年间(1573—1620)云南道御史李遵的住所;金都宪第,就是都御史金泽的府第;等等。还有就是以建筑命名的坊第,如开明坊,就是得名于坊内的开明桥。可以说,每一个坊第的命名都有其深厚的历史渊源,都有一段令人探寻的遗梦。

名人故第对于一个城市具有重要的意义。首先它是名人生活环境的缩影,不论是深宅大院,还是平民的普通建筑,都可以看出曾经住在这里的人做过什么事。其次,不同时期的名人故第,其建筑结构、特色不同,对研究古代的建筑以及古人的审美都独具深意,名人故第给我们留下的是一个城市不同时代的精神气质与时代审美,是城市记忆的主要载体。名人故第既可作为丰富的文化印象,是一个城市的文化名片,同时又是不可多得的人文旅游资源。因此,保护名人故第就是在保护一个城市的灵魂。

(三)墙门旧事

墙门旧事即是以墙门为线索,讲述墙门内的市民生活的点点滴滴。墙门式的住宅是宁波本土的传统居住模式,一口枯老的水井,一条幽深的青石板路,雨中撑着一把蜡黄蜡黄的油纸伞,两旁是高耸的白墙黑瓦,这就是记忆中的老宁波。《说文解字》:"墙,垣蔽也。"就是指砌成的隔绝内外的建筑物,而"门"既可指建筑物的出入口,也可以是封建社会家族或者家族的一支。"墙门"就是一圈墙一扇门,墙门上的点点斑驳记载的就是历史,墙门对于家庭和家族有着特殊的意义,向我们诉说着各个家族的故事。老墙门内洋溢着的是邻里之间和谐美好的关系。特别是傍晚,家家户户都将小餐桌搬到明堂里一起吃饭,明堂顿时成了一个大餐厅,大家有说有笑,相邻的人家还会交流自家的饭菜,会闲聊天南地北的趣事,那情形热闹非凡其乐融融。那些酸酸甜甜的记忆,那些青春岁月的迷蒙痕迹,那些恩恩怨怨的生活残片是温馨的,令人怀念。

宁波墙门的历史至少可以上溯到宋代,留存至今的主要墙门有天一阁范钦故居、月湖东大方岳第、月湖北银台第、鼓楼前范宅、永寿街伏跗室,以及江北新马路一带东西合璧的石库墙门等。

　　老墙门聚集的地方大多古色古香、曲径通幽,充满着浓郁的人文气息。最熟悉的墙门要算那一道道高高耸立的马头墙了,一座座马头墙鳞次栉比,高高耸立,互相掩映,形成一道独特的风景线。马头墙又称"封火墙",因为古代大多是聚族而居的,住宅一般都是木结构,天干物燥就很容易引起火灾,建马头墙就可以起到防止发生火烧连营的情况,也有御贼防盗的作用。马头墙的墙头一般都是高高耸起的,有"三马头""四马头"和"五马头"之分,从马头墙上就可以看出主人的社会地位,马头越多,主人的地位就越高贵。而"前厅后堂,四明两廊"这种结构的墙门,以在中山西路上的明代建筑范宅为代表,这是宁波现存墙门中最古老的一种墙门。这种墙门在建筑理念中深刻体现着家族观念和儒家的三纲五常、尊卑贵贱等传统思想。

　　但随着商品经济的发展,另一种"见弄轩"式的墙门(即五间两弄四明轩)开始成为世家大族们的新宠。其中,以清代嘉庆年间的"银台第"童宅最为典型。在这种墙门中,取消了中轴线祭祀功能区,建筑的风格比以前更加成熟,已经开始由明代的注重家族中对祖宗的尊敬向注重人的现世转变。到了近代,随着西方文化不断渗入,西学东渐之风日益兴盛,属于本土的墙门也融合了西式建筑的风格,开始出现了石库墙门、合璧墙门等。石库墙门的建筑式样来源于上海,除了部分设计模仿西洋联排式住宅外,内部大致上还是仿江南民居的合院式建筑。解放北路上的"洋房"和月湖东岸的蒋宅、月湖西岸的张梅成宅等则是合璧墙门的典型代表。合璧墙门是一种折中主义的建筑,中西合璧,它总体强调小家庭概念,在建筑的结构上则采用西方建筑的技法,从而改变了中国传统建筑的梁柱架构体系。而"七十二家房客"式的墙门景象是现代生活的特征,城里的老墙门在新中国成立之前就已经通电,日益增多的出租房促使各家用电计量采取"总分表"的方式,因此,在每座墙门里,人们总会看到有很多火表安装在一起。

　　古时只有名门望族才会有墙门,墙门彰显了主人的地位与身份。在宁波,老墙门可以分为三类:官宦世家墙门、发迹商人墙门和富裕的学人墙门。如登科第墙门、光禄第墙门、俊选第墙门等都是官宦世家的墙门。商人的墙门主要集中在毛衙街区和郁家巷,如崇义坊墙门、杨坊墙门、袁氏墙门等。学人墙门最出名就是兵部右侍郎范钦的"天一阁",翁氏墙门在宁波也有很高的名声。

　　墙门作为宁波传统建筑和居住方式最基本的构成和组织原则,表面上只是宁波城市建筑风格建筑样式的变化,但实质上体现的是一个城市的变迁。因此,对于宁波昔日恢宏、大气和精湛的经典墙门,我们理应保护它,使之成为宁波的历史积淀、物质与精神的双重财富,为当代宁波的市政建设提供借鉴。

(四)孝行义举

孝行义举主要择取发生于市井坊间或以城镇生活为背景的贤孝故事和善行事迹而展开叙述。"孝行"专指孝敬父母的德行;"义举"是指为了公众利益从而显示出崇高和大无畏精神的行动,疏财仗义的行为等。我国古代很早就有记述孝行义举的例子,如《后汉书·刘茂传》中曾记载:"(茂)家贫,以筋力致养,孝行著于乡里。"另有宋代苏轼在《县榜》中写道:"牛酒以礼高年,粟帛以旌孝行。"明高启《大全集·咏荆轲》中写道:"劫盟非义举,曹沫已可羞。"宁波历代孝行义举数不胜数,穿插于街道故事、坊第往事、墙门旧事之中,涉及人物既有身居朝堂的宰相史浩,也有割猪为业的草民倪孝子。事实上,孝行义举故事大多是宁波各个街巷宅门弥足珍贵的历史记忆,其情节感人肺腑,是宁波市民生活史上最为重要的内容之一。

传统中国强调"百善孝为先",孝是人伦纲常的核心、家国礼序的支点,家庭、家族、宗族乃至整个民族,通过孝德之躬行践履,最终实现国家天下的和谐包容。作为一种社会行为的"孝",首先表现为子女对父母的恭敬和赡养,如果子女对待父母能够做到其言也敬,其容也恭,其行也善,其心也诚,而且必要的时候甚至可以牺牲一己之幸福和利益,那么,这种孝行必定能够获得市坊乡里的赞誉。古人对于孝子和孝行的褒扬,并非仅仅期望借助孝德的宣传来提升家庭和家族的道德水准,而是希望将孝的精髓推衍至更广的社会范围,以之促动"忠""仁""义"等儒家理念的践行,《孟子·梁惠王上》"老吾老以及人之老,幼吾幼以及人之幼"就高度浓缩了古人以亲亲之仁爱照亮天下之良知的理想。

中国传统社会所推崇的各种道德准则均定位于"孝"的延长线上,故而所谓"义举"也必然受到家族观念和血亲利益的囿限,兼之近代以前的中国社会缺乏公共意识、公益观念以及民族命运共同体思想,使得"义举"几乎很少逾越族内乡里的范围,常常表现为宗族共济、邻里互助等小微关系下的仁爱行为,宁波地区古代义举自然无法脱离这一窠臼。但这并不是说宁波古代城乡缺乏义举善行,相反,小微善行遍布市坊街巷,很多感天动地的个人孝行正是凭借周围百姓涓涓细流般点滴扶助才得以达成,不少贫家孝子也是依靠街坊邻里的不断救济才得以栖身、全名。以史浩"孝子登科"故事为例,其中既包含了史浩借贷慰母心的孝行,又包含了卖饼婆出钱资助穷儒的义举。然而,从这些善举中,我们很难看到一种超越个人、超越邻里、超越亲族的道德光芒的闪耀。

考察宁波史志记载中的种种孝行,不难发现,其中有不少事例具有很大的近似性,如孝闻街宋代杨庆和百丈街明代倪孝子均是市井贫民中的贤孝人物,两人都是凭借劳苦卑贱之工,尽赡养父母之责,又如明代的月湖孝子陈洪宪、冷静街孝子薛淋以及奉化直街孝子陆洪,均是放弃对功名的追求,全心服侍奉养老母的范例。

宁波古代的孝行义举故事,为近代宁波人树立了很好的范例。需要指出的是,近代宁波发生的一些义举,与古代宗族、里坊、乡党等概念语境中的义举有着迥然不同的意义。这些义举,有的是民族意识升扬和爱国情感高涨的产物,如宁波绅商募资从英人手中赎回新江桥主权之举,反映出宁波民众国家意识的提升。有的是公民自觉和公共观念觉醒的体现,如旅外宁波帮捐资修缮灵桥,助建家乡公共交通事业。近代宁波义举事例中所体现的这种超越邻里、超越亲族的公益理念和慈善精神,更值得当今社会去讴歌和弘扬。

(五)奇人异事

奇人异事讲述的是历史上著名或不寻常人物的故事。奇人指异人,非常之人;异事指不平常的事,特别之事。社会上多以生平事迹、逸闻轶事、个性怪僻、孤芳自赏、玩世不恭、愤世嫉俗之种种异事,于焉久久流传,讲之者娓娓,听之者津津。奇人异事对于一个城市具有重要的意义,它给我们留下的是一个城市不同时代的精神气质与时代审美,是城市记忆的重要载体之一。

宁波作为浙东名城,历史悠久,人文荟萃,具有深厚的历史文化底蕴。古往今来,钟灵毓秀的宁波大地孕育了一大批杰出思想家、艺术家和科学家,造就了一批卓有成就的文化巨匠,其中不乏奇人异事:宁波名医范文虎医术高明却绝不阿谀奉承,有时甚至口诛笔伐,不知讳忌,以玩世不恭之态周旋从容,独擅胜场;著名书法家梅调鼎绝意仕途后,便忘怀得失,终年累月地闭门练字;金臻庠办《时事公报》,不向权贵折腰;张寿镛"积五十载之时光,储十六万之卷轴",收藏宁波地方文献。历代不乏重视乡帮文献的文人,但像张寿镛那样独自编刻《四明丛书》却极少见。他原计划用十年时间汇成《四明丛书》十集,但只完成了七集,至第八集,刻未及半逝世,后由其子续成。收录的每一种典籍,张寿镛都亲撰序跋,全书的誊写、雕版、印刷都未得到政府的资助,全靠个人的心力。这些文化奇人史书不绝,为宁波留下了珍贵的文化和知识遗产,给后人提供了宝贵的精神财富,构成了宁波这座城市不朽的文化精魂。到近代,宁波商帮在金融、航运、实业、教育等领域,在国内开埠城市近现代化进程中,抒写了城市发展史上诸多重要篇章。宁波商帮是宁波文化的一张名片,这一群体中,也不乏经营奇才。虞洽卿(虞和德),宁波人习惯上昵称为"阿德哥",是旧时上海租界的一个"闻人",上海盛传着一个与他发迹有关的"赤脚财神"故事;黄楚九,名承干,余姚通德乡黄竹浦人,15岁随母闯荡大上海,35岁时已成为著名的富豪之一,他是民国时期上海商界奇人,一生创业横跨多个领域,堪称"百家经理"。这些宁波帮商人的传奇人生,为后世所称道。

奇人异事是宁波地方文化的历史沉淀和社会现实的反映,在整个宁波地方文献资源中占有特殊的地位,对宁波的社会进步和经济发展有着不可估量的影响,值得深入挖掘。

二、词 条

江厦街

江厦街位于宁波市海曙区,南起灵桥西堍,北至新江桥南堍,是宁波城内的一条著名老街,全长400余米。关于江厦街的由来,据说此处以前曾有一座江下寺,后人遂取"江下"二字谐音,称寺前之路为"江厦街"。

江厦街最早由原半边街、双街、钱行街、糖行街等4条小街拆直拓宽后组成。其中半边街一边是商铺,一边临奉化江,是宁波城区最热闹的地方。奉化江边停泊的都是南来北往的帆船,有来自南边福建、广东的,也有来自北边江苏、山东的,甚至还有来自海外的商人。当然,更多的还是周边到此处从事海产品交易的鱼贩。日子一久,这条街就成为商街。

宁波很早就有与国外通商的历史,太宗淳化年间(990—994),北宋政府已在宁波设立市舶司进行管理。在此后的元、明、清各个时期,宁波与外商的贸易经久不衰,来自日本、高丽、阇婆(今属印度尼西亚)、真腊(今柬埔寨)、占城(今越南)、暹罗(今泰国)、大食(今阿拉伯)等国家和地区的商船、商贾云集于此,江厦街一带始终是宁波与外商交往的重要口岸。

"走遍天下,不及宁波江厦。"江厦街的出名,不仅因为这里是对外贸易的集散地,而且因为这里还是金融业的中心。当时,这里曾有一条叫"钱行街"的小街。"钱行"就是老宁波人心目中的钱庄,其与银行一样,都是商品经济发展到一定阶段的产物。宁波自宋以来,历经元、明、清,至民国已成为一个商业繁华的城市。商品经济的发达,催生了钱庄、银行等金融机构,而这些金融机构又为商贸活动提供了强大的后援。由于江厦街的特殊地理位置,这里也逐渐成为钱庄、银行聚集的区域,久而久之,江厦街成了一条著名的金融专业街。20世纪30年代,据有关部门统计,浙江省有钱庄632家,宁波有225家,鄞县有115家,宁波、鄞县总钱庄数占了全省总数的一半以上,宁波钱庄业所拥有的资产占全省钱庄业总资产的45%。

1951年,宁波市政府对江厦街进行重建、拓宽工作,基本恢复了民国时期的旧貌。1987年开始,市政府对江厦街进行全面改造,拆除了东侧沿奉化江的店铺和房屋,一部分作为拓宽江厦街之地,一部分建起了江厦公园。对江厦街的西侧也进行了改造和新建,现有华联商厦、邮电大楼,还有百年老店"冯存仁堂药店"。

如今的江厦街已很难找到旧时的面貌,也难再现昔日的景象,但江厦街仍是宁波的第一街,因为它是宁波与海外贸易的始发地,是宁波国际港口的发源地,是宁波帮名震海内外的精神圣地,是宁波人创造金融、商业辉煌的历史见证。

参见张小飞:《江厦街:走向天下的"甬城名片"》,《宁波日报》2010年10月28日;周达章、周娴华主编:《宁波商街文化》,宁波出版社2017年版,第51页;贾亚炜主编:《甬城街巷》,宁波出版社2009年版,第250—253页。

孝闻街

孝闻街位于宁波市海曙区,南起中山西路,北至永丰路,全长1186米,宽11米,其中车道7米,沥青路面。

孝闻街旧名河利市桥、水凫桥、芳嘉桥跟、孝闻坊、双池街等。光绪《鄞县志》称"河利市桥北横街区,北至西上桥",即今孝闻街之南段,原为沿河小街。北段为曲折小巷。《宋史·孝义传》载,宋时,这里有一位叫杨庆的,因割身上之肉为父母治病,孝行感人,于是明州太守楼异奏请朝廷,于宣和三年(1121)在其家门前立了一座题为"崇孝"的牌坊,以励后人,故得名崇孝坊。南宋高宗绍兴七年(1137),明州知州仇悆再次上报朝廷,对杨庆的孝行事迹大加褒扬,崇孝坊又改称为孝闻坊。20世纪30年代,改称孝闻街。"文革"期间,孝闻街改称劳动路。1981年,宁波进行地名普查时,复名孝闻街,并将折西通西北街段改入孝闻巷,北段(旧称佑圣观跟)通永丰路划入西北街。

孝闻街历史悠久,沿街有伏跗室、白衣寺、宁安坊、叶宅等一批古迹遗存。

伏跗室位于孝闻街91号,坐西向东,为五间两弄三厢房木结构楼房,是浙东著名藏书家、目录学家冯孟颛(1886—1962)的藏书楼,现为市级文保单位。"伏跗"源出《文选》王延寿《鲁灵光殿赋》"狡兔伏于跗侧"句,意为"伏处乡里不抗显,而致力于学"。1962年,冯孟颛长孙冯孔豫遵照冯孟颛的遗嘱,将近10万卷藏书全部捐献给国家,今藏天一阁。伏跗室现由宁波市天一阁

孝闻街一隅

博物馆进行管理。

白衣寺位于孝闻街北首,原为净土居报仁院,五代后唐长兴元年(930)建,宋治平元年(1064)赐白衣广仁额,几经兴废,现存大殿系清光绪十八年(1892)重建,民国时重修。大殿为重檐歇山顶,通面阔五开间,进深三间,木梁架保存较完整。

宁安坊位于孝闻街146号,为民国时期的砖木结构建筑。主体建筑为二层楼房,坐北朝南,五开间,硬山顶。两侧厢房延伸至南边平房,形成闭合三合院落,门楼朝西,位于西侧山墙,西洋外型,上书"宁安坊"三字。该建筑整体布局独特,保存完整。

叶宅位于永寿街和孝闻街口,建筑坐北朝南,格局规整,气势宏伟,边门有石刻,具有鲜明的清代早期浙东民居建筑特色。叶宅原系清康熙二十年(1681)副贡官、长乐知县陈明府居宅,后售给上海县县令、定海人叶机。

改革开放后,随着旧城改造,孝闻街已旧貌换新颜,但宝兴巷内以"伏跗室"藏书楼为文保点的老宅旧居保存完好,古韵依然。

参见林江云:《孝闻街里话今昔》,《宁波晚报》2012年9月16日;罗杨主编:《中国民间故事丛书·浙江宁波海曙卷》,知识产权出版社2015年版,第33页。

药行街

药行街位于宁波市海曙区,东起江厦街、灵桥路口,西至解放南路,中段与开明街十字相交,全长1028米,为宁波城区东南隅主要街道。

药行街形成于唐代长庆年间(821—824),明代时称砌街,街东自车桥,西至新排桥,因由李循谦出资所砌而得名。清初改名三法卿坊街,街东至灵桥门,西抵开明桥南侧。清康熙四十八年(1709),附近建药王庙,后此街两侧开设药行渐增,药行业始盛,成为全国小药材主要集散地之一。民国十七年(1928),宁波市进行城市改造,曾改建灵桥门至万泰弄一段为沥青路。民国十八年(1929),因街内中药店和中药材批发的药行云集,正式命名为药行街。1966年曾更名红卫路,1981年恢复原名。

药行街经营药业的历史较为悠久。自宋明以来,宁波城内就有官营惠民药局,制售中成药。清代,随着官营药局的废除,民间药业得以发展。当时宁波城区内有大小药行、药店60余家,其中药行街就有药行20余家、药店10余家。虽然在东直街上也有几家著名的药店,如香山堂、寿全斋,在东渡路上有赵翰香居,在右昇街有冯存仁堂,但真正能代表宁波中药业的主要市场在药行街。此后,药行街名声鹊起,成为宁波、绍兴、杭州,乃至上海、汉口、天津等地的中药零售和批发的集散地。

到民国初年,药行街共有药店、药行 58 家,集中了宁波城区主要的大药行和经营规模较大的中药店。当时除了中山路上有香山堂、寿全斋 2 家药店,东渡路上有赵翰香居、冯存仁堂 2 家,在君子街上有张姓、卢姓和章姓 3 家规模较小的药店,城区便无其他有影响的药店和药行。1928 年,药行街有药行 39 家,占全城区药铺 70%,药行街的中药业成为地跨多市、多省的中药集散地。但到民国后期,药行街上的药店、药行不少已倒闭,一些原来的经营大户,如元利、恒茂药行,也因种种原因处于歇业状态,一条原本经营活跃、市面热闹的商业街,呈现出萧条景象。

沧桑巨变,如今的药行街,药行已不复存在,狭窄坑洼的街面、两层楼的木屋也已不见踪迹,取而代之的是整洁宽阔的街面和林立的高楼。南边有颐高莱迪时尚广场、亚细亚广场、人寿保险大厦、中国银行大楼、凯洲皇冠假日酒店、宁波市群艺馆、灵桥日用品市场;北边则有集休闲、购物、娱乐、饮食于一体的天一广场。

参见周达章、周娴华主编:《宁波商街文化》,宁波出版社 2017 年版,第 101 页;贾亚炜主编:《海曙变迁:海曙区建区三十周年新旧照片对比图集》,宁波出版社 2015 年版,第 60 页;贾亚炜主编:《甬城街巷》,宁波出版社 2009 年版,第 254—261 页。

迎凤街

迎凤街位于宁波市海曙区,东起解放南路,西至偃月街,中段与镇明路相交,全长 420 米。迎凤街旧名迎凤桥、醋务桥、千风坊西横街,因平桥东旧有迎凤坊得名。"文革"时,曾改称迎新街,1981 年地名普查时恢复现名。

关于迎凤坊的来历,传说是北宋崇宁二年(1103),徽宗因皇后病势沉重,而宫中太医束手无策,于是诏征天下名医。诏文通过驿站飞马传送,不久便传到明州。这时,一位银须飘胸的老人揭下了皇榜。这位老人 60 多岁,名叫臧中立,原籍江苏,年轻时到甬城定居,是四明一带名医。接受诏征后,他千里迢迢赶到京城为皇后诊病。待臧中立诊毕,走出后宫,赵佶忙问:"卿诊得何症?"臧中立回答:"臣所诊,脾脉极虚,呕泻之疾。"赵佶连声说:"正是此病。"臧中立当即开方施药,并说:这种病服此药后,病人能够睡眠,便可治愈;到半夜必"思粥食"。果然,皇后服药后,便安然入睡,至后半夜吃了一碗稀粥,清晨便能坐立。调养 10 余天后,皇后凤体康复。宋徽宗龙颜大悦,要留臧中立在宫中为太医。臧中立婉言谢绝,执意要回明州。宋徽宗最后同意了他的请求,并下诏明州官府,为臧中立在明州南湖重修屋舍,建立牌坊,永彰后世。这座牌坊被命名为"迎凤坊",这条街便成了"迎凤街"。故史载:"宋,臧中立,毗陵人,精医术。元丰间,寓鄞之南湖。徽宗后有疾,诏求天下良医,有司以闻,上命入宫诊视。疾瘳,宠赉优厚,赐第于鄞,因名迎凤坊。"又光绪《鄞县志》载:"医士臧中立愈徽宗后病,赐宅南湖,诏后大书一'允'字,势若凤尾,时称'凤诏',故名。"

　　迎凤街一带因环境幽雅,自古以来便是官宦望族、文人墨客憩息、讲学之地。北宋名臣王安石、南宋宰相史浩、南宋哲学家杨简、明末清初大史学家万斯同等,曾在这里留下足迹和诗文。街南边的宝奎巷,就是史浩致仕当

迎凤街一隅

年还乡后,为藏宋高宗、孝宗御书而修筑"宝奎精舍"之处,宝奎巷由此命名。宝奎巷西侧的银台第,建于清道光三年(1823),其主人童槐,嘉庆十年(1805)进士,官至江西、山东按察使,后改任通政司副使。按察使别称臬台,通政司别称银台,故童宅也称"臬台第""银台第"。而其子童华也为进士出身,后以礼部右侍郎入南书房行走,为光绪帝之师,因此银台第又称"帝师故居"。

以前迎凤桥的西边还有一座协忠庙,用来祭祀"安史之乱"时坚守睢阳(今河南商丘)而殉难的张巡、许远、南霁云、姚訚、雷万春等人。传说南宋高宗赵构为躲避金兵追击逃到明州,一次至迎凤桥附近,忽见张巡等五公手执旗帜,列队于云端相迎。金兵退走后,赵构以为受张巡等人的显灵保佑而大难不死,就下诏封他们为"五大将军",并画像供奉于鼓楼。明万历年间(1572—1620),鼓楼毁于大火,无法祭祀"五大将军",知府张文奇就在此修建协忠庙。

迎凤街两侧多为居民住宅,街西端有明代大理寺正卿徐时进开凿的方井,中段有明万历间建筑的大夫第(又称大范家),现为海曙区文物保护单位。

参见贾亚炜主编:《甬城街巷》,宁波出版社 2009 年版,第 84—90 页;常敏毅:《相知四海》,宁波出版社 2007 年版,第 75 页;陈武耀:《走进迎凤街》,《宁波日报》2011 年 11 月 12 日。

桂井街

桂井街位于宁波市海曙区西南侧,东起共青路,西至长春路。旧名大巷,因巷内陆懋龙宅后院内有老桂花树,枝蟠高结,环围如井,因此称为桂井、桂花井,后将巷名改为桂井街。

桂井街一带的古宅院落格局,基本上是陆氏家族聚族而居时期形成的。陆氏奉陆元为始祖,从第五代陆瑜官居刑部尚书开始,陆氏家族名人辈出,先后有 11 名进士、1 名征辟、27 名举人、18 名贡生、2 名武举人,是当时宁波的名门望族。陆氏的房产宅第后来有一部分卖给了全氏家族,浙东学派著名学者全祖望的六世祖全天叙居住的"五桂堂",就是原来陆瑜的尚书第。"五桂堂"三字,即为明神宗朱翊钧亲笔所题。清康熙四十四年(1705)五月,全祖望就出生在这里。后来,全氏第二十七世孙全远谋的妻子洪氏,又出资在桂井街的西端买地建造全氏支祠,今祠堂虽已损毁,但墙界基石依稀可见。清嘉庆、道光年间,宁波著名学者、藏书家徐时栋的父亲徐太茂买下了陆懋龙在桂井街中的旧居都谏第,拆旧改新,并在新居中收藏典籍,延请名师学者教习子弟。

除陆氏、全氏、徐氏三大家族的故居外,桂井街还有登科第、师古堂、汪宅、秦宅等众多明清以来的传统建筑。

当时的桂井街不仅望族名人聚居,而且还建有不少私人藏书楼。其中在陆宝私宅"辟尘居"内的"南轩书屋",是这里最早的藏书楼。南轩书屋藏书十分丰富,尤其以刻印早、流传少的古籍居多,是宁波城区内仅次于范氏天一阁、陈氏四香居的第三大藏书楼。后来,为了抗击清军入关,陆宝将全部家产捐输军饷,藏书因此散落民间。而五桂堂,也曾是全氏先祖藏书教习之处。徐太茂迁居桂井街后,于清道光四年(1824)"更故宅,创五之轩,立恋

全祖望雕像

湖书楼"。后其子徐时栋将"恋湖书楼"改名为"烟屿楼"。烟屿楼鼎盛时期，藏书达 10 万卷之多。清咸丰十一年(1861)，太平军攻入宁波，烟屿楼藏书在乱中多遭窃掠。次年，徐时栋迁居城西，又重建藏书楼，取名"城西草堂"。他一面整理残帙，一面访求散佚藏书，并将汤耕吾、郑简香两家的大部分藏书收归藏书楼中，仅一年时间，城西草堂藏书就达到近 6 万卷。在一条小巷内，出现多处藏书楼，这在全国亦属罕见。

为了保护历史文化遗产，2005 年 10 月，宁波市海曙区划定、确定了 7 处历史文化街区，其中桂井街作为传统街巷、民居，列入月湖历史街区实施重点保护。

参见贾亚炜主编:《甬城街巷》，宁波出版社 2009 年版，第 148—160 页；贾亚炜主编:《甬城藏书楼》，宁波出版社 2015 年版，第 145 页；邬向东:《宁波老街桂井巷:穿越时空的古静祥和》(新浪宁波 http://nb.sina.com.cn/travel)。

桂芳巷

桂芳巷位于宁波海曙区老中山公园的西北侧，成 Z 状，巷长 200 米。

桂芳巷巷名的来历，民间有两个说法。其一，跟桂花树及其花香有关。以前，桂芳巷 28 号老墙门内有 2 棵罕见且有几百年树龄的桂花树，一东一西，并排栽种在墙门后明堂的大花坛中，翠盖亭亭、生机勃勃，繁茂的枝叶一直伸展到院墙外。每到金风渐凉、玉阶霜浓之时，清幽而又馥郁的芬芳香气便会弥漫整条桂芳巷。在我国传统园林配置中，自古就有"两桂当庭""双桂留芳"的说法，也常把玉兰、海棠、牡丹、桂花 4 种传统名花同植庭前，以"玉、堂、富、贵"之谐音寓意。取名"桂芳巷"便寄托了此类寓意。其二，与一则传说有关。据传，倪氏祖上在明朝时系城北望族，因孝事其身患重病的老母，感动上天，突然间房中芳香四溢，朵朵桂花从梁上飘落，老母也奇迹般地康复。为此，皇帝钦赐"孝德感天"匾，并建桂芳第于此。而据《四明谈助》记载:"倪家花园，在旧府治北。元倪万户建。倪万户可辅，官浙东宣慰司都元帅兼海道漕运。"倪氏在此居住了 700 多年，曾占居街区南侧近四分之一的土地。可知，这则传说与倪氏有密切关系。

桂芳巷现存有"桂花厅""桂芳巷陈宅"、桂芳巷 5 号民宅、桂坊巷 6 号张氏宗祠等多处历史建筑，为宁波市文物保护点。

"桂花厅"位于桂芳巷 17、18 号，属明代建筑，坐北朝南，面阔三开间，五柱九檩，单檐硬山顶式，上覆小青瓦，梁用材硕大，截面较圆，柱础为鼓蹬状，分隔墙采用竹泥作。整个厅堂无雕饰，素面，具有明代建筑型制的特征，此建筑原系甬上望族倪氏介石园内花厅。

"桂芳巷陈宅"位于桂芳巷 1 号，属民国时期建筑，宅主是和丰纱厂股东陈庆恒。陈宅主体建筑坐北朝南，大门位于南围墙东侧，条石门框，上端有砖雕花卉图案，并嵌门额 1 块，上书"颍川望重"。主楼朝南单檐硬山顶，山墙饰带肩观音兜，壁窗拱券形，穿斗式结构，二层阳台设铁扶栏，具有中西合璧风格。

桂芳巷 5 号民宅，属民国中期建筑，宅主葛某系沪上富商。葛宅主体建筑坐北朝南，由回字形主楼和后楼组成。大门位于主楼第一进明间，梅园石门框。主楼第二进为硬山式四间二弄二层楼房，石板铺地，前檐柱为方形木柱，石质方形柱础。二楼用车木栏杆，廊楼板端面有雕刻，厢房墀头有彩绘。后楼为三开间硬山式二层楼房，风格与主楼相似。整幢建筑规模较大，用料考究，布局完整。

桂芳巷 6 号民宅，属清代建筑。民宅坐北朝西南，整幢房子小巧精致，具有传统民居的特色。

2009 年 9 月，宁波市政府批准《宁波市鼓楼地段控制性详细规划》，其中桂芳巷作为江南清末民初传统民居，列入鼓楼秀水历史文化街区实施重点保护。

参见贾亚炜主编：《甬城街巷》，宁波出版社 2009 年版，第 50—53 页；陈奉凤：《老街桂芳巷：一条不很起眼的幽静深巷子》（中国宁波网 http://www.cnnb.com.cn）。

苍水街

苍水街位于宁波市海曙区，东通宁波市中山东路，西至秀水街，中段与开明街、解放北路相交。

苍水街原地名有贡院桥、甘溪头、后市、彩章衕、道后、宪墙衕。道后、宪墙衕为街之西段，清时为宁绍台道署宪台院后墙。后市、甘溪头为街之东段。民国二十五年（1936）改建贡院桥一带马路时，为纪念张苍水，命名为"苍水街"。"文革"期间，苍水街改名红旗街，1981 年地名普查，复名苍水街。1998 年，因改造中山广场需要，苍水街一部分改建为广场。街内现存文化遗址有浙江省文物保护单位张苍水故居。

张苍水（1620—1664），名煌言，字玄箸，号苍水，鄞县（今浙江宁波）人，著名民族英雄、诗人。清顺治二年（1645）清兵大举南下，连破扬州、南京，擒杀弘光帝。张煌言与刑部员外钱肃乐、浙东志士董志宁等遂组成数千人的队伍,拥立鲁王朱以海北上监国,坚持抗清斗争近 20 年。清康熙三年(1664)被俘后,不为官禄所诱,在杭州慷慨就义,葬于杭州南屏山。

张苍水故居为苍水之父、明代刑部员外郎张圭章所建,距今已有 400 年历史。张氏在未建该宅之前,其家族居住在镇明路西侧的大方岳第附近。百姓曾称呼张氏家族为"高丽张",是因为其始祖张知白曾任宋参政知事,入元后,其后裔不仕异族,避居高丽,到明初时才归故里。故居位于苍水街终段,坐北朝南,整个建筑由一进、二进、中堂、书房等组成,主轴线突出,大门是整体建筑的中轴线,中轴线上还有台门。故居占地面积 1861 平方米,建筑面积 1724 平方米,整体布局完整,青砖黛瓦,青石墁地,种有花草树木,保持着古朴典雅的明代建筑风格。"文革"期间,第一、二进房屋被毁,但中堂及书房保留完好。1981 年,张苍水故居被列为海曙区区级文物保护单位。1998 年,在各方的努力下,故居复原如旧。修复后的故居为三合院,院门楣上砖雕刻有"近圣人君"四字。正厅及外两侧有重楼厢房,西面的一座小院是张苍水年轻时读书的书房,系五开间单檐硬山砖木结构建筑,并辟有张苍

张苍水故居

水史迹陈列馆。

2005年4月,张苍水故居被公布为浙江省文物保护单位。

参见贾亚炜主编:《甬城街巷》,宁波出版社2009年版,第27—33页;黄炳辉主编:《三江口巨变 宁波城市建设纪实》,宁波出版社1999年版,第112—113页;宁波市文化广播新闻出版局编:《甬上风华:宁波市非物质文化遗产大观·海曙》,宁波出版社2012年版,第70—72页。

海曙范宅

范宅位于宁波市中山西路南侧,《四明谈助》中写道:"范孝子之居,在察院前,南通醋务桥。"古称西湖范氏、察院前范家,建于明万历天启年间(1573—1627),是宁波市现存规模最大、保存最完整的明代住宅建筑。

范宅的主人范亿(1577—1647)系范仲淹的第十七代后嗣,他与长子范洪震两代行医,医术精湛,为当时甬城名医。《甬上族望表》中说:"西湖范氏,不知所自,洪震一望。"范亿孙辈起改从儒业,业有成就的范廷谋,贡生出身,官至两淮盐运使,并于清雍正三年(1725),奉旨出任台湾知府,有《杜诗直解》《滇南诗稿》《稼石堂诗存》《归舟诗和集》等留于后世。

范宅是明代后期建筑,在明代大木规范模式的基础上,有严谨的庭院布局和独特的构部件,主体建筑梁架采用抬梁式与穿斗式混合方式,结构简朴,用材硕大。建筑面积约2150平方米。范宅以南北为纵轴线,坐北朝南,由前后三幢厅堂及左右配房组成一座规模较大的"日"字形木构建筑群,但从左右厢房的后走廊与第三进的后走廊相接,又与第二、三进的前走廊相连来看,又形成一个"月"字形。"日""月"暗寓一"明"字,这就巧妙地借鉴了甬城日、月两湖之命名,从中可见设计者的匠心。按古建筑学分析,范宅的第一进是一座建筑(柱网),第二、三进连厢楼又是一座建筑(柱网),以此两座组合成宅院。第一进房屋立面九间,通长宽度达32.5米,垂地58根柱子,这在宁波现存同类建筑中是独一无二的。明代正统十二年(1460)以后住宅制度是庶民所居房舍的台门和厅堂不得过三间,从屋随所宜盖,架多而间少者不在禁限。九间面宽是违制的,但范宅的匠师把第一进中段(五间)东、西两边梢间的面阔缩至正厅的三分之一,使之成为"夹屋"(俗称弄),东、西两端各两间降低屋脊高度似"耳房"(俗称东厅、西厅),大统面佳作由此运生。第二、三进连厢楼由168根柱子围成,建筑面积达1700多平方米,规模宏大,且一次建成,反映出匠师高超的设计能力和施工水平。第三进楼房采用歇山转角形式,大木制作规整,构件榫卯准确。为增强房屋的稳定性,正中

海曙范宅

三间的脊栋檩和前、后上檐檩共三根,采用三间连体全长 14.74 米的"三通桁"来巩固屋形。在二楼屋面上,用一根桁条(即"三通桁")卯合四根柱子的顶端,其精确的程度令人惊叹。

现存的范宅主体建筑坐北朝南,中轴线上依次为影壁、前进、中楼、后楼,两侧是厢房,大门、仪门在前进东侧,大门坐西朝东,三开间,门前上方置"大夫第"横匾一方。大夫即指范廷谋。明代建筑以用材硕大著称,且雕饰少,以简洁为美,范宅就有这些特点。1996 年,范宅经维修后,辟为古玩艺术品市场。

参见王广华:《浙东明代民居之最——范宅》(宁波市海曙区文物管理所

官方微博 http://blog.sina.com.cn/s/blog);周东旭:《范宅的前世今生》,《宁波晚报》2013年8月25日。

海曙银台第

海曙银台第位于宁波海曙区月湖偃月堤边,建于清道光三年(1823)。主人童槐曾任江西、山东按察使,后改任通政司副使。按察使别称臬台,通政司别称银台,故童宅有"臬台第""银台第"之称。因童槐之子童华以礼部右侍郎入南书房行走,为光绪皇帝的老师,童宅又被称为"帝师故居"。

童氏先世为浙江义乌人,南宋始迁入鄞县梅园建岙,明洪武年间(1368—1398)迁郡城月湖西岸,明万历年间(1573—1620)再迁于醋务桥南,为宋时红莲阁故址。童槐(1773—1857)幼时,家业零落,6岁时父母双亡,然性耽劬学,发愤读书,清嘉庆十年(1805)中进士,走上了"学而优则仕"的道路,家道遂得以中兴。清道光三年(1823),复造屋于原址,称"今白华堂"。其子童华、孙童祥熊分别中清道光十八年(1838)、光绪九年(1883)进士,有"一门三进士"之誉。

童宅坐北朝南,面向月湖,占地面积约2300平方米,建筑格局规整,布置合理,用材考究,装饰具有浓郁的地方风格,是宁波城区内清代中晚期官宦住宅的典型。主体建筑在月湖历史文化景区一期建设工程中得以完整保留,并按原貌修复。绳武堂(主厅)、今白华堂(祭祀厅)、书房、议事厅、家塾、

海曙银台第

宴席厅、雅玩室、沐浴房、绣房、闺房、佛堂等,全面反映了这一时期官宦学士人家的生活环境、家居艺术和蕴含的社会性与社会关系。银台第的会客厅——绳武堂,是主人接待宾朋的场所。绳武堂陈设讲究,规格规整,堂内放置的物品都有其特定的含义,如花瓶和几案的摆放,就是取其"平""安"之音,寓意"平安"。中堂祭祀厅(今白华堂),是整个家族的核心,家中只要有大大小小的红白喜事,人们都要聚集在这里,举行各种仪式。"福禄寿"三星、大香炉、拜凳等,以及严密的祭祀制度,依稀透露出该家族在鼎盛时期的繁荣景象。闺房是官宦小姐的私人活动场所,梳妆台上钗环罗列,梳妆台边有一个竹编的小筐,称为发篓。古人讲究"身体发肤受之父母",头发是不能乱丢的,这个发篓就是用来装梳理下来的头发的。女红是古代女子"闺教"的重要内容,绣房里展示的就是宁波特色绣品——金银彩绣,它是用金线、银线、彩线混合绣成,与"蜀绣""苏绣"齐名。

参见王宏星:《浅析宁波银台第官宅建筑的传统文化内涵》,《宁波高等专科学校学报》2002 年第 1 期;梅子满:《老宅博物馆:建筑和展览相得益彰》,《宁波晚报》2012 年 5 月 21 日;《银台第官宅博物馆》(宁波文化网 http://wgj.ningbo.gov.cn/art)。

王阳明故居

王阳明故居位于余姚城区龙泉山北麓的武胜门路西侧、阳明东路以北,即余姚寿山堂。现存王阳明故居是在清朝中期建筑寿山堂的基础上扩修而成的,并非明代故居。故居坐北朝南,规模宏大,格局完整,占地面积达 4600 多平方米。

王阳明(1472—1528),幼名云,后更名守仁,字伯安,号阳明,学者称阳明先生。明朝成化八年(1472),王阳明诞生于余姚瑞云楼,并在这里度过了童年和少年时代。他一生致力于从政和治学,为政多有政绩,为学则创立良知心学,人称"王学",有"立德立功立言真三不朽"者之誉,是明代著名哲学家、思想家、政治家、军事家和教育家。

王阳明故居建筑自南至北沿中轴线分别为门厅、轿厅、砖雕门楼、大厅及瑞云楼、后罩屋。其中,砖雕门楼系仿木结构建筑,四柱三间,柱为石质,所饰砖雕斗拱、翘昂、面砖雕刻细致,工艺精湛细腻,体现了当时砖雕技艺的水平。大厅"寿山堂"系三开间高平房,高大宽敞,结构古朴大方,用材粗大厚实,构件装饰严谨。寿山堂内明间廊下挂有姜东舒所书的"真三不朽"匾。

故居的主体建筑瑞云楼为重檐硬山、五间二弄的二层木结构楼房,建筑面积为 532.56 平方米。主楼楼上有王阳明及其家人居室的复原陈列,楼下设有王阳明史迹陈列,以翔实丰富的图片资料和实物,展示了王阳明作为"明第一流人物""立功、立德、立言皆居绝顶"的一生。楼下明间檐下悬有史树青题写的"瑞云楼"匾,明间前檐柱的楹联为"立德立功立言真三不朽,明理明知明教乃万人师",内檐柱的檐联为"曾将大学垂名教,尚有高楼揭瑞云"。

瑞云楼是王阳明父亲王华在考取状元前租自莫氏的,据传王阳明诞生时,其祖母梦见神仙瑞云送子,遂将此楼称为瑞云楼。王阳明曾于 21 岁、42 岁、50 岁和 54 岁时四次返回故里,特别是在明正德十六年(1521),王阳明返乡祭扫祖茔时,曾特地登上瑞云楼。瑞云楼主体在清乾隆年间被焚毁,而仪门、正厅等四周建筑基本完整,火烧场遗址一直保存。1996 年由余姚市政府拨款,在火烧场遗址上借用别处拆迁的明代建筑原材料,参照故文献《瑞云楼记》所述原样在原址修建。

故居在建筑设计和营造上,各幢建筑结构严谨,主次分布有序,用材粗壮、气势恢宏,饰件素雅,既给人以庭院深深之感,又不失端庄和典雅之气度,体现出明代浙东官宦建筑的典型特点。

2005 年 3 月,王阳明故居由浙江省人民政府公布为省级文物保护单位。2006 年 6 月,王阳明故居与绍兴的王守仁墓被国务院合并公布为第六批全国重点文物保护单位。

王阳明故居

参见韩欣主编:《中国名居(上卷)》,东方出版社 2006 年版,第 233—234 页;《王阳明故居》(宁波文化网 http://wgj.ningbo.gov.cn/art)。

鄞州御史中丞第

御史中丞第位于今海曙区古林镇茂林村,建筑面积为 1300 余平方米,是林氏一门的府邸,为宁波市现存建筑中格局风貌保留较完整、雕刻较精美的明末清初建筑。

御史中丞第由林栋隆纪念馆、林氏宗祠以及御史照壁、御史廊、御史河、御史桥、御史码头、御史大道、锡峰吊桥、马房等组成,主体建筑坐北朝南,呈基本型四合院式格局,主要由门厅、正厅以及东西厢房等围合而成。由于入院大门的两侧余塞板上刻有"敷文待制家,御史中丞第"两行文字,故建筑群因此而得名。

门厅为抬梁式建筑,但局部具有穿斗式建筑特征,五檩硬山屋面,平面呈长方形,面阔五间,柱根轴线距 21.09 米,进深二间,柱根轴线距 7.21 米。单檐合瓦硬山屋顶,上分三条清水脊,东西两间各一条,中间三间一条。为满足大门的要求,将门厅南部(含中柱)分为 4 等份(三间总柱根轴线距 12.4 米,每份 3.1 米),中间 2 份为大门(大门总柱根轴线距 6.2 米),同时又将中间大门部分分为三间面阔(明间柱根轴线距 2.8 米,两侧次间柱根轴线距 1.7 米)。另外,为满足大门设置八字墙的需要,大门处 4 根檐柱向后退 0.4 米。大门梁架有雕饰,檐柱上有斗拱。八字墙墀头有人物雕饰,下设须弥座下碱。两端梢间各自围合成一间,厅内北端开双扇攒边门,北墙开四扇直棂窗。门厅与厢房间设景墙,墙上设圆形雕花漏窗。墙体上身空斗清水墙,虎皮石下碱。

东、西厢房为抬梁式建筑,四檩硬山屋面,平面呈长方形,面阔三间,柱根轴线距 7.53 米,进深二间,柱根轴线距 5.28 米。单檐合瓦硬山屋顶,上为清水脊。平面设 8 根露明前后檐柱、2 根中柱,石质鼓形柱础,前檐柱直径 0.26 米,柱础鼓径 0.45 米,高 0.29 米,后檐柱与中柱直径 0.21 米,柱础鼓径 0.27 米,高 0.24 米。石砌台明,高 0.2 米,阶条石压边,一层如意踏跺。梁架为抬梁式作法,梁架不对称,前檐无檐步,后檐步、脊步均为 1.28 米,前檐脊步 1.4 米,头举 0.54 米,二举 0.71 米,分别为 4.2 举、5.5 举,与清官式作法出入颇大,具有典型地方手法特征。前檐出檐总长 1 米,檐口高 3.25 米,后檐为封后檐。墀头处戗檐为花鸟图案,头层盘头、二层盘头均为素面。墙体上身空斗清水墙,虎皮石下碱。

正厅为抬梁式建筑,具有典型南方建筑特点,九檩硬山建筑,平面呈长方形,面阔五间,柱根轴线距 21.09 米,进深三间,柱根轴线距 10.74 米。单檐合瓦硬山屋顶,上分三条清水脊,东西两间各一条,中间三间一条。平面设 6 根前檐柱,圆形木柱,石质鼓形柱础,柱径 0.26 米,柱础鼓径 0.45 米,高 0.29 米,明间 4 根金柱柱径 0.32 米,柱础鼓径 0.56 米,高 0.31 米,其余金柱、中柱柱径均为 0.26 米,柱础鼓径 0.45 米,高 0.31 米。石砌台明,高 0.2米,阶条石压边,一层如意踏跺。

2010 年 9 月,御史中丞第建筑群被宁波市鄞州区人民政府公布为区级文保单位。2015 年 5 月 18 日,御史中丞第正式对外开放。

参见南华、朱素珍:《鄞州"御史中丞第"全面修缮竣工》,《宁波日报》2015 年 5 月 16 日;朱海燕:《浅谈宁波明代御史中丞第的保护与修缮》,《城市建设理论研究》2014 年第 6 期。

奉化王钫故居

王钫故居(王尚书第)位于今宁波奉化区西南 30 千米的大堰镇大堰村,为明代南京工部尚书王钫私宅。

王钫(? —1566),字子宣,号印岩,奉化大堰人。明嘉靖二年(1523)进士,初任南京工部主事,不久调任刑部郎中。因审案周详缜密,不枉曲无辜,也不放纵罪犯,迁任福建邵武知府,执掌一方政事。历任福建路转运使兼福州知府、云南按察使转广东左布政使,累迁至兵部右侍郎、佥都御史,总督两广军务。其时,两广山林之间,盗贼蜂起,百姓叫苦不迭。王钫上任后,一举捣毁贼巢 300 余处,擒获盗贼甚众,地方始复安宁。明嘉靖三十七年(1558),倭寇从福建由海道进入广东,屡次骚扰揭阳县。王钫和同僚精心谋划,调兵遣将,多次出击,奇袭智取,均获全胜。倭寇几次遭到重创,便不再骚扰两广沿海。次年,王钫因治绩突出,被召为右都御史,掌南都察院事,负责监察、弹劾百官。在任期间,他刚正不阿,不趋炎附势,又廉洁自律,官场风纪肃然,权贵敛手。后改调南京工部尚书。因年事渐高,致仕家居,无疾而终。赠太子少保,谥简恭。著有《印岩集》。

故居坐落在大堰村下街,属明代建筑,原为厅堂三进,现尚存大门三间、中堂一进。大门坐西朝东,前临清流激湍的县溪,背负绵延起伏的群山,面宽三间,硬山顶,顶部耸起似牌楼,台门前置有一对昂首相向的石狮,高 1.40米,基座高 0.40 米。三级踏跺左右各有一座拴马石,颇有气势。台门门楼宽 7.17 米,进深 6.80 米,高 6.60 米,其中中门用石雕成花瓶荷花,门槛高

0.56 米。门楼采用穿斗和抬梁混合结构,梁架间檩、枋和斗拱均髹有设色浓艳的彩绘,雀替、枫拱镂空,并雕有各种不同的纹饰图案,柱础多呈鼓形。该门楼原是官府为王钫的祖上王文琳建造。王文琳在明正统六年(1441)曾捐粟 2600 石赈济灾民,朝廷因此授其宣议郎,并特地为他建造这个门楼,名"尚义坊",以表彰他急公好义、乐善好施的义举。后因王钫做了工部尚书,又改称尚书闾门或狮子闾门。

1982 年 6 月,王钫故居被奉化市人民政府公布为第一批市级文物保护单位。

参见浙江省社会科学院编:《浙江人物简志》(中),浙江人民出版社 1986年版,第 111 页;宁波市文化广播新闻出版局编:《甬上风华:宁波市非物质文化遗产大观·奉化》,宁波出版社 2012 年版,第 39—40 页。

虞洽卿故居

虞洽卿故居坐落在慈溪市龙山镇山下村,是宁波籍著名商人虞洽卿发迹后在家乡营造的故居。整个建筑融中国传统建筑和西方建筑艺术于一体,规模宏大,风格独特,工艺精湛,是我国近代最优秀的建筑物之一。

虞洽卿(1867—1945),浙江慈溪人,中国近代著名的实业家、银行家和金融家。虞氏早年到上海当学徒,后凭借其经营天才,脱颖而出。1920 年合伙创办上海证券物品交易所,任理事长。1923 年当选为上海总商会会长。抗战时期坚持抗日爱国,日军占领租界后赴渝经营滇缅公路运输,支持抗战。1945 年 4 月 26 日在重庆病逝,安葬于故乡宁波慈溪龙山。

虞氏旧宅坐北朝南偏东,现存主体建筑共五进,通面宽 59 米,通进深 94米,占地面积 5546 平方米,建筑面积 5670 平方米,前三进始建于 1916 年,建成于 1919 年。1926 年动工兴建后二进,1929 年竣工。前后两部分建筑由一条长 59 米、宽 3.6 米的通道相隔,形成相对独立的两个整体。建筑布局以一条中轴线贯穿始终,左右对称,错落有序,层次分明,形分气连,过渡自然,是近代建筑中中西合璧的成功范例。

故居前三进承中国传统建筑风格,第一进牌式门楼,正立面小八字磨砖结构砖雕额枋,上镌"天伦乐叙"四字。第二进厅堂,由正厅和东西夹楼九间二廊组成,面宽 44.79 米,进深 10.92 米。正厅三开间,正中原悬挂"天叙堂"三字大匾,取天伦乐叙之意,梁枋、牛腿、雀替、门枕上均有人物故事、凤戏牡丹、鹿衔灵芝、梅兰竹菊、狮子滚球等题材的雕刻,渲染出吉祥如意、荣华富贵的浓郁民族特色。第三进后楼九间二廊,内部结构为抬梁穿斗式,正立面经过后期改造,具有浓郁的西式风格。

后二进属西洋式建筑,高墙深院自成一体,由主楼和后楼组成,两进院落面宽均为九间二廊,分列二室一厅三个单元,14 米深的前院用高达 6 米的围墙封护。主楼地垄架空,台基高 0.6 米,面宽 55.65 米,进深 15.52 米。该建筑的台基、阶条、墙裙、门框、圆柱等石材构件,均挑选优质梅园石。室内铺设鱼鳞状纹饰的彩色马赛克,四角为橄榄枝图案,用料考究,做工精细,花格门窗,彩色玻璃,通体富丽堂皇,是后区建筑的精华所在。后楼体量小于主楼,结构简洁,有穿廊与主楼相接。

此外,在天叙堂右边是小花园,原有一排精巧的西班牙式小洋房,前掘水池,是接待达贵巨贾的居憩之处,今仅存残园。

虞氏旧宅的建筑工艺体现了中国传统建筑文化和西方建筑文化的完美结合,具有极高的历史、艺术和科学研究价值。1997 年,慈溪市人民政府将虞洽卿故居公布为第四批县级市文物保护单位,2001 年,国务院将龙山虞氏旧宅建筑群公布为第五批全国重点文物保护单位。

虞洽卿故居

参见方煜东主编:《慈溪近现代名人宅第》,宁波出版社 2013 年版,第49—54 页;杨建新主编:《浙江文化地图·胜迹寻踪》(第 1 册),浙江摄影出版社 2011 年版,第 210 页;《龙山虞氏旧宅建筑群》(宁波文化遗产保护网

www. nbwb. net）。

包玉刚故居

包氏故居位于宁波市镇海区西南庄市街道钟包新村的后新屋,这里是"世界船王"包玉刚的出生地。

包氏故居墙高院深,五间两弄砖木结构的两层瓦房坐北朝南,具有典型的江南民居风格。东首正门外是一望无际的田野,阡陌交错,河道纵横。因包氏祖先曾在村前的横河上筑土为堰以蓄水,故其地古称横河堰(今钟包村)。据宁波"天一阁"藏《横河堰包氏宗谱》记载,包氏昆仲是北宋包拯的29代孙。北宋末,其先辈随高宗南渡到临安,后几代孙又从临安分支迁居镇海(当时称定海),横河堰是包氏家族来镇海后的世居地。包玉刚的父亲包兆龙、母亲陈赛琴,育有三子四女。包氏昆仲及姊妹皆生于后新屋,长于后新屋。

包氏故居始建于清嘉庆初年,由包拯第20代嫡孙包奎祉营造。故居为传统民居格局,占地面积约1026平方米,建筑面积940平方米。居宅坐西北朝东南,中轴线上主体建筑为木架结构楼房五间两弄,前庭有左右厢房平

包玉刚故居

屋各两间,石板铺砌大明堂,后庭两厢明轩平屋各一间,置有后院小天井。大宅四周高围墙,两端为硬山顶山墙,在东北侧启开大门一道,四周石板道路,整体建筑极为雄伟。正屋楼房进深 13 米,通面宽 25.4 米,其中中堂间面宽 4.63 米,悬挂"履安堂"匾额。整体构筑用材优质、工艺较为精湛。立柱均用建杉大圆木,石雕鼓形柱础。廊檐的斗拱、月梁等雕刻呈如意云纹宝相。明间、次间的格扇槛窗为四扇移窗式,内层玻璃窗,外道棂格花心窗。在槛窗上方装有气窗,棂格条拼联大篆"寿"字图案,移窗下方外侧安装栏窗。栏窗为车木竹节圆轴栅栏,中嵌木雕和合人物;整体窗门格心为团寿之类纹样,涂漆红色,极为富丽。左边厢房作门厅,靠在东边置有罩式大门。大门装饰用青砖叠砌,高三台式,门脊挑戗,嵌镶雕刻图案。门框和上下门槛,均用梅园石雕砌,雀替雕有寓意吉祥图案和人物花鸟。

从 1984 年到 1989 年,包玉刚曾 6 次回家乡,其故居后新屋亦曾 2 次修葺。1985 年 8 月,由庄市乡政府出资,对故居做了全面整修,基本恢复原样。1989 年 10 月,镇海区政府拨款 40 余万元收回西首正房及西侧厢房,重加整修后作为故居陈列室,同时,在天井及南墙安置了包兆龙先生全身铜像和大理石碑文。现陈列室挂有邓小平、李鹏等党和国家领导人接见包氏的照片,以及包玉刚捐资兴建北京兆龙饭店、上海交通大学兆龙图书馆和宁波大学等珍贵图片。

参见童志行:《包玉刚故居修缮记》,许孟光主编、宁波市暨各县(市)区政协文史资料委员会编:《宁波文史资料·宁波文物古迹保护纪实》(第 20 辑),宁波出版社 2000 年,第 188—190 页;《世界船王包玉刚故居》(侨乡镇海 http://nbb.zhxww.net);冷夏、晓笛:《世界船王包玉刚》,广东人民出版社 1996 年版。

杨坊墙门

杨坊墙门是清代咸丰年间建造的墙门式院落,位于今宁波海曙区云石街。

杨坊(1810—1865),字启堂,又字憩棠,浙江鄞县人。早年在宁波当绸布店店员,后入教会学校学习英语。1843 年赴上海闯荡,成为英商怡和洋行买办。稍蓄资产后,他在上海的洋泾镇开设"泰记(Takee)商行",从事投机生意成为富商,捐得候选同知头衔,成为"红顶商人"。杨坊在世时,在上海广置房产地皮,开银楼、钱庄,曾任宁波同乡会前身"四明公所(公司)"董事,成为上海开埠后名噪一时的官僚买办商人。杨坊也是历史上一位有争议的人物。1854 年,清政府为了镇压太平天国革命和上海的响应者"小刀会"起义,江苏巡抚吉尔杭阿起用杨坊为军需官。杨坊积极出谋划策,并在城外修筑围墙,切断城内外交通,断绝起义军接济,终使小刀会起义军弃城突围而归于失败。1857 年,太平军进军上海,他亲自出面要求法军代守上海城,又勾结美国人腓特烈·华尔组建洋枪队,招募 100 余人为士卒,布防于上海租界外围。他甚至将女儿嫁给华尔,改华尔名为汉名华飞烈。1862 年 3 月,他向清廷保举华飞烈入中国籍,并奉命将洋枪队改名"常胜军",与华飞烈同被委为管带。是年 8 月,华飞烈在与太平军的战斗中被击毙后,杨坊遭华尔继任白齐文的讹诈逼索,寓所被抢,库银 4 万余元被劫,事后,被清廷"暂行革职",不久病死。但他又热心于地方公益事业,曾独自出资在上海设立难民局,捐银修筑上海的海塘,捐资收集卢氏"抱经楼"散佚藏书等。

清咸丰四年(1854),杨坊在宁波城区云石街建造了一座墙门式院落。

杨坊墙门(四明香堂)

整宅由台门、轿门、仪门、正房和左右厢房组成。主体建筑坐北朝南,台门朝东,面阔三开间硬山式,山墙饰马头墙,明间为抬梁式,梁架上有雕刻,单步月梁下有雀替,前梁下有牛腿承檐枋,月梁的前端呈象鼻状,墀角上饰砖雕,方形、花篮形柱础雕刻精美。轿厅三开间,有牛腿承檐枋。梅雨石门框的仪门,门楣上饰砖雕"丹凤朝阳"图案,并建有雕刻斗拱。正房为三开间单檐硬山式高平屋,饰观音兜,明间抬梁式,七脊檩,用材硕大。左右厢房为五间两弄重檐硬山式楼房。山墙为脊五马头墙,前檐廊顶呈卷棚状,单步月梁上的雕刻亦十分考究,成为晚清宁波墙门建筑的典范。

杨坊墙门沿云石街、白水巷和带河巷圈成一个庞大的豪宅,高墙屏围了云石街的半条街面。因杨坊字憩堂,民间便把杨宅所在的那半条云石街称为"杨憩堂弄"。

杨坊故居因保存完整,富有特色,于 1999 年列为宁波市文物保护单位。

参见周时奋、相栋:《宁波老墙门》,宁波出版社 2008 年版,第 136—139 页;宁波市海曙区档案局、宁波市海曙区文物管理所编:《古城寻贤——海曙之名人与遗迹》,西泠印社出版社 2014 年版,第 113—116 页。

石库墙门

石库门是 20 世纪初期,在宁波府城兴起的一种联排式民居建筑。

宁波的石库门建筑与上海有关。在上海,石库门建筑兴起于 19 世纪 60 年代。1860 年,太平军忠王李秀成部东进,并攻克镇江、常州、无锡、苏州、宁波等城市。为避战乱,江浙一带数以万计的难民涌入上海租界,租界为此动员商人投资住宅建筑。在这种背景下,一种联排式的新式民居首先出现在上海滩。这一被西方称为"联排房屋"(terraced houses)的民居样式,大多用粗实厚重的花岗岩或宁波梅园红石条砌门框,并配以两扇中国传统的乌漆大门和一对铜门环。因用石条"箍"门,于是人们就称其为"石箍门",后又称为"石库门"。

19 世纪中晚期,上海石库门建筑式样开始传入宁波,宁波江北外滩一带已有石库门建筑出现。20 世纪二三十年代,在江东的演武街和府城的莲桥街出现了一种更为新颖的石库门房子。这种石库门建筑迎合了传统家族居住形式的心理需求,除部分设计模仿西洋联排式住宅外,其在墙门进入后的布局,大致上还是仿江南民居的合院式建筑。进门为一天井,天井后面为客厅,或者叫客堂间,之后又是后天井,后天井后为灶间和后门,设有水井。前天井和客堂两侧分别为左右厢房,二楼的布局基本与底层相近,唯灶间的上面是晒台。宁波的石库门里灶间通常是另起平屋或者单披屋,因此又称为"灶披间"。

　　宁波石库门建筑主要适应于进入城市的创业阶层居住,对他们来说,或租或买,只是为了有个安身栖息之所。因此,随着城市创业人群的增多和收入的分化,石库门住宅的结构和样式也随着发生变化,有适宜小型家庭居住的无厢房的单进建筑,也有一客堂一厢房的两进建筑。石库门的墙面多为清水砖墙,很少用石灰粉刷,一些石库门的门楣处也开始注意装饰,上砌希腊式的三角形或罗马式的半圆形,以及中国传统的飞檐翘角型及多种曲线组合的文艺复兴式的门罩,也有砖砌券拱门或在弄口上面建造过街楼的形式。

　　与传统的名门望族的私家住宅不同,石库门房子是属于城市平民阶层

石库墙门(吴杰故居)

的住宅,住的都是没有血缘关系而偶然结合在一起的邻居。石库门内居住的百姓,从事着各色各样的职业,犹如一个小型社会,是市井生活的真实写照。同时,石库门建筑作为宁波近代民居,在宁波近现代建筑史上有其重要的历史地位。

参见周时奋、相栋:《宁波老墙门》,宁波出版社 2008 年版,第 151—156 页;黄定福:《石库门建筑——甬城民俗风情的"活化石"》,《宁波晚报》2011 年 2 月 27 日。

合璧墙门

合璧墙门是 20 世纪三四十年代,宁波兴起的一种融合中西文化的民居建筑。

这种民居建筑,它的基本平面格局脱胎于传统的"间弄轩"样式,但墙门间已萎缩成为一道墙和墙上被装饰成门楼形的门楣,堂屋的檐唇也随之萎缩,不过堂房的功能依然保持。同时,两边的厢房全部成为明轩,向着中间的小天井开放,由于厢房的檐唇也随之萎缩,堂屋与厢房的采光及通风大为改善。而在正堂屋的后面,通常建造一排小屋,作为厨房和杂物间。在承袭传统建筑格局的同时,合璧建筑墙门在建筑结构则采用了西方建筑的技法。首先是承重墙和人字梁架的采用,以及砖砌的承重柱代替传统的木质屋柱,组合成面目一新的四坡屋顶,并覆盖与本瓦完全不同的机制板瓦。这一结构从根本上改变了中国传统"墙倒屋不塌"的梁柱架构体系。其次,在门窗的装饰上,建造者通常采用筑墙的青砖,在门楣、窗檐、柱头、柱础的处理上,利用砖砌的不同凹凸,模仿罗马式的山花破风和立柱,或巴洛克式的线脚和花饰,使立体的光影产生不同的图案和装饰效果。

中西合璧墙门民居是一种独院式的建筑,它不像老墙门那样相互组合、有机连片,而是在四周不与邻近建筑相毗连中强调了建筑的独立要求。在这种建筑中,没有了家族制度的痕迹,也没有为祭祀留下专门的空间,它完全从家庭本位出发来组织空间,强调的是个体家庭的观念和隐私性,呈现的是小家。同时,改良后的建筑,单位面积利用率大为提高,各个房间的居住性大为加强,主人也可以通过客堂的腰折门直接上楼,使楼上的房间成为正堂屋的直接延伸。这些变化,明显地加强了居住格式的人性化色彩,使居住方式更具有亲和力。正因如此,这种新型的人居模式在一批学成归国的洋派学者的倡导和大胆实践下,很快在宁波兴起。

合璧墙门在宁波目前尚存的完整样式中,以解放北路边上现属军分区

合璧墙门（蒋宅）

的前后两幢"洋房"、月湖东岸的蒋宅和俞宅、月湖西岸菱池街边的张梅成宅为代表。

参见周时奋、相栋:《宁波老墙门》,宁波出版社 2008 年版,第 146—151 页;黄定福:《宁波近代建筑研究》,宁波出版社 2010 年版,第 216—221 页。

"七十二家房客"式墙门

20 世纪 50 年代,随着宁波城市老墙门列入社会改造进程,许多原先住在弄堂棚屋、小屋的居民搬进了老墙门,昔日的大宅院变成了大杂院,从而出现了"七十二家房客"式的人居模式。

在这种杂居环境中,"老墙门"仅作为建筑概念或者供人们进入的交通概念留存人间,它不再是某个血缘家族的聚居地,而是一个个各不相干的家庭的集合,只是用老墙门的建筑外壳包裹起来的一群邻居。由于老墙门是从上一个家族的聚居衍化为十数个家庭的聚居,原先建筑中并未考虑集居因素,这样,就出现了"七十二家房客"式的墙门景象。一是墙门里那些称为"火表"的电度表。城市中的老墙门在新中国成立前就已经通电,但由于墙门产权改造后新住户增加,对各家用电的计量就不得不采用"总分表"的方式。这样,就出现了一排排电表安装在一起的现代生活景象,而如何摊分坐度,公平收取用电费,就成为人们生活的一部分。一是合用厨房。分灶吃饭是家庭的基本生存方式,但在大杂院中,邻居们只能合用原先的厨房。合用厨房的好处是便于相互交流,可是公共厨房也可能是墙门里最容易造成抵牾的地方,居住的私密性要求和公共厨房共用性经常会发生矛盾。

在杂居式的老墙门里,有"两井"是公共的:一是天井;二是水井。天井除了成为夏日集体乘凉的场所外,最多用途是晾晒衣服,这是约定俗成的可以众家晒衣的场所。老墙门内大多有水井,水井对于墙门人家来说,主要是作洗涤之用。没有水井的墙门,邻近的街坊往往有"东洋井",即铁铸的专门抽取地下水的唧筒。"东洋井"是民国时期的市政公共设施,直到城里用上自来水,东洋井才被逐渐淘汰。

进入 21 世纪,随着宁波现代化城市步伐的加快,"七十二家房客"式墙门已基本退出历史舞台,代之而起的宽畅明亮、设置齐全的现代高层住宅楼。

参见周时奋、相栋:《宁波老墙门》,宁波出版社 2008 年版,第 163—199 页。

讨饭墙门

在宁波海曙区秀水街区横河街 13—23 号这一地带,在新中国成立之前,民间称之为"讨饭墙门"。

"讨饭墙门",顾名思义就是一个类似"贫民窟"的地方。原来,住在这一带的人们,大多是早年因战乱或逃荒进入城内,既没有土地,也没有房子,于是随便搭个草棚,借以遮风避雨,时间长了就逐渐定居下来。居住者除少数宁波本地人外,绝大多数是来自山东、安徽的逃荒者。由于没有固定的职业,他们大多以讨饭为生,间或捡拾破烂换几个小钱,或去帮大户人家办理红白喜事来混一口饭吃,常常有了上顿却没有下顿,过着不堪回首的辛酸生活。住在这里的人们,不但生活困苦艰难,而且因从事的行业低贱,往往被人瞧不起,因而其居住地也被蔑称为"讨饭墙门"。

"讨饭墙门"里的生活环境极为恶劣,饥饿、疾病,使这里的居住者有许多人被折磨致死。据曾经居住在"讨饭墙门"里的杨阿婆介绍,她家两代人中就有13人被恶劣的生活环境夺去了生命。

新中国成立后,人民翻身做主,"讨饭墙门"也发生了彻底改变。在党和政府的关心和帮助下,这一带的草棚被拆除改建为高平房。后来,政府又将高平房拆除,改建为六层楼的居民小区。现在,住在这时的人们不仅生活状况已大为改观,而且在提及"讨饭墙门"时,已经完全没有了旧时的那种自卑感,反而因这里曾出过一位共和国少将方铭而充满了自豪感。据居住在横河街15号的包镇兴介绍,解放前,有一位叫方铭的遗腹子和母亲相依为命住在"讨饭墙门",方铭从小跟着母亲东奔西走"讨生活",饱尝旧社会的世态炎凉。方铭在十几岁时,突然在"讨饭墙门"失踪,参加了革命。新中国成立后,方铭回到"讨饭墙门"寻找母亲。1958年,方铭被授予少将军衔。

参见罗杨主编:《中国民间故事丛书·浙江宁波海曙卷》,知识产权出版社2015年版,第36—37页;宁波市文化广电新闻出版局:《甬上风物:宁波市非物质文化遗产田野调查·海曙》,宁波出版社2009年版,第22—23页。

董黯侍母

董黯俗称董孝子,是最为人所熟知的孝子形象,也是流传最久的孝子故事,有宁波孝子第一人之称。董黯汲水侍母和杀邻报仇的故事在宁波几乎家喻户晓,慈溪古县即由他的故事而得名,可称是宁波地区悠久慈孝文化的源头和典型代表。

董黯是东汉人,他的孝行事迹在当时就已经开始流传,其后经不断演绎,成为宁波古代孝行的典范。董黯的孝行主要有两则故事:一则是他临溪侍母。据载董黯与母亲黄氏最早居住在句章北山之下,有一日,母亲忽然想喝离家30里外的大隐溪水,于是董黯不辞劳苦,往返60里为母亲提溪水饮用,坚持不辍。后来,为了母亲饮水之便,又将家搬到大隐溪旁,汲溪水以奉母。如此坚持了3年,母亲的腿疾居然奇迹般地痊愈,于是乡里相传是董黯的孝心感动天地,才使其母亲病愈。据传后来皇帝听闻董黯孝名,便召其出仕为官,董黯推却,只是请求将大隐溪改名慈溪,以纪念母亲在此居住,于是有了慈溪之名。唐开元二十六年(738)慈溪建县,移溪名为县名,慈溪县名便由此而来,而且今宁波慈城镇、慈江、慈湖等地名,都与此有关。

董黯孝行的第二则故事,是他杀邻人为母报仇。据说董黯有个邻居王寄,家虽甚富,但却不孝敬自己的母亲,其母对王寄的无德无行深感忧虑,于是对董黯母亲提及。董黯母亲告诉她说,自己虽然家贫,但是因为儿子孝顺,却也过得十分舒心。王寄母亲便以此来告诫儿子,希望儿子向董黯学习。不料王寄却怀恨在心,趁董黯不在,殴打董母,导致董母不久后便去世。董黯悲愤至极,安排好母亲的丧事后就一心要为母报仇,但同时却又不忍王母因丧子而伤心,于是一直等到王母去世后,才用斧头杀死王寄,然后投官自首。这一案件也惊动了皇帝,最终由皇帝亲自裁决。念董黯是因孝杀仇,对仇人之母又怀有恻隐之心,杀人后又能投案自首,结果是对董黯不仅不予处罚,还请他出来做官。自此董黯孝名传扬天下,成为宁波古代最被人熟知的孝子形象。

其实,董黯的孝行故事,经历了一个不断演绎和丰富的过程。最早提及董黯孝行事迹的,是东汉时余姚著名学者虞翻,他说句章人董黯,"尽心色养,丧致其哀,单身林野,鸟兽归怀。怨亲之辱,白日报雠,海内闻名,昭然光著"。其后晋代虞预著《会稽典录》,正式将董黯事迹录入史籍,云:"董黯家贫,采薪供养,母甚肥悦。邻人家富,有子不孝,母甚瘦小,不孝子疾黯母肥,常苦之。黯不报,及母终,负土成坟,竟杀不孝子,置冢前以祭。"这时对董黯事迹的传播还集中在其杀邻复仇上。最早表彰董黯的碑文,是唐大历十二年(777)明州刺史崔殷所撰,著录于南宋乾道五年(1169)成书的乾道《四明图经》卷十一《后汉孝子董君碣铭》,碑文中出现了董黯为母徙居,以泉侍母的情节。到明代成化年间(1465—1487)的《四明郡志》,为母担水以及大隐溪的名字等情节才得以完备,可见董黯的故事是随着时代的发展而不断被赋予新的涵义的。

参见〔晋〕陈寿撰,〔南朝宋〕裴松之注:《三国志》卷五十七,中华书局2011年版;〔唐〕《艺文类聚》卷三十三,中华书局1965年版;〔宋〕张津:乾道《四明图经》卷十一,杭州出版社2009年版;〔宋〕胡榘修,方万里、罗濬纂:宝庆《四明志》卷十六,中华书局1990年版;〔元〕袁桷:延祐《四明志》卷四,中华书局1990年版。

史浩奉母

南宋时期,明州鄞县史氏曾是赫赫有名的大家族,楼钥《攻媿集·朝请大夫史君墓志铭》称:"四明衣冠之族,绍兴以来,莫盛于史氏。"史家出过三位宰相,史浩(1106—1194)是第一位。史浩自宋绍兴十五年(1145)登进士后,历任余姚尉、温州教授、国子博士等,累官至尚书右仆射、同中书门下平章事兼枢密使。卒谥文惠,追封越王,改谥忠定。

史浩不仅在政坛上多有声望,而且也因奉母至孝而闻名乡里。史浩的孝行故事有二则:一则出自袁桷《清容居士集·书史忠定王贷钱券后》所载。其云:"当绍兴甲子岁,越国夫人寿周甲子,忠定王假坊钱为酒食,以合姻族、闾里,礼甚具。坊,故属浙东常平司。至秋七月,不胜输官之苦,留系于越,宿越卖饼汤媪家。是岁乡试期已迫,忠定王不得归里,郁郁怅望。媪微问曰:'秀才何负官逋如是?'遂具以前对。翼日,媪召儿,与共约曰:'我积钱百千,以治终事,今悉与秀才输官。若中秋试,必速偿我,毋惜也。'王归,果与计偕,实绍兴之十四年。至乾道间,王以衮衣偃藩,养越国夫人于越。时媪犹亡恙,王命使者,车迎媪坐堂上拜之。欲官其子,媪谢弗受,曰:'愿丞相子孙他日官越,毋忘媪家,时赈与足矣。'后忠献为常平使者,复命驾媪家,拜其像,与其子坐,且遗金帛甚厚。"内容大致说的是:史浩准备参加乡试的那一年,恰好是母亲 60 岁生日,史浩囊中羞涩,为了给母亲祝寿,他告贷官府,"假坊钱为酒食"。寿礼过后,史浩却因无法偿还坊钱本息而避走越州,寄住在一个汤姓卖饼媪家里。眼见"秋闱"乡试在即,史浩仍不敢返回明州故里,房东卖饼婆问其缘由,史浩将为母做寿而欠下坊钱的事情如实说出,卖饼婆感于史浩的孝心,便将自己卖饼多年积蓄下来的钱借与他,让他还贷应试。史浩这才得以如期参加八月在明州城内举行的乡试,顺利通过乡试后,又参加了次年的会试,金榜题名成为进士。考取功名后,史浩立即携带银钱赶往绍兴,叩谢施恩于己的卖饼婆。其子史弥远亦能祖述其志,时常抚恤媪之后人。另一则是民间传说。这则传说,把宁波民间农历八月十六过中秋节的习俗与当年史浩的孝心联系在一起。史浩为官后,每年都要从京城杭州赶回老家陪老母过中秋节。有一年,家人等他回乡过节,他却因事耽误了一天,到家时已是农历八月十六,于是家人就在这一天过中秋节。以后,相沿成俗,宁波人过中秋节就改为八月十六。

史氏家族自迁居明州以来就以孝行闻。史简以孝廉闻名,史诏因发誓终身不离母亲而被乡人誉为"八行先生"。史浩本人不仅奉母至孝,而且将事亲事君作为修身行己之要作为家训传于后人。这从一个侧面反映了宋代社会的家族风尚。

参见夏令伟:《论南宋宰相史浩对其家族的贡献》,《温州大学学报(社会科学版)》2010 年第 4 期;陈恩黎:《四明史氏家族》,宁波出版社 2010 年版,第 93—94 页。

倪割猪代母茹素

明朝永乐年间(1403—1424),宁波鄞县江东百丈街出了一位倪姓市井孝子。这位孝子自幼丧父,由母亲拉扯长大,侍奉母亲极为孝顺。倪孝子没什么文化,以阉割仔猪为业,当地人称他为"倪割猪"。

倪孝子的母亲信仰佛教,持戒不食荤腥数十年,但却因此造成营养不良,以至于体弱多病,常年卧床。倪孝子每天做饭煮粥喂养母亲,母亲身体有垢痒时则亲自采药草煎汤为母亲沐浴,母亲要大小便时则亲自抱着母亲如厕,悉心照料,无微不至,长达 18 年之久。因母亲的病根在营养不良,所以倪孝子多次劝说母亲吃肉强身,但母亲因为信仰而坚决不从,最终倪孝子恳乞让自己代替母亲茹素,其母最终答应了倪孝子的请求,开始吃肉。除了茹素以外,倪孝子每天晚上都叩首呼天祈神,希望上天佑护其母康复。由于每次叩首多达数百下之多,以至于额头出现了一个红色的巨珠状肿苞。倪孝子的孝行也因此远近闻名。倪孝子为人阉割仔猪时,总有妇女躲在帘后悄悄窥看他额头上的肿苞,为之赞叹不已。雇主们为他的孝行所感,往往也故意多付给他一些酬劳帮助他奉养母亲。

古代贤孝事迹多出于士、农之家,倪孝子作为从事阉割仔猪贱业的工商业者,历来为世俗所轻,所以连名字也没有留下来,当时的官府也没有出面旌表他的孝行。100 年后的嘉靖年间(1522—1566),宁波当地的著名学者、官员张时彻在编纂嘉靖《宁波府志》时,广采民间传闻,感喟于倪孝子的孝行,特意为他列名立传。倪孝子的事迹后来还被收入康熙《鄞县志》、乾隆《鄞县志》和《四明谈助》,在宁波当地广为流传。

参见〔清〕周希哲修,张时彻纂:嘉靖《宁波府志》卷三十三,明嘉靖三十九年刊本;〔清〕汪源泽修,闻性道纂:康熙《鄞县志》卷 18,清康熙二十五年刻本;〔清〕钱维乔修,钱大昕纂:乾隆《鄞县志》卷 18,清乾隆五十三年刻本;〔清〕徐兆昺:《四明谈助》卷三十三,宁波出版社 2000 年版。

李景濂侍继母

宁波城南月湖附近原有一处"李孝子居"的民宅,是明末清初宁波城内一位名叫李景濂的孝子故居。李景濂(1627—1712),字亦周,出身于儒学世家,4 岁丧母,5 岁时父亲继娶后不久也过世,家里只剩下他和继母何氏。何氏当时年仅 19 岁,有媒人怂恿何氏改嫁,李景濂不欲继母改嫁,就袖藏铁锥击打媒人,回头哭求继母勿再改嫁,于是母子两人誓言相依终身。因父亲的早逝,李家家境败落,全靠售卖继母所织棉布谋生。李景濂白天去市集卖布,晚上则在家埋头苦读求取功名。

李景濂奉养继母至为孝顺。继母嗜食酪糕,他便每天都去市集购求酪糕,因担心继母在家等待太久,每次都捧着酪糕奔跑回家,市民知道内情后都主动为他让路。继母曾经一度瘫痪,李孝子同妻子一起悉心照料整整 7 年,继母居然痊愈,后来一直活到 82 岁才寿终正寝。继母过世后,李景濂已经 60 多岁了,但仍坚持庐墓为继母守孝 3 年,极尽其哀,每当刮风下雨之时,必望母墓哭泣。除了悉心照料继母的娘家人之外,李景濂性好周急,乡人受其帮助者颇多。李景濂的孝行、继母何氏的节行,后来都得到了清王朝的旌表。

李景濂富于学识,工于作诗,很早就考取了明朝的秀才功名,原来想走传统的举业之路,但明亡之后就不再习科举之业,转而从孙斐学医,后成为宁波当地的一代名医。

李景濂放弃举业的原因在很长一段时间都不为世人所知,直到李景濂的四子李桐与全祖望成为至交后,在全祖望的反复叩问下,才透露了李景濂放弃举业的原因在于"骤遭易代"而感念"故国"。全祖望感喟于李景濂孝行和对前朝的忠心,冒着文字狱的风险为其撰写了墓志铭,全祖望的父亲全书则私谥李景濂为"端孝先生"。全祖望在所撰墓志铭中,指出李家继母为节妇,李景濂却"不止于孝",实又暗示着李景濂又是前朝忠义之士。

参见〔清〕全祖望:《鲒埼亭集》卷二十一《端孝李先生窆石铭》,四部丛刊景清刻姚江借树山房本;〔清〕全祖望:《续甬上耆旧诗》卷一百七《诸韦布诗·李孝子景濂》,清槎湖草堂钞本;〔清〕钱维乔修,钱大昕纂:《乾隆鄞县志》卷十八,清乾隆五十三年刻本;〔清〕阮元:《两浙輶轩录》卷九,清嘉庆刻本;〔清〕徐兆昺:《四明谈助》卷十七《李孝子居》,宁波出版社 2000 年版。

民国壬戌救灾

民国十一年(1922)八月初,宁波连遭暴雨袭击,造成洪水泛滥,下属七县无一幸免。水灾发生后,宁属各县知事纷纷前往灾区勘察,或委派属员实地勘察,并电告上级,呼吁赈济。但由于宁波官府财力有限,面对百年未遇的巨灾,当地政府不得不呼请社会力量救灾。以华洋义赈会、宁波旅沪同乡会及本地各界人士为代表的社会力量不仅高度关注灾情,而且纷纷出手相助,为缓解灾情发挥了重要作用。

9 月 13 日,上海华洋义赈会在宁波成立宁绍华洋义赈会,积极筹议赈款及放赈办法,并派员往灾情严重的各县组织支会,到 11 月底,在镇海、慈溪、象山、定海等县已成立 8 个支会,有力地推动当地赈灾工作的开展。旅外宁波同乡在水灾发生后迅速做出反应:旅杭同乡于 8 月 22 日召开筹备浙东水灾急赈会;旅京同乡会与其他浙籍人士发起成立旅京浙江壬戌筹赈会;而旅沪同乡会则组织宁波急赈会,一面致电浙江省政府要求拨款救济,为政府救灾工作献计献策,一面动员旅沪同乡认捐或劝捐。到 10 月底,该会累计募捐达 5 万余元。

　　宁波当地社会各界也奋起救灾。水灾发生后,宁波总商会立即响应救灾号召,分发捐启,向各商铺广为劝募。到 11 月 23 日,仅大小钱业即捐款银 1500 元。9 月 28 日,宁波总商会又发起"劝节筵资赈济灾民活动",活动得到了各商号及个人的广泛响应,不到半个月时间,《时事公报》就连续 5 次刊登节宴助赈者名单。11 月 4 日,宁波总商会又与工商友谊会、青年会、群学社、妇女益智社发起赈品售卖会,12 月 1 日的开幕之日,捐送赈品者络绎不绝,参观购物者达 2000 余人。此外,宁波商轮公会、宁波英美烟公司、宁波南洋烟草兄弟公司也踊跃助赈。宁波报界则发挥信息传播媒介的功能,及时报道灾情,呼吁政府与社会各界积极救灾,监督并推动政府救灾及社会各界积极参与救助。宁波学界以中小学师生为代表,也纷纷起而救灾,如毓才、崇信等中学师生成立助赈演剧队,下乡义演,赈济灾民。当时,以文艺活动的形式募集赈款是学界助赈的主要形式,各学校相继发起游艺助赈活动,向社会劝募。宁波宗教团体也积极加入救灾活动。如宁波各教会组织一面参与救灾组织,担任劝募、调查、收容等工作,一面自发进行救灾活动,在教堂内设售品收集处,收集赈品,售卖所得皆充灾赈。宁波佛教界领袖圆瑛则应宁波会稽道黄道尹之请,出任浙灾征募大会分会长,并在南洋募得赈灾款4000 元;谛闲则联合两浙名刹方丈耆旧发起成立佛教筹赈会。各慈善组织或机构在救灾工作中也不落人后。宁波青年会在其发行的《宁波青年》中刊登"为灾民请命"的特别启示,要求各会员解囊相助。宁波江东济生分会同人则特向江东各商号筹商发起"伙友十文捐"活动。除社会团体外,一些乡绅、富商和社会名流也积极参与救灾活动行列,如镇海富绅周安知、旅沪富商洪雁宾等纷纷出资捐助,书法家蒋东初、沈思钦等发起创办书画助赈会,所得润资,专门用于赈灾。

　　壬戌救灾,其社会动员范围之大,救济力度之大,为近世罕见,成为近代宁波地方政府与社会合力赈灾的典范。

　　参见孙善根:《民国时期宁波慈善事业研究》,人民出版社 2007 年版,第165—187 页;鄞州慈善志编纂委员会编:《鄞州慈善志》,浙江人民出版社

2015 年版,第 18 页。

募修灵桥

募修灵桥是民国时期由宁波商会动议、旅外宁波帮捐资助建家乡交通事业的一项重要公益活动,在宁波近代市政建设上具有划时代意义。

宁波老江桥始建于唐长庆三年(823),又称东津浮渡,相传建桥时有云霓映其上,故名"灵现桥",简称灵桥。老江桥横跨奉化江上,西堍达老城区药行街,跨接灵桥路,东堍达江东百丈路,跨接江东南路和江东北路,是老城区连接江东及鄞县大部分地区的主要通道,每日行人数以万计。老江桥原为浮桥,以船排连锁而成,每遇大雨风潮,时有险情发生,故千年来也是屡修屡圮。宁波市政府成立后,改建老江桥的呼声又起。尽管老江桥的改建项目已被列入 1925 年发布的《宁波市工程计划书》,但当时政府无力承担,于是宁波工商界就义无反顾地承担起这一重任。

灵桥

　　1931年,宁波商会的一些成员鉴于老江桥年久失修,事故频发,再次创议改建。这一动议,得到了旅沪宁波人乐振葆、张继光、张申之等人的积极响应,并随即在沪甬两地成立"改建老江桥筹备委员会",负责工程勘测、筹款诸事。其中上海筹备委员会分总务组、捐募组、工程组、会计组,注重向社会殷富捐募;宁波筹备委员会分总务股、工程股、宣传股,捐款以商捐、房捐为大宗。在沪甬两地宁波同乡的大力支持下,筹备委员会的筹款工作进展顺利,一年后募集款项70万元,而上海方面达50万元。其中孙衡甫、徐庆云各捐5万元,沪地筹备委员会主任乐振葆在沪筹得款项及个人出资即达40万元。

　　老江桥改建工程由上海工部局英籍工程师詹姆生及新仁记营造厂经理竺泉通测景设计,德国西门子洋行总承包,分包与康益洋行承造。1934年5月开工,1936年6月竣工。改建后的灵桥为三联钢骨环洞式单跨拱桥,桥重1052吨,长132米,跨度97.5米,桥面中间为车行道,宽11米,两边人行道各4.6米。经此次改建,灵桥成为宁波城内的地标性建筑。

　　6月27日上午,宁波隆重举办灵桥通车典礼,沪甬两筹备处委员、杭州市长周象贤、沪绅杜月笙参加典礼,丹麦代办公使休尔、德国驻沪总领事车克利培尔、上海工部局公务处长詹姆生及英国工程师、法国工部局督办魏缇等外籍人士参加观礼。典礼之时,灵桥路及江厦街一带人山人海,灵桥路左近商店均通宵营业,盛况空前。

　　募建灵桥是宁波帮商人热心社会公益事业的集中展示,反映了近代以来宁波公益力量的壮大。

　　参见孙善根:《民国时期宁波慈善事业研究(1912—1936)》,人民出版社2007年版,第281—283页;傅璇琮主编:《宁波通史·民国卷》,宁波出版社2009年版,第400—401页;宁波市档案馆编:《〈申报〉宁波史料集》(七),宁波出版社2013年版,第3433—3434页。

严光奇事

　　严光(前37—43),又名遵,字子陵,会稽余姚人。本姓庄,因避东汉明帝刘庄名讳,后人追改姓严。少有高名,与东汉光武帝刘秀同入太学受业,深受同窗士人的推许。新莽末年,战乱不已,严光遂隐姓埋名,云游不定。光武帝即位,思其贤能多才,下诏在全国范围内寻访严光的踪迹,终于在山东发现了披羊裘垂钓泽中的故人,于是派遣专使先后礼请三次,终于将他请到京师。光武帝十分希望严光留在朝堂以为辅佐,遂下诏授予其谏议大夫一职,但严光坚辞不就,回到今浙江境内的富春山中继续过着耕读垂钓的隐士生活。建武十七年(41),光武帝又下诏特征,严光仍拒绝前往。两年之后,严光因病回到故里,卒葬于姚城北面的陈山,享年 80 岁。

严光是中国古代历史上的著名隐士,以狂放不羁的行事风格为后人所称道。史载光武帝将其请到洛阳之后,安置在北军即京师禁卫军的宾舍之中,并派遣太监朝夕伺候,十分殷勤。时任司徒的侯霸闻讯后,便让下属送信,以旧识的名义相邀见面。光得书不语,投札使者,口授复书曰:"君房足下:位至鼎足,甚善。怀仁辅义天下悦,阿谀顺旨要领绝。"侯霸字君房,在投效光武帝之前,曾为新莽官吏,并受聘于更始帝,故严光此语颇有嘲讽、警诫之意,狂生姿态可谓尽显无遗。

不仅位极人臣的三公(司徒、司马、司空并称"三公")在严光面前碰了壁,皇帝亲自出马也是铩羽而归。为了让他留下任官,光武帝特意前往宾舍探望。严光明知皇帝驾到,却依旧躺在床上不起来迎接。于是光武帝无奈,只好主动走进卧室,坐在床沿摸着他的肚子说:"咄咄子陵,不可相助为理邪?"而严光不予理睬,装睡了好一会儿,才睁眼回答说:"昔唐尧著德,巢父洗耳。士故有志,何至相迫乎!"唐尧即上古"五帝"之一的尧,据西晋皇甫谧《高士传》载,尧想把帝位禅让给许由,许由却以之为辱,洗耳于颍水之滨,隐士巢父牵牛恰巧经过,讽刺他说:"子若处高岸深谷,谁能见之? 子故浮游,欲闻求其名声,污吾犊口。"光武帝听后,十分失望,坐上銮车返回。过了几天,光武帝心有不甘,再次与严光会面于宫内。两人追述往事,议论故旧,相谈甚欢,后睡在一起。严光睡熟时,把脚压在光武帝的肚皮上,事后光武帝也不介意。

严光以其矫行特立的姿态,在中国文化史册上留下浓重的一笔,他隐居的富春山被后人称作"严陵山",在富春江边的垂钓之处为"严陵濑"。即使时至北宋,著名文学家范仲淹在重修富春江畔严先生祠堂时,还有感而发,撰写了《桐庐郡严先生祠堂记》一文。

参见〔南朝〕范晔:《后汉书》卷八十三《逸民列传》,中华书局 1965 年版;〔宋〕范仲淹:《范文正集》卷七《桐庐郡严先生祠堂记》,《四库全书》文渊阁本;傅璇琮主编:《宁波通史·史前至唐五代卷》,宁波出版社 2009 年版,第 85—90 页。

袁珙相术

袁珙(1335—1410),字廷玉,号柳庄居士,元末明初鄞县人,明朝相术奇人,一代相术大师。袁珙祖父袁镛,为南宋末年进士。父亲士元,为翰林检阅官。袁珙自小天赋异常,好学善诗,曾往洛伽山(今普陀山)游历,遇见异僧别古崖,蒙其传授相人之术。

袁珙凭借相术,在元末就已经名气很大。其法以在夜中燃两炬视人形状气色,而参以所生年月,预测来日境况。相传其所相士大夫数十百,于死生祸福,迟速大小,并刻时日,无不奇中。南台大夫普化帖木儿,由闽海道见珙。袁珙对他说:"公神气严肃,举动风生,大贵验也。但印堂司空有赤气,到官一百十四日当夺印。然守正秉忠,名垂后世,愿自勉。"不久,普化帖木转任浙江行台御史,未及四个月,果为张士诚逼取印绶,抗节死义。因其死于国事,受到元廷方面的褒奖。一日,袁珙遇见江西宪副程徐,曰:"君帝座上黄紫再见,千日内有二美除。但冷笑无情,非忠节相也。"一年之后,程徐便被元廷拔擢为兵部侍郎,旋任尚书。二年后投降明朝,获封为吏部侍郎。还有浙江临海人陶凯在未出仕之前,袁珙就为其看相,说:"五岳朝揖而气色未开,五星分明而光泽未见,宜藏器待时。不十年以文进,为异代臣,官二品,其在荆、扬间乎?"陶凯后来得到明太祖朱元璋的赏识,历任礼部尚书、湖广行省参政。洪武初年,袁珙遇姚广孝于嵩山寺,谓之曰:"公,刘秉忠之俦也,幸自爱。"刘秉忠乃忽必烈建立元朝时的功臣,入仕之前亦曾有出家为僧的经历。后来姚广孝得到燕王朱棣的重用,也将袁珙请到了北平。据说袁珙与燕王朱棣首次见面时,燕王特意混杂在事前挑出的与自己长得很像的 9 个卫士之中,手执弓矢,饮酒店中。但袁珙入内,便立马来到燕王面前,跪下说:"殿下何轻身至此。"次日,燕王在宫中召见他,袁珙面相后,就说:"龙行虎步,日角插天,太平天子也。年四十,须过脐,即登大宝矣。"这些预言,都坚定了燕王起兵自立的决心。为了掩人耳目,他将袁珙送回了老家,直到即位称帝后,才召拜袁珙为太常寺丞,赐予冠服、鞍马、文绮、宝钞及宅第。明成祖将立太子,因意有所属,故久疑不决。据说袁珙在面相嫡长子朱高炽时,曰:"天子也。"相朱高炽之子朱瞻基时,曰:"万岁天子。"明成祖乃下定主意立朱高炽为太子。

袁珙看人面相便知其心术好坏,常常利用灾祸之说,引导人们摒弃恶念,改过从善,故而在民间享有美誉,相关轶事也广为流传。袁珙因为居住在鄞县城西,宅舍四周都种植着柳树,便自号为柳庄居士,其总结毕生经验而写成的相术专著亦名为《柳庄相术》。

参见〔清〕张廷玉等:《明史》卷二百九十九《方伎列传》,中华书局 1974 年版;〔清〕右髻道人著,肖明译:《水镜神相》,北京师范大学出版社 1993 年版,第 334—337 页。

金忠卜术

金忠(1353—1415),字世忠,鄞县人。金忠从小喜好读书,精通《易》经,擅长占卜之术。其兄戍守通州阵亡,按例金忠须接替服役,然因家中贫困,后来在同乡相士袁珙的资助之下方才成行。服完役后,金忠没有回家,而是来到北平,以占卜为生。因为经常算得很准,许多市民将他传为神人,就连道衍和尚也因此在燕王朱棣前面屡屡称赞他。于是,朱棣发动靖难之役前夕,托病召金忠来问卜,占得铸印乘轩之卦。金忠遂以此卦象贵不可言为由,力劝朱棣举事,自是出入燕王府。朱棣也十分信任金忠,起兵时设立属官,任命其为王府纪善,守卫通州。在屡次击退建文帝军队的进攻之后,金忠被朱棣召回身边,解答疑难,出谋划策。又由于卜术愈发灵验,不久升任王府右长史,参赞军务,成为靖难军中的重要谋臣。

朱棣击败建文帝,在南京登基称帝之后,金忠以辅佐之功,获封为工部右侍郎,与世子朱高炽一起镇守已经改名为北京的北平,但很快又被召回,升任为兵部尚书。由于朱棣起兵时,次子朱高煦随从作战有功,曾答应其事成之后立为太子,故而永乐年间,储位纷争不断。先是太子未立之际,朱高煦伙同淇国公丘福等人,谏言兑现昔日之诺言。当时百官之中,唯有金忠力陈不可。他在皇帝面前历数了前朝废嫡立庶的诸多反面教材,使得明成祖朱棣也无法反驳,只得于永乐二年(1404)立朱高炽为太子,封朱高煦为汉王。金忠因此兼任东宫辅导官,为詹事府詹事。永乐六年(1408)又奉命兼辅皇太孙朱瞻基,即后来的明宣宗。汉王朱高煦夺嫡失败后,并不甘心,趁明成祖征伐北元,留下金忠、蹇义、黄淮、杨士奇等人辅佐太子监国之际,制造谣言诽谤太子办事不力。于是,永乐十二年(1414)明成祖班师回京之后,大发雷霆,将东宫僚属悉数下狱,唯以金忠为开国勋旧,不予追究,而是密令他审察太子的不轨之事。金忠直陈太子清白,高煦无中生有,以大义诚信悟主,使太子得以未废,而其他东宫僚属黄淮、杨溥等人也因此得以保全。

金忠凭借卜术,由一介卒伍升至高官显位,然其为人行事,却又具有士大夫刚正不阿、忠直不挠的风范,故《明史·金忠传》称其"奋身卒伍,进自艺术末流,而有士君子之行",最终功成名就,享誉史册。永乐十三年(1415)四月,金忠去世,明成祖为表哀悼,特命驿车载送鄞老家归葬,并下令建立祠堂,免除其家所有的赋税徭役。明仁宗继位之后,又追赠荣禄大夫少师,谥号"忠襄"。

参见〔清〕张廷玉等:《明史》卷一百五十《金忠传》,中华书局 1974 年版;浙江省社会科学院编:《浙江人物志》(中),浙江人民出版社 1986 年版,第38 页。

丰坊嗜书

丰坊(1492—1563),初名坊,字人叔,一字存礼,后更名道生,更字人翁,号南禺外史,鄞县人,著名书法家、藏书家、鉴赏家。鄞县月湖丰氏为江南文化望族,自北宋以来,历代为官,闻人辈出,而且以藏书丰富著称于世。丰坊幼承庭训,自小博览群书,25 岁中解元,30 岁进士及第,官至礼部主事、南京考功主事,后因追随其父丰熙卷入"大礼仪"事件而受杖阙下,贬为通州同知,不久免职归乡。

丰坊罢官之后,便刻意著述,深研书法。史载丰坊书学极博,五体并能,喜用枯笔,尤擅草书。当时"吴中四才子"之一的文徵明与之相交,钦佩不已,认为"丰先生写字,一点一画无不自古人中来"。日本高僧策彦周良访明时,更是倾慕之至,主动结交,以为"老大人文物德望冠中华"。而且,丰坊的书学对后世的影响也很大,明末文坛领袖董其昌赞叹说:"丰考功(丰坊),文待招(文徵明),皆墨池董狐也。"清人杨宾在《大瓢偶笔》中也云:"文徵仲(文徵明)书宜小而不宜大,宜真行。而祝希哲(祝枝山)、王履吉(王宠)则草真大小无不宜然。三君子执笔尚有出入,似不如丰考功之纯,不得以其人而思之。"

丰坊才华横溢,但一生坎坷,其行事作风素以放荡不羁、玩世不恭著称。在黄宗羲所撰的《丰南禺别传》中,录有这样一则轶事:鄞县东门有个姓王的皮匠,对丰坊的书法推崇备至,每年节令都馈送不绝,只求其能赐字以为号名。某日,丰坊心情不错,便随手写了"阘坡"两个大字送了过去,不过有意思的是,"坡"字旁的"土"写得肥头肥脑的,好像一个"王"字。王皮匠拿到后大为欣喜,珍重地挂在了大堂之上,有人看了笑道:"这'阘坡'二字,拆开来就是东(東)、门、王、皮四个字,丰坊这是在嘲弄你呀!"谁知王皮匠听了反而更高兴,说:"我与东门,好比虹虬,今丰公竟以'东门'赐我,实在是太过奖了。至于'皮',是我的家业,实事求是,十分相称。"于是到丰坊家里道谢,说明了这个情况。丰坊出于意外,惊奇地说:"此人安得有此言,可以为我师矣!"遂请王皮匠上座。

除了书法,丰坊还醉心于藏书,为此卖掉了家中郭田千余亩。丰坊藏书丰盛之时,家中建有万卷楼,收藏古籍字帖多达 5 万余卷,引来登楼、抄书者无数,其中就包括天一阁的主人范钦。由于是邻里乡亲,加之性情相投,丰坊与范钦很快成为好朋友。范钦曾因弹劾外戚郭勋而遭牢狱之灾,厄难之际,丰坊倾力相助,并书《砥柱行》相赠。范钦宝爱此墨迹,摹勒石上,今天一阁内仍存。丰坊晚年因兄弟亡于倭乱,独子丰莹又早逝,无人理家,故家中资财殆尽,其万卷楼藏书中的宋椠和写本大部分被人窃走,又不幸遭遇大火,所存无几。于是,丰坊便将幸存的书籍、珍帖及月湖碧沚住宅全部卖给范钦,自己则寄居于寺庙,穷困潦倒,直至病逝。

参见郑玉浦:《丰坊及其〈书诀〉》,《宁波师专学报(社会科学版)》1983 年第 2 期;黄文杰:《书香世家:月湖丛楼中的丰氏、范氏》,《宁波通讯》2015 年第 1 期;陈斐蓉:《丰坊与策彦周良》,天一阁博物馆编:《天一阁文丛》(第 12 辑),浙江古籍出版社 2015 年版,第 189—194 页。

王征南与四明内家拳

王征南(1617—1669),名来咸,又名瑞伯,字征南,明末著名武术家,四明内家拳大师及代表人物。先祖自奉化迁鄞,祖父宗周,父亲宰元,世居城东车轿街。王征南自小跟随内家拳宗师单思南习武,年长后从军,凭借"七矢破的"的绝技,当上了临山把总,又因屡立战功,升任至都督金事副总兵。后来王征南跟随钱肃乐抵御清军南下,兵败归隐乡里,终身食菜以明遗民之志。

王征南为人正直,好打抱不平,民间流传着许多他行侠仗义的传奇故事。其中有一则叫作"大闹天妃宫",说的是来宁波做生意的福建商人为了纪念天妃娘娘,在当地的江厦建了一座十分气派的天妃宫,并且经常在宫内请戏班唱大戏。有一天,正值天妃宫做戏,有一位福建武僧站在大门口守着去路,规定只要是福建人就一律放行,宁波人要进的话就要从其张开的双臂之下钻过去。王征南看到此举之后,不禁火冒三丈,于是凭借点穴的功夫,上前用手指轻轻一点,便让武僧的手臂僵直不动,再也放不下来。门外围观百姓见此,无不拍手称快。福建商人觉得丢了面子,便叫了一群打手围攻王征南,双方从大门一直打到了大殿。突然之间,王征南一跃而起,一口飞痰便将大殿前面蟠龙石柱上的龙角给弹断了。这一手绝技,震撼了全场所有人。后来福建武僧求解穴方复如初,福建商人也只好带着手下灰溜溜地走了,从此再也不敢在江厦一带横行。

王征南晚年秘密收徒多人,其中就包括黄宗羲之子黄百家。康熙八年(1669)王征南去世时,黄宗羲为之作墓志铭,七年之后黄百家撰《王征南先生传》。以往谈及内家拳的起源，一般都会追溯到北宋末年张三丰，但这仅为传说，并无相关文献佐证。实际上，"内家拳"一名的首次出现，是在《王征南墓志铭》中，即"少林以拳勇名天下，然主于搏人，人亦得以乘之。有所谓内家者，以静制动，犯者应手即仆，故别少林为内家"。最早得内家拳真传并见诸文献记载的是温州人陈州同，传至张松溪时名声大振，号称拳法远承自张三丰。张松溪收徒颇严，入室者仅有三四人，其中四明人叶继美得其真传，于是内家拳在四明周边流传开来。而王征南的师父单思南，正是叶继美的得意弟子。另外，《王征南先生传》比较全面地介绍了王征南的内家拳法，其功理功法和"五不传"的择徒原则，与清朝中叶兴起于河北地区的太极拳颇有渊源，至于二者之间的关系究竟如何，尚有待进一步考察。

参见周伟良：《浙东内家拳历史源流考》，《杭州师范大学学报（社会科学版）》2010 年第 6 期；梁宇坤、洪浩：《〈王征南墓志铭〉考论》，《学术交流》2013年第 2 期；罗杨主编：《中国民间故事丛书·浙江宁波海曙卷》，知识产权出版社 2015 年版，第 82—83 页。

梅调鼎逸事

梅调鼎（1839—1906），字廷宽，号友竹，晚号赧翁。祖籍宁波镇海，后迁居慈城聪马桥南，遂为慈溪人。年轻时曾补博士弟子员，后因书法不中程见黜，不得与省试，从此他发愤习书，绝意仕进，专注于钻研书法艺术。

相传梅调鼎练习书法，已经到了疯癫痴狂的地步。他每天清晨起来，一定要用大笔悬腕作小楷百来字后才会吃早饭。每当天寒地冻之际，即使自己破衣烂衫，穷得三餐饭也难以维持，家里也总是生着一盆火，上面放着一盆水，以防水冰冻导致不能练字。而且，每逢大雪之日，便将双手插进雪堆，待两手冻僵以后奋笔疾书，一直练到发汗才会停止。梅调鼎有一句名言："朝夕磨砺不离手，夏练三伏冬练九。"他深知避寒辍暑，一曝十寒，乃"书家之大忌"，故数十年如一日，勤学苦练，以此为乐。

梅调鼎书法艺术的特点，在于能"圆"能"断"，二者结合，相应并用。"圆"，即中锋运笔讲究圆转流畅；"断"则为"梅派"书法独创，追求的是意连笔断，貌离神合的手法。梅调鼎作为山林隐士，不很出名，但其书法成就在业内的评价非常高。同样是宁波籍的古文字学家冯君木曾经赞叹道："梅叔翁书，其用笔之妙，近世书家殆无有能及之者。清代书家当推刘文清（石庵），然较之梅先生，正复有径庭之判。余子碌碌，更无足数焉。"近当代书法名家沙孟海在 1930 年发表的《近三百年的书学》一文中，也是对梅调鼎推崇备至,认为"不但当时没有人和他抗衡,怕清代二百六十年中也没有这样高逸的作品"。

梅调鼎淡泊名利,品德清高,不肯随便替别人写字,尤其是达官贵人。相传梅调鼎有个朋友,名字叫严信厚,也是慈城人,在京城为官。一天,严信厚备好酒宴,准备好纸墨,邀请同乡来家品酒作书。几杯酒水下肚,梅调鼎便借着几分醉意,当即挥毫写了几幅。可是当写到有一幅上款题为"少荃公台大人之属"时,梅调鼎立马有所察觉,随即对严信厚说:"我今日写的字有酒气,不好。"说毕,当场将这幅字给撕毁了,弄得严信厚颇为尴尬。原来,时任军机大臣的李鸿章,他的字就是"少荃"。梅调鼎拒绝达官显贵求字,却乐为僧道白丁留墨。据传,宁波阿育王寺修天王殿时,当家和尚曾请他写"天王殿"三个字。梅调鼎为写这三字,专门住进寺院,又几次跑到天童寺考察密云和尚的"天王殿"笔法,来回几次后才动笔。据书法家凌近仁所撰《梅调鼎传记》,宁波天童寺的匾额对联、阿育王寺的石柱楹联,以及为一般人家书写的对联、条屏、堂幅、扇面及壶铭等,多为其精心之作。

光绪三十二年(1906),梅调鼎逝世,葬于慈溪杜湖旁,享年67岁。由于他生前不肯轻易落笔,墨迹流传不多,又值动乱年代,多数作品更是遭到毁损。今存者主要收藏在宁波天一阁博物馆。

参见郑玉浦:《梅开岭上,香飘千里——梅调鼎及其书法》,《宁波师院学报(社会科学版)》1984年第2期;童银舫:《梅调鼎生平事迹考释》,《收藏家》2010年第7期。

"赤脚财神"虞洽卿

虞洽卿(1867—1945),名和德,字洽卿。其以字行,但是宁波人习惯上昵称为"阿德哥"。虞洽卿是旧时上海租界上的一个"闻人",为中国近现代史上著名的企业家,早期旅沪宁波帮的代表人物。

虞洽卿出身于一个裁缝家庭,6岁丧父,15岁赴上海商行当学徒。1892年起历任德、俄、荷兰洋行买办;1898年,在四明公所事件中参与同法租界公董局的交涉;1906年发起组织万国商团中华队;1908年开办四明银行,并先后创办宁绍、三北、鸿安轮船公司。辛亥革命期间,他加入同盟会,支持上海光复,并为起义军代办军械,出任沪军都督府顾问官。五四运动期间,利用民众抵制日货的时机,收购日商轮船,趁机扩展航运业务。1920年起任上海证券物品交易所理事长、全国工商协会会长、上海总商会会长。

虞洽卿出身贫寒,但通过自己的努力,成为清末民初上海滩最有影响力的大亨之一。其中的发迹过程,引起了当时很多人的好奇和猜测,于是久而久之,便形成了一个"赤脚财神"的故事。相传清光绪七年(1881),虞洽卿因为家里贫困,不得已前往上海谋生。当时一行共3人,分别是带路的信客,去钱庄做学徒的虞洽卿,以及另一位去瑞康颜料行学做生意的年轻人。由于头一天下了大雨,当他们第二天清晨到达码头时,道路十分泥泞,虞洽卿舍不得把母亲给他的新鞋弄脏,就把它脱下夹在胳肢窝下,赤着脚跟着信客、年轻人一起向瑞康颜料行走去。说来也巧,瑞康颜料行的老板姓奚,头夜里做了一个梦,见到一位长面阔嘴的"财神"捧着两个元宝,赤着脚就进了家门。因此,当三人进店之际,虞洽卿赤着脚,夹着的一双鞋子又恰似一对元宝,奚老板就觉得梦应验了,认为眼前这个人就是自己的命中贵人。于是,他没有按照原定计划留下年轻人,而是让虞洽卿做瑞康的学徒。虞洽卿进店后不久,奚老板因为买进很多红砂,上海又突然间家具时兴使用朱红漆,以至于生意兴隆,赚了一大笔钱。瑞康的竞争对手闻知虞洽卿是财神福星后,都想出高薪挖走他,奚老板自然不甘示弱,马上给虞洽卿加薪升职,大力提拔。最终虞洽卿很快就成为瑞康颜料行的"二老板",并以此为跳板,逐渐成为上海商界的头面人物。

参见罗杨主编:《中国民间故事丛书·浙江宁波慈溪卷》,知识产权出版社2015年版,第47—48页;熊月之等编:《大辞海·中国近现代史卷》,上海辞书出版社2013年版,第569页。

范文虎轶事

范文虎(1870—1936),字赓治,原名文甫,后改为文虎,宁波鄞县人。其先人世居襄阳邓城,后随宋高宗赵构徙居临安(今杭州),并将儿子入赘于同朝的鄞县西郊的一户官宦人家。其父名邦周,字君美,国学生,后弃儒从商。平时好读书,自学成才,擅伤疡外科,娶妻陆氏,至40岁才得一子,即范文虎。

由于家学渊源,范文虎在10岁左右就能赋诗作词,20岁左右便通过考选,成为县学附贡生。后因得罪当朝权贵而被革去功名,遂专心学医,立志救死扶伤,为乡里服务。范文虎生性嫉恶如仇,却又玩世不恭,不拘小节,故世俗戏以"范大糊"称之。范文虎亦不以为忤,乐而受之,还自号为"古狂生"。晚年因雅好古玩、金石,购得虎头印钮汉代玉章一枚,爱不释手,遂改"甫"为"虎"。

1927年,宁波城内霍乱流行,沿户相染,生灵涂炭。对此,范文虎奋臂疾呼,召集中医药界义士以及众弟子,在宁波大沙泥街开设了中医时疫医院,决心降伏这场"虎疫"(即"虎列拉",为"Cholera"一词传入中国的早期音译)。范文虎自任院长,又聘请沪上名医祝昧菊为副手,偕同门人吴涵秋等 10 余人轮值应诊。医院里平时设有病床 60 余张,疫情严重时增至 100 余张。范文虎朝夕两次亲临诊视,审夺疫情病势,视察方药煎制。中医时疫医院虽然仅开办三个半月,但是活人无数,深得宁波乃至长江下游一带民众的赞誉。

范文虎一生以仁术济世,造福一方,其医风轶事,时人传为美谈。如 1920 年,会稽道尹王庆澜崇洋媚外,排斥中医,试图通过让中医界集中"考试",依成绩决定去留,以达到逐步消灭中医的目的。当时中医们在警察厅的暴力威胁之下,敢怒而不敢言,唯独范文虎拍案而起,在报上揭露反动当局所出试题错误之处,即"《金匮》论痰饮有四,其主治何在",当作"《金匮》论饮有四,其痰饮主治何在",并率领医界代表诘责王庆澜,指出其险恶居心,迫使当局不得不收回成命。1926 年,奉系军阀张宗昌纠集数十万残兵、土匪,盘踞山东一带,为非作歹,嚣张跋扈。有一次范文虎为其诊病,开方仅有"清震汤"一副,且其中各味药的价格都十分低廉,因此遭到张宗昌的嫌弃。范文虎遂讥讽道:"用药如用兵,将在谋而不在勇,兵贵精而不在多。乌合之众,虽多何用?治病亦然,贵在辨证明、用药精耳。"当时张宗昌身边的人听到此话万分震惊,但范文虎却镇定如常,谈笑自若。

1936 年秋,范文虎去世。因其一生忙于应诊,无暇著述,故只有《备急千金要方》《伤寒来苏集》《外台秘要》等眉批本 20 余种,以及《澄清堂医存》遗稿 12 卷遗世,可惜在动乱年代亦遭焚毁,现仅存《外科合药本》1 卷及临证医案 70 余册。

参见张承烈主编:《近代浙东名医学术经验集》,上海科技出版社 2015 年版,第 79—83 页;傅璇琮主编:《宁波通史·民国卷》,宁波出版社 2009 年版,第 481 页。

第五部分　宁波乡事

一、概　述

宁波乡事,是指古往今来发生在宁波乡村地区的史事、逸事以及传说故事,其中包括流传于农家、村落、集镇的逸闻趣谈,也包括遗存于田间、山中、海滨的掌故逸事,地域覆盖宁波6区2市2县下辖乡村。宁波乡事历史脉络悠长,内容情节多样,与宁波坊事一样具有草根色彩。虽然乡事关联的多是小背景、小人物,但以小见大、以微见宏,可从一个侧面揭示宁波乡村社会的变迁与民风民俗。

宁波乡事的叙述,主要聚焦于五个方面:村落故事——讲述反映村民生活的典型村落的今昔事;集市兴衰——介绍代表性集市的兴衰事;红色往事——梳理近代以来乡村的革命斗争故事;群氓逸事——叙述农户、渔户、盐户等各类乡村基层群体的生活及为了改变命运而进行的抗争事;阡陌之风——挖掘反映乡间民风民俗的各种民间传说与趣闻。

(一)村落故事

村落故事讲述的是村落所发生的历史变迁以及村民的生活故事。

宁波地区地理环境复杂多样,西南四明山脉逶迤广袤,东南天台山系横亘矗立,北侧有杭州湾环绕,东侧有舟山列岛和东海海域负抱,山海之间延展着甬江及其支流姚江、奉化江的冲积平原。此外,四明山北麓丘陵以北,是杭州湾海涂演变而来的三北平原,天台山系以东,有象山港和三门湾包夹的宁海和象山。余姚依山临江,慈溪负丘面海,城区枕江滨河,鄞州倚峰望湖,镇海扼海控江,奉化据岭听潮,北仑抱海揽岛,宁海、象山海绕山前、山立海中。基于地理环境的复杂性,宁波乡村的自然与人文景观也表现出多样性:三江平原的村落,内外河网交织,小桥流水,碧波倒映,白墙灰瓦伫立于翠竹、香樟之间,江北半浦村和鄞州走马塘村就属此类;四明山中的村落,青山为屏,溪流濯足,农家且耕且樵,挖笋摘茶,余姚金冠村、柿林村就是这样的典型山村;海滨和岛屿上的村落,船出舟入,晒盐打鱼,朝看日出东海,暮望日落西山,象山、宁海的海滨就布满了这样的渔盐小村。此外,还有因水陆交通而兴的鄞州韩岭村、福建移民聚居的象山黄埠村,也都自成一类。

就宁波村落而言,大多由一个庞大的家族组成,村落里有家族创业始祖的传说、有家族兴盛与式微的记载、有祖传的族规遗训,其文化基因具有民族性、宗族性甚至家族性。村落文化折射出农民在长期农耕时代的生存状态和生存想象,以及不同民族不同地域的文化特质和文化性格,从而使得历史文化村落的内涵丰富而且多样。宁波自古不乏能工巧匠,他们将地域的价值取向、审美情趣、民间文学、传说信仰融入建筑空间进行装饰,诠释着民间朴实的情感,揭示着乡土文化根基和韵味,为今人留存下宁波文化生态不断演化与进步的真实记忆。石雕、木雕、砖雕、堆塑、彩绘、贴金、髹漆等,甬上工巧,熠熠生辉。如江北区慈城镇的古建筑群,主要包括明代的甲第世家、福字门头、布政房、冯岳彩绘台门、清代的冯宅等名人故居,以及县学孔庙,保存十分完好。而张家潭村地处鄞州区古林镇东部,素有"鱼米之乡""宁席之乡"之美称,是一个有着悠久历史的文化古村,村民以张姓为主。据宗谱记载,南宋孝宗淳熙年间(1174—1189),张家潭张姓始迁祖自临安迁入,以耕读传家,逐渐繁衍,遂成村落。半浦村落大族历世聚居,兴文重教,村中有多处具有代表性的优秀建筑,有浙东文献世家郑氏家族的"二老阁"藏书楼,以及至今保存完好的民国时期兴建的西洋建筑"半浦小学"。除此之外,村中还遗存中书第、周家祠堂、塘路墩、半浦大屋等明清古建筑。象山黄埠村位于象山县晓塘乡,其祖潘均耀是元末驻守福建福州的武将,后其子孙又从后岭迁至此建村。自明代中叶,潘氏后人一步步发家致富,经过几代人努力,在黄埠营造了规模宏大的家族聚居建筑。黄埠古民居群落又称潘家古居,从古民居的布局来看,如三三堂、三戒堂等,都是由宽阔的四合院群组成,每个四合院由正房、南房、东西厢房构成,院群均门套门、院连院,结构严谨,布局合理。整个古建筑群以村中心的三戒堂清代建筑为领首,西有上新屋,东南有三三堂,四周有高上门、潘乾房等古居,布局有序,建筑结构气派讲究、横径曲巷。

事实上,历史村落是由各个不同地域、不同文化特质、不同文化内涵的具体村落集合而成的,村落故事是中华文化中最为丰富而多样的文化形态。宁波有成百上千个古村落,每一个古村落都是一部厚重的历史典籍,蕴藏着不同的历史文化信息,记载着不同的民间人文故事,演绎着不同的民俗风土人情,镶刻着不同的地域文化符号,也传承着不同的宗族基因。多样化的乡村孕育出丰富多彩的乡事,这些古村落作为宁波乡村历史文化的缩影,是农耕文明时代留下的最大遗产,值得珍视和保护开发。

(二)集市兴衰

集市是商品经济还不是很发达的时代或者地区所普遍存在的一种贸易组织形式,它通常定期集聚在某一约定俗成的地点,交易商品一般为日常生活用品和农副产品。集市的称谓,全国各地不一,陆以湉《冷庐杂识》卷八曾说道:"南方曰市,北方曰集,蜀中曰疾,粤中曰墟,滇中曰街子,黔中曰场。"集市最早起源于史前时期人们的聚集交易,到两晋南北朝时期草市兴起,在两宋时期集市发展完成了革命性的变化,奠定了日后发展的基本格局。明清时期,随着封建经济发展到顶峰,集市进入了繁荣阶段。集市的分类有多种:按交易发生的频率或周期来分,可分为每日集市、周期性集市、特殊集市几种类型;按交易物品的类别,可分为综合性集市、专业集市等。

江南集市形成于宋,到明清普遍勃兴,宁波也是如此。关于"市",宁波到了宋代已有明确记载。北宋著名词家慈溪人舒亶在他的《和马粹老四明杂诗聊记里俗耳十首(其五)》诗中提到明州"四郭皆有市……草市朝朝合"(乾道《四明图经》卷八)。宁波是浙东经济文化中心,自唐宋以来,一直是全国最富庶的地区之一。两宋是宁波集市的兴起时期。这一时期,随着明州农产品的商品化和手工业的发展,城乡之间、城镇之间的商品交换日趋频繁,作为商品交换的中心,市镇迅速崛兴。据宝庆《四明志》分县志《叙赋》载,当时鄞县有小溪镇、横溪市、林村市、甬东市、下庄市、东吴市、小白市、韩岭市、下水市,共1镇8市。奉化有公塘镇、鲒埼镇、泉口市、白杜市、南渡市、袁村市,共2镇4市。慈溪曾有丈亭镇、门溪(一作文溪)市、大隐市、黄墓市、蓝溪市、车厩市、渔溪市等1镇6市,后丈亭镇废,实存6市。定海有澥浦镇、城西市、江南市、石湫市,共1镇3市。象山曾有象山镇、弦歌市,因象山镇当时已废,实存1市。昌国有岱山镇。这样,到宝庆年间(1225—

1227),庆元府辖区共有 7 镇 22 市。这些市镇或分布在海岸线上,如澥浦镇、城西市、江南市、鲒埼镇等,或分布于宁波平原的山地和平原的交界处,如鄞县的下庄、小白市、韩岭市、下水市、小溪镇,奉化的公塘镇、泉口市、白杜市,慈溪的门溪市、大隐市、黄墓市、蓝溪市、车厩市、渔溪市,定海的石湫市等①,各自凭借独特的地理位置优势,成为城乡之间交换农副产品、水产品和手工业产品的集散中心。

元代宁波的市镇发展相对缓慢,至明清时期宁波农村地区的市镇获得了较快发展,成为继两宋之后集市发展的又一个勃兴期。这一时期宁波府镇市数目较之前代有了较快的增长,据统计,明天顺六年(1462),宁波府的集市为 33 个,到嘉靖三十八年(1559)增至 45 个。清康熙二十二年(1683)宁波集市为 72 个,雍正十一年(1773)达 77 个。同时,随着农村多种经营和专业化程度的加强,出现了不少行业特色鲜明的专业集市。如以棉布为交易为中心的棉纺织集市有慈溪的彭桥、逍林、浒山,余姚的周巷、泗门;以丝织品交易为中心的集市有鄞县的小溪、林村,奉化的泉水;以竹木等山货交易为主的集市有鄞县的凤岙、韩岭、小白,慈溪的文溪、车厩、黄墓、大隐。与此同时,一些集市因交通方便,区位适中,逐渐形成粮食、棉花、油料、山货、蔬菜、瓜果鱼肉等商品的综合性交易市场。如余姚的廊厦、浒山(今属慈溪市),慈溪的坎墩、鄞县的蒋山、清垫、石塘等。此外,随着商品经济的发展,集市的集期更为频繁,有五日一市,十日四市,甚至出现每日市,如余姚泗门、鄞县凤岙。② 民国时期,宁波集市在经历了五口通商及被纳入资本主义世界市场体系的变局之后,无论在数量、开市日期,还是在专业化程度、经营规模方面都有所扩大和提高。以开市日期为例,民国时期,镇海有集市 60 个,其中每日市达 18 个,象山县的西周、爵溪、昌国卫、盐仓、石浦均为每日市。至于双日市,则十分普遍。就集市规模而言,每当逢集之时,大量的商品和人员涌入集镇,从而也促进了集镇餐馆、茶馆、娱乐等公共社交场所的建设。

在小农经济社会,集市作为联系农村之间、农村与城市、地区之间乃至国内外贸易的重要节点,在物质流通和社会文化交流方面发挥着重要的作用。集市作为物质流通的集散场地,为农村的土特产品、城乡手工业产品等

---

① 〔日〕斯波义信著,方健、何忠礼译:《宋代江南经济史研究》,江苏人民出版社 2001 年版,第 493 页。

② 乐承耀:《宁波农业史》,宁波出版社 2013 年版,260—265 页。

提供了流通的平台,满足了各个地区之间不同种类、层次的物质交流需要,推动了农村地区乃至城市经济的繁荣。

(三)红色往事

红色,代表着吉祥、喜气、热烈、激情、斗志、革命等,这里的"红色"代表着革命。红色往事指的是中国共产党带领着先进分子和人民群众,为了实现中华民族的独立与解放、人民的自由与幸福而流血奋斗的英勇事迹。中国共产党自 1921 年 7 月成立以来,就带领群众闹革命,流血牺牲对于中国共产党人来说,早已习以为常。回首那一幕幕往事,我们可以明显地感受到这一路的光辉历程都与红色息息相关,我们的军队被称为红军,第一个革命根据地瑞金被称为红都,还有那南湖的红船、井冈山的红旗、战士们鲜红的血液……

中国共产党领导的革命遍布了整个中国,而宁波作为当时浙东革命根据地的主要区域,自然有不少的红色往事。在大革命失败之后,以毛泽东为代表的中国共产党人,高举起土地革命和武装反抗国民反动统治的旗帜,肩负起独立领导中国民主革命的重任,实行武装斗争,经过创建、发展红军和农村革命根据地的实践,提出了"农村包围城市,武装夺取政权"的思想,找到了一条适合中国特点的民主革命的正确道路。宁波农村在宁波革命史上占据着十分重要的位置,这里主要讲述的是宁波农村的红色往事。

1925 年二三月间,中共上海地方执行委员会根据"四大"关于在全国建立和加强党组织的决定精神,在鄞县城区建立中共宁波支部。从此,宁波的革命事业有了坚强的领导核心,革命面貌焕然一新。1926 年 1 月 17 日,中共宁波地方第一次大会召开。会议选举产生了中共宁波地方执行委员会,以华林为书记兼组织委员,杨眉山、卓兰芳、竺清旦、陈逸僧分任宣传、工运、农运和妇运委员。五六月间,在宁属各县和广大农村相继成立象山支部、奉化松岙支部、余姚坎墩支部、鄞县沙村支部和鄞溪支部。到 1927 年 4 月,中共宁波地委所领导的组织,除宁属鄞县、镇海、慈溪、定海、奉化、象山、南田 7 县外,还包括宁海、温岭、余姚、上虞、新昌、嵊县等台属、绍属诸县,计有部委 1 个、支部 40 余个、党员 1200 余人,其中工人、农民各占 30％以上。[1] 中共宁波地方组织的建立和壮大,推动了宁波农村革命运动的发展。同年 4 月,

---

① 中共宁波市委党史研究室:《中共宁波党史》(第 1 卷),中央党史出版社 2001 年版,第 57、58、71 页。

国民党右派在宁波实行反共"清党",发动"四九"反革命政变,宁波局势逆转。在白色恐怖笼罩宁波大地的形势下,中共宁波地方组织为坚持进行资产阶级民主革命英勇斗争。根据八七会议和中央政治局会议的精神,宁波地区举行了多次武装暴动,如奉化松岙、裘村、桐照等地和鄞东大咸乡的部分村庄都组建了农民武装,并举行暴动。宁海亭旁乡村暴动,一度成立了浙江省第一个苏维埃政权。余姚组建"浙东工农红军第一师",并积极策划姚北武装暴动。虽然这些暴动因敌我力量悬殊而最终失败,但打击了国民党的反动统治,扩大了中国共产党在民众中的影响,同时为中国革命积累了宝贵的经验。1937年"七七"事变爆发后,宁波地区开始进入全面抗战时期,宁波党组织得到迅速恢复和发展。1937年10月,中共浙东临时特委成立。此后,宁波在浙东临时特委领导下,积极开展抗日救亡运动。1941年5月,根据中共中央和毛泽东开辟浙东根据地的决策和指示,浙东临时特委决定开辟浙东敌后抗日根据地。1943年8月,第三战区三北游击司令部在慈溪鸣鹤场成立,12月改编为国民革命军新编第四军浙东游击纵队。自1941年5月至1945年8月,新四军浙东游击纵队与日伪军大小战斗634次,抗击、牵制日伪军2万余兵力[1],为浙东乃至全国的抗战的最后胜利做出了重大贡献。1945年9月,为顾全大局,新四军浙东游击纵队主力奉命北撤苏南,留下少量人员在四明地区坚持斗争。面对国民党的"清乡""拉网战术""清剿",留下坚持斗争的人员在中共浙东工作委员会和四明工委领导下,积极开展游击战争,创建游击根据地,实现了从隐蔽坚持到开展游击战争和创建根据地的战略转变。至1949年1月,在解放战争胜利已成定局的形势下,根据新成立的中共浙东临时工作委员会扩大会议精神,决定成立浙东人民解放军第二游击纵队。至渡江战役前夕,浙东游击根据地人民武装已达近万人,最终与全国人民一起迎来了解放战争的胜利与新中国的成立。

　　宁波红色往事是宁波革命史不可或缺的重要组成部分,宁波人民在中国共产党的领导下,为反对外来侵略和压迫,反抗腐败统治,争取民族独立,前赴后继、浴血奋战,用生命和热血谱写了光辉历史,他们的精神和业绩,永远值得后人缅怀与铭记,诚如胡锦涛总书记在主持中共中央政治局第三十三次集体学习时所指出的:"只有铭记历史,特别是铭记我们党领导人民创造的中国革命史,才能深刻了解过去、全面把握现在、正确创造未来。"

---

①　俞福海主编:《宁波市志》(下),中华书局1995年版,第2066页。

（四）群氓逸事

群氓，旧时指从事卑贱行业、社会地位低下的民众，这是旧社会剥削阶级及其代言人对广大劳苦大众的蔑称。这里所讲的群氓是指生活在社会基层的民众。

在长达 2000 多年的封建社会里，农民是中国社会最广泛、也是最主要的群体，农民阶级与地主阶级的矛盾始终是封建社会的主要矛盾。由于地主阶级在政治上实行封建专制统治，在经济上对农民进行残酷剥削，迫使农民奋起抗争，反抗地主阶级的统治。在封建社会，除了以耕作为主的农民即农户外，还包括不同时期的军户、渔户、灶户等。军户即为世代从军、充当军差的人户，军户子弟世袭为兵，未经准许不得脱离军籍。渔户是指以船为家，以捕鱼为业者。宁波地处东海之滨，渔业资源极其丰富，同时宁波又拥有众多渔港，为捕鱼业的持续发展提供了良好场所。因此，不少沿海贫民都会选择出海捕鱼。随着渔户的增多，政府开始对渔民征收渔税，如明朝在宁波建立了征收渔税的机构。隆庆元年（1796），清政府设立定海新关，征收渔税，渔户出海打鱼之前，必须买盐纳税，政府才发给其旗牌，允许出海。灶户，又称亭户，宁波多产海盐，故至迟自宋代开始，已定灶户、灶丁，另编户籍。作为专门为政府生产食盐的灶户，担负着沉重的产盐任务，然所得仅是很少的工本钱。而历代封建政府为了增加财政收入，往往在正赋之外巧立各种名目，加征所谓的"耗羡""平余""厘金"等。加之地方官吏多不恤民政、贪赃枉法，中饱私囊，使得广大百姓在遭受封建政府的剥削之余，还得饱尝官吏的层层盘剥之苦。

中华民国成立后，在北洋军阀、国民党反动政府的统治与压榨下，宁波民众的赋税负担和苛捐杂税呈逐年加重之势。当时，农村土地兼并加剧，广大农民和手工业者纷纷破产，城镇工人劳动环境恶劣，实际工资下降。再加上物价不断上涨，城乡广大民众普遍生活艰难困苦。

在沉重的剥削与压迫之下，宁波民众为生存计，只能奋起抗争，先后与封建统治阶级、北洋军阀当局、国民党反动当局进行斗争。与此同时，伴随着近代西方资本主义的入侵，中国沦为半殖民地半封建社会，宁波民众的反抗斗争，往往又带有反帝反封建双重性质，甚至将矛头直接指向帝国主义，如发生在宁海的王锡桐反教会起义等。宁波民众的反抗斗争主要有：一是以闹荒、抗交租税等形式向地主阶级展开斗争；二是揭竿而起，直接走上了与政府相对抗的武装起义。在宁波，盐民暴动、渔民抗争、工人罢工，如十八局起义、史致芬起义、双刀会起义、镇海昆亭盐民攻打盐局、余姚庵东盐民罢工,诸如此类大大小小的反剥削、反压迫斗争从来未曾间断,虽然这些斗争大多还处于自发、分散的经济斗争阶段,很难取得实质性胜利,并求得自身的真正解放,但这些斗争的背后,无不揭示出宁波人民不畏强暴、坚强不屈的反抗精神。

(五)阡陌之风

"阡"是指南北走向的田埂,"陌"是指东西走向的土埂,"阡陌"就是指田间小路。阡陌之风,讲的是有关于乡村的民间传说故事。乡村民间传说是民间文学的基本形式和类别之一,是民众(主要是农民群体)口传心授、世代传承的文艺形式和知识宝库,在民众生活中具有不可替代的教育和娱乐作用。传说故事是亿万民众所创造和享有的一种重要的文化传统,它如同一条滔滔的江河,永不枯竭地流淌着,与被统称为民间文学的神话、故事、歌谣、史诗、小戏、小曲、谣谚等一起,成为拥有最为广大的创作主体和受众的"国学"。[①]

宁波民间传说故事不仅数量众多,内容丰富,而且绚丽多彩,充满诗情画意和艺术魅力,有着强大的生命力和影响力。其中最广为人知的当属梁祝传说。这是一则凄婉动人的爱情故事,同时也是中国古代灿烂文化百花园中的一朵奇葩,对后人的爱情观、婚姻观、家庭观都产生了很大的影响。梁祝是爱情传说的典型代表,此外还有很多关于爱情的故事,或喜或悲,都被人们在茶余饭后传颂着。在风景秀丽的四明山也有很多关于修道成仙的民间传说,如梅福传说等。在古代时期,由于医术不发达,人们很多时候受制于自然,因此对修仙有一定的热衷,类似于羽化成仙的故事是人们对于不能完成的事情的一种情感寄托。还有很多传说则创造出了一个个地名……

人文积淀丰厚、历史文化悠久的宁波所流传下来的民间传说故事,长期来为百姓所津津乐道,而宁波作为一个典型的江南水乡兼沿海城市,乡间传说也无处不体现着其独特的一面。第一,宁波的传说故事以爱情亲情为主。生长于江南水乡的人大多都情感充沛而细腻,对于爱情和亲情有很深的渴望。一些感人的爱情故事不断被人们传颂着,有的是皆大欢喜的,可有的却以悲剧收场,相爱的人天各一方。为了弥补这种遗憾,人们就会将一些故事改编成带有神话色彩的传说。如梁祝传说中,最后两人幻化成蝴蝶,双宿双

---

① 刘锡存:《民间传说及其保护问题》,《西北民族研究》,2008 年第 4 期,第 143 页。

飞。第二,宁波民间传说带有海洋色彩。宁波地处东南沿海,东有舟山群岛,北濒杭州湾,海洋经济发达,有很多渔村,村里的渔民都靠出海捕鱼为生,但当时的航海技术相对落后,人们面对灾难时,更多的是束手无策,这样,就自然而然地出现了类似于妈祖的传说故事,妈祖的信仰给予在大海中拼搏的渔民极大的心理安慰。第三,宁波的传说故事大都与宗教信仰有关。如奉化布袋和尚传说是佛教信仰,在中国,弥勒信仰是佛教三大世俗化信仰之一,甚至一度超过观世音信仰、阿弥陀佛信仰而在我国民间流传至广。不仅佛教信仰传播广泛,道教信仰也在宁波十分流行。四明山是我国道教"第九洞天福地",秦汉以降,四明山仙风极盛,道仙传说颇多,有刘纲白水冲修炼、大岚升天、刘阮四窗岩遇仙、虞洪遇丹丘子获仙茗、东岗山的棋盘遗迹、梁弄仙桥村的故事等。

民间传说是宝贵的非物质文化遗产,虽然这些故事都是未经文字记载的口头传播文学,但正是这种扎根民间的文学样式使得百姓的生活变得丰富多彩,客观而全面地折射出民众的生活和思想。宁波民间传说故事作为宁波本地的民间文化,既是历史发展的见证,又是珍贵的文化资源,我们应当予以重视。民间传说是代代相传的,作为宁波的一分子,我们有义务将这些美丽奇妙的传说讲给后人听,让宁波民间传说故事生生不息。

二、词 条

海曙张家潭村

张家潭村地处鄞西平原,位于宁波市西郊,古林镇东部,与栎社国际机场毗邻,国道线、杭甬高速公路擦村而过,交通十分便利,地理条件优越,素有"鱼米之乡""宁席之地"之称,是一个具有悠久历史的文化名村。村域面积 3.5 平方千米。

据张家潭村张氏宗谱记载,张姓始迁祖张原一自临安迁入,以耕读传家,后逐渐繁衍,遂成村落。因此地有槎湖和二龙潭,就称张家潭村,而张氏宗族人则自称"槎湖张氏"。自南宋以来,槎湖张氏人才辈出,有近百名张氏后人在朝中为官,成为甬上望族之一。其中最负盛名的是明嘉靖年间这里出过的"叔侄两尚书",即张时彻、张邦奇叔侄,当地人习惯称之为新尚书和老尚书,而他们曾经居住的房子就叫"天官第"和"地官第"。对此,清代史学家万斯同在《鄮西竹枝词》中写道:"张家潭水带长渠,万顷烟波绕屋庐;莫道乡间无俊物,此中曾出两尚书。"《鄞县志》中也誉此为鄞县的一大"衣冠盛事"。

张邦奇(1484—1544),字常甫,号甬川,别号兀涯,槎湖张氏十一世孙。明弘治十八年(1505)进士,先后担任礼部尚书、南京兵部尚书等职,遗著有《学庸传》《五经说》《兀涯两汉书议》等。张时彻(1500—1577),字维静,号东沙,又号九一。自幼以侄儿邦奇为师,年小张邦奇16岁,明嘉靖二年(1523)中进士,嘉靖三十三年(1554)出任南京兵部尚书。据史料记载,叔侄尚书为官清廉,如张邦奇在京城为官时,宦官专权,许多官员都谄媚阿奉,但张邦奇却不愿依附,就以奉养老母不便为由,要求调到外地为官。张时彻也是一身正气,50岁那年,因不满朝政腐败而辞官隐居乡里。晚年,他致力于文史研究,著有《宁波府志》《定海县志》《四明风雅》《明文范》等。

在村前的塘河上,旧时有张时彻建造的两座三眼石板桥,其中一座保留至今。作为尚书故里,张家潭村曾建有进士坊、世卿坊、尚书坊、太子宾客宗伯学士坊等牌坊,但经数百年变迁,昔日万顷烟波的槎湖早已被填平,尚书遗迹也所剩无几。如今,该村修建了尚书纪念馆、尚书公园,并继续挖掘尚书遗存,以传承乡村优秀传统文化,服务于当代新农村建设。

参见陈武耀:《张家潭旧事》,《宁波晚报》2013年6月1日;朱军备、朱渊:《张家潭:昔日名臣故里　今朝文化名村》,《村委主任》2017年第1期。

象山黄埠村

黄埠村位于象山县晓塘乡东部,东邻石浦镇,四面环山。古村落略呈方形,北高南低,村道三纵三横,明清建筑遗存丰富,为宁波市首批、浙江省第五批历史文化名村。

据《潘氏宗谱》记载,黄埠潘氏始祖潘均耀是元末驻守福建福州的武将,在朱元璋军队攻破福州城后,他从海路逃至象山后岭隐居,其子孙又从后岭迁到此地建村。经潘氏几代人的努力,到明代中叶,在黄埠营造了规模宏大的家族聚居建筑。

黄埠古民居群落又叫潘家古居,现存最早的建筑是明末清初时营造的"高上门"。从古民居的布局来看,如三三堂、三戒堂等都是由宽阔的四合院群组成,每个四合院又由正房、南房、东西厢房构成,院群门套门、院连院,结构严谨,布局合理,由于宗族支系的繁衍,反映在院群坐落上的时代差异极为明显。整个家族聚居群以村中心的清代建筑三戒堂为领首,西有上新屋,东南有三三堂,四周有高上门、潘乾房等古居,布局有序,建筑结构气派讲究、横径曲巷。古建筑的特点是注重装饰,如上新屋以鹿为主,潘乾房以大象为主,三三堂以诗为多,高上门以龙为首。在建筑的各个部位,砖、木、石三雕功夫精深,堪称浙东一绝。如斗拱、博风板、拦额、窗棂、影壁、匾额上无不点缀着雕品,就连柱础、阶石和小门墩,也装饰得美观大方。那些琳琅满目的浮雕、阴雕、阳雕、人物、鸟兽、花草、静物、单幅雕、组雕、连环雕,巧夺天工,而"龙凤呈祥""百鸟朝凤""鹿鹤同春""五福临门""凤采牡丹""鲤鱼跳龙门"以及表现民俗的"十藤结"等雕刻,构思精巧、风格独特。

在潘家古居中,最有特色的是三戒堂。三戒堂占地 2000 平方米,由国学生、按察知政潘必金建造于清乾隆二十一年(1756),宅名源于"戒僧、戒尼、戒道"的家训,至今已有 250 余年历史。三戒堂内各种神态各异的精细木雕,如百鸟图、鹿、凤采牡丹等,是当年东阳木雕中的精品。中堂栋梁上,曾悬挂有圣旨箱,喻示着家族曾经的辉煌。

近年来,黄埠村依托美丽乡村建设,深度挖掘古宅、古迹、古景、古道等特色旅游元素,着力打造旧村核心板块,以重现"青砖、小瓦、石板路、马头墙"的古村落风貌和人文风情。在晓塘乡规划中,该村将依托历史文化资源和靠近石浦的区位优势,以发展古村旅游为主,兼休闲度假功能,全面建成布局合理、环境优美、富有特色的美丽乡村。

参见沈孙晖:《黄埠村:"古籍"翻开"新篇章"》,《宁波日报》2017 年 5 月 17 日;朱金茂、杨胜隽、林巧红主编:《四明遗韵:宁波市传统村落拾贝》,宁波出版社 2013 年版,第 164—169 页。

江北半浦村

半浦村地处宁波市江北区慈城镇姚江之滨,三面环水,南有灌浦古渡,北有慈城古镇,距离宁波市区 18 千米。半浦村据交通要冲,是典型的渡口古村,为宁波市首批十大历史文化名村之一。

半浦古时称鹳浦,亦称灌浦、官浦,谓取灌溉农田之意,清代定名为半浦。因地处姚江之北,东为鄞西与慈溪两县相半之界,江以南九里有浦,北有灌浦古渡,两地均为渡而名,渡因浦而名。

半浦村内大族历世聚居,兴文重教,经长期的积淀,历史文化底蕴丰厚。《四明谈助》称半浦"有郑氏世家,藏书最富"。除丰富的藏书之外,郑氏还是浙东学派创始人黄宗羲数万卷藏书的继承者。郑氏的藏书楼始建于康熙年间,藏书最多时达到 5 万余卷,可比肩范氏天一阁。半浦村还存留着多处具有代表性的建筑,如"二老阁"藏书楼、明清古建筑中书第、周家祠堂、民国时期兴建的西洋建筑"半浦小学"等。"二老阁"由浙东学派著名人物郑寒村家族创建,原为一座2层楼歇山式建筑,面阔3间,阁前有明堂,阁后有清池,曾藏书5万余卷,现残址仅存石碑1块。"二老阁"建成后,郑性亲自到余姚黄竹浦,把黄宗羲著作用船载运到半浦,以至于四方学者访求黄宗羲著作,不去竹浦而去半浦,足可见当年"二老阁"在学者心目中的地位。中书第为清中晚期的宅第建筑,至今已有200多年历史。宅第建筑坐北朝南,有三进,院落三重,分门楼、二门、前厅、东西厢房、左右厢房等,东西方各有偏房,建筑构件雕刻精美。周家祠堂是半浦村东片区最为显赫的处所,建筑占地面积为1495平方米,距今已有200多年历史。祠堂建筑整体保存完好,红柱石墩,花样各异的木格门,雕画着精美花纹的房檐,图案红绿相间,石窗上装饰着一个个镂空的图案,就连门口的红石板上也都刻着铜钱等标志,无一不昭示着当年的民俗风貌。此外,大厅内存放着梅调鼎在光绪二十年(1894)题写的石碑1块。半浦小学始建于民国十年(1921),由当年四明银行当家孙衡甫捐资建造,是一幢欧式风格的2层小楼,横开10间,虽经90余年风风雨雨,至今依然完好。

半浦村的最南面,为姚江上繁华一时的古渡口——鹳浦渡口,渡口在清咸丰年间正式通航,距今有150年历史。此前,百里姚江有数十处是通衢要道,人们通行全靠舟渡,因而留下了鹳浦渡、城山渡等众多古渡口。这些古渡口现今已完成历史使命,但残留的灯塔则见证着昔日辉煌的历史。

参见朱金茂、杨胜隽、林巧红主编:《四明遗韵:宁波市传统村落拾贝》,宁波出版社2013年版,第250—253页;鲍贤昌、陆良华编:《四明风韵》,宁波出版社2015年版,第261—264页;叶文虎:《遥望半浦》(《宁波晚报》数字报刊平台 http://daily.cnnb.com.cn/nbwb)。

余姚金冠村

金冠村位于余姚南部的四明山区,距余姚城区约10千米,33省道从村口经过。金冠村由金岙、里冠佩和外冠佩3个自然村合并而成,村落依山而建,现存建筑多为清代风格,保持着鹅卵石、石砌墙、木结构的风貌,是一个典型的古村落。2005年8月,列入宁波市首批历史文化名村。村域面积4.78平方千米。

据《余姚县志》记载:"冠佩里在双雁乡南山,宋朱廷碧熙宁时拜兵部尚书,致仕来姚,见双雁石仓之美而卜筑,遂世居焉。石仓如冠如佩,因名冠佩里。"可见自北宋熙宁年间(1068—1077)兵部尚书朱廷碧来余姚定居冠佩开始,金冠村至今已有近千年历史,之所以取名金冠村,缘于金冠玉佩之义。史籍又载:"明初正秦公生三子,端一公仍居冠佩里,端二公、端三公徙邑之龙山,永乐四年,端三公又徙龙泉山,朱舜水系出此族。"朱舜水,余姚四先贤之一,中日文化交流的先驱。从朱廷碧到朱舜水,可知金冠村不仅历史悠久,而且人文积淀深厚。

村内有庙2座:一是邓公庙,邓公神像上有块匾额,上书"除虎为民",为光绪年间所题;二是兴隆庙,为清代硬山顶式建筑,红墙黛瓦的五开间四合院格局,东西两边是侧楼,中间是一座万年台。庙内立有光绪十七年(1891)碑记一方。金冠村内古桥众多,仅冠佩溪上就有永兴桥、新村桥等10余座桥。古桥大多由青石板铺造。百年老桥双喜桥,位于冠佩溪上游,是旧时外冠佩村跨越冠佩溪的主要桥梁,也是冠佩溪上唯一一座圆拱形石桥。望柱上雕有石狮等饰物,桥正中两侧的护栏石板上刻有"双喜桥"及"横山曲水"字样。万安桥是金岙村东西走向的主要通道,在桥扶栏上各有4个望柱,北边扶栏外侧为平面线条镂边空壳大字,南边扶栏板上为阴刻大字,柱中间扶栏板外侧刻楷书"万安桥",字迹秀丽。全桥用榫连接,既牢固又美观大方,同时兼有平原石桥和山区溪流桥梁的特色。金沙桥位于金岙村外部,初名"金锁桥",后易名为"金沙桥",据传至今已有200多年历史。

吊口楼位于外冠佩自然村中心,是越地民居中一种样式独特、由三间二层木结构楼房、厢房、围墙、门楼组成的单体建筑。下层中间门厅间内凹,两边楼房以木质花格窗作墙,门厅间通排由6扇木质门组成。上层两边楼房仍以木质花格窗作墙,中间与下层门厅相连,亦呈凹式,形成一个吊口沿廊,形似现代建筑中内凹阳台,即"吊口",故称吊口楼。进吊口楼先得进门楼,门楼整体由青石筑成,门上框为雕刻着镂空金钱图的青石条,两边门框为整体青石条,门槛则为连底盘青石条。因各部分青石条凿卯套制而成门楼,故有"石质墙门"之说,吊口楼也被称为"石质墙门吊楼"。

金冠村也是一个具有光荣革命传统的红色山村,是四明山革命根据地的重要组成部分,从1942年起,这里一度成为浙东抗日民主政权南山县政府的驻地,薛驹、谭启龙、朱之光、陈布衣、何克希等新四军领导曾多次来金岙和冠佩指导工作、指挥作战。现保存完好的黄明故居,留有烈士生前革命斗争的事迹资料,被列为青少年爱国主义教育基地。

参见朱金茂、杨胜隽、林巧红主编:《四明遗韵:宁波市传统村落拾贝》,宁波出版社2013年版,第18—23页;鲍贤昌、陆良华编:《四明风韵》,宁波出版社 2015 年版,第 39—42 页。

鄞州蜜岩村

蜜岩村地处鄞西山区章水盆地西端,大、小皎水系汇源之地,距离宁波市西郊 35 千米,为宁波市首批历史文化名村。

据《蜜岩显爵应氏宗谱》记载,蜜岩应氏一世祖应彪,字德彰,汝南人,唐长庆年间(821—824)任明州刺史。应彪十二世孙应高于宋代时迁入蜜岩,娶蜜岩刘氏女为妻,死后葬于社山,此后应氏家族就在此繁衍,聚居而为村落。而所以名命为"蜜岩",是因为村旁有蜜山,有野蜂分巢岩石,岁久积蜜,故以蜜岩为村名。

蜜岩村是应氏一族聚居之处,距今已有近千年历史。村中古迹众多,现存建筑多为明清时期,清代为多,较有特色的有老街、长大屋街、桂馥堂、府台春晓以及中宅墙门、双韭山房、望三益、前八房、里外堂前和见大宝墙门等。位于村南的万安桥,建于清咸丰二年(1852),系单孔石拱桥,桥面距溪面 6 米,底部孔径 12 米,具有较高的历史文化价值,至今仍是蜜岩村通往岩下村的要道。

蜜岩村应氏家族历来重视文教,为解决族人的教育问题,甲午战争后,村人应文生及其子应桂馨创办了"崇义学堂",免费招纳村中子弟。清末,又有应维青、应存甫分别创建"愈愚国民学校""蜜山国民学校"。民国时期,村中名人辈出,如应桂馨,曾授清五品知县衔,清末加入同盟会,创办《民主报》,参加辛亥革命,担任过孙中山卫队司令,授上将衔。应启霖则为民族企业"亨得利"钟表店的创始人之一。抗战时期,爱国民主人士应斐章与中共党员崔晓立在蜜岩组织垦荒团,组织开展各项抗日救国活动。抗战胜利后,应斐章又与金臻庠合作,担任《时事公报》(复刊)副社长兼总编辑,具体负责新闻采访、编辑、印刷及发行诸事务。《时事公报》被国民党当局查封后,他又与汪荣源、蔡竹屏合作,创办《宁波晨报》,并出任社长兼总编辑,发文针砭时政,宣扬爱国进步思想。

蜜岩还是一块富有革命传统的土地,是浙东革命根据地的重要组成部分。这里有浙东游击纵队、中共浙东区委和鄞县县委的遗迹,见证了抗日战争和解放战争时期,革命先烈同日寇、顽军浴血奋战的历史。当时的中共鄞奉办事处与"三五支队",以蜜岩茅洋山为中心,组织村里的山民会、垦荒团开展生产自救活动。1941 年,中共党员严式轮、毛尹、赵舟等先后打入国民党章蜜乡公所,严式轮兼任蜜岩乡乡长。钱柯琴等则以教师身份为掩护,以蜜岩小学为据点,配合蜜岩小学校长、中共章蜜区工委书记陈洛宁等人,秘密开展地下党工作。

蜜岩村历史文化内涵深厚,民俗文化、耕读文化、名人文化与村落形成有机整体,生动地展现了传统乡村的生活体系。

参见徐剑飞主编:《鄞州地名故事大观》(下册),宁波出版社 2016 年版,第 815 页;朱金茂、杨胜隽、林巧红主编:《四明遗韵:宁波市传统村落拾贝》,宁波出版社 2013 年版,第 212—215 页。

余姚柿林村

柿林村位于余姚市大岚镇东南部,地处四明山腹地,距离宁波市区 60 千米,村域面积 6.05 平方千米,为第七批中国历史文化名村、浙江省第五批历史文化名村、宁波市首批历史文化名村。

柿林村居住的主要是沈氏,是单一的沈姓血缘村落。据族谱记载,沈氏始祖是周文王的第十子冉季,因受封于沈地,遂以封地为姓,是为沈氏始祖。至元末明初,沈氏后裔第 45 世祖沈太隆迁至此地隐居,成为沈氏始祖,距今已有 600 多年历史。村内有一口建于 600 年前的古井,井水清澈纯净,冬暖夏凉,是全村人的饮用水源,故柿林村又有"一村一姓一家人,一口古井饮一村"之说。

村名最初因两岭对峙而称峙岭。至清末,相传有余姚县令到此,见峙岭气势雄伟,且文人辈出,更名为士林。1964 年,因村内盛产柿子,遂改村名为柿林。

柿林村四周环山,南为小马坪山,西为狮子岩山,东为冬瓜垄,北为小岩岭。村庄坐落在半山腰的高山台地上,因平地有限,屋与屋之间相距很近,巷弄也非常狭窄,伸手便可触碰到两边石墙。村中巷弄纵横,有古井路、沈祠路、牛引弄、水坑弄等,均用鹅卵石及丹石片铺成。村内现存的宗祠、民居、庙宇、桥梁、碑刻等,多为明清时期所建,材料也多用当地的丹石垒砌,极具特色。住宅格局以三合院为主,三合院均坐西朝东,由南、北、西三幢两层楼房组成,东面设一道矮墙,内院地面则铺以鹅卵石或小片丹石。在村口的沈氏宗祠内,悬挂着"文肃世家""钦旌节孝"等匾额,而在一些留存至今的明清建筑墙门头上,仍依稀可见"耕读传家"等字样,反映出昔日柿林村的崇教之风和人文之盛。

在村落北端,有丹山赤水风景名胜区。景区以峡谷景观为依托,以道教文化、浙东古山村风情为文化内涵,由以丹山赤水、鹰岩洞天、狮王悟道、淡瀑飞水、八卦仙台、仙人指路、秋水长滩、四明道观为代表的"丹山八景"及其他 30 多处景点组成,为国家 4A 级景区。

柿林也是一块具有革命传统的土地。1938 年夏天,共产党员楼明山以教书为名,到柿林村宣传革命思想,开展革命活动,在进步青年中秘密发展党员,其中沈功钿是柿林村最早发展的中共党员。1939 年 5 月,时任山区特派员的朱之光与谢汝昌秘密来到柿林,成立中共峙岭村支部,由沈功钿任书记,这是四明山区最早的党支部。在村内的"中共余姚四明山第一党支部纪念室"中,陈列着许多老照片和当年实物,忠实地记录着柿林人民在抗日战争、解放战争中的革命历程和贡献。

近年来,柿林充分利用丰富的山水、人文、红色资源优势,因地制宜,积极发展旅游产业,逐渐形成了"游丹山赤水、吃农家饭、住农家居、享农家乐"的山水田园旅游模式,先后被评为"余姚市小康示范村""宁波市文明村""省级农家乐特色示范村"和"中国最佳山村旅游景点"。

参见浙江省文物局编:《古村镇》,浙江古籍出版社 2012 年版,第 116—117 页;沈莉萍:《四明山第一党支部的峥嵘岁月》,《宁波晚报》2011 年 4 月 8 日;陈平编:《乡土浙江及周边省市古村镇行走指南》,中国地图出版社 2012 年版,第 85—86 页。

奉化岩头村

岩头村地处天台山脉与四明山脉的交会地带,位于奉化溪口镇西南,距离溪口镇中心约 11 千米,村域面积 15.2 平方千米,为浙江省第三批历史文化名村、宁波市首批历史文化名村。

岩头古称"岩溪",因剡溪支流岩溪由南往北穿村而过得名。自北宋景德三年(1006)至清末,岩头一直隶属剡源乡。明初以来,这里渐成村落,并成为毛姓子民繁衍生息的聚居地。岩头村四周群山环绕,不仅自然风光秀美,而且保存着相当数量的历史建筑与名人故居,人文气息浓厚。位于村口的广济桥,东依狮子山,西连白象山,是岩头现存最早的百年古桥,桥之东堍有两棵参天古樟,"石泉"摩崖石刻距此仅十数米,为清嘉庆、道光年间著名书法家毛玉佩所书。村内的罗江、大兴、永宁 3 座跨溪古桥,则与桥下的岩溪构成硕大的"毛"字,形成"三桥一毛"的村落格局。岩溪是剡溪上游的南翼支流,因水路交通便利,使旧时的岩头成为奉化西南山区的出口通道和物资聚散中心。村内的东街临溪依山而建,在清末至民国的全盛时期,这里店铺林立,中药铺、打铁铺、肉铺、布庄店、豆腐店、米店、木作店、南货店、咸货店、钱庄等多达 30 余家,成为当时奉化西南山区的商贸中心。岩溪西岸的西街,其贸易虽逊于东街,但崇本堂、报本堂、钱潭庙、存善局等诸多乡村公共建筑集中于此。宗祠、宅院、卵石巷,商街、店铺、竹筏埠,古庙、古桥、古树、古井潭等,构成岩头丰富而独特的村落结构元素。

自清末民初以来,岩头村作为少年蒋介石读书地、蒋经国外婆家,同时因蒋介石的特殊关系,一时人物辈出,有"民国第一村"之誉,并留下了一批历史建筑与名人故居,如毛思诚故居、毛福梅故居、毛邦初故居等。毛思诚早年为秀才,1899 年在村上设学馆,1902 年为蒋介石少年时代塾师。1925年 4 月后,应蒋介石之邀任黄埔军校少校秘书,直到"七七"事变后养老归里,深得蒋介石的敬重和信任。毛思诚故居又称"元宝阊门",系晚清建筑,位于东街中段,坐北朝南,前厅后堂,为重檐硬山顶二层楼房,由毛思诚祖父所建,紧靠祖居的是一幢三层楼房,由毛思诚本人在民国初期出资建造。毛福梅为蒋介石原配夫人、蒋经国生母。毛福梅故居位于西街南端,为三合院式两层楼房,屋顶五层马头墙,天井前有照壁,正屋坐西朝东,三开间二弄,中为厅堂,两侧为厢房。毛邦初于 1925 年入黄埔军校第三期步兵科,曾任国民政府参谋本部空军司令部副司令。毛邦初故居地处村口,又称"慰望庐",建于 1931 年,为三合院式建筑,前后二进,东西厢楼,四面回廊,为典型的中西合璧式民国建筑。此外,村内还保存着老屋阊门、玉房、子裕堂、上堂前、仁房、廿四间走马楼、中三院、下三院、三道阊门、瑞房、毛玉佩故居、毛景彪故居等一批古建筑。

近年来,在当地政府的良性保护开发下,岩头村先后获得"浙江省全面小康村""浙江省绿化示范村""浙江省文明村"等诸多荣誉,并成为国家 3A级旅游景区。

参见鲍贤昌、陆良华编:《四明风韵》,宁波出版社 2015 年版,第 102—107 页;沈国民编:《溪口品读》,宁波出版社 2012 年版,第 74—76 页;朱金茂、杨胜隽、林巧红主编:《四明遗韵:宁波市传统村落拾贝》,宁波出版社2013 年版,第 59—62 页。

余姚大隐镇

大隐镇地处余姚市东部,东与鄞州高桥镇姜岱村、双岙村为界,南与鄞州横街镇石岭、接胜等村为界,西与陆埠镇大平地、余鲍陈、河姆渡镇河姆渡等村相邻,北倚姚江,与江北区乍浦乡隔江相望,是浙东地区一座具有 2500余年历史的文化古镇。

　　大隐镇历史十分悠久,早在新石器时代已有先民生活、劳作于此。春秋时期,大隐属越国辖地。周元王四年(前472),越王勾践在灭吴后,即在大隐境内的城山渡建城设港,定名为句章。至西汉时期,相传商山四皓之一的夏黄公曾隐居在此,故《四明谈助》云:"大隐山本名句章,以大里黄公居此,故称大隐。"又据宝庆《四明志》卷一六《慈溪县志·叙山》引夏侯曾先《会稽地志》云:"大隐山口,南入天台。北峰为四明,东足乃谢乐炼药之所也。晋虞喜三召不就,遁迹此山,因以为名。"据此可知,大隐之名,由来已久。

　　大隐在历史上长期属句章县管辖。唐开元二十六年(738),析鄮县为慈溪、奉化、翁山、鄮县四县,大隐开始属慈溪县管辖。两宋时期,随着明州地区商品经济的发展,作为商品交换中心的市镇迅速崛起。据宝庆《四明志》卷一七《慈溪县志·叙赋》载,至迟到南宋宝庆年间(1225—1227),慈溪已出现1镇6市,大隐便是其中的6市之一。明清时期,大隐已发展成为一个区域性专业集市,集市交易主要以山货竹木为主,如米箩、簸箕、竹筛、竹椅、竹篮及竹木手工艺品等。近代以来,随着自然条件变化、贸易地点迁徙和交通路线改变等原因,大隐镇的集市贸易渐趋式微。

　　改革开放以后,大隐又焕发出往日的活力。为了加快融入宁波经济辐射圈,当地政府充分利用大隐镇的区位优势,立足实际,放眼未来,将大隐镇的发展定位为生态、文化、休闲旅游镇。其工业主要以三大产业为主要支

大隐民居

撑,分别是柜锁产业、轴承产业及一般制造业。农业以农副产品种植为主,利用当地丰富的农产品资源,建设农业观光基地、采摘基地,发展生态型、休闲型农业观光业。第三产业则主要依托"天下玉苑""浙东小九寨"等景区发展民宿和农家乐。

近年来,大隐镇加快推进生态文化旅游镇建设,以"玉文化"为主题的天下玉苑风景区已成为浙东旅游黄金线上的一个亮点,投资建成的大隐商贸城,为吃、住、行、游、购、娱创造了良好条件。在生态文明、美丽乡村建设上,先后荣获"国家级生态镇"和"最向往的美丽中国特色镇"荣誉称号。生态休闲、宜居宜游的美丽大隐镇建设正在书写时代新篇章。

参见〔宋〕胡榘修,方万里、罗濬纂:宝庆《四明志》卷十六、十七,中华书局 1990 年版;〔清〕徐兆昺:《四明谈助》卷二,宁波出版社 2000 年版;乐承耀:《宁波农业史》,宁波出版社 2013 年版,第 195—198 页;《走进大隐》(余姚市人民政府网站 http://www.yy.gov.cn)。

鄞州梅墟镇

梅墟镇位于宁波市东南,北靠甬江,南临通途路,江南公路穿境而过,交通便捷,是一座具有 1900 余年历史的文化古镇。

梅墟始建于东汉初。相传西汉末,南昌尉梅福因不满王莽擅权,遂弃官隐居至此地。他率民众围海筑塘,灭蝗保禾苗,功绩显著,为后人敬仰,立庙祀之,并以梅姓及当地的集墟而命名此地,故名梅墟。梅墟因临近浙东大运河,又为海上丝绸之路的必经之地,至南宋时期,梅墟老街的集市贸易开始兴起。明嘉靖年间(1522—1566),梅墟集市贸易日渐成熟。到民国时期,据《鄞县通志·舆地志·市集》记载,梅墟市每逢农历三、五、八、十开市,市内商铺林立,有蔬菜行、国药店、鲜咸水产行、南货店、酱园店、茶馆、肉铺、石板行等各类商店 40 余家。因贸易繁荣,梅墟遂有"鄞东第一商埠"之称。

新中国成立后,梅墟行政归属几经变化。1983 年,梅墟改称为梅墟乡,1988 年撤乡改镇。1992 年梅墟镇并入邱隘镇。1993 年,鄞县县委、县政府将原梅墟镇从邱隘镇划出设为县级工业区,并被列为鄞州四大经济产业区之首,其行政区域仍属邱隘镇管辖。1999 年梅墟工业区纳入宁波市科技园区总体规划。2003 年,从邱隘镇划出钱家、梅墟、大漕、大池、庄前、上王、姜陇、龙山、涂田张、潭头河、徐家洼、方家桥、宝桥金、澳家桥、滕园 15 个村设立梅墟街道。

近年来,随着宁波城乡一体化,特别是宁波东部新城建设的快速推进,宁波国家高新区梅墟街道区内已初步形成电子信息、机械化工、精密仪表、食品加工和住宅产品等多门类、多品种的工业体系,工业区已成为鄞州区主要的涉外经济区域、对台招商区域和重要的对外开放窗门。至 2017 年,梅墟街道辖区完成地区生产总值 36.3 亿元,完成工业总产值 38.8 亿元,财政总收入 4.5 亿元。目前,梅墟街道在"推进城市化,建设新梅墟"的总体规划下,着眼于增强城市功能品质,不断推进产城融合一体化,努力打造品质新城区。

参见张传保、汪焕章:《鄞县通志》,上海书店 1993 年版;张嘉梁主编:《宁波词典》,复旦大学出版社 1992 年版,第 50 页;李家鸿主编:《中国城镇浙江卷》,中国城市出版社 1991 年版,第 382—383 页。

镇海骆驼镇

骆驼镇地处宁波市镇海区西部,位于甬江之北,被誉为甬北门户,是一个典型的江南水乡小镇。

骆驼镇现为镇海区下辖街道,镇海区人民政府所在地,宁波市主城区北部中心核心区,东临贵驷街道,南接庄市街道,西界宁波市江北区庄桥街道,西北毗九龙湖镇,北邻澥浦镇,面积 29.26 平方千米。骆驼镇以骆驼桥得名,据南宋宝庆《四明志》记载,骆驼桥始建于北宋建隆元年(960),相传骆驼街沿河,自县城慈城东门观庄桥起至骆驼有 6 座大桥,骆驼桥是第六座大桥,因而被称为"六大桥"。"六大"按宁波话读法谐音"骆驼",因而有了骆驼桥之称。骆驼桥集市所处地理环境优越,姚江水系中的慈东后江(现称中大河)横穿东西,又毗邻镇海,水陆交通极为便利,到清代中叶,骆驼市已是一个"车毂相击于其上,舟舻衔接于其下"的繁华集市。民国时期,骆驼桥市每月逢二、四、六、八、十开市,各类商店多达百余家,与当时的慈溪城街市、观海卫市并称为商业最盛之地。历经千年风雨而衍生出的河道商业文化、商帮家族文化,是骆驼镇历史发展中的一道瑰丽风景和宝贵精神财富。

近代以来,骆驼镇的行政归属几经变化。民国二十一年(1932),设骆驼桥镇。民国二十五年(1936),与长石乡合并称长骆乡。1950 年 6 月,改为骆驼镇和长骆乡、长石乡、骆驼乡(辖东一、顾家弄、双林、借邑江、庙西、骆驼 6 个村,1956 年 2 月并入骆驼镇)。1951 年 6 月,骆驼镇隶属庄市区。1954 年 10 月,属骆驼区。1958 年 10 月,改为骆驼公社骆驼管理区。1959 年 12 月,骆驼镇与骆驼管理区合并为骆驼镇管理委员会,辖骆驼、早作等 5 个生产大队及东盛等九个居民区。1961 年 10 月设立骆驼公社(1970 年 2 月称骆驼镇公社)、贵驷公社。1963 年 4 月,成立骆驼居委会,属骆驼公社。至 2001 年 9 月,撤销原贵驷镇、骆驼镇,将贵驷镇并入骆驼街道。2015 年 7 月,以望海路为界,又将骆驼街道分为骆驼、贵驷 2 个街道。

改革开放以后,骆驼镇凭借其地理优势和商贸传统,再次焕发活力。近年来,随着杭州湾跨海大桥、舟山跨海大桥、宁波绕城高速公路、世纪大道、轻轨铁路的相继建成,区位优势更加凸现,经济发展日新月异。据统计,至 2017 年,骆驼街道完成工业总产值 184 亿元,综合经济实力名列镇海区前茅。根据宁波大都市发展战略,骆驼镇作为宁波中心城三江片的组成部分,其功能定位为宁波市三江片北部中心区、宁波市主城区北部中心核心区,一座具有现代化气息的江南水乡小镇正在宁波北部快速崛起。

参见傅璇琮主编:《宁波通史·民国卷》,宁波出版社 2009 年版,第 307 页;武井:《古镇今朝展新姿——宁波市镇海区骆驼镇纪行》,《宁波经济·财经视点》1998 年第 9 期。

慈溪坎墩镇

坎墩镇位于浙东杭州湾南岸宁绍平原北部、三北平原中部,南接古塘街道,北连崇寿镇,东北毗胜山镇,西临宗汉街道,处于沪、杭、甬经济金三角的中心地带。清末民初,坎墩因商贸繁荣而有"十里长街"之称,是当时浙江省最大的集镇之一。

坎墩形成于明清时期。明成化七年(1471),坎墩筑成第一条海塘——新御潮塘,至清嘉庆元年(1796)筑成晏海塘,终于形成现在的规模。因其主要聚居地二塘卦象坐于坎位,故称坎塘。后因海防所需,在坎塘边筑烽墩,故称为坎墩。

坎墩在筑塘围涂的同时,四方移民陆续迁入,人烟渐密,自西向东逐渐形成四个街区以及周家路市、二灶市两大中心集市,商贸活动渐趋活跃。至清末民初,坎墩成为浙江省最大的集镇之一,为当时姚北著名的山货药材、渔盐棉茧等农副产品的主要集散地。清代诗人胡杰人曾以"十里横塘住万家"等诗句描述其人气之旺、商业之盛。

坎墩十里长街有 4 个集市点,自东向西分别为六灶市、二灶市、周家路市、直塘市,其中周家路市创市较早,交易场所集中在十字街口最繁华的地段内。晚清至民国期间,街道两侧已是店铺林立,商店有数百家之多,如章咸泰南货店、绎慎泰棉布店、大昌米行、同寿堂药店、宋太和山货店等,在十里长街上盛极一时。地处闹市的周家路市,一天甚至有 4 次集市活动:早市、夜市、半夜市及随潮时开业的机动市。

"十里长街"的繁华不仅使坎墩商贸活动冠绝一时,同时也在繁华富庶的生活中积淀了浓厚的人文气息,形成了围垦文化、移民文化和商贸文化三大地方文化体系,孕育了宁波市第二大地方剧种——姚剧,向世人展示着坎墩曾经的繁华和风采。

进入 21 世纪后,为了抢抓"大桥经济"和慈溪主城"东延北扩"的战略机遇,加快与中心城区的接轨,坎墩街道及时编制出《慈溪主城——坎墩分区规划》(2003—2020 年)。根据规划,坎墩在产业布局上划分为三个功能区:在三塘横江以南,以浒崇公路为界,西片为现代制造业基地,集聚适合城市要求的工业企业;东片按现代化中等城市的要求进行建设和改造,重点发展商贸服务业;在三塘横江至五塘江之间,以农业示范园区建设为立足点,实施农业综合开发,发展面向城市的菜篮子农业及旅游、休闲和观光农业。在发展时序上,制定了三步走战略:近期,做大、做强、做优工业经济,为城市化的推进提供强大的经济支撑;中期,依托城市建设,逐步实现二、三产业并重;远期,则以商贸服务业为主导产业。

近年来,坎墩街道按照"规划先行、骨架优先、主动接轨、注重品位"的发展要求,加快城市基础配套设施建设步伐,积极培育商贸服务业亮点;同时加大力度吸引人流、物流、资金流向坎墩集聚,全面推动"十里长街"向现代化城市的转型发展。

参见乐承耀:《宁波农业史》,宁波出版社 2013 年版,第 367—368 页;浙江省慈溪县地名委员会主编:《慈溪县地名志》,1986 年,第 201 页;慈溪市地方志编纂委员会编:《慈溪市图志》,1993 年,第 133—134 页。

前童黄洋市

前童镇坐落于宁海县西南面,是一座历史悠久,文化积淀深厚,地理环境独特的江南古镇。前童镇在历史上影响最广、最能体现当地特色的民俗,是传统集市黄洋市。

早在宋代,前童镇就因其独特的地理位置,吸引着周边百姓到这里进行交易,集市初具雏形。明代时,前童镇集市有了进一步发展,而称黄洋市是因为当时在前童上黄洋开铺设市而得名。黄洋市旧名又称汪洋市,关于旧名称,有两种说法:一是直接从字面理解,汪洋表达的是"大、兴旺、物资丰富"的意思;二是相传当时前童镇有一户姓汪的大户人家,最初的集市地点在"上汪洋",后来到"下汪洋",最后才是如今的"黄洋"。黄洋集市自此成为前童镇的固定集市而沿袭至今。黄洋市每月逢农历二、七开市,500 多年来从未间断。而每年的农历十二月二十七,因临近春节,这里便会自发举行一年一度最大规模的传统集市。这一天,从四面八方赶来的行商摊贩、农户渔民齐聚黄洋市。市面上,猪、牛、鱼、虾、蟹、豆腐、香干等农副产品一应俱全,竹椅、米筐、簸箕、竹筛及服饰、小家电等用品花色繁多,一应俱全。集市一般从早晨 5 点开始,赶集者或销或贩,你卖我购,熙熙攘攘,直到下午三四点才逐渐散集。

当代城乡一体化发展进程,并没有使黄洋市这个传统集市消退,相反,对历史的回忆与珍视,使黄洋市重新焕发活力。近年来,前来赶集的不仅有前童、岔路、桑洲等附近乡镇的农户,还有三门、天台、仙居等周边地区的商家,日人流量接近 2 万人。

参见《山村年味:宁海前童年货集市——黄洋市至今已有 500 年》,(宁海在线 http://www.nhzj.com),2017 年 1 月 14 日;孙吉晶:《前童"黄洋市"潮涌古镇》,《宁波日报》2018 年 2 月 14 日。

象山石浦鱼市

石浦镇位于浙江沿海中部、象山半岛南端,北接新桥镇、定塘镇等乡镇,西扼三门湾,南与鹤浦镇、高塘镇隔港相望,东临大目洋、猫头洋,素有"浙洋中路重镇"之称,为中国历史文化名镇、全国六大中心渔港之一,也是浙江省小城镇综合改革试点镇和首批小城市培育试点镇、宁波市首批卫星城市建设试点镇。

石浦镇历史悠久,秦汉时期即有先民在此渔猎生息。因先民聚落于大金山麓峡谷中,三面环山,以"溪流入海处山岩直逼海中"而得名石浦。明洪武二年(1369),置石浦巡司,隶东门寨巡检司。洪武二十年(1387),徙昌国卫于东门山,迁石浦巡司于青山头,调昌国之前、后二所于石浦,并筑城以为浙东抗倭右翼,时有"浙洋重镇"之称。民国二十一年(1932),石浦分建东来、南熏、西成、北平 4 镇。民国二十三年(1934),又合为东来、金山 2 镇。次年,再合为石浦镇。1949 年 7 月,石浦解放,为石浦区区署驻地。1953 年,经浙江省批准为县属建制镇,后一度改称人民公社,1961 年复称镇。

石浦港周边为浅海,滩涂面积宽广,分布集中连片,渔业资源丰富,几乎集中了象山县的海洋捕捞业和大部分的养殖产量,经济鱼类有带鱼、墨鱼、马鲛鱼、鳓鱼、鲳鱼、大黄鱼、小黄鱼等 124 科,还有软体动物 106 科,甲壳类 82 科。丰富的渔业资源为石浦的集市贸易提供了物质基础,也给它打上了鲜明的渔业贸易特色烙印。清代陈秉元《石浦竹枝词》写道:"蜃雨腥风骇浪前,高低曲折一城圆。人家住在潮烟里,万里涛声到枕边。"诗中勾画出了渔港古城石浦的地形特征,也道出了它的文化特色。

石浦因渔而兴港,是中国沿海中部一个重要的渔港、商港和军港。唐宋时已成为远近闻名的渔商埠,民国时期石浦集市有了很大发展,据《中国实业志》浙江省卷第五编《水产及渔业》记载,民国时期象山县的 48 个集市中,以石浦最为繁盛。象山石浦的集市以鱼市为主,输出的海产品主要有鱿鱼、墨鱼、海蜇、虾米、咸鱼、干鱼等各种海鲜及加工品。早年的交易多在数十里长的码头上就地进行,渔民把盛鱼的器具,如箩筐、网兜、木盆等沿街摊开,场面非常壮观。遇到鱼汛季节,鱼市更是人声鼎沸,大宗收购的老板、一拥而上的小贩、忙于应付的伙计,熙熙攘攘,一派繁荣气象。

现在的石浦,仍然是重要的渔港和商港,并沿袭了古老的集市传统。当地政府为了解决鱼市旧码头空地无法满足交易需求的问题,因地制宜,建造中国水产城,使石浦再现当年浙洋中路重镇之盛况。与此同时,当地政府还大力改善石浦镇交通状况和街道景观,全力打造环石浦港渔文化旅游区。目前,石浦已拥有渔港古城、环港游、檀头山、渔山岛四大旅游产品,年接待游客量超过百万人次,成为中国海洋旅游开发的示范地。

参见实业部国际贸易局编:《中国实业志》浙江省卷第五编《水产及渔业》,浙江省国际贸易公司,1933 年;《石浦渔港旅游十年磨砺创辉煌》(半岛广电:象山县传媒中心 http://www.xstv.net);杨古城:《浙江省历史文化名镇——石浦》,《浙东文化》2000 年第 2 期。

东钱湖韩岭市

韩岭地处宁波鄞州区东钱湖南岸,三面环山,一面临湖,现属东钱湖南湖景区。韩岭作为古代集市,距今已有千年历史,曾有"浙东第一古街"之誉。

韩岭村历史悠久,据传早年因有韩姓居此而得名。唐天宝三年(744)疏浚东钱湖时,这里已有居民居住。南宋绍兴十年(1140),丞相史浩经韩岭去祖居下水村时,曾作《东湖游山》诗:"四明山水天下异,东湖景物尤佳致。中有村墟号韩岭,渔歌樵斧声相参。"可知当时的韩岭已是一个初具规模的村落。北宋庆历八年(1048),王安石在治理东钱湖、重建湖界时,韩岭已形成每月农历逢五、十的定期集市。成书于南宋宝庆三年(1227)的宝庆《四明志》卷一三中,明确记载当时鄞县已有小溪镇、横溪市、林村市、甬东市、下庄市、东吴市、小白市、韩岭市、下水市等镇市,韩岭便是 8 个乡村集市其中之一。由于旧时的韩岭又是鄞县城区连接象山港的水路运转中心和重要交通枢纽,因此,象山港的海鲜干货、东山岙的竹木薪炭、下水岙的萝卜菱藕、殷家湾的鱼虾螺蚌,无不在此集散。明清时期,韩岭逐渐发展成为一个山货竹木交易市场。民国时期,韩岭的集市贸易进入鼎盛时期。每逢开市日,一大清早就有数百条船停靠在开阔的河埠头,挑着满担鱼货的渔民,载着满车竹、木、炭的山民,以及满怀期待的商人挤满河埠头,一直延续到下午 3 时,热闹的集市才逐渐散去。每年的农历十二月二十五,是春节前的最后一个集市,更是商旅云集,集市上摆满了山货果品、海产蔬菜、猪牛羊肉等各种年

韩岭老街

货,人潮至黄昏才散去。集市交易中心是一条纵贯村中南北、长约 600 米的老街,街之东有狮岩,西有象峰,南有茅岭,韩岭溪沿街流入街北之东钱湖。街道两侧店铺林立,既有染坊、酿酒、纸笔、水作、竹木、成衣、雕花等店铺,也有银楼、邮信、西药、洋布、食品、照相等新行当,更有饭馆、面馆、茶坊、客栈、搬运、理发等一批服务性设施点缀其中,大小商店达 120 余家。

20 世纪 50 年代以来,由于周边公路的贯通,韩岭作为水运中转站的枢纽地位逐渐丧失,韩岭也由镇改乡,又撤乡为村,集市贸易趋于式微。

近年来,随着韩岭古村保护开发工作的推进和东钱湖旅游区的再开拓,韩岭正在积极打造宜居、宜游的湖滨古村,一个融山乡水村与历史文化、民俗风情、旅游休闲于一体的浙东名村将呈现在世人面前,"浙东第一古街"将再现当年风采。

参见杨古城、曹厚德:《四明寻踪》,宁波出版社 2002 年版,第 214—217 页;朱军备:《一条老街历百年 韩岭重塑"浙东第一古街"》,《宁波日报》2016 年 3 月 31 日;朱金茂、杨胜隽、林巧红主编:《四明遗韵:宁波市传统村落拾贝》,宁波出版社 2013 年版,第 288—291 页。

亭旁暴动

亭旁暴动是中共浙江省委在继奉化暴动后,在浙东组织发动的一次规模最大的农民暴动。

亭旁西枕天台山,南接括苍山,东濒三门湾,地处宁海、南田、临海、天台诸县的交界地,时为宁海县治(今属三门县)。由于亭旁离县城较远,经济落后,贫苦农民较多,又有斗争传统,因此,自 1926 年中共宁海县委建立后,便被确定为重点工作区域。1927 年"四一二"反革命政变后,为了打开工作局面,在中共宁海县委的领导下,当地青年知识分子包定、叶信庄、梅其彬等通过组织"穷人会""壁虎社"等各种方式发动农民,对农民进行宣传教育。1928 年以后,在亭旁五庄(包、杨、任、邵、梅)范围内,各村相继成立了农民协会。为了加强对亭旁农民运动的领导,1928 年 1 月,中共浙江省委派王瘦竹等到亭旁指导开展工作,并成立中共亭旁区委,由包定任书记。

1928 年 3 月,中共浙江省委根据上级要求,先后做出《浙江党部目前政治任务决议案》《关于台属六县工作决议案》,要求各县在短期内,发展党的组织,积极开展农民斗争,由农民的游击战争、乡村暴动达到武装割据的前途。5 月上旬,亭旁区农会发动农民展开抗租、平籴斗争,中共浙南特派员管容德根据浙江省委指示,决定在宁海亭旁农民经济斗争的基础上,组织一次大规模的武装暴动,准备"以游击战争的方式,造成乡村割据的局面"。5 月 20 日夜,亭旁、海游、高枧、桥头湖四区农民武装在谷仓岭集中,讨论提前起义事宜,决定设立红军指挥部,推举包定为总指挥。

5 月 23 日晚,农民武装在包定指挥下攻打土豪任升初家院,揭开了亭旁暴动的序幕。24 日,中共宁海县委正式宣布成立亭旁区革命委员会及红军指挥部,包定任革命委员会主席兼红军总指挥,梅法金、任畴为副总指挥,革命委员会下设军事、总务、财政、运输、交通等 5 个部。25 日晚,农民武装在丹邱寺集合整编,做好了暴动准备。珠岙、桑洲、海游各区也积极组织武装,随时准备出击,响应亭旁暴动。26 日拂晓,农民武装以红布为号,手执长矛、大刀及少数土枪、火药枪等,向亭旁进军,当地土豪劣绅闻风逃遁,农民武装未经战斗即占领亭旁。随后,中共宁海县委在城隍殿召开群众大会,宣布正式成立亭旁区革命委员会,这是浙江省第一个苏维埃政权。革命委员会向群众出示布告,宣布解散当地所有反动机构,实行共产革命,焚烧契据,没收土地,并决定逮捕反动豪绅,向地主征粮派捐,收缴其枪支等。农民武装还在亭旁举行了盛大的游行示威,周边农民也纷纷响应。

亭旁暴动震惊了国民党地方当局,浙江省当局迅速调集省防军第五团、临海驻军、宁海驻军进行镇压。在此情况下,为保存力量,从 5 月 27 日开始,农民武装化整为零,疏散隐蔽,转入地下斗争,其间虽有部分顽强抵抗,终因力量单薄而告失败。此后,国民党当局对组织和参加暴动的中共党员、群众进行大肆搜捕,包定不久后在杭州被捕牺牲,叶信庄、梅其彬、任畴等也于 1929 年先后被捕,英勇就义。

亭旁暴动在革命低潮时期,给广大劳苦大众以振奋和鼓舞,为中国共产党在农村开展武装斗争积累了宝贵经验,在中共领导的武装斗争历史上写下了光辉的一页。

参见傅璇琮主编:《宁波通史·民国卷》,宁波出版社 2009 年版,第 195—202 页;金普森、陈剩勇主编:《浙江通史·民国卷(下)》,浙江人民出版社 2005 年版,第 48—52 页;薛秀霞主编:《宁波历史》,宁波出版社 1997 年版,第 68—69 页。

梁弄收复战

1943 年 4 月,浙东游击司令部率主力挺进四明山,一举收复姚南重镇梁弄,并在此成立南山总办事处,从此梁弄成为浙东抗日根据地的指挥中心。

1943 年年初,挺进四明山的浙东主力回师三北进行反顽自卫战,汪伪第十师三十七团一营 300 余人,在营长张子清指挥下,趁机侵占姚南重镇梁弄,企图控制出入四明山的咽喉要道,对四明山进行彻底"扫荡"。汪伪军侵占梁弄后,开始构筑防御工事,在狮子山南北两个高地均构筑了地堡、堑壕、交通壕,并设置竹篱笆、铁丝网和鹿砦等障碍物。在镇内的防御,则以房屋为依托,利用砖墙打枪眼,在民房楼上架设机枪火力点,利用街口墙角构筑地堡、交通壕。防御工事完成后,汪伪军凭借狮子山 102 高地和民教馆南端各一个有两层火力网的大碉堡,防御力量大为增强,自诩为浙东的"马其诺防线"。同时,汪伪军还在梁弄设税务关卡,强索民财,当地百姓怨声载道。1943 年 4 月,中共浙东区委和三北游击司令部决定拔掉汪伪军楔入四明山腹地的这颗"钉子",夺回梁弄,建立以四明山为中心的浙东抗日根据地。

1943 年 4 月 22 日晚,三北游击司令部三支队、特务大队、教导大队及姚南自卫队,按原定计划分别从晓岭、杜徐、南黄出发,开始向梁弄镇东的金子岙挺进。4 月 23 日凌晨 1 时,三支队六中队发起攻击,迅速占领梁弄镇北的铁锚山,控制了主要狙击阵地。三支队四中队在篱笆栅栏、铁丝网等障碍物中打开了通道,直扑狮子山。三支队一中队及特务大队则隐蔽在接近梁弄镇的外围。凌晨 3 时,三支队四中队在突破堑壕、交通壕后,以迅雷不及掩耳之势,攻取地堡,全歼汪伪军守敌 1 个班,控制了狮子山制高点 112 高地。凌晨 3 时 45 分,三支队四中队点燃柴草,发出已占领主峰信号,随后沿山脊转攻 102 高地,但接连组织 3 次进攻后,均未能成功。4 月 23 日清晨,何克希司令、谭启龙政委等来到梁弄前线指挥所,决定调整战术,充分利用街道、村巷、民房作掩护,实施白昼连续突击,不给敌人以喘息的机会。指挥部确定以特务大队一中队的少部分兵力佯攻民教馆、关帝庙,以迷惑敌人,以三支队及特务大队为主力,逐屋打通民房,避开敌人主碉堡、地堡、高层楼房火力,歼灭横街祠堂内的敌人。4 月 23 日下午,驻余姚日军 30 余人、伪军 150 余人分路绕道前来增援,但在清贤岭、丁山附近遭到了民兵的狙击,被迫退回余姚。23 日黄昏,我军又一次发起攻击,汪伪官兵见大势已去,遂放弃梁弄镇和狮子山 102 高地,夺路逃往百官。至此,梁弄战斗胜利结束。

梁弄之战作为三北游击司令部的首次攻坚战而载入史册,在这场战斗中,我军打死打伤伪军 40 余人,俘获伪军军官 40 余人,缴获机枪 1 挺、步枪 50 支,取得了战斗的胜利。在这场战斗中,左溪、晓云等乡的民兵与部队密切配合作战,为参战部队提供了强有力的援助。不久,浙东区党委和三北游击司令部先后进驻梁弄、横坎头,梁弄成为浙东抗日根据地的指挥中心。

梁弄浙东抗日根据地旧址

　　参见李臻颖:《挺进四明中的梁弄战斗》,《宁波通讯》2005 年第 7 期;刘亨云:《围歼伪军的梁弄战斗》,《宁波文史资料》第 16 辑,1995 年;傅璇琮主编:《宁波通史·民国卷》,宁波出版社 2009 年版,第 199 页。

反顽自卫战

　　反顽自卫战是抗日战争期间,中共领导下的浙东抗日游击纵队与国民党顽军之间展开的一场抗日自卫战争。

　　1941 年 4 月,日军占领宁波。1941 年 5 月起,在中共中央和中央军委指示下,中共浦东工委先后派遣 7 批部队约 900 余人武装南渡浙东三北地区(余姚、慈溪、镇海三县之姚江以北地区)进行抗日,成为之后新四军浙东游击队的基础。同年 10 月,南渡部队与中共宁属党组织建立横向联系,巩固发展浙东地方抗日武装。1942 年 7 月,成立中共浙东区党委,积极开展抗日游击战争。同年9月,浙东区党委制定"坚持三北,开辟四明,在四明山完全占领后,再争取控制会稽山"的工作方针,积极进行抗日救亡活动。中共抗日力量的日渐壮大,引起了国民党政府的恐惧,于是国民党当局多次组织力量进攻浙东根据地,企图剿灭浙东中共抗日武装力量。

1942年10月,国民党政府第三十二集团军总司令李默庵为阻止三北游击司令部南进,命令艾庆章率领"忠义救国军"第一支队自平湖、乍浦南渡杭州湾,进逼三北抗日根据地。浙东区党委从会稽地区调集南进支队、诸北八乡自卫大队,与三、四、五支队一起集中到三北地区,以应对来犯之敌。11月下旬,三北游击司令部主力与三北部队会合,经过胜山、黄家埠和小越等一系列战斗,于12月中旬击溃国民党顽军,取得了第一次反顽战争的胜利,使三北游击司令部在浙东站稳脚跟。

1943年秋,由于浙东抗日根据地发展迅速,蒋介石多次电令第三战区司令长官顾祝同及军令部长徐永昌等"限期剿灭"浙东抗日武装。1943年10月1日,李默庵在天台设立前进指挥部,制订《浙东清剿奸匪计划》,调集2万余兵力,再次进攻浙东抗日根据地。浙东区党委和三北游击司令部面对进犯之敌,以大局为重,三次发出通电,呼吁停止内战、一致抗日。但国民党顽军还是于11月4日悍然进据梁弄、横坎头,19日向蜻蜓岗发动进攻。浙东抗日武装被迫自卫反击,并击溃顽军的进攻。但国民党顽军并不甘心失败,于同年12月又调来装备有新式武器的突击第一总队3000余人,使顽军兵力达到了3万人。面对强敌,浙东区党委和司令部决定避其锋芒,于1944年2月由刘亨云率领一部分武装转入四明山进行游击战,区党委、司令部及部分武装力量渡过姚江转入三北敌后。1944年6月,日军发动第二次浙赣战役,威胁国民党在天台的驻军。至9月,突击第一总队等部队撤退南下,第二次反顽战争结束。第二次反顽战争历时9个月,经历大小战斗91次,浙东游击纵队减员891人,故为浙东抗日根据地最为艰难的时期。

1945年6月,国民党顽固派又调集三十三师、浙江保安队等共约10个团的兵力,发动第3次大规模军事进攻,首先袭击向浙东新四军靠拢的张俊升部。浙东游击纵队奋起反击,于6月底即取得第三次反顽战争的胜利。

在中国共产党的领导和沦陷区人民的支持下,经过抗日将士4年的艰苦斗争,浙江抗日根据地不断发展壮大,至抗战胜利前夕,已成为全国19个解放区之一。

参见傅璇琮主编:《宁波通史·民国卷》,宁波出版社2009年版,第195—202页;宁波市委党史研究室编:《中共宁波党史》(第一卷),中央党史出版社 2001 年版,第 240—242 页;谭启龙:《浙东四年》,《宁波文史资料》第 16 辑,1995 年。

马家桥伏击战

马家桥伏击战,又称田顾凉亭战斗,是抗日战争期间新四军在三北、慈镇地区抗击伪军的主要战斗之一。

马家桥伏击战又称田顾凉亭战斗,因其主要伏击地点在田顾凉亭。田顾村地处镇海西北部,当时新四军浙东游击纵队三支队第一、四中队和慈镇县大队第一中队分别驻扎在河头田顾及附近村庄。1944 年 6 月 25 日,也是传统的端午节那天,伪军第十师第三十九团第三营营长俞雪明率领 56 名士兵,携优良装备,从汶溪据点出发,前往盘踞河头的伪军镇北保安团姚华康部赴端午宴。因担心遭到新四军的伏击,俞雪明在行走线路上,特意避开沿山近路,绕道而行。

新四军第四中队闻讯后,决定抓住战机,并以最快速度做好伏击准备。当俞雪明部行进至马家桥附近的田顾凉亭时,我军预先架在田顾洋屋房上的两挺机枪猛烈向伪军扫射,另配置机枪的两个排分左右两路成钳形向敌出击,而慈镇县大队第一中队也主动驰援,击敌背部,战斗就此打响。

此时驻扎河头的姚华康部闻枪声激烈,龟缩在据点,不敢出援。俞雪明猝不及防,与 3 名卫士仓皇逃遁,其余伪军纷纷弃械投降。马家桥战斗不到一小时即告捷,击毙伪军 12 人、生俘 40 人,缴获轻机枪 3 挺、长短枪 39 支、子弹 2000 余发。1944 年 6 月 27 日,新四军浙东游击纵队司令部、政治部传令嘉奖参战部队。

马家桥伏击战打击了伪军的嚣张气焰,极大地鼓舞了宁波抗日军民的斗志。此战后,当地老百姓无不拍手称快,田野乡间,到处都在传颂着新四军三支队马家桥痛击伪军的故事。

参见杨明祥主编:《宁波市党史胜迹图志》,宁波出版社 2009 年版,第 90 页;《红色记忆——马家桥伏击战》,《今日镇海数字报》第 4 版"纪念抗战胜利 70 周年特别报道",2015 年 4 月 28 日。

乌岩地下联络站

乌岩地下联络站是解放战争期间鄞县共产党地下组织设在乌岩地区的秘密组织。地下联络站在监视该地区国民党敌特活动、破坏国民党特务机构等斗争中发挥了重要作用。

乌岩地下联络站旧址位于今鄞州区横街镇朱敏村平桥头,这里两水相汇,屋舍密集,是旧日乌岩的中心地段。解放战争期间,国民党和共产党地下组织在此地进行了殊死斗争。1946 年 4 月、5 月,宁波地区国民党敌特组织为配合浙江保安队对四明山区的"围剿"和"清乡",派遣特务到乌岩中心地区建立特务联络站,加紧刺探、搜集中共鄞县特派员机关和地下党的活动情报。国民党在乌岩地区的特务活动严重威胁到四明山区共产党组织的安全,中共鄞县特派员陈爱中决定展开反监视斗争,派遣地下党员王文标、夏来根到乌岩地区开展活动。王、夏两人卖掉自家的毛竹山,筹款购买了乌岩中心平桥头翁有庆店面,以开杂货店为名,建立了地下联络站,并派脱产干部林大章以补鞋作掩护,在小店门口摆起修鞋摊,一面监视敌特活动,一面保护联络站。1946 年 10 月初,地下党员应章云提供情报,国民党特务毛昌德、胡老宾等 3 人准备在 10 月 9 日以搬迁新屋为名办酒请客。陈爱中决定派王文标、夏来根、毛晓甫、应章云等 4 人前去送礼,参加酒会,刺探内情。在获得确切情报后,陈爱中当机立断,于当日深夜率领金声、王圣章等 10 余名武装人员,迅速包围国民党乌岩联络站,将敌特站长毛昌德等 3 人一举捕获,并押解到上兆坑村处决。不久,为地下党员的安全考虑,乌岩地下联络站暂时停止活动。

乌岩地下联络站尽管存在的时间不长,但在富有正义感、拥护革命的人民群众配合下,中共地下党组织进行了艰苦卓绝的斗争,沉重地打击了敌人的嚣张气焰。

参见《乌岩地下联络站旧址》,宁波市鄞州区地方文献整理委员会编:《鄞州史志》2013 年第 4 期;毛斌丰:《乌岩村党组织的建立与发展》,鄞县新四军研究会编:《鄞县新四军研究会会刊》1996 年第 9 期。

细岭缴枪

细岭缴枪是解放战争时期,宁波中共地下组织与国民党自卫队之间的一场斗争。在这场斗争中,中共四明工委行动果决,在细岭祠堂缴获了国民党自卫队员的枪支弹药,并赢得了细岭当地群众的欢迎和支持,打响了鄞慈地区解放斗争的第一枪。

抗日战争胜利后,蒋介石发动全面内战,宁波地区的政治形势发生重大变化。1946 年 9 月 20 日,中共华中分局对浙东地区的斗争发出新的指示,要求"在空虚的国民党后方,在游击区放手发动群众,壮大人民力量,发展群众性的武装组织,进行非法和合法的群众性斗争",浙东共产党的斗争随之由隐蔽转向开展广泛的游击战争。

1947 年 1 月 24 日，中共四明工委派鄞县特派员陈爱中率领王圣章、金声、林山、包纯和、杨祥瑞等 10 余名武装人员，在大皎乡地下党员应生康等的配合下，趁细岭祠堂正月初三演戏之机，潜入戏场，包围正在集中赌博的乡自卫队，当场击毙 1 名反抗的自卫队员，缴获步枪 3 支、驳壳枪 1 支和子弹数百发。金声还上台向群众宣传全国解放战争大好形势，号召老百姓抗捐抗税，共同反对国民党打内战，反对抽壮丁。广大群众欢欣鼓舞，纷纷传告"三五支队回来了"！

细岭缴枪打响了"三五支队"北撤后鄞慈地区武装斗争的第一枪，大大鼓舞了浙东地区人民的斗志，同时也扩大了中共在鄞西地区的政治影响，为开展游击战争和建立根据地开创了条件，从此，鄞慈地区革命武装斗争蓬勃兴起。

细岭缴枪旧址在章水镇大皎细岭自然村，现已成为水库。2002 年 12 月，细岭人民为缅怀革命前辈、激励后人，在自然村东约 300 米的玄坛岭上，建造了一座木结构六角单檐攒尖式纪念亭，并立碑记述其事。

参见《细岭缴枪旧址》，宁波市鄞州区地方文献整理委员会编：《鄞州史志》2013 年第 4 期；杨祥瑞：《大皎细岭缴枪记》，《解放战争时期宁波地区革命史料·隐蔽坚持》（第 1 卷），中共党史出版社 1999 年版，第 394—398 页。

上王岗之战

上王岗之战是解放战争时期发生在浙东四明山地区规模最大、持续时间最长的一次战斗。在敌我力量悬殊的情况下，新四军浙东三五纵队顽强作战，重创国民党浙江省保安部队，取得了战斗的最后胜利。

1948 年 4 月，中共浦东部队再次南渡四明，不久编为"浙东人民解放军第五支队"，并与四明游击队第三支队会合，浙东地区的革命武装力量更为壮大。浙东中共武装力量的发展，使国民党政权极为震恐，为一举歼灭立足未稳的浦东部队，1948 年 5 月 21、22 日，浙江省保安司令部少将副司令王云沛、浙江省省长沈鸿烈等人先后到达余姚，由沈鸿烈主持召开四明山区七县县长参加的"清剿"会议。王云沛还坐镇指挥"浙保"一团、二团二营、三团的一个营以及各县保警队约 5000 余人对四明山进行"清剿"，牛塘、红岭和上王岗等一系列战斗由此展开。

1948 年 5 月 21 日，三支队与五支队会师，当行军到姚南大山村时，"浙保"集中数营的兵力，向三五支队扑来，浙东临委与支队领导决定以一部分兵力抗击"浙保"，其余向东面的牛塘村和南面的冬青村方向转移。在当晚的战斗中,三五支队多次击退"浙保"的轮番进攻。第二天,陈布衣、朱晋康带领"钢铁部队"一个排和五支队转移至牛塘,与跟踪而来的"浙保"一个营又展开激战。战斗至夜晚,陈布衣率部撤离牛塘村。

5月23日,"三五支队"在红岭会合,"浙保"200余人紧随而至。"三五支队"分头出击,毙、伤"浙保"10余人,其余溃逃。当晚,"三五支队"转移至姚南流水潭村。牛塘、红岭战斗后,浙东临委、四明工委机关和三五支队在东茅山、上王岗、倪何村一线宿营。在分析形势后,浙东临委认为,为摆脱尾追,我军必须给予"浙保"一次打击,为此决定利用上王岗、东茅山一带有利地形,并部署兵力,与敌展开决战。

5月28日,以凶猛著称的"浙保"一团团长童烈率领一团、五团一营和周围七县保警队共2000多兵力,从中村出发,分两路向"三五支队"前沿阵地扑来:一路是一团副团长杨百年率领的一个营,经磨盘山、裘岙、杜徐,直扑上王岗;一路由童烈亲自率领三个营,经上庄、深坑,抵南黄。5月28日上午9时,"三五支队"与前来"清剿"的"浙保"交火。"浙保"以迫击炮、轻重机枪疯狂地向上王岗猛轰滥扫,"三五支队"的战士们抱着与阵地共存亡的决心,并肩战斗,先后击退了"浙保"的7次冲锋。下午3时,"三五支队"因所剩弹药已不多,就采取沉着应战、小群近距离反击的战术,与敌周旋。这时,"浙保"一个营逼近我方阵地,"三五支队"即集中兵力,调集10余挺轻机枪、1挺重机枪迂回至"浙保"侧翼发起猛烈进攻,大败"浙保",毙、伤"浙保"100余人,俘获30余人。在这一战中,我军虽伤亡20余人,但取得了战斗的最后胜利。

上王岗之战,打击了国民党军队的嚣张气焰,扩大了"三五支队"在浙东的政治影响。

参见宁波市新四军研究会编:《解放战争时期宁波地区革命史料》(第二卷),中共党史出版社2001年版,第345页;傅璇琮主编:《宁波通史·民国卷》,宁波出版社2009年版,第237页。

鄞县张潮清、周祥千起义

张潮清、周祥千起义是清咸丰年间,鄞县农民为反对官府侵占肩贩盐界、反征赋增耗而发起的一次抗暴斗争。

清咸丰元年(1851),鄞县盐商江某勾通官府,侵占盐民田界,又设官盐店强征民盐,并纵巡丁四出侵扰,民众愤怨。此前,鄞县沿海素来是肩贩和坐商划界销售食盐,互不相侵,一些贫苦肩贩得以在规定界内贩卖食盐以养家糊口,而官府设官盐店,侵肩贩地界,致使其生计断绝。东乡石山弄俞能贵等迫于生计,首先发难,率众焚五乡碶盐店。时邱隘横泾人张潮清因遭官府巡丁虐侮,屡控于官,反被诬为烧盐店罪首,逮捕下狱。1852 年 1 月,数万乡民举旗入县衙评理,并焚毁江氏宗祠及江某住宅,知县冯翊被迫释放张潮清。

　　1852 年 3 月,鄞县知县规定交纳田赋分红封、白封两种,但平民所纳白封,其赋竟高于绅豪所纳的红封数倍,民不堪负担。时南乡周韩村人周祥千联络周维友、翁烈松等乡民赴县衙请愿,要求减平粮赋,知县冯翊不但不准,反诬其结伙抗粮,笞责下狱。为救周祥千,5 月 19 日,数万乡民从东、南、西门蜂拥入城。冯翊见状,遂派兵拦阻,因而激起众怒。乡民们砸烂县署门窗,捣毁器物,冯翊逾墙逃跑。巡道罗镛闻变,坐轿往提督衙门讨兵弹压,途遇入城乡民,轿被砸毁,众人拥持罗镛至府城评理。后经知府毕承昭劝解,释放周祥千,并应允出谕平减,乡民始散归。但冯、罗黉夜奔省告变,同月,浙江按察使孙毓溎、盐运使庆连遣兵弹压,因抓捕周祥千、张潮清均不获,乃逮乡民 16 人,并烧民宅数间而返。张潮清于是与众商议,决定在石山弄立寨,筑防设卫以抗官兵。7 月 1 日,省按察使孙毓溎遣副将张蕙率官军至东乡搜捕,张潮清率乡民于盛垫桥伏击,官兵溃散,击杀副将张蕙等 119 人,俘清提标薛元成和绿营兵 27 人。当日,新任鄞县知县段光清被迫释放所逮村民,以交换被俘官兵,并允以勘定盐界,乡民渐散。不久,段光清以罢红封、白封和勘定盐场界址为诱,召周祥千至省城,旋将其杀害。后张潮清等人也遭杀害。

　　参见俞福海主编:《宁波市志》(下),中华书局 1995 年版,第 2017 页;章士晋:《太平军在宁绍台》,宁波出版社 2001 年版,第 19 页。

鄞县双刀会起义

　　鄞县双刀会起义是宁波人民在太国天国运动影响下,自发组织的一次反压迫斗争。

　　清咸丰年间,由于史治腐败、水利设施年久失修,导致灾荒不断,宁波及其附近各地的请平粮价、饥民起事等风潮迭起。1853 年 9 月上海小刀会起义给宁波百姓以极大鼓舞,宁波民间组织双刀会首领陈春富、陈伯尧、苏阿岳等闻风而动,他们设局于鄞县姜山,劫富济贫,储备粮食,并积极发动周边民众及台州群众数百人准备起事。双刀会以太平天国为号召,所用旗帜、印章皆用太平军规制,同时积极联络上海小刀会共同谋事。鄞县知县段光清闻报后,在当地顾宏康地主所率团练的配合下,突袭双刀会局所,陈春生等人不幸被捕,后被押送至县衙处死。

陈春富牺牲后,双刀会继续设法与上海小刀会联系,上海小刀会也十分重视与宁波双刀会的联络,首领刘丽川在占据上海县城后不久,就派出副帅张金山等5人赴宁波,期于11月1日举事。但张金山的行踪为清军侦知,宁波团练头子李厚建遂假冒起义者,深夜走访了藏匿在甬东厢的张金山,诡称手下有兄弟数百人,可密谋大事。张金山不知是计,于10月25日率随从至李厚建设伏处,结果被一网打尽,尽缚送于官府,不久遇害,所携带旗帜、符布、印信也一并被敌查获。由于张金山的麻痹大意,小刀会此次的联络计划宣告失败。

此后,双刀会在叶姓首领率领下,坚持斗争,改期于12月6日发动起义,"先陷宁郡,再取慈溪"(段光清《镜湖自撰年谱》)。由于机密泄露,段光清即令顾宏康团结练勇,并答应代其劝募经费,同时分告守城兵丁关闭城门,加强防备。11月28日,双刀会召集3000余人准备起事。但起义军首领对威胁极大的顾氏团练却掉以轻心,在起义当天否决了先攻顾氏团练的合理建议,声称"既得宁波城池,顾姓团勇将为我有,如我不从,日后再收不迟"(段光清《镜湖自撰年谱》)。结果,在前往攻打宁波府城的途中,义军遭到了顾氏团练的袭击,后又遭到段光清部的围攻,义军虽然顽强抵抗,但最终溃败,不少会员惨遭屠杀。

攻打宁波府城失败后,双刀会余部仍然坚持反清斗争,他们推洪世贤为首,以姜山仙岩寺为据点,聚众数千,并一度攻占姜山镇,后因时任宁波知府的段光清派兵与当地团总顾宏康所率团练联合夹攻,义军受到挫折。不久,洪世贤率余众移寨奉化雪窦寺,他声称"我兴王者之师,不肯妄戮一人"(段光清《镜湖自撰年谱》),因而深得群众拥护。同时,义军在组织上,设立"军师""丞相""将军"等,授官数百人,并积极准备再次发动武装起义。次年3月,洪世贤率众在奉化莼湖起义,并与当地团练展开激战,段光清派官兵从水陆两路围捕,洪世贤等兵败被俘杀。

宁波的双刀会起义虽然以失败告终,但给清军以深重打击,动摇了清王朝的统治基础。

参见乐承耀:《宁波近代史纲1840—1919》,宁波出版社1999年版,第126—128页;邵雍:《近代江南秘密社会》,上海人民出版社2013年版,第29—33页;俞福海主编:《宁波市志》(下),中华书局1995年版,第2017页。

鄞县史致芬起义

史致芬起义是鄞县渔民因反对官府克扣,由请愿而演变为暴动的一场反剥削斗争。

咸丰年间,清廷屈服于帝国主义的压力,勾结奸商,在宁波地区施行"过账钱"制度,即收购渔民所捕之鱼和农民所种之物时,只在账上记数,不付现钱,而渔民和农民购货、交税、付租则必须付讫现钱,如将"过账钱"兑换现钱,必须付10％~20％的"贴水",或称"现升""现贴",有时"贴水"甚至高达50％。鄞县东钱湖一带的渔民,深受"过账钱"所造成的贬值之害。

咸丰八年(1858)7月9日,陶公山渔民史致芬聚集广大佃农、渔民,以平米价、贴钱为名,率众到米行、钱庄讲理,接着又赴鄞县衙署请愿,要求严禁贴钱、平定米价,但遭到知县张玉藻的拒绝,双方当场发生冲突。渔民们闻知张玉藻谋划进剿,于是一方面结寨于觉济寺,倚山树旗,准备迎战,一方面又再次赴城请愿。7月30日,数千赴城渔民抢劫钱庄,火烧教场演武厅,遭练总李厚建所率团勇狙击,10余名渔民被杀,众人返回东钱湖。

此时,省按察使段光清巡视鄞县,他害怕事态扩大,于是晓谕钱庄、商铺降低"现贴"折率,复派镇海士绅卢某招抚史致芬。8月21日,李厚建趁渔民准备迎接段光清谈判之际,率团勇奔袭觉济寺。史致芬亲自率部奋战,大败来犯官军,斩练总李厚建及团勇130余人。9月,史致芬又率众攻破东钱湖东面的大嵩所,收缴官兵军械、船只,由王文龙率众驻防泗港,作为前哨。

渔民力量的壮大,使湖上豪族戴、袁等深感不安,两族互约不得跟从渔民作乱。史致芬闻之,率众抄没戴族为首者戴殿元之家。于是,戴殿元潜入府城,献财物于段光清,请官府派兵镇压,并表示愿充内应。11月30日,为了镇压史致芬起义,清军兵分水陆两路向起义据点发动进攻。段光清亲督官兵袭泗港,王文龙用火器阻截,然官兵伏滩蛇行而前,火力不能及,王文龙不敌,退至湖寨。第二天,官兵进攻觉济寺寨,戴、袁也派家丁自寺后夹击,史致芬率众突围。寨破后,官兵纵火烧毁觉济寺,周边相邻千栋民宅同时被毁。

起义失败后,段光清悬赏捉捕史致芬及王文龙。12月7日、10日,由于奸细告密,史、王相继被捕,后两人同时在宁波府城的大教场就义。

史致芬起义是在太平天国运动影响下,浙东沿海人民反封建斗争规模较大的一次起义。起义虽告失败,但在浙东渔民斗争史上,却写下了光辉的一页。

参见乐承耀:《宁波近代史纲 1840—1919》,宁波出版社 1999 年版,第

128—130 页；俞福海主编：《宁波市志》（下），中华书局 1995 年版，第 2018 页。

余姚十八局起义

余姚十八局起义是清咸丰年间，由佃农减租、抗租而演变为起义暴动的一次有较大影响的农民起义。

咸丰八年（1858），余姚、慈溪两县淫雨成灾，至秋稻谷歉收，民不聊生，而地主不仅催租如故，而且用不合理的秤、斛、构桶多收租税，佃农生活在水深火热之中。时黄李鲍村小地主黄春生眼见灾歉严重，出于对乡亲的同情，毅然出来领导减租和校正租器的斗争。知县崔家荫害怕农民闹事，便出面与佃农首领协商，双方议定当年以七折半减租，同时命地主将不合标准的秤、斛、构桶集中到县衙，当众校正，加盖烙印。不料崔家荫遭豪绅诬告撤调，新任知县贾树勋在豪绅要挟下，不仅推翻前任的议定，而且派差役拘捕黄春生等人，此举引起了佃农们的强烈不满。于是，黄春生等在佃农拥戴下，决定起而抗争。他们在各乡庙社设局，以便于统一行动。其中黄李鲍以黄春生为首，梁弄以宣士文为首，姜家渡以倪庆三为首，连同廊厦、八堡庙、丰山、郑巷、烂水田周、太平桥、吴家板桥、屯山庙、菖蒲塘、乌柏树庙、宣家塔、潘巷、汪蔡、新墅庙、石婆桥等局，设总局于黄李鲍村，统称为十八局。各局公举黄春生为总局头，由魏书坤设计武装编制，陈嗣龙为武术教练，潘世忠为军师，黄来昌为先锋，着手组织武装队伍。

十八局成立后，便与泗门镇恶霸谢敬的团练组织"黄头勇"多次展开抗租与逼租的斗争。1859 年 1 月 26 日，为了解救被捕佃农，黄春生率众攻入县城，打开县狱救出被抓佃农，接着冲进县署，迫使知县贾树勋应允前任知县减租承诺，在焚毁邵元照、史象川、李树棠 3 户劣绅住宅后有序退出。不久，官府与劣绅邵元照勾结，招募胜山地主武装"红头勇"千余人入城防守，并部署向十八局反扑。2 月 14 日，为解菖蒲塘团头徐六耀之危，黄春生又率众万余分东、西两路攻打县城，在击败"红头勇"后进入县城，完成解救任务后当晚撤出。

随着义军势力的壮大，浙江巡抚胡兴仁派遣候补道胡元博率兵赴余姚镇压。宁绍台道台麟趾也赴余姚与谢敬等策划对付十八局，并令增招"黄头勇"协同清军镇压。因农民军平时分散各村，这样，在与有组织的兵勇交战中，逐渐处于劣势。为保存有生力量，起义军决定放弃黄李鲍村据点，移驻四明山，并联络诸暨莲蓬党、嵊县虎啸党起义军，坚持斗争。

1861 年 6 月,上虞、余姚清军与地主团练分四路围攻梁弄,义军因寡不敌众而撤出,黄春生在撤退途中被清军俘杀。其余部在黄来昌、潘世忠率领下继续坚持斗争,后融入太平军队伍转战于浙东各地,在太平军攻占浙东过程中发挥了重要作用。

参见《黄春生与余姚十八局农民起义——记太平天国在浙东的一个小分队》,《杭大学报》1992 年第 2 期;乐承耀:《宁波近代史纲 1840—1919》,宁波出版社 1999 年版,第 130—133 页;俞福海主编:《宁波市志》(下),中华书局 1995 年版,第 2018 页;姜枝先:《太平天国革命时期余姚十八局农民起义》,政协余姚县委员会文史资料研究委员会编:《余姚文史资料》第 1 辑,1985 年。

宁海王锡桐起义

王锡桐起义,又称"宁海教案",是清光绪年间在义和团运动影响下,由宁海人王锡桐发起的,浙江规模最大的一场民间反教会斗争。

鸦片战争后,随着西方军事、经济势力不断入侵浙东,法国天主教会也进一步渗透到浙东地区。同治、光绪年间,天主教不仅在宁波城区迅速发展,而且深入各县乡村,当时的宁海县,除了在县城,还在风潭、中胡、前横、黄坛等乡村建有教堂,一些教士在传教的同时,凭借不平等条约,勾结地方官府,侵占田地、欺凌善良,使民教矛盾日益激化。

光绪二十六年(1900)四月五日,大里教民王品松、刘根香夫妇因祭祖一事与叔父王定锡发生冲突。次日,刘根香上县城哭告吴神甫,吴神甫即逼迫知县叶纫兰差衙役至大里捕拿王定锡。是时,执教于村塾的王锡桐挺身而出,并仗义执言,斥责衙役。为了不连累乡里,王锡桐随衙役至县衙评理,被叶纫兰拘禁于县学。六月,叶纫兰因害怕激起民变,释放了王锡桐,但王定锡却屈死狱中。王锡桐获释返大里后,即发动乡民,指出:"天主教恶贯满盈,天怒人怨。北方义兵大起,正吾辈驱逐天主时矣。"并创立反教会党"伏虎会",率领乡民捣毁中胡、溪边教堂,惩罚不法教民。消息传至宁波,宁波教区主教赵保禄惊恐万状,立即胁迫浙江巡抚聂缉椝以护教不力为由将叶纫兰撤职,改派孙启泰为知县。次年,孙启泰上任,即率士兵数十人至大里缉捕王锡桐,王锡桐闻讯出走浙西。同年四月五日,王锡桐潜回大里,教会又派人企图暗杀王锡桐,伏虎会员再次焚毁重建的中胡教堂。六月,孙启泰诱捕王锡桐入狱。时传王锡桐不日将处斩,王锡桐妻陈茂英即率众进城,劫走王锡桐。王锡桐出狱后,便赴杭嘉湖地区联络反教义士。光绪二十九年

(1903)八月,王锡桐再次回到大里,联络各地会党,准备举事。十二日,一切准备就绪,王锡桐在伏虎山麓竖起中书"王"字、旁有"灭天主,保清朝"字样的白色大旗,当众宣读《灭洋保国》文告,并斩刘根香以祭旗,宣布正式起义。在清除了大里周围的深圳、长洋、中胡、溪边等地的教会势力后,十三日凌晨,起义队伍手持土铳、刀枪、锄头、棍棒从大里向县城进发,沿途群众纷纷加入。午后,起义队伍近万人进入县城,王锡桐坐镇城隍庙指挥。按原先计划,义军一面张贴安民告示,揭露天主教罪状,一面派人焚毁天主教堂及教首房舍,并处死法国神甫朱国光和教民陈阿三、罗仁寿等。十五日,王锡桐以"仇已报、愤已泄"为由,遂遣散各路人马回原地。

王锡桐起义使中外为之震动,法国巴斯卡尔号巡洋舰驶入甬江示威,并致函浙江巡抚聂缉椝,限七日内拿获王锡桐。聂缉椝连忙令台州知府徐承礼坐镇宁海,令海门镇游击黄文琮率练船 4 艘、威远轮 1 艘,驶抵三门湾。宁波府亦派员领兵数百,偕法国兵数十人至宁海县,联合镇压起义军。

八月十七日,徐承礼指挥清军分五路合击大里,王锡桐竖义旗、吹号角,率众奋起抗击,并多次击退清军进攻。八月二十日,因寡不敌众,大里失守。王锡桐等撤至后山天打岗,决定分散隐蔽。此役,大里村被杀义士和群众达 80 余人,19 名起义骨干被捕,其中叶崇涓、董麟有、章高成、赵玉圣、王树和等 5 人,于九月初五就义于宁波南校场。

王锡桐起义虽然被中外反动势力镇压,但在近代浙东人民反帝爱国斗争史上,写下了光辉的一页。

参见徐锡圭、钱弘毅、徐良骥:《王锡桐反教起义始末》,《宁波师院学报(社会科学版)》1985 年第 3 期;徐和雍:《义和团运动期间浙江宁海王锡桐起义》,《杭州大学学报(哲学社会科学版)》1979 年 4 期;傅璇琮主编:《宁波通史·清代卷》,宁波出版社 2009 年版,第 392—394 页。

镇海昆亭盐民攻打盐局

镇海昆亭盐民攻打盐局是北洋军阀统治时期,宁波地区一次规模较大的群众反抗斗争。

1915 年,镇海县设官盐局于柴桥,强迫盐民并场、归堆,同时盐警四出抓捕盐贩,累及无辜,引起当地盐民的强烈不满。原来,盐民手中往往握有少量原盐,因盐商收购价格较低,而盐贩相对较高,因此盐民与私贩在经济利益上有某种默契,而抓捕盐贩,无疑也损害了盐民利益。这样,在反对盐警和征管机构的斗争中,盐民与私贩由于利益关系,往往站在一起。

4 月 23 日,一邵姓盐警在昆亭上刘埠头抓捕盐贩和盐船老大,并强封船舱,激起民愤,邵被殴致死。当天,昆亭百姓在圣山庙击鼓聚众,并派人驰赴梅山、上阳等地揭旗敲锣,集众共抗暴政。到了晚上,柴桥、郭巨一带乡民、盐民 3000 余人,接连捣毁下洋东、下洋西、昆亭、仑江、霞浦、梅山、柴桥、三山等地的 8 处盐栈,举火焚烧办盐司事张铃荷等人的 4 处住宅,又在梅山击毙 2 名盐警,并将柴桥警察分所捣毁一空。24 日下午,知事洪锡范率城区巡警,乘坐“永定号”兵轮赶来调解。洪锡范到达后,动员地方士绅出面劝谕解散民众,不料乡民扬旗呐喊,愈聚愈多。此时,警备队管带乐俊奎也从定海率队赶来镇压,但民众坚持不退。26 日,时大雨如注,双方相持不下。这时,驻守宁波的新军二排和外海水警厅的“超武舰”也赶来增援。洪锡范乘势会同当地绅耆,亲赴劝导,谕以利害,乡民才逐渐散归。此后洪锡范偕海晏、郭巨两乡自治会长亲自赴盐务总局交涉,最终盐务总署害怕激起民愤,遂降低盐税,约束盐警,平息事件。在此次长达 4 天的斗争中,被军警枪杀的乡民和盐贩有六七人,军警死伤人数大致相当。

镇海昆亭盐民的斗争沉重打击了地方当局,极大地激发了盐民的斗争精神,不久岱山盐场、姚北盐场相继举行了一系列反暴政斗争。

参见傅璇琮主编:《宁波通史·民国卷》,宁波出版社 2009 年版,第 36—37 页;俞福海主编:《宁波市志》(下),中华书局 1995 年版,第 2023—2024 页;宁波市档案馆编:《〈申报〉宁波史料集》(五),宁波出版社 2013 年版,第 2026—2027 页。

余姚庵东盐民罢工

庵东盐民罢工是余姚庵东盐民因不满盐局苛政而举行的一场大罢工。

余姚庵东盐场位于杭州湾南岸,有 10 万盐民、60 万块盐板,年产盐近 300 万担,是当时浙江最大的盐场。

1924 年 5 月,余姚庵东盐场公署、盐场秤放总局以杜绝私盐为名,做出废除定期缴盐制度,并将原定 5 日至 10 日缴盐一次改为每天缴盐入公仓的决定,盐民如果留盐过夜,一律作收藏私盐论处。这一规定不仅剥夺了盐民的藏盐权,而且在缴盐过程中,盐民常常受秤放局局员、廒商、蓬长和秤手的刁难,往往整天排队还缴不上,甚至秤放局还不给现钱,盐民苦不堪言。因此,这一不顾盐民死活的规定,遭到了当地民众的强烈反对。7 月中旬,全场盐民推选庵东地区的陈庆高、高房路的严美生、新湾路的沈成钊、四灶路的钟孝连为代表,召集其他各区代表,组成领导斗争的组织,同时在庵东万嵩庵召开了七区盐民代表大会。会议一致议定:反对公仓每日缴盐的苛政;缴还晒牌,以示抗议;举行游行示威。

7月23日凌晨,盐区万余名盐民在庵东集结,然后以围裙为大旗,或手执纸旗,上书"打倒秤放局""反对设立公仓"等标语,肩背晒牌,涌向盐场公署。时盐场公署大门紧闭,场长董庆澜闻风而逃。盐民们不见盐场公署头目,便把晒牌掷在公署门前,转而向秤放总局进发。秤放总局官员闻知消息后,一面紧闭大门,全部撤避,一面在四周埋伏税警,准备以武力来对付示威盐民。盐民队伍到达后,见大门紧闭,遂爬上屋顶,掀瓦破顶而入,打开大门,并捣毁总署办公用具,以泄愤恨。此时,埋伏在四周的税警向手无寸铁的盐民开枪,当场打死冯惠钊、鲁正高等5人,数十盐民受伤。

盐场当局对盐民的弹压,激起了庵东各界人士的公愤。教育界人士许深祥、蒋子光等,当即召集校长会议,表示誓为盐民后盾,并组织数千名师生游行声援,同时电告北京、杭州等地盐务署、稽核总所及省政府,为盐民呼吁。盐民代表也向全县各乡委员、县参议会、各机关团体奔走求援。宁波、余姚新闻界也仗义执言,披露事件真相,一致声援。

在强大的舆论压力下,上海稽核分所、驻上海九厰总办不得不派员来调查肇事真相,处理善后事宜。事后与盐民达成协议:设公仓每日缴盐一案,暂时停办;死难盐民发抚恤金每人银洋600元;革除秤放局局员出入坐轿、请饭等恶习;惩办欺压盐民的秤放局局员;嗣后如再发生秤放局局员刁难索取等事,准由盐民告发,按情处理。上述5项,经盐场公署出示布告。盐民的抗争斗争取得了胜利。

庵东盐民斗争不仅是当时浙江规模最大的一次罢工,而且也是浙江工人运动走向复兴的起点,预示着浙江大革命的高潮即将到来。

参见金普森、陈剩勇主编:《浙江通史·民国卷(上)》,浙江人民出版社2005年版,第276—277页;傅璇琮主编:《宁波通史·民国卷》,宁波出版社2009年版,第79—80页;宁波市总工会编:《宁波工人运动史》,中国工人出版社1994年版,第17—19页。

徐福东渡

徐福东渡的传说,在宁波地区的慈溪、象山流传已久,两地都有关于徐福东渡的遗迹遗存、故事传说等。这些传说都是伴随着秦始皇东巡而产生的,既是宁波地区悠久历史文化的见证,也是宁波海洋文化发展的反映。

徐福两次东渡,第一次的始发地是在山东的琅琊,而第二次的始发港,却因缺乏史料记载而说法不一。尤其是徐福第二次东渡不返,更为后世的传说增添了很多传奇色彩,其中宁波慈溪和象山的东渡传说便是由此而来。

慈溪是徐福东渡传说和"遗迹"保存最多的地方。位于慈溪三北镇的达蓬山,相传便是徐福东渡的始发港,山名"达蓬",意即由此出发,便可到达仙山蓬莱。至今这里仍保留着许多和徐福东渡有关的遗存。宝庆《四明志》便记载,达蓬山在慈溪县东北三十五里,其山名由来,即:"秦始皇至此,欲自此入蓬山,故号达蓬。"可见徐福在达蓬山出发东渡的传说由来已久。唐代时,在此修建了纪念徐福东渡的"秦渡庵",今遗址犹存。秦渡庵旁边还有摩崖石刻造像,造像的主题便是波涛滚滚中的海船,船首则是倒着骑鹿的徐福形象。有研究者指出,这一摩崖造像便是徐福东渡后,当地人民为纪念这一历史事件而作的。

距离摩崖石刻约百米处,有一个"佛迹洞",洞内的故事也多与徐福东渡有关。沿石刻向上,到达山顶,有一座石亭,被称作"求仙亭",亭旁边还有一个平坦的大盘石,称作"千人坛",传说便是当年秦始皇东观沧海与徐福祭海求仙之处。在达蓬山下附近,还有个叫"岙底徐"的山村,村民皆姓徐,自称是徐福后裔。如此种种,都是徐福在达蓬山东渡传说的集中表现。对徐福东渡同样怀有深厚情结的日本人,也纷纷到达蓬山寻觅旧迹,并在三北镇出资兴建"徐福纪念馆",以表达对达蓬山为徐福东渡始发港的认同。正因有如此众多遗存,达蓬山被看作是徐福横渡东瀛的第一山。

在象山,同样有不少与徐福有关的遗迹、传说。史志中有多处对以蓬莱命名的象山地名的记载,如蓬莱坊、蓬莱驿、蓬莱观等。尤其是蓬莱观,宝庆《四明志》载,象山县西南蓬莱山下的栖霞观,旧名即为蓬莱观,是当年徐福隐迹之处。象山民间更有徐福筑蓬莱观的传说,说是当年徐福在蓬莱山上掘出一口宝泉,故名其为蓬莱泉。他认定蓬莱山是宝山,就决定在泉旁筑一座蓬莱观,以祈拜天地神灵,求得不老之药。最终蓬莱观筑成,其景观真的如同仙境一般,徐福便将它作为修仙之所。后来徐福东渡,当地百姓便把蓬莱观视为祭祀徐福之处,观中所供奉的蓬莱仙就是徐福。清代所修《象山县志》,亦有徐福居县西小蓬莱山之说。据上所述,可见宁波地区关于徐福及其东渡传说的流传范围之广。

参见〔宋〕张津:乾道《四明图经》卷十,杭州出版社 2009 年版;〔宋〕胡榘修,方万里、罗濬纂:宝庆《四明志》卷十六、卷二十一,中华书局 1990 年版;〔清〕史鸣皋:《象山县志》卷十二,成文出版社影印清乾隆二十三年刻本,1983 年版;王重光:《走遍宁波》,宁波出版社 2001 年版,第 93—98 页;罗杨主编：《中国民间故事丛书·浙江宁波象山卷》，知识产权出版社 2015 年版，第 28、75—76 页。

梅福四明修道

宁波境内的四明山，绵延于余姚、鄞州、奉化等地，自汉代以来就是众多道士和隐士隐居修道或炼丹采药之地，因而留下了大量神奇故事或传说，梅福四明修道的故事便是其中之一。

史载梅福是西汉九江郡寿春（今安徽寿县）人，自小随父在长安求学，读《尚书》《穀梁春秋》等，有才名。后来梅福察知外戚王莽有篡夺汉室江山的野心，便弃官归耕故里，专心研究老庄学说，修身养性，采药炼丹。汉平帝元始二年（2），王莽摄政，独擅朝纲，梅福于是决然抛妻别子，隐居今余姚梁弄镇东明山一带。据传梅福云游四明山时，有仙人告诉他周代的益昌修道于四明天井山，得道升天，遗骨藏天井中。翌日，梅福果然找到益昌遗骨，并把他埋葬。此后梅福便隐居于四明修道，梁弄后来也被看作道教的第九洞天，有"洞天福地"之说。梅福在此隐居期间，还撰著《四明山记》，这是浙江现存最早的山水记。

梅福在四明隐居期间，除了炼丹修道，还留下了关于他治病救人、为民造福的传说。据说有一年梁弄一带流行一种叫"四日两头卖柴病"（即疟疾）的疾病，得病者轻则发寒发热，重则昏迷不醒，以至于死亡无数，村民惶惶不可终日。于是，村民到东明山中求助梅福，梅福便用自制的甘草、乌梅、甜茶、槟榔四味草药，以井水煎成汤药，救治村民，最终消除疫情。此后，梅福用"神水"、草药治病之事传遍周边，名声大振，被誉为是药到病除、有起死回生之术的神医，是普济平民、不收分文的大德大贤。尤其是梁弄一带的山民，把梅福奉为"仙人"化身，而那口用来煎药的水井，也被当地人称为"梅仙井"。2000 多年来，"梅仙井"的故事一直在当地民间流传。据载，梁弄的百姓为感恩梅福，建"梅福草堂"以示纪念，且每年都举行隆重的祭祀活动，梅福也因此由一个修道的隐士逐渐演变成一个得道成仙的仙人形象。

除此之外，今横溪一带还流传着梅福教百姓以靛青染衣的传说。据传西汉末年，政治腐败，民不聊生，于是横溪一带有大量百姓逃到梅岭的深山冷岙中以求生。因山中与世隔绝，百姓只能穿粗糙的土布衣服，而这种衣服很容易脏渍，失却本来颜色。一天，一位村民在高山深处的一个石洞中发现有位白须老人正在捣一株蓝色植物，洞壁上还挂满草料。老人告诉村民，蓝色植物叫作靛青，以它做染料，染成的衣服颜色经久不褪，草料则可以防病治病,于是村民向老者学习靛青染衣之术和草料的治病知识。后来村民得知,这位老人便是被称作梅仙的梅福,于是横溪一带村民奉梅福为染匠祖师,将梅福曾隐居的大山称作大梅山,山崖称作梅仙岩,并建梅岭庙祭祀梅福。

此外,在宁波地方史志中,还有不少关于梅福事迹及传说的记载,如《它山四明水利备览》中所载的"梅梁",宝庆《四明志》中的"大梅山",《奉化县志》的"梅山",等等。延祐《四明志》中甚至对昌国(今舟山群岛)的名山有这样记载:"普陀洛迦山,在东海中,佛书所谓海岸孤绝处也。一名梅岑山,或谓梅福炼丹于此,山因以名。"今普陀山尚存梅福庵、炼丹洞等遗迹。梅福的足迹可谓是遍布四明,宁波地区的各个县市都留下了有关梅福的种种传说。

参见〔汉〕班固:《汉书》卷六十七《梅福传》,中华书局1962年版;〔宋〕张津:乾道《四明图经》卷七,杭州出版社2009年版;〔宋〕胡榘修,方万里、罗濬纂:宝庆《四明志》卷十二、卷十三、卷十四,中华书局1990年版;〔元〕袁桷:延祐《四明志》卷六、卷七,中华书局1990年版;俞志浩:《梅福教民学染衣》,《宁波通讯》2005年第6期。

虞洪与瀑布仙茗

瀑布仙茗出产于余姚四明山区,是浙江最早见诸记载的名茶,被称作浙茶之源。茶圣陆羽在他的《茶经》中列举了山南、淮南、浙西、浙东等八大产茶区,又对其中五区下属各州的茶进行了上、次上、下、次下等各个等级的评定,内中所提到的其他茶,陆羽均以州名相称,只有瀑布仙茗,是唯一直接以名号相称的,即"余姚仙茗"。

东汉余姚人虞洪,是传说中最早发现瀑布仙茗的人。陆羽在《茶经》中引西晋道士王浮的《神异记》,记录了瀑布仙茗的由来:"余姚人虞洪,入山采茗,遇一道士,牵三青牛,引洪至瀑布山曰:'予丹丘子也,闻子善具饮,常思见惠。山中有大茗,可以相给。祈子他日有瓯牺之余,乞相遗也。'因立奠祀。后常令家人入山,获大茗焉。"这段对瀑布仙茗由来的记载,不仅说明了瀑布仙茗的历史,而且也证明了它是中国最早见诸记载的茶叶名号。由文中可以看出两点:第一,作为茶饮,瀑布仙茗的由来与道教有着密切的关系。丹丘子是道教中有名的神仙人物,广受崇拜,将他与瀑布仙茗联系在一起,正是道教与中国茶文化关系密切的反映。在道家看来,茶是草木之英华、天地之灵气所在,服之可以成仙。而四明山本是道教圣地,被列为第九洞天,传说中有汉仙人丹丘子培育"大茗"外,还有刘(纲)樊(云翘)夫妇修道品茶成仙等。因此,将瀑布仙茗的发现与道家联系在一起,也从一个侧面反映出宁波地区道家文化的悠久历史。第二,文中对瀑布仙茗的描述,以"大茗"相称,可见当时的瀑布仙茗,应是大叶种的茶树,而后人所引用的瀑布仙茗,经过长期的栽培和进化,已经是小叶种的灌木。

瀑布仙茗有翠绿、翠绿镶金和金黄等多个品种系列,但不论哪种,都色泽匀净明亮、茶味鲜醇、香气清淡悠远,自古以来就受到茶爱好者和文人墨客的喜爱。除茶圣陆羽最早称其为"仙茗"、列为茶之上品之外,唐代名僧皎然也称其"味同露液,白况露华",对它的味道与色泽极为赞赏,同样视其为"仙品"。清代著名学者、余姚人黄宗羲曾专作《余姚瀑布茶》诗,表达对家乡仙茗的喜爱:"檐溜松风方扫尽,轻阴正是采茶天。相邀直上孤峰顶,出市都争谷雨前。两筥东西分梗叶,一灯儿女共团圆。炒青已到更阑后,犹试新分瀑布泉。"诗中写出了余姚人谷雨前后纷纷采茶、炒茶并以瀑布泉水泡饮新茶的风俗,这也是对瀑布仙茗饮用历史的又一真实写照。

瀑布仙茗作为宁波历史上最负盛名的茶叶,因生长深山、交通不便的原因,在很长时期内并未引起人们的关注。近年来,在当地政府和社会的大力培植、推广下,余姚瀑布仙茗先后获得宁波市名牌产品、宁波市八大名茶、浙江省名牌产品和浙江省著名商标、中国驰名商标、浙江省优质名茶、中华文化名茶和中国鼎尖名茶等称号,瀑布仙茗又开始焕发出新的活力。

参见陈珲:《浙江茶文化史话》,宁波出版社 1999 年版,第 55—61 页;赵相如:《古树藏根的秘密——综述余姚茶文化的历史贡献》,《茶博览》2010 年第 1 期;陈伟权、陈祖庭:《余姚瀑布茶》,《中国茶叶》1981 年第 4 期。

梁祝化蝶

在白蛇传、牛郎织女、孟姜女、梁山伯与祝英台这中国四大民间传说中,梁祝化蝶的故事是流传最广、影响最大的中国民间传说。关于梁祝故事的起源有多种版本,但综合各种记载,它起源于宁波的说法几乎已成为共识,宁波也被认为是梁祝故事的发源地。

梁祝故事的传说由来已久,早在南朝梁代时,就有《金楼子》一书记载了梁祝的故事,此书虽然已佚,但是梁祝的故事却流传了下来。到唐代初期,已经有义妇祝英台与梁山伯同冢的记载。晚唐时,梁祝故事的基本情节已大体与现代无异,并且还有了谢安亲自为祝英台的义妇冢做表记的记载。当时流传的梁祝故事,已经明确出现了梁祝家乡在上虞、会稽的说法。在此后的流传中,关于梁祝故事的起源地出现了多种版本,全国有十几个地方都自称是梁祝故里,梁祝故事的细节也有了部分的不同之处。其中流传较为广泛的,有河南封丘和汝南版、江苏宜兴版、山东微山版和诸城版、浙江杭州版和上虞版,以及宁波的鄞县版等。各个地方版本中,也都或有冢墓,或有书院,或有祠庙桥梁等"遗迹"作为梁祝故事起源的依据。

但在所有的流传中,对梁祝故事较早、也较为完整的记载,是宋代明州知府李茂诚的《义忠王庙记》。李茂诚在文中详细记载了梁山伯是会稽人,他在赴杭州途中,遇见女扮男装的上虞人祝英台,之后二人同学三年,关系融洽。再后来祝英台先停学返家,两年后梁山伯亦返乡,到上虞访祝英台,始知其为女子,于是爱慕求亲,不料祝英台已被父母许配给鄮县(鄞县)马氏。最后梁山伯被授为鄮县令,不久黯然而死,葬于鄮县九龙墟。祝英台出嫁途中过梁山伯墓时,在墓前恸哭祭奠,结果墓穴裂开,祝英台入穴同葬。这一记载不仅有梁祝故事的细节,而且明确地指出了故事中各个情节的发生地。1997年7月,宁波梁山伯庙出土了一座晋代墓葬,墓葬的位置、规格和随葬器物,与志书所记载的梁山伯鄮县县令身份及埋葬地都相吻合,因而被认为是证实梁山伯墓的实物资料,梁祝故事起源于宁波的说法也因此得以确认。

此外,乾道《四明图经》中也有对梁祝故事的记载,指出梁祝同葬墓就在鄮县西十里接待寺之后,且有庙存。书中所载同葬墓所处的实地情形,也证

梁祝化蝶(摄于梁祝文化公园)

实了记载的准确性。在此处,人们还发现了上书有"九龙墟"的碑刻,碑文正是梁山伯为鄞县令并葬于此的记录。这是对梁祝故事起源于宁波的证据补充。另外,全国所有梁祝故事的流传版本有 40 余个,其中跟宁波有关的,则有 22 个。因此,宁波是梁祝之乡的说法得到公认,这个凄美浪漫的故事也成为宁波文化的标志之一。

参见〔宋〕张津:乾道《四明图经》卷七,杭州出版社 2009 年版;〔宋〕胡榘修,方万里、罗濬纂:宝庆《四明志》卷十三,中华书局 1990 年版;张如安:《梁祝"化蝶"出宁波——梁祝"化蝶"情节发源地新论》,《宁波大学学报(人文科学版)》2016 年第 5 期;周静书:《论梁祝故事的发源》,《宁波大学学报(人文科学版)》2003 年第 2 期。

村女救康王

"村女救康王"是宁波地区广为人知的一则民间传说,其版本众多,具体情节也各有所异,但异曲同工,各版本最终结局大致相同。这则传说的背后,与宁波地区流行的重视嫁女的风俗有关,也反映出当时宁波地区经济文化的发展情况。

在宁波各个区县,几乎都有村女救康王的传说,其中仅鄞州区就有三个版本。第一个版本说的是,建炎三年(1129),康王赵构被金兵追至明州高桥一带一个小村庄,危急之中向一位在晒场看谷的姑娘求救,姑娘把赵构藏在箩筐底下,骗过金兵,救了赵构。为感谢姑娘的救命之恩,赵构要姑娘在屋檐下挂上围腰,作为日后派人迎接姑娘入宫时的标识。然而等到赵构派人来接姑娘时,却见每家屋檐下都挂有围腰,原来姑娘不愿入宫,全村人用此法来救姑娘脱困。后来,来迎接姑娘的太监以屠村相威胁,姑娘挺身而出,以头撞墙,自尽而亡。听到消息后的康王赵构晚上便梦见姑娘前来索命,于是下旨将姑娘所撞的泥墙用黄泥粉刷一新,赐名"黄泥墙",并亲笔题写"浙江女子尽封王",恩准以后浙东姑娘出嫁,都可以乘坐与皇后轿辇相媲美的八抬大轿。传说中还提到这也是高桥黄泥墙村村名的由来。第二个版本是赵构被一割草的女子以草筐罩住身体而获救。后来赵构登基时,正逢女子出嫁,于是赵构便赐龙凤结顶的八抬大轿以示感谢,这便是浙东女子十里红妆的由来。第三个版本是,救下赵构的是一个在田间割甜菜的姑娘,她用甜菜叶子覆盖在赵构身上使之得救。赵构同样以门口挂围腰为凭来寻找姑娘,结果也同样是家家门前都挂上了围腰。但挂围腰的原因,变成是一个算命先生偷听到姑娘的故事后到处传播,造成人人都想冒功进京城。最后是赵构因寻找姑娘不得,便允许明州一带所有姑娘都可凤冠霞帔出嫁。

宁波江东区的村女救康王传说,则有两个版本。一个版本是赵构被一位叫雪姑娘的女子用腌雪里蕻的咸齑缸所救,擅做咸齑黄鱼的姑娘还用此菜招待了赵构。赵构回京后怀念咸齑黄鱼的味道,便将雪姑娘召进宫里,并意图逼嫁。姑娘忠于自己青梅竹马的未婚夫,最终以死相抗。后赵构封姑娘为四明公主,并加以厚葬。另一个版本则较为简单,说赵构被一位晒谷的姑娘用箩筐相救,并买团子为赵构果腹,赵构登基后,便下旨将这种团子命名为"龙凤金团"。

海曙区的流传版本,则大致是鄞州区几个版本的结合,也是晒谷的姑娘以箩筐救下赵构,也是家家都挂起了用来相认的凭证,最终的结局也是赵构下诏允许浙东女子可用凤冠霞帔出嫁。

除此之外,象山、镇海也有村女救康王的传说,象山的流传版本,与海曙区十分相似,姑娘的身份、相救的情节和最终的结果基本相同。唯一不同的是,象山的版本中有"浙江女子尽封王"的说法。镇海区的村女救康王传说,与上述几个区县的情节大致相同,但版本有四个,分别是村姑围裙底下相救说与谷筐底下、稻草堆里、稻桶底下相救说,而"浙东女子尽封王"的最终结局则一致。

参见罗杨主编:《中国民间故事丛书·浙江宁波鄞州卷》,知识产权出版社 2015 年版,第 88—90、247、250—251 页;罗杨主编:《中国民间故事丛书·浙江宁波海曙卷》,知识产权出版社 2015 年版,第 139—140 页;罗杨主编:《中国民间故事丛书·浙江宁波江东卷》,知识产权出版社 2015 年版,第 106—109 页;罗杨主编:《中国民间故事丛书·浙江宁波象山卷》,知识产权出版社 2015 年版,第 130—131 页。

松兰山传说

松兰山是宁波象山县一处著名旅游胜地,不仅风景优美,港湾曲折,岛礁美丽,而且以细腻光洁的美妙沙滩闻名于世,是浙江省省级旅游度假区。

松兰山之名的由来,有两则比较通行的传说。一是传说古时象山并没有山,渔民打渔无法靠岸,天神同情渔民,便送来了一座山,人们给这座山取名"送来山"。后来,山上长出了许多郁郁葱葱的松树和兰花,所以这座山便更名为"松兰山"。另一个传说更加具有美丽的传奇色彩。说是很早的时候,当地有一位余姓财主,经常雇用渔民出海捕鱼,有时也会随同渔民出海。有一次余财主在随渔民出海时,遭遇大风,渔船沉没,他抱着一块船舱板,漂流到了小东湾附近,被赶海的青年梅海松所救。梅海松将余财主护送回家时,被财主的女儿小兰看中。后来两人成婚时,财主将附近一座小山作为陪嫁送给梅海松,这座山便被称作"送来山"。又因为夫妻俩的名字里有"松"字和"兰"字,而且山上长出许多松树和兰花,因此又被人们改称"松兰山"。

松兰山的魅力不仅在于它美丽的由来传说,更重要的是在它身上发生的众多神奇故事和传说,其中最著名的,便是广为人知的赵五娘寻夫的故事,即著名戏剧《琵琶记》的原型。传说赵五娘因丈夫蔡伯喈进京赶考,一去十年未返,便身背琵琶万里寻夫。她最后到达松兰山一带,还借宿于松兰山北端的弥陀寺,最终,赵五娘因寻夫不得而绝望跳崖自尽。上天感念其孝顺公婆又饱经磨难,于是让她飞升上天。当地人们为了纪念赵五娘,便在弥陀寺以赵五娘的形象塑造了一尊菩萨像,每年八月初三赵五娘"升天"的日子,百姓都会来此朝拜,至今如此,成为松兰山一大胜景。松兰山与赵五娘故事有关的,还有"相思岭""七弯八岗""升天石"等,尤其是"赤坎"的由来,更传说是赵五娘的鲜血染红而致。

松兰山广泛流传的另一则故事,是太极湾和神龟礁的传说。太极湾是松兰山海湾的一处小海滩,三面环山一面临海,风景秀丽。湾中有一道弯曲石梁,正好把海湾隔成逼真的阴阳太极图形,于是便被人们称为太极湾。关于它的由来,也有一个美丽的传奇故事。传说秦时有一位仙人叫安期生,经

松兰山海滩

常到松兰山海湾一带云游,现在的象山爵溪,古称"游仙乡",据说就是因安期生而取名。当安期生云游到太极湾时,看到此处风景优美,云雾缭绕,于是认为这就是蓬莱圣地,便打算在这里建一座"道宫"。但是观音菩萨也看中了这个地方,想在这里建一个"佛国"。于是,双方在这里展开了斗法,"道宫"由一只神龟领头,"佛国"领头的则是一头神象,双方斗得不可开交。最后安期生觉得不应该因私利而争斗,于是宣布停止斗法,飘然而去。观音菩萨也觉得不好意思,便往舟山普陀山去建造自己的"佛国"。千百年之后,神龟变成了今天松兰山的神龟礁,神象变成了仙象岩,观音菩萨的莲花宝座变成了莲花礁,而这个海湾,便是今天的太极湾。

此外,当地还流传着关于松兰山的其他故事,如牛宰相上京、锯门老龙成亲等。这些传说都给松兰山增添了浓厚的人文色彩。

参见〔清〕史鸣皋:《象山县志》卷十,成文出版社影印清乾隆二十三年刻本;罗杨主编:《中国民间故事丛书·浙江宁波象山卷》,知识产权出版社2015年版,第39—41、79—80、88—90页。

后　记

　　宁波市文化研究工程项目《宁波区域历史文化资源概览·"宁波事"卷》,在课题组全体成员的通力合作下,经过三年的努力,终于完稿付梓。然而在完稿之际,我们却没有欣喜之感,更多的是不安。

　　从选题、构思、编纂到最终定稿,我们深感研究工作之艰辛,也感到自身学力之不足。我们深知,详尽占有史料、分析史料,并充分吸收学术界最新研究成果,这是撰写一部学术著作的前提,同样也是编好一部通俗读物的基础。为此,我们在编写过程中,尽量利用第一手史料,对一些笔记、报纸、回忆录尽量予以搜集,在考辨的基础上加以利用。在相关资料不足的情况下,则借助于网络资料,并对其予以考订利用。同时,在编写过程中,对征引的资料及各类文献,均在词条后予以注明,以方便读者查阅。可以说,在史料的搜集和利用方面,我们是花了不少工夫的。

　　然而,在编写过程中,我们也遇到了不少困难,其难度甚至超出了我们的想象。主要困难是:一是由于受撰写内容的地域限制,一些词条的相关资料极少或不完整;二是一些词条的所涉知识已超出了历史学范围,使我们难以驾驭。对此,我们虽尽力设法予以克服、解决,但还是感到力不从心。因此,词条虽是编写出来了,但其中难免有拼凑的成分,甚至可能存在着一些知识性错误,这正是让我们所深感不安的原因。对此,我们真诚地希望广大读者能予以批评指正,以帮助我们提高。

　　在本书的编纂中,宁波大学薛秀霞副教授、苏勇军副教授、周莉萍副教授、邢舒绪副教授、白斌博士、杨懿博士也参与了部分词条的编写,在此一并对各位表示感谢。同时,在编写过程中,我们吸收了学界大量成果,特向相关研究者致以崇高谢意!

值此出版之际,我们衷心感谢宁波市社会科学院(宁波市社会科学联合会)对本研究项目的支持,同时对浙江大学出版社编辑人员为此而付出的工作表示由衷感谢!

张 伟

2019 年 5 月

图书在版编目(CIP)数据

宁波区域文化资源概览."宁波事"卷 / 张如安,张伟主编;张伟,刘恒武编著. --杭州：浙江大学出版社，2019.11
ISBN 978-7-308-19697-0

Ⅰ.①宁… Ⅱ.①张… ②张… ③刘… Ⅲ.①地方文化－介绍－宁波 Ⅳ.①G127.553 ②K925.53

中国版本图书馆 CIP 数据核字(2019)第 241434 号

宁波区域文化资源概览

张如安　张　伟 主编

责任编辑	吴伟伟 weiweiwu@zju.edu.cn	
责任校对	赵　珏　张培洁　刘葭子　许晓蝶　朱卓娜	
封面设计	雷建军	
出版发行	浙江大学出版社	
	（杭州市天目山路 148 号　邮政编码 310007）	
	（网址：http://www.zjupress.com）	
排　　版	浙江时代出版服务有限公司	
印　　刷	杭州高腾印务有限公司	
开　　本	710mm×1000mm　1/16	
印　　张	86	
字　　数	1498 千	
版 印 次	2019 年 11 月第 1 版　2019 年 11 月第 1 次印刷	
书　　号	ISBN 978-7-308-19697-0	
定　　价	358.00 元(全 5 卷)	

宁波市文化研究工程重点项目

PANORAMA OF
NINGBO REGIONAL CULTURAL
RESOURCES

———————

Learning of Ningbo

张如安　张　伟　主编

宁波区域文化资源概览

『宁波学』卷

张如安　编著

ZHEJIANG UNIVERSITY PRESS
浙江大学出版社

目 录

学孔庙　宁波社学

桃源书院　慈湖书院　东湖书院　石镜精舍　姚江书院　鄮山书院　杜洲书院　月湖书院　甬上证人书院　鲲池书院　德润书院　辨志精舍　崇实书院

鄞县敦本两等小学堂　中西储才学堂　星荫幼稚园　甬江女中　锦堂学校　翰香学堂　慈溪县立初级中学　镇海灵山学校　宁波效实中学　慈溪普迪小学

袁燮教育思想　杨简教育思想　王应麟教育思想　戴表元教育思想　程端礼教育思想　方孝孺教育思想　王守仁教育思想　钱德洪教育思想　黄宗羲教育思想　张寿镛教育思想　杨贤江教育思想

虞世南诗歌　楼璹耕织图诗　戴表元诗歌　廼贤诗歌　沈明臣诗歌　王嗣奭诗歌　沈光文诗歌　张煌言军旅诗　黄宗羲诗歌　姜宸英诗歌　陈仅诗歌　姚燮诗歌　董沛诗歌

史浩大曲　吴文英词　陈允平词　张可久散曲　汤式散曲　郑景会词　方桑者词　周斯盛词　邵璸词　姚燮词　冯开词

戴表元散文　李洧孙《大都赋》　袁桷散文　方孝孺散文　屠隆小品文　黄宗羲散文　周容散文　姜宸英散文　全祖望散文　王治本游记散文

高明《琵琶记》　余姚腔兴衰　王守仁论戏曲　周朝俊《红梅记》　叶宪祖戏曲　吕天成《齐东绝倒》　吕天成《曲品》　裘琏《废义传奇》　宁波滩簧　余姚滩簧

虞通之《妒记》　《佛说目连救母经》　瞿佑《牡丹灯记》　王棨《群书类编故事》　张时彻《说林》　吕天成《绣榻野史》　慵讷居士《咫闻录》　醉月山人《狐狸缘全传》　冯文兽小说　《宁波小说七日报》　庄禹梅《孙中山演义》

综　述

　　本书所称的"宁波学",并不是指研究宁波的学问,而是指历史上宁波学人(包括宁波籍学人及寓居宁波的外籍学人)在各个学问领域的思维成果的总称。换言之,宁波学并不是一个特定的学术概念,也不能理解为一个学科概念,而是对特定区域广义文化的一个指称,是为了厘清区域文化的资源而设立的相对宽松的平台概念。宁波学呈现为时间性传统与空间性地方的相互交融,是历史文脉孕育的深厚的区域性人文传统,是浙东区域历史发展的必然产物,占据着地域文化发展的主导地位,并为当代浙东地域精神文化的重构提供重要的传统资源。

　　宁波学是在独特的自然和人文环境中孕育而成的,是中国区域文化之学的重要组成部分。宁波学的兴起和发展虽然植根于本地域,但创造的思维成果却不为本地域所限,具有更为广泛的意义。宁波学蕴含了宁波文化的独特因子,是宁波文化的灵魂和精髓,并在各个领域都有发展,主要涵盖了宁波学术、宁波教育、宁波文学、宁波科技、宁波宗教五大方面,具有很强的综合性、交叉性、地域性特点。宁波学基本上属于思维型的高层位文化,是少数思想家和广大文人在"观乎人文,以化成天下"活动中所取得的思维成果,它集中体现了民族与时代的精神,也是宁波地域文化进步的主要标志,且在东亚海域的文化交流中起到了重要作用。在历史上,宁波学人紧随时代步伐,走在时代的前列,思考社会现实问题,提出富有时代性的思想,以解决时代所赋予的重大课题,留下了一份具有重大价值的文化遗产,因而"宁波学"在宁波区域文化中内涵最丰富,最具学术性和前瞻性,亦最具魅力和区域特色。而积淀丰厚的宁波学文献,则是研究宁波学之本。

宁波学历史悠久,有着深刻的传承性,若综合考量学术、教育、文学、科技、宗教五大因素,那么,它的演进大致可以划分为以下几个历史阶段。

第一,滥觞时期(史前—西汉)。这段历史长达数千年,缓慢地经历了河姆渡文化、良渚文化、于越文化、秦汉文化几个阶段。举世瞩目的河姆渡文化是宁波文化的辉煌起点,河姆渡文化消亡之后,浙东、西两片文化逐渐融为一体,历经演变,到方国时代,终于崛起了于越文化,从而为宁波文化打上了越文化的底色。秦朝统一中国以后,统一的政治局面使地域文化产生裂变,宁波文化逐渐向中国文化共同体中某一区域文化形态艰难转型。

第二,初兴时期(东汉—六朝)。这一时期,宁波隶属于会稽郡(后称越州),其时宁绍地区在强有力的外化力量与内在先导力量的双重耦合下得到了较快的开发,逐渐形成了稳定的地域社会。这一时期,宁绍文化的发展虽是一个难以分割的整体,但由于开发进程的时间差诸因素,出现了文化的级差分布态势。宁波文化兴起于最先开发的姚江,而领导和主宰姚江文化发展潮流的,则是当地豪族虞氏。

第三,发育时期(唐代)。唐自明、越分治以来,宁波人文文化的建设虽然明显滞后于经济的发展,但地域性却大为增强,而不再像前一时段的虞氏家族文化那样自外植入后飘浮在地域上空。从分布地理的视角观察,前一阶段盛极一时的姚江文化带已香消烟沉,而奉化江文化带和港城文化圈开始发育,并奠定了北宋宁波文化的基本格局。

第四,成熟时期(宋—元)。宋元时期,宁波学经历了形成、高潮和回落三个历史阶段。唐代开元二十六年(738)明越分治之后,明州的社会经济才获得了相对独立的发展,但文化在长时间内仍显得萧条冷落。明州地区长期存在的这种文化与经济、社会的发展不相适应的状况,至宋发生了明显的改观。北宋向来被认为是宁波文化的正式形成时期,宁波地区从一个"远废之畴"通向文献之邦。约自庆历年间开始,宁波的经济开始迅速发展,宁波的学风亦出现了新变,杨杜五子最早主动切入中原儒学的精髓,可以说是宋代儒学地域化进程中明州新儒学的发端。南宋是学界公认的宁波文化发展的第一个高潮期,这在很大程度上得益于定都临安、移民涌入等外部因素的刺激作用,由此引发四明文化的跳跃性发展。南宋四明高素质移民集团,不仅直接带来了中原的文献和学术,而且与四明本土人士的文化互动更趋紧密,从而共同促成了四明地区教育与学术的繁盛。

南宋时期宁波无论是官学、书院还是私塾,其发展程度远超北宋。南宋宁波庞大的业儒人群,为本地区的科举之盛创造了无可比拟的优势。伴随着教育的繁荣,南宋宁波的学术文化臻于发达。四明以杨简、袁燮、沈焕、舒璘为代表的"淳熙四先生",以陆氏心学为内核,并广泛地吸收事功学思想,形成了"四明学派",四明也因此成为浙东的四个学术中心之一。四先生的思想从总体上说虽然属于心学范畴,但他们对于心学的理解和发挥,彼此之间也有个性差异。如杨简以思辨胜,引入佛家思想,把心学进一步推向唯我论的道路;舒璘、沈焕、袁燮比较重视学术的实际效用,流淌着事功学的血液,故而他们有将心学引向实学化的倾向,但三人又各有特点,袁燮着重在政治和伦理思想方面把心学向"笃实"的方向修正,而舒璘在努力调和朱陆两学的同时,将玄虚的心学移向平凡的日常生活,沈焕"辨古论今",力求心学能开物成务。四先生从洛学源流而来,真正使四明地区"达之洙泗",成为南宋儒学的重镇。四明心学派提出的主要是以"心"为统率的哲学化的政治学说和道德学说,但舒璘、沈焕、袁燮更多地带有实践理性的品格,他们所关注的是现实的实践,不是勉强地去争辩一些难以作答的哲学命题。行动性、实践性高于一切,要求学者迅速地付诸行动,而不是关在书房里坐而论道,作高深、抽象的学理探讨,所以他们更多地倡导力行精神,这是贯穿两宋四明学术的主要精神。宋末,黄震、王应麟、史蒙卿等人积极倡导朱学,四明的学术开始由陆学向朱学转轨。

南宋时期史学空前繁荣,史家辈出,尤以四川、两浙东路、江南西路和福建路为重要的史学中心。其中永嘉的陈傅良、鄞县的王应麟、慈溪的黄震、宁海的胡三省被学界视为两浙东路史家的代表,他们不仅为后人留下了丰厚的史著,而且熔铸于史书中的爱国精神给了后世史家以积极的影响。南宋时期是四明文学的勃兴时期,并成为南宋地域文学的最重要的繁荣区之一。王应麟在元初所作的《四明七观》中感叹说:"家自以为舒、向,人自以为扬、马,兹可以言文献乎?"①所谓"舒、向"指董仲舒和刘向,"扬、马"指扬雄和司马相如,王应麟的这句话暗示了儒学和文学是南宋四明地区最有成就的两个领域。南宋四明地区虽然缺少主盟全国的文人,但涌现了词坛大家吴文英和书法大师张即之,足以为地域生色。

四明作为一个文化传统悠久的地域文明体,自宋以来其文化的生长繁衍具备了内生性的演变动力,由原来的散点呈现转变为谱系性传承,这不但有助于地域文化人的"集体发力",而且在一定程度上保证了地域文化的传

---

① 〔元〕袁桷:延祐《四明志》卷1,《宋元浙江方志集成》第9册,杭州出版社2009年版,第3965页。

递不致发生断裂。谱系的好处在于前有创而后有承,使地域学统相续于无穷,从而推动社会的前进与发展。自宋代以来,四明学人搏击于时代的激流之中,在兼容中保持特色并不断创新,并推出了不少文化精品,四明遂由原来的学术文化的边缘化地区一跃而成为全国学术文化的一个重心地区,备受学界的瞩目。

进入元代,宁波学既有适应元代统治的鲜明色彩,也在地域文化运行的强大惯性下,延续着原有的传统。尽管与南宋时期的文化高潮相比,元代四明文化确实明显地回落了,但风韵犹在,非无足观。从整体上观察,元代宁波文化并未因易代而断裂,凭借着巨大的惯性发挥着作用,实处于南宋宁波文化高潮的延长线上。入元之后,王应麟、胡三省的学术成绩令人惊叹,但他们实是在南宋学术文化土壤上沃灌出来的花朵,他们的学术成果乃是南宋浙东学术的自然延续。道学确立为官学之后,阻碍了学术文化的发展,因此真正属于元代的四明学者寥寥无几,成果亦很有限。更精确地说,元代宁波文化的回落,不是自由落体式的回落,而是伴随着整体上的学术转向,即朱学普及化。同时我们还应看到,元代宁波文化的回落,其实只是经史学术和教育领域上的回落,而文学、医学方面的颖然秀出,成为宁波人民精神生活中一道亮丽的彩虹,其取得的业绩堪与南宋相媲美。尤其值得注意的是,元代的四明文坛是由多民族共同构成的,增强了异域的色彩。可以说学衰文郁构成了元代四明文化的基本形态。然考其文学思潮,宁波作家宗唐得古的创作理念,实是从晚宋的文学思潮演化而来。元代宁波地区未能孕育出特别有影响的学派,缺少足以在全国学界独树坛坫的学术专著。这意味着自南宋遗民王应麟、胡三省之后,浙东学术的自立性越来越差。反观本地域浓郁的文风,则时不时有强势的表现,尤其是在新兴的曲体领域,曲家张可久、高明等人的成就,足以彪炳千秋。从横向上看,尽管元代真正能够支撑四明人民自尊心的是前代的灿烂历史文化,但在新的时代环境下,四明士人仍是一个具备文化再生产能力的"共同体",由于这一群体的持续发力,元代的四明文化仍足可跻身于同时期江南城市文化的"第一方阵"之列。我们不妨对比着看一看同时代福建的学术文化。林拓指出:"元代福建学术进入低潮。从著述情况看,元代闽人著作总数112部,而宋代2268部,若以年平均量计算,元代每年不到1部,而宋代每年超过7部;《元史·儒林传》共载儒者28人,闽人仅2位,而《宋史》中《儒林传》和《道学传》载89人,闽人就有17位;《全金元词》仅洪希文一人,宽一点讲,即使可将杨载计入,也仅2人,属于末流地区。《元诗选》共收340家诗,福建仅占21家,而《全宋诗》中南宋时期闽人居第三位,退一步说,词作在元代已不领风骚,但当时相当普遍的元杂剧,却无一创作于福建;《全元散曲》中也仅有数篇,且为个别闽歌妓所作;史学方面更无所谓名著问世。毋庸讳言,元代福建所展现的是一幅学术低迷的衰微景象。"①林拓所比较的虽然是福建学术文化由宋向元的变迁,但他所提供的元代福建学术文化在各大领域的具体统计数据,可以用来作为地区间横向比较的依据。据笔者在《元代宁波文化史》中逐次展开的叙述,不难发现元代四明地区的学术文化已全面胜过福建地区,这是因为元代福建文化属于单向的急剧性回落,而同时代的四明学术文化,既有部分领域的缓慢回落,更有部分领域的飞跃上升,因此从总体上看仍呈现为相当繁荣的态势。

第五,高峰时期(明代—清前期)。明初百年向来被学界视作思想史上的"述朱期",值得注意的是方孝孺发展了朱学思想,杨守陈认为儒学并非定于一说一家,而散为百家,从而破除了以朱学定于一尊的偏狭观念,坚持了兼采众家之长的求实学风。

16世纪王守仁创立的阳明心学,其主要内容为"心即理""致良知"和"知行合一",被人看作是中国封建社会中世纪后期第一个初步成熟的近代启蒙哲学,它是整个中国哲学史发展的一个关节点。阳明心学具有十分重大的意义。王阳明着眼于"愚夫愚妇"而提出新的伦理标准,从而使新儒家的伦理也因阳明学的出现才走完了它的社会化历程,并在思想界掀起巨大的波澜,对中国封建社会后期异端思想的产生起到了启蒙和促进作用。明代阳明心学异军突起,是宋代以来新儒学运动发展的一个极重要的阶段,且具有划时代的意义,影响日益扩大。清初黄宗羲创立浙东学派,宁波学再一次真正走向鼎盛。诚如梁世和所说:"清初学界,以孙奇逢为代表的北学、以黄宗羲为代表的南学、以李颙为代表的关学呈三足鼎立之势。"②此后,万斯同、万斯大、邵晋涵、全祖望等,并为浙东学派的大贤。浙东学派兼治经学、史学、文学和科学,在各个领域均卓有建树。

第六,转型时期(近代—民国)。近代宁波港被强辟为"五口通商"的口岸,宁波人却能审时度势,打破封闭,主动融入,依托开放的市场,沟通了宁波与全国其他地方乃至世界各国之间的联系,积极与国际市场接轨。宁波

---

① 林拓:《文化的地理过程分析》,上海书店出版社2004年版,第93—94页。

② 张君荣:《北学:燕赵文化之"体"——访河北社会科学院研究员梁世和》,《中国社会科学报》2018年10月26日。

人率先引进新技术,从事新式的工商业,宁波也由此率先走上了近代化的道路。西方文化源源不断地涌入,也促使宁波文化在吸纳外来文化的同时进一步向近代文化转型。民国时期,宁波和全国一样,逐步尝试由半殖民地半封建社会形态向近代化社会形态转型、过渡。与社会形态的转型相适应,宁波本土经济在进一步向近代资本主义商品经济的转型。随着经济、政治的变动,宁波延续了近代以来的吸纳外来文化的态势,受到西方文化和上海"海派文化"较大的影响,民国时期宁波的思想文化、社会生活、风俗习惯和城市建设也进一步走向开放、走向现代。

宁波学者具有独特的品格,开放与独立的文化人格相表里,追求发现与追求深刻相兼得,前瞻视野与务实批评相结合,天下眼光与乡土关怀相并进。如此,造就了宁波学的鲜明特色:第一,源远流长,高潮迭起。早在约7000年前,河姆渡人就已经耕耘生息在这片神奇的土地上,创造出令人难以置信的文化奇迹。之后,宁波不断地接纳外域文化,经过艰难的化生与改造,终于在南宋走向自立,拓展出别开生面的新境界,掀起了文化的第一波高潮,使宁波从学术的边缘化地区一跃成为全国学术的重心地区,浙东文化因此积聚了深厚的底蕴。自明以后,宁波地域摆脱了受动的羁绊,独立地逐时代车轮而进,相继涌现出一批思想敏锐、具有历史洞察力和前瞻力、具有革故鼎新意识的文化巨人,以高强、丰厚的创造力,托起了浙东文化的丰碑。特别是王阳明、黄宗羲,以宏大深刻的理论构想,引领了时代的风潮。第二,名家辈出,著述繁夥。自北宋以来,宁波构建起了比较完备的官学、书院、私学的教育体系,家诗户书,弦诵不绝,至南宋以后,宁波人文蔚起,甲于他郡,出现了世所罕见的文化繁荣局面,而且越到后来,文化的发展越为辉煌,几乎在所有的文化领域,都涌现了代表性人物。第三,传播广远,直达域外。宁波由于其特殊的地理位置,在唐朝就成为中外文化交流的通道。两宋时期,浙东文化进一步高涨,不断有日本、朝鲜僧人渡海问道于此,也不断有中国高僧东渡日本,有力地推动了中外佛教文化的交流。唐宋时期的宁波商帮活跃一时,开辟了著名的海上丝绸之路。上林湖越窑青瓷因此走向世界,率先进入国际市场,博得了世界各地人民的喜爱。到明清时期,宁波的学术文化享誉全国,王阳明学说很快传入日本,打破了日本学界的沉闷局面,又有朱舜水长居日本,以其光明俊伟的人格,平实淹贯的学问,肫挚和蔼的感情,给日本国人以莫大感化,成为日本明治维新的导师。

总之,宁波的历史文化璀璨夺目,蔚为大观,绝不逊色于其他任何一个地域的文化。

　　宁波学的积淀、发展以至主流特征的形成,与其不断被"描述"有关。宁波文化生生不息的历史传承,固然得益于其海纳百川、有容乃大的品格,也与宁波学人长期从事乡邦文献的积累、整理和研究密切相关。全祖望的乡邦文献整理、民国张寿镛编纂《四明丛书》(八集)之功姑置勿论,近 30 年来,研究宁波地域文化的成果不断涌现,极为丰硕,为《宁波区域文化资源概览》的编纂提供了雄厚的基础。

第一部分　宁波学术

一、概　述

宁波学术的承担者,各人所走的道路不同,观念各异,学术趋向并不一致,取得的成就亦有大有小。宁波学术所涵盖的内容非常广泛,但就其核心或主体内容而言,主要是指宁波地域学者在传统的经史领域所取得的学术及思想成就。在一个特定的土地下,宁波学术经过一代又一代的文化精英的努力,不断得到发扬光大。

宁波经学发轫甚早,始于西汉的经学教育,最初以家法的形态相传承。如句章长淳安方储传孟氏《易》。余姚虞氏家族五世治孟氏《易》,更是浙东地区经学教育由家法演为家学的典范。若就经学内容而论,东汉今文经学在私学中的传授比在官学中影响更大,因此之故,浙东士人多接受了今文经学的教育,如虞氏五世家传孟氏《易》、会稽主簿句章郑云"学韩《诗》,通《公羊春秋》"、余姚汉三老之孙通《穀梁春秋》,均属今文经学系统。还有西汉后期余姚人董春,师事侍中祭酒王君仲,受《古文尚书》,后诣京房授《易》,他在官学中接受的是古文经学,而在私学中接受的却是今文经学,从学内容的差异很能说明问题。浙东之有经学研究,约始于东汉中后期的上虞王充、山阴赵晔和余姚虞氏。但王充非经学专门,赵晔治韩《诗》,而以解易蜚声江东的当推虞翻。此后,余姚虞氏家族经学人才辈出,在六朝学界有重要影响。虞翻一生的文化成就主要体现在易学研究上。虞翻易学得自家传,追根溯源,又出自西汉以孟喜、京房为代表的官方(今文)易学。此派易学,宋人称之为象数之学。虞翻依经立注,以象解经,进一步发展了熔儒道于一炉的经学路向。宁波学术奠基于汉唐时期的虞氏家族文化,东吴时期的虞翻则是虞氏学术的最早代表。东晋、南朝经学虽不及汉、唐之兴盛,但也颇有可观。浙东为当时经学研究的重要基地,山阴的贺循、贺场、贺琛与孔子祛,余姚的虞喜、虞愿、虞僧诞,皆为当时儒林中的一时之选,山阴贺氏与余姚虞氏更是并美浙东的经学世家。

浙东学术源远流长,但以史学成就最为突出。张寿镛说:"四明史学,肇自虞氏。"四明学界的拓荒性史著是虞翻的《国语注》,此书已佚,但其史注成果为韦昭所吸收,在《国语解》中多有引用。虞翻也是四明第一位具有强烈的"载光郡国"意识的学者,他在答太守王朗问时,以"海岳精液,善生俊异"自夸,并分学者、官吏、修行数项,如数家珍,一一道来,其中尤其强调浙东之士的抗节逸行和忠臣死义。这种问对风土的形式,后来的浙东文人多有继承,并易以虚拟的主客问答手法,如王应麟之《四明七观》、全祖望之《湖语》。这些著作莫不受虞翻问对的启导。虞氏学者的史著形式多样:断代国史类有虞预《晋书》;传记类有虞预《会稽典录》24 卷、《诸虞传》,虞贤《虞氏家记》5 卷,虞通之《后妃记》,等等;初唐虞世南是虞氏家族的殿军,所著《帝王略论》是初唐别具一格的史学著作,是现知我国最早的贯穿古今的历史评论专著,而以问答形式撰写一部完整的历史评论专著,乃是虞世南的首创。

宋代新理学兴起,以"庆历五先生"为代表的浙东学者参与了新儒学地域化运动的历史进程。杨、杜五子都是以教育为主要职业,反映了宋初学术与教育密切结合的特点。他们的师承虽不明,但在教育内容上,均坚决排黜浮屠老子之说,传授儒学伦理道德,讲贯经史有用之学;在治经方法上,与浙西胡瑗"以义理解经"的方法相一致,突破汉唐以来唯守训诂章句的经学藩篱,致力于发明儒典精义。总的说来,这一时期,宁波尚处于"儒林草昧"时期,五先生推崇儒学,讲求经世致用,有助于改变宋初的因循默守之风,尽管他们的学术思想尚未成体系,也缺乏建树的深度,但明州庆历五先生等江南地域"教化之儒"的崛起,已预示出全国文化重心将向江南转移的趋势。

自淳熙至宋末元初,是为宁波学的高峰期,理学、史学、文学、书学、教育等均有杰出人士主盟其间,杨简、吴文英、张即之、王应麟、黄震等,在各个领域的文化成就均居于全国前列,甚至不乏开创性的贡献。南宋中期,成熟形态的"浙东学术"正式崛起。陆九渊的弟子主要分布于两地,一是江西槐堂,一是浙东四明。四明诸儒折服象山"发明本心"之说,并吸收事功等学派的优长,致力于对陆氏心学思想的阐发与扩展,颇有自得之见,其成就超过槐堂诸儒,被后人视为象山学派的中坚力量。陆九渊卒后,象山学派的重镇遂从江西转移到浙东,在宁波形成了一个心学派的基地。四明诸儒中影响最大的是杨简、舒璘、沈焕、袁燮,他们都是陆九渊、陆九韶的门人,合称"四明淳熙四先生"。四先生的学术以陆学为主导,也兼采朱学、吕学、湖湘学。大致自甬上"淳熙四先生"始,地域主体的创造精神被全面激活,思想的容量和内涵得到拓展,四明文化终于别开生面,获得了地域自立。

南宋之世,宁波史学走向兴盛。其时四明地区史家辈出,约占浙籍史家的五分之一,名列全省前茅。他们在父子世业、师弟相承、朋友切磋的良好风气中,涌现出大批重要的成果,成为与金华、温州、绍兴、台州并列的浙东史学的五个分支之一。四明史学,著述丰富,体例繁杂,并初步形成了经世致用、重视文献的特点,促进了本地区史学的首次繁荣。黄震、高似孙、王应麟、释志磐等是比较有名的史学家。元代宁波史学承宋代之余波,涌现了胡三省、陈桱这样的史学家。

宋末元初的王应麟一生勤于著述,是我国古代历史著述卷数最多的学者之一,于天文、地理、经学、史学、文学、音韵、典章制度,无不造诣精深。从这些著作看,王应麟的学术渊源虽然是多方面的,但主要还是承传了朱学和吕学。王应麟虽然认同朱学,但其关注的重点已由思想的诠释转向思想的表达方式,从而促成了宋末朱学由思想向学术的转型。王应麟治学,尤长于考逸搜遗,故其学术著作多为注疏、考辨、辑佚之类,其所凸显的考证方法,构成了与朱学明显不同的学术范式,并与吕学一脉相承。他反对穿凿,务求实证,强调汉代古文经学实事求是的实证学风,以纠正宋儒专重义理之偏,他主张将虚理与实证相统一,从而开清代重考据、重实证之风,他也因此被清代学者奉为考据学的先驱、文献派的鼻祖。

朱熹之学虽然在其在世时已对宁波学者产生影响,但早期朱学在甬上的传播系于寥寥数人,影响甚微,以至于到晚宋,仍有"朱文公之学行于天下而不行于四明,陆象山之学行于四明而不行于天下"①的说法。南宋后期,随着朱学被确立为官方正统思想,朱学在四明的影响日渐加深,并大有取代陆学之势,其中黄震、王应麟、史蒙卿等人对四明朱学的兴起发挥了重要作用,不过,他们的朱学仍融合了陆学的成分。元代史蒙卿是使四明地区朱学化的最重要推手。清代镇海人谢辅濂在《上水横街史氏支谱序》中论及史蒙卿

---

① 〔元〕方回:《桐江续集》卷31《送家自昭晋孙自庵慈湖山长序》。

之作用时说:"朱学之盛于吾乡也,自静清始。杨、袁之学皆宗陆氏,故当时所传多陆学,朱学不甚行,流极既失,所以传陆子者,乃其所以失陆子也。自得静清而为之一变,更得二程本末不遗工夫有序之学,而深宁、东发后先兴起,朱学乃大昌于四明。是朱子之嫡传,即谓陆子之功臣可也。是吾乡学统之一大关系也。"①

明初方孝孺的朱学思想比较纯正,这主要是因为方孝孺的学术传承自婺州学派。方孝孺在政治上虽然是个失败者,但他却以文章、理学著称当时和后世。方孝孺著作集中反映了"驾轶汉唐,锐复三代"的政治理想。16世纪王守仁创立的阳明心学,其主要内容为"心即理""致良知"和"知行合一",被人看作是中国封建社会中世纪后期第一个初步成熟的近代启蒙哲学,它是整个中国哲学史发展的一个关节点。阳明心学具有十分重大的意义。

入明之后,宁波有不少学者参与了国家级的史学编修工程。如洪武二年(1369)修《元史》,纂修官16人中,浙东籍占7人,而四明人士又占3人,他们是余姚宋禧、鄞县傅恕和张文海。其中宋禧分修《外夷传》,后人批评这部分内容"最为浅率"。洪武二十九年(1396),行人余姚钱古训与同官桂阳李思聪奉诏出使缅国,归而述其山川、风俗、道路,成书进呈,因而擢升湖广参政。事后钱古训以进呈本为底本,加工整理成《百夷传》,翔实地记载了缅甸及今我国云南德宏州傣族等的历史、地理、政治制度、生活习俗诸方面的情况,具有很高的史料价值。明代宁波史学总体成就不高,虽然有不少史著,但鲜有名著。如余姚人许浩著有《宋史阐幽》《元史阐幽》等书,大抵皆取《续纲目》所书而论断之,缺乏新鲜的见解。明中叶宁波深受倭寇侵扰之苦,为了了解倭情,早为预防,嘉靖二年(1523)薛俊应定海知县郑余庆之请,搜集资料,著《日本考略》一书,这是明代成书较早的研究日本的专著,且为以后同类书所引据。该书内容牵涉面虽广,但极简单,大部分是摘录旧史,加以分类排比,即和过去的研究日本史籍相类似,而不像以后研究日本的书籍,重于亲眼看见的事实。明代科举兴盛,对宁波史学的发展产生了负面影响。故黄宗羲《历代史表序》云:"自科举之学盛,而史学遂废。"值得注意的是,王阳明提出了"五经皆史"的见解。明初儒者的史观大体上基于理学的理路,普遍认为史学地位当从属于理学。至王阳明心学史观一出,明儒的史观才别开生面。

黄宗羲是清代浙东学派的开创者。他对明末空疏的学风深恶痛绝,尖

---

① 《鄞东上水横街史氏支谱》卷首,天一阁藏本。

锐地批评说:"明人讲学,袭语录之糟粕,不以六经为根柢,束书而从事于游谈。"①他在反清复明无望后,致力于著书讲学,从而"厕身于儒林"。他学问渊博,研究领域极为广泛,著作宏富,至今可考者有 100 余种,其中最有影响的著作是富有民主启蒙精神的《明夷待访录》和具有开创意义的断代学术史专著《明儒学案》。《明夷待访录》对君主专制政权体制进行了系统批判,代表了中国古代民主思想的最高峰。《明儒学案》更是一部学术思想史的皇皇巨著,把有明一代学术发展的脉络清晰地梳理出来。它不仅是我国封建社会最早最完备的一部学术思想史著作,而且也为中国史学创立了一种新生体——学案体。无论是《明夷待访录》还是《明儒学案》,思想与史学总是血脉相连的,都体现了为时代服务的学术宗旨,体现了民主性和科学性的学术精髓。清代浙东学派虽然以史学名于世,但也兼治经学、哲学、文学和科学,并且卓有建树,主要代表人物有黄宗炎、黄百家、邵廷采、万斯大、万斯同、李邺嗣、邵晋涵、全祖望等。

黄宗羲倡导经世致用的史学,宁波史学由此进入了辉煌时期。黄宗羲在治史的方法上,主张广搜博采,加以甄别,然后"正其是非"。其治学术史,主张"发明一本之所在"。在治史的范围上,除政治、学术史外,还旁及天文、历算、地理等学科,为史学开拓了研究的广度和深度。在史的体例上,重视表、志。他称赞万斯同补二十一史表"诚不朽之盛事",其后补表、补志相继而作。万斯同是浙东学派中杰出的史学家。他认为要继承黄氏学术,就要继承黄氏"儒者经纬天地"的经世致用思想,把历史研究与当世之务结合起来。万斯同的经世致用史学突出地表现在重视明史研究和历代典章制度研究以及表彰宋明忠义之士三个方面。康熙十八年(1679)开明史馆,网罗天下学者,黄宗羲坚不出山,万斯同则秉师父之教,以布衣参史局,经过十多年的努力,终于主撰完成了《明史稿》。邵廷采深受黄宗羲的影响,特别专意于浙东学术思想流变的爬梳总结。他写出了《明儒王子阳明先生传》、《明儒刘子蕺山先生传》、《王门弟子所知传》、《刘门弟子传》(传未成,仅有序)、《姚江书院传》5 篇传记,首次勾勒出了浙东王学诸流派的脉系轮廓。邵廷采还撰写了《东南纪事》《西南纪事》,保存了重要的南明文献。邵晋涵在乾隆三十八年(1773)进入四库馆,撰写了《四库全书史部提要稿》,同时又从《永乐大典》中辑出了湮没不传的薛居正《旧五代史》。全祖望为了续完黄宗羲始纂

---

① 〔清〕全祖望:《鲒埼亭集》卷 11,《梨洲先生神道碑文》,《全祖望集汇校集注》上册,上海古籍出版社 2000 年版,第 225 页。

的《宋元学案》,旁搜史料不遗余力。他还整理了大量的南明文献,以传记的形式描画了明末志士仁人的群像。慈溪学者姜宸英在史学方面的主要成就,在于撰写了《明史·刑法志》,他以实录和众多野史为依据,钩沉索隐,重在突出明代刑法自身的特点。传世的《明史·刑法志》基本沿袭了姜宸英的原作,改动不大。邵晋涵主张史书语言"文质因事,纪载从实",史书内容网罗放失,而不猎奇,反对记载荒诞迷信的内容,提倡以约驭博,各自成家。梁启超在《中国近三百年学术史》中说:"清代史学界伟大人物,属于浙东产者最多。"①

与黄宗羲同时代的朱之瑜在留居日本后,揭开了他一生中最光辉灿烂的一页。他在日本历经 22 个春秋,哺育了满园桃李。朱之瑜是日本儒学转机的促成者,力矫性理学的空虚之弊,竭力宣扬为国计民生的实学,为社会改革服务,改造、陶铸和影响了日本的儒学,从而促成了日本学术界发生历史性的转机。在他的思想指导下,日本水户学派修纂成了第一部正史——《大日本史》。《大日本史》所蕴含的史学思想和政治思想,为日本社会的明治维新运动奠定了思想及理论基础。朱之瑜是日本维新致强的最有力导师,既是奠定日本明治维新思想的先驱,又是德川末期发动倒幕维新运动的日本水户学派的开山鼻祖。

晚清时期,浙东学派衰落,而浙东文献考据学却取得了相当成就。晚清以来浙东学人的治学风格与清代浙东学派不完全一致,但仍与清代浙东学派有着内在的渊源关系,同时又更多地受到乾嘉学派的影响。他们远承王应麟,近糅浙东学派与乾嘉学派,以文献考据之学为主,而又不丢弃经世致用的传统。这一派在宁波的代表人物是黄式三和黄以周父子、丁谦、徐时栋、董沛、陈汉章等人。宗源瀚《增设辨志文会序》云:"后来,徐柳泉亦渊雅赅博,镇海之刘氏、乐氏,慈溪之姜氏、裘氏,象山之姜氏,定海之黄氏,皆通经训,能文章,彬彬焉不愧儒林之选。而议者乃谓今之甬士不能如昔。"②宗源瀚此文作于光绪五年(1879),时宁波经学已有衰落之势。

民国时鄞县人张寿镛以约园藏书为基础,有计划地对四明历代文献进行编目、搜集和整理工作。1930 年起,张寿镛开始就所藏地方文献进行《四明丛书》10 集的编刊工作。《四明丛书》虽仅出版了 8 集,但其规模宏大,引起了国内外学者的瞩目。《四明丛书》在编纂上具有鲜明的特点:首先是著

---

① 　梁启超:《中国近三百年学术史》(新校本),商务印书馆 2011 年版,第 114 页。
② 　《申报》1879 年 2 月 18 日。

录翔实严谨,具有较高的学术水平;其次是继承了黄宗羲、全祖望等人的学术传统,汲汲于表彰忠义气节,收录了大量易代之际忠义可表的文献;再次是弘扬学术,借助于这部丛书,人们可以大致勾勒出四明学术的流变、风貌,使浙东学术彪炳于瀛寰,矜式于全国。可以毫不夸张地说,张寿镛继承了浙东学术的优良传统,为四明文献做出了集大成式的整理和总结,堪称浙东文献派的殿军。

宁波学术具有一脉相承的治学风格和精神,是宁波区域凝聚力的核心源泉。首先它树立了求真务实、经世致用的为学宗旨。宁波学术致用于实际事功,致用于化民成俗。如黄宗羲提出"儒者之学,经天纬地",万斯同提出"经世之学,实儒者之要务"。其次,宁波学术以陆王心学为主色调,较少门户之见,既主张博纳兼容,又强调独探微言,学有宗主,又不落窠臼,故能在糅合陆学、朱学、事功学的基础上形成自己的鲜明的学术风格。再次,宁波学术影响深远。以王应麟、王阳明、黄宗羲、朱舜水为巨擘,在全国甚至在域外都有宁波学的有力回响。

二、词条(按经学、儒学、史学、藏书、文献排列)

虞翻象数易学

虞翻(164—233),字仲翔,余姚人。孙权即位后,虞翻升为骑都尉,名重一时。因多次犯颜谏争,被流放到交州(今广州)。西晋史学家陈寿所著《三国志·虞翻传》中有很多小故事,形象地描述了其任才使气的独特个性。《三国演义》中也有虞翻的形象,可以说虞翻是最早进入章回小说的宁波历史人物。冯梦龙《智囊补》中亦有其故事。虞翻生遇乱世,长于军旅,但他矢志于学术研究,即使身处流放中,仍讲学不倦,门徒常有数百人。

虞翻开创了四明学者的博洽学风,研究领域极为广泛,著作繁多。仅经学方面就有《郑玄解五经违目》、《孝经注》、《论语注》、《周易注》(10卷,一作9卷)、《注京房周易律历》、《周易日月变例》(与陆绩同撰)、《周易集林律历》(1卷)、《易律历》(1卷)等著作。虞翻是三国时江东士人中最杰出的学者,但以虞翻为代表的江东学者对中土学风怀有激烈的抵触情绪。虞翻一生的文化成就最主要的体现在易学研究上。虞翻易学得自家传,追根溯源,又出自西汉以孟喜、京房为代表的官方(今文)易学。此派易学,宋人称之为象数之学。汉易作为易学史上的一大阶段,也以孟京易学为代表,东汉以来的经学家解释《周易》经传,都不同程度地受其影响。但是,易学发展到东汉,孟京易学中衰,而讲求义理的费氏易大兴,代表人物有马融、郑玄、荀爽和宋忠(衷),马、郑都是今古杂采的通儒,宋忠是新易学的启蒙者,都和虞翻的专家之学不同,虞翻对他们都没有好评,指责他们未得其门,只对荀爽注说了一句"有愈俗儒",那可能是因为荀爽也兼采孟氏易的缘故。虞翻易学是以家传的孟京筮占派象数易学为其渊源,以他为代表的江东学人对荆州学派的新易学进行了有力的抵制,使占验派象数易学继续盘踞江东学坛,延续着汉学的命脉。但虞翻"依经立注、以象解经"的治学方法,主要还是继承了东汉荀爽等的经学派象数易学并加以创造性发展。虞翻遂成为两汉象数易学的集大成者,也是经学象数易的最后一位大师。

参见陈寿:《三国志·虞翻传》;王新春:《虞翻易学"成既济定说"的哲学文化底蕴》,《哲学研究》2009 年第 6 期;文平:《东汉易学与虞氏易及其评价》,《湘潭大学学报(哲学社会科学版)》2013 年第 3 期。

高闶《春秋集注》

高闶(1097—1153),字抑崇,号息斋,其先自广陵迁鄞县。弱冠入太学,师事杨时。高宗建炎二年(1128),高闶升补上舍。绍兴元年(1131),高闶赐进士释褐,官承奉郎。绍兴五年(1135),高闶因宰相赵鼎之荐,官秘书省正字。绍兴十三年(1143)初建太学,高闶召任为国子司业,制订出太学学规,并成为在太学中宣扬洛学的核心人物。后因其在经筵与高宗讨论《春秋》时言及张九成,受到秦桧怀疑而罢官,遂教授乡里,其讲学之地为长春书院。

在理学史上,高闶在四明最早传播洛学。高闶《春秋集注》内容上专宗程颐,本于《公羊》大一统、黜周王鲁之说而调和折中,即"尊周而王鲁"。他杂采唐宋,包括胡安国传里的许多内容,熔以己意,旨在发明程颐所谓《春秋》乃"经世大法"的学术主张。其所阐发的《春秋》大义立足于两个方面:一是强调封建伦常,特别强调的是礼义。"礼义"一词出现 23 次,可以说是《春秋集注》的核心话语。二是突出"尊王攘夷"。所谓"尊王",就是要"尊君而卑臣,抑强而扶弱,君弱矣则扶而尊之,臣强矣则抑而卑之",这显然是为赵宋弱主而发的,旨在加强皇帝的权威。高闶非常致力于《春秋》之用,在"举吾《春秋》之法以拯天下之民"方面,比起胡氏来似更具经世色彩。他认为《春秋》乃"圣人和同天人之书",《春秋》以"灾异"讥贬人事,不在于天人之间的"每事求合"的机械对应,而在于使人君畏天以修省。高闶有着强烈的儒家民本意识,认为爱惜民力首先在于满足人民的生存需要,这是行教化、美风俗的基本前提。他大胆提出君之大害在于驱天下之民为我一己之私利服务,郑重提醒后来的统治者慎重于用民力。高闶高度重视道德教育,强调要培养家孝国忠的人才,强烈要求人君"崇学校以养人之材,兴廉耻以励人之行"。他还多次提出《春秋》史事为后来统治者树立了一面镜子。《春秋集注》中凡言"之戒"者共有 28 条,直言"人君之戒"者亦有 6 条。从地域学术的发展视角观察,四明地区大复《春秋》就是从高闶开始的,高闶无疑为甬上经学打开了学术发展的最初通道,奠定了重义理又不废考据的学术进路。

参见陈晓兰:《高闶及其〈春秋集注〉研究》,《北京大学中国古文献研究中心集刊》第三辑,北京大学出版社 2002 年版;戴国祥:《论高闶〈春秋集注〉的理学特色》,《宁波大学学报(人文版)》2004 年第 2 期。

杨简经学思想

杨简(1141—1226),字敬仲,原为三江东杨氏,出生于鄞,后迁慈溪(今慈城),世称慈湖先生。孝宗乾道五年(1169)举进士,任富阳主簿。时遇陆九渊过富阳,因发"本心"之问,与陆九渊思想默契,遂定师弟子之礼。后任绍兴府司理,差浙江抚干,知乐平县。光宗绍熙五年(1194)召为国子博士,不久因庆元学禁起,遭远斥,以祠官家居十四年。宁宗嘉定元年(1208),杨简得到宁宗起用。累迁秘书省著作佐郎,兼权兵部侍郎。以后他常为无实际职责的散官,最后以耆宿大儒膺宝谟阁学士,官阶至正奉大夫。

杨简对经学著作做了全方位的研究。在易学方面,杨简著有《杨氏易传》20 卷、《易学启蔽》一卷。杨简继承了程颢和陆九渊的易学思想,其解释《易传》是陆九渊"六经注我"的具体实践,基本思想是六经皆是心的表现。他将程、陆的观点引向了以自我意识为核心的本体论,成为宋明心学派解易的代表人物。杨简提出了心学派的解经原则。他提出"善学《易》者,求诸己,不求诸书",认为古圣人作易,是为启发人们的道德自觉,即"凡以开吾心之明而已",而后世儒者学《易》、解《易》,不求诸己而求诸书,即不从明心出发,而徒然致力于那套言语符号,这就根本违背了易的精神主旨。他发挥了程、陆天人一本的解易思想,以易之理即人之心为基本原则,解释了六十四卦的卦爻象和卦爻辞以及《彖》《象》《文言》三传,建立起了心学派的易学哲学思想,从而在数学派、理学派、气学派外别开心学派解易的新路子。杨简对经典的释证,在本心觉悟后,还是要在践履上求落实。为此,杨简著《冠记》《昏记》《丧礼家记》《家祭记》《释菜礼记》《石鱼家记》,其之所以注重释礼,正是为了践履。杨简希望在申明陆学本心自觉之后,通过社会生活中的礼仪建设来落实儒家的价值体系,这与同时代朱熹后学黄榦的努力相一致。杨简还有《慈湖诗传》20 卷,最主要的特点,是在心学哲学上发明孔子所提出的思无邪的诗论观点,《诗》几乎成为他阐释心学思想的工具,成为"六经皆我注脚"的最典型标本。他认为《诗经》各篇均体现了"无邪"的本心,即道心,而歌咏《诗经》的目的就在于唤醒读者自身的本心,即使不知诗本事也是无妨的。在各篇的诗解中,杨简的心学思想得到了全面而充分的表述。从陆派心学的立场出发,杨简解《诗》有许多大胆的论断。他不仅仅一般地反对《诗序》,且更具攻击性,如指斥孔门七十二贤之一的子夏,承荀子的看法把他视作小人儒。在具体的行文中对毛诗也多有攻驳。他不但敢于废《序》,甚至还敢于非经,在《淇奥》一诗的训释中,他以一贯之心来评判,批评《大学》"如切如磋"是道学、"如琢如磨"是自修的这种说法,是对道有害的。

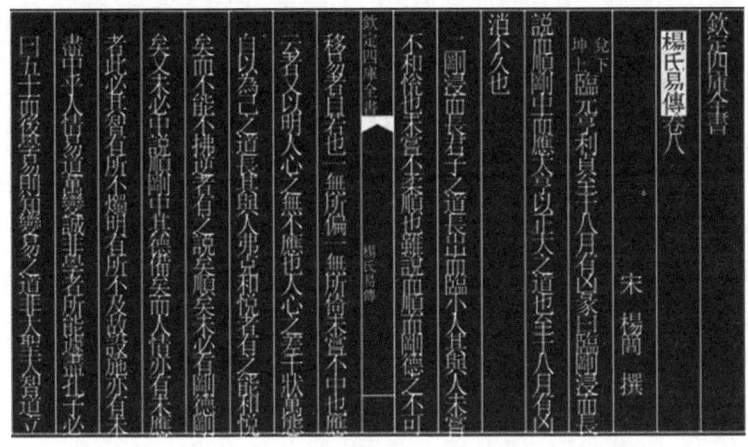

杨简《杨氏易传》书影,影印文渊阁《四库全书》本

参见范立舟、王华艳:《杨简易学思想与其"复心"说》,《西南民族大学学报》2004 年第 4 期;郝桂敏:《杨简〈慈湖诗传〉的阐释特征》,《辽宁教育行政学院学报》2004 年 11 期;李承贵:《杨简释〈易〉的路径及其省察》,《华南师范大学学报(社会科学版)》2013 年第 5 期;陈良中:《杨简〈尚书〉学研究》,《孔子研究》2014 年第 5 期。

赵汝楳易学

赵汝楳为宗室子,史弥远之女婿。为人卑退自修,精于《易》象。其父赵善湘(? —1242)精于《易》,"于《易》凡六稿,日进日益,末稿题曰'补过'"。

汝楳传其家学,"得于口授者居多,外除以来,逾二十载,因辑所闻于篇,庶不忘先君子之教,且以观吾过云"。同时赵汝楳也吸收了宋代儒易派程颐、程迥、朱熹等人的义理思想。赵汝楳著《周易辑问》6 卷以阐说经传义旨,《易雅》1 卷以类释《易》学名义,《筮宗》1 卷以考述易筮问题,总名《易叙丛书》。《易叙丛书》为其晚年的作品,表现出强烈的融会朱陆的理学色彩,比较集中地反映了其研《易》成就。

赵汝楳研《易》的最新颖之处,在于明确抛出了新的象数论。他雄心勃勃地建构"圣人之象数",以取代"汉儒之象数"。他认为汉儒之象数存在虚无、浮辩和占验三派,各有荒、乱、讹之弊。他所建构的"圣人之象数",出发点在于明道,方法是将《易》纳入理学的框架中予以阐释,其《易雅》集中体现了他在这方面的努力。赵汝楳认为,卦爻辞本身并非无情之物,而是"圣人之情见乎辞",凡"文王之象、周公之爻,皆以发其忧乐之情"。圣人忧乐之情,体现于卦爻辞中,皆有微妙之表达,这正好证明了《易》之创制为"该括万变之情"。赵汝楳将圣人之情与凡情相沟通,提出了"情复于性"的修养目标,这无疑是其建构"圣人之象数"的终极任务。赵汝楳的占筮观是以"心筮之妙"为"蓍筮之本"。他是信从《左传》《国语》筮例的,但他别具慧眼之处,乃是发现了《左传》《国语》中许多灵活多样的占解途径、方法,似乎无规律可循,发现了程迥《周易古占法》所归纳的古占法的程式等也存在不少无法证实的疑点。为此,他从"心"这一"本源"上去探析,去寻找根本性的答案。他明确指出,"蓍"乃"物之无心者",本身并不能自灵,其之所以能"灵",取决于人的因素,因为人的"神而明之",才会有"物之无心而灵"。赵汝楳将蓍草还原为物,拂去了蒙在蓍草身上的神秘色彩,把"卜筮"的根本性源头归结为"心筮之妙"。他由此确立"养心之学"对于占筮的决定性意义。他提出的"养心之学"立足于"自养","唯知自养,乃可推以养人"。赵汝楳继郑东卿之后,在融通朱学和陆学的基础上,建构起了"圣人之象数"的理论体系。

参见黎星:《系辞之情,心筮之妙——赵汝楳之易理、占筮观及其思想文化意义》,《周易研究》2005 年第 6 期;罗淼:《赵汝楳易学哲学思想研究》,山东大学硕士学位论文,2012 年。

王应麟经学研究

王应麟(1223—1296),字伯厚,号深宁居士,又号厚斋,鄞县人。王应麟的经学研究在义理上说是以朱学为指导的,但在方法上则以考据见长,在经学史上可谓别开生面。

　　王应麟研经之作不少,有关《春秋》的有《春秋三传会考》36 卷,已佚。他的《诗经》研究更为突出,有《诗考》《诗地理考》《诗辨》《诗草木鸟兽虫鱼广疏》(6 卷)等,其中后两书已经亡佚。王应麟在经学研究上取得了开创性的成就,主要表现在以下几方面:第一,王应麟开启了经书的辑佚工作。王应麟尤其关注汉代学术,继曹粹中等人开风气之后,系统地对三家诗进行了研究。他受朱熹的启发,以抉微学、广异议为目的,系统地辑佚三家诗而成《诗考》,其功用远远地超过一般的羽翼朱《传》的著作,而是对朱《传》的发展。搜罗三家诗遗说的工作,为王氏所首创,开启后人的研究兴趣。王应麟还有《周易郑康成注》1 卷也属于辑佚学的早期成果之一。郑玄《周易注》9 卷亡佚于南北宋之间,淳熙以后诸儒罕所称引,王应麟始旁摭群书,辑成此书。《四库提要》称其搜罗放失,存汉《易》之一线,可谓笃志遗经。王应麟的治经对于清儒的影响更是深远。这是因为清人治经,欲恢复汉儒的原貌,而汉儒的经注多已散佚,故需先从辑佚入手。第二,王应麟开辟了《诗经》研究的新领域。《诗地理考》奠定了《诗经》地理学专门研究的基础。王应麟继承了朱熹《诗纬》中的观点,认为人心是受天地山川的影响,而《诗经》是人心之感发,所以地理对《诗经》也是甚有影响的。他突破了地理学说的传统,将地理与政治、道德诸方面联系在一起,这正是《诗地理考》的特出之处。此外王应麟重视格物之学,耻一物之不知,其《诗草木鸟兽虫鱼广疏》是对吴陆玑《毛诗草木鸟兽虫鱼疏》的增订注疏之作,推进了对《诗经》名物学的研究。他的《六经天文编》,也有开辟学术新路的作用,至少他开辟了《诗经》天文学研究的新途径。他虽然服膺朱学,但也能独持己见,如朱熹废《序》,而吕祖谦尊《序》,王应麟在《诗地理考》中偏重于毛派的传、笺,在对待毛诗的态度上显然倾向于吕氏。还有对被朱熹指斥为“淫诗”的一些作品,他反而详加训释,这也表明王应麟兼取百家的学风。第三,王应麟的经学研究在方法上与史学相贯通。王应麟秉承吕祖谦、叶适等人的观点,认为六经之中《书》《诗》《春秋》名为经而实为史。在研究方法上,他打破了经史的界限,常常以经证史。如他在对史实、制度进行考证时,多援引《诗》中的材料。王应麟不但以经明史,同时他还主张对六经中所包含的义理进行阐发。但王应麟在义理方面的阐发与心学、理学两派皆有不同,他不是空谈义理心性,而是把“天理”同历史、现实结合起来,以此揭示圣人之道在历史兴衰中所起的作用。

　　参见李刚:《从〈困学纪闻〉看王应麟的经学特点》,《四川文理学院学报》2007 年第 4 期;金建锋、马艳辉:《论王应麟的经学思想》,《商丘师范学院学报》2008 年第 11 期;钱茂伟:《王应麟与中国传统学术形态嬗变》,中国社会科学出版社 2011 年版。

程端学《春秋》学

程端学(1278—1334),字时叔,号积斋,鄞县人。泰定元年(1324)以南士置左榜进士第二名。授仙居县丞,改国子助教,留为翰林国史院编修官。程端学与兄端礼同出史蒙卿之门,"人以比河南程氏两夫子"。程端学为元代著名经学家,一生致力于《春秋》研究,遍索前代说《春秋》者 130 家,本程朱之言,折中异同,后又经过 20 余年的深入思考,作《春秋本义》30 卷、《春秋三传辨疑》20 卷、《春秋或问》10 卷。

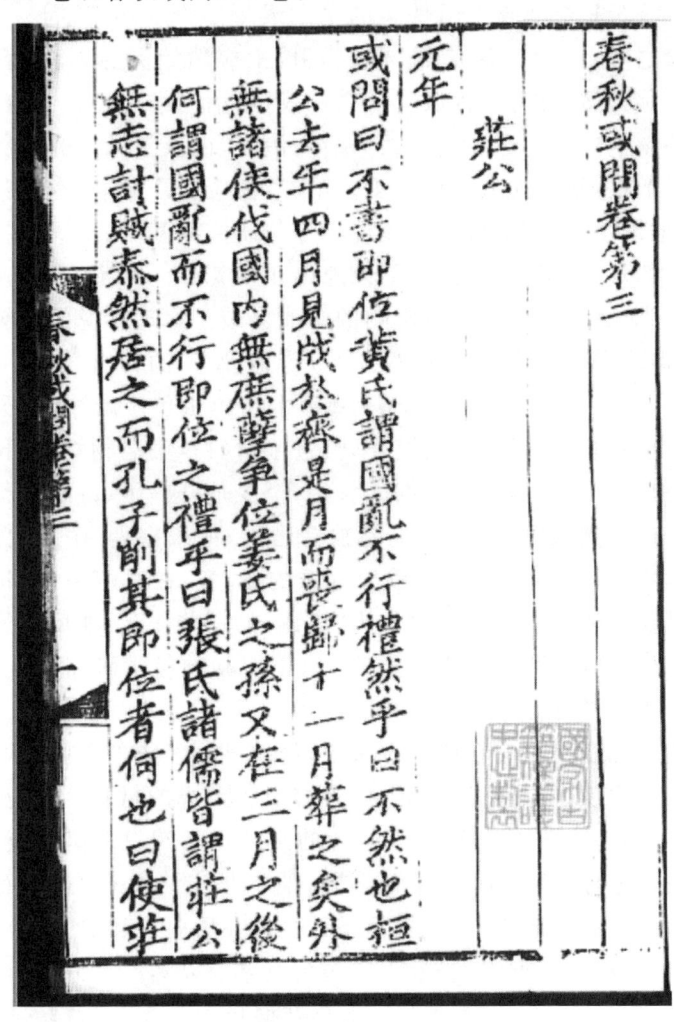

程端学《春秋或问》元刻本书影

程端学对程朱之说推崇备至,他的研究确实是按照朱熹《春秋》学的纲领而展开的,在治学方法上,尤其深受朱熹嫡传弟子吕大圭的影响。但在具体而微的学术问题上,程端学并不是处处盲从程朱,而是勇于提出自己的看法。程端学提出了"万世之取信者,经而已矣"的基本观点,主张尊经而弃传。自唐代中期以来,《春秋》学领域就兴起了一股贬传尊经的新风气,并影响到宋人的学术,代表人物如孙复、刘敞、叶梦得,都对三传有所贬斥。程端学承宋儒之绪流,直辨三传之非,由此成为《春秋》学史上疑传思潮的集大成者。在三传中,他尤其非难《左传》,认定《左传》为"伪传"。他大声主张尊崇经文,要求据经求义,据经观理,据经立论。程端学受宋人影响,对"三传"的解经很不满意,继孙复、刘敞、叶梦得三家之说,对"三传"的攻驳不遗余力。程端学和吴澄一样,承朱子之统,反对微言褒贬这一传统的思维模式,成为元代《春秋》学者不拘守胡传,反对深文周纳的书例褒贬的代表。程端礼紧紧地抓住了《春秋》经文之详略皆本于鲁史之旧、孔子不得妄改这一最基本的事实,从而对今文学家的种种臆说进行了尖锐的批判,引导人们将《春秋》大义引向所记之事上。程端学认为《春秋》的"纪事自然"之法就体现在"属辞比事"之中。他认为《春秋》并不是孤立地记事,其对事件的记载具有前后的关联性、渐进性、首尾性,以此来凸显"一字褒贬"说的荒谬性。在此基础上,程端学还创造性地发明了大、小"属辞比事"之说。他概括《春秋》大义,"则在于正义明道,尊君抑臣,贵王贱伯,内夏外夷,防慎始,因事立教,以正人心,以扶纲常"。他还引入"克己复礼"的思想,进一步赋予了《春秋》以心性修养的意义。

参见张伟:《程端学〈春秋〉学思想探析》,《鄞州文史》第 1 辑,2006 年;周国琴:《程端学〈春秋〉三书研究》,南开大学博士学位论文,2007 年;吴志坚:《程端学及其〈春秋本义〉》,《文献》2011 年第 1 期。

黄宗羲《易学象数论》

黄宗羲(1610—1695),字太冲,一字德冰,号南雷,学者称为梨洲先生,余姚黄竹浦人。南明亡后,从鲁王抗清,授左副都御史职。抗清斗争失败后隐居讲学,不仕清廷。康熙七年(1668),讲学甬上证人书院,培养了一批优秀学者。著有《明夷待访录》《明儒学案》《南雷文定》等。他是著名的经学家,在清代经学史上有着非常重要的地位。

黄宗羲所著《易学象数论》六卷,其成书有一个很长的历史过程,大抵先有单篇《乾坤凿度》《纳甲》《纳音》等,后汇总为六卷本,最后写定当在康熙十一年(1672)之后。我国的象数易学兴起于汉代,至京房、焦延寿而流为方术,至北宋陈抟歧出图书一派,遂兴道家易学,至南宋朱熹著《易学启蒙》,又有新的发展。后世学者过分重视宋儒"象数"之学,不明本原,间或有人提出批评意见,亦不成系统。黄宗羲因撰此书,对汉代以来的象数流派进行了一次系统的清理。前三卷内篇,论"象",论列河图、洛书、先天、方位、纳甲、纳音、月建、卦气、卦变、互卦、筮法、占法诸主题,而附以所著之原象,为内篇。内篇重在理论批评,认为《易》理广大,无所不备,九流百家借以申其说,百家行而《易》理晦。由于学者过分重视象数,以为不传之绝学,遂至滥用象数,大失《易》旨。黄宗羲明确指出该书的任务就在于把依附于《易》以行的九流百家之说剥离出去,还《易》以《易》,还象数以象数。此书不只对两汉以来象数易学的义理多所整理与阐述,也廓清宋明儒者的诸多见解。如他批评朱子学者信奉陈抟而歧入道家,维护了心学的立场。他一一将象数流派考证清楚,明晓其来龙去脉,故其评论多能击中要害。如论魏伯阳的月体纳甲说是牵强附会的,不是"自然之法象",颇具科学精神。又如其考证图书时,以《周易》经传本文为据,旁引经史,或以经证经,或以史证经,凡与经传不符者一概不取,贯彻了"摘发传注之讹,复还经文之旧"的研究进路。《周易·系辞》云:"河出图,洛出书,圣人则之。"汉代纬书虽多言"龙马负图""神龟负书",且言其出于黄河与洛水,但至北宋刘牧图书出世之前,无人能道其形象,或谓其为"文字",或谓其为"图录"。黄氏提出从本原入手,认为"河图"即如后世之图经,"洛书"即如后世之黄册。郑梁《寒村诗文选·寒村息尚编》卷四《洛灵宋宝记》说:"《大易》言河出图洛出书,未尝有龙马与龟之说。即先儒之言龙马与龟者,只言其背负者有九与十之数,而未尝明言其有一书焉可以背负而出,如世俗所谓兵书、宝剑也,得非宋之儒者未暇深考而附会之者与?吾师南雷先生作《象数论》,不信龙马与龟之事,而言河图即今之舆图,洛书即今之黄册,尽排谶纬之妖妄,而务在以经解经,所谓一言被千古之疑,则龟亦未始有其事也。"黄宗羲论河图、洛书的新颖观点,直至今天仍不失为一家之言,还有当代学者赞同而发挥之。可以说《易学象数论》是研究象数易学的经典之著,为清初第一部抨击《易》学异端的著作,在《易》学研究史上有极高地位。黄宗羲的研究方法是"摘发传注之讹,复还经文之旧",这对考据学的兴起也有启导意义。

参见王永嘉、陈敦伟:《〈易学象数论〉浅析》,《宁波师院学报》1985 年第2 期;曹国庆:《黄宗羲的易学象数研究》,《朱子学刊》1999 年第 1 期。

万斯大《经学五书》

万斯大（1633—1683），字充宗，别字褐夫，因患足疾而自号跛翁，鄞县人，故居在今宁波海曙区。一生不仕清廷，师从黄宗羲，以穷经为己任，为清初浙东学派的代表人物之一。他大规模搜集摘抄整理历代关于《春秋》的资料，"采先儒诸说，日为编纂，每一事别一纸书之，以备后来抄撮"（万经《识语》），如同读书卡片，凡得242卷百万余言，或称为《春秋辑传》（一作《春秋明辨》）。据万经的说法，这部书所整理的先儒著作极为丰富，是一部集解性质的著作，可惜在康熙十二年（1673）全毁于家火。此后万斯大不得不放弃《春秋》的研究，而改治三礼。传世有《经学五书》，为其论《礼》释《春秋》的著

万斯大《经学五书》书影，清嘉庆元年（1796）辨志堂刻本

述,包括《学礼质疑》《礼记偶笺》《仪礼商》《周官辨非》《学春秋随笔》,其学能融会贯通,不拘汉宋诸儒旧说,多正前人之误。

在清代礼学复兴中,万斯大是引人注目的礼学家。他对礼学进行了实证式研究。他认为有些学者运用的三礼互证诠释并不能够成立,因为《周礼》并非周公所作,是秦汉间附会之书,与《仪礼》《礼记》绝不可通。他主张以《仪礼》本经前后相发明,或以小戴《礼记》与《仪礼》本经相发明。在对《仪礼》本经的仪节训释上,万斯大能广泛征引诸经、传记材料,并注意对仪文礼制中正礼、变礼之间的变异情况加以分析,不拘成说,对冠、昏、丧、觐诸礼皆有自己的创见。万斯大不惟重视礼的形式发覆,还重视礼的精神内涵。他十分重视透过文字以求《礼记》的义理,故在治《礼》中往往发表自己的义理观。他在《仪礼商》中谈格物、慎独、道德,在《学礼质疑》中谈气、阴阳,在《礼记偶笺》中谈义理等,尽管这方面万氏并未显出优势,但却与通经致用互为映发,构成了万氏经学的独具面貌。他的义理阐释是以准确把握为前提,并非纯义理的经典研究,实不同于宋儒讲求的抽象的义理之学。他深研诸经,"以为非通诸经不能通一经,非悟传注之失则不能通经,非以经释经则亦无由悟传注之失"。(黄宗羲《万充宗墓志铭》)他倡导的以经释经、以传证经的方法,以及不轻信传注的做法,为后来戴震、阮元等人的训诂注疏工作开启了先河。他还善于用数学统计方法寻求《周礼》的自相矛盾处,这从一个侧面体现了近代科学思维方式的萌芽,其大胆疑古的作风,有力地启导了乾嘉学者的"疑古"精神。

参见:林庆彰:《万斯大的春秋学》,《清史研究》1994 年第 2 期;方祖猷:《论万斯大的〈春秋学〉》,《宁波大学学报》1991 年第 4 期。

时与兰经学

时与兰(1788—1851),字纫甫,号廼庵(亦作廼莽),慈溪人。以廪贡生援例授训导,家居课徒,经书诸书,躬自校雠,与同邑王约及定海黄式三友善。时与兰的著作,光绪《慈溪县志》卷四十九记载有《周易汇疏》五卷、《虞氏易消息阐微》三卷、《禹贡纪闻》十五卷、《读诗备忘》二十八卷、《读春秋备忘》二十二卷、《春秋大事表地名考异》二卷、《春秋地名异同考》二卷、《春秋姓名异同考》五卷、《溪上世家志略》六卷,均据《采访册》著录。可见其著述主要在经史方面。《中国古籍总目》仅著录时与兰《禹贡纪闻》十五卷首一卷,清郑显煜抄本,上海图书馆藏。

时与兰系全祖望之后四明地区的说经名家。黄式三《儆居集》五《杂著》

卷三下《读春秋备忘叙》云："四明自谢山全氏、白岩姜氏后，说经者盖鲜。今于慈溪得二老焉，曰王简夫，曰时逌庵。……逌庵说经专论大义，《读春秋备忘》其一也。余读其书，于意所惬者，虽驳杂如啖叔佐、赵伯循亦节取之，于其意所不惬者，虽《左传》亦斥之，无论《公羊》《穀梁》。"这段话可以大体了解时与兰的说经倾向。蜗寄庐旧藏时与兰《四书私考》是关于四书疑难问题的学术札记。如卷一"孔子先世"条，考证孔姓源流，关于孔子的生日，时与兰经过历法上的推算，认同黄宗羲的说法。在经学研究上，清初的学者以复古、实证来改变明代空疏的学风，毛诗学也一改宋明以来理学、心学的讨论方法，向着质实、博物、训诂、考证的方向发展。特别是到了乾嘉朴学时期，无征不信，出现了毛诗学的繁盛。时与兰的诗经学研究正是这一朴学之风的延续。近代甬上蜗寄庐旧藏时与兰《读诗备忘》稿本一册，残存十三、十四两卷。从条目看，第十三卷实为《大雅》"文王之什"的札记。第十四卷尚存56叶，183个条目，始为"生民"，终为"自彼氐羌"（此条文未完），部分地方有较多修改涂抹。从条目看，第十四卷为《大雅》"生民之什"的札记。此书体例与《四书私考》相同，有较强的征实色彩。如"茑与女萝"条云："茑，寄生也。所谓叶似当卢，子如覆盆，赤黑色，味甜美者，为菟丝子也。《释草》：唐蒙，女萝；女萝，菟丝。《淮南子》：下有茯苓，上有菟丝。《埤雅》：上有菟丝，下必有伏菟之根，无此菟在下，则丝不得生乎上，然其实不属也。据此则女萝即菟丝，菟丝之下有茯苓，其施于松柏可知矣。而陆玑《草木疏》谓毛云松萝也。今菟丝蔓连草上生，黄赤如今。今合药，菟丝子也，非松萝。松萝自蔓延松上而生，与菟丝殊异。《本经草》云：茑为女萝。此古今方俗名草不同也。则其说又不同矣。"由此可见，时与兰说经重名物训释而轻义理阐释，引用文献颇为广泛，与王约（西屿）说经重视义理的治学路径颇为不同。故黄式三《诗学自怡录叙》云："嗣遇慈溪时友逌庵，示以《读诗备忘》，其书爱博取广收，如丰氏讹撰《子贡传》，亦采录之，而王友西屿不以为是。"黄式三以为时与兰经学精不如王约，而博则过之。

参见时与兰：《读诗备忘》稿本，近代甬上蜗寄庐旧藏本。

林颐山经学

林颐山（1847—1907），字晋霞，号蒙溪，慈溪人。黄以周主讲辨志书院汉学讲席，林颐山为院中高才生。光绪甲申（1884），黄以周主讲江阴南菁书院，一年后，林颐山也应江苏学政黄体芳之邀，入江苏学幕，阅算学卷。黄体芳去任后，又应王先谦、杨颐、溥良等历任江苏学政之聘，继续留在学幕中，深得王先谦等人的敬重,并助王辑《皇清经解续编》。其间,林颐山还经常以学政幕友的身份,协助老师黄以周批阅南菁课卷。光绪十八年(1892),中壬辰科进士,分发江苏,以知县补用,但未上任,而是与老师黄以周一起分主江阴南菁书院讲席。后又继其师主持宁波辨志精舍经学斋讲席。光绪三十三年(1907),清廷成立礼学馆,礼部尚书溥良邀请林颐山和孙诒让担任总纂,惜是年十一月林卒,事终未成。

林颐山著有《经述》手稿四卷、《经述续稿》手稿不分卷九册、《群经传授源流考》手稿不分卷二册、《三代宫室制度释》手稿一卷、《三礼郑注引汉制度考证》手稿不分卷三册、《水经注笺疏》手稿二册,皆为王欣夫收藏,见其《蛾术轩箧存善本书录》。刊印者有《经述》三卷,刻入《皇清经解续编》,此书第四卷署林兆丰《隶经剩义》,实为其子林颐山代父所作。又《战国职官考》,有上海图书馆藏清刻本;《鸣阴楼文存》,有国家图书馆藏木活字印本。据《慈溪林氏宗谱》,林颐山尚有《群经音疏补正》《十三经校勘续记》《医经通考》等著,但大多散佚。林颐山经学精湛,尤其对礼学的研究造诣很深。《群经传授源流考》是合唐陆德明《经典释文·序录》及清毕沅《通经》《传经》二表之所长,"而每经分列家派,尤为精审。如于《易》分孔子《古文易》以下五十五家,分别今文、古文,各以所治之学类属,下逮南北朝,每经皆然。惜至《左氏春秋》止,然所阙不过三之一。而木石基础已具,后有好学者不难循其例而补成之也"。

参见冯昭适:《林晋霞先生传》,《华国月刊》1924年第2期;王欣夫:《蛾术轩箧存善本书录》之《甲辰稿》卷一。

杨简心学思想

杨简一生的政治事迹相对平庸,而其学术事业却相当突出。世人誉其为"四朝耆旧,百世宗师"。在陆门中他的著述最多,近人张寿镛考定有30种,现存者以《慈湖遗书》《慈湖诗传》《杨氏易传》最为重要。在"四明淳熙四先生"中,其他三位重在务实,而杨简重在务虚,就其学术成就来说,杨简无疑是四先生中最有理论创造性的杰出哲学家。

杨简探索本心究竟的过程中,把个人之心当作宇宙本体、万物根源,完成了从陆九渊的先天道德论到主观唯心主义宇宙观的转化。杨简所说的作为心学本体的"心",不带有任何观念的意味,只是一种虚灵,一种无差别境界,这是他与陆九渊不同的地方。但是他从这样的主观境界中,又体验出主体作为一种伦理本能的存在和活动,这就是所谓"圣人之心"和"本心"。而这也就是他与陆九渊相契的地方。在天人关系上,杨简创造性地以"心"作为最高的范畴,提出了"心道合一"论。他认为心本是一种意识活动,就其活动之无所不通的作用讲,就是"道",由此心与道、本体与作用没有区别可言。基于此种观点,他提出"休心无作,即心自是妙"的说法,把本体之"心"直接看作一种机悟。也就说,人只要把握自己的"心机",即直觉的方法,也就是本体在了。这就显露出他借用佛教的顿悟方法来论证其心学体系的思想痕迹。他认为人所以会有恶,是由于"意"之起,"意"之动,意非外来,皆自心生,于是提出了"毋意"(不起意)的道德修养的直觉方法论。所谓"毋意",既指因无私意发生而本心自然流行所形成的对是非曲直的直接明觉,也指使心保持寂然不动的无尘无垢的所谓"明镜"状态。这种内心的道德自觉包含有注重"良知"这种道德意识的作用的积极意义,但也夸大了道德直觉在道德判断和保证行为合道德性方面的作用。杨简之学独树一帜,颇具创造性,在南宋后期儒学格局中呈现为"笼罩一世"的主导态势。

参见张伟主编:《慈湖心舟——杨简学术研讨会论文集》,浙江大学出版社 2012 年版;董平主编:《杨简全集》,浙江大学出版社 2016 年版。

袁燮心学思想

袁燮(1144—1224),字和叔,鄞县人,学者称为絜斋先生。20 岁左右入太学。在青年时代即成为陆九渊的弟子。淳熙八年(1181)袁燮中进士后,开始在地方和中央为官,官秩凡十七迁,历礼部侍郎、宝文阁直学士,最后为通奉大夫。袁燮在朝屡进谠言,所至政绩多有可纪。遗著有《絜斋集》《絜斋家塾书钞》《絜斋毛诗经筵讲义》等。

袁燮与杨简、沈焕、舒璘并称为四明"淳熙四先生",是南宋形成的"四明学派"的卓越代表。他在学术上的最大贡献是把陆氏心学运用于社会,在政治和伦理方面把陆九渊之学向"笃实"的方向发展,而其在发扬儒家的民本思想方面尤其令人瞩目,他吸取了陆九渊"民为邦本"的政治思想,提出了"君民一体"说。儒家的政治学说一贯提倡尊君、忠君,一向主张君民关系是尊卑相对,治养相须。但袁燮却认为"君民一体也,民固不可无君,君亦不可无民","君民本一体相须之义,初无尊卑之殊"。(《絜斋家塾书钞》)他认为单从权势和地位的角度观察,君民是有尊卑之分的,但从利害的角度看,君民是平等的。袁氏认识到礼制社会虽是自上而下的单向控制,但是上层与下层的作用关系实际上却是相互的,君民之间必须建立起协同融洽的关系,才能维护社会系统的稳定,从而使等级制度造成的紧张关系得到某种程度的缓和。袁燮学术比较笃实,他吸取了陆九渊"民为邦本"的政治思想,提出了"君民一体"说,把传统儒学"民为邦本"的思想经过某种程度的改造后,提升到了新的理论高度。基于"君民一体"的观点,袁燮提出了"天下之大,当与天下共图之"(《轮对陈人君法天札子》)的民主决策思想。他认为封建帝王并不是全知全能的,他们的知识和能力都是有限的,这就需要产生民主决策的机制。袁燮认为要想提高君王决策的准确性和可行性,就必须"稽谋于众",通过"广咨博访"、集思广益的办法,来减少决策的盲目性和错误性,同时也可有效地防止君主的独断专行。他响亮地提出:"虽以人主之尊,不可自以为是",必须"合众多之智谋,求经济之筹策",在决策上广泛地听取下臣的意见。袁燮还进一步提出了"是非"的标准,他说:"天即民也,民之心即天之心也。"又说:"天人一心,民既以为非,天亦必以为非。"(《絜斋家塾书钞》)他还从人性论的角度阐述了"顺乎人情"的思想,一再上疏论便民、足食、通货等"顺乎人情"的举措,并提出"食货为本"论,实可看作是黄宗羲"工商皆本"论的先声。

参见〔宋〕袁燮:《絜斋集》,影印文渊阁《四库全书》本;谢艳飞:《南宋学者袁燮的哲学与政治伦理思想》,《郑州轻工业学院学报》(社会科学版)2010年第3期;范立舟、於剑山:《南宋"甬上四先生"研究》,人民出版社2014年版。

黄震理学思想

黄震(1213—1281),字东发,学者称为于越先生。慈溪人,宝祐四年(1256)进士,长期担任地方官,勤于政事,重视农业和水利工程建设,又能不畏地方豪富,执法公正,赈灾济贫,禁止、取缔淫祀和迷信活动。咸淳四年(1268)黄震被任命为使馆校阅期间,因在轮对中极言时弊,受到降职处分,以后又屡次得罪权相贾似道。德祐元年(1275)黄震出任浙东提举常平,但第二年南宋小朝廷就覆灭了。宋亡后,黄震采取了不与元朝政府合作的态度,隐居于鄞县宝幢山,最后饿死。学者谥为"文洁先生"。

黄震一生力主躬行,反对空言,其《黄氏日抄》多成于晚年,最能反映其理学思想的水平和特色。黄震学宗朱子,但又不肯盲从,而是有自己的独到见解,对朱熹之学也多有匡正之处,故被称为朱学的修正者。黄震在宇宙论上以理在事中修正程朱的理在事先,主张道不离器,道在器中,反对离开形下之器去追求形上之道。在人性论上,以实性反对空言性,主张天地之性即在气质之性中,而非人未生前别为一性,肯定在气质之性外无天地之性,从而修正了程朱的人性二元论。在认识论上，以躬行实修反对空言静修。修养方法上，反对程朱的静坐养心说，指出二程所谓静而养心，是受佛道两家的影响而提出的，导致了以后谈虚说空的不良习气。在知行关系上，黄震提出"言之非艰，行之惟艰"（《余姚县学讲义》）的躬行主张。黄震针对后世儒者空发议论而不躬行的弊病，总是把行放在首位，强调行的重要性，反对脱离践行的空洞议论，主张知行相顾并进，知日以精而行日以备。黄震在行重于知的前提下，倡知行相须并进之说。他认为知行不可偏废，缺一不可，"知与行所当并进，而言与行本无偏废"（《祭添差通判吕寺簿》）。如果"知者专于明道，或怠于行道，贤者专于行道，或忽于明道"（《黄氏日抄》卷27），都是片面的，只有把"行道"与"明道"统一起来才是完整的。黄震要求学者不空谈性理微言，惟在全力躬行，即身体力行封建伦理道德的准则，将推以治国平天下。他从体用统一的观点出发，强调君子修身立体是为济世之用，并非为了脱离世务，独善其身。他认为清谈误国，这在西晋是有着深刻的历史教训的。黄震一生以排辟异端、除净儒学内部的外来杂质为己任，严厉批判佛教以空寂为性的观点。作为务实的思想家，他不但清算了心学和禅学的空虚之学，而且也批判了朱学的空虚流弊。黄震是程朱理学的继承者，对浙东朱学有首倡之功，扭转了四明的陆学风气，而且他与北山四先生同为晚宋闽、浙、赣地区朱学的翘楚。黄震之学在浙东自成一派，通过家学和门徒传授，在四明地区颇有影响。

参见樊克政：《黄震对程朱理学的继承与修正》，《中国史研究》1984年第1期；张伟：《黄震与东发学派》，人民出版社2003年版；《黄震全集》，浙江大学出版社2013年版；向世陵：《黄震对宋代"理学"的总结》，张立文主编：《儒学评论》，河北大学出版社2005年版。

方孝孺儒学思想

方孝孺（1357—1402），字希直，又字希古，自号逊志，尝号缑城生，人称"缑城先生"，蜀王赐斋"正学"后始称"正学先生"，宁海缑城里人。从小就熏沐家学，受到系统的儒学教育。洪武十年（1377），方孝孺始正式师从大儒宋濂，穷经问学，忘寝与食。洪武十五年（1382），方孝孺受到太祖召见，朱元璋说："此庄士，当老其才。"方孝孺未被任用，居家六七年，基本以读书、教授、著述为业。他的《君学》杂著、《周易考次》、《宋史要言》等，均是在这一时期完成的。洪武二十二年（1389），方孝孺再次被荐应召，授汉中府学教授，时蜀献王朱椿就藩成都，后特聘孝孺为世子师。惠帝（建文帝）即位后，召方孝孺为翰林侍讲。次年方升为侍讲学士,深得惠帝器重,凡国家大事均向他请报,并代批答。建文四年(1402),燕王朱棣兵入京师,方孝孺以丧服哭殿陛,拒不草诏,被灭十族。遗著有《逊志斋集》。

　　方孝孺是明初浙东派的代表人物。他指责三代之后的君主"国无善治""世无圣贤"。以不仁人之政而害民逆道,又欲以刑罚禁民为非,这是秦以来千五百年"乱常不绝于时"的根本原因。方孝孺有针对性地提出:国家之治

方孝孺《逊志斋集》卷首书影,嘉靖四十年刻本

乱安危不仅系于法,还系于人民。在《君职》篇中,他提出君主的天定职责是养民、教民,使民各得其所,而民之职虽在奉上,目的也在于"使之尽心于民事"。但是"后世人君"却只"知民之职在乎奉上,而不知君之职在乎养民",一旦老百姓没有按时完成赋税和力役,就"诛责必加",可是对于自己在教民养民上的严重失职,却"若罔闻知",君主不但不能自修其职,而且还做出种种随意侵乱、诛削臣民之举。方孝孺说,臣不供其职,君以为不臣,那么君不修其职,又该如何处置呢?是应该宽宥还是应该废杀呢?在洪武暴政时代,方孝孺敢发出如此咄咄逼人的质问,真可谓是振聋发聩。方孝孺如此强调君职,一方面是由于他看到了人民的力量,他说:"夫人民者,天地之元气也。人君得之则治,失之则乱,顺其道则安,逆其道则危。"另一方面,是要通过安民养民、均平天下,以实现"驾轶汉唐,锐复三代"的政治理想。因此他要求统治阶级以仁爱为怀,推行恤民之仁政,国家法律政策的实施应体现养民之道。在他看来,行仁政才算称君职,也唯有以仁政治国才洽乎民心,人民的权益才能得到保障。在政治思想上,他提出了以民本思想为指导的君职观,认为"人君之职,为天养民"。他认为君子学道,当有"经世宰物"之心,不能"离世自适","乐其一身以自足"(《适意斋记》)。方孝孺认为理学之所以日渐"污坏",是由于空谈不务实,因此,他想以诸葛亮、范仲淹、司马光等五君子为法,以"大贤豪杰"的勇气振兴理学,使之在封建社会的政治和思想上渐有生机。他还着力于明王道而辟异端,驱斥佛老,批驳迷信、鬼神等无妄之说。

参见胡梦琪:《方孝孺年谱》,陕西人民出版社 1988 年版;王春南、赵映林:《方孝孺评传》,南京大学出版社 1998 年版;张树旺:《论方孝孺之死的儒学史意蕴》,《船山学刊》2010 年第 2 期。

黄润玉理学思想

黄润玉(1389—1477),字孟清,晚称南山先生,鄞县人。永乐十八年(1420)应顺天乡试,中举人。授江西建昌府学训导。宣德间荐为交阯道监察御史。正统元年(1436)巡抚湖广,不久因杨士奇推荐而任广西按察司佥事,提督学政。因得罪权贵,降为安徽含山知县。著有《海涵万象录》《宁波府简要志》等。

黄润玉理学思想主要见于《海涵万象录》《经书补注》等书中。从学术渊源看,他有陆学血统。他的启蒙老师全彦,所传为杨简心学。黄润玉有《有感》诗云:"经书过目每沉吟,只觉经书注我心。诗本性情明体用,乐由肺腑达声音。唐虞事业吾犹尔,孔孟文章古亦今。物我格来都合着,此心端的指南针。"这完全是陆学一派六经注我的为学方法,其最后两句,亦颇有后来王阳明"人人自有定盘针,万化根源总在心"之意。关于"格物致知",他指出:"格物格字,当训合格之格。凡物之要者,莫切乎身心,物之大者,莫过于家国天下。人之所学,莫非身心家国天下之事。然事物莫不有理,而万物皆备于我,则物理具于吾心。学者以吾心之理,格合事物之理,是曰格物。若训为至,则为物至而后知,至不成文义也。"这与朱熹之说大不相同,属于心学的观点。在举世宗朱的时代,黄润玉又很自然地接受了朱熹之学。他有《自述》云:"考亭烛道,光耀配乾。草庐蕴德,馨香闻天。道腴德华,谆酴孰右?剩馥残膏,熏炙我后。"他对朱熹的崇敬无以复加。但他尊朱而又不尽合于朱,有自得之见。黄润玉认为论道必须从体用两个维度上展开,就天道来说,就是理体气用,就人道来说,就是性体情用。他在《道器图附说》中说:"凡论道字须兼体用说,且以天道言则理为体,气为用。以人道言则性为体,情为用。"同时道与器也是不可分的,"曰理气,曰性情,皆是形而上者,故谓之道。然道寓于器,即理气寓于物,性情寓于人。曰人曰物,皆是形而下者,故谓之器"。他特意作了一首《明道歌》,将他的理学观点概括无遗。黄润玉建构的理学思想的逻辑构架,与宋儒颇有不同,如程颐认为:"气,形而下者。"黄润玉将气与理并列为形而上者,他这样做是要贯彻其整体思维。气既然与理并列,是理之用,故其论气,有滑向气本论的倾向。如他的宇宙论云:"天地间一气运化而已。"他认为"天只气,地只质,天地之生万物,如人身生毛发,任其气化自然也。而人独有心中一窝气,寓得理而灵,故曰心神。然太虚中亦有一团气,灵如人心者,则曰天神"。黄润玉理学思想架构的新颖之处在于强调了整体思维,一再强调体用是一个整体,理气混一,不可拆分。他认为太极本身就是阴阳未分的混一概念,不能拆开来说,因此他批评说,"太极只说理不说气,所以成两截去了"。黄润玉认为"道无玄妙,只在日用间着实循理而行",道不能悬空而行,最终必须落实到日用上。故他说:"理是道之体,事是道之用。""道之体用,体即理,用即事。人得是理于心曰德,服是事于身曰行。何谓德?知仁圣义中和是也。何谓行?孝友睦姻任恤是也。"他所谓的"理",就是先天的德性,亦即性。故他说:"在天为理,与天长存;在人为性,气散则亡。"又说:"性即理也,理即生理。岂有不善,天与人心,只是天理流行,为性之仁。"仁是儒学的一个核心话语。宋儒将仁当作性,将"孝弟"当作用,仁超越伦理关系而上升为普遍的人性。如朱熹认为"仁者,爱之理,心之德也",《论语》所谓"为仁之本"乃行仁之意。黄润玉接过宋代理学家的观点,将仁分为三个层面:"仁者,有天地之仁,有人之仁,有动物之仁,有植物之仁。"他进一步将仁抬升到本原的高度。他说:"生之理是仁。只天理纯全,私欲净尽处是仁。"又说:"人心只天理流行便是仁,私欲间断便是不仁。""天地生生不息为仁,此天理流行也。"黄润玉进而提出了一套为学工夫。他说:"为人需要读书,读书所以致知,致知所以明理,明理所以应事,应事所以治人,治人所以尽为,人之道也。"从为人到治人,他建构了严密的为学逻辑。他的名言就是"明理务在读书,制行要当慎独"。其中对于"慎独"的强调,一直是心学家的立教宗旨。黄润玉提出:"弗闻弗见,只在须臾;独知独处,正在隐微。"可见他特别强调慎独工夫。

参见邹建锋:《贯通于内圣外王之间:黄南山思想引论》,《中共宁波市委党校学报》2011 年第 5 期;钱茂伟:《明代黄润玉家族与学术研究》,《鄞州文史》第 17 辑,2014 年。

王守仁心学思想

王守仁(1472—1528),字伯安,自号阳明子,余姚人。弘治十二年(1499)进士,授刑部、兵部主事。正德元年(1506),因上疏劾宦官刘瑾,营救戴铣、薄彦征,贬贵州龙场驿丞(今属贵州修文县),曾讲学于当地的阳明洞。刘瑾被诛后,起用为庐陵知县,后以左金都御史巡抚南赣。正德十四年(1519),平定宁王朱宸濠谋反,被封为新建伯,官至南京兵部尚书,卒谥文成。著有《王文成公全书》等。

王阳明在综合批判与继承历史上儒学各派的基础上,尤其是在吸收了心学和事功学各自所长之后,建立了他的心学哲学体系,其主要内容为"心即理""致良知"和"知行合一"。"心即理""心外无理"和"心外无物"乃阳明心学的理论基石。阳明所谓心,渊源于孟子"仁义礼智根于心",是指完全独立于感性欲念,没有任何感性欲念染乎其间的先验的主体,接近于康德伦理学中的"道德主体"的观念,是一种先验的纯粹理性,它不是以认识为目的,而是以求得至善为责任。阳明所谓理,即是指"至善",即道德法则。王阳明的"良知"概念不同于前人,赋予其多方面的意义。阳明"良知"的最大特色,就在于他赋予了前人所不曾发的定义:"良知是个是非之心。"亦即良知是个判断是非的能力。这一点构成了阳明与以往儒学的很大不同。王阳明由此提出了与此本体论相作用的方法论,即"致良知"。他说:"若鄙人所谓致知格物者,致吾心之良知于事事物物,吾心之良知,即所谓天理也。致吾心良知之天理于事事物物,皆得其理矣。致吾心之良知者,致知也;事事物物皆得其理者,格物也。是合心与理为一者也。"(《传习录》中)所谓"致"就是使良知"明觉"和"发用流行",就是"正其心之不正以归于正",使"良知"由潜在的状态转化成现实的活动状态,把人的潜在的道德价值转化为现实的人生价值。致良知的另一基本意义是依良知而行,这是阳明更为强调的一面,阳明自己也认为,只有从这一方面才能与以前的知行合一说衔接起来,即以良知为知。阳明是"实实落落依着他做去",把良知所知贯穿落实于行动之中。阳明晚年把良知纳入知行的范畴,因他强调区分良知与致知,因而知行理论也做了相应的调整,不再强调知行本体的合一,而是强调知行工夫的合一,即知之必实行之。王阳明所说的"知是行的主意,行是知的功夫;知是行之始,行是知之成",应是中国哲学家对知行关系问题的最好总结。王阳明强调:"良知之外更无知,致知之外更无学。"(《与马子莘》)阳明心学被人看作中国封建社会中世纪后期第一个初步成熟的近代启蒙哲学,它是整个中国哲学史发展的一个关节点,解放了人们的思想束缚。其学术思想传至日本、朝鲜半岛以及东南亚。日本德川幕府后期兴盛的阳明学,反映了中小地主和市民阶级变革社会现状的强烈愿望,成为颠覆幕府的催化剂,并且在明治维新运动中发挥了积极作用。阳明心学的致良知说对日本社会个体生命的内省精神也起了很大的作用。在长期积淀而成的日本民族精神"大和魂"中,日本的国民性深受日本化心学的熏染。

余姚阳明故居前的王阳明塑像

参见钱明编校：《王阳明全集（新编本）》，浙江古籍出版社 2010 年版；钱明：《王阳明及其学派论考》，人民出版社 2009 年版；方志远：《王阳明评传》，中国社会出版社 2010 年版；王冠辉：《王阳明评传》，华中科技大学出版社2013 年版。

黄宗羲儒学思想

黄宗羲是清初著名的哲学家，提出了理气心性相统一的思想。他主张"盈天地间皆气也"，继承了刘宗周以气为本、理不离气的观点。黄宗羲在《孟子师说》中说"天地间只有一气充周，生人生物"，肯定了世界的物质性，进而又论述了气的存在形式。他说："通天地、亘古今，无非一气而已。"（《宋元学案·濂溪学案》）认为气存在于时间空间是无穷无限的。他又指出运动变化是气存在的一种形式，"夫太虚，纲缊相感，止有一气，无所谓天气也，无所谓地气也"。（《易学象数论》卷一《图书四》）他认为世界只有一气，世界上的事物尽管种类不同，形态上千差万别，但无论山河日月还是飞潜动植，究竟乃是一气，世界万物统一于物质性的气。黄宗羲还精辟地回答了气的来源问题。他在《答忍庵宗兄书》中对此做出了唯物的回答，认为不存在生气的别一物，气本来就存在，气有阴阳，阴阳互生。他说："气则合下只有一气，相生而后有阴阳……非于本气之外又生一气。"在理气关系上，他说，气之"流行而不失其序，是即理也"（《孟子师说·浩然章》），"自其浮沉升降者而言，则谓之气；自其沉浮升降不失其则而言，则谓之理"（《明儒学案·诸儒学案上二》）。也就是说理为气之浮沉升降流行不乱之运动法则、条理，气为理之本，而无离气之理。

黄宗羲的政治哲学思想，以《明夷待访录》为代表，突出地表现为对君主专制政权体制的系统批判。他开宗明义标举自私自利的人性论，猛烈批判君主视天下为自己的私有财产而侵夺了民众的利益的行为。他认为："古者以天下为主，君为客，凡君之所毕世而经营者，为天下也。"所以"天下之人爱戴其君，比之如父，拟之如天，诚不为过"。然而，"今也以君为主，天下为客，凡天下之无地而得安宁者，为君也"。主客关系的颠倒，因之造成人君的专擅独裁，以致"天下之人怨恶其君，视之如寇仇，名之为独夫"。黄宗羲猛烈地批判了私天下的观念，"视天下人民为囊中之私物"，君主"以天下之利尽归于己，以天下之害尽归于人"，"屠毒天下之肝脑，离散天下之子女，以博我一人之产业"，甚至要"传之子孙，受享无穷"。他要求明确君臣职分，实行君臣共治的国家民本制；建立"公其非是于学校"的准"议会制"；提出"有治法而后有治人"的法治主张,以"富民"为宗旨的经济思想。《明夷待访录》的问世,在清初曾引起思想界的共鸣。后来,这部书在乾隆年间遭到了清廷的禁毁,但是到清末复出,对维新思潮的兴起还产生过积极的推动作用。

　　参见吴光主编:《黄宗羲全集》,浙江古籍出版社 2010 年版;吴光主编:《黄宗羲论:国际黄宗羲学术讨论会论文集》,浙江古籍出版社 1987 年版;徐定宝:《黄宗羲评传》,南京大学出版社 2002 年版。

潘平格求仁思想

　　潘平格(1610—1677),字用微,浙江慈溪文溪(今属镇海区)人。学问渊博,以讲学终身。著有《求仁录》。

　　潘平格是明末清初反理学的代表之一,他对整个理学都持激烈的批判态度,欲重返孔孟为代表的儒学传统。他说:"自《孟子》后,圣远道晦,后之学孔孟者,率混入于老佛,而于杂佛杂老之学术自信为儒。"又说:"《孟子》一书,畅发圣人之微旨。后世之学,惟不尊信孟子,或入于老,或入于佛,无当于吾圣人之道。"(《潘子求仁辑要》卷十)因此,他以诸多的笔墨鉴别理学中杂老杂儒的成分。他否定了宋明理学的一些基本用语。理学基本用语如体用、工夫之类,支撑起了理学的理论系统,因此否定理学的一些基本用语,无异于抽毁了理学的根基。潘平格明确反对朱子的"体立而后用行"的说法,认为先确立体再去实现用实际上是将体与用分离。他反对将体用一分为二,既然人性就是浑然天地万物一体,那么只要着力于人伦、力行于践履,体就会完全显现,没有必要在人伦践履之外另寻觅体,也没有必要脱离天地万物浑然一体之性去谈论用。他认为,体和用不能并立就意味着将"浑然一体之性"分裂为二,谈到体就已经将用包含进去,谈到用就已经将体包含进去,即"全体是用,全用是体"。他指出先秦儒家原本并没有"体用对举"的说法,分体分用来自佛教。他认为,"工夫"这一用语并不是来源于以四书为代表的儒家经典,而是来源于后世的佛道两家。佛道脱离日常人伦进行修行,所以才有工夫一说,而儒家主张在日常人伦中着力践行,所以并不说工夫。理学为了践行日常人伦原则而提出主敬、穷理工夫,这是在日常人伦之外又提出了一套修养方法,与佛道走的是同一路径,与儒家的传统并不符合。他认为理学的理气论亦来源于道家。他还指出朱熹"指性为理"和"理气合而成性"的说法都来源于老庄:"指性为理,乃老庄之所谓道、所谓虚无,安得是吾圣人所言之性乎?即谓'性为神',谓'合虚与气,有性之名',谓'理气合而成性',亦原于老庄。"(《潘子求仁辑要》卷三)他认为王阳明只在事上寻求良知,通过良知对事物的是非做出区分判断,这种良知实际上就是佛学的灵知。潘平格对理学的批判大多停留在简单类比的表层上,鲜少深入细致的论说辨析,目的是为了恢复以孔孟为代表的儒学传统。潘平格在对理学的批判中,正面张扬了求仁哲学。他认为"孔孟之学以求仁为宗。仁,人性也;求仁,所以复性也"。他又将这种仁看作是日常的恻隐之心、同情之心、孝悌之心等,从而提倡人与人之间的友爱,也只有这样,才能达到"浑然天地万物一体"。他反对儒说的清淡、空疏、苦思冥想,以及仅在书册、言语上做学问。而只要"笃志力行"办到了,那么人人都能成为圣人。强调在日用实际上去求真理。如何完全抛开理学而径直承接孔孟,潘平格只是指出了一个方向,却并未由此发展出一套新的理论。

参见〔清〕潘平格:《潘子求仁录辑要》,中华书局 2009 年版;刘小红:《潘平格思想研究》,上海师范大学硕士学位论文,2012 年;孙宝山:《论潘平格对理学的批判》,《中国哲学史》2013 年第 4 期。

虞世南史学

虞世南(558—638)早期仕隋而未受重用,直至李唐建立,命运才出现重大转折。李世民灭窦建德后,引虞世南为秦王府参军、记室参军,唐太宗即位后任著作郎,兼弘文馆学士,官至秘书监,成为最高政权机构中参与决策的智囊人物。唐太宗曾赞誉虞世南有"博学、德行、书翰、词藻、忠直"五善,这可以说是对他一生的最高评价。虞世南识综群儒,雕文绝世,于唐初政治、文化建设上的贡献是多方面的。

虞世南"商略古今"的史学活动,鲜明地体现了他所担负的"以文富国,以道佐命"的历史重任。虞世南首先是一位政治谋略家,具有高度敏锐的政治洞察力,他"商略古今"的史学活动也是为现实政治服务的。他所著的五卷《帝王略论》,是中国史学史上较早的以政治家身份系统评论历代帝王才智贤愚、为政得失的历史评论专著。全书由事略和评论两部分构成,因称"略论"。事略叙史事,冠以"略曰",评论采用问答式。全书选取三代以下,"世有治乱,兴亡之运"而可以商略者,"择其明者可为轨范,昏者可为鉴诫"而"试论之",即通过总结历代帝王得失,直接为唐太宗的现实政治服务,同时也反映了虞世南卓越的史识和进步的历史观。虞世南在评论中多注意于历代帝王的"功德"、"功业"、重大政治举措以及他们个人的智略和才能,并指出了作为领袖人物所必备的政治素质,认为帝王之才"文则经天纬地,词令典策;武则禁暴戢兵,安人和众",但他为了限制帝王的骄奢淫逸,滥用威权,又特别强调人君之宏大器量与德才涵养,提出"人君之量"要"以宏济为怀,仁恕为体",而人君之修道不只是个人品德的"区区一介之善",而应"推此一心,以及万体"。尤其是"创业垂统"不同于"平一天下",历史条件的变化对君王的德才提出了更高的要求。只有具备"仁惠之德"的人君,才能使万民拥护。《帝王略论》之所以从多方面评论历代帝王的贤愚明昏,根本的一条是着意于历代政治成败得失的分析和总结。如虞世南论秦朝的统治,着重批评了秦始皇一味任用"威力"的政策,殊不知在"守成"时亦需要仁义相辅。《帝王略论》又是现知我国最早的贯穿古今的历史评论专著,评论采用问答式,而以问答形式撰写一部完整的历史评论专著,乃是虞世南的首创。原书已亡,佚文散见唐人赵蕤《长短经》、马总《通历》等书中。

参见胡洪军、胡遐辑注:《虞世南诗文集》,浙江古籍出版社 2010 年版;瞿林东:《说〈帝王略论〉的历史比较方法》,《史学月刊》1987 年第 3 期;陈虎译注本:《帝王略论》,中华书局 2008 年版。

黄震史学

南宋慈溪学者黄震不仅是一位理学家,也是宋末颇有影响的史学家。

黄震虽然没有专门的理学史著作传世,但其《黄氏日抄》卷 33 至卷 45 "读本朝诸儒理学书""读本朝诸儒书",大致勾勒出了宋代理学史的发展脉络。尽管这部分的读书笔记中没有完整的史例,但内容上却有宗派宗主的介绍、学术要点的辑录与评论,也有精当的学术渊源与学统之辨析。黄震的《黄氏日抄》在梳理宋代理学史时,自觉地站在学术唯真的立场上,克制主观性的过分渗入,体现出学有宗旨而不守门户的精神,这正是以后黄宗羲在《明儒学案》《宋元学案》中提倡治学术史的基本思想。《黄氏日抄》注重论学派的主旨、学术流变,同时在编辑形式上亦很有特点,形成了学术史的基本构架,这对学案体的形成有一定的启发意义。黄震于咸淳四年(1268)曾一度担任史馆检阅,参与修撰宁宗、理宗两朝国史实录。黄氏"分修附传",因当时投到史馆供修附传的人物资料极少,黄氏曾建议在局官员到乡里自行访求先贤事迹缴付史馆。黄震在史馆工作实际仅数月,故所作附传不多。今存《戊辰修史传》1 卷,内仅收杜范、真德秀、洪咨夔、袁甫、徐元杰、李心传六篇传记,思想倾向性非常明显,旨在表彰"正人"和"卓然有识之士",推崇程朱正学,意在说明"正心诚意之学"对于治国的重要,贯彻了其笃实的治学特色。《戊辰修史传》篇幅虽少,却颇受后人重视,《宋史·真德秀传》就采以为蓝本。黄震还在史馆著《两朝政要》,多得于见闻,文约事详。两朝指的是理宗、度宗,理宗时期是治乱消长之时,而度宗时则有贾似道用政。黄震对时局有自己的看法,"于理、度两朝其致意于世道之终也深矣"(郑真按语)。此书勾勒出晚宋衰落的历史,忧深思远,被明初学者郑真目为"良史"。黄震很重视通俗史学,晚年撰写了《古今纪要》19 卷及《逸编》1 卷,上起三皇,下迄哲宗元符,撮举诸史,括其纲要。在体例上通古今而尤略古详今,十分看重本朝史;在内容上详人而略事,每卷先列事纲,然后简述君臣之事,颇类纲目体。黄震所作人物小传虽很简略,但叙"前代诸臣,各分品目",寓有褒贬,只是"北宋诸臣事迹较历代稍详,而无忠佞标题,盖不敢论定之意"(永瑢等《四库全书总目提要》卷 50),这表明他对于当代、近代人物的论评是非常慎重的。《古今纪要》是宋代通俗史学著作中的成功之作,词约事核,颇有条贯。此外,黄震又曾撰《续通鉴》,其中兴大要,本于李心传《系年要录》和《朝野杂记》,惜今不传。

参见何忠礼、张伟:《黄震全集》,浙江大学出版社 2013 年版;张伟:《黄震与东发学派》,人民出版社 2003 年版;葛晓爱:《黄氏日抄研究》,《古典文献研究辑刊》第 16 编第 28、29 册,花木兰文化出版社 2013 年版。

王应麟史学

王应麟考史、评史、辑史的成绩,最值得注意的著述是《困学纪闻》20 卷。此书成于入元之后,为作者晚年蛰居四明时所著。这是一部考订评论经史百家、历代名物制度的读书笔记,总共 2000 余条,多以类聚,辞约而明,理融而达,是他一生的学力之所萃,学术价值颇高。

与李心传的考史著作《旧闻证误》、洪迈的《容斋随笔》相比,王应麟的《困学纪闻》在考证的深度、广度上都要远远超过他们,成为我国考史走向成熟的标志。与司马光的《资治通鉴考异》相比,《困学纪闻》不纯粹是史考,常常结合历史事实和儒家经籍有关内容,提出自己的见解,阐发自己的认识,所以蕴含着许多可资发掘的宝贵的思想资源。因此从体例上说,《困学纪闻》是史考与史论的结合,后来清人的考史著作从一定程度上继承了这一优良的传统。王应麟的历史地理学研究,奠定于《玉海·地理》11 卷的编写。《地理》门分地理图、地理书、异域图书、京辅、郡国等 15 类,几乎把古代地理学的各个方面包罗殆尽。王应麟的《通鉴地理通释》,前 3 卷为《历代州域总叙》,考证历代政区制度沿革,一级政区名称与州治所在地,疆域范围变化;卷 4 为《历代都邑考》,考证历代政治中心所在地;卷 5 为《十道山川考》,按唐十道区域划分,考证名山大川所在地。卷 6 至卷 14 考证分裂割据时代的疆域形势。该书基本上论述到历代疆域政区沿革的基本方面,成为流传至今的第一部系统论述历代疆域政区沿革的著作。王应麟虽然"综罗文献",但不尽是随手札记,而是考中有论,卓见迭出,于中凝结着深厚的学术精神,也体现了其深刻的史学思想。如他特别强调史须直笔,反对虚美隐恶,曲笔诬笔。王应麟治学,善于熔文献学、考据学、目录学于一炉,因此他被清代学者奉为考据学的先驱、文献派的鼻祖。

参见钱茂伟:《王应麟学术评传》,中华书局 2011 年版;张晓飞:《王应麟文集研究》,中华书局 2011 年版;傅璇琮、施孝峰编:《王应麟学术讨论集(2011)》,清华大学出版社 2012 年版。

胡三省史学

胡三省(1230—1302),谱名满孙,字身之,一字景参,世称梅涧先生,宁海县新宁乡中胡村下宅石桥里人。宋理宗宝祐四年(1256)进士,授泰和县尉,改任慈溪尉,由于刚直不阿,得罪郡守而被劾罢官。此后历任扬州江都丞、江陵县令、怀宁县令。咸淳三年(1267)任寿春府学教授,佐淮东幕府。咸淳十年(1274),主管沿江制置司机宜文字。德祐元年(1275),胡三省为贾似道幕府,从军江上,其进言不为贾氏所用,军败后间道归乡里。宋亡,隐居不仕,往来甬、越、台间教授弟子,闭门著书。胡三省在躲避战乱中,已经完成的 97 卷《资治通鉴广注》书稿被盗,他只得另起炉灶,重购《资治通鉴》,重新作注。至元二十二年(1285),胡三省寄居鄞县南湖袁桷家中,是年冬全书才正式脱稿。至元二十六年(1289)三月,杨镇龙起义波及鄞县,胡三省将完成的新书稿《资治通鉴音注》藏入石窟中,躲过了劫难。胡三省倾注毕生心血完成的巨著《资治通鉴音注》,后人一般简称为"《通鉴》胡注"。他另著有《通鉴释文辩误》十二卷。

司马光《资治通鉴》连同胡注和《通鉴释文辩误》,以及司马光的《考异》、章钰的《版本说明》等,总约 600 万字,胡注及《辩误》又约为全书的五分之三。胡注的篇幅略大于《通鉴》,是我国史注各书中篇帙最大的一部。此书注文密度甚高,引书浩博,工作量极为繁重,它以一人之力花费了 30 年时间始克成功,显示了作者惊人的智慧和毅力。胡三省所注《通鉴》内容包罗万象,极为广泛,自谓"凡纪事之本末,地名之同异,州县之建置离合,制度之沿革损益,悉疏其所以然",但实际上其内容之丰富远远超出其概括的范围,举凡《资治通鉴》所记史事中涉及的政治、经济、军事、礼节、刑律、文化、教育、民族、宗教、地理、官制、天文、历法等,胡三省无不作注。胡注对《通鉴》的阅读、理解帮助极大。胡三省作音注虽然也引用了史炤等前人的研究成果，但更多自己的原创性成果，所以胡注和《通鉴》相得益彰，同是博大精深的巨著。

参见陈垣：《通鉴胡注表微》，科学出版社 1958 年版；叶哲明：《融史实论证和爱国意蕴于一体的政论史学家——评胡三省〈资治通鉴音注〉》，《台州学院学报》2009 年第 2 期；林嵩：《通鉴胡注论纲》，上海古籍出版社 2012 年版。

黄宗羲史学

黄宗羲是清初浙东史学派的开创者，其史学著作极为丰富，有《明儒学案》《宋儒学案》《行朝录》《弘光实录钞》等。

黄宗羲明确提出史学的宗旨在于经世应务。他十分重视史学的经世作用，在《历代史表序》中说："二十一史所载，凡经世之业，无不备矣。"又在《甬上证人书院记》中说："学必原本于经术，而后不为蹈虚。必证明于史籍，而后足以应务。"他致力于明代兴亡史的研究，广泛搜集明代历史文献，整理成《明史案》244 卷、《明文案》217 卷、《明文海》482 卷。康熙十八年（1679），清廷开明史馆，黄宗羲虽然两次拒绝征召，但他为了使有明一代历史能完整、准确、真实地记载下来，以便让世人鉴戒，同意儿子黄百家和门生万斯同、万言以布衣参与其事。他还在《答万贞一论明史历志书》中透露，自己为明史馆提供了许多第一手的参考资料。他还公开就明史的体例、内容、史料处理等问题发表独到的意见，故全祖望在《梨洲先生神道碑文》中说："公虽不赴征书，而史局大案必咨于公。"黄宗羲还为史学开拓了研究的广度和深度。他最为人称道的是其对宋元及明代的学术思想史进行了深入的整理和研究，写出了我国第一部学术史专著《明儒学案》。这是一部前无古人的系统和精深的学术史专著，其所主张和体现的学术史方法尤其令人瞩目。黄宗羲编纂《明儒学案》，是以"一本万殊"为指导思想的。他发起编纂《宋元学案》，仅完成 17 卷，后由黄百家、全祖望等续成。此书记载了宋元时期思想史的发展脉络，规模更大，体例更为完善，代表了清代学案体史著的最高成就。在治史的范围上，除政治、学术史外，还旁及天文、历算、地理等学科，如他撰写了《春秋日食历》《明史·律志》等。黄宗羲有着丰富的史学思想，他主张经史并重，以经为原，以史为委，提出"学者必先穷经，经术所以经世，方不为迂腐之学，故兼令读史"（全祖望《梨洲先生神道碑文》）。在治史方法上，主张广搜博采，加以甄别，然后"正其是非"。他强调史籍的编纂原则是据事直书,寓褒贬于史。在史的体例上,他重视表、志,称赞万斯同补二十一史表"诚不朽之盛事"。黄宗羲还培养了一批浙东史学人才,如万斯同为其高足,邵廷采曾向其问学,而全祖望亦私淑于黄宗羲。黄宗羲开创了清初浙东史学派,对清代史学的发展产生了重要的影响,被誉为清代史学的开山之祖。

参见曹国庆:《黄宗羲评传》,中国社会科学出版社2010年版;方祖猷:《黄宗羲长传》,浙江大学出版社2011年版。

朱舜水与日本水户史学

朱水瑜(1600—1682),字鲁屿,号舜水,余姚人。朱舜水早年参加抗清活动,在南明亡后东渡定居日本,在长崎、江户(今东京)授徒讲学,传播儒家思想,很受日本朝野人士推重。

朱舜水以为"得之史而求之经,亦下学而上达耳"。他劝诱中年学者:"中年尚学,经义简奥难明,读之必生厌倦,不若读史之为愈也。《资治通鉴》文义肤浅,读之易晓,而于事情又近。日读一卷半卷,他日于事理吻合,世情通透,必喜而好之。愈好愈有味,由此而《国语》,而《左传》,皆史也,则义理渐通矣。"(《答奥村庸礼》)他反对人们崇拜"离事而言理"的经,更反对离开历史而"通经",主张寓经于史之中。他说:"一部《通鉴》明透,立身制行,当官处事,自然出人头地。俗儒虚张架势,空驰高远,必谓舍本逐末,沿流失源。殊不知经简而史明,经深而史实,经远而史近。……知向学之方,推之政治而有准,便后人知为学之道,在于近里著己,有益天下国家,不在乎纯弄虚脾,捕风捉影。"(《答奥村庸礼》)朱舜水还将儒家的忠君爱国、大义名分思想和重史、尊史、尚史的学风传给德川光国。日本水户学派是以水户藩德川家编纂《大日本史》事业为中心而发达起来的。朱舜水流寓日本讲学的22年中,有17年是在水户藩中度过的。他不仅被德川光国聘为"宾师"和编纂《大日本史》的顾问,而且他的学术思想影响、左右着水户学派。水户学派按时代分为前、后两个时期。前期水户学以德川光国(1628—1700)所设新考馆为中心,发展了水户史学;后期水户学派以德川齐昭所设弘道馆为中心,发展了水户政教学。但无论前期还是后期,其根本精神都是提倡大义名分、尊王抑藩、尊皇攘夷。而这些思想都渊源于朱舜水。朱舜水的嫡传高足安积觉(1656—1737)于元禄六年(1693)出任《大日本史》总裁,定修史例,构立纪传,中其规矩,纵横贯穿,功勋卓著。朱舜水誓铲奸佞、拥君复国的激情,潜移默化为安积觉达名分、核名奖行的史学思想,并倾注到《大日本史》中。

因而《大日本史》史笔谨严,在记事明实的同时,隐约闪烁着尊王贱霸的史实,大义名分的旗帜非常鲜明。在朱之瑜的影响下,当时聚集在水户藩下,由日本各地闻风而来的名儒,诸如安积源泊、今井弘济、小宅处斋等数十人,都成为他的入室弟子,受到他的感化与指点,因而奠定了以后200多年水户儒家的根底。《大日本史》所蕴含的史学思想和政治思想,为日本社会的明治维新运动奠定了思想及理论基础。

参见李甦平:《朱之瑜评传》,南京大学出版社2002年版;徐兴庆主编:《朱舜水文献释解》,上海古籍出版社2013年版。

邵廷采史学

邵廷采(1648—1711),字念鲁,又字允斯,余姚人。青年时即究心史学,自16岁得同邑马晋允所订《通纪辑要》开始,边编、边抄、边阅,走上了研究宋明史之路。23岁,读书于会稽道墟,仿《史》《汉》论赞,作《读史百则》(又名《明史论》),后曾呈正于黄宗羲。42岁左右,邵廷采瞻顾明朝历史"一代浩繁,茫无措手",于是收缩研究范围,专攻南明史。他据冯甦《见闻随笔》及同邑友人张五皋的口述,辑成《西南纪事》12卷,记桂王君臣事迹。康熙三十六至三十七年间(1697—1698),邵廷采又借榻东池两水亭,据黄宗羲所赠《行朝录》等,复成《东南纪事》12卷,述鲁王、唐王君臣事迹。这两部书将经世致用和民族意识结合起来,探求明代灭亡的原因,表彰明季忠烈义士,"纲举目张,可称良史","有永久的价值"。与之相辅的,又有《明遗民所知传》《宋遗民所知传》两文,前者记载明代50家遗民的事迹,后者是补《宋史·忠义传》及《元史》的,所传仅得8家,比较简略。

邵廷采自愧"闻见陋狭,外此遗漏者固多",但毕竟开了万斯同研究宋季忠义的风气。邵廷采深信"儒者之学,固以经世为验"(《明儒王子阳明先生传》),所以他早年即有意天下之事,考索历朝治国方略甚勤,准备了许多有裨致用的历史知识。晚年他成《治平略》12篇,计分田赋、户役、国计、农政、仓贮、水利、盐法、钱币、关市、刑律、弭盗、河防等12略,又有《史略》6篇,计分治体、兵制、宦侍、海防、太学、州郡六类,都是以述史(重点还是总结宋明历史)的形态从各个方面阐述自己的政治、经济、军事等思想,核心在于"复封建、行井田、改学校"。邵廷采在研究历史的过程中,还提出了一些值得重视的史学思想。如他在《正统论》中认为历史的分合趋势是不以人的意志为转移的,但"天无常归,归于有德"。因此历史发展一旦完结其选择过程后,"有德者"如何顺乎时宜,有所作为,就在于人的能动性了。他将"天之归"与

"德之治"的统一作为"正统"的真正意蕴,作为审视历史发展中各朝代"正统"的标准,这种新颖的"正统"论越出了传统的正名范围,变成了一种理想社会的范型。邵廷采还用变化的眼光来看待历史的演化,认为"凡事有行于古而不可沿于今者"。他在《拟征启祯遗书谢表》一文中,强调修史者应做到"辞之繁简以事,文之今古以时",反对任情褒贬,而应秉持万世之公,并希望修史者能如实地反映有明一代的本来面目,以存一代信史。这在清廷开馆纂修《明史》之时提出,显然是言有所指而又寓有深意的。他还从"虚心广见,何所不宜"的宗旨出发,主张"吾道一贯,孰非道学中事",反对在正史中另立《道学传》,这当受黄宗羲反对在《明史》中另立《道学传》的影响。

参见何冠彪:《邵廷采思想研究》,香港大学硕士学位论文,1978 年;王绪:《邵廷采学术思想述论》,辽宁大学硕士学位论文,2004 年;陈雪军、张如安点校:《邵廷采全集》,浙江大学出版社 2018 年版。

万斯同史学

万斯同(1643—1702),字季野,号石园,鄞县城中(今属海曙区)人。为黄宗羲的高足,以专治明史闻名。康熙间荐博学鸿词科,不就。清廷开明史馆,总裁徐元文延请万斯同入史局。康熙十八年(1679),万斯同与侄儿万言北上。万斯同请以布衣参史局,不署衔,不受俸。

万斯同在史学上的最大成就表现在明史的研究与编纂上。他参修《明史》长达 23 年,直接参与制定了指导性的《修史条例》,并为《明史》的主要修纂者。他提出重视史表,主张修史要注意史料的搜求和辨别,强调史官必须秉笔直书,明辨是非,这些都成为纂修《明史》的重要原则。万斯同广搜博览,初步拟定了列传传目,基本上反映了明代人物史事的概貌,成为此后《明史》一书依据的蓝本。至于诸纂修官分别撰写的史稿,最后均由万斯同审核修改,排纂成编。今宁波天一阁珍藏的 12 册《明史稿》,稿本、抄本各 6 册,存列传稿 300 余篇,其上或多或少,都有朱笔、墨笔等删改涂抹的字迹,即系经万斯同修改的史稿。由万斯同主持编成的《明史稿》颇有长处,如在体例上,能够因时而异,进行变通和创新。如《艺文志》只著录明代的典籍,既能反映明代典籍的概况,又不致使全书各部分篇幅的差别过于悬殊。又如各地土司,虽大都建置于元代,但其发展则在明代,万稿为土司别立一传,集中反映了明代中央政权与地方少数民族的特殊关系。在编排上,万稿则注意以事系人,既记载了人物的活动,又反映了史事的概况。此外,他编纂的《资治通鉴后编》是清代第一部《通鉴》补续专著,下启毕沅的《续通鉴》。万斯同还有不少个人专著存世。他是清代学界补作旧史的先驱,所著《补历代史表》影响甚大。所著《宋季忠义录》,虽意在阐扬忠义思想,但亦是有关宋元人物传记的重要史书。《儒林宗派》是一部重要的学术史专著,第一次公正地恢复了整个经学史的本来面目。万斯同还写了不少考据著作,主要有《昆仑河源考》《历代纪元汇考》《群书疑辨》等。他的考据旨在经世致用,具有实事求是的态度,采用了会而通之的方法。如其《石经考》一书,以时间为序,通释自西汉至五代的石经沿革过程,堪称石经考据的力作。《明史河渠考》12卷,考辨了明代河渠水利的兴废变迁,是研究地学、水利史的重要文献。《昆仑河源考》以考据的方法对昆仑、河源予以详尽的考辨,虽然仍取《禹贡》《山海经》之说为是,因而在总体上是错误的,但在一些局部问题上也有一些卓见。

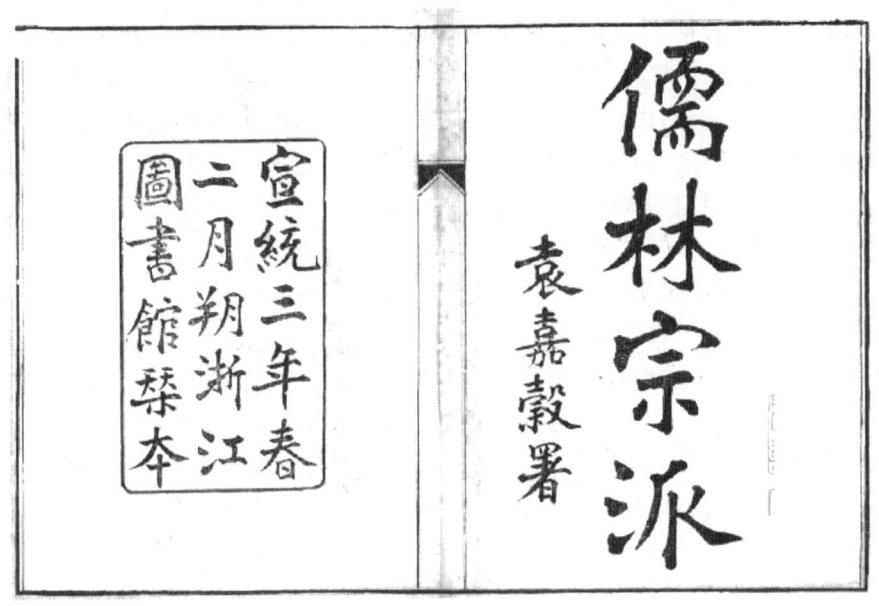

万斯同《儒林宗派》书影

参见方祖猷:《万斯同评传》,南京大学出版社 1996 年版;方祖猷主编:《万斯同全集》,宁波出版社 2013 年版;傅璇琮:《〈万斯同全集〉中稿本和抄本学术价值选评》,《中国典籍与文化》2014 年第 3 期。

邵晋涵史学

邵晋涵(1743—1796),字与桐,号二云,又号南江,余姚人。乾隆三十六年(1771)进士。乾隆三十八年(1773),邵氏被征进四库全书馆之后,主要负责史部特别是正史各书的校阅及提要的撰写工作,成为史部提要的主要撰稿人。其所作的提要稿,后收入《南江书录》,计35篇,有《聚学轩丛书》本。《绍兴先正遗书》本则改题为《四库全书提要分纂稿》,多出《易说存悔》《续名医类案》提要二篇,可知他当日所撰提要,虽以史部为主,但也涉及别部书籍。

邵氏的史部提要,多从史书的思想内容出发论其体裁、义法、渊源、价值,颇有见地。邵氏评价史书,能从思想内容、社会风俗等大处着笔,大都持论公允,也能击中史著之病,坚持实事求是。这部提要还集中反映了邵氏的经世致用的史学思想,如他主张治史必须广求博证,认为历朝实录理所当然是修史的主要史料依据,而累朝诏诰、州郡志乘、诸家文集、碑铭志状、私家著述等均是应该广搜博求的宝贵史料,可以互为佐证,取长补短,这与黄宗羲的意见是一致的。他还主张史书体例应据情变通,贵在创新务实,主张"史以纪实",反对"轻言褒贬",史书内容应网罗放失,而不猎奇,反对记载荒诞迷信的内容,提倡以约驭博,各自成家。在具体的史学活动中,邵晋涵从《永乐大典》等辑校《旧五代史》,几复薛氏旧观,终于使几近湮没的《旧五代史》重新传世,而且其辑校工作也为后人树立了典范。但后来的武英殿刻本,将邵注删去,并改易原文不少,已非邵书原来面目了。自唐以来,官修诸史中,唯《宋史》最为芜杂。改编《宋史》之风,肇自元末,盛于明代,但都没有成功。邵晋涵家中收藏宋元遗书最多,为整理宋史做了大量的工作。邵晋涵精熟宋代史实,举出许多例证批评元修《宋史》的粗制滥造,并指出南宋部分质量最差。故在《四库全书》编纂告成的次年,邵氏就计划重修《宋史》。他采纳钱大昕的建议,先补撰南渡一朝信史。邵晋涵广泛参考了熊克、李焘、李心传、陈均、刘时举诸家史著,旁及宋人笔记及文集,旁搜参订,其体例篇目悉依王偁的《东都事略》。邵氏的这部《南都事略》肯定已有定稿,钱大昕曾赞其"词简事增,过正史远甚"。但邵氏殁后,遗稿散佚。《南江札记》指出《宋史》舛误之处50条,他为宋史籍所撰写的提要跋语也极见功力。

参见罗炳良:《章实斋与邵二云》,商务印书馆2013年版;林良如:《邵晋涵之文献学研究》,《古典文献研究辑刊》第六编,花木兰文化出版社2008年版;〔清〕邵晋涵著,李嘉翼、祝鸿杰校注:《邵晋涵集》,浙江古籍出版社2016年版。

全祖望史学

全祖望(1705—1755),字绍衣,号谢山,鄞县人。乾隆元年(1736),荐举博学鸿词,同年中进士,选翰林院庶吉士,次年即返里,后未出仕,只以布衣自任。全祖望是清代著名的学者,私淑黄宗羲,为浙东学派的主要代表。一生学问渊深,遗著甚多,成就辉煌。

全祖望尤多留意于南宋和晚明文献,补修《宋元学案》。《宋元学案》成书过程漫长而复杂,它由黄宗羲草创,经过了黄百家、全祖望的续修。全书91个学案,全祖望创立的有45个,修补17个。黄宗羲原作25个学案中,也有经过全氏修补的。《宋元学案》的编纂虽然由黄宗羲开启,却以全氏投下的劳动量最大。全祖望平列分述各种学派的事实和学术思想,对宋元时期学术思想的客观情况做了具体的分析,厘清了宋元理学的发展脉络,评述大都公允精当。他又创造性地编制了各种学派源流表,列于各学案之首,以简驭繁,便于读者了解学派的来龙去脉,这在修案方法上前进了一步,成为学案体臻于成熟之作。他在《戴山相韩旧塾记》中谈过:“余续南雷《宋儒学案》,旁搜不遗余力,盖有六百年来儒林所不及知,而予表而出之者。”应该说是符合实际的。全祖望还有一个成果,即三笺《困学纪闻》。王应麟《困学纪闻》表面上是谈经史、典章制度和文学艺术,实包含着热爱祖国、发扬民族气节的无限深义。大抵有关政治方面的名论,实为清初黄、顾诸儒思想所从出,有关考证方面的高识,又为乾嘉学者治学方法所取式。清代士大夫很重视这部书,是有原因的。清初阎若璩、何焯都替它作过笺。全祖望于乾隆六年(1741)住在扬州时,取阎、何二本合起来加以校订。全氏三笺本,特多精辟,胜过以前二家。全祖望尤熟悉乡土历史,因此他的诗歌亦多乡土内容,其题词、小注自然多关乡土掌故。乾隆二年(1737),全祖望自京师拂然归乡后,与志同道合者如陈汝登、李世法等结真率社,一旬再举,倡和则无虚日。他们“有感于乡先辈之遗事,多标其节目以为题,虽未能该备,然颇有补志乘所未及者”。由弟子董秉纯编定的《句余土音》三卷,乃是全祖望结真率社时吟咏乡土掌故的代表作。如此大规模地吟咏四明的乡土历史,在本地域的文学表现中前所未见。全祖望所著《鲒埼亭集》及《外编》,保存了大量的碑、志、传、记,其中明清易代之际的忠臣烈士以及高蹈不事异姓者,占据了全氏人物传记的主要篇幅。特别是明末以来乡里涌现了大量的忠义烈士,全祖望深深地感到自豪,因此表彰忠义便成为他义不容辞的责任。及编纂《续甬上耆旧诗》,揭示了南明斗争史的历史背景,提供了大量志士、隐逸、学者的生平事迹,保存了大量南明及清初甬上文献。

参见〔清〕全祖望撰,朱铸禹汇校集注:《全祖望集汇校集注》,上海古籍出版社 2000 年版;王永健:《全祖望评传》,南京大学出版社 1996 年版;梅江林:《全祖望鲒埼亭集研究》,湖北大学硕士学位论文,2007 年。

高似孙目录学

高似孙(1158—1231),字续古,号疏寮,鄞县(今海曙区)人。淳熙十一年(1184)进士,调会稽县主簿。庆元六年(1200)通判徽州。嘉定十七年(1224)为著作佐郎。宝庆元年(1225)知处州。晚家于越。著有《疏寮小集》《子略》《纬略》《史略》等。

高似孙精于图书目录之学,任职馆阁期间,有机会阅读了皇家藏书。他以学者的身份批评皇家藏书无古书、无异书;考订欠精,汇类欠确;书无副本,易于毁失。高似孙的藏书思想是重视古书、异书,但有点轻视"今人所作"。对于私家藏书,他赞赏"囊括百家",但不认为藏书量越多越好,而是要求在"理择"指导下"蠲繁归汇"。所谓"理择",当指图书学的理念,包括选书的宗旨、图书的提要、汇类的方法等。他已经意识到了理念的指导性意义。他认为只有在"理择"之下,藏书才不会存在"失于患多"和"汇类欠确"的弊端。他更要求学者对图书文献进行必要的考订,考订的质量要达到"精"的程度。正是因为具有了明确的"理择"意识,高似孙才在图书文献学上取得了较好的成绩。高似孙的《史略》参考了《史记》《汉书》《通志》等 44 部文史典籍,著录了宋以前各类史书 600 余种,自序谓"网罗散佚,稽辑见闻,采菁猎奇,或标一二",是唐宋时期专科史目第一次发展高潮的结晶和代表作,也是当时比较成熟而又唯一存世的解题类史籍专目。《子略》正文四卷录诸子 38 家(实际为 36 家),《子略目》依次综采《汉志》、《隋志》、《唐志》、庾仲容《子钞》、马总《意林》、郑樵《通志·艺文略》中的有关诸子文献资料,裒辑罗列,削其门类,择要抄录。《史略》与《子略》既可分又可合,既互相独立,又有某些内在联系,分是专题性书目,合又可视为综合性书目,兼有书目和有关文献研究资料汇编的双重性质。至于《纬略》一书,极像是一部读书札记,漫无规律,似属随得随记,但因其翔实有据,又确可与其他诸《略》相为经纬,互为补充印证,相得益彰。在著录方法上他创立了崭新的史部分类法,在古代史目中独树一帜;开创了辑录体的解题方法。《史略》仿刘向《别录》,对一些重要史书或叙或辑,然后"品其大意",是一部叙录兼辑录体的史籍专目。他还首创互著法,开了著录版本和大型史著或史注引用书目之先河。高似孙还将辑佚之学运用于著述实践中。他发现《世本》"历叙君臣世系",很有史学价值,但原本已经亡佚,于是他从《春秋左氏传》疏所引采掇汇次成《古世本》一书,遂成为《世本》辑佚之第一人。高似孙的辑佚工作比王炎所辑《神农本草经》最早辑本《本草正经》三卷（约 1217 年，今佚）要早 30 多年。

　　参见周天游：《〈史略〉校笺》，书目文献出版社 1987 年版；蒋鹏翔：《高似孙目录学思想发微》，湖南师范大学硕士学位论文，2007 年；童子希：《高似孙文献学研究》，武汉大学硕士学位论文，2011 年。

王应麟文献学

　　王应麟学问广博，在文献上下过巨大的功夫，造诣精深，著作繁富。

　　王应麟在文献学上的成就，得益于他能广泛运用并发展目录学。他在运用目录学治学的过程中，写下了两部著名的目录学著作，这就是《玉海·艺文》和《汉艺文志考证》，其重要贡献有三点：第一，《玉海·艺文》开辟了主题目录的新方向。唐宋以来的类书，从没有专记书目的。《玉海》引人注目的一点是专门设立"艺文"门系统记录书目，开了类书收录书目的先例。《艺文》门共 28 卷包括 44 个子目，为了适应类书性质和博学宏词科的需要，其类目也相应地对四部法做了些变动。《玉海·艺文》却别创著录新法，以一个或若干个主题词作为一个著录单位去收录有关资料。在整个"书目藏书"类下，共设有 43 个编题。在《玉海·艺文》的 44 个大类中，每类之下都设了许多编题。《玉海·艺文》是一部带有鲜明主题性质的书目，在其他各大门类中也或多或少地辑记了书目编题。这种用编题来著录书目资料的书目体例，明显地把书目编制带向了主题目录的发展方向。第二，《汉艺文志考证》开全面疏证史志目录之先河。《汉书·艺文志》是我国第一部史志目录，但随着时间的流逝，其所记载的典籍，有的完全消失，有的只留下残篇断章，因此迫切需要进行整理与补注。唐颜师古所作注疏极为疏略，所作考证不过三五条而已。王应麟在颜注的基础上，捃摭旧文，各为补注，遂成《汉艺文志考证》10 卷，这是中国学术史上第一部以《汉书·艺文志》为研究对象的专题著作，为当时学界的一大创举。第三，开创了文献辑佚学。虽然高似孙、王炎堪称辑佚学之前驱，但清代学者所能见到的存世最早的辑佚书只有王应麟所辑的两本，即《三家诗考》和《周易郑康成注》。王应麟还敏锐地注意到逸《礼》，在《困学纪闻》中一一指出了《仪礼》逸经在典籍中的存在情况。元代吴澄辑《仪礼》逸经十八篇，正是受到了王应麟的启发。王应麟依据郑樵"书虽亡而实不亡"的辑佚理论原则，创造了辑佚补缀之"成法"。王应麟辑佚方法还有一些引人注目的地方，如其《诗考》之作，在辑佚三家诗时，认识到汉儒传经特重家法、师法，若厘清了诸儒的授受源流，即可以将诸儒的经说按家法和师法分别归类，据以辑佚。这种通过考明学术源流以供辑佚的方法,为清儒续辑三家诗所采用。在辑佚范围上,王应麟没有止步于纸质文本上,在辑佚三家诗时他认识到了石经的价值,并对其加以利用,这给后人以借鉴。王应麟的辑佚,眼光较宽。如《诗考》所辑《齐诗》一节,对翼奉"五际"之说做出进一步解释,引用了多种文献,是宋人记录中最完备的。今人研究翼奉和《诗纬》的"五际"说,皆未及王应麟的辑佚成果。王应麟虽非第一个从事辑佚的人,其所辑亦远不如清人那么完备,但他所创造的辑佚补缀的"成法",体现了学术的严谨性,为古书辑佚成为一专门性学问奠定了基础,并对清代辑佚学家产生了影响。从这个意义上说,王应麟无疑是辑佚学的鼻祖。

参见张元:《试析王应麟的历史思想》,《清华学报》1991 年第 9 期;杨佳媛:《〈玉海·地理门〉文献部分述论——兼论宋代地理文献的发展》,陕西师范大学硕士学位论文,2013 年;杨毅:《王应麟汉代文献研究述论》,世界图书出版公司 2013 年版。

黄宗羲《四明山志》

明崇祯十五年(1642),黄宗羲偕弟弟宗炎、宗会遍游四明山,寻觅古迹,考稽事实,博采前人记载而辑成《四明山志》,至康熙甲寅(1674)正式定稿。此书是浙东现存唯一的一部四明山志,共计 9 卷,分为名胜、伽蓝、灵迹、九题考、丹山图咏、石田山房诗、诗括、文括、撮残。

该志有如下一些特色:第一,描述了四明山的整体风貌。四明山周围八百里,连亘浙东六县,六县历代县志皆只写自己行政管辖下的四明山,只见局部,难见整体。黄宗羲则将四明山作为一个整体,全面系统地予以记述。以四明山脉为题编写志书,这是黄宗羲的创意,弥补了前人的不足,甚至至今还没有第二部。第二,文献丰富,记载翔实。黄宗羲引用的大量文献,如余寅《四明山游籍序》、黄百药《渔澄山云赋》等皆为他书罕见之作。全书不但全面地记载了四明山的自然地理面貌,而且还全面地记载了丰富的人文底蕴。如鄞县梅园石早在唐代就已得到开发,但鲜有文字记录。《四明山志》记云:"浙东碑材不能得太湖石,次之梅园,质颇近腻。今石孔久闭,佳者亦不易求矣。"寥寥数字,写了梅园石在浙东碑材中的地位、质地以及当今已停止开发的情形,弥足珍贵。第三,精详独到,信而有征,特别是"考证前讹者不可胜数"。如关于莢湖渔澄洞,他经过考证,纠正了张时彻嘉靖《宁波府志》的误记。《四明山志》堪称山志的典范,它被后来本区地方志的修纂者们奉为信志而反复征引。黄宗羲除了进行纯文献考证外,还进行实地考察,以与文献记载相对照,以断是非。如他看到余姚梁弄镇白水宫有方石刻,漫漶不清,经黄百家细辨,才记录下来,其文颇有价值。黄宗羲将实地考察奉为方志学的重要工作方法,一扫闭门造志的陋习,为后世方志修纂提供了新鲜的经验。当然,黄宗羲并未走遍四明山的各个角落,故其所记亦有失误。如记丹小山云:"有三巨石覆洞上,有'丹霞'二字,自然朱书,故洞曰丹霞,村曰三石。"事实上三巨石与丹霞洞颇有一段距离,并非覆在洞上。

　　参见〔清〕黄宗羲:《四明山志》,《四明丛书》本;袁逸:《黄宗羲〈四明山志〉小考》,《浙江学刊》1986 年第 1 期;汤敏:《为故山著信史——论黄宗羲〈四明山志〉》,《浙江社会科学》2019 年第 4 期。

高宇泰《敬止录》

　　高宇泰(1614—1678),初字元发,改字虞尊,别字隐学,晚年自署宫山,旋又署蘖庵,旧居鄞县乌石岙(今属北仑区),后迁居甬城。晚年著《敬止录》共四十卷,书名意为因敬重故乡历史而作文献记录。此书是以对地方志书的全面搜集为基础而编纂的。

　　清初时四明旧志流传不广,搜集相当不易,诚如高宇泰在《敬止录》卷首所说:"然予之为此极难矣,即如《延祐》一志,求之十余年,去腊始得见之。至人有其书,性忮不肯借人,先结交累岁,不胜卑谄,始获一睹。"高宇泰在艰难搜集的基础上对宁波历代地方志的编纂进行了一番梳理,并在《敬止录》中设《历志考》。与杨德周《历代志书辨》相比,该考能"举其所未备者",增补了《明越风物志》、开庆《四明续志》、《永乐志》、《奉化志》、《桃源志》、《三茅山志》、《城南志》、黄宗羲《四明山志》等内容,资料更为完备。他还将相关的序文辑录下来,如保存了范洪文《城南志自序》,颇为珍贵。同时他亦能考杨氏之所误,如考出《鄞江志》不是鄞县志,而是福建的《汀州志》。他发现闻氏藏书中有《四明文献考》抄本五册,"不著其姓名,亦无序耳",于是根据手头的资料,推断其作者应为李孝谦,并首次揭明其体例:"取王临川、叶水心、邹忠公、袁东塘、赵文敏、黄文宪、柳道传、吴渊颖、戴九灵、陈众仲、王华川诸集碑、记、序、传、志、跋等文,凡有涉于四明文物者,各简录之,而删《乾道》《延祐》二志合焉。"认为"为是编者,深有助于桑梓者也",对《四明文献考》的价值做了充分的肯定。他说:"盖予幸而于《乾道图经》得见钞本志未全者,而《宝庆》《延祐》《至正》正续,迨我明《永乐》《成化》《简要》诸书俱得见之故,敢为之言,以补杨氏《历代志书辨》之缺。"他亲览众多不易得的旧志,乃是其能补苴杨氏之缺的底气所在。《敬止录》实为一部专题史志,就自己关心的 10

个专题,着重记录明代宁波的历史资料,涉及的内容相当广泛。其中《武卫考》中的军职情况,为同治《鄞县志》所采录。《贡市考》,考证了宁波历代贡市的沿革兴衰的历史,转录了久已亡佚的永乐《鄞县志》中的市舶贸易记录,弥足珍贵。《方言考》记录了宁波方言,并对杂谣有所解释。此外,《敬止录》还保存了大量稀见的文章。如元代郑芳叔《俞希鲁鹿鸣燕诗序》《延祐五年刻夫子像疏文》、苏垲《府学教授题名记》、明代高士《上龙山沈邑侯书》《修志议上薛畏斋通判甲》等文,皆有文献价值。该书材料翔实,其中不乏罕见资料,为研究明代宁波的重要参考书。全书未及最后完成,故无刊本,仅有烟屿楼抄本、伏跗室抄本等传世。今有宁波出版社沈建国点校本问世。

参见陈鑫、钱茂伟:《晚明宁波的外志——高宇泰〈敬止录〉》(上)(下),《宁波方志》2012年第3、4期;〔清〕高宇泰著,沈建国点校:《敬止录》,宁波出版社2015年版。

全祖望与乡邦文献

全祖望在弱冠之时就已经致力于乡邦文献的搜集,在长期坚持下,发掘了大量鲜为人知的文献资源,增强了乡邦文献的厚度,丰富了乡邦文献的文化底蕴。

宁波藏书家收藏的桑梓文献,是全祖望搜集的重要来源。他从万斯同家抄得明代黄润玉《宁波简要志》二卷,从太仆陈朝辅家抄得宋代魏岘《它山水利备览》一卷(非足本),从天一阁得史浩《鄮峰真隐漫录》,又从天一阁所藏《四明文献集》中抄出所引乾道《四明图经》。宋刻本宝庆《四明志》和开庆《四明续志》,全祖望得之参政陆懋龙书库。他利用在翰林院工作之便,从《永乐大典》中抄得不少乡邦文献。宁波之外的藏书家若收得明人遗献,他闻讯后即想方设法借抄。如宋代郑清之的别集"世不可得",仁和赵氏购得其诗七卷,为陈解元坊刻本,全祖望闻之惊喜,亟向赵氏借抄。他在《题史秦州友林集》中说:"予搜求前辈文献,于《永乐大典》中钞得文惠《周礼》《论语》二种。"全祖望所搜集的乡邦文献覆盖面广,还包括佛教典籍《四明尊者教行录》。他还将搜集残明遗民的著作提升至"扶宇宙一重元气"的高度。全祖望全面辑录浙东文献,愿意将新材料公之于众,从而为后人更深层次的解读提供了文献基础。全祖望编纂乡邦文献的成绩,集中体现在《续甬上耆旧诗》一书中。此编辑录诗家700余人,收诗约1.6万首,短文近百篇,所收多为明末到清初抵抗清人入侵和清统治确立之后不与统治者合作的遗民诗,其意在表彰忠烈。书中作者小传也很有特色,多记遗闻逸事,有许多为野史笔记所未见,有很高的史料价值。此书中很多传记未刊于《鲒埼亭集》,多有对其人其诗的评论,故亦是研究全祖望史学、文学思想的重要资料。在此基础上,他对四明的历史进行了细致的辨析考索。宋末元初的王应麟、明末清初的黄宗羲都对四明地理人文有所考证,但都没有达至全方位的程度。至于李邺嗣、高宇泰、闻性道等学人,虽有功于桑梓文献,但并不擅长于考索。迨至全祖望出,始对乡邦文献做了全方位的研究,创获极多,做了大量正本清源的考索工作,增强了乡邦文献的可信度。全氏考索的指导思想主要有两点:一是秉持“史以纪实”的原则。他在《帝在房州史法论》中说:“史以纪实,非其实者,非史也。”乡土历史在传承过程中失实的现象比较普遍,全祖望致力于考索,还其本来面目,使之成为可资利用的信史。二是秉持经世致用的理念。他对四明故事了如指掌,发现就其所积累的文献数量及文献价值而言,都值得深入挖掘和研究。全祖望总是怀着对前辈大儒遗著的敬崇心情,他苦心搜集到的文献,大都处于外界未知状态,他总是悉心为之编订。全祖望还对地方志书进行了必要的考证。他在《奉寄万九沙编修论宁志补遗杂目》中说:“愚留心桑梓文献久,其为诸志所失者,已多以文章表之,今尽录奉上。”又说:“旧志之谬极多,辨之几不胜辨。其为芜文所驳正者亦得十五。”全祖望对乡邦文献的搜集、考索、传布的成绩之大可谓前古无人,实为清代四明学者中首屈一指。

参见韩雪风:《全祖望整理文献的三大杰作》,《研究生学报》1987 年第 4 期;王永健:《全祖望评传》,南京大学出版社 1996 年版;鄞州区政协文史委编:《越魂史笔——全祖望诞辰三百周年纪念文集》,宁波出版社 2005 年版。

徐兆昺《四明谈助》

徐兆昺(1748—?),字绮城,自署小江老学究,居住于宁波城内咸塘汇(今天一广场内)。以明经终身,曾官诸暨训导。性好古,喜游山玩水,平生致力于乡邦地理的研究。所著《四明谈助》46 卷,起稿于嘉庆十八年(1813)前后,成稿于道光三年(1823)。

《四明谈助》特色鲜明,有两点尤其值得注意:一是体例的创新。他在自序中自述著书的目的,要写的是一部山水与掌故、自然与人文能综汇贯穿的著作,希望能从时间和空间相互交织中再现四明郡国的自然、历史、人文、聚落的诸多景观,而且作者的娓娓叙述中,不仅要凸现其好游山水、好谈掌故的个性,而且还不只要客观的记叙,还要辅以道德评判。要完成这样一种新颖的记录体系,就必须摆脱历来地志体例的羁绊而另辟蹊径。徐氏终于从同乡的宋代学者高似孙撰写的《剡录》中得到启发,但并没有全盘袭用《剡录》的体例,而是主要取其"以地志而随纪人物,纯仿郦道元《水经注》例"这一点,以此为基础,他创造了一种全新的叙述体例。他既吸收了游记的脉络框架,以堪舆脉络为依据,遵循在山沿脉、在水顺流的旅游习惯,依山系和水系的延伸特点顺次进行记述。同时,他又"以山为经,以人物事类为纬",以清代宁属六邑为主,因山脉水系的完整性而旁及剡(嵊)县、上虞、余姚三县。历史时空中迭次兴起的人文内容、地表景观,均随地理而述录,并随文附录咏景吟事的诗文。这种安排,使得一定的地理景观和人文景观得到有机的结合,其空间分布走向历历在目,有条不紊,脉络井然。二是"目治"与"耳治"相结合。徐兆昺治学态度非常科学严谨。他不是闭门造志,而是充分发挥了其好游的良好条件。书中所记,十有六七都是他亲察亲历的,故山川河流及依附其上的地表景观,秩序井然,以其考察得来,证于目睹,才觉格外可信。另外十之三四虽属于耳闻,但也不辞辛苦,一一从文献中钩稽索隐,广罗博采,审慎考证。用他自己的话来说,就是"既以目治,又以耳治"。他所谓"目治"与"耳治"相结合的治学方法,从一个角度看,就是实地考察与文献考索相结合的方法。从另一角度看,亲证固然属实,耳闻未必可信,但徐氏却于"其地理天道皆可疑而语涉于趣者"能适当容纳之。作者对于涉于传说怪诞的材料,以"趣"作为选录的标准,正显示出作者的审美态度,从而做到了雅俗等观,信史与传奇相妍见美。这样不但扩大了信息量,而且行文更见活泼,作品更见瑰丽丰富。而那些官修的地方志重政治而轻心史,于民俗风情、掌故逸事多所摒弃,《谈助》更可以补其不足。书名"谈助"之意即为聊天或谈话,弃其沉重而取其轻松,因此看重趣的表达。一般地理书多不谈神仙鬼怪不经之事,而徐兆昺却津津乐道。总之,在众多的乡邦文献中,《四明谈助》自成格局,独树一帜,而为现代学者所特别珍视。

参见〔清〕徐兆昺:《四明谈助》,宁波出版社 2000 年版;周冠明:《〈四明谈助〉校注摭记》,《浙东文化》2000 年第 2 期。

徐时栋与地方文献

徐时栋(1814—1873),字定宇,一字同叔,号柳泉,鄞县(今海曙区)人。道光二十六年(1846)举人,两赴会试不第即不复应试,后以输饷授内阁中书。

徐时栋热爱乡邦文献,做了大量的搜集考证等工作。宋乾道《四明图经》、宝庆《四明志》、开庆《四明续志》和元大德《昌国州图志》、延祐《四明志》

及至正《四明续志》合称"宋元四明六志"。"六志"中被中国古代最大的丛书《四库全书》收录的有四种,即宝庆、开庆、大德和延祐四志。六志较详细地记载了宋元时期宁波的政治、经济、教育、人物、文化、外贸等内容,是地方志成熟时期的代表作,成为后世重要的地方历史文献资料。但"六志"自问世以来,罕见流传,清初学者高宇泰花费十余年时间才目睹延祐《四明志》一书,即是一例。咸丰年间,徐时栋精心校对,考异订讹,刻印了《宋元四明六志》,并作《四明六志校勘记》。其书牌记曰"咸丰甲寅甬上烟屿楼徐氏开雕",向称善本。而让"四明六志"能够完整、准确传承至今的功劳当属徐时栋先生。因为这六志在古时虽为藏家收藏,但均系传抄之本,错误甚多,从未有人汇刻。徐时栋依托家藏图书,又广泛征集,不顾动荡时局,于1854年编成《宋元四明六志》,终使古志"神明焕发,还以旧观",从此"六志"得以广泛流传。清同治七年(1868),鄞县修县志,徐时栋被聘为主纂,主持其事,自发凡起例、总持大纲,至编辑讨论,均和同仁分任。他终日旁征博引,参校考据,利用自己藏书供修志所用,同时又到本地卢氏抱经楼、杭州丁氏八千卷楼等处借阅图书,"搜采繁富至千数百种",以"仿阅史馆列传之例,注所征引"修撰成文。徐时栋还是古代第一位系统研究古徐国历史的学者。他撰写的《徐偃王志》是古代唯一一部研究徐国的专著。全书由记事、世系、地理、家庙、论说五部分构成,对徐国历史的方方面面都做了有益的探索,系统性较强。其书广征博引,引用《左传》《史记》等书,对徐国历史做了基础性的考证工作,特别是其编年部分的材料尤可采信。如他确定了徐国的地理位置:"为江苏之徐州、安徽之凤阳与其泗州。"今人李白凤在《东夷杂考》中经考证后认为徐国地理的大致范围,"大约相当于今安徽省泗州以北,到今江苏徐州一带",可见其观点与徐时栋的结论大体一致。徐时栋对家谱文献亦深有研究,对家谱之弊多有不满,曾在《周氏谱源纠谬》中说:"余尝慨吾鄞谱牒之妄,拟取乡先辈书,参之志乘,为《甬上名公世系表》。"这个《世系表》虽然最终没有完成,但他为家谱所作的考证、序跋文章,很有学术价值。如其作《周氏谱源纠谬》云:"吾友周茹香修《新河家乘》,断自明始,明以前弗可详矣。而其先世所传有迁鄞以来谱源,始自后梁,迄于宋季,世系、姻戚、科第、名位、生卒、茔墓详哉乎言之。家乘垂成,取谱源示余,则伪妄之书也。先辈言谱牒多妄,未有若此其甚者。"徐时栋所作的《周氏谱源纠谬》,攻其八妄,言之凿凿,颇见功力,其考证方法即为"取乡先辈书,参之志乘"。《新河周氏宗谱》卷11竟将徐氏此文全文收录,足见家谱编纂者的大度。

甬上儒硕楼王万全先生崛起踵

武前贤吐辞成章宏深四达英绝

领袖名振海国拳拳斯文求是折

中皋比无坐以是始终瞻拜遗像

典型俨在归乎一老来哲模楷

门人刘凤章谨题

徐时栋《烟屿楼文集》卷首"柳泉先生小像"及题词

参见〔清〕徐时栋:《烟屿楼文集》,《清代诗文集汇编》本;龚烈沸:《徐时栋年谱》,宁波出版社 2016 年版。

陈汉章文献学

陈汉章(1864—1938),初名得闻,字倬云,号伯弢,象山东陈村人。光绪十一年(1885)得副贡,十四年中举人,次年会试不售。曾任京师大学堂和北京大学国学、史学、哲学等系教授,后又被聘为南京中央大学史学系主任、教授,晚年辞归故里。初受业于德清俞樾,继问业定海黄以周,毕生致力于经史之学,学术博洽,著作等身,遍及四部。光绪十九年(1893),始编刻《缀学堂丛稿》二册,总 108 篇,72 岁时编《缀学堂丛稿目》,收录著作 100 种,其子陈庆麟为之刻印《礼书通故识语》《论语征知》等 10 种,名为《见山楼丛书》。后陈汉章改名《缀学堂丛稿初集》,复加未刊稿十余种。

陈汉章的著述内容以经史为主,旁及天文、舆地、历法、兵书、金石、目录、声韵、训诂诸门,据经证史,多义据确固、言之成理之作。其中有不少补漏纠谬之作,如《史通补铎》为纠纪昀和浦起龙《史通通释》之注释错误,或补其不足;《礼书通故识语》为纠黄以周《礼书通故》之误;《后汉书补表校录》为纠钱大昕《后汉书补表》之误;《崇文总目辑释补正》是纠钱大昕《崇文总目辑考》之误。又如宋人孙处提出《春秋》确由周公所作,但只是陈列纲要,未曾推行。此说一出,如章太炎等皆信奉之。陈汉章作《〈周礼〉行于春秋时证》(约首发于 1916 年)一文驳之,坚信《周礼》曾遍行于春秋之时,为此详列《左传》中所载遍行春秋 73 例以证成之,黄侃读后,深为折服。陈汉章在清末民初的学界具有强大的影响,称得上浙东文献考据派的最后一位大师。民国十一年(1922),受象山县知事李涞聘请,任县志总纂。该志仿章学诚修志体例而有所变通,历时 4 年,近于独纂,成《象山县志》32 卷,以丰沛的文献及有力的考证见长,遂成一代名志。他还写作了《南田山杂志》《南田山图说》《张忠烈公年谱》《象山港源流考》等文,资料翔实,均为重要的地方文献。至张寿镛编辑、刊刻《四明丛书》,陈汉章也有促成之功。他写了《复四明文献征求社书》,提出"甄录""搜辑""汇编""订讹"四原则,《四明丛书》的编辑即本其说。陈汉章又作《答四明文献征求社书》,自汉至清,列举四明先贤文献著作 380 多种,分为经史子集,每种均作简要说明,此颇有助于《四明丛书》的编辑。陈汉章还校勘张寿镛父亲张嘉禄《困学纪闻补注》。由《陈汉章全集》编委会编的《陈汉章全集》,共 21 册 28 本 1500 多万字,浙江古籍出版社 2014 年出版。

参见《陈汉章全集》编委会编:《陈汉章全集》,浙江古籍出版社 2014 年版;钱英才:《大师侧影——陈汉章与周围的人们》,宁波出版社 2014 年版。

张寿镛《四明丛书》

张寿镛嗜好藏书。抗战初期曾加入"文献保存同志会",在上海抢救沦陷区古籍,两年中收古籍 15000 余部。他积 50 年之功,得珍本、善本 4860 部,普通本 11000 多部,总藏书达到 16 万卷之巨,庋藏于"约园"11 个藏书室中,每室都有其室名:独步斋、双修楼、咀进阁、临流轩、听雨楼、葆光簃、带草堂、鸡鸣馆、尚绛室、燕诒榭、三益庐等。1937 年冬编有一善本书目,大部分为明刻本,以藏书的刊刻年代为序,共达 735 部,抄校本 254 种。

张寿镛以约园藏书为基础,并得到甬上藏书家的有力支持,有计划地对四明历代文献进行编目、搜集和整理工作。1930 年起,张寿镛开始就所藏地方文献进行《四明丛书》总十集的编刊工作。第一集于 1932 年刊刻出版,首重宋明甬上之民族气节,日本宫崎大学教授山内正博做出如此评价:"第一集的主导思想自然地带有教导人民的色彩,而这种教导是建立在研究当时巨大动乱情况的基础上的。"第二集概选集、史两部,全力推出多为清代禁书而深藏遗民屋壁的宋明忠义节烈之作,且常为入选作品专门序略,引为抵抗外敌之疾呼。以后诸集表达了"学归致用,吾乡之懿"的宗旨,甚至表达了欲于"枪林弹雨之中,汗竹秋灯之下,勉写成篇,以报乡先哲于万一"的悲壮情怀。张寿镛在拟就第九集、第十集的子目之后,溘然长逝。《四明丛书》仅出版了八集,计 178 种 1000 余卷,搜采之广,卷帙之繁,为丛书中罕见,因其规模宏大,编刊精良,引起了国内外学者的瞩目。《四明丛书》在编纂上具有鲜明的特点:一是著录翔实严谨,具有较高的学术水平;二是继承了黄宗羲、全祖望等人的学术传统,汲汲于表彰忠义气节,收录了大量易代之际忠义可表的文献;三是弘扬学术,借助于这部丛书,人们可以大致勾勒出四明学术的流变、风貌。张寿镛继承了浙东学术的优良传统,首次为四明文献做出了集大成式的整理和总结,堪称浙东文献派的殿军。1952 年其夫人蔡瑛将约园藏书 3768 种计 45410 册全部捐献给国家,获中央人民政府颁发的褒奖状。

参见瞿嘉福:《张寿镛及其〈四明丛书〉》,《东南文化》1991 年第 2 期;《约园著作选辑》,中华书局 1995 年版;俞信芳:《张寿镛先生传》,北京图书馆出版社 2003 年版。

南楼北史

南宋四明私家藏书最有影响的是月湖畔的楼钥、史守之两家,清代全祖望在《湖语》中合称为"南楼北史"。

楼钥(1137—1213)一生访书抄书,蓄逾万卷,自炫"书淫",其藏书构成以集部居多。他对集部书特为重视,认为无论是史传铭志还是家传,都必须与集部遗文相证明才为可信,这一思想后来为黄宗羲所继承。楼钥藏书的来源,除继承旧藏及多方访抄外,多得之于友朋,而友朋亦乐于馈赠。楼钥通过各种手段积聚了大量书籍,于是在月湖竹洲构筑了专门的藏书楼"东楼"。嘉定元年(1208),即楼钥入朝为官的次年,东楼落成,聚古今群书于其上,而垒奇石于楼前,崭然有二十四峰之状,又取祖父楼异官登封令时所藏嵩岳图石刻,列屏其下,仍以"仰嵩"名之。楼钥学问渊博,精于鉴赏,所藏之书,常广泛搜罗异本相互校雠,故其藏品为世所重,人称善本。如楼钥有家传本《春秋繁露》,又搜得京师印本、江西本,最后得金华潘叔度家藏本,相互校雠而成善本。古代私家藏书具有秘不示人的保守性,但楼钥却具备了一定的开放意识和开放精神,有人向他借录传抄,他都非常乐意,且愿意提供善本书刊行于世。

与楼钥之"东楼"相匹敌的是史守之碧沚藏书。碧沚藏书楼选址极佳,建筑宏伟,牙签最富。史守之为史浩之孙,不与世谐,退处月湖松岛,与杨简、袁燮、楼钥讲学其中。史守之的藏书渊源有自,祖父史浩有蜗室藏书,史守之的藏书有一部分当来自家族的传承。史守之的藏书后来多流入江苏,文徵明《跋宋通直郎史守之告身》说,明代“吴中藏书家所收古书,有‘旧学史氏’及‘碧沚’者,多其遗书”。明张丑《清河书画舫》称“王氏旧藏宋人小楷《史记》真本一部,计十帙,纸高四寸,字类半黍,不惟笔精墨妙,中间绝无讹谬”。并注明每帙用“旧学史氏”及“碧沚”二印。这里的“旧学”一词源出《尚书·说命下》,武丁谓自己“旧学于甘盘”,甘盘不但是商王武丁的老师,也是武丁任用的贤相。宋孝宗即位后,曾将帝师兼丞相史浩比作甘盘,见史浩《从驾幸佑圣观记所得圣语》,由此证明钤有“旧学史氏”印的原本就是史浩的藏书,史浩已经开始使用了藏书章,以示藏书所有。史守之继承了史浩藏书,故复钤“碧沚”之印。史守之的藏书,不乏珍本。如其原藏宋人小楷《史记》真本一部,后归赵孟頫收藏,张丑《清河书画舫》有记。另外,黄丕烈《士礼居藏书题跋记》卷五有宋书棚本徐度《却扫编》三卷,云:“有旧学史氏复隐书印一枚、碧沁一印,旧学图书一印。”此亦为史氏原藏图书,疑“复”为“真”,“沁”为“沚”之误认。张金吾《爱日精庐藏书志》卷二十六“艺文类聚”条下冯舒(字己苍)跋云:“卷末有葫芦碧沙印,又旧学图书四字方印,未知何家物也。”叶昌炽《藏书纪事诗》指出:“此两书皆史氏物,黄以碧沚为碧沁,冯己苍又误为碧沙,皆以篆文相似耳。”并有诗云:“聚讼纷纭说总非,碧沙碧沁认依稀。月湖自有甘盘裔,碧沚芳丛早息机。”此外,据诸家所记,还有钤为“史氏家传翰林图书”印者,多被认为南宋四明史氏藏书散出之物。然据李伟《郭知达〈九家集注杜诗〉版本辨疑》所考,原书大约出自元刊,故当非南宋四明史氏的藏书。

参见张如安:《南宋宁波文化史》,浙江大学出版社 2013 年版;李伟:《郭知达〈九家集注杜诗〉版本辨疑》,《杜甫研究学刊》2017 年第 1 期。

丰坊万卷楼

明代鄞县人丰坊在城西建造了一个颇具规模的藏书楼,聚书达五万卷,名之为“万卷楼”。

丰氏藏书肇始于北宋名臣丰稷,袁燮《丰清敏记》说丰稷“以枢密之贵,独处一室,恬无他好,惟以图史自娱”。丰稷在不经意间开创了丰氏家族的藏书传统。到了明代,丰寅初洪武时任国子监司业,其中又有丰庆、丰耘及丰熙(丰坊之父)等数代为官,积储了大批图书。丰坊的藏书约有万卷是由家族继承而来,另至少有万卷是由俸禄收入购买而得。他在《世统本序》中说:"家故藏书万卷,甫入仕籍,悉以奉入购书,又积万卷。"他曾将家中田产千余亩尽皆出卖,以购买图书碑帖,家藏书共达数万卷,因名藏书楼为"万卷楼"。丰坊《自金陵归次白土镇述怀》诗云:"古书三万卷,可以正乾坤。"这首诗作于正德庚辰年(1520),可见到了这一年,丰坊的家庭藏书已经积累至三万卷了。丰坊还陆续收藏了许多名帖,如颜真卿《楷书干禄字书》、王献之《洛神赋》、钟繇《力命表》、王羲之《楷书道德经》《官奴帖》、欧阳询《小楷千文》等。其藏书印有"丰氏人叔""天官考功大夫""碧玉堂下吏"等。丰坊晚年得心疾,整日潦倒于书淫墨癖中,且行为奇特,又不善治家,后来家财丧失殆尽。其万卷楼藏书"凡宋椠与写本,为门生辈窃去者几十之六"(全祖望《天一阁藏书记》),后又遭遇一场大火,故其生前所存实已不多。丰坊与天一阁主人范钦私交甚好,晚年将家藏余书并月湖碧沚旧宅全部售与范钦,成为后来天一阁藏书的一小部分。丰坊晚年有狂疾,各类小故事可参看徐时进《丰人翁别传》、黄宗羲《丰南禺别传》。

参见虞浩旭:《传承最久的家族藏书——丰坊万卷楼》,《中国文物报》1999年10月20日;郑坤、陈静茹:《浅论明朝中期私人藏书家丰坊及其藏书》,《四川图书馆学报》2009年第4期。

范钦天一阁

范钦(1506—1585),字尧卿,号东明。嘉靖十一年(1532)进士,累官至兵部右侍郎。后因忤逆武定侯郭勋,被廷杖下狱。

范钦藏书,是其一生心血所萃,主要来源有二:一得自城西丰氏万卷楼(包括借抄和转售)、袁忠彻静思斋等故家散出的藏书。后来丰坊贫困潦倒,其碧沚园和万卷楼书都售给范氏。后他又与著名学者王世贞相约互抄书籍,"互补其阙失"(王世贞《答范钦书》)。范钦又从扬州等地借抄书籍,另有不少朋友赠送书籍。这可以说是范钦藏书的基础部分。二是范钦自己广事搜求。他历官江西、广西、福建、云南、陕西等地,每到一地,就留意该处所见之书,尽力搜购。范钦藏书最后达7万余卷,故全祖望称范家之书"虽未能复丰氏之旧,然亦雄视浙东焉"(全祖望《天一阁藏书记》)。范钦藏书处原名东明草堂,为使藏书得到永久性的妥善保存,范钦于其宅东月湖深处,建造藏书楼一所,命名为"天一阁"。据考证,天一阁的建造时间在嘉靖四十年(1561)至四十五年(1566)间。其命名取自东汉郑玄《易经注》之"天一生水,地六成之",这里的"水"是五行之水。庞朴释郭店楚简时说:"太一生水,水反辅太一,是以成天。天反辅太一,是以成地。天地复相辅也,是以成四时。四时复相辅也,是以成冷热。冷热复相辅也,是以成湿燥。湿燥复相辅也,成岁而后止。"是说五行虽然相克,亦含相辅。范钦取"天一"之名应取宇宙相辅而成之哲学含义,寓有视书为滋生泽被万物的生命之源之意。范钦坐拥书楼,垂老而读,非常勤奋。其藏书制度规定:"烟酒切忌登楼""代不分书,书不出阁"。天一阁是中国现存最古老的私人藏书楼,也是世界上现存历史最悠久的私人藏书楼之一。范钦的天一阁藏书,主要为宋元以来刊本、稿本和抄本,而以明刻本为主,其中多为明代的地方志书、政书、诗文集等,这是天一阁藏书的一大特色。显然范钦和那些只注重版本的藏书家有所不同,颇有"厚今薄古"的味道,比较重视收集当代人的著作。至今流传下来的明代地方志和科举题名录,大多还保持着明代包背装的装帧形式。阁中原藏省、府、州、县志有 435 种,比《明史·艺文志》著录的还多。这些方志中,以嘉靖、正德、弘治年间所修者为多,少数为万历刻本,纸墨精湛,触手如新,多作包背装,是方志中的精品。天一阁收藏的明代刻本科举题名录,堪称丰富,这是天一阁藏书的又一特色。我国历代科举文献以明代保存最为完整,现存明代科举录的 80% 收藏在天一阁中。阁藏洪武、永乐以来各朝科举考试的《登科录》,在海内无出其右。

参见〔明〕范钦:《天一阁集》,《四库全书存目丛书》本;骆兆平:《天一阁杂识》,上海古籍出版社 2016 年版;袁慧:《范钦评传》,宁波出版社 2012 年版。

黄宗羲续钞堂

清初余姚大儒黄宗羲一生足迹所至,无不访书、抄书、购书、读书,其续钞堂创建于康熙四年(1665),为居藏两用的普通建筑。据推算,续钞堂藏书数量不少于 6 万卷,堪与当时江南其他著名藏书楼的藏书规模相颉颃。

据黄百家《续钞堂藏书自序》,续钞堂藏书涉及经史子集,又细分为志考、经济、性理、天文、地理、兵刑、礼乐、农圃、医卜、律吕、数算、小说、杂记、野史、释道、俳优等 20 余类,品种广泛,符合藏家"百科全书型"的通儒身份。续钞堂藏书中有不少当时"是目所未见,世所绝传之书",如薛居正的《五代史》"乃天壤间罕遇"的绝本。续钞堂收藏的明代文集竟达五六千本,当世无与伦比。续钞堂数量庞大的藏书,除了部分得自家传外,其主要部分是黄宗羲穷年累月积极寻访、购买和抄录获得的。他曾购得本邑孙嘉绩藏书及越中钮石溪世学楼、祁氏澹生堂藏书。他因藏书与石门吕留良闹翻,是藏书史至今聚讼纷纭的一件大事。全祖望在《二老阁藏书记》中说:"太冲先生最喜收书,其搜罗大江以南诸家殆遍,所得最多者,前则澹生堂祁氏,后则传是楼徐氏。"除了大量搜购之外,亲手抄写是黄氏聚书的又一重要途径,其抄书足迹遍及大江以南的众多藏书楼。黄宗羲的藏书在清初的兵劫火夺、鼠残蠹啮中损耗严重,这种曲折磨难的藏书经历,使他在《天一阁藏书记》中写下了充满感情的一段话:"尝叹读书难,藏书尤难,藏之久而不散,则难之难矣。"黄宗羲的"当以书明心,不可玩物丧志",曾被全祖望称为"藏书之至教"。黄宗羲藏书目的,正是为了从事学术研究。他的《明文案》一书乃是"取家藏有明文集约五六千本,撷其精华"而编成的,《明儒学案》的成书也有赖于家藏丰富的明人文集所提供的资料。他曾收集了大量弘光时的邸报,"畜之以为史料",堪称我国早期的集报家,并利用自己的集报资料排纂成了史学专著《弘光实录钞》。黄宗羲还广泛搜罗了乡贤著述,在此基础上编成了《姚江逸诗》和《姚江文略》。我们不妨说,黄宗羲为了治学而搜集了丰富的藏书,而丰富的藏书又促进了他的治学,成为他在学术研究方面获得巨大成就的重要原因之一。黄宗羲藏书的社会影响非常大,著名学者朱彝尊、吴任臣都曾表示要向黄宗羲借书,而明史馆总裁叶方蔼、张玉书曾致函许三礼,商请派人将黄氏藏书中凡使馆未备者"尽数抄写","录送史馆"。黄宗羲是将藏书和学术结合得十分完美的一位学者,他的藏书对浙东学派的形成起到了积极的促进作用。令人惋惜不已的是,续钞堂藏书毁于康熙癸巳年(1713)的一场大火,三万卷遗藏归于慈溪郑性的二老阁。

参见罗友松、萧林来:《黄宗羲藏书考》,《华东师范大学学报(哲社版)》1980年第4期;骆兆平:《黄宗羲和续钞堂藏书》,《图书馆杂志》1985年第4期。

郑性二老阁

郑性(1665—1743)祖父郑溱与黄宗羲为挚友,父郑梁为黄宗羲甬上证人书院的高座弟子。郑性在学问上亦师承黄宗羲,故一生对黄氏之学表彰不遗余力。郑性承其父郑梁遗志,为纪念黄宗羲与郑溱两位老人,在家乡半浦(今属江北区慈城镇)建立了一座二老阁藏书楼。

二老阁规制模仿范氏天一阁,始建于康熙六十年(1721),雍正元年(1723)完工,楼上奉黄宗羲、郑溱木主,旁立郑梁木主,香火祭祀,楼下则用以藏书。半浦郑氏为文献世家,郑梁时已积书2万卷,郑性又收黄宗羲续钞堂劫后残书,尚可得3万卷。郑梁每天晨起,率领诸子焚香盥手,"出必面,反必告,左顾则黄梨洲先生在焉"(徐嵩《二老阁记》),由此成为黄宗羲遗书的虔诚守护者。余集在《郑诳斋墓志铭》中说:"百年以来,南雷之书洊遭水火,甬上遗老亦零落殆尽矣,而君家遗籍独完好如故,流风余韵,仿佛犹能道之。"郑性长子大节,十七岁补为定海县庠生,善守家世之学,工于诗画。乾隆三十八年(1773),清政府纂修《四库全书》,向各地藏书家征书,浙江巡抚三宝派宁波府徐崑亲往半浦二老阁访购。后郑大节检取二老阁藏书精本 94 种进呈,其中有 47 种 290 卷被著录于《四库全书总目》中,另有 38 种入存目。事后这些进呈书籍或被翰林院截留,或被省垣大吏取去,绝大多数没有回归原阁。二老阁在中国文化史上名声显赫:一是由于其收藏黄宗羲遗书,整理、传刻黄宗羲著作,成为传承浙东学派的重要基地。二是郑氏子孙多能从阁中藏书中汲取营养,文人辈出。三是二老阁刊刻了大量的书籍,如康熙至乾隆间所刻有姜宸英《湛园未定稿》、潘平格《潘子求仁录辑要》、黄宗羲《明儒学案》、郑梁《寒村集》及郑性自著《南溪偶刊》等。郑性曾孙郑勋乾嘉间刻有黄宗羲《明夷待访录》、郑满《勉斋先生遗稿》、杨简《石鱼偶记》、冯元仲《天益山堂遗集》等。二老阁藏书长达近 200 年,中经多次厄难。先是乾隆五十一年(1786)发生火灾,藏书损失大半,后又经道光二十六年(1846)、咸丰三年(1853)两次火灾,藏书已所剩无几。咸丰十一年(1861),后裔观海重修二老阁,藏书增至万卷,恰值太平天国军攻占慈溪,二老阁藏书多为恶少所窃,后归于冯氏醉经阁。民国初,郑性七世孙公议,将二老阁部分残存书及版片卖于上海书商,转为沈氏抱经楼所得。1943 年,摇摇欲坠的二老阁藏书楼终被郑氏后人拆毁。

参见骆兆平、洪可尧:《二老阁始末记》,《图书馆杂志》1984 年第 2 期;虞浩旭:《文献世家郑氏二老阁藏书文化的历史轨迹》,天一阁博物馆主编:《天一阁文丛》第 2 辑,宁波出版社 2005 年版;江庆柏:《四库全书私人呈送本中的郑大节家藏本》,《图书馆工作与研究》2008 年第 6 期。

黄澄量五桂楼

黄澄量(1768—1819),字式筌,号石泉,余姚梁弄人。师事名宿孙磐、诸重光,笃志力学,于书无所不窥。后宦游京师,性喜藏书,垂老还乡,不置产业。每天购书抄书,与书为伴。他曾作《书睡》诗云:"生年未卅岁,夜睡曾不足。若非书中寝,一日终脊局。"这正是他好书的自我写照。他认为:"积财于子孙,不如楹书与子孙。"

嘉庆十二年(1807),黄澄量在梁弄宅旁建造一座木结构的三开间藏书楼,因其慕远祖宋时号五桂者昆季五人并中进士而著清望,故命名为五桂楼。楼上书库分列二十几个高大木制书橱,屋顶结构有两层,中间隔成暗阁,可起到隔潮和防漏作用,南面通设格窗、板窗和玻璃窗三道,以防火防风防潮防盗,可根据不同的天气温湿情况关启调节。整幢楼光线明亮,地势高爽。五桂楼原藏图书 5 万余卷,别本重本又数万卷,部分得自二老阁。五桂楼因其藏书丰富,享有"浙东第二藏书楼"之誉。黄澄量的藏书观念比较开放,他不仅自己"得一书,添一目,读一书",作为博闻强识之一助,更要子孙登楼展视椟书,"以经训淑其德性,以史事扩其见闻,而又旁通诸子,泛滥百家,以增长其识力"(诸开泉《五桂楼藏书记》)。他还打破了一般藏书家只藏不读的陋习,愿意对外开放,尽力发挥藏书的致用价值,凡"海内好事愿窥秘册者",恣其阅览,且供食宿,但不出借。因此,五桂楼虽然地处山乡,却吸引了不少文人学者跋山涉水至梁弄阅览藏书。因此,黄澄量开放式的藏书思想,实质上可以视为由私家之藏向公共图书馆过渡的一种形态。黄澄量于嘉庆二十二年(1817)邀请诸如绥整理藏书,诸为其编写了《明文海总目》4卷。黄澄量对黄宗羲编成的《明文海》巨著极为珍视,乃仿其体例,利用五桂楼的丰富藏书,选录有明一代文集,辑成《今文类选》138 册,为避文网,该书将王守仁、方孝孺、张居正等列名于前,而把有触清代忌讳的文章隐藏于后,编辑上煞费苦心。《今文类选》为研究明清史及明代社会、经济、文学、艺术、科技等提供了丰富史料,堪与《明文海》齐名。五桂楼还兼刻书籍,今尚藏有《思旧录》等部分木刻印版。黄澄量去世后,其子肇震继续收集图书,藏书增至 6 万余卷,富甲越中,仅次于宁波天一阁。咸丰十一年(1861)社会动乱,五桂楼藏书部分散失,玄孙黄安澜用五年时间重新搜集散失图书,藏书基本恢复到原来格局,刊有《姚江黄氏五桂楼书目》,计藏书 1500 多部 6 万余卷,3666 种,光史部地理类一项就有 168 部将近 4000 卷。它以清代刻本为基数,但其中亦颇多宋元明善本。五桂楼现已成为省级文物保护单位,新中国成立后,浙图调去图书 6000 余册,现存尚有古籍近万册,其中善本 19 部625 册。

参见诸焕灿:《飞岚回带峙五桂——浙东藏书楼五桂楼考略》,《中国典籍与文化》2000 年第 3 期;鲁怒放:《五桂楼藏书及其建筑特色》,《东南文化》2000 年第 5 期。

徐时栋烟屿楼

徐时栋自幼便在父亲的影响下读书藏书,一生拥有三座藏书楼,分别是烟屿楼、城西草堂和水北阁，这奠定了他著名藏书家的地位。

徐时栋的父亲徐太茂亦喜藏书，道光三年（1823）二月在月湖烟屿洲故宅上创建了恋湖书楼。徐煜昌《四明恋湖书楼记》记载："徐三澹斋，余同盟弟也。有楼数楹，颜曰恋湖，积书数万卷，时与余诵读其上，暇则凭槛远眺，湖光一碧，如万顷琉璃，玲珑四映。凡志所称花屿、柳汀、碧沚诸形胜，无不争妍献媚于其前，触景兴怀，拈题斗韵，皆是楼之所助也。"（《月湖徐氏家乘》卷十五）道光九年（1829）父亲去世后，徐时栋继而承之，不久将恋湖书楼改名为烟屿楼。徐时栋在 21 岁编修家乘时，作《新故书目录》，称"余家所有书，大约皆布帛菽粟，强半先君之所置"。此书目著录书 378 部 12881 卷。其时已有烟屿楼之名。烟屿楼可以说是徐时栋使用最久、最为闻名的一座藏书楼。此楼为一座二层砖木结构建筑，鼎盛时期藏书达 6 万卷。徐时栋特立烟屿楼藏书借阅约："勿卷脑、勿折角、勿唾揭、勿爪伤、勿夹别纸、勿作枕头、勿巧式装潢、勿率意涂抹、勿出示俗子、勿久假他人。"后因同治元年（1862）太平军入宁波城，烟屿楼藏书或被窃，或被生火，事后检点，所剩无几。

咸丰五年（1855）三月，徐时栋居于甬城西门的城西草堂（地在亨六巷二号），此地屋旁有柳树，屋下有泉，正好契合"柳泉"之号。徐时栋在此地收集、整理藏书，藏书亦达五六万卷。这批藏书幸运地躲过战乱，不料在同治二年（1863）十一月二十九日草堂意外失火，藏书毁于一旦。徐时栋前后损失 10 余万卷藏书，遭受了沉重的打击。但他百折不挠，很快又沉迷在访书、购书、藏书的乐趣中。同治三年（1864）六月，徐时栋于城西草堂故址上重建了新的藏书楼。他吸取了火灾的教训，将藏书楼与住宅分开建造，坐南朝北，又蕴以水制火之意，故取名水北阁。这是一座二层三开间木结构建筑，经过几年的努力，藏书颇为可观。天一阁藏《徐氏甲子以来书目稿本》，据骆兆平整理统计，总计有藏书 3164 种 44205 卷。徐时栋有着独特的藏书理念，藏书多有印章、题跋或评点，在保存和利用文献上做出了重要贡献。宣统三年（1911），水北阁三十橱藏书售予上海书贾。

参见骆兆平：《徐时栋和他的三个藏书楼》，《图书馆杂志》1997 年第 3 期；龚烈沸：《国家图书馆藏徐时栋藏书题跋考释》，《宁波大学学报（人文科学版）》2016 年第 1 期；龚烈沸：《徐时栋年谱》，宁波出版社 2016 年版；天一阁博物馆编：《天一阁藏徐时栋著作图录》，宁波出版社 2016 年版。

董沛六一山房

光绪十一年（1885）六月，鄞县人董沛以"供亿无状，不合于学使"及身体有病等为理由,向上级提出免去自己职务的请求,得到允许,遂解职归乡。是年十一月底,董沛回到了阔别多年的故乡,人生由此进入了最后一个阶段。他在鄞东高塘故居筑藏书楼,因慕欧阳修六一居士之趣,遂命名为六一山房,聚书5万卷。

董缙祺《奉直大夫、知州衔江西建昌县知县董府君行状》云:"府君将告归,先令家人辟园中地,筑屋三楹,颜曰'六一山房'。既至,聚书五万卷,坐卧其中。"《高塘董氏家谱》卷一《地方志·杂志·六一山房》云:"性好储书,

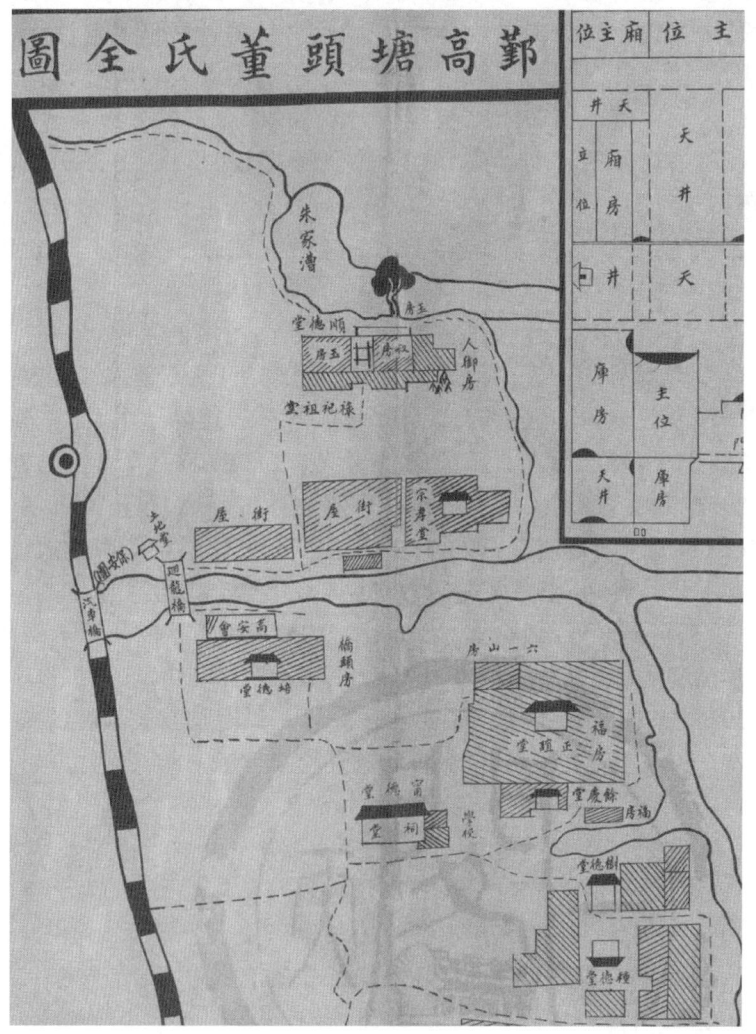

《鄞高塘头董氏全图》中清晰标出的"六一山房""正谊堂"位置

任内有购自各地者,无虑数万卷,至后归田,恐其散佚,因将平时所收藏者存贮一处,构此三间一衖楼房一所,衖后向东处又建一亭,亭之前凿以池,均以六一名。池四围砌以块石,旁植花木,暇则读书其中。命名六一者,意者有慕欧阳公而名此也。"董沛的藏书大部分是其任官各地时购买的,还有一小部分当为家传。董沛不仅创建了藏书楼,还独创性地设立了晒书田和六一会。《家谱》卷二《规约编·杂著·旧凡例十四条》云:"六一山房为先伯考乡六八公所建,储书五万卷于楼上,置田二十亩,为每年晒书之费,名曰六一会。孝、弟、慈三房公轮,所有盈余公存房下殷实之家,一分起息,以备修理支取。先伯考遗意也,不可有违。"高塘董氏如何晒书,《家谱》中还有如下具体的规定:"晒书定于中伏,另雇司饭一名。书房本有余灶,晒书大约系六人为率。房下读书者亦须毕集。如不满六人,须另请族中及亲戚中之读书人相帮;晒书之日,先祀奎星,次祀乡六八公、乡七五公、乡八六公,办回千两桌,与晒书者享馂,以后每餐六盆二碗,肴须丰盛;晒书并雇订书工人一名,以备修理旧书,其工费、纸线等项,向本会支取。"董沛创建的六一山房,本为藏书楼,后来因族中人多屋少,遂允许子孙在此房设馆读书,但不允许住宿。故《家谱》卷一《地方志·杂志·六一山房》云:"书楼为藏书之所,本宜洁净,不可住宿。现在屋少,惟子孙读书暂行于此房设馆。若吟房下以后子孙无论读书生意,稍有力可起造者,即当于本房东首空地内起馆屋四间一衖,以作读书之屋,则此房可以专藏书矣。至于住家,更属无论。"

参见《高塘董氏家谱》,天一阁藏本;虞浩旭:《智者之香》,宁波出版社2006年版。

沈德寿抱经楼

沈德寿(1862—?),字长龄,号药庵,别号窳民,世为慈溪北乡沈师桥人。祖辈从商,尤以药业闻名,祖父沈延鋆在湖州新市镇西栅晓翠巷购地2000余平方米,建造开设了沈泰源药栈行,后发展成为德清县最大中成药作坊,制有人参再造丸、口服滋补药、八蒸糕及外用膏药等。沈德寿19岁随祖父赴湖州新市镇,从事药材业,并拜宋世滋为师习文。早期他只喜欢古人书画及历朝诸家尺牍,采集20余年,属目者数以千计。晚年他精于书画鉴别,"远近有骨董贸者,一经品题,声价十倍,咸服其赏鉴之精"(陈师范《沈药庵先生圹志》)。他工于篆刻,还著有《百幅书画记》书稿。

光绪十年(1884),沈德寿赴湖州访陆心源,陆心源见沈德寿年轻好学,为人儒雅,乃牵手登楼,悉发其所藏之书,并告诉他收藏图书之法。陆心源的皕宋楼以专藏宋元珍本闻名遐迩,人皆羡之。沈德寿参观后大开眼界,心窃慕之,于是在回归老家之后,"遍搜书肆兼采旧藏书家,遇有不成卷帙亡其版者,出资精抄,……不遑他事,而惟书是求"(沈源寿《抱经楼藏书志自序》)。其中的旧藏书家就有鹳浦郑氏,当时郑氏二老阁部分藏书流入上海,沈德寿闻讯复从上海购入。沈德寿虽然名不出里闾,家仅中产,但他自奉节俭,日常生活中从不无端浪费钱财,而一遇异书,却能倾囊购入。没有几年,就积书 5 万卷,成为近代中国乡村藏书界之翘楚,于是在沈师桥故里构筑了藏书楼"抱经楼"(旧址在师桥塘下之基房),近边凿一小池,以通大池和老塘河,方便消防取水。接着,仿范氏天一阁、卢氏抱经楼藏书规则,整理上架,逐一编目。沈德寿的藏书逐渐名闻乡里,引来一批批文人学士。他总是"欢然引登书楼,开箧纵观,置酒讨论,娓娓不倦,即有人持去假阅,亦慷慨不靳"(陈师范《沈药庵先生圹志》)。他将所藏书整理成《抱经楼藏书志》64 卷(原作《抱经楼书目记》),共著录 3.5 万余卷约 1450 种,编成于光绪三十二年(1906)。此书系仿《爱日精庐藏书志》和《皕宋楼藏书志》而作,唯上述二志断自明朝,此志则延及清代,专载旧椠旧抄之流传罕见者,每书皆有题解,并兼收诸书序跋,登录前人手迹题记、校雠岁月,著录详备,于考证古书足资参考,为清代最有影响的私家藏书目录之一。抱经楼藏书在抗日战争之前开始散佚,幸大部分被北京图书馆收藏。

参见童银舫:《沈德寿与抱经楼》,《图书馆研究与工作》2002 年第 3 期;韦力:《沈德寿抱经楼》,《慈溪史志》2016 年第 4 期。

秦润卿抹云楼

秦润卿(1877—1966),名祖泽,号抹云老人,慈溪人。自幼家境贫寒,求学不易,年少时即赴沪闯荡,但艰辛的生活没有让他放弃对文化的追求,长年手不释卷,嗜书之癖渐渐养成。他认为慈溪城中文化设备不多,急需图书馆建设,乃于民国二十年(1931),将城内学宫东侧自家所建三间西式洋房作为藏书之用,定名为抹云楼。秦少游因作《满庭芳》一词首句"山抹微云,天粘衰草"深得苏东坡欣赏。为此,秦润卿也自号"抹云老人",后特地建创"抹云楼图书馆",设立"抹云楼奖学金",奖掖后学。

1936 年,秦润卿出资收购了慈溪冯氏醉经阁藏书 107 种 5500 余本,其中数量最多的是《聚珍版丛书》《通志堂经解》《廿四史》,都在四五百册以上。这批藏书的收购,不但免使醉经阁藏书流散,而且进一步充实了抹云楼藏书。他还增订了商务印书馆、中华书局等出版的书刊,以充实馆藏。民国二十九年(1940),秦润卿为了更好地服务社会,组织抹云楼图书保管委员会,成员为乡绅、旅沪绅商及秦氏家属,另聘一人主持日常工作,制定规章制度。抗战期间,图籍转移至乡间隐藏。民国三十六年(1947)元旦起,抹云楼图书公开阅览,楼下为近代图书和报刊阅览室,楼上为古籍书库。秦润卿对于图书借出有另一番规定:"除善本外,群众可以出借,唯我子孙,则仅能在馆内阅读,不准借出。"此时的抹云楼已不是传统意义上的私家藏书楼,而是具备了私立图书馆的性质。1952年,秦润卿出于爱国热情,将整个藏书楼和全部藏书捐献给国家,经清点,图书有线装古籍32996册,杂志3324册,碑帖字画2571件。尔后抹云楼房子为供销社使用。1991年,在扩展一所小学时,抹云楼被拆毁。为纪念秦润卿的功绩,人们将慈湖中学新建五层主楼命名为抹云楼。

参见孙善根:《钱业巨子秦润卿传》,中国社会科学出版社2007年版;孙善根:《秦润卿史料集》,天津古籍出版社2009年版。

第二部分　宁波教育

一、概　述

　　教育是传递人类文明薪火、促进社会不断发展的重要活动,也是衡量一个地区政治、经济、文化诸方面发展水平的重要指标。教育是因人类生存需要而产生的,没有教育也就没有有效的劳动。宁波教育的产生可追溯到遥远的新石器时代,距今7000年的河姆渡人为了生存,在采集和渔猎的同时,发展了耜耕农业,在衣食住行等方面都发展了相关的技术,并创造了灿烂的原始艺术。他们结合日常的生活和生产劳动,将相关的知识技能通过口传手授的方式传递给下一代,这可以视作原始教育的开端。宁波早期传授生产知识的教育,便是沿着口耳相传的原始方式进行的。

　　有文字记录的宁波教育始于西汉后期,至东汉始盛。当时的教育以私学为主,官学为辅,传授的是经学知识和法律之学,这与两汉全国教育的基本格局是一致的。宁波历史上最早的私学大师首推西汉后期的余姚人董春。董春官庐江太守,将德教渗入政治之中,使政教合一。汉设三老以掌教化,清代咸丰年间余姚陈山出土了一块东汉建武二十八年(52)五月刻的《汉三老讳字忌日碑》,证明当地已设三老教化乡里的历史事实。浙东有史料记载的最早学宫约出现在公元一世纪末的余姚境内,学宫的设立具有开地方官学风气的意味,并为四明本境学校教育的开端。官学历来是为培养和选拔官吏服务的,余姚黄昌是当地官学培养出来的最早的知名官员。自东汉以来,虞氏家族的家学形成了世传的传统,至初唐的虞世南,编写出了《兔园册》,其体例是偶俪形式,后来成了唐五代广为流行的民间私塾童蒙教科书。我国古代的蒙学课本种类繁多,但以社会、自然常识教育为主的知识性课本却滥觞于《兔园册》。

《康熙鄞县志》卷三指出:"唐以前郡县但立文宣王庙以祀孔子,其时未有学校,故亦无学官。贞观以后,郡县诸生虽设有定额,而课试之法无闻焉。"唐代明州在建州之初就相应地设立了州学,元和九年(814)鄞设县学,会昌六年(846)象山设县学,州城和奉化等地又先后建立了夫子庙,教育设施有了很大改善。在县级官学中,教育业绩较佳的首推象山,建学当年就输送了"举明经之三传"的乡贡王关,极大地鼓舞了士气。大中四年(850),象山县令杨弘正于县城西北蓬莱山麓栖霞观筑蓬莱书院以课士,文教大振。蓬莱书院是四明历史上最早出现的书院。至于唐五代四明的民间教育,资料比较缺乏。五代翁道弘《梁故襄阳郡罗府君墓志铭并序》记余姚罗素(833—911)诸子"悉皆丱角嗜学,敏捷算书"。① 又罗德源撰《□□故渤海郡吴氏夫人墓志□并序》云:"有外孙数人,并乃敏捷□书。"②对照罗素墓志,此"□书"当即"算书"。由此两例可见四明民间对算学之类实用知识的重视。朱梁贞明间(915—920),罗甫自桐庐挈家避乱至慈溪孝顺里罗江,"教以礼敬,讲学务农,蔚成善俗"。这属于社会教化。

《康熙鄞县志》卷三指出:"宋庆历时诏天下俱立学校,弦诵之风于斯为盛。"自北宋庆历兴学以来,明州教育事业获得了前所未有的发展,从师受教的风气日益浓厚,人才纷纷脱颖而出。继李夷庚之后,真正将教育落在实处,率先给予教育以崇高地位的是王安石。王安石认为当时缺乏人才,不仅在位者多为"不才苟简贪鄙之人",而且连"闾巷草野之间,亦少可用之才"。③而要造就人才,就要通过办学这条途径,于是他提出了"天下不可一日而无政教,故学不可一日而亡于天下"④的高见。王安石于庆历七年(1047)知鄞县后,兴学校、举贤才,出力尤多。他创办了鄞县第一所县学(因孔庙为学),

① 〔五代〕翁道弘:《梁故襄阳郡罗府君墓志铭并序》,《慈溪碑碣墓志汇编》(唐至明代卷),浙江古籍出版社 2017 年版,第 70 页。

② 〔五代〕罗德源:《□□故渤海郡吴氏夫人墓志□并序》,《慈溪碑碣墓志汇编》(唐至明代卷),浙江古籍出版社 2017 年版,第 76 页。

③ 〔宋〕王安石:《临川文集》卷 39《上仁宗皇帝言事书》,影印文渊阁《四库全书》本。

④ 〔宋〕王安石:《临川文集》卷 83《慈溪县学记》,影印文渊阁《四库全书》本。

延请隐居草野的学者杜醇、楼郁等为师,招收学生 200 余名。"庆历五先生"是甬上最早出现的儒学教育家群体,宁波的教育事业就是在他们奠定的基础上传承发展起来的。成功的教育奠定了宁波作为文献名邦的基础,为宁波文化的可持续发展提供了动力。北宋宁波人对教育的高度重视和敢于投入,也增加了向文献名邦迈进的自信。

建炎四年(1130),金兵陷明州,州学被毁,郡人林昉不顾自家受困,捐资兴学。绍兴十九年(1149),郡守徐琛建稽古堂,收藏高宗所颁御书经书,称御书阁,是为最早的学校藏书楼。淳熙三年(1176),魏王恺于州学建射圃,是为甬城最早的学校运动场。南宋州(府)学的规模空前庞大,开庆《四明续志》称:"旧额生徒一百八十人。其后比屋诗礼,冠带如云,春秋鼓箧者率三数千,童卯执经者亦以百计。"真正称得上是"庠声序音,冠于左浙"。南宋四明地区教育空前繁荣,教育的覆盖程度很高,"其民……力本务农,好学笃志,尊师择友,弦歌之声相闻,下至穷乡僻户,耻不以诗书课子孙,自农工商贾鲜有不知乎章句者"①。教育的成功,使得本地区人才济济,其盛前所未有。除了官学之外,讲舍和书院多是由理学人士所创立的一种私学教育形式,也是四明学术思想形成、发展和传承的主要场所。南宋四明的书院为数不少,仅以"书院"为名的就有 10 余所,如絜斋书院、慈湖书院、石坡书院、高节书院、文津书院等。书院不以科举为目的,而以讲学为指归。除了书院之外,还存在着各类私立学校,其分布之广远超北宋,特别是那些乡塾村校,将四明的文化教育事业由城镇推向了穷乡僻壤。若以同时期求学风气浓厚的福州为参照,福州的书社尤为兴盛,"凡乡里,各有书社",而四明地区则以"塾"最具典型性,"塾"与"书社"分别构成了四明与福州在私学教育上的不同地域景观。宋代新型宗族制度的确立和发展是家塾兴盛的主要原因,宋代科举选官制度的实施,则是包括族塾义学教育在内的各类教育发展的直接动力。宋代四明较大的、有声望的家族,一般都设有家塾。这些家塾一部分继承和延续了前代的传统,如鄞城上桥陈氏塾首创于北宋明道、景祐间,子孙世守,至宋末元初的陈绍祖,讲学不间寒暑。上桥陈氏家塾"垂三百年,世守不隳",是两宋四明地区时间极长的家塾之一。官学和私学并辔发展,构成了四明教育的两大支柱。良好的教育将宁波打造成了以儒素相先的科第之乡。宝庆《四明志》卷 1《风俗》云:"孝宗命元子保厘,礼俗日盛,家诗户

---

① 〔元〕赵孟頫:《题三氏同宗会谱后》,见《鄞邑城南袁氏三修宗谱》卷首,宁波市档案馆藏本。

书,科第取数既多,且间占首选,衣冠文物甲于东南。"南宋宁波还涌现了以杨简、袁燮、沈焕等人为代表的教育家,将宁波的书院教育推进到全新的阶段。

进入元朝之后,儒学的生存处境恶化,四明的儒士阶层迅速分化,部分儒士适应客观环境的变化,逐渐完成了社会角色的转变,并形成了一个素质较高的学官群体。更多的儒士因为出仕无门而被抛向地方社会,尽心于治生、合族及兴学等活动。正是在这样的时代背景下,四明的教育事业有了新的发展,构建了官学儒学、专科学及书院、私塾、社学这一教育体系,从整体上说仍维持着相对的繁荣状态。元代增加了官学的类型,四明地区创办的专科学校主要有蒙古字学、医学、阴阳学,并与官学一起构成了"四学"。皇庆二年(1313),元仁宗下诏恢复科举。延祐二年(1315)第一次开科取士。这一恢复科举的政策促进了宁波官学的发展,元代宁波官学由此进入最好的发展阶段。程端礼编写的《读书分年日程》,进一步发展了朱熹的理学教育思想,被国子监颁示郡县,在教育界产生了重大影响。元代庆元路书院的数量占江浙行省书院总数的14.1%,在江浙行省的三十个路中,可谓是书院较为发达的地区。比较有名的有鄮山书院、甬东书院、杜洲书院、高节书院等。书院的地理分布并不平衡,其中以鄞县为最多,鄞县又以县治四周为最集中,从其教学内容来说,书院进一步官方化和朱学化。

明代推行"治国以教化为先,教化以学校为本"的文教政策,宁波的教育事业接续南宋的传统,重视官学的发展,进一步完善了府、县两级儒学体系。宁波地方官员比较重视官学的教育,文教常常成为官员为政的首务。他们兴修儒学,筹措经费,督促教导,时人多有记录。不少地方官在任职期间,亲自督学、讲学,有的还热心修缮、扩展学宫,帮助解决办学经费。在此基础上,地方政府大力推行社学。社学主要分布在坊隅和乡都,是最基层的教育组织。社学除了教授《三字经》《百家姓》《千字文》等蒙学教材外,主要是让儿童从小接受封建伦理道德教育。奉化知县朱豹督建社学一所,每月朔望日必亲自到社学讲学,使学子深受鼓舞。明代宁波士流之家很重教育,如张琦《栋字子材说》所云:"近世鄞士大夫之家甲第相望,教其子弟以诗书艺文,裁止其浮末,而欲进之以厚大闳远者,十室而九。"[1]明代还确立了八股取士制度,宁波的进士及第数位居浙江前列,其中尤以鄞县、慈溪、余姚的进士及第数最多,跻身于全国33个百人以上进士县之列。翁大立《重修儒学记》

---

① 《甬东包氏宗谱》卷17,天一阁藏本。

云："姚士第曰三科二状元也,二榜四鼎甲也,乡之魁肩相比,祖孙父子兄弟进士踵相接也。科而进士十六,或十五也,徒以科名言耳。姚士重于海内独此哉。"①承元代之制,明代宁波也有专科学校——医学和阴阳学,但时兴时辍,发展并不正常。明代前期,统治者独尊朱熹理学,扶植官学,从而一度使书院教育陷入沉寂状态。随着官学、科举之弊的日积月累,生员无心向学,急功近利之风弥漫,儒学教育越来越僵化。自明中叶以来,四明还涌现了一大批书院,多采用讲会的教学方式。如嘉靖戊子年(1528),慈溪人姚镆谢政归里后,仍在各地为官的门人如大学士翟銮、少司马寇天叙、都御史张瀚、通政使郑绅等,各捐资为其营建书院,作为老师晚年游息之所。由慈溪尹王德溢主持建造,落成于次年,位于今慈城东郊,旧为东皋寺基。弟子丰熙《东泉书院记》云："院之制为讲堂三间,后为寝,前为大门。堂东西有亭曰旌德。……又其东西营为斋,以处来学及庖湢之所,轮奂成美,宫墙耸瞻矣。"②明代四明教育家辈出,前期如余姚赵谦、宁海方孝孺、慈溪陈敬宗都是有名的教育家,有的还编写出了相关的教材,落实了自己的教育理念。尤其是王阳明的心学教育思想内涵丰富,独树一帜,影响极为深远。弟子钱德洪热衷于讲学,亦发表了值得重视的教育见解。他们将书院教育传播到全国各地,各地书院均建立起讲会制度。王阳明在为王氏宗谱所作的序中说："吾读《易》至丽泽之兑,而愈知学不可以不讲也。夫两泽相丽,互相资益,朋友讲习,其为功也大矣。"③他为书院讲学进行了积极的辩护。在这种风气影响下,姚江书院成为明末清初蜚声浙东的著名书院。明代由于社学得到大力推广,纯粹的私塾受到一定程度的挤压。明代宁波人创建的私塾仍然为数不少,其中有一些为义塾。如鄞县黄古林人戴浩家居之时,创立义塾,以教授群姓之子弟。林祖述由御史历官参议,辞官归里居大椿堂,收里中孤贫子弟,亲为教育,一时所造就甚众。

　　清初宁波官学政治色彩浓厚,由顺治到康熙,经历了由乱至治的过程。诚如康熙十年(1671)慈溪知县吴殿弼在慈溪县学重修记中所说："今皇上命师征讨之后,所至皆革心向化,德功丕振矣,遂锐意文治。"④进入康熙以后,人心思定,学校更担当起了"右文之化"的职责。故吴殿弼又说："士之际此

①　〔清〕光绪《余姚县志·学校》。
②　〔清〕光绪《慈溪县志》卷44。
③　《鄞江王氏世谱》卷首,上海图书馆藏本。
④　〔清〕光绪《慈溪县志》卷4《建置三·学校》。

盛者,咸溯厥渊源,以为非由他途可进,无不瞻仰学宫,心窃向往焉。"正是在这种历史背景下,宁波才出现了"山海奥区,人文鹊起"的景象。① 清代宁波官学的教育制度和教育内容均承袭前代,教育内容不外是尊儒崇道,并无创新之处,只是专制更为强化。即以鄞县为例,《康熙鄞县志》卷三云:"皇朝创兴学校之制,大抵如旧。至顺治十七年,始并两试为一,入泮者定为十五人。康熙元年复裁训导,但留教谕一人,并停岁贡及学生廪给。至九年,复行岁贡法。十七年,复训导。其他悉仍旧。"入清以后比较有特色的是义学(实际上多为社学的别称)的勃兴。《康熙鄞县志》卷三"义学"条记载:"国朝康熙乙亥,郡侯李公煦捐建义学于衙府西街醋务桥侧,为屋前后凡六楹,郡别驾张公乃文捐建于察院之西,邑令汪源泽捐建于布政分司旧址,皆延名师教习民间子弟。"②乾隆十一年(1746),镇海知县王梦弼督办南城义学、杨亭义学。与官学教育相比,以黄宗羲为代表的私学教育家,成就尤为突出。清初,统治者鉴于政权不够巩固,担心汉族士人利用书院鼓动民众反清复明,对抗朝廷,遂下令士人讲求躬行实践,不许别创书院讲学。顺治九年(1652),朝廷规定:"不许别创书院,群聚徒党,及号召他方游食无行之徒,空谈废业。"此时王尔禄在宁波创办的义田书院,实属善举。进入康熙朝之后,清廷放松了对书院的限制,允许一些学者在书院讲学。当时的书院按其教学宗旨,主要有两大类型,一类是以举业为目的,以学习制艺为主,这类书院占了绝大多数,与官学无甚差别,书院的特质已消亡殆尽。另一类是以甬上证人书院为代表的自由讲学。康熙六年(1667),黄宗羲在甬上证人书院讲学,以经世致用为指导思想,引入实学课程,并通过探究式的教学方法,培养出了大批的优秀人才,其中如万斯大、万斯同、郑梁等人,后皆成为浙东学派的骨干。故陈锡嘏《万充宗四十寿序》说:"梨洲先生以昌明理学为志,旁及星历算数之传,吾党言及实学,莫不心折万氏。"③康熙八年(1669),韩孔当主持姚江书院院事后,书院呈现兴盛的局面。金埴云:"明、越二州,自前明以来,凡故家巨族,其尊师重道之风,尤异于他方。"④可以说宁绍地区长期来浓郁的尊师重教的社会风气,是清代浙东学派学者的私学教育得以充分展开的社会基础。但清代宁波大多数的书院已经官学化,走入了以科举应试为宗旨的轨道。

---

① 〔清〕光绪《慈溪县志》卷4《建置三·学校》。
② 〔清〕闻性道:《康熙鄞县志》卷3,宁波出版社2018年版,第39页。
③ 〔清〕陈锡嘏:《兼山堂集》卷4,《四库全书存目丛书》本。
④ 〔清〕金埴:《不下带编》卷6,中华书局1982年版,第103页。

　　清代的科举制度同样沿用明制,只是更为完善。官学的课程,始终以科举考试为主要内容,将儒家经典作为基本教材,因此官学教育科举化的倾向极为严重,士子的思想也受到钳制。官府为了有效地控制学校,培养具备封建道德操守的官员,制订了严厉的学规。儒学教官主要职责是组织考试、评阅试卷,监督和约束生徒的言行,在施教方式上往往以考代教。据《宁波教育志》统计,清代宁波官学生员的定额位居浙江省前列,共出进士 344 人,鼎甲及会元共 10 名,其中不乏姜宸英、全祖望等名人。

　　宁波开埠通商后,西方传教士大量涌入宁波,在宁波创办教会学校,客观上推动宁波教育向近代转型。1844 年,英国基督教循道公会女传教士爱尔德赛在宁波城区祝都桥(尚书街东端)创办爱尔德赛女子学校,这是宁波境内第一所教会学校,也是中国第一所女学。次年,美国长老会传教士、医生麦嘉缔在江北岸槐树路创办崇信义塾,这是浙江省最早的男子教会学校。宁波各地开办的教会学校,最初一般暂借民房或附设于教堂之内,多为初等小学程度,后来逐渐向中、高等学校发展。至同治五年(1866),各国教会在宁波创办的学堂有 7 所,学生仅 84 人,虽然其数量、规模都无足轻重,但其办学的理念、形态对中国传统的封建教育体系造成了不小的冲击。

　　晚清以前的传统书院,以研究儒家经学为主旨,兼学史书诗文。徐云笈《改建德润书院记》说:"书院与学校相表里。自学校职多旷师儒之官,与生徒不复相亲习,而书院则月有试,季有课,程其材艺,丰其饩膳,盖时之所尚,而士亦争自濯磨焉。国朝文教覃敷,自都会至郡邑莫不有书院,延师讲读,大率守土者主之,其制与宋元奏请于朝,铨注山长、置弟子员者异,而陶冶人材、振兴鼓舞,以辅学校之不逮,则书院之在今其典至巨。"宁波成为全国五处对外开放的通商口岸之一后,外国传教士和商人纷纷涌入中国,带来了不一样的西方文明。晚清政府纷纷采取应变措施,成立新式书院,或改造旧有书院,学习西方,强调实学。洋务运动时期,全国掀起了教育革新运动,引进和学习西学,开启了教育近代化的进程。在此背景下,光绪五年(1879),宁波府知府宗源瀚创办辨志书院,开设舆地、算学等课程,遂开宁波新教育之先,也可看作是宁波帮兴办近代学校的开端。光绪十一年(1885),宁绍道台薛福成在宁波"后乐园"(今中山公园)创办崇实书院,讲求经世之学。光绪十三年(1887),朱庆镛为劝复鄮山书院先行开课以崇文教而励人材事告示云:"自粤寇肇乱,文物荡然,学舍讲堂,并成灰烬。今则海宇晏然,二十年来百废渐举,先后守土大吏莫不以振兴文教、培育人材为先务,既修复月湖书院,又创设孝廉堂、辨志精舍,条教科指,焕然一变。"①这些书院都带有官办性质。时有无名氏《论鄞县甄别滋闹事》云:"余前者曾发狂言,谓各地方作养人才,其权与责皆当归之学政与校官,不必另设书院,即有书院,亦须由学政及校官主政。"②这正是书院官办在民意上的一种反映。光绪二十三年(1897),宁波府知府程稻村与严信厚等筹建中西学堂,翌年开学,命名为"储才学堂",意在革新图强,储备人才,是为宁波第一所官办中学堂,聘请慈溪名儒杨敏曾为首任监堂(校长)兼总教习,开设译学、算学、舆地等新学科,培育出了近代物理学先驱何育杰、北大教授叶眉叔等优秀人才。晚清最后十年的"新政",有力地推动了宁波传统教育的历史转型。在此期间,宁波新式学堂迅猛发展,在教学内容上普遍加强了自然科学和外语课程。光绪二十七年(1901),光绪下诏令改书院为学堂,此后各类书院皆改为大、中、小三级学堂,或干脆停办。辨志精舍于光绪二十八年(1902)改为南城小学堂;崇实书院则于光绪三十年(1904)停办;慈溪德润书院于光绪三十年(1904)改组为公立正始两等小学堂;象山的绩溪书院于光绪二十九年(1903)改为公立始达小学堂;1905年,月湖书院由张美翊等禀准宁府,改作初级师范学堂;嗣后鄞县又将鄮山书院改作高等小学堂。如此等等,书院趋于消亡。1923年,胡适做了《书院制史略》的演讲,发表了不同的意见。他讲到"古时的书院与现今教育界所倡的'道尔顿制'精神大概相同",并对书院退出历史舞台深表遗憾:"所可惜的,就是光绪变政,把一千年来书院制完全推翻,而以形式一律的学堂代替教育。"并谓"书院之废,实在是吾中国一大不幸事"③。他希望以书院精神来改造现代学校。

　　1905年9月2日科举废除,宁波旧学亦走向终结,而新学则迅猛发展。是年,知府喻兆藩于湖西月湖书院旧址创设宁波府师范学堂,这是浙江省第一所师范学堂。此外还出现了实业类学堂,以培养政法、农桑、工商等专业人才。1903年,奉化率先成立教育研究会,此后民间教育团体相继建立,推动了教育的转型。与此同时,宁波还出现了留学热,为社会输送了大量的高级人才。

　　宁波向有私人捐资兴学的历史传统。清末新学兴起,捐资兴学渐成风气。1902年鄞县监生石志相在三里村设义庄,后筑校舍,创办存义堂小学,

---

①　〔清〕阙名:《鄮山书院志》,光绪十六年活字印本。

②　《申报》1892年4月20日。

③　胡适:《书院制史略》,《上海时事新报》1923年12月17日。

共捐洋银 19000 余元。1908 年奉化县王昌满、沈皆诚等捐田合银 2431 两，捐助剡源中学堂。鄞县王自恩在光绪末创建甲南初级小学，后父子、兄弟坚持办学 20 余年。1910 年鄞县丁孝乾等捐资创建丁氏孔浦初等小学堂。近代浙江商人，由于生活在沿海和开放城市，眼光敏锐，在商业活动中又与各阶层人士接触较多，思想活跃，视野开阔，深感掌握文化知识对经商及实现自身价值的重要性，因而在经商致富后，有相当多的人捐资发展家乡的教育事业。享有"五金大王"之称的叶澄衷，是浙江镇海东管乡庄市镇人，出身贫寒，本着勤奋、诚实的理念做五金、运输等生意，成为富商。1899 年，他在沪北张家浜购地 20 余亩，建澄衷学堂，另拨 10 万元做经费。叶澄衷去世后，他的儿子们秉承父志，于 1906 年在家乡创办中兴学堂，对族人实行免费教育，并兼及对乡亲子弟进行教育，其中包玉刚、邵逸夫、包从兴、叶谋遵等成为蜚声海内外的企业家。除了大企业家外，一些中小商人致富后也乐善好施，热心于家乡的兴学活动。如镇海人董杏生，早年学业于上海宝源洋行，后自行经营轮船及运输业务，为当时宁波旅沪同乡会会董，曾被推举为上海总商会会董。他于 1909 年独资创办轫初学堂，校园、操场一应齐备。后又捐 17000 元，并负担学校常年费用，让贫寒子弟免费入学。

浙江在近代开埠以来，出国留学、做工、经商者不断增加。有的地方因出国人员较多，被称为侨乡。出国人员中有一部分致富后，深感家乡教育事业落后，纷纷捐资发展家乡的教育事业，极大地推动了宁波近代教育的发展。

宁波在教育的近代转型中，还特别重视实业教育，强调专业技能的训练。清政府颁布了从初等到高等各级农工商学堂章程，得到了宁波有识之士的积极响应，实业教育从此发端。1904 年创办育德农工小学堂，1908 年改名育德初等工业学堂。1906 年，江东百丈街东城小学改办为甬东商业学堂。1908 年，余姚泗门镇谢宝书开设汝湖初等农业学堂，学生 44 人，教师 4 人，谢任堂长。1910 年，慈溪锦堂两等小学堂的高等小学改办为初等蚕业学堂。翌年，初等蚕业学堂扩办为锦堂中等农业学堂。1907 年，宁波知府将府治左侧同知署旧址的孝廉堂改为法政学堂，旨在培养立宪人才。1911 年改为四明专门学校，新设商科、银行科，1914 年改为商业学校，后又更名为宁属县立甲种商业学校。

民国时期，传统学校进一步改制。镇海庄市中兴学堂于 1912 年更名为叶氏中兴学校，实施初小四年、高小三年的七年一贯制，课程包括国文、算术、珠算、音乐、美术、体操，高年级设公民、尺牍、历史、地理、数学、英语等课。因其办学成绩显著，与城关的便蒙小学、骆驼的培玉小学和小港的养正小学并称蛟川四大名校。慕名前来求读的学生遍及沪、甬及镇海三北地区。此外,宁波还涌现了职业学校及各具特色的学校,例如私立效实中学、翰香小学、省立宁波高级工业职业学校、鄞县商业职业学校等。省立宁波高级工业职业学校由宁波临时军政府创办于民国元年(1912),校址在江北岸泗洲塘,是一所有影响的职业学校。学校专业设置较为齐全,先后开设机械、土木、水利、汽车、道路等课程。修业年限本科三年,预科一年。所用的课本,本科除国文外,均用英文原版教材。每周除课堂教学外,还有四个下午时间实习劳动。这一时期,宁波的一些名士学者投身革命,而后又兴办新学。例如1912年成立的效实学校。"效实"二字出自严复译的《天演论》"物竞天择,效实诸能"。五四运动之后,新思想、新文化迅速传播,促使教育界进一步破旧立新,从而大大推进了宁波教育的近代化。1922年,北洋政府颁布了《壬戌学制》,宁波教育界依据此学制,接纳学前教育,改组小学教育,改革中学教育,强化职业教育,发展平民教育,做了大量的工作。1923年,经亨颐对宁波府中学堂进行了有力的改革,使省立四中的面貌焕然一新。嗣后掀起的收回教育权运动,用行政手段夺回了教育管理权,进一步削弱了教会学校的影响。

宁波教育源远流长,特色鲜明,特别是宋代以来,重教兴学,世代相承,名儒硕师,代不绝书,人文荟萃,影响深远。如三国吴虞翻,北宋庆历五先生,南宋淳熙四先生、王应麟,元代程端礼,明代王阳明,清代黄宗羲等,便是其中的杰出代表。自宋代以来,随着教育与科举的关系日趋紧密,科举成为衡量教育水平的重要标志,宁波的科举人数长期位居前列,涌现出大量的人才,对中国封建政治、经济、文化发展产生了重要的影响。近代以来,宁波的教育有开风气之先,是近代化教育起步较早的地区,为宁波社会向近代转型奠定了基础。

二、词条(按地方官学、书院、私塾、近现代新学、教育思想排列)

宋代地方官学

官办体制下的各级地方儒学,历来是地方上的主要教育机构。宁波地区的儒学大约兴起于唐代,当时的明州州城和奉化等地先后建立了夫子庙。但在整个唐五代,明州的教育事业是相当薄弱的。

宁波官员真正重视儒学建设,是从北宋开始的。如雍熙元年(984),慈溪县令李照文率先在县西建儒学,次年定海县主簿李齐亦在县东建儒学。天禧二年(1018)明州刺史李夷庚在府治西北隅(在今中山广场)建孔庙,并造明伦堂,合庙学为一。并拨灌顶山地隶属学校,用以养士,这是有文献记载的四明地区最早以学田养士的创举。官学教育以儒家经书为主,办学经费主要靠学田收入。当时下辖诸县都有学子到州庠求学。如崇宁间推行三舍法,姜稷兄弟游于郡庠,一时名彦咸加推崇。元祐间李闳作《修九经堂记》,从"学者尚少"到执经游学者"踵相接焉",再到决科者"相继而辈出",证明了北宋明州的教育经历了跨越式的发展过程,教育面貌发生了根本性的改观。因建炎之乱,四明地区的州学及一些县学遭到了毁灭性破坏。南宋王朝初步安定之后,四明被毁的州、县学逐渐得到修复、重建,地方官学开始摆脱废滞状态,走上了恢复的道路,这从全国范围来看,处于领先的地位。宝庆年间在胡榘的主持下,州学终于成功完成了易地扩展的工作,其建筑甲于东部诸州郡。南宋四明的州学不但校舍宏伟,而且由于求学者众多,州学不得不大力扩招,故而在籍生徒众多,理宗时期竟然达到数千规模。州、县学的主体是成人的大学教育,教学内容无非是经学、诗赋、策论等,与各地的官学基本相同,同时明州县学也包含有蒙养层次的小学教育,这是宋代较早在儒学中建立小学的尝试。宝庆年间,知州胡榘重修学宫,并以鄞县庠为小学。州、县学实行分斋式管理和教学,为适应科举考试的需要,在课程设置上,设有经术、诗赋和论策。

参见张如安:《北宋宁波文化史》,海洋出版社 2009 年版;张如安:《南宋宁波文化史》,浙江大学出版社 2013 年版。

元代庆元四学

元代四明地区各级儒学是在前代奠定的良好基础上发展起来的,学舍、学产等基本上沿袭宋代。宋元易代之际,除了奉化县学被兵燹所毁外,其余学校的教学设施都延续下来了,但教学秩序的恢复却需要更长的时间。皇庆二年(1313),元仁宗下诏恢复科举。延祐二年(1315)第一次开科取士。科举的恢复,促进了元代四明官学的发展,四明官学由此进入元代最好的发展阶段。

元代四明地区的官学虽以儒学教育为中心,但教育类别趋向于多元化发展,所创办的专科学校主要有医学、阴阳学、蒙古字学,增加了官学的类型,并与地方儒学一起构成了"四学"。其中医学系我国古代培养医学人才的高等专科学校。元至元十八年(1281)肃政廉访副使陈祥创建庆元路医学于城东北隅贯桥之南,延祐三年(1316)迁徙至魏家巷,有讲堂三间,设官,教授、学正、学录各1员。这是宁波最早的州级中医专科学校,改变了家传带徒式中医教育的模式。随后庆元路所属各州县也相继创立医学。如慈溪县医学,始于至元二十五年(1288);奉化州医学,延祐六年(1319)知州马致远捐俸,又劝率近土医户赞助,在州东立医学所,设学正1员。阴阳学系传习天文、占候、星卜之类学问的专科学校。至元二十八年(1291),诏诸路设置阴阳学,直隶司天台,设教授1员,凡阴阳之人归其管辖和教诲。学科有天文及术数。至大二年(1309)十二月,教授朱道宁至庆元路,设阴阳学教授司,但未有公宇。至顺二年(1331),始于城区西南隅仓桥东侧的旧蒙古学废屋开设阴阳司。鄞县人陈东野以阴阳星学名世,传其子天佑、天裕。父子三人皆受知于显者,更相荐引,受命为郡阴阳学教授。元代设立阴阳学,为明所沿袭。康熙《鄞县志》卷3记载:"明制各府设阴阳学正术,洪武十七年建设,未有公宇。二十年,正术陆性存申府,以仓屋改置。正统二年,郡守郑珞以其址建府儒学外门,乃徙于府治西南行用库左申明亭址署事。嘉靖二十六年,郡守魏良贵移建今地。三十六年,郡守张正和重修。"蒙古字学则是学习蒙古字的专门教育机构。忽必烈曾下诏命天下州郡立蒙古字学,"为之建学官,俾天下人人习之,以备选试"(刘仁本《羽庭集》卷五《送浙西宪府译史徐子信序》),体现了强烈的民族色彩。大德十年(1306),庆元路蒙古学始草创于城区西南隅仓桥东侧,专习蒙古文字,设教授、学正各1员,朝廷颁行《通鉴节要》蒙古语译本为教学内容。后在帝师殿设教,"招集官员、子弟员及民间俊秀者,习读成材,以备擢用"(至正《四明续志》卷七)。奉化州蒙古字学设学正1员,官员虽设而学未曾建。至正二年(1342)上任的余姚州侯李恭,亦创立了蒙古字学。据陈雍《明故肇庆府知府吴公宜人合葬墓志铭》记载,余姚人吴守中,曾任余姚州蒙古学正。鄞县徐子信、象山人王刚甫皆精通蒙古字书。有关四明蒙古学的具体办学情况,史志无载。

参见张如安:《元代宁波文化史》,浙江大学出版社2018年版。

明代地方官学

明代建立后,确立了"治国以教化为先,教化以学校为本"的文教政策,各级地方政府积极发展官学,四明地区也不例外。

明代宁波完善了府县两级儒学体系。地方官是否重视教育极大地影响着官学的兴衰。总的说来,宁波各级官员对官学是很重视的,常将兴学作为为政之首务。宁波官员对教育主要做了以下几件事情。第一,亲自督率考校,对诸生进行奖惩。如宁波知府郑珞每当处理完公务,就到府学明伦堂"与诸生质难可否,奖其良而惩其不率"。第二,积极修缮和扩展学宫。洪武前期,宁波府学破败不堪,许汝霖在洪武二十四年(1391)记中云:"宁波府学异时学田甲东州,故其室屋尤壮丽。归附以来,府司提调学校官遇事烦剧,有不暇顾恤,若明伦堂、尊经阁,若斋庑、从祀像设,倾倒为瓦砾之基者过半,其礼殿及东斋庑之仅存者,率皆损漏残朽,间有将压而不可支者矣。"(高宇泰《敬止录》卷十六)洪武二十二年(1389),府同知张耀负责建修工程,二年后完工,终于使学宫旧观聿新。此后每隔一个阶段都要对学宫进行大修。县学也是如此,如天启年间定海知县顾宗孟"榷关税,得额外羡五百余金,悉以缮学宫"(光绪《镇海县志》卷十九《名宦传》)。他利用了结余的关税收入修缮学校。第三,积极筹措和解决办学经费。明代地方政府的办学经费经常面临短缺的困境,有识见的官员通常竭力帮助学校解决经济困难,其中最常见的便是增加学田。有的动用政府的力量调配资源,划拨经费。嘉靖二十年(1541),奉化知县徐宪忠拨出百亩田地作为县学学田。有的捐资,如万历三十年(1602),推官何士晋捐银六十五两五分,置田二十六亩六分一厘,岁纳租谷共三千五百十斤,永资学课。第四,置办教学、祭祀用具。如天顺间知府张瓒重置祭器、乐器。至于官学的办学体制,见于清初高宇泰《敬止录》卷十一《学校考》引洪武二年(1369)中书省礼部集议条款,如云"选官分科教授",规定生员习学次第:"侵明,讲明经史,学律;饭后,学书,学礼,学乐,学算数。未时,学射弓弩,教使器棒,学演重石。学此之后,果有余暇,愿学诏诰表笺、疏议碑铭者,听从其便。"此外还规定了各种考验奖惩措施。宁波官学肯定是按照这些条款的要求来办的。明代的宁波官学进一步加强了与科举的联系。洪武二年中书省礼部集议条款规定:"设学之后,弟子习学,各科限三年有成。隶中书省者,贡至中书省考试,中选者就便量材录用。隶各行省者,贡至行省考试,其中选者贡入。"这些规定表明官学是科举的必由之路。特别是洪武十七年(1384)明太祖始定科举之式,永为定制,从此,荐举渐轻,科举日重,英宗以后科举的地位越来越高。因此,宁波地方儒学大都将科举应试作为办学的最大动力。明代宁波进士及第的人数位居浙江省乃至全国前列。

　　参见同治《鄞县志》、光绪《慈溪县志》、光绪《余姚县志》、光绪《奉化县志》等旧志之"学校"目。

清代地方官学

清代府、州、县、卫学统称为儒学。清沿用明代旧制,普遍建立府、州、县学。顺治四年(1647)规定各学廪膳,增广生员人数。地方官学的教官,府设教授,州设学正,县设教谕,均各 1 人。宁波府州县的儒学学校,是清代宁波地方学校制度中初级官学系统中的主干。早在顺治三年(1646)冬,海宪孙枝秀为了笼络宁波的士人,稳定人心,稳固统治,从教育入手,积极维新学校,风厉人群。孙枝秀新修宁波府儒学,得到了大量生员的支持。顺治四年夏,新修工程完成,葛世振撰《海宪孙公新修宁波府儒学碑》云:"公且于晏海之暇,与多士考戛钟鼓,访求道德,品题课艺,太乙藜光,旦宵万丈,冲彻璇霄,门下百千多士,咸矜声贾十倍。"(章国庆编著《天一阁明州碑林集录》)继之者浙江按察使司副使王尔禄,采取了军事和文教两手措施。他深刻地认识到了教育对笼络和改变人心的重要性,只有真正搞好学校,才能最终安定和稳固社会,并取得军事斗争的成效。为此他继续重修府学,"摩厉弟子员,甄治多方",以至于"大小蒸材有枚实隆起之势"(章国庆编著《天一阁明州碑林集录》)。孙、王两人首重文教的策略运用确实颇见成效。清廷为了加强对学校教育的管理,顺治九年(1652)颁布了御制卧碑文八条,明文规定了生员的行为准则。康熙时期,清朝的统治日益稳固,宁波地方儒学的任务开始更多地转向教化。康熙九年(1670),宁波知府崔维雅新修学宫,要求学者坚守学校这一儒家思想的阵地,对佛老、淫祠进行反击,以挽回人心。官学教学宗旨的这一变化,正好传递出了清朝在宁波统治自乱至治的信息。此外,宁波地方上还出现了官办书院,如月湖书院,还有社学和义学是以招收生童、进行启蒙为主的初等教育,审其办学宗旨、教学内容、管理体制、办学经费等,都受到政府的有力管制,因此究其实质来说,都属官学系统的有机组成。清代统治者还以科举维系统治、稳固政权,将其作为士子入仕的唯一阶梯,又以入仕后的恩宠荣耀来吸引人们的功名利禄之心。清朝延续明制,规定"科举必由学校",使学校成为科举取士链条上的一个环节。在科举考试中,清朝亦以八股文取士,造成了学校生员唯习科场文字、缺乏真才实学的弊端。特别是到了晚清,官学学风日益败坏。《申报》1892 年 4 月 20 日刊登无名氏《论鄞县甄别滋闹事》一文云:"鄞邑文风颇盛,乡榜中宁郡六邑,其获中者,以鄞邑首屈一指。即县府考以及院试、乡试,其人数亦较他邑为多。而枪替、传递种种弊端,亦较他邑为甚。"作者毫不留情地揭露说:"家中但有数千金,即可以令其子弟悉数出考,无论其通与不通,亦自附乎通人之列。

其为通人也如此其易,则其视通人也亦不以为奇,惟知恃其人众,倚其财多,仗其势盛,以横行于一时,初不知功令为何物,更不知考试为何事。"学风的堕落实亦缘于官学体制的僵化,可见教育之革新已势在必行。

参见同治《鄞县志》、光绪《慈溪县志》、光绪《余姚县志》、光绪《奉化县志》等旧志之"学校"目。

慈溪县学孔庙

孔庙亦称文庙、先圣庙、先师庙等,是用来祭祀孔子的祠庙。自唐代而后,官学往往和孔庙相连而建,形成庙学合一的建筑形态,从而使官学具备了尊孔、科举、教化、养士诸功能。古代每个县差不多都建有一座孔庙。目前我国保存完整的孔庙约有300座,原慈溪县学孔庙即为其中之一。

慈溪县学孔庙位于慈城竺巷东路。地方官学之内建置孔庙,始于北齐文宣帝时期,唐太宗以后则普遍建置孔庙。地方官学中的孔庙,不但是学校不可分割的一部分,亦是学校的中心地所在。孔庙的主要建筑物,包括大成殿、崇圣祠、东西庑、明伦堂、棂星门、泮池等。今慈城所在的孔庙亦属县学孔庙。宋雍熙元年(984),慈溪县令李照文在县西40步建庙学,是为宋代明

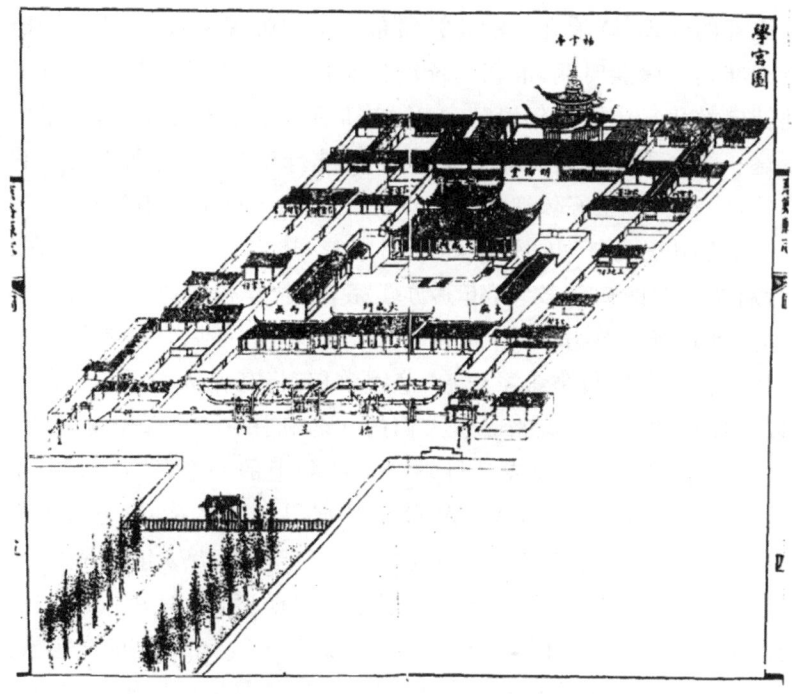

光绪《慈溪县志》卷首《学宫图》

州最早建立的孔庙。庆历八年（1048）迁至现址重建，鄞县知县王安石撰写了《慈溪县建学记》（原碑已毁，现碑是清咸丰八年重刻）。慈溪县学采取前庙后学的格局，故亦称庙学，千年来累有兴毁，建炎四年（1130）毁于金兵，元贞二年（1296）又毁。明朝建立，诏府州县皆立学。洪武九年（1376），奉化主簿王大用摄慈溪县，将学宫营修一新。明代慈溪县学教学成绩斐然，该县历代培养的人才以明代为最多。弘治三年（1490），知县和鹏重建大成殿，周旋有记。嘉靖三十五年（1556），县学毁于倭寇侵扰，此后又陆续重建。康熙十年（1671）慈溪知县吴殿弼重修庙学，有记。至今所存，除大成殿外，均为清光绪年间重建时的建筑。县学设有教育行政机构"教谕"和"训导"二署，另有附祠八座，其主体建筑孔庙，中轴线由棂星门、泮池、跨鳌桥、大成门、大成殿、明伦堂、梯云亭等组成。左右轴线上也对称建有魁星、文昌、土地、崇圣、节孝、名宦、乡贤、广文等祠堂，整个建筑布局完整，坐北朝南，气势宏大，至清乾隆时已是"规模宏敞，庙貌巍峨，四方过而谒者，称为宁郡六邑之最"（光绪《慈溪县志》卷四《建置三·学校》列王国记）。这是浙江省至今唯一幸存下来的古代完整的县学孔庙，2006年被列为全国重点文物保护单位。

参见光绪《慈溪县志》；江一羽：《慈城文运说孔庙》，《江南古县城——古镇慈城》2004年第11期。

宁波社学

社学原本是民间自发的教学场所，至元代才为政府所倡导，成为行政指导下普遍推行的一种办学形式。这样，社学虽不属于官学，却是政府倡导的最基层的教育组织。

元代规定："诸县所属村疃，五十家为一社，择高年晓农事者立为社长"，"每社立学校一，择通晓经书者为学师，农隙使子弟入学"。（《新元史·食货志》）由此可见，社学设置在农村地区，利用农闲空隙，以农家子弟为教育对象。元代四明社学刚刚兴起，并不普遍。元代四明社学以奉化最具代表性。社学的真正推广，要等到入明以后。明代建国，朱元璋非常重视基础教育，将其作为"行教化""美风俗"的重要手段。洪武八年（1375），诏天下立社学，四明地区的社学在政府的推动下，才真正开始兴起。嘉靖《余姚县志》卷八《学校记》云："洪武八年二月，奉礼部符文及御史台札付，凡府州县每五十家建一社学，延秀才教诲军民子弟。余姚承制，于附治四隅及乡之三十五都，各建学一所。后隅乡诸户各延师教其子弟，而社学遂废。"（今儒学生员、提学官考不中程，及新建未成材者，俱发充社学生。）《剡源乡志》卷六引《象山县志》云:"元世祖二十八年,每村五十家立一社,择社长以教耕桑,此乡鄙之社,而未尝有学。明初诏天下每五十家设一社学,延生员有学行者训军民弟子,以正月开学,腊月止,正统、景泰间,御史许士逵复檄诸郡邑选良士主社学,以训蒙童,实力奉行,亦三代小学之道也。"因此明代社学不但设置很普遍,而且规模也远胜前朝。宁波地区亦是如此。成化《四明郡志》卷六记载:"社学:鄞坊隅四处,乡都一十三处。〇慈溪坊隅一十五处,乡都三十五处。〇奉化坊隅一处,乡都七处。〇定海坊隅一处,乡都二十四处。〇象山市郭乡都二十四处。"明代宁波府、县对社学很重视,社学遍及各乡隅。黄润玉《治鄞谱答鄞尹刘君升》云:"每都隅置社学教师。"(黄润玉《黄南山家传集》卷二十五)因此有不少地方名流担任过社学教师,如鄞县鲍坦(1426—1507)"通经赡学,尤长于诗赋琴章,郡守姜公昂举为社学教读,以启发邦之俊秀"(《三桥鲍氏宗谱》卷十六)。王阳明视社学为初等教育,主张要大力推广,在赣州时曾作《兴举社学牌》云:"以各童生之家,亦各通行戒饬,务在隆师重道,教训子弟,毋得因仍旧染,习为偷薄,自取愆咎。"又有《颁行社学教条》。钱德洪作《王阳明年谱》于正德十三年四月"班师,立社学"条下云:"先生谓民风不善,由于教化未明。今幸盗贼稍平,民困渐息,一应移风易俗之事,虽未能尽举,姑且就其浅近易行者,开导训诲。即行告谕,发南赣所属各县父老子弟,互相戒勉,兴立社学,延师教学,歌诗习礼。"王阳明将社学作为实施封建道德教育的重要措施。社学学生除学习《三字经》等蒙学教材外,还兼习各种礼仪和本朝律令。明制,民年十五以下送社学读书,贫乏不愿者勿强,其有俊秀向学者,许补儒学生员。入清之后,宁波社学之名渐废。陆莱《武林创建三浙书院序》云:"圣世右文,万国翕然向风,庠序乔皇,乡学社学,靡不修举。"(雍正《浙江通志》卷二六四)但衡诸宁波实际,却鲜见社学名目。雍正《浙江通志》卷二十七记载,鄞县"社学(六所,并在城,久圮)"、慈溪县"社学(十五所,并在坊隅,久圮)"、奉化县"社学(二所,一在连山驿东,一在县南,久圮)"、象山县"社学(旧有二十四处,在坊郭乡都,久圮)"。其社学数量大体取自嘉靖《宁波府志》,且均注明了"久圮",只有写到镇海县时说"社学(在县南)",没有说"久圮"。如果我们仅从"社学"的名字上做出判断,那么清初宁波府的社学基本式微了,代之而起的是义学的纷纷设立。清初朝廷一度将民间自立者概称义学,但社学、义学混用的情况也很常见。其时宁波官督民办的义学,实际上就是社学的另一种叫法。

　　参见嘉靖《宁波府志》、嘉靖《余姚县志》、雍正《浙江通志》等旧志。

桃源书院

北宋时期"庆历五先生"之一王说所创。王说（1010—1085）字应求，鄞县桃源乡人。从学于叔父王致，亦为杨适门人。守贫乐道，以其学教授乡里三十余年。他曾同季父致招楼郁、杨适、杜醇诸公，因就妙音院（在府学之西）立孔子像，讲贯经史，倡为有用之学，学者宗之。

为了更好地开展教育活动，王说将自家宅地"酌古堂"改建为教学场所，以教授生徒，此即为后来的桃源书院。但《桃源王氏宗谱》卷三《古迹》又有新的说法："桃源书院：在县西三十里林村镇泥峙堰下，陶家埠东。桃源公讲道之所也。公即以旧宅旁旷地改建之，以教授生徒三十余年，四方云集，称小邹鲁，一时宗从荐绅名流藉甚，又称王家府。"熙宁九年（1076），神宗特恩王说补将仕郎，为州长史，御书"桃源书院"四大字赐之，实开宋代鄞县得拜御书的先河，清代全祖望曾撰《宋神宗桃源书院御笔记》一文述之。桃源书院是北宋明州唯一一所有"书院"之名的教学场所，从而为王说赢得了"光启书院"的美名。故明代学者黄润玉在《先贤赞·桃源王先生说》中表彰说："鄞江嫡传，尊称桃源。光启书院，宸翰昭宣。媲美四贤，乡祠赫赫。流庆后昆，君子之泽。"宗谱记载宋理宗时期王梦月奏请府学张、沈二教授重修鄞江、桃源二书院。元代至元以后桃源书院尚存 300 余亩廪田。元代至正末年，乡儒张文海上书地方官员重修了书院，后张文海被征，书院逐渐败落。林祖述《桃源书院记》云："书院亘宋不泯，渐替于元。逮国初张文海闵书院颓废，重建之，尊先生像于其中。文海被征，书院亦毁。资福寺僧释天鼓与文海有诗文之雅，受其嘱，乃以寺之应福经堂改为书院，迎先生像而师事之。"（《鄞江王氏世谱》）明初桃源书院移至罂湖。据张发《为桃源书院上县尹书》所云："成化间乡诸彦老乃即福应经堂弃址，酿建书院而虔奉焉。"此书院实为纪念祠性质。正德时书院毁于火灾，张发等人倡议重建。因"旧址杂丽廛市，屑窣靡宁"，遂于"资福寺后山隙地创造书院，式还旧贯"。徐时进《桃源书院记》云："自子成氏之世，诸父选胜于居之东偏，斥地累基，而祠始岿然创矣。祠厅三楹二进，中川堂树，置近祖昭穆神位于后厅，置远祖桃源先生于前厅，督学使蔡公题其堂曰'道学正宗'。东西二库夹二进，前设大门，郡刺史方公复扁曰'桃源书院'。门以内两庑翼然。岁时会祀，祠下饮酢毕，长者则诏少者而教之，以义髫而文弱者，掖使游髦誉间，以崇其德业。有力可任而诎于资者，谋酿置母钱生之，勿使荡堕。其弗率者亦于是诮让之，而族之恩礼从此更洽且严矣，而桃源书院之名信不虚矣。"（《桃源王氏宗谱》

卷三)2009 年,在傅璇琮等学者倡议下,宁波天马四明山居董事长翁国伟筹资 2500 多万元,在四明山居的山顶上重建了桃源书院。

参见张如安:《略论北宋"庆历五先生"对宁波的文化贡献》,《中共宁波市委党校学报》2008 年第 2 期;宁波海曙桃源书院文化发展有限公司编:《桃源书院》,宁波出版社 2018 年版。

慈湖书院

慈溪以大儒杨简命名的一所书院,始创于南宋。

庆元二年(1196),杨简在国子博士任上因替赵汝愚辩解而罢官归里,筑室慈湖,从此聚徒讲学 10 年之久。钱时为都讲,桂万荣、童居易、冯国寿等皆入其门。嘉定七年(1214),杨简致政归,复讲学湖上。两次先后入其门者尚有余姚赵彦悈、庐陵曾熠、淳安洪梦炎等,学员来自四面八方。其中鄞县沈文彪以奥学峻行与杨简为忘年交,又曾别筑亭馆招杨简讲道其中,命子民献、婿刘厚南执经座下,更相问难。宝庆二年(1226),杨简去世之后,慈溪士人于慈湖滨建专祠以祀,但未有讲习之所。嘉熙间制置使赵与懲迁于湖中之沚,因地隘不可持久。咸淳七年(1271),沿海制置使兼知庆元府刘黻捐郡帑,委托县宰王愉、提管陈允平,创建慈湖书院(亦称杨文公书院)于普济寺东,肖像而祠之,并制定了严格的规章。慈湖书院的建筑群虽缺礼殿,但规模轩豁,能景行前修,风厉后学,与台州临海的上蔡书院、绍兴的稽山书院齐名,是南宋四明地区最具影响的一所书院。至元二十二年(1285)普济寺僧恃势侵夺书院,损毁了杨简像,诸生诉官。至元二十四年(1287),按察副使侍其君佐巡按至慈溪县,乃即先生旧宅遗址,复建礼殿、祠宇、堂庑、斋舍。曾任山长有曹汉炎、翁传心、葛魁、袁九万、胡宗器、徐勉之等,现在可以考出的一些山长或者是慈溪人,或者来自陆学的根据地江西,像曹汉炎本身就是杨简的"世嫡弟子"。这些山长不但接受和尊崇陆学,亦有意以慈湖书院为基地传播陆学,因此慈湖书院是元代少数仍然坚持传播陆学思想的书院之一。入明,书院学生归入县学,书院因不治而废。正统四年(1439),书院建筑被大火焚毁,仅存门屋三间,遂迁杨简像于门屋之下。景泰、天顺间,巡按李玘、李曰良等重建。嘉靖以来,随着杨简学说的再度流行,慈湖书院亦走向兴盛。嘉靖丙申(1536),知县薛应旂详请巡抚督学,改普济寺为正学书院,撤去佛像,迎杨简牌位于其中,朔望至文庙行香毕,即率学员谒书院讲学,至日中而散。薛氏离任后,普济寺恢复,牌位送还家庙。乙巳(1545),知县刘逢恺修祠,请复春秋二祀。至此,慈湖书院的体制实与家庙合一。清代乾嘉间,知县岁延掌教,就永明寺设教席。道光六年(1826),知县黄锡祚因书院久废,创议复建,邑人冯云濠等捐资,在普济寺前面湖建屋三层,前为堂,中为楼,祀杨简,杨简弟子从祀,后为掌教居,翼以两庑,为肄业之所。岁延院长掌教,每月考评肄业者文艺优劣。这是脱离家庙而独立存在的一所慈湖书院。故光绪《慈溪县志》卷五云:"旧慈湖书院,今为杨氏家庙,而自宋迄明,其师弟子之相聚讲授者实即其地。……逮国朝则以道光间重建之书院接续前后,盖家庙仅有其裔人春秋享祀,非复书院之旧,而师生讲授之地不在彼而在此也。"

参见袁桷:延祐《四明志》;天启《慈溪县志》;光绪《慈溪县志》。

东湖书院

在鄞县东钱湖北高钱里(今属鄞州区),元泰定二年至五年(1325—1328),陆居敬与弟思诚因慕性理之学而创建。

刘仁本《东湖书院先进祠堂记》记载陆氏兄弟虽然不及中人之产,却能殚精于书院的建设,完善了应有的设施,不但"讲有席,息有榻,与凡庖湢之所,食饮之器,虽微而完",还割田150亩,作为赡学的来源。书院崇奉朱子,以"讲明性命道德、仁义礼乐之懿"为其教学宗旨。东湖书院最初延聘教授吴思永、训导陈弘可讲学,以教一乡之子弟。此后来主书院者"有贤有愚,或久或暂",但均不能胜任。至正年间,色目人廼贤(马易之)应刘仁本之荐担任山长,才使东湖书院的教学大有起色。廼贤从不将学田收入揽入私囊,而是全部用来修建学校建筑,延聘优秀教师,以训导其乡之弟子。自己亦在旦望日聚于堂上,亲为讲授。刘仁本有《送马易之主东湖书院事》诗写道:"湖水东头见学宫,教分党术启群蒙。曾崇俎豆祠朱子,今喜师儒得马融。蠹简青灯听夜雨,鲰生绛帐坐春风。鄞邦自是衣冠薮,况复书文四海同。"刘仁本将廼贤比作东汉的教育大师马融,评价极高。可惜廼贤于至正二十三年(1363)赴京任翰林院编修官,山长之位又缺。于是庆元路总管丘彦村聘请儒士陆德旸代理东湖书院山长一职。袁士元有《和赵子和约陆氏书院观礼不至》诗云:"昔年曾此振书声,械朴人才重有成。"称赞了陆氏在东湖书院的教学业绩。

参见刘仁本:《羽庭集》,影印文渊阁《四库全书》本。

石镜精舍

位于宁海前童石镜山阳(即今南岙),周山环抱,面临大溪,风景优美宜人。约在明代洪武十四年(1381),童思立(伯礼)在礼葬其父于舍南石镜山下后,与异母弟思恭(伯谦)谋合资产而创建。原为童氏家学,既是童氏子弟读书之所,又是私人藏书之处,聚六经群书数百千卷。

童氏创办精舍的目的,"俾子侄讲习其中,求治心修身之道,以保其家以事其先而不怠"(方孝孺《石镜精舍记》)。童氏兄弟待士敬恭,家中冠盖盈门,曾无怠容,与方孝孺交游甚契,曾二度聘请方孝孺前来著书、讲学,课教子弟。自学成归里至再次应召出任汉中府学教授的 10 年间,在石镜精舍读书、讲学、著述即是方孝孺最重要的活动。方孝孺有《石镜精舍记》《童贤母传》,并有《游石镜访亲友会集》等多首题咏石镜精舍的诗作。《石镜精舍记》写道:"童君之家虽未足与富贵盛隆者比,而以礼自饬,以义自正,以经学望于后人,其所以守之者有其具矣。"《游石镜山诗亲友会集诸公回途有作》诗云:"世道久凋丧,斯文难合并。笃言山中游,来与子同盟。高斋在深谷,侧径防险行。白日亦萧散,惟闻弘诵声。"这些诗文真实地反映了当时精舍的盛况。建文中,方孝孺受到朝廷重用,多次欲举童思立为孝廉,但思立总是以母亲年老为托词,不肯接受。思立以布衣在建文中去世,方孝孺作《祭童伯礼》文追悼之。方孝孺遇难后,前童还有多人因方案的牵连而充军,如伯谦初谪戍到卢龙卫(今属河北),死于通州海门。清末,童伯礼十七世孙童文玮,曾征得俞樾、葛咏棠等人题咏数百首,拟根据族谱所载的《石镜精舍图》重建,以纪念"忠烈明臣"方孝孺先生,并为宁海立一文化名胜古迹,供后人凭吊。后因人事变迁,有志未竟。抗战时,宁波联合中学曾迁址前童石镜山,精舍遗址重闻弦诵之声。抗战胜利后,宁海县政府曾着手兴复,又因国敝民困,经济不继,半途而废。新千年伊始,童氏后代童先崧等人在原址上筹建石镜精舍和石镜图书馆,并向海内外宁海籍人士,尤其是童氏后代征集石镜精舍遗物、题咏并筹集资金,在当地人民政府的支持下,重建石镜精舍。新建精舍为三楹瓦屋,面山而筑。内有方正学先生雕像,上书"人间正气",左右立二石碑,尚有古柏六棵列于路两旁。

参见〔明〕方孝孺:《逊志斋集》;童富勇:《方孝孺与宁海前童石镜精舍》,《品古酌今》2010 年第 6 期。

姚江书院

姚江书院为明末余姚人沈国模等创办的一所书院。创办人沈国模(1575—1656),字叔则,号求如,晚年居住横溪石浪山,又号石浪老樵。因读王阳明《传习录》中"致良知则当下便有实地步,可用功""恐学者不肯直下承当耳"诸语,深有体会,力究其旨。又"愤举业陷溺,天下之人不知圣学",决意以倡明良知之学为己任。天启五年(1625),沈国模设教樛木园,正式开始了讲学活动。崇祯四年(1631),沈国模偕同邑学者史孝咸、史孝复、管宗圣参与了刘宗周、陶望龄兄弟主持的证人社会。崇祯九年(1636),沈国模讲学于姚邑南郊尚友堂。崇祯十二年(1639)九月,沈国模以绍兴讲会较盛,而作为阳明故乡的余姚龙山书院反而久废不聚为由,认为应该创办义学。于是会同管宗圣、史孝咸、史孝复等人,在余姚城南双雁里半霖史家买下沈氏旧宅,创立"义学",此即姚江书院的前身。

半霖义学的创立,得到了绍兴刘宗周、陶奭龄、祁彪佳以及证人社其他学人的赞成和协助。院内筑有讲坛,前为堂,中堂悬挂孔子像,后为楼,奉王阳明像,以徐爱、钱德洪配享。崇祯十四年(1641)正式开学,沈国模每日按时到校,亲自授课。其学以"笃实"为特点,反对良知之学"徒腾口说",主张躬行实践。他以和风细雨的教学法,培养了大批弟子。其他有史孝咸、俞长民、韩孔当、邵元长等先后主讲"良知"之学。至崇祯十五年(1642),姚江书院已形成相当规模。学校最初的管理体制比较简单,到史孝咸重掌院事时,体制趋于完善,增设了"任事"以负责后勤事务。学校自创立以来,一直坚持月会制度,月会有比较繁琐的礼节程序,具体的教学环节则有讲经、质疑、考事、稽古等项。沈国模、管宗圣都认为"人心不正,弊在学术不明",坚持讲学以明伦。清兵入浙东,他们虽然暂时辍讲躲避,但仍念念不忘讲学事业。顺治六年(1649),浙东时局稍平,半霖义学便又悄然复开。院主史孝咸每以谨言慎行相勉,书院制度更趋完善。顺治十三年(1656),书院创办人沈国模、史孝咸相继去世,书院停办。康熙八年(1669),韩孔当主院事,更是严立规约,书院再兴。韩孔当虽然是沈、史的弟子,但不为门户所限,思想上多有发展,能"恪遵濂洛,兼综群儒,以名教经世指勖学者",因此"持论较师说亦颇阔"。韩孔当去世后,继任院事的俞长民、史标等与黄宗羲有接触,曾于康熙二十八年(1689)元夕,邀请已八十高龄的黄宗羲会讲于姚江书院,绍兴知府李公铎、余姚知县康如琏亦往临听讲。康熙三十三年(1694),邵廷采主持院事,继承了韩孔当经世致用思想,跳出了狭隘的学派观念,竭力调停朱陆学说,为书院订立了《训约》10 则。康熙四十一年(1702),书院迁至南城声角苑(今花园桥),规模大具。邵廷采在祖父邵曾可和书院门人遗稿的基础上,请董场补撰传文,汇辑而成《姚江书院志略》二卷,此书是研究姚江书院的第一手资料,并为该派学者的教育、学术活动做了总结。雍正、乾隆时姚江书院已不作讲学之用,成为祭祀王阳明和其姚邑弟子以及姚江书院先贤的场所。

　　参见〔清〕邵廷采:《姚江书院志略》;钱茂伟《姚江书院派研究》,中国社会科学出版社 2005 年版;邢舒绪:《邵廷采与姚江书院派研究》,浙江大学出版社 2016 年版。

郯山书院

郯山书院在旧鄞县境内,前后有二所。

一为元代建立,在城西大卿桥之南(在今海曙区柳西新村北)。大德二年(1298),儒者赵寿年六十余,因先祖赵善待曾从朱熹游,故愿意响应国家号召,舍别业一区以建祠,割田一顷以赡学,创立了郯山书院,祀朱熹,并报请省、府主管部门批准,聘请山长主持书院日常工作。郯山书院立专祠以祀朱子,"设师、弟子员以学以教"。但因赵寿不久去世,书院乏人管理,而成规废弛。大德七年(1303),林德载任山长,重新辟田整修,郯山书院从此发展起来。但在不同的发展阶段,书院有兴有废。如天历间郑绍以荐任郯山书院山长,时"书院栋宇倾圮,教养久废",郑氏"修治惟谨"。至正十八年(1358)前后,袁士元担任郯山书院山长,"教道大行,东南称为明师"。清《鄞县附郭水利图》上尚标有郯山书院河。另一为清光绪十三年(1887)知县在感存公所余地兴建,改旧学景贤义学为书院以课士。徐振翰《郯山书院碑记》载明郯山书院之布局:"建坊东南路口,题曰郯山书院。进坊北,循照墙两旁为栅门,墙内面东大门三间,入门折北,又折而西,面南为仪门,左右门房各一间,后束腰墙,由洞门而达明堂。历阶而升,面南正厅三间,中设神龛一座,以祀朱君。两廊南首东西明轩各一间,轩之北东西斋舍各六间,此外东南余屋三间为厨房,北有长弄,东达便门、仪门,西南有小园,西北斋舍墙外面南余屋三间,为山长燕居之式,前后各有明堂,右有门弄北折以达行路。"凡鄞县生员、童生均可参加月课,课卷限制极严。为此书院订立了《郯山书院条规》,如云:"书院颜曰郯山,专课鄞县士子,凡与考者,生员用进学册名,童生用应试本名,贡监生及外县人概不收考。""每届二月,由县在察院局门考试甄别录取送院。自三月至十一月每月两课(闰月照课,六月停课)。朔为官课(本县临院点名给卷命题),望为院课(请监院点名给卷,山长命题)。每课一文一诗,四、七两月朔,请道宪暨府宪各课一次(乡试之年,生员八月停课,童生仍按期课试)。"郯山书院由知县定期借校士馆以甄别(指选择淘汰)各生童,参加甄别的生童多计千余人。后来郯山书院还吸引了不少外县士子报名参加课试,以至书院不胜负担,当局只好重申旧章。故《申报》1900 年 7 月 1 日《月湖夏涨》报道云:"日前府、鄞两学廪生朱昌年、附生王斌等,以郯山书院向例专试鄞邑士子,不准籍隶外邑者冒名与课,乃近日此弊日滋,几有喧宾

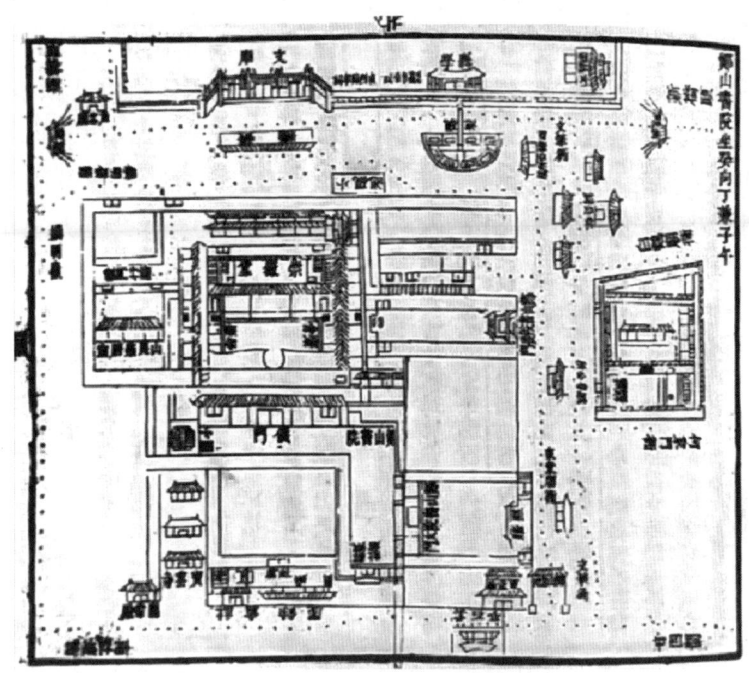

《鄮山书院志》卷首清鄮山书院全图

夺主之虑,禀请县主徐大令设法禁阻。大令许之,爰颁发示谕,略谓:尔等须知鄮山书院定章,止准鄞邑生童与考,其余外县人等概不收考。以前邻邑生童来考者为数寥寥,无碍于事,是以权为变通,以示培植。近来愈考愈多,于膏火花红不无窒碍。目应循照旧章办理。自示之后,自本年五月起,外县生童概不给卷收考。其在五月以前曾经考取前列者,应得膏火花红仍准一律支给。"光绪三十二年(1906)改名鄞县县立高等学堂,现为宁波市海曙区镇明中心小学。

　　参见清同治《鄞县志》;无名氏《鄮山书院志》(清光绪刻本),《中国历代书院志》收录本。

**　　杜洲书院**

　　杜洲书院在慈溪县鸣鹤乡杜湖畔,原系南宋杨简弟子童居易(杜洲先生)读书讲学之所,这在当时颇开鸣鹤一乡之风气。故全祖望《杜洲六先生书院记》说:"鸣鹤乡固虞氏之居也,……唐以后为鱼盐斥卤之区,风流已渺。自慈湖之教及之,杜洲一门,实为首创,而躬行君子,骈集其间,其后东发又挺生焉,何其盛焉。"

　　童居易之孙童金,入元授进义校尉,认为"海隅人悍,非建学立师,俾明圣道,民罔有常也",可谓深切地认识到了学校的教化作用,遂在至大三年(1310)于先庐侧筑室百余楹,创建义学,后又建祠堂,并割田 200 亩,"以淑乡人"。在部使者奖崇的激劝之下,童金首创大成殿,并建两庑、讲堂、仪门、先贤祠以及仓箱庖厨、校官所宇,几仿官学之建制。光绪《慈溪县志》卷四十三"杜洲书院"条引《家乘》,详细记录了杜洲书院的建筑群:"至大三年,金创立义学,建礼堂,奉先圣先贤,绘十哲像于左右,春秋二仲上丁,行释奠礼。立先贤堂于其后,首祀徽国朱文公,次杨文元公,以祖杜洲公配享。前创重门,门之左挟为土地祠,其前凿池。池之左为杏坛,右立碑亭,内立廊庑。后建讲堂,扁曰彝训堂。堂前立六斋,复立乡先生祠,设其诸父钟、铉、镐以配先儒严义民、黄震、曹汉炎之像。又置庖湢所。总计为屋五十五间。"其中六斋为志道、尚道、复礼、守约、慎独、养浩。这一书院建筑群布局,应该是元代四明地区最具代表性的,故全祖望《杜洲六先生书院记》称许说:"盖仿佛四大书院之规制而为之,其意良厚矣。"杜洲书院还备祭器,积书籍,以义田为赡士之费,并礼延名儒童应演、黄叔英为师,招集生徒诵读于其内。童金之子童桂,承乃翁之志,又增置膏腴之田 200 亩、菜田 8 亩并柴山。元统三年(1335)夏,应童金的请求,经江浙行省正式批准,命名为杜洲书院,任命山长一员主之,首任山长为顾嵩之。鄞县孙元蒙、慈溪曹汉炎均曾为山长。全祖望《杜洲六先生书院记》说:"其时甬上书院多设山长者,而以杜洲为最盛。"时人称"士之肆于斯学者,荐于乡,奏名南宫,举不乏才"(董朝宗《杜洲书院记》),可见杜洲书院培养的学生质量较高,颇有影响。明代洪武初,杜洲书院废。

　　参见光绪《慈溪县志》。

月湖书院

　　顺治十年(1653),王尔禄在月湖西岸原广盈仓旧址(在今仓基街)正式创建了义田书院,有厅事三间,辅以两翼厢房若干,左右有仓厩各三楹,以起到"备凶歉而恤惸独"的作用。王尔禄及知府杨之枘置义田 72.9 亩,乡绅陈朝辅、谢三宾、陆宝,义民闻世麟共置地 36.1 亩,共有义田 120 余亩,岁额租谷 19940 斤,"内除本年条粮及案费,外为常平出陈易新之本,积贮以备灾祲,兼赒节孝,与贫不能读、不能娶、不能葬者"。更有意思的是,义田书院还附设有药局,闻性道记载云:"以一楹半设普施药局。夫救人莫如医,尤莫善于施药,附药局于义仓,亦仁术兼行之美也。"(闻性道《义田书院仓宇规制记》,见康熙《鄞县志》卷 3)顺治十一年(1654),郡守杨之枏又建义学五楹于厅事之后,生员闻性道等悉心经画,措置多方。总之,王尔禄创立的义田书院,是将乡曲义田庄、常平仓和惠民药局和义学四者功能糅合为一的综合性慈善组织,相较于过去的义田庄,出现了备灾祲、赒节孝、普施药物的新功能。后因为战乱,义田书院被毁,而义田犹存。

康熙二十五年(1686),郡守李煦在义田书院旧址前设义学,中立讲堂,左右置常平义仓,更名为月湖书院,基本上恢复了原书院"广教思,兴学校,豫仓廪,备凶荒"(李煦《初议引》,见康熙《鄞县志》卷 3)的慈善功能。月湖书院聘请义师一人,以教无力从师的民间子弟,每年以义田租谷 4000 斤为义师的工资,400 斤为看守书院的人工之食,其余租入除抵纳条粮外,存贮起来

同治《鄞县志》中月湖书院图

作为修葺书院、赈济贫困生的费用。后因书院长期未予修葺,破败严重,经费不充,支给困难,雍正七年(1729),郡守曹秉仁重加整治,负笈来游者日众。嘉庆二十四年(1819),杨懋功中丞捐出养廉银四千金以育才兴士,遂被移用为月湖书院经费,以质库(当铺)算息。陈中孚《增给经费记》记载,"旧设肄业内科生员二十名,童生十名",到道光元年(1821),"广内课生员十名,外课生童各二十名",山长脩脯、监院薪水以及生童膏火费用皆有所增加。咸丰十一年(1861),太平天国的军队打进宁波城,不久月湖书院毁于一旦。直到3年后,太平天国运动被清政府镇压,宁波的月湖书院才迎来重生。同治三年(1864),知府边葆诚重修,兼收秀才和童生。光绪五年(1879)初,拨款修理月湖书院,并特地指定院内部分房屋的用途。光绪十四年(1888),徐振翰作《鄮山书院碑记》云:"今惟月湖书院为合郡士子讲肄之舍。"可见当时月湖书院的重要地位。《申报》1899年3月21日《四明官场纪事》报道:"月湖书院肄业生童每年甄别一次。今岁府尊庄太守定期二月十二日举行甄别,借以观风,先期出示晓谕,凡愿赴书院肄业者,须于初十日以前赴本府礼房报名填册,届期齐集月湖书院.给卷命题考试,如临期报名投考者一概不准,至经古小课因经费不敷仍照章停试。"光绪三十一年(1905),月湖书院和全国其他许多书院的命运一样,被改为学堂。宁波当地的士绅张美翊、陈训正等人,联合禀请知府,把月湖书院改名为师范学堂,至此,"月湖书院"四个大字,彻底成为历史。

参见康熙《鄞县志》、同治《鄞县志》等。

甬上证人书院

明崇祯二年(1629),刘宗周在浙江会稽(今绍兴)古小学旧址上筑证人书院,开帐讲学,至崇祯十七年(1644)结束,以"诚敬""慎独"为讲学宗旨,从游者甚众,先后达数百人,除余姚黄宗羲及其弟黄宗炎、黄宗会和甬上万泰外,还有桐乡张履祥、松江陈子龙、太仓陆世仪、余姚孙嘉绩、山阴祁彪佳等,日后均成一方名士。康熙六年(1667),黄宗羲与同门师友姜希辙、张应鳌等商议筹划,于九月在绍兴重开证人书院讲席。是年,甬上万斯同、陈锡嘏、范光阳等人结对到余姚黄竹浦拜访黄宗羲,返甬后成立了甬上讲经会。康熙七年(1668)三月,黄宗羲应甬上诸门生之请,来鄞城开讲,先与诸学子大会于城内广济桥高氏家祠内,之后又聚集于宁波南门的延庆寺。在黄宗羲提议下,遂改讲经会等为"证人书院"。黄宗羲在《董吴仲墓志铭》中记载此事。甬上证人书院的会讲地点不一,以万氏别业白云庄讲学时间最长。白云庄原为明末户部主事万泰的祠庄，位于今海曙区西郊管江岸。

　　黄宗羲在甬上证人书院讲学，强调穷经、读史和经世。他指出"明人讲学，袭语录之糟粕，不以六经为根柢，束书而从事于游谈，故受业者必先穷经。经术所以经世，方不为迂儒之学，故兼令读史"（全祖望《梨洲先生神道碑文》）。全祖望在《甬上证人书院记》中亦称："自明中叶以后，讲学之风已为极敝。高谈性命，直入禅障，束书不观；其稍平者，则为学究。皆无根之徒耳。先生始谓学必原本于经术，而后不为蹈虚，必证明于史籍，而后足以应务，元元本本，可据可依。"由此可见，甬上证人书院强调穷经、读史和经世，是为了改变自明中叶以后已成极弊的空疏浅薄的学风。这是黄宗羲从明朝灭亡的教训中悟出的重要学术思想，在当时使人耳目一新，颇为他的甬上学生所欢迎、接受，并成为一种特殊的学术风格。书院教学除经史之学外，还引入了天文、地理、数学等内容，学术气氛非常活跃。甬上证人书院的再启并重新接续"证人之学"，"为天下所注目"，吸引了许多有识之士前来求学。黄宗羲培养了大批高才生，如史学家万斯同、经学家万斯大、文学家郑梁等，影响很大。甬上学者文人聚集于此，盛极一时，白云庄遂以浙东学派的学术圣地而驰名中外。康熙十四年（1675）秋后，黄宗羲结束了甬上的讲学活动，书院停办。后来弟子陈锡嘏等人又重新恢复书院的讲学活动。到乾隆年间，黄宗羲私淑弟子、浙东学派继往开来者全祖望为了区别于会稽刘宗周创办的证人书院，特意冠上"甬上"二字，并撰有《甬上证人书院记》叙其始末。清末书院及白云庄均已圮废，1934 年鄞人杨贻诚重建。2006 年，白云庄被国务院批准列入第六批全国重点文物保护单位名单。

　　参见方祖猷：《黄宗羲与甬上证人书院》，《浙江学刊》1985 年第 1 期；金林祥：《甬上证人书院与清代浙东学派》，《清史研究》1994 年第 2 期。

鲲池书院

　　鲲池书院在今镇海区梓荫山下。初名蛟川书院，后浙江巡抚纳兰常安巡视镇海，见梓荫山下有个鲲池，遂改名为鲲池书院。

　　明代时山顶建文昌祠，山麓建有纯阳阁，系邑人会文之所，兵燹后归为释氏，改名为罗汉堂。清乾隆八年（1743），邑人郑宗璧、李士瀛等请于知县杨玉生，改建为书院，知县捐俸以倡，绅士共输银 380 余两，本年十一月落成。中为讲堂，有东西廊庑各 8 间，南向书舍 7 间，还有园圃、池塘等，规模宏丽，祀宋代学者沈焕，配祀黄震。每季一课试，知县时常赴院亲诣命题，考校诸生文艺。乾隆四十一年（1776），知县周樽以田租收入不足，将学租增银五十五两,以为月课之需。四十四年(1779),周樽又捐俸置田,邑人王世纶等助田三十九亩六分六厘,每年收谷五十二石,以供膏火,每年延请院长掌教,每月之二日,知县亲自课试,诸生颇受鼓舞,十六日,院长课试,皆拔其前列者予以奖励。嘉庆十二年(1807),陆玉书署县事,祀宋代学者沈焕、黄震二公于后轩,每年春秋致祭,巡抚阮元题为"景贤精舍"。道光十二年(1832),知县郭淳章与邑人乐涵等重修,为屋 36 间,酌定学规,筹措经费。鸦片战争期间,林则徐曾在书院下榻一月余,筹划抗英大计。咸丰十一年(1861),书院毁于战火,废址上乱草丛生,过者唏嘘。同治十年(1871),知县于万川以鼓舞人文为急务,在富而好礼的邑人傅昌礼、昌珩兄弟捐资下,按旧制重建大堂,后小轩改筑为楼,仍祀宋代学者沈焕、黄震二公,俞樾为之作记,批斥"自来讲学家每以沈、黄两公学术微有异同,而不宜并祀"之说,认为尊德性、道问学,圣门本为一事,"镇海之士读两公之书,而各有得焉"。于万川聘请翰林蔡季珏任书院主讲,分每月朔、望两次进行考核,朔课课艺由知县幕僚刘子珊详作校阅,望课课艺由蔡季珏本人细为订评。蔡季珏主讲几年来,镇海先后有数十位士子取得了举人资格,科举名次显著提高。光绪二

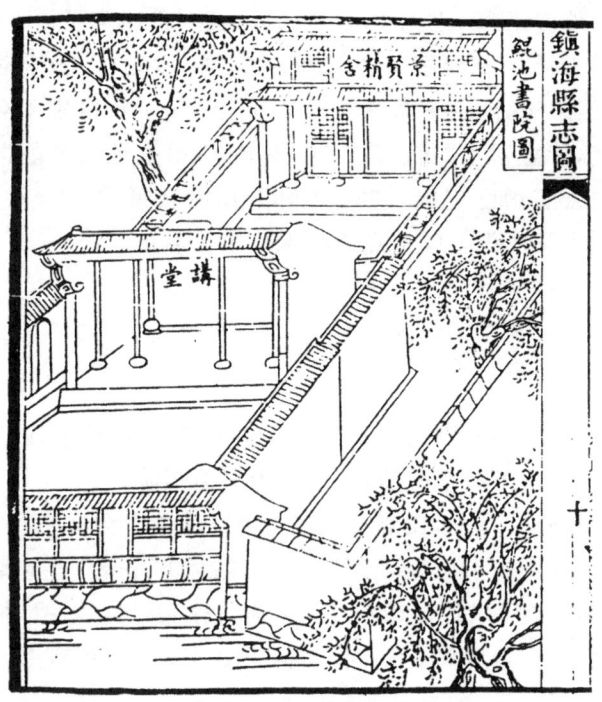

光绪《镇海县志》卷首鲲池书院图

年(1876),蔡季珪因病去世,于万川遂与幕僚刘子珊和县学教谕孙葆澂一起,精心选择删改,选定百余篇课艺,再附上几篇县学秀才们的岁考优作,于光绪三年(1877)正式刻印《鲲池书院课艺》,共收课艺 145 篇。光绪五年(1879),鲲池书院还刊刻了于万川等修的《镇海县志》。此后,书院陆续聘任陆廷黻、张黄门、冯梦香、杨逊斋、包履谷等名家主讲,教学成绩斐然,其中主讲多数通过原镇海籍、后入鄞县籍的翰林盛炳纬的引荐。光绪十五年(1889),邑人周家勋捐助银 1 万元,太史盛炳纬议以此款添设经古小课。二十一年(1895),炳纬等又募银 2.25 万元,添加大课膏火。三十一年(1905),余云岫由鲲池书院公费派赴日本留学。三十二年(1906),科举废,鲲池书院大小课停止,结束了自身的使命,其银两均拨入镇海县中学堂。

参见民国《镇海县志》;朱道初:《镇海晚清"课艺"刊本解开谜团》,《宁波晚报》2011 年 9 月 4 日。

德润书院

德润书院位于今江北区慈城镇。原为清雍正三年(1725)知县张淑郿所设义塾,邑人郑性捐田三十九亩以资掌教薪水,学生以才行醇备的乡先生为师,但没有固定的教室,常借僧寮道院设教。乾隆十六年(1751)冬,知县陈朝栋就尊经阁下建为学舍,因德润湖之名,书额"德润书院"。

继任知县戴椿进一步完善了德润书院的后续工程,聘请学博王裕增掌教书院。后因训导假寓其中,诸生习学又无处所。嘉庆二十年(1815),知县黄兆台暨邑人冯璟徙建于东门内,由原颍州同知盛植麒、明经俞挺芝等捐资,中为讲堂,翼以两庑。时慈湖书院的主讲是由知府推荐,但其人每年都罕临讲席,德润书院则择邑中有文行为众所推服者为主讲,故生徒比慈湖书院为盛。嘉庆二十三年(1818),云南人徐云笈知慈溪,重视书院教育。尹元炜《溪上遗闻集录》卷九记载:"公又酷爱儒术,每月课卷,虽经署中幕友阅定,必自以朱笔细加评骘;榜发,必亲至书院,召诸生在院者讲论研究,娓娓不倦。德润书院之建,虽始于黄公,然非公继之,亦不克观厥成也。"道光元年(1821)春正月,黄雨泉先生、山长尹方桥先生编选《德润书院课艺》,由本书院刊刻,并请前知县徐云笈作序。此课艺题目以四书文为主,作者有叶元墀、尹嘉年、冯熏、叶元阶等,徐序云:"阅其文,宏壮俊伟,精微朗畅,不主一格,大都仪轨先民,根柢经籍,彬彬乎质有其文者。"稍后尹元炜作《移补沙地记略》,称当时诸邑侯"试必局门设膳,诸生月给花红膏火,每月就试者不下二百人"。道光十二年(1832),邑人冯云濠、叶维新建先觉堂于讲堂,后祀虞翻、阚泽、虞喜、虞预、杨适、杜醇、杨简、黄震,合为八贤,旁建祠以祀姜宸英。后瞿鸿禨解释说:"推乡先生而祭于社,礼亦宜之。"(光绪《慈溪县志》卷五)道光二十三年(1843),知县赖晋捐资建魁星阁于讲堂前,尹元炜作记称:"自嘉庆戊寅迄今仅二十余年,而诸生肄业院中,掇巍科、登高第者已不下二十人。"可见这时期的德润书院以参加科举考试为导向,实与官学无甚区别,而其科举成绩斐然可称。咸丰十一年(1861),书院毁于兵火。光绪三年(1877),邑人冯全琛、冯伟才各资助番银,在旧址重建讲堂、先觉堂各五楹,聘请冯可镛为院长。瞿鸿禨有记云:"今之院长,古之山长也,所冀以圣贤往籍俾为经济有用之学,师儒之任,唯道自专,率其闾里子弟就兹教育,缉熙群材,轨训嚣俗。"五年(1879),知县施振成拨入籍没官田五十五亩三分。十三年(1887),邑人洪隆传捐资建奎光阁。二十五年(1899),书院校刻光绪《慈溪县志》五十六卷附编一卷,计二十四册。三十年(1904),俞鸿梄(1870—1945)以德润书院掌院身份,将书院改组为公立正始两等小学堂,并继续担任领导。

参见光绪《慈溪县志》。

辨志精舍

辨志精舍亦称辨志书院,地址在月湖竹洲。光绪五年(1879),宁波知府宗源瀚创建的一所官学化书院,实仿上海求志书院所办,为甬上四家官办书院之一。因该地地势低洼,雨水积水严重,因此建造伊始,工程局令民间运来碎石断砖,将地基垫高。建成后的精舍为四进院舍,讲堂厅设在南楼,左右厢房为学生寄宿之所,门侧平屋为庖湢之所,屋后辟为花园。宗源瀚特请著名学者黄以周取名并规划学制,其名取自《礼记·学记》"一年视离经辨志",辨志有辨明志向之义。

辨志书院由山长执掌,分设汉学、宋学、史学、舆地、算学、词章六斋,斋各一师。前四斋为传统文化,后二斋包含西方文化,标志着官学教学内容的新变化,从而试探性地迈出了宁波近代教育的第一步,辨志书院亦因此成为浙江最早的新式实学书院。书院聘请著名学者黄以周主讲传统学术,先生力排八股时文,提倡实学,学风为之一变,有弟子千余人。诗文名家董沛、冯一梅、梅调鼎等都曾执教于此。更引人注目的是黄宗羲七世孙黄炳垕在此讲授天算之学,长达十余年,培养了一批天算学人才。辨志书院创设的辨志文会,产生了很大的社会影响。《申报》1899年9月28日《江西萍乡县顾大令家相课十略说上》云:"余旧岁尝著《劝士质言》一书,因科举旋复旧制,遂未脱稿,嗣欲仿上海求志书院、宁波辨志精舍章程,于书院常课外,另设定志文课,专考实学,分经学、小学、理学、史学、掌故、舆地、政治、交涉、词章、艺学诸门。"可见该文作者提出的定志文课,实际仿自宁波辨志精舍,间接证明辨志文会属于辨志书院常课之外的文课。光绪二十五年(1899),虞和钦和钟观光一起创办的"四明实学会"迁入辨志书院,几经辛苦,制磷成功。冯开《杨君墓表》亦称鄞人杨璘"尝与里中父老,就辨志书院创立学会"(《华国月刊》1924年第2期)。光绪二十八年(1902),宁波知府高英将辨志书院改为南城小学堂,次年停办。

参见陈君静、唐燮军:《宁波辨志文会文献整理与研究》,复旦大学出版社2019年版。

崇实书院

光绪十一年(1885),宁绍道台薛福成创设于宁波"后乐园",即今中山公园之西首(现逸仙楼位置),计有厅堂、厢房20间,有"薛楼""喻楼"用以藏书。《申报》1888年10月24日《甬上杂闻》报道:"道署西首后乐园现已告成,曰崇实书院,斋室约共数十椽,肄业诸生得以常用住宿。薛观察培育人才之意,亦可谓周且至矣。"

创办者薛福成当年属地主阶级改革派,并力主向西方学习经济技术,故开设天文、算学、舆地等新兴学科,并以时事命题。刘凤章、董沛等先后任山长以督教,陆廷黻等学者受聘在此主讲。忻江明《鹤巢文存》卷二《夏伯瑾太史七十生日赠言》记董沛在崇实书院教学情况稍详:"始外舅董孟如师诸将崇实书院,以经史淬厉后进。维时高材生若邹鹿苹、水恺彦、陈慷夫、陆蓝卿、陈和琛及君,皆师所奇赏者,月课校所献艺,褒然举首者率不越此五六人。"崇实书院的活动多为《申报》所报道。如《申报》1884年3月1日有《书院开课》报道云:"宁波崇实书院肄业举贡生员每年甄别一次,兹闻道宪吴观察仍照曩例定于正月二十一日同局试,先期赴礼房填册,届时各具衣冠齐集书院听候点名,给卷命题考试。"1893年3月11日《甬谈》报道云:"宁波崇实书院肄业诸生每岁例须甄别一次。兹吴观察牌示,定于正月十九日局试,仰诸生先期赴礼房报名填册,届期衣冠齐集,听候点名给卷命题。"《申报》1895年10月9日《月湖蟾影》报道:"宁绍台道吴观察访得鄞县附生董道梴、汤嗣新品学均优,着于本月二日应月课,以便调入崇实书院肄业。"1895年6月13日《申报》之《甬上杂谈》报道:"道宪福茨观察访问鄞县附生盖世觉:学问优长,现已调入崇实书院肄业矣。"崇实书院月课除制艺外,并以诗赋及经、史、天文、算学、舆地、掌故、时事命题,曾印行《浙东课士录》、陆廷黻编《崇实书院课艺》六卷(牌记题"光绪二十一年乙未/仲秋崇实书院开雕")。其中薛福成主编的《浙东课士录》收集该书院诗文、杂著97篇,共分四卷,作者有张美翊、戴鸿祺、陈星庚等近20人。光绪三十年(1904),书院停办,后改崇实书院为宁波府教育会,由张美翊任会长,陈训正任副会长。

参见《浙东课士录》,光绪二十年无锡薛氏刻本;民国《鄞县通志》。

鄞县敦本两等小学堂

敦本两等小学堂在鄞县西乡浣锦村(今属海曙区石碶街道冯家村)。光绪三十一年(1905)八月,清廷下诏停止科举,中国绵延了千余年之久的科举制度彻底终结。在这一年的前半年,冯义垣就排除阻力,"偕六弟厚甫、七弟孟育、九弟友笙、十弟童笙倡办两等小学于家塾敦本"(《浣溪冯氏宗谱》卷三十二冯丙然《五十寿诗》),这在当时鄞县的乡村中算是最早改制的新式小学了。

冯俊翰有《敦本小学记》述其事云:"洎夫清季,朝廷举行新政,废科举,设学校。岁乙巳,四兄止凡与群从集议,改义塾为两等小学,一切经费,除义庄岁拨银圆四百圆外,均由四兄与六兄藕湖、七兄志耕、伯氏志樟及予五人分任之,且兼尽义务焉。名仍其旧,法取乎新,因革损益,期合部令。创办五载,成效颇著。"冯氏兄弟不但承担了经费,而且还承担了教学任务。义堡《老歹年谱》:"光绪三十一年"条下云:"从兄子藩发起就敦本义塾改敦本两等小学堂,余与藩、厚、育三兄及俊弟同任义务教授。"据陈劢《敦本义庄碑记》,光绪十六年(1890)合计义庄得田三百亩有奇。民国九年(1920)十二月修订《敦本义庄章程》之第六章《财产》云:"本义庄共有田产三百七十二亩零,房屋一所。"且义庄亦非金房共同经营,而是金玉两房共同经营、共同管理的。故《学校规约》云:"如须增添教员、增加经费时,应邀集金玉两房下十五房每房一人,公议定之。"金玉两房子孙还有权查阅学校财务收支情况。《处理庄务规约》更是明确规定:"本义庄为恤房下顺房分析之金玉两房所捐置,故处理庄务之权,世归金玉两房下子姓执掌。"其中"庄正二人,以金玉两房之房长任之"。关于年级,《学校规约》规定:"本校学额暂定六十名,分为两级,一二年生为一级,三四年生为一级,每级分二部教授之。如学生修业期满,仍愿留校补修者,得于三四年级中附设补修科,但以二年为限。"关于教师人数,《学校规约》云:"教员二人,由校长延聘,但须得经理之同意。"关于学费,《学校规约》云:"本校学生除族中儿童尽数收录,概不收取学费外,尚有余额得收录族外学龄儿童,其学费规定如左:一二年生每人每年银圆三圆。三四年生每人每年银圆四圆。"这个章程定下来之后,直到五次修谱时,都没有修订过。冯义垣等一举甩掉沉重的传统教育的包袱,创办敦本小学,绝对是开甬上教育界风气之举,诚如张原炜《止凡君暨邵夫人六十寿序》所说:"既革乡塾旧制,规学校为表志,由是郡中诸言新学者次第兴起。"叶秉成《止凡君暨邵夫人六十寿序》记述说:"有清末叶,制举既废,学校未兴,先生独倡立敦本学校,以教乡之子弟。故老咸讥先生,先生毅然行之不少沮。资无从出,至竭其私财。迄今学校之完全,犹为邑诸校冠。其后诏令各邑设高等小学校,邑侯高公固请先生主其事,先生手订规模,一出于尽善至当,一时学士大夫暨生徒群然翕宗之。"张美翊《止凡君暨邵夫人六十寿序》更将义垣此举放在地域文化传统下予以论述:"吾乡节义之邦而好开风气,当光宣之际,世之谈教育、谋自治者始萌芽矣,君即就其家塾创设敦本两等小学,躬任教育,明定课程,一以修学敦行为本。"(以上均见《浣溪冯氏宗谱》)冯义垣等之所以能开甬上教育的风气,这与他们放眼世界而形成的与时俱进的教育观是分不开的。

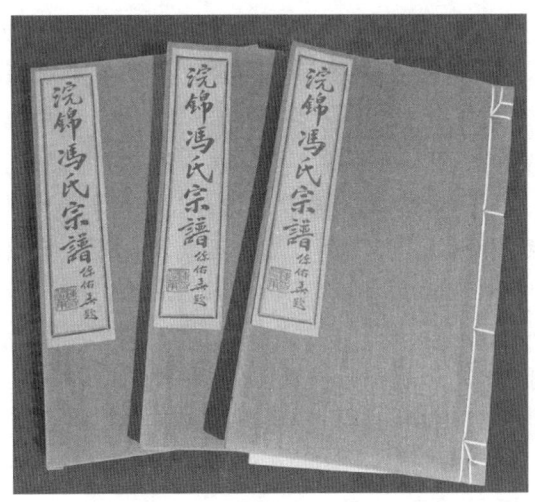

民国三十八年版《浣锦冯氏宗谱》书影

参见《浣溪冯氏宗谱》,民国十八年版;《浣锦冯氏宗谱》,民国三十八年铅印本;张如安:《从冯氏家谱考述苏青的家世》,《鄞州文史》第 26 辑,2018 年。

中西储才学堂

清朝末年,国运维艰,有识之士痛心疾首,提出欲拯救民族,必先振兴教育,培养人才。光绪二十一年(1895),张之洞上奏《创设储才学堂折》,指出"国势之强由于人,人材之成出于学",首倡开办新学之风。光绪二十三年(1897),在维新变法思潮影响下,宁波知府程稻村与慈溪旅沪商人严信厚、地方名士汤云崟、陈汉章等商议成立中西式的储才学堂,以培养革新图强的人才,校址先借用宁波城内湖西的崇教寺(今偃月街小学址)。经过艰难筹款,学堂终于在当年正式开学,招生信息即时刊登在当年五月的《申报》上。最初或称宁郡中西学堂,或称中西格致学堂,或称中西格致华堂,次年才正式定名为中西储才学堂,以为国储备新式人才为办学宗旨。这是宁波近代第一所民办性质的新式中学堂,系今宁波中学的前身。

中西储才学堂初期规模不大,办学经费由各厘局每年捐助,招生仅 30 人,教师亦不多,聘请名儒杨敏曾作为该校监堂兼总教习。杨敏曾(1858—1939)为慈溪人,光绪五年(1879)举人,出任首任校长后,悉心擘画,订立制度、章程,在保留经史旧学的基础上,注重开设传授西方科技知识的课程。《申报》1897 年 5 月 27 日刊登一则《示考西学》云:"浙省宁波府属亦建有中西学堂一所。前日府尊程稻村太守出示招考。"报考要求:肄业学生必须本宁郡人,身家清白,聪颖循良,年仅 20 岁以下者,平日读书作文完篇,或作半篇而文理已能通顺,或已入泮而愿入堂学习,均应官绅保送,取具年貌籍贯,由提调会同董事造册送府考验。录取后申详道宪覆试送堂肄业。堂中经费素裕,肄业学生额数暂以 30 名为限,额满不录者列为备取,俟有缺额挨次传补。如有外省外府本郡绅富子弟愿入学堂肄业者应准一体保送考验,惟每人每月修膳洋 5 元,以充经费。目下房屋无多,教习又难兼顾,暂以 10 名为限作为余额,额满不录。在第一批招收的学生中,就有后来成为中国近代物理学先驱的何育杰、北大教授叶眉叔、民国时财政总长李思浩等。1900 年,杨敏曾离开宁波北上,任职于京师大学堂(今北京大学)译文馆。1904 年,中西储才学堂改名为宁波府中学堂,成为"浙东第一校"。1906 年,鉴于原校舍已不足使用,宁绍道台喻兆藩委托镇海人盛炳纬主持在南门建造新校舍,占地 50 亩,此即为后来的宁波中学。1906 年,17 岁的陈布雷由慈湖中学堂进入宁波府中学堂学习,有回忆录说:"府中学科完备,本年添聘俞仲鲁(鸿梃)先生为学监,王艺卿(绍翰)先生授经学,魏仲车(友枋)先生授国文,凌公锐先生授史地,叶德之表兄授算学,胡可庄先生授英文,石井信五郎先生授博物、理化、图画、体操。教师人才亦颇整齐,唯较之县中,各科间互有短长。"
(《陈布雷回忆录》)1911 年,宁波府中学堂易名为浙江省立第四中学堂,次年
更名为浙江省立第四中学校。

参见谢振声:《杨敏曾:一生书香半载官》,《宁波通讯》2011 年第 19 期;
辜筠芳:《宁波教育史》第二编,浙江大学出版社 2011 年版。

星荫幼稚园

幼稚园由星荫学校校董、鄞县潘火桥旅沪富商蔡琴孙创办于 1918 年,
地点在星荫学校附近的参议庙(今海曙区府桥街 55 号墙门)。幼稚园添置
了滑梯、秋千、木马、跷跷板等设施。这是宁波历史上中国人自己创办的第
一所幼儿园。

首任校长张雪门(1891—1973),原名显烈,字承哉,鄞县人。张雪门幼
年研读四书五经,后毕业于浙江省立第四中学(现宁波一中)。他在家乡眼
见一些儿童缺少教育,深感痛心,开始关注和思考幼儿教育问题。1917 年,
张雪门有机会随宁波旧府属的江苏教育参观团,赴京、沪一带观摩蒙养院幼
儿教育。他参观了无锡竞志女学的蒙养园、苏州景海幼稚园,亲眼看到了日
本式蒙养园和教会办幼稚园带给幼儿的不良影响,尤其是看到了中国的儿
童自幼接受奴化教育,扼杀了"孩子的跳跃的生命和烂漫的天真",内心受到
极大刺激。正如他后来在《参观三十校幼稚园后的感想》一文中所感叹的:
"唉,幼稚园!你的足迹到了英美是何等的光荣,为什么到了中国便不一样
呢?"张雪门意识到要使中华富强,儿童教育者的责任非常重大,从此他抱定
了献身幼教的决心,立志改变中国幼教的落后面貌。1918 年张雪门出任鄞
县私立星荫小学首任校长,这是他从事幼教的开端。在"五四运动"之前,
"幼稚园"还是新生事物,尚未被国人接受,在宁波更易被人误解,所以张雪
门在 1926 年写作的《参观三十校幼稚园后的感想》一文回忆说:"'幼稚园'
三字,七年前(1919)向人探询,恐怕就有人说是孤儿院。"因此,星荫幼稚园
的开办在当时的宁波无疑是一大创举,它采用欧美式教育模式,设备适中,
但内容完全没有宗教色彩。不过,初涉幼教领域的张雪门还缺乏足够的经
验,他感到办幼稚园有两个困难:一是材料缺乏;二是没有头绪。他不得不
自我探索。他每周和该园的教师举行一次会议,把每周的课程写成教材周
录。这个周录大概可算是张雪门搞的第一次课程组织了。他初次所拟的课
程,各科都以谈话为中心,每周自成一个段落,在同一段落中,各段又是相互
联络的。张雪门就在这样的课程组织中,积累着幼教的实践经验,并由此成

为宁波现代幼儿教育的创始者。

参见胡审严:《张雪门和星荫幼稚园》,《宁波文史资料》第 8 辑,1990 年;王春燕:《张雪门幼稚园行为课程及其现代意义》,《华东师范大学学报(教育科学版)》2008 年第 4 期;沈颖:《论张雪门幼稚园行为课程的价值》,《学前课程研究》2009 年第 12 期;杜建海:《著名幼儿教育家张雪门家世及原配杜氏述略》,《鄞州文史》第 18 辑,2014 年。

甬江女中

鸦片战争后西方传教士纷至沓来,带来欧美教育制度和教学内容,打破了单一的封建教育模式。1844 年宁波正式开埠,是年受英国"东方妇女教育促进委员会"委派的基督教会传教士爱尔特赛女士来到宁波,在宁波开办了一所女塾,选址在宁波城西祝都桥(今尚书街东端)。女塾不但免收学费,学生还能享受贴补家用的津贴。开设圣经、国文、算术等课程,并要学生在功课之外学习缝纫和刺绣。祝都桥女塾是中国最早的教会学堂,亦是中国第一所女校,彻底打破了中国封建社会无女子进学校的传统。到 1852 年,学生人数已经达到了 40 人,毕业女生的主要出路是担任教师。

1847 年,美国北长老会传教士柯夫人在槐树路设立另一所女校。咸丰七年(1857),女塾同柯夫人创立的女校合并,定名为崇德女校,校址在槐树路。1860 年美国浸礼会教士罗夫人在城北江滨开设了一所浸会女校,后改名为圣模女校。1923 年,崇德女校与圣模女校合并,在甬江之滨的战船街新建校舍,命名为私立甬江女子中学,是为中国第一所女子中学,开时代风气。学校建造了三层西式教学楼,可容纳近 600 人求学,琴房、实验室等配套设施齐全,第一任校长是美籍华人徐美珍,为旧制 4 年制,第二年改为新学制 6 年制,设高中、初中各三个班级。《甬江声》是私立甬江女子中学的校刊,创刊号于 1924 年 5 月出版,中英文合刊,共 130 页。该刊以刊发学生习作为主,中文部分设有《言论》《小说》《随笔》等七个栏目,载文 40 篇,英文部分载文 41 篇。1927 年 7 月,宁波当局和教育界人士以"宁波收回教育权急进会"名义,在浙江率先将甬江女中教育权收回,驱逐外籍校长,并成立校董会。校董会聘请奉化籍女教员兼任教务主任的沈贻芗(1900—1989)为中国人之首任校长,女中从此脱离了外国教会的管理,开启了本土化的进程。沈贻芗校长为该校的发展付出许多心血,深受师生的爱戴和敬重。1934 年,沈贻芗受校董会派遣,赴美国宾夕法尼亚州立大学深造,后获硕士学位,成为宁波第一位女硕士。日寇侵占京(南京)、沪、杭后,对宁绍平原一带实施狂轰滥炸,女中数百名师生岌岌可危。为师生安全计,1937 年年底,沈贻芗决定将学校迁往自己的家乡奉化亭下村,另在鄞西高桥接待寺设立分校。1941 年 4 月,宁波、奉化相继沦陷后,学校又从亭下村迁至四明山区的岩坑、董村。1945 年抗战胜利,沈贻芗率师生返回宁波战船街甬江女中,但见教学大楼已付之一炬,学校只得暂借临近的圣模小学及裴氏旷宅复校。据考证,1945 年 9 月,屠呦呦入私立甬江女子中学读初三。1948 年,学校重建教学大楼,并于 1949 年年初夏完工。1951 年 5 月,宁波市人民政府接收教会学校,翌年 2 月甬江女中更名为宁波市女子中学。旧址位于宁波市海曙区和义路 106 号,2003 年 8 月被公布为第三批宁波市级文物保护点,现辟为宁波教育博物馆。

参见桂心仪:《甬江女中老校长沈贻芗》,《宁波文史资料》第 8 辑,1990 年;裘伟廷:《我国历史上第一所女校》,《党史纵横》2016 年第 4 期;裘伟廷:《甬江女子中学的变迁之路》,《档案时空》2016 年第 5 期。

锦堂学校

慈溪人吴锦堂旅日 20 年,深刻认识到日本近代的发展与教育的关系,认为"日本富强,悉基教育,虽贩夫牧竖,无不勤学读书",因此他在侨日期间就与好友麦少彭一起在神户为华侨子弟设立同文学校,取得了办学的初步经验。吴作镆曾说:"近世列国争强,要在世界上立足,教养二事很重要。国民失养,就无以为生;国民失教,就难于生存。"可见他把教育看成为国家争生存、图富强的重要手段。光绪三十一年(1905),吴锦堂回国扫墓,慨叹故里学校之不足,遂出资 28 万余银元,购地 50 余亩,在家乡东山头地方辟地创建锦堂学校(旧址位于今慈溪市观海卫镇锦堂村),为 7 年制两等(初等、高等)小学堂。主建筑为一幢口字形洋式楼房,并辟操场,修花园,购置图书仪器,制作课桌教具,各种设施,一应俱全。

1908 年,聘任江起鲲为首任校长,举行成立大会,正式招生,第一年招初等生 40 人,高等生 80 人,规定"同宗子弟,既免费又优待之,供午膳,赠文具,贫不能入学者,赡其家,推而至于同村,于阖乡。其志愿修业者,学费或全蠲之,或递减之,务使教育普及,人尽向学"(戴南璋《锦堂学校简史》)。吴锦堂在《立校兴学》诗中写道:"吾乡风土闭难开,目击顽童忧自来。最是出钱求卖读,学章和泪向优裁。"吴锦堂还把新购买的 1200 亩土地和千万元股票全部捐献给了学校,作为长期办学经费。学校开设了几何、代数、外语、园艺等学科,并备有实验室、棉田桑园等供学生实践所需。其校歌云:"四月初八浴佛日,是我锦堂开校时。好时光,好日子,打破世界旧迷信,实业思想从此始。农与桑,齐发展,培养群英奠国基。"可见锦堂学校是以实业教育为己任的,奠定了慈北小学教育的典范。经过几年的经营发展,学校初具规模。1910 年,吴锦堂改订章程,在两等小学的基础上,添设养蚕室及储桑室楼屋八幢半,缫丝间 12 间,茧灶室 3 间,以及桑园 1 所,肥料室 2 间等。宣统二年(1910)正月,两等小学改名为初等蚕业学堂,添设四年简易科,增收蚕桑科学生 128 名,聘请奉化人江起鲲为监督。次年,又升格为中等农业学堂。其开设的课程既有文化课系列,又有专业课系列,其中农本科的专业课程有土壤、肥料、作物、园艺、农具、气候等 10 余门,蚕本科的专业课程有蚕体生理、蚕体病理、养蚕及制种、气象、桑树栽培法等。自学堂开办起的 10 余年中,吴锦堂前后共捐资 25 万余元,所办学校规模之宽敞、设备之周全、器具之精良为浙江省私立学校之冠,亦为国内私立学校所罕见,其实业教育理念可谓出类拔萃。名流如沙孟海、陈之佛曾就读于此校。1931 年,学校改名为浙江省立锦堂学校。

参见周乃复:《吴锦堂研究》,中国文史出版社 2005 年版;纪立新:《吴锦堂在慈溪家乡的活动述析(1905—1910)》,《近代中国》第 28 辑,上海社会科学出版社 2018 年版。

翰香学堂

位于宁波海曙区仓基街 55 号。清同治十二年(1873),南门仓基举人陈愈守独出己资,创议开办翰香学塾,延师课读,专教族中子弟。取名"翰香",意为"文翰振其书香"。陈愈守作《翰香家塾引》云:"追念先人世泽,流风遗韵,一线犹存,议构书室数楹,颜曰翰香家塾。愿吾宗子弟有志读书,克振书香,毋或怠焉。"惜其不久病卒,创塾之事未能举行。光绪五年(1879),其长子隆藻继承父亲遗志,购地于旧宅之旁,破土兴建。光绪二十五年(1899),翰香学塾已臻于完备,屋凡四楹,中一楹为堂,西一楹、东二楹皆为塾,自东旁推,皆为庖湢之所,再前为账房,为仓间,再前为大门,并偏在东边,面中堂而望,砌石平如砥,四围并缭以垣墙。仓基陈氏阖族子孙皆可入学读书。四子陈隆泽为作《翰香家塾告成记》。

光绪三十一年(1905)十一月,陈隆泽禀请地方官立案,改为翰香初等小学堂,其开学经费即以该塾旧有款项抵充,其学级程度悉遵《奏定小学堂章程》,定学额 30 名,教员 2 人。次年详订章程,推广学额,聘族中陈烨、陈贤礽为正副教员,复聘詹君斌为算术教员。其所订简章第二条"宗旨"云:"注意养成儿童之德性,扩充儿童之智识,强壮儿童之气体。培植本族子弟外,兼收他姓学生,以普及教育为宗旨,于光绪三十一年禀准府宪立案,俟毕业后得以保送高等小学堂。"第三条"办法"云:"谨遵《奏定初等小学堂章程》,设堂长一人,管理学校一切事宜。延请学望素孚教员三人分科教授,并各担任鉴察学生品行之责。"第五条"学龄"云:"七岁以上,十一岁以下。其有十一岁以上儿童愿入本学堂肄业者,现因教育尚未普及,暂为收纳,俟后停止。"第七条"学额"云:"暂定六十名。入本学堂肄业者,须于先一年十一月央保证人来堂报名登册,并立志愿书为证。"第九条"学科"云:"五年级、四年级、三年级为修身、经学、国文、历史、地理、算术、格致、图画、乐歌、体操十科;二年级为修身、经学、国文、历史、地理、算术、乐歌、体操八科,一年级为修身、国文、算术、乐歌、体操五科。"翰香小学堂教学成绩斐然,宣统二年庚戌(1910)冬陈圣佐作《翰香初等小学堂第一次五年毕业记略》称:"今年本族生之卒业者,……于各科学均略有门径,即未卒业而径入商界者,书算亦较寻常生略胜。"1912 年更名为陈氏翰香初等小学校。1924 年毁于火。1926年由陈佐圣捐资重建,名为鄞县私立翰香小学。为今翰香小学的前身。民国十九年(1930)有藏书楼一幢,珍藏古今书籍凡五千余卷。新中国成立前该校驰名遐迩,素有"中学效实,小学翰香"之美称。蔡元培、马寅初、穆藕初等著名学者都曾来校演讲。著名学者傅璇琮、著名作家徐开垒、香港著名企业家袁勃,以及中科院好几位院士都曾就读于翰香小学。

参见《四明仓基陈氏家谱》,宁波天一阁藏本;宁波市教育委员会编:《宁波市校史集》,1989 年,内部刊行。

慈溪县立初级中学

位于今江北区慈城镇慈湖畔慈湖书院旧址。其前身为慈湖中学堂。光绪二十八年(1902),由乡绅陈屺怀、关维震、冯君木等发起,在慈湖书院原址上创立新式学校,并沿用部分慈湖书院旧舍,名为慈湖中学堂,由钱苇吟担任学监。这是慈溪县第一所中学。光绪三十年(1904),关维震任监督,时全校约有学生三十人,分为三班,开设国文、数学、英文、体育等课程。1904—1905 年,陈布雷在此学习两年。光绪三十二年(1906)改称慈溪中学堂。

宣统二年(1910),因浙省饬令各县所设中学堂一律停撤,慈溪中学堂遂改制为慈溪县立高等小学堂,俞鸿梃任校长。1924 年,增设两年制商科,应昌期即毕业于商科。1930 年至 1933 年,附设慈溪师范讲习所,先后有两届学生毕业。

　　1934年,邑人秦润卿、杨敏曾等考虑到本县毕业生外出升学不便,谋在慈湖原址恢复中学,遂着手创建慈溪县立初级中学(简称慈溪中学),获教育厅正式批准。慈溪丈亭下陈村(今属余姚市)人陈谦夫任校长。陈谦夫曾就读于教会学校,高度重视教育,曾作《教育功罪论》云:"国之本在民,民之本在教育。教育者国之兴衰强弱所由制焉。"(胡绳系《陈谦夫先生纪念册》)他热心兴办新学,不但参与了效实中学的最初创办,还于1914年就任效实中学校长。因此,由陈谦夫担任慈溪县立初级中学校长乃是最佳的人选。陈谦夫严谨治校,成效显著。首招学生102名,后学生人数不断增多,致校舍不能容纳。1936年,陈谦夫在向西约200米的野航桥畔老慈湖书院旧址上新辟校基,至1938年秋,拓地50余亩,建成校舍60余间。陈谦夫有《慈溪中学兴废记》云:"中学创议于民国二十二年,翌年之春,旅沪同乡允伙助岁费,始于八月间成立,至三十年四月停办,七年中惨淡经营,薄有可观,此同人赞襄之力也。学生先后负笈而来者千余人,卒业而去者都百有三十。阚峰之麓,慈湖之滨,诗声琴韵得以不辍,不可谓非盛事。初创时假书院为校舍,明年屋小不能容,乃假僧寮为寝室,赁农田为操场。又明年,来者益众,非另筑校舍不为功。谋之乡党父老,裒金五六万,择野航桥畔文元公故居鸠工兴建,至二十七年秋落成过半,凡教室、礼堂、宿舍、饭厅差堪应用,遂徙居焉。学者著籍者二百八十余人。崇楼巨厦,明几净窗,为读书好地。"1939年6月1日,日机轰炸慈城,竟以慈溪中学为首要目标,新建校舍遂遭日机炸毁。面对颓垣残壁,陈谦夫对全体师生说:"敌人只能毁我物质,却不能摧我精神。我们当不折不挠,益加奋勉,抗日到底。"师生们借用罗江芦山寺为临时校舍,辟教室4间,寝室20余间,招录新生96名,坚持办学,弦歌之声始终未辍。1941年4月,日军占领慈城,慈溪中学被迫解散,劫后校址残存砖木亦被日军拆毁,用以建造碉堡。1942年秋,为抵制敌伪奴化教育,使沦陷区青年有书可读,县政府特聘胡绳系为校长,恢复慈中招生。在四明山抗日游击队的支持下,胡绳系等在四乡游击区分散办学,一面坚持教学,一面参加抗日救国活动。其中西区本部校址设在三七市,借镇西董氏义庄开办过的正谊小学原址,对外称正谊补习班。此外尚有西区附设班即崇本补习班、东区长石补习班、北区沈师桥同济学社。抗战胜利后,各分部师生230余人,返慈城复校。社会名流陈布雷、秦润卿等再次筹款建校。1944年,该校订定《训育实施细则》。该校选有名师如钱万斯、叶建之、江圣述、翁心惠等执教,声誉卓著,培养出了大量的人才。1960年7月,因慈城划属宁波市,该校改名为"宁波市慈湖中学"。

参见宁波市教育委员会编:《宁波市校史集》,1989 年。

镇海灵山学校

位于今北仑区邬隘。前身为灵山书院,里人邬羿(县优贡生)创建于清嘉庆九年(1804),南向有讲堂 5 间,东西学舍共 36 间,左右池水环带,嘉木修植。邬羿又捐田 30 亩,作为延师费用和诸生膏火之资。浙江巡抚阮元深表赞誉,并撰文《镇海县新建灵山书院记》以彰其功。当时凡属邬氏东三房(前、中、后)子弟可免费入学,其费由族内租田收入统一支付,一直沿袭到 1949 年。至同治间明经邬锦泉修葺数楹,余仍荒寂。光绪十八年(1892),屋宇倾圮,里人虞清华、虞得祺等募捐重建,改为东向,有讲堂五楹,中祀朱子,左右为夹室,为肄业者居处。后墙垣内,东南隅为魁星阁,循阁而西,有假山,有池,皆为嘉庆原建。其南偏有文武殿,祀文武二帝。殿右有松荫轩,凡三楹。东北偏有春蔼楼、守朴斋等。邬氏移交之田产,除了院基地外,余田八亩,专供春秋二祭及修屋之用。虞清华等人为启开民智,致力废除旧学、创设新学。在原设修身、读经讲经、国文、算术科外,增设历史、地理、体操、图画、手工、音乐科。又设英语课程,这在当时县内诸书院中,属绝无仅有之举。

在晚清新学堂渐兴的大趋势下,光绪三十一年(1905),公议在书院内开办灵山小学堂,是年,建立灵岩区学务委员会,由学务委员聘任区立各小学堂长和划拨灵峰寺香金,给各小学作办学经费。虞清华首任灵岩区学务委员,兼任灵山小学堂堂长,总揽堂务。他制定"民为本,公为先,鼎亲革故,强盛家乡,为国排忧,角遂世界"为学堂宗旨。三十三年(1907)添办高等,正式改名灵山高等小学堂。至宣统三年(1911),因经费不支,停办高等,仍办初等。1925 年,更名灵山学校,试行"道尔顿制"和"杜威教育法",延请有真才实学的学者执教。1925 年又是闰四月之年,因此灵峰禅寺有两次香期。当时,任灵山学校校长兼灵岩区学务委员的虞凌舫,是虞清华次子。他想用该年香金,来建新校舍。经过激烈斗争,虞凌舫最终净得五万银元,新建了钢筋水泥结构的两层红瓦楼房一幢,及浴室、厕所等附属用房。西洋式校舍在当地当时来说堪称一流,校门上方"灵山学校"四个隶书大字,由宁波著名书法家张琴书写。学校曾是镇海县早期中共地下党组织活动地之一,1924 年 8 月,灵山学校建立"少年励志团",他们学习中共中央机关报《向导》《新青年》及《中国青年》等进步书刊,宣传反帝反封建思想。1925 年 9 月中旬,灵山学校建立共青团支部,编为宁波第六团支部,是镇海县最早的共青团组织。团员有王赞襄、唐海沧、钟志一、陈孔代。1926年年初,邬保润任校长,由本校党员教师金适畅、胡焦琴等成立地下党组织。1931年12月中旬,中共特支委员王文荣调入灵山学校,任中共灵山地下支部书记。1941年,镇海县政府接管学校,为县立灵山学校,附设国民学校。1941年26日,遭日军炸弹袭击,春蔼楼被夷为平地。在虞凌舫的努力下,公德校长毛崇芳、中共秘密党员董承璋、中共地下党员虞亚仙、倪巧珍和冯仪等来灵山学校任教,师生又积极进行抗日宣传活动。新中国成立后,镇海县人民政府接管旧公立学校。1951年7月,学校以所在地命名,改名镇海县邬隘小学。

阮元撰、梁同书书《镇海县新建灵山书院记》局部

参见宁波市教育委员会编:《宁波市校史集》,1989年。

宁波效实中学

1911年冬,辛亥革命推翻了帝制,促进了新学的勃兴。时返乡的京师大学堂教授何育杰、两江师范教授叶秉良提议在甬创办新学,得到钱保杭、陈训正等先生的响应,以"以私力之经营,施实用之教育,为民治导先路"为宗旨,创立效实学会。

1912年2月3日,效实学会在宁波电政局开成立大会,公举李镜第为会长,综理本会全部事宜。学会旋即决定以发展实学为宗旨创办一所学校。

他们借得西门盘诘坊育德农工小学堂旧址,创办效实中学校。效实学会起草的"效实学校校训释义"云:"诸生知乎,本校之命名,不曰'崇实'、'尚实',而必曰'效实',其取义盖深矣。夫'效'之云者,可推而施行之之谓也,徒实不足与言学。责效于实,期在可行,此学会同人建立本校之旨趣也。"初创时效实中学校条件简陋,教职员人数仅陈祥翰、冯开、何育杰等 11 人,学生 62 人,分 3 个年级。至 1913 年 7 月,效实高年级学生 11 人赴京参加大学考试,其中 7 人被高校录取,顿时该校名声大振。1914 年,陈谦夫担任效实中学校长,先后建造了"铭三舍"等校舍,并将图书、演讲二部改建为效实校舍,至此效实中学才粗具规模。该校积极倡导实学,一切课程略仿大学预科。课程教授普遍采用英文形式,并聘请美国女学士及圣约翰大学毕业生教授英文。1914 年所写《效实学校成立史》指出:"功课注重实学,与普通中学微有不同,非敢标新立异,只求应用耳。"1917 年,上海复旦大学及圣约翰大学与效实中学订约,凡效实中学毕业生皆可免试,直接保送入学。《申报》1918 年 12 月 5 日登载《效实学校近闻》云:"效实中学校自民国元年开办迄今,十有六载,成绩卓著,校纪整饬,素为社会所信仰。"此后该校发展迅速,据《宁波效实中学十五周年纪念册》记载,从 1920—1926 年,学生人数由 106 人增至 239 人,6 年中翻了一番多。后来成为著名科学家的童第周即为该校 1922 届毕业生。1925 年,效实改行学分制,完成了新旧学制的交替变更。为进一步提高学生的组织能力,效实成立励志学会、正志学会等。1937 年,抗战爆发,学校迁往鄞县高桥,以庙宇作校舍。1938 年,该校在上海牛庄路设上海分校。1941 年 4 月 19 日,因日本军队占领宁波,学校被迫解散停办。1941 年 8 月,由蔡曾祐联络其他原学校人士组建求实学社,以高中教育为主,代行教育。1942 年,上海分校改称储能中学。1945 年 10 月 25 日,复校开学,此后便以此日为校庆纪念日。屠呦呦于 1948 年春入读效实中学,后转至宁波中学。1956 年,效实中学由私立改为公立,并更名为宁波第五中学。1959 年,学校被列为浙江省重点中学。

参见李庆坤:《宁波效实中学》,《浙江文史资料》1991 年第 45 辑;孙善根、钟琴:《教育家办教育:陈谦夫与宁波效实中学》,《宁波大学学报(教育科学版)》2013 年第 6 期;虞兆华:《从效实中学的"墙角档案"说起》,《浙江档案工作》1983 年第 12 期。

慈溪普迪小学

1915 年,由著名的宁波帮代表人物、中国近代金融业启动期的主要推动人秦润卿与旅沪同乡李寿山、王荣卿等人集资创办,意为普及文化,启迪民智,聘请鄞县名士谢缄三任校长,凡进入普迪小学,即可完全免费。初时即有学生数百人。数年后因学生人数激增,校舍不敷,又在慈城原考棚旧址另建"普迪二校",两校学生共有 2000 多人。秦润卿亲立"勤、俭、公、忠"四字为校训,勉励就学者克勤克俭,为造福社会、服务民生而奋发学习。民国三十五年,邑人何虞作《慈溪普迪小学碑记》云:"越共和肇建之五年,而吾邑普迪小学以立,迄于今三十年矣。初秦君润卿悯单寒子弟,力不足供脩脯,彷徨黉舍末由入。喟然曰:'古者党有庠,术有序,奈何不为之所耶?'会有与人钱通,必得君居介乃谐,既介,例得酬,为银币千三百版有奇。不欲却之为名高,将资以兴学,虞体大,戋戋者无以集事,即走咨李寿山、郑秉权、穆景庭、徐庆云、秦子敬诸君,相与集资疏募,观其成,君更傅益之为成数,凡银币万二千版,即就邑西郊正始学堂废址,厄材赋匠,更新构作,经始于四年九月,翌年正月工就。……校舍不任容,乃拓第二校于北郭清校士馆,两校生徒无虑千余人。"

　　普迪小学是当时一所新思潮颇为活跃的学校,巴人、柔石、陈家祯等均曾在此任教,不仅给学生们带来了丰富的知识,更为学校注入了新鲜的时代空气。1923 年,柔石从第一师范毕业后,在杭州应家任家庭教师半年,次年赴慈溪普迪小学任教,课余从事小说创作。柔石在普迪小学时,热心地向学生传授知识。为了教育培养孩子们,曾翻译过《很有本领的猎人》《玫瑰花》《烧茶女》《红帽儿》等 10 篇童话;创作了《真儿有四样了》《许多野兽很淘气》《明儿寻母记》《聪明的瞎子》等 4 篇儿童故事。他也利用业余时间积极从事文学创作,先后著有《船中》《疯人》《前途》《一线的爱呵!》等小说和长诗《他和髑髅》,并开始用"柔石"的笔名发表小说《生日》。1925 年,他自己设计、校对并自费出版的第一部短篇小说集《疯人》由宁波华升书局承印,宁波文明书局及新学会社委托代销。他还以在普迪小学执教的经历为素材创作了现代文学史上的小说名作《二月》。巴人《自传》云:"1922 年 9 月至 1923 年 6 月,我转到慈溪普迪小学教书。在这一年中,我浸沉在新文学的学习里,并且由郑振铎的介绍,加入了'文学研究会'。"在普迪小学任教期间,巴人对新文学运动产生了浓厚的兴趣,曾在《小说月报》《文学周报》《文学旬刊》等刊物发表过《余波》《途遇》《谈猎》《侄儿》《吃惊的心》《大树》等诗作和小说多篇。1923 年 12 月,其散文诗集《情诗》作为春风学社丛书之一出版。同年,他加入文学研究会和中国社会主义青年团。次年加入中国共产党。当时被聘请到普迪小学当教员的还有擅长琴棋书画,被称为"四明才子"的陈家祯。

1922年10月12日的宁波《时事公报》曾以"普迪学校艺会补志"为题对该校举办的国庆纪念活动做了详细报道。日寇侵占慈城期间,普迪小学的校舍遭炮火毁损。抗战胜利后,秦润卿捐资修复,普迪的学生又得以重返校园。当时普迪小学还特别规定:本校优秀毕业生可免费保送入慈溪县立初级中学(今慈湖中学);若不升学,则可介绍到上海五和织造厂、大有余榨油厂、鸿章纺织厂做工,其中文科优异者可介绍到钱庄、银行做练习生。因此它是一所平民化程度较高的新式学校。普迪小学为国家培养出不少有用人才,学生中很多人成为商界精英、学界名人。1952年,长期受秦润卿资助的普迪小学由人民政府接办。2008年下半年,在全国文物野外普查中,普迪小学的旧址(位于慈城古镇民族路46号)重被发现。

　　参见宁波市江北区慈城镇人民政府、宁波市江北区文物管理所编印:《江南古县城:古镇慈城》2014年12月号慈城普迪小学专辑。

袁燮教育思想

　　袁燮是南宋甬上著名的教育家,不仅教学经验丰富,其儒学教育思想亦颇具特色。

　　以崇兴教育为急务,把教育放在国家优先发展的位置上,这是袁燮一贯而突出的思想,就是因为他看到了教育的巨大作用。袁燮认为教育的宗旨,就其个体来说,是为了成就其美质。所谓美质,也就是主体的优良素质。理学家以善为美,故"美质"犹董仲舒所谓"善质",即天生良善的禀赋(即人性中天然潜蕴着的道德化的资质),以及善恶的判别能力(才质)。袁燮认为人的天赋之美质是生来大体平等的,人人咸具的。但人如果仅仅保持其自身天然质朴的素质而不学习,仍然不能成为完全意义上的人。人要从生物人变为道德人,唯在于教养。如果教养不至,美质容易在物欲的障蔽下日以沦胥,反之,训迪有方,切磨培植,良心著明,就会使"人有士君子之行"。受学的作用就是要使主体的优良质素加以扩充发扬,以期实现德性的圆满完善。从这一层面上,袁燮才在《通州州学直舍记》中说:"师生之讲习果何事,亦惟曰成就其美质而已。"关于教学原则,袁燮提出了要"随其资质而辅导之"的思想。要做到这一点,首先必须深入了解教育对象的资质情况,然后因材施教,因病下药,才能帮助克服教育对象的毛病,而启发其美质。袁燮"随其资质而辅导之"的思想,虽然针对"正君之心"提出来的,但却是普遍适用的一个教育原则。袁燮还频繁地使用"自得"这一话语,特别强调"自得"为"善学"之要。他说:"学以自得为贵,学不自得,犹不学也。"(《书赠傅正夫》)又说："虽曰务学,而未至于自得,犹弗学也。"(《通州州学直舍记》)可见"自得"在袁燮的学习论中占有突出地位。袁燮是从体会于心、体证于心的心性工夫层面来关注自得的。袁燮在诠释"自得"这一概念时,暗含着一种自我建构、自我树立的主体精神,确立了"自得"的创新维度。在宋儒中,袁燮首次提出"自得"的标准是"求异于人",其突出意义在于强调思想上的创发性,自出机杼,戛戛独造,渗透其中的无疑是主体的自觉和独立意识。其次,袁燮破除了对师说的迷信,倡导发挥,反对因袭。袁燮以杨简为例,明确提出,对于师说不应亦步亦趋,句句照搬,而应在心通识默的基础上"大有所发挥"。他认为只有"发愤力学,期于自得,庶可以续象山之传"(《止善堂记》),这既表明了袁燮力图发展陆学的强烈愿望,同时也指明了"自得"是学派得以承传的客观规律。他还发展了孔子有教无类的平等教育观,提出了可贵的全民教育思想,指出无论贵贱,人人都有受教育的权利和义务。只有人人受教育,才能养成全民的文明行为("君子之行"),如此才能达致"致治之极"。袁燮要求实行全民教育的思想,与同时代的大教育家朱熹在《大学章句序》中提出的"自王公以下,至于庶人之子弟"都应该接受小学教育的思想相合辙。在南宋社会贫富悬殊显著的时代,他们本于儒教的仁学精神,都要求把教育对象扩大到每一个社会成员,并把普及教育提高到关系人口素质和国家政治的高度来认识,这都使他们的教育思想闪耀出一缕民主性的光芒。

参见袁燮:《絜斋集》,影印文渊阁《四库全书》本;张如安:《论南宋袁燮的儒学教育思想》,《鄞州文史》第 5 辑,2008 年。

杨简教育思想

杨简是陆派心学教育家,他有着丰富的教育实践。他一生在浙江的富阳、温州以及四明的碧沚书院、慈湖亭馆和江西的乐平讲学,培养出了大批的学生,成效显著。他在教育思想上的独特贡献,在于建构了具有彻底的心学色彩的教育思想。

杨简的心性论是其教育思想的基石。他秉承了陆九渊心即理的思想,肯定心即是道,坚持心性一体,教育的首要任务就在于"明心",即启吾固有的本心。心即道的思想决定了杨简"不知即知"的认识论。杨简秉承了孟子"教亦多术"的教育理念。孟子强调的是不屑之教,是亦教之,此乃是一种独特的教育心理学。杨简将孟子的不屑之教进一步发挥成心学色彩的不教之教。既然世界万物之理皆具于本心,则一切自然过程皆可以是启发本心的途径,因此天有四时、地载神气,无非教也。至于厚生而养生的切身日用之事,亦是即用即教,教用合一。心即道的思想决定了杨简"不习而习"的学习论。杨简不仅认为道的认识不能通过知识的积聚来获得,而且也反对思虑的探索途径。道本为人心所自有,是不学而能的先验性存在,它只能被开启,而无须借助经验性的学习活动。他指出,学者总喜欢把"道"支离为各种概念,哪怕这种"意虑"是贞正的,也不是"光大"的精神状态,真正的"光大之贞",乃是"不劳外索,不假思虑"。这就是说,道只能通过清明虚灵的潜意识的直觉活动来领会。他在《杨氏易传》卷二中说:"此道乃人心之自有,不假修习而得。"因此,杨简提出真正的学习应该是"不习而习"。为了达到"启吾心之所自有"的教育目标,杨简将教育内容区分为道和艺两部分。他认为圣道和德性的学习,应是第一位的,艺的学习是第二位的。在杨简看来,六经皆心经,是吾心之妙用,那么阅读六经就应从吾心的变化出发,以吾心为指导。杨简认为教师的作用在于帮助学人恢复起本有的主体精神。杨简很重视学校教育,特别提出了培养师资的思想。杨简曾在《家记十》中,"论治务之次急者"有八,其五云:"择贤士,聚而教之于太学,教成,使分掌诸州之学,又使各择邑里之士,聚而教之,教成,使各掌其邑里之学。"根据他的设想,太学乃是培养全国学校的校长和教师之最高学府,这已经是中央集权下的师范教育的理念了。

参见邱椿:《杨简的哲学和教育思想》,《古代教育思想论丛》上册,北京师范大学出版社 1985 年版;李方圆:《杨简教育思想研究》,河南大学硕士学位论文,2013 年。

王应麟教育思想

王应麟是宋末元初一位学识广博的学者,一生有着较为丰富的教育实践活动,拥有丰富的教学经验。

王应麟主要继承了朱熹的教育思想,既"尊德性",亦"道问学"。就"尊德性"这一层面而论,传统教育一贯重视道德教育,儒者论述教育之各个环节,无不体现了伦理本位型的特质。王应麟完全认同孟子"教以人伦"的教育思想,提出"学所以学为人,学为君子,学为忠与孝也"(《重修学记》)的教育目标。王应麟又继承了孟子以仁义为本的教育思想,指出为学在于求仁。他认为学校教育应该将道德与政理结合起来,后世学校教学的指导思想发生了错误,才导致了道德、政理在学校名存实亡。他有针对性地强调"为己之学",即学习古昔圣贤之道,必须首先用于修身,而反对将学问当作标榜自己的资本,更不能以之作为谋取利禄的手段。他强调教化对于端正人心,扭转世风的作用,尤其是将其提升到了关乎国家的"安危存亡"、关乎立国的高度。王应麟进而结合南宋现实,在对当时的教育状况进行抨击时,阐明了教育的目的。他指出教化不醇,便不能"熏陶性质",人心就不知节义廉耻,那么必会导致社会动乱。王应麟的教育思想强调以仁义为本、明人伦为先,体现出他所理解的"尊德性"更多地继承了程朱的传统。他特别重视对儿童的德行教育,指出了自蒙入圣的为学路子,将蒙学当作入圣的阶梯。但王应麟又不是片面地强调"尊德性",他不执一端,更多地要求在教育上传授有益于家国、社会的广博知识,其庞大的学问格局,充分体现了朱熹重视的"道问学"的路向。他是在"尊德性"的导引下从事"道问学"的活动,又在"道问学"的过程中滋养"尊德性"的精神,两者相互交融、相互渗透,从而在很大程度上缓解了朱陆之间"尊德性"与"道问学"的紧张关系。在教育的内容和方法上,王应麟更强调"博学"。"博学"是甬上竹林王氏家风的标帜。宝祐四年(1256)朝廷举行博学宏词科考试,王应麟荣获第一名。这是竹林王氏家族最为荣耀的一件大事,王应麟也由此开启了以博学为尚的王氏家风。王应麟推崇朱熹的格物学说,认为要引申出为人之理,就必须先穷得物之理。因此,他强调博识多闻,要求广泛深入地进行学术研究,以"君子耻一物不知"自勉。王应麟编纂的蒙学读物,同样贯穿了"博学"的教育理念。王应麟编纂的《小学绀珠》10卷,是一部类书,分天道、律历、地理等17门,每门之中以数为纲,以所统之目系之,编排形式与其他类书不同,其所包括的内容极为广泛。他认为这类知识理当从小"索习",方不致有"寡学"之虞。关于学习的方法和途径,王应麟论述相对较多,其中比较重要的论述,可概括为以下五点:学贵立志、心悟、知要、践行、致用。致用可以说是王应麟教育思想的最后落脚点。他反对寻行数墨,强调学者于践履实地用功,才能真正有补于实用。王应麟的学习论,目的性明确,伦理性浓厚,实践性强烈,对我们现代人的学习仍有一定的启示意义。

参见唐燮军:《论王应麟的蒙学》,《宁波大学学报(教育科学版)》2001年第1期;张如安:《南宋宁波文化史》,浙江大学出版社2013年版;韩杰会:《从〈小学绀珠〉看王应麟的教育思想》,《人生十六七》2017年第8期。

戴表元教育思想

戴表元青年时从学于王应麟、舒岳祥。宋度宗咸淳七年(1271)中进士,任建康府教授,入元后,"寻常不过傍家教学,以赡给衣食"(《谢王廉访书》),曾一度教授奉化县庠。大德六年(1302),以荐拜信州教授,十年,再迁婺学教授,以疾辞归。戴表元一生的主要职业是教育,在长期的教学实践中,积累了丰富的教育经验。

戴表元提出人生以"成材"为终极目标。大德五年(1301),戴表元作《赠黄彦实序》,通过批判老庄"不愿成材"的思想,鲜明地主张"成材"说。戴表元以为人生斯世,要么自己成为人才,要么接受精英人才的统治,这是理所当然的,怎么可以像老庄说的那样不要聪明呢? 他用生动的比喻,阐明了人生成才的必然性,成才也就成为教育的终极目标,这与统治者所要选拔的人才实相吻合。戴表元还提出了"不以道废物"的教育观。他大胆地将"讲道"与"习艺"并列在一起,在不否定"讲道"的基础上,大大提升了"习艺"的价值。不同的教育目的,决定了不同的教育内容。戴氏的话语体系中,"艺"属于"物"的范畴,是形而下的。但他明确表示不可轻视"物",更不能"以道废物"。他批判"后之君子"只会坐而论道,却不知身边跟衣食住行密切相关的事物。这种"以道废物"的所谓君子,是戴表元所鄙视的。他的议论针对的是那些混迹于科举场的"道德"子弟。戴表元一贯主张学习各种有用的社会知识,认为学不能离事。他所说的"事",有时也被称为"物",指的是被"道德"子弟遗弃的所谓贱事,包括务农、执役之事。他在《余轩记》一文中,赞成古之君子的学习之法,明确表示"粪除趋走,弦歌舞蹈,弓矢羽籥之类,及诸贱之事"无一非学。戴表元在此特别强调了艺能运动对于强健体魄的特殊意义,明确指出"有事"的价值,在于"劳其心思,而役其筋骸",即心智得到开发,筋骸得到锻炼,使"心思"和"筋骸"两者并进,为以后的临事打下良好的基础。他在《拟晋山房记》中提及的"事",既包括"粪除趋走"之类的贱事,也指闲居偃息之时的投壶、歌诗、舞蹈、琴瑟、祭祀、宴享、算数、书刀简牍类的专门技术,同时也包括舞弄干戈之类的武术运动。这些都被他视为"有益于人"的事。戴表元指出学者不要鄙弃这些贱事,平时娴熟了诸贱事,不唯能够强健体魄,而且一旦临事,亦能从容处之。他还认为政事与医学、游泳一样,也是需要专门学习的,这就进一步拓展了"事"的范围。戴表元还继承了王应麟博学的教育思想。他明确表示反对"专精"方式,主张广泛地记诵各类知识,并以辞章润饰之。他所说的博学,是与"事"紧密相连,不仅指一般意义上的博览群书。如他在亡国后隐居家乡之时,为了解决衣食问题,"寻计蒙《种树书》、陶公《养鱼法》之类而习之"(《左氏蒙求序》),这当然也可纳入博学之范围。在教学方法上,戴表元不赞同元代学官盛行的念诵讲稿的教授方法,而认同启发引导、辩疑问难的教学方法。

参见张如安:《元代宁波文化史》,浙江大学出版社2018年版。

程端礼教育思想

程端礼(1271—1345),字敬叔,号畏斋,鄞县人。大德四年(1300)为广德路建平县教谕,主教于赤山精舍。至大年间转任池州建德县教谕。延祐三年(1316),调任江苏集庆路江东书院山长,转至江西信州路任稼轩书院山长。元顺帝至元三年(1337)八月调任江西铅山州学教谕,主持铅学七年。至正元年(1341),受庆元路总管王元恭之聘,与郑奕夫一同入斋教学。程端礼一生不遗余力地从事理学教育,每到一地,总是积极推动当地的教育事业,秉持朱熹熟读精思的教学法,对学生循循善诱,务使日有长进。因其教育有方,听其论说者很多,培养出了大批高才。

程端礼认为学习是为了最终应科举入仕;为了应科举,学习必须有一定的次序和方法,"失序无本",则不仅不能学到扎实的知识,也耽误了科举。他在任建德县学教谕时根据朱熹关于读书治学的思想,于延祐二年(1315)起编订了《读书分年日程》,从教育阶段、教学目标、学习年限、课程设置到教学科目、读书顺序和教学方法、检查考核都做了周密的设计和具体规定,目的是克服以往科举的弊端,使士人读书穷理以得实学,实现培养"君子儒"的教育目标。程端礼声称他这本书"盖一本辅汉卿所粹《朱子读书法》修之",但他所列"六条目"(居敬持志、循序渐进、熟读精思、虚心涵泳、切己体察、着紧用力)实本诸老师史蒙卿,与张洪、齐熙所列《朱子读书法》在结构和文字上有很大出入,两者排序方式的不同,明显暗含着为学方法和学术见解的分歧。"居敬持志"在前,表明了史蒙卿的学问是以"尊德性"为先,他是由陆入朱。程端礼《读书分年日程》的贡献在其教育阶段理论及其教学计划、课程设置理论方面。元代以前,我国无严格的教育阶段划分,只把学校教育划分为小学和大学两个层次,8 岁入小学,15 岁入大学,直至朱熹仍是这样划分。程端礼则不然,其最大的贡献便是对"分年日程"的阐发和实践,这具体表现为教学安排的阶段性和连续性的统一。所谓"分年日程",即指预先制订的分阶段实施的教学计划和程序。他将青少年教育按照年龄、心理特征和思维发展水平划分为三个阶段:八岁前为启蒙教育阶段;8 岁至 15 岁为小学教育阶段;15 岁至二十二三岁为大学教育阶段。是为"分年"。他又安排了程序化的读书日程和计划,将每日划分为早、晚和白昼三个单元,又将数日划为一周,每日每周合理安排读书内容,如此周而复始。每读一书,立一簿,按单元、日、周一一登记,逐项检查。程端礼特别强调日程安排的"读经空眼簿",学生人手一册,注明每日功课纲要节目,次日教师当面检查,完成者教师亲笔勾销。比起此前的其他理学教育家来,程端礼尤其重视教学的程序性和计划性,制订可行的学校教学计划,明确了教学的终极目标和任务,以及各个教学阶段的教学目标和任务,通过分阶段有序地实施,取得最佳的教学效果。程端礼《读书分年日程》要求把教学的教材知识内容划分成几个阶段,每一阶段又划分成许多大小单元段落和具体目标,这些目标由易到难、由浅入深,相当全面明确,既便于对教学过程的监控,又便于测评教学目标的达成度,从而使教学有了明确具体、详细的规范可循,这对后代的学校提供了行之有效的指导。若将其放置在中西教育思想史上考量,程端礼的教育阶段理论比 17 世纪捷克教育家夸美纽斯(1592—1670)《大教学论》还早300 多年。在程端礼的不断努力下,《读书分年日程》产生了广泛的社会影响,远远越出私塾教学的范围,各地官学、书院及友朋间广泛传抄和刻印。后此书引起国子监的高度重视,曾被统治者颁行于各郡县学馆作为样板。而且这一《读书分年日程》,可以说是元、明、清三朝各级学校最典型的"教学计划",影响直达三代。后世还产生了一些仿效之作,如清代理学家陆世仪的《思辨录》、梁启超的《读书分月课程》,以及民国时章太炎的《中学读经分年日程》等。

参见〔元〕程端礼:《程氏家塾读书分年日程》,黄山书社 1992 年版;张传燧:《程端礼及其〈读书分年日程〉的教学思想》,《教育史研究》1998 年第4 期。

方孝孺教育思想

明代学者方孝孺长期从事教育活动,最初在宁海前童的小学教书,后来到汉中教授大学,还应四川蜀王朱椿之聘担任世子之师。方孝孺长期处在教学的第一线,对当时教育现状是很不满的,曾批评说:"后世教无其法,学失其本者,汨于名势之慕、利禄之诱,内无所养,外无所约,而人之成德者难矣。"为了改革这一教育弊端,他要将理学思想自始至终贯彻到教育活动中。

方孝孺的教育理念,实根本于其理学思想。在方孝孺看来,教育的本质就是伦理地造就人。他在《读书斋记》中云:"圣人惧人性之偏于所习,而沦于不善,立诗书礼乐以教之,愚者使之通,昏者使之明,悍者使之淳,顽者使之廉。"教育就是要改变人的自然本性。方孝孺梳理了宋元宁海教育的演变过程,他在《赠卢信道序》中说:"吾乡之士多秀而有文,比三百载间,其俗凡三变:在宋中世,相高以文辞;逮乾道、淳熙后,闻大贤君子之风而悦之,重道德,尚名节,褒衣危巾,讲论性命,言行必本乎礼义,闾巷之间弦诵之声相接;

至于元以功利诱天下,众骧趋之,而习于浮夸,负才气者以豪放为通,尚富侈者以骄佚自纵,而宋之旧俗微矣。"很显然,第二变是其心目中俗的理想形态,其实质是俗的理学化。元代一变而为功利,使俗尚浮夸骄纵。因此,方孝孺企图通过理学教育,彻底扭转元代功利化的教育形态,复还宋代乾淳以来高度伦理化的习俗。因此,他明确提出为学要以宋代朱熹为师法对象。方孝孺认为圣功始于小学。黄宗羲《明儒学案》卷四十三提到方孝孺"谓'圣功始于小学',作《幼仪杂箴》二十首"。所谓"幼仪",即幼少奉侍长者之仪。古者八岁而入小学,教之以幼仪。幼仪为立身行己之本,不仅是对幼儿来说的,也是对成年人来说的。方孝孺认为学道君子,养其心志,体验天道,而这个道就在日用常行中,无处不在。方孝孺强调要因人因时施教,不同的教育阶段会有不同的教学任务。他对宗族设计的一套教育方案,比较能说明问题。在小学阶段,他提出:"七岁而学,训之孝弟以端其本,训之歌谣讽谕之切乎理者,以发其知。群居而训之和,赐之以物,而导之让,慎施朴楚,以养其耻。敏者守之以重默,木者开之以英慧,柔者作之,强者抑之,扶之植之,摧之激之,而童子之质成矣。"(《宗仪九首·务学》)在教学方法上,针对儿童的特性,方孝孺提出"自其近而易行者为学",即从儿童最容易接受、最贴近儿童的方面入手,逐步深入和提高。对大学的教学,方孝孺提出:"立四教,皆本于行,行不修者不与。一曰道术,二曰政事,三曰治经,四曰文艺。"(《宗仪九首·务学》)方孝孺总是强调学习的重要性,认为"学则可以守身,可以治民,可以立教"(《杂诫》)。这一说法充溢着强烈的用世精神。他希望统治者能"各因其才而用之"(《明教》),为此他设计出一套独特的选拔人才的方案,就是将太学制度推行到郡县,以六科为准,逐级推荐。

参见方孝孺:《逊志斋集》,徐光大校点本,宁波出版社 1996 年版。

王守仁教育思想

心学教育家王守仁从 34 岁开始聚徒讲学,此后即使从政也不忘教育。他谪居龙场,创办龙冈书院,后又主讲贵阳书院;在江西创办社学,修建濂溪书院聚众讲学,又集门人讲学于白鹿洞书院;总督两广军务时,创办思田学校、南宁学校和敷文书院。致仕后,先辟稽山书院,后办阳明书院,又讲学于余姚龙泉山寺。王守仁的办学和讲学活动,直接推动了明代书院的复兴。

王守仁的教育思想具有鲜明的教育哲学色彩。哲学思想是指导他的教育活动的一般理论,而教育学说又是其哲学思想的具体运用和发挥。"知行合一"既是王守仁伦理哲学范畴的概念,也是教育哲学命题,这一命题主要是针对程朱理学教育的流弊而阐发的。王守仁指出学校教育失去了儒家的"圣人之道"的本旨，其根源在程朱"先知后行"的错误理论。他因此提出"知行合一"说，以补"先知后行"之偏，以救"知而不行"之弊，从而拯救士林道德。王阳明提倡知行合一的动机是为实践他致良知的教学内容，但他把知和行看作是一个互相渗透、互相促进的过程，从动机上看知和行是统一的，从层次上看知和行的推移又是循环往复、无穷无尽的。在古代教育家中把知行关系说得这样深刻透辟的还很不多见。从知行合一的观点出发，王守仁重视实践，强调效果，他进行德育教育就主张"践履躬行"，"事上磨炼"。知行合一说的内在精神是"合心与理而为一者"，教人放弃对书本文字的迷信，要在"事上磨炼"，首先突出强调道德主体者的主观能动性和道德实践的意义，强调的是现实的活泼泼的自我之心，而不是外在的天理、规范、秩序和权威、书本教条。其次它还突出了伦理的感性心理，而不是与感性血肉不相联系的逻辑的"理"。因此决定了教育的价值取向是实实在在的"行"，而不是空疏无用的"知"；是自我道德人格的实现和完善，而不是身外之物的功名利禄。由此，王守仁建立了他的教育目的论、价值论和教学论等思想体系。其真实目的是要使道德教育从书本文字教学中解放出来，面向现实，面向道德实践，面向社会所有成员。重视道德实践主体的人的价值取向，始终贯穿着王守仁的教育学说。王守仁在教学上一再强调"人要随才成就"，根据个性的千差万别，不采取一般的模式去强求一致，而是根据每个人的不同遗传基因和不同爱好而采取不同的教学方式，使其向各自理想的境地发展。

参见丁仁斋：《王阳明教育学说》，复兴书局 1955 年版；余文武：《王阳明教育思想研究》，西南交通大学出版社 2008 年版。

钱德洪教育思想

钱德洪（1496—1574）是王阳明的学生，也是王阳明之后儒家心学的重要代表人物之一。他一生大多在教学中度过，培养了众多的王学弟子，积累了丰富的教学经验。

在教学中，钱德洪非常强调实践。他教育学生："目不累色，便是目之超脱；耳不累声，便是耳之超脱；心不累私，便是心之超脱。非是离却事物以为超脱也。"他进而批评那些脱离实际、无所作为的学者："天下安得无事之人与之论学乎？必无事之人而后可与论学，然则所学者竟何事耶？"这无疑是说，教学如果离却具体事物，对于做学问的人来说，则无学问可做；对于学生来说，便学不到真正的知识。那么如何才能使教学联系具体事物呢？他提出了行"操之"之说,并举例说:"操如操舟之操,操舟之妙在舵,舵不是死操得;操军必要坐作进退如法;操国柄必要运转得天下。"这就是说,要想学习驾船,就得首先亲自操作如何把舵,要想治军、治国,均必须在实践中学习提高。他在教学过程中还注重抓住要点去点拨学生,启发他们思考问题。他"与门人处以意相授,有疑义时启其机,以待其自悟,不欲尽发也。待弟子严而有礼,有过则微示之向,使人之意尽消"。显然,他是非常重视培养学生独立思考、领会贯通能力的。钱德洪还在教学上极力提倡"教学相长"。他认为:"教与学只是一事。我诚心为善,人自起同善之心,则教亦行于其中矣。要人为善,诚心委曲以导之,则学亦在其中矣。今人只要求责于人,不知未能寡人之过而反益己之过。"(以上孙奇逢《圣学宗传》卷 21)这就是说,要想为人师表,就必须"诚心委曲以导之",这样对学生来说有了学习的榜样,对教师自己来说,也是一个学习提高的过程,这种对教与学相辅相成辩证规律的认识,还是非常精辟的。钱德洪认为:"至道非以言传,至德非以言入也。"为学不能只从语言上学,而应到实际的事务中去磨炼体会。他举例说:"与富家翁言,惟闻创业之艰,与富家子弟言,惟闻享用之乐。言享用之乐,非不足以歆听闻而起动作也,然终不如创业者之言近而实也,此圣贤之辨也。"(《论答年谱书》)每人都喜谈自己亲身经历之事,但各人的经历和实践有深浅之别,故其言能打动人的程度也不同。富翁有艰苦创业的经历,故其言较富家子弟享乐之言更显得切近而真实。所以他说:"实际之言,真确有味,闻者能无痛切乎?"(《论答年谱书》)只有有实际的言语,才能使人闻后感到有趣味并产生同感。综观钱德洪的思想,他始终坚持王学的思想观点,不愧为王学的忠实捍卫者。其学术思想虽有三变,但其核心还是良知本体论。在王学逐渐流于空疏之际,他奔走呼号,阐明师教,力辟空疏,以恢宏师说为己任,强调"慎独"的修养功夫,旨使王学归于一。钱德洪很好地把握了王学主体意识的能动作用这一面,继承和发挥了王阳明的事功思想,强化了"行著习察"的"实地格物之功"的命题,闪耀着经世致用的实学思想的火花。

参见钱明整理编校:《徐爱钱德洪董澐集》,凤凰出版社 2007 年版;郑红萍:《明儒钱德洪的生平与思想》,上海大学硕士学位论文,2005 年。

黄宗羲教育思想

黄宗羲是清初重要的启蒙思想家,也是伟大的教育家。

黄宗羲的教育思想在一定程度上体现了当时先进的社会意识与超前的时代精神。第一,主张躬行实践,经世致用。黄宗羲认为教育的根本的目的在于培养能"立功建业""纬天经地"的治国之才,反对那种脱离社会现实,一味空谈心性,反对静坐参悟一类的工夫。他积极倡导为学者穷经兼读史,高举经世致用的旗帜。他说:"明人讲学,袭语录之糟粕,不以六经为根柢,束书而从事于游谈。故受业者必先穷经,经术所以经世,方不为迂儒之学,故兼令读史。"(全祖望《梨洲先生神道碑文》)他认为通经是第一位的,"人不通经,则立身不能为君子,不通经,则立言不能为大家"(李邺嗣《送万充宗授经西陵序》)。第二,提出取士八法。黄宗羲认为朝廷将科举作为取士的唯一途径,就会导致"豪杰之士老死丘壑者多矣",因此要恢复古代宽于取士的做法,提出了著名的"取士八法",即科举之法、荐举之法、太学之法、任子之法、郡县佐之法、辟召之法、绝学之法、上书之法。这是其经世致用思想在人才选拔上的体现。第三,在内容上设计了新教程。他除将经、史、子、集列为教学和考试的内容外,同时提出学校必须开设绝学课程。所谓"绝学者,如历算、乐律、测望、占候、火器、水利之类是也"。黄宗羲提倡的教学内容与当时传统僵化的教材模式不同,他要求学习者在掌握作为古代士人必须熟知的经史典籍外,还应该广泛地学习各种具有实用价值的知识,包括当时自然科学知识,甚至吸纳了某些传入中国的西方科技知识。可以说黄宗羲提倡的教学内容,无论在广度和深度上都达到了当时时代的最高水平。第四,在教学上,黄宗羲主张"学贵适用"、学贵独创等教学原则。他所说的"学贵适用",指的是学道必须与事功相统一。他批判了鄙视经世才能、不关心社会变革的空疏学风,同时也反映了启蒙学者在历史变动时期对于教学的期望与要求。黄宗羲一贯主张学贵独创,强调学者要"发先儒之未发",同时不抹杀"一偏之见""相反之论"。黄宗羲还提出学人要善于提出各种怀疑,在《答董吴仲论学书》中明确提出:"小疑则小悟,大疑则大悟,不疑则不悟。"黄宗羲强调怀疑在治学过程中的重要作用,认为只有善于提出怀疑的人,才能引起深思,才会有所创见,这是符合学习的基本规律的。他在教学方法上,常采用讨论辩难的方式。李邺嗣在《送万充宗授经西陵序》中称,他们的学习方法通常是众弟子们"先从黄先生所授学说经诸书,各研其义,然后集讲",每月两集,有疑问或不解之处,待黄宗羲来宁波后,再"从执经问焉"。这种教学方法是先由老师布置研读任务,然后由学生自主研修、自由集讲,最后才向老师问难。黄宗羲倡导的这种研究讨论式的教学方法,为浙东造就了一批经学、史学、哲学、文学方面的人才。第五,提出了"师道"的新要求。黄宗羲认为教师除了向学生进行传道、授业、解惑以外,还必须从事清议。他指出,太学祭酒在讲学时,应该议论朝政,若"政有缺失",则"直言无讳"。他关于教师议政的思想,是对传统教师职责理论的拓展和深化。

参见韦齐发:《黄宗羲教育思想初探》,《福建师范大学学报》1986 年第 3 期;金林祥:《教育家黄宗羲研究》,青海人民出版社 1993 年版。

张寿镛教育思想

1925 年 6 月,上海数百名爱国师生毅然脱离了圣约翰大学,组建了私立上海光华大学,张寿镛为首任校长,并主持校务长达 20 年,积累了丰富的教育思想。

张寿镛曾言:"一国之教育,必有一国之历史与精神。历史者,祖宗传授之基业;精神者,子孙所以报答祖宗,而发挥光明其基业,以推诿于无穷者也。……光华之肇造也,其意义如此而已。"(《创造光华之意义及今后对于同学之希望》)张寿镛的办学之道具有鲜明的特色。一是始终重视学生精神的培养,注重学生的心理建设。光华大学诞生于反日爱国的五卅运动怒潮中,故张寿镛特别注意培养学生的气节,大力倡导爱国精神。《光华大学暨附属中学招生广告》中明言光华大学的办学宗旨为"以培养高尚人格,激发国家观念为主",并希望"深沉纯挚之爱国观念,由光华启之"。张寿镛还说:"夫物质之建设难而实易,而精神之贯彻易而实难。""我们光华的目的,就在造就君子,不许有小人。"张寿镛在晚年所著的《六十年之回忆》中可以无愧地说:"第一件事,是如何将光华大学,办得完完全全,光华之精神,首重心理建设。毕业学生,大都于人格上尚能完全无缺,老夫是要居些功的。"二是倡导知行合一。张寿镛从传统学术中汲取资源,不遗余力地向光华学生推行王阳明"致良知"学说。1935 年 3 月 10 日,张寿镛首次在《光华大学半月刊》上刊载《王学发挥》,中云:"阳明先生不特为浙东大儒,实上下古今罕见之大儒也。……及今思之,一生为人,不蹈小人一途者,皆阳明先生之学之赐也。爰就所得于阳明学者,分篇述之,为儿孙告,并为吾光华同学告。"他在《六十年之回忆》中说:"为学如不从心骨入微处用力,致其良知,则记诵之广,适以长其傲;智识之多,适以行其恶;闻见之博,适以肆其辩;辞章之富,适以饰其伪。"三是尤重实学。1932 年 12 月 12 日,光华大学例行总理纪念周,张寿镛与会讲话,演讲内容于当月 26 日的《光华大学半月刊》上刊载,题为《张校长注重实学》,其中谈道:"光华而以实学为重,理商两学院之注重实科无论矣,即文学院亦以数学与自然科学为必修科目,可见与教部方针,若合符节,以后诸生宜格外注重实学,扫去我国昔时空谈文学政治之弊,平日应随时检点,将求知的工夫加多些,娱乐的时间减少些,是所厚望云。"张寿镛又在《光华己卯年刊序》中说:"知工商之足以救国,则必无忽乎理化;知教育之所以济世,则必普及于社会;知劳动资本之调整,则银行必审其运用;知生产消费之支配,则经济必探其本源。"四是在教学内容上强调中西并重,兼容并包。他效法蔡元培,广揽海内外名儒以任教,聘请客座教授演讲,有胡适、梁实秋、林语堂、茅盾、马寅初、邵力子等一流的师资阵容,实为当时全国大学之翘楚。在张寿镛的精心培育下,光华大学人才辈出。

参见张寿镛、张芝联编:《约园著作选辑》,中华书局 1995 年版;俞可:《大学之光华——光华大学及创校校长张寿镛》,《世界教育信息》2011 年第 6 期;吴雯:《百年大计,根在树人——光华大学校长张寿镛的办学之道》,《华东师范大学学报(教育科学版)》2013 年第 4 期。

杨贤江教育思想

杨贤江(1895—1931),字英父(英甫),笔名李浩吾、李鹰扬等,余姚县长河镇(今属慈溪市)人。1911 年,毕业于泗门诚意高等小学堂,并留校做教员。1912 年秋,考入浙江省立第一师范学校。1917 年夏,他以优异成绩毕业,后经浙江第一师范学校校长经亨颐的推荐,应聘到南京高等师范学校教育科和学监处任职,逐渐走上研究教育之路。1923 年以后,他逐渐成为共产主义者。

杨贤江是中国现代著名的马克思主义教育理论家。其最重要的教育著作之一《教育史 ABC》,1927 年年底写成于日本,是我国最早一部运用历史唯物主义观点和方法研究教育史的专著。1929 年 12 月,他在上海完成《新教育大纲》,这是我国第一本运用马克思主义观点阐明教育理论的著作。杨贤江认为教育和政治同为受制于经济的上层建筑,教育既非万能,亦非无能,只能是革命力量的一个方面军。教育的发生只能根于当时当地的人民实际生活的需要,自有人生,便有教育。他反对教育超阶级说、独立说,指出人类自进入阶级社会之后,教育便成为统治者手中的工具。关于教师的阶级属性,杨贤江在《新教育大纲》中明确提出"教师是工银劳动者","他们属于被支配阶级,而不是立于支配阶级"。他认为教师是革命的依靠力量,不是革命的对象。他积极鼓励教师"应从讲坛上解放,向着社会民众走去,参加甚或领导社会民众运动"。关于中学教育的培养目标,他提出:"今后训育的方针,应养成中国社会改进上适用的人才为主。这种人才,必须为明白国家现状,能忍受苦痛,且肯为中国民众的利益及青年的利益而努力奋斗的。我们要反对禁止活动、束缚学生个性的专制教育,但更要反对因循苟且、任情纵欲的自由教育。"(《中学训育问题的研究》)杨贤江尤其关心青年和学生的成长,并以他编辑的《学生杂志》为主要阵地,以高度的革命责任感,发表了大量有关青年问题的文章、通信、问答,创造性地提出了对青年进行全方位教育的"全人生指导"思想。他所说的"全人生指导",指的是对青年的思想、道德、学习、劳动、健康乃至择业、交友、恋爱、婚姻、消闲等生活的各个方面都给予全面具体的关怀和指导,这几乎包罗了青年生活的所有方面。他告诫青年树立正确的人生观是人生的头等大事,青年要努力摆脱和抵制"专谋自身快乐"的陈腐人生观的腐蚀。他要求青年有高尚的理想,追求圆满的生活,成为"圆满发达"的人。他认为"要过圆满的生活,应当有强健的身体及精神,有工作的智识及技能,有服务人群的理想与才干,有丰富生活的好尚与习惯"(《学生生活改造论》)。他的这些论述,奠定了其作为中国现代新兴教育理论先驱者的历史地位。

参见中央教育科学研究所、厦门大学合编:《杨贤江教育文集》,教育科学出版社 1982 年版;潘懋元、宋恩荣、喻立森:《马克思主义教育理论家杨贤江》,光明日报出版社 2005 年版;吴洪成、秦俊巧:拉直青年人生成长的问号——杨贤江青年教育学》,山西人民出版社 2018 年版。

第三部分　宁波文学

一、概　述

　　宁波文学发源甚早,早期多为口头创作形态。宁波的书面文学发轫于东汉。自东汉至北宋,是宁波文学的创辟时期。与宁波开发水平的迟缓相适应,宁波文学的创辟进程异常漫长。

　　宁波书面文学首先发源于最早得到开发的姚江,由北来文士开拓风气。东汉中叶,虞氏由北方迁入余姚,并率先凭借东吴孙权政权的力量御风而起,纵横驰骋。其中为人盛叹为"海内之英"的虞歆、虞翻父子,揭开了宁波学术文化史的新篇章,之后这个家族人才辈出,几乎垄断了宁波的学坛和文坛。自东晋以来,姚江虞氏家族与越中的其他渡江士族声气相通,谈经说玄,吟和唱酬,不仅直接促成了浙东区域文化的第一次高潮,而且促使会稽民俗从轻悍好勇向庸庶敦庞、风流儒雅一路转轨。宁波本土的诗歌创作源远流长,最初差不多为余姚虞氏家族所垄断。四明境内真正的诗咏活动起自东晋虞潭筑养亲堂,会集亲友,作诗言志。此外虞喜也有诗赋之作,均未见流传。南朝时在诗歌创作中取得一定成绩的有虞龢、虞炎、虞羲、虞骞诸家,多有专集问世,今尚可见少数作品。如钟嵘《诗品》卷下曾赞扬虞羲的诗歌"奇句清拔",为谢朓所欣赏。虞羲代表作《咏霍将军北伐》,一洗南朝绮靡之习,胡应麟称其"大有建安风骨"(《诗薮》外编卷一)。隋朝虞世基《出塞》诗,情辞慷慨,雄劲有力,是当时较好的边塞诗。六朝的志人小说亦称发达,虞通之的《妒记》是《世说新语》影响下的专记上层妇女言行、语言应对的轶事小说集,成书约在宋末。《妒记》笔墨幽默诙谐,令人忍俊不禁,有些篇章描写细腻曲折,能注意细节的运用和喜剧化场面的构思,小说色彩甚至堪比《世说新语》。

进入唐代,虞世南、李百药等成为贞观宫廷文学集团的领袖,在贞观宫廷诗的新变中,虞世南是把宫体诗题材与歌功颂德主题出色地结合起来的诗人之一。虞世南的言志抒情,最出色的是把北方刚健质朴的诗风带了进来,表现在乐府体的边塞诸作,格调苍老,辞气劲健,造语精工。虞世南之后,宁波文坛虽然涌现了吴商浩等诗人,但成就不大。

唐代明、越分治之后,明州历史进入实质性开发时期,宁波文学再次蹒跚起步,但无论从作家的知名度还是作家的数量、作品的质量看,明州都远远落后于周边的越、台两州。唐代宁波流行的实用散文体裁主要有墓志铭、碑、铭、记等,目前可以考查到的有数十篇。它们都是以记述、实用为目的的一般应用语体文,并不追求语言的艺术化,也不以语言的生动性为主要标准。在表达方式上,一般以叙述、说明为主,但不排除必要的议论、抒情甚或描绘。在体式上,基本以骈俪为主,兼有散体穿插其间。虽然流传下来的作品绝大多数风格朴实,不尚文采,而且还可看到一些套语,但毕竟也有一些作品讲究对偶声韵之类的技巧,因而蕴藏着某些文学因素。散文方面,自盛唐以来,存世的全为实用文,考古发现以民间作者所作的墓志铭为多,某些抒情议论的段落亦颇可读,代表了四明民间的写作水平。到五代时宁波才产生自己的散文作家孙郃。孙郃好荀子、孟子、扬雄之书,尤慕韩愈之文,故以"希韩"为字。这说明孙郃是以儒学者自居,又以唐代古文运动的继承者自命。朱温篡唐,孙郃写下了著名的《春秋无贤臣论》《卜世论》以寄愤。

延至北宋,宗门作家群、官员作家群和本土文人作家群的涌现,大大地改变了唐五代宁波文学的寂寥景象。北宋前期,以雪窦重显为代表的宗门作家创作势头更为旺盛,且声势煊赫,占据着诗坛的绝对主导地位,艺术技巧趋于纯熟。自庆历起,宋代各级行政机构几乎都由文臣担任,于是宁波出现了一批文学型官员,余姚令谢景初、鄞县知县王安石等皆为代表。王安石任鄞县知县期间,写了一些政治诗,初步显露了大政治家的利济品格。此外,他的足迹遍及天童、雪窦、姚江等地,创作了一批以绝句为主要体式的精巧诗歌。柳永在庆历之前曾任昌国晓峰盐场监官,写了一首长达 32 句 200余字的七言古诗《煮海歌》,这是这一时期四明诗坛的重要收获。之后,庆历五先生的弟子相继登上诗坛,形成了较强的创作阵容,从而改变了以前文学人才点式分布的状态。散文方面,王安石调任鄞县知县时所作的散文,是与他的务实致用的改革实践密切相关的,体裁上主要是记和书,内容都是针对本地的社会现状而发,其剖析事理深刻透辟,而又能提出切实可行的解决办法,故凡议论行事,处处表现出年轻政治家的锐气和魄力,以及长于吏治的精审。为适应新儒学运动的需要,杨、杜五子创作古文,隐然与全国的诗文革新运动相一致。但从仅存的几篇五先生的古文来看,比较质朴直致,重实用而乏文采,重议论而轻抒情,艺术技巧不高。杨、杜五子导夫先路,弟子辈则在北宋神宗、哲宗时相继登上文坛,群讴独唱,有声有色。尤其是舒亶,以其宏大的魄力投身文坛,成为大力开拓明州山水美学意蕴的第一人。北宋时期宁波的风雅环境已经生成,虽然作家的模仿多于创造,义理多于性灵,作品的成熟度有待提高,但为南宋时期宁波文学的勃兴奠定了基础。

　　宋室南迁对浙江的政治、经济和文化产生了一系列重大的影响,也带动了宁波经济的繁荣和文化的昌明。南宋时期宁波文学勃兴首先表现在文人济济,作品繁多。其次表现在文学社团绵延不绝,文化世族网络发挥着十分活跃的能动作用。南渡文人纷纷寓居甬上,中原侨儒裹书而来,不但有力地促进了本地区文教事业的发展,而且也为本地输送了文学人才。尤其是张良臣的到来,将甬上文坛的艺术水平提升了一大步,并培养出一批文学爱好者,开了江湖诗风的先声。南宋时期,宁波涌现了大批的诗人,创作日趋活跃。明人戴鲸编《四明雅集》,在自序中颇为自豪地说:"明之诗人萌芽秦汉,鸣盛开元,至宋元靡丽极矣。"大约自绍兴后期开始,涌现了追慕江西体的甬籍诗人,主要有鄞县桃源乡的王正己、王正功兄弟。嘉泰元年(1201),王正功以地方官身份,宴请桂林中举的学子,吟出了"桂林山水甲天下"的千古绝唱。这句诗极具概括性地赞美了桂林山水之奇,确立了桂林作为风景旅游城市在中国乃至国际上的地位。王正功最早吟出的这句诗脍炙人口,家喻户晓,使得其《劝驾诗》足以传之不朽。南宋前期较有特色的是楼璹创作的《耕织图诗》,是宋代农业文明高度发达的产物,是田园诗歌的重要收获,大受政府的青睐和农民的欢迎,不仅各地州、府、县治纷纷刻绘之,一时朝野传诵几遍,产生了很大的社会反响。南宋中期是宁波诗歌成就最高的一个时期,诗风承前一阶段发展而来,同时又出现一些新的变化,主要的作家有楼钥、张良臣等。楼钥所处的时代,随着陆游、范成大、杨万里等中兴诗人的出现,诗坛正在发生艺术上的新变。楼钥存诗千余首,内容上也比此前任何一位甬上诗人都丰富。他的诗有两点值得注意:一是风格杂糅;二是讲究理致学问,议论铺陈。楼钥的诗歌呈现出十分明显的诸多流变痕迹,在南宋中期诗风的转轨变化中无疑具有一定的典型意义。张良臣擅长小诗,追求唐诗绝句的意韵。南宋后期占据诗坛的主要是一些江湖诗人,四明地区的代表人物是高似孙、高翥。高似孙诗歌的炼字、琢句、构联千姿百态,不落俗套,在散聚分合、颠倒迷离中又各擅其妙,突出地显示了作者的学杜之功。高翥的诗歌既追求风致,又爱反映那些普通平凡、接近世俗的生活,也善于描摹风土人情,带有俗的色彩。晚宋时期杨万里的"诚斋体"曾经给予四明诗人以相当的影响。楼钥、郑清之、高似孙对"诚斋体"都有不同程度的接受和尝试,专门师承"诚斋体"的作家,则有史弥宁。宋末四明最有影响的诗人陈允平,被人视为晚宋以来江湖诗派的殿军。相对于北宋而言,南宋四明诗歌的创作取得了长足的进步,涌现了一批著名的作家,但却缺乏陆游那样的杰出作家。

宋词是中国诗歌史上一代文学的卓越代表。综观北宋词坛,浙籍词人的成就非常突出。从量的方面考察,北宋浙籍词人主要分布在杭州、嘉兴和金华地区,各拥有 10 余家,存词数均在 200 首以上,浙东南的宁、绍、温、台地区词人分布数量较少。舒亶是北宋明州最著名的词家,近人易大厂所辑《信道词》存 50 首,几乎均为小令(其中最长的两首《满庭芳》,可算作是中调),颇具《花间》神韵。从他的《卜算子》(忆曾把酒赏红翠)看,舒亶早先也是歌场的常客,他的声律的爱好很早就培养起来了,且很早就表现出声律上的才情,《虞美人·寄公度》就是他前期为官京城时所创作的佳篇。不过舒亶的词绝大多数作于罢官归故乡之时,在花前月下、红粉酒宴的应酬中,多用令词来抒发深细隐曲的人生感受。南宋时代,词坛中心南移临安,宁绍地区词家辈出,异军突起,大大改变了北宋时期的落后面貌。从时代观察,大致以 12 世纪末为界,甬籍词家可分为前后两期。前期以史浩为代表,一般作家有黄岩叟、张良臣、楼锷等,词作的艺术水平不高。随着中兴四大诗人及词坛巨擘辛弃疾、姜夔的相继陨落,我国 13 世纪上半叶的诗坛词坛,基本上是江湖名士的天下,一时趋于沉寂。这时甬籍词人吴文英犹如一颗芒角闪烁的彗星,划过冬夜的寒空,留下炫人眼目的幻丽景象,使宋词衰落之际又光焰复起,余晖绮丽,给宋代词坛增添了光彩。吴文英是四明文坛经过长期的文化积淀后,涌现的第一位能卓然自立的一代宗师,得以与辛、姜鼎足而三。复有翁元龙、楼采、陈允平为之羽翼,四明词坛终于进入了繁荣时期。

南宋四明散体文的创作,以楼钥最负盛名,有"文辞精博"之誉。清代四库馆臣对南宋之文多所鄙薄,而独于楼钥之文甚为称赏,评云:"盖宋自南渡而后,士大夫多求胜而空言,而不甚究心于实学,钥独综贯今古,折衷考校,凡所论辩,悉能洞彻源流,可谓有本之文,不同浮议。"作为文章,楼氏技巧娴熟,语言平易流畅,当时无出其右,所以他能与李邴、汪藻并称为南宋三大家。但楼钥散文过于注重实用,往往因为情感淡薄,缺乏辞采和波澜,这是其缺点。理学家黄震为文总是要以小见大,拔到理的高度。陈著浸染理学颇深,故其文颇杂语录之体。所作书信当其敞怀叙事、勃露真情时,也很真挚动人。南宋后期文坛以永嘉文派最具声势,最有影响,舒岳祥之文虽渊源于永嘉文派,但他不以学胜而纯以文胜,更注重于艺术地表情达意。舒岳祥现存的散文不多,以序记、题跋写得较为精彩。

元代宁波文学比较繁荣,涌现出舒岳祥、戴表元、张炎(寓贤)、袁桷、张可久、任昱、廼贤、高明(寓贤)、戴良(寓贤)、汤式10位干将。如舒岳祥是宋末元初一位多产而重要的诗人,今存诗约850首,内容充实,质量高超,是四明有史以来第一位卓有成就的现实主义诗人。在作家队伍的构成上,除了汉族作家外,还有廼贤、丁鹤年、金元素等少数民族作家,他们打破元代"族群等级制"的藩篱,与甬上的士大夫、僧道通过唱酬、雅集、游宴、书画品题、谈玄论道等方式融入圈内,形成一个超越族群的社会网络。优秀作家的涌现,为宁波文坛输入了新鲜的血液,构成了元代后期宁波文坛的独特景观。尤其是廼贤,以其清新俊拔的诗风,打破了甬上诗坛的沉闷格局,成为元代后期宁波作家的最卓越代表。元代宁波文坛出现了三个影响时代风气的杰出人物:戴表元、袁桷和张可久。戴表元是元朝前期一位重要的诗论家,他的诗论具有强烈的时代针对性,那就是力矫宋季文坛的弊病,自觉地以扭转文风为己任,他是南方"宗唐得古"风气在理论界的首倡人物。他反映现实苦难的乐府歌行诗,为元代乐府诗的发展开辟了一条广阔而健康的道路,对袁桷、廼贤等诗人都有影响。戴表元在诗歌领域倡导宗唐得古,预示了元诗发展的历史趋势,其弟子袁桷晚于赵孟𫖯、早于虞集入朝,为盛世之音的出现推波助澜,是大德、延祐之间艺林的重要人物。赵孟𫖯和袁桷的先后进京,代表着南方的"宗唐得古"诗风传入北方,从而和北方的复古诗风汇合,并很快成为席卷诗坛的汹涌潮流,从而为元诗四大家导夫先路。长远地看,戴表元宗唐得古的诗论,更可视为明代文学复古运动的逻辑起点。

散曲是金元新兴的文学体裁。散曲虽然初兴在北方,但在元灭南宋后北曲中心逐渐南移,成为南籍曲家纷然崛起的前提。南籍曲家以乐府的观念接受散曲,荡起了清雅婉丽的唯美波澜。在散曲文学前后期的演变过程中,宁波籍曲家的作为具有举足轻重的地位。约自元代中期开始,宁波籍著名的曲家有张可久、任昱、周月湖、汪勉之、汤式、邵元长等,现存散曲作品总计千余首,约占全元散曲的三分之一弱。他们大多活动在外埠,作品涉及宁波的殊少。其中张可久的散曲具有浓重的悲剧意识,无论是愤世、怀古还是写景,透溢而出的精神境界、思想情趣和审美意向都是传统文人式的,艺术上具有俊巧精美的形式,典丽雅正的风格。张可久在散曲领域提倡骚雅与蕴藉,在散曲词化雅化潮流中巍然成为一代宗师。汤式是元末明初散曲没落时期创作最丰的作家,也是最有代表性的散曲作家。此后除了黄润玉、陈沂、王守仁、屠隆创作了极少量优秀的散曲作品外,散曲已在宁波文坛上无足轻重。元末高明旅居鄞县栎社,创作了南戏《琵琶记》,尽管从正面肯定了封建伦理,但通篇展示的却是"全忠全孝"的蔡伯喈和"有贞有烈"的赵五娘的悲剧命运,意蕴深刻。高明的《琵琶记》被称为"南戏中兴之祖"。

明代宁波不但作家蔚起,作品繁富,远胜宋元,而且不乏在全国有影响者。故清郑梁《乐知斋诗集序》说:"鄞故风雅国也。自贺季真以诗名倡于唐,宋楼宣献、元袁文清继之,至有明而号为极盛。"袁钧在《四明文献集叙》中亦说:"吾四明……有明集部,指不胜屈,足则能征,亦云盛矣。"诗文作家如方孝孺、王淮、陈沂、张楷、王守仁、沈明臣、屠隆、张煌言、沈光文等,戏剧作家如屠隆、周朝俊、叶宪祖、吕天成等,在当时文坛颇具声誉。明代文坛崇尚复古,宁波文人创作的诗歌带有较为明显的复古倾向,但与全国复古思潮演变的关系则颇为复杂。余姚杨彝流寓云南普安卫(后属黔)戍所,开风雅于其地,对贵州文学的发展有一定的影响;谢迁和冯兰虽然羽翼茶陵派,但他们晚期在故乡的创作却另具面目,谢迁《归田稿》追随陶潜的踪迹,将目光投向自由洁净的山水田园世界,为茶陵派诗歌的演变提供了重要的标本;张楷一方面是将拟古推向极端的代表,另一方面又受到民间文化的浸染,用七律组诗来吟咏头绪纷繁的西厢故事,其《蒲东崔张珠玉诗》不仅突出了崔张爱情的主线,而且非常明确地歌颂了崔张的爱情,特别强调了"情"字,遂以咏西厢故事而开言情之先;王淮为"景泰十才子"之一,他的创作打破了台阁体的垄断局面;陈沂、陈束等人则从拟古的旧营中开出新的拟古一派;张琦则高唱单行,在举世宗唐中偏独宗宋,自树一帜,其表现性灵的诗歌是从诚斋体中脱化而来,并常采一种"驱动万物"的拟人主义的创作思路,在明代诗坛别树一帜;前人曾评张时彻的诗歌"如层台佚女,意带烟霞",张时彻《题石门涧山泉》诗云:"松岭磐云飞鸟隔,石门衔日暮猿哀。"张时彻提炼的"石门衔日"四字,非常形象地描绘了夕阳悬挂在庐山天池山和铁船峰中间的壮观景色,尤其一个"衔"字,传神至极。1996年,庐山申报世界遗产时,专家们一致认为"石门衔日"一景堪称"中华一绝"。王守仁心学对晚明文学的重大影响,至今为学术界关注。沈光文最早将大陆的诗歌文化移植至台湾,作为"台湾文献初祖",素为海峡两岸人民所敬仰。明代宁波文学带有较为明显的复古倾向,这是因为整个明代文学本身以复古为主要特征。明代宁波作家与全国复古思潮演变的关系颇为复杂,如屠隆一脚踩在后七子的复古圈子中,而另一脚却跨了出去,成为晚明文学新思潮的先驱。这些事实说明,明代宁波作家不是游离于文坛主潮之外,而是纷纷卷入文坛掀起的阵阵漩涡中,但是他们又不是随声附和,而是有自我思考,保持了一定的独立色彩。

明代宁波散文作家辈出。郑真散文的特色是善于"观物察理"。方孝孺为越派文学殿军,散文体式多样,变其师宋濂的醇雅为高扬,风格豪放清雄,畅达不羁,而言正词严,有一股浩然之气充乎其间。其寓言体散文即事论理,以小见大,构思奇特,寓意深刻,最具代表性的是《鼻对》和《蚊对》,历来受到好评。杨守陈散文主要学习唐宋文,部分地突破了台阁体之规范,并上接浙东派之绪余,重新将道统与文统合于一身。杨守阯的散文以议论说理取胜,体现出传统散文理性内敛的特质。弘治、正德年间,明代文化出现了全面繁荣的局面,与此同时,明代文学复古运动的第一次高潮也蓬勃兴起。此后,宁波作家的创作渐为复古派散文所笼罩。如鄞县陈束积极模拟东汉、魏晋的文风;余有丁的散文属于秦汉派,内容单薄,行文稍显古奥;明代沈明臣创作的《四明山游记》,从严格意义上说,是第一篇真正的四明山游记,为我们提供了明代秦汉派散文的别一标本;余姚孙钺追随李梦阳,是后七子复古派的羽翼,故于先秦、两汉之古文独有嗜好,但他同时又受到唐宋派之唐顺之、王慎中的影响。明代中叶独树一帜的是王守仁散文。王守仁从心学派生出的文学观点,在某种程度上否定了文学复古运动。阳明心学在正、嘉年间的流行,对当时延续着的文学复古运动产生了很大的直接影响。王守仁的文学性散文不依傍古人,自抒胸臆,骏爽畅达,自成一家。其佳作如《君子亭记》,借竹的自然特点来表述封建士大夫的道德修养与政治操守,颇具形象感与理趣。他在贵州龙场驿所写的《瘗旅文》,在哀悼客死异乡的吏目的同时,抒发了自己因受迫害而产生的悲愤情怀,情文并茂,感人至深,历来为人传诵。与王守仁同时代的张邦奇所作散文不务新奇,说理平实,娓娓道来,自然流畅。他的散文很少堆垛经文,而是在吃透经文精神的基础上,用自己的语言重新表达出来,显示出涵咏天理、优游不迫的精神面貌,颇有宋文之风。明代后期散文的主要成就在于小品文的勃兴,鄞县人屠隆的小品属于性灵小品。屠隆小品崇尚兴趣,藻采缤纷,惜才不胜情,往往尚兴趣而乏风骨,飘爽之气多而深沉之思少。

明代前期,由余姚籍为主的"戏文子弟"异军突起,他们演唱的声腔称为余姚腔,是明代四大声腔之一,在嘉靖、万历年间盛传于江苏、安徽等省。明代的余姚腔是否有剧本流传,各家的说法不一,但余姚腔的盛传,大大肥沃了四明地区的戏曲文化土壤。晚明时期,宁波戏曲进入繁盛时期,四明曲家曲作成群涌现,如鄞县金无垢《呼卢记》、慈溪张从德《纯孝记》、余姚邹逢时《觅莲记》、奉化陈显祖《合珠记》,都没有传下来。有的作者创作了很多作品,如沈季彪作有《玉亭传奇》七种,至今只字未存。有戏曲作品存世者,如屠隆、周朝俊、叶宪祖、吕天成等,在中国戏曲史上写下了亮丽的一页。其中屠隆为骈俪派戏曲作家的代表,其创作的《彩毫记》,将他的怀才不遇、郁郁失志、一肚皮不合时宜、一肚皮牢骚,都通过李白之口发抒出来,也借李白的形象,将他的抱负、品格、精神熔铸其间。《昙花记》是屠隆倾注极大心血创作的一部传奇剧,充满着强烈的宗教色彩,主人公木清泰受尽磨难,诚信修道,曾给清初的抗清斗士以精神上的鼓励。清初甬上"六狂生"之一华夏被捕入狱,时倪元楷亦因蓄发,被仇家告密而入狱,两人一起在狱中歌唱屠隆《昙花记》传奇中"木公不肯屈魔鬼""锦缠道"诸曲,欢笑彻旦,充分表达了蔑视清廷的英雄气概。

明代宁波文学的地方特色较之前代更为显著。明代宁波作家爱在本土举行群体性的唱和活动,并通过举办诗会、雅集、诗社之类的社群活动,进一步促进了审美情趣的融合,浓郁了地区文学的创作风气。如剡源八杰之唱和、高年诗会、林泉雅集等,在当时的地方上都具有相当的影响。明中叶以来,四明的社群活动更为多见,如张时彻的茂屿山庄曾是甬上诗人的一处重要聚会地点。地区性文会雅集的长期坚持、频繁的交流切磋,不但容易形成地缘性文化亲和力、凝聚力,而且还可以培养出共同的审美情趣,形成作家群体的网络结构和诗文创作的共性风格。晚明宁波作家领袖还喜欢培植、提携地方上的文坛新人,从而造成浓郁的文学氛围,为文学人才的群体兴起提供了良好的基础。如张时彻以俯就的姿态引沈明臣为座上客,张卒后,沈明臣为诗坛耆宿,失职之士,白衣高才,均围聚其门,屠隆、杨承鲲均学诗于明臣,对甬上文学的发展推动极大。

清代是宁波文学的繁荣时期。宁波文坛进入诗歌的全盛时代,诗家纷起,诗社林立,诗集迭出。黄定文《继雅堂诗集序》曾勾勒了清代鄞县诗歌的变迁:"吾乡之诗,国初最盛。杲堂(李邺嗣)集大成,巽子(董道权)诸公俱登作者之席。至四明四友出,而风雅稍衰矣。谢山(全祖望)以学人之诗,洗而空之。及余所师事月船(卢镐)之高岸,樗庵(蒋学镛)之缜密,小钝(董秉纯)

之刻意学杜,斯事振起。一时同志则铁山(周开)承家学,以清刚胜,荄湖(汪国)灏气流行,及君家凫岸(陈鸿俦)亦其选也。今则以诗荣世,几乎家灵珠而人荆玉,而前辈风流或不可问。"全祖望《续甬上耆旧诗》辑录明隆庆、万历到清康熙间诗 600 家 1.59 万余首,清初诗人占了大半。《四明清诗略》收录清代宁波五县之诗计 2194 家 9468 首,若加上余姚、宁海两县,则清代浙东诗人当在 3000 家以上。诗篇之繁富更是惊人,仅黄宗炎一人就创作了几万首诗,陆宝、姚燮的诗也在万首以上,这在全国其他区域是少见的。但是清代宁波诗歌各阶段所取得的艺术成就是不平衡的,大略以清初和道光时期为最盛,在中国文学史上占有重要一席。明清易代,浙东经历了腥风血雨的洗礼,使诗坛的面貌发生了深刻的变化。宁波的志士们不屈不挠,进行了坚苦卓绝的斗争,出现了许多可歌可泣、动人心魄的壮烈事迹,用热血提供了史诗题材。宁波的遗民志士们,或为记录动荡岁月,患难余生,或为抒发残山剩水之痛,麦秀黍离之感,或为总结明亡教训,或为表彰节义幽光,纷纷以文以诗,诉诸笔端。因此清初浙东诗史式的作品盛行,成为遗民诗的主流。黄宗羲和张煌言则是两面最光辉的旗帜。

清代宁波词坛亦处于相对繁荣态势。周斯盛是康熙时期的词坛名家,前期词宗法南唐北宋的痕迹极为明显,有花间遗风,后期词有不少羁旅之作,身世之感代替了从前的批风抹月之情。屠粹中的词,有归隐田园之趣,清新自然。邵瑸向浙西词派学习,创作的《情田词》深受浙西词人的赞誉。方桑者有《桑者新词》二卷,如嘲骂仙姑赐药之类的作品,为词史所罕见。乾嘉年间,李裕、俞经等人的词有一定的地域影响。鄞县人袁钧编《四明近体乐府》14 卷,收录浙江宁波地区唐至清乾嘉年间 160 家词,末附己作。有清道光年刊本。这是宁波第一部本地域历代词作的汇编,从而建构起了本地的词学传统。

清代四明作家的散文创作成绩斐然,涌现了黄宗羲、李邺嗣、张煌言、周容、姜宸英、全祖望等很有影响的散文名家。黄宗羲的散文具有深厚学养和史心文韵,他自觉地以兴衰治乱为借镜,思维穿梭于古今之间,常常将历史的追溯与现实的剖析融为一路,以古喻今,述古证今,独具透辟的历史眼光,这使他的散文显示出浓郁的学者散文的风貌。黄宗羲培养出了李邺嗣、郑梁、万言等一批散文家。姜宸英长于经史之学,故他的散文同样表现了浙东散文熔经史于一炉的特色。姜文敦厚淳朴,简洁俊雅,颇具欧阳修、曾巩的风格,惜以议论见长,而叙事稍逊,然不失为清初的古文高手。郑梁的散文议论大胆,善表识见,其为女子所作的散文,如《樊榭诗选序》《琴友张氏诗稿序》《钟节母丘孺人七十寿序》等皆独具卓见。全祖望最擅长碑传文,以表彰明季忠义之士的碑传文最负盛名。他将不同类型的忠义人物描塑得鲜活传神,跃然纸上。《梅花岭记》及其他表彰明季忠义的文章,记叙了民族斗争的风雨,展现了民族英雄的画廊,其影响直达晚清。唐宋古文家和全祖望都不约而同地将目光投向《史记》,但唐宋古文家只有柳宗元等人的少数篇目如《童区寄传》在取材上有着爱奇的倾向,而全祖望则将奇作为核心的笔墨来展开,将奇作为史传叙述的常态,人奇事奇,气奇文奇,不奇则不动人。清代散文界最负盛名的是桐城派,但宁波地区作家追随桐城派者并不多,倒是黄宗羲所开创的浙东文派绵延不绝,自成一系。

清代宁波文人的戏曲创作势头虽有所减弱,但仍旧出现了不少值得珍视的名家名品。如裘琏的《四韵事》杂剧,借他人之酒杯,浇自己之块垒,是清初文人"写心杂剧"的重要收获。他创作的《女昆仑》,以宋朝的改朝换代,影射明清易代,发出了"相约共椎秦,有个报韩处"的呐喊,别有一股慷慨豪壮之气。孙埏的《锡六环》所叙布袋及其徒摩诃事,多有文献依据,其《闹斋》一出笑谑同施,用惊俗眼,呈现出更加世俗化、艺术化的特征。乾嘉以来,滩簧开始在四明地区兴起。其中流行于今余、慈一带的为鹦歌戏,流行于甬上的称宁波滩簧,它们分别是姚剧和甬剧的前身。另有宁海平调,属于新昌调腔的分支,在辛亥革命后一度很盛行。

鸦片战争的风暴和空前的民族危机,使浙江的诗坛处于深刻的变革之中。杭州的龚自珍首开近代诗歌的启蒙主义爱国潮流,而以真实的诗笔描绘鸦片战争时期浙东的历史画卷的诗家首推镇海的姚燮。正是龚、姚两大家,使衰朽的浙江诗坛,重新获得了生命。姚燮诗最杰出的作品是反映鸦片战争的,大量有诗史价值的作品,闪耀着强烈的爱国主义光芒。与姚燮同时的鄞县诗人徐时栋,其《烟屿楼诗集》中也有不少反映鸦片战争的作品,如《八月湖水平》《临高台》《大将》《诸将》篇等,均为出语沉痛的优秀之作,反映了急剧的社会时代变革。

姚燮的词是近代四明词坛的最大收获。姚燮《疏影楼词》的题材不外乎题画、写景、寄赠、咏物、游冶之类,特多应社之作,内容上多局限在个人生活的小圈子,总的风格是婉曲的,但也有不少直抒胸臆之处。《续疏影楼词》的题材仍不出艳情、山水、咏物、题画等范围,但也有了一些新的变化。笔调比较醇雅疏淡,艺术上虽不如前期词那样精美工巧,但呻唔渐少,而气势稍展,感慨渐深。续集的创作虽然刚好绕过了鸦片战争,但事势的变化毕竟对创作主体造成了难以弥补的创伤,一方面他似乎加倍沉溺于灯红酒绿中,企图从温柔乡中获得一种心理补偿,另一方面时代的阴影时时冲击着主体的心怀,使他的"精神港湾"近于崩溃,浓重悲感的缠结一旦无法得到消解,这就有可能使他跳出艳科的圈子,在词中留下一些时代的痕迹。

近代鄞县徐时栋为文宗司马迁,复宗唐之韩愈,又参以柳宗元,见识精辟,宏深雅健。陈康翻《文学周献甫先生六十寿序》云:"昔烟屿徐氏以古文之学,继杲堂而起,于是甬上文派遂与桐城、阳湖相鼎峙。郡之先正若六一董先生、镇亭陆先生、艺兰刘先生皆宗法徐氏,而益求合于桐城、阳湖之轨辙,以其文法嬗之后进。"(《新河周氏宗谱》卷7)

相比于其他各种文艺形式,宁波古代小说创作显得很不发达,在晚清之前,没有涌现出像样的小说家,问世的大都是笔记体,其中夹杂着部分小说短章。光绪年间镇海人王荣商创作的《槐窗杂录》是一部志怪小说集。清末《狐狸缘》和《金台传》的问世,多少改变了这一情况。《狐狸缘》,6卷22回,题"醉月山人著",为光绪年间依据弹词《青石山》改编的小说,以宁波当地故事为题材,具有浓郁民间色彩。继《狐狸缘》之后是瘦秋山人创作的《金台传》,它是近代第一部由宁波书坊刊行的白话小说。此书6卷60回,叙述金台打抱不平,行侠仗义,安邦定国的故事。此书由弹词《金台传》改写,情节曲折,风格粗犷。1904年,镇海人庄禹梅向上海《时报》投稿,发表了短篇小说《记毕阿生》。后来他还结识了同乡文友倪轶池,合作创办了《宁波小说七日报》,合著《亡梅影》。进入民国,宁波作家的小说创作迎来了大丰收。辛亥革命后,庄禹梅在上海专写武侠小说,有《碧血青剑录》《关东红胡子》等,其最好作品当推《孙中山演义》。宁波现代主流小说家在20世纪20年代崛起,代表人物为王鲁彦、巴人、柔石。巴人1920年开始创作白话诗和小说,1927年开始创作长篇小说《莽秀才造反记》,描写了浙东宁海一场反"洋教"的农民暴动。王鲁彦是20世纪二三十年代乡土文学的中坚作家,他一生创作有《柚子》《黄金》等9部短篇小说集,1部中篇小说《乡下》,1部长篇《野火》,其早中期小说创作的题材多是宁波镇海乡下落后的乡村生活,以及愚昧、被金钱至上观念浸润的民众冷漠自私的心理。柔石1925年出版第一部短篇小说集《疯人》,之后一发而不可收。先后出版《奴隶》《希望》等2部短篇小说集,《三姊妹》《二月》等2部中篇小说,《旧时代之死》1部长篇小说。30年代以来,宁波籍现代主义作家穆时英、邵洵美、苏青、徐讦等,成为中国现代主义文学建设中的生力军,他们发表的小说在现代文坛产生广泛的影响。

纵观历代宁波文坛,文采风流,特色鲜明。第一,家族文学现象突出。

如宋代的史氏、楼氏、高氏都是有较高声誉的文学家族,明代宁波的文学人才主要集中在若干较大的家族中,这一现象既是封建社会宗族体制的表现,也说明了宗族体制下所营造出的文化氛围,对于血缘型人才群和人才链的生成是必不可少的。明代宁波的文学家族辈出,著名的首推屠氏家族,屠大山、屠隆、屠本畯等都是文学俊才,而且屠隆媳妇沈氏、女儿瑶琴也常相唱和,可谓一门风雅。此外,鄞县闻氏家族、沈氏家族、余姚谢氏家族等,也是文人济济。第二,重视地方文学作品选辑。从宋代编选《鄞人诗》至明代编选《四明风雅》,这本身就说明了地域文学意识的日渐强化。后来的本土学者前赴后继,"采掇菁华,勒成一代之书,夹辅斯文之重",出现了《甬上耆旧诗》《续甬上耆旧诗》《四明清诗略》《姚江逸诗》《续姚江逸诗》等一批地域文学选集,搜辑前人遗诗成为四明学者秉持的优良传统。第三,文学创作本身也较多地体现了地方色彩。明代宁波作家比前人更关注地域的风物人情、现实生活,出现了诸如沈明臣《四明山游记》等一批名作。一些地方上发生的重大历史事件也在这些创作中得到了反映,如嘉靖倭寇侵扰及抗倭斗争、南明时期的抗清斗争等。这些作品不离乡土,又颇具时代特征。第四,涌现出一批著名作家,为宁波文学赢得了声誉。近代英国施美夫《五口通商城市游记》第十四章谈到清代宁波的文学声誉时说:"即使在中国人心目中,宁波亦是颇具盛名,被认为是中国极具文学素养的城市,仅次于苏杭。"①

二、词条(按诗歌、词曲、散文、戏曲、小说排列)

虞世南诗歌

虞世南是唐太宗最宠信的宫廷文人,他和唐太宗成为封建时代君臣一体的典范。他的文学业绩也受到了高度评价,太宗赞其"德行淳备,文为辞宗",褚亮亦称其"雕文绝世"。虞世南著述颇富,有集30卷,已散佚,鲁迅、张寿镛均有辑本,仅存诗32首,文若干篇。

在贞观宫廷诗的新变中,虞世南是把宫体诗题材与歌功颂德主题出色地结合起来的诗人之一。虞世南竭力使香艳内容进入颂诗轨道,把对艳曲

---

① [英]施美夫著,温时幸译:《五口通商城市游记》,北京图书馆出版社 2007 年版,第158 页。

靡音和妍姿美色的描写转化为表层欣赏和深层谀颂的混合体,从而体现了宫体题材的新变。虞世南的宫廷诗竭力回避与女性相联系的声色,更多地将目光引向自然景色。所作《春夜》云:"春苑月徘徊,竹堂侵夜开。惊鸟排林度,风花隔水来。"全诗明显脱胎于萧悫《春日曲水》诗:"落花无限数,飞鸟排林度。禁苑至饶风,吹花春满路。"勾勒出了一幅迷人的春夜图。他将言志注入宫廷诗形式中,创作了一些以德为内涵的咏物诗作,如他的咏物绝句《蝉》云:"垂緌饮清露,流响出疏桐。居高声自远,非是藉秋风。"全诗糅和前人咏蝉诗文中的有关意象,别出心裁地采用人格化的写法,尾联言志,讴歌了蝉的高洁品格,隐然自写怀抱,清狂而自负。虽然"非是"的句式仍带有初唐的特征,但其中透溢出来的雍容高华的气度,与盛唐诗几无差别。虞世南的言志抒情,最出色的是把北方刚健质朴的诗风带了进来,表现在乐府体的边塞诸作,格调苍老,辞气劲健,造语精工。《从军行》前首同情"西山将"的"属数奇",后首则写燕然勒铭,立功封侯,这样戏剧性的连章安排,隐然透露出初唐渐重边功的情形,及国力渐盛所带来的蹈厉奋发的气象。《出塞》写一位大将出征经过,主旨在宣扬上将靖难安边,酬报君恩,也是积极进取的时代精神的反映。《结客少年场》将重义轻生的少年侠客从军报国的壮志写得英姿勃勃,豪气逼人,其中"焰焰戈霜动,耿耿剑虹浮"一联,描绘侠客戈上霜花如白色火焰、剑气浮动似虹彩闪耀的画面,意象新奇壮丽。这些乐府诗,以凝练精工的笔触,涂饰了浓重的苍茫雄浑的塞外风光,如《出塞》云:"凛凛边风急,萧萧征马烦。雪暗天山道,冰塞交河原。雾锋黯无色,霜旗冻不翻。耿介倚长剑,日落风尘昏。"极力渲染边塞奇寒,并映衬出一位仗剑而立、坚毅伟岸的将军形象,意象奇警,极尽搜剔想象之能事。《从军行》云:"剑寒花不落,弓晓月逾明。凛凛严霜节,冰壮黄河绝。蔽日卷征蓬,浮天散飞雪。"描绘塞外严寒景象,苍莽荒凉,用语朴素自然,洗尽铅华。虞世南的这些乐府诗,将酣畅之笔伸向荒寒之域,体骨上"追琢精警,渐开唐风",体式上又为"唐五言古风之始"。

参见陈耀东:《虞世南诗集校笺》,大众文艺出版社 2009 年版;周衡:《从虞世南到贺知章:论初盛唐江南文人的精神流变》,《中国韵文学刊》2013 年第 12 期。

楼璹《耕织图诗》

楼璹(1090—1162),字寿玉,一字国器,号仰啸,鄞县人。宣和三年(1121)以父恩荫补将仕郎,佐婺州幕。南宋绍兴初任临安府於潜县令,为了劝课农桑,深入田头坊间,谙熟农耕蚕织的生产技术,又体察到农夫蚕妇的劳动艰辛,创作出了著名的《耕织图》45 幅,每事一图,每图都配以五言八句诗,计耕图 21 首,织图 24 首,农桑之务,曲尽其状。

楼璹《耕织图诗》45 首,不是一般意义上的组诗,而是第一次采用诗配画的形式,连续地、完整地反映作为传统社会本业的耕织生产的新颖特殊的文学形式。图画重在农业科普,而诗歌重在艺术地再现宋代的农业文明,把农

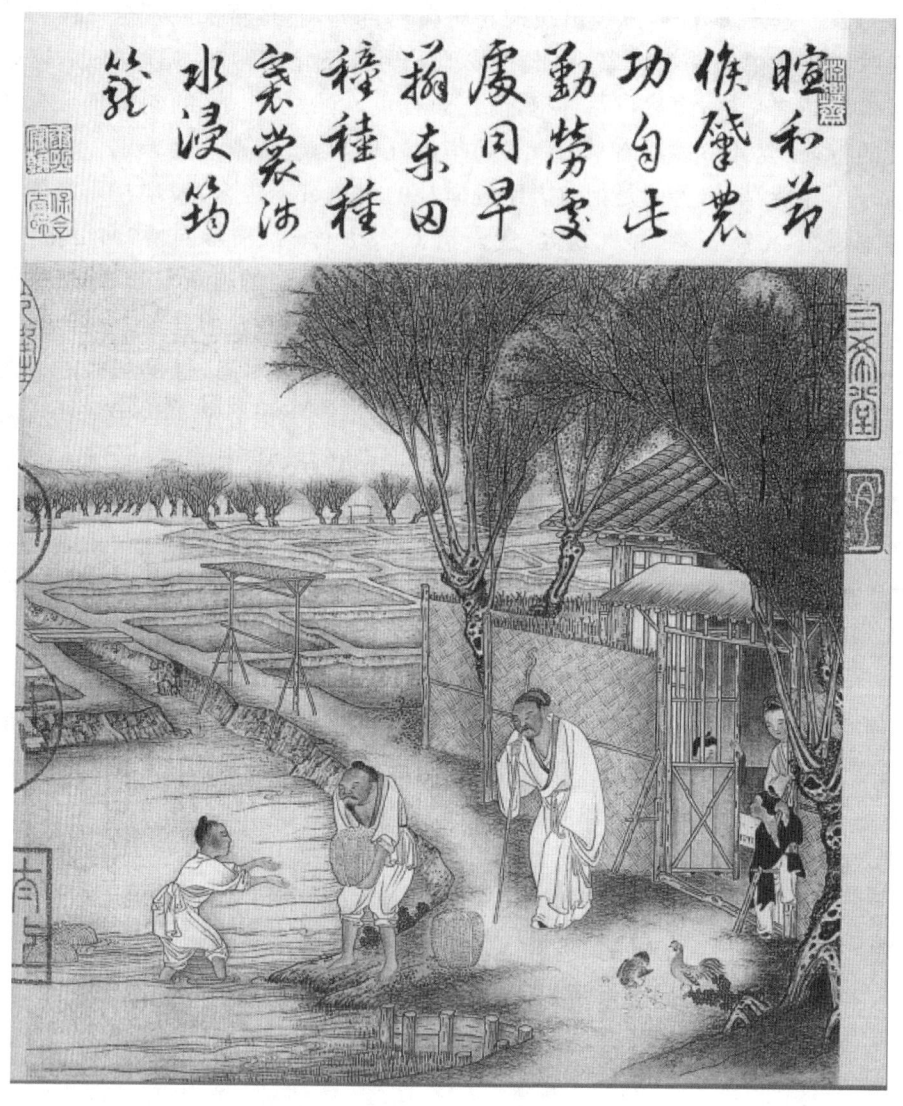

康熙御制《耕织图》

业科技、耕织生产、农村风俗、田园风景打成一片,通过想象发挥补足画面空间的不足,绘以尽其状,歌以尽其情,两者密切结合,相得益彰。这样合起来展示一个动态的农业生产流程的组诗配画,熔科普、教育、鉴赏于一炉,在艺术表现形式上本身就具有开创性。楼璹以写实的手法,把农桑生产的全过程分解成多幅连续的画面。与以前的农民画相比较,它既不是漫然地渲染稼穑艰难的劝诫画,也不是摹写牧歌式欢悦情景的田园风俗画,而是采用分解、图示农业技术这种科学性的形式,将一整套的主要生产过程全部绘出,如实形象,直观具体。作者不仅借此宣传了耕织的重要性,而且着意于推广和普及耕织技术,可谓用心良苦。从题材内容上看,楼璹《耕织图诗》以耕织生产劳动的流程为主线,整体地看具有连续性和动态性,分拆开看,总结和描述了耕织生产的各个关键环节,特别点出了相关劳作环节中运用的劳动工具及其技术要领,形象地展示了南宋农桑生产技术的发展水平。这组诗几乎触及了农业文明的各个方面,既有客观的描写,也有充满感情的笔墨。它在注重农业技术的同时,用诗歌弥补图画形象之不足,表达了作者的悯农爱农意识及劳动情感,同时也传达给皇帝及士大夫一个很好的了解农村生活的窗口的政治动机。这组诗在艺术上也颇有特色,它特别注重农事的时序性,以时间维度作为线索来安排农桑活动,总是把农作物和蚕的生长规律与自然物候特征、农业经济活动紧密地结合在一起来描写,极富有科学性。它顺应农事活动的季节,对各种事物作真实具体的描绘,一般不作夸张渲染,主要靠白描的方法朴素准确地表现事物的本来面目,真实感极强。楼璹《耕织图》及诗由于选材和表现手法上的长处,在农业生产上有广泛的指导意义,大受政府的青睐和农民的欢迎,不仅各地州、府、县治纷纷刻绘之,一时朝野传诵几遍,产生了很大的社会反响。

参见洪昌文:《楼璹〈耕织图诗〉考》,《杭州研究》1996年第5期;侯美灵、高学德:《楼璹〈耕织图诗〉与范成大〈四时田园杂兴〉比较散论》,《石河子大学学报(哲学社会科学版)》2007年第5期;俞信芳:《知稼穑之艰难,念民生之不易——耕织图作者楼璹考略》,《鄞州文史》第6辑,2008年;张如安:《南宋宁波文化史》,浙江大学出版社2013年版。

戴表元诗歌

戴表元(1244—1310),字帅初,一字曾伯,号剡源,奉化人。宋咸淳七年(1271)进士,家素贫,战乱毁劫后,生活益艰,辗转鄞县、杭州等地,以授徒卖文为生。大德八年(1304),被荐为信州教授。再调婺州,因病辞归。戴表元学识渊博,力主改革宋末萎弱文风,以文章大家名重东南。著有《剡源集》。

戴表元在诗歌理论上倡导宗唐得古,并贯彻到了诗歌创作中。他在诗歌中注入深切的生活体验,尤其是遭遇世乱动荡、艰危痛苦的经历,这成就了戴表元的诗歌。戴表元有故国之思的作品最负盛名的当推《感旧歌者》:"牡丹红豆艳春天,檀板朱丝锦色笺。头白江南一尊酒,无人知是李龟年。"他还用同情之笔描绘了中下层人民饱受蹂躏的悲惨境遇。这些叙事诗的主人公有商人、饥民、田客、怨妇、秀才、养蜂人、采藤人等,形形色色。《采藤行》写四明山下有民采藤为业,靠与海贾大商贸易勉强养家糊口,虽无保障,但以犹胜田家"扃门忍饥哭"而自慰。作者将采藤、种田和商贾串联起来写,情节并不复杂,反映的生活面却很广。又如《剡民饥》形象地描绘出剡源饥民的生活困境。戴表元还有很多诗歌直接抨击了元军对浙东人民的残酷蹂躏。他反映现实苦难的乐府歌行诗,为元代乐府诗的发展开辟了一条广阔而健康的道路,对袁桷、廼贤等诗人都有影响。他还在诗歌中涂抹浓重的乡土风俗的元素。戴表元性好山水,对四明的山水、风土、人情烂熟于胸,有意无意地会在作品中表露出来,把他诗中的镜头组接起来就是一幅色彩斑斓的乡土画卷,这是戴氏诗歌的一个鲜明特色。充实的乡土生活为诗人提供了自由伸展的空间,使他的作品散发出浓郁的泥香土味。他特别善于感知自然世界,不少四明山旅游诗能够紧扣山区独特的气象地理来展开笔墨。如《四明山中逢晴》《晚秋游中溪》《杖锡寺》诗,皆描写四明山各地各不相同的地理、气象生态景观,具有鲜明的写实性。其四明山旅游诗常常点缀着色彩斑斓的浙东民俗风情,如村中的祷雨、巫卜、醉酒、祭田神、哭吊等场景,写来跃然纸上。戴表元指出宋诗流弊形成的文学本身的原因:不知变通,不暇为唐。在《洪潜甫诗序》中他反思了有宋一代诗风的变化,树起了"唐风"这面复古的旗帜。戴表元之作运以唐诗的风致,这在近体诗中表现得比较明显,特别是他的绝句,每于清新淡雅中见出神韵。如《蝴蝶》云:"春山处处客思家,淡日村烟酒旆斜。蝴蝶不知人事别,绕墙闲弄紫藤花。"他的近体诗力变宋季余习,开创了元诗清新雅洁的一代新风。

参见黄天美:《戴表元与杭州》,《浙江学刊》2009 年第 5 期;刘飞:《戴表元及其文学研究》,安徽大学出版社 2008 年版;杨凤琴:《戴表元研究》,浙江大学出版社 2016 年版。

廼贤诗歌

廼贤(1309—1368),字易之,也名纳新、乃贤,别号河朔外史,为葛逻禄氏,属色目人,汉译姓"马"。其兄塔海仲良入仕江浙,他亦迁居四明。从小师从鄞县名士高岳、郑觉民。弱冠时离鄞北上,就学于京师国子监,后至元六年(1340)廼贤自大都返回庆元。他将初游大都时创作的百余篇诗歌结集为《金台集》(即危素序所称《金台前稿》)。至正三年(1343)冬,廼贤再次北游燕山,至正五年(1345)秋,廼贤忽然思念故乡,离浙入淮,过汝水,抵达家乡郏县,腊月离开郏县,漫游了河朔等地,成《河朔访古记》一书,最后到达大都。至正九年(1349),廼贤随行上都。廼贤此次旅食京师长达六年之久,创作颇丰,结集为《金台后稿》,引起了大都文人士大夫的广泛注意。至正十一年(1351),全国农民战争爆发,元朝政府陷入混乱之中。廼贤也完全失去了希望,再加上"苦忆江南路"的心理折磨,次年终于南返了。至正二十二年(1362),元朝下达了廼贤为翰林国史院编修官的任命书,但因各地农民军起义而道阻不通,廼贤未能及时复命。次年,廼贤由海路北上大都,就编修职,这是他第三次北上大都,实现了多年以来入仕的愿望。至正二十四年(1364),廼贤奉命代祀海岳。至正二十八年(1368),出参桑哥失里军事,病卒于途。

　　廼贤今传世的诗集为危素所编的《金台集》二卷,可能是一个选编本,大多为至正五年(1345)北上后所作,有至正间精刻本。廼贤至正五年(1345)的北游,是其诗歌创作的一个重要节点。这次北游,他亲眼看见中原百姓悲惨的生活场景,于是有了直探民生疾苦的作品,创作了《颖州老翁》《西曹郎》《巢湖》《新乡媪》《新堤谣》等篇,抚事感怀,被今人誉为"中国第一位回族新乐府诗人"。廼贤往来南北,熟悉各地的地理风情,所以他的诗歌比较能够揭示出不同地域的独特风貌。写北方民族游牧生活的《塞上曲》五首,京城社会画面的《京城春日二首》《京城杂言六首》《宫词八首次偰公远正字韵》,上层生活的《失剌斡耳朵观诈马宴》等,都是佳什。如《塞上曲》组诗中,打猎壮士马上悬挂白狼猎物,夜半吹笛,踏月而归,百辆毡车同时迁移,当辕老妪冲雪渡滦河,敲冰取水以饮骆驼,双鬌小女走出毡帐前,折花簪在帽檐,这些北方民族特有的生活镜头都被他一一摄入笔端,质朴本色而又传神。至其写江南景色,清丽宛转,多有画意。短篇如《月湖竹枝词四首题四明俞及之竹岐卷》之一云:"丝丝杨柳染鹅黄,桃花乱开临水傍。隔岸谁家好楼阁,燕子一双飞过墙。"当代画家吴冠中笔下的《双燕》图,所绘月湖景色简直与之神似。廼贤诗能受容南北诗风之长,廼贤是继元好问之后,元代能与萨都剌并驾齐驱的少数民族诗人。

　　参见黄鸣:《元代葛罗禄族诗人廼贤诗风考论》,《中央民族大学学报(哲

学社会科学版)》2012 年第 1 期;叶爱欣:《㢮贤集校注》,河南大学出版社
2012 年版。

沈明臣诗歌

沈明臣(1518—1595),字嘉则,鄞县栎社沈家人。嘉靖三十四年
(1555),沈明臣与同邑余寅、山阴徐渭同客胡宗宪幕,参与抗倭斗争,以智策
诗才备受优遇,这使沈和徐均对胡宗宪怀有知遇之恩。胡宗宪在衢州烂柯
山犒宴将士,命沈明臣赋诗助兴,明臣援笔立成《铙歌》十章,其一名为《凯
歌》。胡宗宪受严嵩案牵连而系狱后,幕客皆风流云散,徐渭惧祸发狂,只有
沈明臣不计个人安危,到处替胡宗宪鸣冤叫屈。沈明臣诗歌作品繁富,颇具
特色,著有《丰对楼诗集》传世。

沈明臣是明代典型的"山人侠"。沈明臣为诗兼具汉魏、六朝、唐代之
风,尤擅作古风古诗。关于沈诗的艺术特点,古代诗评家有一致的见解。门
生屠隆曾为先生作传,由衷地赞美其诗:"挥霍雄浑,居然大家。"所谓"挥
霍",含有迅疾、奔放、洒脱等多重意涵。沈明臣的歌行善于使气,这是作者
的个性投影。沈明臣具有很强烈的任侠作风,豪荡使气,故善自出奇,挥霍
纵恣,雄阔浪漫,奔放自如,这是一种基于人格独立的无拘无束所带来的,而
歌行体可以说是表现诗人狂傲不羁、任情率真的性格的最佳艺术载体。沈
明臣之"挥霍雄浑",往往采用浩大的时空结构方式。如《同子明游福山大慈
寺》云:"大慈雄利瞰崇阿,石上诸天在薜萝。绿树幽深藏殿古,青山高下入
门多。江风北引钟声去,海色东浮鸟翼过。池畔逢僧闻说法,莲花无水不生
波。"又如《登天封塔》云:"天地苍茫渤海浮,潮声百里接城头。浮屠绝顶清
霄半,俯见飞云似水流。"立足于塔上的远视,天地苍茫,潮声百里,一推一
收,视野开阔。下两句的空间则由平展改为垂直,一仰一俯,必得俯仰的配
合,才见景色如许之奇。尤其是结句,运用错觉之法,化实为虚。诗人将飞
云的高度下降到与水流同层的高度,将飞云与水流这两个不同空间的事物
叠印在一起,从而写出了天地之自然奇观。结句的这种写法,恐怕是受到了
王维"树杪百重泉"的影响,但其取景的视角则恰好相反。沈明臣以绝句为
代表的一些小诗,往往于绮丽中带些清美,透出了自由自适的山人之气。如
《萧皋别业竹枝词》:"青黄梅气暖凉天,红白花开正种田。燕子巢边泥带水,
鹁鸠声里雨如烟。""门前竹大笋成笆,江上潮来草没沙。村童探穀绿杨树,
野艇捞鱼紫楝花。"萧皋别业为李宾父的别墅,在今鄞州区钟公庙镇的萧皋
碶村。作者用白描勾勒出了宁波农村的动人景象,观察细致入微,写得有声

有色,新鲜活泼,充满浓厚的乡土气息,也托出了别业主人诗意化的隐逸人生。

参见张如安、朱贤晖:《沈明臣:明代"山人侠"的典型》,《鄞州文史》第 17 辑,2014 年;戴松岳:《潇洒绯衣公,豪壮凯歌曲——明代诗人沈明臣》,《鄞州史志》2010 年第 4 期。

王嗣奭诗歌

王嗣奭(1566—1648),字右仲,号于越,别署遥集居士、鄞塘田叟、拙修老人、艰贞居士、甲村里人等,鄞县甲村(今属鄞州区)人。万历二十八年(1600)举人。历官宣平教谕、宿迁知县、永福知县、涪州知州。明亡后,清兵南下,迫诱在乡官绅至杭州朝见。时嗣奭在乡,拒不出,并决不剃发,不穿清服。

王嗣奭早年曾梦见访杜甫于浣花草堂,与之对酒谈诗,作《梦杜少陵作》一诗,对杜诗给予了很高的评价:"青莲号诗仙,我翁号诗圣。仙人出世人,轩然远泥泞。在世而出世,圣也斯最盛。诗祖三百篇,我翁嫡孙子。诗豪立如林,双鞭视翁指。"表达出了对杜甫的推崇和追随之心。王嗣奭晚年作《杜臆脱稿覆阅漫题》一诗云:"佳句死耽怜性僻,晚看律细倍情真。剑门巫峡经行地,到处伤心忧国人。论事迂疏唐史陋,逢时坎坷皇天仁。学诗闻道企游夏,炼世得仙轻惠询。蒿里重来遗憾少,草堂一梦晤言亲。已招稷契作前辈,应许偶翁为后身。"进一步表达了对杜甫的敬崇之心,并表示愿为杜甫的后身。王嗣奭诗歌创作积极向杜甫学习,莆中名士黄光曾赞赏其早年所作,以为"得少陵胎骨"。今观其诗作,虽未着意模仿杜诗,但是其中随处可见杜诗之影响。一是思想内容的学习。王嗣奭坚持"诗史"观念,在对前人观念继承的同时,也融入了新时代内涵。二是在创作手法上的学习。如《渔父词》云:"鱼价水乡贱,鱼税水乡多。鱼船未回浦,税使早经过。大鱼馈长官,小鱼匹鸡酒。饷罢严勒期,何能营八口。鱼既贱于土,米必贵于珠。远邀过客船,升米换斗鱼。捕鱼苦不多,卖鱼苦不少。络绎负筐来,谁能定一饱。且如去年秋,洪流坏秋稿。农家夜无馈,他人安得吃。新麦今未熟,举网待早餐。有鱼恐不售,多寡宁敢言。农饥得诉荒,渔税自有常。上官饱粱肉,不肯宽桁杨。舟过南旺渚,老渔陈此词。陈词未及竟,簌簌泪双垂。"此诗写渔父的遭遇,其写实的笔法,颇有"诗史"的意味,其中"且如去年秋"的写法,显然仿自杜甫的《兵车行》。又如《岧犹老父词》揭露了官吏百计剥贫民的罪恶,其中"长跽前致词,致词抑何云。一老欲启齿,叹息向高旻"云云,其结构方式明显受到杜甫《石壕吏》的启发。明亡之后,王嗣奭继承了杜甫忠君爱国的一面,抒发了国难之后内心深处环转百结的苦楚与悲慨,表达了强烈的民族气节。王嗣奭的诗歌创作可说是深得老杜诗歌的艺术精髓。

王嗣奭《杜臆》书影

参见孙雪萍:《王嗣奭"诗圣"说与晚明士人对杜甫诗歌伦理内涵的开掘》,《安徽大学学报(哲学社会科学版)》2013 年第 6 期;杨旭辉:《王嗣奭〈杜臆〉及其诗歌》,《中国韵文学刊》2014 年第 4 期。

沈光文诗歌

沈光文(1612—1688),字文开,一字斯庵,鄞县人。明亡之后,沈光文以太常博士衔参与南明抗清活动,后漂至台湾,至死未回,卒葬于今台南市善化镇。沈光文是最早由大陆渡海去台长期定居的文人之一,是中华民族文化在台湾这块土地上一位重要播种者。

　　沈光文寓台后创作最与众不同的地方,实有两点:一是基于遗民心理的乡愁书写。沈光文的乡愁诗并非单纯地抒发乡愁,而是在特殊的历史条件下,漂移台湾的遗民志士的乡愁。沈光文的乡愁书写,不但表现在对故乡事物的追忆上,也寄寓着一颗复国无望的痛苦灵魂,深化了传统乡愁诗的意蕴。沈光文继承了中国文学表现乡愁的意象传统,总是借助于梦、水、月等典型的意象群来传递之。对漂移台湾的遗民来说,月亮不仅易于触发浓烈的乡愁,更会触发对大明帝国的怀念之情,因此一轮明月成了维系着漂移台湾的遗民乡愁情感的最重要寄托物。沈光文的诗歌亦惯于运用"月"的意象来传递乡国之愁。他的《望月》诗,写出了他的无穷乡愁:"望月家千里,怀人水一方。自当安蹇劣,常有好容颜。旅况不如意,衡门亦早关。每逢北来客,借问几时还。"遥望就是等待,与遥望相伴的是乡愁的侵袭。沈光文的乡愁是其"苦趣交集"的人生体验在诗歌中的生动呈现。二是基于知识传统的博物书写。在大陆抗清时期,沈光文没有时间投身于博物写作,只有在入台之后,他才有时间激发出对博物的兴趣。他寓台后撰写的《台湾舆图考》《台湾赋》《东海赋》《樣赋》《桐花赋》《芳草赋》及《花草木果杂记》,皆具博物的特点,较为全面地介绍了台湾岛的历史、地理、物产、风俗,以博物的形态,提供了不可多得的台湾岛的原初资料。沈光文寓台后的博物书写,从不同的层面呈现了一个原真的台湾岛的地理形态。沈光文的博物学知识,有着田野调查的坚实基础,故早已褪去了早期博物学中浓厚的方术因素,更多地导向了自然书写,并达致了对象与表象相一致的程度。我国早期的博物地理,因与方术纠缠在一起,描绘出的往往是一幅真幻交织的世界图景。而沈光文寓居于台湾,并未因绝域的隔阂而自炫其奇,他所描述的台湾岛,是一个真实的世界存在,故其在书写上虽然穷其赅博,却能做到博而不奇、真而非幻,具备了科学知识的基本要素,具有重要的认识价值。缘此之故,沈光文立足于客观真实的知识经验一经沉淀下来,遂成为台湾地方志最好的参考材料之一。在台湾岛"斯文犹混沌"的时代,沈光文的博物书写富有开拓性,影响深远。沈光文之所以被称为"海东文献初祖",博物书写无疑是一个至关重要的因素。

　　参见侯中一编校:《沈光文斯庵先生专集》,台湾宁波同乡月刊社,1977年;张萍、戴光中、张如安:《沈光文研究》,浙江大学出版社2014年版;乐承耀:《台湾文献初祖沈光文研究》,九州出版社2015年版。

张煌言军旅诗

　　张煌言(1620—1664),字玄箸,号苍水,鄞县人。崇祯十五年(1642)乡试中举。乙酉年(1645),清兵南下,浙东岌岌可危,不甘心沦亡的浙东人民,纷纷组织义军救亡图存。其中闰六月十二日,钱肃乐在宁波城隍庙率乡绅士民起兵抗清,张煌言先至,立即被派到台州迎鲁王监国,鲁王即授为行人。随后张煌言奉鲁王之绍兴,受赐进士出身,加翰林院编修,改兵科给事中,入典制诰,出筹军旅。张煌言自此揭开了十九年抗清生涯的大幕。林时对《兵部右侍郎兼翰林院学士苍水张公传》记载:"会名振卒,代统其兵,营于象山之悬岙,名百丈街,在南田、临衢中间,孤悬绝岛,披草莱,葺厂以居。"(林时对《留补堂文集》卷三,中国国家图书馆藏本)康熙三年(1663),张煌言被俘于象山悬岙,次年就义于杭州。张煌言在《奇零草序》结尾中说:"然则何以名《奇零草》? 是帙零落凋亡,已非全豹,譬犹兵家握奇(即军阵名)之余,亦云余行间之作也。"行间即行伍之间,指军中。这就是说张煌言自己也将其创作定位为军旅诗。

张煌言的军旅诗是以抗清斗争为舞台,是其抗清斗争的剪影。作为行走于战火之中的军旅诗人,在情感投送上,总是把家国情怀、战争风云、军旅岁月串联在一起,或作激情,或作低吟,或勇猛进击,或抚摩伤口,创作出了不少雄浑激越、思想厚重、能够震撼灵魂的军旅乐章。张煌言的军旅诗抒发了铁心向明、初心不改的忠魂情怀。张煌言在军中所作诗篇,或记戎旅生活的艰辛,歌颂浙东义军的战斗精神;或抒情言志,表现高尚的民族气节和强烈的复明愿望。张煌言的诗歌是他军旅生涯的剪影,有些诗篇记述了重大的战斗,可以起到以诗证史的作用。作为军人全程地记录了其所领导的抗清义师坚苦卓绝的战斗经历,几乎涵盖了其所经历的东南沿海重大的抗清历史事件,像《瀹州行》《闽南行》《师次燕子矶》《岛居八首》等,简直就是一部浙东义师的形象诗史。故全祖望在《张尚书苍水遗著序》中说:"呜呼! 尚书之集,翁洲、鹭门之史事所征也。"张煌言的军旅诗歌并不是以战场上的短兵相接和血腥杀戮为主要题材取向,更多的是战场之外的书写,如非战争期间戍边将士的生活,军人的感情譬如思念家乡亲人等内容。张煌言的诗歌或抒发亡国之悲,或表报国之心,或吹响英勇豪迈的杀敌号角,或发为潜行奔走的曼声低吟,贯穿着浩然的民族正气。黄宗羲曾称张煌言与文天祥相比,丝毫不逊色。张煌言的诗歌中透出了迥异于他人的豪劲骨力,化低回哀怨之音为慷慨激昂之韵。就其特定的一时一事而言,他也有痛苦,有绝望,有愤怒,也曾写出了一些情调悲凉的作品,但就其整个抗清斗争的长时段而言,却是悲而不失气骨,悲而不易志节,他始终没有成为悲的奴隶。他的诗歌回荡着浩然之气,节奏铿锵且回响于天地之间,军人自带的血性体质必须保持着可能的热度。张煌言深受明代复古诗风的影响,复古诗又以盛唐杜甫等人的诗风为审美极则,故好用典故。张煌言的不少军旅诗古奥艰深,典故丛集。他的典故殊多亡国人物,如文天祥、谢翱等人出现的频率较高。他常采用扭转败局为主要内容的军旅典故。这些典故符号需要经过一番解读才能释放出其内在意蕴,淡化了读者对语言的直观感受效应。

杭州张苍水先生祠

参见〔明〕张煌言:《张苍水集》,中华书局 1959 年版;高小燕:《张煌言诗歌特点》,《鸡西大学学报》2012 年第 12 期;房芳:《明末举义士人心史——论苍水诗》,《中山大学研究生学刊(社会科学版)》2002 年第 4 期。

黄宗羲诗歌

黄宗羲是清代浙派诗的鼻祖。他认为沧桑变革的时代就是诗歌的极盛时代,这是因为至文是元气遭受压抑的产物,在天地闭塞的厄运之时,元气便会鼓荡而出,那些亡国人物"心血流注"的诗歌,便是"天地之阳气","阳气在下,重阴锢之,则击而为雷"(《缩斋文集序》),因而具有震撼人心的力量,还能成为流传不朽的诗史。黄宗羲还强调诗要袒露真性情,"畅吾之精神意志"(《陆鉁俟诗序》),写我的独到的见识、特有的发现、独特的生活体验、真实的抱负及情怀,也就是说诗歌具有个体性向度,每个人都有血肉,有情感,有爱恨,有梦想,都有内心的冲突和挣扎。黄宗羲以学者而为诗人,还反对敝精劳神于捻髭推敲的苦吟,主张"多读书,则诗不期工而自工"(《诗历题辞》),这虽是针对明代文人空疏不学弊病而发的,但却开启了后来浙派诗以学人之诗与诗人之诗相结合的先河。黄宗羲在明以来唐诗风行的情况下,还大胆提出"诗不当以时代而论"(《张心友诗序》)的观点,在肯定唐诗的前提下,有意识地大张宋诗之旗帜。他曾参与吕留良、吴之振《宋诗钞》之选,他的学生陈讦纂辑了《宋十五家诗选》,有力地扩大了宋诗的影响。浙派诗的宗宋之风,跟黄宗羲的倡导大有关系。

黄宗羲的《南雷诗历》,存诗 500 余首,集中地反映了黄诗独特的艺术风貌。黄宗羲自言《诗历》逼真地记录了自己生命的历程,"按年而读之,横身苦趣,淋漓纸上",不啻是一部诗写的年谱。这就是说,黄宗羲的诗歌处处闪动着自我的身影,具有自传性的特点。《南雷诗历》多涉及黄氏亲历亲闻的重要历史事件,如《感旧十四首》之三记述东林党祸,之七记南明党争。有记亡国之痛的,如《三月十九日闻杜鹃》;有记破家之哀的,如《岁暮望两儿归》等;有记避乱隐居的,如《山居杂咏》等。作者往往发为沉郁苍凉、慷慨激壮之音,诗中所郁结的炽烈感情,仿佛有风雷的声响在回荡。此外,作者之访书购书、师友热血、家庭人伦、山川游历之类,靡不备载。一部《南雷诗历》关乎家国之感,兴亡之痛,具有强烈的纪实色彩。作者将自传和纪实两个要素自觉地结合在一起,构成了独特的自传式诗史。我国古代自传性文学的基本性格,重在自我形象的迥异时流,与世多违。黄宗羲的自传式诗史与众不同之处,在于艺术地雕画了独具个性的民族志士的自我形象。其避居化安山时所作《山居杂咏》组诗第一首云:"锋镝牢囚取次过,依然不废我弦歌。死犹未肯输心去,贫亦其能奈我何。廿两棉花装破被,三根松木煮空锅。一冬也是堂堂地,岂信人间胜著多。"这是一首明志诗,任凭外部世界如何险恶多难,作者的内心都坚贞不渝、大义凛然。

参见徐放鸣、温朝德:《论黄宗羲"诗史"思想内涵及其文化品格》,《徐州师范大学学报(哲学社会科学版)》2008 年第 4 期;孟新东:《黄宗羲的豪杰理想及其诗学安顿》,《湖北社会科学》2018 年第 2 期;痴宾:《介绍黄宗羲的〈匡庐行脚诗〉》,《西北师大学报(社会科学版)》1993 年第 2 期。

姜宸英诗歌

姜宸英(1628—1699),字西溟,号湛园,慈溪人。明末诸生,康熙十九年(1680)以布衣荐入明史馆任纂修官。在京与纳兰性德有忘年之交,因得罪大学士明珠,受到冷遇。70 岁始成进士,以殿试第三名授翰林院编修。越两年为顺天乡试副考官,因主考官舞弊,被连累下狱而死。著有《湛园集》《苇间集》,现存诗约 1100 首。

姜宸英论诗称颂盛唐,在《唐贤三昧集序》中说:"盛唐之诗实有不同于中晚者,非独中晚而已,自汉魏及今有过之者乎?"姜宸英诗歌颇有一些直面社会的内容,如《送族弟青御之祁州幕》痛陈明时倭寇突袭姜家、祖居被焚,"四邻惨莫遗"的痛史。《城东》叙述百骑公然闯入城东一大宅,宅中一家悉被逮捕杀戮。作者揭出其遭难的原因:"似闻为吏触奸罪,妻儿戮没身诛夷。"统治者的残酷无情,引发了作者对官场生态的警示之情:"一朝倚伏不自保,牵犬东门那复道。"其中《哀平阳》一诗,描绘了康熙三十四年(1695)四月初六日山西平阳大地震的惨状,与襄陵人李宏柱的《地震述》并为灾害文学的佳作。姜宸英诗特多游历之作,每于奇景中寄寓羁旅漂泊之感。如《松磴》云:"平皋下夕阳,暮景腾氛翳。飞鸟之所没,孤云倏其逝。谁为感予心,抚石自凝睇。"作者描绘如此暮景,当深有感于人生之短暂,功名之不立。《马上数里书所见》叙写某一"缭垣亘数里"的贵人苑囿,终成颓壁残垣,诗人感慨此贵人生前炙手可热,现在竟落得如此下场。他写道:"我意适有会,岂为此辈哀。"折射出其蔑视权贵的隐衷。姜宸英阅历广泛,写过不少抒情感怀诗。如《秋中杂感六首》有云:"一生错误是为儒,欲向何方问筑庐。"愤激之情,溢于言表。姜宸英交游广泛,故其诗亦多写友情,如《初秋后同严苏友、秦对岩》等。他闻好友纳兰性德去世,遂作《哭亡友容若侍卫四首》,歌以当哭,真情勃发。姜宸英律诗学唐之作颇有韵致,如《惜花》云:"一春强半是春愁,浅白长红付乱流。剩有垂杨吹不断,丝丝绾恨上高楼。"通过写东风的无情,落花付流水,表达了诗人无限的伤春之愁、惜春之绪、悼春之情,相思离别之怨、韶光流失之恨。最后一句运用了拟人手法,将垂杨拟成人,写垂杨一丝丝细长的枝条把恨缩住,送上高楼,表达了诗人对东风无情、百花遭劫的无限怨恨。在诗人笔下,此恨已弥漫于整个空间,以至于飘拂于空中的垂杨都能随时把恨给缩住。但其古体诗颇有"兀枭旁魄"之态。姜宸英诗折中于唐宋之际,以杜甫为宗,参以苏轼,以尽其变,调高格稳,颇有寄托,在浙派诗中自成一家。

参见陈雪军:《姜宸英年谱》,浙江大学出版社 2011 年版;雍琦整理:《姜宸英全集》,浙江古籍出版社 2016 年版。

陈仅诗歌

陈仅(1787—1868),字余山,又字渔珊,鄞县人。嘉庆十八年(1813)举人,历官陕西安康、紫阳县知县,宁陕厅同知。早年曾与叶元阶、厉志、姚燮、孙家谷等结枕湖吟社,日相唱和。为官期间,山川名胜、风俗民情,皆见于诗歌。咸丰年间致仕归,每泛舟湖上,与诸友论诗。

陈仅的文论传承"诗言志"的诗歌传统,以"温柔敦厚"的诗教传统为根本出发点,主张抒发真实性情,强调文道合一,反对模拟剽窃。他还将性情与声律相结合,从声的角度来解读诗歌,体会诗歌中的"情"之所在。陈仅还提出了"诗中当有我在"(《林竹答问》)这一见解,认为"作诗当取诗于我,不

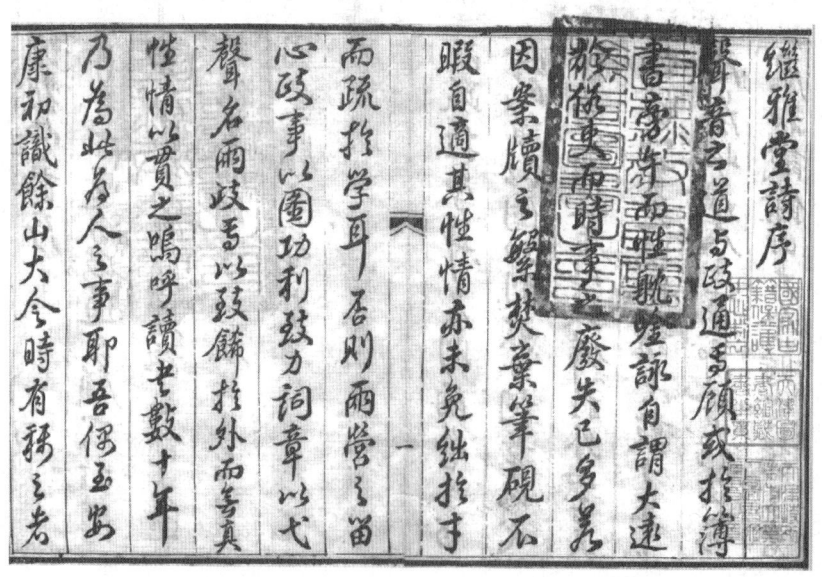

陈仅《继雅堂诗集》卷首书影,清道光二十七年(1847)刻本

当求诗于题"(《竹林答问》)。陈仅有《继雅堂诗集》34 卷,录嘉庆八年(1803)至道光二十八年(1848)诗共 2053 首,有咏物、题画、闺怨、送别、怀古等题材,且都本诸性情,各有特色。陈仅有大量反映社会现实,关心民生民情,同情百姓疾苦的作品。陈仅早在仕宦之前,就已经关注起了民生疾苦。嘉庆十九年(1814)春,陈仅北上参加秋闱,途中注意到各方面的社会问题,写下《乞儿行》《小车行》《土窟行》《回兵行》等一系列诗歌。《土窟行》是对突发事件造成的社会景象的描述,而《剥木妇》《纤夫叹》《衢女谣》等诗歌则聚焦普通民众的日常生活,以最普遍的生活常态来反映社会现实,体现了对底层劳动人民的同情与关怀。陈仅至陕西为官之后,无论是对农事的用心,还是对百姓境遇的关注,都将忧世情怀落实到实处,这是其以政为诗的一个重要表现。相比于前期此类作品,后期相关主题的诗歌显得更加务实。陈仅虽然官微言轻,但也能实现部分政治抱负,为百姓做些实事,兴利除弊。相对应地,作于陕西为官期间表达"忧黎元"情怀的诗歌往往与其处理政务相关,因此更加贴近民心民情,常站在百姓的立场上来思虑。以真性情入诗,风格多样,有想象雄奇的恣肆之作,也有真切纪实的深婉之作。陈仅为诗才力遒劲,骨力坚实,怀古之作多有新意。又喜以乐府体为诗,于人生百态不乏讽喻。有时也以学问入诗,吴德旋称其"才足抗衡宋元大家"。

参见《继雅堂集校注》,陕西人民教育出版社 2016 年版;郑继猛:《郑仅在陕诗歌简论》,《安康学院学报》2014 年第 6 期;郑继猛、李厚之:《陈仅先生年谱考》,《安康学院学报》2012 年第 4 期。

姚燮诗歌

姚燮是近代最具代表的诗人之一,才高学富,所著《复庄诗问》34 卷,现存诗约有 3700 首。

姚燮早年诗重性灵,曾在《问己斋诗集序》中自言:"曩予为诗,取法袁简斋,下笔立成,觉抒写性灵,具有机趣。"自 30 岁乡试中举后,屡试不第,生计艰困,加之受到枕湖诗社同志厉志、叶心水的影响,开始更多地接触社会现实,正视民生多艰,厌弃神韵派、性灵派的诗风,潜心研究汉魏古诗,主张贬俗法古,以性情为经,以元气为纬,从而创作了不少富有社会意义的作品。如《哀雁》别具一格,写的是作者与海雁的一场对话。这只海雁既为饿殍遍地的社会而哀鸣,也为自身的流落而哀鸣。作者深切同情这只哀雁的不幸遭遇,希望它能够躲过人间的灾难。道光二十一年(1841)英军攻陷宁波,姚燮在逃难途中见到种种悲惨景象,义愤填膺,写了不少怒斥侵略者暴行和反映人民悲惨遭遇的诗,如《捉夫谣》等,作者亲见亲闻,才能写得如此具体深刻。姚燮还写诗讽刺封建统治阶级中的投降派,歌颂为国捐躯的民族英雄,如《闻定海城陷五章》之二,描写英雄将士栉风沐雨、忍饥挨饿、视死如归、坚持战斗的精神,生动感人。有的写一家的险恶遭遇,也反映了战乱中人民的苦难,如《速速去去五解》《惊风行》等;有的是直接写动乱的情景,如《北村妇》《山阴兵》等。这类作品广角立体地描绘了近代中国社会的独特境况,可谓是近代中国历史的最初映像,富有诗史般的价值。这些作品艺术手法变

姚燮砵卷

化多样,并继承了杜甫现实主义的诗风,熔新旧乐府于一炉,造成了以旧风格含新意境的境界。此外,他还有大量反映现实的乐府诗,如《谁家七岁儿》《卖菜妇》等,揭露阶级矛盾与人民苦难,同样十分深刻。姚燮描写四明、普陀的数十篇山水记游诗,秀警镌刻,在清代只有高心夔的匡庐诗、刘光第的峨眉诗可以鼎足而三。姚燮的《南辕杂诗》108 首,通过旅途生活的描述反映社会面貌,也是清代诗人所未曾有的。姚燮还善写长篇叙事诗,其《双鸩篇》长达 1795 字,写的是一对青年男女在重金钱的家长逼迫下双双殉情的悲剧故事,情节有点类似古乐府《孔雀东南飞》,歌颂封建社会里青年男女追求婚姻自由、宁死不屈的反抗精神,全诗用殉情女子口吻叙出,叙事抒情,多用排句做铺张,又前后反复照应,极尽跌宕之致,是旧体叙事诗中少见的巨篇。民国《象山县志》所载姚燮佚诗《西沪棹歌》120 首,描写乡土风情,可与朱彝尊的《鸳鸯湖棹歌》争胜。在艺术上,姚燮力图以复古求新变,他转益多师,体备众美,具负山涵海之才,运抗古礧今之气,或幽艳,或奥崛,或雄奇,或闳肆,操纵万灵,受命寸管,元气充沛,真挚飞动,实为清代浙东最杰出的诗人。

参见赵杏根:《试论姚燮诗的主要语言风格》,《宁波师范学院学报(社会科学版)》1985 年第 1 期;汪超宏:《姚燮年谱》,中国社会科学出版社 2011 年版;路伟、曹鑫编:《姚燮集》,浙江古籍出版社 2014 年版。

董沛诗歌

董沛(1828—1895),字孟如,号觉轩,鄞县人。同治六年(1867)中举人,主讲宁波崇实、辨志书院,以诗、古文负盛名。光绪三年(1877)中进士,历署江西建昌、上饶等县知县。十一年(1885)以疾辞官归里,专意著述。董沛的诗歌最初结集为《六一山房诗集》,收道光二十六年(1846)至同治十年(1871)诗作 566 首,同治十三年(1874)双铁蕉馆郑炎禧刻。后作者又辑《六一山房诗续集》10 卷,收同治九年(1870)后至光绪九年(1883)后诗,共 573 首,有光绪九年刻本。

董沛主张以学问为诗,在《陶子缜溪庐诗集序》中,他历数浙中诗派的流弊,明确反对袁枚倡导的性灵诗派,并明确提出诗歌创作应有书卷气,这种书卷气来自学问的涵养。在创作的路径上,他强调学习汉魏,但又必须陶铸变化,从而达致有自我面目、浑然天成的诗歌境界。他又提出:“读书贵养气,气静言乃宜。”(《题徐舍人〈烟屿楼诗集〉》)欲借此消除浙派诗流于新僻、险涩、怪特、叫嚣、粗硬等的弊端。董沛的诗歌创作也是沿着其师姚燮开辟的学习汉魏诗风的路径,而成就自我的面目。董沛诗各体俱备,内容丰富。

其咏史之作，高论汉唐，诗心、史识和感情浑然一体。如《鄂王墓下作》云："河山恢复寸黄金，北望中原遗恨深。若待功成始烹狗，英雄泉下亦甘心。"鄂王指岳飞。董沛认为每一寸祖国山河都抵得上黄金之价，像岳飞这样的英雄是不能坐视江山沦陷的，可是岳飞未能直捣黄龙府、取得北伐的成功就被冤杀，这留给岳飞、留给任何一个爱国者的遗恨实在太深了。董沛设想如

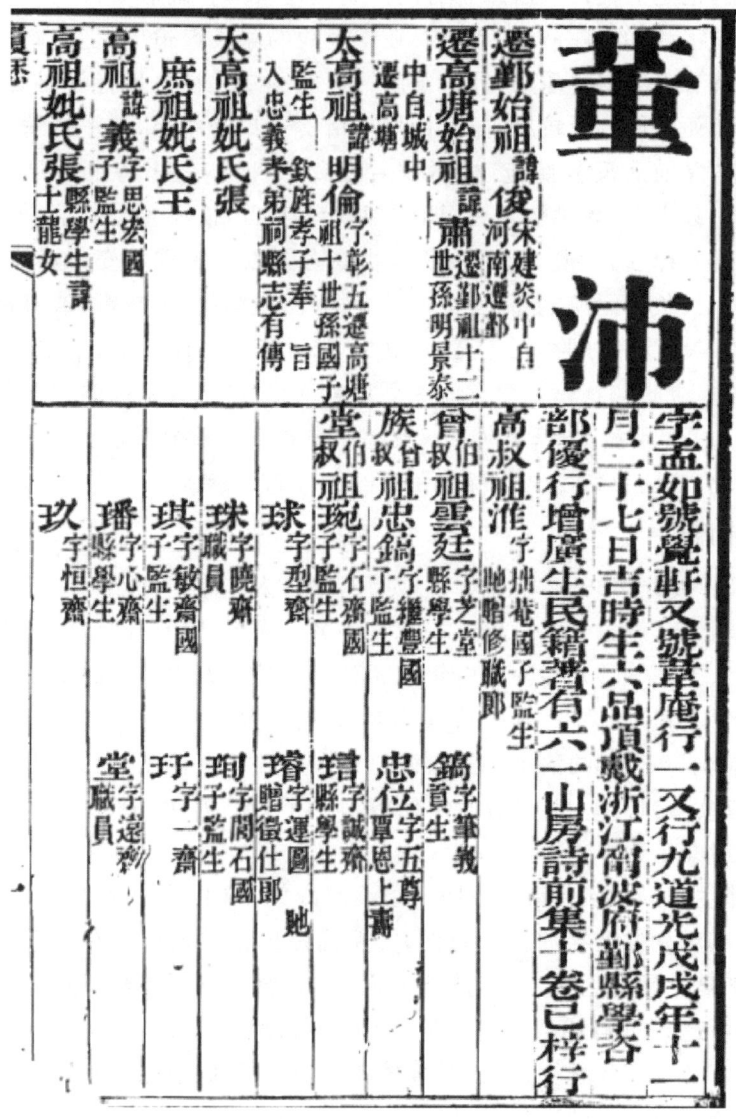

董沛硃卷

果岳飞功成名就后被统治者杀害,英雄还能含笑于九泉之下。董沛又有《东钱湖越王祠》云:"老桧欹风影已寒,将军遗庙对层峦。东湖谅比西湖好,故国宫垣不忍看。"越王指史浩,将军遗庙指的是东钱湖上的岳王庙。史浩力排众议,公开主张为岳飞平反,宋孝宗接受了他的建议。于是鄞县的百姓为纪念岳飞,在东钱湖建了一座岳王庙。董沛诗中东钱湖上越王祠对着岳王庙,是否东湖的山水真的胜过西湖呢? 否也,原是因为越王和岳王之魂都不忍看故国的宫垣,引发无穷的遗恨。董沛的这两首咏史诗怨而不怒,沉重悲凉。董沛生长于乱世,其感时纪事诗较多,鸦片战争、鄞县东钱湖渔民的反抗斗争,以及太平军占领宁波等,都在诗歌中有所反映。如《从军乐》云:"贼至吾不迎,贼去吾不逐。谈笑归家门,还胜太平福。却是将军功,岁岁进官禄。"对官军进行了无情的讽刺。咸丰二年(1852),鄞县民周祥千、张潮清等聚众反抗,清政府派兵镇压,董沛所作《三月二十六日纪事》即写其事。这组诗句式长短错杂,使用对比、反复、比喻、铺张、渲染的手法,确有汉乐府民歌特色。董沛的近体诗则宗法杜甫,如《五十自述》其九曰:"四度遭兵燹,飘摇等絮萍。有粮供鼠盗,无地作鸿冥。乱舰江云白,荒庐鬼火青。全家无恙在,且自注骚经。"此诗既悲叹乱世,而又欣慰于乱世中一家能平安团聚,也透出了作者在乱世中仍从容著述的气度。

参见〔清〕董沛:《六一山房诗集》《六一山房诗续集》,《清代诗文集汇编》本;陆小琴:《诗人董沛研究》,苏州大学博士学位论文,2008 年;张如安:《鄞东高塘董氏家族发展述略(下)》,《鄞州史志》2018 年第 4 期。

史浩大曲

大曲起于汉魏,盛于唐宋,是一种以曲辞为文学载体,声乐、器乐、舞蹈联合表演的大型歌舞曲。《鄮峰真隐大曲》为南宋鄞县名臣史浩所著,共计 7 套 52 支,是宋大曲现存作品中体式最为完备者。从歌词内容及表演程序看,显然属于宫廷歌舞大曲,详尽地收录序词、朗诵词、歌词外,还简要地记录了舞蹈情态、地位调度、人物装扮及舞台装置等情况。

史浩大曲的曲目皆沿袭唐代,歌词内容皆咏本意,却空泛不实,多作歌功颂德语,只有《剑舞》中的只曲略与抗金北伐的现实相涉,颇见豪情,《采莲舞》的几支曲子则写得比较清丽俊爽,注入了他的"真隐"情怀。《采莲》《渔父》都点出了鄞山甬水,至少部分大曲是在家乡创作的。史浩的大曲,只保留沿袭了唐代宫廷大曲的颂德内容和仪式意义,却失落了那种浸染胡风、略带原始野性的豪雄气概与浑灏飞动之势,转而为精微深静、幽隽婉约,近返于中原遗音之安澹雅正。唐大曲多抒情性的艺术歌舞,宋大曲则转向叙事。就表演形式言,唐大曲更重乐舞,乐舞起表达主题的作用,歌词只是修饰、点缀,总之是更近于"曲"(歌舞)。宋大曲则"声"退而"辞"进,道白增多甚至成为主体,明显表现出由"歌辞"向"文词"的转化。在"曲"向"词"渐变之时,叙事性渐为主体,故史浩的大曲转向叙事,《剑器舞》就有鸿门宴项庄、项伯舞剑及张旭观公孙舞剑而草书大进的情节,至如公孙与项伯对舞的荒诞设计,颇近于后起杂剧的"元人家法",是"曲"向"戏"的推进。《渔父》堪称宋舞向戏剧型方向发展的典型实例,从头至尾有一条情节贯穿线,从渔父戴斗笠、披蓑衣开始,到划船、摇橹、钓鱼、得鱼又放鱼,以及饮酒、祝圣等,都有详尽的表演,舞蹈段落多,情节有进展,人物以第一人称唱舞表演,动作与唱词的内容配合得比较紧密。表演者四人,自勾念、自遣队(即不用竹竿子指挥,勾放乐舞由场上演员担任),以身临其境、亲身感受的角度唱景叙情以后,要表演 8 个段落的唱舞。每段皆有穿插的舞蹈表演,念诗、唱词也都与表演配合一致,表演出渔父由钓鱼到放鱼的心理与情绪变化过程,阐明了为追求雅逸情趣、宣扬积德行善的祝圣祈福的演出主旨,这已经很像是一部故事情节虽然简单,但却融唱、念、做、舞为一体的歌舞剧了。

参见俞信芳校注:《史浩集》,浙江古籍出版社 2016 年版;杜兴梅:《史浩〈采莲舞〉的多圆结构》,《文艺研究》2001 年第 5 期;夏令伟:《论史浩撰制〈鄮峰真隐大曲〉的背景与条件》,《浙江艺术职业学院学报》2010 年第 2 期;赵晓岚:《论史浩〈鄮峰真隐大曲〉及唐宋宫廷大曲之别》,《文学遗产》1999 年第 5 期。

吴文英词

吴文英字君特,号梦窗,晚号觉翁,四明(今浙江宁波)人。一生依人为幕僚,往来于德清、苏州、杭州、绍兴等地。吴文英一生倾全副精力于词的创作上。他精通乐理,能自度新曲,生前曾自编词集,即以自度曲《霜花腴》为其集名。今传世的《梦窗词集》有四卷本与一卷本两种。吴文英存世词作多达 340 首,比姜夔多出 4 倍,姜、吴都属于江湖词人中的佼佼者。

若从江湖的视角观之,吴文英词具有非常明显的江湖派特征。吴文英的生活是"颓而荡",也就是既颓又放荡(放纵),明显地打上了江湖一派的印记。吴文英的颓荡往往是在春末暮时之类的特定环境下发生的,如《扫花游·送春古江村》下片云:"倦蝶慵飞,故扑簪花破帽。"他偏偏要在破帽中簪上数朵残花,招来蝴蝶相扑,于潦倒中见出闲情逸致。吴文英身上的这种闲情逸致更突出了"颓而荡"特点。吴文英的情绪是"颓而伤"。在没落的时代、潦倒的身世等因素的共同作用下,吴文英内心充满浓重的伤感情绪,因之,吴文英的词往往感伤入骨。他喜欢在衰败的景物(如夕阳、暮春等)下发泄其哀伤的情绪,所以说"颓而伤"。他生活在那样一个走下坡路的时代,身世遭遇、情感遭遇都很不幸,他不能不颓。但吴文英又是颓而不废。颓而废则是没有道德感,缺少是非感,但吴文英虽然颓了,但他内心追求的火花并没有完全熄灭,他的道德感、是非感还很强烈。故其词的题材内容亦较姜夔丰富,在恋情、咏物、酬赠之外,更多了感怀时事的呜咽悲歌。他入骨的忧患与一定的道德感、是非感结合,就写出了《金缕歌·陪履斋先生沧浪看梅》之类名作。吴文英最大的贡献是在词艺上的开拓。在他之前,横亘着辛弃疾和姜夔这两座艺术高峰。论胸襟气魄,吴文英远逊稼轩,论才情天赋,吴文英亦不及姜夔,因此他难以在情思内容上超越前贤,只能在艺术技巧上争奇斗胜,确实做到了自成一家,并形成了自己的独特"家法"。梦窗词善于把不同时空的情事、场景浓缩统摄于同一画面内;或者将实有的情事与虚幻的情境错综叠映,使意境扑朔迷离,章法跳跃性大而多变;善炼字面,语言富有强烈的色彩感、装饰性和象征性,梦窗能让无数丽字一一飞舞,构成"视觉的盛宴"。梦窗词的上述特点,构成了其词超逸沉博与密丽深涩的艺术风格。吴文英以独创性的大量词篇,成为辛弃疾、姜夔以后南宋词坛的另一位大词人,在当时即产生了较大影响。《四库全书总目》卷 199《梦窗稿提要》说"词家之有文英,亦如诗家之有李商隐也",是平实公允的评价。

　　参见叶嘉莹:《拆碎七宝楼台——谈梦窗词之现代观》,《南开学报》1980年第 1、2 期;陶尔夫、刘敬圻:《吴梦窗词传》,吉林人民出版社 2000 年版;吴蓓:《梦窗词汇释笺评》,浙江古籍出版社 2012 年版;孙虹:《梦窗词集校笺》,中华书局 2013 年版。

陈允平词

　　陈允平,字君衡,一字衡仲,号西麓,鄞县人。德祐(1275—1276)时,授沿海制置司参议官。入元后以人才征召至北都,不受官,放还。陈允平擅作诗词,其词清婉有致,学古而不泥于古,与吴文英、翁元龙齐名。《日湖渔唱》2 卷,当为在宋时所作,计 84 首,分慢、引令和寿词 3 类,风格和平婉雅。他在宋末词坛颇有名气,其所交接的词人亦不少。他在青年时代即与张枢、李彭老及周密等词人酬唱,很可能是西湖吟社的成员之一。陈允平《西湖十咏》跋,谓杨缵与周密、张枢等人结西湖吟社于环碧园。环碧园在丰豫门外柳州寺侧,也是陈允平经常出入之所,其《秋霁·平湖秋月》词即有"有素鸥,闲伴夜深,呼棹过环碧"之句。陈允平有词集《日湖渔唱》《西麓继周集》各一卷,现存词 209 首,创作数量较多。据统计,同时代的周密编选《绝妙好词》,选录陈允平词 9 首,名列第 7 位;清代浙西词派朱彝尊编选《词综》,收录陈词 23 首,名列第 11 位;常州词派陈廷焯编选《词则》,收录其词 17 首,名列第 12 位。由此可见,历代重视陈允平词者不乏其人。

陈允平最擅长的言情词,大多是按照艳科模式创制出来的,缺乏鲜明的个性。伤春惜春、离情别绪、羁旅行役这些传统题材,是西麓集中写得较好的一部分,低回感伤、缠绵悱恻的情调,令人有"恨入回肠千万结"之感。纪游写景是陈允平词的又一重要内容。景定四年(1263),陈允平应周密之约创作《西湖十咏》,恰当地寻找到了湖山与心灵的契合点,将眼中景与心中情纠缠在一起,故而欣赏这组词,不唯要注意其对湖山胜景的审美把握与再现能力,而且更要注意可能蕴含的几分感慨。陈允平是周邦彦的崇拜者,《西麓继周集》不仅以"继周"为名,而且所收 123 首词作均为追和清真词韵者,这种依词集而逐首追和的创作在宋代词人中可谓绝无仅有。周邦彦精审音律对南宋词人影响很大,他们群视周词四声为金科玉律,故蔡嵩云说"方千里、杨泽民、陈西麓诸家和清真词,谨守四声,少有逾越"(〔清〕蔡嵩云:《柯庭词论》,见唐圭璋编《词话丛编》,中华书局 1986 年版,第 4900 页)。陈允平有些和周之作几乎亦步亦趋,形神俱似,面貌稍别的,也有很重的脱胎痕迹。但我们也应该看到,相比于方千里、杨泽民的刻意模仿、按腔死填,陈允平的和周词在艺术上还是要高出一筹,未可一概否定。

参见张如安、李诗园:《陈允平生平及其诗词考论》,《鄞州文史》第 11 辑,2011 年;杜丽萍:《论南宋"和清真词"现象——以方千里、杨泽民、陈允平为核心》,《兰州学刊》2010 年第 2 期。

张可久散曲

张可久(1279—1354?),号小山,庆元(今宁波)人。张可久一生仅在江浙各路、县做过小吏,长期沉抑下僚,生活窘迫。他的足迹遍及江苏、安徽、浙江等地。他的交往多朝野士夫,他虽以文才为人所重,终不越寄人篱下的地位。张可久是元代中后期散曲的代表作家,现存散曲有小令 855 首,套数 9 套,为元代创作散曲最多的作家,竟占现存全元散曲的五分之一,是位居第二的乔吉的 4 倍多。其个人作品占朝代作品总量的比例之高,在中国文学史上是绝无仅有的。元代 220 多位散曲作家中,有集传世的只有张养浩、乔吉和张可久三人,但张养浩、乔吉各自只有一集,且都在临死前或死后才刊行于世,而张可久不仅在生前已有四本散曲集传世,而且他的《今乐府》《苏堤渔唱》《吴盐》在盛年时已广传于世。在元曲选集《阳春白雪》和《乐府群英》中,张可久入选的作品也是最多的。这说明他的作品在元代即获得了广泛的欢迎,甚至连元武宗在皇宫赏月时也令宫女传唱他的散曲。

　　张可久散曲的题材非常广泛,充分展示了元代南方一个传统文人真实的生存样式、生命状态和悲剧情感,代表了元代江南文人的普遍境遇。看不

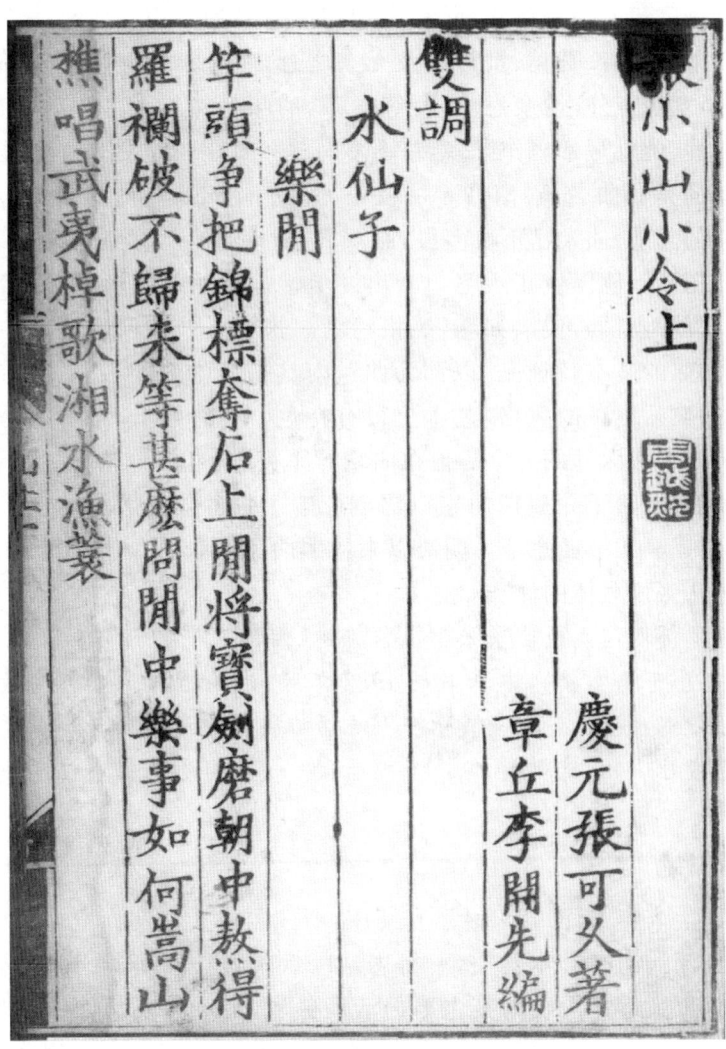

明嘉靖刻本李开先编《张小山小令》书影

惯社会生活中的丑行恶态,他的散曲不乏嬉笑怒骂的笔触,如《醉太平·感怀》:"人皆嫌命窘,谁不见钱亲?水晶环入面糊盆,才沾粘便滚。文章糊了盛钱囤,门庭改做迷魂阵,清廉贬入睡馄饨。葫芦提倒稳。"这首散曲敢于直面污秽的现实,直斥铜臭熏天、人欲横流、是非颠倒、不知羞耻的世象。三句鼎足对实在是有感而发,音节铿锵,语调冷峻,辛辣的讽刺中充满愤激不平之气。《卖花声·怀古》更是一首广为传颂的名作:"美人自刎乌江岸,战火曾烧赤壁山,将军空老玉门关。伤心秦汉,生民涂炭,读书人一声长叹!"作者并没有对风云人物进行正面评论,却用掩卷后的一声长叹来寄寓自己读史时所产生的惋惜、赞美、批评以及无奈之意,所有丰富的感情全都凝聚在结句之中,意在言外,情余意中,凝练含蓄,韵味盎然。张可久游踪甚广,遍历江南名胜,所以写景之作尤多,差不多写尽了江南锦绣之地。最能代表其艺术成就的是套曲名篇《南吕·一枝花·湖上晚归》,写的是携美人游湖的过程,良夜、美景、佳人已不可多得,而饮酒、赋诗、弹琴,尽赏心乐事之极,更使人醉神忘形。他以生花妙笔勾画出湖上恬静秀丽的景色,一面熔铸前人名句,一面创铸新词,俊语如珠,风格清劲。张可久处在前后期散曲的过渡时期,其散曲的基本特征是"以词为曲",内具平静内敛的心态,外有俊巧精美的形式,典丽雅正的风格,艺术上很有特色。在曲坛上,张可久是所有作家中影响最大最深远的一个。他在曲坛异军突起,自成一派,他所倡导的雅正清丽的曲风,给予元后期曲家以深刻影响。张可久的散曲转变了一代曲风,极大地提高了散曲意境。明清以来的散曲家以张可久为圭臬者很多,也有直接效法张可久体的。

参见罗忼烈:《元散曲家张小山》,香港《海洋文艺》1977年第6、7期,后收入《两小山斋论文集》,中华书局1982年版;洪柏昭:《论张可久散曲的清丽》,谢伯阳编:《散曲研究与教学——首届海峡两岸散曲研讨会论文集》,浙江教育出版社1992年版;孙侃:《沉抑曲家——张可久传》,浙江人民出版社2007年版。

汤式散曲

汤式(生卒年未详),字舜民,号菊庄,浙江象山人。友人贾仲明《录鬼簿续编》谈到汤式初时补本县吏,不得志。以后落魄江湖间,从其散曲作品钩稽,汤式是以大运河沿线为其主要的活动区域,足迹涉及姚江、杭州、苏州、金陵、京口、扬州等地。其散套《言志》有云:"看鞍马上诸公衮衮,听刀戈下众口嗷嗷。"此曲显然作于元末群雄竞起、战火纷争之时。其中《一枝花》云:

"自怜王粲狂，莫怪陈登傲。不弹贡禹冠，谁赠吕虔刀？十载青袍，况值烟尘闹。事无成，人半老。黄金台将丧斯文，白玉堂空怀故交。"从中推断，他在元末至少在江湖上混了十年，人已经是"半老"光景了。在烟尘滚滚的时代，他既狂又傲，尽管慨叹斯文扫地，但他还是相信自己的才学，对前途充满着信心，他写道："喜的是砚池内流通着千丈沧溟，诗卷里包藏着九重宣诏，书楼上连接着万里云霄。虽道是浅学、寡学，这几篇齐鲁论也不下于黄公略。"既充满自负，也表现出乱世中难得的"豪气飘飘"。此篇的末尾作者进一步写道："若说道董仲舒入朝，公孙弘见招，看平地风雷奋头角。"看来他还对元王朝充满期待，幻想自己受到征召，来发挥自己的经世才能。清人阮元序刊《天一阁书目》"小山乐府"云："右，永乐初间书会阳(当作'汤')舜民作《贫乐斋(当作'斋')》《南吕·一枝花》词，注云：'系象山人，此在兵部金尚书公席上索赋者。'"据此，汤式当为明初的书会才人，曾为尚书金忠的座上客。在洪武十三年(1380)成为荣宠的文学侍从之前，汤式尚在感叹自己"江湖已半生，伤心一事无成。物换人非旧，时乖道不行"，但很快他的命运有了戏剧性的转变。燕王朱棣于洪武十三年(1380)藩北平。朱棣在燕邸时，聚集了一批曲家，如汤式、贾仲明、杨景贤等人，为其文学侍从，宠遇甚厚。建文四年(1402)，朱棣入金陵继皇帝位，将这批曲家带至京中，恩赏常及。

汤式生性滑稽，工于作曲。《太和正音谱》称其词"如锦屏春风"。有《笔花集》传世，今存小令 170 首，套曲 68 套，是元末明初散曲创作最丰富的作家。汤式散曲题材比较广泛，除了传统的叹世隐世、玩情玩景之类，还有一些紧贴时代的作品。由于他长期混迹于杭州、扬州等城市中，亲身经历了时代的盛衰变迁，用笔勾画出了末世名城繁华消歇的衰落图景，这部分作品是其散曲中最富有时代特征的，相同的主题运用了各不相同的表现手法，具有很强的历史现实感。汤式散曲中也有少量描绘市井风俗的作品，如《风入松·题货郎担儿》，弥足珍贵。此篇写的是某一市井街衢因为长期没有货郎担光顾，所以偶见一"半龙钟"的老叟挑着货郎担现身，激起了小镇(城)的热烈反响，蛇皮鼓的摇动声，闺阁的梦醒状，儿童的奔忙态，在融融的杏花天气中，构成了极有真实感的世俗生活场景。作者将世俗生活情趣化、诗意化，题材虽然是俗的，但遣词造句却又很雅致，在元末明初这样的题材是极为罕见的。汤式散曲技巧圆稳老到，风格艳丽秾纤，在江湖传诵广泛，他是散曲由元向明过渡时期的代表作家。

参见张如安：《象山书会才人汤式的散曲创作》，《元代宁波文学史》第七章第三节，中国文史出版社 2002 年版；赵义山：《论承前启后的重要曲家汤式》,《四川大学学报(哲学社会科学版)》2004 年第 4 期;郭志菊、马骥编集校注:《汤舜民散曲校注》,内蒙古大学出版社 2009 年版。

郑景会词

郑景会(1649? —?),字丹书,一字慕愈,号海门,慈溪人,寄籍钱塘(今杭州市)。诸生。康熙十五年(1676)咏西湖十景,为时人所赏。自编《柳烟词》,由一卷、二卷增至四卷,其间好请人品题揄扬。今存四卷本,词 204 首,有毛奇龄、顾贞观序,有康熙三十四年(1695)红萼轩刻本。集后附《柳烟词评》一卷,计收徐野君、王丹麓等 52 位词人的评语,一人之词有如此多的评语,为清人词集所仅见。

郑景会词题材狭窄,殊多闺情艳情词,小令多学花间体,风情妍丽。如《临江忆美人·新犯》写分别后美女魂牵情郎,三秋抱病在床,仍是那般痴情,"鸾笺拭泪"却不知投向何处。最后作者感慨地写道:"侬自思伊,伊莫为侬愁。"女子痴情相思,而男子在情感上却并没有任何付出,这就为女性的恋情涂抹了悲剧色彩。《桃源忆故人·暮春》云:"桃花已逐东风舞,更有杨花堪妒。一味穿帘入户,不管人凄楚。   枝头杜宇声偏苦,叫得斜阳欲暮。门外晚烟无数,寂寂横塘路。"以物景之无情托出人之有情,充满浓重的感伤情绪。偶作出浴、秘戏之类的内容,反映出作者恶俗的艳情趣味。郑景会的旅情词富有真情实感,更见动人。如《临江仙·闻笛》云:"向晚何人吹玉笛,偏教客里相逢。声声只在小楼东。野桥烟黯淡,茅店月朦胧。   翘首白云乡国远,欲传鱼信难通。几回肠断对春风。凄清柳梢月,呜咽杏花中。"由闻笛引发乡愁,笔致凄婉。郑景会少量词中发抒了仕途艰难之感。其《赛天香·集止庵赏桂》云:"无奈广寒天路远,笑我一枝难折。"自注:"时余下第,语故及之。"可见作者曾参加科举考试,但落第而归,不免有诸多失望之情。《望江南·有感》云:"春老矣,花下转情伤。倚马奇才频偃蹇,雕虫小技忒疏狂。真是骆宾王。"他自比骆宾王,自夸有倚马之才,却偃蹇潦倒,只能以雕虫小技讨生活,字里行间透出了不满之情。《清平乐·西湖感旧》上片追忆西湖昔日的繁华,下片写道:"等闲花柳萧疏,繁华不似当初。西子可怜憔悴,淡妆浓抹全无。"通过对比的笔法写出了时代的沧桑。在艺术上,郑景会的婉约词风情缠绵,善于调动各种传统的手法来创造婉雅的境界。如《虞美人·和沈眉九灯下美人影》云:"红灯一盏光偏映,只照侬影单。拚将两处点银缸,不怕影儿今夜不成双。   残妆理罢灯花坠,待向罗帏睡。嗔他影也亦抛奴,独拥鸳衾依旧一身孤。"上片写一位多情女子在夜里点了两处银灯,营造出虚假的成双氛围。下片写女子灯坠待睡,不禁嗔怪影儿不再成双,自己还是一身孤眠。此词以奇妙的情节写出了幽隐的心理。《谒金门·春情》云:"春欲暮,帘外落红无数。斜倚曲栏浑不语,笑看双燕舞。 惆怅夜来风雨,吹散满城风絮。一段夕阳留不住,马嘶芳草去。"景情两融,境界婉雅。丁昂庵评云:"今读郑子《柳烟词》,情景皆得,洵称词坛一大作手。"时人还认为郑景会的词作与王士禛的"神韵"说相合。如钱璜评云:"词之一道,近来作者颇多,求其神韵之合于绳墨者,亦几难之矣。"项韦庵评云:"《柳烟》佳制,不以剪彩为工,全得唐宋神韵。"祝南誉以《柳烟词》中有"一钩新月挂离愁""独有吴宫歌舞处,人不见,夜猿愁""惟有曲阳城上月,独照侬愁""绿柳迎风,夭桃映日,一段春愁"而称郑景会为"郑四愁"。此外,作者还有创调之才,如《临江忆美人》系新谱犯曲(在旧曲的基础上新谱需转换宫调的词曲),此为串合词调,词的前后阕上三句取《临江仙》调,下二句采《虞美人》调,串合而成一个新词调。郑景会虽以婉丽绮艳为主,而又不乏苍凉豪迈之音。《满江红·拜岳王祠,和韵》《满江红·题伍相祠,次鄂王韵》《满江红·再题伍公庙》,凭吊了岳飞和伍子胥,赞颂了他们的耿耿英魂。《踏莎行·端阳》凭吊屈原:"大江千古向东流,英雄转眼空台榭。"也是满怀感慨。郑景会的妻子俞浚亦善诗词,其《蝶恋花·寄怀慕韩江右》一词,怀念丈夫,柔情万缕,亦可称道。

参见胥洪泉:《〈全清词·顺康卷〉重出〈浣溪沙〉等三首作者考》,《重庆师范大学学报》(哲学社会科学版)2017年第3期。

方桑者词

方桑者,浙江鄞县人。其字号及其家世、生平俱不可考。他是一介落第书生,穷困潦倒,人生失意,仅以课馆授徒为生。有《桑者新词》二卷传世,编成于康熙五十七年(1718),凡收词113首。其中有《何满子·五旬寿日漫兴》,可见其词集成时不早于50岁。此集应该是其晚年初到广州时所编成,故未涉广州行迹。考其词作中题目所涉地名,大致可以判断其一生主要的活动踪迹在江浙一带,唯一一首越出江浙地域的是《两同心·吊陕西溺民》,此题很可能是作者根据新闻写成,而非作者在陕所亲见。

方桑者《自叙》云:"诗词一道,原以泄胸中之愤,吐不平之鸣,借山川花鸟月雾风云以写其歌哭,故一言之发,光怪百出,变化离奇,能令阅者心醉而神舞。予枵腹人也,焉能若古人之触景生情,奇思艳发,赋就而神鬼皆惊,诗成而斗星欲落,语深意奥,顽石点头,字玉句珠,飞龙起舞也。……念我友朋,怜予鄙陋,谬膺西席,宠眷东君。买棹寻山,效渊明之问津。开筵作宴,如李白之夜游。且登临于名胜,何妨到处歌吟。亦览眺于崇阿,不畏途穷涕泣。花朝月夕,无非酒醉诗狂。墨舞笔歌,写出樵闲牧乐。独往也有时,兴尽归来。同步乎于焉,乐而忘返。品题人物,感慨古今,呕不出万斛肝肠。风驰雨骤,写难完满腔悲怨。地倒天崩,非求匣剑生光,讵掩骊珠吐沫。遑云全豹,妆饰一斑。"这代表了他的词学观。方桑子词还特别喜欢对艺文进行评论,创作了不少论艺词,有《谢池春·与徐衡一论文》《师师令·阅娄振宗诗》《月华清·吴原士家敲棋》《江神子慢·过蒋人彩斋头阅诗稿》《乌夜

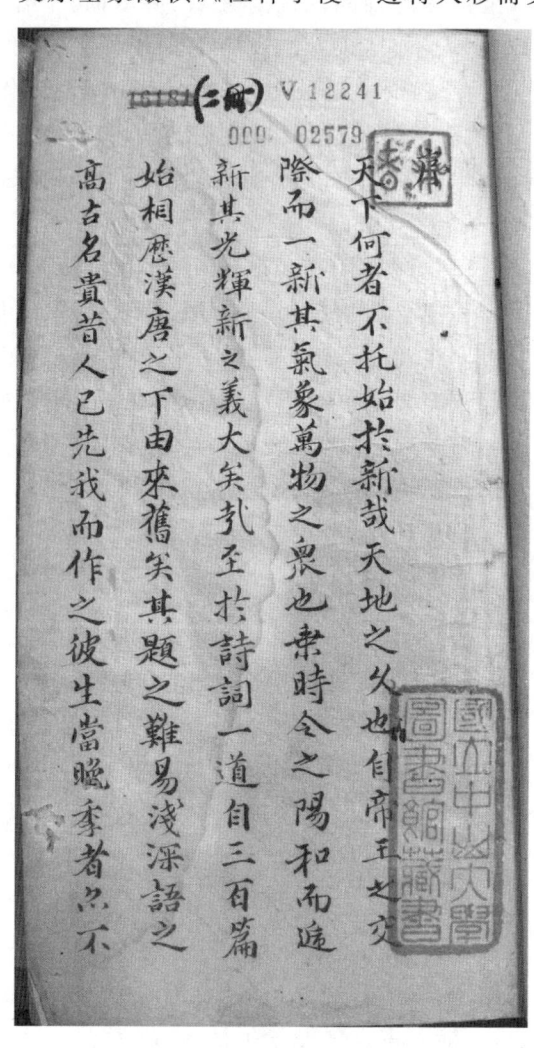

方桑者《桑者新词》卷首书影

啼·王承乾字法》《行香子·王乾生琴》《三奠子·陈斗三刊印》《六州歌头·与李永宗、陈应哀、张茂良等门人论文》《风流子·观剧》,涉及诗、文、剧、书、印、琴、棋等。其中如《谢池春·与徐衡一论文》,充分表达了他的散文观:要求"阅书理透,文兴方来到。落笔要惊人,奇句如春晓。一气贯始终,长短俱成妙。粉脂去,灵机俏。题中奥义,步步来相照"。他提出文兴是在"阅书理透"的基础上才产生的,要求文气贯注,格局恢宏,文义步步相照应,去除脂粉,捐除糟粕,反对摹拟,从大自然中获得灵感。《风流子·观剧》云:"旦生净丑学,传神摹、拟出百般来。佳人情重处,巫山云雨,高唐梦里,夜夜花开。霎时际、悲欢离合异,终得到天台。若非阻隔,姿情无味,写风流、无限在阳台。　薄情有兄弟,笑脸里多藏,白刃诙谐。构起无端陷阱,海祸山灾。从何处呕出,忠肝义胆,冤伸恨白,玉洁尘埃。都是南柯枕上,点破吾侪。"方桑者有不少词是为科举之不平而鸣,还对社会现象进行了一定的解剖。

参见方桑者:《桑者新词》,中山大学图书馆藏本。

周斯盛词

周斯盛(1637—?),字屺公,一字铁珊,学者称证山先生,鄞县新庄(今海曙区高桥镇新庄村)人。顺治二三年间,躲避战乱,历尽艰辛。顺治十八年(1661)进士,康熙八年(1669)知山东即墨县,因镇将诬陷而下狱论死,后被赦出狱。康熙十一年(1672)开始客游各地。擅长诗词,诗受竟陵诗风的影响,词则有唐宋风韵。周斯盛有未刊稿《证山堂诗余》《铁珊词》,存词336首。

周斯盛以羁旅为生活常态,故其词殊多悲慨之音。周斯盛的羁旅词因为体验的深切,染上了深重的感伤色彩,如《沁园春·次李秀才四十自咏韵》其二云:"不受人怜,偏招鬼笑,冷炙残杯到处当。开胸看,又胆毛历历,无奈空囊。"寥寥数句,道尽了江湖的辛酸。《八声甘州·除夕前一日济阳僧舍》云:"似轻舟、七八尺低篷,随处一篙停。任萍踪漂泊,羁怀萧索,还在遥汀。"他像是漂荡中的一叶浮萍,随处是家,却又不知何处为真的家。周斯盛的人生其实就是一场永无歇止的行旅,他似乎失去了具有精神皈依意义的家园感,萍踪漂泊带来了生存欲望的深层焦虑,从而使词风显得幽冷而沉重。周斯盛善于摹写心理,长期的羁旅生涯,主体不免会产生不少反常的甚或是扭曲的心理,词人将这些反常、扭曲的心理形诸笔端,也会产生动人的艺术效果。如《浣溪沙·旅夜》云:"庭际孤蛩瑟瑟啼,新寒来在小窗西。个中况味客先知。　已惯他乡听不厌,每嫌归梦睡偏迟。灯残休问夜何其。"旅夜之中听到庭际孤蛩,瑟瑟而啼,仿佛恐惧于新寒的到来,"个中况味"其实不待孤蛩鸣叫就先已料到,足见其比孤蛩的感受还要敏锐得多。词人一生在羁旅中,不知听惯了多少孤蛩之啼,故眼前的孤蛩之啼自然不再对其情感神经有所刺激了。可怪的是,他不嫌孤蛩之啼,反嫌夜有归梦,因此故意迟迟不肯入睡,直至守得残灯将尽,休问夜已多深。正是一"惯"一"嫌"的对比,一反常情地写出了非同寻常的羁旅感受。周斯盛词确实有意学稼轩词,故其词亦有以文为词的特征。如《沁园春·题村斗图》上片描写了古代农村中常见的村斗情景:"茅屋孤村,流水浓阴,人家并居。总量晴较雨,农皆称老。鸡鸣狗吠,谷可名愚。使气何人,争雄甚事,火出风生忿未除。喧阗处,更妇言聒聒,儿泣呱呱。"作者的描写,让读者们看到了农村的丑陋一面,农人们相互争斗使气,充满了儒家伦理崩溃的浊气。因此词人在下片发出侃侃的议论:"任他斗狠粗疏,料不比、猖狂醉灌夫。有乡邻同室,缨冠宜救,旁观壁上,袖手非迂。朝带称戈,甘陵分党,紫陌嵚崎不可逾。君休慨,纵田间诟谇,还胜郊衢。"词人的这一番议论,以儒家的相恤相救为其依据,义正词严。词人在对村斗者进行规劝之余,结尾不忘讽刺市井的争斗远过农村,表明词人对于市井浊气的厌恶之情。

参见张道锋:《周斯盛评传》,张如安、张萍:《明清宁波文学家评传》,海洋出版社 2011 年版;常庆:《周斯盛词研究》,西南大学硕士学位论文,2014 年。

邵瑸词

邵瑸(1657—1710),原名宏魁,后改名瑸,字殿先,号柯亭,别号石帆山人,原籍浙江余姚,父亲秉征入赘于杭州清泰门内荐桥,故邵瑸出生于杭州。自幼聪悟绝人,12 岁读《资治通鉴》,康熙十四年(1675)登顺天榜举人,官新河教谕,改籍大兴,后迁山东昌邑县知县。著有《石帆花屋诗集》20 卷、《春明倦游录》1 卷、《情田词》3 卷。康熙十五年(1676),邵瑸聘光禄寺卿龚佳育之女为妻,结下了他与浙西词派的渊源。他曾经学词于朱彝尊,所以词风比较接近于朱彝尊。

邵瑸存词 255 首,所写不外乎咏物、送别、写景、题画等传统题材。邵瑸有 45 首咏物词,写物细腻,且多借言闺阁裙裾之情,其中如《琐窗寒·倭奁》云:"轻点南金,细填越翠,写成花鸟。玲珑几桶,雅制洋奁真巧。漆光寒、认疑约黄,译书想像应年少。"描绘日本制造的梳妆盒的精巧,题材较为罕见。邵瑸的婉约词多涉女性生活,如《五彩结同心·绣》云:"莫负晴窗好,约姊妹,并坐彩棚斜设。纤葱劈得圆丝细,更软语、商量枝叶。绣工夫,嫩红娇绿,别是一番春色。"此词描写绣女们并坐彩棚,劈得圆丝,相互间商量枝叶的绣法,其绣成之品看去春色艳丽。上片充分展现了绣女们的心灵手巧,下片则进一步捕捉绣女的娇羞表情及其多少闲心绪。邵瑛在词中如此全面地描写绣女们的工巧手艺及其幽曲心绪,实为浙西词派诸家所未及。龚翔麟称其"缠绵温丽,多言闺阁裙裾之情,梦窗之密、玉田之疏殆兼之而工者",欲以其词补浙西六家词之后而为七。邵瑛在其题画词中多表现日常生活中的细事,如听雨、读书、归耕、归帆、吹笛、种瓜、话旧等,通过对画境的描写,表现出词人对自然的热爱,以及对农耕生活的向往和自己的隐逸之志。如《无俗念·题烟雨归耕图》中"朱颜如许,映萧萧、白发蕉衫藤帽。蔗湖田农事稳,却倚烟锄春杪",生动形象地表现出一位身穿蕉衫,头戴藤帽,肩扛锄具从田埂归来的农夫形象,只有对农耕生活的热爱才能表现出如此生动的农夫形象。邵瑛还在《钓船笛》中刻画了钓夫的形象:"夹岸种桃花,春色一溪如画。小小几间茅屋,有露床风架。   偶然沽酒到前村,肩背钓筒挂。日日渔乡来去,却不知鱼价。"他笔下的钓者,只享受垂钓的乐趣,而不理会鱼价这样的俗事,这样的钓者形象,透出了作者崇尚隐逸的趣味。邵瑛惯以孤清之词营造意境,这主要源于浙西词派对姜夔、张炎清空词风的学习。邵词情感细腻,很多作品写得清新自然,饶有韵味,有的宛有画境。邵瑛词多写萧闲的意趣,鲜明体现了浙西词派醇雅、清空、野逸的审美趣味。如《齐天乐·题耕客〈桃乡农词〉卷》云:"香茅结屋仙源里,百叠暗云深护。溪女携蓑,村童抱耒,指点田塍春雨。吟行断浦,只古水东西,欲寻无处。一种萧闲,人间那得此耕侣。"描绘农耕生活历历如画,从农耕中展现清空野逸的趣味,遂成浙西词派中的别调。

参见〔清〕邵瑛:《情田词》,《续修四库全书》本;任雪:《论邵瑛的题画词》,《太原大学学报》2014 年第 3 期。

姚燮词

镇海人姚燮为乾嘉后词人之冠,有"厉鹗复生"之誉,今则视其为清代浙派词的最后代表。

姚燮自幼喜欢读词作词,将近而立之年,就已经创作了千余首词作,数量非常可观。29 岁那年,他将自己的词作精选出 300 余首,结集为《疏影楼词》,这是姚燮刊刻的第一部文学作品集,自序作于道光十三年(1833)。《疏影楼词》的题材不外乎题画、写景、寄赠、咏物、游冶之类,特多应社之作,内容上多局限在个人生活的小圈子,它虽然结集于鸦片战争的前夜,但很少有时代和政治的气息,当然也并非全无可取。与当时的绝大多数词人一样,《疏影楼词》只是一部个人的抒情词集,作者尽情地挥洒着自己的文学才华,而情场得意与仕途失意构成了姚燮词作的基本主题取向,可以说一部《疏影楼词》就是漂泊江湖的风流才子的悲喜剧,它对于了解姚燮的早期生活及其创作情况还是很有帮助的。姚燮作《疏影·自题词集》为自己的第一部作品做了定位,其中有句云:"江篷荻雨花帘月,且畅写、随时怀抱。"姚燮说自己的词表面上写的是男女艳情、闲适生活,似乎不脱传统婉约词的路子,但实际上多有比兴寄托,与宋玉、江淹的骚人之感没有什么两样。联系其自序所云"日与世涉,哀乐渐多","饥寒驱逐,每有所感",那么他所说的"愁深欢渺"无非是指江湖穷寒之士的牢骚不平之音。每遇江篷荻雨,春花帘月,他的不平怀抱就会随景触发而不可抑制地畅写出来。这应该作为解读《疏影楼词》的一把钥匙,虽然"寄托"与"畅写"说并不能涵盖全部词作,但起码有一部分作品蕴含着作者较深的生活感慨,而这部分作品也是《疏影楼词》最值得表出的地方。由于过分沉浸词情,使他"结檐摧心"(《叶小谱滴竹露斋记序》),但对艺术的认真态度又使他不愿意"进角流商,飙厉草制"(《叶小谱滴竹露斋词序》),此后姚燮约有 10 年时间不再作词。后来姚燮又重开词戒,将数年之作结为《续疏影楼词》五卷。续集有系年的最迟是咸丰二年(1852),故而推测该集当为 1847—1852 年期间的作品。续集津津乐道自己的冶游生活,而在咸丰三年(1853),姚燮在上海创作了《苦海航》词 108 首,写在上海妓院所见所感的情景和感触,多涉批判之笔,从其对狎妓从沉溺到视作苦海的思想演变看,《续疏影楼词》的创作也应在《苦海航》之前。姚燮《续疏影楼词》的题材仍不出艳情、山水、咏物、题画等范围,但有了一些新的变化。笔调比较醇雅疏淡,艺术上虽不如前期词那样精美工巧,但呻唔渐少,而气势稍展,感慨渐深。续集的创作虽然刚好绕过了鸦片战争,但事势的变化毕竟对创作主体造成了难以弥补的创伤,一方面他似乎加倍沉溺于灯红酒绿中,企图从温柔乡中获得一种心理补偿,另一方面时代的阴影时时冲击着主体的心怀,使他的"精神港湾"近于崩溃,浓重悲感的缠结一旦无法得到消解,这就有可能使他跳出艳科的圈子,在词中留下一些时代的痕迹。但也有少数作品具有一定的社会内容,留下了一些乱世幽愤的作品,反映出词人在鸦片战争后的境遇。

参见莫立民:《清吟与哀唱——论姚燮词两种心曲的认识价值》,《漳州师范学院学报(哲学社会科学版)》2001 年第 2 期;张如安:《浅评清代姚燮的

〈疏影楼词〉》,《古今艺文》2004 年第 11 期;唐艳:《从〈疏影楼词〉到〈续疏影楼词〉》,湘潭大学硕士学位论文,2011 年。

冯开词

冯开(1873—1931),原名鸿墀,字阶青,又字君木。室名回风堂,人称回风先生。慈溪人。光绪丁酉(1897)拔贡二等,官丽水县学训导。30 岁后,即回归乡邑,以教书、著述为业,门徒众多。晚年讲学上海,多结交并世名宿,与"清末四大词人"中的朱孝臧、况周颐唱酬往来、交游甚笃,并与况氏结成了儿女亲家。

冯开诗、词、文与书画皆工。早年兼耽填词,初嗜《花间》,后鄙弃《花间》,以为词需"温柔敦厚,无取淫哇,于是问途于碧山,取裁于清真,由南宋而上窥北宋,斐然有作,托体亦匪庳矣"。冯氏伏跗室原藏未刊抄本《秋辛词》一卷,附在《回风堂诗》之后,共收词 54 首,自序谓始于戊子(1888),止于戊戌(1898),为其早年作品,编定于宣统纪元(1909)六月。经比对,《秋辛词》已有 25 首见于后来的《回风堂词》中,且文字多有异同。代表作《百字令·落叶》云:"是愁是泪,怎一宵、瘦得青山如许。已被荒沙收拾了,更被回波卷去。带尾风干,展牙云碎,寂寞蘼芜路。秋心贴地,夕阳红上无数。　曾记烟景浓春,织阴如梦,绿到濛濛处。今日西风都不管,只有铜筇送汝。帘外天低,酒边人远,月暗重楼雨。哀蝉老也,昏灯一笛无语。"此词一出,深受太史陆廷黻的欣赏,以为"秦柳复生",甚至千方百计欲将作者罗致门下。况周颐《蕙风词话》评云:"君木戊戌已编旧著曰《秋辛词》,卷中佳胜,雅近南渡群贤风格,间亦涉足《花间》。"又谓冯开赴沪后,"专力于诗,不常填词,词固卓然名家也"。所著《回风堂词》一卷,朱孝臧编入《彊村丛书·沧海遗音集》,共收词 38 首,以小令为主,善写缠绵悱恻之情,风格闲雅,偏于晏欧一路。如《相见欢》云:"微飔不隔庭柯,动秋罗。只觉碧阑干外,晚凉多。　花阴转,漏声断,夜如何。自卷水精帘子,看明河。"写出了有情女子的无限寂寞之情,含蓄蕴藉,语有寄托。又如《青玉案·次贺方回韵》云:"屏山隔断青来路,只目送、斜阳去。逝水年光愁里度。飘歌阑榭,凝香帘户,依约无寻处。　鬓边冉冉成衰暮,苦忆尊前旧词句。划地芳华能几许?小灯残烬,短衾单絮,独听江南雨。"抒发了芳华逝去的无尽哀伤。

参见杜志勇:《谈冯开墓志铭拓本》,《衡水学院学报》2012 年第 2 期;沈燕红、朱惠国:《晚清民初学者冯开及其未刊抄本〈秋辛词〉》,《浙江社会科学》2017 年第 2 期。

戴表元散文

戴表元是元代最有代表性的散文家之一,主要贡献就在于革弊,如《元史》本传所称:"表元闵宋季文章气萎苶而辞骫骳,积弊已甚,慨然以振起斯文为己任。"

戴表元认为宋末文弊是由于当时经学、文艺判为专门造成的,当然亦与士子殚精竭虑于场屋之文有关。戴表元的革弊正是从摆正性理和词章的关系入手的,有意识地强调道(理)、艺并重,在理论上虽无新的突破,但却矫正了道、艺一度被扭曲的关系。戴表元的散文在意蕴上有所开掘。其文虽然擅长议论,但极少有性理之学的说教,往往充满人情味。更可贵的是,戴表元的散文强调真实的人生体验,往往不胜今昔沧桑之感。如《送张叔夏西游序》通过初逢、再值、告别时这三组镜头,勾勒了张炎大半生的经历。初逢时,张炎轻衣骏马,风度翩翩,生活的尊荣富贵可知。再遇时,张炎面目间有沮丧之色,让人看到了一位十年伶俜、四海飘蓬、失意困顿的浊世公子形象。告别时,张炎轻装简从,踽踽独行,一副黯然销魂的样子。强烈的生活反差对比,其中有多少辛酸难言的逐步转变过程。这篇序文从表面看,作者的态度似乎很客观,有点冷峻,其实他的内心是很炽热的,对张炎的遭遇充满了同情。文章的第三段又用了对比手法,从大环境转换中,可以悟出张炎身世悲剧的必然性。戴的不少散文充满一种时代变迁感,昔乐而今悲,显得苍老悲慨。戴表元也是写作题跋文的高手,谈艺论人,不在于表达真知灼见,而在于领悟生活。《题画》是跋文,一开头便极力称道赵孟頫的高超的画技与游戏点染的风度,寥寥几句,用笔简洁。然后笔锋一转,说这幅画与赵孟頫平时风格大异,不是随意挥洒,而是刻意经营,而且画幅很长,其所费精力之多可以想见。接着作者横插宋人郭恕先的绘画佚闻,说郭遇上有人送长缣来请他作画,他先在缣的下端画一手轮,上面系一细丝,直拖到缣的上端,再画上一只风筝,就应付塞责了。郭恕先如此捉弄人,受之者却无可奈何,只能千恩万谢而去。然后作者又回到正题上来,说像赵孟頫那样的大才,不是想不出郭恕先这种捉弄人的办法,但是他不效法,而是精心加以绘制,这是什么原因呢?作者未加回答,意在勾起读者的探索欲望。此文波澜跌宕,简洁生动,随意点染,涉笔成趣,不失为题跋文的上品。戴表元散文在艺术上亦有所开掘。他的散文跳出了性理一派概念的堆叠和逻辑的演绎,往往在出人意表的议论中系以深沉的感慨,读来颇有情味韵致。更为引人注目的是,袁桷说他的散文"间事摹画",指出这一点特别重要。所谓"摹画",就是描画,描绘,也就是通过形容化、修饰化和细节化,创造出鲜明的艺术形象。如《观渔赋》多以四字一逗,形式稍嫌呆板,但开篇描写童子之渔,形态各异,生动形象。总之,戴表元力革宋季文章之弊,开创了清新雅洁的散文创作的新风。《元史》本传称"至元、大德间东南以文章大家名重一时者,唯表元而已",可见他在当时的影响。

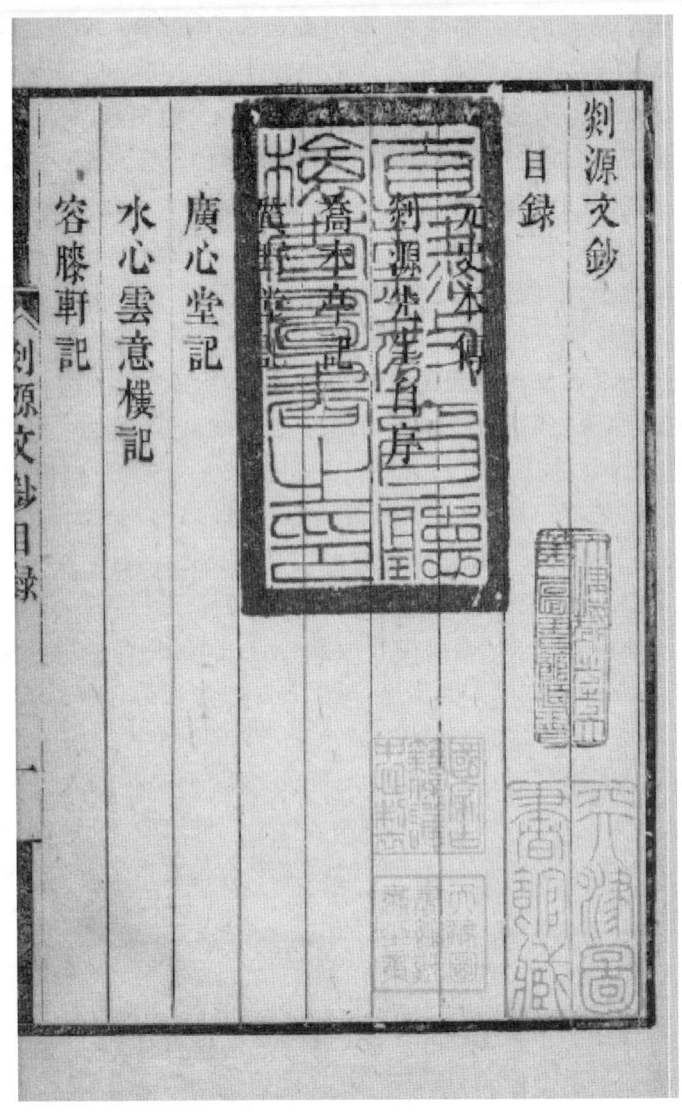

戴表元《剡源文钞》(黄宗羲编选)书影,清道光十三年(1833)卢鉴校刻本

参见刘飞:《戴表元及其文学研究》,安徽大学出版社 2008 年版;陆晓冬、黄天美点校:《戴表元集》,浙江古籍出版社 2014 年版;杨凤琴:《戴表元研究》,浙江大学出版社 2016 年版。

李洧孙《大都赋》

元大都是我国 13 世纪驰名中外的京城。关于这座大都城早期的文学刻画,首见于李洧孙的《大都赋》。李洧孙(1243—1329),字甫山,学者称为霁峰先生,浙江宁海竹口李和洋人。宋咸淳十年(1274)进士,博学能文,议论英发。入元后,栖迟海滨 20 年,有终焉之志。大德二年(1298),郡府向朝廷推荐,李洧孙被"强起"来到京师。他曾上书阙下,恳恳数千言,但没有被朝廷采纳。他又述《大都赋》以献,一下子轰动大都文坛,引起了很大的社会反响。

李洧孙《大都赋》假托元光子与中书生"谈上天下地往古今来之事",他们"叹光霁之时常少,而晦暝之时常多。分裂之世每数,而浑一之世每疏"。确实,中国历史上曾多次出现国家分裂的局面,给人民带来了很大的痛苦,因此分裂局面结束之后所建立起来的大一统王朝,来之不易,受到人们的特别珍惜。李洧孙认为历史上的大一统王朝以大元为盛,赋中借中书生之口说:"干纪以来,是不一姓,唯今皇元为最盛;四极之内,是不一都,唯今大都为最隆。"他进一步谈到自己做赋的原因:"夫有盛德大业者,必有巨笔鸿文,铺张扬厉,高映千古,以昭无穷。然四海泳仁涵和三十年载,未有仿佛商周之歌、两汉之赋者,亦一时遗典也。"他觉得自己"际遇昌辰",不应采取"默默"的态度,于是通过讴歌大元之盛,以填补一时之遗典,遂创作了激情洋溢的《大都赋》,展示了元大都独特的城市魅力,实开元代创作京都赋风气之先。李洧孙在《大都赋》中,不是泛泛地赞美大都,而是将其放置在国家分合的历史长河中予以审视,将大都作为大一统王朝的中心予以歌颂,在与历代都城的比较中,更加凸显大一统王朝的行政中心无比恢宏的格局,字里行间透出强烈的自豪感。在历代的大一统王朝中,元朝"体元继天,奄有六合",版图最为辽阔,诚如赋中所说,"语其疆场之广,则商周所未睹,汉唐所未闻"。为表现元朝大一统王朝对汉唐的超越,就需要从帝国的首都和疆域着手加以渲染。首先,赋中体现出了元大都强烈的设计规划性。其次,竭力铺陈大都经济繁富,运输便利,超越往代。再次,描述大都是联系世界各国的中心,以此显示大都之大。与疆域之大相辅相成的是"都邑之壮",赋中竭力渲染的围猎场面,即是其"壮"的生动体现。李洧孙的《大都赋》大体上追随了汉京都大赋的创作格局,但多少有一些新的突破。为了渲染大都之大,李洧孙强化各种艺术表现手段,并形成了自己的一些特色,如:设定主客,互发后明;辞采朴素,略带华藻;空间移位,脉络井然。李洧孙所作《大都赋》,三千余字,匠心独运,留下了元大都最早的城市映像,一时名噪天下。

参见〔元〕黄溍:《文献集》卷八上《霁峰李先生墓志铭》;张如安:《元代宁波文化史》,浙江大学出版社2018年版。

袁桷散文

袁桷为元代著名的散文家,论文宗法欧阳修、王安石和曾巩,传世散文多达800余篇,众体兼备,以平正、宏丽、精博见称于时。

袁桷生活在承平的时代,又为文章重臣,故其为文有"鸣夫太平"的意识。当时朝廷的制册多出其手,被称为"盛世之音"。袁桷的其他散文,亦不乏点缀盛世之笔,如《竹凤石屏记》描摹绝域广漠出产的珍宝,以之为太平之瑞。袁桷创作的序、记、跋、传之类,内容更为充实,更能代表其艺术成就。如《送朱君美序》《送陈仲刚序》等散文,为南士的遭遇鸣不平,透出了强烈的时代色彩。袁桷善于观察各种社会现象,并予以深刻的描绘,并表达了自己的独到之见。《陈彦恂饯行诗后序》揭露了官员的丑行,入木三分。袁桷的题跋文计有240余篇,无论是数量还是质量,在元代都是首屈一指的。袁桷题跋篇幅短小,文字精练,有的识力非凡。袁桷谈艺,极富史家眼光,能高屋建瓴,大笔勾勒,渊源脉络,如指掌然,其眼界之高阔,识力之深远,远非一般学者所能比拟。如《书郑潜庵李商隐诗选》堪称其学术性题跋的代表作,文中对李商隐源出杜甫和诗中命意深切、用事精远的看法是卓有见地的。既品李诗之渊源、风格,又感慨后世诗祸之烈;既自纠评李之偏,又指摘近世诗学之弊。衡文谈艺,器识高亮,真知灼见,熔铸其中,道古论今,夹叙夹议,写得简短而精警。袁桷有些题跋序记,短小简练,情趣生动,且不乏新颖见解,较有文学性。袁桷学问奥博,创作了不少知识小品。《赠番易笔工童生》一文,将宋元制笔历史,娓娓道来,饶有趣味。从语体风格看,袁桷散文力求古奥,故语多诘屈,诵不顺口,明显不受抑扬顿挫的固定节奏的束缚。从语言词汇发展史的角度看,先秦汉语以单音节词为主,后来单音节词逐渐双音化,产生了大批的双音节词,西汉末至东汉前期,汉语双音节词大规模形成,而大批的双音节词的产生也是汉语"整齐化"的一种表现。袁桷散文一反唐宋古文的双音节语言系统,在叙述策略上自觉地向先秦之文靠拢,有意识地大量使用单音节词。袁桷的散文不乏奇磊、华丽的辞藻。袁桷继任士林之后而学韩,目的是进一步反拨宋文的平易。他有意识地发扬韩文"陈言务去"的一面,故其语言奥博,新词迭出,同时又取法韩文"文从字顺"的一面,没有"塞趹"之弊。

　　参见杨亮:《元代散文的创获与发展——袁桷散文创作论》,《江南大学学报(人文社会科学版)》2010 年第 1 期;杨亮:《袁桷与元代散文创作》,《南京师范大学文学院学报》2010 年第 1 期;张如安:《元代宁波文化史》,浙江大学出版社 2018 年版。

方孝孺散文

　　明代方孝孺在文学上的主要成就是古文创作。他的散文体式多样,变其师宋濂的醇雅为高扬,风格豪放清雄,畅达不羁,而言正词严,有一股浩然之气充乎其间。

　　方孝孺政论散文既不乏卓识宏见,也有平允切实的议论。方孝孺的主体意识十分强烈,谈天说地、叙事状物,不时流露出独到的见解、思考、想象以及感受等主观情绪,语言表达上有着浓厚的主观色彩。这种鲜明的主观色彩,比较普遍的是投射融合在叙写对象上,同时也有相当一部分是直接议论,直抒胸臆,这就使其散文具有了"气盛"的风貌。与世俗相龃龉的个性,使他的创作视界突破了陈规,敢抒己见,立论大胆,也使他的散文贯注了不趋流俗、自表识见的可贵精神和词锋浩然的风格。政论散文《君职》篇中,他提出君主的天定职责是养民、教民,使民各得其所。但是"后世人君"却只"知民之职在乎奉上,而不知君之职在乎养民",一旦老百姓没有按时完成赋税缴纳和力役,就"诛责必加",可是对于自己在教民养民上的严重失职,却"若罔闻知",君主不但不能自修其职,而且还做出随意侵乱、诛削臣民之举。《里社祈晴文》撕破了神"聪明而仁闵"的伪善外表,揭露其荒谬、丑恶的本质,而本质和现象的不协调,更凸现其丑陋的一面。方孝孺的人物传记描写了不少具有特殊性格和爱好的人物,《观我生传》《芒苏公传》《菜根居士传》《友鹿翁传》《大笑生传》《溪渔子传》等均可看出这一点。方孝孺创作的寓言体散文,就其本质来说,实是艺术化的议论文,历来受到好评。这些寓言体散文即事论理,以小见大,构思奇特,寓意深刻,最具代表性的是《鼻对》和《蚊对》。《蚊对》一开始就以酣畅之笔描写了蚊子噬咬给天台生带来的心理上的压力、情绪上的困扰以及肌体上的痛苦,然后作者笔锋一转,由踢醒童子点起蒿草转入正题。善用形象的比喻,鞭挞社会上那种"吮其膏而豪盬其脑"的凶恶之徒,犀利深刻。严格说来,《蚊对》不是纯粹的寓言,而是通过借喻性的形象,用对比的结构方式,很自然地从借喻形象过渡到直接指责的对象,所以更像是一篇嬉笑怒骂的杂文。愤世嫉俗的激烈情感,入木三分的尖锐讽刺,使文章有一股力量与气势,这正是其形成纵横豪放风格的内在因素。他的散文能切近现实,富有社会意义,继宋濂、刘基等人之后,以嶙嶙风骨进一步扫荡了元末文坛上弥漫的纤弱缛丽的文风。

参见张梦新:《文标百代,骨鲠千秋:方孝孺的散文理论与实践》,《浙江学刊》1991 年第 5 期;朱光明:《方孝孺古文的语言特色与作法》,《盐城师范学院学报(人文社会科学版)》2017 年第 2 期。

屠隆小品文

明代屠隆小品属于性灵小品,存在方式主要有三大形态:一是以单篇文章出现的,主要见于《由拳集》《白榆集》《栖真馆集》中。二是以笔记体形式出现的,主要有《鸿苞集》《考槃余事》等。三是以清言的形式出现的,主要有《娑罗馆清言》和《续娑罗馆清言》。

屠隆不重格调而重兴趣,他对兴趣的理解即是自然性情的流露,即是"适"。如《归田与友人》表现了与"与长安隔世"相对立的幽人独居生活,以及向往田园的自由个性。屠隆小品的崇尚兴趣是与注重情感紧密结合的。审美兴趣是一种有意味的情调,审美兴趣中的一切生命的搏动,无不是以情感为重要"能源",并构成令人回味无穷的"情趣"。屠隆在《题红记叙》中说:"夫生者,情也。有生,则有情。有情,则有结。"根据这种与生俱来的情结去拨动自己的心弦,于是才有"触物感怀,抒情吊古","以其缠绵宛丽之藻,写彼凄楚幽怨之情"。屠隆的小品不仅妙趣横生,而且总是伴随着"宣情吐臆"的情感活动,从而较好地做到了"情"与"趣"的有机结合。屠隆崇尚兴趣又是与其才情结合在一起的。他的才情首先表现在丰富奇妙的想象上。他善于通过丰富的想象力,将所要描绘的客体灵动化、神奇化,甚至有点神秘化,比如他的《冥寥子游》(《鸿苞》卷二十二题作《广桑子游》)对五岳灵境的描绘就有这样的艺术感受:"其登五岳也,竦立罡风之上,游览四海之外,万峰如螺,万水如带,万木如荠,星河摩乎巾领,白云出于怀袖,鹳鹤举手可拾,日月掠双鬓而过之,即啸语亦不敢纵,非惟惊山灵,殆恐咫尺通乎帝座矣!上界晴灏,万里无纤翳;下方雪雨,晦冥而不知。微闻霹雳声,细于儿啼。斯时也,目光眩瞀,魂气跃跃出圹垠,即欲乘长风而去,何之乎?"在这里作者并无对五岳情况的具体的现实的叙述,而是通过想象,将自己的一种特殊的神奇的体验描绘出来,笔下的"冥寥子"(屠隆自己)已化为一个寓言式的人物。

其次,屠隆的才情又表现在缤纷的藻采上,这是屠氏小品在语言形式上的重要特点。他强烈主张作家要有一种"风人之致,包五库之学,驱古今于词锋","锦心绣口,凤富才情"(《题红记叙》)。从屠隆小品的语言经营来看,虽然其有类似六朝骈文的绚烂辞藻,但并未如后者那样雕琢滞重,而是汲取了后者的文采,又在相对自由的组织方式中突出了其所具有的个性化的情感内涵。屠隆读书广博,热情奔放,但其创作轻率,不少作品是卖文求食之作,故其散文"尚兴趣而乏风骨",缺乏锤炼和剪裁,缺乏沉挚之思,同时浓厚的骈俪藻绘也有伤于性灵的流转。

屠隆《鸿苞》卷二十二《广桑子游》书影

参见郭子品:《屠隆〈鸿苞〉性灵小品研究》,台湾中兴大学硕士学位论文,2009年;胡付照:《〈娑罗馆清言〉禅茶境语的意蕴之美》,《农业考古》2011年第2期;汪超宏主编:《屠隆集》,浙江古籍出版社2012年版。

黄宗羲散文

黄宗羲大力倡导古文创作,是清初着力提倡经世致用古文的卓越代表,著有《南雷文定》等。

黄宗羲要求古文内容充实,批评今人之文"无道可载",徒欲激昂于篇章字句之间,反对古文一道"徒为观美之具,无裨实用"(《高元发三稿类存序》)的倾向。黄宗羲的散文题材广泛,内容丰富,写下了不少充实有物、云雷郁勃的作品。他的散文角度不一,文笔多变。大到国家和民族的命运,天崩地解的时代遭际,现实的幽思,人生的哲理,小到一草一木,莫不统御于他的笔端,却并非逃避现实、玩物丧志的小摆设,而是直面人生、历史和现实,关心国事、政治,显示出富赡的学问与高尚的人格。他的散文以政论文、传记文和赋体文为代表。黄宗羲的政论文很富有文学色彩。他的政论文结构布局,层次井然,逻辑严密,能透彻说明问题,振聋发聩。《原君》的语言精辟形象、明快犀利,行文多对比、排比,又多设诘问句,深刻有力,富有启发性。另外,生动形象的譬喻常见于字里行间,犀利泼辣的言辞,显露出逼人的锋芒。黄宗羲还写下了数量可观的墓铭、碑文、行状一类的传记文,旨在申扬表彰爱国人士的节义正气,苍劲深沉,是其"扶危定倾"的豪杰精神在美学上的结晶。如《陈定生先生墓志铭》,写复社与阮大铖的斗争,鲜明地突出了正直之士的风骨气节。他传写张煌言、钱肃乐、陆宇燝等仁人志士在国家兴亡、民族危难之际泣鬼神、动天地的英雄事迹,鲜活如生,沉挚感人。黄宗羲的传记文更是不同凡响。他曾说:"叙事须有风韵,不可担板,今人见此,遂以为小说家伎俩。不观《晋书》《南北史》列传,每写一二件无关系之事,使其人精神生动,此颊上之三毫也。史迁《伯夷》《孟子》《屈原》列传,俱以风韵胜。"(《论文管见》)又评侯方域《马伶传》云:"朝宗此文,描写曲尽,在无关系之中写出极有关系。"(《明文海》评语)这是说要用小说家的细描手法来叙事,通过描写一两件无关系之事而使人物形象栩栩如生。所谓"无关系之事",也就是一些看似无关于政治的生活中细小之事。黄宗羲又评归有光的文章说:"予读震川文之为女妇者,一往情深,每以二三细事见之,使人欲涕。"(《张节母叶孺人传》)这里所谓"细事"则多指具体的细节而言。黄宗羲认为归有光表现儿女情长的散文善于运用生活细节,并于细节中贯注了一腔深情,此乃归文之所以感人至深的地方。黄宗羲的传记文很注意向归文学习,同样注意运用感人的细节,并以此见出诚挚。如《女孙阿迎墓砖》就是一篇以细事写深情的佳作。为一个 7 岁就出痘而亡的爱孙女作墓砖文,就得从表现儿童的心理特点入手,其中写到做爷爷的黄宗羲经常外出,孙女十分依恋爷爷,向爷爷请求说:"儿念爷,爷勿出门去。"爷爷应之说:"爷勿出门,则儿无果饵食矣。"孙女说:"爷在,儿亦不愿果饵也。"他就运用了这一日常生活细节来表现爷孙深情,确实是深可回味而又令爷"欲涕"的。这里可以看出,他的墓志文,善于抓住一两件能反映人物本质特征的细事,摹写出人物的鲜明个性。可以说以传奇笔墨叙事记人,是黄氏记传文突出的艺术特点。黄宗羲还是清初卓有成就的赋家,代表作《避地赋》将身世之悲与兴亡之变紧密结合起来,并创造性地运用板块结构来描述自己半个世纪来流离迁播的不寻常经历,显示了沉郁苍凉的骨力。他的《海市赋》《获麟赋》成功地运用赋的形式宣传无神论思想,新颖而有创意。黄赋立意不凡,识见高拔,散发着浓郁的浙东乡土气息。

参见李金松:《黄宗羲对唐宋派古文理论的修正与发展》,徐中玉、郭豫适主编:《古代文学理论研究》第 28 辑《中国文论的道与艺》,华东师范大学出版社 2009 年版;张如安、管凌燕:《清初浙东学派文学思想研究》,浙江大学出版社 2013 年版。

周容散文

周容(1619—1679),字茂山,一字鄮山,鄞县七里垫(今属鄞州区)人。明亡后不愿与清廷合作,一度削发为僧。常放浪湖山,醉酒骂座。晚年筑有"春酒堂"。著有《春酒堂文集》。

周容善诗工文,在《复汪苕文书》中自述其写作文章的历程:"仆自幼好读大家之文,稍长应制科,意欲以幼之所好移诸时艺,然名心互怵,未快也。及天下乱,弃时艺不复事,似可并心于大家之文矣,而初则奔走于患难,继则奔走于饥寒,间偶有述,皆激楚忿懑之余,且护爱而逞恃,慕亢而讳因,以故气满于词,意尽于腕,其怩怩愧悔更甚于足下所云。"周容的散文深刻地反映了遗民的情感波动和心灵世界,堪称清初的遗民心史。其散文芒角毕出,文采斐然,为人传诵的名篇有《小港渡者》《芋老人传》《鹅笼夫人传》。《小港渡者》写作者自江南小港乘渡入蛟川镇(今镇海城),结果欲速则不达。全文不足二百字,由一个生活中的事例引出了"天下之以躁急自败"的道理,因小见大,平易简洁,是短小精悍的杂文佳品。《芋老人传》叙述了芋老人与书生发迹前后两次交往的情况,以吃芋为事端,揭露了"时位之移人"的时弊,抨击了当时官场上的种种丑恶的思想和行为。《芋老人传》传承韩愈的《圬者王承福传》和柳宗元的《种树郭橐驼传》,在故事框架上,又采用了不登大雅之堂的民间传说,似乎似曾相识,但实际上,《芋老人传》融入了明末清初亡国遗民的一腔悲愤,显示了作者刚贞的气节,是用传记方式借题发挥的讽世之作,意蕴深沉,文笔摇曳生姿。《鹅笼夫人传》则传写宜兴周延儒夫人的故事,先写鹅笼夫人姐妹的荣辱对比,中叙鹅笼夫人一时富贵腾达,远过于曾嘲笑过她的亲妹。末叙鹅笼十年为相之荣,夫人常以礼规放佚,临终又劝夫"地高坠重,公可休矣"。果不出所料,鹅笼以纵恣乱政赐死。全文为一女子立传,实际借此写出明末政局的腐败,是一篇优秀的政治小品。周容的寓言小品语言简约生涩,内涵深厚,作者诚挚沉郁的感情凝聚于文字之外,从而使文字充满内在的张力。周容擅长作画,他的一些写景状物的散文观察细致,描写入微,表现了他的艺术天才,尤其擅写画记。他创作了多篇画记和器物记,在继承传统的同时也多有创新,使这个题材的记文达到了思想和艺术的高峰。如《己亥乱后忆记》《七贤过关图记》《唐晋王画像记》《浮光杯记》《宜兴瓷壶记》等。周容的散文延续了晚明小品的写法,并借鉴了书画艺术的表现手法,并能自成面目。

参见张则桐:《清初周容散文简论》,《浙江社会科学》2009 年第 3 期;戴松岳:《旷代才子,惊世四绝——大明遗民周容及其诗文书画》,《鄞州文史》第 9 辑,2010 年;柳华琴:《周容散文中的遗民情结》,《牡丹江师范学院学报(哲学社会科学版)》2013 年第 5 期。

姜宸英散文

姜宸英青年时代与朱彝尊、严绳孙并称为"江南三布衣"。他以古文著称,传世有《西溟文钞》《湛园未定稿》等。

在古文理论上,姜宸英赞同周濂溪"文以载道"之说,在《尊闻集序》中说:"文不载道,而诡谲、诞漫、淫艳、剽窃之词胜,虽有载焉,岂得不谓之虚言哉? 既为之虚言,夫其离道愈远也,而鄙之为末宜矣。"他批评当今为文的两大弊病,"其为诡谲、诞漫、淫艳、剽窃者,常薄儒先之说为无用,用之不足以成家,而见为迂腐,及视其所为,按之其中,无有也。矫其弊者,奉一先生之言,亦步亦趋,惟恐失之而不知其有超轶绝群者在,谓其中有物焉,则亦无有也"。他既反对目空一切之狂,又反对亦步亦趋之谨,更反对辞藻美饰,内容华丽,却找不到道之所在,主张为文首先要有充实的内容,必"从其道而随所之焉"。他反对明代中后期空疏浮华的习气,主张恢复春秋战国百余年间古朴简练的文风,但他又指出,所谓"复古"是"所变之古","非即古也",因此"战国之文不可以为,六经、贞元之文也不可以为"(《文献征存录》卷二《姜宸英》),他所要复的只是古代朴实无华的文风,而思想内容则应跟随时代的发展有所变化。姜宸英长于经史之学,故他的散文同样表现了浙东散文熔经史于一炉的特色。他的论古之篇亦多有独到见解,如《黄老论》《二氏论》等,均识议通达,辞义宏博。《明史刑法志总论拟稿》对明代诏狱、廷杖、立枷以及东西厂等严刑峻法之弊进行了抨击。其他如《江防总论》《海防总论》诸篇，论述形势，条析利弊，至为详尽，非擅史裁者不能为。姜宸英的其他一些散文也喜欢借史抨击黑暗腐败的现象，如《晋执政谱序》，历叙春秋之世晋之执政者，"贤奸互用，治乱相半"，后继大夫更是贪利侈欲。他激愤地写道："甚哉！利之为害于人国也。盖执政好利则百官尤而效之，将唯利之是图。下以浚民之膏，而上以奉君之欲，则其国必贪。执政好利，群臣皆贪冒无耻，则风俗坏而尊君亲上之谊衰，攘窃盗贼之祸作，士大夫廉耻不立，小民迫饥寒、轻犯乱，则国几何而不亡。"淋漓痛切，笔锋犀利。《张使君提调陕西乡试闱政记》一文，对科举败坏人才等的弊端进行了抨击，这当与作者屡困于科场的经历颇有关系。姜宸英最被人称道的名篇是《奇零草序》，此文对张煌言的恸惜敬仰之情溢于字里行间，并寄寓了作者对烈士正气必将重辉的信念。中叙张煌言被捕的过程、清廷对烈士遗著的禁毁，对清廷一方做了极其隐晦的谴责，表露了作者卓越的胆识。作者为了逃避清廷的文网，述事不求其详，言情不求其显，析理不求其透，写者寄意，读者心照而已，真是用心良苦。从总体看，姜文敦厚淳朴，简洁俊雅，颇具欧阳修、曾巩的风格，惜以议论见长，而叙事稍逊，然不失为清初的古文高手。

参见张修龄：《清初散文论稿》第十章第三节《姜宸英》，复旦大学出版社2010年版；杜广学：《姜宸英古文之研究及其相关问题刍议》，杜桂萍主编：《明清文学与文献》第五辑，社会科学文献出版社2016年版。

全祖望散文

全祖望是清代浙东学派最重要的作家，尤以古文著称。

全祖望论文，强调以经术为根柢，这无疑是秉承了浙东学派的一贯主张，要求文章首先要有思想上的高度和深度。全祖望特别推崇有道之文和经世之文，而以词章之文为余事。全祖望论文不仅主张以经术为根柢，而且还强调为文要有牢笼一切的大气象。他在《文说》中说："作文当以经术为根柢，然其成文也，有大家，有作家。譬之山川名胜，必有牢笼一切之观，而后可以登地望，若一丘一壑之佳，则到处有之，然其限于天者，人无如之何也。"全祖望为文就是要向大家看齐，其散文在选材上的与众不同之处，就是能扛得住"天崩地解"的大题目，并有与此相匹配的胆识、魄力和文采，故其散文有大家的气魄，而非注情于"一丘一壑"的作家可比。全祖望的文章，最脍炙人口的是人物传记，他称得上是清代传记文学的第一流作家。全祖望所描写的人和事，大致可分为三类：一是明清易代之际的忠臣烈士以及高蹈不事异姓者,这占据了全氏人物传记的主要篇幅。特别是明末以来乡里涌现了大量的忠义烈士,全祖望深深地为之自豪。张煌言、管江三烈士、华氏四忠双烈,一经其表彰,均有光于乡土。全祖望以批量生产的方式,冒死雕塑出了各类忠臣烈士的群像,反映出一位正直史家的高度社会责任感。全祖望敏锐地抓住年来"天子宽大,屡下明诏"这一有利时机和正当理由,及时地替忠臣烈士树碑立传,惟恐他们的幽德与"桑海劫灰,同归脱落"。经过全祖望的表彰,以前"多以嫌讳勿敢传"的故国忠义的事迹,开始广泛地流传于世。二是对浙东自宋以来的乡邦贤哲,他各为祠堂和书院记以表扬之,如《庆历五先生书院记》《泽山书院记》等,使浙东五百年文献之传大彰于世。三是清初儒林的典型人物。他对清初儒学者如黄宗羲、顾炎武、李颙、傅山等,分撰碑传以详载之,皆足以补史传的缺憾。对于这些学者型人物,全祖望不仅勾画他们的人生道路,剖明他们的苦志心结,更着意于评议他们的学术成就。这都是继承浙东先辈黄宗羲、邵廷采的传统精神,以表彰先烈、名儒为己任。全祖望的传记散文不仅善于排比史料,更主要的是能够曲折其情,富有感染力。全祖望散文之所以深情孤诣,根源于其情之真。他由衷地敬仰故国忠义的人物,深深地为他们血性流注的行为所感动,故其表彰之文,也是一往情深,催人泪下。如《梅花岭记》热烈颂扬了史可法等人誓死不屈的坚贞气节,以"梅花如雪,芳香不染"比喻抗清志士的坚贞高洁,流露出作者对他们无限崇敬的心情。他为了准确生动地摹画这些历史人物的音容笑貌、风韵神采,不惜向小说家学习,故而能够娴熟地运用小说的传奇笔法,将真实性与艺术性完美地结合起来,使读者产生一种阅读快感。全祖望散文的非同凡响之处,还在于他善于脱略《史》、《汉》、唐、宋的门面。如《张督师画像记》一文,原汁原味地采用口传史料,并让口传史料占据主要篇幅,其构思是非常大胆而有创意的。

参见詹海云:《全祖望研究的一个侧面——谈全祖望诗文集整理的文献价值及其所反映的清代学术现象》,郑吉雄编:《东亚视域中的近世儒学文献与思想》,华东师范大学出版社 2008 年版;潘德宝:《全祖望碑传文研究》,浙江师范大学硕士学位论文,2009 年。

王治本游记散文

王治本(1836—1908),字维能,号漆园,祖居浙江宁波府慈溪县黄山村(今属江北区慈城镇),为近代中日文化交流史上的著名人物。日本明治十年(1877)夏,43 岁的王治本应日本友人广部精的邀请来到日本谋生。明治十五年(1882)五月,王治本离开了源辉声家,开始了"东瀛探奇"的漫游生涯,这一年他已经48岁了。他的后半生周游了日本的本州、四国、九州、北海道四大岛,深入民间,涉足了许多过去中国人很少甚至从未去过的地区,其旅行路线之长、所到地方之多、交结朋友之众、留下遗墨之丰,在近代旅日华人中都是首屈一指的。

王治本诗文兼善,他有缘在日本经历了几次大的旅游,同时也写下了不少游记散文。王治本的游记散文,善于揽采异域景物,伸写自我性情。他以名士载笔远游,啸傲山水,一心浸染于日本的自然美景中,心摹而手追,以优美的笔触描摹了日本的自然山水,兼及风土人情,足为异国的名山异水增色。王治本的游记散文可以说都是游历异国的艺术结晶。王治本单篇的游记散文主要收在《食研斋文稿》中,取材范围并不广,可分为山水游记和居室游记两大类,前者长于描绘,文采斐然,后者多涉议论,构思精心。王治本以"真能游赏"的名士自诩,他有缘游历了日本各地的名山胜境,探奇揽幽,绘写其形,创作的山水游记以《鸭湖游记》《寒霞溪游记》《襟流别墅记》三篇最为精彩。鸭湖为佐岛第一胜景。王治本于甲申年(1884)春渡海来佐岛,阅月至于西津,寓居于鸭湖。王治本因此得识湖上诸贤,遂与他们一起游湖探胜。《鸭湖游记》描绘了日本的优美风景。王治本在旅游过程中,感受最亲切、体味最深刻的不仅是自然,还有大量的人文景观。王治本在日本的旅游,总是伴随着广泛的交友活动。他每到一地,都会结交众多的日本友人,在诗酒征逐之间,应友人的邀请,深入地方名士之庐,为他们的居所、园林撰写了不少记文。王治本喜好写这类记文,乃是其在漫游过程中选择性审美的结果。王治本的这类游记文,遵循了唐宋散文的写作传统,其所观览的对象、品赏的内容,并未有多少新的突破。现代游记在题材上的一大特点是以"社会相"代替古代游记中相对单纯的山水风景。审视王治本单篇游记的"社会相",大多局限于名士的雅致的生活。至于《新潟新繁昌记》则不然,广泛地涉及了日本的社会面相,这与作者曾长期寓居海滨城镇新潟,对新潟的了解比较深入分不开。这部作品虽名为"记",实际却是一部小型的日本新潟的地方志书,故其用笔多罗列事实,记载客观,不尚辞藻。游记散文少不了观感,而观感的深刻与否直接影响到作品的高度。王治本的单篇游记散文以描景取胜,突出了自然山水的形象性和真实性,同时也吐露出主体的感受和思考。应该说,王治本的游记散文非常重视观感的表达。他在为冈千仞《东旋诗记》作序时,称赞冈千仞之作"寓是非于言外,写烟景于个中",这两句话不妨看作是王氏本人对游记散文的一种概括。

　　参见张如安:《天涯随处著游鞭——宁波近代诗人旅行家王治本事迹初探》,王勤谟编:《中日文化交流先行者——王惕斋及嫡孙文集》第二编第一辑,中国文史出版社 2013 年版;张如安:《略论晚清王治本的日本游记散文》,王宝平主编:《东亚视域中的汉文学研究》,上海古籍出版社 2013 年版。

高明《琵琶记》

　　高明(1297? —1359),字则诚,号菜根道人,浙江瑞安人。出身世代书香之家,从小受到熏陶,于儒家经典、诸子百家无不通览。后来他又从理学家黄溍学习,儒学根基更为扎实。至正五年(1345),高明以《春秋》经登进士第。至正十一年(1351)十一月,江浙行省当局以高明熟悉海滨情况,调其参与平定方国珍之乱。高明主张招抚,而主帅主张征剿,双方意见不合,高明从此"避不治文书"。至正十七年(1357),高明赴任福建行省都事,道经庆元。镇守庆元的方国珍即以"庆元路推官"相授,强留置幕下,力辞不从,又以礼延教子弟,亦不就,于是被方国珍羁留,高明只得旅寓栎社沈氏楼。以后高明除了广交文人、诗书高会外,就是潜心写作他的剧本《琵琶记》。

　　高明创作《琵琶记》也许得到了鄮山书院山长丁若水(新昌人)的协助。传说高明填至吃糠一曲,案上两烛光合而为一,好事者遂将此楼命名为"瑞光楼"。沈明臣《客次有怀中林诸胜二十首》之十二云:"平楚亭空流水,瑞光楼已荒园。"可知因高明作曲而命名的瑞光楼,至晚明时已成荒园。高明在栎社幽居十余年,思想上十分苦闷,他曾在《余姚州筑城记》中有些违心地写出了为方国珍歌功颂德之词,但洪武元年(1368)九月倪元镇游浙东余姚,高明闻讯作《寄申屠彦德并简倪元镇》诗二首,以建安七子之一王粲亲历离乱,春秋卫大夫蘧伯玉久荐不为所用的故事,比况自己旅寓栎社之悲剧。也许由于旧友宋濂、刘基的推举,高明受到了朱元璋的征召。高明撰写的《元慈溪县罗府君嘉德庙碑》,有"征事郎翰林国史院典籍官高明书"的题署,透出了一点这方面的信息。徐渭《南词叙录》称朱元璋十分爱读《琵琶记》,洪武初请高明到南京做官,撰修《元史》,他以老疾推辞。不久高明抱病离开栎社回归瑞安,在宁海去世。高明著有《柔克斋集》20 卷,作品大都散失,流传下来的诗、文、词、曲仅 50 余篇,反映出他多方面的艺术才能。不过,奠定他在文学史上地位的是南戏《琵琶记》。《琵琶记》既保留了《赵贞女》的基本情节,又对全剧关目做了重大改变,其基本构架可以概括为"三不从"(或称"三被强")。剧本改变了过去悲剧由恶人造成的格局,且尽可能地排除了一些偶然特殊的因素,着力于描写日常生活中发生的悲喜剧。他对人物原型蔡伯喈进行了创造性的改造,悲剧遂由民间戏文着重于个人品德上的责任,移为社会的尤其是封建统治阶级的责任,深化了作品的社会意义。《琵琶记》几乎成为南戏创作的范本,获得了"曲本""南曲之宗"的称誉,又被称为"南戏中兴之祖"。《琵琶记》是宋元南戏的总结,它像一座孤峰耸立于元末,在明初的 100 多年间,竟再无一部新的南戏问世,所以它又竟是南戏的绝响。

明万历十五年(1587)汪光华玩虎轩刊本《琵琶记》插图

《琵琶记》既为元代剧坛之殿军，但又实开明清传奇的先声。《琵琶记》是明清时期舞台传演最为广泛的经典作品之一，刊本众多，自然成为曲家竞相仿效的典范。

参见徐朔方：《〈琵琶记〉的作者问题》，《社会科学战线》1981 年第 4 期；徐永明：《高则诚生平行实新证》，《文学遗产》2006 年第 2 期；侯百朋：《高则诚南戏考论集》，陕西人民出版社 2008 年版。

余姚腔兴衰

余姚腔为明代戏曲声腔，因产生于余姚而得名。

陆容《菽园杂记》卷十记载："嘉兴之海盐，绍兴之余姚，宁波之慈溪、台州之黄岩、温州之永嘉，皆有习为优者，名曰戏文子弟，虽良家亦不耻为之。"陆容是成化二年(1466)进士，曾任浙江右参政，所记当是实情。但陆容仅仅指出余姚、慈溪有许多人当演员，并未明确说明他们所唱的定是余姚腔。但我们也不妨推测，余姚、海盐二地离杭州较近，因交通便利，经济繁荣，传统文化沉淀深厚，故戏文首先在这里安家，并分别形成余姚、海盐二腔。余姚腔至迟当于成化年间已在余姚和慈溪的民间戏班中形成，那时恐怕还属于土腔，可能尚未有"余姚腔"的名目，但它已经受到了当地人的普遍欢迎。关于南方诸腔包括余姚腔的最早文献出处，首见于祝允明《猥谈》，文云："数十年来，所谓南戏盛行，更为无端，于是声乐大乱。……今遂遍满四方，辗转改益，又不如旧。……盖已略无音律、腔调，愚人蠢工，徇意更变，妄名如余姚腔、海盐腔、弋阳腔、昆山腔之类。变易喉舌，趁逐抑扬，杜撰百端，真胡说耳。"尽管祝允明作为封建士大夫极端鄙薄南戏，骂余姚腔等是不合于"官腔"(优伶腔，用弦索北调)的东西，斥责它们是"妄名""胡说"，但也从反面证明了南方诸腔"遍满四方"的蓬勃发展的势头，及民间音乐文艺顽强旺盛的生命力，它们正在大规模地夺取或削弱官腔的地盘。至嘉靖年间，余姚腔继续向外发展，传播的地区已包括江苏、安徽两省。嘉靖三十八年(1559)徐渭在《南词叙录》中说："今唱家，……称余姚腔者，出于会稽，常、润、池、太、扬、徐用之。"其中常州、润州、扬州、徐州属江苏省，池州(贵池)、太平(当涂)属安徽省。可见当昆山腔还局限于吴中的 16 世纪 50 年代前后，余姚腔已蔚为大观，除浙江外，风行于皖南、苏南、苏北等地。徐渭与祝允明的态度相反，他为南方诸腔打抱不平，认为宫廷教坊的"官腔"最初也是出于人们的"胡说"，而非圣人之作，声颇谐和的南方诸腔出自民间，"乌有所谓九宫？……大家胡说可也，奚必南九宫为"！可以说徐渭最早撰文批判了鄙视南方诸腔等民间艺术的错误论调。由于文人们从厌恶到参与,促使戏曲中"曲"(文体)的地位下降而"腔"的地位上升,从而为余姚腔的发展带来了良好机遇。余姚腔的曲牌没有超越沈璟《南曲谱》的范围,联套和集曲情况也无特殊之处,音律上并不像昆山腔那样严格。它的主要特点:一是不托管弦,没有伴奏,靠人声帮唱。上引《猥谈》有所谓"变易喉舌,趁逐抑扬","若以被之管弦,必至失笑"可证之。二是附加"滚调",适应了下层观众的观赏需要。余姚腔后来的衰落,有多种原因,如以李玉为代表的苏州新戏使昆山腔如日中天,夺取了余姚腔在苏南苏北的市场;弋阳腔系统的徽池雅调的新兴,也取代了余姚腔在皖南沿江一带的地位。但余姚腔的消亡应该是很晚的事。有学者认为万历年间兴起的青阳腔,出自余姚腔;戴不凡先生认为明末流行于绍兴一带的调腔与余姚腔关系密切,保留有余姚腔的遗响。

参见戴不凡:《论"迷失了的"余姚腔——从四个余姚腔剧本的发现谈起》,《戴不凡戏曲研究论文集》,浙江人民出版社 1982 年版;周建华、钱百治、寿建立:《姚江戏曲》,浙江古籍出版社 2009 年版;王秋华:《"余姚腔"与"调腔"渊源初论》,《戏曲艺术》2013 年第 4 期。

王守仁论戏曲

心学家王守仁(别号阳明)曾观过戏、评过戏,在贵州写过《观傀儡次韵》一诗:"处处相逢是戏场,何须傀儡夜登堂。繁华过眼三更促,名利牵人一线长。稚子自应争诧说,矮人亦复浪悲伤。本来面目还谁识,且向樽前学楚狂。"这是一首戏后观感诗,感叹人生一旦被名利二字所牵,就丧失了自己的真性情和意志。他在诗中还提到了一些观众看了傀儡戏之后的反响,儿童争相诧说其新奇的表演形式,而矮人则怨伤于剧中繁华过眼,名利不可复得,作者在赞赏傀儡戏给儿童带来的快乐外,对矮人观场提出了批评意见。据黄绾《阳明先生行状》,王阳明平定宁王之乱还借助过优人的力量。

值得注意的是,王阳明在《传习录下》中还多处论及戏曲。第一,王阳明论述了周代的《大韶》与《大武》是中国戏曲的最早渊源之一。皮瑞锡对王氏此说很佩服,在《题桧门观剧诗》中写道:"阳明论乐古无俦,样子能传虞与周。证以仪征说三颂,方知四代有俳优。"第二,王阳明对"今之戏子"的作用也并不轻视。《传习录下》有一段论复古乐的文字云:"先生曰:'古乐不作久矣!今之戏子,尚与古乐意思相近。'未达,请问。先生曰:'《韶》之九成,便是舜的一本戏子;《武》之九变,便是武王的一本戏子,圣人一生实事,俱播在乐中,所以有德者闻之,便知他尽善尽美与尽美未尽善处。若后世作乐只是做些词调,于民俗风化绝无关涉,何以化民善俗? 今要民俗反朴还淳,取今之戏子,将妖淫词调俱去了,只取忠臣孝子故事,使愚俗百姓人人易晓,无意中感激他良知起来,却于风化有益,然后古乐渐次可复矣。'"戏曲在元明以来得到了长足的发展,产生了广泛的社会影响,王阳明能够重视"今之戏子"的作用,认为其"与古乐意思相近",对一个心学家来说,是颇为不易的。王阳明对戏曲内容的要求,自然是封建纲常之类,所以他提出要从"致良知"的目的出发,把戏曲中的"妖淫词调"(主要是指男女风情)之风去掉,代之以用忠臣孝子故事来感化人心。显然,王阳明所秉承的,乃是高明所谓"不关风化体,纵好亦徒然"的戏曲观。王阳明针对当代戏曲多"妖淫词调"的实际,提出要对戏曲内容进行变革,而他变革的目的是为了"感激"观众的"良知",因而仅将戏曲内容限制在"忠臣孝子故事"这一路,显然是非常保守的。但同时王阳明借重于戏曲这一表演形式,注意发挥戏曲固有的通俗性、娱乐性、潜移默化性的特点,强调让愚俗百姓在观赏时"人人易晓",寓教于乐,从而在"无意中"感激良知,使民俗反朴还纯。而要达到这一目的,必须依赖于"今之戏子",因此要先施教于他们。这里王阳明承认戏曲具有无意中感激良知的作用,明确提出"戏曲有益风化",这与一般理学家排斥艺术的观点,还是有所区别的。王阳明论戏曲曾引起了不少学者的重视。清董榕作《芝龛记》传奇,夏纶作《花萼吟》传奇,均将此论置于卷首,作为先贤遗训。李调元《剧话》亦引之,评云:"此论最为得旨。"看来,王阳明的观点在戏剧界产生过一定的影响。

参见赵山林:《王阳明与戏曲》,《中国典籍与文化》1997 年第 2 期;王颖泰:《王阳明的"戏曲有益风化"论》,《艺术百家》2004 年第 2 期;钱明:《王阳明的音乐戏曲思想与实践》,《孔子研究》2006 年第 1 期。

周朝俊《红梅记》

周朝俊(? —1644),字夷(一作仪)玉,一字稊玉,鄞县人。诸生,善诗词,诗慕李长吉。《甬上耆旧诗》卷三十有周朝俊《雪中候屠田叔》一诗云:"白雪下葳蕤,饥乌隔树窥。先生眠未起,小子立多时。骏骨伤寒素,春姿老冻梨。痴奴不解事,呵手弄冰丝。"周诗自称"小子",用的又是程门立雪的典故,屠本畯无疑是周朝俊的师长。屠本畯在戏曲上的造诣,对后学周朝俊不能不产生影响。周朝俊所作传奇有《香玉人》、《画舫》(传西施事)、《红梅记》(《甬上耆旧诗》卷三十八作《红梅花》)等十余种,今存《红梅记》,"蜀中岭外,伶人莫不唱之"。卷首有万历年间老名士王稚登写的《叙》,提到自己在己酉

(1609)年秋,曾与周朝俊同席,"见其举动言笑,大抵以文弱自爱,而一种旷越之情超然尘外"。周朝俊与陆宝关系较好,陆宝《悟香集》卷十八有《挽周夷玉》诗:"少多豪举老能销,金缕歌传易世娇。得意逢师求药谱,闲时唤我拾芝苗。三花聚岂空中灭,五岳游偏化后超。此去身堪骑白凤,只无嬴女伴吹箫。"此诗置于甲申正月诗之下,表明周朝俊当卒于崇祯十七年(1644)年初。

周朝俊所作《红梅记》取材于瞿佑《剪灯新话》中的《绿衣人传》。《红梅记》继梁辰鱼《浣纱记》之后,进一步突破了言情传奇单纯写才子佳人的老套,将爱情故事和反权奸斗争紧密结合起来,从而大大提高了剧本的思想境界。男主人公裴禹,能为佳人挺身而出,富有正义感,敢扬言与贾似道"做个对头",不同于一般才子佳人戏中软弱的书生形象。女主人公李慧娘更是性情刚烈,敢爱敢恨,充满丈夫气。剧中的《泛湖》《杀妾》《瞥见》《诱禁》《谋刺》《鬼辩》《恣宴》《劾奸》诸出,深刻地揭露了贾似道的荒淫残暴、鱼肉人民、专权误国。他霸占了西湖,恣情游乐,妻妾成群,纵情酒色。此剧故事背景虽为南宋,但实际上却反映了明代后期宦官专权、政治腐败、边患严重、国势危弱的社会现实。《红梅记》最后一出"落场诗"写道:"且将一片丈夫气,散作绮罗丛里行。"表明了作者欲借男女之情一吐丈夫之气的意图。此剧情节曲

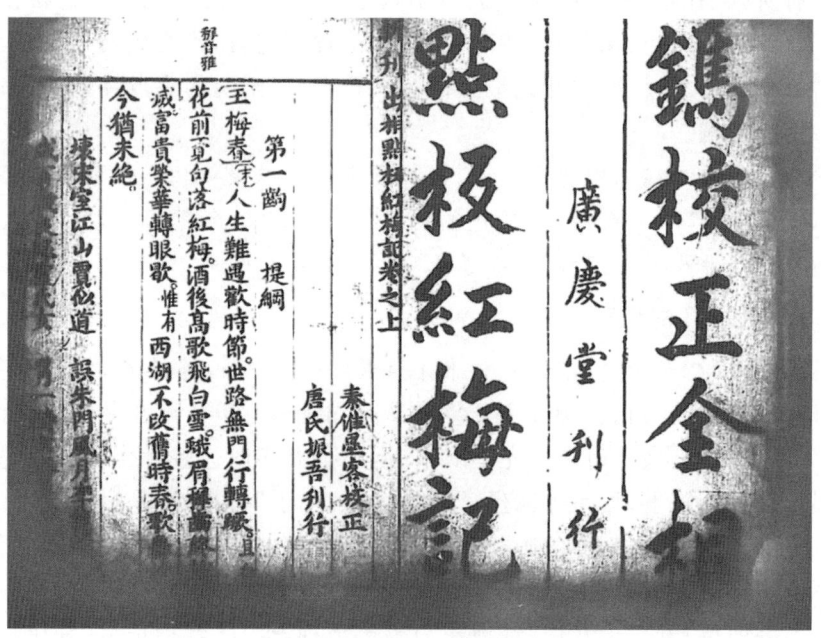

周朝俊《红梅记》书影,明万历刻本

折,结构巧妙,削尽繁华,独存本色。《红梅记》一问世便饮誉剧坛,长期盛演不衰。新中国成立后全国许多地方剧种都曾改编过这出戏。20 世纪 60 年代初,作家孟超新编昆剧《李慧娘》,即据《红梅记》改编而成。后来绍兴小百花越剧团改编的《李慧娘》,为这一传统名剧注入了新的生机。1981 年上映京剧电影《李慧娘》,由上海电影制片厂出品。

参见〔明〕周朝俊:《红梅记》,上海古籍出版社 1985 年版;王星琦:《〈红梅记〉传奇浅识》,《中山大学研究生学刊》1980 年第 2 期;魏琦:《浅析汤显祖"至情说"对李慧娘形象塑造的影响》,《大舞台》2010 年第 4 期。

叶宪祖戏曲

叶宪祖(1566—1641),字美度,一字相攸,别署槲园居士、槲园外史、紫金道人,余姚孝义乡虹桥村人。晚年寓居余姚北城,筑抑抑堂。万历二十二年(1594)第一次参加乡试便中式,但直到万历四十七年(1619)五十四岁时才终登进士第,历公车之苦凡 25 年,这一经历对他的思想和创作产生了深刻的影响。授新会令,考选入京时,因黄尊素弹劾逆珰,叶宪祖以黄氏姻家,左迁大理评事,转工部侍郎。逆珰建祠,适在同巷,叶宪祖徙寓而去。逆珰闻之大怒,削籍而归。崇祯即位,起为南京刑部郎,出守顺庆。升湖广副使,备兵辰沅,转四川参政、广西按察使,皆未任。叶氏为官 17 年,转徙 4 省,任职频迁,为人正直、勤谨而有操守,而其最光彩处是与阉党的机智斗争。叶宪祖与同邑孙矿以古文辞相期许。但他一生主要成就却在戏剧创作,著有传奇 6 种,现存《鸾鎞记》《金琐记》2 种,创作杂剧 21 种,现存《四艳记》《寒衣记》等 12 种,是四明籍戏曲家中留下作品最多的一位。他创作的戏剧从内容上大致可以归纳为情爱剧和历史剧两大类。

叶宪祖的戏曲创作深受沈璟的影响,是晚明剧坛上的"一代擎旗手"。其剧作以"尊情"与"尚真"为创作理念,从不同角度、不同层面充分体现了这一时代的思想光芒。其中《骂座记》写汉代窦婴、灌夫与田蚡的矛盾斗争。丞相田蚡新近得势,位高权重。窦婴的宾客都弃窦投田,只有灌夫一如既往,与窦婴保持交情。在田蚡的家宴上,灌夫有感于世态炎凉,对趋炎附势的贵族官僚痛心疾首、极度愤懑。他丝毫没有隐藏和压抑这种痛恨之情,因而使酒骂座,痛斥无耻小人的卑劣行径,将内心真实的感情发泄得淋漓尽致,大快人心。正是真情之至,可以令灌夫不顾生死安危,只求一泄胸中之情,以至于切齿咬牙,不能自止,甚至死后化鬼复仇。《骂座记》创作的背景,是叶宪祖"逆奄建祠不为监工因削籍"之时,这正是叶宪祖与阉党斗争中的一次骂座。作者借灌夫之口,发胸中之不平,把批判的矛头直接指向明末官场的腐败和黑暗,反映了明代官场斗争的险恶。《易水寒》讲述荆轲刺秦王的故事。实施专制暴政的秦王是历代文学作品中批判的对象,作者在这部杂剧中同样以不少的笔墨刻画了这一狼子野心、凶残无道的暴君形象。作品通过描写以秦王为代表的强权统治者和以荆轲为代表的忠义侠士之间的

明刊杂剧叶宪祖《素梅玉蟾》插图

斗争,热烈赞颂"人生留得青山在,纵死犹闻侠骨香"的侠义精神。传奇《鸾鎞记》记录了叶宪祖的苦痛和欢欣,也传达了他的人生观和政治态度,同时批判了晚明社会、科举的弊端。《鸾鎞记》在艺术上成功之处很多。比如:人物形象生动饱满;语言通俗明白,"越俗越家常,越警醒"。能于家常中见真知,于直白中见哲理。从《荆钗记》开始的许多传奇,常常以闺中荆钗、凤花、手帕、扇子等小对象引出才子佳人的爱情故事,《鸾鎞记》剧走的也是此路。但剧中一对鸾鎞所系的不是一人一事,而是将许多人物串联起来,引出一段又一段的故事。鸾鎞的性质也屡变,由杜赵的婚姻聘物,一变为赵、鱼姐妹友情的证物,再一变而为私订终身的信物,最后终成温、鱼订婚的聘物,几经波折,鸾鎞所包含的内容一变再变,最后又回到了其原初意义。这种联结方法摆脱了一人一事的传统结构方式,使得鸾鎞的辗转富有情趣。因此这对鸾鎞的安排是颇费匠心的,起到了贯穿情节、联结人物的巧妙作用。

参见汪超宏:《叶宪祖剧作的现实精神》,《华中理工大学学报》1995 年第 3 期;孔丽君:《叶宪祖〈鸾鎞记〉的时代精神》,《剧作家》2007 年第 4 期;张萍、钟丹枫:《叶宪祖评传》,张如安、张萍:《明清宁波文学家评传》,海洋出版社 2011 年版。

吕天成《齐东绝倒》

吕天成(1580—1618),字勤之,号棘津,别号郁蓝生,余姚人。万历间诸生。生于官宦世家和曲学世家。曾祖吕本是嘉靖时宰辅。祖母孙镮为曲家孙铲之姐,"好储书,于古今戏剧,靡不购存"(王骥德《曲律·杂记下》),使吕天成有条件得以博览。孙铲和其侄子孙如法皆精于曲学和音韵,对天成悉心指授。吕天成父吕胤昌(字玉绳,号姜山),万历初进士,官至吏部主事、河南参政。吕胤昌亦颇好戏曲,曲学主张接近于沈璟。沈璟曾按昆腔的格律改订汤显祖的《牡丹亭》,是由吕胤昌寄给汤显祖的,引起汤的严重不满,致有汤沈之争。后来汤显祖又说:"不佞《牡丹亭记》,大受吕玉绳改窜,云便吴歌。"看来,吕胤昌不只是担当了传递讯息的作用,而且实际参与了沈璟改订《牡丹亭》的工作,这从一个角度证明了吕氏对沈氏曲学的精通。虽然汤显祖坚持"凡文以意趣神色为主",并认为以宜黄腔度曲无可厚非,但沈、吕将《牡丹亭》改订为昆腔的工作也很有尝试性的意义。《牡丹亭》至今已成为昆剧中最受欢迎的传统剧目,这是当年汤、沈所绝对想不到的。吕天成自幼熏染戏曲成习,稍长即能填词,尤精于四声阴阳之学,深受沈璟的赏识,沈氏将未刻著述都托他代为刊行。他又与会稽王骥德称文字交 20 余年,互相砥砺研习,曲学益加精进。他还创作了众多的杂剧、传奇作品,是晚明剧坛的多产作家,著有《烟鬟阁传奇十种》,包括《神女记》《金合记》《戒珠记》《神镜记》《三星记》《双阁记》《四相记》《四元记》《二淫记》《神剑记》,杂剧有《齐东绝倒》《秀才送妾》《胜山大会》《夫人大》《儿女债》《耍风情》《缠夜帐》《姻缘帐》等 8 种。现仅存《齐东绝倒》(一名《海滨乐》)1 种。吕天成风流短暂的一生创作了近 20 种戏曲作品,仅有《齐东绝倒》杂剧一种流传。

《齐东绝倒》是明代后期堪与王衡《郁轮袍》、徐复祚《一文钱》并称的优秀讽刺剧。剧写舜父瞽瞍犯杀人罪,皋陶职掌刑政,搜捕瞽瞍。舜为维护自己的大孝之名,撇下国事,背着父亲潜逃至海滨。帝尧出面斡旋,皋陶也碍于帝尧之面子,以不杀瞽瞍为条件,请舜之晚母去接回舜和瞽瞍。舜出于对晚母之孝,终于回宫。围绕舜救瞽瞍展开的戏剧冲突,既暴露了法律的虚伪性,也嘲弄了矛盾百出的封建伦理:舜为了尽孝于父,就撇下母亲、后妃、兄弟、儿子以及帝尧和诸大臣,置国家根本利益于不顾;后来又为了尽孝于晚母而回到宫廷。剧本还通过舜弟象、子商均、晚母等丑角的戏谑科诨,戳穿了尧、舜的庄严神圣妙相,让人们看到"圣君"既虚伪又窝囊的本质。这部剧的情节主要依据《孟子·尽心上》中的一段话,围绕着作为圣君、孝子的舜,面对父亲瞽瞍杀人该怎么办进行构思,对被封建统治阶级捧为"圣君"偶像的尧、舜及其周围的"贤臣"作了尖刻讽刺。作者借齐东野语之名,行讽刺明代社会之实,在笑谑之中包含着锋芒逼人的讽刺。《齐东绝倒》在体制上,除保持一本四折的元杂剧规范外,其他方面已南戏化。一折之中每个上场的角色都可以歌唱。曲牌也是南北杂用,形成南北合套。这是一本讽刺性闹剧,缺点是用典过多,有些科诨流于庸俗。

参见金建锋:《明杂剧中的奇葩——论〈齐东绝倒〉的时代意蕴》,《宁波教育学院学报》2008 年第 5 期。

吕天成《曲品》

余姚吕天成所著《曲品》,初稿写成于万历三十年(1602),自己不很满意。万历三十八年(1610),正好是吴江派首领沈璟去世之年,吕天成会见了王骥德,"剧谈词学,穷工极变",于是吕氏敦促王骥德成《曲律》,自己则检《曲品》旧稿加以更订,遂成为晚明戏曲理论著作的双璧。万历四十一年(1613),吕天成又做了一次增补,形成最后定本,即今传清乾隆杨志鸿传抄本。

《曲品》是一部评论明代曲家曲作的专著,也是现存最早的传奇作家略传和作品目录,保存了丰富的戏曲资料。其收戏曲作家95人,散曲作家25人,传奇作品212种,其中192种传奇系首次著录,今有传本者96种,存有零支曲文者52种,全部散佚者64种。上卷专论作家,全用骈文,语多空泛,下卷则专评作品,简要精当。《曲品》以奖掖为主,兼收并蓄,一些并不受人注意的作家也尽量收集,对其入选作品的排列也比较公允,所下评语不乏真知灼见。《曲品》问世后影响较大,稍后祁彪佳《曲品》《剧品》便是在此书基础上扩展而成的,即使清代黄文旸、姚燮、王国维诸家著录传奇亦无不直接间接以《曲品》为依据。吕天成《曲品》不仅具有史料价值,它还是中国戏剧美学史上具有开创意义且初具规模的戏剧批评专著。吕天成具有较高的曲学艺术修养,又有丰富的创作经验,故深懂曲学三昧。《曲品》品评作品的标准和原则主要依据其舅祖(奶奶的弟弟)孙钅广提出的"南剧十要",故多从词采、事(情节)、关目、音律诸方面为论剧之重点,风化、敷衍、搬演多从好的方面指出,脱套、易晓方面则只从不足的方面提出。吕天成十分重视戏剧的道德教化作用,多次强调警俗、训俗、范俗的社会作用,又认为戏剧的道德教化功用必须以意境的营构为本位、为依托。《曲品》用"境""境界""景况""局境"等说加以品评的触目皆是,这基本上是对"事""关目"所达到的水准的一种理论界定,就其涵义而言,都可归入"意境"范畴,指的是艺术形象创造中写景抒情、情景交融所达到的直观性、逼真性、写意性等审美特征。吕天成是在正负两个层面上将意境的高下深浅作为衡量剧作成败的一种尺度,是对"十要"说的重要发展。关于传奇的故事情节,吕天成特别强调事奇而真。吕天成又认为传奇可以"有意驾虚,不必与事实合",这可看作是他对戏剧的艺术真实性认识的总纲。吕天成并没有将"驾虚"和"真实"对立起来,而是根据戏曲创作的艺术规律将它们辩证地联系起来讨论。他还主张本色与当行两收,亦即当行与本色是相统一的,懂得作法的当行语言必定本色,懂得运用戏剧独特的本色语言,也就会产生舞台的当行效果。

参见张文:《吕天成戏曲审美观初探》,《内蒙古农业大学学报(社会科学版)》2006年第4期;王雷波:《20世纪吕天成〈曲品〉版本研究述评》,《广西大学学报(哲学社会科学版)》2007年增刊。

裘琏《废莪传奇》

《废莪传奇》一名《玉湖楼传奇》,清裘琏(1644—1729)所作戏曲作品总名。除传世《明翠湖亭四韵事》《女昆仑》《万寿升平乐府》外,尚包括已散佚的《五夜钟》(五个短剧)、《蓬莱梦》、《周南解》、《同甲会》(以上杂剧)、《醉书箧》上下两卷、《绣当垆》上下两卷、《银河棹》、《混天盒》(以上传奇),又《神筵曲》,疑为散套。其中《绣当垆》为裘琏23岁时所作,其《简秦中翰大始诗》注云:"予填《绣当垆》辞时,邑中歌社耆旧名人皆集,君外祖冯公退庵亲点乐句拍板也。"退庵即冯家祯。同时也透露出其时慈溪有"歌社"存在的信息。

《明翠湖亭四韵事》,为裘琏作四个独立杂剧总名,均叙唐文人韵事。其中《昆明池》一折,取材于《全唐诗话》。叙正月晦日,唐中宗驾幸昆明池,宣群臣应制赋诗,命昭容为考官,从百官诗篇中选其一以制曲。须臾纸落如飞,唯考功郎宋之问"不愁明月尽,自有夜珠来"诗句犹称健举,压倒沈佺期而夺魁。《集翠裘》二折,取材于唐薛用弱《集异记》。叙左丞相狄仁杰与武则天之嬖臣张昌宗以双陆为戏,连胜昌宗,得张所服御赐南海贡品集翠裘,狄出门即将裘给予马夫。《鉴湖隐》共4折,取材于新、旧《唐书·贺知章传》。叙唐礼部侍郎贺知章视富贵若浮云,与翰林供奉李白以诗酒自娱,后得唐玄宗恩准,急流勇退,辞官归隐鉴湖,自号四明狂客。《旗亭馆》共3折,取材于《唐诗新话》,为王昌龄、王之涣的沦落不偶而感伤,也是对知音难遇的感慨。裘琏各取四剧名目中一字,名"明翠湖亭",自序云:"江淹云:放浪之余,颇著文章自娱。予亦用此自娱耳,遑问工否。"光绪《慈溪县志》卷四十八引裘姚崇《横山先生年谱》云:"《四韵事》杂剧,板藏予家,有胡亦堂公、退庵先生序,作于庚戌除夕前五日,成于辛亥人日,时年二十有八岁。甲申,公寄及门陈元之诗,自注云:'吴人林君传予《四韵事》填辞至内庭供奉,称旨。'"有康熙中裘氏绛云居刊本,存北京图书馆、上海图书馆。自郑振铎《清人杂剧初集》影印玉湖楼原刊本后,始广为人知。《女昆仑》,一名《画图圆》,又名《乾坤镜》,共2卷40折,康熙十五年(1676)前作。叙宋末临安秀才叶李,父母早逝。隐娘因其父为人陷害,卖身叶府为婢,一老尼授之以剑术奇方,最终得报父仇。广陵女子梅小素,随父侨寓临安,偶与叶李相遇,私自婚姻。时贾似道当国,临安知府为献美女,夺去小素,幸仗隐娘设计得免。叶李因劾似道发配漳州。似道败后,叶李官至监察御史,借兵日本、高丽勤王,后与小素完婚。隐娘则修真成仙。剧中以隐娘比昆仑奴,故名"女昆仑"。《万寿无疆升平乐府》系杂剧,共12出。裘琏(后改名"连")自撰《纪恩录》云:"康熙壬辰,余年六十有九,夏日过当湖,访编修高公巽亭,下榻其家。闻明年万寿特开恩科,连将就试北闱,高公命连作《万寿升平乐府》献至尊而祝寿焉,于是填词一本,事托仙佛之踪,曲借梨园之口,分出十有二,其事皆实而不虚,其文皆称颂天子功德。登三咸五,无非颂祷称愿之词,当场演者,梵天帝释、仙女神人,以及珍禽异兽、瑶草琪花,幻而不诡,亦艳亦香。两月告竣,编修具摺进呈睿览,连名藉以上达。书进,天颜有喜,命近侍纪连名于册。"剧叙康熙皇帝六十正诞,特开万寿恩科,神人仙女纷纷携珍禽异兽、瑶草琪花前来祝寿,士子们文运大开,周边各国使节亦来进贡朝贺,山呼万寿无疆,祝愿万世升平。此剧收入《绥中吴氏藏钞本稿本戏曲丛刊》第一册。

参见蒋星煜:《裘琏及其〈四韵事〉杂剧》,《中国戏曲史钩沉》,中州书画社 1982 年版;张萍:《裘琏评传》,张如安、张萍:《明清宁波文学家评传》,海洋出版社 2011 年版;毋丹:《裘琏研究》,浙江大学硕士学位论文,2012 年。

宁波滩簧

甬剧系用宁波地区方言演唱的戏曲剧种,属于花鼓滩簧声腔,有着较为漫长而复杂的演变史。它最早在宁波及附近地区演唱,当时称"串客",亦称"花鼓戏"。《申报》1947 年 1 月 6 日《漫谈地方剧·从东乡调到沪剧》中写道:"关于花鼓戏的出世年月,现颇难查考,但据上引《明斋小识》句,当可推断在乾隆四十年前后。"宁波串客的产生时间与此相近。李薇考证宁波滩簧的表现形式与"唱新闻"非常相似,至清乾嘉年间,在"唱新闻"的基础上,接受苏滩的影响,从而产生宁波的"串客"。"串客"作为业余从艺人员,又参加了马灯班的演出,吸收了一些新的表现形式,逐渐由说唱向戏曲演变,是为宁波滩簧。

宁波滩簧早期所演剧目大都是一生一旦、二生二旦等的小戏,如《借披风》《绣荷包》《拔兰花》《卖馄饨》《秋香送茶》《双落发》等,大抵为表现男女爱情故事。伴奏比较简单,以一锣一板为主。随着观众欣赏要求提高和演出市场竞争激烈,宁波滩簧在演出剧目、唱腔及伴奏、舞台美术及化妆,都有一定程度的丰富与发展。宁波滩簧常在本土茶馆、郡庙等地流动演出,因其渗入了一些不健康的东西,遭到官府以"淫曲"为名的查禁。如《申报》1880 年 2 月 26 日"淫曲宜禁"云:"宁郡花鼓戏俗名为串客,因其所演皆男女私情,屡经各宪严禁在案。嗣后在城市中虽不敢演唱,而乡间仍未能免。兹闻郡庙内自元旦日起突有向演串客之脚色,胆敢终日聚集弹唱,虽非登台开演,然男妇杂坐共听,非特大失体统,而且最伤廉耻,然诚人心风俗之忧也。"1891 年,宁波串客艺人邬拾来、杜通尧等受上海茶馆老板马德芳、王章才之邀来上海,在法租界小东门凤凰台、白鹤台等茶楼演唱,从此串客有了全职业性的班子,并正式称为"宁波滩簧"。宁波滩簧进入上海之后,深受欢迎,以至于宁波本土的一些半职业戏班也纷纷云集上海,一时间上海的宁波滩簧大为繁荣。这个阶段宁波滩簧班社发展很快,最多时达 20 个。后来上海当局亦开始查禁宁波滩簧,遂改名为"四明时曲""四明文戏"。《申报》1920 年 3 月 1 日《宁波滩簧之盛行》云:"宁波滩簧,法租界以其有关风化,悬为厉禁。而方浜桥华园、法租界新世界、闸北新群仙等,均美其名曰文明时曲,实则演唱者均为淫词鄙语。其间最著者为花旦小阿友,虽前年宁波同乡会倡议永远禁止,未能实行。上年秋,江苏齐省长曾令上海县沈知事严厉禁唱,当时方板桥华园稍为掩牌演唱。本年新正以来以各大张旗鼓,社会风化,可见一斑。"《红杂志》1922 年第 5 期《游戏场说书之今昔》记载:"十年以来,游戏场兴,说书之魔力,反不若'苏滩''常州滩簧''无锡滩簧''四明文戏''申曲'等,能号召座客。"证明至迟在 1922 年,宁波滩簧又称"四明文戏"了。1938 年上演时装大戏后,又改称"改良甬剧",但剧目内容上没有大的突破。《申报》1939 年 4 月 26 日登载云:"四明文戏,即宁波滩簧,又名甬滩。从前唱句粗俗,不堪入耳,自从跑进播音圈之后,已稍加改革,但是登台表演,故态复萌,如果主持者能逐渐改良,未尝不是一种很好的地方戏,在播音圈里能够立足的,要算筱凤仙、孙翠娥、傅彩霞、金翠香等,唱起来比较文雅些。"又《申报》1947 年 1 月 6 日《漫谈地方剧·衰落的苏滩》写道:"杭州滩簧,杭人称之为安康,宁波滩簧有时简称甬剧,在滩簧中,始终未见有特殊的进步,但亦能维持其原有地位。尤其是宁滩,因为宁波人在上海金融界上,占有很大的势力,不致十分没落下去。"这段话说明宁波滩簧之所以能立足上海,与上海宁波人的支持分不开。1950 年,这一剧种正式定名为"甬剧"。至 2007 年,甬剧正式入选国家非物质文化遗产。

参见蒋中崎:《甬剧发展史述》,浙江文艺出版社 1991 年版;李薇:《宁波甬剧及其音乐的演变》,中国戏剧出版社 2017 年版。

余姚滩簧

余姚滩簧系用余姚方言演唱、属吴语系滩簧类地方剧种,最早产生并始行于浙东余姚。其早期的发展,深受当地"车子灯""采茶篮"之类的民间歌舞及"雀冬冬"等民间说唱艺术的影响。又称"鹦哥戏""绍兴滩簧"。直到 20 世纪 50 年代,才称余姚滩簧。《申报》1896 年 11 月 24 日"苏堤衰柳"条下云:"因果戏班又名大鹦哥戏,即花鼓戏之别名也。淫词艳曲,莫此为甚,大为风俗人心之害。演此者大抵皆绍兴人。"由此知道"鹦哥"与"因果"谐音,而"因果"又与"秧歌"谐音。绍兴人(实即绍兴之余姚人)则以擅演鹦哥戏闻名,因演出时掺入了一些淫荡调笑的内容而迭遭官府禁止。乾隆年间,已有"姚滩"职业班社盛演于余姚、慈溪、上虞城乡,因多在"灯节"前后演出,而称之为"灯戏"或"灯班"。乾隆四十四年（1779），姚江无名氏《四门竹枝词》云："高结松棚锦绣排，傀儡灯戏闹三街。石门不禁游人入，女伴频呼笑随钗。"生动地描绘了余姚灯戏演出的情景。有史可稽的灯班以余姚横河（今属慈溪）虞才华带班的"才华班"为最早。姚滩以余姚为基地，不断向外流传，东至舟山的桃花、六横、沈家门，西至绍兴、萧山、诸暨，南至新昌、嵊县（今嵊州），北达海盐、桐乡，直至上海，足见其受欢迎的程度。徐珂《清稗类钞》之戏剧类曾称"浙东濒海各县，厥风甚盛。时值棉花已采，以戏进者日集"。其中余姚女演员陈桐香"含睇宜笑，双跌至纤，工演花鼓戏。……桐香往来吴越间，所识多豪门右族，贵戚公子。或买舟向村落居人，敛钱演剧，士女如云，负贩骈集"。章乃谷《民国新年越中竹枝词》亦写道："不是鹦哥戏野蛮，定然文武乱谈班。锣声响处喊声起，提贼方完又捉奸。"全盛时期姚滩的职业班社多达 20 余家，其音乐唱腔分基本调和民间小调两部分，其为庆祝棉花收获的演出称为"做篷头"，此时为演出的旺季。《申报》1925 年 3 月 9 日登载余姚警察查禁鹦哥戏，被义五乡安仁桥农民殴打，"农民以为彼等演鹦哥戏，实系保护农作物起见，非兴篷头可比"。余姚滩簧艺人之进入上海滩，以光绪初年前后的马楠本等为最早。光绪三十二年（1906）以后，在上海演出的余姚滩簧进入兴盛时期，艺人月月红、小山宝、大桂香等，均挂牌演出于永乐园、高升楼、如意楼等演艺场，深受旅沪的宁绍帮观众的追捧。20 世纪30 年代，小山宝、大桂香演唱的《卖小糖》一剧，曾由高亭公司灌制唱片。因官府的禁止及时局的动乱，抗日战争以后姚滩的生存境遇每况愈下，至新中国成立前夕，姚滩班社已所剩无几，奄奄一息。1953 年，黄承炳等 17 位姚滩艺人组建"余姚滩簧小组"，成为新中国成立后的第一个姚滩专业演出团体。1956 年，"余姚滩簧"正式定名为"姚剧"，滩簧小组也相应地改称姚剧团，从此进入了历史发展的新阶段。

　　参见蒋中崎、黄韶、严亚国编著：《姚剧发展简史》，百花文艺出版社 1994年版；季学源主编：《姚江文化史》，宁波出版社 1998 年版；周建华、钱百治、寿建立主编：《姚江戏曲》，浙江古籍出版社 2009 年版。

虞通之《妒记》

　　虞通之，南朝会稽余姚人，少好学，善言《易》。宋时任领军长史、黄门郎。入齐。官至步兵校尉。能诗，《梁书·傅昭传》录其赠傅昭诗一首。尤工文，著有《虞通之集》15 卷、《善谏》2 卷，均散佚不传。《宋书》卷四一《后妃传》云："宋世诸主，莫不严妒，太宗每疾之。湖熟令袁慆妻以妒忌赐死，使近臣虞通之撰《妒妇记》。"太宗即宋明帝刘彧,泰始元年至泰豫元年(465—472)在位,《妒记》是受宋明帝敕命所撰,成书当在南朝宋末。《旧唐书·经籍志》杂传类、《新唐书·艺文志》杂传记类著录虞通之《后妃记》四卷,佚。《隋书》卷三三《经籍志二》杂传类:"《妒记》2 卷,虞通之撰。"《新唐书·艺文志》史部杂传记类亦著录虞通之《妒记》二卷。唐《日本国见在书目录》著录《妒记》二卷,"不著撰人"。《妒记》(又名《后妃记》《妒妇记》)原书已佚,《世说新语》之《轻诋》《排调》篇刘孝标注有所引录。鲁迅《古小说钩沉》辑有佚文七则。

《妒记》为我国第一部描写家庭夫妇关系的小说集,亦是以妒妇为题材的专题小说集,其主旨是规劝、讽喻上层妇女妒忌的行为,提倡赞扬上层妇女不忌之德,肯定一夫多妻制,维护封建夫权,其基本倾向是不可取的。但是从客观上说,《妒记》刻画出了被沉重封建枷锁扭曲了的妇女思想、性格和行为,她们有的逆来顺受,有的严管其夫,有的施威于同类,表现形式不同,描写角度也是多方面的,其所透出的意义自然各不相同。现在看来,在男尊女卑的社会环境中,妇女于婚姻和家庭生活中处附庸和被压抑的地位,男子可以三妻四妾,女子则须从一而终,因此在一定意义上妒悍体现了妇女自我意识的觉醒,是对夫权的反抗。当时名士以放任为达,妇女亦任情而动,其写妒妇个性鲜明,率意而行,仍带着魏晋风度的遗韵。《妒记》之后,续书不绝,影响及于戏曲诗文等。如明末祁彪佳曾据王导妻条铺衍成《玉麈记》传奇,明汪廷讷《狮吼记》传奇亦多采《妒记》事。虞通之传世文还有一篇《为江敩让尚公主表》,钱锺书《管锥编》认为此文与《妒记》有内在相通之处,"盖《记》《表》为一事而发,且出一人之手也。所刻画诸状,每导夫后世院本小说之先路"。

参见田喜梅:《虞通之〈妒记〉研究》,山东大学硕士学位论文,2009 年。

《佛说目连救母经》

说话体故事《佛说目连救母经》,作者不详,已知最早刊于南宋的四明,反映了在浙东流传的目连故事的基本面貌。

目连救母故事的最早出处,是西晋月氏三藏竺法护译的《佛说盂兰盆经》,此经汉译仅为 793 字,真正讲述目连救母故事的仅百余字。《佛说目连救母经》就不同了,全文约 4500 字,通篇为散文叙说,不但篇幅大为扩充,而且摆脱了原经文的束缚,展开戏剧性的故事冲突,开拓和深化了孝道思想。这部经文的产生只能根基于唐宋以来俗讲、说经甚至戏曲艺术中目连故事

《佛说目连救母经》图末木记

的原型，它把佛家的宗教说理转化为富有世俗人情味的孝行故事，绝无前代经典的行文板滞和谆谆说教气，笔法、口吻颇类似于当时的话本，语句简洁明快，叙事清晰流畅，人物对答状貌寓形，颇有文学味。有人将它与元明之际《目连救母出离地狱生天宝卷》比较，两者内容相当一致，只是后者多出供吟诵的韵文部分而已，从而推测它很可能是在当时的说经话本基础上略去韵文部分而成。从文本的叙述体制看,时而离开角色作客观的讲述,时而进入角色扮演或模拟故事人物的声情,转换相当灵活。该经文有些地方还明显透示出当时诨经表演或者杂剧演出插科打诨的痕迹。如目连进入地狱与母相见,没说上几句话,别的罪人纷纷不忿,说是"他家子母向得相见,我等云何无有出期"?狱主连忙赶目连离开,说"你要不放开你娘","我快炉铁叉望心插取将去",这种世俗调笑的内容就不是佛经所宜的。该经文中的主要人物已经定型,但在个性化方面更加典型,目连暗淡了其圣僧光圈而向世俗人物靠拢,从而突出了他不避艰难奋力救母的意志,目连之母则进一步显现出市井恶妇的嘴脸。细节上也有一些改动,如将目连经商时间由过去的"不经旬月"变为三年,从而为后世目连戏里加演目连在外的许多遭遇留下了空间。作品还加强了目连救母的难度,将地狱增加到八个,奠定了后来十殿阎罗寻母的基础。经文还对青提夫人三次被救的顺序做了更改,造成如来心口不一,救目连母而不彻底,最后功德结束于目连本人造盂兰盆斋超度母亲脱离狗身而生于忉利天上,借以显示盂兰盆会的关键性作用,更加符合民间已经形成的盂兰盆会习俗的信仰心理,为以后目连救母戏曲的演出与盂兰盆会的祭祀习俗的联姻做好了准备。《佛说目连救母经》的内容,应该反映了这一阶段民间目连救母的基本面貌。

参见[日]吉川良和:《关于在日本发现的元刊〈佛说目连救母经〉》,《戏曲研究》1991年第37辑;常丹琦:《宋代说话艺术〈佛说目连救母经〉探讨》,《戏曲研究》1992年第41辑;张鸿勋:《从唐代俗讲转变到宋元说经——以〈佛说目连救母经〉为中心》,《敦煌俗文学研究》,甘肃教育出版社2002年版。

瞿佑《牡丹灯记》

《牡丹灯记》系明代瞿佑《剪灯新话》中的一篇文言短篇小说。瞿佑(1341—1427),钱塘人,少从父寓鄞,学诗于王厚孙,时年14岁。或许在这个时候,他搜集并创作了以元末明州城的民间传说为蓝本的传奇故事《牡丹灯记》。

《牡丹灯记》情节离奇,说的是元代末年明州城内举行元宵灯会,有居于镇明岭下的乔姓书生"初丧其偶",未去看灯而"倚门伫立"。夜深人静,见一丫鬟,手提牡丹灯笼,后随一美人。乔生唤之入屋,"极其亲昵"。经问询,女子名符丽卿,奉化州判之女,家中无亲,与丫鬟居月湖之西。此后夜来晨去,半月有余。有邻翁"穴壁窥之,见一粉骷髅与乔生坐于灯下"。后来发现乔生与女子双双死在湖心寺内。显然这是一出人鬼恋的故事。瞿佑《剪灯新话》的小说观念与宋元话本有着密切的关系,《牡丹灯记》中符女供词云:"世上民间,作千万人风流话本。"可见作者在小说观念上确实深受宋元话本的影响。但《剪灯新话》与话本也有区别,那就是在叙述方式上基本上继承文言小说的方式,缺乏话本为达到说话而特有的"悬念"等叙述手法,但《牡丹灯记》诸篇因为出自民间故事,所以也注重于悬念的运用。至于《牡丹灯记》的情节与宋元话本也有密切的联系。《牡丹灯记》写男子受女妖蛊惑及法师降伏妖怪,是宋元话本的常见题材,《清平山堂话本》里《洛阳三怪记》《定州三怪》《西湖三塔记》的情节结构都属此类。在具体情节上,《牡丹灯记》开头一段写乔生见一丫鬟挑灯前导,后随一美人,这一情节在宋话本《张生彩鸾灯记》中已经有之。《牡丹灯记》与《太虚司法传》《渭塘奇遇记》等,都是"以传奇为志怪"的有代表性的作品,它们运用传奇的手法,突出新奇和怪异,并运用匪夷所思的想象、变形等手法,把读者引入鬼怪的奇异世界,为清代的《聊斋志异》提供了情节处理模式和结构范型。此小说对域外产生了很大的影响。它先传到朝鲜,由金时习(1435—1494)编入《金鳌新话》。以中日两国勘合贸易为背景,至迟在文明十四年(1482),《剪灯新话》被舶载到日本,并受到日本人民的重视和喜爱。尤其是《牡丹灯记》,脍炙人口,对日本文坛的影响很大。《剪灯新话》中怪奇故事的最早日文翻译本,是《奇异杂谈集》(大约在日本天文年间,即1532—1535)中所载的三篇译文,分别译自《金凤钗记》《牡丹灯记》《申阳洞记》,不过原来的故事题目已经被改掉,《牡丹灯记》的题目改为《一女丧生之后,拽男入棺致死》。编译者对中国的文化、风俗是十分熟悉的,如对"每岁元夕,于明州张灯五夜"的解释,说明编译者对中国的元宵风俗了解得非常透彻。从译文质量看,译者能准确理解原意,译文忠于原文。从翻译到改编,从忠实原文到本土化,从小说到戏剧化,是牡丹灯笼故事在日本流变的基本轨迹。

　　参见马兴国:《〈剪灯新话〉在日本的流传及影响》,见王勇、王宝平主编:《日本文化的历史踪迹》,杭州大学出版社1991年版;刘金桥、葛春蕃著:《〈牡丹灯记〉在日本的流变及其本土化》,《湖南第一师范学院学报》2014年第6期。

王䘵《群书类编故事》

　　明王䘵编类书《群书类编故事》,共24卷,分为天文、时令、地理等18类,每类下又细分若干子目,共计832目。编者从前人诸书中搜辑故事,重加标题,以类相聚。标题多为4字,简明扼要。所采的故事,有的是直录原文,有的是对原文的节录,有的是由作者自己改写而成。短者仅数十字,长者则两三百字,且多传说故事,实为通俗故事的选编本,内容丰富。作者采辑广泛,如"河伯娶妇"采自《史记》,"宁死亦妒"一条采自《朝野金载》,更多的是采自魏晋以来说部如《淮南子》《搜神记》《世说新语》《酉阳杂俎》《容斋随笔》《梦溪笔谈》等书,很多故事在民间广泛流行,但民众未必知其出处,故所收故事大多标明原书出处,且比较可靠,凡注出处者,所涉典籍大致有 250 部(或篇)左右,但所记书名、篇名不甚规范,是其缺点。

类书一般求全、求博,内容无所不包,文字繁复,卷帙浩大,不是普通读者所能求的,使用者有限。而《群书类编故事》作为一部类书则有所革新,首先它不再包罗万象,其所收录的范围仅限于"故事",也就是所谓的"掌故",为广大读者的需求而编纂,有很大的普及面。此书专以全书收辑各类故事,是类书编纂史上的首创。其次,从所分类目看,其内容更贴近一般百姓的需要。其中人伦类占 4 卷,共 155 条,集中反映人与人之间多层面的关系,以及不同时代、不同阶层的不同观念和规范。此书旧题四明王罃编集,泰和梁鞃校正。阮元《四库未收书目提要》以为元王罃撰,事迹无考,并谓此本从明莫云卿家藏元刻影写。同治《鄞县志》卷 55《艺文四》列王罃为明人,引阮元之语,并有按语云:"考罃任肇庆已在宣德中,不得系以元人。《宁波府志》罃有专传,叙述綦详,而云事迹无考,亦误。"陆心源《皕宋楼藏书志》卷六十一"类书类三"云:"王罃字宗器,其为肇庆太守,在宣德五年,见《明史·李骥传》。此本序中已云'肇庆太守四明王公',则书刊于宣德以后可知。《掌经室外集》题为元人元刊本固误。"同治《鄞县志》有王罃传,述其事迹较详。此书有《宛委别藏》本、《四部丛刊》影印本。今人冯惠民有点校本问世。

参见冯惠民:《关于〈群书类编故事〉》,《文献》1993 年第 2 期。

张时彻《说林》

明代鄞县人张时彻(1500—1577)善于模仿战国诸子说辩散文的写作风格,写下了《说林》《续说林》两部作品,来表达他的政治、伦理思想。《说林》有张时彻作于嘉靖二十一年(1542)的序云:"然性有偏着(嗜),臑非尽窒,编简所会,灵智攸通,于凡三才之纪,万物之情,时或见一斑焉,辄笔而识之,以备散逸。爰自正德之季以迄于今,积累成袠,厘为十有六卷,题曰《说林》,藏之家塾。"又云:"或谓宋潜溪著《龙门子》,仅以九十日,故其文多庞,刘文成著《郁离子》,成之历载,故其词伟泽。今余之诠综有年矣,而踌缪无章,罔敢窃附于作者之列,矧曰有补于教云哉? 弗以诞漫罪余,则幸矣。"可见《说林》的创作始于正德末,而结集于嘉靖二十一年,创作时间前后长达 20 余年。

张时彻《说林》《续说林》的文体渊源于《韩非子》之"说"。《韩非子》中的"说",是从游说、谈说、论说之说引申而来,内容不外乎收集而来的或自己编造的各种故事和传说,而其目的则为备论说文写作及游说诸侯之用,而这种"说"恰恰与庄子所鄙之为"小说"的"说"同是表示文体概念的名词。韩非子《说林》《储说》诸篇实即"说"之结集。唐司马贞《史记索隐》说:"说林者,广说诸事,其多若林,故曰说林也。"明代张时彻是刻意模仿韩非子《说林》进行创作并有所成就的作家。在形式构成上,张时彻的《说林》吸收了类书的编纂方法,但其内部不纯粹是故事的汇编,同时还包括论说文和少量的说明文,但以创作的故事为主体。张时彻借鉴了诸子以形象见理的"喻事"手段,特别是借鉴了韩非子《说林》的表达形式,创作了不少相对独立的寓言故事。其中比较可取的是他对当代崇尚功利、道德沦丧的批判,作者常常设计寓庄于谐的故事,突出了社会的某些弊端或丑恶面的可笑之处。《说林》中的独立成篇的寓言故事具有很强的针砭现实的思想意义,它立足于现实社会的土壤,揭露讽刺社会的病态。张氏寓言多由人物故事构成,折射出了形形色色的社会人物形象,成为现实社会的一面镜子。《说林》中拟作的历史故事,明显受到了明初王祎《拟春秋文辞七首》的影响。张氏的历史寓言不拘泥于历史,往往以历史为依据,而将重点放在"说"的部分,即寓言中对话的内容属于作者的"构假",并非历史事实。他在据史的同时,又不放弃作为文学家虚构的权力,从而使"纪真"和"构假"搅缠在一起,成为一种本乎真实、增以虚饰的艺术表达形式。

参见薛媛:《张时彻评传》,张如安、张萍:《明清宁波文学家评传》,海洋出版社 2011 年版;刘红军:《〈儒林外史〉人物原型新探·平治原型当为张时彻》,李汉秋主编:《〈儒林外史〉研究新世纪》,上海交通大学出版社 2013 年版。

吕天成《绣榻野史》

明余姚吕天成撰《绣榻野史》,又名《警世奇言》,四卷不分回,又有作八卷或二卷者。这是一部以艳情为内容的白话中篇章回小说,为其少年游戏之作,成于万历二十五年(1597)前后。

该小说叙扬州秀才姚同心,自号东门生,在妻死后暗与小秀才赵大里勾搭。后娶金氏为妻。赵大里趁姚外出时与金氏及丫鬟阿绣疯狂奸宿。东门生决意报复,勾引赵之寡母麻氏。于是麻氏嫁东门生,金氏嫁赵大里,一家和睦相处,姚与赵继续保持同性恋关系。后麻氏、金氏都因淫乱无度而死,赵大里暴死于瘟疫。东门生梦见麻氏变母猪，金氏变母骡，大里变公骡，三人向他诉说报应之理，因而大彻大悟，当了和尚。作者在结尾处自称"警世戒俗"，但全书充斥着淫秽描写，问世后便被作为淫书的代表作而遭批判，曾被列为禁毁书目。此书艺术价值虽不高，但观其叙述有条不紊，亦显示出小说作者相当的结构能力，其中还保存了晚明绕口令等资料，亦非一无是处。晚明另一艳情小说《怡情阵》，实由《绣榻野史》改头换面而成。此书有明万历刊本，目录题"李卓吾先生批评绣榻野史传奇"，卷首署"卓吾子李贽批评，醉眠阁憨憨子校阅"，版心下刻"醉眠阁藏版"，现藏于日本波多野太郎、荷兰莱顿大学汉学院图书馆。此书另有明种德堂刊本二卷，藏中国社会科学院文学研究所。本藏版本八卷，藏台湾傅斯年图书馆。此外还有不少坊本，如江篱馆校本，分上下两卷，并有"啸花馆藏本"字样。1915年上海图书馆排校本则题"情颠主人著，小隐斋居士校正"。又有民国红豆书屋"玲珑本聚珍小丛书"排印本。1995年大英百科出版社曾将其整理出版，收入《思无邪汇宝》。

明万历醉眠阁刊本《绣榻野史》插图书影

参见徐朔方:《〈绣榻野史〉:中国最早的个人创作的长篇小说》,《文史知识》1996 年第 10 期;陈俊宏:《晚明艳情小说〈绣榻野史〉与〈浪史〉借鉴情形之研究》,《书目季刊》2006 年第 1 期。

慵讷居士《咫闻录》

清代文言笔记小说集《咫闻录》,署名慵讷居士撰。最早为嘉庆巾箱本 6 卷,前有嘉庆丁丑(1817)冶垠散人序及同年慵讷居士自序,道光年间的数次刻印均为 12 卷本。作者慵讷居士,曾涉足金陵、广东、广西等地,但其真名现有数说。《贩书偶记续编》称"慵讷居士为顺德温汝适之别号",但温汝适所作《咫闻录》仅 2 卷,且其经历与小说《咫闻录》内证不合。占晓勇在《清代中期文言小说十种小考》中认为:"此书卷十一萧某云:'两广风俗,门粘神容,巷供土地,吾浙罕有所见,惟宁郡之定海县亦有是风。'且书中多记浙江尤其是宁波府各县事,则作者当是浙人。"从小说《咫闻录》所叙内容看,慵讷居士当为浙江人。陆林认为慵讷居士即宁波人朱钧。朱钧字冶亭,号冶垠散人,鄞县人,游岭南幕近 30 年。著有《红藕山庄诗草》2 卷,未见传本。今传者《红藕山庄尺牍》。《咫闻录》道光八年(1828)尚古堂刊本有"红藕山庄原本,尚古堂重刊"字样,此"红藕山庄原本"或可为朱钧说的佐证。今检《咫闻录》中描写镇海故事的共有 13 则,其数量位居所述宁波府属各县故事之首。作者提到了旧镇海县的许多地名,记述非常准确,没有出现杜撰的现象。作者尤其熟悉镇海的风土人情,故对镇海境内的一些事物展开了适当的铺叙。当慵讷居士写到宁波府以外的浙江其他地方时,一般都是点到县为止,且于地理特征语多泛泛。故慵讷居士即便不是朱钧,也是一位曾长期寓居镇海的文人。

作者自言"博闻强识",对前代小说有着广泛的阅读和继承,故《咫闻录》大量取材于前代小说,在此基础上重加营构或杂糅,熔铸成全新的故事和篇章。如《三桥梦》综合了沈既济《枕中记》、李公佐《南柯太守传》以及蒲松龄《聊斋志异·莲花公主》的一些情节和元素,其中写主人公王仲懋梦中游历海外的情节,为前代此类文言小说所未见,突出地反映了时人对海外未知世界的好奇之心。《咫闻录》还有不少题材来自于朋友间的谈异,颇多社会见闻、真人实事。《咫闻录》题材内容丰富,鬼神狐魅的故事中,潜藏着社会之真情,几乎涵盖了社会生活的各个方面,又寄予了作者劝惩的良苦用心,期冀小说故事能起到"作人镜鉴"的作用。在艺术上,《咫闻录》刻意追步《阅微草堂笔记》,如《刘姬》《夏夫人》两篇,明显改编自《聊斋志异》,但篇幅更显短小,情节更为简洁凝练,同时亦能吸收《聊斋志异》的长处,有些地方笔致显得委婉曲折。该作品有较大影响力。

参见张如安:《〈咫闻录〉作者慵讷居士与镇海关系探考》,《雄镇兰台》2012 年第 4 期;吴波:《撷英咀华,结撰唯新——论〈咫闻录〉对前代文言小说题材的继承和发展》,《中国文学研究》2014 年第 2 期。

醉月山人《狐狸缘全传》

白话长篇神怪小说《狐狸缘全传》(简称《狐狸缘》),又名《仙狐窃宝录》,共 22 回,现存最早为光绪十四年(1888)漱石山房刻本,藏宁波市图书馆,又有同年敦厚堂刊本,内封题"绣像狐狸缘全传"。作者醉月山人,未详其生平行历。光绪年间福州集新堂新刻《三国因》一回,作者亦题为醉月山人,当即同一人。有人认为其人或为自称醉月山人的邹弢,生活年代也大致相符。

《狐狸缘》据弹词《青石山》编写,文中还保留弹词韵文痕迹。弹词《青石山》抄本藏南京图书馆。醉月山人在第一回"周大史隐忧归仙阙,贤公子祭扫遇妖狐"中声称"此书乃青石山一段故事",并指出青石山在"宁波县城外"。小说描写书生周信聪明儒雅,风流飘逸,与青石山九尾狐玉面仙姑相恋,终因病不起。周信奴仆与佃户先后请吕洞宾、李天王、哪吒、二郎神镇压驱除,玉面仙姑亦请云萝仙姑、凤箫仙子相助抗争。激战恶斗后,玉面狐为天兵所擒。然因周信始终眷恋玉面狐,玉面狐也至死苦恋周信,遂感动众仙,撮合二人为正式夫妻。结尾云:"看官如不嫌琐屑,请阅《续狐狸缘后传》便见分明。"但《续狐狸缘后传》未见。此故事系《白蛇传》模式,惟结局是大团圆。整部小说描叙爱情战胜天理、人妖相恋结缘,情节变幻迷离,想象奇特瑰丽。此书为近代宁波长篇小说的开山之作。

参见萧相恺编著:《中国禁毁小说大观》,中州古籍出版社 1998 年版;张颖、陈速:《〈狐狸缘〉和〈金台传〉——近代宁波小说史上的两部开山作》,《中共宁波市委党校学报》1999 年第 3 期。

冯文兽小说

冯文兽,别号麒麟词人,自称"小理想家",清慈溪人。生平不详。著有讲史小说《曾公平逆纪三集》,共八回。书前有序文云:"前者醴泉居士著有《向公平逆》(按,即《湘军平逆传》)一书,仿演义派,仅演至咸丰六年以前之事,神龙见首不见尾,阅者甚为憾事。今本主人有鉴于此,特请慈溪麒麟词人,仍仿前体,编出《曾公平逆》一书,洋洋洒洒,计五万余字。"此所云"麒麟词人"即冯文兽别号。后有冯文兽跋云:"醴泉居士所著《湘军平逆传》八回,专指向荣、张国梁为导线,继策接续八回,以曾国藩为主谋,故曰《曾公平逆传》。"可见此小说与勾章醴泉居士《湘军平逆传》、继策《曾公平逆传》构成前后相承的系列,故称"三集",故回目直接标为第十七回至第二十四回。此书有宣统元年(1909)小春月徐瑞记书局石印本,封面题"李鸿章平发逆",扉页题"绘图平长毛三集",卷端题"平逆纪三集"。有图4幅。正文半叶20行,行42字。冯文鲁跋云:"此集共计八回,仅演发匪如潮涨落之时,编书者不能一齐吐完,尚余八回,再当挨次编缀。维是心力有限,恐搜索于枯肠,暂当搁笔停思,以养胸中之气,否则江郎才尽,难免狗尾续貂之诮矣。"则尚有四集八回,或竟未成。

滑稽小说《水月灯》,计四回,原题"冯文鲁著,特创小话林社编辑"。每回独立成篇,包括七则故事。第一回叙益格罗大将"强横霸道"提兵五万,攻打西藏拉萨,支那18省各大寺院(五台山、普陀山、终南山等)派僧兵救援,公举"胡里胡涂"为大将军,84岁老者"之乎者也"为文案,16岁少年"爱皮西提"(其人懂一点英文)任翻译,以土炮、鸦片烟枪、毛竹枪、铜盆等对抗毛瑟枪、纯钢炮,结果全军覆没。小说既揭露帝国主义对中国的侵略,又嘲讽顽固派的腐败无能。按此回正用光绪三十年(1904)英印政府派荣赫鹏等率军入侵西藏事件为蓝本,是目前罕见的清代描写藏事的小说之一。第二回第一则故事叙庚子年(1900)春,义和团揭竿而起,兴清灭洋。"无心党"首领端刚令义和团与洋人开战,以至于兵祸连年,激成大变。而"有心党"首领许、袁等上疏密陈义和团将来之利害,惨遭杀身。义和团领袖张德成欲克复天津,遭土豪刘某杀害。第二则叙长人国、矮人国为紧邻,一日,长人国流行疫症,矮人国送治疫之药。长人国却恩将仇报,竟下战书。最后矮人国大胜,两国和好如初。第三回第一则叙守旧老人、维新少年、进步老少年谈论治国安邦之策,各执一词。第二则叙赵郎、钱女二人,系高等学生,婚前钱女提议订立"夫妻立宪合同",拟夫妻宪章二十条,其中一条为:"妻十年不育,可另娶妾,其娶妾权归妻定夺。"第四回第一则叙一老妪见外患频仍,足小难以逃命,便向大小姐讨教放足之法,依法而行,备受痛苦,奄奄一息,言"世界上有三大害,八股、缠足、鸦片烟",情愿放足而殉节。第二则叙陈大爷本一光棍,后依附洋人,卖地皮,成为暴发户,开银行,修铁路,捐功名,但劝捐善事却一毛不拔。40岁上双目失明,请医挖眼补珠也无效,受骗气死。大爷死后,众婢妾掠取金银跟姘夫、戏子而去,宅院则被总管独霸。该书用荒诞不经的情节、冷嘲热讽的笔调隐晦地反映了作者对晚清外交内政一些重大事件及社会情状的看法。该书有光绪三十四年(1908)上海汇通印书馆印刷、协新书庄发行铅印本,每回有麒麟词人总批,着重阐明每回题意,闻叟评语重在评论人物。阿英《晚清小说目》著录有光绪三十四年小说林社刊本。

参见苗怀民:《〈曾公平逆传〉叙录》,《文教资料》1997 年第 6 期;石昌渝主编:《中国小说总目·白话卷》,山西教育出版社 2004 年版;韩洪举:《浙江近现代小说史》,杭州出版社 2011 年版。

《宁波小说七日报》

1909 年 6 月在宁波创刊,周刊,倪轶池创办并主编。编者在《发刊辞》中称,该刊仿效《上海小说七日报》,旨在采用小说形式,"发为理想,灌输文明",以期"国魂因而昭苏,同胞享其幸福",并使"一派蛮风扫除净尽"。冠万序云:"民智之低窳,社会之堕败,至今日而殆达极点矣。……小说者,有左右社会之力者也,并名法而名家者也,郢书燕说不得冒其名,腐词烂语不得窃其似。神圣而高尚,宝贵而堪珍。"倪轶池(署名蛟川颠书生)在发刊词中亦高度评价了小说的社会作用:"现今世界,有辟天悸地、骇目荡魂之第一大教科书,为我国民描写数千年黑暗腐败之社会,现形表襮几百辈崝特雄迈之英豪历史,惊醒无量数懵腾沉齁之醉梦痴魂。宗旨之诙谐,史笔无此兴味也;材料之丰腴,舆图无此观念也;词华之顽艳,理科无此比例也。以开通风气为经,以范围道德为纬,以辅助教育之普及为要素,意奇而语妙,旨远而辞文,有美必臻,无体不备,其光闪闪,其气蓬蓬,与群治相关系,为文明之利器,懿欤铄哉!斯何物耶?则予请为之斩钉截铁,一言以蔽之曰说部。"又说:"昔泰西哲学家曰:有改良一说部胜于十万小学校。又曰:世界有改良之说部,乃有改良之风俗。此皆小说界援以自豪之语。亮哉斯旨,旨哉斯言。"豫立在第二期序中再次强调了"新小说"的重要价值:"民智何以开,必自新小说始。新小说者,可以为习俗之针砭,而文明之鼓吹也。其寄托遥深,能使学士文人感念交加,殷然引国民为己任。其语词激刺,能令田野父老神经偶触,忽焉结团体于同群。一纸风行,万方雷动,以视夫海盗海淫诸小说,相去奚啻霄壤耶?"这些话无不反映了时代的文学思想。

该报分设《醒世小说》《写情小说》《短篇小说》《札记小说》《传记》等栏,同时也刊载其他文体,如其广告中所说:"名儒硕彦如有札记、谐文、唱歌、乐府、插画、灯谜等,愿附本社刊者,拜嘉后当视文字之优劣,酬以相当之利益。"该报辟有《小说》《传记》《谐文》《谈丛》《文苑》等栏目,撰稿人有倪豫立、陈荇荪、庄禹梅、垂虹亭长、鸥社盟主等人,各栏作品多抨击立宪政府,揭露社会黑暗,讥讽现实时弊,并寓含反清的政治意图。其中连载过的长篇小说有十里花中小隐主著《黑海回澜》(1—12 期)、《怨海》(1—9 期),浙江一分子著"义愤小说"《虎伥记》(9—12 期),短篇小说有豫立《荡子棒》(4—5 期)、蛟川颠书生《拒款会》(1 期)、病骸(即庄禹梅)《留学生》(1 期)、《立宪》(3 期)。另外,还刊载了病骸的论文《小说之价值》、蛰隐生《大小说家金圣叹传》、十里花中小隐主戏剧《冰炭记》(5 期)、梁鸿卓诗集《香国冰魔集》等。这是近代宁波本土的自办报刊中一份文艺性质的刊物。每周出 32 开本一册,每册约30 页,1909 年 9 月停刊,共出了 12 期。其发行所设在上海新学会社,同时在宁波和上海出版,上海社址设在上海棋盘街,宁波社址设在日新街,宁波各书局均有出售。

参见范志强、梅庆生:《宁波文学百年(1908—2008)》,浙江大学出版社2017 年版。

庄禹梅《孙中山演义》

庄禹梅(1885—1970),宁波镇海庄市人。在上海认识陶成章,于 1910年先后加入光复会和同盟会,拥护孙中山的革命主张。1916 年 8 月 22 日,孙中山视察宁波,庄禹梅聆听了孙的演讲,还作为临时秘书担任记录。孙中山在北京病逝后,庄禹梅为表达对先生的崇敬之情,留心搜集有关史料,征集到相关文献 300 余种,写成了一部反映中山先生革命生涯的作品,在 1927年 3 月正式出版,定名为《孙中山演义》。这是最早的孙中山传记传记文学允许虚构,也是唯一一本以武侠小说笔法写作的孙中山传记。1929 年再版时改为《孙中山革命演义》,1931 年三版时更名为《铁血男儿传》。

这部 50 万字的章回体演义小说,集历史真实性、文学艺术性和传奇色彩于一体。作者竭力保持史料实录与小说创作手法的交替运用,虚实结合,繁简交错,尽量避免行文的呆板乏味。书中所写的武侠行为,乃是民族武侠为民为国而奉献的革命行为,从而形成了与传统武侠的鲜明分野。从时代背景、社会环境着眼,从人物形象、具体情节入手,细致入微地刻画了孙中山的形象,也描写了与他同时代的康有为、李鸿章、袁世凯、汪精卫、蒋介石等近代史上的风云人物,还揭示了当时中国秘密社会如哥老会、天地会、三合会等帮会的活动内幕。1996 年,北京大学陈平原教授做了详细校订,唐弢写了序言,中国文联出版社再版,改名为《铁血男儿——孙中山演义》。唐序认为《孙中山演义》有三个值得称道的特点:第一,这是一部用章回体写的材料丰富的小说。作者对中国秘密社会历史、规模、活动的熟悉,博冶详尽,了如指掌,其内容突破了陶成章《中国秘密社会史》之作,且深入于社会习俗。第二,突破了演义小说的俗套,另辟蹊径,屡变章法,且着重于人物细节的描写,铺陈事实,情节传奇,人物性情开朗,富有特点。第三,从帮会活动到性格描写,一直到革命史迹的追述,小说的一个长处是真实,而且许多情节还符合革命的事实,书中凡所记述,论证昭然,的确如有些人所说,可以称为信史。他最后写道:"据我所知,这是第一部中山传记,也是迄今为止我所知道的一部最好的孙中山传记。"

　　参见庄禹梅:《孙中山演义》,九州出版社 2011 年版;汪校芳:《庄禹梅"演义"孙中山》,《团结》2012 年第 1 期。

第四部分　宁波科技

一、概　述

　　古代科技大致包括三个方面的内容:通过对自然现象的观察而获得的经验性知识;在初步观察的基础上,通过一定的逻辑论证而得出的理论性知识;通过思辨而获得的尚缺乏严格的观察、实验验证的自然科学知识。与近代科学相比,古代科技自然要质朴得多。古代科技主要囿于当时人们生活经验所及的领域,而且古人研究的各领域之间没有明确的界限,因而也不可能像近代科学那样有明确的学科分类。中国古代的科技成果数量众多,成就突出,但在地域分布上具有明显的不平衡性。翻阅由卢嘉锡任总编的《中国科学技术史》,可看到古代宁波的科技成就很少被提到。这一事实意味着,古代宁波在中国科技史上的地位并不高。但尽管如此,自河姆渡文化产生以来,勤劳勇敢而善于探索的宁波人民,以他们的聪明才智,在科技史上还是留下了一些令人惊叹的成果。

　　现将宁波科技的发展,大致划分为如下几个阶段。

　　第一,汉代之前为宁波科技的滥觞时期。从河姆渡文化出现到汉朝建立之前,宁波一直处于原始开发时期,这一时期的宁波居民,为了更好地生存,在与恶劣的大自然进行无数次较量的过程中,发明出了一些适合特定地理环境的生产技术来解决衣食住行问题。其中如河姆渡人烧制的夹炭陶,在古代制陶工艺中独树一帜。河姆渡人发明的水平式腰机(踞织机),是目前世界上已知的最早的纺织机械。河姆渡是我国髹漆工艺的发源地,在河姆渡遗址第四文化层出土的髹漆木筒,金黄闪亮,绚丽夺目,证明我国是世界上最早使用天然涂料——"漆"的国家。余姚三七市田螺山遗址属河姆渡文化的范围,考古学家在田螺山遗址地层中,发现了似为间隔且排列种植的树根遗址,经科学鉴定,为目前已知的最早的人类种植茶树。慈湖遗址中出土的木屐,距今已有5000年,堪称是我国乃至世界上最早的木屐。河姆渡人拥有先进的水上交通工具——独木舟和船桨。河姆渡人已经对地形、岩石等地理要素积累了很多认识。河姆渡干栏式建筑布局是以遗址西南小山为中心呈扇形布置,它既体现了人类对周围环境的适应,更反映了原始先民对自然、地理的认识和利用。河姆渡人对大量硬质石料、萤石、叶蜡石等质地粗疏松脆的石料,采取了不同的加工方式。河姆渡人在繁衍生息中,不得不与疾病伤痛作艰难的斗争,因此医学知识开始萌芽。他们从动植物身上开掘出有效的药物,葫芦、芡实、杨梅、猴脑都得到了利用,在食药同源中逐渐积累起了一定的医药知识。他们还利用樟科植物来防治疾病和驱虫洁室。1975年鄞州甲村石秃头出土战国铜钺,下部铸有狭长轻舟,上坐四人,戴羽冠,双手划舟,纹饰上层有两条相向的龙,前肢弯曲,尾向内卷,昂首向天。这是我国已发现的唯一有此类纹饰的铜钺,中国航海协会曾拟以此作为该学会的会徽,这从一个侧面证明了船在宁波早期交通中的特殊位置。

第二,汉唐是宁波科技的兴起时期。宁波学者中最早对天文历法感兴趣的是三国时虞氏家族的几位精英。东吴虞翻在象数派易学理论的影响下,也擅长于易与律、历的结合研究,著有《周易集林律历》《易律历》《注京房周易律历》各1卷,发挥了"卦气说"的历法理论,也因此确立了虞氏家族爱好天学的传统。虞翻第六子虞耸在公元265年左右,提出了穹天论。虞喜据"宣夜说"著《安天论》,用以回答天地是否存在毁灭的问题。公元330年前后,虞喜通过与伊巴谷的不同途径独立地发现了岁差现象。

唐代大和年间王元暐建造的它山堰水利工程,由坝堰、灌渠和碶闸构筑而成一整套排灌系统,这在唐代明州水利建设史上带有全局性意义。中唐以后慈溪上林湖秘色瓷的烧制成功,使越窑的工艺技术达到辉煌的顶峰。秘色瓷以釉取胜,追求掠翠融青、类玉类冰的釉色效果。唐代明州造船业的发达,船舶性能显著提高,以张友信为代表的航海家掌握了季风航海术,开辟了更远更快捷的航线。唐末五代炼丹术开始渐趋衰落,但日华子仍热衷于炼丹,其外丹著作颇丰,馨字号《诸家神品丹法》卷六还收有"日华子口诀"16条,其中"日华子点庚法"是我国典籍中最早的关于以炉甘石(菱锌矿石或水锌矿石，主要成分为 $ZnCO_3$）—赤铜合炼制作鍮石的具体记载。陈藏器是唐代杰出的本草学家，所著《本草拾遗》，最早在理论上提出"十剂"之说，这是我国药物和药剂分类法的新创造。日华子继承了陈藏器的本草成就，但更注重于日用本草。他根据在浙江各地实地考察和医疗实践，写成《日华子本草》20 卷，后世习称为《大明本草》。该书约成于 908—923 年，比著名的《开宝本草》早半个世纪。

第三，宋元明为宁波科技的发展时期。北宋初年，山东益州人燕肃（961—1040）在潮汐研究上取得了积极的进展。燕肃大中祥符九年（1016）为广东提点刑狱，据郑戬《宋太守题名记》（孔燕之《会稽掇英总集》卷十八），燕肃天禧五年（1021）十一月以司封员外郎知会稽，六年（1022）十月移知明州。这使他有机会对海潮进行长期的实地观测，并积累了大量可靠的观测资料，绘制出《海潮图》，并著有《海潮论》，提出了日、月凭借元气的近距作用引起潮汐的推想，并给出了精密的潮时计算公式。北宋周师厚的《洛阳花木记》是一部具有较高价值的花卉专著。北宋建造的保国寺大殿，外观壮丽，结构精巧，富有民族风格，是我国江南地区已发现的建筑年代最早、保存最完整的木构建筑之一。南宋魏岘是我国历史上最早认识到环境保护对水利建设重要性的人物，其《四明它山水利备览》是中国水利史系统理论的滥觞。宁波人将地理学作为学术，以南宋较为成熟。有关历史地理的考证与论述，是王应麟学术中最精彩的部分之一，奠定于《玉海·地理》11 卷的编写。王应麟早期所作还有《诗地理考》5 卷；晚年研究《通鉴》学，有《通鉴地理考》100 卷，今已不传。代表其卓越的历史地理考证成就的是《通鉴地理通释》14 卷及《困学纪闻》的有关部分。

元代以来，宁波在医学领域的成就尤为辉煌。元代庆元路所属各州县相继创立医学。广平陈氏是元代宁波儒医之首，余姚张氏则以世传儿科鸣世。滑寿精通各类内科疾病的诊治，治病不拘泥于方书。他还善于将临床经验学术化，撰写了大量有价值的学术著作。所著《诊家枢要》为金元时期最为突出的脉学专著。滑寿在中医史上最负盛名的是针灸学，所撰《十四经发挥》使经络学说更臻系统完善，使针灸学的研究达到一个新的高度。明代宁波医学进入辉煌时期，名医、名著之多，均冠各地之首，基础理论的研究和临症技术都居领先地位。而宁波商贸繁荣，人口密集，气候温暖，病种较多，为中医临床提供了施展的舞台。王纶是明代丹溪学派中最负盛名的慈溪籍医家。《明医杂著》阐述杂病的证治方法，堪称王氏的代表之作。鄞县医家高武的针灸学成就尤为突出，曾铸针灸铜人以便教学。他所作的《针灸聚英》既崇尚经典,又重视实践,广师古人,不囿一说,对针灸学的发展起到了重要推动作用。赵献可宗温补派先驱薛己之学而大加发挥,创肾间命门学说。赵氏的许多主张是以"养火"为主,《医贯》这部书突出地阐发了"命门"学说,对清代医家产生了较大影响。妇科上的成就,以晚明宋氏女科的确立最具标志意义,与嘉兴陈氏、山阴钱氏、萧山竹林寺并称为浙江女科四大家。陈氏《小儿按摩经》标志着小儿推拿体系的基本确立,对后世小儿按摩学术的发展起了十分重要的作用。此后问世的推拿专著,多沿袭于陈氏此书。

明代贝琳是重要的天文学家,在任南京钦天监监副时完成了对《回回历》的辑补和刊校工作。所著《回回历法》现存日本内阁文库完整原刻本,清代收入《四库全书》时改名为《七政推步》。屠本畯编纂了世界上第一部水产动物志《闽中海错疏》。

晚明时期,西学开始传入中国,对宁波学者产生了重要影响。时任五官正的周子愚率先提出良议,要求政府设立专门机构、组织专门人才与传教士合作翻译西国历著,这可视为晚明以西法改历运动的发端。尽管在邢云路主持改历的阶段,西历至多不过是供参用而已。此后李之藻、徐光启不断吁请礼部开局译历,形成一股不小的声势。周子愚还实际参与了译书工作。

第四,清代前中期为宁波科技的高潮时期。以黄宗羲为代表的浙东学派在科技领域做出了出色的贡献。黄宗羲在《明夷待访录》中提出了科技教育的思想,不仅主张求实,而且强调明理求故,坚定地相信气一元论的科学观点。在西方近代科技陆续传入中国的背景下,黄宗羲又为"西学中源"说推波助澜。余姚黄氏家族有多人研究天文之学。雍正、乾隆时余姚邵昂霄(？—1736),长于天文历算,通中西术算,推测布算,细析毫芒。代表作《万青楼图编》专论天文、算数之术,分天体、仪象、宫度、二曜、五纬、云气、辉气、经星、历案、历理、历数、测量、测时、定时 14 目,皆援引汉晋以来天官家及西欧科学家之说,并附以己见,四库馆臣称其"于推测之术,颇有所得"。他发明的量天景尺、漏碗都很精密。他还亲手制作仪象,外国学者见了也赞其精巧。黄宗羲另著有《中西历考》1 卷,未见其传本。

黄宗羲在地理学方面的研究起步甚早,主要涉及水文地理、人文地理、自然地理、区域地理、沿革地理诸方面,并着力倡导走出书斋进行实地考察的科学研究方法,与顾炎武同开一代新学风。他的学生万斯同撰写了《明史河渠考》12 卷,考辨了明代河渠水利的兴废变迁,是研究地学、水利史的重要文献。他的《昆仑河源考》,以考据的方法对昆仑、河源予以详尽的考辨,虽然仍取《禹贡》《山海经》之说为是,因而在总体上是错误的,但在一些局部问题上也有一些卓见。清代中期,我国地理学的研究转向校注、辑佚和整理古代地理著作为主,西方地理知识的传播一度中断,地图的编绘倒退到计里开方的传统轨道上,中国传统地理学占据主导地位。这一时期,浙东考据地理学的代表人物为全祖望。全祖望七校《水经注》,发现和纠正了原书"注之自相乱"的情况。全祖望《汉书地理志稽疑》是一部历史地理的考据之作,以《史记》《汉书》诸表及各传与《汉书·地理志》对勘,以纠原书及颜注的阙误。

　　在医学领域,慈溪人柯琴研究《伤寒论》,他以六经为百病治疗的六个区面,合伤寒杂病为一统,不分伤寒中风,提倡因证合脉,合症用药,以证为辨治重点,反对许叔微桂枝、麻黄、大青龙三纲鼎立之说,见解独到。陆士逵则开创了陆氏伤科,他将各种治疗伤损经验撰成《伤科》一书,后由陆氏再传门生董亦香与王瑞伯子孙王德扬修订,其子孙后代继承其衣钵,宁波陆氏遂被人们称为伤科世家。最能代表这一时期宁波本草、药学进展的是由余姚人严洁、施雯、洪炜共同编纂的《得配本草》,这是我国现存的较为系统全面的论述药物配伍的专著。

　　清初朱舜水是中日科技交流的先驱。朱舜水是一位博才多艺的实学家。他对儒家的思想、礼仪、制度、器物等进行了全方位的研究。他在答安东守约书中曾云"不佞之学,木豆、瓦登、布帛、菽粟而已"。可见他一生注重民生日用之学。安积觉等撰写的《舜水先生行实》一文称他"格物穷理,志虑精纯,古今礼仪而下,虽农圃梓匠之事,衣冠器用之制,皆审其法度,穷其工巧。识者服其多能而不伐,该博而精密也"。他长期流寓日本,将中国的动植物知识、工程设计、建筑技术、农艺技能、衣冠裁制、地理知识等实用科技介绍给了日本人民,推进了日本的文明和开化。这说明他有丰富的经世致用的学识,也反映出他的实学、实理、实用的教育思想已经完全贯彻在他的教育实践之中了,这可以说是艺能职业教育的发轫。

　　第五,近代为宁波科技的转型时期。宁波开埠以后,西方文化不断涌入,当时西方传教士出于传教的目的,着力想改变中国人的价值观和文化观,于是矢志不渝地创办杂志、出版图书、兴建医院、筹办新式学堂,从而揭开了近代中西文化交流崭新的一页。咸丰四年(1854),宁波美华书馆用凸版印刷技术,在国内率先采用铅印机印制发行《中外新报》。玛高温是鸦片战争后最早以译介西方科学著作著称的基督教新教士之一,他在宁波的译述有《博物通书》(1851)、《日食图说》(1852)、《航海金针》(1853)。其中《博物通书》(*Philosophical Almanac*),除记载 1851 年中西日历外,主要部分为《电气通标》译本。该书介绍了电和磁的基础知识以及电报,是目前所知最早用汉文写成的一部介绍西方电磁学和电报知识的物理学专书,也是现知我国近代最早的物理学书籍。《日食图说》是对咸丰二年冬月初一日(1852年12月11日)日食的解说,此次日食我国东南沿海如上海、福州、香港、宁波等地都可见全食。麦嘉缔著《平安通书》,从1850年到1853年,在宁波出版,年出一册,凡四册,每册三四十页。主要内容包括天文、地理常识,如太阳系知识、日暑图说、日月蚀图说、四时节气图说、时刻论、潮汛随日月图说、西洋历法缘起、镇海潮汛时刻表。每年日月蚀、节气、潮汛皆有不同,故每年都要修订。宁波、镇海一带多渔民,潮汛对渔民关系重大,这大概是取名"平安通书"的缘由。值得指出的是,麦嘉缔编撰此书,因每年都要修订,所以,他特别注意将世界上关于天文、地理的新发现、新学说补充进去。慈溪人舒高第、镇海人虞和钦、虞和寅、钟观光、王本祥等,也翻译了大量的西方科技著作。晚清出版了65种地质(矿物)学译著,其中由宁波人翻译的就占了11部。这些译著均为教材或普及性读物,多以著名地质学家的著作为原本,但学科种类较为单一,这与晚清中国地质学的启蒙状况相适应。

晚清时期,宁波中医的发展渐趋衰落,虽在学术思想上创新不大,但富有丰富临床经验的名医受到民众的追捧。如鄞县北郭人林钜迁居慈东樟桥(今江北区庄桥街道),"晚年酷嗜医学,手辑《女科舌胎论》一书。热心为人治病,不索重谢,慈之人多仰其名,求诊者踵相接,父老至今犹称道之"①。为了遏止天花的流行,政府积极推行种痘术。宁波府署土地祠中所设牛痘局,为天台赵兰亭传种。赵兰亭所著《牛痘三要》一书,风行海内,是传种牛痘的指导用书。其门下陈雨玉、陈贤荣(1838—1915)二人为甬上最有名的种牛痘师。但当时的种痘水平还不高,据《申报》1894年3月1日《牛痘开局》报道:"施种牛痘其法极简,其事极便,较中国古法诚远胜之,惟施种者苟或掉以轻心,蓄浆不善,即有毫厘千里之差。宁郡去冬天花盛行,不但未种牛痘者无不被染,即已种牛痘者亦有重出之患,迄今各处传染尚未净绝,以致各牛痘局迟延观望,均不开局施种,惟府署土地祠内之老局已于正月十八日开局,然赴局挂号者仍寥落如晨星也。"

西方传教士是西医在晚清中国传播的主体,他们一步步将现代医学带入了中国,而宁波则在西医东渐中扮演了先行者的重要角色。1843年秋天,美国传教士玛高温来宁波传教,后创办了"浸礼老医局",是为宁波第一家西医诊所。他还向宁波医生传授解剖学和生理学知识,利用外国人捐助的人

---

①　张鸿鼎:《丕纲林先生传》,《北郭林氏宗谱》卷5,天一阁藏本。

体模型在月湖书院举办讲座,发放药品和中文科技书籍。1844年6月,美国长老会医生麦嘉缔(D. B. Mecartee)到宁波,在佑圣观内施医传教,并创办惠爱医院。西医在获得了甬上一些绅士的支持后,更加快了发展的步伐,创办了教会医院,对中医的冲击越来越显露出来。1889年后由英人兰雅谷接办的"浸礼老医局",正式改名为华美医院。华美医院采用带徒制培养西医人才,后来首任中国人院长任耕莘即是该院自己培养的。接着,宁波又出现了英国循道公会1888年创办的天生医院、圣公会的仁泽医院、英人办的仁济医院、1911年乡绅严康懋等集资创办的普仁医院,以及1856年美国南方美以美会泰勒开设的私人诊所。同治八年(1869),金雅妹随麦嘉缔博士赴美。光绪七年(1881),金雅妹考入纽约医院所设的女子医科大学,4年后以总分第一名的优秀成绩毕业,获得医学学士学位。她是我国第一个女留学生,成为中国第一位获得大学毕业证书的女子,亦成为中国第一位女西医师。她是技术精通的显微镜照相专家。1887年《纽约医学杂志》上发表了她的一篇关于显微镜的研究文章——《组织学的显微照相术》,其独特见解引起了美国医学界的注意,并获得普遍赞赏。光绪十四年(1888),金雅妹归国,先后在厦门、成都等地行医。同时,她还不忘为祖国培养医护人员。1907年,她接受了天津市政府的聘请,到北洋妇科医院任院长,又求得当时直隶总督袁世凯的帮助,在天津设立了一所医院附属的护士训练班,重点培训护士。除金雅妹外,清末出国学医的四明籍留学生还有慈溪人韩清泉、胡鲲等。

嘉道之际,随着经世学风的兴起,传统的地理学开始出现新的发展趋势。姚燮《四明它山水利图经》虽是一部山水名胜地理之书,但它对它山水利也有贡献。姚氏通过实地考察,厘清了它山堰水系的全貌,以订正前辈学者著作中的相互矛盾。关于这一点,他在《图经·今水源委上》中说:"读魏吉州书,证之宋元七家之志,复参之以隐学、东石、南雷、蕊泉、谢山、樗庵诸先生之言,辄不禁掩卷而疑,掷卷而起也。"其后他深入四明山深处,从源头开始调查水系,他所怀疑和感到矛盾的,正是宁波历代论水专家高宇泰、闻性道、黄宗羲、全祖望、蒋学镛诸先生著作的误失之处。但姚燮轻信谱牒,受到了董沛的批评。道光二十八年(1848),周道遵撰成宁波地方第一本水利专志《甬上水利志》(6卷)。

道咸年间,随着"开眼看世界"思潮的兴起,洋务运动的次第展开,特别是西方地理学知识的系统传入,国人开始"走向世界",以及西方近代地理学知识的渐次东传,传统的地理学从研究重心到研究方法,都开始发生巨大变化;同光年间,由于边疆危机的频频出现,促使传统的地理学开始发生根本性的变化。晚清宁波学者的地理学研究以同光年间为最盛,以黄炳垕和丁谦为代表。

清末,现代地理学的分支地质学开始普及,宁波学者起了很重要的作用。1853—1854 年,英国伦敦会传教士慕威廉用中文编写的《地理全志》在上海墨海馆正式出版,头一卷就是"地质论",岩石、地层、古生物和矿产的科学知识都讲到了,约占下编全部篇幅的五分之一。"地质"作为一个自然科学名词,是本书首先在中国使用。这部普及读物对宁波慈溪学者张斯桂(1817—1888)产生了影响。王韬《居沪日记》曾记张斯桂"喜西人格致之学,……并将慕维廉之所著《地理》下编痛加删改,使察地之学,蓥然大明"。《科学世界》为上海科学仪器馆出版的月刊,创刊于光绪二十九年(1903),是中国最早的一家科普杂志,也是最先向中国人介绍地质科学知识的一本刊物。在 1903 年第二、第三期上,发表了镇海人虞和钦写的《中国地质之构造》,以后又发表了多篇他所写的介绍岩石、矿产等知识的文章。虞和钦曾留学日本,是学化学的,但也懂地质,《科学世界》就是靠他和弟弟虞和寅写稿。虞和寅后来还成为中国地质学会的早期会员。

晚清在西风的冲击下,宁波的旧式书院也开始引进西学。1879 年宁波创办辨志精舍,分经学、史学、掌故、算学、舆地、词章六斋授课,课艺中已有介绍哥白尼学说,刻卜勒学说,几何、代数、三角等西学。黄炳垕考虑到先祖黄宗羲同甬上学人的关系,接受了宁波知府宗源瀚的邀请,到宁波参与创办"辨志精舍",并主掌天文历算学斋长达 10 余年,"明越士多得其指授,天算之学遂为两浙之冠"(黄维瀚《领赏内阁中书衔庚午科举人先考蔚亭府君行述》),为浙东培养了众多的天文历算人才。他曾校正量天尺,在辨志精舍教书时,还指导学生吴学孟制造浑仪,这可以看作是宁波最早的校制教学用仪器。黄炳垕学生主要有曹辛、李藩、谢培、胡士培等人。余姚曹辛,字姜侯。弱冠,补弟子员,不好举业。检书得《算法统宗》,玩索有得。又从邑中倪氏、泗门谢氏借得数理书数种,朝夕研究,打下了数学基础。后又获得《谈天》一书,潜心阅读数年,打下了天文学的基础。其早年自学天算,愤悱奋发,夜以继日,夏夜甚至将两脚插入瓮中以避蚊。后师事主教"辨志精舍"的黄炳垕,天算水平得到了提高。他虽以明经终,但研究天算孜孜不倦。收藏的书籍自群经、诸子迄泰西天算家言不下千种。他曾成功地预推光绪戊子(1888)七月日食,表明其在天文学上确实有一定造诣。所著有《蜣螂丸》,内含《方程一法通》《测方细草》《弧矢续草》《勾股杂存》《甲子草》《三角容图草》等著作。另著有《鹧鹆巢算学》。余姚谢培,从黄炳垕习天算,析微阐奥,多所发明。镇海乐俊恺,嗜好数学,为慈溪费德宗高弟,也屡想受业于黄炳垕之门。黄炳垕在晚清浙东学术界的影响之大,以及对浙东科技人才的培养,由此可见一斑。

清末四明出现了职业技术学校。先是光绪三十四年(1908)正月,谢宝书等筹集银元 13040 元,于泗门汝仇湖畔购民房作校舍,创办汝湖初等农业学堂,设蚕业科,学生 44 人,至民国元年(1912),毕业 2 届。是年县议会议决改为余姚县立乙种农业学校,1927 年改县立第二小学。旅日华侨吴作镆高度重视农学,在《为振兴实业事上浙抚禀》中提出:"则欲谋地方全体之发达,自不得不讲求农学,整顿农政也。……是农业之尤为实业之本,而今日所当视为要政而不可须臾缓者也。……作镆目击世界商战大势,返观我国地方情形,欲谋富源,非断增殖土产不可,欲增殖土产,非讲求农学不可。"宣统三年(1911),吴作镆创办锦堂农业中学堂,农本科设置文化课有修身、国文、外国语、算学、物理、化学、博物等,专业课有土壤、肥料、作物、园艺、农具、气候、病虫害、畜产、水产、林业、养蚕、农产品制造和农业理财等。蚕本科的文化课基本相同,专业课有蚕体生理、蚕体病理、养蚕及制种、气象、桑树栽培法、制丝法、蚕业泛论、蚕业理财、农学大意等。时浙江省府委派的陶霪和慈溪县知县仲凤,在实地勘察后,称锦堂农业学校"委系工坚料固,名实相副,而规模之广大,设置之周妥,器具之精良,尤无一不臻完美,洵为浙省各私立学堂之冠"。

上海开埠以后,成为我国近代工业起步最早、受西方科技影响最深的城市,许多行业开始突破旧式作坊的局限,逐步朝着近代工业的方向迈开步伐。20 世纪末,一些早期的中国留学生带回了国外的先进技术和管理方法,加速了上海科技水平的提高。在这样的前提下,我国早期以智力为主的科技型企业在上海孕育诞生。上海也是清末宁波人施展科技智慧、兴办实业的最佳舞台。上海最早的科技型企业是成立于 1901 年的上海科学仪器馆。该馆由镇海人虞辉祖、钟观光和虞和钦等共同创办,这是由国人自办的第一家经营科学仪器的企业。它最初主要销售进口的科学仪器和药品。1903 年馆内设立制作所,开始仿造和修理仪器,稍后便开始自制理化仪器、绘图仪器,接着又设立标本制作所和模型制作所,从事生物标本、星球地形、人体肺腑、心肾骨骼等实验教学模具的制作,供全国各大城市的高等学校教学和实验之用,共有工人 100 余人。该馆还于 1904 年和 1905 年先后在沈阳和汉口开设了分馆。上海科学仪器馆的创办,对尚处在启蒙阶段的我国科技事业和高等教育事业都起着积极的推动作用。1911 年方液仙独资创建中国化学工业社,最初只生产牙粉、雪花膏之类的日用品,以后陆续建立四个工厂分别生产不同产品。一厂制造化妆品和三星牙膏,二厂制造调味粉,三厂制造三星蚊香,四厂制造箭刀牌肥皂、甘油、薄荷素油等产品。中国化学工业社为解决蚊香主要原料除虫菊的自给,在江浙农村开设农场种植和自制,把独占中国市场的日本野猪牌蚊香赶出去,它的调味粉以观音粉、味生、味母为商标,与天厨味精一起把日本的味之素挤出中国市场。中国化学工业社的创立和发展,对推动我国民族工业的发展,树立民族工业与外商竞争的自强、自立、自信的心理起着重要的示范作用。

　　浙省自古是中国蚕业最为发达的地方。在19世纪末,蚕瘟(微粒子病)蔓延。1870年法国人巴斯德发明出用600倍显微镜检验母蛾的方法后,欧洲有效地控制了给蚕业带来威胁的蚕瘟病。1892年浙江省当局派宁波人江生金赴法国学习养蚕新法和检种技术,是为中国派遣出国学蚕之肇始。日本从19世纪80年代起,先后设立各种蚕业讲习所、蚕丝试验场,还于1892年成立大日本蚕丝会,通过开展研究和推广欧洲新技术,使蚕丝业突飞猛进。而反观中国,由于蚕瘟的蔓延,蚕业生产严重衰退,蚕丝质次价昂,出口日减,蚕利被日本人所夺。当时宁波海关税务司康发达著书指出中国若不对蚕瘟加以重视,倘遇年岁不好,蚕子将有灭绝之一日。他认为倘若设学堂以资改进,只需3年就可以见成效,每年经费以银3万余两计,3年只需10万两,即可挽回蚕丝之利。康发达有关蚕务的建议,得到新调任的杭州知府林启的采纳,遂于光绪二十三年(1897)在西湖金沙港首创蚕学馆,是为中国最早的培养蚕桑专业技术人才的专门学校。在法国学习养蚕新法的宁波人江金生,归国后即担任蚕学馆首任教习。浙江创立专门学校的风气一开,自然也影响到宁波之蚕业。清末奉化人庄崧甫(1860—1939)从事于农学研究,创设新学会社,编印农业书籍。光绪二十九年(1903)庄崧甫纂成《养蚕必读》2卷,由宁波新学会社出版(光绪三十四年再版)。光绪三十年(1904),江西滇(1879—1964)等在江口创设奉化蚕业实验所,据日人编印的《浙江全书》记载:"甲午战后,浙省兴学风气大开。……其中成就最大者应推奉化蚕学研究所(实验所)。该所成立后经多年之研究,育成新蚕种奉强、奉新等,非仅蚕及蛾体健少病,而且蚕茧坚洁远胜他种。"

　　清末,宁波学者较早介绍了西方的植物学知识。1901年,钟观光、林木林、虞含章在上海创办科学仪器馆,编译科学图书。1903年,该馆创办了《科学世界》月刊,至1904年出了共10期,其中就有虞和钦(1879—1944)的《植物对营养之适应说》《植物受精说》《植物吸收淡气之新实验》、虞和钦弟弟虞和寅(1884—?)的《植物学略史》。当时我国植物学的研究水平很低,虞和钦的贡献主要还在于传布了西方近代植物学知识。1902年,虞和寅编辑的《博物学教科书》(清光绪二十八年宁波文明学社上海铅印本),系中国最早的博物教科书,该书所引证参考的日本博物、动物、植物、理科、矿物等教科书和研究著作就有34种之多。虞和寅博物理念已与传统的《尔雅》、本草类体系大有不同,他是以近代科学方法研究博物知识,提出博物教学和学习的方法不外乎"实验"和"观察",教师要提前准备实物,"以便开课时,一面实验,一面讲述",还要"时时引导学徒,出游野外,观察实验"。教科书对每一课中的动植物都标明其类属,并简单介绍了"动物界"的纲目种属名称。1908年以后,钟观光在北京大学任教期间开始研究植物,进行了系统的植物标本采集研究工作。他是中国第一个用科学方法广泛研究植物分类学的学者,是近代中国最早采集植物标本的学者,也是近代植物学的开拓者。

古近代宁波科技发展,具有鲜明的地域特色:一是实用性。这是由宁波临江濒海的地理环境决定的,诸如碶的发明、棉花的种植、航海术、越窑青瓷、海洋生物的研究及海洋捕捞技术等,这类生产技术的发明与推广,无不与特定的生存环境息息相关。二是民生性。宁波特定的气候环境,较为开放的城市格局,使居民更容易受到疾病的困扰,体现在医学领域,带有强烈儒学色彩的宁波医家,给予了地域居民以深切的生命关怀,宁波的中医学也因此而特别发达。再如水利技术的开发,亦有着改善民生的目的。这两大特色恰好反映了宁波古代科技的生命力所在,凝结了古代宁波人长期积累起来的生活经验和生存智慧,体现了古代宁波人协调人与自然、环境的杰出能力,亦体现了工匠精神。

二、词　条(按天算学、地理学、生物学、医学、传统工艺排列)

余姚虞氏家族天文学

四明学者中最早对天文历法产生兴趣的是余姚虞氏家族的几位精英。虞翻在象数派易学理论的影响下,也擅长于易与律、历的结合研究,著有《周易集林律历》《易律历》《注京房周易律历》各1卷,发挥了"卦气说"的历法理论,也因此确立了虞氏家族爱好天学的传统。

六朝余姚虞氏家族有多位学者对天文学发生了兴趣。第一,虞耸提出

"穹天论"。虞翻第六子虞耸在公元265年左右提出了穹天论,其基本观点是:天形的圆曲像鸡蛋,天幕周边连接四海。大地与天壳间充盈气,才使天壳不会塌下。太阳并不入于地下,而是绕辰极西没而东还。天顶在斜靠北方35度的地方,所以北极之下并非地中。天极北去黄道115度,南去黄道67度,所以冬至与夏至有昼夜长短的变化。现代学者都认为这个学说是盖天说的一种延续,是天圆地方说的一种引申,但它也有一些修正。(2)虞喜提出"安天论"。虞喜据"宣夜说"著《安天论》,用以回答天地是否存在毁灭的问题,同时批驳了浑、盖两家之说。他认为天是无限地高,地是不可测地深;天在上是永远安稳的,地在下是永远静止的;天与地的边缘正好相接,要么同方,要么同圆,没有方圆不同的道理;七曜是分散的,各按自己的轨道运行,这就像大海的潮汐、万物的行为各有自己的规律一样。从现代科学的角度考察,在天的形态问题上,宣夜说的观点是三大古代宇宙论中最接近客观事实的。第三,虞喜发现岁差。虞喜(281—356)一生高蹈不仕,从事经史与天文学研究。岁差是地轴进动引起春分点向西缓慢运行而使回归年比恒星年短的现象。早在公元前2世纪,古希腊天文学家伊巴谷通过比较恒星古今位置的差异,发现了春分点每100年西移1度的岁差现象。我国古代一直相信"天周岁终"之说,直至西汉末年刘歆才注意到当时冬至点位置与古代传说的牵牛初度不符的现象,但他却没有明确承认这一事实,而是闪烁其词。公元85年,贾逵等人通过多年实测,终于肯定冬至点已移到斗宿的距星二十一又四分之一度,从而废黜了冬至点在牵牛初度的说法。但贾逵只是对冬至点的宿度做了改进,他并没有意识到冬至点在西移,因而与对岁差的发现失之交臂。公元330年前后,虞喜通过与伊巴谷的不同途径独立地发现了岁差现象。岁差现象的发现,使得"岁周(太阳在一回归年的运动)"与"天周"截然区别开来,使"岁自为岁,天自为天"。虞喜还根据冬至黄昏中星从昴宿到壁室的赤道度变化,推算出岁差的具体数值。他认为从唐尧时代到他所处时代相隔2700余年的时间区间内,冬至黄昏中星经历了昴、胃、娄、奎四个宿共53度,因此平均每50年差一度。由于虞喜所用的古代观察值取自传说时代,时间区间也未必与冬至昴宿中天的时代相合,所以得出的结果与1度/77年(赤道岁差)的理论值相差颇大。但是,与欧洲人沿用了1000多年的每百年差一度(黄道岁差)的数值相比还是要稍强一些。虞喜发现的岁差现象,经过几番激烈斗争,直到僧一行造《大衍历》(727年),奠定后世历法之规范,才被正式确认。

参见陈美东:《虞喜:岁差的发现》,卢嘉锡主编:《中国科学技术史·天文学卷》,科学出版社 2003 年版;傅璇琮主编:《宁波通史·史前至唐五代卷》,宁波出版社 2009 年版。

黄润玉天文学

明代鄞县学者黄润玉的宇宙观主要见于《海涵万象录》(又名《南山杂录》)一书,有成化八年(1472)自序。这部著作反映了黄氏的宇宙哲学——气灵论。

黄润玉提出了天地的结构模型:"天包地外,而地是大气载之,东西近天上,面与天远,故日月星宿出没则大,到中天则小。地不浮沉,若浮而上三万里,则海必竭。若沉而下三万里,则海必没了地。何世儒之谬论也。"黄润玉在幼年时曾做过天地形状的演示模型,他说:"予幼时戏将猪水胞盛半胞水,置一大干泥丸于内,用气吹满胞毕。见水在胞底,泥丸在中,其气运动如云,是即天地之形状也。此太虚之外,必有固气者。"黄润玉的这一演示模型是独创的,曾被一些科技史家认定是在西方天文学输入我国以前就已表达了地圆的观点。显然,黄氏演示的当与张衡天如鸡子、地如鸡中黄的宇宙学说为近。他以充了气的猪尿胞表示天,以大干泥丸表示地,用"半胞水"表示天"半复地上,半绕地下"。黄润玉把地和水相提并论,可见他的"地"是狭义的陆地概念。他说:"地外无底海,则日月所处也。"可见黄氏用小泥丸表示陆地,实际上是错误地把陆地等同于"地"的概念,因此他演示的是陆地呈圆形的"地圆说",并非海洋呈弯曲面的科学的地圆说。但他的演示模型确实具有独创性,表明他并非一位完全空谈心性的理学家。在宇宙学方面,黄润玉最关注的问题是宇宙运动的机制。他借助于气旋来解说各种天体的运动。他说:"天之南北二极如倚杵,天体如磨,二极如磨心。天体浑是一团气,如磨转,但近心处不大转。在外气逾远逾转,其星为天体在最远处,次日,次纬星,次月,在内气中至缓。人在地中见月掩日则日食,是日在月之外也。"认为与地相对的天体是由一团气构成的,其旋转如磨,日月星辰有远有近,从日食推断月比日近,月亮是离地最近的天体。统观黄润玉的宇宙模型,他持天气地质论。他所谓的地实际应指与天相对等的物质实体,海水支撑着地的浮沉,地外无底之海,则是日月出没之所,这是中国古宇宙学说的特点。他说:"天只气,地只质。天地之生万物,如人身生毛发,都任其气化自然也。"天地间只有一气右旋,天之气逾近地旋转速度渐慢,逾远地则旋转速度渐急,日月星辰皆随气转,气的缓急决定了其运行的迟速。然而黄的宇宙模型只是一位稍有科学意识的理学家的模型,许多观念是荒谬的。当然黄润玉的非科学的说法中也夹杂了一些科学的知识,如他对京房"月与星辰阴者也,有形无光,日照之乃有光"的观点并不完全赞同,提出"星有光阳也",虽然从一个极端走向另一极端,同属主观臆测,但毕竟也反映了部分事实。他同时维持"月之质无光而受日光"的说法,这种论法也是正确的。他还认为大海之潮汐必随月而出没,水与月阴气相感。这一点还是正确的,但却忽略了太阳的因素。他认为夜潮常大于昼潮,乃因日阳没海水沸而助其势,好比瓶水面火则涌之,这则是极不科学的认识。黄润玉的天体潮汐学说尽管是粗糙的和幼稚的,并不代表古代科学的先进水平,但却反映了当时宁波一般知识分子对天地的认知水平,所以还是值得一提的。

参见金祖孟:《试评何承天的"盖天说"和黄润玉的"地圆说"》,《中国古宇宙论》,华东师范大学出版社1996年版;钱茂伟:《明代黄润玉家族与学术研究》,《鄞州文史》第17辑,2014年。

贝琳回回历学

贝琳(1429—1490),字宗器,号竹溪拙史,镇海人。因祖父在南京服兵役,遂家金陵。幼业儒,15岁时前往北京,投太仆少卿廖义仲,改攻天官之学。后又成为钦天监五官灵台郎减琦、司天何洪的弟子。贝氏聪颖好学,减、何便倾其所学以授,并荐充天文生。正统十四年(1449),边防紧急,边臣奏求知天象的人,当时的钦天监正皇甫仲和受命在监中选拔,年仅20岁的贝琳被第一个选中。自此以后的五六年内,贝琳前后三次随军征发,占候屡有功,景泰五年(1454)授为刻漏博士。英宗天顺初,擢为五官灵台郎。宪宗成化初年,因灾异上言。六年(1470)被提升为钦天监监副,八年(1472)改任南京。六年至十三年(1470—1477),完成了《回回历》的辑补和刊校工作。平生还撰有《台历》《百中经》等著作。贝琳家族是明朝著名的钦天监家族。自琳以天文起家,次鹏、次仁、次幽、次尚质、次元祯,七世以天文为职事,一直到明亡,延续200年之久,可见贝琳家族是我国古代罕见的天文世家。

贝琳最主要的成绩是辑补整理了《回回历法》。日本内阁文库藏有贝琳在成化十三年(1477)秋重编的《回回历法》的完整原刻本,收入《四库全书》时改名为《七政推步》。该书从体例上对《回回历法》典籍进行了加工,做了一些归并、综合的工作,使这部典籍的内容更为紧凑、明了;增加和吸收了回族天算家的一些成果,如增加了10份历算表,补入了一份由马沙亦黑和马哈麻编制但未列入《回回历法》的星表;从文字上补充和完善了原回回历法典籍中有关推步方法的表述,使其更加详备。该书最引人瞩目的是卷六中名为《黄道南北各像内外星经纬度立成》的星表,此所谓"像"即指星座,"立成"实即速查表。这是一份以黄道坐标表示的星表,表中载有黄道附近的277颗恒星所在的星座名称、在星座中的编号、黄经和黄纬数据等内容。其所载各恒星所在星座名及在其中的编号与托勒密《天文学大成》星表中相同,可以说是第一次做了中西星名对照工作,此星表亦被学者誉为"第一份中西合璧的真正星表,具有较高的科学价值"(陈久金主编《中国古代天文学家》第七章),堪称我国最早的一份中西合璧的星表。书中介绍了托勒密的本轮均轮体系,并以此体系推算太阳、月亮、五大行星运动、日月交食及用作回历的计算,并附有各表以助计算,这是现知耶稣会传教士来华前第一部系统介绍托勒密天文方法的专著。贝琳第一次从波斯文译出12个月名,介绍了七天一周的计日方法,译出了一周七天的名称。贝琳对《回回历法》的辑补、整理,挽救了濒于淹没的回回历法典籍。回回历经贝琳修补之后,才有了最好的版本。贝琳将此书刊刻发行,从而使回回历得以在社会上流传,这是贝琳对于《回回历法》的最大贡献。可以说《回回历法》从由少数专家的传习到在社会上广泛传播,贝琳书的刻印是一个重要节点。

参见陈久金:《贝琳与〈七政推步〉》,《宁夏社会科学》1991年第1期;石云里、魏弢:《元统〈纬度太阳通径〉的发现——兼论贝琳〈回回历法〉的原刻本》,《中国科技史杂志》2009年第1期。

周子愚西学活动

慈溪人周子愚是晚明西学派崛起之时的重要成员,是只讲科学而不奉教的一类士大夫的代表。周子愚是一个儒士,长期在钦天监工作,但思想并不保守,愿意接受西洋科学。

周子愚在与传教士的交往中,首先对西琴西乐产生了浓厚兴趣。他与利玛窦交流切磋律吕之学,恳请其将西洋乐理知识译成中文,以补本典(《明会典》)之所无,利玛窦慨然允诺。1610年,利玛窦卒于北京,这一年十二月十五日,钦天监预报日食不准,招来朝官的严厉批评。时任五官正的周子愚是明末统治集团内部少数认识到西学重要性的学者之一,他率先提出良议:"大西洋归化远臣庞迪峨、熊三拔等携有彼国历法,多中国典籍所未备者,乞视洪武中译西域历法例,取知历儒臣率同监官将诸书尽译以补典籍之缺。"(《明史·历志》)虽然在这之前已有若干重要的西学专著被译成中文,但大抵属于西学派主将们的私译之作,周子愚的倡议则首次要求设立专门机构、组织专门人才与传教士合作翻译西国历著,这可视为晚明以西法改历运动的发端。此后李之藻、徐光启不断吁请礼部开局译历,形成一股不小的声势。万历四十年(1612)一月初七日,礼部采纳了周子愚等人的正确意见,奏请翰林院检讨徐光启、南京工部员外郎李之藻精通历理,可与庞迪峨、熊三拔开局同译西洋历书,但并未得到朝廷的批准。周子愚奏请译书的动机是想中西历法会通归一,并得到礼部的支持,这也可以视作是会通思潮的发端。周子愚实际参与了译书工作。万历四十二年(1614),升任钦天监监副的周子愚经过精心比较,认为中国传统的圭表之法"理未穷,用未著",西洋立景取表之术为"尽善",遂请传教士龙华民翻译其书"以补本典,以备历元"。龙华民乃请友人熊三拔口授,由周子愚、卓尔康笔记,出版了《表度说》1卷。该书根据天文学原理,说明立表测日影以定时的简捷方法,宣传天圆地也圆及地球比太阳小的道理。此书对测日的叙述特别仔细。后被李之藻编入《天学初函》(1629)中。周子愚在为《表度说》所作的序中,再一次吁请国人译书,他说:"大西洋诸君子所携本国书典,其种甚广,各极其妙,我中国人当一一传而译之。"这表明周子愚主张全方位地输入西方科学。汤若望著《测食说》二卷,由周子愚、卓尔康笔记,有明天启五年(1625)汪乔年刻本。不久,南京教案突发,前此请译历书的动议竟一变而成为罪状,谁敢妄言改动"祖宗钦定、圣贤世守之大统历法",就是"暗伤王化"。自此改历之议归于沉寂,其间只有宁绍学者周子愚、王应遴还敢上疏言历。万历四十六年(1618)十一月,周子愚奏言调用邢云路前来统理历法,与范守己、徐光启、李之藻及庞迪峨、熊三拔等,一同考察改正,以定一代巨典,他的建议再次受到朝廷的冷落。尽管周子愚历法水平不高,但他"于明季西士最初参预修历,亦有鼓吹之功"(方豪《中国天主教史人物传·熊三拔》)。

参见《明史》等相关记载;方豪:《中国天主教史人物传·熊三拔》,宗教文化出版社 2007 年版;黎难秋:《中国科学翻译史》,中国科学技术大学出版社 2006 年版。

黄宗羲天算研究

黄宗羲一生长期坚持自然科学研究,撰写了 20 余种科技类著作,今大部分失传,从幸存的史料中可以看出黄氏在天算学上颇有造诣。1630 年徐光启主持修历,调西人汤若望到京参与其事,这意味着中国几千年象征王权的传统历法将被西洋历法所替代,因而在明末激起了强大的震波。青年黄宗羲对汤若望的历算成就给予了高度评价。他在一首诗中写道:"西人汤若望,历算称开辟。为吾发其凡,由此识阡陌。"这说明黄宗羲在青年时代便渴望学习西方的科技知识,在京期间接受了汤若望的历算启蒙。如黄百家所说:"先遗献于明末时,曾与泰西罗昧韶雅谷、汤道未若望定交,得其各种抄刻本历书极备。"(黄百家《黄竹农家耳逆草·上王司空论明史历志书》)汤若望不光赠送了他有关历算的著作,而且还赠送了一件地平日晷给他。可以说黄宗羲是在西学东渐的刺激下走上了研究天算之路。

从《明儒学案·双江学案》论存养说比附天象看,黄宗羲无疑接受了传教士们介绍的西学天地"两圆"之说。入清之后,黄宗羲在艰苦卓绝的环境中坚持天算研究,在鲁王监国时期,著有《大统历法辨》4卷、《新推交食法》1卷、《时宪历法解》等。代表黄宗羲这一时期的历算研究成就的是《授时历故》一书。他批评《授时历》未"载作法根本,令后人寻绎端绪,无所藉于立成",以至于郭氏历算终于湮没,这确是抓住了中国古代历法的弊端。黄宗羲撰写《授时历故》,虽以邢云路《古今律历考》为蓝本,但又进行了大量独立的计算,且每有发凡,旨在明其"作法根本",更便于推导和检验,并对《授时》及《大统》之失多有评摘。因此,《授时历》所创平立定三差及弧矢割圆诸法,依法推算,求出数据,实赖邢云路和黄宗羲之劳,二人均堪称郭学复明的功臣。黄宗羲晚年曾为《明史·历志》的修撰提出了将"作法根本"详载于史的积极建议。他要求公开算法,借数以明理,使理能施之实用,为此不惜突破史志的成例,在当时确实具有进步意义。黄宗羲并曾实际贡稿于史局。康熙二年至十九年(1663—1680),黄宗羲先后在石门、海昌、绍兴、甬上及家乡余姚设馆讲学,内容除了经、史、文学外,还有科学:"维时经学、史学以及天文、地理、六书、九章至远西测量推步之学,争各摩厉,奋起怒生,皆卓然有以自见。"(万经《寒村七十寿序》)他曾向海宁县令许三礼传授过《授时》《西洋》《回回》三历;甬上学生张梅先还专程到余姚向黄宗羲请教有关春秋日食的历数问题。他还培养出了陈讦这样的科学家,而他的弟子中有科学素养的颇不乏人。总括言之,黄宗羲在天算方面的贡献大体有四:开浙人研治西洋天算之风气;为郭守敬《授时历》术之功臣;为《明史·历志》的修订做出了一定的贡献;将历算学引入课堂教学。

参见刘操南:《授时历术述要》,《宁波师院学报》1985年第2期;杨小明:《黄宗羲的天文历算成就及其影响》,《浙江社会科学》2010年第9期;沈定平:《清初大儒黄宗羲与西洋历算之学》,《北京行政学院学报》2017年第2期。

黄百家天算学

黄百家对西术、西器和西方的科学推崇有加,多次向传教士南怀仁、徐日升、安多、毕嘉和白晋等人虚心求教西方科技之学。

在《黄竹农家耳逆草·天旋篇》中,黄百家在概述西方天文学发展略史时,着重介绍了两点:一是伽利略等人用望远镜观测太阳、月亮、金星、木星、土星、银河等的成果,虽不是最早,也不尽正确,但却比当时的《天问略》及《远镜说》要详尽,其中关于太阳"本体非至圆,边如锯齿"以及对太阳黑子的新观测,极为重要而具科学价值。二是哥白尼日心地动说。黄百家之前,仅有《崇祯历书》(1634)、汤若望《历法西传》(1640)和方以智《物理小识》(1664)诸书零星提及哥白尼学说的地球的自转和公转(且将后者说成是游动),而未稍及日心之说。黄百家可能是我国完整公开介绍哥白尼日心地动说的第一人,比1760年法国人蒋友仁向乾隆皇帝所献《坤舆全图》中所介绍的哥白尼日心地动说要早60余年。黄百家所介绍的核心要点为:作圈八重,自外而内依次是恒星天、土星道、木星道、火星道、地球道(旁作一小圈为月道,月绕地球而行)、金星道、水星道以及中心的太阳,地球绕太阳公转,又进行自转,太阳居中。但是黄百家说太阳居中"如枢旋转不移他所",这分明是指太阳也存在自转,这显然并非哥白尼学说的本义(哥白尼那里,太阳是居中不动的)。后来黄百家在《宋元学案·横渠学案上》的案文中也说哥白尼学说"太阳居天地之正中,永古不动"。考虑到黄百家对伽利略观察太阳黑子新成果有较多的介绍,很可能的情形是他在叙述哥白尼日心说时也混录了伽利略等人以太阳黑子证明太阳存在自转新成就的介绍。不论怎样,关于太阳存在自转的介绍,黄百家可能也是最早的。受传教士的影响,黄百家倾向于第谷学说,对哥白尼的地动观念表示怀疑,但却承认哥氏学说在实测上的有效性和准确性。在《黄竹农家耳逆草·娥东沧桑大患议》中,黄百家还对"地为圆体,海潮附之"进行了启蒙式的解说。因黄百家宣扬"地为圆体"之说,有人遂借浙东潮灾问题发难说:既然"地为圆体,海潮附之",那么,"上虞高于余姚,山会又高于上虞,萧山又高于山会,而潮汐之来往,固不分彼上而此下也。是则夏盖湖即决为海,其祸何至若此之烈?"黄百家回答说:"此西人之说若未明其所然也。西人云:地为圆体,各以戴履为上下。又云:海潮附地而行,适大海者远望若桥梁。此由地球之统体而言,非谓地势竟无高卑也。譬人一身血脉周流,不以颅顶为高而血竭,踵趾为卑而血逾,而抉破于肤则下而流矣。大地中凝,海潮周附,不以萧山为高而潮竭,镇海为卑而潮逾,而横决于湖则下而灌矣,如以海水无分于上下,将江河出水亦无分于上下乎?"黄百家对西人"地为圆体"的科学解说,有助于消除浙东人士的困惑。黄百家还著有数学著作《勾股矩测解原》2卷,以中国传统方法讨论西法矩度测量,是黄百家会通中西的一个尝试。黄百家还与海宁同门陈讦讨论勾股术,陈讦的《勾股引蒙》中"西法矩度测量"一节即是按照黄百家的意见修改的。黄百家还在继承吸收中西古今天文历法成就的基础上,批判了诸儒"不谙历理之谈"。他所作的《明史·历志》治历原则一本于其父,但也有自得自见。

参见〔清〕黄百家:《黄竹农家耳逆草》,清康熙刻本;杨小明:《哥白尼日心地动说在中国的最早介绍》,《中国科技史料》1999年第3期。

黄炳垕历算学

黄炳垕(1815—1893),字蔚亭,晚号矞翁。世居余姚黄竹浦,曾祖始迁居城北管家弄。黄氏为黄宗羲七世孙,自幼即有志家学,尤其"于历算一道,若别有会心",还在学塾时竟敢于对老师朱霞标的天象观提出质疑。18岁那年,他发箧得家传先祖黄宗羲历算学遗书,读之朝夕。又获得《御制历象考成》等书为之参考,因陋就简地研究,终于成为历算通家。

黄炳垕学成之后,在历算学上主要做了几下几件事:一是创制仪器。同治七年、八年(1868—1869)间,徐寿蘅侍郎视学两浙,特嘱黄炳垕订定"上元甲子黄道量天尺"。经黄氏推算后订定的量天尺,颁示各校官使用。十年后,黄炳垕在著《五纬捷算》时,考虑到量天尺又有"微差",于是在恒星经纬度外,又融入宫度,注明入宫分数,成"黄道十有二宫量天尺","用以上推下推,虽百世可知也",用意深远。二是讲授天算之学。他在辨志精舍教书时,指导学生吴学孟"范铜为浑仪",甚至"远人亦有托制者",这大约可以看作是宁波最早的校制教学用仪器。三是建造留书种阁。同治十一年(1872),他在自家居室(余姚北城管家弄内)西北建藏书楼"留书种阁",阁名取自黄宗羲楹联"留天下读书种"之意。留书种阁的藏书大致可分为两类:一类是天文、历算、测绘等自然科学类著作,另一类为黄氏家族的文献,包括黄宗羲遗著及黄家宗谱。现存藏书的扉页印有"光绪己亥留书种阁藏版"字样,可知黄炳垕还在此阁刻书。黄炳垕所辑《留书种阁集》8种28卷、《八旬自述百韵诗》《唐史历准》《交食捷算》等,皆为留书种阁刻本。此阁规模虽然不大,但却富有特色。为了能时时观察天象,黄炳垕又在阁上建观象楼。黄炳垕编《稀龄祝雅》附《自述百韵诗》云:"阁小下帘静,楼高观象便。"自注:"壬申,建留书种阁于北城旧庐西北。戊寅,置观象楼于其上。"则知建观象楼时在光绪四年戊寅(1878)。阁共三层,人称三重楼,最上层为观象台,内设星亮台,卧床对空,用玻璃设窗,直透天象。床用摇板放下,与坑几差不多。其设施颇具"中体西用"的特征。黄炳垕每于晴空夜晚仰卧观看星象,记录查考。"留书种阁"之"观象楼"应是近代宁波最早的"天文观察站",在中国琳琅满目的藏书楼中极为罕见。20 世纪 50 年代,留书种阁尚保存完好,后毁于1956 年台风。阁内的藏书大部分被黄氏后裔收得,但后来逐渐散失,仅小部分存于余姚梨洲文献馆。四是撰写历算著作。黄炳垕的天文学著作主要有《两太捷算》《交食捷算》《五纬捷算》《历学南针》《麟史历准》等。他自己非常看重的《五纬捷算》一书,乃"详参新法,旁通旧术,昼推夜测,殚心数载"而成,既汲取了先祖黄宗羲《假如》的治学方法,又将黄宗羲"凡日躔、月离、交食、五纬各设算例一条"的单一方法,发展为用图表法演示,"于交食则用图算,而每岁每月之度分悉备,五纬俱有捷表,而各节各气之实行胥详,法取其简,数极其精",这就不仅"第使学者粗知其术耳",而且"诚足补《假如》之所未备"。他的这些研究著作流传广泛,以至"东瀛及泰西诸国颇有购师著作者"(黄炳垕《稀龄祝雅》中史久华赠诗注)。晚清时期,公众的近代天文学知识还很不普及,黄炳垕因此做了大量解释性的普及工作,在浙东大地乃至全国更广泛地播撒近代天文学知识的科学种子。如其解答"地球绕日旋转,何以地上之物不散飞于空中"的疑问:"殊不思地球四面皆人物也,所以不散飞于空中者,正以地之速转故耳。不见夫舞火球者乎,置炭器中,颠倒底面而炭不倾坠者,由动力而生摄力者。地之绕日,亦犹是已。盖天空有压力,诸物有重力,俱直射地心,地心有摄力吸引诸物,与地球之动力相助。人居地面,如蚁附球而行,球转而蚁不觉也。"(《五纬捷算》卷 1《星学辨惑论》)他的科学解释明白易懂,很容易让普通人接受。

参见〔清〕黄炳垕:《五纬捷算》,光绪四年(1878)余姚留书种阁刻本;叶树望:《黄炳垕留书种阁始末》,章亦平主编:《名城名贤研究文选》,浙江古籍出版社 2006 年版。

李藩《中西历算溯源》

李藩,字纯甫,一字建侯,鄞县人。自幼喜欢历算之学,研究 10 余年。在其从兄李秉璋的敦促下,网罗今古,融合中西,著成《历算溯源》八卷、《释法》12 卷、《释名》12 卷。其中《中西历算溯源》8 卷,乃光绪十七年(1891)与其从兄秉璋(李炳章)合编。此书有光绪二十三年(1897)年四明茹古斋校印本,光绪二十九年(1903)美华宾记石印本,改名为《中西历算提要》(凡下引用均为"提要"本)。

《中西历算提要》内容分为两大部分:前一部分为算学提要,标目为《历代算法提要》《西算提要》《中西算法异同提要》《中西算法得失提要》《加减乘除提要》《九章提要》《少广提要》《方程提要》《句股提要》《三角提要》《弧三角提要》《割圆八线提要》《圆率提要》《筹算提要》《珠算提要》《笔算提要》《度算提要》《对数提要》《天元提要》《四元提要》《借根提要》《代数提要》《曲线提要》《微积提要》;后一部分为历学提要,标目为《历代历法提要》《西历提要》《中西历法异同提要》《历代历法得失提要》《中西历法得失提要》《西历得失提要》《交食步法提要》《五星步法提要》《仪器提要》。此书"采录诸书,《畴人传》而外及古今人著述,搜辑不下百余种",采录的资料比较丰富,其意在溯源,行文精炼,俾初学易于检阅,实际上是一部中西历算史的带有比较色彩的普及性著作。李氏在这部书中简略地勾画了中西历算的发展历史,虽然有时候史实不够准确,但总的说来要言不烦,叙述有致。不过让人更感兴趣的是,作者在对历史的介绍中所反映出来的比较观。比较突出的,一是提出了"中法与西法,名异而实同,术异而理同"说。如他以三角为例说:"至中法之勾股,只有直角,故用边。西法谓之三角,有锐角、钝角,故用角。三边三角,可以互求弧三角、弧矢。割圆,古用三乘方,以先得矢。西用八线,故先得弦。西兼用割切,而古只用弦。西法有八线表,预定无数勾股以为一切测算之准绳,虽中法所未有,要其剖析浑沦,于无勾股中寻出勾股,则无二理。"这说的是殊途而同归之理,即无论中法西法,都能得到相同结果。二是提出了"西法虽密于中法,而中法亦有胜于西法者"之说。如其论中西算法之得失,说了三方面的理由,比起先贤来似乎更为扩展一些。他说:"中有《九章算术》,九章各立其法。西有《几何原本》,不言法而言理,澈乎《九章》立法之原,而更能括《九章》所未及。二书体用兼备,相为表里,皆天算家所不可废。"这是以中法为用,西法为体,认为两者相与表里,不可偏废。本书有些地方也渗透了发展观。如《西历异同提要》云:"若顺治时有西士穆尼阁著《天步真原》,与历书规模又复大异。薛凤祚本之,著《天学会通》,但谨守穆氏成法,依数推衍,随人步趋,未有新得耳。惟王锡阐贯通中西之术,而又频年实测,得之目验,故于汤、罗新法,能取其精华,而去其糟粕,著《晓庵新法》(六卷),用以测日月食,不爽秒忽,岂薛氏所能及哉!"作者批评薛凤祚墨守西法,赞扬王锡阐的成就,由此表达了他的西学观,即会通而超胜之,要取其精华,而去其糟粕。在清末作者能提出这样的发展观,还是相当可贵的。在清末,李藩有意识地梳理中外的科学史,除了上述《提要》之外,还打算写作《历代畴人论》《西洋畴人论》《天学源流》《重学源流》等著作,这可以看作是浙东史学传统的一种变异。

参见李藩:《中西历算提要》,宁波市图书馆藏本。

燕肃与海潮研究

北宋初年,山东益州人燕肃(961—1040)在潮汐研究上取得了积极的进展。大中祥符九年(1016)冬,燕肃奉诏按察岭外,经历海滨地带;天禧五年(1021)知会稽,次年十一月调任明州知州,使他有机会"朝夕观望潮汐之候者有日",并积累了大量可靠的观测资料,并"得以求之刻漏,究之消息",经过"十年用心",在明州任上终获成功,不仅绘制出《海潮图》,并著有蜚声学界的《海潮论》。故王应麟《四明七观》云:"穆之图论,目击其真。"自注云:"燕肃字穆之,知明州,著海潮图、论二篇。"

燕肃的主要贡献有三:第一,提出了日、月凭借元气的近距作用引起潮汐的推想。燕肃继承了 9 世纪学者卢肇关于潮汐与日月均有关系的卓越理论,并进一步解释说:"大率元气嘘翕,天随气而涨敛,溟渤往来,潮随天而进退者也。以日者重阳之母,阴生于阳,故潮之附于日也。月者,太阴之精,水乃阴类,故潮依之于月也。是故随日而应月,依阴而附阳。"这种日月近距作用的潮汐成因理论,比起唐代卢肇过于幼稚的太阳激起潮汐涨落的机制来,无疑要科学得多。第二,对理论潮时的推算更为精密。著名的科技史专家李约瑟在《中国科学技术史》中对此颇感惊讶地说:"怎么会精密到如此,我们是不清楚的。"第三,科学地揭示了钱塘江涌波成因。东汉王充曾以大海进入浅狭江面来解释钱塘江的涌潮成因。燕肃完善了王充的理论,进一步指出钱塘江底南北亘连的沙潭成为潮流障碍,从而导致了潮涌。燕肃的解释后来为南宋学者朱中有关于涌波成因的最早水力学实验所证实,也完全符合现代涌波形成的理论。燕肃《海潮论》影响深远,后世修纂的方志多有收录,现知四明地区最早收录《潮论》的方志为《成化四明郡志》,但未表明作者。

参见李莉娜等:《燕肃与达·芬奇之比较研究》,《西北大学学报(自然科学版)》2006 年第 4 期;鲁西奇:《燕肃〈海潮论〉释证稿》,刘进宝主编:《丝路文明》第三辑,上海古籍出版社 2018 年版。

王应麟地理研究

在王应麟卷帙繁多的著作中,地理著作占有十分重要的地位,有关历史地理的考证与论述,是王氏学术中最为精彩的部分。

王应麟的历史地理学研究,奠定于《玉海·地理》11 卷的编写。《地理》门分地理图、地理书、异域图书、京辅、郡国等 15 类,几乎把古代地理学的各个方面包罗殆尽。其记载时间,上从传说时代的神农黄帝,下迄南宋时期,相当多的条目内容可看作是宋之前有关材料的总汇,为研究宋之前的历史地理提供了方便。其中的许多材料是现存其他史籍没有记载的,宋代材料多取材于现已失传的日历、实录、国史以及某些地理书,尤为珍贵。例如地理图书类共介绍了 61 种宋代地图的内容与制作情况,为研究宋代地图学史最重要的史料来源,几乎所有地理学史著作论述宋代地图学史,皆主要依据《玉海》。在《宫室》门下分池沼、邸驿、桥梁、城等 22 类。王应麟早期所作《诗地理考》5 卷,在自序中详论《诗经》与地理学有密切的关系,为了推本求源,学者于地理山川之沿革,势必详细考证,否则便无法获得正确的认知。但他撰作此书的用意在"稽风俗之厚薄,见政化之盛衰,感发善心,而得性情之正",并非单纯的考辨疆域而已。他以《毛诗》篇第为序,据郑玄《诗谱》,复旁采他书有关《诗》的地名、山名、水名材料而成,奠定了《诗经》地理学的基础,开焦循《诗地理释》、朱右曾《诗地理征》之先河。王应麟晚年研究《通鉴》学,有《通鉴地理考》100 卷,今已不传。代表其卓越的历史地理考证成就的是《通鉴地理通释》14 卷及《困学纪闻》的有关部分。《通鉴地理通释》虽似为注释《通鉴》而作,其实不过是借《通鉴》之名表历史之意,实际上它是一部较早系统地论述我国疆域政区沿革与军事地理的专著,这是王应麟对我国历史地理学研究的主要贡献之一。《通鉴地理通释》最引人注意的是专论军事地理的后九卷,主要考证和论述春秋、战国、三国、南北朝等分裂割据时代的战争形势与军事重镇分布,回顾历史上几次平定天下或收复边地的军事战略,以及唐代的西北边地和五代石敬瑭割与契丹、宋代仍未收回的燕云 16 州的情况。我国比较系统的历代军事地理研究,主要开始于南宋,赵善誉的《南北攻守类考》《东南进取舆地通鉴》及王应麟的《通鉴地理通释》都是这方面的最重要的著作。王应麟深感宋朝 300 余年边患不断,认为研究历代疆域政区沿革和军事地理,可以总结经验教训,"以为兴替成败之鉴,大易设险守国"。因此,该书记载战略形势、军事要地与主要战役的经过大都清晰透彻,切实有据。而且作者常在考中寓论,殷切告诫谋国者须知天下大势,"东南地非偏也,兵非弱也",关键在于用人是否得当,这就具有鲜明的时代针对性。

参见〔宋〕王应麟:《通鉴地理通释》,傅林祥点校,中华书局 2013 年版;

张保见:《王应麟〈通鉴地理通释〉述评》,《唐山学院学报》2012 年第 2 期。

释清濬《广轮疆里图》

释清濬(1328—1392)别号随庵,俗姓李,浙江黄岩人。幼学于乡校,颖悟特异。13 岁出家,依古鼎祖铭(1280—1358)于舟山普陀山宝陀禅寺。至正七年(1347),祖铭住持杭州径山寺,清濬为其入室弟子,并为记室。清濬所绘《广轮疆里图》中成山角附近有两行说明云:"辛卯前行北路,二月至成山;壬辰前行北路(图中箭头指至今渤海湾一带)。"这说明他在元顺帝至正十一年(1351)前,由江浙沿海路北行,于是年二月至成山,然后又继续北上抵达大都一带。当时清濬只有 24 岁,偏在红巾军蜂起的乱世出游北方,是否怀有特别的任务,现已无从知晓,但这次游历大大丰富了清濬的地理知识,有助于其后来绘成全国舆地总图,则是可以肯定的。至正十二年(1352),红巾军攻占了杭州,遭到江浙行省平章教化和济宁路总管董抟霄的攻击,因此原在径山寺修行的清濬同门无愠禅师,"以避兵还四明",以同理推断,清濬自北游回归后当亦因兵事离开了径山寺。而后他在鄞县阿育王寺住了 5 年,又爱东钱湖青山境致清绝,就挂锡于青山寺,那里正是其师祖铭升任径山寺前所居之所。清濬绘制《广轮疆里图》的时间,据明人叶盛《水东日记》所载严节的附记,是在至正二十年(1360),时年 33 岁,大约已挂锡于青山寺了。洪武元年(1368),清濬始应郡守之请住持郡中的万寿寺。刚满三载,他回到二灵山缚茅而居,扁曰随庵,并在寺右兴建了二灵山房。

清濬长期活动于四明地区,表现出绘制地图的杰出才能,深受慈溪人乌斯道的推崇。今存《广轮疆里图》原图为明代景泰间严节摹本,后被明人叶盛收藏,当代学者陈佳荣首先发现其附刻于嘉靖三十二年(1553)出版的《水东日记》卷十七中。第一,清濬原图"皆界为方格",表明是一幅以矩形网格为坐标的按比率绘制的地图,亦表明清濬跟前辈朱思本一样,采用了先进的定量地图学绘制方法。所谓"限地百里",即一方格折地百里。这是我国已知的采用坐标网的地图中地与图比值最大的一幅,要做到这一点,更要求测算的精确和绘制技术的成熟。第二,所谓"其间省路州府,别以朱墨",是指用朱、墨两色标出某一地名的古今名称。唐朝贾耽所绘《海内华夷图》,首次使"古郡国题以墨,今州县题以朱,今古殊文",但后来者绝少继承。清濬绘制的地图,今古地名别以朱墨,复活了贾耽的绘法。这种用不同颜色标注古今地名的方法在今天已成为一种普遍沿用的重要方法。第三,从严节的改动看,清濬的地图虽是一幅标注古今地名的历史地图,但更主要的是一幅政

区地图。引人注目的是,清濬在地图上记录了泉州的海外交通航线,其中的
"忽鲁没",乃霍尔木兹的音译,反映了今霍尔木兹在当时兴起的事实。这是
硕果仅存的元代全国舆地总图上,标明了的唯一一条中国远洋航海线路。

参见羽离子:《元代杰出地图学家清濬法师》,《法音》1986 年第 3 期;陈
佳荣:《现存最详尽、准确的元朝疆里总图——清濬〈广轮疆里图〉略析》,《海
交史研究》2009 年第 2 期;张如安:《此图画就非容易,为问沙弥几日功——
元代鄞地高僧释清濬与地图学》,《鄞州文史》第 24 辑,2017 年。

黄宗羲地理学研究

黄宗羲在地理学方面的研究起步甚早。崇祯六年、七年(1633、1634)他
在杭州与读书社的张岐然等交往时已开始"疏汉地理志",为全祖望开了风
气。黄宗羲现在流传的地理学著作主要有崇祯辛巳(1641)作《台雁笔记》,
次年创修《四明山志》(1673 年改定)、顺治十七年(1660)作《匡庐游录》、康熙
三年(1664)作《今水经》。

《四明山志》主要记载四明山的古迹、名胜、沿革和艺文等,是关于浙东
区域地理的优秀著作。《台雁笔记》是黄宗羲游历天台山和雁荡山诸名胜的
笔记,其内容主要是记载二山风景名胜、文物掌故,其方法则是视察实地、参
考文献,或发前人之所未见,或纠正前人之误识,或正流俗之传闻。关于黄
岩方岩的记载,从实地考察得来,亦可正视听。黄宗羲 1660 年对庐山进行
旅游考察,归来后作《匡庐游录》,不仅记录了沿途所见的各种自然地理要素
和人文地理内容,而且还从自然的角度说明了许多地理、物理等现象和成
因,因而具有更多的地理学内涵。他对庐山五老峰地质变迁的探源就非同
凡响,不仅准确地描述了五老峰的形貌、方位和间距,更重要的是还说明了
五峰的形成原因,认识独到而深刻。他继承了郦道元、沈括、朱熹、徐霞客等
人以流水的侵蚀作用来解释某些地质的变迁现象,给予了庐山五老峰的形
成原因科学合理的解释。黄宗羲还认为庐山瀑布的形成与"陵谷变迁"有
关,陵谷变迁造成了地形上的断裂,才会有流水的落差、瀑布的产生,这就超
越了沈括等人以流水的下切侵蚀作用解释庐山瀑布成因的地质思想。生物
地理方面,他著录雁山能仁寺多方竹,但移植至黄岩五峙寺者,"第非深方穷
谷,竹性不全,则变而之圆",则见水土环境对植物形态特征的影响。他还记
述了五老峰顶寒冷风大及山区苦寒的自然环境及野生植物异变及对茶叶栽
培生长的影响。气象地理方面,黄宗羲首次记录了庐山的三大自然奇观,即
雨自下而上、云之有声,云之在下。他还在庐山遭遇白云,"硫磺时扑口鼻,

雷眼失容",这可能是关于酸雾的一份早期记录。在 1642 年冬,他在考察四明山时,观察了过云的木冰,晶莹玲珑,煞是好看,并作《过云木冰记》(1642)一文。黄宗羲从过云特殊的地理环境和自然、气象条件的综合作用入手,相当科学地解释了木冰(雾凇)的成因。历史地理方面,黄宗羲通过对四明山的实地踏勘,纠正了古书记载的大量地理错误,如他指出前人有关四明山"石窗"的错误传闻,考实大梅山的真正地理方位等。水系地理方面,《今水经》是以部分实地考察为依据,并"参考之以诸图志"而写成的,其用意是订正《水经注》的错误,因为他发现郦注多有舛误,援引无稽,动多枝辞,加之距今千载,陵谷变迁,古今地貌、地名多有变化,今人已不实用,乃"不袭前作,条贯诸水,名之为《今水经》",在指导思想上就是要让古之《水经》符合今天的水系实际,要让古之《水经》在当今发挥其应有的作用。《今水经》为明史馆所重,修《明史·地理志》时多取为考证,实开清人研治《水经注》的先河。

参见杨小明:《清代浙东学派与科学》,中国文联出版社 2001 年版。

全祖望地理学研究

清代学者全祖望重视历史地理文献的整理,并做出了很重要的贡献。

全祖望主要做了三项工作:一是七校《水经注》。全祖望认为《水经》及注是一部关乎国计民生的著作,但此书是否能够致用于世,其前提是要有一个可以信从的善本。可惜《水经注》40 卷,从北魏传到宋代,都是手抄保存,因而讹夺舛驳,几不可读,而且注文与经文常混杂不清。明代以朱谋㙔笺本为善本,也存在不少谬误。所以清代学者如顾炎武、阎若璩、顾祖禹、刘献廷、胡渭、何焯诸名家,都有校本。全氏家族从全元立、全天柱、全吾麒开始,已经取得了一些研究成果,即所谓双韭山房校本。全祖望遂在其祖传校本的基础上,有志重校,到乾隆十七年(1752)在广东完成七校本 40 卷,遂成为郦学考据学派中的一枝奇葩。全氏研究《水经注》,广泛参考了前人的著作,并自成一家之言。他的一个重要贡献是分清经注。《水经注》从宋代缺佚之后实际上已经成为一部残籍,经过辗转传抄,最后至于经注相混,错漏连篇,不堪卒读。在分清经注方面,主要发端于全祖望和赵一清,而终其功于戴震。全祖望在五校本《题词》中说:"经文与注颇相似,故能相混。而不知熟玩之,则固判然不同也。"他指出发现经注的判然不同,其手段在于熟玩,也就是要仔细地揣摩两类文字在行文体例上的差别。原来经与注相混淆的地方很多,全祖望为之剖辨清楚,使还旧观。同时研究《水经注》造诣颇高的赵一清,是全氏朋友赵谷林之子,得到全氏的帮助。全氏还进一步提出了郦注原系双行夹写、注中有注的说法。不管这种说法的来源确实如全氏所云是他的先世旧闻,抑是全氏自己的推论,都不失为一种创见。赵一清接受了他的说法,在《水经注释》中辨验文义,离析其注中之注,以大、小字分别书之,使语不相离而文仍相同。赵氏的尝试,在某些方面说来是成功的。二是撰写《汉书地理注稽疑》六卷。此书可以看作全氏研究《水经注》的副产品。他反对顾炎武等人所主张的以《汉志》驳正《水经》的观点,而是在大多数时候称引《水经注》以补正《地理志》。三是考索乡土地理。他利用旧志考索甬上水利。如考证了月湖蜃池的方位,描述了蜃池100多年来的变迁,并写了一篇《重修蜃、蛟二池议》,首先否定了《至正志》提出的蜃蛟合一说,其次否定了蛟蜃来此为患之说,而着眼于从城市水利系统下考察蛟、蜃二池的水利功能,不仅揭示了三喉的茹吐功能,而且从地理上解释了二池形成的原委,证明了“古人建置之精,参乎造化”的道理。如此考索,不仅目光卓越,且贯彻了经世致用的理念。全祖望关注四明地区一些地名的沿革。如奉化的剡源九曲以公棠为殿,历来相传公棠因孙兴公植棠而得名,全祖望作《公棠辨》,利用旧志考证出公棠是从公塘讹转而来。

参见陈桥驿:《全祖望与〈水经注〉》,《历史地理》第11辑,上海人民出版社1993年版;王永健:《全祖望评传》,南京大学出版社1996年版。

黄千人、董璘舆图学

清余姚黄千人(1694—1771)原绘、佚名增补《大清万年一统地理全图》为清代全国舆地总图。图首《题记》云:“本朝幅圆之广恒古未有。东西南朔莫可纪极,而万国之梯航、重译、职贡、称臣者更指不胜屈。乾隆丁亥间,余姚黄千人曾为《天下舆图》,其中山川、疆界、都邑、封圻靡不星罗棋布,如指诸掌,洵足瞻盛世之版章,为远近之观度矣!然其时,金川、西藏、新疆州郡未经开辟,而河道、海口等尚不无挂漏之讥。兹刻遵御纂诸书悉为增补,较旧图似加详悉。……其塞徼绵延无穷,海屿风汛不时,难以里数计,载其方向,俱仍旧式,未敢稍易己见。此图久经版行于世,兹刻特为屏幅,俾途寓书箱,便于携带,博雅君子悬壁纵观天下之广,可以全览焉。”其增补内容有金川、西藏、新疆州郡等,所依据为《乾隆十三排图》(乾隆二十六年)之类的“御纂诸书”。作为私刻地图,未能反映朝廷最新的建置变化。图中新疆地区“迪化”加了直隶州标记,其左上镌有“乌鲁木齐”字样,并标注了“库车”和“于阗”等地名,明确界定了新疆等地与清朝中央政府的隶属关系。本图根据乾隆三十二年(1767)黄千人刻本,放大增补并蓝绿两色拓印而成,计8幅挂轴拼接而成,反映了乾嘉时期的府、厅、州、县建置的变化。图上文字注记每方百里,但图中没有绘出计里方格。图中以蓝色表示陆地及空白处,以绿色表示水域。

鄞县人董璘博览四库,尤精于地理之学。儿子董岵记云:"在吉庆庵十三年,手绘大清舆地全图一幅、各省舆图十三幅、府州县图二百余幅,兵阵图十卷。"董沛则云:"尝取《皇舆表》《一统志》所载州别部居,绘图二百幅,十数年而毕功,万国势要,明如观掌。"(董沛《先文学公家传》)教谕徐昺所作的《董明经传》亦云:"尝绘地理图数百页,兵阵图数十卷,故其才有过人之处。"同治《鄞县志》卷 54 著录董璘《大清舆地图》二百四十三幅,谓有六一山房藏本。有按语云:"璘寓城东积庆庵,手绘《寰海图》一、《大清一统图》一、《东三省图》八、《直隶》十二、《河南》十、《山东》八、《山西》五、《江南》二十、《江西》十四、《浙江》十二、《福建》十二、《广东》十二、《广西》十二、《湖广》二十二、《四川》二十二、《云南》二十四、《贵州》十二,大率直省以一郡为一图,大者分之,小者合之,十三年而毕。"(〔清〕同治《鄞县志》卷 54《艺文志三》。)由此可知,董璘绘图的地点主要是在城东的积庆庵,而绘图总计 243 幅,耗时长达13 年。可惜董璘《大清舆地图》未见传本。

《大清万年一统地理全图》题记局部

参见鲍国强:《〈大清万年一统天下全图〉辨析》,陈红彦主编:《古旧舆图善本掌故》,上海远东出版社 2017 年版;《高塘董氏家谱》,天一阁藏本。

黄炳垕地理测绘

黄炳垕经过长期的研究后,说:"测算舆地之术,或用勾股,或用三角。用勾股者祖周髀,测以矩度,算以倒直二影小大比例,而远迩高深之数得焉。用三角者宗西法,测以仪器,算以正余八线同异乘除,而远迩高深之数亦得焉。然直影之度,即八线之余切;倒影之度,即八线之正切。所谓偃以望高,覆以测深,卧以知远者,矩度与仪器无二理也。"他认为中国传统的舆地测算方法与西方地图测绘技术道理是一样的,中国传统的测量器具与西方的测量仪器的工作原理也是一样的。

余姚县图的测绘,给予了黄炳垕测绘理论的最初实践场所。同治三年(1864)太平天国革命被镇压下去之后,有旨测造沿海经纬舆图,左宗棠饬令属下延访举荐通晓测量学的人才,余姚令陶云升就举荐了黄炳垕。黄炳垕接受了任务,开始动手制作了地平经纬仪、全圆仪、半圆仪、象限矩度仪等仪器。他仅花了五个月时间就完成了实测工作。测量结束后,他按要求绘制成了《余姚县经纬图分开方积里图》。题识中,黄炳垕将测绘过程做了简单介绍:"量一处为底线,于两端互测所见之地布算焉,而得所求,更即所得为边线。于其处递测未尽之区,渐推焉,以至于极。至山泽高广,度以前后两仪器南北度分,定以日星真纬。"从这段话中,我们可以了解到余姚县图是从类似于现代的基线测量开始的,而且山川河流等地形地貌用仪器先测定地理坐标——纬度,所以该图表示的地理方位于今看来还是比较正确的。对此,后来的浙江通省舆图局曾给予较高的评价:"同治三年,奉文测造沿海各行省地图,余姚黄中书炳垕时为诸生,竭五阅月之力,遍历县境,躬自测量成《余姚县图》,每方十里,山川绣错,水陆灿具,经度、纬度、界线、中线无不密合。"这是将传统测绘学和西方的近代测绘学结合起来的一次尝试。黄炳垕将自己平生所学的测绘知识与余姚县图测绘实践,编写成《测地志要》四卷,并于同治六年刊印,对近代测地技术进行了介绍。光绪十五年(1889),《大清会典舆图》开馆续修,有旨进行一次全国规模的地图测绘,《测地志要》对于完成浙江地图的经纬网实测工作,培养一支近代化的测绘队伍起着实际的指导作用。光绪十六年(1890),为了测绘《大清会典舆图》,浙江成立通省舆图局,主持这项工作的二品衔候补道宗源瀚力邀黄炳垕帮助修订《测绘章程》。黄炳垕不顾年迈体弱,专程从余姚赶到杭州,与宗源瀚等经过两个月的讨论,制定出浙江省测绘史上第一部测绘技术规范——《测绘章程》,共 20 条,当时凡是测经纬广远高深暨推算杂法,悉以试于余姚一邑者为例。黄炳垕还介绍其子——浙江省平湖县教谕黄维瀚,出任主持这次测绘的总董。在黄家父子的协助下,浙江通省舆图局很快测绘完成了《浙江全省舆图并水陆道里记》(20 卷),受到了清政府的嘉奖。中法战争爆发,朝廷看到了黄氏的精确地理测绘在军事上的重大价值,总理各国事务衙门曾檄取其所著《测地志要》,分致防海诸营。

参见杨彬镛:《清代测绘先人——冯桂芬与黄炳垕》,《经纬天地》2014 年第 2 期。

黄维煊《沿海图说》

黄维煊(1828—1873),字子穆,号洁如,鄞县城中(今属海曙区)人。宁波开埠之后,黄维煊慨然有四方之志,曾到琉球、日本经商,由此学到丰富的洋务知识。董沛《怡善堂遗稿序》称其"精算法,通晓事务。家本海疆,凡估客、水军、柁工、译使之辈,咸择其尤而与之习,以故缘海险要及西番语言文字、机巧器械,靡不谙练,储为有用之学,以应当世"。咸丰十一年(1861)以来,黄维煊因参与镇压宁波的太平军有功,得授福建候补同知。同治五年(1866),左宗棠议创福建船政时,黄维煊作为船政委员,参与了船政章程的制订。同治十年(1871),他著《洋务管见》二卷。

黄维煊还主持了《沿海图说》的测绘工作。同治五年(1866),左宗棠檄邀黄维煊赴沿海各口"察形胜之险要,测沙水之浅深",黄维煊接受了这一重任,"乃西之汉口,东之上海,南至香港、台湾,北之燕台牛庄(辽宁南部)及沿海岛门港汊,靡不周至,凡山川之险夷、沙礁之浅深、潮汐之大小,绘图详说"。在沈葆桢的支持下,黄维煊开展了"揭旨要,别支流"的编纂工作。他召工绘图,每一图成,得到精于轮舶驾驶的贝锦泉的质正,才正式定稿。经过五年的工作,"自广东、香港迄福建、浙江、江苏、山东、直隶、长江等处,凡为《图说》三十有二"。此图也称《沿海山沙水礁图说》,正式刊刻时又称《皇朝沿海图说》,总图、分图共计 32 张。这是国人独立编绘的最早的近海实测航行图,至 1872 年 12 月才正式定稿。此书弥补了传统舆地图的缺陷,通商大臣崇厚、闽督英桂嘉其精核,先后进呈朝廷,引起了同治皇帝和慈禧太后的兴趣,故 1881 年版《皇朝沿海图说》扉页上题"曾经御览"四字。此图说的底图很大,但刊印后已是"缩本幅尺"的缩印本了。尽管如此,《沿海图说》对当时航海与军事具有很高的实用价值,以至于"今轮船往来半天下,兵商共济,环海数万里,岛屿星罗,礁碛缕结,操舟驾驭者,咸奉公之书以为宝筏云"(黄以周《鄞族兄子穆太常公墓志铭》)。

参见钱茂伟:《晚清洋务奇人黄维煊事功考》,《鄞州文史》第 16 辑,2013 年。

丁谦《蓬莱轩地理学丛书》

丁谦(1843—1919),字益甫,号广文,旧隶仁和县籍,至其祖始迁嵊县。光绪九年(1883)选为象山县教谕,至光绪三十年(1904)始告归。光绪十一年(1885)中法战争中,丁谦以督领团兵有功,奏加五品衔,奉旨嘉奖。光绪十八年(1892),丁谦在象山谋创蓬莱轩,而著书其中。丁谦家富藏书,收藏各代地理、方志和舆图书籍于象山"蓬莱轩"中以资著述。大约在光绪二十八年(1902)前后,完成了著名的《蓬莱轩地理学丛书》,原为 43 种,浙江书局新版则为 69 卷,分 30 种 2 集,其中第一集(17 种 35 卷)在卷首凡例中,又被称为《蓬莱轩历史外国传》。成而未刊者尚有《元术赤传补注》1 卷、《宋徐霆黑鞑事略补注》1 卷。

丁谦是晚清一位以考证著称的地理学家,对我国历代边疆及邻国地理有较深的研究,《蓬莱轩地理学丛书》是其最重要的学术著作。他特别喜欢从"揆地望""度情形""审方向""察远近"等方面进行考证。如他对浙东历史地理的考证之作《宋谢灵运山居赋补注》,几乎就是通过这四种方法并结合实地考察得出的结果。而其《汉书匈奴传地理考证》附《自汉至元漠北诸大部建庭处考》,精辟指出大漠以北的"塔米尔河流所经两岸多平原,土脉肥沃,草木禽兽,蕃植滋生,宜耕耘,宜畜牧,以故如匈奴、如拓跋氏、如柔然、如突厥、如薛延陀、如回纥,下逮蒙古之初兴,……其庭幕皆建于此",度其地理形势,实与"中国列代建都之地"关中相仿佛。这一论断,宏阔贴切,发人深省。在学兼中外方面,丁谦较同时代的其他历史学者更为突出。《汉书匈奴传地理考证》附《北方三大人种考》《新五代史四夷附录地理考证》,以匈牙利族为西徙匈奴人、土耳其族为西徙突厥人以及后者曾奠都"东罗马旧京"君士坦丁堡(今伊斯坦布尔),是完全正确的。他对外国历史地理的批谬摘误甚至遍及整个中亚,如纠正徐继畬《瀛寰志略》以非洲北境之阿比西尼亚为马八儿、努比亚为俱蓝的说法,据印度史籍及《马可·波罗游记》考出它们均为印度半岛南端的古国,可见其独具的识力。丁谦在历史地理疏证中,还不时地阐发某些颇为独到的见解。最典型的例子是《新唐书北狄列传地理考证》附《读新唐书渤海传书后》云:"凡国于荒旷地者,率多贫弱,以人民稀少故也。辽太祖多掠他国人以立州、县,清太祖时亦广收各部之众聚于满洲,均载历史。今东三省多设县治,招内地无业之民开垦边荒,实为治本要策,惜乎已落人后。曩咸丰末,割让吉林东部。厥地本无人烟,俄人极力经营,今东海滨省户口已百万有余。通观吉林全境之民,仅十二万,可知谋划、经理之优劣。为今之计,惟有多设垦立局,令各省筹费。凡愿赴新地者,官为资送,庶几成效易收。"这里,丁谦结合历史、地理与现状,赞同边荒开垦之议,于当时的学术和政治皆有所裨益。丁谦的历史地理研究格局恢宏,引究细微,直抒己见,创获良多,其总体成就在晚清同类型学者中自属出类拔萃,影响亦大。北大陈汉章在序中称是书"以实事求是之学课士,多所成就",其对历史地理方面的考证"并非诸儒所可及",是一部在学术界有影响的考证我国历代边疆地理和西域地理的著作。

参见〔清〕丁谦:《蓬莱轩地理学丛书》,国家图书馆出版社 2008 年版;徐兴海:《丁谦的历史地理研究》,《西安交通大学学报(社会科学版)》1998 年第 1 期。

蔡和铿乡土地理

清末的地理学影响最大的是乡土地理教育。这方面,鄞县的蔡和铿与余姚的谢葆潇实开时代风气。光绪三十一年(1905)六月,部颁《乡土志例目》后,我国开始掀起乡土教材编撰热潮,以光绪三十二年(1906)余姚诚意学堂谢葆潇编写的《余姚乡土地理历史合编》、刘师培编纂的《安徽乡土地理教科书》《江苏乡土地理教科书》为最早,其中《余姚乡土地理历史合编》堪称最早的县级乡土教科书,但还不是纯粹的乡土地理教材。继之者蔡和铿(1872—1944),字芝卿,浙江鄞县人。年二十九始补博士弟子员,两应省试,均未得中,终以力学振奋自立。民国元年(1912),主持星荫小学校务。中年以后教授省立第四中学 10 余年。

蔡和铿以研究地理学最为出色,亦以主讲地理学而闻名。蔡和铿编辑、李文铨校正的《浙江乡土地理教科书》,由宁波汲绠斋书局正式出版,上海图书馆古籍室藏有光绪三十四年(1908)刻本。此书以"引起儿童爱恋乡土、景仰前贤之心"为宗旨,分上下两编,上编 38 课为中国及本省总述,下编 52 课分各府略述古迹人物,间插图画。其凡例中说:"按钦定章程,初等小学第二学年本乡风土志,毕业后至第三学年即授本省地理。是编遵是以定课程。是编专供浙江初等小学之用,故叙述仅在本省而不及其他。然上编冠以中国及本部之概说,下编则以本省之大势与列强之环伺作结,一使儿童知全国之幅顿,为第四、五年授中国地理之基础,一使儿童知本省之可爱可惧而引起其奋发自强之心。"从序言可知,清末的乡土地理教学是被列入爱国教育体系的,而且在初等小学即有由乡而至省,由省而至全国的地理教育构架,这在现代地理教学史上是具有开创性意义的。这是目前所见国人编写的最早直接用于课堂教学的乡土地理教科书,有力地保存了乡土文化,有开乡土教育风气之意义,但就其体例内容来说,还够不上近代意义上的教科书。民国以来,蔡和铿一直以地理教学为其职志,但没有在此基础上撰写出更有价值的地理学著作,令人惋惜。后来成为著名地理学家的张其昀,便可算是蔡和铿门下最为杰出的弟子。

参见《鄞东蔡氏宗谱》,天一阁藏本;张如安:《新发现的蔡和铿诗稿叙录及整理》,《鄞州史志》2017年第2期。

周师厚园艺著作

周师厚(1031—1087),字敦夫,鄞县人。北宋园艺学家。初从学于王致,有德工文,以学称于乡里。皇祐五年(1053)登进士第,娶范仲淹侄女为妻。初授湖北复州景陵(今竟陵)尉,曾擒获悍盗数十辈。调江西信州司法参军,迁衢州西安令。熙宁初周师厚为条例司属官,因不肯依附而为同列所恶。遂出使荆湖北路,提举常平,并措置农田水利差役事。熙宁八年(1075),迁荆湖北路转运判官。一生"好学博览,手录等身"。元丰四年至五年(1081—1082),周师厚莅官洛阳。洛阳花卉之盛甲于天下,周氏经常至精蓝名圃观赏花木,并博求谱录,参阅了唐李德裕的《平泉花木记》、范尚书和欧阳修的《洛阳牡丹记》,并结合耳目记闻,撰写出了《洛阳花木记》。元代陶宗仪编有《说郛》,今传涵芬楼刻本比较接近原貌,该书收录周氏《洛阳花木记》,题下小注:"一卷全抄。"但误署撰人为:"宋周叙,鄞江人。"清顺治三年(1646)刊行的宛委山堂本《说郛》,系清人陶珽重编增补本,此书始将周师厚的《洛阳花木记》一分为二,将该书的《叙牡丹》部分单独抽出来,冠名为《洛阳牡丹记》,作为牡丹谱的一种,列于欧阳修《洛阳牡丹记》之下,编入卷一百四上,而将其余内容作为《洛阳花木记》编入卷一百四下,这就容易使人误会周师厚写了两本书。

《洛阳花木记》记述牡丹品种109种,芍药品种41种,杂花82种,果子花147种,刺花37种,草花89种,水花17种,蔓花6种。其中有些记载颇有文献考证的价值:如此书最早记载了洛阳种植的26个菊花品种;此书还最早记载了金莲花(旱金莲,毛茛科多年生直立草本)作为观赏花卉栽培,其中有

"金莲花出嵩山顶"一语,表明宋代时野生于嵩山顶部上的金莲花已经栽培到洛阳的苑圃中了,为后人考证金莲花为中国特产而非为原产南美洲的那种蔓生植物(旱荷)提供了最早的文献依据。这种我国特产的金莲花,天然分布在山西、河北、河南的北部,内蒙古东南部,辽宁、吉林西部,生于海拔1000~2200米的山地草坡或疏林下。俄国植物学家本格曾于1831年来我国,在北京一带采集400多种标本,金莲花即作为"新种"而发表,殊不知宋代周师厚的《洛阳花木记》比本格发表"新种"的时间早了750多年。其可贵之处在于最早论述了花木的繁殖与种植技术,这对以后花卉业的发展产生了深远影响。他指出了洛阳地区花木的各种嫁接繁殖方法与节气掌握,若按现代植物学的观点分析,其嫁接的各对应亲木,基本上属于同科植物,因亲缘关系较近,形态类似,故能嫁接成功。他还记载了嫁接的具体方法与注意事项,强调接花须在社后九月前进行,在砧木(祖子)的选择上,要求砧木根系发达,在接穗的选择上,要求取"木枝肥嫩,花芽盛大平圆而实者为佳,虚尖则无花矣"。至于接枝的切削,不应作陡刃而使皮不相对,要使形成的削面呈扁阔状,这样插入砧木的切口内,可使砧木、接穗密切嵌合,津脉相通。周师厚已深刻认识到砧木与接穗皮须相对的重要性,这已为现代植物学揭示的嫁接机理所验证。周师厚对接花技术的各个环节记载得非常具体。《叙牡丹》尤为重要,约在欧阳修《洛阳牡丹记》发表48后问世,而又有新的发展。周氏在此书中记录牡丹品种54个,其中半重瓣(多叶)品种2种,重瓣(千叶)品种52种,与欧阳修所记不同者多达47种,相同的仅为7种。欧阳修和周师厚对牡丹品种的描述,都是先花型后颜色,再记其特异点和来历。宋代按牡丹花瓣多少将花型分为单叶、多叶和千叶等,重瓣(千叶)者中已有台阁、平头、楼子、并蒂等多种类型,花色上已分白、黄、紫、红等多个色系,甚至还出现了两色复合型的间色品种。欧阳修、周师厚等学者按花型、花色特点分类鉴别牡丹品种的科学方法,能细致而正确地反映出花型的外部特征,奠定了我国牡丹品种实用分类的基础。

参见王红星、张宝利主编:《洛阳牡丹·周师厚和牡丹》,九州出版社2003年版;张如安:《北宋园艺学家周师厚的生平及其成就》,《鄞州文史》第3辑,2007年。

舒岳祥咏虫诗

宋末元初宁海舒岳祥创作的《十虫吟》《续十虫吟》是罕见的吟咏昆虫的组诗,对昆虫的描述非常细致,不妨视作诗写的科学小品。

　　舒岳祥描述的昆虫有促织儿(蟋蟀的别称)、织绢娘(当为纺织娘科昆虫的一种,非螳螂科螳螂之别称)、络纬婆(纺织娘科昆虫纺织娘,即草螽)、捣米叔(鞘翅目叩头虫科昆虫叩头虫)、卖油公(半翅目黾蝽科昆虫的通称,俗名"卖油郎")、避债夫(鳞翅目蓑蛾科蓑蛾的幼虫,俗称避债蛾)、转丸蜣(金龟子科昆虫蜣螂)、蛀地牛(蚁蛉科昆虫的幼虫)、撺梭子(螽斯科昆虫,具体待考)、蠹书鱼(衣鱼科昆虫的通称)、水走马(水黾科昆虫水黾,俗称水马、水太公)、天水牛(蝉的幼虫)。其中特别值得一提的是,作者对蛀地牛的精细观察。舒岳祥《十虫吟》云:"虫有蛀地牛,曲吻利如钩。趡取尾作首,倒行腹为头。燥土作陷沙,露喙伺其幽。小虫误过之,一入出无由。小儿嫉其然,取彼众中酋。缚置它穴口,其类亦相仇。一引两得之,尽置清溪流。"这里的"蛀地牛"指的就是蚁蛉科昆虫的幼虫。因其幼虫行动是倒退着走的,故又叫"倒退虫",此即舒诗所谓"倒行腹为头"。蚁蛉科昆虫有些种类能通过陷阱捕获猎物,幼虫隐藏在漏斗状的陷阱的底部,只露出头端,取食掉进陷阱中的蚂蚁和其他昆虫,此即舒诗所谓"燥土作陷沙,露喙伺其幽"。小儿利用这一习性,捕捉该虫放置在其穴口作为引诱物,蓑蛾对同类照样取食。关于避债夫,舒岳祥写道:"虫有避债夫,缉茧枝间缀。窃食桧松毛,负之以为盖。首鼠开两端,见人深拒闭。想汝作债初,已作逃匿计。"他所咏的避债蛾(又称口袋虫)为鳞翅目蓑蛾科蓑蛾的幼虫,舒岳祥是第一个对避债蛾的行为习性进行细致描述的诗人,生动而形象。关于捣米叔,舒岳祥写道:"虫有捣米叔,善跳如春谷。偶与屋上尘,堕地岂好触。儿童仰置之,反弓奋腰腹。欲行复遭抑,屡作不能伏。非汝懒于春,其力有不足。"举其所描述,捣米叔乃是一种常见的小甲虫叩头虫。早在晋代,傅咸就创作了《叩头虫赋》,仅述其会叩头,舒岳祥则进而描述其善于跳高的行为习性。关于水黾,唐代四明人陈藏器《本草拾遗》中就有记载:"长寸许,四脚,群游水上,水涸即飞,亦名水马。"但陈藏器称水黾"群游水上"并不很准确。舒岳祥诗云:"虫有水走马,八脚成四蹄。映日如藻叶,点点水中开。"明确指出水黾在水上不是"游"而是"走"。水黾是立在水面上的,它的浮力极大,在水面上看起来是跳跃式地走,步幅很大,跨度远。其细细的腿接触水的地方,水是凹下去的,形如藻叶"点点水中开"。舒岳祥对水黾的认识较之陈藏器更进了一步。舒岳祥秉持的是《尔雅》系统的传统分类,其虫类大体相当于现在分类学上的无脊椎动物,故在《十虫吟》《续十虫吟》中将搏蝇虎(跳蛛科动物跳蛛,奉化俗称"苍蝇老虎")、白蚁虎(爬行动物壁虎)、蝌蚪和报雨蛙(脊椎动物)亦列入虫类。他所描写的报雨蛙,指的是脊椎动物雨蛙。舒诗云:"虫有报雨蛙,竹树能攀援。青褐随所处,肤如凝脂鲜。长颈而方颔,顾盼升高颠。久晴初得雨,清声满林园。红蕉映白日,碧苇覆清泉。幽居乐清净,饮露如风蝉。俯视虾蟆辈,迥然异凡仙。能鸣复善晦,所贵身名全。"雨蛙背面皮肤光滑呈绿色,指、趾末端具有明显吸盘,趾间有蹼,是典型的树栖蛙类,故云"竹树能攀援"(也可能包括树蛙科在内)。特别是在下雨以后,雨蛙鸣声格外响亮。我国南方多省都有雨蛙分布,第一次对雨蛙的生物习性进行细致描绘的是舒岳祥。

参见张如安:《南宋宁波文化史》,浙江大学出版社 2013 年版。

罗廪《茶解》

罗廪(1553—?),字高君,慈溪人。生性喜茶,眼看朝廷昏庸,政治腐败,于是淡泊功名,"隐居以求大志",并开辟茶园,亲自植茶、制茶、造茶、品茶。他以茶为伴,以茶为乐,安贫乐道,悠然自得。历经 10 个春秋,倾注其心血的《茶解》终于问世。全书共约 3000 字,前有序,后有跋,分总论和原、品、艺、采、制、藏、烹、水、禁、器等十目,论述了茶叶栽培、采制、鉴评、烹藏及器皿等各方面内容。

罗廪《茶解》是在亲自植茶艺茶的基础上,总结前人经验,并亲加研究的结晶。首先,论及了茶树适宜的生态条件。罗廪指出:"茶地向南者为佳,向阴者遂劣。"又说:"茶地斜坡为佳,聚水向阴之处,茶品遂劣。故一山之中,美恶相悬。"这里论及了方位、日照、地势、排水条件对茶树生长的影响,较之唐宋人的论述更为全面。其次,论及了茶树品种的繁殖和栽种。如茶树繁殖,在明中期以前,有的书中还称:"种茶下子,不可移植,移植则不生。"罗廪《茶解》记载:"每一坑下子一掬,覆以焦土,不宜太厚,次年分植。"这显然是指专辟苗圃、育苗移植的方法和操作要领,是对传统种茶的单一的丛直播的有性繁殖方法的改进,否定了唐宋以来长期流传的"艺而不实,植而罕茂"的旧传统。《茶解》中还记载茶子水选洗种(即水选法)及保藏方法:"秋社后,摘茶子,水浮取沉者,略晒去湿润,沙拌,藏竹篓中,勿令冻损,伺春旺时种之。"至于下种的密度,他说:"茶喜丛生,先治地平正,行间疏密,纵横各二尺许。"这大致可以视作是当时种植茶树的标准技术规范。最后,论及了管理技术。茶园管理技术是影响茶树生长和产量高低、质量优劣的重要因素,其中包括施肥、中耕除草、修剪、间作等方面。明清茶园管理技术的具体发展,以罗廪《茶解》论述得较为详细。他将培土(焦土)、铺草、施肥结合起来,大大提高了茶园管理水平。在茶园间种方面,宋代只提到茶园可间种桐树,《茶解》指出:"茶园不宜杂以恶木,惟桂、梅、辛夷、玉兰、苍松、翠竹之类,与之间植,亦足以蔽覆霜雪,掩映秋阳。其下可莳芳兰、幽菊及诸清芬之品,最忌与菜畦相逼,不免秽污渗漉,滓厥清真。"罗廪进一步提倡茶园中种植桂、梅、玉兰、松、竹,以及在茶蓬间另种春兰、秋菊一类清芳之品,因为这些清芳类植物与茶树枝丫相连,根脉相通,在共生环境中,使茶吸果香,花窨茶味,天然地陶冶着茶叶的品质。明代茶园有多少地方是按这样种植的,现已无法知道,但这样的设计,上有荫,下有蔽,既抑制杂草生长,又防止水土流失,立体种植,造就一个良好的茶园生态环境,既促进茶树生长,又能增加生产收入,很有科学道理,至今仍不失其一定的现实借鉴意义。明代茶叶制作技术的变化,主要表现在制作的第一道工序由蒸青转变为炒青,这是制茶技术史上的一次划时代变革,对于茶叶生产的发展、茶类的全面兴起以及保持茶质的色香味等都有积极意义。罗廪在《茶解》中,不仅着重介绍了炒青工艺,而且所提工艺也达到了一个较高的水平。《茶解》讲了炒青绿茶加工中的杀青、摊凉、揉捻和焙干等整个工序。在这几道工序中,罗廪强调指出:杀青后要薄摊用扇扇冷,这样色泽就如翡翠,不然就会变色。另外他提出原料要新鲜,叶鲜,膏液就充足。杀青,要"初用武火急炒,以发其香,然火亦不宜太烈"。炒后,"必须揉挼,揉挼则脂膏镕液,少许入汤,味无不全"。所有上述这些经验和看法,不只在近代茶叶科学出现之前,一直被人们奉为传统制茶学说和高档炒青绿茶的经典;即便是现在,有些仍是各种名茶所沿用的工艺和遵循的规范。

参见吕维新:《罗廪对明代茶叶科学技术的贡献》,《茶叶》2003 年第 2 期;张如安:《明代四明学者与茶叶科技》,《茶韵》2006 年第 6 辑。

屠本畯生物学

明代鄞县学者屠本畯(1542—1622),出版了多部以动植物为专题的著作。

屠本畯《野菜笺》,以文学小品的形式,记述了鄞县常见的可食用植物萱、芹、草决明、椿芽、薇、蕨、玉环菜、栀子花、祯桐花、芫荽等 22 种山野菜。此书扼要介绍了芋的形态和备荒用途、叶用芥菜的变种雪里蕻具有耐寒力强以及可在甬地冬季露地越冬的习性,形象描述了香椿的生长发育与用途、落花生的蔓生习性,以及萱、薇、蕨、芫荽、百合等野生植物的性状与食用价值。《瓶史月表》为屠本畯著的插花专论。他将每月的瓶花分盟主、花客卿、花使令三类,列成组合表,从而使插花材料安置在容器中呈现出三度空间美之艺术。他认为,插花时所选用的花木应有主次之分,属于同一主客组合的花木,其花期正好彼此相遇,故适合于在插花时互相搭配使用。这与袁宏道《瓶史》的观点是一致的,在指导后人插花方面有积极意义。尤其值得注意的是,屠本畯将新从美洲引进的向日葵当作插花材料,这是我国现知最早的关于向日葵的史料。屠本畯对古籍中的动植物也很关注,撰有《离骚草木疏补》4卷及《昆虫疏》,这两部书是对宋吴仁杰《离骚草木疏》的补充。从今传《离骚草木疏补》一书看,屠氏的补正主要在于抉发草木的文学意义,但也有对名物的疏解,书前有屠本畯自序云:"标释物品,不至委琐,复录疏麻、秬黍、稻、粱、粢、麦、薇、藻、梧、枫十名附之,毋令湮没无传。"也就是说屠氏为吴著补疏了10种植物,前6种是主要农作物,后4种是常见植物。对于被前人忽略的主要农作物,屠氏的疏解多结合他那个时代的品种、种植、分布情况。屠本畯万历年间任福建盐运使同知,在入闽任职之后,同乡好友太常少卿余寅请其撰述闽地海产之状,于是他多方寻访,亲自观察,与家乡的物产进行比较,又搜集历代有关海产动物方面的著述作为参考,于万历丙申(1596)写成《闽中海错疏》3卷。此书主要记载福建沿海一带的海产动物,是我国较早的水产动物志。书中记载鳞部海产107种,介部海产90种,包括两种福建所养的淡水鱼——草鱼和鲢鱼。书中所记以海产经济鱼为主,包括享誉国内外的大黄鱼、小黄鱼、带鱼、乌贼四大珍品以及对虾、鲥、鳓、鲦(中华青鳞鱼)等。《闽中海错疏》记载的200多种海产除同名外,计有鲫鱼、真鲷、鲋、方头鱼、鲻鱼等80多种,分属40科20目,另有两栖类动物10种,分属蟾蜍科、雨蛙科、蛙科3科,此外还有软体动物贝类、节肢动物虾类,以及少数龟、鳖类及哺乳动物。还有福建常见的外省海产燕窝、海粉等。书中有一些属首次记载,如鳀是一种名贵的鲱科金色小沙丁鱼,就不见前人著述。屠本畯对海产动物非常熟悉,又勤于观察,因此他对海产动物的形态、习性和生态的描述仔细而准确,具有较高的科学性。如他形象地描述方头鱼头略呈方形,虎鲨(狭纹虎鲨)头目凹而身有虎纹。他对珠蚶(橄榄蚶)、丝蚶(结蚶)的形态描述具体到可以据此鉴定到种,且与福建地区现生种类基本相符。又如对真鲷(过腊鱼)的描述,既写出了其口中有犬齿、臼齿和体淡红色等形态特征,又写出了底层鱼类主要吃贝类的生活习性,还写出了腊来春去的洄游特点,这与今天的观察完全吻合。在生态习性方面,对鲎的描述,不仅记了其体形如熨斗、壳覆身上、尾锐而长、触之能刺、体色背青黑、眼在背上、腹下十二足、环口而生等特征,而且还记其血蔚蓝,雌多子,子如菜豆大而黄色、布满骨骼中等,非常细致。屠本畯对泥螺的生长繁殖情况了如指掌,其记载与现代的观察基本一致,反映出他对泥螺的生态习性已有清晰的认识。该书对海产动物的形态、习性和生态的描述仔细而准确,具有较高的科学性,在分类上已向自然分类方向迈出了重要一步。

参见刘昌芝:《我国现存最早的水产动物志——〈闽中海错疏〉》,《自然科学史研究》1982 年第 4 期;张如安:《明代文人屠本畯插花艺术理论简析》,《宁波经济·三江论坛》2008 年第 11 期。

黄百家生物学

余姚学者黄百家对生物物种、性状或器官在不同环境下的辐射进化有着发人深省的思考。

黄百家在《宋元学案·横渠学案上》中记载:"百家私忖:造物凡创设一种类,必极尽其变化。假观木类,松叶细如针,桃叶大如盖,种种奇形异状,不可胜数。飞潜、动植、土石之类皆然。"黄百家认为不仅整个生物界的物种、性状或器官随环境会"必极尽其变化"即辐射地进化,而且整个无机界(土石)皆然。在《鸡冠花记》中,黄百家阐发了物种可变、人工选择和生物命名权的思想。他说:"余惟天地变化,草木日蕃,其自昔无今有者,不可殚数。即如一菊,见之古者,仅有黄花,今之为菊,至以百数。王之槐、姚之黄、方陈之荔,亦非以始于数氏哉? 造化之生生日新,物类之日出无已,然生之自天始,必由人而显。"这就是说,物种(品性)并非一成不变的,而是不断生成的,自然("天")产生的变异("自天始"),须经人工选择才能积累到显著以至于成为新品种即"种类"("必由人而显"),强调了人工选择在新物种(品种)形成过程中的重要作用。他又说:"志物之异者,往往附以姓氏。由是而例,则今兹花之异,虽谓鄞氏之鸡冠,无不可也。"他明确提出了一种生物命名权的思想。在《田草赋》中,黄百家通过草与苗生存能力的比较思考,提出了原始的自然选择思想:"盖一长而一消兮,何能听尔(杂草)之纷繁? 独怪天之生物兮,惟尔类之独厚。嗟我苗之日护兮,尚憔悴而难秀,何惟尔之务去兮,乃不植而逾茂。因知天之恶善而好淫兮,自前世而固然。"黄百家认识到草与苗是"一长而一消"的种间竞争关系,他从杂草易生而禾苗难秀的现象中,推知自然界亘古以来就存在着一种"恶善好淫"的自然选择原则。可以说,早在达尔文、赫胥黎一个半世纪前,黄百家就已经有了"物竞天择,适者生存"的进化思想的萌芽。黄百家的这些科学思想带有强烈的启蒙色彩。黄百家还记录了民间哺坊的成就。他在康熙甲寅年(1674)客居余姚客星山时,惊异于当地哺坊的众多,对孵者进行了详细的询问了解之后,写成了专著《哺记》。从这篇珍贵的文献看,余姚哺坊在清初形成了几大技术特色:高超的选蛋技术,缸孵法趋于成熟,照蛋和听蛋技术冠绝当世,其精确程度竟与现代观察胚胎发育阶段相一致,发展了看胎施温技术,为现代的电孵、机孵提供了技术依据。这些技术在中国养禽史上写下了光辉的一页。

参见〔清〕黄百家:《黄竹农家耳逆草》,清康熙刻本;杨小明:《黄百家科学思想和成就钩沉》,《华侨大学学报(哲学社会科学版)》1997年第2期。

郑辰、郑勋与农业植物

郑辰(1747—1808),字箴衣,号三云,一号芰云,慈溪半浦(旧作鹳浦或灌浦,今属宁波市江北区慈城镇)人。郑辰为清代著名的二老阁主人郑性的孙子,其世系为:郑溱—郑梁—郑性—郑中节—郑辰。据《灌浦郑氏宗谱》卷二十《系图》,郑辰为中节的第六子,与《小花屿偶记》的作者郑勋为叔侄关系。四明地区向无本地物产的专书,相关的内容皆入地方志之"物产"一目中,详略多寡不一。如天启《慈溪县志》卷三《物产》中,多数物产只是列个名目,少数则加以简注,颇显草率。将一邑物产勒为专书者,当首推郑辰的《句章土物志》。郑辰所著《句章土物志》一书共计66条,约1.1万余字,内容较为充实,涉及山、海所产,其内部编排方式虽然略显混乱,但大体上依酒、茶、蔬菜、果品、花木、海货、小吃等顺序逐一书写,并多搜采吟咏土物之诗以为佐证,且特别表现出浓厚的宣扬本家族文化的意识。作者不仅熟于地方掌故,且点缀以众多的诗歌,使全书洋溢着浓郁的文化气息。此书地域性强,且多作者调查所得。

郑勋(1763—1826),字书常,号简香,别号烟霞杖者。因所居高阜园圃名小花屿,故又自号小花屿农。慈溪半浦人。郑氏为当地的世家大族,其世系为:郑溱—郑梁—郑性—郑中节—郑竺—郑勋。徐时栋《征举孝廉方正郑君墓碣》云:"暮年筑有怀轩于野云居之西,种花叠石于其东南高阜,号小花屿。前有楼曰望云,以孝子墓在望,故名。"既然小花屿筑成于晚年,则《小花屿偶记》亦为郑勋晚年之作。郑勋《小花屿偶记》篇幅不大,约有6000字。有的是对相关资料的全文抄录,如《插瓶花法》一条抄自《遵生八笺·越居安乐笺》。更多的是糅合前人著作中的各种花果资料而成,如文中云:"橘树冬月以河泥壅其根,夏时浇以粪水,则叶茂而实繁。别有一种柑,名曰木奴,去核可蜜饯。孙汉阳十月便以薪草缚柑橘上。眉公曰:此为木奴着裘。"这一条是综合了宋人韩彦直《橘录》、明人陈继儒《岩栖幽事》、清人陈淏子《花镜》等的种植经验而成的。此书直接点出的引用书目有《农圃书》《鹤林玉露》《物类志》《汝南圃史》《尔雅翼翼》《玉涧杂书》《霏雪录》《酉阳杂俎》,暗中引用的书更多,如"石曼卿以泥裹桃核为弹,抛掷峻岭,后花发满山如绣"一则,其素材来自《孙公谈圃》。经过笔者反复比对,发现此书有不少内容来自明末问世的题为"陶朱公原本、陈眉公手订"的《增补致富全书》。此书还凝结了郑勋莳弄花果的经验,故对于园艺史的研究仍具有一定的参考价值。

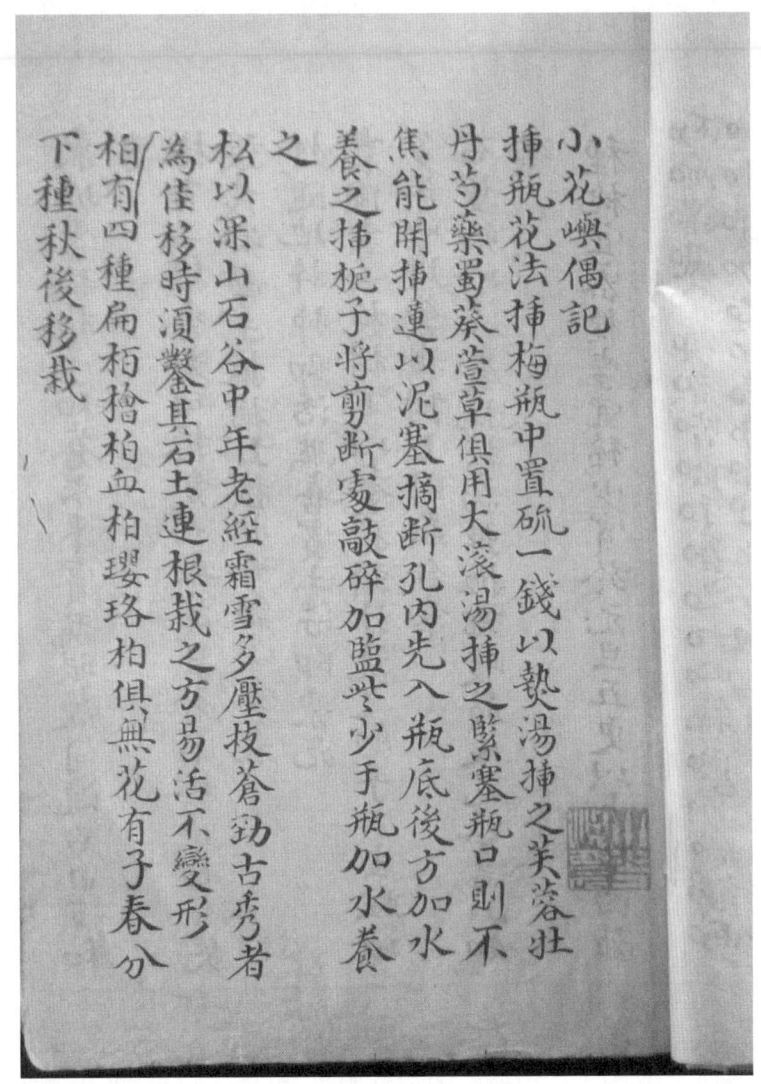

蜗寄庐旧藏《小花屿偶记》

参见张如安:《清代郑辰〈句章土物志〉小考》,《农业考古》2017 年第 6 期;张如安:《清代慈溪郑勋〈小花屿偶记〉小考》,《农业考古》2016 年第 6 期。

陈仪《捕蝗汇编》

鄞县人陈仪于道光十五年(1835)六月调补紫阳县知县,任职四年有余。道光十六年紫阳县发生蝗灾,陈仪当即选出县中贤明士绅八人,派遣至各个乡村督促捕蝗事宜。同时为了指导百姓扑杀蝗虫,他遍寻资料,深入了解蝗灾缘由及特点,搜集各类行之有效的捕蝗之法,编著为册,名为《捕蝗汇编》。《捕蝗汇编》由卷首《恭录圣祖仁皇帝御制捕蝗说》和卷一《捕蝗八论》,卷二《捕蝗十宜》,卷三《捕蝗十法》,卷四《史事四证》《成法四证》构成,在辑录整合前人治蝗相关著作的基础上,融入自己的见闻与经验,使得治蝗之法更趋完善。此书有道光二十五年(1845)重刻本。

《捕蝗汇编》辑录、借鉴最多的当数清钱塘县监生陆曾禹所著《捕蝗必览》,陈仪在辑录《捕蝗必览》主要内容的基础上,进行了整合与拓展。例如《捕蝗必览》之"十宜"中有"多写告示"条,只是简要说明告示应该注明的内容,即以米易蝗;而《捕蝗汇编》从定蝗价、合人力、专责成、戒畏葸四个方面来论述,涉及捕蝗中的发动群众、问责制度、易蝗方式等方面,使得可操作性大大增强。陈仪还剔除了《捕蝗必览》中的蝗之所自避,即所谓"良守之所在,蝗必避其境"的内容;在"论所畏之器"中补充了王凤生《永城捕蝗事宜》中鸣锣放枪驱赶等内容。在"论不食之物"中,陈仪指出番薯与芋子等皆因埋于土中不为蝗所食,且番薯只要有数尺之地便可种植,收获丰厚,此乃救荒第一义。可见,陈仪治蝗的根本立足点还在于保障农耕收获,庄稼种植的多样性可以确保民生的可持续性。蝗虫喜温暖干燥,旱灾时常与蝗灾并发,严重破坏了正常的农业生产,随之而来粮食减产甚至无产,极大可能进一步导致饥荒,如何应对蝗灾之后的粮食短缺,也是处理蝗灾的重要环节,却往往因短视而被忽略。根据南方种薯经验,陈仪在紫阳期间极力劝民种薯。这种作物靠藤蔓就可繁殖,对土质、气候环境、人工要求低,产量很高,生熟皆可食用,而且有方法可久存。再者,不仅红薯本身容易使人产生饱足感,红薯叶还能用作饲料,枯藤也可作柴火。此外,《捕蝗汇编》中还汲取了其他捕蝗相关文献之经验,或为佐证,或为例证,对留存古代治蝗法起到了积极作用。陈仪在运用相关资料时,注意辨别,绝不泥古。在谈到蝗虫潜匿之地时,陈仪例举道光十六年(1836)的湖北蝗患、汉阴厅蝗患,以及陕西蝗患所见所闻,说明水边岩石裂缝中、路畔浮沙地内、沙滩河坝等处皆有遗孽,由此可推知螴蟊无处不可匿藏,从而指出"古人所论,亦但举一隅,切勿藉口成言,转为所误"。陈仪通过现实事例、身边案例,用事实说话,不惟书,不惟古,只惟实,这一做法对观察处置灾情,灵活运用治蝗方法具有现实指导意义。

参见〔清〕陈仅:《捕蝗汇编》,《中国荒政书集成》本;倪根金:《〈捕蝗汇编〉撰者陈仅生平、著述考》,《古今农业》2005 年第 3 期。

钟观光植物研究

钟观光(1868—1940),字宪鬯,原镇海县柴桥姚家岸村(今属北仑区柴桥街道大浃村)人。光绪二十五年(1899)在柴桥虞宅与虞辉祖、虞和钦等组织"四明实学会",学习介绍理化博物知识。在 1914 年前后的 4 年时间里,钟观光的足迹遍及 11 个省区,行程万里,采集了极为丰富的动植物标本。后"四明实学会"迁入宁波湖西辨志书院,钟观光等试制成功黄磷,并成功申请到专利。光绪二十六年(1900),钟观光在上海浦东组织"灵光公司",筹建灵光造磷厂,是为我国自行设计、自筹资金的第一家造磷厂,后终因缺乏必要的仪器设备和药品而停办。光绪二十七年(1901),钟观光与虞辉祖、虞和钦联手创办了上海科学仪器馆,这是中国人创办的第一家科学仪器馆。此后他回到宁波,任教宁波师范,创建芦渎中学,并从事革命活动,终因积劳成疾,在蔡元培的帮助下赴杭州休养,杭州的湖山花木诱发了他对植物学的浓厚兴趣,自此立志研究植物学,开始了小规模的植物采集工作,时间约在1904 年或稍后。

钟观光自 1918 年起,历时 4 年,对福建、广东、云南、广西、安徽、浙江、江西、四川、湖北、河南、山西等 11 个省植物资源进行调查,采集 1.6 万种 15 万号植物标本及 500 余种海洋动物标本。他在此基础上分门别类,考订学名,辨其类属,创建了我国学者自建的第一个植物标本室——北大生物系植物标本室,开创国内学者采集和制作标本进行科学研究的新时代。之后他以自己的经历写成《旅行采集记》,在 1920—1921 年《地学杂志》上连载 10 篇,引起国内外学者关注。1927—1930 年,钟观光任浙江大学农学院植物学副教授兼任浙江(西湖)博物馆自然部主任,他又集中至东西天目山、天台山、雁荡山、普陀山、宁波、永嘉、丽水、云和及龙泉等地考察,采集植物标本 7000余号,经后人鉴定,发现新分类群 30 多个。在现代植物分类中,木兰科植物的观光木和马鞭草科的钟君木属,即是以他的名和姓命名的。1930 年,钟观光任中央研究院自然历史博物馆研究教授。1933 年受聘为北平研究院植物研究所专任研究员,用近代植物分类学方法考证我国本草中植物名称,广征博采,贯通中外,给本草中植物注上拉丁学名,增补新说。抗战爆发后,携带部分文献资料回乡继续从事研究工作。1940 年 9 月 30 日,病逝于柴桥家中。一生著述颇丰,有《理科通证》《山海经植物》《中华植物学》《物贡纪略》《近世毛诗植物解》《植物古籍·释例注释》及《本草疏证》等。

参见范文涛、陈义产:《缅怀我国近代植物学家钟观光教授》,《生物学通报》1990 年第 9 期;张如安:《一草一木皆关情——中国近代植物学开拓者钟观光》,王永杰主编:《文化群星——近现代宁波籍文化精英》,中国文史出版社 1998 年版;朱宗元、梁存柱:《钟观光先生的植物采集工作——兼记我国第一个植物标本室的建立》,《北京大学学报(自然科学版)》2005 年第 6 期。

陈藏器《本草拾遗》

陈藏器,四明人,唐代杰出的本草学家。开元(713—741)中任陕西京兆府三原县尉。素好医道,专心攻研药学,尤喜读本草之书。他认为唐高宗显庆四年(659)由国家颁布的第一部药典《新修本草》,虽载药 844 种,但遗存尚多,且在《新修本草》成书之后的几十年间,民间的单方、验方又大批涌现出来,有必要重新编辑一部适应时代发展的新本草著作。于是他广集诸家方书及近世所用新药,以寒温性味华实禽兽为类,在开元二十七年(739)撰成《本草拾遗》10 卷,记载《新修本草》未收之药 692 种,分 8 部详述药名、性味、毒性、药效、主治、产地、性状、采制、禁忌等,内容丰富多彩。其解纷部分为解决旧本草著作中药物品种纷乱而设,现知论药 269 种,大多为《唐本草》中的品种,并指出其某些错误,对形态、药名相似易于产生混乱的药物进行辨析。《本草拾遗》不啻是对唐代医药学发展的又一次重要总结。《本草拾遗》原书久佚,今人尚志钧有辑复本流传于世。

陈藏器医药学贡献主要在以下几方面:第一,药物分类法的新创造。《本草拾遗》的序例相当于总论,在理论上提出了"十剂"之说,即宣可去壅、通可去滞、补可去弱、泄可去闭、轻可去实、重可去怯、滑可去著、涩可去脱、燥可去湿、湿可去枯。陈藏器创立的这项药物分类方法,是按药物的性能分类的,为中药分类提供新的方法,反映了人们对中药效用的认识有了进一步的深入和细化,同时也成为方剂分类"十剂"的前身。第二,丰富了中药大家族的宝库。唐代时已经出现了医药分家的情况,孙思邈在《备急千金要方》卷一中指出:"今之医者,但知诊脉处方,不委采药时节,至于出处土地、新陈虚实,一皆不悉。"但陈藏器则不然,他虽知医,却更重视药学,亲自到全国各地考察药物。陈藏器是一个泛药论者,他编纂《本草拾遗》是以泛药论为思想基础的。这种泛药论思想显然来自佛教的影响。初唐医家孙思邈曾引天竺大医耆婆之语云："天下物类皆是灵药，万物之中，无一物而非药者。"本草学受此理论的影响，"所以述录药名品，欲令学徒知无物之非药耳"。陈藏器的本草研究就是秉持这样的泛药论思想，进一步向博物学的方向发展，故其著录药物最不守成规，以开放的心胸去容纳一切，开拓了药物学的知识宝库。第三，对于各类疾病的治疗有许多新的创举。如采用水蛭来治疗痈疽肿毒。隋唐之间的医学家宋侠《经心方》已有"以水蛭食去恶血"的记载，但没有说明是用在治疗哪一类疾病上。陈藏器明确记载云："水蛭，本功外，人患赤白游疹及痈肿毒肿，取十余枚，令唅（一作'吮'）病处，取皮皱肉白，无不差（通'瘥'）也。冬月无蛭虫，地中掘取，暖水中养之，令动，先洗去人皮咸（朱橚《普济方》卷二百七十五引作'皮上咸'），以竹筒盛蛭缀（以朱橚《普济方》卷二百七十五引文校之，'缀'为'啜'之误）之，须臾便咬，血满自脱，更用饥者。"（尚志钧《〈本草拾遗〉辑释》）宋侠、陈藏器等人，都可以看作是我国古代水蛭疗法的先驱。这种水蛭外治法，宋代陈自明《外科精要》一书将其命名为"蜞针法"。陈藏器《本草拾遗》是继《新修本草》之后唐代贡献最大的民间药物学专著，所收药品中不少被后世本草引录为正品药条。明代李时珍《本草纲目》共收录药物 1892 种，而采自《本草拾遗》的竟达 368 种，约占五分之一，其中动物药 111 种，矿物药 106 种，即使最新的研究证明李时珍曾有误引，但所引陈著仍冠于 28 家历代本草之首。另外日本医籍《和名类聚抄》《医心方》等均有引用，证明域外医家对此书也非常重视。

参见孙启明：《陈藏器创"十剂"证据二则》，《中华医史杂志》1992 年第 3 期；黄可泰：《陈藏器〈本草拾遗〉及其博物学价值》，《中华医史杂志》1992 年第 4 期；张如安：《陈藏器〈本草拾遗〉及医药学成就》，《三江论坛》2004 年 2 月号。

日华子《日华子本草》

日华子，五代末北宋初四明著名的药物学家。不著姓名，但云日华子大明。李时珍《本草纲目》说他可能姓大名明，也可能姓田名明。全祖望《鲒埼亭外集》卷四七《奉答万九沙编修宁志纠谬杂目》云："其云陈藏器即日华子者，出于明之丰吏部，以世有陈日华《谈谐》也，不知别是一人。近或以日华子之姓氏为大明，则更谬也。"北宋张君房《云笈七签》卷二十三《日月星辰部·食竹笋（鸿脯附）》载："服日月之精华者，欲得常食竹笋者，日华之胎也，一名大明……"这段原文出自《上清仙府琼林经》，由此确定，日华子的道号当来源于"日华之胎也，一名大明"。日华子仍热衷于炼丹，其外丹著作颇丰，馨字号《诸家神品丹法》卷六还收有"日华子口诀"16 条，其中"日华子点庚法"是我国典籍中最早的关于以炉甘石（菱锌矿石或水锌矿石，主要成分为 $ZnCO_3$ ）—赤铜合炼制作鍮石的具体记载。

日华子最大的成就是在本草学上。他深察药性，极辨其微，本草经方，多由注疏，根据在浙江各地实地考察和医疗实践，写成《日华子诸家本草》20卷，后世习称为《大明本草》。该书约成于 908—923 年，比著名的《开宝本草》早半个世纪。据宋《嘉祐本草》介绍，此书"序集诸家本草，近世所用药，各以寒温性味，华实虫兽为类，其言近用功效甚悉"。其分类法后成一家。该书早佚，现存《证类本草》中的条文有 600 余条，药物产地遍及全国。今传有 1983 年尚志钧辑复本。《日华子本草》所收各药条下介绍正名、别名、性味、药效、主治、用法、七情畏恶、产地、形态、采收时月、炮炙等内容。日华子对药性的论述尤详，并比前代有所发展。北宋掌禹锡《嘉祐本草》所引日华子药物性味，多以前代本草所不同者为主，在 600 多味药物中，就有 200 余味是与前代药物不同的，计有凉性药 53 味、冷性药 52 味、温性药 25 味、暖性药 24 味、热性药 15 味、平性药 44 味。日华子认为药物不同药用部位可有不同药性，有些药物因炮炙法不同，其性亦异。日华子对药物炮炙记述颇详，并注意到炮炙与药效的关系。在炮炙方法上有炒、微炒、捣炒、淬、飞、烫、蒸、煮诸法，在辅料方面有用水、用蜜、用醋、用酒、用姜汁、用糯米、用蜡、用光粉、用黄砂、用白矾等。日华子对过去的一些旧药，记载了新用途。如地榆，过去只言治各种痢疾，很少讲到止血，而日华子除讲治痢外，大讲止血新用途，说地榆能止吐血、鼻洪、月经不止、血崩、产前后诸血疾，这些止血新功效，至今仍在沿用。日华子继承了陈藏器的本草成就，但更注重于日用本草。有许多药物，经陈藏器和日华子两家阐述后，才被《嘉祐本草》列为正品，如木槿、柘木、马兰、地笋等。日华子的有些记载在民间影响很大，但未必正确。如关于猪肾（俗称腰子），《别录》谓其理肾气，通膀胱，日华子承之，进一步发挥说："猪肾补水脏，暖腰膝，补膀胱。"我国民间向有猪腰补肾之说，明代医学家李时珍在《本草纲目》中对此提出批评，现代医学已经证实了李时珍的观点。

参见尚志钧：《〈日华子本草〉成书年代的探讨》，《中华医史杂志》1982 年第 1—2 期；尚志钧：《日华子和〈日华子本草〉》，《江苏中医》1998 年第 19 卷第 12 期；吴佐忻：《〈日华子本草〉辑释补谈》，《中医药文化》2006 年第 2 期。

魏岘《魏氏家藏方》

《魏氏家藏方》共 10 卷，此书集魏氏三代之力而由南宋魏岘总其成，成书于宝庆三年（1227）中和节。本书收作者家传、他传、医书所传及其亲自试用有效的验方共 1051 首,归纳为中风、一切气、心气、头风头痛、伤寒、伏暑、疟疾、肾气、痰饮、补益等 41 门,每门列叙若干方剂,均有方而无论。

《魏氏家藏方》所载用药治法详备,除常用的丸、散、膏、丹外,亦有针法、灸法及外治法。有很多方子注明了传承来历,除各级地方官员所传外,也有各地的居士、医师、僧人、士人等所传的,有不少就出自甬地人士的秘藏。《魏氏家藏方》虽然是一般的方书体例,但也有个别地方略有阐说,表明了作者的一定的医学观点,有时还能顾及组方之因和组方之用。如他视肾是生命的根本,提出情蛊使神动气散,淫寇使气动神疲,阴阳交错,水火不济,是致病的原因。所以补益之方当使"心肾之气互相交养",从而达到健身的目的。魏岘在"伤寒"一门更列"十劝",本张仲景之论,以阐发其一得之见,确立了先辨清阴阳表里之证,然后随证用方的论治原则。他还主张善养生者以预防为先。这些看法,应该代表了宋代甬上士大夫对于方书较高的认识水平。关于痔疮的手术治疗,北宋自《太平圣惠方》以来一般以砒剂为通用疗法,但患者常因疼痛而不欲接受。经过百余年的实践,终于找到了有效且副作用小的方法,即《魏氏家藏方》所载的枯剂疗法,这标志着枯痔疗法日趋完善。这个枯痔方是由魏岘的父亲魏熊梦根据宫廷名医防御李用和真方而记录下来的,明王肯堂《证治准绳》卷十四载"李防御专科治痔,九方朝贵用之屡效。盖其用药简要,有次第,制造有法,无苦楚,而收效甚速"。此方魏父试之 30 余年,在乡曲潘宰身上试验亦有效,遂于庆元五年（1199）正月望日正式记录下来,以备老年遗忘。魏父虽然不是此方的首创者,但却是此方的积极推广者和临床实践者。而世界其他国家应用枯痔法最早的是德国,德国人在 1869 年才开始采用亚硫酸铁溶液注射治疗痔疮,至今才百余年。《魏氏家藏方》中保存的芪附汤,被后世立为益气温阳、回阳救逆的主方,以治各种痰湿咳嗽之症,至今临床上常见使用。这些都说明魏岘所传之方确实有实效,不同于耳食,对临床有较高的参考价值。《魏氏家藏方》因实用价值较大,历来得到医家的重视。南宋来华日僧辨圆在 1241 年归国时,从中国直接赍归《魏氏家藏方》,藏于东山寺普门院,后归于丹波氏家族,转入宫内,今藏日本宫内厅书陵部。

参见〔宋〕魏岘:《魏氏家藏方》,郑金生主编:《海外回归中医善本古籍丛书》(续)第 5 册,人民卫生出版社 2010 年版;闵宗殿:《魏岘的事迹和贡献》,《古今农业》1996 年第 4 期;张如安:《宁波医药文化史》,中国中医药出版社 2013 年版。

滑寿医学

滑寿(1304—1386),字伯仁,祖籍襄城(今河南襄城县),后迁仪真(今江苏仪征市)。少曾习儒于韩说先生,日诵千言,诗文并茂。因战乱,遂绝仕途之望。后患怔忡危症,恰遇京口名医王居中救护,始得痊愈,由此究心方脉,研攻医术。后又从东平高洞阳学习针法。学成后,行医四方,声名鹊起。滑寿本在江淮一带行医,但自左丞杨完者统苗兵守江浙,民颇不安居。于是应故旧陈性中、王叔雨之招,挈家渡浙江,约在至正十二年(1352)迁至余姚。后半生大多数时间居住在余姚,淡泊名利,以行医济世为乐。晚年自号"撄宁生"。撄宁,是道家所追求的一种修养境界,谓心神宁静,不为外界事物所扰。伯仁取之作为自己的别号,意在追求一种清静无为的境界。据《明史·方伎传》载:"江浙间无不知撄宁生者,年七十余,容色如童孺,行步蹻捷,饮酒无算。"可见他医技高超,保养有术。

滑寿不仅精通《素问》《难经》,而且治病往往针药并用,长于伤寒与妇科。其临床辨证用药,秉承李东垣、刘守真、张从正、朱丹溪各家的学说,给人治病屡有"奇验"。今尚存有关伤寒、暑热、疟痢、痘、疹、痈、怔忡、腹病、血证等验案,尤其妇科病验案很多。他诊察疾病,尤重脉诊。脉诊是中医诊察疾病的重要依据,脉象与症候同样是疾病本质的真实暴露。滑寿在脉诊方面造诣高深,他对脉诊的重视在古代医家中颇具代表性。他勘病察症,识证明确,能一脉定音,常能够凭借其娴熟的脉诊技术挽治危重病人,还能依据脉象预测疾病进退和预后,表现在医案上则突出脉诊记录。在正确辨别脉象的基础上,滑寿治疗特重阳气,善用温法。不论外感内伤,只要阴症属虚,往往断用附子、干姜等辛热扶阳之品,且其疗效卓著。其温法之用,常兼艾灸或膏药外敷诸法,以进一步提高疗效。朱右《撄宁生传》中收集了滑寿数十件医案,《名医类案》中亦记载了近50则滑氏医案,集中而生动地反映了他诊病施治、遣方用药的经验及其临证验治之特色。滑寿善于将临床经验学术化,撰写了大量有价值的学术著作。名著《十四经发挥》最大成就是把督、任二脉与十二经合论,按经脉循行分布加以整理,归纳为十四经,认为这些有穴位的十四经脉是经络系统中的主体,在人体中具有更重要的作用,并考诸《内经》,厘定穴位657个,分归于十四经中,使经络学说更臻系统完善,使针灸学的研究达到一个新的高度。传世者还有《诊家枢要》《难经本义》等。他的著作还东传日本、朝鲜,对日、朝医学界产生了巨大影响。朝鲜在李朝时代,《十四经发挥》曾被朝廷指定为医士考试的必读书。滑寿流传下来的著作只有 7 种,流传到日本的就有 5 种。滑寿的代表作《十四经发挥》和《难经本义》早在明代就已传入日本,促进日本针灸学的迅速发展,从而促进了针灸学的国际交流。

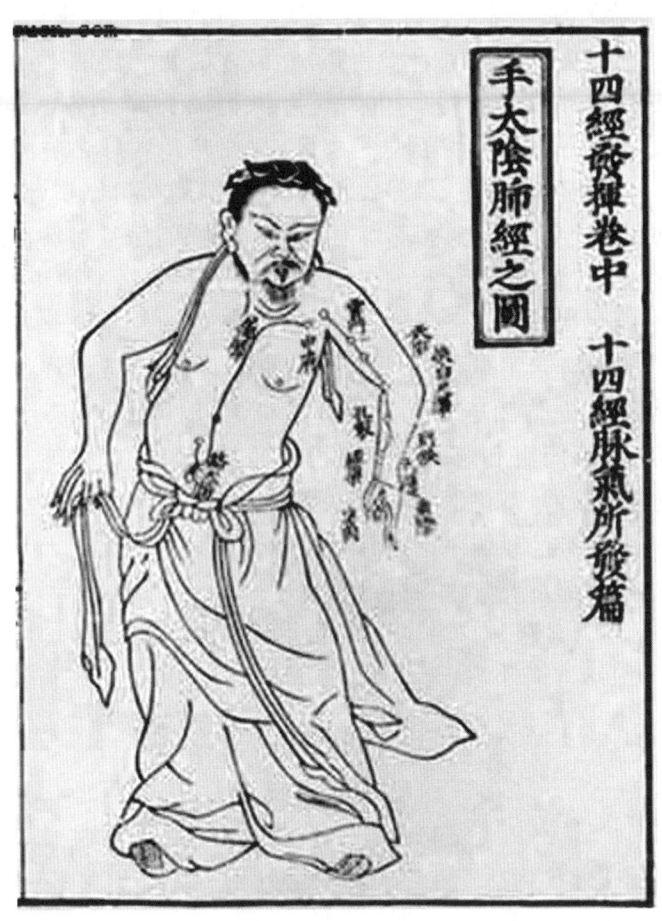

滑寿《十四经发挥》书影

　　参见刘景超、王单一:《滑寿学术思想管窥》,《河南中医》2003 年第 1 期;茅晓:《论元末名医滑寿临证治验的特色》,《上海中医杂志》2003 年第 3 期;陈婷:《滑寿生平与著作考略》,《北京中医》2004 年第 4 期。

吕复医学

　　吕复,字元膺,晚号沧州翁。其先自河东迁婺,又自婺迁鄞。曾拜三衢名医郑礼之为师,得其古先禁方及《色脉》《药论》诸书,且在郑氏的指导下日记珍籍,考订方药之疗效,医术越来越精湛。寓鄞后,当地病家及寓公过客以病留鄞者多乐意让其诊治。

吕复理论上功底深厚,师古而不泥古,尤独崇张从正之学而私淑之,善用攻邪之法。吕临症非常重视脉诊,在了解主症的基础上,密切注意患者脉象的细微变化,认为只有脉证合参辨析病理,才能使病理清晰,治疗用药有的放矢。戴良《沧洲翁传》,文长7000多字,共记录了25例各色医案,有的极富传奇色彩。如写一女婴无病,只是醉酒,从而判断乳母必嗜酒,酒后哺乳致女婴醉酒。检查乳母卧室,果然发现榻下有数只空罂,原来她掌管着酒库钥匙。写童良辅子年十二患内痈,"腹胀脐凸而颇锐,医欲刺脐而脓,其母靳不许,抱子独泣"。童驰告吕复,复造卧内,但"见一野僧拥炉炽炭燃铜筋一二枚烈火中,瞪目视翁",营造了动手术前的紧张气氛。集贤修纂南宏远,因见杀人受惊,而患奔走不避水火,与人语则自贤自贵,且或泣或笑之癫狂症,其脉上部皆弦滑,左倍劲于右。分析其病机,为因惊而风,痰溢膻中,灌心胞,惊则扰心,风痰闭阻心窍。吕复即投以涌剂,藜芦、瓜蒂等,使痰涎涌而病瘳。吕复学问赅博,辩论医门群经,评骘古今医家,见解极为精当。吕复对《内经》《本草》《难经》《伤寒论》《脉经》《脉诀》《病源》《太史天元玉册元诰》《玄珠密语》等11部重要典籍均进行了评述。

参见李继明:《元代医家吕复及其在中医目录学上的贡献》,《成都中医药大学学报》1998年第1期;孟繁洁、何永生:《吕复临证治验析》,《辽宁中医杂志》1998年第4期;孟繁洁、何永生:《吕复学术思想研究》,《国医论坛》1998年第1期。

高武和针灸学

高武,号梅孤,鄞县人。好读书,天文、律吕、兵法、骑射,无不娴习。嘉靖时中武举,北上历览塞垣,以策干当路,不用,遂弃归。晚年乃专攻医学,尤精于内科及针灸。高氏学识渊博,师宗《内经》《难经》,旁究诸家,尤深明经络穴理。高武深慨近时针灸治人多误,为使读者有实物可鉴,于1546年前后亲铸铜人三个,男、女、童各一,以确示经络穴位,不爽毫发,这给当时学习针灸者以很大帮助。他设计的针灸铜人第一次正确区别了性别与未成年穴位的差异,使取穴更为准确。铜人之中可以灌注水银或清水,穴位用蜡封住,针刺准确,水银或水便可从针孔流出。这种医学教具,可惜没有流传下来。

高武所撰《针灸节要》一名《针灸素难要旨》,单独节集《内经》《难经》的针灸理论及相关内容,以阐明古代医家用针灸疗病时立法之善,有别于历代辑集《内经》之成书者。又撰《针灸聚英》(一名《针灸聚英发挥》)四卷,聚诸书之英华而成,搜采之书有《铜人》《明堂》《资生经》及窦汉卿《流注》等。全书论述经络大体依据滑寿《十四经发挥》顺序,首论脏腑、经络、穴位、主治,次论各家疾病取穴方法、针灸注意事项,最后辑录明代以前诸家针灸歌赋80余首,除了辑录窦汉卿《标幽赋》、滑寿《十四经穴歌》等著名歌诀外,还有少数歌赋取自已佚书籍,弥足珍贵。如《百症赋》《肘后歌》《提气法歌》等最初都刊载于《针灸聚英》中。高氏对歌赋的收集,立足于广博,不拘于门户,对

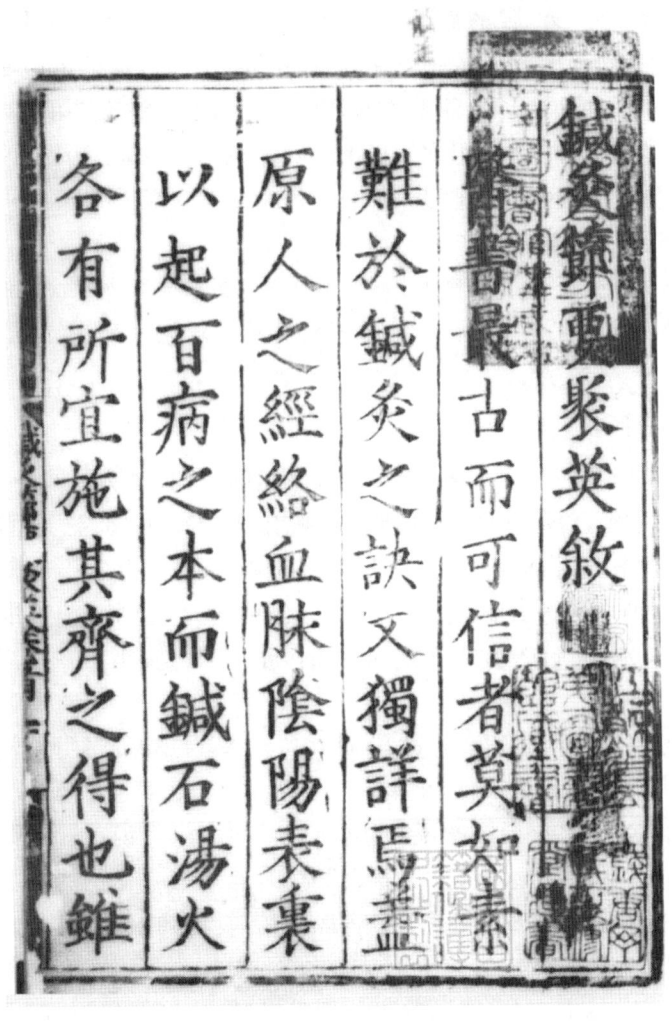

高武《针灸节要》书影,明嘉靖刻本

不同己见的观点,也能容纳。更可贵的是,高武《针灸聚英》不仅是史料意义的资料汇集,而是亦述亦作,发《内经》《难经》之要旨,取历代医家之经验,并根据临床体会加以发挥,提出了自己的很多创见。他对历代针灸之学博采众长,加以整合。他对每一条经脉,各绘图一幅,每幅图的画上都绘有该经脉循行于人体的部位及所属腧穴,并以简明扼要的语言加以说明。又分别论述了经脉所属脏腑形状、重量、功能特征以及经脉与脏腑之间的关系,图文并观,便于学习、记忆和应用。书中附有"全身脏腑图"一幅,可统观人体内部结构,脑与脊柱、各脏腑互相依附状况等,并有文字说明。他还把阴阳跷、阴阳维、冲、任、督,带的循行路线、病理变化与十四正经互相衔接起来。为了使针刺达到预期效果,《针灸聚英》在论述进针后,论证了应施用的各种辅助手法,并详细论述了各种手法的具体应用,以及治疗作用。高氏废弃了"按时用穴"法,倡导"定时用穴"法,创立了子午流注纳子法。首立"东垣针法",体现了效法东垣,尤重脾胃的针灸学术思想。高氏针灸学思想对针灸学的发展起到了重要推动作用。

参见王樟连、高镇五:《高武的〈针灸聚英〉学术思想探讨》,《浙江中医药大学学报》1982 年第 3 期;张建斌:《高武对针灸理论的研究与阐述》,《中国针灸》2008 年第 12 期。

赵献可《医贯》

赵献可(1573—1628),字养葵,自号医巫闾子,鄞县人。少好读书,尤善于《易》而精于医,曾游陕西、山西等地。晚年居于鄞西,筑室于白鹤山西,在此开设门诊,来此看病者往往成市,空闲时则以读书为乐。赵献可著述甚多,有《医贯》6 卷、《内经钞》、《素问注》、《经络考》、《正脉论》、《邯郸遗稿》、《邯郸遗稿节本》、《胎产遗论》、《二本一例》等,尤其是《医贯》,对后世的影响很大。

赵献可宗温补派先驱薛己之学而大加发挥,主张命门阴阳学说。他与绍兴的张景岳同时著名于世,他们都提出命门是人身之太极,统挟五脏,为生命的主宰,张创水火命门学说,而赵则创肾间命门学说,被人誉为"温补派的巨匠"。赵氏的许多主张是以"养火"为主,他认为:"命门为人身之君。养身者既不知撙节,致戕此火,以至于病;治病者复不知培养此火,反用寒凉以贼之,安望其生!"既然先天之火乃人生立命之本,故养生、治病莫不以此理一以贯之,因命其书为《医贯》,突出地阐发其"命门"学说。赵献可为学特重命门先天水火,故其在临床辨证论治中,也是以命门学说为指导,多所发挥,尤其注重运用水火相互关系的理论。他提出了人体"阳非有余""真阴不足"的观点。命门内含的真水真火要维持平衡,这是养生家及医家执着追求的目标。因此治疗要阴阳兼顾。他说:火的亢盛有余,实系真水不足的缘故,切不可泻火,只需补不足之水与火平衡,即所谓"壮水之主,以镇(制)阳光"。另一方面,火的不足、衰微,也可见是水的有余,亦不必泻水,而于水中补火,即所谓"益火之原,以消阴翳"。赵氏突出命门相火的作用,确实引起了后人对命门的重视,使其学说风靡一时。此后,有关命门的基础理论概念方面,基本上以赵氏之说定格了。赵氏对于水火的治疗,深得阴阳之理。他在临床治疗中常用六味、八味两方,并扩大了它们的应用范围。他主张温补肾阳肾阴,力主"补脾不如补肾",创制了许多补益方剂,对后世医家产生了较大影响。但他过分强调水火,动辄采用六味、八味两方,而忽略了其他治法,这就使赵氏的见解带有很大的片面性。此外,赵献可对于郁证的病因病机的论述也颇具卓识。他阐发了《内经》五郁之旨,把《内经》广义论郁之理,紧密地联系脏腑,并结合临床多种病症,展开其独特的论述和治疗。他主要根据"五行相因"之理治疗木郁之病,以逍遥散一方为主剂,并常合左金丸和六味地黄丸同用,取得了明显的疗效。赵氏的郁证治法,对后人制方用药颇有影响,如著名的滋肾清肝饮及一贯煎等都与之有关。

《医贯》中两肾与命门示意图

参见常存库:《赵献可的哲学思想与其医学理论体系——中国古代医学与哲学探讨》,《中医药学报》1984年第5期;刘含堂、罗桂荣、马锐:《评赵献可学术思想》,《河南中医》1992年第6期;李如辉:《赵献可肾命理论比较研究》,《中华中医药学刊》2010年第8期。

柯琴《伤寒来苏集》

柯琴(1662?—1735?),字韵伯,号似峰。原为慈溪(今属余姚丈亭)人,为本县秀才中的佼佼者,后迁居江苏常熟,终老其地。家世清贫,博学多闻,后因科场失意,闭户读书,隐居不仕。他精研岐黄之学,对《伤寒论》深有研究,著有《伤寒来苏集》。

柯琴认为《伤寒论》是方书鼻祖,后学津梁,其注家虽多,却聚讼纷纭,争鸣不已。王叔和编次原有错误,喻言氏《尚论》也有矜奇之病,使初学者无所折中,于是便逐条逐句细加研勘,因名《伤寒来苏集》。他提出了"仲景之六经为百病立法"的观点,认为《伤寒论》六经不仅为外感热病所设,而且杂病以及各科疾病皆寓意其中。《伤寒论》所述及的许多病症,可因伤寒也可不因伤寒而致。伤寒之中最多杂病,故同样可以按六经论治。临床证明,六经提纲证确非伤寒一病所专有,其他外感、内伤诸病也多有之。柯氏所列《伤寒论》中的结胸脏结等诸多杂病,也足以证明该书绝非仅仅辨治伤寒病或外感热病。实际上,《伤寒论》的实践基础主要是伤寒病或外感热病,但它揭示的辨证论治规律则具有普遍意义。《伤寒论》实际上是一部专门阐述中医辨证论治规律的著作。所有这些都进一步证明柯氏的著名论断"原夫仲景之六经为百病立法,不专为伤寒一科,伤寒杂病,治无二理,咸归六经节制"是正确的。他还提出阴阳总纲论。柯氏将《伤寒论》第七条"病有发热恶寒者发于阳也,无热恶寒者发于阴也"列为《论注》开宗明义第一条,作为全书总纳,具有深刻的实践意义。柯氏明确指出发热恶寒与否,是三阴病和三阳病分阴证阳证的纲领,这不仅为该病症的临床辨证上提供了具体的指标,在理论上也是一个进步。柯氏对六经"地面"的划分,除根据经络循行外,主要是以伤寒六经病症牵涉的范围来确定。在他看来,经络是"道路",伤寒六经是"地面"。他用朴素的譬喻说明:"道路"是"地面"中的"道路",可以通达各处,但范围小,"地面"则是一大片。六经就是包括了整个人体的六块大"地面",即六个大病位区。柯氏六经地面说的实质,是力求把伤寒六经病症的发生与演变,落实到具体的"地形"上,即人体形质结构上。由此可见,柯氏十分注意疾病的定位问题,这与伤寒学派中主张六经气化学说,以"重气轻形"为指导思想的医家恰恰相反。这正是柯氏学术思想的突出特点,也是其深得临床医家所推崇的原因之一。柯琴在临床上正是发现了《伤寒论》六经不仅可以治疗伤寒,且可为百病立法,故在《伤寒论注》中,他认定仲景所称太阳证、桂枝证、柴胡证等,必然是按方证为主进行辨证论治的。于是,他大胆提出以方类证,以方名证,方不拘经,汇集诸论,各以类从的方法,对《伤寒论》条文方证重新编次。柯氏不拘于复原仲景旧论的编次,着重仲景辨证论治精神的阐发,而按方类证,即在临床上只要明辨各方所主之证,即可把握疾病的本质。柯琴的以方类证充分体现了临床的辨证意义,而不拘于某一经、某一病,独树一帜,颇合实用,且疗效非凡,因而为临床医家所推崇。柯氏研究《伤寒论》的思想影响很大。柯琴的学说传到日本,受到日本医界的赞赏。

参见韩育斌:《略论柯琴对"方论"的贡献》,《现代中医药》1983 年第 5 期;盛燮荪、沈敏南:《柯琴〈伤寒来苏集〉学术思想评述》,《陕西中医》1983 年第 1 期;李惠义:《柯琴对仲景"合病、并病"理论的阐述与发挥》,《南京医科大学学报(自然科学版)》1983 年第 2 期。

高斗魁《四明心法》

高斗魁(1623—1671),字旦中,号鼓峰,鄞县人。青年时黑而有髯,喜学竟陵派诗歌。曾暗中资助、营救反清志士。顺治四年(1647)冬,华夏、王家勤、杨文琦、屠献宸、董德钦(时称为"五君子")派人联络四明山大岚山寨王翊和舟山明将黄斌卿,企图里应外合,夺回宁波。因谢三宾告发,次年"五君子"先后被清军俘获,送至杭州,严刑审问,始终不屈,最后壮烈牺牲,史称"五君子翻城之役"。高斗魁、高斗权兄弟对甬上的抗清志士王家勤、华夏及其家属进行了资助。高斗魁最初由万泰介绍与黄宗羲相识,顺治七年(1650)到余姚黄竹浦向黄宗羲受业,成为黄宗羲在甬上的第一批及门弟子之一。黄宗羲顺势告诉他读书之法、诗文正路。顺治七年(1650),黄宗羲二弟宗炎(号鹧鸪)因为参加冯京第山寨义军抗清斗争而被捕,待死于宁波狱中,高斗魁等人秘密划策,营救出黄宗炎,并为这次行动几乎耗尽了家产。

高家世代以医闻名,其先祖高武所著《针灸聚英》、高士所著《灵枢摘注》,皆为医家轨范。高斗魁既承家学,"穷研于《灵枢》《素问》之旨,参究于张、李、朱、薛之说",又从赵献可得其旨要,于顺治十七年(1660)以医行世,往来两浙间,所至之处,大受欢迎,致使在吴中行医已十年的陆圻门庭骤衰。高斗魁为明末清初温补派的代表人物。治宗张介宾,论诊法之要旨,主张临床诊断,"脉、症、时三者,须时时互相参考"。处方用药,法宗薛己,调补脾胃,尤重养肾。他对阴虚郁证的论治,尤有独到的见解。他认为疾病无论内外,皆由"拂郁"而起。对于郁证的治疗,多以逍遥散、越菊丸加减。其堪称经典的治肝三方,更适合阴虚之郁证。他提出中风有真中、类中之分,并有效果良好的一套治法。又提出治痢"当调气不当破气,当和血不当利血",并创用泽泻汤加减以治痢,甚为后学所推崇。高斗魁治病偏重内因,重视脏腑功能失调,尤其着眼于真阴真阳的偏盛偏衰。治疗上着重调整水火之偏,补上升阳和疏肝理郁,并有一定的创见。他着力于诊治辩证,尤其精于脉学,其喜用温补,不仅反映在内科杂症治疗上,而且亦见于外感热病,其医案不乏用参、附等热药治热病者。高氏博采众说,积毕生之心血,成《四明心法》一书,重在辑录其学术见解和临床经验体会,从理论到临床,均有一定的发挥和创见,实为一部具有较高水平的临床参考书。

参见沈敏之:《论高鼓峰的学术思想》,《浙江中医药》1979 年第 11 期;沈仲圭:《〈增评医家心法〉评述》,《福建中医药》1985 年第 6 期。

王瑞伯与骨伤科

王瑞伯,鄞县人,乾隆时期的拳师兼伤科专家。他将各种治疗伤损经验撰成《秘授伤科集验良方》一书,书中详述各种跌打损伤、头颅外伤、内脏挫伤、刀斧伤、破伤风等多种治法,及皮伤缝合法、脱臼手法复位法、骨折正复及夹板固定法,治法井井有条。

王瑞伯主张"凡跌打损伤之症,不可概论",故其治方能兼收诸家。一方面,他的伤科理论以气血为指导,强调活血攻瘀,尤其是对内伤脏腑之人,主张猛攻急下。另一方面,他也引入经络传输学说,主张温经通络,驱除寒邪,活血舒筋。从学术渊源上说,赵廷海的《救伤秘旨》中辑有《王瑞柏(伯)损伤用药论》,将脾胃论与伤损的调治结合起来,其主要内容引自薛己的《正体类要》一书,由此可看到薛己学术对王瑞伯的影响。但王瑞伯对薛己的治伤思想只发挥了脾胃的一面,而对肾命之论则几于弃而不论,这是其不足之处。王瑞伯所辑《接骨秘方》以少林寺派的常用方药为主,但也赞同薛己补元气、促生肌之说,主张用六君子、补中益气、八珍等药方内托生肌。这样,少林派伤科与薛己派伤科,至王瑞伯手里进一步融合了。署名王瑞伯的伤科论著在浙东地区常以抄本秘本的方式流传。民国十四年(1925),王善绂曾记述说:"中医书籍汗牛充栋,独伤科专著绝无而仅有。故习此科者世不多觏,而精于此术者尤为寥寥。间有精其术者,必其先世长于技击,有名师传授,而于伤之轻重,医之理法,药之修合,亦皆得之秘授。得之也难,故仅以传其子孙,不肯轻以示人。而为其子孙者,则亦为衣食计,尤不肯举其法以授人。凡业伤科者,大氐如是而已。"(王善绅修:《慈溪半奇王氏宗谱》卷38,浙江图书馆藏本)他们所说是符合浙东地区伤科的实际情况的。据王善绅的记载,清代四明地区比较有名的伤科有三支,"鄞县有陆氏,余姚有劳氏,吾慈则有杨氏"。其中陆、杨两支皆与技击结下了不解之缘。王善绅称"杨氏之先世固以拳勇著称者也",其父亲于光绪三十四年(1908)得抄本伤科书一册,二年后自己又得三种传本,其中马氏、胡氏、罗氏本皆署王瑞伯先生著,独《新增验方新编》中不署作者姓名。据此推断,这些治伤秘方实出自王瑞伯。王瑞伯的著名弟子有陆士逵。陆字玉如,又字鸿渐,世为慈溪东乡陶家山人,其父迁鄞。民国《鄞县通志·舆地志·氏族表五》云:"太学生陆士逵号东峨,精岐黄术,邑志有传。清中叶自慈溪东乡陶家山来。"陆士逵幼时与群辈角艺,偶然失手而伤臂,求治于王瑞伯,得到痊愈,遂拜王为师,尽得其术,故其治疗损伤之症亦重在气血。后陆士逵北游燕齐鲁赵间,交结奇技异能之士,多得秘方以归,医名甚隆,医技益精,被誉为浙东第一伤科,子孙后代继承其衣钵,宁波陆氏伤科遂被人们称为世家。

参见张如安:《宁波中医药文化史》,中国医药出版社2012年版。

宁波华美医院

道光二十三年(1843),美国浸礼会派遣医生玛高温来中国宁波传教,并传播西方医学。玛高温得到宁波本地商人的帮助,开始行医传教。1846年,玛高温在宁波北郊租用了道教佑圣观的几间房子,办起了简陋的诊所,名为"浸礼医局",此即宁波第一家西医诊所,亦可视为华美医院的前身。当时诊所设施简陋,没有病床,亦无分科。

光绪元年(1875),美国传教士白保罗来到宁波,接替了玛高温的工作,并主持日常诊所。他将诊疗所从佑圣观迁到了宁波北门城墙外的姚江边,后又建造男病房,设病床20张。光绪六年(1880),在宁波士绅资助下,增设女病房,有病床10张。诊所由此升级为医院,名为"大美浸礼会医院"。光绪十七年(1891),白保罗医生因病离开宁波,由兰雅谷继任院长。他致力于医院发展并克服种种困难,为解决急需的医疗设施,捐出自己的酬金,宁波社会各界人士也纷纷捐款,他在原有医院建筑的基础上,扩建了一座有60张床位的住院楼,为纪念这一功绩,至1916年医院更名为华美医院。民国九年(1920)是华美医院成立八十周年暨兰雅谷医生来华工作30周年,宁波眷绅张让三发起募捐,为医院购置了 X 光镜。民国十二年(1923),兰雅谷开始实施建新院的计划。医院从创建到形成和发展跨越了三个世纪,至 1930 年建成住院大楼时最为鼎盛。

参见吴华、高延丰:《民国时期宁波华美医院住院楼建造始末》,《浙江档案》2015 年第 7 期;徐科青、姜海艳:《西医东渐之宁波华美医院的考察》,《宁波广播电视大学学报》2008 年第 3 期。

河姆渡人干栏式建筑

干栏式建筑主要应为防潮湿而建,长脊短檐式的屋顶以及高出地面的底架,都是为适应多雨地区的环境需要。我国考古发现的最早的干栏式建筑见于距今约 7000 年的河姆渡文化遗址,足以代表我国新石器时代的建筑水平。

从考古发现看,河姆渡人创造的干栏式建筑有如下一些特点:第一,建筑基础桩木的布设。河姆渡遗址的建筑基础桩木有圆桩、方桩、板桩之分。方桩体积较大,入地深,可起承重桩的作用。在第三文化层的房屋建筑遗存中,木柱不但直接立于地面之上,而且栽入表土,木柱下还垫有木板。由于这一带土质松软,桩柱触地点较小,承重后容易导致整个建筑下沉。若柱下垫上木板,接触面增大,则地基所受压强相对分散和减弱,由此可以大大延缓整座建筑的下沉速度。为了进一步克服潮湿泥土中的木柱容易腐烂的缺点,他们又用碎陶片等硬质混合柱础代替木板柱础,成为后来磉墩(盘)的前驱。可见河姆渡人初步懂得了建筑负荷。第二,带横撑的梁架结构的设计。河姆渡人在建筑上部的空间用柱和梁做成构架,来承托树木枝干结成的方格网状檩架的屋面,然后铺设茅草或树皮完成屋顶防雨遮阳的工程。这种以梁柱为主的构架结构技术是建筑技术上的一项重大发明,奠定了传统木构古建筑的基础。第三,榫卯结构的应用。榫卯是河姆渡干栏式木屋的重要特点,也是河姆渡人对建筑史的最大贡献。遗址出土的榫卯类型可以归为十余种,如:梁头榫,大多以方木作梁,榫头截面的高和宽之比接近 4∶1,符合受力要求;带梢钉孔的榫头,可以防止梁柱受拉后脱榫,颇为先进;柱头透卯,可以两侧对插入横梁或柱头的榫头,堪为后世所称的"平身柱"的鼻祖;令人惊奇的企口板可用以插入砍削成梯形状截面的木板而衔接不见通缝,是当时密接拼板工艺进步的实证。此外还有燕尾榫、双凸榫、双叉榫等,均制作精巧。后世常见的梁柱相交榫卯、水平十字搭交榫卯、横竖构件相交榫卯,以及平板相接的榫卯等都已具备。其中诸如截面长宽比例为 4∶1 的榫头,曾对我国木构榫卯建筑技术产生了深远的影响,后世所称合理的"经验截面",盖即渊源于此。第四,装修工程的初萌。河姆渡人懂得室内地坪平整处理。居宅是装修的重点场所。由于当时石质生产工具的制约,粗糙的地板高低不平,不利于打扫和休息。从出土的"人"字形土块看,河姆渡人在室内坐卧处重要区域的地板曾经用泥土抹平,然后铺上苇席。为安全和形式美观起见,安装了室外栏杆。为室内美化,并体现原始宗教信仰,采用了刻花木构件,以及在门框或中柱上悬挂艺术品。第五,朝向的布置。河姆渡干栏式建筑布局是以遗址西南小山为中心呈扇形布置,它既体现了人类对周围环境的适应,更反映原始先民对自然、地理的认识和利用。河姆渡人居住的干栏式建筑,具有防蛇虫猛兽侵害、避潮湿、下可豢养家畜等优点,遂成为长江流域及南方地区较普遍流行的一种原始居住形式,并与黄河流域的穴居构成了史前时期华夏大地南北两大居住体系。干栏式建筑促成了穿斗式结构的出现,并直接启示了楼阁的发明,最终导致了阁楼与二层楼房的形成,故在我国建筑史上占有相当地位。

参见劳伯敏:《河姆渡遗址干栏式建筑遗迹初探》,《南方文物》1995年第1期;赵晓波:《河姆渡遗址干栏式建筑再认识》,《浙东文化》2000年第1期。

它山堰水利工程

位于今海曙区鄞江镇的西首。此地溪北,空阔平坦,唯有它山雄踞,与溪南群峰对峙,夹束江流,钤锁两岸,无疑是建坝筑堰的理想选址。此堰未成之前,鄞江之水,不分江河,直通大海,以至潮汐上下,海水浸漫,尤其是多雨季节,山洪暴发,泛滥成灾,严重威胁着两岸的农业生产和人民生命安全。大和七年(833),琅琊(今山东临沂)人王元暐以朝议郎担任鄞县令,相地之宜,择取四明山水分流的地方叠石作堰,疏通河流。一方面保证了与奉化江隔离的淡水源的正常畅流,由南塘河注入宁波城内日、月二湖,起到"蓄淡"作用;另一方面设堰阻隔奉化江咸潮的侵入,可以"拒咸"。

据现址实测,它山堰全长113.73米,面宽4.8米,堰面全部用长2～3米、宽0.5～1.4米、厚0.2～0.35米的整块条石砌成,底部为厚3.7～6.4米的黏土夹碎石层。水准测量坝顶标高为吴淞基面5.23米,大坝高11～12米。堰体上小下大,呈塔形,上下游面各有石砌台阶。根据参与实测的著名水利工程专家、清华大学教授沈之良的论证,它山堰堰体的设计符合现代科学的原理,其工程结构具有令人惊讶的四大超前性:首先,它的堰体向上做了五度倾斜,这一构造措施使堰体水平抗滑稳定性提高一倍以上,在国内外古水利工程上应用这一设计方法尚属首创。其次,创造了黏土夹碎石层。王元暐在透水的砂砾石河床上修筑堰体,已懂得利用透水性小的黏土作防渗材料,有效地提高了防渗性;同时还懂得在黏土中掺加碎石来增加土的抗剪强度,并加大其固结度,这一做法与20世纪20年代才奠基的现代土力学理论相一致。这一黏土夹碎石层不仅可起抬高堰上游水位时的防渗作用,同时也可防止堰下游涨潮时咸卤水自下游向上游的渗透。这样可使石堰在上游水位抬高期间,保证水质,有利于农田灌溉和生活用水的供水质量。再次,堰体厚度不是传统的等厚布置,而是采用与现代水利工程理论相一致的变厚方式。即河床中央的堰体厚为3.85米,朝左右两侧逐渐减薄为2米左右,分析其原因,估计是考虑到河床中央沙砾覆盖层比河床两侧厚,则建堰后的河床中央的沉陷量势必大于左右两侧,为使沉陷均匀,就采用变厚方式,以增大河床中央堰体的刚度。经计算,这一变厚方式使堰体刚度增加七倍以上。最后,堰体的消能,采用了阶梯式护坦方式。这一布置,与近代力学的分散消能原理不谋而合。20世纪才被阐发的科学原理,1000多年以前王元暐已在它山堰上获得创造性应用,这不得不让人叹为奇迹,令中外学术界震惊不已。它山堰是我国建坝史上首座以大块石叠砌而成的拦河滚水坝。在施工导流上,充分利用了当地的有利条件,建堰时先在北岸疏浚原有的水道北山古港,导引溪流,并在北山古港以下的大溪上先筑施工围堰,拦断大溪,把水戽干,然后叠砌石堰。

它山堰

参见周时奋:《它山堰研究》,《浙东文化》1998 年第 2 期;王一鸣、陈勇:《古水利工程它山堰堰体结构浅析》,《浙江水利科技》1996 年第 4 期。

上林湖越窑青瓷

进入中唐后,明州瓷业生产蓬勃发展,慈溪上林湖区窑址激增,制造技术大为改进,产品质量已冠于全国各大青瓷名窑之首。尤其是秘色瓷的烧制成功,使越窑的工艺技术达到辉煌的顶峰。

越窑青瓷具备了式样新颖、姿态百出的造型艺术。越窑青瓷造型往往给人以浑厚的观感,在淳朴饱满之中又富有清秀的美感。匠师们继承前代的经验,在圆的基本造型中创造出姿态万千的新颖式样,而又贴切地体现了唐代社会习惯和审美观念。越窑青瓷具备了丰富多彩、美不胜收的装饰手法。装饰手法和形式是根据器物的造型和需要而定,也就是说通过工艺手段,使装饰与器物互相协调,产生整体美的效果。至晚唐时期,越窑装饰艺术在以釉取胜的前提下,充分发挥雕、堆贴、镂、刻、划、印种种装饰手法,并运用褐彩绘与胶胎技法,并擅长于金银扣艺术加工。越窑青瓷在装烧的工艺技术上取得了突破性进展。越窑青瓷釉色之美的关键,主要取决于烧成后期窑炉内还原气氛的控制。越瓷的"千峰翠色",正是由于陶瓷工匠们将釉中的氧化亚铁控制在 1‰~3‰ 这个恰当的比例内而获得的。否则,还原气氛控制不好,不但达不到理想的色调,而且使釉面失去美感。慈溪上林湖瓷窑,历代青瓷胎骨,经中国科学院上海硅酸盐研究所测试,胎内氧化铁、铁含量高,釉内铁钛的含量也在 2.5‰ 左右,所以在还原焰中烧成时,则胎成土黄色,釉为青黄。在强还原焰中烧成时,则呈色为青、青绿。同时釉的主要助熔剂是氧化钙,所以釉色薄,透明似玻璃。根据考古调查,试掘所见到的窑炉结构遗迹表明,上林湖等晚唐窑炉结构系为长条形龙窑。只有烧成温度控制适当,使瓷器在高温的火焰下充分还原,才能诞生"千峰翠色"、类冰类玉的传世佳品。烧制色泽晶莹的表瓷,装烧方法与工艺的不断改进是又一关键。窑匠们为了清除烟尘污染釉面和出现杂色而失去美感的弊端,终于发明了匣钵。中唐晚期越窑正式跨入匣钵装烧阶段,晚唐、五代时匣钵更是大量使用。特别是烧制秘色瓷所使用的匣钵,尤为讲究。匣钵的原料亦用淘洗精致的瓷土,按器物大小制成各种形制,装烧时为单件烧,每个匣钵加盖,并以釉子封口,须破匣后方能取出制品。这种精湛的装烧工艺,在全国所有的瓷窑场中是不多见的,它不但使产品在窑炉中不变形,而且保证了釉面的纯正与釉质的晶莹润澈,达到了以釉取胜的目的。匣钵装烧是提高产品质量的关键,也是越窑工艺上的一大飞跃。五代时又创制垫圈,使间隔的装烧方法由圈足底部移到圈足内底,使圈足包釉光滑,装烧工艺进一步提高。此外,在"贡窑"窑址中遗留的残器和典型器物上所显露支烧留下的泥点印痕,可以清楚地看到浅灰色的胎骨,细腻致密,胎体颗粒纯净,不见分层现象。这说明秘色瓷在选料、淘洗、捏练等工艺方面均有独到造诣。

宁波出土唐大中二年(848)执壶

参见徐定宝主编:《越窑青瓷文化史》,人民出版社 2001 年版;浙江省文物考古研究所等编:《寺龙口越窑址》,文物出版社 2002 年版;中国古陶瓷学会:《越窑青瓷与邢窑白瓷研究》,故宫出版社 2013 年版。

保国寺北宋大殿

北宋明州建筑技术的精华集中表现在保国寺大殿的设计建造上。保国寺又名灵山寺,位于今江北区慈城镇的灵山,会昌五年(845)被毁,广明元年(880)重建。现存的保国寺大殿,是北宋大中祥符六年(1013)由该寺住持德贤尊者募捐重建的,至今已历千年之久。它外观壮丽,结构精巧,富有民族风格,是我国江南地区已发现的建筑年代最早、保存也最完整的木构建筑之一,时间上仅次于福州华林寺大殿(964 年)。

保国寺北宋大殿主要结构设计特点可以归纳为三点:第一,柱子构造独具匠心。保国寺大殿的柱子是一种颇具时代特征和地方特色的构件,按其不同位置、不同作用,设计成不同形式和不同结构,其中以八瓣形瓜棱柱为最多,分别布局于前檐、中柱。这种以小拼大的柱子构造设计,既解决了大材缺乏的难题,又不影响牢固,并使木柱结构与斗拱叠加法构造浑然一体,增添了外形的别致美观,为建筑用柱创造了一种新的形制。它是国内已知的最早的拼合柱实例,也是宋代木构拼合柱的孤例,为后来《营造法式》中的"三段合"柱形记载提供了实物例证。第二,斗拱设计巧夺天工。保国寺大殿采用了复杂的斗拱设计技术,整座大厦没有用上一枚钉子,而是利用各种斗拱之间的巧妙衔接并通过复杂的榫卯技术,使建筑物的各个构件牢固地结合在一起,承托住整个大屋顶的约 50 吨重量。第三,藻井装饰非同寻常。保国寺大殿设计者别创一格地在前槽天花板上巧妙地安装了三个"小八斗形"镂孔藻井,其中以当心间为最大也最精致。江南现存古建筑的此种藻井做法,以保国寺为最早。这种结构精巧的藻井,为现存最古之实例。我国现存宋元建筑遗迹中的藻井做法多晚于《营造法式》,而保国寺大殿中却保存了更早的,又最为接近《营造法式》之规则的藻井做法的实例。此外,保国寺大殿内斗拱、梁架部分灰不结尘、蛛不结网,引出了许多神秘的传说。保国寺大殿所具有的特征,一方面与《营造法式》的诸多规定最为接近,另一方面又恰好保存了比《营造法式》要早的做法。作为唐宋江南木构建筑的卓越代表,它的存在意义非同凡响。一则是研究《营造法式》之技术与艺术发展的重要佐证,二则可以看作是"五山十刹"建筑风范的缩影,因为保国寺大殿与"五山十刹"的建筑都是大约一个时期的工匠的创造,其深远的影响甚至及于日本的"五山十刹"。1961 年被国务院列为全国重点文保单位。

参见杨新平:《保国寺大殿建筑形制分析与探讨》,《古建园林技术》1987年第 2 期;陈勇平等:《宁波保国寺大殿瓜棱柱内部构造初探》,《林业科学》2011 年第 4 期;邱枫:《宋式华范:宁波保国寺与浙东地域建筑》,浙江大学出版社 2017 年版。

宋代明州海塘建筑

北宋宁波普遍地修筑海塘,并较多地在险工之处以条石叠砌,采用石塘抵御潮水冲击。王安石在修筑定海塘时更首创了"坡陀"技术,即将海塘由迎水面陡立改为倾斜,以削弱潮浪的冲击力,提高塘身的安全。

这一砌塘技术后来成为浙东西海塘修筑的一个重要样式,而为后世所仿效。如明代成化十三年(1477)浙江按察司副使杨瑄修筑海盐县石塘,"乃仿宋王安石居鄞修筑定海塘式砌法,如斜坡用杀潮势,石底之外,俱用木桩,以固其基。初下石块,用一横石为枕,循次竖砌,里用小石填心,外用厚土坚筑。今鄞县砌法不可考,瑄之坡陀塘具载《海盐图经》"(翟均廉《海塘录》卷一)。这说明,明代杨瑄的坡陀塘是从北宋王安石创定海塘式发展而来的,定海塘式的具体砌法虽然在清时已不可详考,但从杨瑄的坡陀塘中可以窥见定海塘式内横外纵、缩减倾斜、内垒碎石的一些基本筑法。南宋孝宗淳熙十六年(1189),定海县令唐叔翰仿照杭州石塘筑法,并加以改进,在定海县城西北筑成石塘六百余丈。石塘共 11 层,"侧厚数尺,敷平倍之,袤六千五十尺有赢,基广九尺,敛其上半之赢又十之五,高下若一",全部用厚一尺,宽二尺的条石砌筑。其建筑的方法是:"纵横布之如棋局,仆巨木以奠其基,培厚土以实其背,植万桩以杀其冲。"(林栗《海塘记》)从工程技术的发展来看,同杨偕、田瑜的石塘比较,它在规划设计和建筑技术方面,均有显著的进步。最突出的有三点:一是基桩的采用。这一地区的沿海土质多为粉砂土或软黏土,承载力低,抗冲性差,在强潮作用下,塘基极易受到冲刷而波淘空,从而致使塘身塌陷和倾圮。从前,筑塘工程人员对此虽做了种种努力,也采取了一些工程措施,但终不得力,不能根本解决问题。基桩的创用,是一项重大的技术突破。它提高了软弱地基的承载能力,为从根本上解决这个关键问题找到了有效途径。二是纵横叠砌法的创造。采用整齐划一的条石,纵横叠砌塘身,不仅有利于阻止海水从石缝中直进直出,加强了海塘的防渗透性能,而且因石块交错棋布,相互牵制,紧密结合,增强了塘身的整体性和稳定性。三是挡浪桩的设置。海塘前布设挡浪木桩,五代吴越时已经出现。唐叔翰吸取了这一成功经验,"植万桩以杀其冲",在海塘前构筑第一道防线,以削弱潮流、波浪的冲刷能量,达到促淤保滩,保护海塘稳定安全的目的。以上这些技术措施,完全符合科学原理。唐叔翰修建出这样结构完整、技术精良的直立式石塘,反映了当时石塘工程建筑已经达到相当的水平。

参见汪家伦编:《古代海塘工程》,水利电力出版社 1988 年版。

魏岘《四明它山水利备览》

魏岘(1192?—?)是南宋一位水利专家,对四明它山水利卓有建树。嘉定十四年(1221),他以乡郡为念,请于朝,得祠牒,命里人宋、王二氏修复废湮渠堰碶闸,重建乌金碶。嘉熙年间(1237—1240),罢职家居的魏岘见流沙淤塞它山堰,自出力募人疏浚,又请郡守赵以夫增置淘沙田 29 亩,以其岁入作疏浚之费用。淳祐元年(1241),魏岘受命主持堰口淘沙。次年受沿海制置使陈垲之命主持兴筑回沙闸。三年,在闸外委人淘沙;同年秋又主持修筑被风雨所坏的洪水塘湾。在上述工程中,魏岘善于用人,赏罚分明,办事廉洁,有责任心和组织才干。在十余年闲居中,魏岘编写了著名的《四明它山水利备览》,堪称我国第一部水利工程专著。

《四明它山水利备览》(以下简称《备览》)分上下两卷,约 2 万字。上卷分记它山堰的兴建、历次维修、规划和施工,下卷收录了有关文献。《备览》编写的指导思想很明确,是为了"资治",使"讲明水政者观此"易于操作。因此,书中涉及鄞地水利特点、主要任务、水源、水系、流量、筑堰史、维修史、工程规制、原理、工程配套、环境变迁、治沙要点、工程实施经验、水政管理、经济核算乃至有关文献,一应俱以记录。他是把它山堰引水排涝工程作为系统整体来加以记述的,并非只重它山堰主体的作用,所以它是一部系统完整的地方水利史专著,是中国水利史系统理论的滥觞。《备览》记录了工程对流量有效控制的概念,即所谓"涝则七分水入于江,三分入溪,以泄暴流;旱则七分入溪,三分入江,以供灌溉"。这个三七分洪的设计思想,最早有明确记录的是楼钥《它山堰》诗:"水大十分七入江,徐挹三分供溉灌。"《备览》阐述的回沙闸的设计构思虽不尽完整,但却是一项很有创见的发明。回沙闸设计的特点是利用水流的减速和水体中上下泥沙含量的不同,控制流沙到固定的地点沉淀。又由府仓开支,雇当地农夫八名守闸,使之真正"闭启有时"。回沙闸的建造无疑是南宋人完善它山堰工程的最有创造性的一笔。魏岘还认真考察了它山水利环境变迁的历史,第一个自觉地著文论述环境保护对于水利的重要性。在"淘沙"条中,魏岘经过考察后生动形象地描绘了生态失衡的严重后果,指出了滥伐森林是导致洪水泛滥的罪魁祸首,提出了以草木固沙的科学原理,指出了上游水土保持对减少河道淤沙的重要性。这一点不能不叹为中国古代水利学和生态学上的最卓越的见解。

参见姚汉源:《〈四明它山水利备览〉评介》,《水利史志专刊》1987 年第 5 期;周时奋:《它山堰研究》,《浙东文化》1998 年第 2 期。

叶恒与三北莲花石塘

叶恒(? —1351),字敬常,鄞县人。任余姚州判官。后至元四年(1338),州判叶恒组织修建三北莲花石塘。前期工程的内容是修建湖泊堤防以蓄水,疏浚河渠以通航,根据舟船的运输线路,科学地布置采石点,共计15 所,每所规定工作量,叶恒不时亲临监督。他将应筑堤塘平均划分丈尺,做出明显的标记,规定每日完工的进度,然后听从匠人自愿承包("扑认"),并订立合同("质剂"),限期施以考核赏罚。

叶恒吸取了竹笼石塘修筑的教训,发展和完善了纵横叠砌的直立式石塘。根据陈旅《余姚州海堤记》的描述,其建筑方法大致是:先清基打桩,基桩长八尺,尽入土中;在第一行木桩后,深埋横木,上以条石侧置,条石和木桩齐平。然后在基础上以条石纵横叠砌。最后以大条石侧置盖顶,石塘背后附以碎石垫层,再培土帮筑夯实。这种石塘的建筑法,与南宋定海县令唐叔翰的筑塘法很相似,但有两点重要改进:其一,增加横木和侧石,目的是为了防御潮浪淘刷塘基。其二,石塘和土戗之间,采用碎石作衬垫层,以减少石塘承受的侧向土压力,防止因渗漏而流失塘土。这两项措施进一步增加了海塘的稳定性,是主要的技术创新。叶恒发明的打桩布石的技术,使石塘塘体构筑异常坚实,克服了历来三北塘不能抵挡海潮的技术弱点,从根本上解决了海潮的危害,是我国海塘工程史上的里程碑。莲花石塘的建成是四明水利史上的一项重要成就,也是继唐代它山堰之后四明地域最大的一项水利工程,也是浙东外阻工程的一个典范,标志着宁绍整个平原北部沿岸地带构筑海塘体系的基本形成。

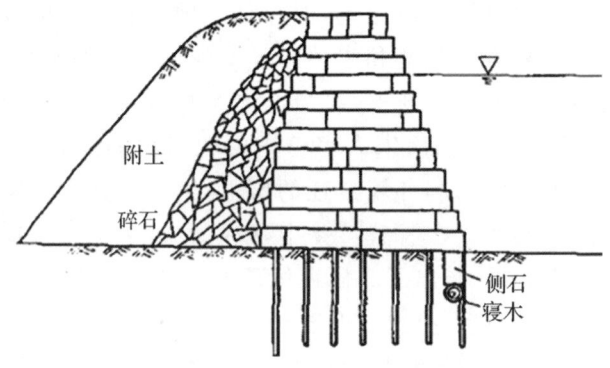

叶恒石塘示意图(汪家伦编著《古代海塘工程》)

参见张如安:《元代宁波文化史》,浙江大学出版社2018年版。

屠隆与《游具雅编》

传为鄞县人屠隆所著的《考槃余事》中,有一篇《游具笺》,后来出现单行本,称为《游具雅编》。

晚明时江南地区的士大夫文人旅游蔚成风气。屠隆爱好旅游,注重对游具的开发利用。《游具雅编》是对当时文人游山玩水须备器物的叙录,所记的器物有:笠、杖、渔竿、舟、叶笺、葫芦、瓢、药篮、衣匣、叠桌、提盒、提炉、备具匣、酒尊等,涉及器物的制作方法、用途及注意事项。游具的制作,在工艺上要求实用、美观和轻便,并要考虑其对野外多变环境的适应性。如记述"笠"云:"有细藤作笠,名云笠,有竹丝为之,上以椶叶细密铺盖,名叫笠。又有竹丝为之者,上缀鹤羽,名羽笠。"三种不同风格的斗笠,各以不同质地的材料制成,可见当时民间手工艺用品的精细程度。"提盒"中记载了这一器具的形制及在登山涉水时的重要性:"高总一尺八寸,长一尺二寸,入深一尺,式如小橱,为外体也。下留空方四寸二分,以板闸住,作一小包。内装酒杯六、酒壶一、筯子六、劝杯二。上空作六合,如方合底,每格高一寸九分,以

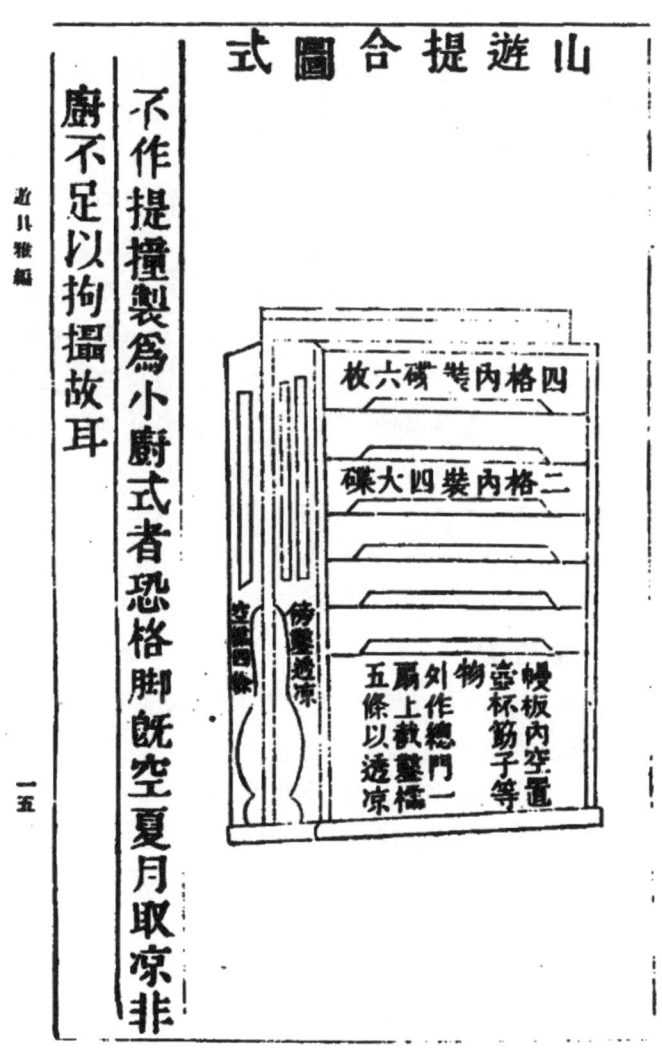

《丛书集成》本《游具雅编》书影

四格,每格装牒六枚,置果殽、供酒觞。又二格,每格装四大牒,置鲑菜、供馔筯。外总一门,装卸即可开锁。远宜提,甚轻便,以供六宾之需。"这种提盒可谓小巧玲珑,比较适合风雅之士的需要。在对酒尊的记述中,屠隆提出了对铜、锡所制酒器的不满,认为"以锡造者甚恶",以瓷器注酒远游负重太甚,而"铜者有腥,不若蒲芦作具,内用坚漆,挟之远游,似甚轻便"。在卷末,还附有酒器、提盒、提炉图式,细致精密地绘制了这些器具。作者记述"舟"的形制及制作方法:"形如划船,底惟平,长可三丈有余,头阔五尺,内容宾主六人、僮仆四人,中仓四柱结顶,幔以蓬簟,更用布幕走檐罩之。两旁朱栏,栏内以布绢作帐,用蔽东西日色,无日则悬钩高卷。中置桌凳,列笔床、香鼎、盆玩、酒具、花尊之属。后仓以蓝布作一长幔,两边走檐,前缚以二竹为柱,后缚船尾钉两圈处,以蔽僮仆、风日。"虽然游船的设计带有主仆的等级色彩,但整体的装饰布置而言,显得精巧而又雅致。箱子的设计,书中记载了一种"备具匣",用轻木制作,外面用皮包裹,再涂以厚漆,高七寸、阔八寸、长一尺四寸。里面可以放小梳子、小茶盏、香炉、砚台、笔墨、水盂、图书等,外面加锁启闭。文人学士门游山玩水,带上一个备具夹,闲情逸致,挥毫泼墨,不知多少文章是这样写出来流芳百世的。作者记叙这些器具,旨在提示人们如何尽情游玩,但文中透露出的工艺技巧,对材料质地的认识理解,则显示了晚明人民在手工业方面的成熟经验及认识山川自然方面的朴素知识。

参见〔明〕屠隆:《游具雅编》,《丛书集成》本;胡文彦、于淑岩:《屠隆设计的郊游轻便家具——叠桌、叠几、衣匣、提盒》,胡文彦、于淑岩:《中国家具文化·家具与文人》,河北美术出版社 2002 年版。

杨万树与《六必酒经》

杨万树,清代嘉道年间宁海缑城人。他家有较强的经济实力,善于酿酒。有一日家人报说刚酿的酒发酸,于是杨万树搜罗酿酒文献,悉心钻研酿酒技术。嘉庆元年(1796)他来到杭州,有机会抄读文澜阁所藏宋朱翼中《中山酒经》、窦革《酒谱》等书,又旁搜有关酿酒的历代文献,相互参考,终于豁然会悟。他在家乡从事酿酒 50 余年,在继承传统的基础上,摸索出一整套有科学价值的酿酒经验,于道光二年(1822)撰写成《六必酒经》一书,有家刻本传世。

杨万树认为酿酒必须"遵一定之法式",这个"法式"就是为《礼记·月令》记载的酿酒必须掌握的六原则:"秫稻必齐,曲蘖必时,湛炽必洁,水泉必香,陶器必良,火齐必得。""六必"的大致意思是:原料必须精选,分量要充足;曲蘖的供应、制造要适时;浸曲或浸蘖或浸米以及蒸煮原料的过程都要讲究卫生清洁;选取好的水源,水质必须清冽,不杂异味;酿酒的盛器要不渗不漏。杨万树著书就是要发明《月令》的"六必"之义,因而名为《六必酒经》。该书在指导原则上遵循《礼记·月令》,在酿酒技术上则遵循宋代朱翼中的《北山酒经》,但在具体的技术上又有所发展。《礼记·月令》的"六必"酿酒理论是世界上最早的酿酒工艺规程。杨万树将"六必"视为古今通用的酿酒指导原则予以高度评价,并以酿酒专家的身份首次对这一工艺规程进行了全面、系统的阐发,并多有发挥。如对于"陶器必良",古代最基本的要求是不渗不漏,杨万树则进一步补充说,凡瓮缸榨酒后,必须用石灰进行严格消毒。《六必酒经》在技术上最有创意的地方是对历代酿酒工艺规程的进一步细化,他把工艺规程称之为"按时得法"。如对于曲的制造过程中麦粉如何拌水,历代酒书都缺少介绍,他详细规定了"按粉扣水"的比例,务求做到"粗粉湿拌,细粉干拌,干湿得宜,握得聚,扑得散";对于浸米法,历代酒书的介

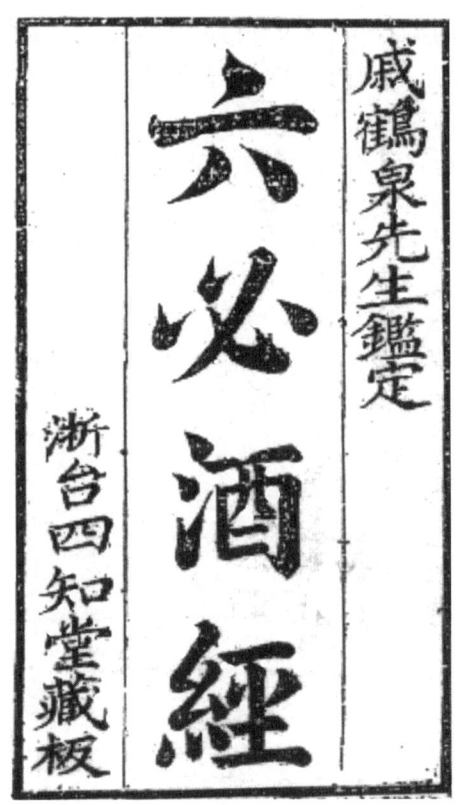

《六必酒经》书影

绍也不全面,他则"酌立按时浸米之法",条列于后。他还对稻米酿酒的加水量、加曲量的配比以及出酒率都做了具体记录,这些都大大方便了酒匠的操作,能使酒匠在酿酒中有法可循,有据可依。他既对工艺规程高度重视,但又表现出一定的灵活性,要求"善酿者因地制宜,留心酌裁"。我国酿酒,极善用曲,历代酿酒专家都认识到曲在酿酒过程中的决定性作用。杨万树指出:"酒人淋饭回汤,法已精峣,而酒味反劣,非酿工之拙,实药之病也。"可见曲的优劣往往决定了酒的优劣,因此《六必酒经》特立《曲论》,高度强调了曲的关键作用。他还具体介绍了红曲、白药、麦曲的制曲法,尤其对台温红曲情有独钟。用红曲酿造的天台红酒有着悠久的历史,是我国古代的三大红酒之一,《六必酒经》第一次详尽地总结了台温红曲的传统制造方法。全书在体例上最别出心裁的地方是设为问答法,详细地展现了制曲酿酒过程中各种技术环节出现的问题及其针对性的解决办法。这种问答法在我国古代的科技著作中极为罕见,开创了我国科技专著的新的体例,而为后世所继承。作为清代浙东的酿酒专家,杨万树既懂理论,又懂技术,他写下的《六必酒经》主要总结了浙东酿酒的经验,具有鲜明的地方特色,是现知宁波地区古代唯一的一部酿酒专著。

参见〔清〕杨万树:《六必酒经》,《续修四库全书》本;张如安:《酿酒专家杨万树和〈六必酒经〉》,《天下宁波帮》2007年第4期。

第五部分　宁波宗教

一、概　述

　　宁波的宗教文化历史悠久,7000 年前的河姆渡人在稻作文明基础上已萌生出原始宗教信仰。河姆渡时期,人们最崇拜的是自然神,尤其崇拜自然神的代表太阳神。"双鸟舁日"以神鸟为太阳的运载工具,是迄今考古发现中人类最早创造的具有完整形象的太阳神具象,其构图完整严密,离奇浪漫,蕴含着太阳神最原始的神话故事。生殖崇拜也是原始人的普遍信仰,河姆渡人对生殖的崇拜首先表现在鱼纹上。陶鱼的腹部一般比较突出,如"鱼禾纹"陶盆上刻画的两条鱼纹,其头尾小,而腹部特别鼓大,这种夸张处理显然与繁殖有关,沉积着河姆渡人的生殖崇拜意识。茗山后遗址 7 层下发现了人工夯筑的土台,是原始宗教的物证。石室土墩墓反映了吴越先民崇拜山岳神灵的原始宗教信仰。在汉代以前,浙东地区受文化不甚发达的制约,其宗教信仰主要来自原始社会即已形成的对多种自然神灵的崇拜,专职的宗教人员"越巫""越祝"地位高贵。这种具有浓厚地方色彩的宗教信仰,渗透于越人生活的各个层面,直至秦汉时期,宁波一带仍"俗多淫祀"。

　　东汉以来,道教与佛教相继传入浙东地区,有力地改变着斯地的宗教信仰。六朝时期,浙东成为佛、道两教活动和传播的重要地区,佛、道信仰也逐渐上升为当地的主要宗教信仰,并与原始的神灵崇拜相渗合,构成浙东民俗的一个重要方面。道教信仰的核心是对神仙的信仰。神仙思想和神仙方术的泛起约在战国中期,主要盛行于燕齐吴越之地,这一带濒临大海,海天的明灭变幻,海岛的迷茫隐约,航海的艰险神奇,都易于引发人们的丰富联想和遐思。秦统一六国后,秦始皇为追求长生不老,向往成仙,曾派徐福率童男童女入海求仙,有学者考证,徐福东渡的起航地就在慈溪的达蓬山。秦始皇在公元前210年巡游浙东,其动机之一就是求仙。汉代神仙方术空前发达,方士的炼丹术、巫师的符咒术和阴阳五行学及老庄哲学融合而成为神仙学,方士也衍为有学有术的神仙家。加之东汉后期,社会动荡,于是在黄老思想影响下,一些好仙之人纷纷隐遁,从而使向往神仙、追求长生的风气进入了实践阶段。自东汉以来,吴会地区好道之士甚众,浙东一带自秦以来的仙道活动更加流行,从而产生了大量有影响的仙道传说,如梅福修道、虞洪遇仙、刘樊升仙以及刘阮入天台等,甚至连句章孝子董黯、有圣德的鲍全也升入仙籍。东汉后期,长期酝酿在巫术、方术、神仙学、阴阳五行学、谶纬学中的道教趋于成熟定型。最早直接传播到浙东的道团是太平道支派的于君道和帛家道,刘刚乃是吴晋际浙东师奉帛家道的代表。东晋、南朝时期,我国道教经门阀士族的改造发生了重大变化,即从早期原始幼稚的民间道教演变为完备成熟的宗教,从主要传播于民间的道团上升为官方承认的正统宗教。这一时期对浙东道教发展产生重大影响的是丹阳句容人葛洪。世传葛洪为采药炼丹遍游天涯,踪迹达于浙东海隅,北仑灵峰山、鄞县石臼山、余姚龙泉山、宁海三十六峰雷山等地均为他的修炼之处,留有丹井等遗迹。自后汉以来,浙东四明山一直充满着浓郁的仙风道气,这为后来四明山成为道教名山、名列"三十六洞天"之一奠定了基石。

佛教在东汉末年传入中国,浙东很快接纳了这枝异域奇葩。赤乌二年(239),东吴太子太傅、都乡侯阚泽舍献自己在句章的住宅,建造了普济寺(寺址在今宁波江北区慈湖畔),这当是宁波境内最早的寺院。赤乌年间(238—251),又有印度来华高僧那罗延到句章五磊山(今慈溪市宓家埭乡)结庐静修,是为五磊寺开山祖。佛教在浙江率先传入浙东一带后,影响迅速扩大,至两晋时境内已寺院林立。宁波的三大名寺即肇始于两晋,但最早又最有神奇色彩的莫过于阿育王寺的建造。隋唐时期,随着统一局面的出现,佛教基本上完成了它的中国化进程,进入空前的繁盛时期。佛教也在四明地区迅猛崛起,并扮演着明州文化的主流角色。隋唐五代,明州一地寺院林立,遍布各邑,声名日益远播,并孕育出一批大德高僧,初步奠定了四明佛国的历史地位。当时明州寺院分为禅院、教院和律院等类别,而兴于盛唐的禅宗,禅院众多,禅家迭出,很快发展成为明州佛教的主流。这一时期,随着统治阶级的提倡,兴建佛寺逐渐成为浙东重要的建筑活动,并对以后这一地区的建筑发展产生较大的影响。其时最有代表性的是阿育王寺,梁朝时已出现了塔寺、大雄宝殿、法堂、禅室等典型的建筑群,成为闻名江南的浙东名刹。

隋唐时期,道教在理论、科仪、艺术以及炼养术等各个方面都得到了空前的发展。尤其在唐代,道教的政治地位居于儒、佛之前。浙东道教在这一有利的政治气候下进一步发展,广泛地传播。四明山是浙东道教发展的一个中心。在道书《洞天福地记》中,四明山"丹山赤水洞天"名列三十六洞天之第九,又有大隐、梨洲和菱湖福地。这样,在唐宋之际,四明山在道教中的地位最终得到了确认和提升。

宋代宁波道教衰落,佛教则进入空前繁盛的时代。天台宗的中心在宋初就由天台国清寺转移至宁波延庆寺,知礼成为中兴天台宗的一代大师。宁波也是禅宗的著名道场,重显以雪窦寺为基地,中兴了云门宗。到了南宋,大慧宗杲提倡看话禅,开创了临济宗大慧派,其在宁波的徒孙十分活跃。宏智正觉以天童寺为基地,提倡默照禅,促使曹洞宗再度兴起。宁波佛教经明朝的一度低潮后,至明末再度兴盛。临济宗密云圆悟住持天童寺,开创了临济天童一派,奠定了现今天童寺的规模。同治、光绪年间,宁波佛教又一次中兴,爱国诗僧敬安住持天童寺,1908 年在宁波创立僧教育会并任会长,又创办僧众小学,以培养佛学人才,这在当时属于全国首创。敬安的弟子太虚、圆瑛,对现代佛教贡献卓著。清末民初,天台宗谛闲法师在宁波观宗寺创立观宗研究社,名声大震,成为观宗寺中兴之祖。

近代以来,基督教由宁波传向整个浙东地区。英、美诸国教会争相派遣传教士在宁波设立教堂,尤以浸礼会(美)、长老会(美)、圣公会(英)、循道会(英)涉足宁波较早,组织力量亦最强,大体在宣教、教育、医药、慈善四个方面展开工作。

新教是基督教分化演变后的三大派别之一,是在 16 世纪欧洲宗教改革运动中产生的。新教在中国称"耶稣教",也有国人将"新教"专称"基督教"。新教传入宁波比天主教要晚了 100 余年。新教的传入和其所开展的活动对宁波的影响更为深远,新教传教士在传播宗教信仰的同时,也充当了"西学东渐、中学西传"的媒介,广泛传播西方科学文化,从而推动宁波近代化进程。

医学传教是新教传教的重要途径,一些初期传教士如德国的郭实猎(又译郭士力等)等曾向英美教会组织发出呼吁,请求继续向中国派遣医生,以满足中国方面对医疗的需要,通过治病感动百姓,以最终实现基督教在中国的传播。郭实猎实际上是第一位来华的欧洲大陆新教传教士,也是第一个在浙江沿海活动的新教传教士,扮演了多重角色。他在中国活动的20年时间里,中国沿海发生的每一个重大事件,几乎都可见到其积极参与的身影,因此在中国的官方文书和时人的著述中曝光率很高。1832年5月25日,郭实猎、林赛一行乘坐"阿美士德号"从甬江口外的海面前往宁波,然后溯甬江而上,到达宁波城。郭实猎先后会见了鄞县知县程璋、宁波知府冀兰泰等地方官员,林赛则散发了中译小册子《大英国人事略说》。他们在浙江沿海的活动,搜集到了大量的情报。1833年1月,郭实猎乘坐"气精号"再次在浙东沿海活动,造访了舟山、石浦等地,并致力于推销鸦片。1840年,郭实猎又随伯麦率领的英军舰队进入舟山,很快占领了定海。英军任命通晓汉语的郭实猎为舟山的民政长官,他也竭尽全力替英国侵略军治理中国民众。1841年2月24日,郭实猎随同英军离开舟山。1841年8月,英军舰队再次北上,闯入宁波海域,10月10日,攻占镇海,13日进入宁波城,郭实猎被英侵略军任命为宁波的行政长官,被宁波人称为"郭爷"。郭实猎的传教活动,主要是以在香港创立的"福汉会"为基地,他"提出依靠中国人传播福音的传教方法,为其他来华基督教团体所效仿"①。

"五口通商"后,西医随着传教士开始传入宁波。道光二十三年(1843)十一月,美国浸礼会医生玛高温来甬,设诊所于北门佑圣观厢房,施医传教,标志新教正式传入宁波,同时西医也开始进入宁波人的生活。次年六月,美国长老会医生麦嘉缔得宁波英国领事馆之助,在领事馆附近赁房数间,施医传教。八月,美国长老会教师祎理哲夫妇来宁波。是年冬,祎理哲的膳夫、广东人洪部入教,为宁波长老会发展的第一个教徒。

对疾病的疗效和医疗卫生知识的宣传普及,使宁波人对西医有了全新的印象,也逐步接受与信任。为此,传教士相继又创办一些西医院,比较著名的有:道光二十六年(1846)美国长老会创办的惠爱医院,原址在江北槐树路;同治九年(1870)英国圣公会创办的仁泽医院,原址在孝闻街;以及英国循道公会创立的体生医院,原址在白沙路;等等。

宁波教育事业源远流长,重教兴学之风历代相承。鸦片战争后,西方传教士纷至沓来,带来欧美教育制度和教学内容,单一的封建教育模式被打

---

①　龚缨晏:《浙江早期基督教史》第八章《宁波的开埠与郭实猎在浙江的最后岁月》,杭州出版社2010年版,第116页。

破。道光二十三年(1843),英国苏格兰长老会东方女子教育促进会爱尔特赛女士至宁波办女塾,是为外国人在中国所办第一所女校。道光二十五年(1845),美国长老会教师祎理哲、卦德明和麦嘉缔在宁波江北岸创办男孩寄宿学校——崇信义塾。值得注意的是,宁波长老会传教士对中国传统教育的弊端有着极为深刻的认识,第一次系统地提出了儒家传统教育的"缺点"及"补救"之策:"1.对其他国家的忽视和自大的观念,此缺陷必须通过地理和历史的学习,让学生了解各国具体情况才能纠正。2.对很多最常见的自然现象的无知,此缺陷必须通过自然哲学、化学、天文学和解剖学的教导来纠正。3.对许多艺术和科学知识的无知,此缺陷必须通过教授艺术和科学中最有用的相关原理来弥补。4.很大程度上缺乏缜密和耐心的逻辑思维能力和调查能力,此缺陷必须通过三角学和代数学的学习来匡正。5.对秩序以及和谐的美及其原则极度缺乏想象力、品味和敏感性,此缺陷必须通过品味、音乐和体育的学习来弥补。"[①]崇信义塾的创办,起到了为革除儒学教育弊端导乎先路的作用。同治六年(1867)迁杭州,改称育英义塾。道光二十七年(1847)十一月,玛高温的中文教师周祖廉入教,为第一个宁波籍基督徒。后周祖廉著有《消罪集福真言》等书,宣传教义。次年五月,英国圣公会传教士禄赐、戈柏至宁波,赁屋传教,创办了三一中学和三一书院。宁波由此成为英国圣公会在浙江的最初传教地点,其教务在宁波得到了迅速的发展。咸丰三年(1853),卦德明在宁波出版了《圣书问答》。

道光三十年(1850)六月,美国长老会教师丁韪良至宁波,咸丰三年(1853)偕该会教师兰显理以宁波话翻译《领经问答》《教会政治》《礼拜模范》诸书,方便中国信徒学习基督教义。美国长老会于咸丰元年(1851)二月建成槐树礼拜堂,五月建成府前礼拜堂,这是宁波最早的两个基督教堂。长老会每年有老会集议,有时就聚在府前礼拜堂进行。

美国浸礼会在华东的事业是从宁波起始的。美国浸礼会在宁波东门内、西门内先后建造了教堂,名为真神堂。西门教堂坐落在德聚镇西大路,是由高德牧师在咸丰二年(1852)建成的。随后东门内也建起了真神堂,时间不迟于1852年。次年,这两座真神堂联合刊刻出版了《圣经新遗诏马太福音传》。《万国公报》1879年第530期报道了会集于城西真神堂的宁波祈

---

① 赵力:《美国长老会传教士对儒学教育的地方性适应——以宁波崇信义塾为例(1845—1867)》,《近代史研究》2018年第3期。

祷会的活动。

咸丰四年(1854),美国浸礼会传教士玛高温在宁波创办中文版《中外新报》,宣传教义,介绍科普知识,为浙江报刊之始,亦为全国早期华文报刊之一。是年,德国福汉会传教士戴德生至城区湖桥头(湖西)传教。

丁韪良于咸丰九年(1859)任宁波长老会总会使,同治二年(1863)迁居北京。同治三年(1864),英国偕我公会(后改称循道公会)傅氏、梅氏(名无考)至宁波,于盐仓门竹林巷办学传教。次年,戴德生在宁波另树一派,创立中国内地会,著《中国的精神需要和要求》,呼吁传教士来华传教。同治九年(1870),基督教由英人传入象山县。随后,宁波张桂声来象传教。光绪元年(1875),西人燕乐拔在丹城首建耶稣堂,并向东乡各地传教。光绪二年(1876),宁波人沈恩德任宁波圣公会会长,是为英国圣公会在中国第一个华人会长。后王有光、夏光耀、陈志新亦渐升为会长。光绪十九年(1893),英国女教士华以利沙伯姐妹等三人至宁波传教,在张斌桥旁创立基督徒公会,在中国,此派只在宁波设立过基督徒公会。

民国时期,基督教在宁波加快了发展步伐,传教活动更加频繁,并创立了不少组织,教堂与布道处几遍全市。民国元年(1912),美国神召会女教师倪歌胜(1875—1940)从上海带四个山东籍孤儿至宁波,开办孤儿院。1922年,倪歌胜在江北草马路购地建堂,称"伯利特妇女爱养所",成为宁波伯利特会的创始人。1932年,彭善彰辞去甬江女高教职,成为宁波伯特利教会的第一任牧师。不久宁波伯特利圣经学院成立,学制四年,倪歌胜任院长,彭善彰为教务主任。1937年6月,彭善彰随倪歌胜至美国,加入美国神召会,并进美国中央神学院深造。1937年,倪歌胜与彭善彰一同回到中国传教。1947年,宁波伯特利圣经学院曾重刊彭善彰《旧约纲目》。民国六年(1917),基督教长老会堂中西牧师在城区钉打桥发起成立基督教福音研究所,创办英文商业学校、服务儿童会等。另据王宇高《题群学社报告册子》一文,民国十年(1921),"美洲尼亚司者以耶稣教来甬",在旗杆巷创办群学社,以"课我贫儿",教学内容"杂以耶教",其主要倚办人为胡洪民。四年后,尼氏因故离去,群学社交由胡洪民主办。自清末以来,中国教徒渐渐兴起自立运动。上海沪北浸会堂牧师、鄞县人俞国桢在1906年创立了中国耶稣教自立会,主张"有志信徒,图谋自立、自养、自传……绝对不受西方教会管辖"[1]。在他的影响下,全国各地教会纷纷自立、自养、自传。

---

① 陈定尊:《鄞县宗教志》,团结出版社1993年版,第271页。

1917 年 10 月,基督教徒陈谦夫等发起成立宁波中华基督教青年会(简称"宁波青年会"),陈谦夫为首任会长。1919 年,中国牧师孙怀珍脱离美国浸礼会,在南郊购屋设堂,创立中华基督教自立会。1923 年 4 月,甬城北门真神堂教徒任莘耕、楼四海等声名脱离美国浸礼会,于次年五月创立中华基督教自立公会。

天主教是基督教三大教派(天主教、东正教、新教)之一,在中世纪它传入中国有三次,前两次均与宁波无关。明代中叶后,随着葡萄牙殖民势力的扩展,天主教再一次以全新的形态大规模传入中国,中西正式的文化交流实始于此。

16 世纪 40 年代西班牙的一位贵族名叫依纳爵·罗耀拉创立了耶稣会,属于当时天主教诸教派中一个保守的教派,他们在罗马教廷和葡萄牙海外殖民势力的支持下,开始向东方传教,企图在中国开辟一个东方宗教王国。由于这次传教以南洋海道为主,因此,地处东南沿海且经济发达、文化昌盛的浙江便成了一个主要传教区。早在嘉靖五年(1526),葡萄牙殖民势力就来到宁波,并在双屿港建立了走私贸易的据点。相传葡人在岛上建立了两座天主教堂,以供耶稣会士传教布道,当时岛上各国天主教徒不计其数。但双屿港走私据点很快被明朝的军事力量夷为平地。所以天主教之正式登陆宁波并发生影响应在明末。

关于明末在宁波传教的西士,文献上有一些零星的记载,主要是费乐德、阳玛诺等五人。葡国传教士费乐德 1622 年抵达澳门,旋即奉命赴杭传教,1627 年往宁波传教,大概次年还在宁波,是为天主教传入宁波之始,费乐德因此被尊为"宁波天主教鼻祖"(民国《鄞县通志》壬编《宗教·天主教》)。但他在宁波传教时间不长,不久便转往河南。差不多同时,葡国阳玛诺在杨廷筠家避教难,此后即在宁波发展教务,并于崇祯十二年(1639)应教徒之邀重到宁波开教。利类思于崇祯十年(1637)东渡入华,十二年传教江南,付洗 700 人,旋奉长命赴北京。其时早在省城受洗的朱宗元回甬后禀告双亲,受到斥责,后因朱巧言譬解,最终说服家人邀请利类思神甫来甬,神甫出示圣像,见者都很惊奇,不久付洗 15 人,多数是文人学士。崇祯十三年(1639),葡人孟儒望赴甬传教,受洗者极多。高珑磐神甫在《江南传教志》二卷二章中说:"一六四〇年宁波亦成为教务昌盛地区,得新教友五百六十人,官绅子弟亦多加入。有朱氏昆仲三人,都科举出身,洗名伯多禄、葛斯默、玛弟亚,最受人注意。"孟儒望还在宁波刊刻了《天学略义》《炤迷四镜》等神学著作。意大利传教士卫匡国于 1643 年来华,传教浙江,先后在兰溪、绍兴、宁波、杭州等地活动。他在宁波开教时,恰值战乱,故其所造天主教堂毁于兵燹。

洪若翰、白晋、李明、刘应、张诚等 5 人,均在 1687 年 7 月 23 日从法国出海经暹罗在宁波登陆进入中国。这些传教士在宁波逗留时做了大量考察,这些在他们的著述中都有所体现。

清康熙四十年(1701),法国耶稣会传教士郭中传(又名高尚德)、利圣学自江西来宁波重新开辟教务,留居 20 年,建药行街住宅和小教堂(今天主堂址)。雍正元年(1723)禁教废堂,教衰。

天主教自费乐德于明崇祯元年(1628)来甬开教,至清康熙六十年(1721)中国开始全面禁教,近百年中有 10 多位传教士在宁波活动,他们都是天主教耶稣会士。宁波是这一时期天主教传教的重点地区,给宁波所带来的影响有:

江北天主教堂

第一，打开了宁波人的视界，为宁波人了解西方自然科学成果和思维方式创造了机会。来甬的传教士均受过严格的宗教训练，各自在哲学、天文、地理、数学、生物等学科有较深的造诣，他们采取将介绍西方科学技术知识贯穿于传教活动的做法，使甬人首次接触西方科学，了解到世界之博大、科学之深奥，可以说，他们提供了一次送上门来的学习机会。

第二，传教士通过著述、翻译、通信等方式，向世界传播中国文化、传递宁波信息。为了取得传教的成功，传教士努力学习和研究中国文化，他们把不少中国典籍翻译成西文，在对中国历史文化深入研究基础上发表出版了大量论著，对传教士在中国各地，包括宁波在内开展科学考察做了详细的报道，此举不仅向世界介绍了中国，更重要的是实现了中西方文化交流的双向互动，造就了阳玛诺、卫匡国、白晋等西方著名汉学家。

第三，宁波的一部分知识分子接受西学，开展宗教哲学、教义教理等方面的研究，并取得相当成果，丰富了浙东文化的内涵。这一时期在中国天主教史上有影响的教徒有朱宗元、张能信等人。

此后从雍正至道光，中国一直对天主教传教采取严厉限制，历时100多年，在宁波也难觅外国传教士踪迹。直到道光二十二年(1842)，法国味增爵会传教士顾芳济来宁波传教。次年，赣浙两省代牧主教、法国籍张芳济(原名穆导源)至宁波了解教务。道光二十四年(1844)，有五公所，教徒228人。道光二十七年(1847)，顾芳济于药行街建楼房五间，楼上为临时教堂，楼下为住宅。道光三十年(1850)，顾任浙江省代牧主教，遂以此教堂作为主教座堂。光绪五年(1879)，法国传教士赵保禄来到宁波，光绪十年(1884)任浙江省代牧主教，历42年，时有"道台一颗印，不如赵主教一封信"之谚。

古代传入宁波地区的外来宗教，还有伊斯兰教、摩尼教。

伊斯兰教与基督教、佛教并称为世界三大宗教，在7世纪中期由穆罕默德在阿拉伯半岛创立，传入宁波的时间相对较晚。日本人川柳狂堂《中国回教传衍史》(《东方杂志》一四卷一〇号，高劳译)称："回教初入中国，远在隋世。当时回民，每年一次，以至广州、福州、宁波、乍浦等地通商。华人不知其为回教，但记其为天方国人而已。"此说不知有何依据。至唐代，明州已是我国著名的四大贸易港口之一。波斯(位于今西亚伊朗高原一带)商人接踵在明州国际海运码头——东渡门外江厦码头靠岸登陆。1997年在宁波公园路唐宋子城遗址考古发掘中出土了波斯釉陶残片9块，时代约为9世纪，使宁波成为发现唐代波斯陶的3个城市之一(另两个城市为扬州、福州)。宁波发现的波斯陶质地明显劣于越窑青瓷,因而不大可能是贸易商品,而仅仅是波斯商人的日常生活用品。它是唐朝宁波人民与波斯人民友好交往的可靠物质证据。波斯商人采购了大量越窑青瓷及其他窑系瓷器、丝织品等商品,从明州出海,经广州绕马来半岛,过印度洋运抵波斯湾沿岸的希拉夫港、霍尔木兹岛、巴士拉港等,再由这些港口转运至西亚各地。从国外考古资料看,越窑青瓷器的足迹遍及西亚各地,这些青瓷器不论造型、釉色很大一部分与宁波海运码头遗址附近准备外运的出土瓷器相一致。由此证明唐代时宁波人民已经与伊斯兰教传统地区有了友好的交往,伊斯兰教有可能循此途径传入宁波。

北宋时期,明州还在市舶司西边波斯商人集中的地方建造起波斯馆,专门接待来自波斯、阿拉伯来宁波互市的商人。波斯商人集中居住的街巷,被命名为波斯巷,地在今东门口旗杆巷一带。波斯商人在狮子桥北面(今狮子街)建造了清真寺,俗称回回堂,这是目前可以考见的最早的清真教堂。

元代回回人散居浙地的数量相当可观,以杭州和庆元为最。据至正《四明续志》记载,庆元境内共有回回二十四户,主要居住在甬城中,部分散居于辖下各州县。这些回回人与各族人杂居,一定程度上促进了各族之间文化的相互交流,也促进了伊斯兰教在本区域的传播和发展。据至正《四明续志》记载,元代庆元有两座礼拜寺,元延祐之后,一在狮子桥北(今海曙区狮子街),旧名回回堂;一在东北隅海运所西。这两所清真寺只是穆斯林的内部信奉,还没有在四明发展出众多的信徒。

明代末年,回回堂被乱兵所毁。清代康熙三十八年(1699),宁波回民迁建于月湖西畔后营巷,即今月湖清真寺现址。乾隆年间王文计阿訇主持教务 41 年,至嘉庆间,殿宇两庑,渐就荒落。道光十二年(1832),阿訇冯振川租得陈恭洁祠地若干,以扩建地基。1842 年 12 月 15 日,英国伦敦会传教士美魏茶在宁波造访了清真寺,其日记记载清真寺的入口处镌刻着大字"回回堂",教长的祖先来自阿拉伯的麦地那,他本人能轻松阅读阿拉伯经文,口语也很流利,但读写中文则很费力。他日常的正装,就是简单的几件白袍,配以上翘的头巾。"他的信徒稀少,算起来不过二十到三十个家庭。"[①]1845 年 4 月 19 日,美国长老会传教士娄礼华也拜访了宁波的回回堂,称回回堂不

---

①　龚缨晏:《浙江早期基督教史》第九章"硝烟中的十字架",杭州出版社 2010 年版,第116 页。

大,堂内刻有不少阿拉伯文铭文。他还获知阿訇是山东人,宁波城内的伊斯兰教徒有 500 人。[①] 太平天国占领宁波之后,回回堂的寺院教务日益废弛。同治八年(1869)由阿訇白玉庆募资重建清真寺,奠定了现有的规模,时有教徒 30 人,以客籍居多。据何友仁《宁波回教堂考略》云:"宁波教堂之历史,确属悠久;然历经沧桑,殆已非原来面目。查该寺义地之多,有七八处;义地之坟墓,虽经世远年湮,迁移平毁,但仍以数千穴计。于此亦可知,该教堂亦决有常久之历史可据,更无疑义。"[②] 另据黄定福调查,宁波回民居住在月湖西畔,"围绕清真寺附近居多,江东、江北没有回民居住。如果以清真寺为圆心,距离这个圆心 1 公里为半径的扇形地区都有回民居住,过了 1 公里以外,就很少,甚至没有。据记载宁波西门外原有一处专门的回族蕃客墓地,这些阿拉伯式样的墓及分别镌刻阿拉伯文与汉文的碑,正是中国、波斯、阿拉伯地区人民当年在明州友好相处的见证"[③]。

摩尼教是 3 世纪中叶波斯人摩尼创立的一种宗教,约 6 世纪至 7 世纪传入我国新疆地区,后由新疆传至回纥,在那里被尊为国教,后因回纥助唐平安禄山叛乱有功,应回纥可汗之请弛禁,准在荆、扬、洪、越各州置寺一所,摩尼教曾经一度流行。因该教宣扬光明与黑暗二元论,我国民间称为"明教"。武宗会昌五年(845)灭佛时,摩尼教同属外来宗教,也遭到了致命打击,但民间的影响仍然存在。五代以后,摩尼教常被作为组织农民起义的工具。北宋宣和二年(1120)方腊在浙江睦州就曾用摩尼教发动农民起义,所以这种被称为"吃菜事魔"的秘密宗教,遭到统治阶级的禁止甚至镇压。摩尼教谋取的另一种传续的形式就是"佛化"和"道化",它往往用寺庵或道观的形式来取得合法存在。摩尼教大约在北宋初就传入慈溪,当时建造的崇寿宫,一开始就"奉摩尼香火"。崇寿宫因以前住过道士,俗称"道士宫",实际上是道化的摩尼教寺观。据宗教史学界考证,慈溪崇寿宫是我国沿海仅有的四处摩尼教寺观之一,至于摩尼教是从陆路还是从海路传入,则已无从稽考了。为求得政治上的庇护,住持道士张希声请黄震写了《崇寿宫记》,景定五年(1264)勒石于宫内。黄震将此文收进《黄氏日抄》中,成为现今考证南方摩尼教在被取缔中存续的最重要史料。明初,朱元璋认为摩尼教(明教)的教

---

① 龚缨晏:《浙江早期基督教史》第十一章"美国长老会的传教士们",杭州出版社 2010 年版,第 161 页。

② 《回教论坛半月刊》1940 年第 4 期。

③ 黄定福:《伊斯兰文化与月湖清真寺》,《宁波经济·三江论坛》2008 年第 2 期。

参见贾晋华:《古典禅研究·中唐至五代禅宗发展新探》(修订版),上海人民出版社 2013 年版。

布袋和尚

布袋名契此(? —916),唐僖宗年间流落到奉化长汀,自号长汀子,在岳林寺出家。他走村串户,寝卧随处,四处化缘,乞求布施,这是不同于"孤峰顶上,盘结草庵"的另一种禅生活:十字街头,解开布袋。他体态肥胖,肚子特大,性格风趣,使人感到和蔼可亲。他寝卧居住没有固定地方,四处云游募化,能预言人间吉凶,预测天气变化。平时说话嬉笑怒骂,却颇有佛理,举手投足,多有寓意。常以杖挂布袋走入市廛,见物即乞,不避荤素,吃剩食物,即投入布袋,并作歌云:"我有一布袋,虚空无挂碍。展开遍十方,入时观自在。"如果说盛唐的禅生活倾向于隐逸山林,在大自然的怀抱中领略超然自得的乐趣,那么,晚唐以后的禅生活则不妨在世俗环境中寻求心灵的自由,布袋和尚即为典型的代表。他不求助于遁隐山林、静坐独处来化解人生的烦恼,而能在任何外来环境的干扰下保持心理平衡,这是彻底了悟南禅宗旨后的自信。

契此与郡人蒋宗霸往来密切,并教其念"摩诃般若波罗蜜多"为日课,世因呼"宗霸"为"摩诃居士"。契此坐化时留下《辞世偈》:"弥勒真弥勒,分身千百亿。时时示时人,时人自不识。"肉身葬在岳林寺北二里的锦屏山中。世人见状深感惊奇,便认定他是印度弥勒的化身,或塑像供奉,或图画以传,其事迹越传越神。从此,布袋和尚取代了佛经里的弥勒佛而名扬四海,奉化岳林寺也因此被称为弥勒道场。布袋和尚在国内外很有影响,千百年来中国佛寺里供奉的大肚弥勒佛,大多是照布袋和尚形象塑造的,是完全中国化的佛像造型,那慈祥善良、喜笑自若的面容,襟怀坦荡的性格,极富有艺术感染力。人们总是对这尊袒胸露腹、箕踞而坐、善眉乐目、笑口永开的大肚弥勒佛,寄予无限的信任和期望。南宋释志磐《佛祖统纪》中,布袋和尚不仅是禅宗祖师,更是弥勒佛化身,于是有了只履西归、师背一眼、十六群儿戏弥勒的神异情节,这些情节正好与古佛化身的身份相适应。后半篇传中还新增了闽人姓名。尤其是增加了青瓷净瓶、六环锡杖等法器,从而完成了一个完全中国化的"大肚弥勒佛"的形象。元代昙噩《明州定应大师布袋和尚传》是迄今为止叙述布袋和尚事迹最为完整的文献。布袋和尚形象的影响甚至远超中国之境。在日本他被奉为"七福神"之一。德语作家弗兰茨·卡夫卡创作的最早中篇小说《一次战斗纪实》中有一个重要角色"胖子",《卡夫卡与中国文化》一书中指出:"胖子这一形象据说来源于中国,即布袋和尚,也就是弥勒佛。"

参见〔元〕释昙噩:《明州定应大师布袋和尚传》;韩秉芳:《从庄严未来佛到布袋和尚:一个佛教中国化的典型》,《中国文化研究》2002年第2期;张子开:《晚唐五代的布袋和尚信仰及诗作》,吴光正、高文强主编:《中国宗教文学史编撰研讨会论文集》,北方文艺出版社2015年版。

知礼法师

知礼(960—1028),字约言,俗姓金。又称"法智大师""四明尊者"。鄞县城内人。20岁从本郡宝云义通法师传天台业观,淳化二年(991),受请住四明祥符寺,遂开讲席,学徒云集。至道元年(995)迁城东南隅宝恩院,次年,内院主僧舍宝恩院于知礼,永作十方住持,传演天台教法。咸平二年(999)以后,知礼专以讲经、修忏为事。

知礼继承天台宗智颚的学说,并有所发挥。知礼在与山外派的论战中,继承和发展了天台宗智颚等人的学说,形成了自己具有鲜明时代特征的佛教哲学思想。知礼通过掀起山家、山外之争,进一步巩固和完善了天台宗的思想体系,促进了天台宗的中兴。知礼的"性具三千"比较忠实地继承了智颚的"一念三千"说,把世俗的、具体的、个别的观念作为认识的基础,同时他比智颚更强调"性具十界",以及十界中佛界与其他九界"互具互容"的关系。他还主张"妄心观",发挥妄即真、妄外无真等思想。知礼的"观心"思想与山外派的分歧在于妄心观、事观抑或是真心观、理观。无论山家还是山外,都承认"一念心具三千诸法",问题在于"一念"是事中一念还是理中一念,他们的争议实质上是关于本体之自性及其实现方式的争议。知礼继承并发挥了天台宗"敌对相即"的思想,在构建自己的思想体系时,运用了角立、相即的辩证认识原则。角立,意为如犄角相对之势,用以表示事物之间的对立关系,与"敌对种"(矛盾)同义。相即,指对立的统一。"敌对种相即"是天台宗认识论中的重要原则,旨在矛盾对立中观想认识的对象。他批评山外只知"类种"而不识"敌对种"。知礼承认宇宙间的任何事象,每一成分都包含着"角立"的两方面,如色心都各自分为内色、外色、内境、外境之类。角立双方互相依赖,互相存在,都以对方的存在作为自身存在的条件,即所谓"互具互收"。知礼通过掀起山家、山外之争,进一步巩固和完善了天台宗的思想体系,促进了天台宗的中兴。

日本清凉寺藏北宋雍熙元年(984)知礼法师雕印版画

　　参见佛智:《知礼大师的生平与思想》,《闽南佛学院学报》1995 年第 1 期;郭梅、吴志祥:《四明尊者知礼大师传》,佛光文化事业有限公司 2011 年版;曾其海:《天台宗山家山外之争》,上海社会科学院出版社 2008 年版。

重显禅思想

释重显(981—1053),字隐之,四川遂宁人。22 岁在成都普安院出家,后离川东行,长期游学于湖北、江苏、安徽、浙江等地,参谒名师,最终嗣法于智门光祚,成为云门宗的"四世孙"。重显有俗家弟子曾会于天圣二年(1024)知明州,在他的邀请之下,重显由江苏洞庭翠峰移住奉化雪窦山资圣寺,长达 31 年,侍中贾昌朝奏请宋仁宗赐号"明觉"。重显住持雪窦山之后,非常重视传法基地的建设,实行禅寺仪规,重整寺众参禅修行的生活规范,并且清理周围的环境,使寺院面貌发生巨大的变化,远近禅僧前来参谒和受法者日众,促成了云门宗的中兴。冯学成居士在《云门宗史话》中评价说:"重显禅师的雪窦之行,对云门宗来说是一件大事,因为在此之前,浙江原为法眼宗人的集聚之地,并在此兴盛达百年之久,云门宗却尚无人在浙江立足。在此之后,重显禅师在雪窦寺提唱近 30 年,得法弟子多达 85 人,其中不少都留在浙江传法,这就使浙江成了云门宗的重要道场,并迅速取代了法眼宗的地位,为其后不久云门宗的鼎盛局面奠定了坚实的基础。"

重显的著作,现存有《明觉禅师语录》6 卷、《雪窦颂古》、《瀑泉集》、《祖英集》、《拈古集》等,从多方面反映了重显的才学和成就。重显传播禅法的最突出特点是对有关修行和解脱成佛问题几乎都回避作正面的解释,而从侧面绕路说禅。重显禅法强调解脱之道的普遍性,提出"一切法皆是佛法",意思是说自然、社会及身边的一切事物和现象都是佛法,人们可以通过观察和参究自然界和社会、日常生活、自己身边的一切事物,达到觉悟解脱。重显有很好的文学素养,北宋天禧(1017—1021)间他以辩博之才和优美藻采将禅林的颂古之风推向高潮,推动了禅风由分灯禅向文字禅的转变。经重显的创作,颂古之体成熟为"歌颂制作"的典型而风靡整个禅林,从而改变了禅门的风气。几乎所有能提笔的禅僧都有颂古之作,所有参禅者都要钻研颂古,所有的名僧都要发表对颂古的评说。《颂古百则》同时也受到了文人士大夫的欢迎。政和年间临济宗杨岐派名僧圆悟克勤,不但编辑《击节录》,对雪窦的《拈古百则》加以"击节",更主要的是编辑了《碧岩集》10 卷,以重显的《颂古百则》为基础,在颂前加上"垂示",在颂文中加进夹注"著语"和"评唱",试图给参禅之人提供终南捷径,从而使雪窦颂古的影响达到空前的地步。重显的弟子草堂禅师还赴越南弘法。越南李朝圣宗延请草堂主持升龙的开国寺,待以国师之礼,并拜草堂为师,成为草堂派的传人。草堂禅师在开国寺主要传授雪窦重显的云门禅法,向弟子们宣讲的也是以《雪窦颂古百则》为主,因而草堂派在越南又称为"雪窦明觉派"。

参见黄绎勋:《雪窦重显禅师生平与雪窦七集之考辨》,《台大佛学研究》2007年第14期;瞿勇:《雪窦重显禅师研究》,四川省社会科学院硕士学位论文,2008年;赵德坤:《指月与话禅——雪窦重显研究》,中国社会科学出版社2014年版。

宏智正觉禅思想

宏智正觉禅师(1091—1157),隰州(今山东隰县)人,俗姓李。18岁起游方参学,后至邓州谒丹霞子淳,并随子淳到唐州大乘山和随州大洪山弘法,得曹洞宗正传。从宣和六年(1124)到建炎二年(1128),正觉先后住持过泗州大圣普照禅寺、舒州太平寺、江州庐山圆通寺等。建炎三年(1129)冬,正觉避地浙东,应请住持天童寺。面对金兵入侵明州,正觉禅师机锋迅捷,临危不惧,使天童寺免遭兵灾。绍兴三年(1133),正觉大规模扩建天童寺,筑海塘开垦涂田,岁收倍增,斋厨丰衍,甲于他方,四方学者争先奔凑,天童寺声价如日中天。正觉在天童寺倡导默照禅,前后近30年,在南渡初极度风靡。所著有《颂古百则》,为元初行秀《从容庵录》所本。其生平言行主要收录在《宏智正觉禅师广录》9卷中。

宏智正觉的禅学思想处处表现出石头宗——曹洞宗禅学的影子。正觉还同石头宗门人一样,表现出一种玄学化的倾向,提出"物我同体","天地与我同根,万物与我一体",主张心物圆融,物我一如,从而把人之自性与宇宙法性的冥然合一、生命本体与宇宙主体的圆融一体,视为禅的最高境界。尽管如此,宏智正觉的禅风比起分灯时的曹洞禅风来有很大的变化,那就是他倡导默照禅(也称无言禅),主张静坐看心,为南宗禅内部注重坐禅的传统提供了相当完备的理论。正觉倡导的"默照禅",乃是以静默观照作为根本的禅法。他之所以如此强调坐禅的重要性,与当时文字禅的泛滥有密切关系。正觉以为"默默忘言,昭昭现前","默唯至言,照唯普应",认为静默忘言比文字语言能更为有效地传达真谛。他反复申说"不要作道理,咬言句,胡棒乱喝,尽是业识流转","真证不可以言说,妙契不可以意到",强调了真谛、本相的揭示,不是能够通过语言文字推演、分析传达出来的,而是通过默默体验、领悟所得。在两宋之际,正觉和宗杲都在不同程度上为纠正文字禅的流弊做出了自己的努力。正觉的"默照禅",是将静坐默照视为参悟的唯一手段,在静坐中观照体验宇宙人生真谛,从而体悟和把握真实的生命与存在。"默照禅"的思想广泛存在于《宏智禅师广录》9卷的大量文字中,而特别集中地体现于他的《默照铭》和《坐禅箴》中。正觉住天童山 30 余年,整备伽蓝,重振清规,以默照禅倡导丛林,振兴了曹洞宗。

参见杨曾文:《宋代宏智正觉及其默照禅》,赖永海主编:《禅学研究》第 6 辑,江苏人民出版社 2006 年版;赵哲伟:《默照禅研究》,北京大学博士学位论文,2009 年。

如净禅思想

释如净(1163—1228),字长翁,俗姓俞,明州苇江人。19 岁从智鉴学禅法。嘉定三年(1210)由江苏常州华藏褒忠禅寺受请住建康清凉寺,继之住持台州瑞岩净土禅寺、临安府净慈禅寺、明州定海县瑞岩寺,再住净慈寺。宝庆元年(1225)如净受诏住持天童寺,为曹洞宗第十三代祖师。当时名已传至日本,道元未入宋时,如净就已被日僧觉琏推为"人天导师,一代宗匠"。现存有《如净和尚语录》2 卷、《天童山景德寺如净禅师续语录》1 卷。

如净生前厌恶世俗权势,不亲近帝者,不亲厚丞相和各级官员,不唯表谢紫衣师号,而且也不搭袈裟,平常上堂入屋,均用黑袈裟裰子,以静居深山为乐,注重坐禅修行。如净为南宋后期禅宗革新派的健将。他继承了曹洞宗雪窦智鉴雄辩的禅风,个性豪放,见处高迈,亟欲挽狂澜于既倒。如净批判禅僧风纪颓败,是以佛教的世俗化为背景的。如净除了扮演批判者的角色外,很少平实吐露其思想,其正面倡导的禅理念:一是"真正参禅,不存佛祖"。意谓参禅既要依佛祖言教始,但亦须句外透关,不能死死拘泥于佛祖言教。因为佛祖言教犹如渡河的筏子一样,而不是根本所在,所以真正参禅者务须透过佛祖言教,方能确保达到开悟的田地,否则,依旧是在无明鬼窟里做活计。二是"身心脱落,只管打坐"。这八字反映的是如净的教学态度和开悟境界。如净唯令禅僧于坐禅中体验"身心脱落,脱落身心"。这里,"身"指的是肉体、身体;"心"指的是思想、观念、企图心、追求心、贪求心、嗔恨心等心理现象。当你静坐时,你会觉知心的妄念之多。脱却身心的一切烦恼妄想,而进入真空无我的自由妙境,且脱落而无脱落之念,就叫作"身心脱落"(如净也称为"心尘脱落"),也就是"放下"或"无一物"之意。坐禅不为彻悟,只管打坐,这便是彻悟。如净自己也是身体力行,毕生只管打坐,重实践工夫而疏于禅理探讨。"身心脱落,只管打坐"八字,便是他毕生修证一如的简易写照,实质上,它正是正觉默照禅的延续和发展。"身心脱落"亦为如净禅师印可日僧道元之语。道元禅师是日本村上天皇第九代后裔,建长寺荣西禅师的弟子。贞应二年(1223),道元随法兄明全入宋求法,四月到达庆元府。历经曲折,才拜新任天童山住持如净为师,以"身心脱落"坐禅,苦学曹洞宗。道元回国后开创永平寺,成为日本曹洞宗的始祖,其禅林轨则,概取法天童。

参见经冢圣顺:《如净与道元的禅法比较》,吉林大学硕士学位论文,2011年;张家成:《论"如净禅"及其历史影响》,《神圣与世俗——文化旅游视域中的东南佛国》下篇,浙江大学出版社2012年版。

祖元与老婆禅

释祖元(1226—1286),字子元,号无学,俗姓许,鄞县翔凤乡人。无准师范高足。咸淳五年(1269),被贾似道举任为台州真如寺住持,传法7年。祖元为逃避兵乱,不得已进入雁荡山能仁寺。一日元军压境,寺众逃散,祖元独坐堂内,有元兵入堂用剑加在他颈上,他神色不变,诵偈曰:"乾坤无地卓孤筇,喜得人空法亦空。珍重大元三尺剑,电光影里斩春风。"元兵"作礼而去"。日本现代作家夏目漱石的代表作《我是猫》引用了祖元此偈。南宋亡后,祖元回到天童山景德禅寺,投靠法兄环溪惟一主持第一座。1279年,祖元东渡日本弘法,其法系称为"佛光派"。祖元赴日后一直热心传授禅法,培养弟子,卒谥"佛光禅师",语录由弟子整理成10卷。

祖元的禅法在日本禅宗史上占有特别重要的地位,人称为"老婆禅"。"老婆禅"原是指传禅者在讲授禅法时如同老妇人教人心切,反复叮咛,详加解说的做法。祖元的语录常针对日本禅林的情况,结合自己从小参禅的体验,向门徒和参禅者亲切地传授禅法,故长期受到日本禅林的喜爱,称其禅法为"老婆禅",实际上祖元生前也曾称自己的禅法为"老婆禅",其要旨有二:一是要人在"日用"中觉悟自己"本心"。祖元说人人有生以来具有与佛一样的本性。这种本性在不同的场合有不同形象的显现,有不同的称法,但它绝不离参禅求道者的日常生活,祖元称之为本性、自心,甚至也称之为真如、无明、智,也统称之为"心"。祖元认为它本来情景无染,但此后在生活中有种种表现,为善为恶,示妄示真,百种出没。祖元教人认识心的本性、作用,并认识由此显现的万有现象"起灭本空",称这样便达到觉悟。祖元强调参禅求道不要离开日常所从事的事务和生活,他说:"坐禅无事业可作,若有事业可作,即是外道之法。我宗门中只要悟自本心,契自本心。"又说:"坐禅无用心处,众人日用具足圆满,与如来一般。"还说"杂念亦有多种,若应酬公家,若婚男嫁女,若治生产业",皆与"实相不相违背,岂可断除? 此正是法性应用",因此从杂念中认识其"本无实性,从空而生,从空而灭",便可得到智慧。这种灵活的便于武士和一般人接受的禅法,自然受到欢迎。二是要参禅者"放下公案""参取自己"。宋代临济宗的所谓"看话禅"传到日本,道隆、普宁等到日本后也曾教人看公案,提倡看话禅。据祖元所见,日本有些禅僧,"只管誊写语录,大册小册表背了大担,随身担走。及乎教他做四句,略不识触净","又有一等兄弟,自己本领未入手,只管向册子上记把来应酬,仔细教他解说,又便胡乱话"。祖元对此现象提出批评,说"如此参禅,不如念佛",是掉进"无枷锁地狱"(以上皆见《佛光国师语录》)之中。祖元根据自己的坐禅体验,劝日僧放下公案,不参究话头,使心意识自由放开,然后坐禅,"参取自己",达到觉悟。祖元之到日本传禅,在日本禅宗发展史上具有重要的意义,它本身是自从荣西—兰溪道隆以来,禅宗向日本逐步深入传播的标志。

参见江静:《赴日宋僧无学祖元研究》,商务印书馆 2011 年版;江静:《无学祖元与日本的五山文学》,《日语学习与研究》2011 年第 3 期。

梵琦禅思想

释梵琦(1296—1370)字楚石,一字昙曜,晚号西斋老人,俗姓朱,象山人。梵琦受戒于元叟端公,为大慧宗杲的五传弟子,天历元年(1328)住持海盐天宁寺。他的禅思想较有特色,被认为是深得大慧宗杲之旨。

从语录看,梵琦的禅思想大致表现在以下几方面:其一,嬉笑怒骂,无非佛事。梵琦敢于直斥丛林的不学无术,更多地继承了前代呵祖骂佛的"狂禅"作风。他把佛教经典视作"屎窖子""卖田乡帐",又说"涅槃心""正法眼"等佛教义理,也只不过是十字街头的破草鞋,大可抛到钱塘江里,这是对经典及其教法的否定。因此他责问那些读经的禅师:经有经师,论有论师,"既称禅师,却钻头入故纸堆里作么?"梵琦想要说的是祖师门下的禅师应当有自己的领悟和主见,但其行为方式只是模仿了唐宋狂禅之所为。其二,河沙妙德,总在心源。梵琦承认有一个先天地而有、后天地而存的真"性",它既是世界的本源,又是成佛的基因。他说:"百千法门,同归方寸。河沙妙德,总在心源。……是以恒沙刹土,莫不禀其威灵。草木昆虫,亦皆资其化育。"方寸之心的当体实为真心、佛心,所以能够流出百千法门。他说:"须知尽十方乾坤大地,人畜草芥,高低阔狭,无空缺处,总是自家屋里的。"所谓"自家屋里",乃是对真性、真心的隐喻,故他的意思是说,天地间一切主客体物,都是真性这一本原派生出来的。他说:"无理外之事,无事外之理;无心外之物,无物外之心。"前两句全事即理,后两句即物是心。他的这一表述,已与后来王阳明的本体论颇相一致，只是梵琦将心导向了佛家之真如，王阳明将心导向了儒家的良知。其三，自证自悟，不堕窠臼。梵琦发挥了禅宗的"顿悟"说，主张"真性圆明，本无生灭"，对这个先天地而有且永不绝灭的"真性"的"迷"和"悟"，就是衡量众生和佛的标准。"真性"人人本具，个个都能圆

清初古香楼抄本梵琦《北游诗》书影

成,关键在于一念之悟。众生因为迷失了真性而"流转生死","悟之则当念圆明,迷之则永沉生死"。其四,教禅一如,禅净一致。他明确主张"教亦何曾异禅?","禅亦何曾异教? 教是佛口,禅是佛心","更分什么禅,拣什么教"(以上皆见《楚石禅师语录》)。他又主张禅净一致,是以禅僧而兼修净土的代表,晚年作《西斋净土诗》,更向慕净业。这些思想都是过去的禅宗大师早已阐发过的,只是梵琦对佛学的浸润更深,故比一般禅师更能表达悟见。明代袾宏大师尊其为"本朝第一流宗师"。

参见《楚石梵琦禅师语录》卷 4,《卍续藏经》第 124 册;林建福、陈鸣:《明初第一宗师——明代诗僧梵琦》,《文苑佛光•中国文僧》,华文出版社 1997 年版;鲍翔麟:《梵琦楚石与日本、高丽僧人的交往》,《东方博物》2005 年第 4 期。

八指头陀

释敬安(1852—1912),俗姓黄,字寄禅,湖南省湘潭县石潭村人。同治七年(1868)投湘阴法华寺出家,后至吴越,参禅学法十余年。光绪三年(1877)秋,在阿育王寺佛舍利塔前烧二指供佛,因号"八指头陀"。光绪二十八年(1902)起住持天童寺 10 年,蜚声海内外。八指头陀在天童寺当了十年住持,任贤用能,清规整肃,佛门清明,宗风大振,一举奠定其十方丛林模范的基业,使天童寺成为近代禅宗最有影响的道场。他具佛陀弟子兼诗人的情怀,1881 年,第一部诗集在宁波刊行,名为《嚼梅集》,他也随之被誉为"白梅和尚"。

清末国势日下,敬安不忍见自己的国家遭此惨境,生灵涂炭,战火横飞。1906 年,诗人出家近 40 载,用悲愤的心情向前来天童山采集植物标本的师生发表演说:"盖我国以二十二省版图之大,四万万人民之众,徒以熊罴不武,屡见挫于岛邻。"他慷慨激昂地提醒众人,那些金发碧眼的人其目的是奴役中华。他希望有志之士奋起,富国强兵,兴利除弊,"力革旧习,激发新政",用"卧薪尝胆"的精神和"磨砖作镜""磨铁成针"的毅力,挽救危难中的祖国。他以满腔的义愤和炽烈的爱国热情去激发人们奋发图强,拯救中华之意志。1910 年,日俄协约,其实质是列强互相勾结,蚕食中华领土。诗人在《感事二十一截句附题冷香塔》中慨叹:"鲸吞蚕食各纷争,未卜余生见太平。""修罗障日昼重昏,谁补山河破碎痕? 独上高楼一回首,忍将泪眼看中原。"寄禅法师用自己的诗情来激发国人反帝救国热忱。他痛感国难当头之日,君主懦弱,群臣昏庸,难觅匡扶社稷的忠臣,作诗云:"落日青山远,浮云白昼昏。衣冠一时盛,肝胆几人存?"中日甲午战争,将士们进行了英勇不屈的抵抗,但最终李鸿章还是代表腐败无能的清廷与日本代表签订了《马关条约》。诗人在诗中哭道:"天上玉楼传诏夜,人间金币议和年。哀时哭友无穷泪,夜雨江南应未眠。"光绪三十四年(1908),宁波成立僧教育会,敬安被推为会长。他创办僧众小学和民众小学,此乃中国僧学之始。僧学的创设,意味着佛门义理的规范化与系统化,同时揭示出佛法般若的开放性和普适性。1912年,中华佛教总会成立于上海,他被诸山长老推举为首任会长。寄禅圆寂于北京,圆寂前一年,即在天童寺预筑冷香塔,并自题诗。圆寂后即返葬于天童寺。传有《八指头陀诗文集》。

参见王开林:《洞庭波送一僧来——八指头陀的传奇人生》,《佛教文化》2001年Z1期;习细平:《寄禅法师与近代中国佛教的振兴》,《法音》2011年第10期。

谛闲法师

释谛闲(1858—1932),俗姓朱,出家后法名古虚,字谛闲,浙江黄岩人。24岁,到天台国清寺受具足戒。光绪十二年(1886),上海龙华寺方丈迹瑞法师为他传法授记,授他为传持天台教观四十三世祖。

民国二年(1913),谛闲出任四明观宗寺住持,立志恢复祖庭。他募集巨金,重建大殿、天王殿、念佛堂、禅堂、藏经阁等,重为佛像装金,重订规约,以三观为宗,说法为用,改名为"观宗讲寺",数年之间,使观宗寺成为东南一大名刹。他又成立了"观宗学社",自任主讲,专攻天台教观,被誉为观宗寺中兴之祖。民国七年(1918),京中复设讲经会,他至京讲经,历两月始毕,成《圆觉经讲义》数十万言。谛闲以居士、信众馈赠的款项,扩充观宗学社为正式僧教育机构,是时入学僧侣,后来分灯于大江南北,各为天台重要法匠。民国十七年(1928),谛闲把观宗学社改组为《弘法研究社》,发行《弘法月刊》,由座下弟子宝静协助社务,培养了大批的佛学人才。同时,研究社发行《弘法月刊》,弘扬天台教义。所著《教观纲宗》云:"佛祖之要,教观而已矣!观非教不正,教非观不传。有教无观则罔,有观无教则殆。"综观师一生自利利他之行愿,实植基于"教观圆融,定慧等持"的真功夫。谛闲法师怀着弘法利生的大愿,毕生辛勤为法,诲人不倦。他到处讲经,不断写作。1928年,完成了长达八九万字的《观经疏钞演义》的编述。经过他加工修改的《观经疏钞演义》条分缕析,层次清楚。谛闲法师一生奔走弘法,讲肆遍于南北。他的著作很多,主要有《圆觉经讲义》《圆觉经亲闻记》《大乘止观述记》《教观纲宗讲义》《金刚经新述》《楞严经叙指味疏》《始终心要略解》《念佛三昧宝王论义疏》等,1951 年,倓虚法师搜集遗述 120 余万言,撷英摭华,删繁就简,斟酌去取,编订校勘,并由叶恭绰、蒋维乔复勘,编成《谛闲法师遗集》及《谛闲大师语录》,先后由香港华南佛学院出版。

参见王志远、中华佛教文化院编:《谛闲大师文汇》,华夏出版社 2012 年版;曾其海:《缁门麟凤,台宗泰斗——天台宗四十三祖谛闲述评》,《台州师专学报》1997 年第 4 期;严振非:《谛闲大师论〈金刚经〉》,《佛教文化》1993 年第 4 期。

太虚法师

太虚法师(1890—1947),俗名吕淦森、吕沛林,法名唯心,号太虚,祖籍浙江崇德(今桐乡),生于海宁长安镇。他是中国近代佛教改革运动中的杰出领袖,也是重要的理论家和实践家,以致力于改革、振兴佛教著称于世。

太虚于 1904 年入苏州小九华寺披剃,不久来到宁波,依师祖奘年老和尚,后往天童寺受戒,经寄禅介绍,从宁波永丰禅寺住持水月歧昌学习经论,兼习佛门法仪。后又在天童寺随道阶和尚听经学教,接受了一流的丛林修学教育。1906 年秋,太虚至慈溪西方寺藏经阁潜阅藏经,既获得了禅悦体验,又结识了倾向维新变法思想的新派僧人华山,后他又在苏州小九华寺结识了另一革命僧人栖云,他们都有力地促发了太虚以佛法救世的革新思想的形成。1908 年,在太虚、圆瑛、栖云等人的襄赞下,寄禅成立宁波僧教育会。1909 年以后,太虚一度就读于杨仁山居士开设的新式佛教学堂——金陵祇洹精舍。1910 年,太虚至广州弘法,并出任双溪寺住持。1912 年,太虚在南京创立中国佛教会,第二年并入以寄禅和尚为会长的中华佛教总会,太虚被选任《佛教月刊》总编辑。寄禅和尚逝世,太虚在其追悼会上提出进行教理革命、教制革命、教产革命三大佛教革命口号,引发守旧派的反对。太虚后又短暂入住宁波观宗寺,改组佛教弘誓研究会为“佛教弘誓会”,撰《佛教弘誓会章程》。不久移住观音寺,再度发起组建“维持佛教同盟会”,拟订了章程及宣言。1913 年 3 月 31 日,中华佛教总会在上海召开正式成立大会,太虚虽未与会,但在宁波撰写了《上佛教总会全国支会部联合意见书》,提出了改进中国佛教的完整设想。后太虚辞去《佛教月刊》总编职务,转入普陀山闭关潜修佛学,出关后赴日本等地考察讲学。1923 年,太虚发起成立世界佛教联合会,被选为首任会长。1927 年秋,太虚出国考察讲学,遍历英、德、法、荷、比、美诸国,宣讲佛学,并应法国学者建议,在巴黎筹设世界佛学苑,此举实开中国僧人跨越欧美弘扬佛教之先河。1929 年,太虚归国,至厦门主持南普陀寺和闽南佛学院事务,积极推行佛教僧制改革。1932 年,太虚应蒋介石之邀,出任溪口雪窦寺方丈,并拟将雪窦寺改建为"世佛苑"禅观林,起草了《禅观林大纲》。抗战胜利后,太虚任中国佛教整理委员会主任。1946 年,太虚至宁波驻观宗寺,受到六邑佛教会的欢迎。1947 年 3 月 17 日,太虚于上海玉佛寺圆寂,其色身舍利,建塔供养于奉化雪窦山。大弟子印顺法师在雪窦寺编纂完成《太虚大师全书》凡 64 册。总观太虚的一生,宁波无疑是其活动的最重要地区之一,并在此留下了丰厚的佛教思想遗产。太虚大师学识广博、思想深邃,他提出佛教改革的主张,首倡"人间佛教",其根本宗旨在于以大乘佛教"舍己利人"的精神去改进社会和人类,对海内外华人佛教界产生了深远的影响,开启了现代中国佛教发展的方向。

参见李湖江:《太虚大师创办世界佛学苑始末》,《五台山研究》2014 年第 1 期;洪修平:《太虚大师与当代的人间佛教》,《佛学研究》2017 年第 2 期;李虎群:《中国佛教现代转型的探索——以太虚大师人生佛教思想为核心》,《吉林师范大学学报(人文社科版)》2018 年第 4 期;何蓉:《孤弦雅韵:太虚大师的佛教——社会理论》,《社会学评论》2018 年第 5 期。

葛 洪

葛洪(283—343 或 363)从祖父葛玄为吴方士,曾从左慈学道。后葛玄以其炼丹秘术授弟子郑隐。葛洪随郑隐学习,悉得其法,后来又师事鲍靓,深受鲍的器重。

葛洪为灵宝派最著名的学者,所著《抱朴子》,将儒家的修身养性与道家的修炼成仙沟通起来,建立了一套内神仙而外儒教的宗教理论,在成仙的途径上,相信"假外物以自坚固",特别是炼制与服食金丹。他相信金丹大药是上品的神药,如同五谷能养人身体一样,服饵金丹大药,定能使人长生和成仙。但金丹大药必须进入深山或穷岛才能炼成,为此葛洪不惮险远,徒步冒涉,遍游天涯,踪迹达于浙东海隅,北仑灵峰山、鄞州石臼山、余姚龙泉山、宁海大洪山等地均为他的修炼之处,留有丹井等遗迹。据考证,永兴三年(306),嵇含被害后,葛洪有"遂停南土多年"的经历,这段时期他可能在浙东留下了很多踪迹。至今宁海柯仙山学士坪和双峰乡杨染村南的抱朴洞天尚保存完好。葛洪在《抱朴子内篇·金丹》中曾写道:"必入名山之中,斋戒百日,不食五辛生鱼,不与俗人相见,尔乃作大药。"他据仙经认为"可以精思合作仙药者",仅浙东就有"大小天台山、四望山(即四明山)、盖竹山(在黄岩)、括苍山,此皆是正神在其山中,其中或有地仙之人。上皆生芝草,可以避大兵大难,不但于中以合药也。若有道者登之,则此山神必助之为福,药必成。若不得登此诸山者,海中大岛屿,亦可合药。若会稽之东翁洲、亶洲、纻屿,……皆其次也"。(《抱朴子内篇》卷四)这正道出了他之所以来到浙东深山、海岛炼丹修道的原因。葛洪来四明炼丹的时间史书中均未提到,宁海葛洪27代孙宋代进士葛柏《后山记》说葛洪游至宁海桐柏山,见其地山明水秀,白溪顺奔东下,西溪(在山北,今大溪)逆折南行,于是"构宫伐木,选盖以栖,内藏杖履,外置丹炉,出披榛,入排草,展席大鼾,将有十年,起应王导之召,寻炼丹于罗浮山"。葛柏认为先祖葛洪在咸和初应王导之召前十年已住于宁海。葛洪的子孙在宁海繁衍成族,其聚居处俗称廿里葛藤棚,宁海今存的十数部葛氏宗谱,皆奉葛洪为一世祖。宁波各地以及舟山群岛一带,很长一段时间以来,民间一直信仰"葛仙翁菩萨",说他能"驱魔、禳邪、医药、祛灾",迄今每年的农历四月初十(传说为葛仙翁菩萨诞日),远近数百里的善男信女,成群结队地赶到北仑灵峰寺进香,这些均足见葛洪对浙东民间信仰所产生的重大影响。

参见傅璇琮主编:《宁波通史·史前至唐五代卷》,宁波出版社 2009 年版;郑全:《葛洪研究》,宗教文化出版社 2010 年版;武锋:《葛洪〈抱朴子外篇〉研究》,光明日报出版社 2010 年版。

陶弘景

丹阳秣陵人陶弘景(456—536)是整理和弘扬神仙道上清经法的卓越人物,他继顾欢之后,发心搜集上清派祖师杨(羲)、许(谧、翙)真书手迹,重加编纂。元兴三年(404),因刘裕起兵讨伐桓玄入建康,许翙之子许黄民奉上清经至剡,受到马朗、马罕礼敬供养。至东晋末,有道徒王灵期等向许黄民求经。王等遂在所得几卷经书基础上,窃加损益,盛其藻丽,再次造撰,凡 50余篇。浙东剡中由此成为后续上清造经活动的策源地。此后,因为种种机缘,上清经因此而流散于浙东一带。

据《华阳本起录》记载,陶弘景于齐永明庚午年(490)"启假东行浙越,处处寻求灵异。至会稽大洪山,谒道士娄慧明,又到余姚太平山,谒居士杜京产,又到始宁峗山谒法师钟义山,又到始丰天台山谒诸僧标,及诸处宿旧道士,并得真人遗迹十余卷,游历山水二百余日乃还"。他这次的主要任务是访求经书,有了很多收获。如菁山女道士樊妙罗藏有杨羲书《鄮宫事》1 卷,"樊亡,在其女弟子沈偶间,沈又以与四明山孔总"(《真诰》卷二十),遂为陶氏收罗。他在余姚太平山，为杜京产作《太平山日门馆碑》，称赞杜氏"声高两代，德贯四区，教义宣流，播乎数郡"。比至萧梁革命，早已退隐茅山修道的陶弘景积极援引图谶，以示拥戴，梁武帝对陶弘景也恩遇有加，有所谓"山中宰相"之称。梁武帝素奉道教，至天监三年(504)四月初八佛诞日，乃舍道入佛，立佛教为国教。在此大背景下，陶弘景无力反对，只能奉命为梁武帝炼丹，并以地近朝市、岩林浅近为托词，准备移徙远游。天监七年(508)四月，陶弘

陶弘景

陶弘景像(选自《仙佛奇踪》)

在浙东之地炼丹,大约在这一段时间内。《象山县志》记载,陶弘景在象山县城北蓬莱山腰建有石屋,曾在这里结庐炼丹,自写"真逸"于东壁,留有丹灶、丹亭、丹井遗迹。世传来往象山贸易之人蹈海垂危,只要志念陶真人就能应效。《宁海县志》也称陶弘景曾隐居本县阆风里,与张小霞炼丹,铁场侧东山犹存庵址。天监十一年(512),陶弘景自永嘉木溜屿返归茅山途中,不得不迎合梁武帝,自称信佛,先亲至鄮县礼阿育王塔,自誓受五大摄戒,并作《发菩提心礼佛文》。但陶弘景并没有因此放弃自己的道教信仰。之后梁武帝发誓永弃道教,敕废天下道观,道士皆返俗(事在天监十六年),但茅山道观得以幸存,这与陶弘景前此的礼塔受戒有极大关系。陶弘景于齐永明中在浙东寻找真经的过程中,熟悉浙东道教活动的潘洪(住于余姚奥国四明山馆)起了重要的协助作用。据陶弘景《招真馆碑》,潘洪有弟子张(道)裕,为天师道创教祖庭张陵的后裔,但他却崇尚神仙道,后住虞山招真馆。陶弘景在浙东的另一个门徒孙(文)韬,则是陶氏书法的最重要传人,《隋书》卷34著录其著作有《合丹要略序》一卷。另据《三洞玑囊》,师事陶弘景的还有余姚虞氏家族的虞权。

参见王家葵:《陶弘景丛考》,齐鲁书社 2003 年版;傅璇琮主编:《宁波通史·史前至唐五代卷》,宁波出版社 2009 年版;刘永霞:《道医陶弘景研究》,巴蜀书社 2011 年版。

吕虚夷

吕虚夷(1267?—1344),字与之,奉化人。初入天台桐柏山崇道观,后从茅山第四十四代宗师刘大彬,受上清法篆于华阳宗坛。大德十一年(1307),象山大旱,应县令之请在象山郁溪祷雨而应,遂留居象山。

早在至元二十七年(1290),象山爵溪人王一真弃妻、子学道,在金钟山北麓结茅为庐,祀真武神,搜购"大瀛海"三字,悬挂草庐,潜心修道。不久迁至爵溪南门,道院扩大,此为爵溪道教之初兴。吕虚夷到爵溪后,与王一真同居大瀛海道院,两人成莫逆之交。王一真过世后,吕虚夷主持院事。吕虚夷并非只传茅山宗一家,还能受融其他各派。皇庆间诣庆元报恩观吴雪崖尊师,受"祈风雨役鬼神"之法。天历二年(1329),吕虚夷由句曲山还四明。至正元年(1341)自春至夏,庆元大旱,吕虚夷祷雨成功,临江路同知总管府事赵由松招之主郡城福顺观。福顺观原是赵氏所创的家观。赵由松的祖父赵与懂崇尚清静无为的老氏之学,"后归守四明,拓其里第旁田舍,构福顺道院",供奉吕洞宾像。赵与懂之子、浙东道宣慰使赵孟传请于天师张宗演,将道院改名为观,由道士朱可立主之。但因继者非其人,加之赵氏子孙多宦游他郡,无力照料,福顺观建因此颓败不堪。吕虚夷应赵由松之请主持观事,不但全面修复了福顺观,且据朝廷致祭山川之诏,建造大阁以奉四明洞天之神,榜为"四明别馆"。"掌其教者为移牒有司,必于此乎祭"(危素《四明别馆记》),于是福顺观遂成为官方致祭之所,由官方主导的求雨仪式,亦多在此观中进行。他又通禅观之学,与沙门师恢大章、噩无梦、铭古鼎俱有唱和往来,与袁桷、僧岫云外坐松阴讲《老子》,时人绘图以传。他还与儒者危素等往来,曾协助危素求舒璘、沈焕遗书。所著有《老子讲义》《嵩斋文集》,一时名人赠言结为《瀛海纪言》17卷。吕虚夷是宋元间四明道教界文化素养最高的道士之一,不但长于诗歌,也代表了元代的三教合一的思潮。吕虚夷还培养出一批弟子,最著名者为郑守仁。

参见张利民、邵鹏编:《名人与象山·大瀛海道院碑与元代三大名家》,浙江科学技术出版社 2009 年版;张如安:《元代宁波文化史》,浙江大学出版社 2018 年版。

何道全与全真道

何道全(1319—1399),号松溪道人、无垢子,祖籍四明,因父居钱塘,故生于钱塘。自幼修习全真道,悟道于浙江萧山。他到处云游,随机教化徒众,足迹遍布今江苏、浙江、河南、陕西各省,虽然在浙地影响不大,但在陕西道俗两界享有盛名。张三丰的著名弟子王宗道,曾与何道全居数年。何道全是明初少数尚能践履全真道教义并弘扬全真道教旨者之一,有《随机应化录》二卷,《老子道德经述注》传世。

何道全的内炼之学,概括起来为如下三点:第一,以福慧双全为玄门纲宗。何道全继承了全真道功行两全的修行观,吸纳儒、佛两家的相关思想,做了新的阐发。有道士刘宗海参师,问修炼之事,他回答说:"修者修其外行,炼者炼其身心。修外行者,恤孤念寡,敬老怜贫,修桥砌路,扶患释难,总有八百之数。炼身心者,居环守静,磨身炼心,惜精养气,炼神还虚,总有三千之数。外行生福,内功生慧,福慧两全,超越生死也。"他反复要求学道之人承担社会责任,这无疑是吸纳了儒、佛两家伦理思想,发挥了初期全真道的"真行"之说,用以修正后来的全真道仅注重"个人独善其身"的倾向。第二,以明心养性为修行要旨。何道全承全真宗旨,强调脱离生死之本,唯有明心见性。他提出了"清静""养拙""坐活圈""磨炼心地"等具体的修炼方法。他从性命体用不二论出发,认为性命混融,是内炼的基本原则。在修炼法则上,融合南北二派之传,大体以持戒收心,惩忿窒欲为入门之要。他强调入手筑基,应从修命着眼,把内炼之秘总结为鼎器、药物、火候三要,认为只有知解这三者,才可下手修炼。他主张初学者可习养身安乐四法以却病延年,内丹则以乾坤为炉鼎,精气神为药物,以静定、慧照为水火,和合三宝,久炼成丹。不管是何种修炼法门,都需要练成无心的境界。第三,以三教一源为理论进路。何道全仍然秉承王重阳创教时确立的三教合一宗旨,这与明代风靡朝野的三教合一思潮是合拍的。他有《三教一源》偈云:"道冠儒履释迦裟,三教从来总一家。红莲白藕青荷叶,绿竹黄鞭紫笋芽。虽然形服难相似,其实根源本不差。大道真空元不二,一树岂放两般花。"(以上引文皆见《随机应化录》)这是后来三教合一论者常引的诗句。

参见魏周琳:《何道全养炼思想及方法浅述》,《宗教学研究》2008 年第 3 期;陈兵:《何道全、王道渊、阳道生、伍守阳的内炼说》,《问道——道教修炼养生学》下篇,中国时代经济出版社 2008 年版。

仇兆鳌与内丹学

仇兆鳌(1638—1717),字沧柱,道号知几子,晚年又号章溪老叟,鄞县(今属海曙区)人。少从黄宗羲游,有声于时。仇兆鳌的思想亦儒亦道,在浙东学派中颇称别调。

康熙二十四年(1685),仇兆鳌考中进士,授翰林院庶吉士。是年,始读丹家经典《参同契》《悟真篇》,知丹法别有心传。其后以在京师的便利,广搜丹经秘书,为日后集注《参同》《悟真》累积了不少第一手资料。康熙三十三年(1694)五月十六日,进奏所著《两经要义》。据《秘典珠林》卷二十二:"仇兆鳌《两经要义》一册,素笺本,前注释《道德经》十二章,后注释《南华经》一章,又附程真人《道化书》,歧伯《命门水火论》,陆长庚《元精元暴元神论》。款云:翰林院编修仇兆鳌斋戒熏沐敬陈。"康熙三十四年(1695),仇兆鳌重会陶素耜,证以丹法心得,陶氏遂与仇氏闭门讨论丹法要义,相与寻师访道。二人的丹法渊源,实出自孙教鸾一派。康熙四十二年(1703),仇兆鳌注释杜诗告一段落,遂转向注释道教经典。是年六月完成《悟真篇集注》初稿,次年三月,完成《古本周易参同契集注》初稿。是年五月,他将《古本周易参同契集注》稿本进呈康熙帝御览,自谓所注《参同契》"分《经》分《传》,免长短句法之参差;解《赋》解《歌》,寻先后功夫之次第。各章提其大旨,每条附以疏笺,较诸坊本所传,此编粗为详悉。臣窃念平生向道已久,苦于穷老,徒慕前修而兴叹,幸逢天圣之见,将来进修机缘,尚望皇仁之扶植也"。并期康熙帝能精究之。康熙赐御书诗扇、松花石砚、土木人参等。康熙五十一年(1712),托太监孙文成先后于秋、冬两季呈进所著的《修真次第》与新刻成的《古本周易参同契集注》。《周易参同契》有万古丹经王之誉,仇兆鳌集注本以杜一诚所定古本为基础,集合诸家注释,参以己意而成,是公认的《周易参同契》注释中的善本。道教内丹学的南宗一派创始于北宋张伯端,形成于白玉蟾,该派以"先命后性"的修炼方式著称。因该派的传人多出自南方,故称为南宗。张伯端《悟真篇》是该派的最主要经典,清人仇兆鳌则深得《悟真篇》之旨。仇兆鳌《悟真篇集注例言》说:"《悟真篇》中,言命处多,言性处少。"又说,凡解注《悟真篇》者"大都详于命而略于性"。南北宗都要求性命双修,但有修炼次序上的不同。仇兆鳌说:"北宗盛于邱长春,其法先性而后命;南宗起自张平叔,其法先命而后性。"仇兆鳌《悟真篇集注》,全面系统地介绍了南宋祖师张伯端的《悟真篇》和《金丹四百字》等著作,为修炼南宋内丹术提供了宝贵资料,值得重视。仇兆鳌的研道著作尚有《金丹梯梁》《黄老参悟》,均佚。

参见吴淑玲:《浙东学人仇兆鳌著述钩沉》,《保定学院学报》2008 年第 1 期;张佳:《仇兆鳌年谱考略》,《杜甫研究学刊》2011 年第 1 期。

秘传洞天奇书

清慈溪杜少甫录《秘传洞天奇书》,四礼堂杜氏抄。杜少甫当为道光间慈溪民间道士。

今传《秘传洞天奇书》系甬上蜗寄庐藏书,残存卷一、卷三及未定卷次。卷一为《田家事宜》,卷三为套格纸抄本一册,最有民间道家的气息。卷三首有《仙乩自序》,略有残破,末署:道光庚子秋月宁波慈邑山人杜芝陵先生珍序。下又有"慈邑四礼堂小房友梅氏敬跋"诸字。道光庚子即 1840 年。此册正文内容为慈溪民间扶乩之术。此书为杜少甫所录,其人为慈溪民间扶乩高手,与作序之杜珍(字芝陵)疑为同一人。这是笔者所见到的唯一一部宁波民间扶乩奇书。此卷后有六种附录。附录一为《仙乩灵符》,收录各种道符。附录二为《救度众生法》。首有"少甫公曰:凡人世之上,以杀生为山海珍味,以杀一命为救人之疾,尽送一命,可不慎之? 今特录众生法一书,解救扶危,依法行之,功德无量"。子目为《救度鱼鸟法咒》《救灯上飞虫咒》《观音大士救扑灯虫法》《救百虫飞入灯咒》《辟灯蛾秘咒》《辟灯蛾三诀》《救蝇溺死》《行走不伤虫蚁咒》《护生陀罗尼法语》,正文内容为如何用符咒解救众生,其中掺杂了佛教咒语。又一附录之目录名为《救荒仙丹》,正文作"异授救荒仙丹",宗旨在于如何辟谷以避饥馑,或讲述如何耐饥之法。如"淡黄齑煮粥法"条云："取菜洗净，贮江（缸）中，用面入滚水，调极薄浆，绕（浇）于菜上，以石压之，不用盐掺，六七日后，菜变黄色，味觉微酸，便成齑矣。此后但以菜投入汁中，便可作齑，不必复用面取齑。与米相兼，煮粥食之，每米贰升，可当三升之用。虽不及纯米养人，充塞饥肠，聊以免死。"此条讲述了黄齑制作和黄齑煮粥之法。个别条目注明材料所出，如"防俭饼"注明出自《臞仙神隐书》。末列"救荒诸方"，介绍一些可资充饥的野草。《救荒仙丹》卷前有序，署"道光念［廿］年庚子夏宁波慈邑安乐居士芝陵拜序"。又一附录为《田家日历》，卷首云："少甫公曰：凡作田历，以预备将来吉凶，以先算日，后

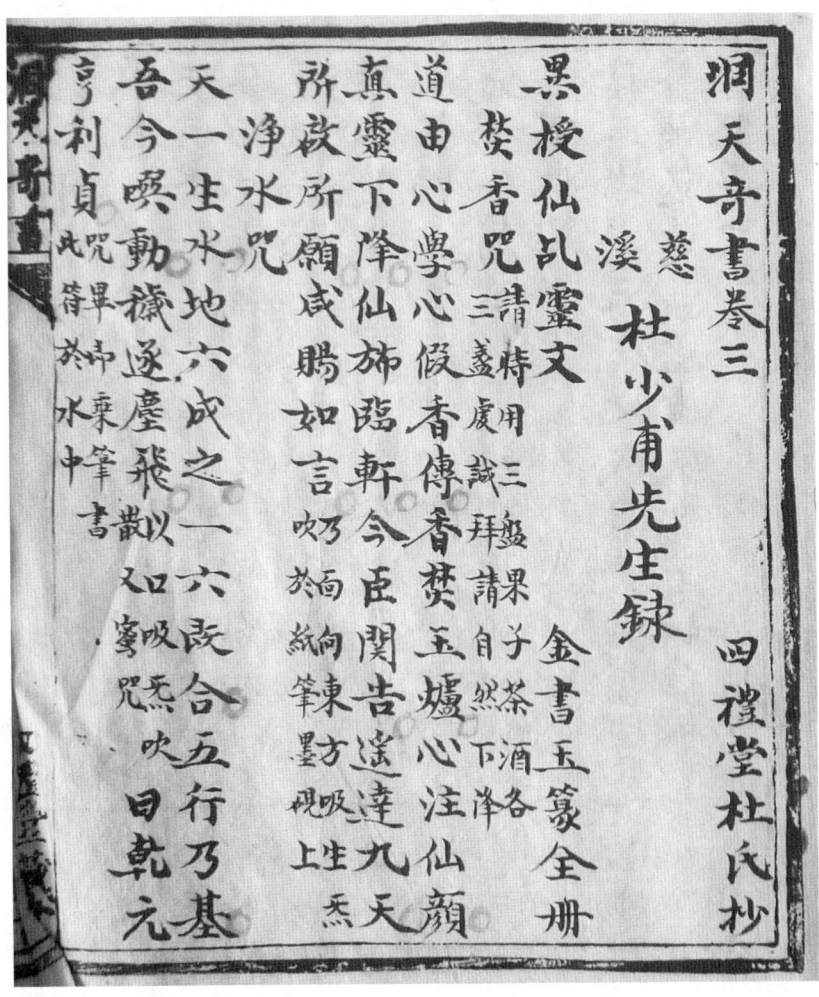

甫上蜗寄庐藏《秘传洞天奇书》书影

整顿之食物,亦为农家一助云耳。"览其细目,可分若干部分,第一部分为吉凶田历,如耕田吉、耕田凶日、烧田吉日、烧田凶日、塘田吉日、塘田忌土鬼九日、浸谷种吉日、下秧吉日、种秧吉日等。第二部分为十二月令,与王象晋《群芳谱》卷首大同小异,应该是以《群芳谱》为蓝本稍加增删而成,如"田忌"条即为新增。《收藏食物书》中的有些条目,是抄自《物类相感志》。附录之后为《洞天奇书》未定卷次。有一卷前三行为:"洞天奇书卷,四礼堂藏书,慈溪杜少甫先生录,异授阴阳全书。"主要述生死阴阳之事。又有一卷前三行为:"洞天奇书卷,四礼堂杜氏抄,慈溪杜友梅先生手录,异授丹房法语,上清秘文全册。"主要述修炼之事。此书十余叶空白页之后,改为非套格纸,又有附录《万物禁忌饮食全书》,署:慈北山人青松子道人草记。但仅有"食猪肉忌"等寥寥数字而已。此后又有十三叶空白,然后有《庄子南华经修道炼丹真口诀法》,《堕胎四方》《绝孕方》诸目,内容皆不多。可见《洞天奇书》为未定稿抄本,包含了浙东民间道教方方面面的内容。

参见杜少甫录:《秘传洞天奇书》,近代甬上蜗寄庐藏本。

玛高温

玛高温(1814—1893),美国人,出生于马萨诸塞州的福尔里弗。美浸礼会传教士、医学博士。1843年,受美国浸礼会派遣来华,2月抵达香港,9月末抵达宁波,克服重重困难,11月在北门佑圣观开办医疗所,行医传教。为了学习中文,他聘请了周祖濂作为自己的中文教师。

玛高温是最早来到宁波的美国浸礼会传教士,并最早在宁波开办西式医院。在开办后的三个月时间内,共有650人接受了西式手术治疗。他还对宁波人的主要疾患进行了调查,确认了眼疾和皮肤病最为流行,通过对城市家庭的抽样调查,得到宁波儿童死亡率较低,男女性别比亦未失衡的结果。玛高温的主观目的是想通过西方医学的优势及向中国人赠医施药,使受益人对传教士及其传教事业产生好感,这有助于在中国传播教义。为了使医疗所成为传播基督教真理的场所,每位求诊者的挂号卡上都印着几句《圣经》经文,要求患者能够记诵。他还向病人发放宣传基督教的小册子及传单。玛高温在宁波开办医疗诊所仅3个月,于1844年年初离开宁波。1845年4月,玛高温再度来到宁波,同来的还有美国传教士克陛存。玛高温到宁波后在佑圣观附近重开医院,可以容纳10~15个病人。在孟加拉的欧洲人从法国巴黎订购仪器设备捐赠给了这所医院,还有美国费城等地外国人捐献了药品、书籍、杂志等。中国医务传道会将其定为医疗传教的代理点,并予以资助,资助资金主要用于贫穷的病人。仅在最初开张的4个月时间里,玛高温就对2137人进行了治疗。玛高温还考察了中国女子的缠足现象,认为这是一个"野蛮"的陋习。但因为资金不足,医院一度关门,直到1848年再获中国医务传道会的资助才重新开门运转,这一年玛高温共收治了4671名病人,其中有不少是鸦片吸食者。1847年,玛高温与新来的美浸礼会真神堂教士罗尔梯夫妇一起,在宁波西门组织成立了教会,这是华东地区最初的浸礼会,周祖濂是第一个受洗的中国人。1854年,玛高温离开宁波,转至厦门等地。1855年,玛高温担任美国驻宁波的代理副领事。玛高温留有3种中文科技著作,均出版于宁波。《申报》1892年4月16日刊出《中国宜设医塾论》,文中称"美国医生玛高温先生以医行于中国者垂五十年",他竭力倡导中国应像西方医学那样创办专科学校,以培养医学人才。玛高温还在咸丰四年(1854)5月创办了《中外新报》,这是传教士在宁波创办的最早的近代中文报刊,也是鸦片战争后外国传教士在华出版的首批中文报刊之一。自1858年年底起,《中外新报》由美国传教士应思理接管。

参见谢振声:《近代宁波传教第一人——玛高温》,《中共宁波市委党校学报》2010年第2期;龚缨:《浙江早期基督教史》,杭州出版社2010年版;陈颖:《玛高温及其对中国流行病的研究》,中山大学硕士学位论文,2012年。

袆理哲

袆理哲(1819—1895),出生于美国佐治亚州,为美国长老会传教士。1844年,受美国长老会派遣来华传教,同年8月达到宁波。1852年,被委派负责华花圣经书房的管理运行工作。在他的经营之下,书馆业务迅速增长,出版的图书册数从1853年的82000册上升到1855年的112018册,业绩斐然。另外,美国长老会宁波差会于1845年7月26日创办了一所男童寄宿学校——崇信义塾,目的是向中国人传播基督教,将"有才能的和虔诚的"本地人培养成牧师。袆理哲为首任校监。1859年返回美国。

袆理哲在宁波传教之余,还致力于写作。他用汉文编译了一本《地球图说》,1848年由宁波华花圣经书房出版,凡53页,前3页为各国国旗图样。8年后,即1856年,扩为110页,易名《地球说略》,重新由宁波华花圣经书房出版。编者自言编辑发行的目的在于"中华之人,与他国相贸易,所在多有,可知他国之人情物产及教述礼仪等未容惘然"。这是一部关于世界地理的简明读物,总论部分包括地球圆体说、地球轮转说、地球图说、大洋图说、大洲图说等内容,解释了地球的公转与自转,阐述了六大洲、五大洋以及地球经纬线和按照纬度划分的五个热量带。书中还介绍了世界各主要国家和地区的位置、人口、物产、教育、图书馆、风俗和其他特点，图文结合，扼要可读。如介绍美国总统制云："国无王，有众统领一职，任牧民之责，其任以四年为满。至国之律法制度有各省之智能者至京城会议之，无专主之事也。统领之职，不世及，亦不拘资格，惟择有德者为之。其择也，前统领任满，每省推数人至京城，以所推选者书其姓名投于柜中，毕则启视，所推最多者为继焉。"文字虽寥寥，对当时闭塞的中国人来说不啻是海外奇谈。《地球图说》以西人言西事，准确性较高，在中国知识界颇有影响。魏源在他的名著《海国图志》中，征引《地球图说》初刊本凡 34 处。传到日本后，1860 年由箕作阮甫训点刊行，被作为世界地理入门书，很受日本人士的欢迎。明治初年还一度成为日本学校的世界地理教科书，分别出版了两种日译本。

参见张团婷：《西方传教士对中国近代图书馆的影响》，《科技情报开发与经济》2009 年第 10 期；谢振声：《华花圣经书房出版的〈地球说略〉》，《现代出版》2017 年第 6 期。

罗尔梯和白保罗

罗尔梯（1817—1887），美国浸礼会真神堂教士。1847 年 6 月来甬，与玛高温一起在宁波西门组织成立了教会，从事传教及教育工作。1851 年曾回到美国，1854 年重回宁波，并长期定居宁波。1860 年，罗尔梯夫人在城北开设了一所浸会女校，后改名圣模女校。1864 年起，罗尔梯担任美驻宁波副领事，1868 年升为领事。罗尔梯在宁波勤于著述，用中文出版了 9 本书，内容全是宣传基督教的，其中有《耶稣教要略》（又名《耶稣道约论》，1851）、《耶稣登山教众语录注释》（1851）、《耶稣消罪集福真言》（1858）等，均由宁波江北岸的华花圣经书房出版。1887 年，罗尔梯染疫死于宁波。

白保罗（1843—1909），亦作巴克敌，德裔美国人，出生于德国的斯图加特。19 世纪 60 年代在英国学医。1865 年 7 月，受传教士戴德生的派遣，到达宁波协助工作。后来他到美国进修学业，取得行医资格证书，又返回宁波。他跟着罗尔梯行医，有时亦以独立传教士的身份传教。有史料表明1870 年他曾在鄞江桥一带传教，奉化溪口、江口及舟山沈家门亦有其足迹。1876 年被任命为美国浸礼会在华差会负责人。玛高温创办的第一所西式诊所实够不上医院的规模，发展又屡受阻碍，不很顺利，后由罗尔梯接手，至1875 年白保罗接掌后，局面翻新。医院从佑圣观搬迁至永丰门外的姚江边，增建病房，设立内外科，浸礼老医局升格为大美浸礼会医院，民间称为"白医院",足见白保罗的声望。白保罗主政的大美浸礼会医院,为华美医院的前身,对宁波近代西医的发展有奠基性的贡献。1891 年,白保罗离甬至沪任职,后为驻沪美领事署翻译官。

参见谷雪梅:《传教士在近代浙江的教育活动述略》,《宁波大学学报(教育科学版)》2009 年第 2 期;水银《白保罗散考》,《鄞州史志》2019 年第 2 期。

丁韪良在宁波

丁韪良(1827—1916),生于美国印第安纳州南部利伏尼亚一个长老会牧师和传教士的家庭,从小饱受西方文化的教育。他在印第安纳大学读书,打下了扎实的基础,后又进入印第安纳州新奥尔巴尼的长老会神学院学习神学。1849 年年底,丁韪良携妻从波士顿出发赴中国传教,1850 年 6 月,从澳门到达宁波。他一到宁波就全力以赴学习中文,先从学习宁波方言开始,3 个月后就已基本上能听懂宁波话。为了快速地掌握宁波话,他别出心裁地用拉丁字母来标注,并组织了一个学社,设计出一套简便的拼音系统,将宁波方言的发音拼音化,这是前所未有的尝试。他进而学习文言文,5 年之内通读了四书五经。他曾深入宁波附近的舟山、三北、奉化西坞、雪窦山和鄞县东钱湖等地传教,时间长达 10 年,效果超过之前在宁波的任何一位传教士。

1854 年,丁韪良在宁波传教期间,出版了用中文编写的《天道溯源》一书,该书是他主持晚间布道的讲演稿汇集而成的。1851—1912 年间,该书以中、日、高丽 3 种文字印行 30 余版,在 1907 年广学会举办的基督教新来华100 周年纪念大会前夕的一次投票评选会议上,该书被誉为 19 世纪中国基督教最为重要的著作。在这本书里,丁韪良为了鼓励传教士从事宗教以外的世俗活动,他将传播西方科学知识与传播信仰联系起来,认为二者之间并不矛盾,而是互为表里,相辅相成。丁韪良将科学知识作为人们认知上帝的一种手段,上帝的信仰就是现代化的动力与基础。虽然他的出发点是为了中国基督化,但他力主传播西学的思想对中西文化交流起了积极的作用,也劝服了一些传教士从事传播西方科技的有益活动。1852 年,丁韪良自费在宁波南门外先后开办了 2 所学校,每个学校有 20 余位学生,主要讲授宗教课程,引起了社会的反对和官府的注意。第二次鸦片战争爆发,丁韪良希望为美国政府效劳。美国驻华全权公使列卫廉与清政府谈判,聘请丁韪良为中文翻译。丁韪良和另一位美国传教士卫三畏一起,在《天津条约》中加入了允许外国人在中国内地自由传教的条款。1860 年,丁韪良携家眷离开宁波归国,此后再也没有回到宁波。丁韪良晚年有回忆录《花甲忆记》(广西师范大学出版社 2004 年版),在书中回忆起近 10 年在宁波的生活时说,"这是一个我可以毫不夸张地说'尽管你缺点很多,但我爱你始终不渝'的城市","我在这里找到了毕生的友谊,花了很长时间学习中国知识,也写出了一些我最好的作品"。

参见龚缨晏:《浙江早期基督教史》,杭州出版社 2010 年版。

慕雅德在宁波

慕雅德(1836—1918)出身于英国南部多赛特郡福丁敦的传教士家庭。从马耳他基督教大学毕业后,他便带上新婚妻子艾格尼斯登上了驶往中国宁波的轮船,来华传教。1858 年慕雅德的二哥慕稼谷在宁波建立了浙江圣公会布道站,创建了圣公会浙江教会。慕雅德来华一个月后,太平军占领宁波等地,在甬的西方人士纷纷出逃,慕雅德考虑到宁波传教工作的实际需要,还是选择和二哥一起留守宁波,这段日子过得极为艰难。其兄慕稼谷受到严重惊吓,一度离开宁波赴山东烟台休养。慕雅德则有了三个孩子,一家人住在宁波盐仓门外阅兵场边。他能熟练地用宁波方言宣教。1863 年,他第一次到三北平原传教,后来又去宣教过多次,有一些当地的村民皈依。为了方便,他还在杜湖畔建立了布道站。此外,他还去鄞东的塘溪镇传教,曾感化了一位劣迹斑斑的老人,并为老人施洗,取名西蒙。1866 年,他帮助夫人在宁波南门边开设了女子圣经班。他还鼓励夫人出版、翻译书籍,于是夫人将沃尔沙姆·豪的著作《交流手册》及《中国儿童故事》,翻译成宁波话正式出版。1869 年,慕雅德奉圣公会之命回到英国,一年后他又再次来到宁波传教。时宁波教区中沈恩德的领导能力大为提高,慕雅德遂于 1876 年春离开宁波,至杭州协助兄长慕雅谷处理圣公会传教事宜。

慕雅德在宁波传教日久,对宁波深有感情,在《在华五十年》等书中,对宁波有较为详细的记录。如他解释了宁波命名的原因,认为宁波资源丰富,具有重要的军事意义。他描述宁波的城墙很有特色,城防设施水平较高,但市容不佳,城市卫生状况很差。他记录了不少田野景观,如云:"东至慈溪观海卫,西至上虞夏盖山一带,共八百余里的农民、沿海百姓,名曰沙民,皆植木棉为业。"他还深入考察了宁波教育,认为课程设置单调枯燥,缺少生物、天文等课程,且对习字没有拼音颇有微词。他对宁波比较全面的记录,有助于今人客观地认识晚清宁波的城市状况。

参见丁光:《慕雅德眼中的晚清中国(1861—1910)》,浙江大学博士学位论文,2013 年;卞梁:《西来的人马——传教士慕雅德与"宁波印象"》,《宁波职业技术学院学报》2016 年第 2 期。

朱宗元

朱宗元(1617? —?),字维城,鄞县人,工部员外郎改江南按察佥事朱莹之孙。崇祯十一年(1638),在浙江省城受洗成为天主教徒,洗名葛斯默(Cosmos)。朱宗元青年时代便好学深思,颇有坚执的求道精神。他曾自述:"三教百家,参悟有年,颇悉梗概,顾终无真实、确当、了彻、完全之义,使此心可泰然自安者。及观圣教诸书,始不禁跃起曰:'道在是! 道在是!'向吾意以为然者,而今果然也;向吾求之不得其故者,而今乃得其故也。复获大西诸士,益叹德行之纯全,至西士止矣;学问之覈博,至西士止矣。"(《拯世略说》自序)因此而在省城受洗,给他施洗的是利类思。他回故乡后,说服家中亲属皈依,又多次邀请传教士来甬布教。崇祯十一年(1638),利类思应约从杭至甬讲道,甬上即有 15 人受洗,多数是文人学士。次年,阳玛诺亦应教友的邀请来到宁波,宁波教友竭诚欢迎,受洗若干人。经过传教士的频繁宣谕和朱宗元兄弟的精心组织,宁波已经成为以知识精英为中心的新兴教区。据高珑磐《江南传教志》说:"一六四〇年(崇祯十三年)宁波亦成为教务昌盛地区,得新教友五百六十人,官绅子弟亦多加入。有朱氏昆仲三人,都出身科第,洗名伯多禄、葛斯默、玛弟亚,最受人注意。"崇祯十三年(1640),朱宗元已深明教理,著《答客问》,乃系"辟佛斥道补儒之辩答书"。崇祯十七年(1644),朱宗元又作《拯世略说》,决意以天学"振聋聩聩",拯世之迷迷。方豪称读其自序,谓"宗元悲天悯人之怀,跃然纸上,三百年后犹凛凛如生也"!(见《中国天主教史人物传》)

朱宗元阐明天主教理的著作除《答客问》《拯世略说》外,尚有《轻世金书直解》(今佚)和《天主圣教豁疑论》(朱宗元述,泰西瞿笃德订,内有不少辟佛补儒之论),共计四种。他为传教士校订作序的天学著作亦有四种。崇祯十三年(1640),阳玛诺译《轻世金书》,宗元为之润色校订,原书文字用《尚书》谟诰体,古奥艰深,可在教会中受重视的程度仅次于圣经。崇祯十五年(1642),孟儒望最重要的著作《天学略义》由朱宗元和魏学濂同为校正后印行,这是宁波最早出版的天主教著作。约顺治六年(1649),阳玛诺从福建调至杭州,将撰成的《天主圣教十诫直诠》寄给朱宗元,朱为之作序,有"小子私幸,受业终岁,将振群聋,付之枣劂"之语,可见其传教之心极热。约顺治十六年(1659)夏,朱宗元又与李祖白、何世贞共同参校了意大利传教士贾宜睦神父的《提正编》。当然,朱宗元接受的天主教并非原汁原汤的货色,而是儒化了的天主教。朱宗元在顺治初应试之作《郊社之礼所以事上帝也》中,通篇宗旨在引儒入天,将帝不可二、帝为天主的观点阐述得头头是道。我们知道清朝统治者规定各级考生的答案必须以程朱对经义的诠释为准则,然而朱宗元的答卷却本于利玛窦在《天主实义》中对朱注的批判,这不能不诧为八股文的奇作。顺治三年(1646),朱宗元为清朝贡生。顺治五年(1648),朱宗元中举。

参见龚缨晏:《明清之际的浙东学人与西学》,《浙江大学学报(人文社科版)》2006年第3期;王泽颖《明末天主教儒士朱宗元生平考》,《宁波教育学院》2010年第5期;刘亚斌、王泽颖:《明末天主教儒士朱宗元与西学的接受——兼对刘耘华"阳'天'阴儒"观的回应》,《济南职业学院学报》2014年第1期。

张能信

张能信,字成义,自号存几处士,慈溪人。右都御使张九德次子,进士刘宪宠女婿。明诸生,师从同县学者刘振之(号冰壶),深受赏爱。张能信作《跋冰壶刘先生矢志辞及九字自誓后》,记刘师曾握其手云:"以圣门名教任己者,惟我与子夫?"(雍正《慈溪县志》卷十五)又为大儒刘宗周门人。1646年夏,清军突破钱塘江防线,进兵浙东,张能信起兵抗清,未能成功,为此有一段行遁的经历。他与同县姜晋珪为执友,康熙十一年(1672)五月姜晋珪去世后,张能信与林三锡等参加了葬礼,并私谥为孝洁先生,表明是年他还在世。

张能信早在明末就已对天主教颇有好感,曾说自己与宁波天主教徒朱宗元是同学,崇祯十五年、十六年(1642、1643)曾订正朱宗元的《答客问》。此书乃是"一本辟佛斥道附儒之辩答,关于天主教之道理详细阐明,奉佛者之药石也",署"古越朱宗元维城父条答,同学张能信成义父订正"。1643年,张能信又为传教士孟儒望在甬出版的《炤迷四镜》一书作序,大谈程朱理学亦与天学相合,声称:"缙绅亦好习其(佛、道)者,徒以生死之际,孔子未尝明言……虽欲骤折之,而无辞焉。岂知教从天来,二氏不奉天,即非正教,妄自主教,即为亵天,此易折耳。若夫(天主教)治世既不离君臣父子之经,而修性又详通生死幽明之理,得非至大至公正之道乎!"这比利玛窦的斥责后儒又有发展。崇祯十六年(1643),耶稣会士孟儒望刊刻宣教著作《炤迷四镜》的"参订姓氏"中,除西洋同会教士外,亦有中国人"朱宗元、水荣褒、张谵当、朱弼元,俱鄞县;张能信、钱廷焕、冯文鳞、张紫嘉、钱玄爽,俱慈溪。同较(校)"字样。这中方参订人员的姓氏,"简直可以说是一份浙东天主教耶稣会主要成员的名单,并且清楚地注明了籍贯,其中鄞县人有四个,慈溪人有五个"。凡此表明,以朱氏兄弟和其他士子为核心的浙东天主教团体在明季十分活跃。

参见龚缨晏:《明清之际的浙东学人与西学》,《浙江大学学报(人文社科版)》2006年第3期。

后　记

　　概览之作,带有鲜明的工具书特性,为便于人们概括地了解相关情况而设。本人忝为《宁波区域文化资源概览·"宁波学"卷》的主笔,深感责任重大。考虑到概览既非方志体,无须面面俱到,但又与方志体密切相关。因此本书将概述与词条结合起来,通过综述和概述,以文献资料和考古资料为基础,较为全面地勾勒宁波学的历史状貌,撷取其丰富成果,以为当代文化建设的借鉴。在这基础上,提取具有典型意义的名词为"词条",作为宁波学的具体落着点,每条力求内容丰富、首尾完整、阐释准确,同时列出具有代表性的资料及研究成果,以备读者深入了解、研究,因此,每个词条其实就是一个小专题。因词条数量有限,因此在设置词条时不可能面面俱到,有时会更多地考虑时代性、地域上的分布性,以及内容上的新颖性,故有不少条目只能割爱。但凡被割爱的条目,大多能在网络上较为容易地查到相关资料。在具体的写作过程中,有时候不得不对原设计框架做些必要的调整。如宁波宗教这一部分,尤其是明清传入的基督教、天主教传教士,他们来到宁波,主要是传教,"学"的色彩比较淡薄,因此我只能削去那些与"学"无关的词条,而稍稍保留若干有"学"成分的词条。而在那些学术积淀丰厚的领域,更需要浓墨重彩,因此词条上或有更多分配。概览之作原非以创新为目的,而在于能够综览和传递相关的信息。但为了增强全书的新颖性,笔者还是努力发掘新资料,运用新成果。如董沛的六一山房藏书,学界只有一些泛泛的介绍,本稿则从《高塘董氏家谱》中发掘了鲜见资料。首次介绍的《秘传洞天奇书》,填补了清代宁波民间道教史料的空白。"张煌言军旅诗"条引录笔者最新发现的林时对《兵部右侍郎兼翰林院学士苍水张公传》的记载,以表示对张煌言被执于象山南田悬岙说的支持。首次引用陆宝《悟香集》卷十八《挽周夷玉》诗,考出著名戏曲家周朝俊的卒年。通过这些方式,不仅使本书具备实用性,亦具备一定的学术性。本书所说的宁波,是就现行的行政区划而言的,为叙述的方便,一般不考虑历史上的建置沿革情况。本书叙述时限止于民国,所书主要为传统文化。我期望本书的写作,有助于读者对宁波地域文化资源有整体的认识,并可促进相关资源的应用。

本书的编写,得到了宁波市社科院的指导和资助,宁波大学图书馆、天一阁博物馆、宁波市图书馆等单位满足了我查阅图书资料的需要。浙江大学出版社责任编辑吴伟伟老师以极为专业的眼光,细心校阅书稿,核对相关文献,纠正了原稿中的不少疏忽和笔误,提升了本书的质量。凡此,我谨表衷心的感谢。

张如安

2018 年 8 月 30 日于宁波大学

图书在版编目(CIP)数据

　　宁波区域文化资源概览."宁波学"卷 / 张如安,张伟主
编;张如安编著. --杭州:浙江大学出版社,2019.11
　　ISBN 978-7-308-19697-0

　　Ⅰ.①宁… Ⅱ.①张… ②张… Ⅲ.①地方文化一介
绍一宁波 Ⅳ.①G127.553

　　中国版本图书馆 CIP 数据核字(2019)第 241429 号

宁波区域文化资源概览

张如安　张　伟　主编

责任编辑	吴伟伟 weiweiwu@zju.edu.cn
责任校对	赵　珏　张培洁　刘葭子　许晓蝶　朱卓娜
封面设计	雷建军
出版发行	浙江大学出版社
	(杭州市天目山路 148 号　邮政编码 310007)
	(网址:http://www.zjupress.com)
排　　版	浙江时代出版服务有限公司
印　　刷	杭州高腾印务有限公司
开　　本	710mm×1000mm　1/16
印　　张	86
字　　数	1498 千
版 印 次	2019 年 11 月第 1 版　2019 年 11 月第 1 次印刷
书　　号	ISBN 978-7-308-19697-0
定　　价	358.00 元(全 5 卷)

宁波市文化研究工程重点项目

PANORAMA OF
NINGBO REGIONAL CULTURAL
RESOURCES

————

Historical Figures of Ningbo

张如安　张　伟　主编

宁波区域文化资源概览

『宁波人』卷

孙善根　编著

ZHEJIANG UNIVERSITY PRESS
浙江大学出版社

目　录

综　述

　　本书所称的宁波人物,是指历史上活跃于各领域的杰出宁波籍人士。对于曾经在宁波一地任职或任事的域外人士,如北宋时担任鄞县县令的王安石、民国时期担任鄞县县长的陈宝麟等,则在相关综述或概述中论及。由于历史上宁波商帮包括宁属六县即鄞县、镇海、慈溪、定海、奉化、象山在外从事经营活动的商人群体,故工商界人士包括定海籍商人。同时,所谓盖棺论定,本书收录的宁波人物全部为已故人物,且除部分科技界人士外,其主要活动与成就在民国及以前。

　　四明八百里,风物甲东南。地处我国东南沿海中部的港口城市宁波,人杰地灵,自古以来精英荟萃,各类人才如群星璀璨,绵延不绝,蔚为大观,特别是近代以来,宁波人活跃在工商、文化、科技、军政以及社会等各个领域,成就非凡,引人注目。他们励精图治,奋发有为,有的不仅是业界精英,而且名闻遐迩,甚至影响海内外,为推动国家社会的进步、经济与文化的发展做出了不可磨灭的贡献。

　　就人物群体的发展阶段来说,宁波人物的形成与发展历程大致经历了古代、近代与当代三个时期。在古代中国,受生产力发展水平特别是社会经济发展程度的差异与经济中心变迁的影响,全国人才分布呈现出由北向南发展的趋势。地处海滨的宁波,由于受自然条件与社会经济发展程度的制约,长期处于默默无闻的状态。但这一格局自进入宋代以后有了很大改变,特别是宋室南渡迁都临安后,作为南宋最重要港口的宁波迅速崛起,后来居上,一时人才辈出,在南宋政坛上尤其活跃,以至于有"满朝紫衣贵,皆是四明人"之说。明清时期,宁波一地更是进入全国人才的第一方阵,出现了一从中产生了一批名闻岛内外的工商巨子与社会精英,如主持台湾土地改革与农村复兴的蒋梦麟、沈宗瀚,实业巨子应昌期,水泥大王张敏钰等,特别是多年来在世界高科技领域如日中天的台湾集成电路制造公司原董事长张忠谋,更是为台湾高科技产业的发展做出了突出贡献,被誉为"台湾半导体教父"。

就宁波内部人才区域分布来说,主要集中在宁波城区和靠近城区的几个县,即原鄞县及镇海、奉化、慈溪、余姚。而象山、宁海等离城区偏远,特别是由于交通条件的限制,这里的人们很少走向外面的世界,自然也限制了他们的事业追求与发展。这种状况直到当代,随着交通条件的改善才有了明显的改变。可见,区域环境条件与人才成长关系相当密切,交通与经济等条件相对较好的城区与靠近城区的地方比远离城区的区域更容易造就人才。

所谓一方水土养一方人,显然地域环境与地域文化对人才的成长有着重要的制约与影响作用。在长期的历史发展与演变过程中,宁波人形成了一个具有鲜明个性与地域特色的人才群体。尽管历史上宁波人的主要活动领域不同,且个性有别,但作为一个地域性人才精英群体,仍具有一些共同的特征,特别就近代来说,宁波人物在以下五个方面的特征尤为明显。

第一,活动领域广泛,几乎涉及人类活动的所有领域。受古代社会经济条件与地理环境的限制,古代宁波人主要在科举、政治、学术文化与文学艺术诸领域有所作为,其他方面则少有建树。进入近代以后,宁波人的活动领域极为广泛,可以说在事关近代中国发展与进步的主要领域都有宁波人活动的身影,其中在工商、文化、科技、政治以及社会等领域更是大有作为,名闻遐迩。

第二,与古代宁波人活动范围相当狭小(主要在本地或京城活动)不同,近代宁波人主要在走向全国、走向世界的过程中大展宏图,成就自己的事业,活动地域相当广阔,这其中作为近代中国经济与文化中心的上海扮演了极其重要的角色。"通商互市甬江东,航海达吴淞,货殖竞豪雄。"①上海不仅是近代宁波人创业的大本营与大舞台,而且是近代宁波人走向全国、走向世界的桥梁。近代以来,上海的崛起吸引了一代代宁波人前往谋生创业,甬沪间单向的移民潮经久不衰。仅1907年往来沪甬间的宁波人已达百万人次,1924年更是达到200万人次。而在另一份统计中,清末在上海的宁波人已达40万人,到20世纪30年代更是突破百万人次,占当时上海居民的四分之

---

① 《宁波旅沪同乡会会歌》歌词一部分。

一左右,在这个海纳百川、五方杂处的移民城市中拔得头筹。由于宁波移民众多,以至于上海被称为宁波人的第二故乡,宁波则被称为上海人的"外婆家",几乎每一家宁波人都有上海亲戚。直到今天,上海人当中宁波裔仍然占据了很大的比例。近代以来,所有宁波籍精英人物成长成才的背后几乎都有"上海元素"的影响与作用,此不独宁波商人为然。上海是近代中国开放程度、国际化程度最高的地方,也是近代宁波人了解外面世界进而与国际接轨的主要途径与渠道。1916 年 8 月,孙中山在考察宁波时说,宁波开埠在广东之后,而风气之开通不在粤省之下,即大半受益于此。如现代著名教育家、社会活动家蒋梦麟之父蒋怀清本是余姚西乡的一个小财主,由于其在上海拥有一家钱庄的股份而得以经常往返沪甬两地,从而见识了以轮船及上海租界为代表的西方文明,进而加以认同与尊崇。缘此,当 1908 年蒋梦麟在庚款留学考试中名落孙山时,蒋怀清即毫不犹豫地拿出数千两银子圆其留学之梦,从而成就了一代教育家、社会活动家蒋梦麟的辉煌人生。而其本人也从土财主转型为开明的新式士绅,热心慈善公益事业,曾任余姚商会会长,并发起创办余姚第一所女子学校。可以说,宁波人对近代上海发展成为近代中国乃至远东经济中心有着重要的作用与贡献[①],并深入近代上海的其他众多领域,而上海则是成就近代宁波人辉煌的"大码头"、大舞台,两者之间的关系如此密切与重要,在全国各地无出其右者。

第三,重实学、实干、实际,不重抽象的理论思维,多有一份草根意识与民生情怀。浙东学派具有经世致用的传统,这也是历代宁波人信奉不二的处世治学与治事宝典。故长期以来,宁波一地多实干家、实学者而少理论家。即就学术领域来说,在古代,宁波少空谈性命义理的理学家,多世致用的史学家,以至于清初的浙东学术被等同于浙东史学。近代以来,在学术研究上宁波则多面向现实社会的经济学家、法学家、社会学家,而少哲学家等纯理论家。在自然科学领域,宁波人多从事技术学科,如工科、医科、农科,而较少从事纯理论研究的数理化学科。即使是从政的宁波人,也以技术、管理型官员与幕僚居多,或是勤于著述的文化宣传方面的人才,而少纵横捭阖、叱咤风云的政治家、社会活动家,更少冲锋陷阵的将军与研习兵法的军事家。

---

① 对此,上海本地著名商人、曾任上海华商纱厂联合会会长的穆藕初指出:"中国经济重心在于上海,但上海如何能有今日呢? 不必说,完全是宁波人的力量。所以,上海已非上海人的上海,而是宁波人的上海。"(引自何瑞芝:《全国宁波旅外同乡团体概况》,宁波旅沪同乡会编:《宁波旅沪同乡会月刊》,第 145 期,1935 年)

　　第四，家族在宁波人才群体的形成与发展进程中具有重要的地位与作用。如中古时期的余姚虞氏家族、南宋政坛上的鄞县史氏家族、明代科举中的鄞县杨氏家族、明末清初浙东学术中的万氏家族等；进入近代后的慈溪陈氏家族、科技人才辈出的鄞县西乡翁氏家族以及学术方面的鄞县东乡马氏家族等。这类家族在古代多以科举起家。进入近代后，宁波一地也不乏文化方面的家族，但更多的宁波家族是以工商起家，且群雄并起，不胜枚举。如活跃在近代上海工商界的镇海小港李氏家族、柏墅方氏家族、鄞东蔡氏家族、宁波城区秦君安家族等，在鸦片战争前后就开始在上海白手起家。他们抓住近代中国对外开放的机遇，纷纷从事进出口贸易、买办等涉外商务，得以大发"洋财"，迅速完成原始积累，而后广泛投资民族工商业，发展成为享誉江南地区经久不衰的家族财团，其后人也纷纷向其他领域发展。清末在上海从事颜料买卖的镇海庄市邵玉轩，其子邵醉翁、邵邨人、邵仁枚、邵逸夫等几乎都以从事电影业著称，并从上海向东南亚与香港发展，在中国电影史上抒写了极为灿烂的篇章。即使原以文化与科举家族著称者，进入近代以来，其后人也纷纷从事工商业，弃文从商的现象相当普遍。如明代以科举传家著称的鄞西杨氏，在进入清代后，其后人多在外经商，特别是在长江下游的江浙沪一带从事商业经营活动，近代开埠后，不少人转而从事涉外商业活动，其中杨坊担任著名的怡和洋行买办，成为近代浙江在上海的第一个大买办，是近代早期宁波商帮的代表人物。到清末时，时有"甬上蔡杨屠三姓并称富足"之说。①

　　第五，就近代来说，宁波人才群体高潮迭起，一浪高过一浪，这在全国范围都极为罕见，即使在中国人才史上也叹为观止。宁波人在工商、科技、教育文化以及政治领域的表现尤其引人注目。先是宁波商人在近代中国工商界独领风骚，经久不衰，并成功实现从传统商帮向现代企业家群体的转型，称雄商界达半个多世纪，为中国经济社会的近代化做出了重要贡献。清同治《鄞县志》称邑人"四出营生，商旅遍天下，如杭州、绍兴、苏州、上海、吴县、汉口、牛庄、胶州、闽广诸路，贸易綦多，或岁一归，或数岁一归"。"甚至东洋日本、南洋吕宋、新加坡、苏门答腊、锡兰诸国，亦措资结队而往，开设廛肆。"②他们审时度势，奋力开拓，领先一步，纷纷涉足新兴行业，特别是从事当时颇有风险又无人问津的对外经济活动，从而迅速壮大。他们或充当买办代理洋商经营而起家，或经销洋货、附股洋商企业而获利，或从事对外贸

---

①　《鄞县蔡氏宗谱》，第 1 册，139 页。

②　〔清〕戴枚、张恕等修纂：《鄞县志》卷 2《风俗》。

易而发迹。这不仅使大批宁波商人掘得第一桶金,迅速完成原始积累,演绎了一部部白手创大业的创业神话,而且使宁波商人成为近代中国最早接触与熟悉西方资本主义经营方式的人士,由此获得了许多管理近代企业、开拓市场的经验和知识。以此为基础,19世纪末以后,大批宁波商人纷纷投资兴办民族工商业,从中产生了一大批在近代中国工商界举足轻重的商界巨子与实业精英,如清末的严信厚、叶澄衷、朱葆三,民国时期的虞洽卿、刘鸿生、秦润卿、项松茂、方椒伯、俞佐庭、贾延芳、周宗良、胡西园等。在1936年中国征信所编纂的《中国工商人名录》所录1836个工商名人中,宁波商人就有453人,约占四分之一。在上海总商会、上海银行公会、上海钱业公会等在近代上海乃至全国工商界具有举足轻重地位的经济团体中,宁波商人都扮演了极为重要的角色,其中号称近代中国第一商会的上海总商会,包括首任会长在内的历届负责人(总理、会长)中,宁波籍占据五分之四以上的比例(见表0-1)。而作为当时上海商界身份与地位象征的上海总商会会董,鼎盛时一半以上为宁波商人。对此,法国著名的中国近代史学者白吉尔夫人调侃说:上海总商会只能说是四明公所(早期宁波同乡组织)的一个分所。[①]

表 0-1　上海总商会历届主要负责人一览

| 时间 | 制度 | 总理(会长) | | 协理(副会长) | | 备注 |
		姓名	籍贯	姓名	籍贯	
1902.2	总理制	严信厚	浙江慈溪	周金箴	浙江慈溪	副理毛祖谟(江苏)未到任
1904.5	总理制	严信厚	浙江慈溪	徐润	广东	
1905.12	总理制	曾少卿	福建	朱葆三	浙江定海	
1906.12	总理制	李厚佑	浙江镇海	孙多森	安徽寿州	
1907.12	总理制	周金箴	浙江慈溪	李厚佑	浙江镇海	
1909.3	总理制	周金箴	浙江慈溪	严子钧	浙江慈溪	
1910.2	总理制	周金箴	浙江慈溪	邵琴涛	江苏长洲	
1911.2	总理制	陈润夫	江西清江	贝润生	江苏元和	
1912.6	总理制	周金箴	浙江慈溪	贝润生	江苏元和	
				王一亭	浙江吴兴	

[①] 白吉尔:《中国资产阶级的黄金时代(1911—1937)》,上海人民出版社1994年版,第161页。

续表

时间	制度	总理（会长）		协理（副会长）		备注
		姓名	籍贯	姓名	籍贯	
1914.6	总理制	周金箴	浙江慈溪	贝润生	江苏元和	自该年起遵照新章改一年一
				朱葆三	浙江定海	任为两年一任
1915.10	会长制	朱葆三	浙江定海	沈联芳	浙江吴兴	因周金箴任上海道尹而改选
1916.5	会长制	朱葆三	浙江定海	沈联芳	浙江吴兴	
1918.10	会长制	朱葆三	浙江定海	沈联芳	浙江吴兴	
1920.8	会长制	聂云台	湖南	秦润卿	浙江慈溪	
1922.7	会长制	宋汉章	浙江余姚	方椒伯	浙江镇海	
1924.7	会长制	虞洽卿	浙江镇海	方椒伯	浙江镇海	
1926.7	会长制	傅筱庵	浙江镇海	袁履登	浙江鄞县	
1928.3	委员制	冯少山	广东	林康侯	江苏上海	
				赵晋卿	江苏上海	

资料来源：陶水木：《浙江商帮与上海经济近代化研究（1840—1936）》，上海三联书店 2000 年版，第 235 页。

　　同时，一代代宁波商人的发迹也为自身与家族积累了丰厚的物质财富，以此为基础，近代以来宁波人纷纷进入其他社会领域，披荆斩棘，奋发有为，其中受"科学救国""教育救国"思潮影响，大批宁波人在科学、教育、文化等领域脱颖而出。如近代中国著名的法学家、有"中国孟德斯鸠"之称的吴经熊，其父就是宁波总商会第一任会长吴葭苍。而当代众多的宁波籍两院院士 80％左右出身于中小商人之家，如 2013 年获国家科学技术奖最高奖的中国工程院院士郑哲敏，其父就是以在山东济南、青岛经营享得利钟表而在行业中名闻遐迩的郑章斐。清末以后，风云激荡的社会革命浪潮以及蒋介石集团的崛起，使许多宁波人在社会政治领域也有出色的表现。其中在南京国民政府系统中，据初步统计，担任少将以上的奉化籍军政人员达 40 余人。同时悲天悯人的救世情怀与雄厚的经济实力，又使不少宁波人在慈善公益领域大展身手，如在上海这个近代中国慈善资源与慈善家最为集中的地方，宁波人就扮演了极为重要的角色。近代中国最重要的慈善公益组织——中国红十字会，至少有宁波人沈敦和、王正廷、蒋梦麟、刘鸿生担任实际负责人，沈敦和更是公认的近代中国红十字运动奠基人，主持红十字会达 17 年之久,为红十字运动在中国的开拓与发展做出了巨大贡献而载入史册。而大批家底殷实乃至财大气粗的宁波籍会员、会董则成为当时红十字会源源不断的"提款机",正是他们撑起了红十字会的善举与义行。

显然,宁波人物研究是一座有待挖掘的富矿,并且可以进行多方面的挖掘与创作,使之成为宁波一张亮丽的名片。就学术界现有研究来说,相对于群星璀璨、经久不衰的宁波人物群体,有关研究及创作明显不足与滞后。尽管对于宁波人物的研究,学术界特别是本地学者多有涉及,不少人物传记也已问世,如宁波市文联组织编纂的《院士之路》系列传记文学丛书,宁波市政协文史委员会组织编纂的宁波帮系列丛书至今已经出版 30 余种,其中也有不少宁波帮人物传记,如王宽诚、虞洽卿、秦润卿等。列入"浙江文化研究工程"且已出版的宁波籍人物传记则有秦润卿、宋汉章、蒋梦麟、张其昀、童第周、袁牧之、范钦、翁文灏、刘鸿生等。列入南京大学《中国学术思想史丛书》的则有王阳明、黄宗羲、全祖望等。2013 年起,宁波市教育局与宁波大学合作成立甬籍教育家研究中心,推出甬籍教育家传记丛书,目前已出版的甬籍教育家有杨贤江、陈谦夫、张其昀、张方佐、舒鸿等。其他零星出版的也不少,其中有的已经制作成纪录片与影视作品,如入选文献纪录片《百年商海》的就有朱葆三、叶澄衷、黄楚九、刘鸿生、柳中浩、张石川等。但就现状来看,对宁波人物的研究不仅分布相当不平衡,而且数量严重不足,除民国头号人物蒋介石近年由于其日记公布成为国内外学术界研究的一大显学外,宁波人物研究与宣传主要集中在古代学术名人与近代宁波商帮人物。即使就这两个领域来说,研究也多是集中于几个代表性人物,前者如王阳明、黄宗羲、朱舜水、万斯同、全祖望等,后者如虞洽卿、秦润卿、宋汉章及王宽诚、包玉刚、邵逸夫、董浩云等,不仅研究著作数量少,且缺乏具有影响的精品力作。

总体来看,现有宁波人物研究成果为相关创作的进行奠定了一定基础。就现有成果分布看,工商界、文艺界、教育界及学术界的人物受到一定的关注,其他领域则相当薄弱,即使就前者而言,可以挖掘的人物仍然很多。

本书拟将宁波人物分为五大部分,即军政界、工商界、科技界、文化界、社会模范人物。这是历史上特别是近代以来杰出宁波人比较集中、大有作为的几大领域,从中也可以反映出宁波人的群体特征与个性。当然,需要说明的是,这样的分类或划分并非绝对的,其中不少人物具有多种身份与特征,在许多领域均有所作为与建树,难以进行明确的区分与界定。同样需要指出的是,从古到今,宁波人物众多,而本书容量相当有限,且以收录近现代人物为主,一些重要人物的遗漏在所难免。特别是文化界人士,在宋明清这漫长的近千年之中,宁波人物在学术、文学、佛教、书画等诸多领域均有精彩的表现。即使在政界、商界乃至科技界,古代宁波人物也是有卓越表现。如号称宁波城市之父的黄晟、元末割据一方的方国珍与明代的谢迁、沈一贯等人显然都值得记述。就科技成就来说,晋代虞喜发现岁差等,唐代王元暐、南宋吴潜对宁波水利的治理与相关技术以及唐代陈藏器的药物学等,在各自领域都彪炳史册。在近代崛起的宁波商帮源远流长,至少在明清时期已经活跃在中国商界,尤其是清中叶以后出现了一批商业家族,如慈城冯氏、镇海郑氏等。这些人物由于受资料的限制而难觅其详,在其他卷中有所涉及,本书不再一一详述,有的只能点到为止。

第一部分　军政界

一、概　述[①]

本书所谓军政界人士,是指宁波历代军政界要人、名人、民族英雄、抗战名士,以及历史上对宁波地域社会发展与进步做出重大贡献的地方官员等。

宋代以前,宁波由于经济上尚处于起步阶段,且远离全国政治中心,故少有人问津政坛。其间,面对宁波生存困境的挑战,不少外籍官员在宁波任上勇敢面对,颇有作为,特别是在关系宁波兴衰的水利事业上,以王元暐为代表的几任地方官员励精图治,奋发有为,为后来宁波的繁荣与发展奠定了坚实基础而名载史册。

进入宋代尤其是南宋以后,宁波一地不仅经济有了明显起色,而且从原来偏处一隅成为畿辅之地,许多北方世家大族迁居宁波,开始频频问鼎政治而蜚声政坛,其中鄞县史氏一门竟出了三位宰相,民间更有"满朝紫衣贵,皆是四明人"之说。直至明清,宁波一地尤其是鄞县、余姚、慈溪都以科举名邑闻名于世,不少家族均以科举进入政坛,而被誉为科举传家,如明代宁波城西杨氏、鄞西沈氏、余姚王氏、余姚孙家境孙氏等,其中宁波城西杨氏三代先后由科举入仕而位居高官者有五六人之多。

---

① 　本节主要参考王慕民主编:《政坛名人——民国政治舞台上的浙东人物》(中国文史出版社 1998 年版)相关内容编纂而成。

　　进入近代,愤于中华民族的积贫积弱与落后挨打,具有强烈经世情怀的宁波人多有奋起者。他们先后参加推翻清朝的辛亥革命以及随后的国民革命与抗日战争、解放战争,为改造中国、复兴中华而奋斗。其间,蒋介石政治集团在民国舞台上的崛起,更推动大批宁波人步入政坛。据初步统计,仅民国时期宁波就涌现出数十名重量级的政治人物。他们中一人担任过国家元首和执政党领袖,三人当过政府首脑,数十人担任中央政府和国、共两党的部长或相当于部长一级的职务,这在近代以来的中国各个地方是相当罕见的。如在南京临时政府、北京政府、南方护法军政府和广州国民政府中,王正廷曾担任临时政府参议院副议长、参议院代理议长、外交总长、代国务总理等要职,赵家蕃曾出任制币局局长,童保暄当过浙军第一师师长、闽浙援粤军副总司令,蒋介石曾担任大本营参谋长、黄埔军校校长、国民革命军总司令、国民党中央常委会主席,俞飞鹏曾担任黄埔军校筹备委员和国民革命军总司令部兵站总监,范贤方担任过国法院院长,周骏彦担任过黄埔军校军需部主任。在南京国民政府中,蒋介石担任过政府主席、总统、行政院长、军事委员会委员长、国民党总裁,翁文灏担任过经济部部长、行政院长,俞飞鹏担任过交通部部长、粮食部部长和陆军上将,王正廷担任过外交部部长,蒋梦麟担任过北京大学校长、教育部部长和行政院秘书长,陈布雷担任过侍从室第二处主任、教育部副部长、国民党中央宣传部副部长和国民党中央政治会议副秘书长、军事委员会副秘书长、最高国防委员会副秘书长,董显光担任过国民党中央宣传部副部长、行政院新闻局局长,张其昀和蒋经国分别担任过国民党总裁办公室秘书组组长和资料组组长等要职,张寿镛担任过财政部次长,徐青甫代理过浙江省政府主席,周骏彦、徐桴、吴嵩庆先后担任过国民政府军需署署长,叶公超担任过外交部常务次长,徐培根担任过军委会航空署署长、陆军大学教育长,俞济时担任过七十四军军长、三十六集团军副总司令、国民政府军务局局长。至于部长、军长以下的政界、军界人物,更是不胜枚举。在共产党方面,吴亮平担任过苏维埃政府国民经济部部长、中共中央宣传部副部长之职,朱镜我担任过上海中央局和东南分局宣传部部长、新四军宣传教育部部长,卓兰芳担任过浙江省委书记,乐少华担任过延安陕甘宁地区兵工厂厂长,沙文汉担任过江苏省委代理书记、华中局城工部部长,杨贤江也担任过左派领导的国民党上海特别市党部常务委员等职。有"与魔鬼打交道的人"之称的卢绪章,则是新中国首任国家旅游局局长。

　　上述人员隶属国民党方面的手握大权,左右政局,执掌民国政权达22年之久;隶属共产党系统的尽管没有那么"位高权重",但也表现不凡,颇有作为,因而在中国近现代史上留下了极为深刻的印记。①

　　长期以来,由于地处浙东门户的宁波一直是中国沿海海防重地,南宋以后,宁波一地在抗金、抗元、抗倭、抗清与近代抗英、抗法以及抗日斗争中,涌现出大批民族英雄与志士仁人,特别是凄风苦雨的抗清与悲壮激烈的抗日战争中,大批宁波人壮怀激烈,视死如归,名垂千古。如在明清易代之际,张苍水、钱肃乐先后率部抗清,成为鲁王政权的主要武装力量。鲁王政权灭亡后,张苍水坚持海上抗清 20 余年,成为当时抗清斗争的一面旗帜而威震一时。进入近代,在历次反对外来侵略的斗争中,素具民族气节的宁波人也都有出色的表现,其中 1884 年的镇海抗法战争是近代中国第一次取得反侵略斗争胜利的战争。20 世纪三四十年代,大批宁波人更是多方面地参与了空前激烈的抗日战争,这里既有浙江省第一个为抗战而阵亡的县长,更有奔赴前线杀敌的英雄,还有为救护民众和难童而不惜倾家荡产乃至牺牲生命的模范商人。

　　就本外籍宁波军政人物构成来说,由于社会经济发展程度的差异,在古代,外籍人士占有相当大的比例,如曾任鄞县县令的王元暐、王安石及抗倭英雄戚继光、俞大猷、胡宗宪等。而进入近代以后,本地宁波籍人士迅速崛起,已占绝大多数。就近代宁波籍军政人物群体发展阶段来说,他们集中成长于两个时期,一为辛亥革命时期,二为五四运动时期。其中前一时期的大多属同盟会、国民党,他们中不少人参加过辛亥革命;后一时期的则大多属共产党,年轻时多为热血青年,富有理想,而后投笔从戎,加入滚滚革命洪流,甘于为理想而牺牲。

　　特别值得一提的是,长期以来在宁波这片土地上任职的外籍地方官员中不乏勤政爱民、造福一方的良吏、廉吏,如唐代的王元暐、陆南金,北宋时的王安石,清代中期的杨懿,清末的宗湘文、喻兆蕃,民国时期的陈宝麟等,他们以自己的作为与操守,长期受到宁波人民的爱戴与好评,在宁波历史上写下了浓墨重彩的一页。

　　与其他地域政治人物相比,宁波军政人物群体特别是在近现代时期,其以下特征相当明显。

　　第一,大多出身于商人与知识分子家庭,具有一定的经济与文化基础。如蒋介石出身于盐商家庭,陈布雷出身于茶商(兼营钱庄)家庭,翁文灏出身

---

　　① 王慕民主编:《政坛名人——民国政治舞台上的浙东人物》,中国文史出版社 1998年版,第 3—5 页。

洋货业商人,沙文汉与童保暄之父均为医生,王正廷、董显光出身于牧师家庭。这种家庭背景不仅使他们人生起步时具有一定的经济基础与条件,也使他们对社会的变动比较敏感,因而能够较早地投身社会的变革与革命之中。

第二,文化程度比较高,在古代基本上由科举入仕,在近现代,接受教育的程度也普遍较高,其中不少人有出国经历。如留日的蒋介石、赵家蕃、朱镜我,留苏的吴亮平、蒋经国,留美的王正廷、董显光及蒋梦麟。较高的文化素养与教育程度使他们在政治活动中较易发挥作用,并获得发展的机会。

第三,从这一群体禀性与资质看,大多比较文弱,活动领域集中在文化宣传、经济财政、军需后勤以及外交等方面。如国民党方面,除蒋介石外,几乎都为技术、管理型官僚,共产党方面也几乎均从事文化宣传及情报统战工作。在军事方面这种特征更为明显,虽然在辛亥革命、国民革命时,也有不少宁波人投身军界,或毕业于军事院校,但在军队中担任职务的多为幕僚、军需、政工、侍从之类的角色,他们之中除与蒋介石有特殊关系的俞济时及少小随家人迁居湖州的胡宗南外,几乎没有出过一个在全国叫得响的战将。这一点与湖南、湖北、江西、四川等内陆省份甚至与浙江不少地区也形成了鲜明的反差,而前述的戚继光等则为外籍人士。

第四,多亦政亦商和政学两栖人物。如王正廷晚年弃政从商,董显光在抗战胜利后两度学艺开设汽车修理铺,甚至蒋介石早年也曾在上海证券物品交易所当过经纪人。至于政学两栖的现象也相当普遍,如蒋梦麟以教育家入仕,翁文灏以科学家入仕,陈布雷曾长期在教育与新闻界任职。共产党方面,朱镜我是颇有造诣的社会科学家,吴亮平是有名的翻译家,曾任中共浙江省首任省委书记的卓兰芳早年长期担任小学教员。

第五,近代宁波军政人物基本上都是在家乡出生并接受基础教育,而后经上海走向全国政治舞台。无论是国民党系统还是共产党系统,几乎与上海都有不解之缘。他们或在上海接受更高的教育,经受磨炼,或在那里显露头角,展现风采。上海是他们不可或缺的政治滋养地和表现舞台。上海同他们有着相生相依的密切关系,这种现象在全国也是极为罕见的。

二、词　条

陈　禾

陈禾(？—1129)，字秀实，鄞县人(现属鄞州区，下同)，北宋末年官员，以直言闻。

陈禾自幼聪颖好学，在国子监学习，成绩优异，监内考试为第一名。哲宗元符三年(1100)登进士科，初调郓州司法，为数起死囚冤案平反，以政绩除淮州教授、婺州教授。不久，以学识升京师太学正和辟雍博士，继而又以正直敢言擢升为监察御史。徽宗崇宁四年(1105)，升殿中侍御史。陈禾博学多闻，常能洞察时弊。在监察御史任上，曾上疏朝廷，认为天下承平日久，江浙一带武备松弛，容易为奸邪所乘，建议加强东南军备，以防不虞。后来，方腊果然起兵于此，时人都认为陈禾有先见之明。陈禾为官，无私无畏，敢于直谏。大观元年(1107)，陈禾迁左正言，不久除给事中。由于左正言有弹劾百官之权，陈禾抓住任命书还未下达的机会，连续上两道奏疏弹劾权宦童贯和黄经臣，指斥黄经臣依仗皇上恩宠，滥用权力，恳请皇帝防微杜渐，建议将黄经臣放逐远方，以免酿成宦官专权的祸害。徽宗素来宠信二人，不愿深究，因此不等陈禾说完，就要离去。情急之下，陈禾上前紧紧拉住徽宗的衣服，把衣袖撕落下来。宋徽宗说："正言撕破我的衣服啦！"陈禾说："陛下不惜被撕破衣服，我难道还吝惜用脑袋来报答陛下吗？"陈禾的大义凛然，感动了徽宗，表示要"留着这件破衣，用来表彰正直的大臣"。陈禾为人正直，重义轻利。大臣陈瓘因弹劾权相蔡京而贬谪岭外，后寓居鄞县，陈禾重其气节，让儿子正汇拜其为师。后来正汇遭蔡京诬陷，陈瓘亦受牵连而入狱。主审黄经臣提出，只要陈禾指证陈瓘，就可以减轻自己和儿子的罪责。陈禾正色回答说："祸福死生，命也，岂可以死易不义耶？愿得分贤者罪。"于是，童贯、黄经臣等人趁机公报私仇，大肆诬陷，陈禾被贬谪信州监酒。不久遇到大赦，陈禾乘机辞官回归故里。闲居数年后，陈禾又被起用，历任广德军知军、和州知州、秀州知州。宣和元年(1119)，奸臣王黼为相，陈禾不屑与其为伍，坚决请辞。辞官后，为了侍奉时任寿春府教授的兄长陈秉，寓居寿春。宣和三年(1121)，童贯率军南下征讨方腊起义军，路过寿春，想到当年陈禾关于东南祸乱的先见，于是带着礼物前来拜访陈禾。陈禾不仅不接受礼品，甚至连门也不让童贯进。童贯十分恼怒,回到京师之后就上奏诬陷他。宋徽宗说:"陈禾这人向来如此,你难道不能容忍他吗?"因为这件事,陈禾多年复出无望。南宋建炎三年(1129),重建赵宋王朝的宋高宗,终于再次想起这位敢于斗争,不畏童贯、蔡京、王黼等"六贼"的忠直官员,任命陈禾为舒州知州,但任命书还未到,陈禾就去世了。朝廷赠中大夫,赐谥文介。陈禾在乡闲居时,长期在鄞县东钱湖二灵山筑二灵山房(二灵禅寺前身)讲学授徒,著书立说,治学不辍,著有《易传》九卷,《春秋传》十二卷,《论语解》《孟子解》各十卷。

参见脱脱等:《宋史》卷 363《陈禾传》,中华书局点校本;俞福海主编:《宁波市志》(下)人物传略,中华书局 1995 年版。

史　浩

史浩画像

史浩(1106—1194),字直翁,号真隐,鄞县人,南宋政治家。

史浩出身于世代为官的官宦之家,早年以叔父为师,刻苦读书,废寝忘食。绍兴十五年(1145),史浩考取进士,被任命为余姚尉。任上颇有作为,使地方治安状况得以明显改观。任满赴京待命,秦桧特地示意笼络,被史浩断然拒绝。后来在温州教授任上,获得郡守张九成的器重,秦桧死后史被举荐至朝廷,任太学正,迁国子博士。史浩由于在朝堂上敦促无子的高宗尽早确定皇位继承人,获得高宗的赏识,被提拔为秘书郎,三日后高宗又命史浩兼任普安王和恩平王的老师。当时高宗在选择皇嗣上举棋不定,时常有一些试探二王品德的举措,史浩总是分析是非,为二王提供正确的应对方式。一次,高宗赐二王宫女各 10 人。史浩告诫说:这些宫女都曾侍候高宗,二王应该待之以礼。一个多月以后,高宗召回这 20 名宫女,询问之后得知普安王对她们非常有礼,恩平王却对她们各有所犯。多次试探之余,高宗下诏立普安王为皇子。不到一年,高宗决意内禅,传位给太子,孝宗因此正式登基,史浩为南宋皇位第一次顺利更替,稳定南宋政局做出了贡献。绍兴三十二年,宋孝宗即位,授参知政事。隆兴元年(1163),拜尚书右仆射。淳熙十年(1183),除太保致仕,封魏国公。宋光宗御极,进太师。历高宗、孝宗、光宗三代,论事常与诸臣不合,但能包容无怨。孝宗隆兴元年、淳熙五年二登相位,其为政深谋远虑,大力举荐人才,力图中兴宋室。史浩上任后的第一件事就是建议孝宗顺应民心,拨乱反正,为抗金民族英雄岳飞平反昭雪。在史浩的主持下,岳飞冤案获得平反,不但恢复了原来的官职,还被礼葬于杭州栖霞岭,并起用其后人为官。同时,史浩还为贬谪至死的前朝抗金领袖赵鼎、李光等人平反,尽复他们的官职,并妥善安置了他们的后代。史浩这一系列伸张正义的作为,既落实了激励忠良的政策,也使当时的社会风气为之一振,从而开创了南宋朝野抗金北伐的新局面。其为人至孝,致力于培养后人,子史弥远、孙史嵩之先后为相,开拓了史氏“一门三宰相,四世二封王”的辉煌基业。其为学严谨,有《鄮峰真隐漫录》《鄮峰真隐大曲》《尚书讲义》《周官讲义》等著作问世。史浩退休后返乡,致力于家乡慈善事业,发起设立乡曲义庄,对后来宁波一地的慈善事业有着重要的影响。绍熙五年(1194),史浩去世,封会稽郡王。宋宁宗登基,赐谥文惠。嘉定十四年(1221),以子史弥远贵,追封越王,改谥忠定。

参见俞信芳点校:《史浩集》,浙江古籍出版社 2016 年版;宁波市鄞州区政协文史资料委员会编:《帝师丞相史浩》,宁波出版社 2009 年版。

魏　杞

魏杞(1121—1184),字南夫,一字道弼,寿州寿春(今安徽寿县)人,靖康之祸后随父母移居明州鄞县,南宋前期宰相、外交家。

魏杞出身于一个官宦家庭,初以祖恩入官。南宋高宗绍兴十二年(1142)进士及第,初任余姚尉,捕杀大盗,一方得安。升宣州泾县知县,移风易俗,恩威并施,造福一方。所在皆以才干著称,为大臣钱端礼所赏识荐举,升大理寺主簿,后擢太傅寺主簿、宗正少卿。

绍兴三十二年(1162)六月,宋高宗禅位于皇太子赵眘。宋孝宗即位后,锐意进取,决意北伐中原,起用老将张浚等发动“隆兴北伐”,却遭到符离惨败,汤思退、钱端礼等大臣力主和议。魏杞向以才干著称,又蒙汤、钱二人举荐,加之廷对时应答自如,颇得孝宗的赏识,成为使金议和的不二人选。魏杞知道此行凶多吉少,殿辞时对宋孝宗说:这次出使金国,我定当不辱使命。倘若事情不顺,不要顾及我的生死,速速出兵。隆兴二年(1164),魏杞以礼部尚书官衔任金国通问使,率使团出使金国。一路上,几经波折。魏杞排除重重阻力,于六月终于抵达金都燕京,一再面临金国方面的刁难。先有金国馆伴张恭愈以国书称“大宋”,要求去“大”字,被魏杞严词拒绝。后又有金主以国书不称"臣"而称"侄",以断绝其饮食相威胁。魏杞毫不妥协,当着金国满朝文武百官说:"天子神圣,才杰奋起,人人有敌忾意,北朝用兵能保必胜乎? 和则两国享其福,战则将士蒙其利。"由于魏杞的据理力争,加之金国上下本有议和愿望,经过一番舌枪唇战,明争暗斗,同年十二月,宋金双方达成了和议。和议内容主要有四:一是宋金为叔侄之国,金为叔、宋为侄("绍兴和议"时金为君、宋为臣);二是宋朝每年给金"岁币"("绍兴和议"称"岁贡");三是岁币为每年银绢各二十万两匹(比"绍兴和议"每年少五万两匹);四是宋金疆界恢复战前的状态。这就是历史上有名的"隆兴和议"。因和议至次年即乾道元年(1165)正式生效,故又称"乾道之盟"。此后,宋金两国维持了四十多年的和平。"隆兴和议"的成功签订,魏杞居功至伟,因为"不辱使命"而受到孝宗的隆重嘉奖,迁给事中、同知枢密院事,进参知政事、右仆射兼枢密使。次年罢相,后知平江府。终以端明殿学士奉祠告老,归居鄞县小溪,人称碧溪先生。乡居时,与史浩、汪大猷等诗文唱和,组建"五老会",积极参与地方公益事业。淳熙十一年(1184)卒,朝廷追封鲁国公,谥文节。著有《山房集》《魏文节遗书》等。

参见脱脱等:《宋史》卷385《魏杞传》,中华书局点校本;蔡裔麟编纂:《宁海薛岙浦江魏氏宗谱》,1935年木活字本。

史弥远

史弥远(1164—1233),字同叔,号小溪,别号静斋,鄞县人,宋代中叶在位时间最长的丞相,也是南宋四大权相之一。

史弥远出身于南宋四明名门大族,所谓一门三宰相,四世两封王。其父史浩,为孝宗朝名相。淳熙六年(1179),年仅十六岁的弥远因为乃父而荫补承事郎,两年后在荫补官员的考试中名列第一,后来又被举荐参加了进士考试,正式走上仕途,迁太社令。绍熙二年(1191),迁太常寺主簿,因父丧回家守丧。三年丧满后,弥远出任八品小官大理司直、诸王宫大小学教授,日益表现出非凡的才干和眼见,为当朝丞相京镗所看重,明言弥远前途无量,未来的成就必将超过自己,表示要将自己的子孙托付给他。然而,由于弥远并非科举正途出身,此后十余年的仕进之路并不顺畅,直到开禧元年(1205)也不过任起居郎。史弥远的人生转机源于权相韩侂胄的北伐。开禧元年,韩侂胄不顾朝中陪主和派的反对,一意孤行,北伐中原。对此,弥远多次上书,旗帜鲜明地反对韩侂胄的主战政策,赢得了朝中主和派,尤其是与韩侂胄不和的杨皇后的支持。开禧二年(1206),任起居郎兼资善堂直讲,不久又兼权刑部侍郎,爵封鄞县男。三年初,改礼部侍郎兼同修国史、实录院同修撰,同时兼任刑部侍郎,成为朝中主和派的代表。当年六月,北伐以失败告终,宋金开始议和,韩侂胄的威望由此大损。十一月,已经升任迁礼部尚书兼国史实录院修撰的弥远,与杨皇后等密谋,设计劫持韩侂胄至玉津园将其杀死。嘉定元年(1208)三月,宋金两国达成议和,史称"嘉定和议"。对于权相韩侂胄被杀,作为皇帝的宁宗并未追究责任。这样,军政大权全归杨后、史弥远所操纵。嘉定元年,赵询被立为皇太子,弥远也成为太子的老师。短短一年间,弥远官运亨通,由礼部尚书升任知枢密院事,进奉化郡侯兼参知政事,又进开国公拜右丞相兼枢密使兼太子少傅。十一月,因母丧丁忧。嘉定二年(1209)五月,弥远起复为右丞相兼枢密使兼太子少师。从此,开始了他长达20多年的独相擅权时期。史弥远在20多年的权相生涯中,并非一帆风顺,也曾遇到挑战。他协助杨皇后诛杀韩侂胄,以及对金的主和政策,成为他政治上的污点,遭到诸多朝臣的抨击和反对。尤其是皇太子赵询的病卒,宁宗另立赵竑为太子,而赵竑对于史弥远的擅权跋扈早已心怀不满甚至怨恨,弥远陷入前所未有的政治危机中。为此,弥远开始了废除太子的长期图谋。嘉定十七年(1224)闰八月,宋宁宗病死。弥远再次与杨皇后密谋,伪造宁宗遗诏,矫诏废除赵竑的太子之位,拥立赵昀为帝,是为宋理宗。弥远因为有大功于理宗,保证了其独相擅权在理宗朝的继续。理宗绍定六年(1233),史弥远病死,追封卫王,赐谥忠献,风光地结束了他20多年的权相生涯。然而,弥远并未像秦桧、韩侂胄、贾似道等南宋其他三大权相一样被打入《宋史·奸臣传》,大概是因为他虽然同样对内擅权、对外主和,但为人较为稳重,为官较为廉洁,用人并不唯亲,启用了一批贤才,维系了南宋政局的总体稳定。尤其是重用理学之士,大力倡导理学,确立理学的统治思想地位,赢得了信奉理学的史官们的好感。

参见脱脱等:《宋史》卷414《史弥远传》,中华书局点校本;史美露主编:《南宋四明史氏》,四川美术出版社2006年版。

叶梦鼎

叶梦鼎(1200—1279),字镇之,号西涧,宁海人,南宋晚期宰相。

叶梦鼎本姓陈,六岁出继母族,改姓叶。他自幼天资颖悟、过目成诵,先后从学于名儒郑霖、赵逢龙,学问日进,得以进入南宋最高学府的太学。梦鼎为人,淡泊明志,不急于仕进,一心向学。在太学期间,潜心诗书,成绩优异。即便后来入仕后,也是读书不辍,有文集《西涧集》传世。嘉熙元年

(1237),已经年届不惑的梦鼎,方以太学上舍试优等的成绩步入仕途,初授信州军事推官。自此后,宦海沉浮,或地方官或朝官,或文职或武职,在其近40年的宦海生涯中,先后担任过大大小小40多个职务。叶梦鼎先后出任过袁州、吉州、赣州、隆兴、庆元、福州等州府的地方官,始终廉洁自律,勤政爱民,所到之处,兴利除弊,造福一方。在袁州任上,针对"和籴"(一种为满足军粮供应之需而临时采取的制度,名为政府等价购买民粮,实则强行摊派)之弊,梦鼎为民请命,向朝廷奏疏,指出袁州这个地方山多地少,民生凋敝,百姓粮食已经不能自给,还要承担沉重的"和籴"负担,恐怕会动摇国本,最终使袁州和籴得以免除,造福了当地百姓。在建宁府任上,由于当地民变迭起,有人建议他斩尽杀绝,以杜绝乱源。梦鼎坚决反对,认为罪在首恶,明令官兵不得妄杀。由于应对得当,仅一年便平息了当地民乱。作为朝官,梦鼎历任太学录、校书郎、秘书郎、国子祭酒、礼部侍郎、吏部侍郎、签书枢密院事、参知政事等职务。咸淳三年(1267),拜右丞相兼枢密使,后又晋爵信国公,位极人臣,登上仕宦生涯的顶峰。在朝为官的梦鼎,始终无私无畏,一身正气。面对内外交困、山河飘摇的政局,叶梦鼎勇于担责,多次上书朝廷,提出了诸多革除时弊、修明政治、振兴邦国的主张。理宗死后,度宗即位,朝廷议请太后垂帘听政,朝臣少有人反对,梦鼎以"母后垂帘岂是美事"诤谏,忠心可嘉,史称梦鼎"以孤忠抗大奸,支持危局"。尤其是面对权相贾似道大权独揽、一手遮天的淫威,朝廷上下噤若寒蝉,诸大臣明哲保身,但叶梦鼎毫不畏惧,与贾似道展开了正面斗争。在公田、经界以及为利州转运使王价平反等事上,都与贾似道针锋相对,据理力争。随着贾似道权势日盛,等待梦鼎的是要么同流合污,要么辞官不合作,梦鼎义无反顾地选择了后者。有人以祸福相劝,梦鼎说:"廉耻事大,死生事小,万无可回之理。"咸淳九年(1273),梦鼎辞官回归故里。景炎元年(1276),京师临安沦陷。次年,益王即位于福建,时已七十八高龄叶梦鼎受诏前往,因病重不能继续前往,恸哭而归。回家后,带病勉力上书,劝诫皇帝要励精图治,重拾山河。1279年,逃亡到广东崖山的陆秀夫携南宋小皇帝投海自尽,南宋灭亡。同年,一片忠心的梦鼎忧郁成病,逝于家中,享年八十岁。

参见脱脱等:《宋史》卷414《叶梦鼎传》,中华书局点校本;叶柱、应可军等:《宁海历史名人传记丛书》,浙江古籍出版社2009年版。

方孝孺

方孝孺(1357—1402),字希直,又字希古,号逊志,学者称缑城先生、正学先生，宁海溪上方（村废，其地今属大佳何乡）人。明初著名的文学家、思想家，更以刚直不阿、忠贞不二、宁死不屈、成仁取义而闻名天下。

方孝孺画像

方孝孺出身于地方官员家庭，父方克勤，官山东济宁知府，后因"空印案"被诬入狱，1376 年被杀。孝孺少好学，人称"小韩愈"，15 岁随父居济宁。及长，师事大儒宋濂，以明王道致太平为己任，而不屑于文辞写作。洪武十五年（1382）以荐受朱元璋召见，1392 年荐授汉中府学教授。蜀献王闻其贤，聘为世子师。1398 年，惠帝朱允炆继位，年号建文，任翰林侍讲，受到重用，次年迁侍讲学士，值文渊阁，常承命批答百官临朝所奏事，任《太祖实录》《类要》总裁。不久改为文学博士，主持京考。建文三年（1401），燕王朱棣以"清君侧"名起兵夺皇位，朝廷议定讨伐，诏令、檄文多出其手。又多方策划，以御燕兵。次年燕兵攻下京师（今南京），惠帝自焚而死，他被捕下狱，名列"奸党"。当初，朱棣率军从北平出发时，其军师姚广孝把方孝孺托付给朱棣："城下之日，彼必不降，幸勿杀之。杀孝孺，天下读书种子绝矣。"朱棣点头应承。至是朱棣命他进宫草拟登极诏书，而孝孺披麻戴孝恸哭至，骂不绝，拒草诏，疾书"燕贼篡位"，掷笔于地。朱棣怒，遂以"汝不顾九族乎"相威吓，他答："便十族奈我何？"终遭磔死。因是罹难十族（九族加其学生）计 873 人，入狱谪戍者数千，以致村废，惨烈震惊朝野。其著作当时严禁，门人王徐暗辑为《候城集》，后文禁渐弛，遂有《逊志斋集》行世，其文世称"醇深雄迈"。今宁海跃龙山有方孝孺读书处。

著名学者胡适认为："方孝孺是明初一个了不起的人。外人常说中国很少殉道的人，或说为了信仰杀身殉道的人很少，但仔细想想，这是不确的。……方孝孺就是为主张，为信仰，为他的思想而杀身成仁的一个人。……我国政治思想在 14 世纪以前，绝不逊于欧洲，但近 500 年来何以不振，这是由于方孝孺被杀的惨剧所造成的。"

参见连晓鸣等《读书种子——方孝孺传》，浙江人民出版社 2005 年版；徐光大点校《方孝孺集》，浙江古籍出版社 2013 年版；胡颂平《胡适之先生晚年谈话录》，新星出版社 2006 年版。

谢迁画像

谢 迁

谢迁(1449—1531),字于乔,号木溪,又号木斋,余姚人,明代中期著名阁臣、政治家。

谢迁于成化十年(1474)乡试第一,次年会试中状元,授翰林院修撰,迁左庶子。孝宗居东宫(太子)时任讲官,孝宗即位,曾上书建议缓选六宫妃嫔,为帝采纳,累迁少詹事兼侍讲学士。弘治八年(1495)入阁参与机务,寻加太子少保、兵部尚书兼东阁大学士。时尚书马文升以大同边警,饷馈不足,请加南方两税折银。迁明确表示反对,认为"先朝以南方赋重,故折银以宽之。若复议加,恐民不堪命。且足国在节用,用度无节,虽加赋奚益"? 尚书倪岳亦争之,议遂寝。孝宗晚年慨然欲除弊政,而内府诸库及仓场、马坊中官作奸犯法,不可究诘。御马监、腾骧四卫勇士自以禁军不隶兵部,率空名支饷,其弊尤甚。迁乘间言之,帝令拟旨禁约。迁曰:"虚言设禁无益,宜令曹司搜剔弊端,明白奏闻,然后严立条约,有犯必诛,庶积蠹可去。"帝允之。其间,与刘健、李东阳同辅国政,时称贤相,有"李公谋,刘公断,谢公尤侃侃"之说。武宗嗣位,累加封至太子少傅。时太监刘瑾专权,排斥忠良,迁奏诛刘瑾,不纳,遂致仕。刘瑾恨迁,勾结阁臣焦芳等,罢斥其弟谢迪的兵部主事、其子谢丕的翰林院编修职。正德四年(1509)刘瑾又以"徇私援引"为由,将他所荐举的周礼等三人谪官戍边,诏命今后余姚人不得入选京官。同年十二月,又夺迁的诰命,追还所赐玉带服饰。时人担心其安危,他却与客弈棋、饮酒,赋诗如常。次年八月,刘瑾被诛,复原职,旋致仕归里。嘉靖六年(1527)复起为阁臣,时年七十九岁,催促起程,至京张璁已入阁,次年以老辞归。卒赠太傅,谥文正。著有《谢文正公集》《木溪归田稿》等。谢迁一生中长期担任朝廷重臣,历经明宪宗、孝宗、武宗、世宗四朝。他秉节直亮,见事明敏,善持论,政绩卓著,三为帝师,驰骋政坛 50 余年,是一位有作为的政治家。

参见张廷玉等:《明史》列传 72《谢迁传》,中华书局 2009 年版;戴锋主编:《文正公谢迁诗存》,浙江古籍出版社 2010 年版。

万 表

万表(1498—1556),字民望,号九沙山人、鹿园居士,鄞县人,明代名将、学者。

万表出身于官宦之家,"父早世,事母孝"。17 岁袭父职为宁波指挥金事。昼习骑射,夜诵经史、孙吴兵法,以诸葛亮"宁静淡泊"自励,"好学尚气"。万表才兼文武,每与唐顺之等讲学。明正德十四年(1519),中武举第一,次年会试,本可得第一名,因策论抵触时局,遂改为第十八名,同年冬授职浙江把总。十六年迁都指挥金事,负责漕运,在任时调整漕运线路,赈济淮北饥民,"全活无数"。嘉靖四年(1525),升任浙江掌印都指挥,治军有方,后历迁南京大校场坐营、漕运参将、南京锦衣卫金书、广东副总兵、左军都督、漕运总兵、南京中军都督府金事。长期参与漕政,熟悉各河道及各地经济状况,先后上书数十万言,对漕运、垦荒及军备提出有益的建议。二十五年因病乞休归里,时与少林僧人往来。万表熟悉先朝典故,于国事无不晓畅。晚年散家财,募士卒,致力于抗倭斗争。三十二年,倭寇骚扰沿海,应布政使请,出资募集僧兵 200 人,命女婿、杭州卫指挥同知吴懋宣统率,击退侵犯海盐县的大队倭寇,又募僧兵救援太仓,于嘉兴白沙滩全歼倭寇。次年复任南京都督府金事,抗击进犯苏州等地的倭寇,俱告捷,自己中流矢负重伤。三十四年授浙直海防总兵,病剧辞归,卒葬钱塘(今杭州)欧家山。好读书,通经典,与王阳明弟子罗洪先、钱德洪、王畿等多有往来,扬阳明学说,为浙中王门弟子之一,学者称鹿园先生,"武臣中有儒学者表为著"。为官清廉,任职 40 年,"家无余财,瓶钵萧然"。勤于思考,对时局有清醒的认识。对于当时倭寇入侵内地,建议江苏巡抚减少农民赋税,招募他们参军,因每招一兵,便减少一倭。尝谓课税苛重,民无田耕作,致逃避附倭。又向胡宗宪推荐蒋洲、张惟远,以协助处理倭患。著书亦富,有《海寇前后议》《济世良方》《灼艾集》《经济文录》《玩鹿亭稿》八卷等,均入《四库总目》并传于世。

参见鄞县周利川辑:《甬上万氏世德传》,宁波旅沪同乡会编:《宁波旅沪同乡会会刊》1947 年第 16 期;张舜徽:《清儒学记》,华中师范大学出版社2005 年版。

余有丁

余有丁(1527—1584),字丙仲,号同麓,鄞县人,明朝内阁大臣(阁老)。

余有丁年少时即有勤学苦读之名。嘉靖四十年(1561)举顺天乡试,嘉靖四十一年(1562)中进士第三名(探花),授翰林院编修,执草诏敕。隆庆初年(1567),充实录纂修官,迁太子洗马兼修撰,侍太子(后为神宗)于东宫,继晋左谕德兼侍读。万历元年(1573)以右庶子领南翰林,次年为国子祭酒,任上颇多建树。当时,在学馆念书的学生多喜结伴冶游,讨厌读书。余有丁任祭酒后,觉得这样培养不出人才,便加以禁止,并令诸生相互保证,若故意违犯不报,则共同连坐,严厉惩处。此后,便无人再敢违犯,学风为之一振。他还亲自校订二十一史,并重新刻印,使后学者有所遵循,得益良多。余有丁为官正直,不贪钱财,清廉自重。他在任翰林编修时,常为皇帝起草诏书。前几任编修总是先将诏书写个大略,然后把内容通给受诏者。受诏者为使诏书写得有利于自己,常以丰厚的馈赠让编修为其润色。对此余有丁不以为然,他说诏书是皇上说的话,岂可利用草诏之权讨好受诏者?自余有丁始,凡为皇上草诏,拒绝一切馈赠。万历六年(1578),余有丁升吏部左侍郎,万历十年(1582),进礼部尚书兼文渊阁大学士,寻加户部尚书,进入权力中枢。据说他进相位,参与机务,是明代著名政治家张居正临死时推荐的。当时首辅张四维回家守孝,状元申时行出任首辅,余有丁与同榜榜眼王锡爵同居内阁,他们三人同舟共济,相无嫌猜。在明朝二百多年以来,一甲同为内阁,惟壬戌一科而已。余有丁生平性阔大度,尤喜宾客,不设城府。同时他博学多才,善谋略,处事果断中肯。万历年间,杭州发生兵变,余有丁策划镇压,很快得以平定。拜少傅,晋太子太傅、建极殿大学士,未几卒,赠太保,谥文敏。墓址在东钱湖隐学山。余有丁对故乡东钱湖十分眷恋,曾作诗多首。晚年退休后,在东钱湖月波山建读书楼,在月波寺废址上构筑"五柳庄",神宗题名"名山洞府"。据说其园林之美,盛极一时。

参见同治《鄞县志》余有丁传;韦力:《余有丁:修订正史,归辞名园》,《东钱湖文丛》,2018 年第 4 期。

孙如游

孙如游(1548—1623),字宗文,又字景文、景贤,号鉴湖,是明代余姚三阁老之一,明代后期著名政治人物。

孙如游出身名门,余姚孙家境(今属慈溪市横河镇)孙氏是名冠海内的文献世家,尤其是有明 300 年,"一门三孝子,五代九尚

孙如游画像

书"，天下望族少出其右。万历二十三年（1595），孙如游进士及第。二十五年八月除翰林院编修。后历官检讨、右赞善、谕德、庶子，詹事府少詹事、詹事，礼部右侍郎。1620 年明神宗死后，孙氏等几个大臣受顾命之任，辅佐光宗。光宗死后，熹宗即位，钦点孙如游入阁。这一时期，神宗宠妃郑贵妃包藏祸心，先后发生了争"国本"事件〔所谓争"国本"，就是解决立太子的问题，神宗皇后无子，王贵妃生子常洛（即光宗），郑贵妃生子常洵（即福王）。常洛居长，但神宗宠爱郑贵妃，欲立常洵，大臣又不赞同，乃迁延不立太子，最后以常洛被立为太子告终〕、"梃击"案（发生于 1615 年，当时有人执木棍闯入慈宁宫，将常洛打伤，被捕后供认是郑贵妃手下太监指使，但神宗力保郑贵妃）、"红丸"和"移宫"案（二案发生于 1620 年，当时光宗即位一年不到就患重病，郑贵妃指使人进献了红丸两颗，光宗服药后便一命呜呼。光宗死后，太监在郑贵妃的指使下，挟持太子居乾清宫，大臣纷纷上书要求移宫）的明宫三大案。三案间，正值孙如游受顾命、左右朝政之际，他力主正义，粉碎了郑贵妃的野心。其间，孙如游勤勉有加，主持朝政，有三朝元老之称，使朱明王朝政权得以维持运转。据称，孙如游职掌礼部不满一年，而正值国丧三起，"治丧有议，登极有体，册谥有议，陵寝有规，祔祧有典"。没有一件不是在他的全力主持下办成的，即使是操办非常细小的事情，他也总是谨慎小心。但由于熹宗朱由校对于政治不感兴趣，玩物丧志，大权旁落。熹宗任由大太监魏忠贤把持朝政。魏忠贤勾结皇帝奶妈客氏，专擅朝政，结党营私，扰乱朝纲，残害忠良，使朝政一片昏黑。对此，孙如游心痛如焚，却回天乏力。1621 年，孙如游在绝望之际辞官归乡，四年后病死于家中。孙如游历仕神宗、光宗、熹宗三朝，深受三代君王的信任和赏识，颇有作为与建树。

参见张廷玉等：《明史》列传 128《孙如游传》，中华书局 2009 年版；童银舫：《"孙鬼头"孙如法其人其事》，《阳明史脉》2010 年第 2 期。

钱肃乐

钱肃乐（1606—1648），字希声，一字虞孙，号止亭，鄞县人，明末清初抗清斗士。

钱肃乐崇祯十年（1637）进士，授太仓知州，有政声，考绩列江南第一。当时与邑绅张采、张溥等力行乡约；建常平仓，立保甲法，修湖川塘，严惩暴横凶徒。崇祯十四年，大旱，他一面镇压穷民作乱，一面劝大姓出粟赈饥，减价平粜，全活者很多。他一手创立的一命浮屠会，是明末著名的慈善组织。十五年升刑部员外郎，旋以父母丧归居鄞县东吴。乙酉（1645）闰六月，清兵入浙,宁波官员去杭呈递降书,肃乐方咯血,闻讯悲恸欲绝,乘舆赴城,途遇鄞邑贡生董志宁。董倡谋起兵,举义之计遂决。是月十二日全城士绅集于城隍庙,百姓聚观者数千人,公推钱肃乐为首,兴兵拒清。时甬上首富、明太仆谢三宾,方从杭州降清归,闻讯后致书定海总兵王之仁,要王率兵斩钱肃乐和董志宁等,而王之仁已奉肃乐书,约协力抗清。十五日,王之仁邀诸乡老会鄞城东演武场。至则宣读谢三宾书,问:"当杀否?"三宾悚跪阶下,哀恳输万金充饷以自赎,乃释之。肃乐与之仁乃缔盟誓守郡。肃乐遣张煌言赴台州请鲁王朱以海至绍兴监国。七月各路义军会师西兴。鲁王初封肃乐为太仆寺少卿,旋升金都御史,领兵驻守萧山瓜沥。当时钱肃乐指挥的义军,英勇善战,屡建奇功。他身先士卒,十战十捷,打得清兵闻而生畏。进犯浙江的清兵连连向顺治帝告急求援。然而,就在抗击清兵节节胜利之间,各路义军内部发生了严重的宗派分裂和倾轧。原来,时抗清军有浙西来的方国安部,舟山来的王之仁部,皆称正兵,军饷以宁、绍、台三郡田赋供之,为正饷。肃乐所领义兵,绅民乐输供之,称义饷。而正兵又截留义饷,鲁王不能禁。肃乐兵既无饷,又受马士英、阮大铖部倾轧。丙戌(1646)5月,肃乐遂领兵出走温州,旋入瀹洲(今定海)。时唐王立闽中,遣使来浙,召肃乐赴闽。肃乐未行而唐王遇难,他辗转山路,与诸弟挖山芋为食。旋浙、闽皆破,鲁王浮海。肃乐潜至龙峰岩寺院,意将归隐。肃乐虽隐居深山,但中兴明朝之志始终如一。丁亥(1647)6月,鲁王至闽,肃乐又往见鲁王于琅江,拜兵部尚书。肃乐乃申明约束,整顿军队,收拾残部,训练勇士,兵威重振,连下兴化、福清、长乐、罗源等三十余城,围困福州,浙东山寨亦各起兵遥应。他正拟与浙东义军领袖董志宁、王家勤等"六狂生"联络,谋取宁绍台诸府时,不料被谢三宾获悉,向清廷告密而失败,华夏、王家勤等也不幸殉难。时权臣郑彩专权,对肃乐更是猜疑,肃乐忧愤交加。戊子(1648),连江失守,肃乐病中以头触枕,但求速死,六月,卒于琅江。鲁王追赠太保,谥忠介。其出生地宁波七塔寺旁街命名为忠介街。其著作有《忠介公全集》《太仓州志》《正气堂集》《越中集》《南征集》等。

　　参见卿朝辉点校:《钱肃乐集》,浙江古籍出版社2014年版;俞福海主编:《宁波市志》(下)人物传略,中华书局1995年版。

王 翊

　　王翊(1616—1651),字完勋,号笃庵,慈溪人,迁居余姚,为明末浙东著名抗清首领。

王翊幼年丧父,及长,中秀才,喜欢谈论兵法。1646 年(清顺治三年),南明军据钱塘江抗击清兵,御史兼余姚知县王正中荐他为职方主事,参加江防。江防失守后,与黄宗羲等率部入四明山,结寨于大兰,至海滨招兵,以长期抵抗清兵。次年十二月,清兵逼大兰,引军退避。1648 年(清顺治五年)正月回师大兰山,三月破上虞城。时浙东抗清义军山寨达百余部,兵源复杂,时有扰民行为,唯李长祥、张煌言及王翊三部严守军纪,从不扰民,而翊部最众,据守四明 800 里。清军因一连打了几次败仗,便集结大队兵力,并以主力袭击王翊所率领的义军。王翊部队抵挡不住,以至兵败,损失士兵 400 余人。王翊虽然损兵折将,但抗清意志坚不可摧,待清军主力一撤退,他便立即招募义军,部队又迅速发展起来。他联络抗清义士冯京弟,合军据守杜岙,打击清兵。清军害怕王翊军形成气候,便再次集中主力进攻王翊所率义军。王翊抵挡不住清军兵多将广,便边战边退,当他突出重围时,身边只剩400 多人了。王翊虽然屡遭挫折,但抗清意志不减。他见当地已难立足,便率领所部往天台与俞国望会合,沿途又召集流亡者,共达 1 万余人。1649 年(清顺治六年)春,他与俞国望等部出师夹击,再破上虞,震动浙东,军威大振。此时,兵力增加,王翊把所率军队分为五营,由他统率,并在山区屯垦,准备长期坚持抗清斗争。同年六月至健跳(今三门县东南)朝鲁王,授河南道御史、副都御史。清廷见王翊顽强抗清,便改用招降之策,派出使者以高官厚禄作诱饵。可是,当清廷使者一进入上虞城,王翊立即杀来使以示坚决抗清的意志,并以此激励将士抗清到底。1650 年(清顺治七年)三月,授兵部右侍郎。八月攻克新昌。清军把王翊视为心腹之患,于是派遣清将金砺、提督田雄,以团练为前峰会攻大兰山。王翊屡次带兵抵敌,终不能胜,于是带领亲兵退到瀚洲。1651 年秋,清兵分三路夹击瀚洲,杀声连天。当清兵攻下瀚洲时,王翊所率领的将士已死散殆尽。他冲出重围后,为重组抗清义军,便悄然往奉化招兵,不幸于 7 月 24 日在途中被清兵俘获。8 月 14 日从容就义,首级悬宁波城门,陆宇焜等以计得之秘藏 12 年,后与冯京第、董志宁同葬于宁波城北马公桥畔,称"三忠墓"。

参见俞福海主编:《宁波市志》(下)人物传略,中华书局 1995 年版;顾诚:《南明史》,光明日报出版社 2011 年版。

张煌言

张煌言(1620—1664),字玄著,号苍水,鄞县人,诗人,著名抗清英雄。

张煌言出身于官宦世家,父张圭章,天启四年(1624)举人,曾任山西盐

张煌言画像

运司判官,官至刑部员外郎。母赵氏,于张煌言十二岁时病卒,故张煌言一直跟随在父亲身边长大。张煌言少年时期就胸怀大志,为人慷慨并且喜论兵法之道。十六岁补诸生,校射时三发皆中,学使奇之。崇祯十五年(1642)中举人。乙酉(1645)五月,清兵破南京,煌言在宁波从钱肃乐抗清,奉命至天台迎鲁王朱以海至绍兴监国。鲁王赐煌言进士、翰林院编修。唐王在福建建号,诏至浙东,煌言自请去闽,释息唐、鲁两王间隔阂。回绍兴后晋侍讲兼兵科给事中。丙戌(1646),清兵渡浙,煌言急驰归家,与父母妻子诀别,至瀹洲(今舟山)追随鲁王,又与定西侯张名振送鲁王去福建,郑成功不为用,复还石浦,升右佥都御使。戊子(1648),煌言率众结寨于上虞平冈。庚寅(1650),名振当国,召煌言入卫鲁王,煌言赴舟山,拜为兵部左侍郎。辛卯(1651)秋,清军入舟山,煌言、名振护鲁王走金门依郑成功。甲午(1654)煌言与名振会郑成功师入京口(今镇江),克瓜洲,攻崇明未克,遂克舟山。是年名振卒,所部遂属煌言。丙申(1656)清兵再破舟山,又徙岛内居民至大陆。戊戌(1658),煌言率部在南田花呇练兵屯田。是年,桂王遥授煌言为兵部尚书。己亥(1659),煌言会郑成功师再进长江入京口,攻克皖、苏四府三州二十四县,江南大震。此时郑成功兵败南京,煌言孤军陷重围,遂历险行2000余里返浙。是年,清廷抄没煌言之家,其妻、子均被逮。此后煌言在浙闽一带岛上坚持抗清,清廷一再招降,均遭其严拒。甲辰(1664)七月,因下属出卖,在悬山被清兵所执,押至宁波,数日后移至杭州。九月七日被杀害,就义前,赋《绝命诗》一首,葬于杭州南屏山麓。与岳飞、于谦并称"西湖三杰",《明史》有传。乾隆四十一年(1776)追谥忠烈。其著作较多,近代鄞人张寿镛合编其著作为《张苍水集》。今杭州尚存张苍水墓,宁波有苍水街、张苍水纪念馆。

参见张煌言:《张苍水集》,中华书局1959年版;曲冠杰:《张煌言传》,甘肃教育出版社2018年版。

徐 保

徐保(生卒年月不详),鄞县人,鸦片战争时期浙东人民抗英力量"黑水党"的领导者。

徐保出身于鄞县贫苦人家庭,靠打柴狩猎谋生,年未满二十父母双亡,家贫如洗。其身躯魁梧，为人正义，因得罪当地豪绅被官府通缉，被迫离乡背井，流落定海一带。不久即参加了定海一带一支由穷苦的渔民和农夫以劫富济贫为宗旨聚集起来的反清武装队伍，很快就被推为首领，并制定"戒杀伤，戒离群"纪律，队伍很快达到 300 余人。鸦片战争爆发后，道光二十年（1840）六月，英军侵占定海，奸淫抢掠，无恶不作。徐保目睹侵略者的暴行，号召人们英勇杀敌，报效国家，于是加强组织，制定军规，制作旗帜，因服装多为黑色，被称之为"黑水党"。当时台州、温州渔

徐保塑像

民，平时在定海洋面捕鱼为生，而英军占领定海后，生计难以维系，纷纷投奔徐保，壮大了"黑水党"抗英力量。后来，"黑水党"发展到内地，又吸收了一些贫苦农民和手工业者，其宗旨便又增加铲除奸商内容。平时以锻炼武术为主，以从事渔业和开垦荒岛种植为生，因自食其力，不扰民，抗击英国侵略，故而深受浙东一带广大人民的爱戴和拥护。当时渔谣传唱："黑水党，金刀枪，单杀赃官和奸商；黑水党，银刀枪，刀杀洋鬼子，枪刺害民官。小鱼船，鱼满舱，鱼儿不送臭鱼行，恼得渔霸盯白眼。小鱼船，鱼满舱，满舱鱼儿献黑党，献给黑党充军粮。"道光二十一年（1841）八月，英军再次侵犯定海，三镇总兵葛云飞、王锡朋、郑国鸿率部英勇反击，最后壮烈牺牲。徐保不顾危险，率黑水党三兄弟，夺回葛云飞、郑国鸿尸身。八月十七日，英军攻陷定海。当夜，徐保领导的定海黑水党兄弟，乘英军安营未定，并利用他们对定海地形不熟悉的弱点，对英军进行突然袭击，奸敌颇众，予侵略者以沉重的打击。英军强占定海后，同月连续侵占镇海、宁波，道光帝大为震动。鉴于徐保夺尸回营，英勇抗英，道光帝随即降旨招抚。徐保激于民族大义，率领"黑水党"众兄弟，潜奔宁波城乡，与英国侵略军相周旋。当时，徐保从"黑水党"中精挑出技击出众者 70 余人，分成四队，每人随身带一把短剑，分居各乡村，白天扮作雇农，侦探侵略军岗哨和军情动态，夜间则集队袭击，以摧毁英军岗哨为主，迫使英军不敢外出骚扰，并阻击英军海上交通，颇有成效。他们在实际的对敌斗争中，创造了各种巧妙的斗争办法，神出鬼没地打击敌人。但是，当时清政府许多地方官员却纷纷具奏，"冒顶战功""各蒙奖励"，对"黑水党"进行密缉捕杀。徐保事先风闻消息，及早提防，率领"黑水党"众兄弟重新回到定海一带，继续进行"劫富济贫"的反封建斗争。

参见张嘉梁主编:《宁波词典》,复旦大学出版社 1992 年版;沈雨梧:《浙东抗英斗争》,浙江人民出版社 1984 年版。

陈训正

陈训正

陈训正(1872—1943),慈溪县三七市官桥村(今属余姚市)人,著名的革命党人、报业家、教育家、学者。

陈训正出身于慈溪官桥绅商之家,其祖父陈士芳外出经商,家道殷实,为人富而有仁,乐善好施,曾捐出自己的一半田产辟为义田,乡里引为美谈。陈训正父亲早逝,三叔陈依仁代为抚养并让其专心读书。1897 年,陈训正与同乡有识之士陈镜堂、冯君木等组织"石关算社",创建"迫群学会"。1901 年,陈训正自费赴日本访求科学图书仪器,并以所觅到的蚕桑良种带回,从事研究与实验。1903 年,陈训正应考中举,从此名扬乡里,与同邑冯君木、应启墀、冯允祥并称"浙东四才子"。1905—1911 年,担任宁波府教育会副会长,致力于兴办新式教育,对宁波新式教育的兴起贡献颇多。民国建立后由陈训正倡议主办的学校,著名的尚有旧宁属县立女子师范学校、私立宁波效实中学、宁波公立中等工业学校及其附中正始中学。陈训正和其实业界朋友卢鸿沧首先倡议,协同宁属士绅联名呈报朝廷,请旨开放"堕民",1904 年,颁旨准奏,宁绍两地堕民遂得解脱。之后,由卢鸿沧出资,陈训正任校长,联合创办"育德农工小学堂",招收脱籍子弟入学,邑人无不钦佩。第二次东渡日本时,陈训正由同乡介绍结识孙中山,从此毕生追随,投身民族民主革命。为响应孙中山的"民生主义"与"实业计划",陈训正与赵家艺等于 1912 年在上海创设"平民共济会",刊印《生活杂志》。1919 年,与人发起创办宁波佛教孤儿院。1920 年,与赵家艺等在上海创办《商报》,任总编辑,聘陈布雷、潘公展等人为主笔。1927 年至 1931 年,南京国民政府建立后,陈训正一度弃文从政,先后担任浙江省府常务委员、省民政厅代理厅长、西湖博物馆馆长,且两度出任杭州市市长,还曾任南京国民政府文官处参事。但陈训正不喜官场,1932 年后不再涉足政治,以读书著述自娱。陈训正在学术上最为显著、最有影响的成就,是关于方志学的理论与编纂实践,先后主持编纂《定海县志》《鄞县通志》,特别是

《鄞县通志》，以其"资料完备，内容新颖"被学术界称为"民国第一志"。1932年，应蒋介石之邀，修纂《国民革命军战史初稿》。1937年抗战全面爆发后，担任浙江省临时参议会副议长、议长。1943年10月去世后，浙江各地发起公祭陈训正。人们称其"早为人类争平等，晚以儒宗老战伤"，这是对陈训正一生最好的评价。

参见赵志勤：《陈屺怀事迹述略》，《宁波文史资料》第8辑，1990年；戴光中：《陈氏兄弟各有千秋——陈训正、陈布雷与陈训慈》，王永杰主编：《文化群星——近现代宁波籍文化精英》，中国文史出版社1998年版。

范贤方

范贤方（1877—1917），字仰乔，又称仰峤，号仲壶，鄞县人，国民党早期重要干部、宁波辛亥革命领导人。

范贤方出身于鄞县一士人家庭。清光绪二十八年（1902）中举人。三十二年（1906）入宁波法政学堂读书，同年由宁绍台道喻兆藩保举去日本东京法政大学速成科留学，在日期间与同盟会人士多有交往，而倾向于反清革命。光绪三十四年（1908）回国，在浙江巡警道兼洋务总办王丰镐处任秘书，兼任宁波法政学堂教师。不久，被推任宁波地方自治筹备会会长。1910年9月，积极参加保路运动，支持汤寿潜，要求沪杭甬铁路商办。宣统三年（1911）7月，与陈训正等组织宁波国民尚武分会，任副会长，并加入同盟会。9月搬入水凫桥新居后，相关会议多在他家召开。同年10月武昌举义后，宁波革命党人推他主持宁波响应诸事。10月22日，民团成立，任副团董，联络新军协统刘洵、防军统领常荣清，准备响应。11月1日，宁波保安会成立，任干事。11月5日，保安会开会，他主张即日宣告独立，有的主张俟沪行动，会上意见不一。卢成章率领育德学堂学生100余人首先行动。同时范贤方、魏炯率尚武会会员及商团、民团千余人，占领道署，遂以保安会名义出安民告示。是夜，宁波军政分府成立，调任执法部部长。不久杭州光复，任浙江高等法院院长、浙江省军政府司法筹备处长。1913年9月返甬，与驻鄞陆军第三旅旅长顾乃斌、鄞县知县沈祖绵等通电讨袁。"二次革命"失败，改名慕莲，流亡日本。1916年，袁世凯称帝，蔡锷等在云南起义声讨，各省纷纷响应。范见时机成熟，乃从日本回国，和陈时夏等到上海，联合浙江籍国民党人，运动嘉湖镇守使吕公望、省警察厅长夏超、第三旅旅长周凤岐等，拥护屈映光，攻击亲袁的督军朱瑞。朱瑞见势不妙，狼狈逃走。吕公望就任浙江督军，陈时夏担任秘书长，范贤方担任高等审判厅厅长。这一次浙江独立运动,范贤方起了重要作用。次年 9 月,广东军政府成立,孙中山就任大元帅职,范贤方被任为军政府国法院院长。因背部病疽,于是年农历八月廿二日逝于任上。1931 年归葬原慈溪县秦可观岙南山之麓。

参见张嘉梁主编:《宁波词典》人物篇,复旦大学出版社 1992 年版;乐承耀:《宁波在辛亥革命中的地位与作用》,《中共宁波市委党校学报》2011 年第 5 期。

王正廷

王正廷

王正廷(1882—1961),奉化人,民国时期著名外交家与社会活动家,也是近代中国著名的体育领导人之一,被誉为"中国奥运之父"。

王正廷出身于奉化一个圣公会牧师家庭。早年先后就读于教会创办的宁波三一书院、上海中英学校,从而完成了基础教育并打下了良好的英文基础。1896 年考入天津北洋西学堂。1907 年赴美留学,先入密歇根大学攻读法律,后入耶鲁大学学习国际法。1910 年夏,因健康原因被迫休学,旋即归国。不久辛亥革命爆发,王正廷投身其间,历任鄂军都督府外交副主任、广东护法军政府外交总长和财政总长、陇海铁路总办。1919 年为出席巴黎和会中国代表团全权代表之一,并拒绝在《凡尔赛和约》上签字。1922 年后任鲁案善后督办、北洋政府外交总长、财政总长、中俄交涉督办等职。1928 年后曾任国民政府外交部部长兼中央政治会议外交委员会主任,主持南京政府的"改订新约运动"。至 1930 年 5 月,王正廷先后主持与订有关税条约的主要列强美国、挪威、荷兰、瑞典、英国、法国、德国、意大利、丹麦、葡萄牙、西班牙、日本等国签署了承认中国关税自主权的条约,中国关税自主得以基本实现,这不仅使南京政府的财政收入大为增加,而且对于保护、扶植民族工业的发展也起了积极的作用。1931 年"九一八"事变后,被迫辞职。1936 年 8 月出任驻美大使。1938 年 9 月奉调回国,任国民党中央执行委员和国民政府委员。抗战胜利后回上海,任上海市参议员、全国体育协进会理事长、中国红十字会会长、交通银行董事等职。1949 年年初去香港,任太平洋保险公司董事长等职。热心体育事业,加之与基督教青年会的关系,王正廷成为现代中国著名的体育领导人之一。

不仅发起成立全国体育组织,并在筹备国内、国际重要赛事中担任要职。1922 年,王正廷被选为国际奥委会委员,成为中国第一位国际奥委会委员。1924 年,被推选为新成立的"中华全国体育协进会"名誉会长,1933 年任该会主席董事。1936 年和 1948 年作为中国体育代表团总领队,率团先后参加第 11 届和第 14 届奥运会。由于长期担任中华全国体育协进会的负责人,为中国奥林匹克运动的开展做出了一定贡献。1961 年 5 月 21 日在香港病逝。著有《王正廷博士演讲集》。

参见孙善根:《中国奥运之父王正廷》,《百年潮》2007 年第 10 期;毛庆根:《中国奥运之父——王正廷传》,浙江大学出版社 2012 年版。

马宗汉

马宗汉(1884—1907),原名纯昌,字子畦,别号宗汉子,余姚浒山马家路(今属慈溪市)人,辛亥革命先烈。

马宗汉出身于当地"朝盛米店"的大家庭里,其祖名道传,任侠尚义,口碑腾于乡里。父名广函,系附贡生,在家开设米店,济贫扶困,声望颇著。马宗汉幼年受家庭熏陶,爱憎分明,见义勇为,很早就有反清抱负。1899 年就读于余姚达善学堂。1902 年考入浙江高等学堂,开始接触革命思潮,后因参加罢课活动而辍学回乡。1904 年从父命考取甲辰秀才,在浒山三山高等学堂任教。其间,他多次购买革命书刊,在学校和家乡散发,进行革命宣传活

马宗汉

动。1905 年 9 月,马宗汉去绍兴由徐锡麟创办的大通学堂求学,并加入光复会。是年冬,他同徐锡麟、陈伯平等东渡日本,进东京早稻田大学预科,学习军事,接受民主革命思想。因清政府勾结日本当局驱逐中国革命者,马宗汉不愿在异国受辱,约半年后回国,以教师职业为掩护进行革命活动,并结识了"鉴湖女侠"秋瑾。1907 年 7 月 6 日,马宗汉、陈伯平参与徐锡麟领导的安庆起义,击毙安徽巡抚恩铭,率巡警学堂学生占领军械所,被包围后与清军激战达 4 个小时,终因众寡悬殊弹尽援绝,陈伯平战死,徐锡麟被俘。马宗汉奉徐之命越墙突围,途中为不使横遭搜捕的无辜群众遭殃,于躲避处挺身而出,慷慨赴义,说:"我本为救民而来,岂可连累于民。"在狱中,马宗汉备受

酷刑 50 余天,坚不屈服。8 月 24 日在狱中被杀,年仅 23 岁。辛亥革命胜利后,徐锡麟、马宗汉、陈伯平三烈士移葬杭州。1929 年,家乡人民为纪念马宗汉,将柯东乡改为宗汉乡。1987 年,为纪念马宗汉就义八十周年,慈溪人民政府修复了马宗汉故居,供后人瞻仰学习。

参见史月廷:《有关马宗汉的两份珍贵资料》,《浙江学刊》1981 年第 4 期;魏泉琪:《辛亥先烈马宗汉——纪念马宗汉诞辰 120 周年》,《宁波通讯》2004 年第 10 期。

俞飞鹏

俞飞鹏

俞飞鹏(1884—1966),乳名丰年,又名忠稚,字樵峰,奉化人,国民党高级官员、高级将领。

俞飞鹏家境清贫,早年就读于私塾,继又被送进奉化第一所新式学堂——龙津学堂。1906 年考入宁波府师范学堂。1908 年毕业后回奉化担任小学体育教师。1911 年辛亥革命爆发,俞飞鹏前往上海,加入上海学生军。蒋介石担任沪军第五团团长后,即任命俞为军需官。1913 年,经蒋介石力荐,俞飞鹏被保送入北京军需学校,系统地学习了军事运输和后勤知识。1918 年赴广州,1922 年先后任福建松溪、浦城县长,1923 年任粤军总司令部审计处处长。1924 年为黄埔军校筹备委员、军需部副主任、经理部主任。1925 年随军东征,办理军需,并任广东惠潮梅七属财政处处长。1926 年任国民革命军总司令部兵站总监,攻下南昌后,兼任江西省政务委员会委员、财政委员会主任委员。1927 年 4 月 12 日,蒋介石在上海发动"四一二"政变,俞飞鹏积极配合,成为蒋介石的得力助手。1928 年年初,南京政府第二次北伐,俞飞鹏被蒋介石再次任命为国民革命军兵站总监,同年 11 月调任行政院军政部军需署署长。1930 年,任交通部次长直至部长,其任职期间建成 9 省长途电话网;开通中英、中美国际长途无线电话,开通上海、广州、汉口之间无线电话;改革航政管理,购买海轮,大大增强了航海业的运输能力,特别是为抗战交通做了许多准备。1937 年 2 月,中日矛盾日趋激化,中国国民党中央执行委员会第三次会议正式通过"战备动员令",俞飞鹏负责制定了种种战时交通应急方案,为国民党的大撤退做了准备。抗战全面爆发后,俞飞鹏受命兼任中国国民党中央军事委员会后方勤务部部长。1938 年,兼任中央军事委员会后勤部部长。1941 年兼任中缅运输总局局长。其间为当时中国争取外援的大通道——滇缅公路的修复与维护做出了贡献,并在 1942 年 3 月仰光沦陷前将当地物资抢运回国。抗战胜利后,为战后交通的整顿与恢复特别是航政与公路交通的恢复发挥了重要作用。1947 年,被授予陆军二级上将军衔,任行政院政务委员、粮食部部长。同年回里,倡修奉化中山公园和中正图书馆。

1949 年赴台湾,历任台湾"招商局"董事长、"中央银行"副总裁、国民党中央评议委员等职。1966 年在台湾病逝。

参见胡元福主编:《奉化市志》,中华书局 1996 年版;李小红:《执掌后勤主持交通——记俞飞鹏》,王慕民主编:《政坛名人——民国政治舞台上的浙东人物》,中国文史出版社 1998 年版。

童保暄

童保暄(1886—1919),字伯吹,宁海人,为辛亥革命浙江起义部队司令官,早期著名的革命军人,人称"浙江之蔡锷"。

童保暄出身于宁海前童的一户士绅之家,其父童双峰是个儒医。1893 年,年方七岁的童保暄入私塾启蒙,16 岁时求学于拱台书院。据载,他"幼而歧嶷,长而徇齐,持重寡言笑,读书有异禀,展卷成诵。复深自刻厉,博观而约取,故一时耆宿,见所为文,皆击节惊赏"。随着列强侵华民族危机的日趋严重,童保暄痛感非兴武不能强国,乃毅然投笔从戎。光绪三十二年(1906),考入浙江讲武学堂学习军事,由

童保暄

于勤奋钻研,于次年被选派至保定陆军速成学堂进一步深造。1907 年,21 岁的童保暄即与吕公望、夏超等 40 人踌躇满志地踏上北上求学之路。在抵达上海时,经吕公望介绍,童保暄去《女学报》社拜访女侠秋瑾,同时宣誓加入光复会。同年 12 月,童保暄以优异成绩毕业于保定陆军速成学堂第一班炮科,被授予军校副总办。1908 年 1 月 13 日,童保暄与林子英、叶朋西、陈伯令、王醉青、林达生、蒋叔南等九人在庆钰饭店设宴为去日本士官学校学习的蒋介石和项鹏饯行。当年,童保暄被校方派往天津陆军警察学堂宪兵

警察科深造,直至 1910 年毕业。求学期间,童保暄刻苦钻研军事理论,还阅读了大量的西方政治哲学著作,扩大了眼界,奠定了民主革命思想。1910 年回浙,任新军 21 镇宪兵营执事官,与革命党人顾乃斌、朱瑞、葛敬恩等在新军内积极联络和发展革命志士。武昌起义爆发后,童保暄、顾乃斌、朱瑞、吕公望等人,在西湖刘公祠与上海同盟会机关人员秘密商议上海和浙江的起义活动,后又经多次筹议,最终决定由童保暄为起义军临时总司令,后又被推为指挥。杭州光复时以临时都督名义发布浙江光复告示,后辞职改任省军政参谋。浙江光复后,童保暄参加援宁(南京)支队,任支队参谋长。南京光复后,回杭州任二十四团团长,兼六师参谋长、讲武学堂堂长、陆军小学校长。1914 年任第十二旅旅长兼陆军补习所所长。1916 年袁世凯复辟帝制时,在浙组织护国军,积极参加反袁斗争,推吕公望任都督兼省长,自任浙江护国军第一师师长。1917 年 11 月,童保暄自请出兵驱逐在浙的北洋军阀杨善德失败。1918 年年初任援闽浙军副司令,率第一师借机离浙,后与护法粤军密约;等得到北洋政府军械兵员补充后投粤,旋因吕公望令先头部队独自投粤,他遂退兵驻厦门。1919 年,郁郁而终的童保暄病逝于厦门,回籍安葬。童保暄去世后,徐世昌大总统追赠童保暄为陆军上将,段祺瑞亲题墓名。章太炎曾作《童师长祠堂记》一文以记之。

参见惠泉:《"浙江蔡锷"与杭州光复》,《文化交流》2011 年第 9 期;唐燮军:《光复浙江的义军临时都督——记童保暄》,王慕民主编:《政坛名人——民国政治舞台上的浙东人物》,中国文史出版社 1997 年版。

卢成章

卢成章(1886—1948),字志学,鄞县人,宁波辛亥革命时期功臣。

卢成章出身于鄞县城区商人之家,父亲卢鸿沧常年在外营生。清光绪二十八年(1902),留学日本早稻田大学。光绪三十二年(1906)由汉冶萍煤铁公司资送英国学习冶炼,获得谢菲尔德大学博士学位。1911 年 8 月末离开英国,拟为参加推翻专制腐朽的清王朝革命回归祖国。取道瑞典,经西伯利亚,于 10 月 15 日抵达北京。此时武昌起义已过五日,即自京南下到上海,应宁波同盟会负责人陈训正催召于 11 月 5 日抵甬。当日参与宁波当时主要革命组织"保安会"第一次会议,会间有人提议立即行动,光复宁波,也有主张俟沪杭光复后行动,相持未决。卢成章就退席来到其父创办的育德农工学堂组织起百余学生,臂缠白布,手挥"保商安民"旗帜,租乘白马一匹,执旗引导,沿西北城墙突入东渡门,高呼"革命军来了",市民纷纷竖白旗表

示拥护。卢成章即与民团司令林端辅会合，占
领电报局，冲进道署，于是宁波光复。为此在
宁波流传"卢成章单骑克宁波"的民谣，可见其
在宁波光复中的地位与作用。宁波率先光复，
对推动上海、杭州等东南地区革命形势的发展
发挥了重要作用。宁波光复后，卢成章被推举
为宁波军政分府外交兼交通部部长。当晚即
以擅长的外交辞令，立场鲜明、措辞友好地向
在甬外国人士申明军政分府的各项政策，并针
对英国主教麦乐义对南北和谈所提出的质询
予以解答，受到中外人士的好评。不久，无意
于仕途的卢成章离开宁波赴湖南省财政厅矿
业科任职。后一度担任汉阳铁厂炼钢股股长。

卢成章

1914 年，他联合熊希龄、李一琴等在湖南湘潭县集资开设矿业公司，开采锰
矿，并首任经理，连任 14 年。至 1928 年，该公司开采锰砂 22.84 万吨，所产
氧化锰矿石及碾制的放电锰粉，以质地优良而称著国内，名扬东亚，赢得中
国锰都的美称。1929 年公司改为官办后，他离矿去上海，任五洲大药房常务
董事、开成造酸厂经理、大丰工业原料公司董事等职。1948 年 7 月病逝于
杭州。

　　参见俞福海主编:《宁波市志》(下)人物传略,中华书局 1995 年版;《卢
成章》,《宁波文史资料》第 11 辑,1991 年。

蒋介石

　　蒋介石(1887—1975)，乳名瑞元，谱名
周泰，学名志清，后改名中正，字介石，奉化
人，中国近现代著名的政治家、军事家，国民
党领袖。

　　蒋介石出身于奉化溪口一盐商家庭，自
小敏顽，尚武乐水，六岁入私塾，十五岁与毛
福梅结婚。1906 年 4 月东渡日本，入东京
清华学校学日语，同年冬回国。次年考入保
定陆军速成学堂。1908 年春被选送留日，

蒋介石

入振武学校炮兵科，同年加入中国同盟会。1910 年 11 月毕业，至高田野炮

兵第十三联队见习。1911 年 10 月武昌起义后回国,投奔沪军都督陈其美,参加光复杭州之役,11 月 5 日率敢死队攻克浙江巡抚衙门,后任沪军第五团团长。次年 1 月受陈其美指使派人暗杀光复会领袖陶成章,案发避走日本,是年冬回溪口。1913 年参加孙中山领导的讨袁战争,失败后去日本。10 月 29 日加入中华革命党。1917 年参加"护法运动"。1918 年应孙中山之邀去广州,任援闽粤军总司令部作战科主任。后返回上海,曾参与证券交易活动。1922 年 6 月陈炯明叛变,孙中山生命受到威胁,蒋由溪口奔粤,登永丰舰随侍,深得孙中山信任。1923 年 4 月任大元帅府大本营参谋长,8 月率"孙逸仙博士代表团"赴苏联考察军事。次年 5 月任黄埔军校校长兼粤军总司令部参谋长。10 月率军平定广州商团叛乱。1925 年两次东征,歼灭陈炯明部,平定滇、桂军阀杨希闵、刘震寰叛乱,任广州市卫戍司令、国民革命军第一军军长。1926 年制造"中山舰事件",提出"整理党务案",排斥共产党。随后任军事委员会主席、国民革命军总司令、国民党中央常务委员会主席,7 月率军北伐。1927 年 3 月北伐军攻克南京,4 月在上海发动"四一二"反革命政变,使国共合作破裂。18 日成立南京国民政府。8 月因迫于国民党内部派系纷争和社会舆论压力,发表《辞职宣言》,下野回溪口。不久,宣布与毛福梅离婚,12 月与宋美龄结婚。1928 年 1 月重回南京,先后任军事委员会主席、中央政治会议主席和国民政府主席,兼陆海空军总司令,率军第二次北伐。12 月张学良通电东北"改旗易帜",南京政府宣布统一告成。1929—1930 年经蒋桂战争、中原大战,击败反对势力。1931 年"九一八事变"后,对日本帝国主义的武装侵略实行不抵抗政策,坚持"攘外必先安内",继续进行反共内战,先后五次围攻工农红军和革命根据地,因迫于各方压力,于 12 月 15 日辞职下野。次年 1 月回南京复职,3 月任军事委员会委员长。1936 年西安事变后,被迫接受第二次国共合作,共同抗日。抗日战争期间,统率中国军队先后进行淞沪、忻口、徐州、武汉等大会战,阻止日军疯狂进攻。其间又制造反共摩擦,武汉失守以后,掀起三次反共高潮。1938 年 3 月后,长期任国民党总裁。1939 年任国防最高委员会主席。1942 年 1 月任盟军中国战区最高司令官,次年 11 月参加开罗会议,中英美三国发表《开罗宣言》,宣布日本窃取中国之领土,必须归还中国。抗日战争胜利后,一面与中国共产党和谈,一面部署内战,1946 年 6 月下令向解放区发动全面进攻。1948 年 4 月当选中华民国总统。1949 年 1 月在反共内战失败后宣告引退,在溪口实施幕后指挥,拒绝接受《国内和平协定》。当年 12 月离开大陆去台湾。1950 年起,在台湾任"中华民国总统"、国民党总裁及"革命实践研究院"

院长等职,是年 8 月成立国民党改造委员会,重新整顿国民党组织。主张"中国事自可由中国人民自己解决",反对制造"两个中国",反对"台湾独立"。经济上实行"以农业培养工业,以工业发展农业"方针,进行土地改革,引进外资和先进技术,推动外向型经济发展。1975 年 4 月 5 日在台北病逝。蒋介石有较强的乡土情结,1924 年出资重建溪口文昌阁,1929 年建武岭学校,并在此后十余年中每年提供办学经费。修筑溪口三里长街及临溪石磡,建武岭公园,办商量岗林场等,还曾创办溪口武山学校,长期担任奉化孤儿院名誉董事长等。所记自 1917 年至 1972 年日记已由美国斯坦福大学胡佛研究所向社会公开。

参见严如平、郑则民:《蒋介石传》,中华书局 1992 年版;杨天石:《寻找真实的蒋介石》,山西人民出版社 2008 年版。

董显光

董显光(1887—1971),鄞县人,著名报人、作家、外交家。

董显光出身于鄞县茅山乡董家跳一基督教徒家庭,幼年家境贫寒困苦。1899 年,董随全家迁居上海,接受了系统的西式教育,先后进入中西书院、清心中学及民立中学读书。中学毕业后,董应聘到奉化龙津中学教授英语,其学生包括蒋介石。1907 年,董回到上海结婚,并进入商务印书馆工作。1909 年,董在基督教长老会的帮助下赴美国密苏里州留学,先后在巴克学院、密苏里大学和纽约哥伦比亚大学普利策新闻学院就读。1913 年,董大学毕业,取道日本回国,途中结识了孙中山,后经其

董显光

介绍,出任上海《民国西报》副主笔兼驻北京的记者。同年,宋教仁被袁世凯派人暗杀,董率先揭发此事,成为二次革命的导火线。1914 年,董出任《北京日报》主笔,1916 年后长期担任熊希龄的秘书。1925 年 3 月,董在天津创办《庸报》。1928 年皇姑屯事件后,该报率先披露真凶为日军,引起极大轰动。到 1930 年,该报的发行量已接近两万份,成为仅次于《大公报》和《益世报》的天津第三大报。1929 年聘任为上海《大陆报》(英文)总经理兼总编辑。同年随国民政府海军考察团出国考察。1934 年,董经蒋介石介绍加入中国国

民党,开始从政。起初,董在国民党军事委员会上海办事处负责检查外国新闻电讯。抗日战争全面爆发后,任国民党军事委员会第五部副部长,不久改任国民党中央宣传部副部长,负责营造国民政府的国际形象,为抗战争取国际支持,曾经随蒋介石出席开罗会议。1945 年当选为国民党中央执行委员。抗战胜利后,董于 1947 年出任国民政府行政院政务委员兼新闻局长。1949年,去台湾后,担任"中国广播公司"总经理兼台湾"中央日报"董事长。1952年 8 月 13 日,董出任战后首任"中华民国""驻日本大使"。1956 年,董又受命出任"中华民国""驻美国大使"。1958 年,董卸职返台,任"总统府"资政。1970 年,移居美国,次年病逝于纽约。

董显光一生中对中国近现代新闻报刊事业的发展贡献良多,他有意识地把西方先进的办报观念引入中国,并在自己的办报实践中加以中国化。特别是他领导战时中国外交与国际宣传,亲力亲为,几乎全程参与外宣文案的设计实施到人员的培训,为抗战外宣工作的开展乃至抗战的胜利做出了贡献。1957 年,董显光获得密苏里大学新闻学院的"新闻事业服务奖章",成为中国第二位获此殊荣的新闻从业者。董显光主要作品有:《一个中国农夫的自述》(又称《董显光自传》)、《蒋介石传》、《中国和世界报刊》等。

参见柳长:《董显光传略》,《民国档案》1989 年第 2 期;石源华:《董显光:民国时期的"公共外交家"》,《世界知识》2013 年第 14 期。

陈布雷

陈布雷

陈布雷(1890—1948),慈溪县官桥村(今属余姚市)人,著名政论家,长期为蒋介石起草文稿,被称为国民党的"领袖文胆"和"总裁智囊",有"国民党第一支笔"之称。

陈布雷出身于慈溪官桥陈氏家庭,与其族兄陈训正和其弟陈训慈并称为"甬上陈氏三文豪"。1911 年,毕业于浙江高等学堂(浙江大学前身),同年在上海《天铎报》担任记者,以"布雷"笔名写作评论,开始了他一生中最为自豪与留恋的报业生涯。同年 10 月武昌起义后,他写的《谈鄂》十论,按日刊布,响应革命。陈布雷英文功底深厚,1920 年应商务印书馆聘请参与编译《英汉双解韦氏大学字典》。其间在宁波效实中学任教。1921 年,任上海《商报》主编,以"畏叁"署名的评论在青年学生与知识分子获得了大量的读者,其主持正义、不畏强暴的政治品质更是赢得了广泛支持,当时新闻界有"北惟颜旨微,南推陈畏叁"之说。1926年,陈布雷因支持北伐,与《商报》董事会政见不和而离沪去赣。在南昌时结识了蒋介石,并由蒋介石、陈果夫介绍加入国民党,由此开始了从政生涯。1929年8月至1934年4月任浙江省教育厅厅长,1934年5月任国民党军委会南昌行营设计委员会主任。1935年,陈布雷任蒋介石侍从室第二处主任,从此成为蒋介石的左右手。抗战时期,陈布雷为蒋介石撰拟的文字,难以计数,诸凡告语友邦、责攘敌国、戒励群吏、晓瑜军民、岁时会同以及无线传播的讲稿、文稿,十有八九出自他手,著名的如《最后关头》《驳斥日本首相近卫麿声明》等,为蒋介石撰文动员抗日救国,发扬民族正气,发挥过一定的作用。同时陈布雷也支持亲属奔赴抗日前线,并设法掩护民主人士。抗日战争胜利后,陈布雷任总统府国策顾问、代理国民党中央政治委员会秘书长、《申报》顾问兼常务董事。1948年11月13日,身心俱疲的陈布雷在南京国民政府崩溃的前夜自杀。陈布雷热爱报业,想当记者,却身不由己做了高官;他位居党国中枢,大权在握,却鄙薄政治,然而他"一旦从政后,其思想依附于蒋介石,则仅余爱国这一点上还有独立之人格,锐气不复之前,思想也趋于平淡"。陈布雷摆脱不了传统意义上"士"的思想,成为时代悲剧人物。

参见浙江省政协文史资料委员会编:《从名记者到幕僚长——陈布雷》,浙江人民出版社1988年版;陈布雷:《陈布雷回忆录》,东方出版社2010年版。

胡宗南

胡宗南(1896—1962),字寿山,原名胡琴斋,出生在镇海大碶(现属北仑区),三岁时随家人迁往湖州安吉,为国民党重要军事将领。

胡宗南父亲胡际清多年经商在外,胡宗南七岁时生母亡,八岁入安吉当地私塾就学。1909年,入孝丰县城高等小学堂,三年后以第二名成绩毕业。武昌起义后,胡宗南开始接受新思想。1913年,考入湖州公立吴兴中学。1915年毕业后即回孝丰县立高等小学和私立王氏小学任教。1922—1924年间,任《孝丰日报》总编辑。1923年,因竞争校长失利及不满包办婚姻,离家出走广州,次年4月考入黄埔军校第一期。此间结识蒋介石,开始其戎马生涯。是年11月毕业后被分配在军校教导第1团第3营第8连任少尉见习。1925年2月,调任机枪连中尉排长;3月参加第一次东征棉湖战役,因

胡宗南

功升任机枪连上尉连长,4月任第1师第2团第2营营副,6月参加讨伐杨刘叛乱,10月参加第二次东征。国民革命军开始北伐后,数立战功,累升至师长。1929—1930年,在"中原大战"中,为蒋介石打败对手积极效力。1932年,率部入赣、鄂,"围剿"红军。是年,复兴社成立,成为"十三太保"①。1933—1936年,多次率部阻截红军长征。1936年4月,担任第1军军长兼第一师师长,进攻陕北红军,为彭德怀率领的红军所败。12月12日"西安事变"爆发,胡宗南正在陕西惠安堡附近,支持戴笠赴西安营救蒋介石。1937年9月2日,率部参加淞沪会战,13日升任第17军团军团长。由于部队损失很大,11月6日率部撤出战斗。1938年5月12日辞第1军军长,参加开封会战;6月18日兼任第27军军长;9月1日胡宗南辞军长,支援武汉会战,占领信阳,日军反攻信阳时,留守的团长马载文临阵脱逃,导致信阳失守,乃撤回西安。次年,移驻关中。此后,既参加对日作战,又多方遏制中共和八路军,奉行蒋介石的"限共""反共"政策。1942年7月,升任第8战区(朱绍良)副司令长官兼第34集团军总司令,掌握第8战区实权,屯兵西北,封锁陕甘宁边区,号称"西北王"。1943年7月,胡宗南曾密谋突袭延安,被其机要秘书、地下党员熊向晖揭露而作罢。1945年1月12日就任代理司令长官,辖4个集团军、16个军、42个师、5个特种兵团,计45万人。同年,5月当选为国民党第六届中央执行委员,7月31日被正式任命为第1战区司令长官。9月22日在郑州接受日本第12军团司令官鹰森孝投降。同年10月3日特加陆军上将衔,10月10日授予抗战胜利勋章。1947年,率部进犯中共中央所在地延安,战败退往四川,据守成都,不久退驻西昌,后又兵败去海南岛。蒋介石派顾祝同查办,令其回西昌"戴罪立功"。1950年西昌解放,胡

---

① 国民党"十三太保"是指蒋介石成立的"中华民族复兴社"的13位骨干成员,分别为刘健群、贺衷寒、邓文仪、康泽、桂永清、酆悌、郑介民、曾扩情、梁干乔、肖赞育、滕杰、戴笠、胡宗南。1932年,蒋介石授意其心腹贺衷寒、邓文仪、康泽、桂永清等人(均为黄埔军校毕业生)成立特务组织"中华民族复兴社",又称"蓝衣社",由蒋介石核定干事13人为该组织骨干,被称为"十三太保"。

去台湾。此后,相继任"江浙反共救国军"总指挥兼"浙江省政府"主席、"总统府"战略顾问和"澎湖防守司令部"司令官等职。1962 年病逝于台北。他是黄埔学生在国民党陆军中的第一个军长、第一个兵团总指挥、第一个集团军总司令、第一个战区司令长官、第一个跨入将军行列,也是唯一一个在离开大陆以前获得第三颗将星的人。

参见汪德春:《黄埔名将胡宗南》,东方出版社 2014 年版;经盛鸿:《胡宗南大传》,团结出版社 2011 年版。

张人亚

张人亚(1898—1932),镇海县霞浦(今属北仑区)人,原名张静泉,谱名守和,人亚是他参加革命后自己改的名字,他是中央苏区检察工作和出版发行事业的重要领导者,上海金银业工人运动领导人,为保存中国共产党第一部党章等党的早期文献做出了重要贡献。

张人亚出生在镇海县霞浦张家祠堂后面的一个宅院内。他是张家七个子女的第一个儿子,早年先后就读于霞浦学堂、镇海县立中学。1913 年,初中毕业后到上海当学徒,其间为增加工人收入,曾带领工人与资本家交涉谈判。1921 年,加入中国共产主义青年团,随即加入共产党,成为最早加入中国共产党的宁波

张人亚

人,也是上海最早的几个工人党员之一。1922 年后,张人亚在党组织的安排下,在上海闸北的商务印书馆工人合作社工作,从事工人运动,并承担党、团领导机关出版的书籍和报刊发行工作。妻子早逝,没有孩子,张人亚几乎将所有身心都扑在革命事业上,开始了以社会职业为掩护的革命生涯。1927年大革命失败后,白色恐怖笼罩上海,张人亚冒着生命危险,将包括中国共产党第一部党章、《共产党宣言》中译本等重要文献带回家乡秘藏,并继续投身革命。1927 年年初,任中共江浙区委宣传部分配局负责人。1928 年,任中共中央组织局内交主任、中共中央秘书处内埠交通科科长。1930 年,在安徽芜湖从事为党中央筹集活动经费方面的工作,后又担任中国革命互济会全国总会主任。1931 年 6 月,担任中共芜湖中心县委书记,负责指导安徽沿江和江南地区 34 个县的党的工作。1931 年 11 月,调入江西苏区,担任中华

苏维埃共和国临时中央政府中央工农检察委员会委员。1932 年 6 月,担任中华苏维埃共和国临时中央政府出版局局长兼总发行部部长,同时兼代中央印刷局局长。1932 年 12 月,积劳成疾,病逝于从瑞金到闽西长汀工作途中,年仅 34 岁。当时《红色中华报》是这样评价他的:"人亚同志对于革命工作是坚决努力,刻苦耐劳,在共产党内始终是站在党的正确路线之下,与一切不正确思想作坚决斗争,在党内没有受过任何处罚,因为努力工作为革命而坚决斗争使他的身体日弱,以至于最后病死了。人亚同志已死了,这是我们革命的损失,尤其是在粉碎敌人大举进攻中徒然失掉了一个最勇敢坚决的革命战士。"

参见邓颖超:《追悼张人亚同志》,《红色中华报》1933 年 1 月 7 日;陈晓旻、胡心宁:《"党章守护者"张人亚》,《东南商报》2017 年 8 月 13 日。

卓兰芳

卓兰芳

卓兰芳(1900—1930),学名祥和,字培卿,化名李品三、李安德,奉化人,是浙江省早期工农运动的重要领导人。

卓兰芳出身于奉化忠义乡松岙村贫苦的乡村私塾教师家庭,幼年附学父亲执教的私塾。14 岁考入浙江省立第四中学,17 岁时因指责当时教育,被开除学籍。迫于生计,在奉化、鄞县、镇海等地任小学教师。1924 年参加中国社会主义青年团,受组织派遣,去和丰纱厂开展工人运动。曾在《火曜》等刊物发表文章,宣传马列主义。1925 年五卅惨案后,带领宁波学联中的党、团员去工厂、铁路、邮局组织工会,发动罢工、罢市、罢课,开展反帝爱国运动。同年夏转为共产党员。1926 年 1 月,被选为中共宁波地委委员,奉派回家乡建党。以松溪小学校长身份,发动群众反对地主劣绅。5 月建立中共松岙支部,兼书记,又组建松岙农民协会。11 月建立中共忠义部委,任书记,率农民武装攻打设在翔鹤潭村的盐局和税关。1927 年元旦,发动农民进城大闹县署,赶跑反动县知事沈秉诚。2 月去上海参加中央党校短期学习。返甬后,与竺清旦同去余姚、慈溪指导盐民、农民运动。4 月,宁波"清党",回奉化疏散党员和农民骨干。29 日,出席在武汉召开的中国共产党第五届全国代表大会。6 月任中共浙江省委委员兼农民部负责人。9月被选为省委常委。11月任浙东暴动奉化忠义暴动点负责人,恢复奉东、鄞东基层党组织,重建农民武装。12月,任省委特派员,指挥奉化暴动,后因力量不足停止。1928年3月参加在上海召开的中共浙江省委扩大会议,后兼中共浙西特委书记。5月任中共浙江省委书记。先后发出《省委芳字通告》第1—11号,部署全省革命斗争。多次到兰溪、龙游、富阳、义乌等地指导工作,帮助建立县委。1929年1月改任中共浙江省委常委、秘书长。4月省委建制撤销,任中共中央巡视员,先后巡视浙东、浙北、浙西,致力党的思想和组织建设。11月向党中央写了长达三万余字《巡视浙西的报告》。1930年4—7月,奉命组织诸暨及建德暴动,皆因力量不足未成。不久,参加苏、浙、皖三省联席会议,后任中共浙北总行动委员会书记,领导杭、嘉、湖和浙西、浙东地区党的工作。同年9月8日在杭州被捕,身陷囹圄,坚贞不屈。同年10月5日在浙江陆军监狱英勇就义。

　　参见胡元福主编:《奉化市志·人物传略》,中华书局1996年版;宁波市新四军研究会、中共奉化市委党史研究室编:《卓兰芳纪念文集》,中共党史出版社2000年版。

吴嵩庆

　　吴嵩庆(1901—1991),镇海小港(今属北仑区)人,国民党后期军费重要负责人,被称为"蒋介石的总账房",台湾钢铁工业元老。

　　吴嵩庆出身于镇海小港青峙绅商人家,其父吴吉三曾专心于家乡教育及公益事业。吴嵩庆五岁在其父所办青峙学堂学习。次年改入七星延陵学堂,毕业后仍留校补习。1916年,考入宁波江北岸斐迪学校。1919年夏,转入上海私立沪江大学高中部,毕业后进入大学部商科学习。1925年毕业后回宁波,任四明中学商科主任(两校均为美浸信会所办)。1927年年初,承同乡介绍进入上海龙华卫戍

吴嵩庆

司令部任少校秘书(司令官是白崇禧),后任第四集团军前敌总指挥部少校秘书。北伐行军至保定时,指挥部取消,离开军队。经白崇禧介绍,大学院长(蔡元培)资助,于1928年10月赴法国,入巴黎大学,在里昂学习法文一年。1929年入巴黎大学法科市政学院学习,1931年夏获硕士学位返国。

1932 年任南京国民政府铁道部总务司一等科员。1933 年,经宁波同乡、留法同学汪日章介绍到庐山面见蒋介石,从此得以接近蒋氏,被派为军事委员会少校秘书,半年后晋升中校。1934 年,调任航空委员会秘书,参与空军建军,担任联络、编译工作。1937 年 4 月,升任航委会主任秘书。1939 年夏,调任航空委员会军政厅经理处副处长,旋升任经理处处长。1943 年 7 月,他奉命去国民党的党政高级班受训,得当时军需署署长陈良(字初如)的赏识,于结业后调任少将粮秣司司长,其间提出管理一元化,建立全国仓库网,进行集中管理,以减少损耗。1944 年秋,升任军需署副署长。1944 年 11 月,又奉命兼任兵役部经理处处长,曾调查新兵及师管区医务实况,披露兵役虐政与军队腐败情形。1945 年 4 月,因湖北省主席王东原之邀,任湖北省政府委员兼财政厅厅长,兼任省银行总经理。在职期间整顿税收,并参与策划神农架开发。到 1947 年年底,被召回军中,担任国民党联勤总部财务署署长,实行"新制",严格执行预算,以各级财务官取代百年来"包办式"的军需制度,以此杜绝国民党军中"吃空缺"之积习。但因内战激烈,军中人数由各部队长自行申报,战事倥偬,人数无法核实,"新制"难以实行。1949 年前后,具体执行蒋介石黄金运台计划。1949 年 9 月担任国防部财务预算署署长。1949 年去台湾后仍从事军中财务管理,任"联勤总部军需署"署长、"联勤副总司令"等职,被称为"蒋介石的军费总管"。1964 年,离开军界,调任台湾省营事业唐荣铁工厂股份有限公司董事长,长达 12 年之久。其后,又成立"中国钢铁贸易股份有限公司",推动台湾钢铁产品出口,并筹组"中国钢铁研究所",研究钢铁工业发展前景、整体发展计划和钢铁产品的生产技术。其间多次参加国际钢铁协会及东南亚钢铁学会等组织的会议。1991 年 9 月曾回乡探亲,并出资为小港镇延陵小学设立奖学金。回台当日,无疾而逝。

参见刘墨:《揭秘 1949 年大陆黄金运台始末》,《今日科苑》2011 年第 4 期;吴兴镛:《我父亲曾是蒋介石的"总账房"》,《领导文萃》2010 年第 14 期;吴兴镛:《黄金秘档——1949 年大陆黄金运台始末》,江苏人民出版社 2009 年版。

朱镜我

朱镜我(1901—1941),原名德安,又名得安,笔名镜吾、谷荫等,鄞县人,是著名的马克思主义理论宣传家和杰出的文化战士。

朱镜我自幼父母双亡,家境贫寒。早年寄养在奉化吴江泾外祖母家并在那里读完高小,之后考入免收学费的宁波师范讲习所,后又考入宁波甲种工业学校。1918年随兄赴日,入东亚预备学校。1920年考取浙江官费留日生,入东京第一高等学校中国学生预科班,次年进名古屋第八高等学校。1924年考入东京帝国大学社会学系,1927年毕业,获文学博士学位。同年10月应郭沫若、成仿吾之邀回国参加创造社。次年5月在上海加入中国共产党,先后任上海艺术大学、中华艺术大学、上海法政学院、群治大学、华南大学教授,曾翻译恩格斯《社会主义从空想到科学的发展》,首次在中国出版单行本。1929年任中共中央文化工作委员会委员,次年任书记。与

朱镜我

鲁迅、冯雪峰等人发起成立中国左翼作家联盟,又参与发起筹建中国社会科学家联盟,为第一任党团书记,后任中共江苏省委、上海局宣传部部长。其间,参与创办和主编《文化批判》《思想》《新思潮》《社会科学讲座》等重要杂志,积极宣传马列主义,倡导革命文学,并对中国社会性质和中国历史进行了开拓性研究。在当时反对国民党文化"围剿"的斗争中,朱镜我建树了不可磨灭的历史功绩,成为中国共产党思想文化战线上的一位重要领导者。1935年2月因党组织被破坏,在上海法租界被捕,拒绝国民党要员劝降,9月被判刑12年,囚于南京军人监狱。1937年6月,在国共合作共同抗日的形势下被释放。同年9月参加宁波和浙江党组织恢复工作,曾任中共宁波临时特别支部书记。中共浙东临时特委建立后,任书记。1938年5月调江西南昌,任中共中央东南分局宣传部副部长。同年11月到皖南泾县新四军军部,任新四军政治部宣传教育部部长,兼《抗敌》杂志主编,曾写《我们是战无不胜的铁军》歌词,在新四军中广为流传。1941年1月皖南事变发生,当时他身患重病,军部决定他先行转移,但他坚持与部队一起行动,在突围中牺牲。著有《空想与科学的社会主义》《社会主义的发展》《经济学入门》。

参见王慕民编:《朱镜我文集》,海洋出版社2007年版;马懋如:《朱庭光和他的父亲朱镜我》,《百年潮》2015年第4期。

冯　定

冯定(1902—1983),笔名贝叶,慈溪慈城(今属江北区)人,中共著名的

冯　定

马克思主义理论家、青年教育家。

冯定出身于慈城一个手工业工人家庭。1916 年秋毕业于慈溪政婉小学后,受族叔冯君木的资助,进入宁波浙江省立第四师范学校学习。1921 年秋毕业后在宁波花纱交易所做会计;1922 年冬赴上海任修辞学社国文教师;1925 年秋开始在上海商务印书馆担任编辑工作,同时加入中国共产党。1927 年被党派到莫斯科中山大学学习,1930 年回国后长期在地下党和部队从事宣传教育工作。期间,在上海《自修大学》《读书生活》《国民周刊》《文化食粮》《译报周刊》等刊物上用贝叶的笔名发表了大量有关青年思想修养的文章。抗日战争全面爆发后,出版《青年应当怎样修养》和《抗战与青年》两本著作。1938 年曾任皖南新四军政治部宣传教育部宣传科科长、《抗敌报》主编。1940 年任抗日军政大学第五分校副校长,1942 年任中共淮北区党委宣传部部长。1947 年完成《平凡的真理》一书,这是一本既通俗而又有一定理论深度的通俗哲学读本,对传播马克思主义哲学发挥了重要作用。此书先后付印 11 次,行销 50 万册,在广大青年和干部中,产生过广泛而良好的影响。1947 年担任中共中央华东局宣传部副部长。1952 年担任中共华东局宣传部副部长,兼华东军政委员会文化教育委员会副主任。1953 年任马列学院一分院副院长。1957 年,由毛泽东提名,调入北京大学任哲学系教授。1978 年后,担任北京大学副校长、党委副书记,全国政协二至四届委员,中国科学院哲学社会科学部委员,北京市哲学学会第二届会长,全国马克思主义研究会顾问等职。他在哲学研究中注重哲学的实际应用与普及,注重于研究中国革命的逻辑,努力遵循毛泽东提倡的把马克思主义和中国革命实际相结合的学风,从中国的实际出发,用中华民族固有的思维和表达方式,历史地辩证地阐述分析现实生活问题。

参见冯定:《冯定文集》(一)(二),人民出版社 1989 年版;谢龙主编:《平凡的真理,非凡的求索——纪念冯定百年诞辰研究文集》,北京大学出版社 2002 年版;孙靖:《冯定思想政治教育理论研究》,东南大学出版社 2015 年版。

乐少华

乐少华(1903—1952),别名乐魁光,又名乐魁刚,镇海小港(现属北仑区)人,为上海工人运动的重要领导人、工农红军高级将领。

乐少华家境贫寒,早年只读了几年私塾就到上海一家五金厂做工。由于勤奋好学,成为一名技术工人,并受到新思想的熏陶。1925年,参加五卅反帝运动,任上海市区机器工会宣传委员,并加入了中国共产党。1926年秋至1927年3月,他参加了上海工人三次武装起义,任上海金属总工会宣传委员。1927年春,党组织派他到莫斯科中山大学学习。在此期间,他成了有名的"二十八个半"布尔什维克

乐少华

之一。① 1931年春天,乐少华回到上海,在中共中央机关负责无线电部门的秘密机关工作。1932年3月被派往江西中央苏区,参加中国工农红军,任军委直属队党总支书记,同年5月改任红五军团第十五军副政治委员。同年秋,出任红三军团七军政治委员,率部参加中央苏区第四次反"围剿"作战,正式成为红军高级将领。1933年6月全军整编,担任红三军团五师政治委员。根据党中央指示,红三军团四、五两个师组成东方军,执行收复闽西连城、新泉苏区和开辟闽北新苏区的任务。1933年9月18日,红五师在师长寻淮洲、政委乐少华的率领下,以一个团的兵力全歼国民党十九路军精锐"铁军团"第六十一师一六六团,并击溃敌方两个营的增援,创造了一个战争奇迹。1934年1月,在中华苏维埃第二次全国代表大会上当选为中央执行委员会委员。1934年7月7日,乐少华、寻淮洲、粟裕等人率领红七军团约6000人的抗日先遣队,从瑞金出发,东出福建。但李德主持的中央军委在军事上"左"倾冒险,命令部队强攻福州。由于当时部队长期运动作战,准备不足,攻城未果。抗日先遣队转而向闽东、闽北挺进,相继转战闽、浙、皖等国民党心脏地带,曾一度攻占罗源、穆阳、庆元、清湖、常山等县城,并宣传我党的主张,扩大了红军和共产党的影响。后按照中央军委指示,向皖南挺进,

---

① "二十八个半"布尔什维克是1927年年底时在苏联莫斯科中山大学学习的一些中国留学生组成的松散团体。该团体由于成员持相近的理念而得名。他们自称是共产国际最坚定的支持者和当时中国共产党瞿秋白路线的坚决反对者。但具体人物与形成时间等尚存争议。

沿途散发抗日宣传资料,发动民众,推动抗日民族运动。同年 10 月,担任与方志敏领导的红十军会合编而成的红十军团政委,继续担负抗日先遣队的任务。12 月 14 日,先遣队在皖南战斗中失利,乐少华受伤。次年 1 月,所属部队在怀玉山区被国民党军队击溃,与粟裕等收集余部成立红军挺进师,任政委,后因伤离队,赴上海治疗。1936 年 8 月,伤愈后的乐少华来到陕北保安,任军委直属政治处主任。1937 年 1 月,他进入红军大学第二期学习,后任中央组织部干部科副科长,在陈云、李富春的领导下工作。1942 年任陕甘宁边区兵工厂厂长,从此走上领导我军军工工业的岗位,成为我军早期军工工业的主要领导人。1945 年当选为党的七大代表。抗战胜利后,根据中央关于建立巩固东北根据地的指示,赴东北开展工作。1946 年 9 月,任鸡西军工办事处主任,负责东北的军工生产。1950 年,任东北工业部副部长兼军工局局长,领导下属的八一、五二等大型军工企业,研制新的武器装备,支援志愿军,其中八一厂成功研制生产了 90 毫米反坦克火箭弹,在朝鲜战场上发挥了重要作用。

参见北仑区新四军历史研究会编印:《乐少华与红军北上抗日先遣队》,2013 年,内部印行;薛宗耀:《红军北上抗日先遣队征战福建纪事》,《福建党史月刊》2014 年第 13 期。

叶公超

叶公超(1904—1981),原名崇智,字公超,英文名乔治(George),出生于广东番禺,祖籍余姚,著名外交家、书法家。

叶公超

叶公超 1918 年入天津南开中学。次年五四运动爆发时,他加入"南开救国十人团",到各地作唤起民众的演讲。1920 年赴美国留学,获麻省赫斯特大学学士学位。后复转赴英国,1924 年获剑桥大学文学硕士学位。离英后,再赴法国巴黎大学研究院研究。1926 年归国,任北京大学英文系讲师。1927 年任暨南大学外国文学系主任、图书馆馆长,并兼吴淞中国公学英国文学教授。期间参与创办新月社、中国戏剧社,从事文学、戏剧创作。1929 年任清华大学外国文学系教授。1935 年复任北京大学英文系讲师。1937 年抗日战争全面爆发,随校南迁。1938 年 5 月,任西南联合大学外国文学系主任,其间培养了钱锺书、季羡林、吴世昌、卞之琳、王辛笛、曹葆华等大批人才。1939 年后经董显光介绍,转而从事外交工作。1941 年任中国国民党中央宣传部国际宣传处驻马来亚专员。1942 年 2 月,回国至重庆,后奉委为中央宣传部国际宣传处驻伦敦办事处处长,1946 年返国。1947 年 3 月,任国民政府外交部参事兼欧洲司司长;7 月任外交部常务次长;12 月任庆贺缅甸独立特使。1948 年冬,国民政府外交部撤退广州之初,叶公超把外交部的全部档案运到台湾。1949 年 1 月,任外交部政务次长,3 月代理部务,5 月任外交部部长。1950 年 2 月,任台湾国民党当局"行政院"政务委员兼"外交部"部长;5 月兼"侨务办委员会"委员长;8 月任出席联合国第五届大会首席"全权代表";同年任国民党中央评议委员。1952 年 9 月至 1957 年 8 月,连任出席联合国第七、九、十一、十二届大会首席会议"代表"。1954 年 5 月,任"行政院""政务委员"? 兼"外交部部长",成为国民党政权历任"外交部部长"中任职最长的一位。1958 年 8 月,调任"驻美国全权大使"。1961 年 11 月免职,复任"行政院"政务委员。1962 年秋,任"故宫""中央"两博物院常务理事。1965 年 12 月,任"故宫博物院"管委会常委,兼"故宫博物院"管理委员会副主任委员、中山学术文化基金会董事,还被"中研院"聘为评议员。1978 年聘为"总统府"资政。叶公超被认为是文学天才、外交奇才,他为政清廉,个人经济常出现拮据状况,甚至缺钱零用,尽管如此,还经常帮助穷苦的读书人。1973 年10 月,叶公超七秩生日之际,收到贺礼约 120 万元新台币,这在当时是一笔很可观的数目。他却顾不得自己生活上有时还捉襟见肘,竟将这笔巨款捐赠给"中华针灸科学研究基金会"。著有《介绍中国》《中国古代文化生活》《英国文学中之社会原动力》《叶公超散文集》等。

参见秦贤次编:《叶公超其人其文其事》,传记文学出版社 1983 年版;陈子善编:《叶公超批评文集》,珠海出版社 1998 年版。

毛邦初

毛邦初(1904—1987),别号信诚,奉化人,为蒋介石原配夫人毛福梅的侄子,国民党高级将领,国民政府空军创始人。

毛邦初出身于奉化岩头乡岩头村(今属溪口镇)农民家里。1925 年入黄埔军校第三期步兵科,学习期间参加第一次东征,平定滇、桂军阀叛乱。次年毕业后,赴苏联莫斯科中山大学学习。回国后,于 1929 年任中央陆军军官学校航空班飞行组组长。1930 年奉命在杭州笕桥筹建航空学校,次年任校长,1933 年 7 月,航校改名为中央航空学校,任副校长。1934 年出国考察,率部分毕业学员赴意大利深造。1935 年 9 月叙任空军上校。1936 年 12 月任国民政府航空委员会委员。1937 年 1 月 1 日获颁五等云麾勋章,同年 5 月任空军南昌第三军区司令。抗战全面爆发后,航空委员会设空军总指挥,任副总指挥。在组建、主持中央军校航空班、军政部航空学校即尔后的中央航空学校,以及指挥抗战初期中国空军对日空战过程中发挥了一定作用。1938 年 3 月任国民政府航空委员会军令厅厅长。1940 年 5 月 25 日晋升空军少将,同年 8 月 19 日升任航空委员会副主任兼军令厅厅长,并出任空军第一路司令。1941 年 3 月 26 日增设空军总指挥部,任总指挥。1943 年 1 月 21 日复任航空委员会副主任。1944 年 8 月 14 日获颁青天白日勋章。1945 年 5 月,选任国民党第六届中央执行委员会候补委员。抗日战争胜利后,任国民政府航空委员会驻美国代表及联合国安全理事会军事参谋团中国代表团成员。1946 年 6 月任国民政府参谋本部空军总司令部副司令,曾代表国民政府常驻美国,后晋升空军中将。1949 年去台湾,1951 年受命赴美国购置飞机,遂携眷属定居墨西哥,继迁居美国。1987 年逝于洛杉矶。

参见秋思:《毛邦初斗蒋》,《文史春秋》2005 年第 11 期;胡元福主编:《奉化市志·人物传略》,中华书局 1996 年版。

沙文求

沙文求

沙文求(1904—1928),字仲己、端己,又名文远,化名史永,鄞县人,中国共产党早期优秀党员,广州起义重要领导人。

沙文求出身于鄞东沙村一个中医之家,在家中排行第二[沙家共五兄弟,除沙文求烈士外,尚有大哥书法大师沙孟海、老三浙江省第一任省长沙文汉、老四党地下工作者沙文威(史永)、老五抗日战争奔赴延安的沙季同],少时就读于当地沙村小学,个性刚强,尚义好勇,爱读经史兵书。1913 年其父病故,1916 年辍学在乡务农,劳动之余仍坚持学习。1917 年年初由大哥带入鄞县梅墟求精小学高小二年级补课半年,同年秋考入宁波效实中学,由兄资助读书。在读期间关心时事,爱国思想日渐强烈。1924 年夏,中学毕业到上海国语师范补习学校学习,并于次年春考入由国民党左派与共产党人主持的上海大学社会系,于此开始积极投身革命斗争。当年参加五卅反帝爱国斗争,同年冬回宁波,加入中国共产党。1926年年初,党派沙文求回故乡鄞县沙村开展农民运动,到1926年7月,沙村农会会员发展到八九十人,还吸收了五个农民入党,两个青年入团,并在沙村建立了党支部,影响日益扩大。1926年夏,沙文求奉调离开鄞县,途经上海会同陈修良等前往革命根据地广州,入广东大学(不久改名为中山大学)哲学系学习,次年任该校共青团支部书记,并根据革命需要加入中国国民党。在校期间与中山大学党支部的领导人陈铁军、毕磊等一同组织了中山大学的"新学生社",钻研马列主义理论,并撰写文章抨击时任校长戴季陶的反共理论。1927年广州"四一五"反革命政变后,白色恐怖严重,沙文求因事先转移幸免于难。面对危急的革命形势,他仍留在广州坚持地下斗争。1927年9月,担任共青团广州市委的领导工作。根据团中央的指示精神,沙文求对广州市共青团工作重新加以部署,使广大团员更加活跃地投入斗争,因而引起敌人的注意,处境日益危险。八七会议后,按照党的指示,在广州不断组织工人罢工和示威游行。1927年10月19日,他参加了省港罢工两周年纪念大会,冒着敌人的弹火在马路上高呼"肃清反革命!"。10月23日又参加了广州的总罢工和沙基惨案两周年纪念,在广州西辰园广场组织约3万工人示威游行。为响应中共广州市委等举行武装暴动的要求,沙文求抽调400个党团员、工人和学生,组织了30支宣传队,并发动女团员、女青工缝制起义需用的旗帜。12月11日,广州起义爆发,沙文求担任共青团广州市委委员兼少年先锋队总队长、赤卫队中队长(陈铁军任队长),参与组织与领导起义。起义失败后,沙文求担任共青团广州市委宣传部部长,坚持地下斗争,后撤退到香港,旋又奉党组织之命秘密潜回广州,任共青团广州市委委员兼秘书长,积极协助中共广州市委书记季步高,进行恢复和建立党、团基层组织的工作。1928年8月,不幸被捕,宁死不屈,不久被秘密杀害于红花岗,年仅24岁。

参见陈修良:《昆仑为志,东海为心——纪念广州暴动死难烈士》,《社会科学(上海)》1985年第12期;王文达:《沙文求》,《党的生活(上海)》1983年第3期。

俞济时

俞济时(1904—1990),字良桢,奉化人,国民党重要将领。

俞济时九岁入显承初级小学,继入锦溪高等小学,其间曾因目疾辍学。

俞济时

1921 年去慈北鸣鹤场,任民信局信差四个月。次年任福建浦城县政府庶务。后投身到族叔、黄埔军官学校军需处长俞飞鹏处,得保荐考入黄埔军校第一期,毕业后留任蒋介石侍卫。1926 年任侍卫大队排长、连长。次年,侍卫大队扩大为警卫团,任营长、团长。其间参加两次东征和北伐战争。1928 年其部复扩为警卫第一旅,任旅长兼南京警备司令。1930 年再扩大为师,任警卫第一师师长。1932 年任张治中部八十八师师长,参加上海"一·二八"淞沪抗战,受重伤,次年任浙江省保安处处长。1934 年 11 月兼任浙赣皖闽边区"追剿纵队"司令,率部进攻边区根据地,阻击方志敏等领导的红军抗日先遣队北上抗日。后改任第 58 师师长。1937 年 8 月升任第七十四军(为国民革命军"四大苏械军"之一,更居"五大主力之首",手下有冯圣法、王耀武、李子仪、吴济光、张灵甫、李天霞等著名将领)军长,率所部参加"八一三"淞沪会战,转战于青浦、苏州、武进一带,继参加南京保卫战。1938 年 5 月参加河南砀山及兰封之战,同年 7 月升第三十六军团军团长,调江西参战。1938 年 10 月,在万家岭激战中,击溃日军一个旅团,名声大噪。11 月中旬,兼任长沙株洲警备司令,处理长沙大火善后事宜。1939 年 1 月任第二十集团军副总司令,参加南昌会战。6 月调任第十九集团军副总司令,参加南浔路会战,三失高安而复三得。10 月调任第十集团军副总司令。1940 年 1 月兼浙江省抗敌自卫团副总司令、代总司令职,8 月兼浙东海防总指挥。翌年 4 月中旬,镇海、宁波、绍兴、海门、温州等地相继失陷。10 月奉召赴重庆,复派往仰光考察。1942 年任蒋介石侍卫长,后任三十六集团军总司令等职。其间,随侍蒋介石出席开罗会议。抗战胜利后,历任国民政府参军处军务局长、三民主义青年团中央干事会干事、国民党第六届中央执行委员、总统府第三局局长。1949 年去台湾,历任国民党总裁办公室总务主任、侍卫长、"总统府"第二局局长及战略顾问等。著有《时代新军人应有之修养》《孙子之战术战略思想采微》及《八十虚度追忆》《八六述怀》等。

参见俞福海主编:《宁波市志》(下)人物传略,中华书局 1995 年版;胡元福主编:《奉化市志·人物传略》,中华书局 1996 年版。

王　鲲

王鲲(1905—1927),又名经奎,乳名宗宝,出生于鄞县,原籍奉化,宁波早期工人运动的重要领导人。

王鲲出身于一个工人家庭,家里有父母兄妹等七人,从小勤奋好学,但因家贫时常辍学,至16岁才读完私塾,并进入教会开设的华英学堂学英语。1923年考入宁波邮局工作当拣信工。他利用工余时间继续学习,并经常向当时已具有初步社会主义思想的进步教师杨眉山、赵济猛等求教。1925年5月,积极参加宁波五卅运动,书写、散发标语传单,还利用工作之便,为党团组织传递革命刊物。同年秋,加入中国共产主义青年团,不久转为中共党员。

王　鲲

在党组织领导下,从事工人运动。次年秋,组织邮电及甬曹段铁路工会,任宁波总工会会长,并参与筹建宁波工人纠察大队。同年年底,浙军第一师陈仪部在绍兴响应北伐宣布起义,中共宁波地委决定组织前敌宣传队前往声援。王鲲毅然辞去邮局职务,同党团员和进步青年20余人,前往曹娥慰问起义官兵,并参与建立军政治部的工作。不久,因起义失败,仍回宁波从事工人运动。1927年1月,被推选为中共宁波地委工运委员,在报上著文呼吁用革命的手段,铲除军阀。不久任宁波总工会临时执委会委员长、宁波各人民团体联合会执委,参加了接收军阀政府旧政权和筹建宁波临时市政府工作。同年3月,当选为宁波临时市政府委员兼劳动局局长和宁波总工会委员长。面对右派反共势力的挑衅,王鲲于3月14日组织召开有宁波80多个团体代表参加的工会代表大会,正式选举产生宁波总工会执行委员会,并被选任为委员长,主持拟定《优待工人条例》。3月20日,反动势力制造了火烧宁波总工会和捣毁店员工会的严重事件。他领导全市工人总罢工,予以坚决反击。4月9日,国民党右派制造事端,扣押了宁波《民国日报》社社长庄禹梅。中共宁波地委派王鲲等人前往宁台温防守司令部质问,遭敌扣押,宁死不屈,狱中坚持斗争。6月22日,被杀害。

参见江坪:《在甬江怒潮中——王鲲烈士的故事》,浙江人民出版社1958年版;竺时英:《王鲲》,《奉化日报》2011年4月9日。

朱　枫

朱　枫

朱枫(1905—1950),原名桂风、贻荫,改名谌之,字弥明,镇海人,中国共产党隐蔽战线杰出的女中豪杰。

朱枫出身于镇海城关朱家花园一富裕家庭,幼体弱。九岁前由其母陈氏教以读书习字。1914年入县立高级女子小学,1921年入宁波女子师范学校读书。1925年五卅惨案发生,与同窗好友陈修良一起带头参加游行示威等反帝爱国活动。次年师范毕业后,去上海任家庭教师,并从沙孟海学习书法。1927年远嫁。1931年"九一八"事变后返乡,翌年夫病逝,在乡研习书法篆刻,吟诗作画,刺绣缝织。自幼崇拜秋瑾,并时常弹唱岳飞《满江红》和《木兰从军》,慷慨寄志。1937年"七七"事变后,投入救亡宣传活动,曾借镇海民众教育馆举办义卖展览,出售多年创作和收藏之金石、书画、手工艺制品,得款全数捐献抗战;又在家开办镇海工艺传习所,教授自上海、南京返乡青年,组织货郎担,边售货边进行抗日宣传;与同泽医院职工一起救护遭日机轰炸的死伤人员。在此期间,与同乡朱晓光结婚。1937年年底举家去武汉,次年年初参加武汉共产党领导的新知书店工作,并捐款500元。武汉失陷前撤往湘西,继迁浙江。在金华会同华白沙、张一之帮助台湾志士筹建台湾抗日义勇队,慨捐800元,使台湾医院迅速开业,并向抗日义勇队少年团捐赠物品等。1939年秋,与朱晓光赴皖南新四军军部,设随军书店于中村,在艰难环境中为新四军战士供应书刊。1940—1942年,在国民党顽固派两次反共高潮和敌后人民抗日战争最困难时期,先后坚持在新知书店及其桂林办事处工作。1941年夏,化名周爱梅,代表组织三次进入上饶集中营探望和设法营救皖南事变时被捕之朱晓光,出色完成任务。朱晓光于次年春越狱成功,由朱枫掩护从浙南山区绕道大后方返回上海。1943年待命重庆整顿加强书店副业——珠江食品店,辛苦经营,接济书店出版事业。1944年年初离渝转汉至沪,参加书店驻沪办事处筹组同丰商行。两年间行程万余里,途经10余省市,艰苦备尝。10月,同丰商行遭敌人破坏,工作人员被捕押于沪西日本宪兵队,经受酷刑,守口如瓶,后经中共组织设法营救出狱。1945

年春加入中国共产党,调至中共华中局在沪贸易机构——联丰棉布号和鼎元钱庄,以公方代表身份经理财务,兼管情报部门经费,巧妙周旋于国民党财、军、警上层人物之间,保护党的事业和同志安全,并通过合理运营,增值牟利,以刻苦生活节约下的工薪,无私捐助革命事业。1948 年秋,调香港合众贸易股份有限公司任职。中华人民共和国成立后,奉命秘密去台湾工作。1950 年 1 月,因叛徒告密,在台中共党员被大批捕杀。朱枫临危不惊,设法乘军用飞机直抵舟山,隐蔽于某医院 14 天,终于被敌人追捕。1950 年 6 月 10 日在台北马场町刑场英勇就义,年仅 46 岁。审理此案的国民党少将谷正文后来曾留下一篇《吴石等叛乱案》,称朱枫"党性坚强、学能优良"。

参见朱枫烈士纪念文集编写组编:《朱枫烈士纪念文集》,北京市新闻出版局,1991 年;肖舟:《朱枫:黎明时倒下的红色女特工》,《档案天地》2009 年第 10 期;于继增:《血洒台湾的女特派员朱枫》,《党史博采(纪实)》2014 年第 4 期。

陈寿昌

陈寿昌(1906—1934),又名陈希湛,镇海人,革命家,中共早期高级干部。

陈寿昌出身于镇海县城关镇李衙前的一个书香之家。从小勤奋好学,又忧国忧民。1922 年,年仅 16 岁的陈寿昌考入上海电报局。经培训,被分配到郑州电报局工作。1923 年"二七"大罢工开始后,积极参加和组织电报局职工声援京汉铁路工人的罢工斗争。罢工后工人运动转入低潮,陈寿昌从郑州辗转到武汉电报局,继续从事工人运动。1924 年,年仅 18 岁的陈寿昌加入中国共产党。1925 年转入武汉电报局工作。1926 年 9 月起,在李立三、刘少奇等指导下,陈寿昌发动周围的工人组织工会,努力配合国民革命军的北伐。1927 年 1 月,参与组织收回英租界的斗争。"四一二"反革命政变后,他一度与组织失去联系,同年冬,辗转到达上海,找到了党组织。先后担任中共中央机关秘书、中共上海市政总工会党团书记、中共江苏省委委员、中共上海沪西区委书记。1928 年年初,奉调到中央特科从事情报

陈寿昌

工作,先在被称为中共心脏中的心脏的特二科(情报科)工作。在科长陈赓的领导下,利用各种关系打入国民党各情报机关,搜集到了大量的情报。1929年,陈寿昌在完成了周恩来交给他的保护日本共产党总书记佐野学的任务之后,被党组织派到苏联学习。1930年12月17日,因中共特四科的秘密无线学校被敌人破获,改派刚回国的陈寿昌前往主持特四科工作。1931年4月,中央特科负责人顾顺章叛变后,他与其他同志一起,采取一切措施,保卫了党中央机关的安全。同年冬,赴中央苏区,任中华苏维埃全国总工会苏区执行局主任和全总巡视员,参与组建中华全国总工会中央苏区执行局,积极扩大工会组织,还采取一切措施,努力繁荣苏区经济。1933年2月,任中共福建省委书记,积极组织军民配合中央苏区开展第五次反"围剿"斗争,并取得了成效。10月,他率工作团越过敌人封锁线,于1934年年初到达湘鄂赣根据地,任中共湘鄂赣省委书记兼省军区政委,及时制止了肃反扩大化错误,团结广大干部群众,粉碎敌人第五次"围剿"。6月初,兼任红十六师政委。7月,省委与中央的联系中断,苏区陷入困境,他领导军民开辟新苏区,恢复红十六师武装,开展游击战争。1934年2月,陈寿昌在敌人重兵压境下,组织人员安全转移。在极其险恶的斗争环境中,带领部队在湘鄂赣边界开展有效的游击战争。11月初,为配合中央红军主力的战略转移,牵制住敌人的兵力,陈寿昌受命于危难之际,不顾因营养不良而导致的双脚浮肿疾病,坚持上前线指挥部队,率红十六师向西南行动,与敌周旋。11月21日,率部在崇阳、通城之间的老虎洞、老鸦尖一带与敌重兵遭遇。在战斗中,陈寿昌亲自登上前沿阵地察看敌情,不幸右膝中弹,失血过多而牺牲。后来,湘鄂赣省苏维埃政府建寿昌县,以志纪念。

参见文叁:《陈寿昌忠胆照人间》,《今日浙江》2001年第14期;吴梅芳:《以身许马列,忠魂卧崇山——记牺牲在崇阳的陈寿昌烈士》,《湖北文史》2013年第2期。

沙文汉

沙文汉(1908—1964),原名文源,学名文舒,字叔温,化名张登,鄞县人,中共情报工作杰出领导人。

沙文汉在塘溪乡沙村沙氏五兄弟中,排行第三,少时在村上梅溪小学半农半读。1921年由大哥沙孟海资助,进宁波省立第四师范学校读书。翌年,就读于宁波甲种商业学校,受到二哥沙文求的进步思想影响,于1925年春加入中国共产党。1926年商校毕业后,回乡参加当地党组织领导的农民运动,组织农民协会,开展抗捐减租斗争,先后担任中共沙村支部书记、鄞奉(交界地区)区委委员。1927年元旦,发动上千农民,进入奉化县城驱逐县知事。1927年"四一二"政变后,被通缉,躲到上海。同年8月,奉命秘密返回宁波,11月任中共鄞奉区委书记,与中共浙江省委特派员卓兰芳一起,组织奉化武装暴动,由于敌我力量悬殊而失败,沙文汉又回到上海。1928年考入日本人办的上海东亚同文书院读书,任共青团上海法南区(法租界和南市)区委书记、上海青年反帝大同盟党团委员。1929年6月,受派遣到柏林参加世界反帝大会,途

沙文汉

经莫斯科时,被中共驻共产国际代表团留下,进少共国际办的国际马列主义学院学习。1930年5月回国,仍任原职,后任中共江苏省委工人部部长、组织部干事等职。1932年,因政治环境恶劣,又身患重病,曾转移去安徽,途遇叛徒,脱险返回上海。1933年2月,中共上海党组织被破坏,遂流亡日本,曾在共产国际远东情报站工作。1935年10月回国,任全国救亡协会组织部干事,在上海参加文化界抗日救亡运动。1937年4月,任中共上海临时工作委员会宣传部部长。7月,化名张登,任中共江浙省委宣传部部长。10月任江浙省委军委书记。11月中共成立江苏省委,任宣传部部长兼统战部部长。1940年春曾一度代理江苏省委书记。1942年参加淮南抗日根据地的整风。1943年任华中局党校教务处处长。1944年8月,任中共淮南区党委宣传部部长兼城工部部长。抗日战争胜利后,任中共华中局城工部部长。1946年10月,率城工部干部由淮南根据地转移至上海。1947年春,华中局并入上海局,任宣传部部长兼统战部部长。1949年上海解放前夕,和张执一一起,在上海局领导下,在上海、南京、杭州等地进行策反工作,曾成功策动"重庆号"巡洋舰、长江第二舰队起义,策动国民党中将张权起义。宁波解放时,任宁波市军管会副主任(时名张登)。后又历任中共浙江省委宣传部长兼省人民政府教育厅厅长、中共华东局台湾工作委员会副书记。1951年9月,任浙江省人民政府副主席。1954年3月任华东局宣传部副部长,主张依靠知识分子办学,12月任浙江省省长、省委常委兼统战部部长。1955年上海潘汉年、杨帆冤案发生,沙文汉被无辜株连,受到不公正对待。1957年12月,被错划为"右派",开除党籍。在受屈患病之时,花了六年时间,完成《中国奴隶

社会的探讨》一书(后于 1984 年出版)。在病危弥留之际摘掉"右派"帽子。1964 年 1 月 2 日病逝于杭州。1980 年 1 月,经中共浙江省委复查,中共中央批准,彻底改正"右派"错案,恢复党籍和政治名誉。1982 年,中共浙江省委又做出决定,肯定他一生为党为人民所做的重大贡献。

参见王旭烽:《主义之花》,浙江摄影出版社 2011 年版;周时奋主编:《鄞县志》(下)人物传略,中华书局 1996 年版。

吴亮平

吴亮平

吴亮平(1908—1986),又名黎干、理屏,奉化人,著名的无产阶级政治活动家、马克思主义理论家和翻译家。

吴亮平出身于奉化一个清贫的知识分子家庭,少时就读奉化锦溪小学,1919 年进入上海南洋中学,1922 年考入厦门大学,次年因参加学潮离校,就读上海大夏大学经济系。五卅运动中,任上海市学生联合会总务部部长。1925 年 11 月,在恽代英推荐下,赴莫斯科中山大学学习,翻译恩格斯的《社会主义从空想到科学的发展》,还与张闻天等人合译了马克思的《法兰西内战》《国家与革命》。1927 年,转为中共党员。留苏期间,在莫斯科举行的共产国际会议上经常担任中共代表团翻译,并向组织上揭发王明搞宗派主义,后长期遭王明打击报复。1929 年 7 月,从苏联回到上海,在中共中央宣传部任职,参加中宣部领导的中央文委工作,参与筹组中国左翼作家联盟。1929 年 12 月,任《环球》主编,在该刊上编译和撰写有关介绍国际政治形势和各国革命运动发展状况的文章。1930 年 2 月,在中共法南区委工作,同时在上海法政大学授课。其间积极投入关于中国社会性质的论战,在《新思潮》等进步刊物发表《反对派对中国问题的错误》《农村革命与反帝国主义斗争》等文章,批驳托派及各种反马列主义派别在中国革命问题上的错误理论。同时,翻译出版恩格斯的《反杜林论》;编写出版《社会主义史》《辩证唯物论与唯物史观》等,比较系统地介绍马克思主义理论的基本观点及社会主义思想的产生和发展过程。1930 年 11 月,在上海被捕,被判刑两年。在狱中,始终没有暴露共产党员的身份,还为难友讲授辩证唯物主义和历史唯物主义。1932 年 10 月,吴亮平出狱后即赴中央苏区,先后任红军学校宣传部部长、政治总教员、粮食调剂局局长,中华苏维埃共和国国民经济部副部长、代部长、部长。毛泽东曾称赞他"功盖群儒"。1934年10月参加长征,任一军团地方工作部部长、三军团宣传部部长。到达陕北后,任中央宣传部副部长。1936年斯诺到陕北访问,吴亮平负责接待,并担任毛泽东同斯诺谈话的翻译。抗日战争全面爆发后,先后任《解放》周刊编辑、中共中央晋绥分局调研室主任等,并当选为中共七大代表。解放战争时期,在东北任中共抚顺市委书记、东安地委书记等职。1949年上海解放后,调到上海,任中共沪西区委书记、普陀区委书记。1951年2月,调任中共中央华东局企业管理委员会副书记。1953年,调北京,先后任中央财经委员会组长、化学工业部副部长、国家经委委员。1978年后,相继担任中国社会科学院领导小组成员、中共中央顾问委员会委员、第五届全国政协常委、中共中央党校顾问等职。1982年癌症手术后,仍三次深入江南农村、工厂和学校,调查农业生产责任制、环境保护和知识分子等问题。

参见胡元福主编:《奉化市志·人物传略》,中华书局1996年版;雍桂良等编:《吴亮平传》,中央文献出版社2009年版。

蒋经国

蒋经国(1910—1988),字建丰,一字存西,奉化溪口人,蒋介石长子,曾任中国国民党主席,为台湾地区有影响力的领导人。

蒋经国出生于奉化溪口,1916年入溪口武山学校读书。1921年入县立锦溪高等小学。次年3月去上海,入万竹高等小学。1925年考入上海浦东中学。五卅惨案发生后,参加反帝爱国运动,被开除学籍。6月入北京海外补习学校,又因参加反对北洋政府的示威游行,被监禁两星期。是年初秋去广州。10月去苏联留学,入莫斯科中山大学,12月加入共产主义青年团。1927年4月在学生集会上公开批评蒋介石的"清党"政策。次年春,进列宁格勒红军中央军事政治研究院学习。1930年2月加入苏联共产党(布),6月担任列宁大学中国留学生辅导员。10月起下放到狄拿马电气厂当学徒。次年7月去石可夫村当农民。1933年1月去西伯利亚阿尔泰金矿当矿工。10月被派到斯维尔德洛夫斯克城的乌拉尔重

蒋经国

型机器厂,任技术员、助理厂长。1935 年 3 月与苏联女工芬娜(后改名蒋方良)结婚。次年 12 月转为联共(布)正式党员,任党支部书记。1937 年 3 月回国,在溪口读《曾文正公家书》和《王阳明全集》,接受传统教育。10 月应江西省主席熊式辉之邀到南昌,次年任江西省保安处少将处长、保安司令部新兵督练处处长,6 月加入中国国民党。1939 年 3 月被派往赣州,先后任江西第四区行政督察专员兼保安司令、三民主义青年团江西支团部筹备主任。发布"禁烟、禁赌、禁娼"令,举办三民主义青年团干部训练班。12 月其母被日机炸死,泣书"以血洗血",并勒石立碑。次年 1 月任赣县县长,颁布建设新赣南《三年计划纲要》,推行新政。1943 年 12 月去重庆,任三民主义青年团中央干部学校教育长、青年远征军编练总监部中将主任。1945 年 6 月随国民政府代表团到苏联,签订《中苏友好同盟条约》,9 月任外交部驻东北特派员。后任国防部干部预备局局长、国民党中央执行委员。1948 年 8 月任上海区经济管制协助督导员,发起"打虎运动",因左右受制,被迫辞职。1949 年 1 月随下野的蒋介石回溪口,协助督建定海机场,秘密运送中央银行库存黄金去台湾。同年 12 月到台湾,先后任中国国民党台湾省党部主任委员、"中央改造委员会"委员、"国防部总政治部作战部"主任等职。1965 年 1 月任台湾"国防部"部长。1970 年 4 月访美,遭"台湾独立联盟"分子行刺。1972 年 5 月任"行政院"院长。1975 年蒋介石去世后,任国民党中央委员会主席兼中央常务委员会主席。1978 年,当选为台湾省领导人。在台湾期间,进行了著名的"十大建设",台湾经济飞速发展,成为著名的"亚洲四小龙"之一。此外,他坚持一个中国,反对"台独",主张国家统一,并为两岸关系的缓和做出一定的努力,如在 1987 年开放部分人士赴大陆探亲,结束了近 40 年两岸同胞不相往来的局面。

参见胡元福主编:《奉化市志·人物传略》,中华书局 1996 年版;肖如平:《蒋经国传》,浙江大学出版社 2012 年版。

第二部分 工商界

一、概 述

　　本书所称工商界人士,是指明清特别是近代以来境内外在生产与流通领域从事经营活动的杰出宁波人,或称宁波商人。

　　宁波人从商的历史相当悠久,而宁波帮则形成于明末清初。明清时期,封建王朝厉行海禁,宁波海外贸易几度停滞,迫使大批宁波商人前往内地寻找商业机会。此后,随着外出宁波人的日趋集中,宁波同乡组织开始出现,明末清初在北京设立的鄞县会馆、浙慈会馆就成为宁波帮开始形成的标志。进入清代以后,宁波商人更加活跃,如康熙八年(1669),慈溪人乐悟冈在北京设立同仁堂药铺,不久即誉满京城。这时期,宁波商人不仅在北京、天津、营口等北方商埠势力有所加强,在上海、苏州、汉口等南方商业重镇的发展更是引人注目,其中创办于嘉庆二年(1797)的上海四明公所成为众多旅沪宁波人的精神家园。

　　鸦片战争后,洋货与外国企业纷纷涌入中国,传统的自然经济结构趋于瓦解,敏锐的宁波商人抓住近代中国对外开放的历史机遇,迅速由旧式商帮转化为近代企业家群体,并借助传统家族同乡关系和近代上海崛起的地理优势,雄称中国商界达半个多世纪,从而有力地推动中国社会经济的近代化历程。近代宁波人自称"钻天龙州遍地徽州,还让宁波人奔上前头;山东蛮子、绍兴师爷、福建郎、江西唱班,赚得宁波人铜钱活神仙"①。其创业有成的自豪之情溢于言表。

上海是近代宁波人创业的大本营。上海开埠后,大批宁波人前往上海谋生创业,到清末在上海的宁波人已达40万人,20世纪30年代达百余万,约占上海居民总数的四分之一至三分之一。他们顽强拼搏,艰苦创业,迅速在五方杂处的上海站住了脚跟,特别是大批宁波人领风气之先,纷纷从事新兴行业,尤其是涉足颇有风险而又无人问津的对外经济活动,从而迅速壮大了自己。这不仅使大批宁波商人掘得第一桶金,迅速完成原始积累,演绎了一部部白手创大业的致富神话,而且使宁波人成为近代中国最早接触与熟悉西方经营方式的人士,由此获得许多管理近代企业、开发市场的经验和知识。以此为基础,19世纪末以后,大批宁波商人纷纷投资兴办民族工商业,从中产生了一大批在近代中国工商界举足轻重的商界巨子与实业精英,如清末的杨坊、严信厚、叶澄衷、朱葆三,民国时代的虞洽卿、刘鸿生、秦润卿、宋汉章、方椒伯、俞佐庭、黄延芳、项松茂、周宗良等。

近代宁波商人在上海经营的范围十分广泛,而在左右近代上海经济生活的钱庄、银行、贸易、航运等领域更是独占鳌头。据宁波旅沪同乡会的不完全统计,即使在日寇占领上海、经济极为萧条的1941年,宁波人在沪经营的工商企业仍有2230多家。而在近代上海足以控制上海金融贸易和影响全国工商业的上海总商会,从其发起成立起基本上一直是由宁波人控制和领导的。进入20世纪,宁波商帮显然已成为"来沪经商而最有手腕和力量的帮口",为近代上海的发展做出了重大贡献,以至于著名实业家穆藕初由衷地赞叹:"中国经济重心在上海,但上海如何能有今日呢?不必说,完全是宁波人的力量。所以,上海已非上海人的上海,而是宁波人的上海。"②

上海还是近代宁波人走向全国乃至世界各地的桥梁,许多宁波人以上海为依托向全国各地乃至海外拓展,势力遍及穷乡僻壤,特别是在沿海与沿江各大商埠,宁波人都是当地商界举足轻重的力量。如在天津唯一能与广东商人分庭抗礼的是宁波商人,而航运、外贸、银行保险、金银首饰、绸缎呢绒、钟表眼镜等行业则是宁波人的天下。在华中商业中心汉口,民初《夏口县志》载:"宁波帮……汉口之海产物商店及金银细工业,大半为此帮所占。

① 金普森、孙善根主编:《宁波帮大辞典》,附录四:宁波闲话,宁波出版社2001年版。
② 宁波旅沪同乡会编:《宁波旅沪同乡会月刊》第145期,1935年。

又长江之类舨船航运业皆属于宁波商人所经营。"①同时在"招徕货运、出售洋货等方面，宁波人买办具有决定性作用"②。而在宁波商人很早就涉足的京城北京，近代以来其势更炽。史载："近代北京的工商业，几乎完全掌握在地方行帮商人手里，如银号业、成衣业、药材业，都是清一色的浙东商人。"③

宁波民谚"要甯头，弯三湾"，意思是说，要想发迹，就得走远路，闯世界。宁波人漂洋过海去海外经商由来已久，特别是清末以来，宁波人纷纷前往我国港台地区，乃至日本、东南亚等地创业，由此形成海外宁波帮。

就近代宁波商人的活动特点来说，以下几个方面相当明显。

第一，近代宁波商人从事的是全方位的经营活动，与人们的衣食住行关系密切，尤以近代工商、金融业为最。19世纪四五十年代，宁波商人就在沙船运输、进口糖销售等方面大显身手，接着又向经营五金、煤油、颜料等洋货业渗透。甲午战争以后，随着民族资本的扩大，其经营活动已广及近代工业、近代轮运与近代金融各业。其中在工业制造、航运业与金融业宁波商人更是长袖善舞，成就非凡。同时在银楼、药材、海产品、服装制作、百货等传统行业继续保持优势并不断推陈出新，如本帮裁缝向西服业的转型，药材业与西药业并举。此外，近代宁波商人还在出版印刷、电影、娱乐等文化产业也颇有作为，其中邵氏更是见证了中国电影业从产生到发展壮大全过程的百年老店，柳中浩则是将电影制作工业化的第一人。

第二，近代宁波商人具有强烈的市场经济意识，有着出色的经营才能与业绩，在中国市场经济发展史上具有重要的地位。近代宁波商人对于市场经济的认识与把握达到了相当的高度。他们在经济活动中敢于开拓，善于经营。早年在旅沪之初，他们在商业、钱业界同时并举，扩大资本运作，以及在钱庄开展汇划等，确保了所举各业的成功。进入20世纪以后，随着资本主义的发展和中外之间竞争的加剧，宁波商人又在企业机制上进行创新，建立企业集团，实施连锁经营；同时大力引进先进设备，不断提高产品质量。在商业服务上则推行以诚为本，信誉第一，改进服务态度。此外还重视信息联络与广告宣传，自办民信业，加强同各方的信息联络，从而保证了事业的成功。

第三，近代宁波商人经营活动既重视商业的行为，也有超商业的力量，

---

① 王遂今主编：《宁波帮企业家的崛起》，浙江人民出版社1989年版，第10页。

② 聂宝璋：《中国买办资产阶级的发生》，中国社会科学出版社1979年版，第11—12页。

③ 王遂今主编：《宁波帮企业家的崛起》，浙江人民出版社1989年版，第6页。

特别是具有较强的团体意识,强调联合与团结的作用,善于运用同乡、同业的力量扩充势力,从各方面寻求支持与力量,发展自己的事业。清中叶起,宁波商人在全国各地建立了近百个四明公所、宁波同乡会等同乡组织,其中宁波旅沪同乡会盛时拥有会员 3 万多人,是近代上海最大的同乡组织;宁波商人还发起或参与发起成立上海总商会、上海钱业公会、银行公会等多个商业团体,特别是基本上控制了近代中国最大的商业团体——上海总商会,从而使自己左右逢源,进一步增强了宁波商人在工商界的地位与势力。

第四,具有强烈的开拓意识与奋斗精神。这不仅反映在他们从事的行业十分的广泛,而且活动地域相当广阔,几乎遍及全国各地。宁波商人长期在内地创业,与此同时,他们还漂洋过海,赴海外谋生创业,特别是 19 世纪末与 20 世纪 50 年代前后,宁波人有两次较大规模的海外创业高潮。清末光绪宣统年间即 19 世纪末前后,一批宁波人为生活所迫去海外谋生,地点以日本和南洋一带为主。所谓"三把刀子闯天下",这批人多是手持理发刀、厨刀和裁缝剪刀的下层劳动者。他们含辛茹苦,依靠宁波人的勤劳和灵活的经营手腕,创造出骄人的业绩。其杰出代表是 20 世纪初在日本有关西财阀之称的华侨巨商吴锦堂、北海道"鱼翅大王"张尊三和在南洋一带曾与陈嘉庚、胡文虎齐名的新加坡巨商胡嘉烈。

20 世纪 50 年代前后,一批原在中国大陆有相当基础的宁波人纷纷从上海等地移居港台地区,或以港台地区为跳板,转向日本、东南亚和南北美洲等地发展,其中港台地区占人数的 80% 左右。他们抓住战后世界经济发展和港台独特的历史机遇,凭借其在内地长期从事工商业的丰富经验和资本积累,艰苦创业,奋力开拓,迅速在竞争激烈的海外社会站稳脚跟并取得成功与发展,成为活跃在世界经济舞台上颇受海外注目的上海帮的中坚力量。

中华人民共和国成立后,特别是 1956 年资本主义工商业社会主义改造完成后,由于众所周知的原因,宁波帮在内地呈休眠状态。改革开放后,内地宁波人继承并大力弘扬近代宁波帮的创业精神,抓住大陆实行改革开放的重大机遇,纷纷投身市场经济的广阔天地。他们艰苦创业,奋力开拓,在发展乡镇企业与民营经济等方面大有作为,特别是在纺织服装、建筑业、电子信息、家电、新材料及临港工业等领域创造了显著的业绩,涌现出杉杉、雅戈尔、海天以及后来的网易、银泰为代表的著名企业与新一代企业家群体,其间更有大批宁波人走南闯北,奋发图强,开拓出一片片属于自己的崭新天地,创造了中国民营经济发展的宁波模式,从而抒写了百年商帮的新篇章。其中象山建筑业异军突起,大力开拓国内外市场,以骄人的业绩赢得了全国建筑大县的桂冠而闻名遐迩。此外,慈溪的家电业、宁海的模具业与文具业、北仑的花卉业、奉化的服装业与花卉业等也八仙过海,各显神通,在市场经济的浪潮中大展宏图。

二、词　条

孙春阳

孙春阳(生卒年不详),明代宁波人,因在苏州开设"孙春阳南货铺"而名闻天下,有宁波第一商才之誉。

孙春阳早年读书应试,万历年间由于"应童子试不售",遂弃文从商,来到苏州的吴趋坊北口,开设一间售卖日用百货的铺子,唤做"孙春阳南货铺"。孙春阳很有经商的天赋,将南货铺打理得有声有色。铺中货物分为六房陈列:曰南货房,曰北货房,曰海货房,曰腌腊房,曰蜜饯房,曰蜡烛房。如同现在的超市,分区陈列百货。从史料的记载判断,孙春阳南货铺似乎已采用开架陈货的经营方式,顾客在各房看货,看中哪款商品后,记下来,到柜台统一交款,由收款员发给一张小票(提货单),凭票便可以到各房提货了。孙春阳管理得法,账目清晰,不仅有严格的店规,"其店规之严,选制之精,合郡无有也",而且各部门分工明确,自行加工,凭票发货,"管总者掌其纲",账目当天结清。同时讲求商品质量,加工的产品"选制之精",不用过期的原料,特别是食品加工,注重原料的保鲜。除此之外,最重要的是他坚持"诚信为本",有良好的商业信誉。"售者由柜上给钱取一票,自往各房发货",如有当时不发货的,不论过多长时间,持此票据前去,也不过期,照样能领货。明亡以后,"有持万历间所发之券,往易货物,肆中人立付之,不迟疑"。更重要的是,孙春阳南货铺已经建立起一套接近现代公司治理的制度,有一个专业的经理人团队(包括掌柜、财会、采购、伙计等)管理南货铺。民国笔记《杶庐所闻录》评价称:"孙春阳为吾国店肆之历史最悠久者。观其制度,盖深得科学管理法者。"在孙春阳及其后人的苦心经营下,到清代中叶,孙春阳南货铺从明代的一个小铺发展到清代颇具规模、制度健全、专制南货精品的名店,不仅成为苏州最出名的百货商店品牌,还"著闻海内",所售货物,列入贡品名录。进入近代,孙春阳南货铺最后毁于太平天国战火,而此前孙春阳南货铺作为一个家族企业,一直保持正常的运作,口碑极佳。晚清人梁章钜说,孙春阳南货铺"自明至今,已二百四十余年,子孙尚食其利,无他姓顶代者"。

参见刘丰:《孙春阳开店 240 年》,《中国中小企业》2007 年第 11 期;王贤辉、郭媛媛:《明末宁波名商孙春阳》,《产权导刊》2007 年第 6 期。

方介堂

方介堂(1783—1846),名亨黉,以字行,镇海人,清朝中后期上海巨商,第一代宁波帮代表人物。

方介堂早年得舅父资助于嘉庆年间,在老家镇海贵驷起家,最初开办一间杂粮店,经营杂粮杂货。1821 年,始涉足糖业和运输业务,在沪甬之间运销食糖,获利颇丰。家乡生意小成后,移居上海,在上海创业。"君偕从兄抵申江,勤俭自立,教侪辈必以忠,识鉴卓越,以故交推而共服之。"当时上海尚未开埠,方介堂以其超前的眼光,带领族人从镇海来到上海,凭着精明果敢和信用识见,很快"获利倍蓰",以此与其堂兄方建康在上海南市开设方义和糖行。其间聘用族人、乡人到上海协助业务经营,遂逐渐形成清末民国上海滩赫赫有名的"镇海方氏家族"商业集团。方介堂家族在上海经营早期以砂糖为主,拥有方本和、元泰恒、裕大恒、元益、元裕、元惠等十余家糖业店号。此后,以宁波、上海为经营中心,业务扩展到杭州、天津、汉口、长沙、宜昌等城市。经营领域也逐渐扩展至粮食、南北杂货,并涉入当时新兴的钱庄业。先后开设了履和、义余、安裕、承裕、庚裕、复康等钱庄,方氏家族也发展成为沪上早期著名的金融商业家族。其中 1830 年开设的履和钱庄是为上海第一家钱庄,因为是开在南市,所以也称为南履和,1870 年改名为安康钱庄,1947 年因其与重庆安康银行同名,改名为安康余钱庄,经历两个甲子,1950 年收歇。此外宁波方九霞、方聚之、方紫金等银楼和云章绸缎庄等也均属方家产业。到清末,成为"上海宁波帮中最有权势和最负盛名的家族"。方介堂早年迫于生计弃儒从商,但一生勤于读书,晚年将沪上产业交给侄子方润斋、方梦香打点后回乡颐养天年。据《镇海柏墅方氏重修宗谱》记载,晚年方介堂常手不释卷,喜欢与族兄弟置酒高谈,尤喜论史,有古大儒之风。方介堂长期担任上海四明公所董事,受其影响,清末方氏家族基本上主持上海四明公所,对公所的发展有着一定的贡献。

参见华长惠主编:《镇海籍宁波帮人士》,文史出版社 2007 年版;方煜东:《镇海柏墅方氏家族研究》,浙江大学出版社 2015 年版。

杨　坊

　　杨坊(1803—1865),字启堂,又字憩棠,鄞县人,为近代上海早期著名买办商人,近代早期宁波帮代表人物。

　　杨坊出身于商人之家,早年在宁波当绸布店店员,后入教会学校习英语,19世纪40年代至上海经营钱庄和丝业,后进英商怡和洋行从事报关和收丝工作。1851年升为怡和洋行买办,为怡和推销鸦片和收购中国的茶叶、生丝,并创立著名的"苏州制度",即从上海带鸦片到苏州产丝地区出售,用所得款项在那里购买生丝带回。这期间杨利用买办职务自营对外贸易,1860年曾从上海运800多包生丝、古董、名贵药材到日本销售。杨还自设泰记钱庄、嘉湖客栈,并置办沙船、轮船,经营航运业。在从事买办和自营商业中,迅速积累起数百万两,是上海开埠早期的豪富,成为当时上海"最富有和最有才干的人之一",并长袖善舞,活跃于上海社会,乃至成为上海绅商的代表。上海小刀会起义军占领县城后,杨联络租界内殖民势力断绝其接济,后又组织上海绅商成立会防局,为镇压太平军筹饷,并与美国人华尔组织洋枪队对付太平军。为此清廷赏二品顶戴道台衔。其间他在上海、宁波广置地产,经营银楼、钱庄。热心公益,"性慷慨轻财",多次参与赈济灾民,修筑海塘诸事,资助编纂同治鄞县县志,并出资收购家乡藏书楼散佚图书等。1860年发起成立上海丝业会馆并任首届董事,又长期任上海四明公所董事,为该公所的发展多有臂助,俨然成为旅沪宁波人的领袖人物。1852年,宁波南北洋商人集资7万银元,向英国购买"宝顺号"铁壳船护航,成为第一艘中国人引进的近代轮船,此事就是由杨坊出面进行的。有学者称杨为奠定近代上海官府、洋人与绅商三股势力鼎足而立局面的关键人物之一。1936年,甬人高振霄在《宁波旅沪同乡会月刊》上刊文,对杨坊的一生进行了总结。"吾宁地滨海,习于商,多以商业起家者,范大夫之遗风也。就近代而言,赫赫著入耳目,有若杨坊伯憩棠、严阁学筱舫、叶观察澄衷,皆商也。其所发展,出其余智……为乡里造福,为国家协赞者,震烁古今,名动中外。自互市之约定,上海华洋杂处,为东南绾毂一大都会。而吾宁人才辈出,英俊接轨,执海上牛耳,代不乏人,于是遂以商业雄长海上,为时所推重。予弱冠后,通籍至京师,谒见师座,时徐相国颂阁为予言,杨憩堂为商业中不世之人,称道不容口,名动公卿不虚也。"

　　参见俞福海主编:《宁波市志》(下)人物传略,中华书局1995年版;孙善根:《沪上早期买办杨坊》,陈守义主编:《鄞县籍宁波帮人士》,中国文史出版社 2007 年版。

李也亭

李也亭(1807—1868),名容,镇海小港(今属北仑区)人。清朝末年航运业巨商,近代上海著名的家族商业集团小港李家创始人。

李也亭出身贫寒,早年丧父。清朝道光二年(1822),15 岁时赴上海谋生,在南市曹德大糟坊习艺。后在上海码头做沙船运输工人,由沙船营运而积累资本,若干年后即独资创设久大沙船号,初拥有沙船十余艘,每艘值银数万两,经营业务主要在江浙沪和京津之间。不久后斥资收购上海黄浦江码头一座,命名为久大码头。咸丰三年(1853),李也亭受命经办苏(州)、松(江)、常(州)粮道和浙江的漕粮海运任务。当时清军和太平军战事频仍,航路也很不太平。志书称"督运者有难色,也亭所部船独先进,余艘从之"。李也亭紧紧抓住这个高风险但高利润的独特机遇,奋发有为,迅速成为上海沙船业巨擘。其间沿海海盗猖獗,严重影响到南北海运。为此李也亭与慈溪费纶志、盛植管等宁波商人,经上海买办、同乡杨坊联系,合资购买宝顺轮护航,是为近代中国第一艘引进的轮船。经营沙船需要相当的流动资金,为此必须向钱庄借入大宗款项。李也亭经常需要和钱庄打交道,并通过同乡、钱庄跑街赵朴斋得到钱庄放款。不久,商机敏捷的李也亭索性和赵朴斋合作创办钱庄,在上海陆续开设慎余、崇余、立余等多家钱庄。于是李也亭在经营沙船之外,又派生出一大产业,后发展为上海钱业巨擘之一。凭着宁波人的精明与勤奋,从小学徒起步的李也亭,抓住近代上海发展的历史机遇,经过 20 余年的拼搏与苦心经营,就建立起包括航运(沙船业、码头)、钱庄业、贸易等在内的庞大家业。李也亭的成功奠定了小港李家在上海的基础。他立下遗嘱,逝后所办事业应在子侄中择贤而传。子梅堂体弱多病,不喜经商,侄听涛承其业,经营得法,积资至数百万,小港李家遂成宁波商帮中颇有名气的家族集团之一。热心公益事业,曾集资创建李氏养正义庄,投身家族救济事业,并多次捐巨资赈灾,累计数十万金。又斥资于水利事业,多次在上海、浙江浚河,兴修水利设施。曾替清廷运输军饷,清廷奖励有功,赠授盐运司运同。1868 年去世后赏荣禄大夫。

参见孙善根:《小港李家的百年辉煌及其启示》,《宁波通讯》2008 年第 2 期;陈朝霞:《甬城望族小港李家的百年回眸》,《天下宁波帮》2008 年第 8 期。

严信厚

严信厚(1828—1906),字筱舫,慈溪人,晚清上海著名商人,上海总商会创始人,近代早期宁波帮领袖。

严信厚

严信厚幼年在私塾读书,后在宁波鼓楼前恒业钱肆当学徒。1845年经乡人介绍供职于上海宝成银楼,余暇习诗文书画,精于画芦雁。同治初年,与"红顶商人"胡雪岩交往,胡荐其为李鸿章当幕僚。李委以在上海襄办转运饷械事,因办事干练,深得赏识。1870年,李任直隶总督兼北洋通商大臣,保委严为候补道,加知府衔,令往来于津沪间筹办晋豫赈灾事,还委任督销长芦盐务和河南官运事。1885年,署天津盐务帮办。次年在天津东门里自设同德盐号,经营盐业,后又创设物华楼金店等。同时在上海创办"源丰润票号",分号遍设天津、北京及江南各省重要城市,共10余处,形成较为新型的钱庄网络。源丰润票号业务不断发展,严信厚遂把主要精力集中于金融事业,活动中心从天津移至上海。其间被派为上海道的道库——惠通官银号经理,掌管上海道公款收支事宜,还在上海开设老九章绸缎总店,在天津设分店。1886年在宁波创办通久源机器轧花厂,实为纺织工业之嚆矢,是浙江近代工业的开创者。1890年参与创办上海华新纺织新局,并任协理。1896年又在宁波创办通久源纱厂,以后还在宁波创办通久源面粉厂、通利源榨油厂。1897年,参与发起在上海创办中国第一家银行——中国通商银行,并任总董。此外,还创办、投资上海华兴水火保险公司、龙章造纸厂、上海内地自来水公司、同利机器麻袋公司、锦州天一垦务公司、上海祥源五金号、中英药房、景德镇江西瓷业公司等企业,拥资近千万两。1902年受盛宣怀委托,在上海组织商会,乃联络上海各业巨商,并亲自捐资赁庑,制定章程,创立上海商业会议公所,并任首届总理,是中国近代商会组织的开创者。热心公益事业,曾捐款资助修筑天津塘沽铁路和举办各种慈善事业。1890年浙中赈灾,1899年安徽赈灾,1900—1903年顺、直、秦、晋等地赈灾,1903年山东赈灾,都曾捐款赈济,并在上海创办仁济堂、广益堂、元济堂等慈善机构,是晚清慈善界的重要人物。在宁波发起创办新式学堂——储才学堂(现宁波中学前身)等,在商事活动中热心提携同乡,长期担任上海四明公所董事。1898 年,上海发生第二次四明公所事件,为抵御外侮而据理力争。

严信厚被认为是中国近代企业的开拓者,对宁波商帮从一个传统商帮转化成一个举足轻重的近代企业家群体起到了"领头羊"的作用,被公认为"宁波商帮"的开路先锋。

参见谢振声编:《严信厚及其家族》,宁波出版社 2013 年版;金普森、孙善根主编:《宁波帮大辞典》,宁波出版社 2001 年版。

叶澄衷

叶澄衷

叶澄衷(1840—1899),名成忠,镇海人,近代上海五金业巨商,19 世纪末上海工商业巨子,近代早期宁波帮领袖人物。

叶澄衷 6 岁丧父,9 岁读私塾,未及半年就辍学。11 岁曾入油坊当学徒,14 岁至上海,在法租界某杂货店中习业,又每天黎明至黄浦江摇舢板,3 年后离开杂货店专营此业。1862 年开设上海第一家华人五金店顺记洋货号,经营五金及洋油、洋烛、洋线团等日用洋货,大获其利。1870 年又创设南顺记洋货号,专营美孚火油,也兼营五金。同年盘下德商可炽煤铁号,专营进口煤铁。1876 年又设新顺记号,经营船上五金和英美进口食品。1890 年设义昌成号,聘同乡樊时勋为经理,专营五金、机械、军需器械。至此,他一人开设老顺记、南顺记、可炽、新顺记、义昌成记 5 家五金商号,其分支机构遍及天津、营口、烟台、宁波、镇江、芜湖、九江、汉口、温州等地,达 38 家,被称为"五金大王"。19 世纪 80 年代起,他追随时代潮流,广泛投资上海和内地工商业。1889 年参与创办鸿安轮船公司,为大股东,开辟上海至汉口,沿海北至天津、烟台、牛庄,南至汕头、淡水、基隆等航线,总吨位约 1 万吨。1890 年在上海创办燮昌火柴公司,资本 7 万元,日产量达 50 箱,是上海最早最大的火柴厂。1897 年又与宋炜臣在汉口增设燮昌火柴厂分厂,资本 42 万两。不久,在苏州设立燮昌火柴厂分厂。1890 年在上海老闸北创设纶华丝厂,资本 40 万两,有缫丝车 500 部,是当时规模最大的丝厂。他又涉足金融业,在上海设有大庆元票号,还开有升大、衍大、大庆、怡庆四钱庄,在杭州有和庆、元大钱庄,芜湖有怡大等钱庄,另外还和湖州许春荣合开余大、瑞大、志大、承大四大钱庄,成为上海九大钱业家族集团之一。1897 年参与创办中国第一家近代银行中国通商银行,任总董。他还经营沙船业和房地产业,曾自办纱船 110 多号,在北洋及长江各航线行驶。在苏州、河北拥有大片地产,成立有"树德地产公司"。叶澄衷是近代宁波人白手创大业的典型,其财富故事曾激励大批宁波人走上创业之路。他在商事活动中热心提携同乡,故在近代五金业中宁波商人的势力首屈一指,一大批宁波籍五金业商人应运而生,"依澄衷不受穷"之说不胫而走。同时热心公益事业,曾在家乡设义塾、牛痘局、崇义会、广义堂、兴蒙塾、怀德堂等。1899 年在上海购地 20 多亩,捐银 10 万两建"澄衷学堂",后改名澄衷中学,培养了大批英才,颇有影响,光绪帝赐予"启蒙种德"匾额。1902 年,其后人遵其遗愿,在家乡创办中兴学堂,后发展为镇海中兴学校,邵逸夫、包玉刚、赵安中等都曾在此就读,并受到激励,投身教育等慈善公益事业。

参见李坚编:《叶澄衷:中国民族工商业的先驱》,中国文史出版社 2012年版;马雪芹:《宁波帮的先驱叶澄衷》,中国社会科学出版社 2013 年版。

张尊三

张尊三(1845—1918),字安澜,谱名贵溶,张氏世居鄞县西南乡布政市张家潭,后迁居城厢镇明岭后(今属海曙区),著名旅日侨商,近代海产业先驱。

张尊三幼有好学之名,但 1859 年年仅 14岁的张尊三即辍学谋生,初进宁波一间茶叶出口商号当学徒。1864 年,经人介绍在宁波江北岸洋广捐局(税关)任职。1870 年夏,经税关司事介绍,东渡日本,入北海道函馆市华商万顺商号任司账之职。1873 年转入公泰号供职。此后张尊三收入渐丰,交友益广。1879年,在函馆独自开设德新海产号,稍后改称为

张尊三

裕源成号。与此同时他在上海永安街开设元记字号东洋庄,经营两地间的海产、杂货等进出口贸易。当时,函馆华侨经营的海产品货源是由当地日商供应的,故无论在数量和价格上都受制于日商。为了摆脱这一困境,张尊三与他的贸易伙伴、后成为其姻亲的潘延初多次深入北海道沿海偏僻渔村,对

产品和产地进行实地调查,直接和渔民接触,建立新的进货渠道。从此既扩大了货源,摆脱了日商的控制,也由于开辟和扩大了进货渠道而降低了成本,更沟通了和当地渔民的感情。实行将产品分类、按质论价进行收购和销售的办法,并指导渔民改进海产品的精选、干燥等制作工艺及海产品的包装方法,市场销路大增,产销双方都有收益。其间,他发现当地渔民将可做鱼翅的鲨鳍作废物丢弃,就向渔民收购并传授其制作鱼翅的方法,获利丰厚,由此张尊三被誉为"鱼翅大王"。他还大力支持子女从事海产品贸易,积极向企业集团化发展,形成以从事中日海产品贸易为主的实力雄厚的张氏家族联合集团。1914 年北海道向上海出口的海产品总额为 220 万日元,其中张氏集团占 60%。张尊三深感侨胞间互相团结的重要,为此奔走于华商之间,发起成立华侨组织。他先是参加 1877 年成立的函馆华侨团体"同德堂",1886 年任起同德堂董事,实际主持其工作。1902 年,在此基础上,发起创办"同德堂三江公所"(浙江、江苏、江西三省旅日华侨组织),并被推举为董事长,直至 1916 年回国。1907 年函馆曾发生一场大火,同德堂三江公所被烧毁,张尊三捐巨款发起重建,并更名为"中华会馆"。张尊三旅日 40 年,对促进中日贸易、发展日本海产业,做出卓越的贡献,为此受到当时中、日两国政府的多次嘉奖。1890 年,清朝政府授予候选同知四品衔,1891 年,又钦赐其盐运使头衔。辛亥革命后,民国政府委其为中华民国驻函馆领事代理。1916 年为表彰张尊三在开拓北海道海产资源上的功绩,日本大正天皇授予其最高荣誉的"蓝绶褒章"。同年,张尊三回到宁波定居,1918 年在家乡逝世。

参见周时奋主编:《鄞县志》(下)人物传略,中华书局 1996 年版;陶水木:《近代浙商名人录》,浙江人民出版社 2005 年版。

朱葆三

朱葆三(1848—1926),原名佩珍,以字行,定海人,近代著名工商业者、宁波帮领袖。

朱葆三 14 岁赴沪,在协记商铺当学徒,得店主赏识,1868 年任协记经理。后在同乡叶澄衷支持下,于 1878 年独资开设慎裕五金号和新裕商行,从事进出口贸易,至 19 世纪末成为上海五金业领袖人物。从 1890 年始长期任

朱葆三

英商平和洋行买办。1897 年参与筹建中国第一家银行中国通商银行,并任总董;同年与李云书创办东方轮船公司。进入 20 世纪后广泛投资工商业,1905—1913 年投资创办上海大有余榨油厂、同利机器麻袋公司、大生轮船公司、大达轮船公司、宁波和丰纱厂、上海内地自来水公司、广州自来水厂、汉口既济水电公司、上海龙华造纸厂、中兴面粉厂、立大面粉厂、中华商业银行、浙江兴业银行、四明银行、浙江银行、宁绍轮船公司和华兴水火、华安、华成保险公司,以及外资、中外合资日华绢丝公司、美商华章造纸厂、法商东方航业公司等,担任这些企业的总董、董事长、总经理或董事等,是近代中国保险业的开拓者。第一次世界大战爆发后,又独资创办或参与创办、接办长兴煤矿公司、祥大源五金号、顺昌轮船公司、镇昌轮船公司、同益商轮公司、舟山轮船公司、柳江煤矿公司、上海第一呢绒厂、上海华商电车公司、上海华商水泥厂、舟山电灯公司、定海电气公司和中华商业储蓄银行、江南银行、济东实业银行、中易信托公司等诸多企业。一生投资领域之广、创办企业之多,在清末民国商人中首屈一指。辛亥以前曾任上海保险公会会长、上海地方自治总工程局总董、五金洋货公所董事、书业公所董事等。1911 年上海光复后,任上海都督府财政总长,积极为革命军筹资。这一期间,在上海滩有“上海道台一颗印不及朱葆三一封信”之说,其在上海的影响与地位可见一斑。1905 年、1914 年两度任上海总商会协理,1915 年起又连任三届上海总商会会长。1919 年五四运动中因总商会发表媚日通电,引咎辞职。1921—1926 年任宁波旅沪同乡会会长。一生热心公益事业,1904 年参与创办中国红十字会,创办或参与创办、赞助上海时疫医院、同济医院、广济医院、吴淞防疫医院、华洋义赈会、中国妇孺救济会、上海孤儿院、上海慈善救济会、同义慈善会、普济善堂、上海商业学校、同济医工学校、定海公学、宁波益智学校、宁波旅沪同乡会、上海四明公所、定海会馆、定海旅沪同乡会等教育、卫生、慈善、同乡事业,数以百计。曾任上海仁济善堂、位中善堂、广益中医院总董,中国妇孺救济会、江浙皖水灾义赈会、台属水灾急赈会、上海联合急募赈款大会、上海协济湖北水旱灾义赈会、河南义赈会等会长或名誉会长,华洋义赈会干事长、中华慈善团全国联合会副主任等职,是当时上海慈善界领袖。1926 年 9 月 2 日在上海病逝。同年法租界公董局破例把朱葆三创办的华安水火保险公司所在的马路命名为“朱葆三路”(今为溪口路)。

参见钱茂伟、应芳舟:《一言九鼎——朱葆三传》,中国社会科学出版社 2008 年版;宁波帮博物馆编:《朱葆三史料集》,宁波出版社 2016 年版。

吴作镆

吴作镆

吴作镆（1855—1926），字锦堂，慈溪人，近代著名旅日华侨领袖。

吴作镆出身于普通农家，幼年家贫，17 岁经人介绍到上海南京路萃丰蜡烛店帮佣，不数年被派至苏州主持其分店。1885 年东渡日本长崎经商，两年后转至大阪。1890 年迁神户，开设怡生号，贩日本火柴运销中国。又在上海设义生洋行，从中国输出棉花、大豆等至日本，又从日本输出水泥、棉纱至华，获利颇丰。1901 年，从日本三井银行购入钟渊纺织株式会社大部分股份（4 万股），任常务董事。1904年日俄战争时，为日本贩运大豆，并购买大量日本公债，获得厚利。1907 年与日本友人在尾崎市创办东亚水泥株式会社，占 80％股份，同时兼任多家公司大股东，投资火柴厂、针织厂等近代工业，成为大阪、神户地区著名实业家，被称为日本关西财阀。据日本学者中村哲夫研究，在日本由华侨资本转为财阀的，吴锦堂是唯一的例外。致富后，先后为东三省、直隶、云南、淮徐、广东等地荒歉捐助巨款，投资赞助汉阳铁厂、汉口自来水公司，投巨资于浙江商办铁路。1908 年与宁波帮巨商在上海发起创办宁绍轮船公司。辛亥革命时期为同盟会募集经费，支持孙中山民主革命。与孙关系密切，"1900 年前后，孙吴的联系几乎超越了吴氏同其他任何人的联系"。其间，吴锦堂还利用租借住友财团的汽艇在向国内运输日本北九州煤炭的海上经营活动中，秘密协助孙中山运送军火 。1905 年吴锦堂积极参加同盟会活动，后担任同盟会神户支部长。此前也曾应李鸿章的请求，为清廷捐银百万元，作为镇压义和团的经费，又为刘坤一、张之洞的"东南互保"捐助防务费 1 万元，因而被赐予二品花翎道衔。辛亥革命后资助沪军都督府、宁波军政分府及红十字会。从 1912 年起，一直担任神户中华商业会议所会长、华侨商务总会协理、中华会馆理事长，先后在神户创办中华公学、同文学校，培养华侨子弟，并在神户创办华侨病院和墓地。1905 年、1913 年两次捐巨资救济日本灾民，两次获日本天皇赠赐银杯。1923 年日本关东大地震后重建，其所创办的水泥厂大获其利。热心家乡公益事业，曾出巨资为家乡兴办水利，设立水利局，修塘建闸。1907 年起捐资 27 万元，在慈溪北乡创办锦堂学校，后改为师范学校，是浙江最早创办的师范学校之一，延续至今。1909 年又出资开办两等小学堂，后先后改为初等、中等实业学校，学校规模之大、设备之周、器具之精，为全省私立学校之冠。他还曾捐款 3000 元给宁波教育会及宁波旅沪同乡会用于兴办教育。民初与陈嘉庚、聂云台并称当时的"办学三贤"。

参见宁波市政协文史委、政协慈溪市委员会编:《吴锦堂研究》，中国文史出版社 2005 年版；纪立新:《吴锦堂的国内事业与活动述论(1905—1910)》，华东师范大学硕士学位论文，2007 年。

盛竹书

盛竹书(1859—1927)，字炳纪，镇海人，近代著名银行家。

盛竹书幼年丧父，随其叔父盛蓉洲旅居北京读书。学成后返回宁波就试，以郡试第一名入邑庠，但屡试不中。后捐中书职，赴四川从其族兄盛省传于四川学署。后转赴江苏，先后在金坛、常熟、溧阳等地担任幕府 15 年，之后返乡致力于教育公益事业，创办养蒙、志成、简易公立等校，并辅助镇海县令孙燕秋劝办公私学校 70 余所。为办学校，私人垫款至 5000 余元，持续 13 年之久。1901 年，发起筹款浚通镇海东门浦，又参与兴办镇海公益织布厂、公益医院、贫民借贷局等，受惠者颇众。1902 年在上海参与创办泰来元记面粉厂。1907 年赴武

盛竹书

汉，创办汉丰面粉厂，并总理其事，同时任汉口宁波会馆总董，创办宁波旅汉小学，在同乡中享有盛誉。1908 年被举为汉口商务总会议董，次年又举为协理，改选时再举为总理，辞职未能通过，仍任协理。宣统二年(1910)后，致力于商业经营，斥巨资接办汉丰面粉公司，并担任总经理，后汉丰面粉公司改名为汉丰兴记面粉公司。1911 年 9 月，出任兴业银行汉口分行经理。1912 年，被推选为汉口商务总会协理。其时招商汉局货栈因辛亥兵火被毁，很多商户在其仓库都有存货，损失巨万(价值为 120 余万两银元)。盛竹书负责处理善后事宜，设立了追赔联合会负责索赔，并多方调停，3 年后，才由招商汉局垫款偿还债务。众多商家感谢盛竹书为他们挽回损失，筹巨款相酬，盛

竹书婉拒不成,将所得全部捐献给上海红十字会。1912 年参加全国工商会议,提出重要议案,并与宋炜臣、王一亭等人发起成立中华全国商会联合会,被举为湖北干事。第一、第二次商会联合会,均被推为审查长。1915 年赴沪任浙江兴业银行沪行总经理,1922 年改任上海交通银行行长,并于 1920 年、1922 年、1926 年三度出任著名的上海银行公会会长,任内先后组织上海造币厂借款银团、通泰盐垦借款银团,又创办《银行周报》,倡导成立全国银行公会联合会,提倡商业道德。热心社会公益慈善事业,曾担任中国红十字会常议会议长、中国济生会经济董事、四明公所董事、江湾妇女救济会会董。1923 年日本大地震后,与人合作举办日灾赈济会。他还发起创办江浙渔业公会、镇海旅沪同乡会,均任会长。1923 年,参与发起苏浙和平协会,任主要干事,奔走于两省当局,呼吁甚力,并促成江浙和平公约之公布。1926 年冬,积劳成疾,于次年逝于沪上。

参见陈兵主编:《镇海县志》人物传略,中国大百科全书出版社 1994 年版;孙善根编:《〈申报〉宁波帮文存》,香港凌天出版社 2014 年版;华长慧主编:《镇海籍宁波帮人士》,中国文史出版社 2007 年版。

鲍咸昌

鲍咸昌

鲍咸昌(1864—1929),鄞县人,著名出版商、商务印书馆创办人之一。

鲍咸昌出身于鄞县一个牧师之家,其父鲍哲才(字华甫)早年在宁波教会学校崇信书院攻读,毕业后到上海担任沪南清心堂牧师,并参与开办清心小学、清心中学。鲍哲才有三子三女,均在清心读书。老二鲍咸昌 11 岁进上海清心学堂,半工半读,学习印刷。1881 年毕业后,经长老会介绍,进印刷出版宗教书籍的美华书馆当学徒,满师后做英文排字工。鲍咸昌平时生活节俭,十余年稍有积蓄,1896 年春,与其兄咸恩、妹夫夏瑞芳等一起筹集资金创办商务印书馆,并于 1897 年 2 月正式开张营业,公推夏瑞芳任经理,鲍咸恩、鲍咸昌兄弟负责印刷事务。业务以接印外商商务文件为主,也印一些宗教书籍等。1898年清政府下诏实行新政,国人学习外语之风日盛,商务印书馆请人翻译出版学习英语用书《华英初阶》。《华英进阶》用中英文对照,白话文注释,印刷质量上乘,广受欢迎,远销北京、武汉等地,利市三倍。1899 年出版《华英字典》,是为商务所印刷的第一部字典。1900 年盘进了日商修文印书局,使商务设备进一步完善。与此同时,商务还拓展了多种经营业务,如代本外埠印刷作坊购办印刷机械,销售印刷器材、油墨,代铸中英文铅字等,增加了不少利润,并成立门市部、发行部,扩大印刷所生产规模,并创建了编译所、发行所,使整个企业得到迅速发展。1910 年鲍咸恩逝世,鲍咸昌继任印刷所所长。1913 年,赴英、法、德、奥、美、日等国,考察、购买多种印刷设备,聘请德、美技师来厂指导。1920 年 4 月,任总经理兼印刷所所长。主持工作期间,聘请王云五及多位专家进馆,强化编译所,革新《小说月报》《学生杂志》《妇女杂志》,创刊《儿童世界》《自然界》等期刊,出版《世界文学名著丛书》《学生国学丛书》《中国人名大辞典》《中国医学大辞典》《综合英汉大辞典》《科学大纲》等书,大批名著和工具书、杂志畅销各地,影响深远,又创办励志夜校,在香港设立印刷厂等,为该馆发展成为近代中国最大的文化出版机构做出了重要贡献。他热心公益事业,与胞兄共同出巨资创办上海江湾孤儿院、上海窦乐安路的鸿德堂等,在家乡办义务学校等。

参见汪仁泽:《商务印书馆创办人之一鲍咸昌》,陆平一主编:《创业上海滩》,上海科学技术文献出版社 2003 年版;谢振声:《记商务印书馆创办人之一鲍咸昌》,《中共宁波市委党校学报》2003 年第 4 期。

宋炜臣

宋炜臣(1866—1927),字渭润,镇海人,近代著名工商业者,武汉近代化的重要推手。

宋炜臣早年赴上海学生意,为某南货店店员。后获同乡叶澄衷青睐而罗致门下,1890年协助叶澄衷在上海创办燮昌火柴公司,并任副经理,这是当时全国最大的火柴厂,任职 6年,大获成功,盈利近百万两。1897 年鉴于汉口处九省通衢便利位置,到武汉创办燮昌火柴厂分厂,任经理,拥有资本 42 万元,为汉口最大的火柴厂,是为武汉近代工业的创始人。1906 年,联合旅沪宁波帮及湖北、江西巨商朱葆三、叶璋(叶澄衷之子)、王子坊、叶世濂等11 人集资 300 万元,发起创办商办汉口既济水电股份有限公司,规模居全国之冠,是为武

宋炜臣

汉市政近代化之始。宋任董事长兼总经理,并连任 5 届。同年与人在汉口创设华胜军装总公司,结识张之洞、黎元洪等地方重臣。1907 年,又联合顾润章、顾溶、郑清廉等集资银元 49 万,在汉口创办扬子机器制造公司,制造铁路桥梁、车辆、叉轨,同时制造大小轮船、兵船、趸船、驳船、救火船只及附属机件,以及制造锅炉、水塔、水闸、抽水机、各种煤气发动机等多种机件,是国内最大的民营机器厂之一。1910 年他集资开办湖北阳新富池口铜煤矿。辛亥时,汉口既济水电公司破坏严重,以地产作押,两次向日商举债 200 万元。两年后债期已届,偿还无力,为使公司产权免入外商之手,数次奔走于京汉间,后由当时北京政府担保,始得缓偿。1916 年,因添购机器扩大生产,又向日商东亚兴业株式会社借款 100 万元,定 10 年还清。不久该公司一度落入日本驻汉口总领事馆控制之下。宋炜臣利用第一次世界大战外汇暴跌之机(日元对银元贬值 50% 左右),积极筹措华资,购买日币,提前偿还了全部日债,并辞退了公司内日籍人员。到 1920 年,公司固定资产增至 1000 万元,水厂日供水量增至 8.6 万吨,成为当时华人创办的最大水电公司。其中既济电厂在 1926 年达到其经营鼎盛时期,总装机容量达到 10500 千瓦(1949年,既济电厂总装机容量 18500 千瓦,占武汉发电量的 88%)。1913 年后又创办湖北竹山五丰铜矿、炽昌硝碱厂,投资厦门信用银行和常德德兴房地产合资公司,被誉为"汉口头号商人"。1913 年被选为国会议员,1915 年参与发起成立中华全国商会联合会。1914—1916 年任北京政府参政院参政,拥袁称帝。1907—1913 年连任汉口商务总会第一、三、四、五、六届议董,1916 年任汉口总商会会董。1921 年辞经理职,家居终老。有学者称,提到近代武汉的工商业,"张之洞、宋炜臣、刘歆生"这三个名字是无法回避的。

参见陈兵主编:《镇海县志》人物传略,中国大百科全书出版社 1994 年版;丁胜:《汉镇巨贾宋炜臣》,《武汉文史资料》2005 年第 12 期。

李云书

李云书(1866—1935),名厚佑,以字行,镇海小港(今属北仑区)人,近代上海著名工商家族——镇海李氏家族第三代代表人物。

李云书少时在李氏家族的慎余钱庄习业,后主持慎余、立余等钱庄。1897 年参与创办东方轮船公司。1902 年在锦州创设天一垦务公司,并任经理,以现代经营方式从事东北农垦业。1905 年与张謇等创办中国第一家私人轮船公司大达轮埠公司,任会办,并任商船公局经理、裕苏官钱局坐办。1906 年在家乡镇海创办永裕垦牧公司。1908 年参与发起四明银行,并任董事,同年又任交通银行上海分行第一任总办。1910 年任中日合资上海绢丝公司经理。他还独资创办天余东洋进出口号、天余火柴栈号,参与创办或投资晋华纸烟公司、海州赣丰饼油公司、华通水火保险公司、中华银行、厦门信用银行、中国化学工业社、民新银行(董事长)、中国荣华纱线厂、劝业银行(董事)、汉口既济水电公司、汉冶萍股份有限公司、三北轮船公司、宁绍轮船公司等企业。他是同盟会会员,曾积极参与 20 世纪初上海的地方自治,任上海地方自治总工程局总董、预备立宪公会董事、上海地方自治研究会会员等。辛亥革命时参与上海光复,江浙联军进攻南京时任总兵站总监,积极为联军筹措饷械。1902 年上海商业会议公所成立时,任议董,以后又任多届上海总商会会董,并任上海商务总会第三届总理(会长)、第四届协理。李云书是小港李家第三代"厚"字辈中具有传奇色彩的一位人物。他热衷于开拓进取,创新立异,在诸多领域多有拓展;同时关注社会发展,继承和发扬了李家上代祖先崇尚知识、勇于创新的传统,对坤房日后的发展产生了深远影响。他还竭力主张子弟们出国留学。他有 15 个儿子、3 个女儿,其中 9 个儿子到德国、美国和日本留学,他们学习文科、土木工程、采矿工程、纺织工程、电器工程、农业、医学等,后来不少人都颇有作为。值得一提的是,其四弟李薇庄和五弟李征五不仅在商业上奋发有为,而且都曾追随孙中山,先后参加同盟会,投身辛亥革命,并以巨额家产资助革命。

参见王遂今:《镇海小港李氏家族史略》,王遂今主编:《宁波帮企业家的崛起》,浙江人民出版社 1989 年版;张永祥主编:《江南望族小港李家百年风云》,宁波出版社 2011 年版。

虞洽卿

虞洽卿(1867—1945),名和德,字洽卿,以字行,镇海龙山(今属慈溪市)人,近代上海商界领袖,近代宁波帮标杆式人物。

虞洽卿幼年丧父,家境贫寒,赖母方氏抚养成人,仅读过 3 年私塾。1881 年赴上海进瑞康颜料行当学徒,满师后任跑街。1892 年进德商鲁麟洋行为跑街,不久升为买办,并自营进出口、房地产。1896 年捐得候补道衔。1902 年改任俄华道胜银行买办,1903 年又转任荷兰银行买办(直至 1941 年),同年独资创

虞洽卿

设通惠银号。其间在 1898 年的四明公所事件、1905 年大闹会审公堂中据理力争，积极与租界当局交涉，闻名沪上。1908 年在上海参与创办四明银行，任协理，以后长期任该行董事。同年又参与创办宁绍轮船公司，任总经理。在此期间先后与人组建华商体操会、万国商团中华队，并任预备立宪公会会员、沪北商团公会会长。1910 年参与筹办中国近代第一次全国博览会即南洋劝业会，任会办。1911 年任宁波旅沪同乡会副会长，至 1941 年共任会长 12 届，任副会长 4 届，是主持该会时间最长的人，被称为终身会长，在其主持下，同乡会事业得到了很大发展。辛亥革命爆发后，资助光复沪宁地区。沪军都督府成立后，任顾问官兼闸北民政总长、外交次长。1913 年在上海独资创办三北轮埠公司，任总经理，以后发展为民族航运业最大的航业集团。1914 年参与创办宁波永耀电力股份有限公司，任董事长。1915 年在上海参与创办新昌榨油厂。1916 年 6 月集资 40 万元在上海浦东创办鸿升码头堆栈公司。同年与朱葆三等创办祥大源五金号。1917 年以其子虞顺恩出面设立宁兴轮船公司。1918 年开始筹办上海证券物品交易所，1920 年正式开业后任理事长，同年发起创办劝业银行，并任董事。次年，参与发起创办中国商业信托公司和华盛信托公司，及上海市民提倡国货会。1922 年接盘肇成机器厂，专门修理三北集团各船只。1924 年任上海总商会会长，并任上海商界日本经济考察团团长。1925 年发起组织上海航业公会（后改名轮船业同业公会），并长期任理事长、主席。1927 年另组上海商业联合会，任主席，与江浙财团其他头面人物一起资助蒋介石及其南京政府。曾先后任全国工商协会会长、淞沪商埠市政会办、全国商会联合会候补会长、上海特别市参议会参事、江苏兼上海财政委员会委员、全国经济委员会和财政委员会委员、国民政府公债委员会委员及二五库券基金会委员、上海公共租界工部局华董、上海租界纳税华人会主席、大上海剧院经理、中国红十字会名誉副会长等。金融方面，兼任中央银行监事、中华懋业银行和德商万国储蓄会股东。1928 年上海荷兰银行为其举办任华经理 25 周年庆典，并颁发荷兰政府勋章。1936 年 10 月，公共租界当局将西藏路改名为"虞洽卿路"。1937 年抗战全面爆发后，任上海各界抗敌后援会执行委员，组织中意轮船公司，投资信谊药厂。1939 年任上海难民救济会理事长。拒绝日人拉拢，于 1941 年离沪赴渝，与浙商王晓籁等组织三民运输公司，并在昆明、成都、贵阳等地设分公司，在滇缅、川滇路上运输军事物资，另在四川内江、湖南设有酒精厂、纱厂等。1945 年在重庆病逝。

参见金普森主编：《虞洽卿研究》，宁波出版社 1997 年版；冯筱才：《政商中国——虞洽卿与他的时代》，社会科学文献出版社 2013 年版。

宋汉章

宋汉章（1872—1968），余姚人，原名宋鲁，长期担任中国银行总经理、董事长，为近代中国著名银行家。

宋汉章出生于福建建宁，不久举家返回原籍余姚，后全家又迁往上海。宋汉章早年入读余姚乡里私塾，后随父亲到上海，入读中西书院。1889 年，在中西书院毕业后，任上海电报局会计。1895 年，考入上海海关，任关员。1900 年，任中国通商银行跑楼。1906 年后任大清银行附设之北京储蓄银行经理，成绩斐然。1907 年任上海大清银行经理。辛亥革命后，大清银行改组为中国银行。1912 年 2 月，

宋汉章

宋汉章任中国银行上海分行经理，在金融界崭露头角。1916 年 5 月 2 日，北洋政府下令中、交两行对已发行的兑换券一律停止兑现，宋汉章与副经理张嘉璈等为维护银行声誉，拒绝执行，并设法筹款平息挤兑风潮，从此声名大振。此后各地银行纷纷将总部迁往上海，有力地促进了上海金融中心地位的形成。1916 年参与发起上海银行公会并被推举为首任会长。1922 年任上海总商会会长。1928 年被选为中国银行常务董事。1931 年任新华信托储蓄银行董事，同年创办中国保险公司，担任董事长，在任期间信守承诺，因为客户提供十足及时的巨额理赔而闻名遐迩。为推动保险业在中国的发展，他又发起组建中国保险学会，任理事长。1935 年 3 月，中国银行进行改组，宋汉章担任中国银行总经理。20 世纪 30 年代还曾担任上海华洋义赈会会长。1946 年任四联总处理事。宋汉章任职中国银行期间，在商言商，确保了上海中国银行的独立地位，使其基础日益巩固。1948 年 4 月出任中国银行董事长。1949 年赴中国香港。新中国成立后，被推为新生的中国银行董事、中国保险公司董事。1949 年 12 月辞职去巴西。1968 年在中国香港以97 岁高龄去世。从大清银行到中国银行，宋汉章经历了中国近现代金融兴起发展的全过程。在这条充满荆棘的创业和守业之路上，正直而执拗的宋汉章，以其卓越的胆识和精明的策略，小心护佑着中国银行的百年基业。他

一生刚直不阿,谨遵银行业的规矩和客户利益至上原则,纵是强权人物干涉也不为所动,其操守堪称典范。

参见孙善根:《金融翘楚宋汉章》,中国社科出版社 2010 年版;王耀成:《甬商散论》,凌天出版社 2014 年版;程乃珊:《终身奉献中行的宋汉章和张公权》,《国际金融报》2009 年 3 月 23 日。

黄楚九

黄楚九

黄楚九(1872—1931),又名黄承乾,号磋玖,以字行,晚年自署知足庐主人,余姚人,近代中国著名企业家,西药业与娱乐业的先驱。

黄楚九少年时随父行医,略通医术。15岁时,父亲病逝,与母亲迁居上海,入清心书院读书。不久因家贫辍学,随母行医卖药。光绪十六年(1890)在法大马路创设中法药房,制造销售"艾罗补脑汁",由于注重营销与广告宣传,很快引起轰动,产品畅销,获巨额利润。不久又研制"龙虎人丹",获利丰厚。以此为基础开始进军娱乐业,于 1912 年创办新新舞台,1913 年创设"楼外楼"屋顶花园。同时又合资成立新业公司,租地建造"新世界"游乐场(今南京西路、西藏中路口)。"新世界"拆股后,又于 1917 年集资创办中国最大的"大世界"游乐场。1918 年独资创办中华电影公司,1919 年开办日夜银行,1920 年合伙开办上海日夜物券交易所等文化、金融企业。此外,还投资三星地产公司、福昌烟公司、九星烟公司、大昌烟厂、温泉浴室、浴德池、萝春阁茶馆、黄隆泰茶叶店、九福堂笺扇庄、九福南货店、麦司凯糖果店等大小工商企业 100 多家。1927 年前后建造九福制药厂、中法药房制药厂,在龙门路开设黄楚九医院,向贫民施诊舍药。黄楚九以长袖善舞、敢为人先闻名于工商界,被认为是商界传奇人物。他一生创业横跨诸多领域,创下了诸多第一,时人称他为"百家经理""营销大王",盛时建立了拥有 21 个医药企业的医药帝国"黄氏医药集团",涉及医药、娱乐、金融、房地产等行业,涉足领域之广,几乎无人匹敌。因喜欢投资新兴产业,又十分重视广告营销,被时人称为上海滩的"滑头",但实际上终其一生,黄楚九是一个对新鲜事物反应十分灵敏,而又富有创业精神的企业家。正如著名经济学家于光远所说:"我对黄楚九的经营能力是很佩服的。我当然不会用'奇才'这样的语言去形容他,但是一直承认他在商业上的确是一个很懂市场、很有本事的人。"

1927年后黄楚九曾任上海新药业公会主席与上海总商会执行委员。黄楚九的疯狂扩张给他带来了滚滚的财富和荣誉,同时也给他带来了灾难。晚年受世界经济危机影响,黄楚九投资地产失败,在忧郁中病逝,结束了其长袖善舞的一生。

参见音十:《黄楚九和日夜银行》,《上海金融》1989年第6期;曾宏燕:《上海巨商黄楚九》,人民文学出版社2004年版;杜鹃:《黄楚九:敏于趋时成大事》,《经济导刊》2007年第6期。

余芝卿

余芝卿(1874—1941),号茂芳,鄞县人,近代中国实业家,中国橡胶工业创始人之一。

余芝卿幼年父母双亡,由胞姐抚养成人,他年少时发奋学业,14岁辍学到上海德盛成东洋庄当学徒,因勤劳能干,满师后即被派至镇江分店主持业务。逾年回沪,进德盛成东洋庄做掮客。不久,转入泰生祥东洋庄当跑街,以后又自设永泰祥东洋庄。1904年因经销火油失败,赴日本谋生。1907年与人合伙在上海开设和昌盛东洋庄,后发展成为上海著名的百货东洋庄。嗣后在大阪开设鸿茂祥坐庄,一面将猪鬃、草席等土特产销往日本,一面采购

余芝卿

日本针织百货运至国内销售,同时包销日本武川护谟厂出产的"地铃"牌套鞋,生意兴隆。1919年在上海创设鸿裕编带厂,同时还经销日本花边,积资成为侨日华商的巨富,并担任"三江公所"(浙江、江苏、江西旅日侨商组织)董事长。1926年独自出资8万元在上海创办大中华橡胶厂,1928年建成开工,生产"双钱"牌胶鞋。由于产品品质优良,企业迅速发展,至20世纪30年代初已有4家分厂、3家原料厂。1933年12月改为大中华橡胶股份公司,任董事长。时值国货运动持续高涨,大中华产品供不应求,1931—1935年,大中华连续五年主要产品胶鞋产量每年保持在600万双以上的水平,1936年达到874万双,将称雄一时的日本胶鞋逐出中国市场。余芝卿具有强烈的创业精神,进入30年代后,已在胶鞋产销上处于垄断地位的大中华没有

满足于原有产品,而是根据市场变化,积极开发新产品,并把企业盈余不断投入扩大再生产。至抗战前夕大中华扩展至 10 个厂,先后在上海设门市部 12 个,并在南京、汉口、长沙、天津、南昌、青岛、广州、重庆、温州等地设发行所,其资本占全国同业的 25%,产值占全国的 33%,形成大中华橡胶企业集团,成为我国民族橡胶工业中资本最为雄厚、生产规模最大、设备先进完备的大型工业企业,职工有 2000 余人,产品有套鞋、跑鞋、球鞋、晴雨鞋、长筒靴、热水袋等,后又生产汽车轮胎,成为最早制造轮胎和出口轮胎的中国企业。公司后来还设有生产碳酸钙、氧化锌等化学品的工厂,也是国内最早生产此类化工产品的厂家。其间他还与人开设和昌盛、鸿泰昌等六七家商号。1937 年冬上海沦陷,为免日军滋扰,余芝卿将公司迁至香港,上海改设办事处,本人也避居港岛,拒绝与日人合作,准备东山再起。1941 年日军进驻上海租界,对大中华实行统制,该厂被迫停工。是年冬,余芝卿在沪病逝。一生关心社会公益与教育事业,1934 年曾捐资 20 万元创办德元小学,招收大中华职工子弟免费读书。

参见汪仁泽:《上海大中华橡胶厂创办人余芝卿》,陆平一主编:《创业上海滩》,上海科学技术文献出版社 2003 年版;陶水木:《浙江商帮与上海经济近代化 1840—1936》,上海三联书店 2001 年版。

周宗良

周宗良(1875—1957),名亮,鄞县人,近代著名颜料商,有"颜料大王"之称。

周宗良早年毕业于教会所办宁波斐迪书院,随即入宁波浙海关任职。不数年转入德商爱礼司洋行在宁波的经销商美益颜料号为职员。1905 年到上海,任德商谦信洋行跑楼,1910 年升任买办。第一次世界大战爆发后,谦信老板回国,将不动产委托他保管,并将全部颜料折价赊归于他。随着颜料价格猛涨,周宗良因此暴发,成为颜料业巨擘。战后德商返沪复业,续任他为买办。1920 年他与贝润生合设谦和颜料号,任副理(实际主持业务),包牌经销德商谦信洋行的"信狮"牌靛青,在全国各大城市设有分号 16 处,中小城市设分支机构近 100 处,代销处几百家,执当时颜料业之牛耳。1924 年德商把在上海的 8 家颜料洋行合并成德孚洋行,他任总买办,成为德商颜料在华总推销人。由于周控制庞大的销售网,不少洋行争聘其为买办,由此他兼任了谦信机器有限公司和拜尔药厂买办。1930 年独资设立周宗记商号,经营西药、汽油灯、颜料、洋杂货等,并进行房地产和其他投资。抗战期间,其资产已达 1000 万元。第二次世界大战结束后，德孚歇业清理，周与之脱离关系。周致富后广泛投资金融、工商各业，是浙江地方实业银行、中国垦业银行、中国银行董事及中央银行理事，投资宁波恒孚钱庄、同益银公司及上海瑞昶、滋康、志裕、宝丰、恒隆、恒大、恒生等钱庄，还投资汉口既济水电公司、杭州电气公司、宗泰进出口行、镇东机器厂、信余汽灯厂、如生罐头食品厂、中兴轮船公司、康元制罐厂、公和纺织厂、振丰毛纺织厂等。1948 年转到香港发展，继续从事颜料业。1957 年病故于香港。周发迹后在沪甬等地从事不少公益事业。1920 年为德国人开办的宝隆医院以及同德医学专门学校捐款。抗战初期，他积极投身难民救护活动，以"世界红十字会中华东南各会联合总办事处总监理"的名义组织救护队，收容、救治伤员，率领世界红十字会上海办事处先后从杨树浦路、虹口昆明路一带救出难民 6 万多人。世界红十字会中华东南各会联合总办事处还与上海其他慈善团体一起组织了上海国际救济会，后又参加由政府出面组织的上海市救济委员会，为战时上海难民救济工作做出了贡献。在家乡宁波，他参与了诸多公益事业，曾担任宁波佛教孤儿院、四明孤儿院等多个慈善机构董事，还向医院、学校（鄞县县立女子中学、鄞南正始中学）等公益事业捐款，如 1923 年向华美医院扩建工程捐洋 2000 元，1935 年向宁波临时教养所捐款 2000 元。1950 年向大陆捐飞机一架，支持抗美援朝。

参见卢书昌：《颜料买办周宗良》，王遂今主编：《宁波帮企业家的崛起》，浙江人民出版社 1989 年版；李坚：《颜料大王周宗良》，陆平一主编：《创业上海滩》，上海科学技术文献出版社 2003 年版。

谢天锡

谢天锡（1875—1960），号蘅牕，又名德丰，鄞县人，上海著名煤炭商，人称"煤炭大王"，也是 20 世纪二三十年代沪上慈善界著名人士。

谢天锡家贫，幼失怙，16 岁到上海煤炭行学业，满师后主管店务，工于经营，不数年，自设裕昌、老永昌煤号。复在宁波、无锡、南京与汉口等地设分号，业务日益扩展。同时，受雇于法商立兴洋行为进出口间买办，前后 10 余年。在同业中声望日隆，被推为煤业公会会长，被誉为"煤炭大王"。又筹资创立煤业银

谢天锡

行,任汉冶萍、贾汪、六河沟、大通、长兴与博山等煤矿公司董监事。在江西乐平县(现为乐平市)创办鄱乐煤矿公司,亲自主持勘测、筑矿和开采事务。作为上海工商界颇有近代意识和经营思想的人士,经常为发展民族工商业献计献策,如 1914 年向上海总商会提出振兴民族工商业的设计方案,主张进行商业调查,提倡各业联合、设立国货销售机关。还广泛投资金融、航运等业。1908 年参与创办宁绍轮船公司,1915 年与傅筱庵等在宁波创办顺昌轮船公司。抗战全面爆发,为上海市抗日后援会主持人之一。战事扩大后,抛家弃业,只身赴港转汉口,偕翁文灏同赴重庆,继续经营煤矿和煤炭业务。抗战胜利后返沪,任上海市煤炭公会理事长。解放后,蝉联煤业公会主任委员,晚年回乡定居。

关心桑梓,热心公益。1910 年与朱葆三等参与发起宁波旅沪同乡会。又发起创办宁绍轮船公司,与施峋青等组织宁绍航业维持会,在与英商太古轮的压价拉客竞争中取得胜利。重视教育事业,在鄞县梅墟与镇海崇邱先后创办求精国民学校 7 所,全部经费均由其负担,坚持数十年,并将他主办围垦的 800 亩土地全部捐与当地及市区慈善机构。其间对宁波建四明孤儿院、育婴堂,上海办普善山庄、延绪山庄、闸北救火会、上海妇孺救济会、儿童福利会、红十字会等,均捐有巨款。对家乡造桥、修路、建凉亭、办医院等也都慷慨解囊,不胜枚举。据 1947 年统计,谢办学 40 余年,出资总额在国币 50 亿元以上。他以豪爽自命。1910 年,宁波旅沪同乡会捐资建造新厦,向同乡募集。他问谁捐最多,有人拿出捐款册子指某人捐两万两,他就说:"他二万两,我也出二万两。"同时,他长期担任宁波旅沪同乡会常务委员、四明公所董事。还在家乡担任四明孤儿院、鄞奉公益医院、宁波云华堂等多个慈善机构董事。此外,在家乡,他对寡、独、残、病贫困人家,分送折子,每月津贴 3 元,大约有 200 户,钱按期汇拨,从不脱期。他还经常参加沪上慈善活动,如 1921 年,与上海绅商朱葆三、傅筱庵、虞洽卿等人发起成立江浙皖水灾义赈会。其间他还曾担任中国救济妇孺总会董事长、广益善堂董事长、延绪山庄董事长。1950 年抗美援朝时,他曾踊跃认捐,支援前线。

参见王昌范:《煤业大王谢蘅牕》,陈守义主编:《鄞县籍宁波帮人士》,中国文史出版社 2007 年版;孙善根编:《〈申报〉宁波帮企业史料》,宁波出版社 2012 年版。

秦润卿

秦润卿(1877—1966),名祖泽,字润卿,晚年又号抹云老人,慈溪慈城

（今属江北区）人，近代著名钱庄业企业家兼慈善家、近代宁波帮重要人物。

秦润卿

秦润卿出身于慈城一个小职员家庭。早年在家乡接受私塾教育。1891年到上海协源钱庄当学徒。由于克勤克俭，勤于钻研，深受东家器重，1917年提升为经理。后改组为福源钱庄，又兼福康和顺康钱庄督理。在其主持下，三家钱庄业务不断发展，名列同业前茅。1917年任上海钱业公会副会长，1920年任会长，并任上海总商会副会长、上海华人纳税会董事、中央银行监事、交通银行上海分行经理等职。1929年与王伯元接办中国垦业银行，任董事长兼总经理。秦与董事会制定稳重的营业方针，包括不做投机生意、高级职员不准向本行透支、设立充足的准备金，等等。在其主持下，该行迅速发展成为上海一家著名的商业银行。特别是秦润卿长期主持上海钱业公会，对上海钱业的发展与进步厥功至伟，是近代上海钱业的标杆式人物。在此期间，他积极改革钱业旧规，促进同业发展。如改革传统的钱庄账务制度，提出采用新式复式会计，并借鉴新式银行之优点，增加抵押贷款；同时大力开展非信贷金融服务，如设立保管库、代客户管理房地产业等，使之顺应时代潮流，也增加了钱庄营业收入。同时创办《钱业月报》与钱业学校，灌输先进思想与理念，培养人才。他还领导制定《钱业公会章程》和上海钱业历史上第一个《钱业营业章程》。这些章程规范了钱业经营行为，矫正钱庄间不正当竞争，增强了钱庄界的协调和合作，在相当程度上发挥了行业自律、行业自治作用。1935年冬秦辞去钱业公会长职务。1937年年底，日军占领上海后，秦辞去各种社会职务，坚持不任伪职。1947年任全国钱商同业公会理事长。新中国成立后，任上海市政协委员及公私合营银行副董事长。1966年7月5日病逝。秦润卿商而好儒，商而好善，他一生喜欢读书、藏书，热心慈善公益事业，尤其是在家乡兴办许多慈善公益与教育事业，而有"邑中善人"之誉。可以说秦润卿一生实现了两个重大的转变，一是从传统商人到现代企业家的转型，二是实现了从企业家到慈善家的转型。对此，时人范学文曾在《金融业巨子秦润卿》一文中说："旧时宁波人从事金融业而著名者甚多，但以贫寒出身，由经纪资方钱庄业务发轫，卒能领袖群伦，执金融界牛耳，又能律身谨严，热心公益，大节可风者，秦

润卿可算难得的一个了。"(《宁波文史资料》第 8 辑,1990 年)

参见孙善根:《钱业巨子秦润卿传》,中国社会科学出版社 2007 年版;孙仰芳、谢振声:《钱业巨擘秦润卿》,中国文史出版社 2013 年版;范学文:《金融业巨子秦润卿》,《宁波文史资料》第 8 辑,1990 年。

沈祝三

沈祝三

沈祝三(1877—1941),亦名栖,字卓珊,鄞县人,近代著名建筑企业家。

沈祝三早年丧父,家贫,随舅父至上海谋生,受雇于协盛营造厂包头黄金记。因忠厚干练,为黄所赏识。后经黄推荐到营造厂,任南京太古洋行工程协助监工,又得营造厂老板信任。1904 年,协盛营造厂承建汉口太古洋行第一号仓库,沈受命来汉主持其事。次年,在汉口自接和平打包厂工程。1908 年,在汉口自创营造厂,为区别于上海协盛厂,在"协盛"之前冠一"汉"字,称汉协盛,全称汉协盛营造厂。因信守承包合同,注重工程质量,赢得社会信任,同时重视工程技术,不惜高价从上海聘请技术员工,注重岗位培训,造就了大批建筑人才,由此企业发展成为武汉最有名的营造厂。为保证建筑材料供应,于 1921 年办阜城砖瓦厂,1924 年办轧石厂,1931 年办炼灰厂。每年从德国哈尔钢品公司进口大量钢材,自备汽车、拖轮、拖驳等运输工具,将原材料直接运至施工现场。同时引进蒸汽打桩机、混凝土拌和机,采取先进施工方法,承接当时较为复杂的大型工程。其中知名者,有汇丰、台湾、金城、四明、浙江兴业及盐业银行,隆茂、利华打包厂,景明洋行、武汉大学、中国国货公司、汉口总商会大楼、福新面粉厂、第一纱厂等。其中在承包汉口传染病院工程时,4 次返工,直到业主满意而后止。承包武汉大学工程时,曾漏估开山筑路费用,为支持学校,实现其教育救国理想,不但不要求修改合同,而且在工程完竣后奉送水塔、水池两项工程,蚀本 20 余万元,并将三元里、三多里房产向浙江兴业银行押贷作抵。为此武汉大学校长王世杰致信表示感谢。沈熟谙营造业务,1918 年患青光眼病,后双目失明,看不见工程图纸,仅凭人口说默算工料,计算工价,指挥施工,仍丝毫不爽。他亦热心公益事业,汉口四明公所和武汉女中建筑工程,由其以半价资助完成。在家乡,兴办学校,又疏浚河道,修桥铺路诸善事,不胜枚举。沈不附权势,不涉足政坛,亦不愿担任同业公会职务。1938年武汉沦陷,其营造厂未曾内迁,此后业务萧条,日益亏损,后靠变卖存料维持。1940年病故。

参见陈祖源编:《汉口宁波帮》,宁波出版社2010年版;方方:《汉口的沧桑往事》,广西师范大学出版社2014年版。

王才运

王才运(1879—1931),名士通,奉化人,近代上海西服业领袖。

王才运

王才运出身于裁缝之家,其父曾东渡日本学习西服业,后在上海开设裁缝铺,专做来料加工西服,手艺高超。王才运13岁到上海谋生,先为杂货店学徒,后随父学习制作西服。1910年在南京路开设八开间门面的荣昌祥呢绒西服号,前店后场,以订制西服为主,兼营呢绒、衬衫、羊毛衫、鞋帽、领带服饰零售批发等,聘请日本、朝鲜、俄国等著名裁缝做指导,用料考究,精工细作,所做西服享有盛誉。辛亥革命后,荣昌祥为孙中山订制第一套中山装。王才运与一些打样、裁剪名师一起,根据孙中山的意愿,再三琢磨,设计出既简朴又庄重,且具备西服挺、平、直、圆、顺、墩、盛、密、匀等特色的新服装,孙中山试穿后十分满意。王才运即为这套服装定型,取名中山装,推向市场后,广受欢迎。1916年荣昌祥资产已达10万元,成为当时上海颇有名气的商店之一。王深知"功以才成,业由才广"的道理,其门生大多是同乡子侄晚辈,他以长辈身份,严加教育、培养,除亲自传授西服专业知识外,还在业余时间聘请教师授以国文、外语、珠算、记账等知识。因此,荣昌祥出身的学徒不仅技艺精湛,且经营管理技能过硬,后王氏诸多亲戚、门生独自开设西服店,形成声誉卓著的"奉帮裁缝",荣昌祥成了上海西服业的发源地。1919年五四运动爆发后,力倡商界罢市,发起成立南京路商界联合会,并任会长。第二年参与筹组华人纳税会,被选为工部局首批5名华董之一,让贤不就,被称为"模范商人"。1925年五卅惨案发生后,以上海各路商界联合会会长身份,参与罢市抵制洋货,并为表明爱国之志,实现"不买不卖洋货"誓言,毅然弃业,挈眷归里。1927年任鄞奉长途汽车公司筹备主任。1930 年任上海中华皮鞋股份公司经理。热心公益事业,1920年创办上海南京路商界联合会夜校,1927 年任奉化孤儿院董事兼经济主任,经常为院事奔走,又捐田集资创办义庄,出资修建寿通桥等。

参见王嘉振:《上海西服业鼻祖王才运》,陆平一主编:《创业上海滩》,上海科学技术文献出版社 2003 年版;胡元福主编:《奉化市志·人物传略》,中华书局 1996 年版。

项松茂

项松茂

项松茂(1880—1932),名世澄,别名渭川,鄞县人,近代中国新药业先驱,著名爱国实业家。

项松茂幼年在家乡读私塾,13 岁辍学习艺,只身到苏州正本皮毛牛骨行当学徒,满师后任该店账席,业余自学文化。1900 年进上海中英药房任会计。1904 年去汉口任中英药房分店经理,显示出经营才能。1909 年汉口商会成立时任董事。1911 年返沪任上海五洲大药房总经理,在其经营下公司迅速发展。1912 年将药房改为股份公司,1919 年收买上海太和药房。1921 年购进德商固本肥皂厂,改名为五洲固本药皂厂。1922 年又盘进亚林化学厂,以后又陆续盘进中华兴记香皂厂、南洋木塞厂、东吴药棉绷带厂等企业,成为中国西药业办厂自制药品和医疗器械的先驱。其产品先后获得美国旧金山世界博览会银奖和日本东京大正博览会三等奖。还投资上海开成制酸公司、大丰工业原料公司、上海南洋烛皂厂、上海新亚药厂、江西广大瓷业公司、杭州同春药房、中国国货公司、上海电力公司等 13 家企业,兼任董事,并投资房地产,还与高思洪承办沪闵南拓长途汽车公司。至 1931 年,五洲药房资本已达 150 万元,拥有上海市内制造厂 5 家,本部支店 7 家,在北平、重庆、厦门、汉口、芜湖等 14 个城市设立分支店,并在全国各地拥有领牌连号 90 家,成为工商联合的大型企业集团,居行业龙头地位,成为西药业巨子。1931 年与邬志豪等在上海创办宁波实业银行,任董事长。具有强烈的社会责任意识与企业家精神,先后任农商部咨议官、上海总商会会董、上海市商会议董、上海租界华人纳税人理事、工商部国货展览会委员、中华国货维持会执行委员、中国工商管理协会专门委员、华商皂业公会主席、中国机制国货工厂联合会常务委员、中国红十字会特别委员等，积极倡导和支持国货运动。1931年"九一八"事变后，积极投入抗日爱国运动，任上海抗日救国会委员，登报声明"不进日货"，并在厂内编组抗日义勇军，自任营长。1932年"一·二八"淞沪战争爆发时，为营救被日军无故逮捕的11名店员遭捕，1月31日与被捕者同时被害，震动沪上。其义举受到人们广泛的尊崇与好评，国民政府以其"抗敌不屈，死事甚烈"予以褒扬。

参见方舟：《敢与洋"胰"争高低的项松茂 1880—1932》，《上海商业》2003年第 3 期；雷辉志：《项松茂：为抗日而死的中国新药业先驱》，《书屋》2015年第 3 期；默少克：《项松茂：舍身成仁的皂药双料大王》，《南方人物周刊》2009年第 16 期。

李善祥

李善祥（1880—1959），镇海小港（今属北仑区）人，著名爱国实业家。

李善祥为著名的近代工商家族——小港李氏后人，出生于北京。早年受科学与民主思想启蒙，1903 年在家乡创办务实女学堂，提倡男女平等。又接受孙中山革命思想影响，参加革命党——新浙江同志会。1911 年，参加镇海辛亥革命，并担任镇海县首任民政长。不久弃政赴东北锦州从事实业。先是任职于族人创办的天一垦务公司，1915 年，发起创办恒康农场，从事改良碱荒农垦事业。1922 年与人合资创办锦州第一个酱园——万生酱园，来浙江绍兴聘请师傅和经理，从此锦州有了南方式

李善祥

的酱油和乳腐生产，后来酱油和乳腐成为东北地区著名的锦州特产。1923年，创办生生果树股份有限公司，采用先进技术，改良品种，在荒山秃岭上培植出誉满全国的"红元帅"等苹果。1928 年，在生生果园创建耕余学院，分小学、工读和研究三部，学校实行免费入学。后来又在宝龙岭和水平营设两分校，以便于山沟儿童就近入学。1931 年"九一八"事变后，日军侵占东北，果园备受摧残，学校被迫解散。日方迫其任伪锦州省农会会长，以坚拒而被软禁，后设计脱身。1937 年抗战全面爆发后，返回家乡，投身抗日救亡。他发

起组织抗敌后援会,长子任宣传队长。同时,捐资购买药品、医械,聘请医生,领导救护队抢救被炸乡民。又开办难民收容所,鼓励子女及当地青年投奔新四军。1940年浙东大旱,李善祥被推举为镇海县粮食调剂委员会主任,带头解囊平粜,动员富户开仓济贫。1941年4月日军占领镇海后,李善祥辗转流亡到昆明、重庆等地。流亡途中还出资设立难民收容站多处,记有《流亡日记》。1945年抗战胜利后,返回东北,重振旧业,并利用其身份与地位,协助中共党组织活动,使果园成为中共锦州党组织秘密活动场所。1948年,锦州解放,李善祥坚持将果园交给政府,留聘为顾问。1950年,当选为锦州市第一届人民代表大会代表,1951年,又被选为辽西省各界人民代表会议协商委员。

参见陈兵主编:《镇海县志》人物传略,中国大百科全书出版社1994年版;李建平、李小红:《近代宁波帮实业家李善祥的传奇人生》,《宁波职业技术学院学报》2006年第4期。

盛丕华

盛丕华(1882—1961),原名沛华,镇海人,近代著名工商业者与社会活动家。

盛丕华7岁丧父,14岁到上海宝成银楼等处当学徒,后为助理司账,业余刻苦自学,博览文史书籍。1905年任上海恒兴钱庄跑街,旋任庆大洋货号、大丰洋货号司账。1911年后负责清理湖州许家(许春荣)和镇海叶家(叶澄衷)合资开设的余大、瑞大、志大、承大四大钱庄。1914年任宁绍轮船公司监察人。1917年孙中山筹设上海证券物品交易所,盛列名发起人。1920年该所正式开办后任常务理事,主管财务、会计,1920年、1922年连任两届上海总商会会员、会董。1924年赴汉口,主持张澹如(吴兴)开设的易记公司。1927年与张澹如合伙在武昌开设武埠公司并任董事,经营房地产,同时任中国银行汉口分行秘书,后任经理。1930年回上海,主持上海证券物品交易所证券部,同时任东南信托公司、中一信托公司董事。1934年在上海组织爱国团体"中社",出版《新社会》半月刊,积极宣传抗日。1937年抗战全面爆发后任上元企业公司经理、美科药厂董事长、上海红棉酒家董事长,举办"星五聚餐会"。抗战后期,支持并参加抗日救亡运动和爱国民主运动,红棉酒家成为进步人士的活动场所。抗战胜利后,加入中国民主建国会。1946年6月作为上海各界代表之一,赴南京和平请愿,反对内战。解放军解放上海时,积极向中共献计献策,建议解放军进上海不住民房。1949年9月参加第一届中国人民政治协商会议。新中国成立后,主持筹建上海市工商联。此后历任上海市副市长、全国政协常委、全国人大代表、中国民主建国会中央副主任委员、民主建国会上海市主任委员、中华工商业联合会副主任委员、上海市工商联主任委员等职。1961年2月8日病逝。

参见汪仁泽:《致力民主运动的盛丕华》,王遂今主编:《宁波帮企业家的崛起》,浙江人民出版社1989年版;陈兵主编:《镇海县志》人物传略,中华大百科全书出版社1994年版;王国民:《盛丕华建议解放军进上海不住民房》,《新四军研究》第三辑,2011年。

蒉延芳

蒉延芳(1882—1957),镇海石门(今属北仑区)人,近代著名工商业者、社会活动家。

蒉延芳出身于贫苦农民家庭,12岁丧父辍学,14岁到青岛一家宁波人开设的店肆学生意。20岁至沪,供职德商亨宝轮船公司,几年后任直隶井陉矿务局及北票煤矿的驻沪经理。1910年入中华捷运公司任职,不久升为总稽核,1920年被该公司派赴欧洲考察运输业务,回国后任总经理,开始向铁路、轮船、长途公共汽车客货联运业务发展,奠定了其在国内运输业界的地位。1925年独资开设信平保险公司,1928年又合资兴办源大行,专营苏联

蒉延芳

萨门鱼进口销售,随后在上海十六铺设大成、源昌等八大鱼行,还历任大陆铁矿公司经理、上海渔业市场常务理事。同年美商联怡公司设立,任买办。1929年任浙江兴业银行董事兼地产部经理,经营房地产,大获成功。随后任交通银行监理官、国民政府经济委员会专员、上海市政府土地估价评议委员会主席、上海市房地产业同业公会主席、中央银行房地产估价委员、上海市地方协会常务理事、新裕纺织厂经理、宁穿长途汽车有限公司董事长、比利时银公司顾问兼五金部华经理等。1936年浙江实业银行购得英商汇德丰洋行的扬子江拖驳公司,邀其出任总经理。1937年抗战全面爆发后,任难民救济委员会上海分会代理主席、太徽保险公司常务董事、四明公所董事、四明医院董事长等职,居留上海,不与敌伪合作。1946年后任裕商仓库公司、黄浦拖驳公司、中华捷运公司总经理,中华

毛织公司、光中造纸厂董事长,浙江兴业银行、浙东银行、南通大生纱厂董事及和新纱厂常务董事,中国国货公司、萃众制造厂、鸿兴袜厂、丰盛实业公司、云飞汽车公司、丽来化学制药公司、鉴臣香精原料公司、沙利文糖果公司、浙海渔业公司、中国渔业公司、中国水产物品公司、九福制药公司、儿童书局、宁波太丰面粉厂公司、茂华地产公司、越东煤球公司、四明电话公司、新通贸易公司董事,四明医院及上海济民医院董事长,上海市商会副理事长等职。1949 年 9 月参加第一届中国人民政治协商会议并参加开国大典,先后任第一届全国政协委员、华东军政委员会委员兼华东生产救灾委员会主任委员、公私合营上海市轮船公司董事长、上海市内河航运局局长、上海市交通运输局局长、中国民主建国会中央委员、上海市工商联副主任委员、第一届全国人大代表等职。1957 年 8 月在上海病逝。蓉延芳一生爱国爱乡,生性慷慨,常为沪甬两地的社会公益事业奔波操劳,倾注了大量的精力和财力,是 20 世纪三四十年代享誉沪上的慈善家与社会活动家。1947 年,时人戚再玉在《上海时人志》中称其"经营范围之广,福国泽民之大,环顾国内,殆难数靓"。

参见汪仁泽:《蓉延芳——热心救济事业的爱国实业家》,王遂今主编:《宁波帮企业家的崛起》,浙江人民出版社 1989 年版;汪仁泽、孙善根:《上海商界著名爱国民主人士蓉延芳》,陆平一主编:《创业上海滩》,上海科学技术文献出版社 2003 年版。

许廷佐

许廷佐

许廷佐(1882—1941),定海人,近代海洋经济开发先驱。

许廷佐早年丧父,靠母亲洗衣为生。年少时只读过几年私塾,10 岁时辍学随母亲到上海,做翻砂学徒工。13 岁由外国传教士介绍去上海一外商饭店工作,由于勤敏好学,服务周到,深受店主赞赏。十年后以积蓄在百老汇路创办益利饭店,并销售进口名酒、汽水、饼干、罐头等。1922 年,许廷佐与同乡朱葆三合资建造"舟山轮",开辟了一条从上海经定海,再经穿山至海门的航线。1926 年独自创办益利轮船公司,购轮船 2 艘,行驶上海经定海到温州的航线。又开办益利汽水厂、益利玻璃厂、益利五金店、益利拆船打捞公司及益荪轮船公司,有"汽水大王"之称。1929 年后,倾全力于建设三门湾商埠,以实现其实业救国的理想。先是在三门发起组建"三门湾开埠公司",自任经理,聘比利时工程师设计,计划拟筑十里防波堤,围涂 16 万亩,建三门港,筑三门至义乌铁路、三门至宁波和杭州的公路,办造船厂、机械厂、采矿场、飞机场等,需投入资金 300 万元。许廷佐以其财产作抵押,又借政府公债 50 万元,建益利码头、堆栈、旅馆。不少上海商人闻风而动,纷纷投资入股。不久"益利"轮在海上被海盗持劫,损失严重,加之 1931 年"九一八"事件发生,投资者为之裹足,导致工程停顿,企业几乎遭受灭顶之灾,但他仍然不屈不挠,力图东山再起,实为近代中国人实业救国之典范。于 1941 年 7 月病逝于上海。许氏为人豪爽,热心公益,对家乡公益事业更是多有资助,于 1924 年在上海的四川路横滨桥办起廷佐义务小学一所,随后又在定海设廷佐义务小学一所。1927 年,还长期举办民众夜校,专门招收一些因生活贫苦上不起学的孩子前来就读。此外,许廷佐经常向穷人施粮、施药,给人介绍工作,调解纠纷等,被当地人称为大善人。他还在浙江海门的磨盘岛、定海金塘的西堠门等地出资建造钢筋水泥做底的灯塔,采用紧扣二碳炔气灯头,极大地方便了过往航运者。其后人移居台湾、香港地区,也多从事航运业。

参见《舟山市志》编纂委员会编:《舟山市志》,浙江人民出版社 1992 年版;郑霁:《近代宁波帮与区域开发——许廷佐三门湾开发研究》,《才智》2011 年第 35 期。

张继光

张继光(1882—1965),鄞县人,近代著名建筑企业家。

张继光家境贫寒,16 岁赴沪习木匠工艺,后进何祖记营造厂,很快成为行家里手,参与建造公共租界工部局部分工程。1901 年,在上海创办协盛营造厂,初主要在虹口和杨树浦一带承建住宅工程。其间,自费进夜校攻读英语,学用结合,仅 3 个月就学会简单对话和书写,能看懂英文建筑图,与外国业主交往自如,在同行中初露头角。由于重质量,赢得中外业

张继光

主信任,承建范围大为拓展,先后承建大清银行、日本领事馆、东方汇理银行、纱布交易所、盐业银行、中国实业银行等重要工程。20世纪20年代还承建了实业家荣宗敬创办的申新、茂新、福新棉纺业和面粉业系统的许多工程,并承建太古洋行大班设计的用铜皮做屋顶的住宅(现存兴国宾馆内),为国内罕见。张在建筑业的成功在于对建筑文化艺术的执着追求,确保建筑工程具有较高的艺术水准。同时进行跨行业投资,任中国水泥公司、宁绍轮船公司、浙东商业银行、华阳染织厂、宁波长途汽车公司、大有油厂、华丰造纸公司等企业董事,还创办建昌钱庄,任董事长。二三十年代张继光是上海建筑业中著名的"南北两张"("南张"是指上海本帮领袖人物张效良,"北张"是指浙宁帮领袖人物张继光)之一,他提倡营造业道德,致力于行业的发展与进步,特别是在其努力下,上海建筑业本帮与北帮实现了联合,并于1930年共同组成上海特别市营造业同业公会,而广受赞誉。他还支持浙宁水木工业医院,创办正基夜校和《建筑月刊》,调解业内纠纷,是行业代表人物。抗战胜利后连任两届上海特别市营造业同业公会理事长。新中国成立后,他被政府任命为中国水泥公司董事长、华丰造纸厂董事长、民丰造纸厂副董事长、华阳染织厂董事长、上海棉纺工业公司常务董事、公私合营上海银行董事等职。

张继光热心公益,济困救难,乐善好施。沪甬两地慈善机构求援,他在财力、物力和精力上尽心尽责,全力以赴。1931年起,发起改建宁波老江桥,担任沪筹备处委员,自己捐款1万银元,还多方募资,经手募得银洋数十万元;坚持采用当时最新型、现代化的钢结构建桥方案,并经常往来于沪甬之间。他出资并募集善款,兴建钢骨水泥结构的阿育王寺大殿。抗战期间,他留沪成为宁波同乡会的重要领导人,为同乡会、四明公所、四明医院的维系和旅沪同乡公益事业做了大量工作。曾捐资创办上海红十字会第十七伤兵医院,并自任院长,积极救治抗日伤病员;协助竺梅先成立第三十四伤兵医院。宁波旅沪同乡会曾以"见义勇为、乐善好施"专门赠匾予以表彰。此外还捐资兴建上海通惠小学及其他学校、医院、交通事业。

参见何重建:《建筑巨头张继光》,陈守义主编:《鄞县籍宁波帮人士》,中国文史出版社2006年版;丁言鸣:《张继光与宁波旅沪同乡会》,《宁波通讯》2010年第12期。

孙梅堂

孙梅堂(1882—1958),又名孙鹏,鄞县人,近代著名钟表商。

　　孙梅堂出身于钟表行主家庭,其父孙廷源1876 年在上海开设美华利钟表行,为上海最早的钟表行之一。1902 年孙梅堂在上海圣约翰大学毕业,继承父业,专营钟表,并倡导"货真价实、精工保修、重视信誉",发展迅速。1905 年在鄞县设立制钟工场,1915 年迁至上海,并用机器代替手工,生产各式钟表,精制的时钟获巴拿马万国博览会优等奖及金质奖章。由于该厂产品声誉卓著,经营又有特色,深受用户信赖,生产、销售业务日益扩大。1917 年接盘外商上海亨达利钟表行。1925 年后,又在上海、北京、天津、杭州、济南、汉口、武昌等地,先后开设亨达利、太平洋、华盛顿、惠林顿

孙梅堂

等 15 家钟表行,职工增至 640 多人。孙氏经营钟表 20 余年,到 20 世纪 20 年代已形成以美华利总行为主体、以钟表业为主兼及他业的大型企业集团,鼎盛时期拥有企业数十家,执国内钟表业牛耳,被称为"钟表大王"。孙梅堂还从事房地产投资,在闸北宝山路一带盖有大批房屋,还进行交通、保险、造纸行业的投资,成为沪上工商界名人。1932 年"一·二八"事变中,所属企业大多毁于战火,孙将美华利钟表行分支机构陆续出盘,至 1930 年代末总行也基本解体。他身陷困境,但不受敌伪利用。当伪上海市市长傅筱庵因与孙同乡,欲任孙为上海商会会长之职,他坚拒不就。汪伪政府财政部部长周佛海,以解决孙的经济困难为诱饵,拟委任他上海"中央储备银行"高职,亦被拒之,并自嘲"宁为茶箩(宁波土语:穷光蛋之意),不当汉奸"。一生热心公益,慷慨捐助沪上各项慈善事业;尤为家乡北渡的发展尽心尽力。1907 年,追随其父改建奉化江上的方桥为单孔环形铁桥,时称"鄞南第一桥"。同年在北渡兴办"鄞县孙氏私立启贤小学",后改办高级小学,共捐资 16299 银元,设备齐全,堪称当时乡村学校之最,受到教育部的嘉奖。1918 年,奉父遗命,出资重修御卤蓄淡的北渡坝何家小碶。为设置北渡集市,出资改造小村环境,成立乐安救火会、乐安公墓,砌河碶,河岸种树,新建商业用房,租金收入,充作学校经费,并出资建筑听泉、乐安、还金三桥,开设草席与席草、竹木、粮米等市场,使北渡一六市成为鄞奉商贩云集的农贸市场。此外担任鄞奉公益医院、四明孤儿院等家乡多个慈善机构董事,对鄞奉公益医院的发展贡献尤多,还向 20 世纪 20 年代华美医院扩建工程捐巨资洋 5000 元。对于

当时沪上各类公益事业,他也是踊跃参与,时人称"君性温厚,待人一出至诚,平居无疾言厉色,于社会事业设施尤多。政府以君功在社会,由大总统颁给'敬教劝学'及'拯溺为怀'匾额,以褒荣之云"。

参见海上名人传编辑部:《海上名人传》,上海文明书局 1930 年版;戴怀萱:《钟表大王孙梅堂》,陈守义主编:《鄞县籍宁波帮人士》,中国文史出版社 2006 年版;周绮霖、余建常:《"钟表大王"孙梅堂》,陆平一主编:《创业上海滩》,上海科学技术文献出版社 2003 年版。

陈万运

陈万运

陈万运(1885—1950),又名遇宏,号曼云,慈溪人,近代著名实业家。

陈万运出身于小商人家庭,父亲陈律甫终日行贾四方而维持生计。陈万运幼年在私塾读书,15 岁随父亲到上海,在周浦镇一家同乡开的三阳泰烟纸店当学徒。他刻苦自励,1912 年,与沈九成、沈启涌(均为慈溪人)在上海四川北路鼎兴里合资开设制造烛芯的手工作坊——三友实业社。第一次世界大战爆发后,进口欧货烛芯中断,日商乘机抬价,英美洋行所属在华洋烛制造厂向三友实业社订货,并预付订金帮助其扩大生产。陈万运抓住机遇,励精图治。1915 年 12 月,三友实业社增资至 3 万元,并改组为股份有限公司。1917 年建造规模较大的工厂,除生产烛芯外,还生产毛巾、被单等棉织品。所产"三角"牌毛巾,畅销国内,把日货"铁锚"牌毛巾挤出中国市场。由于经营管理得法,并借助其间蓬勃发展的国货运动,产品畅销全国乃至东南亚,企业发展很快。从 1912 年至 1931 年的 20 年间,资本额从 450 元激增到 200 万元,发行所遍及全国各大城市,成为当时发展民族工商业、抵制日货的一面旗帜。1932 年三友社已拥有上海、杭州两个大型工厂,嘉定、川沙等 17 个郊区工场,一个总发行所,36 个分发行所,居全国日用纺织业龙头地位。"九一八"事变后,陈在工厂内组织抗日义勇军,任队长。陈因为发展民族工业,遭到日本政客和日本商人的仇视。"一·二八"事变时,陈万运在引翔港的工厂被日军焚毁,企业遭受重大损失。此后,陈万运集中精力经营杭州三友纺织印染厂。抗战爆发后,杭州沦陷,工厂被日军侵占。日军找陈万运任维持会长,但陈拒不事敌,深藏在杭州郊外杨梅岭山洞中,后乘机潜行赴沪。翌年,日方又企图诱使陈万运与其合作经营,均被拒绝。12 月 9 日、10 日,《申报》《新闻报》等各报竞相登载此消息,支持陈万运的爱国行为。为维持三友实业社职工的生活,陈从杭州潜回上海,在租界制销国药,以后代销其他厂部分棉织品。1941 年 12 月,日军占领上海公共租界,实行经济统制,三友实业社因此生产停滞,入不敷出,资金几乎耗尽。1942 年上海国华工业投资公司出资收回日军控制下的三友社,陈仍任总经理。1944 年,陈万运辞去总经理职务。1950 年 10 月 17 日在上海病逝,终年 66 岁。

参见陆志濂、陈立仪:《三友实业社与陈万运、沈九成》,王遂今主编:《宁波帮企业家的崛起》,浙江人民出版社 1989 年版;陈春舫:《"三友"毛巾与三友精神建树者——陈万运》,《上海商业》2005 年第 8 期。

胡孟嘉

胡孟嘉(1887—1936),又名祖同,自号旭斋,鄞县人,近代著名银行家。

胡孟嘉出身于书香之家,1902 年跟随任职于南洋公学的叔父胡田来上海,入读南洋公学。1906 年,以优异成绩毕业于南洋公学。1908 年,参加庚子赔款留学考试,被选派到英国留学,入读英国伯明翰大学。在英国留学期间,主修经济学,获得经济学硕士学位后于 1912 年回国。回国后被聘为浙江海关监督,不久辞职,后相继执教于杭州政法学院、甲种商业学校。其间撰有《经济学讲议》《国际商法析义》等著作。1919 年,应当时上海商务印书馆经理张元济聘请,赴上海商务印书馆担任外文编辑。同时,浙江兴业银行董事长叶揆初派其弟叶叔衡亲自持聘书敦请,胡孟嘉因有约在先婉拒。叶揆初大为惋惜,通过自己表姑丈陈叔通(浙江兴业银行董事兼商务董事)与张元济的交情,劝说胡孟嘉受聘出任浙江兴业银行上海分行副经理一职。胡孟嘉旋即又转任交通银行国外业务部主任、交行沪行第一副经理、经理等职,任内首创银行国际汇兑业务。1928 年,出任交通银行总经理兼上海分行经理,任内延揽人才,增辟分行,致力于交行振兴。其间,还历任中国企业银行发起人、董事,上海各银行联合准备会委员,上海银行公会常务委员,上海市银行理事,国华银行监察人,中国国货银行董事,全国公债委员会和银行币制委员会委员。1933 年交行改组时辞去总经理,保留常务董事一职。同时受聘担任中央银行国库局总经理、中国实业银行总经理,还兼任招商局监理、四明公所董事、工部局华董、上海地方维持会会长等职。1936 年因操劳过度而英年早逝,年仅 50 岁,沪上金融界为之震惊。舆论称"胡氏之学识,诚我国有数之人才,兹竟逝世,殊深惋惜"。尤为可贵的是,胡孟嘉作为一位杰出的职业经理人,不仅对交通银行的发展厥功至伟,而且还为社会公益、同业发展倾心倾力,始终保持清廉持正和爱国敬业的高贵品质。时人称其"操行纯洁,尤乐善好施,故身后萧条",由同人商议善后事宜。

参见《胡孟嘉昨日逝世》,《申报》1936 年 6 月 4 日;何成钢:《近代银行大家胡孟嘉》,《金融博览》2013 年第 8 期;李坚:《著名金融家胡孟嘉》,载陆平一主编:《创业上海滩》,上海科学技术文献出版社 2003 年版。

俞佐庭

俞佐庭

俞佐庭(1888—1951),字崇功,镇海人,近代著名工商业者。

俞佐庭幼年入私塾,少年时在余姚木行当学徒。清光绪三十四年(1908)进镇海慎余钱庄任职员,不久到上海进恒祥钱庄任账房。1916 年宁波慎德钱庄改组为天益钱庄,俞佐庭被聘为经理。1921 年,到沪任上海中易信托公司副经理,与陈布雷结识并成为知友。1926 年,赴天津任垦业银行经理。次年,回宁波任市财政局局长,遂被推选为宁波市总商会会长。1931 年,在沪筹设恒巽钱庄,任经理,以后又在宁波独资开设慎生、正大、东升和万成四家咸鱼行,在宁波、绍兴、杭州和上海拥有 14 家企业的股份,分任这些企业的董事长或董监事。同时,被选为上海市钱业公会常务委员。1932 年,当选上海市商会常务理事。1934 年 6 月至 1936 年 6 月两年间,当选为上海市商会主席委员,主持商会工作。在任职期间,俞佐庭曾经经办了几件较有意义的实事,如当时国产橡胶工业因一时的产品销售利润高涨,导致竞相盲目投产,相互竞争而造成销路呆滞,严重亏损。俞拟就《统制工业条例》草案,由上海市商会报送国民政府批准在全国范围内施行,虽未被采纳,但市商会继而鼓励同行业自行结合,统一调剂产销;并首先在火柴业中推行,收到了一定的效果。1934 年 8 月,在其主持下,上海市商会执行委员会决议将原设在上海河南路桥堍天后宫内的国货商场重新扩建改装加以利用,择日开张。有 30 多家生产国货产品的厂商参展销售,既为参展厂商推销了他们的产品,又配合了上海当时全市性的爱用国货运动。在上海的影响下,外地厂商纷纷效尤,也相继成立了类似的国货商场。除此之外,他还比较重视对商业职工队伍的培养和职工的业余教育,开办了商业职业学校和商业补习夜校的劳工班等,对培养商业人才、提高商业职工的专业技能起到了一定的作用。1935 年 10 月作为经济考察团成员赴日。1936 年,当选上海市商会常务监察委员。1937 年,被推为四明银行私股常务董事和四明储蓄会经理。上海沦陷后拒任伪职,偕弟佐宸避至重庆。抗日战争胜利后,回到上海。1947 年,再次当选上海市商会理事,任四明银行常务董事兼总经理。1949 年当选市商会监事。上海解放前夕去台湾,后定居香港。在家乡曾捐资助建镇海同义医院、辛成初级中学、志成小学等。

参见俞福海主编:《宁波市志》(下)人物传略,中华书局 1995 年版;镇海区政协文史委员会:《〈申报〉镇海商人史料辑录》,天津古籍出版社 2018 年版。

刘鸿生

刘鸿生(1888—1956),字克定,定海人,近代实业界著名领袖人物,有"煤炭大王""火柴大王""企业大王"之称。

刘鸿生早年就学于上海圣约翰中学,后升入圣约翰大学,一年后辍学,任上海公共租界巡捕房译员。1909 年进英商开平(后改开滦)矿务公司上海办事处当推销员,1911 年升为买办,在推销开滦煤炭业务中积累巨额资本。1918 年起开始广泛投资工商业,该年在上海设立义泰兴董家渡码头。1920 年在苏州创办鸿生火柴公司,同年在上海创办上海水泥公司,并在上海创设福泰煤号,在苏州设立同和煤号,在南京、南通等地设立生泰恒煤号。

刘鸿生

1924 年任上海煤业公所议董,收购燮昌火柴公司苏州分厂。1926 年创办中华煤球公司。次年又创办中华码头公司,这是上海最大的华商码头。1928 年在上海创办华丰搪瓷公司。次年又创办章华毛绒纺织公司,任总经理。1930 年在收购兼并燮昌火柴厂等几家火柴厂后,成立大中华火柴公司,任总经理。在经营工矿企业中,他意识到工商业与金融业的密切关系,并强调华商联合起来的重要性,先后发起创办中国企业银行、大华保险公司,均任董事长。他还是上海煤业银行董事、中国国货银行监察人,投资上海五丰、志裕、义昌、成丰等钱庄。至 1931 年,刘鸿生的企业投资总额已达 740 多万元。抗战以前,他还曾任联华总会会长、中华工业总联合会主席、中华工商管理协会常务理事、工部局华董、国民政府财政委员会常务委员、农村复兴委员会委员、国民政府全国经济委员会委员、招商局常务董事兼总经理、上海煤业公会主席、全国火柴工业联合会主席、宁波旅沪同乡会副会长等职。抗战爆发后,将部分企业设备西迁,先后在重庆创办中国毛纺公司和华亚和记火柴公司,在四川长寿建中国火柴原料厂,在兰州开办西北毛纺厂和水泥厂,在昆明和越南海防设磷厂,在广西设化工厂,任财政部火柴专卖公司总经理。抗战胜利后,主持原在上海各主要企业相继复业,并任行政院善后救济署执行长兼上海分署署长、经济部计划委员会委员、上海市煤商业同业公会理事、国营招商局理事长、全国船舶调配委员会主任委员、上海市政府咨议委员会委员、宁波同乡会理事长、上海时疫医院董事等。新中国成立后,任中国人民救济总会上海分会副会长、全国人大和上海市人大代表、上海市人民政府委员、华东军政委员会委员、全国政协委员等。他还担任全国工商联常务委员兼上海市副主委、中国民主建国会中央常委兼上海市副主委。热心公益事业,曾任中国红十字会总会副会长、上海伤兵救济委员会委员长。20 世纪 20 年代出巨资在家乡创办定海中学。

参见上海社会科学院经济研究所编:《刘鸿生企业史料》,上海人民出版社 1981 年版;张学君:《一代商王——刘鸿生大传》,中华工商联合出版社 1998 年版。

孙德水

孙德水(1890—1975),余姚人,现代著名建筑企业家。

孙德水早年在家乡,1907 年入上海余洪记营造厂(同乡余积臣开设),拜余为师,学习看工(即工地施工员)。他看到建筑师以洋人居多,承接工程、看图纸需懂英文,遂入夜校勤奋攻读,成绩优异,加上余对之赏识,悉心传授指导,至 20 世纪 30 年代,孙已是上海有名的"两个半看工"之一(另一个为新仁记营造厂竺泉通,半个是江裕记营造厂的孙瑞珊)。1921

孙德水

年主持南京金陵女子大学建筑工程,包括办公楼、图书馆、礼堂、宿舍,孙与建筑师精心构筑,在运用现代建筑技术发展中国传统建筑形式上做了大胆尝试,使之成为中国传统宫殿式的近代建筑典范之一。1922 年承接上海邮政大厦,是当时上海的大型建筑,总面积达 3.48 万平方米,巨大的外立柱,栩栩如生的雕像群,建成后成为一大景观。1925 年主持建筑上海跑马总会大楼(解放后为上海图书馆),半年就完成建筑、装修。该楼是孙最显赫的功绩,由此名声大振。1930 年余去世后,孙辅佐余之子经营余洪记,又兴建了外滩中国银行地基、汇丰大厦、上海电话公司总局、工部局宰牲场、南京英国大使馆等一批重要工程。其中 1934 年投入使用的工部局宰牲场大楼整体建筑共有五层,外方内圆,高低错落,无梁楼盖,廊道盘旋,布局宛若迷宫,空间却又次序分明,算得上是建筑艺术与生产工艺完美结合的典范。整个建筑物全部采用英国进口的混凝土结构,墙体厚约 50 厘米,两层墙壁中间采用中空形式,在缺乏先进技术的 30 年代,巧妙利用物理原理实现温度控制,即时在炎热的夏天依然可以保持较低的温度,这在当时是非常先进的建筑技术,由此被认为是惊世之作。1931 年孙德水参与发起上海建筑协会,任候补执行委员,以后任上海营造业公会理事、常务理事。抗战爆发后,孙德水脱离余洪记,独资创设孙福记营造厂,在租界内建造了大批公寓、住宅并出售,从事营造兼房地产业,实力迅速增强。抗战胜利后,上海建筑业萧条,孙及时将经营重心移至香港地区、泰国,获巨大发展。1949 年承建曼谷机场,五六十年代,香港的重大工程如怡和大厦、於仁行(现太古大厦)、五星级的文化酒店及繁华的中环皇后大道及几条重要大道上的一些大型建筑均为孙福记营造厂所建,由此孙德水成为香港建筑界风云人物。他的三个儿子均继承父业。1975 年病逝,享年 86 岁。

参见余姚市志编纂委员会:《余姚市志》人物传略,浙江人民出版社 1993 年版;陶水木:《近代浙商名人录》,浙江人民出版社 2005 年版。

郑源兴

郑源兴(1891—1955),字福明,奉化人,近代著名企业家,人称"蛋大王"。

郑源兴家境贫寒,母亲早逝,很早就因家贫辍学。13 岁去上海一家小蛋行学业,19 岁任朱慎昌蛋行经理,旋集资两万元创办承余蛋公司。1920 年,资本额增至 20 万元,改办茂昌蛋厂。1927 年增资 200 万元,改为茂昌蛋业冷藏股份有限公司,自任经理。英商和记洋行以五万两白银、1000 元月津贴

郑源兴

求茂昌退出竞争,他断然拒绝。用重金聘用专家,精制冰蛋,承接冷藏客货,开国人办冷冻业的先声。精通英语,略谙俄、法、德、日语,曾多次赴欧美考察蛋业。公司内建立出勤奖励、养老退职金等制度,建造职工住房,开办职工夜校,设立医务室等,职工购买公司股票有优惠、参加股东会、享受分红权利。1930 年在青岛创办冰蛋厂,后增设干蛋厂 12 家,鸡蛋收购网点数百处,又沿黄浦江建仓库、码头,在郊县开办养鸡场,在英国伦敦设立分公司(海昌公司),在法、德、荷、意、美、日、菲律宾、澳大利亚等国设立分理处,职工近两万人。20 世纪 30 年代任中国冰蛋业同业公会会长、世界蛋业公会理事长。到 1937 年抗战全面爆发时,拥有全国 33％的冰蛋生产份额和运销西欧数量。当时其下属分支机构计有沪北蛋厂、沪北冷库、沪南冷库、沪南普通堆栈、青岛分公司、亳县蛋厂、高邮蛋厂、宁波蛋厂等处,规模为中国蛋业之首,有"蛋大王"之称。在茂昌的努力下,蛋品成为我国对外贸易的重要商品,有的年份占据第二、第三的地位。1937 年年底日军占领上海后,郑源兴拒绝与日人所谓的合作。1938 年遭侵华日军拘禁,为躲避日商三井洋行迫其"合作",公司更名迁至法租界独立经营。抗日战争胜利后,恢复公司原名,积极恢复生产与出口。1948 年冬去香港筹建分厂,1950 年返上海,被外贸部聘为中国蛋业公司顾问。其间茂昌公司打破帝国主义禁运封锁,积极筹划,恢复生产与出口,努力为国家争取可贵的外汇。1954 年,茂昌蛋业公司实行公私合营,郑源兴任董事长兼副经理。郑源兴具有强烈的创业精神与开放意识,不断开拓创新,顽强拼搏,又善于经营,为发展我国对外贸易事业做出了重要贡献。

参见《上海茂昌蛋业公司之过去与现状》,《青岛工商季刊》第 1 期,1933 年;俞福海主编:《宁波市志》(下)人物传略,中华书局 1995 年版。

王伯元

王伯元(1893—1977),出生于苏州,原籍慈溪长石桥(今属镇海区),本名怀忠,字伯元,近代著名金融家。

王伯元出身于商人家庭,六岁起延师课读,1905 年应科举试,考中三场,但未参加复试。1907 年,王伯元来到上海,在正丰永金号当学徒。三年满师后,被留用跑外勤。在学徒期间,王已加入上海金业公会,开始参加社会活动。1916 年,23 岁的王伯元应上海涵恒金号资方徐伯熊邀请,任该金号经理。1918 年改任天昌祥金号副经理。时值第一次世界大战行将结束,市面金价时涨时落,王伯元观察行情变化,常能不失时机地为天昌祥金号买卖标金,从中谋利,受到资方赏识。1921 年,王伯元辞去天昌祥职务,自筹资金开设裕发永金号,同时做金业交易所的经纪人,迅速在金业界崭露头角,不久被选为上海金业

王伯元

交易所理事。1923 年又独资开设元发证券号,买卖各种有价证券。几年间,王伯元从一个普通商人一跃而为百万富翁。王伯元深知从事黄金投机买卖风险极大,此后转而投资金融业。1922 年,他与人合资创办宁波的镇泰钱庄,次年又独资创办元余钱庄,以后又参与投资创办同庆钱庄、同润钱庄、元春钱庄、元发钱庄、鸿胜钱庄、元大钱庄、聚康钱庄等。1929 年他与秦润卿、徐寄庼、李铭等人接办、改组中国垦业银行,资本总额一次收足 250 万元,王伯元投资 140 万元,占 58%。请向以稳健著称的上海钱业公会会长秦润卿担任董事长兼总经理,自己仅任常务董事兼总行经理,两人主持垦业银行达 20 年,使之发展成为上海著名商办银行之一。此外他还曾担任通和银行、国泰银行、中和银行、上海绸业银行董事长,天一保险公司、茂华保险公司董事长,镇江贻成面粉厂、中国纱布公司、中国水产公司、永旭铜厂董事长,沙市纱厂、四明电话公司、永耀电力公司、宁波和丰纱厂、中国丝业公司、竞成纺织公司、亚浦耳电灯泡公司董事等职。社会事务方面,担任上海金业公会议董、上海市银行公会执行委员、上海地方协会委员以及宁波旅沪同乡会代理会长等职。王致富后,致力于文化教育事业与其他公益事业。1931 年在上海设立伯元奖学金,又以巨资捐助复旦大学、南洋中学、蒙藏学院等,并任董事或常务董事。在家乡出资兴办植本小学校(即长石小学),并曾为疏浚慈溪长石桥至樟桥大河、重建宁波灵桥捐资,并在长石桥附近买下荒丘,置为义冢。重视子女教育,把四个儿子都培养为博士,为此刻印章而自豪。1948 年出走香港,后去美国定居。

参见王念祖:《记先父王伯元》,《旧上海金融界》,《上海文史资料》选辑

第 60 辑,上海人民出版社 1988 年版;李坚:《金子大王王伯元》,陆平一主编:《创业上海滩》,上海科学技术文献出版社 2003 年版。

方液仙

方液仙

方液仙(1893—1940),字传沆,小名阿揆,镇海人,为近代著名宁波帮家族财团镇海柏墅方后人。近代中国日化工业先驱,有国货大王、化工大王之称。

方液仙早年就读于宁波斐迪中学,毕业后入上海中西书院。痛感时弊,又感祖辈经营钱庄业之不易,于是随德籍化验师窦伯烈学化学,自设实验室,悉心钻研,抱定"化学工业实为当今切要之图"信念,决心"自行设厂,以与外货相抗衡"。1912 年在住处创办中国化学工业社(简称中化社),研制三星牌牙粉、雪花膏、花露水、香水、香粉等化妆品。为打开销路,雇货郎肩挑叫卖。虽受洋货倾销影响,亏损颇多,但毫无馁意。1919 年五四运动后,提倡国货浪潮席卷全国,方液仙所营也获转机,在叔父方季扬支持下,购地建厂,广置机器,扩大生产。1923 年研制生产我国最早的三星牙膏,建专制调味粉及酱油精的二分厂,并赴日本觅得生产味精技术,研制成"观音粉"和"味生"两个品种,与同学吴蕴初生产的佛手牌味精一起,将日产"味之素"挤出中国市场。1928 年建三分厂,专产三星蚊香,并在沪、浙广种蚊香主要原料除虫菊。经多年苦心经营,三星蚊香取代了市场上日本野猪牌蚊香。1935 年,中化社资金已达百万元,遂改组为股份有限公司,任总经理,讲究信誉,重视质量,着力培养和广招人才,形成以方为核心的工艺、规划、管理、销售等多门类干部结构。1939 年前已推出三星蚊香、三星牙膏、箭刀牌肥皂等名牌产品,同时兴办晶明玻璃厂、中国制管厂、肇新化工厂等配套企业,使该公司成为国内规模最大的日用化学品工业综合性企业。1932 年,方液仙倡组"九厂国货临时联合商场",次年开设中国国货公司,任董事长兼总经理,推销国货不遗余力。1937 年又与吴鼎昌、李康年、吴蕴初等在沪创办中国国货联营公司,并先后在全国 20 多个城市开设国货联营公司,促进民族工业发展,被誉为"国货大王"。在上海"一·二八""八一三"抗战中,积极从事抗日救亡运动,两次开办伤兵医院。积极支持中共上海党组

织领导的群众性联谊团体益友社,任名誉理事。1940 年日伪多次拉拢,以
"实业部长"相许,伪市长傅筱庵又利用乡谊,亲往诱说,悉遭严正拒绝,反晓
傅以民族大义,劝其"自重"。日伪继施威胁,恫吓信不断飞至,仍不为所动。
日伪见其始终不肯就范,遂萌杀机。1940 年 7 月 25 日乘车离寓时突遭汪伪
特务枪击,受伤后被强挟绑架,殒命车中,年仅 48 岁。

　　参见王遂今主编:《宁波帮企业家的崛起》,浙江人民出版社 1989 年版;
陈兵主编:《镇海县志》人物传略,中国大百科全书出版社 1994 年版。

戴芳达

　　戴芳达(1894—1956),号耕莘,以号
行,镇海人,近代著名卷烟工业企业家,人
称"烟草大王"。

　　戴芳达出身于商人之家,其父戴显运
在上海拥有利昌五金号等,是 20 世纪初上
海五金业巨商。戴芳达 7 岁在原籍读私
塾,后入上海澄衷中学就读。16 岁中途辍
学随父经商。1919 年父故后,继承父业,
继续经营利昌五金号。1924 年将主要资
金转入烟草业,接盘华成烟厂,后经增资改
组为华成烟草股份有限公司,担任董事长
(1928 年始兼总经理),生产金鼠、前门、美
丽牌卷烟。善于经营,励精图治,如整顿会

戴芳达

计制度,健全组织系统,增建厂房、仓库,改进生产设施,改善工人福利。同
时高度重视产品营销与广告宣传,如精心制作商标与广告,到处树立广告
牌,张贴广告画,还在城市的游艺场所,行驶的电车、公共汽车上绘制广告,
促使产品销路不断扩大。特别是 1925 年上海发生五卅惨案后,全国掀起了
反帝高潮,国货运动高潮迭起,很快打破当时英美烟草公司独霸远东烟市场
的局面,公司获得了迅速发展。至 1934 年华成公司资本扩大 89 倍,达 360
万元,在汉口、杭州、天津、南京等设分公司,在东南亚沿海重要城市都设有
代销处,成为上海华商烟公司之首。1931 年戴芳达还参与创设中国企业银
行,任监察人。同时投资上海三友实业社、华一印刷局、天一印刷公司、时事
新报馆及青岛烤烟公司,任董事或监察,并任中华工业总联合会委员。1932
年后,戴因操劳过度,常患疾病,但他仍坚持职位。1934 年戴芳达心脏病复

发后去德国治疗,但即使如此,他仍不忘公司经营。回国后,他又亲临胶济铁路沿线,视察当地烟叶种植和收购情况。为提高烟叶原料质量,1935年,他在长辛店置地41亩(1亩≈666.7平方米)建造烟场,作为公司收购烟叶和焙制、监质基地。抗战胜利后,国民党政府下令停办上海沦陷时期开设的所有卷烟厂,戴芳达抱病赴重庆向有关当局据理力争,始允保留。1946年,戴耕莘被推为上海市烟业同业公会理事长,还兼任上海市商会监事、中国工业协会上海分会理事、上海广益善堂副董事长、上海妇孺救济总会董事、中国华一印刷公司董事长、青岛烟叶公司董事长等职。新中国成立后,支持华成公司公私合营。戴芳达热心慈善公益事业,各项捐资达数千万之多,如1947年镇海筹建辛成中学时,他以戴荣房名义捐建教育楼、办公大楼各一幢。担任沪甬两地多个慈善机构董事,特别是戴氏父子长期主持上海著名的善堂——上海闸北延绪山庄,对该庄的维持与发展厥功至伟。

参见上海烟草志编纂委员会:《上海烟草志》人物传略,上海社会科学院出版社1998年版;陈兵主编:《镇海县志》人物传略,中国大百科全书出版社1994年版。

孙衡甫

孙衡甫(1895—1944),又名遵法,慈溪慈城半浦(今属江北)人,近代银行家。

孙衡甫幼年入私塾读书,1906年进宁波鸦片烟行做学徒,后到上海久源钱庄任职,并在信裕、恒隆、恒来、益昌等钱庄拥有股份。1907年,在上海参与创办泰来面粉厂,成为大股东。1908年,参与创办四明银行。1910年入浙江银行上海分行任营业主任,后升为经理。1911年上海辛亥革命时,四明银行发生挤兑,该行董事会急请其垫款接办,孙由此任总经理,长期主持四明银行。在职期间,他整顿组织,扩大业务,创办四明储蓄会,吸收存款。孙还利用报纸、杂志及四明行址、房产大做广告。四明银行投资的房地产都冠以"四明"或与四明相联系的字样,该行上海各分支行屋的营业场所也很醒目,从而在社会上有着广泛的影响。孙还通过发行四明银行钞票,增加流动资金。因此,四明业务兴隆,成为上海较大的商业银行之一,存款最多时达4000万元。1931年起,孙衡甫任四明银行董事长兼总经理,兼任四明保险公司董事长,投资上海浙江银行、统原银行、明华银行、苏州信孚银行、苏州电气厂、宁波永耀电力公司、穿山轮船公司、童涵春国药号、镇江胎成新记面粉公司、长江煤矿公司、上海宁益银团等,任股东、董事、董事长或总经理。

还大量进行房地产投资,建造里弄房屋 1200 幢,是 20 世纪 30 年代上海大富豪之一。但四明银行在发行钞票时不注意建立准备金,钱业出身的孙衡甫经营作风日趋保守,加之没有严格的管理制度,大权独揽,任人唯亲。因此,30 年代四明银行在银行业的竞争中逐渐显出疲态,步入下坡。1935 年,中央银行派人挤兑四明钞票,孙无法应付,被迫辞去总经理职。1944 年 1 月 24 日病逝。他热心公益,20 世纪 30 年代为宁波重建灵桥捐 5 万元。时人称"四明银行自君主其事,百废俱举,业以大振。久侨沪,疏财好义,一切善举如学校、医院,办平粜,修杠梁,浚川渠,治道路,凡资利济而益民生者,或创或因,靡不斥巨金以成之"。

参见改建老江桥沪甬筹备委员会编:《重建灵桥纪念册》,1936 年;李坚:《四明银行的理财人孙衡甫》,陆平一主编:《创业上海滩》,上海科学技术文献出版社 2003 年版。

李康年

李康年(1898—1964),原名李良康,鄞县人,近代著名民族工商业者,在 20 世纪 30 年代国货运动中享有盛誉。

李康年出身于鄞县绅商家庭。其父李国盘,是清朝末年秀才。少年时期的李康年,由父亲亲自严格教读,由此打下了较好的古文和书法基础。1913 年进宁波大昌纸号当学徒,满师后留店任司账。1921 年任新成立的宁波棉业交易所秘书。1925 年,经人介绍,进入上海中国化学工业社,不久,受创办人方液仙器重,任该社总务科长兼文牍秘书。1931 年"九一八"事变爆发后,国货运动在全国掀起。1932 年,在方液仙等人支持下,李康年主持举办"九厂国货临时联合商场",并在场内开辟"九一八"商场,提醒人民勿忘国耻,产生了广泛的社会影响,也取得了良好的经济效益,从此致力于国货的推广事业。1933 年 2 月,创办的上海中国国货公司在南京路上开业,几周后营业额大幅上升。1935 年,与王性尧的国货联办处合作,在郑州、镇江、济南、扬州、香港等地成立中国国货公司,形成了遍布各地的国货销售网络,为提倡国货做出了贡献。1941 年 12 月太平洋战事爆发,上海租界被日军占领,随之日货大批涌入,中国国货公司处境日益困难。李康年拒绝汪伪政府的拉拢,设法辗转进入内地,继续从事国货运动。李康年除了开办中国国货公司以外,又投资工业,创办萃众毛巾厂,生产名牌"四一四"毛巾;后又与后来享誉香港的王宽诚合作创办中国钟厂,生产"三五"牌台钟。在企业活动中,十分重视产品质量,认为产品质量问题"是一个企业是否能长期存在的

关键"。所产"四一四"毛巾、"三五"牌台钟、"狗头"牌袜子都是当时的名牌
产品。上海解放后加入民主建国会,1951 年当选为黄浦区第一次各界人民
代表会议协商委员会副主席。1954 年当选为上海市第一届人民代表。同年
代表上述三厂申请公私合营获准。1957 年李康年被错划为右派分子,成为
当时工商界十大右派之一。1961 年摘掉右派帽子。1964 年因病在上海逝
世,终年 67 岁。

参见戚再玉:《上海时人志》,上海展望出版社 1946 年版;李传芳:《追忆
我的伯父"大右派"李康年》,《世纪》2015 年第 3 期。

鲍国昌

鲍国昌

鲍国昌(1902 —?),鄞县人,著名医药企
业家。

鲍国昌幼年丧父,少年时和其兄国梁随笃
信基督教的母亲移居上海,不久考进法国天主
教会在沪创设的圣芳济学堂。1922 年毕业后
进入上海震旦大学,攻读医学,懂英、法两国文
字。后弃学就商,任怡和洋行跑楼,同时为买
办潘澄波管理房地产,经营出租怡和洋行的房
地产。1930 年与兄弟鲍国梁等集资九万余元
盘进德籍俄人霞飞设立的信谊化学制药厂,改
名为信谊药厂股份有限公司,任董事。1937
年任总经理,兼任董事长,直至 1948 年去香
港。任职期间,积极进行整顿,改善经营管理,
励精图治,扩大企业规模,努力提高产品质量,使信谊药厂从一家只有数名
工人的弄堂小厂,逐步发展成为中外闻名、拥有大型制药设备和附属化工、
橡胶、血清、玻璃、印刷等多种工厂,销售网遍及全国及东南亚等地的综合
性、大型的制药、产销联合企业。该企业在新中国成立前夕的全国制药工业
中居于翘楚的地位。鲍国昌特别重视技术与人才的作用,认为"事在人为",
任何企业要成功,发挥全体成员的积极性是首要因素。为此他注重专业人
才的发掘和培养,大力选用专家,做到知人善任,充分发挥所长。他认为"从
来没有一家工厂因为工资高而关闭的","高工资能够出人才、出产品"。他
不惜重金聘请从国外学成回国的医药界高级专业人员,如留学法、德的药学
教授潘正寿,法国里昂大学毕业的化学博士林世瑾、医学博士毛守白,留学

美国的药学博士蓝春霖等,并让他们主持化学生物化验部、血清部和血清制剂等重要部门的工作。因此,信谊药厂形成了技术力量密集的优势,不断推出新产品,在同业中占有领先地位。鲍国昌同时还曾任第三区制药工业同业公会理事、康元制罐厂股份有限公司董事、中贸银行监察等职。1952年后在香港投资新药业,后又去巴西开设汽车修理厂等企业,并与其家属侨居乌拉圭,热心当地侨务事业,曾任乌拉圭中华会馆主席。

鲍国昌关心家乡,经常捐款资助家乡建设,救济受灾难民,接济家乡困难乡友。曾担任宁波旅沪同乡会永久委员、同乡会教育贷金委员,长期资助该会教育事业。1985年曾回国看望上海信谊药厂同仁,并赠款作为药厂职工福利金。

参见汪仁泽:《信谊药厂董事长、总经理鲍国昌》,陈梅龙主编:《商海巨子——活跃在沪埠的宁波商人》,中国文史出版社1998年版;陶水木:《近代浙商名人录》,浙江人民出版社2005年版。

柳中浩

柳中浩(1910—1990),鄞县人,近代中国电影事业家、中国电影工业的先行者。

柳中浩

柳中浩出身于上海一个宁波商人家庭,其父柳钰堂为轮船招商局的一名高级职员。早年柳中浩在家中读过两年私塾,后又在育才公学读书六年。1928年,19岁的柳中浩开始创业之路,与胞兄柳中亮在南京新街口开办世界大戏院,放映外国影片;1934年杀回上海,共同在上海开办金城大戏院,专映国产影片。1937年,在上海建造金都大戏院,亦以放映国产影片为主。孤岛时期创办国华影片公司,起初借天一影片公司的摄影厂拍片,1938年9月,接手明星影片公司及其主创人员、摄影场地和设备等,成立国华影片公司,自建摄影厂制作影片,同时还以"国泰""华美"名义拍摄影片。1939年至1941年年底,拍摄了《孟姜女》(1939)、《红粉飘零》(1939)、《歌声泪痕》(1939)、《新地狱》(1939)、《小侠女》(1939)、《七重天》(1939)、《李阿毛与唐小姐》(1939)、《黑天堂》(1940)、《天涯歌女》(1940)、《济公活佛》(1940)、《乱世英雄》(1940)、《三笑》(1940)、《碧玉簪》

(1940)、《孟丽君》(1940)、《西厢记》(1940)、《夜深沉》(1941)、《解语花》(1941)、《恼人春色》(1941)、《金粉世家》(1941)等近 40 部故事片。柳中浩还认周璇做干女儿,为她量身定制拍摄《董小宛》《苏三艳史》等古装片与《天涯歌女》《梦断关山》等时装片,红极一时。上海租界沦陷后,因不愿与日本人合作,停办国华。抗战胜利后,又办起国泰影业公司,拍摄了《无名氏》《忆江南》等进步影片。1952 年 2 月,国泰影业公司正式加入上海联合电影制片厂。柳中浩在电影行业创办、发展过程中擅长包装,长于经营,被誉为海派商人的杰出代表、近代上海电影业教父。后人称柳家当年因电影发家,在老上海好莱坞电影泛滥的年代,柳家独树一帜,先后创立的国华、国泰制片厂和金城大戏院是打造国产片的一方沃土,在他们旗下诞生的国产名片数不胜数,他们以自己的作为抒写了中国电影史上极为灿烂的篇章。

参见陶水木:《近代浙商名人录》,浙江人民出版社 2005 年版;李道新:《中国电影文化史》,北京大学出版社 2005 年版。

第三部分　科技界

一、概　述①

　　本书所称科技界人士是指近现代从事科学技术各领域与门类研究、研制及其相关工作的杰出宁波人。当然这并不是说近代以前宁波没有类似的人物,而是因为一般意义上的科学技术是近代工业革命的产物,故本部分宁波人物主要收录近代以来的宁波籍科技人物。

　　宁波一地具有经世致用的传统,明清时期以黄宗羲为代表的宁波学人就对传教士带入的西方天文等自然科学表现出浓厚的兴趣。进入近代,宁波这块土地更因开埠较早而在外来文明的西风东渐中得风气之先。以传教士与洋货为载体,西方文明大量进入宁波城乡,特别是由传教士成功举办、随后本地宁波人大量兴办的西式医院与新式教育,有力地推动了近代宁波人对以西医为代表的现代科技的认同与了解。同时近代宁波帮商人在兴办实业的过程中,对科学技术的重要性有着深刻的认识。而清末以来严重的民族危机以及随之而来的科学救国、教育救国的思潮经久不衰,宁波商人创造的财富则为其后人从事科学技术提供了必要的物质条件。凡此种种,都有力地推动一代代宁波人走上科技之路,进而形成颇有作为的宁

_____

　　① 　本节主要参考赵江滨:《宁波帮志·科技卷》一书(中国社会科学出版社 2009 年版)相关内容编纂而成。

波科技人才群体。

在近现代中国,宁波科技人才群体随中国现代科学技术体系的建立而逐渐崛起。据初步估算,近代以来,宁波涌现的具有教授级别的专业技术人才达千人左右,而他们中间更出现了三名中央研究院院士、百余名中国科学院和中国工程院院士。可谓大师泰斗,前后相望,群星璀璨,蔚为大观。宁波籍的这些科技精英为中国现代科学技术学科体系的建立,为中国现代科学技术的发展与进步,为中国现代科学技术知识的普及,发挥了不可估量的作用,他们在诸多的学科领域为国家科学技术事业的发展与繁荣做出了重要的贡献。他们也是宁波科技发展的得天独厚的社会资源,是推进当代宁波科技发展与进步的一支重要力量。

科学技术从历史上看是一个动态的范畴,在不同的历史时期具有不尽相同的内涵和所指对象,其概念也有狭义与广义之别。狭义的科学技术仅指随着近代学术体系的分科形成的与自然科学和专门技术有关的知识体系,广义的科学技术则包括所有人类活动所渗透的与智慧因素相关的知识成分,而由此作为上述活动主体的参与者,基本都可归入科技人才的行列。现代科学技术是西方文明的产物,自近代传入中国后经历了发生、发展的一个过程。宁波科技人才群体可以说参与了现代科学技术传入中国并进行本土化与发展壮大的全过程,为现代科学技术在中国的成长与发展做出了独特的贡献,并由此形成了数量较多、质量较高的科技人才群体,在中国现代科技史上占有重要地位。宁波近现代科技人才群体成分复杂,尽管他们被同一地缘因素组合在一起,但他们其实在中国近现代科学技术发展的不同时期矗立在科学技术的不同层面上。大致来说,这个群体以时间为线索可以划分为三个时期,在不同时期所扮演的角色与发挥的作用也有所不同。

第一,晚清时期,为现代科技传入中国并在中国孕育的草创时期。当时中国的科学技术知识体系尚未建立,因此这一时期专业的科技人才还未独立形成,他们大多附属于其他社会行业,但由于西方科学技术知识随着新式学校的建立而传入中国,这使得他们开始具备初步的科学技术知识,并具有朴素的科学技术意识和眼光,其所从事的活动中也往往渗透着一定的科学技术元素,故宁波近代早期的科技人才大多厕身于宁波帮的商人中,他们的科技知识和意识支撑了他们的商业行为,反之,受惠于科技因素的商业活动又成了他们进一步追求利益、学习技术的社会与人生动力。同时也有不少宁波人在晚清西学东渐、现代科技传入中国的过程中发挥了重要的作用,如清末舒高第、沈敦和等均翻译了大量西方科技与军事技术书籍。

第二,民国时期,为中国现代科学技术体系从形成到成熟时期。这一时期,大量的专业科学技术人才从国外留学回国,带回先进的科学技术知识,他们以全新的科学眼光与科学理念,开始从社会其他行业中分化出来,成为专门从事科学研究和技术创新的人员,他们的心智投入,为中国科技的发展与进步做出了重要贡献。宁波科技人才中有不少承担了中国现代科学技术体系建立的工作,成为相关学科的奠基性人物。如钟观光,中国近代植物学的奠基人,开国内学者采集、制作动植物标本进行科学研究之先河,以他姓名命名的植物属名就有钟木属、观光木属等多种。翁文灏,从地质学角度奠定中国近代地理学基础,创立燕山运动在中国存在的学说,绘制第一幅中国地震分布图和中国第一本根据实测资料、科学方法绘制而成的地图——《中华民国新地图》。他的堂弟翁文波,被尊为中国地震学之父、世界预测学大师。生物学家童第周,则是中国实验胚胎学的主要开创者。1948 年,代表当时中国科学最高水平的中央研究院首次评出 81 名院士,其中宁波籍三名。

第三,新中国成立后及改革开放以后,为中国现代科学技术的发展时期。这一时期中国科学技术的学科体系进一步完善,科学技术人才呈增长态势,尽管其间受到"反右"和十年动乱等政治运动的干扰与冲击,但"文化大革命"结束后,党和政府及时把党和国家工作重心转移到现代化建设上来,并恢复了高考招生制度,中国科技界迎来了发展的春天。尤其是邓小平强调科学技术是第一生产力后,尊重科学、重视人才蔚然成风。国家现代化建设的广阔舞台与当代技术革命浪潮的迅猛发展,使大批宁波籍科技精英脱颖而出,其中两院院士人数不断递增,在国家科技进步与发展和现代化建设中发挥着越来越重要的作用。

综合考察,宁波科技人才群体从宏观上具有以下这样一些特点。

第一,数量庞大,影响广泛,在中国科技界占有令人瞩目的地位。如作为我国在科学技术方面设立的最高学术称号的两院院士,代表着中国当今科技队伍的最高水平和最高声誉,是中华民族的科技精英和宝贵财富。而宁波籍院士超过百人,按籍贯计算,在全国各大城市中独占鳌头,即使从出生地的相对数量上衡量,也位居全国第五位。尤其难得的是,宁波科技人才不仅人数众多,而且精英荟萃,地位重要。他们中有的是我国科技界的元老,德高望重,如全国政协原副主席童第周、全国人大原常委贝时璋、全国政协常委谈家桢等;有的身居科技界要职,如曾任中国科学院院长的路甬祥、中国工程院副院长的朱高峰等;有的曾担任著名大学领导职务,如原复旦大学校长杨福家,原上海交通大学校长翁史烈、党委书记何友声,原清华大学副校长倪维斗、北京大学常务副校长王义遒,以及曾任香港中文大学校长的沈祖尧、原台湾清华大学校长沈君山等。2016 年诺贝尔医学奖获得者屠呦呦更是我国第一个获诺贝尔科学类奖项的科学家,为我国科学界赢得了崇高的荣誉。

第二,是专业分布面广,特别是在许多前沿学科与尖端技术方面占有一席之地。如众多宁波籍院士从事前沿科学、尖端科学的研究,所研究的专业领域分布很广,中科院和工程院按学科领域划分的共 12 个学部中都有宁波籍院士身影,宁波籍院士遍及两院各个学部,多则 19 人,少则 2 人。他们所研究的专业各不相同,特别是在被誉为 21 世纪前沿科学的信息、生命等学科领域内,更是集聚了众多宁波籍院士。如在中国工程院信息与电子工程学部的 105 位院士中,宁波籍院士就有 11 名,占了 10%;在能源与矿业工程学部的 95 位院士中,宁波籍院士有 8 位,占 9%。而在中国科学院生命科学和医学学部的 240 位院士中,宁波籍院士有 22 名,占近 10%;技术科学学部有院士 209 人,宁波籍院士有 15 名,占 7%。他们或在基础研究领域,或为我国两弹一星的研制,或为信息技术的发展,或为人类基因之谜的破解,或在现代工业与农业科技的历史性突破等方面,建立了卓越的功勋,在国际科学界享有崇高的威望。这一数据表明,宁波籍院士在中国科技人才的顶尖方阵中占据着显赫的地位。而以台湾集成电路制造公司原董事长张忠谋、网易创始人丁磊为代表的宁波高科技人才更是所在领域的领军人物。2013年,爆炸力学专家郑哲敏获得科技界最高荣誉——国家科学技术最高奖。

第三,重应用、重实践、重实干。相对于书斋式的学者,宁波籍科学家与科技工作者多是从实验室乃至车间、田头走出来的。如我国著名的小麦专家、中国工程院院士余松烈被称为田头里走出来的院士,而这种情况并非个案,而是有相当的普遍性。从学科分布来看,宁波籍院士技术应用学科也大大多于理论学科,这与宁波人经世致用的传统是相一致的。近代以来,在宁波商帮中更是走出了一批企业家与科技工作者身份兼而有之的实业家,他们是商人,是企业家,也是科技工作者。他们由于在诸多制造领域赢得了许多中国第一而载入中国科技发展的史册,如被称为中国爱迪生的胡西园于20 世纪 20 年代初研制成功中国第一只电灯泡,三四十年代更有不少宁波商人因在科技含量很高的精密仪器研制方面的巨大成功而广受赞誉。如王生岳是国内第一台万能铣床制造者,被誉为"铣牙大王"。被称为中国电器工业奠基人的姚德甫研制了中国第一台电冰箱、第一条压缩机生产线、第一台军用发动机。丁佐成则是中国现代仪器仪表业的先驱,他创建了中国第一家仪表制造厂——中华科学仪器馆(成立于 1925 年 10 月,后改名为大华仪表厂),组织生产了中国第一只国产电表,为中国仪表工业的发展做出了重要贡献。蔡正粹则是中国工业锅炉创始人,李允成是国产氧气、国产电石的创始者,等等。

二、词　条

舒高第

舒高第(1844—1919),字德卿,慈溪庄桥舒家(今属江北区)人,中国早期著名的科技翻译家。

舒高第早年随父迁居上海,就读于教会学校。1859 年赴美攻读医学,1867 年获哥伦比亚大学医学院博士学位,成绩列全班第一,成为我国近代史上第一位在美国获得医学博士学位的留学生。后又在神学院深造,1873 年获神学博士学位后返回上海。适逢李鸿章在沪创建兵工厂,即聘精晓英语和自然科学知识的舒高第为技师和医师。后应广方言馆总办李兴锐之聘,舒高第于 1877 年到上海广方言馆任英文教习,执教 26 年余。该馆亦称上海同文馆,与京师同文馆、广州同文馆一起,自 1863 年至 1906 年,培养了中国第一代外交官和大批翻译人才,被誉为我国近代翻译人才和外交官的摇篮。舒高第在任教期间,将在国外学到的知识悉心传授给学生,对培养我国早期外语、外交人才有着重要贡献。自 1878 年起,舒高第兼任江南制造局翻译馆的翻译。在晚清自强运动期间,该馆为我国唯一的专门译书机关。其译书之系统完整,质量之高与影响之大,均为一时仅见。该馆共翻译出版过约 200 种西书,从军事应用技术、工艺制造技术的引进,到声光化电的自然科学基础理论的介绍,给近代中国带来了不少西方自然科学的新成果,代表了洋务运动时期绝大多数中国人所能了解的西方科技知识的最高水平,在中国近代科技史和中外文化交流史上占有重要的地位。舒高第在江南制造局翻译馆任职 34 年(1878—1912),与傅兰雅(英国)、金楷理(美国)等同为翻译馆的主要口译人员。自 1901 年后,该馆只有他一人任口译。他毕生献身于译书事业,多方面地介绍西方近代自然科学等知识,用力甚勤,成绩卓著。所译书籍计有《临陈伤科捷要》《西药新书》《美国宪法纂释》《矿学考质》《炼金新语》《探矿取金》《炼石编》《务农全书》《铁甲丛谈》《水雷秘要》等 21

部,其中以《内科理法》《产科》《妇科》等医学译著最有影响,舒高第成为我国早期介绍西方近代自然科学等知识的著名翻译家。

　　参见孙善根、谢振声:《走向海内外的江北人》,2014 年,内部印行;汪常明:《中国近代第一个留美医学博士舒高第》,《中国科技史杂志》2018 年第2 期。

金雅妹

金雅妹

　　金雅妹(1864—1934),原名金阿美,又名金韵梅,鄞县人,近代医学家,中国历史上第一个女留学生,也是中国护理教育的开拓者。

　　金雅妹出身于鄞县基督教牧师家庭。三岁时,父母相继死于流行瘟疫,金雅妹被美国传教士麦加谛夫妇收养。1872 年随养父母去日本,后去美国。从小接受美国幼儿启蒙教育,后考入纽约医院附属女子医科大学,21 岁时成为一名美国医生,曾应聘在费城、华盛顿、纽约等地的医院工作。据说她精于显微摄影,1887 年,权威的《纽约医学杂志》刊出了她的学术报告《显微镜照相机能的研究》。1888 年也就是她从医科大学毕业三年之后回到国内。先是在福建厦门行医,一年后因病去日本神户治病疗养,在此期间与一位西班牙籍的葡萄牙音乐家相爱结婚,两年后生下一个男孩。婚后夫妇之间的感情并不融洽,勉强维持 10年后离异。1905 年金雅妹再度回到祖国,先后在成都、上海等地行医。1907年到天津,应聘出任北洋女医院院长。该院是 1902 年袁世凯出任直隶总督后建立的,经费经袁世凯批准由海关按月拨款 700 元,不足部分由绅商捐助。任职期间,金雅妹尽心尽力,把医院办得井然有序,受到妇女患者的信任,成为天津的名牌医院。特别值得一提的是,金雅妹为了培养医护人员,争取到袁世凯拨银两万两,于 1908 年创办了天津的第一所护士学校。护校附属于北洋女医院,初名女医学堂,金雅妹亲任堂长。她"将中间小排房屋全行拆去,于该处建筑讲堂、割症房、产科院各一所"。该学堂初招贫寒子女卢超远等 30 名,分产科、看护两科,以两年为修业年限。课程内容主要包括产科、看护科及通用药理、卫生、种痘等科。教学方式上仿行西法,教学与实践相结合,学生除学习课堂讲授的知识外,还在北洋女医院进行实习活动,以达到理论与实践相结合的目的。在此期间,与孙淦医生发起设立天津红十字会,并向各方募捐,救治战争中的伤员。1916 年袁世凯死后,天津海关停付该院经费,由天津近代教育家严范孙、李琴湘等人接办该校,学校由公办转为官商合办并改名天津女医局附设护士助产学校。金雅妹旋即辞去院长与所兼护校校长职务,至此她在天津工作了将近 10 年,为天津医疗事业的发展做出了一定的贡献。金雅妹辞职离津后,定居北京,继续献身于医疗事业,培养医护人才,直至 1934 年因患肺炎逝世,终年 71 岁。北平协和医院一位英籍医生在一篇悼念文章中这样评价说:"她是一位经历了如此之多的痛苦和不幸的女性,这个世界对她过去似太无情。更为重要的是,她竟因而为这个国家的孩子和工人的利益做了很多工作,直到生命的尽头。"

参见夏明华主编:《宁波教育志》,浙江教育出版社 1996 年版;高毅哲:《金雅妹——寂寞地盛开》,《中国教育报》2019 年 2 月 15 日。

钟观光

钟观光(1868—1940),字宪鬯,镇海柴桥(今属北仑区)人。中国近代植物学家,他是中国第一个用科学方法广泛研究植物分类学的学者,是近代中国最早采集植物标本的学者,也是近代中国植物学的开拓者。

钟观光出身于镇海柴桥镇姚江岸村的小染坊主家庭,幼入私塾,勤勉好学。为珍惜光阴,自缚其足于桌腿,以抑制好动,光绪十三年(1887)中秀才后,人谑称"缚脚秀才"。观光满怀忧国之情,由于无力深造,矢志自学物理、化学等自然学科。专程赴沪学习日语,了解国外科学史和科学动态,由是学识大增。光绪二十五年(1899),与同乡黄霖生等购置实验材料、化学物品,约集同道少年,在柴桥组织四明实

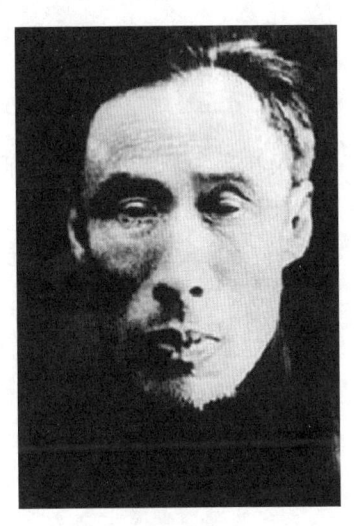

钟观光

学会,后迁宁波辨志书院(今市二中址),成功试制黄磷。又去上海浦东筹建灵光造磷厂,以未能买到机器作罢,乃东渡日本考察。回国后撰《理科通证》,并与人合译《中国通商物产字典》,在沪与同乡虞寒庄、虞和钦创建科学仪器馆,内设理科传习所,传授科学知识。蔡元培曾前往听课,缘此成为好友。后参加蔡发起的中国教育会、孙中山领导的同盟会,投入反清革命,研

制炸药供革命需要。光绪二十九年(1903),主持原由蔡创办的爱国女校。次年,受聘宁波师范学堂,因被人告密,返回故里。认为"推动革命,非由国民教育入手不为功",于是在家乡柴桥与曹赞宸等创办芦渎公学。由于办学负债,且积劳成疾,得蔡助,转杭疗养,休栖于湖山花木之间,进而对研究植物萌生浓厚兴趣,与植物结下不解之缘。1911年应聘任教育部参事。1916年蔡元培任北大校长,观光受聘为该校生物系副教授,年近五旬,自誓"欲行万里路,欲登千重山,采集有志,尽善完成"。于是偕李力仁、张东旭、黄晓春、钟补勤(观光子)南下采集。至1920年,前后采集之行历时五载,足迹遍及闽粤、浙皖、川豫、晋冀等11省区,采集腊叶植物标本1.6万余种、15万号,海产动物标本500多种,为北大生物系建立植物标本室,开创中国学者采集和制作标本进行科研工作的新时期。1927年任第三中山大学(今浙江大学)副教授,兼任省博物馆自然部主任。利用时机翻越东西天目、四明、天台诸山,得植物标本1000多种、7000余号,创办第三中山大学劳农学院植物标本室和中国近代第一个植物园。其间,在普陀山发现珍稀濒危树种鹅耳枥。1930年任中央研究院自然历史博物馆研究教授,参加中国科学名词审定委员会工作。同年秋,应北平研究院之聘,至植物研究所从事植物学研究,仅在手稿《说文植物类证》中,即对54科的199种植物作大量考证和订正,被称为植物古籍考证大师。1937年"七七"事变前夕,华北局势严峻,被迫携部分文献资料返乡,继续对古籍植物考证、注释,并续写《本草疏证》。由于资料有限,工作难以继续,更因"心伤国难,而无可致力",于1940年9月30日在乡病逝。钟观光为中国最早大量采集植物标本的学者,以其命名的植物属名就有钟木属和观光木属,对中国早期植物学研究贡献卓著。

参见陈兵主编:《镇海县志》人物传略,中国大百科全书出版社1994年版;朱宗元、梁存柱:《钟观光先生的植物采集工作——兼记我国第一个植物标本室的建立》,《北京大学学报(自然科学版)》2005年第6期。

范文虎

范文虎(1870—1936),原名赓治,字文甫,后改名文虎,自称"鄞西古狂生",人称"范大糊",鄞县城区人,中医学家,近代宁波中医的杰出代表。

范文虎家世业医,父亲范邦周,曾经商颇有家资,然对医道极为喜好,偶尔也为乡邻免费问诊。范文虎早年先攻儒学,20岁为县学附贡生,因直言不讳,被取消附贡生资格,遂绝意仕途,移志医学。初从其父范邦周学疡伤外科,后游学扬州,遇一高僧,得其疡伤外科秘方及针灸医术,复潜心研读医书,医术锐进。他治病斟酌古今,好用峻剂,处方常出人意料,屡获奇效,于是医名日著。医术尽取各家之长,为己所用,治病因人因时而异,不泥古,不背今。1919年,发起成立宁波中医学研究会,任会长。还开办中医专门学校,培养医学人才,先后受业60余人,多有所成。1927年夏,宁波霍乱流行,危及众生,范在城区大沙泥街开设中医时疫医院,并在航船埠头分发防疫药方,一些贫病者据此药方,煎汤服用,以此救治了众多患病者,被乡民称为"救星"。当时宁波中医挂号金要收六角,他只收四角六。医德高尚,于贫病求医者不收诊费,方笺加盖私章"送药一帖",嘱患者至某药店免费取药,年底由其向药店结算付账。自奉节俭,行医40余年,家无余资。他曾写过一副对联,挂在自己的堂屋正中:"但愿人皆健,何妨我独贫。"正是其行医生涯的真实写照。死后所购置众多医书全部捐赠天一阁。性好读书,涉猎经史百家。工诗文,擅书法,甬上士林称其医理、诗文、书法为"三绝"。弟子整理出版有其《外科纪录》《范文虎医案》《范文虎学术经验专辑》《范氏医案征求稿》等,另有诗稿一册。终范文虎一生,他对民族传统医学之发扬光大贡献甚大,其医案传布,已成为浙东一流派。

参见宁波市卫生局编:《宁波市中医临床经验选辑》卷二范文虎医案,1962年,内部印行;张念祖整理:《宁波名医范文虎》,《宁波文史资料》第1辑,1983年。

王生岳

王生岳(1872—1945),字庭豪,鄞县人,中国第一台万能铣床的制造者,被称为"铣牙大王"。

王生岳幼年曾读私塾六年。其父是轮船厨工,家境贫寒。13岁来沪,学雕花木工,后进元昌机器厂当学徒。清光绪十五年(1889)满师后,转入英商耶松船厂当车工。光绪二十七年(1901),提升为车床间领班。光绪三十二年(1906),耶松船厂并入瑞镕船厂(现上海船厂西厂的前身),继任领班。任职期间,为排水量3400吨的"新宁绍"轮船车制一根长17米的曲轴。当时没有分厘卡量具,靠一把卡钳,车制出符合质量要求的曲轴,博得船主好评。1913年,辞职离厂,自筹资金2000两银子,在杨树浦路鼎和里创建王岳记机器厂(现上海减速机械厂前身之一),当时俗称"铣牙厂",专门代客加工齿轮,又称"铣牙",是上海也是国内最早的齿轮加工的专业厂。起初"铣床"的"铣"字,用的是"洗"字,王生岳最早将"铣"字移用于机械金属切削工艺。1915年,为同乡史鹤鸣创办的史鹤记机器厂(现上海冲剪机床厂前身)承制一台 3 号万能铣床,造价 1200 两银子,是为第一台国产万能铣床。1918—1920 年,为扩大加工业务,王生岳承接了一座国产大自鸣钟的全部齿轮加工业务。此钟有五六层楼高、十间门面宽,坐落在大世界对面,由此名声大噪。1925 年,为发展齿轮加工业务,他购进美国 SINSINNITE 牌新式铣床。1930 年他获悉滚齿比铣齿更精密,又用 7700 两银子购进一台德国鲁麟洋行的 36 英寸滚齿机,后又购进德国的磨滚刀机、伞齿轮刨齿机等设备。同时,他还自制成功 60 英寸滚齿机和大型刨齿机,培养出一批技术精湛的高徒,这些人后来都成为上海机械工业的开拓者。当时,在上海初步形成了一个以齿轮加工为主的机器行业小群体,王生岳被誉为"铣牙大王"。1936 年,茅以升为建造钱塘江大桥,要求王生岳协助解决起重设备上的关键部件六英寸一牙的蜗轮副。王生岳就在八英寸车床和 36 英寸滚齿机上,及时完成了蜗轮副的加工,为中国自造的第一座公路和铁路双层大桥做出一份贡献,受到茅以升的赞扬。1937 年,"八一三"事变后,日军大举进攻上海,坐落在商丘路的厂房、机器毁于炮火之中。已过六旬的王生岳没有屈服,次年他重建王岳记机器厂。后由于因年老多病,由其次子王承恩继承其事业。1945 年 10 月病故。

参见朱念:《中国第一台万能铣床诞生前后》,《上海机床》1996 年第 4 期;《上海机电工业志》编纂委员会:《上海机电工业志》,上海社会科学院出版社 1996 年版。

虞和钦

虞和钦

虞和钦(1879—1944),字自勋,仕名铭新,镇海邬隘扎马村(今属北仑区)人。被认为是清末民初由一中国传统士人转变为醉心科学的新型知识分子,一生经历了科学救国、教育救国、实业救国的全过程,是我国近代科学中国化的积极实践者。

虞和钦出身于儒贾世家,父景璜治经谈艺,并设馆授徒,虞和钦早年随父诵读经书,研习词章。14 岁,随父就读于本地著名的灵山书院。次年父卒,仍往书院从父执虞敦甫习读。20 岁,在家乡设塾课蒙。1895 年中日甲午战后,知仅恃旧学不足以御侮,慨然以革新学术自任。与钟观光等设四明实学会于柴桥家中，成功试制黄磷。继与钟集资创设灵光造磷厂于上海浦东烂泥渡，并入东文学堂习日语，入英文书馆习英语。半年后灵光厂亏本停办。1900 年译著《化学周期律》，为国内最早介绍化学元素周期律的文章。次年，与钟等同道创设科学仪器馆，继又分设理科馆，创办中国最早的综合性自然科学期刊之一《科学世界》，任主笔；译著理化书文多种，普及理化知识，还撰写地质学、气象学、工程学等科学论文。创办理科传习所，与钟亲为讲授。1907 年发表《有机化学命名草案》，建立首个系统的有机物意译命名体系。其间，曾参加中国教育会，兼任爱国学校与爱国女校教员。教育会被迫解散后，东渡日本，入东京清华学校及帝国大学理科（化学科）。留学期间，生计窘困，以译著所入充学费。光绪三十四年（1908）毕业归国，应部试，授格致科进士、翰林院检讨，调学部图书局任理科总编纂。1910 年举硕学通儒，充资政院候补议员。1912 年被教育部聘为讲师，先后为主事、视学、编审员。曾任山西省教育厅厅长六年，任职期共增小学 25000 所，增学生 50 余万人，添设农工商各专门学校，分区设立中学及师范学校 10 余处，并创设国民师范学校。1923 年回京任财政部参事上行走。后应冯玉祥、商震等军政要人之邀，任秘书一职。1929 年 10 月，因疲于军阀间的争斗，主动离开军政界，次年 4 月返沪置办实业，设开成造酸公司筹备处，几经困折，始克有成，叹创业维艰，人情险阻，辞职荐方液仙代替，己则从事游钓、著述。自号"五隐先生"，谓"隐于书画诗琴舞"。曾于文字之余，创办国际舞学社 4 年，复于寓庐教授书诗及琴艺。1937 年"八一三"事变后，深居简出。1938 年复创设开明电灯泡厂和葡萄糖厂于沪。虞和钦一生所学所事，多属始创，其中不少为中国第一。他是近代中国"科学救国""实业救国""教育救国"思想的积极践行者，且贡献良多。又科、艺、文俱全，一生著述颇丰，除一些科学文章、科学专著、理科教材外，还著有诗文、中西哲学、社会学、古琴研究等方面的著作，并汇为一书，名曰《和钦全集》（共 18 种）。

参见陈兵主编：《镇海县志》人物传略，中国大百科全书出版社 1994 年版；顾家山、汪丰云：《中国近代化学传播的开拓者——虞和钦》，《化学教育》2013 年第 1 期；王细荣：《近代科学中国化的实践者：虞和钦》，《自然辩证法通讯》2013 年第 4 期。

何育杰

何育杰（1882—1939），字吟苣，慈溪慈城（今江北区慈城镇）人，我国早期物理学家、教育家。

何育杰

何育杰出身于清朝小官员之家,其父何麟祥,光绪二年(1876)举人,曾任江西新喻、贵溪知县,为官清廉。何育杰自幼聪敏好学,11 岁丧父后,笃学勤奋,尤长古诗文。15 岁(1897)中秀才。1898 年入宁波新式学校——中西储才学堂,为该校首期学生。1901 年被推荐入京师大学堂,成为京师大学堂速成科师范馆格致科数学物理学部学生。1904 年年初提前离校,作为京师大学堂派出的第一批留学生,赴英国深造。先后在维多利亚大学和曼彻斯特大学攻读物理,1907 年获曼彻斯特大学理学硕士学位。1909 年回国,先后在京师大学堂、北京大学、北京师范大学、东北大学讲授物理学。因时局动荡于 1911 年冬季返乡,参与发起组织效实学会,开设效实中学,并一度担任慈溪教育会会长、保黎医院董事。1912 年起担任北京大学物理系教授,曾主编过我国第一部大学物理学教材,还编订了该系教育大纲,培养出现代中国第一届大学物理系毕业生。1917—1920 年任北京大学物理系主任、物理系教授会主任。1927 年因病辞去北京大学教职返乡,不久应聘担任东北大学理工学院物理系主任,1931 年又因病辞职。在养病期间,何育杰不顾身体虚弱与条件困难,翻译了 E. N. deC. 安德雷德(Andrade)的《自然之机构》、L. 因费耳德(Infeld)的《物质与量子》二书。上海商务印书馆于 1936 年将二书列入《自然科学小丛书》出版。1932 年中国物理学会成立之后,何育杰被选为该会所属物理学名词审查委员会委员,此后曾任《中国物理学报》编委,此间为审定中国物理学名词做了不少工作。1937 年任国民政府交通部参事,不到一年辞职。1939 年 1 月 19 日在重庆逝世。何育杰是中国近代物理学的拓荒者之一。时人称其"二十年如一日,在当时中国近代物理学这块荒土上,辛勤开垦播种,桃李芬芳,弟子遍及海内外"。为了纪念这位卓越的物理学家,表彰他在开辟中国物理学教学研究、培养人才方面的重大贡献,1940 年中国最著名的科学技术学术团体——中国科学社特设"何育杰物理学纪念奖金",规定每年在全国征求物理学论文一次,奖金授予论文最佳者,以鼓励后学从事物理学研究。这是我国有史以来第一个为物理学设立的奖金。

参见谢振声:《中国近代物理学的先驱者何育杰》,《中国科技史料》1990

年第 1 期；王荣德：《中国近代物理教育的先驱者何育杰》，《湖州师专学报》
1988 年第 6 期。

章锦林

章锦林（1883—1962），字俭德，鄞县人，近代中国机械工业重要开拓者。

章锦林家境贫寒。18 岁到上海学艺，曾在李涌昌机器厂、江南制造总
局、商务印书馆等处做工。1916 年离开商务印书馆，自创明精机器厂（现上
海第二机床厂前身），承接印刷机械修理业务。1917 年，《新闻报》馆一台立
式轮转印刷机出现故障，经德国和日本专家维修后仍不能使用。后经他一
修，即起死回生，在当时成为一大社会新闻。从此，章锦林和他的明精机器
厂在上海滩出名。不久转变经营方向，由维修改为制造，并陆续推出四开、
对开印刷机，其中落石架印刷机还打入国际市场，1918 年出口日本 300 余
台，开中国印刷机出口之先河。1922 年，为扩大生产，迁厂至闸北天通庵路，
开始研制当时国内空白的五彩面印刷机、全张铅印机、14×10 英寸（1 英
寸＝2.54 厘米）脚踏印刷机、铜版印刷机等新产品。1932 年"一·二八"沪
战时，厂房毁于战火。他不怕挫折，待战事略平，重整旗鼓，在天潼路开设京
沪机器厂，在浙江路开设俭德机器厂，继续经营印刷机制造和维修，并于
1933 年制造出国内第一台自动铸字机。并调整经营策略，转产市场畅销的
6～8 英尺（1 英尺≈0.3 米）皮带车床，赢得国内外用户的好评。1937 年"八
一三"事变时，将设备迁到租界汉口路和大沽路，暂设修理车间和制造车间
以维持生产。当时因海运受阻，外货进口中断，他抓住机遇，成批生产"明精
牌"车床和牛头刨床，出口南洋。太平洋战争爆发后，又转销日本。到 1941
年，明精厂生产的各种型号的车床，畅销国内市场。明精厂已能生产 8 挡变
速的 6 英尺和 8 英尺齿轮车床以及 2 号万能铣、六角车床等，代替逐渐被淘
汰的皮带车床，畅销国内市场。抗战胜利后在海防路再建新厂，扩大生产。
上海解放后，明精机器厂又得到迅速发展。1954 年在机床行业率先实行公
私合营。因其年事已高，由长子章行方主持厂务。1962 年病逝于上海。

参见《上海机电工业志》编纂委员会：《上海机电工业志》，上海社会科学
院出版社 1996 年版；陶水木：《近代浙商名人录》，浙江人民出版社 2005
年版。

姚德甫

姚德甫（1884—1942），镇海小港（今属北仑区）人，名承祜，晚清著名文
学家姚燮之孙，中国高低压电器工业的奠基人。

姚德甫幼失父母，家境贫寒，先在上海王顺昌火炉店学艺，后经人介绍到外商上海电力公司当学徒，所入甚微，有人轻其所业，则说："方今电气世界，我能致力电学，愿望已达。"由于勤学不舍，技艺进步甚速，不数年即升技副、技正、技总，并因及时解救触电的美籍高级工程师而升为华人组长。第一次世界大战结束时，上海租界张灯庆祝，因装置不当试灯不明，外籍高手检修无效，经姚调试，一举成效，由此名声大噪，被商务印书馆等多家企业聘为电气顾问。为便于与外人交往，发愤学习外语，不久即应付自如。鉴于洋货充斥国内市场，而电器尤费，遂联合同道于 1918 年在上海创办小型零件制造及电气安装工程企业，次年即正式创办华通电业机器厂（今上海华通开关厂）。初从事修理安装业务，后兼制造各种电器用具。由于所产精工细制，产品质量在当时全国首屈一指，丝毫不输洋货，由此业务兴隆，规模迅速扩大。1933 年又研制成功各种类型的电风扇，产品畅销不衰。1934 年华通牌电风扇和自冻器（即电冰箱）在全国国货展览会上，荣获实业部颁发的优质产品奖，成为著名的民族品牌。1935 年，其产品 33-3 千伏全系列 CL 型高压油开关为国内首创，试制生产的铁路号志自动分轨装置，效果显著，达当时世界先进水平。抗战初期，华通积极支援抗战，成批制造手摇发电机供抗日部队使用。"八一三"事变后，将工厂迁往租界。上海沦陷后，日军对其威逼利诱，逼其"合作"，继以抗日分子罪名加以逮捕，均不为所动，后姚德甫被勒索巨款而得以脱身，并继续扩大生产。1940 年，工厂职工增至 900 人左右。1941 年工厂改名为华通电业机器厂股份有限公司。1942 年姚德甫病

叶友才

逝于上海。1953 年企业改名为上海华通开关厂，后发展成为中国大型的综合性开关设备制造和成套电器制造企业。

参见陈兵主编：《镇海县志》人物传略，中国大百科全书出版社 1994 年版；和风：《华通开关迎来转机》，《上海质量》2009 年第 10 期。

叶友才

叶友才（1888—1952），鄞县人，近代中国电器工业的开创者之一，有"中国电扇之父"之誉。

叶友才少年时代在上海电机商行当学徒，后在怡和、威灵、福昌等洋行任跑街，从事电

器、机械、五金等销售业务。1914 年与杨济川等共同首次研制国产电扇成功，并于 1916 年创办华生电器厂，生产电流表、输电变压器和直流发电机等产品。1917 年盘进元达电器厂，并仿制出国内第一台直流发电机，叶改任经理。1922 年华生厂制造的 8 千瓦直流发电机、60 安培电镀发电机、15 千瓦电力变压器等产品在上海总商会陈列所第一次展览会上获得优等奖和金质奖章。1924 年华生厂开始大批生产"华生"牌电扇，成为我国第一家自研自制的电风扇厂，并很快称雄国内和南洋市场，使美货"奇异牌"电扇败绩于中国市场。1927 年后该厂以生产家用移动式电扇和 30 寸吊扇为重点。此两产品于 1928 年在首都工商展览会获奖，次年获暹罗中华总商会国货陈列奖和西湖博览会金章奖，从此"华生"名声大振。1930 年又与人合资在上海创办华成电器制造厂，任董事长兼经理，生产各类感应电动机，闻名中外。1933 年将华生厂改为股份公司时，华生电扇年销售额已达百万元。20 世纪30 年代中期，叶除经营华生、华成电器厂外，还兼任乌镇、南翔等地多家电灯公司董事、中国国货产销协会理事、上海国货工厂联合会执行委员等。"八一三"事变后，任上海工厂迁移委员会委员，参与组织、主持上海工厂的内迁工作。当时"河运阻梗，车运停顿"，但他"为保持实力计，供应国家、社会之需，把生死置之度外"，冒险将华生、华成电器厂的各种机器、原料、成品全部迁往内地。其搬迁物资数量之多，居上海民营内迁厂家之首。其中途经镇江时遭到日机轰炸，五艘木船被炸沉，职工死 20 人，伤十余人，损失惨重。到达汉口时，华生厂生产变压器及手摇或脚踏发动机、军用探照灯等，并兼修各种电机，产品受各界欢迎，并受到当地政府嘉奖。后武汉开始大撤退，叶友才立即组织千余员工西迁重庆郊外大佛段，日夜加工，恢复生产。1940年 2 月两次遭日敌机狂轰滥炸，华生厂各车间全部焚毁，损失比往年在镇江途中更为惨重。是年冬，叶友才继续在渝郊复工，新建厂房，终于在 1941 年开始重新生产，是当时大后方唯一能制造 36.8 千瓦马力发动机的工厂。华成厂则迁往湖南衡阳，也成为后方产量最高、品种最多的电器厂。抗战胜利后，主持把两厂全部回迁上海，仍任经理，惨淡经营至上海解放。1952 年在上海病逝。

参见陈春芳：《叶友才——上海电器业的创始人》，《上海商业》2004 年第 7 期；《上海机电工业志》编纂委员会：《上海机电工业志》，上海社会科学院出版社 1996 年版。

翁文灏

翁文灏

翁文灏(1889—1971),又名存璋,字咏霓,号君达、悫士,鄞县人,近代中国著名的科学家、社会活动家,是中国第一个享有国际声誉的学者,对中国地质学教育、矿产开探、地震研究等多方面有杰出贡献。

翁文灏出身于绅商家庭,光绪二十八年(1902)中秀才,后到上海读书,1908年毕业于上海震旦学院,旋去比利时留学,入鲁汶大学攻修地质学。1912年毕业,获物理及地质学博士学位。次年回国,历任农商部地质研究所、北京大学、清华大学教授,造就地质人才甚多。1916年任地质调查所矿产股股长,1921年任代理所长,1926年起任所长,1928年任清华大学地学系教授兼系主任,曾出席国际地质会议。1932年,经蒋介石力邀,任国防设计委员会委员兼秘书长。1934年,与竺可桢等发起成立中国地理学会,被选为第一任会长。同年至浙江长兴调查油矿。次年10月改任国民政府行政院秘书长。1937年任中国地理学会理事长,出访英、法等国,积极为抗战争取外援。次年任国民政府经济部长兼资源委员会委员长、工矿调整处处长,主管中国的战时工业生产及经济建设,为坚持抗战做出了很大贡献。1943年工矿调整处改战时生产局,任局长,兼任中国地理学会监事。1945年上半年任行政院副院长,抗日战争胜利后仍任该职,但辞去各兼职,后筹组中国石油公司,任董事长兼总经理,同年进入国民党中央委员会。1947年复任职资源委员会。1948年6月任行政院院长,会同财政部、中央银行推行"币制改革",发行金圆券,未几告败,11月辞职。1949年2月,任总统府秘书长。5月辞职去香港,次年赴法国讲学。1951年年初回国,后历任地质出版社特约编辑,第二、三、四届全国政协委员,民革中央委员、常委,台湾和平解放委员会委员、副主席等职。1971年病逝于北京。他对地质学造诣很深,为祖国地质事业和地质科学奠定了基础,也是中国近代地理学创始人之一,在地质学、地理学、古生物学等领域创造了诸多中国第一。著有《中国矿产志略》《中国地史浅说》《中国地质构造对地震区分布之影响》《中国山脉考》《中国的人口分布与土地利用》《中国东部中生代以来之地壳运动及火山活动》《甘肃地震考》《地震》《锥指集》等。

参见戴光中:《书生本色——翁文灏传》,杭州出版社 2004 年版;李学通:《翁文灏年谱》,山东教育出版社 2005 年版;危兆盖:《民国有个翁文灏》,《书屋》2011 年第 11 期。

虞振镛

虞振镛(1890—1962),慈溪鸣鹤场人,我国著名畜牧兽医学家,农业教育家,我国现代农业教育事业的先驱之一、兽疫防治系统的奠基人。

虞振镛六岁读私塾。1902 年入鸣鹤乡教会所办小学读书,翌年转学于宁波崇信书院。1904 年入上海中西书院。1907 年考入上海圣约翰大学。1911 年又考入北京清华学校,同年秋被保送入美国伊利诺伊大学攻读畜牧学。1914 年毕业,获学士学位。1915 年于康奈尔大学研究生院毕业,获硕士学位。同年,虞振镛受清华学校聘请回国任教。从 1915 年到 1928 年离校(其中包括 1920 年至 1921 年再度赴美进修),前后长达 14 年之久。先是担任教

虞振镛

授兼农场主任,20 世纪 20 年代初,清华大学创设农科,他被任命为农学系主任、农场场长,为培养我国现代农业科技人才做出了贡献。1928 年,清华学校改名清华大学,以理工科为主,取消农科。虞应北平大学农学院聘请,任该校教授兼农场主任。翌年,赴东北担任辽宁省通辽县钱家店三畲堂农事试验场场长。1931 年"九一八"事变后,返回北平,任北平大学农学院代理院长。1932 年年初,就职于中国华洋义赈会,先在北平任农利股主任,负责指导河北省信用合作社和棉花运销业务。1933 年去西北任该会绥远民生渠水利委员会委员兼总干事。1934 年,民生渠移交绥远省政府管理,虞重返北平,任北平大学农学院教授兼农艺系主任,并着手整顿畜牧场。1936 年,应清华大学前校长周贻春的邀请,南下任国民政府实业部渔牧司司长兼种畜场场长。在职期间,开始创建我国兽疫防治机构,着手拟订兽疫防治条例,大力扶植兽疫防治研究和推广工作。1937 年全面抗日战争开始,随政府撤往西南。全面抗战 8 年,虞振镛始终在贵州省工作。先后担任贵州省建设

厅技正、主任技正、农业改进所所长、兽疫防治委员会委员兼干事等职。为改良农业、兴办水利、发展土特产品,特别对防治牛瘟,发展畜牧业,做了许多有益的工作。他亲自主持自制疫苗工作,广泛传授隔离、消毒、注射等防疫措施,遏止了当地牛瘟的流行。他还为当时迁到贵州安顺的陆军兽医学校开设奶牛讲座。抗日战争胜利后,虞振镛重返南京,先后任农林部渔牧司司长、畜牧司司长。在职期间除在全国建立兽疫防治系统外,还为改良畜禽品种做了不少工作。在安徽滁县、广西良丰建立了两个牛种改良场;把联合国善后救济总署提供的种羊分发河南寒羊区、浙江湖羊区和绥远蒙羊区,进行繁殖和改良当地品种;由中央畜牧实验所负责繁育良种种鸡,沿津浦线等地推广。1948年冬,虞振镛辞去政府职务,接受上海畜产公司聘请担任该公司经理。从1936年到1948年,他担任政府高级官员达13年之久,洁身自好,廉洁奉公,淡泊明志,以至于在贵州工作时,一贫如洗。他学医的女儿为弥补学费和生活费用而不得不去卖血,他的亲戚也都不愿到他这个"没有油水"的地方谋职。1949年6月,虞振镛应浙江大学邀请至该校任教。1952年全国高等院校院系调整,虞振镛被调到南京农学院畜牧兽医系任教授。1962年11月13日在北京逝世,享年73岁。

参见中国科技协会编:《中国科学技术专家传略农学编·养殖卷》,中国农业出版社1999年版;王昭:《抗战时期虞振镛有关贵州畜牧业的思考与实践》,《唐山师范学院学报》2018年第1期。

丁佐成

丁佐成

丁佐成(1891—1966),镇海丁家山(今属北仑区)人,中国电器仪表工业的开创者与先驱者。

丁佐成幼年在其父所设私塾就读。年稍长,课后进山砍柴,至市上变卖,贴补家用。后去宁波教会学校四明中学读书,因秉性诚实,聪明好学,为一美籍教师赞赏。中学毕业后,由其资助考入南京金陵大学物理系。1918年毕业后,留校任教三年。丁信奉基督教,得教会资助,去美国芝加哥大学攻读电气工程,获硕士学位。随后进美国西屋电气公司任工程师。因去参观威斯顿电表厂被拒愤而回国,于

1925 年 3 月筹资 1000 美元创建中华科学仪器馆，自任总经理兼工程师，除经营幻灯机和维修实验仪表外，成功研制出船舶和航空用无线电收发报机，承揽了当时中国航空公司两条航线的通信设备，并为招商局等装置收发报机，赢利 14 万元。1927 年甬商朱旭昌等投资 6 万元，与其合作成立大华科学仪器厂股份公司，丁任经理。1929 年研制出第一台国产直流电表，以后又研制出各种类型的交直流电表、电力表、功率表等，并成为美国西屋电气公司、鲍西·劳姆光学仪器公司在远东的代理商。1932 年在上海四平路购地兴建分厂，另在北四川路开办大华电器厂。1937 年"八一三"事变中四平路厂房设备、材料被毁，工厂产销发生困难。他一面经商，一面办厂，以商养厂，惨淡经营。他拒绝与日本人合作制造航空仪表，坚持了民族气节。抗战胜利后，赴美大量采购电表仪器设备，准备大展宏图，只因内战爆发，未能如愿。上海解放后，投资 10 万美元建造电表装配大楼，并购置设备，使大华成为中国第一流的电表厂，产量与品种均雄踞全国第一。1954 年申请公私合营，同年与太平洋电工厂、中国磁钢厂、新华电器制造厂等合并为大华仪表厂，出任总经理并负责全厂生产技术。1958 年又研制成功工业用自动记录仪表和电子调节器。先后担任全国政协第二至第四届委员、上海市政协委员、上海市工商联常务委员。"文化大革命"初期受迫害，1966 年 12 月含冤去世。

参见邵鹤年：《我国仪表工业的先驱丁佐成》，《上海文史资料选辑》第 80 辑，上海人民出版社 1987 年版；邵鹤年：《国货仪表的培育者丁佐成》，潘君祥：《中国近代国货运动》，中国文史出版社 1996 年版。

沈宗瀚

沈宗瀚（1895—1980），字海槎，号克难居士，余姚沈湾（今属肖东乡）人，著名农学家、作物遗传育种学家、农业行政管理专家。

沈宗瀚出身于余姚耕读世家，祖父、伯父、父亲均中秀才，以教书为业，兼事农耕。沈宗瀚自幼帮助家里干农活，深悉农情。1909 年沈宗瀚进诚意高小学校读书，深受黄宗羲和梁启超的爱国主义、曾国藩的自身修养以及王阳明的知行合一思想影响。沈宗瀚 1913 年进浙

沈宗瀚

江省立杭州甲种农业学校开始学农,1914 年进国立北京农业专门学校读书。每于寒暑假返乡,沈宗瀚常于日间下田工作,夜间将所学植物、栽培、施肥、病虫害知识与其兄畅谈。1918 年从北农毕业,1920 到湖南常德从事棉花试验推广,后又到南京第一农业学校任教。1922 年到芜湖第二农业学校任教,兼任芜湖省立农事试验场农艺科主任。1923 年留学美国佐治亚大学农学院,后转康奈尔大学研究院,兼纽约洛克菲勒世界教育会研究员,1927 年获博士学位。回国后历任金陵大学农学院副教授、教授、系主任,研究小麦、水稻、高粱育种等。1933 年出席在加拿大举行的泛太平洋科学会议年会。次年起历任中央农业实验所总技师和所长、陕西省政府委员兼农矿厅厅长、世界遗传学学会副会长、联合国粮农临时委员会技术顾问等职,致力于战时粮棉生产和管理问题的研究。1945 年抗战胜利后被派接收华北农事试验场,1947 年到南京重建中央农业实验所,并参与筹建和负责中美农业技术合作团、中国农业复兴联合委员会的工作。1948 年随农复会迁台湾,1964 年继蒋梦麟任农复会主任委员。他指导了 20 世纪五六十年代台湾的农业发展以及农业政策,参与了台湾的土地改革。可以说,他对台湾的土地改革、农会改组、工农业的配合发展,加速农业建设措施和农业发展条例的拟定,倡导农业经营现代化都做出了重要贡献。1976 年获美国哈特复特大学人文荣誉博士。1980 年逝于台北。沈宗瀚一生为中国农业发展培养人才、改进农业技术、发展农村经济做出了卓越的贡献。著有《中国农业资源》《中国各省小麦之适应区域》《克难苦学记》等,与人合编有《中华农业史论集》。

参见吴强:《沈宗瀚农业思想管窥》,《农业考古》2014 年第 1 期;吴伟荣:《沈宗瀚传略》,《民国档案》1990 年第 2 期;沈宗瀚:《沈宗瀚自述》,黄山书社 2011 年版。

余铭钰

余铭钰(1896—1962),镇海人,现代中国著名的钢铁科技专家。

余铭钰 1916 年毕业于北京大学采矿冶金系,1917 年赴美就读于加利福尼亚州大学研究生院冶金专业,次年毕业,获硕士学位,后在美国加州等地矿区工作,任实习工程师、工程师等。1919 年回国后,历任黑龙江关都金矿、江西安福煤矿、安徽宣城安平煤矿工程师。1923 年受聘于云南大学,任化学系系主任,兼任省运输公路建筑参事。1929 年任云南东大铜铅矿协理、总工程师。同年被广东省政府聘为矿业顾问。1930 年 3 月,赴任浙江丽水县县长。同年 8 月回上海,任上海南昌钢厂工程师。1933 年与同乡方子重等人开办以生产小钢锭、铸钢件为主的大鑫钢铁厂，该厂由余铭钰任总经理和总工程师。该厂引进国外先进的电炉炼钢技术，生产各种合金钢铁原料、机械，产品供不应求。抗日战争爆发后，为使大鑫钢铁厂不落入日寇之手，余铭钰率领部分职工，将 0.75 吨电弧炉辗转千里，运至四川重庆，并与当地民生公司、金城银行合资，组建渝鑫钢铁工厂股份公司。由余铭钰任总经理兼总工程师的渝鑫公司，主要从事炸弹、手榴弹、山炮等各种军火生产，有力地支援了前方抗战。1940 年后转向生产民用产品为主，并以品种之多、质量之好，为后方工业所公认。至抗战末期，已拥有 1 家总厂、9 家分厂（分矿），形成以碳炼铁，以铁炼钢，以钢制器的

余铭钰

冶金、机械大型联合企业。1942 年周恩来为渝鑫公司题词："没有重工业，便没有民族工业的基础，更谈不上国防工业，渝鑫公司的生产已为民族工业扩大了初步基础。"抗日战争胜利后，余铭钰回到上海，任日亚钢铁厂经理兼总工程师、大鑫钢铁厂总经理、上海华民玻璃厂董事长等职。1946 年 12 月任官商合办的上海钢铁股份有限公司总经理，在上海钢铁业中享有声望。1950 年余铭钰被政务院（国务院）重工业部任命为钢铁局顾问。同年，接受新疆党、政、军领导人王震的邀请，到新疆参加钢铁工业的创建工作。1951 年任新疆军区后勤部军工部总工程师。1952 年任新疆八一钢铁总厂总工程师，对创建八钢、解决八钢的技术难题和提高生产技术水平，做出了重要贡献。1957 年调任北京钢铁设计研究总院一级工程师。1960 年任农垦部顾问。同年，受王震委托，再度来疆，赴兵团钢铁厂指导冶炼高锰钢、浇铸拖拉机履带板的生产。1962 年 11 月 30 日在北京逝世。农垦部在碑文中写道："在党和政府的领导下，参加创建新疆钢铁企业工作，并在创建中表现出卓越的科学技能和热爱祖国的革命精神。"

参见新疆八一钢铁（集团）有限公司修志办公室：《中国炼钢科技专家余铭钰》，《炼钢》2005 年第 1 期；陶水木：《近代浙商名人录》，浙江人民出版社2005 年版。

吴耕民

吴耕民

吴耕民（1896—1991），原名润苍，后改润苍为字，余姚孝义乡吴家路东溜场（今属慈溪市）人，著名园艺学家、园艺教育家，中国近代园艺事业的奠基人之一。

吴耕民 15 岁入绍兴府中学堂，师事鲁迅诸名师，剪辫求新，立志学农，改名耕民。1913 年，因参与罢考学潮，被迫退学。次年考入北京农业专门学校，成绩优异，3 年 7 次考试俱名列第一。1917 年考取官费留日生，赴日本进兴津园园艺试验场当研究生。1920 年学成回国，相继执教北京农业专门学校、南京高等师范学校农科（后改称东南大学）、金陵大学园艺系、浙江大学农学院。1929 年赴法、比、英、德、瑞士等国考察园艺。1933 年任山东省青岛农林事务所特约研究员，后执教山东大学农学院、西北农林专科学校。1937 年于浙江黄岩创建浙江园艺改良场，任场长，兼任浙江省农业推广委员会主任技正，致力于研究柑橘。次年任江西农学院技正，后转任广西农学院园艺系教授。1939 年秋起任浙江大学农学院教授、园艺系主任，达 11 年。新中国成立后，长期执教浙江大学农学院（后改浙江农学院、浙江农业大学）。为第三届全国人大代表、第五届全国政协委员、第三届浙江省政协委员。吴耕民从事园艺教育科研 70 余年，是中国园艺高等教育奠基者之一，参加创建国内首批高级园艺机构，毕生从事园艺学研究和教育，造就人才众多。同时对中国温带和亚热带果树栽培、品种分类及蔬菜栽培等均有深入研究，尤长果树修剪学，先后调查研究我国果蔬品种资源，选引国外园艺良种和栽培技术，发表、出版专著、论文、译著 1000 余万字，著有《菜园经营法》《果树园艺学》《蔬菜园艺学》《果树修剪学》《果树栽培学》《中国温带果树分类学》等。

参见《著名园艺学家吴耕民教授逝世》，《果树科学》1992 年第 2 期。

谷镜汧

谷镜汧（1896—1968），余姚人，我国现代著名医学教育家，病理学奠基人之一。

谷镜汧 3 岁丧父，家境贫苦，但勤奋好学，1917 年，毕业于青岛德语专科学校。1922 年毕业于同济医科（今华中科技大学同济医学院）后，得同乡银行家宋汉章资助留学德国,进海德堡大学和柏林大学深造,获医学博士学位。1926 年,回国任北京协和医学院病理科助教。1928 年,筹建创办第四中山大学医学院(中国人自己创办的第一所高等医科学校),后学校改名为上海医学院,任病理学讲师、教授、教务长,曾代理上海医学院院长。1931 年,得到美国洛克菲勒氏基金资助赴美凯斯西储大学(Case Western Reserve University)H. J. Karsner 教授处进修。次年回国任病理学副教授,1936 年任教授。20 世纪 30 年代初,谷镜汧除教学外,主要致力于血丝虫病、蛲虫病、肺吸虫病和血吸虫病的研究,尤其是在用实验方法研究血

谷镜汧

吸虫病的发病机制及病理变化方面取得重大成果,为防治该病做出了重要贡献。抗日战争时期,转移至大后方,在四川、重庆继续执教,任中央医学院、中正医学院、广西医学院、同济医学院病理学教授。抗战胜利后,历任上海医学院病理科主任教授、教务长、代理院长。新中国成立后,历任上海第一医学院病理解剖教研室主任、中华医学会上海分会理事、中华全国病理学会上海分会主任委员、《中华病理学杂志》副总编辑、中国医学科学院寄生虫病研究所特约研究员、复旦大学教授等职务。谷镜汧亦是大型工具书《辞海》主要编写人之一。他一生致力于我国医学教育与病理学教学工作,十分重视基础课程,从校外聘请数学系、物理系教授来院教课。他非常重视病理教学,坚持认真备课,亲自讲授,到了晚年仍然坚持在教学第一线,并重视教材建设,自己动手编写多种教材。在教学中,他重视理论联系实际,强调形态结构与功能相结合,病变与临床表现相结合,倡导在高年级学生中召开临床病理讨论会,以培养学生的科学思维能力。在医学研究方面,对血吸虫病、丝虫病、肺吸虫病、结核病、肝脏病有详尽研究,并考察少数民族地区的地方病,重视、推广尸体解剖。曾捐资家乡浚河,参与筹建余姚阳明医院。

参见俞福海主编:《宁波市志》(下)人物传略,中华书局 1995 年版;谷伯起:《奋发有为执着追求——忆谷镜汧教授》,复旦大学关心下一代工作委员会等编:《复旦大学名师剪影(医学卷)》,复旦大学出版社 2013 年版。

胡西园

胡西园

胡西园（1897—1981），又名修穆，镇海柴桥（今属北仑区）人，中国最早的电光源企业家，有"中国灯泡之父""中国的爱迪生"之誉。

胡西园出身于家境富裕的商人之家，早年毕业于镇海县立中学（现镇海中学）。他少年时代对工艺就颇感兴趣，立志实业救国。1920年浙江高等工业学校毕业后，即投身实业，在上海开设过机器制造厂。1921年在上海开设恒昌造船厂。当年经过多次试验，研制出我国第一只白炽灯泡。1923年与德籍友人亚浦耳合伙创办小型亚浦耳电灯泡厂，任经理。1925年集资10万元盘买该厂，改名中国亚浦耳灯泡厂，是为第一家中国人办的灯泡制造厂，任总经理兼总工程师。接办后，他引进机器设备，聘请专业人才，加强经营管理，改进生产工艺，使所产的"亚"字灯泡质量日益精良，堪与荷属东印度出厂的"飞利浦"、美国出厂的"奇异"、德国出厂的"亚司令"媲美，企业获得迅速发展，陆续建成总厂、二厂、玻璃厂、事务所、货栈等，至抗战爆发前，资产已达260万元，成为全国最大的灯泡制造企业，所产的"亚"字牌灯泡及真空管、电风扇等在国内和东南亚、印度、澳洲、南美市场享有很高声誉。其间，他不屈不挠，与外商展开激烈的市场竞争而获得成功。20世纪二三十年代，胡氏还担任上海市商会执行委员、全国工业总联合会常务委员、上海市电工器材工业同业公会主席委员、电工器材工业全国理合会理事长。同时他积极参与国货运动，先后任中华国货维持会常务委员、上海机制国货工厂联合会常务委员等职。抗战爆发后，中国亚浦耳总厂西迁重庆，发起组织迁川工厂联合会，并任常务委员。他在内地就地取材创办新源炼油厂、西亚灯泡厂、新亚热水瓶厂、开远松香厂、开泰化工厂、庆丰皮带厂等10余家民族企业，为发展大后方工业支援抗战做出贡献。又参与发起筹组重庆国货厂商联合会、重庆市商会、全国工业协会等团体，任常务理事、理事等职，一度代理全国工业协会理事长。1945年参与发起成立中国民主建国会，任民建中央常务理事。抗战胜利后，工厂迁回上海，主持制造出价廉长丝灯泡，耐用灯泡，并积极研制新光源。1946年5月任行政院最高经济委员会委员，还任上海市电器业公会理事长。上海解放前夕拒绝去台湾。1950年，主持生产出新中国第一批日光灯。1956 年亚浦耳电器厂公私合营,胡西园仍任总经理。1959 年工厂改名亚明灯泡厂,任总经理。晚年为和平统一祖国做了大量工作。

参见孙善根编:《中国的爱迪生——胡西园与中国亚浦灯泡(企业)史料》,中国文史出版社 2011 年版;胡西园:《追忆商海往事前尘》,中国文史出版社 2006 年版。

纪育沣

纪育沣(1899—1982),字挺芳,鄞县人,有机化学家。

纪育沣 1916 年肄业于宁波效实中学,考入上海沪江大学,1921 年毕业后即赴美国留学,先入芝加哥大学,与著名科学家庄长恭、吴有训等先后同学。1923 年获硕士学位后回国,在武昌师范大学化学系任教。1926 年再次赴美,在耶鲁大学有机化学家约翰逊(T. B. Johnson)教授指导下,攻读博士学位,1928 年获该校博士学位。毕业后即回国,先后在多所学校和研究机构从事教学和研究工作。历任东北大学(1928—1930)、厦门大学(1930)、浙江大学(1930—1933)、广西大学(1936—

纪育沣

1939)、上海医学院及西南联合大学(1939—1943)等校教授,中央研究院化学研究所(1934—1936)、北平研究院药物研究所(1943—1949)研究员。中华人民共和国成立后,历任中国科学院(1949—1951)研究员、中央卫生研究院药物系(中国医学科学院药物研究所前身,1952—1958)研究员兼合成室主任、北京化学试剂总厂研究所研究员兼副所长(1958—1982)、《化学学报》和《药学学报》编委等职。1955 年当选为中国科学院数理化学部委员(院士)。后又任中央卫生研究院药物学系(中国医学科学院药物研究所前身)研究员。20 世纪 60 年代后在北京化学试剂研究所任研究员兼副所长。其研究领域主要涉及有机化学、药物化学、天然产物化学,尤其毕生以研究嘧啶化合物著称,其中用经典方法对一些中草药的化学成分进行分离鉴定,属于首次研究。新中国成立初期参加了我国科学规划的制定,并在有机化合物命名工作中也有不少成绩。纪育沣是一位爱国科学家。1941 年珍珠港事件后日军进入上海,日伪聘请他任职,他坚决拒绝,并克服重重困难和阻力,只身赴重庆,继续在迁入内地的上海医学院执教,并担任药科主任。他不仅讲授有机化学、药物化学和物理化学等多门课程,还因陋就简地利用化工厂的废料提炼出化学试剂,用于科研和教学工作。他生活十分俭朴,但不惜重金购买《贝尔斯登有机化学大全》《化学文献》《美国化学会会志》等世界著名的科技书刊,极其珍视自己的藏书。凡与他研究工作有关的重要新书均尽量设法收买,故一生藏书颇丰。1983 年,在其逝世一周年之际,其夫人杨群华遵照他的遗愿,将其一生珍藏的全部科技书刊 3000 多册分赠给中国科学院新疆分院和北京化学试剂研究所。

参见《化学家纪育沣生前藏书全部捐献国家》,《化学通报》1983 年第 7 期;俞福海主编:《宁波市志》(下)人物传略,中华书局 1995 年版。

戴运轨

戴运轨(1899—1982),乳名永升,字伸甫,奉化人,著名物理学家,教育家,被誉为"台湾物理学之父"。

戴运轨出身于奉化大桥小商人家庭,其父戴渔笙在镇上开设源大南货店,迁居大桥。幼年就读于锦溪小学及文聚高小,毕业后考入浙江省立第四中学,成绩优异。1918 年夏毕业,东渡日本,考入东京高等师范学校理化科,获浙江省官费补助,学习五年,毕业考试名列前茅。后入京都帝国大学物理学科深造。1927 年学成归国,先后任北平师范大学、中央大学、

戴运轨

金陵大学教授,并编辑初、高中物理教科书。其主编的高中物理教科书与张其昀主编的高中中国地理、林语堂主编的高中英语课本成为当时全国通用的三大课本,对中学物理教育的开展有着重要的推动作用。抗日战争全面爆发后,随金陵大学迁移四川,兼任四川大学及空军参谋学校教授。虽战时物理器材缺乏,仍作 X 射线研究结晶构造,并用航空风洞研究各种翼型。1946 年 2 月,奉教育部委派去台湾,接收日本设在台北的帝国大学,改建为台湾大学,任物理学教授兼系主任,一度以教务长代理校长。次年建成 24 万伏特直流高压电源,成立原子核物理研究室,开台湾原子能研究先河。1948 年 5 月 13 日,原子核击破实验成功,同时制造重水,产生氢核及中子

源。1954 年 5 月,聘为台湾教育主管部门学术审议委员会常委、"行政院"原子能委员会委员。是年赴美国,任明尼苏达大学原子核物理研究所名誉研究员,参加范格拉夫发电机(5MEV)的原子核研究。次年,受聘为美国加州大学辐射研究所客籍研究员,以"台湾代表团"顾问身份赴日内瓦,参加第一届国际原子能和平会议。1956 年参与筹建台湾清华大学,建立并主持清大原子科学研究所。1958 年台湾物理学会成立,任理事长,创办《中国物理学刊》。1960 年参加在加拿大召开的国际纯粹及应用物理第十届联合年会。1961 年 1 月,聘为台湾"中央大学"地球物理研究所筹备委员会委员,次年 7 月就任研究所所长。1968 年 8 月任台湾"中央大学"理学院院长。1973 年完成大学校园建设,中大立其铜像志念。退休后,受聘为台湾文化学院理学部主任。戴运轨从事物理学研究和教育工作逾 50 年,培育众多物理学、地球物理学人才,其中取得博士学位 300 余人。一生奉行科学救国、教育救国之信念,淡泊高风,其人其事,在台湾学界颇具影响,特别是对台湾物理学的发展做出了杰出的贡献。著有《大学普通物理学》《八十回忆录》等,译有《太空世界》《原子能的和平用途》(均与魏岩寿合译)。

　　参见胡元福主编:《奉化市志·人物传略》,中华书局 1996 年版;叶曙:《闲话台大四十年》,黄山书社 2008 年版。

李允成

　　李允成(1900—1953),奉化人,中国氧气工业、电石工业的主要创始人。

　　李允成家境清贫,早年赴上海就学,上海澄衷中学毕业后进恒昌祥造船厂学徒,得老板赏识,获资助去英国格拉斯哥大学学习机械制造,留学八年,获硕士学位,为英国皇家学会会员。回国后任恒昌祥造船厂工程师、吴淞商船专科学校轮机系主任,并任教于上海交通大学。1933 年春与上海可炽铁号资本家陈受昌、中央造币厂厂长郭承恩、德商禅臣洋行华人经理严家淦等创办中国工业炼气股份公司,任经理,同年国产氧气问世。当时国内氧气为外商所垄断,"若要买气,先得受气",用户只好任其勒索。当中炼公司开业后,外商以压价、造谣中伤,无效后又以掷手榴弹、炸弹相威胁,但李允成不为所动,并通过改良技术,降低生产成本,所产"葫芦牌"氧气很快畅销全国,中炼公司成为我国民族资本中创建最早、规模最大的炼制氧气和乙炔气的企业。但其原料——电石仍然依赖进口,为改变这一状况,中炼公司加紧配建中国第一家电石厂。1935 年,李允成东渡日本,考察其电石工业生产,并通过上海日商进口相关设备,于次年年初炼出第一炉国产电石,填补了国内空白。抗战爆发后,中炼公司克服困难,西迁重庆,并于1941年创办内地最早、最大的电石厂——中炼公司长寿电炼厂,所产产品满足了大后方工业生产和民用照明的需要,并有少量出口缅甸,支援中国远征军与英美军队。抗战胜利后,中炼公司迁回上海,恢复生产。1947年任公司总经理,添置设备,扩大生产,使中炼公司成为当时国内也是远东最大的氧气生产厂家。同时李还涉足现代航运业,任中国油轮公司总经理和民生轮船公司总工程师。1949年随油轮公司离沪去台,经营远洋油轮公司。1953年因病在日本逝世。台湾故友同仁遵其遗嘱,以其在台的巨大遗产设立李允成教育基金。高雄市建有李允成纪念碑一座,以资纪念。

参见《上海化学工业志》编委会:《上海化学工业志》,上海社会科学院出版社1999年版;赵江滨:《宁波帮志·科技卷》,中国社会科学出版社2009年版。

蔡正粹

蔡正粹

蔡正粹(1901—1987),鄞县人,中国工业锅炉创始人。

蔡正粹8岁在家乡农村读私塾,10岁到上海澄衷中学读书。1916年进上海聂中丞公学机械科,1918年毕业。次年2月离沪赴天津,就读于南开大学理工科。1922年考入英商通用电气公司天津支行,任工程师助理员。先后参与天津、烟台、蓬莱、湘潭、辽宁凤城等地的汽轮发电机组设计安装工作。1925年成为通用电气公司大连支行中唯一的华人技师。1927年他的才能引起东北矿务局总办王正甫的重视,王向张学良推荐,蔡被委任为总局机械工程师,享受矿长待遇。此后,在八道壕煤矿、复州湾煤矿任工程师,从事煤矿动力机器设计制造。1931年"九一八"事变后回到上海,先在其父蔡方源开办的上海协泰机器厂帮忙。同年11月,在虹口西华德路(现长治路)创办四方机电工程公司(上海四方锅炉厂和上海工业锅炉厂前身),自任经理。同年年底,承接常州民丰纺织印染厂的锅炉生产工程,在公司建立机器制造厂,独立经营。1936年10月,设计制造成功中国第一台水管锅炉,取名为"四方式水管锅炉",又称"蔡氏安全水管锅炉",揭开了中国自制工业锅炉的历史,打破外商的垄断地位,令业内外为之震惊。1940 年年底成立四方工程股份有限公司。1942 年年初四方机电工程公司制成上海第一台轧直机(可轧直径 2 英寸钢材)。1945 年抗战胜利后,改组成三人合资的四方机器厂。同年年底,四方机器厂一分为三,即蔡正粹的四方机电工程公司、傅云先(蔡妻)的四方铁工厂、傅兆云(蔡妻弟)的中建锅炉厂。1947 年将公司改名为四方工程公司机械厂。次年承接为上海招商局制造"江华"轮船用锅炉的业务。到 1949 年,制造成功 2 台 2000 马力的锅炉,经安装试航,总蒸发量超过了原来的 4 台,为此受到中国人民解放军驻招商局管制委员会的好评。同年,又设计制造 3 台 2 吨人字形船用锅炉,为支援解放舟山战役做出贡献。1961 年,利用废旧钢材,制造、安装 1 台一千吨水压机,结束了中国锅炉汽包封头靠人工敲制的历史。

参见蔡文贞:《上海四方锅炉厂创始人蔡正粹》,《20 世纪上海文史资料文库》第三册,上海书店 1999 年版;陶水木:《近代浙商名人录》,浙江人民出版社 2005 年版。

张惠康

张惠康(1901—1959),字薇臣,鄞县人,近代中国机电工业重要开拓者。

张惠康 1923 年毕业于南洋公学电机科后赴美留学,1924 年获美国康奈尔大学电机工程硕士学位,并任美国公众事业建造公司助理工程师。1928 年获麻省理工学院商船管理学士学位。回国后被聘任为三北造船厂厂长兼三北轮埠公司总工程师。1930 年开办东方红电光公司,在国内率先开发制造霓虹灯,促进了广告事业走向电气化,从此南京路上各大公司及商号竞相采用光彩绚丽的霓虹灯,美化了大上海商业街的夜景。1931 年又创办亚光制造股份有限公司,生产电器胶木、电玉产品。次年,增加资金,添置设备,产品由数十种增至百余种。1934 年前后,采用进口关键部件研制出第一台国产单门冰箱,并在南京路上的永安、大新等四大百货公司出售。又设计出在 12 英寸电扇上加装 1500、3000 瓦分档变温电热丝,制成快速取暖、使用方便的快热电炉,成为畅销沪上的首创国产品。继而又自行设计和改装了小车床及刀刃夹具,研制成一次可同时加工钻孔、扩孔、攻丝、开槽、外圆滚花和切割等 6 种工艺的六角车床,应用于胶木制品铜嵌零件的加工(这一革新创举一直沿用至 50 年代末)。1932 年"一·二八"事变后,参与创办中国国货公司,任董事。1937 年抗日战争全面爆发,亚光公司在内迁途中遭轰炸,不得已折返上海。其间,关厂歇业,不与日伪合作。1945 年抗战胜利后出任上海市轮渡公司筹备处主任,经 2 年筹建,遭日军破坏的黄浦江两岸沿线及吴淞、崇明线等轮渡及码头全都恢复运行,张出任总经理。1947 年制成一次可载运 20 余辆货运汽车的平板渡轮,并选址南码头,开辟机动车辆的轮渡专线;另在浦东其昌栈和浦西民生路对岸渡口,开辟了一条可以载客同时又搭载三四辆轿车的轮渡线,运行迄今。还开发了北京路外滩至高桥、吴淞间的"浦江旅游",并在北京路外滩浮码头上开设一家"水上饭店",深受社会欢迎。1949 年上海解放后,亚光制造股份有限公司重新开业。1956 年企业公私合营,与东方年红电光公司合并,易名亚光胶木厂,张任厂长,专事生产电木制品以及为电子整机和仪器仪表配套的胶木机箱、电气开关,直至1959 年病逝。

参见《上海电子仪表工业志》编委会:《上海电子仪表工业志》,上海社会科学院出版社 1999 年版;陶水木:《近代浙商名人录》,浙江人民出版社 2005年版。

童第周

童第周

童第周(1902—1979),鄞县人。我国著名的生物学家、教育家、社会活动家,中国实验胚胎学的主要创始人,中国海洋科学研究的奠基人,生物科学研究的杰出领导者,被誉为"中国克隆之父"。

童第周出身于乡村知识分子家庭,父教书为生,他幼年丧父,家境清贫,靠兄辈抚养成人。早年就读于村上冠山小学,1918 年入浙江省立第四师范学校,后插入宁波效实中学,1922 年以优异成绩考入复旦大学,1927 年毕业后任教中央大学。1930 年,得亲友资助赴比利时留学,初在布鲁塞尔生物学家勃朗歇尔的实验室工作,继入比京大学生物系。1934 年得博士学位。回国后历任山东大学、中央大学、同济大学、复旦大学教授,中央研究院心理研究所研究员,英国剑桥大学、美国耶鲁大学研究员。1948 年,当选为中央研究院院士,同年受美国洛克菲勒基金会邀请,至国外考察。新中国成立后,历任山东大学教授、副校长,中国科学院实验生物研究站副站长、海洋研究所和动物研究所所长、中国科学院副院长,生物学学部委员、主任,一至五届全国人民代表大会代表,三、四、五届全国人大常委会委员,政协五届全国委员会副主席。1978 年在全国科学大会上,被授予全国科学技术先进工作者称号。同年加入中国共产党。1979 年 3 月 6 日,在杭州浙江科学大会上为浙江省 2000 多名科技、教育和卫生领域的科研人员做报告时,过度劳累的童第周心脏病发作,晕倒在讲台上;同年 3 月 30 日,在北京病逝。长期以来,童第周与夫人叶毓芬从事发育生物学研究,居国际同类研究先进行列。早年,他在脊椎动物、鱼类和两栖动物的卵子发育能力研究方面,有过独特的发现。20 世纪 50 年代开始,他又重点研究在生物进化中占重要地位的文昌鱼卵子发育规律,为国际上提供了系统的重要文献。晚年,他又和美国坦普尔大学牛满江教授等一起,在生物性状遗传中的细胞核和细胞质相互关系的研究方面,取得了创造性的成绩,居于世界先进行列。与此同时,他还在防治海洋有害生物、人工养殖经济水产动物、开拓培育经济鱼类新品种等方面,做出了很大的贡献。

2002 年,童第周 100 周年诞辰纪念座谈会在北京全国政协礼堂举行。时任中共中央政治局常委、全国政协主席李瑞环出席座谈会,高度评价他为我国科技事业所做的贡献。

参见俞为洁:《克隆先驱童第周》,浙江人民出版社 2005 年版;周时奋主编:《鄞县志》(下)人物传略,中华书局 1996 年版。

贝时璋

贝时璋(1903—2009),镇海人,中国细胞学、胚胎学的创始人之一,中国生物物理学的奠基人。

贝时璋

贝时璋出身于贫民家庭,祖父是位贫苦渔民,但全家都非常重视贝时璋的教育。贝时璋 8 岁进学堂读书,12 岁时随父亲外出求学,先后在汉口德华学校和上海同济医工专门学校读书。1919 年春,考入上海同济医工专门学校德文科,后入医预科。1921 毕业后赴德国留学,先后在福莱堡大学、慕尼黑大学和图宾根大学动物学系学习。1928 年获图宾根大学博士学位,并留校任教,在著名的实验生物学家 J. W. 哈姆斯指导下从事无脊椎动物实验胚胎学和细胞学的研究。1929

年回国。1930 年 4 月在杭州筹建浙江大学生物系,先后担任副教授、教授、系主任、理学院院长。他在 20 世纪 30 年代初发现了中间性丰年虫,并观察到其雌雄生殖细胞的相互转化现象,由此提出细胞重建的假说。他大力倡导实验生物学,为我国实验生物学的先行者和奠基人。1948 年,贝时璋当选为中央研究院第一届院士。新中国成立后,他参加了中国科学院的筹建工作,任上海中国科学院实验生物研究所研究员兼所长。1954 年,贝时璋为参加中国科学院学术秘书处工作,将实验室迁往北京。1955 年被聘为中国科学院生物学部委员。此后担任中国科学院生物物理研究所所长,兼中国科技大学生物物理系主任、中国科技大学研究生院生物教学部主任。贝时璋致力于我国生物物理学的发展,先后组建了放射生物学、宇宙生物学、仿生学、生物工程技术、生物控制论等分支领域和相关技术,开拓了我国放射生物学和宇宙生物学的研究,指导了我国核爆炸动物远后期辐射效应研究和我国第一批生物火箭动物飞行实验等重大研究,为我国载人航天事业奠定了基础。他主持建立的一系列关于辐射危害的标准、框架,至今仍在相关医学研究领域发挥着基础性作用。同时贝时璋长期从事高等教育,为国家培养了大批人才。

参见赵江滨:《宁波帮志·科技卷》,中国社会科学出版社 2009 年版;王谷岩:《贝时璋传》,科学出版社 2010 年版;苗长青:《贝时璋:爱国科学家的不凡人生》,《党史文汇》2009 年第 12 期。

卢于道

卢于道

卢于道(1906—1985),曾用名日新,鄞县城区(今属江北区中马街道)人,我国著名生理心理学家、神经解剖学家,是我国解剖学的先驱之一。

卢于道出身于职员家庭,父亲为一名邮务员。他早年就读于当地中小学。1923 年考入上海东南大学,1926 年毕业于生物系和心理学系。后赴美国芝加哥大学留学攻读神经解剖学,获解剖学科哲学博士学位,并得金钥匙奖,成为美国体质人类学会终身会员。1930 年回国,任上海医学院副教授,翌年起任中央研究院心理学研究所研究员,对人脑、哺乳动物脑组织结构进行了一系列研究,尤其是对大脑皮层的生成发育及各层的机能做了深入探讨,并编写出版了我国第一部有关人体神经系统解剖学的专著《神经解剖学》。当时国外有些学者提出"黄种人是次等人种,中国人尤为低劣,其脑及智力亚于白人,更接近猿猴"的谬论。对此卢于道非常气愤,他依据对中国人脑显微结构研究的科学论据,以及中国灿烂文化的史实,针锋相对地撰写了题为《中国人之大脑皮层》的论文(英文稿),刊登在《中央研究院心理研究所论文丛刊》上,予以驳斥,把中国人脑的智力不亚于白种人的科学根据公之于世。他致力于科学普及,倡导科普强国、科普救国。1933年参与创办《科学画报》并长期担任主编,其主旨是"把普通科学知识和新闻输送到民间去"。卢于道为之投入很多的精力与心血,并取得显著成就。20世纪40年代,历任湘雅医学院(时在贵阳)教授、中国科学社生物研究所教授(一度代理总干事)、复旦大学教授兼生物系主任。1944年后参与发起创办中国科学工作者协会、民主科学座谈会。1946年参与并发起九三学社,担任常务监事。1948年10月赴解放区,受到毛泽东接见。应邀参加中国人民政治协商会议、开国大典,参与制定《中国人民政治协商会议共同纲领》。新中国成立后,长期执教于复旦大学,一度担任复旦大学理学院院长、研究生部主任,并先后担任九三学社中央常委、副主席,九三学社上海分社主任委员,第二、三、五、六届全国人大代表,第四届上海市政协副主席,上海市科协主任等职。著有《神经解剖学》《自然辩证法》《西洋哲学史》《活的身体》《科学概论》《中国人之大脑皮层》《脑的进化》等。

参见戴鸿佐:《深切怀念卢于道教授》,《解剖学杂志》1987年第3期;俞福海主编:《宁波市志》(下)人物传略,中华书局1995年版。

谈家桢

谈家桢(1909—2008),慈溪县慈城(今属江北区)人,国际遗传学家、中国现代遗传学奠基人。

谈家桢父亲是当地邮政局的一名小职员。谈家桢早年先后在教会办的慈城道本学堂和宁波斐迪学堂就读。1925年,转学到浙江湖州东吴第三中学高中部,次年以优异的成绩被免试保送苏州东吴大学,主修生物学。1930

谈家桢

年毕业于东吴大学。1932 年毕业于燕京大学研究院,获理学硕士学位。1934 年赴美国加州理工学院留学,师从现代遗传学奠基人摩尔根及其助手杜布赞斯基。1936 年获哲学博士学位。翌年回国,任浙江大学生物系教授、理学院院长。1948 年,代表中国遗传学界出席在瑞典斯德哥尔摩召开的第八届国际遗传学会议并被选为常务理事。1952 年院系调整,至复旦大学任教。1978 年发起成立中国遗传学会。历任复旦大学生物系主任、生命科学院院长、副校长、顾问,第五、六届全国政协常委,中国民主同盟副主席,中国遗传学会会长,《遗传学报》主编,第 15、16、17 届国际遗传学大会副会长和第 18 届会长。著有《向上帝挑战生物技术》《基因工程》《谈家桢论文集》《基因和遗传》等。1980 年当选为中国科学院院士(学部委员)。毕生致力于遗传学研究与教学事业,其研究工作主要涉及瓢虫、果蝇、猕猴、人体、植物等细胞遗传、群体遗传、辐射遗传、毒理遗传、分子遗传以及遗传工程等。特别在果蝇种群间的演变和异色瓢虫色斑遗传变异研究领域有开创性的成就,为奠定现代综合进化理论提供重要论据。他发现了瓢虫色斑遗传的镶嵌显性现象,引起国际遗传学界的巨大反响,被认为是对经典遗传学发展的一大贡献。晚年谈家桢曾上书中央,对中国遗传资源的保护及人类基因组研究起到了关键的推动作用。谈家桢为遗传学研究培养了大批优秀人才,先后组建了全国第一个遗传学专业、第一个遗传学研究所、第一个生命科学院,并促成了 1998 年上海人类基因组研究中心的成立,为中国遗传学的发展做出了巨大的贡献。

参见李建树等:《谈家桢传》,宁波出版社 2012 年版;谈家桢:《生命的密码》,湖南少儿出版社 2012 年版。

李庆逵

李庆逵(1912—2001),字和成,宁波人,著名的土壤学家和农业化学家,中国土壤植物营养化学的奠基人之一。

李庆逵出身于家境良好的商人家庭[1],早年就读于原慈溪县慈湖小学,1925 年毕业于宁波效实中学初中部。1928 年从复旦中学高中部毕业后,考入复旦大学化学系,1932 年毕业后,经引荐,进入中央地质调查所土壤研究室工作。1944 年,在中华教育文化基金会资助下,赴美国伊利诺伊大学研究

---

[1]　祖父李松侯是宁波总商会会董,父亲在宁波钱庄当职员,其外祖父家是书香门第,外祖父是清朝举人,大舅父是《商报》主编,三舅父是京师大学堂教授。

李庆逵

生院深造,1946 年获农学硕士学位,1948 年获博士学位。同年放弃国外优厚的工作与生活条件回国,仍工作于中央地质调查所土壤研究室。中华人民共和国成立后,中央地质调查所土壤研究室于 1953 年组建为中国科学院土壤研究所(现更名为南京土壤研究所),李庆逵先后任该所研究员、副所长和名誉所长等职,并于 1957—1962 年兼任中国科学院热带生物资源综合考察队副队长,1978—1983 年兼任中国科学院长沙农业现代化研究所所长。1956年,年仅 44 岁的李庆逵被评为中国科学院学部委员。1956 年后长期主持中国土壤学会的工作,并历任中国土壤学会第二、三、四、五届理事长,中国农学会和中国化肥学会的副理事长。他还兼任过江苏省科学技术委员会副主任和江苏省科学技术协会副主席,江苏省第六届、第七届人大常委会副主任,九三学社中央参议委员会常委、江苏省委员会第一届副主委、江苏省委员会顾问、南京市委员会第一届主委、南京市委员会名誉主委。李庆逵致力于土壤科学事业 70 年,主要从事植物营养和施肥,红壤基本性质、发生分类及合理开发利用的研究,为我国现代土壤学的发展奠定了基础。新中国成立后,他对我国热带橡胶宜林地的选择及合理施肥进行了长期深入研究,在橡胶北移、磷矿粉直接农业利用、红壤丘陵地开发利用,特别是在碳酸氢铵颗粒肥料深施技术等方面做出了卓越的贡献,同时为发展我国土壤科学和化学肥料工业发挥了重要作用。

参见海子:《我国土壤分析化学创始人——李庆逵》,《宁波经济》2000 年第 4 期;赵其国:《深切的缅怀,毕生的崇敬——庆祝李庆逵教授诞辰 100 周年》,《土壤》2012 年第 2 期。

翁文波

翁文波(1912—1994),鄞县高桥镇石塘村(今属海曙区)人,著名地质学家和物理学家,我国重力勘探、地震勘探、地球物理测井和地球化学勘探技术开拓者之一。

翁文波出身于绅商家庭,父亲翁厚甫曾是同盟会会员,辛亥革命后担任过宁波炮台司令,堂兄就是有名的科学家翁文灏,因而从小受家庭与时代思

翁文波

潮熏陶,立志科学报国。1927 年考入效实中学,毕业后进入清华大学物理系学习。学习期间勤奋钻研,注重实验,1934 年以一篇《天然地震预报》论文获学士学位。随后两年一直在北平研究院工作。1936 年,考取中英"庚子赔款"公费留学英国伦敦大学皇家学院,专攻应用物理,并以自己设计制造的重力探矿仪获博士学位。1939 年历经坎坷辗转回国,27 岁就担任中央大学理学院地质系教授,被戏称为"娃娃教授"。1940 年 3 月,为更多地开发石油以满足战时需要,翁文波辞职奔赴边远的老君庙油矿,并任玉门油矿工程师,由此开始石油勘测事业。1940 年冬,翁文波又参加了中央调查所的新疆油田考察队。1946 年 6 月,中国石油公司在上海成立,被聘为勘探室主任,开始筹划台湾油气考察工作,到 1949 年 2 月,完成了二十万分之一的"台湾省重力异常图"。新中国成立后,翁文波转入石油系统工作,先后担任石油工业部勘探司总工程师、石油研究院副院长、石油勘探开发科学研究院总工程师等职。他创建了我国第一个重力勘探队,并在恶劣的条件下,建立起一套适用于我国石油地球物理勘探的理论和方法,有力地指导了石油勘探工作,开创了我国磁法、电法勘测的先河。1959 年,主持建立我国第一个海洋地震队。他先后发表《地球形态的发展》《中国含油气藏希望的区域划分》等专著,为我国油气勘探的战略布局,为大庆油田的发现及其他油田的发现做出了贡献,为石油科学的深入研究提供了宏观背景和理论支持。同时,在我国第一个开设了地球物理课程,培养了中国第一代地球物理人才。1966 年邢台发生地震后,他受周恩来总理重托,开始致力于天然地震的预测研究,后来又将其扩展到洪涝、干旱等灾害远期预测,并在预测理论和实践上取得了重大突破,独创了自己的信息预测科学体系。据统计,他先后做过 252 次各类天灾的预测,实际发生的有 211 次,占总次数的 83.73%。他创新性地提出"信息预测理论体系",并付诸实践。1992 年年底以前根据这些理论所做的 200 多项预测中,以地震预测为例,预测与实际发生时间误差在 40 天以内的占 63%,地点误差在 200 千米以内的占 46%,震级误差+0.5 级的约占 50%。这些成果引起了国内外学术界及舆论界的高度关注,为当代的科学预测打下了良好基础。1980 年当选为中国科学院学部委员(院士)。

参见赵江滨:《宁波帮志·科技卷》,中国社会科学出版社 2009 年版;叶青:《中国石油勘探奠基人翁文波》,《中国石油石化》2012 年第 5 期。

朱祖祥

朱祖祥(1916—1996),慈溪云山乡(现属余姚市)人,我国著名的土壤学家和农业教育家。

朱祖祥

朱祖祥出身于绅商之家,自幼随父母自乡下迁居慈溪县城(今江北区慈城镇),父亲朱清奇为清末秀才,家底殷实,热心乡里公益事业。朱祖祥小学毕业后,在塾馆诵读古文半年,旋跳级插班于宁波私立民强中学,半年后转读于效实中学。1934 年后考入浙江大学农学院并获四明大学奖学金资助,1938 年毕业后留校,任助教、讲师。其间浙大被迫西迁,大量图书、仪器、药品和必要的教具设备也同时搬迁,朱祖祥就担负了押运整个农学院设备的重任。

1944 年赴美留学,主修土壤化学,副修先为植物生理学,后转表面化学。1948 年获美国密歇根州立大学博士学位。同年回国,担任浙江大学农化系教授、系主任、校务委员等。1952 年我国高校院系调整后,他又致力于浙江农业大学的发展壮大,历任浙江农业大学教授、土壤农化系主任、副校长、校长、名誉校长,为浙江农业大学的改革和发展做出了重大贡献。朱祖祥长期从事农业教育并主攻土壤化学的研究工作,创立的许多理论与技术在土壤科学领域具有里程碑意义,对提高我国农业科技水平、发展农业生产力起到了重要的作用。1980 年当选为中科院学部委员(院士)。1981 年后积极参与中国水稻研究所的筹备并担任第一任所长。曾为第八届全国人民代表大会代表,第五、六届全国政协委员,第五、六、七届浙江省人大常委会副主任,九三学社中央参议委员会常务委员及浙江省委员会名誉主委,浙江省科协名誉主席,中国科学院南京土壤研究所研究员兼学术委员等。他执教 50 多年,为国家培养了大批农业领域的骨干人才。主编《土壤学》《土壤化学》《土壤物理学》《土壤物理化学专题综述》等多种教材,广受欢迎,其中全国高等农业院校统编教材《土壤学》,于 1988 年获国家教委颁发的全国高等学校优秀教材奖。晚年朱祖祥多次建议恢复建立文理交融的综合性大学,不遗余力地推动同根同源的原浙江大学、杭州大学、浙江农业大学和浙江医科大学的合并,是成立新的浙江大学的主要倡导者之一。

参见浙江大学纪念朱祖祥院士诞辰 90 周年文集编辑委员会编:《求真·求善·求美:纪念朱祖祥院士诞辰 90 周年》,科学出版社 2006 年版;徐建明:《土壤学进展——纪念朱祖祥院士诞辰 100 周年》,科学出版社 2016 年版。

翁心植

翁心植

翁心植(1919—2012),鄞县高桥(今属海曙区)人,我国杰出的医学家、医学教育家、内科学与呼吸病学家。

翁心植出身于医生世家,从小受到良好的教育。1937 年考入燕京大学医预系,由于战乱,辗转多个校门,于 1945 年毕业于成都华西协和大学,获博士学位。新中国成立后历任北京内科人民医院内科副主任,兼学院中心实验室小组主任;北京特别中苏友谊医院内科副主任,兼中心化验室主任;朝阳医院内科主任副院长;中国吸烟与健康协会常务副会长,中国医学会常务理事;北京市科协常委,第七届全国政协委员。翁心植在半个多世纪的行医生涯中,在普通内科、寄生虫病、心血管和呼吸系统疾病等领域都做出了创造性的成就与贡献。他发现和诊断了国内首例高雪病;在国内第一个总结了白塞病的内科临床表现;在世界上首次报道了白塞病并发心脏瓣膜损害,并提出结核自身免疫反应是该病发生的原因之一;他创建的肝吸虫病抗原简易制备方法,极大地促进了我国寄生虫病的防治工作;他在国际上首次发现雄性激素水平低下是老年男性罹患冠心病的独立危险因素,为防治提出了新的思路;他组织进行了中国人体温调查,确定了中国人正常体温范围;他作为主要领导者之一组织了全国肺心病防治协作研究,系统制订具有我国特色的肺心病诊断与治疗方案,率先将肝素用于肺心病治疗,在国内开展了危重症监护的早期实践。他还在国内最早开展控烟运动并取得显著成效,被称为中国"控烟之父",获世界卫生组织金质奖章。1999 年获何梁何利基金会科学进步医药奖。1997 年当选为中国工程院院士。同时,翁心植是我国杰出的医学教育家,倡导和推动大内科医师培养体制建设。1980 年创办全国呼吸专科医师培训班,开创我国呼吸专科医师规范化培养之先河,培养了大批呼吸病学与心脏病学研究生,成为各大医疗机构的业务骨干与学科带头人,有些已成为享誉国内外的著名学者。

参见肖学利:《国之大医翁心植,心底无私天地宽》,《生活与健康》2006年第11期;戴光中:《中国工程院院士传记——翁心植传》,宁波出版社2017年版。

颜鸣皋

颜鸣皋(1920—2014),出生于河北省定兴县,祖籍慈溪县慈城(今江北区慈城镇),我国航空材料研究创始人之一。

颜鸣皋1926年返乡就读于慈城中城小学。两年后入汉口心儒小学,小学未毕业,即以同等学力考入武昌博文中学。1935年初中毕业后,只身北上,前往北平,入汇文中学,寄宿于北京的宁波会馆。1942年毕业于重庆中央大学机械工程系,后赴美国耶鲁大学深造,1947年获科学硕士学位,1949年获工学博士学位。随后受聘于纽约大学工学院研究部,任研究员。1949年,中国留美学生在匹兹堡组

颜鸣皋

织留美科学工作者协会,颜鸣皋被推选为协会监事、金属小组组长。次年,颜鸣皋被美国菲拉姆·厄泼西隆(Phi Lambda Upsilon)化工学会吸收为荣誉会员。1950年10月颜鸣皋启程回国,受到美国联邦调查局的阻挠和迫害,被送往纽约附近的爱理斯岛隔离。经过据理斗争并向法院起诉,于1951年2月胜诉,乘船经香港回国。回国后,接受北京工业学院(现北京理工大学)的邀请,任该校教授兼第二机械系主任。1955年,兼任中国科学院应用物理研究所研究员。1957年调入航空材料研究所,任航空材料研究所金属物理研究室主任、总工程师,授予上校军衔,是国务院批准的首批博士生导师之一和第一、二届学位委员会冶金评议组成员。并先后任航空航天大学、北京理工大学等校兼职教授,《航空材料学报》《材料工程》主编,先进复合材料国家重点实验室学术委员会主席,国际材料力学行为会议理事会名誉主席等。颜鸣皋长期致力于物理金属学和材料科学研究,是中国钛合金研究的开拓者。他领导建立中国第一个钛合金研究室,开创我国钛合金、高温合金的应用研究和航空材料的疲劳、断裂研究。同时领导并参与高温合金、钛合金和一些新材料的应用基础研究,在微观结构分析、合金强化机理、金属

超塑性理论等方面取得了一系列创造性成果,特别是主持航空材料的疲劳与断裂研究,取得了系统性、独创性的成果,为飞机安全设计、合理选材提供了大量的试验数据和理论依据。被认为是中国航空高温合金应用基础研究的奠基者与中国航空金属材料疲劳与断裂研究的创立者,为中国航空材料的发展铸就了一座丰碑。1991 年当选为中国科学院院士(学部委员)。他非常关心家乡建设和发展,曾亲临母校中城小学百年庆典,并将位于慈城颜家桥头的祖居捐献给慈城镇人民政府。

参见沙志亮:《特殊材料铸人生——记中国科学院院士颜鸣皋》,航空工业出版社 2011 年版;张蕾:《颜鸣皋:我国钛合金和航空材料之父》,《新材料产业》2017 年第 3 期。

余松烈

余松烈

余松烈(1921—2016),慈溪人,我国著名小麦栽培学家、教育家,小麦栽培学的奠基人。

余松烈早年先后就读于庄桥镇集成小学和宁波中学、南京市立第一中学。1938 年 5 月,他随叔父等人辗转避难到上海,先到补习学校补课,9 月间进入新迁上海的南通学院农科读大学一年级,晚上则继续在补习学校新开办的致用大学农学院上课。1940 年 6 月,余松烈作为上海南通学院农科肄业生,经考试转入私立福建协和大学农学院农艺系。1942 年 6 月,获农学学士学位。1946 年春,他创办了专门传播农业科技知识的新农出版社。1949 年 9 月,29 岁的余松烈辞去上海新农出版社经理职务,到山东大学农学院工作,借助山东小麦主产区的优势,开始了小麦高产理论研究的长期探索。先后任讲师、副教授、教授、博士生导师,曾任农学系主任、山东省小麦技术顾问团团长等职务。1974 年,主动要求到原山东省藤县农村下放劳动锻炼,一直到 1978 年才返回学校。1997 年当选为中国工程院院士。余松烈一生从事作物栽培学教学和科研工作,致力于冬小麦精播高产栽培理论研究和新技术的推广普及,首创冬小麦精播高产栽培理论和技术,改变了"大肥大水大播量"常规栽培方法,为中国黄淮海麦区小麦高产开创了新途径,为国家粮食安全和北方人民结束长期食用粗粮为主的历史做出了巨大贡献,被认为是从田头走出来的院士。他几乎跑遍了山东省所有的丰产县，并到河北、河南两省进行宣传普及。在这段时间内，根据不完全记载，他共讲课和在田间进行技术指导 200 余次，听众包括各级有关领导和技术人员 10 万余人次。他为国家培养了一大批农学专业人才，现已遍布中国各地，成为农业教学、科研和技术推广部门的骨干力量。

参见郝相启：《滕州市农民向山农大教授余松烈授勋》，《科学与管理》1996 年第 5 期；刘观浦、黄有惠、李燕：《大爱化作田间行——余松烈传》，中国科学技术出版社 2016 年版。

戴传曾

戴传曾（1921—1990），鄞县人，我国第一代核科学专家。

戴传曾出身于知识分子家庭，祖父是清朝末年的举人，父亲是一名中学理科教师。他早年就读于宁波效实中学，1938 年考入西南联大，毕业后相继在西南联大、昆明中山大学、清华大学任教。1947 年以优异成绩赴英国留学，从事核乳胶和核反应的研究，是国际上首批从（d，n）反应中测得自旋宇称的研究者之一。在英国获得博士学位后，于 1951 年年底回国。20 世纪 50 年代及 60 年代上半期，先后任中国科学院近代物理所、物理所副研究员、研究员，二机部原子能研究所九室主任。1965

戴传曾

年调任二机部北京 194 所副所长。1978 年调任原子能研究所副所长，不久任所长。1984 年任原子能研究院院长，1985 年后任名誉院长。长期从事实验核物理、反应堆物理、反应堆工程和核电安全方面的分析研究。50 年代指导并参加研制成中子衍射谱仪等多种仪器并用其开展了有关研究。60 年代以来，他在大型电磁分离器等多种仪器研制和核潜艇动力堆等多项重点项目研究中做了大量组织领导和业务指导工作；领导研制成微型反应堆并开发了单晶硅中子嬗变掺杂技术；在建立中国核电安全研究体系方面做出重要贡献，为新中国核电领域奇迹般地创造了五个第一：第一台"东风一号"中子晶体谱仪、第一台中子衍射谱仪、第一座快中子零功率堆、第一批中子嬗变掺杂的单晶硅、第一座微型中子源反应堆。可以说戴传曾的一生全部奉献给新中国核能、反应堆、核电事业的研究与制造,是中国核能事业的功臣。

参见《戴传曾论文选集》委员会编:《戴传曾论文选集》,原子能出版社1995年版;唐廷友:《著名核物理学家戴传曾》,《物理》1993年第3期。

徐祖耀

徐祖耀(1921—2017),鄞县横街(今属海曙区)人,我国著名的材料科学家、教育家。

徐祖耀在国难深重中完成学业,1942年毕业于云南大学矿冶系,历任重庆(南京)兵工署材料试验处助研,唐山交通大学(现西南交通大学)、北京钢铁学院(现北京科技大学)和上海交通大学副教授、教授、金相热处理教研室主任、材料研究所副所长、材料科学与工程系主任,曾任比利时天主教鲁汶大学客座教授和香港城市大学名誉教授。1995年当选中国科学院院士。1983年至1989年,任马氏体相变国际顾问委员会委员,1999年起任名誉委员。其间,担任《金相学报》(后改为《国际材料表征学报》)等多个国际材料学刊物顾问编委。作为我国材料科学与工程学科的创始人之一,他潜心于材料科学研究与教学逾70个春秋,是我国研究开发形状记忆材料的先驱者,也是材料热力学研究和教材建设的倡导人和执行者。徐祖耀长期从事材料科学、相变理论和材料热力学的教学与科研,努力推动在国内开展相变热力学教学与科研,在马氏体相变及形状记忆材料、贝氏体相变和纳米材料中相变等领域颇有建树。特别是他积极倡导先进高强度钢的研究,提出淬火—分配—回火(Q-P-T)新工艺,Q-P-T钢已成为国际上新一类超高强度钢。所著的《金属学原理》《马氏体相变与马氏体》《材料热力学》《材料科学导论》《相变原理》等著作培养了我国几代材料科学家。徐祖耀一生未婚,也无子女,他将教学科研、扶危济困当作自己一生的事业。2011年3月,他出资在上海交通大学设立"徐祖耀基金",主要用于资助优秀青年教师开展科研、资助家庭经济困难的学生,为此累计捐赠500余万元,至今徐祖耀基金总额已达到1700余万元。

参见戎咏华、郭正洪编:《我们心目中的徐祖耀先生》,上海交通大学出版社2011年版;徐祖耀:《徐祖耀院士中文文选:相变与热处理》,上海交通大学出版社 2013 年版。

岑卓卿

岑卓卿(1923—1985),余姚逍林镇桥东村(今属慈溪市)人,国际知名农业科学家,人称"面包大王"。

岑卓卿自幼聪明好学,中小学时代数度破格跳级。1940 年毕业于宁波教会学校——浙东中学,旋入浙江大学农学院农业化学系。1944 年毕业留校,进化学工程研究所,两年后获硕士学位。1947 年去台湾,历任台湾糖业试验所助理技师、台湾中兴大学农学院副教授、台湾"科学委员会"咨议委员及"经济部"食品顾问会委员。其间多次举行小麦、面粉、大豆、杂粮、罐头、糕饼各业研究会,指导台湾各校开展学童营养午餐,提倡廉价营养食品,对改善台湾民众营养健康卓有贡献。1954 年赴美留学,1958 年获美国加利福尼亚大学博士学位。其间应加拿大政府聘请,任加拿大谷物研究所化学师。1967 年复至美国,主持美国烘焙研究所研究部。1969 年起,任美国堪萨斯州立大学谷物科学工业系终身教授。1972 年中美关系正常化后,岑卓卿率先来华,曾在浙江、江苏、北京、河南、广东等省市进行学术交流和讲学。1985 年 7 月 22 日因患癌症在上海逝世,终年 63 岁。岑卓卿长期从事谷物化学、谷物加工、食品化学、豆类利用及营养学研究和教学,曾任国际食品科技学会执行委员会委员及黑小麦工作小组成员、美国谷物化学会科技及教育委员会委员、美国农业部及技术援外总署技术顾问、联合国粮农组织顾问,足迹遍及欧、亚、南美及非洲。曾在世界十多所大学讲学,并多次主持有关谷物科学的国际学术会议,在研究粮食营养化方面成就突出,对廉价营养食品之研究造诣更深,人称"面包大王",著有《黑小麦——第一种人造谷物》等。其事迹收录于美国《科学家录》及《名人录》(中西部)。

参见张嘉梁主编:《宁波词典》人物篇,复旦大学出版社 1992 年版;俞福海主编:《宁波市志》(下)人物传略,中华书局 1995 年版。

顾方舟

顾方舟(1926—2019),宁波人,我国著名医学科学家、病毒学专家,人称"糖丸之父"。

顾方舟出身于海关职员家庭。早年丧父,母亲为了养家糊口,到杭州学习助产,后来又拖家带口移居天津,挂牌营业成为助产士。顾方舟 1944 年考入北京大学医学院医学系,1950 年毕业后,一度在大连卫生研究所工作,不久赴苏联留学,1955 年毕业于苏联医学科学院病毒学研究所,获医学副博

顾方舟

士学位。在选择职业时,顾方舟放弃当一名医生,转而投身公共卫生事业,进行病毒学研究。他认为,当医生固然能救很多人,可从事公共卫生事业,却可以让千百万人受益。1958年后长期在中国医学科学院工作,先后担任研究室主任、研究所副所长等职。1978年后担任中国医学科学院副院长、中国协和医科大学副校长、中国医学科学院院长、中国协和医科大学校长。1986—1993年为中国免疫学会、中国生物医学工程学会理事长。1987—2019年1月任英国皇家内科学院(伦敦)院士。1990—2019年任欧洲科学、艺术、文学科学院(院士)。1991—1997年担任北京市科学技术协会主席。1992—2019年当选为第三世界科学院院士。1993—1996年当选为国际科学联盟全体委员会国家委员。顾方舟研究脊髓灰质炎的预防及控制42年,是我国组织培养口服活疫苗开拓者之一。1958年他在我国首次分离出"脊灰"病毒,为免疫方案的制定提供了科学依据。20世纪60年代初,他研制成功液体和糖丸两种活疫苗,使数十万儿童免于致残。同时提出采用活疫苗技术消灭"脊灰"的建议及适合于我国地域条件的免疫方案和免疫策略。首批疫苗生产出来投入临床试验,面对无人敢以身试药的困境,他决定自己先试用疫苗,冒着可能瘫痪的风险,喝下了一小瓶疫苗溶液。紧接着,为证明疫苗对孩子有效,他竟然拿自己刚满月的儿子做试验。人们称"糖丸之父"顾方舟以一颗小糖丸消灭了中国小儿麻痹症,也正是由他主持研制的糖丸疫苗的推广,让"脊灰"的年平均发病率从1949年的十万分之4.06,下降到1993年的十万分之0.046。2000年10月,经中国国家以及世界卫生组织西太区消灭"脊灰"证实委员会证实,中国本土"脊灰"野病毒的传播已被阻断,成为无"脊灰"国家。他去世后,人们称他是国家的顾方舟,是人类的顾方舟,是让几亿中国人免于"死神"威胁的"救星"。

参见顾方舟口述,范瑞婷访问整理:《一生一事:顾方舟口述史》,商务印书馆2018年版;《消灭我国小儿麻痹症的病毒学家顾方舟逝世》,《北京日报》2019年1月4日。

沈自尹

沈自尹（1928—2019），镇海人，中国科学院院士，全国名中医，中西医结合专业的开拓者。

沈自尹

沈自尹出生于上海并在上海受到良好的教育。20世纪40年代后期考入上海医科大学医疗系，1952年毕业后至广州岭南医学院高师班学习，1953年8月返回上海医科大学第一附属医院（今华山医院）任内科助教，一直工作至退休。1955年师从著名老中医姜春华教授，系统学习中医经典著作和临诊。因继承和发扬祖国医学遗产卓有成绩，1959年师徒共获卫生部颁发的"发扬祖国医学遗产"金质奖章。"西学中"的经历使沈自尹对中医"证"的研究融汇了现代医学研究思路。他认为由于中医辨证方法不同，对于"证"也该从多维度理解。基于此，沈自尹以肾阳虚证为切入点进行了将近半个世纪的研究，终于首次在国际上证实肾阳虚证有特定的物质基础，并将主要调节枢纽定位在下丘脑，并在临床进行支气管哮喘、肾病综合征激素依赖等中医药治疗研究，开发新药急支糖浆、补肾益寿胶囊、补肾防喘片等。沈自尹被认为是中西医结合学科的开拓者之一，中西医结合思路和方法、脏象学说和病证关系研究的开创者之一，为中西医结合、中医现代化发展做出了重要贡献。曾任上海医科大学中西医结合研究所所长、脏象研究室主任、博士生导师、中医教研室主任、华山医院中医科主任、国务院学位委员会医学评议委员、卫生部中药评审委员会主任委员、上海市中西医结合学会会长、上海中医学会副会长，上海医科大学华山医院终身教授、中西医结合研究所名誉所长、中西医结合博士后流动站站长等职。1995年评为上海市名中医，1997年10月当选为中国科学院院士。

参见董竞成、蔡定芳编：《肾虚与科学：沈自尹院士的中西结合研究心路历程》，人民卫生出版社2007年版；《沈自尹院士逝世》，《光明日报》2019年3月8日。

陈中伟

陈中伟（1929—2004），宁波人，著名骨科与显微外科专家，被国际医学

陈中伟

界称为"世界断肢再植之父"。

陈中伟出身于医生世家,父亲陈宝珍 20 世纪 20 年代在宁波城区办有保真医院。1942 年,陈中伟考入宁波效实中学,1948 年,进入上海医学院(1952 年改为上海第二医学院)学习。1952 年毕业后,分配至上海市第六人民医院工作,曾任该院骨科主任、副院长。1963 年,陈中伟和他的同事"在医学界爆炸了一颗原子弹"——对上海一名青年工人王存柏被冲床离断的右手成功进行再植,5 个指头全部成活。这是世界首例成功的断肢再植手术,不仅是中国医学界的骄傲,更成为当时激励中国人民战胜任何困难的强大精神力量。这项成就和人工合成胰岛素、1.2 万吨水压机等,成为显示中华民族自立于世界民族之林能力的象征。周恩来总理获悉这一消息后特意在上海接见了陈中伟。此后,陈中伟又三次受到周总理的亲切接见。他由于在断肢再植与显微外科领域的突出贡献,1963 年获卫生部记大功一次。1974 年,在北美手外科年会作"断肢再植"创始者报告。1977 年又成功地进行吻合血管游离腓骨移植手术,治疗先天性胫骨假关节及其他原因造成长段骨缺损,还先后成功地进行了复合皮瓣移植和游离第二足趾再造拇指手术。他将显微外科技术应用于再植和移植手术,使断指再植成功率从 50% 提高到 90% 以上。他在国际上首创了"断手再植和断指再植"等六项新技术,也因此被誉为"世界断肢再植之父"。1980 年当选为中国科学院院士(学部委员)。1981 年获国务院颁发国家科学大会奖。1982 年 4 月调入上海医科大学(现复旦大学医学院)附属中山医院,任骨科主任。1985 年当选为第三世界科学院院士。他提出的"断肢再植功能恢复标准",被国际显微重建外科学术界公认为"陈氏标准"。1999 年,陈中伟在美国召开的第 13 届国际显微重建外科学会学术讨论会上荣膺"世纪奖"。据统计,在其一生中,他和同事共接活了数千只断指。2004 年 3 月 23 日,陈中伟院士不慎坠楼意外去世。

参见王耀成:《陈中伟传》,宁波出版社 2002 年版;王耀成:《世界断肢再植之父陈中伟》,《宁波通讯》2004 年第 2 期。

阮可强

阮可强(1932—2017),出生于上海,原籍慈溪,我国著名的反应堆物理、核安全专家。

阮可强早年在上海接受教育。1941年年底日军占领上海租界后,随家人返回家乡慈溪,继续接受学校教育。抗战胜利后回上海读书。1950年毕业于上海敬业中学后,进入清华大学机械工程系学习。1951年至1958年在苏联留学,毕业于莫斯科动力学院。回国后一直在核工业部门工作。历任中国原子能科学研究院研究员、中国核工业集团公司科学技术委员会副主任、国家环境保护总局核环境专家委员会副主任、中国核学会副理事长。曾任国

阮可强

家"863"计划能源领域第三届专家委员会首席科学家。长期在反应堆物理和核安全领域从事研究、设计工作,负责过多个反应堆的物理研究、设计项目,以及核设施临界安全研究、设计和审查工作。作为物理设计负责人,研制成功微型反应堆,为核工业中铀同位素分离、乏燃料后处理、燃料元件制造、铀钚冶炼加工和核电站等多个重要工厂的设计、投产、运行,解决了大量的临界安全问题。特别是他在国际上首先提出的热中子分离模型,极大地提高了数值计算效率,是对我国和国际反应堆物理理论界的一大贡献。作为中国工程院院士和国内著名的核专家,阮可强利用其渊博的学术知识和深邃的洞察力,致力于我国核能发展战略研究,贡献了许多宝贵的意见和建议,为党和国家的决策提供了重要依据。其编著的《核临界安全》一书成为该领域的经典著作。其为我国核工业发展所做的贡献受到党和人民的高度评价,2017年阮可强逝世后,党和国家领导人习近平、李克强等分别以致电、送花圈等形式表示哀悼,并向其亲属表示深切慰问。

参见原宣:《中国工程院院士阮可强》,《中国核工业》2004年第5期;叶娟:《在被选择中踏实前行——阮可强院士口述实录》,《中国核工业》2013年第4期。

第四部分　文化界

一、概　述

　　本书所称文化界人士是指历代在境内外学术、文学、艺术、教育、体育诸领域卓有成就的宁波人。长期以来,宁波人文荟萃,学风鼎盛,号称东南邹鲁。诚如宁波史研究专家乐承耀先生所说,形成宁波文化特质的不是近代百年,而是宋明清这漫长的近千年。其间以宁波为核心的浙东地区,学派林立,人才辈出,特别是在学术、文学、佛教、书画等诸多领域均有精彩的表现,如北宋"庆历五先生""淳熙四君子",明代的阳明心学、清初的浙东学派以及代有其人的藏书家等。其中在中国文学史上,宋代吴文英,明代高明、屠隆等人都具有重要的地位;明清之际的沈光文、朱舜水等人则在文化交流与传播上有着突出的贡献。清中期以后,受政治、经济多方面因素影响,宁波一地社会崇商之风大盛,弃文从商现象相当普遍,致使近代伊始宁波一地文化呈凋零状态。但经过一段时间的沉寂,进入晚清以后,由于经济的富庶,新式教育的普及,加之新旧思想与中西文化的交融与激荡,领风气之先的宁波人在近代中国文化与教育诸多领域开始崭露头角乃至群雄并起,涌现出大批国家级的精英人物。较之传统文人,他们的活动范围更广,活动领域更多,在20世纪中国文化学术发展与进步的历史进程中占有重要的地位。特别是在中国新式教育的创办与进步、现代体育的提倡、现代电影的制作与发行、绘画与书法、图书出版以及现代中国法学、经济学的建立与普及等方面,宁波人都有着突出的贡献与地位。

综观长期以来特别是进入近代以后宁波文化人群体面貌,尽管他们活动时期不一,专业有别,但作为一个群体,明显具有以下几方面的特征。

第一,分布领域十分广泛,涉及学术、文学、艺术、教育、体育乃至佛教文化等几乎所有文化领域。如传统的经史之学以及近代学术门类的社会学、经济学、法学、教育学、史学、政治学,文学方面的小说、诗歌、散文、文艺理论、外国文学,艺术方面的电影、戏剧、音乐、工艺、绘画、书法、篆刻等,都有宁波学人在其中活跃的身影。

第二,层次高,成就显著,多为国家级精英乃至享誉海外。在古代宁波,宋代的"庆历五先生""淳熙四君子"以及黄震在当时的理学诸家中独树一帜。进入明代,王阳明横空出世,成为当时最杰出的思想家、哲学家,并跨越国界,影响至今。以黄宗羲为代表的明清之际的浙东学派倡导经世致用,猛烈抨击封建专制主义,与顾炎武、王夫之并称"明末清初三大思想家",并有"中国思想启蒙之父"之誉。在文学艺术领域,吴文英的词,高则诚、屠隆的戏曲与丰坊的书法,都在各自的领域大放光彩。其中高则诚由于创作了有传奇经典之称的《琵琶记》而被认为是世界文化名人。进入近代以后,许多宁波学人是诸多现代学术门类的开拓者。如有中国犯罪社会学创始人严景耀,有民国经济学界"北马南李"的著名经济学家李权时及方显廷、张肖梅、蒋学模、董辅礽,有著名法学家吴经熊、中国法学泰斗江平、中国宪法学先驱龚祥瑞、我国比较行政法和员吏制度等方面研究的先驱者之一楼邦彦、台湾法学之父桂裕、中国行政法学家应松年、中国行政管理学专家毛寿龙,还有历史学家童书业、王仲荦、陈登原、张芝联,现代文学史家唐弢,古典文学专家傅璇宗等。在艺术领域,几乎每个门类都有大师级人物。如美术界的潘天寿,融诗、书、画、印于一炉,人称"百年一遇的丹青巨擘";而陈之佛的工艺美术和工笔花鸟画,亦堪与之斗妍。书法界的沙孟海,被人誉为"书坛泰斗",晚年的擘窠榜书,"真力弥满,吐气如虹";而朱复戡的篆刻,则得吴昌硕之真传,厚重朴实,别具风格。著名京剧表演大师周信芳,创立"麒派"艺术,倾倒无数观众,形成一代"麒迷"。电影界的张石川,乃是中国电影业当之无愧的拓荒者,完成了中国电影的许多第一,又是屈指可数的名导演。他的同乡邵氏兄弟(邵醉翁、邵仁枚、邵逸夫)事业更加辉煌,成为亚洲电影王国的主人。而应云卫与袁牧之,对于左翼电影、左翼话剧和新中国电影事业,也是不可或缺的中坚。此外陈逸飞之油画在美术界也享有盛誉。在教育界,有创办南开大学而闻名的严范孙,有被称为中国历史上第一个真正意义上的教育部部长及为北京大学的发展贡献卓著的蒋梦麟,有中国第一个用马克思主义观点阐述教育问题的杨贤江,有毕生致力于中国文字改革与文化普及事业的林汉达与满怀爱国激情创办上海光华大学的张寿镛等。在体育界,有中国首位国际奥委会委员与中国"奥运之父"王正廷,有近代体育理论家与先行者江良规等。

在众人瞩目的文学界,宁波籍作家更是大师云集,不同凡响,从古代到当下,从大陆到海外都十分活跃,可谓争奇斗艳,众星闪耀,其中不乏诸多文学流派的开拓者或代表人物。

此外,四明自古物华天宝,非物质文化遗产十分丰富,民间艺人众多,其中列入省级非遗项目传人的,就有象山竹根雕艺传承人张德和、宁海平调传承人叶全民、泥金彩漆传承人黄才良等。即使在佛教文化领域,五代的契此,北宋知礼,南宋如怀敞、如净,近代的太虚、圆瑛等也都是名闻遐迩的高僧大德。

第三,拥有许多文化或学术家族,早在中古时期,余姚"虞氏家族"就绵延数百年,从东汉虞光、三国虞翻,至唐代虞世南,500 年间名人代出,是中国古代文化的代表性家族,对于整个浙东文化的形成有着重要影响。明清时期,以科举为基础的宁波文化家族相当发达,如以万斯同为代表的鄞县万氏家族、杨守陈为代表的杨氏家族在经史领域都有重要的建树。进入近代特别是晚清以来,宁波文化家族更是此起彼伏,高潮迭起,如鄞县张(寿镛)氏、鄞西翁(文灏)氏、鄞东盛垫马(衡)氏、慈溪三七市陈(训正)氏、慈城冯(君木)氏、余姚邵(洵美)氏、江北董(鼎山)氏,均延绵二代以上,名闻遐迩。其中鄞县马氏一门就有兄弟五人(马裕藻、马衡、马鉴、马太玄、马廉)俱为北京文史名家,当时有所谓"一钱(玄同)二周(鲁迅、作人)三沈(士远、尹默、兼士)五马"之美称。其中马衡长期担任故宫博物院院长,是我国近代考古学的前驱;其子马彦祥,则为理论与实践完美结合的戏剧教授、中国戏剧家协会副主席;其侄马临,为香港著名爱国教育家,曾长期担任香港中文大学校长。旧慈溪三七市陈氏也毫不逊色,陈训正为近代宁波教育近代化的拓荒者,其胞弟陈布雷为一代报人,陈训慈为著名史地专家,陈训念也是近代著名新闻工作者,20 世纪三四十年代先后担任《中央日报》及号称近代中国第一大报的《申报》总编辑。

第四,从近现代宁波文化人群体形成与发展的历程看,以 1949 年为界,可以明显划为两个时期,民国时期他们多数出生在宁波并在家乡接受基础教育,且几乎全部活跃在以上海为中心的内地。由于身处宁波、上海等风气开放地区,其中相当人有留学或其他出国经历,而得以领风气之先。如前面提及的王正廷、蒋梦麟、舒鸿、江良规、方显廷、严景耀、龚祥瑞、楼邦彦、邵洵美等均在国外留学并取得学位,而其他人也多有国外经历,至于后来活跃在经济学、法学、政治学等社会科学的人物则几乎无例外地都在国外留过学。国外留学与经历使他们得以开阔眼界,接受新知,无疑对他们日后事业的发展有着重要作用。其中20世纪20年代毕业于宁波浙东中学的龚祥瑞进入清华大学学习,30年代留学英国,归国后一直从事法学教育工作,新中国成立后长期担任北京大学法学教授,为新中国的法学教育事业做出了重要贡献。他是国务院总理李克强就读北大法律系时最欣赏的教师之一。在龚祥瑞的支持下,1986年宁波大学创办时,北京大学法律系对口支援宁波大学法律系,为该系的筹建立下汗马功劳。1949年后,部分宁波文化人前往港台及海外地区,大部分仍留在大陆。与此同时,内地新一代宁波文化人开始茁壮成长,并在改革开放后挥斥方遒,大展宏图。但他们基本上都是旅外宁波人的后代,并活跃在上海、北京、天津等中心城市,从宁波本土走出去的为数甚少。可见,广阔的活动舞台与开放的社会环境对文化人的成才极为重要。

第五,至少近代以来,较好的经济条件为大批宁波人投身文化活动奠定了经济基础。人类只有满足了基本的物质需求以后才能从事文化教育等社会活动,这是马克思主义的基本原理。近代宁波商帮的崛起造就了近代宁波城乡许多富裕家庭,使其后人不必为生计而奔波,得以受到比较好的教育并可以从事自己感兴趣的事情,从而成就自己的事业。上述较有成就的宁波文化人大多出身于家境殷实的商人或高级职员之家,就是最好的证明。如著名的近代宁波帮家族小港李家就出了不少画家、音乐家,如号称海上第一女画家的李秋君。文艺理论家邵荃麟则出身于慈溪大药材商家庭,应修人从事钱业衣食无忧而醉心于诗歌。蒋梦麟父亲蒋怀清则是一个地主兼钱庄股东,所以当蒋梦麟于1908年报考官费留学名落孙山时,其父拿出大笔银子送其赴美留学,从而成为其人生的一大转折。至于苏青、邵洵美等人也无不如此。如邵洵美拥有千万家产,但是他并不乐于经商办企业,更不屑于做官,而痴迷于文艺与出版事业。当然也有例外,但毕竟是少数,如林汉达出身贫寒,通过读"雨书"而接受基础教育,并经过勤学苦读,风云际会,得以赴外留学,从而成就了一代文化教育家。

二、词　条

虞世南画像

虞世南

虞世南（558—638），字伯施，余姚人，南北朝至隋唐时期书法家、文学家、诗人、政治家。

余姚虞氏为当地绵延数百年的浙东望族。虞世南出身于官宦之家，幼过继叔父虞寄为子。少与兄世基从史学家顾野王学。历仕陈、隋二代，官拜秘书郎、起居舍人。隋朝灭亡后，被窦建德任命为黄门侍郎。李世民灭窦建德后，引虞世南为秦王府参军、记室参军、弘文馆学士，与房玄龄等共掌文翰，为"十八学士"之一。贞观年间，历任著作郎、秘书少监、秘书监等职，先后封永兴县子、永兴县公，故世称"虞永兴、虞秘监"。虞世南性情刚烈，议论持正，敢于直谏。曾借陇右山崩、天现彗星等灾异，劝谏唐太宗整顿刑狱，救济灾民，劝告太宗"勿以功高而自矜，勿以太平久而自骄，慎终于初"。高祖死，太宗拟厚葬，他引征典故力主薄葬。太宗晚年好田猎，又劝谏息猎，以免扰民。为此深得李世民敬重，被称为"德行、忠直、博学、文词、书翰"五绝。贞观十二年（638），虞世南去世，年八十一。获赠礼部尚书，谥号"文懿"，配葬昭陵。虞世南生性沉静寡欲，意志坚定，执着且向学。书法得王羲之七世孙智永传授，继承二王（王羲之、王献之）传统，外柔内刚，笔致圆融遒丽，与欧阳询、褚遂良、薛稷并称唐初四大书家。传世书迹有石刻《孔子庙堂牌》等。其所编的《北堂书钞》分19部，下分852类，内容极为广泛，包括帝王、后纪、礼仪、衣冠、仪饰、服饰等部，其中汇集了大量的儒学资料，起着传授知识、临文备查的作用，被誉为唐代四大类书之一，为国内现存第一部类书。著有《兔园集》10卷，另有诗文集10卷行于世。原有诗文集30卷，已散佚不全，民国张寿镛辑成《虞秘监集》四卷。

参见俞福海主编：《宁波市志》（下）人物传略，中华书局1995年版；《旧唐书》列传第二十二。

张孝祥

张孝祥(1132—1169),字安国,号于湖居士,安徽历阳乌江(今安徽和县)人。建炎三年(1129)父张祁添差明州观察推官,复迁居鄞西桃源乡(今属海曙区),三年后张孝祥即出生于此。被称为甬上第一状元,南宋著名词人、文学家。

张孝祥幼承家学,好读书。大约10岁时,张孝祥随父寓居安徽芜湖,从此便在芜湖定居下来。绍兴二十四年(1156),张孝祥23岁,廷试第一,这几乎招来一场灾难。原来秦桧一心想要让他的孙子秦埙夺得状元,为此早在去年八月秦埙会试两浙漕司事,就曾撤去不听话的主考而另派别人。及礼部复试和廷试前,秦桧在人事方面都有安排。谁曾想在廷试中,张孝祥因文、诗、书三绝受到皇上的称赏,被拔为状元,以至于秦桧功败垂成。这时胡寅以"讥讪朝廷"罪被远斥新州,秦桧就把张孝祥擢状元之事跟张祁之友胡寅联系起来,流露出借此陷害张祁父子之意。张孝祥唱第后,秦桧亲党曹泳揖其于殿廷,以请婚为言,孝祥不答,曹泳憾之。此时张孝祥又血气方刚,上疏为岳飞申冤。秦桧闻言,愤恨不已,于是指使死党诬张祁与胡寅勾结,有反谋。次年九月,张祁被逮下狱,幸而其年十月,秦桧死,张祁才得以出狱。此后,张孝祥在仕途上接连升迁,但因为年少气锐,在修先朝实录时不肯舞弊,与同官汪彻有宿冤。汪彻升官后,对张孝祥进行报复,劾其为大奸,于是张孝祥及其亲故多人受到处分。张孝祥后又做过抚州地方官,曾单骑赴军中平乱,禁止出售假药,表现出一定的应变才能。隆兴二年(1164)二月,主战派领袖张浚推荐张孝祥,张被任命为中书舍人等职。不久,张浚又推荐他兼领建康留守。当时正是宋金第二次达成和议期间,南宋皇帝称金为叔。张孝祥悲愤填膺,在一次宴会上写下了著名的《六州歌头》,词中充分表达了对南宋王朝投降派的愤怒和谴责。据说张浚听后为之罢席,足见感人至深。这段时间,张孝祥在自己的职权范围内为抗金事业做了大量有益的工作。他是一个稳健的主战派人物,但由于主和派的竭力诋毁,张浚被罢官,半年后,张孝祥也被劾为浚党而去职。乾道元年(1165),张孝祥再次被起用,守桂林,做了一些利国利民之事。后闲居老家,夏秋之际,因送虞允文,饮于舟中,中暑而卒,年仅38岁。传世有《于湖居士文集》。

张孝祥工于作文,其文叙事平易流畅,说理明晰透辟。亦能作诗,风格接近苏轼,而艺术水平一般。张孝祥之词作蜚声词坛,是南宋前期比张元干稍晚而影响较大的爱国词人,两人合称为"二张"。其词多表现爱国思想,反映社会现实,兼有东坡之清旷与稼轩之雄豪,是由苏轼向辛弃疾过渡的桥梁。笔力极似东坡而又最为脍炙人口的是《念奴娇·过洞庭》。张孝祥书法出入颜、米,尤以草书闻名,黄震甚至称他为"草圣"。今鄞州天童寺尚存有张孝祥所书《宋宏智禅师塔铭》一方,立于绍兴二十九年(1159)。

参见(宋)张孝祥:《于湖居士文集》,上海古籍出版社2009年版;宛敏灏笺校:《张孝祥词笺校》,黄山书社1993年版。

王应麟

王应麟画像

王应麟(1223—1296),字伯厚,号厚斋,晚号深宁居士,鄞县人,南宋著名的学者、教育家。

王应麟少年时通《六经》,淳祐元年(1241)中进士,仍发愤读书,历任衢州西安县主簿,扬州教授,浙西提举常平茶盐主管账司及四朝史编修官,后遭诬罢官。1256年举"博学鸿词科",获首选,添差浙西安抚使任事,继主三省枢密院架阁文字,历迁太常寺主簿、台州通判、太常博士、秘书监兼沂靖惠王府教授、著作佐郎,咸淳元年(1265)度宗嗣位,授礼部郎官,起草《百官表》。继迁秘书少监,为权相贾似道所恶,但他并不以为然,认为"忤相之患小,负君之罪大"。后历官起居舍人、秘阁修撰、起居郎兼吏部侍郎、中书舍人兼给事中、同修国史实录院修兼侍读、礼部侍郎兼中书舍人等职,终与左丞相留梦炎不合辞归。后诏授翰林学士,见国事日非不赴,宋亡后闭门著述以终。王应麟隐居20载,所有著作,只写甲子不写年号,以示不向元朝称臣。王应麟与胡三省、黄震并称"宋元之际浙东学派三大家"。其为学宗朱熹,涉猎经史百家、天文地理,熟悉掌故制度,长于考证。一生著述颇富,计有20余种、600多卷。所撰《玉海》200卷,是百科全书式的著作,囊括当时科举考试所需的各类知识;考据性笔记《困学纪闻》以考证为特色,居"宋代三大笔记"之首;蒙学著作《三字经》风行700多年,并流传海外众多国家,是一部优秀的儿童道德教育教材,20世纪80年代被联合国教科文组织定为世界性的儿童启蒙教材。

参见俞福海主编:《宁波市志》(下)人物传略,中华书局1995年版;钱茂伟:《王应麟学术评传》,中华书局2011年版;钱茂伟:《王应麟与中国传统学术形态嬗变》,中国社会科学出版社2011年版。

张可久

张可久(约 1270—约 1350),字小山(一说名伯远,字可久,号小山),鄞县人,元代著名散曲作家、剧作家,与乔吉并称"双璧",与张养浩为"二张"。

张可久人生坎坷,生平事迹不详。青年时在江浙一带做路吏之类杂役小曹,大德年间(1297—1307),客居杭州,与马昂夫、赵孟頫等文人交往,写了许多曲令。延祐二年(1315)恢复科举后,曾多次参加考试,均落第。50 岁后仍重操旧业,在江浙各地充任典史、县吏等小吏,60 多岁时才升为首领官(路、县衙署中掌文书官吏)。还做过昆山县的幕僚。晚年隐居在杭州一带。一生怀才不遇,时官时隐,曾漫游江南名胜古迹,足迹遍及江苏、浙江、安徽、湖南一带,交游甚广,阅历丰富。毕生致力于词曲的创作,是元代最为多产的散曲大家,也是元曲的集大成者之一,其在世时便享有盛誉。作品风格多样,"或咏自然风光,或述颓放生活,或为酬作,或写闺情",是元代散曲中"清丽派"的代表作家。一生中共写了上千首词曲,今存 855 首,套数九套,为元代传世散曲最多的作家,占现存全元散曲的五分之一,其个人作品占朝代作品总量比例之高,在中国文学史上是绝无仅有的。散曲集有《小山乐府》《张小山小令》《张小山北曲联乐府》等版本传世。张可久在散曲史上具有重要地位。元代前期,散曲家时尚自然真率,后期追求清丽雅正,张可久在这一风格时代转变中起了重要作用。他力求脱离散曲原有的白描特色而入于雅正,以丰富多彩而又清丽的风格,自成元代散曲园地中的奇葩。明朝朱权在其《太和正音谱》中称张可久为"词林之宗匠",认为"其词清而且丽,华而不艳";明李开先则称"乐府之有乔、张,犹诗家之有李、杜"。

参见吕薇芬、杨镰校:《张可久集校注》,浙江古籍出版社 1995 年版;孙侃:《沉抑曲家:张可久传》,浙江人民出版社 2007 年版。

王守仁

王守仁(1472—1529),原名云,更名守仁,字伯安,别号阳明,又号阳明子,世称阳明先生,余姚人,我国历史上著名的思想家、哲学家和军事家。

王守仁出身于余姚官宦之家,幼受家教,21 岁中举人,居住京师其父亲王华状元官衙内。遍读朱熹著述,按其"格物致知"说,曾"格"竹子七天,一无所获反而惹病,乃转学辞章,会试两次不第。弘治十二年(1499)中进士,授刑部主事,旋改兵部。1505 年结识湛若水,共倡"圣人之学"。正德四年(1506)武宗继位,宦官刘瑾擅政,并逮捕南京给事中御史戴铣等 20 余人。王守仁上疏营救,触怒刘瑾,被杖四十,谪为贵州龙场(今修文县)驿丞,历经

王守仁画像

磨难,于谪所第三年,一夜"悟格物致知,当自求诸心,不当求诸事物","不觉呼跃"而起,因著《五经臆说》,以为圣人之道,吾性自足,于是转宗陆九渊心学,后人称"龙场大悟"。创立龙冈书院,受聘主讲贵阳文明书院,始讲"知行合一"说。1510年三月任江西庐陵知县,八月刘瑾伏诛,十二月调任南京刑部主事。次年被召入京。1512年升任南京太仆寺少卿。次年便道省亲,途中向弟子徐爱等讲述《大学》格物新说与"知行合一"说,后徐爱辑为《传习录》。

1514年升任南京鸿胪卿,督滁州马政,闲时聚徒讲学,规模渐大,一度强调静坐。1516年升任南赣佥都御史,奉命镇压赣南农民起义。他恩威并施,平定为患江西数十年的民变祸乱,尝谓"破山中贼易,破心中贼难"。1519年升都察院右副都御史,六月督兵讨伐宁王朱宸濠叛乱,擒宸濠。因遭谗言非但无功,险致咎,旋称病,闲居西湖净慈寺、安徽九华山各寺院。1521年起复,巡抚江西,于南昌提出"致良知"说,自称"从百死千难中得来,信得这三字,犹操舟得舵"。同年六月任南京兵部尚书。九月归余姚,于龙泉山中天阁会74弟子,讲授"致良知"说。十二月封光禄大夫、柱国、新建伯。嗣后6年因遭排挤,闲居讲学,增订续刻《传习录》,在会稽稽山书院讲学,创阳明书院,传播"王学"。嘉靖四年(1525)九月,讲学余姚龙泉山中天阁,门人聚至300余。1527年以南京兵部尚书兼左佥都御史,总督两广军务兼巡抚,镇压广西瑶族、僮族起义。次年平乱后病重,离开广西返乡。嘉靖七年十一月二十九日(1529年1月9日)卒于江西南安,谥文成。《明史》称:"终明之世,文臣用兵制胜,未有如守仁者。"著有《阳明全书》(又称《王文成公全书》)。王守仁(心学集大成者)与孔子(儒学创始人)、孟子(儒学集大成者)、朱熹(理学集大成者)并称为孔、孟、朱、王,其学说思想王学(阳明学)是明代影响最大的哲学思想,并传至日本、朝鲜半岛以及东南亚。王阳明弟子众多,世称姚江学派。

参见吴光、钱明等整理:《王阳明全集》,浙江古籍出版社2013年版;杨东标:《此心光明——王阳明传》,作家出版社2014年版。

范　钦

范钦(1505—1585),字尧卿,号东明,鄞县城区(今海曙区)人。明代著名藏书家,是我国也是亚洲现存最古老的藏书楼天一阁的主人。

范钦画像

范钦嘉靖十一年(1532)进士,知随州,有惠政,升工部员外郎。时大工程频兴,武定侯郭勋督工,专横跋扈,钦以事忤郭,郭进谗言,因受廷杖,出知袁州。袁州为严嵩故里,嵩子严世蕃仗势欲侵吞当地公产,他不畏权势,予以阻止。后调任按察副使,备兵九江。继升广西参政,分守桂平。转福建按察使,进云南右布政使,迁陕西左布政使,后因父母丧去职。1559年起复升任副都御史,巡抚赣南汀、漳诸郡,镇压农民起义,又部署赣、闽、粤三省防倭设施。后晋兵部右侍郎,见朝政日衰,未赴任去职归里。一生爱书藏书,历官各地,留心当地典籍,广求博收,所藏日富。返里后于嘉靖四十年至四十五年(1561—1566)在鄞县城内月湖西建楼以藏,名"天一阁",取"天一生水,地六成之"之义。阁四面临水,上通六间为一,中以书橱间隔,其下分六间,为古代藏书楼建筑典范。继遍购海内孤本异本,抄己所未有之书,又购入城西丰坊"万卷楼"火灾后遗书,聚书七万余卷,列经、史、子、集四部,尤以明版地方志及登科录为世人所贵,被誉为浙东藏书第一家。为了保护藏书,晚年订立"代不分书,书不出阁"等训规。时与辞归家居的南京兵部尚书张时彻、罢职归里的兵部侍郎屠大山相唱和,主甬上文炳,时称"东海三司马"。著有《四明范氏天一阁书目》《奏议》《抚掌录》《明文臣爵谥》《古今谚》等,并校刊诸书31种,皆详天一阁书目中。乾隆三十七年(1772),下诏开始修撰《四库全书》,范钦八世孙范懋柱进献所藏之书638种,于是乾隆皇帝敕命测绘天一阁房屋、书橱的款式,兴造了著名的"南北七阁",用来收藏所撰修的七套《四库全书》,天一阁也从此名闻全国。其后世子孙能承志护书、增书,历经400余年,为国内最古老私人藏书楼,成为当代宁波城市亮丽的名片。

参见俞福海主编:《宁波市志》(下)人物传略,中华书局1995年版;戴光中:《天一阁主——范钦传》,浙江人民出版社2006年版;袁慧点校:《范钦集》,浙江古籍出版社 2012 年版。

朱之瑜

朱之瑜画像

朱之瑜(1600—1682),字鲁屿,号舜水,余姚人,明清之际著名学者和教育家。

朱之瑜 8 岁丧父后,家道中落,随长兄寄籍于松江府,为松江府儒学生,师事吴钟峦等。后见国是日非,绝意仕进。崇祯末被两举征辟,不就。清顺治元年(1644),南明福王朱由崧两次诏征授职亦不受。清兵下浙,朱奔走各地,联络义军支援四明山寨王翊。顺治四年至十五年(1647—1658),数次东渡日本乞兵,图复明室,均未成。途中辗转安南、交趾(均今越南)、暹罗(今泰国)等地,备历艰险。其间南明唐王朱聿键、鲁王朱以海也多次诏征授职,俱不受。1660 年受郑成功、张煌言邀,返国抗清,败后侨居日本。康熙二年(1663),被水户藩主德川光国聘为宾师,至水户讲学,向日本学者传讲汉学。永历二十四年(1670),日本初造学宫,朱之瑜绘画图纸,度量尺寸,亲临施工现场指导,事后撰《学宫图说》。又造古祭器簠、笾、豆等,率学生习释奠礼,改定仪注,详明礼节。永历二十六年(1672),德川光国设置彰考馆,由朱之瑜门生安积觉任主编,聘请朱之瑜指导,编纂鼓吹"尊王一统"之说的《大日本史》,其影响直至二百年后的"明治维新"。永历三十六年(1682)四月,朱之瑜在日本大阪逝世,享年 83 岁。朱之瑜在日本讲学 20 年,比较系统地介绍了中国的服制、礼制、官制、学制、农艺等。

朱之瑜治学重效用和事功,提倡"实理实学、学以致用",认为"学问之道,贵在实行,圣贤之学,俱在践履"。他的思想学说在日本社会有一定的影响。与黄宗羲、王夫之、顾炎武、颜元一起被称为明末清初中国五大学者。

参见俞福海主编:《宁波市志》(下)人物传略,中华书局 1995 年版;朱谦之整理:《朱舜水集》,中华书局 2008 年版。

黄宗羲

黄宗羲(1610—1695),乳名麟,字太冲,一字德冰,号南雷,别号梨洲老人、梨洲山人等,学者称梨洲先生,余姚人,与顾炎武、王夫之并称"明末清初三大思想家",亦有"中国思想启蒙之父"之誉。

黄宗羲之父黄尊素为万历进士,天启中为御史,是东林党人,因弹劾魏忠贤而被削职归籍,不久下狱,受酷刑而死。崇祯元年(1628),19岁的黄宗羲"袖长锥,草疏,入都讼冤",击杀狱卒,哭祭于诏狱中门,浩气震动内外,崇祯帝叹称其为"忠臣孤子"。归乡之后,发愤读书,"愤科举之学锢人,思所以变之。既,尽发家藏书读之,不足,则钞之同里世学楼钮氏、澹生堂祁氏,南中则千顷堂黄氏、绛云楼钱氏,且建'续钞堂'于南雷,以承东林之绪"(《清史稿》480卷列传·儒林)。又从学于著名哲学家刘宗周,得蕺山之学。十年后,在南京参与140人公布《留都防乱公揭》,揭发阉党阮大铖的祸国殃民之罪,遭到残酷镇压,亡命日本。清军入关后,招募里中子弟数百人组成"世忠营",在余姚举兵抗清,达数年之久,鲁王政权授以监察御史兼职方之职。在配合张煌言进行复国活动失败后,漂泊海上,至顺治十年(1653)始返回故里,课徒授业,先后组织绍兴证人书院、甬上证人书院等,从学者数百人,著述以终,至死不仕清廷。黄宗羲学识渊博,对天文、算术、地理、乐律等均有研究,尤长于史学,创浙东学派,开清代史学研究风气。著作70余种、1000余卷,以《明夷待访录》《明儒学案》《南雷文定》《四明山志》等为著。生前曾自己整理编定《南雷文案》,删订《南雷文定》为《南雷文约》。他身历明清更迭之际,认为"国可灭,史不可灭"。论史注重史法,强调征实可信。在哲学上,认为气为本,无气则无理,理为气之理,但又认为"心即气","盈天地皆心也"。在政治上,他以"民本"的立场深刻批判封建君主专制,提出君为天下之大害,不如无君,主张废除君主"一家之法",建立万民的"天下之法"。他还提出以学校为议政机构的设想。黄宗羲精于历法、地理、数学以及版本目录之学,并将其所得运用于治史实践,辨析史事真伪,订正史籍得失,多有卓见,影响及于整个清代。

参见俞福海主编:《宁波市志》(下)人物传略,中华书局1995年版;沈善洪、吴光编:《黄宗羲全集》,浙江古籍出版社2005年版;方祖猷:《黄宗羲长传》,浙江大学出版社2011年版。

沈光文

沈光文(1612—1688),字文开、斯庵,晚年自号宁波野老,鄞县栎社(今属海曙区)人,人称"台湾文化始祖"。

沈光文幼承家学,擅辞赋。明天启七年(1627)补博士弟子员,崇祯三年(1630)中乡试副榜,1636年以明经入南都国子监就读。1639年参与《留都防乱公揭》署名,揭露阮大铖等误国罪行。清军攻占南京后,浙东义师在钱

沈光文画像

肃乐领导下慷慨北上,守卫钱江。沈光文于此时束装回乡,加入鲁王的抗清队伍,被授予太常博士,参与钱塘江划江之役。1646年,清兵攻陷绍兴,沈光文随鲁王入闽,晋升为工部郎中,在金门诸岛部署抗清,后相继任兵部职方郎中、太仆寺少卿。其间,他奔波于浙江、福建、广东之间,作鲁王与郑成功之间的联系人,又奉桂王朱由榔之命,监督郑鸿达之师。清福建总督李率泰以高官厚禄对其诱降,被严词以拒。清顺治九年(1652)秋,移家泉州,遇台风船漂至台湾宜兰,旋至台南。时荷兰人占台湾已有28年,他躬耕隐居东山乡间,暗捎台湾海防舆图与郑成功。1661年,郑成功收复台湾后,以宾礼相见,赠田宅食粮赡养。但次年郑成功去世后,子郑经背弃明制,沈光文作《台湾赋》加以讥讽,触怒郑经,险遭不测,遂削发为僧,隐居大冈山超峰寺,法名超光。后还俗,结庐罗汉门山中,以汉文教授子弟,又悬壶行医济世。1681年郑经死后,复礼如故,仍教授生徒,倡立东宁社,是为台湾第一个诗社,致力弘扬中华文化,一时学馆兴起,台南一带渐以汉文代替荷兰文。1683年,清兵入台,福建总督姚启圣邀其参与政事,力辞不受。1688年,沈光文病逝于诸罗,葬善化里东堡。沈光文流寓台湾近30年,历经荷兰、明郑、清朝三个政权,是第一个将中华文化带入台湾的人,也是中华文化在台湾的第一个传播者。著有《花木杂记》《流寓考》《台湾舆地记》《文开诗文集》等。全祖望称他"海东文献,推为初祖"。今台南市善化镇有光文路、文开桥、斯庵桥,家乡鄞县栎社故里存沈氏宗祠。

参见俞福海主编:《宁波市志》(下)人物传略,中华书局1995年版;张萍、戴光中、张如安:《沈光文研究》,浙江大学出版社2014年版;戴松岳:《沈光文的乡情》,《宁波日报》2010年9月25日。

万斯同

万斯同(1638—1702),字季野,号石园,学者称石园先生,鄞县人,著名史学家,清初浙东学派重要代表。

万斯同生而异敏,读书过目不忘。十四五岁时,他已遍读家中藏书;17岁,其父送他跟诸兄一起受业于浙东学派的一代宗师黄宗羲,成为其最得力弟子。后来有机会专门研读明十五朝实录,为他以后编纂明史,打下扎实的

基础。学主慎独，专意古学，博通诸史，尤精明
史。承父、师教诲，崇尚气节，也以明遗民自
居，绝意仕途。康熙十七年（1678），浙江巡抚
荐应博学鸿词科，力辞不就。次年，清廷诏修
《明史》。总裁官大学士徐元文请他入史馆，以
翰林院纂修官受七品俸，复力辞。后秉承父师
嘱托，以布衣参史事，不署衔，不受俸，入京修
明史。黄宗羲尝赠诗曰："四方声价归明水，一
代贤奸托布衣。"至京，徐元文请至家中，委笔
削诸事。徐元文以后，大学士张玉书、陈廷敬、
尚书王鸿绪相继担任纂修《明史》总裁，仍延请
万斯同续修《明史》。由于万斯同熟悉汉以下

万斯同画像

制度沿革和明代史事，当时参加纂修的学者有五六十人，他们把每篇初稿写
成后，均送至万斯同处复审。万斯同看完每一篇初稿，就告诉纂编者，取某
书某卷某页，有某事应当补入；取某书某卷某页，某事应当核实，无一谬误。
因此他成为实际上的《明史》主编，前后达 19 年，以所学之长，撰成明史列传
300 卷、明史表 13 卷、宰辅会考 8 卷、河渠志 12 卷，最终手定《明史稿》500 卷
（后《明史稿》被王鸿绪删改，于万斯同卒后 12 年、21 年两次进呈，据为己著，
至晚清始为魏源所揭露）。又为尚书徐乾学纂《读礼通考》200 余卷。居京
期间，屡开讲席，启导后学，学者尊称"万先生"，而他每自署"布衣万斯
同"。晚年双目失明，仍口授答问、讲学，卒于明史馆。墓在奉化莼湖镇邬
观山南麓。尚著有经、史、地理、诗文等集，如《历代史表》《儒林宗派》《两
浙忠贤录》《昆仑河源考》《五礼通考》《石经考》《石鼓文考》《庙制图考》《石
园诗文集》等。

　　参见俞福海主编：《宁波市志》（下）人物传略，中华书局 1995 年版；陈训
慈、方祖猷：《万斯同年谱》，香港中文大学出版社 1991 年版；方祖猷整理：
《万斯同集》，宁波出版社 2014 年版。

全祖望

　　全祖望（1705—1755），字绍衣，号谢山、鲒埼亭长，学者称谢山先生，鄞
县洞桥（今属海曙区）人，清初浙东学派的重要代表人物，著名的史学家、文
学家。

　　全祖望为雍正七年（1729）贡生，1732 年中顺天乡试，内阁学士李绂阅其

全祖望画像

卷,赞为王应麟、黄震之后又一人。乾隆元年(1736)举荐博学鸿词,同年中进士,选翰林院庶吉士,为李绂所重用。通过李绂借读内阁所藏《永乐大典》,日尽 20 卷,凡欲见未见的珍籍佚本,俱予抄录,开清代辑佚学先河。时张廷玉当国,与李绂交恶,遂移怒于他,次年散馆置于最下等,归班以知县候选,遂绝意仕途,归里读书著述。家境渐贫,竟至三餐难继,然好学依旧,清廉不改。广收遗闻,以表彰忠义为己任,著作日富。又重登天一阁,检点金石碑帖,编为《天一阁碑目》。1742 年,与同县蒋拭之等成立"真率社",赋诗唱和。1748 年应聘至绍兴主讲蕺山书院,后因郡守失礼,拂然辞归,复专意著述。贫病继迫,为学益力。1751 年往广东主端溪书院讲席,次年因病归里。1754年寓居扬州,病中仍校著不辍,冬返里。次年,子昭德病夭,悲恸至极卒。家人售双韭山房藏书万卷,获银 200 两始予安葬。全祖望在学术上推崇黄宗羲,并受万斯同的影响,重视经世致用之学,博通经史,注重史料校订,精研宋末及南明史事,留心乡邦文献,于南明史实广为搜罗纂述,贡献甚大。所著《鲒埼亭文集》《鲒埼亭文集外编》,收明清际碑传,富史料价值。以 10 年功夫续成黄宗羲、黄百家父子仅完成约十之三四的《宋元学案》,又七校《水经注》、三笺《困学纪闻》,另著有《经史问答》《汉书地理志稽疑》《古今通史年表》等。尤有功于宁波地方文献,搜求、抄录宋乾道《四明图经》、宝庆《四明志》、开庆《四明志》。雍正时修《浙江通志》,值他旅京,遣使至甬,发家藏历代宁波方志送志局供用。又续辑《甬上耆旧诗》,编《句余唱和集》《句余土音》等。全祖望秉笔直书,又文采斐然,被认为是继司马迁之后最有文采的传记史家。

参见俞福海主编:《宁波市志》(下)人物传略,中华书局 1995 年版;朱铸禹校注:《全祖望集汇校集注》,上海古籍出版社 2000 年版;张嘉俊主编:《越魂史笔:全祖望诞辰三百周年纪念文集》,宁波出版社 2005 年版。

徐时栋

徐时栋（1814—1873），字定宇，号柳泉，学者称柳泉先生，鄞县城区（今属海曙区）人，晚清浙东著名的学者和藏书家。

徐时栋画像

徐时栋出身于鄞县富商家庭，自幼聪慧好学，家有遗书千卷，读之不足，始自置书籍。道光二十六年（1846）举人，曾两次上京会试，均不得志，遂绝意进取，闭门不出，从此"视世俗科举之学夷然有所不屑"，发愤读书，专意著述。后以输饷任内阁中书。性急公好义，设义庄，兴义学，修东津浮桥，建三桥碶闸，遇事能断，以义行得旌。

徐时栋性喜读书购书，故居烟屿楼原藏书六万卷，后又购入近十万卷，尽发而读之，广采博览，一生校勘文献甚多，于地方文献用力尤深。曾校刻宋元《四明六志》，考异订讹，著《四明六志校勘记》，被称为善本，使六志得以流传后世。又辑《四明旧志诗文钞》等。其主四明文坛 30 余年，成为晚清宁波学术中心，后起之秀多出其门。同治七年（1868），受聘主持鄞县志局，发凡起例，总持大纲。为利用自己藏书，次年移局于西门外新宅水北阁，并借阅城内卢址抱经楼、杭州丁丙八千卷楼藏书千余种，仿照国史馆列传之例，注明入志资料出处，排比成文。越五年，病重将殁，执董沛手，以志局事郑重相委，不语私事。同治十三年志成，三年后刊行，是为一代名志光绪《鄞县志》。徐时栋酷爱藏书，历经坎坷，矢志不渝，仅藏书楼就有三座。他生活在鸦片战争以来的战乱年代，两遭兵火，所著多有散佚，所藏图籍亦一再被毁。然而他毫不气馁，屡毁屡建，从烟屿楼到城西草堂和水北阁，藏书失而复聚，为宁波保存了大批珍贵典籍。他"以古文名世"，著有文集 40 卷，"余事为诗"，著有诗集 18 卷，浩浩万千言，而他的说经之作《尚书逸汤誓考》六卷更是为学者所推崇。

参见俞福海主编：《宁波市志》（下）人物传略，中华书局 1995 年版；骆兆平：《徐时栋和他的三个藏书楼》，《图书馆杂志》1997 年第 3 期；龚烈沸：《徐时栋年谱》，宁波出版社 2016 年版。

梅调鼎

梅调鼎（1839—1906），字友竹，号赧翁，慈溪县城（今江北区慈城镇）人，晚清著名书法家。

梅调鼎出身名门，从小刻苦攻读，应科举考试，考取秀才不久即补博士弟子员。后参加乡试时，因答卷书写不合科举考试规定而被取消了考试的资格，"书法不中见黜，不得与省试"，深受打击，从此发愤习书，绝意仕途，以布衣终身。其性孤高，重节操，轻名利，不趋炎不附势，为时人所重。其字早年服习"二王"，"不施脂粉，自然美好"。中年掺入欧法，变圆为方，笔力拗拔。晚年潜心北碑，尤得力于《张猛龙碑》及《龙门十二品》，笔势转为沉雄剽悍。他数十年如一日勤学苦练，惨淡经营，不断临摹创新，博采众长，南北融会，刚柔相济，遂独树一帜，而草书及行书尤负盛名。开创了以"圆""断"取胜的新径，在士林中有"梅开岭上，香飘千里"之誉。他认为"用笔之妙，舍能断能圆外，无他道也"。也就是说，书法的用笔要在转折处珠圆玉润，在可断处笔断意连。为此他花了毕生的精力，在这"圆"与"断"上下功夫。行家评价他的书法是能圆能断，圆断结合，结体典雅，风神秀逸。近现代书法家邓散木评说梅调鼎写得既漂亮又朴素，"像年轻的农村姑娘，不施脂粉，自然美好"。当代书法泰斗沙孟海赞其为："不但当时没有人与他抗衡，怕清代260年中也没有这样高逸的作品。"其书法当时还扬名东瀛，被日本书法界誉为"清代王羲之"。书法集有《赧翁集锦》和《梅赧翁手书山谷梅花诗真迹》，另有诗集《注韩室诗存》。

参见沈元魁：《晚清书法家梅调鼎》，《宁波报》1981年1月18日；孙善根、谢振声：《走向海内外的江北人》，2014年，内部印行；宁波市江北区政协：《宁波市江北区文史资料》第12辑，2018年。

严范孙

严范孙（1860—1929），名严修，字范孙，号梦扶，别号偍扁生，原籍慈溪庄桥（今属江北区），生于直隶（河北省）三河县，是近代著名教育家、学者，也是近代中国革新封建教育、推进教育现代化的先驱。

严范孙出身于盐商家庭，幼年受传统教育，饱读经籍。1882年乡试中举，次年中进士，后入清翰林院任职。1894年至1897年任贵州学政时，将贵阳南学院改为经世学堂，讲课以经史、算学为主，开贵州新学风气。甲午战后，他认为欲强中国必须改革教育，奏请开设经济特科，以广取人才，而传名于世。后任直隶学校司总办，综理全省学政。他以劝学筹款为首务，先后创

严范孙

设了劝学所和宣讲所,开办天津模范小学、天河师范、北洋师范、高等法政、女子师范学堂等。1902 年到 1904 年间曾两次东渡日本考察教育。1905 年至 1909 年任学部(全国最高教育行政机关)侍郎,在全国推进新式教育的规范化、制度化,逐步形成了较为完整的教育体系。在推行新式教育方面,严范孙的重大贡献是筹设南开学校。1904 年,他创办私立敬业中学堂,并聘张伯苓为监督(即校长)。这就是南开学校的前身。1907 年改名南开中学堂。严范孙作为校董,不仅以个人财力、物力资助学校发展,而且在教育思想和办学方向上对南开也有很大影响。1918 年与张伯苓同赴美考察大学教育。次年二人又协力创办南开大学。为了建立一所高水准的南开大学,严范孙不仅亲自去美国考察教育,而且多方筹集办学经费,还率先垂范为南开大学捐款、捐地、捐赠图书。其间曾资助周恩来赴法留学。1919 年他捐赠购书款 2000 美元及中文图书共 30 余种数百册,1922 年捐赠土地近 6 亩,1924 年又捐图书典籍数十种,为南开大学的早期发展提供了重要支持,此后又成立南开女中、南开小学,被称为"南开校父"。在严范孙大力支持下,到 1928 年,独具特色的南开系列学校(小学、中学、女中、大学)终于全部建成。1929 年 3 月 14 日,严范孙在天津病逝,享年 70 岁。当时遍及全世界各地的南开校友捐款,在南开中学建"范孙楼",并塑造了铜像。1992 年,南开大学又塑其铜像于校园,以此来纪念严范孙一生矢志新学的功绩和对国家教育事业的贡献。严范孙被认为是历史新旧交替激流中的教育先行者,他关心国家民族的命运,看到了时代发展的趋势,以毕生精力投入近代教育改革这一宏伟事业中。通过其二三十年来的不断实践,摸索出一条具有中国特色和时代特点的近代教育改革的道路。

参见严仁曾编:《严修年谱》,齐鲁书社 1990 年版;潘国文:《严修家族研究 1830—1930》,华东师范大学硕士学位论文,2014 年;李冬君:《中国私学百年祭——严修新私学与中国近代政治文化系年》,南开大学出版社 2004 年版。

陈汉章

陈汉章(1864—1938),谱名得闻,字云从,别号倬云,晚号伯弢,象山人,

陈汉章

现代经史学家、教育家、国学大师。

陈汉章出身于耕读世家,少即聪颖好学。4 岁识字,6 岁吟诗,7 岁正式受业,就读于设立在故居后的约园私塾,后至县城丹山、缨溪书院读书,更勤奋好学,得童生第一名。光绪八年(1882)补县学生,1885 年考取秀才,23 岁时入杭州的俞楼(俗称"诂经精舍"),师从著名经学大师俞樾。24 岁至宁波辨志精舍,问师于黄元同。25 岁(1888 年)去杭州乡试,考中第 10 名举人。中举后,多次被聘做官,官至广州直隶州州同,但均未出仕。他一心追求学问,博览群书,遂成大学问家。46 岁(1909 年)应京师大学堂(1898 年建立,1912 年改名为北京大学)聘,赴京任教,为求"翰林"官衔,至京改作学生,就读于经科,始入史学门。50 岁(1913 年)以第一名身份毕业于北京大学第一届史学门,轰动一时。后相继在北京大学、北京高等警官学校和北京师范大学等任国学、史学、哲学、外文门教授近 20 年(其中后二年因事请长假离京回乡,北大为挽留遂聘陈汉章为史学系主任)。1928 年年初,应邀出任南京中央大学教授兼史学系主任,为该系发展与人才培养做出了重要贡献。1931 年年初,68 岁的陈汉章以暮年体衰告老归里。从此闭门著述,直至 1938 年病逝于象山。陈汉章具有强烈的家乡情结,热心家乡事宜,1907 年,首任象山劝学所总董,经他赞助与发动,设立的小学有 30 余所。1922 年,陈汉章从北大回乡探亲,受聘担任民国《象山县志》总纂。后带稿北上,在北大四年独自完成了县志编写(该志是民国时期四大名志之一),为此付出了极大的心血。晚年出资资助创建象山县公立医院(象山县第一人民医院前身)。陈汉章以学术报国,一生致力于弘扬民族文化,因其杰出的学术成就和始终不懈的治学精神,备受时人称道。章太炎赞其"博学精思",蔡元培称其"两脚书库",黄侃尊其为"魁儒"。著述百余种,手稿 600余万字,被认为是民国时期的浙江大儒。

参见《陈汉章全集》编委会编:《陈汉章全集》,浙江古籍出版社 2014 年版;王笑龙:《陈汉章》,《浙江档案》1987 年第 8 期。

张寿镛

张寿镛(1876—1945),字伯颂,一字咏霓,号约园,鄞县城区(今海曙区)

人,著名财政管理专家,也是教育家、宁波地方文献杰出收藏家。

张寿镛

张寿镛出身于官宦之家,1903 年中举,曾任苏淞沪捐厘总局提调、江苏度支(财政)公所科长。1910 年任宁波法政学堂监督、杭州海关监督。辛亥革命后,历任浙江、湖北、江苏、山东等省财政厅厅长。1924 年年底,任江苏沪海道尹。1927 年南京国民政府成立后,先后任江苏省政府委员兼财政厅厅长、中央银行上海分行副行长、沪闵南拓长途汽车公司监察人、财政部次长、中央银行副行长等职。1929 年兼任军政部海陆空抚恤委员会委员。1932 年兼任行政院淞沪战区善后筹备委员会委员,旋任招商局常务理事。曾先后担任交通银行董事、董事长,上海女子商业储蓄银行常务董事,惠中银行董事,四明银行监察人,国信商业银行董事长,中国建设银公司董事。热爱地方文化,热心社会公益事业。1920 年起,大量搜集古籍,访求到不少善本珍本。1930 年起,他不惧世事艰难,致力于编辑宁波地方文献,编刊《四明丛书》一至八集。第八集刻未及半,中道谢世,由其子星联、芝联续成。抗战时为避免珍贵古籍遭日寇洗劫,应邀与张元济、何炳松、郑振铎等学者,共同在上海觅购流失的古籍,共购得 1.5 万部。20 世纪 40 年代初,他藏书积有 16 万卷,乡邦文献众多。新中国成立后,丛书全部雕版由其后人捐赠给浙江省图书馆。1952 年,其约园遗书 4 万余册全部捐献给国家。张寿镛还热心教育事业,1925 年五卅运动爆发后,他慨然捐献法华寺。1925 年,慨然捐献法华乡 60 余亩地,捐助建筑经费 3000 元,发起创办光华大学,并担任校长,办学历经抗战,校舍焚毁,师生一再迁移,他同时主持上海本部和成都分校,虽然艰难,但成就卓异,成为中国人自办大学的典范,其学生有不少后来成为中共高级干部。还长期担任宁波佛教孤儿院董事、宁波旅沪同乡会会董等。

参见俞信芳:《张寿镛先生传》,北京图书馆出版社 2003 年版;张钦楠、朱宗正编:《张寿镛与光华大学》,华东师范大学出版社 2010 年版。

马 衡

马衡(1881—1955),鄞县人,近代金石考古学家、书法篆刻家。

马　衡

马衡出身鄞县东乡盛垫桥马氏一个官宦之家,其父马海曙在任宝山县令时,重视其子启蒙教育,延请浙江杭县叶浩吾(翰)在家中设馆,教授四书五经等儒家经典,从而为其子打下了较好的传统文化基础,以至于后来"马氏兄弟人才辈出,有五位都是知名学人,并且都曾在北京大学、燕京大学等高校任教,道德文章为世所推崇,一门俊彦,时人有'一门五马'之誉"。1899年,马衡与五弟马鉴一起考取秀才,但马氏兄弟却无意于在封建科举的道路上走得更远。同年,两人同赴上海应试,一起考入南洋公学的中院。不过马衡在南洋公学只读了三个学期就办理退学了。不久,马衡与上海商界巨擘叶澄衷的女儿结婚,婚后,他在叶氏的企业中担任董事,收入颇丰,却无意于商业经营。他在闲暇之余痴迷于收集碑帖拓片与古籍,国学和金石学知识丰富,被章太炎、吴稚辉等人推许为"金石大家"。马衡兴趣广泛,不但在书法、治印上负有盛名,而且还爱作诗,喜昆曲,善骑术,是一个不可多得的杂家。马衡书生本色,最终选择离开上海北上,从事他所喜爱的金石学研究。1920年,北京大学新设金石学课程,聘马衡为史学系讲师。其后,北京大学国学门下设考古学研究室,马衡担任史学教授。任教期间主持的燕下都遗址田野考古发掘,是近代中国一次重要的野外考古活动。1924年11月,马衡受聘于"清室善后委员会",参加点查清宫物品工作。1925年10月故宫博物院成立后,兼任临时理事会理事、古物馆副馆长。1928年6月南京国民政府接管故宫博物院时,马衡曾受接管代表易培基的委派,参与接管工作。1933年起任故宫博物院代理院长,1934年任故宫博物院院长。在任19年间,正值战乱,烽烟遍地,他与故宫同仁一起,历尽艰辛进行故宫文物南迁与西迁工作,创造了万余箱文物几乎未损的奇迹。1949年在新旧政权交替的关键时刻,马衡又巧妙地与当局周旋,拒运文物赴台,保全了大批文物。1952年退职以后,他还将自己所藏的大量甲骨、碑帖等文物捐献给了北京故宫博物院。马衡逝世后,其子女又遵其遗嘱捐赠了家藏的种类众多、数量巨大的文物。马衡是中国近代考古学的前驱,为我国文物保护事业做出了巨大贡献。

参见俞建伟、沈松平:《马衡传》,上海教育出版社2007年版;马文冲:

《缅怀先父马衡》,《北京文史资料》第 51 辑,1995 年;王世襄:《回忆抗战胜利后我参与的文物清理工作》,《锦灰堆:王世襄自选集》第二卷,生活·读书·新知三联书店 1999 年版。

钱　罕

钱罕(1882—1950),原名保夔,字太希,一字吟棠,号觉于居士,慈溪县城(今江北区慈城镇)人,民国时期宁波著名书法家、小学家、文字学家、声韵学家。

钱罕出身于书香之家,早年先后肄业于上海震旦大学、复旦大学理科,历任绍兴嵊县中学、上海修能学社、福建会馆教师,20 世纪 30 年代在家乡宁波效实中学任教。其间钻研经史及文字音韵,并潜心书法艺术,于汉、魏、晋、唐碑无不悉心揣摩。曾师从梅调鼎,得其真传。中年以后,擅魏体,精行书,大到擘窠榜书,小至蝇头小楷,情趣别具,独辟蹊径,自成风规。当时登门求书者络绎不绝,声誉遂遍浙东。钱罕书法博采汉晋、南北朝、隋、唐诸书法家之众长,又受晚清崇尚碑学之风影响而致力于碑学,又崇晋王楷书。故落笔挥洒,跌宕自如,婀娜多姿。近代金石书画泰斗赵叔孺对钱太希的字评价甚高,称其字"天资卓绝,下笔幽雅,无时下之俗"。沙孟海曾投于其门下,获受教益,称其师"碑志文字,每石皆有特色,古今书法家殆无第二手"。1914 年至 1945 年,其所书碑铭刻石者今知有 40 块,其碑志文字,既具书法欣赏价值,又是珍贵的文史资料。《浙江近代书画选集》选刊其书法,谓其"所书碑记墓志数十种,不名一体,尤为世重"。有《钱太希临帖精品初集》行世,并有大量碑志文字传世,如《慈溪冯君墓志铭》《宁波钱业会馆碑记》《孙君墓志铭》《董君仰甫墓志铭》等,惜流传不广。晚年隐于慈城。

参见宁波市江北区政协:《宁波市江北区文史资料》第 12 辑,2018 年;方向前:《纤纤乎似初月之出天涯——从钱罕临〈龙藏寺碑〉看其书风的碑学取向》,《宁波日报》2018 年 9 月 14 日。

蒋梦麟

蒋梦麟(1886—1964),原名梦熊,字兆贤,号孟邻,余姚人,现代中国著名教育家、社会活动家。

蒋梦麟出身于余姚商人兼地主家庭,早年就学于家乡私塾。后在绍兴接受初等教育。1903 年入浙江高等学堂(浙江大学前身)学习,次年中秀才。1904 年考入上海南洋公学(交通大学前身)。在急剧变动的大时代,在新与旧、中学与西学、维新与革命之间,他"尚未成熟的心灵"终于看清楚了"西化

蒋梦麟

的潮流已经无法抗拒"。1908年自费赴美留学,攻读教育学,成为美国著名教育家杜威的学生,1917年获得哥伦比亚大学哲学及教育学博士学位。回国后,曾任商务印书馆编辑,创办《新教育》月刊。1919年起为蔡元培代理北京大学校务,1923年正式任北京大学代理校长。1927年8月至1930年7月,任国立第三中山大学(1928年改为国立浙江大学)校长。1929年5月至1930年6月兼任浙江省立高级中学(商科)校长(新中国成立后改名杭州商业学校,即现在的浙江工商大学)。1930年12月担任北京大学校长,为北大的振兴倾注了很大的心血。还先后担任国民政府教育部部长、西南联合大学常委、行政院秘书长、中国红十字会会长等职。特别是他长期主持北京大学,为北京大学乃至现代中国高等教育的发展做出了重要贡献。其后半生则致力于中国农村复兴,1948年起担任中美合组的"中国农村复兴委员会"主任委员近20年,主持20世纪50年代初台湾土地改革与农村复兴事业,为台湾农业的现代化做出了不可磨灭的贡献。在中国近现代史上,蒋梦麟是一位颇有影响的民主主义教育家,其关于教育方面的论文,大部分写于五四运动前后。他站在资产阶级民主主义的立场上,批判封建主义的"牧民教育",反对德、日的军国主义教育,提倡自由主义的资产阶级平民主义教育。由于后来忙于北京大学的校务,他从事学术研究的时间减少了,但他在教育实践中却能坚持贯彻他的教育思想,尤其是蔡元培关于大学教育的主张和"学术自由"的原则,他在北大任职期间更是谨记在心,遵照执行。有学者称"蒋梦麟先生在民国教育史上的地位仅次于蔡元培"。对北京大学校史素有研究的北大教授陈平原说:"在历史学家笔下,蔡元培的意义被无限夸大,以至于无意中压抑了其他同样功不可没的校长。最明显的例子,莫过于蔡元培早年的学生蒋梦麟。"①作为北京大学历史上任职时间最长的校长,蒋梦麟把一生的大部分精力投入中国现代高等教育和北大的建设。他把营造学术中心作为治理北大的理想目标,长期坚持"兼容并包、

---

① 朱宗顺:《蔡元培与蒋梦麟高等教育思想和实践之比较》,《高等教育研究》2006年第4期。

思想自由"的方针,维护北大的基本传统,在 20 世纪的 20 年代到 40 年代,铸就了北大和"西南联大"的几度辉煌,对中国现代高等教育的发展与进步厥功至伟。

参见马勇:《蒋梦麟传》,河南文艺出版社 1998 年版;孙善根:《走出象牙塔——蒋梦麟》,杭州出版社 2004 年版;蒋梦麟:《西潮·新潮》,中国工人出版社 2015 年版。

冯孟颛

冯孟颛(1886—1962),名贞群,字孟颛,一字曼孺,号伏跗居士、成化子、妙有子,晚年自署孤独老人。原籍浙江慈溪,从先祖迁居宁波市区水凫桥畔,浙东著名的藏书家、目录学家。

冯孟颛

冯孟颛出身于书香门第,自幼好学,自述:"贞群少孤,大父极怜爱之,比长,延师在家课读,不令出外。贞群仰体祖意,兢兢业业,罔敢放佚。"17 岁时,中光绪壬寅科,补宁波府学生员。青年时承祖先余荫,经营钱业。其间接受资产阶级民主革命思想,参加同盟会。辛亥革命后,曾任宁波军政分府参议员。1932 年任鄞县文献委员会委员长,从事地方文化建设和文物文献的保护工作。先后主持重修万氏白云庄及天一阁,移原府学内"尊经阁"于天一阁后院,组建"明州碑林"。1941年宁波沦陷后,杜门不出,潜心著述。1946 年任上海高等法院秘书长,不久辞职回宁波任甬江女中教师。新中国成立后为浙江省文史研究馆馆员、宁波人民代表会议特邀代表、市政协委员、市文物管理委员会委员,继续积极参加文化建设与文物保护工作。擅长校勘,喜作考订,具有丰富的版本学和目录学知识,尤其注重地方文献的保存和研究,与马涯民合编《鄞县通志·文献志》人物、艺文两编,协助张寿镛编辑《四明丛书》,经他整理而入《四明丛书》的有唐贺知章《贺秘监集》、宋杨简《杨氏易传》、明黄润玉《宁波府简要志》、清李邺嗣《杲堂文续钞》等 10 余种。一生勤奋治学,积文稿 17 册,并编著有《姜西溟先生年谱》一卷、《鄞城古甓录》一卷、《晏子春秋集注》八卷,编订有唐元结集《箧中集》一卷、《别录》一卷、《考证》一卷等。同时,致力于宁波地方文献的收集与保存,数十年如一日,从不间断,精心搜集明清以来宁波诸家私人世家书楼辗转流散之籍,终成大家。如赵氏种芸仙馆、董氏六一山房、柯氏近圣居、徐氏烟屿楼、赵氏贻谷堂、陈氏文则楼等散出之书,总数达 12 万余卷,另有碑帖拓本 400 余种。藏书中颇多善本,达 300 余种,其中有宋杜大珪编《名臣碑传琬琰之集》宋刻本 16 册,为海内珍品,镇库之宝;此外尚有宋许洞撰《虎铃经》明复宋刻本 4 册、元赵汸撰《春秋属辞》元刻本 8 册、明杨循吉撰《辽小史》明刻本 1 册、清黄宗羲《留书》旧抄本 1 册、清史荣《李长吉诗补注》稿本 20 册、清全祖望撰《鲒埼亭诗集》谢山眉批抄本 1 册、清姚燮撰《姚复庄诗文稿》稿本 3 册、天一阁早年散出之明刻、明抄本 10 余种等。1962 年弥留之际,嘱其家属将其藏书楼——伏跗室藏书财产全部无偿捐献给国家,总计藏书 3367 种、3734 部、31045 册、109746 卷,其中善本 426 种,另有碑帖 533 种。当时宁波市人民委员会为表彰冯孟颛爱护历史文物、保护地方文献之功绩,特发给其家属奖金和奖状,并在其故居专设"陈列室"与伏跗室一起,定期对外开放。尔后,冯氏家属继续发扬爱护祖国优秀文化遗产,保护地方文献之精神,将全部奖金转赠与伏跗室作为保护古籍费用。

参见李克西:《冯孟颛与天一阁》,《图书馆工作与研究》1981 年第 3 期;虞浩旭:《筑室因藏善本书——近代藏书家冯孟颛》,《宁波日报》2007 年 3 月 20 日。

张石川

张石川

张石川(1890—1953),原名伟通,字蚀川,镇海霞浦(今属北仑区)人,是中国电影事业的开拓者之一,也是中国第一代电影导演的代表人物。

张石川少年丧父,16 岁随舅父到上海习艺,先后供职于华洋公司、美华洋行。业余自学英语,并很快熟谙经营之道。1913 年,任美国商人创办的亚细亚影戏公司顾问,同时与郑正秋合作组织新民公司,承包亚细亚公司影片摄制业务,导演了由郑正秋编剧的中国第一部故事短片《难夫难妻》。1916 年创办幻仙影片公司,自任导演,将文明戏《黑籍冤魂》搬上银幕。1923 年,与郑正秋、周剑云等人组成明星影片公司,任总经理,提倡"处处惟兴趣是尚"的制片方针。此后几年,与郑正秋联袂编导了反映和同情妇女悲惨命运的《玉梨魂》《苦儿弱女》《最后之良心》《上海一妇人》《盲孤女》等多部影片。1928年,导演的武侠神怪片《火烧红莲寺》走红市场而引发一波拍摄武打片的风潮。1931年,导演了中国第一部有声片《歌女红牡丹》,又编导了《啼笑因缘》(1—6集)。1932年"一·二八"事变后,随着民族危机的日益深重,左翼电影运动的蓬勃发展,他的思想观念转向抗日救亡方面,参加同年2月在上海成立的中国电影文化协会,担任执行委员。这一时期,他先后导演了表现抗日的《战地历险记》和由夏衍编剧的《脂粉市场》《前程》《压岁钱》等进步影片。1937年年底,日军占领上海后,明星公司拒绝与日伪联合拍片,公司摄制厂因此被日军纵火烧毁,他带着残存的部分机械、物资加入国华影片公司,并导演了《李三娘》《三笑》《花溅泪》《夜深沉》等影片。1942年,出任伪中华联合制片股份公司分厂厂长兼导演制片部长,导演《燕归来》《芳草碧血》《英雄美人》等影片。1946年后,为香港大中华影业公司和上海大同影业公司导演了《长相思》《乱世的女性》等影片。张石川是中国电影史上有争议的人物,特别是他在抗战时期的污点,但不可否认他是中国电影发展史上有着重要贡献与作为的人物。他一生共导演150多部电影,题材各异,大部分为家庭伦理剧。其作品结构完整、故事性强、通俗易懂,注重社会效益与市场效益,以娱乐片为主,寓教于乐,其代表作品《三笑》《夜深沉》《金粉世家》《空谷兰》《啼笑因缘》等,受到广泛的欢迎,有着重要的影响。张石川在中国电影史上具有重要的地位,被认为是中国电影史上第一个导演艺术家、第一个电影事业家、第一个电影企业家。

参见刘思平:《张石川从影记》,中国电影出版社2000年版;包燕:《张石川及明星影片公司的文化策略及价值重估——在"鸳鸯蝴蝶派"的文化场域中》,《浙江学刊》2012年第2期。

陈裕光

陈裕光(1893—1989),出生于南京,祖籍鄞县,现代中国教育家、化学家。

陈裕光父亲陈烈明在南京从事建筑业,家境富裕。陈家信仰基督教,为此陈裕光于1905年进入教会办的汇文书院附属中学读书,之后进入金陵大学学习,1915年毕业。1916年陈裕光赴美留学,先后就读于凯斯理工学院(Case School of Applied Science,现为凯斯西储大学)和哥伦比亚大学,主修化学,1922年获博士学位。毕业后,陈裕光即回国,受聘于北京高等师范学

陈裕光

校（1923 年更名为国立北京师范大学），1924 年曾任该校总务长和代理校长。同年，陈裕光与同乡、商务印书馆创办人鲍咸昌女儿鲍敏结婚。1925 年秋，陈裕光回母校金陵大学任教，1926 年担任金陵大学文理科科长。1927 年 11 月，陈裕光被金陵大学理事会任命为金陵大学校长。近代中国各所教会大学在办学初期均由外籍传教士任校长，陈裕光是较早担任教会大学校长的中国人。在任金大校长后，陈裕光积极推动该校向国民政府"立案"的工作，促进该校的世俗化与中国化进程。由于陈裕光的正确领导，金陵大学确立"三院"制架构，教学、研究与推广工作稳步推进，为中国培养了大量人才。陈裕光治校较为民主，重视合议，性情随和。他与创始人会和校董会尽力保持和谐，但在某些重大问题上保持了相对独立性。1937 年全面抗战爆发后，战火逼近南京。美国传教士主导的创始人会与校董会主张金大继续留在南京办学。陈裕光力主金大西迁至成都，使学校在大后方得以继续办学与发展。1946 年春，金陵大学回迁南京。1949 年年初，国民党败局已定，陈裕光本人拒绝赴台。4 月 23 日，南京解放，陈裕光以南京市参议会议长的身份与解放军取得联系。南京解放之初，陈裕光仍担任校长。1950 年 10 月，陈裕光参加华东人民革命大学学习。1951 年 3 月，陈裕光辞去校长一职。陈裕光长期担任金陵大学校长，为该校发展成为海内外著名的学府做出了很大贡献。1951 年 5 月至 1952 年 3 月，陈裕光短暂担任华东军政委员会教育部图书仪器清理处主任。1952 年 4 月至 1956 年 2 月，陈裕光赴上海，任上海私营工商贸易行化学顾问。1956 年 3 月至 1972 年 12 月，陈裕光担任上海轻工业研究所化学顾问，为新中国的化学工业研究事业做出贡献。1980 年当选为上海市政协委员。1986 年，陈裕光迁回南京定居，1988 年当选为江苏省政协委员。从 20 世纪 80 年代起，陈裕光积极推动金陵大学的校友工作，联络海内外金大校友，为南京大学的发展出谋划策。1989 年 4 月 19 日，陈裕光因病在南京逝世，享年 97 岁。

参见王运来：《诚真勤仁　光裕金陵——金陵大学校长陈裕光》，山东教育出版社 2004 年版；蒋宝麟：《金陵大学治理结构研究》，南京大学博士后工作报告，2016 年。

杨贤江

杨贤江（1895—1931），又名英甫，笔名李浩吾、李膺扬等，余姚下垫桥（今属慈溪市长河镇）人，马克思主义教育理论家。

杨贤江

杨贤江出身于一个成衣匠家庭，1910 年毕业于泗门诚意学堂，因家境贫困辍学，当过小学教师。1912 年考入浙江省立第一师范学校，1917 年毕业后回余姚任暑期教育研究会讲师。同年秋任南京高等师范学校职员，旁听大学课程。1919 年加入少年中国学会，任南京分会书记。1921 年 1 月，应上海商务印书馆之聘，编辑《学生杂志》，历时 6 年，发表论文 190 篇、通讯 130 篇，积极引导学生投身反帝反封建斗争。1921 年加入社会主义青年团，次年加入中国共产党。1923 年当选中共上海地方兼上海区执行委员会候补委员，与恽代英共同负责学生工作，协助编辑团中央机关刊物《中国青年》。次年参加中国国民党，任改组后国民党上海市党部青年部长，帮助家乡青年创办《余姚评论》《余姚青年》。1925 年五卅运动时，与沈雁冰等发起组织上海教职员救国同志会，并任上海市学生会会长。次年被选为国民党左派组织的上海特别市党部委员，参加上海工人三次武装起义的组织工作。1927 年第三次武装起义胜利后，任上海临时市政府教育局代理局长。"四一二"反革命政变后遭通缉，秘密至武汉，任武汉北伐军总政治部《革命军日报》社长兼总编辑。7 月 5 日汪精卫叛变革命后，东渡日本，任留日学生中共党组织负责人，从事著译工作。1929 年 5 月回国，任中共中央文化工作委员会委员，发起组织中国社会科学家联盟，一面仍然以隐蔽身份从事党的地下工作和教育科学方面的研究。1931 年 7 月去日本治病，8 月逝于长崎。骨灰迁葬上海龙华革命烈士公墓。1958 年追认为革命烈士。杨贤江是中国第一个用马克思主义观点阐述教育问题的教育理论家，教育思想主要见《教育史 ABC》和《新教育大纲》两书，曾翻译恩格斯《家庭、私有制和国家的起源》，主要教育论著收入《杨贤江教育文集》。1981 年，教育部、团中央联合召开纪念杨贤江逝世五十周年大会，高度评价杨贤江的历史地位，认为他"在中国新民主主义革命史上，特别是在现代教育史和青年运动史上有着光辉的地位"。

参见金立人、贺世友：《杨贤江传记》，江苏教育出版社 1990 年版；黄永刚、张健华：《杨贤江现代教育理论体系研究》，浙江大学出版社 2015 年版。

周信芳

周信芳

周信芳（1895—1975），字士楚，艺名麒麟童，慈溪县城（今江北区慈城镇）人，生于江苏清江浦（今清江市），我国卓越的京剧表演艺术家、京剧麒派艺术创始人。

周信芳出身艺人家庭，其父好京剧，艺名金琴仙。6 岁随父旅居杭州，从陈长兴练功学戏，7 岁以七龄童艺名登台演出。后流动演出于汉口、芜湖及沪宁线一带，改艺名"七灵童"。

1907 年至上海演出，始用"麒麟童"艺名。次年至北京，进喜连成科班，与梅兰芳等同台演出，辗转烟台、天津、海参崴等地。1912 年返沪，在新新舞台等剧场与谭鑫培等同台演出，演技渐趋成熟。1915 年进上海丹桂第一台。后两度赴北平，1924 年回沪，先后于丹桂第一台、更新舞台、大新舞台、天蟾舞台演出，尝试改革京剧艺术，与王鸿寿、汪笑侬、潘月樵等协作，编演、移植诸多剧目。在艺术上勇于创造，继承发展民族戏曲现实主义表现方法，塑造具有鲜明性格的典型人物，形成独特的"麟派"表演艺术风格，代表作有《四进士》《徐策跑城》《萧何月下追韩信》《清风亭》等。抗日战争期间，积极参加救亡活动，并演出《徽钦二帝》《文天祥》《史可法》等戏，激起观众强烈的爱国热情。随后又陆续演出了《香妃》《董小宛》《亡蜀恨》等具有民族意识的戏。1949 年应邀出席第一届中国人民政治协商会议第一次全体会议。新中国成立后，曾赴抗美援朝前线演出。1956 年率上海京剧团访问苏联，在莫斯科、列宁格勒等地演出。1959 年加入中国共产党，后历任全国人大代表、政协委员、全国文联委员、中国戏剧家协会副主席、中国戏曲研究院副院长、上海市人民委员会委员、中国戏剧家协会上海分会主席、上海对外文化协会副会长、华东戏曲研究院院长、上海京剧院院长等职。"文化大革命"开始后，因演出《海瑞上疏》遭迫害，逝于上海。1978 年 8 月平反昭雪，恢复名誉，举行骨灰安放仪式。

周信芳是麒派京剧表演艺术创始人,表演风格刚健豪放,最擅做功,文武兼备,唱腔酣畅朴直,苍劲浑厚;念白韵味醇厚,饱满有力。周信芳不但精通表演艺术,而且是编、导全才,自编和与人合编的剧目不下120出。

参见王静:《再寻麒麟童:宁波籍京剧大师周信芳》,宁波出版社 2012 年版;周信芳艺术研究会、上海京剧院编纂:《周信芳全集》,上海文化出版社 2015 年版。

邵醉翁

邵醉翁(1896—1979),原名同章,字仁杰,号醉翁,镇海人,天一影片公司创始者,近代中国电影事业的拓荒者。

邵醉翁

邵醉翁出身于镇海朱家桥镇一个商人家庭,其父为上海锦泰昌颜料行老板邵玉轩。1912 年,邵醉翁考取上海神州大学法律系,后任上海地方法院及会审律师,但家族经商的熏陶,令他更喜欢从商,几经选择确定进军文化娱乐业。1922 年,邵醉翁接手经营不善的"小舞台",改名为"笑舞台",适应时代潮流上演文明戏,并亲自撰写剧本《梁祝痛史》,推出后令"笑舞台"日进斗金,起死回生。1925 年,邵醉翁与弟邨人、仁枚、逸夫在上海创办天一影片公司,任总经理兼导演。邵醉翁十分重视剧本的编撰和演艺人才的培养,先后将著名作家高梨痕、"银坛霸王"王元龙以及红极影坛的胡蝶、陈玉梅、丁子明、陆剑芬等人延揽至自己麾下。首先推出倡导传统道德的《立地成佛》,获得极大成功,之后陆续拍摄《珍珠塔》《孙行者大战金钱豹》《梁祝痛史》《白蛇传》《七侠五义》《乾隆游江南》等影片,迅速名噪上海滩。其竞争对手明星公司、上海神州电影公司、南国电影剧社、快活林公司、友联电影公司和华戏影业公司面对天一影片公司的崛起,迅速展开"六合围剿",切断其电影发行渠道。对此邵醉翁果断地制定开拓南洋市场计划,派三弟仁枚和六弟逸夫赶赴新加坡、马来西亚、文莱等地建立发行网络。雄厚的实力与灵活的市场策略造就了天一影片公司最初的辉煌。1932 年"一·二八"淞沪会战后,天一公司拍摄了《东北二女子》《飘零》《挣扎》《王先生》《海葬》等爱国电影,努力宣传抗战。后面临炮火威胁,邵醉翁只得将拍摄器材分批运往香港,在九龙半岛成立"天一港厂",并积极开始筹拍有声电影。1933 年,由邵醉翁导演的《白金龙》问世,此片不仅是中国电影史上第一部有声片,而且开粤语片先河,其掀起的粤语片热潮一直持续到 20 世纪 60 年代初,奠定了香港电影业的基础。1936 年 6 月、8 月,天一港厂遭到两次重大的人为纵火,不仅多部电影胶片被烧毁,公司多年拍摄的电影底片资料也被烧毁,损失惨烈。邵醉翁身心俱疲,全身而退,将公司交给二弟仁棣接管,更名"南洋影片公司"继续发展。1949 年后受新中国感召,邵醉翁回到大陆,最后终老于上海。长期以来,邵氏坚持市场化取向,迎合市民需求,取得巨大成功。由于被其六弟邵逸夫光芒掩盖,邵醉翁黯然失色。事实上,邵醉翁不仅是后来名闻遐迩的邵氏影视帝国的奠基人,而且在中国电影史上也具有独特的地位与影响。

参见陈兵主编:《镇海县志》人物传略,中国大百科全书出版社 1994 年版;窦应泰:《邵逸夫家族传》,华夏出版社 2008 年版。

潘天寿

潘天寿(1897—1971),乳名权,原名天谨,学名天授,后改名天寿,字大颐,早年号寿者、阿寿,晚年号雷婆头峰寿者、颐者等,宁海人,现代画家、教育家。

潘天寿早年丧母,1903 年夏,入村中私塾读书。文章日课之外,喜欢写字,热心于临摹《三国演义》《水浒传》等小说插图。宣统二年(1910)入县城正学小学堂,临《芥子园画谱》,从此立志毕生从事中国画。1915 年入浙江省立第一师范学校,得李叔同、经亨颐诸师教益,以书画见称校内。1920 年参加浙一师进步学

潘天寿

潮,同年毕业后任教宁海、孝丰等地。1923 年移教上海女子职业学校,求教国画大师吴昌硕,受器重,吴称他"年仅弱冠才斗量"。后入上海美术专科学校任抄写讲义职司,校长刘海粟识其才,聘其任中国画、中国画史教席,遂潜心研究徐渭、朱耷、原济等大家名作,艺事日精。1926 年参与创办上海新华艺术学院(后改新华艺术专科学校),任艺术教育系主任。1928 年应聘任杭州国立艺术专科学校国画系主任,兼教上海美专、新华艺专、昌明艺专等校。1929 年赴日本考察美术教育。1932 年发起组织沪上白社画会,编辑《白社画册》。抗日战争爆发后随校内迁,任合并后的国立艺专教务主任、代理校

长,后兼任东南联合大学、暨南大学及英士大学艺术系教授。1944年国立艺专迁重庆后,任校长兼国画系主任。抗战胜利后,随校迁回杭州。未几辞校长职,专心于教学与创作,指墨《松鹰》《读经僧》等作品均创作于此时期。新中国成立后,历任中央美院华东分院副院长、浙江美术学院院长、中国美术家协会副主席、美协浙江分会主席、全国文联委员、浙江省文联副主席、民盟浙江省委委员,当选第一、二、三届全国人民代表大会代表,受聘为苏联艺术科学院名誉院士,先后于京、沪、杭及香港等地举办画展。1964年回宁海故里,为南溪温泉作石兰画并题诗。"文化大革命"中受迫害,病逝杭州。1977年平反昭雪。潘天寿精于写意花鸟和山水,偶作人物,尤善画鹰、八哥、蔬果及松、梅等。他落笔大胆,点染细心,墨彩纵横交错,构图清新苍秀,气势磅礴,趣韵无穷。其绘画题材包括鹰、荷、松、四君子、山水、人物等,每作必有奇局,结构险中求平衡,形态精简而意远。能融诗、书、画、印于一炉,形成独自风格,长于指画,于画史、画论研究有素。代表作有《雁荡山花》《雄视》《苍茫暮色》《映日荷花别样红》等,著有《中国绘画史》《听天阁画谈随笔》《治印谈丛》《中国书法史》等,并有《潘天寿书画集》行世。

参见卢炘:《大笔淋漓——潘天寿传》,杭州出版社2004年版;徐虹:《潘天寿传》,中国美术学院出版社1997年版。

张静庐

张静庐(1898—1969),原名张继良,笔名"静庐",镇海龙山(今属慈溪市)人,现代中国著名出版家。

张静庐幼年家境贫寒,1910年毕业于龙山演进学校,翌年去上海酒行学徒,业余自学写作。因喜欢看书、写稿忘了干活,两度成了"回汤豆腐干"(指没满三年学徒期而中途被店主辞退者)。1914年,自费编印《小上海》《小说林》《滑稽林》等小型报刊,因资金和经验不足而停办。1916年秋,任中华革命党华北总部机关报《公民日报》副刊编辑,不久报社迁北京,又兼编新闻。1919年五四运动期间,张静

张静庐

庐参加上海救国十人团联合总会,主持机关报《救国日报》编务,积极投身爱国运动。10月,山东、天津和上海等7省市发起请愿活动,反对段祺瑞政府

出卖胶济路权益等卖国罪行,张静庐被推为上海代表之一赴京请愿,曾遭北洋政府逮捕。1920 年,在上海泰东图书局从事编辑出版工作,并主编《新的小说》。后在《商报》任本埠新闻编辑。1925 年五卅惨案发生后,代表上海各界联合会,参加抗议日、英等帝国主义屠杀中国工人的斗争,并向租界当局争取参政权,组织抗捐运动和华人纳税会,声援北伐战争。同年,经林钧介绍参加改组后的中国国民党,曾任上海市党部候补执委、执委。1925 年至1934 年,张静庐先后创办光华书局、现代书局、上海联合书店,出版大量进步书刊。1934 年创办上海杂志公司,除代办代订全国各地出版的期刊外,同时出版鲁迅、蒋光慈、李公朴、阿英等人主编的多种杂志及丛书。抗日战争时期,公司总部迁至武汉和重庆,并在长沙、宜昌、广州、桂林、柳州、梧州、金华、温州和昆明等地设立分公司,刊行文艺书籍百余种,极力配合抗日宣传。1943 年,重庆成立新出版业联营书店,张静庐被推任为总经理,支持中共在大后方出版界的统一战线工作。新中国成立后,张静庐先后任中央人民政府出版总署专员、私营企业处处长,古籍出版社编审,中华书局近代史编辑组组长等职。其编著主要有《中国近代出版史料》初编、二编,《中国现代出版史料》甲、乙、丙、丁四编,及《中国出版史料补编》《中国小说史大纲》《中国新闻记者和新闻纸》《在出版界二十年》等。1969 年 9 月,张静庐病逝于上海,终年 72 岁。可以说,张静庐一生都奉献给了中国出版事业,为新文化运动做出了重要贡献。他不仅创办了中国第一家专营杂志的公司——上海杂志公司,而且在出版经营、资本运作与人才管理等方面都有独到的思想与见解,是现代中国屈指可数的大出版家。

参见张静庐:《在出版界二十年》,江苏教育出版社 2005 年版;秦艳华:《雇佣关系下〈现代〉杂志品格的生成》,《清华大学学报》2008 年第 1 期;刘兵:《论张静庐》,湖南师范大学硕士学位论文,2015 年。

吴经熊

吴经熊(1899—1986),一名经雄,字德生,鄞县人,近代著名法学家。

吴经熊出身于鄞县商人家庭,父亲为宁波总商会首任会长吴葭苍,但父母在其早年即先后去世。吴经熊 6 岁时,开始接受传统启蒙教育,背诵四书五经。9 岁时开始学习英文。1916 年入上海沪江大学学习,与徐志摩为同窗好友。不久,转入天津北洋大学(今天津大学)法律科预科。1917 年又转入上海东吴大学法科学习。当年,受洗礼入美以美会。1921 年赴密歇根大学法学院学习,当年,吴经熊即在颇具影响的《密歇根法律评论》上发表了法学论文,题为《中国古代法典与其他中国法律及法律思想资料辑录》,这是其法学研究之始。1922年,获美国法学博士学位。1923年,在哈佛大学进行比较法哲学的研究。1924年回国,任东吴大学教授、上海公共租界工部局法律顾问。1927年任上海特区法院法官、东吴大学法学院院长,1928年任南京国民政府立法委员、司法院法官。1929年任上海特区法院院长,1933年任立法院宪法草案起草委员会副委员长,是这部"国家大法"的实际起草者,被称作《吴氏宪草》。1935年,创办《天下月刊》杂志。1937年,皈依天主教。1940年,移居意大利罗马,并同时出任中华民国派驻梵

吴经熊

蒂冈教廷公使。1945年任国民党第六届候补中央执委,1946年任驻教廷公使、制宪国民大会代表等。1949年,受聘出任美国夏威夷大学中国哲学客座教授。1950年,出任美国新泽西州西顿霍尔大学法学教授。1966年由美国赴我国台湾,任台湾"总统府"资政、国民党"中央评议委员"等,担任中国文化学院(今中国文化大学)教授。1986年2月6日,逝世于台湾。长期从事法学教学与司法实践,为我国法制建设做出了重要贡献。著有法学论文《国际法方法论》,并作有《成文国际法》和《论自然法》等专著。吴经熊在国际法学界享有盛誉,甚至被认为是20世纪真正享有世界级声誉的中国法学家。有学者称中国法学历来幼稚,能够代表中国闪耀于国际法学领域的寥若晨星,吴经熊是无可置疑的一颗。

参见吴经熊:《超越东西方——吴经熊自传》,社会科学文献出版社2005年版;杨明莉:《吴经熊思想研究》,黑龙江大学博士学位论文,2015年;郑志华:《超越东西方的法哲学家:吴经熊研究》,浙江大学出版社2012年版。

林汉达

林汉达(1900—1972),曾化名林涛,镇海龙山(今属慈溪市)人,著名教育家、文学家、历史学家。

林汉达出身于镇海龙头场林家村农民家庭,1908年入读家乡私塾。由于家境贫寒,靠读"雨书"(晴天干农活,下雨天读书)完成学业。1914年,入读上虞崇仁小学。1915年,转学宁波崇信中学高小班,毕业后任观城约翰小

林汉达

学助教。1917年,入读崇信中学,毕业后在上虞、宁波任教。1921年,考入杭州之江大学。1924年毕业,任宁波四明中学教师。1928年,任上海世界书局编辑,后出任书局英文编辑部主任、出版部主任。1937年,赴美国留学,考入科罗拉多州立大学研究生院民众教育系,获硕士学位。1939年回国后,任之江大学教授。1941年之江大学内迁,留上海编辑中国通俗历史故事,并从事拉丁文字研究,任华东大学教育学院院长。抗战胜利后,回之江大学任教育系主任、教务长,并积极投身爱国民主运动,成为上海有名的进步教授。1945年年底,与马叙伦、王绍鏊等共同发起成立中国民主促进会,当选为常务理事。1946年5月,上海人民团体联合会成立,被推选为常务理事。同年秋到达解放区,历任关东文协理事长、大连市新文字协会主任、光华书店总编辑、辽北省教育厅厅长、辽北学院副院长等职。1949年,参加中国人民政治协商会议,并参与筹备工作,出席第一届中国人民政治协商会议全体会议。新中国成立后历任燕京大学教授、教务长,中央教育部社会教育司司长,全国扫盲委员会副主任,教育部副部长,《中国语文》杂志副总编辑、总编辑,中国文字改革委员会委员、研究员,中国民主促进会中央委员会副主席。曾任全国人民代表大会第一、二、三届代表。1958年,被错划"右派","文革"中被打成"反革命"。1972年7月26日在北京逝世,终年73岁。1979年,恢复名誉,平反昭雪。毕生致力于中国文字改革与文化教育事业。著有《向传统教育挑战》《西洋教育史》《中国拼音文字的整理》《上下五千年》《东周列国故事新编》《前后汉故事新编》等,其中《上下五千年》等中国历史故事,脍炙人口,被认为是当代中国最优秀的历史启蒙读物,出版半个多世纪来,经久不衰,影响了几代中国人。

参见林汉达:《林汉达中国历史故事集》,中国少年儿童出版社2014年版;罗京生:《林汉达:从拼音字到京白口语》,《博览群书》2015年第5期。

沙孟海

沙孟海(1900—1992),原名文若,字孟海,号石荒、沙村、决明,鄞县人,20世纪书坛泰斗,著名的金石学家、考古学家、文史学家和艺术教育家。

沙孟海出身于鄞县沙村名医书香之家,幼承庭训,早习篆刻。早年就读于慈溪锦堂学校,1914 年转学于浙江省立第四师范学校,毕业后相继任宁波屠姓、蔡姓的家庭教师,又一度执教鄞县梅墟求精小学,以所入养家,资助众弟求学。1922 年,沙孟海到上海担任家庭教师期间,结识康有为、吴昌硕等大师,对其以后从事书法和篆刻产生了深远的影响。1925年应钱业巨子秦润卿之邀,赴沪进修能学社教书,后任教商务印书馆图文函授社。其间,从冯君木、陈屺怀学古文字学,从吴昌硕、马一浮等学书法篆刻,获益良多,书艺大进。章太炎

沙孟海

主办的《华国月刊》曾多次刊载其金石文字,名声渐著。1928 年至 1929 年上半年任职于浙江省政府。1929 年夏聘任为中山大学预科教授,1931 年春起历任南京中央大学、教育部、交通部秘书。1941 年 6 月在重庆经陈布雷推荐,在蒋介石侍从室二处任职,从事应酬笔墨文字,业余仍坚持书学研究。1946 年至 1948 年应蒋介石请参与编纂《武岭蒋氏宗谱》。新中国成立后任浙江大学中文系教授,1952 年任省文物管理委员会常务委员兼调查组组长。1954 年兼任省博物馆历史部主任,筹划"浙江历史文物陈列"。1963 年任浙江美术学院国画系书法科教授。1979 年任西泠印社社长。其后还担任中国书法家协会名誉会长、浙江省博物馆名誉馆长、省文联委员等职。1992 年 6月,鄞县人民政府于东钱湖畔建沙孟海书学院。其书法远宗汉魏,近取宋明,于钟繇、王羲之、欧阳询、颜真卿、苏轼、黄庭坚诸家,用力最勤,且能化古融今,形成自己独特风格。兼擅篆、隶、行、草、楷诸书,所作榜书大字,雄浑刚健,气势磅礴。沙氏学问渊博,于语言文字、文史、考古、书法、篆刻等均深有研究。北京大学教授陈玉龙曾评价:"纵观 20 世纪中国书坛,真正凭深厚书法功力胜出,达力可扛鼎境界者,要数康有为、于右任、李志敏、沙孟海等几人。"

参见沙孟海:《沙孟海书法集》,上海书画社 1987 年版;沙孟海:《沙孟海全集》,西泠印社出版社 2010 年版。

王任叔

王任叔(1901—1972),乳名朝伦,谱名运铿,字任叔,号愚庵,官名士侠,

王任叔

学名子虔,以字行,笔名先后使用静沙、乔仑、碧珊女士、赵冷、屈铁、行者、巴人等170余个,中年以后常用"巴人",奉化人,我国著名文学家、印尼史学家。

王任叔出身于奉化大堰村(今大堰镇)农民家庭,父业农,粗通文墨。王任叔8岁上学,1915年考入浙江省立第四师范学校。1919年五四运动席卷宁波时,王任叔投入其中,任宁波学生联合会秘书。次年毕业后,先后在镇海、鄞县、宁波等地任小学教员,受鲁迅小说、文学研究会影响,开始创作新诗、短篇小说。1922年参加由具有新思想的奉化籍学人组织的剡社,下半年由郑振铎介绍加入文学研究会。1924年10月任奉化《四明日报》编辑,主编《文学》副刊。是年,加入中国社会主义青年团。翌年任县立初级中学教务主任,主编剡社月刊《新奉化》。同年加入中国共产党。同年11月,小说《疲惫者》在《小说月报》发表,引起文坛重视。因蒋介石的赏识,1926年任北伐军司令部秘书,不久脱离。次年6月在宁波被捕,由同乡庄崧甫保释。同年第一本短篇小说集《监狱》出版。1929年1月去日本,研究社会科学与普罗文学。10月日本当局逮捕中国进步留学生和共产党人,被迫回国。翌年在上海参与发起中国自由运动大同盟,参加中国左翼作家联盟,从事左翼文艺。1931年4月第二次被捕,被判处有期徒刑6个月,与党组织失去联系。1935年因《娜拉》案牵连第三次被捕,旋由同乡毛思诚等保释。次年7月在上海参与发起中国文艺家协会,参加营救"七君子"的活动。1937年任上海文化界救亡协会秘书长、《救亡日报》编委。翌年重新加入中国共产党,任中共江苏省委文委委员。8月始以巴人笔名发表文章。是年,与许广平、郑振铎、胡愈之等共同编辑《鲁迅全集》,主编《译报·大家谈》《申报·自由谈》《公论丛书》等。1939年春任文化中心小组召集人,领导"孤岛"上海文艺工作。其间先后在上海和香港出版《生活·思索与学习》《横眉集》《边鼓集》等4部杂文集和剧本。1941年开始在南洋从事抗日活动。执教于南洋华侨师范学校,与胡愈之、郁达夫等领导当地文化界开展反法西斯斗争。同年12月太平洋战争爆发,任星(新加坡)华战时工作团宣传部长。1942年2月,与雷德容等漂泊到印度尼西亚苏门答腊,辗转先达、棉兰等地,组织领导苏门答腊华侨民主同盟。1943年,

遭印尼日军通缉,隐居原始丛林中泗拉巴耶小村,以刀耕火种自活。1945 年
8 月日本投降后,参加领导苏岛华侨民主同盟,主编《前进周刊》、印尼文《民
主日报》,写成大型话剧《五祖庙》。1947 年 7 月,被荷兰军队逮捕,经组织营
救获释,10 月到香港。1948 年 8 月,奉命北上,任中共中央统战部第三室综
合研究组组长。1950 年,任中华人民共和国驻印度尼西亚特命全权大使。
1952 年 1 月回国,任外交部党组成员、政策研究委员会委员。1954 年《文学
论稿》问世。同年 4 月调任人民文学出版社副社长、总编辑,1957 年任社长
兼党委书记。"文革"中被迫害致死,终年 72 岁。

王任叔一生撰述勤奋,坚持写作不辍,共出版诗集 1 种、小说 23 种、戏
剧 2 种、杂文集 6 种、文艺理论著作 14 种、印尼史专著 4 种、翻译 4 种,另有
遗稿多种。

参见袁少杰:《巴人评传》,辽宁大学出版社 1995 年版;王欣荣:《王任叔
巴人论》,文化艺术出版社 1991 年版;周西京主编:《巴人与印度尼西亚:纪
念巴人(王任叔)诞辰 100 周年》,香港南岛出版社 2001 年版。

方显廷

方显廷(1903—1985),宁波人,现代著名
经济学家。

方显廷出身于宁波珠宝手艺人家庭。幼
时丧父,因家境贫寒,小学毕业后即辍学,进入
上海厚生纱厂做学徒工,后受著名实业家穆藕
初资助,考入南洋模范中学。1921 年,方显廷
赴美留学,先进入威斯康星大学学习,随即转
入纽约大学。1924 年获得纽约大学文学院经
济学学士学位,嗣后进入耶鲁大学攻读博士学
位,1928 年毕业,获博士学位。1929 年 1 月回
国,受聘于南开大学,任社会经济研究委员会
(1931 年后改为经济研究所)研究主任兼文学
院经济系教授,同时着手天津地毯业的调查工
作。其间撰写了大量的学术论著。抗日战争

方显廷

全面爆发后,随学校辗转至大后方,任教于西南联大。1938 年受命任华北农
村建设协进会秘书长,驻贵阳主持工作。翌年,南开经济研究所迁至重庆,
方显廷即转赴重庆主持研究所工作。在其主持下,从 1939 年至 1946 年,研

究所先后培养了七届研究生,并编辑出版了大量关于中国经济的研究著作。
1941年至1943年,受美国洛克菲勒基金会之邀赴美。在美国访问期间,方
显廷在哈佛大学研究院以客籍研究员身份进行研究工作和学术活动。1944
年回国后,受命主持制订中国"战后五年经济计划草案"的工作。1946年在
上海担任新创建的同德经济研究所(即后来的上海中国经济研究所)执行所
长,研究经济问题,并编辑各种经济资料。1947年,应联合国邀聘,参加联合
国亚洲及远东经济委员会工作,任经济调查研究室主任,编辑《亚洲及远东
经济委员会年鉴》。1968年退休后,转入新加坡南洋大学(即现在的新加坡
国立大学)任教,并主持编辑《南洋大学学报》。1971年定居瑞士。1972年
新加坡南洋大学授予其为该校荣誉教授。1973年用英文写下了回忆录《方
显廷回忆录:一位中国经济学家的七十自述》,并于1975年在新加坡出版。
20世纪三四十年代,方显廷与何廉、马寅初、刘大钧并称为中国四大经济学
家。他是最早用西方经济学方法研究中国现实经济的学者之一,特别是他
开创了用计量方法研究中国社会经济问题的先例,撰写了许多中国经济研
究方面的专著和调查报告,并编辑了大量中国经济资料使学界受益匪浅。
其一系列专业著述,是中国近代经济史研究的奠基之作。同时他培养了一
批中国经济学者,后来中国经济学界和经济史学界的著名学者多出自其门
下,如北大的陈振汉和赵靖,以及黄肇兴、勇龙桂、陶大镛等。

参见方显廷:《方显廷回忆录:一位中国经济学家的七十自述》,商务印
书馆2006年版;朱子静:《方显廷工业化思想研究》,郑州大学硕士学位论
文,2011年。

邵荃麟

邵荃麟(1906—1971),原名骏远,又名逸民、亦民,以笔名荃麟行,慈溪
洋墅乡东邵村(今属江北区)人,生于重庆,中国文艺理论家、现代文学评论
家、作家。

邵荃麟出身于富商家庭,4岁随父母回里,1920年到上海接受现代教
育,先后就读于复旦中学、复旦大学。但他"不当阔少爷,宁做革命人"。
1925年五卅运动中参加示威游行,次年1月加入中国共产主义青年团,3月
加入中国共产党,任共青团江湾区委书记,不久被学校开除。其父送他去日
本留学,而他佯从而留沪参加第三次工人武装起义。1927年"四一二"事变
后,任共青团江苏、浙江等省省委常委、书记等职。次年7月当选中共第六
次党代会代表,后因病缺席。1934年任上海反帝反战大同盟宣传部长,同年

被捕入狱。1937 年经中共党组织营救出狱后,从事文学创作、翻译。抗日战争全面爆发后,先后在浙江、福建、桂林、重庆等地领导革命文化工作,历任中共东南局文委书记、国际新闻社金华分社负责人、《东南战线》主编、《力报》社论主笔等职,主编《文化杂志》《中原》《文化生活》《希望》等杂志。1946 年受周恩来委派去香港,历任中共香港工委文委委员、南方局文委副书记等职,参与领导香港和国民党统治区的文艺运动,积极从事文艺界的统一战线工作,团结争取了大批爱国的文艺工作者回大陆参加祖国建设。同时主编《大众文艺丛刊》,

邵荃麟

执教生活书店所办函授大学。新中国成立后,历任政务院文化教育委员会副秘书长、党组成员,中宣部副秘书长兼教育处处长,中国作家协会副主席、党组书记兼创作委员会第一副主席,全国文联委员,全国人民代表大会第一、二、三届代表,主编《人民文学》。在文学理论上强调"现实主义深化",提倡人物形象多样化,除正反两类人物形象外,还应该写中间状态的人物。这对于克服小说创作的浮浅单调现象起了积极作用,但后来却因此受到公开批判。"文化大革命"中遭残酷迫害,于 1971 年 6 月 10 日含冤病死狱中。1979 年平反昭雪。著有《邵荃麟评论文集》、短篇小说集《英雄》《喜酒》《宿店》等,剧本《麒麟寨》,译著有《被侮辱与被损害的》等,重要论文有《论主观问题》等。

参见邵济安、王存诚编:《邵荃麟百年纪念集》,文化艺术出版社 2006 年版;邵荃麟:《邵荃麟全集》,武汉出版社 2013 年版。

徐 訏

徐訏(1908—1980),原名徐传琮,笔名有徐于、史大刚、东方既白等,慈溪洪塘(今属江北区)人,是现代中国以写作传奇小说且高产而著称的著名作家。

徐訏出身于慈溪商人家庭,11 岁时随家人去上海,1921 年就读于北京成达中学,次年转读于上海天主教圣方济中学。同年,因不满洋修士的伪善,一学期后重回成达中学。1925 年就读于北京潮南第三联合中学。1927年进北京大学哲学系,1931 年毕业后留校转攻心理学。北大读书时徐訏即

徐 訏

发表短篇小说《烟圈》。1934 年在上海任《人间世》月刊编辑。1936 年发表短篇小说《郭庆记》。同年,赴法国巴黎大学研修哲学,获巴黎大学哲学博士学位。在法期间,创作了成名作《鬼恋》,这部中篇小说先后三次被搬上银幕。其中,陈逸飞将它改编为电影《人约黄昏》,获第七届亚洲电影节最佳影片"金禾奖"。抗战全面爆发后徐訏回国,居住在上海,先后任《天地人》《作风》等刊物主编。"孤岛时期"滞留上海办报及进行创作活动,其间完成《吉布赛的诱惑》《荒谬的英法海峡》《精神病患者的悲歌》及《一家》四部长篇小说,成为当时上海最多产的畅销作家,从而确立了在小说界的地位。

1942 年赴重庆执教于中央大学。1943 年,他的代表作《风萧萧》连载后,"重庆江轮上,几乎人手一纸",再现"洛阳纸贵"。1944 年长篇小说《风萧萧》出版,此后两年间,此书连印五次,成为一代人的爱国启蒙书籍。1950 年,徐訏离开上海去香港,1966 年起先后任香港中文大学教授、香港浸会学院文学院院长兼中文系主任。他相继在香港和台湾生活了近 30 年,写了 60 余部著作,并在中国香港、新加坡大专院校担任教职,四处讲学,声誉遍及海外各地,直到 1980 年因癌症去世。徐訏是一位关注都市生活的现代作家,特别擅长讲述都市浪漫爱情传奇,其作品在大陆与港台都有广泛的读者。徐訏被认为是一位通俗文学作家,但他的写作结合了西方现代派的风格,擅长心理分析,将普通的爱情、婚姻与哲学思索奇妙地结合起来。显然,在中国现代浪漫主义文学发展史上,徐訏具有里程碑的作用,这是徐訏对现代文学的特殊贡献。在港台评论界,徐訏被视为一个"世界级"作家,是文坛鬼才,也是全才,小说、新诗、散文、戏剧样样都来,也样样都精。

参见葛原:《残月孤星:我和我的父亲徐訏》,上海文化出版社 2003 年版;吴义勤、王素霞:《我心彷徨:徐訏传》,上海三联书店 2008 年版。

袁牧之

袁牧之(1909—1978),原名袁家莱,鄞县城区(今属海曙区)人,我国著名电影事业家,新中国电影事业奠基人,著名演员、编剧、导演。

袁牧之出身于买办之家,童年时代就喜欢学演文明戏,12 岁到上海就学,并开始在洪深组织的戏剧协社演戏。后入东吴大学,课余参加辛酉剧社,演出《狗的跳舞》《万尼亚舅舅》等剧目。1930 年,放弃大学的学习生活,参加左翼戏剧事业,曾主演《五奎桥》(洪深编剧)、《怒吼吧! 中国》(苏联剧作家特列季亚科夫编剧)、《回春之曲》(田汉编剧)。同时及时把在实践中得到的演艺经验加以总结,写作并出版了《牧之随笔》《戏剧化装术》《两个角色的戏》《演剧漫谈》等专著。1934 年,入电通影片公司,编写他的第一个电影剧本《桃李劫》,并在其中塑造了他的第一个银幕形象——陶建平。之后,在《风云儿女》中扮演了主角辛白华,又在影片《生死同心》中兼饰革

袁牧之

命志士李涛和归国华侨柳元杰两个经历不同、性格殊异的形象。他对于表演艺术的造诣,在舞台上有“千面人”之美称,善于刻画各种人物。1935 年,他自编自导自演的《都市风光》,是中国第一部音乐喜剧片,以清新活泼但又辛辣尖刻的艺术风格,折射出旧中国大城市社会生活的种种畸形丑态。1937 年,他为明星影片公司编导了《马路天使》,影片反映生活在社会底层的小人物的悲惨命运,受到广大观众的热烈欢迎,被誉为“中国影坛上开放的一朵奇葩”。《马路天使》是他的代表作,也标志了中国电影在 20 世纪 30 年代的艺术高峰。抗日战争全面爆发后,担任《保卫卢沟桥》演出的导演委员会委员。“八一三”事变后,前往汉口,与陈波儿联袂主演影片《八百壮士》。1938 年奔赴延安,参与组建延安电影团,后负责艺术创作工作,编导大型纪录片《延安与八路军》。1940 年加入中国共产党。同年,赴苏联考察学习。1945 年,在阿拉木图电影制片厂导演了关于哈萨克诗人江布尔的纪录片。1946 年年初回国,受组织派遣去东北参与组建东北电影制片厂,后任厂长。1949 年 3 月,奉调北平,筹备组建全国电影事业的领导机构。同年 4 月,中央电影局(后改为中央电影事业管理局)成立,任局长,为人民电影事业的创建做出了重大贡献。第一次全国文代会之后,被选为中华全国电影艺术工作者协会副主席。1954 年以后,他因病长期离职休养,不过仍坚持创作。1978 年在北京病逝。

　　参见郭学勤:《千面人生:袁牧之传》,浙江人民出版社 2005 年版;袁牧之:《袁牧之文集》,中国电影出版社 1983 年版。

龚祥瑞

龚祥瑞

龚祥瑞(1911—1996),鄞县城区(今属海曙区)人,著名法学家,中国现代法学先驱者之一。

龚祥瑞出身于基督徒家庭,父亲是小商人,而母亲在教会做工,使其得以进入教会学校就读,先后就读于圣模女子小学、三一中学附属小学、浸会中学、浙东中学,1929年毕业后被保送至沪江大学生物系学习。1931年转入清华大学法学院政治系。1935年,与同学楼邦彦合写的《欧美员吏制度》出版。同年冬,考取清华大学庚子赔款公派留学,次年赴英国伦敦政治经济学院,专攻公务员任用制度研究,师从著名政治学家拉斯基和宪法学大师詹宁斯,获特殊优秀生称号。1938年,到巴黎大学攻读行政法学。1939年,获法国巴黎大学法学院比较法研究所法学博士学位。同年,回国受聘西南联合大学副教授,主持行政研究室。后曾任职于重庆国民党中央青年干部学校、重庆中央大学,并担任中央青年干部学校副教务长,深受蒋氏父子赏识,因不满国民党的派系斗争黯然辞职。1948年夏,到北京大学政治学系任教。1949年12月,曾受聘到中共中央政法委参事室工作。1954年,北京大学恢复法律系,回校任教,曾任国家法教研室主任。1968年被下放江西省鲤鱼洲劳改农场教育改造。1971年至1981年,在北大法律系编译室从事翻译工作,共同翻译《联合国手册》《核竞争与和平》《东南亚国家联盟各国宪法》《旧世界新视野》(希恩演讲集)。1980年重返讲坛,讲授《外国宪法》和《比较宪法》等。1982年,所著《比较宪法和行政法》出版;同年开始招收研究生,所授学生中多有中国学界、政界杰出者。毕生致力于国家的民主与法治建设,早年忙碌于中国的文官制度建设,晚年则将领域拓展到中国的宪政与法治进程,并精心培养了一大批宪法学与行政法学方面的人才,特别是为新中国的法学教育事业做出了重要贡献。他是国务院总理李克强就读北大法律系时最欣赏的教师之一。在龚祥瑞的支持下,1986年宁波大学创办时,北京大学法律系对口支援宁波大学法律系,为宁波大学法律系的筹建与发展立下汗马功劳。1993年7月,开始撰写自传,1996年9月3日逝世。其书籍依照其遗嘱,全部捐献给家乡的宁波大学。

参见龚祥瑞:《盲人奥里翁——龚祥瑞自传》,北京大学出版社 2011 年版;李克强:《师风散记》,《书摘》2008 年第 8 期。

江良规

江良规(1914—1967),奉化人(另一说为鄞县鄞江桥人),中国近代体育教育家。

江良规

江良规出身于医生家庭,父亲江宗宪与母亲丁氏均信基督教。7 岁时因其母病逝,由时任定海女中校长的大姐江姗英照料,先后求读定海女中附小、杭州蕙兰中学、上海昌世中学和吴淞水产学校。1930 年信奉体育强国的江良规考入中央大学体育系。期间他任该校越野赛队队长,率队参加复旦大学主办的江南八大学越野赛,荣获冠军,在运动场上初露头角。1934 年毕业后,任上海东亚体育专科学校教务主任,次年 10 月在新落成的上海市江湾体育场举行了中国第六届全运会,江良规任全运会男子篮球赛裁判员,由他训练的上海女篮荣获冠军。后去德国留学,毕业于柏林体育研究院并获德国体育教师合格证书,1938 年获莱比锡大学哲学博士学位。回国后在湖南蓝田国立师范学院任教,曾创设音乐专修科,他训练的学院篮球队获湖南省运会冠军。尔后担任重庆的中央大学教授兼总务长、体育系主任,一度兼任江津国立体育专科学校校长。1945 年任中央大学复员委员会副主任兼交通组主任,后任中央大学教授会主席。1949 年前往台湾,任台湾师范大学教授兼体育系主任。其间他训练大鹏篮球队,举办篮球国际裁判考试,参与兴建可容纳万人的篮球场地,有力地推动了台湾地区篮球运动的普及与提高。又发起筹设体育专科学校(现台中体育学院),设计并促成台北市运动场的兴建,创办青年体育奖章检定制度,举办暑期青年夏令营和体育教师讲习会,设计初中入学加考体能测验等,创办亚洲杯女子篮球比赛,并任亚洲篮球协会副会长等,为台湾体育的发展做出了很大贡献。著有《女子游泳训练法》《田径训练图解》《体育场》《德意志体育概况》《足球裁判法》《新体育原理》《篮球》《篮球指引》《体育行政》,译有《劳工康乐活动》《运动生理学》《体育学原理新论》等书。

参见俞福海主编:《宁波市志》(下)人物传略,中华书局 1995 年版;谢振声:《著名体育教育家江良规》,鄞州区政协文史委编:《风范千秋》,宁波出版社 2012 年版。

苏 青

苏 青

苏青(1914—1982),原名冯和仪,字允庄,鄞县人,著名女作家,现代海派文学重要代表。

苏青出身于鄞县浣锦村(现海曙区石碶街道冯家村)一个书香之家。苏青早年在宁波度过童年和少年时期,曾就读于鄞县县立女子师范学校(现宁波二中)、浙江省立第四中学(现宁波中学),曾在四中校刊上发表《享乐主义》《破除迷信》《异端思想》三篇习作。1933 年考入中央大学(现南京大学)外文系,后肄业移居上海。1935 年处女作《生男与育女》发表,署名冯和仪,后以苏青为笔名。20 世纪 40 年代初因婚姻变故而成为以文为生的职业作家,作品主要发表于《论语》《宇宙风》《古今》《风雨谈》《逸经》《天地》等杂志。当时与张爱玲一起被誉为"文坛双璧",红极一时。1943 年,代表作长篇自传体小说《结婚十年》在《风雨谈》杂志连载,次年天地出版社发行出版《结婚十年》单行本,一时成为沪上畅销书,再版达 18 次之多。1947 年,《续结婚十年》出版。除此之外,苏青还将其他散文小说作品结集为《浣锦集》《涛》《饮食男女》《逝水集》《鱼水欢》《符小眉》《九重锦》《朦胧月》等,另有长篇小说《歧途佳人》。其中散文集《浣锦集》一时洛阳纸贵,印了十版之多。苏青用平实的笔调,以一个女性的大胆笔触描写了"饮食男女"之事,这种内容上的世俗化倾向颇受当时市民读者的青睐。此外,苏青在沦陷区进行边缘写作所体现出来的独特的价值取向,还有融会着作家海阔天空的胸襟、大胆直爽个性的作品风格等,都使苏青成为"与众不同"的女性作家,也从一个侧面反映了苏青独一无二的文学地位。40 年代,苏青还创办了《天地》《小天地》杂志,在刊物林立的上海滩开拓出属于自己的天地,然而也因此招致各种非议乃至骂名。50 年代苏青担任了越剧团专职编剧,曾编写《屈原》《江山遗恨》《卖油郎》《宝玉与黛玉》等剧目。1955 年她因受胡风事件牵连,以"反革命"案被关进上海提篮桥监狱一年半。监狱的阴影及"文革"中多次受批斗的处境使苏青身心疲惫。苏青晚年生活凄凉,

1975 年苏青从黄浦区文化馆退休,靠仅有的一份微薄的工资维持生活。1982 年 12 月 7 日,苏青病逝于上海。1984 年,苏青被恢复名誉。随着 80 年代后期台湾旅美作家喻丽清女士的发掘,苏青渐渐浮出了历史地表,并在 90 年代形成一定规模的研究热潮。

参见毛海莹:《苏青评传》,中国社会科学出版社 2010 年版;李伟:《乱世佳人苏青》,上海书店出版社 2001 年版;毛海莹:《寻访苏青》,上海文化出版社 2006 年版。

刘以鬯

刘以鬯(1918—2018),原名刘同绎,字昌年,生于上海,祖籍镇海,香港著名小说家、报人。

刘以鬯自称"我是上海出生、长大、读书和做工的"。1941 年他毕业于上海圣约翰大学,同年到重庆,曾主编《国民公报》和《扫荡报》副刊。1945 年回到上海,任《和平日报》总编辑,后创办怀正文化社,出版中国新文学作品。1948 年赴港,先后任《香港时报》《星岛周报》《西点》等报刊编辑、主编。1952 年到新加坡,任《益世报》主笔兼副刊编辑,后到吉隆坡任《联邦日报》总编辑。1957 年回港后,继续从事报纸副刊的编辑工作,曾主编《香港时报·浅水湾》《星岛日报·大会堂》等。1986 年,创

刘以鬯

办和主编《香港文学》月刊,任总编辑至 2000 年。1988 年,以港澳地区特邀代表身份参与中国文学艺术界联合会第五次代表大会。1994 年,为香港市政局"作家留驻计划"第一任作家。曾多次担任香港、吉隆坡、曼谷等地征文比赛评审委员。2001 年获香港特别行政区政府荣誉勋章。曾任香港作家联会会长。2009 年获香港公开大学荣誉教授,2010 年获选为香港书展及香港文学节首位"年度作家"。其创作涉及小说、散文、诗歌、评论等多种文学形式,一直致力于严肃文学的创作,认为文学创作要有试验和实践,主张"探求内在的真实",也就是"捕捉物象的内心",不要过时了的写实主义。他还主张创新,不断地创新,不要墨守传统的写法。认为写作是一种"娱乐",代表作品有小说《酒徒》《对倒》《寺内》《打错了》《岛与半岛》《他有一把锋利的小

刀》《模型·邮票·陶瓷》等;评论有《端木蕻良论》《看树看林》等,其中《酒徒》被誉为香港第一部意识流小说。

参见刘以鬯:《刘以鬯小说自选集》,百花文艺出版社 2007 年版;刘以鬯:《对倒》,作家出版社 2001 年版。

第五部分 社会模范

一、概 述

本书所谓社会模范人士是指历代活跃在社会领域并具有一定社会影响的宁波人物,包括历代乡贤、慈善人物以及各行各业涌现出来的模范人物、道德标兵、励志人物,也包括革命烈士等。

长期以来,宁波境内地少人多的生存困境铸就了这一区域经济社会集约化的特点,人们之间的相互依存度大大增强,个人与社会的相关性尤为突出。所谓一荣俱荣,一损俱损,个人之间以及个人与地方间的关联度十分密切。相同的遭遇与处境迫使人们联合起来,齐心协力,共同迎接挑战,与共同体生死攸关的水利工程等公共事业受到高度关注。于是人格价值的表现首先不是个体价值的实现而是个体对群体的作用与责任,更趋于温和的人际关系的协调和对公益事业的重视。急公好义、乐善好施成为最受人景仰的品格,肝胆相照、任侠利人是极被推崇的德行。这种品格与德行在遭遇重大灾害与变故中不断得以深化,成为许多宁波人的一种伦理取向与价值追求。在日常社会生活中,这种急公好义的品格便集中表现为乐善好施的行动。同时,南宋以来宁波一地多世家大族,他们长期居住一地,与地方社会的依存度相当密切,其利益已与地方社会的秩序和安宁结为一体。正因如此,也为了维护家族的声望,他们大多关心地方事务,乐于行善,热心公共事业,且好善之风世代相传。而在其表率与示范作用下,地方的为善向善之风相率而成,从而使宁波一地的慈善事业长盛不衰,公益慈善事业具有悠久的传统与社会基础,由此涌现出大批社会公益与乡贤人物,且经久不衰,代有其人。

早在南宋时,时人即称"四明乡谊最重",而有"义乡"之称。南宋不少四明望族都有乐于助人、好善乐施的传统。他们不仅照顾族人,也习于救助他人,如汪思温为人慷慨通达,勇于为义,不仅帮助其姻亲子弟读书,从事举业,而且对汪大猷父子流落四明困乏而死无力埋葬的"寓公寄客"予以安葬。特别是当时四明望族乐于借助丰富的人际网络,进行集体性的救济活动。其中最为著名的就有汪大猷家族与史氏、沈氏合力经营跨越数代的四明乡曲义庄,"专以劝廉耻",用于接济抚恤贫乏之读书人。"自宋至元,历百八十年不废",影响深远。此后虽然历经变故与朝代更替,但宁波一地的慈善公益传统仍不绝如缕,源远流长。

而慈孝为本,急公好义的伦理价值取向在日常生活与重大变故中也表现得淋漓尽致。翻阅旧时宁波各县志,忠烈、孝义、节概类人物十分引人注目。其中《鄞县通志》收录的忠烈、孝义、节概人物分别为 290、149、76 人,仅次于政治与文学艺术人物。特别是在明末清初抗清斗争中,宁波一地涌现出一大批赴汤蹈火、视死如归的抗清人物群体而令人荡气回肠。他们不惜家破人亡,屡仆屡起,并相互扶持,演绎了一幕幕悲壮激烈的民族正剧。如李枬入狱,其子李邺嗣自赴代父受刑,被挚友万泰救出。黄宗羲之弟黄宗炎参与抗清被处死刑,李邺嗣、冯道济倾家财以救。抗清领导人慈溪人冯京第被害,鄞县人陆宇鼎野哭七天以祭,将冯京第之首葬于鄞县。陆宇鼎又珍藏抗清领袖王翊(慈溪人,后迁余姚)之头颅于家中密柜 12 年,每年忌日必设酒以祭。杜懋俊殉义后,董剑锷收其孤儿,日课以书,抚之如子,董剑锷又和陆宇鼎奉养抗清志士叶谦的母亲终身。

在处理家族成员关系方面,父慈子孝、兄友弟恭是被推崇的品行,以孝为先成为人们普遍敬重并为之躬行的美德。慈城三孝子的故事就深入人心而城以慈名:东汉董黯每日行 30 里背水饮母;张无择弃官为父守墓;孙之翰因母病而夜不成寐,终年服侍,毫无倦怠。此后慈孝的事迹,在四明大地不断地演绎传承,其孝子孝女人数之多,孝行之感人令人肃然起敬。如明嘉靖三十五年(1556),倭寇入境,欲杀冯晓父母。冯晓伸出头颈请求代父母而死,使残忍的倭寇也为之感动而罢。俞贵阳 9 岁丧父,之后与母相依为命,虽学富五车,书法精绝,但为了母亲不愿求仕,与妻子力耕自给,终身侍奉其母,并在浮碧山麓筑"奉母堂",朝夕相伴,远近之人皆称其为"孝无间"。

　　进入近代,随着宁波商帮的崛起,许多商人纷纷在家乡举办家族救济事业,并扩及乡里,民间慈善事业地位举足轻重。由于有雄厚的经济实力为依靠,地方社会日显强大,特别是借助清末民初的地方自治运动,近代宁波地方绅商十分活跃,在相当程度上掌握地方社会的领导权。所谓的乡贤与慈善人物往往兼而有之。他们多具有强烈的社会公益意识与地方兴衰匹夫有责的理念,广泛参与并主持地方慈善公益事业。平时热心社会公益,对于地方善举,无役不从,一旦地方遭遇"天祸人事",又总是当仁不让,挺身而出。正是他们的努力,维系了地方社会的安定与和谐,也显示了道义的力量与人性的光辉。在他们的影响下,行善、乐善、崇善蔚然成风,人们社会公益意识日益增强,根据自身力量参与慈善公益事业,已成为人们的共识,并在一定程度上成为人们的自觉行动。

　　1937 年 8 月,为在全社会弘扬为善、向善、崇善之风,推进本地慈善公益事业,中国青年励志会浙江省鄞县分会在当地政府支持下,举办乡贤选举,得到民众的广泛响应。经过二次投票,当选乡贤为王廷赓、杜清水、乐振葆三人。这一历时一年半的乡贤评选与表彰活动产生了良好的社会影响。

　　财力雄厚的宁波帮不仅为家乡慈善公益事业出钱出力,特别是兴办了一大批学校、医院及水利事业等,成为推动宁波社会经济近代化的强大力量,而且自清末起广泛参与区域乃至全国性慈善公益活动,并发起成立多个慈善公益组织,涌现出以近代中国红十字会奠基人沈敦和为代表的具有全国影响的宁波籍慈善家群体。在近代中国最大的慈善公益团体——中国红十字会八任主持会务的领导人中竟然六任为宁波人,近代宁波人在当时中国慈善界的地位与影响可见一斑。而以秦润卿、董杏生以及当代邵逸夫、李达三等为代表的宁波帮慈善家更是完成了从企业家向慈善家的过渡,赢得了社会各界的广泛赞誉。

　　同时,脚踏实地、克勤克俭的实干精神与精益求精的敬业意识又往往使大批宁波人成为行家里手与模范人物。1949 年后,党和政府注重以劳动模范与道德标兵、励志人物来推进经济建设,开展思想政治教育,引领社会风尚,建设社会主义精神文明。在此过程中,一大批宁波人先后脱颖而出,成为各级劳模与标兵。据统计,1950—1990 年,宁波一地获全国劳模称号者43 名,得全国五一劳动奖章者 15 名,评为省劳动模范称号者 142 名;另有 3人被评为全国先进工作者,3 人为全国农业劳动模范。与此同时一大批在外宁波籍子弟也纷纷以出色的业绩获得全国性荣誉,如全国劳模、累死在工作岗位上的远洋轮船长贝汉廷,工人出身却研制成功我国第一根无缝铜管的潘阿耀、上海"抓斗大王"包起帆等。还出现了一批励志人物与道德楷模,如身残志不残、被誉为美国华裔青年学习楷模的张士柏,当代的京城活雷锋孙茂本,为残疾人事业鞠躬尽瘁而感动宁波的好人王延勤等。而急公好义的价值追求又总是使宁波人在生死存亡的考验面前热血沸腾、舍己救人,从而涌现出一批可敬可亲、可歌可泣的平民英雄。特别是对理想的坚守与不懈追求,使宁波一地产生了一大批宁死不屈、赴汤蹈火乃至舍生取义的革命烈士,如有浙东刘胡兰之称的李敏、"革命之花"胡焦琴以及"中国工人阶级的杰出代表"王孝和等。

四明山高,甬江水长。历史上宁波慈善公益事业的发达及其各类社会模范人物的出现有着鲜明的地域特色与背景,尤其是近代以后由于以商人为代表的地方社会的大力支持和参与,宁波慈善公益事业相当发达,并得到全社会的广泛认同和支持。正是由于宁波一地深厚的历史传统与强大的社会基础,新中国成立后一度沉寂的民间慈善事业在改革开放后立即焕发出蓬勃的生机与活力。在以"任其自然"为代表的民间爱心人士的大力参与和支持下,有着广泛社会基础的宁波慈善公益事业继续走在了全国前列,宁波一地涌现出大批慈善公益人物、道德模范、励志人物,并成为浙江省唯一连续六届蝉联全国文明城市称号的城市。据不完全统计,仅 2000 年以来的 15 年间,宁波市慈善组织接收捐赠款物累计就超过 30 亿元,这个庞大的数字后面,有数不清的爱心故事。正因为如此,新华社记者在文章中写道:"以商业著称的宁波,今天以爱而闻名",由此港城宁波也有了另一张名片——爱心城市。

二、词　条

汪大猷

汪大猷(1120—1200),字仲嘉,晚号适斋,鄞县人,为南宋时宁波著名慈善家。

汪大猷出身于官宦之家,其父汪思温为进士,任过京官与地方官,其祖父汪洙也读书为官。在严谨家训下,汪大猷勤奋读书,考上进士,历官太子侍讲、刑部侍郎、吏部尚书等高官,且有政绩。先是绍兴七年(1137),以荫补将仕郎,调迪功郎、衢州江山县尉。绍兴十五年(1145),与乡人史浩同中进士乙科,寻改任婺州金华县丞。二十三年(1153),除严州建德县丞。二十五年(1155),改宣教郎,知平江府昆山县。二十九年(1159),改总领淮西江东军马钱粮所干办公事。隆兴以后,历官大宗正丞、吏部郎官,又兼户部右曹,除礼部员外郎。乾道元年(1165)九月,除吏部郎官主管尚书左选。乾道二年(1166)为省试参详官,除秘书少监。四年任接伴金国贺正旦使,寻兼权刑部侍郎、权给事中等。五年冬,选充金国贺正旦国信使。六年七月,除权吏部侍郎,九月兼权尚书,十一月敕令格式进书,转左中奉大夫。乾道七年(1171)四月,改知泉州。淳熙元年(1174)请祠,改提举兴国宫,六月改知隆兴府,兼江南西路安抚使。淳熙二年(1175)七月二十八日,朝廷以选委贾和仲捕贼不当,谪为龙图阁待制,贬集英殿修撰。绍熙二年(1191)致仕归甬。著有《适斋存稿》《漫录》《训鉴》等。汪氏产业素薄,仅自给,纳禄之后,用亦窘迫,但其天性乐易,乐善好施,随力周施者不胜枚举,如嫁人之孤女,葬贫者之丧,不知其几。绍兴十四年(1144)发生大洪灾,汪大猷开仓赈济,调集盐商大舟抢救灾民,很多人因此得以活命。对于赈灾、役法、亭户、和买、给赐、籍没等,均通过各种途径向孝宗建言。一生乐善好施,家中有一清水池,邻里常来汲水,他叹息说:"安得有财如水,以济人之欲乎?"淳熙十三年(1186),岳甫为明州太守,汪大猷亲撰文章,"劝率巨室",修葺州学。特别是他晚年与同乡史浩、沈焕一起致力于四明乡曲义庄的创建,其中汪出力尤多,首割20亩以为倡,众皆竞劝,至300亩,建屋15楹于郡城西的望京门内,称"义田庄"。汪大猷亲自规划、订定规章,为防有人舞弊,提议由地方上年长孚众望而且有能力的人来主持,并敦请居乡休致的官员负责财务及义庄事务,从而为义庄后来长期的良好发展奠定了基础。

参见楼钥:《攻媿集》卷88《敷文阁学士宣奉大夫致仕赠特进汪公行状》;黄宽重:《人际网络、社会文化活动与领袖地位的建立——以宋代四明汪氏家族为中心的观察》,台湾"中研院"史语所出版品编委会:《中国近世家族与社会学术研讨会论文集》,1998年。

黄尊素

黄尊素(1584—1626),初名则灿,后改尊素,字真长,号白安,余姚人,明末重臣,明末东林党领袖,与汪文言并列为当时"东林党的两大智囊",著名学者黄宗羲之父。

黄尊素之父黄曰中,读书人出身,以教书为业。黄尊素年轻时为乡村塾师,万历四十四年(1616)中进士,授宁国推官等职。天启二年(1622)升御史。他精明强干，謇谔敢言，尤有深谋远虑，为权宦所忌。次年冬，疏请召还刘宗周等学者，弹劾通政使丁启睿等；疏论任命巡抚应当京官和地方官并用，恢复在便殿召见大臣面议重要政事旧制，均不被采纳。天启四年(1624)又力陈时政十失，劝帝"进贤退不肖"，抗疏论劾魏忠贤，触犯魏忠贤，谋廷杖治之，经人营救，乃夺俸一年。一次，魏忠贤指使数百宦官闯扰内阁，众阁僚俯首不敢言，他厉声喝止。继又论万燝廷杖卒，反对廷杖，并揭露权臣以此斥异己、泄私仇。数次得罪魏忠贤，天启五年被阉党曹钦程弹劾革职，居苏州城郊。汪文言初下狱，魏忠贤即欲罗织诸人罪，知黄尊素能识破其阴谋，指使李实弹劾，又遣人数探行踪，携钤印空白驾帖，填黄尊素等 7 人姓名往捕。适逮者失落驾帖，不敢至。尊素自知不能免，就穿囚服投案入狱。临行嘱宗羲，谓学者不可不知史，当读《献征录》。被捕后，受尽酷刑，视死如归，始终不屈。知狱卒将害己，乃赋诗一章，于天启六年六月一日被害，年仅 43 岁。崇祯初年昭雪，赠太仆卿。福王时，追谥号忠端，崇祀忠义、乡贤二祠。墓在今余姚陆埠镇化安山。著有《忠端公集》《四书缄》《隆万两朝列卿记》等。

参见黄成蔚、张梦新校注：《黄尊素集》，浙江古籍出版社 2016 年版；黄成蔚：《黄尊素研究初探》，《长江丛刊》2016 年第 17 期。

徐桂林

徐桂林(1778—1829)，谱名太茂，字桂林，后改名桂林，字安国，号耕山，晚年又号梅谷。家本大墩(今属江东区)，后迁居于城内月湖旁，清代中期宁波著名商人、慈善家。

徐桂林少时因贫辍学经商，因长于经营，遂致巨富。嘉庆元年(1796)入宁波府学，以营千总衔敕授武略骑尉。以义声闻于乡里，三兄弟分家时，他将财产尽让于兄弟，自己则通过营生而致富，并为伯兄还债，为季弟赎归田地。兄弟丧后，抚养他们的子女，并积极赈济族中之贫乏者。嘉庆二十四年(1819)前后创建祠堂于大墩，并建义庄，以义庄之收入周济族之孤寡。嘉庆二十五年(1820)，自费修理浮桥。三年后，又捐千金，助巡道大修浮桥，并负责修理事宜。又在海里夏太婆礁上竖起大木，挂上风铃，以免过往船只触礁。说服杨氏家族，易地改建碶桥，名为碶港。协助知县程璋创建四义学，又因居近柳汀，遂为柳汀义学助田百亩。又创建小学于大墩宗祠之左，名敦本义学，建大学于祠堂之右，名崇本书院，命长子时楷起草规约，置田 150 亩，以充两学经费。又买山数十亩，岁给薪樵。平时解衣推食之事多不胜举,戚属无论亲疏,总是想方设法济以缓急。每年自小雪至大寒,埋葬暴露棺骨,一生所造冢多达 1870 多座。营建族葬义冢于长河塘,田 6 亩。又在锡山之麓买田建义冢义塔。他说:"使诸儿得资衣食足矣,所余当尽以惠家乡。"晚年趋义赴急,席不暇暖,以至于家无厚蓄,有"义侠"之称。道光十三年(1833)九月,诏旌义行,表曰"乐善好施"。民国《鄞县通志》称其"生平好义急公,遇事能断,顾常谨慎持重。自言作事如滴水于荷盖,而手捧之稍懈倾矣",其操守可知也。

参见宁波市地方志办公室编:《徐时栋集》,宁波出版社 2013 年版;龚烈沸:《徐时栋年谱》,宁波出版社 2016 年版。

徐原祥

徐原祥(1851—1923),谱名学涛,字原祥,鄞县人,近代宁波著名慈善家。

徐原祥自少奋于艰难,经营商业,在城区开设裕成棉布店,经商有方,生意兴隆,终成甬上巨商。20 世纪 20 年代曾任鄞县县议会议员。一生立义树信,至老不衰,以造福乡里为己任,"乃一意务义于乡"。乡子弟有贫困无法就学者,其即上门走访,馈送资金。又将自己数十年辛苦购置的土地山林变卖,设立培才小学,供邻里儿童入学。又在鄞西各地购置义田、义山,出租收入充作办学经费。待学堂教师如上宾,故为师者人人感奋,"培才"学生异常出色。尤关心家乡水利,每每筹划、捐资兴修水利工程。后隆村位于鄞江上游、樟溪边上,每年山洪暴发,村舍被毁。徐原祥勘察其地,了解山洪为害原委,即拿出 500 块银洋,对后隆村人假托说:"有某君关怀此地暴流毁民屋,非改流不可。某君出资五百,望村上倡导改流。如资金不足,我原祥亦可资助若干。"后隆村民感泣,遂合力迁流固堤,水患为之平息。其他如修桥铺路、栽树造林、救济灾民、扶助贫困,成立掏沙会、义渡会、消防会等公益事业,无不尽心尽力,虽倾家资而毫不在惜。徐原祥自奉俭约,教诫家人子弟清苦俭朴。又废迷信,戒淫祀,禁赌博,查吸鸦片;积极倡导女孩读书,不许族人女孩缠足;移风易俗,取消浪费钱粮的"族规酒",用"族规汤圆代替",改革娶新娘用堕民抬轿的做法,节省婚嫁的抬轿费,种种善举不可胜数。其声名事迹远播,为县内著名乡贤之一。老年时析所蓄资产为若干份,子女、戚友、邻里、培才学校各按比例分得。人们谓其虽是商人而有儒行,风谊高浩。其七十岁寿诞时,大总统徐世昌书赠"急公好义"之匾。其逝世时,族人乡民送殡队列长达数里,场景十分感人。其神位配祀于它山庙。美国记者斯诺在《西行漫记》中记述一位受徐原祥培养和影响而成为革命家的徐承志(徐原祥为其同族祖辈)事迹时,称徐原祥是"宁波的一位著名慈善家"。"论者谓原祥商而有儒行,其风谊不可及云。"

参见周时奋主编:《鄞县志》(下)人物传略,中华书局 1996 年版;徐林来:《鄞西乡贤徐原祥》,《鄞州文史》第 18 辑,2015 年。

张美翊

张美翊(1856—1924),字让三,一字简硕,晚自号骞叟,鄞县人,清末民初学者、古文学家、社会活动家。

张美翊早年丧父,"母刘宜人守节教养"。"幼迈异,嗜学如渴",早年刻苦就读,曾以副贡生举经济特科,不赴。后任宁绍台道薛福成幕僚,并"延教其子"。光绪十六年(1890),随薛福成出使英、法、意、比等国,所至必察风俗、政治,著书以告国人。回国后,历任铁路督办盛宣怀、浙江巡抚张曾锡、江西巡抚马汝骥幕僚。1900 年北方义和团起事时,劝说盛宣怀倡东南互保,东南当时得以"兵革不兴,先生与有力焉"。光绪二十九年(1903),任四品衔直隶知县。此后又曾任南洋大臣顾问、南洋公学(交通大学前身)提调兼总理(校长)、宪政编查馆咨议、度支部咨议等职。其中光绪二十九年夏至光绪二十九年冬,光绪三十年夏至光绪三十年冬两度担任南洋公学提调兼总理,其间悉心办学,聘请中外籍教师数十名,教育学生要一心读书。热心家乡事业,辛亥革命后,曾任宁波教育会会长,与副会长陈训政一起致力于家乡教育事业,先后兴办宁属各类学校百余所。又热心宁波地方文献之收藏与整理,参与刻印《四明丛书》及《续甬上耆旧诗》。1919 年,被推举为宁波旅沪同乡会会长,任内致力于建筑同乡会新会所与商业学校。著有《东南海岛图经》6 卷、《土耳其国志译略》《罗马尼亚国志》《塞尔维亚国志》《布加利亚国志》《门得内各罗国志》5 种地理人文志、《大清钱谱》,主持纂修《奉化县志》《上虞永丰乡田氏宗谱》10 卷,另有《菉琦阁诗文集》。

参见冯昭适:《张骞叟先生传》,宁波旅沪同乡会编:宁波旅沪同乡会编:《宁波旅沪同乡会月刊》第 17 期,1925 年;张嘉梁主编:《宁波词典》人物篇,复旦大学出版社 1992 年版。

卢洪昶

卢洪昶(1856—1937),字鸿沧,鄞县城区(今属海曙区)人,人称"中国林肯"。

卢洪昶本戎氏子,幼丧父,家贫。母辛氏,茹苦抚育洪昶,后送给同里卢氏为养子,遂改姓卢。太平军起,家道中落。14 岁至杭州进纺织厂,后转上海,供职于轮船,并升任轮船副理。清光绪二十年(1894)中日甲午战争时,所在船征为运输军备,往来于渤海辽东之间,数次以奇计脱险,因著声望。受盛宣怀器重,参与汉口铁工厂等经营管理,继提举船政,与达官显宦多有交往。曾任汉口商务总会首届总理、汉口交通银行经理。辛亥武昌起义时,南北骚动,富豪纷纷从银行提款汇往北方各商埠。有人与卢洪昶有隙,指责他私通清政府,逃匿资金,破坏革命。汉口银行界对卢群起攻之。忽传光复宁波发难人为其长子卢成章和其所创办的育德学堂子弟,群言始息。惟卢洪昶受此无妄谤毁,看破世情,逐退隐杭州,筑室宁波月湖边,自署极乐阁。终年 82 岁。平生尚公好义,有能为社会有益者,则排万难以赴,必事成而后已。浙东宁绍两府,旧有丐户堕民群体,极受社会歧视,其子弟虽有才智而不得上进。对此,他极感不平,说:"同是人也,而强名'丐'、名'堕'以辱之,不平何如焉?吾誓拯之出,以全人道。"为此奔走呼号,先后联络浙绅联名具呈农商部,再以农商部专本具奏,请特旨开脱堕籍。光绪三十年(1904),朝廷颁旨准奏,宁绍两地堕民遂得以脱籍。嗣后,为使堕民子弟"俾得普通知识,从事农工实业",又筹巨资,倾其所有,创办三所学校(宁波城西育德初等农工学校、江东育德小学、绍兴同仁小学),招收堕民脱籍子弟,因材施教,使其所学各有成就。卢氏此举,获得社会舆论的高度赞扬,甚至比之为林肯解放黑奴。至宣统三年(1911),已有三届学生毕业,他又各因其材对他们再加培养,有的升学,有的在他的帮助出洋学习农、工各科,有的被安排进商界工作。在其倾全力培植造就下,有不少人成材,而卢历年所积亦致罄尽。20 世纪 20 年代曾担任宁波佛教孤儿院董事等职。

参见周时奋主编:《鄞县志》(下)人物传略,中华书局 1996 年版;夏明华主编:《宁波市教育志》,浙江教育出版社 1996 年版;鄞州区档案馆编:《近代鄞县史料辑录》(下)人物与家族篇,天津古籍出版社 2014 年版。

沈敦和

沈敦和(1857—1920),鄞县城区(今属海曙区)人,近代中国著名慈善家与社会活动家、近代中国红十字运动奠基人。

沈敦和出身于茶商世家,其父沈雄曾充崇厚文案,随之办理五口通商事宜,后举家迁至上海。见多识广的沈雄注意使其子女接受新式教育,还请英人为沈敦和进行家教,及长又使之游学美、英等国。沈敦和肄业于英国剑桥大学。后因办理江宁美教士租地建房案,得到两江总督刘坤一赏识,从此进

沈敦和

入仕途。随后又获知于曾国藩、李鸿章、张之洞等洋务重臣，曾翻译出版了大批西方历史、地理、军事等书籍，为当时西学东渐重要人物。义和团运动后升任山西冀宁道台，赠一品衔。曾成功阻止德军血洗山西而被誉为"塑天生佛"。时人称其"不独为军界之干材，也是外交界、慈善家、企业界出类拔萃的人物"。1903 年以宦海不测，开始转入商界，先后创办和与人合办华安人寿保险公司、四明银行、华商合群保险公司、同利制铁厂等企业，是 20 世纪初上海工商界有影响的人物，系近代中国保险业的开拓者和著名书画家。曾连任多届上海商务总会、上海总商会会董。长期任四明公所董事，清末时与虞洽卿、叶澄衷等参与领导四明公所抗法斗争。辛亥革命期间在上海参与发起成立共和建设会，以"赞助共和、扶助民军"为宗旨。1911 年宁波旅沪同乡会成立时，他获得旅沪宁波同乡的一致拥戴，被推举为首任会长。任内着力扩建、新建四明公所南厂、北厂及四明医院等，成为当时旅沪宁波帮领袖人物，在旅沪宁波人中享有威望。尤其是 1904 年后发起创办中国红十字会（当时名为上海万国红十字会）、黄埔救生善会、华洋义赈会、上海时疫医院等著名慈善组织，担任中国红十字会常务副会长兼常议会议长、上海总办事处主任达 17 年之久。长期主持中国红十字会会务，对红十字运动在中国的开展功勋卓著。时人称其"论开创则百世不祧之祖，论慈善则万家生佛之宗"，是清末民初上海慈善界领袖人物之一。

参见茗水外史：《沈敦和》，上海集成图书公司 1911 年版；孙善根：《中国红十字运动奠基人——沈敦和年谱长编》，浙江大学出版社 2013 年版；中国红十字会总会编：《中国红十字会历史资料选编 1904—1949》，南京大学出版社 1993 年版。

朱忠煜

朱忠煜（1860—1925），字彬绳，镇海人，是清末民初镇海乃至宁波一地著名的绅商和慈善家。

朱忠煜出身于商人家庭，父孝瑞，以商起家，曾与两浙木商共创仁济公所,以抚恤遭难船工。忠煜继承父志,少年即以干练仗义著称。后因聪明好学,诚信待人,被聘为多家税行经理。后与人合资购买一艘帆船,专门运营福建、温州一带的木材。同时,他在宁波木行街开设榆生、永大、永成等多家木行,并和上海木业经营联运业务,家道日兴。其一生非官非大商贾,却因热心公益、服务桑梓、为人至诚,在镇海乃至宁波当地拥有极高的威望和良好声誉。时浙江洋面多盗,乃与各船商筹募巨资,创立护船队,保护商旅。光绪末年,镇海设商务分会,被推为总理,筹划地方兴革事宜,排难解纷,甚得舆论嘉许。东管乡前大河长 3000 余丈(1 丈≈3.33 米),河身淤

朱忠煜

浅,屡议疏浚未成。1918 年夏,他建议重浚,且首捐千元,共募得钱款 2 万多元,并负责招工开浚,巨细躬亲,干河支港,一律浚深,不数月告竣。复疏浚白龙洋至平水桥段中大河及濠河,北乡水利始竟全功,继又修治东门浦。1922 年春,主持大修后海塘,晨夕筹划,亲临督导,辛劳得疾,仍抱病扶杖,蹒跚巡视。次年秋竣工,适逢飓风大作,而塘屹峙无恙。此外,办平粜以济饥荒,建医院以利贫病,又于 1910 年在虹桥宗祠旁修建徽荫学校。曾受到多次褒奖。凡全县公益事业,一定参与主持,不因艰巨繁琐而推诿。1921 年浙江省省长沈金鉴向朱忠煜颁发"急公好义"匾额。1925 年病逝时,人们"闻其溘逝,识与不识无不同声痛惜",送葬队伍达数里之长。

参见陈兵主编:《镇海县志》人物传略,中国大百科全书出版社 1994 年版;镇海区档案局:《朱忠煜百年来鸿录》,宁波出版社 2014 年版。

庄崧甫

庄崧甫(1860—1940),原名莪存,又名景仲,字崧甫,号求我山人,以字行,奉化人,社会活动家、民初宁波著名士绅。

庄崧甫为晚清诸生,曾在乡设馆授徒。清光绪二十九年(1903)任奉化县立龙津中学堂舍监。他思想进步,努力推行新学,激励学生反清爱国,出洋深造。1904 年 1—4 月,蒋介石肄业于龙津中学堂,与庄崧甫有短暂的师生之谊。当年他与庄莘墅在家乡创办忠义学堂,因支持拆毁古仁庵佛像扩为校舍,招致庐舍被毁,遂离乡赴沪。次年主持上海新学会社,编刊《蚕业丛

书》等学生课本和农业读物。新学会社也是当时上海革命党人的一处联络、活动场所。光绪三十四年(1908)加入同盟会,与陈其美组织国民公报社。宣统二年(1910)领用官荒地,在余杭创办杭北林牧公司。辛亥革命光复上海时,协助陈其美筹饷,印发上海光复文告。杭州光复后,1912年任浙江省军政府财政司司长,后改任盐政局局长。不久辞职,致力林牧公司,造林1.5万亩,饲养牛羊数千头、鸡数万只,并开办造纸厂。1915年,获北洋政府七等嘉禾奖章。1920年与人合办临安安北造林场,次年在虹桥增设安北第二林场。1922年推选为浙江省议会议员、奉化县议会议长兼县水利总局局长、省水利联合会主任理事,致力于家乡水利建设,主持疏导县江、剡溪,建筑长寿塘、茄子堰等。其时奉化连年水灾,庄发动宁波旅沪同乡会捐款赈灾。1925年在西湖洪春桥创办杭州种苗场,经营农林、花木、蚕桑等种苗。1927年任浙江省临时政府委员。同年与孙表卿、张泰荣等创办奉化孤儿院,任终身院长,曾将70岁、80岁两次寿金捐赠孤儿院,其间该院发展成为奉化最大的慈善机构。1928年任浙江省政府委员、国民政府首届立法委员,1931年起任导淮委员会副委员长。自奉俭廉,朴讷如老农,潜心农牧林和水利事业,尝自谓:"生于农,长于农,老于农,且读且耕,幸毕世无懒于农。县议法,省议法,国议法,惟精惟一,愿后世克守成规。"1927年,蒋介石发动反共政变,6月26日,剡社成员王任叔(巴人)在宁波被捕,庄崧甫设法予以营救。著有《农政新书》《水利实验谈》《养蚕必读》《螟虫防治法》《求我山人杂集》等。

参见胡元福主编:《奉化市志·人物传略》,中华书局1996年版;毛翼虎:《庄崧甫的一生》,《宁波文史资料》第4辑,1986年。

傅宜耘

傅宜耘(1863—1938),法名寂定,自号安心头陀,又号八指头陀,鄞县五乡碶傅家人,著名慈善家,被誉为"民国武训"。

傅宜耘自少放纵不羁,溺好声、色、酒、食、樗蒲之戏,为里人所物议,后痛改旧习,以经营米业起家。1900年前后在宁波江北创办傅泰记米铺,1905年曾率宁波工商界抵制美货。1911年创办傅泰记米厂,是宁波境内第一家机器轧米厂。50岁后披剃为僧,致力于善事。

傅宜耘

1918 年与人发起创办宁波佛教孤儿院并担任募捐董事。为此先后五次经河汉流域,三渡南洋,光头赤脚,日食一餐,寒暑一衲,修苦行托钵乞缘三年,募得孤儿教养金四五万元。1920 年,院长陈训正在孤儿院开办第三年报告册中写道:"幸各院董分头筹措粗有成效,傅董宜耘为力尤多,奔走呼告,功不可没。"1924 年起傅宜耘兼任宁波白衣寺住持,1928 年起担任宁波佛教孤儿院沙门院长。该院收 7~14 岁孤儿,既提供衣食住宿,又面授文化知识和各种技能,帮助其自食其力,甚得社会舆论好评。1929 年起,陕西关中地区连续三年大旱。1931 年,傅宜耘闻讯即向上海地产巨商孙春生处募得资金57000 元,随政府赈务委员朱子桥将军到灾区乾县放赈。灾民感其德,在乾县文昌巷建孙傅二公祠以示表彰。1933 年,将散赈余下的 1 万多元在乾县成立"上海慈善团乾县基金会",由乾县佛门弟子予以管理,后拨归县政府办理平民纺织厂。1932 年,傅宜耘有感于家乡的孤儿没有就近的安生之处,便在五乡碶樟漕里创办惠儿院,供孤儿免费读书,并提供午餐。据载,惠儿院"院长下设总务、卫生、教育三组,其中教学事项附隶于清河代用中心国民学校,卫生事项则由鄞东公立医院担任"。1935 年时,收孤儿 56 人,有教职员工三人。1938 年 2 月,无疾坐化于白衣寺,1945 年葬于宝幢永安公馆。

参见张如安、孙善根:《鄞县慈善史》,浙江古籍出版社 2013 年版;杜建海主编:《鄞州区慈善志》,浙江人民出版社 2015 年版。

徐乾麟

徐乾麟(1863—1952),名懋,字乾麟,别号健庐,余姚人,我国近现代著名慈善家、社会活动家。

徐乾麟出身贫寒,13 岁去上海当学徒,业余自学英语,满师后一度在江苏镇江经商,后应聘为上海浦东洋栈经理,主持仓库业务。20 世纪前后,组织成立上海商品陈列所,自任所长,努力宣传国货。中年以后致力于慈善公益事业。1910 年与当时绍邑旅沪名人王晓籁、宋汉章等人,发起组织七邑旅沪同乡会。同年,又与赵晋卿等在上海发起成立中国救济妇孺会,救济、收容被拐至上海的妇女、儿童,实际主持该会工作。1913 年中国救济妇孺会在江湾玉佛寺设留养妇孺总院。这是中国人设立的第一所收养妇女、儿童的慈善机构,"专以救济被拐妇孺为目的,以侦查、拯救、资遣、教养为事业"。中国救济妇孺会成立后,其救济范围不断扩大,并在全国其他城市设立分会,迅速发展为具有全国影响的慈善团体,成就卓著。1919 年 3 月,获内务部"芝醴含和"匾额。同时,徐乾麟还主持并参与了绍兴旅沪同乡会组织的各项慈善公益事务:1918年同乡会组织临时治疫医局,派中西医生携带药品至上虞、余姚等时疫发生地,施诊给药;1922年绍兴飓风、海啸、暴雨成灾,同乡会募集赈款达55万元,并协助建造上虞海塘;1931年汉口大水,同乡会与宁波旅沪同乡会、四明公所合组宁绍急救汉灾会,筹垫款项,公推人员,随带粮食药品,订定船只赴汉赈救困难同乡回籍;为改善绍属地区进杭赴沪的交通条件,同乡会几次捐募资金改良钱塘江、曹娥江义渡,增添船只,协助建造钱江第一码头、月台、凉棚及旅客休息室等。1915年,徐乾麟在与王晓籁共同创建"万国赈济会"的基础上,又同上海工商界人士发起组织"中国济生会",其会务非常广泛,诸如施放衣米、送诊给药、舍棺助葬、掩埋暴尸,甚至挖井浚河、修路铺桥等,其费用全靠募捐应付,每年开支达数百万元。1917年夏秋之际,河南黄河决堤,灾民无数,徐乾麟应河南督军赵寿山的敦请,在上海募款60余万元,进行赈济活动。1918年,陕西关中地区久旱不雨,赤地千里,他派人赴灾区,发放赈款50余万元。1920年,辽宁、河北一带水灾严重,受督军卢永祥的敦请,他主持赈务,并多台筹款,救济灾区人民。此外,他还发起成立中华慈善团全国联合会、各省义赈会等慈善公益团体,种种善举不胜枚举。在长达半个世纪的慈善生涯中,他历尽艰辛,救生葬死,组织的慈善公益团体数十处,募集的善款数百万,受救助者至少有数百万人,由此他得到了广泛的尊敬。1937年上海各界为徐乾麟举行旅沪六十周年纪念活动时,75岁高龄的他被人称为"社会救星"。

参见徐晨阳:《近现代爱国慈善家:徐乾麟》,上海社会科学院出版社2014年版;谢忠强:《中国救济妇孺会慈善工作述评1912—1937》,《山西师大学报(社会科学版)》2007年第4期。

李志方

李志方(1865—1941),字廉,鄞县莫枝人,民国时期宁波著名乡贤。

李志方出身贫苦,早年略读私塾,即学裁缝谋生,20多岁到上海学做西装。后转行航运业,于民国初年担任日清轮船公司买办,后任三菱轮船公司总买办、三井公司副总头办、日本邮船会社华经理等职,同时投资于上海工商业。李志方长期担任日商买办,深受日本文化影响,但素具民族气节,1931年"九一八"事变后,即告老辞职,移居沪西租界,不与日人交往。1940年病逝于上海,虞洽卿、袁履登等沪上商界名人发起追悼。时人称其"以商业起家沪渎,平生急公好义,乡里目为善人"。热心公益事业,曾担任上海中国妇孺救济总会、红十字会、上海孤儿院等慈善机构董事,对沪上同乡公益事业更是倾力相助。特别是发迹后,不忘乡里父老,立志带动乡亲族人共同脱贫,把落后的家乡建成"文明村"。他曾有言:借钱助人只救人一时,荐人生意才是治穷之道。他为此用"荐生意"的方式将李氏族人一个个带了出去,以至于后来沙家垫李氏几乎倾巢而出,大部分在外随李志方吃"轮船饭",并各有所成。当代香港著名实业家、慈善家李达三就是其中的杰出代表。同时他致力于家乡建设。1917 年在家乡兴办现代初级小学"成志小学",供李氏子弟免费读书。1921 年,筹资 3 万银元,在莫枝创建了拥有现代教学设施,可供寄宿的六年制完小"志方学校",计地 12 亩,还购地 200 多亩,以地租作为办学经费。后又与当地乡绅共同集资,兴建现代化的普益医院,自己承担过半费用,担任董事长。李志方又委托其堂侄李筱炳任医院事务主任,负责日常工作。为保障医院的医疗水平,他还聘请宁波光华医院院长、留美医学博士杨传炳兼任院长,聘杨之高足金立川医师主持医务。普益医院设内、外、妇科,有医生各 1 人,并有住院部,有病床 50 余张。长期以来,普益医院不仅为当地百姓医治疾病提供了极大的便利,而且在应对霍乱时疫、消灭流行疟疾、防治花柳病传染、推广新法接生等方面,都发挥了重大作用。其中,妇产科女医师不辞辛劳到附近各乡村出诊,进行西法接生。为彻底改善家乡沙家垫的卫生面貌,李志方亲自在村民中间宣传卫生保健知识,呼吁大家养成良好的卫生习惯。1930 年,他还组织动员村民,将全村的粪缸毛厕全部集中到后漕埠头的对岸,并筑起围墙,意欲使全村"无臭无蝇",这在当时的乡村又是一个创举。为改善宁波中塘河的运输,在 20 世纪 30 年代发起创办股份制的宁湖轮船公司。1931 年,在沙家垫村口建水泥埠头,让小汽船能够停靠,又在全村建石板路,行人称便。

参见李南豪、李克用:《鄞东乡贤李志方》,《鄞县史志》1989 年第 2 期;王重光:《鄞东三乡贤》,鄞州区政协文史资料委员会编:《风范千秋》,宁波出版社 2012 年版。

乐振葆

乐振葆(1869—1941),名俊宝,字振葆,鄞县人,近代商人慈善家。

乐振葆 16 岁离乡赴沪,习西式木工,技艺日精,业务兴隆,遂由此发迹,将父遗业汪泰昌杂货号扩为泰昌木器公司,自任总经理兼董事长,此为我国第一家自制自销西式家具沙发的公司。其后,在沪先后任和兴钢铁厂(现上钢三厂)及其附属码头仓库公司常务董事,大中华火柴公司、宁绍轮船公司、三友实业社、振华油漆厂、恒利银行、中英药房有限公司的董事长,闸北水电

乐振葆

公司常务董事，中国炼气厂董事。其从事工商业活动，笃守信誉，敢于仗义执言，深得工商界人士赞许，为沪上著名的民族工商业家。善于经营，敢于竞争，在三友实业社董事长任内，首创国产“三角”牌毛巾被单，该品牌成为著名的国货。又以各种合法手段与外商进行交涉或角逐，促进国货事业的发展。为人达观，勤奋好学，会英语，爱好旧体诗词。同时乐善好施，为富而仁，致力于沪甬两地公益事业。1916年，慨然将自用的在西藏路与劳合路之间一块地基(2亩8分)以半价出让给宁波旅沪同乡会。1911年至1937年，他先后为营救日本东京、横滨地震而受灾的旅日宁波同乡，派船只接运回国；为宁绍水灾及六横台风受难的同胞筹米筹款赈济，率先倡导，努力奔走。1922年至1936年，宁波灵桥历时14年乃成，而主持成就其事者，即为乐振葆。灵桥共费银70万元，他在沪筹款及个人出资，即有40万元。此外县内东乡后塘河上的钢骨水泥桥如镇东桥、福明桥、汇纤桥、金家桥等，均由乐振葆出资或筹资修建。1928年任宁波市政府驻沪建设委员。他对家乡宝幢建设更是倾注了大量心血与精力。如成立“鄞东鄮溪轮船公司”，购置轮船，方便宁波和宝幢之间的交通。为方便大宗货物在甬、宝、镇南之间运输和百姓交往，1931年集资建造3000米长由宝幢至(今北仑)璎珞的轻便铁道。他在上街头近佛岭庵处建立望火台，设钟报警，并购置救火的洋龙。在靠山沿河岸上，依次造起“永安社”“宝林学校”“宝林医院”，驳了两岸河磡，加阔通道，种植树木，修缮兰市桥，新建古姜皇后桥，改善村容村貌。特别是1916年独资兴办宝林学校，以实现乃父“普及乡村教育，改变家乡贫穷落后面貌”之遗愿，有教工20余人，学生300多人。规定凡本姓子弟可免费入学，异姓子弟，家境困难者，给予减或免费；学业优秀，分等奖励；品学兼优，家道贫困，毕业后就业无门者，择优为之荐保就业。学生凡家境困难的去宝林医院门诊，可免除各费，义诊领药。1931年当地疟疾流行，宝林医疗经费开支一年达3240余元，均由他独立负担。1933年宁波出现霍乱疫情，他闻讯即致函宝林医院，要求免费注射预防针，并收治危急病人30人，治愈20人，无一死亡。至1935年，私立宝林医院已成为当时鄞县政府核准开业的十大医院之一。此外，他关心地方文献事业，赞助修编《阿育王山志》，支持儒医王宇高著书立说,出资重修《乐氏宗谱》。1937 年 8 月,中国青年励志会理事会在甬推选鄞县乡贤,他被公举为三大乡贤之一。

参见周时奋主编:《鄞县志》(下)人物传略,中华书局 1996 年版;李坚:《沪甬工商名人乐振葆》,陆平一主编:《创业上海滩》,上海科学技术文献出版社 2003 年版;王重光:《鄞东三乡贤》,鄞州区政协文史资料委员会编:《风范千秋》,宁波出版社 2012 年版。

张逸云

张逸云(1871—1933),又名张汝桂,字彝年,镇海县崇邱乡(今属北仑区)人。清末民国实业家,中国味精工业先驱,社会活动家。

张逸云

张逸云出身于儒商家庭。其祖张梓林、父张梅仙早年在上海经营酱园业。其父为咸丰年间贡生,其兄张昌年为同治六年(1867)举人。张逸云早年接受传统教育,光绪十九年(1893),曾参加乡试中举。"一门两举子",家声卓著。后弃儒就商,从事祖传的酱园业。其时张家在上海拥有酱园 9 处、门市部近百家。宣统三年(1911),辛亥革命前后,"实业救国"呼声日盛,张逸云在上海又新开 4 座酱园,酱园业达到鼎盛,遂成沪上酱园业第一人,拥资巨万。1922 年,结识精于调味品研究的吴蕴初,两人开始合作。1923 年,出资 2.5 万元创办天厨味精厂。8 月,天厨公司正式开张,张逸云任总经理,吴蕴初为经理。年产味精 0.3 万公斤,1925 年达到 1.5 万公斤。1926 年,创"佛手牌"味精品牌,获得专利权。同年,参加美国费城国际博览会,获国际大奖,为民族工业赢得荣誉。打破日本产"味之素"垄断局面,畅销海内外。1929 年 10 月,为摆脱原料从国外进口被动局面,又与吴蕴初合办天原化工厂。1934 年 1 月,创建天利氮气厂,由此组成"天"字号化工企业集团,填补国内化工产品诸多空白,在我国化学工业史上写下了灿烂的篇章。同时关心员工生活,建崇德堂,列去世职工名位,春秋祭祀;对于生活困难及死亡职工以崇德堂基金会名义予以补助;对于患病职工,可以凭卡就诊,医药费由崇德堂支付。时人称其"平日热心公益,办理社会慈善公益事业不遗余力,造福桑梓,人皆赞颂"。1932 年"一·二八"事件爆发,出银 10 万元捐献战斗机、教练机各一架,"提倡航空救国"。平日,凡乡里公益事业,如修桥铺路,兴办学校,修浚江塘,救贫济困,均慷慨解囊,尽力而为。病逝后灵柩运乡,乡邻数百人自动集合迎柩,遗爱久孚人心。

参见《天厨厂股东张逸云今日成主》,《上海宁波日报》1933 年 11 月 21日;陈兵主编:《镇海县志》,中国大百科全书出版社 1994 年版;董竹筠:《往事钩沉——张崇新酱园老板张逸云》,《上海调味品》1999 年第 3 期。

唐爱陆

唐爱陆

唐爱陆(1872—1944),镇海小港(今属北仑区)人,民国时期开明士绅。

唐爱陆为前清秀才,因不满清政府之腐败,弃举业,入同盟会,参加辛亥革命。武昌起义时,担任民军后勤工作。1912 年在汉口筹办宁波同乡会旅汉公学。次年筹设爱国公司,是为中国最早的国货公司之一,专售国货。力主男女平等,提倡妇女就业,任用女职员,开设女子生活社。两年后,创女子务本社,经理、职员全由妇女担任。已则奔走街头,到处宣讲,提倡女子不缠脚,夫死可再嫁,遭人讪笑辱骂而不屈。与进步律师施洋知交,积极支持1923 年"二七"大罢工。施洋被害后,其家属由爱国公司发给生活抚恤费。1926 年北伐开始,任国民党汉口特别市党部常务委员、劳动部部长,与湖北省财政厅厅长詹大悲友谊甚笃。"清党"时詹被捕遇害,唐亦于 1928 年被迫携眷离汉。初在沪蛰居,后回家乡小港,任乡长。回乡后致力乡村建设,办小学,修公路,还兼任县清丈处主任,组织丈量全县地形、地貌,绘制出乡镇完整线图。在小港至县城大道两座路亭亭壁上,手写"我为人人,人人为我",表达其施政主张。倡筑镇大公路时,阻力极大,讨债的、辱骂的常挤满一堂。唐爱陆则说:"我没有一天不被人骂,要没有人骂,除非不做事。"公路终于 1936 年建成通车。1927 年,筹资创办蔚斗小学。创办之初,入学的学生不多,女孩子更少。很多父母不愿意女孩子上学。唐爱陆挨家挨户上门劝说,并延请进步教师任教,对学生加强爱国主义教育,积极营救因宣传抗日被当局逮捕的教师。1937 年抗日战争全面爆发,与同乡李善祥共同组织小港抗敌后援会、救护队等救亡团体。又任镇海抗日自卫委员会副主任,支持联合各乡救亡团体开展对汉奸傅筱庵的斗争,迫使国民党当局没收傅在镇海财产,并公开拍卖,以所得充抗日经费。经常在公开场合抨击国民党政府腐败,语惊四座,被称为"唐大炮"。1940 年 7 月日军第一次在镇海登陆,大肆烧杀,唐爱陆在东岗碶一带设立难民救济所进行救护。日军撤退后,又在茅洋山寺组设难童教养所,收养孤儿百余名。是年大旱歉收,粮价飞涨,坚请政府发仓平粜,施赈救济;复联系宁波旅沪同乡会运粮接济,又请得李氏义庄发放良种,安排生产自救。时唐年已七十,子女自重庆、衡阳等地迭劝其父去内地。唐复函云:今当民族生死关头,每个国民均应致力于神圣的抗战救亡事业,我亦愿尽自己之力,不愿为个人安危打算。次年 4 月,日军再次登陆镇海,唐爱陆先派人将全部难童护送至奉化国际灾童教养院安置,然后离乡,由衡阳至桂林,辗转奔波,积劳成疾,1944 年病故于重庆。

参见陈兵主编:《镇海县志》人物传略,中国大百科全书出版社 1994 年版。

赵家荪

赵家荪(1874—1950),字芝室,原慈溪县洪塘镇赵家洋(今属宁波江北区)人,民国时期宁波著名社会公益人士。

赵家荪出身于商人世家,从小生活富足,并受到了良好的传统文化教育。年轻时目睹晚清政府的腐败软弱,国事日非,自觉地把个人的命运与国家联系在一起。他不计得失,热心公益,乐善好施,造福桑梓,为家乡的公益事业竭尽心力。1907 年,支持兄弟赵家蕃、赵家艺,低价变卖父亲留下的三百亩田产等,所得钱款支持孙中山革命事业。1910 年,出任宁绍航业维持会宁波分会副会长,支持与外商开展竞争。宁波光复后,出任中华银行行长。

赵家荪

1912 年,出任宁波军政府交通部部长。1917 年宁波发生独立事件时两次不顾个人安危,作为代表去驻军陈词利害,使甬城免遭兵灾。同年,支持成立宁波社会教育团,改良甬上风俗。1918 年后相继当选为鄞县参事会参事、浙江省议会议员。1919 年五四运动中,不畏北洋政府强权,去电要求释放学生,严诛国贼。1924 年 10 月宁波兵变,宁波旅沪同乡会推代表李征五、屠康侯、赵家荪、魏伯侦、第二科主任乌涯琴等人由上海回宁波办理善后。长期担任宁波佛教孤儿院、四明孤儿院、鄞奉公益医院、宁波济暗聋哑学校等多个慈善机构董事。他深感教育的重要,先后参与宁波工业学校、效实中学、正始中学、私立大中中学等筹建,特别是长年支持效实中学,对该校的发展有着重要的贡献;还参与了天一阁的修建、宁波佛教居士林的创立、宁波玉枢慈善会的募资。晚年作为鄞县通志馆的副馆长,为《鄞县通志》最后的完成与出版,做出了重要贡献。此外当甬市现升复涨(旧时宁波由于现金短缺而引起钱庄取现时打折的现象)、船舶分站征费、宁波恢复设市以及教科书垄断抬价等影响民众生计的事件发生时,均能挺身而出,为民众请命。1948年年底江亚轮惨案发生后,甬地组织善后委员会,被推为主任委员,积极参与善后救济工作。一生淡泊名利,性格豪爽,慷慨好客,是民国时期著名的甬上四老之一(其他三人为孙表卿、张申之、毛懋卿)。早年蒋介石与赵家多有往来,但在蒋介石当政的 20 多年里,赵家荪没有利用同蒋介石的特殊关系,为自己和子女谋求一官半职与好处。

参见周军:《〈塑望报〉、〈武风鼓吹〉的尚武传播与宁波光复》,《新闻世界》2011 年第 10 期;陈爱红、朱尹莹:《先驱足迹世纪流芳》,《东南商报》2016年 11 月 13 日。

王东园

王东园 (1874—1950),名栋,字东园,以字行,鄞县东钱湖下王人,后举家迁居宝幢大王桥,近代儒商,社会活动家。

王东园早年丧父,家境清寒,仅读私塾三年,10 岁即辍学从商,进木刻印书作坊为徒。他好学不倦,经常挑灯夜读,由此知识渊博,并能言善辩,后被聘为塾师。少年王东园就忧国忧民,积极参与社会政治活动。1910 年,与蔡琴荪等人发起创办《四明日报》,担任首任经理。该报积极宣传民主,反对专制,在宁波社会产生了很大影响。1911 年,武昌起义爆发,宁波很快光复。他凭借善于辞令和熟知中外历史的优势,奔走于宁属七县城乡,经常举行集会演讲,为民主政治鼓与呼。1912 年 1 月,省临时议会成立,被推选为鄞县东乡地区基层议员,出席省议会,并参与编制议会各类调查册。1916 年 8月,陪同孙中山视察宁波。1920 年后当选为鄞县参事会参事,经常在议会上发表谠论,影响深远。20 世纪 20 年代后,在沪与友人先后创办上海天厨味精厂、天原化工厂、天利氮气厂等,并担任上海天厨味精厂经理 15 年,长袖善舞,致力于国货运动,特别是在产品宣传与推销上成效显著,使之成为当时著名的国货企业,为国家挽回利益不少。1936 年,因病退居家乡。1941年日军占领宁波后,隐为居士,任鄞西佛教居士林山长,以避敌伪纠缠。其间,他参与甬上多个公益事业。1906 年,鄞县梅墟旅沪商人谢蘅牕发起创办求精学堂,王东园应谢之邀,为之奔走多年,直至校舍建成。1925 年,《宁波商报》社成立,担任该报经理。返乡后,王东园更是热心地方公益事业,救济贫寒,施粮助学,十余年如一日,邑人称善。1936 年,病退家居的王东园经同乡好友乐振葆之请,协助其管理宝林学校等公益事业。1941 年宁波沦陷,区乡学校经费多靠其捐资维持。1943 年,日据下的鄞县各校维持为难,他忧心不已,多方设法,先后与沪商任水良向宝林小学、下王小学等 33 校捐助稻谷39 万余斤,折合当时币值(法币)计 17.12 万元。为此受到时由黄绍竑任主席的浙江省政府的褒奖。还曾在宝幢大王桥开设一个小型图书馆,供人借阅,并每年从天厨味精厂收入中抽出四分之一用于购置图书。此外王东园还热心赞助疏浚东钱湖,参与纂修《东钱湖志》、《鄞县通志》(1947—1949 年任董事)等事。并参与设立鄞东公立医院,筹建灵桥,为建造灵桥筹募经费,发动亲朋好友组成"东园队",广为募捐,结果大为超额。1950 年,王东园在家乡病逝,享年 76 岁。

参见戴怀萱、王茗谷:《实业家王东园二三事》,《鄞县史志》1992 年第 1期;鄞州区方志办编:《近代鄞县见闻录》,中国文史出版社 2017 年版。

陈宏福

陈宏福(1874—1958),别名磬裁,鄞县人,民国时期商人慈善家。

陈宏福年少时赴上海当钱庄学徒,由于勤奋好学,三年满师后拜高僧圆瑛为师,法名"常宝子"。后从事营造业,创办陈磬记营造厂,以建造闸北、虹口、长宁等地石库门住宅为主。因造价低,工期快,施工面积大,迅速成为沪上建造石库门住宅数量最多的大建筑商之一,兼营水泥销售,人称"工界巨子"。1937 年抗日战争全面爆发后,沪上营造业萧条,回宁波家乡,常住七塔寺内。1958 年病逝于上海。终身信佛行善,全部积蓄用于救济普生时人称其"由于性成,生平对于公益之事业知无不为,为无不力"。陈宏福十分热心慈善事业,尤以兴办义庄义学和造桥修凉亭而著称。在其故乡陈鉴桥故居东侧,兴办义庄"陈氏山庄",荒年用来施粥,兼作"义校",附近适龄孩子,无论族人与否,都可免费入学;兼做存放"义谷"的粮仓,以 180 亩的收成和田租作为"义谷"来源。附近凡鳏寡老幼残病者,只要有当地族长证明,义庄每年两次派米,给最困难者五斗,其次两斗半,再次一斗。他还经常亲自在乡间走访,遇到急需救济者,路边拾瓦片一分为二,凭半片瓦片,在指定发米日子调换摺子,凭摺子记录领米。附近孤苦老人去世,由义庄提供棺材。他回乡后向名医陈益浦学医,自配一个药包,为乡间亲朋贫民看病送药。其夫人不但支持丈夫为善,自己也身体力行。抗战前,在鄞州区各地农村捐造了钢筋混凝土结构的十桥十凉亭,如在云龙镇任新村与姜山镇宏洲村之间的"黄昏晨桥"、塘溪镇赤堇梅溪上的"磐裁桥"、横溪镇亭溪岭山道边的"第五亭"等,受益的48村50多姓百姓联名赠给他一块大匾。抗战前,还曾在上海浦东和东阳(五孝桥)等地捐建两桥六亭。在上海等地,也广泛参与各类善举,清末起,对于"红十字会及公立时疫诸医院尤积极赞助,慨输巨资,业推为红会特别会员,久为慈善界所崇拜"。1914年,鉴于旅沪甬籍建筑业工人不下10余万,其中不乏贫病者,乃出巨资发起创办浙宁水木工业医院。"专为利济同业中人之贫病者而设,其规模之宏敞,章程之美备,固已极惨淡经营之致,且纠合同志,预筹经费,足备三年之需"。此外对于其他同乡公益事业也莫不踊跃参与,如参与四明公所办义校,让宁波学徒读书,照顾宁波籍病贫者。

参见李燕津:《善人陈磐裁》,鄞州区政协文史资料委员会编:《风范千秋》,宁波出版社2012年版;杜建海主编:《鄞州区慈善志》,浙江人民出版社2015年版;《浙宁水木工业医院开业详记》,《申报》1914年11月17日。

张申之

张申之(1877—1952),名传保,字申之,号继望,鄞县栎社(今属海曙区)人,民国时期宁波著名乡贤。

张申之出身小农兼手工作坊家庭。其父张守澜,种少量土地,兼织席,勤俭持家,乐善好施,急公好义。张申之自幼聪颖好学,求学邻里,从戴西槎塾师。为光绪廿七年(1901)举人。光绪三十三年(1907)任鄞县劝学所总董。宣统元年(1909),被选为浙江省咨议局议员,继被选为预算审查委员会委员长;三年(1911),鄞县光复,出任宁波军政分府财政部长,并当选为第一届国会众议院议员。1922年曹锟贿选,拂袖离职南下广东,投奔孙中山,任广东政府国会议员。1924年,任浙海关监督,处脂不润,家无余财。次年,调任国民政府财政部参事,不就,返里从事慈善公益事业。1952年2月,当选为鄞县各界人民代表会议代表,又先后出席宁波市和浙江省各界人民代表会议。同年逝世。一生热心公益,以造福家乡为己任。光绪三十一年(1905),应宁波知府邀请创办新学,为筹建宁波府师范学堂、中学堂及教育会,奔走不遗余力,事成,便执教于师范学堂。1921年鄞县发生大水,为救济乡民,奔走呼号,不辞辛劳。1924年主持兴修鄞西水利,竭尽心力,率众疏浚南塘河60华里(1华里＝0.5千米),沿河道路、桥梁、路亭一并修缮,又续修县城濠河。次年,任鄞县水利局长,着手分段浚修西塘河。1926年,赴上海任宁波旅沪同乡会办事处主任,凡可造福于同乡之事,均热情操办,对鄞县可兴可革的事,都以函电提出见解。1928年与周炳文等疏浚市内城河,计有河渠13条之多,尤以长春门至航船埠头的里濠河段,工程较巨。同年担任宁波救济院首任院长。1931年宁波动议建造灵桥,参加筹备工作。是年创办"商营通运汽车公司",并出资修建鄞慈镇公路。1932年"一·二八"事变发生,主持遣送数十万同乡回籍。1933年,发起成立鄞县通志馆,任馆长,聘学者陈训正、马涯民主事,开编《鄞县通志》,该志后被誉为"古今方志第一"。1936年,辞旅沪同乡会职回鄞,经营通运公司及地方善举。1938年因汽车悉被征作军用,公司停业,不久避战事复赴上海,在虞洽卿创办的"难民救济所"任副秘书长,恪尽职守,不取薪酬。1946年返鄞,组织《鄞县通志》第二届董事会。同年,担任桃浦水利协会会长,主持开凿洞桥乡仲夏畈,纵横各一,乡民立碑以纪念其功绩。1947年,主持鄞西水利协会,续浚西塘河,修叶家、保丰两碶;继修南塘河乌金、积渎、风栅、章家诸碶,并疏浚它山堰的积沙和惠明港、野猫洞港。1949年年初,《鄞县通志》修纂经费又告罄尽,艰难之际,张申之以其社会声望,求诸同仁发起成立第三次董事会。其间还参与甬上多个慈善公益事项。1949年5月,宁波解放,他诚心拥戴人民解放军,于8月发起募捐劳军活动。长期担任宁波佛教孤儿院、四明孤儿院、鄞奉公益医院等董事。

参见周时奋主编:《鄞县志》(下)人物传略,中华书局1996年版;袁元龙:《甬上耆硕之楷模张申之》,鄞州区政协文史资料委员会编:《风范千秋》,宁波出版社2012年版。

严康懋

严康懋(1878—1929),又名严英、严正英,鄞县人,近代宁波著名商人慈善家。

严康懋出身于商人之家,早年在家乡求学,18岁时赴上海创业,主要从事钱庄业,先后与同乡颜料商秦君安合资开办"恒隆"钱庄、"永聚"钱庄等,又与钱业巨子秦润卿合资开办"恒赉"钱庄,与柳笙源、徐庆云等开办8家钱庄。还在宁波钱行街开设"泰源""鼎恒"等4家钱庄,在杭州、金华等地也开

严康懋

设有多家钱庄。随后进军房地产业,与陈子熏合作,在上海老北站购地建成 10 幢左右里弄房屋。1922 年,创建上海懋昌商轮公司。在上海、杭州、宁波、金华等地开设多家木行、参行。1927 年,任上海总商会第八任会董。民国初宁波流行的一则顺口溜"一言堂百货多,二(严)康懋钞票多……"可见其财力之雄厚。严康懋好义若渴,致力于慈善公益事业。除自用外,50%～60% 的资财用于社会公益事业上,惠及乡里,造福一方百姓。先是在严家汇头严家村,扩建"严氏祠堂"(俗称女祠),捐银 10 万,购田 20 余亩,兴办"严氏义庄"及"康懋学校",凡族内子弟及附近穷困人家子女均可免费入学,小学毕业、成绩优良的可继续免费保送上中学及大学。另置良田 3000 多亩作为义田,与祠堂平行另建一排谷仓,所得收入,悉供义庄及学校开销之需。凡族里的鳏寡孤独,生活无着者,由义庄保障供给,使其老有所养,幼有所依,不受冻饿。1911 年,会同余葆三及旅沪巨商徐庆云等人,筹措资金,发起建立位于宁波江东木行街(旧称常关)的普仁医院。1920 年前后,宁波水灾严重,设立平粜局,救济灾民。1922 年,他发起并会同周巽斋、林德甫等人,募得资金万元,修建位于奉化江周宿渡的"万金塘"。长期担任甬上重要交通要道——浮桥董事,出资数以万计。1926 年 9 月,任宁波"建造灵桥筹备处"副主任,共同筹建灵桥。1927 年,担任筹备委员,共同筹建宁波中山公园。主持成立"同善会"——穷苦者每年交一些象征性的会员费,死后即可得到一只棺木、一块坟地。主持扩建和改善入住者逐渐增多的"养老堂""孤儿院"。20 世纪 20 年代,严家汇头曾发生一次火灾,烧毁 20 多间楼房,20 多户人家流离失所。他拨出巨款,无偿地帮助这些村民按原样重建房屋。

参见王景行:《爱国爱乡的金融家严康懋》,鄞州区政协文史资料委员会编:《风范千秋》,宁波出版社 2012 年版;杜建海主编:《鄞州区慈善志》,浙江人民出版社 2015 年版;孙善根:《聚财与散财——近代宁波帮义商严康懋传》,浙江大学出版社 2016 年版。

王廷赓

王廷赓（1879—1972），鄞县人，民国时期宁波著名乡贤。

王廷赓出身于绅商之家，其父王自恩于 1908 年捐资在甲村兴办甲南初级小学堂。他学成后也随父从教。父亲亡故后，王廷赓秉承父业，矢志办学，将私宅捐献给学校，并向旅沪富商募款，新建楼房，使甲南小学规模大增，盛时学生达 700 余人，为县内小学佼佼者。1931 年，弟廷琛出资 3000 元，增建校舍。20 世纪 30 年代教育部督学来校视察，赞誉"甲南"可与南京"晓庄"、上海"万竹"相媲美。王廷赓平生急公好义，情系故里，造福桑梓，为社会公益事业，耗尽毕生精力。王廷赓不仅长期担任"甲南"校长一职，培养学子 5000 余人，抗战时期，还大力帮助正始中学正常开课。1943 年，又多方奔走，共同创立董南中学。除办学外，他又倾力于甲村的建设，捐址筹款，于 1927 年创建甲村医院。该院分设内科、外科和妇产科，拥有住院病房八间，普通病房一大间，手术一间，医院设备先进，药物齐全，医师医术高明，有力地改善了当地百姓的医疗条件。当年甲村河两岸并未驳坎，道路不畅，黑夜不明。他带头捐款砌筑河岸，省下寿庆花费用于修路造桥。邻近甲南小学的道路，铺筑了 200 米混凝土路；又发起成立"甲村路公司"，募集经费，聘用专人，常年负责修桥铺路，设置夜间照明的路灯。早在还没有电源的二三十年代，沿街的数十支灭灯石柱，用的是菜油灯，日暮点燃拂晓摘除，由专人管理，所需费用概由其供给。至于帮困扶贫，救济老弱病残，更是他一贯的慈心善举，不胜枚举。王廷赓为人耿直公正，爱憎分明，疾恶如仇，深孚众望。旧时，农田水利灌溉中的引水、用水问题，屡屡引发矛盾，甚至导致乡民械斗，当年鄞南一带亦然。每闻此类事端肇起，王廷赓总是不避个人安危，挺身而出，迅即赶赴现场斡旋调解，平息纠纷。30 年代主政鄞县县长陈宝麟对其极为敬重，常执弟子礼以询求政务。1937 年 8 月鄞县评选乡贤时，被推举为三大乡贤之首。其褒奖语称：王廷赓推行自治，兴办学校，创立医院，服务桑梓不辞，为社会模楷。抗战胜利后，王廷赓曾担任鄞县丰东镇镇长、鄞县参议员。1972 年，王廷赓行年九十有四溘然长逝，无疾终于上海，真可谓仁者寿。

参见周时奋主编：《鄞县志》（下）人物传略，中华书局 1996 年版；王重光：《鄞东三乡贤》，鄞州区政协文史资料委员会编：《风范千秋》，宁波出版社 2012 年版。

董杏生

董杏生

董杏生(1879—1954),字杏荪,镇海人,近代宁波著名旅沪商人,也是民国时期著名商人慈善家。

董杏生小时在本乡崇正书院就读,16岁到上海习业于上海宝源洋行。由于勤于钻研,熟悉洋务,3年后升为职员,不久提升为营业部主任,3年后又升为帮办。1906年自行开设董杏记号,经营轮船运输业务,同时经营报关、进出口贸易、房地产、销售保险箱等业务。1922年,董杏生将运输车改为公交车,在上海市内行驶,是为上海历史上最早开通的公交车。1925年,五卅运动爆发,董杏生率先参加各界罢工罢市后援会,并协助上海市总工会李立三等人筹划海员罢工经费,引起租界包探跟踪。有人劝其"不要太过分",仍我行我素,投身反帝斗争。董杏生在上海商界中威望较高,多次被选为上海商会总会董事、宁波旅沪同乡会会董。1923年5月,受上海总商会委派,远赴山东临城参与处理轰动中外的临城劫车案。董氏热心公益事业,在沪甬等地多有善举,特别是为造福家乡倾注了很大心血与精力。早在1909年就在其故里捐资15000银元,兴建一所新式学堂——董氏轫初学堂,并承担学校常年费用,让贫寒子弟免费入学,时间长达30余年之久。1918年,董杏生应同乡老顺记"阿大"叶雨庵之邀,共同发起组织镇海旅沪同志会,在庄市创办同义医院,1929年后长期主持该院事务,劝捐募款达20万元,并集资10余万元,扩建院舍,增添病床,购置设备,使之发展成为民国时期宁波一地著名的慈善医院。1921年又与同乡傅德康、陈文鉴、陈珊泉等人,共同捐建私立四义国民学校,并为学校提供1万元基金。次年,获大总统题"敬教劝学"匾及金色一等褒彰嘉奖。1922年,镇海后海塘大修,为驻沪塘工协会五干事之一,为家乡水利事业出资出力。1929年,与同乡俞佐庭等人发起,为同义医院、庄市街、贵驷街装置电灯、电话。晚年发起兴建镇海第一条公路——镇海城区至骆驼之镇骆公路。又为创办三乡公益堂募集巨资,从事疏浚河道、加宽道路、修建桥梁凉亭以及掩埋暴骸等公益事业。新中国成立后将大量地产捐献给政府。

参见陈兵主编:《镇海县志》人物传略,中华大百科全书出版社1994年版;宁波市政协文史委编:《甬商办医——宁波帮与近代宁波慈善医院史料集》,宁波出版社 2014 年版。

陈谦夫

陈谦夫(1880—1945),慈溪丈亭下陈村(现属余姚)人,是民国时期宁波一地有重要影响的教育家、慈善家。

陈谦夫幼时受家馆教育,16 岁应童子试,17 岁习商,18 岁复弃商就学,在宁波偕我公会从美国人费佩德博士学英文。后进宁波崇敬学堂、宁波基督教长老会崇信书院(后改为益智中学)学习,对古典文学及英语均有较深造诣。在校期间,受洗信奉基督教。1900 年毕业后任崇信书院监督及宁波师范学堂舍监。当他初出茅庐时,1906 年就在家乡参与组织慈溪地方自治组织——慈溪西乡公益社,后改为金川乡自治会,再改为金川公会,为推行地

陈谦夫

方自治鼓与呼。在宁波,他曾与袁履登、徐友丞等人联名上书当局,争回江北岸外人居留地的警察权,改组了被外国人霸占的工程局。辛亥革命时,他积极参加反清活动。宁波光复后,担任宁波军政府交通部副部长,掌管通信联络,并兼管电灯公司。北伐时期,他在汉口江海关监督总署任总务科科长,兼任财政部税务总署秘书等职。陈谦夫还历任上海商务印书馆编辑、宁波浙海关监督公署秘书,以及鄞县草帽业公会会长等职。1918 年,陈谦夫参与筹办宁波基督教青年会,并被推选为首任会长,后该会发展成为 20 世纪二三十年代宁波一地重要的社会教育与公益机构。陈谦夫一生信奉教育救国并力行不辍,为宁波教育及医疗卫生事业贡献了毕生精力。他先后创办或参与创办了效实中学、慈湖中学(当时称慈溪县立中学)和龙东、丈亭、念慈等三所小学。又参与创办慈城保黎医院,创办慈溪金川医院,努力改善当地百姓的医疗卫生条件。特别是他 1912 年参与创办效实中学并在 1914—1926 年两度任该校校长,前后达 11 年。其间学校困难重重,他多方奔走,筹措经费,扩展校舍,增添设备,为学校发展奠定了基础。该校师资质量、课程设置及教学要求,均高于一般中学。数、理、化、西洋历史、世界地理等,均采用英文原版课本。不久学校即享盛誉,毕业生可免试升读上海复旦、圣约翰

大学等名校。该校发展成为民国时期宁波一地最为著名的私立学校,培养出大批人才而闻名遐迩。1933年,陈谦夫又参与创办慈溪县立初级中学并担任校长一职。在其苦心经营下,学校颇具规模。不久抗战爆发,整座校园尽被炸毁,陈谦夫多年心血毁于一旦,但他不为所惧,愤然表示:敌人只能毁我物质,却不能摧我精神,我们当不折不挠,益加奋勉,抗日到底。其间,他带领师生在艰难困苦中求学,弦歌不辍,创造出战时教育的奇迹,直至生命的最后时刻仍以学校为念。他还担任保黎医院院长与董事,长期主持该院日常工作,为医院的维持与发展煞费苦心,1945年8月底,终致积劳成疾而病故。人们称颂他"平生怀直道,大化扬仁风","志趣远大,计划精深;教育家之先进,兼慈善家之令名,是城乡邦之典型"。

参见孙善根:《平民教育家陈谦夫评传》,浙江大学出版社2015年版;方子长:《陈谦夫和宁波的教育卫生事业》,《宁波文史资料》第8辑,1990年。

吴莲艇

吴莲艇(1880—1940),名欣璜,字莲艇,以字行,鄞县栎社路头街(今属海曙区)人,近代宁波著名西医、社会活动家。

吴莲艇早年就读宁波教会学校——崇信书院。清光绪二十六年(1900)进嘉兴福音医院,从美籍医师文渊学医。光绪三十三年(1907)卒业,获医学士学位,留院任文渊助理。1910年,应同学陈谦夫之邀,至慈溪县城筹办保黎医院,寓"保我黎民"意。次年建成开诊,任院长13年,率先推行新法接生等。开办之初,医院因陋就简,"教师、医生、药剂、护士承之一肩。邑人感其勤劳,纷起为援。于是建院舍,购器械,年有布展,不遗余力,十年之间,成就卓著,为吾浙私立医院冠冕"。1916年起,开始做卵巢囊肿、乳腺癌、白内障切除等手术。1918年购置国内首台美国产X光透视机,并亲自操作。1923年春购入下白沙体生医院,增建院舍,添置设备,更名天生医院,任院长17年,医名更显。他内科、外科、妇产科、眼科皆通,尤长妇产科,以至于20世纪二三十年代浙东城乡流传"中医要看范文虎""西医要看吴莲艇"之说。还受聘兼任镇海庄市同义医院院长、鄞县公立医院和华美医院董事。其间应宁波旅沪同乡会之邀,每周赴上海南洋药房坐堂门诊。同时急公好义,热心社会公益,周赡亲朋,赞助公益,岁糜巨金。特别是本着"幼吾幼以及人之幼"的精神,十分关注孤儿的生活和教养,长期担任鄞县高桥恤孤院董事。1917年曾创办幼儿园1所。历任宁波圣模小学、甬江女子中学、浙东中学和斐德小学董事,并担任鄞县医师公会理事、理事长,鄞县长老会长老,宁波基督教青年会会长等职,力行"非以役人,乃役于人"的信条,向青年们大力提倡晚婚、淋浴、体育锻炼等。1937 年抗战全面爆发后,天生医院与普仁医院合建为第四后方医院,任院长,致力于救治抗日伤病员。

参见谢振声:《吴莲艇与中国第一台 X 线诊断机》,《中国科技史料》1992年第 3 期;桂信义:《甬江名医吴莲艇》,《宁波文史资料》第 4 辑,1986 年。

李思浩

李思浩

李思浩(1882—1968),字赞侯,余姚人(原属慈溪沿江乡),民国时期重要财政人物、社会活动家。

李思浩出身于商人家庭,祖上经商,积有财产,有棉田 2 万余亩。李思浩自幼聪慧好学,少时即以神童名闻乡里。19 岁(1901 年)毕业于宁波储才学堂后,入京师大学堂师范馆,接触到新式知识。但同时参加科举考试,1903 年回浙江杭州应乡试中举。1906 年,出任度支部编纂考核,开始接触盐务。1907 年,清政府将户部改为度支部,后因盐务繁忙,该部专设盐务筹备处,李思浩为筹备委员之一。1910 年,任度支部考核司司长兼盐政处处长,1911 年任税务司司长。李思浩主要负责盐政事宜,曾赴浙江、两广等地调查盐务,提出整顿盐务新法,受到度支部尚书载泽、陈尧甫等人赏识。民国成立后任临时政府盐务署科长、厅长,次年为国家税务筹备处委员。1914 年 4月,与盐务署署长张弧一起向盐务稽核所总办英国人丁恩争取到将此前各地应拨还的历年盐税欠款另行入账,列入"盐务另款",由盐务署自行支配,不受盐务稽核所控制。从此这笔数目每月达数百万元的盐余与盐务另款成为北京政府一笔稳定的收入,在当时北京政府财政相当困难的情况下,这笔收入对北京政府的意义不言而喻,而负责盐务的李思浩也因此成了北京政府的"财神爷"之一而加以倚重。1916 年李思浩任北洋政府财政次长兼盐务署署长,次年为代理财长,6 月一度兼中国银行总裁,成为段祺瑞皖系集团的重要人物。其间北京政府的内阁成员不断变动,财政总长一再易人,而他的财政次长地位却极为稳固,始终连任,不曾换人,成为政坛不倒翁。1919 年任财政总长兼盐务署督办。1919 年徐树铮创边业银行于北京,李任总经理。

1920年直皖战争中皖系大败,名列安福系祸首之一,被通缉。1924年段祺瑞复出,再任财长兼盐务署督办。1925年元旦,段邀孙中山北上共商大计,受委担任联络,不久任关税特别会议委员会委员。1928年第二次北伐胜利后,隐居天津。1933年,为了避免日本利用北洋元老从事分裂活动,受蒋介石指派,陪同段祺瑞南下上海,由国民政府每月拨给生活费。1933年天津大中银行改组,任总经理。1935年,被国民政府任命为冀察政务委员会副主任委员兼下属之经济委员会主任委员。1934年因全国经济重心南移,迁大中银行总管理处至上海。1936年四明银行改组为官商合办银行,任商股董事。1937年抗战全面爆发后避走香港,1941年12月遭日军拘禁。1942年2月返沪,发起设立阜通银行,任董事长。1943年日伪改组四明银行,李任董事长,兼中国通商、交通银行董事。1944年任伪上海市市政咨询委员会主任委员、《新闻报》社长。其间,结识赵朴初,并任赵主办的佛教保婴院董事长。抗战胜利后,供职于中国救济总会上海分会、中国佛教公会、世界红十字会上海分会,从事慈善事业,曾协助中共组织将医药用品秘密送往解放区。汤恩伯撤离上海前诱其去台湾,借故拒绝。汤撤离后,李思浩介绍中共接管人员与代理上海市市长赵祖康见面,商谈接管事宜。1949年5月上海解放后,任上海临时联合救济委员会副主任委员。20世纪50年代曾任上海市政协委员、上海市人民政府顾问。

参见徐铸成:《李思浩生前谈从政始末》,《文史资料选辑》1978年第2辑;张嘉梁主编:《宁波词典》人物篇,复旦大学出版社1992年版。

方椒伯

方椒伯

方椒伯(1885—1968),名积蕃,镇海人,近代著名工商业者与社会活动家。

镇海方椒伯为近代上海著名商业家族柏墅方氏后人。祖父方介堂(1783—1846),早年于沪甬间运销食糖致富,在上海开设方义和糖行,继于津、汉等地开设分行、分店,又扩销粮食、南北货等,历20年,聚财成豪富。椒伯8岁丧父,17岁应科举试不中,次年赴沪与其叔父共营祖传产业。光绪三十一年(1905)在家乡创办培玉两等小学堂,任校长,兼任宁波溪海公学校长、宁波教育会参事。1913年当选镇海县议会参议员。1917 年毕业于上海神州法政专门学校,历任东陆银行上海分行经理、四明公所及四明医院董事、上海总商会会董兼商事公断处处长、宁波旅沪同乡会会董、常务理事兼会务主任等职。五四运动中,发动 70 余团体组成各公团联合会,任会长,通电反对上海总商会朱葆三、沈联芳提出违反民意的中日双方直接交涉归还青岛的主张,迫使两人辞职,遂名噪沪上。1922 年与秦润卿等合资创办大有余榨油厂,任董事长。次年任宁绍轮船公司董事长、公共租界纳税华人会理事长。参与上海总商会通电反对曹锟贿选总统,召开上海总商会临时会员大会,组织民治委员会,提出国民自决,实行民治,向军阀官僚宣战。此举获得中共中央和毛泽东的高度称赞。同年上海总商会改选,任副会长并主持会务,颇有作为。1923 年妥善处理山东临城土匪孙美瑶劫持火车案。1924 年发起组织吴淞江水利协会,任会长,筹款疏浚河道。1931 年"九一八"事变后,与上海工商界爱国人士共同发起"抵制日货,爱用国货"运动。次年转事律师业务,这期间他曾担任多处厂商的法律顾问,并专办非讼案件,遇事常劝当事人相互退让、和解,因此从未出席法庭。此外他还兼任复旦大学校董、中华职业教育社监理事、上海市商会执行监察委员、宁波通运长途汽车公司董事、上海渔市场商股常务理事等职。

1937 年"八一三"淞沪抗战时,任上海难民救济协会副秘书长兼劝募主任,分批遣运同乡 20 余万人返甬。上海沦陷后,保持民族气节,拒绝出任伪职。抗日战争胜利后仍操律师业,兼理宁波旅沪同乡会会务。1949 年 9 月,宁波遭国民党飞机大轰炸,造成重大损失。他任旅沪同乡会劝募组长,募款20 余万元汇甬救济。新中国成立后,历任上海市政协委员、中国国民党革命委员会上海市委委员等职。

参见汪仁泽:《镇海柏墅方氏家族史》,王遂今主编:《宁波帮企业家的崛起》,浙江人民出版社 1989 年版;《中华民国史资料丛稿·人物传记》第 11 辑,中华书局 1981 年版;方煜东:《镇海柏墅方氏家族研究》,浙江大学出版社 2015 年版。

竺梅先

竺梅先(1889—1942),学名炽潮,字佑庭,奉化长寿乡后竺村(今属萧王庙镇)人,著名爱国实业家。

竺梅先出身于一个破落的地主家庭,从小给乡绅家放牛。因家境贫寒,13 岁即背井离乡去上海何源通五金杂货号学业。辛亥革命时加入同盟会,

竺梅先

曾组织蓝十字军,参加光复上海之役。后受命去长春秘密组织救国会,图谋推翻军阀,事败被捕,押送途中逃脱。回沪后,自办民生工艺厂、一新印刷所。1924年应邀去济南,任张宗昌部某旅军需。1925年五卅运动时,竺梅先担任六路商界联合会会长,参加上海工商学联合会领导的罢工、罢课、罢市"三罢"反帝斗争,领导六路商界罢市游行。不久,任山东省恤赏局科长,合伙组织"三合会"字号,营运面粉供应军粮。1927年在上海与金润庠等合作,承办军服。1929年,应邀接盘大来银行,出任董事长兼经理。为其日后创办华丰、民丰两家造纸厂,发挥了资本融资的重要作用。1929年再次与金润庠等合作,创办民丰造纸股份有限公司,任经理。购入嘉兴禾丰造纸厂,改为民丰造纸厂,生产黄版纸。后试制薄白纸版成功,填补国产纸版空白。1931年接办杭州武林造纸厂,改组为华丰造纸股份有限公司,任经理,设总管理处于上海。1934年筹建卷烟纸生产线,1936年政府核给东南三省及两特别市卷烟纸制造专利权。其间,创办上海丰裕公行、宁波大新军服厂,兼任宁绍轮船公司总经理。1932年"一·二八"淞沪战争爆发,募集资金,在沪设立伤兵医院,赴抗日前线慰劳十九路军将士。1937年"八一三"事变后,捐献巨款,在沪创办国际红十字会伤兵医院,受政府嘉奖。又捐献银器百件,救济难胞,以轮船抢运难胞和物资。同时转移民丰、华丰两厂重要器材,在云南另办云丰造纸厂。其间日本人多次提出合作或租用两厂,均遭竺梅先严词拒绝。1938年集资5万元,与夫人徐锦华在奉化后琅泰清寺创办国际灾童教养院,自任院长,徐任副院长,收留来自上海等地的难童600余人,免费供食宿,开设小学、初中教育,办院6年,用尽家财,先后出资25万元。1941年兼鄞县粮食调剂委员会主任委员。时鄞奉一带发生灾荒,多次去温州、乐清等地采购大米,以济乡梓之饥。因积劳成疾,次年5月逝世。

参见蔡燕:《洪炉丹心竺梅先》,《中国档案》2015年第3期;蔡燕、费晓峰、吴娇:《奉化国际灾童教养院史料一组》,《民国档案》2015年第2期;竺士性:《爱国抗日企业家竺梅先》,《新民周刊》2015年第37期。

俞佐宸

俞佐宸(1892—1985),名崇绩,又名煌,字鞠堂,镇海人,为俞佐庭胞弟;宁波工商界巨子、爱国工商业家、社会活动家。

俞佐宸 15 岁入宁波咸恒钱庄学业,满师后任账房。1915 年起,先后任宁波元德、元益、天益钱庄经理、总经理,五四运动中参与抵制日货运动。1931 年任中国垦业银行宁波分行经理,次年接任和丰纱厂经理。时因外商倾轧,纱厂亏损 40 万元,遂告贷银行,整顿内部,改进管理,创"荷蜂"名牌,至 1937 年,年盈利120 万元。1941 年 1 月,和丰纱厂失火,损失至巨。4 月,宁波沦陷,偕兄佐庭避至重庆。抗战胜利后回宁波,复任和丰纱厂总经理,兼任四明银行宁波分行行长,浙东及两浙银行常

俞佐宸

务董事,天一、四明及国际 3 家保险公司经理,又开设董生阳南北货店和慎生、东升等 4 家鱼行,在宁波太丰面粉厂、宁海聚成当店、余姚元泰当店均有股份。历任宁波商会会长,银行、钱庄、纺纱 3 个同业公会理事长。1948 年当选"国大"代表,其间为和丰纱厂的恢复与发展做出了重要贡献。解放前夕,接受中共组织劝导,留居宁波保护工厂。新中国成立后,1952 年 11 月至1967 年 3 月任宁波市副市长、第一至六届市政协副主席、第七届市人大常委会副主任;同时历任宁波工商业联合会筹委会副主任、全国人大代表、浙江省侨联副主席、宁波国际信托投资公司经理、浙江省信托投资公司副董事长等职。1952 年加入中国民主建国会,任民建浙江省委副主委、宁波市委主委。1954 年,和丰纱厂率先实行公私合营。"文革"中受到迫害,但对党和人民、对社会主义仍信仰如一。1981 年,与香港中华总商会会长王宽诚联合倡议,于甬、港设立甬港联谊会,任宁波甬港联谊会会长,致力宁波开放开发建设。联谊会对于密切宁波与香港之间的关系,增进乡情乡谊,促进宁波的对外开放,为两地亲友之间开展各项服务活动,发挥重要的作用。晚年的俞佐宸老当益壮,不顾年事已高,积极开展各方面的工作与活动,特别是在促进宁波的对外开放、促进祖国的统一大业、动员宁波帮支援家乡建设,以及发挥民建会和工商联的作用等方面,做出了重要贡献。

参见俞佐宸:《我的旧时工商业生涯》,《宁波文史资料》第 3 辑,1985 年;王晓舜整理、周竹君口述:《俞佐宸与我》,宁波出版社 2006 年版。

朱继圣

朱继圣(1894—1972),字边埏,鄞县人,近代企业家、社会活动家。

朱继圣幼读私塾,浙江第四中学毕业后,考取北京清华学堂(清华大学前身)。1915 年公费留学美国威斯康星大学,攻读经济学和货币银行学,获硕士学位。1920 年曾到纽约大通银行实习三年,获金钥匙奖章。1921 年回国,先在北京大学、交通大学任讲师,1922 年后出任经营手工艺品、古玩、地毯等出口业务的北京仁立公司副经理。1926 年升任经理,后与董事会决定设立天津仁立毛纺厂,收购天津东方地毯厂、玉盛永地毯厂,自营出口,并成为美国海瑞洋行驻津代理人,继与上海章华毛纺厂成立军呢联合营业所。在主持天津仁立毛纺厂业务期间,主张"股份有限公司制度化经营",加强企业制度建设,并注重公司积累,重视职工福利,对职工实行年终分红。在人才录用方面,他不用"三爷"(少爷、舅爷、姑爷)的原则更是在商界广为流传。在提高地毯成品质量的同时,又组织生产人字呢、海力斯、法兰绒等产品,在社会上有良好声誉。其间作为著名纺织工业家,曾被推选为天津英租界工部局华人董事。1954 年天津仁立公司及属厂实行公私合营,任副董事长兼总经理,还担任天津纺织局副局长。热心社会活动和公益事业。曾担任天津扶轮社社长、基督教青年会附属联青社社长、天津欧美同学会和清华大学天津校友会会长。长期任北京协和医院常务董事、董事长,对该院的维持与发展有着重要的贡献。1941 年,支持组建天津结核病防治院,任筹备组长,不仅自己捐款 6000 元,还四处募集捐款。后长期担任董事长,成为医院正常运转的坚强后盾。1949 年天津解放后调回仁立公司存在美国的 40 余万美元,此举震动全国,天津、上海等地商户纷纷响应。1950 年以天津留美同学会主席身份发起组织天津留美同学抗美援朝示威游行,并以仁立公司名义捐献 50 万元购置"仁立"号战斗机 1 架。

参见俞福海主编:《宁波市志》(下)人物传略,中华书局 1995 年版;杜建海主编:《鄞州区慈善志》,浙江人民出版社 2015 年版。

胡咏骐

胡咏骐(1898—1940),鄞县人,近代中国民族保险业的拓荒者,也是著名的社会活动家与公益人士。

胡咏骐出身于鄞县手工业者家庭,父亲是一家手工织绸茧作坊的职员,

育有 8 个子女,胡咏骐排行第六,家境并不宽
裕。早年胡咏骐在宁波教会学校斐迪中学就
学,他勤奋好学,成绩优异,中学毕业后入上海
沪江大学学习,1919 年回宁波担任四明中学
教员,并积极从事慈善公益事业,曾任宁波基
督教青年会总干事,并担任甬上多个公益机构
董事等职。1926 年赴美国哥伦比亚大学攻读
人寿保险和商业管理学。1929 年回国,出任
宁绍轮船公司保险部经理,后任宁绍水火保险
公司经理。1931 年 11 月,发起创办宁绍人寿
保险公司,并任总经理。他充分施展其经营管
理才华,积极倡导正确的经营理念,培养保险
人才,创办保险刊物,协调统一火险费率和条

胡咏骐

款,发展保险同业组织,推进公司和整个保险行业的发展,为他赢得了崇高
的声望。公司先后在重庆、南京、苏州、杭州、烟台、济南、汕头、宁波、武昌等
地设立分支机构。1933 年起,连续担任上海市保险业同业公会执行委员。
1935 年秋起又连续担任同业公会主席,直至逝世。其间他团结同业,为维护
华商保险业利益和振兴民族保险业,做了大量卓有成效的工作而深孚众望。
同时,具有强烈的社会公益意识,乐于助人,广泛参与上海公益慈善事业与
抗日救亡运动,受到人们广泛的尊敬与好评。1937 年发起创办上海保险业
业余联谊会,组织保险业投身抗日救亡运动。1939 年年初,经同乡沙文汉介
绍,并经中共中央特别批准秘密加入中共。1940 年,被聘为上海公共租界工
部局工务委员。1940 年 11 月英年早逝,年仅 43 岁,遗嘱将全部财产捐献给
抗战事业。当时上海各界为其举行隆重的追悼会。胡咏骐生命短暂,却大
有作为,他是一个商人,而其境界与追求却大大超出一般商人之上。著名作
家郑振铎在《蛰居散记》中这样评价胡咏骐:这不是一个孜孜为利的普通商
人:"他看得远,见得广,想得透彻。他知道一个商人在这国难时期应尽的责
任是什么。他的一切措施,一切行动,都是以国家民族的利益为前提的。他
从事商业近 20 年,但他的经济情形也仅足够一家温饱而已。而对于爱国事
业,则无不竭力帮助着;比千万百万富翁所尽的力量更多,更大。"

参见杨艳生:《胡咏骐:从基督徒到中共秘密党员》,《世纪》2004 年第 2
期;唐金成:《中文保险条款的开拓者:胡咏骐》,《上海保险》2012 年第 4 期;
郑振铎:《蛰居散记》,三晋出版社 2015 年版。

黄振世

黄振世(1900—1983),鄞县人,为民国后期"海上闻人",也是以热心公益而著称的社会活动家。

黄振世出身贫寒,早年丧父,先是在鄞县城区谋生,16 岁时赴上海充当商行侍役。1922 年入日商泰新洋行为理货工,积资数万后独立从事工商业,独资与合股建立的企业数十家,涉及贸易、航运、渔业、金融、机械、房地产等众多行业,重要者有上海复兴贸易公司、宝昌轮船公司、人福土产公司、中国渔业公司、中国渔业银行等。20 世纪 30 年代担任上海冰鲜渔行业同业公会理事长,被称为旧上海渔业大王。20 年代末投拜黄金荣门下,开始与上海滩黑社会势力合作,并设立"振社",广收门徒,成为"海上闻人"。但能洁身自爱,以不赚昧良心钱、不干伤天害理的非法勾当自律,致力于工商业。解放初,曾当选为上海市人民代表大会代表。1951 年以后被捕判刑,1975 年提前释放回甬。1980 年上海虹口区法院再审裁定,宣告"无罪",予以平反。晚年,被宁波市政协特邀为文史委员会委员,口述整理有《"海上闻人"虞洽卿》《我所知道的黄金荣》等。为人急公好义,热心公益。发迹后不仅在上海广举善事,而且不忘回报故乡。时人称其"一本人类互助之精神,于社会公益事业,每竭全力以赴,以是名益高,事益繁,深为各界人士所爱戴,海上社团每皆欲争引先生以为重,所担任之职务达 30 余处"。30 年代曾在家乡管江试办织布厂,并办起一家医院。宁波沦陷后曾在上海组织大咸乡谊社,以方便同乡通信汇兑,急难互助。1935 年,赞助咸祥人朱绣芳等人创办《中南日报》。1940 年家乡荒年,他向贫困人家赈济大米几十石。抗战胜利后任宁波旅沪同乡会常务理事,热心旅沪同乡事宜,并在家乡发起创办咸祥医院。1948 年 12 月 3 日江亚轮失事,任"江亚惨案善后委员会"副主任,处理罹难者的打捞、认领、安葬、赔偿等各项事务,为之多方奔走,结果比较圆满,受到各方好评。抗战胜利后他担任渔业善后救济物资江苏省(包括上海市)分配委员会常委兼提领保管委员,把领来的物资保护完整,解放军进入上海后,即移交军管会接收。1949 年 9—10 月,宁波两次遭到国民党军队飞机轰炸,损失惨重。黄振世积极参加募捐救济活动,先后赴上海、香港进行募捐。

参见汪北平:《常务理事黄振世先生》,宁波旅沪同乡会编:《宁波旅沪同乡会会刊》1946 年第 3 期;子平:《我所认识的黄振世》,宁波旅沪同乡会编:《宁波旅沪同乡会会刊》1946 年第 3 期。

胡焦琴

胡焦琴(1902—1927),镇海柴桥樟漕头(今属北仑区)人,革命烈士。

胡焦琴

胡焦琴出身于小商人家庭。由于家境清贫,勉强读完柴桥静德女校。在学校,她敏而好学,品学兼优,深得老师器重,并在老师鼓励和资助下,得以继续升学。1922年进浙江省立第一女子中学读书。其间她在老师的启迪下,利用课余时间,阅读大量进步书刊,探索人生真谛。经常为《妇女杂志》及校刊撰文,大胆抨击时弊,鼓吹妇女解放。曾两次拒绝父母包办婚姻,率先剪辫、放足。1925年女中毕业后,历任宁波毓秀女校、镇海大碶灵山小学、镇海县立第一小学教职。1926年加入中国共产党。同年11月国民党镇海县党部成立,当选执行委员兼妇女部部长。利用这一合法身份,团结进步力量,组织、领导各群众团体,积极推进大革命运动。曾参与策动县知事及驻军归顺国民党,还组织农民自卫队,收缴保卫团枪械,领导女工罢工斗争。又以国民党县党部名义,撤换一顽固校长职务,开除一反动分子教职。1927年"四一二"反革命政变后,临危受命,代理中共镇海支部书记,坚持革命斗争。周围的同志劝胡焦琴赶快离开,免遭意外,但她却置生死于度外,坦然回答:"革命之花,总要烈士之血染红的",仍以国民党县党部执行委员和县政府建设科科员公开身份坚持斗争。1927年4月17日,镇海县妇女解放协会在胡焦琴的发动下建立,她被推选为会长。该协会以妇女解放为己任,并在胡焦琴任校长的县立第一小学开设女子平民夜校,以提高妇女革命觉悟,发展妇女运动。与此同时,在胡焦琴的领导下,镇海各区立小学教职员工会成立。5月4日,镇海学联发起召开各界纪念五四运动大会,胡焦琴及各校学联代表发表演说,会后学生们举行了声势浩大的游行。6月6日,因反动分子告密被捕,受酷刑不屈,越狱不成,6月23日被害于府署侧广场。临刑时迫跪,她铮然回答:"姑娘不是软骨头,宁可站着死,不愿跪着生。"墓在柴桥大湾村。

参见陈兵主编:《镇海县志》人物传略,中国大百科全书出版社1994年版;俞福海主编:《宁波市志》(下)人物传略,中华书局 1995 年版。

柔　石

柔　石

柔石(1902—1931),原名赵平福,后改平复,笔名柔石等,宁海县城人,现代文学家、革命烈士。

柔石家境贫寒,10 岁入学,1917 年毕业于县城正学小学堂,次年入浙江省立第一师范学校,参加校内进步文学团体晨光社,从此走上文学之路。1923 年毕业后,在慈溪普迪小学任教。1925 年 2 月至北京大学旁听,同年年底因经济困难辍学回宁波,任镇海中学教员、教导主任,创作长篇小说《旧时代之死》。1927年秋返乡,执教宁海中学。1928 年被荐任县教育局局长,曾为争取宁海中学立案并集资建造校舍而四出奔走。同年 5 月宁海亭旁(今属三门县)农民暴动失败,因掩护县委书记等脱险而受牵连,6 月避居上海,结识鲁迅,合办朝花社。在鲁迅领导下,致力于介绍外国文艺,出版《朝花》旬刊。1929 年 1 月受鲁迅委托,编辑《语丝》。次年 2 月,参与发起成立中国自由运动大同盟。3 月,中国左翼作家联盟成立,先后当选为执行委员、常务委员、编辑部主任,负责编辑机关刊物《萌芽》。5 月,由冯雪峰介绍加入中国共产党,并代表"左联"参加在上海召开的全国苏维埃区域代表大会,会后撰写通讯《一个伟大的印象》。1931 年 1 月 17 日下午去东方饭店参加中共秘密会议时,因叛徒告密,与会 35 人全部被捕,关押于龙华监狱。柔石在狱中坚贞不屈,并捎信友人,关心鲁迅安全。2 月 7 日夜被秘密枪杀于龙华,牺牲人员中有"左联"成员 5 人,世称"左联五烈士"。对此,鲁迅作《中国无产阶级革命文学和先驱的血》《为了忘却的纪念》《柔石小传》诸文,"左联"出专刊《前哨》,以示抗议和悼念。生前出版著作、译作百余万字,另有手稿 20 余万字,代表作有中篇小说《二月》(1929 年)、短篇小说《为奴隶的母亲》(1930年),被译成日、英、法、俄文,另有短篇小说集《疯人》《希望》,编为《柔石文集》;译著有卢那察尔斯基的《浮士德与城》、高尔基的《阿尔泰莫诺夫之事业》及《丹麦短篇小说集》等。今宁海城关镇有柔石故居,为县文物重点保护单位,尚有柔石中学、柔石广场、柔石路、柔石公园等。

参见杨东标:《柔石传》,《清明》1981 年第 3 期；王艾村:《柔石年谱》,西南师范大学出版社 1998 年版。

黄声远

黄声远(1903—1989),镇海人,以毁家办学著称,是现代宁波商人办学的典范。

黄声远

黄声远幼年丧父,10 岁上学,后因家贫而就辍学。到宁波、上海等地商店做学徒,后来曾在上海几个洋行当过"跑街"(推销员),帮外商推销食糖。稍有积蓄,与友人合股开设糖行,不一年因经营不善而倒闭。他不甘失败,多方借贷自设义和糖行,未几,因"一·二八"事件影响而停业。两度事业受挫,却从中学得经商三昧,坚持信义为本,为糖业同行所称道。1931 年,他失业沪上,有德商雅利洋行慕名聘他推销大量存糖,而获佣金白银 8000 两。此后积蓄渐丰,于是义和糖行东山再起,并改营进口糖买卖,年得利数万元,不数年,声誉卓著,遂成沪上糖业巨子。事业有成后,他决心补习文化,请家庭教师教英语,以便与外国人直接交流。出身贫寒的黄声远克勤克俭,以学徒成长为沪上糖业巨子,是近代宁波帮白手创业的典型。尤为可贵的是,事业有成后,深感自幼失学之苦,"让更多贫苦学童入学"愿望更为强烈,于是倾全力于家乡教育事业。1943 年在镇海独资创办声远小学,学生全部免费入学,对家境特别困难者,还给予生活补助。1947 年又与人合力创办辛成初级中学。为负担声远小学和辛成中学开办及日常经费,他除了花尽经商多年积蓄外,还先后将在南京、苏州及杭州的别墅低价出售,连高档家具及夫人的首饰、大衣都变卖了,家里的大橱、钢琴也"借给"了辛成中学使用。1957 年为创办镇海城关初中,又倾其所有,捐赠旧房及地基,甚至拆除自家老屋,将砖瓦、木料全部用于建造新校校舍。至此,他自己真的一无所有了。20 世纪 60 年代后期,其夫妇居处及日常生活也发生困难,虽有港澳和国外亲友,但从不要求接济,对倾家办学至老无悔。85 岁高龄时,还常以不能再为家乡教育事业出力而抱憾。时人称在兴教助学和赞助公益事业方面出色的人物、出色的事迹很多,但像声远先生那样尊师重教、毁家办学、造福乡里的,他是现代镇海第一人。有谁像声远先生那样为了先后办起三所学校——声远小学、辛成初中、城关初中——而倾家、罄家、毁家的吗？镇海也好，宁波也好，甚至浙江省，他是唯一的了。

参见陈兵主编：《镇海县志》人物传略，中国大百科全书出版社 1994 年版；陈兵：《散尽家财为教育——怀念乡贤黄声远先生》，《镇海档案》2015 年第 1 期；邬慕崐：《倾其家财 兴办教育——黄声远在镇海办学始末》，《宁波文史资料》第 8 辑，1990 年。

张章翔

张章翔（1909—1985），鄞县梅墟虾捕房张家人，近代保险企业家、社会活动家。

张章翔出身于本地商业世家，1921 年毕业于家乡求精小学。1926 年从宁波甲等商业学校毕业后，经其父张德生（时任镇海商会会长）拜托好友介绍进入新创立的天津中国垦业银行总行为练习生。1929 年升为中国垦业银行天津分行储蓄部主任，1932 年，被提为天津分行襄理，至 1934 年升任分行副经理。1942 年继任经理，同时兼任中国天一保险公司、长城保险公司、太平证券公司等副经理。1944 年，被任命为中国天一保险公司和太平保险公司合并后的太平集团公司经理，后在中安保险公司、长城保险公司等相继任经理、董事长、监理，以至担任天津保险同业公会会长，直至 1951 年 11 月。在全国资本主义工商业社会主义改造运动中，号召所有天津宁波同乡所开设之工商企业，接受党的教育改造，参加公私合营，听从政府的安排。退休后，参加天津市、区政协和市民建工作，被聘为市政协文史资料委员会委员，撰写有关文史资料，至 1985 年 4 月病故。张章翔重乡谊，助乡友，努力维护同业利益。1945 年，被推选为浙江旅津同乡会常务理事，1948 年被选为同乡会会长，一直主持工作至 1956 年。其间，对浙江同乡会创建的各项公益产业，悉心经营并有所发展。如修整浙江第一、第二公墓，并划出一块作为"义冢地"。在原浙江中学、小学中，增设免收学费名额，凡乡友中家庭生活实有困难，而其子弟又勤勉上学者，可免费入学，直至毕业。还主持由浙江、江苏、安徽三省在津同乡出资合办的广仁堂孤儿院，收容孤儿和弃婴，并将他们教养成人。直至 1956 年该孤儿院移交天津市民政局管理。其间他会同浙、粤、闽等地同乡会一起创办养育堂、敬老院等。对宁波家乡公益事业也尽量出力。1947 年，他回乡为父庆贺八十大寿，将原拟祝寿之费用全部用于建造梅墟码头；又集资将母校求精小学校舍整修一新。1950 年 3 月，资助上海北上的越剧团立足天津，后该越剧团由市文化局接管，改为天津市越剧团。1956 年,把浙江同乡会所属产业全部无偿捐献给国家。

参见张澜生:《我所知道的中国第一家保险公司》,天津政协文史委编:《天津文史资料选辑》,天津人民出版社 2004 年版;宁波市政协文史委编:《宁波帮在天津》,中国文史出版社 2012 年版。

胡嘉烈

胡嘉烈(1911—1977),鄞县人,新加坡著名侨领、慈善家。

胡嘉烈出身商业世家。早年就读于家乡姜山文山小学和慈城普迪一小。14 岁经族人介绍到新加坡一文具店学做生意,3 年满师后回上海。18 岁再去新加坡,供职华商万兴百货公司。1935 年 10 月在新加坡创办立兴企业公司。起初主要经营汽油灯购销业务,并在上海设立兴申庄。数年后,因业务发达,创设立兴总公司,并开办五金制造厂,生产各种五金用品,由立兴公司经销,分公司遍设于马来西亚、印尼、泰国、加拿大、英国等国家和中国香港地区,执新加坡国际贸易之牛耳,成为与陈嘉庚、胡文虎齐名的新加坡巨商。

胡嘉烈热心公益与家乡事业。1934 年被推举为新加坡三江会馆监察主任,后长期担任三江会馆慈善互助信托人。同年在新加坡发起成立宁波同乡会,连任该会会长多年,并任南洋胡氏总会、雪兰莪三江公所、槟榔三江公所等社会团体名誉会长及信托人。1941 年,他在家乡设立慈善机构片云堂,兴办救贫事宜,规定凡胡家坟村生活困难者,每年给予稻谷 500 斤;在其妻家花园村,仅收市场粮价 10% 的价格,将粮食贱卖给贫民。这项救济善举历时 20 多年,到 1962 年才因故终止。至于对贫苦亲属的接济,则一直不曾中断。1947 年至 1949 年,胡嘉烈为改善胡家坟、花园两村的消防设备,出资购买机器水龙两台,分赠两村;捐资修建花园村年久失修的豫章桥和太平桥;出资修整两村的道路。1943—1949 年,文山小学每年需要 3 万斤稻谷作为开支经费,但入不敷出,胡嘉烈捐赠半数,解决了学校的困难。他还包揽原奉化县后顾、芦林之间义渡所需的经费,方便两地百姓交通出行。新中国成立后,为改变故乡历代沿用土葬、浪费大量耕田的陋习,胡嘉烈资助港币 42 万元(当时折合人民币 17 万元),在胡家坟村西荒滩地建立占地 1 万余平方米的"文山公墓",1957 年春动工兴建,1962 年全部建成,公墓地四周围建亭供人憩息。1959 年起,国内出现 3 年自然灾害,胡嘉烈急乡人之所急,从香港购买大量化肥及抽水机 3 台,送给故乡农业合作社,支援农业生产;同时又借夫人徐庆月五旬寿诞之庆,从泰国购买大米数吨运来救济胡家坟、花园两村贫民,并捐资补助两村的学校。胡嘉烈的善举,在鄞县石碶一带,通过其嫂的兄弟郁镇南实施;在余姚陆家埠等地,通过其胞兄胡嘉昌的学徒实施。1977年他去世时,三江会馆等10余所华侨社团发布讣告,称其"急公好义,服务社会大众,举凡慈善教育公益事业,靡不慷解义,悉心以赴,尤对同乡会馆,更其关心,深获三江同乡所景仰",并誉之为"一代善人"。

参见金普森、孙善根主编:《宁波帮大辞典》,宁波出版社2001年版;杜建海主编:《鄞州区慈善志》,浙江人民出版社2015年版。

王孝和

王孝和

王孝和(1924—1948),原名王康智,祖籍鄞县福明乡松下漕村(今属鄞州区),出生于上海,革命烈士。

王孝和出身于工人家庭,1933年入上海私立承余小学求学,聪明好学,成绩优秀。1937年"八一三"事变后,王孝和跟着母亲逃难到家乡鄞县陶公山外婆家,插班入曹家学堂继续求学,并于当年年底以优异的成绩毕业。翌年春返回上海,考入上海励志英文专科学校。在中共地下党员许统权等人影响下,开始接受革命思想。1941年5月加入中国共产党,年仅16岁。1943年进美商上海电力公司火力发电厂(今杨树浦发电厂)任厂工会常务理事,积极投身工人运动,组织参加了1946年1月的上海电力工人"九日八夜"大罢工。1946年4月,上电公司工会成立,任组训干事,后任常务理事。他在读书会基础上,建立工人图书馆,为工会会刊写稿,努力承担别人不屑的繁琐事务,认为"我是工人选出来的,凡对工人有利的事,我都有责任去做"。其间上海电力公司党组织为了加强对工会的领导,将工会内5名党员理事组成党团,由王孝和任党团书记。在王孝和的带领下,上海电力公司工人在同国民党上海反动当局的斗争中发挥了重要作用。1948年上海申新第九纺织厂罢工,遭军警镇压,酿成"申九"惨案。王孝和代表上电工会积极参加后援会的活动,并在他所在的电厂内发动工人募捐、戴黑纱,揭露"申九"惨案的真相。对此国民党特务怀恨在心,1948年4月21日早上上班途中王孝和遭特务绑架。5月被押至提篮桥"特种刑庭"。在法庭上,他以大量事实揭露刑庭种种卑劣手段,驳得法官哑口无言,被迫休庭。6 月 28 日,"特种刑庭"不顾社会舆论的谴责,以所谓"捣乱社会治安未遂"罪判处王孝和死刑。七、八两月,上海工人协会、全国第六次劳动大会,分别发表宣言通电声援王孝和,对国民党政府提出严正抗议。王孝和本人亦不服这一无理判决,向中央特刑庭上诉。但国民党当局无视全国人民的正义呼声,于 9 月 23 日将上诉驳回,核准原判。是年 9 月 30 日,王孝和在上海惨遭枪杀,年仅 24 岁。临刑前,他留下血书遗言:"有正义的人士们,祝你们身体健康,为正义而继续斗争下去! 前途是光明的,那光明正在向大家招手呢! 只待大家努力奋斗,9 月 25 日被乱杀前之王孝和血书。"面对死亡,他坚定地表示:"从我被捕的第一天起,就做好了这个准备。""死无所惧,只要我活一天,就要同敌人斗争。我的武器是公开揭露敌人的残酷和对人民的仇视。"1988 年,上海各界隆重集会纪念王孝和英勇就义 40 周年,江泽民同志亲笔题词:"他不愧是优秀的共产党员,工人阶级的杰出代表。"

参见柯蓝、赵自:《不死的王孝和》,工人出版社 1990 年版;周时奋主编:《鄞县志》(下)人物传略,中华书局 1996 年版。

李　敏

李敏(1924—1944),原名雅琴,镇海小港青峙李隘村(今属北仑区)人,革命烈士,有"浙东刘胡兰"之誉。

李敏家境贫困,幼随父去沪谋生,小学三年级时因父失业辍学,12 岁随母进日商纱厂当童工。1937 年回乡,入镇海延陵小学读书,受进步教师启迪熏陶,参加抗日救亡运动。1941 年 4 月日军侵占镇海,李敏帮助共产党领导的抗日武装江南独立中队借物、带路,提供情报。她目睹中队指导员林勃被日军刺杀惨状,激起对敌人的强烈义愤。不久,任教长山桥方前小学,得中共党员帮助,阅读许多进步书籍。1942 年 7 月去鄞县梅园乡参加中共

李　敏

鄞奉县委主办的小学教师暑期训练班,改名李敏。同年 8 月加入中国共产党,任教鄞西樟水崔夹岙启明小学,向学生讲述抗日故事,教唱抗日歌曲,至附近村庄宣传抗日,开办农民夜校和妇女识字班,开展群众工作。1943 年

春,任中共樟水区委书记,以毓英小学教职为掩护,动员群众抗日。同年秋,调任鄞江区委书记,带工作组深入敌占区活动,在错综复杂的艰苦环境下,卓有成效地开展抗日救亡活动。有时一夜翻越几座山头,数次转移宿营地,组织农协会、妇女会、儿童团,又以猎户为骨干,组成一支10余人区小队,捣毁敌人情报站。1944年2月21日,国民党顽军——浙江保安二团进山突袭其住地后隆村。李敏与袁春妍、胡公民同时被捕。她任凭浙保营长软硬兼施,始终不屈。当天下午4时许,阴寒侵骨,3人被剥去外衣,押至樟村十字路口,绑于房柱上,敌人以刺刀再次威逼其说出全区共产党组织及武装情况。李敏厉声回答:"要杀便杀,要我说出来办不到!""杀了我一个,会有千千万万个站出来!"刽子手遂从其小腿往上连刺20余刀,李敏遍体鲜血,仍怒斥敌人,直至生命最后一息,年仅21岁。被胁围观群众无不掩面而泣。浙东人民赞誉她为"浙东刘胡兰"。

参见《四明山十万妇女向全世界控告》,《新浙东报》1944年4月13日;陈兵主编:《镇海县志》人物传略,中国大百科全书出版社1994年版。

后 记

　　说实在的,两年前,受命承担宁波市社科院文化工程《宁波区域文化资源概览·"宁波人"卷》的编纂任务,内心相当惶恐。这不仅因为自己对所谓的文化资源与概览的概念相当模糊,而且因为自己的学术领域多年来一直局限于近现代宁波,且偏重于经济领域,而对其他领域特别是古代宁波的人物相当茫然。但既已受命,也只得勉为其难,趔趄前行。经过两年多的努力,并在诸多友人的帮助下,本书的编纂工作终于得以完成。

　　宁波人文荟萃,人才辈出。长期以来,宁波是一个极具区域个性与文化内涵的地方。这个区域面积仅占全国千分之一的弹丸之地,却演绎出了相当灿烂的历史文化,人物是其中极其重要的篇章与内容。显然,本书仅仅200人左右的容量与篇幅,挂一漏万的遗憾在所难免,特别是由于研究领域的局限,本书古代宁波人物收录偏少。同时,所谓仁者见仁,智者见智,本书收录人物的标准更是难以把握。好在本书的编纂工作得到了诸多单位与友人的帮助与支持,其中宁波市社科院的立项资助,使本书得以问世。在资料搜集与查阅方面,宁波大学图书馆、宁波市档案馆、宁波市图书馆等单位给予了很大支持;同事张如安、李小红、敖运梅、毛海莹、陶志琼、徐晓雄等以及我的学生(现在中共杭州市临安区委党校工作)吴昌对本书的完成都有诸多的贡献,在此表示衷心的感谢。

　　限于本人的学识与水平,本书仍相当粗陋,其中的差错与遗漏更是相当程度地存在,在此期待专家学者与读者同仁批评指正。

孙善根

2019 年 4 月于宁波大学人文与传媒学院

图书在版编目(CIP)数据

　　宁波区域文化资源概览.“宁波人”卷 / 张如安,张伟主
编;孙善根编著. --杭州:浙江大学出版社,2019.11
　　ISBN 978-7-308-19697-0

　　Ⅰ.①宁… Ⅱ.①张… ②张… ③孙… Ⅲ.①地方文
化-介绍-宁波 ②人物-生平事迹-宁波 Ⅳ.①G127.553
②K820.855.3

　　中国版本图书馆 CIP 数据核字(2019)第 241442 号

宁波区域文化资源概览

张如安　张　伟主编

责任编辑	吴伟伟 weiweiwu@zju.edu.cn
责任校对	赵　珏　张培洁　刘葭子　许晓蝶　朱卓娜
封面设计	雷建军
出版发行	浙江大学出版社
	(杭州市天目山路 148 号　邮政编码 310007)
	(网址:http://www.zjupress.com)
排　　版	浙江时代出版服务有限公司
印　　刷	杭州高腾印务有限公司
开　　本	710mm×1000mm　1/16
印　　张	86
字　　数	1498 千
版 印 次	2019 年 11 月第 1 版　2019 年 11 月第 1 次印刷
书　　号	ISBN 978-7-308-19697-0
定　　价	358.00 元(全 5 卷)

宁波市文化研究工程重点项目

PANORAMA OF
NINGBO REGIONAL CULTURAL
RESOURCES

———————

Objects of Ningbo

张如安　张　伟　主编

宁波区域文化
资源概览

『宁波物』卷

唐燮军　编著

ZHEJIANG UNIVERSITY PRESS
浙江大学出版社

目 录

大涵山桥　广济桥　百梁桥　万年桥　皎碶桥　七星桥　通济桥　灵桥

张苍水故居　江北贝家巷杜宅　虞氏旧宅天叙堂　溪口蒋氏丰镐房　翁文灏故居　潘天寿故居　袁牧之故居　沙耆故居

抱经楼　水北阁　伏跗室　盛氏花厅　林宅　钱业会馆　后乐园(宁波中山公园)　揽秀堂(宁波市图书馆老馆)

阿育王寺　天童寺　天封塔　七塔寺　药皇殿　慈城孔庙　宁波府城隍庙　庆安会馆　秦氏支祠　孙家境祠堂

白云庄　溪口风景区　五龙潭　伍山石窟　野鹤湫　象山港　杭州湾南岸　南塘老街

达蓬山　松兰山　招宝山　龙泉山　梁皇山　雪窦山　五磊山　茶山

广德湖　小江湖　月湖　东钱湖　亭下湖　四明湖　凫溪　大嵩江

南韭山岛　花岙岛　渔山列岛　檀头山岛　东门岛　南田岛　梅山岛　三门湾

镇海棘螈　凹耳蛙　宁波石豆兰　松叶蕨　中华水韭

宁海桑洲红米　浙贝母　邱隘雪里蕻咸齑　奉化芋艿头　猪油汤团　水磨年糕　宁波粽子　灰汁团　奉化水蜜桃　三北藕丝糖

大黄鱼　带鱼　墨鱼　咸鳓鱼　奉化摇蚶　梭子蟹　蓝点马鲛鱼　冰厂

黄古林草席　上林湖越窑青瓷　红帮服装　剪纸　宁式家具　箍桶　虎头鞋　梅园石

朱金木雕　泥金彩漆　金银彩绣　骨木镶嵌　陆埠佛雕　象山竹根雕　大隐石雕

状元楼饭店　老三进鞋帽店　缸鸭狗汤团店　升阳泰南货铺　楼茂记酱园　汲绠斋书局

综　述

　　一般来说,"物"的构成可分为两大类:一是自然生成物,如山脉、江河、湖泊、岛屿、动植物等,与民众的生活、生产息息相关,或被辟为栖息之所、游玩之地,或被用作水源、食物和器具;二是民众智慧创造或体力劳动的产物,如服饰、墓葬、村落、桥梁、宅第、学府、书楼、寺庙、祠堂、店铺、工艺品等。此所谓"宁波物",是指宁波民众为谋生存、求发展,在利用自然、改造自然过程中所创造的物质性劳动成果。

一

　　"宁波物"是一个不断被生产、创造的过程,同时在自然因素与人为因素的双重作用下,又是一个不断被消耗、替代的过程,随着人们利用、改造自然能力的提高,总体上趋于不断丰富。"宁波物"的演进轨迹大致可以分为以下三个阶段。

　　第一阶段:始于约 7000 年前的河姆渡文化时期,下迄唐代中叶。这一时期,宁波境内人口稀少,生产力相对低下,人们无力大规模利用、改造自然,难以创制出较多的物质成果。这一阶段的"宁波物"主要有两类:一是以河姆渡遗址为代表的史前遗存的各种石制、陶制或骨制日用器皿、生产工具,以及生产生活废弃物;二是以慈溪掌起缸窑山墓地为代表的墓葬遗存及其随葬品。这些出土文物,如河姆渡遗址中的稻谷遗存和稻作农具,不但有助于我们了解河姆渡人的生活情况,而且有助于我们了解史前宁波社会的经济状况。在这一阶段,佛教传入浙东,佛教精舍、寺院开始出现,今天宁波境内的主要佛寺,如慈溪的五磊寺、江北的普济寺、奉化的雪窦寺、鄞州的天童寺和阿育王寺,便始兴于这一时期。

第二阶段:始于唐代中叶,下迄第一次鸦片战争爆发。这一阶段,一方面,随着外来人口的不断迁入及其繁衍生息,人多地少的矛盾日益突出;另一方面,随着古代科技水平的提高,宁波人民利用自然为自身服务的能力大为提高。在这种情况下,宁波地域的开发进程加快,以物质性形态呈现的劳动成果大量增加,具体体现在:一是广建住宅以栖身,兴建祠庙寺观以祭祖、礼佛或供奉神祇,村落和城镇、祭祠各宗教场所大量出现;二是为了便于交通,桥梁、道路大量修建,从而留存下大量的古桥梁与古道;三是大规模兴修水利工程,以阻咸、蓄淡、分流为目的塘堰碶闸等水利工程大量兴建;四是随着区域经济的开发,商业活动日趋繁荣,不少设摊于农村之集市或开店于城镇之街坊的商摊,因经营得法而发展出很多老店;五是先民在从事农业耕作或渔业捕捞之余,利用土、木、石、草、棉、丝、竹、骨等自然材料制作瓷器、草席、服装等手工业品,其中部分手工业品升华为具有地域特色的工艺品。在这一阶段,尽管有不计其数的"宁波物"毁于地震、火灾、水患、疾病、周期性社会动乱之中,但保存下来的物质成果总量显然要远远超过前一阶段。

第三阶段:始于第一次鸦片战争,下迄中华人民共和国成立。在这一阶段,时局动荡,中西交融日益增多,"宁波物"也增添了新的内容:一是面对西方列强的入侵及日本帝国主义发动的侵华战争,宁波人民奋起反抗,从而留下了为数不少的海防遗存和古战场遗存,如位于镇海口招宝山的定远炮台、慈城大宝山西麓的朱贵祠等。二是面对随坚船利炮而至的近代西方科技文化,宁波人民秉持"洋为中用"的拿来主义,大胆吐故纳新,以前所未有的剧烈程度冲击着中国根深蒂固的自然经济形态,或如杨坊、虞洽卿等买办商人,迅速介入新兴的对外贸易领域;或如李也亭、鲍咸昌、胡西园,投资于航运业、金融业、工业等新兴领域,以期实业救国;或如陈训正、蒋梦麟、张雪门,积极兴学育才,大力倡导教育立国。以龙山虞氏旧宅天叙堂和江北贝家巷杜宅为代表的近代建筑物,尤为直观地体现出宁波人民这种勇于吸纳异域文明的精神。

就其纵向演进轨迹而言,"宁波物"呈现出其阶段性发展的特征,而从横向比较的角度来看,则又具有鲜明的地域特色,主要表现为:一是宁波枕山负海,气候湿润、雨水充沛,历来就是物色丰饶的沃壤,当年河姆渡先民之所以能够创造出无与伦比的稻作文化,在很大程度上就得益于这片富饶的土地。二是宁波虽偏居东南边陲,却因具备明显的海上交通优势,故而在相当长时期内,成为沿海南北货物的转运港,而四方货物的汇聚,既繁荣了宁波的商品交易市场,同时也极大地增加了"宁波物"的种类,进而促进了宁波地方经济的成长和商帮的崛起。三是千百年来,宁波的社会构成以新旧移民为主,"宁波物"的创造者,也因此不是初来乍到的新移民,就是老移民的后裔,他们或多或少地内具敢于冒险、务实勤干、注重功利的移民秉性,故而善于把握时机、创造成果。

二

"宁波物"将首先考述那些有幸留存至今的史迹,冀以借此反映古代宁波的地域社会开发、对外交往的进程,彰显宁波作为海疆门户的历史地位。宁波的史迹遗存就其性质而言,大抵可分为以下四类。

其一,史前遗存。在这类遗存中,知名度最高的无疑是位于浙东四明山脉与慈溪南部山地之间河谷地带的河姆渡文化遗址。这一遗址经先后两度发掘,不但被清理出灰坑、稻谷、墓葬和干栏式建筑、水井等重要遗迹,而且出土了极具地域特色的夹炭陶器、骨耜等重要遗物和大量的动植物遗存,从而强烈地冲击并打破了原有的中华文明单一起源理论,最终导致了对中国史前史的修正和对华东、华北两个共存文化的承认。在此之后所发掘的慈城慈湖遗址、慈城小东门遗址、奉化名山后遗址、北仑沙溪遗址、象山塔山遗址、余姚鲻山遗址、余姚鳖架山遗址、余姚田螺山遗址、慈城傅家山遗址等史前文化遗址,其实都是河姆渡文化的后续发展,宁波也由此确立起一个脉络比较清晰的史前文化发展序列。

其二,商周时期的墓葬。在宁波沿海山地丘陵的山脊、山腰或山麓的平缓地带,散落着数量众多的越人土墩和土墩石室。1992年,为配合杭甬高速公路建设,考古部门对其中位于余姚城南的老虎山一号墩做了抢救性发掘,发现西周春秋土墩墓14座、战国至汉初土坑墓6座,并从中发掘出鼎、盒、壶、豆、钫等彩绘泥质黑衣陶仿铜礼器。这些墓葬和随葬品,既反映出战国前后宁波墓葬形制的变迁,同时也折射出楚文化对同期宁波丧葬制度的深刻影响。

其三,两汉六朝的墓葬与窑址。经过长达数十年的田野考古调查,迄今不但在慈溪、余姚、江北、鄞州等地发现东汉至南朝的窑址40余处,而且发掘出两汉至南朝的墓葬数百座。从发掘材料来看,宁波墓葬的类型主要有土坑墓、木椁墓、砖木椁墓、券顶砖室墓四种,墓制演变序列也比较清晰:一是西汉墓葬均为长方形竖穴土坑墓,随葬品以陶鼎、盒、壶、瓿为基本组合;二是东汉时期开始出现木椁墓和砖木椁墓,随葬器物以陶壶、罐、罍为主,同时出现原始青瓷与早期青瓷的共存现象;三是东汉晚期以后,券顶砖室墓逐渐取代木椁墓、砖木椁墓,出土遗物以青瓷为主,瓷器烧制技术已相当成熟;四是东吴西晋时期,长方形券顶砖室墓和带甬道的凸形券顶砖室墓都很流行,并且盛行用明器殉葬;五是东晋以后,墓葬形制虽一仍其旧,但总体规模偏小,时至南朝,则又逐渐发展成为中间鼓、两端收敛或一端宽、一端窄的船形墓,随葬的青瓷器物也较东吴西晋时瘦长。这一相对清晰完整的发展序列,既是秦汉以来各地文化面貌日益趋同的客观反映,也在一定程度上融入了宁波自身的地域特色。

其四,以永丰库遗址为代表的丝路遗存和集中分布在慈溪上林湖、鄞州东钱湖的越窑青瓷。这其中的永丰库,是我国首次发现的地方城市的大型衙署仓储区遗址,包括两处单体建筑基址及与之相关联的砖砌甬道、庭院、排水设施、水井、河道,这就为我国仓储类建筑研究提供了极为重要的实例。相比较而言,对越窑青瓷的发掘更有成效,迄今业已发掘的唐宋窑址,主要有低头岭、荷花蕊、滩溪、石马弄、宁海岔路、寺龙口、郭童岙等250余处。这些窑址的面世,既有助于再现越窑从晚唐五代到两宋的发展演变过程,也足以纠正传世文献有关越窑"消亡于北宋"的错误记载。

所谓"丝路遗存",简言之,就是东汉晚期至清代末年之间宁波与海外"文明对话"的成果。这类成果,从考古学的角度来看,主要是指遗址、墓葬、石刻和古建筑;就其历史功能而言,则又涵盖港口与贸易、城市建设、海防设施、多元文化(藏书文化、宗教文化)等诸多方面。据有关部门不完全统计,宁波的"丝路遗存"比较集中地分布在以宁波城区为中心的近海和江河两岸,有120余处。包括永丰库遗址、天童寺、庆安会馆、它山堰、天一阁、镇海口海防遗址在内的这120余处丝路遗存,不仅体现了甬上先民的聪明才智和非凡的创造力,更是中国古代海洋文化在宁波这一特定区域的生动展现。

近来被列入世界文化遗产——宁波"丝路遗存"的它山堰,就其建造宗旨及其所发挥的历史作用而言,该水利工程无疑是为解决阻咸、蓄淡、分流问题而兴建,而且这种交集现象并非个案,譬如古代桥梁,既属于"水利遗存",也可归入"特色建筑"。但相比较而言,更值得关注和探究的是宁波水利遗存的空间分布及其功能特征。

　　从相关的文献记载和实物遗存来看，宁波地域的水利建设史，大抵可分为以下三个阶段：第一，唐代中叶之前，一则因为当时政府并不重视宁波这个偏远地区，二则因为当时人口不多且经济相对落后，所以水利工程数量稀少。第二，唐代中叶以降到宋室南渡之前，建立海塘防御工程、治理平原地区的河网，是这一阶段水利建设的重心所在。第三，南宋以降，不但水利工程数量猛增，而且当时人们致力于兴建费工小、收益快的塘、堰、碶、闸之类的小型水利工程。而从空间分布来看，宁波境内的主要水利遗存，不但往往位于州、县的直接腹地，而且这些水利遗存在当时的开工兴建，大多与治所的城市化有着密切的因果关联。宁波下属各县一般都有一两个中心水利工程，而在这些中心水利工程的周边，又有众多大小不一的配套工程。如在宁波四乡，除兴建它山堰外，始则为缓解它山堰的泄洪压力，而在其下游地带修建了乌金、积渎、行春三碶，尔后又在其上游兴建回沙闸以解决泥沙淤积问题，最终形成了以它山堰为中心的比较完善的水利体系。

　　综观宁波域内已知的史迹遗存，尽管其丰富性、完整度确实稍逊于省内的杭州、绍兴等地，却已在与传世文本的相互印证中，为当下学界构建、书写宁波地方史的演进轨迹提供了众多的可靠材料，同时也有理由相信：随着更多的史迹遗存的面世，宁波历史文化的内涵也将随之更趋丰富、细密。

三

　　对宁波建筑史的追述，因为受到史料不足问题的制约，尚难做全程的梳理和系统的考察。目前可以确定的是：第一，宁波先民不但早在 7000 多年前的新石器时代，就已经比较集中地定居在今河姆渡遗址附近东西长约 20 千米、南北宽约 10 千米的范围内，而且当时已然采用榫卯技术建造了干栏式的木结构住房，换言之，宁波建筑物就其问世时间而言，在全国范围内处于领先地位。第二，宁波建筑史的具体进程虽无从详加考辨，但其演变趋向仍然依稀可见，简而言之，这一趋向就是其基本结构从干栏式逐渐转变为穿斗式、穿斗与抬梁混合式。第三，无论建筑结构怎样变化，也不管建筑技术如何进步，传统的宁波建筑（尤其是房屋），在建筑材料的选用上几乎一以贯之，那就是始终以泥土和木料为主材。

　　以土木为主材的木架构建筑，之所以能在宁波境内大行其道，除了与当地物质条件和当时技术水平有关之外，关键还在于它拥有其他构造难以比拟的优势:一是用这种结构建造的房屋和桥梁,只要稍做调整,就能广泛适应宁波境内各地的气候条件和地理环境;二是它不但具有良好的防风、抗震性能,而且结构比较灵活,易于修缮和搬迁;三是土木既可就地取材,较诸石料又便于搬运、雕琢,进而有利于节约人力物力、缩短施工时间。

以木架构为主体的宁波古建筑,在平面布局上显得比较简明,也就是以"间"为单位组合成为单座建筑,再以单座建筑组成单个"庭院",进而由数个"庭院"组合拼接,通过道路、走廊、桥梁等附属建筑将各个"庭院"相联通,最终组成各种形状的村落或寺院、庙堂。

在传统的"天人合一"思想的影响下,宁波的古建筑也特别讲究与自然环境的相互协调和融合。这种讲究主要表现为:第一,善择基址,无论是住宅、祠庙,抑或村落、城镇,往往通过"占卜""相地",对地形、地貌、植被、水文、小气候、环境容量等方面进行全面勘察,在究其利弊得失之后再做出相应的抉择。第二,因地制宜,也就是根据地势的高低、基址的广狭与河流、山丘、道路的形势,相应地布置建筑物与村落、城镇,也唯其如此,宁波的丘陵山地多错落有致的村落佳作,而平原水乡则多面水临溪的民居妙品。第三,整治环境,或开池引流,或修堤筑堰,或植林造桥,或兴建楼馆,用以满足居民对供水、排水、交通、防卫、消防、祭祀、娱乐等各方面的需求。第四,心理补偿,例如许多村镇的景点往往冠有诗情画意的名称,并用各种匾联、题刻和诗文加以颂扬,以期增强本乡本土的吸引力和凝聚力;又如人们在趋吉避凶心理的驱使下,往往通过添置诸如八卦镜之类的镇物,以求化解凶患。这一雅一俗的两种举措,正是为了满足民众心理平衡的需要。

如同全国绝大多数地区,宁波的古建筑在其演变过程中,实际上也存在着两种大体平行而又时有交叉的发展模式,一是由民间工匠参与设计并负责施工建造的民间建筑;二是以寺庙、衙门为代表的官式建筑。相比较而言,民间建筑虽然物质一般、技术平淡,但建筑样式更为灵活多样、地方特色更为鲜明。

假如进而细加区分,现存的宁波古建筑大体上可分为以下九种类型:一是广泛分布于城镇和乡村的住宅,例如"张苍水故居";二是府县衙署、贡院、驿站、军营、仓库等政权建筑及其附属设施,例如"永丰库";三是以祠堂、陵墓为代表的礼制建筑,例如"秦氏支祠";四是佛教寺院、道教宫观、基督教堂等宗教建筑,例如"天童寺";五是商铺、酒楼、旅馆、作坊等工商建筑,例如"缸鸭狗汤团店";六是书院、私塾、藏书楼、戏台等文教建筑,例如"慈城孔庙";七是楼、馆、亭、台等园林风景建筑,如"后乐园";八是鼓楼、钟楼、桥梁等市政建筑,例如"鼓楼";九是城垣、炮台等军事防御建筑,例如"镇海后海塘"。

这其中的住宅,原本是基于遮风避雨、防备野兽侵袭的双重目的而建造的住所,也是人类最早的建筑类型。从河姆渡人的架屋而居,到如今的广厦千万间,住宅虽然在形式上发生了天翻地覆的变化,但为人群提供居住场所却始终是其最基本的功能。由于地处水乡,宁波房址的选择大多与水密切相连,其具体位置大致有背山面水、两面临水、三面临水这三种形式。那些临河或临街建筑基本上以单体为主,沿河岸铺开而不甚讲究组合。而为保证每户人家都能充分利用街道和水道,住宅往往开间窄、进深长;因为开间窄就能在有限的河岸上排列出尽可能多的人家,进深长则可保证足够的居住面积。诸如此类的设计布局,使得宁波的老式住宅深具江南水乡特色。

国人向来重视血缘关系,喜欢聚族而居,甬上先民亦不例外。这就既催生出规模不小的住宅群,又促成了同姓村落乃至混合村落的出现。事实上,主要由住宅聚合而成的各种样式、各种性质的村落,不但非常关注外在的生存条件和生存环境,而且特别重视血缘关系。也因此,几乎每个村落都建有用于祭祀祖先、展现家族荣耀、突出族权威严与神圣的祠堂,有所不同的只是:由于建造者身份、地位和财力的高下,不同的祠堂,无论形制抑或规模,皆颇有差异。

除了祠堂这种礼制建筑外,宁波古村落中常见的建筑物还有亭子、桥梁、牌坊、戏台。在这些种类不是很多,但大多具有使用、象征双重性质的公共建筑中,桥梁的功能和作用无疑最值得称道。众所周知,桥梁的数量、材料和造型,在一般情况下总是受到气候条件、地理环境和生活需要的制约,宁波古桥当然也不例外,譬如宁波的平原地带,不但水网密布,而且没有高山峡谷,所以位于这些地带的桥梁,大多是桥洞高拱、便于通船的拱桥;又如由于宁波境内雨水较多,故而那些有利于行人遮风避雨、保护桥面免遭酸雨腐蚀的廊桥,在乡野之间时或可见。

相比较而言,私塾、书院、藏书楼这些散处于宁波城乡各地的文教建筑,尤其值得关注。因为这类建筑,例如慈城孔庙和天一阁,不但本身就具有很高的文物价值,而且是宁波崇文重教传统的物证,是宁波科第成就和区域文化的物化展示,是宁波与他者相区别的独特魅力所在。

需要指出的是,虽然宁波建筑作为一个整体,其线性发展轨迹难以考察,但宁波宗教建筑尤其是佛教建筑的演进脉络却异常清晰。事实上,傅亦民先生在其所著《宁波宗教建筑研究》一书中,就已细致地梳理出天童寺、保国寺这些宁波佛教建筑的发展历程,并将这一历程细分为四个阶段:一是东汉末年至南朝的初创期;二是隋唐至南宋末年的兴盛期;三是元代至清朝晚期的变革与创新期;四是清末至民国的停滞期。与此同时,该书对道教建筑的流变、类型、形制与布局,以及清真寺和天主教堂建筑风格的阶段性演变,皆曾详加探讨。这种探讨的意义,不仅仅在于它凸显出宁波宗教建筑文化的源远流长,更在于它彰显了宁波民众勇于吸纳异域文明的魄力和胸怀。

当然,甬上先民对于异域文明的吸纳,既未局限于宗教建筑领域,也并非始终如一。自从道光二十三年(1843)被迫开埠以来,宁波社会经济结构和文化意识中所固有的城市与农村的二元对立,因着西风东渐而进一步加剧;这种状况反映在建筑领域,就是日益明显地呈现出新旧两大建筑体系的并立共存:一方面,主要通过对西洋建筑风格的借鉴和引进,宁波境内稀疏地出现了部分融入西洋建筑元素的新型建筑,龙山虞氏旧宅天叙堂和江北贝家巷杜宅,就是其中的典型代表;另一方面,在广大的农村甚至在宁波城区之内,依然矗立着大量的传统乡土建筑,实际上,即便是那些新建于鸦片战争之后的建筑物,也仍然没有摆脱传统技术体系和布局结构的窠臼。

尽管如此,新建于开埠之后且其风格与传统乡土建筑一脉相承的近代建筑,仍具有不容低估的历史文化价值。至少,这些延续了传统乡土建筑风格的活化石,可以使得徜徉徘徊于其间的后人,能像历代无数文人骚客那样,真切地感受到宁波传统建筑所内具的诗情画意。

四

地处江南古陆北东端的宁波,在漫长的地质演变过程中,大致经历了三次长时段的地壳升降,终成今日这种"经原纬隰,枕山臂江"的独特地貌形态。根据地貌的成因,宁波境内的平原可分为堆积、剥蚀两种。前者主要分布在中部、北部和港湾两岸,三北平原、宁波平原、象山港滨海地带、甬江两岸、姚江中下游,皆属此类;后者主要分布在余姚西南和宁海中部,丁家畈平原和道士桥平原,是其代表。

宁波境内多低山丘陵,仙霞岭山脉入境后,其南支为北东走向的天台山脉,环绕境之南东,其北支为呈南北走向的四明山脉,逶迤境之西北,从两翼钳夹宁波平原。这其中,海拔在500米以上的山地,主要分布在宁海、奉化、海曙西部和余姚南部,占陆域面积的24.89%;海拔低于500米的丘陵,则主要分布在宁海、象山港沿岸和姚江两岸,占陆域面积的 25.3％。撞天岗、雪窦山、奶部山、青虎湾岗、杖锡山、大雷山、大岚山、五磊山、大蓬山,以及大短柱、香山、天女峰、望海岗、第一尖、灵峰山、金鸡山、清凉山、招宝山、太白山、阿育王山、状元峰,分别是四明山脉和天台山脉的主要山峰。

如同全国其他地区,宁波的山脉并非只是简单孤立的客观存在。一方面,诸多山脉以其千姿百态的造型和耐人寻味的神韵,曾吸引历代甬上先民"造访"甚或栖息于此;另一方面,几乎所有的山脉都是野生动植物生生不息的"家园"。

据统计,宁波境内的陆地野生动物,单单受国家一类保护的就有穿山甲、金猫、云豹、梅花鹿、毛额雁、黑麂、白鹳等 7 种,而国家二类保护动物更是多达 14 种,即江豚、水獭、大灵猫、牙獐、苏门羚、琵琶鹭、鸳鸯、白额雁、白颈长尾雉、海龟、玳瑁、棱皮龟、镇海棘螈、虎纹蛙。此外,又据旧志记载和昔日报纸报道,可知在明代嘉靖到宁波解放初的 300 余年间,宁波境内无论边缘山区抑或沿海平原,都曾有老虎出没。至于野生植物,数量更多,既有天竺桂(浙江樟)、浙江楠、天目木兰、凹叶厚朴、红豆树(花榈木)、八角莲这样的国家三级保护植物,也有诸如银杏、金钱松、福建柏、鹅掌楸、杜仲、浙江七子花、香果树之类的国家二级保护植物,更有被列为国家一级保护植物的水杉。

假如说野生动物的繁衍,给宁波的山脉带来了无限的生机和活力,那么,野生植物与其他植被的生长,则又绿化、美化了宁波的山脉。

种类丰富的宁波植被,就其水平分布来看,从南到北并无明显差异,主要森林植被马尾松遍布南北,栽培农作物种类基本相同,但从东到西,植被类型差异较大:东部濒海,天然植被多盐蒿、芦苇,栽培植物以水稻、棉花为主;西部丘陵山地,主要分布山丘植被类型,沿海植被则极少见。相比较而言,宁波植被在垂直分布上存在较大的差异,并可分为四种类型:一是针叶林(包括暖性针叶林和温性针叶林),系宁波境内的主要植被类型,广泛分布在西南、东南部海拔 500 米以下的丘陵山地;二是阔叶林(包括常绿阔叶林、常绿落叶阔叶混交林、落叶常绿阔叶混交林和落叶阔叶林),现存的阔叶林大多是人工造林、封山育林的产物,主要分布在西南、南部和东南部海拔 650～750 米的山地丘陵,目前,天童森林公园、北仑瑞岩寺林场、宁海南溪温泉,这三地仍然较好地保存着原始阔叶林;三是栽培植被,包括水稻、棉花、油菜、席草、贝母、紫云英等人工栽种的农作物,以及水杉、池杉、桑树、白榆、美国白蜡等人工栽培的林木,主要分布在海拔 50 米以下的低丘、河谷、平原地带;四是天然植被,呈零星或成片分布在北部、东部、南部滨海地带,被覆地表常见有耐咸的盐蒿、芦苇等植被。

其实,宁波陆域不但多山,而且因为雨水充沛,故而境内江河纵横、水网密布,其水系大抵可分为入海江溪、内河水网两个部分。

这其中,入海江溪包括:(1)江流,这主要是指甬江、奉化江和姚江,由这三江组成的甬江水系,其流域面积占陆域的59%,而奉化江作为甬江的最大支流,由鄞江、剡江、东江、县江汇合而成;(2)溪流,主要分布在象山港沿岸(95条)和三门湾北岸(16条)。不过,位于象山港沿岸和三门湾北岸的入海溪流,尽管数量众多,却均源近流短;鄞州区的大嵩江与宁海县的凫溪、白溪、清溪,才是集水面积在100平方千米以上的独流入海溪流。

至于内河水网,就其所处方位和功能而言,大抵可分为四区:一是位于宁波城区东南方向的鄞东南河网区,内含小狭江、后塘河、中塘河、九曲江和栋树港,流域面积为586平方千米;二是位于宁波城区西侧的鄞西河网区,内含南塘河、中塘河、西塘河、湖泊河、千丈镜河、新塘河,流域面积为294平方千米,该水网在皎口水库建成之前经常枯竭;三是位于宁波城区北部的江北河网区,内含慈江、江北大河、前大河、中大河、西大河、沿山大河、万弓塘河,流域面积为364平方千米,该河网的水源在姚江大闸建成后,多由姚江供给;四是姚慈河网区,内含马渚横河、高桥江、青山港、长泠江、西江、中江、东江、大塘江、四塘横河、七塘江、四灶浦、水云浦、新浦、洋浦、高背浦、淹浦、古窑浦、淞浦,总长1911千米。内河水网的总体特征是:第一,河渠密布,碶闸林立,蓄泄方便。第二,鄞东南、鄞西、江北这三个水网区毗邻宁波城区,构成城区向四周辐射的网络。第三,内河水网功能多样,兼收灌溉、供水、航运、排涝之便利。

较诸青山,绿水无疑更能彰显出宁波的地域特征。一个显而易见的事实,便是宁波及其下属各县、市、区的名称,无论宁波、镇海、宁海、海曙,还是余姚、奉化、江北,抑或鄞州、象山、北仑、慈溪,都莫不与水有关。而在历史上,宁波陆域内可以蓄水、载水的处所,除了江河之外,就是大小不一的湖泊。

宁波境内的湖泊在总体上表现出如下三大特征:第一,分布密度较高,下属各县市几乎都有分布,例如江北区的荪湖,镇海区的九龙湖,鄞州区的东钱湖,海曙区的月湖,慈溪市的上林湖、白洋湖、上岙湖、杜湖,余姚市的牟山湖、四明湖,奉化区的仰天湖、亭下湖,象山县的东谷湖。第二,绝对数量不多,这可能是历代以来宁波湖泊屡遭毁弃的结果,因各种缘故湮没的湖泊,仅就史书明确记载的就有余姚市的汝仇湖,慈溪市的鸡鸣湖、云湖、凤凰湖、永明湖,海曙区的小江湖、广德湖和日湖。第三,宁波境内的湖泊虽然在全国范围内无甚影响,但对甬上先民的生产和生活乃至宁波历史的发展来说,有着显而易见的重大意义。

事实上,不只内河与湖泊,浙东运河也对甬上先民生产、生活乃至宁波历史发展产生了重大影响,而且相比较而言,其影响更为深远。一言以蔽之,它的开通,既便捷了中原文明源源不断的输入,也为唐宋的丝绸和陶瓷、明清的哲学、近代的宁波帮,打开了播扬海内外的孔道。

宁波作为滨海地区,不但陆域面积可观,其沿海更有着漫长的海岸线、众多的港湾、广阔的海涂和星罗棋布的岛礁。据统计,宁波共有大小岛礁700多个,占浙江省岛屿总数的17%。这700多个岛屿,除渔山列岛距离陆地较远之外,其余大都分布在近岸,并主要集中于北仑港规划区、象山港和石浦港区内。这些海岛,除象山的南田岛、檀头山岛、南韭山岛、渔山岛与北仑的梅山岛、大榭岛有人居住外,绝大部分是无人居住的荒岛。尤其需要指出的是,宁波的海岛自然风光甚佳,渔、港、礁、滩等旅游资源丰富,人文景观众多,因而近年来,有不少岛屿已被辟为旅游景点,甚至出现了诸如松兰山海滨海岛度假区、中国渔村之类的成片综合开发景区。

事实上,被辟为旅游景点的不仅仅限于海岛。随着国内旅游业的兴起,拥有丰富山水风景资源的宁波,也正大力开发建设山水旅游项目,而且迄今业已基本建成四明山国家森林公园、丹山赤水风景名胜区、东钱湖生态旅游度假区、招宝山旅游风景区等众多的山水旅游区。

有古人曾将山水审美分为应目、会心、畅神三个层次。所谓应目,即指山水的形象、色彩等形式之美,予感官以愉悦;会心,是说欣赏者与山水之间达到情景交融、物我相亲;而畅神,就是游心物外、物我两忘,在生命的本原上求得与宇宙生命的融合与超越。在着重叙说山水本身特色的同时,兼述隐藏在山水背后的故事,或许正是达成"畅神"之境的良途。

五

物产既是"宁波物"的重要构成,更是"宁波物"最直观的表现。假如依据产业类别加以区分的话,宁波的著名物产大体上可分为以下四类。

(一)农副产品

由于境内的土壤和气候比较适宜于水稻的生长,因而早在 7000 年前,河姆渡先民就已开始人工栽培水稻,并由此逐渐形成了农耕定居的生活方式和以稻米为主的饮食结构。在这种饮食结构中,稻米不仅成为宁波人的主粮,而且后来又被当作最主要的原材料,用于制作年糕、汤圆、龙凤金团、粽子、灰汁团这些颇具宁波地方特色的副食品。

然而,随着中原民众一波又一波的迁入,原本山多地少的宁波,出现了日益紧张的人地矛盾。在这种情势下,产量本就不高的水稻种植业,显然难以解决所有民众的粮食需求,更何况稻米本就并非北来移民的主粮。于是,宁波的农业生产发生了结构性的调整:一方面,在继续种植水稻的基础上引进大麦、小麦等农作物,从而形成了稻麦一年两熟的轮作制度和作物结构;另一方面,茶叶、大豆、玉米、马铃薯、番薯、贝母、棉花、芋艿等经济作物也被相继引入,或用于补充主粮的不足,或用于提高收入、补贴家用。由此导致的结果便是:(1)宁波副食品种类日益丰富,除了原有的米制点心外,又出现了诸如小笼包子、烧卖、水晶油包、馄饨、豆沙合子、三丝宴面之类的豆制品和面点。(2)部分经济作物,譬如余姚的杨梅,奉化的羊尾笋干、水蜜桃和芋艿头,慈溪的杨梅和大白蚕,海曙的浙贝母,鄞州的雪里蕻咸齑,北仑的金柑,经过长期的改良,成为宁波的土特名产。

(二)渔产品

在河姆渡文化遗址中,不但出土了多达 330 件形制不一、用于捕鱼的骨镞,而且发现了大量淡水鱼骨和诸如鲻鱼、裸顶鲷、鲨鱼等海洋鱼类的骨骸,甚至还发掘出 6 支目前所知最早的木船桨。这些考古成果充分表明:(1)船作为一种交通工具和水上捕捞的辅助器具,业已被河姆渡先民所发明,并被广泛应用于渔业生产实践。(2)河姆渡先民的捕捞范围已不局限于附近水域,而开始在滨海甚至近海从事渔业生产。

事实上,宁波渔业经济不但起源甚早,而且源远流长,时至今日,无论淡水养殖、远洋捕捞,抑或海产品的批发销售和日常消费,在地方经济结构中均占有较大比重,1998 年起"石浦开渔节"每年的隆重举办,就充分体现出渔业对宁波地方经济的重要性。假如说"源远"还有其一定偶然性的话,那么,宁波渔业经济的"流长",则其背后必然有值得深究的主客观因素。仅从客观条件来看,渔业经济之所以能成为地方经济的重要组成部分,其关键就在于宁波自古以来拥有相当丰富的渔业资源。

　　既得益于境内河网密布,同时又因为拥有漫长的海岸线和广阔的海域,近来更由于水产养殖业的兴起,宁波的渔业资源也因此异样丰富,并可按其生态环境的差异分为以下两类:一是淡水河鲜,这其中既有鲈鱼、河鳗、鲤鱼、草鱼、鲢鱼、黄鳝、泥鳅等常见鱼类,也有以青虾为代表的甲壳类和以螺蛳为代表的贝类,以及龟、鳖等爬行类。此外,还有罗非鱼、杂交鲤、罗氏沼虾等引进品种。二是海鲜干货,也就是诸如黄鱼、墨鱼、鲳鱼、石斑鱼、香鱼、弹涂鱼、海鳗、梭子蟹、海虾、蚶子、蛏子、牡蛎、泥螺、贡干、海蜇、海带、苔菜之类的海洋水产,以及由海洋水产通过晒、风、盐、酱、醉、糟、霉、臭"八法"制作而成的黄鱼鲞、明府鲞、红膏炝蟹、醉泥螺、虾干、虾皮、新风鳗鲞、海蜇头、海带、苔菜、烤鱼片等干海产品。这其中的部分河鲜和海鲜,倘若与时蔬相搭配加以蒸、烤、烧、炖,也就烹制成了最具宁波特色的菜肴,譬如号称宁波"十大名菜"的冰糖甲鱼、锅烧河鳗、腐皮包黄鱼、苔菜小方烤、火臆全鸡、宁式鳝丝、彩熘黄鱼、网油包鹅肝、黄鱼海参和苔菜拖黄鱼。

(三)手工艺产品

　　宁波的手工艺产品,可谓种类繁多。除了骨木镶嵌、朱金木雕、泥金彩漆、金银彩绣这四大瑰宝之外,尚有翻簧竹刻、竹根雕、金银彩绣、工艺草编、草席、竹编、越窑青瓷等数十种。反观这些手工艺产品的起源、衍变的演进轨迹,理当不难从中发现以下几点。

　　第一,如同农副产品和渔产品,许多宁波手工艺产品其实也肇端于河姆渡文化时期。譬如出土于河姆渡遗址的以家禽家畜为主要题材的雕刻作品,大抵就是朱金木雕、余姚佛雕等雕刻艺术品的滥觞。又如涂饰于木碗之上的朱漆髹饰,无疑正是宁波漆器的源头。至如重见天日的象牙雕刻茧纹盅形器,则又可作为实物例证,表明宁波的丝织品与丝织技术同样源远流长。

　　第二,宁波手工艺产品的面世,几乎都源自日常生活的需要,与宁波先民的衣食住行、婚嫁寿宴、年节时令、生产劳动息息相关。譬如黄古林草席是用来睡觉和装饰的,而红帮裁缝制作的服装则是用来蔽体遮羞、御寒保暖的。不过,这些手工艺产品虽然原本只是日用品,但在各种因素的综合作用下,有相当一部分手工艺产品已经兼具较高的艺术价值,而部分手工艺产品,譬如骨木镶嵌、朱金木雕、泥金彩漆、金银彩绣,更升华为纯粹的艺术品。也正有鉴于此,本书将宁波手工艺产品分为"百业精华"和"巧夺天工"两类加以介绍,这两者的区别在于:前者偏重于日常使用,而后者偏重于收藏价值。

第三,宁波手工艺产品所使用的原材料,几乎都是周遭常见而又便宜的木材、毛竹、石头、席草、麦秆、蚕丝、泥巴、油漆等。然而,原材料虽可就地取用,其制作工艺却非常繁复。譬如翻簧竹刻,就是用大毛竹劈去青皮,然后分层开剥,翻出竹簧,再经造型、彩绘、细刻、油漆等工序加工而成。也正因为过于注重技巧,过于依赖于制作者的悟性,宁波的手工艺产品尤其是其中的"巧夺天工"部分,目前已经陷入难以为继的困境。

(四)商业店铺

宁波至少在唐代就已发展成为国际性的商贸之城,否则,唐朝中央政府不会在此设置专门管理外贸的机构——市舶司;时至明代海禁时期,这里更是全国唯一的勘合贸易开放口岸。在这种环境风习的熏陶下,无论原住民抑或新旧移民,尽管崇尚"学而优则仕",却并不以经商为耻,宁波也因此形成了从政和经商并行不悖的文化传统。

但时至清代,宁波的这一文化传统,在行政力量的强力干预下戛然而止。其起因便是以钱肃乐、张煌言、王翊、冯京第、董志宁为代表的众多宁波人,在明清易代之际由于勠力抗清,结果遭到清廷秋后算账,从此被阻断了正常的入仕之途,于是入清后,宁波知识分子在无可奈何之余,转而投身商场。

这一当年无可奈何的选择,却在不经意间成就了宁波商业的悄然崛起和商业文化的转型。那些投身商场的知识分子,始则自发、继而自觉地把他们从四书五经中所习得的诚、信、礼、义等儒家说教,运用于商业实践之中,从而为原本赤裸裸尔虞我诈的商业行为,平添了温良恭俭让的儒雅之风。这种至少在形式上尊重顾客的经营理念,自然而然地赢得了顾客的信任,进而带动了生意的兴隆及其持续良性的发展。而这,也正是绝大多数宁波"老字号"商铺的崛起秘诀和经营之道。

所谓"老字号",特指那些存续时间在百年左右、店面位于东门街一带、与宁波民生息息相关且商业信誉颇佳的店商。其外在表现形式虽有别于农林渔副产品,但本质上却与农林渔副产品别无二致,都是甬上先民呕心沥血、勉力经营的成果,因而也被本书列为宁波"著名物产"之一。这些百年老店不但几乎遍布宁波城内的所有服务性行业(譬如药店业的"寿全斋"、绸布业的"源康"、食品业的"升阳泰"、百货业的"老慎记"),而且莫不具有较强的专业性(例如"容光"只管理发,"老三进"仅销售鞋帽),而未见有横跨多领域的"集团公司"。

　　与"老字号"大约同时活跃在宁波商场的,尚有以会馆为据点且与钱庄关系密切的"行商",例如天妃馆的福建商人、新安会馆的安徽商人。不过,这个商业群体主要从事货物的采购和贩运,看似热热闹闹,却不但迥然有别于"老字号",更与宁波本身的商业气质几乎没有任何关系。

　　总体以观,宁波的这些著名物产,至少呈现出以下三大特征:首先,它们的面世及其后续发展,与甬上先民的生产、生活有着极为密切的关联,是甬上先民的劳动成果和智慧结晶。其次,这些物产不仅带有明显的宁波地域特色,而且大多仍与当代宁波人的日常生活发生着千丝万缕的联系。最后,在这些物产的背后,往往连带着美丽的民间传说。

第一部分　史迹遗存

一、概　述

从严格意义上来说,举凡跨入文明时代后,发生于宁波境内且流传至今的所有历史文化遗存,均属于"史迹遗存"的范畴之内。但基于编纂体例,兹仅拟聚焦下列五个方面。

第一,以河姆渡遗址为代表的史前遗存。该板块通过对已有考古发掘报告的梳理,呈现史前时期宁波先民的活动遗迹。这些遗迹当然主要是指那些从遗址中所出土的各类文物,包括先民使用过的生产工具、生活器具。除此而外,文化遗址的空间分布及其所处的生态环境,也因为事关史前先民的生存状态而予以重点关注。

第二,以它山堰为代表的水利遗存。该板块将主要关注:宁波水利事业的阶段性发展及其历史动因;宁波水利工程的地理分布及其显著特征;与宁波水利遗存相关的历史故事和民间传闻。

第三,以镇海口海防遗址为代表的海防遗存。该板块将主要考察:宁波先民在抗击外来侵略时所建造且又留存至今的卫、所、巡检司、寨、堡、烽堠等遗迹;后人为纪念戚继光等民族英雄的英勇业绩而建造的祠、庙、碑、亭;与抗击外来侵略有关的历史故事和民间传闻。

第四,以永丰库遗址为代表的丝路遗存。宁波与海外经济交流、文化交往过程中所遗留下来的遗迹、遗物和故事、传闻,是其关注对象。

第五，以余姚汪大猷墓为代表的墓葬遗存。该板块不但关注那些早已暴露在外的历史名人之墓，更着重考察最近数十年来通过考古发掘而重见天日的坟茔。

这其中，除水利遗存和海防遗存外，这些史迹之所以能够重见天日，无疑主要得益于考古发掘。

（一）史前遗存

经先后两次发掘而重见天日的河姆渡文化遗址，虽然不是宁波最早的考古发现，却不但是宁波考古史上划时代的里程碑，而且是迄今为止宁波境内文化遗存最丰富、海内外知名度最高的史前考古成果。存在于今日宁波的许多事物，似乎都可以从河姆渡文化中找到其原初发展的蛛丝马迹，而学界内外也倾向于将河姆渡文化看作是中国服饰文化的渊薮和中国海洋文化的滥觞。

从学术史的角度来看，河姆渡文化遗址的发现，至少具有下列三大历史意义：(1)这一距今约7000～5000年前的灿烂文明的客观存在，强烈地冲击并打破了原有的华夏文明单一起源理论，进而导致了对中国史前史的修正和对华东、华北两个共存文化的承认。(2)河姆渡文化遗址自20世纪70年代发掘以来，即以丰厚的稻谷遗存、种类比较齐全的稻作农具和象征农耕定居生活的干栏式木屋建筑，引发了中国稻作文化长江下游起源说的盛行。(3)因着史前时期姚江流域相对优越的生态环境而成长起来的河姆渡文化，作为个案，实证了"竞争宴享理论"。这一农业起源假说认为：某些动植物的驯化是人类在食物资源比较充裕的条件下为扩大食品结构、增添美食种类的产物。

从其内部构成来看，河姆渡遗址所蕴含的四个文化层，其实代表了河姆渡文化四个不同的发展阶段。这四个文化层之间的前后因袭关系非常清楚，一些基本的文化特征也贯穿于始终，具体表现为：(1)比较发达的骨制工具与欠发达的磨制石器的并存。(2)灰黑色的手制陶器。(3)以粗耕农业为主同时兼营采集和渔猎。(4)以干栏式木屋为标识的定居农耕生活。(5)以鸟图腾崇拜为载体的海洋文化。

事实上，河姆渡文化在其生成之后，一方面有其纵向的文化传承而具体表现为四个文化层的叠压，另一方面又有一定范围内的横向文化传播。这种横向传播的结果，便是在河姆渡遗址附近，比较密集地分布着30多处属于河姆渡文化范畴之内的遗址：(1)余姚市的乐安湖、桐三、鲻山、坑山垅、傅家、周家汇头、相山佛堂、鳖架山、支溪岙、张界、田屋、云山头、下庄、王家、蔡家、车厩一中、吴家岙、西竹山、兵马司(早期)、黄家山(早期)、新周家、戴家、翁家山、狗头山、大寨高山、田螺山。(2)海曙区境内的唇蛟、董家跳。(3)慈溪市境内的童家岙。(4)江北区境内的八字桥、慈湖(早中期)、妙山、五星、小东门、傅家山。(5)奉化区境内的名山后(第八层以下文化层)。(6)象山县境内的塔山(第七层以下文化层)。

　　河姆渡遗址周边的这些史前文化遗存,从其所处的地理环境来看,大多与河姆渡遗址相仿,不但背山面水,而且处于丘陵缓坡与湖沼交界地带;就其文化内涵而言,又莫不与河姆渡对应文化层相同,譬如鲻山遗址就相当于河姆渡遗址的第二、三文化层,而奉化名山后遗址(第八层以下文化层)则与河姆渡遗址第一、二文化层相对应。这种与河姆渡遗址如此相近的文化面貌,显然并非相同的自然环境所能造就,而理当是河姆渡第一文化层向外延伸和发展的结果。

　　除此之外,宁波境内尚存三四十处相当于良渚文化时期(距今约5100～4200年)的史前文化遗址,主要有:(1)前溪湖遗址(晚期),位于余姚市肖东镇郭相桥附近。(2)茅湖遗址,位于余姚市低塘镇严家村锭子山东麓。(3)兵马司遗址(晚期),位于余姚市安山桥附近。(4)黄家山遗址(晚期),位于余姚市桐湖村。(5)慈湖遗址(晚期),位于江北区慈城镇。(6)杨岐岙遗址,位于余姚马渚镇杨岐岙村的小渣湖。(7)名山后遗址(第七层以下文化层),位于奉化市江口街道的名山后村。(8)塔山遗址(第五、六文化层),位于象山县丹城镇东郊。这些史前文化遗址虽然在某些方面与河姆渡第四文化层存在着一定的联系,从中出土的部分器物也与河姆渡第四文化层有着某种承继关系,但其总体面貌已经发生质的变化,显然不再属于河姆渡文化范畴之内,本书姑且称之为河姆渡后续文化遗址。假如将河姆渡文化第一、二期界定为宁波史前前期,而河姆渡文化第三、四期为宁波史前中期的话,那么,河姆渡后续文化时期则是宁波史前的后期。

　　从宏观上看,河姆渡后续文化遗址的分布范围,虽然与河姆渡文化遗址的分布范围相重叠,但其分布密度明显更高,这表明在河姆渡后续文化时期,宁波先民的活动空间已比河姆渡时期要大得多,那些原来并不适合人类栖息的地方,由于生产力的发展和社会的进步,变而成为宜居之所。此其一。

　　其二,从河姆渡后续文化遗址所出土的陶器来看,该时期的制陶技术较诸河姆渡时期,显然有了很大的进步,已经从原始的夹碳陶进化到以夹砂红陶、泥质灰陶、泥质黑皮陶为主的陶器,而且器型种类也更加丰富,基本上涵盖了日常生活所需的主要盛器,譬如鼎、豆、釜、罐、钵、盆、盘、盂、杯、碗、缸。

其三,河姆渡后续文化时期的生产工具,以磨制石器为主;三角形带孔石犁、石耘、穿孔石刀、有段石锛、柳叶形石镞、穿孔石斧,这些复合石器工具的出现,既是生产力发展到一定阶段的产物,也有助于提高生产效率,从而推动生产力的进一步发展。

其四,河姆渡后续文化遗址大都依山傍水,假如说这种自然环境有利于水稻的种植,那么,石耘和石犁这两种耕种方式的并存,则又表明宁波史前后期的农业耕作制度已经从耜耕阶段过渡到了犁耕时期。

(二)水利遗存

宁波三面环山,北边滨海,其西部和南部是四明山东麓的低山丘陵,东南部系天台山东北余脉,北部和中部为海积平原,地势平坦、河网密布,余姚江、奉化江、甬江贯穿其中。正因为其濒海枕江,宁波境内的河流深受海水倒灌的困扰,从而导致江河流域的土地容易盐碱化。与此同时,该地又处于亚热带季风气候区,年降雨量大,且季节分布不均。这使得该地在多雨季节,因排水不畅而易致洪涝灾害;在久旱不雨之时,又因没有足够的蓄水能力而引发干旱。

这样的自然条件,决定了宁波水利建设的重心所在:一是修筑海塘与河堤,用以防止海潮的侵袭;二是修建堰碶陂塘,用于拦蓄河水。事实上,自唐代中叶以来,宁波的水利建设也确实围绕着这一思路而展开。其基本轨迹是:唐代治源头,宋代治干流,元明治支流,到了清代,维修是水利建设的重心。

众所周知,宁波水利建设在中唐以后方才高潮迭起。这一转折的出现,主要源自:一是地方行政体系的确立。行政建制的完善,既是地方经济发展的结果,同时又反过来促进了经济开发,进而带动了水利工程的建设。二是浙东运河的开凿。交通条件的这种改善,不但使得宁波成为海外贸易重地,而且促成了水利设施建设高潮的到来。三是人口的持续快速增长。人口的持续增长,既为水利建设提供了大量的劳动力,也因增加对优质农田的迫切需求而带动兴修水利的高潮。四是地方官员对水利事业的重视和支持。自中唐以来,宁波出现了众多有志于兴修水利的官员,如为修建它山堰立下汗马功劳的唐代鄮县县令王元暐,又如为疏浚东钱湖而四处奔走的北宋鄞县知县王安石。正是在这些官员的重视和主持下,宁波的地方水利建设获得前所未有的进步,并突出地表现在下列三点。

第一,整治海塘。海塘是防御潮浪侵袭、防止海岸坍塌、保护城镇与农田及沿海其他设施的水利工程。据说宁波北部沿海早在唐代就已普遍建有海塘,此后或增修或加固,规模越来越大,技术也越来越高,其中最主要的变化有两点:一是海塘的石塘化,也就是原先塘身低薄、易受侵蚀的土塘,逐渐被以条石叠砌的石塘所取代;二是海塘的连续化,也就是在修筑海塘时尽可能地扩展长度以增强其稳固性。

第二,修浚湖泊。湖泊作为天然蓄水库,具有蓄洪、防涝、抗旱的多重功能。在宁波这个湖泊分布较为密集的水网地带,由于唐代以来海塘的普遍修筑,不但潟湖逐渐转化为淡水湖,而且人工湖泊也开始增多。由鄞县县令陆南金开广于唐玄宗天宝三载(744)的东钱湖,是水利资源丰富、灌溉面积较大的湖泊。但时至南宋,该湖却长期受到葑草问题的困扰;为此,州县两级地方政府勉力加以修治,最终在宝庆二年(1226)解决了这一难题。事实上,诸如此类的对于湖泊的整治,在宁波历史上并不罕见。

第三,修筑堰堨碶闸。唐代中叶以降,尤其是宋代,宁波先民在河网和湖泊中修筑了大量的堰、堨、碶、闸。这类水利工程,一般规模不大,费工较少,但作用重大,譬如河网上的堰闸,除蓄泄有时外,还能截断倒灌海潮与内河的联系。尤其需要指出的是,部分堰堨碶闸至今仍在发挥作用,这其中最著名的水利遗存就是由王元暐主持兴建的位于海曙区鄞江镇的它山堰。

历史地看,唐宋以来宁波水利工程的修筑及其地理分布,较为明显地呈现出下列五大特征。

第一,与省内杭州、湖州等地相比,宁波水利事业的发展相对迟滞。显而易见的是,宁波在中唐以前几乎没有像样的水利工程,但此后,不仅数量日增,而且修建的大多是对后世影响深远的水利工程;入宋之后,水利建设步伐更是大幅加快,不但新修了大量的水利工程,而且不断维修、改造旧有设施,因而无论整治规模抑或灌溉面积,都远超前代。

第二,由中央政府主持兴修的跨州县的大型水利工程相当稀少,而由地方长官和民间力量自筹资金兴修的小型水利工程,则为数众多。也因此,无论修治规模、运作经费,还是投入的人工,与同期其他地区的水利工程相比,明显属于中小型。

第三,在不断兴修新工程、治理旧工程的同时,部分旧有的水利工程却遭废弃,广德湖在宋徽宗政和八年(1118)被废湖为田,就是其中的显著实例。此外,被用作农田的湖泊,还有余姚的汝仇湖和慈溪的鸡鸣湖、云湖、凤凰湖、永明湖。围垦湖泊这一现象的普遍出现,当然有其特定的时空背景。这种背景,简而言之,就是在北来人口大量涌入的情况下,为了解决日益尖锐的人地矛盾,地方政府不得不填埋湖泊,用以满足农民对耕地的迫切需要。

第四,宁波的水利事业自唐代中叶以来,随着沿海堤塘的修筑完成,内河与大海的联系被彻底隔绝,从而形成了湖泊—河网—海堤的水网系统。降及宋代,又由于广德湖、鸡鸣湖等众多湖泊相继被围垦,原有的湖泊—河网—海堤的水网系统也因此遭到破坏,逐步转变成为河网—海堤格局。而这一格局自宋代成型后,历经明清,至今未变。

第五,宁波的水利事业不但伴随着城市化、移民、人口压力而兴起,而且其境内的主干水利工程如东钱湖、它山堰,往往位于州县腹地。在这些主干水利工程的周边,又建有规模大小不一的配套工程。于是,主干水利与配套工程相互作用,共同构筑成比较完善的地方水利灌溉系统。

总体以观,宁波的水利体系自南宋成型以来,其基本格局至今未变。但令人遗憾的是,为数众多的单个水利工程,终究未能流传下来;即便是那些有幸留存至今的水利工程,不是残缺不全,就是已然丧失原有的蓄水、泄洪、阻咸功用,而沦为仅供后人游览、缅怀的史迹遗存。

(三)海防遗存

地处东南沿海的宁波,自 14 世纪以来,先后经历了抗倭、抗英、抗法、抗日等重大战役,不但海防遗存为数甚多,而且种类功能齐全。宁波海防,在明代以防倭为主,在清代主要是为了抵御西方殖民,而在民国时期,则是抗击日本帝国主义侵略。据调查,明代的遗址主要集中在象山、宁海、余姚、慈溪,清代、民国的遗址主要集中在甬江两岸的镇海和北仑。

1. 抗倭遗址

所谓倭寇,一般是指 13—16 世纪活跃在朝鲜半岛和中国大陆沿岸的日本海盗,初期主要由来自日本的武士、浪人、奸商组成,明代嘉靖中叶以后,福建、浙江、广东沿海地区的中国不法商人以及部分因海禁而断绝生计的渔民也参与其中。

倭寇对宁波的骚扰,时间上相对较晚,空间上主要是三北一带,而且大多与抗倭名将戚继光有关,如慈溪的下梅林庙、方家河头大天井、龙山雁门邱王村的少保庙、沙井、苦战岭,以及余姚的戚山保祠、王氏桥、戚家村。这些抗倭遗址、遗迹至今尚存,而且在慈溪观城镇理倭岭一带,民间仍流传着

"八月十六大潮汛,千万倭寇入死门,庞涓误闯马岭道,诸葛火烧藤甲兵"的民谣,用以传诵当年戚继光指挥军民在理倭岭火烧八百倭寇的战斗史绩。

2.抗英遗址

在扬威将军奕经可笑的"五虎扑羊"计划彻底破产、官军全线败退之后,宁波民众纷纷开始自发抗击英军的侵略,其中又以黑水党最为著名。在其首领徐保等人的指挥下,民众或埋伏在城郊,伺机捕杀外出窜犯的英国强盗;或乘"八桨小艇",袭击往来于甬江的英军船舰;或化装成"洋人",入城捉拿英国侵略者;或趁黑夜潜入敌营,捕杀英军官兵。仅仅两个月内,宁波民众就擒杀敌军数百人,迫使英军于道光二十二年(1842)四月撤离宁波、镇海。

当年的抗英战场,如今还保存着大量的遗址、遗迹、遗物和后人建造的纪念物。譬如镇海学宫泮池旁的裕谦投水殉节处纪念碑,又如慈城大宝山上的抗英阵亡将士纪念碑和朱贵祠。

3.抗法遗址

在中法开战之后,东南沿海顿时成为战争前线,尤其是闽江口、基隆、宁波、绍兴、台州一带,更是首当其冲。于是,薛福成临危受命,会同欧阳利见到镇海一带加强戒备。

薛福成就任宁绍台道后,亲赴镇海、定海进行实地勘察,确定镇海为浙东战略防御重点,并采取加固威远等炮台、强制迁徙法籍教士商民、加强军民团结等措施,积极做好战前准备工作。也正有赖于他的这些战略准备,清军得以多次重创由司令孤拔率领的法国远东舰队,最终取得了镇海口抗法战争的胜利,进而打破了法舰北上京津的企图。

这场战役之后,薛福成为使全浙门户"永臻稳固",决定进一步加强镇海口的防卫力量。为此,他与宁波知府宗源瀚一道到商民中募捐数十万两白银,尔后派人到上海购置最新式的德国造重炮七门,终乃在镇海口修建若干工事和炮台。他所修建的这些炮台的遗址、遗迹和威远城,以及"万死一生"石碑、梓荫石刻、吴公记功碑,如今已被列为国家级重点文物保护单位。

4.抗日遗址

1940年7月中旬,日寇进犯青峙、小港,在镇海登陆后,攻占了招宝山上的威远炮台。中国守军在194师师长兼宁波驻防司令陈德法的指挥下,与友军配合,在镇海小港戚家山一带连续6天奋力抗敌,击毙、击伤日伪军1000余人,最终迫使日寇撤离。

招宝山后海塘下的碉堡和小港的旋转炮台,这两处当年抗战时用过的军事设施,至今尚存,并在遗址处立有"七一七戚家山抗日纪念碑",石柱牌坊正中的"戚家山"三个苍劲有力的大字,出自原国防部长张爱萍将军之手。

由于战争的洗礼、风霜雨雪的侵蚀和人为的破坏,保存完好的宁波海防遗存已经不多,尽管如此,这些遗存仍然不乏价值。

第一,这些海防遗址是研究明清时期军事建筑工程的实物资料。譬如位于镇海招宝山南麓的安远炮台,作为清代典型的炮台之一,其厚达 2 米的胎壁系用蒸熟的糯米拌以黄土倒搅后垒砌而成,这就为研究清代海防设施的构筑材料、形制、设备状况和当时的建筑技术、建筑理念提供了第一手材料。

第二,这些海防遗址也是实施全民现代海权教育的基地。我国虽是海洋大国,但长期以来的闭关锁国政策与重陆轻海观念,导致国民的海洋意识和海权意识比较落后。当前,我国的海洋权益正受到严峻挑战,一些邻国不仅在我国领海非法掠夺资源,而且对历来属于我国的岛屿、海域提出归属要求。也因此,我们在大力增强海防力量的同时,极有必要充分利用现有的海防遗址进行海洋意识教育。

第三,这些海防遗址不但本身具有丰富的海洋文化底蕴,而且也是难得的旅游资源。譬如招宝山旅游风景区,该景区就一直把海防遗址文化当作景区开发的主要内容,如今镇海口海防历史纪念馆已经成为镇海红色之旅的必游之地。合理开发海防遗产,是遗产文化实现经济与社会价值的重要途径,而对旅游者来说,海防遗址之旅更是教育之旅、文化之旅。

第四,这些海防遗存不但见证了侵略者的累累罪行,更是先辈用血肉之躯铸成的历史丰碑,因而又是进行爱国主义教育的基地。中国近代史是一部中华民族不畏强暴、抗击外来侵略的历史,这些带着斑斑伤痕的宁波炮台、要塞就是这段历史的见证。如今,部分炮台、要塞业已建成博物馆、纪念馆或遗址公园,一些当年率部抗击外敌的名人及其故居和墓葬也得到应有的修葺,这些都是我们今天进行爱国主义教育的历史题材。譬如素有"海天雄镇""两浙咽喉"之称的镇海口,历来就是兵家必争之地,自明代中叶以来先后经历了抗倭、抗英、抗法、抗日等战争,在不到 2 平方千米的范围内分布着各个时期的海防遗址 30 多处。目前,镇海口海防遗址已修葺一新,成为全国百家爱国主义教育示范基地,在爱国主义教育方面发挥着重要作用。

(四)丝路遗存

所谓"海上丝绸之路",一般是指东西方通过海洋进行商贸往来和文化交流的通道。正是这条古道,把亚洲的中国文化、印度文化、波斯文化、阿拉伯文化和欧洲的古希腊文化、古罗马文化连接在一起,促进了东西方的交流。

　　宁波之所以能够成为"海上丝绸之路"的主要始发港和目的港,主要源自:(1)宁波处于南北海岸线中段,地理位置、交通环境比较优越。(2)西南季风和东北季风在夏、冬两季的规律性转换,使得宁波具备开辟海上航路的天然优势。(3)内河外海的航运体系,使得宁波拥有广阔的经济腹地。(4)宁波本就盛产丝绸、瓷器、茶叶这些"海上丝绸之路"的大宗商品。(5)宁波造船业向来比较发达,拥有建造远洋运输船只的能力和工艺。(6)甬上先民具有浓厚的重商从商意识和比较丰富的航海技术、经验。

　　宁波"海上丝绸之路"的发展历程,大抵可分为五个阶段。

　　第一阶段,东汉晚期至南朝末年。这一阶段既是宁波海上丝绸之路的开通期,也是宁波大规模吸纳异域文明的起步阶段。在此期间,佛教从海路传入宁波并迅即生根发芽,以五磊寺、天童寺、阿育王寺为代表的佛教建筑,也因此雨后春笋般地出现在四明大地;与此同时,从海曙祖关山、鄞州道士堰、江北湾头等地的东汉墓葬中所出土的玳瑁、琉璃、玻璃等舶来品,则又作为实物佐证,充分表明:东汉晚期输入宁波的域外文明,并非仅仅只是佛教而已。

　　第二阶段,隋唐五代。这期间明州脱离越州,升格为地方一级行政单位,进而成为大唐帝国面向东亚的门户。随着政治地位的抬升,宁波对外经济文化交流也日趋频繁。一方面,以上林湖为中心的越窑青瓷的大规模烧制及其源源不断的向外输出,不但使宁波跃升为"海上丝绸之路"的核心港口和国际重要港城,而且带动了宁波港城经济和区域文化的进一步发展;另一方面,在日本遣唐使团、新罗张保皋商团的刺激和带动下,明州商帮的转口贸易也日益活跃,从而合乎逻辑地推动了东亚贸易圈的形成。

　　第三阶段,宋元时期。这期间,市舶司在宁波的设置,固然强化了中央政府对宁波海外贸易权的控制,却也确保了宁波作为中外交流窗口的地位,从而迎来了"海上丝绸之路"发展史上的鼎盛期。这种繁华主要表现为:第一,商贸往来,不但与东亚各国频繁通商,而且与东南亚甚至西亚的波斯、阿拉伯国家有着密切的经贸关系,出土于永丰库遗址的众多珍贵文物,就实证了元代宁波海外贸易的兴盛。第二,文化输出,一是向日本全方位输出教义、建筑、绘画、雕刻等佛教文化,二是向高丽输出制瓷技术,三是向日本、高丽输出书籍,既深刻地影响了日本的佛教,又极大地推动了高丽制瓷业的发展。

　　第四阶段,明朝初年到第一次鸦片战争前。尽管在此期间,不但官方长期实行海禁政策,而且倭患持续时间甚久,但宁波无论是合法的朝贡贸易,抑或是非法的走私贸易,都表现得非常活跃。当时宁波合法的海外贸易对象主要是日本,进口货物以刀剑、硫黄、铜、苏方木、扇为大宗,出口则以铜钱为主;入清后,除日本外,宁波又获准与菲律宾、安南、柬埔寨、新加坡、英国等国通商贸易,用白银、丝、茶、土布换取大米、木材、糖、象牙、珍珠、药材、毛棉织品。事实上,这期间不但海外贸易比较频繁,官方和民间的文化交流,也同样可圈可点,尤其是日本的策彦、雪舟和宁波的朱舜水,为传播儒学做出了巨大贡献。

　　第五阶段,第一次鸦片战争后至清朝末年。在战争失利后被辟为通商口岸的宁波,其近代化进程虽充满屈辱和血腥,却是"海上丝绸之路"的重要发展阶段。而且在此期间,出现了不同于以往的两大变化:一是从昔日输出中国文化的窗口,变为接纳西方文明的大门;二是它对西方文明的接纳,较为明显地呈现出从被迫接受到主动汲取、从单纯引进技术设施到深入学习制度文化的转变。

　　"海上丝绸之路"既对宁波历史发展产生了难以估量的重大影响,同时也被深深地烙上了宁波的痕迹。事实上,宁波不但在"海上丝绸之路"发展史上占据着重要地位,而且与泉州、广州、韩国清海、日本博多等港口相比,可谓特色鲜明:一是起源较早,历时最久,自东汉晚期至清朝末年,在这1800多年间,不管政治风云如何变幻,宁波始终是"海上丝绸之路"的主要始发港和目的港;二是辐射范围,既广且远,宁波在历史上虽以与东亚诸国交往为主,但随着南海航线的不断拓展,其对外交流的范围也扩大到南洋、西洋甚至地中海和东北非;三是文化输出与商品交流并重,不但是丝绸、瓷器、茶叶的主要出口基地,更是华夏文明、儒家学说和汉化佛教向日本、朝鲜半岛传播的最重要窗口。

　　宁波作为"海上丝绸之路"的主要始发港和目的港,在历经1800余年的中外交往之后,留下了众多的"丝路遗存",仅宁波市域之内就有120余处。这120余处"丝路遗存",比较集中地分布在以宁波城区为中心的近海和江河两岸,其类型大抵可分为以下四种:一是与"海上丝绸之路"有着直接关系的港口、码头、仓库、商业会馆、宗教建筑,例如渔浦门码头遗址、永丰库遗址、庆安会馆、天童寺;二是与"海上丝绸之路"虽无直接关系但在历史上起过重要作用的藏书楼、水利工程,例如天一阁、它山堰;三是诸如丝绸、瓷器、茶叶之类的大宗出口商品的产地遗迹,例如上林湖越窑遗址;四是与"海上丝绸之路"的发展密切相关的城建设施和海防要塞,例如鼓楼、天封塔和镇海海防遗址。

从横向对比的角度来看,宁波的"丝路遗存"又有其显著特征,并主要表现为:一是时间跨度大,自东汉晚期至清朝末年,几乎每个历史时段都有遗存流传至今;二是内涵丰富、类型众多,涵盖政治外交、经济贸易、港口交通、宗教文化、思想学说、卫生教育等诸多领域;三是分布范围广,除宁波市域外,散落在日本、朝鲜半岛等海外各地的遗迹遗物也相当丰富。

在所有被卷入"海上丝绸之路"的港口中,宁波具有相当的独特性,这种独特性的获得,一则缘自它所处的地理位置,二则得益于其广阔的经济腹地。宁波的"丝路遗存"虽然数量众多,但知名度较高的单体遗存却并不甚多。

(五)墓葬遗存

墓葬遗存基本上可分为两类:一类便是暴露在外的历史名人之墓,例如位于余姚大隐镇下磨村后山上的汪大猷墓,又如坐落在慈城大宝山上的三忠墓。其墓主,主要是像黄宗羲、全祖望、万斯同这样的学术大师,以及诸如董志宁、王翊、冯京第之类的忠义之士。这类墓葬留存至今,在一定程度上折射出宁波人尊重知识、崇尚道义的价值取向。另一类则是那些长期掩埋于地下,最近数十年来通过考古发掘而重见天日的坟茔。这类墓葬遗存,正是本书重点考察的对象。

对于地下墓葬的发掘,大体上可以 1973 年为界分为两个阶段。在此之前,墓葬发掘既是宁波考古事业的起点,更是此期宁波考古的重心所在;而在此之后,尽管仍有大量的墓葬主要因为经济建设的深入发展而重见天日,但整个宁波考古事业的重心,已然迁移至遗址考古和城市考古。

据统计,目前宁波域内共有 84 处古墓葬或墓葬群,其中 39 处已经被考古发掘。这些古墓葬,分布在除宁海、镇海之外的宁波下属各县市区,并集中于以下六个区块。

1.东钱湖—鄞州姜山—奉化西坞区块,在这个三角形区块内已经发掘的墓葬主要有:(1)横溪山西战国至汉墓葬群(1964 年);(2)东钱湖青山岙汉至宋墓葬群(1964 年);(3)高钱汉唐墓葬群(1983 年);(4)鄞州东吴蔡沟塘西晋墓葬群(2006 年);(5)横溪栎斜老虎岩三国至唐代墓葬群(2009 年);(6)姜山季家埠东汉墓(2002 年);(7)西坞南岙石菊花地两汉六朝墓葬群(2006 年);(8)西坞茗山前汉晋墓葬群(2006 年);(9)西坞泉溪奉化中心粮库东汉至唐墓葬群(2006年);(10)西坞南岙黄泥墩东汉墓(2011年)。

2. 海曙洞桥—鄞江区块:1973年,鄞江镇鲍家磙村民在该村狮子山北坡挖土时发现两座古墓,至1984年文物普查时,被确认是东晋时期的墓葬。2003年12月至次年1月,在洞桥镇上庄山共发掘出从东汉、三国、西晋至宋、元、明时期的土坑砖结构古墓葬20座,其中4座还是三国、西晋时期的纪年墓。2005年10月,工人们在洞桥蜈蚣岭进行市政施工时偶然发现有古墓暴露,随即清理出东汉至明清时期的墓葬共20座,其中包括东吴和西晋时期的纪年墓各一座。

3. 北仑小港—霞浦—鄞州梅墟区块:1991年12月、1993年6月及同年9月、2003年5月先后四次,对分布在霞浦陈华村沿北仑铁路一带的古墓进行抢救性发掘,共清理出西汉墓2座、东汉墓19座。在2008年4月第三次全国文物普查时,发现梅墟龙山有被盗古墓,随即进行抢救性发掘,共清理出东晋纪年墓3座。2008年年初,小港姚墅村民在建造厂房时发现两座古墓,经抢救性发掘,分别确定是孙吴和唐代中后期的纪年墓。2013年3—5月,为配合宁波枫林绿色能源公司管道工程及配套设施建设,在小港姚墅西北侧的凤凰山上,共清理出东汉至明清时期的8座墓葬。

4. 宁波老三区区块:1956年年底,在海曙区的祖关山和江北区的老龙湾、钟家埭、青林渡等地,清理出近百座战国至唐代的墓葬。1963—1964年,在江北慈城修建英雄水库和黄夹岙水库时,以及1966—1967年在鄞州道士堰、周宿渡、江北湾头、乌龟山、禹王庙等地平整土地时,清理出65座两汉时期的墓葬。2004年11月至次年1月,为配合宁波绕城高速公路(西段)建设,考古人员对工程路线所行经的洪塘卢家山南端山体部分及其东侧平地进行了抢救性考古勘探和发掘,清理出商周(6座)和六朝(5座)墓葬共计11座。

5. 慈溪掌起—鸣鹤—上林湖区块:1958年3月,在担山发现两座东汉后期的砖室墓。1958年在建造上林湖水库时,现场清理出9座六朝时期的古墓,其中一座更有其明确的纪年(梁大同元年)。1977年8月,杜湖水库旁一古墓因山坡冲塌而重见天日,经清理调查,确定乃西晋纪年墓。1979年11月,在鸣鹤瓦窑头发现西晋早期墓葬,疑系世家大族之墓。1984年,在彭安、安东出土了一批春秋战国时期的土墩墓和土墩石室墓葬古墓。1989年年底,在杜湖西岸的窑头山东麓,发现两座东晋时期的纪年墓。为配合杭州湾跨海大桥南岸连接线工程建设,2004年4—6月,考古人员对掌起缸窑山墓地进行了抢救性发掘,共清理出商周至明清时期的墓葬25座。

6.余姚城关—低塘—牟山湖区块:1972年,在低塘镇郑巷村克山发现一座西晋元康纪年墓。1988—1990年,在牟山湖清理出东汉至南朝的墓葬共计41座,其中东汉墓17座、三国墓2座、西晋墓10座、东晋墓8座、南朝墓4座。1989年7月,在梁辉镇九顶山发现一座晋太康八年纪年墓。1992年3月,在余姚城南老虎山一号墩,发现墓葬20座,其中14座属于西周至春秋时期的土墩墓,6座属于战国至西汉初的土坑墓。1998年发掘的肖东五金墩晋代墓葬,规模较大,规格较高,余姚文保所收藏的国家一级文物青瓷蜥蜴把鸡头壶,就出土于此。1998年4月,黄湖农场劳改人员在石屋山顶架设通信用铁塔时,发现有两座古墓,经专家考察和清理,确定是战国时期的土墩石室墓。

通过对其空间分布的了解和对其发掘情况的考察,似乎不难总结出宁波地下墓葬的特征。概而言之,约有如下五点:第一,几乎每个历史阶段都有墓葬流传至今,其中汉魏六朝墓葬存世数量最多。第二,墓葬群的时间跨度往往较大,祖关山墓葬群便是典型例证。第三,因受地形地貌的影响,葬地大多选择在面向开阔且土层相对较厚的低矮丘陵,墓向虽无固定规律,但基本上,阳面山坡多于阴面山坡,面水坡地甚于背水坡地,这与当时流行的风水堪舆之说大体吻合。第四,几乎所有的传世墓葬,都曾受盗墓贼的光顾,因而流传至今的随葬品,大多是盗墓贼们不屑一顾的瓷器、陶器和铁器。第五,墓葬一般都是工程建设奠基阶段的偶然发现,对于墓葬的发掘也因此基本上是抢救性发掘。故此,我们有足够的理由坚信,随着宁波经济开发的进一步深入和扩大,将会有更多的地下墓葬遗存在一个又一个的偶然中重见天日。

二、词　条

余姚河姆渡遗址

河姆渡遗址自20世纪70年代得到发掘以来,一方面以其丰厚的稻作遗存、奇特的干栏式木屋建筑和浓郁的江南水乡特征,突破了我国原有新石器时代文化类型和分布的界限,进而颠覆了中华文明单一起源的假说;另一方面又为今人研究当时的农业、建筑、纺织、艺术等东方文明提供了极其珍贵的实物佐证,进而作为宁波区域考古最重要的阶段性成果,极大地推动了宁波考古事业的深入发展。

已有的研究成果表明：河姆渡遗址所在的姚江平原，得益于"工"字形地貌良好的促淤功能，在全新世海退初期最先成为浙东的陆地。河姆渡先民正是借助"工"字形高地的优势，在此栖息、繁衍，并创造了璀璨夺目的河姆渡文化。

河姆渡文化自生成后，既有其纵向的文化传承而具体表现为四个文化层的叠压，又有一定范围内的横向文化传播。这种横向传播的结果，便是在河姆渡遗址附近，比较密集地分布着 30 多处属于河姆渡文化范畴之内的遗址。

如果说富饶的生态环境是河姆渡文化赖以产生和存在的基础，那么，水稻栽培则是河姆渡文化发展、兴盛的主要原动力，它使河姆渡人的食源供给更加有保障，也使其有更多的精力从事各种文化创建活动，诸如干栏式建筑的设计、纺织工艺的开创、制陶技术的改进和原始艺术的创作等。

然而，河姆渡稻作文明的生成与繁荣，尽管确实得益于姚江平原相对优越的生态环境，却也在长期的演进过程中，形成了对特殊自然条件的依赖。这种依赖无疑是导致该文化模式最终衰微的关键所在。因为受制于自然食物资源而生长起来的文化模式，缺乏富有生命力的创造机制和坚韧的应变能力，一旦生存环境发生突变，不仅容易前功尽弃，甚而有遭受灭顶之灾的可能。河姆渡文化在距今 5000 年前后的衰微，就是最好注脚。

在河姆渡文化衰落之后，有相当部分河姆渡先民迫于生存压力而南迁，甚至渡海越洋而去。譬如 2001 年 12 月 21 日，《人民日报》就曾报道在浙江仙居山间平原和温州楠溪江下游发现河姆渡文化晚期遗址的消息；而台湾的考古学家也从大岔坑、圆山等遗址中发现了河姆渡文化类型的陶器。尽管这些考古发现尚不足以全面勾勒河姆渡文化南迁的轨迹，却也实证了相关推论，并为

河姆渡遗址入口

继续考证河姆渡先民的去向问题提供了颇有价值的线索。

参见章义和等编:《中国古代文明起源》,上海科学技术文献出版社 2007 年版;黄文杰:《悦·读宁波》,宁波出版社 2011 年版;石朝江、杨时兰编:《中国史前史读本》,民族出版社 2012 年版。

余姚鲻山遗址

鲻山遗址位于余姚市文亭镇鲻山东南坡,面积约 5 万平方米,距今约 5500~6400 年。1996 年 9—12 月,浙江省文物考古研究所结合厦门大学 94 级考古专业实习生,对遗址进行了抢救性发掘,实际发掘面积 306 平方米,文化堆积厚达 3 米,划分为 10 层,自下而上依次是河姆渡文化、良渚文化和商周印纹陶堆积。

鲻山遗址是继河姆渡遗址后在姚江谷地发掘的又一处重要的河姆渡文化遗址,无论堆积状况、文化面貌抑或内涵特征、时代,均大体与河姆渡遗址相对应。其第 10、9 层大约相当于河姆渡遗址的 4A 层,第 8 层与河姆渡遗址的 3C 层相近,第 7、6 层与河姆渡遗址的 3A 层相当,而第 5、4、3 层则与河姆渡遗址第 2 层同时。

鲻山遗址中发现木筒 3 件,均由两半合成,加工痕迹清晰,为研究这类器物的制作工艺及用途提供了新视角、新材料。此外,又出土 2 件磨损十分严重的骨耜。其中第 9 层下发现的 1 件,虽是孤证,却传递出一个十分重要的信息,亦即在河姆渡文化第一期业已开始使用木耜。遗址第 8 层下许多柱坑的坑壁有清晰的工具痕,其宽度、用力方向,与木耜相吻合,估计是一种挖坑工具,兼作平田的农具,适用于沼泽水田。

遗址所见之木拖舟,其用途值得认真探讨。据其造型及其背部圆弧光滑的特征、尾部变薄上翘且残损的状况加以推测,应该是适用于沼泽、水田的拖运工具。如果这一判断无误,则河姆渡文化时期的稻田形态、耕作水平,无疑需要重新评价和认识。

鲻山遗址河姆渡文化干栏式建筑基础桩、础、坑的发现及相互关系的揭示,打桩式、埋柱式具有明确地层关系的早晚两个阶段建筑形式的确立,使我们对河姆渡文化干栏式建筑的形式、营造技术、方法、工艺特征、发展过程,有了更清晰的了解。

鲻山遗址出土了陶器、石器、骨牙器、木器近千件,尤其是燧石质打制小石器的大批发现与确认,不但有助于确认宁绍平原新石器时代打制石器的存在,而且为更加全面地了解河姆渡文化的产生、生活状况及经济形态提供了重要实物资料。凡此种种,既有助于增加对河姆渡文化发展环节的认识,也必将推动河姆渡文化研究的深入开展。

参见王海明等:《浙江余姚市鲻山遗址发掘简报》,《考古》2001年第10期;浙江省文物考古研究所编:《浙江考古精华》,文物出版社1999年版。

余姚田螺山遗址

依山傍水的田螺山遗址,位于余姚市三七市镇相岙村村口,总面积约30000平方米,内分六个文化层,距今约在5500~7000年。该遗址在迄今为止所发现并发掘的河姆渡文化类型中,地面环境保护最好,地下遗存比较完整,这就有利于探明河姆渡文化早期遗存在姚江流域分布的基本规律,也有助于推进对古环境变化及其对文化聚落影响的研究。

经前后两期累计600多平方米的考古发掘,田螺山遗址业已出土比较完整的各类文物约1500件,内有纺线用的陶纺轮、缝衣用的细骨针、外形未变的碳化米粒、残留在陶釜底部的锅巴,以及散落各处的鱼骨鱼刺、成堆的动物碎骨、叶脉清晰的金黄色树叶、转角方正排列整齐的房屋木柱、驾舟击水的完好船桨,不但其文物分布密度之大不亚于河姆渡遗址,且其中部分种类的器物,更为此前考古发掘所罕见。这些文物的重见天日,使我们在时隔数千年后,犹能想象出甬上先民方方面面的生活场景。

而近来,考古学家们根据这些出土文物,归纳出田螺山遗址的三大发现及其意义。一是在距地表五米多深的田螺山西南坡基岩表面,发现了少量木炭颗粒,这一发现为我们在姚江流域寻找距今6500年以前的古人生活遗存、揭开河姆渡文化起源之谜,提供了非常宝贵的线索;二是六重厚薄不一的垫板式的建筑基础,不但显示出其建筑工艺水平明显高于其他遗址内的干栏式建筑,而且真切地反映出以挖坑、垫板、立柱为特征的建筑基础营建技术的阶段性特征和发展水平,这对研究宁波木构建筑技术的发展和生态环境的变迁,具有特别重要的价值;三是发掘区内东西两部分早晚堆积的明显落差,表明此地在距今大约6500年前,曾发生过长期的水灾或曾出现海平面的快速上涨。

同样值得称道的是,当地政府在认真总结已有发掘成果的基础上,秉承发掘、保护、展示并重的全新理念,设计建造了田螺山遗址现场馆。2007年6月正式开放的田螺山遗址现场馆,内分出土文物陈列室和遗址发掘现场展示区两个部分,整个现场馆生动地展示了田螺山先民的生活内容及其发展历程,这就不但有助于游客亲身体验考古的氛围和乐趣,而且开创了先建保护棚再发掘的考古新方式,也因此顺理成章地被誉为当前浙江史前文化考古最完善的场所之一。

参见孙国平等:《浙江余姚田螺山新石器时代遗址 2004 年发掘简报》,《文物》2007 年第 11 期;叶树望:《姚江问学稿》,浙江古籍出版社 2012 年版;郑丽波等:《全新世以来余姚河姆渡——田螺山遗址的古环境演变及人类活动》,《古地理学报》2016 年第 5 期。

奉化名山后遗址

名山后遗址是迄今发现的奉化先民最早居住地之一,分布在奉化区江口街道名山后自然村及其周边,分布面积约 2 平方千米,距今 3500～5800 年,为河姆渡文化晚期至良渚文化的一处遗址。

经由 1989 年、1991 年浙江省文物考古所先后两次考古发掘,名山后遗址不但出土了陶器、石器、玉器等 300 多件文物、10000 余片陶片及若干处建筑遗迹,且其文物类型较为丰富,并大抵可分为五大类:陶质豆、盘、鼎、罐、釜、壶、鬶、盂、杯等饮食器,石质锛、刀、犁、镰、凿、杵、斧、砺石、球、纺轮等生产工具,石质镞、矛等武器,玉质玦、璜、管、珠、坠等装饰品,石钺等礼器。陶器中两件刻有精美鸟首蛇身纹的豆盘纹饰精美复杂,应该是史前鸟图腾崇拜的一种表现方式,也可能是巫觋所用的礼器。此外,多件陶器上刻有不同形状的符号,这些符号极有可能是史前原始文字。

在遗址中发现了一座由木桩夯筑的方形覆斗状土台,东西长 42.5 米、南北残长 10 米、残高 1.8 米。这种类型的土台在钱塘江北岸的良渚遗址中多有发现,但在钱塘江以南的文化遗址中则仅此一座。该土台既被认为是进行祭祀活动的场地,又与精致刻画的鸟首蛇身纹豆盘、刻画符号一道,表明名山后部落具有较高的社会发展程度和独特的精神信仰,而不仅仅只是史前的蒙昧原始部落。

值得一提的是,考古人员在名山北坡还采集到有细石器文化特征的石镞。细石器一般指旧石器时代(距今 300 万年至 1 万年)晚期出现的以打制细小石器为特征的石器制作工艺,其使用持续到新石器时代早期。这一发现,预示着名山后地区可能有比河姆渡文化更早的史前文明。

就其文化内涵而言,名山后遗址上层的年代相当于良渚文化时期,下层接近于河姆渡文化第三期,亦即良渚文化时期地层直接叠压在河姆渡文化之上。尽管不能因此断定良渚文化系由河姆渡文化发展而来,却对研究河姆渡文化的衰落、转型及其途径和原因,具有不言而喻的重要价值,其研究价值甚至超过只有单一文化内涵的河姆渡遗址和田螺山遗址。尤为重要的是，名山后遗址及其周边区域，不仅保留了新石器时代的众多文化遗存，而且出土了商周、战国乃至汉唐时期的遗物，其持续时间之久长，即便放眼全国，也并不多见。

　　参见名山后遗址考古队：《奉化名山后遗址第一期发掘的主要收获》，《浙江省文物考古研究所学刊》，科学出版社 1993 年版；浙江省文物考古研究所编：《浙江考古精华》，文物出版社 1999 年版；林士民：《宁波与海上丝绸之路》，科学出版社 2007 年版；张牵牛：《奉化名山后遗址的保护与利用思路》，《文物鉴定与鉴赏》2018 年第 21 期。

象山塔山遗址

　　塔山遗址位于象山丹城镇塔山—姚家山南面的缓和坡地，东距大海 6 千米。经 1990 年、1993 年、2007 年先后三次考古发掘，可以确定该遗址保存完整，延续时间长，从距今 6000 年左右的新石器时代晚期一直延续到商周时代。

　　塔山遗址就其文化分层而言，可分为三期。早期出土泥质红陶豆、夹砂釜、夹炭釜等陶器，同时发现密集有序的单人墓葬 40 余座及陶豆、罐、釜、鼎、玉块、玉管等随葬品，这与河姆渡遗址相似；中期陶器以泥质灰陶为主，墓葬中有合葬现象，并发现一处建筑遗迹，其文化内涵接近于良渚文化；晚期不但出土了大量的几何印纹陶、用来渔猎的石簇和罕见的青铜鱼钩，甚至发现了古人类骨骼，其时代相当于夏、商、周时期。

　　塔山文化纵横 3000 余年，早期属于新石器时代，晚期属于商周文化。其新石器时代遗存分下层、中层和上层，分别对应河姆渡遗址二层、崧泽、良渚三个时期。其下层的 38 座墓葬和中层的 16 座墓葬最引人注目，是迄今钱塘江以南同期所发现的最大墓地，人骨架保存情况良好。根据其墓向、随葬品的不同，下层墓葬又可分为三组。甲组 16 座，集中位于墓区西南侧，墓向东偏南，泥质红陶喇叭形豆是其唯一随葬品；乙组 11 座，位于墓地东北部，墓向东或东偏北，随葬品以绳纹釜为主；丙组以不随葬豆、釜为基本特征。甲乙两组墓葬反映了马家浜文化与河姆渡文化的交集与融合。

　　塔山遗址的发现，不仅把象山县的历史前推了 3000 年，而且具有相当高的学术价值。这首先表现为，塔山遗址既补充、丰富了河姆渡文化的内涵，又在某种意义上，代表了后河姆渡时期宁绍地区新石器文化发展的序列；其次，塔山遗址作为考古发掘中最靠近海洋的新石器时代文化遗址，从中出土了大量人骨架、大型兽骨、各类器物,这就为研究体质人类学和东南沿海地理环境变迁、社会情状,提供了极其宝贵的资料。

参见贺俊彦:《浅论新石器时期塔山遗址的文化类型》,《浙东文化资料汇编》1996年第1期;蒋乐平:《象山塔山新石器时代遗址:宁绍平原南域的考古发现》,《浙江考古新纪元》,科学出版社2009年版;李权海:《象山县塔山遗址研究意义及保护措施探讨》,《资源环境与工程》2015年第1期。

慈城傅家山遗址

傅家山遗址位于宁波市区以北约27千米的慈城镇八字村傅家山,该地正是规划中杭州湾跨海大桥南岸连接线服务区。为了配合南岸连接线工程建设,宁波市文物考古研究所于2004年5—8月,对傅家山路段进行了抢救性发掘,共发掘725平方米,出土包括石器、玉石器、骨器、陶器、木器和象牙器在内的可复原器物570余件,以及部分食物果实、植物种子和动物骨骼。在出土的大量文物中,专家发现了不少鹰形象的生动刻画。其中最为精美的是一件鹰首象牙饰品,鹰头造型精致,形象逼真,宽鼻钩喙,圆睁双目,显示出凶猛威慑的力量。另有一件鹰形陶豆,做成大鹏展翅的形状,栩栩如生。此两件文物类型在河姆渡文化中属首次发现,令人叹为观止。

傅家山遗址地层堆积可分为8层,深度2.1~2.5米,在第7和第8文化层中发现原始村落遗迹。村落遗迹为木构建筑基址,坐西面东,背靠傅家山。基址残留较多的是桩木、木板,少量带有榫和卯孔的建筑构件。相比较而言,这些构件的制造技术,似乎比河姆渡遗址所发现的构件更胜一筹。也正鉴于考古成果相当丰硕,南岸连接线建设工程特地为傅家山遗址"让道",不但将原址填埋保护于沈海高速慈城服务区,而且在服务区内开辟了傅家山遗址文化陈列室。

傅家山遗址作为一处渔猎、采集和耕耕农业等多种经济形态并存的新石器时代村落遗址,既是继河姆渡遗址后发现于姚江流域的又一远古原始村落基址,也是宁波市区范围内首次发现的距今约7000年的河姆渡文化早期遗址。该遗址的重见天日,不但为研究河姆渡文化的分布特征、聚落形态、建筑构造及其文化内涵提供了新的考古学实例,而且对长江下游史前文明的探索与研究,对充实宁波这座国家历史文化名城的内涵,具有不言而喻的重大意义。

参见王结华等:《新世纪宁波考古新发现》,《宁波文物考古研究文集(二)》,科学出版社2012年版;《傅家山:新石器时代遗址发掘报告》,科学出版社 2013 年版。

泥碶堰

古人利用地形落差筑堰以自流,这种灌溉方式在各地比较常见。坐落在海曙区横街镇溪下村赵家庄剑峰山下的泥碶堰,却与一般古堰有所不同。其特殊性,一则表现为该堰建于曹魏明帝青龙年间(233—237),是现存宁波境内最早的水利工程;二则表现为该堰保障了鄞西经济重镇林村的长期繁荣。

泥碶堰作为连接广德湖与武陵溪的水利设施,在宋徽宗政和七年(1117)广德湖被毁弃之前,因湖面与溪流水位落差不大,水流平缓,故建成之初本为泥土堆筑坝,同时又因与配套泄洪的"黄柏堰"南北对峙,所以被称为"泥碶堰"。在广德湖被垦为农田之后,上下水位落差增大,每当山洪来袭,工程易被冲毁,因而历代以来,泥碶堰屡经重修,至民国时,不但原来的土堰被改建成为全石结构的滚水石坝,而且修建了砌、闸等多种配套水利设施。

泥碶堰在鄞西粮田灌溉中,一直发挥着举足轻重的作用。据《桃源乡志》记载,泥碶堰"在双瑞桥左、马家池右,盖水势东南下,不障桃源水北流焉,则北村不可田职,水利之至要而不可缺者",意思是说,如果没有泥碶堰帮助南水北调,北边村庄的良田将无法耕种。事实上,泥碶堰不但能使下游水稻养水得到持续,而且还用于水塘养殖,因而得到地方志的高度评价:"一郡之饮灌,皆取资焉。盖桃源之水最远,清冽而甘美,与它山并,他乡莫及……虽遇旱潦,而因时为蓄泄,故西乡田亩有膏肤之庆,无枯槁之忧。"

重建于民国时期的泥碶堰,呈梯形南北跨,长 50 多米。大坝东侧为 6 级台阶,主要是起牢固作用。堰北设有明渠,渠首设三道小碶闸,第一道设在进水口,可控制水量;第二道设在向东数米的渠道南栏,以便渠水流入溪中;继续向东又设第三道,可控制北流水量。一渠三闸,既实现了南水北调,又可按需供水,其设计不可谓不巧妙。

如今,泥碶堰一带的水利设施得到了前所未有的改善:1957 年在堰北建成了应峜水库、陆尚书水库,1961 年在堰南建成了藤岭水库,1964 年在堰西建成了庄家峜水库,2007 年又在上游建成了溪下水库。至此,泥碶堰虽仍发挥着南水北调、灌溉下游粮田的作用,但其拦洪压力已然减轻,其诸多配套工程也因此不复存在。

参见谢国旗:《鄞西古水利工程泥碶堰考》,《鄞州文史》第 9 辑,2010 年;

浙江省文物局主编:《浙江省第三次全国文物普查新发现丛书:水利设施》,浙江古籍出版社 2012 年版;鲍贤昌、陆良华编:《四明风韵》,宁波出版社 2015 年版。

它山堰

它山堰是鄞西平原上最重要的水利工程,始建于唐代,历代又不断加以完善,从而形成了一个由坝堰、灌渠和碶闸构成的系统水利工程。它的兴建,不但有效地解决了鄞西平原的阻咸、蓄淡、泄洪、灌溉等问题,而且为明州城市居民的生活用水提供了保障。它山堰以选址合理、规划周详、结构完善、建制精密,而与四川都江堰、广西灵渠、陕西郑国渠并称为中国古代四大水利工程,并于 1988 年被列为第三批全国重点文物保护单位。

鄞西平原气候温和、雨量丰沛,适宜农业生产,但因降雨量季节分布不均,及受奉化江咸潮倒灌的侵扰,"清甘之流,……来则沟浍皆盈,去则河港俱涸,田不可稼,人渴于饮",百姓的生产、生活受到严重影响。唐文宗太和七年(833)十月,县令王元暐在实地勘察、调研的基础上,决定选址在它山旁的樟溪出口处兴筑围堰,至太和九年(835)三月,堰体竣工。

它山堰首次选用大块条石堆砌堰坝,整个堰坝长 134.7 米、宽 4.8 米、高 5 米左右,采用堰体倾斜线以提高抗滑稳定性,以黏土夹碎石层以提高防

它山堰

渗能力和抗剪度。在兴修它山堰使江、河分流之后，王元暐又派人在南塘河上建造了乌金碶、积渎碶、行春碶三处水量调节点，从而实现了"涝则七分水入江，三分入溪；旱则七分入溪，三分入江"的目的。同时，通过疏浚南塘河，在引水灌溉鄞西农田的同时，又保障了明州城内居民的用水，并进一步沟通了内河交通。故这一工程被后人视为"民食之所资，官赋之所出，……公私所赖，为利无穷"。

入宋后，地方官府十分重视它山堰的作用，或增筑或疏浚，如北宋神宗熙宁元年（1068）鄞县县令虞大宁于北渡建风棚碶，南宋理宗淳祐二年（1242）郡守陈恺在处小溪之冲的吴家桥建回沙闸，宝祐六年（1258）知府吴潜在它山外的洪水湾建坝，进一步完善了它山堰的水利设施。1000多年来，它山堰虽历经洪水冲击，但主体工程设施依然完好。

为了纪念王元暐和传说中为定桩而献身的十位壮士，鄞西民众自发在堰旁的它山之巅建造了它山庙，岁时祭享，并将它山堰开工、竣工之日定为鄞江桥庙会。从北宋初年开始，当地民众几乎每年都举办"三月三""十月十"庙会。至民国时期，鄞江桥庙会已成为宁波府下第一大庙会，千余年来盛况不绝。

参见陈谓忠：《王元暐：县令兴建它山堰》，《中国三峡》2015年第6期；王一鸣等：《古水利工程它山堰堰体结构浅析》，《浙江水利科技》1996年第4期；陈时：《走进它山堰》，《宁波通讯》2014年第18期；闵宗殿：《魏岘的事迹和贡献》，《古今农业》1996年第4期。

大古塘

海塘是三北平原海岸线变迁和陆地向北推进的历史见证。在三北平原的形成过程中，历代甬上先民不畏艰辛，自南至北修筑了多条海塘，全长超过1000千米，围涂面积超过1000平方千米。

这其中，大古塘作为宁波围海造田运动的一号工程，横贯今余姚、慈溪、镇海三区市（西部个别地段延伸到绍兴市上虞区），有莲花塘、后海塘、谢令塘、上塘、老塘、官塘、下塘等俗名与别名。大古塘全长140余里，可分为三段：在原余姚县境内称余姚段，长100多里，是大古塘的主体；在原慈溪县境内称观城段，长30多里；在原镇海县内称龙山段，长10多里。

大古塘始建于北宋仁宗庆历七年（1047）冬。当时，在余姚县令谢景初的带领下，建成延绵140里的海堤（自今洋浦至历山），后受潮水啃啮而颓圮；降及南宋宁宗庆元二年（1196），余姚县令施宿再次率民维修增筑，西段延长到临山,还将部分土堤改为石堤。但在宋代,大古塘既非整体,又多系土塘,且屡坍屡建。元顺帝至正元年(1341),州判叶恒不但将大古塘全部改建为石堤,而且原先分段的海塘连为一体。大古塘的建成,不但解决了长期困扰当地民众的堤遂决坏之灾,而且化卤为膏,为农业生产开拓了土地资源。

但好景不长,元朝末年大古塘又遭毁坏。于是从明洪武年间起,又对其加以修茸、加固,并且将其向东延伸至原镇海县的龙头场村。在此后的400多年间,历代政府既不断修茸、加固大古塘,又陆续修建了新塘、周塘、夜塘、潮塘、坎塘、榆柳塘、利济塘、晏海塘、永清塘、澄清塘(解放塘)、八塘、九塘、十塘(部分地段已修至十一塘),最终筑起绵延480千米的新旧海塘,进而围垦出多达664平方千米的土地。

建成之后的大古塘,不但长期发挥了抗御海患的巨大作用,而且进一步激发了宁波民众筑塘围涂的斗志。如今的三北平原特别是慈溪市海岸线外侧仍有大量可利用的滩涂,根据2003年修订编制的《慈溪市滩涂围垦总体规划》,可知该市仍将分三个阶段持续推进筑塘围涂工程。然而,无论是着眼于钱塘江和杭州湾的长期安流、三北平原的地质构造,还是从钱塘江两岸社会生产生活的安全考虑,三北平原的筑塘围涂工程都应该权衡利弊、谨慎从事。

参见浙江省文物局主编:《浙江省第三次全国文物普查新发现丛书:水利设施》,浙江古籍出版社2012年版;薛亚玲、华林甫:《浙江三北平原成陆过程初探》,《浙江学刊》2018年第2期。

澄浪堰

负山面海临江的宁波城,历史上经常受到海潮的侵袭。于是,甬上先民往往筑海塘以防潮,修堰坝以御咸。也因此,南塘河与奉化江之间有多座堰坝碶门相沟通,位于宁波城南的,就是澄浪堰。而此堰不仅仅是奉化江和南塘河之间的连接点,更是宁波历史上贯通东西乡的水利和航运枢纽,为研究明州古水利工程提供了实物例证。

澄浪堰坝长9.6米,阔5.44米,南宋理宗开庆元年(1259)由时任沿海制置大使、判庆元府吴潜主持重建。吴氏自从宝祐四年(1256)任职以来,勤政爱民,兴修水利,除重建澄浪堰外,另修吴公塘、大西坝。

围绕着澄浪堰,还有一个凄美的传说。传说700多年前,鄞西常为咸潮所侵,大片农田被淹,百姓生活艰难。吴潜到任后,决定在南塘河和奉化江交汇处建造一座堰坝以阻咸蓄淡。但因江流湍急,难以打下第一根堰桩,在吴潜一筹莫展之际,有高人献策:"若要定基,需用热血打桩。"于是吴潜出榜重金招募勇士。当时南门外有一位叫郑十八郎的年轻人,为人忠厚仗义,深知海潮泛滥之苦,毅然揭榜。堰坝筑成后,鄞西一带再也未遭咸潮侵袭。为纪念这位舍生赴义的年轻人,便称此堰为"郑郎堰"。

澄浪堰又俗称"郑十八郎堰",相传系由鄞西山区 18 位郑姓山民来此经营车坝而得名(所谓车坝,简言之,就是借助人力辘轳或牛力车盘卷拉缆绳,将船只拉过坝头)。此说与郑十八郎传说出入较大,只能说明在当时落后的生产力条件下建堰不易。

这座建造于宋代的堰坝,始建时为土堰,后改为石堰,700 多年来一直发挥着"水溢则启,水涸则闭,使涝有所泻,旱有所潴,阻咸蓄淡"的功能,但对水上舟楫交通却造成了诸多不便。于是,甬上先民在堰坝上设人力磨坝或人畜力车坝,以便续航。

新中国成立后为发展内河航运,1959 年有关部门将郑郎堰改建成过航坝,并改名为"澄浪堰",寓意"澄波碧浪,堰在其间"。至 1971 年,宁波市航运公司又对澄浪堰进行了改造,特设电动升船机,使之成为现代机动坝。而近来,堰东边又新建了一座现代化堰坝,现堰坝系用条石砌成,堰坝上有闸门,上部已改成钢筋混凝土,并装有轨道。但澄浪堰并未因此退出历史舞台,作为宁波市区唯一保存完好的水利航运设施,它至今仍在发挥其通舟楫兼防咸蓄淡的作用。

参见王重光:《古今澄浪堰》,《海曙通讯》2001 年第 164 期;周时奋:《风雅南塘》之《长春塘·郑郎堰·杨懿》,宁波出版社 2012 年版。

水则碑

"水则"是中国古代的水尺,最早的"水则"是李冰修建都江堰时所立的三个石人,根据水淹至石人身体某部位,衡量水位高低和水量大小。至迟到宋代,水位测验已经使用有等距刻画的水则。降及南宋后期,仅在鄞县境内就有三处水则。一是城南它山堰旁的回沙闸,一是城东的大石桥碶[此二处皆建于淳祐二年(1242)],另一便是位于海曙区镇明路西侧平桥街口(原是平桥河)的水则碑。

鄞县背山面水,在相当长时期内,每当海潮上涨,往往城中溪水皆咸,无法用于灌溉、饮用。为此,甬上先民特在下游建闸,平时闭闸以蓄积淡水,并隔断咸水上溯,涨潮时则开闸泄洪。据载,当时闸门启闭以水深三尺为度,但在实际操作过程中,因很难精确把握,因而给民众的生活和生产带来了诸多困扰。

南宋观文殿大学士、沿海制置大使、知府吴潜有鉴于此,在理宗开庆元年(1259)春三月,亲自丈量了从林村至西门及城内的水位,然后在府治附近便于观察的平桥之侧设置了"水则碑",同时又建造了"水则亭",镌"平"字于石上,规定城外诸碶闸均以"平"字为依据,水没"平"字则泄,出"平"字则蓄。于是此后,城内百姓几无旱涝之忧。

明世宗嘉靖十三年(1534),宁波知府郑威在水则亭旁构建了"社学"。100多年后,"社学"废弃,水则碑也湮没于瓦砾之间。降及清仁宗嘉庆二十四年(1819),观察陈中孚在主持疏浚城市河道时,在瓦砾中找到了水则碑,随即加以修葺并立于原处。这之后,几经变乱,水则碑也再度湮没,直至1999年5月,在有关部门进行月湖景区建设时被重新发掘清理。

再次重见天日的"平"字水则碑共有2块,分别是明嘉靖十二年(1533)、清道光二十六年(1846)重立的碑石。"水则亭"由亭子和"平"字碑组成,坐东朝西,台基18.4平方米,系歇山顶石构建筑。经测定,"平"字首横上缘为黄河海拔高度1.62米,二横上缘为1.36米,下端1.09米,大抵二横为当时的常水位线,这与今日宁波常水位1.33米基本相符,由此可见水则碑建造时期的水位测量技术已相当先进。

水则碑作为国内城市古水利遗存中仅有的实例,对研究水利发展史而言,无疑具有特殊的价值。也因此在2005年5月,它被列为浙江省文物

水则碑(立于海曙区镇明路西侧平桥街口)

保护单位。

参见谢善实:《水则碑——宁波城的"水文观测站"》,《宁波建设》2010 年第 4 期;邵庆国主编:《宋代科技成就》,河南科学技术出版社 2014 年版;唯心:《水则碑》,《宁波通讯》2015 年第 8 期;万伯春:《甬水遗韵》,宁波出版社2016 年版。

卫　山

卫山本名浪港山,也叫浪岗山,位于观海卫城的北部。史称浪港山"距城北里许,巍然屹立","内辅郡邑,外控番夷,乃东南用武之重地","山由会稽翔舞而东,绵亘数百里,有山蜿蜒如游龙"。明代学者冯柯在所作《浪港山赋》也曾赞曰:"维此山之蹲踞,作波海之樊篱。"在这些丰厚史料的背后,展现的是浪港山的壮丽景色和重要的地理位置。

事实上,早在宋元之际,浪港山就已是设寨驻军的浙东要塞。降及明代初年,信国公汤和在奉诏巡视浙东时,在浪港山南麓建置了观海卫。与此同时,汤和又在观海卫建立了一卫二所(二所即龙山所、三山所)的防御体系。当时的观海卫,不但驻有 5600 名重兵,且其级别很高,或听命于全省最高军事长官都指挥使,或直接受命于全国最高军事指挥机构五军都督府。除此而外,汤和又以浪港山为中心,在沿海山头上设置了许多烽火台以传警递信,从而建成了一道坚固的军事防线。浪港山作为观海卫北部的制高点,不仅从此改称卫山,而且合乎逻辑地成为守望观海卫的天然要塞,并在戚继光率众抗击倭寇的嘉靖末年发挥过重要作用,也因此留下了诸如烽火台之类的遗迹。

除卫山烽火台外,最著名的当属它山古迹。据嘉靖《观海卫志》及《重建镇峰塔碑记》等文献记载,当年汤和营建观海卫城时,认为城北浪港山二峰对峙,中凹为垤,按方位正当城之乾方,乾方无峰,不是财殚货竭,便是生灵涂炭,因而随即增建镇峰塔,合形辅势以固其保障。镇峰塔高五丈四尺,共计七层,建于矮岭山峰,初以木为之,嘉靖年间都督王宝江重建,始易以石。康熙元年(1662)都阃王自功又于塔西北隅筑石栏护之,岁久渐圮。乾隆四十六年(1781),镇峰塔为飓风所坏,嘉庆二年(1797)合卫捐资,鸠工重修。时移势易,随着卫山战略地位的逐渐弱化,观海卫延至前清康乾之世,已然演变成为一座商贾云集、店肆林立的贸易重镇。

新中国成立后,浪岗山列岛也曾驻扎军队,如今虽均已回撤,但留存在岛上的军营,却也成为渔民避风的好场所。越来越多的人,既因此得悉卫山的存在;而卫山和它的海防历史,也因此被越来越多的人所熟知铭记。

参见戴骅:《慈溪卫山——气势雄伟的抗倭要塞》,《宁波晚报》2011 年 1 月 23 日;龚爱茹:《卫山随想》,《文学港》2012 年第 2 期;方印华:《观海卫赋》,《参花》2012 年第 4 期。

昌国卫

北宋神宗熙宁六年(1073)七月,在鄞县县令王安石的奏请下,被废于唐代宗大历六年(771)的翁山县(今属舟山市),又独立成县,并被改称为昌国县,"意其东控日本,北接登莱,南亘瓯闽,西通吴会,实海中之巨障,足以昌壮国势焉"。

昌国县具有重要战略地位,这一王安石的个人认知,随着时日的推移,越来越成为共识。在元末明初,昌国不但是包括方国珍在内的各种叛乱势力的寄居之所,而且经常遭受倭寇的侵扰。也正是在这种背景下,为整饬海防、有效管理舟山群岛,明朝政府始则于洪武十三年(1380)设置昌国千户所,尔后在洪武十七年(1384)又将昌国千户所升格为昌国卫。

卫所是明朝军队的基层组织。每卫 5600 人,长官称指挥使,正三品。下辖 5 个千户所,每千户所 1120 人,设千户一人,正五品。千户所下辖 10 个百户所,每百户所 112 人,设百户一人,正六品。从传世文献的相关记载来看,明朝政府之所以在昌国县城内设置昌国卫,一方面是因为该地军用物资足以自给,此则《读史方舆纪要》也有所交代:"舟山为里四,为吞八十有三,五谷鱼盐之饶,可供数万人,不待取给于外也。"另一方面,也是更为直接的考量,那就是就地安置那些被收编的方国珍余部。

但仅仅过了三年,设置在昌国县城内的昌国卫,始则于洪武二十年(1387)被迁至象山县南的东门岛,尔后又在洪武二十七年(1394)迁至与石浦相距仅十里的后门山。前一迁徙是因为奉诏巡视东南海疆的汤和,在上奏中建议废县徙民,结果便是昌国 46 岛居民,除 547 户、8805 人获准留住舟山本岛外,其余 34000 余人均遭徙内陆,昌国县也在次年被撤销;而后一迁徙的理由,则是东门悬海、供给不便。现如今,东门岛除黄泥浜山巅烽火台遗迹外,尚盛行一则与象山海鲜"十六碗"有关的民间传说及"东门船鼓"这一非物质文化遗产。

昌国卫在迁至后门山后,不但迅即修筑起一座城墙周延 3.5 千米、高 2 丈 3 尺、广 1 丈的城池,而且建立了比较完善的驻防体系,既下辖左、右、中前、中后 4 所,又外统钱仓、爵溪、石浦前、石浦后 4 所,进而成长为与天津卫、威海卫、金山卫齐名的明代四大卫之一。与此同时,昌国卫署所在的后门山,不但始终是浙东抗倭重镇,而且一度还成为明州府内罕见的人烟稠密之地。时至今日,当年依山而筑的城墙虽早已倾圮殆尽,但诸如西门街、卫前街、昌前街、北大街、左所庙、右所庙之类的地名和诸如"泥马传说""昌国庙会"之类的非物质文化遗产,不仅仍然口耳相传,而且业已形诸文字,势将世世代代传承下去。

参见黄畅畅:《浅谈昌国卫的鱼灯》,《群众文化》2000 年第 2 期;《昌壮国势话昌国》,《舟山日报》2009 年 3 月 19 日;张维:《明初浙江都司昌国卫的建置及变迁》,《浙江海洋学院学报》2012 年第 2 期。

临山卫城遗址

临山之地,东西连余姚、上虞两市(区)之疆,南北坐龟山、凤山两山之岗,既峰峦相望又襟江带湖,是历史典故"东山再起"的原生地。

背山面海的临山镇,形势险要,历来乃兵家必争之地。东晋大将高雅之在追剿孙恩之乱时,就尝在此建寨以屯兵,而南宋、元两代,也曾先后设置庙山寨、庙山巡检司。

有明初年,倭寇频频骚扰、侵犯东南沿海。洪武二十年(1387),奉旨巡视浙东、筹建卫所的信国公汤和,见此地形势险要,遂筑城建卫,以御东瀛贼寇,史称临山卫。从传世文献的相关记载来看,临山卫城建成后,其城墙高1.8丈,宽2.2丈,周长2.5千米,南北长0.5千米;又立四扇圆拱石门,东西南北各开双道城门;城墙有矮堞775个,设城楼4座、月城4座、城堞20座、窝铺2个、街巷36条,凿井72口;城内有城隍庙、天福寺、财神殿、三官殿、天香亭、土地祠等;城外挖有护城河,河上各

临山卫城

设吊桥。此外,城东以罗家山为总台,沿途设置关隘6处、烽火台10座。

历史上的临山卫,既是军事要塞,又是店铺林立、商贾云集的工贸大镇,"临山旧有市,自东门至西门,百货丛集,号小扬州"。《六仓志》的此一评述,诚非夸大不实之词。

但如今,城楼、城墙在城镇建设中被拆除;古城墙的石条,多被当地居民及附近村镇居民用于建造房屋。城内原有的巡检署、城隍庙、财神殿、教场等建筑全部被拆除,烽火台、炮台全然坍塌,难觅痕迹。西城门外尚存吊桥桥基,桥基旁长10米左右的河埠头,基本上是由长2米、宽0.5米、高0.2米的条石铺设而成,上下约有十级,据说是当年的洗马场。尽管城墙毁坏严重,但幸运的是,护城河水系和"十"字状街巷格局仍得以基本保留。

相传抗倭名将戚继光初任宁绍参将时,曾驻节临山,其身先士卒、奋勇杀敌的事迹,至今仍在当地广为流传。早在明代,临山人民就已建造"参将祠"加以纪念,时至光绪二十三年(1897),又在北门头集资建造了"戚少保祠"。这些历史遗存与临山卫城古址一道,作为历史的见证,充分显示了宁波民众为保家卫国顽强抗击倭寇的不屈精神。

参见张亚红等编:《宁波明清海防研究》,宁波出版社2012年版;张治中:《漫话临山卫》,《宁波晚报》2014年4月1日;周央京等:《临山:穿梭于古朴与繁华 千年古卫城的华美转身》,《宁波通讯》2014年第6期;鲍贤昌等编:《四明风韵》,宁波出版社2015年版。

爵溪所城遗址

建于明洪武三十一年(1398)的爵溪所城,乃信国公汤和为经略海疆而建的72城之一,隶属于昌国卫。所城遗址在今象山县爵溪街道玉泉社区。据历代《象山县志》记载,可知玉泉在明代应属游仙乡十九都之公屿,清时应属游仙乡十五都之爵溪。此地背山(爵溪山)面海(大目洋);东南过爵溪山主峰大片山,即为白沙湾沙滩、松兰山沙滩,皆是"潮退可居人,潮涨舢舨可直入其内"的所在。

在宁波沿海卫所遗址中,爵溪所城遗址保存状况较好。其平面近于船形,当地俗称"船城"。当其初建之时,周长四里,辟有东、西、南三门,又设吊桥于南门外,门楼、角楼、碟台一应俱全;此后,又曾于永乐十五年(1417)、嘉靖三十一年(1552)、乾隆二十一年(1756)、光绪二十三年(1897)、1957年先后五次增修或重修。而如今,尽管古城格局尚存,但在经历600余年风雨沧桑之后,不但城上雉堞、敌楼等军事设施早已被拆除,而且保存相对完好的城墙亦所剩无几。

　　现存城墙由四部分组成(即南城墙、东城墙、北城墙和山顶一段),墙体保存还算完整;墙上军事设施除北城墙尚留一敌台外,皆已荡然无存。这其中,南城墙今保留南门以西段,墙高4.5米,墙体由蛮石构成,现可见墙体长55.8米。东城墙南端外侧,残高5.4米,内城墙与民居相连,残高1.5~2.5米,城墙顶现为水泥路,宽4.5米,城垛经后期修缮,高1.4米,厚0.6米。东城门保留原状,呈拱形,门拱最高2.3米,宽2米,城门高4米,壁厚1.65米,宽2.9米,进深12.2米。东城门北侧城墙宽9米,残高5~6.5米。北城门残高3.6米,宽2.75米,进深8.5米。北段城墙依山而筑,长约600米,高10米,厚7~14米,因年久失修,高低不平,厚薄不均,顶部多坍塌,但气势如故。

　　爵溪所南有游仙寨,是爵溪所管辖的一处军事聚落。寨城遗址位于象山县城东南约10千米的赤坎村,目前寨城保存比较完整,城址平面为长方形,依山面海,南北城墙长约156米,东、西城墙长约120米,寨墙高约7米,墙顶宽1.2~2.1米。城墙外围有城壕环绕。城墙西南辟城门1座,外有瓮城遗迹。寨内发现了用鹅卵石铺成的道路,寨城北角有水井一口,城内房屋不存,但留有石砌墙基。

　　爵溪所周围还有炮台山、梨头朴山、公屿、周家山等烽堠。其中,周家山烽堠保存状况完好,台基近方形,底边宽约10米,堠身高5.6米,呈梯形,顶部边宽约6米,中间设有烽火坑,堠身内部以土石夯筑,外表面则用石块包砌。

　　参见《爵溪古城》,《鄞州日报》2014年10月13日;竺桂良:《象山的古城》,《今日象山》2014年12月16日;张亚红等编:《宁波明清海防研究》,宁波出版社2012年版;刘恒武:《宁波古代对外文化交流:以历史文化遗存为中心》,海洋出版社2009年版。

大嵩所城遗址

　　唐宋时期的大嵩,仍然只是象山港北部的一个海湾。历代以来,沿海盗贼从象山港北岸登陆后,往往取道狭石岭古道窜入宁波。也因此,大嵩在很早以前就是宁波东南沿海的海防要塞。宋元时期,先后在此地设置过大嵩巡检所和大嵩巡检司,主要负责盐场缉私、治安。

　　明太祖洪武二十年(1387),信国公汤和奉诏经略海防,在宁波境内沿海岸线设置了明州、定海、昌国、观海4卫,下辖大嵩等10所。同年,昌国卫千户万忠奉命建造大嵩所城。

建成后的大嵩所城,方圆虽仅五里,却坚严牢固。据载,其城墙高 1.7 丈,宽 2.2 丈,北倚凤凰山 239 丈,东、南、西南挖城壕 332 丈,深 1.2 丈,设吊桥 4 座以通内外。城墙上有矮堞、城楼、月城、敌楼、窝铺、旱门、水门等。城内有小河 2 条,凿井 72 口,建有千户治所、军械局、旗真庙、晏公庙、裴君庙。城内外尚有大小校场、跑马道和战船码头等。

大嵩所隶属于明州卫,驻军千户,设千户 1 名、副千户 2 名、镇抚 2 名(其中 1 名为编外)、百户 10 名、总旗 2 名、小旗 10 名。这其中,百户级别以上的军官居住在城内,军户均安置在城外屯垦。此外,又在湖头渡、足头设寨,在赵家基、黄牛礁、球山、横山、狮子山、足头山等 6 处设烽堠。

从遗址现场来看,大嵩所城背山(凤凰山)面江(大嵩江),东距大嵩港口(象山港)约 5.5 千米。其遗址主要由大嵩所城墙、方桥城门和狭石岭土城三部分组成。现大嵩所城北城墙保存基本完整,蜿蜒于东城村、西城村两村北部的凤凰山上,海拔高度 45 米以上,长约 700 余米,高约 7 米,厚约 5 米,依山起伏,高低不平。大嵩所的城墙,系用不规则粗石和夯土垒造而成,在屡遭风雨侵蚀和人为毁坏之后,仅余部分残垣。而与大嵩所城相距不远的方桥城门,则是清代当地民众为抗击英国侵略者而建造的防御工程。相比较而言,位于方桥的狭石岭土城,虽然新近才被发现,却是目前宁波境内内容最丰富、设施最完备的海防遗存。原有风貌改变甚大,除十字街巷基本格局尚依稀可见外,原有所署、旗纛庙、土祠、演武场等所城内外建置基本为现代建筑所覆盖。城外护城河多被湮没,以西、南两段保存最好,各长 100 余米,宽 4~6 米不等。

参见谢振岳:《大嵩风物》,《鄞州文史》第 3 辑,2007 年;冯炜达:《古城大嵩》,《宁波晚报》2010 年 7 月 27 日;龚国荣等:《鄞州瞻岐发现宁波现存最完整的"海防长城"遗存》,《宁波晚报》2015 年 6 月 13 日;张亚红等编:《宁波明清海防研究》,宁波出版社 2012 年版;鲍贤昌等编:《控寻古鄞》,宁波出版社 2012 年版。

镇海口海防遗址

镇海口海防遗址坐落在甬江出海口,此地南北两端,为招宝、金鸡两山,两山虽不甚高,但悬崖削壁,雄伟挺拔,如门似户,形成夹峙之势,历来为军事要塞,素有"海天雄镇""浙东门户"之称。据史书记载,镇海自东晋以来历经大小战事 46 次;在明代中叶以来的近 400 年间,更成为东南沿海抗倭、抗英、抗法、抗日的主战场之一。

明朝中叶,倭寇勾结不法商人,接连侵犯江苏、浙江、福建、广东等地,到处攻城劫寨、杀人放火、奸淫掳掠。面对倭寇的骚扰,浙江军民奋起反抗,明朝政府派重兵征剿倭寇,名将卢镗、俞大猷、戚继光先后驻守镇海,多次与倭寇鏖战于甬江南北,战功显赫。

镇海口海防遗址

第一次鸦片战争期间,镇海在舟山沦陷之后,成为抗英的前哨阵地。当时镇海防务由著名的抗英将领葛云飞负责,林则徐和钦差大臣裕谦亦莅镇督战,爱国军民同仇敌忾,血战英军,展现出不屈的民族气节。

中法战争时期,法国远东舰队司令孤拔率舰队侵犯镇海口,浙江巡抚刘秉璋、浙江提督欧阳利见统一指挥、督师御敌,守备吴杰等将士拼死战斗,三战三捷,重创法国远东舰队,击毙司令孤拔,取得了中法战争镇海之役的伟大胜利,打破了法舰北上骚扰威胁京津的企图。

抗日战争中,镇海军民曾多次击退日军的进攻。1940 年 7 月 17 日,日寇从镇海城关和现北仑区的小港两翼登陆,镇海爱国军民在招宝山、戚家山等地与日寇浴血奋战,击毙、击伤日军 400 余人,令日寇仓皇败退。

近四百年来先辈们所谱写的这一曲曲气壮山河的英雄史歌,如今依然传唱在以金鸡山、招宝山麓为主要地段的甬江两岸,并留下吴杰故居、吴公纪功碑亭、泮池、钩金圹、威远城、月城、安远炮台、金鸡山瞭望台、靖远炮台、平远炮台、宏远炮台、镇远炮台、戚家山营垒等 30 多处弥足珍贵的海防遗存。

这 30 多处海防遗存,作为宁波民众热爱祖国、不畏强暴、抵御外侮、自强不息的历史见证,集中分布在以招宝山为轴心的 2 平方千米的范围内,具有历史悠久、遗迹多、类型广、保存好的特点,如今已被整合成为镇海口海防遗址,并在 1997 年 6 月被中宣部公布为全国首批爱国主义教育基地。

参见郁伟年主编:《四明揽胜》,中共党史出版社 2003 年版;杨江华编:《全国爱国主义教育基地·苏浙卷》,团结出版社 2013 年版;《海上长城——宁波镇海海防遗址》,《中华民居》2015 年 C2 期。

唐宋子城遗址

始建于唐穆宗长庆元年(821)的子城,在元代初年被毁之前,一直是浙东的政治、经济、文化中心。为配合城市建设,1997 年年初宁波考古部门对子城进行了为期 4 个月的考古发掘,由此不但基本上确定了唐宋子城的大致范围(即南起鼓楼,北到公园路,西至呼童街西侧,东到蔡家弄、府桥街),而且足以认定,无论是唐代始建时,抑或在宋代重修期间,子城建设都非常讲究用料和建筑工艺,甚至于设计出比较完善的排水系统。

这其中的唐代明州子城,从残存城墙横断面看,应为梯形,由城墙墙体和城墙外包砖组成。墙体是由从异地搬运来的较纯的黄褐色黏土夯筑而成,土质纯净,无遗物出土。城墙残高 60～140 厘米,宽 480～600 厘米,基本呈南北走向。在夯筑的城墙外全用砖包砌,在砌法上大多错缝并加上泥浆黏合,经包砌的墙面十分平整。从考古发现来看,可以断定当时在筑城过程中,同时建造了用于排泄雨水的窨井与窨沟,且窨井被筑于城体内,并与出水窨沟相联通,这种做法属首次发现。

南宋明州子城的城墙,可分为二期。第一期城墙的墙体大部分仍沿用唐城墙,宽 564～690 厘米,从出土文物来看,大抵建于北宋早期。第二期宋城墙是在第一期宋城墙基础上,对基础部分进行了加宽,以便加固墙基,同时又将包砖部分改为包石结构。第二期宋城墙宽 520～640 厘米,在墙体中仍沿用唐和宋一期城墙。填土中出土了典型的南宋龙泉窑所产之薄胎厚釉的碗、盘、瓶等器物残片。

子城内除了清理出宋代的排水(污)沟外,又在子城中轴线上发现一段长 6 米、宽 4.8 米的宋代大道。大道系用长 24～30 厘米、宽 7 厘米、厚 4 厘米的砖砌筑而成。有专家推断,当年砌筑大道时,首先将路基用泥、瓦砾夯平,再铺设面砖。但从其横剖面来看,砌筑手段单一,全为单砖错缝竖砌成弧形。路侧有散水明沟,明沟部分宽 0.9 米,聚水部分以纵向砌成锅底状,两旁横砌有一定的坡度以便散水。

从子城中出土的大量瓷器,不但产地不限于本地,而且自晚唐以来历代皆有。这其中,晚唐时期的瓷器,多系慈溪上林湖窑场所产,亦有湖南长沙窑碎片;五代北宋时期的瓷器,仍以越窑青瓷为主体;南宋及元代瓷器以浙江龙泉窑青瓷为主,间杂外省瓷器如福建黑釉瓷、景德镇青白瓷等;明清瓷器以景德镇青花瓷为主。尤其值得关注的是,出土于子城遗址的绿釉陶片,无论其釉色、装饰抑或胎质,皆与扬州三元路等地出土的波斯陶基本相似,因而足以断定这些绿釉陶片来自波斯,这就为研究古代宁波与西亚波斯地区的经济文化交往,提供了切实可靠的实物依据,也充分实证了宁波在中外陶瓷贸易史上的重要地位。

参见中国考古学会编:《中国考古学年鉴 1998》,文物出版社 2000 年版;傅亦民:《唐代明州与西亚波斯地区的交往——从出土波斯陶谈起》,《海交史研究》2009 年第 2 期;林士民:《浙江宁波市唐宋子城遗址》,《考古》2002年第 3 期。

上林湖寺龙口越窑窑址

上林湖集中国瓷器发祥地、唐宋越窑青瓷生产中心及"秘色瓷"原产地于一身,在我国早期陶瓷发展史上占有重要地位。据调查,上林湖及周边的木勺湾、黄鳝山、荷花芯、狗颈山、后施岙、吴家溪、黄婆岙等地,业已发现青瓷窑址近 120 处:东汉三国窑址 11 处,南朝 1 处,唐代 31 处,唐至五代 11处,唐至北宋 17 处,五代 7 处,五代至北宋 27 处,北宋 10 处。

上林湖瓷器就其纵向演进轨迹而言,大体上可分为三个阶段。第一阶段始于东汉晚期,下迄南朝时期。在此期间,上林湖地区窑不但成功地烧制出青瓷器,而且在三国时期,迎来了第一个兴盛期,时至南朝时期,更取得了匣钵装烧的技术进步。

唐五代是上林湖制瓷业发展史上的第二阶段。自中唐起,上林湖越窑成为当时"南青北白"格局中南方青瓷的杰出代表,时至唐代晚期,上林湖的瓷业生产进入最繁盛时期,不但窑场数量剧增,而且制作工艺达到了炉火纯青、精美完善的境界,甚至烧制出代表当时瓷器工艺最高水平的秘色瓷,以至于官方特地在上林湖置官监窑,以便供奉朝廷。降及五代时期,上林湖的瓷业生产继续保持强劲的发展势头,其制瓷工艺也仍居诸窑之首。

两宋时期是上林湖制瓷业发展史上的第三阶段。这其中的北宋中期,上林湖越窑瓷业虽生产规模依然庞大,但在工艺技术上开始出现停滞不前的迹象。时至北宋后期,越窑开始衰落。降及南宋初期,虽曾重现短暂繁荣,但因政府在临安设立官窑等各种因素,上林湖越窑逐渐停烧。

继 1993—1995 年对上林湖越窑遗址进行连续发掘并出土碗、盏、盘、盏托、灯盏、水盂、盒、碟、棠杯等大量精美瓷器之后,文物部门又在 1998 年 9—12 月对慈溪上林湖寺龙口越窑窑址进行了发掘。

此次发掘清理了龙窑窑炉一座、作坊遗迹一处,获得自唐末五代至南宋初期的各类瓷器 3 万余件(片)和大量窑具标本。这其中,南宋龙窑窑炉、作坊遗迹系越窑遗址中首次发现。窑炉由窑床、窑墙、火膛、火膛前工作面等部分组成;作坊遗迹发现于窑炉北侧堆积中,平面呈方形,东西、南北各有一道残高近 1 米的匣钵墙。这两处重要遗迹的揭露,比较充分地展示出越窑制瓷工艺的整个生产流程。在五代地层中,出土了大量秘色瓷和众多带有铭文的匣钵或瓷片,且铭文一般刻在匣钵外壁或碗内外底心,这无疑是研究五代瓷手工业的重要资料。备值关注的是,南宋层出土了一个外底阴刻"官"字的匣钵,这就表明此地实乃南宋初期宫廷用瓷的产地。

1998 年的这次发掘,既是新中国成立后对越窑中心窑场的第二次大规模考古,也是新中国成立后最重要的一次越窑窑址发掘。其相关发掘成果,不但再现了越窑从唐末五代到两宋时期的演变轨迹,而且为解决贡窑、秘色瓷等学术问题提供了可靠的实物资料。

参见谢安良等:《越窑青瓷:记忆与传奇》,《宁波日报》2011 年 12 月 30 日;许为民等编著:《浙江科学技术史·当代卷》,浙江大学出版社 2014 年版。

明州高丽使馆纪念馆

中国大陆与朝鲜半岛在相当长时期内,一直通过北方的陆路和南方的海路保持着非常紧密的联系。这种联系在建隆元年(960)北宋建国后依然延续。熙宁元年(1068)宋神宗继位后,更是有意实施"恩丽""宠丽"的特殊优待。然而,由于当时辽东半岛至鸭绿江口尽为契丹所有,宋与高丽之间不但陆路交通被阻断,即便是横渡黄海的北方海路,也备受影响。熙宁七年(1074),高丽"遣其臣金良鉴来言,欲远契丹,乞改途由明州诣阙";有着同样迫切意愿的宋神宗,随即准许高丽使节改由明州(今宁波)登岸,同时严禁舶商经海道前往登州、莱州,宁波遂由此成为海外贸易的唯一合法始发港。

选择明州作为始发港,除迫于契丹的军事压力外,还与明州的战略地位密不可分。首先,地处东海之滨的明州,拥有优越的地理位置、便利的海外交通、四通八达的内河航道和广阔的腹地,这是其他城市所无法比拟的;其次,明州拥有发达的区域经济,仅仅其水稻亩产,在当时就已比全国平均产量高出 30%~100%;最后,明州不但早在北宋前期就已设有官营造船场,且其年造船量,也从真宗天禧年间(1017—1021)的 177 艘,递增至哲宗元祐五年(1090)的 600 艘,位居全国第一。换言之,区域经济的繁荣与造船能力的提升,为明州成为宋丽官方往来的主要港口,提供了充分的物质保障。

其实,明州在建高丽使馆之前,已经在下辖定海县,建造了专门接待高丽来使的乐宾馆和航济亭。随着高丽来使的日益频繁及其规模的不断扩大,原有机构与设施确已难以胜任,更何况乐宾馆、航济亭位于远离明州府城的定海,不便管理。因此,设立与形势发展相匹配的官方机构,建造足以提供食宿、安置随行人员、堆放货物的新馆舍,成为当务之急。正是在这种背景下,明州知州楼异倡议并亲自督建明州高丽使馆,作为官方招待中外使者、商团的馆舍。允许使者在馆内从事贸易,这是宋代馆驿功能上的一大变化。

以他国国名命名馆驿并用以专门接待其来访使节,这种做法在中国历史上很少见,建造于宋徽宗政和七年(1117)的明州高丽使馆,无疑是中国古代对外关系史的一朵奇葩。它的设立,一方面使得远离京城汴梁的宁波,成为中外官方往来与海外贸易的唯一合法口岸,从而提高了宁波港城的政治地位;另一方面通过操办高丽事务,不但扩大了明州造船业、航运业的规模,而且促进了"海上丝绸之路"的繁荣和区域经济的发展。如今重建于海曙区镇明路的明州高丽使馆纪念馆,既是中国大陆与朝鲜半岛友好往来的历史见证,也是宁波"海上丝绸之路"的重要文化遗存。

参见林士民:《高丽使馆今犹在——漫话历史上宁波与高丽的文化往来》,《中外文化交流》1993年第5期;崔运富主编:《海曙撷英》,宁波出版社2006年版。

渔浦门码头遗址

2006年10月至11月,为配合和义路二期滨江工程建设,宁波市文物考古研究所进行了抢救性考古发掘,当时共布探方5个,渔浦门码头遗址即发现于其中。

渔浦门码头遗址共有4个文化层,其堆积年代从宋代延续至近现代,码头遗迹位于第三文化层之下,遗迹内外侧的土质和土色,均有所不同。外侧即面向余姚江一侧,为海相淤积土,生土层位相对较低,文化堆积相对较厚;内侧即靠近战船街与和义路一侧,为岸陆堆积土,生土层位相对较高,且缺失宋代文化堆积层,元代文化堆积也仅有少量分布。这一倾斜且不连续的地层堆积特征,表明余姚江面曾因江滩逐年淤积而逐渐收窄,岸线逐步北移,最终导致渔浦门码头远离余姚江边,后遭废弃并被填埋在现在的位置。

在发掘渔浦门码头遗址的过程中,出土了少许南宋龙泉窑瓷片及越窑青瓷残片。这些出土瓷片虽然碎小,器形亦多不可辨,但从釉色与胎质来看皆属南宋遗物,结合地层叠压关系,初步判断渔浦码头遗迹的时代当为南宋。

古明州城池始建于唐,肇兴于宋,当时设有城门 10 座,渔浦门就是宋代明州城的东北大门。所谓"洋山三水递相催,海上潮推石首来。渔浦门前晒渔网,渔舟昨夜捉春回",说的就是当年渔浦门外渔民捕鱼、晒网的场景。另据方志记载,在今和义路与余姚江间的战船街上,原本建有造船场,宋朝曾在此设置"造船官",时至清代仍见延用,徐兆昺《四明谈助》所谓"今之船厂,或即宋船场也。……凡巡洋营船,皆出于此。宁绍台道掌其事"云云,即其明证。

渔浦门码头遗址位于海曙区和义路东段,东侧紧邻全国重点文物保护单位——钱业会馆,南侧紧靠战船街与和义路,西北距原甬江印刷厂仅一箭之遥,东北距今余姚江堤岸约 80 米。遗址附近自唐宋以来置有不少码头类设施,以供船舶进出与贸易往来。1974 年和 2003 年,考古部门就曾在此先后发掘出一处古造船厂遗址、一艘唐代独木船、一艘南宋木船。此外,民国三年(1914)出版的《最新宁波城厢图》,在东南向江边标有"永安余姚码头""甬东司道头"等,在渔浦门码头西北则标有"老船厂"。据此,渔浦门码头很可能就是宋代以来的造船场。渔浦门码头遗址的发现,无疑为研究唐宋以来宁波港城的发展和"海上丝绸之路"的演进,提供了又一重要的实物例证。

参见张华琴等:《浙江宁波南宋渔浦码头遗址发掘简报》,《南方文物》2013 年第 3 期。

永丰库遗址

规模宏大、布局清晰、保存完整的永丰库遗址,既是宁波迄今为止所发现的唯一元代大型建筑遗址,也是我国首个重见天日的古代地方城市大型仓库。

遗址位于海曙区中山西路北侧,府桥街之南,东至蔡家弄,西至鼓楼,南北长约 120 米,东西宽约 80 米,总面积约 9600 平方米。经过先后三次发掘,在距现存地表深 1.5 米处,发掘出以两处单体建筑基址为核心,有砖砌甬道、庭院、排水明沟、水井、河道等与之相互联系、布局相对完整的元代大型建筑遗迹,同时出土了堆积如山的各地陶瓷制品与各种建筑构件、少量唐宋钱币、一枚铸有阳文"文房之印"的晚唐青铜私印,以及两方刻有元朝浙东道宣慰使司都元帅"苫思丁"名字的残碑。

通过文献考证,可确认这一稀世古迹,是建在南宋"常平仓"基址之上的元代永丰库,其主要职责是收纳各色课程、断没赃罚款。作为我国首次发现的古代地方城市的大型仓储机构,元代永丰库无论是单体建筑的规模性、布

局的完整性还是功能的
多样性，均不愧被称为
中国古代城市仓储第一
库，也为学者们研究元
代仓储类建筑提供了极
为重要的考古实例。

　　在永丰库遗址中，
不但找到了元代都元帅
府的物证，而且确认了
都元帅府的位置及其与
南宋衙署的关系，这就
为研究古代宁波城市格
局提供了重要的资料。

永丰库遗址

在整个江南地区严重缺乏元代文化遗址的当下，永丰库遗址的重见天日，不
能不说是南方地区宋元考古学的一次重大历史突破。

　　出土于永丰库的建筑遗迹，在一定程度上反映出元代仓库的构建特征。
譬如其双数开间，就迥然相异于隋唐以来中国传统建筑（尤其是官方建筑）
由奇数开间一统天下的格局。永丰库所代表的这种变化及其内在因缘，必
将成为古建筑史研究领域的重要课题。

　　作为目前宁波最重要的城市考古发掘成果，永丰库遗址汇聚了宋元时
期大江南北不同区域的著名窑系所烧制的瓷器。这些出土器物，不但真实
地反映出宋元时期宁波地方商贸之发达，而且充分实证了宁波作为"海上丝
绸之路"重要贸易港口的历史地位。也正因为内具诸如此类的重要价值，永
丰库遗址在发掘后不久，就被公布为第六批全国重点文物保护单位。

　　参见褚晓波等：《一座古代城市仓储的前世今生——宁波元代永丰库遗
址保护记》，《中国文化遗产》2006 年第 5 期；一知：《穿越历史——永丰库遗
址公园》，《宁波通讯》2012 年第 2 期；宁波市文物考古研究所：《永丰库：元代
仓储遗址发掘报告》，科学出版社 2013 年版。

浙海关旧址博物馆

　　康熙二十三年（1684）十月，清廷废除勘合贸易制度，改而订立浙江沿海
贸易税例。次年，又在宁波鼓楼右侧成立浙海关（史称"浙海钞关"），同时在
江东木行路靠甬江边设置浙海大关，用以监督管理船只、征收关税。乾隆二

十三年(1758),清政府实行闭关政策,外国商船只许在广州一地贸易,浙海关不但定海分关及红毛馆被关闭,而且仅被允许处理国内贸易与中国商人出海事宜。

第一次鸦片战争失利后,清政府不但被迫接受五口通商,而且与英国签订了协定关税的《1843年税则》,从此自我放弃了关税自主权。正是在这种背景下,1861年5月,原浙海关所在地改为浙海关监督驻地(俗称里关),同时又在江北岸外滩设置浙海关税务司,建立浙海新关(俗称洋关),专管出入宁波港的涉外关务,而浙海大关则改名为浙海常关,专征国内贸易税费。税务司从此成为海关的实际"掌门人",这个职位在1932年前一直由外国人担任。1941年4月,日军侵占宁波并"接收"浙海关。时至1948年9月,浙海关划归江海关管辖,更名为江海关宁波分关,浙海关的历史就此终结。

浙海关的建筑物相对比较集中,第一块位于外马路74—77号(今浙海关旧址博物馆处),是海关主要职能部门即总关及新关办公楼与税务司官邸,大致建于1865—1866年;第二块同期建造于外马路66号,主要作为帮办住宅;第三块是1887年建造的俱乐部和部分宿舍,位于外马路62号。

浙海关旧址是一座砖砌三层加阁楼的独栋建筑,其建筑风格可划归为折中主义,是西洋式的外廊建筑与中国传统建筑的结合。一方面,这栋小楼虽以中国式青砖为主料,但打破了中国传统的连片院落结构,转而配以西洋式的廊柱、门窗套和百叶窗;另一方面,因为没有采用西洋式建筑常见的圆拱,故其整体造型显得简洁利落,甚至予人以过于简单的感觉。该建筑物在2005年被列为省级文物保护单位,2008年12月又被改为浙海关旧址博物馆,并向公众开放。

博物馆一楼由展厅、情景厅、模型厅、放映厅组成,展陈内容分五个部分:"千年国权说海关"(中国海关的发展史)、"雄镇海道的浙海关"(浙海关的发展史)、"浙海关时期的宁波港"(近代宁波港的兴衰变化)、"建筑本身的文化价值"(浙海关旧址建筑的特点)和"宁波海关"(现代宁波海关近30年的发展史)。二楼的展陈内容是部分场景复原,有当时用来办理报关业务的综合办公室——大公事房、外籍职员的书房、税务司办公室和卧室。这些都是中国早期海关的历史见证,具有重要的历史和文化价值。

参见俞福海主编:《宁波市志》,中华书局1995年版;龚维琳:《浙海关旧址博物馆:凝视宁波港的百年沉浮》,《宁波通讯》2013年第18期;吾霄等:《宁波江北岸外滩浙海关旧址博物馆建筑分析》,《建筑与文化》2018年第2期。

缸窑山墓葬群

缸窑山墓地位于慈溪市掌起镇东埠头村西侧约 100 米处,东北距 329 国道和掌起镇 5 千米左右。缸窑山墓地所在的慈溪东南丘陵,成陆时间较晚,大体相当于商周时期。缸窑山山势缓平,其东、南两侧均为低平农田区,北侧原为坡地,西面不远处群峰连绵,五垒山、青山、张家山、口子山、河姆渡山自北而南依次排列,仿若天然屏障,其西北、东北则与乌山、茂山遥遥相对。20 世纪 80 年代,考古部门曾在距缸窑山不远的彭东、东安等地,发现过一批春秋战国时期的土墩墓和土墩石室墓葬,随后不久,又在乌山、茂山分别调查出一处春秋战国遗址和一处商周文化遗址。2004 年 4—6 月,为配合杭州湾跨海大桥南岸连接线工程建设,考古人员对缸窑山墓地进行了抢救性发掘,从中清理出商周至明清时期的墓葬共计 25 座。

这其中有两座商周墓葬,均直接开口于山体表土层下,墓坑上部已毁,墓上封土情况也不得而知,推测应为小型土墩墓类型。其墓葬时代应为春秋晚期,下限不当超过战国早期。这两座墓葬的发现,为研究这一时期该地区的生产和生活情况提供了新的实物资料。

相比较而言,该地区东晋至南朝时期的墓葬数量较多。这其中,M24 和 M25 虽残损严重,但仍可看出均属于平面长方形券顶单砖室类型,这也是当时比较流行的墓葬形式之一。至于 M23,其平面亦近长方形,但两侧壁略显外弧,这种两壁外弧的构筑方式在本地最早见于东晋中晚期,慈溪窑头山东晋纪年墓中就曾发现过墓壁外弧的情况,但据出土器物造型特点推断,M23 时代似更接近于东晋晚期至南朝早期。而 M20 和 M21,不但位置、墓向相近,且形制结构也基本一致,应为同期墓葬。值得注意的是,M20 和 M21 墓室狭矮、斜丁砌壁、平砖封顶、不设棺木,这种砌筑方式比较独特,为本地此前所未见,对研究这一时期的墓葬形制具有重要的参考价值。此外,另有两座船形墓(M9、M19),墓壁两侧外弧明显,类似墓葬在奉化、余姚等地都曾被发现过,这种船形墓系由早期两壁外弧的墓葬形制发展而来,到南朝时期已成为本地区的一种主要墓葬形制。

另有一座刀形墓(M8),情况比较复杂。该墓不仅用砖规格不一,而且在倒塌填土堆积中发现了较多唐代中晚期瓷器碎片,许多瓷片还可拼对完整。这些晚期遗物显然是外来物,但将如此之多的完整器物置于早期墓葬之中,这究竟是无意为之,抑或有意为之,尚待研究人员做更深入的发掘和研究。

参见褚晓波等:《浙江慈溪掌起缸窑山墓地发掘报告》,《东南文化》2005年第 5 期。

洪塘卢家山墓葬群

墓群位于江北区洪塘镇山下沈村西北约 100 米处的卢家山,东南距洪塘约 3 千米。卢家山山势大体呈南北走向,北高而南低,其东、南、西三面为低平农田区和鱼塘,北与狮子山相连。

为配合宁波市绕城高速公路(西段)建设,宁波市文物考古研究所在2004 年 11 月至 2005 年 1 月间,对工程路线所行经的卢家山南端山体部分及其东侧平地,进行了抢救性考古勘探和发掘,从中清理出商周至六朝时期的墓葬共计 16 座。

这其中,商周墓葬 6 座,另有 5 座土墩石室墓和 1 座土墩。这些墓葬大多分布在卢家山向西南方向延伸的山脊上,少数分布在其西南侧山坡地带。商周墓葬中,出土遗物共计 91 件,按质地可分为原始青瓷、印纹硬陶、泥质陶和玉器四类。其中原始青瓷 73 件,器形见有豆、钵、碗、盅、罐、盂、盆、器盖等;印纹硬陶 11 件,器形见有罐、瓮和瓶;泥质陶 2 件,器形见有钵和三足炉;玉器 5 件,器形见有玉玦和玉管。

浙江土墩、土墩石室墓的发掘与研究始于 20 世纪 70 年代,当时在江山地区清理出了可以判断为土墩墓的 30 组器物;八九十年代,在上虞严村、白马湖畔、羊山,湖州杨家埠、堂子山,德清三合塔山、独仓山与南王山,长兴便山、石狮,淳安左口,慈溪杨梅山、彭东与东安等地,又陆续发掘出一批土墩与土墩石室墓葬,并据此确立了浙江地区土墩墓的编年序列。这为我们确定卢家山商周遗存的年代提供了重要的参照标尺,简言之,即 M7 和 M9 为西周晚期至春秋初期,M10 为春秋中期,而 M8 为春秋晚期。

六朝墓葬共 5 座,不但均系砖室墓葬,而且基本上分布在卢家山南段西侧半山腰以下,海拔高度一般不超过 20 米。墓葬在建造时往往依山就势,因地制宜,大多先在山体上挖出墓坑,然后砌铺地砖,再在地砖之上砌筑墓室。这 5 座墓葬,均未见有明确的纪年材料,墓葬年代只能根据其形制结构及随葬器物加以大致推定。大体上,M1、M5 和 M6 无随葬器物,只能笼统地确定为六朝时期,M2 为西晋早中期,M3 属南朝时期。

六朝墓葬中共出土文物 10 件,其中 M2 出土青瓷碗 2 件,盏、钵、托盘、簋、盖盂各 1 件;M3 出土青瓷盘口壶、碗、杯各 1 件;而 M1、M5 和 M6 则未见有遗物出土。

参见褚晓波等:《浙江宁波洪塘卢家山六朝墓群发掘简报》,《南方文物》2005 年第 2 期;林士民:《浙东沿海土墩遗存探索》,《再现昔日的文明——东方大港宁波考古研究》,上海三联书店 2005 年版;林国聪等:《浙江宁波洪塘卢家山商周遗存发掘报告》,《南方文物》2011 年第 1 期。

奉化中心粮库墓葬群

奉化中心粮库位于奉化区西坞街道泉溪村南,西距奉化城区 5.5 千米,北依甬台温铁路,东、南、西三侧皆为丘陵山地,地貌起伏较大,地表植被以茶树为主。2006 年 12 月至 2007 年 4 月,宁波市文物考古研究所与奉化市文物保护管理所联合开展工作,对中心粮库建设工程范围内的古墓群、窑址进行了抢救性考古发掘,共清理东汉至南朝时期墓葬 31 座、唐代土坑墓 1 座、汉晋时期窑址 1 处。

清理出土的东汉至南朝时期的墓葬,皆为中小型砖室墓,多数可分为长方形砖室墓、长方形双砖室墓、凸字形砖室墓和刀形砖室墓四类。这批墓葬共出土各类遗物 40 件,包括陶器、瓷器、釉陶器以及铁器、耳珰、铜钱等遗物。

这批墓葬用砖可分为长方形砖和楔形砖两类。长方形砖规格为长 34 厘米、宽 16 厘米、厚 4 厘米或长 36 厘米、宽 16 厘米、厚 5 厘米;楔形砖规格多为长 36 厘米、宽 16 厘米、厚 3.5～5 厘米或长 36 厘米、宽 16 厘米、厚 3～4 厘米。在这批墓葬用砖上没有发现纪年文字,但不少墓砖上都饰有各式纹饰。墓砖正面纹样多饰绳纹,素面较少。此外"米"字形纹、四组四出钱纹与斜线交错纹的组合纹饰、四组五铢纹与菱形纹的组合纹饰等也较常见。墓砖的侧面纹饰较为丰富,有钱币纹、三角纹、十字交叉纹、鱼纹、梳子纹、杉叶纹、网纹、花蕾纹、凸点纹等相互组合而成的各式纹饰。个别墓砖的顶端也有纹饰。主要有杉叶纹、钱币纹、网格纹、直线纹、斜线交叉纹等相互组合而成的各式纹饰。

两汉至六朝时期,在今宁波境内置鄞、鄮、句章、余姚诸县,其中鄞县县治即设于今奉化西坞白杜附近,距中心粮库约 10 千米。此地也因此遗留有大量这一时期的文化遗存,尤以墓葬发现数量为最。尤其值得注意的是,这批墓葬在墓砖上装饰了各式纹饰,这就为研究汉晋南朝时期该地的丧葬习俗、文化艺术提供了丰富的材料。

参见李永宁等:《奉化中心粮库古代墓葬和窑址的发掘》,《东方博物》2010 年第 2 期。

鄞州老虎岩墓葬群

老虎岩位于东钱湖西侧,鄞州区横溪镇栎斜村东南 500 米的西山坡上,西距横溪镇 2 千米,西北距栎斜村 800 米。墓葬大多位于南北向山的西坡,部分位于北侧。墓布区竹林茂盛,土层深厚,地表散布着许多墓砖、瓷片。为配合象山港大桥连接线工程建设,2009 年宁波考古部门对老虎岩墓葬群进行了抢救性考古发掘,共发掘三国到唐代的墓葬 19 座,出土各类器物 66 件。

此次发掘的 19 座墓葬均为砖室墓,用砖均较规整,除唐代墓葬外,砖的顺面、丁面上大多有花纹。三国墓砖的纹饰构图相对简单,大多采用直线、斜线和圆的组合构图。西晋墓砖纹饰延续了三国时期的风格,大量运用弧线。东晋墓砖的纹饰比较繁复,组合纹饰更加多样。南朝墓砖纹饰比较单一,砖顺面上延续了东晋墓砖斜线交叉纹、菱形纹、四出五铢钱纹的组合纹饰,丁面上为一对上下的四出五铢钱纹。

4 座墓葬有纪年,代表了不同时期墓葬的绝对年代,如三国墓葬 M18"宝鼎二年";西晋墓葬 M9"建兴四年九月廿六日至孝""建兴二年八月一日己卯朔张建作""建兴二年八月二日张";东晋墓葬 M3"咸康六年庚子戚作",M8"永和二年九月一日作"。此外,在部分墓葬中还出现了人名及表示葬俗的字样,例如"李君""于氏之墓""合""藏"等。

这 19 座墓葬,虽然都是砖室墓,但因时间跨度大,不仅墓葬形制有所区别,而且反映出各历史时期有其不同的埋葬习俗:第一,三国墓葬均为凸字形券顶砖室墓,分甬道和墓室两部分,墓后室有高出前室的棺床,墓壁用平砖错缝顺砌,墓底为单层斜面人字形铺砖。第二,西晋墓葬延续三国墓葬形制,亦为凸字形券顶砖室墓,但不同的是,墓壁开始以四顺一丁砌壁,券顶以楔形、刀形和条形砖起券,墓室底部双层砖两横两竖铺底,又出现了长条形竖穴斜坡式墓道。第三,东晋墓葬延续西晋墓葬的形制,除凸字形墓外,出现了刀形券顶砖室墓。墓壁用双砖三顺一丁或四顺一丁砌筑。墓室两侧壁外弧,后壁上中部有小灯龛。墓底两横两竖或单层横砖铺底。甬道外有翼墙,墓门为双重券拱,平丁砖封门。封门外出现砖砌排水沟。第四,南朝墓葬延续东晋葬制,不同的是砖室墓呈船形,多以同穴双室出现,有的墓前有砖铺场地。墓壁双砖四顺一丁砌,后壁上有灯龛,后室在墓底加一层砖做成棺床,横砖单层铺底,双平砖封门,封门外有合用的排水沟。第五,唐代墓葬均为半长方半船形砖室墓。墓壁用二顺一丁砌,后壁有两长方形壁龛。墓底前端两侧壁内有砖挡墙,前室放置器物。

尽管宁波地区也曾发现不少纪年砖,但极少像老虎岩墓葬群这样如此集中。墓葬形制的不同、纪年墓砖的发现、埋葬习俗的特点及其发展变化,为判定三国到唐代的宁波墓葬断代提供了典型的年代标尺,也为研究这个时期宁波墓葬形制和葬俗提供了难得的第一手资料。但限于工程建设时间,对同期墓葬的早晚关系、是否为同一家族墓地等问题,研究者们尚未做更为深入的探讨。

参见李永宁等:《宁波鄞州老虎岩三国至唐代墓葬发掘报告》,《东南文化》2011 年第 2 期。

汪大猷墓

汪大猷(1120—1200)作为四明汪氏家族全盛时期的代表人物,历经南宋高宗、孝宗、光宗、宁宗四朝,可谓名声显赫,德高望重。其坟墓位于余姚大隐镇下磨村后山(当地人称狮子山),东距大隐镇约 3 千米。狮子山山势大体呈西南—东北走向,西北高东南低,墓地坐落在阳面半山腰上,依山势而建,坐西朝东,背靠狮子山,面对笔架山(当地人称长命山),大隐溪(当地人称金刚溪)在两山之间缓缓流过,注入姚江。

2004 年春夏之交,为配合余姚大隐双溪口水库工程建设,宁波考古部门对汪大猷墓进行了前期考古调查和勘探,确定了墓的具体方位和范围,后因建设工程征地拆迁政策落实不到位,考古发掘工作未能按期实施。2009 年2—4 月,下磨村汪姓村民全部搬迁后,宁波考古部门再次对汪大猷墓进行了抢救性考古发掘。

汪大猷墓地整体规模宏大,形制结构严谨。据当地村民介绍,1951 年前尚可看到的墓地布局自东向西依次为:位于金刚溪畔的两根望柱;神道及其两侧依次对称排列的石羊、石虎、石马等以及石像生;残损的享堂与牌坊;坡道;墓冢;墓冢两侧的两棵樟树及周围的卵石环埠。1951 年以来,汪大猷墓遭到严重破坏,墓上建筑如享堂、牌坊、坡道踏步、樟树等都被人为损坏,神道两侧石像生与石翁仲或被毁弃,或被搬迁至大隐镇政府保管。地下墓室部分同样遭到盗掘殆尽。

汪大猷墓历史上曾被多次盗掘,尤以 1951 年盗掘破坏最为严重。2009年的发掘,共出土各类遗物 15 件,其中墓室出土陶壶盖、铜镜、铜钱等七件器物,明器室出土陶盘、陶盒、陶瓶、陶盆、陶罐、陶器盖、陶杯、串珠八件器物,另在墓表扰土及墓地周边,采集到黑釉瓷碗、陶兽形建筑构件、石雕窗椇、陶瓦当、残墓志五件遗物。这其中的墓志,虽然发现时已被敲成碎块,且缺失不全,但根据残存的文字内容并结合相关文献记载,仍可准确地梳理出汪大猷的生平事迹,其部分内容甚至能补文献记载之不足。

汪大猷墓作为当前宁波规模最大、规格最高的南宋墓葬,有助于增进后人对南宋墓葬制度的认知:一是汪大猷墓背山面水,其位置得天独厚,应是按照风水堪舆、阴阳地理之说选址埋葬的。二是在陵墓前安置石像生,是汉代以来的传统。汪大猷身为权吏部尚书,官阶二级,其墓自冢后侧的卵石环埂至神道起始点长 76 米,约合 80 步,墓前配置也基本符合唐宋时期的规制。三是墓室结构基本延续北宋旧制,但其单独建造明器室用于存放随葬明器的这种做法,在以往南宋墓葬中相当少见。

参见罗鹏等:《浙江余姚大隐南宋汪大猷墓发掘报告》,《南方文物》2011年第 4 期。

三忠墓

慈城大宝山西,朱贵祠后,鸦片战争大宝山战役死难将士墓旁,新耸起一座合葬墓,墓中合葬着三位抗清义士的遗骸——王翊的头骨,冯京第被凌迟肢解后的一只手臂,缺失右脚的董志宁遗体。因系三人合葬,故称"三忠墓"。这座合葬墓,既关乎三位甬籍义士的抗清壮举,又有陆宇燝冒死收集三人尸首并将之秘密葬于马公桥畔的感人事迹,更有抗清复明这一宏大的叙事背景。

鄞县贡生董志宁一向以名节自励,清兵入浙时,他拥钱肃乐为义军领袖。鲁王监国后,任大理寺评事。但其后,目睹降臣谢三宾私吞军饷,遂愤而归家,与四明山寨义军王翊联络,以图收复宁波,因事泄而避难至舟山,此后出入于宁波、舟山两地,继续抗清复明。

三忠墓

慈城人王翊在清军入浙后,结寨四明山,曾连破上虞、新昌,震惊朝野。面对清军的招降,他毅然烹杀清使,以壮军威,使八百里四明山成为清军的心腹之患。

慈城人冯京第曾在南明

唐王那里担任监军御史,后入四明山募兵,与王翊合作抗清。1648 年和1649 年,冯京第先后与黄斌卿、黄宗羲一起去日本借兵,结果都无果而返,而后不得不奔波于山寨和舟山之间,进行抗清斗争。

这三位志士都死于抗清斗争,死在惨烈的血战后、肃杀的刑场上。最先殉难的是董志宁,在 1651 年清军攻占舟山后拔剑自刎,以身殉国,其妻罗氏也服毒自杀。最后死的是冯京第,他在舟山失陷后又回到四明山,1654 年被捕,终因不屈而被斩杀。王翊的死最为悲壮惨烈。1651 年 7 月,王翊在自奉化去台州途中被俘,不但在刑场上备受折磨,甚至死后,还被悬首示众。

相比较而言,最令人百感交集的,是这三位志士被害后,鄞县人陆宇燝为他们秘密收尸并加以营葬的惊险故事。

陆宇燝是钱肃乐的同学,1645 年清军入浙时,他与董志宁等六人倡议抗清,在宁波城隍庙共推钱肃乐为领袖。此后,陆宇燝虽因鲁王不采纳其斩马士英以谢天下的诤言,愤而弃官归里,但一直为义军输饷、做内应。当他闻讯董志宁死后遗骸漂浮海中,立即出钱募人出海打捞董尸,葬在城北马公桥畔。冯京第就义时,他野祭七天,又绝食三天,尔后设法将冯京第的遗骸葬于马公桥畔。王翊遇害后,其头颅被悬挂在宁波西门城头示众,陆宇燝又设计取回头颅,藏于家中密室,直到 12 年后他被捕时,才为其家人所发现。于是其弟陆宇爩以蒲草作身,将王翊头颅葬于马公桥畔。

此后 300 多年间,三忠墓偏居城北一隅,鲜为人知。直到 1995 年冬,因城市扩建而迁建于慈城庙湾山上,与鸦片战争中殉国的英烈为伴。

参见戴松岳:《三忠墓的诉说》,《鄞县报》1997 年 3 月 10 日;李本侹:《三忠墓:凝聚着悲壮故事的珍贵遗迹》,《宁波晚报》2011 年 7 月 17 日。

万斯同墓

以布衣身份手订《明史稿》的鄞县人万斯同(1638—1702),百年后择葬于今奉化区莼湖镇东乌鸦冠山南麓。其墓碣及两边联句为清时旧物,墓碣"鄞儒理学季野万先生暨配庄氏傅氏墓"系由清大学士王顼龄所题撰,两边对联"班马三椽笔,乾坤一布衣"则由翰林裘琏所书。

此墓曾经湮没无闻,直至同治年间,方为莼湖人谢午峰寻获于榛芜之中。此后,谢氏邀约同里吴文江、刘绍琮等七八人轮流祭扫。

民国二十五年(1936),日寇猖獗,烽火四起。值此民族危亡之秋,国民政府为激发国人的爱国心,特地褒崇万氏为乡贤。奉化应梦卿、庄崧甫等人群起响应,随即发起建修万氏祠墓事,此则其《募捐启》作有明确交代:"为修

万斯同墓

其墓以妥其灵,建其祠以永其祀。且将使国人瞻先生之祠、墓,念先生之气节,奋然继起,振我民族,而有以救夫国难焉。"当时募捐范围几及全国,上自蒋介石、林森等党政巨头,下至平民百姓,500 余人踊跃捐款,所得捐款及息金合计 11544.99 元。祠、墓俱成之日,适值万氏 300 周年诞辰,遂于墓前举行隆重公祭,并摄影留念。

整个工程历时 2 年,耗资 10713.94 元。墓碣升高 1 尺,碑字、联语整刷一新。墓前浇水泥平地,宽、广各 4 丈;墓前设祭桌 1、石凳 2,均用水泥制成。距墓前 40 余丈处建水泥坊 1 座,呈"廿"字形,高 2 丈 4 尺,阔 1 丈 1 尺。路侧树水泥华表 1 根,高 9 尺,东、西、南三方各镌"万乡贤墓道"5 个大字。此外,又在莼湖镇北建乡贤祠,分前后二进。前进中为门,左右为厢房,前有空地;后进三间为正厅,中广 1 丈 7 尺,旁各 1 丈 5 尺,高 2 丈 2 尺;正厅中的神龛,内设万季野像及木主,并分悬其手迹数帧。

蒋介石为墓坊正面题额"万季野先生墓道",同时为祠堂题额"志行卓绝"。林森为墓坊反面题额"高风亮节",为祠堂题额"民族典型"。此外,应梦卿、庄崧甫、周骏彦、俞飞鹏、陈空如、夏禹钧等人也纷纷为万氏祠、墓题额作联。墓坊立柱四面都镌有联语,正面那首"史笔殿千军先生不死,布衣终一世后进群瞻"的联语,乃庄崧甫手笔。

"文革"初期,万氏祠、墓均被毁坏,华表、墓坊也未能幸免,从华表下发掘的数筐书籍,或被弃于沟渠,或被付之一炬。1982 年,万氏祠、墓被定为县级重点文物保护单位。1985 年被重新修复的万氏墓,在 2006 年被列为全国重点文保单位。

参见周东旭:《谒万斯同先生墓》,《宁波晚报》2012 年 4 月 1 日;《奉化建筑探胜》,《奉化文史资料》第 23 辑,2012 年。

第二部分 特色建筑

一、概 述

自唐、宋以来,部分具有宁波地域风格的建筑物——古村落、古桥梁、宅第、楼馆园林、寺、观、庙、祠,在诸多偶然中流存至今,并因此内具丰富的历史文化内涵而弥足珍贵。也正有识乎此,本书特置下列五个方面加以深入探讨。

第一,水乡古村。主要关注宁波境内各个历史时期留存至今的古村落,包括这些古村落所处的地理方位、建筑风格、村民构成和文化氛围等要素。

第二,古典津梁。主要关注宁波境内现存或已然倾圮的古代桥梁,以及与桥梁有关的历史故事和民间传说。

第三,名宅故居。主要关注宁波历史名人的宅第或故居。此外,历史名人在其宅第、故居生活时的故事,以及与名人宅第、故居有关的民间传闻,亦在考察范围之内。

第四,楼馆园林。主要关注藏书楼和园林这类带有公共或公益性质的特殊功能性建筑。

第五,寺观祠庙。主要考察宁波历史上各类宗教建筑的变迁及其风格特征,同时鉴于儒学虽非宗教,但它对宁波历史文化的影响却胜过宗教,故亦将儒家礼制建筑纳入其中。

(一)水乡古村

自古以来,村落就是一个由血缘和地缘紧密结合而成的生存空间,是随着历史进程渐次成长起来的生命体;它的平面形态、功能构成、建筑风格、文化氛围,以及数量、规模、质量等,既受到诸如地质、地形、地貌、水系之类的自然地理条件的制约,同时也受到政治制度、经济发展水平、思想观念、宗教信仰、生活习俗等社会因素的影响。

聚落定居必须以稳定的食物来源为前提,而在宁波这一枕山襟海的特定地域内,食物的产出又有赖于水利的建设与耕地的开拓,因而宁波的村落建设史,理当随着水利工程的兴修,逐渐从山麓溪谷向三江平原推进;事实上,不但宁波最早的一批村落确实出现在三处淡水资源比较丰富的山口溪谷(亦即白杜、宝幢和城山渡),而且时至明代,大规模的造村运动由于平原耕地得到成片开发而基本结束,此后从外地迁入宁波的人群,要么因为经商而定居于城内,要么开赴山区兴建新的村落。

根据方志的相关记载和现存的实物,可知建造于宁波平原地区的村落,不但往往缘水而建、聚族而居,而且多系"姓氏村落",其村名或是单一姓氏(如横街水家、古林姚家),或是复合姓氏(如古林宋严王、石碶孙王),或是姓氏加方位(如鄞江上李家、石碶东杨),或是姓氏加地物(如徐家漕、邱隘),从而有别于山区村落的多以地物命名。但令人遗憾的是,由于天灾人祸,这些建造于不同历史时期的宁波古村落,大多面目皆非,即便是那些比较完整地流传至今的古村落,例如江北区的半浦,象山县的黄埠和儒雅洋,宁海县的清潭和前童,余姚市的柿林和金冠,镇海区的秦夹岙和郑氏十七房,鄞州区的走马塘、韩岭,海曙区的蜜岩,也并非其原貌。尽管如此,这些历经沧桑的古村落,既曾养育过甬上先民,更是宁波乡土文化的主要载体。

保存相对完好的宁波古村落,就其建造年代而言,比较集中于三个时段。一为唐代末年,当时在经济重心已然南移的背景下,部分任职于宁波的官员,有感于此地相对安定且富有山水之美,遂选择定居于此,海曙区的蜜岩和宁海县的力洋,就因此形成于这一阶段。二为两宋时期,分别构建于北宋和南宋的走马塘、前童,即其典型代表,这一高潮的出现,既得益于"庆历新政"后地方经济的快速发展,更是中原士庶追随宋室南渡的产物。三为元末明初,在此期间,或如元末福州武将潘均耀,在福州被朱元璋部队攻陷后,由海路逃难至黄埠,从此定居于此地;或如原本定居于南海临门的尤氏家族,在倭寇作乱而明朝政府下令坚壁清野之时,被迫于洪武十七年(1384)内迁至峡山。

由于经济文化发展的不平衡和交通条件的千差万别,宁波的古村落不但集中分布在海曙区、鄞州区和宁海县,而且大体上呈现出从东北到西南的Z形态势。举凡古村落的所在,往往与水系发生亲密的关系,建有集饮用、灌溉、消防等功能于一体的水利系统。这些古村落,依其所处的地理位置,大抵可分为两类。一类有如宁海县的清潭,该村自古以来就是比较偏僻的山庄,也正因为偏处一隅而阻隔了外来文明的冲击与影响,故能较为完好地留存至今;另一类有如鄞州区的韩岭、江北区的半浦,这类古村落本是交通枢纽和商贸重心,只因近代以来交通重心的偏离,才丧失了原有的地位。相比较而言,后者似乎更耐人寻味。尽管野草爬满了曾经热闹非凡的驿道,岁月淡去了商人和脚夫们匆匆的身影,但这种落花飘零的残败,既是社会经济文化进步的产物,也终究难以完全覆盖历史深处的繁华。

人生于地,悬命于天。在华夏先民看来,人种的延续繁衍就是自觉适应"天地"的过程;追求与天地、自然万物的和谐,也因此成为古人营建聚落的基本理念和指导原则。而在宁波境内,也同样不乏讲究风水的古村落。以宁海县的前童、儒雅洋为代表的这些风水生态聚落,一般朝南坐北,背靠山峦,缘溪而居,充分考虑到通风、采光、避暑、御寒等要素对日常起居的影响。

总体以观,宁波古村落的内部构造与建筑风格,较为明显地呈现出下列两大特征:第一,受到宗法制度潜移默化的影响,"姓氏村落"和祠堂的普遍存在,即其明证。第二,村落和宅基的选址,以及民居的朝向、形式、布局,都深受传统风水观念的影响。

(二)古典津梁

宁波历来就是水乡泽国之地,其境内江河溪流纵横交错。为启通途,甬上先民们取木石为基,架桥为渡,是以千百年来,各式桥梁星罗棋布于四明大地。据《宁波百桥》作者杨古城等人调查统计,宁波境内现存的古桥仍然多达515座。它们或横亘于山林涧溪之间,或静卧于平原江河之上,或寂寞于乡野,或熙攘于闹市,不但建造年代有先后,而且用料不一、大小不同、形态各异、功能有别。从中可以发现:第一,鄞州区内古桥最多,这既与该地河道众多有着密切的关联,无疑也是鄞州较早获得全面开发的表征。第二,宁波先民在建桥时,总是依形度势、就地取材,譬如宁海山区多突发性的山洪,故该地大多是乱石拱桥,而鄞州以平原水乡为主,故其地以石梁桥居多。第三,奉化境内的老桥主要分布在驿站、古道之上,而慈溪境内的老桥,则集中在快船江、东横河这条横贯东西的水上主动脉之上。第四,桥梁异地同名现象比较突出,这一方面反映出命名的随意性,另一方面也表明宁波各地的经济文化交流在相当长时期内并不紧密。第五,宁波桥梁的命名原则,大抵可分为地名、地理景观、人文景观、水利工程、动植物、数字、名人的姓氏与名号、方向、天干地支十大类。

由于缺乏史料的记载,目前尚难考知宁波历史上的第一座桥梁究竟建造于何时,但可以确定的是,东晋末年余姚护城河上的"武胜桥",是目前所知最早见载于史书的宁波古桥。在宁波桥梁发展史上,曾经出现过三次建设高潮。第一次高潮是在唐代,余姚的白云桥、鄞州的大涵山桥和惠明桥、三江口的东津浮桥、镇海的永年大桥,就始建于这一时期;第二次高潮出现在南宋,当时在新增大量人口的刺激下,不但经济高速发展,桥梁亦雨后春笋般地出现于四明大地,仅宁波城内外就多达 152 座,位于宁海县长街镇西岙村的惠德桥、祠堂桥、寺前桥,以及鄞州区的大慈山桥、周氏墓前桥,就是从南宋流传下来的原真性古桥;第三次高潮是在元明清三代,在此期间,不但建桥、修桥被普遍认为是政绩和善举,而且桥梁附近成为民居、商贸、文化娱乐、信息交流的中心,因而时至晚清,宁波境内古桥多达万余座,成为名副其实的"万桥之乡"。

倘若就其结构和外观而言,宁波境内的古桥,大抵可分为平桥(又称梁桥)、拱桥、廊桥三类。

此所谓平桥,就是那种桥洞近似于方形、桥面比较平直的桥梁。根据其桥墩和孔跨的差异,平桥又有叠石墩、直柱墩、石板墩和单孔、多孔之分别。这类古桥,大抵源自对原始独木桥——倒伏于溪沟之上的树木——的模仿。由于建造相对比较简便,平桥不但数量众多,而且广泛分布于宁波境内各县市。坐落于宁海县胡陈乡的戊己桥,就是典型的薄墩多孔石板平桥。道光二十八年(1848)动工、次年建成的该桥,全长 137.5 米,宽 1.65 米,高 2.65 米,现存 47 孔。其桥面由长约 3 米、宽约 0.5 米、厚约 0.3 米的条石并排合成,而每一桥墩的背水面,则又斜置一根长约 3 米的大条石加以支撑,从而增强了抗洪能力。戊己桥的价值,不仅表现为它是浙东现存最长的石板桥,更主要地表现在:奠基于松软海涂之上的它,经历了百余年的潮涨溪泄而牢固依旧,这就充分体现出宁波先民卓越的造桥技艺。

不过,平桥虽便于搭建,其不足之处却也显而易见,并突出地表现为:大多数梁桥跨度有限、桥身较低,桥脚阻水面积过大。这既不利于泄洪,更无助于通航。拱桥的出现,在某种程度上可以说,就是先民基于对平桥缺陷的认知而加以规避的产物。

宁波境内的拱桥,以石拱桥最为常见,依其孔洞的多寡,又有单孔、两孔、多孔之分。位于大西坝河与后塘河交汇处的高桥,是宁波现存单孔石拱桥中的佼佼者,始建于宋代,现桥系清光绪八年(1882)重修,全长28.5米,桥洞净跨10.3米,拱矢高6.8米,也因此便于航运。高桥不但桥洞高敞、便于通航,而且做工精巧、造型古朴。譬如在长4.8米、宽4.68米的桥面两边,置有浮雕荷叶纹栏板,而每块栏板之间又置有双复莲望柱;此外,它在桥堍两侧各设云彩纹抱鼓石的同时,又在桥洞两旁,设置了向外延伸的鳌头雕饰。也唯其如此,高桥早在1982年就已被原鄞县人民政府列为县级文保单位,近来又被评为甬上十佳名桥之一。

尽管单孔高拱桥具有造型美观、行舟方便、泄洪能力较强等优点,却也明显存在着过水跨度不足的缺陷,这一短板使之难以满足高大船只的桥渡要求。于是,跨度可以任意延伸的连续式多孔石拱桥,也就合乎逻辑地如雨后春笋般出现在四明大地。

建成于光绪二十四年(1898)的福星桥,坐落在奉化区大堰镇的常照村。这座五孔石拱桥,据说是浙东地区最大的多孔联拱石桥。不过,该桥在众多多孔拱桥中脱颖而出的原因,却并非其长96.3米、宽6.35米、高逾10米的"身材",而是一则至今仍流传于坊间的传闻:普陀山高僧净修,受观音大士梦中所托,不惧辛劳,远道至此,募捐建桥,历时八年,最终如愿以偿。

至于廊桥,其构造与平桥、拱桥既相区别又有所关联。这其中的关联主要表现为:部分廊桥,例如位于余姚四明山镇的镇东桥,这座单孔石拱廊桥其实只是在石拱桥的基础上加个盖廊而已;而坐落在宁海县深圳镇大蔡村的赏源桥,这座单孔木梁廊桥的基本构造,也与一般的平桥并无质的差异。由此几乎可以认定:大部分廊桥尤其是木结构廊桥的建成,最初大概只是为了保护木结构的桥面,到了后来才发展成为供人遮风避雨、驻足休憩、设摊交易的所在。

廊桥似乎并非宁波古桥建筑形式中的主流,因为比较完整地保存至今的这类桥梁,不但数量稀少,而且地区分布也很不均衡。尽管如此,这种连桥带廊的结构,却也不乏地方特色,余姚广济桥的精致轻巧,海曙百梁桥的雄伟气势,皆令人喟叹不已,进而油然泛起思古之幽情。

比廊桥更为小众也更能体现出宁波水乡特征的古桥,则非碶闸桥莫属。诸如慈溪掌起五姓桥、镇海五龙湖屯山闸桥、北仑小港燕山碶桥之类的碶闸桥,除了形制独特之外,它们在历史上也曾是相当重要的水利工程,发挥过蓄水泄洪、阻断咸潮的功能。

　　总体以观,这 515 座散落于四明大地的古桥,既是甬上先民劳动与智慧的结晶,也是宁波历史文化的实物遗存,对于后人考察宁波的古道水系、水路交通、造桥技术乃至民俗风情、经济文化发展水平的地域差异,皆有莫大的助益。例如同为石拱桥,鄞州区内石拱桥的用材和造法,就迥然不同于宁海;前者几乎很少采用乱石堆砌的建造方式,而在后者境内,乱石拱桥却比比皆是;这种差别,显然不仅仅折射出两地造桥技术、技巧的高低,而更应该被视为两地经济文化发展水平存在级差的表征。

　　那些或业已倾圮或仍然存世的古桥,在其建成之初,或许仅仅只是悬空的道路,但在见证了数百年甚至上千年的历史兴衰和世事沧桑之后,显然已不再只是用以突破山川阻隔的交通设施;在不同地方与不同环境浑然一体的古桥,其实业已升华为厚重的历史文化遗产。

(三)名宅故居

　　宁波大约从唐宋开始,不仅担当重要的对外贸易港口,同时也成为国内学术文化的重镇,并由此在各社会领域涌现出大批精英人物。倘若加以粗略梳理,前近代时期的宁波精英大抵可分为如下五类:一是以王应麟、王阳明、黄宗羲、万斯同、全祖望为代表的思想家、哲学家、教育家,由他们创建并递相传承的"浙东学派",在国内甚至在日本、东南亚,都有重大的学术影响。二是以方孝孺、朱舜水、钱肃乐、张苍水等为代表的众多仁人志士,他们充分展现了为坚持正义而不惜洒热血、抛头颅的民族气节。三是以虞世南、屠隆、沈光文、姜宸英、姚燮为代表的诸多文化名人,他们在书画、戏剧、诗词、文史、经学等领域所取得的成就,极大地丰富了中华民族的文化艺术宝库。四是以虞喜、陈藏器、黄济之、宋北川、高武、赵献可、陆士逵、黄百家、邵昂霄为代表的众多科学家,他们分别在天文、历算、医学、生物等领域创造了当时国内一流的科技成就,而且至今仍有其强大的影响力。五是以楼郁、陈谧、楼钥、丰坊、范钦、范大澈、卢沚为代表的藏书家,他们的万卷藏书,为滋养、推动浙东学派和中国文化的发展做出了重要贡献。

　　至近现代,宁波的各路英才更是喷涌而出。这其中,既有像潘天寿、沙孟海、沙耆、周尧、童第周这样的文化名人和科技精英,也不乏像蒋介石父子、翁文灏这样的政坛大佬,但更多的却是以下两类人物:一是活跃在钱庄、银行、信托、证券、保险领域的金融巨子,如被誉为"上海钱业领袖"的秦润卿,创办中国通商银行的叶澄衷、严信厚、朱葆三,创办四明银行的虞洽卿、袁鎏、周金箴,创办中华银行的朱葆三、林莲荪,先后创办信平、大华、宁绍、四明、天一等保险公司的黄延芳、刘鸿生、胡泳骐、孙衡甫,创办上海证券物品交易所的盛丕华,创办通汇、东南等信托公司的张啸林、孙颂馨,以及被列为中国近代金融业主要奠基人之一的宋汉章,就是其中的典型代表。二是打拼在航运、五金、新药、颜料等实业界的经济领袖,譬如虞洽卿这位赫赫有名的宁波帮代表性人物,就曾先后创办过三北轮埠公司、宁绍轮船公司,又如叶澄衷和朱葆三在五金业、秦君安和周宗良在颜料业、黄楚九和项松茂在新药业,都是各自业内的翘楚,至如王宽诚、包玉刚、邵逸夫、应昌期这些至今令人耳熟能详的海外宁波帮知名人士,也莫不是业绩辉煌的商界巨擘。

时至今日,这些曾对中国历史发展做出过重大贡献的甬籍名人,虽均已远逝,却仍留下了不少诸如故居之类值得后人缅怀和追忆的遗物、遗迹。所谓故居,通常是指名人出生或度过其青葱岁月的所在,一般情况下也包括其"祖居""旧居"和"别第";此外,名人生前最关键或最有成就时的居所,有时也被认为是故居,只是这类故居必须得到社会的高度认同。

宁波境内的名人故居,一则因系木架结构建筑而不易保存,二则又由于遭到天灾人祸的破坏,故而很少能够完整留存至今。据权威机构统计,如今保存相对完好的名人故居尚有44所,其中被列为全国文物保护单位的有5所,被列为省级文物保护单位的有8所,被列为市、县(市)区级文物保护单位的有21所,其余10所则被列为市、县(市)区级文物保护点。就其空间分布来看,海曙区数量最多(10所),慈溪市次之(7所),江北区、鄞州区各有5所,其余县(市)区分别有1—4所;就名人生前业绩而言,这44所故居大抵可分为五大类,亦即文化类(18所)、政治类(12所)、艺术类(6所)、科技类(5所)、经济类(3所),分别占总数的40.9%、27.3%、13.6%、11.4%和6.8%。

名人故居不仅是无法再生的人文资源,更是一部洋溢着浓郁乡土情怀的"立体教科书"。也正有识于此,宁波各级政府相当重视对名人故居的保护,早在2005年就曾发动市民评选出"宁波十大名人故居":潘天寿故居(宁海)、柔石故居(宁海)、王阳明故居(余姚)、徐时栋故居(海曙)、童第周故居(鄞州)、巴人故居(奉化)、张苍水故居(海曙)、沙孟海故居(鄞州)、包玉刚故居(镇海)、钱肃乐故居(鄞州)。尽管如此,迄今为止对名人故居的保护依然难以令人满意,有相当一部分故居现状堪忧,并突出地表现为:(1)那些迄今仍被用作居民住宅的名人故居,不但年久失修,而且存在比较严重的火灾隐患和私搭乱建现象。(2)那些被辟为商业用房的名人故居,其原有的格局和功能业已遭到或正在遭受不同程度的破坏。(3)部分对公众开放的名人故居,因为经营不善,未能充分发挥其应有作用。(4)部分故居在危旧房改造和道路拓宽过程中遭到建设性破坏,或正面临被拆除的威胁。(5)由于历史原因,并非所有的故居都有清晰的产权归属,既有属于国有财产的,也有属于集体财产的,甚至存在一房多主的乱象。

然而,无论是位于乡野山村之间,抑或是处于喧嚣城市之中,宁波境内现存的名人故居,因为主要始建或重修于明代初年以后,其建筑型态比较相近。首先,从结构来看,这些名人故居一般都呈天井院落式,往往以堂屋为住宅的中心;其次,就其布局而言,大多比较内敛甚至封闭,这种封闭既表现在住宅形貌上,更表现在住宅心理上;最后,这些名人故居几乎都非常重视室内外的装饰,往往集砖雕、木雕、石雕、彩绘艺术于一体。总而言之,名人故居作为名人生活成长的"记录"及其功绩创造的"见证",从一个侧面记载着千百年来宁波的历史变迁,业已与这座历史文化名城水乳交融,具有弥足珍贵的文化价值和深刻的历史内涵。

(四)楼馆园林

从文献记载来看,宁波私家藏书业自兴起于晚唐以来,大体上经历了这样一个嬗变流程:一是两宋期间的渐次崛起;二是蒙元至明代中叶的低迷;三是明代中后期的复兴;四是清代中前期的鼎盛;五是晚清向近代图书馆的转型。而在这一流程中,宁波境内曾经出现了为数众多的私家藏书楼,南宋楼钥的"东楼"和王正己的"酌古堂",元代应震伯的"花崖书院",明代袁忠澈的"瞻衮堂"、丰坊的"万卷楼"、范钦的"天一阁"和陈朝辅的"云在楼",清代黄宗羲的"续钞堂"、全祖望的"双韭山房"、郑性的"二老阁"、卢址的"抱经楼"、徐时栋的"水北阁"和黄澄量的"五桂楼",就是其中的荦荦大者。但遗憾的是,这其中的绝大多数早已灰飞烟灭,即便是有幸留存至今者,也大多已非当年模样。

各家藏书的目的,当然也不可能一致。譬如南宋象山藏书家杨涣,之所以倾赀购书,就是想帮他儿子杨王休日后参加科举考试收集资料,而明代鄞县人范大澈,主要是为了与乃叔范钦一较高下,并为此高价求购海内异本,但更多的藏书家,则完全出于个人爱好,余姚人黄澄量甚至不惜冒着杀身的风险,勉力收藏为清代统治者所不容的前代文献。也因此,每当天灾人祸不期而至、藏书楼毁于一旦之后,那些嗜书如命的藏书家总能重整旗鼓而东山再起,鄞县人徐时栋(1814—1873)便是其中的杰出代表;"烟屿楼"在咸丰十一年(1861)毁于太平天国之乱,重建于次年的"城西草堂"又意外遭遇火灾,面对这些接踵而至的沉重打击,徐时栋并不令人惊讶地建成了他的第三座藏书楼——水北阁。藏书对于徐时栋来说,与其说是一种爱好,毋宁说是一种信仰。

就其历史功用而言,宁波的私家藏书楼在相当长时期内,主要是文人雅士或殷实之家傲立儒林的资本,而非传播文化的场所。范钦父子的"天一阁",就是其中的典型;该藏书楼自创建于明代嘉靖末年以后,就一直严格贯彻诸如"代不分书,书不出阁"之类的祖训。也因此,不但历代以来能登楼观书者寥寥无几,甚至发生了钱绣芸为看书而嫁入范宅却终身未能如愿的悲剧性事件。

但时至清代后期,不但藏书家的身份早已突破非富即贵的藩篱,而且原本皆属私家所有的藏书楼,逐渐转化为具有浓厚公共色彩或公益性质的场所。倘若追根溯源,这种转变大抵肇端于黄澄量的"五桂楼"。黄氏意欲嘉惠学林的藏书宗旨,既白纸黑字地表达在《五桂楼书目》的题识之中,又具体落实在为远道慕名而来的读者提供食宿上。

相比较而言,天一阁在 20 世纪 30 年代的转型,显然更具有象征意义。当时,经年失修的天一阁,因遭遇台风而受损严重。于是有识之士在 1934—1936 年,筹款加以大修,同时移入"明州碑林"。这次改造的亮点在于:一是"明州碑林"的移入,使得天一阁从原先功能单一的藏书楼变为综合性的游览场所;二是打破了原本以"天一池"为中心的环游式布局,从而使得天一阁从士大夫文人色彩浓郁的私闭园林,转变成为开敞外显的半公共性园林。

与藏书楼颇相类似的是,宁波的园林也经历了从私物到公器的转化。宁波历史上的园林,大抵可分为两类:一是官府衙署中的园林,例如位于宁绍台道署西侧的"后乐园",该园乃光绪十年(1884),时任宁绍台道台的薛福成所建,"以作课士之所";二是私家宅园,一般规模不大,或紧邻邸宅后部,呈前宅后园之格局,或位于邸宅一侧而成跨院,紫金巷林宅中的"西园",就是典型的宅园。

近代以来,这些园林由于不尽相同的历史动因,其性质和功能发生了明显的变化,而被赋予鲜明的公共性或公益性。这种公共色彩浓厚的园林,最早出现在 19 世纪上半叶的行业会馆之中。当时,宁波以其既适合于平底北航商船,又适合于尖底南航商船的独特海域环境,成为南北沿海商运的交汇点,南来北往的商号出于增进交流、方便贸易的考虑,在三江口先后建造了安澜会馆(1826)和庆安会馆(1853),作为会馆附属设施的会馆园林,也因此而面世。这其中,庆安会馆的园林,位于会馆门外、甬江东岸,其功能显然是让那些到会馆办事或拜访的来客,在此稍事休息等候,并欣赏江边美景。

继会馆园林而兴起的公共或公益园林,是那些建于 1925 年后具有浓厚官方色彩的公园。其兴起的时代背景是:国民党政权在其成立之初,既面临着严峻的内忧外患,又迫切需要寻求其统治的合法性和正当性,因而开始全方位展示孙中山的执政理念和意识形态,进而符号化孙中山的形象和话语,国民党掌控区内也因此掀起了建造中山公园的热潮。在这一兴建中山公园的热潮中,宁波与其他地区有所不同的是:第一,弹丸之地竟然先后建造(或改造)起多达 5 座的中山公园,并星罗棋布于奉化(1925 年)、海曙(1927年)、象山(1931 年)、宁海(1933 年)和镇海(1934 年)。第二,由于地方财政拮据,为节省经费,这 5 座中山公园,除奉化中山公园系由宋家坪公园改建外,其余都是在原有衙署园林的基础上兴建而成,譬如竣工于 1929 年的海曙中山公园,它的前身就是前清宁绍台道署中的"后乐园"。

与此同时,传统宅园的营建也已几近绝迹,取而代之的是附属于豪门富商的洋房花园和别墅园林,例如位于郁家巷的盛氏花厅和坐落在中山西路的王宅。不过,这种转变就其缘起而言,并非行政力量干预的结果,从而有别于公园;它的造园风格和营建手法,虽然受到西洋建筑方式的影响,但这种影响仅仅局限在功能定位和造园材料两个层面。对宁波豪门富商的洋房花园、别墅园林来说,西洋奇异华丽的造园手法只是个遥远的参照,曾经描摹却并未大规模地付诸实践。

(五)寺观祠庙

宁波虽地处海疆边陲,但至少从汉代以来,就深受儒家文明的熏陶。而与此同时,其浓郁的海派风格,又使得宁波合乎逻辑地成为本土儒家文化与外来文明兼容并蓄之地,不同宗教也因此得以并立共存于四明大地。寺、庙、宫、观、塔、堂、碑这些宗教建筑,既随着各种宗教在宁波的先后出现、逐步发展而渐次存在、不断演进,同时也被深深地打上了宁波的烙印,成为宁波历史文化遗产中不可或缺的重要组成部分。

号称"东南佛国"的宁波,自古以来就与佛教有着殊胜因缘,不但高僧辈出,而且古刹林立。从自今而古的角度来看,佛教建筑在宁波的演进轨迹,大致经历了四个阶段:一是东汉末年至南朝的初创期,灵山寺(保国寺前身)、普济寺、五磊寺这三座宁波历史上的第一批佛寺,首先出现在今慈城一带,入晋后又开始逐步扩展到鄞州、奉化、象山、余姚等地。二是隋唐至南宋末年的兴盛期,这主要表现为旧有寺院的修复和扩建、新建寺院的增长、观音信仰的输入,并因此取代绍兴、台州,成为浙江境内新的佛教中心。三是元至清晚期的变革与创新期,这期间不但佛寺数量激增,而且在殿堂布置、供奉对象等方面,出现了比较明显的世俗化倾向。四是清末至民国的停滞期,这种现象的出现,主要源自鸦片战争后持续动荡的局势,以及缘此而来的日益凋敝的社会经济。

众所周知,外来的佛教在其传入中土之初,为了扩大影响、吸收信徒,莫不将佛寺、经场建在人口稠密的都城内外和商道两侧,而与此形成鲜明对比的是,宁波的佛寺从一开始就选址于远离尘世的僻静所在,因而不是掩映于浓荫翠谷之间,就是挺立于崇山峻岭之巅。此其一。其二,宁波的山地寺院建筑,虽也强调沿中轴线对称布局,但山门以外的前导部分,却并不予以严格遵循,而是顺应地形地势的起伏变化灵活布局。其三,宁波境内的部分寺院,例如北仑的灵峰寺、茅洋寺和象山的弥陀寺,这些寺院除了设置汉传佛寺统一规制的"伽蓝七堂"外,又增设了葛仙殿、圣母殿、赵五娘殿等"非佛"建筑,以及客堂、茶堂、养老堂、念佛堂等众多修身养性之所。凡此种种,使得宁波佛寺的建筑风格和殿堂布置呈现出鲜明的地方特色,而且这种布局据说后来借由求法僧的引介,传入朝鲜、日本两国。

相对于佛教在宁波的长期繁荣昌盛,土生土长的道教就明显要寒碜得多。这种寒碜,既表现为道教信徒历来不多,也表现为用以祀神、修炼、传教、举行斋醮仪式的道教建筑中,尽管门类众多,其数量却与佛寺相去甚远。宁波的道教建筑中,最早的是建于唐玄宗开元二十六年(738)的开元宫。历史地看,宁波道教建筑的盛衰,大体上可分为三个阶段,亦即唐代的兴起、宋元的鼎盛和入明之后的渐趋衰落。就其空间分布而言,则主要集中在鄞州、慈溪和镇海三地。纵观历代以来的宁波道教建筑,其布局既近似于佛寺,同时又不乏自身的风格特征:一是崇尚自然,往往位于名山之上、丛林之中,即便身处城内,也是广植花草树木,挖掘水池,叠筑小山。二是寓含教义,如以庭院四方代表五行,又如在山门上修凿三个门洞,用以代表跳出三界。三是讲求等级,道教建筑往往根据所奉祀的道神的地位高低,相应地确定建筑面积的大小和房屋院落的数量。而从现存实物来看,宫、观、庙、堂等正统的道教建筑,在宁波境内早已荡然无存,有的只是那些用于奉祀关帝、土地、文昌、城隍、妈祖、龙王、药皇、后土等民间神祇的庙宇,例如宁波府城隍庙、药皇殿、月湖关帝庙和庆安会馆。

事实上,道教建筑虽逊色于佛寺,但较诸清真寺和基督教建筑,不管在历史上还是当下,无论是建筑数量还是在民间的影响力,均有过之而无不及。这其中的伊斯兰教,据说早在唐代就已通过"海上丝绸之路"传入宁波,但这种极其模糊的说法,显然未能解答人们心头的疑惑,目前所能确定的是:宁波最早的清真寺始建于宋真宗咸平年间(998—1003),并辗转保留至今。如今位于海曙区月湖街道后营巷18号的这座清真寺,虽然采用了中国传统建筑的某些做法,但无论是平面布局、外观造型抑或细部处理,主要还是阿拉伯的建筑风格,其特点突出地表现在:(1)根据信徒做礼拜时必须面朝圣地麦加的教规,寺内的大殿坐西朝东,呈东西向布局。(2)寺内的主要建筑,譬如头门、二门、三门、壁照、沐浴间、礼拜殿,均布置在东西向的中轴线上。(3)大殿内既不设置神像,也不使用人物和动物图案,整个内部装饰予人以洁净、深沉的感觉。

与伊斯兰教迥然不同的是,基督教包括天主教不但有其明确的传入宁波的时间,而且基本上可分为两个时期。第一期始于明崇祯元年(1628)葡萄牙人费乐德来甬传教,下迄康熙五十四年(1715)清廷全面禁教,在此近百年间约有10多位天主教徒来甬活动;第二期是在道光二十三年(1843)宁波开埠、江北岸被指定为外商居留地之后,直至20世纪上半叶。由于社会历史背景的不同,该期又可分为两个阶段:(1)19世纪下半叶,在一系列不平等条约的保护下,教会所办的学校、神学院、医院、孤儿院尤其是教堂,如雨后春笋般地涌现于四明各地,无论是兴建的速度、数量抑或规模,均远远超过以往任何一个时期,其总体特征是建筑样式应有尽有,尤以天主教堂最为突出。(2)"义和团运动""五四新文化运动"和"非基督教运动"的相继发生,迫使各宗派教会反思、调整其传教策略,同时附带改变教堂的建筑风格,以期争取中国官方和民众的认同、支持。正是在这一背景下,20世纪上半叶,宁波境内出现了一部分"中西合璧"式的教堂建筑。这类建筑在总体结构上采用中国传统的建筑样式,同时在细部装饰上加了众多西方古典元素;位于北仑区白峰镇的郭巨耶稣堂,以及坐落在奉化区西坞街道的桑园真神堂,便是其中的典型实例。

从自今而古的角度来看,基督教作为一种外来宗教,不但传入宁波的时间相对较晚,而且传入之初又带有明显的文化侵略色彩,但它对促进宁波历史发展的积极作用,却足以与佛教相媲美。这种作用,大而言之,便是它为长期处于闭关自守状态之中的宁波人打开了一扇通往世界的窗户;小而言之,则又表现为:随之而来的西洋建筑风格进一步丰富了宁波近代建筑文化的内涵,从而推动了宁波城市的近代化进程。

然而,佛教也好,基督教、伊斯兰教也罢,它们对宁波历史发展的影响,相对于儒家文化而言,仍然极其有限。有识之士早就指出,儒学虽非宗教却胜过宗教,它的说教对国人思维方式和行为模式的潜移默化,绝非其他思想体系所能比拟。也正基于这种考虑,本书特意列入慈城孔庙、秦氏支祠这类曾经被用于推行儒家教化的礼制建筑。

二、词　条

走马塘

走马塘位于鄞州区姜山镇,地处宁绍平原东部,素有"四明古郡、文献之邦,江山之胜、水陆之饶"的美誉。而这一切故事,都伊始于北宋太宗端拱元年(988),时任明州知府陈矜勤政爱民,卒后葬于姜山镇的茅山,其子陈轩为父守墓,举家自姑苏长洲迁至走马塘。时光荏苒,昔日的移民户在传衍38代之后,留下了走马塘这一深具文化内涵的千年古村。

走马塘原名"先生塘",后因族规约定,考取功名的陈氏族人,无论官位高低,到了故乡都需步行进村,"走马塘"由此得名。受此谦恭纯孝文化之熏陶,自北宋以来,走马塘不但培育出多达76位进士,而且为官者多忧国患民,也因此被专家誉为"中国进士第一村"。

被称为"中国进士第一村"的走马塘,除了在历史上人才济济外,也因为比较完整地保留着大量古建筑,成为宁波周边最值得探访的古村。该村格局完整,水系、桥梁大都保留了古村风貌。村中的紫来桥,如同宁波城内的灵桥,都是民国著名建筑家陈露芽的作品。古建筑以清代与民国为主,类型丰富,有民居、祠堂、商铺、诊所等,"坡屋顶、马头墙、南花(划)戗、石花窗"是其典型特色。建造于乾隆年间的中新屋,规模最大,整片建筑多达432间,且有檐弄相通。相比较而言,匠心独运的"蟹肚脐"、美轮美奂的石花窗与完备的河网防护系统,既造就了走马塘独特的生存空间和浓郁的文化氛围,更令人耳目一新。

此外,百年诊所"贻谷堂",也是走马塘村内令人过目难忘的所在。"贻谷堂"的主人,是民国年间鄞南名医陈松涛,堂内至今仍挂着当年教育部部长朱家骅、浙江大学校长竺可桢、东南医学院院长郭元琦三人联名题写的"兄弟学士"匾额。至如"詹衮堂",则是为纪念陈氏先祖四世文介公陈禾。当年,陈禾在金銮殿拉着宋徽宗的龙袍犯颜直谏,其忠君报国的大无畏精神

走马塘

在较大程度上规整了走马塘陈氏的家族性格。堂内大厅两侧所悬挂的 10
幅清代陈氏祖像,为后人研究等级制度、衣冠服饰和相关历史背景,提供了
难得的实物素材。

参见程旭兰等:《宁波古村落史话》,中国文化艺术出版社 2009 年版;陈
建业等:《中国进士第一村——浙江省走马塘村古村落特征与旅游开发研
究》,《经济研究导刊》2010 年第 23 期;蔡丽等:《宁波平原地区传统民居的特
征与分析——以走马塘古村落民居为例》,《宁波大学学报(理工版)》2009 年
第 3 期;宁波市鄞州区档案局编:《鄞州寻踪》,宁波出版社 2012 年版。

蜜 岩

坐落在四明山东南麓、大小皎水系交汇处的蜜岩村,由蜜岩与祝家两个
自然村组成,东距宁波市区约 35 千米,如今隶属于海曙区章水镇,仍是进入
四明山腹地的要津。

蜜岩之名,源自村中的蜜岩山。蜜岩山系由四明山主峰华盖山蜿蜒而
来,陡峭险峻,人迹罕至,也因此成为群蜂筑巢酿蜜的绝妙佳境。日久天长,
蜜盈而溢,随雨水沿岩而下,直入溪流。山下有潭,深近 10 米,水清见底,潭
内之鱼因食蜜汁而得名"蜜光鱼"。时至今日,"上有千斤蜜,下有万担鱼"之
说,仍在当地广为流传。

　　世代居住于蜜岩的应氏族人,是宁波灵桥的创建者、唐代明州刺史应彪的后裔。降及两宋,有姓应名高的应彪后裔,始从鄞江小溪迁居至此,从此繁衍生息,世代相传,而应高后来也就被尊为蜜岩应氏的开山祖。

　　位于大、小皎水系汇合处的蜜岩,在应氏族谱中被描述成为左"青龙"、右"白虎"、前"朱雀"、后"玄武"的风水宝地,故而应氏家族在迁居蜜岩之初,就已按照道家《内经图》的说教对村庄建筑加以规划设计,从而使得该村落的整体布局具有浓厚的道家色彩。

　　这里苍山如黛,茂林修竹,小桥流水,充满诗情画意,20 世纪 60 年代和 80 年代,电影《难忘的战斗》和电视剧《人间自有真情在》都曾在此取景拍摄。事实上,蜜岩不但风光秀美,而且闻人间出。譬如应桂馨,这位被授五品知县衔的清末官员,后来加入同盟会,创办《民主报》,参加辛亥革命,担任过孙中山先生的卫队司令,最后因受宋教仁案牵连而被袁世凯杀害。又如应斐章,既曾与中共党员崔晓立在蜜岩组织垦荒团,又尝在宁波创办《时事公报》《宁波晨报》等报纸以针砭时政。而在抗日战争时期,蜜岩因位于浙东交通要道,且易守能攻,成为浙东抗日游击纵队的红色堡垒,至今尚留有中共浙东区委、鄞县县委的遗址。

　　这片土地不仅盛产英雄,更孕育企业家。例如"亨得利"钟表店的创始人应启霖,就是蜜岩人。也正是在应启霖的引领下,不但"亨得利"表店日益遍布全国,那些外出经商的蜜岩人也大多经营钟表业。虽然岁月已去,风云逸散,但与众不同的木结构长排屋,已然绝迹的蜜光鱼,神秘的藏宝石室,厚重的人文气息,红色革命根据地的光辉历史,仍从不同侧面叙说着蜜岩这个千年古村落的点点滴滴。

　　参见《鄞州百村》,宁波出版社 2008 年版;冯炜达等:《蜜岩流芳香如故》,《宁波晚报》2010 年 8 月 17 日;应义植:《密岩千古情》,天马出版有限公司 2011 年版;范立人:《钟灵毓秀:蜜岩村》,《宁波通讯》2014 年第 24 期。

前　童

　　如今被评为"国家 4A 级景区""浙江省历史文化名镇""浙江省旅游城镇""中国历史文化名镇"的宁海县前童镇,北依梁皇山,南临白溪水,塔山、鹿山两景点缀东西,是一座山环水绕的典型江南集镇。同时又因梁皇溪、白溪流经全村后汇入三门湾,故而既有灌溉之利,亦有交通之便,正是传统风水学所谓的"围而不塞""山环水抱"的宝地。

　　前童作为村落的形成,始于宋理宗绍定六年(1233)。当时,官居迪功郎的童潢,在一次游历中,偶然发现了这块"山环水绕、围而不塞、藏风得水"的风水宝地,遂举家从台州属下的黄岩县迁徙至此。尔后,在童氏家族繁衍生息的近800年间,前童逐渐成长为以儒家文化为基调,以古祠、旧宅、老街为载体,以兼具凝聚力与排外性为特征的"浙东民间文化的活化石"。

目前,整个村落相当完整地保持着明清以来的原有形制。全村密布民宅、书院、祠堂、亭台、牌坊、街巷等各类古建筑1685间,这些古建筑不但都按"回"字形九宫八卦式布局,而且各宅之间水流环绕、井槽遍布,从而既形成"云林有宅,其下流水"的独特景观,又巧妙地营造出建筑密集、街巷狭窄,但其间亦有小桥流水交相辉映因而自成格局的美感。清澈见底的溪渠水,曲径通幽的卵石路,通户达室的小石桥,鳞次栉比的灰瓦屋,"回"字九宫八卦式的建筑布局,这些呈现于眼前的物象,不仅构成了前童与众不同的独特风貌,更透显出这个山间古村的文化底蕴。

历史上,前童曾先后三次遭遇大劫:一为明初"兵梢案";二为"靖难之役"后发生的"沾亲案";三为清同治元年(1862)太平军入浙。然而,前童尽管历经磨难,仍然留下了一批明清古建筑。这些古建筑,不但以古祠、旧宅和老街为主体,而且保留了颇多书院和书斋,例如谨节堂、文昌阁、聚书楼、先月楼、集贤斋、尺木草堂、聿修楼、读书处、雁塔书院、鹿鸣山房、德邻书院等。这些流传至今的书院和书斋,无疑实证了前童人对教育事业的高度重视,也难怪获取功名的前童人会多达202人。

宁海前童古镇

参见朱晓明:《灵山秀水隐前童》,河北教育出版社 2003 年版;林备军:《宁海古村落》,浙江摄影出版社 2005 年版;钱晓著:《宁海古民居》,浙江摄影出版社 2005 年版;张悦明编:《前童——中国历史文化名村》,中国摄影出版社 2006 年版;顾希佳主编:《前童:古村落的活化石》,浙江大学出版社 2009 年版;阮仪三等:《浙江宁海前童古镇》,《城市规划》2009 年第 4 期。

儒雅洋

儒雅洋村坐落在象山县西周镇东南青龙山南麓,北靠乌岩山与后山,南望青山,东隔溪为照山,西依花山岗,素有"象山大兴安岭"之称,儒雅洋古村文化正孕育在这片群山环抱的丘陵谷地之中。

既有的考古成果表明儒雅洋早在唐代中期就已有人类活动的痕迹。时至宋代,既变为交通要道,又逐渐形成以驿站为中心的村落。到了民国时期,更成长为象山西部的政治、经济、文化中心。这一地位一直维持到 1992 年,因为儒雅洋撤乡并入西周镇,才告终结。

因为位于丘陵谷地而周边诸山又树木茂盛的关系,儒雅洋原名"树下洋",大概在清代乾隆末年,雅化为"儒雅洋"。事实上,"儒雅"既是儒雅洋人的自我期许,更是对村内大族何氏门风的真实写照。据《何氏宗谱》记载,何氏原籍东阳,后唐庄宗同光二年(924)自东阳迁居新昌,元至正末又迁至墙头白沙,明洪武末年复又迁至儒雅洋村。延续至清末民初,何氏家族在自身日趋鼎盛的同时,改变了儒雅洋的面貌,使得这个从千年古驿站演变而来的山村,确立了"耕读传家"的传统,成为儒生雅士咸集的儒雅之乡。即便今天,我们也能从诸如古雅巷、弘儒路、承志路、大雅路之类的路名中,窥见儒雅洋先辈们对弘文重教的殷切期盼。

何氏家族不仅为儒雅洋村确立了耕读的传统,也留下了奢华而又庞大的建筑群,例如何恭房、友二房、新大份、友五房。这些古建筑,虽建造年代不尽相同,但格局与风格相似,四合院、大车门、精细木雕。这其中的何恭房,简直是一座迷宫,屋宇连绵,若无人领路,外人就会在曲折的道路中转晕,绕来绕去后又回到原处。大院两边的偏院偏房也别有洞天。新大份是另一座保存比较完整的庭院,这座修建于清代中期的院落,有着精美的木雕、卷棚廊和廊顶、月洞门、漏窗、瓦花,举凡古民居中的典雅元素一应俱全。最有特色的是一楼的六扇木窗花,不同的窗纹有着不同的主题。其天井铺垫也独树一帜,用鹅卵石铺就的纹饰,虽时日久远,却依旧栩栩如生。

地处深山幽谷之间的儒雅洋,既在村西南的山墙上筑起了碉楼,又在村的东北角建造了一字排开的 15 间的两层团练房,下养马,上住人,从而使得这个洋溢着文儒气质的古村落多了一份威武刚强之气。此类安全措施在古代农村极为罕见,村内老人也说不清楚他们的祖先为何会在这方面花费那么多心思,但地方志的下列两段记载,大概就是准确答案:"光绪末年,地方不宁,何涵曾出资广购药械,组织民团,日夜巡逻以自卫";"1923 年春,嵊匪三人以演戏为名,意图绑架勒索,未能得逞"。

参见蒋艳等:《儒雅洋:古驿山庄　教育世家》,《东南商报》2006 年 5 月 5 日;刘艳丽:《宁波市儒雅洋历史文化名村保护与发展研究》,浙江大学硕士学位论文,2009 年;郑丽敏:《古驿山庄:儒雅洋村》,朱金茂、杨胜隽、林巧红主编:《四明遗韵:宁波市传统村落拾贝》,宁波出版社 2013 年版。

半　浦

位于姚江之滨的半浦,得名于咸丰年间正式通航的"鹳浦古渡",只因后人不解先贤命名雅意,遂以其谐音而简写为"半浦"。在正式通航后的 150 多年间,半浦渡口占据交通要冲,姚江上游的货物和客商大多由此上岸,或经营,或转运。如今,它仍然是运河两岸为数不多的"活渡口"。

捐田建造半浦渡口且从不收取渡资的半浦郑氏家族,自从宋元鼎革之际迁居半浦以来,耕读传家,几乎代有闻人,至前清康乾年间,更诞育出一代藏书名家郑性(1665—1743)。郑性不但在 1723 年创建了"二老阁"藏书楼,而且为保全乃师黄宗羲的著作并使之流传百年,做出了不可磨灭的重大贡献。

据载,"二老阁"是一座二层歇山式建筑,面阔三间,阁前有明堂,阁后有清池,围墙北面建有一亭,栽竹木花卉;楼上中间一间供奉着黄宗羲、郑溱等人的神位,左右两间庋藏着黄宗羲的著作,楼下则收藏郑溱的著述。然而,"二老阁"虽体量不大,但它在当时的名声很可能盖过"天一阁"。这主要是因为"天一阁"秘不示人,而"二老阁"对外开放,慕名前来访求黄宗羲著作的各地学者络绎不绝。但可惜的是,藏书曾经多达 5 万册的"二老阁",未能得到妥善保护,1943 年竟被郑氏后裔拆毁建筑、变卖藏书,后又倒塌,如今只剩下院落中的一口水井、一口池塘。

半浦村内像"二老阁"这种曾经辉煌却又最终遭遇损毁的古建筑,已难以计数,但历经风雨侵蚀而比较完整地留存至今的旧宅老房,同样数量可观,例如二老堂、一隅阁、藏笏楼、大椿堂、解元第、中书第、陆善堂、花门头、八房弄、东井头、十六房、前八房、后八房、九房、大屋、朱轩门头、梅汝湖、茶栈、孙家等。这些古建筑,在空间分布上,以姓氏为依归,大体上郑氏家族建筑集中在村中部,而东部建筑物主要归村中另一大族周氏所有;从建筑时间来看,半浦村内的老建筑,以建于清末民国居多,少数为清初遗物。

半浦作为有着 800 多年漫长历史的古村落,文化内涵浓厚,仅区级文保单位就多达 24 个。更重要的是,该村名人辈出,仅名满近代中国的"大咖",就有京剧大师周信芳和商界奇才孙衡甫,甚至于连林则徐这位睁眼看世界的第一人,也与半浦渊源颇深,因为他的夫人就是货真价实的半浦人。

参见《名人辈出的半浦村》,《宁波经济:财经视点》2011 年第 8 期;朱金茂、杨胜隽、林巧红主编:《四明遗韵:宁波市传统村落拾贝》,宁波出版社 2013 年版;陈醉等:《古渡旁,"书箱"沉甸甸》,《宁波通讯》2015 年第 20 期。

柿 林

位于余姚市大岚镇东南部的柿林村,地处四明山腹地,既尝因建村于两岭夹峙的半山腰而得名"峙岭",也曾因为人才辈出而被称为"士林",如今则由于盛产柿子而改名"柿林"。每年晚秋时节,村庄内外,山坡上下,红柿挂满枝头,犹如悬挂着无数的小红灯笼。

柿林属于典型的高山台地,地形起伏较大,整个村庄呈西高东低的倾斜之势,平均海拔 500 米左右,土质肥沃,气候湿润,阳光充足。这种良好的生态环境,既适宜于生产柿子,同时也适宜于种植茶树。事实上,该村不但是浙江省云雾茶产量最高的生产基地,盛产"瀑布仙茗""四明龙尖"等国家甚至国际级名茶,而且近年来又开始大规模种植花卉苗木,农业经济也因此呈多元化发展态势。

柿林村的历史,最早可追溯至明宣宗宣德七年(1432)。彼时,奉化江口人沈太隆"优游自适,不喜繁华,有避尘绝俗之致",某日偶至柿林,便有终焉之志,随即口占一绝:"洞天福地甚奇哉,不染人间半点埃。相土择宜居此乐,岭头惟有白云来。"未久,便携其妻龚氏、子学成迁至柿林,筑室定居。在此后的近 600 年间,柿林不但发展成为风貌古朴、民情淳厚、风物独特、人口近千的单一血缘村落,而且养成了崇尚耕读的传统。时至今日,沈姓村民占比仍在 90% 以上,并依旧将《梦溪笔谈》的作者沈括奉为不祧之祖。

柿林其地又名为"丹山赤水",为道教三十六洞天之第九洞天,自古以来就是道教的兴盛之地,历代名人雅士在游览之余,留下了诸多诗词歌赋。对此,清代大儒黄宗羲在其所纂《四明山志》中作有比较详尽的记载。目前,柿林村已与"丹山赤水景区"融为一体,成为四明山区著名的观光旅游胜地。

景区由丹山赤水、鹰岩洞天、狮王悟道、淡瀑飞水、八卦仙台、仙人指路、秋水长滩、四明道观为代表的"丹山八景"和30多处其他景点组成,以道教文化、浙东古山村风情为文化内涵,以绝壁、奇岩、古桥、流溪、飞瀑为特色,被尊为道教三十六洞天中的第九洞天。2005年,丹山赤水风景区被评为国家4A级风景区,柿林古村也被评为宁波市历史文化名村,尔后在2006年,又被评为省级农家乐示范基地。

参见胡杏云:《传统古村落的保护与发展——以宁波余姚柿林村为例》,《宁波大学学报(理工版)》2005年第4期;沈莉萍:《柿林村:一个被"吊红"环抱的古村》,《宁波晚报》2011年4月13日;符利群等:《丹山赤水:柿林村》,《宁波通讯》2014年第24期;胡廷武:《柿林村记》,《文学港》2015年第5期。

郑氏十七房

位于镇海蟹浦的郑氏十七房村,既是一个历史还算悠久的单姓村落,更是一座森然的商业帝国。400多年来,这里不但涌现出一个又一个的商业奇才(例如民间邮政业的先驱"全盛民信局"创办人郑景丰、"老凤祥"创始人郑熙、老北京"四恒银号"兴办人郑世昌、中国第一家大型冷藏企业的开创者郑方、英雄墨水创始人郑尊法),而且越来越多地矗立起各具特色的院落。换言之,该村现存的大部分建筑,主要是清代康熙以来的400余年间,那些外出经商致富的郑氏族人为光宗耀祖而大兴土木的产物。

据统计,"郑氏十七房"占地面积6万多平方米,其现存建筑除部分显系明代建筑外,包括恒德房、恒祥房、三房堂房、大祖堂房、后堂楼房、立房、新房在内的10余幢单进和多进大宅院,则建于清乾隆至光绪年间,郑氏十七房村也因此被称为国内现存规模最大且保存甚为完整的明清古建筑村落。

"郑氏十七房"就其建筑风格而言,大体上呈现出三大特征:一是郑氏十七房的民居不但具备南方楼榭的玲珑,而且兼有北方"合院"的大气,这种建筑风格,无疑既是其移民情结的外发,更是商业文化的表征;二是不但马头墙、厢房、石雕、牌坊等皆各有特色,且厢房与厅堂的构筑风格融为

郑氏十七房

一体;三是墙河环城,绿水垂柳,家家有埠,户户临河,四周有桥,宅中有街,街中有市,虽然称"村",但已俨然是一座配套设施完备的"城",且其街市所容纳的三百六十行,足以满足村民几乎所有的生活需求;四是十七房建筑既具有江南水乡的建筑风格,又兼有宫殿般的布局结构,不但规模恢宏,工艺精湛,而且中轴线、横轴线极为明显。

参见郑建军:《十七房郑氏与"宁波帮"》,《中共宁波市委党校学报》2003年第4期;谢安良:《十七房郑氏:宁波帮中最早的家族商帮》,《宁波日报》2009年9月4日;黄胜涛等主编:《走进郑氏十七房》,宁波出版社2009年版;寒石:《秋风古韵"十七房"》,《宁波通讯》2012年第24期;朱金茂、杨胜隽、林巧红主编:《四明遗韵:宁波市传统村落拾贝》,宁波出版社2013年版。

韩 岭

坐落在东钱湖畔而又三面环山的韩岭,是宁波历史上一处典型的传统市镇。其村口码头经东钱湖可到莫枝,入中塘河可至宁波;村尾古道过岭南山,向管江,可达象山、咸祥。也正因为水陆运输皆称便捷的关系,韩岭早在宋仁宗庆历年间,就已成长为宁波与象山物资交换通道上的水陆转换枢纽,并因此形成了鄞县东乡最著名的市镇——"韩岭市",每逢初五、初十,纵贯村中南北的600米长街熙熙攘攘,象山港的海鲜鱼咸,东山岙的竹木薪炭,下水岙的萝卜菱藕,殷家湾的鱼虾螺蚌,无不在此汇聚集散。

历史上,除了每月初五、初十的定期集市,韩岭老街两旁商铺林立,既有染坊、酿酒、造纸、竹木等传统店铺,20世纪初以来复又引入银楼、邮信、洋布、卷烟等时髦产业,譬如浙江省最早的卷烟厂——中国韩岭卷烟厂就曾落户于此,韩岭老街也因此成为农耕文化与商业文明的复合体。

然则时移势易,随着交通运输业的新陈代谢,韩岭在失去交通枢纽这一战略地位之后,其商业活力也随即江河日下。尽管如此,在留存至今的高墙深院内、雕梁画栋间、千年老街边,依然流传着关于韩岭旧时繁华的故事。

事实上,这个临水依溪而建的被称为"市"的水乡古村,不但商业氛围浓郁,而且合乎逻辑地衍生出开放、多元的地域性格和众姓杂居的聚落形态;缘此而来的便是,诸如孙氏思本堂、金氏大宗祠、郑氏崇德堂、孔家堂前、凌家堂前、周家堂前之类的宗法建筑也异常丰富,与之相关的一套宗法伦理民俗体系也被完整地保留下来。

尤其难得的是,韩岭从村落选址到街巷布局乃至建筑设计,在在体现出人与自然山水和谐相处的哲学思想。整个村落位于三山之间的山谷地带,两湾溪水环村注入湖中,造就了依山傍水的大环境;村内前街、后街和沿山街平行分布,分别承担着古村的商贸、生活、山景休闲等不同功能,前街商铺一字排开气势恢宏,后街生活区域沿水系曲折布局变化多样,沿山街集中了宗教建筑,随山势起伏错落有致;村内建筑古朴自然,众多传统民居的檐、廊、曲、枋、天井、石板小路、古桥、古井等都体现出很高的设计水平,令人不能不陶醉于水乡古村的旖旎风光。

参见张嘉俊:《鄞州百村》,宁波出版社 2008 年版;陈伟权:《古韵悠悠话韩岭》,《宁波晚报》2010 年 1 月 5 日;周娟:《基于文化视角的韩岭古村保护性开发研究》,《宁波大学学报(人文科学版)》2010 年第 6 期;何依等:《宁波地区传统市镇空间的双重性及保护研究——以东钱湖韩岭村为例》,《城市规划》2018 年第 7 期。

大涵山桥

位于鄞州区东吴镇史家湾与生姜漕村之间的大涵山桥,因与大涵山相连而得名。与此同时,该桥又是通向五乡碶、宁波城和镇海口的水陆要冲,洪水自鄞东第一高峰太白山汇入三溪浦,流经大涵山桥后与少白河汇合,分成三路通向鄞东七乡。大涵山桥作为鄞东水网东吴河、少白河、大涵山港、后塘河的交汇点,其水面宽达 50 余米,深达 3 米以上,每遇风浪,则激流汹涌,给过往船只带来莫大风险,也因此又被称为虎狼关桥。

大涵山桥始建于唐穆宗长庆三年(823),尔后在明神宗万历二十六年(1598)、清道光二十年(1840)、宣统二年(1910)又先后三次大规模重修或重建。历经多次重修或重建之后的大涵山桥,是一座三孔、二墩的石结构三眼平板桥,总长 13.9 米,面宽 2.28 米,中孔宽 5 米,左右两孔各宽 3 米,整个桥面呈弓形,坡度不大,南北两边各有十一级踏阶。

大涵山桥作为宁波境内现存最古老的石梁桥,保留了丰富的历史文化遗存,并突出地表现为:(1)"桥梁固,日月长,溪水如旧;地脉灵,车马富,人物还新",这副镌刻在大涵山桥墩石上的对联,是宁波现存历史最悠久的桥联。(2)刻于西墩桥联石旁排柱上的"大元延祐六年",是宁波现存古桥中所见最早的纪年年号。(3)宁波现存石梁桥的承梁石,大多方头素面,即或有所雕刻,也往往以刻龙头为主,只有大涵山桥的承梁石是龇牙咧嘴、圆目怒瞪的兽面,为传说中镇吓水怪的吸水兽,因而弥足珍贵。

这座两墩三孔平板石桥在建筑学上的最大特色,在于其结构看似简单,其实环环相扣:用五根直竖排立、厚度仅 15~20 厘米的长条石作桥墩,上覆巨大条石,然后用榫槽链接桥墩和桥梁。这种直竖而纤薄的桥墩,既有助于减弱水流的冲力,又有效地加速了水流的排泄,从而使得矗立于急流之中的大涵山桥,能够历经400多年的洪水冲刷而屹立不倒。

始建于唐代的大涵山桥,作为东吴村通向五乡碶、宁波城和镇海口的水陆要冲,对鄞东的经济发展和文化进步来说,可谓功不可没。如今,该桥身为宁波域内硕果仅存的10座唐代古桥之一,在2005年4月被列为区级文物保护单位。

参见罗华峰:《一方古迹:大涵山桥》,《鄞州交通志》编纂委员会编:《鄞州年鉴2006》,方志出版社2006年版;《鄞州交通志》,宁波出版社2009年版;宁波市鄞州区档案局编:《鄞州寻踪》,宁波出版社2012年版。

广济桥

奉化江畔的南渡村,早在唐代,就是浙东地区连接南北水陆通道的重要枢纽,但在相当长时期内,南来北往的官民,过江全赖舟渡,因而从北宋建国初年开始,就不断有人在此搭建各种材质和式样的桥梁,以期克服这一交通瓶颈。尽管如此,诸如此类的努力总是事倍功半,直到元世祖至元二十三年(1286),这一夙愿最终因着卢震的奔走疾呼、沈森的无偿资助和许诚的精心设计、施工,才得以实现,建成一座四孔石墩木梁廊桥——广济桥。

倘若追本溯源,这座浙江省内硕果仅存并因此在1989年被列为浙江省文物保护单位的元代廊桥,其实始建于北宋。因为宝庆《四明志》明确记载:建隆二年(961)僧师悟始造土桥,不久被改建为木桥,尔后又在皇祐(1049—1054)中、绍圣四年(1097)、绍熙三年(1192),先后三次得以重建。第三次重建后的广济桥,是一座廊屋式的石柱墩木梁桥,高广而坚丽,远远望上去就如同雨后彩虹。

百余年后的至元二十三年(1286),又由奉化县主簿卢震发起重建,县城善士沈森出资,聘请鄞县石匠许诚施工重建。重建后的广济桥,既添置了南北二亭,又取惠济于八方百姓之意,而被命名为"广济桥"。

广济桥长为52米,宽6.6米,高3.5米,采用四组长达六米的巨大石条,成梯形斜插入江底,每组六条,石柱之间呈八字形斜开,这就既节省了石材、增大了跨度,也有助于提高抗洪承载能力。石柱上凿有带榫头的锁石,上面覆盖两块大石板,石板上的六个卯眼紧紧地扣住石柱上的榫头,并撑有侧脚,既可以用作基础,又可以承受桥面的重力。如此,桥板与桥柱紧密相连,浑然一体。桥墩上铺13根大木,再铺厚板,建桥屋22楹,桥上建有神祠,设有长凳,屋顶上盖青瓦,在桥头南北各建碑亭。从此,桥南、桥北之间的三里老街,在不经意间形成了昼夜不息的"南渡市"。

广济桥状如长龙卧波,桥上人来轿往,桥下船往舟返,附近村民和过往客商可在桥上遮阳、避雨、歇息,唯不许在桥上赌博、打架、便溺及停留牲畜。时至明清两代,广济桥又经多次重修,其详情可见立于桥南的五块碑记。

参见杨古城等编:《宁波老桥》,宁波出版社 2011 年版;吴齐正:《奉化广济桥》,《浙江古桥遗韵》,杭州出版社 2011 年版;《奉化建筑探胜》,《奉化文史资料》第 23 辑,2012 年。

百梁桥

今海曙区洞桥镇蕙江村,自古以来就是鄞县、奉化两县之间的交通要津。也因此,早在唐中宗神龙元年(705),当地百姓就已自发地用十多条木船搭建了一座浮桥。此后 250 年间,浮桥屡遭洪水冲毁,蕙江村民造桥的心愿却愈益强烈而迫切。时至宋神宗元丰元年(1078),在朱文伟、朱用楹父子的主持下,一座长近 80 米、宽 7 米、高 10 米的六墩七孔木屋廊桥,最终飞架于"浮桥"故址。

因桥墩之间共计架木百根而得名的百梁桥,旁设观音殿、龙王殿、元坛殿、三官殿、真武殿、文武殿等神龛,以供乡民祭祀。桥上建有卷栅顶式结构的廊屋 22 间,桥面铺设厚 5 厘米的栗木板。其桥墩系用条石砌筑,长 7.8 米,厚 1.7 米,上下两头均砌成分水尖式,用以减少水流阻力,抵御洪水江潮的冲击。此种结构在浙江省内比较少见,设计合理,也确保百梁桥这座跨江长虹成为浙东交通枢纽,南可通奉化,北可达县城,或西走四明,或东赴象山,"百梁桥市"遂由此名闻遐迩。

但四明鄞江历来浪潮较多,百梁桥在建成之后,又先后在南宋绍兴十四年(1144)、元至正二十四年(1364)、明成化八年(1472)及清嘉庆、咸丰、光绪年间,多次受损、倒毁,幸得当地村民和客商善士出资修缮、重建。时至 20 世纪 80 年代,鄞县人民政府又集资募捐,对百梁桥加以修缮。这次修缮,不仅在下游 200 米处建造了"新百梁桥",而且加大了保护、管理老桥的力度。也正得益于此,百梁桥历经千余年的损毁和重修,最终"修炼"成为浙东最长的石墩木梁廊桥和宁波十佳名桥。

参见陈万丰:《百梁桥维修经过》,许孟光主编:《宁波文史资料》第 20 辑,宁波出版社 2000 年版;杨古城等编:《宁波老桥》,宁波出版社 2011 年版;吴齐正:《浙江古桥遗韵》,杭州出版社 2011 年版;陈武耀:《那盏青瓷油灯》,

团结出版社 2012 年版。

万年桥

宁海县黄坛镇榧坑村坐落在海拔近 600 米的崇山峻岭之中,以盛产香榧得名。该村西通天台,北近新昌。从海拔近千米的望海冈、蟹背尖流来的山溪,在此地汇成大松溪,山高水急、溪流婉转、水量充沛。村庄被两峰夹峙,溪流从中穿过,而万年桥就建在山溪的转角处。之所以选择在转角处修建万年桥,是因为此处不但有天然岩基山体可做桥基,而且溪滩比较平坦、水流较缓。此桥现在仍为连接宁海和新昌之间山区交通的必经之道。

建成于乾隆二十五年(1760)的万年桥,看似寻常,却既是宁波境内海拔最高的乱石拱桥,同时也是浙江省内中跨径仅次于泰顺彭溪桥、新昌吉安桥、天台永福桥的古拱桥。海拔最高乃地理位置使然,而跨径之大,则足见当地能工巧匠造桥水平之高超:一是单跨 18 米,桥拱离水面高度 10 米,桥面中心净宽 4.8 米,而桥基宽达 7.4 米,桥长 34 米,犹如一座上小下大的高大城堡。二是这座单孔弧圆形石拱桥自建成至今已逾 240 年,依然稳固如山,而在建筑材料的选择上,竟然没有采用常见的规则条石或乱石,转而罕见地选用了溪滩的卵石和山中的黄土,从而突破了传统惯例。三是这座架设在两崖之间的朴实无华的石拱桥,既没设桥栏,且其桥面也仅仅用黄泥、卵石、石沙加以铺平而已。

据村民介绍,建造这类"岙桥",先由木工制成巨大的木圈,然后在木圈上堆砌卵石,同时用黄泥沙石填充孔隙,经数月乃至年余的雨淋日晒,待拱圈逐渐成形后,再拆去木圈,石拱桥就建成了。

换言之,万年桥在选址、桥体堆砌、桥拱设计、桥面铺砌等每个细节都十分精确、巧妙,并特出地表现为:一是合理利用当地自然环境和自然材料;二是科学利用垂直荷载的重量,使之从拱体转向桥基两侧的山体。万年桥也因此成为浙东最具有代表性的乱石拱桥。

参见朱惠勇:《中国古船与吴越古桥》,浙江大学出版社 2000 年版;杨古城等编:《宁波老桥》,宁波出版社 2011 年版;吴齐正:《浙江古桥遗韵》,杭州出版社 2011 年版。

皎碶桥

碶乃宁波一地所特有,专指那些兼具蓄水和泄洪功能的水利设施,而且至今仍然留存了不少带有碶字的地名,例如北仑区的大碶、海曙区的石碶和镇海区的张鑑碶。横卧于后塘河之上的皎碶桥,位于鄞州区五乡镇的皎碶村,其前身是始建于宋神宗熙宁元年(1068)的回江硋石桥,目前所存,乃清嘉庆七年(1802)的重修物,俗称"大桥头"。这座三孔薄墩石拱桥是鄞州东乡现存跨度最大的古桥,号称鄞东第一桥。《光绪鄞县志》不知何故,将此桥记为故硋桥。"故""皎",音义皆不同,或许是笔误所致。而民国《鄞县通志》解为"故亦作皎",可算是桥名花絮。

皎硋桥乃两墩三孔拱形石桥,中孔大,两侧略小,成对称状。全长 27.3 米,宽 3.5 米,南北两桥墈各设踏跺 11 级,券面石上镌刻"皎硋桥"三个大字。桥东西两面设有石栏板及望柱,石栏板及望柱之间用榫卯结构连接,栏板高 0.47 米,望柱高 0.8 米。十对望柱上,荷花莲纹饰雕刻形式各异,有圆头、方头的覆莲或仰莲,也有单层、双层或束腰的覆、仰莲等。栏板末端置有卷草纹饰的砷石二对,东西两面的桥壁上刻有楹联四副,东联曰"圯上杭怀儒子事,杭中再见丈夫第",西联云"于环联映大江清,鳄背给成无龟近"。借此两联,勾勒出一幅古人进京赶考时,桥上妻送郎君、郎别妻的美丽图景。

桥南附近有"重建鄞东皎硋桥碑记"的碑石一通,长 2.5 米,宽 1 米,其风化程度严重,文字已漫漶不清,隐约可见有"清乾隆"等字样,由此可知该桥为乾隆年间所建,迄今已有 200 余年的历史。

皎硋桥南边有陆路通往石山弄、东钱湖、奉化、象山港。桥北与驿道相接,北通镇海,东通天童寺、阿育王寺,西通甬东。千百年来,由于洪灾频发,皎硋桥屡建屡毁。及至嘉庆七年(1802),由释觉性发起重建,附近乡民集资,在桥南建庵和镇桥石塔,同时建造了用于调节水位的贴水桥。

参见王建社主编:《宁波百桥》,商务印书馆 2008 年版;杨古城等编:《宁波老桥》,宁波出版社 2011 年版;水银:《百年前的老宁波·皎硋桥》,《宁波晚报》2012 年 11 月 4 日。

七星桥

"明镜高悬辉腾两夹,长虹斜销气吐三环""三台锁浪左川右泉,七曜横波南镜北镇",镌刻于七星桥两侧桥柱的这两副对联,形象地叙说着该桥的伟岸雄姿和所处的地理位置。位于横河镇的七星桥,既是慈溪境内最高最大的三孔石拱桥,也是该地最有"故事"的古桥。

这一则表现为桥下的横河,横亘慈南,东通鸣鹤,西接余姚,全长 23 千米,是慈溪境内最古老的生命之水和连贯南北的水上交通要道,旧时慈溪的土特农产品和上林湖的越窑瓷器,悉经此河运往余姚、宁波乃至海外。

二则表现为该桥在道光年间(1821—1850)的建成,实乃孙家境孙氏家族旨在造福桑梓的产物。在千年之前的唐代,孙氏家族从浙西睦州迁居横河之南,始建孙家境。此后在赵宋时期,当地官民在横河建造堰闸以阻咸蓄淡,这就奠定了姚北平原快速发展的基础,于是到明洪武年间(1368—1398),横河不但形成了颇具规模的集市,而且成为余姚与浒山之间的必经通道。而在横河逐渐发展的过程中,孙家境孙氏家族也逐渐壮大,出了不少官员。为进一步沟通乡里,孙氏族人先后在明万历年间、清道光年间,建造并重修了七星桥。

三则表现为该桥乃当年抗日武装"宗德三大"的 29 名战士遭日寇伏击而为国捐躯的殉难地。1941 年 10 月 22 日,由中国共产党领导的抗日武装"宗德三大"开赴横河附近,准备伏击从观海卫运送棉花至余姚的日寇。但由于汉奸告密,日寇不仅取消原定计划,而且在七星桥附近伏击"宗德三大"。"宗德三大"与日寇浴血奋战一个半小时,终因敌众我寡而失利,大队长姜文光等 29 人壮烈牺牲。如今,七星桥南矗立着由原浙江省委书记谭启龙题写的横河战斗纪念碑,以纪念这 29 位民族英雄。

民间相传七星桥建桥时,曾得七星下凡相助,故名。该桥全长 25 米,中孔跨度 6.5 米,高 4.5 米,可以两船平行而过。桥身雕刻精美,均出自能工巧匠之手,譬如东西两侧桥额石刻"七星桥",其形状就如同两块扇子。在前清康熙年间(1662—1722),桥畔就已形成了十日四天的市集,每逢市集,桥上桥下人头攒动,热闹非凡。

参见朱惠勇:《中国古船与吴越古桥》,浙江大学出版社 2000 年版;杨古城等编:《宁波老桥》,宁波出版社 2011 年版;杨明祥主编:《宁波市党史胜迹图志》,宁波出版社 2009 年版。

通济桥

源于上虞、终于宁波的余姚江,简称姚江,又名舜江。据余姚地方志记载,北宋仁宗庆历七年(1047),余姚县令谢景初始建木桥于南城齐政门前的舜江之上,名曰"德惠桥",此桥既结束了姚江无桥的历史,也是浙东运河第一桥。该年王安石来鄞县上任,从城楼下姚江经过时,桥可能尚未建成,故其《泊姚江》诗云:"山如碧浪翻江去,水似青天照眼明。唤取仙人来此住,莫教辛苦上层楼。"北宋崇宁五年(1106),德惠桥年久失修,由莫若鼎出资重建。南宋建炎三年(1129),德惠桥在宋金交战中被毁坏,一年之后重建,但规模大不如前。时至淳熙五年(1178),由王司业出资,再次重建。

南宋度宗咸淳三年(1267),鉴于德惠桥陈旧不堪,有姓王名籍者出资重建,并改名为"虹桥",其状如同《清明上河图》中的汴京虹桥,但数十年后又不幸倒塌。降及元至顺三年(1332),时当舜江之上再次建起桥梁,不但桥身由木结构改为石砌三孔桥,而且根据《诗经》"舟楫之利,以济不通",改名为通济桥(俗称江桥)。当时,整个浙东地区尚无跨度如此之大的圆洞大石桥,因而被誉为"浙东第一桥"。

现桥乃清雍正九年(1731)的重修物,全长 44 米,桥顶宽 5.6 米,桥堍宽 6.5 米,3 个圆拱中,中心主孔跨水 14 米,拱矢高 8.4 米,桥南近水处有 1 米宽的纤道,桥墙东西各伸出一对镇水神兽,20 块栏板刻宋明式样缠枝花,栏柱上雕仰覆莲和 4 只栏柱狮,中心桥洞左右还有两副气魄豪壮的对联,东边桥联为"千里遥吞沧海月,万年独砥大江流",西边桥联为"一曲蕙兰飞彩鹢,双城烟雨卧长虹"。这副对联恰如其分地描绘出通济桥始建时,作为浙东第一大跨度石桥的骄傲与气魄。

古时,通济桥下的姚江是沟通京杭与宁波的必经之路,而如今褪去这一份光荣而厚重的历史重任,通济桥成为余姚人民莫大的文化遗产与历史记忆,更是值得好好保护的文化遗产。

参见徐斌:《话说余姚古桥——通济桥》,《城市道桥与防洪》2005 年第 5 期;杨古城等编:《宁波老桥》,宁波出版社 2011 年版;陈怡等:《"长虹腾空,飞阁镇流"——通济桥》,《宁波通讯》2015 年第 2 期。

灵　桥

横跨于奉化江上的灵桥,原名东津浮桥,又叫老江桥,自古以来就是奉化江两岸的交通要道。相传唐穆宗长庆二年(822)明州刺史应彪在东渡门外奉化江口组织架设东津浮桥时,由于江阔水深流急,桥基总难打牢。正当一筹莫展之际,一场暴风骤雨不期而降,眨眼间又云破天开,半空中出现一道彩虹,七彩辉映,经久不散。心领神会的工匠,当即就往出现彩虹之处打下桥桩,于是桥梁顺利建成。也因有此祥瑞之兆,故取名"灵现桥",简称"灵桥"。

在此之后的千余年间,灵桥之名屡有变更,南宋时改称"东津浮桥",前清康熙年间浙海关建立后,又更名为"关桥"。尽管如此,灵桥身为浮桥的这一基本构造,却始终未曾改变,直到 1936 年 5 月,灵桥经过重建才变为当时国内最大最新型的单孔钢梁环形桥。

灵桥基本构造的这一转变,确实有其必要。因是木制桥船,灵桥随着潮汐涨落上下浮动,不仅极易腐损,而且每遇风潮,也时常发生断链、沉舟、溺人的惨剧。事实上,当地士绅很早就产生了改建灵桥的愿望,但一方面是因为缺乏造桥的经费,另一方面则由于社会长期动荡不安,改建计划一直没有得到实施。

值得庆幸的是,宁波人改建灵桥的夙愿在 1931 年之后出现了曙光。这一则是因为北伐胜利后社会秩序日趋稳定,二则是因为宁波旅沪同乡会愿意资助并主持完成这项公益事业。随即,改建宁波老江桥筹备委员会在宁波、上海同时成立。由上海工部局英籍工程师詹姆森和新仁记营造厂工程师竺泉通负责勘察设计、德国西门子洋行总承包的这项工程,1934 年动工,1936 年竣工。

重建后的灵桥全长 132 米,跨度 97.5 米,是中国第一座有中国工程师参与设计的单孔钢梁环形桥。因为由德国西门子公司进行设计承包,中国工程师参与修建,故而质量极高,还能在历经侵华日寇,国民党反动派的狂轰乱炸后,仍能屹立在奉化江上。西门子公司不但至今保留着修建灵桥的相关档案,而且在 21 世纪初寄来文件进行维修提醒。2007 年,宁波市政府委托同济大学对灵桥进行了彻底检查。现今灵桥依然作为市内主要桥梁为宁波市内交通服务。

参见方琳:《灵桥的历史变迁》,《宁波通讯》2013 年第 10 期;巴三:《宁波访桥》,《养护与管理》2016 年第 6 期;胡彦:《宁波〈重建灵桥纪念册〉简介》,《浙江档案》2016 年第 11 期;胡彦:《宁波灵桥:风雨千载绘"图腾"》,《中国档案报》2019 年 3 月 29 日。

张苍水故居

张苍水(1620—1664)名煌言,字玄箸,明崇祯十五年(1642)举人,官至南明兵部尚书。顺治二年(1645)清兵攻陷南京后,张苍水投笔从戎,拥立鲁王建国,与郑成功军配合,协同作战,辗转于苏皖浙闽一带,被誉为"浙东抗清的最后一面旗帜"。康熙三年(1664),军队遭受重创,张苍水屯兵隐居悬山岛,因被叛徒出卖而被俘,在杭州慷慨就义,遗体葬于南屏山下。

位于中山广场西南角绿荫之中的张苍水故居,分别在 1982 年 12 月、2005 年 4 月被列为海曙区、浙江省文物保护单位,乃张苍水之父、明代刑部员外郎张圭章所建。在此之前,张家位于今海曙区镇明路西侧"大方岳第"附近。

张苍水故居系明末清初建筑,现存中堂、书房、台门等。宁波百姓为纪念这位民族英雄,1936 年在改建贡院桥一带马路时,将其宅第所临马路命名为苍水街。尤其需要指出的是，它不仅是名人故居，更是匠心独具、古朴典雅的老墙门。现存建筑为重檐硬山顶建筑，坐北朝南，中间三间两弄，左右五间三弄，呈现 H 形，左右厢房用封火墙与砖式门楼。构筑成前明堂，后天井。前明堂中央立着一尊身着戎装，手握剑柄的张苍水铜像。明堂前正中央

张苍水故居

就是门楼的背面，上面砖刻"近圣人居"四字。明堂的左、右、后三面，由正屋和厢房的檐廊围着，正屋的前后檐廊与左右厢房的两弄相通，直通后天井。左右厢房的南端各有一弄，连接厢房的前后檐廊。现正屋及厢房开辟了"张苍水史迹陈列"，用展板的形式介绍了张苍水战斗的一生。

张苍水故居的这种布局，既便于行走，也利于夏季通风纳凉。别出心裁的还有，整个大墙门的每幢建筑均设间隔墙，尽管各自拥有一方天地，却又互相连通，令人感到空间的充实和别样的情趣。面对素砖素瓦、间有花草树木的故居，游客们除了欣赏，更会感受有英雄豪气在胸中激荡。

参见陈守义主编：《宁波名人故居》，宁波出版社 2006 年版；周东旭等：《一个王朝的句号：感怀张苍水故居》，《宁波通讯》2014 年第 12 期；唯心：《张苍水故居》，《宁波通讯》2017 年第 16 期。

江北贝家巷杜宅

1844 年元旦宁波正式开埠后，江北岸外滩一带成为英、法、美等国侨民的居留区，大量的洋行、商号、工厂、新式学校、医院及其他公共建筑也随之涌现于江北岸。受此影响，自 19 世纪中期以来，宁波民居的建筑样式开始从原先的庭院式逐渐转变为适合小家庭居住的"石库门"，并在 20 世纪二三十年代臻于鼎盛，当时民居约一半以上采用这种建筑样式，新中国成立前的江北岸一带，也因此盛行这样的民谣："皇家库门有来头，石头库门百姓楼。苍苍白发老宁波，哪个不曾楼上走。"竣工于 1934 年、迄今仍保存完好的贝

家巷杜宅,就是当年广泛分布于江北岸一带的这类建筑的典型代表。

诞生于 19 世纪中期的石库门建筑,既脱胎于中国传统的四合院,同时又融入了西方建筑的风格,如山花楣饰和出挑的阳台等,由于这类民居的外门一律选用石料作门框,故被称为"石库门"。宁波石库门作为中西合璧的"宁波近代民居",不但历史比上海石库门更悠久,而且在宁波近现代建筑史上留下了深深的烙印,在某种程度上可以说,石库门的问世,就意味着宁波城市化的开端。

江北贝家巷杜宅是一座二层砖木结构的楼房,水泥磨石子式石库门,门楣上有三角形雕花门饰,主楼高二层,二楼的房间专门设有向外伸出的西式阳台,和墙面上漆成大红色的西式木窗相映成趣,既摩登又古典,整座楼面阔五开间,左右各一厢房,屋面为洋瓦硬山式。整个建筑看上去中式传统房屋土黄色的墙身夹着西式现代水泥门楣,其间点缀着黛瓦红檐和刷成正红色的木质门窗,既有中式的典雅,亦有西式的现代,至今仍可以看出这座建筑一些过往的气派与韵味藏于其中,还略微带着在历史的发酵中产生的沧桑与朦胧美感。

参见徐文浩:《宁波老建筑》,宁波出版社 2010 年版;黄定福:《宁波近代石库门建筑》,《中国文化遗产》2010 年第 1 期;翁晴为:《寻找宁波江北的石库门》,李浙杭主编:《宁波当代作家散文选》,宁波出版社 2010 年版。

虞氏旧宅天叙堂

如今位于慈溪市龙山镇山下村的天叙堂,乃近代宁波帮领袖之一虞洽卿(1867—1945)的私宅。整幢楼房占地 5670 平方米,集中西建筑精华于一体,构思奇特。前半部分是典型的江南民居建筑,而后半部分则为意大利文艺复兴的建筑风格,是我国近代中西合璧式建筑中的奇花异卉。

天叙堂规模宏大,共有五进房屋。前三进建于 1916—1919 年,后二进建于 1926—1929 年,中间用一条长 59 米、宽 3.6 米的通道相隔,形成前后两个相对独立的整体,从而在高墙深院内营造出一个精致和谐的居住环境。

虞氏旧宅融中西多种建筑风格于一体,前三进以中式传统风格为主,抬梁穿斗式梁架、精雕细琢的船篷轩前廊、气势恢宏的走马楼和凤戏牡丹等传统题材雕刻,一袭古韵。后二进属西洋式建筑,由主楼和后楼组成,堆塑西式花卉的墙头、雕饰垂幔纹的檐柱、色彩艳丽的马赛克地面及简洁典雅的室内壁炉,一派洋风。

天叙堂无论建筑抑或装饰工艺,都达到了相当高的水准。石作、砖雕、

天叙堂外景

木雕、梁架及混凝土,均用料考究,精工细作。马赛克地面和墙面瓷砖至今仍完好如初,色彩鲜艳。装饰精美的梁、枋、雀替、门楣、连楹等触目皆是。或富丽堂皇,或精致秀丽,其精湛工艺蔚为壮观。亭台阁榭,花园天井,别具一格。

天叙堂的这种建筑风格,在很大程度上折射出虞洽卿这位昔日上海滩闻人的情感世界。当年的设计师赵仲高在构思时显然对虞洽卿的情感世界给予了充分理解。

天叙堂的可贵之处,在于它将外来建筑文化与传统建筑文化完美结合在一起,不但具有极高的历史、艺术和科学价值,而且为研究我国近代建筑发展史提供了实物例证。因而早在 1989 年,就被推荐为国家级优秀近代建筑,时至 1997 年、2001 年,又先后被列为慈溪市第四批文物保护单位、第五批全国重点文物保护单位。

参见郁伟年主编:《四明揽胜》,中共党史出版社 2003 年版;许孟光:《虞氏旧宅天叙堂》,《宁波通讯》2003 年第 1 期;陈守义主编:《宁波名人故居》,宁波出版社 2006 年版;谢良宏等:《伏龙山下访虞宅》,《宁波通讯》2013 年第 22 期。

溪口蒋氏丰镐房

旧时溪口人有一传统,即为祖屋立名时需力求古雅。蒋介石父亲排行老三,分得"周房",推及西周两位帝王的都城——丰邑和镐京,各取其第一字定为房名,故曰"丰镐房"。位于奉化区溪口镇中心地段的这座蒋氏祖居,与剡溪仅一街之隔,原系两间一弄的破旧楼房,在蒋介石得势后的 1932 年,得到了大规模的改造和扩建。改建时,除保留原有的两间一弄楼房外,又新建了一座四合院。

扩建后的楼房,为传统的前厅后堂、两厢四廊的格局,占地 4800 平方米,大小房间 49 间,主要可分七个部分:前厅、中堂、东厢房、西厢房、右平房、左楼房,以及与西厢房有狭梯相连的独立小楼。前厅共三间,其楼下原是接待室和账房办事处,楼上有蒋介石发妻毛福梅拜佛的经堂。

中堂又名报本堂,堂匾乃国民党元老吴敬恒 1948 年所题,神龛内供奉蒋介石曾祖父蒋祁增以下四代神位牌。两边柱为蒋介石亲书,上联为"报本尊亲是谓至德要道",下联是"光前裕后所望孝子顺孙"。报本堂抬头轩首,悬挂一块红底金字横匾,上书"寓理帅气"四大字。旁边还有几行跋文,系蒋介石为贺子蒋经国 40 岁生辰而立。

东厢房楼上为宋美龄卧室,1945 年抗战结束后,蒋、宋每次回到溪口,大多住在这个房间。楼下为佣人餐厅。东边楼房,即报本堂东边的三间水泥结构两层楼房,用于居住佣人、堆放杂物。

西厢房楼上是蒋介石原配夫人毛福梅卧室,1927 年解除婚约后,毛福梅以蒋介石义姐身份住在这里,仍操持家务。1937 年,蒋经国从苏联回来,在丰镐房补办婚礼,新房间就做在西厢房楼上,即毛福梅居住的房间。

西厢房西边有幢独立的两层楼房,是蒋介石母亲王采玉居住的所在。为方便王采玉上下楼,楼梯做得特别小。西边还有六间水泥结构平房,每当蒋、宋回溪口时,专供近身人员和宪兵住宿。

改建后的丰镐房,楼轩相接,廊庑回环,不但其建筑风格、内部构造与传统的江南大族宅第并无二致,而且充满了尊崇儒家伦理规范的温情:供放祖宗牌位的报本堂,为方便蒋母上下楼层而特制的窄梯、宣扬仁义礼智信的各种雕刻,迥异于一般的"帝王"之家。

蒋氏丰镐房

如今,丰镐房不但已被列为第五批全国重点文物保护单位,而且成为溪口镇的重要旅游景点,日日游人如织。

参见王天苍:《蒋氏丰镐房》,《宁波通讯》2003 年第 12 期;陈守义主编:《宁波名人故居》,宁波出版社 2006 年版;赵涵妮等:《宁波奉化蒋氏故居建筑历史文化及特色初探》,《山西建筑》2018 年第 26 期。

翁文灏故居

位于海曙区高桥镇石塘村的翁文灏故居,是一座背山面水、依河而建的明清风格的砖木建筑。曾与陈寅恪、梁思成并称为国宝级人物的翁文灏,他的青少年时代,就是在这桨声灯影、丰衣足食的江南水乡度过的。作为学者,翁文灏在地质学的各个领域创下了多达 11 项的"中国第一",是名副其实的中国现代地质学的奠基人;作为晚清以来百年风云的亲历者,其命运跌宕起伏,则又令人慨叹不已。如今斯人已逝,独留故居,任人追寻地质学大师青葱岁月的蛛丝马迹。

翁文灏故居位于高桥镇石塘村,始建于清,坐北朝南,现为民国建筑,西依石塘山坡,东临湖泊河、西塘河、上游河三河交界处。故居东墙与河之间的古道,为古代通往南北之要塞,南通集士港、横街等大镇。至后桥为古碶桥,上有桥屋,是古石塘街的西端,东通高桥、北通大隐等大镇。故居的正屋和后屋均为面阔五间两弄楼房,前进两厢和后进过街楼相通。左右有经堂、花园等附属设施建筑,皆为砖木结构。建筑总面积达 800 平方米,四周围墙高大,为防火防盗之用。现故居内为他人居住,风貌略变。整座故居建筑除东南角结构改变和内部装修略有变动,建筑基本完整,是融石雕、木雕为一体的传统江南建筑。

1889 年,翁文灏生于高桥镇石塘村,谱名存璋,字咏霓,号君达。光绪二十八年(1902),年仅 13 岁的翁文灏中秀才。1908 年参加浙江省官费留学生考试,以第七名的成绩赴比利时专攻地质学,1912 年获得物理与地质学博士学位。1913 年回国参加留学生文官考试,以第一名成绩出任农商部金事。翁文灏从 1913 年至 1932 年的 20 年间,醉心于地质、地震等方面论著,还绘测编制了我国第一张彩色《中国地质约测图》。他是第一个引用魏格纳大陆漂移说的中国学者,提出中国特有的中生代"燕山运动"等重要地质理论,得到各国学者的公认。历任清华大学地质系、北京大学地学系教授,代理清华大学校长,国民经济兼资源委员会主任委员和工矿调整处处长,国民政府行政院副院长,行政院院长,中国石油公司董事长兼总经理。抗战之时,翁文灏一手抓煤炭生产,一手抓石油勘探。1949年国共内战之时,翁文灏极力脱离国民党政府,并辞去党内职务。1954年经周总理提名当选为中国人民政治协商会议第二届委员会委员。

77岁高龄的翁文灏还曾因难忘桑梓旧情,写下一首《少年回忆》来抒发对家乡的赞美怀念与感激之情,字字动人。翁文灏故居在2005年被公布为区级文物保护点。

参见裘燕萍:《大书院巷翁宅与翁文灏》,宁波市海曙区档案局、宁波市海曙区文物管理所编:《古城寻贤——海曙之名人与遗迹》,西泠印社出版社2014年版;宁波市建设档案馆编:《城市记忆——从馆藏档案回眸宁波城建30年》,宁波出版社2015年版。

潘天寿故居

擅长写意、花鸟和山水画的潘天寿(1897—1971),是继吴昌硕、齐白石之后中国画坛的又一艺术大师,出生在宁海县冠庄村东首的"大房"。

这里有溪流迂回环绕,故又名回浦,旧为回浦乡驻地,现属城区桃源街道。潘天寿在冠庄的故居是一座传统木结构四合院楼房。大门在围墙南侧,入门过一个小天井,即为西向的二门,门庭内又有一狭长天井,左首为正对大厅俗称"倒厅"的前厅,两侧有卧房与院内东西两厢房衔接,与坐北朝南三间两弄的正厅,合围成一座庄重的封闭式院落。建筑面积共约800平方米。院内檐柱柱头均饰有狮子捧绣球雕刻,檐枋上还雕刻着花鸟和人物,早期潘天寿之父潘达礼居东首半个院子,西半院为潘天寿叔父潘达乐家人所居。故居的东大房与东厢房,原为家人卧室,厢房后毗连的平屋,则是长工、牧童的住处和牛舍。潘天寿在1915年进入浙江省立第一师范就读前,就在这个院子里度过了他的童年和少年时代的19个春秋。

1897年,潘天寿生于一个殷实的诗书之家,乳名受权,学名天授,后改名天寿。7岁入私塾,喜习字与描绘"绣像"。14岁入国民小学,城中"方正学先生祠""故里坊""义井"等纪念物和口碑传说,使他对方孝孺刚正不阿的骨气有深刻印象,影响着他毕生的人格与艺术风骨。宁海名儒徐抚九、黄坛严远轩是潘天寿习画的启蒙老师。在小学六年级时,其画艺就崭露头角。1915年他进入浙江省立第一师范学校,经李叔同等指导,艺术特长已闻名全校。1923年春他任教于上海女子职业学校,作品受刘海粟赏识,破例被引入上海美专为教授,继而得到艺坛泰斗吴昌硕的赞赏,由此蜚声画坛。1926年,他编著的《中国绘画史》为中国画史填补了一大空白。1928年他担任杭州国立艺术院国画系主任,定居杭州。抗战时期随校内迁,四处奔波;抗战胜利后,他为学校的返杭复课做出艰苦卓绝的努力。1966 年"文革"开始后他受尽折磨,1971 年含冤离世。1977 年,中共浙江省委宣布为潘天寿平反,并先后为其举办了画展和隆重的追悼会,并且在杭州南山路景云村故居设立"潘天寿纪念馆"。

1985 年,作为潘天寿故乡的宁波宁海,县人民政府为了纪念这位艺术大师,决定开辟潘天寿故居为陈列馆,拨款赎买故居产权并进行维修,征集散失的家具故物,连同浙江美院馈赠的潘天寿作品复制品和有关作品,分"起居室""书房""画室""陈列室"四部分陈列展出。1992 年,宁海县人民政府公布潘天寿故居为县级文物保护单位;1997 年,宁波市人民政府公布其为市级爱国主义教育基地;1998 年,浙江省人民政府公布其为省级爱国主义教育基地。

参见任初:《潘天寿故居》,《宁海文史资料》第 4 辑,1992 年;蒋勇生主编:《宁波名胜古迹导游》,中国大地出版社 1996 年版;滕延振:《潘天寿故居修复与广场兴建》,许孟光主编:《宁波文史资料》第 20 辑《宁波文物古迹保护纪实》,宁波出版社 2000 年版。

袁牧之故居

这座位于南塘老街的清代三合院民居,规模不大且结构简易,之所以备受关注并被列为市级文物保护点,就因为它是著名电影艺术家、中国电影事业奠基人袁牧之(1909—1978)的故居和出生地。早在 20 世纪 30 年代中期,袁牧之就已成为集表演、导演、电影理论研究于一身的影坛明星,也因此被誉为"舞台千面人"。由他主演、编导的《桃李劫》《风云儿女》《马路天使》《八百壮士》等电影,不仅轰动一时,而且影响了几代人的成长,对推动抗日救亡运动有着难以磨灭的重要作用。

袁牧之原名家莱,又名梅。13 岁就读于上海澄衷中学,其间参加洪琛主持的

袁牧之故居(位于南塘老街)

戏剧协社,是该社唯一的小演员。戏剧协社的业余活动为他的表演艺术打下基础,1927年参加戏剧革新活动,为辛酉剧社主要成员。1930年,他放弃大学学习,参加中国左翼戏剧家联盟,先后参加《回春之曲》《水银灯下》等话剧演出,并撰写了戏剧专著。1936年,袁牧之编导的《马路天使》邀请赵丹、周璇、魏鹤龄等名角出演,上映后轰动影坛,为我国电影艺术史打造了一座里程碑。1938年,他被任命为延安电影团的艺术负责人,编导、拍摄了解放区第一部大型历史纪录片《延安和八路军》,留下宝贵的历史档案。1940年袁牧之加入共产党后赴苏联学习考察,抗战胜利后回国担任东北电影制片厂厂长。1978年,他因病去世,享年69岁。

走进故居大门,青石门框的门楣左右各雕有凤凰呈祥和财神童子,斜面左为富贵牡丹,右为高洁玉兰。经过宽1.6米、进深2米多、两边均有雕饰的门拱——这是一栋拥有亮堂天井的"五间两弄硬山式"结构的晚清建筑。虽然年久失修,木柱生漆斑驳,但还是能看出其构造精巧、雕塑精致、高低有序、错落有致的晚清建筑艺术风格,还能欣赏到梁上汇集文学、绘画、书法雕刻的斗拱木质工艺品。砖木结构的五间两弄两层楼房,以厅堂为中轴,厅堂紧挨厅房的是楼梯和回廊,旁边是左右偏房,后进是厨房,房屋的底层也是由80厘米的青石做基,既典雅又坚实。天井铺有青石块,地下排水功能非常好,每逢大雨,周围住宅深陷水涝之时,袁牧之故居却从未遭殃,皆因此处地下水畅通无阻。

南郊路街区,曾经是名士商贾集聚之地,人文荟萃。受宁波商贸历史和人文历史双重熏陶,坐落于此的袁牧之故居成为一个重要历史印记,记载了一代电影艺术大师的成长与发现之路,透露出浓厚的人文气息与艺术价值。2003年,袁牧之故居被公布为宁波市市级文物保护点。

参见陈守义主编:《宁波名人故居》,宁波出版社2006年版;竹潜民:《南郊路与袁牧之》,宁波市海曙区档案局、宁波市海曙区文物管理所编:《古城寻贤——海曙之名人与遗迹》,西泠印社出版社2014年版;宁波市城建档案馆编:《城市记忆——从馆藏档案回眸宁波城建30年》,宁波出版社2015年版。

沙耆故居

创造了数以千计作品的沙耆,无疑是当今中国最具传奇色彩的油画家,他的一生几乎就是一部从古典主义经由浪漫主义再到印象主义直至抽象表现主义的油画史。这位"中国的梵高",出生在鄞州区塘溪镇的沙村,其故居依山傍水、坐北朝南,位于去沙孟海故居的必经之地。

这座名叫"藜斋"的三开间二楼宅子,坐北朝南,极具民国风格。建筑西面为砖雕门楼石库门,砖砌门楣上刻"藜齐"两个阳文大字。上为屋檐式板瓦盖顶,屋脊以优雅的弧线向两头出跳。两间一弄的楼屋后,是总面积达100平方米的山坡花园。此宅既是沙耆的出生地,也是他1947年抱病回国后的长期蛰居之所在。事实上,在1981年移居韩岭之前,"藜斋"不仅仅只是沙耆的栖息地,更是他展示社会身份和自身价值的沙场。

沙耆原名引年,早年求学于上海美专和中央大学艺术科,师从徐悲鸿先生。1937年,经徐悲鸿推荐,沙耆成为比利时布鲁塞尔皇家美术学院院长的入室弟子,也是继吴作人、吕霞光之后又一个在该校就读的中国学生。1945年10月,沙耆在比利时举办个人画展,庆祝反法西斯战争的胜利,所画《雄狮》以中国驻比利时大使馆及旅比侨胞名义献赠祖国。急欲回国的沙耆却在此时患上精神分裂。1946年,在中国驻比利时大使馆安排下,沙耆抱病回国。回国后,沙耆蛰居故乡沙村,精神上的折磨并没有磨灭他的创作热情。1983年,"沙耆画展"先后在杭州、北京、上海等地举行,整个画坛为之轰动。1993年,他的传略入选《国际现代书画篆刻家大辞典》,并荣获"世界铜奖艺术家"称号。1997年,沙耆因患脑中风入住上海田林医院,晚年完全失去知觉,凭着坚强意志,他在医院与病魔斗争了八年零三天后离世。

这栋房子沙老曾经转手他人,2003年当地政府为了保住这栋名人故居又重新购回为公有,2005年公布为鄞州区文物保护点。板壁上原有11幅油画,画中的女性个个富有青春活力,或坐或卧或跪或站,栩栩如生且带有古典淑女韵味,而这些画现在已经成为个别收藏者手中的珍贵文物了。

参见陈守义主编:《宁波名人故居》,宁波出版社2006年版;陈万丰等:《董风甬水》,宁波出版社2012年版;杨建维编:《沙耆的乡愁》,浙江人民美术出版社2016年版。

抱经楼

建成于乾隆四十二年(1777)的抱经楼,其名取自韩愈诗句"春秋三传束高阁,独抱遗经救终始"。其藏书主要得自全氏双韭山房、黄氏千顷堂、毛氏汲古阁等著名藏书楼,在当时足以与范氏天一阁、郑氏二老阁相媲美。源自其主人卢址对天一阁的推崇,抱经楼无论建筑样式抑或对藏书的管理,都加以刻意模仿、效法。抱经楼既曾于咸丰十一年(1861)太平军骚扰宁波期间惨遭洗劫,尔后,不但所有藏书在民国五年(1916)被卢址后人卖给上海古书流通处,且其房子和楼前假山分别售予"源茂药行"和"翰香学校"。如今,位于君子街 18 号的抱经楼,在历经 200 余年的风雨沧桑后风貌依然。

抱经楼始建于卢址住宅东,由于卢址对范氏天一阁的极力钦慕与推崇,认为宁波最齐备的藏书楼当属天一阁,卢氏最欣赏的就是天一阁藏书之精与久,这是他一直追求却又可望而不可即的目标。所以从藏书楼样式构造到藏书管理,抱经楼皆沿习于天一阁。当地方志更是记载了卢址因为天一阁得到御赐的活字本《古今图书集成》而遗憾,以至于急忙倾家产遣子弟往北京购得《古今图书集成》底稿作为可以和范氏天一阁相抗衡的资本。而且当这套书到达的时候,卢氏还要求家人穿戴整齐,恭恭敬敬地将这套书迎进家中。这件因为赐书而引起的美好故事在邻里之间一时被传为佳话。卢址还亲自编写藏书阁目录,并将藏书分为经史子集四部。卢址殁后,卢氏后人虽无力扩大藏书规模,但直到清朝末年,卢氏子孙仍严格遵守抱经楼封闭制度并定时清整藏书,在咸丰十一年(1861)太平天国军队进入宁波,抱经楼经历盗匪疯狂搜窃损失惨重,那些珍贵典籍竟然被盗匪按斤论两地售卖。而由于卢氏家资匮乏,后人也无力赎回藏书。幸而鄞人杨坊临逝前愿意将自己所购抱经楼流散藏书归还卢氏后人。卢氏后人感激之余特为杨坊立神位每年致祭。民国五年(1916),卢氏后人因时代变革与时局动乱将全部藏书共计五万六千三百七十八卷以五万元银币价格售于上海古籍流通处,还有一小部抱经楼藏书分散于江浙藏书家。而抱经楼主建筑也售于源茂药行,楼前假山售于本地翰香学校。书、屋之款由卢氏后人平分,杨坊之子杨宝镛得知后向卢氏后人提出异议,后经两家交涉杨宝镛得到 5000 银元的书款。

如今,原本早已书散尽楼易主的抱经楼也因城市建设整体搬迁至天一阁文物保护区内。当今人还在感叹天一阁的风雨之姿,没有了"经"可"抱"的抱经楼却将渐渐消逝于大众视野。

参见骆兆平等:《卢址和抱经楼》,《图书馆杂志》1983 年第 2 期;徐雁:《抱经楼》,《书屋》1998 年;周娴华:《卢址与抱经楼》,贾亚炜主编:《甬城藏书楼》,宁波出版社 2015 年版。

水北阁

自宋代以来,藏书在宁波文坛蔚为时尚,以校刻《宋元四明六志》、主持编纂《鄞县志》著称的徐时栋,也是其中的佼佼者。出身于藏书世家的他,先后拥有三座藏书楼。其中,烟屿楼在遭受太平军劫乱后早已弃用,而城西草堂也在同治二年(1863)被意外焚毁,只有水北阁伴他走完人生的最后一程。

令人遗憾的是,水北阁虽免于天灾,却也终究未能躲过人祸,大部分藏书在宣统三年(1911)流入上海书贾之手。时至1994年,地方政府为加强保护,将水北阁整体迁移至天一阁内,后又将它辟为专门收藏新方志的中国地方志珍藏馆。

水北阁为清末藏书家徐时栋私家藏书楼,建于同治三年(1864)六月,徐时栋将书楼与住宅楼分开,因为住宅楼旁有条河,书楼在河之北,故名之为"水北阁"。

徐时栋在33岁那年乡试中举,其后两次北上会试都不得志后,立志发奋读书专心著述,于是开始有了水北阁最前之身——烟屿楼。烟屿楼的"烟屿"取自宁波月湖十洲之一洲名,位于今共青路48号,坐西朝东,五间二弄,上下两层,书藏楼上。藏书多来自慈溪郑氏、鄞县范峨亭等故家散出者。咸丰十一年(1861),太平军攻入宁波城,徐时栋避居鄞县西南建岙,避难归来时,藏书已所剩无几。

次年,徐时栋迁居西门外的城西草堂,又开始整理旧编,同时四处寻访散佚,又得书卷五六万。但不幸的是,同治二年(1863)十一月,城西草堂又遭遇大火,其中数万藏书付之一炬,只剩边屋数间。失火那天,徐时栋正在友人家做客,次日归来后,慰吊者盈门,而他却镇定自若。

经过烟屿楼与城西草堂的两次打击,徐时栋并没有就此泄气,放弃藏书之志,仅在城西草堂被焚次年的同治三年(1864),就在城西草堂的旧址原地重建新楼,即今之"水北阁"。经过几年的苦心搜集,水北阁藏书才终于得以恢复旧日规模。徐氏藏书多为当时常见读物,因为他觉得藏书本来就是为了用来阅读,奇谈异书并没有什么值得推崇借鉴之处。同治七年(1868),徐时栋主持编纂《鄞县志》后不仅将修志局迁至水北阁,而且尽出水北阁藏书以供修志之需。

宣统三年(1911),水北阁藏书三十大书橱绝大部分被售于上海书商,其中少部分流入近代宁波的藏书之家,如今天一阁也存有些许。水北阁原在亨六巷二号,二层楼房,建筑基本完好,但早已被改做民居,存在一些防火问题。1994年9月,因城市拓展,水

徐时栋水北阁藏书楼

北阁原址无法保存,已被迁移至天一阁附近,恢复原貌加以保护。如今水北阁虽已无藏书,但其创建者徐时栋百折不回的可贵精神仍充盈其间。

参见黄建国等主编:《中国古代藏书楼研究》,中华书局 1999 年版;范凤书主编:《中国著名藏书家与藏书楼》,大象出版社 2013 年版;龚烈沸:《平生有愿如此水,会当读尽琅嬛书——晚清著名藏书家徐时栋研究》,卢敦基主编:《浙江历史文化研究》第七卷,浙江大学出版社 2016 年版。

伏跗室

坐落在孝闻街 91 号的伏跗室,是现代著名藏书家、目录学家冯孟颛先生(1886—1962)的藏书楼。其名取自东汉辞赋家王延寿《鲁灵光殿赋》中的"狡兔跧伏于柎(跗)侧",意为"像狡兔般蜷缩其身,伏于陋室,修得硕果"。这一藏书楼汇集了明清以来赵氏种芸仙馆、董氏六一山房等辗转流散的书籍,共计 10 万余卷,其中不乏诸如郭茂倩《乐府诗集》、黄宗羲《留书》之类的善本。

冯贞群,号孟颛,自称伏跗居士,前清秀才。少年时期就酷爱阅读,成年后继承其父"求恒斋"所遗藏书千册,潜心治学之余,仍觉藏书不足,减衣缩食以求经典。冯贞群为读书而藏书,故而多藏史籍与文集,伏跗室藏书中有善本 300 多种。当时军阀混战,科举废止,世人皆认为传统古籍已经没有价值可言,不利于躲避战乱,加之革新思想盛行,许多旧藏书在这些主客观条件作用下四处流散,冯贞群便在此之际四处搜集明清以来的各方藏书家之藏书,如赵氏种芸仙馆、董氏六一山房、柯氏近圣居、徐氏烟屿楼等书楼散佚典籍,所以古籍的搜集积聚过程,也就成了抢救保护和整理研究民族文化遗产的过程。他将这些书藏于室中,亲自补修,历经 30 余年的积累,所藏之书已逾九万八千卷,碑刻 400 余品,其中还有珍贵的宋刻本,对研究我国古代史都具有重要的作用。

20 世纪二三十年代是伏跗室藏书的鼎盛时期,据冯先生编目后统计,那时有藏书 3 万多册,12 万余卷。随着藏书数量的不断增加,他对文化典籍的感情便愈加深厚。随着对藏书价值认识的不断深入,他对保护文化遗产的历史责任感也愈加强烈。因而在抗日战争期间,大有"与藏书共存亡"的决心与气概,亲友们多次劝先生去外地暂避,他明知敌机轰炸有生命危险,但仍坚持亲自守护,唯恐书籍因战乱而散失。

1962 年 4 月,冯贞群家属遵照先生遗嘱,将其全部藏书和书楼捐赠给国家,又将全部奖金转赠伏跗室,作为保护和出版资金,因此受到宁波市人民政府表彰和社会舆论的赞扬。为了纪念冯贞群对祖国文化遗产整理保护的贡献,政府决定藏书室原址不变,原名不变,并于室内悬挂冯贞群遗像。伏跗室开放之初,虽然尚未列入文物保护单位,但是仍然遵循"保持原状,维护现状"的原则,不改变冯贞群先生卧室、书房、藏书系统(包括书箱)的原貌。

参见崔运富主编:《海曙撷英》,宁波出版社 2006 年版;杨口舍:《藏书楼伏跗室和它的主人》,《文化交流》2009 年第 11 期;骆兆平:《伏跗室书藏记》,宁波出版社 2012 年版。

盛氏花厅

位于海曙区郁家巷的盛氏花厅,原是林廷鳌的藏书楼。林廷鳌不但为人大方,经常接济遇到困难的街坊,而且喜欢在闲暇时,约其好友韩明昆、孙浙等人来此相聚,或读书挥毫,或抚琴鼓瑟以自娱。书阁内悬佛像,置琴瑟及藏书等。书阁前垒有假山,旁掘水池,有翠竹、绿蕉、碧梧、苍松等佳木。这位同治、光绪之际的诸生,喜读书,工音律,复以山性近静、水性近灵、竹性近虚、松性近坚、梧桐性近孤、芭蕉性近卷舒等品格来陶冶自己的情操,因命名为"近性楼"。该楼飞檐翼角,远看犹如一艘巨舰停在那里,故又名"停舻"。

随着林氏家道中落,时至光绪年间,"近性楼"改归镇海人盛炳纬所有。这位辞职还乡的前浙江学,本就打算在宁波城区买一所宅院作为侍奉老母、修身养性的场所,眼见"近性楼"清静幽雅,随即签下买房契约,并将之辟为书房。此后,这座庭院虽未改名,但在易主之后,往往被称为"盛氏花厅",并且在盛炳纬的经营下,楼内藏书无论数量抑或质量,均有了质的飞跃。举凡盛炳纬看中的书籍,都会设法购入。但好景不长,"盛氏花厅"在盛炳纬去世后开始"命运多舛",不但办过敬老院、幼儿园,甚至被用作街道工厂和居民住宅。

盛氏花厅

如今,盛氏花厅的所在区域已被改造成为"月湖盛园",盛氏花厅也被商家用作游客休闲小憩的茶室,里面的陈设、装修已然改头换面,呈现出一派现代气息。但即便如此,不仅过厅、厢房、隔墙、明堂都还能看出晚清文人的居家风格,而且到处可见木结构的栋梁、楼道、窗棂和石结构的阶沿、柱础、卯榫,都雕刻得极为精致。透过漏窗观赏残存的假山水池,但见翠竹摇曳,仍有一种堂奥纵深、景多变幻的情趣,令人忘却身处闹市之中。而商家在加以改建时,刻意为盛氏花厅保持了古朴典雅的风貌;也因此,青砖灰瓦的深宅大院、朝西的锦架式大门乃至其他附属建筑物,不但保存完整,而且风貌依旧。

参见周东旭:《宁波古典园林的诗情画意》,《宁波晚报》2009年9月13日;万之:《走进月湖盛园》,《宁波日报》2011年3月5日;陈志诚:《盛氏花厅"近性楼"》,贾亚炜主编:《甬城藏书楼》,宁波出版社2015年版。

林 宅

建成于同治十二年(1873)的林宅,是林钟峤、林钟华兄弟的私宅。院中花园占地虽小,却也仿照《兰亭集序》的诗意,建造了兰亭、假山、竹林、水池,从而彰显出江南园林所特有的精致。而其门楼、拱额、檐头、影壁、屋脊,则又随处可见精美的砖雕、石雕和木雕。在宁波城内,以姓氏命名的故居固然不少,但像林宅这样如此集中地保存珍贵雕刻艺术品的建筑,却绝无仅有。如今的林宅,已被精心打造成为传承传统文化、演绎民俗风情的"总艺馆"。

林宅坐北朝南,大门前原有紫金河,河上有紫金桥,背靠镇明岭。大门、二门、影壁、庭园排列于前,中轴线上主体建筑分为三门、前厅、正房和后房,东西厢为重檐建筑,且两侧有楼屋连接。整个林宅公有雕刻图案350多幅,其中石雕32幅,砖雕180多幅,木雕150多幅,还有各种不同类型的装饰图案,瓦当、沟头、彩画等分布于林宅各处。宅的门楼、拱额、檐头、影壁和屋脊等处均有砖木的雕刻装饰。现今尚存砖雕170余幅,石雕和木雕50余幅,其中尤以砖雕最为精美,采取浮雕和透雕的手法,在半米方圆范围内,雕出人物故事,花卉风景等,题材丰富,工艺精细。大门朝南,为一座高耸的悬山顶砖雕门楼,高约7米,宽约3.5米。正面中书"庆云崇霭",左右各有2幅人物砖雕,其下还有高浮雕的人物故事,石额枋上有龙纹。立柱上雕刻环形寿字、如意、莲花及万福。背面中书"春风及第"及"喜鹊报喜"花鸟浮雕,总体算起来大约有26种不同内容的雕刻。进门壁上有"八骏图""太师少师图""丹凤朝阳"等。二门系一座木结构建筑,门枕石刻有回纹及莲花,线条粗广。柱、横枋上雕刻着草龙、莲花、如意和蝙蝠以及"玉泉鱼跃"等木雕。门墩为一小石狮,体态可掬。宅西南辟有幽雅小园,并收藏由明代著名书画家董其昌书写、文学家陈继儒题跋的"兰亭序"石刻两方。这对研究宁波古代历史、文学和工艺都具有重要价值。

参见崔运富主编:《海曙撷英》,宁波出版社 2006 年版;周向频等:《矛盾与中和:宁波近代园林的变迁与特征》,《华中建筑》2012 年第 6 期;周东旭:《近性楼与林宅》,宁波市海曙区档案局、宁波市海曙区文物管理所编:《古城寻贤——海曙之名人与遗迹》,西泠印社出版社 2014 年版。

钱业会馆

随着宁波钱庄业趋于鼎盛,创建一处同业聚会、议事和交易的场所,成为钱庄从业者的共同心声。也正因为这一共识是如此强烈而又持久,以至于钱业会馆的前身——"钱业会商处"公所——在被毁于战乱后,不但立马重建于 1862 年,而且又在 1926 年另择新址于战船街,扩建为占地 1500 多平方米的钱业会馆。如今,这一旧时宁波金融业的最高决策地,已在 1994 年被辟为"宁波钱币博物馆",转而从钱币流通史的视角,展现宁波经济发展、商业繁盛的历史轨迹。

钱业会馆始建于清同治年间,原位于宁波三江口的江厦街滨江庙一带。后毁于大火,乃于 1925 年在现今位置重建,现宁波钱业会馆位于市区东门

钱业会馆

口不远处的战船街 10 号,是昔日宁波金融业聚会、交易的场所。当时,由敦裕等 29 家大同行发起,33 家小同行参加捐款兴建,占地面积为 3208 平方米,建筑面积为 1150 平方米,分为前后两进,亭台楼阁、园林组成的中西式砖木结构建筑,内有记述金融业发展概况及建馆始末的石碑,环境优雅,水陆交通便利。前进廊合环绕,中有戏台,两边楼房,楼上供奉财神,并作钱市交易及一般集会用。左右廊屋,分别立有《宁波钱业会馆碑记夕》和《宁波钱业会馆捐款碑记》两块石碑。中间靠西侧墙上,还立有《宁波小同行永久会碑记》。后进穿过写有"钱园"二字的月洞门,是一个小花园,西式凉亭、花丛灌木、水池假山,显得清雅幽静,花园后面滨江处的两层楼房为议事厅,砖木结构,屋顶上沿正反面分别有"万物并育"隶书和"四序皆春"楷书大字,室内装饰精致。正面对着小花园,背后紧靠余姚江,风景宜人,视野开阔。

这座庄严、恢宏的建筑,静静地伫立在姚江边。四围是青砖雕砌的高墙,正面大门屋顶中间是福、禄、寿三星雕塑,两边屋檐上各塑有两个龙头。大门两侧围墙上两条精心雕琢的盘龙,镶嵌在圆形的砖窗中,显示出这栋房子的不凡身价。大门正上方,"钱业会馆"四个金光闪闪的楷书大字赫然入目。这就是当年宁波钱庄同业的聚会千口议事中心,宁波旧时金融业的最高决策地,也是现今中国钱庄业保留最为完好的会馆建筑。

宁波是中国古代一个重要的商贸口岸,是"海上丝绸之路"和"海上陶瓷之路"的始发港之一。宁波港外通四海,内达三江(甬江、奉化江、余姚江),自古繁荣。商业的繁荣,自然带来了金融的繁荣。依托宁波港城兴旺发达的商品贸易,钱业便应运而生。宁波是近代中国钱庄业的发祥地之一,清乾隆十五年(1750)以后的 100 多年中,是宁波钱庄业的鼎盛时期,并集中开设在江厦街一带,资金划拨、银钱出纳高度集中在一起,当时的宁波江厦繁华程度并不亚于后来之上海外滩。而钱业会馆作为曾经辉煌金融业的见证、宁波钱庄的历史遗留产物,在 2006 年被列为国家级重点文物保护单位。会馆内迄今还收藏着记述宁波金融业发展概况以及建馆始末的石碑等。钱业会馆现已开放,成立了"宁波钱币博物馆",这对研究我国金融发展史和贸易史有很重要的借鉴价值。

参见蒋勇生主编:《宁波名胜古迹导游》,中国大地出版社 1996 年版;崔运富主编:《海曙撷英》,宁波出版社 2006 年版;胡茂伟:《钱业会馆》,《宁波建设》2010 年第 4 期;唯心:《宁波钱业会馆》,《宁波通讯》2017 年第 10 期。

后乐园(宁波中山公园)

光绪十年(1884),在宁绍台兵备道薛福成的主持下,以道署西面的独秀山为基础,整修扩建成"后乐园"。不过,这一以《岳阳楼记》"先天下之忧而忧,后天下之乐而乐"为命名依据的衙署园林,在其建成后的相当长时期内,主要是供达官贵人游乐赏玩的场所。辛亥革命后,则成为革命者的集合活动之地。1924年6月15日,这里曾召开过宁波国民党党员大会;1926年3月8日,宁波最早的妇女团体"宁波各界妇女联合会"也在此宣告成立。时至1927年,宁波各界人士为纪念孙中山先生,将它改建成为中山公园。

后乐园即现在位于海曙区鼓楼步行街一旁的中山公园。后乐园的存在是建造中山公园的基础,后乐园的出现则有赖于清末具有开明思想与外交经历的薛福成一片忧国忧民之志。清光绪十年(1884),薛福成任宁绍兵备道,他将道署内衙的一块空地划出,并以独秀山为基础营建了一座小花园,建成之后薛福成取范仲淹的名句"先天下之忧而忧,后天下之乐而乐"之意,命名为"后乐园",并不全是为了寄情山水,而是为了教育、启迪大众,告诫大家在任何时候都应当以天下兴亡为己责,关注国家命运。在此后岁月里,后乐园历经历史的风雨,却仍旧伫立。著名宁波学者朱舜水还曾为日本一座园林做顾问时采用了家乡的这座"后乐园"之名。

1927年5月,宁波当局决定建造中山公园,并得到了社会各方的认同,经过半个多月的筹划,决定将旧有的衙署园林后乐园改造为公园,占地约为84亩。1929年,宁波中山公园竣工。园内三山鼎立,除后乐园遗存的独秀山外,还有府山和府后山两座由人工堆成的土山:府山位处园门东侧,虽为泥石堆垒之假山,但不留痕迹,山脉形势浑若天然,登高处可览公园全景;府后山位于茶室之后,为1927年民国建园时挖河泥堆造起来,并叠置巨石,拾阶回旋,可登山顶。园内水体环绕,可借小舟漫游。园西侧河道变宽,并结合书楼建筑拓为方池。公园主轴线依次为大门、遗嘱亭、景行牌楼、闲乐亭、茶室,至府后山达到最高。

景行牌楼始建于清道光十七年(1837),石柱楹联上书:"远瞩林园胜妙殊绝,越诸尘累身心了然。"闲乐亭为八角铁亭,位于公园中轴线中间位置,既是游人稍事停顿之处,也是绝佳的环顾全园之地。亭西侧池旁有书楼,为纪念薛福成称"薛楼"。亭之北为新建的茶室,茶室倚靠府后山,环境幽僻静谧。府后山西侧为十字形议事厅,厅南即为后乐园之遗存——独秀山。独秀山上保留有螺髻亭、清凉洞,西侧增建了九曲回廊形成连续的地势起伏。

作为民国时期宁波市区唯一一座公园,中山公园在开放后,开始发挥公共空间的巨大影响力,成为当时市区内少有的游玩去处。而现在,中山公园仍然发挥着重要的社会文化作用,散步的人、练曲子的人、下围棋的人都散在园中、聚在亭子里,市民既有了散步谈天之处,艺人亦有了民间文化的交流之地。如今的中山公园隐没在商业步行街的一片繁华之中,却并不失和谐,这树荫葱郁后乐园的古意盎然和钢筋水泥霓虹灯海的摩登现代融为一体,共同书写着这个城市的历史与现在。

参见孙武军:《宁波中山公园的百年沧桑》,《宁波晚报》2012 年 3 月 18 日;陈枫等:《西风东渐和政治异化下的宁波近代园林勃兴与转型》,《中国园林》2013 年第 10 期;俞国玉等:《薛福成、吴引孙与宁波市图书馆》,《宁波通讯》2014 年第 7 期。

揽秀堂(宁波市图书馆老馆)

薛福成在整修、扩建"后乐园"后,又在园内开设"揽秀堂"藏书楼,并为此动用鸦片税款购置各类典籍,以供士子研习。这一宁波最早具有公共图书馆性质的场所,始则在光绪二十年(1894)被薛福成的继任者吴福茨改造成为崇实书院,尔后又在光绪三十一年(1905)改称宁波府教育会。其名称虽屡有更改,但薛福成的本意和做法却始终被遵循,宁波民众对薛氏的感念更随着岁月的迁移而愈益强烈。于是,时当民国二年(1913)宁波府教育会的所有藏书被搬迁到新建的西式洋楼,这座全新的藏书楼也就合乎逻辑地被命名为"薛楼",并最终演化为如今的宁波市图书馆(老馆)。

揽秀堂原是宁绍兵备道薛福成在官署内建造的后乐园中的藏书楼,同时也是教化民众之地,现已开辟为宁波市图书馆。宁波市图书馆的诞生,与两个人——薛福成和吴引孙有着密切的关系。他们都曾是宁波的道台,重视教育与图书收藏,宁波市图书馆成立之初,就是以薛楼里面的书即薛福成与吴引孙两人收集的图书,再加上四明学会图书馆以及少年图书馆的所有书籍为基础而形成的。

薛福成是维新派人物,深受西方教育理念影响,深知教育对强国之重要,上任第二年,他开始着手教育办学。当初建造后乐园时,其中就设置了"揽秀堂"藏书楼,作为教化民众的场所。他一面以他的书屋"揽秀堂"充作培养人才的学府,选拔宁绍台三府儒生于此课读、评阅文章,循循教导,同时还利用洋药税款购买了大量藏书放在揽秀堂,供儒生学习,在当时私家藏书楼没落的社会背景下,开创了官吏创建新式藏书楼的时代风气,引起了社会广泛关注和民众欢迎。这不仅是宁波图书馆的雏形，也是宁波设置公共图书的雏形。

光绪二十年(1894)吴引孙继任薛福成之职，他将揽秀堂藏书楼改为崇实书院，继续大量增购图书，还捐赠了自己的藏书。在吴引孙于宁波当政的十年期间，藏书楼的藏书不断增加，公共图书也日见丰富。至今市图书馆藏书中还能看到盖有"真州吴氏有福读书堂藏书"朱文方印的，就是吴引孙的赠书。1905年，崇实书院改为宁波教育会，副会长陈屹怀购进中日图书两千余册。1913年，宁波所属的六邑公会在后乐园建造了西式楼房三楹，将薛福成、吴引孙以及后来各时期添置的藏书皆藏于其中，并将藏书楼命名为薛楼。1926年，四明学会图书馆、宁波少年儿童图书馆和通俗书报社在后乐园集会，拟以薛楼为基础建立图书馆。

1927年，民国政府将宁波中山公园内的薛楼改为公共图书馆，宁波市图书馆自此诞生。而成立之初由于薛楼的大小已经不能满足公共藏书馆的藏书量，张咀英慷慨捐赠3000银元在薛楼旁增建了一座中式楼房，命名为范阁，用以分藏薛楼藏书。由于薛楼出现蚁患，图书馆主要馆舍转为范阁，上层用于藏书，下层向社会开放提供阅览。虽然现在的宁波市图书馆主体，早于1988年为了适应新形势的发展而迁至永丰路落成的新址，如今也已达到了12000平方米的规模，但是谁也不能否认揽秀堂作为宁波市图书馆曾经产生过巨大作用。

参见蔡彦：《从藏书楼向近代图书馆的嬗变——宁波、绍兴图书馆建立探微》，《科技文献信息管理》2007年第3期；俞国玉等：《薛福成、吴引孙与宁波市图书馆》，《宁波通讯》2010年第7期；华东杰：《从传统藏书楼向现代图书馆的转变——宁波公共图书馆创建和发展探微》，《黑龙江史志》2014年第13期。

阿育王寺

位于鄞州和北仑交界处、太白山麓华顶峰下的阿育王寺，始建于晋武帝太康三年(282)。这座名列佛教"中华五山"、禅宗"中华五刹"的千年古寺，不但是我国现存的唯一以印度阿育王命名的禅宗名刹，更因其藏有释迦真身舍利而驰名中外。在其长达1700多年的历史中，阿育王寺几经兴毁，现有的建筑除"上塔""下塔"乃元代重修物之外，其余的700多间殿室楼馆，包括天王殿、大雄宝殿、舍利殿、藏经楼在内，均系清代以后所建。这些建筑往往依山坡而建，层层递高，从而既与四周山川相得益彰，又富有民族风韵。

　　关于寺及舍利塔的起源,有一个神奇的故事传说。据佛教传记载,周时东天竺国(今印度)的阿育王,在一夜之间造了 84000 座宝塔,每座塔中均藏释迦牟尼佛的真身舍利。造好后,派神护送遍布于天下"八吉祥六殊胜地"(即风水宝地)。西晋太康年间有位僧人叫刘萨诃,法名慧达,决心寻找其中的一座,当他由北而南走遍山泽,来到会稽山时,忽闻地下有铮铮钟声,便诚心祈祷膜拜,诵经念佛,三天三夜后,果见从地里涌出一座光明腾耀、眩人心目的小宝塔,塔四方五层,高 1.4 尺,方广 7 寸,内悬宝磬,中缀舍利。这就是阿育王所造的那 84000 座舍利塔之一。慧达寻得宝塔后,即就地修持行道,建造精舍;晋安帝义熙元年(405)建塔亭供奉宝塔于宇内;宋文帝元嘉二年(425)僧人道佑增建殿宇,十二年(435)又建三级木浮 327 阁(塔),至此寺院规模初具;梁武帝普通三年(522)又扩建殿堂楼阁,并赐额"阿育王寺";北宋大中祥符元年(1008)改名"广利禅寺",明洪武十五年(1382)定名"育王禅寺",俗称"阿育王寺",直沿至今。

　　阿育王寺占地 80000 余平方米,建筑面积约 14000 平方米,是古建、绘画、雕刻、园林、文物和风景名胜的艺术文化综合建筑群体。寺内现有建筑均为清代以来所建,中轴线上主要建筑有山门、阿耨达池、天王殿、大雄宝殿、舍利殿、藏经楼等。舍利殿中设石舍利塔一座,内置七宝镶嵌的木塔一座。木塔高仅几十厘米,内置有刘萨诃当年所得之舍利塔。据说从塔孔中可窥见舍利子(即佛骨),为一暗红色小珠,因所窥视角度不同,所见色彩有红、黄、灰等,一些佛教徒以此来占卜吉凶。舍利殿后壁外嵌有唐代石雕护法神四尊,殿前月台两侧置有历代石碑,其中有唐文宗太和七年(833)范的《阿育王寺常住田碑》、北宋苏东坡的《定奎阁碑记》、南宋张九成的《妙喜泉铭》等,都很珍贵。在石塔后有释迦牟尼涅槃时卧像。此外还有宸套阁、云水堂等,共有 600 余间殿堂楼阁,规模宏大。寺内殿宇雄伟,金碧辉煌;寺周峰峦叠翠,樟松参天。山光水色衬托着千年古刹,犹如"地上天宫"。因寺北面有形似笔架的玉几山,又好像是五只凤凰伸向寺院,故旧有"天童(寺)是九龙捧珠,阿育王(寺)是五凤朝阳之地"之说。

　　参见田尚:《中国的寺庙》,中国青年出版社 1991 年版;岑立等:《宁波阿育王寺建筑布局及空间组织研究》,《建筑工程技术与设计》2014 年第 16 期;鲁弯弯:《浙东传统禅寺景观营造特点论析——以宁波阿育王寺、大慈寺为例》,《设计》2018 年第 6 期。

天童寺

天童寺自义兴祖师开山以来,历经 1700 余年的变迁,业已发展成为规模宏大的禅宗十方丛林。雄伟高大的主体殿堂,依次坐落在倚山势而建的广阔台基上,一殿高于一殿地逐级高升,气势磅礴。各殿堂均按我国古代传统建筑形式建造,重檐叠阁,画栋雕梁,庄严而古朴,成为古刹的中轴线。东西两旁的十几个僧房客寮对称分布,与主体殿堂互为衬托。所有殿堂楼阁均以长廊连接,进入寺门,便可到达寺内任何一处,营建者的匠心也由此可见一斑。

号称"东南佛国"的天童寺,位于鄞州区天童镇太白山麓,距今已有近 1700 年的历史,为我国禅宗"五大丛林"之一。天童寺四周群山环抱,重嶂叠翠,古松参天,有"深径回松"等十大胜景。宋代的王安石在鄞县任县令时,曾留下描绘天童的名句:"山山桑枯绿浮空,春日莺啼谷口风。二十里松行欲尽,青山捧出梵王宫。"天童寺背靠的天童国家森林公园,1981 年批准建立,是我国最早的三大森林公园之一,拥有保存完好的典型亚热带林区特色和森林景观。

相传西晋惠帝永康元年(300),祖师义兴周游至鄞县东谷,由于酷爱那里的山水,故开山修寺,虔诚诵读经文,孜孜不倦,感动了玉皇大帝,大帝随即命令太白金星化作童子下凡侍护,所以寺庙落成后称天童寺,山名为太白。唐玄宗开元二十年(732),法璇僧在太白山谷重建,名"太白精舍",今人称之为古天童。唐肃宗至德二年(757),僧宗弼、县聪等迁太白精舍于太白峰下即现今天童寺,成为禅宗十方丛林。乾元二年(759),唐肃宗赐名为"天童玲珑寺"。唐武宗会昌元年(841)镜禅师住持天童寺,创建镇莽塔,寺院进一步扩展。咸通十年(869),唐懿宗又敕赐"天寿寺"名。天童寺在宋代成为禅宗名刹,景德四年(1007),真宗敕赐"天童景德禅寺"额。之后寺内常住僧人上千,被称为中兴时期。淳熙五年(1178),孝宗赐"太白名山"四字。宋宁宗嘉定年间(1208—1224),天童寺被列为"禅院五山十刹"之第三山。到明洪武十五年(1382)册立天下寺名时,定名为天童禅寺,赐"中华禅宗五山之第二山"。清代天童寺则与镇江金山寺、常州天宁寺、扬州高旻寺并称禅宗四大丛林(宗寺)。

天童寺占地近 6 万平方米,傍山而筑,梯级布局,中轴线由南向北依次为外万工池、七塔苑、内万工池、天王殿、大雄宝殿、法堂(藏经楼)、先觉堂、罗汉室、钟楼、御书楼等建筑物 720 间之多,殿宇金碧辉煌,结构玲珑剔透,画栋雕梁,建筑精美,规模宏大为国内罕见。

天童寺自唐以来一直是中日文化交流的重要场所。南宋嘉定十六年(1223),日本著名学问僧道元专程来天童寺参禅,回国后创立日本曹洞宗,成为佛教三大派之一。现在拥有 800 万信徒的日本曹洞宗尊道元禅师为宗祖,拜天童寺为祖庭。被誉为"天童第一座"的日本 15 世纪大画家雪舟,曾在天童寺创作过颇具浙派山水画风格的传世名作。

2006 年 5 月 25 日,天童寺作为明至清时期古建筑,被国务院批准列入第六批全国重点文物保护单位名单。

参见周冠明:《东南佛国天童寺》,《宁波通讯》2002 年第 4 期;宁波日报报业集团编:《新宁波印象之生态宁波》,宁波出版社 2008 年版;刘磐磐:《中日佛教交流史上的宁波天童寺》,《黑河学刊》2011 年第 2 期;刘韵:《浅析天童寺的园林环境》,《广东园林》2013 年第 6 期。

天封塔

1981 年 12 月被列为市级文物保护单位的天封塔,位于海曙区大沙泥街,是一座典型的仿宋阁楼式砖木结构塔。自 1799 年年初重修以来,天封塔历经 200 多年的风雨侵蚀,不但塔身往东北方向倾斜,且其塔基出现了不均匀的沉降。1984—1989 年,宁波市政府出面加以拆除重修,重修后的天封塔,高 51.5 米,呈六角形,七明七暗,共 14 层,并且基本上保留了宋塔玲珑精巧、古朴庄重的韵味。

在这次重修之前,文物管理部门对天封塔进行了抢救性考古发掘。这次发掘,不但出土了诸如浑银鎏金塔、浑金鎏金大殿、铜佛、钱币、经书之类的众多珍贵文物,而且弄清了天封塔的塔基结构,从而确定了天封塔的建筑年代与建筑构造。第一,相比较而言,称天封塔始建于武则天天册万岁至万岁登封年间(695—696)的这一说法更可信。第二,现存的天封塔塔基是宋代的建筑物,与唐代基址没有任何关系。第三,负责建造天封塔的宋代工匠,因地制宜,独创了换土垫层、隔层用材、侧脚立基的筑基之术。

相传当年唐人建造天封塔时,用泥沙堆高代替竹木架,造一层,堆高一层,一直堆到塔顶,塔成后才把泥沙扒掉。而如今,不但依然盛传"天封塔,十八格,唐朝造起天封塔,沙泥堆聚积成塔,鲁班师傅会呆煞"的谚语,而且塔旁的两条街道,至今仍被称为"大沙泥街"和"小沙泥街"。

天封塔作为宁波的地标建筑,其历史比宁波城更为悠久。站在天封塔上,凭栏远眺,宁波城尽收眼底。历代以来,文人墨客在徜徉流连之余,留下了诸多诗篇。譬如元人董洵《登天封塔》云："拾级登危塔,天高手可攀。千寻环晓郭,几朵压春山。鸟亿栏边稳,云生脚底闲。十年今一上,临眺始开颜。"又如清人忻德荣《杂咏勾东古迹》道："梯盘曲曲千层峻,灯映煌煌乙夜红。俯视一城低矮处,却惊身在半空中。"

或许正如英国圣公会传教士慕雅德所论,在中国文化中,佛塔之于城镇的重要性,犹如灯塔之于航行,它不仅是城市的地标建筑,更含有趋吉镇邪的意义。事实上,围绕着天封塔,早已形成了诸如"定风珠"之类的民间传说。

参见丁友甫:《浙江宁波天封塔基址发掘报告》,《南方文物》2011 年第 1 期;《甬上风华:宁波市非物质文化遗产大观·海曙》,宁波出版社 2012 年版;宁波市鄞州区档案局编:《鄞州寻踪》,宁波出版社 2012 年版;丁光:《慕雅德眼中的晚清中国 1861—1910》,浙江大学出版社 2014 年版;喻学才等:《中国历代名建筑志》,湖北教育出版社 2015 年版。

七塔寺

与延庆寺、阿育王寺、天童寺并称为四明四大丛林的七塔寺,原系任氏私宅,唐宣宗大中十二年(858)舍宅为寺,初名东津禅院,后又相继更名为栖心寺、崇寿寺。明代初年,在坚壁清野以防倭寇骚扰之际,普陀山宝陀寺中的观音像被内迁至寺内,于是改名"补陀寺"。康熙年间,寺前建有代表禅宗起源的七座佛塔,故其后俗称七塔寺。时至清末,慈运长老大弘临济禅法,七塔禅风因此广传海内外,形成了具有一定规模的"七塔寺法派"。民国以来,立佛学院,建塔院道场,法事更为隆盛。

七塔寺又称"七塔报恩寺",是宁波城内规模最大、保存最完好的一座寺庙,也是宁波市佛教协会所在地。七塔寺前身始建于唐,原为任景求的私宅,唐宣宗大中十二年(858)乐善好施的任景求舍弃家宅将之赠予寺庙,并礼请天童寺心镜祖师居持,初名为"东津禅院",后奉敕改名"栖心寺"。之后的岁月中,七塔寺更是几经易名。北宋大中祥符元年(1008)改名"崇寿寺"。洪武十九年(1386)普陀山前寺观音大士瑞相至寺内空址奉供,改称"补陀寺",永乐四年(1406)僧并补陀,仍称"栖心寺"。永乐二十二年(1424)住持汝庆建圆通宝殿。宣德七年(1432)筑毗庐阁。天顺二年(1458),建藏经宝阁、大悲殿、弥陀殿和廊庑等。嘉靖年间建天王殿。清顺治年间(1644—1661)建方丈楼。后陆续重建佛殿、山门、三圣殿、大雄宝殿,改建天王殿,新建藏经阁、方丈殿、云水堂、监斋殿、斋堂、如意寮、祖堂、客堂、禅堂、玉佛阁、地藏殿、钟楼、念佛堂等。康熙二十一年(1682)寺院重修,因寺前浮屠七座,故称"七塔寺"。咸丰十一年(1861),太平天国时期,七塔寺惨遭兵火,成为废墟。同治十年(1871),宁波鄞州迎春弄周文学医生母子重修佛殿,最终建成大佛殿及山门。光绪二十一年(1895),蒙光绪帝敕赐寺额为"报恩寺",至此,七塔寺获全称"七塔报恩寺"。

而在宁波民间关于"七塔寺"之名由来的说法则是与两个故事有关:一个是远赴东海请教百岁老人镇压古时甬地七名妖怪的方法后,按照老人的方法建了一座寺院和七座塔,因寺前有七座塔,故名。另一个是原来这里不叫七塔寺,里面住着师徒两个和尚,后来因师父觉慧救助了一化身叫花子的神仙后,得到叫花子告知的洪水之灾将惩罚此地居民的提示。觉慧不顾后果告知所有村民,洪灾过后,觉慧化为七座塔,并保住了村民的房屋。百姓为了感恩,将寺院重修并以此命名。

七塔寺如今虽身处城市中心,少了群山怀抱的氛围,但仍不失雄伟宏大的佛教寺院气派。寺虽历经千年风雨,却完好保存至今,成为中国佛教史难得的缩影。建筑中心圆通宝殿,气势峥嵘,周壁嵌有清光绪年间五百罗汉造像砖、三圣殿悬有工笔精绘《九品莲台图》、钟楼有南宋年间重达 4000 公斤的巨型铜钟,藏经楼宝有清乾隆时颁《龙藏》。寺内各代名家书法、楹联镌刻丰富,衬得古寺气派非凡。

参见陈常明等:《甬城一绝七塔寺》,《风景名胜》1999 年第 4 期;《慈愍法像 殊妙庄严——宁波七塔寺十一面观音造像赏析》,《佛教文化》2004 年第 5 期;黄焕利主编:《探访遗踪》,浙江文艺出版社 2009 年版。

药皇殿

出土于和义路原水陆码头的 35 件医药用具,充分表明宁波的医药文化早在晋唐之际就已有相当的基础。迄乎清代,宁波境内不但先后涌现出多达 140 余位医界名人,更在碶闸街、咸塘街、开明街一带,形成一个汇聚 64 家药行、1400 多名从业人员的全国性药材交易市场。由药商捐资始建于康熙四十七年(1708)的药皇殿,作为重要行业的保护神庙,既是同业聚会议事的重要场所,也是宁波药业兴旺发达的历史见证。曾被改作他用的药皇殿,今经原地保护整修后,已被辟为宁波药业历史陈列馆。

宁波城内的药皇殿,全称为"药皇圣帝殿",坐落于咸塘街 216 号,是一座纪念中华民族始祖炎帝,即神农氏的殿堂。据石碑记载,药皇殿由宁波知府陈一夔和药商曹天锡、屠考澄等倡建于康熙四十七年(1708)。当时规模不大,之后随着宁波药材贸易的发展,形成了川、广、浙、赣药材集散交易市场,药皇殿也逐渐扩大。乾隆九年(1744)再由 20 位药商发起重建,成立了"药皇殿崇庆会",每年四月二十八药皇殿圣诞前一日演戏祭神。到了道光五年(1825),甬上经营的富商又筹资重建,使药皇殿面积达到 3000 多平方米,整座建筑由牌楼式大门、单檐硬山式五开间的前殿和正殿、厢房组成。药皇殿不仅是药材商人供奉、祭祀药神之地,也是药业同行聚会议事的重要场所。

经历 170 多年的风雨沧桑,现存药皇殿尚有 1600 平方米遗迹。走进药皇殿,从那建造雄伟精致的大殿来看,其壮观的气势不减当年。这个二层楼四合院建筑四围有高达 8 米的叠砌砖墙,朝南一面仅开一道石库门,正面"尽研而巧"的仿木结构雕刻墙搏斗拱保存完好,但巧施刀凿的门额仍被石灰泥土紧紧封住。而药皇殿迎面可见的红漆贴金的牛腿柱拱支撑起硬山式三间二层的前殿,这里原是药商们的待客议事之所。演戏的高台已经拆毁,地上横着两条长 5 米的石柱。左右二厢看戏的红漆厢楼,仍然原汁原味。后殿是当年药皇的神殿,28 根柱子承托这座气势恢宏的殿堂,殿堂中心的四条金刚柱,由长 12 米胸围 158 厘米的巨木构筑,下置硕大的石础和复盆。

宁波药皇殿的倡建有其社会和医药文化背景。宁波医药文化在晋唐时代已经初露端倪,于市区和义路原水陆码头出土的晋唐时代医药用具,竟有 35 件,为国内所罕见。药皇殿,促进了宁波医药业的辉煌,同时也是甬上药材业兴旺发达的历史见证。而曾经辉煌的药皇殿,终因历史风雨不免消失其昔日光辉。据老一辈回忆,抗日战争以后,殿内的戏台不再做戏,神像也不知所踪,仅作名医坐堂和药业会馆。新中国成立以后,药皇殿改作医药公司的仓库,此后就与外人隔绝。1992 年,宁波市文化局将此殿列为文物保护点。2000 年冬,在宁波城市建设中,幸存的药皇殿仅前后三个殿堂及西厢房,但殿内外木雕、砖刻、石雕还十分完好。在文保人士的呼吁下,药皇殿被原地保护并加以修复,终建成宁波市药业历史陈列馆和药业商店,这座融合历史文化与现代文明的建筑一直继续诉说着历史。

参见杨古城等:《四明寻踪》,宁波出版社 2002 年版;古明:《宁波人明智药皇殿重生》,《人民日报·华东新闻》2002 年 10 月 18 日;蔡康主编:《宁波掌故》,宁波出版社 2004 年版;崔运富主编:《海曙撷英》,宁波出版社 2006 年版。

慈城孔庙

始建于北宋雍熙元年(984),尔后又在庆历八年(1048)迁建于现址的慈城孔庙,自建成之日起,就是祭孔子、扬儒学、敦教化、厚风俗的庄严场所,同时也是慈溪县庠的所在。令人讶异的是,这座学宫、孔庙合一的建筑,不仅是目前浙东地区保存最完整的孔庙,而且还绝无仅有地将名宦祠、乡贤祠、忠义祠、孝悌祠、节孝祠、崇圣祠、土地祠作为附属的殿祠。这种对教化、风俗的刻意尊崇,或许正是慈溪科第教育历经千载而未衰的内在根由,值得认真探讨和总结。

慈城孔庙位于江北区慈城镇竺苍东路,主要为清代中期建筑,1999年被列为浙江省文物保护单位。孔庙始建于北宋雍熙元年(984),初建在县治西北四十步(即原城隍庙址),先师殿居中,旁有两庑。庆历八年(1048)时迁建至今址,因后期战乱历代屡有毁建,如建炎四年(1130)毁于金兵战火,绍兴十一年(1141)重建;清咸丰十一年(1861),太平军入明伦堂,同治八年(1869)重建明伦堂;所以现存的建筑大多建于清代中晚期,并获清帝御书"万世师表""生民未有""与天地参"等题额,建置四子赞勒石成碑。1905年,清政府废除科举制度,推行新学,孔庙大成殿以西部分由训导兴办中城学堂。1911年,推翻清帝建立民国,大成殿以东权作国民党县党部。1939年,慈城遭侵华日军飞机轰炸,孔庙大成殿被炸毁一角,后于1953年被全部拆毁,现存台基。1945年抗战胜利,孔庙全部归于中城小学,直到1991年中城另建新校舍落成后才始迁出。随后孔庙相继成为成人学校,老年活动中心及工人图书馆的教学、活动场所,部分由区文物管理所使用管理。

慈城孔庙现占地约7000平方米,坐北朝南,沿中、东、西三轴布局呈对称分布,中轴线由南至北主要建筑为棂星门、泮池、大成门、明伦殿堂、梯云亭;东轴线主要建筑为儒学门、魁星阁、文昌阁、土地祠、崇圣祠;西轴线主要建筑为节孝祠、尊经阁、忠义孝悌祠、名宦乡贤祠等。在谋篇布局上,慈城孔庙采取了九宫格布局,所选骨干树种如香樟、桂花、榉树、竹子等,均含有吉祥、儒雅的意境,匠心独运地将绿化布局的空间性和文化性与周围的古建筑融为一体。整个孔庙布局完整、气势宏大,为全国保存较为完整的孔庙之一。除山东曲阜之外,慈城孔庙与衢州孔庙如双峰屹立,齐名于江南地区。而在浙东地区,慈城孔庙则是唯一一座保存完好的孔庙,一直是浙东地区的骄傲。

参见张敏杰主编:《中国孔庙保护协会论文集》,北京燕山出版社2004年版;宁波日报报业集团编:《新宁波印象之生态宁波》,宁波出版社2008年版;徐文浩编:《宁波老建筑》,宁波出版社 2010 年版。

宁波府城隍庙

俗称老城隍庙的宁波府城隍庙,亦称郡庙,是宁波地方政府为祈求城隍护卫城市和百姓而为城隍建造的住宅。它始建于五代后梁贞明二年(916),至明洪武四年(1371)又迁建于县学街,现存建筑乃清光绪十年(1884)的重建物,结构完整,古朴华丽,气势宏伟,是我国现存规模最大的府级城隍庙之一。事实上,郡庙不但以其建筑精美成为甬上之冠,而且还是历代商业鼎盛之地,生意兴隆、客流如潮的繁华景象从北宋至今历久未衰,成为宁波传统商业和民俗文化的重要发祥地。

宁波府城隍庙又称"宁波府郡庙",位于市中心繁华区县学街,宁波民众供奉神祇和商贾云集之地,是中国现存规模最大的府城隍庙之一。现位处宁波市区中心步行街,内外商店林立,小吃遍布,颇有地方风情。而这座古庙曾经是一个重要的祭祀场所,是宁波城的保护神——城隍神的居住地方。宁波城隍神供奉的是曾经在楚汉之争中用自己为替身救了刘邦的甘肃人纪信。

宁波城隍庙在本地属最高级别的宗教机构。从级别上讲,在城内具有比宁波的官署正衙还要高出一等的地位。现在城隍庙大门上方悬挂的匾额为旧式匾额,书有"宁波府城隍庙",就说明它是一座府级官庙。据明朝黄润玉写的《宁波府城隍神庙之碑记》记载,即在五代后梁贞明二年(916),明州刺史沈承业组织兴建了明州城内第一座城隍庙,大约在今府桥街宁波军分区一带,规模不大,迄今已有 1100 多年。到宋宁宗嘉定九年(1216),经明州太守程覃奏请,皇帝赐庙额为"灵佑",宁波城隍庙的名气开始大了起来。在150 多年后的明太祖洪武四年(1371)春,城隍庙不慎被大火焚毁,当时大家认为这是很不幸的事,于是宁波知府张琪决定另择良地建造,最终将庙址选在了现在城隍庙所在的位置。明洪武十四年(1381),明州易名为宁波,城隍神被正名为"宁波府城隍之神",庙也因此被定名为"宁波府城隍庙",一直延续至今。如今大家所看到的宁波城隍庙,是清光绪十年(1884)重新设计营造的府一级城隍庙。

现存的宁波府城隍庙建筑面积约 5000 平方米,由照壁、头门、二门、戏台、大殿、后殿等建筑构成。目前的城隍庙基本保留原有建筑风格,气势宏伟,尤以戏台建得最为精美,是整座城隍庙最耀眼的地方,单檐歇山顶,结构精美,朱金木雕为宁波特有的传统工艺。庙内另保存有部分碑刻、砖雕、匾额等古迹。最吸引人们眼球的是戏台顶上一只圆形拱顶,称作"藻井",宁波人俗称"鸡笼顶"。总共由 988 块香蕉形斜拱木叠置,与镂空的花板相互拼接而成,并一层层逐步盘旋向上,最后集结于一块直径 50 厘米的铜镜上,藻井全部结构不用一枚铁钉,全用榫头相接,让人对其构思及工艺叹为观止。这种圆形的穹顶与方形的台面,巧妙地展示了天圆地方、天动地静的境界。1981 年,宁波府城隍庙被列为宁波市市级文物保护单位。

参见陈梅:《宁波城隍庙的保护与发展》,《浙江建筑》2002 年第 4 期;戴骅:《宁波城隍庙和城隍神》,《宁波通讯》2010 年第 8 期;宁波市城市建设档案馆编:《城市记忆——从馆藏档案回眸宁波城建 30 年》,宁波出版社 2015 年版。

庆安会馆

2001 年 6 月被国务院列为第五批全国重点文物保护单位的庆安会馆,咸丰三年(1853)由宁波北号商帮捐资创建,目的是联络感情,保持同行团结,共图事业发展。正是有了庆安会馆承担起协调内部关系、疏通外部关系的工作,北号商帮的航运业才得以顺畅发展。

1855 年,因清廷着力于镇压太平天国运动,无暇顾及海上盗匪,庆安会馆的北号船商以 7 万两白银从广东外商处购得火轮一艘(命名为"宝顺轮"),训练船勇,装备枪炮,随船护航。在前后不到四个月的时间里,共击沉击毁海盗船 68 艘,击毙海盗 2000 多人,海上丝绸之路从此又恢复了往日的安宁与畅通。

与此同时,庆安会馆又是宁波地区妈祖文化传播的主要载体,名列全国八大天后宫之一。据庆安会馆内部资料记载,会馆每年在农历三月二十三日妈祖诞辰举办祭祀大典。如今,庆安会馆内设有"宁波妈祖文化与会馆文化"专题陈列,以 1700 平方米的展厅,展出文物及复制品 100 余件、宁波老照片及妈祖圣迹故事图片 80 余张,清晰地呈现了妈祖文化在宁波地域的传承与发展轨迹。

青色石砖铺就的路面透露出几许江南的古朴,绚烂多姿的朱金木雕和举世无双的建筑结构,却又分明展示着江南匠人的能工巧思。庆安会馆坐东朝西,规模宏大,沿中轴线有宫门、仪门、前戏台、正殿、后戏台、后殿、左右厢房、耳房及附属用房。它广泛采用砖雕、石雕和朱金木雕等宁波传统工艺,堪称宁波近代地方工艺之杰作,而且至今仍保存着 1000 多件朱金木雕、200 多件砖雕、石雕艺术品。这就不仅具有很高的观赏价值,更为研究我国雕刻艺术提供了实物例证。

历经百年风雨沧桑,庆安会馆破损严重。1997 年起,在宁波市文化局的组织下,先后修复了会馆的宫门、大殿、后殿等建筑,同时重建了仪门、前后戏台,进而根据庆安会馆建筑原貌和天后宫以展示妈祖文化为主的功能定位,将庆安会馆改建为我国首家浙东海事民俗博物馆。一座祭祀天后妈祖的殿堂,一处商帮行业聚会的场所,一个江南地区现存的唯一融天后宫与会馆于一体的古建筑群,从此焕发新的生机。

参见黄浙苏等:《论庆安会馆的当代利用》,《中国名城》2011 年第 6 期;黄浙苏等:《海不扬波庆兮安澜——庆安会馆辉煌煊赫 160 载》,《文明》2013 年第 12 期;丁洁雯:《庆安会馆:大运河(宁波段)与海上丝绸之路的文化衔接》,《宁波通讯》2018 年第 10 期;王广禄:《宁波:中国海洋文化重地》,《中国社会科学报》2019 年 1 月 18 日。

秦氏支祠

始则顺应时势变化,自觉完成从求取功名到实业救国的华丽转身,继而携其从商所得,建造祠堂以荫泽子弟、造福乡人,这既是旧时宁波钱业巨子的人生路,也是宁波商帮文化的精髓所在。代表着宁波商人进取爱乡之赤子情怀的秦氏支祠,乃民国十四年(1925)秦际瀚出资所建造的一座由照壁、前厅、戏台、中厅、后楼、左右厢房沿南北纵轴线依次排列而成的木结构建筑群,不但金玉满堂、富贵繁华,且其建筑工艺集宁波民间建筑工艺之大成。尤其是戏台顶部的鹅罗顶藻井,其制作之精良,更令人叹为观止。

秦氏支祠位于海曙区马衙街,是由宁波钱业巨子秦际瀚兄弟为祭祀其父秦君安一支秦氏祖先,建成于民国十四年(1925)木构建筑群。祠堂选址在宁波市月湖西岸,马眼漕北隅。祠堂占地二亩六分,建筑面积 2165 平方米,是浙东地区规模最大的木结构祠堂建筑群。

秦氏支祠以其独到的建筑工艺和它所折射的宁波商帮文化特征而备受推崇。其建筑选址遵循环境景观学、环境心理学和形态美学等,祠以南北为纵轴线,以照壁、台门、戏台、前殿、后殿为中轴线,五间两弄,两侧围以配殿、看楼、厢房等。建筑工艺上,集石雕、木雕、砖雕、拷作、贴金等民间建筑工艺之大成,金碧辉煌;各类雕刻图案题材和形式,内涵深厚,寓意丰富,寄予人们情感和祈愿,为建筑平添经久不衰的人文气息。其中的砖雕工艺,颇有个性,它讲究和合、对称,在严整中显得质朴素雅,带有一种与日常生活融洽一起的亲和感。

秦氏支祠

秦氏支祠共有三进,门厅明间设八扇格门,与后面戏台分隔,一对石鼓分立大门两侧。大门对面,石栏栅护围外,马眼漕水边矗立一座三开间楼式八字形照壁,须弥形座盘,照壁为磨砖墙体,歇山顶及斗拱均由磨砖砌制,造型典雅,工艺高超。紧连门厅后面的戏台,被称为"鬼斧神工"之作,是祠堂内最精美的建筑。它坐南朝北,与主殿相向,三面装有俗称美人靠的弧形拱杆,20只斗拱,承担起戏台歇山顶屋面的全部重量。其中戏台的穹隆形藻井顶,是千百块经过雕饰的板榫搭接而成,那是由21块40厘米长的花板,分16行一块紧咬一块,逐渐向上内收,盘旋至顶端会集,形成一个井口,然后,一面大铜镜覆盖其上,藻井顶除装饰作用外,还有扩大音效的功用,一如今天的各类"麦克风"。而戏台台面是正方形,反映了古代传统的天圆地方观念。台上悬挂"高明悠久"及"虚华实境"匾。戏台屋顶饰有两翼,戗角凌空翘起,似一双巨臂,上有雌雄两鹿的堆塑作品。

秦氏支祠于1981年列入市级文保单位,1990年5月正式移交给宁波市博物馆管理,国家文物局和市政府共同出资250万元进行维修,历时三年,按原貌修复。1991年划归文物部门,1994年5月辟为"宁波工艺美术陈列"对外正式开放,同年11月宁波市博物馆与天一阁文保所合并,秦氏支祠成为天一阁博物馆组成部分。1996年秦氏支祠的主殿和后殿改为"宁波史迹陈列厅",成为我市爱国主义教育的形象化课堂。2001年作为天一阁的扩展部分被公布为国家重点文物保护单位。

参见郁伟年主编:《四明揽胜》,中共党史出版社2003年版;张波:《宁波祠堂建筑的代表——浅析秦氏支祠建筑特色及文化内涵》,《杭州文博》2009年第1期;龚烈沸:《话说天一阁》,宁波出版社2011年版。

孙家境祠堂

绵延千年的血脉传承,积淀成文化世家的美名;深厚的家学渊源,奠定了横河孙氏科举人才辈出的基础。孙家乃慈溪大族,民间历来就有"横河孙家境,纱帽八百顶"之说。孙家境祠堂始建于明万历二十三年(1595),是一幢颇具浙东特色的硬山顶砖木结构庭院式建筑。

孙家境祠堂坐北朝南,平面布置呈长方形,占地面积 1500 平方米。中轴线上依次是第一进石鼓台门,第二进大厅,第三进燕翼堂,每进之间设明堂,中间配踏道。大厅左右各建三开间二层楼厢房,周以墙垣贯连。整个建筑群,规模不大但具大家气象,结构不繁但气韵流动。

宗祠最前方是高标的旗杆,左右同墙覆瓦檐、瓦当、龙脊,角柱石迎风,柱上对联清晰可辨。廊上台门,身着战袍金盔云靴的门神,举剑扬足。台门楣上,巨匾高悬,上大书"孙境宗祠"。门框撰古篆楹联,与框前那对雕刻细腻的包鼓石相得益彰。台门前三开间的檐廊,廊壁东西各嵌两碑,碑黑字白,叙说孙家境及宗祠之来历,古民俗风味十足。

台门大厅后是石板铺就的天井,天井之后是"状元及第"的前厅。厅内陈列着 40 余位曾经官居要职的先贤画像,以供后人瞻仰。

宗祠后厅燕翼堂建筑式样令人瞩目。屋脊两头弯起,游龙戏珠。厅堂里飞甍斗拱,雕梁刻顶。厅内黑色立柱,柱础石鼓圆,麻石铺地,整体布局和谐统一,檐下横枋,黄底红字,书"一门三孝子""忠孝节义"等,柱间梁枋,彩绘人物、花卉、动物,生动细腻。

作为慈溪市级文保单位中规模最大、保存比较完好的祠堂建筑,孙家境祠堂既是横河孙氏家族千年辉煌史的重要遗迹,更是孙氏后人祭祖寻根的圣地。也因此,不但早在 1986 年 8 月就已被列为第三批县级重点文物保护

孙家境祠堂

单位,而且1998年地方政府专门成立了文物保护小组,使之负责宗祠的日常管理。

　　参见方印华主编:《慈溪文化集萃——慈溪百景》,人民出版社2003年版;童兆良:《溪上寻踪》,中国文艺出版社2005年版;童银舫等主编:《慈溪旧闻》,浙江古籍出版社2009年版;徐文浩:《宁波老建筑》,宁波出版社2010年版;陈鹏:《千年孙家境,牵起慈孝传承的脉络》,《慈溪日报》2015年4月9日。

第三部分　四明山水

一、概　述

有着 7000 年文明史的江南名城宁波,因其历史悠久而拥有众多的名胜古迹。足以与郑国渠、灵渠、都江堰相媲美的古代水利工程它山堰,江南最古老而又最完整的木结构建筑保国寺,现存最古老的私家藏书楼天一阁,诸如此者,既见证了宁波历史的变迁,也是泽被后世的人文景观和文化遗产。

与这些人文景观相映成趣的,则是遍布于宁波境内的诸如四明山、东钱湖、大目洋之类的自然景观,以及迄今仍存活于这片山水之间的珍稀物种。鉴于其数量众多且类型不一,特此分置下列五个方面加以系统介绍。

第一,著名景点,主要是指位于山间、山麓、河岸、江边、湖畔、岛上的自然景物,以及与自然景物密切相关的历史故事、民间传说和人文景观。考虑到位于山水之间的这些自然景物,有相当部分将被置于"秀美山丘""壮丽江湖"等条目之中加以介绍,故此着重关注宁波各大风景名胜区内的重要景点,以便与其他条目相区隔。

第二,秀美山丘,主要关注:位于宁波陆域之内的主要山脉,以及与山脉有关的历史故事和民间传说;遗留至今的山间古道;镌刻于山体岩崖之上的摩崖石刻(题刻)。

第三,美丽江湖,着重考察:现存和已然湮没的湖泊;各类水库的建设;水系的空间分布及其主要特点。

第四,沿海岛湾,用以概述宁波海域内海岸线、滩涂、海湾、港湾、近海、水道、岛礁的空间分布及与之相关的历史文化。

第五,珍稀物种,主要关注:至今仍栖息、繁衍于宁波陆域之内的稀有动植物;与宁波动植物有关的民间传说;晚近以来对动植物的保护。

(一)著名景点

在现有的宁波风景名胜区中,位于四明山东麓的溪口雪窦山名胜区,无疑最为海内外游客所瞩目。这主要是因为:第一,它既是蒋介石的故乡,也是蒋氏政治失意时的避风港,并因此留下了诸如武岭学校、丰镐房、小洋房、玉泰盐铺、摩诃殿、毛氏墓、武岭公园、蒋母墓道、妙高台之类的众多历史遗迹。第二,该地很早就是山水如画的所在,早在清代,就有好事者从中评出"溪口十景":"奎阁凌霄""平沙芳草""松林晓莺""溪船夜棹""武潴浪暖""碧潭观鱼""屏山雪霁""锦溪秋月""雪峰晚照""南园早梅",而这十景还不包括雪窦山上的千丈岩、三隐潭、徐凫岩等景点。也正因为拥有如此众多的景点,溪口雪窦山景区先后在 1985 年 8 月、1994 年 1 月被列为省级、国家级重点风景名胜区。

足以与溪口雪窦山风景名胜区分庭抗礼的所在,则非四明山景区莫属。平静而秀丽的四明山是一个适合做梦的地方,从东晋的王羲之、谢灵运到唐代的李白、陆龟蒙,他们在寻觅梦中洞天的同时,用充满玄思与梦幻的笔墨,极力描绘四明山色,从而使得这座占据宁波近五分之三面积的山脉,逐渐成为饱含精神气度而又充满神秘色彩的文化意象。而近来,随着旅游业的深入发展,诸如四窗岩、仰天湖、水帘洞、陶坑大峡谷、白水冲、丹山赤水之类的近乎原生态的景点,开始为更多游客所熟知,古木参天、千峰竞翠、湖泊连绵、奇岩众多的四明山,也合乎逻辑地成为游人如织的旅游胜地。

然而,最能体现宁波江南水乡特色的风景名胜区,却既不是溪口雪窦山风景名胜区,也并非四明山景区,而是东钱湖景区和月湖景区。这其中的东钱湖,湖面开阔而又群山环抱,更经历代名臣乡贤的开拓整治,不但留下了诸如"岳王庙""王安石庙""小普陀"之类的人文景观,且有"陶公钓矶""霞屿锁岚""白石仙坪""余相书楼""双虹落彩""上林晓钟""百步耸翠""二灵夕照""芦汀宿雅""殷湾渔火"这十大美景可供游客探幽揽胜。正是在这些美景的点缀下,有着"太湖气魄"的东钱湖平添了"西子风韵";至于月湖景区,虽亦以水景著称,但与东钱湖景区有所不同的是,该景区内的景点,无论是竹洲、芳草洲、花屿、柳汀、竹屿抑或月岛、菊花洲、芙蓉洲、雪汀、烟屿,虽然它们原本都是自然生成物,但人工改造的痕迹却尤其明显。

　　相比较而言,位于宁海深甽的天明山南溪温泉景区,其名气虽然不如溪口雪窦山、四明山、东钱湖、月湖这四大景区,却也不失为人间仙境。姑且不论其中的"三潭九瀑十八溪七十二峰"是如何令人流连忘返,单就其泉水质地而言,就足以让人乐不思蜀。据检测,南溪温泉富含氡、锂、锶、氟、钾、钙等 20 多种微量元素,因而沐浴后,不但浑身舒爽滑润,而且对心血管、神经系统、内分泌、关节、皮肤等方面的疾病皆颇有疗效,也因此被开发成为浙江省内的温泉疗养胜地。

　　除了这五处景点比较集中的风景名胜区之外,宁波境内又散布着众多"著名景点"。例如宁海的浙东大峡谷,又如姚江左岸的梁祝文化公园。假如说前者是甬上先民改造大自然的杰作,那么,后者作为全国唯一的爱情主题公园,则又象征了宁波先民对人间真情的不懈追求。

　　通观宁波的"著名景点",不难发现:第一,这些位于山水之间的景点,往往都是自然景色与人文景观的结合体,不同的只是人工雕凿程度的差异。第二,水景是宁波大多数景点的灵魂,大多数景点或者坐落于溪旁、河岸、江边、湖畔,或者本身就是潭、温泉、瀑布、海滩、峡谷,黄文杰在《悦·读宁波》一书中所推荐的"古渡闻哨""四明木冰""剡溪夕照""南溪温泉""钱湖晓钟""月湖烟雨""三江夜色""渔港晨光""大港华灯""大桥晴岚",便是宁波水景中的佼佼者。第三,宁波的这些景点在空间分布上显得比较四散,从而既不利于旅游规划,也不便于外地旅客来此游玩。第四,绝大多数"著名景点"都不是孤立的客观存在,在景点的背后往往隐藏着一段历史故事或者民间传说,譬如蒋介石重建丰镐房,又如刘晨、阮肇遇仙四窗岩。

(二)秀美山丘

　　"经原纬隰,枕山臂江"的宁波,其陆域之内虽颇多山丘,但这些山丘,一则都是仙霞岭的余脉,二则皆非崇山峻岭,就连海拔最高的四明山主峰金钟山,也不过 1018 米而已,其余山丘无一例外地都在千米以下。

　　事实上,宁波陆域内的山丘,从来就是以秀美著称,而非以雄伟见长。例如四明山,虽然平均海拔只有 700 米,山中却林木茂密、花草芬芳、苍松翠柏之中更有各种鸟兽出没其间,因而被誉为"天然氧吧"。又如横跨于三门湾和象山港之间的茶山,这座宁海县东部最为高大的山脉,点缀着诸如七姐妹岩、水帘洞、龙潭之类的众多山水胜迹。即便是历来为兵家必争之地的招宝山,也是除海防遗迹外,还拥有优美的海天风光、浓郁的宗教气息和丰富的人文景观。

也正因其秀美,宁波陆域内的大部分山丘,不但近来纷纷被列为国家级旅游景区,而且早在千余年之前,基本上都已不再是人迹罕至的所在。或如四明山,因着李白、刘长卿、陆龟蒙、孟郊、皮日休等众多唐代知名诗人的登临赋怀,而荣获"唐诗之路"的美名;或如宁海雁苍山,既于秦末汉初成为"商山四皓"之一的黄公的隐居之地,又在南宋末年被名士胡元叔、舒岳祥、胡三省等人辟为讲学之所;或如慈溪达蓬山,被认定是徐福东渡的起锚地;或如象山松兰山,牵连着一则"赵五娘万里寻夫"的传说。而更多的山脉,或如奉化雪窦山、慈溪五磊山、鄞州太白山、江北灵山,是梵音缭绕的佛教圣地,或如宁海茶山、余姚龙泉山,乃历代道家修炼养生的宝地。

与这些山脉有关的,除了诸如"赵五娘万里寻夫松兰山""戚家军巧摆空城计于镇海七家山"之类的民间传闻外,还有众多的历史故事,例如印度高僧那罗延在孙权之母资助下建造五磊寺,又如戚继光龙山抗倭。这些民间传闻和历史故事,理当成为今后文艺创作的重要素材。理当进入文艺创作者视野的,还有那些留存至今的山间古道和镌刻于山体岩崖之上的摩崖石刻(题刻)。

此所谓山间古道,就是历史时期官府管控山区、山民外出的重要通道。这些难以计数的小径,不但绝大多数已然湮没而难觅其踪迹,即便是留存至今的40余条山道,也因为时代变迁和交通条件的改善,基本上丧失其原有功用。只是近来,随着都市人群远离城市喧嚣、回归自然热潮的兴起,这些充满历史沧桑感的山间古道,日益成为都市白领品味历史、休闲旅游、强身健体的新选择,下列十条古道也因此在2011年被评选为"宁波十大文化旅游古道":一是北起鄞州区横溪镇周夹村、南至东钱湖镇城杨村的亭溪岭古道,据说早在唐代就已有之,时至清代晚期,因太平军曾在此修建土墙、营寨而一度成为军事要隘,如今则是风光旖旎、百步一景的好去处。二是位于鄞州区横溪镇境内的松石岭古道,作为浙东名山大梅山的一部分,虽然山高路陡,却是横溪通往鄞东南的交通要道,相传西汉名儒梅子真就曾为避王莽之乱,取道松石岭而隐居于大梅山深处。三是大约建成于唐代的徐霞客古道,原是宁海至天台府城的要道,后因徐霞客曾经往来其间而更名,而如今,部分路段依然保有原初风貌,两侧颇多名胜古迹。四是通天岭古道,本是镇海与慈溪之间的茶马古道,今古道虽陡峻难行,但四周茶园满垄、竹海如云,风光相当优美。五是相传葛仙翁(葛洪)为替百姓治病而在灵峰山炼丹期间,每天都要翻山越岭去看望其住在茅洋的母亲,为纪念其慈孝之心,这条连接北仑灵峰寺—茅洋寺的古道,就被命名为孝子岭古道。六是全长约 2000 米的大岙岭古道,既是海曙区樟水镇通往宁波城区的必经之路,也是进入四明山的门户,至今已有上千年的历史。七是位于余姚大隐镇芝林村的芝林古道,竹海林立,溪水蜿蜒,素有"浙东九寨沟"之美称。八是始建于明代的大松湾古道,位于海曙区龙观乡龙峰村附近,虽因长期废弃不用而满路荆棘,且其路基多处崩坏,却最大限度地保留了原有韵味。九是灵岩山古道,位于象山县泗州头镇境内,是古时三门湾南岸民众通商、通行的主要通道,内有倒流瀑布、天池、仙人洞、百步登云等众多景点。十是栖霞坑古道,原是新昌、余姚通往奉化、宁海的必经之路,曾经极为险峻,而今却风光迷人。

据俞福海主编的《宁波市志》不完全统计,宁波境内那些镌刻于山体岩崖之上的摩崖石刻(题刻)共有 20 处,从中可以发现:第一,这 20 处摩崖石刻(题刻)散落在海曙(1)、鄞州(3)、余姚(4)、慈溪(2)、象山(3)、镇海(3)、奉化(3)、宁海(1),最早刻于宋代,最晚是民国早期的作品。第二,除部分摩崖石刻(题刻)年代无考外,大多数成于一时,但也有若干处摩崖石刻(题刻)呈群体状分布,并非一时一人所为;例如位于余姚镇西北胜归山东坡的胡公岩摩崖石刻,本是明代宁波人为纪念胡宗宪这位勤政爱民之良吏而刻,而自清代以来,有不少前来瞻仰者,又在近旁刻上了多处题记和诗作。第三,刻有摩崖石刻(题刻)的山脉,其所处方位大抵可分为两类:一是位于村落的附近,例如石屏山摩崖石刻,就在宁海县西店镇樟树村旁;二是本身就是风光秀美、人文景观众多气息浓厚的景点,达蓬山即其典型例证。第四,从镌刻缘起来看,大约可分为四种情况:(1)以海曙寺岩下"四明山心"石刻为代表,主要展现了村民的乡土情怀。(2)以奉化溪口千丈岩"烟声"石刻为代表,主要凸显出游客到此一游的心态。(3)以象山石浦二湾摩崖石刻为代表,主要宣示了当地军民抗击倭寇的决心。(4)以镇海招宝山梵文摩崖石刻为代表,主要是佛教信徒的崇佛行为。

综上以观,不难概括出"秀美山岭"及其附属物的主要特征:(1)宁波山岭不以雄伟见长,但以秀美著称。(2)宁波的山岭固然是自然生成物,却从来不曾是孤立的存在,它不但在相当长时期内曾是动物的天堂、植物的乐园,而且随着宁波先民活动能力的不断增长,又日益深刻地被打上了人类活动的烙印,并因此而有山间古道的开辟、摩崖石刻(题刻)的雕凿、民间传闻的纷飞和历史故事的流传。

(三)美丽江湖

如今的宁波平原在海侵时期是一片浅海区,当时,海水直拍四明山麓。

此后,在海潮推顶作用下,山区剥蚀下泄泥沙逐渐沉积为沙洲,尔后沙洲又逐步扩大、外移,最终在海侵水退后,其外缘形成海岸,而内侧形成潟湖。然后,这些潟湖经沼泽化后逐步淤成平原,其低洼处最终淡化为湖泊。据方志记载,宁波境内原有湖泊近百处,主要分布在甬江流域和姚江北部山麓地带。

但这些古湖泊,自从北宋末年以来,大多已然不存。这其中,名称和方位基本上可以确定的已亡湖泊,有日湖、烛溪湖、汝仇湖、余支湖、黄山湖、广德湖、小江湖等 34 处。这 34 处古湖泊,除了海曙区的日湖外,余皆位于余姚(21)、慈溪(7)、鄞州(5)三地。从其消亡的历史动因来看,主要为淤塞和被垦为农田。

也正主要因为淤塞和被垦为农田,今宁波境内的古湖泊仅剩 15 处。这 15 处现存湖泊,除了慈溪境内的窖湖和灵湖有所扩增之外,其他湖面皆有不同程度的缩小,目前面积最大的是鄞州的东钱湖,面积最小的是位于余姚兰塘的千金湖。就其功能而言,这 15 处现存湖泊,除凤湖(慈溪龙山)、上岙湖(慈溪小桥)、白洋湖(慈溪鸣鹤)、外杜湖(慈溪宓家埠)、牟山湖(余姚湖山)、千金湖(余姚兰塘)、月湖(海曙)和东钱湖外,大抵可分为两类:或如江北区的慈湖,被辟为公园;或如前溪湖(余姚肖东)、穴湖(余姚双河)、上林湖(慈溪樟树)、梅湖(慈溪横河)和里杜湖(慈溪宓家埠),被改建为水库。

水库作为蓄水工程,除了部分改建自古湖泊之外,绝大多数新修于新中国成立之后。1952 年始建的东谷湖水库(位于象山丹城),是新中国成立后宁波境内兴建的第一座水库。此后的宁波水库建设史,大体上可分为五个阶段:第一,1955—1956 年,重点建设小型水库,截至 1956 年冬,共建成中型、小(一)型水库各 1 座,小(二)型水库 98 座,这些水库不但都是土坝水库,而且坝高都在 10 米以下。第二,1957—1959 年,重点建设中型水库,其间动工兴建或改建的水库有北仑新路岙水库、上林湖水库、慈溪梅湖水库、奉化横山水库、鄞州三溪浦水库、象山仓岙水库、余姚四明湖水库等,但在"大跃进"运动的影响下,这些水库质量堪忧,不少水库刚刚竣工就被列为"危险水库""病害水库",四明湖水库和英雄水库的大坝更曾多次出现滑移。第三,1960—1965 年,该期水库建设的重点,在于续建水库配套设施,同时加以除险加固。第四,1966—1979 年,进入重点建设阶段,相继建成了一批技术难度较高的大中型水库,譬如海曙皎口水库(1970—1975)是第一座浆砌重力坝大型水库,而奉化柏坑水库(1970—1979)则是第一座块石混凝土双曲拱坝水库。第五,1980—2000 年,新建水库数量不多,而且以兴建大中型水库为主,其间建成的慈溪四灶浦水库是迄今宁波境内最大的海涂水库,而1996年动工建设、2001年基本竣工的宁海白溪水库,则是宁波历史上库容最大、大坝最高的大型水库,其大坝最高的这一纪录,直到2007年,随着海曙周公宅水库的建成,才被打破。

历经这五个阶段和近50年的努力,截至2000年,宁波境内先后修建了403座水库,其中库容在1亿立方米以上的大型水库有5座,库容在1000万至1亿立方米的中型水库有21座,库容在100万至1000万立方米的小(一)型水库有98座,库容在10万至100万立方米的小(二)型水库共计279座。这些水库的建成,不但有效地防御了水涝旱灾的侵扰,而且极大地促进了农业生产乃至整个社会经济的发展。

事实上,宁波不但湖泊、水库众多,而且水网密布,是典型的江南水乡。宁波之所以江河众多,主要是因为:第一,该地既濒临东海,又受季风频繁活动之影响,因而气候湿润,雨量丰沛。第二,多山的地貌。然则江河虽多,但就其最终的归宿而言,宁波的水系基本上可分为两大块,即甬江和独流入海的小河流。

这其中,独流入海小河流主要分布在象山港、三门湾沿海地区,流域面积在100平方千米以上的独流入海小河流,自北向南依次是大嵩江、凫溪、白溪、清溪。至于甬江,则有两大源头:北为姚江,南系奉化江,前者略长,后者流域面积稍大。在甬江水系中,流域面积在100平方千米以上的支流共有五条,而剡江、县江与鄞江这三条支流的流域面积,更在200平方千米以上。

宁波境内的大部分江河具有下列三大特点:第一,汛期洪水大,这就容易形成大面积内涝,进而造成特大洪水灾害。第二,枯水期流量小,尤其是在七八月间,因受副热带高压控制之影响,经常出现干旱天气,从而引发农业减产、工业停产、生活用水紧张。第三,潮汛来临时,潮差大、潮区界距离长,不利于防潮、防洪。而这也正是新中国成立后持续兴建水库的主要原因。

(四)沿海岛湾

宁波作为浙江省的海洋资源大市,三面环海,除独自拥有大目洋、象山港外,又与毗邻的嘉兴、舟山、台州、绍兴四市,共享灰鳖洋、崎头洋、磨盘洋、猫头洋、杭州湾、三门湾,故其海域面积多达9758平方千米,甚至比其陆域面积还要多393平方千米。事实上,宁波海域不但面积辽阔,而且蕴藏着丰富的资源。

宁波的大陆海岸线,北起杭州湾南岸余姚西三闸,南至三门湾底宁海旗门港,全长788.3千米。若以甬江出海口为界,其南岸线曲折,多丘陵港湾和岛屿,其北则海域辽阔,岸线平直,滩涂绵延。而从组织成分来看,大致可分为人工岸线、泥质岸线、基岩岸线、河口岸线四大类。这其中的基岩岸线,主要分布在北仑峙头角、象山东部钱仓至平岩一带,常见海蚀崖、海蚀台、海蚀穴、海蚀柱、海蚀阶地、浪蚀穴等地貌。从经济建设的角度来看,宁波未开发利用的岸线主要集中在梅山、穿山南部、石浦、象山港等地,可供成片开发的岸线较少。

据统计,宁波共有滩涂45处,凡971.27平方千米,并大致可分为下列五大片:(1)余姚临山—慈溪龙山,这其中的西山至龙山段,不但滩涂面积多达49.9万亩,而且涂面比较稳定,宜于围垦和海涂水产养殖。(2)慈溪龙山—北仑郭巨,该岸段不仅航道资源丰富、建港条件优越,且其已围的滩涂,非常适宜于建造物流仓储区和副食品生产基地。(3)北仑峙头角—象山钱仓,该岸段风平浪静,海洋生物资源丰富,宜养宜捕,现已成为宁波市主要的水产养殖基地。(4)象山钱仓—象山石浦,该岸段多开敞性小海湾,面向大目洋,受风浪影响较大,泥沙来源丰富,海水含盐量较高,滩涂属缓慢淤涨型,适宜于围涂建塘,发展水产养殖或盐田。(5)象山石浦—宁海旗门,该岸段已围滩涂12.66万亩,宜围宜养,是宁波市的又一主要水产养殖基地。

宁波自北至南有杭州湾、象山港、三门湾三个海湾,三门湾、杭州湾合抱于境之南北,象山港则在境内海岸线中段嵌入内陆。这其中,横贯北仑、鄞州、奉化、宁海、象山五县(区)的象山港,对宁波地方经济的成长发挥过更为重要的作用:一是象山港沿岸渔民在滩涂采拾、浅海捕捞的过程中,不但创造出多种海洋捕捞技术和渔具,而且将这些技术和工具传播到邻近的舟山等地。二是象山港自从汉代以来就是重要的海产品养殖基地,汉献"鲐酱",唐贡"奉蚶",宋养牡蛎,新中国成立后,其养殖区域从滩涂向浅海全方位拓展,养殖品种向鱼、虾、贝、藻多样化发展,养殖面积和产量也因此不断增长,目前已发展成为浙江省内最大的网箱养殖基地和鲜活鱼出口产地。三是这一半封闭的海湾,不但是避风两港和养殖基地,更是战略要地,在明代抗倭期间,象山港内的郭巨、大嵩、钱仓就已被建设成为军事防御基地——卫所,时至20世纪初期,清朝亲王载洵和孙中山先生都曾建议在此筹建军港。

因为海岸线曲折的关系,宁波沿海有大小港湾60余处。这些港湾主要分布在甬江及其河口、环穿山半岛、象山东部沿海岸段,宁波港、镇海港、北仑港、穿山港、西沪港和石浦港,是其中比较知名的港湾。而在港湾相间之处,则又有多达 137 个岬角,例如长跳嘴、老鼠山嘴、老虎嘴、凤凰山嘴。

在这些港湾和岬角之外,则是灰鳖洋、峙头洋、乱礁洋、大目洋、猫头洋等浅海。而在浅海之中,尤其是在甬江口折东转南的浅海中,分布着总计多达 46 条的水道,而且其中的部分水道,例如金塘水道,既是宁波的南向航路通道,也是宁波港至舟山港的近捷航道。

相比较而言,宁波境内的海岛,不但数量更多,而且战略地位更为重要。据调查,宁波境内面积大于 500 平方米以上的岛、屿、礁,共计 531 个。这 531 个海岛的分布范围,北起镇海蟹浦的棋盘山、泥螺山,南至三门湾的草鞋爬屿,东南至渔山列岛,其中有 419 个集中分布在象山县域之内,占岛屿总数的 79.5%。就其性质而言,这些岛屿可分为两类:一是以渔山、韭山、五虎礁为代表的列岛、群礁;二是诸如大榭岛、梅山岛、东门岛、南田岛、高塘岛、檀头山岛、南韭山岛和北渔山岛之类的岛屿;就其功能而言,则又大抵可分为三类:一是以花岙岛、檀头山岛为代表的旅游岛;二是以渔山列岛、东门岛为代表的渔业岛;三是以大榭岛、梅山岛为代表的海港岛。

总体而言,宁波海岛的特征主要表现为:第一,从空间布局来看,重要海岛基本上呈群状分布,例如大榭岛,除本岛外,周围又环布 13 个小岛。第二,小岛多,分布较散,难以展开大规模开发,而那些面积较大、条件较好的岛屿,或如梅山岛、大榭岛已经开发,或如韭山列岛、渔山列岛被列为国家级保护区,剩余的大岛,譬如高塘、南田、檀头山等象山底部诸岛,虽可供生产性用途开发,但受到交通和区位的制约,开发成本较高。第三,无人岛屿、港湾岛屿、近海岛屿居多。第四,滩涂资源丰富,围海造田大有可为。第五,主要从事农业和渔业,产业结构比较单一。第六,海岛风力、潮汐能资源较为丰富。

(五)珍稀物种

位处东海之滨、长江三角洲南翼的宁波,雨量丰沛,植被茂密。这种多样化的小气候,既有利于培育出丰富充足的食物源,也为野生动物的栖息、繁衍提供了优越的条件。

此所谓食物源,当然主要是指各类地被植物尤其是草本类植物。据统计,宁波境内共有地被植物四大类 97 种,即草本类 58 种、矮生灌木类 12 种、藤本类 19 种、蕨类 8 种。在这些野生植物中,被列为国家三级保护植物的有天竺桂(浙江樟)、浙江楠、天目木兰、凹叶厚朴、红豆树(花榈木)、八角莲;被列为国家二级保护植物的有银杏、金钱松、福建柏、鹅掌楸、杜仲、浙江七子花、香果树,而水杉更被列为国家一级保护植物。令人欣喜的是,随着田野调查的进一步深入,近年来又发现了宁波石豆兰、松叶蕨、中华水韭等国家级重点保护植物。

宁波境内野生动物种类比较多,计有两栖动物 23 种、爬行动物 50 种、鸟类 349 种、兽类 49 种。这其中,既有云豹、金猴、黑麂、黑鹳、白颈长尾雉、白鹤等大约 20 种国家一类保护动物,也有穿山甲、黑脸琵鹭、河麂、小灵猫、水獭、天鹅、鸳鸯、镇海棘螈等近 80 种国家二类保护动物。此外,貉、鼬獾、豹猫、毛冠鹿、白鹭、黑嘴鸥、大杜鹃、红嘴相思鸟、眼镜蛇、五步蛇等 49 种野生动物已被列入《浙江省重点保护陆生野生动物名录》。尤其是黑嘴鸥,更被列入国际鸟类保护委员会(ICBP)世界濒危鸟类红皮书。

千百年来,围绕着这些动物和植物,宁波境内形成了众多的民间传说。从现存的动物传说来看,关于鸟类的数量最多,例如"念娘鸟""哭爹鸟""怨鸟""桑鸟""杜鹃鸟""鸳鸯""竹杠鸟""周玖鸟""状元鸟",又如"此木鸟""妹妹有哭鸟""各做各工鸟""背背喽鸟""八个汤果鸟"。这些传说在讲述各种鸟儿的来历时,表达出劳动人民爱憎分明的态度和敢于斗争的精神。

诸如"死鱼为啥不闭眼""鬼鱼有毒不能食用"之类有关鱼类的民间传说,也是宁波动物传说中一个非常重要的组成部分。尤其是"蜜光鱼的传说",尽管其内容并不新颖独特,却也充分表明慈孝文化在宁波拥有厚实的群众基础。除了鸟、鱼之外,家禽和家畜也是动物传说的主要对象,并由此出现了诸如"鸡为啥喝一口水抬一次头""鹅鸭为啥不同群"之类的民间传说。

有关植物的民间传说,其数量虽不及动物,却是宁波民间传说的一大亮点。这类传说往往有两个显著特征:第一,因为宁波自古以来就盛产茶叶而蚕桑业也向来比较发达的关系,以茶树、桑树为主角的民间传说,也因此层出不穷。第二,植物传说经常被置于康王落难这一宏大的叙事背景之下展开叙述。

宁波历史上的这类动植物传说,就其内容特征而言,一方面表达出甬上先民对黑暗现实的不满和对幸福生活的憧憬,另一方面又折射出人类与野生动植物在相当长时期内的和谐共处。而如今,由于种种缘故,宁波的野生动物资源已经非常稀少,包括云豹、金猫、鬣羚、黑麂、东方白鹳、白肩雕、游隼、白颈长尾雉在内的共计 77 种陆生野生动物,已被列入《濒危野生动植物种国际贸易公约》而受到保护。与此同时,宁波市政府也为保护陆生野生动植物做了很多努力,其中一项卓有成效的工作,就是划建野生动植物保护小区,以便就地保护珍稀濒危野生动植物的栖息地。

野生动植物保护小区始建于 2002 年,至今已先后建立了 18 个(见表 3-1)。这 18 个动植物保护小区,分布在除镇海、海曙之外的其他各县市区,尤以余姚、宁海、奉化三地分布最为密集。就其功能特征来看,这些保护小区大抵可分为两大类。一类是鸟类保护区,其数量不但多达 8 个,而且散布在奉化、余姚、鄞州、宁海、象山等地;另一类则是特定物种的保护区,余姚市古茶树保护小区、余姚市河麂(獐)保护小区、北仑区瑞岩寺森林公园镇海棘螈保护区、宁海县双峰南方红豆杉野生植物保护小区、宁海县茶山林场云豹自然保护小区,就属于这一类型。

表 3-1　宁波野生动植物保护小区统计

野生动植物保护小区名称	所在区域	野生动植物保护小区名称	所在区域
斑竹白颈长尾雉保护小区	奉化区	天童国家森林公园野生动植物保护小区	鄞州区
南沙岛鸟类保护小区	奉化区	鄞州区滨海鸟类保护小区	鄞州区
裘村缸山岛海滨木槿保护小区	奉化区	瑞岩寺森林公园镇海棘螈保护区	北仑区
四明湖鸟类保护小区	余姚市	江北区野生动物保护中心	江北区
河姆渡鸟类保护小区	余姚市	杭州湾湿地保护小区	慈溪市
古茶树保护小区	余姚市	双峰南方红豆杉野生植物保护小区	宁海县
河麂(獐)保护小区	余姚市	胡陈港鸟类保护小区	宁海县
小曹娥杭州湾鸟类保护小区	余姚市	茶山林场云豹自然保护小区	宁海县
四明山国家森林公园野生动物保护小区	余姚市	象山港鸟类保护小区	象山县

随着建设程度的不断深入和相应配套设施的日渐完善,这 18 个各具特色的保护小区,不但成了野生动植物的天堂,而且逐渐成为游人如织的生态旅游景点。今后可以考虑采用央视"动物世界"的叙事模式,聚焦于区内动植物的分布特征、活动规律,同时结合动植物保护小区的建设,向国人和国际友人介绍宁波珍稀物种的现状。

二、词　条

白云庄

白云庄坐落于宁波市西城桥之南的管村,也称"证人书院"。其始建于明朝末年,初为明末户部主事万泰的祠庄,相传后因其子万斯选著有《白云集》,世称"白云先生",故名白云庄。白云庄的建设和发展与"浙东学派"密不可分。明末户部主事万泰字履安,就是清代浙东学派甬上支派的创始人。其与同一时期"浙东学派"的著名代表人物黄宗羲交往密切,万泰子万斯选、万斯大、万斯同等皆为黄宗羲的学生。

1668年,黄宗羲应邀来甬讲学,地点初在万泰广济街住宅,后迁延庆寺,最后迁到白云庄。自此白云庄时彦群集,文人荟萃,四明学风蔚然开启。因黄宗羲之师刘宗周于绍兴讲学之所名为"证人书院",为申其师说,亦以"证人"名之。黄宗羲之徒全祖望为此冠以"甬上"两字,称"甬上证人书院",以此有别于绍兴的证人书院。随着"浙东学派"的讲学与传播,白云庄一度繁盛。

清朝末年,随着"浙东学派"的日趋黯淡,白云书院逐渐废弃。1934年,甬上名士杨贻诚等访得书院和万氏故居旧址,在鄞县文献委员会组织召开的会议上提出要修复白云庄,当时的鄞县县长陈宝麟全力支持集资恢复白云庄、保护乡邑文化遗产。白云庄落成后,还举行了隆重的祀典,社会各界贤达相与庆贺。对于白云庄的修复,文史家陈训慈先生在《甬上重建万氏白云庄及追祀乡贤记》中有较为详细的记载。甬上先贤的孜孜探寻,也为文物保护书写了不朽的篇章。

"文革"期间白云庄的修复和建设趋于停滞。1980年,相关部门重新开始分期对白云庄进行维修。1981年,浙江省政府重新将白云庄列为省级文保单位。1986年前后,以

白云庄

召开"国际黄宗羲学术研讨会"为契机,政府对白云庄进行了全方位的整体设计,增加了陈设场地,自此白云庄作为景区正式对外开放。2006 年 5 月 25 日,白云庄被国务院批准列入第六批全国重点文物保护单位名单。

今天的白云庄景区由"甬上证人书院"、万氏故居和万氏墓地三部分组成,占地面积约 4000 平方米,建筑面积约 650 平方米。建筑整体坐西朝东,前后二进,为砖木结构的平房,内设有黄宗羲讲学蜡像群、《鄞江送别图》摹本、"浙东学派"楹联等主要旅游景点,西北则为万氏墓地。

参见路远:《"浙东学术文化陈列"亮相宁波白云庄》,《宁波大学学报》2002 年第 4 期;寒石:《书院圣地白云庄》,《宁波通讯》2012 年第 14 期;付智强等:《宁波白云庄保护开发问题探析》,《宁波通讯》2018 年第 23 期。

溪口风景区

溪口风景区位于宁波市奉化区,由溪口镇、亭下湖和雪窦山三大景区组成,是首批"国家 5A 级旅游区"和"浙江十佳美景乐园"。

溪口地处四明山麓,始建于宋真宗景德三年(1006)。时至清代,成为奉化大镇。作为蒋介石、蒋经国父子的故里,1919 年成为行政镇,属溪口区。新中国成立后,溪口镇建制历经多次整改,最终形成今日包含 55 个行政村、6 个社区,浙江省行政区域面积最大的建制镇。溪口镇周围有众多高山,其中包括崎山、塔亭山、金钟山、孝感山、铜山、汉城山、箬楸山等。又有岳林禅寺、金钟潭等景点。今与亭下湖、雪窦山合为溪口风景区。

亭下湖是一座人工建成的山川湖泊,湖面约 6 平方千米,蓄水量 1.53 亿立方米,湖岩线长 42 千米,湖内有三个岛屿,数个半岛。其构想于 20 世纪 40 年代形成,新中国成立后于 1978 年 1 月动工,1985 年 9 月竣工。亭下湖景区内有高坝揽胜、鲶鱼卧波、绿龟探水、芳岛夏荫、三峡赏景等自然景点,又有今被湖水淹没的剡溪书院、白云书舍和韦陀菩萨寺院等历史遗迹。

雪窦山位于奉化区溪口镇西北,国家级风景名胜区,国家森林公园,被誉为"四明第一山",其盛名源于山心的雪窦古刹及千丈岩瀑布。千丈岩瀑布因崖壁上有一突石致使山上河水汇流至此形成飞雪状的瀑布,又因崖壁千丈形成壮阔奇观。瀑布之上有古亭,名叫飞雪亭。山心建有古刹雪窦资圣寺,始建于唐代,几经毁坏重建。雪窦寺有雪窦禅师常通、智觉禅师延寿、明觉上人重显、宗上座韩大伯、达观上人昙颖等诸多名僧;寺内有天开图画阁、妙高台·藤龛、退禅师居妙峰、含珠林、锦镜池等名胜;寺外又有奉慈禅寺、中峰庵、乳峰庵等庵院。而因雪窦山东连普陀,南衔天台,相传其与弥勒佛渊源颇深,设有弥勒佛道场。所以雪窦山形成了规模庞大的佛教文化圈,成为古今游览圣地。同时雪窦山也因其丰厚的佛教文化,对山下的溪口产生了深远的影响。溪口镇于北宋时期依山建镇,因佛缘兴盛,人口增长迅速,佛教文化成为古代溪口地域文化的核心。

参见杨晓平:《溪口风景地貌资源及其总体规划初探》,《宁波师院学报》1992年第3期;季风等:《溪口:千年古镇 名人故里》,《宁波经济:财经视点》2006年第2期;怡藏:《宁波奉化雪窦山 大慈佛国 弥勒圣境》,《中国宗教》2016年第3期;王舜祁:《蒋氏故里的历史巨变》,《钟山风雨》2018年第2期。

五龙潭

位于龙观乡天井山上的五龙潭,既是"宁波新十景"之一(4A级风景区),也是浙江宁波第一家通过ISO9000国际质量认证体系的旅游风景区。景区面积16.17平方千米,以自然山水风光为依托,以中华龙文化、浙东山乡风情、民俗民风为内涵,以溪流飞瀑、怪岩险峰为特色,内分天井岙民俗文化博览区、龙潭飞瀑山水观光区、观顶湖游乐度假区和龙顶高山休养区五个功能区,同时也保有大量药用蕨类植物资源,是一个集旅游生态为一体的风景名胜区。

五龙潭既是距宁波市区最近的山水型生态旅游区,更是一处充满神话传说的所在。整个景区被分为三期先后进行建设和开放。一期开发的龙潭飞瀑景区面积6.2平方千米,主要为龙潭五井、十二瀑以及五龙神堂、古祭龙坛等景观。这其中五龙神堂、一母四子雕像都拥有大量民间传说,比如"一母四子化为神龙后栖居天井岙""五龙助韩世忠水淹金兵而受封"等。同时五井龙潭的孚泽潭、昭泽潭、润泽潭、利泽潭、显泽潭都曾被宋理宗、元惠宗敕封相、侯的官位,这在历史上绝无仅有。而祭龙坛耗用70吨福建绿孔雀石雕成龙形图腾柱耸立在近400米的山峰上,极其壮观,吸引了众多游客。二期景区名为青云梯,其面积4.58平方千米,由青云梯、天门二瀑和观顶湖组成。青云梯,石阶段2008级,垂直高差400多米,其中青云梯上段台阶1368级,登梯如青云直上,国内尚无如此长的直上石梯,有"天下第一梯"之称。天门、水门两大瀑布,落差各达80米,号称"华东第一瀑""江南黄果树"。三期鸣凤水景区由龙漫滩水景、龙归海水景、凤鸣山景点等部分组成,景区以"龙吟凤鸣"为题意,与一期部分的各种民间传说一样,体现了当地浓郁的崇龙文化。

2018年,玉泉峰与对面山峰两座陡壁之间架设的7D高空玻璃桥正式向游客开放。桥长180米,宽2米,桥中间直径4米的大圆盘,垂直高度160米,桥面全部采用超透明玻璃铺设,均为三层夹胶玻璃钢。玻璃桥两峰地势险峻,从中间裂谷径直横穿。在设计时,为烘托五龙潭有史以来的龙文化,桥两头更从上而下设有两条龙形纹饰。游客站在玻璃桥上可以悬空赏景,五龙潭峡谷尽收眼底。

五龙潭以秀丽的山水和浓郁的华夏龙文化,集游览观光、山地健身等功能于一体,吸引了大量游客,满足了人们回归自然山水、品味山村风光、感知浙东地方文化、享受休闲世界的需求。

参见洪福官:《五龙潭的民间传说》,《文学港》2005年第2期;《浙江温泉湖国际度假旅游区》,《浙江国土资源》2009年第12期;吴建飞:《浙江五龙潭药用蕨类植物资源》,《时珍国医国药》2009年第3期;陈慰萱:《四明山五龙潭之行》,《文化交流》2011年第6期。

伍山石窟

伍山石窟是对松乔山、道士岩、三角塘山、下长山、缆头山这五座位于宁海县东部低山丘陵之上的石窟的统称。五座山外表皆被松竹所覆盖,历经宋、元、明、清时代采石作业,至今已形成气势雄伟、形状奇特的石窟奇观。

伍山石窟景区最负盛名的是石窟景观,被称为"海湾洞天"。历经百余年的人工采石到废弃,洞口被杂草荆棘丛所覆盖。今开发的30余个洞窟群中包含800多个形态各异的洞窟。其形态各异,有的状如巨钟,有的形如幕帐,有的巨似方井。各大洞窟的深度从数十米至100余米不等,底部直径10米至30米不等。大多洞体自山顶而下,深入山体。有的洞中开凿隧道,平洞出山。

而景区内洞窟的组合形式也奇幻多变,有孤洞,有双洞,更有多洞相通的群洞。上下相叠,左右相通,洞洞相连,洞洞生奇,曲折回环,幽深莫测。穿岩透空如天窗,削壁横切似长廊,高下层叠成楼阁。有的洞窟积水成潭,深不可测,一泓碧水,晶莹如玉;有的洞壁渗水织彩,天然壁画,色彩斑斓,奇妙无比。

伍山石窟显然并不仅仅只是东南沿海保存最完整、形态最丰富的采石宕遗迹,隐藏于这一遗迹背后的竖井式采石技术和当年石材贸易的盛况,似乎更值得关注。宋代储国秀撰《宁海县赋》称:"矿石锢于蛇蟠之丘,石首发于洋山之屿。"这是宁海采石最早的文字记载。采石区域限于三门湾一带,并称"此虽方物之所宜,抑亦他邦之鲜伍"。石料虽属常见之物,却是各地建筑所不可或缺的。由于古代城乡时伍山石料的大量需求,伍山采石遂成当地传统产业,明清时期规模扩大至于鼎盛。清朝中后期,社会繁荣,石材需求量增加,又促进了伍山采石业的发展。宁海长街在明代嘉靖时围筑了青珠塘等 8 个海塘,而在清康熙时期围海造田 1.2 万余亩,围筑海塘 12 个,由此又进行了大量采石。鸦片战争后,由于水泥建材在国内的推广和发展,导致石材需求不断萎缩。民国初年,伍山的采石工匠在 1000 人以上。1956年,伍山成立了石业生产合作社,日产石板 180 多张,大多销往上海、舟山、宁波等地。后因建材业发展,石板销路逐渐衰落。2004 年,宁海县提出保护伍山石窟的矿山遗址,全面制止对伍山石窟遗址的破坏性开采。伍山采石采用传统的竖井开采工艺,蕴藏了我国劳动人民千百年的非凡智慧和高超技艺。同时,因风与鸟兽将种子通过竖井口子带入洞窟,种子经过雨露的滋润,形成了洞窟内野生花树藤萝援壁凌空、风姿各异的奇异景观。千百年来,大自然与古代工匠共同在伍山石窟创造了艺术家难以想象的神奇壮美世界。洞窟中生长的植物奇美,洋洋大观。

伍山石窟历经宋、元、明、清时代至今不断雕琢创改,堪称人造的天然奇观,以至于明代诗人张岱到此不胜感叹:"谁云鬼斧神镂,竟是残山剩水!"

参见王重光:《石破天惊自何年——记宁海伍山石窟》,《宁波通讯》2005年第 2 期;欣文等:《伍山石窟奇观》,王兴满主编:《宁海故事精选》,宁波出版社 2005 年版;谢宏良:《走近伍山石窟》,《宁波通讯》2014 年第 16 期。

野鹤湫

野鹤湫是宁海县黄坛镇黄坛水库上游的一处旅游景区,为梁皇山风景之一。景区内自然景观丰富,有着许多传说和典故。因为曾经有野鹤在此栖息,故名以野鹤;而又因此地有潭渊溪瀑,故又名以湫,于是野鹤湫之名因此而来。相传春秋时,桐柏真人王乔驾鹤东来,至此幽居,并成为台岳主神。又东晋时,葛洪在此修炼十年,著成著名的《抱朴子》,开道学之先河。400 多年前,徐霞客也在此开始寻访心中的世外桃源。

野鹤湫自然景观丰富,野鹤湫既是羽服仙流慕名必至的真境,也是一处有着三十六湫、十八瀑、百种草药、千亩竹海的天然大氧吧。溪涧深处,时或可见娃娃鱼、鹰嘴龟的踪影;林木之间,弥漫着角鹿、野兔、山鸡的气息。而如今的野鹤湫,更被开发成为集生态旅游、观光避暑、休闲养生于一体的新型生态度假区。其主要由闲云溪、野鹤溪、云鹤坪、野猪头和丁山六个分景区组成。位于风景区东北部的闲云溪分景区，森林茂密，物种丰富，景观多样。其中地形复杂，地势西高东低，环境清幽，面积为800余亩。属整个景区的中心地带，既是景区的主要入口和出口，又是游人游玩聚散的必经之地。景区最有特色的风景区当是野鹤溪，全溪长达2.5华里，有三折瀑布、瑶台瀑布、天门瀑布等组成的瀑布群。为了保证游客安全，景区从入口处开始都已铺设了石级，沿溪都装有不锈钢栏杆。各个观景点还建造了竹亭、竹台、竹楼、竹榭、竹廊、竹桥，值得一提的是，在当年造纸的坪坛处还为前来野餐的游客造好了十来个土灶。在聚仙峡中，根据沿途景观特色又设竹亭3座，名曰"迎仙""寿仙""仙风"，再加修民间传说的"仙人洞"，使游人在美景中仙鹤同游，闲适怡情。云鹤坪分景区建设基础公共设施供游人观景休息。尤其是道观小区，坐南朝北，林木茂盛，空气清新。于此则有道源的民间传说，将奇特的阴阳植被修筑成富有道教传说情趣的太极图案，一半为卵石、一半为草坪，四周再配有石凳、石桌等，根据道教传说建筑风格，采用木材建成3幢单层面积为200平方米的道观，巧妙地传播了道教文化。野猪头、丁山则保持原始生态，建成度假村、动物园、植物园、百果园、茶园等，为游人提供丰盈的绿色环境和绿色食品。

参见蒋善学：《野鹤湫聚仙胜地》，王兴满主编：《宁海故事精选》，宁波出版社2005年版；《野鹤湫·桃源仙境》，《度假旅游》2007年第5期；谢良宏：《只缘身在野鹤湫》，《东南商报》2011年10月11日。

象山港

象山港位于东部穿山半岛与象山半岛之间，东临太平洋，是宁波的三大海湾之一。象山港区域涉及象山、宁海、奉化、鄞州、北仑五个县（区）的23个乡镇。根据大致的汇水面积和山脊线划定，其陆域面积1775.83平方千米，海域面积920.87平方千米，滩涂面积171平方千米，区域总面积2868平方千米。

象山港是一个由东北向西南深入内陆的狭长形半封闭性海湾，尽管换水周期长约83天，且其自洁能力和大洋之间的水交换能力也相对较弱，却也呈现出下列三大特征：第一，象山港两岸有山体掩护，环境隐蔽，避风及泊稳条件佳。港内航道稳定，水深一般能满足3.5万吨级海轮一潮进港，口门外经佛渡水道及牛鼻山水道与国际航道相接。简言之，航道和岸线资源比较丰富，是各类船舶避风抛锚的理想之地，具备优越的建设深水良港的自然条件。第二，港内有500平方米以上无居民岛屿59个，岛屿总面积约10平方千米,大部分处于未开发状态,岛上植被良好,环境静谧宜人。换言之,象山港既是理想的深水避风港,也是旅游、度假、疗养、休闲的理想场所。第三,水系的交汇作用使得象山港生态类型复杂,成为各种经济水产资源的集中分布区,这其中既有典型的海洋性鱼类进港索饵和繁殖徊游,又有定居性鱼类和滩涂穴居性贝类栖息和繁衍。据统计,港内有浮游动物 167 余种,潮间带生物 190 余种,游泳生物 210 余种,并因此被誉为国家级的"大渔场"。

事实上,象山港因其岸线曲折、海岛众多、自然条件优越,早就成为宁波东南沿海门户和兵家必争之地。譬如北宋政府就曾在此建造烽火台并驻扎防兵,而明朝末年,朝廷也曾在湾口两侧的郭巨、钱仓设置千户所,以防倭寇入侵。此后,不仅诸多有识之士提议在此筹建军港,时至 1940 年,日寇更在湾口北岸的大嵩港登陆侵入两浙。

此外,象山港作为南岭山脉的入海处,不但盛产马鲛鱼、青鲫鱼、大黄鱼、鲻鱼、白虾等海鲜,而且近海捕捞业向来发达。如今,浓厚的渔文化依然是象山港的特色主题。

参见屈强:《象山港区域可持续发展的构想》,《海洋开发与管理》1995 年第 2 期;倪敏东等:《海陆统筹建设美丽象山港——象山港区域保护利用规划研究》,《宁波经济·三江论坛》2015 年第 1 期;周津象:《构建地方政府合作机制推进象山港保护利用》,《商情》2009 年第 11 期;一知:《暗香浮动的象山港》,《宁波通讯》2011 年第 6 期。

杭州湾南岸

杭州湾南岸位于长江三角洲南翼,北临钱塘江、杭州湾,西接绍兴,南临奉化,东北与舟山隔海相望。其地形以平原、丘陵为主,地势西南高、东北低,东部、南部、北部濒海。甬江、余姚江和奉化江是域内的主要水系干流,并与其他河流、城市内河形成水网体系。

杭州湾南岸海涂资源丰富,从余姚临山至慈溪龙山,岸线长 81 千米,滩涂面积约 55.5 万亩(理论基准面以上)。其西段,因受主槽摆动、潮沟迁移及潮流之影响,岸滩不稳定,常出现"大冲大淤"(特别是余姚境内);其东段,滩涂底质虽以黏土质粉砂为主,但因夏淤冬冲的季节变化幅度高达 10~30 厘米,因而该段海涂以围垦为主。

杭州湾南岸历史文化积淀丰厚,其海塘遗存不但多达 20 余处,而且内容形态十分丰富,堪称中国古海塘遗址中的瑰宝,并因此被著名地理学家陈桥驿先生赞为"露天海塘博物馆"。

杭州湾南岸是宁波经济建设的重要地带,民营经济十分发达,涌现出一批专业特色市场,并已形成以轻纺、机械、塑料、电子、家电等行业为主体的产业群体。杭州湾跨海大桥在 2006 年的建成通车,不但大大缩短了宁波与上海的时空距离(缩短 120 多千米),而且把宁波纳入以上海为中心的 2 小时交通圈内。杭州湾跨海大桥的建成通车,也为杭州湾南岸的发展带来了新机遇,极大地改变了杭州湾南岸在长江三角洲的战略地位,使其成为面向国内、国外两个市场的优越的工业投资场所。

在 2018 年浙江最新绘就的大湾区建设蓝图中,以杭州湾南岸为班底的宁波前湾新区,与杭州的江东新区、湖州的南太湖新区、绍兴的滨海新区一道,成为浙江省内的重点建设区块。前湾新区作为宁波服务全省大湾区战略而谋划建设的高能级平台,以汽车产业为主导产业,业已拥有国内最全的汽车智创产业链:第一,吉利汽车的生产基地、研发中心和人才培养基地。第二,德国大众在全球布局的最先进的工业 4.0 标杆工厂。第三,华东地区最专业的汽车检测中心——中国汽车技术研究中心华东分中心。第四,省内唯一汽车专业学校——杭州湾汽车学院。第五,包括九家世界 500 强在内的 150 多家汽车关键零部件企业。这就在事实上形成了从汽车研发、试制、制造、检测到人才培育等的全产业链,而且预计到 2020 年,汽车整车产能可达 150 万辆,从而极大提升浙江汽车产业的整体发展水平。

参见《中国海湾志》编撰委员会:《中国海湾志》第 5 分册,海洋出版社1992 年版;张能恭:《杭州湾南岸宁波余慈地区的未来发展》,《宁波经济:财经视点》2002 年第 9 期;李冬玲:《浙江省海洋资源环境发展报告》,浙江大学出版社 2016 年版;包凌雁:《唱好"双城记" 宁波亮"答卷"》,《宁波日报》2018 年 4 月 30 日。

南塘老街

位于南塘河畔的这条老街,既尝是水陆要冲之地,更曾是盛极一时的商业中心,人称"南门三市",曾位列宁波八大历史街区之一。如今,经改造后的南塘老街呈南北走向,以祖关山路为界分为南、北两街。北街以传统文化为基调,以商业为内容,以城市旅游为发展方向。南街主打"城市休闲"概念,突显休闲生活。

改建后的南塘老街,以"宁波传统文化之窗口,南塘河江南水乡之特色,袁氏文化之区域"为主题,保留了 300 多米的传统街巷,拥有文保单位 1 处、文保点 6 个。宋代著名学者袁燮的后裔世居于此,区域内现存的袁氏家族居宅建筑群规模最大,类型包括居住院落、祠堂、学校等,其他还包括甬水桥、永善亭和关圣殿等文保建筑。南塘老街实现了"历史融入生活,商业融入古迹"的华丽转身。

南塘老街二期占地约5万方,总长约900米,体量为一期的3倍。建筑主要以明清江南民居风格为主,零星穿插民国风格建筑,建有戏台、八角亭、风雨长廊等传统建筑小品。目前,已有百余家商家进驻,包括了零售、餐饮、休闲健康、酒店和公共配套等多元化业态。窄窄的巷弄里,没有闪烁的霓虹招牌,也没有花里胡哨的价目表,更没有精良设计的展示橱窗,有的只是一间间旧宅般的小小门面和再也简单朴素不过的冰棍、馄饨、油赞子,而被深深勾起的,却是儿时记忆中那一份熟悉的味道。

南塘老街集中打造"集市文化""民俗文化""旅游文化""电影文化",将成为一个文化创意产业、旅游产业相结合的历史街区,街区与区域商圈相融合,提升宁波城市整体形象和活力,成为宁波城市休闲旅游的新地标。随着南塘老街未来多个功能片区的完善和开启,一条完整的、多样化的江南水乡特色的文化商业街区将呈现在甬城市民眼前,这种综合性格局,不仅多角度、多层次地演绎出现代生活的惬意休闲情调,更将宁波城市文化的标识与新商业模式完美结合在一起。

南塘老街的开街,为宁波城市核心的三江文化长廊建设以及宁波城市

南塘老街

旅游的开发进程,提供了强大的助力,打造出了历史文化与商业发展相互促进、相辅相成的又一成功典范。

参见广州市唐艺文化传播有限公司编著:《现代清明上河图——文化商业古街的定位、规划、设计、运营全解析·宁波南塘老街》,天津大学出版社2014年版;张金炜:《踏寻江南市井逝去的记忆——宁波南塘老街景观营造研究》,《现代城市研究》2014年第3期;詹程开:《百年南塘老街二期正式开街 将成宁波休闲旅游新地标》,《今日早报》2015年10月9日。

达蓬山

达蓬山位于慈溪市东南部,又名"大蓬山"。达蓬山横跨龙山镇,重峦叠嶂、林木葱郁,登山远眺,浩瀚东海尽收眼底。达蓬山海拔高400多米。山上有高五六丈的巨岩,也有深四丈余的石穴。岩上有众多佛迹,多香草。据宝庆《四明志》记载:"佛迹岩在达蓬山顶,悬崖绝壑,石壁削立,而壁间有三佛迹在焉。斗鸡石在达蓬山间,高五丈左右,二崖兀立对峙,如斗鸡之状。"

今之达蓬山其实特指达蓬山支脉香山,史称秦始皇想要在此航海前往蓬莱仙境,故名"达蓬山"。相传在秦始皇没有到来之前,原名香山,因山上盛产香草而得名。公元前210年,秦始皇为求长生不老药到达香山,看到山上到处香草兰花,蜜蜂翻飞其中,心旷神怡,下令周边村民养蜂取蜜,每年进贡。从此,达蓬山一带有了养蜂的习俗,也成为世界八大蜜源之一。

奇洞怪石、深壑低谷、青松翠竹、褐藤碧萝,诸如此类的自然风光大可赞叹,但达蓬山的魅力,更在于它是徐福奉命东渡、为秦始皇寻找长生不老之药的始发地,以及缘此而来的众多遗迹、实物、民间传闻和历代以来与此相关的题词、诗文、评说、纪念性建筑,譬如"十六磨坊""东渡庵""千人坛"等。建立在这些遗迹、实物、传闻、文字、建筑基础之上的徐福文化,不但某种程度上可以说就是达蓬山的魂魄,更是今日着力打造达蓬山旅游度假区的逻辑依据。

如今,达蓬山已经成为享誉全国的旅游度假区。达蓬山旅游度假区是达蓬山旅游投资开发有限公司开发的以徐福东渡为主题的历史文化遗迹与自然胜景和休闲娱乐相结合的旅游区。凭借丰富的自然、人文景观,完善的旅游配套服务得到了游客的广泛认同,在周边城市产生了比较大的影响,知名度和影响力不断提高。2009年达蓬山旅游度假区被国家旅游局评定为国家4A级景区,是浙江"省级生态旅游区",宁波市"平安景区",宁波市"文明景区",宁波市首批休闲旅游基地,宁波市自驾车休闲旅游基地,宁波市山地自行车休闲旅游基地,并连续三年被评为宁波市最佳景区。

参见青毅:《达蓬山徐福文化扫描》,《宁波师范学院学报》1996 年第 2 期;魏泉琪:《徐福奉命东渡的始发地——达蓬山》,《宁波通讯》2004 年第 6 期;王清毅:《达蓬山徐福文化的生态考察》,胡岳鹏主编:《慈溪史脉》,浙江古籍出版社 2010 年版。

松兰山

松兰山位于象山县城东南 9 千米,是天台山由西向东奔入大海的余脉,与普陀山、桃花岛隔海相望。

是大自然的造化,使得与普陀山、桃花岛隔海相望的松兰山,坐拥幽静的港湾海岬、迷人的阳光沙滩、独特的海蚀地貌;是良好的生态环境和便捷的海上交通,使得松兰山附近区域,不但早在 6000 年前就已成为塔山人创造史前文明的摇篮,而且在 500 多年前成为抗倭前线,并因此留下了不少海防遗存。旖旎的海滨风光和众多的人文景观,再加上至今仍广为流传的诸如"赵五娘千里寻夫""锯门老龙招亲"之类的民间传说,使得松兰山顺理成章地被开发成为华东地区最负盛名的滨海度假区之一。

松兰山的抗倭遗迹、兵寨保存完好,道教、佛教景观相对应,渔村民俗文化多彩多姿。塔山遗址的发现,使此地文明史推进到 6000 多年前。而白沙滩庙里赵五娘千里寻夫那美妙、凄婉的传说和她的塑像年年都吸引着数以万计的香客和善男信女。八月初三为五娘生日,这一天,白沙滩庙会迎接大量游客的到来。此处还有始建于宋代的弥驼寺,古刹黄墙红瓦,深掩绿树花丛中。抗倭名将戚继光的塑像如松兰山的守护神,屹立在海滩上。

而景区中的东沙滩气势恢宏,千米之长的滩面宽坦,可与普陀千步沙相媲美。南沙滩沙质细纯,悠然怡人,海鸟声与碎琼般的浪击声相和鸣。滩上贝壳闪烁、岛礁星罗。滩滩相连,穿成一线,南北长 5 千米,所以它被称为华东地区最大的陆岸沙滩。

宁波松兰山旅游度假区是国家 4A 级旅游区、省级旅游度假区。总规划面积 31.22 平方千米,区内岸线绵长,资源丰富,环境优美,是宁波市唯一一个集"山、海、岛、崖、滩、物"为一体的滨海旅游度假区。先后荣获浙江省最佳休闲旅游基地、浙江旅游金名片、浙江最值得去的 50 个景区、宁波市休闲基地、女性游客最喜爱的浙江旅游目的地等荣誉称号。与此同时,在未来松兰山将深入实施度假区品质提升行动计划,不断巩固省级旅游度假区创建成果,突出精品理念,努力创建国家级旅游度假区。

参见李家芳等:《象山的沙滩与松兰山景区》,《地球》1998 年第 2 期;史奇山:《闲话松兰山》,郁伟年主编:《四明揽胜》,中共党史出版社 2003 年版;《松兰山平远山如蕴,鸥鹭亦相亲》,《风景名胜》2017 年第 7 期。

招宝山

西距宁波市区 15 千米的招宝山,矗立在甬江出海口北岸尖端,据江控海而成要隘天险,故素有"海天雄镇""浙东门户"之称。与此同时,招宝山又是国家 4A 级旅游风景区,集海天风光的自然景观、底蕴深厚的海防文化、源远流长的佛教文化于一体,素有"南海观音普陀山,东方财神招宝山"之称。

招宝山之地自唐时置望海镇起,迄今已有 1190 年,历宋、元、明、清均为县治驻地。因其地理位置特殊,历代都是海防重镇,海防遗迹也因此异常丰富。这其中,最为著名的当属威远城。威远城始建于明嘉靖三十九年(1560),是当时为防御倭寇、海盗侵扰而筑。原城周长 200 余丈,厚一丈,高二丈二尺,东、北各辟一门,东门上额勒"威远城"三字,系清道光十二年(1832)知县郭淳章旧题。威远城是我国东南沿海一带保存较为完整的一座古代军事城廓。它雄立于招宝山巅,居高临下,大有"镇海之威远,华夏之雄镇"之势。信步逗趣,似见硝烟,凭堞望海,似闻呐喊。威远城历经抗倭、抗英、抗法、抗日四次抵御外国侵略的战争,立下了赫赫功劳。1983 年政府拨款修复了威远城的前半部,现为国家级文物保护单位镇海口重要海防遗址之一。

招宝山原名候涛山,又名鳌柱山,后因山当海口,内外商船日夜进出如梭,遂取其吉祥之意而更名。招宝山作为海上丝绸之路起碇港,晚近以来汇聚了叶澄衷、包玉刚、邵逸夫等一众甬商,从此出航寻梦,续写着这座古老的海上丝绸之路启碇港的新华章。

除此之外,招宝山也蕴含着丰厚的佛教观音文化。有宝陀寺、观音阁、鳌柱塔等佛教景区。宝陀寺位于招宝山之巅,据说供奉着从普陀山请来的"不肯去观音",数百年来香火不断。登临山顶,礼佛完毕,凭栏远眺是东海,水天一色隐蓬莱。化外槛内,山上是迦蓝佛界,山下是港铁联运,两相纵横交错,一派壮丽奇观。观音阁始建于明代,内供奉"千手观音""送子观音"和一幢千佛阁,用樟木雕凿,贴金佛面,金碧辉煌。观音阁背面向南,松竹掩映,临晚景色尤佳,故有"佛殿夕照"之景观。如今香客如云,钟鼓之声不绝于耳,为招宝山北部之重要景点。鳌柱塔是"独占鳌头"文化和观音文化的重要展示窗口。塔身净高 57.6 米,七层八角,青铜塔刹顶,占地面积 361 平方米,为仿宋建筑。

参见劳云展等:《镇海口的守备与近代民族自卫》,《宁波师范学院学报》1984 年第 4 期;胡永翘:《不负先人　造福后代——记镇海区保护、修复、开发镇海口海防遗迹,全面实施爱国主义教育工程》,《浙江档案》1994 年第 6 期;《滨海古镇招宝山》,《宁波经济:财经视点》2018 年第 8 期。

龙泉山

曾名屿山、灵绪山的龙泉山,坐落在余姚市中心。这里既缺乏怡人的美景,更与雄壮相去甚远。尽管如此,这个并不起眼的小山丘,却因为山腰处的龙泉井,成为人文荟萃的江南名山。

相传远古时代这里是一片大海,龙泉山是露出水面的一个小岛屿,并因此被称为屿山。其后山上有一石井,即使天旱少雨,仍井水清盈,常年不枯,且水面常呈现两条游龙波纹,故称"龙泉"。姚江从山脚潺潺流过,形成"龙山舜水"一大景观。大约从东晋起,山亦因此泉而改名为龙泉山。

龙泉井在北宋时声名远播,诸多文人学者在慕名造访时,留下了不少遗迹和脍炙人口的诗篇。譬如一代文豪苏东坡,就曾予以"龙泉石井甘胜乳"之颂扬。而时任鄞县县令的王安石,也曾应余姚县令谢景初之邀,多次登临龙泉山,并题有《石井》诗两首,其一云:"山腰石井千年润,海眼泉无一日干。天下苍生待霖雨,不知龙向此中蟠。"据说宋高宗赵构在逃避金兵追击期间,也曾登临此山来饮龙泉水,觉其泉水甘洌,遂取小觥汲水而去,并在返回临安后专程派人来取此泉之水。

龙泉山在宋明以后逐渐开发,先后建起龙泉寺、严子陵祠、二王祠、文昌阁等 10 多座乡贤专祠和寺院。始建于北宋的通济桥和元代的舜江楼,在龙泉山麓,构成了"长虹卧波,飞阁镇流"的景观。在饱览大自然风光的同时,可增长知识,熏陶情操。但随着时代的变迁,这些古迹多已销迹。1957 年当地政府开始重新整改修复,开发为龙泉山公园。

今天从龙泉山公园南大门进入景区,在半山腰就可见清代书法家翁庆龙所书"文献名邦"巨匾,随后便是"四先贤故里碑"景点,这是后人为纪念严子陵、王阳明、朱舜水、黄梨洲四位余姚先贤而建的。而龙泉山南山腰的中天阁,曾为王阳明的讲学处,故亦称阳明书院,始建于五代,取唐诗人方干诗中"中天气爽星河近"之意而命名,现为梨洲文献馆。1982 年,日中文化交流协会和日本朱舜水纪念会在西山坡舜水亭前建立了朱舜水纪念碑,以纪念这位中日文化交流的使者。

登上龙泉山俯瞰，全城景色历历在目：姚江蜿蜒东去，波光粼粼；南面四明山层峦叠嶂，云山万重。如今斯人虽皆已老去，但诸如四先贤故里碑、祭忠台、中天阁之类的人文景观却依然如故，可供凭吊或缅怀。

参见鹤间和幸等：《龙泉山畔舜水情——余姚朱舜水遗迹考察记》，《浙江学刊》1988 年第 4 期；阿木：《龙泉山的传说》，周静书等主编：《中华龙传说》，宁波出版社 2012 年版。

梁皇山

坐落在宁海县前童镇的梁皇山，旧称桐柏山，后因侯景乱梁时有皇子避乱于此而改为"梁皇山"。

梁皇山作为《徐霞客游记》开篇第一景，西接大门山，东连岵岫岭、封山，南为大红山，山势险峻、谷深涧幽。据说东晋的葛洪在此修炼 10 年，著成著名的《抱朴子》，开道学之先河。南宋吏部尚书洪皓辞官后也曾来此隐居。古往今来，在此留下诗篇和足迹的文人墨客更是不胜枚举。

而如今，梁皇山已经成为驰名各地的旅游胜地，拥有诸如梁皇寺、高明庵、梁皇簪之类的众多人文景观，更以隐字石、方竹、仙人塔、梁皇街为"四绝"。

景区入口处有一石窟，名作梁皇洞，有人称之为"伏龙洞"，水大如蛟龙出海天旱像潜龙在洞，现有蝙蝠出没，故又称蝙蝠洞。据地方史称，此洞通新昌县境，无人识其项背。沿溪上去有飞龙瀑布、天门瀑布等十多个瀑布和龙潭，千奇百态。

梁皇寺原为葛洪炼丹的道教圣地，后来改为佛教寺院。南北朝梁时天下大乱，梁宣帝还在当岳阳王时避难来到今名为"稍场"的佛寺中，随同和尚念经拜佛，同时习文练武。"稍场"佛寺因梁宣帝避难有出头之日，遂俗名"梁皇寺"。传说到梁皇寺拜佛必有好报，人们纷纷去烧香、拜《梁皇忏》，因此香火旺盛。唐武德年间来了个江西风水先生，说隔坑山形像一把太师椅，背高靠山好，侧低当扶手，中有"伏狮"，名曰"两龙戏狮"，地面开阔，朝向东南，前有鹿山、马鞍山，是块宝地。于是开始向坑东搬迁建大刹，成为宁海（包括今三门县）古时"金银铜铁"四大寺之一。寺前原有古桥一座，名为"过远桥"，北宋罗适曾有《过远桥》一诗："长忆西桥避暑时，天风六月袭人肌。水随地脉来五尽，云过山头去不知。拂面稚松应偃盖，当年游子已庞面。共师欲动溪边石，留与东归题好诗。"只是现在梁皇山前已有公路，今桥已圮。梁皇寺东首的山路上是一个小庵，曾是梁王妃遁入深山尼庵带发修行的地方,叫梁王簪。清同治十一年(1872),梁皇寺改为"拱台书院",当时童伯吹等一大批民主革命志士都于此寄身。抗日时期,寺庙曾被整改为宁波专署监狱。解放战争时又成为"三五支队"的驻地。现今古老的梁皇寺只剩下三间小屋。由元中和尚当首建造了一座高大的大雄宝殿和其他寺院用屋。

参见童能新:《梁宣帝与梁皇山》,王兴满主编:《宁海故事精选》,宁波出版社 2005 年版;汪敏:《梁皇山》,葛政学主编:《畅游宁波》,中国旅游出版社 2008 年版;朱立奇:《梁皇:小村姓氏多》,《现代金报》2013 年 11 月 8 日。

雪窦山

雪窦山位于奉化区溪口镇西北,为四明山支脉的最高峰,有"海上蓬莱,陆上天台"之美誉。清代史料记载,自麓至巅,高可十里。四山环合,中有平田数百亩。雪窦山之盛名源于其山中心的雪窦古刹及千丈岩瀑布。

雪窦山东西各有一水,至西南山缺处合流,流至山岩处,其岩绝壁千仞,名曰"千丈岩"。又因水至半壁,有一大石突出将其分离,洒若飞雪,而后复为瀑布,所以又名"瀑布山"。瀑布也因此得名"千丈岩瀑布"。北宋真宗敕曰"东浙瀑布"。所以作飞雪亭于其上,以观千丈岩瀑布。后飞雪亭废,由嘉靖年间郡守沈恺重建,刻碑于其中。今日之亭,乃后人重建,刻有王安石、曾巩、郑清之等诸多名家游此而作的诗篇。

雪窦古刹始建于唐武宗会昌元年(841),咸通八年(867)重建,赐名"瀑布观音院"。光启年间被毁。北宋真宗赐名"东浙瀑布寺",咸平二年(999)改为"雪窦资圣寺"。宋仁宗及南宋理宗先后梦至雪窦山,故理宗御书"应梦名山"四字赐之,敕封为"五山十刹"之一。元至元二十五年(1288)又一次被毁,寺中所藏御书二部四十一卷无存,不久复建。明代古刹被列入"天下禅宗十刹五院"之一,崇祯时期,寺庙再次毁于兵燹,清代复建。民国时期,雪窦山被誉为"五大佛教名山"之一。雪窦寺 1968 年因"文革"而被拆除。现建筑为 20 世纪 80 年代新建。寺前有古银杏两棵,寺后有张学良将军在被囚中植楠木两株,至今尤茂。

雪窦寺历有诸多名僧,如雪窦禅师常通、智觉禅师延寿、明觉上人重显、宗上座韩大伯、达观上人昙颖、藤龛老人知和、圆通大师怀贤、法藏守卓、足庵智鉴、石窗法恭、老牛智融、佛鉴大师师范、野翁炳同等。寺内外名胜包括天开图画阁、妙高台·藤龛、退禅师居妙峰、含珠林、锦镜池、青镇亭百步街、入山亭、寒碧亭、望官曲、御书亭等。寺外又有奉慈禅寺、中峰庵、乳峰庵、云外庵、西麓庵、三隐潭、过云木冰、翰林松、烂平山等寺外庵院名胜。

雪窦山露天弥勒大佛

相传弥勒化身布袋和尚,出生在奉化长汀村,出家、圆寂于奉化市区岳林禅寺,常去雪窦寺做佛事,因此岳林寺、雪窦寺均为"弥勒应迹圣地"。雪窦寺设有弥勒道场,今寺中存有历代皇帝敕命诏书、佛经古籍、玉佛龙袍等诸多文物。

雪窦山因其东达普陀、南连天台的优越地理条件和源远流长的佛教文化,对山下的溪口产生了深远的影响,佛教文化成为古代溪口地域文化的核心,雪窦山也因佛教文化驰名中外。

参见张爱林:《雪窦山与弥勒信仰》,《中国宗教》2008 年第 4 期;竺家惠等:《雪窦人文盛　名山胜迹多——记奉化雪窦资圣禅寺》,《佛教文化》2008年第 5 期;怡藏:《宁波奉化雪窦山　大慈佛国　弥勒圣境》,《中国宗教》2016 年第 3 期。

五磊山

五磊山景区位于慈溪市观海卫镇鸣鹤境内,是鸣鹤—上林湖省级风景名胜区主要景区之一。五磊山,由内外五峰围聚而成,形似一朵怒放的莲花。其环境清幽,风光宜人,古树名树众多,主峰海拔 424 米,有小"庐山"之称。早在宋代,五磊山就是浙江著名风景区,具有深、幽、奇、峻的特点,是回归自然、走向青山绿水的好地方。如今更被打造成为以古刹、碧湖、幽谷、清溪为主要卖点的国家 4A 级风景旅游区,以其"分明身到桃源境,隔断人间顶洞尘"的幽人意境,吸引着来自五湖四海的访古探幽者。五磊山景区内主要景点有五磊寺、白龙潭瀑布、藏云溪等景点。

五磊禅寺创始于吴大帝赤乌年间(238—251),后屡有兴废,至"文革",几无遗迹。现建筑重建于 1995 年。清《慈溪县志》载:"五磊寺,吴赤乌间有梵僧那罗延结庐修静,唐文德间僧岑建,名灵山禅院。"《四明谈助》载:"宋大中祥符初改赐'五磊普济'额。今名'五磊'。"明永乐年间册定全国寺院名称,五磊普济院改名"五磊禅寺"。万历四十六年(1618)住僧守智、福顺募资重建寺院。明末,国事多故,载火时起,朝政不修,民生维艰,致佛事衰落,寺院渐废。清顺治、咸丰二帝时期多有休整重建,佛事随之复兴,法宇再护重光。民国时期著名的弘一法师也在此受菩萨戒,发弘律誓愿,开办律学道场。"文革"时期再次被毁。今之寺院是在 1995 年重建下的新寺。五磊寺翠盖连绵,危峰参差,溪谷幽深,垒石争奇,素有"小桃源"之称。历代文人墨客也为五磊寺留下了许多丽章佳句,如舒亶《游五磊寺诗》:"五磊峰高笔插天,苍朽合抱数千年。尘氛洒落非人世,风落清明近月边。"

藏云溪景区全长 1.5 千米,以清溪、怪石、奇树、幽谷为四大特色,是一个原生态性的自然风景区。在这一景区内,山谷溪水交相辉映,奇石怪潭随处可见,沿途树木葱茏,景色宜人,山势峻峭,地质独特。

除此之外,五磊山还依托佛事兴盛的古刹和风景秀丽的山水,建设了集佛教文化和园林胜景于一体的莲花园,游客在这里观莲花,品青茶,大千烦恼皆消,顿入清明世界。

参见《慈溪县志》,浙江人民出版社 1992 年版;方印华:《一叶集》,作家出版社 2002 年版;下山见云等:《揭开五磊山风景区的面纱》,《风景名胜》2003 年第 3 期;方向明主编:《古镇鸣鹤》,西安地图出版社 2001 年版。

茶　山

茶山自西向东飞峙于三门湾与象山港之间,原名"盖苍山",因为山中产茶,故名茶山。素以飞瀑、绝壁、奇洞、神潭、险峰闻名。现景区中有峰峦山谷、悬崖绝壁、山泉小溪、瀑布深潭,又有桃花溪、仙人洞、黑龙潭、水帘洞、五鹰峰以及喜鹊瀑、美女瀑、东滴水、西滴水、月边瀑等五级瀑布,更有高山杜鹃林和以华东楠木为主的景观林景区。2005 年 3 月,林场内桃花溪景区也被命名为省级森林公园。被诸多"驴友"称为港湾仙境、海滨庐山。

茶山与茶密不可分,据说由于茶山地处雷暴雨中心,雷雨季节,东海云团西移受到高山阻隔,冷热气流对撞造成雷暴雨,造成当地一种奇特天气现象。据清《宁海县志》记载："春夏间雷雨倾注,上仍白日,但闻足下如旋磨声。""旋磨声"即传统的石磨盘旋之声。据说茶山主峰磨注峰之名就来源于此。

历史上茶山与儒、释、道三教关系密切。早在六朝之时,茶山就是道家修身炼性的宝地。至今仍保有梁代陶弘景在此修炼时留下的石刻"真逸"二字。所以虽然茶山众多,但集中体现"三教"茶文化悠久历史渊源的,非宁海茶山莫属。《嘉定赤城志》云:"宁海禅院一十有二,宝严院在县北九十二里,旧名茶山,宝元中建。相传开山初,有一白衣道者,植茶本于山中,故今所产特盛。治平中,僧宗辩携之入都,献蔡端明襄,蔡谓其品在日铸上。"宋代欧阳修《归田录》有着"两浙之品,日铸第一"这样对日铸茶的赞语。而蔡襄这位著有《茶录》的茶学大师更有此等高的评价,由此可见茶山茶的质量之高。

清代宁海县海云寺和尚慕名到茶山引种,种下 18 穴茶籽,以后长成 18 个大茶蓬,茶品不负所望。1980 年,全国劳动模范、高级农艺师陈洋珠到望海岗创制名茶,茶以山名,命名为望海茶。名茶制作更加精细,具有高山茶特有的板栗香和兰花香,很多专家和茶人一饮难忘。

1999 年,宁海县被列为望海茶最大生产基地,统一使用望海茶商标,茶山茶老树新花,真正体现出历史名茶的价值。2007 年,宁波市立碑纪念为数不多的几处茶文化遗址,茶山被列入首批名单。

茶山也因为其美丽的山水和丰富的茶文化得到了许多不同程度的开发和利用。历史上的茶山茶只是僧人种于寺院旁的零星茶叶,1958 年茶山建设成为国营林场,才开始在海拔六七百米的高山盆地大面积种茶。1963 年以后,100 多名宁波、宁海知识青年陆续到茶山开荒种茶,现存 10 多间黑瓦石墙矮平房,据宁波市文保专家考察,系宁波目前保存最完好的"知青房"建筑群,成为纪念"知青"历史的难得文物。而其天然的高山盆地和巨大落差,也使其成为国内抽水蓄能电站的最佳选址之一。

参见竺济法:《宁海茶山——拥有奇特景观的文化名山》,《宁波日报》2010 年 11 月 28 日;竺济法:《茶话宁海茶山》,《中国茶叶》2011 年第 7 期;《榜上宁波》,《宁波通讯》2018 年第 11 期。

广德湖

广德湖原是四明山东麓坡脚的一片洼地,大约在南朝后期经人工围合而成,当时因湖面形似葫芦状的酒器罂脰,而被称为"罂脰湖"。入唐之后,该湖不但被改称为广德湖,而且在鄞县县令储仙舟、明州刺史任侗的分别主持下,先后在代宗大历八年(773)、德宗贞元元年(785)得到有效整治,故时至宣宗大中元年(847),成为足以灌溉800顷农田的大湖泊,降及宋太祖建隆元年(960),经由明州知州钱亿的疏浚,其周长更扩展至12771丈。

随着北来人口的大量迁入,鄞县的人地矛盾日益紧张。于是,从宋太宗淳化二年(991)开始,出现了将广德湖沼泽辟为农田的不良动向,而且这一动向,更因宋真宗诏令将沿湖沼泽赐作官员职田而一度扩大化。所幸的是,以明州知州邱崇元、李夷庚、张大有、李照和鄞县知县张子坚、张峋为代表的开明地方官员,在充分认识到废湖为田之危害的同时,前赴后继地致力于整治广德湖,尤其是宋神宗熙宁元年(1068)十一月至次年二月间的由张峋主持的那次疏浚,不但使广德湖成为鄞西的水利枢纽和明州境内的第一胜景,而且将环湖耕地的亩产量,提高到令人惊叹不已的六七石(折合554~646斤)。也无怪乎唐宋散文八大家之一的曾巩,这位新任明州知州在兴奋之余,挥笔写就《广德湖记》。事实上,由张峋主持的这次疏浚工作,既使广德湖的面貌从此焕然一新,也极大地改善了当时明州城内居民的生活用水:"自郭之内,家映修渠,人酌清泚,湜湜之流,周环四来,润下不竭,澄源有归。"

但令人痛惜的是,在49年后的政和七年(1117),宋徽宗和新任明州知州楼异这对昏君佞臣,仅仅为解决高丽使团的招待费用,悍然将整个广德湖垦为耕地。曾与东钱湖同为鄞县水利命脉的广德湖,就此彻底消失。

根据传世文献的相关记载,可知当时废湖后实际可用耕地为720顷,每年可收获粮食18000石,但仅仅过了四年,不但这720顷耕地就因"下流湮塞有妨灌溉"而收入大减,而且使得周遭的膏腴上地也从此沦为"烂腐岐阳破沿江,十年倒有九年荒"的贫瘠之地。更为严峻的是,广德湖的被废,严重地破坏了鄞西一带的生态环境;爆发于南宋乾道九年(1173)的大饥荒、交叉出现于淳熙年间(1174—1189)的四次洪灾和三次旱灾,诸如此类的自然灾害,几乎都是广德湖被垦为农田所引发的恶果。

也唯其如此,后世文人学者在痛惜广德湖被垦为耕地的同时,纷纷指责楼异,出自全祖望之手的下列诗句,就是其中的典型例证:

湖开罂脰匹东钱,谁把长陂决作田。却恨宣和楼太守,屡教西土失丰年。(其一)

湖田官税倍民田,恨事流传五百年。仕宦满朝谁念此,叩阍端赖布衣贤。(其二)

楼公本意媚权臣,遂使千秋义迹湮。何事还留丰惠庙,高墙大屋坐称神?(其三)

参见邹逸麟:《一颗消失的明珠——鄞州广德湖》,《宁波通讯》2004 年第 8 期;刘颖:《广德湖的前世今生》,《宁波晚报》2012 年 10 月 30 日;戴松岳:《广德湖湮没之谜》,中共宁波市鄞州区委党史办公室、宁波市鄞州区人民政府地方志办公室编:《鄞州记忆——百姓修志文集》,浙江人民出版社 2013 年版。

小江湖

成书于北宋初年的《新唐书·地理志》,无疑是目前所知最早述及小江湖的传世文献,内称:"鄮县……南二里有小江湖,溉田八百顷。"然而,由于鄮县的县治曾在隋文帝开皇九年(589)和唐代宗大历六年(771)先后二次搬迁,因而对于小江湖的确切位置,历代以来争议不断,并大体上形成了下列四种截然不同的意见:(1)北宋学者舒亶(1041—1103)在所作《西湖引水记》中,认定小江湖就是细湖头,亦即今江北区内的日湖。(2)在南宋学者王应麟(1223—1296)看来,小江湖应当位于它山堰的上游。(3)明嘉靖《宁波府志》的编纂者张时彻则认为小江湖其实就是东钱湖。(4)乾道《四明图经》与光绪《鄞县志》以为小江湖在县治南侧 20 里或 25 里处。

近年来,周时奋先生不但旁征博引,有力地否定了这四种推论,而且另辟蹊径,转而根据明人杨守陈(1425—1489)所作的《小江湖诗》,推断小江湖的湖址所在。杨守陈是鄞县栎社人,对其生活圈及周边地区的历史和地理都比较熟悉,其所作《小江湖诗》乃五律组诗,共 10 首,凡 400 字。

在周时奋先生看来,《小江湖诗》前三首中的下列诗句,其实已经指明了小江湖的大致位置:"小江三十里,……源出丹山表,……七乡均引溉,双碶并疏通。(一)青林连北岸,甬水漫南塘。栎社烟云秀,芝山雨露香。(二)光溪一雨过,新溪漫湖波。远逐行春碶,深通仲夏河。(三)"此外,其第四至十首诗中,也曾提到诸如"镜川""日月潭""十洲""小江寺""平楚亭""北渡""句章乡""石臼庙"之类的地名,无疑都是环湖旧景古迹和人文景观。

根据《小江湖诗》的这些信息,周时奋先生做了细致的梳理,从而认定小江湖应该位于今栎社国际机场以西、海曙区殡仪馆以东之间,北至芝山—石臼庙—石马塘—枫江—栎社一线,南至芝山—南塘河—蕙江—乌金碶—积渎碶—元贞桥—栎社一线。在此基础上,周先生通过实地考察,又从地质运动、地名、湖迹遗存等三个方面分析杨守陈此一记载的合理性,进而推定小江湖可能形成于 4000 年前的海退时期,大约湮没于南宋初期。

参见魏嵩山：《唐代小江湖考》，《文史》第 8 辑，中华书局 1980 年版；周时奋：《小江湖考》，《宁波师范学院学报》1991 年第 3 期；缪复元等编：《鄞县水利志》，河海大学出版社 1992 年版。

月 湖

宁波市中心的日湖与月湖皆源自四明山，城南为日湖，城西则为月湖，故而月湖又被称为西湖。二水支派，缭绕甬城，往往家映修渠，人酌清泚。月湖开凿于唐贞观年间，其湖呈狭长状。因为淤塞，月湖从一天然湖日益缩小至月牙状的小湖。也因此，月湖在北宋中叶，先后两次被改造，逐渐变成了与今日月湖大体类似的模样。南宋时期，随着流亡政府的南迁，宁波地区得到较好的开发。绍兴年间，月湖一带广筑亭台楼阁，遍植四时花树，形成月湖上十洲胜景。这其中包括湖东的竹屿、月岛和菊花洲，湖中的花屿、竹洲、柳汀和芳草洲，湖西的烟屿、雪汀和芙蓉洲。除了月湖十洲，该地区还有三堤七桥交相辉映。

伴随着南宋文人的聚集，月湖之地也成为四明故家大族的择居佳处。于四明月湖之地退隐里居，读书讲学，成为一时之尚。月湖也因此成为浙东学术的中心。唐代大诗人贺知章、北宋名臣王安石、南宋宰相史浩、宋代著名学者杨简、明末清初大史学家万斯同，这些风流人物，或隐居，或讲学，或为官，或著书，都在月湖留下不可磨灭的印痕。今之流传的美诗佳文众多，如舒嬺堂的《西湖记略》、王亘的《十洲唱和诗序》、陆石溪的《月湖行》、龙子高的《月湖四时诗》、全谢山的《日月湖竹枝词》，等等。

新中国成立后，宁波市政府和民间集巨资翻修了贺秘监祠、佛教居寺林、关帝庙商场和超然阁等地区景点，使这些古迹展现出新貌，受到游客的普遍青睐。新修的贺秘监祠青砖砌墙，青石板铺地，粉壁木柱，古朴典雅。佛教居士林始建于元世祖至元二十一年（1284），初为家祠，元泰定四年（1327）改为驿馆，后又改为玄坛殿（财神殿）。辛亥革命时期，由鄞县边文锦大居士捐资将居士林由南门迁至现址，建立大雄宝殿、三圣殿等，后遭毁弃。1989 年，在市有关部门及市佛教协会关怀支持下，居士林把原属自己的殿宇房舍全部收回，并在众居士捐资和义工修建下，现已修复大雄宝殿、三圣殿、地藏殿、弥勒殿、圆通殿、念佛堂等 6 座佛殿。殿后最近还修建了一座古色古香、宏伟壮丽的"鱼乐亭"，又为月湖添了一个秀美的景点。

近年来，随着城市建设步伐的加快，不但周边古迹得到有效修复、整治，月湖本身也被改造成为具有浓郁"江南园林风貌，浙东水乡特色，历史文化

月湖风景

内涵"的开放式公园。

　　参见徐兆昺:《四明谈助》,宁波出版社 2000 年版;许孟光:《浙东邹鲁——千年月湖》,《宁波通讯》2003 年第 9 期;王国安:《月湖西区历史文化街区的保护与开发》,《宁波日报》2017 年 6 月 22 日;施亚波等:《月湖区域传统家风家训文化及其当代价值研究》,《宁波通讯》2018 年第 7 期。

东钱湖

　　东钱湖又称钱湖、万金湖,是浙江省著名的风景名胜区。东钱湖由谷子湖、梅湖和外湖三部分组成,南北长 8.5 千米,东西宽 6.5 千米,环湖周长 45 千米,面积 22 平方千米,是浙江省最大的天然淡水湖,面积约为杭州西湖的 3 倍。

　　东钱湖古时候称"钱湖",以其上承钱埭之水而得名。又称"万金湖",以其利溥而言。无论"钱湖"还是"金湖",都与财富故事、官儒传说渊源相连。唐时它又被称作"西湖",当时县治在鄮山,湖在县治之西故名。王伯厚《七观》记载:"唐有西湖,爰在东郊。陆令开广,农殖嘉苗。湖姓以'钱',亦处东鄙:受溪七十二,环塘八十里,四闸七堰,重治者李。"宋代时称"东湖",因宋代时县治在三江口,湖居其东故名。所以今天"东钱湖"之由来本身就蕴含了深厚的历史积淀。

　　自古以来,东钱湖便是浙东著名风景胜地,千百年来历经沧桑,积淀了浓厚的文化底蕴,留下了众多具有较高历史及艺术价值的文化遗存。据不

东钱湖风景

完全统计,今东钱湖景区内现存文物古迹 11 处,其中国家级重点文保单位两处(南宋墓道石刻群、庙沟后石牌坊)。比如东钱湖旧有的十大胜景"陶公钓矶""余相书楼""百步耸翠""霞屿锁岚""双虹落彩""二灵夕照""上林晓月""芦汀宿雁""殷湾渔火""白石仙秤"。东钱湖水光空蒙、山色如黛,丰厚的文化底蕴和艳丽的自然风景为其赢得了"西子风韵、太湖气魄"的美誉。伴随着这些历史名胜形成的是一批东钱湖孕育出的历史名人。春秋时越国大夫范蠡隐退后携西施避居湖畔伏牛山下,晚年自号陶朱公。后人追念其兴越之功,把伏牛山改为陶公山。北宋王安石曾在此任县令,多留遗迹,南宋权臣史浩家族更名动古今。近现代,生物学家童第周、书坛泰斗沙孟海和画家沙耆更为东钱湖抹上亮丽的色彩。除此之外历代更有关于东钱湖的大量诗词歌赋,如史忠定的《游东钱湖诗》、袁菊村的《寒食过东钱湖》、李堇山的《东钱湖绝句》、张白斋的《将之邹溪过东钱湖作》,等等。

关于民俗方面,东钱湖民居至明清基本定型。现存民居保留了民清江南建筑的风貌,从外观上,与江南水乡面水临街,高墙长弄,粉墙黛瓦风格一脉相承。东钱湖融吴越与中原民风为一体,依山带水,故民风活泼柔和,风俗习惯以勤俭耐劳为美德。正月初一烧头香、清明踏青、端午吃粽子、农历九月初十赛龙舟、农历八月十六吃月饼等更使这里民风丰富多彩,别具一格。

参见王希华等:《宁波东钱湖山体生态林优化的群落学解析》,《浙江林业科技》2003 年第 6 期;《生态东钱湖》,《宁波通讯》2006 年第 7 期;甬旅:《东钱湖:西子风韵,太湖气魄》,《新农村》2013 年第 4 期;陈玉飞等:《东钱湖区域打造宁波城市会客厅的规划设想》,《宁波经济·三江论坛》2017 年第 7 期。

亭下湖

亭下湖是一座人工建成的湖泊,湖面约 6 平方千米,蓄水量 1.53 亿立方米,湖岩线长 42 千米,湖内有 3 个岛屿,数个半岛。这既是浙东风情之旅线路上溪口雪窦山国家级重点风景名胜区三大景系之一,又是首批国家水利风景区,素有"浙东明珠"之美誉。

雪窦山下的剡溪常因洪涝给当地百姓带来深重灾难。1922 年,当地发生水灾,溪口蒋氏典屋 20 级楼梯,淹了 18 阶,正住在楼上的姚冶诚和蒋经国都亲身经历了此次水患。1956 年台风侵袭,蒋氏"忠孝传家"牌坊也被冲倒。蒋介石就有在环潭石壁一带修建人工湖的构想,只因时局动荡、战事纷纭而始终不得落实。新中国成立后,为治理剡溪水害,浙江省水利厅派人多次现场踏勘和多方论证,最终选择在剡溪八曲白龙潭建造亭下水库。由亭下水库改建而来的亭下湖,其面积相当于 7 个杭州西湖。该工程于 1978 年 1 月动工,1985 年 9 月竣工。总耗资 5000 万元。亭下湖离溪口镇政府所在地约 5 千米。因它坐落在雪窦山"御书亭"之下,故名"亭下湖"。而湖区因错综复杂的地理环境,自然地形被小晖岭半岛分割成内外两湖和一条长 5 千米的小三峡。

亭下湖清馨宁静的幽谧环境,碧山秀水的自然风光,不仅展示三峡秀色、黄山雄奇之景致,更是一处理想的度假、疗养胜地。亭下湖各景区紧密相连,风光旖旎,岛屿罗列,外湖似月亮,内湖像太阳,颇似台湾日月潭。湖区四周群山叠翠,逶迤起伏。山冈水色浑然一体,诗情画意尽显其中。景区内不但有高坝揽胜、鲶鱼卧波、绿龟探水、芳岛夏荫、三峡赏景等自然景点,又有今被湖水淹没的剡溪书院、白云书舍和韦陀菩萨寺院等历史遗迹。湖中心的大晦、小晦峻岭,因唐代末年农民起义领袖黄巢引兵过境而得名,宋代高元之曾写有"大晦出小晦,过尽群峰翠。寒云抱幽石,瀑布泻云背"之佳句。

除此之外,今湖区还有 800 多亩的水果基地,其中植有令人馋涎的奉化水蜜桃、紫红蜜甜的慈溪杨梅、可口脆甜的南阳香梨、味甘芳香的湖边蜜橘。而 2520 亩养殖水面中随时可挑的有加州鲤鱼、罗非鱼、河鳗、河虾等名贵鱼类,游客可以四季尝鲜。并且到此的游客还可直接参与野营露宿、曲湖垂钓、果园品尝、弋犁涛涛等旅游项目。亭下湖不仅以其绚丽多姿的自然景观、丰富的物产资源吸引众多游客,并以其特有的文化内涵令游客流连忘返。

参见纪红深:《世外桃源亭下湖》,《风景名胜》2004年第7期。

四明湖

四明湖位于四明山北部梁弄镇,距余姚市区10余千米,景色秀丽,碧波荡漾,湖水湖山交相辉映,湖面面积近20平方千米,其汇集溪流、泉水、瀑布,容积约1.2亿立方米,灌溉着余姚西北30万亩良田,湖中渔业资源十分丰富,吸引了大批飞禽。

四明湖中有八字桥、野猫湾、丁山等5座小岛,形成5个湖心岛,好似镶嵌在明镜中的翡翠。其中玉兔岛是四明湖最大的岛屿,面积约270亩。其形状酷似玉兔,特别是在月明之夜,从湖边远眺,犹玉兔拜月,煞是好看。岛上苍松翠竹,果园茶园漫山遍野,蜿蜒曲折的山径,徘徊徜徉其中,古朴清幽,令人心旷神怡。玉兔岛现已建成四明湖度假村,并已成为浙东休闲度假热地。环湖还有浙东第二藏书楼——五桂楼、白水冲等风景名胜。对于四明湖的美丽,曾经有人这样描述道:"四明湖山群不高,上千米只有两三座,四明中的水也不多,瀑布小溪大湖,也就是四明湖像个样。但晚上,全世界都一样的月亮,全世界都一样皎美的月光泻在灵秀的四明山上,迷离的四明湖中,构成了一种完美的结构框架。"

除此之外,今天的四明湖畔还种植了大面积的古老树种水杉树。每到深秋初冬,四明湖北岸的杉树林和东岸的芦苇荡,都是至美的景色。湖水湖山交相辉映,四明湖因为成片的杉树林而壮美,也因着偶尔划破湖面的水鸟而倍感静谧。站在树下仰望,褐色的树干通直挺拔、高大秀颖,密集的枝条错落有致地向四周斜伸,越往上枝条越短。红色的细叶密密麻麻地覆盖着每一根枝条,整棵树看起来就像一支巨大的火炬。

"十里烟波九洞天,山藏灵秀水藏仙。"曾被《大地重光》《芦笙恋歌》《难忘的战斗》《一场风波》等电影取材外景的四明湖,其面积相当于杭州西湖的两倍,拥有诸如白山、白水冲、潺湲洞、祠宇观、洗药溪、道士山之类的风景名胜,湖上有碑曰"浙东明珠"。相传曾有一姓刘名纲的东汉上虞县令,弃官携妻来到潺湲洞,跟随白道人学道,在这夫妻俩得道成仙后,便有人在其升天之处建造了祠宇观。其后,不但唐明皇曾遣使将祠宇观迁建于潺湲洞,宋徽宗亦尝赐书"丹山赤水洞天"。尽管这类民间传闻虚无缥缈,却也为这一高山平湖增添了诸多神秘色彩。

参见黄建周:《烟波浩渺四明湖》,郁伟年主编:《四明揽胜》,中共党史出版社2003年版;邹叶锋等:《四明湖水库水环境分析》,《水利科技与经济》

2012 年第 3 期;周锡南主编:《四明湖水库志》,中国档案出版社 2008 年版。

凫 溪

凫又叫野鸭、鹜,生长在江河湖泊中。常常几百只结伴飞行,它们飞行时发出的声音很大,而凫溪之名正源于水面上的浮游野鸭。凫溪发源于第一尖东北麓,然后自西向东,流经宁海西北境,注入象山港。因与海港相通,淡水与海水相连,故凫溪水质盐分适中。也正是这种清流咸潮交汇的环境,使得凫溪成为香鱼的天堂。凫溪香鱼作为宁海的传统名特产品,由来已久。

香鱼又称细鳞鱼,是宁海凫溪一带特有的名贵鱼类。此鱼因背部有一"香枝",特具香味,经火烤炙,香气外溢,使鱼通体色泽光亮,成金黄色,香味芬芳,故称香鱼。宁海香鱼喜生活在底为石砾、多深潭、水色清澈、水流湍急的溪流水域,无腥而带香,食味鲜美。最大体长在 200 毫米左右,最大体重在 200 克左右。每年 9—10 月集群降河,10—11 月便在溪流下游入海口的浅滩石砾急流处产卵繁殖,产卵后亲鱼大多死亡,富有黏性的卵黏附在石砾上孵化。孵化后的鱼苗随水入海越冬。翌年 3 月底至 5 月上旬,幼鱼陆续上溯至淡水溪流中肥育成长。香鱼性成熟期为一年。

凫溪香鱼的历史悠久,宋端平二年(1235)进士储国秀所作《宁海县赋》中便有记载。相传乾隆皇帝下江南时,就曾到凫溪吃过香鱼,随即敕令浙江抚台从此每年进贡凫溪香鱼。

清乾隆三十九年(1774)宁海知县徐恕曾作诗描绘:"凫溪渡日夜捕鱼,王水清波画不如。何事秋风鲈鲶尾,芳鳞三寸是香鱼。"所以民间把凫溪香鱼也称"钦定香鱼"。宁海香鱼资源较为丰富,20 世纪 80 年代人工繁殖香鱼获得成功,为香鱼生产的发展奠定了基础。除食用外,香鱼还可作为观赏游钓鱼类。1992 年,大批台湾客商曾来宁海县垂钓香鱼,成为一时风气。

尽管如此,在大力发展的同时,由于凫溪中的生态环境遭到破坏,早些年香鱼几乎绝迹。经过人们的一番努力,通过人工养殖和水域治理,终于可以使这种珍贵的小鱼得以延续。2018 年,32 万尾香鱼苗从宁海西店凫溪大桥附近水域游入凫溪。这是时隔 14 年后香鱼苗首次放流。养殖户们在成功养殖香鱼的同时,在凫溪中也放入了一些香鱼,希望凫溪能够恢复原先的生态环境。这条因香鱼和野鸭而驰名国内的溪水,始终流淌在当地百姓的心中。

参见《宁波名品》编辑委员会:《宁波名品》,宁波市文学艺术界联合会,1999 年;《宁波市水利志》编纂委员会:《宁波市水利志》,中华书局 2006 年版;王兴满:《乾隆皇帝凫溪吃香鱼》,《宁波通讯》2006 年第 7 期;孙吉晶:《时隔 14 年,宁海香鱼重回凫溪》,《宁波日报》2018 年 4 月 12 日。

大嵩江

大嵩江是宁波五大江之一,由梅溪、亭溪和珠家溪这三条支流汇合而成,始于塘溪金鸡桥,自西向东横贯大嵩平原,至江塅头流入象山港,全长 21.2 千米,均宽 68 米,均深 3.2 米。流域 1.44 平方千米。大嵩江把滨海的平原地区劈成两块,而江北的瞻岐镇,江南的咸祥镇和源头半山区的塘溪镇,形成了围绕大嵩江的三镇鼎立的格局。

大嵩江是当地最重要的海运航道。明、清时期,大嵩所城沿岸有大小码头 5 个,促使该地区渔业发达,大嵩所城也因此成了当地军事、政治、经济、文化的中心,辉煌一时。大嵩江紧依村庄而过共有 99 个弯头,像一条小龙。因为大嵩江是一条刚刚得道的小龙,从五山头盘旋而下,飞跃入海中成仙。途中小龙听见有人呼唤自己,小龙好奇地回头,这一举便使今天的大嵩江折了个弯,而沿途小龙一共被唤了 99 声,于是大嵩江便有了 99 道弯,而大嵩江 99 道弯也成了大嵩江最美的风景。

大嵩江的上游源短流急,洪水涨落迅猛;下游乃象山港滨海区,因大嵩江通海,滨海地区夏秋台风频繁,台风过境会使海水回流涌进大嵩江,引发洪涝灾害。而又因大嵩江弯曲众多,滨江地区村镇农田众多,洪涝灾害给沿江民众带来了巨大灾难。事实上,早在民国十八年(1929)和更早的雍正年间,鄞县历史上的两位著名县长杨懿和陈宝麟,就曾着力整治大嵩江,却皆因故而功败垂成。

20 世纪 70 年代政府开始着手在大嵩江建造大闸以控制大嵩江水量。而在下游兴建大嵩闸以御潮蓄淡的同时,又在上游修筑了梅溪水库以拦洪削峰。全闸分 15 孔,每孔净宽 4.7 米,总净孔 70.5 米,设计正常水位泄量 643.3 立方米/秒,最大泄洪能力为 1263 立方米/秒。工程由闸室、消力池、上下游护坦、海漫等建筑物构成。基础面积长 128.9 米,宽 19 米。闸门启闭采用液压启闭机。其启闭能力为,启闸 35 吨,闭闸 16 吨。闸底高程为-0.2 米,矸板高程为 5.1 米。闸基地质系粉质黏土,基础采用人工换砂,砂垫层回垫厚度为 2.1 米。1974 年,这项大嵩区域重点水利枢纽工程完工,从此因海水倒灌而成为咸水江的大嵩江恢复为淡水江,重新担负起近 5 万亩农田的灌溉、两岸三镇居民生活用水、工业用水的重任。

大嵩江逶迤连绵数十里,从村镇旁流过,两岸建设越发美丽。它孕育了滨海区一代又一代的人民,是当地居民心中名副其实的母亲河。

参见周静书等主编:《中华龙传说》,宁波出版社 2012 年版;谢振岳:《嵩江风情:谢振岳民俗散文自选集》,宁波出版社 2012 年版;黄文杰:《大嵩渔事》,《宁波通讯》2016 年第 16 期。

南韭山岛

韭山列岛位于舟山群岛的最南端,是浙江中部沿海的一个著名列岛,而南韭山岛为列岛的主岛,韭山列岛及其附近海域生物类群丰富,具有珍稀、典型、濒危的国家级、省级海洋保护生物。2003 年被列为国家级海洋生态自然保护区,保护对象为大黄鱼、曼氏无针乌贼、江豚、黑尾鸥以及岛礁生态系。韭山列岛地位重要,开发亦早。据爵溪老辈渔民反映,主岛留有东晋石刻,并能背得"东南半壁,一麋二鹿,东晋十二年"等句。民国《象山县志》载:"韭山直对日本,倭奴入寇,遇东南风则从韭山入昌石,寇象山;遇东北风则从南五门入海门,寇黄岩。故韭山者外洋之要冲,番舶闽船所必经,象山第一门户也。"又有"韭山摩崖石刻,在韭山南平岩上,字大五六分至寸许,近被海沙拥塞,止得千余字可见,而不能识为何时所刻"的记载。今考察遗迹已消亡,不过,燥谷仓洞口石壁上刻有"仙岩"二字,内壁上刻有隶书"逸仙洞"三字,尚依稀可辨。但近年来洞口也被海沙拥塞。相传,当年观音菩萨想在东海里找一块佛地,建个佛国,造东海佛国一定要造在有 100 个山头的海岛上。然而菩萨被这美丽打动,忍不住有几分激动,这一激动把自己所站立的那个山头忘了数进去,只数了 99 个山头,甚觉可惜,于是就在有 100 个山头的普陀建了道场。

400 余年来,南韭山岛既是明清两代贼寇进犯浙东的基地,也是民国年间浙东海匪的巢穴。民国《象山县志》云:旧时,列岛为海盗所盘踞,主岛之西北大岛由于经常扣押被劫持的民船而得名"关船岙",谐音称"官船岙"。新中国成立后国民党军盘踞其间。1950 年 12 月 16 日获解放,在 1954—1983 年,成为守望共和国的海疆前哨,不但驻军数量一度超过千人,而且在 1957 年 5 月,时任国防部长彭德怀与副总参谋长陈赓也曾来此视察。

南韭山岛上很早就有居民居住。据统计,民国初主岛曾有居民 4 户,爵溪等沿海居民经常上列岛搭棚暂居,或捕鱼,或采贝,或砍柴。民国三十五年(1946)成立南韭山渔业产供销运合作社,在主岛和官船岙盖草房 50 余栋,抬民捕鱼开荒,并购汽艇一艘,经营渔货收购,往返于定海、石浦之间。1956 年爵溪居民迁居主岛建南韭山村,分居里塘、捣白湾两地,80 户,280 余人,以渔为主,有渔船 6 艘,旱地 20 亩,20 世纪 90 年代陆续回迁爵溪。

进入 21 世纪后,南韭山主岛的竹嘴、里塘、积谷山面南山嘴都建有水泥码头,可停靠百吨级船只。2003 年韭山列岛被列为浙江省海洋生态自然保护区。时至今日,宁波市已投入 1400 余万元,在保护区内设立工作站、界碑、界牌、禁示牌以及相关基础设施。2007 年宁波市政府出台《宁波市韭山列岛海洋生态自然保护区条例》,又进一步加强了对列岛的建设和管理。

参见《东南半壁——南韭山》,余维新主编:《象山县渔业志》,方志出版社 2008 年版;李冬玲:《浙江省海洋资源环境发展报告》,浙江大学出版社 2016 年版;《宁波市韭山列岛海洋生态自然保护区条例》,《宁波日报》2017 年 12 月 20 日。

花岙岛

花岙岛别名大佛岛、大佛头山,位于三门湾口东侧、石浦镇西南约 14 千米处,北近高塘岛。岛上山峦叠翠、景色迷人,有 36 岙、108 洞,岙岙有景,洞洞有"仙",旅游资源十分丰富,最高点雄鸡山海拔 308.5 米,居民近千人,属高塘乡管辖。同时花岙岛海湾众多,地貌雄奇,也是历来海防的军事重地。

花岙岛景区陆地面积 11.12 平方千米,其中花岙本岛 9.83 平方千米,由岛上自然风光、沿岸海蚀地貌、沙滩、砾石滩和人文景观 4 大部分组成。位于三门湾洋面上的花岙岛,素有"海上仙子国、人间瀛洲城"之美誉,是目前世界上三大火山岩原生地貌之一,以洞幽、滩奇、岩峻见称。所谓"洞幽",是指那些海蚀地貌景观,堪称东南一绝,或潜入水下、深不可测,或横穿山腰、洞洞相连,或隐没山涧草丛中,成为飞禽走兽的乐园;而"岩峻"是指各种悬壁陡峭,岩石柱状节理发育,号称"石林",岩层或巍然挺拔,或斜倚横仆,宏伟壮丽的万柱崖、琳仙屿,神奇的洞穴,雄伟的大

花岙岛

佛头山,神秘的伟人座像,奇特的大小岬山,五彩鲜艳鹅卵石铺就的清水岙石滩,环境幽雅秀丽,也就造就了所谓的"滩奇"。

2014年,浙江省国土厅组织召开花岙岛申报省级地质公园评审会。花岙岛独特的火山岩地貌与海蚀海积地貌景观,获得与会专家的一致肯定。他们认为园区地质遗迹内容丰富,具有较高的科学研究和科普教育价值,且保护状态良好,生态环境和地质环境优良,同意建设花岙岛省级地质公园。

此外在明清鼎革之际,花岙岛是东南沿海抗清据点之一,亦即民族英雄张煌言聚兵处。在这位传奇人物曾经驻足的花岙岛,今尚有两处遗址:一是距雄鸡山顶200米处的长方形营房遗址,面积7000余平方米。不远处山梁有一块1300平方米的广场,似为练兵场地。另一营房遗址在雄鸡山和北面山之间的高度岙,房址约30间。本就风景壮丽的花岙岛因为张苍水抗清兵营遗址,又增添了一层人文历史的沧桑感。

花岙岛上无碑无碣,但旅游者不难发现一块块被风雨吹打而斑驳百孔的岩石和一处处被年岁侵蚀而历经沧桑的英雄遗迹。这一切仿佛诉说着这座岛屿与中华民族的伟大历史,展示着中华民族的大好山河。

参见江边鸟:《张煌言蒙难南田花岙岛——兼与桂心仪、周冠明两先生商榷》,《宁波大学学报》1999年第2期;张向冰:《张苍水屯兵花岙岛》,《海洋世界》2010年第8期;方丽文:《浙江首个海岛地质公园发展策略——以花岙岛为例》,《绿色科技》2016年第9期。

渔山列岛

渔山列岛位于象山石浦东南方向25海里,是象山最东南的岛屿,也是中国领海线基点所在。渔山列岛有南渔山和北渔山之分,常说的渔山通指的是北渔山。其宛如镇海之柱耸立万顷碧波之中,亦如在蔚蓝色的海天相托相护下的一块绝色翡翠。渔山列岛陆地面积2.3平方千米,由北渔山、南渔山、五虎礁三个岛群组成。在渔山列岛中,北渔山岛面积不大,仅0.5平方千米,但因为有丰富的淡水资源,目前有三四百人居住。

这里碧海奇礁,风光优美,海水透明度达10米以上,站在礁岩上可看到各种鱼类在水中畅游。丰富的岛礁资源,使得渔山列岛成为多种海洋生物资源的集居地。除了常见鱼类,更有真鲷、黑鲷、黄鳍鲷、石鲷、黑毛、鲈鱼等15种名贵鱼种。丰富的海洋鱼类,既吸引了无数海鸟,也吸引了众多的海钓爱好者,这里也因此被称为"亚洲第一钓场"。

山列岛的全年海钓时间长达10个月,从3月开始可一直钓到12月,同时,能进行矶钓、拖钓、船钓等各种海钓活动。2003 年渔山国际海钓邀请赛后,四面八方的国内外海钓爱好者纷至沓来。为了塑造象山海钓天堂的品牌,使之成为发展海洋经济新的亮点,象山县专门开展了渔山列岛国家级海洋特别保护区建设工作,拟建立的渔山列岛国家级海洋特别保护区总面积57 平方千米。根据各区的保护和开发力度不同,拟划分渔山列岛无居民海岛岛礁资源保护区、南北渔山贝藻类资源保护区、伏虎礁领海基点保护区、渔山列岛生态旅游风景区、渔山列岛东北侧海域人工鱼礁增殖放流区、渔山列岛生态养殖区六大块。

渔山岛的另一个胜迹当数"仙人桥"。大自然造就了它,大自然又不停地雕琢它,终使崖顶一个约 200 平方米的岩石下塌,下塌的石被海浪拖得难知去向,而下塌后独独留下了临悬的一道凌空石梁。"仙人桥"居空横架惊涛之上,伏桥俯视,顿觉四面来风,可觉涛卷浪翻声如雷鸣,亦能觉身下的"桥"似颤似颠,大有即刻里会倾覆百丈涛谷之感。很少有游人坦然步过"仙人桥"到达对面的。这也是渔山留给游人的又一个悬念。而坐落在北渔山岛之上的渔山灯塔也是渔山岛的标志,有"远东第一大灯塔"之誉,是为国际航标。站在灯塔远眺猫头洋,海面上白帆点点,渔轮穿梭;晴朗天气海边垂钓,拾贝赶海,情趣盎然。但待夕阳西下,则是银盘当空繁星相拥,塔光闪烁渔火点点,海风拂面而来,此情此景无可比喻。

参见徐海蛟等:《浙江的列岛:海天绘制的画卷,历史演绎的传奇》,《中国国家地理》2012 年第 2 期;马仁锋等:《浙江省无居民海岛综合开发保护研究》,《世界地理研究》2012 年第 4 期;焦海峰:《行走渔山》,《宁波通讯》2015年第 8 期;唯心:《北渔山灯塔》,《宁波通讯》2015 年第 22 期;龚缨晏:《远洋航线上的渔山列岛》,《海洋史研究》2017 年第 1 期。

檀头山岛

檀头山岛位于象山县石浦镇东部的大目洋与猫头洋交界海面上。西南近南田岛,北距象山县城丹城镇 37.5 千米,离石浦镇 8 千米,由石浦港乘航前往约需 40 分钟。岛呈南北向,东西长 6.6 千米,南北宽 1.6 千米,面积10.5 平方千米。岛形如铁锚状,岛以山名。

檀头山岛地势高陡,山冈叠翠,连绵起伏。主峰石檀山居岛东侧,海拔225 米。登高望远,海景山色尽收眼底。檀头山岛 100 米以上山峰 14 座,岸线曲折,长 45 千米。岛上有大沙头和小沙头两个沙滩。两滩最近处仅相距数十米,俗称"姐妹滩"。大沙头长 1500 米,潮落时宽约 300 米,面积为 0.45

平方千米。其面向东海,平缓舒展,沙幼色黄,不黏不陷,"潮来一排雪,潮去一片金",令人叫绝。这里金沙碧海,白浪冲滩,鸥飞长空,白云蓝天两相映,素有"东海第一滩"之美誉。西面小沙头长 500 米,宽为 100 米,面积为 0.15平方千米。

檀头山岛曾在 20 世纪六七十年代扮演过海防要地的角色,但从本质上来说,它却是一座纯渔业海岛。全岛原有 10 个自然村,3000 多人口,以海洋捕捞为业。群众内迁石浦后,现在大约还有几十位本土老人留守故土。这里有许多动人的传说,具有渔村、大王宫等人文景观和浓郁的渔乡风土人情。同时檀头山岛海域鱼类资源丰富,有各种海鲜、特色水产,是集观赏海景、品尝海鲜、体验渔乡习俗于一体的海岛休闲旅游好去处。因此该岛被称为"中国檀香山"。

除却岛上亮丽的自然风景和人文遗迹外,今在岛上最大的现代工程海底电缆的铺设也取得了举世瞩目的成就。檀头山岛风电场共建设 30 台单机容量 850 千瓦风电机组,总装机规模 2.55 万千瓦。电场建成投运后,每年可节约标准煤 2 万吨,减少二氧化碳排放量 5.2 万吨,减少扬尘 7494.6吨。而建设人员克服了渔船过往频繁、风急浪大、不规则洋流、施工有效期短等综合不利因素,促使了檀头山岛风电场海底电缆敷设的全线完工,也为风电场的并网投入运行扫清了重大障碍。据了解,象山供电公司还计划在檀头山岛新建 1 座 35 千伏变电所,将清洁能源化为源源不断的电动力,满足岛上生活用电和旅游发展用电需求。

参见周科勤等:《宁波水产志》,海洋出版社 2005 年版;黄鹤楼等:《檀头山岛风能资源的计算及分析评估》,《大气科学研究与应用》2007 年第 2 期;胡盛敏:《檀头山风电场并网发电》,《宁波节能》2014 年第 3 期。

东门岛

这座位于象山县石浦镇东部、曾被电影《渔光曲》取为外景的岛屿,早在唐代之前,就有人从事海洋捕捞和水产贸易,如今更因渔业经济发达而被誉为"浙江渔业第一村"。

根据史料记载,唐神龙二年(706),象山立县东门渔村就已然是唐政府的辖区之一,时至明代,东门岛成为与宁波卫、定海卫和观海卫一起并称为中国四大卫的昌国卫的所在地。而自明代昌国卫从舟山迁到东门渔村时起,东门岛就上升为海防战略要塞的重要地位。所以时至今日在东门渔村还能依稀可见抗击倭寇的大炮以及用作防护的城墙。

今天的东门岛虽已不及旧时那样商业繁华,但一砖一瓦记录了东门渔村悠久的历史。电影《渔光曲》在东门岛拍摄。这个渔家风情浓郁的岛屿,不但风光旖旎,而且古迹、古貌、人文景观众多。比如建于唐代之前的东门庙、筑于宋元明三代的卫寨城楼和烽火台、用于追颂元代边将王刚甫的王将军庙等。

在东门岛,渔民们每年有三个传统仪式是最为隆重的,那就是闹元宵、祭妈祖、拜祖先。据说在东门岛上闹元宵与一位抗倭英雄密不可分,那就是戚继光。明代嘉靖年间一次正月十四的夜里,倭寇大举入侵石浦,戚继光的军队和老百姓众志成城,奋起抗击,留下一段佳话。相传那天军民本都在为元宵节准备,菜刚洗好下锅,倭寇就来进犯。大家只好把菜和薯粉都倒进锅里,胡乱制成"糊粒",填饱肚子就奋勇抗敌了。从此,每年到了正月十四,东门岛家家都会吃"糊粒"以示纪念,"十四夜"成为本地最盛大的节俗。

而到了每年的农历三月二十三日,妈祖诞辰之时,沿海的渔民都会祭奠妈祖,以求保佑,这在浙东沿海的宗教传统中本是少见的,但东门岛却出现了这一习俗。出海前,东门渔村的渔民举办祭海神妈祖庙会,确保平安与丰收。庙会自十五日开始,拜祭天后妈祖,备三牲福礼,荐享天后,虔诚祈祷。午后开始演戏,演五天至十天不等,号"出洋戏"。其间,村民招亲致友,宾朋盈门,天后宫常常拥挤得水泄不通。洋山黄鱼汛,于农历六月二十日结束,东门渔船从岱山返航归里。天后宫热闹非凡,演戏庆丰收,庆平安归来,称"谢洋戏"或"还愿戏"。渔民把鱼汛丰收平安,归功于天后妈祖庇佑。农历六月二十三日,在天后宫举行隆重的谢洋祭妈祖典礼。今天位于官基山南麓的妈祖庙,这座始建于元代、重修于清嘉庆二十四年(1819)的建筑物,不但是宁波境内唯一保存完好的妈祖庙,而且比现存最好的美国旧金山妈祖庙还早35年。

参见范建国:《浙江渔业第一村》,《宁波经济:财经视点》2007年第1期;张德兴:《东门渔村:谱写又一首"渔光曲"》,《宁波经济:财经视点》2008年第2期;郑丽敏等:《中国渔业第一村:东门村》,《宁波通讯》2014年第24期;周唯淑等:《东门岛"飞出"鱼骨鸟》,《宁波通讯》2015年第24期。

南田岛

南田岛,又名牛头山,位于象山县石浦镇南3千米处,西邻高塘岛,两岛与大陆岸线构成的天然港池,即为著名的石浦渔港。

南田岛全岛面积84.38平方千米,平地占三分之一,最高点大片山海拔

405.4 米。岛岸曲折,东海岸多海湾,有沙滩,海域开阔,充满回归自然之美。鹤浦港与石浦镇每日有交通船往返,为旅客进岛的主要港口。人口约 3.5 万,设鹤浦镇。

南田岛作为宁波境内的第一大岛,南田岛域辽阔,土性肥沃,向称乐土,唐代即已获得较好的开发。据考古资料显示,20 世纪 80 年代,考古队在南田岛发现过一批晚唐遗物,其中一块唐代墓志砖上刻有"维大唐元和十二岁次丁酉十二月辰朔廿七日壬午,台州宁海县依仁□万岁里邳下郡沈氏二□墓南田山景向坟记"等字样,这便印证了南田岛在唐代已经被开发的记载。南田岛在明洪武二十年(1387)被列为"封禁之地"后,500 年间始终禁止百姓进岛垦种。清初,浙江沿海以张煌言为首的抵抗运动激烈,坚持抗清达 19 年之久,南田诸岛是其活动据点之一。故当沿海其他岛屿于康熙年间陆续解禁时,唯南田岛又永为禁域。清政府虽然坚持封禁南田,但由于该岛"地皆膏腴,宜耕稼",所以周边民众还是千方百计地偷渡到南田垦荒种植,以谋生计。特别是随着社会的日益稳定和经济的不断发展,人口也在迅速增长。直到光绪元年(1875),经浙江巡抚杨昌浚奏请,这座被封锢 5 个世纪之久的岛屿始获准开禁。宣统元年(1909)岛上置南田抚民厅,民国元年(1912)改置南田县。1940 年隶属三门县,为南田区。抗日战争中,日军数次入侵南田,均遭地方武装痛击。新中国成立后,南田岛析归象山县管辖。或许也正因此之故,南田岛尽管坐拥"南天十六福地"的丰富资源和滩涂美景,长期以来却乏人问津。

南田岛西部多低丘平原,东部多山地,岸线曲折,传统经济以渔业和种植业为主,民风淳厚质朴。森林覆盖率达 40%,柑橘、枇杷等果木种植较多,东海岸多海湾,有沙滩,海域开阔,充满回归自然之美。而西海岸的鹤浦镇是个渔业老镇,始建于 1932 年,漫步在沿岸十里长堤上,眼前是石浦港。港池中桅樯林立,船来船往,每当渔船避风和渔休季节,尤蔚为壮观。鹤浦镇还有一个人气和景色很好的景点,就是大沙沙滩,大沙沙滩沙质好,海水清澈,一到夏天,每个周末的晚上,沙滩上到处都是露营的、篝火晚会的,做互动游戏的户外运动爱好者,或者亲子互动体验游。南田岛当地大力发展民宿旅游业,但整体在现代旅游热中,南田仍是一块未加雕凿的璞玉,迷人的风光和谜一样的历史,尚有待旅游者去探索发现。

参见《鹤浦镇》,《宁波通讯》2007 年第 6 期;《海洋兴镇 生态立镇——象山县鹤浦镇》,《宁波通讯》2012 年第 9 期;龚缨晏:《南田岛的封禁与解禁》,《浙江学刊》2014 年第 2 期。

梅山岛

梅山岛东临峙头洋,南濒汀嘴港,与舟山市佛渡岛、六横岛隔海相望,是目前宁波境内唯一仍然保留海洋湿地的岛屿。梅山本岛是我国海岛中腹地开阔的海积平原岛,海岸线周长 25 千米,东西长 7.6 千米,南北平均宽 3.5 千米,地开呈足迹形,地势由东北向西南倾斜。四面环海的它,以"银涂"(海涂、盐田)和"三花"(盐花、梅花、鱼花)闻名,也因此被称为"花花世界"。

梅山自古便是是商人贸易的青睐之地,是 500 年前的中国"最先开放"口岸。当时,葡萄牙、日本、暹罗、爪哇等 10 多个国家的商人往来其间,他们将白银不断运往这里,用来换取中国的丝绸、瓷器、铁器和药材等。然而,到了明中叶,梅山岛也和其他东部沿海岛屿一样,由于倭寇活动剧烈,而被朝廷封锁港口,以断绝倭寇的补给。清朝时,由于沿海反清势力的活跃,朝廷也实行海禁。就这样,繁华的梅山又重归寂静。因受地理位置和交通的制约,梅山岛一直发展较慢。据记载,民国时期,乡内商贸业萧条,仅有里岙岭下、苔岙店两家店铺。1985 年前,全乡只有梅山供销社和梅西供销分社及其各村代销店,共 18 家。2008 年 2 月 24 日,国务院正式批准设立宁波梅山保税港区,作为浙江海洋经济发展示范区的重要支撑,梅山保税港区的动向由此更加受到世人的关注,人们开始重新审视这条"黄金海岸线"。

保税港区是在港口作业区和与之相连的特定区域内,集港口作业、物流和加工为一体,具有口岸功能的海关特殊监管区域,是目前我国开放层次最高、政策最优惠、功能最齐全的特殊区域,也是国家实施自由贸易区战略的先行区。

除却飞速发展的商贸经济,梅山岛同时大力发展旅游业。梅山乡是宁波市旅游"十一五"规模中的国际休闲度假区。按发展定位目标,各行政村加大"海上花园"的开发力度。各地争相建设起"珠宝公园""茶厂农民公园""汇乐公园""梅港公园""梅港渔村""碑塔农民公园""梅中村文化中心""大方门休闲港湾"等众多文化景点。2003 年梅山岛梅山乡更是被宁波市人民政府授予"宁波市绿化先进集体"。在今梅东村盘峙岙南端隔江 400 米的海面上,有座南北长约 400 米,东、西宽 150~200 米,最高处海拔 72 米,面积 0.24 平方千米的小岛。千万年来,它巍然屹立在滔滔的象山港北部口岸,仿佛一条忠诚剽悍的卧龙,日夜守卫在国内航道——佛渡水道的门户。住在沿海的人们,祖祖辈辈都叫它"青龙岛",在其旁边还有"扑蛇岛"。其广阔的海涂盛产各种珍稀海产,无垠的盐田又孕育了悠久的盐文化,青龙、扑蛇两岛,则别具海岛风情,是踏浪逐沙、赶海拾贝、采牡蛎、挖蛏子、观赏候鸟和野外露营的好去处。

参见秦诗立:《梅山放开胸怀》,《今日浙江》2012年第7期;《梅山:一座岛,一座城》,《宁波通讯》2013年第14期;索向鲁等:《梅山:一个小岛的美丽蜕变》,《宁波通讯》2014年第20期;方建新:《梅山打造宁波"一带一路"建设综合试验区核心载体的思考》,《宁波通讯》2017年第23期。

三门湾

位于宁海东部的三门湾,是座天然的半封闭海湾,湾口面向东南,有石浦水道与东海相通外,三面环陆。湾内长40多千米,宽约10千米,低潮总面积390余平方千米,平均水深约9米,有6个良好的深水港汊和淤泥舌状滩地分布其间。环三门湾依次有象山、宁海、三门三个县,总面积12128平方千米,是浙江省内仅次于杭州湾的第二大海湾。

三门湾受大陆与海洋气团交替控制,四季分明,雨量充沛,温暖湿润。每年5—11月都有可能受台风影响,其中7—9月为多发季节。台风在带来丰沛的雨水,缓解伏旱的同时,随之而来的狂风暴雨也常给养殖业带来严重灾害。

从其地形来看,三门湾不但有东箕、渔山等岛屿作屏障,而且湾内水道锚地较多,便于各类舰艇隐蔽锚泊。也因此,早在百余年前,就引起西方列强的觊觎和有识之士的青睐。甲午战后列强掀起瓜分中国的狂潮,实力较弱的意大利亦欲染指中国,乃于1899年向清政府提出强租三门湾以用作海军基地的要求。对于这一无理要求,清政府既予以严词拒绝,又积极在三门湾增兵布防,并最终取得了这场外交斗争的胜利。

三门湾事件在无意间凸显了三门湾战略地位的重要性。1916年8月下旬,孙中山先生应浙江省长吕公望之邀,偕胡汉民等国民党要员实地考察三门湾,既称三门湾为"实业之要港",随后又在所著《建国方略》中,将三门湾列为东方第九渔业港。其后,不但徐世昌、蒋介石先后颁发开发三门湾的政令,而且南洋华侨郭春阳、邹辉清和上海实业家许廷佐等人也曾斥资付诸实践,皆因时局动荡而未能如愿。

纵观三门湾近代以来的开发历程,不难发现:第一,其开发主题经历了从农垦区到商埠再到沪上难民移垦区的变化。第二,参与三门湾开发进程的主体,初期是海外华侨(以南洋华侨为主,包括部分宁波旅日华侨),后期是旅沪浙江商人。第三,其开发历程可谓历经坎坷与磨难,最后石沉大海,这一历程充分表明安定的社会环境是区域开发的首要条件。

参见赵雪华:《三门湾开发利用规划设想》,《海洋开发与管理》1995年第4期;倪侃:《"三门湾事件"述论》,《浙江社会科学》2001年第3期;赵福莲等:《民国时期三门湾开发失败的原因及对当前开发的重要启示》,《神州》2012年第7期;邓楚:《三门湾近代开发历程及对当代启示》,《宁波经济·三江论坛》2018年第3期。

镇海棘螈

在两栖动物中,蝾螈科棘螈属的种类比较稀少,目前全世界只有两种,亦即镇海棘螈和琉球棘螈。

镇海棘螈最早在1932年被张孟闻先生发现于镇海城湾村,当时定名为镇海疣原,可惜唯一标本因日寇入侵而遗失。幸运的是,1978年,浙江自然博物馆蔡春抹教授在今北仑瑞岩寺附近再次发现该物种,随即改为现名,进而重新确立了镇海棘螈的新模标本,并对其形态和生活习性进行了比较详细的描述,研究结果印证了对镇海棘螈属于棘螈属的推测。已被列为国家二类保护动物的镇海棘螈,乃宁波地区所特有,至今已有1500万年的历史,其分布区域极其狭窄,目前仅限于北仑区柴桥镇的瑞岩寺林场。

镇海棘螈一般生活在海拔100～200米的沿海丘陵山区,多见于潮湿阴暗、土质疏松的土穴内、石块下、石缝中,昼伏夜出。其周遭环境,往往是植被繁茂、落叶及杂草丰盛、有终年积水的水坑和水沟。其成体终生陆栖,即便繁殖时,也不入水中,为典型的陆生有尾两栖动物。

成螈喜阴畏光,白天多隐匿于阴湿穴内或石缝中。平时极难见到,繁殖季节聚集于繁殖场内,爬行缓慢,易于捕捉。受到触动后即出现有尾两栖类少有的警戒反应:双眼紧闭,仅腹部中央着地,头及身体上翘,同时尾部侧卷。

镇海棘螈

成螈肉食,以陆栖软体动物、多足类、蛛形类等小型动物为主食。三月下旬至四月初复苏。四月中下旬,开始繁殖。繁殖场所往往选择在湿度大、植被密度大、隐蔽性好的陆地上,例如长满各种树木的水坑、水沟边缘的草丛中、枯叶下。体内受精,夜间产卵。卵单生,卵群成堆状,卵上覆盖有杂草或树叶,避免阳光直晒,保持卵块湿度。受精卵在 18～22℃的常温下,经过 20 多天,从卵膜内孵出幼体。刚孵出的幼体体长约 20 毫米左右。幼体侧卧于地面,依靠尾部极强的弹动力或雨水的冲刷作用,逐渐进入水域内(如不能及时进入水域,即会干死在地面),然后以水中藻类、小型水生动物和腐殖质为食。持续约 90 天后,即完成变态。

鉴于镇海棘螈繁衍生息之地的范围越来越小,不但政府部门从 1996 年起就为其特辟专区加以重点保护,包括中国科学院、北仑区科委在内的科研机构,也增列了诸如"镇海棘螈繁殖行为学研究""镇海棘螈保护生物学研究"之类的项目。经过中科院成都生物研究所、浙江省自然博物馆和北仑林场三方的长期合作,目前对该物种的濒危现状、保护意义和濒危的内外机制等有了更为深入的认识。时至 2002 年,相关部门又特建科普展览馆,拍摄了《神秘濒危的两栖动物——镇海棘螈》《追寻镇海棘螈》等电视专题片,用以科学宣传,增强人们对该物种的了解和保护。

参见费梁:《镇海棘螈及其濒危现状》,《动物学杂志》1992 年第 4 期;谢志浩:《镇海棘螈》,《野生动物》2002 年第 1 期;刘海忱:《追寻镇海棘螈》,《走近科学》2004 年第 8 期。

凹耳蛙

20 世纪 70 年代初由赵尔宓院士和吴贯夫发现于安徽黄山桃花溪边的凹耳蛙,是我国特有的一种溪流生活的小型蛙类,因其独特的鸣声与超声通信而扬名海内外。不同于其他蛙类的鼓膜紧贴在身体表面,凹耳蛙的鼓膜深入头腔,具有与鸟类相似的外耳道,故其发出的声音比较特殊,像是鸟的鸣叫。

1977 年,这一长相似青蛙,声音像鸟叫,用超声波与同类交流的物种,被正式命名为凹耳蛙。全世界能发出超声波的蛙类,除了印度尼西亚的湍蛙之外,目前也就只有凹耳蛙。而且实验证明,凹耳蛙能够发出 20 千赫兹的超声信号,这一技能足以与蝙蝠、海豚相媲美。

凹耳蛙喜欢栖息于海拔为 380～700 米的山溪附近,其模式产地在安徽黄山。凹耳蛙的雄性个体体长 32～36 毫米,明显小于雌性个体的 52～60 毫米。凹耳蛙头扁平,吻棱明显;瞳孔圆形;舌呈梨形,后端缺刻深;背面为棕色,背部有若干小黑斑;体侧色较淡,散有小黑点;腹面为淡黄色;胫跗关节达吻端;指趾端扩大成小吸盘,外侧三指有横沟;趾蹼发达。雄蛙第一指

凹耳蛙

有灰白色婚垫,有一对咽侧下外声囊。在繁殖期,凹耳蛙白天藏在岩石缝或土洞内,晚上栖息在山溪两旁的灌木或岩石上鸣叫,以此来吸引雌蛙。

凹耳蛙白天隐匿于阴暗潮湿的洞隙内,夜晚常匍匐在山溪两岸的灌木或草丛中捕食昆虫。研究发现,将雄凹耳蛙求偶声回放给雌蛙,能够记录到雌蛙对正常范围叫声的反应,包括趋声行为,其精度仅略低于雄凹耳蛙;有时还发出雌蛙特有的高频短声。雌蛙的高频回答声,能召唤相距几米外的雄蛙,使其快速跳向雌蛙。曾经仅见于安徽黄山和省内建德、桐庐、安吉且总数不超过 50 只的凹耳蛙,在全国第二次陆生野生动物资源调查中,又于 2014 年 6 月被发现于余姚市境内的山溪之中。这一重大发现分布点因与其他已知分布点相距甚远,因而在动物地理学上具有重要意义。

参见沈钧贤:《中国凹耳蛙用高频声进行种内通讯》,《科技导报》2008 年第 22 期;闫计春:《神奇的中国蛙——凹耳蛙》,《生物学通报》2012 年第 10 期;陈颖:《两栖动物》,吉林出版集团 2013 年版;沈潇龙:《四明山发现珍稀凹耳蛙》,《都市快报》2014 年 6 月 18 日。

宁波石豆兰

由当代植物学家林海伦首度发现于奉化溪口、海曙龙观的宁波石豆兰,是继宁波溲疏、宁波木樨、宁波木蓝、宁波三角槭、宁波金橘之后,又一以"宁波"命名的珍稀植物新种。宁波石豆兰的发现和相关论文的发表在植物界引起不小的轰动,其意义必将非常深远。

在宁波有分布的石豆兰属植物的种类,如广东石豆兰、毛药卷瓣兰、齿瓣石豆兰等还是相对容易被发现的。但由于宁波石豆兰的生境有些古怪,都是生长在 20 米以上的崖壁高处,普通的寻找方式不易找寻,只有在其开花期才有可能被人的肉眼直接看到。而它们的花期大约只有 10 天时间,若错过花期则只能用望远镜仔细寻找。

宁波石豆兰的花序为伞房状花序,每个花序具花 3~6 朵,它的花朵并不大,呈金黄色,2 片侧萼片长约 1 厘米,在中上部相互靠拢并卷成筒状;唇瓣肥厚肉质,基部有柄和关节,可以活动,颜色呈橘红色,使整个不大的花朵显得热烈而奔放,中心处的唇瓣起到画龙点睛的作用。其营养体的特征是假鳞茎呈卵球形,直径4～5毫米,具6～8棱,假鳞茎顶端具1叶片,叶片为长圆形,无叶柄,硬革质,长1.2～1.5厘米,叶面有许多下凹的小点。

距今最近一次在奉化溪口发现的宁波石豆兰,其生长点位于海拔500多米的阳坡岩面,夏天时上方有一棵山合欢为其遮阴,冬天时山合欢落叶后其光照十分充足。岩石表面十分粗糙,又有叶状地衣和苔藓相伴生,边上则有岩生植物:火焰草、石蕨和吊石苣苔相伴生。生长处的岩面呈垂直的90度角,这与之前发现的宁波地区的其他3处都是呈大于90度角的坡面条件有较大的差别,表明宁波石豆兰也能在垂直的岩面上生长,并能将下垂花序斜向支撑起来,这是首次发现的新情况。

奉化溪口的宁波石豆兰生长茂盛,花朵稠密,表明此处是宁波石豆兰最为理想的生长地之一。从其长期的生存前景看,溪口宁波石豆兰的生存地形险要且复杂,人迹罕至,不会受到人类活动的影响。

宁波石豆兰堪称"宁波的仙草",这次是全球第四个生长点。相信还会有更多宁波石豆兰的分布点出现在四明山区。宁波石豆兰的发现立刻引起了相关部门的重视,目前宁波石豆兰已经得到较好的保护。

参见林海伦等:《中国兰科植物1新种——宁波石豆兰》,《浙江农林大学学报》2014年第6期。

松叶蕨

2013年宁波象山地区发现了松叶蕨,它开始出现于3亿多年前的泥盆纪,比植物"活化石"银杏更为古老,是世界上迄今为止发现的最古老最原始的陆生高等植物。宁波市林业部门对这次发现高度重视,积极对其加以保护。

据《浙江植物志》记载:松叶蕨是松叶蕨科松叶蕨属的植物,分布在热带及亚热带,共2种,我国1种,浙江1种,产于仙居、缙云、永嘉、乐清、文成、泰顺。生长于岩石缝隙或附生于树干上,海拔300米以上。我国其他地方分布在江苏、安徽、福建、台湾、广东、广西、四川、贵州、云南。根据《浙江植物志》的记载,松叶蕨主要分布在浙江的南部和我国的南方,宁波没有分布。

而在《中国的珍稀植物》名录中,松叶蕨是蕨类植物中排名第一位的珍稀濒危植物。该书记载:"松叶蕨产秦岭南坡以南广大地区,泛热带其他地区。为古代孑遗(活化石之意)植物,被认为是现有最古老的蕨类植物。"

象山半岛独特的地理位置,为松叶蕨提供了适宜的生存环境。象山位于宁波的最南面,地理位置优越,三面环海,属亚热带海洋性季风气候,年平均气温 16.5℃,适宜松叶蕨的生长。

松叶蕨是小型蕨类,附生树干上或岩缝中。根茎横行,圆柱形,褐色,仅具假根,二叉分枝。高 15～51 厘米。地上茎直立,无毛或鳞片,绿色,下部不分枝,上部多回二叉分枝;枝三棱形,绿色,密生白色气孔。叶为小型叶,散生,二型;不育叶鳞片状三角形,无脉,长 2～3 毫米,宽 1.5～2.5 毫米,先端尖,草质;孢子叶二叉形,长 2～3 毫米,宽约 2.5 毫米。孢子囊单生在孢子叶腋,球形,2 瓣纵裂,常 3 个融合为三角形的聚囊,直径约 4 毫米,黄褐色。孢子肾形,极面观矩圆形,赤道面观肾形。

松叶蕨枝条着生形态柔美,又具一定的耐阴性,极富观赏价值。可作室内盆栽观赏,若配以山石更为雅致。

松叶蕨栽培时可用浅盆,加入排水良好的基质,一般用泥炭土、腐叶土和粗沙配制,也可用苔藓、蕨根和树皮块等物栽植于多孔花盒或木筏上。固定周期换盆。再铺厚的木炭,用来吸收土壤残留的盐分和毒气等。而后加一层骨粉(富含磷肥),以利根部生长。将植株放入盆后,再填配制好的基质,这样才能保证植物的生长所需,达到好的栽培效果。

参见贺艳:《泥盆纪的松叶蕨 为何"爱上"宁波?》,《现代金报》2015 年 1 月 21 日;周科娜:《宁波首次发现 3 亿年前泥盆纪的"活化石"植物》,《中国新闻网》2013 年 11 月 13 日。

中华水韭

中华水韭为我国特有濒危水生蕨类植物,分布于江苏、安徽、浙江等地,主要生在浅水池塘边和山沟淤泥土上。这一中国特有的濒危水生蕨类植物,是经第四纪冰川后残存下来的孑遗,没有复杂的叶脉组织,在分类上被列为似蕨类,在系统演化上具有很高的研究价值,现已被列为国家一级重点保护野生植物。2014 年 4 月初,在海曙区的龙观、北仑区的白峰,意外发现了中华水韭的自然生长群落。

中华水韭是水韭科水韭属植物,植株高 15～30 厘米;根茎肉质,块状,略呈 2～3 瓣,具多数二叉分歧的根;向上丛生多数向轴覆瓦状排列的叶。叶多汁,草质,鲜绿色,线形,长 15～30 厘米,宽 1～2 毫米,内具 4 个纵行气道围绕中肋,并有横隔膜分隔成多数气室,先端渐尖,基部广鞘状,膜质,黄白色,腹部凹入,上有三角形渐尖的叶舌,凹入处生孢子囊。孢子囊椭圆形,长约 9 毫米,直径约 3 毫米,具白色膜质盖;大孢子囊常生于外围叶片基的向轴面,内有少数白色粒状的四面形大孢子;小孢子囊生于内部叶片基部的向轴面,内有多数灰色粉末状的两面形小孢子。

　　中华水韭分布区属亚热带,气候温和湿润,春夏多雨,冬季晴朗较寒冷,1月平均气温为 2～7℃,7月平均气温为 27～29℃,年降雨量 1000～1500 毫米。主要生长在浅水池沼,塘边和山沟淤泥土上;土壤有机质含量丰富,pH值 6～6.5。主要伴生植物有节节草、糯米团、莲子草、水蓑衣及鳢肠等。而中华水韭属于中国特有,在我国则主要分布在长江流域下游局部地区,是多年生沼地生植物。《浙江植物志》上记载,中华水韭在浙江省内的杭州、建德、诸暨、丽水等地都有分布,但这只是以前曾经有发现的记录,现在这些地方因环境改变,多数已经绝迹。而近年来宁波地区陆续发现的中华水韭为这一濒危物种的保存和研究提供了极佳的机会和条件。中华水韭的保护极其困难,其发现地域通常于土质肥沃的农田淤泥之上,极易与地区内其他的农作物混杂,不易发现。同时面临着当地牲畜的误食、践踏和工业污染的威胁。宁波地区相关部门遂在发现中华水韭后立刻行动,对当地的中华水韭实施了积极的保护措施,促使宁波地区的中华水韭得以保全。

　　参见黄丽娟:《宁波首次发现国家一级保护野生植物——中华水韭》,《宁波日报》2014 年 9 月 4 日。

第四部分　著名物产

一、概　述

宁波不但山清水秀、景色迷人,而且长期以来,就以"米香、鱼香、书香、墨香"名扬天下,并因此有"四明八百里,物产甲天下"的美誉。今分述如下,以见其地物产之丰美。

第一,江南农耕。该板块聚焦于那些通过从事农业劳作和经营家庭副业而获取的劳动成果。此外,对这些劳动成果进行再加工后的食品,以及与农副产品相关的历史故事和民间传说,也是其重点关注对象。

第二,东海渔获,意即千百年来甬上先民在从事海洋捕捞时的各种收获。这类收获,除了鱼、虾、贝、藻等各种海生动植物之外,还包括:一是对海洋生物活动规律的认知日趋丰富。二是渔船、网具等海洋捕捞工具的不断改进。三是海洋捕捞作业方式的进化和多样化。四是储藏、加工海产品的技术及其进步。五是与海洋捕捞有关的民间传说和历史故事。

第三,百业精华,顾名思义,就是各行各业之中最精粹、最优秀的产品;但在本书中,则被借以特指宁波历史上那些以日常使用为主要功能的手工业产品,例如丝织品、瓷器、草席、工艺草编、红帮服装。

第四,巧夺天工,作为成语典故,一般被用于正面赞美人工技艺的高超,在此借以指称那些具有宁波地方特色的工艺美术制品。具体而言,只有同时满足以下三个条件的工艺美术品,才有可能被视为"巧夺天工"之物:历代甬上先民的手工业产品;经时间检验,确实具有较高的艺术性和收藏价值;近来被列为非物质文化遗产。

第五,百年老店。该板块将主要关注:宁波"老字号"在各行业的分布状况及其共同特征;宁波"老字号"的历史变迁及其在当代的重生;与宁波"老字号"有关的民间传说及其真实故事。

(一)江南农耕

由于自然条件、技术状况存在着地域差异,宁波的农业生产,经过长期的演变,最终形成了这样四个种植区:(1)北部滨海平原棉粮油区,该区虽粮食未能自给,却是全国著名的商品棉生产基地,同时又是榨菜、大蒜、辣椒、蚕豆的主要产地。(2)中部平原低丘粮油区,该区作为粮油主产区,其耕作制度以麦—稻—稻、油—稻—稻、绿肥—稻—稻三熟制为主,兼种蔬菜、席草、荸荠、芋艿等经济作物。(3)东南港湾丘陵粮棉区,该区粮、棉、果、油、茶、桑综合发展,是柑橘的主产区。(4)西部丘陵低山粮杂区,由于地形山峦起伏、群峰连绵,该区不但交通不便,而且耕地零碎,尽管如此,该区却能因地制宜,并因此成为单季稻、甘薯、马铃薯的主产区。

事实上,宁波先民不但早在河姆渡文化时期就已种植人工栽培稻,而且悄然养成了精耕细作的传统:(1)不误农时的作息制度。(2)日益广泛地使用紫云英、绿萍、水葫芦、水花生、水浮莲、猪粪、草塘泥等绿肥、畜肥改善土壤。然而,农业的精耕细作,固然奠定了甬上先民农耕定居生活的基础,却并未彻底解决粮食供给不足的问题。

为了解决粮食供给不足的问题,甬上先民做了不少努力。这种努力在相当长时期内,主要表现为:(1)向山地、湖泊、滩涂拓展耕地面积,其结果便是开垦山林、废湖为田、围涂造田,广德湖、小江湖等古湖泊既因此而消失,三北平原也由此而不断向近海延展。(2)因地制宜地发展家庭副业、开展多种经营,例如鄞县西乡民众,自唐代以来就开始种植蔺草,并以家庭为单位编织草席,而更多的甬上农户,则主要通过种植各种蔬菜与茶叶、饲养家畜和家禽来改善生计。

粮食供给不足问题的基本解决,主要得益于中原士民的大量南迁和中外经济文化交流的日益频繁。因为人群的迁入和经济文化的交流,为宁波带来了大麦、小麦、甘薯、玉米、大豆之类的众多粮食作物。事实上,北人南来和中外交流对宁波历史发展的意义,既表现在缓解宁波粮食供应问题,同时又表现为:(1)部分多余的稻米和面粉,被用于制作年糕、汤圆、龙凤金团、粽子、灰汁团等点心,以及小笼包子、烧卖、水晶油包、馄饨、三丝宴面等面点。(2)诸如棉花、油菜籽、蚕豆、贝母之类的经济作物,因此得以先后输入宁波并被大规模引种。(3)诸如桃子、柑橘、杨梅、西瓜之类的水果,也先后进入宁波,进而发展成为宁波的传统特产。凡此种种,不但扩大了甬上先民的食物来源、丰富了食品种类,而且极大地稳定了他们的农耕定居生活。

就其类别而言,"江南农耕"在经过加工后,大抵可分为日用品和食物两大类,前者如棉花、草席、菜籽油,而后者又可进一步细分为:(1)主食,大米是平原、城镇民众的主粮,山区则以杂粮为主,贫民之家在青黄不接时,又常以"番薯干饭""番薯泡饭""六谷糊"为主粮。(2)菜肴,除了榨菜、萝卜干、万年青、芦笋之外,以羊尾笋干、雪里蕻咸齑、臭冬瓜、臭苋菅、臭菜心为代表的腌制品,也是宁波人餐桌上常见的"下饭"。(3)水果,例如奉化水蜜桃、慈溪和余姚的杨梅、柴桥的金柑。(4)糕点,宁波人不论逢年过节、寿诞祭祀、婚丧嫁娶、乔迁上梁,都会做各式各色糕点,并寓以不同意义,譬如正月初一吃"汤团",元宵吃"圆子",立春吃"春盘",清明吃"黑饭"和青糍,立夏吃"五色饭"、糯米麻团,端午食粽子,中秋吃月饼,重阳吃重阳糕和重阳麻糍,冬至吃汤果,"送灶"吃祭灶果,除夕吃年糕汤,满月吃"长生果",结婚吃"龙凤金团",庆寿吃"寿桃"等。如今,宁波糕点更是自成体系,被列入全国糕点十二派系之一。

凡此种种,养成了宁波特有的饮食文化,并突出地表现为:(1)甬上先民早就认识到含盐量高的食物易于保存,因而旧时宁波菜以盐腌制的居多。(2)许多美味佳肴的问世,并非冥思苦想的成果,而是不经意间"化腐朽为神奇"的产物,譬如一时三刻吃不完的杨梅,被无意间浸泡在烧酒中加以保存,结果却歪打正着,变成了具有祛除风寒功能的杨梅酒。(3)宁波菜不但因为盛产臭冬瓜、臭苋菅、臭菜心而"臭"名远扬,而且特别讲究饮食的寓意,譬如宁波人在除夕夜只吃年糕不吃米饭,寓意来年生活、事业节节高;又如在立夏这天,宁波人除了撞蛋、吃蛋,还有吃蚕豆糯米饭、吃脚骨笋、称体重、骑门槛等习俗,这就不仅富含避免疫祸、追求平安的寓意,更饱含对清净安乐生活的向往。

(二)东海渔获

自古至今,宁波的"东海渔获"大体上经历了这样四个发展阶段。

第一阶段始于新石器时代晚期,下迄清代后期。从文献记载和考古发现来看,这一阶段的"东海渔获"主要有以下几个亮点:(1)出土于河姆渡遗址的六支木桨、船型陶舟、骨锥、骨镖和大量的动物水生骨骸,表明甬上先民早在新石器时代晚期就已以渔猎为生的这一传闻,并非仅仅只是传说。(2)秦汉时期,宁波沿海渔民就已将收获的海产品,运到鄞县县治和象山东门岛等地进行"山海互市"。(3)唐代,宁波不但海洋捕捞规模日渐扩大,而且开始养殖贝壳类海洋生物,更有部分海产品如淡菜、石首鱼、白蟹、泥螺被列为贡品。(4)南宋时期,海洋捕捞业由于造船业的发达而有更为快速地成长,据说当时宁波最盛时有船只7916艘,经常取道韭山去东海捕鱼。(5)从元代开始,乌贼成为鄞县海洋捕捞业的大宗产品和甬人餐桌上的美味佳肴。(6)明代前期因饱受倭乱之苦而被迫内迁的海岛渔民,在鄞县东钱湖创造出独一无二的大对作业法。(7)随着倭寇的平定,明代中后期宁波渔市趋于复兴,今江厦街和后塘街一带在当时更是繁华异常。(8)自从康熙二十三年(1684)开放海禁以来,尤其是在康熙二十七年(1688)准许民众迁居海岛之后,宁波渔业迎来了有史以来最值得称道的重要发展期,并先后形成了众多通过"排甲互保制"组织而成的渔帮,例如镇海北乡的张网船渔帮(1724)、象山东门大捕船渔帮(1739)、奉化栖凤渔帮(1745)、桐照渔帮(1798),以及咸丰年间(1851—1861)的鄞县东钱湖、姜山、大嵩三大渔帮。据光绪三十二年(1906)宁波渔团局统计,当时宁波境内共有渔民7109人、渔船800艘。

第二阶段始于清末民初,下迄1949年宁波解放,并可进一步细分为四个时期:(1)清朝末年,因海盗横行,渔船往往需要武力护航才能出海作业,彼时宁波渔业也因此比较低迷,这期间最大的亮点就是光绪三十一年(1905)浙江渔业公司在江北岸的成立。(2)得益于1914年《渔轮护洋缉盗奖励条例》的颁行,又受惠于1917年佘山洋渔场的发现,宁波海运捕捞业逐渐进入兴盛期,仅鄞县"湖帮""大嵩江帮""姜山帮"这三大渔帮名下,就有渔民13095人、各类渔船2589艘,而且部分渔民为就近生产、方便生活,在1932—1936年,纷纷从鄞县迁居舟山。(3)抗战时期,象山东门、镇海蟹浦、北仑郭巨、鄞县东钱湖等地,有相当部分的渔民,惨遭日寇的无辜枪杀,渔船惨被焚毁,宁波渔业经济也因此至为萧条。(4)抗战胜利后,宁波的海洋捕捞业虽一度趋于复苏,渔船数量也曾恢复至战前的60%,但好景不长,就因为政治腐败、货币贬值、物价飞涨、海盗四起而难以为继,于是渔民纷纷破产或转业,到1949年5月宁波解放时,境内渔船仅剩1607艘。

从新中国成立到十一届三中全会召开之前,是宁波"东海渔获"的第三阶段。这一阶段大体上可细分为三个时期:(1)1949—1957年的恢复和初步发展,当时宁波海洋渔业根据"先恢复,后发展"的政策,实施"以捕捞为主"

的生产方针,境内渔船总数到1955年已接近于1935年时的历史最高水平,尤其值得一提的是:浙江海洋渔业公司(后改称宁波海洋渔业公司)在1937年迁址于孔浦,并迅速发展壮大为在国内名列前茅的国营海洋捕捞综合性企业。(2)1958—1970年的徘徊,其间不但渔业生产受到以高指标、瞎指挥、浮夸风为标志的"左"倾错误的干扰,而且渔业经济体制和海产品的购销也时有反复,由此而导致的消极后果是,宁波海域无论单位产量抑或优质鱼类资源,均呈明显下降趋势。(3)1971—1978年的探索发展,一方面积极发展机帆船灯光围网作业;另一方面大力拓展海水养殖范围,并为此调整了发展方向、生产体制、经营机制、品种结构和作业方式,从而促使海水养殖捕捞业在曲折中稳步前进。

第四阶段始于十一届三中全会的召开,这一阶段又可细分为三个时期:(1)1985年中共中央《关于放宽政策、加速水产业的指示》出台后,随着僵化产销体制的被打破,宁波渔业迅速进入开发性调整期,其重心是更新大型渔轮、开发外海渔场、推广对虾养殖、发展水产冷库、搞好保鲜工作。(2)随着1997年农业部《关于进一步加快渔业发展的意见》的贯彻执行,宁波确立了"主攻水产养殖"的发展方针并出台了一系列扶持政策,也由此出现了前所未有的海水养殖热潮,从而调整、优化了原来以捕捞为主的渔业结构。(3)从世纪之交开始,宁波渔业迈入战略性调整时期,并突出地表现为:一是在增长模式上,从数量速度型转向质量效益型。二是在产业素质上,从注重生产能力转向注重市场竞争力。三是在管理方式上,从资源开发型转向生态保护型。

综观宁波渔业经济自古至今的变迁,不难从中总结出其发展特征:(1)宁波渔业不但源远流长,而且从同期横向对比的角度来看,又始终处于全国前列。(2)宁波渔业发展在历史上虽时有曲折甚至反复,但总体而言,至少表现出下列四大动向:一是作业区域逐渐从近海向外洋拓展;二是作业工具和作业方式,从简单趋于复杂;三是从纯粹的捕捞转为以捕捞为主,再转为捕捞与养殖相结合;四是从无序发展日益转为理性规划。(3)不但渔业经济始终是宁波地方经济的重要构成,而且海产品及其加工物长期以来就是甬上先民不可或缺的"下饭"。

(三)百业精华

以蚕丝为原料的织品,在深具宁波特色的诸多手工业产品中,问世时间最早。还在7000年前,河姆渡人就已开始种桑养蚕,进而将蚕丝加工成为丝织品,从河姆渡文化遗址中出土的"象牙雕刻茧纹盅形器",就是重要的实物例证。降及唐宋时期,仅宁波西乡一地,就有上千家农户种植桑树,年产蚕丝高达万斤以上,而在宁波城内的纺织巷中,纺纱织丝之声更是连绵不绝。时至清代乾隆后期,宁波市域之内据说有多达850台的丝织机,主要生产丝、绫、绸、缎、绢等丝织品。

宁波之所以能够成为中国丝织业的发祥地之一,无疑主要得益于其良好的自然生产条件。质言之,因为靠山面海而又气候湿润的关系,宁波不但坐拥大面积的冲积平原和众多的丘陵沙质地,而且非常适宜于种植桑树,由此养蚕绞丝,也是合乎逻辑的选择。然而,尽管宁波丝织业确实源远流长,丝织品大致从唐代开始,就已通过海上丝绸之路源源不断地输往日本、高丽、印尼、柬埔寨、越南、伊朗等国,但自近代以来,一则因为本地蚕茧产量的严重下降,二则因为受到日本人造丝倾销的影响,宁波丝织业陷入前所未遇的危机之中,直到新中国成立后,由于政治生态和经济环境的改善,方才日趋复兴。

相对于丝织品而言,以慈溪上林湖、鄞县东钱湖为主要产地的宁波越窑青瓷,虽然问世时间比较晚,却也如同丝织品,是宁波海上丝绸之路对外输出的最重要的大宗商品之一。越窑青瓷在宁波的发展历程,大体上可分为五个阶段:(1)东汉的初创,这期间所烧制的罐、坛等日用青瓷器皿,尽管已经具备瓷质光泽、透光性较好、吸水率低、器表通体施釉等越窑青瓷所特有的属性,但外形古朴、粗重,而且当时的产业中心并不在宁波境内,而是在上虞的曹娥江中游地区。(2)三国至西晋的初步发展,这期间不但产品种类比较丰富,而且装饰题材和装饰技法多种多样,最有代表性的是集多种动物形象和人物、亭台楼阁于一身的堆塑罐。(3)东晋以降,不但瓷器种类减少,而且外形大多消瘦呆板,时至中唐,方才逐渐走出低谷,上林湖一带也由此取代曹娥江中游,成为越窑青瓷新的产业中心。(4)晚唐至宋初的鼎盛,这期间仅仅在上林湖一带就有窑场150多处,且其烧造规模之大、产品质量之精、影响之广,均位居全国六大青瓷名窑之首,尤其是精妙绝伦的"秘色瓷"的诞生,更使得越窑青瓷与邢窑白瓷形成了"南青北白"的格局。(5)北宋中叶之后,虽然偶有工艺精湛的瓷器,但越窑青瓷在整体上却明显呈现出制瓷工艺衰退、产品质量下降的趋势,即便是南宋初年诏令明州烧制祭器和宫廷用瓷,亦未能遏止其颓势,越窑青瓷也就不可避免地停烧于南宋早期。

至于宁波草席,其问世时间固然难以考证,却也如同越窑青瓷,不但早在唐代就已销往各地,而且以其质量上乘、品种齐全、工艺考究著称,尤其难得的是,这种用席草加白麻或绿麻编织而成的农副产品,曾在两宋之际为阻击金兵入侵浙东,帮助南宋小朝廷在东南地区站稳脚跟,做出过重大贡献。而就在草席日趋鼎盛之时,以草帽为主要产品的工艺草编,也在清代初年肇兴于余姚和鄞县。时至民国初年,这一深具宁波地域特色的手工业产品,在法商永兴洋行等外商的运作下,迅即发展成为一个以慈溪长河为中心、从业者多达数万人的金丝草帽加工出口产业网。时至 1928 年,仅余姚一地就有 7.2 万妇女从事这一行当,年产金丝草帽 120 万顶。尽管抗战时期,工艺草编因为交通受阻、原料断绝而被迫停止生产,但在新中国成立后尤其是改革开放以来,该产业不仅走出低谷,更茁壮成长为拥有 1000 多个花色品种并畅销 70 多个国家和地区的重要外贸产品。

发轫于清末民初的红帮服装,虽然是宁波百业精华中问世时间最晚的手工业产品,但其影响却极为广泛、深远,中国第一套西装、第一套中山装、第一家西服店、第一部西服理论专著、第一家西服工艺学校,这些都是宁波红帮裁缝为促进中国服装业的发展所做出的杰出贡献,从而不但促成了国人着装从峨冠博带的袍服制逐渐转变为轻便实用的西式服装,而且为今日宁波服装业的繁荣奠定了扎实的基础。

总的来看,"百业精华"作为"宁波物"的重要构成,虽然问世时间先后有别,存世时间也修短不一,却莫不是甬上先民体力劳动与脑力劳动相结合的产物,并与日常生活有着比较紧密的联系,此其一;其二,这些手工业产品不但比较适合规模化生产,而且事实上,这其中的丝织品、瓷器、草席,早在唐代就已通过"海上丝绸之路"向外输出,至于工艺草编和红帮服装,则是近代以来宁波出口创汇的重要商品。

(四)巧夺天工

迄今为止,被公认是巧夺天工的宁波特色工艺品,除了骨木镶嵌、朱金木雕、泥金彩漆、金银彩绣这四大瑰宝外,尚有翻簧竹刻、陆埠佛雕、大隐石雕、象山竹根雕、宁海树根雕和余姚微雕。

这些"巧夺天工"之物,其问世时间不尽相同,并大体上可分为四个"批次":(1)这其中的漆器和雕刻,早在 7000 年前的河姆渡文化时期,就已经进入河姆渡先民的生活世界,出土于河姆渡遗址中的一只涂有朱红漆的木碗和诸如"双鸟异日"纹蝶形器之类的雕刻品,也合乎逻辑地被分别认定是宁波漆器和雕刻的源头。(2)随着制作水平的不断提高,时至隋唐之前,滥觞于河姆渡文化时期的漆器和雕刻,进一步发展成为泥金彩漆、朱金木雕和大隐石雕;与此同时,骨木镶嵌技术也日趋进步,成为继泥金彩漆、朱金木雕、大隐石雕之后又一特色工艺产品。(3)降及明清时期,随着社会经济的发展,更由于消费需求的多元化,金银彩绣、翻簧竹刻、陆埠佛雕、象山竹根雕、宁海树根雕,也从此在四明大地生根发芽、茁壮成长。(4)晚近以来,几乎所有的传统工艺都曾身陷绝境,而在新中国成立之后,诚然有一部分"巧夺天工"之物,如象山竹根雕、宁海树根雕,在历经一段时期的沉寂后,在急待出口传统工艺品以换取外汇的时代背景下重获新生,但更多的传统工艺,由于过分注重技巧,又缺乏严格精密的标准化制作工序,从而彻底沦为博物馆里面的陈列品,朱金木雕工艺的代表作"千工床"和"万工轿",就是显著的例证;与此同时,也就在这一阶段,以李期慈为代表的当代余姚籍能工巧匠们,继承并发扬光大了"微雕"这一古已有之的奇特绝技,使之成为新时期的"巧夺天工"之物。

在所有的宁波地方工艺中,雕刻工艺不但起源甚早,而且种类最丰富,主要有:(1)历史悠久的牙雕,出土于河姆渡遗址的"双鸟舁日",即其典型。(2)木雕尤其是朱金木雕,显然是宁波雕刻工艺的主体,并由此派生出各种样式、不同材质的雕刻工艺。(3)砖雕,遍布四明大地的民居、寺院、古戏台、亭榭、塔台,本身就是砖雕(包括木雕)的展览馆。(4)铜雕,收藏于宁波博物馆中的天封塔塔刹,是其代表。(5)玉雕,以余姚玉佛寺最为知名,号称"天下玉苑"。(6)石雕,大隐匠人雕刻的石狮子、东钱湖畔的南宋墓道石刻,是其精品,而散布于宁波城乡各地的古桥石刻,则是石雕工艺的常见形态。(7)树根雕又名柴株雕,顾名思义,就是用杜鹃、蓟漆、栎树、黄杨等树根为原料雕刻而成,这种工艺品自清代以来流行于宁海,近来发展势头尤其良好。(8)盛行于象山的竹根雕,既继承了明清时期的竹根雕刻工艺,又吸收了现代西洋艺术,故能推陈出新而别具一格。

以雕刻类工艺品为主,无疑是宁波"巧夺天工"之物的鲜明特色。除此而外,它又呈现出下列显著特征。

首先,其原材料大都是木头、毛竹、石头、泥巴、油漆等几乎都可以就地取材的常见物,但与此同时,其工艺要求却又普遍不低。譬如骨木镶嵌,先得在木坯上起槽,然后嵌入各式花纹,在此基础上再加以打磨、雕刻,最后还得髹漆;特别是朱金木雕,其制作工序尤其繁复,既需要雕工运用浮雕、圆雕、透雕等技法雕刻出各种图案花纹,也需要漆工的修磨、刮填、上彩、贴金、描花,只有两者通力合作,才能造就朱金木雕工艺的完美。事实上,正是借助这类繁复的工序和较高的制作工艺,才得以"化腐朽为神奇",创制出融艺术价值和实用价值于一体的"巧夺天工"之物。

其次,"巧夺天工"之物既源自生活,又高于生活。尤其是问世于清代以前的那些工艺品,在其问世后,就与甬上先民的日常生活发生了千丝万缕的联系,尔后因缘际会,这才先后成为功能偏重于观赏性的工艺品。譬如朱金木雕,在明清时期就曾被广泛应用于日用陈设、佛像雕刻、家具装饰尤其是婚嫁喜事中的床和花轿;又如翻簧竹刻,在其 100 多个花色品种中,与日常生活有关的就有花瓶、镜框、提篮、台灯、笔筒、棋盘、茶盆、屏风、玩具等。

再次,部分"巧夺天工"之物在国内享有盛誉,譬如奉化的翻簧竹刻,自清代光绪以来,就与青田石雕、东阳木雕被合称为"浙江三雕",而骨木镶嵌更曾长期被列为朝廷的"贡品",今北京颐和园乐寿堂所收藏的"八角茶几",就是光绪年间宁波的贡品。

最后,宁波的"巧夺天工"之物,不但享誉、畅销国内,而且在国际上也颇具知名度和美誉度。这其中,漆器工艺和朱金木雕工艺,早在唐代就已通过各种途径传入日本,并对日本的佛寺建筑、佛像形态、家具风格产生了深远的影响,而近来,采用朱金木雕、翻簧竹刻、余姚佛雕、漆器、象山竹根雕等工艺制作而成的屏风、茶几、书橱、箱柜、灯彩、佛像等各类工艺品,更是远销欧、美、亚、非四大洲的众多国家和地区,受到海外消费者的广泛好评。

(五)百年老店

自唐宋以来,随着经济重心的南移和中原士庶的东渐,宁波逐步成长为"商舶往来,物货丰衍"的繁华商城,到 19 世纪 60 年代,钱庄、南北货号、鱼行更是遍布宁波城厢。商贸的长期发达,不但进一步增强了甬上先民的从商意愿和经商能力,而且培育出为数众多的"老字号"商铺:(1)百货业:"一言堂"百货店、"老慎记"百货店、"老三进"鞋店、"利民"五金店、"源康"布店、"协和"钟表店等。(2)医药业:"四明"大药房、"寿全斋"药店、"冯存仁"中药店等。(3)餐饮业:"东福园"饭店、"状元楼"饭店、"梅龙镇"酒店、"缸鸭狗"汤团店等。(4)服务业:"赵大有"糕团店、"冯恒大"糕团店、"容光"理发店、"天胜"照相店等。(5)副食品:"冠生园"食品店、"升阳泰"食品店、"楼茂记"酱油店等。

这些老字号商铺,经过长期的发展,一方面拥有了自己的拳头产品,如"赵大有"的"龙凤金团","升阳泰"的"绿豆糕","一言堂"的"皇后牌毛线","缸鸭狗"的"猪油汤团"和"状元楼"的"冰糖甲鱼";另一方面,商户们又养成了大体相近的价值观念和行为准则:一是诚信经营、质量过硬。主要生产酱油、醋、酒和香干的老字号"冯恒大",就是其中的典型代表,并突出地表现为它对原材料的严格选用:制作香干的黄豆必用上虞生产的"嫦娥青",酿造黄酒的稻米必用奉化的糯米,水则必须是刚从大隐取来的溪水。正是这种挑剔的做事态度使得"冯恒大"生意越来越红火。二是具有强烈的社会责任感。譬如"楼茂记",不但无偿救济有困难的族人,而且始终热心地方公益事业,鄞州区的和平小学、大步小学、大中中学,就曾得到"楼茂记"的长期赞助;又如"郭滋生"酒庄,每逢农历腊月,就会出资请人到城乡去粉刷各地的桥洞,以便过往船只安全通航。

这些凝聚着宁波商界先辈智慧的商业信条和商业行为,不但使得一段时间内宁波老字号的生意越做越红火,而且使得老字号成为质量与信誉的象征,进而界定了宁波老字号与他者相区别的属性:一是历史悠久,长则几百年,短则数十年;二是品质优良,工艺精湛;三是颇具知名度与美誉度,深得消费者的信赖;四是文化底蕴深厚,是难以估量的精神财富。

然而,历史悠久、品质过硬的老字号,尽管经过多年发展形成了独特的品牌价值,却大约从 20 世纪 90 年代开始,面临来自内外两个方面日益严峻的挑战甚至威胁。

这种日益严峻的局面,首先是由老字号自身问题造成的:一是大部分老字号的经营者,抱持"酒香不怕巷子深"的陈旧观念,严重忽视借助大众传播手段和新兴媒体进行自我宣传、推广,结果导致老字号"养在深闺无人知"。二是大部分老字号缺乏品牌意识,缺少对商标等知识产权的保护,导致不少老字号被别人抢先注册。三是部分老字号缺乏自我保护意识,没有依法严厉打击各种假冒伪劣产品,导致品牌形象和价值受到严重损害。四是部分老字号在销售渠道建设、产品外观包装、生产技术革新、服务质量等诸多方面乏善可陈,久而久之,消费者对产品满意度的下降,对老字号品牌不再认可。

其次,这种日益严峻局面的出现,又缘自外部的竞争压力:一是许多境外商业,譬如肯德基、麦当劳等洋快餐,在获准进入国内市场后不久,就凭借其强大的资金实力、明亮时尚的店堂设计、现代化的营销理念、张扬的广告宣传,在短期内赢得了大量消费者的青睐,而老字号餐饮企业,不但各方面均落下风,而且故步自封,从而迅速败下阵来。二是相对于老字号,国内"新字号"不但有着蓬勃的朝气和强烈的创新意识,而且对时尚非常敏感,很能迎合年轻消费者的需求,因此成为老字号的又一强劲对手。

于是,随着改革开放的深入和市场经济体制的确立,规模小、设备陈旧且带有浓重计划经济烙印的老字号,或如"一言堂""老慎记"因无法适应市场经济环境而退出历史舞台,或如"容光理发店"因旧城改造、拆迁而销声匿迹,即便是那些尚在经营的老字号,也一度遭遇严重危机。据统计,时至2006年年末,宁波仅有37家老字号。其中创办于1949年之前的有33家,其余则创办于1950—1957年。除"四明大药房"销售额接近1亿元、"楼茂记"和"升阳泰"等少数几家超过2000万元之外,其余经济效益多不理想,另有15家甚至已经停产熄业。

值得庆幸的是,2006年以来商务部开始采取措施以重振老字号,而宁波市政府也从2008年开始启动了相应的保护工程,譬如广泛搜集老字号的企业信息、发展历史、品牌故事,并将之编成消费指南发放给消费者,以期扩大其社会影响。尤为可喜的是,有一批甬城老字号面对空前未有的压力,开始做积极的自我调整,并通过自我调整而重现活力。

这种调整大体上可分为四类:一是大胆进行机制创新,主动引入现代企业制度,充分调动员工的积极性,这就是"天胜照相馆""寿全斋"的复活道路。二是通过改组、联合、兼并、出售(固定或无形资产)等方式形成多元化的产权结构,进而盘活老字号,"石浦"与"状元楼""梅龙镇"的品牌联姻,就是其中的典型例证。三是通过改良传统产品、创造新产品求得新生,例如"楼茂记"在传统产品香干和酱油的基础上进行品类延伸,成功开发出了黄酒、酱腌菜和麻油三个系列,不但从此走出低谷,近年来更是在业界风生水起。四是突破传统的经营平台,或如"宁波钟表眼镜公司""缸鸭狗"开展连锁经营,或如"冯恒大""王升大"开办网上商城,从而拓展了市场,扩大了销售。事实上,诸如此类的努力,不但使得老字号重新焕发出应有活力,更使得老字号重新成为甬城美丽而又独特的风景线。

二、词　条

宁海桑洲红米

2011年10月,宁波市种子管理站、宁波市农科院和宁海县农技总站的专家组,在红学研究专家季学源教授的多次建议下,来到宁海县桑洲镇一个名叫长田头的山区,发现当地有几户农民一直种植这种比较古老的红米。

御田胭脂米色如胭脂,据传是康熙皇帝亲自发现和培育出来的,所以又被称为"御稻种"或"御稻米"。据史书记载,"御稻种"曾在康熙四十三年 (1704)被试种于北京玉泉山、天津郊区,尔后在康熙五十四年(1715),又被 逐渐推广到江西、浙江、安徽等省。季学源教授经过多年研究,不但推断桑 洲红米是"御稻种"的"遗孤",而且通过对其形状、色泽和口感的辨认,认定 桑洲红米自清代以来,曾经比较广泛地被栽种于桑洲、深甽、王爱、双峰等 山区。

桑洲红米一则因为仅适合种植在高山冷水田中,二则由于其稻秆高细 易倒伏,因而产量很低,一般亩产只有三四百斤,而普通水稻亩产至少 500 斤。也因此,在旧时物资匮乏的年代,桑洲红米便逐渐被农户抛弃。

实际上,桑洲红米不但产量低下,而且由于米质较硬,煮起来比较麻烦, 不适合做干饭,多用于煮粥。也正因为耗时太久,一般家庭很少有空闲去 打理。

但与此同时,红米煮成粥后,色如胭脂,粒粒饱满晶莹剔透,口感微甜, 柔软却有嚼劲,且清香扑鼻,此其一;其二,桑洲红米既不需要施用很多肥 料,又鲜有害虫,是无污染的天然有机米;其三,桑洲红米不但富含维生素 B1、B2,且其镁、硒、铁、钙、锌等矿物质含量,比普通白米多 0.5～3 倍,从而 既有助于老年补钙、儿童增高益智,也有利于产后妇女补血养颜。也因此, 红米不但被浙江省农业厅确定为种质资源收集、保护品种,更被桑洲镇政府 列为特色农产品加以市场开发。

参见王霞开:《宁海桑洲找到的红米会是〈红楼梦〉里的"御田胭脂米" 吗?》,《宁波晚报》2011 年 10 月 25 日;杨文祥等:《宁海红米稻的特征特性及 米粒分析》,《上海农业科技》2013 年第 6 期;沈微编:《宁海的中国之最》,宁 波出版社 2013 年版;樊卓婧等:《宁海红米:悬崖边的贵族》,《东南商报》 2014 年 9 月 4 日。

浙贝母

浙贝母生长在江苏、浙江一带,以浙江鄞县(现已改属海曙)、象山及奉 化等地为主要产区,并因此而得名。

浙贝母喜温和湿润、阳光充足的环境,主要生长于海拔较低的山丘荫蔽 处或竹林下。其干燥鳞茎是浙江省著名中药材"浙八味"之一,又名大贝、象 贝、珠贝、土贝、元宝贝。一般在初夏植株枯萎时采挖,洗净,大小分开,大者 除去芯芽,习称"大贝",小者不去芯芽,习称"珠贝",分别撞擦,除去外皮,拌 以煅过的贝壳粉,吸去擦出的浆汁,干燥。或取鳞茎,大小分开,洗净,除去芯芽,趁鲜切成厚片,洗净,干燥,习称"浙贝片"。

浙贝母与花入药,具有清热化痰、润肺止咳、散结之功效,适用于治疗伤风咳嗽、慢性支气管炎等常见病和多发病。

浙贝母的做法有很多,比如用浙贝母、甜杏仁、冰糖等材料可制成浙贝杏仁露。先将浙贝母和杏仁用清水洗干净,接着将杏仁用水浸泡一下并去皮,在把浙贝和杏仁放入砂锅中,并且加入适量的清水煮沸,最后再加入适量的冰糖,三十分钟过后就可以去渣留汁放凉服用。又可制作浙贝象贝散,运用浙贝母、大黑枣、五倍子、象贝等材料,首先将大黑枣去核,接着装入五倍子和象贝各一个,用泥巴裹着,煅存性,进而一起磨成细粉状,再加入少许的薄荷叶和冰片,倒入瓷瓶内,使用时将这粉末吹到患处,就可以达到祛痰的效果。

和其他中药一样,浙贝母的服用同样有所禁忌,不宜与川乌、制川乌、草乌、制草乌、附子同用。

海曙区作为浙贝母的原产地,至今已有 300 多年的种植史,该区章水、鄞江、龙观等西部山区乡镇是浙贝母的主要产地,其年产量约占全国总产量的一半,除满足国内药用外,还出口到东南亚,种植浙贝母也因此成为海曙西部山区农民的五大支柱产业之一。

参见叶水泉:《浙贝母 de 种植》,《大自然》1991 年第 2 期;张文妹:《浙贝母生产概况及发展对策》,《浙江农业科学》2004 年第 5 期;周书军:《宁波市鄞州区浙贝母生产近况与对策》,《浙江农业科学》2016 年第 8 期。

邱隘雪里蕻咸齑

用新鲜雪里蕻腌制而成的咸齑,是宁波传统腌制品的典型代表,也是宁波的特色菜肴。"家有咸齑,勿吃淡饭","蔬菜三分粮,咸齑当长羹","咸齑炒炒,冷饭咬咬",这三句俗语既道出了过去咸齑在餐桌上的地位,也道出了过去宁波人生活上的清苦。

宁波的雪里蕻种植及腌制加工,至今已有 1000 多年的历史。雪里蕻咸齑有一种特殊的香味,食之生津开胃,具有香、嫩、脆、鲜,略带微酸的特点。它既可以生吃、熟吃,也可作为佐料,用于制作多种菜肴。甬上名厨戴永明在《宁波菜与宁波海鲜》一书中介绍了不少用咸齑制作的美食,除了最出名的"咸齑大汤黄鱼""咸齑鞭笋汤""咸齑墨鱼花"外,还有咸齑炖河鳗、咸齑豆肉、咸齑海鲜卷、咸齑冬笋、咸齑素包、咸齑蒸豆腐、咸齑蛤蜊、咸齑炖蛏子等。

而出产于鄞州邱隘的雪里蕻咸齑,不但有着长达 100 多年的悠久历史,更以其得天独厚的地域、优良的雪里蕻菜种、独创的腌制加工技术,造就了精制雪里蕻的清香、脆嫩、微酸、爽口的独特风味,无论炒、煮、烤、炖、蒸、拌,抑或作配料、汤料、包馅,皆有香、嫩、鲜、微酸、令人生津开胃等功用,尤其是用它合烧而成的"雪菜黄鱼""雪菜笋丝",更是成为几乎人人爱吃的宁波地方名菜。

如今被列入宁波市第二批非物质文化遗产名录的雪里蕻咸齑,其实早在 20 世纪三四十年代,就已远销菲律宾、新加坡、马来西亚,只是当时

《踩咸齑》漫画

由于运输保质技术有限等,销售市场比较狭窄。改革开放以来,随着农业产业结构的调整和栽培模式、生产技术的不断更新和提高,宁波雪里蕻咸齑不但销售网络覆盖全国大中城市,而且远销港澳地区和东南亚、新西兰、日本、澳大利亚、美国、加拿大、欧盟等国家和地区,更重要的是,雪里蕻加工已从昔日的大缸腌制、提桶小卖,发展为如今的工厂化生产、流水线作业,即食、休闲、安全、美味的小包装雪里蕻食品成为宁波雪里蕻咸齑的主打品种。

参见郭定昌:《邱隘雪里蕻咸菜》,《长江蔬菜》1991 年第 3 期;周志锋:《说"咸齑菜"》,《宁波晚报》2012 年 3 月 24 日;任锡亮等:《宁波雪里蕻的产业化研究》,《中国瓜菜》2013 年第 3 期。

奉化芋艿头

相传某年春天,奉化月岭山上一对贫苦的母女,出于好心,接济了一位名叫于乃的日本和尚,后者为了报恩,给了母女一颗名叫"通天子"的种子。这则故事的结尾,就是"通天子"很快长满了田野,而女孩与于乃也成了恋

人,并化作"通天子"根块——也就是芋艿头。

这则传说虽然不足为信,但称奉化芋艿头种子是日本和尚带来的这一情节,倒和历史事实相吻合。芋艿叶柄粗大、其叶如伞,原为印度、马来半岛等热带沼泽植物,后来印度芋艿流入日本,又顺海路传到东南沿海地区。

据奉化地方志记载,芋艿早在宋代就已被广泛栽种于奉化,时名"岷紫"。例如南宋监察御使陈著(奉化三石人),在其《收芋偶成》诗中写道:"数窠岷紫破穷搜,珍重留为老齿羞。粒饭如拳饶地力,糁羹得手擅风流。家贫自盍勤多种,岁晚何当饱一收。回首人间剑炊米,谁知煨烬有炉头。"民间传说中的"通天子",也许是它传入奉化之初的俗名,意即植株高大,可以通天。

而如今的奉化"芋艿头",是明代中叶由福建、台州一带来奉化开发的"棚民"传入的,经奉化芋农悉心改良培育而成,其芋头呈圆球形或长圆形,外表棕黄,顶端红色,故又名"红芋艿"或"红顶大芋艿"。奉化芋艿头以个大皮薄、肉粉无筋、糯滑可口、风味独特著称,20世纪30年代就已行销沪、浙地区,"跑过三关六码头,吃过奉化芋艿头"这条民谚的长期盛行,就是奉化芋艿头广受喜爱的实证。

芋艿头可烘蒸、生烤、热炒、白切、浇汤,且各具风味,譬如鸭子芋艿、蟹湖芋艿、鸡汁芋艿、葫芦芋艿、黄鱼夹心芋艿。每年腊月前后,奉化乡民都喜欢做一道"腊材酱",首先将芋艿头切成丁,接着和笋干、萝卜丁、香干丁、五花肉丁、鸡爪、乌狼鲞等一起烧,然后加上豆瓣酱、酱油、糖,煸炒后加水慢炖,至此,又香又糯的草根美食("腊材酱")就将大功告成了。

有食客曾经如此评价芋艿头:用明火烤着吃,用柴炭火煨着吃,则愈品愈香;做羹作汤煮着吃,则滑似银耳,糯如汤圆,细腻而爽口;切成片蒸,再蘸以蟹酱,则原汁原味,既香又粉。事实上,奉化芋艿头不但品质好、营养丰富,而且对治疗肿毒、腹中癖块、牛皮癣、汤火伤等病症具有一定疗效,甚至还有洁齿、防龋等护牙功能。

参见竺洪中:《跑过三关六码头　吃过奉化芋艿头》,《烹调知识》1998年第8期;司徒立友等:《营养丰富的奉化芋艿头》,《上海农业科技》2006年第3期;胡蝶:《奉化芋艿头的传说》,《宁波晚报》2012年7月8日;张如安编:《宁波历代饮食诗歌选注》,浙江大学出版社2014年版。

猪油汤团

汤圆的前身,据说是唐人在元宵节所吃的一种名叫"圆子盐豉"的糯米制食物,但疑信难详。同样地,作为宁波民间传统小吃的宁波猪油汤团,究竟起源于何时,也已难于查考。这一色如白玉、形状浑圆、内馅香甜的小吃,之所以备受宁波城乡人民的偏爱,很可能是因为它含有团圆、美好、吉祥之意。小小的猪油汤团,不仅是一道甜蜜的美食,更是宁波饮食文化的一个符号,寄托了宁波民众对合家团圆的无尽期盼。在这种特殊感情的支配下,宁波人不仅在元宵节,而且在冬至、正月初一早上都会吃汤团。在春节期间走亲、访友,各家无不以汤团盛情招待客人。

常有人将汤圆与元宵视为同一种食物,实则不然。由于南北方的饮食习惯不同,北方的元宵是以馅儿为基础,其特点是糯米层薄,表面为干,煮后才会变得软糯。而南方的汤圆,不但含水量比元宵高,且糯而不黏,更蕴藏着一种南方清水绵柔之风。

缸鸭狗制作的宁波猪油汤团,以民间传统制作为基础,经过提炼加工,在选料、配方和工艺制作上做了不少改进。它以精白水磨糯米粉为皮,用猪油、白糖、黑芝麻粉为馅,具有香、甜、鲜、滑、糯等与众不同的风味,早在20世纪80年代,便已成为浙江省出口海外的第一种点心,1997年更是入选中华名小吃,并在全国名菜名点展评中屡获"金鼎奖""金牌点心"等桂冠。

随着生活质量的提高,追求饮食的营养、健康便日趋时尚。在这种背景下,重糖浓油的猪油汤团,既不符合现代人的口味(尤其是老年人不宜多吃),又受到品种繁多的速冻汤团的冲击,因而顾客骤减、举步维艰。尽管如此,中华老字号缸鸭狗名气犹在,猪油汤团的美誉依然诱人。每逢旅游旺季,来甬探亲、观光、游览的港澳台同胞和世界各地的宁波籍侨胞,许多人特地慕名前来缸鸭狗品尝家乡名点猪油汤团。浓浓的乡情和对家乡浓浓的眷恋,于此可见一斑。

参见陈永祥:《话说缸鸭狗与宁波猪油汤团》,《宁波通讯》2009年第1期;孙美星:《宁波汤团:品尝团圆的味道　元宵节最时令的美食》,《东南商报》2014年2月14日;柴隆:《宁波老味道》,宁波出版社2016年版。

水磨年糕

中华民族自古就有打年糕的传统,年糕是宁波城乡居民不可或缺的重要年货,而慈城所产水磨年糕又是宁波年糕中的佼佼者。

慈城水磨年糕以优质粳米为原料,历经种植、选米、浸泡、磨粉、沥粉、搅碎、蒸熟、搡舂、摘条、印糕等十余道工序,一般需要三人或三人以上的合作才能完成。由于年糕既是年前专送亲朋的礼品,又是谢天地拜祖宗的供品,故其制作过程,也融入了神秘、祈福的色彩。

慈城年糕源远流长,相传春秋后期吴国名将伍子胥驻守慈城时,曾将年糕深埋在城墙底下,以备不时之需;清乾隆帝下江南时,也曾御笔亲书"年糕年糕年年高"七个大字,赐给慈溪县令;清同治年间,慈城人陈培基更开水磨手工年糕之先河,使慈城年糕从此名扬天下。对慈城人来说,水磨年糕既是当地的特产,更是慈城文化的象征。关于年糕,慈城民间至今仍然流传着诸如"宋高宗吃年糕""三娘教子"之类的故事。

以淡口为主的水磨年糕,可蒸可煮,可汤可炒,可甜可咸。它既可被用作主食,又可和其他当地特产相结合,例如梭子蟹炒年糕。每到梭子蟹上市的季节,梭子蟹炒年糕就成了当地百姓的家常便饭。用海鲜梭子蟹炒制的年糕,蟹肉和年糕红白相间,撒上姜丝和葱段,鲜美至极。此外,冬至前后的大头菜烤年糕,寒冬时节的荠菜肉丝炒年糕、正月里的荠菜笋丝炒年糕,也都是宁波寻常百姓之家饭桌上最受欢迎的菜肴。从原始的火缸煨年糕到咸齑冬笋年糕汤,从大头菜烤年糕到菠菜毛蟹炒年糕,多样的烹饪方法,与时令美食的融合,使宁波年糕屡见新奇和创新的吃法!

除此而外,年糕又经常被当作休闲点心,例如香脆的炸年糕,就是深受老人、儿童喜爱的日常零食之一。至于香酥可口的爆年糕片,那一声巨响,更勾连起宁波人儿时最美好的回忆。

现如今,尽管在慈城、河姆渡等地依然活跃着"冯恒大"等诸多专业制作年糕的企业,却又都是用机械制作。像往昔那般在过年期间家家户户做水磨年糕的景象,已越来越少见,用传统手工制作年糕的技艺,也渐渐失传。

参见王静:《农耕文明的文化符号——以慈城年糕为说明对象》,《宁波通讯》2010 年第 1 期;《甬上风华:宁波市非物质文化遗产大观·江北》,宁波出版社 2012 年版;朱军备等:《年糕的故事》,《宁波通讯》2013 年第 18 期;柴隆:《宁波老味道》,宁波出版社 2016 年版。

宁波粽子

由粽叶、芦叶等包裹糯米蒸制而成的粽子,又称"角黍""筒粽"等。每年农历五月初五,家家户户浸糯米、洗粽叶、包粽子、吃粽子的习俗,在浙江一带,主要是为了纪念伍子胥。

端午节包粽子、吃粽子、互赠粽子,一直是宁波人最有代表性的端午习俗。见诸宁波民谣《十二月节气歌》,便有诸如"五月白糖揾粽子,六月桥头摇扇子","酒入雄黄粽子香,要尝味道到端阳"之类的记载。这些有关农业、气象的民谚,今天用于预测天气未必准确,却也蕴含了浓浓的浙东乡风乡韵。譬如"吃过端五粽,还要冻三冻",又如"吃过端五粽,棉袄勿可送",意思是端午节后仍有可能出现较冷天气,因而需要注意保暖。

粽　子

宁波人在端午节吃粽子,文献记载最早始于宋代。例如宁宗嘉定十二年(1219)梵琼住持鄞县伏锡寺后,每逢端午节,便"角黍满盘,菖蒲细切"以招待来宾,并戏称"俗气未除,也要大家暖热"。此外,宁波人尚有在重阳节、过年时制作食用粽子的习惯,而且粽子除了作为节日食品,也经常被用作平时的点心。

相传为祭奠屈原(或伍子胥)而发明的粽子,是迄今为止文化积淀最深厚的传统食品。由于各地饮食习惯不同,粽子的种类也比较多。宁波粽子作为其中的一类,与他地颇有差异,并突出地表现为:一是宁波粽子用毛竹壳或青竹壳包装,不像别处用芦苇叶、蒸叶(菱白叶)、芭蕉叶等裹扎。二是宁波粽子以糯米为主料,辅以碱水或灰汁,不同于别处用高粱米、黄赫米、黏玉米制成的白粽子。三是宁波粽子包扎成棱角分明的四角枕头形,不同于别处的三角形、五角形、六角形。

宁波粽子品种花样繁多,既有碱水粽、赤豆粽、绿豆粽、豇豆粽、红枣粽等素粽,也有火腿等荤馅料的粽子。粽子煮熟后,剥去箬壳后的四角糯米粽,因用碱水浸泡的缘故,晶莹剔透犹如田黄石,清香扑鼻,蘸上少许白糖,吃起来又糯又黏。

蒸煮粽子需要火候,土灶大锅最佳。大锅里倒入至少和粽子齐平的满满一锅水,放适量碱水。将柴火塞入土灶,先用旺火把锅内的水煮开,尔后改用中火继续煮,最好再用炭火烘煮一夜。只有这样长时间煮出来的粽子,豆香、笋壳清香才会完全融入糯米之中。

参见《宁波名品》编辑委员会:《宁波名品》,宁波市文学艺术界联合会,1999 年;郑建军:《宁波的端午习俗》,《宁波晚报》2010 年 6 月 20 日;张如安编:《宁波历代饮食诗歌选注》,浙江大学出版社 2014 年版;方士娟编:《粽情端午 端午节与赛龙舟习俗》,现代出版社 2015 年版。

灰汁团

用早稻米粉、稻草灰、黄糖这三样材料制作而成的灰汁团,作为宁波的传统特色小吃,不但有着鸡蛋大小般的浑圆样貌,而且吃起来清凉爽滑脆嫩,带有碱和薄荷的味道。在酷暑难熬的日子里,冷藏的灰汁团常常是极佳的解暑小食。

灰汁团的制作和每年早稻米的耕种、收割密不可分。这是因为,不但磨成粉状的早稻米是灰汁团的主要原料,灰汁也同样取材于当年新产的早稻草。若非如此取材,灰汁团的味道就会大打折扣,甚至完全失去这种带着新稻米香、软硬适中、滑润可口的风味。也因此,制作、食用灰汁团的最佳时间是在每年早稻收割之后。

灰汁团的制作过程并不复杂,大体上可分为以下六个步骤。

一是把早稻米磨成米粉。二是晒干早稻草,然后剔除其中因水浸雨泡而腐烂或根部有泥土等杂质的早稻草,再把这些早稻草烧成灰。三是取一干净水桶,桶口上覆白布,然后在白布上放早稻草灰,再用净水淋灰,水经包布过滤入桶,经沉淀后,即成微黄透明并伴有清香的灰汁水。四是用适量灰汁水和黄糖一起定向搅拌米粉,拌至通透为止。五是把拌好的米粉放入锅中,加水,至不粘手为宜。然后用火烧,边烧边用锅勺铲、揉。如果太干,就加少许开水,直到米粉、灰汁水、糖完全融合,但千万不能完全煮熟。六是用洗净的双手把锅里的米粉趁热搓成乒乓球大小的团子,平放在"羹架"或蒸架上(注意不要叠放),用旺火烧,大约15分钟后就能蒸熟。

刚出笼的灰汁团呈棕红色,个个滚圆光亮,清香十足,吃起来又软又香甜且不黏牙;冷却后有点韧,味道更佳。除了供神,灰汁团也常常用作田间劳动时的点心,甚至成为邻里之间相互馈赠的礼品。

现如今,在甬城内外的小摊小贩和饭店超市里,虽然普遍售卖灰汁团,却大多以食用碱水代替了"灰汁"用以制作灰汁团,工艺大为"简配"。即便是久负盛名的石马塘灰汁团,也基本上难以复原曾经精致敦实的乡土味。

参见寒石:《灰汁团》,《宁波晚报》2011年5月8日;《甬上风华:宁波市非物质文化遗产大观·镇海》,宁波出版社2012年版;柴隆:《宁波老味道》,宁波出版社2016年版。

奉化水蜜桃

桃子大概是国人最早认识且接触最多的水果,我国第一部诗歌总集《诗经》,就收录了一首题为《桃夭》的诗:"桃之夭夭,灼灼其华。之子于归,宜其室家。桃之夭夭,有蕡其实。之子于归,宜其家室。桃之夭夭,其叶蓁蓁。之子于归,宜其家人。"

据地方志记载,奉化种植桃树的历史长达 2000 多年,但此类记载不甚可信。可以确定的是,奉化桃子闻名于世不会超过百年。清光绪九年(1883),奉化三十六湾村花农张银崇从上海西门外的黄泥墙带回一批龙华水蜜桃种苗,经与土桃反复嫁接、筛选,培育出一新品种。这一新品种,此后又经几个曾经留学日本的奉化籍园艺家的长期培育,质地越来越优,遂取"琼浆玉露"之义,定名为"玉露水蜜桃"。玉露水蜜桃自 1912 年起,开始在沙堤、白杜成片栽培,随后又被相继引种至溪口、董家桥、长汀、赵家、山头朱、萧王庙、江口、南渡、亭下等地,最终大约在 1922 年前后,超越龙华水蜜桃,成为江南桃中之冠。

奉化水蜜桃之所以有名,一是品种多且品质好,据其果肉色泽,可分为黄肉种、白肉种、红肉种,这其中的黄肉种适合于做罐头,而白肉种、红肉种则适合于鲜销。二是各品种成熟期不一,从六月下旬到八月下旬甚至九月上旬都有应市。不过,由于奉化水蜜桃易熟易烂,鲜桃的保存期仅仅 3~5 天,因而外运包装非常讲究,以往都用蒸笼安放,如今则改用箱装。

新中国成立后,党和政府非常重视这一地方名特产,并从资金、物质、技术等各方面对其予以大力扶持。1990 年,奉化政府将每年 8 月 2 日定为桃子节,6 年后,奉化被国务院发展研究中心等部门联合命名为"中国水蜜桃之乡"。与此同时,奉化民众的种桃积极性更趋高涨,不但种植面积迅速扩大,而且注重运用科学培植方法进行提纯、复壮,或单株选育,或杂交育种,并因此涌现出诸如"尖头玉露""平顶玉露""花玉露"之类的优质水蜜桃。

参见周永才等编:《江浙沪名土特产志》,南京大学出版社 1987 年版;王舜祁:《奉化水蜜桃》,王建社等主编:《四明史话》,中共党史出版社 2009 年版;吴大军:《奉化水蜜桃的品牌打造之路》,《浙江林业》2015 年第 10 期;陈伟权:《在那桃花盛开的地方》,《宁波通讯》2016 年第 7 期。

三北藕丝糖

三北藕丝糖是慈溪等地的传统名点,与三北豆酥糖齐名,向来以酥、脆、甜、香、入口即化饮誉省内外。

据记载,藕丝糖创制于清雍正三年(1725),创制者乃慈溪沈师桥的沈永丰南货店。问世之初,主要供应乡里大户,尔后随着宁波港的兴起,逐渐成为在外经商的"三北帮"(即慈北、姚北、镇北)馈赠亲友的礼品,进而蜚声于宁波、上海等地。时至清代末年,三北藕丝糖不但被慈禧太后列为"御食"贡品,而且1905年被爱国华侨吴锦堂先生带到日本,成为日本天皇招待来宾的寿宴点心,并从此扬名东瀛。

正宗的三北藕丝糖,每根长约9厘米,直径小于1厘米。折断后,截面中间有一大孔,四周有72个小孔,不但其形状犹如藕断丝连,而且其色泽又酷似鲜藕,也因此被称为"藕丝糖"。

传统的三北藕丝糖,多系手工制作而成,其制作工艺复杂而又严格,因而产量相当有限。历史上,每逢动乱年代,藕丝糖便处于停产状态。其制作流程大体上可分为六个步骤:一是炒芝麻,目的就是分离芝麻的壳与肉,仅剩芝麻肉以备用。二是煎饴糖,使饴糖中的水分得以均匀散发。三是拉胚吹风,吹出73个细小的孔眼,确保藕丝糖的脆性和酥性。四是切制,也就是将已经吹好的藕丝糖切成3寸长的小段。五是滚芝麻。将切成段的藕丝糖放入铺满芝麻的竹制匾内,通过来回滚动或手工拨撒,使藕丝糖表面沾满芝麻。六是包装。由于藕丝糖容易折断,因而传统包装一般都用硬板纸盒,每盒10根,外贴标签。而如今的藕丝糖包装,大多选用塑料盒。

三北藕丝糖在历经"文革"的断档之后,再度迎来了销售热潮。如今的三北藕丝糖,不但严选本地糯米、优质麦芽饴糖、严州白芝麻、绵白糖等原料,而且严格限定温度、燃料、揉坯的速度和力度,因而其品质在原有基础上得到显著提升。

参见李雨清:《三北藕丝糖》,《中国食品》1989年第5期;戴尧宏:《三北藕丝糖》,童银舫等主编:《慈溪旧闻》,浙江古籍出版社2009年版;《永丰藕丝糖制作》,《甬上风华:宁波市非物质文化遗产大观·慈溪》,宁波出版社2012年版;柴隆:《宁波老味道》,宁波出版社2016年版。

大黄鱼

相传由安期生倒入海中的金璧演变而来的大黄鱼,又名黄鱼、大王鱼、大鲜、大黄花鱼、石首鱼、石头鱼、黄瓜鱼,为传统"四大海产"(大黄鱼、小黄鱼、带鱼、乌贼)之一,分布于南海、东海和黄海南部,是我国近海主要经济鱼类。

大黄鱼为暖温性近海集群洄游鱼类,主要栖息于80米以内的沿岸和近海水域的中下层。平时栖息较深海区,每年4—6月向近海洄游产卵,产卵后分散在沿岸索饵,以鱼虾等为食。产卵鱼群怕强光,喜逆流,好透明度较小的混浊水域。黎明、黄昏或大潮时多上浮,白昼或小潮时下沉。成鱼主要摄食各种小型鱼类及甲壳动物(虾、蟹、虾蛄类)。生殖盛期摄食强度显著降低,繁殖后摄食强度增加。

大黄鱼既能发出强烈的间歇性声响,又对音响非常敏感。它的主要发音器官是鳔及其两侧的声肌。当声肌收缩时,压迫内脏使鳔共振而发声。在生殖季节鱼群终日发出"咯咯""呜呜"的叫声,声音之大在鱼类中少见。这种发声一般被认为是鱼群用以联络的手段,在生殖时期则又成为鱼群集合的信号。世世代代以捕鱼为生的嵊泗列岛的渔民,很早就根据大黄鱼的叫声,判断鱼群的大小、栖息水层和位置甚至雌雄——雌黄鱼叫声很低,听起来很像人们点燃老式汽油灯时所发出的"嗞嗞"声,雄鱼的叫声听起来更像是夏夜岸边的蛙鸣——从而喜获丰收,这就是原始的"鱼群侦察"活动。

大黄鱼在宁波境内,主要产于象山港口。大黄鱼和小黄鱼是宁波市面上比较常见的两种,营养丰富,肉嫩少骨,可以鲜食、炙烧、蒸食、腌制、晒鲞,食法甚多,尤其是用雪里蕻咸齑烧制的"咸菜大汤黄鱼",更是妇孺皆知的宁波名菜。其实,黄鱼不但可制成美味佳肴,而且还有很高的药用价值。中医认为,黄鱼有和胃止血、益肾补虚、健脾开胃、安神止痢、益气填精之功效,对贫血、失眠、头晕、食欲不振及妇女产后体虚有良好疗效。譬如莼菜黄鱼羹,就对食欲不振等病症有很好的疗效;又如将黄鱼头中的石鲩煮汁服用,便可解除砒霜、野菌之毒害。

参见《宁波名品》编辑委员会:《宁波名品》,宁波市文学艺术界联合会,1999 年;黄立轩:《远古的桨声——浙江沿海渔俗文化研究》,浙江大学出版社 2010 年版;高伟民:《大黄鱼的故事》,郦伟山主编:《渔文化大观(二)》,中国文史出版社 2011 年版。

带 鱼

相传当年西王母行经东海时,其侍女飞琼的腰带被大风吹落到海中,化而为鱼,是为带鱼。带鱼又叫刀鱼、裙带、肥带、油带、牙带鱼等,和大黄鱼、小黄鱼、乌贼并称为中国的四大海产。

带鱼主要分布在西太平洋和印度洋,黄海、东海、渤海和南海都在其活动范围之内。带鱼头尖口大,至尾部逐渐变细,身高为头长的 2 倍,全长 1 米左右。其体型侧扁如带,呈银灰色,背鳍及胸鳍浅灰色,带有很细小的斑点,尾巴呈黑色。性凶猛,主要以毛虾、乌贼为食。带鱼游泳能力差,白天浮在海水中层,晚上就降到海底。静止时头向上、身体呈垂直,只靠背鳍及胸鳍的挥动,眼睛注视头上的动静,若发现猎物时,背鳍就急速震动,身体弯曲,扑向食物。中国沿海带鱼大抵可分为南、北两大类,北方带鱼个体较南方带鱼大,在黄海南部越冬,尔后游向渤海,形成春季鱼汛,秋天结群返回越冬地,形成秋季鱼汛;南方带鱼每年沿东海西部边缘随季节不同作南北向移动,春季向北作生殖洄游,冬季向南作越冬洄游,东海带鱼也因此而有春汛、冬汛之分。

浙东渔民在长期捕捞的过程中,形成了储藏、加工带鱼的特殊做法。这种做法的特殊性,源自远海作业时带鱼捕获量大,又不能及时送到岸上。基于保存"战利品"的现实需要,渔民在捕获带鱼后,以船舱为桶口,以甲板为"抄板",直接加工"咸带鱼":将带鱼冲洗干净后加盐"搅拌","搅拌"均匀后放入船舱内加以腌制。

带鱼因生性凶猛、喜欢同类相残且又贪吃的关系,能存活超过 4 年的带鱼可谓少之又少。但也正因为贪吃,带鱼的生长速度极为惊人,出生的幼鱼,当年就能繁殖后代,也因此成为宁波大宗海产品之一。作为宁波人餐桌上的常菜,带鱼既可清蒸、红烧、油煎,又往往被腌制成为"新风带鱼"。事实上,带鱼不但味道鲜美,而且营养价值高。中医认为带鱼有益气养血、暖胃养肝、泽肤美容的功效,尤其适宜于气短乏力、久病体虚、血虚头晕、食少羸瘦、营养不良和皮肤干燥者食用。此外,孕妇吃带鱼有利于胎儿脑组织发育;少儿多吃带鱼有益于提高智力;老人多吃带鱼则可以延缓大脑萎缩、预防老年痴呆;女性多吃带鱼,能使肌肤光滑润泽,长发乌黑,面容更加靓丽。带鱼更对治疗肝炎、外伤出血、疮疖等病症,具有较高的辅助疗效。

参见王士雄:《随息居饮食谱》,人民卫生出版社 1987 年版;《宁波名品》编辑委员会:《宁波名品》,宁波市文学艺术界联合会,1999 年;黄立轩:《远古的桨声——浙江沿海渔俗文化研究》,浙江大学出版社 2010 年版。

墨 鱼

与大黄鱼、小黄鱼、带鱼并称为中国四大海产的墨鱼,亦称乌贼鱼、墨斗鱼、目鱼等。每遇危急情况,就释放体内墨液以便逃匿,是墨鱼得名的原因。

民间传说则与此截然不同,话说某年秦始皇南巡至黄海边,其随从宦官在欣赏美丽海景时,竟将一只装有文房四宝和奏章的白绸袋子遗失在海滩上。尔后,这只袋子受大海之滋润、得天地之精英,最终成长为一个小精灵:袋身变成了雪白的肉体,两根袋带变成了两条腕须,袋内的墨裹在肉体中的墨囊内;每遇强敌,小精灵就鼓腹喷出墨汁搅混海水,然后逃之夭夭,因其行动神速如贼,故又被称为乌贼。

一般贝类因背负沉重贝壳,或埋栖在滩涂里,或匍匐在岩礁上,活动范围很小,移动速度很慢,只能守株待兔式地滤食细小的浮游动植物;而墨鱼虽同为贝类,但经过漫长的演化,不仅成为一种大型的肉食性软体动物,且其外形发生了很大的变化:身体渐呈卵圆形、腹背扁;贝壳退化成为石灰质的小舟板,被越来越发达的外套膜所包裹,形成胴部;作快速运动时,利用液压原理,借以推动身体前进,瞬间游动速度可超过普通鱼类,尤其是在遭遇敌害时,既能做反向逃离运动,又会施放"烟幕弹",从墨囊里喷出含有毒素的"墨汁",从而逃之夭夭。不过,由于"墨汁"储备需要相当长的时间,所以除非到万分危急时刻,乌贼不会轻易喷放"墨汁"。而在漫游时,墨鱼一般靠两侧肉翼和头部腕足作正向运动。也就是说,墨鱼既是"双向运动者",又是"反向短跑健将"。

中国产的墨鱼主要分布在黄海、渤海一带,越冬期为 12 月至次年 3 月底,4 月后离开越冬场而进入产卵、洄游阶段,由南向北。墨鱼的人工繁育一直是难题,宁波在 2013 年率先掌握了南海墨鱼大规模人工繁育技术。

富含蛋白质和多种维生素且肉质肥嫩的墨鱼,深受宁波人的喜爱,尤其是"红焖乌贼"和"咸菜炒乌贼",更是地道的宁波名菜。墨鱼不但味感鲜脆爽口,蛋白质含量高,而且富有药用价值。例如墨鱼干和绿豆干煨汤食用,具有明目降火等保健作用;又如学名"乌贼骨"的"乌贼板",就是中医常用药材"海螵蛸",既是治疗胃病、肺结核咯血的良药,更是妇女保健珍品。

参见《宁波名品》编辑委员会:《宁波名品》,宁波市文学艺术界联合会,1999 年;赵德贵:《女性保健珍品墨鱼》,《东方食疗与保健》2005 年第 8 期;王墨迪:《我市攻克南海墨鱼大规模人工繁育难题》,《宁波日报》2013 年 5 月23 日。

咸鳓鱼

鳓鱼别名鲙鱼、白鳞鱼、克鳓鱼、火鳞鱼、曹白鱼,喜栖息于沿岸水与外海水交汇处水域。此鱼在黄昏、夜间、黎明和阴天喜栖息于水的中上层,白天多活动于水的中下层,一旦遭遇大风、淡水或打雷,则沉入海底。幼鱼以桡足类、箭虫、磷虾、蟹类幼体为食。成鱼则以虾类、头足类、多毛类和鱼类为食。

鳓鱼生殖期多不进食。每年 4—6 月由越冬场洄游到盐底较低的浅海河口附近繁殖。辽宁辽东湾,河北沿海,山东小清河口、套尔河口、黄河口,江苏吕泗渔场,福建九龙江口、浯屿、青屿,广西北部湾等处都为产卵场。

咸鳓鱼

2～3 龄鱼性成熟、怀卵量一般为 4 万～10 万粒。卵为浮性卵,卵径 2.22～2.48 毫米,卵黄径 1.71～1.81 毫米,油球 1 个,油球径 0.38～0.42 毫米。卵黄龟裂呈泡状。受精卵在水温 23～26℃ 时约 30 小时可孵出仔鱼,初孵仔鱼 5.1 毫米。产卵后即散群,同幼鱼一起约于冬初游回深海。生长速度以第一年最快,1 龄鱼体长可达 388.37 毫米左右。以性别生长情况来看,雌鱼的平均增长量要比雄鱼快。

春季至初夏,是鳓鱼的繁殖季节,也是鳓鱼最肥美的时候。游速很快的鲜白鳓鱼,只有在每年春夏两季抵近宁波沿海产卵时才容易被捕捉。因为富含不饱和脂肪酸的关系,鲜白鳓鱼不但有助于降低胆固醇,而且能有效防止血管硬化、高血压和冠心病。新鲜的鲜白鳓鱼,最好清蒸着吃,加以红烧是外行的吃法。由于旧时没有冷冻设备,捕获的鲜白鳓鱼容易腐烂发臭,宁波渔民经过多年摸索,最终腌制出"一斤鳓鱼三两盐"的咸鳓鱼。从此不但久贮不坏,而且无论加生姜、绍酒清蒸,抑或炖肉饼子或蛋,都是难得的"下饭"佳品。

参见倪海儿:《东海鳓鱼雌雄性状比较及其鉴别》,《浙江水产学院学报》1994 年第 6 期;《宁波名品》编辑委员会:《宁波名品》,宁波市文学艺术界联合会,1999 年;郑毓岚:《家乡的鳓鱼》,《宁波晚报》2012 年 5 月 7 日。

奉化摇蚶

蚶子为软体动物门瓣鳃列齿目蚶科动物的统称,外表淡褐色,状如瓦楞,内壁白色,边缘有锯齿,肉味鲜美,营养丰富,是沿海各地普遍食用的海产品。在我国沿海地区分布的蚶类大约有 50 余种,最常见的有泥蚶、毛蚶、魁蚶三种。产于奉化鲒埼、莼湖、桐照等地海边滩涂的泥蚶,又称奉化摇蚶(简称奉蚶),体小壳薄,大小均匀,肉质鲜嫩,滋味较其他各地的蚶子更胜一筹,位居宁波喜庆宴席中的冷菜之首,与新风鲹鳌、红膏炝蟹、蛎蟥一道被誉为"四大金刚",实乃高蛋白、低脂肪的滋补品。

蚶子喜欢生活在内湾河口附近的软泥底质中,因为没有水管,只能在泥底表层埋栖。蚶子有两扇很厚很坚固的贝壳,这两扇贝壳都高高凸起,合起来差不多呈圆球形。两扇贝壳在背部咬合的部分很窄，呈直线形，上面生有一列互相嵌合的小齿。蚶子有两块大小差不多的闭壳肌，两端分别固着在贝壳的内面。这两块肌肉正是它长期以来备受食客喜爱的关键所在。

颗粒大、肉肥满、血鲜艳、味鲜美、无泥气的奉化摇蚶，早在西汉就已被端上餐桌。若干年前，宁波的西汉墓里挖出一罐东西，专家研究半天才发现原来是银蚶，可见该物早在西汉时就已经成了舌尖上的美味。时至唐元和四年(809)，奉化摇蚶更被列为贡品。被列为贡品，这固然是对奉化摇蚶品质的充分肯定，但当地百姓却也因此不胜其烦。幸运的是，在越州刺史兼浙东观察使元稹的请求下，该项征调至长庆三年(823)被取消。当然，元稹只能劝阻唐穆宗于一时，美味奉蚶其实直到明代仍是必备的贡品。

所谓摇蚶，就是指将蚶子放入沸水中泡氽，至七八分成熟即好，泡时需要不断用手勺翻动，以免烫得太过，致使肉质干枯，失去鲜味。早从元代末年开始，就有人在鲒埼、莼湖一带的海边滩涂筑塘蓄水，从事人工养殖。现如今，剥蚶下酒，仍是不少宁波食客的心头之爱。蚶子不仅味道鲜美，且其壳与肉均可入药，具有软血软坚和化痰消积等多种功效，可用于治疗十二指溃疡、胃溃疡、胃痛、消化不良等多种疾病，且治疗功效十分明显。

参见徐海荣主编：《中国美食大典》，华夏出版社 2000 年版；叶连海等编：《地方特色菜肴 400 种》，金盾出版社 2004 年版；茅伯铭：《奉化摇蚶》，《四川烹饪》2008 年第 6 期；周文丹：《奉蚶是否能经历一场涅槃 申请非物质文化遗产可行吗》，《钱江晚报》2011 年 5 月 26 日。

梭子蟹

因其头胸甲呈梭子形而得名的梭子蟹，是宁波人餐桌上的常备菜，又名白蟹。梭子蟹的体色随周围环境而变异。生活于砂底的个体，头胸甲呈浅灰绿色，前鳃区具一圆形白斑，螯足大部分为紫红色带白色斑点，一部分或整个腹面为白色，前 3 对步足长节和腕节也呈白色，掌部为蓝白色，软毛棕色，指节紫蓝色或紫红色，第 4 对步足为绿色带白斑点，指端紫蓝色。生活在海草间的个体体色较深。为杂食性，鱼、虾、贝、藻均食，甚至也食同类，喜食动物尸体。

头胸甲呈梭形，稍隆起。表面有 3 个显著的疣状隆起，1 个在胃区，2 个在心区。其体型似椭圆，两端尖尖如织布梭，故有三疣梭子蟹之名。两前侧缘各具 9 个锯齿，第 9 锯齿特别长大，向左右伸延。额缘具 4 枚小齿。额部两侧有 1 对能转动的带柄复眼。有胸足 5 对。螯足发达，长节呈棱柱形，内

炝 蟹

缘具钝齿。第 4 对步足指节扁平宽薄如桨,适于游泳。腹部扁平(俗称蟹脐),雄蟹腹部呈三角形,雌蟹呈圆形。雄蟹背面茶绿色,雌蟹紫色,腹面均为灰白色。

梭子蟹的鱼汛一年有春秋两次,渔期长,产量高,体大肉多,味鲜美,营养丰富,尤其是其卵巢和肝脏。卵巢可供作上等调味品。肉除鲜食外,还可制作罐头,畅销国内外。壳可作药材用,又可提取甲壳质,广泛应用于多种工业。

梭子蟹肉质细嫩、洁白,富含蛋白质、脂肪及多种矿物质。梭子蟹在冬季洄游季节个体最为健壮,一般重 250 克左右,最大可达 500 克。雌蟹红膏满盖,口味极佳。梭子蟹可鲜食,或蒸或煎或炒,或一切两半炖豆瓣酱,或用蟹炒年糕、炒咸菜、煮豆腐,是沿海一带居民餐桌上的常菜。亦可腌食,就是将新鲜梭子蟹投入盐卤中浸泡,数日后即可食用,俗称"新风炝蟹"。过去,渔民因梭子蟹产量高,常挑选膏满活蟹,将黄剔入碗中,风吹日晒令其凝固,即成"蟹黄饼",风味特佳,但产量少,一般人难尝此味。此外倘若将白蟹用盐卤浸腌制成红膏炝蟹,那更是宁波人的最爱。作为最具宁波特色的海鲜加工品,红膏炝蟹既是"老宁波"情有独钟的"下饭",也是逢年过节时或喜庆婚宴上必备的凉菜。但对外地来客来说,如果实在禁不住诱惑,那就多沾些醋或黄酒后再吃,否则,很容易得过敏性肠炎。

参见《宁波名品》编辑委员会:《宁波名品》,宁波市文学艺术界联合会,1999 年;陈武耀:《白蟹·炝蟹》,《新民晚报》2014 年 8 月 21 日。

蓝点马鲛鱼

港体狭长且半封闭的象山港,港内营养盐类含量较高,饵料生物丰富,是众多海洋鱼类栖息、生长、繁殖的良好场所,也是蓝点马鲛鱼重要的产卵场、育幼场之一。

蓝点马鲛鱼乃大型暖水性中上层鱼类,广泛分布于渤海、黄海和东海,每年清明节前后,大批蓝点马鲛鱼陆续从越冬场游入象山港湾内产卵。该鱼种以鱼虾等水生动物为食,肉多刺少、肉质细腻、味道鲜美,且含丰富的蛋白质、维生素 A、矿物质等营养元素,因而民间向来就有"山上鹧鸪獐,海里马鲛鱼"之说。

清明时节洄游至象山港产卵的蓝点马鲛鱼,接近或正处于性腺成熟阶段,通体肥腴,较诸其他时段、其他地方的同类品种,营养价值更高、肉质更加鲜美,既因此成为清明前后三四十天内宁波人餐桌上最常见的海鲜——"川乌",也因此被誉为"鱼中极品",或被放入蒸笼清蒸,或与咸齑笋丝混煮,或被制成酥香无比的熏鱼:

> 象山港里马鲛鱼,清明前后正当时。
> 鱼头鱼尾咸齑煮,中间鱼身"刨盐盐"。
> 屋里人多买一条,人少一段尝尝鲜。

蓝点马鲛鱼在被鲜食的同时,又常被加工成罐头和咸干品。此外,蓝点马鲛鱼还具有一定的药用价值,譬如其肝,正是提炼鱼肝油的原料,而它的干燥鳃,也经常被用于补气平喘。

但自从 2000 年以来,象山港海域内的蓝点马鲛鱼不但总体数量急剧减少,且其个体体型、体重、鱼汛期等也发生了显著变化。此前洄游至象山港海域产卵的蓝点马鲛鱼平均体长 630 毫米,而近年来缩短至 532 毫米,个体平均体重更是从 1900 克下降至 1474 克。也正有鉴于此,农业部于 2010 年 11 月 25 日特设象山港蓝点马鲛国家级水产种质资源保护区,规定每年 3 月 1 日至 7 月 31 日间,在穿山半岛峙头角与象山半岛屿岙连线以西的半封闭海湾内,禁止捕捞马鲛鱼。

参见蒋义珏:《蓝点马鲛的加工品种及方法》,《渔业现代化》1993 年第 4 期;张燕:《一条鱼　高价"串乌"的生态隐忧》,《宁波日报》2014 年 4 月 8 日;《浙江宁波象山港蓝点马鲛鱼数量大幅减少》,《水产养殖》2016 年第 5 期;宋超等:《象山港蓝点马鲛鱼卵、仔稚鱼的时空分布特征及其与环境因子关系》,《中国水产科学》2016 年第 5 期。

冰　厂

早已淡出现代宁波人生活的冰厂,曾经是一道亮丽的风景。据地方志记载,甬江两岸和镇海口的江南、小港、新碶、大榭、穿山、后所、小门等沿海地区旧时冰厂林立,即便晚至 1970 年,大榭北渡、新碶小山、江南谢墅、庄市三官堂一带仍有冰厂 34 座,年供天然冰 2.7 万余吨,至于季节性从事天然冰贮藏、挑运的当地农民,更是数以万计。

此所谓冰厂,就是甬上先民在没有制冰设备的背景下,用人工方法围成的一种贮藏冬冰以备夏用的设施。冰厂作为宁波渔业发展的见证者,其历史至少可追溯到明代。因为郑若曾在《江南经略》中,明确记载当时黄市洋一带有四五座"冰荫"专为渔船供应冰块;只是当时习惯于将所得鱼货用盐腌制,因此冰鲜并不流行,冰厂数量也有限。

冰厂在宁波的兴盛,始于清代。对于清代冰厂的外形、用途及其搭建方式,刊于1828年的宁波乡土文献《四明谈助》和成书于19世纪40年代的Robert Fortune的《北部中国三年行》,不但都曾对此详加描述,而且描述基本一致。李呆堂《鄮东竹枝词》更是直白地记录了甬人藏冰以售的乡风民俗:"鱼鲜五月味偏增,积冻舱中气自凝。未出洋船先贵买,几家窖得一田冰。"诗人陈劢的《石首鱼》生动描述了利用窖藏冰块给鱼保鲜而致富的情形:"巨艘满载鱼不腐,预将窖冰舱中贮。合家生计从此出,致富何必让陶朱。"

冰厂的兴盛固然与清代以来浙东渔业的日益发达密不可分,但冰厂的运作流程却大同小异:一是选址,一方面为便于排水,另一方面为便于渔船就近充冰,厂址往往位于靠近江边或海边的高地上;二是挖窖;三是搭棚,基本上是搭建外观呈锥形的草棚;四是贮藏冰块,始于每年十月收获晚稻后,下迄次年春季;五是封藏,当冰块码放至规定高度时,用稻草、竹席、芦席、涂泥加以密封;六是启封,其时间一般是在四五月或六七月间,其方法是凿开窖口后由上而下、自外而内打开。

冰厂的出现,既提高了冬季荒置农田的利用率,又解决了部分百姓的就业问题,当然其更为重要的是,它不仅有效地解决了夏季鱼类的保鲜问题,而且满足了出海渔船、冰鲜船对冰块的需求。

20世纪70年代以来,一方面是因为全球气候变暖,宁波冰厂因无冰可藏而趋于式微;另一方面在日益普及的机制冰的冲击下,冰厂无利可图,不得不在1983年夏季退出历史舞台,留下"宁波冰厂跟·文化展厅",留给宁

1844年Robert Fortune所见的宁波冰窖

波人以无尽的怀念和思索。

　　参见邱仲麟:《冰窖、冰船与冰鲜:明代以降江浙的冰鲜渔业与海鲜消费》,《中国饮食文化杂志》2005 年第 2 期;龚维琳等:《一个英国传教士眼中的宁波冰厂》,《宁波通讯》2011 年第 10 期;史复明等:《一个物事与一个时代:浙东冰厂忆旧》,《宁波日报》2017 年 12 月 11 日;施代伟:《再见茅草顶棚重温十里冰厂风采》,《现代金报》2018 年 12 月 9 日。

黄古林草席

　　与扬州朴席、苏州璞关席并称为中国三大名席的黄古林草席,是一种用席草为纬、麻筋为经,手工编织而成的草制品。相传唐代广德湖附近有一名叫黄古林的后生,开元元年(713)去日本售卖草席,途中木船触礁进水,危难之际,黄古林用草席堵住漏洞并安全抵达日本,于是"黄古林草席密不透风紧不漏水"之说也就不胫而走。

　　如今被划入海曙区的古林镇,在相当长时期内,以其得天独厚的肥沃湖田和梅雨气候,为草席生产提供了优质丰厚的席草原料,并因此成为宁席的主要产地。该地民众种草织席的历史,若据《国语·越语》的相关记载加以推断,至少可追溯到春秋之世的越国;而南宋宝庆《四明志》更明确记载,古林草席不但早在唐代就已远销各地,而且时至宋代,发展成为全国草席的主要生产基地与贸易集散地,大量出口东南亚。降及清代光绪年间,这项产业更为繁荣昌盛,年产上千万条,有席行 23 家。

　　黄古林草席之所以名扬天下,关键就在于其制作工序的繁琐、考究。首先,席草在每年 7 月上中旬收割后,必须晒干,然后用早稻草覆盖贮藏备用,严防通风受潮;其次,编织过程非常精细,通常两人一组,一人坐在席机侧面叉草,另一人坐在席机正面扣压,配合必须密切;最后,将晾晒过的草席平放在桌面上,去掉其毛屑,然后用手掌推排,使之尽可能更结实。

　　因日寇侵略而陷于衰退的黄古林草席,其产量、销路在新中国成立初期虽曾有所

黄古林草席

回升,却随即受制于"集体经营,按值计分"的政策措施。也因此,席市的真正转趋兴盛,是在 1978 年 12 月党的十一届三中全会召开之后,尤其是在各阶层的生产积极性得到充分调动之后。

但与此同时,乡镇工业的逐渐兴起,又对草席业的未来发展构成了极大的威胁,并突出地表现为:一是自 1983 年全面推行家庭联产承包责任制后,获得自主经营权的农民,更愿意种植产量较高、收入更好的水稻,从而导致席草种植面积的显著减少。二是大批家庭妇女更喜欢去乡镇企业上班,而不愿意从事既苦又累、收入又低的草席编织业。也因此,时至今日,古林全镇从事传统手工制席者,已经不足五家。

所幸的是,在黄古林草席被评为非物质文化遗产后,地方政府也加强了对草席的重视。在宁波市非物质文化遗产博物馆开辟单独区域展示草席的成品,同时邀请草席传承人现场制作草席。在非物质文化遗产馆,不仅可现场学习,而且可以购买成品,这就为草席的发展推广提供了一个有利的平台。

参见周冠明:《宁席起源年代试探》,《浙东文化》1999 年第 1 期;俞舜民:《鄞州草席史话》,《鄞州文史》第 10 辑,2010 年;龚成:《千年传奇 古林草席》,《宁波通讯》2010 年第 7 期;陈科峰:《草的传奇:黄古林草席编织技艺》,《浙江画报》2012 年第 10 期;丁叶:《非物质文化遗产地居民开发感知及其态度与地方感的关系研究——以慈城年糕、黄古林草席为例》,宁波大学硕士学位论文,2017 年。

上林湖越窑青瓷

上林湖越窑始烧于东汉,延至宋代,烧造历史长达 1000 余年,是中国青瓷的发源地和重要产区。东汉至三国时期,上林湖越窑产品较简单,主要有罐、晏、壶、坛、碗、钵、盘、洗等。胎质坚硬,较粗糙。施青釉、青绿釉或酱色釉,釉层不匀。有羽毛纹、网格纹、麻布纹、席纹、窗权纹、方格纹、水波纹等多种纹饰。两晋至南朝时期,产品种类增多,常见有罐、盘口壶、碗、盘、钵、洗、尊、盏、唾盂、砚台以及冥器等。制作工艺改进,造型趋向秀丽。晋代有铺首,常见纹饰有弦纹、斜方格纹、联珠纹和褐色点彩等。南朝盛行佛教,以莲花瓣为青瓷的主要纹饰。

唐至五代时,上林湖瓷窑数量剧增,窑炉结构、装烧技术和施釉方法均有进一步改进和提高。尤其在晚唐间,产品丰富多彩,有玉璧底碗、圈足碗、荷花碗、莲口碗、荷叶纹盘、葵口盘、方盘、盘口壶、喇叭口壶、瓜棱壶、罐、粉盒、油盒、盏托、水注等。胎骨灰白细腻,质地坚实,釉色多为青和青中泛黄。匣钵罩烧新技术的推广,使坏件避免叠压和烟灰熏然,故产品色泽一致、釉面晶莹。器表更以刻、划、镂、雕、堆塑、釉下彩绘等方法,饰以荷花、龙凤等,剔透玲珑,栩栩如生。丰富的烧瓷燃料、优质的瓷土资源、靠近明州港的区位优势,使得上林湖窑场后来居上,成为全国六大青瓷名窑之首。尤其是精妙绝伦的"秘色瓷"的诞生,更使越窑青瓷跻身于皇室宫廷生活,并与邢窑白瓷形成"南青北白"的格局。大量制作精致、造型优美的青瓷精品,从上林湖源源不断地输送到海内外各地,深入社会生活的各个角落。其曾取代丝绸,成为中国对外贸易的最大宗商品,亦曾为高丽、日本所模仿,用以满足其民众日益旺盛的需求。

上林湖越窑遗址在近代逐渐被发现。1984 年、1990 年,地方政府对上林湖越窑遗址进行了两次普查,基本摸清了遗址的保存和分布情况。1990—1999 年,慈溪市先后对低岭头、马溪滩、荷花芯、寺龙口、石马龙等窑址开展考古发掘,发现窑炉遗址 8 座,出土青瓷碎片近 10 万件。2005 年,越窑青瓷烧制技艺被列入第一批浙江省非物质文化遗产名录。

参见乃良:《上林湖越窑青瓷遗址》,《旅游》1997 年第 11 期;文河:《圆似月魂堕 轻如云魄起——慈溪上林湖越窑青瓷赏析》,《今日浙江》2010 年第 10 期;谢安良等:《越窑青瓷:记忆与传奇》,《宁波日报》2011 年 12 月 30 日;杨洁等:《上林湖越窑青瓷》,《中国标准导报》2013 年第 7 期。

红帮服装

红帮服装是清代后期宁波制造业的代表。由于清人将包括荷兰人在内的洋人称为"红毛",因而那些开设西服店、为外国人制衣的裁缝,也就被称作"红帮"。

尾随西方列强坚船利炮而涌入上海滩的洋行,在 19 世纪末的十里洋场掀起了一股穿西装的热潮。一时间,西装成了财富、身份的炫目标记。当此之际,部分机敏的宁波帮裁缝,立即放弃长袍、马褂、对襟衣,转而根据国人的体形,做成了中国的第一套西服。尤其难得的是,红帮裁缝不但总结出西服制作工艺的九个势、十六条标准,而且成功创制出意义重大的中山装。进而在兼容并蓄民族服饰和西方女装的基础上,令人叹为观止地创制出最能表现中华女性优雅气质的旗袍。

红帮裁缝精湛的技艺和高超的经营方式,是他们在市场上立于不败之地的法宝。尤其是他们强调的西服制作的"一对一"人性化服务,在工业流水线大批量成衣的今天,仍属凤毛麟角,格外可贵。这样精工细作做成的西服,实质上已超越了单纯的服装含义,成为一种美轮美奂的手工艺品。其不但具有实用价值,还具有欣赏和收藏价值。

即使在当今社会,红帮前人对服饰文化的精彩诠释,仍让后人们惊叹不已,受用不尽。正是有了一整套基于深厚文化内涵,科学合理的制作体系和理论体系,红帮在发展了二三十年后,已不再是个只会实干、只求实功实利的民间自发初级流派。相反,它已经是一套有理论支持、名师辈出、名店林立、著名产品不断涌现,具有良好的培训机制,在全国服装行业中独领风骚,成为引导中国服装艺术新潮的主导性流派。他们无疑代表了当时中国服装界的最高水平。

宁波红帮裁缝的贡献在中国服装史上是不可替代的。他们开创了中国服装史上的诸多第一:第一家西服店,第一套西服、中山装,第一部西服专著,第一家西服工艺学校。他们经历了"横滨港习艺、上海滩成名、沪宁线延伸、京津城引领、东三省跨越、大武汉创优、大西部倾情、东南亚拓展、港澳台溢彩、三江口奉献"的创业历程。红帮揭开了中国现代服装史崭新的一页。"红帮"也因此成为中国服装史上影响最大、最深、最久的一个服装流派。

参见季学源等:《红帮服装史》,宁波出版社 2003 年版;张如安:《红帮百年足迹——读〈红帮服装史〉》,《宁波服装职业技术学院学报》2004 年第 2 期;黄文杰:《悦·读宁波》,宁波出版社 2011 年版;赵孟懿:《工业 4.0 时代红帮服装文化传承与商业模式创新探索》,《宁波教育学院学报》2017 年第 3 期。

剪 纸

用剪刀或刻刀在纸上剪、刻出来的剪纸,又称刻纸、剪窗花,因材料易得、成本低廉、制作场所不受限制的关系,成为我国最为普及的民间传统手工技艺。而在宁波境内,这一手工艺曾经主要盛行于慈溪的横河和余姚的部分地区,并且精通者以女性居多。因为在这些乡村,会不会剪纸是评判、衡量女子是否心灵手巧的重要标准。

宁波剪纸在河姆渡文化的熏陶下,既深刻地折射出美丽乡村特色,又彰显出宁波特有的海洋文化与农耕文化交织共存的艺术风格。宁波民间剪纸艺术虽没有完整作品流传至今,但元代余姚人的下列诗句足以证明其历史之久远:"谁将妙意寄工巧,溪藤雪莹金刀小。丹青退舍松煤枯,剪出天真数分秒。"该诗不仅描述了剪纸艺人技艺之娴熟,更盛赞了剪纸作品之精妙超越了画家的笔墨丹青。

　　旧时宁波的剪纸作品，最初大概仅用于祭祀，尔后逐渐普及到日常生活之中，用以美化环境、烘托气势和表达情感。20世纪80年代以来，在国家文化部门的推动下，对宁波民间剪纸的抢救、整理、保护和研究取得了可喜的成绩。尤其是1995年以来，由于人民生活水平的提高和政府的倡导，该手艺得到了较大的发展。

　　剪纸从色彩上分，有单色剪纸和套色剪纸。用一种颜色的剪纸刻出来的作品就叫单色剪纸，它如同版画中的单色木刻一样，是最常用的一种形式，这类作品显得朴素大方。而套色剪纸则是用不同颜色的剪纸刻出来的作品，虽然并不常见，但看起来更为生动形象。

　　宁波民间剪纸不但作品造型和色彩丰富多样，而且技法细腻、华丽，表现出浓厚的装饰感。现如今，宁波各地涌现出一批有影响力的民间剪纸艺人。比如宁波的罗枫和张蓓琳、象山的高妙兰和谢才华、慈溪的杨玄之和严桂英等人。原江东区（现已并入鄞州区）也因为涌现出像任毕君这样的剪纸高手，而在2008年7月将这门艺术列入第一批区级非物质文化遗产名录。

　　参见蔡霜雅：《传承、创新与发展——对宁波剪纸艺术的思考》，《宁波大红鹰学院学报》2011年第1期；《甬上风华：宁波市非物质文化遗产大观·江东》，宁波出版社2012年版；张霞儿：《小议宁波民间剪纸艺术的传承与发展》，《吉林广播电视大学学报》2014年第8期。

宁式家具

　　宁式家具作为自成一派的传统家具样式，集朱金木雕、骨木镶嵌、包圈、拷头等宁波民间工艺之大成，在明清两代，盛行于浙东地区。

　　宁式家具之所以能与京式、海式、广式并驾齐驱，有其得天独厚的地理优势。首先，宁波附近山区竹木资源丰富，无论是樟、杉抑或黄杨、竹子，都是唾手可得的材料；长期以来，宁波就是进出口货物的集散地，无论是采购进口的老红木、黄花梨、紫檀、鸡翅木、楠木等贵重木材，抑或购买外省的优质木材和漆，均优先于内地。换言之，良好的地理条件为宁式家具的发展打下了坚实的基础。

　　其次，在人才方面，宁波商业发达，手工业兴盛，汇集了一批出色的手工艺人。据《鄞县通志》，可知宁式家具同时浸润了本地浓郁的民风习俗，并和本地工艺美术相结合，在材料选用、家具木作、漆作工艺、配件装饰等方面均有独特的地方风格。

北京颐和园的一对贡品八角方茶几,嘉兴南湖烟雨楼的宁波骨嵌家具,宁波博物馆的朱金木雕千工床、千工晾床、千工大眠床、万工花轿,天一阁的书橱、挂屏,天童寺的朱金木雕大供桌,庆安会馆的替木梁枋,这些都是现存的宁式家具。

宁式家具在古典时代的辉煌毋庸多述,而在现代化的背景下,宁式家具焕发出了新的生机,以慈溪天元镇为代表的地域性家具产业蓬勃发展。天元镇的古旧家具行业起始于 20 世纪 70 年代,经历 40 余年的发展,已日渐成熟和繁荣,得到了国内外的广泛关注。这里的家具企业主要经营直接从民间搜集来的明清古家具和新做的现代仿古家具。目前,天元镇的家具企业正在加大现代仿古家具的创新力度,用新产品引导市场。当然,在如今的时代,为了适应社会的需求,宁式家具也对传统装饰元素进行了一些改变,大致有如下方式:一是去繁就简,捕捉装饰元素的神韵、精华、风格,使其尽量抽象化;二是变形,用现代审美观念改变其造型;三是重构,用变化与统一的造型原理构建出新的装饰元素;四是采用现代材料,为传统风格增添现代感;五是与现代家具形式相结合;六是结合现代工艺,小型装饰部件可由小型机床批量生产完成。

宁式家具作为中国传统家具的一个重要组成部分,对其进行现代化研究,是继承中国传统文化和宁波地域文化,振兴我国家具设计,满足国内外对我国传统家具需求日益增长的需要。宁式家具如今多为博物馆收藏,现代也有继续生产宁式仿古家具。设计出现代化的宁式家具,让宁式家具和现代家居生活融合,让宁式家具承载的这份历史文化更好地传承下来,仍然任重道远。

参见张炳晨:《明清宁式家具(一)宁式家具的历史渊源》,《家具》2007 年第 1 期;刘超英等:《宁式家具艺术》,中国电力出版社 2008 年版;吕九芳等:《宁式家具典型装饰元素及其现代化应用研究(下)》,《解放日报》2013 年 6 月 14 日。

箍 桶

箍桶作为一种谋生手段,究竟始于何时,已无从考证,可以确认的是,这项手艺不但与老百姓的日常生活密不可分,而且以宁绍平原一带最为出色。

在相当长时期内,宁绍两地无论城市抑或乡村,但凡装水的器具,基本上都是木制的,人们从晨起洗脸开始,直到晚上睡觉,无论生活还是生产,皆离不开由箍桶匠箍出来的各种用具,譬如饭桶、米桶、水桶、面桶、脚桶、粪

桶。传统戏曲《箍桶记》有一段唱腔,就充分地反映出箍桶产品在木制家具一统天下年代的无所不在:

> 天亮要箍天亮桶,晏昼要箍午时桶。日落西山黄昏桶,半夜三更要紧桶。
> 要箍有盖无底桶,要箍有底无盖桶,要箍无底无盖桶。
> 恩恩爱爱夫妻桶,名叫外国金丝桶。一道城墙不通风,无盖无底两头空。
> 城里屋宇齐又整,家家户户开窗孔。千军万马扎满城,一个皇帝坐当中。

在宁波,老辈人所使用的这些盆、桶,多数是自家媳妇的陪嫁物。置备这套生活用具可是一笔数目不小的开支,因而使用时往往都很谨慎。但即便如此,一二十年用下来,总难免会有断、烂、破、漏,于是花几个小钱,请箍桶匠来修理一番,以便再用上个十年八载,也就成了相当合理的选择。

此所谓断、烂、破、漏,主要是指下列三种情形:一是铅丝圈腐蚀脱落,木桶散架;二是铅丝圈老化,桶壁出现裂缝;三是桶底破损或脱落。相对而言,第三种情形比较简单,更换桶底即可,其他两种情形,则需采取下列步骤加以修复:第一步,清除木桶内壁的附着物,同时检查木板腐蚀情况,如果桶壁或桶底有木板腐烂,就依样仿制补上;第二步,根据木桶外壁周长,用竹篾或铅丝制作二三个螺旋状的圆圈;第三步,用新制的竹篾圈或铅丝圈替换原有的废旧物;第四步,嵌入一块圆木板并挤压至木桶底部,使之与桶底相吻合,然后用木屑填塞其缝隙,以防泄漏。这一过程包括下料、出粗、刨斜边、拼板上箍、铲沟槽上底、打磨出细等工序。

箍桶有一套独特复杂的工艺流程,需要师傅手把手教授和学徒的心领神会,要成为一名熟练的箍桶匠,可能需要花费十年时间练习。箍桶匠的营生分为两种:一是固定经营的小作坊,他们既是店主又是师傅,边加工,边出售;二是流动作业,挑着担子游走于大街小巷,一旦揽到活,便在主人家门口就地加工。相比较而言,流动作业者人数更多。

事实上,箍桶匠不但难以学成,而且万分辛苦,其地位更是出奇低下。时至今日,随着塑料制品、铝制品、搪瓷制品、不锈钢制品被日益广泛地运用于日常生活,这门行当更是备受冷落,并从 20 世纪 80 年代中期起,逐渐淡出城市百姓的日常生活,且很可能在不远的将来绝迹于农村。

参见张落雁等:《"箍桶"技艺——逐渐没落的民间老手艺》,《东南商报》2010 年 12 月 26 日;《甬上风华:宁波市非物质文化遗产大观·宁海》,宁波出版社 2012 年版。

虎头鞋

从明代开始,慈溪大古塘一带的村民就靠制盐贩盐养家糊口。但当时的制盐技术,早已不再只是简单的晾晒,由工业化制盐所产生的废气,严重污染了他们的生存环境,进而导致较高的孕妇流产率和新生儿畸形率。无可奈何的村民,只好寄希望于据说可以驱魔镇邪的百兽之王老虎;让小孩穿鞋头形似虎头、面料颜色以红黄为主的"虎头鞋"以辟邪的民俗就此形成,尔后又逐渐扩大到几乎整个宁波。

当然,虎头鞋并非宁波所独有,河北邯郸、江苏扬州的虎头鞋也同样名闻遐迩。而且几乎每一个地方,都有一个关于虎头鞋来历的传说。

一般情况下,宁波小孩只在满月、百日、蹒跚学步时,才会穿虎头鞋。也因此,有些特别讲究的家庭就为孩子专门准备了三双颜色不同的虎头鞋:"头双蓝(谐音拦,意即保佑孩子不夭折),二双红(红红火火能消灾),三双紫落成(祝孩子快快长大,早日自力更生)。"

宁波传统的虎头鞋,作为吉祥物,不但穿着舒适、美观、保暖,而且纯系手工制作,做工复杂,其流程大概分为以下九步:一是制鞋底,这道工序既可进一步细分为纳底、糊底,又以软硬适合为目标;二是制鞋面,其选用材料以丝绸缎、棉布为主;三是制鞋面衬里;四是制鞋帮和鞋帮衬里;五是鞋底绣花,根据不同类型,在鞋底绣上各种花纹图案;六是棉鞋填充,如今的填充物,一般都是新棉花、丝绵、驼绒、腈纶棉;七是缝合鞋面和鞋帮,且不留断线;八是制作虎头五官,亦即给虎头鞋装上耳朵(布料)、鼻子(布料)、胡须(丝线)、毛发(动物毛发)、眼睛(丝线手绣)、眉毛(丝线手绣)、脸部"王"字(丝线手绣),然后对五官加以合理组合,力求虎头形象逼真;九是整体修整,且着重修饰鞋子的线条。如今,这一习俗尽管依然广泛存在于宁波城乡各地,但穿着虎头鞋不再仅限于小孩满月那天,且儿童所穿"虎头鞋"基本上是现代工业产品,而非原来的手工制作物。

此外,宁波还流行一种特殊的虎头大鞋,其纹饰虽然并无二致,但个头足足大了两圈。这种虎头鞋,一则用于结婚之时,在新郎、新娘的脖子上各挂一只,礼毕后放在一起,意即夫妇永远在一起;二则用于祭祀,每逢清明、冬至等时节,家家户户将八仙桌抬至堂前,并摆上各式酒、肉、蔬、果,然后各自回房,换上虎头大鞋,再出来祭拜。祭拜结束后,收好鞋子,留待下次祭拜时再用。

参见《甬上风华:宁波市非物质文化遗产大观·江北》,宁波出版社 2012

年版;马宁:《踏虎成履》,《都市周报》2013 年 5 月 30 日;张月卿:《虎头鞋的由来》,罗杨主编:《中国民间故事丛书·浙江宁波海曙卷》,知识产权出版社2015 年版。

梅园石

沿着锡山(四明山余脉)山脚散落的鄞江镇梅园村,南北相距不过 2 千米,梅园石就出产在这一片狭小的区域内。

梅园石在未开采之前,是整片山岩的一部分,开采后,不同功能不同形状有不同叫法,但在石匠师傅的眼中,除了大料、块料、毛料,其余都是塘渣。塘渣几乎没有任何附加值,仅用于铺路垫基,而大料、块料、毛料还可作后续深加工。

梅园石色泽浅灰紫,素雅大气,质地均匀细密,硬度适中,且耐酸碱,是碑材、石雕和建筑施工的上选石材。在黄宗羲《四明山志》看来,梅园石乃碑材中上品,仅次于太湖石。

对梅园石的开发,大体上可分为三个阶段:一是明永乐年间(1403—1424)。二是 1928—1937 年,先后开办了华兴、同兴、宏兴、万兴、开井等十余个宕口,用途以坟墓、石刻、字碑为主。大约 1937 年,又开办了轧石机,以便为建设栎社机场提供优质石料。三是 1972 年,为解决老区农民的就业问题,地方政府组建起一支集体所有制的采石队伍,且其规模一度多达 300余人。

就产品类别而言,梅园石主要可分为三类:一是工程建筑,例如方块石、毛石、片石、碎石等。二是工艺美术,例如兽类石雕、古碑、大型纪念碑、石雕纪念碑、墓碑等。三是装潢,主要是由斩斧磨光工艺制成的石方桌、石鼓等。古往今来,小到村民家中所铺的石板、村口小溪上的小桥,大到东钱湖畔的南宋石刻群、天一阁门前的石狮、奉化溪口的蒋母墓道,宁波境内几乎随处可见梅园石的踪影。

事实上,梅园石不但遍布宁波及其周边地区,而且早已随着宁波匠人的足迹走向世界各地。例如日本奈良东大寺正门前的那对石狮、般若寺的十三重石塔,就是用梅园石雕刻的,并已成为中日文化交流的见证。而更多的梅园石,则被各国船只用作压舱石,流落到异国他乡。2008 年 12 月,宁波海上考古队就曾在象山海域一艘清代古沉船的附近,发现了梅园石被用作压舱石的实物例证。

参见严寅祥:《浙江鄞县"梅园石"简介》,《建材地质》1995 年第 5 期;寒石:《行走的梅园石》,《宁波通讯》2011 年第 6 期;林国聪等:《浙江象山县"小白礁Ⅰ号"清代沉船 2014 年发掘报告》,《考古》2018 年第 11 期。

朱金木雕

朱金木雕又名漆金木雕,约起始于汉代,是融木雕、彩漆、镶嵌和贴金等为一体的传统工艺,多用于寺庙的建筑装饰与佛像制作。宁波是中国朱金木雕的主要产地之一,因此宁波产的朱金木雕又称"宁波朱金木雕"。宁波朱金木雕的历史已有 1000 多年,在海内外颇有影响。它的造型古朴生动,刀法浑厚,金彩相间,热烈红火。汉唐以来,随着木结构建筑的发展,产生了彩漆和贴金并用的装饰建筑木雕及家具雕饰。其人物题材多取自京剧人物的服饰、姿态,古人称之为京班体。这种京班体的构图格局,均采用主观体,近景、中景和远景分现在同一画面的平面上,前景不挡后景,画面充实饱满,井然有序栩栩如生。与传统绘画的"丈山、尺树、寸鸟、分人"的比例概念相反,人、马比例大于实际物体。石头长树代表山,长草代表石,有鸟有云即为天空,有景为陆地,有船为江河。在表现人物手法上,采用"儒生挺颈,美女无肩,老翁凸肚,武士挺胸",这些程式化的民间表现手法,使宁波传统的朱金木雕妙趣横生,引人入胜。

万工轿

"三分雕刻,七分漆工",是朱金木雕艺人的经验总结。朱金木雕的特色主要在于漆面而不在于雕,依靠贴金箔和漆朱红来进行装饰。因而雕刻并不十分精细,而漆工的精磨、刮填、上彩、贴金、描花却十分讲究。正是这种工艺,使朱金木雕产生了富丽堂皇、金光灿烂的效果。

朱金木雕自汉、唐、宋以来盛传不衰,庙宇、祠堂、居民建筑、花轿、木床等无不施雕上漆。宁波保国寺保存的朱金木雕千工床,万工轿,金碧辉煌,巧夺天工,集朱金木雕之精华。以万工轿为例,花轿采用木质镂花,朱漆铺底,金箔贴花,夹以镜片,玲珑剔透。作为宁波传统工艺的朱金木雕,早在唐代就已从宁波东传日本。唐天宝二载(743),高僧鉴真东渡日本,船至明州遭遇风暴,被明州地方官员安置于阿育王寺时,曾研究和考察宁波工艺美术。鉴真于天宝十二载(753)渡日成功,住奈良东大寺。此寺为日本奈良朝第一有名的寺院,鉴真于755年11月在该寺讲堂,运用朱金木雕工艺塑造的千手观音就安置于其中。同时,由鉴真和其弟子创建的日本唐招提寺,也多是用宁波式的朱金木雕作为装饰,其讲经大殿、舍利殿西北隅开山堂的朱金木雕风格则与宁波阿育王寺相似。现存于保国寺内的"千工床"与"万工轿",代表了宁波朱金木雕的最高工艺水平。

参见王玉靖:《宁波朱金木雕的艺术特色》,《装饰》2006年第8期;《甬上风华:宁波市非物质文化遗产大观·宁海》,宁波出版社2012年版;《三分动容,七分金彩——宁波朱金漆木雕》,《浙江工艺美术》2012年第2期;杨古城:《朱金漆木雕》,《宁波通讯》2013年第14期。

泥金彩漆

泥金彩漆作为国家级非物质文化遗产保护项目,是宁波具有传统特色的著名手工艺,集髹漆、堆塑、金饰等手工技艺于一体,并与朱金木雕、金银彩绣和骨木镶嵌一起被合称为宁波的"三金一嵌"。从现存的实物看,宁波泥金彩漆在清代至民国时期运用最为广泛,品种也很丰富,从寺庙中庄严的佛像、匾额、柱子等装饰,到民间的眠床、橱柜、饭桶、提桶、果盒、烛台等生活用品,都能见到"堆泥、贴金、漆彩"的工艺表现。它隆起的浮雕花纹,华丽的朱地、金饰、彩漆,与朱金木雕相得益彰,演绎了古越大地上"十里红妆"婚嫁风俗的富丽喜气。

泥金彩漆有着悠久的历史。从商周和汉墓的出土文物中,即可以找到最早的泥金作品。这说明它在3000年前就已经出现。现今传世的宁波古代泥金彩漆工艺品已不多见,但从保存下来的明代泥金彩漆工艺品、描金漆器工艺品的制作风格来看,与《韩非子》中所写"禹作祭器,墨染其外,朱画其内"的格式类同,与汉墓出土的内朱红髹漆、外黑漆描金的木胎漆器有共同之处,与7000年前河姆渡遗址出土的红色木胎漆碗也有相似之处。

雍正《浙江通志》有云:"大明宣德年间,宁波泥金彩漆、描金漆器闻名中外。"于是,几乎所有的已有相关介绍,遂皆以此为据,断定宁波泥金彩漆早在570多年前的明代宣德年间就已闻名中外。但在杭州师范大学的江涯看来,这类理解显然有误。江涯转而认定:第一,"泥金"至少在宣德年间,意指用金泥进行绘制;第二,当时宁波所产实乃描金漆器,且是模仿"外洋"的产物。其依据便是明代宁波人屠长卿所著《起居饮服笺》的下列记载:"宁郡切近海洋,自设立海关以来,外洋诸货毕集,居民遂模仿为之,如漆之类,虽不及洋制,而民间也资以为利。"不过,江涯的这一新说诚然值得关注,但在明代,漆器与宁波人日常生活关系密切,也是不争的事实。

新中国成立以来,宁波的泥金彩漆不仅继承了我国古代漆器工艺的优秀上彩传统,也有不少改进和创新,由此还成为我国重要的漆器产地。1953年举办的全国首届工艺美术展览会上,宁波泥金彩漆中的双龙提桶、描金饭盂、堆塑、贴金沥粉粉斗等作品,受到行家赞扬。一些美术家撰文高度评价其艺术成就,并出版画片加以介绍,影响颇大。此后在多次的国内外展览中,都赢得声誉。20世纪70年代初,作品曾远销美国、新加坡等地。民国至新中国成立初,泥金彩漆还盛行在宁波地区民间。其品种丰富,大如家具、房中柱梁,小到提桶、果盒等生活用具,都折射出当地人的生活习惯和习俗。

参见《甬上风华:宁波市非物质文化遗产大观·宁海》,宁波出版社2012年版;陈云松:《泥金彩漆:十里红妆中的奢侈品》,《宁波通讯》2015年第18期;江涯:《"泥金彩漆"史实辨析》,《美育学刊》2017年第4期。

金银彩绣

主要流行于鄞州的金银彩绣,就是将金线、银线与其他各色丝线一起,进行刺绣的民间美术工艺。金银彩绣为传统宁绣中的精品,与湘绣、苏绣、京绣、粤绣、蜀绣一同被誉为中国六大名绣。

鄞州金银彩绣的主要特征,在于充分运用"盘金""填金""包金""隐花""胖绣"等绣法。这一绣法,不追求画面的写实和栩栩如生,而是在追求整体的华丽、厚重和装饰感,局部和细节上讲求排线、线块结合的针法。绣制题材以民间吉祥题材中的京班体、佛道神仙、吉祥神话故事、珍禽异兽祥瑞的图案为主,底色也多使用厚重的暗红、深蓝和黑色等,显衬金银彩线的光泽,因而具有很好的装饰性。这一绣法被广泛应用于服饰、帽饰、室内陈设、戏曲服饰、宗教仪式、民间演艺、庆典等领域。

金银彩绣的面料以缎为主,同时也选用轻薄的绢类织物。其辅料以布料、棉花、纱布为主。绣制时,彩色丝线和金银线均有粗细,但金银线密密地"钉""包"在彩线绣的表面,不直接用于刺绣。

绣制的工具主要是花绷。中小型的花绷为圆形竹圈,使用时,二圈夹紧,一人操作;大型作品则用四方形木绷,可以收放尺寸,允许两人以上同时操作。绣制完成以后的绣品,必须在背部"上浆",否则,绣品容易走形。

与打铁、造房相比,金银彩绣是细活,全凭眼功、手功、心功。也因此,金银彩绣在民间主要通过母女、姐妹关系进行传承,而在宫廷、官府和民间作坊,则通过师徒进行传承。

金银彩绣成品典雅华贵,古色古香,朴实沉着,富有宁波民间地方风格。当代著名学者赵朴初为其题赞"斟古酌今,裁云剪月;奇花异草,妙笔神针"。与通常刺绣一样,金银彩绣也是在丝绸上刺绣图案;其殊异处在于,它在使用各色丝线时,注意在图案中的重要部位使用金银线,以达成富丽堂皇的特殊效果。

宁波金银彩绣的早期发展历史虽不可考,但鉴于唐宋以来宁波已然形成"家家织席,户户刺绣"的传统,因而这项手艺出现在宁波的时间不当晚于宋代。时至明清,仅宁波城内就在月湖周边涌现出多处"教坊""绣庄",其间不但诞育出宁波金银彩绣的代表人物——金星月,而且出现了专为刺绣设计图案的写花店,例如"许德来写花店"。而清末民间戏曲的兴起和祠堂、寺庙、道观、会馆的演艺,则又进一步促进了金银彩绣的市场化趋向。

随着社会的进步,机器生产取代了大部分的手工业生产。在这种背景下,金银彩绣不再是女性的生活必修课,会刺绣的女孩也越来越少。近年来,金银彩绣工艺得益于民族文化的复兴,日益受到人们的广泛关注和喜爱。2009年宁波金银绣有限公司的成立,使得这项民间工业有了研究和传承的基地。

参见许响洪:《中国非物质文化的非常态研究》,百家出版社2008年版;杨建新主编:《浙江文化地图》第4册《钱塘风物·浙江民间文化》,浙江摄影出版社2011年版;《甬上风华:宁波市非物质文化大观·鄞州》,宁波出版社2012年版。

骨木镶嵌

骨木镶嵌是以象牙、黄杨木、红木、花梨木、牛骨、螺钿、铜片、蜡石等为原料,在木坯上起槽后嵌花纹,再经打磨雕刻、髹漆而成的一种传统工艺。这种工艺多见于家具、屏风、文具、生活器物和建筑物,散落在日常生活的各个角落。

骨木镶嵌制作,一般由六道工序组成:一是取材,意即选取适宜嵌刻的红木、团木、樟木充作原材料,并加工至半成品;二是选择镶嵌材料,用不同材料制作而成的嵌刻作品,有不同名称,譬如木嵌、螺钿嵌、象牙嵌;三是绘图,题材基本上是寓意吉祥的人物故事、山水美景、花鸟静物、纹样;四是压粘,也就是将绘制好图案,粘在镶嵌材料的底板上;五是镶嵌,也就是将贝壳图形放入凹槽,用木制敲锤轻敲,使图案呈现出明显的立体感;六是抛光上漆,用各种型号的砂纸打磨光滑,然后上清漆。

骨木镶嵌在宁波,可谓历史悠久。早在隋唐时期就已开始盛行,时至南宋,形成了风格独特的工艺,而在清代乾隆以后,更成为重要贡品。今北京颐和园的乐寿堂内,尚存有宁波地方官进贡的镶嵌八角茶几。

宁波骨木镶嵌用材以红木、花梨木、牛骨、贝壳为主,这些材质本身具有天然的暗红褐色,美丽的纹理加以中国大漆的加工,形成显示出木纹的透亮的棕色调子,嵌饰以玉白色的牛骨或珠光色的螺钿薄片,形成了古朴典雅的装饰效果与明丽、沉着的色彩调子。其充分利用自然材料的本色,不加其他修饰的色彩,形成骨木镶嵌艺术特殊的装饰性和强烈的黑白对比效果。

在雕刻方面,宁波骨木镶嵌以锯嵌为主,即平嵌线刻或高嵌浮雕。前者以三角刀用细线阳刻形式委婉柔和或挺拔有力的刀法来刻画形象内的线条,后者异彩纷呈的民间美术脱胎于木雕拔法,以熟练的刀法抓住大块面,层次分明。

宁波骨木镶嵌

宁波骨木镶嵌的品类繁多,但都与日常生活密切有关,实用性很强。一般可以分为三大类:一是包括床、榻、衣箱、开门箱、八仙桌在内的传统家具类;二是生活用品类,例如砚盒、首饰箱、梳头箱;三是门、窗、挂落、凭栏等建筑装饰。

随着社会的发展,宁波骨木镶嵌如今也遇到了前所未有的挑战,年轻人更倾向于选择用复合材料做成的器具。这使得宁波骨木镶嵌在现实生活中渐行渐远,如何保护、传承这门传统工艺,也成为这项传统工艺爱好者及文化管理部门的心头之忧。

参见王晶编:《异彩纷呈的民间美术》,吉林出版集团有限责任公司 2014 年版;陈明伟等编:《宁波骨木镶嵌》,浙江摄影出版社 2012 年版;宁波市文化广电新闻出版局:《甬上风华·宁波市非物质文化遗产大观·江北》,宁波出版社 2012 年版。

陆埠佛雕

陆埠佛雕是中国传统雕刻艺术品之一,起源于魏晋时代,流行于唐代,鼎盛于清代。其中,余姚陆埠自明代以来,一则因为盛产香樟木、柚木、楠木等优质木材,便于就地取材;二则因为周边佛寺众多,需求旺盛,故而技艺最负盛名。

事实上,陆埠佛雕不但起源甚早,而且还在中国佛雕工艺中自成一派。其擅长于对佛像做夸张、艺术化的处理。然而新中国成立前,陆埠佛雕因为社会动荡等原因濒临绝境。新中国成立后,各级政府对这一传统工艺给予大力关注和支持,组织艺人开展佛雕生产。1962 年,当代颇享盛名的黄炳荣师傅从上海回乡带徒传艺,1963 年成立陆埠桥西胶木厂佛雕车间,1978 年成立陆埠工艺雕刻厂。自此,其产品由上海市和宁波市等工艺品进出口公司销往美国、新加坡等国家和我国香港、澳门地区。2002 年年末,陆埠佛雕在余姚市陆埠村落文化节中展出,2003 年 7 月,宁波电视台更是为此摄制、播出了陆埠佛雕专题片。目前,陆埠有数家佛雕工艺厂,产品远销东南亚各国,并享有盛名。

就材料而言,陆埠佛雕艺人大多用樟木、楠木等名贵木材雕刻佛像。这是因为这些木材的树纹交错不一,有一种自然的树纹美。而且木质细腻,雕起来脆,脆里带韧,不易脱落。同时木材干后也不易变形,耐久性强,有香味、不易虫蛀。并且,拼接的胶力也很好,上染料色也好处理。由此可见,陆埠佛雕的选料极为考究。

从雕刻内容来看,陆埠佛雕的内容取材于佛教经曲和神话传说中的人物,如观音、济公、弥勒佛、韦陀等,有 600 余种。陆埠佛雕名匠对每尊佛像的造型构图,得心应手,每砍一斧、每敲一凿,都刻画了佛像的五官表情、性格特征和服饰装束。陆埠佛雕刀法浑厚、线条流畅,佛像脸部形态多为满月形,彰显古朴庄严、圆润饱满之韵。雕刻一尊佛像,需要用到许多工具:纸、笔、锯、刀、榔头以及圆凿、平凿、三角凿、斜凿等各种凿子都不可缺少,这造成每一位陆埠佛雕名匠的双手都布满了老茧。

如今,陆埠佛雕在几经盛衰之后得以再创辉煌。华山之巅,泰山绝顶,西子湖畔,南海佛园,但凡钟灵毓秀之地,大多有陆埠艺人雕刻的佛像,就连港澳地区及东南亚,也有不少佛像成于陆埠艺人之手。

参见余飞逸等:《陆埠佛雕》,《宁波通讯》2013 年第 22 期;陈也喆等:《陆埠佛雕　山水间拈花一笑》,《东南商报》2014 年 5 月 18 日。

象山竹根雕

竹根雕艺术,起源于唐代,兴盛于明代,这一时期竹根雕艺术主要集中在上海的嘉定和南京一带,在雕刻艺术风格上形成嘉定和金陵两大派系。而象山竹根雕虽然起步较晚,却后来居上。

竹根雕的制作极为精细。首先需要对竹根进行干燥、着色、防霉、防蛀处理,然后充分利用和发挥竹根的天然姿态,通过构思、造型,塑造出一个个形象生动、形态传神的艺术形象。相关资料显示,直至 20 世纪 70 年代,象山民间根雕艺人才开始对竹根雕艺术进行探讨和创新。在继承传统的基础上,不断吸收绘画、书法、木雕、石雕等姐妹艺术的养分,充分发挥竹根天然生成的艺术元素,运用写意的创作理念,根据竹根形状、肌理,随形施雕,使作品达到"天人合一""返璞归真"之情趣,让竹根"变腐朽为神奇",开创了竹根雕艺术的新高峰。根雕艺人们开发了镂空、浮雕、阴雕多种类形式,采用"乱刀法",创作了大量立意高古、造型奇妙、气韵生动的竹根雕艺术品,再经过防蛀、防霉、防裂的新技艺的研发和应用,取得了显著的成果,形成了完美的竹根雕艺术品种,让竹根雕蜚声海内外。

1986 年,象山工艺美术公司创作的竹根雕《沙僧》首次获得浙江省名特新优产品"金鹰奖",该作品曾先后获得刘开渠根艺金奖等国家级奖 28 项,其他各类奖项 200 多项。涌现了张德和、郑宝根、周秉益等根艺大师和名家,他们还被文化部等单位派赴法国、希腊、以色列等国家表演,考察,进行文化交流。1996 年象山被评为"中国民间艺术(竹根雕)之乡"。2006 年 3 月 10 日召开的"象山竹根雕全国专家论证会"上,美术史论家认为竹根雕是当前最具有优势的,最具实力的,当之无愧的"浙江新一雕",它成为继承"浙江老三雕"以后的最具名望的门类。

象山竹根雕的主要价值,体现在历史文化价值、工艺价值和经济价值等几个方面,它既是一门技艺,又是一种艺术,在加工工艺要求上,看似简单却又处处体现人的智慧,特别是其中的仿古工艺,更是离不开竹根雕艺人在实践中积累的经验和感觉。

参见［日］菅丰:《非物质文化的创造——以浙江省宁波市象山县的竹根雕为题材》,《民间文化论坛》2010 年第 1 期;吴璇:《一种新手工艺的建构研究——以象山竹根雕的创造活动为例》,南京艺术学院硕士学位论文,2013 年。

大隐石雕

对于世人而言,石雕并不陌生。简而言之,这种艺术就是用各种可雕、可刻的石头,创造出具有一定形态且可视、可触的艺术形象,借以反映社会生活,表达艺术家的审美感受、审美情感、审美理想,大隐石雕于 2008 年入选第二批国家级非物质文化遗产名录。

坐落在四明山东麓的大隐,有着取之不尽而又质地优良的石材。大抵从春秋末期开始,当地就有人靠凿山取石、出售石板谋生。在宋室南渡之后,大隐采石业的规模急剧膨胀,形成了庙后山、九层楼、和记、协兴泰、元泰等 11 只宕口,其鼎盛时期拥有多达 1000 余位石匠师傅和工人。当时大隐石料尤其是城山青石,因光滑且坚韧的关系,被广泛用于制作石桥梁、石库门、牌轩等建筑物,而大隐也因此被称为“石板之乡”。

随着社会对不同石材需求的日益增大,大隐人逐渐扩大了石材加工范围,在原来石板业的基础上又增加了特种工艺——石雕工艺,例如石窗花、石狮、石雕仙鹤,大隐石业从此不再仅限于加工与出售“石板”,它的出售对象广泛涵盖了从造路、建房所需的粗制碎石、块石,到尺寸规整的多种规格的条石,再发展成为独特的石雕艺术。如此延续至明代后期,大隐石雕工艺开创了一个新纪元,并在余姚胜归山一带留下了浙东石雕业的代表作——胜归山摩崖岩雕群。

新中国成立后一度衰落的大隐石雕业,从 1985 年开始重新崛起,在 1985—1995 年间,主要生产坟墓建材和公园设施,1996 年起转为生产公墓地小型简朴坟樽,近年来,随着旅游业的发展和美化环境的需要,大隐石雕再次转型,转而致力于雕刻各类精美的工艺品。

现如今,大隐石雕产品主要以大隐石为原料(部分采用海曙区鄞江镇的梅园石),创作题材广泛且工艺精湛,并形成了定画稿、选材料、做毛坯、平面、定位、粗雕、细雕、凿平磨光、检验等一整套生产流程。其产品不仅可满足国内需求,而且远渡重洋,销往欧美、东南亚等世界各地。五磊寺、达蓬山、河姆渡遗址、天下玉苑的大型石刻壁画等多项重大工程,都是大隐石雕艺术的代表作。

参见水银:《精美的石头会唱歌——宁波的传统石作工艺》,《宁波晚报》2014 年 8 月 10 日;李向阳:《姚江民间艺术》,浙江古籍出版社 2012 年版;张培坚:《余姚大隐石匠金星乔的雕刻人生:哪个石匠身上没有几道疤》,《现代金报》2018 年 9 月 2 日。

状元楼饭店

开设于乾隆五十年(1785)的这家酒楼,起初似乎并无特别之处。相传某年某月有两书生在赴考途中前来用餐,吃了"冰糖甲鱼"后觉得异常可口,于是随口就问是何菜名,而机灵的跑堂则投其所好,答曰"独占鳌头"。幸运的是,其中一位书生不久后居然金榜题名,高中状元,所以在衣锦还乡时特地挥笔写就"状元楼"三字,赠予店家做招牌。从此以后,楼以菜扬名,菜为楼增色,状元楼一度成为宁波本土餐饮业的第一品牌。曾经,到状元楼凭江临风、对酌小饮,是文人雅士和朋友小聚的绝佳模式。

1936 年,状元楼迁移至日新街 16 号,1946 年在蒋经国夫妇连续两次前来光顾后,状元楼又迁到新江桥南堍江厦街 4 号。此后,状元楼或经营惨淡,或闭歇停业,"何日重登状元楼,伴旧把盏话春秋",成为部分宁波人和海外游子的殷切期盼。

1985 年 10 月,由宁波市政府和香港甬港联谊会牵头,在王宽诚、邹星培、翁伟年、王欣康等宁波帮人士的鼎力相助下,宁波市饮食服务公司与港方合资在中山东路和义路口重建状元楼,并定名为"宁波状元楼股份有限公司"。这家公司一度使"状元楼"重振英姿,迎来了侨胞"重登状元楼,品尝家乡菜"的盛况。"船王"包玉刚就曾在此设宴款待家乡父老,品尝冰糖甲鱼之美味。1992 年,状元楼改由宁波市饮服公司独资经营,同时兼并了毗邻的明州大旅社,并投入巨资,对原有建筑加以扩建、装修,更名为"状元楼宾馆"。1995 年,状元楼被内贸部授予"中华老字号"金匾。2000 年,因城市改造拆迁,状元楼停业。

2008 年 8 月,经宁波市贸易局牵线搭桥,宁波石浦酒店获得了"状元楼"字号的使用权。2009 年 7 月 8 日上午,位于和义大道购物中心的"状元楼"酒店在众多老宁波和海外游子的期待中重出江湖,开门迎接八方来客。

新"状元楼"酒店营业面积 3000 多平方米,包厢全部采用红木家具,挂有宁波历史上 13 位状元的画像。挂在大堂内的由余秋雨创作并题写的"状元楼"一文,对老字号"状元楼"大加赞叹,开头就写道:"天下口味因地而异,而味中之味必在物阜市通之处,吾乡宁波正适其选,选中之选则为状元楼也!"酒店大堂上方则挂着著名学者冯骥才手书的"状元在此"四个大字。下方有一张金榜,上有自科举制实行以来历朝历代的 654 名状元的姓名,大堂中央放着古时状元的官轿以及考生赶考的食盒、状元篮等,一进店堂,顾客便可以感觉到一股浓郁的状元文化扑面而来。如今在和义大道重新开张的"状元楼",也仍然以状元的传说为卖点,极力营造"状元文化"氛围。

参见涂师平:《老字号琳琅满目 状元楼独占鳌头》,《宁波通讯》2012 年第 16 期;宁波市文化广电新闻出版局:《独占鳌头状元楼》,《甬上风华:宁波市非物质文化遗产大观·海曙》,宁波出版社 2012 年版。

老三进鞋帽店

相传张良在谋杀秦始皇未遂后曾亡匿于下邳,某日与当地隐士黄石公相遇于桥头,多次捡回后者故意扔入河中的鞋子。这个被称为"三进履"的民间故事,其真实性虽有待考证,却也充分折射出张良能屈人所不能屈、忍人所不能忍的人格魅力。光绪年间(1875—1909),由徐麟生等 10 位股东共同创办的"老三进",其店名就取材于这一传说。其寓意便是:只要诚心为顾客服务并持之以恒,定能生意兴隆。

老三进创业之初,不但前店后场,而且只产销绣花缎面的布鞋。此后,生产品种逐渐增多,甚至包括缠足妇女所穿的"三寸金莲"。因为商品选料考究、做工精细、价格公道,因而"老三进"顾客如潮,声誉鹊起。

20 世纪初,老三进顺应时势变化,开始重点生产皮鞋,同时坚决严把质量关,确保客户拿到的鞋子都是满意鞋、放心鞋,也因此成为当时宁波附近居民购鞋的首选。抗战胜利后,老三进更是迎来了一个发展高峰,甚至连上海、杭州等地的居民都慕名前来购鞋。

也正因始终抱持这一理念,该店自光绪年间开业以来,生意兴隆,成为宁波最早专门销售鞋子的老字号品牌店。

1958 年,老三进鞋店与宁波另一名店——1926 年开业的同福昌帽扇店——合并,改名为"老三进鞋帽商店"。合并后,不但规模有所扩大,经营的品种也增加了许多。四间店面 200 多平方米,分设男皮鞋、女皮鞋、胶鞋、布鞋、童鞋、帽子六个专柜,经营鞋帽 2000 多种,成为当时宁波市唯一经营鞋帽的专业商店。

改革开放后,老三进鞋帽店不但成立了配套的皮鞋厂,而且继承和发扬老字号名店的优良传统,形成了颇具自身特色的管理服务模式:(1)实行制度化管理。对物价政策、便民措施、商品质量、服务态度、店容店貌、柜台纪律、售后服务等七项内容都设有具体执行标准。(2)严把商品质量关。组建了一支掌管进货的业务班子,以杜绝假货和劣品进店。(3)严格执行价格政策。未经审价的商品一律不准上柜,且规定同规格、同品种、同产地的商品,其价格不能高于其他店。(4)坚持售后诚实服务。该店出售的鞋帽如出现质量问题,一律实行"三包"。此外,商店承接来料加工,定制特大、特小帽及旧帽翻新业务。也因此,老三进先后获得"浙江省消费者信得过单位""浙江省依法治店先进单位""宁波市文明单位""物价计量信得过单位"等荣誉称号。

1996 年老三进在迁址开明街 368 号后,虽然经营规模进一步扩大,但经不住南苑鞋城疯狂打折这一行销策略的冲击,开始陷入困境,不久之后,这家百年名店又因为城市改造,消失在人们的视线之外。

值得庆幸的是,曾在老三进手工制作皮鞋的老师傅张月祥,以传承老三进工艺为己任。在他的坚持下,其子张成忠先生于 2000 年将"老三进"注册为品牌,同时成立了宁波市海曙橡塑鞋业公司,致力于发扬光大老三进品牌,并因此在 2010 年被评为"浙江省老字号生产单位"。

参见《诚心可鉴的宁波老三进鞋帽商店》,张庶平等主编:《中华老字号》第 6 册,中国商业出版社 2007 年版;金昌鲥:《创业百年的宁波老三进鞋帽商店》,贾亚炜主编:《甬城老字号》,宁波出版社 2012 年版。

缸鸭狗汤团店

1931 年开办于老城隍庙附近的"缸鸭狗",之所以如此命名,是因为店主江法定根据宁波土话的读音,别出心裁地将自己的姓"江"和小名"阿狗",形象化为一口水缸、一只麻鸭和一条黄狗。这个店名及其招牌虽俗到极点,却大概是迄今为止国内最有创意的品牌设计。

当然,"缸鸭狗"的成功,不仅仅得益于店主极富创造力的品牌宣传,更与该店一贯讲究产品用料、注重制作工艺有着密切的关联。譬如猪油汤团、浆板圆子碎花蛋等当家点心,都是定点采购原料,并加以精心的配方与制作,满足宁波人对点心"细、美、甜"的需求。缸鸭狗的另一高招是:为了证明自家点心特别甜美,特意在餐桌上放上一大碗白糖,如若顾客认为缸鸭狗点心还不够甜,尽可随意加糖。诸如此类的一系列的经营招数,在当地民间留下了这么一首歌谣:"三更四更半夜头,要吃汤团缸鸭狗。一碗吃落勿肯走,两碗三碗犯瘾头。一摸钞票还勿够,脱落布衫当押头。"

在 1956 年合作化进入高潮后,缸鸭狗也走上了集体化道路。集体化后的缸鸭狗,除了全年供应各式甜点心,每逢夏季增加供应各色冷饮,时至冬日,则又销售宁波人喜欢的汤团米粉和猪油馅,生意一直红火。

1988 年成立的缸鸭狗汤团总店,经过多次装修、改建,不但老店面旧貌焕然一新,且其经营范围逐渐扩大。二楼开设了酒菜饭和西点,除做好店内供应外,还与厂方合作生产缸鸭狗汤团粉及猪油馅袋装,这就为进一步传承发展传统名特店走出了一条新路。

参见陈永祥:《话说缸鸭狗与宁波猪油汤团》,《宁波通讯》2009年第 1 期;《宁波汤圆"缸鸭狗"》,《甬上风华:宁波市非物质文化遗产大观·海曙》,宁波出版社 2012年版;刘璐:《用手工重拾年味,从

缸鸭狗汤团店

汤圆开始》,《解放日报》2015 年 2 月 19 日;紫萱草:《江阿狗的缸鸭狗》,《人生与伴侣》2018 年第 5 期。

升阳泰南货铺

鸦片战争后,洋货纷纷涌入被辟为通商口岸的宁波。为抵制洋货,部分富有民族精神的宁波商人和官员开办了一批以经营本地商品为主的店铺,升阳泰——意即升阳泰如日东升,永远兴旺——在咸丰元年(1851)的开设,就是其中的典型事例。这家由时任宁波知府华少湖创办的南货铺,主要经营南北果品、宁式糕点,由于货真价实,因而声名鹊起,不久便与灵桥门的"大同""大有"及东门口的"董生阳"并称为宁波南货铺"四大家"。

1874—1949 年,升阳泰采用前店后厂形式,主要经营南北果品,同时现做现卖宁式糕点,按质论价,服务周到,称准量足,包装考究,在江、浙、京、津、沪等地和港、澳宁波籍侨胞中享有盛誉。

于 1949 年前停业的升阳泰,1950 年又以"升阳泰"为招牌恢复营业。

1956 年实行公私合营,1958 年改名为"鼓楼食品商店"。"文革"期间,升阳泰受到冲击,一度更名为"大众食品商店"。1987 年在老店原址兴建了六层大楼,组建了宁波市首家大型自选商场,并定名为"宁波升阳泰商场"。1992年,升阳泰再次扩建装修,其经营范围在原有的糖果、烟酒、乳制品、腌腊制品、蜜饯和粮食制品基础上,又新增了冷冻食品、百货、家电交电、服装、钟表、儿童用品、各类皮具,并新设了升阳泰西饼房,每天供应各式时新糕饼、西点。

随着超市、大卖场进驻宁波,以经营传统糕点为主的升阳泰也受到了极大冲击。于是从 2001 年 9 月起,升阳泰果断地把大众化的商场转型为宁波土特专营店,同时更名为"升阳泰宁波特产商场"。转型后的升阳泰,专门经营宁波特色食品和旅游纪念品,可以充分满足外地游客购买宁波土特产的需要,并因此被指定为"旅游定点接待单位",其下属的升阳泰旅游食品厂,也被命名为"宁波市旅游商品定点生产企业"。百年名店、传统经典、宁波特产、现代时尚,这既是升阳泰人的自定目标,也是新老宁波人对这家老字号的殷切期盼。

参见戎彦编:《浙江老字号》,浙江大学出版社 2011 年版;周东旭:《"升阳泰"南货店》,贾亚炜主编:《甬城老字号》,宁波出版社 2012 年版;孙研:《好事多磨的老字号之路　升阳泰的百年风雨》,《东南商报》2014 年 8 月24 日。

楼茂记酱园

楼茂记在宁波可是块响当当的金字招牌,宁波人从前厨房里用的酱油米醋,饭桌上吃的香干烤麸等,基本上都是楼茂记生产的。其因为质量好味道佳,长期以来受到宁波人的喜爱。

楼茂记的创办者原籍奉化,康熙年间来宁波城内,靠在百丈街和灰街的拐角处摆豆芽摊谋生,因为做事勤勉、生活节俭且待客和气的关系,几年下来略有积蓄,于是他扩大业务范围,开设豆腐水作工场,自产自销豆腐、豆芽、素鸡、千层、油豆腐、香干等产品,家业随之不断壮大,又正巧赶上有族人考取功名、放任贵州省遵义知府,遂于乾隆七年(1742),以"楼恒盛茂记酱园"的名义请领准买官盐的烙牌,购盐造酱。降及道光年间,楼茂记在奉化大桥开设"楼恒昌酱园",不久又在老家楼隘设一分店,从此多门店相互协作,生意更加兴隆,最终发展成为集造酱、酿酒、制醋、乳腐作坊、水作坊于一体的门类齐全、产品众多的酿造厂。现如今,楼茂记生产的调味品,不但占据了宁波市场 60% 以上的份额,且其销售区域更是从宁波扩大到全国乃至世界。

楼茂记之所以能在近 300 年间长盛不衰,首先得益于它得天独厚的地理位置。楼茂记濒临奉化江口,背靠鄞县东南乡产粮区,既位于富裕之地,又坐落在宁波与镇海江南部分的走廊带上。当时,从奉化、余姚、鄞南、瞻岐、莫枝等地进入宁波城内的航船,有相当部分停靠在距离楼茂记不远的新河头、大河桥船埠,这就为楼茂记带来了为数众多的农村消费群,以及丰厚的收益和日益扩大的名声。

除了地理位置较好外,楼茂记长盛不衰的关键,还在于它的主观努力。这一则表现为楼茂记在承平岁月,善于根据自身特色,扬长避短,集中力量搞好零售业务、增加产品的花色品种。二则表现为在动乱年代,楼茂记倾向于选择收缩战线,例如在 1933 年世界经济危机爆发后,楼茂记在金融风暴的冲击下,及时缩减其关联企业"楼恒昌酱园"的规模,集中力量维持酿酒业务。

事实上,楼茂记不但做生意一贯以诚信为本,而且关心地方公益事业,经常做一些救济穷人、捐钱修路之类的善事。譬如 1947 年 2 月,楼茂记老板楼耀卿就曾和鄞县教育科长项泽耕,合作创办了当时江东第一所正规中学——鄞县私立大中中学,也就是今日宁波市第七中学的前身。

参见张兆德:《楼茂记酱园》,《宁波文史资料》第 6 辑,浙江人民出版社 1987 年版;戴勤锋:《百年酱香楼茂记》,《宁波通讯》2011 年第 16 期;宁波市文化广电新闻出版局编:《甬上风华:宁波市非物质文化遗产大观·江东》,宁波出版社 2012 年版;楼世宇:《百年酱楼茂记》,贾亚炜主编:《甬城老字号》,宁波出版社 2012 年版;柴隆:《宁波老味道》,宁波出版社 2016 年版。

汲绠斋书局

最初创建于东门街日新街口、如今再现于南塘老街的汲绠斋书局,其店名取自"绠短汲深"之典故,意谓浅学不足以悟深理,借以说明书籍的重要性。在旧时宁波,汲绠斋书局与新学会社、竞新书杜、文明学社、明星书局并称为"五大书店",对宁波的地方教育和文化传播起过一定的促进作用。

由鄞县三桥鲍氏、慈溪乍山严氏合资开设于清道光元年(1821)的汲绠斋书局,不但创办时间最早,而且从一开始就既销售书籍,也兼营刻书、印书业务。该店销售的书籍,大抵可分为四类:一是《四书》《五经》及经注、经解类的读物。二是以《百家姓》《三字经》《千字文》《幼学琼林》为代表的启蒙教材。三是包括《古文观止》《唐诗三百首》在内的常见书。四是《康熙字典》《诗韵合璧》等工具书。此外,如读者需要"二十四史"及《四部丛刊》《四部备要》等大部头著作,书店可为之代购。在相当长时期内,汲绠斋书局生意极为兴隆,包括宁波道员、宁波知府在内的官员,经常来店内选购图书。时至民国年间,该书局规模位居宁波各家书店之首,有前后两进,前进乃经营零售业务的店堂,后进第一间则是客堂,陈设着茶几、背椅、圆桌、搁几、条幅、对联,用于接待官绅、学者,甚至还免费为远道而来的顾客提供食宿。

1897 年,书店负责人鲍永年在得知其同乡人鲍咸昌兄弟于上海创办商务印书馆后,特地输送经验丰富的职工前往支援。也因此,汲绠斋书局与商务印书馆一直保持着特殊的关系,书局成为商务印书馆在宁波地区的总经销商,以至于鄞县、慈溪、镇海、余姚、奉化、象山、宁海、定海等地书店销售的教科书,均得向汲绠斋书局订购。

清末民初,铅印兴起,木刻雕版印刷逐渐被淘汰,汲绠斋书局随即调整发展方向,只经销商务印书馆、中华书局、开明书店、世界书局出版的书籍,同时继续销售古籍。

1938 年夏,在百米长的日新街上,又相继出现了若干家书店,例如由奉化留日学生孙锵、江起鲲集资创建的新学会社,出售书籍兼营文具的文明学社,意在为学校做好"后勤"工作而主要供应课本、文具的竞新书社。这些书店虽都有一定的经营特色,但雷同之处更多,并突出地表现为皆以经营教科书业务为主,因而不可避免地陷入无序竞争的局面。为解决这一问题,由汲绠斋书局牵头,成立了教科书联合供应机构,对教科书采取联进联销的办法。

新中国成立后,汲绠斋书局根据相关政策,组织安排进货、销售,1956 年实行公私合营,1966 年完全并入新华书店。

参见马元恺:《汲绠斋书局》,《宁波文史资料》第 6 辑,浙江人民出版社 1987 年版;胡鼎阳:《宁波最早创设的书坊——汲绠斋书局》,贾亚炜主编:《甬城老字号》,宁波出版社 2012 年版。

后　记

　　宁波地域自有人类活动以来，先民们始则自发、继而自觉地利用大自然所赐予的资源谋生存、求发展，以勤劳和智慧推动着本区域的经济发展和社会进步，使得宁波由荒僻之地成为鱼米之乡、繁庶之地。进入当代，宁波人民更是以改革开放为契机，秉承富有创造力的地域文化传统，与时俱进，创业奋进，创造出一个又一个令人惊叹的人间奇迹。

　　相当长时期里，宁波帮是宁波人茶余饭后的谈资。从这一话题转入对"宁波物"做学术层面的系统考察和深入研讨，既合乎人情，也符合逻辑，并由此而有林华东的《河姆渡文化初探》、林士民的《万里丝路——宁波与海上丝绸之路》、徐文浩的《宁波老建筑》、冯盈之的《宁波服饰文化》、邱枫的《宁波古村落史研究》、杨古城的《宁波老桥》、贾亚炜的《甬城老字号》、戴永明等的《宁波名厨名菜》、陈明伟等的《宁波骨木镶嵌》、傅亦民的《宁波宗教建筑研究》、傅璇琮的《宁波通史》、乐承耀的《宁波古代史纲》等著作和戴松岳的《三忠墓的诉说》、李永宁的《宁波鄞州老虎岩三国至唐代墓葬发掘报告》等各类论文的先后问世。这些研究成果大体上可分为两类：一是充分意识到留存至今的"宁波物"乃历史进程中不断积累的物质性劳动成果，因而勉力梳理其演进轨迹、指陈其时代特征。二是清醒地认识到"宁波物"具有丰富的内涵和外延，故而尽力从各个层面做横向的考察。诸如此类的论著，无疑为本书深入研讨"宁波物"奠定了扎实的基础。只是限于编纂体例，行文过程中未能悉数加以标注，特此深表歉意。

　　在此书行将付梓之际，对多年来关心、支持我的龚缨晏、陈君静、王万盈、尚永琪诸位师友，以及协助撰写词条初稿的佟少卿、王昊哲、王松、张书恒、阮佳妮、时秀娟、胡文书等同学，一并致以诚挚的谢意。同时也正因为此书定稿于仓促之间，故其部分词条在文字表述上可能不够严谨，尚请博雅君子海涵。

唐燮军

识于宁波大学人文学院

2019 年 5 月 8 日

图书在版编目(CIP)数据

　　宁波区域文化资源概览."宁波物"卷 / 张如安,张伟主编;
唐燮军编著. --杭州：浙江大学出版社,2019.11
　　ISBN 978-7-308-19697-0

　　Ⅰ.①宁… Ⅱ.①张… ②张… ③唐… Ⅲ.①地方文
化-介绍-宁波 ②宁波-概况 Ⅳ.①G127.553
②K925.53

　　中国版本图书馆 CIP 数据核字(2019)第 241439 号

宁波区域文化资源概览

张如安　张　伟　主编

责任编辑	吴伟伟 weiweiwu@zju.edu.cn
责任校对	赵　珏　张培洁　刘葭子　许晓蝶　朱卓娜
封面设计	雷建军
出版发行	浙江大学出版社
	（杭州市天目山路 148 号　邮政编码 310007）
	（网址：http://www.zjupress.com）
排　　版	浙江时代出版服务有限公司
印　　刷	杭州高腾印务有限公司
开　　本	710mm×1000mm　1/16
印　　张	86
字　　数	1498 千
版 印 次	2019 年 11 月第 1 版　2019 年 11 月第 1 次印刷
书　　号	ISBN 978-7-308-19697-0
定　　价	358.00 元(全 5 卷)

宁波市文化研究工程重点项目

PANORAMA OF
NINGBO REGIONAL CULTURAL
RESOURCES

———————

Customs of Ningbo

张如安　张　伟　主编

宁波区域文化资源概览

『宁波俗』卷

王万盈　李央琳　张丽娜　编著

ZHEJIANG UNIVERSITY PRESS
浙江大学出版社

目 录

点 吃生 老虎灶 象山(石浦)海鲜十六碗

笼裤 布襕 长衫与长袍 马褂 女子发型 绣花鞋 堕民衣饰 栲汁衣

聚族而居 前厅后堂四明两廊式 "间弄轩"式住宅 祠堂 告土上梁

官轿 花轿 夜航船 泥马船

"九代有序"称谓系统 姻亲称谓 表亲称谓 友邻熟人称谓 社会称谓
家祭 结交 接缘

掸尘 正月十四请屙缸姑娘 拜忏 葛仙翁信俗 茅洋寺葛仙圣母习俗
走八寺拜十桥 石浦如意信俗 请龙祈雨 商民信仰 渔民信仰

佛教信仰 道教信仰 基督教信仰 天主教信仰 伊斯兰教信仰 妈祖
信仰 江北岸天主教堂 庆安会馆

吃丫头羹 哭嫁 立夏称人 田螺姑娘传说 孟姜女传说 吕祖下丹日
传说 王乔乘鹤与宁海缑城 梁祝传说 董孝子传说

自然禁忌 动植物禁忌 建房禁忌 吉凶禁忌 凶兆

它山庙会 高桥庙会 胜山庙会 城隍庙庙会 象山姜毛庙庙会 慈溪
礼拜庙会 萧王庙会 城北天王会 临山庙会 慈城庙会 四月半庙会

腊八节 谢年 除夕 春节 元宵节 端午节 八月十六中秋节 重
阳节

立春 二月二 立夏 立秋 冬至 六月六曝晒习俗

石浦三月三 乞巧节 石浦十四夜 吃露天米饭 宁海四月八习俗 腊
月跳灶王

春节禁忌 立春禁忌 立夏禁忌 中元节禁忌 中秋节禁忌 清明节禁
忌 地藏王生日禁忌

综　述

　　所谓宁波俗,就是宁波民众在千百年以来的生产生活中所形成的生产习俗、生活习俗、信仰习俗、节庆习俗以及礼仪习俗,是影响和制约宁波民众生活与行为的非正式的社会规范,有着较为稳固的传承性。

　　如所周知,风俗的形成有其特定的自然与人文环境,"广谷大川异制,民生其间异俗"①,就说明"百里不同风,千里不同俗"②的风俗之形成就是因地而异,因地而成,其见识远早于法国启蒙思想家孟德斯鸠(Montesquieu)和历史学家、社会学家博丹(Jean Bodin)等所提出的"地理环境决定论"观点③,也为研究者进一步研究民风民俗的形成指点了迷津。

　　从社会心理学角度看,与个人习惯一样,各种习俗的形成都是群体行为不断重复、不断发扬的结果。也就是说,当某种行为如果被证明能够满足人的基本需要,为越来越多的人所效法时,就可能被固化下来,进而演化为习俗。如远古人们由于科学知识缺乏,就以卜筮、占星来解释自然,预测未来。这种方法被广泛用于稼穑、兵战、狩猎、远行等活动中,终于成为无所不及的习俗,并历久不衰。当然,不具有普遍性的个人行为与习俗是截然不同的两回事,只有那些被广泛接受的群体规范化行为才能称之为习俗。

　　简言之,所谓风俗,就是一定社会文化区域内历代相袭的人们共同遵守

---

　　①　〔宋〕郑刚中撰:《周易窥余》卷五《上经》,文渊阁四库全书本。

　　②　〔汉〕应劭撰,王利器校注:《风俗通义校注·序》,中华书局2010年版,第1页。

　　③　相关内容详见孟德斯鸠:《论法的精神》(商务印书馆2011年版)以及博丹:《主权论》(北京大学出版社2008年版)等书。

的行为模式和生活习惯,通常又称为习俗。人们往往将因自然条件不同而造成的行为规范的差异称之为"风",将由社会文化差异所造成的行为规则的不同称之为"俗"。风俗既是一种社会传统,同时也是一种社会规范,是实现社会软控制的重要手段。因此,历代统治者都十分重视风俗的社会控制功用和社会影响力,如"为政必先究风俗"①,"王者所以观风俗,知得失","观风俗,知薄厚"②。因此,"观风俗、布政教"也就成为最高统治者治国理政的重要手段③,更是制定国策的重要参考,所谓"古之大一统之君,继同轨同文之后,莫不以同风俗为急务也"④,就是明证。当然,随着时代发展与文化变迁,有些习俗中不适应社会发展的内容,也会随着时代变迁而改变,所谓"移风易俗"就是如此。

"六合同风,九州共贯"的风俗具有明显特征⑤:一是具有传承性。风俗是历代相传久积而成的风尚、习惯,它由一代代人沿袭积淀而来,因此表现在时间上是久远的,表现在形式上是相对固化的,表现在思想上是保守的。由于风俗多是从前人那里继承而来,所以风俗一旦成为习惯,在短时间内就难以改变,因此在传承过程中会显得固化与保守。二是风俗具有民族性与地域性。风俗是在一定自然环境和特定社会条件下形成的,由于各民族所处的环境不同,特定的生产、生活方式必然会产生不同道德观和审美观,加之民族心理影响,表现在风俗上也就存在很大差异。这一点在衣、食、住、行以及婚丧嫁娶、人生礼俗等方面表现明显。三是风俗具有浓厚心理特性。风俗表达着各地区、各民族民众的思想意识,它所表现的是一定社会中人们某一方面的心理状态,包括其道德、宗教、艺术观念等。其中有积极向上的,有鼓舞人心的,但也不乏愚昧落后的;有温柔善良的,也有粗俗野蛮的;有合乎人之常情的,也有荒诞离奇的。这种种心态的表现,无不反映了风俗的心理特性。⑥

习俗总是与人类的基本活动结合在一起,为人们提供特殊的规范,因此,作为一种非正式的社会规范和约定俗成行为习惯,习俗对社会发挥着重

---

① 〔宋〕欧阳修等撰:《新唐书》卷一百六十四《王质传》,文渊阁四库全书本。

② (清)阎若璩撰:《尚书古文疏证卷五下》,第七十三,文渊阁四库全书本。

③ 〔清〕秦蕙田撰:《五礼通考》卷二百四十三《军礼》,文渊阁四库全书本。

④ 〔汉〕应劭撰,王利器校注:《风俗通义校注·校注叙例》,中华书局2010年版,第1页。

⑤ 〔汉〕班固撰:《汉书》卷四十二《王吉传》,文渊阁四库全书本。

⑥ 该段部分内容主要参考了陈端清《浅谈风俗》一文,原文刊于《黑龙江科技信息》2009年第35期。亦见孟祥华:《浅谈风俗的产生于特征》,《黑河学刊》2008年第3期。

要影响作用,几乎所有社会学家都把它看作社会控制的重要手段,"风行俗成,万世之基定"①,"国家元气,全在风俗;风俗之本,实系纪纲"②。这都说明风俗重要的社会功用。从社会软控制视角看,习俗是一种非正式的社会规范系统,它常常具体化为各种礼仪和禁忌,渗透于人们日常起居迎送的活动之中,"习俗移人,贤者不免"③。常见的如婚礼、丧礼、祭礼、节庆、寿诞、服制等习俗,都在一定程度上规范着人们的行为。同一社会群体的人对本群体的习俗总是习以为常,视之为生活中应有的内容和特色,而对于不同于本群体的习俗,则往往表现出一种好奇或排斥。所以,习俗正是作为约定俗成的规矩、程式,调节并固定着人们的各种活动,使人类生活呈现出浓郁的群体特征和地域化色彩。在中国历史上,历代统治者都十分重视习俗的教化功能,试图通过"美风良俗"的作用控制世道人心。如曾国藩早就意识到习俗的作用是潜移默化的,具有不可抗拒的力量。曾国藩认为,仁义观念应转变为风俗,这样就能深入人心了。其所谓的"众人所趋,势之所归,虽有大力,莫之敢逆。故曰挠万物者莫疾乎风,风俗之于人之心,始乎微而终乎不可御者也"④就是如此。

习俗涉及的范围极广,举其细目,一个社会或群体的生产、贸易、居住、饮食、器物、服饰、娱乐、婚嫁、丧葬、祭祀、时令、语言等各个方面,都通行着特定的习俗规范。我国历史悠久,幅员辽阔,素有"百里不同风,千里不同俗"⑤之说。从宏观上看,习俗既有其贯通古今、遍及全国的共性,又各有其时代、地域与民族特点,可谓斑斓缤纷,骎骎森森。据研究,我国的习俗大体上可以分为六类:有关衣食住行闲的生活习俗,有关婚娶丧葬、生儿养老的生育习俗,有关礼仪结拜、待人接物的人际习俗,有关节令岁时的闲暇习俗,有关民间文学、艺术竞技的审美习俗以及有关天地山川、日月星辰的信仰习俗等。

同样,生活在宁波这片热土上的宁波民众,因长期氤氲在海洋文化、农耕文化中,形成了独具特色的"宁波俗"。"海定则波宁"是宁波称谓的出处与来源,也注定了宁波海洋习俗的辉煌与璀璨。人生礼仪、婚丧嫁娶、宗教

① 〔汉〕班固撰:《汉书》卷五十一《贾山传》,文渊阁四库全书本。
② 〔宋〕楼钥撰:《攻媿集》卷二十五《奏议·论风俗纪纲》,文渊阁四库全书本。
③ 〔明〕来知德撰:《周易集注》卷十一,文渊阁四库全书本。
④ 〔清〕曾国藩撰:《原才》,《曾国藩全集》第14卷,岳麓书社1986年版,第182页。
⑤ 〔清〕惠士奇撰:《礼说》卷一《天官上》,文渊阁四库全书本。

信仰是承载千百年来宁波人文化的精神家园,代代传承,影响久远;谚语和传说反映着宁波民众的价值判断,人人知晓,弥久不变。节日习俗也是宁波俗的重要内容和人际关系调节的重要手段,是宁波人自我认同的典型体现。

作为宁波非物质文化的重要内容,"宁波俗"实际上就是宁波风俗习惯的简称,主要涵盖在宁波这片热土上长期养成的较为固定的生产习俗、生活习俗、信仰习俗、节庆习俗以及礼仪习俗等。

所谓生产习俗,就是千百年来宁波民众顺应自然、改造自然而生成的农业生产习俗、手工生产习俗、商业习俗、集市贸易习俗和渔事习俗等。如果细分,在这些物质性生产习俗中也包含行业崇拜、信仰禁忌等内容。不论哪一种生产习俗,其产生都和宁波"襟山带海"的自然生存环境密切相关。七千多年前的河姆渡文化是宁波农耕文明与海洋文明的肇始,既造就了宁波传统的农耕生产习俗,也造就了独具特色的渔业生产习俗,从而构成"宁波俗"重要内容之一。

所谓生活习俗,是宁波传统生产习俗的发展和延伸,同时随着时代变迁而不断发展,主要包括服饰习俗、饮食习俗、居住习俗、出行习俗、交际(称谓)习俗等。餐稻羹鱼、以舟代车、聚族而居等是宁波民众生活习俗的典型反映,是宁波民众长期生产生活与人际交往的心理积淀。

一般认为,信仰是指对一个人、事物、神、宗教的教条或教导、没有经验证据的观点抱有信心和信任。质言之,信仰就是指对圣贤的主张、主义或对神的信服和尊崇,对鬼、妖、魔或天然气象的恐惧,并把它奉为自己的行为准则。信仰与崇拜经常联系在一起,但是与崇拜还有些许不同。信仰主要针对"观念",而崇拜主要针对某个"个体"。宁波民众的信仰习俗实质上就是对人、神或自然的信崇,并希望通过某种形式的信仰寻求心灵的慰藉或安全的保障。这是一种更高层次的习俗形态,主要体现在宗教信仰、庙祀信仰、民间信仰、行业信仰、信仰传说和信仰禁忌等方面。

礼仪习俗主要涵盖生育习俗、婚嫁习俗、寿庆习俗、丧葬习俗以及祭祀习俗五个方面,它是贯穿每个人一生的主要活动之一。"礼"在早期的中国被推举到"国之命"的高度,"国之命在礼","政无礼则不行,王事无礼则不成,国无礼则不宁,王无礼则死亡无日矣","人而无礼,胡不遄死"。[1] 因此,"礼"在宁波传统社会无时不在。无处不在。历史时期的宁波人出行有礼、坐卧有礼、宴饮有礼、婚丧有礼、寿诞有礼、祭祀有礼以及征战有礼。礼仪不

---

① 〔汉〕韩婴撰:《韩诗外传》卷一,中华书局1980年版,第6页。

仅在人际交往中以一定约定俗成的程式来表现律己敬人的过程,更是长期以来生活在宁波大地的民众精神生活的重要表现。在宁波,"多年老邻舍家""多年老朋友""多年老同事"之间,彼此相互信任。在称谓上,常常也是仿血亲或近亲型,如"顾家姆妈""阿哥呒大小""阿哥"等都是广为流行的社会称呼。在相对稳定的居民区,上了年纪的人还被称为"老娘舅""舅姆""嬷嬷""老阿叔"等。这些从表亲和堂亲延伸过来的礼仪称谓,显然带有亲昵感,发酵着乡村特有的"远亲不如近邻"的温情。

所谓节庆习俗,主要包括传统节日、时令节日、信仰节日、现代节庆和节日禁忌五方面内容。宁波地区的传统节庆习俗,是宁波数千年来的地域文化在发展中所生成的,既有与中华大地其他地区相同的节庆习俗,更有独具宁波特色的节庆方式。这些独特的节庆形式是宁波地域文化的表现,更是展现宁波民众风采的重要非物质文化遗产,凸显出宁波传统文化的魅力。随着时代发展、社会进步,个别不合时宜的节庆习俗逐渐淡出人们的视野,一些新的具有现代特色的节庆逐渐推出,展现着宁波现代文明的风采,充分表现出了"宁波俗""移风易俗"的特点。

自古以来宁波就是"川泽沃衍,风俗澄清"①之地,"四明八百里,物色甲东南"②,优越的自然环境使得古代的宁波已经是"民无饥乏之虑","山有金木鸟兽之殷,水有鱼盐珠蚌之饶","衣食常充,仓库恒实,荣辱既明,礼节甚备"。③ 特定的地理环境、长期的文化积淀与勤劳务实的有机结合,从而产生了宁波特有的"风俗习惯"。因此,"宁波俗"就是宁波这一方水土造就的精神文化的总和,属于较高层面的精神需求。其长期以来得益于农耕文化、海洋文化、商帮文化、佛教文化以及遗民文化的熏染。如遗民文化中,宁波遗民的高风亮节成为民众信奉追随的榜样,宋遗民王应麟作《七观》以歌咏宁波风俗,明遗民李邺嗣、万斯同分作《鄮东竹枝词》和《鄮西竹枝词》以铺陈宁波风俗,激发乡人爱乡乐俗之情。④ 当然,在众多文化交织熏染乃至整合过程中,农耕文化和海洋文化起着至关重要的作用。尤为注意的是,历史上,

---

① 《浙江通志》卷九十九《风俗上》,文渊阁四库全书本。
② 〔清〕胡文学编:《甬上耆旧诗》卷二十三《沈世君问宁波风土应教五首》,文渊阁四库全书本。
③ 〔元〕袁桷撰:延祐《四明志》卷一《沿革考》,文渊阁四库全书本。
④ 关于移民文化对宁波风俗之影响这段论述,采纳引用的是匿名审稿专家的灼见,在此深表感谢!

由于宁波长期处于"中央政权"控制的核心之外,并不属于冀朝鼎先生所言之"基本经济区"的范围①,这种与王朝统治若即若离的态势反而使宁波地域风俗文化较古代中央政权控驭的"核心区"文化显得更有特色,更具多元性。可以说,"宁波俗"的形成在很大程度上得益于这种特殊的地域优势。

就"宁波俗"研究进一步拓展而言,除目前所研究的宁波地区的生产习俗、生活习俗、节庆习俗、信仰习俗和礼仪习俗五部分内容外,还可以进一步研究宁波的禁忌习俗、建筑习俗、交通出行习俗、盐业习俗、堕民习俗、帮会习俗、拜师习俗和谚语、歇后语等,拓展的空间巨大,学术价值和资料价值不可小觑。

那么,宁波俗演进轨迹如何？这个问题是研究宁波俗不可回避的基本问题,也是从学理上必须解决的问题。

"宁波俗"既是居住在宁波这片热土上的民众千百年来生活的结晶,也是宁波地域文化的重要特色之一,其形成得益于宁波的自然地理环境。众所周知,宁波为长三角南翼经济中心和浙江省经济中心,位于浙江省东北部宁绍平原东端,东有舟山群岛为天然屏障,北濒杭州湾,西接绍兴市的嵊州、新昌、上虞,南临三门湾,并与台州的三门、天台相连,东北与舟山隔海相望,属于典型滨海城市。

宁波倚山靠海,属于亚热带季风气候,一年四季分明,"三冬无积雪,十月尚余秋"②,冬夏季长达 8 个月,春秋季仅约 4 个月。宁波雨量充沛,年平均降水量 1480 毫米左右,山地丘陵降水量一般要比平原多三成,无霜期年平均为 230～240 天,作物生长期 300 天。这种特定的地理环境和气候条件,造就了宁波地区特有的生态环境和经济生产生活方式。

宁波是中国盛产海鲜的主要区域之一,因位处浮游生物极为丰富的东海之滨,宁波所产海鲜味道十分鲜美,营养价值极高。黄鱼、带鱼、墨鱼、石斑鱼、香鱼、弹涂鱼、海鳗、梭子蟹、海虾、蚶子、蛏子、牡蛎、泥螺、贡干、海蜇、海带、苔菜等各类海鲜一应俱全。干海鲜产品中的黄鱼鲞、红膏炝蟹、醉泥螺、虾干、对虾干、新风鳗鲞、海蜇头、海带、苔菜、烤鱼片等更是中外驰名。

宁波独特的自然地理环境使得自古以来宁波的生产方式、生活方式出

---

① 相关内容可参见冀朝鼎:《中国历史上的基本经济区与水利事业的发展》,中国社会科学出版社 1981 年版。

② 〔清〕胡文学编:《甬上耆旧诗》卷二十三《沈世君问宁波风土应教五首》,文渊阁四库全书本。

现多样化特色,稻耕文化、海洋文化、商业文化交相辉映。多元文化的出现,直接影响制约着宁波民众的生产习俗、生活习俗、信仰习俗、礼仪习俗和节庆习俗。流传至今的这些习俗,不仅是我们从先民们那里传承下来的非物质文化遗产,留存着父老乡亲的共同记忆,更是宁波的文脉和宁波民众的精神家园,是唤醒民族文化自信的重要手段。

就生产习俗而言,宁波"襟山带海"的地理环境,造就了宁波的水乡稻作文化。早在河姆渡时期,宁波地区的民众就开始从事稻作农业生产,刀耕火种是当时主要农业生产方式。由于生产力水平低下,人对自然依赖极大,因而就出现原始的自然崇拜习俗。如考古工作者在河姆渡遗址发现的一件雕刻有合体鸟纹和太阳的象牙蝶形器,这件最终被称为"双鸟昇日"的蝶形器,被看作河姆渡文化时期的太阳崇拜、生育崇拜和祈求农业丰收的象征。它是河姆渡文化标志性的图腾艺术表现,是中国最早的太阳神像①,更是宁波早期先民原始信俗重要表现。

延及春秋战国,随着人口增加,牛耕推广与铁器广泛使用,水稻种植面积进一步扩大。魏晋以降,随着人口增加,宁波水利事业有所发展,宁绍平原的开发向广度和深度发展。宁波先民"遏长川以为陂,燔茂草以为田。火耕水种,不烦人力。决泄任意,高下在心。举锸成云,下钯成雨,既浸既润,随时代序"②。当时宁波地区也开始了修筑陂堤为主的水利工程,部分解决了宁波地区农业因"海之咸潮"的侵扰③,耕地面积有所扩大,传统的水稻种植也有很大拓展。在当时宁波人的主食结构中,稻米已逐渐占据主要的地位。水稻的栽培及其相关农业生产习俗的形成,成为宁波农业生产风俗中的一个重要内容。④ 而纵横的河流,土质肥沃的沙田,又使得宁波农业生产中的诸多"副产品"得以衍生,如蔺草的种植、棉花的生产、蚕桑业的发达以及山珍的大量出现,等等。

隋唐以降,宁波经济开始步入发展快车道,尤其随着对外海洋贸易发展,南宋初年,明州已经出现"万里之舶,五方之贾,南金大贝,委积市肆,不

---

① 吕洪年:《河姆渡文化的艺术珍品——释蝶形牙雕"双鸟昇日"》,《文史知识》1996年第10期。

② 〔元〕袁桷撰:延祐《四明志》卷一《陆士龙答车茂安书》,文渊阁四库全书本。

③ 〔宋〕梅应发、刘锡同撰:《四明续志》卷三《水利》,文渊阁四库全书本。

④ 蔡罕:《宁波农业生产风俗考述——宁波饮食生产风俗研究之一》,《浙江万里学院学报》2003年第1期。

可数知"①的繁盛局面。这种贸易对宁波当地商品化生产的推动作用明显，农业生产商品化步伐加速。如元代的明州（宁波），"五谷之生，随地所宜，郡居海陬，民趋渔业，况山硗地确，种艺辛苦，民无终岁之蓄，计之户口，藉贩籴者半之"②。同时，元代宁波地区的席草业很发达，"甬东里多种席草，民以织席为业，计所赢优于农亩"③。大量草席也经由庆元港输往外洋。到明清，宁波地区人地关系矛盾更为突出，除粮食种植外，大量耕地开始转向种植烟草、棉花和茶叶，许多农户也栽桑养蚕，无地或少地的民众要么改行从事手工业生产，要么从事海洋贸易，宁波地区生产的多样化局面出现。

多样化的农业生产，也形成了多样化的农业生产习俗。长期的农耕生产，宁波人形成了"敬牛"习俗。对牛的重视与爱护，实质上就是农家对自己赖以生存的耕作"伙伴"的敬奉，因此才有"敬牛"习俗的形成。如过去在北仑、鄞州等地，认为清明是牛的"放青"日。清明这天，每一家的耕牛都可以随意到任何一家田里吃芘花草子，主人家绝不埋怨干涉。过去，宁波人认为"立夏"是牛的生日，这一天，让牛休息，擦洗并沐浴牛身，而后灌黄酒，喂鸡蛋，为牛欢庆生日。放牛娃在这天食麻糍，吃蛋，意谓"人牛共食"。春耕前还有给牛喂豆饼的习俗，谓之"长补"，年三十，人们也会祭祀牛神。

立春时节，宁波有"报春牛"习俗，每近立春，庙堂人或叫花子到每家每户报"春牛"。其做法是：庙堂人或是乞丐手提用泥捏成的春牛，到主人家的米缸、谷仓或门口正反各绕三圈，边念"黄龙盘谷仓，青龙盘米缸"等吉语。念毕，给一张木版印制的"春牛图"，户主回赠年糕、大米或钱币后，贴于门墙，以示吉祥。春牛图上印有当年二十四节气、梅伏期、潮汐等与农事有关的天文现象、气象预报。两边饰以十二生肖图，中缀以牧童与牛的图像。据云牧童与牛的画法，大有讲究。牧童骑牛吹着横笛，这一年风调雨顺，是个丰收年；牧童拉着牛走在前头，是一般年景；牧童在后，用竹梢鞭打牛的屁股，是干旱年，预示歉收。随着社会发展，科技进步，农业生产中耕牛的使用越来越少，机械化大生产逐渐取代了传统的牛耕模式，但宁波人的"敬牛"习俗仍然保留了下来。

---

① 〔宋〕陆游撰：《渭南文集》卷十九《明州育王山买田记》，文渊阁四库全书本。

② 〔元〕王元恭撰：至正《四明续志》卷第五《土产》，《中国方志丛书》之至正《四明续志》，成文出版社1983年版，第60页。

③ 〔元〕王元恭撰：至正《四明续志》卷第五《草木》，《中国方志丛书》之至正《四明续志》，成文出版社1983年版，第64页。

宁波人在元宵夜有"燀火龙"习俗。元宵夜,农家以火把照地间,谓可以除虫害,名曰"烧蝗虫"。大碶、柴桥地区则烧田塍草,埭埭田塍干草着火,犹如条条火龙,因名"燀火龙"。

宁波人在春节后第一天有"开犁"习俗。春节后,头一天耕田叫"开犁",开犁这天农活安排不多,祈求全年轻松。有的还要点三炷香,烧几张纸钱以拜犁,祈愿耕耙顺当。

清明前后宁波人有"孵秧子"习俗。清明前后浸种称"秧子落缸",秧子上放一张红纸,压一把镰刀,称"催芽"。[1] 秧子播下后,在竹竿上端缚一张灵峰戒牒,插在田角,祈求"田公""田婆"保佑不烂秧。去播种的人一定要吃饱,认为人吃饱了,长出的谷粒定会饱满。第一天插秧,称为"开秧门"。主妇要备好饭菜酒肉,供家人和帮工者聚餐。餐间,每人要吃一个鸡蛋,意谓"讨彩头"。蹲下去拔秧,先用缚秧苗的稻草在秧田上面横扫几下,意谓防止"发秧疯"。发秧疯即手背发肿。插秧结束,称"关秧门",有的户主绕田走一圈,拔一把秧苗带回家,扔在门墙边,说是"秧苗认得家门,丰收由此进门"。插秧结束那天的晚餐,主人家要宴请帮工,称"打散"。插秧种田时,一天三餐外,还要加两次点心。随着时代发展,插秧习俗慢慢在淡化中。

历史时期的宁波人还有"祭田公""祭田婆"习俗。这是旧时北仑一带甚至整个宁波地区的农业生产祭祀风俗。"祭田公田婆"一年共分四次:第一次在清明后下种前,择黄道吉日,点香焚纸,祭祀人站在秧田下首缺口的田塍上,朝田畈作揖行礼,祈祷田公田婆保佑秧苗壮大,之后将香插于田塍,谓之"许愿"。第二次于开秧门前,摆供品及肉类于田塍,人仍立于秧田缺口,燃香祈祷,以保佑秧苗快长,谓之"尝甜头"。第三次是夏至这一天,供酒肉饭菜于田头,并燃烧麦秆,祈语为"田公田婆保佑风调雨顺,无虫无灾,来日丰收,再来重谢"[2]。有的穿蓑衣戴笠帽,以象征"求雨",烧麦秆寓意赶害虫。第四次即最后一次是开镰收割之前,祭品丰盛,并摘谷穗插于供品上,以报答田公田婆保佑之恩,称"还愿"。平时,凡在田间就餐,或吃点心之前,先撮一小块糕点或米饭以祭祀田公田婆。这种风俗虽带有封建迷信色彩,但一定程度上反映了农民对土地的热爱与崇敬心理。

---

① 宁波市文化广电新闻出版局编:《甬上风物:宁波市非物质文化遗产田野调查·鄞州》,宁波出版社 2009 年版,第 107 页。

② 宁波市文化广电新闻出版局编:《甬上风华:宁波市非物质文化遗产大观·奉化》,宁波出版社 2012 年版,第 290 页。

旧时北仑农民还有"驱瘟神习俗"。当时农民为防止烂秧或发生稻瘟病,就在田角插一根竹竿,竹竿上端缚一只灵峰戒牒,据云能消灾驱瘟。瘟疫严重,则行"都神会",以驱瘟神。稻谷将要成熟时,宁波还有"插稻草人习俗"。就是以稻草扎成人形,让它穿破衣、戴草帽,两"手臂"各挂一把破扇插在田间,用以驱赶鸟雀。这种习俗今天仍然较为多见。

旧时田间劳动极为辛苦,但农民也会苦中作乐,从而出现"唱田歌习俗",亦称"唱田头山歌"。每年春耕夏耘之时,农民一边耕耘,一边引吭高歌。歌词大都即兴编唱,其内容有民间故事、当地风情、猜谜等,歌唱形式有独唱也有对唱。歌声在田间飘荡,为劳动者增添几分乐趣。除此之外,在农具制作上也有宁波本地诸多特色。如在旧时北仑一带,犁和耙为主要农具,龙骨水车为主要提水工具,用于插秧的农具有种田绳、竹竿和土箕担等,而稻桶则成为最主要的收割工具。木砻、石臼、石磨、碾子和水碓是旧时加工粮食的器具。

宁波民众的生产生活虽然受农耕文化和渔业文化的双重影响,但二者相较,农耕文化占据更为重要的地位。因此,在宁波的节庆习俗中带有与稻作文化相适应的农俗色彩更多一些。各种节庆习俗,在时序的安排上基本上都是遵循着农时节令。如宁波有首关于节日习俗的童谣:"正月嗑瓜子,二月放鹞子,三月种地下秧子,四月上坟烧锭子,五月白糖温粽子,六月朝外扇扇子,七月西瓜裹心,八月月饼嵌馅子,九月金甘夹橘子,十月砂糖炒栗子,十一月扑扑簌簌落雪子,十二月冻死凉亭叫花子。"①这首老童谣隐含了宁波的一些节令习俗,如春节、清明、端午、鬼节、中秋、重阳等,从中能明显看出这些岁俗节日在时序上基本都是遵循农时节令,并以此调节着农业的时段性作息节奏。

宁波是中国海洋文化的生发地,海洋渔业生产习俗也很有特色。

渔船是宁波沿海民众主要生产工具之一,因而也形成造船习俗。旧时宁波当地多为木船,渔民开工造船要择吉日良辰,须用三牲福礼敬请天地神灵,向大木师傅敬酒。新船梁头定位时要披红挂彩。装淡水的"水舱"梁头合拢处要放银洋(或铜板、铜钱),并用银钉(或铜钉)钉合,渔民称它为"船灵魂",亦称"水灵魂"。最后一道工序装"船眼睛",叫"定彩"。定彩仪式很隆重,也要择定吉日良辰,并按金木水火土五行,用五色线扎在作为银眼珠的银针上,由船主将它嵌进船头,然后用崭新的红布将它蒙住,这叫"封眼"。

---

① 金普森、孙善根主编:《宁波帮大辞典》,宁波出版社 2001 年版,第 469 页。

人们还会在船尾板上贴上"海不扬波"横幅。新船下水时,船主揭去红布,称"启眼"。届时,敲锣打鼓,鸣放鞭炮,由身强力壮、父母双全(有福气)的几十名青壮年将船体徐徐"赴水"(推入水中),谐音"富庶",以示吉利。赴水时,东家站在船头上向船匠师傅和围观者分抛馒头,谓之"发福"。

宁波海洋生产中还有祈请神佑信俗。历史时期的渔民都认为渔船上还有"船灵魂","船灵魂"就装在水舱里,俗称"水活灵"。渔民认为船是木龙,龙行于水,有了灵魂,就能乘风破浪,一帆风顺。渔船后舱,设有神龛,专供船关菩萨,叫圣堂舱。新船赴水时,要用三牲福礼向船关菩萨祈福。

渔船上负全责的人称船老大,与船老大见面或告别时都要有礼貌地说一声"顺风"或"满载"。在酒席上船老大坐首席,端菜上桌,要将鱼头对着老大,祝愿老大能拦住鱼群之头。在船上,渔民绝对服从老大的指挥,船老大是真正指挥全船的活灵魂。

宁波人把"渔汛"称之为"渔泛"。认为一年中渔泛分春、夏、秋、冬四泛。渔船出海谓"开洋",渔泛结束称"谢洋"。一个潮期日为"一水",农历每月十二至十八、廿七至次月初三"大水",初四至十一、十九至廿六"小水",十二、廿七"起水",十八、初三"落水"。有谚语曰:"拗鱼人勿读四书,也晓得大水小水。"①

宁波沿海渔民出海前后会有隆重的"祭海"仪式。渔民每泛出海之前,先要在船上祭祀神祇,烧化疏牒,俗称"行文书"。然后由老大将杯中酒与盘中肉抛入大海,称"酬游魂",以求出海打鱼时平安无事。祭祀时要放一副"太平坊",即棺材板,出海时,放在船上。棺材板冠以"太平坊"之名,与渔民在大海作业时很有可能被巨浪吞噬相关。葬身大海是渔民大忌,因为它与"入土为安"的习俗相违背。因此人们放一副棺材板,以求太平无事。若死,也得死在家里,才能"入土为安"。这与他们到市场上去买床,不愿买新的,却要买一张已死过人的,以求到老能死在床上的愿望相一致。一泛结束,亦要举行祭祀神祇,称"谢洋"。

旧时技术尚不发达,出海船只都是木制帆船,难以抵御海上狂风大浪,尤其是木船触礁更容易导致沉覆事故发生。为应对海难,宁波渔船在海上遇有触礁或漏水等海损事故,要先在船头显眼处倒插一把扫帚,然后在桅顶挂起破衣。若是晚上,遇难者须点起火把,敲打面盆、铁锅以呼救,其他船只

---

① 舟山市地方志编纂委员会编:《舟山市志》第三十二篇"民情风俗",浙江人民出版社1992年版,第750页。

闻此信号,必须立即全力救援。救护船靠拢遇难船只时,要先抛缆绳救人,然后带缆拖船。遇险者在跳船或跳上礁岩时,先把鞋子、柴爿丢过去,再跳,以避邪。如遇死人,若是朝天女尸或伏着的男尸,要待海浪将尸体翻过身后才能打捞。捞尸时,人们用镶边篷布蒙住船眼睛以避邪气。

此外,渔民在船上也有诸多行为禁忌,如不许把双脚荡出船外,不许头搁在膝盖上,手捧膝盖,不许在船上吹口哨,不许拍手示意打招呼,不许在"龙头下(船头)"撒尿,出网时不许大小便,等等。即使在船上吃饭,也有相应的禁忌。

宁波民众的海神信仰主要是妈祖。妈祖亦称"天妃""天后""海神娘娘"。海神娘娘职司航海行船平安,被渔民尊为保护神。如北仑区新碶街道的下三山旧时就有一座娘娘宫。每年农历三月二十三日和九月九日,渔民们都去娘娘宫举行隆重的祭祀活动。如所周知,妈祖信仰最初形成于福建莆田,大约自南宋时期传入浙江,在舟山、宁波、杭州、嘉兴、温州等地快速发展。到清代,宁波、舟山等地区的妈祖"天后宫"就已多达 150 处。据雍正《宁波府志》和民国《象山县志》记载,该时期宁波的"天后宫"有 20 余处。随着妈祖的神格不断被抬高,浙江地方政府修葺妈祖神庙的举措在明清时期也是逐年增多。如嘉庆二年,浙江地方政府"重修浙江镇海县天后庙大门、大殿、后殿等房"①。不论对妈祖信仰也好,还是中央乃至地方政府的重视也罢,都表明妈祖信仰已经深入宁波民众社会经济生活的方方面面。如海商们每逢远航,均要去天妃宫祭拜,所谓"商贾入海,必祷求阴护"②。妈祖信仰已成为宁波民众重要宗教信仰之一,影响和制约着人们的心理和行为,反映着人海关系的微妙变化。直到今天,虽然普通宁波市民不再信奉妈祖,但沿海渔民对妈祖的崇信依旧初心未改。这一切,实质上都是宁波俗演变的重要轨迹之一。

历史上的宁波商贸文化比较发达,重商观念深入民心,从而也形成较为独特的商贸习俗。如北仑当地称商人为"生意人",称经商人家为"生意人家"。明清以来,宁波的生意人家就特别敬神,尤信财神。新店开张,主人要在门口贴红纸的对联,对联的匾额通常写"开张大吉""招财进宝"字样。店堂内设财神爷"赵公明"神堂,财神像有泥塑、木雕、彩瓷、白瓷、神纸等。正

① 〔清〕昆冈等修:《钦定大清会典事例》卷八百六十六《工部·坛庙规制》,续修四库全书本。

② 〔明〕何乔远撰:《闽书》卷六《方域志》,福建人民出版社 1994 年版,148 页。

月初五为财神日,店家请过财神后方可"开市"营业。初五五更祀神,亦称"接财神"。接财神时,在椅子背挂上神纸,燃檀香,点足斤重的红烛,供奉糕饼、干果和水果。

北仑生意人家接财神祭祀,与别处也稍有不同。如"牲礼"为虚称,"全猪全羊"即猪头加猪尾,羊头羊尾加羊肉一刀;贡品还要有公鸡、雄鹅,意为"鸡啼鹅叫",商店会发;需有两条金黄透骨新鲜的大黄鱼(本地人也把金条称为"大黄鱼"),或一对用红纸蒙住眼的雄鲤鱼,供毕由两人将其放生河中,讨"生意兴隆通四海,财源茂盛达三江"彩头;祭祀财神时需有红膏炝蟹一对,寓意"十全十美"(蟹有十只脚)。接财神时,店主手持三炷香,从屋外蹀步摇香至店堂,示意财神已接进店内,而后按序膜拜,再烧化纸元宝。祭神后吃财神酒。[①]

商铺做学徒也有很多规矩。男孩十五六岁出家门当学徒,学做生意时,须有荐头人,签订契约,拜老板或阿大(经理)为师,择日行拜师礼,呈送红包,办敬师酒。一日为师,终生执礼。学徒三年,老板提供膳宿,发少量鞋袜钱,称"月规钿"。学徒期间,脱排门,扫地抹桌,迎顾客,送茶搭凳,样样要做。吃饭时,学徒为师父斟酒盛饭,晚上识字练算盘。学徒学技术要凭眼头活络,无特殊情况不得回家。期满续帮伙计,学徒领半额工资,称"三年学徒,四年半庄"。这时地位介于店员与学徒之间,也可自主营业。每年端午、中秋和年关,商店老板照例要宴请伙计。年关宴请时,如店主要解雇某人,则将酒杯倒置在被解雇人的座席前。该人餐后就卷铺盖回家,被人称为"回汤豆腐干"。

宁波当地生意人十分懂得敬顾客、重信誉。流传的相关商谚如:"买主大如皇帝","功名要求,生意靠兜","和气生财,生意会来","死店活人开,买主上门来","生意不成情意在"等。

当地交易中,生意人会注意灵活地给顾客优惠。有的以商品重量除去尾数计算;有的以总价除去零头计算;以重量计的称至秤尾翘起。买布多量一两寸添足,表示十足有余,让顾客心满意足。当地商人对小生意也一视同仁,几支香烟、一盒火柴、一颗小糖、一块酱豆腐等小生意照做不误。逢计账中有五厘,商家就找给顾客一张卫生纸或一枚缝衣针。许多商店还实行赊销,对大买主实行对账赊销,将赊欠人姓名、货名、数量、金额记入"金折"(记账

---

① 宁波市文化广电新闻出版局编:《甬上风物:宁波市非物质文化遗产田野调查·海曙》,宁波出版社 2009 年版,第 111 页。

本)。大买主若付现金,则给予折扣优惠。冬至到年终,为一年赊账收款期。届时,由账房先生或经理背着商袢(布袋)和算盘上门清账,白天找不到赊账人,晚上打着灯笼继续找。正月初一照例不能讨债。小店铺也常给一时手头拮据者赊账。

旧时宁波一些商铺还十分重视招牌,祈求兴旺。如新碶老街店铺中,带"兴"字和"丰"字的各有十余家。带"兴"字的有徐万兴布店、余兴成棉布店、张德兴五金杂货店、虞永兴蔬果店、贺荣兴杂粮店、张万兴鱼行、王顺兴理发店、陆万兴铜匠店等。带"丰"字的有宝丰米店、禾丰米店、贺振丰五金杂货店、干全丰点心店、丰太隆粮行、荣丰布店、张干丰烟杂店、万顺风烟杂店、新丰鱼行、德丰肉店等。此外,还有带"源"字的商号,如虞源顺油坊、唐源利南货店、邱源生豆腐店、邱源盛竹器日杂店、顾源升磨坊、郑源昌水作店、郭恒源涂货店等。

生意行业间也讲团结,为此还建立行会。如清嘉庆年间(1796—1820),常有 60 余艘元蟹船(冰鲜船)、数百艘"海山对"出入新碶头。新碶渔民于是在镇海大道头建成永靖公所。民国八年(1919),新碶头有元蟹船 40 余艘,因而在新碶设立永安公所。1947 年成立了新碶渔会,该渔会在现代镇海商业史上有重要地位。

锡箔业曾是旧时新碶最盛行的行业,当地有多家手工作坊,遍及大路、星阳、向家、横浦、凤洋、镇安等村。民国二十五年(1936)4 月,东碶建立箔业工会。散户通过行会,将加工的锡箔销往柴桥、宁波等地。

在长期的商贸活动中,宁波也形成许多商贸禁忌。俗言"没有规矩不成方圆"。宁波人向以精明、诚信、善于经商名闻遐迩。在长期的经商实践中,为保持商业竞争中的优势地位,讨得利好与口彩,旧时宁波许多商店均有禁忌,并且老板要求十分严格,对犯禁忌者轻则训斥,重则辞退。如开排门叫"开市";晚上关门叫"打烊";扫店堂要往里扫,忌往外扫;数钱币要往里数,忌往外数,谓之"招财进宝";称呼上要讨彩头,祀神时,猪头称"利市",猪舌(与"蚀"谐音)称"赚头";结账叫"盘利";打碎器皿谓"岁岁平安"。遇到顾客购买结婚用品,若失手敲碎东西,忌说"碎"字,而说"先开花,后结籽";卖布者,忌敲量具;卖酒者,忌摇晃酒瓶(否则酒喝下要晕头);卖棺材者忌问谁死了。旧时宁波药铺习俗更为讲究,如年初进货先购进胖大海、大莲子,意味大发大利。学徒进店,先拣万金枝、金银花,均取黄金、白银之意。人们还会以药名讨彩头,如连翘称和合(形似),红毛大戟叫大吉,茱萸呼如意,贝母称元宝贝(形似),橘绿叫福禄,陈皮称头红,橘红叫大红袍等。① 卖药忌嗅(认为嗅过的药会失效)。药店、棺材店的经营者送客时,忌讳说"再来坐""欢迎再来"之类的话(否则会让顾客感到是在诅咒人家"再得病""再死人")。甚至人们上集市卖猪,也忌将绳索一起卖出(否则连同运气一同带走,此后养猪不吉利)。同时,做生意门里面的伙计或店倌的禁忌也有很多。如营业室不许坐,只能伏在柜台上,状如狮子,称"柜台狮子",也叫"柜台活狲"(含贬义);禁忌店员在店堂伸懒腰,打呵欠;忌踏坐门槛;忌手托门枋;忌背脊朝外(避免挡住财神进门,生意逃走);伙计谈话、行动要讲吉利,诸如清晨开排门,要说"开门大吉"或"恭喜发财"之类的话。这些商贸禁忌在宁波一带沿袭已久,产生的时代虽无从考证,但深刻影响着宁波经商者的心理。

旧时挑担出门经商者也有许多禁忌,如"忌月忌日"(忌初三、十四、二十三)出行,忌出门遇见乌鸦,更忌遇见尼姑、和尚。行商的扁担忌别人从上面跨过,尤其是忌女人跨过;人们赶街时忌说不吉利的话;忌踩别人脚后跟,否则总是落于人后,赚不到钱。

宁波庙会市集也有许多值得重视的习俗。旧时宁波城乡大型市集多与祀神赛会相连。鄞县鄞江桥它山庙会,每年有三月三日、六月六日、十月十日三次。三月三日庙会,适逢插秧在即,上市商品多为犁耙、锄头、粪桶、蓑衣、戴笠等。六月六日庙会,在早稻收获前,上市商品多为竹箩、蔑簟、扫帚、畚斗、镰刀等。十月十日庙会,晚稻收割,天气转冷,农民、山民多采办冬令商品衣着之类,交易兴旺。其间,鄞江之上"乌山船"挤江,章溪上竹排、"小滩船"满溪,它山庙演戏,大街小巷,人山人海。当地店铺老板数月前即至宁波办货,城区商家、行贩涌至,赁房屋,租摊位,搭篷帐,临时设店摆摊。三教九流均赶集凑热闹,有算命测字、游方郎中、"祝由科"(巫医)、拔火罐、卖膏药、变戏法、拔牙齿、吹糖孩、唱小热错卖梨膏糖、"打铜宝"(赌博)、强讨饭,等等。遇纠纷事发,由庙会社头出面调解、裁决。新中国成立后,迎神赛会已废止不行,庙会市集仍有举办。

旧时宁波集市较为发达,也形成诸多集市交易习俗。在此仍以北仑等地为例。在北仑,集市亦称"市日""市场"。旧时为方便人们进行商品交易,人们以约定俗成的时间确定集日。农村多以自然村落为址,而城镇集市则于繁华街道而设。集市多属综合性的物资交易,如农业生产用具、日常生活

① 宁波市文化广电新闻出版局编:《甬上风物:宁波市非物质文化遗产田野调查·海曙》,宁波出版社 2009 年版,第 77 页。

资料和用品,也有五金器材、布匹纺织品,等等。集市中还有相对集中的药材市、木料市、蔬菜市等,不一而定。据民国《镇海县志》载,今属小港街道的有:长山桥市二、七日,东岗碶市一、三、六、八日,鄞镇渡桥市一、六日,衙前市二、七日,小港义成桥市、港桥头市、朱街丁市均为四、九日。现为大碶街道的有:石湫市五、十日,大碶头市三、八大市,一、六小市,扎马市二、七日,邬隘市四、九日,杨家桥市五、十日,横河市二、四、七、九日,白石庙市一、六日,清水桥市二、七日。现为新碶街道的:新碶头市五、十日,备碶市四、九日,石高塘市五、十大市,二、六小市。现为霞浦街道的:霞浦市二、四、七、九日,东碶市二、七日。现为柴桥街道的柴桥市为北仑区内最大的集市,分一、六大市,三、八小市。现为白峰镇的郭巨街市五、十日。

宁波手工业生产习俗也颇有特色。以北仑为例。当地手工艺的门类很多,有木、泥、石、铁、篾、锅、船、漆、圆木、裁缝等,统称"百作手艺"。所有工匠都有自己的祖师匠:铁匠的祖师爷是太上老君;石匠、木匠、泥水匠同奉鲁班为师;篾匠崇拜泰山。传说泰山是鲁班的徒弟,因篾匠泰山蹲在地上作业不雅,故有"狗碰头"的贬称,因而鲁班不认其为徒。后篾匠为皇帝编成"上朝掌扇",方被鲁班承认。地位最低的是裁缝,因其多与女性作伴,干的活称为"女红",奉轩辕黄帝为祖师爷,也有说奉鲁班为祖师爷的。旧俗学手艺一定要拜师,诸匠中无师自通者,即便是技术再精,同行不认,东家不请。拜师要办"拜师酒",先祭鲁班神,然后宴请各工匠亲友。徒弟须向师傅、师母行跪拜礼,师兄弟间斟酒庆贺。学徒拜师须找"搭桥人"介绍,还需订立师徒合约。学徒满师后称"半庄",半庄期满后方可出师,以后便算为正式工匠。徒弟可以自投东家,自行开业,但不得抢师傅生意,否则叫"捉师傅帽子"。[①] 20世纪50年代手工业合作化后,个人收徒渐少,体罚、剥削更为政策所不允。改革开放后,多种经济并存,个体手艺也收徒弟,但上述旧俗有所简化。

信仰习俗是宁波民众千百年来的重要精神支柱,更是寻求心理慰藉的重要体现。从河姆渡时期的"太阳崇拜"伊始,宁波民众的信仰习俗越来越多元和复杂,从道教信仰、佛教信仰、妈祖信仰、伊斯兰教信仰、基督教信仰和天主教信仰这些主要信仰到葛仙翁信俗、葛仙圣母习俗、如意信俗以及龙王信俗甚至厕缸姑娘信俗等非主流信仰,均体现着宁波民众信仰的多元化特征。对神灵的信崇,也在民间产生了诸多信仰传说,如田螺姑娘传说、白蛇传说、孟姜女传说、吕祖下丹日传说、王乔乘鹤与宁海缑城、梁祝传说以及

---

① 浙江民俗学会编:《浙江风俗简志》,浙江人民出版社1986年版,第120页。

董孝子传说等。这些信仰传说充满民众对人间正义的褒扬和对美好生活的追求,值得进一步弘扬。其详细内容,将在下文细述。

总之,作为宁波非物质文化的重要内容,"宁波俗"与所有习俗一样,不仅历史悠久,而且经历了几个比较典型的演进阶段。第一阶段是先秦到战国时期,这一时期是宁波俗的滥觞与发展时期。从七千年前河姆渡文化伊始,宁波先民就"日夜听涛声,四季看江流",与江海为伴,以猎渔为生。在长期与波涛共舞的实践中,他们学会了造船、织网,掌握了出海、归航的时间、气候和海上渔猎的技巧与作业方式,形成了禁忌、审美、服饰和饮食等习俗。以这种物质性的文化现象为起点,在劳作中还形成了宁波人的风俗、信仰以及劳动号子、歌谣、传说、故事等。这一时期,由于中国经济文化中心在北方地区,宁波文化虽已经有了越文化的特色,如"俗信鬼""饭稻羹鱼""果隋蠃蛤",但毕竟远离经济文化中心,经济落后,习俗原始。自秦统一中国后,历经两汉魏晋六朝的开发,移民开始涌入宁绍平原,宁波地区人口快速增长,经济开始勃兴,道教信仰尤其是天师道在浙东地区广泛传播,宗族文化得以成型,余姚虞氏家族文化就是典型。宁波地域的社会风气亦开始由"尚武"向"崇文"转变,对物质利益的追逐实际上也开启了后世宁波民众性格中讲求"实利"的先河。这种社会风气的转变和对实际利益的追逐,直接影响着宁波地域民众习俗的变化。这是宁波习俗发展演变的第二阶段。当然,汉魏六朝时期的宁波,毕竟处于王朝统治中心之外,经济文化的发展还是落后于中原地区。从隋唐开始到明清的 1000 多年间,是宁波习俗发展的飞跃时期,也是宁波经济文化发展的腾飞时期。隋代大运河的开凿,有效地把陆上主要贸易线路延伸到了东海,直接影响着宁波经济文化的发展。唐朝,宁波市域范围逐渐形成,与近代宁波城市格局相近的城市规格也在这一时期形成。同时,宁波依赖地理优势成为全国最大的开埠港口,与日本、高丽均有频繁贸易往来。五代时,吴越王钱镠的富民政策促进了宁波经济发展。宋代,以王安石为代表的一大批学者使得宁波开始确立"耕读传家、商儒并生"的传统,本土的四明学派开始出现。人口的南迁使得宁波的农业生产和文化领域都有了长足的进步,对外贸易的进一步发达使得宁波成为海上丝绸之路的出发地。元代,宁波已经成为南北货物的集散地和全国最为重要的港口之一。明代,倭寇的进犯和海禁政策使得宁波的航运开始衰败,而宁波商帮也在此时作为重要的商业力量在中国出现。清代,宁波出现了全国著名的浙东学派,与西方的交流日渐频繁。在这一时期,宁波文化得到了长足发展,产生了包括四明学派、姚江学派、浙东学派以及宗教文化、青瓷文化、商帮文化等各种文化,并且通过海上"丝绸之路""佛教之路""陶瓷之路"将宁波文化向海外传播。隋唐至明清时期宁波经济文化的发达,直接影响着地域习俗的演进,使得"宁波俗"中的生产习俗、生活习俗、信仰习俗、人生礼仪以及节庆习俗渐趋成熟,并不断影响着宁波人的生活和心理。

"宁波俗"具有鲜明的地域特色。第一,"宁波俗"长期以来得益于农耕文化、海洋文化、商帮文化、佛教文化以及遗民文化熏染,在众多文化交织熏染乃至整合过程中,农耕文化和海洋文化起到了至关重要的作用,宁波地域文化较古代中央政权控驭的"核心区"文化显得更有特色,更具多元性。可以说,"宁波俗"的形成在很大程度上得益于这种特殊的地域优势。第二,自古以来宁波就是"川泽沃衍,风俗澄清"之地,"四明八百里,物色甲东南",优越的自然环境使得古代的宁波"山有金木鸟兽之殷,水有鱼盐珠蚌之饶""衣食常充,仓库恒实,荣辱既明,礼节甚备"。特定的地理环境、长期的文化积淀与勤劳务实的有机结合,产生了宁波特有的风俗习惯。第三,"宁波俗"与全国其他地区习俗相较,既有在华夏文化影响下的共同性,又有自身习俗的独特性,这种独特性主要体现在更多的实用性乃至功利性方面。如"宁波俗"中的渔事习俗、商业禁忌、婚姻习俗以及宗教信仰等都表现出较强的功利性特色。"宁波俗"中的实用性甚至功利性特色,是千百年来宁波地域文化影响的结果,是宁波民众注重实际、脚踏实地的表现。如浙东学术领域中的"经世致用"思想,反映在现实生产生活中就是敢于"言利",反映在商业信仰中就是对财神的崇拜。这种习俗的实用性,使得"宁波俗"与其他地区习俗相比,少了些许浮华,多了一些"地气"。第四,宁波人对"人生礼仪"习俗的尊崇比其他地区更为显著。宁波人对"礼"有着十分贴切的理解,俗语中把礼仪称为"人情"。人情不是应酬,而是一种道德和义务。宁波人重人情,"礼尚往来""礼多人不怪"的俗语反映了宁波人对礼仪的接纳程度,"来是人情去是债"的口头语更说明"回礼"在人们心中的重要性。与债务必须偿还一样,人与人之间的礼仪,必须像义务一样承担偿还,否则将受舆论的指责。宁波人的这种礼仪习俗,显然和宁波的传统居住习俗有关。宁波长期以来稳定的农业生产保证了充分的生活资料供给,使得宁波人口相对稳定,人口密度也高,给"聚族而居"提供了可能。在很长一段时间里,"聚族而居"几乎是宁波居俗的普遍形式。在现今的宁波各城乡,还大量存在着张家、下王、萧家巷等姓氏地名,印证着这段长长的"聚族而居"的风俗历史。因为居住在周围的大都是与自己有血亲系统的人,所以礼仪更受重视,它调节着人与人的关系,在长时间里为宁波人所重视,使其更具有宁波特色。

质言之，"宁波俗"的主要特点就是由宁波地区的农耕文化、海洋文化、遗民文化和商帮文化派生而来，留存着宁波父老乡亲的共同记忆，是宁波民众的文脉和精神家园。这些富有地域特色的传统习俗保留至今，为相关研究者和文艺创作者进一步创作提供了重要的参考素材。

关于宁波俗的资料，早在宋代就有姜屿撰写的《明越风物志》七卷以及无名氏所撰《四明风俗赋》一卷，可惜已散佚。当代人俞福海主编的《宁波市志》以及近年陆续出版的《象山县志》《余姚市志》《宁海县志》《慈溪市志》《北仑区志》《镇海区志》等多涉及宁波各地相关习俗的收集与整理，尤其引人注目的是由汪志铭主编、宁波出版社出版的《甬上风物：宁波市非物质文化遗产田野调查》和宁波市文化广电新闻出版局编著的十卷本《甬上风华：宁波市非物质文化遗产大观》，更是较为详细地介绍了宁波各地的主要风俗习惯。此外，王万盈的《宁波风物志》，周时奋的《宁波老俗》，张行周的《宁波习俗丛谈》，以及浙江民俗协会编纂的《浙江风俗简志》，王全吉、周航编写的《浙江民俗故事》等，对了解、研究、创作乡土风俗文化均有一定的参考价值。但以上尚不足以囊括"宁波俗"的全部内容，"宁波俗"的研究还有很大的拓展空间。

本书从"风俗"（习俗）概念入手，探究风俗形成的自然环境和人文环境。全书由"生产习俗""生活习俗""信仰习俗""节庆习俗"以及"礼仪习俗"五部分构成。通过这五部分介绍各种习俗的生成、发展、内容以及嬗变过程，叙说侧重虽有不同，但又密切联系，共同构成了"宁波俗"的主体。在具体写作过程中，注重宁波俗发展演变的历史性，在充分占有材料情况下，就宁波习俗产生的地域环境、人文环境进行论述，并就每个习俗的核心内容进行介绍，不虚美，不隐恶，重新建构起"宁波俗"的详细内容，进一步突出宁波传统文化的历史价值和实践价值。

第一部分　宁波生产习俗

一、概　述

所谓生产习俗,就是千百年来生活在宁波这片热土上的民众顺应自然、改造自然而生成的农业生产习俗、手工业生产习俗、商业习俗、集市贸易习俗和渔事习俗等。当然在这些物质性生产习俗中也包含行业崇拜习俗等。不论哪一种生产习俗,其产生都与宁波所处的自然生存环境密切相关。宁波所处的"襟山带海"的自然环境,既造就了宁波传统的农耕生产习俗,也造就了独具特色的渔业生产习俗,从而构成"宁波俗"的重要内容之一。因此,根据宁波生产习俗分类,我们将其分为农事习俗、渔事习俗、商贸习俗、集市贸易习俗和手工业生产习俗五部分进行概述。

(一)农事习俗

如所周知,宁波所处的亚热带气候环境和"襟山带海"的地理环境,造就了宁波的水乡稻作文化。早在河姆渡时期,宁波地区的民众就开始从事稻作农业生产,考古工作者在大约 400 平方米的范围里,发掘出了大批的稻谷、谷壳、稻秆、稻叶等。其中有些稻谷保存相当完好,稻叶的脉络与根须十分清楚,谷壳基本上还是金黄色,甚至还有个别稻谷与茎叶连在一起的稻穗。考古工作者根据稻谷堆积的厚度及面积,推算出这些稻谷的总量达 120 吨左右。河姆渡考古发掘说明宁波地区稻谷栽培的历史至少已有 7000 年的时间。而河姆渡遗址大量耕作农具尤其是骨制耜的发现,标志着河姆渡文化耜耕农业的发展,河姆渡文化的稻作农业发展已经进入成熟阶段,奠定了宁波地区悠久的稻耕文明历史。

春秋时期,宁波属"春秋五霸"之一的越国属地,在越王勾践治理下,"句章"经济有所发展,尤其是随着人口增加、技术进步以及生态环境变迁,宁波农业生产有长足发展。秦始皇统一中国后设置会稽郡,其中鄞、鄮、句章三县均属会稽郡管辖。西汉初刘邦分封同姓诸侯王,宁波又置于吴国统治范畴,经济有所发展。魏晋六朝时期,宁绍平原开始大规模兴修水利工程,改良土地,"遏长川以为陂,燔茂草以为田。火耕水种,不烦人力。决泄任意,高下在心。举锸成云,下钸成雨,既浸既润,随时代序"①。水利工程的兴修,使得水稻种植面积有很大拓展。这一时期宁波人的主食结构中,稻米已逐渐占据主要的地位。应该说这是宁波农业生产发展的第一阶段。

隋唐以降,宁波经济发展步入快车道,不仅行政区划基本成形,而且更是宁波农业发展与区域开发的重要时期,海塘防御工程建立,平原河网得以治理疏通,广德湖、东钱湖以及它山堰是该时期出现的重要水利工程。人口的迅速增长、农业技术的逐步提高,精耕细作的劳动密集型传统农业生产方式日趋成熟,宁波农业生产进入一个新的发展阶段。水稻品种多样化,桑、麻、茶、甘蔗、果木蔬菜大量种植。尤其是席草,已成为唐宋明清乃至近代宁波的主要经济作物,"明州多席草"是唐宋时期人们的共识。席草是编织凉席的重要原料,席草的大量种植,使得明州"人业于织,著名四方,曰明席"②,因其"所赢优于农亩",因此"民以为业"。③ 水稻和经济作物的大量种植,与之相关的农业生产习俗也开始定型。

旧时宁波地区还有许多与农事生产相关的习俗。如过年时,农家备酒菜、香烛至田头祭祀田公、田婆,在牛棚祭牛神,答谢今岁保佑,祈祷来年丰收。正月初八夜拜仙姑,问年岁;正月十四夜,田头燃火把照蝗虫,高唱"我的田时没有虫";春耕插秧前,备香烛至田头设祭,祈请土地神保佑。如遇病虫害,在田中央倒插粪缸扫帚驱逐稻瘟神,抬着"青苗菩萨"行"青苗会"以驱害虫;遇大旱,由族长率领全族男丁,冒烈日至龙潭求神龙赐雨等。新中国

---

① 〔元〕袁桷撰:延祐《四明志》卷一《陆士龙答车茂安书》,文渊阁四库全书本。
② 〔宋〕罗濬撰:宝庆《四明志》卷四《物产》,文渊阁四库全书本。
③ 〔宋〕罗濬撰:宝庆《四明志》卷五《土产》,文渊阁四库全书本。

成立后,这些习俗均随农业科技的普及而渐渐消失。①

同时,历史时期宁波农业生产中也形成了许多生产禁忌。如在宁海一带,人们对农业生产非常讲究。每月初一、十五和甲子日、庚申日以及杨公忌日,农民不可挑粪、施肥;如果不知是忌日,已经挑粪上路,经人提醒,有一法可解,就是挑到地里后故意将扁担乱丢,丢得越远越好,说这是"小人不识法,神明不责罚"。挑粪路上碰到有人说"臭死了",那得赶快挑回去,倒回粪坑里,据说这肥料如果施到田地里,就没肥力了。农人们必须记下芋芳下种的日期,记在板壁或墙壁上,以后每逢农历的这一天,不可给芋芳地施肥。所以一般在正月十五那天种下芋芳,因为农历十五日就是约定俗成不能挑肥的。宁海农民开秧门、拔秧也很讲究方向,忌太白金星值日之方位。收割时,不能说"介多,割不完","还没割到头啊"等言语,不可问"这丘田(地)有多少好收"等。还不可张望稻桶里谷物满不满。

农事习俗属于生产习俗重要内容。宁波农民春节后第一天有"开犁"耕田习俗。第一天插秧,称为"开秧门"。对耕牛的爱护,形成宁波民众"敬牛"习俗。年三十祭祀牛神;春耕前给牛喂豆饼,是谓"长补";立夏,是牛的生日,这一天,让牛休息,擦洗并沐浴牛身,而后灌牛黄酒,喂牛鸡蛋,为牛欢庆生日。在鄞州,民间把牛称为"大王",冬至后的严寒天气里,每天给牛喂热水和花饼,清明前后,还要给牛饮黄酒滋补。在宁海,当地人将四月八节作为牛的生日。这一天,宁海农民无论多忙,都要让耕牛休息,牵牛到水塘里洗澡,家家捣乌饭麻糍给耕牛吃,并准备好鱼、肉、豆腐、香干、参腐、乌饭麻糍六盘菜肴及香烛到牛栏舍间,请牛栏公、牛栏婆,祈求他们保佑耕牛健壮有力。在北仑,清明这天,牛可以随意到任何一家田里吃芘花草子,主人家绝不埋怨干涉,认为清明是牛的"放青"日,理应如此。

宁波境内种植桑树,历史悠久,先秦时期已经盛行种桑养蚕,成为旧时农户一项重要经济收入。种桑养蚕不仅形成对蚕桑的传统崇拜,更重要的是在宁波所形成的蚕桑崇拜生产习俗,如"马头娘"等蚕神崇拜、蚕花戏、扫蚕花地表演等。旧时农家在养蚕数月前就开始有意识地做准备。每当大年三十夜,主妇择取大木红炭数枚,埋于铜火熄内,至第二天新春初一不灭,俗称"蚕花火"。正月十四日,俗传为"蚕生日",养蚕户皆炒糯谷为"孛荙花",供于蚕房,以祭蚕太婆。元宵佳节乡村向来有舞龙习俗。在村中广场舞龙

---

① 该部分内容参照蔡罕:《宁波农业生产风俗考述——宁波饮食生产风俗研究之一》,《浙江万里学院学报》2003 年第 1 期。

之时,龙灯上偶有"龙须""龙鳞"等纸片抖落,围观妇女往往拥挤争抢,这就是所谓"抢蚕花"。姚江区域一带,每年农历二月二十三,许多村庄要举行"踢蚕花"庙会。养蚕妇女集中于族中祠堂,摆上供品,点燃香烛,用小蔑爿包以彩纸作蚕状,称"蚕花"。祭后均各自将"蚕花"带回家中。以上这些象征性的"蚕花"求来之后,有的放置在灶君殿前,有的放在蚕架上,也有的贴在蚕房墙上,皆为祈求当年养蚕顺利,蚕壮茧大。

春日养蚕季节来临,婆嫂姑媳洗箔晒蚕具,刷洗蚕房。在整个养蚕过程中,也有许多习俗与禁忌。蚕刚从蚕籽中孵化出来时称"乌毛"。蚕一生要眠四次。而乡间俗称眠为"幼"。每次眠分别称幼一、幼二、幼三、幼大。第四次眠,不能叫"幼四",因为"四"是"死"的谐音,故讳之。

蚕房内忌讳更多。蚕在箔上蠕动吃桑叶,不能叫"爬"而要呼"行";蚕房内禁呼"蛇""鼠"。到过产妇房中的人,称"落暗房",也是不准进蚕房的。养蚕者须衣着整洁,不能涂脂抹粉,不可吃大蒜、酒类及异味食物,还不可敲击门窗,高声喧哗,避免惊吓蚕宝宝。

蚕老之后,就要上蔟作茧,俗称"上山"。蚕山用干净稻草架搭,养蚕妇用夹筛将蚕担到蚕山上,过露天要用笠帽盖住,不可使蚕宝宝受惊。上山后,人们在门边放上铁器和镜子,据说能驱邪避雷。俗话说"麦要上仓,丝要上行",只有当茧卖到茧行时,才能算一期蚕真正养毕。

(二)渔事习俗

宁波是中国海洋文化的起源地之一,"以海为田""以海为生"的生产方式是宁波民众赖以生存的主要生产方式之一,在长期的生产实践中,也形成了诸多"渔事习俗"。河姆渡遗址考古证明,早在7000多年前,宁波先民就已懂得刳木为舟,剡木为楫,从事水上航行,向海洋索取生活资料。而1982年考古工作者在渤海湾海底发现的一件侈口陶釜,与河姆渡遗址发掘出来的陶釜类同。它的发现表明宁波先民曾经驾船到达渤海湾,其远航能力可称当时之最。西周时期,宁波工匠已能制造木板船,并从宁波古港出发,沿海岸北航,然后溯河而上,抵达周都镐京。这就是《竹书纪年》所载的"越王使公师隅来献舟三百"①。同样,宁波出土的战国铜器上的"羽人竞渡"纹饰,更是宁波民众以超凡的勇气和先进的船只征服海洋的珍贵物证。唐代的宁波(明州)凭借得天独厚的地理环境,成为中日间海上丝绸之路始发港。宁

---

① 王国维:《今本竹书纪年疏证》,隐王三年四月条,海宁王氏民国十六年铅印本,第26页。

波海商从明州(望海镇)放洋,用三昼夜时间横渡东海,到日本的值嘉岛那留浦,再进入博多津;返回时由日本太宰府鸿胪馆启程至值嘉岛,历经四昼夜横渡东海,抵达明州港(丹石峇港)。在这一生死搏斗中,宁波涌现出一大批优秀的航海家、造船家,如李邻德、张支信、李延孝等。北宋宣和五年(1123),宁波工匠奉宋徽宗旨意,建造两艘"神舟",与六艘客舟一起从镇海起碇出使高丽。徐兢在《宣和奉使高丽图经》中称:"客舟十余丈、深三丈、阔二丈五尺","大樯高十丈、头樯高八丈","可载二千斛粟"。而神舟的长、阔、高、大、人数及器用什物"皆三倍于客舟"。其在海上航行时,"巍如山岳,浮动波上,锦帆鹢首,屈服蛟螭,所以晖赫皇华,震慑夷狄,超冠今古"①。书中还提到,神舟航行时使用了指南浮针,这是目前世界上使用指南针航海的最早记录之一,比1180年英国的奈开姆记载要早数十年。由此可见,当时宁波人的航海能力与造船水平,足以傲视寰宇,独占鳌头。长期的造船实践,高超的造船技艺以及向海洋索取食物的方式,造就了宁波传统的渔业生产习俗。

由于技术局限,旧时宁波渔民所造之船主要是木船。造船时要择吉日良辰,亲朋送酒肉、馒头、炮仗,并用三牲福礼敬请天地神灵,向大木师傅敬酒。新船梁头定位时要披红挂彩。装淡水的"水舱"梁头合拢处要放银洋(或铜板、铜钱),并用银钉(或铜钉)钉合,渔民称它为"船灵魂",亦称"水灵魂"。最后一道工序装"船眼睛",叫"定彩"。定彩仪式很隆重,也要择定吉日良辰,并按金木水火土五行,用五色线扎在作为银眼珠的银针上,由船主将它嵌进船头,然后用崭新的红布将它蒙住,这叫"封眼"。人们还会在船尾板上贴上"海不扬波"的横幅。新船下水时,船主揭去红布,称"启眼"。届时,敲锣打鼓,鸣放鞭炮,由身强力壮、父母双全(有福气)的几十名青壮年将船体徐徐"赴水"(推入水中),谐音"富庶",以示吉利。赴水时,东家站在船头上向船匠师傅和围观者分抛馒头,谓之"发福"。

船造好后,还必须有渔网才能捕捞。宁波老话称"织网"叫"装网"。一张大网由百余片小网组合而成,上新网须孕妇拼头网,即拼合第一、二片网,以预兆"会生""会发"。装网时,网眼要插月季花,意为"月月红利"。此时忌讳妇女跨网,亦忌小孩钻网底,以求免犯鱼在网底钻出之忌。

出海捕鱼前,渔民都要敬神,由船老大对神许愿,祭祀海神娘娘、张世杰、薛仁贵、龙王、菩萨等,将猪头、鹅、羊、鱼、蛋、豆腐等福礼置于供盘内,按

---

① 〔宋〕徐兢撰:《宣和奉使高丽图经》卷三十四《海道一》,文渊阁四库全书本。

序放在祭台上。祭神时间均选在涨潮时分,寓意财源如潮水滚滚而来。祭祀开始,由主持负责,渔民及家中大小依次跪拜,上香,祈福许愿,求海神菩萨保佑海上平安,鱼虾满仓,家人平安顺利。祭祀前后要鸣鞭放炮,然后船老大礼拜庙里陈设的神船,并把海神请到渔船的神堂内,每日由船老大亲自点香、插烛,参拜祈祷。

渔船出海称"开洋",鱼汛结束称"谢洋"。在余姚等地,有时也将"开洋""谢洋"叫"开海门""关海门"。"开洋"时,须用羊头供奉。出海渔船,须用早稻杆烟熏一遍,再用布制成的红白两色写有附近之神名的三角小旗数面,分插于船首船尾,借以表达保佑平安的愿望。船上还须携带盐、麦、米、字和纸灰等物,以备镇压海上可能遭遇的怪异。开洋、谢洋仪式是宁波渔民在独特生存环境和历史文化中,在长期耕海牧鱼的生产、生活中形成的别具特色的民俗活动。

渔民在海上经常会遇到风险,所以称恶浪为"肮脏浪",遇到恶浪认为是"海口开,鬼讨食"。这时,渔民就会向海里撒大把大把白米。航行途中,如果舵牙脱落,看见的人不可当面点破。渔船何时到埠头,也不可当面问船老大。海面上如果遇到求救信号,救助者必须聚集救险,认为这是义不容辞的责任,如果有人害怕危险而不救援,就会受到舆论严厉斥责。渔船如果出现触礁等事故,遇险者要先在船头显眼处倒插一把扫帚,然后在桅顶挂起破衣,如果是在晚上就点起火把,敲打面盆、铁锅,以示求救。其他船只见此信号,即须全力救援。救护船靠拢遇难船只时,要先抛缆绳救人,然后带缆拖船。遇险者在跳船或跳上礁岩时,先把鞋子、柴爿丢过去,再跳,以辟邪。如遇漂浮在海上的浮尸,要待海浪将尸体翻过身后才能打捞。捞尸时,须用镶边篷布蒙住船眼以避晦气。当地渔民称打捞浮尸为"拾元宝",称埋尸为"藏宝",以讨吉利。

此外,渔船通常不向邻船借物,意谓不借别人财气;而当邻船缺乏淡水或其他必需物资时,则须主动给予帮助。接受帮助者必须回馈,一根木柴即可。

海上渔民一般多信仰妈祖,认为她是拯救渔民的天神。宁波渔民的船上,大都供奉着天后神位,每月初一、十五都要设斋饭礼拜。遇到风浪时,渔民便朝着天后神位连声祷告,请求庇佑。

长期的出海打鱼,宁波渔民也形成了许多语言或行为禁忌。如北仑一带的渔民每季头一次出海,都会避开农历初八和二十三,认为这两天连神仙也捕不到鱼。对大海的敬畏,使宁波渔民也形成许多生产生活禁忌。传统说法有"初八廿三,神仙出门背空篮",就是每季头次出海,须避开农历初八和廿三。渔民在船上不许双脚荡出船外,以免"水鬼拖脚";不许头搁膝盖,手捧双脚;不许在船上吹口哨,以免招风引浪,惊动龙王;不许拍手,意谓"双手空空";船靠岸不叫"到了",讳"船倒了";不许在船头撒尿;出网时不许大小便;在船上不能讲"碰石岩""碰礁"之类的话;不许在船靠岸时高喊;不许家有红、白事而未满月的人下海;不许提肉串船;不许妇女上船,尤忌妇女跨越船头;不准七男一女同船过渡,意为"八仙过海浪滔滔"。在船上吃饭也有规矩:开饭时先用筷拣几粒米饭撒向大海,以敬鬼神;吃饭时竹筷不准搁在碗上,意忌搁船;酒杯和羹匙不可反放,意忌翻船;吃鱼先吃头,意示"一头顺风";剩饭菜弃海不说"倒掉",忌船翻,改为"卖掉""过鲜"。

海洋捕捞习俗整体上可用一字来概括,那就是"动"。生产大环境——海洋,作业的工具——船,捕捞对象——鱼,都是在不断运动的。各种作业形态,如对网、抛钉、垂钓也在不断变化,这边下一网,那边放枚钩,其作业区也随时可以变换或移动,不像内地平原或山区,要死守一块土地,静待庄稼丰歉。所以,动态性特征充斥着渔区生产捕捞习俗的外壳和内涵,是捕捞习俗中最本质特征。海洋捕捞中还有特强的季节性、鲜明的潮汐性、行为的群体性和世袭的传承性等生产习俗特征,这些构成了绚丽多彩的习俗特征长廊,为内地所未见。①

(三)商贸习俗

宁波的商贸习俗较为独特。早在先秦时期,宁波民众就十分重视商业贸易,鄞县名称的来历本就和商业贸易相关。长期的商业贸易,使得宁波人较少受传统重农抑商政策影响,始终对商业贸易比较钟情,从商者的社会地位也比较高,很少受到社会的歧视。同时,长期的经商习惯,使得宁波人"航海梯山,视若户庭",他们四海为家,冒险犯难。而讲诚实、重信用、求质量则是宁波商人最基本的经营原则。在生意活动中,宁波有句俗语叫"天下之主,不如买主"。宁波商人在经营实践中视顾客为"衣食父母",处处尊重买主。宁波的商业传统是待人如宾。顾客上门,不管新旧,笑脸相迎,端凳请坐,敬烟献茶。客人货款不足,派人跟取;携带不便,送货上门;远道顾客,招待食宿;买错货物,允许调换。总之一句话,宁波人做生意很重视自己的服务,满足顾客,以诚信赚钱。这种"买主大如皇帝""功名要求,生意靠兜""和

---

① 洪贤兴主编:《中国渔文化研讨会论文集》,宁波出版社 2005 年版,第 28 页。

气生财,生意会来""死店活人开,买主上门来""生意不成情意在"等商业俗语的出现,恰恰是宁波独特商贸习俗表现之一。

宁波当地人称商人为"生意人",称经商人家为"生意人家"。崇商风气盛行,使得商业信仰风俗浓厚,对财神十分重视,每个店家商铺中都供奉着财神。财神神像有泥塑、木雕、彩瓷、白瓷、神纸等多种。有的店家在偶像背孔内垂一条"银菱"。新店开张,在偶像内塞进一只活癞蛤蟆,以牛皮纸封口,久之成为蛤蟆干,谓可得灵验;平日供以清香、净茶,初一、月半置素食,端午供粽子,中秋供月饼。学徒进店要先拜财神。

正月初五为接财神的日子,亦称五路财神日。城区钱庄延至正月二十五日"过账"开笔,请过财神后"开市"营业。请财神这一日,商家于椅背挂神祇张,燃檀香,点足斤重的红烛,供糕饼、干果、水果。祭礼与民间各业基本相同,稍异处在于"牲礼"虚称"全猪全羊",即猪头加猪尾、羊头羊尾中加羊肉一刀。供品要公鸡、雄鹅,意示"鸡啼鹅叫",商店会发。要一对金黄透鲜大黄鱼(旧时甬人称金条一根10两为"大黄鱼")或用一对活的雄鲤鱼。供毕由两人放生江河中,讨"生意兴隆通四海,财源茂盛达三江"彩头。接财神时,店主手执三炷香,从屋外踱步摇香至店堂,示意财神已接进店内,而后按序膜拜。焚化纸元宝火焰冲得高示视吉利。祭神后吃财神酒,老板宴请阿大、经理和职工。

在交易中,宁波生意人会注意灵活地给顾客优惠。有的以商品重量除去尾数计算。有的以总价除去零头计算;以重量计的称至秤尾翘起。买布多量一二寸添足,表示十足有余,让顾客心满意足。当地商家对小生意也一视同仁,几支香烟、一盒火柴、一颗小糖、一块酱豆腐等小生意,照做不误,逢计账中有五厘,就找给顾客一张卫生纸或一枚缝衣针。许多商店还实行赊销,对大买主实行对账赊销,将赊欠人姓名、货名、数量、金额记入"金折"(记账本)。大买主若付现金,则给予折扣优惠。冬至到年终,为一年赊账收款期。届时,由账房先生或经理背着商拌(布袋)和算盘上门清账,白天找不到赊账人,晚上打着灯笼继续找。正月初一照例不能讨债。

宁波许多商铺十分重视招牌,许多商店取名时都会带上"兴"字和"丰"字,祈求兴旺。如徐万兴布店、余兴成棉布店、张德兴五金杂货店、王顺兴理发店、陆万兴铜匠店、宝丰米店、乾丰米店、干全丰点心店、丰太隆粮行、荣丰布店、德丰肉店等。此外,还有带"源"字的商号,如虞源顺油坊、唐源利南货店、邱源生豆腐店、邱源盛竹器日杂店、顾源升磨坊、郑源昌水作店、郭恒源涂货店等。

宁波商人非常讲求义利并重,要求"利从诚中出,誉从信中来",主张"做人讲良心,做生意讲诚信","信誉招千金",不赚黑心钱,"勿是侬格财,勿落侬格腰(包)",称赞循规蹈矩但很会做生意的人为"做人板板,做事翻翻"。同时,宁波商人很重视防范风险,认为商业往来要"一手交钱,一手交货",处理商业纠纷既要坚持原则,"争气不争财",又要讲究灵活,"有货货到,无货话到"。人们讲究在经商中不露富,有道是"财勿露白,露白要出脚",资金管理上要"赊一千不如现八百",避免"钱财落人手,跪勒苦苦求"现象发生。值得注意的是,过去宁波生意行业间非常讲求团结,为此还建立行会,避免恶性竞争。如宁波帮的行业公会章程里就规定:"一条街上同行业者若要开新的商铺,必须距离原有同业商铺在十个店面以上。"这样的规定,对于防止同行无序竞争,很有参考意义。

宁波传统商业中有所谓的"行话"。"行话"又称"市语"。这是社会各行各业特有的语言习俗现象。商业行话,历史悠久,行有行规,行有行话。因各行各业不同,行话不一,行话都带有本行业特定的、隐蔽的、外人听了也不解其义的语言。明田汝成《委巷丛谈》说:"乃今三百六十行,各有市语,不相通行,仓猝聆之,竟不知为何等语也。"市语因行业有多种多样,如米行:则一子,二力,三削,四类,五香,六竹,七才,八发,九丁,十足。丝行:则一岳,二卓,三南,四长,五人,六龙,七青,八鬶,九底。绸绫行:则一叉,二计,三沙,四子,五固,六羽,七落,八米,九各,十汤。钱行:则一田,二伊,三寸,四水,五丁,六木,七才,八戈,九成。市话有的流传至今,有的随着时代的不同而变异。如"敲竹杠"一语,目前有的地方叫"斩一刀",老底子商人也叫"给点利市"。

放船头(掮客)也是宁波比较独特的商贸习俗之一。放船头是旧时宁波商界的中间商的一种,又叫居间商,是为买卖双方说合交易抽取佣金的商人,早期在宁波亦称"掮客",在余姚、慈溪、奉化又称"中人"(即中介)。随着宁波三江口码头货运与海外进出口商贸的不断发展,大宗货物品种增多,明清之际,发展成为行栈,行栈又分化为商贸进出的各类"行",如布行、鱼行、木行、茶行、瓷行等。为便利商业发展,各行放贷款,宁波行话叫"放船头",但紧俏货物必须先卖给行栈,习惯以"行票"支付借款,俗称"咸单""货单",票面印有"祈发"。"祈"字飞鸟状,又称"鸟头票",曾在宁波市面上与钞票同等使用。

讲诚信是宁波商人和宁波人的传统美德。早在1403年,宁波人就成立了"信用"邮局,当时宁波商人"一诺千金"的诚信口碑已经誉满天下。明末清初以王阳明、黄宗羲为代表的浙东学派,倡导"知行合一,经世致用",把诚信作为浙东学术研究的伦理主题,开启了一代诚实新风。近代宁波钱庄业正因良好的信用被工商界誉为"信用码头""多单码头",称雄于金融界。到近现代,以宋汉章为典型代表的一批宁波商人,更是以诚信赢得了宁波帮名冠天下的美誉。诚信是宁波帮精神的核心和屹立不倒的基石。

(四)集市贸易习俗

在宁波,农村多以自然村落为址,城镇集市则设在繁华街道上。宁波的集市贸易习俗颇具特色。集市,亦称"市日""市场"。旧时为方便人们进行商品交易,以约定俗成的时间确定集日。集市上交易的多是综合性物资,如农业生产用具、日常生活用品,也有五金器材、布匹纺织品等。集市中还有相对集中的药材市、木料市、蔬菜市、水产市等。从而形成集市贸易习俗。如民国时期的宁波北仑柴桥集市,商贸繁荣,旧有"小宁波"之称。据民国《镇海县志》载,柴桥集市为当时北仑地区最大的集市,每逢农历"一""六"为大市,"三""八"为小市。遇上"大市",街面上广集各类商品,人群交易拥挤,商家生意兴隆,情景犹如节庆佳日。牛、猪、羊大型牲畜,多在"大市"圈卖。梅山、昆亭、三山等沿海渔民,为让海鲜卖出好价钱,特地将鱼、蟹、虾、蛤等放到"大市"上街。享有盛名的"老字号"商铺,为赶"大市",会提早采购货物。民间祝寿、订婚和迎亲等,请占卜者选择黄道吉日,日期如遇"大市",则为喜庆佳日。尤其是每年春节临近,年关的最后两个"大市"街市,更是车水马龙,行人熙熙攘攘。当地因此有"挨十六大市"和"十二月廿八没有办法"之说。

宁波西乡的望春桥米市在宁波集市贸易中占有重要地位。由于当地土质肥沃,适宜水稻种植,当地农民便以种粮为业,来这里买米的人络绎不绝,因而在沿河的桥街,就自发形成了一个稻米交易场所,俗称米市。望春桥米市每一旬有三个集市日,每月共有九个集市日,即每月初二、初五、初九、十二、十五、十九、廿二、廿五、廿九。集市日这一天,附近农民推着独轮车把大米、稻谷运来桥街进行交易,卖了粮后购买食盐和日用品。每次集市交易的大米总量在100石(154斤为一石)左右,这个数额对于当时仅有两三千人口的望春桥来说,相当可观。

北仑新碶老街集市每逢农历初二、初七为东碶市日;农历初五、初十为新碶市日。早晨开市,中午歇市。新碶老街市日的最大特点之一是人气旺。每逢市日,四周的农民、渔民、山民、行贩、手工业者都赶在黎明前荷担赶集。

他们所用工具都是竹器或木器,如竹扁担、竹篮、竹筐以及木扁担、木桶、木盆等。他们一到街头,就到店铺门前的下阶坐下,或蹲或站,等候买主的到来。这时肉店、水果行、饮食店的灯笼(后为汽油灯、电灯)相继亮起来了。东方发白,卸排门的声音此起彼落。街上开始弥漫起鱼鲜味,以及豆浆、大饼和油条的香味。家里有红白喜事的人家也赶早来斩鱼买肉。当朝阳升起时,街上已是人头攒动,摩肩接踵了。

海曙三市路集市贸易有着悠久的历史传统和丰富的民俗底蕴,其起源可以上溯到明代嘉靖年间,并在清康熙时期到达顶峰,成为远近闻名的农产品集散地。

三市,即每逢农历带"三"的日子而成"市"。它特指农历初三、十三、廿三。每逢农历初三、十三和廿三,来三市的乡民都会起个大早,三五成群,匆匆赶路,叫作"赶市日"。有东西需要出售的乡民,都会挑着各种土特产来这里做买卖,三市一带许多人家的家门口,还常会有小贩来摆地摊。与三市路平行的南塘河上,则停满大大小小的农船。春耕前的交易,常有各种农作物的种子,以及菜秧、树苗、花草和铁木农具,如锄锹、铁耙、犁尖、耥头等。秋收后,农闲季节交易常有鸡、鸭、鹅、猪、牛、羊等家畜家禽。此外,还有竹编器具(竹箩、畚箕、竹笠等),黄古林草席、草帽更是远近闻名。临街店铺常摆满各种各样的竹制品,有竹篮、竹筷、淘米箩、扁担、竹蒸笼等。农民将带来的土特产就地叫卖销售,和临街的店铺相辅相成。无论店铺、地摊上的日用品和布匹,都会受到妇女们的格外青睐。整条三市路上,人来人往,嬉笑打闹声与叫卖声不绝于耳。

除传统乡镇集市外,过去的宁波也有庙会市集。如鄞县鄞江桥它山庙会,每年有三月三日、六月六日、十月十日三次。三月三日庙会适逢插秧在即,上市商品多为犁耙、锄头、粪桶、蓑衣、戴笠等。六月六日庙会,在早稻收获前,上市商品多为竹箩、箥篁、扫帚、畚斗、镰刀等。十月十日庙会,晚稻收割,天气转冷,农民、山民多采办冬令商品衣着之类,交易兴旺。其间,鄞江之上"乌山船"挤江,章溪上竹排、"小滩船"满溪,它山庙演戏,大街小巷,人山人海。当地店铺老板数月前即至宁波办货,城区商家、行贩涌至,赁房屋、租摊位,临时设店摆摊。三教九流均赶集凑热闹,有算命测字、游方郎中、"祝由科"(巫医)、拔火罐、卖膏药、变戏法、拔牙齿、吹糖孩、唱小热错卖梨膏糖、"打铜宝"(赌博)、强讨饭,等等。遇纠纷事发,由庙会社头出面调解、裁决。这一切成为宁波集市贸易习俗的独特风景。

（五）手工业生产习俗

历史上，宁波当地手工艺的门类很多，有木、泥、石、铁、篾、锅、船、漆、圆木、裁缝等，统称"百作手艺"。所有工匠都有自己的祖师匠，因此宁波的手工业者还有"尊祖师"的习俗。中医祀华佗，中药行祭李时珍，酿酒业以杜康为祖师，茶叶业祖师是陆羽，染纺业拜葛洪为祖师。铁匠的祖师爷是太上老君，石匠、木匠、泥水匠同奉鲁班为师。城镇建鲁班殿。民间适逢鲁班生日，常祀神演戏。以鲁班为师的工匠学艺拜师先向鲁班行礼。篾匠崇拜泰山。传说泰山是鲁班的徒弟，因篾匠蹲在地上作业不雅，有"狗碰头"的贬称，因而鲁班不认其为徒。后篾匠为皇帝编成"上朝掌扇"，方被鲁班承认。地位最低的是裁缝，因其多与女性做伴，干的活称为"女红"。早先，裁缝被称为"丫鬟"师傅。开始鲁班不喜欢裁缝，后来因为裁缝为城隍庙门前的旗杆做了彩色花旗，得到好评，鲁班才收裁缝为徒弟。和全国其他地方一样，师徒亲如父子，婚丧喜庆、砌屋造坟多主动相助。

宁波旧俗，学手艺一定要拜师，若诸匠中有无师自通者，即便是技术再精，同行不认，东家不请。拜师要办"拜师酒"，先祭鲁班神，然后宴请各工匠亲友。徒弟须向师傅、师母行跪拜礼，师兄弟间斟酒庆贺。学徒拜师须找"搭桥人"介绍，还需订立师徒合约。学徒满师后称"半庄"，半庄期满后方可出师，以后便算为正式工匠。徒弟可以自投东家，自行开业，但不得抢师傅生意，否则叫"捉师傅帽子"。20世纪50年代手工业合作化后，个人收徒渐少，体罚、剥削更为政策所不允许。改革开放后，多种经济并存，个体手艺也收徒弟，但上述旧俗有所简化。

旧时宁波人比较重视手工技术的学习和传承，宁波俗话中有"家有万贯不如一技在身""有手艺吃手艺，呒手艺吃淖泥"，说明手艺是活的财源。在民众眼里，手艺就是财富，就是饭碗，而且和财富相比，手艺更具有安全性，谁也抢不走，"家有千金，弗如薄艺在身"。与全国其他地方一样，宁波传统的手工技艺传承都是师承关系，传下了技艺，等于传下了财富。所以有些技艺的传承具有严格封闭性，常常是"传子不传女""传内不传外"。

旧时人们对宁波手工业不同行业有不同认识，如"少年裁缝，中年木匠，老年郎中"，就是说不同行业的手工业者在什么年龄处于事业的鼎盛期。"裁缝弗落布，老婆出屁股"，讽刺某些裁缝贪小便宜；"木匠弗用学，榫头考准足"，说明做木匠活的根本在于对榫卯技艺的掌握程度；"木匠一多盖歪屋，泥水一多打斜墙"就是把生活中常见的人多嘴杂、事情办不好的现象生动地概括出来;"百行百弊,剃头无弊",说明剃头行业的益处。

宁波的手工业生产习俗特色明显。就宁波家具工艺习俗而言,宁波木匠使用的木材种类既不如京式、广式那么挑剔(只选硬木),也不像东阳、嵊州那样狭窄(只用白木),其用材种类相当广泛,硬木中紫檀、黄花梨、红木、鸡翅木、新花梨等,都有涉及,但用得最多的,则为红木与新花梨,特别对新花梨的使用,到了偏爱的程度,他乡匠人难望其项背。甬作家具的又一用材习惯是分色做或搭色做,最常见的"天仙配"是红木配榉木、花梨配木荷。其中红木多用于档、柱与抽屉面板,榉木用于台面板、挡板等。而花梨配木荷,则往往反之,即木荷做档、柱等结构件,花梨做面板、挡板、拷头等附件。分色做是一种节省名贵硬木的方法,再加上直曝材质本色的擦漆,使整器呈以浅冷、深暖两色,审美效果出奇的好。①

宁波手工业传承有序,技艺精湛,涌现出许多引以为傲的手工业生产精品,如"千工床""金银彩绣""泥金彩漆""骨木镶嵌"及根雕艺术等都是值得进一步弘扬的宁波非物质文化遗产。

值得注意的是,在宁波众多手工业生产习俗中,宁波"红帮裁缝"是一个十分值得重视的群体。从清代末期开始,宁波从事裁缝业的人数逐年增多。他们不仅在本地做,甚至到国外学艺,把生意做到了全国各地。民国时期的《鄞县通志》记载:"丰和之西南为永和乡,其地之边界毗连奉化,居民之风气、语音,往往有与奉化近者。平居生业,若横山后、蔡郎桥、孙家庄、周家埭、姜山头与其邻乡之张华山、侯家、陈家团、孙家山等村,大率农服先畴,工习西帮裁缝。且有远赴日本,而因以起家者。一人唱之,万人和之,相率而成风。沪汉各地凡为西帮裁缝者,不问而知为南乡人。"这段资料实际上就是宁波红帮裁缝起源的重要佐证。从民国起,红帮裁缝在中国服装史上占据重要地位,开创了中国服装史上的诸多第一:第一家西服店,第一套西服、中山装,第一部西服专著,第一家西服工艺学校。宁波红帮裁缝也经历了"横滨港习艺、上海滩成名、沪宁线延伸、京津城引领、东三省跨越、大武汉创优、大西部倾情、东南亚拓展、港澳台溢彩、三江口奉献"的创业历程。红帮发起了中国服装史上最富有革命意义的一次变革,揭开了中国现代服装史崭新的一页,"红帮"也因此成为中国服装史上影响最大、最深、最久的一个服装流派。

总之,宁波生产习俗不仅是农耕文化、海洋渔业文化、商业贸易文化和

① 水银:《特色鲜明的甬作家具》,《宁波晚报》2014年3月23日。

工艺技术文化的反映,更是宁波生产习俗有别于其他地区的最大特色。多元文化氛围造就的宁波生产习俗,也是宁波民众性格的反映,制约着人们的行为,规范着生活秩序,其文化价值不容小觑。

二、词 条

车水灌溉

车水灌溉这一习俗始于唐代,长期以来人们用此法解决农田灌溉用水问题。旧时,宁波地区的农民们多以种植水稻为生。水稻种植离不开水,尤其是一到天气炎热的暑夏,稻田里的水分蒸发很快,若遇降水减少,河里的水位降低,农民无法将水从渠道直接引入稻田进行灌溉,因此农民们通过水车将河里的水提上来,引入田中进行灌溉。车水灌溉的形式共有四种,分别是牛车盘提水、人工推拉提水、脚车水和手摇车水。不论是哪一种方式,都有一个共同点,即用一根车轴带动水车肚内的车轮。这车轮由一节套一节的木质龙骨制成,呈与水车长度相当的长扁圆形,龙骨上装有"划"(亦称为"揽")的正方形小薄木板(也称车板)。当车轮转动时,每块车板将水"划"入车肚,随着车轮的转动,将水引上水田。四种灌溉方式的不同点主要在于带动车轮的动力不同。

牛车盘提水是比较富裕的农家的提水方法。此法要求专门在河边设置一块用木制成的大齿轮作为车盘,车盘由一个轴心固定,但可以转动。农民将牛套上套,通过牛力拉动大齿轮,大齿轮再带动连着水车的车轴,车轴带动车轮将河水引上来。为了防止日晒雨淋损坏车盘,一般会在车盘上盖上稻草,远望犹

车水灌溉

如一个圆形亭子。

人工推拉提水的方式与牛车盘提水十分相似,只是因为有些人家养不起牛,用人力代替牛力拉动车盘,引水入田。

脚盘水车车水也是人力拉水的一种方式,多用于贫苦无牛的农家。此法需将一辆水车装在河边,用木制轴联动车肚,轴上设有木齿轮和脚蹬的木块。这种齿轮因为脚踏需要而形状不同。脚盘水车一般有八个脚踏板,车轴两旁多有坚实的柱子,连着柱子装有横杆作为扶手。车水之时,农人双手攀在护杆上,双脚蹬齿轮,使轴上木齿轮带动车肚,将水引上水沟,灌入田中。用这种方法车水需要懂得水车装置适当,如离水面过深,则起水非常吃力,过浅则容易引不上水。此外,以脚盘水车车水者需有一定的技艺,车水时要保持身体平衡,用力均匀。新手往往会"吊田鸡",即脚踩不到踏板上,人悬空吊起来了。而精于此道的农人即使双手脱离护栏,亦能犹如杂技一般,飞快蹬水。"长水沟远田头,倒挂车头烂看头",这两句农谚形容的正是当时农人以脚盘水车车水的情景。

手摇车水的方法又称牵车灌溉,主要用于小水车上。农人将牵车安装在田头的池塘、水池旁,将车轴连在水车把与牵车上,装上摇柄。农民一人用双手操作,左右手各摇摇柄,用力牵动牵车,使车板转动起来,把池塘中的水一板一板地扣上农田进行灌溉。用牵车灌溉时,要注意须用双手牵水车,用力时要一张一弛,而且要有节奏感。

此外,还有一种灌溉方法是吊桶提水,就是用一根绳子系在一只木桶上,用手拉绳子,将河水吊上来。因为此法只能用于灌溉较小的田地,所以普及程度不如以上四种。

参见宁波市文化广电新闻出版局编:《甬上风物:宁波市非物质文化遗产田野调查·余姚》,宁波出版社 2009 年版,第 61 页。

迎蚱蜢将军

芒种后十天,即公历的 6 月 16 号或 17 号是宁波余姚一带举行迎蚱蜢将军活动的日子。蚱蜢又称"蝗虫",是旧时虫害中危害最严重的虫灾。蝗虫繁殖快,又专吃水稻绿叶,旧时经常导致农民歉收。由于古代没有农药,农民对害虫找不出好的根治办法,因此农民认为蚱蜢多是上天降灾于人间,凡人是很难消灭的,唯有请神才能解决,这个神的名字便叫"蚱蜢将军",又叫"将军菩萨"。据清道光《浒山志》记载,神话传说中的蚱蜢将军是兄弟二人,兄长刘锜因"驱蝗江淮间,有功",于宋景定四年三月八日被封为刘猛将军。

清雍正十二年，雍正皇帝又因为"兄弟并为驱蝗之神"的原因敕封其弟弟刘锐为蚱蜢将军。从此民间多建有蚱蜢将军庙，供奉蚱蜢将军菩萨，并经常在开春或发生蝗灾时祭拜，举行迎蚱蜢将军的活动，以祈求减少灾害损失。

迎蚱蜢将军

农民们将迎蚱蜢将军定在芒种后十天，即公历的 6 月 16 号或 17 号，是具有一定的科学道理。因为这一段时期正是蝗虫繁殖的始发季节，迎蚱蜢将军灭蝗虫正恰逢其时。迎蚱蜢将军之时，一般由德高望重者牵头，负责统筹安排，随后方圆几十里乡镇中的会所及农民一般都会参加，如在新中国成立前宁波泗门镇地区较有名的有"介寿会""聚兴会""高跷会"等。宁波泗门镇的迎蚱蜢将军仪式开始之时，先迎出庙中的蚱蜢将军，一般由大旗队打头，大旗队由 10～20 面大旗组成，每面大旗由 4 人抬，4 人拉纤，4 人前后帮护，4 人预备，至少 16 人以上。大旗队之后是炮担队，负责在神桌前休息或祭拜时轮流放铳炮，一般由 8 人组成，每组 2 人。随后是舞龙队，舞龙队中的龙分布龙、火龙等多种，每次至少有 8～10 条参演，每条龙由 8～12 人组成。蚱蜢将军出巡时，队伍每到神桌前都要摆阵排龙，同时以鼓乐为伴奏，热闹非凡。除舞龙队外，还有鼓亭 2～3 只，每只鼓亭由 4 人抬、4 人护，厅内鼓锣敲打，亭外丝竹齐响，由 10 番乐队伴奏。鼓亭之后又有采莲船 4～5 只，每只采莲船由 4 人抬，并配有一男一女两位表演者。其中女表演者肩背绸带，男表演者作艄公划桨状。采莲船后是判会队和神轿队。判会队一般由 10 多人组成，分别扮演阴间角色，队中有调吊的、调判官的、调五常的。神轿队是菩萨所在的队伍，菩萨的坐轿由 4 人抬，旁边还有多人护卫，前呼后拥，鼓乐喧天。

在宁波泗门地区，蚱蜢将军出巡的仪式共持续三天。在这三天巡游中，凡路过各个村庄都要做戏、设神桌。此俗于 1958 年农村公社化后消失。

参见李向阳：《姚江民间艺术》，浙江古籍出版社 2012 年版，第 74 页。

报春牛

报春牛是宁波民间的一种农事习俗，报春牛中的春牛多是用泥捏或木刻制成。每年临近立春，庙堂人或乞丐便会手提春牛，挨家挨户地到主人家的米缸、谷仓或门口先顺时针绕三圈,口里不停地念"黄龙盘谷仓,青龙盘米缸"等吉语。念毕,这些人会给予主人家一张木版印制的"春牛图",而户主则回赠年糕、大米或钱币、稻谷,等等。然后,户主将春牛图贴于门墙、板壁上,以示吉祥,并了解节气。

春牛图上印有当年二十四节气、梅伏期、潮汐等与农事有关的天文现象,两边画有十二生肖图,中间则是牧童与牛的图像。据说牧童与牛的画法大有讲究。图中春牛高四尺,象征一年四季;身长八尺,象征农耕八节;尾长一尺二寸,象征一年十二个月。春牛"以岁干色为头,支色为身,纳音色为腹。立春日干色为角耳尾,支色为胫,纳音色为蹄",牛绳则代表立春当日的地支,并依干支的五行画色,属金为白,属木为青,属水为黑,属火为红,属土为黄。春牛图中的牧童是神话传说中掌管树木发芽生长的木神,又称句芒神。句芒神身高三尺六寸,代表农历一年的三百六十日;手上之鞭长二尺四寸,象征着二十四节气。他的衣服与腰带颜色依据立春日的五行干支而定,分别是亥子日黄衣青腰带,寅卯日白衣红腰带,巳午日黑衣黄腰带,申酉日红衣黑腰带,辰戌丑未日青衣白腰带。若牧童骑牛横吹竹笛,意为这一年是风调雨顺的丰收年;若牧童牵着牛走在前头,则这一年为一般年景;若牧童在后,以竹梢鞭打牛的屁股,预示着这一年干旱歉收。

报春牛与贴春牛图的习俗由来已久。古时朝廷常于立春之前制土牛,名曰春牛,以备立春祭典所用,早在《后汉书·礼仪志》中已有记载,说"立春之日,夜漏未尽五刻,京师百官皆衣青衣。郡国县道官下至斗食令史皆服青帻,立青幡,施土牛耕人于门外,以示兆民"。至宋起,出现了打春牛的习俗,当时立春祭典之上,州县官吏往往执鞭击打春牛,以示劝农之意,同时也象征春耕的开始。春牛被击碎之后,居民将春牛残片抢回家中,作为祛病、宜蚕、祈求丰年的吉祥物。由于牛被视为吉祥的象征,因而画家及民间艺人将其画成迎春的年画在市场上出售,而朝廷之上也出现了春官送"春牛图"预兆丰收的习俗。这一习俗至民国时渐废,变为由一群无业游民与乞丐,穿红袍,带乌帽,装扮为春官,一手持泥捏的春牛,一手持记载着来年节气与农事活动,绘有红、黄、青、

春牛图

白各色土牛与芒神的春牛图,挨家挨户地送春牛图。还有的人以麻袋蒙头,做牛鸣之声,由假扮春官的乞儿牵着穿街走巷,至店家唱曰,"黄牛到,生意俏";至农家则唱,"黄牛到,五谷好",以此索取钱物。

报春牛这一延续千百年的民间习俗蕴含着人们对丰收的希望和对风调雨顺的祈求,春牛图也成为民间最常见的吉祥图案。多年来,在立春时贴春牛图,剪春牛窗花成为民间尤其是农家常有活动之一。

参见〔宋〕周密:《武林旧事》卷二,浙江人民出版社 1984 年版,第 29 页;〔宋〕庄绰:《鸡肋编》卷上,中华书局 1983 年版,第 24 页。

祭田公田婆

祭田公田婆是宁波地区农村的一项古老习俗,又称祭田祖,这一习俗实际是古代农民祭祀后土之遗风。旧时,由于科技水平低下,人们相信所有物种都由神灵主宰,将丰收的希望寄托于管理农事、庄稼生长、作物丰收的田神,即田公、田婆身上。在有些地区,田公、田婆又被等同于土地公、土地婆。

祭田公、田婆的具体仪式由于地区不同,在形式上也略有差异。如有些地方对于田公、田婆是不主张设庙,祭祀亦不按时论节,对于贡品也不甚讲究,多以香烛为主。有些地方将一束稻草立标于排水的秧田缺口之处,说此为田公、田婆栖身之地。有些地方则于田边立小庙称为田祖庙,于庙前进行祭祀。还有的地方在每块田里必定立一石头作为田公,供在田块一角,田婆则立在对面或旁边,用鸡、肉、饭、酒等物进行祭祀,并加以祈祷,甚至在平时于田间休工吃饭之时,也会在进餐前先将米饭与汤、酒等洒于田间,以谢田公、田婆庇佑之功。

总的来说,对田公、田婆的祭祀在宁波的大多数地区一年之中多达四次。祭祀之前,人们需通过查阅历书以择吉日。首次祭祀是在下谷种前,一般多在清明前后。每逢祭祀之日,祭者手持一帖黄纸和三炷香,站在秧田下水缺口的田塍上,面向田畈作揖,祝祷田公、田婆保佑田间秧苗都生长旺盛、籽粒饱满。祝祷完毕,祭者将香插于田塍边,把黄纸烧掉,称之为"许愿"。第二次祭祀在"开秧门"前,即插秧仪式之前,亦称"祭五谷神"。人们将肉片放于碟中,将碟子置于田塍之上,农民仍立于秧田下水缺口,烧纸焚香,祈祷田公、田婆保佑稻禾快快长大,谓之"尝甜头"。第三次祭祀在夏至日,祭祀之日,众人摆酒肉、饭菜等祭品于田头。祭者穿蓑戴笠以象征"求雨",又于田头焚烧一把大麦秆以示"驱虫"之意,随后向田公、田婆祷告说:"田公、田婆,保佑风调雨顺,无虫无灾。来日丰收,再来重谢!"第四次祭祀在秋收时,开镰前。祭祀仪式上,人们先摘黄熟谷插于两碗米饭之上,称为"摘二穗黄谷",随后佐以丰盛祭品以报答田公、田婆保佑之恩,谓之"还愿"。

田公、田婆不仅是农村百姓祈求庇佑农作物收成良好、生活幸福美满的对象,也是生活于"敬天"理念下的农村百姓的一种精神寄托。

参见高占祥等主编:《中国文化大百科全书·综合卷》下,长春出版社1994年版,第600页。

开秧门

开秧门是宁波稻作文化农业生产中的一种风俗仪式,也是水稻种植的第一个关节。每年一到插秧时节,种田人习惯把插秧第一天的第一把秧称为"开秧门",也叫"开秧把"。"秧门"指的是农人拔秧时,所扎秧把由双手所拔的秧合来,中间形成的犹如两扇合拢之门的缺口。早晨开秧门,预兆兴旺发达。如果所扎秧把无门,俗称"一把头",则认为不吉利。

开秧门在旧时被人们视为十分重要的仪式。若是大户,当天主人一般要像办喜事一样,以鱼肉酒菜款待家人和插秧的帮工人员。小户也要如过节一般地准备丰盛酒菜。除丰盛的酒肉外,酒席上人们还要特别烧一条黄鱼,预兆年年有余之意。餐间,每人要吃一个鸡蛋,意谓"讨彩头"。此外人们还要吃鲞鱼头,象征种田有想头。鲞鱼放在桌上,需要头朝南摆放,以此昭示天晴有好运。鱼头向北,则昭示有雨,不吉利。吃饭时,人们自始至终都不能将菜汤舀到饭碗里去泡饭吃,以免"泡汤"之嫌。由于拔秧、插秧比较辛苦,主人家除给帮工者提供一日三餐之外,还要加两次点心,上午点心称为上点心,下午点心叫作下点心。在插秧结束的当天晚上,主人家还需要再次设宴以酒肉酬谢帮工者,菜肴要丰盛,称"打散"。

开秧门之时禁忌颇多。栽秧,要选风和日丽、没有"土瘟"的日子。插秧

开秧门

之前,由家长焚香点烛,放鞭炮,祭土地神,接着全家聚餐,饮开秧酒。农人下田之时要让左脚先下田,因为农家有左顺右反之说,以示风调雨顺,五谷丰登;拔第一行秧时不得开口说话,同时为了防止旧日农人所言的"发秧疯"(由于双手拔秧时用力

过猛而伤筋,以至于手背红肿的现象);在秧田蹲下去拔秧之前,应先用缚秧苗的稻草在秧田上横扫几下;插秧之时,人与人之间,不可随便传递秧把,俗称传递秧把会使这二人称为冤家;甩秧把时不可把稻秧甩在别人身上,若被甩中,俗称"中秧",即为遭殃,被甩之人要当面骂一句以"驱邪"。插秧至田横头时,手中的余秧被称作多秧。在旧时习俗中,丢弃多秧意味着丢掉余粮,因而农人将余秧全部插在田里靠田横头的地方,以示今年多粮。若农人来日耘田发现缺株时,又可到此处补添秧苗。第一个插到田横头的农人要先去拉种田绳。农人到了横头,不许随便坐下休息,俗称"易腰酸"。插完秧后,户主会绕田走一圈,拔一把秧苗带回家,扔在门墙边,取意"秧苗认得家门,丰收由此进门"。插秧结束称为"关秧门",关秧门必须在天黑以前,否则被视为不吉利。关秧门之后,各家出嫁的女儿要回娘家来省亲,俗谚云:"插好禾秧,看望爷娘。"

参见宁波市文化广电新闻出版局编:《甬上风物:宁波市非物质文化遗产田野调查》,宁波出版社 2009 年版,第 169 页。

四月初八牛生日

宁波地区多田地,农民们大多靠耕田劳作为生。牛是农耕时代的重要角色,旧时农民耕地种粮一半要靠牛的帮助。因此,农民对家中的牛有着深厚感情,除了平时善待自家耕牛外,每年春耕时节还要给耕牛过生日。传说农历四月初八便是牛的生日。四月初八牛生日的习俗来自一个民间传说。传说从前有个叫罗英的姑娘用歌声解救了一头蹄子夹在石缝中的野牛,并且将野牛带回家中,割嫩草喂养它,唱山歌给它听,并教野牛耕田犁地。被救回家的野牛仿佛也通了人性,为了报答罗英,它变为耕牛为人们耕田,以减轻人们田头劳动的负担。因此,耕牛也得到了人们的敬重。后来罗英被农民们尊为祖神,她救牛的四月初八那天也成为牛的生日。在宁波地区,每逢农历四月初八,人们都要备下老酒,捣乌饭麻糍给牛过生日。

每逢四月初八这天,人们把家中的耕牛当作神明来祭祀侍奉。在四月初七,家家户户都要给牛洗一次热水澡,将牛身刷洗干净,还要将牛栏整理干净,铺换新草,并用红纸画上或者剪成驱邪符,贴在牛栏上,以祛除疾病,赶走瘟神,保佑家中之牛一年里能健健康康,百疾不侵。初八当天,耕牛被卸下犁,不需耕作,得以休息一天。这天,任何人都不准鞭打牛,不准斗牛,不准骂牛,更不准杀牛。这天耕牛的吃食也异常讲究。清晨,人们就争先把牛放出去吃露水草,越早越好,称为"抢头"。养牛人家还要提前两天到山上采摘新鲜嫩绿的乌饭树叶,将它们清洗干净后捣碎,用清水酿在水桶中。第二天清晨,人们将搁置了一晚的乌饭树叶汁过滤,除去树叶残渣,将汁与糯米或碾碎的米粉加在一起泡上一晚。到第三天四月初八时,人们将其倒出来上蒸笼蒸熟,再倒到捣臼里捣熟,放到面床上擀摊,切菱形块后做成乌饭麻糍,代表人和牛一样也吃草。此外,人们还要准备一段毛竹筒,将竹筒中间打空,一端斜削成尖圆稍扁状,以便插到牛的嘴巴里,另一端则用来灌酒喂牛。

待一切准备好之后,人们将一张米筛和一把竹椅放在牛栏门前,横倒竹椅,将米筛搁在竹椅之上。人们在米筛内放上鱼肉、香干、新豆腐等荤素福礼,并放上做好的乌饭麻糍和三盅酒,随后插上清香三炷,小蜡烛一对。点完香烛之后,主人家叩拜并祝告牛栏神,祈求保佑自家的牛健壮有力,耕田有劲。同时,主人家将乌饭麻糍夹着鲜草喂给牛吃。一般而言,牛须吃完三个。随后主人家将黄酒通过竹筒喂给牛喝,有的时候还要喂牛吃糯米酒糟煮鸡蛋,以示牛与人一样享受补品的营养,表达人们对耕牛无私奉献的感谢。

如今,随着科技发展,农业活动绝大多数为机械化操作所替代,农家已很少养耕牛了。但在每年的四月初八,还是有不少地区的人们通过捣乌饭麻糍来纪念这一节日。

参见宁波市文化广电新闻出版局编:《甬上风物:宁波市非物质文化遗产田野调查》,宁波出版社 2009 年版,第 42 页;慈溪市地方志编纂委员会编:《慈溪县志》,浙江人民出版社 1992 年版,第 961 页。

照蝗虫

旧历正月十四夜,于田间以火把"照蝗虫"的习俗在宁波地区由来已久。据史料记载,最迟在明中、后期,当地已盛行"烧蝗"这一习俗,此后,一直延续至新中国成立前后。谢翘的《泗门竹枝词百首》中,就有一首专门写到了民间正月十四"烧蝗"的风俗:"邂趣群蝗野外娇,火攻先夜试元宵。世间蝱贼知多少,安得田中尽付烧。"作者的注解是,"乡人于正月十四夜用火照田间,谓可除一岁害虫,名曰烧蝗"。

蝗虫又称蚱蜢,是农作物主要害虫之一。由于古代没有农药,农民对害虫找不出好的根治办法,除了以过"蚱蜢将军生日"这种将除害虫的希望寄托于天地鬼神的做法外,还产生了"夜照蝗虫"的习俗,即用火把冬天里的草根和秸秆里过冬的虫卵烧死,同时利用害虫喜光的特点,通过火光来吸引害虫飞蛾扑杀之,以使害虫减少。由于正月以后天气将变暖,虫卵即将孵化为虫,所以要抓紧在正月中旬即正月十四照蝗虫。

旧时农民对"正月十四照蝗虫"这一习俗非常重视，早在过年前后，农户便把家中的破旧扫帚收集起来，作为火把材料。扫帚的数量根据家中田地块数而定，一般一块地配一个火把。每家每户少则扎两把，多则需扎十余把。火把以破旧扫帚为依托，或选择竹竿、木棍为基杆，选材之时要注意选择竹柄不碎、竹节不裂的才可以。随后在扫帚前端扎上一捆麦秆或一束稻草。若遇阴雨天气，火把

照蝗虫

只燃而无光被称为"触霉头"，是农户最大的忌讳。因此扎完火把之后，人们常用破棉絮蘸棉油垢，或者用破棉絮紧裹烛屑、木屑等，以使火把燃起来后火红明亮，象征吉祥旺盛。此外还得考虑使火把燃烧 70～90 分钟，照的时间越长，灭蝗虫效果越好。

到正月十四日的晚上，家家户户要吃蜡烛年糕，寓意在照蝗中火把火红，人旺家兴。有些地方还会吃五米夜粥，寓意在新的一年里，五谷丰登，六畜兴旺。吃完夜饭，农民们带上敬天地用的酒菜、糕点、香烛来到自家农田，将祭祀用的物品安放于田地之上，点燃蜡烛，敬上酒菜，礼拜天地，随后才开始照蝗虫的活动。旧时的照蝗虫分为"单照、联照、集照"三种形式。所谓"单照"是指各家各户在自己的田地上，将火把高举于手，一边高喊着歌谣："正月十四照蝗虫，照得天空亮堂堂，人家萝卜像阿虫，阿拉萝卜像斗篷，人家油菜像荠菜，阿拉油菜像火熜……"除大人外，孩童们也会提纸灯照屋角墙脚、田塍河道，持小锣，边敲边唱："照蝗虫，兆丰年，蛇虫百脚都死光。"自家的地照遍之后，人们把火把插在边上，任其自燃尽。"联照"是由几户连地连田的农户，推举人来指挥，在夜幕降临时，几户人家的火把连接成一条火龙，在地上挥舞火把，一边高喊："正月十四照蝗虫，烧断虫腿烧断种，大家举把一条心，要把蝗虫灭窠卵。""集照"是指地主把缴不起租或收不起租的贫困农户种的田收回后，雇人在收回的田上照蝗虫。

参见宁波市文化广电新闻出版局编：《甬上风物：宁波市非物质文化遗产田野调查·余姚》，宁波出版社 2009 年版，第 181 页。

种席草

宁波鄞西的黄古林一带是全国有名的草席之乡,所产草席古称"明席",又称"甬席",以质地精密、厚实挺括、刚劲有弹性、柔软光滑、能散热降温、收藏方便、经久耐用而闻名于世。要做出好的草席,必须有好的席草,因此,宁波的草农对于席草的种植可谓是十分讲究。

每年八九月份,当单季稻被收割进仓后,草农们便开始忙碌种植席草。席草的种植之地不可随意选择,古有农谚说,"人进补桂圆枣子,田进补河泥草子(绿肥)",要想种好席草,首先便要解决田里的基肥问题。因此草农们多将席草种于沿河岸边的田——河沿头田之上。一是因为河沿头田可以做大田河泥,用河泥充当席草的补品;二是因为河沿头田种席草排灌灵活方便。到种植席草之日,草农先要请来捻河泥的师傅,做几天大田河泥,使席草种植之后能有丰富的基肥,随后要请有经验的老农——种席草师傅前来种株苗。种席草师傅利用他丰富的经验,在种株苗时将株苗分得均匀,行距、株距都要插得均匀,才能合理利用阳光,避免一株大一株小、株头参差不齐。插席草秧时要注意深浅适中,插得过深不易分蘖,插得过浅容易倒伏。由于种席草在"种"字上十分讲究,因此席乡的种席草师傅便成了乡间令人敬佩的香饽饽,请师傅种席草不但要提前预约,而且待遇也是从优。除去应

宁波草席制作

付的工资之外，师傅的一日三餐必须有酒有菜，下饭不能缺鱼、肉、蛋。上午、下午还须备上点心长面煮蛋。长面寓意着来年席草长势喜人，圆滚滚的蛋则寓意着明年席草生意红红火火，铜钿滚滚而来。

种完席草后，草农需对席草进行精心照料。席草苗刚种下时，草农要勤灌浅溉，泥不见天，耘田一至两遍，补缺株苗，扶苗。农谚有云："冬天勿燥（搁田），春天勿爆（分蘖）。"搁过田的席草分蘖棵株大，而且更加挺拔。因此，一到立冬，草农们便需开始排水搁田，并且在年内浇上一次人粪以做肥料。到翌年清明开始灌水，耘席草，除杂草，打草梢，使草稍整齐，接下来要施肥。一般家境的草农多用农家肥，即猪厩肥、牛厩肥、人粪等有机肥料，家中有条件的则买菜饼、豆饼等作肥料。

所谓小暑割草（席草），大暑割稻（早稻）。席草种下的第二年小暑便是收割的时候，长得好的席草一般从草稍一直绿到根部，粗细调匀挺拔。待到收割季节，草农们看好天气，一般在傍晚开镰割席草，翌日一早用田庄船装运席草到鄞江桥沙滩晒席草，叫晒滩草。沙滩温度如火烤，将席草晒得火热，一天便可烤成。经过太阳晒烤的席草颜色翠绿，被草农誉为"翠鸟"草，是有名的"本地席草"，为席乡名优草席奠定了基础。

如今随着科学发展，宁波所种的席草多为蔺草"榻榻米"。蔺草用科学的方法种植，施肥，收割，烘干，并多以机器织席。但蔺草"榻榻米"不能做老底子席子，更不能做白麻筋样花席，所以席乡草农仍旧种植一定比例的"本地席草"。传统的黄古林十天三市（三、七、十）的草席市场依然购销两旺，供不应求。

参见宁波市文化广电新闻出版局编：《甬上风物：宁波市非物质文化遗产田野调查·鄞州》，宁波出版社 2009 年版，第 81 页。

造船习俗

唐宋时期，宁波沿海先民便主要以捕鱼、熬盐为生。至明清时期，宁波境内渔业更加兴旺，形成诸多习俗。发达的渔业与海洋贸易促进了宁波地区造船技术的发展。早在唐时，日本仰慕唐朝的造船技术，将经宁波制造的海船称为"唐舶"。两宋时期，明州港的造船业已跃居全国首位，当时明州打造的大海船，不仅广泛应用于商贸，还供朝廷派遣使者航海出国所用。

虽然古时宁波造船技术发达，然而波涛诡谲的大海对于当时科学技术并不发达的古代民众来说依然充满危险与未知。当地渔民用这么一句俚语形容渔船出海："一只脚踏在棺材中，一只脚踏在棺材外。"意思是出海捕鱼是一件非常危险的事情。因此,船主及其家人除了将造渔船作为头等大事,造船之时工艺与作料务必讲究外,还将平安出海归来的希望寄托于神明之上,形成了宁波地区独特的造船习俗。

旧时,渔民开工制造渔船必须翻黄历,择良辰吉日。开工之时要举行仪式,备上三牲、香烛,礼拜天地神灵,并向造船的大木师傅敬酒、送红包。新船梁头(龙骨)定位时,要披红挂彩。装淡水的"水舱"梁头合拢处放银洋(或铜板、铜钱),并用银钉(或铜钉)钉合,渔民称之为"船灵魂",或叫"水灵魂"。渔民认为船是木龙,龙行于水,有了灵魂就能乘风破浪,一帆风顺。最后一道工序是装"船眼睛",叫"定彩"。"定彩"需择良辰吉日举行"定彩仪式",并由船主付给大木师傅双倍工钱和红包。施工时要在船尾板上贴有"海不扬波"横幅。随后按金木水火土五行,用五色线扎在作为银眼珠的银针上,由船主将它嵌进船头,用崭新的红布将它蒙住,称为"封眼"。新船造成后,须在船后舱设立神龛,称为"圣堂舱",用来供奉船关菩萨。一般小对船供奉女菩萨,大对、背对、大捕船上供奉男菩萨。船关菩萨旁还要供上两个木雕小神像,一个叫顺风耳,一个叫千里眼。

新船下海前需请算命先生择好日子,选定大吉大利的好时辰。日子根据船主人生肖而定。一般规律为:鼠日冲马,牛日冲羊,虎日冲猴,兔日冲鸡,龙日冲狗,蛇日冲猪,马日冲鼠,羊日冲牛,猴日冲虎,鸡日冲兔,狗日冲龙,猪日冲蛇。新船下海前还要用红布蒙住船双"眼",然后举行隆重的祭祀天地与海神仪式,点燃香烛,告慰神灵。贡品需十六大盘和大量锡箔纸钱。吉时一刻,船主揭去红布,称为"启眼",同时敲锣打鼓,鸣放鞭炮。随后由身强力壮、父母双全(有福气)的几十名青壮年在敲锣打鼓、鞭炮齐鸣的气氛中将船徐徐推入水中,称为"赴水",谐音"富庶"。"赴水"之时还有"新船下水抛馒头"的习俗,由东家站在船头上向木工师傅和围观者抛分馒头,谓之"发福"。到了海里后还需设宴"斋老大",即祭祀渔民祖先。然后大家一起祭祀庆贺,向船老大敬酒。"斋老大"每年举行两次,上半年一次,下半年一次。

新船下海仪式完毕后,主人在船上设宴招待亲友,开宴前要先向大海撒米,以敬鬼神,并祈祷吉祥平安。在场人需注意举止规矩,说话吉利,不可犯忌讳。

参见周志锋:《浙东方言与海洋文化探析》,《绍兴文理学院学报》2009年第2期。

开洋谢洋

开洋、谢洋节起源于祭海,是宁波沿海渔民在长期耕海牧渔生产中形成并世代传承的一种别具特色的节日祭祀活动,距今已有上千年历史。开洋、谢洋节作为渔民祈求人身安全与捕捞丰收的精神寄托,主要有娱神、娱人两大内容,它们都以祭祀为核心,以民间文艺表演为主轴,含有历史、宗教、生产、民俗等诸多文化内容。开洋节是渔船出海时,渔民祈求平安、丰收的民俗活动。谢洋节则是渔船出海平安归来,渔民感恩大海,感谢海神的民俗活动。

旧时,在每年捕大黄鱼季节之始,渔民们都要在妈祖娘娘等庙宇举行开洋节祭祀仪式。开洋节祭祀时间一般在三月十五日至三月廿三之间,必须选择每天涨潮时分,寓意着财源随潮滚滚而来。各船主祭人须在前一天剃好头,晚上要用糖水净身,第二天穿上干净衣服去庙里祭祀。供品陈列有序:殿前天井东西两侧各置八仙桌1张,分别供猪、羊各一,以敬天地神祇;大殿中堂放八仙桌2张,陈列肉、鱼、蛋、面和豆腐等5大盘(也有6大盘乃至8大盘),盘头供品放在红漆桶盘中,五果、点心可放小盘。吉时一到,红烛高烧,主祭船主上香、献爵、跪拜、虔诚祝祷。礼毕,船主退立于一旁。随后由船上众伙计(船员)上前,跪拜如仪。礼成,请"菩萨"上船,由船主手捧红漆大桶盘,置神像(有木雕或泥塑神像)于上。也有的在神明前求得令箭(三角小旗)一支,以代神像,插在四角香袋上。神像两旁列立千里眼、顺风耳神,香烛悉备。出庙时,代舵(大副)撑黑布伞护顶,三肩(舱面负责人)提灯笼前导,众船员持香随后,恭恭敬敬地把菩萨请上渔船,放在船圣堂舱神龛内,顶礼而退。人们再将引路灯笼挂在船头,以驱邪保平安。仪式结束后,所有祭祀食物由渔民们集聚共餐,以示有福同享。接着民间文艺表演队受邀在主要街道上进行踩街游行表演,节目有鱼灯、马灯、船鼓、抬阁、车灯和滑稽表演等。午后开始演戏,日夜连台。戏班远从新昌、嵊州、台州、临海请来,演戏五至十天不等,号称"出洋戏"。开演前,主办方要派一小乐队,到村里各庙恭请诸菩萨前来看戏。来请的人,手捧大红桶盘,供清香三炷,把代表各庙菩萨的令箭(三角小红旗)插在四角香袋上。待各庙菩萨皆到,放鞭炮三声,需加演

开洋谢洋

一出《八仙过海》或《王母娘娘做寿》《魁星点状元》等。

谢洋节在每年黄鱼汛结束,约农历六月廿至六月廿三,渔船平安归来之时举行。活动内容和方式与开洋节差不多,只是少了请神的环节。这些天里,渔村热闹非凡,为感恩大海,感恩神灵,演戏庆丰收、庆平安,戏台上挂有"神人共乐"的横额,庙里张灯结彩,供奉三牲福礼,号称"谢洋戏"或"还愿戏"。演出由高产渔船出资包演,盛时连演七天七夜。

开洋、谢洋节活动是宁波沿海祭祀文化类型的典型代表,也是现存祭祀传统文化最重要的组成部分,承载着许多历史文化信息和原始记忆。大量的原始祭祀礼仪和民族、民间文化艺术表演形式通过开洋、谢洋节保留至今,被中日民俗专家认为是中国沿海比较有代表性的祭祀遗存,对中国沿海地区祭祀历史有较高的学术研究价值。

参见宁波市文化广电新闻出版局编:《甬上风物:宁波市非物质文化遗产田野调查·象山》,宁波出版社 2009 年版,第 166 页。

象山船饰习俗

船饰文化是中国古船研究中的重要组成部分。它反映了人类在征服海洋、开发渔业过程中所经历的恐惧、迷惘以及奋力拼搏的精神。船饰文化是人类向海洋进军的珍贵记录,也是人类挑战大自然的历史印证。包含深刻文化寓意的象山船饰以其丰富的内容,多样的形式在海内外船饰文化中独树一帜,于 2009 年被列入浙江省第三批非物质文化遗产名录。

象山船饰习俗的历史渊源十分久远,与象山的自然环境、人文环境有很大关联。早在新石器时代,象山就有先民"刳木为舟,剡木为楫",随着船只的出现,船饰文化亦随之诞生。至唐宋时期,宁波地区虽渔船颇多,但皆形体较小,船无定名,桨橹行舟,两三人作业。船体之上虽雕有船饰,但是并无统一的形态与风格。从明清开始,象山船饰风格趋于定式。一般船尾和船舷护板上雕有龙虎之首或被视为龙外甥的海泥鳅、莲花,船头上则是两只翘首的船角。此后,渔民对船首、船尾、船舱和桅杆等各个部位如何用漆、漆的颜色如何搭配等问题越来越讲究,并逐步形成了一种共同信守的规矩。如船头正中挡浪板上须绘有太阳、铁锭、海浪等图案,以祈求吉星高照、镇海平波、乘风破浪。有的挡板上画一条鱼,似鱼跳跃,象征"鲤鱼跳龙门"。船头上有两只高翘的船角,称"龙角",意为驾龙闯海、一帆风顺、四海平安。渔船船角下方两侧,通常有一对外围白、中间乌黑的眼睛(俗称"船眼"),据说船眼睛一只关注着天,能知风云变幻,另一只关注着海,能知海涛变化和海里鱼群动向。

船身在吃水线的位置为淡黄色或棕黄色,船底到吃水线为"赭色"的水露松,以防止"水蛭"蛀船板,并防止贝壳类在船底繁殖。船舷上用红、黑、绿、白等色,绘上抽象鱼类的图案,寓意鱼舱满载,顺风得利,或以莲花和鲤鱼构成吉祥图案,寓意为"年年有余"。

船尾颜色为红、蓝或红、黄、蓝。船尾"U"字边上以红色为主,有警示作用。船的后档吃水线上绘白藕生莲叶,以荷花、莲蓬、白藕构成的图案,寓意因和得偶、天配良缘、夫妻和睦,也有海鸥、波浪图案,寓意乘风破浪,一帆风顺,或写上"福""兴""丰"等大字,以表达渔民满载而归的愿望。

桅杆顶端小圆柱要漆成红色,小圆柱上插上小三角旗,以方便渔民掌握风向。小圆柱下方有几十厘米长的四方物与桅杆连接。此物要漆成黄色或淡蓝色,一般忌讳白色。船上渔民多不喜欢白色,认为白色不吉利。

船旗是渔船上的重要装饰,以三角形彩旗居多,有红底黄字或黄底红字或红白相间的样式。下水后,哨灯旗杆挂上大三角旗或矩形顺风旗,旗上写有渔船名号或"一帆风顺""满载而归"之词,也有写上船主姓名和渔船名号的。大三角齿状旗边,亦为黄色。

旧时船多不大,有"独户"或"并股"之分。独户者写姓氏旗,以方便群船互相呼应,但如遇姓"施""史""范""潘""陈""郑""秦"等绝对不能写。因为此类姓氏皆谐音"翻""沉""死""倒",为船上禁忌。一旦写上,有人按旗上姓氏呼出,必遭他人指责。

象山船饰习俗内容多元化,既有对龙图腾崇敬的传统文化,也有对观世音菩萨信仰的宗教文化,还有对哪吒、八仙、武松、关公崇拜的神灵文化。船上每个部件的命名和图饰,都有深刻的文化意蕴。它体现了渔民征服大自然,战胜灾难的精神,表达了他们对大海的期盼和愿望。

参见宁波市文化广电新闻出版局编:《甬上风物:宁波市非物质文化遗产田野调查·象山》,宁波出版社 2009 年版,第 182 页。

请船福

请船福又叫拜龙船,是民间渔村特有的民俗活动。古时宁波沿海渔民以海为生,对波涛诡谲的大海充满敬畏,认为海洋为龙王所主宰,鱼虾龟鳖都归龙王调遣。为了避免出海打鱼遇上鲨鱼以至于渔船受损,渔民们多将渔船打扮得如龙一般,并在船上的神龛里供奉主宰一切的海上保护神——船龙爷。每次出海,渔民们都会举行出海仪式——请船福,以祈求风平浪静,辟邪御凶,可以满载而归。平时若遇歉收,渔民也得举行仪式,恳求船龙王保佑丰产、平安;若是丰产了,还要进行祭拜,感谢船龙爷。

请船福的仪式时间一般都在出海这一天上午涨潮的时候。仪式开始之时,渔民们将五盘或八盘的供品摆放在靠近船头的甲板上,过年时一般用12盘祭品。供品一般用红色大盘子盛,其间盛有肉、鸡蛋、豆腐、面等。将肉放在最中间,两边放鱼和蛋,外面放豆腐、面,除此之外,渔民还会放上五只或八只馒头。如果放八盘供品,还需再加三盘水果或干果,干果一般都用红枣、桂圆、核桃等。供品前面须放五个大酒杯(现在用渔民吃饭的饭碗),供品后面放置两个燃着大红蜡烛的烛台,烛台中间放上插香的香炉。放妥后,船主和伙计全部到场开始祭祀仪式。先由船主或老大(船长)用盛满酒的酒壶在酒杯里倒上酒,点上三炷香,面向船头,边拜口中边念念有词。念词的大致是:祝我船一帆风顺,平安生产,满载而归。拜罢,把香插入香炉,拜几拜(有的跪拜)。酒过三遍,烧经忏,人们会放三个炮仗。如有一个不响,船上就有人说:"闷声不响大发财。"如只响一声,就有人说:"独占鳌头。"放完炮仗,把酒洒在船头一周及船头两边的海里。祭毕,人们收起供品。中午,人们用拜船头的供品做成菜肴,大家一起在船上举行会餐,称为做顺福,意为托船龙爷的福,吃后大家出海可顺风得利,满载而归。聚餐开始时大家还要举杯高喊:"开筷吃肉,海洋大熟(即海洋大丰收)!"聚餐后,每位船员都能分到两个祭祀过船龙的红鸡蛋,寓意吃了船龙吃过的红鸡蛋,大家能红光满面,平平安安。

做船福的习俗一般是第一次出海捕鱼前必须举行。有的船收获较好,每隔几次捕鱼前都要祈祷一次,以示感谢。选供品需选五、八,不选六、七、九样供品,忌用四。祈福之时也不准女人上船。

请船福是宁波渔民的一种精神寄托,渔民们通过请船福的祭祀仪式,给予自己一种心理暗示,如同吃了"定心丸",会有战胜灾难的信念和勇气,增强出海劳作的自信心和精神力量。请船福作为民间的群体性传承项目,传承人在渔村较为普遍,几乎每个有船的家庭都有人会拜龙船和做顺福,因而它集中体现了渔船上的祭祀和饮食文化。对于非物质文化遗产的学术研究来说,请船福对于中国沿海地区的历史与民俗有较高文化价值。

参见宁波市文化广电新闻出版局编:《甬上风华:宁波非物质文化遗产大观·象山》,宁波出版社 2012 年版,第 173 页。

出海祭

祭海是宁波渔民在长期耕海牧渔生活中创造的一种渔家文化,它是沿海渔民对海龙王及海上诸神如船关老爷、妈祖等神灵的一种祭祀方式,体现了古时沿海渔民对大海的敬畏,是海洋文化史上最具有海洋渔文化个性的民俗之一。祭海仪式内涵丰富,形式多样,礼制讲究。其中,渔民们出海时所举行的祭海仪式被称为"出海祭"。

"出海祭"的具体仪式随地区的不同略有不同,在宁波象山地区,每年准备出海之时,渔民家中的主妇会在村属的庙里祭祀神明,一般是祭拜天后娘娘(即妈祖),以祈求神明护佑家人出海后平安回归,且能捕捞更多的鱼。祭祀的仪式一般选在良辰吉日涨潮时分,寓意着出海时所捕之鱼能如潮水般滚滚而来。祭拜之人需提前在家中净身换衣,家中的主妇则准备好丰厚的祭品,用篮子挑到庙里,按次序摆好。祭祀之时的供品一般有猪肉、豆腐、麻糍及一些时令果品,此外还会在供桌上摆一个护符。待吉时到,仪式开始,家中主妇点燃三炷清香递于即将出海的男主人,男主人接过后,顶在额前膜拜三次并把香插进香炉里。随后,主妇一边口中叨念自己愿望,祈求神明保佑家人平安,出海顺利,收获丰富,一边托起供桌上的护符在袅袅香烟上晃荡几圈,然后佩戴到男主人身上,认为这样便能得到神明庇佑,平安回归。祭祀完毕后,男主人便要准备出海捕鱼,此时家中主妇会将红布条系于船上。待大家都平安归来后,人们还须备上厚礼,去庙里感谢神明庇佑。

宁海地区的"出海祭"与象山地区略有差异。一般而言,渔民们将出海前一天作为举行"出海祭"的时日。仪式举行时,每艘船的船老大都要带上供品到本村菩萨庙去祭拜境主老爷。祭拜完毕后,渔民们向境主老爷请回一支令箭,供奉于家内。到第二天早晨七八点钟出海时,由船老大领头,手捧令箭。二副跟在船老大后面,手拿香和桃树枝,肩上背着渔网。二副后面跟着伙计,同样拿着香和桃树枝,按次走上船头,将网放进船舱内。待全船网具装完后,船尾

出海祭

插上红旗,人们鸣锣发炮,准时开船。由于渔民出海忌碰见妇女,因而宁海的"出海祭"上一般并无妇女出现。若其遇见妇女,该妇女要将拦腰布扬起,用来遮盖自身。

慈溪地区,尤其是慈溪龙山镇对海神的祭祀尤为虔诚。龙山的祭海仪式分为岸祭和海祭。岸祭是在晏公庙内;海祭则在海边,包括祭祀海神和船神。祭祀分为春、秋两祭,具体日期根据出海时间而定。岸祭一般设祭坛于晏公庙前。晏公又称显应平浪侯,是传说中平定风浪,保障江海上过往行船的神灵。仪式开始时,由八位姑娘将八碗酒献给八位男子,然后由主祭祀人领八男子到祭坛前献酒。献酒时,八男子口中要说出心愿,如出入海平安、大吉大利等。随后在乐曲的伴奏下,主祭人读祭文,八男子行三跪九叩大礼。岸祭结束后举行海祭,海祭时人们要将船清洗干净,尤其是船首的一对眼睛。它被称为船眼,是海上辨别方向不致迷航的神眼,故要特别保护。祭祀的仪式除香烛、荤素菜肴和水果点心外,还有大碗的酒。祭船神时人们不许讲不吉利的话,直到祭祀完毕离去。女人不可上船。

"出海祭"是一种独特的海洋文化,体现着与海相伴的渔民们一种最原始的情怀,展示着东海海域渔民龙信仰的独特传统文化内涵。

参见黄莺:《舟山渔民祭海习俗研究》,《广西大学学报》2009 年 S2 期。

捉弹鱼习俗

弹鱼又称跳鱼、弹涂鱼,是 20 世纪五六十年代前宁波沿海常见的一种鱼类。弹涂鱼喜欢生活在前海柔软的泥涂中,洞穴而居,生性警惕。每当滩涂之上有人或动物的影子晃动,它便会钻洞逃走,速度如风。旧时宁波象山一带出产弹涂鱼数量颇多。其中黄吉岙大岙一带,地处内海,没有风浪,出产的弹涂鱼骨刺柔软,蛋白质、脂肪含量高,在市场上颇有名气。其价每市斤高达 50 元,畅销全国各大城市。

宁波地区捕捉弹涂的历史已有四五百年,历代村民在长期捕捉过程中,根据弹涂鱼机灵难捉的特点,创造了"掏""赶""放""闷"等各种各样的捕捉方法。"掏"弹涂是比较简单的方法。"掏"弹涂时,捕捉者在潮落时去有弹涂的海涂,专心寻找内有弹涂的洞去掏掘。由于弹涂在海涂上活动时会留下一定痕迹,俗称"弹涂画花",有经验的人便根据痕迹来确定哪些是弹涂外出进洞时爬行所留下的"花纹",凭此判断洞中是否留有弹涂。判断准确后,村民们直接将手伸入洞穴中,三下两下便可将弹涂掏出来。有经验者,一潮时可掏得弹涂三五斤。"赶"弹涂是捕捉者将竹帘子插到江边,中间布上网,捕捉时两人合作,轮番用竹梢追赶弹涂,使其跳入网中捕之。

"掏"和"赶"这两种方法产量均不算高,又费时费工,因此,最好的方法是单人作业的"放"弹涂。"放"弹涂之前须准备一只木制海马,一只卡笼(也称鱼篓),100～500 只弹涂棍。弹涂棍以黄叶竹最佳,按节锯成 20 厘米左右的长度,去竹青削滑,底部不可漏水,生产时要洗净。而后人们将新的棍子埋在海涂之中,以变旧、变黑者为佳。捕捉弹涂必须选在晴天。村民们将预先埋在海涂的竹棍取出,在海水里洗净、甩干后放入木制海马之中。随后将海马推到海涂上,在海涂上滑行,靠人力寻找弹鱼洞。当找到弹鱼洞时,捕鱼者在洞的口边将棍轻轻插下,使其与泥涂平面,且使棍口偏离阳光,随后用一块泥堵住原来的弹涂洞口,再用一块泥封住竹棍口。堵住原洞的目的是让弹涂不喜欢或忘记老洞。封完泥后便是做洞,村民们用手把封棍口的泥摸平,再用手指按棍口大小取出棍口泥块。做洞之时要注意不可露出棍口沿边的竹,并将棍口做得光滑,让弹涂喜欢钻。做完这一系列动作后,渔民们会在弹鱼棍边做一标记,做标记时要统一自己的标记,以免与别人家的棍混合导致不易分清。摆放弹涂棍时要注意隔一段距离再放第二只,这样可以使产量增高。把所有的弹涂棍装好后,要注意不能踩踏,不能原路返回,以免影响弹鱼进洞。因此,从业人员往往把线路做成圆形,从岸上出发,装好后回岸上,并等待潮水回涨。待潮水回涨后,下海人便推着海马按先早后迟的顺序开始拔棍,并把棍内弹涂倒入卡笼之中。最后将收集的竹棍藏入泥涂,以保证竹棍不会干裂,并且带上泥涂气息,使弹涂容易钻。

"捉弹涂"是旧时农民维持生计的重要生活方式,旧时宁波海边的民众一直从事这项生产活动。如今由于许多浅海涂被围塘等原因,弹涂鱼的产量越来越低,且价格越来越贵。但捉弹涂的生产习俗依旧在宁波本地流传,现从事这一职业的人仍然很多。

参见宁波市文化广电新闻出版局编:《甬上风物:宁波市非物质文化遗产田野调查·象山》,宁波出版社 2009 年版,第 107 页。

船老大

船老大是出海渔船的灵魂,负责渔船安全和指挥渔业生产,同时也是为了渔业生产而举行的各种祭祀海神仪式的重要参与者和组织者、主持者,是海上祭祀的司祭者。在旧时科学技术不发达情况下,出海捕鱼是一件非常危险的事,渔民们将出海作业称为"一只脚踏在棺材中,一只脚踏在棺材外",因此,生活在敬天思想下的渔民们有着虔诚的海神信仰。海神信仰的祭祀活动几乎贯穿着海洋渔业生产的始终,而船老大在这些祭祀中都发挥着极其重要的作用。

大多数渔船的船老大都是船主本身,因此得以成为主祭者,可以主持出海前的祭神祈愿仪式,并代表渔民们许愿。例如宁波地区渔船出发之前,都要举行盛大的祭海仪式以祈求海神保佑。在这个仪式之上,船老大作为渔民们的首领,第一个上香参拜菩萨,并向菩萨祈求自己的船队能成为此次出海捕鱼中收获最多的船队,同时许愿归来之后会以大礼祭拜,以表酬谢之意。

有的渔船的船老大是船主所雇,因此出海前的祭祀仪式即由船主任命船老大主持,也有由船主自己主持的。即使由船主举行祭祀,船老大仍在祭祀中起着十分重要的作用。如浙江舟山渔船出海前所举行的祭海仪式,若主祭人由船主担任,则由船主念诵祝祷词。祭祀完毕后,仍由船老大将供祭中的一杯酒和少量碎肉、糖、盐、鱼等抛入海中,以谢龙王和船菩萨,称为"行文书"。除渔汛开始时的祈福仪式,渔船在海上也要经常举行各种祭祀与祈祷仪式,此外,渔汛结束之后还要举行相关仪式。在这些仪式中,船老大都是主祭人或重要参与者。

正是因为船老大担当着类似于"海上祭祀"的职责,因此,作为海洋渔业生产中的关键性人物,船老大除了要有丰富的海上渔业生产经验与技术,还要懂得海神祭祀仪式的一整套规矩和祭祀所应掌握的技艺。如农历腊月三十的"挂红"仪式,船老大需要把鸡血淋成一条直线,从船帮一直淋到船底,称为"挂满红",这是吉兆。若船老大不精于此道,鸡血淋不成直线又淋不到地,便预示着不吉利,会令渔民来年出海心中产生疑虑。因此,凡是不能挂红的船老大,下次祭祀便会被剥夺主祭的权利,不可再行挂红之职。

正是因为船老大既是渔船行于海上之时的全权负责人,又是祭祀仪式的重要参与者,因此在渔民中有着超然地位。渔民与他见面或告别时都要有礼貌地说一声"顺风"或"满载"。在酒席上船老大坐首席,端菜上桌,要将鱼头对着老大,祝愿老大能拦住鱼群之头。在船上,渔民绝对服从老大的指挥。船老大是真正指挥全船的活灵魂。

参见宁波市人民广电新闻出版局编:《甬上风物:宁波市非物质文化遗产调查·北仑》,宁波出版社 2009 年版,第 55 页;〔清〕史鸣皋:《象山县志》,成文出版社 1983 年版。

象山渔民号子

象山渔民号子既是一种与传统海洋捕捞作业相匹配、传递劳动信息、协调劳动节奏的号令,也是为渔民劳作抒怀、交流情感、减轻疲劳的娱乐形式。主要有起锚号子、摇橹号子以及拉网号子等。

渔民号子作为最具代表性的象山渔歌,大约形成于唐宋时期,是渔民在长期的生产劳动实践中自发创造的文化现象。由于条件比较落后,渔民们在海上和岸边劳动时,需要齐心协力,特别是需要表达劳动过程中的心声和体验,于是自然产生了许多渔民号子。据说,船上或者岸上有多少生产操作程序,就有多少号子。每种号子,因渔民习惯不同,作业类型不同,又存在一定的差异性,但仍可按工序大致分为五类:手拨类、手摇类、牵拉类、抬物类和吊货类。它最初只是一种简单的叫喊,由于无数次的重复而逐渐产生了音韵、音谱,最后形成了有节奏、有乐谱、有文字的渔家号子。如象山爵溪渔村的起锚号子为:"啊噜呵呵! 安嗨嗨嗨喽! 安安嗨安嗨! 啊啊加喽!"摇橹号子为:"耶来嗨,耶罗呵,啊左啊姐来嗨! 耶来哈安耶来嗨!"拉网号子为:"耶来嗨! 耶罗嗨! 鱼拘满仓来呀,笑盈盈啦! 家中老婆等啊,老酒热腾腾啦! 热汤又热饭啊,热床热被头啊! 一橹是一橹来,回家亲老婆!"这种渔家号子的最大特点就是响亮、有力,富有节奏感,鼓动性强。

这种存在于劳动过程之中的渔歌,没有固定不变的表演程式,也没有规定的乐谱和刻意的艺术雕琢,在使用过程中,表现的是一种即兴填词、灵活多变的表演方式,即在音乐旋律基本不变的情况下,演唱者可以根据不同的场景、不同的感受随意填词演唱,演唱中可以随意添加倚音、波音等装饰音,是一种在生活、劳动中触景生情、即兴抒发的演唱形式。

象山渔民号子经过上千年的锤炼变迁,已成为民俗乡风、民间音乐、地域特性、历史渊源等内涵丰富、韵味独特的地方民俗百科全书,极具历史价值和研究价值。首先,它是一种语言文化,对于研究吴方言与闽南方言交错过渡情况,具有较高的价值。其次,象山渔民号子作为一种音乐形式,蕴含着古老的文化成分,对于研究东海一带的人文演变和发展是一种宝贵的资源。

参见宁波市文化广电新闻出版局编:《甬上风物:宁波市非物质文化遗产田野调查·象山》,宁波出版社 2009 年版,第 25 页;解亚萍:《象山渔家号子浅析》,《渔文化研究(二)》,中国文史出版社 2009 年版,第 43 页;黄立轩:《远古的桨声:浙江沿海渔俗文化研究》,浙江大学出版社 2010 年版,第 169 页。

青龙吉利

"青龙吉利"又称"接青龙""发利市",是宁波民间祈求吉利与生意兴旺的一种岁时旧俗。宁波商民以青龙为"吉龙",每年农历正月十二都会举行"舞青龙""接青龙"的活动。

每年农历正月十二,舞龙人会带上精美的龙灯前往龙王庙,舞龙的龙头先用竹笋、木条扎成骨架,再用纱纸糊裱,加贴金纸、银纸,进行颜料着色,制作十分讲究。待各路龙灯全部集中到龙王庙后,人们供上祭品,焚香祭拜,随后将龙灯挂红点睛,称为"龙灯开光"。随后,各路龙灯飞舞下山,走街串巷,分别到大街小巷、富商巨贾家去舞龙灯,开利市,向每家每户拜年,讨彩头,甚至还要到外村去"赛舞龙"。

店家、富户若遇龙灯到来,需竞相迎入,以示吉利。舞龙者则高举龙头,围绕店中招牌兜一圈,然后,绕着厅堂、店铺,盘旋飞舞一番,随后做盘龙之资,以示留住财气之意。有些舞龙者,一边舞龙,一边还会念诵一些吉利词,如"天下太平万年长,青龙飞舞到店堂;一祝店家生意好,财源茂盛达三江;二祝店上多利市,生意兴隆四海旺;三祝东家身健康,多子多孙财满堂",唱得店主心花怒放之后,获得主人所赠送的香烛、点心、酒菜和红包之后才领着舞龙队离去。若店家因为小气给予的酒资太少,得罪了舞龙者,有些舞龙者会将龙灯倒退而出,俗称"倒拔龙",意为诅咒店家一年生意不利。

舞龙者的舞法各地风格不一,各具特色。较常见的动作有"引龙出洞""龙头穿花""双龙抢珠""金龙绕柱""青龙上升""龙脱衣""滚龙""盘龙"等花样。由于舞龙的主要动作是不能停顿地双手持杆摇舞,两腿奔跑不休,并且还有"跨、跳、翻、滚"等多种基本动作,因此宁波地区参加舞龙的表演者必须是身强体壮、手脚轻便的青壮年。

如今,"青龙吉利"的风俗虽在一些农村地区尤有遗存,但在城市中已渐渐消减,蜕变为一种庆祝新年与节日的集体表演活动,在一些地方还成为人们强身健体的健身运动与竞技活动。

参见黄益苏:《中国的舞龙》,《体育文史》1999年第2期。

商俗行话

以前在宁波商行里,流传着许多业内行话、俗语、别称、绰号等,这些商俗行话,有些全社会通用,人尽皆知。有的行话只在业内通传,行外人既听不明白,也用不到。由于这些行话多是方言俚语,所以有的行话在字典、辞海里也找不到。

譬如在对商店和商人的称呼上,从前的老宁波话将商店经理或店长称为"阿大",将当会计、做财务的人称为"账房"。其中,坐办公室当主办会计的称为内账房,在店堂里收款、付款的被称为"外账房";商店里熟练的老营业员或者在外推销接洽业务的职员被称作"跑街";挑着货过街穿巷叫卖的年轻人为"货郎";长途贩销的商人被称为"长行";独自外出配货来贩卖的商人则被称为"行商";等等。

上述的称呼虽为业内行话,但从字面意思上尚能猜出其本意。然而还有部分称呼与商业实际情况相差甚远,从字面上也不易理解。

例如"黄牛"。如今社会上将从事地下黑市投机贩卖、哄抬价格的商人为"黄牛"。为什么将他们称为"黄牛"呢?原来,旧时从事耕牛生意的商人被统称为黄牛张、黄牛李或者周黄牛、吴黄牛等,本没有贬义。后来其中一些人任意提高或压低黄牛品级和价格来欺骗农民,赚取不义之财,人们在气愤之余将这些商人统称为"黄牛",一直沿用至今。

其次还有"牙行"。"牙行"原指为买卖双方说合生意并收取佣金的商行。除"牙行"这一称呼外,还有牙商、牙侩、牙纪、舶牙等别称。"牙行"这个名称起源很早,据史料记载在秦汉时已有此称呼,至唐宋时开始普遍流行于民间。明朝时规定开设牙行须由官府批准,并且要办理登记手续,此外还要缴纳税金,即牙税。为何这种凭口舌说合生意的商贾不叫"口行""舌行",或者"耳行""鼻行"呢?这是因为做牙行生意的商人没有货源,也不需资本,只靠嘴巴游说来促成双方的交易,而牙齿正是嘴巴的主要组成部分,因此就代表性地将此类生意称为牙行了。此外,牙还有咬和争的含义,有些商人在说合双方生意时常以谎报和欺骗的手段来损害买方或卖方的利益,如同牙齿咬人一般,因此,"牙行"一词逐渐演变成贬义词流传了下来。

与"黄牛"和"牙行"一样无法单凭字面意思理解的还有"掮客"。"掮客"在宁波话中又被称为"放船头"。其字面原意是指肩挑商品买卖的客商,后来逐渐演变为利用买卖双方的商品货源、采取垫本经销或者无本代销等灵活多样的方式来做两头生意以赚取利润的客商。这种生意行为本来无可厚非,但是因为其中一部分人利欲熏心,两头欺瞒造价、抬价或压价以赚黑心钱,导致部分商贾受骗吃亏。久而久之,"掮客"一词便被贬为坏人了。

以上这些宁波商业老话,有些已随着时间消逝逐渐消失于历史长河,有些则被广为传播成了人们生活中的日常用语。这些老话蕴含着商业文化的固有特性和底蕴,也能让我们领悟到一些人生哲理,告诫我们做人经商都要老实规矩,买卖公平,赚钱有道,否则便会被百姓安上一些不好听的称谓,背上一辈子的骂名。

参见乐家凯:《老宁波的商业行话》,《宁波晚报》2012 年 10 月 28 日。

请财神

古时,底层老百姓生活艰苦,由于劳苦大众都想过上较好的日子,所以财神是最受民间崇敬的神,人们把过上好日子的愿望寄托在财神身上,希望能通过祭拜财神得到财运及好运。

旧时商店自农历正月初一起都停止营业,初四开始打扫店铺,准备祭祀财神的供品,门口张灯结彩,贴上如"生意兴隆通四海,财源茂盛达三江"等对联。当晚,各家置办酒席,为财神贺辰。祭品有猪、羊、鸡、鹅、鲤鱼五种。猪、羊多以头尾代替,称"全副猪、羊"。鸡、鹅、鲤鱼须成双,酒杯要摆五只,称"五路财神",以祈求在新的一年里能够得到财神的保佑。正月初五早晨,早就沐浴更衣的老板争着到财神庙内烧早香,最好是烧头香,以求为新的一年带来好运。"请财神"的供品是猪头或一刀猪肉和宰好褪毛、但留着撮尾巴毛的公鸡,双眼贴着一张小红纸的鲜活鲤鱼及香烛等。供完祭品之后,猪肉、公鸡可带回家,鲤鱼却要放生。

"请财神"还有一个重要内容是"请元宝"。正月初五之时,庙内供桌上摆有锡箔纸、黄裱纸折成的元宝,请财神的人都要买几个元宝回家供奉。而且明明是花钱买的,却不能说买,而是要说元宝是借或请回去的。把元宝请到家后,商人们把它供在堂前或神龛内,祈望新的一年里元宝像鸡生蛋一样,越借越多,滚滚而来。到第二年正月初五去财神庙还愿时,元宝要借一还二,加倍奉还,而后再借几个元宝回家。

除了去财神庙请"财神"方法外,也有些人家在自家请"财神"。每逢正月初五早上海水涨潮时分,早就沐浴更衣的老板点上两尺长的大贡香,先到门外对天三躬行礼,然后回屋对财神像行三跪九拜礼,表示财神已经接请进来。接着由店内伙计按职位、辈分依次叩拜。等香烛燃尽后,撤去供品,请财神仪式结束。

旧时民间所供财神有"正财神"赵玄坛、"偏财神"五显财神、"文财神"财帛星君和"武财神"关圣帝君的说法。其中,"正财神"赵玄坛最受尊拜。许多商店、住宅都供奉他的木板印刷神像。神像上的赵玄坛面似锅底,手执钢鞭,身骑黑虎,极其威武。

"偏财神"五显财神的信仰多流行于江西德兴、婺源一带,于宁波地区流行不多。

"文财神"财帛星君也称"增福财神",他的绘象经常与"福""禄""寿"三星和喜神列在一起,合起来为福、禄、寿、财、喜。财帛星君脸白发长,手捧一只宝盆,"招财进宝"四个字便由此而来。一般人家春节必悬挂此图于正厅,祈求财运、福运。

"武财神"关圣帝君即关羽关云长。传说关云长管过兵马站,长于算数,清明廉政,而且讲信用,重义气,故为商家所祭祀。一般商家以关公为他们的守护神,关公同时被视为招财进宝的财神爷。尤其是合伙经营的商家,往往供奉"武财神"关公,以取其忠义之精神。

现在每年正月初五早晨,各店家请财神,祭祀供奉一如从前,只不过少了接元宝这一内容,多了放炮仗这项活动,而且争先恐后的局面依然不变。从子时起,直到卯时,鞭炮声此起彼落,不绝于耳,夜空中五彩缤纷,可谓一道特有的风景。

参见宁波市文化广电新闻出版局编:《甬上风物:宁波市非物质文化遗产田野调查·北仑》,宁波出版社2009年版,第57页。

货郎担习俗

"鼗鼓街头摇叮咚,无须竭力叫卖声。莫道双肩难负重,乾坤尽在一担中",这首歌谣描述的正是宁波的货郎担习俗。宁波的货郎担习俗据说诞生于明朝时候。由于当时交通以及商品流通都不如现在发达,偶尔遇上歉收、苛税之类的年份,一家人吃了上餐没有下餐,便有人挑起一根扁担当起了货郎。货郎靠着一根扁担、一只拨浪鼓走街串巷,用一担手工制作的工艺品或者短缺的盐、布等商品换回粮食,以维持一家人的生活。随着商品经济的发展,货郎的生意从初始的收兑头发、鸭毛、塑料,到后期的现金交易,从物物交换到钱货兑付,成为当时社会经济发展的缩影。

做货郎是个辛苦的行当,从业员需要有好肩膀和脚力。货郎们挑上一根扁担,扁担前后分别挂上一个箩筐,箩筐里放着两只带有玻璃的木盒子,盒子内盛着一些工业品或者稀缺物品。货郎的担子虽然不大,里面的货物却是极为丰富,大至人们生活所需的油盐酱醋,小到女子扎辫子的橡皮筋,货郎的一副担子几乎就是流动的杂货店。

货郎担

为了招徕顾客,货郎们手中都拿着拨浪鼓,一边走,一边摇动拨浪鼓发出响声。拨浪鼓是一种带把的小鼓,一旦来回转动,两旁系在短绳上的鼓槌就会摆动打在鼓皮子上,敲出声音来。货郎们便凭借拨浪鼓的声音来吸引顾客。待村里的男女老少被吸引过来后,货郎们就放嗓子唱道:"哎——毛货郎来嘞,龙凤夹、蜈蚣夹、地全夹,还有蜻蜓夹钳,价格便宜,老少无欺,大小五色纽子都有,网罩乌骨簪,还有胭脂画粉加扑粉、刷帚、杏黄木梳统统有,骨针头,外加耳环红头绳、圆镜、方镜,还有银子挖耳和牙签。请大家随意挑选,看了中意买点去——"接着又摇着拨浪鼓,吸引人们来买。居民们买货郎的东西,除了用现钱外,大多是米面、豌豆、扁豆之类的粮食和鹅毛、鸭毛、头发、破铜烂铁等东西。有的称过货物,按量换小商品;有的靠目测物件的价值,换取小商品,直到双方满意为止。

在炎热的夏天,还有专门卖冻蒲的货郎,这时的货郎一般只卖冻蒲,叫喊的歌也换成了:"阿拉木莲茨菰打浆,吃了痱子不生,瞌充(瞌睡)不打,眼目明亮,哎——大家快来买。"因为过去并不是家家户户有条件买冰箱冻棒冰,因此在炎热的夏天吃一碗冰凉的冻蒲成了百姓们的乐事之一,所以货郎们在夏日里的生意也颇为不错。

参见宁波市文化广电新闻出版局编:《甬上风物:宁波市非物质文化遗产田野调查·象山》,宁波出版社2009年版,第67页。

招徕术

旧时的宁波民众十分重视商业贸易。长期的商业贸易,使得宁波人较少受传统重农抑商思想影响,始终对商业贸易比较钟情,从商者的社会地位也比较高,很少受到社会的歧视。同时,长期的经商习惯,使得宁波人"航海梯山,视若户庭",他们在四海为家、冒险犯难的长期商业贸易中,总结出了讲诚实、重信用、求质量等最基本的商人经营原则,其中招徕术便是宁波商人十分注重的商业方法之一,也是宁波独特商贸习俗表现之一。

所谓招徕术,顾名思义便是招徕客人的方法。宁波商人素来信奉"天下之主,不如买主"的经商原则,在商业活动中视顾客为"衣食父母",处处尊重买主,注重商业信用,以至于出现了一系列如"买主大如皇帝""功名要求,生意靠兜""和气生财,生意会来""死店活人开,买主上门来""生意不成情意在"等商业俗语。

宁波商人开店经商讲究待客如宾,宾至如归,十分重视自己的服务,满足顾客需求,以诚信赚钱。凡有客人上门,不管贫穷富贵,也不管新旧,笑脸相迎,端凳请坐,敬烟献茶。客人货款不足,派人跟取;携带不便,送货上门;远道而来,招待食宿;买错货物,允许调换。伙计们都要躬身迎接,开店时第一个上门的顾客,店家要奉上泡着两个青果或金柑的"元宝茶",以示开笔赚元宝。此外,宁波商人的经营方式灵活多变,如对信得过的顾客,店家允许"赊账",欠债人的姓名、货物名称、数量、金额记入"金折",金折即记账本。冬至到年终为一年赊账收款期。每逢年关将近,由账房先生或经理肩背"钱褡子",向债务人索取。钱褡子为长方形的布制口袋,里面放算盘和金折。白天找不到赊欠人,晚上打着灯笼继续找。有些债务人因无钱或有钱不肯还,就离家去躲债。按规定,正月初一照例不准讨债。在交易中,宁波商人还会灵活给予买家各种优惠以吸引顾客再度登门。有的以商品重量除去尾数计算,有的以总价除去零头计算。以重量计的称至秤尾翘起。买布多量一二寸添足,表示十足有余,让顾客心满意足。对小生意也一视同仁,几支香烟、一盒火柴、一颗小糖、一块酱豆腐等小生意,照做不误。逢计账中有五厘,就找给顾客一张卫生纸或一枚缝衣针。旧时宁波商人做生意结账的形式也颇多,若做大买卖的大买主愿意当场付现金,店家还会给予折扣优惠。

有些商人为了扩大销售,还发行"红票"。红票即礼券,类似现在的购物券。红票购兑商品按喜庆礼尚、岁时节气,各有不同。如人们将黑枣、花生、桂圆、莲子合为一份礼单,取其谐音"早生贵子"。有些商品纸包上写有"百年好合""寿比南山""长命富贵"等词语。还有一些商家为了稳定和扩大客源,还会在年关和中秋之际,对当地一些"殷户",如富豪、官宦之家或寺院住持等,赠以祭灶果、月饼,以便增长感情,使之成为常年的顾客。至近代之后,有的商店以放唱片、夏天施茶水、店堂内说唱、办花展等方式招徕顾客。

正因为自古以来,宁波商人讲究以真诚和热心对待客人,因此宁波帮才会成为扬名天下的著名商帮。

参见宁波市文化广电新闻出版局编:《甬上风物:宁波市非物质文化遗产田野调查·北仑》,宁波出版社2009年版,第57页。

商店经营习俗

旧时宁波一带的商店规矩很多,大多数店铺无论是开业还是营业期间都有其特殊的忌讳和要求。这些规定,有的是为了约束店员,有的则是为了生意兴隆。直到现在,部分习俗依然还在宁波沿袭。

对于店家来说商铺开业是头等大事,因此有着一系列的要求。首先,店号要取得吉祥如意,如旧时宁波奉化的商家经常从"和宝鼎泰盛元祥,仁义隆福宏发昌,大洋中华复鸿顺,兴业丰汇怡慎长"这首诗中择取。其次,开业日期必须选在黄道吉日以求开业大吉,并准备一系列仪式进行庆祝,如在店门口贴上"生意兴隆通四海,财源茂盛达三江"等充满吉祥气息的对联与"开业大吉"的横批;开业之前要请人将活公鸡的喉咙切断,将流出的鸡血撒在店门前以求"驱邪",然后放鞭炮求"爆发"。清晨打开店门前,商家要在店内摆上八仙桌,点上香烛,摆上祭品,祭祀商人的祖师爷陶朱公,祈求"生意兴隆,财源广进";开业之时还要进行升匾仪式,将匾额披红挂彩,在鞭炮声中由两人将其从地面升到门额上,揭开红彩,露出字号,升匾额时还会燃放鞭炮以吸引顾客。开业中午,店家要设宴酬谢有关人士,包括今后要合作的顾客,并赠送纪念品。最后,开业的 1~3 天内,店家一般会对顾客进行优惠,发放赠品,以扩大影响面。

除了开张时的种种要求之外,平时经营亦有很多禁忌,对于这些忌讳,店家们要求十分严格。若店员不小心触犯,轻则打骂,重则辞退。这些禁忌主要突出店员对顾客的尊重和体现店员对神灵的敬畏两类。第一类中主要有店员在店堂时忌伸懒腰,忌打呵欠,忌踏坐地栿(门槛),忌手托门枋,忌背脊朝外。卖布者忌敲量具,卖酒者忌摇晃酒瓶等忌讳。与神灵有关的禁忌有扫地时不得往外扫垃圾,认为如此会将财运"扫"出去;数钱不得往外翻钱币,应往里数,称为"招财进宝";店员不得踩踏门槛,以避免挡住财神进门,使生意逃走;卖鱼的人吃鱼不得翻鱼;药铺年初进货先购进胖大海、大连子,意味大发大利;店铺中顾客入门处得放一尊菩萨,并且保持香火不断。称呼上要注意"讨彩头",如猪头称"利市",猪舌(与"蚀"谐音)称"赚头"。遇到顾客购买结婚用品,失手敲碎东西,忌说"碎"字,而说"先开花,后结籽"。

这些规矩和要求,有的是对店员的行为准则进行约束,体现了宁波商人"天大地大,顾客最大"的经商理念。有些则是敬天、敬神习俗下商人的迷信行为,体现了他们希望生意稳定上升,生活富足美满的希望。这些习俗在宁波沿袭已久,成为宁波帮商人"生意经"的组成部分,对研究了解宁波商业文化的传承和发展,有一定参考意义

参见宁波市文化广电新闻出版局编:《甬上风物:宁波市非物质文化遗产田野调查·北仑》,宁波出版社 2009 年版,第 57 页。

过账制度

"北有票号,南有钱庄。"宁波是我国钱庄发源地之一,宁波钱庄兴起于明朝中期,在清朝与民国之时达到巅峰。由于宁波钱庄在全国各地的金融

业务发展一直名列前茅,所以有着"多单码头""信用码头""过账码头"的美誉。其中"过账码头"指的是宁波钱庄所发明的过账制度。所谓过账制度,《宁波钱庄业会馆碑记》上解释说:"其法,钱肆凡若干,互通声气,掌银钱出入之成,群商各以计簿出入,出界某肆,入由某肆,就肆中汇记之。明日,诸肆出一纸,互为简稽,即准以行,应输以纳,如亲授受。都一日中所输纳之数为日成,彼此赢绌相通,转而计息焉。次日复如之。"即在贸易结算、信用往来活动中不必用现金交易,而是双方通过自己的开户钱庄去划账。这种会计结算制度以信用为基础,避免了携带大量银钱引发的不便和风险。

宁波钱庄业分大同行、小同行和现兑庄三种。至 1929 年,宁波有大同行 36 家,小同行 25 家,现兑庄 30 家,在省内为各县之首。其中只有大同行能直接"过账",而小同行和现兑庄则需要通过大同行才可以实现过账。其过账方法有簿册过账、经折过账、庄票过账、信札过账等。其中以簿册过账为主。簿册过账的过账簿长约 6 市尺,宽约 4 市尺,蓝绸簿面,页数 80 页至 100 页不等。每页有两面,每面分上下 2 格,上下各有 8 行。上下格之间,留有 1 寸左右空隙,以区别收付。钱庄在每年开业时,就把这些过账簿分送给各顾主。簿面中间写着顾主户名,左边书写某某钱庄名,右边开列年份。具体执行之时,若作为开户行的 X 钱庄的商人从收款行的 Y 钱庄的商人处买入货物,两人协商以过账形式进行交易,则二人互相交换各自银行名字。随后买主将账簿送到自己的钱庄,同时卖主根据同样的信息在他自己的账簿里做一笔进账,并送到自己的钱庄作为凭证。当天晚上,这两个账簿会由各自的钱庄进行审核。第二天早上,收款的 Y 钱庄送一个交易通知到 X 钱庄作为凭证。那以后资金交易即将完成。各钱庄每日傍晚将进出款项账目分别摘入"摘抄单",求出与之往来的每一钱庄应收应付总数和收付差额,第二日由收差方钱庄持单去付差方钱庄核对,核对无误后,轧出准确的应收应付的差额,由轮值的钱庄进行汇总清算。剩下的三种过账方式与簿册过账的原理相同,只是操作流程上略有不同。

过账制度的重要意义在于为钱庄的经营植入了近代金融元素,使得传统金融发生了制度性的变革。这些元素的核心是开户结算与实行同城票据交换。宁波商人发明的过账制度,对旧时宁波工商业的发展起着重要推动作用,也是中国金融业上一个重大创举。如今随着金融制度的不断发展,过账制度也逐渐被更完善和更便捷的支付方式所代替。

参见张跃、孙善根:《论中国本土商业银行的发轫——宁波钱庄过账制度研究》,《宁波教育学院学报》2009 年第 3 期。

鸡毛换糖

"兑糖佬"或"敲糖帮"是浙江人对从事鸡毛兑糖这项特殊职业的人的一种称谓。鸡毛兑糖又称"兑糖担子",是一种传统的商贸习俗,最早约在明清之际出现在宁波,之后又在浙江其他地区流行。其中最著名的应是浙江义乌,可以说义乌市场形成的历史就是鸡毛换糖的历史。新中国成立初期,物资贫乏,糖担外出以鸡毛换糖盛行。义乌廿三里镇外出鸡毛换糖的人员多达 5000 余人,经营范围不仅涉及浙江周边的江西、福建等省,而且扩展到全国各地。

兑糖是一种以物换物的交易形式,它有一个完整的组织系统,行外人称为"敲糖帮"。宁波地区的兑糖人按生意的活动方式,严格地分为"坐坊"和"担头"两类。"坐坊"的组织有"糖坊""站头""行家""老土地"四种。"糖坊"的任务是把煎好的糖粒、糖饼、生姜糖用现金或货物贷给兑糖人,并收购、代销他们收来的货物;"站头"是兑糖人居住的小客栈,并经营糖担的托运业务;"行家"负责采购各类小百货以供兑糖人经营;"老土地"专收兑糖人换回的货物。"担头"是挑着糖担,走街串巷做生意的人。"担头"中的领导人被称为"老路头",负责统率一路上的糖担;"老路头"下有"拢担",是各村糖担的首领,由各村推举并负责带领本村糖担。"拢担"下又有"年伯"。"年伯"的职位由"拢担"任命,负责协助"拢担"工作及照顾 5～7 副"担头"。最后是"担头",即"糖担",他们是初次出门的兑糖人,如同工匠所收的学徒,由"年伯"带领指导。同时,人们在吸收新糖担上,也要进行拜年伯的手续。

行商时,兑糖人挑着两只箩筐,箩筐上放有一块铅皮板,铅皮板内上放着一块直径 30～40 厘米,厚度约 2 厘米的麦芽糖作为生意资本。随后,兑糖人肩挑担子,走街串巷,用手中的小榔头敲击一块铁板制成的笃糖刀,发出叮叮的响声,有时还会吆喝"破零破碎、旧铜烂铁、牙膏壳子、破布头、红毛瓶统统好兑糖吃嘞",或者唱"蓝白棉纱老牌针,各种各样化妆品,大小木梳加蜜糖,快快来换试一试"。农村孩子一听这个喊声,便会把家中收集的旧铜烂铁和一些废旧物品都拿出来,让兑糖人挑拣。兑糖人估计下废旧物品所值的糖块,然后将笃糖刀贴近糖面,再用小榔头敲一下刀的平面,一块糖就笃下来了。来兑糖的孩子若嫌糖太少,可用手比画,要求再增加一些。双方经过多次讨价还价,最后成交。这就形成了"笃糖必要加"的习俗。所以平时农村在其他交易里,把讨价还价一点一点加上去的方式称"笃糖格"。

兑糖人这种用自制的麦芽糖挨家挨户换取一些零碎杂物的行为是一种不用钱币作为中介的买卖。他们所换的物品并不局限于鸡毛,通常还有废铜烂铁、破布麻片、鸭毛、鹅毛、甲鱼壳乃至猪毛等。兑糖人把这些可以回收的杂物收取之后,再回销到特定工厂作为生产原料,以换取一定差价。宁波地区当年从事鸡毛兑糖的人不少,最有代表性的就是江北庄桥一带,几乎家家户户都有鸡毛兑糖的商贩。随着市场化经济的活跃,鸡毛换糖在庄桥的销售中又加入了其他的商品进行贸易,进入了开拓专业市场,经营小商品的新阶段。

参见宁波市文化广电新闻出版局编:《甬上风华:宁波市非物质文化遗产大观·江北》,宁波出版社 2012 年版,第 230 页。

赶庙会

"赶庙会、玩杂耍、抬龙王"在从前被称为"农家三乐"。庙会也称"香火会",亦称"行会",最初是人们祭祀鬼神的群体性庙祀活动,目的是人们希望菩萨保佑当地居民安居乐业,后来逐渐演变为农村的大型文娱活动与商业交流的集市。

庙会开始时一般要先请戏班演戏以娱神,戏罢,举行出巡大典,由当地最高官吏主祭。在锣鼓和鞭炮声中,主祭人率众参拜,并高声诵读祷词,随后将神佛塑像一一请出大殿,坐上神轿,由村民们抬着,开始向各村落巡视。随行的礼仪队伍排列先后有序,规定严格。先由手持三角令旗的号令卒骑着骏马,率先向设有嚼献(即祭坛)的村落通报信息,俗称其为报马。接着而来的是高达十多米、由几个人轮流擎着旗杆、绣有飞龙的黄色三角形总头旗。整个行列中还有蜈蚣旗,以及众多十来岁小孩拿着的清道旗。清道旗意谓清除道路上的污物,使之净化。旗锣"镗镗"敲响,四个穿着"卒"字对襟衣服的"喝道喽"大声吆喝向前,这就是所谓"开锣喝道"。两旁观会的老人们合掌参拜,表达对神的尊敬。随后,队伍要放铜铳和登地炮,拿着"肃、静、回、避"四个头牌和十八般兵器的"武士",威风凛凛簇拥着神的塑像,每到设有嚼献之处,就让神停下来享受一下丰盛的祭品。神灵出巡的道路两边挤满了前来赶庙会祈福的百姓,凡神轿停歇之时,当地候神看热闹的人都会恭敬下

赶庙会

拜,有的抢钻轿杠,以期得到菩萨赐福和保佑。

除了神灵出巡以外,庙会还是商贸物资的交流会。每当庙会开始,商贩们带着各地特产,如福建的杉木、安徽的文房四宝、江西的瓷器、苏州的绸缎、扬州的生活手工艺品等慕名远道而来。由于寺庙内不能容纳众多摊位,商贩们就在一个殿与一个殿之间的空地上搭起了箩篷来摆摊。摊里货源充足,品种丰富,既有春耕用的农具山货,又有日用器皿杂物,既有文化用品,如纸墨笔砚、算盘、笛子等,又有各式小吃,如大饼油条、豆沙馒头、五仁糕等。因此每逢开庙会的时候,各地的百姓纷纷过来"赶庙会",以购买自己生活所需之物。每逢此时,山上山下,寺内寺外都是黑压压的人头,简直是人山人海。

除了商贸集市和拜佛祈福之外,吸引大家的还有庙会期间丰富精彩的文娱活动。庙会期间,人们汇聚在街头,手举大旗和各种彩旗,有人踩高跷,有人抬高阁,有人耍杂技,变戏法,也有人耍猴子戏,还有人放鞭炮,吹唢呐,舞布龙,边走边吹边演,热闹非凡。尤其是庙里的戏台上还会请戏班子演戏,主要演的有《狸猫换太子》《包公打銮驾》《梁山伯与祝英台》《白蛇传》等群众喜闻乐见的传统节目。由于庙会多在农闲时期举行,因此每次演戏,戏台下都挤满了前来看戏的观众。

"赶庙会"这一活动是旧时宁波人民最为隆重的节日之一,也是古时宁波人民的"狂欢节"。直到如今,很多地方依旧保留着"赶庙会"的习俗。

参见宁波市文化广电新闻出版局编:《甬上风物:宁波市非物质文化遗产田野调查·北仑》,宁波出版社2009年版,第151页。

鄞江集市

鄞江镇西通四明山,东接宁波三江口,南邻奉化,北接余姚,地理位置优越,素有"四明首镇""四明锁钥"之称,被认为是"浙左之名邦"。自东晋隆安四年置鄞江镇为句章县起,逾六百余年间,鄞江被设为州、县治之地。作为浙东大镇,鄞江是沟通山区与鄞西平原的物资交流、农贸产品的集散地,久而久之,鄞江镇自然而然地成为商品交易的主要市场。至隋唐时期,鄞江集市成为宁波重要的商品集散中心。宋朝时,商贸集市兴起,官方把鄞江老桥至官池一带固定为交易地点。该地段正处于上河与下江之间,水上交通方便,位置极好。小溪沿河设置了山货、田作、陶瓷、酒肆、绸缎等商埠,一些周边乡村的农户亦前来此地贩卖山货、田作及购置布匹、陶瓷等,因而市面得到迅速发展,商户林立。到明代,鄞江逐渐形成了"逢十为市,十天三市"的传统,并一直延续至今。尤其是年关最后一旬,周边乡村农户都前来购置年货,使得鄞江集市贸易更加兴旺,形成了著名的鄞江廿七市集。置办年货的民众基本会在这一天采购物品,因此留下了"廿三廿四祭祭灶,廿六廿七挨挨市,廿九三十送送年"的俗语。

传统的鄞江集市交易有明显特点,如随着集市的形成,有的地段形成了卖专用产品的地方,并有了专门的名称。如卖竹木器具的地方称为竹场跟,卖扫帚的地方称为扫帚弄,卖木材的地方称为树行弄等小地名。此外,还有交易物品季节性明显、耕牛交易市场旺盛、成交率高、药品交易市场生意兴隆等特点。

鄞江集市一般上午拢市,路远的人就需半夜起床准备出行。旧时集市开市还需举行典礼,一般由有威望的长者讲话,插标志性旗帜,结束时将旗帜拆除。一般而言,集市越大,活动的时间越长,尤其是接近年关,几乎天天都开放集市活动。最初,集市是群众自集自散,到后来市场上出现了一些估价过秤的中介人。这些中介人还为交换者算出钱币数,帮助兑现,收取一定服务费。

旧时鄞江集市的出现是商品经济发展、人民生活水平提升后需求增加等多方面原因综合的产物,自20世纪90年代后,鄞江镇新建"鄞江商埠",集市交易随之在商埠内进行,从此,当地逢三、七、十集市习俗逐渐淡化。

参见宁波市文化广电新闻出版局编:《甬上风华:宁波市非物质文化遗产大观·鄞州》,宁波出版社2012年版,第215页;〔宋〕王象之编纂:《舆地纪胜》,清影宋抄本。

柴桥集市

柴桥位于北仑区中部,偏东靠海,南面群山,河流纵横,丘陵与小平原相连,地处穿山半岛中心。由于柴桥资源丰腴,居民集中,早在明清期间,就自然形成了集市。清光绪十年(1884)起,就有客、货轮停靠在穿山码头,通航上海、宁波、定海、温州、海门、姚北等地。柴桥商贸繁荣,昆亭海鲜、三山金柑、梅山串网、上阳茶叶等"地产品"年交易量上万吨。再加上柴桥有航船经由育王岭、宝幢等地通往宁波,与宁波商业往来密切,因此在旧时有"小宁波"之称。至民国初期,柴桥商贸集市更加繁荣,并且形成了每逢农历"一""六"开大市,"三""八"开小市习俗。遇上大市,柴桥集市中人山人海,赶集人从四面八方蜂拥而来,有些甚至来自其他乡镇。"大市"时的商贩也远多于小市,不仅有牛、猪、羊等活口出售,远道而来的商贩们还带来了各种时令山货、地货以及新鲜海鲜。此外,柴桥镇上的百年老字号,如"王珍丰布店""水产集散行""锦生火油公司"等还会提前采购货物,充实库房,以迎接"大市"到来。尤其是临近年关的两个"大市",备年货过节的人纷纷而来,街道之上车水马龙,热闹非凡。

柴桥老街全长 1335 米,宽 7~8 米,分上街、中街和下横街三部分,共有商铺 200 余家。集市之中的店铺规划整齐,各行各业都有固定的区域贩卖自己的物品。如猪、牛、羊、鸡、鸭、鹅等活口多在上街"栅拉门口"一带交易,柴草等则在上街"咸草地弄""雪家桥"和"石柱头"贩卖。中街是商品最多,市面最活跃的地带,其间的"蒲鞋弄"里出售各种各样的草鞋、蒲鞋,"马家弄"内则以布店为主,出售各种土布。"美丰弄"中多是加工各种副食品的手工作坊,还有一些杂粮行,卖水产海鲜的地方则在"财神殿"对面的水产集散行。柴桥的下横街上设有三大药店——养正堂、南山堂、大年堂,他们和设在上、中街之上的大元堂合称四大药店。此外,还有宝盛银楼、裕兴隆棉布店等数家百年老店。除了一些百年老字号外,下横街上还设有各种小吃店、金银首饰店以及铁匠店等。

柴桥街集市的商贾们来自四面八方,货源来自天南地北。旧时与柴桥贸易往来最为繁忙的便是宁波。当时的人们将竹子、木料、薯粉、薯干等山货和海鲜、粮食、瓜果等地货装船,从柴桥起航,行向邬隘璎珞,又从璎珞经过育王岭,到达宁波进行贩卖,然后从宁波购入棉布、日用品及烟、酒、糖和药品等回柴桥集市贩卖。其他的大宗货物则多经由穿山道头,依靠海上运输。

参见宁波市文化广电新闻出版局编:《甬上风华:宁波市非物质文化遗产大观·北仑》,宁波出版社 2012 年版,第 89 页。

黄古林席市

黄古林又名古林,坐落于宁波西郊,位于甬江、姚江、奉化江三江边缘,是闻名中外的草席之乡,也是历史上鄞州的四大重镇之一。黄古林草席是浙江省的传统手工艺品。据宝庆《四明志》记载,早在 1200 多年前的唐朝,古林草席已作为特产远销外地。至宋代,草席生产已具相当规模,古林成为全国草席的主要生产基地与贸易集散地,大量出口,远销东南亚。民国初年,黄古林地区已形成了专门的草席集市——黄古林席市,在解放初期,集市的交易最为火爆。

黄古林席市所卖的席子由手工制作,工艺复杂。当地做席工皆是世代相传,自童年起就学做草席。制度有道道工序,环环紧扣,务求精致、讲究,一点不得马虎。不同于其他地区的草席编织,古林草席的编织必须两人一组,要求配合默契。一人坐在席机正面进行压扣,另一人坐在席机侧面叉草。叉草人把草往"替臂"口子上一搋,穿入"席筋"中间,将草送入筋内,马上将"替臂"拉回。压扣人立即把"扣"压下,同时得把伸露在席筋处的草根拗进。编完之后,席工还要进行修边和排席。待织好的席子晾晒干后,将席子平放在桌面上,去掉毛屑,随后用手掌把编织后的草往一个方向推,使草紧靠一起,以使席子更加结实,然后把排露的"席筋"打结扣牢。最后席工将草席卷成筒状,带到席市上卖给席行记。

由于黄古林草席质量过硬,因此每逢农历三、七、十黄古林席市开市的日子,全国各地收席的商船便蜂拥而至,全汇集在成为露天席行记的黄古林五港桥下。从五港桥到狭江桥,尤其是伸施到下施一带,每次开市都会有大大小小的席行记近 30 个。这些席行记在凌晨三点钟便开始收购,方圆七八里的做席工都会带着自家的草席前来卖席。席行记与卖席的农户直接进行钱货交易,一般都是当面点清。席行记收到席子后,将它们交由当地的排席作坊进行排席加工,打捆后再运往宁波市区、温州、上海,甚至远赴天津及全国各地进行贩卖。

席市除了交易草席成品之外,还进行草席的原料——席草的交易。黄古林席市有两个草行:东行和西行。东行在从俞家墙门到河滩头的古林南街。西行则是从施十房门口起到狭江桥头为止。每逢农历三、七、十的开市日子,卖席的农户卖完了草席就会到两行中购买席草。

同时,集市里还有席的另一种原料——麻的交易。集市中卖的麻有两种,分别是用来做洋花席的苎麻和用来做普通席子的绿麻。苎麻是从新昌嵊县而来,绿麻则是从潮汕一带进口来的。每次黄古林席市开市,农民们除了购买席草之外也不忘购买这两种做原料的麻。

参见宁波市文化广电新闻出版局编:《甬上风物:宁波市非物质文化遗产田野调查·鄞州》,宁波出版社 2009 年版,第 92 页。

三市集市

宁波的三市集市指的是每逢农历带"三"的日子而开的集市,它特指农历初三、十三、廿三市。新中国成立后,为规范市场管理,政府将西门一带逢"八"集市并入三市,形成了以后的"三、八"集市。宁波南门三市集市贸易有着悠久历史,其起源可追溯至明代嘉靖年间,并在清康熙年间到达顶峰,成为远近闻名的农产品集散地。三市集市习俗的形成有着它特定的条件,并与江南地区的稻作文化息息相关。宁波作为传统的稻作地区,随着农业与生产技术的发展,农民们对种子、秧苗及农具、耕牛、禽畜的买卖需求越来越强烈,于是便形成了大大小小的集市。再加上三市所在地乃是城乡交界处的南门,即过去俗称的"南门外",既方便了农民们的交易,也为城市居民提供了购物便利。尤其是宁波南门的右边就是南塘河。南塘河沟通城内城外,水运便利,既方便客人前来购物,也方便商人通过水运前来进行商业活动。此后,日益发展的商品经济和越来越繁荣的三市贸易又自然而然吸引了众多走街串巷的小商贩到南塘河边开店设摊,使三市集市贸易变得更加丰富多彩。

每逢农历初三、十三和廿三这一"开市日",赶集的乡民们都会早早起床,三五成群地向三市赶来。当日,除了挑着各种土特产来这里做买卖的乡民外,三市一带许多人家的家门口也会有其他小贩前来摆地摊。南塘河上更是停满了大大小小的农船与商船,热闹非凡。三市集市的具体交易物品既与春夏秋冬相对应,也和宁波的农耕习俗相关联,有着明显的时效性。如春耕之前,集市内所卖主要是农作物种子、菜秧、树苗、花草和锄锹、铁耙、犁尖、耥头之类的铁木农具。到农闲时节,交易则多是鸡、鸭、鹅、猪、牛、羊等家畜家禽。此外,集市之中还有宁波各地区特产,如宁波著名的竹编器具竹箩、畚箕、竹笠等。临街店铺常摆满各种各样的竹制品,有竹篮、竹筷、淘米箩、扁担、竹蒸笼等。农民们赶集带来的土特产则是就地叫卖。由于交易物品种类繁多,宁波三市集市还约定成俗地形成许多特定的交易场所,并由此形成了诸多特色地名。如南郊路和杨家桥巷附近有了鹅场跟、牛市场等小弄堂。农民用大的竹箩挑着鹅、鸡、鸭,来此售给小贩。而小贩则用竹篾箪子就地围起一圈低矮的篱笆,成为鸡、鸭、鹅的临时存放点。旁边牛市场当然是贩卖牛羊的地方,买卖双方看牛选羊,讨价还价,热闹非凡,充分体现了农耕社会的经济特色。

来三市赶集的乡民除了宁波南门附近的城乡居民外,还有段塘、石碶、栎社、古林、高桥等乡镇的村民。在这些村民中,很多人都兼有买主和卖主双重身份,他们将剩余的农产品提供给集市,又买回自己需要的农具和日用品。三市集市体现了典型的农耕社会以物易物、自给自足的经济模式和生活习俗。

参见宁波市文化广电新闻出版局编:《甬上风物:宁波市非物质文化遗产田野调查·海曙》,宁波出版社 2009 年版,第 76 页。

望春桥米市

望春桥村位于宁波西乡,得名于村中的千年古桥望春桥。望春桥始建于北宋元符元年。宝庆《四明志》记载,宋代鄞县古桥中,望春桥为当时官塘河上第一座桥。万斯同曾在《鄮西竹枝词》中称赞万春桥道:"望春桥上望春波,草绿苹香凫鸭多。最是城西好风景,夕阳处处起田歌。"南宋建炎三年(1129)因宋金高桥之战祸及望春桥,绍兴初年(1131)重建。在南宋宝庆年间(1225—1227),望春桥曾更名为"宝庆桥"。清代晚期,望春桥已经形成了每旬二、五、九的集市及三月高桥会、八月赛龙舟等民间民俗活动。望春桥下有一条西塘河,距离宁波市中心不远,西接余姚,东到西门口。其间,人们以木船为主要交通工具。由于望春桥一带地理优势明显,交通便利,旧时往来宁波的官员、学子、军旅、僧道走水道,望春桥是必经的津梁。一直到 20世纪 60 年代初,内河航运依旧繁盛,去西乡高桥、白鹤、深溪等地,均须乘航船经过望春桥。再加上望春桥村的大片农田土质肥沃,适宜水稻,当地居民以种稻为业,因此往这里买米的人络绎不绝。久而久之,在沿河的桥街处就自发地形成了一个稻米交易的场所,俗称米市。

望春桥米市每旬设三个集市日,一月共为九天,即每月初二、初五、初九、十二、十五、十九、廿二、廿五、廿九。每逢赶集之日,附近的农民们将收获的大米、稻谷装在独轮车上,运至桥街进行贩卖。待卖完粮之后,农民又购买集市上的油盐酱醋和日常用品回家。旧时望春桥的米市十分繁荣,一日一个集市的大米交易量便在 100 石左右,这个数额对于当时仅有两三千人口的望春桥村来说,相当可观。

望春桥米市起初为居民与商贩们自发形成的交易市场,至中后期有了明确的管理人员与集市相关规定。一般而言,望春桥米市自早晨六点开始,到中午十点结束。管理集市的是当时桥街的里甲,每一个摊贩都需要向里甲缴纳一定的钱粮作为管理费。参加米市的商贩,主要来自市内的米行和望春桥的农民。旧时,集市内一般用银元作为通用货币,大米的价格通常是每一百斤三银元。赶集或路过桥街之人当日不应身穿白衣,以免沾染上米中对白色特别敏感的米蛾。

望春桥米市最初皆是零售式贸易,据《望春桥志》记载,当初街上的 25户商家,几乎皆是做零售生意起家。此后,随着商业规模不断扩展,望春桥街上成立了第一个大粮站。粮站成立后,一改过去仅做粮食零售的经营方式,转而以收购、贩运外销为主。粮站的成功又带动了其他商家的效仿,使得望春桥米市的经营规模不断扩大。

参见〔清〕徐兆昺:《四明谈助》卷三十四《西护脉》,宁波出版社 2003 年版,第 1126 页;宁波市文化广电新闻出版局编:《甬上风华:宁波非物质文化遗产大观·海曙》，宁波出版社 2012 年版，第 281 页。

牛市习俗

集市是农村或小城市中定期买卖货物的市场，旧时也叫"墟市""集墟"，随着集市贸易的发展，集市的种类日益增多，出现了专门贩卖某一商品的市集，宁波的"牛市"便是其中的一种。作为农家最得力的助手，耕牛在农村有很多交换方式。随着耕牛需求量的增大与市场的扩大，经验丰富的牛贩子经常聚在一起交易耕牛，渐渐便形成了专门的耕牛交易市场。宁波各地区出现牛市的时间前后不一，如江北区的牛市形成于清末民国初，而奉化江口的牛市则始于明末清初。

牛市在乡、镇有固定的交易时间，一般是农历三、六、九或者二、四、八等日子。牛的来源多为山区山民放养的成年牛，人们再将这些牛向产粮区农民出售。此外，就是农民之间耕牛的余缺调剂。耕牛与菜牛买卖时，由市场评价员对耕牛的年龄、体型等各方面进行评估，并报出交易价格。经买卖双方认可，一笔交易就能达成。交易之时以耕牛为主，也有被淘汰的耕牛做菜牛交易。耕牛与菜牛的界限一般有约定俗成的规定，如黄牛 13 岁、水牛 15 岁淘汰做菜牛。黄牛和水牛门前牙呈八圆星时便是上述年龄的标志。如果门牙六圆星，但大牙脱落，不会嚼草的耕牛也可作菜牛处理。评价员对菜牛则要触摸其肚下、皮毛，计算出出肉率，经收购员认可后才能最后成交。

由于集市耕牛买卖的繁荣，来牛市买牛的除了宁波本地人外，还有不少从全省各地汇集而来的贩牛客，因此牛市中出现了专门的贩牛人，又称经纪人、"牛敲鞭"，他们负责称量，断定价钱，帮助计算货币，专行负责，互不干涉。外地贩牛人来卖牛，本地贩牛人负责其食宿。买卖成功后，当地贩牛人一起参加分红。这些贩牛人了解牛的资源信息，能判断牛耕田能力的强弱，清楚牛走步的快慢，并通过用竹梢抽打来测试牛的灵敏度，行话称为"绊三圈"。若牛被抽打后即狂奔，谓之"快牛"，其价就高。尤其是换牛（农户将双方的牛对换，操作流程与买卖相似，只不过互相"找补"）时，很多农户不通过牛市场，而是双方请牛贩子评估后直接交易找补差价，并付佣金给贩牛人。这些贩牛人互相联系，互传讯息，彼此相互串通，再与市场评价人勾连，进行杀价或抬价，叫"杀猪瘟"。贩子们大多靠此获利，俗话说："贩牛，换油，阎王看见摇头。"这种经纪人的职业还是世袭的，如果上辈没做过此职业，本人就无法加入该行业。

参见宁波市文化广电新闻出版局编：《甬上风物：宁波市非物质文化遗

产田野调查·江北》，宁波出版社 2009 年版，第 107 页；宁波市文化广电新闻出版局编：《甬上风物：宁波市非物质文化遗产田野调查·奉化》，宁波出版社 2009 年版，第 72 页。

拜师礼仪

"一日为师，终身为父"，中国古代对于师承十分看重，尤其对于手艺人来说，一定要拜师。若诸匠中有无师自通者，即便是技术再精，同行不认，东家不请。由于旧时宁波手工行业较多，也就形成比较系统的拜师学艺风气。旧时在宁波，一个人要学如修船、木匠、泥水、裁缝、油漆、打铁等手艺，须要拜师，并要满师三年后，方可自立门户。人们就是开店，也要拜师，只不过学的是经营之道。

拜师有一整套严格流程，学徒拜师需请"搭桥人"介绍，经师傅同意后开始谈学徒规矩。其规矩被学艺者家长接受后，双方要订立师徒合同，然后才开始正式拜师。一切完成之后需择吉日摆"拜师酒"。当日，徒弟挑一担酒席去师傅家，其父母将学徒押金准备好交给师傅，师傅在门口收下酒席担后，徒弟双膝跪下，向师傅、师母一边行叩首礼，一边口称"师傅""师母"。学艺者的父母也当着师傅的面教导孩子要尊敬师傅，认真学艺，并希望师傅对儿子多加管教。随后由师傅对徒弟进行训话，训话内容多是教育徒弟尊祖守规，勉励徒弟做人要清白，学艺要刻苦，等等。最后是师傅送给徒弟一件信物，表示要徒弟终身牢记师德，不外传关键技术，不背叛师傅，亲如父子，师兄妹亲如兄弟姐妹，不忘人情往来等，师徒双方互表心意。最后由双方约定正式学艺的日期后，徒弟便开始留在师傅家学艺。学徒学艺一般需要三年，其间师傅只管饭，不发工钱。除春节岁假外，徒弟平时不准回家。徒弟也不准吸烟喝酒，做工时不准与人闲聊，吃饭时要给师傅盛饭，吃饭之时只能夹眼前的蔬菜吃，绝不可吃鱼吃肉，吃完一碗饭后不可再盛，而且必须遵守"师傅先吃饭，徒弟先放筷"的规矩。逢年过节，徒弟都要给师傅送礼。第一年节徒弟应送黄鱼、肉之类，第二、三年稍差。若徒弟家中富裕，逢年过节还要请师傅吃饭。

学徒学习期间，第一年，师傅只让徒弟干一些杂活和辅助性工作，称"做下手"。第二年师傅会教些基本技术，第三年的下半年师傅才把最关键的技术传授给徒弟。徒弟在当学徒期间，必须勤快，天天要早起开门，打扫卫生，迎接客人。晚上徒弟要将一切安排妥当，关好店门，最后一个下班，有时夜里还要值班管店。除此之外徒弟还要帮助师傅做家务，带小孩。师傅有田地的,徒弟还要不定期参加师傅家的田间生产劳动。徒弟若做错事、讲错话还得挨打,且无任何理由反抗,俗称"吃人家饭,受人家难"。满师后,徒弟需办满师酒,并邀请亲朋好友参加,以示感谢。席上师傅将半副工具赠予徒弟,称"半作",俗称"三年徒弟,四年半作","半作"意为拿一半工资。此后徒弟便可转投门户或自行开业,但不得抢师傅生意,否则叫"捉师傅帽子",会遭到同行的责难。满师后,徒弟每年春节、端午、元宵仍要送礼给师傅,节日礼品也是烟酒、鱼肉、包头等,以示"一日为师,终身为父"之意。

参见宁波市文化广电新闻出版局编:《甬上风物:宁波市非物质文化遗产田野调查·余姚》,宁波出版社2009年版,第131页。

祭祖师

宁波的手工业者还有"祭祖师""尊祖师"习俗。《周礼·考工记》中讲"知者创物,巧者述之守之,世谓之工。百工之事,皆圣人之作也"。意思就是说,各行各业都有他们的主管,即行业的祖师爷。行业祖师爷崇拜是民间文化的一个分支,旧时,各行各业十分重视行业的祖师爷,将其视为本行业的保护神。民间有"三百六十行,无祖不立"的说法。祖师爷的确立并非完全随意,一般都须遵循这样或那样的条件,如须是某种技艺的发明创造者,或是对一行业的形成有过重大贡献的人,或是某位历史名人,做过某种行业,或是神话传说中与某一行业有关的某位神灵。当然也有些人被称为祖师爷纯属偶然,有的是后人强行安上去的。

一般而言,大多数手工业行业都有一个专门的祖师爷,如剃头匠供祖师罗祖,药店供药王菩萨,画匠供吴道子,茶叶行供陆羽,屠宰行供张飞等,梨园供唐明皇。也有些是几个行业共用一个祖师爷,如典当行、算命业、香烛业等都以关羽作为祖师爷。有的则是一个行业有好几个祖师爷,像盐业旧有管仲、蚩尤、张飞、炎帝等。对于祖师爷的祭祀,各地区的各行各业皆略有不同,或立庙春秋两祭,或店堂、班组设神位祭祀。

宁波地区最为常见的祖师爷是鲁班,俗称"百作手艺供鲁班"。尤其石匠、木匠、泥瓦匠,逢年过节都要摆设香烛、供品供祭,城镇中亦建有鲁班殿。民间时逢鲁班生日,常祀神演戏。工匠学艺拜师,须先向鲁班行礼。相传石、木、泥瓦三匠所用工具均系鲁班最先发明和传授,三匠所用之尺称为"鲁班尺",一尺相当于市尺八寸左右。相传木匠之角尺、墨斗,泥水匠之六尺杆、线锤,裁缝之剪刀、粉袋和量尺等皆为祖师所授的镇妖宝物,晚上走路须带身边,谓能免邪鬼侵身。三匠之中,以石匠对鲁班祭拜最勤,每月初一、十五都要进行祭拜。此外,簟匠(篾匠)崇拜泰山,传说泰山是鲁班的徒弟,一说泰山是鲁班的儿子。因簟匠蹲在地上作业不雅,有"狗碰头"的贬称,因而鲁班不认其为徒,后簟匠为皇帝编成"上朝掌扇",方被鲁班承认。地位最低的是裁缝,因其多与女性做伴,干的活称为"女红",早先被称为"丫鬟"师傅。开始鲁班不喜欢裁缝,后来因为裁缝给城隍庙门前的旗杆做了彩色花旗,得到好评,鲁班才收裁缝为徒弟。除鲁班外,也有裁缝崇拜轩辕为祖师,因而裁缝的量衣尺也被称为"轩辕尺",或"三元尺"。工匠之间凡斗殴,生意清淡及工艺遇到难题等,都到鲁班殿求神。传说鲁班师傅常化作乞丐到工地为工匠解难。除此之外,铁匠崇奉太上老君,其他各匠均崇奉胡公大帝。

参见浙江民俗学会编:《浙江风俗简志》,浙江人民出版社1986年版,第121页。

红帮裁缝

"红帮裁缝"发轫于清末民初的宁波。当时宁波作为最早与国外通商的口岸城市之一,不少裁缝曾为外国人裁制过服装。由于当时的洋人被称为"红毛",因此"红帮"指的是西式的服务业或修造业,宁波的红帮裁缝之名便由此而来。红帮裁缝是近现代中国服装史的主题,有一条长长的历史轨迹。在老上海提起宁波人,很多人立即就会想起当年那些在上海滩扬名立万的"红帮裁缝"。在中国服装史上,"红帮裁缝"创立了五个第一:中国第一套西装、第一套中山装、第一家西服店、第一部西服理论专著、第一家西服工艺学校。红帮裁缝最初起源于日本。据《上海总商会月刊》记载,清嘉庆年间,鄞县江山人张尚义因海难漂至日本横滨后,寄居码头,凭借裁缝手艺,靠修补救生衣度日。他看到港区内有不少俄国渔民和荷兰客商都穿西装,就趁补衣之际,将洋人的西装拆开,做成样板,学习裁剪,渐成制作西服的高手。回乡后,张尚义创立了"同义昌"西服店,之后又在日本东京、神户开了分店,并多次从横滨返回故乡,将宁波同乡一批一批地带往日本,经营裁缝生意。1905年,宁波裁缝按照在横滨的孙中山的意愿,以日本士官服为原型,改制、设计了早期的中山装,迈出了中山装成为"国服"的第一步。此外,由镇海人刘忠孝所建立的"隆新"洋服店是当时日本颇有影响的百年老字号,曾为日本前首相田中角荣、大平正芳等要人制装,并且还承担着作为宁波红帮裁缝在日开拓联络站的重任。

如果说红帮裁缝的起源在日本,那么它的成名则在上海。由于宁波地狭人稠,尤其是红帮发祥地鄞、奉一带,人口增长造成的人与土地资源的矛盾更加突出,所以宁波人一向有到上海谋生的习惯。清末民初弥漫在上海的"西装热"为宁波裁缝带来了千载难逢的机遇,一时间,开张的西服店号如同雨后春笋般地出现。从1896年奉化人江良通开设上海第一家西服店"和昌号"起,短短50余年间,宁波人在上海所开的西服店有420多家,占总数的60%。尤其是1910年奉化江口王溆浦人王才运所开的"荣昌祥"是上海滩名气最大、服务最完善、信誉最可靠的专业服装店,王才运本人也被推选为南京路商界联合会会长和上海各马路商界联合会副会长。清末,在上海的宁波裁缝,应革命志士徐锡麟之请,全部用手工工艺,制作了一套西装,这是中国人在国内所做的第一套西装。20世纪初,"荣昌祥"在孙中山先生的指导下,改进了中山装外形,将其定型。除此之外,在上海还诞生了由顾天云所编写的中国第一部西服理论著作——《西服裁剪指南》,并创办了中国第一家西服工艺职业学校。

红帮高手不但能根据顾客的身材将衣服尺寸量准,还能在特殊情况下凭一双眼睛"以目测代量"。早在20世纪初,上海的红帮名店为顾客制作服装时,就能根据顾客看中的外国电影中的名角服饰,依样复制。他们为梅兰芳、程砚秋等艺术大师制作的服装,深受他们的喜爱和夸奖。红帮裁缝们顺应历史潮流,突破传统模式,致力西服研制,培养专业人才,为中国近现代服装的形成和发展做出了杰出的贡献。

红帮裁缝蜡像

参见刘云华、缪良云:《红帮裁缝源流小考》,《纺织学报》2008年第4期。

朱金木雕

朱金木雕是宁波著名的红妆家具工艺之一,它和泥金彩漆、金银彩绣一起被称为宁波传统工艺品"三金"。这种工艺的产生与家具所选用的木材有关,由于旧时进口的珍贵木材不多,多数人所用制作家具的木材都是普通木材,如杉木、樟木等,因此,作为装饰手法的朱金漆便应运而生。朱金漆属于漆艺,木雕属于雕刻工艺,这种结合体各有侧重,朱金木雕艺人根据多年经验总结出了一句俗语:三分雕刻,七分漆匠,即朱金木雕的工艺主要特色在漆,不在雕。

宁波地区的朱金木雕形成于唐宋时期,它采用浮雕、透雕、圆雕等艺术形式,运用了贴金饰彩,并结合沙龙、碾金、碾银、沥粉、描金、开金、撒云母、撒罗钿、铺绿、铺蓝灯多种工艺手段,并涂之以中国大漆。其具体工艺流程分为图稿设计、打坯、修光和漆工。

图稿设计又称"打图样",设计之时要求合理精准,力求生动逼真,同时要讲究写实与夸张的巧妙结合,完整与简略的合理配置。一般由资历较深、经验丰富的把作师傅承当。其中设计的人物题材多取材于京剧人物的服饰、姿态,称为"京班体"。宁海一地的朱金木雕艺人则更喜欢从四大名著中取材。另外,还有许多山水花鸟题材的朱金木雕。

打坯之时要注意每个雕刻环节必须严格依照设计要求,线条流畅,精雕

朱金漆木雕

细刻。雕刻树木山水,亭台楼阁之时要注意将其轮廓层次雕刻清楚。雕刻人物时要注意凹凸高低,顺其自然。关于人物如何造像,朱金木雕艺人中还有个口诀:男俊龙眼俏,仕女凤目娇;老者眼复凹,儿童目圆挑。雕刻之时讲究要让人感觉动中有静,静中有动,形象传神。

修光是艺人对原坯细节进行精雕细琢的过程。修光之时,修光师用刀工对木雕进行润色、细化,以表现出雕刻表面的细腻与光滑,为最后一道工序打下坚实基础。修光前,艺人必须检查刀锋是否锋利;运刀时须干脆顺畅,不可滞碍,以免出现刀痕板结。修光时要保留原坯风格而对其细部进行修饰,使之产生"光面"效果。对修光的要求有:底子修得平整,不能有高低,切忌有刀痕等。好的修光师能原汁原味地体现木纹材质,为糙漆打好基础。

漆工是朱金木雕的最后一道工艺。当木雕被打磨光滑,涂上生漆,磨光,饰朱红漆,四边描金并且贴金之后,一件精湛的工艺品就完成了。

作为朱金木雕的流传地,宁波保留了众多的朱金木雕艺术品,其中最具代表性的是"千工床""万工轿"和宁波天一阁内的秦氏支祠。此外,灯会中的雕花木船、亭台楼阁、灯彩等也均是朱金木雕艺术品,精美绝伦。如今,朱金木雕的黄金时期早已过去,虽然现今的仿古家具仍然使用朱金木雕这一工艺手法,但制造者为了降低成本,随意简化制作环节,甚至用替代品以次充好。因此仿古家具与传统工艺精品相比,其技艺已大不如从前。

参见《国家级非物质文化遗产大观》编写组:《国家级非物质文化遗产大观》,北京工业大学出版社 2006 年版,第 256 页;敖云梅:《"十里红妆"的婚俗文化向度》,《宁波大学学报》2012 年第 6 期。

泥金彩漆

泥金彩漆与朱金木雕、金银彩绣并称为宁波传统工艺品"三金",它是以生漆、瓦灰、金箔为主要原料漆料。泥金彩漆所用的漆料不但颜色美观,而且具有较强的遮盖力,可以提高漆膜的强度,耐磨,耐久,还能防止紫外线照射,延缓漆膜的老化。

泥金彩漆既可单独成品,也可融合三者工艺成为一个作品。这种手工技艺的流传全靠师徒口传手授,世代相传。它有着独特复杂的工艺流程。其工艺制作方法有三:堆泥(堆塑)、沥粉、泥金彩绘,也称浮花、平花和沉花。浮花是指在漆膜上堆塑出各种山水、花鸟装饰图案,其风格古朴素雅,颇具汉唐石刻遗风。平花是在黑漆膜上描金上彩,这一工艺的勾线奔放粗犷,图案花纹鲜艳夺目,极具装饰韵味。沉花又叫暗花,这一制作方法是在透明的漆膜之下,于漆器表面上糙漆后,彩绘各种纹样装饰,然后在纹样上覆盖一层透明漆。经精细的研磨推光后,器具的漆色润泽,洁净光亮,如同明镜。

泥金彩漆的具体步骤分为准备漆料、漆泥制作、堆塑技法、满朱漆、贴金、上彩、铺贴云母、泥金、涂面漆及挖朱漆十道工序。准备漆料是开始前的准备工作,匠人除需准备用特别工艺与特制设备炼制而成的生漆外,还需准备熟桐油。熟桐油以清澈透明、色嫩黄或带绿色者为佳。金箔,瓦片灰或蛎灰,竹片刀、夹子、漆刷、毛笔、刮子、画料等工具及木胎漆坯亦需准备。

第二道工序是漆泥制作。制作漆泥时要注意根据不同季节与气候,适当调整生漆与熟桐油的比例。朱多漆少则呈色鲜明,朱少漆多则红得深且暗。此外,季节也对漆泥颜色产生影响,春、夏两季制成的朱漆鲜艳明亮;秋季所做的朱漆颜色深老,冬季则不宜做朱漆。

第三步为堆塑,堆塑的技法甚多,按其形态可分为薄堆(浮雕)、高堆(高浮雕)与线堆。薄堆用漆泥多次堆起,起起伏伏,犹如浮雕。高堆比薄堆的花纹、形状更高更厚,犹如高浮雕,适宜装饰大块面的作品。线堆是将纹饰在光影下显出"堆"的特色,分为"漆泥堆线"和"沥粉"线两种。

满朱漆时,漆匠局部打磨堆塑晒干的作品,调整细部特征,并将朱红漆用刷均匀细致地涂于作品上,需注意不可发生串珠现象。

贴金是当满朱漆阴干后,在堆塑作品表面涂描金底漆,并贴金箔的工艺。贴金技术的关键是要五先五后,四慢四快,它直接影响到金箔的金光效果和作品整体质量。

第六步上彩是根据作品实际情况选择有颜色的漆料进行上彩。上彩可分为天色和地色,天色一般采用孔雀蓝和孔雀绿,地色一般是朱红色和混合色。

待底色七成干后,进行第七道工序铺贴云母,工匠将云母片与绿松石铺贴于底色之上,再用软布或棉布以手指轻轻按压,使其牢固。

等作品完全搞成后,若有人物,工匠还需要进行脸部描绘泥金。泥金可分两种,上者用金箔碾成粉和金漆调制而成,下者

泥金彩漆

用钛白粉调生漆进行描绘。

最后两步是涂面漆和挖朱漆。涂面漆也叫明光漆,需注意掌握好漆的比例,选择适宜的天气进行,否则会影响涂面漆的质量和效果。挖朱漆也称为"修边",就是将生漆、熟桐油、朱砂拌匀、过滤后,用毛笔蘸朱砂漆在作品的侧面涂刷。涂刷时要切记均匀干净。

泥金彩漆工艺在宁波的多数地区已经消失,目前仅有宁海一地还保留此项传统手工艺制作。如今,宁海泥金彩漆工艺已申报列入国家非物质文化遗产名录,并成功列入第三批国家级非物质文化遗产名录。

参见武灵梅:《绚丽多彩的"泥金彩漆"》,《浙江档案》2012 年第 2 期。

金银彩绣

金银彩绣与朱金木雕、泥金彩漆、骨木镶嵌是宁波工艺美术史上最负盛名的工艺技巧,被合称为"三金一嵌"。赵朴初曾为金银彩绣写下"斟古酌今,裁云剪月,奇花异草,神笔妙针"四句赞词。宁波的金银彩绣是在真丝质地的面料上用各色彩线绣制,以金线和银线盘绣而成的汉族民间手工艺品之一,它因浓郁的地方特色和独有的民间风格、丰富的形象而在 2011 年被列为第三批国家级非物质文化遗产。

作为根植于民间的汉族手工艺术,受地方区域的水土文化、伦理教化等影响,宁波的金银彩绣在原料运用、技法和表现形式等方面与其他地方的"钉金秀"有明显的不同。宁波金银彩绣所使用的材料主要包括刺绣所用的金银线、丝线、真丝底料、棉花、纱布等。刺绣时所使用的线,除宁波地区自己研发的金、银线外,还使用各色丝线。早期时,艺工们将纯金纯银所制成

金银彩绣

的金箔和银箔切成 0.2~0.5 毫米的片金线,直接用作绣线的。也有以棉线为芯线,将片金线旋绕于芯线外层所制成的金银线。至宁波开埠以后,海外进口的洋金线开始被运用于金银刺绣之中。另外,宁波金银彩绣还将棉花作为特色材料运用于工艺之中。每当绣匠需要垫高绣品中人物的面部,如老寿星

的脸和额、龙纹的双眼、花瓣等图案时，往往会将棉花垫于下方，以使图案起伏，并使不同角度的色彩光泽发生变化。这大大丰富了宁波金银彩绣的表现力和装饰意味。除丝线、棉花外，绣匠还需要备上纱布，根据需要将其用作反面衬底，并通过简单刺绣与正面连紧，使作品产生张力，不致走形。

宁波金银彩绣的刺绣过程大致分为四大部分，第一步是设计图稿，明确刺绣内容与形式。所设计的图案多以民间吉祥题材中的京班体、佛道神仙、吉祥神话故事传说及珍禽异兽、龙凤花卉等象征吉祥、平安、富贵荣华的图案。第二步为手工戳花。工匠将设计好的图案做成油纸印花花版，随后用白色油墨将图案印制在丝绸织物之上。第三步为绣制绣片。绣匠绣绣片前先要上棚，把绸布用线拉在长方形的木制花棚上。上棚后绣匠要检查织物有无漏印，绸布是否平直，然后对绣花底料进行缝制，再根据图稿指定色样进行配色。绣制时，绣匠首先绣彩色丝线部分，再根据设计要求绣金、银线。绣金、银线时，绣娘们将金、银线合并，并沿着画线用红线订牢。一般一粒米的距离缝三针。其刺绣技法主要以"盘金（银）"和"填金（银）"为主。"盘金（银）"是指依白描线条走向，以金银线绣上，并以此形成空心图案；"填金（银）"是依白描线条走向，将金银线填入空白处，直至将空白处填满，以此构成实心图案。最后一步为成品制作。刺绣完工之后，绣匠需要在绣品的反面刮上浆糊晒干，下棚，再用熨斗烫平以保持图面平整。此时的作品大多是半成品，需要根据设计者的意图进行成品裱拓、装潢等几道工序制作，做成各种各样装饰的用品，或装裱成镜框，或制作家居饰品，或制服饰，等等。

宁波金银彩绣所制成的绣品用途不少，如演戏用的龙袍、威风旗、绣花衣衫，寺庙用的帐帷、桌帷、桌罩，寺庙中神佛所穿的龙袍，出口国外的金银绣花钱包等物品上都可以见到它的踪影。

参见王万盈、何维娜、魏亭编著：《宁波风物志》，宁波出版社 2012 年版，第 186 页；陆丽君：《宁波金银彩绣的特色与传承》，《纺织学报》2010 年第 1 期。

宁波草席

草席是我国的著名特产，分为普通草席、蒲草席、咸草席、马兰草席等。浙江、四川、湖南、江苏、江西、安徽等省都是草席的产地，质量以浙江最佳。浙江草席分布也广，宁波、黄岩、东阳、温州等地都是主产区，其中又以宁波席质量最优。宁波草席质地精密，挺括严实，柔软光滑又便于收藏，因而在国内外享有盛誉。1954 年，在著名的日内瓦会议期间，中国政府代表团团长周恩来向外国朋友馈赠礼品时，选的就是宁波草席，深受外国朋友称道。今天,宁波草席仍是对外出口贸易商品之一,出口日本、美国、新加坡等地。

宁波草席古称明席,也称甬席,俗称"滑子""席子"。草席由席草编织而成,宁波古称席草为蔺草。早在 1000 多年前,宁波席乡尤其是鄞县黄古林一带,因气候温和、土壤肥沃、雨量充沛、阳光充足、无霜期长,非常适宜席草生长。加上人们管理精细、晒草有方,黄古林一带的席草粗细均匀、色泽微绿,被草农誉为"翠鸟"草。这种草编织出来的草席比其他产区的草席紧密、色好、厚实、牢固。

同时,鄞县黄古林草席的编织法也不同于其他地区,古林草席的编织必须两人一组,要求配合默契。一人坐在席机正面进行压扣,另一人坐在席机侧面叉草。叉草人把草往"替臂"的口子上一搽,穿入"席筋"中间,将草送入筋内,马上将"替臂"拉回,压扣人立即把"扣"压下,同时得把伸露在席筋处的草根拗进。编完之后席工还要进行修边和排席,待织好的席子晾晒干后,人们将席子平放在桌面上,去掉毛屑。随后席工用手掌把编织后的草往一个方向推,使草紧靠一起,以使席子更加结实,然后把排露的"席筋"打结扣牢。制度有道道工序,环环紧扣,务求精致、讲究,一点也不得马虎。织草席时如果遇到刮西北风就不再织席,因为西风一刮预示冬天将要来临。冬天气候干燥,席草容易断裂,这一习俗一直沿袭至今。因此,宁波草席质地精密,厚实挺括,刚劲有弹性,柔软光滑,能散热降温,收藏方便,经久耐用。特别是黄古林的白麻筋席,为席中精品,若使用、收藏得法,可以用上十多年之久。

宁波草席用处颇多,既可于炎炎夏日铺垫在床以求降温,也可用于打包、挂门窗等。千百年来当地民众就靠勤劳的双手编织草席,负至市集,由一些行商收购起来,转销各埠,从此宁波草席闻名于世。

参见王万盈、何维娜、魏亭编著:《宁波风物志》,宁波出版社 2012 年版,第 180 页;张传保、汪焕章主编:《鄞县通志》,鄞县通志馆,1935 年。

宁波竹编

宁波是竹编之乡。四明山盛产毛竹,历史上的宁波人就用竹编制各种简朴实用的篮、箩、簟、筐、笼等。明、清江南举人赴京应试的考篮、食篮皆为竹编。竹编是宁波山民们除种田和打猎外的另一种生计,大多数人都会这门技艺。旧时竹匠俗称"簟匠",是一种把竹劈成篾或丝,再用篾丝编织成各种农具和家具的工匠。竹匠的技艺须从师学艺而得,拜师规矩严厉。徒弟拜师时不仅要备上酒饭,还要点上香烛才能拜师,接下来是"三年徒弟,四年半庄",即先是三年学徒生活,然后在师父手下当四年下手。不管徒弟手艺如何精通,也必须到第八年才能正式满师离开。旧时满师的竹匠多从事农村日用品如篮、箩、椅、簟等物品和生产工具扁担、竹帽、竹舍等用具的加工制作。其中最为常用的有遮头、米筛等。

遮头是收割水稻时用以防止稻谷溅出稻桶的遮挡工具,遮头能将稻桶的三边围住,留出一边供脱粒使用。竹匠编织遮头时所用的材料是竹篾 32 根,8 开工 256 条,竹篾长 1.8 丈,厚度 8 开。编时,竹匠须先从遮头下边编起,以绳为准往上编织。遮头绳用菜油擦拭,便于编织紧密。竹匠用所有篾条的 90% 始编,每四排放 1 根“生”,直至上边全部用完所有的竹篾。编织完成的遮头平铺地面呈梯形,上长 1.4 丈,下底长 0.96 丈,高 0.35 丈,插竹夹 6 根,每边 2 根,插在稻桶上像圆弧的风篷。

米筛是农村农民用来将细米和整粒米分开的筛米工具,也可用来筛出泥石块,是农村日常频繁使用的工具之一。制作米筛需要 32 条长 1.8 丈的竹丝,将其分为 6 段,每小段 3 尺。匠人编制时先编其外壳,再编里面的主要部分。编制米筛的技术要求很高,熟练的竹匠可以根据篾丝的不同织出各式各样不同花纹的米筛。

虽然随着产品的不同,竹编的技艺也有所不同,但是准备编织所用篾条的工艺却是大同小异。竹匠准备材料之时多选择冬天砍下的毛竹,尤以竹节均匀,竹身修长,韧性较好者为佳。随后锯去竹根约 20 厘米和竹脑梢 1 米多些,并将中间部分对劈成片,称为“落料”。“落料”之后去掉竹节,再把竹片劈成竹条,随后去掉竹条的里层。接着进行“劈篾”的工艺,即用篾刀把竹条劈成篾片或篾丝,一般一根竹条劈 5 层。劈完之后把劈好的篾片或篾丝进行“过箭门”处理,去掉毛屑,增加光洁度。最后用手工把篾片或篾丝用经纬交叉法编制成所需产品。

如今,随着科技发展,竹编的日用品逐渐被塑料制品所取代,因而鄞州、江北、奉化、余姚山区的数十家竹编厂逐渐转型,以编织工艺品、装饰用品为主。这些工厂将竹子脱脂洗白,使竹片篾丝洁白晶莹犹如白玉,然后巧妙地编织成神形酷肖、情趣盎然的各种动物,并和传统的罐、篮、盒、盘结合起来,制成鸡罐、鸭盘、猫头鹰盒、花盆套、花瓶、废纸篓等,既实用,又可观赏,畅销海内外。

参见王万盈、何维娜、魏亭编著:《宁波风物志》,宁波出版社 2012 年版,第 180 页。

第二部分　宁波生活习俗

一、概　述

所谓生活习俗,既是生产习俗的进一步发展和延伸,又随时代发展而不断变迁。生活习俗主要包括服饰习俗、饮食习俗、居住习俗、出行习俗、交际(称谓)习俗等。长期的农耕生活与海洋生活的氤氲,滨海岸山地理环境的影响,造就了历史时期宁波民众较为独特的生活习俗,诗人所谓"生涯海错多""鲜极破黄鱼""卑湿用楼居""出门车马少,到处泛兰舟"的描述[①],正是历史时期宁波民众衣食住行的真实影像。也就是说,餐稻羹鱼、以舟代车、聚族而居等是宁波当地民众生活习俗的重要内容。

(一)饮食习俗

宁波饮食文化历史悠久,早在 7000 多年前的河姆渡文化时期,河姆渡人就开始使用釜、缸、钵等陶器作为饮食器皿,一些海产品如鲻、鲨鲸、裸顶鲷、锯缘青蟹等也进入河姆渡人的饮食之中,越人"饭稻羹鱼"的生活开始在河姆渡文化得以体现。到了距今 1000 多年前的南北朝时期,余姚著名易学家虞翻的后代虞宗所写的《食珍录》一书记载有六朝帝王名门家中最珍贵的

---

① 〔清〕胡文学编:《甬上耆旧诗》卷二十三《沈世君问宁波风土应教五首》,文渊阁四库全书本。

烹饪名物,成为中国饮食文化史上有名的饮食专著之一。宋代诗人苏东坡更有对宁波梭子蟹制作的诗赞"半壳含黄宜点酒,两鳌斫雪劝加餐"之句。①到明清时期,宁波菜已经名声大震,袁枚、朱彝尊等人的著作中就有了"淡白鲞""雪菜大黄鱼"等宁波海鲜类菜肴的记述和描写。

宁波境内河流纵横,靠山面海,因此河鲜、海鲜在宁波人生活中占有不可动摇的地位,海鲜品经腌制和其他方法加工有海蜇、龙头鲹、咸鳓鱼、蟹浆、醉泥螺、糟鲳鱼、鳗鲞、乌贼鲞、抢蟹等。蟹酱和抢蟹被称为"压饭榔头"。有俗语"蟹酱一沰,饭辄咽落"。

传统时期宁波民众的主食主要以大米为主,"顿顿新籼饭"②,但同时也会掺杂其他因地取材的食材。旧时,平原地区和城镇主食大米;山区则以杂粮为主,以玉米(六谷)、高粱(芦穄)、番薯、芋艿、小麦为多。乡间也多以番薯干与米合煮,俗称"番薯干饭""番薯泡饭"。也有将玉米、高粱磨成粉与米粉煮成糊的,俗称"六谷糊"或"芦穄糊"。

宁波民众一日三餐,以吃大米燥饭为主。农闲时早餐也有吃汤饭的。农村青黄不接或逢灾歉收则改燥饭为粥,或掺食薯、麦、豆。民国二十九年(1940)大旱,粮食严重歉收,农民吃米掺糠煮粥或糠饼头;1959—1961年三年困难时期,曾掺食瓜菜等;20世纪80年代后,粮食供应充足,吃饭问题得以解决,反以食粗粮为调剂口味。一日三餐中,宁波当地人称早饭为天亮饭,中饭为昼饭,晚饭为夜饭。农民在"农忙"时,吃五餐,除早、中、晚三餐外,另加两餐:上午七八点钟称"早半上";下午两三点钟称"点心饭"。正餐吃大米燥饭,"早半上"和"点心饭"以吃面食、年糕为主,且在田间就餐。请工匠或帮工时亦需备点心。在一般情况下,多为早餐食泡饭,中餐、晚餐食干饭。

宁波人习惯将菜肴称为"下饭"或"汤水"。宁波人喜食海鲜,据《清稗类钞》记载:"宁波嗜腥味,皆海鲜。"上海人也常有这样一句口头禅:"宁波人,黄泥螺,咸炝蟹。"因此,宁波人的"下饭"亦是以海鲜为主料。烹饪方法多种多样,以炒、炸、烩、熘、蒸、炖、爆、腌八种见长,尤擅长蒸、烤、炖,着重体现原汁原味、鲜咸合一的特点。宁波人不注重菜的形状和色泽,而注重入味,常用雪里蕻咸菜和苔菜作辅料,因此菜味大多咸里带鲜,鲜咸味美,容易将饭

---

　　① 〔宋〕苏轼撰:《苏轼集》卷十一《诗七十二首》,吉林文史出版社1997年版。
　　② 〔清〕胡文学编:《甬上耆旧诗》卷二十三《沈世君问宁波风土应教五首》,文渊阁四库全书本。

送下去,"下饭"一词由此而来。可以说,吃得"鲜"、吃得"咸"和吃得"生"是宁波人饮食习俗的主要特色。

宁波菜擅长烹制海鲜,鲜咸合一,选料注重细、特、鲜、嫩,常用的烹调方法有30多种,其中最擅长的是炒、炸、烩、熘、蒸、炖、腌、煏8种。因料施技,方法多样。讲究鲜嫩软滑,原汁原味,色泽较浓,注重突出原料本味,使菜肴产生一种独特的复合味,"雪菜大黄鱼"和"红膏炝蟹"就是其代表作。而其中的"煏"更是由宁波人首创并富有特色的一种烹调方法。如"煏菜""煏笋"等,意思就是依靠文火较长时间焖烧的烹调方法。

点心、年糕、米馒是宁波传统生活中的重要食品。年糕以粳米为原料,浸水使之软化后碾磨,然后榨干水分,蒸熟后在石臼中捣烂,剁成片状切成块称点心,在农忙时作为田头点心,兼作待客食品。大户人家年底做年糕,数量较多,为防止干裂,晾干后在七石缸内水浸,随吃随取,一直吃到次年的春播后。年糕用木刻花纹的长条形印糕板印制而成,菜蕻炒年糕,味道绝佳。米馒是将糯米蒸熟后在石臼中舂成的圆形食品,加入青蒿制成,分有馅和无馅两种,色泽翠绿,软糯清香,是宁波周围地区清明节期间的时令点心。在宁波有的地方也把米馒称为"青团"。

汤馃、汤团是具有宁波特色的食品。所谓汤团、汤馃就是将湿糯米粉搓成细长条,然后摘成一粒一粒的小圆球状,在开水中烹煮,加上浆板,叫浆板汤馃,与青菜一起烹煮,称菜汤馃。汤团,用糯米粉做成圆球,内嵌猪油芝麻白糖馅或其他馅子。汤馃和汤团多在过年或婚庆喜事时食用。此外,芦稷点心、金团、麻糍、灰汁团、米馒头、粽子、麻团等也是较为典型的宁波生活食品,都是以大米为主要原料制作而成,反映着宁波典型的稻作生产习俗。

宁波当地人多饮黄酒和白酒。黄酒俗称"老酒",且以热饮为主。夏天人们多喝白酒。旧时农家自酿米酒,平时自斟自饮。

长期的商海沉浮和创业之艰养成了宁波人追求实惠、勤劳节俭的生活饮食习俗。宝庆《四明志》记载四明地区民众性格时曾说:"其民勤于身俭于家。"[1]普通家庭自小就教育孩童要珍惜粮食。小孩如有浪费粮食,必遭大人呵责。人们不得倒掉剩菜剩饭舍,有留"冷饭娘"习惯,以节约粮食。旧时宁波家家户户备有咸菜、咸鱼、干菜等常下饭,无须天天上街买菜。勤俭者为人所敬,誉之谓"做家人"[2]。因此,清代宁波史学家万斯同所言的"鄞俗由来

---

① 〔宋〕罗濬撰:宝庆《四明志》卷第一《郡志卷第一》,文渊阁四库全书本。

② 《镇海县志》编纂委员会编:《镇海县志》,中国大百科全书出版社2010年版,第851页。

不尚华,布衣粝饭足生涯"①,就深刻揭示了宁波人这种节俭的饮食生活
习俗。

(二)服饰习俗

宁波传统服饰习俗也颇引人注目,根据考古资料发掘,河姆渡时期已经
出现纺织工具,有了纺织,说明河姆渡先民已经摆脱茹毛饮血的野蛮生活,
进入初具文明的历史阶段。河姆渡遗址还出土了一些装饰品,如人体装饰
品有璜、管、珠、环、饼等。珠、环等饰品大多用玉和萤石制成,在阳光下闪烁
着淡绿的光彩,晶莹美丽。此外,还有一些以兽类的獠牙或犬牙、鱼类的脊
椎骨制成的装饰品。可见宁波人自古以来就十分重视装饰。

旧时宁波人喜穿紧身短衣,"短绻不结,短袂攘卷",而且衣襟一般都是
朝左边开,即为"左衽"。这种左衽衫袖口窄小,且腰间系丝带或短裙。直到
清末民初乃至 20 世纪 50 年代前期,宁波渔民冬季穿的多数仍为粗布大襟
衫,开左衽,就连棉袄也是左衽大襟式,棉背心则是左衽大襟无袖。在夏季,
人们所穿大多为大襟无领无袖衫,襟上缝制布质钮攀。渔民的裤子则为裤
腿肥大的龙裤。这种龙裤,裤腰两边有由七彩丝线所绣的"八仙过海"图案,
或是绣上观世音菩萨的莲台祥云,或是绣上青松白鹤,还有黄龙飞禽等图
样;腰身前后裤子上,再分别绣上"顺风得利"与"四海平安"等祈求平安丰收
的字样。腰系布质腰带。而渔妇服饰,除了左衽大襟衫和龙裤外,一般还在
腰际系一条长及膝盖或短至膝上的裙裾,俗称"布襕"。这种服饰十分明显
地展示出春秋战国时期吴越先人的服饰遗风。

短衫主要是宁波当地民众穿的衣服。短衫一般由手工纺织的粗布做
成,颜色单调,大都是黑、白、蓝色,即使有花色,也不过是条子或格子。男短
衫是对襟(胸前正中开襟)的,下摆有两只口袋;女式则在右腋下开襟,纽扣
多以布条打结制成,也有用铜或竹、木、骨制成的。下为短裤或长裤。裤的
上端较宽,可以折叠,用布绳系住腰身,不使其褪下。女式长裤较短,外出或
重要场合中,常在长裤外穿百褶裙。衣裤的腰身、袖筒、裤脚都很宽大。除
单衣外,天冷时还穿夹袄、背心、棉袄、棉裤等。

过去宁波有钱有地位的人一般穿的是长衫,或称为袍,又称"大衫""竹
布大衫",一年四季都穿。春秋穿夹大衫,一般是用呢子、线绨制成的大衫;

① 〔清〕万斯同:《鄞西竹枝词》,宁波市地方志编纂委员会编:《宁波市志外编》,中华书
局 1998 年版,第 1005 页。

夏天穿"绸大衫";冬天则穿在棉袍外,又叫罩衫。穿长衫时,头上要戴黑色瓜皮帽,外罩马褂,形成"长衫马褂子,头戴西瓜帽"的样式。马褂子衣料用丝绸、"葛锦"、"羽纱"等制成,罩在大衫外面,颜色是黑的,人称"玄色"。马褂子是有身份有地位人的"当家衣"。民初服式与清末相比,变化不大。由于男人剪去了辫子,长袍外面渐渐地不再罩马褂了,只是在婚礼或重大节庆时依旧。袍子的腰身、袖子也渐渐变窄,终于演变成长衫,头上戴的瓜皮帽也换成宽边呢帽。

灯笼裤是宁波姚江两岸和姚北海头特有服饰。裤管特别大,像"灯笼"一样,所以叫"灯笼裤"。打折成"间",多用蓝"杜布"制作,比较厚实,腰际特大,考究的绣上一些花样,据说也是"冬暖夏凉"之妙用。而妇女下面系裙,裙形式多样,呈直线多打"间",旧俗有"男系灯笼裤,女系百间裙"。百间裙布料大致相同,同越剧"打金枝"里的"百折罗裙腰中系"不同。到清代,城市妇女流行穿旗袍,农村妇女习惯穿中式大襟衫,腰间常围蓝布兜。城里富家衣料多用绸缎、呢绒和机制棉布,市民穿"洋布"居多,农民则以土布为主。

值得注意的是,旧时宁波农村男性除穿灯笼裤外,还有穿围裙的习俗,这种围裙一如女裙,但质地较厚,俗称"围(音 yú)腰布襕",又叫"大腰布襕""作裙""桶裙"。这种布裙长度直达脚面,可以从深秋穿到初夏,既保暖又透气,深受农人喜爱。而海上捕鱼作业的渔民,还穿一种"栲汁衣"。这种衣服是为了耐风化日晒和海水侵蚀而作。衣服制作出来后,放在薯莨根皮(即为栲)煎煮的大锅汁液中熬煎,至色呈深赭色时,捞起晒干则成,俗称"栲汁衣",又称"栲衫"。蓑衣是用棕丝编织的雨衣,长衣无袖,下垂一层密集的棕丝,使不透水。现为雨衣取代,已不多见。

清末民初城乡男女大都穿自制布鞋,有钱人家青年女子穿绣花鞋,幼儿穿"虎头鞋",农民及小贩平日多穿草鞋、蒲鞋。雨天穿木屐,少数人穿钉鞋、套鞋。20 世纪 40 年代着球鞋、套鞋者渐多,50 年代兴穿胶鞋,但仍以布鞋为主,70 年代盛行塑料凉鞋,80 年代起穿皮鞋者渐增。

民国时宁波妇女多带耳环,至今尚存。城乡富有人家多有一两件金、银、玉质或其他仿制首饰,如戒指、手镯、脚镯、钏、钗、簪等。农村儿童戴银项圈、银长命锁较常见,直至 20 世纪 50 年代城镇仍有此遗风。

旧时宁波人服饰着装比较简朴,嘉靖《宁波府志》说宁波人"朴茂淳实,农勤于耕,女勤于织,商贾鬻鱼盐工,供日用绝无四方齐衰之习,男女皆衣布素,即高赀厚藏不曳,绮纨冠婚,一从简朴"①;《余姚六仓志》认为宁波人"勤俭质朴"②。普通家庭不轻易抛弃旧衣服,留给弟妹穿着。俗谚"新阿大、旧阿二、破阿三"。破衣服拆洗后剪成条块,纳鞋底或做拖帚。勤俭持家、精打细算成为宁波人的重要品性。甚至身家亿万者,也极为节俭,清代宁波史学家万斯同所言的"鄞俗由来不尚华,布衣粝饭足生涯"③,就深刻揭示了宁波人这种节俭的服饰习俗。

(三)居住习俗

从河姆渡文化时期伊始,宁波人就用自己的智慧和勤劳的双手,采用榫卯技术建造干栏式房屋,为自己建造起舒适的生活处所,并善于利用地理环境、自然条件等,使房屋别具一格,类型多样。

旧时宁波山区的贫困之家常以稻草、茅草、毛竹搭建房屋,俗称"草厂"。家境稍好一点的,屋面以编茅覆盖,四周以夯实黄泥为墙,或以碎瓦片、块石垒墙,泥地面,但有栋、柱、梁为支撑骨架,柱下垫以石磉盘,以防腐烂。

在平原地区,一般人家都为平屋。平屋是砖木结构,房架由柱、梁、桁条、椽构成。屋顶盖瓦片,檐口覆以瓦当。房屋进深以柱计数,有五个立柱的,称五架平屋,七个的称七架平屋。两个檐柱之间为一个开间。一般建筑的间数,都为奇数,有三间、五间、七间。间内分割为前后房。三、五、七间的正房两山各加一弄,面宽小于正间,多作楼梯间。中间一间为堂屋,设大门,作会客或祭祀之用。堂屋左称正房,右称偏房,均为居室。搁栅上面铺有木板,称搁板,其空间称"搁登",有扶梯或可以随意搬动的木梯上达。搁登一般作为谷仓,或堆放杂物。有些人家在房后附建单披顶的"披屋",披屋一般作厨房、厕所、畜舍或堆放农具、柴草用房。

与山区民众和一般平原地区民众不同的是,有权有势的人家往往是豪门大宅。旧时官宦、巨商和大地主的住宅,人们统称其为豪门大宅。其建筑占地面积大、布局对称、主次分明、错落有致、造型端庄、结构严谨,融木、瓦、石等建筑艺术为一体。宅院里有大量表现自然山水和反映传统戏剧故事的木雕、石雕、浮雕,这些雕刻技艺十分精湛,尤其是门楣的镶嵌,不仅具有很高的观赏价值,而且更显示其"门第等次"。房屋的建筑有一进、二进、三进

---

①　《浙江通志》卷九十六《风俗》,文渊阁四库全书本。

②　慈溪市地方志编纂委员会编:《慈溪县志》,浙江人民出版社 1992 年版,第 949 页。

③　〔清〕万斯同:《鄞西竹枝词》,宁波市地方志编纂委员会编:《宁波市志外编》,中华书局 1998 年版,第 1005 页。

之分,两边为厢房,中间空阔之地称明堂,又称天井,用石板铺面。楼下正中的一间称中堂,作祭祀之用,上挂堂名匾额。中堂两侧为堂房,为主人的书房或会客之所。楼上的房间为内室,楼上正屋与厢房的檐口设有走廊,称"走马楼"。昔有"九进十明堂,跨进地板房,走出石明堂,花花帐子拖踏床"的民谣,揭示了豪门大宅的非凡气势。

门楼是一户人家贫富的象征,所谓"门第等次"即为此意,故名门豪宅的门楼建筑特别考究。门楼顶部结构和筑法类似房屋,门框和门扇装在中间,门扇外面置铁或铜制的门环。门楼顶部有挑檐式建筑,门楣上有双面砖雕,一般刻有"紫气东来""竹苞松茂"的匾额。斗框边饰有花卉和蝙蝠、蝴蝶等图案。有些豪门大宅在大门左右各放一对石狮子或一对石鼓。石狮子、石鼓不仅具有装饰美,且有驱祟保安之意。

照壁又称"照山""照墙",是住宅大门外对着大门作为屏障的墙壁。照壁门面中心有一圆形图案,中书福、寿、囍等吉祥之字,或绘有迎客松、松鹤延年、寿星等图。有些院落内正对大门处还立有一面较小的单独墙壁,叫影壁。按传统风水术的观点,住宅的大门是气口,设置影壁可免邪气直冲,既不封闭,又可保持气畅。

马头墙是我国传统建筑中双坡屋顶的山墙形式,其特点是两侧山墙高出屋面而呈阶梯形,因其状如马头,故作马头墙。其作用除装饰美外,若失火时,还有防止火焰蔓延之作用,故又称封火墙。

海岛渔民以海为生,常年在海上生活与作业,但为过上安定的好日子,所以造房过程中,图吉求安心理比较强烈,仪式也更繁琐。如象山渔民在选宅基地时,必须考虑是否在"风口",屋后是否有石塘,还要考虑上屋、下阶的道路和山溪的流向。这里的宅基地和上屋走向必须是朝南一字东,或朝东偏南坐向。这是因为台风季节以东风为多,若宅屋朝正东,狂风暴雨骤至,很不安全。宅基地必须面对海湾锚泊地和岙口,便于主人观察海上动静和船只动向,万一海湾锚泊地有突发事件,房主人可及时察觉、下山补救等。此外,在破土、上梁和搬新屋时,除了择吉日,海岛还要择吉时良辰。所谓吉时良辰,特指潮水上涨时刻。因为潮涨意味财源涨、福禄升,鱼从远方向近岸游来,是鱼丰人富的象征。此时破土或上梁,大吉大利。

值得注意的是,海岛渔民建造房屋时,不仅要插旗,放置祭奠物以及在宅基侧角的正面竖立"泰山"石条以驱灾者,而且房屋装饰讲究"金龙盘新屋,财富不外流",所以在建新房过程中,不论是石窗的浮雕,还是石礅或石柱,都有龙的图案。

　　宁波人在建造房屋时有许多特有禁忌。上梁是建房最主要的一环,时间应择于"月圆""涨潮"时辰进行,取合家团圆,钱财如潮水般涌来之意。上梁时如家人生辰时刻与上梁时辰相冲,必须避讳。上梁前必祭神,祭品有"全猪"(即用猪头一只,猪尾一根,意即全猪),俗称"利市"。鱼、鹅、豆腐、蛋、盐与酱油五色或七色,用木制红漆祭盘,置于供桌上端,其他菜肴廿四碗及南北果品十二盆。贴"上梁欣逢黄道日,立柱巧遇紫微星"之类的对联。对联用黄或绿色纸,切忌用红纸。梁之两端挂红绸,红绸下垂清顺治铜钿一枚,取"平安和顺"之意。上梁前,作头师傅要唱上梁歌,边唱边用酒壶浇酒,从梁头浇到梁尾。浇毕,主人给工匠发"红包"。接着作头师傅互相打过招呼,便喊"上啊,大吉大利"!用绳子拉梁慢慢上柱端,梁的东端应高于西端而上,因东首为"青龙座",西首为"白虎座",白虎要低于青龙。此时鞭炮齐鸣,待正梁敲进榫内,往下抛上梁馒头,此时儿子、媳妇拉着一条红被面,把抛下的馒头接住,示意传宗接代。凡抛到被外的,或有意抛向观望的人群,大家纷纷抢夺,称"抢上梁馒头",以示庆贺。上梁之日,四邻用红布作旗,挂在自家的屋脊上,以免被"占风水"。

(四)交通习俗

　　交通在人类社会发展和文化交流中占有十分重要的地位,交通习俗也只有在生产、生活实践中才能形成。所谓交通习俗,就是指人类在交往活动中,依靠不同交通工具和方式而形成的风俗习惯。

　　古代宁波因河流众多,交通工具主要以舟船为主,早在7000多年前的河姆渡文化时期,宁波人就已经开始使用舟船出行或渔猎。在古代的宁波,民间交通往来在水网地区主要以舟船作为交通运输工具,所谓"出门车马少,到处泛兰舟"就是如此。宁波境内除姚江、奉化江、甬江三条主要河流外,还有鄞州的鄞江、大嵩江,东乡的前塘河、中塘河、后塘河,西乡的南塘河、中塘河、西塘河,宁海县的白溪、清溪、凫溪、杨溪,象山县的西周港、下沈港、九龙港、大塘港、淡港、东港、南大河,慈溪的东横河、四塘江、古窑浦、四灶浦、周家路江,余姚市的东江、中江、青山江、临海浦、长冷江,北仑区的芦江、小浃江、太河、岩河等。四通八达的水路,使宁波自古以来得舟楫之利。

　　过去的宁波交通主要靠船,船只的种类也颇为繁多,如较大型的船为海船、商船,专门运输货物的船叫"货船",来往于两地之间载客的叫"航船",供人们乘坐游玩的船叫"游船",用来收购海鲜货物的船叫"鲜船",有的地方隔岸无桥,设有渡口,设在渡口的船就叫"渡船"。如余姚作为昔日"甬扬大道"

(宁波至扬州)的必经之路,水陆交通使用较早。据余姚地方志载:宋朝时期余姚即有航船,至明朝城区和重要集镇有快船,清朝有固定的商业船队,民国至今,姚江江上依然千帆竞渡,船仍旧是主要水上交通工具。

在宁波长途载客的客运船叫夜航船,体积较大,分为上下两层,下层装载货物,上层载客。这种船是六舱竹篷大船,内设座位和休息木板,男客睡中舱,女客睡后舱,船老大摇橹、撑篙,船扯风帆。夜航船主要是载人和简单货运,船上最大乐趣就是有唱新闻、说故事。昔日城乡重要集镇皆与城区通夜航船,船远至绍兴、杭州等地。在内河,还有带篷的一类船只,船夫坐在船后,两脚推动桨板前进,谓之"脚划船",可载客两三人,乘客可坐可卧,日夜可行。

旧时余姚等地还有一种"快船",余姚民谣有"船头尖尖船尾翘,四只橹桨一齐摇"之说。快船是旧时余姚姚江、宁波甬江和奉化江上最多的船只,特点是船只不大,速度快,船上风帆与陆上人力拉纤结合,水上行驶快速。20世纪姚江上还有此类船只,两岸有不少船埠头。

宁波地处平原水乡,河流纵横交错,连接周边的乡村和集镇。旧时有些水网地区靠渡船来帮助行人过渡。渡船一般为木质船,渡船船身体型较大,呈长方形,用船篙撑,使木橹摇,来回往返,可以载客30多人。渡船可以按照专职船工的有无分为两种:一种是有专职船工,但平时乘船,不收渡船费。每年秋季时节,农户给渡工一定数量的谷子,作为平日搭乘渡船的报酬,有少数人家则付给现金或大米。另一种是无人渡船,亦叫"牵渡""拔渡儿"。这种渡船一般为村民集资建造。船比较小,船头、船尾均呈方形,平底,不容易侧翻,因此可以载8~10人。船的两端各有一根缆绳系在两岸的树桩上,行人跳上船以后,可拉着缆绳渡向对岸。

红头百官船是余姚一带的水上交通运输船,木橹摇,张帆和拉纤行驶,有大橹一支、帆2~5张不等,船身较大,用于载货物。

宁波沿海多海涂地。每当退潮后,就会露出一片宽长的海涂,人走起来容易陷入泥中,十分困难。近海作业,如捕蛤蜊、拾海螺、挖泥螺和蛏子者,习惯使用泥马船。泥马船又称"泥艋船"或"木海马",是宁波沿海民众在海涂上从事劳作时使用的工具,又名溜板。泥马船是在一种宽0.4米、长1.5米的木板上钉上一个T形把手,驾船者双手握住把手,一条腿跪在上面,一只脚用力踩泥,一蹬就像滑冰一样连板带人飞速滑行。正因为如此,它还有"海上自行车"的称呼。这种船主要用于渔业生产,也可以用于载人。据传这种船是戚继光追击倭寇时创造出来的交通工具。

　　旧时,一些艺人、戏班常要下乡去唱"草台戏",所以一些戏班都有戏班船。戏班船的船木结构有大有小,一般有前、中、后三舱。每舱有舱板,可以睡人,船肚里放"行头箱"及使用家具,刀、剑、戟罗列在船头的木架上,船尾的后标上要写明班名,有的还在船头插一面戏班班旗。戏班船是供二三流角色或跑龙套角色乘坐的,如果是名角,另有单独的包船。

　　近代以前,宁波港装载货物的主要是木帆船,分南船和北船两类。南船航线主要是福建、广东一线,以经营木材为主,兼营药材、染料、糖、干果和香料;北船帮主要经营长江以北各港口的贸易运输,北方的粮食、枣子、核桃、花生、黄豆由北号商船运抵宁波港,同时从宁波港运出大米、糖、药材、棉织品、鱼、干果和杂货等。如碑铭所载"吾郡回图之利,以北洋商舶为最巨。其往也,转浙西之粟达之于津门;其来也,运辽燕齐莒之产贸之于甬东。航天万里,上下交资"①就是如此。宁波货船的船老大多数为舟山人,货船一般都有三只桅杆,即头桅、中桅和后桅,中桅桅顶挂有红布制作的三角状桅顶旗,船尾插有灵风旗以辨风向。每逢春节,船主惯用大红纸张贴桅杆,前桅写"开路先锋",中桅写"八面威风",后桅写"一路顺风"等吉语。货船平时运送货物各有习尚,如装运棺材(多为尸骨还乡),在中桅缠红布以作标记。

　　宁波的渔船大都为木帆船,因"帆"与"翻"谐音,所以渔民非常忌讳讲"翻"字,因此就把"帆船"称作"篷船"。鄞县南乡姜山一带的渔船还有不钉船眼的习俗,被称为"瞎眼船",有船眼者则被称为"亮眼船"。渔船起锚出海,渔民不得回头看望。

　　古代宁波陆上交通工具主要是轿子,又称"肩舆",是中国古代最为古老的一种交通工具。旧时宁波的轿子分为客轿和花轿两种。客轿包括官轿、青衣轿、山轿等。以轿代步最盛于清末民初,民国中期后,由于人力车和汽车客运的兴起,逐渐衰落。

(五)交际习俗

　　交际习俗也是生活习俗的一种。主要体现在家族关系、亲族关系、邻里关系和待人接物等方面。如家族的交际习俗就体现在家族内部的"排字辈"习俗,即按世系辈分排,以免搞错辈分。在排列世俗辈分时多以"辈"字为准,由家族定时进行排定,载入家谱,分发给族人,从而形成较为严密的辈分秩序。

　　对祖先的祭祀是家族成员之间交往的重要内容,不仅可以凝聚人心,增

---

① 〔清〕董沛撰:《正谊堂文集》卷十三《碑文·甬东天后宫碑铭》,清乾隆刻本。

强家族成员归属感,更是为宣传族规、续修家谱、排世系、论辈分提供了机会。同时,在进行祖先祭祀的过程中,也为族长利用此法解决族人纠纷,处理族内犯族规、家规者提供了条件。家族成员之间的交往在旧时宁波受到高度重视。如在亲戚往来中,姑舅亲在诸亲中情分最深,故宁波俗语中有"姑舅亲,辈辈亲,打断骨头连着筋"一说。在民间,当姑母受到不公平的待遇时,娘家侄子就会出面干涉;外甥不孝敬父母时,常由舅舅出面调停,宁波老话说"娘舅大石头,讲话独句头",就说明舅舅在家族亲戚关系中的重要性。亲戚之间要相互走动,特别是逢年过节,要带上礼物,互相探望,以加深感情。

作为吴方言的宁波话,有着自身独特的一套亲属称谓体系,但不同区域的宁波话亲属称谓也有区别。如在民国时期的宁波城厢,称父亲为"爹",称祖父为"爹爹",称母亲曰"娘",又曰"姆姆";称叔母为"婶",有时也称丈夫的弟媳为"婶";称叔叔曰"大";妻子称夫兄曰"伯",新妇称翁曰"阿公",亦曰"公公";称女儿为"嬬嬬",称少女为"姐";等等。在象山一带,称父曰"爹爹",母曰"娘",有的也称母曰"姆",称爷爷曰"公公",称奶奶曰"娘娘"或"婆婆",也有称叔叔曰"大"者,称伯母曰"大姆""二姆",称叔母为"婶",称父亲的姐姐为"姑娘",称母亲的姐姐为"姨娘",称孩童曰"小细",等等。当然,宁波人对长辈亲属的背称也同父母的背称一样,在面称的前面有时会加上"阿拉",如"阿拉舅舅""阿拉阿姨""阿拉阿姑"等。随着时代进步,宁波地区一些亲属称谓正在发生变化。如"阿伯""阿爹""阿姆"这些传统称呼在 10 岁以下的儿童中几近消失。

旧时宁波的交际习俗中,也很注重与邻里、长辈和其他人之间的交往,邻里之间的互相协助,交往之间的尊重他人是值得关注的交际习俗之一。

交际习俗也是生活习俗的一种。登门拜望多用于对尊长或平辈之间。在人与人之间的相互交往中,登门拜望是尊重他人的礼貌行为。宁波人把进见地位或辈分高的人叫谒见。谒见时要有一定的礼节,古代一般为跪拜,辛亥革命以后,跪拜礼明令取消,改为躬身或拱手。新中国成立后以握手礼取而代之。去亲朋好友家中拜望时,不论主人家门开还是半开,均应先在门外叩门或摁门铃,等主人喊"请进"后方可入内。敲门应以三五下为一组,敲完每一组后要稍停片刻。迎接客人到来时,主人要先期出迎等候,以示欢迎。让座是主宾入室后相见的礼节。客人被请于尊位落座。一般以面东、面南为尊,面西、面北为卑。

敬茶是宁波人待客的礼俗。敬茶通常以斟七分为敬,不宜过满,所谓"酒满茶半",客人喝茶则以留少许为礼貌。回拜属于答谢礼节。客人来访后,主人应前往回访客人,有来无往则为失礼。回拜时切忌原物送还,只有拒绝对方时才用这种方式。

旧时宁波人的磕头行礼主要表现为晚辈对长辈的尊重,或者在祭祀礼佛时行磕头礼。磕头行礼时,伏身跪下,两手扶地,以头近地或着地。如今除婚嫁丧葬礼仪中仍保留磕头礼外,其他场合已被握手礼取代。握手时身体微微前倾,时间短暂且握得有力,表现出友好、诚恳之意,一般来说,对主人、年长者、身份高者或女子,须待对方先伸手时才能去握。握手时不可戴手套,不可将左手插在口袋里,不可坐着,不可吃东西,不可东张西望,不可敷衍了事。

具体而言,历史上宁波地区的交际习俗主要体现在拜望、拜访、谒见、迎接、让座、敬茶、更衣、陪客、告辞、回拜、鞠躬、磕头、挥手、道歉、握手、请坐及赠花等方方面面。

值得注意的是,宁波人交际习俗中的"老娘舅"是江南文化中颇具特色的称谓,虽然全国各地对"娘舅"称谓不尽一致,但其在亲属关系中的重要地位基本一致。如今的"老娘舅"不只是调节亲属关系的重要桥梁,也成为调节人际矛盾的又一称谓,对"老娘舅"文化的研究也有一定意义。此外,宁波许多地方濒临大海和岛屿,险恶的生存环境激发了宁波人的群体意识和合作情怀,因此,宁波人特别注意相邻、亲邻相帮、团结协作。近年来在宁波上演的大型方言喜剧《甬上三家亲》把困难时期宁波人的临危救济、互相呵护的人性之美充分表现了出来,这也是宁波交际习俗在艺术创作上的一次成功尝试。因而在这一方面的艺术创作应该有进一步可为的空间。如对过去在宁波存在的"纠会"就可以进一步进行演义发挥。所谓"纠会",民国《镇海县志·风俗》载曰:"贫家有事,亲友醵钱相助,谓之'纠会',大者曰'集贤会',小者曰'堆积会',亦曰'扁担会'。主人为会首,得钱之后,次第清偿。每会皆有证人,有保人,缓急可倚,而干没无虞,亦通财之良法也。"这种民俗体现了宁波人互帮互助的聪明智慧。

二、词　条

宁波汤圆

汤圆是浙江宁波著名小吃之一,也是我国的代表性小吃之一,其历史十分悠久。据传汤圆起源于宋朝,宋人周必大撰《古律诗》六十八首中有《元宵浮圆子诗》:"今夕知何夕?团圆事事同。汤官寻旧味,灶婢诧新功。星灿乌云裹,珠浮浊水中。岁时编杂咏,附此说家风。"据传宋时宁波即当时的明州兴起吃一种新奇食品,这种新食品用黑芝麻、猪的脂肪油、少许白砂糖做馅,外面用糯米粉搓成球,煮熟之后,香甜可口,饶有风味。因为这种糯米球煮时在锅中沉沉浮浮,因此最早叫作"浮元子",后来逐渐改名为"汤圆",也有些地区将其称为"元宵"。关于汤圆名字的来历,民间还有一个传说,据说袁世凯在 1912 年称大总统后,一心想当皇帝,但又害怕人民反对,一天到晚提心吊胆。由于民间元宵的"元"和"袁"、"宵"和"消"同音,袁世凯认为"元宵"有"袁世凯被消灭"之嫌,于是在 1913 年元宵节前,袁世凯下令把元宵改为汤圆。

在春节早晨合家聚在一起共进汤圆是宁波地区自古以来的传统习俗。每到年关临近,宁波的村民会将家中的石磨冲洗干净,套上长长的木推架,一人在后面推,一人把着磨转圈,一边将浸泡好的糯米和水一点点倒入磨孔磨成米浆。随后还要将米浆倒入洋粉袋中吊上几天,直到沥干水分。有了糯米粉后还需制作汤团馅。汤团馅的主料是猪油,并按比例掺上芝麻粉、桂花、绵白糖,揉匀之后便成了汤团馅。汤圆的做法有点像包饺子。先把糯米粉加水和成团,放置几小时让它"醒"透。然后把馅的各种原料拌匀备用。包汤圆的过程也像包饺子,但不用擀面杖。由于湿糯米粉黏性极强,只需用

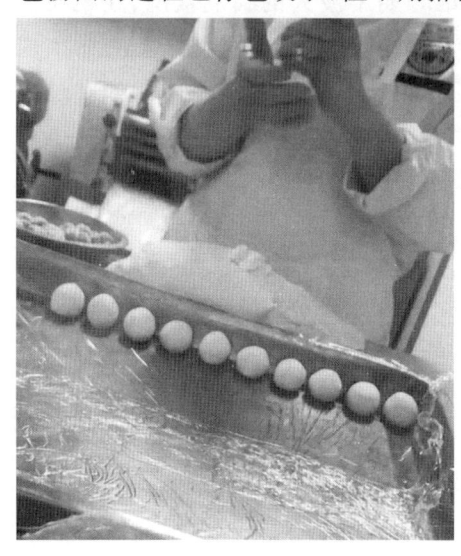

宁波汤圆

手揪一小团湿面,挤压成圆片形状,用筷子或薄竹片挑一团馅放在糯米片上,再用双手边转变收口,最后双手一搓,将其搓成团状。包汤圆要求包得皮薄馅厚、大小匀称,下锅之时要各个不"撑船",即不露馅。做得好的汤圆表面光滑发亮,有的还留一个尖儿,像桃形。由于汤圆的表皮含有足够的水分,因此很黏,不易保存,最好现做现吃。家里过年包汤圆有时还会在一两个汤圆中包入硬币,若谁在过年时吃到了包有硬币的汤圆,预示着他一年都有好运。

如今,随着生活节奏的加快,各

种方便食品已成为时尚。"宁波汤圆"也以成品速冻形式一年四季亮相于全国各地,且汤圆馅不再是单一的猪油芝麻,还有豆沙、山楂、猪肉等新品种,符合现代人重视健康、口味多样、省时省力的饮食需求。

参见〔宋〕周必大撰:《文忠集》卷四十三《古律诗六十八首》,文渊阁四库全书本。

龙凤金团

龙凤金团是宁式糕点中久负盛名的糕点之一,其历史至少可以追溯到南宋时期。宁波民间有这样一个传说:南宋康王赵构自建都临安后,因金兵强渡长江,杀到江南,赵构自知临安难保,便带领近臣、后妃一路逃到明州,被大队金兵冲散,赵构落荒而逃。正在急难之际,鄞县一位村姑骗走金兵,救了赵构。当时赵构饥饿难忍,便向村姑求食。村姑给了他一个有馅的糯米团子,赵构吃了团子后告别而去。金兵退去后,赵构返回临安,为报答村姑救命之恩,就恩准浙东女子出嫁时可使用半副銮驾,乘坐龙凤花轿。他所吃过的糯米团子也被封为"龙凤金团"。此后,当地群众争相品尝,并把它当成男女定亲的必备之品,一直沿袭至今。

如今,龙凤金团已成为宁波一带家家会做、人人爱吃的四时佳食。龙凤金团的制作流程由两部分组成,即团皮和团馅,味道有咸团和甜团之分。制作金团前先准备好粳米粉7成、糯米粉3成作主料。团馅的主材料是菜头,即萝卜、红豆、虾皮,并以酒、酱油、猪肉、红糖、葱、味精、食盐作辅料。准备好材料之后便开始金团制作,先将糯米粉和粳米粉拌匀,放在稍有热度的锅里一边用手搓揉,一边添加少量的水,使其形成一个稍有黏性的大粉团,然后取出放在撒有少量粳米粉的面板上,用饭布包住,这就是团皮料。准备好团皮料后,将菜头洗净,刨成丝,放在沸水里烫熟,捞起去掉苦卤,再放进锅里加适量的虾皮拌炒。辅料是酒、酱油、猪肉、葱、味精、食盐,以此做成的馅是咸团馅。若做甜团馅则将红豆烧软烧熟后加入红糖即可。最后将大粉团分成一个个小粉团。先用双手慢慢将粉团捏成酒盅一样的形状,再把团馅嵌在里面,然后封口,再在口上搓出和绳子一样的花纹。做

龙凤金团

完的龙凤金团皮薄馅多、口味甜糯、清香适口,令人百吃不厌。龙凤金团不但味道好,还寓有团圆吉庆的意思。此外,龙凤金团按照用途不同,又生出许多有趣的名称,如种田时节有种田金团,割稻时节有割稻金团,结婚时节有龙凤金团,新生儿满月时则有子孙金团,做生意有五代金团,等等。

宁波自古以来制作与贩卖龙凤金团的店都很多,其中最著名的是赵大有所做金团,据称此店最早由一位姓赵的上虞人所开,他制作的金团是用糯米四斤掺和粳米六斤,按天时冷热下缸浸水 4～10 小时不等,捞起用清水淋去酸味,然后磨成粉。馅是用一斤半豇豆或黄豆,加糖两斤,炒得透而不焦,再加适量的橘饼、瓜子肉、橙丁、红绿丝、桂花等,使金团更加香甜。旧时候,赵大有老板为了做出牌子,选料上等,制作精细、薄利多销,并做到童叟无欺,因而在宁波市民中有很高声誉,被称为"赵大有金团"。

参见王万盈、何维娜、魏亭编著:《宁波风物志》,宁波出版社 2012 年版,第 210 页。

咸齑

咸齑是咸菜的一种,又称"雪菜"。属于宁波特产之一。宁波老话中有"东乡一株菜,西乡一根草"之说,这里的"菜"就是雪菜,学名"雪里蕻"。新鲜的雪里蕻经过腌制后可以保存很久,老宁波人称为"咸齑",是传统的"咸下饭"。雪菜的种植与腌制历史十分悠久,由于鄞东土地肥沃,雨水充沛,利于种植雪里蕻,因此宁波地区民间栽培、腌制雪菜历史十分悠久,南宋时期的宝庆《四明志》里已有"雪里蕻"三字的记载,陆游在《咸齑十韵》中写道,"九月十月屋瓦霜,家人共畏畦蔬黄。小罌大瓮盛涤濯,青菘绿韭谨蓄藏",生动形象地描绘了老百姓腌雪菜的场景。明末诗人、鄞州人屠本畯所著的《山林经济籍》卷十六《野菜笺》书中记曰:"四明有菜名雪里,瓮头旨蓄珍莫比。雪深诸菜冰欲死,此菜青青蕻尤美。"明末宁波学者李邺嗣的《鄮东竹枝词》中写道:"翠绿新齑滴醋红,嗅来香气嚼来松。纵然金菜琅蔬好,不及吾乡雪里蕻。"这里说的也是咸齑。由此看来,宁波地区种植与腌制咸齑的历史已有千年之久,其中尤以邱隘地区腌制的咸齑最为著名。2008 年,邱隘咸齑腌制工艺被列入宁波市级非物质文化遗产名录。

腌制咸齑的方法,简单来讲就是"闹咸齑","闹"是宁波话谐音,意思是"踩",就是在缸里装上雪里蕻,再撒盐,然后用脚踩踏起来。做咸齑的第一步是晾晒,将新鲜的雪里蕻晒 2～3 天,等叶子干瘪才开始装缸。腌咸齑用的一般是直径在一米左右的七石缸。把洗净的七石缸放在闭光的室内,最好把缸埋入土中三分之一。第二步是装菜，把收割来的鲜雪菜去除黄叶、削平菜根，晾晒 3～4 个小时，待冷却后装入缸内。一只七石缸一般可叠放菜 10～13 层，几百公斤的雪菜。雪菜叠放的位置也有讲究，缸底第一层菜根向上，菜叶向下，沿缸边四周向中间紧密排列。第二层开始直到装满，每层都菜根向下，菜叶向上，沿缸边中间向四周紧密排列。装

咸齑

菜的同时逐层放盐。装菜前，先放缸底盐，以后每层菜再分两次放盐，并用手拨弄菜叶，让盐落到菜中下部。盐撒好后，要进行踩踏，顺序从四周到中央，踩踏要轻而有力，以出卤为度，要尽量减少缸内空气的留存，以免发酵。咸齑缸里还要放上几块大小不等的"咸齑石头"压着雪菜，使其不易上浮，如此腌制出来的咸齑才会鲜美。

最后一步就是封缸。封缸时，还要再放一次封口盐，然后用尼龙薄膜封盖，插入竹片，用烂泥封缸面，要求中间高、四周低。这样腌上一段时间便可以食用。

"三日勿吃咸齑汤，脚骨有眼酸汪汪。"宁波人无论贫穷富裕，都对咸齑特别钟情和眷恋。每逢节假日大鱼大肉之后，必然端上一碗咸齑汤除腥解腻。咸齑做法多样，除了清淡的咸齑汤，还有咸齑炒肉丝、咸齑炒乌贼、咸齑大黄鱼、咸齑洋芋艿汤、咸齑年糕汤、咸齑炒豆瓣，各种咸齑佳肴的鲜爽口感是宁波人特有的味觉记忆。一箸入口，三春难忘。

参见陆游撰：《陆游诗全集》四《咸齑十韵》，文渊阁四库全书本；屠本畯：《山林经济籍》卷十六《野荣笺》，国家图书馆藏悖德堂本。

宁波三臭

宁波菜肴中有著名的"三臭"，指的是臭冬瓜、臭豆腐和臭苋菜梗。其最大特点是"闻闻是臭的，吃吃是香的"。宁波人食"臭"历史悠久，清代范宣的《越谚》有"苋菜梗"条："苋见《易夬卦》，其梗如蔗段，腌之气臭味佳，最下饭。"胡朴安编的《中华全国风俗志》中收录了《定海人食物上癖性》一文，其中也说："定海人民之习性，专喜食腌腊腐臭之物，试述之，以见其他风俗之一端。苋菜之老干，定人呼为苋菜干，用滚水煮熟，置于坛中，以盐腌，经半

月余,觉有臭味,然后取而食之,如腌茄子、腌冬瓜、腌白菜,亦复如是,不俟其臭腐不食也。俗云:'三日不吃臭咸菜,脚步迈不开。'""三臭"制作原理跟绍兴的霉豆腐、霉千张、霉笋相似,但风味不一样。腌制"三臭"的关键得先做好一甏臭卤。做臭卤前先要将甏洗净晾干,再将一小碗臭卤倒入甏中作为引子,然后把一些吃剩的笋汤、毛豆之类的东西放进去,用塑料袋密封甏口,发酵几天后就大功告成了。若没有现成的臭卤作引子的话,那另外制作的程序就稍微复杂点。首先要将冬腌的咸菜和卤放入甏里,让其加速腐烂发臭,说是"烂发肥,臭生香"。或在自留地里采几株苋菜,去叶子、洗净、切段后,放在清水浸一夜,等水面起一层白色的泡沫时,便将苋菜梗取出沥干,放在甏里撒上几把盐和一些干净的蔬菜汤就可以了。做臭卤关键是要密封,好的臭卤不仅清澈而且臭中带有股异香,保存好的能用上几年。

宁波臭冬瓜在全国独一无二,宁波一带有"麻油老酒腌冬瓜"之民谚。制作臭冬瓜时,一般选取成熟冬瓜,除去皮瓤或不去皮,切成10厘米左右块状,焯成八成熟,沥水冷却后,四周均匀地抹上盐,分层装入甏内,加入臭卤,封口后置放于阴凉处,半月后随需食用。初闻冬瓜之臭味,的确令人难以忍受,但把臭冬瓜吃在嘴里,一阵臭过后,随之而来的却是一股幽暗的清香,让人荡气回肠,回味无穷。再加上冬瓜性甘平,具有清热养胃,荡涤肠内秽物的功效,因此臭冬瓜既是夏季的清凉食品又是减肥佳蔬。

臭豆腐在全国许多地方都有,谈不上有什么特别的地方,但是宁波人有道名菜叫"黑炖白",就是臭豆腐炖新鲜的带鱼。臭豆腐是浅黑色的,带鱼是白色的,菜名由此得来。这道菜有种奇妙的美味就是鲜臭,这是宁波菜的灵魂。因为臭豆腐是一种陈腐的食物,而新鲜的带鱼却是活扑扑刚起海的。吃到最后,闭上气,眼睛便分不清哪个是豆腐,哪个是带鱼。

腌制出来的臭苋菜梗也算得上宁波的一道美食。把苋菜茎切成寸许长,撒上盐和臭卤密封几天,就可食用。此菜的最大特点是嫩脆中夹杂着一缕清爽的臭,味道独特。

宁波菜里面臭的菜都是用苋菜梗变质以后做成的臭卤泡出来的。这种闻着臭吃着香的臭苋菜,堪称宁波菜的一绝。

参见王万盈、何维娜、魏亭编著:《宁波风物志》,宁波出版社2012年版,第111页;胡扑安编:《中华全国风俗志》,上海科学技术文献出版社2008年版,第540页。

慈溪杨梅

杨梅是宁波的传统名果,在宋代就有"越之杨梅,著名天下,而奉化所产,不减于越"之说。宁波慈溪位于杭州湾跨海大桥的南岸,与嘉兴海盐通过杭州湾大桥南北相望,境内"两山一水七分地",素有"中国杨梅之乡"的称谓,并已通过杨梅原产地保护认证。宁波所产杨梅历史悠久。从余姚河姆渡文化遗址发现,早在7000年前,宁波先民便已开始食用野生杨梅。文献中对种植杨梅的记录则可追溯至2000年前,汉朝辞赋家司马相如在《上林赋》中便把杨梅作为贡品加以称颂。苏东坡也曾认为,闽广荔枝,西凉葡萄,未若吴越杨梅。明代王像晋著的《群芳谱》中载:"杨梅,会稽产者为天下冠。"《能改斋漫录》载:"越州杨梅最佳,土人谓之楞梅。"旧《浙江通志》载:"今余姚之烛湖最佳,次则萧山。"

宁波杨梅肉质细软,甜蜜醇厚,形状如珠而色如玛瑙,自古以来是文士墨客吟咏的对象,如宋代著名诗人陆游便在《杨梅》诗中咏道:"绿荫翳翳连山市,丹实累累照路隅。未爱满盘堆火齐,先惊探颔得骊珠。"杨万里也有诗歌赞杨梅道:"梅出稽山世少双,情知风味胜他杨。玉肌半醉红生粟,墨晕微深染紫裳。火齐堆盘珠径寸,醴泉绕齿柘为浆。故人解寄吾家果,未变蓬莱阁下香。"此外,色艳叶殊的杨梅自古以来还凝聚着宁波离乡游子的思想情结,明代时的余升因在京做官,吃不到家乡的杨梅而作诗感慨地说:"旧里杨梅绚紫霞,烛湖佳品更堪夸。自从名系金闺籍,每岁尝时不在家。"

宁波杨梅之中以慈溪杨梅最为有名。在慈溪灵湖至余姚马渚约40千米长的丘陵地带种满了白种、粉红种、红种、乌种四大类杨梅。其中最有名的是慈溪的"荸荠种"和"早大种"。荸荠种果实成熟时呈紫黑色,肉质细软,汁液充盈,味甜酸少,颗大核小,果肉离核性强,为上乘。"早大种"果实成熟后呈鲜红色,肉质较粗,酸味较重,颗粒较荸荠种大,但不耐贮藏。

慈溪杨梅作为宁波时鲜水果,誉满浙东,驰名海外。慈溪杨梅富有蛋白质、糖、果酸、钙、铁、葡萄糖、果糖、柠檬酸、苹果酸和多种维生素,具有消暑生津、利尿健脾、解渴止咳、健脾开胃、增进食欲、促进消化等天然医疗保健功能。《本草纲目》中便提到"杨梅可止渴,和五脏,能涤肠胃,除烦恶气"。杨梅以鲜食最佳,也可制成蜜饯杨梅干、杨梅饮料、杨梅酱、糖水杨梅、烧酒杨梅等。烧酒杨梅是用上等杨梅浸泡在优质白酒中制成杨梅酒。此酒酒色微红,不仅可与葡萄酒比美,还有"解疲劳,散暑气,驱风寒"之功效,人们常用来馈赠亲友。杨梅饮料则有生津、止渴、祛暑的效用,是夏日消暑佳品。

参见〔宋〕罗浚撰:宝庆《四明志》卷第四《叙产》,文渊阁四库全书本;〔明〕田汝成撰:《西湖游览志余》卷二十四《委巷丛谈》,文渊阁四库全书本;〔宋〕陆游撰:《剑南诗稿》卷十七《六峰项里看采杨梅连日留山中》,文渊阁四库全书本;〔宋〕杨万里撰:《诚斋集》卷二十《七字谢绍兴帅丘宗卿惠杨梅》,文渊阁四库全书本;《曝书亭集词注》,卷六《茶烟阁体物集下》,清嘉庆十九年刻本。

慈城年糕

"人心有多高,谐声制食品;义取年胜年,藉以祈岁稔。"清末文学家徐珂所著《清稗类钞·年糕》诗所描述的正是宁波地区的特产之一——年糕。年糕作为一种食品在中国具有悠久的历史,早在汉代之时,扬雄的《方言》一书中已有"糕"的称谓,至魏晋南北朝时,此称谓已颇为流行。6世纪的食谱《食次》载有年糕"白茧糖"的制作方法:"熟炊秫稻米饭,及热于杵臼净者,舂之为糍,须令极熟,勿令有米粒……"即将糯米蒸熟以后,舂成糍,然后切成核桃大小,晒干油炸,滚上糖即可使用。至辽代时,据说北京的正月初一已有家家吃年糕的习俗。到明朝、清朝,年糕已发展成市面上常年供应的一种小吃,并有南北风味之别。

宁波的年糕尤以慈城年糕最为有名。慈城年糕以选料讲究、精工制作著称。慈城年糕的原料是颗粒饱满、色泽晶莹、软糯适度、具有较强黏性的优质晚粳米,冬天,农人将粳米在水缸中浸泡一个月,随后去河边用竹箩淘洗数遍以去掉米浸胀后的气味。之后用水磨成粉,压去水分至不干不湿之恰到好处,称为"舂米"。舂米之后是刷粉,工匠将米粉倒入竹筛里筛,将块状的米粉不断用手捏碎,使过筛后的粉达到大小均匀的标准,保证蒸粉的质量。然后将筛过的米粉置蒸笼中猛火蒸透。蒸年糕用的蒸桶乃是用木板箍成的圆桶,桶底是用毛竹条制成的伞状底盘,称为"蒸伞",蒸伞形似圆锥,有利于锅内蒸汽上升并扩大其接触面,使米粉能充分均匀地受热。"蒸粉"之后是"舂糕花",这是一个技术含量较高的步骤,若舂得太过容易硬,舂得不足则容易糊。舂糕花需两人配合,一人用舂头进行舂捣,一人则将浸过水的手快速将粘在石舂头

慈城年糕

上的粉揉下,将石臼里的粉迅速翻动并集中臼中。如此持续重复地劳作,直到舂完为止。"舂糕花"之后进行"掐团",即将舂好的粉团做成年糕团子。掐团时要注意控制手劲大小,使分团柔韧糯软有度。还要注意年糕团子的分量要均匀,那样做出来的年糕才能大小适宜。最后一步是"压年糕"。压年糕时先把掐出来的年糕团子搓圆,再搓成年糕条,放入年糕板下面用手力压,做成年糕的样子。当然还可以根据喜好和特殊需求,随需更换年糕印模子,做成各种形状的年糕,如鲤鱼形、如意形、元宝形等象征"吉祥如意""大吉大利"。此外,为了便于存放,要趁年糕尚未变硬,码成一摞一摞的,有的码成锥形,有的则码成正方形。

慈城年糕的烹饪方法也很多,品种不下数十种,煮、炒、炸、片炒、汤煮等均可,且咸甜皆宜。常见的吃法有白菜炒年糕、红糖蘸年糕、毛蟹炒年糕、熇菜年糕等,老百姓吃得最多、最为方便的便是雪菜肉丝年糕。还有鲜中带咸、咸里有味的荠菜年糕也颇受百姓欢迎,宁波旧时便有民谚云:"荠菜肉丝炒年糕,灶君菩萨伸手捞。"

由于年糕的"糕"字谐音"高",过年吃年糕有着"年年高"的美好寓意,寄托了人们对美好生活的向往和追求。因此,在秋收之后及过年之时吃年糕的风俗在宁波地区一直流传至今,慈城年糕也凭借着它过硬的质量成了人们节日食用、馈赠亲友的佳品之一。

参见宁波市文化广电新闻出版局编:《甬上风华:宁波市非物质文化遗产大观·江北》,宁波出版社 2012 年版,第 71 页;王万盈、何维娜、魏亭编著:《宁波风物志》,宁波出版社 2012 年版,第 214—215 页;贾思勰撰:《齐民要求》卷第九,四部丛刊本。

宁式糕点

宁式糕点是浙江宁波一带的传统名点,是全国糕点十二大派系之一。早在唐宋时期,宁波地区已有亲友之间馈赠糕点并在逢年过节吃糕点的习俗。到明清,宁式糕点已逐步形成自己特色,并流传到外地。如光绪年间,以销售宁式糕点闻名的苏州叶受和茶食店便是由宁波人叶鸿年所经营。清末民初,宁波城区涌现多家前设店、后工场,具有相当规模和自己品牌的南货店,当时流传这样一首民谣:"宁波南货六大家:大同、大有、董生阳,方怡和加升阳泰,还有江东怡泰祥。"民谣中的大同、大有以双喜吉饼、苔菜月饼、酱油瓜子、水晶油包,董生阳以橘饼,方怡和以香干,升阳泰以苔生片、椒盐香糕,怡泰祥以蛋糕闻名。

宁波糕点按制作方式可分为燥糕类、潮糕类、糖货类、油炸类、蛋糕类、酥饼类、月饼类、油面类、混合类等多种。按选用原料区分,仅以苔菜作辅料的就有苔生片、苔菜千层酥、苔菜月饼、苔菜油赞子等20余种。按经营品种又可分为喜庆、时令、常年三大类。喜庆类如订婚定亲用的吉饼、油包,做生祝寿用的寿桃、蛋糕,婴儿满周、小孩上学用的状元糕等。时令类如春季供应松仁糕、橘仁糕、枣仁糕、茯苓糕等,夏季供应薄荷糖、松子酥、玉和酥等,秋季供应月饼、桂花饼、洋钱饼、薄脆饼、绿豆糕、椒桃片等,冬季供应藕丝糖、豆酥糖、麻酥糖、牛皮糖、冻米糖、祭灶果等。

宁式糕点选料考究,加工精细,造型别致,以酥为主,软脆皆有,甜中带咸,咸里透鲜,松酥多味,其中以苔菜为辅料的糕点,色香味更为独特,可与苏式、广式、潮式等名特糕点相媲美。如溪口千层饼便是香酥松脆,甜中带咸,咸里带鲜,食后令人口齿留香。溪口制作千层饼已有120多年历史。据传清光绪四年(1878),溪口王永顺饼店已开始制作千层饼。民国时,王毛龙改进了千层饼的加工方法,用黄泥制成专用烤炉,增加了苔菜粉作为辅料,做出来的千层饼清香扑鼻,口味独特,后来成为溪口著名特产。溪口千层饼外形四方,金黄透绿,在1.5厘米厚的小饼内分27层。其用料十分讲究,须选用上等面粉、精炼生油、脱壳芝麻、洁净焦糖,以及奉化特产芋艿头粉和优质苔菜粉等为原料,经过配料、蒸粉、制馅、造层、烙酥、包装等12道工序制成。

与千层饼一样,在新中国成立后,宁式糕点如松脆香甜的多孔"三北"藕丝糖及小如银元、色泽黄亮的洋铁饼,片薄松脆的粉麻片,松软可口的松花黄"大有"蛋糕,浓郁黄豆香的豆酥糖等著名糕点的品种与风味在传统特色基础上又有了新的提高,成为人们馈赠亲友与日常食用的佳品。

参见周千军主编:《月明故乡》,宁波出版社2006年版,第267—268页;吕虹:《宁波名吃》,《对外大传播》2000年第10期。

吃 生

宁波人在平时饮食中,明显以清蒸和生拌的为多,对于"生"菜,宁波人似乎永远也吃不厌。宁波人生吃的食品种类有很多:豆制品中有豆腐、素鸡、粉皮等;蔬菜中有马兰头、芹菜、菠菜、萝卜、香葛等,以及除了冬瓜、南瓜外的所有可以佐餐的瓜,如黄瓜、生瓜、脆瓜;水产类中有蛎黄、蚶子、醉蟹、醉虾等。

较早记载宁波人生食水产品的是英国传教士美魏茶,他在《在华的真实生活》一书中记载他在1843年到宁波后,宁波一户李姓人家请其吃的第一顿饭就是生吞幼蟹:他们上了一盘带盖的菜肴,当发出某种信号时,有人撤去了盘盖,餐桌上立刻爬满了小蟹,它们争相从盘子中逃出来。由于客人已入座,所以他们便将这些小蟹投入醋碟中。每个客人徒手捕捉双手能触及的那些小蟹,塞进嘴里,再用牙咬碎,毫不客气地吞咽下去。

蚶子是宁波人生吃的另一种水产品。宁蚶旧时称为"小娘蚶""小姐蚶",宁波沿海各地都有生产,但以奉化的蚶子品质最佳,称为"奉蚶"。蚶子,个大壳薄肉厚,肉质极嫩,异常鲜美,被历代文人视为珍品。清袁枚在《随园食单》中特别记载了此菜的几种吃法:"蚶有三吃法:用热水喷之半熟,去盖、加酒、秋油醉之;或用鸡汤滚熟,去盖入汤;或全去其盖作羹亦可,但宜速起,迟则肉枯。"宁波人吃蚶子,一般将其放在钵中,倒入清水,用竹帚洗刷。刷洗时要连续刷洗,不能中断,防止蚶子吸入泥水,一直到蚶子外壳发白,倒掉泥水,再用清水淘洗干净,放入沸水中略烫。烫时不可烫熟,以免肉色发紫,没有鲜味。略过一过开水便迅速取出,随后将其外壳剥去,血淋淋地放入盘中,撒姜末,葱末,淋上酱油、酒、麻油,吃起来又嫩又鲜。

类似蚶子吃法的还有牡蛎,宁波方言称蛎黄。牡蛎生活在海边,我国从渤海到南海海边都有,其中宁波宁海县的西店镇是浙江省最大的牡蛎养殖基地,有"牡蛎之乡"的称号。蛎肉是一种营养价值很高的海珍品,有"海上牛奶"之称,其肉鲜美无比,生食和熟食皆宜,为寻常百姓佐餐所用,一到冬春季节,尤其是春节期间,宁波人家都会买一些蛎黄烫水生吃或泡酒吃。

至于醉虾,更是生吃的佳肴。宁波人把鲜活的虾洗干净后放入透明玻璃碗中,倒上半碗白酒,加上蒜末、姜片以及少许的盐、糖、酱油做成卤汁,盖上盖子以防虾蹦出来。待几分钟后虾都醉得差不多了,虾肉呈现出一种半透明状态之时便可食用。醉虾讲究的就是"鲜"和"活",人们吃虾时尚未醉死的虾往往还在抖动。这种吃法看似血腥,但能最大限度保持菜肴的营养不流失,并且入口的虾肉感觉很香,肉质很嫩。用这样的手法做出的虾,口感上和其他的料理虾截然不同,宁波人用酒和虾诠释了一种新的美味。

参见沈锦华、陈启刚:《宁波人吃法讲究》,《食品与生活》2003年第3期;耿昇:《千年宁波港,荣辱伴中华——西方人视野中的宁波地区》,《宁波与海上丝绸之路》,科学出版社2006年版,第16页;袁枚撰:《随园食单》卷三,清嘉庆元年小仓山房刻本。

老虎灶

老虎灶是宁波旧时卖茶水的地方,又称茶水炉子、热水店,因其有一个翘起的"尾巴"和灶头形状而得名。关于老虎灶的起源和历史,据考证,最早文字资料见于唐代苏鹗著《苏氏演义》。其中有载:"炉水,茶之源,汉前已置市井,曰为项堂。"由此推断,老虎灶至今已有 2000 多年历史。

虽然各地对老虎灶都有不同的解释和传说,但人们比较认可的一种传说是:

商纣王之妃项氏,因妲己深得纣王的宠爱而怒火如心。为了与妲己争宠,其深知纣王有喝滚茶的嗜好,就开始苦心专研茶具,最终研制出能终日沸腾、保温的"水灶"。因纣王自居"虎首",有虎帽、虎衣、虎座,故水灶也顺理成章地被称为"虎灶"。项氏也成了民间传说中的灶神。旧时之神,因容貌皆须"髯缠髭",因此项氏位在 72 位之列,神像亦是女扮男装,以少充老。同时,为了符合姜子牙封神的原则,人们又在"虎灶"前添了一个"老"字,使得"虎灶"就成为"老虎灶","项堂"也成为老虎灶最早的名称。直到近代,煤气还没普及时,用木柴烧水很不方便,烧煤球炉的老虎灶便普及开来。老宁波有句话叫"冲开水",即指到老虎灶去买热水。

若老虎灶单靠卖水,利润很薄,因此一般腾挪得开的老虎灶总会设几张桌子,作为茶室,供人们入内喝茶、聊天、谈生意,成为社会底层人群如黄包车夫、挑夫和打短工者歇脚的场所。有的则设有盆汤,热水现成,浴资便宜,居住在逼仄弄堂的居民正好洗个舒坦。有的老虎灶场子更大的,前室辟为书场,每天两场,热闹不输戏院。旧时,宁波老虎灶大多开在城镇街头巷尾或弄堂附近的小街,一般为弄口的一开间面,也有横二间或楼上楼下者。灶砌在店门口,灶膛口对着大马路或前面小街小巷。当时分布在城区的老虎灶,店名几乎都以里弄街巷为名,也有以店主绰号为名。其顾客主要是附近居民,营业时间一般从清晨 5 点到晚上 12 点,通宵不打烊的也有,每天的高峰约在 5 点至 8 点,这段时间里老茶客聚集一堂,泡几壶茶闲聊,天亮后则叫碗面条充当早饭。此外,平均四五分钟就有人来泡水,他们会很自觉地将2 毛钱或 5 毛钱放上灶台,热情地和老板娘打声招呼。偶尔,附近的小商贩还会来兑换零钱。为了方便居民们打水,老虎灶的店家们还发明了"以筹代钱"的方法,"一壶板十根筹,一根筹两勺水"。一度一瓶水只要 5 厘钱,一分钱买 2 个水筹,有些店的水筹是用硬纸板剪成的小长方块,上面盖一个店名章就成。有的则用一段小竹片,上面用烧红的铁条烙一个特殊的印记。打水凭水筹,既不用找零,又方便顾客。人们有时烧水和做饭往往无法兼顾,经常要去老虎灶冲开水,这就大大方便了附近居民的生活。

参见宁波市文化广电新闻出版局编:《甬上风华:宁波非物质文化遗产

大观·海曙》,宁波出版社 2012 年版,第 239 页;周达章等著:《宁波老事体》,宁波出版社 2014 年版,第 174 页。

象山(石浦)海鲜十六碗

"天下海鲜数象山,黄金海岸美味多。"而象山海鲜之中,最透骨、最新鲜的则当属"象山海鲜十六碗"了。海鲜十六碗,出自拥有 600 多年历史的渔港古城象山石浦。旧时,宁波地区宴请客人讲究"筵席菜"的礼仪化,即根据来客身份等级定菜谱,如十大碗、八盆八碗等,而十六碗在当时便已是招待贵宾的上等菜谱。后来虽摒除了旧制,但作为好客的渔家文化,"十六碗"海鲜菜肴流传了下来,如今的石浦依然流传着"来到丈母家,丈母端出'十六碗'"的民谣。

海鲜十六碗由四个冷菜和十二个热菜组成,其具体菜谱按着年代的变动时有变动,现在的"海鲜十六碗"是通过群众评选和专家评审,从二十六道代表象山海鲜的菜肴中评选出来并"定名"的。旧时的海鲜十六碗是指生泡银蚶、鲜炝咸蟹、五香熏鱼、大烤乌贼、三鲜鱼胶、椒芹汤鳗、脆皮虾潺、双色鱼丸、渔家白蟹、盐水白虾、清炖鲻鱼、葱油鲳鱼、红烧望潮、雪菜黄鱼、滑炒鱼片、菜干鳓鱼。新评选出来的海鲜十六碗则是椒盐虾蛄、姜香蛎黄、白灼章干、咸炝活虾、清炖白鳊、红烧杂鱼、蛋面黄三、萝卜丝带鱼、倒笃梭子蟹、葱油泥螺、鱼糍面、盐水淡菜、鲍盐海鳗、翡翠虾、鱼鲞烤肉、米鱼头骨酱。这十六道菜肴,每一道都是采用原汁原味的象山海鲜做原料,食材上追求"绿色"、地道、鲜活;烹制上以炒、炸、蒸等技法见长,做到因材施技、口味多变而鲜味不失,使每一碗菜肴都是"鲜"字当头,顺鱼性、合口味的渔家美食。

除了味道鲜美之外,"海鲜十六碗"还具有一菜一诗一传说的特点,每个"十六碗"菜色都配有一首诗、一个传说,生动而形象。"自幼宠爱龙王宫,琼酱滋体味不同。金锅忽贯云雷气,乾隆不忘海天东。"这首诗描写的正是"海鲜十六碗"中"脆皮虾潺"的风采。

传说清时乾隆下江南,在浙东海滨,吃了几条龙头潺烤,赞叹虾潺鲜嫩无比,可口入味,问渔夫为何物,渔夫告诉他:人说虾潺是东海龙王的后代,看其头状似龙头,其肉形如珠玉,深受龙母宠爱。"轻舞软肢逐浪游,海边夜夜望潮头;飞来海马擒将去,八足捧头作珍馐。"这描述的就是"十六碗"中"红烧望潮"。"八足捧头作珍馐"正是对烹熟后望潮球形身躯配上卷曲触角的形象刻画。望潮,又名短腿蛸、短脚章、短爪章,相较于章鱼、墨鱼,触角短了些,因此关于它的传说,还颇具喜感。说望潮曾和墨鱼一样有八条长足,因贪懒贪睡,没有及时和墨鱼游往温暖的南方,被困海滩泥洞中,饥饿难捱,吃了自己的八足,只剩下光溜溜的体腔。所以沿海渔民还流传着"九月九,望潮吃脚手"的谚语。关于这样的诗话和传说,"海鲜十六碗"中的每道菜几乎都有,传说"鲜炝咸蟹"和"渔家白蟹"的主料梭子蟹还是天上织女的梭子掉入海中变的。

如今"十六碗"不单配有一诗一传说,还把歌舞融入其中,发展成一菜一诗一歌一舞一传说。食客在享受海鲜大餐的同时,又享受了一次别样的文化盛宴。而这些被重新发掘创新、考证复原的民俗,不仅把象山石浦的海鲜送出了象山港,而且把当地的渔文化一并送了出去。到如今,"十六碗"早已"鲜"名过港。

参见宁波市文化广电新闻出版局编:《甬上风华:宁波非物质文化遗产大观·象山》,宁波出版社2012年版,第19页。

笼 裤

笼裤是东海渔民长期使用的特色服饰之一,因为其形式似笼,所以称"笼裤",又因裤上绣有龙像,又称"龙裤"。笼裤是沿海渔民根据经济条件和海上渔业生产实际需要而产生的,并且早已相沿成习,一直到20世纪60年代后期,沿海的部分渔村依旧可以见到这种充满特色的渔家服饰。

笼裤样式特别,充分体现了海上作业的服饰特点。笼裤质地多为单层,裤筒直而较短,裤管宽大,达一尺有余;裤腰宽松且两边开衩,每边各缝有两条长带子;裤腰上另加裤头,三四寸宽。裤裆宽大,能使双腿下蹲上抬不受阻碍,灵活自如。这种裤,正反两面可以轮换着穿,使用时,把裤腰的衩片前后披紧,四条带子一扎就成了,十分方便。冬汛出海,还可把上衣塞在裤内,

裤脚用带子缚紧,抵御寒风。如手冷了便将手从裤腰口伸进以抵御寒风,适应海上特殊作业的需求。

笼裤的颜色多为深蓝色或青色,也有以厚白布所制成的笼裤,凡是用白帆布所做的笼裤,使用前要放入薯莨汁水内烤染成赭色。薯莨是一种多年生藤本植物,地下的块茎像小块番薯,外表紫黑色,内里棕红。渔民购来后先在石臼中捣碎,放入水里搓

笼 裤

洗,再浸泡几天,把棕红色汁液浸出来,去渣,倒入专用大桶,然后把帆、网放进去染,染了晒,晒了再染,反复三五次后再蒸,使之牢固不褪色。帆、网染成后,用剩下的汁液染笼裤。用这种方法染成的笼裤,不但经得起风吹日晒,而且耐得住海水浸蚀,使用寿命也长。

由于笼裤的裤筒直而宽,到了腰间便显得太肥大,因此聪明的渔妇在制作时往往略施巧手,把近腰部位的裤料前后顺势收缩,折叠成褶,这一来,腰身处就紧了。不仅如此,朴实的渔民笼裤也很讲究美观。在裤衩口或裤脚上沿等处请巧手的渔家姑娘绣上精巧的“龙凤呈祥”“八仙过海”和“鱼、鸟、花卉”等图案,象征平安、丰收。普通的笼裤,绣的大多是网眼纹,这种花纹看上去像古时候铜钱的内孔,所以又叫作“古钱孔”。温岭石塘的渔民,有的还在笼裤上绣如意葫芦瓶的。这些花纹图案,不仅使笼裤变得美观,还寄托着渔民们辟邪、祈祥的民俗愿景。旧时出海充满危险,险情屡有发生,宁波人将出海打渔称为“一只脚踏在棺材里”,因此渔民们在笼裤上绣上统领大海的龙、镇邪的八卦、浮水不沉的如意葫芦瓶,希望能够借神明之力,平安而归。

渔民们穿笼裤的习俗在沿海地区沿袭已久,笼裤为海上捕捞、加工起过有效的作用并做出了突出的贡献。20 世纪六七十年代,由于生活水平提高,服饰从质地、色调之上都发生了较大变化,尤其是裤脚发生了极大变化,人们根据实际作业需求,裤脚衍生出了小型、中型、大型或中间小下口大等样式,因此昔日颇受渔民追捧的笼裤被渐渐冷落,如今的沿海渔村除了一些老渔民偶尔还穿笼裤之外,几乎很难见到笼裤的踪影。

参见浙江民俗学会编:《浙江风俗简志》,浙江人民出版社 1986 年版,第133 页;宁波市文化广电新闻出版局编:《甬上风物:宁波市非物质文化遗产田野调查·北仑》,宁波出版社 2009 年版,第 141 页。

布　襕

布襕又叫“布襜”,或称“腰巾”,是妇女们劳作时围在腰间的布匹。布襜历史悠久,最初形似半腰裙,缝制布襜是古时妇女持家必备之技。旧时冬天,天气寒冷,农村男女都在腰际围一种布裙,俗称围腰布襕。唐彩生编著的《嘉善文史资料(第十辑)·嘉善风俗小志》记载:“旧时,农村的服装面料以土布为主……在冬季,农村男性,身穿棉袄,腰束余腰布栏,脚穿布袜……”文中“余腰布栏”即围腰布襕,这里只提到男性使用围腰布襕。而何焕《耕耘集》里《穿裙子的男人》一文中也提到过去嘉善民间有男人使用围腰布襕的习

布　襕

俗。随着时间流逝,布襕逐渐成为海岛妇女们劳作时的必备衣服,其形状也渐渐地发生了改变,成为片布形状,靠顶端的腰绳系在腰前。

宁波沿海地区妇女们的劳作场所多在船头和滩头,这些地方靠近海边,海风凶猛,系上布襕可保暖、防尘。此外,旧时海岛妇女们的劳作方式多为织网拣鱼或晒鲞,若将布襕的两角扎起,可当盛器,有时手脏了还可当揩布,布襕系于腰前,更多的是保护衣裤免受磨损和沾污。由于布襕有众多的实用功能,所以,海岛的妇女几乎从早到晚都系着布襕,成为海岛服饰的一大标志。

布襕制作较为简单,一块方布,顶端系两条带子,围在腰间,在背后打个活结就行。但布襕的布料和色彩花样较多。布料有龙头细布、印花蓝布、绸缎、油布、皮货、塑胶布等;心灵手巧的渔妇,还在布襕上绣上各种图案,有"喜鹊登枝""蜡梅逐春",以及"鱼跃龙门""一帆风顺"等吉祥图案,可谓"五彩缤纷",俗称"绣花布襕"。但是,就海岛而言,大多以纯色为主,年轻的系花布襕,中年的系蓝布襕,老年的系黑布襕,各得其所。

其实,海岛布襕并非妇女所专用,捕鱼的渔民在海上作业时也要系布襕。但因起网或捉鱼时,常常是带水操作,故而布襕上要染上桐油称之"油布襕",或系上防潮、防水的塑胶布襕或羊皮布襕,这就与海岛妇女所系的布襕有所区别。与"油布襕"功能相似,外形也相似的还有水裙,水裙是用棕丝穿织的围裙,下海后扎在笼裤外面用来保护笼裤,以防海浪浸湿衣物。然而由于棕丝也能吸水,若时间一长,水裙会变得很笨重,劳作时反成了累赘。因此后来改用白帆布制作,再用桐油浸抹,成了布裙。布裙的防水作用不错,又比水裙轻巧,从而取代了水裙。布裙与布襕形制相似,功能也相似,都是渔民出海劳作常备的服饰之一。

布襕既是海岛渔民与妇女的常备衣物,也是如今宁波民众的常备衣服。无论是农村还是城市,人们总习惯在家中备上一件布襕,但凡打扫卫生、清洗碗筷、烹煮菜肴之时,宁波人经常会带上袖套,围上"油布襕",以保护衣裤免受磨损和沾污。同时,随着科学技术的发展,布襕的材料也不再局限于单纯的布料,还出现了橡胶或塑料制的布襕。

参见宁波市文化广电新闻出版局编:《甬上风物:宁波市非物质文化遗产田野调查·北仑》,宁波出版社 2009 年版,第 127 页;宁波市镇海区政协文史资料委员会编:《镇海海洋文化专辑·镇海区政协文史资料第 10 辑》,中国文化史出版社 2013 年版,第 196 页。

长衫与长袍

长袍马褂是旧时宁波地区男子的常穿衣服,分为长袍(长衫)和马褂两件。其中长衫又称长褂、中式长衫等,也叫"大帔子",是清朝时期汉人根据满族旗装改进而来,清朝后期中国人以此为常礼服。旧时,宁波男人穿长衫的以商人、知识分子为多,百姓间分为代表贫穷劳动人民的短衫帮和代表富裕上层人士或有文化人的长衫帮,因此长衫逐渐成了清末民初代表身份的衣着之一。长衫与长袍十分相似,唯无棉絮,多用于春夏之季,穿着时多和马褂相配。其剪裁形制是于斜部加以割截、缝缀,以表征福田、百纳之意。长衫与长袍除有无棉絮的不同外,还在于长衫是无马蹄袖,立领,左右开裾。长衫的衣料随四季变化而变化:春秋穿夹大衫,或用呢子、线绨制成的大衫;夏天穿"绸大衫";冬天则穿在棉袍外,又叫罩衫。在近代,"长衫"一词又被赋予了新的含义,特别是在新派知识群体中,穿长衫、戴眼镜成了当时这一群体的普遍服饰特征。因此,"长衫"一词已经脱离了原本意义,而成了男式旗袍的代名词。

清代长袍继承了明代传统的衣裳连属的深衣遗俗,其明显的改变则表现在袖口部位。明代袍袖以宽博为时尚,清代袍袖开口趋于窄瘦,袖口末端还解出一个半圆形的袖头,因其形似马蹄,故名"马蹄袖",又称"箭袖"。这是为了适应游牧民族长期狩猎生活的一种服制,因此清军入关后,长袍的样式发生变化,民间男子的袍服变为以平袖为主,下身无开衩,称"一裹圆"。在样式方面,清代长袍的下身多有开衩,即"衣衩"。官吏士庶皆两边开衩,宗室贵族则在长袍下摆的前后以及两侧四处开衩。不开衩的袍子作为礼服穿用时需另外缀一副马蹄袖,称"龙吞口"。《清稗类钞·服饰》中所谓"别缀马蹄袖于常式袖之夹缝中,系以纽者,俗谓之曰龙吞口。礼毕则解之,袍仍为常服也"就是如此。缺襟袍为常见的行袍,式样为右襟短襟,经常作为骑马者的行装用服,大小较普通长袍稍短,前面开衩,右前襟用纽扣结,且短一二尺。

中华民国临时政府颁布的民国男女礼服条文中规定,男性有大礼服和常礼服两种。大礼服是类似燕尾服的西式服装,根据白昼和夜晚的不同,西服的长短和装饰略有不同,但都要戴高而有帽檐的平顶帽子,穿黑色靴,颈前缀黑结。常礼服有西式和中式两种,一般官员和男性民众以穿着中式常礼服,即长袍马褂者居多。作为民国礼服的长袍马褂,在用料、款式、色彩和长短大小上都有一定的规格。其颜色多用蓝色,大襟右衽,长至足跟,袖长与马褂袖齐平。作为便服的长衫则颜色不拘,服料常用同色的盘龙团花。

长衫、长袍除罩马褂外还有罩马甲的,这马甲在早期还有采用清代"一字襟"的,后改为对襟,但是这种穿法在北京等地较多,在宁波地区并不流行,宁波的百姓们还是比较习惯"长袍马褂"的搭配。

参见包铭新主编:《近代中国男装实录》,东华大学出版社 2008 年版,第12 页。

马　褂

穿长衫马褂,头戴西瓜帽是旧时宁波男子的通常服饰。马褂是套穿在袍衫外面的罩衣,属短衣式,是具有典型满族特色的一种服装。传说马褂源于清时的"官服",当时官员所穿外褂因有前后补子,因此称为"补褂",而普通士庶所穿的则为行褂,又称"马褂"。由于马褂便捷特点十分突出,康熙以后,穿马褂的人日渐增多,遂成为一种朝野流行的常服。在民间,马褂不但受到普通百姓的崇尚,就连商人也对马褂产生了浓厚兴趣,纷纷以穿马褂为时髦之举。道光年间刊刻的《都门杂咏》中便有一首诗描绘了京城内商贾之家争穿马褂的有趣现象,其诗称:"珍珠袍套属官曹,开襟衣裳势最豪。商贾近来新学得,石青马褂出风毛。"

马褂较袍褂而言较短,仅长于脐,袖口是平的,不作马蹄式,以对襟为主,有长袖、短袖、宽袖、对襟、大襟、琵琶襟等多种样式。其中,大襟马褂,平袖及肘,衣长及腰,四面开襟,衣襟开在右侧,四周以异色为缘;对襟马褂,又称得胜褂,衣长及腰,对襟,平袖及肘,四面开襟。乾隆年间,傅文忠领兵征全川穿此服,得胜而归,人皆称"得胜褂"。琵琶襟马褂,又称缺襟马褂,与其他马褂不同的是它的右襟下端短缺,另补一块,以纽扣联之,状似琵琶,故名;翻毛皮马褂,是将皮毛翻露于外者,清代达官贵人冬季罩在衫袍外,以炫其富贵。马褂的服色随着不同时期而变化,如清初尚天蓝色,至乾隆中叶改用玫瑰紫色。乾隆末期文襄王喜欢深绛色,惹得士人争相效仿,时称之为"福色"。嘉庆时期转而崇尚泥金色,间而又崇尚浅灰色。光绪、宣统朝,南方多用宝蓝、天青、库灰等色,甚至有用大红色者。除此之外,人们对马褂的镶饰也不断花样翻新。如嘉庆时,士庶民人所穿马褂往往用如意头镶饰边缘。至咸丰、同治年间，又喜作大沿边镶。其衣料分单、夹、纱、皮、棉等种类。

至近代，马褂子衣料用丝绸、"葛锦""羽纱"等制成，罩在大衫外面，颜色是黑的，人称"玄色"。这也是有身份有地位人的"当家衣"。民国时，政府颁布的民国男女礼服条文中，将男性礼服分为大礼服和常礼服。大礼服是类似燕尾服的西式服装。根据白昼和夜晚的不同，西服的长短和装饰略有不同，但都要戴高而有帽檐的平顶帽子，颈前缀黑结，穿黑色靴。常礼服有西式和中式两种，一般官员和男性民众以穿着中式常礼服，即长袍马褂者居多。作为民国礼服长袍马褂中的马褂，在用料、款式、色彩和长短大小上都有一定的规格。其颜色大多用黑色，服制为对襟五粒扣，窄袖，衣长至腹。在长衫外穿马褂是近代知识分子的常礼服，宁波地区的知识分子或有声望、地位之人常作"长衫马褂子，头戴西瓜帽"的装束。后随着时代变迁，中山装逐渐流行于世，长袍马褂的打扮也渐不多见了。

参见冯盈之：《宁波服饰文化》，浙江大学出版社 2010 年版，第 45 页。

女子发型

女子的发型是时代的产物，呈现出时代的印记和特有的审美倾向。从明清时期到民国，随着时代的变迁，宁波女子的妆饰亦发生了一系列变化。

清末之时，宁波女子多戴假发，后逐渐改为以真发为主。《鄞县通志》记载说当时的妇女"发髻其变更多，其初薄如蝉翼，曳于脑后，谓之假后鬓。后即以己发为之，其翼蝉缩而短而小谓之真后鬓，泊苏沪之风侵入改为蟠髻，谓之上海头，亦曰大头"。这种发型形如一块装饰板，通过黏胶状物质定型，制作过程需要一小时。为了避免每日浪费时间重做发型，当时的宁波女子晚间入睡时都使用一种特制的平枕头。这种枕头长 20 厘米，宽 15 厘米，厚15 厘米。睡觉之时，女子把头枕在固定的一边，以免弄乱发型。至辛亥革命后，由于清朝遗风破除活动的影响，青年女子改为梳单辫或者双辫，前额留有刘海，俗称"看发"，后改为平肩发。已婚女子则盘髻插簪作形。尤其是过去上了年纪的妇女总是在脑后的发髻上插一支银簪。此银簪一般都由白银制成，长约 10 厘米，中间较窄，两头稍大，末端尖利，雕有花纹，精巧玲珑。

除发型与发簪外，妇女们对美发、护发也十分讲究。由于当时没有摩丝等美发产品，清末民初之时宁波的妇女们经常用刨花水这种价廉物美的"发水"对头发进行养护。刨花水有股淡淡的清香，就和现在用的摩丝一样。刨花水就是用刨花泡的水，无色无味，有一定黏性。人们把它涂在头发上，头发就会变得亮润、光滑,还能起到定型效果。那时老年宁波妇女每天梳头,叫背头。她们并不经常洗头发,隔几天用一把梳齿极密的、被称为篦子的梳子梳理头发,然后用小刷子粘上刨花水,刷在头发上,再梳理成型。刨花水泡水的刨花最好是榆木、桃木、桐木,枣木也可以。制作时先去树皮,由木工将其刨为长 40 厘米、宽 6 厘米、厚度约 0.3 毫米的薄片,然后将一片树片放入盛有 50 克水的容器,浸泡 12 小时后即制成刨花水。刨花里的汁水、药性都浸在水里,有黏性、油性,还有杀菌、去污、药护作用。

除了普通女子的发型外,当时还有堕民女子专用的发型。宁波慈城的女堕民虽然也可以梳发髻,但她们的发髻要高于四民(士、农、工、商)妇女的。堕民女子的前额发一律往后梳,通过在两鬓及前额涂抹一层用榆树叶浸出的汁做成的黏头乳和黑粉调成的发胶来固定额前蓬松的乱发。但由于发胶与发质不贴切,原本起美容作用的发胶如同涂了一层镀煤似的难看,以至于如今上了年纪的慈城人提起女堕民的头发都会异口同声地谈起镀煤似的发胶。镀煤发胶与高发髻成了慈城女堕民的标志性发型,也是她们区别于其他地方女性堕民的发型。

参见狄智奋:《宁波女俗》,浙江大学出版社 2014 年版,第 119 页。

绣花鞋

"三寸金莲脚又小,越小越娇妖,桃花红鞋脚下蹬,丝带两边分,丝带两边分。"这段流传于鄞州一带的民谣《卖杂货》中所形容的便是旧时宁波女子打扮装束之一的绣花鞋。

绣花鞋是华夏民族独创的手工艺品,它将鞋文化与刺绣艺术完美结合,被誉为"中国鞋",别名"绣鞋""绣履"。绣花鞋由来已久,早在春秋战国时期,晋献公便命宫中所有女子的鞋面上必须绣上石榴花、桃花、佛手、葡萄等钦定的十种花果纹样,同时还下令全国平民女子出嫁时必须以这种绣了纹样的"十果鞋"作为大婚礼鞋。至明朝,绣花鞋已广为流传,清代之时尤为妇女所喜。此时的绣花鞋鞋帮上所绣纹样多为花卉、鸟雀等,间或又有饰以蝴蝶、彩凤者。这些鞋子鞋面著画,"镂空其底,中作抽屉,杂以尘香,围以雕文,和以兰麝,凌波微步,罗袜皆芳"。还有人在鞋上缀上银珠,女子一旦款步行走便微有铃声。当时的绣花鞋多为妇女按照自己的足形和喜好进行缝制,以求形状优美,穿着合脚、舒适。这些绣花鞋通过精心裁制,鞋面、鞋帮上绣着各种花鸟虫鱼和吉祥图案,仅在《金瓶梅》中所见便有大红缎鞋儿、老鸦鞋儿、粉红花罗鞋儿、鸳鸯摘桃鞋儿、浅蓝香罗鞋儿,以及红睡鞋、琴鞋、丝鞋、暖鞋等。绣花鞋的各种形制都是为了强化足形的优美,并与穿着配套。当时民间还盛行用绣花鞋来寄托情思,形成了别具一格的鞋文化。

由于明清时期流行缠足,所以当时的绣花鞋皆特别小巧。至五四运动以后,缠足陋习渐渐废除,妇女重新拥有脚的自主权,也穿起正常尺寸的绣花鞋。不过由于绣花鞋是用昂贵的绸缎做鞋面,再以丝线刺绣花鸟等图案而成,所以它是属于富家太太和千金的专利品。20 世纪 40 年代,显贵人士仍是穿着绣花鞋的主要族群,服务方式采取定做:量好顾客脚的尺寸,并由顾客挑选颜色及刺绣花样后,先交付专人画图样,再由刺绣女工依图样绣出花样,接着将花样剪裁下,将其缝制成鞋帮,然后将皮革削出鞋底形状,垫上一层层布底,最后将鞋帮及鞋底缝合,就是一双手工扎实的绣花鞋。到了 20 世纪中叶,运动鞋、休闲鞋和新颖时髦的高跟鞋,已成为绅士淑女追求时尚的流行指标,绣花鞋业面临生存危机。90 年代吹起的复古风,又将已沉寂 20 年的绣花鞋,重新推回流行的风潮上。从业者也看准绣花鞋须在传统中创新,才能抓住年轻消费者的心,于是花样不再固定于花鸟,配色也更加大胆,如过去忌讳的黑色、白色和牛仔布料被运用到鞋面,连楦头也出现尖头和方头样式,鞋跟也兼具平底和高跟。

旧时绣花鞋除了是女子日常所穿的鞋子外,由于鞋与"偕"谐音,因此它还是旧时女子出嫁结婚必备的嫁妆之一。以绣有吉祥花纹的绣花鞋陪嫁,有着祝福新人相亲相爱,长相厮守,在花繁锦绣的美好岁月中白头偕老、共沐生活瑰丽的意思。绣花鞋作为陪嫁,一般是同陪嫁用的龙凤袍、合欢被等一起放在红木嫁妆中,随新娘出嫁。

参见狄智奋:《宁波女俗》,浙江大学出版社 2014 年版,第 116 页;陈高华,徐吉军:《中国服饰通史》,宁波出版社 2002 年版,第 70 页。

堕民衣饰

堕民是元明时浙江境内受歧视的一部分平民,又称"怯邻户""惰民""惰贫",明时则称"丐户"。堕民被视为"贱民"的一种,不许与一般平民通婚,亦不许应科举,多任婚丧喜庆杂役等事。旧时,堕民不得入四民之列,故四民均可直呼堕民之名。堕民统称四民为"大百姓",对四民必用尊称。由于堕民历来备受歧视与奴役,为人所轻,所以他们的生活等皆异于一般百姓,除堕民住宅较一般平民"檐低三尺";堕民见平民恭敬有加,而平民见相识堕民多不与之为礼,更不屑同坐;堕民子弟无缘进入私塾或学堂;堕民不得赴考求官,即使稍有资产,亦不能捐资纳官,故堕民无为官从政者;等等。为了便

堕民衣饰

于众人区分堕民身份,堕民的服饰亦与平民服饰不同。

堕民男人头戴狗头帽,裙以横布或身穿长袍,腰束撩绞。牵左袍塞在腰间者,称"半袍"。衣服左肩高,右肩低。如以演戏为业,则该堕民会将前半头剃光。至民国时期,堕民理长辫子头,发辫盘在头颈间,像鲁迅笔下的阿Q。余姚有一句流传很广的俚语"赤光膊,卖牛肉",本意是取笑夏天上身衣衫不整的人,其实是指清朝时期,官府禁杀耕牛,但堕民为了生活,私下宰杀耕牛,经常头戴凉帽,上身光赤,肩搭毛巾,手挽竹篮,沿村叫卖。女堕民则穿黑或蓝斜襟短衫(或斜襟短袄),宽大黑色罗裙,或者青衣蓝裙,腰间都系一根带子。也有女堕民穿俗称为"尼衣"的黑色背心,下着黑色折裥裙,忌用红线。裙子一定要用横布做。旧俗,宁波女子做衣裳忌用横布,说这样女子生小孩时要难产的。而让女堕民穿横裙,除了表明堕民女子的服饰标记十分鲜明外,也足以说明民间对堕民的歧视。除衣服外,女堕民的打扮亦与一般平民不同。女堕民头上梳有大束长发,并将它挽成髻,用一根如意式的簪插在其中,此种发型俗称"老嫚头"。慈城女堕民虽然可以梳发髻,但发髻要高于四民妇女。堕民女子的前额发一律往后梳,通过在两鬓及前额涂抹一层用榆树叶浸出的汁做成的黏头乳和黑粉调成的发胶来固定额前蓬松的乱发,镀煤发胶与高发髻成了慈城女堕民的标志性发型,也是她们区别于其他地方女性堕民的发型。除了发型之外,宁波女堕民的配饰亦有特别的规定。如普通宁波小姑娘在10岁左右会在立夏节那天穿耳朵孔,以便长大后可以戴金耳环,但女堕民没有耳朵孔,不能戴耳环。又如女堕民若出门在外,必定挽着方底有盖圆竹篮,俗称"老嫚篮"。

堕民虽与一般平民毗邻相处,然习俗殊异,地位低下,一直在悲苦和被人轻蔑的环境下度日。

参见狄智奋:《宁波女俗》,浙江大学出版社2014年版,第119页。

栲汁衣

栲汁衣是大襟衫的一种，又叫"栲衫"，是浙江地区传统的渔民劳作服饰，是与笼裤相配的上衣。《台州民俗志》中有所记载，其文曰："玉环渔民常年在海上生产，风大浪高，但他们自有一套抗风斗浪的'宝衣'。这宝衣的上衣叫大襟衫，布料为龙头细布或白帆布，经久耐磨。大襟衫，是一种大襟左衽的对襟外衣，衣襟向左开式，避免右手对风时与网纲、绳线相勾缠。"栲汁衣制作的程序与笼裤相似，都以薯莨汁水为原料。渔民购来薯莨后先在石臼中捣碎，放入水里搓洗，再浸泡几天，把棕红色汁液浸出来，去渣，倒入专用大锅，随后将衣服放入锅中熬煮，至色呈深赭色时，捞起晒干则成，因此俗称"栲汁衣"，又称"栲衫"。经过栲煮的栲汁衣既耐风吹日晒，又可抵御海水浸蚀腐烂，十分符合渔民们海上作业的需求。

栲衫的形制为大襟左衽，左衽这一衣服形制历史极为悠久，可追溯至春秋战国时期。根据有关学者的考证，"左关之襦"即"左衽"之俗，原为古越人的一种服式。《战国策·赵策》中说："被发文身，错臂左衽，瓯越之民也。"在这里，所谓左衽，即为上衣的对襟从左边开档，其服式完全与渔民们日常所穿的"栲衫"相似。随着时代变迁，历朝历代的服饰都有变化，其中的左衽也早已换成右衽，然而作为古越人服装习俗的"大襟左衽"一直为东海渔民所青睐，究其原因恰是因为"大襟左衽"符合了渔民们海上劳作的需求。海上生产时风大浪大，大襟式栲衫把身上最容易受寒的胸腹部全部紧紧遮挡，避免透风泡水，起到了有效的保护作用。渔民摇橹，扯帆，放钓，撒网，主要用力在右手，衣襟挡口开在左边，就避免了网眼缠绕、绳线勾连，便于劳动操作。有了这两大好处，栲衫也就成了过去年代讨海人的"宝衣"。除栲衫之外，渔民们还会根据季节与气候不同在栲衫外添加背单。背单即通常所说的背心。一般来说，渔民们冬穿棉背单，夏穿单背单，俗称"领郎"，春、秋两季穿夹背单。背单还有棉、绸之分，绸背单上还绣有龙的图案。

这种大襟衫除了是出海渔民所必备的劳动服饰外，还是海岛妇女们常穿的服饰之一。妇女们所穿的栲汁衣一般斜襟至腋下，领下缀一横形布扣，肩部大襟上一个直形布扣，腋下三只横形布扣。色彩方面，年轻的妇女们以艳色为多，中年的以蓝色为主，老年人则以灰黑为主，以显庄重。由于海上风大，海岛妇女们常去沙滩或船头补网，抬鱼，所以以大襟衫为外衣，较为紧身保暖，不易寒冷，同时还避免了海风对衣物的伤害，延长了衣物的使用时间，因此宁波海岛妇女对穿这种大襟衫习以为常，逐代沿袭。

参见章伟丹:《浙南渔歌的文化记忆》,《民族艺术》2012 年第 1 期。

聚族而居

旧时,人与人之间是以血缘关系为纽带,聚族而居,宗族意识非常强烈,这一点也在宁波人的居住方式中表现出来。

过去宁波各县农村均聚族而居,以一个个家族为单位形成村落。因此,村落名称大多以姓氏命名,如张家、李家、王家桥、孙张曹、萧家巷、蒋祠巷等;也有在姓氏前面加地名为村庄命名的,如腰带河头秦家、三法卿屠家、迎凤桥陈家等。有个别姓氏或单门独户杂居其中的,一般不属于聚族而居中的成员。就算一个村落是由两个或两个以上的姓氏的家族联合聚居的,其中也会有明确的分界。除了聚族而居的姓氏外,还有按职业群聚集而居的,如在山区或平原从事农业生产的山村,在海河湖边从事渔业生产的渔村,等等。

这些聚族而居的宁波家族普遍奉行九个原则,即拥有一个共同的直系血亲始祖;有一处区域明确、四址确切的聚居地;有以宗祠、祖堂为中心的家族祭祀制度;有以族长为权威的族务裁定机制;在家族的发展中,形成"族"与"房"两极利益责任机制;有约定俗成的"族规",并以此规范族务和家族成员;有不断修订完善的"族谱"作为家族的权威档案和立族的经典,使家族成员对自身的血缘来源确信不疑,并由此产生家族的亲缘感和凝聚力;有一定的公共财产(主要是不动产)和公共收入维持族务和祭祀,并完善聚居地的公共设施和公共事务;与迁徙的来源地和徙外的血亲保持着不断的联络,以强化血缘的亲善和认同感。

其中,聚居地就是以前常说的"卜居",常常是一个村庄或村庄中一个范围明确的区域。凡是这一区域以外的同宗血亲就不是聚族而居的成员。就宁波的村落格局和建筑物质形态来说,聚居地的核心是若干组被称为"墙门"的大院子。在这些墙门中的成员不但是主要的居住者,而且拥有明确的属于他们的房权。一般来说,一个墙门即是家族中的一个支派"房"的核心居住地。在典型的墙门里,基本上是同宗近亲的居住者,或者说是五服之内的人。如果一个墙门杂姓群处,基本上可以将之看作是这个家族败落或者迁徙的象征。

作为家族聚居地的空间标志和家族文化标志的则是宗祠,即"祠堂"。本姓宗祠是判断一个家族是否真正在宁波"落脚生根"的标志,杂居的"外姓人"是没有宗祠的。宗祠不但是家族祭祀制度的核心构件,是祖宗灵魂享受子孙祭祀之所在,在宗法社会里,它还是家族事务包括对违反族规的家族成员命运的裁决所。一般来说,一个家族聚居地中有一座宗祠,但是在人口众多的大族聚居地,除了宗祠,即"老祠堂"外,还建有分祠和支祠,并且分祠和支祠的祭祀对象与宗祠是相同的。

宗族制度与聚族而居的习俗在宁波地区绵延千年,在五四运动和"文化大革命"中受到冲击。1927年,民国政府倡导破除迷信和移风易俗,大量宗祠被改造为学校和民众教育馆等公共设施。土地改革后,村中宗祠基本皆被改造利用,宗族制度也随之瓦解。

参见周时奋:《宁波老俗》,宁波出版社2008年版,第149页;王万盈、何维娜、魏亭编著:《宁波风物志》,宁波出版社2012年版,第114页。

前厅后堂四明两廊式

旧时,宁波地区的人们聚族而居,墙门往往是一个宗族聚居地的核心。墙门指的是旧时住宅的石窟大门与外面所筑的封护墙所圈起来的大院子。在建筑学概念里,墙门的建筑样式皆属于"合院式建筑"。墙门的组织格局为顺应居俗的变化,在历史上有过两次大的变革。前厅后堂,四明两廊式是宁波现存的老墙门中较老的一种墙门。

这种老墙门在立意中十分强调家族性,建筑设计的主题明确,即以祭祀为中心。前厅后堂,四明两廊式建筑在中轴线上安排了三个厅堂,即门厅或轿厅、作为客厅的中厅或穿堂及作为祭祀堂的后堂,后堂俗称"堂前"。这样"前厅—中厅—后堂"的格局,构成了"前厅后堂"的特色。厅与堂,是分尊卑而称,这是儒家礼仪在墙门里的表现。厅与厅之间或者厅与堂之间是天井,宁波俗称"明堂"。宁波人的"明堂"有天井的功能,却不与建筑学上传统的"天井"完全相似。宁波人的"明堂"是相对于"暗间"而言,对于这一块空间,人们的理解并不是空地,而仍旧是"堂",它与两边连接的"厅"起着同样的功能——礼仪的功能。前厅与照壁之间、后堂与后外墙之间,也必有一方小天井,构成四个天井,即"明堂"。"前厅后堂"与"四明(堂)"便组成了这种建筑在中轴线上的全部内容。在中轴线的两侧,则是两排长长的板屋,宁波人称为"廊屋"。这样,就完整地形成了"前厅后堂,四明两廊"的格局。

这种结构的民居,在中轴线上的建筑完全是礼仪性的,因为它的主题很明确,就是以祭祀为中心。因此,这些家族都在后堂或者在中厅建起家庭的祖堂,俗称"祖宗堂"。无祖堂的家庭,则多在栋梁上放置祖宗的画像盒。这些画像对家族而言是至高无上的,它们只有在祭祖的日子才允许展开悬挂,并接受子孙跪拜。

当中轴线完全用于尊祖祭祀和礼仪迎宾之后,家族成员的起居只能被放置于东西面的两排"廊屋"内。由于三个厅的遮挡,廊屋分割成的各房间明显地区别成明间与暗间,廊屋中正对天井而未被遮挡的明间中间为各家庭的客厅,俗称"轩子间",这里是家族中各个家庭自己的礼仪场所。除此之外的明间和暗间,则用于作"房"(卧室)或"灶跟"(厨房)。这些房间都呈东西向,没有南北向房屋的采光和日照的优势。在暗间里,常年只能靠开天窗或廊屋后的"后明堂"照射进来的天光来进行采光。"前厅后堂,四明两廊"式的老墙门,把最好的厅堂留给了祖宗,日常的居住与生活需求让位于祭祀和礼仪,实际的人居环境很差,体现了宁波人早期"聚族而居"时,家族作为一个经济实体,家庭只是家族的一个附属品的特点,阻碍了个体家庭在经济上的脱颖而出,扼制了家庭对自身的私密性和对现世欢乐的追求。

前厅后堂、四明两廊式的房子在宁波城中的实例已经很少了。在宁波最繁华的中山西路上的"察院前范氏"的前两进建筑群式样正是现存难得的式样,对我们研究了解这一建筑风格十分重要。

参见周时奋:《宁波老俗》,宁波出版社 2008 年版,第 149 页;邱枫、陈芳:《宁波老墙门民居的类型演变分析》,《华中建筑》2007 年第 2 期。

"间弄轩"式住宅

明清期间,宁波墙门在组织格局上发生了一次重大的变革,即由"前厅后堂,四明两廊"式建筑转向"间弄轩"式住宅。这一时期,恰是商业兴起并被称为第二大产业的时期,宁波商埠于此时兴起。当商业投资把个体性的资本积累和私密操作的要求反映到生活方式上时,"间弄轩"这一种新的民居便在宁波成为中国东海岸重要商埠而享誉"东南都会"的前夕诞生。范宅第三进正是这样的新的民居风格。

"间弄轩"式的墙门,是 20 世纪 90 年代宁波旧城改造前老墙门的主体。宁波城区中除了范宅第三进外,位于月湖北岸的"银台第"童府也是典型的"间弄轩"式建筑。与"前厅后堂,四明两廊"相比,它的特点首先在于取消了中轴线祭祀的功能区,而改变为独立的居住单元。它的最典型和最常见的样式,就是"五间两弄四明轩"。"间"是指南北向正屋的开间数,"弄"是指夹在正屋两侧的与东西廊相通的屋内通道,一侧布置楼梯,一侧供人穿行于不同"进"之间。除了"五间两弄四明轩"样式外,其他的还有"七间两弄"和"三间两弄""九间两弄",然而这些样式并不多见。

这一样式的墙门建筑考虑的首先是人,而不是祖宗亡灵。"间弄轩"墙门里的一个居住单元,被称为一"进"。它的居住性从以下几个方面来实现:所有的房间包括一字排开的几间正堂房和两边的明轩,都实现了明间采光,太阳或者天光可以直射到房间里;中厅是一个客堂,可以兼作祭祀厅,但它的主要功能却是接客迎宾;明轩间实际上是起居室,供家庭的一般日常活动;正屋和明轩合围起来的天井,既解决了所有房间的采光问题,又是人员的集散和活动空间。此外,这种墙门里的每一进,实际上又是一个建筑的"模子",它可以向前后两个方向不断地复制,使墙门出现第二进、第三进、第四进……用同样的"模子"一个个地套合,组成由数进独立单元套合成的联合式建筑群。前一进的后门正是后一进的前门,由于人们还是从一个大门出入,它依旧是一个"墙门"。这样,在前后各进通畅后,十分宜于一个家族分支的聚居。同时,它继续服从于祭祀组织,非常符合"族房制"下的家庭分蘖(分房)的要求和原则。可以这么说,它还是合乎"族房制"要求的产物。

这些白天相互畅通的一进进建筑,当它们把各自的前后门关住之后,又是一个个独立的家庭,具有良好的私密性。在各进的前后门关闭以后,每一进都另有旁门可继续连通外部,以解决各自封闭后的交通问题。这种建筑与"厅堂明廊(前厅后堂,四明两廊)"式建筑在外部形式中最明显的区别还是两边的厢房屋脊。它不像"厅堂明廊"式建筑两边的廊屋屋脊是一头直通到底的,而是明轩屋脊各自成局,正房的屋脊反而从左墙直通到右墙。人居性、独立家庭的私密性和可组合性,构成了这种新型墙门的特点。于是,祭祀的色彩渐渐褪去,"祖宗"的地位悄悄地让位于"家长",人的生活要求受到了尊重,空间的独立性获得了实现。总之,它的"人性"大于"神性"。

参见周时奋:《宁波老俗》,宁波出版社 2008 年版,第 149 页;邱枫、陈芳:《宁波老墙门民居的类型演变分析》,《华中建筑》2007 年第 2 期。

祠　堂

祠堂俗称宗祠,是儒教祭祀祖先和先贤的场所。祠堂有多种用途,主要用于祭祀祖先,此外是作为各房子孙办理婚、丧、寿、喜等的场所。祠堂作为旧时家族聚居的中心,既是家族聚居地的空间标志和家族的文化标志,又是以祭祀制度为中心的家族制度的核心构件。可以这么说,在宁波,如果表明一个家族真正在宁波"生根落脚",就看它有没有建立起本姓宗祠——杂居进来的"外姓人"是没有祠堂的。因此,祠堂是每一个氏族都必不可少的,一般用来供奉祖宗神位和家族家谱。宗祠不但是家族共同始祖和列祖列宗的

"灵魂栖息所"——在这里,他们将享受子孙四季的祭祀,而且在宗法社会里,它也是家族事务包括对违反族规的家族成员命运的裁决所。一般说来,一个家族聚居地中只有一座宗祠,但是在人口众多的大族聚居地,除了一般被称为"老祠堂"的宗祠外,也建有分祠和支祠,分祠祭祀的对象与宗祠相同。而支祠除了祭祀始祖外,只祭祀本支的直系血亲祖宗。

祠堂根据家族的强弱而形成不同的结构、形式、大小,但一般的宗祠由仪门、戏台、作为祭祀厅的中厅和作为灵位厅的后厅组成建筑中轴线,中轴线两旁设厢房。宗祠中所供奉的灵位即宁波俗称的"神主位"或"神位牌"。在世俗的理解中,灵位代表着祖宗的灵魂和尊严,因此,作为灵位厅供奉灵位的宗祠后厅实际上被本族人理解成本族列祖列宗的灵魂栖息之所。作为祭祀厅的中厅同时也是议事厅,除举行祭祀活动外,凡有重大家族事务需要议决,或重大违反族规事件需要裁定,或者重大家族盛事如修谱进谱,都会在这里进行。这一切都被称作"开祠堂门"的大事。可以说,宗祠也是封建道德的法庭所在。在重大节庆和祭祖的日子,戏楼上也会约请戏班子来祠堂演社戏,此时的祠堂可以视作一个家族的社交场所。有的宗祠还在宗祠周围置田产,设学校,供族人子弟来此上学。因此,祠堂建筑一般都比民宅规模大、质量好,越有权有势的家族,他们的祠堂往往越讲究。高大的厅堂、精致的雕饰、上等的用材,成为一个家族一种光宗耀祖的象征。祠堂多数都有堂号,堂号由族人或外姓书法高手所书,制成金字匾高挂于正厅,旁边另挂有姓氏渊源、族人荣耀、妇女贞洁等匾额,讲究的还配有对联。如果是皇帝御封,可制"直笃牌匾"。祠堂内的匾额规格和数量都是族人炫耀的资本。有的祠堂前置有石旗杆,表明族人得过功名。一般来说,祠堂一姓一祠,旧时族规甚严,别说是外姓,就是族内妇女或未成年儿童,平时也不许擅自入内,否则要受重罚。

参见周时奋:《宁波老俗》,宁波出版社 2008 年版,第 149 页。

祠　堂

告土上梁

建宅在宁波民间又被称为"造屋"。人们"造屋"动土之前,先请风水先生查看地形,以八卦盘定向立桩,用果品名酒等祭祀"土地菩萨",工匠还要祭祀"鲁班师傅"。然后由一人拈香,一人拿锄,在墙基四周锄动,以表示破土动工。祭祀毕,工匠正式挖土动工。墙基打夯时,由六人拉绳,二人把夯,一人"开号",其他人应合唱吉祥的"打夯歌"。如:

> 蹬蹬响啦,哎唷! 老地墙墙,哎唷!
>
> 老阁出门,哎唷! 到外洋,哎唷!
>
> 赚来铜钿,哎唷! 造大厦啦,哎唷!
>
> 哎唷! 哎唷哎哎唷! 郎子尹呀,哎唷喔!

又如:

> 造起大楼,哎唷!
>
> 万年牢啦,哎唷!
>
> 子孙满堂,哎唷!
>
> 荣华富贵,哎唷!
>
> 享天福啦,哎唷!

另外还有咏宁波风物、八仙过海、梁祝姻缘等唱词的。

房屋动工时,人们打实地基,先建中厅后墙和前厅门框,再及四周,再从外至内,最后择日升梁。升梁又叫上梁,指的是安装建筑物屋顶最高一根中梁的过程。在宁波人看来,"中梁"除了建筑结构使用上的重要位置外,同时更有其无形的宗教层面的意义。在上梁典礼中的中梁,蕴含着连接庙宇建构本身、天地、神灵与宗教、人之间的关系,因此通书上说"上梁有如人之加冠"。所以,宁波人认为,上梁是否顺利,关系到建宅后的生活,甚至影响到子孙万代。因此,上梁一定要选择吉时,一般以"月圆""涨潮"为吉,取其合家团圆、钱财如潮水涨进之意。中梁尚未动斧之前,可以任意摆置,但一经通书上所记之"动斧日",择吉日良辰动斧之后,此梁木本身就不再是凡俗之物。上梁之前先祭梁,人们将贴上红纸或红绸的正梁抬进新屋堂前,在供桌上摆上猪、鱼、鸡、鹅、蛋、豆腐、香烛等祭品,由瓦匠、木匠等边说好话边敬酒。上梁时,用红布或红丝绸绕梁头,俗称"绕梁红"。此外,由于宁波方言中,"银"与"人"谐音,因此主人家要备银钉、银梯,放在正栋上,取其人丁兴旺、节节高升之意。宁波民间还有抢"上梁馒头"的习俗,因此主人要准备好大馒头,上梁时从梁上抛下来,供众人哄抢,以此加强上梁场面的欢乐气氛,共同分享主人家上梁的喜悦。在上梁的过程中,有的地方要求将正梁平平稳稳往上抬,忌讳一前一后,高低倾斜。但另外一些地方上梁时往往梁的东端高于西端,因为东端代表"青龙",西端代表"白虎"。按堪舆学的要求,"白虎"要低于"青龙"。其时,由石匠、泥瓦匠、木匠轮流浇梁,唱"上梁歌":

> 浇梁浇到青龙头,下代子孙会翻头;浇梁浇到青龙中,下代子孙做总统;

> 浇梁浇到青龙脚,下代子孙会发迹;团团浇转一盆花,宁波要算第一家。

还有很多唱词不同的,如有唱"八仙庆寿""天官赐福"等的,一般都是唱吉词以祈求主人家日后生活幸福。唱毕,主人家要包红包给浇梁的工匠。上梁日,主人家还要办"上梁酒"宴请工匠,少的三桌,即泥匠、木匠、石匠各一桌,多的则摆十几桌。宴席之上,一般以石匠为大,坐"上横头"。上梁时,人们须放爆竹,以此来辟邪。在慈溪一带,上梁时还有散丢馒头的习俗,以缒"游神野鬼"。

参见浙江民俗学会编:《浙江风俗简志》,浙江人民出版社 1986 年版,第 136 页;王荣兴:《宁波的建宅风俗》,《浙江民俗》,1987 年第 3、4 期。

官 轿

过去宁波的客轿有官轿、青衣轿和山轿多种。"官轿",顾名思义,此轿为古代官员专用交通工具。《余姚市志》中记载,此轿为木柱架,立式长方形,中置座位,前遮布帘,余三面用围竹编遮蔽,漆黑色。轿底、轿顶为木板,顶稍隆起,轿身两旁各置铜环以插轿杠,由两人抬行。官轿一般还按照官员品级、地位高低分为十六抬、八抬、四抬,官轿的装饰也有所不同。

旧时,虽然马车已经非常普及与发达,但当时专供马车驰骋的道路却很少,因而使用起来并不十分方便,于是因应社会所需,轿子产生了。轿子最早并不叫轿子,而叫作辇和肩舆。辇就是用人力拉的车,而其就是轿子的最初原型。轿子产生初期可能主要是运用于山路交通,此类即后世所用的山轿。后来,轿子才被逐渐用于平地或宫廷内代步。轿子普遍用于平地代步约始于东晋时期。当时政权南移,由于南方多雨,道路泥泞,不适合马车行走,且南方多竹,便于轿子制作,于是轿子作为平地代步工具而逐步流行起来。

正式而专门的官轿则出现于清朝。早在宋代,轿子已成为官员代步工具,但长期以来只能在非正式礼仪场合使用,官员上朝等正式场合并不允许官员乘轿子,只能骑马。南宋时期,随着宋室南渡,文武大臣云聚杭州。鉴于杭州之地四季多雨,路面湿滑,于是高宗始允许官员乘轿子上朝。从此轿子开始代替车马,成为官员上朝巡行的重要代步工具。明朝初期,与唐宋时期一样,在典章制度上还是规定各级官员只能骑马,不准乘坐车辆和舆轿。但到明朝中期,不准官员乘轿的规定大大松弛,朝廷往往是睁一只眼闭一只眼,所以形成了一种官员乘坐豪华轿子的风尚。到清代,开始出现民轿和官轿的区分。民间的轿子,会因坐轿者的身份、条件而形成多种多样的形制。官轿更是有严格的等级划分。据《清史稿》所载:"汉官三品以上,京堂舆顶用银,盖帏用皂。在京舆夫四人,出京八人。四品以下文职,舆夫二人,舆顶用锡。直省督抚,舆夫八人。司道以下,教职以上,舆夫四人。杂职乘马……庶民车,黑油,齐头,平顶,皂幔。轿同车制。其用云头者禁止。"武官中,将军、都督、总兵等,如因年纪太老,骑马不方便,可以上书朝廷申请乘轿。若是外官入京,一律乘车,不准乘轿。满人官员乘轿的规定更为严格。亲王、郡王可以乘坐八抬大轿,贝勒、贝子、镇国公、辅国公,则乘坐朱轮车轿。一品文职大臣、军机大臣乘坐四人大轿,二品大员要等到年过六十,才能坐轿。蒙古王公则一律不准乘轿。

至民国时期,代步工具渐多,尤其是汽车的流行对轿子产生了极大的影响。民国时期的政府官员纷纷选择以汽车作为代步工作,官轿渐渐不再流行。

参见余姚市地方志纂委员会:《余姚市志》,浙江人民出版社1993年版,第508页;张之帆:《轿子的形成、演变与跨地域传播》,《民俗研究》2013年第3期。

花　轿

花轿也称喜轿,是传统中式婚礼上使用的特殊轿子,一般装饰华丽,以红色来显示喜庆吉利,因此俗称大红花轿。宁波的花轿不同于其他地区的花轿,被称为"龙凤花轿",此轿漆朱饰金,光鲜亮丽,据说是按照宋朝皇后乘坐的龙凤花轿的规格制作的。民间传说,南宋康王赵构遇金兵追杀时被宁波村姑所救,为了报恩,他登基为帝后下旨,浙东女子出嫁时可戴凤冠霞帔,坐龙凤花轿。

宁波旧时花轿并非私人物品,一般为族内公用,陈列于祠堂中。如果这个宗族的男青年要结婚,可以前去借用。由于花轿的好坏能够体现宗族的地位和财力,人们在花轿的做工上往往不惜成本,力求花轿精美华丽。如花

宁波万工轿

轿选材时要求木材坚实、轻便,一般选用名贵的香樟、银杏木制成。花轿外面则用泥金和朱砂装饰,轿身上还有各种各样浮雕和镂空的精美图案,需要经过木工、漆工、雕工、铜工、画工等数十道工序。制作这样一顶花轿,往往要花费成千上万个工时,因此龙凤花轿又被称为"千工轿"或"万工轿"。

现藏于浙江博物馆并成为镇馆之宝的民国时期的宁式万工轿是中国现存最华贵的轿子,享有"天下第一轿"美称,它不但是世界上现存最豪华的花轿,也是宁波朱金木雕工艺的极品。此花桥长 150 厘米,宽 90 厘米,高 275 厘米,需八人抬,所以又称"八人大轿"。此轿有 7 层楼阁,主 5 座,称"五岳朝天"。其结构前后、左右对称,统体采用木质镂花,朱漆铺底,金箔贴花,轿子四周还饰有宁波风格的各色精致绣片、珠翠、小宫灯、小铃铛、流苏、镜片,玲珑剔透,远远望去金碧辉煌,犹如一座微型宫殿。轿上采用圆雕、浮雕、透雕三种工艺手法进行装饰,雕有 24 只凤凰、38 条龙、54 只仙鹤、174 只喜鹊、92 只狮子、22 只鹰、22 只螳螂、12 个小天使、124 处石榴百子、8 组梅鹊图、12 组松鼠偷葡萄群雕及大小 250 个人物,所以宁波人也称它为"百子轿"。轿身上的浮雕除了天官赐福、麒麟送子、魁星点状、独占鳌头等吉祥主题外,还有一幕幕栩栩如生的戏曲场景,如《浣纱记》《铁弓缘》《水浒传》《西厢记》《荆钗记》《拾玉镯》等。轿子的中段地方还铺以镜片玻璃画,每一幅画上也都是一个古典名剧片段。这顶龙凤花轿采用榫卯结构联结,没有一枚钉子。轿子由几百片可拆卸的花板组成,没有特设的轿门。迎亲时有专门的拆轿师傅跟随在迎亲队伍里负责拆卸,使新娘子方便出入。

花轿除了木制的还有用金银彩绣制作的,这种花轿是在木架轿身上覆一件金线和银线盘绣的轿衣,称金银彩绣花轿。这种轿子轿身轻便,适合在较远的路程中使用。

旧时宁波女子出嫁能够坐龙凤花轿过门,是衡量自己身份的一种传统标准。姑娘一生只能在出嫁时坐一次,再婚则不能坐了。随着时代的变迁与交通工具的发展,许多女子在结婚时选择马车等交通工具来代替花轿。抗日战争前后,四抬花轿还在宁波城乡普遍租用。新中国成立以后,轿子则成为博物馆的展览品。

参见王万盈、何维娜、魏亭编著:《宁波风物志》,宁波出版社 2012 年版,第 121 页;狄智奋:《宁波女俗》,浙江大学出版社 2014 年版,第 112 页。

夜航船

夜航船在民国时期是内河客运的主要工具。其历史悠久,早在古乐府中就有《夜航船》之曲。据史籍记载,在宋代,江南地区,特别是浙江地区已经存在用来载客航行的船舶,时称"航船"。在夜晚航行的航船便被称为"夜航船"。元人陶宗仪曾解释这一名词说:"凡篙师于城埠市镇人烟凑集去处,招聚客旅,装载夜行者,谓之'夜航船'。"对江南地区的夜航船,明代昆山人叶盛也有解释:"吴中所谓夜航船,接渡往来,船中群坐多人,偶语纷纷。"

显然,这种夜航船在东南一带很早就有,产生并不晚。古代文人的诗文中对夜航船也多有提及,如宋人吴曾就讲到浙西地区就有大量依靠摇桨、拉纤、看风张帆行驶的木质客运船夜间往来于江河之间,甚至唐末诗人皮日休给陆龟蒙的诗中也有"明朝有物充君信,�酒三瓶寄夜航"之说。宋代还有人认为,当时的航船就是俗称的"轻舠"。明末文学家张岱给后人留下了一部百科类图书《夜航船》,十分出名。在书中序言的描述中,夜航船能给乡村社会带来许多新奇故事和希冀,书中记录的全是准备对付夜航船中村夫俗子的出钱"学问",也从侧面体现出了南方水乡寂寞苦旅的景象。在多数文人的笔下,航船,尤其是夜航船能给人们在孤寂旅途中带来许多乐趣。

夜航船最初源于浙西,后传到浙东及其他江南地区,又从江浙地区传向长江以北,至清代,连淮河流域也有了夜航船的身影。夜航船的功用是多方面的。在清代,凡浙江临水州县的乡村都有航船,"男妇老幼杂处其中,以薄暮开驶者为多。解缆时,鸣锣为号,以告大众"。除了运送货物与旅客外,在清末邮政未通时,夜航船还负责专门为人寄递函件。许多夜航船,还"言其航行定期,有所班次"。

宁波作为江南水乡之一,一般只要河道相通,就有夜航船航行。宁波的夜航船分上下两层:上层可供乘客休息,一般为男客睡中舱,女客睡后舱;下层装货物。夏日,航船为乘客供应茶、扇,冬日出租被褥。每日黄昏开船,老大双橹并使,交错摇动,借以保持船身平稳,使乘客睡在船中无动荡感。翌日黎明航船到埠,一般能赶上早市。

宁波地区船夜航船名目繁多,小者称"快马",能载客五至六人,大者称"红头船",能载客四十余人。航船的经营规模也不同,有的较大,有的很小。一个村镇有时只有一家或两家人从事定期的航运。另外夜航船还有大航船与小航船、长途船与短途船区分。

夜航船的出现,尤其是此后航船航班的出现与定期往来,给当时宁波地区的乡民带来许多方便,一些偏僻乡村也因此有了与外界沟通的便利,因此夜航船在民国时期是内河客运的主要工具。

参见冯贤亮:《舟船交通:明清太湖平原的环境与人生》,上海社会科学院《传统中国研究集刊》编委会编:《传统中国研究集刊》,上海人民出版社2008年版;中共宁波市鄞州区委党史办公室、宁波市鄞州区人民政府地方志办公室编:《鄞州记忆——百姓修志文集》,浙江人民出版社2013年版。

泥马船

泥马船是浙东渔民在海涂上捕捉虾蟹时使用的一种船。浙东地区多海涂,海涂陷足,近海作业如在海涂上采蛏,挖蛤,捕弹涂鱼,捡泥螺,从事养殖、捕捞等作业的渔民习惯使用泥马船。泥马船以木制而成,约40厘米阔,1.5米长,上有栏杆。人们使用时双手按在泥马的横档上,一只脚蹲在泥马上,另一只脚在泥涂上一蹬,泥马就能在海涂上疾行如飞,使用起来十分方便。

泥马船

泥马船的由来传说与戚继光追击倭寇有关。相传戚继光在宁波抗倭时,有一次倭寇的战船到了海边,恰逢退潮搁了浅。戚继光派兵攻打,却因泥涂滑溜难行,让倭寇开船溜了。这以后,戚继光便设计了一种很小的木船,此船长约五尺,宽一尺,船上置一手提把柄,船体可置放刀枪弓箭或是小土炮。开战时,战士手扶住把柄,左腿跪于船尾,右脚向后使劲,船就会在海涂上快速前进。倭寇若是在海水退潮时到达,埋伏在海边的战士便驾着小战船似离弦之箭迎战,并很快将倭寇团团围住,远的射箭开炮,近的舞刀弄枪,把倭寇打得一败涂地,再也不敢来侵犯了。这种小战船因此被称为"泥马船",意为泥涂上的战马。

此外,温岭地区传说泥马船由祝氏娘娘所创。祝氏娘娘是箬横云浦陈氏始祖应参公夫人,相传当时东浦南涂离高龙不远,当地很多穷人以在海涂上捕捉鱼虾贝类讨小海为生。但在海涂上讨小海要随着潮退潮涨而进退,不光辛苦,且因海涂泥泞易陷难行,人们退得慢了或有生命危险,当地也屡现大浪卷人入海的惨剧。祝氏娘娘看在眼里,痛在心里,心想:如有一件工具能帮助人们不陷泥、跑得快就好了。某日,她坐在一张条凳上想起此事时灵机一动,她将条凳翻倒,将自己一条腿跪在条凳板上,两手扶着凳子前面两脚间的横挡,另一条腿着地向后踩,让凳子滑地前行。她想,海涂上泥湿滑,滑行可能更方便。于是,她找来板材,钉成一只三四尺长、七八寸宽的小凳,前置一凳脚那样的扶手以把握方向,小船上还有一个放小木桶和干粮的位置。工具做好,祝氏娘娘教人在海上试用,果真疾行如马,故称"泥马"。

如同各地有不同的起源传说一样,泥马船在各地还有不同的称呼,如泥橇,张守节《正义》:"橇形如船而短小,两头微起,人曲一脚泥上擿进,用拾泥上之物。"《家政全书·农器·图谱四》中也提道:"橇,泥行具也……尝闻向时河水退滩淤地,农人欲就泥裂,漫撒麦种,奈泥深恐没,故制木板如履,前头及两边昆(高)起如箕,中缀毛绳,前后系足底。"有些地方也称泥鳗,《清稗类钞·泥鳗》:"泥鳗为海滨泥行之器,以板为之,人坐其中,一脚在外,推之以脚。一推,行可数丈,而不陷于泥。浙江之杭州、温州、定海等处,每用之以捕鱼。"浙江乐清一带称为舟票,《乐清传统民俗》中说:"舟票,县西土名,用于张篙时则称'篙船',蒲歧、南塘一带叫蓝乌船,比舟票稍大。古称泥鳗,在唐代就已有之,据说戚继光平倭寇就曾用过这种船。舟票极小,略似船形,前有木架,可以手提。用时两手把木架,一足跪于其中,一足踹海涂,借反作用之力推行,其快如飞。"此外,还有土板、脚踏片儿、弹胡贴、海马等称呼。

参见徐珂编:《清稗类钞》,中华书局1984年版;浙江民俗学会编:《浙江风俗简志》,浙江人民出版社1986年版,第137页。

"九代有序"称谓系统

"九代有序"指的是宁波地区的称谓系统。称谓的意义在于确定相互间的人际关系,并在这一关系中对称谓对方表现出应有的礼仪。称谓的这个特点使得其成为礼俗中的一个重要组成部分。比如宁波地区称呼父亲的好朋友且比父亲年长的人为"伯伯",这一称谓在确定了双方一种类似近血缘两代人的亲近关系的基础之上,对称谓对象采取了像对父亲的兄长一般的尊敬姿态。这一称谓本身,即是以亲切称呼的方式向长辈敬以晚辈之礼的表示,正如我们在生活中常见的,父母教导孩子叫"叔叔""阿姨",其意义已经超越了称谓本身,而成为一种明确的礼仪。

在宁波人的日常生活中,使用称谓的范围大体包括在家庭和家族、亲属内部的相互称呼,也包括对邻里熟人和社会一般礼仪场合中的相逢者的称呼,这就大体构成了家庭称谓、家族称谓、亲属称谓、邻里熟人称谓和社会称谓等组成部分。在宁波人的称谓中,实际上包括了"指谓"和"称呼"两部分。指谓是用于向第三者介绍双方的明确关系时所用的概念,相当于"他是我的谁";而称呼则是直接招呼时用的概念,相当于"我应喊他什么"。除此之外,宁波人在清楚地明确指谓的同时,又含糊地将称呼尽量地近亲化和血缘化,通俗地说,就是"叫得更亲一点"。"更亲一点"实际上就是宁波礼俗的一个特征。所以,指谓用于确立关系,而称呼更主要的是培养人与人之间的亲近情感。

宁波人长期恒定的聚族而居和近地联姻,造就了比许多其他地方更为复杂的人际关系。在宁波,只要略懂一些这方面常识的人就可以把上四代和下四代,即上下共九代的其中一位家族和亲属的成员称谓叫出来。比如"奶奶的妹夫",指谓应称"姨丈公",而称呼可叫"小阿爷"或"公公";称"岳父的连襟的孙子",指谓应叫"内表侄",而称呼可从妻而直呼其名。

宁波人在对邻里、熟人或社会一般礼仪场合里相逢的人的称谓时,则又采用"更雅一点"的姿态,赋予一些士林或官宦人家的儒雅姿态。它的基本方法是采取"降格谦称",自觉或刻意地以下人的身份和地位出发来称谓,以卑微谦恭来陪衬高贵,由谦恭而进入"雅"的境界。与此相一致的是,在这些称谓里,将"小户人家大户化"。比如旧时称邻居的大女儿"大姐"或"×家大姐",称邻居二儿子"×家二阿哥",称朋友家儿子"×家公子"等。这些称谓完全不同于"更亲一点"的做法,如果"更亲一点",那么就要像家人一样直呼其名。在家族亲属的称谓里,这种降格谦称,同样通用于"嫁过来"的家庭女成员身上,她们以自己子女的口吻来称谓所有夫家的平辈或上辈成员,这并不仅仅是旧时代妇女地位低下所致,女性的母性心理也会使她们自觉地与子女的立场混为一处。这也很可能是这种礼俗的真正起因。

参见周时奋:《宁波老俗》,宁波出版社 2008 年版,第 97—98 页。

姻亲称谓

姻亲关系中,最典型的是本辈姻亲。在传统的以男婚女嫁形式确立的婚姻制度中,女子是男方家庭和家族的新成员,是"为男方生儿子""姓男方姓"并负责"传宗接代"以承香火的存在。在这样一种婚姻现实下,姻亲的概念就等同于女方家庭在男方家庭中建立的新关系,虽然男方家庭对女方家庭而言也是姻亲。

姻亲的称呼很简单,丈夫随妻子称呼,其他家庭成员以"相当于"的"换算"方法,按辈分随女方一位对应成员来称呼。比如,小叔子按嫂嫂的弟弟的辈分和身份,就可以称呼嫂嫂家庭、家族的全体成员。姻亲的指谓仍然可以建立九代称谓系统,排列如下:

太祖辈:岳太祖父母(太岳太公、太岳太婆)、岳太伯祖父母(太岳太伯公、太岳太伯婆)、岳太叔祖父母(太岳太叔公、太岳太叔婆)、岳太姑祖父母(太岳太姑丈公、太岳太姑婆)。

高祖辈:岳高祖父母(岳太公、岳太婆)、高岳伯祖父母(岳太伯公、岳太伯婆)、高岳叔祖父母(岳太叔公、岳太叔婆)、高岳姑祖父母(岳太姑丈公、岳太姑婆)。

祖父辈:岳祖父母(太丈人、太丈姆)、岳伯祖父母(岳伯公、岳伯婆)、岳叔祖父母(岳叔公、岳叔婆)、岳姑祖父母(岳姑丈公、岳姑婆)。

父辈:岳父母(丈人、丈母)、岳伯父母(女边伯伯,第二个伯音"绷";阿姆、大姆妈)、岳叔父母(女边阿叔,叔音"松";女边婶婶、女边阿婶)、岳姑妈(女边姑嬷)、岳姑姑(女边阿姑)、岳姑父(女边姑丈)。

平辈:妻兄弟(内兄、内弟、阿舅)、妻嫂(舅嫂)、妻弟媳(内弟媳妇)、妻姐妹(妻嬷头、小姨)、妻姐妹夫(连襟)。

儿辈:妻侄儿女(内侄、内侄囡)、妻侄儿媳妇(内侄媳妇)、妻侄女婿(内侄女婿)。

孙辈:妻侄孙儿女(内侄、内侄囡)、妻侄孙媳妇(内侄孙媳妇)、妻侄孙女婿(内侄孙女婿)。

重孙辈:妻重侄孙儿女(内重侄孙、内重侄孙囡)、妻重侄孙媳妇(内重侄孙媳妇)、妻重侄孙女婿(内重侄孙女婿)。

玄孙辈:妻玄侄孙儿女(内玄侄孙、内玄侄孙囡)、妻玄侄孙媳妇(内玄侄孙媳妇)、妻玄侄孙女婿(内重侄孙女婿)。

若女方称男方家庭、家庭成员时,其指谓九代几乎全部冠以"姻"而称谓,如太祖辈:姻太祖父母(姻太太公、姻太太婆)、姻太伯祖父母(姻太太伯公、姻太太婆)、姻太叔祖父母(姻太太叔公、姻太太叔婆)、姻太姑父母(姻太太姑丈公、姻太太姑婆)。

高祖辈:姻高祖父母(姻太公、姻太婆)、姻高伯祖父母(姻太伯公、姻太伯婆婆)、姻高叔祖父母(姻太叔公、姻太叔婆)、姻高姑祖父母(姻太姑丈公、姻太姑婆)。

祖父辈:姻祖父母(亲家阿爷、亲家阿娘)、姻伯祖父母(亲家伯公、亲家伯婆)、姻叔祖父母(亲家叔公、亲家叔婆)、姻姑祖父母(亲家姑丈公、亲家姑婆)。

父辈:姻父母(阿公、阿婆),其余均随男方称呼。

平辈:姻亲家(亲家公、亲家婆)。

平辈以下均随男方称呼。

参见周时奋:《宁波老俗》,宁波出版社 2008 年版,第 104—105 页;翁颖萍:《浙东农村亲属称谓的演变》,《社会科学论坛(学术研究卷)》2008 年第 12 期。

表亲称谓

表亲是上辈姻亲的产物,按父系和母系可封为"姑表""姨表"和"舅表"。由于表亲具有非血缘性的特点,因此其关系一般在三至四代,即父辈、平辈、儿辈、孙辈之内,但作为指谓,依然可以明确表示出九代。根据宁波人"更亲一点"的原则,在称呼上均按辈分推出一位身份接近的表亲,以他的血亲称呼来称谓表亲的家族成员。

姑表亲:姑表亲是父系表亲,是由于姑嬷或姑姑的婚姻而产生的亲族关系。比较密切的在三至四代。其九代指谓如下:

太祖辈:姑表太祖父母(姑表太太公、姑表太太婆)、姑表太伯祖父母(姑表太太伯公、姑表太太伯婆)、姑表太叔祖父母(姑表太太叔公、姑表太太叔婆)、姑表太祖姑父母(姑表太太姑丈公、姑表太太姑婆)。

高祖辈:姑表高祖父母(姑表太公、姑表太婆)、姑表高伯祖父母(姑表太伯公、姑表太伯婆)、姑表高叔祖父母(姑表太叔公、姑表太叔婆)、姑表高姑祖父母(姑表太姑丈公、姑表太姑婆)。

祖辈:姑表祖父母(姑表阿爷、姑表阿娘)、姑表伯祖父母(姑表伯公、姑表伯婆)、姑表叔祖父母(姑表叔公、姑表叔婆)、姑表姑祖父母(姑表姑丈公、姑表姑婆)。

父辈:姑父母(姑丈;阿姑、姑嬷)、姑表伯父母(姑表伯伯、姑表阿姆)、姑表叔父母（姑表阿叔、姑表阿婶）、姑表姑父母（姑表姑丈；姑表阿姑、姑表姑嬷）。

平辈：姑表兄弟（表兄、表弟）、姑表嫂（表阿嫂）、姑表姐妹（表阿姊、表阿姐；表阿妹）、姑表姐夫（表姐夫、表姊夫）、姑表妹夫（表妹夫）。

儿辈：姑表侄儿女（表侄子、表侄囡）、姑表侄儿媳妇（表侄媳妇）、姑表侄女婿（表侄女婿）。

孙辈：姑表侄孙儿女（表侄孙、表侄孙囡）、姑表侄孙媳妇（表侄孙媳妇）、姑表侄孙女婿（表侄孙女婿）。

重孙辈：姑表重侄孙儿女（表重侄孙、表重侄孙囡）、姑表重侄孙媳妇（表重侄孙媳妇）、姑表重侄孙女婿（表重侄孙女婿）。

玄孙辈：姑表玄孙儿女（表玄侄孙、表玄侄孙囡）、姑表玄侄孙媳妇（表玄侄孙媳妇）、姑表玄侄孙女婿（表玄侄孙女婿）。

姨表亲是母系表亲，由于姨嬷或阿姨的婚姻而产生的亲属关系。从血缘的亲疏看这是属于"姻亲的姻亲"，但是在现实生活中，由于姊妹之间的亲热和姨甥之间的感情倾注，姨表亲实际成为表亲中最亲近的关系。其九代称谓只要将上述的姑表亲中所有"姑表"改为"姨表"即可。

舅表亲是由于母亲的婚姻关系所产生的表亲关系，是父亲的"内亲"。舅表亲若按九代有序排列，则其中有相当一部分与"母系亲"相重合，因此真正意义上的舅表只从平辈及其下辈产生，即：

父辈：舅舅、舅母。

平辈：舅表兄弟（表兄、表弟）、舅表嫂（表嫂）、舅表弟媳妇（表弟媳妇）、舅表姐妹（表姐、表妹）、舅表姐妹夫（表姐夫、表妹夫）。

儿辈：舅表侄（表侄）、舅表侄媳妇（表侄媳妇）、舅表侄女（表侄女）、舅表侄女婿（表侄女婿）。

孙辈：舅表侄孙（表侄孙）、舅表侄孙媳妇（表侄孙媳妇）、舅表侄孙女（表侄孙女）、舅表侄孙女婿（表侄孙女婿）。

重孙辈：舅表重侄孙（表侄重孙）、舅表重侄孙媳妇（表侄重孙媳妇）、舅表重侄孙女（表侄重孙女）、舅表重侄孙女婿（表侄重孙女婿）。

玄孙辈：舅表玄侄孙（表侄玄孙）、舅表玄侄孙媳妇（表侄玄孙媳妇）、舅表玄侄孙女（舅表侄玄孙女）、舅表玄侄孙女婿（舅表侄玄孙女婿）。

参见周时奋：《宁波老俗》，宁波出版社2008年版，第106页；翁颖萍：《浙东农村亲属称谓的演变》，《社会科学论坛（学术研究卷）》2008年第6期。

友邻熟人称谓

友邻熟人之间的称谓无任何血缘意义,纯属礼仪称谓。其范围包括邻里、同事、朋友、世交、知交等,它的基本特点就是某种非血缘的关系相对固定化后产生的亲近关系。正如宁波俗话中的"多年老邻舍家""多年老朋友""多年老同事""多年知交"等。由于"多年"的交往,彼此间确立了一种相互信任、相互乐于交谊的相对恒定的关系。在这种相对稳定的交往中便产生了相对有规律的称谓体系。其主要类型有仿血亲型、仿近亲型、风雅型、托小型、行序型、男性冠名型、名字绰号型等。

仿血亲型的称谓多使用于老邻居和老世交之间。由于两家经过几代人的长期交往,因此彼此的称谓都模仿血亲称呼,各自以年龄为主要准则,以兄弟、姐妹相称。人们对于上一代也称之为"姆妈""阿爸"等,或加个姓氏如"曹家姆妈""李家阿伯"等,平辈之间则互称"大哥""二哥"等。宁波俗语又有"阿哥无大小"之说,因此"阿哥"又被引申推广为社会称呼,双方关系好的也不必专门结交,年幼的即可敬称年长的为"阿哥",这一称呼至今仍十分流行。在女工多的工厂企业里,"阿姐"则成为同事之间的敬称,或在名字后缀一个姐,如"美芳姐"等。这一称呼不分年龄大小,也无长幼之别。

仿近亲型的称谓则更多地使用于一个相对稳定的居民区里,是对上了一定年纪的人的敬称。常用的称谓有"老娘舅""舅母""嬷嬷""舅婆""老阿叔""×伯伯"等。这些从表亲延伸过来的称谓,带着明确的亲昵感,给人以"远亲不如近邻"的体验。

风雅型的称谓是民国以后城市中新派家庭或从事新派职业的同事间的称谓。这一种称谓方式将男主人称为"先生",女主人称为"师母"或"太太",称男主人的父亲为"老先生",母亲为"老婆婆",或冠以姓氏称"×家公公""×家婆婆"。其中,人们称男孩子为"公子"或"大阿哥""二阿哥",称女儿为"小姐"或"大姐""二姐",称妾为"阿姨"。称其他亲属时,人们均以孩子辈口吻称呼,如称女主人兄弟为"娘舅",女主人母亲为"外婆",男主人兄弟为"大伯""大阿叔""二阿叔",称已经成家立业了的儿子为"小×(姓)先生",称儿媳妇为"×家大阿嫂""×家二阿嫂"等。

托小型的称谓是以对方家中的某一孩子的口吻进行称呼,以这一孩子与其他人的关系来称谓。如"××外婆""××姆妈""××阿伯",以这样的称呼来表达谦恭姿态,以示敬意。

行序型是以同辈分中的排行来称呼,如"张家老大""李家阿二""老三"

"老四"。对女孩也有称"王家大小姐""赵家三太太"等。

名字绰号型是农村中常见的相互谑称,包括城市里"下三流"阶层的相互谑称,如"阿德和尚""有伦白眼""德昌无信"之类。此类称呼粗俗而不文明,且带有对人的侮辱成分,今城市里已逐步消亡,但在偏僻的农村尚有流行。

参见周时奋:《宁波老俗》,宁波出版社 2008 年版,第 109—111 页。

社会称谓

社会称谓是指一种能普遍适用于各种公共场合,并可以与偶然相遇而又需要沟通交流的对象进行沟通时的称谓,它的意义近似于"打招呼"。宁波地区的社会称谓虽然并非正式称谓,而且随意性较强,但在社会称谓的演变中,体现了时代与时代精神的变迁。在这些称谓里,尊卑有序的观念还深刻影响着礼俗,文野之分还相当明显地表现出称谓在不同社会阶层的差异。

纵观宁波人社会称谓的变化,发现从民国到如今,宁波人的社会称谓都随着时代潮流的变化而变化。民国之时,宁波城市的上层圈子里互称"先生""女士""夫人",或在称呼前缀以姓氏。年轻女子则被称呼为"小姐"或"大姐"。新中国成立后,一律改称"同志",同时一些特殊职业如教师、医生,则被称呼为"老师""医师",文艺单位对长者也称呼为"老师"。"文革"时期,由于受"工人阶级领导一切"的思想影响,"工人师傅"一时成为舆论主角,所以社会称谓由"同志"转为"师傅"。直到如今,在宁波的一些地区,依旧把陌生的男子称为"师傅"。改革开放后,由于广东、香港、澳门较大的经济影响力,社会称谓也随之"南化","先生""太太""小姐""老板""老板娘"的称谓再度风靡宁波。其中,"女士"这一称谓并没有严格的年龄范围,既可以是 18 岁的小姑娘,也可以是 80 岁的老年妇女。此外,这一称谓也不受女子婚嫁与否的影响,它所指代的只是一位独立的女性。20 世纪 90 年代中期,"小姐"一词含义却有较大变化,由于社会上出现"三陪小姐",因此"小姐"一词由中性词变为包含贬义意味的专用词,如"坐台小姐"等。而对独立女性的称谓,则用姓氏加小姐,如张小姐、李小姐等方法以示小姐必须是称谓人认识的、熟悉的,而不是出卖色相而隐姓埋名的。在一些正规的、老派的、严肃的场合还依旧有人称呼"同志"。同时,由于受"官本位"的影响,称呼职务或姓氏加职务的方法一直为社会所热衷。现今又出现姓氏后面加省略了"长"的职务,如"张处""王局""李科"等,以示亲近。

除了流行风潮对称谓的影响外,尊卑观念也影响着宁波社会称谓的变化,上层社会对于中低层劳动者的称谓就有明显的歧视意义。比如称邮递员为"邮差",称下等服务员为"跑堂",称机械师为"老鬼(鬼音矩)",称警察为"烂眼",士兵为"丘八",等等。然而对于传统的手工业和商业,其社会称谓还是体现了尊重的精神,一般都泛称师傅,如"木匠师傅""泥水师傅""裁缝师傅"等。商业中的店员被称为"店倌",投资人被称为"老板",等等。在这些称谓里,表现出宁波传统文化重视手工劳作,而对近代的科学不以为然的态度。新中国成立后,对于服务行业的尊称有"同志""服务员""售货员""邮递员"等。此外有职业加同志式称谓,如"民警同志""工人同志"等。

农村的社会称谓往往有着强烈的亲属化色彩。农村的社会称谓大多遵循"从老为敬"的原则,故人们在对陌生人招呼时,就用"老伯伯""老阿嫂"等敬称。同时还遵循"从小为爱"的原则,故对儿童则称之为"小弟弟""小妹妹""小同学"等。由此可见,农村的社会称谓比城镇的社会称谓更富有人情味和感情化,但是又更显老派和守旧。

参见周时奋:《宁波老俗》,宁波出版社 2008 年版,第 111—112 页。

家　祭

祖宗与祭祀是家族的中心,也是古时居俗中最高的理念。其中,祭祀是家族精神活动中最核心的仪式。这是因为,中国社会在发展中完整地保留了氏族组织形式,而且由此演化出国家学说,使其成为儒家理论的核心。宁波是一块充满书香味的土地,儒家精神几乎渗透到社会的每一个领域。"非礼弗为"成为民众自觉遵行的行为法则,因而家族祭祀活动的伦理价值和社会意义都被充分重视。我们可以从今天遗留在宁波范氏天一阁藏书规矩的条文中看到,当年范氏对于违反藏书规矩的家族成员,最高的惩罚就是"不与祭""三年不与祭",这相当于在"逐出家门"前最后的"留族察看"。在家族内部,这样的处分即是对不肖子孙最大的羞辱。祭祀这一习俗起源于商朝,商人十分崇敬鬼神,他们将鬼神分为天神、地祇、人鬼三类,且以人鬼—祖先为祭拜的主要对象。他们认为祖先虽然死了,灵魂仍然存在,可以降祸、赐福于子孙,因此他们每天都排定日程,虔诚祭祀。这种崇拜祖先的观念一直延续到现今,形成我国文化的特色。

旧时宁波的家祭风气浓厚,每逢特定节日,就对祖先进行祭祀,这种祭祀一般分为公祭和私祭两种。家族公祭主要在家族祠堂进行,家庭私祭则在家内进行。如光绪《奉化县志》载:过去,奉化一带民众多是"聚族而居","每族多建祖祠以供主。遇生卒之辰,私祭则设位于家,公祭则集拜于祠。清明祭于墓"。在所有家祭中,公祭(家族祭祀)最为隆重,受到高度重视,不论是在奉化、象山还是宁波其他地区，"特重宗祠"应该是"公祭"的相同之处。"公祭"又分为"祭家祠"和"祭祖堂"两种形式。祭家祠为合族共祭，一般在清明举行"春祭"，冬至举行"秋祭"。宁波所处的地理纬度，冬至正好是秋冬交界之时，因此冬至之祭还称冬祭。此外，还有旧时大年夜的"谢年祭祖"。祭祖以追念祖宗远德为核心内容，它的形式大同小异，比如挂祖宗画像，烧明烛高香，祭牺牲供品。值得注意的是，这大同小异的"谢年祭祖"行为实际上还是家族成员的一次检阅，家族元老会在祭祀中对成员进行认定和褒贬。比如祭祀中的"吉饼"，当它成为代表家族元老的某种吉祥祝愿时，实际上已经衍化为家族的吉祥物。凡是家族成员，不分贫富，每人都可以分到一份吉饼，包括新生的婴儿。而对婴儿来说，这个吉饼正标志着整个家族对这一新生命的血缘的认定，以及对他作为家族新成员的资格认定。家族在分吉饼的方式中，又可用"加饼"的方式对某些成员进行褒扬，比如一般的家族都对 60 岁以上的长寿者给予"双吉饼"待遇。同时，对于家族需要倡导的业绩或行为，也可以用"加饼"的方式给予荣誉褒扬。

祭祖堂则是家族中的某一分支祭祀本支直系血亲祖宗的仪式，形式与祭家祠大同小异，只是规模要小得多。祭祖仪式在宗族制度崩溃后瓦解。然而过年时在自己家中对自家祖宗进行祭祀的"私祭"依然流传了下来，至今宁波地区的百姓依然不忘年年祭祀。

参见光绪《奉化县志》卷一《风俗》，李前泮修、张美翊等纂：《中国地方志集成·浙江府县专辑》，江苏古籍出版社、上海书店、巴蜀书社 2000 年版，第 29页；汤敏：《从祠堂到礼堂：浙江农村公共空间的转型与重构》，浙江人民出版社2015 年版，第 111 页。

结　交

宁波的人际关系中，有些非血缘关系的人可以通过一定的礼仪，结交成新的带有恒定意义的类血缘关系，这是宁波风俗中带有普遍性的现象。这些新的礼仪关系一旦成立，社会风俗同时赋予双方以新的权利与义务。这些关系虽然大多数未有法定意义，但风俗承认这种关系，并给予和普通血缘关系同等的重视和地位。在这些礼仪中，比较有代表性的有结义、过继、领养、认干亲等。

结义又称"结拜""拜把子""换帖""义结金兰"。它是指几个非亲属关系的人因感情深厚或有共同目的而通过一定的形式相约为平辈兄弟姐妹，成为"义兄""义弟""义姐""义妹"。一旦结义，双方便要承诺履行同胞手足之间的权利与义务,并建立与血亲同样的情感。结拜仪式简繁无定,其核心程序是双双跪拜,对天盟誓,同时最好有亲朋好友以见证人的身份在场,并签署书面约定。这一关系一旦建立,双方均称"结拜兄弟",并按年龄长幼而称兄道弟,对双方的其他家庭成员也同时建立并承认类似亲属的关系。结拜是一种具有人文色彩的礼仪习俗,这是友情的升华与社会关系的一种定格,贯穿着儒家"义"的思想,填充于亲情与友情之间,是一种友情升华为亲情的特殊社会人际关系。

过继亦称"继""过房""过嗣""继嗣",是一种以旁系血亲直系化,从而取得继承权的仪式。在宁波的风俗中,无子嗣"承香火"者,可以用过继的形式,由兄弟的子嗣即侄子,取得财产继承权,承担赡养义务。有些地区生下的小孩若容易生病、难生养,也会进行形式上的过继仪式,认为这样的孩子比较好养活。这样的过继只是名义上的过继,孩子不入家谱,也无继承权,无须改姓,俗称"义子"。而正式的继拜仪式一般要由族长或族中有威望者在场作证,受继人邀亲朋参加,敬神祭祖,以告列祖列宗,并以跪拜的仪式表示正式受继,最后将过继子嗣正式写入家谱。于是过继者俗称"继拜儿子",开始承担赡养"继拜爹娘"的义务,取得财产的继承权。同时对于生身父母,过继者不再拥有权利,也不再承担义务。

相对于过继来说,领养是一种对非血缘成员的血亲化,从而使之取得赡养义务与继承权利的仪式。领养仪式基本同"过继"相同,其不同处在于,领养的子嗣可以入族谱,但不可享受嫡子待遇,例同庶子。并且在族谱中,领养的子嗣以"蓝线"标注,并且需要注明"螟蛉子",以保证血缘的纯洁性。此外,领养人可以如过继者一样无子而领养,也可以在有子嗣的情况下进行领养。领养后,被领养人要改姓领养人的姓,并与领养人直接生活在一起,领养人对之视同己出。在财产继承上,螟蛉子享受庶出子嗣的待遇。如果在领养人有其他子嗣的情况下,螟蛉子不能与嫡出享有同等的权利,除非有遗嘱特别说明。

宁波交际风俗中,通过各种仪式结成类血缘关系的礼仪种类十分多。除上述三种外,还有"入赘""认奶亲""认养亲""拖油瓶""拜师"等多种形式。

参见浙江民俗学会编:《浙江风俗简志》,浙江人民出版社 1986 年版,第76 页;周时奋:《宁波老俗》,宁波出版社 2008 年版,第 93 页。

接 缘

"接缘"又称"积缘"或"结缘",这是一种以同喜同贺为主要意义的睦邻友好、增进友情的礼仪表现。其目的是增进双方的友谊和缘分,使双方在生活中能和睦友好相处。"积缘"这一说法自佛教中来,"缘"字在宁波地区比较普遍而深入人心的情况反映了宁波地方风俗受佛教影响深远。"接缘"在宁波地区常见的风俗性表现有如下几种。

一是分"相量盏"。分相量盏又称为"接童缘"。"相量"在宁波方言里是"商量"的意思,此处引申为相互尊重睦谊。蒙童入学,除了要拜孔夫子和先生外,家中还备"相量盏"分送给新的小朋友,寓意在学堂里彼此友好,和睦相处。相量盏以小酒盏盛糯米饭,拌以黄糖、干果,如桂圆、红枣、黑枣之类,以示与大家接缘。

二是分油包、金团。此行为又称"接寿缘"。宁波人过寿时,主人家在办完寿宴之后,要将亲友所赠的油包、金团等糕点,分送给邻里近亲,而受赠者不必再送贺礼。一般受赠者收下主人所赠之物后,除了表示感谢,还会说些吉祥语言,以讨口彩。

三是分"接缘下饭"。分"接缘下饭"有两种情况:一是上门祝贺的客人在筵席结束后,可以带走桌上一些吃不完的菜肴,主人也会有意请一些特别亲密的客人,尤其是女客,带走一些菜肴,称为"接缘下饭"。下饭,在宁波方言中是小菜、菜肴的意思。二是席终客散后,主人家将一些比较干净的剩菜分送给邻里,以示同喜共乐,也称"接缘下饭"。

四是客礼接缘。这一情况是当某家有客自远方来,并将一些该地土特产或特色食品礼物赠予主人时,主人家会主动将其中一部分礼物分送给邻里,以示相互间的"缘分好"。如客人要在主家小住几天,则邻里受缘者也会邀请客人吃饭,以续缘分。

五是点心接缘。点心接缘指的是家庭主妇在闲暇之时,会做一些富有地方特色的精美点心,然后分赠给邻里亲友。此举一方面显示自己手艺的精巧,另一方面也作为"礼尚往来",双方互赠互酬,彼此间以接缘分,以增情谊。

六是喜糖接缘。喜糖接缘起源于新式婚礼中的分赠喜糖。宁波风俗,如收到主人一小包喜糖,即意为不必送礼,此仅接缘共喜;如主人所赠的是一大包喜糖,则意为主家邀请客人喝喜酒。这一习俗以后又发展为加工资、晋级、晋升职称、儿女考上大学或参加工作等,均可分喜糖接缘,以示同喜同贺。

宁波人的交际习俗中,素来有"远亲不如近邻"之说,平时接人待物的准则中亦有"更亲一点"的说法,强调与周边邻居友人和睦、亲近、友好。上述种种"接缘"形式,正是宁波人这种待人思想的具体化、风俗化。

参见周时奋:《宁波老俗》,宁波出版社 2008 年版,第 94 页。

第三部分　宁波信仰习俗

一、概　述

信仰习俗包括宗教信仰、庙祀信仰、民间信仰、行业信仰、信仰传说和信仰禁忌等方面内容。"维基百科"对"信仰"有较为权威的解释,认为信仰是指对一个人(同样的对他的能力)、事物、神、宗教的教条或教导、没有经验证据的观点(例如拥有强烈的政治信仰)抱有信心和信任。质言之,信仰就是指对圣贤的主张、主义,或对神的信服和尊崇,对鬼、妖、魔或天然气象的恐惧,并把它奉为自己的行为准则。信仰与崇拜经常联系在一起,但两者有所不同,信仰主要针对"观念",而崇拜主要针对某个"个体"。宁波民众的信仰习俗实质上就是对人、神或自然的崇拜,并希望通过某种形式的信仰寻求心灵的慰藉或安全的保障。这是一种更高层次的习俗形态。

(一)民间信仰

宁波属于典型农耕文明与海洋文明相互交融之地,对大自然的敬畏和依赖逐渐形成名目繁多的民间信仰,如请龙祈雨、禳灾与忌讳、妈祖信仰、商民信仰、渔民信仰、先兆信仰、信仰禁忌等都属此列。

请龙祈雨是宁波民间信仰重要内容之一。旧时宁波城厢以"偷龙王"的形式祈雨,象山、余姚、北仑等地主要是向"龙潭"求雨。"求雨"时,先在龙潭旁搭起高台,摆上猪、羊和八荤、八素盘头,点起香火,和尚、道士念经符参拜,旁列群众手持香火静待"龙圣"上潭。在龙潭求雨期间,如果有蛤蟆、泥鳅或者蛇从水潭中跳出,即为"龙圣"化身上潭。于是当场把蛤蟆等放进瓶中,算是请到"龙圣"。迎龙归来的队伍锣鼓喧天,彩旗招展,鞭炮齐鸣,浩浩荡荡地将"龙圣"迎至祠堂中早已备好的龙椅上,再设台供奉祭祀,由村民、族长、道士等日夜轮流参拜祈求。待下雨后,再将请来的"龙"送回龙潭。请了龙在七天内不下雨,就将"龙"曝晒于烈日下,俗称"烤龙王"。

灵峰寺葛仙翁信俗在宁波地区有着广泛深入的群众基础,是浙东地区最具代表性和广泛性的群众信仰。葛仙翁信俗由香期、坐夜、点庚申灯、取丹井仙水、请葛牒、顶牒、朝圣母等程序组成。每到农历四月初十(葛洪生日)前后,来自周边的信众到灵峰寺葛仙殿问卜求签,拜神求药,祈祷避虫免灾,祈求福祉。拜谒完毕,信众还会带着戒牒、丹井水、草根和树叶回到家里,企盼新的一年有个好收成。这样的习俗一直延续了千百年。如今的灵峰庙会香期为每年正月初一、初八、十八、二十八;四月初一到初十;端午节、五月三十到六月初一;七月十五、十二月初八和清明节等,特别是闰四月初十香期,香客人数可达十余万。

禳灾与忌讳是宁波民间信仰的重要组成部分,旧时人们由于崇尚命运和神灵鬼魅,往往将天象和物理变化,或人的偶遇,都视为吉凶祸福的征候,因此就有禳灾与忌讳等迷信活动。如旧时人们认为日食和月食是天狗吞了太阳和月亮,人们焚香祈祷,以求脱羁,或敲锣、放炮、击破面盆,说是能吓退天狗,俗谓赶天狗。而彗星在古人眼中视为"妖星",通常叫"扫帚星",认为彗星的出现是灾难的预兆。

与全国许多地方一样,石敢当常常是民居避邪物之一。许多宁波人通常在门前巷口等处立一小石碑,上刻"石敢当"或"泰山石敢当",旨在镇鬼驱邪,禁压不祥。如果建造的房屋屋脊两端戗脊正对别户人家的门或窗,被对准的这户人家在门或窗上悬一镜,称辟邪镜,据说能"去邪化吉"。还有的在自己的屋脊中间放上品字形三只玻璃瓶,在瓶口各插三枚铁针,说是针锋相对。住宅左首称青龙首,右首称白虎首。如一户人家的住宅东首有比其高大的建筑,该户人家认为"青龙"被其压得抬不起头来。为避邪,该户人家会用木牌书上"姜太公在此"字样钉在门楣上方。如果住宅西首不远处有屙缸,白虎怕臭,不吉利,则该户人家就在大门门楣上挂一面米筛,以避臭压邪。

民国以前,宁波城区民众信仰繁芜,各种信仰并存,当时宁波城区有庙社 150 余个,城隍庙、永泰王庙、天后宫、文昌阁、关帝庙、岳殿、孝子烈女祠、先师庙、药王殿、花果庙等遍布宁波城厢。其中佛教信仰、道教信仰、基督教信仰及妈祖信仰是宁波民间最重要的信仰之一,妈祖(天妃)庙、寺院、道观和教堂成为信仰者重要的聚会场所。

宁波自古以来崇商风气盛行,旧时商人信财神,以正月初五为财神日,亦称五路财神日。初五五更祀财神,亦称接财神,于椅背挂神祇图画,燃檀香,点足斤重的红烛,供糕饼、干果、水果。接财神时,店主手执三炷香,从屋外踱步摇香至店堂,示意财神已接进店内,而后按序膜拜。焚化纸元宝火焰冲得高示为吉利。祭神后吃财神酒,老板宴请阿大、经理和职工,为商店盈利出力多者坐上横头,老板执壶为其斟酒。头道菜要上圆蛤,因其形似元宝,意示吃元宝。正月初五请过财神后,店铺"开市"营业。

祭潮神是宁波地区较为特殊的一种习俗。人们为了在出海捕鱼时免遭意外之灾,对潮神的敬畏、祭祀、崇拜便由此而生,并形成"出海祭潮神,丰收谢潮神,求雨靠潮神,晒盐托潮神"的信仰习俗。宁海、慈溪等地都有祭潮神的祭祀仪式。慈溪当地以每年二月十四日为潮神祭祀之日,同时有盛大的庙会举办。海宁的祭祀潮神与慈溪等地略有不同,主要是在沿江各地起庙宇、建寺院,通过祭潮、烧海香、迎庙会等民俗活动来祈求海塘安定,这一习俗世代相沿。至清雍正九年,雍正帝下旨在盐官建海神庙,庙内供奉越王钱镠、伍子胥、文种及沿海有功之神 21 位,统称为"海神"。自此,每年农历八月十八,官方、民间均在海神庙内举行隆重的潮神祭祀活动,一直延续至今。

(二)宗教信仰

宗教信仰是民间信仰重要组成部分,目前宁波市内主要有佛教、道教、基督教、天主教、伊斯兰教五种宗教。

宁波素有"东南佛国"之称,自 239 年孙吴东乡侯阚泽在今慈湖北畔舍宅建造宁波历史上首座佛教寺院普济教寺开始,佛教就在宁波境内流播。此后,阿育王寺、天童寺、七塔寺、雪窦寺、保国寺等一大批著名佛教寺院在宁波建立。695 年或者次年,宁波便建造了第一座僧伽佛塔。由于当时正值唐天册万岁、万岁登封年间,这座塔就命名为天封塔。之后就是一度知名浙东的开元寺。这两座佛寺是三江口地区建城前的两大建筑,也是宁波地区早期建立州城的基础。到了宋代,四明(宁波)地区佛教更为兴盛,"缁流猥集,梵宇林立"①,并为以后诸代佛教的持续发展奠定了基础。

宁波历史上高僧大德层出不穷,境内古刹林立,天童寺、阿育王寺、七塔

---

① 陈训正等撰:民国《鄞县通志·政教志》壬编"宗教",成文出版社 1974 年版,第 1268 页。

寺、保国寺、观宗讲寺、雪窦寺等在历史上久负盛名。天童寺是我国佛教"中华五山"之一,规模宏大,建筑精美,风景秀丽;阿育王寺素有"震旦圣地"之称,珍藏着释迦牟尼的真身舍利;雪窦寺弥勒道场是"佛教名山"之一;保国寺保存着江南最古老的木结构建筑,是首批全国重点文物保护单位,影响力遍及全国和南洋、印度、日本、韩国等地。

宁波曾有兴盛的道教文化,四明山脉的洞天福地吸引了众多的道教徒遁迹山林,兴宫筑观,聚居修炼,其中就有葛洪、徐可复等著名道士。尤其是在中国道教史上有相当影响的道教人物葛洪,与宁波颇有渊源。葛洪是东晋时期一位"博闻深洽,江左绝伦,著述篇章,富于班马"的著名学者①,尤精"炼丹秘术"。据陈寅恪先生考证,葛洪家族包括葛洪本人实为汉晋时期东南沿海地区影响深远的天师道的信奉者和传承者。② 葛洪40多岁时到灵峰(今宁波北仑区大碶镇的灵峰山燕窝岩)采药炼丹。如《四明谈助》记载:"葛洪尝居灵峰炼丹,丹井犹存,久旱不涸。偶植竹箸,化竹而方,今或间生岩谷。"后葛洪又长期以宁海的天河作为修炼地。葛洪在天河的修炼遗迹分布在大松溪两侧,即东侧的柯仙山、学士坪和西侧的天姥山抱朴洞。葛洪在宁海的传道炼丹之举,在中国道教史上留下了浓浓一笔。迄今为止,宁海、奉化、镇海、鄞州等地尚有葛洪后裔4万余人。

唐初推崇道教,命各州置一观一寺。738年,唐政府在鄞县县治东南建造开元宫,这是宁波地区最早设立的道观。南宋和元朝时期,宁波道教最为兴盛,但始终难以和佛教相提并论,信道者人数也远不及佛教。从明代开始,宁波地区的道教逐渐衰落,到1957年,宁波道教停止活动,道士仅剩8人。宁波老市区仅存西北街佑圣观、慈城清道观,余改他用。改革开放后,宁波地区道教有所恢复和发展,现在的宁海默林镇方前村的金溪道观是宁波地区唯一的道教活动场所。

基督教传入宁波始于1843年,是随着西方列强的炮舰而传入宁波的。最早来宁波传播基督教的是美国浸礼会医生玛高温,被称为近代宁波传教第一人。1847年,玛高温的中文教师周祖廉入教,为第一个宁波籍基督教徒。随后英国长老会、美国长老会、德国福汉会、英国圣公会、美国神召会等教会机构相继在宁波建立教堂、学校、医院、孤儿院,以此为掩护进行传教。

---

① 〔唐〕房玄龄等撰:《晋书》卷七十二《葛洪传》,文渊阁四库全书本。

② 陈寅恪:《天师道与滨海地域之关系》,《金明馆丛稿初编》,上海古籍出版社1980年版,第9—11页。

现存宁波较有名的基督教教堂有百年堂、圣教堂、慈城堂、镇海城关堂、镇海骆驼堂、北仑大碶堂、北仑柴桥堂、鄞县邱隘圣教堂、鄞县集士港堂、慈溪逍林堂、慈溪观城堂、慈溪桥头堂、余姚城堂、余姚镇海堂、奉化大桥堂、宁海城关堂、象山石浦堂等。

宁波天主教信仰最早出现于明代中期,由占据双屿港的葡萄牙人最先在双屿港传教。1548年,朱纨率明朝军队摧毁了双屿港的葡萄牙人居留地,岛上已建有的圣母无原罪大堂和小堂六七处被一同捣毁,侵占双屿港的葡萄牙人被驱逐,这也意味着天主教在宁波的传教被中断。第一次鸦片战争后,天主教传教士又把宁波作为重要传教地区,天主教传教士纷至沓来,在宁波设立教堂,创办教会学校和医院等慈善机构。现今的宁波江北天主教堂具有典型的哥特式建筑风格,是国家级优秀近代建筑物,被列为浙江省文物重点保护单位和第六批全国重点文物保护单位,具有较高的历史、文化、艺术价值,是宁波市著名旅游景点之一。目前宁波保存下来比较完整的天主教教堂有药行街天主堂、江北岸天主堂、余姚天主堂、慈溪新浦天主堂、腰塘天主堂、逍林天主堂、宁海城关天主堂、象山鱼山天主堂、象山吉港天主堂、象山石浦天主堂等。

自宋代以来,随着明州港的对外开放,许多阿拉伯人、波斯人到宁波从事通商贸易,部分人开始在宁波定居,并一度形成自己的聚居区。这些来宁波经商甚至定居的阿拉伯人和波斯人同时把他们信仰的伊斯兰教(回教)传入宁波,作为伊斯兰教信徒重要的礼教堂——清真寺也开始在宁波建立。宁波的第一个清真寺始建于北宋真宗咸平年间,位于罗城东南的狮子桥旁,元至元年间,该寺迁建至海运公所以南的冲虚观前(即今天的后营巷),后一度被毁,清康熙三十八年(1699)重建于今天的海曙区月湖西后营巷,是宁波现有的唯一伊斯兰教建筑。宁波清真寺的总体布局、柱网型制、装饰艺术等方面,在基本遵循伊斯兰教寺院原则的同时,采用了传统的中国建筑的某些做法,使两者有机地结合,更加完备,形成了中国式伊斯兰教建筑风格,在宁波乃至江浙一带都具有明显的历史文化价值,也是宁波作为历史文化名城的宝贵财富和重要组成部分。

(三)信仰传说

有信仰必然就有信仰传说,在宁波流传着众多信仰传说,如妈祖传说、吴公庙传说、梁祝传说、龙王传说、五路财神传说以及董孝子传说等。

在宁波传统节日中,有正月初一不扫地传说。据说很早以前,宁波有一个做生意的年轻人名叫欧阳,他每次出门做生意,都要经过一个叫澎泽湖的地方。船到湖中央,欧阳总要把自己的东西抛几样到湖里。湖神春湖君为感谢欧阳每次过湖都送给他礼物,就把如愿姑娘送给了欧阳。二人结为夫妻。从这个时候起,欧阳要什么,如愿都能替他办到。如愿聪明伶俐,欧阳节俭勤劳,几年工夫,欧阳就成了远近闻名的大富翁。有一年正月初一,欧阳一时高兴,多喝了几盅酒,稀里糊涂,向如愿发起酒疯来,还用拳头打了如愿。如愿一看不对头,就连忙隐进门角后的一把扫帚里。欧阳酒醒后,懊悔莫及,日夜守住扫帚,生怕惊动如愿,但从此如愿就一直没有出来过。如愿,如愿,是大家的心愿,正月初一扫地怕会赶走如愿。因此,正月初一不扫地,就慢慢成为宁波人的一种习俗了。

妈祖原名为林默娘,是福建莆田望族九牧林氏后裔。这位聪明颖悟的女孩,自小便决心以行善济人为事,矢志不嫁。她还洞晓天文气象,熟习水性。湄洲岛与大陆之间的海峡有不少礁石,在这海域里遇难的渔舟、商船,常得到林默娘的救助。林默娘去世后常常身着红装飞翔在海上,救助遇难呼救的人。传说从宁波出使朝鲜的"顺济"号在海上遇难时曾被林默娘救助,故此徽宗赐顺济庙额,为林默根进行春秋祭祀,并将祭祀列入国家祀典。历代先后对林默娘有 36 次册封,康熙时封为"天后",使得民间对妈祖的信仰愈加固定。这位海神在宁波影响深远,在宁波有天后宫,在象山一带多有妈祖庙。妈祖信仰给大海中拼搏的渔民极大的心理安慰。

吴潜是南宋人,以观文殿大学士授沿海制置使判庆元府,治郡三年,勤政爱民,政声斐然。从踏上宁波这片土地那一刻起,吴潜就把目光投向了治水大业,从而让"慈、定、鄞三邑皆蒙利焉",河流得以疏通,塘、闸、碶、坝、堰得以兴建,明人冯瑛的《讴思庙记》说:宋丞相吴公"堰双河、浦吴闸、坝小新,种种不可枚举,公尝有诗云:'数茎半黑半白发,一片忧晴忧雨心。'仅慈溪一邑可见"。吴潜治水的一大创举是在平桥河创建水则亭、水则碑,镌刻"平"字于石上,成为全城统一的"水则"标识,利用平水的原理,及时发现灾情,掌握防洪排涝的主动权。由于吴潜治水利民,宁波民众感念其功,为其修筑庙宇,在旧慈溪境内的三七市集市周围就有吴公庙、吴大郎庙、吴侍郎庙、上湖头庙、下湖头庙、吴君庙等 8 处之多,因而也就留下了吴公治水的诸多传说。

关于牛郎织女的故事,妇孺皆知。但在宁波却演变成了这样的故事:传说牛郎与织女河汉相隔后,牛郎太过懒惰,每天一吃完饭就去看牛,碗也不洗,一直到一年一逢时间的到来;织女来后,就先将牛郎一日三餐留下的千余只碗洗干净,她边哭边洗,可是等把这些碗洗完,天已经亮了,织女只好含泪又回到天河的另一边,继续等待下一年重逢的来临。这则耳熟能详的故事为宁波人的七夕节增添了独特韵味。

梁祝传说是中国最具辐射力的口头传承艺术,也是唯一在世界上产生广泛影响的中国民间爱情传说。该故事在民间流传已有 1600 多年,可谓家喻户晓,流传深远,被誉为爱情的千古绝唱。因此全国许多地方都认为自己是梁祝故事发源地,并在全国出现了十多处梁祝遗迹,宁波的梁山伯墓也位列其中。但位于宁波市鄞州区高桥镇的梁山伯庙却是全国仅有的一座梁祝庙宇,宁波由此当仁不让地被视为梁祝爱情传说的发源地,宁波人更是把祈拜梁山伯庙作为夫妻恩爱、白头偕老的美好愿望,宁波民间就有"若要夫妻同到老,梁山伯庙到一到"的俗谚。梁祝故事在宁波民众心目中的影响力从一千多年来持续举办的梁山伯庙香会就可见一斑。由此,在宁波民间也流传着更多关于梁祝故事的不同版本,有殉情说,有清廉说,有清官侠女同穴说和金童玉女说,更有私奔说。不论哪种说法,都寄托着宁波百姓对梁山伯勤政、清正、忠厚品质的敬佩和对祝英台侠骨柔情或对爱情忠贞不渝精神和情义的欣赏。

董孝子庙位于海曙区,现庙由清嘉庆十九年重建的后殿,道光九年重建的大门、前殿、正殿、东西两厢及中军殿等组成,饰以人物花鸟等木雕、石雕和髹漆、贴金,是研究清代建筑的实物例证。董孝子名黯,字叔达,东汉人,家住慈城,为西汉大儒董仲舒六世孙。他之所以出名,据史载主要有三:一是从小丧父,家贫而侍母至孝。母生病,思饮家乡大隐溪水,他特地跑 30 多里越过姚江去担水,后干脆在外婆家永昌潭旁筑一陋室,汲水供母,直至母病愈。二是母被邻居王寄辱骂殴打而亡,他在墓边守孝三年。三是他为不使王母伤心,待王母卒后才斩王寄报母仇,然后向官府自首。特别是第三件事感动了汉和帝,非但特赦其擅杀之罪,而且封官郎中。封官一事被董黯所拒,他归隐山林,终老后,朝廷封其为孝子,并把慈城故宅改建为"董孝子祠"以资表彰。明洪武四年,朱元璋又敕封其为汉孝子之神,太守张琪迁慈邑之祀于郡后殿,建庙于南郊祖关山。此庙今迁至尹江岸。

当然宁波信仰传说还有很多,如龙王传说、五路财神传说、八月十六过中秋传说、灵应庙传说、鲁班传说、宁海孟姜女传说、白蛇传说等。这些传说,既是宁波民众信仰的体现,更是文学创作的重要源泉。

(四)信仰禁忌

禁忌作为一种世俗性信仰,在流传过程中,被民众信奉,有的成为牢固的文化通则,一直为人们严格遵循和恪守,左右人们的行为,并且一代代流传下来。

在北仑、宁海、余姚等地,田农拔第一次秧之前,忌开头说话,要先用缚秧苗的稻草,在秧田上横扫几下,意谓防止"发秧疯"(即双手拔秧时用力过猛伤筋,导致手背发肿)。插秧时,人与人之间不可随便传递秧把,俗称传递秧把会使这二人成为冤家。甩秧把时,忌甩在插秧人身上,如被甩中,这人要当面骂一句以"驱邪";插秧插到田横头时,手中的余秧(多秧)不能丢掉,丢掉余秧就是去掉余粮,余秧要种在田里靠田横头的地方。

宁波民众在建造房屋时也有忌讳。因为庙宇面朝正南,所以建造的房子必须禁朝正南,须略偏东或偏西,否则对神不敬;开门方向以东为上,称"紫气东来";居屋后墙不能靠河流溪水,认为水从后面流淌,不发家;砌房子时,西首不能高于东首,否则会冲撞白虎。如果新屋周围砌了围墙,西边千万不能开门框,这叫"白虎伸手",犯大忌;建房应单数成间,忌造双数,尤忌四间;不论贫富,厕所绝不能建在正屋的东、西方;自家的房子不能比后面人家的房子高出太多,不然就会遮挡人家的财气、运道,容易引起纷争;同样,自家的房子也不能矮人家一截,不然会被人家占了"风水";与邻家同一山墙的相邻两屋称为连屋搭山,具有节约占地面积和建筑材料的优点,但借用邻舍山墙而盖的房屋其滴水不能侵入邻舍地界,排水的阴沟也不能在邻舍的地界内修筑,这叫"借山不借水"。搬入新居时,最好由自己或家人亲自搬入物品,忌一家大小空手入屋。如果请人帮忙,最好是属鸡或属龙的人来帮忙,取"起家"和"龙凤呈祥"之意。搬家当天,不可骂小孩,不可生气,尽量说些吉利的话;搬家时,不可和别人打招呼;搬家当天,不可在新宅午睡,否则以后容易生病;搬屋时间最好选在中午之前,更要在日落之前完成,切忌夜晚入屋,等等。

宁波商人也有自己的商业禁忌。如开排门叫"开市",晚上关门叫"打烊"。店员在店堂忌伸懒腰,忌打呵欠,忌踏坐地栿(门槛),忌手托门枋,忌背脊朝外。店员打扫店堂时,要从外往里扫,忌往外扫,因为这样会把财运"扫"出去;数钱币要往里数,忌往外数,谓之"招财进宝"。卖布者忌敲量具;卖酒者忌摇晃酒瓶。卖棺材的忌问谁死了;卖药的忌嗅(认为嗅过的药会失效);药店、棺材店的经营者送客时,忌讳说"再来坐""欢迎再来"之类的话。称呼上要讨彩头,祀神时,人们称猪头为"利市"、猪舌(与"蚀"谐音)称"赚头"。卖猪忌将绳索一起卖出(否则连同运气一同带走,此后养猪不吉利)。遇到顾客购买结婚用品,失手敲碎东西,忌说"碎"字,而说"先开花,后结籽"。这些商业禁忌在宁波一带沿袭已久,产生的时代也无从考证。

过去宁波船民或渔民在出海前后也有很多禁忌。旧时船多不大,有"独户"或"并股"之分。独户者写姓氏旗,以方便群船互相呼应,但如遇姓"施""史""范""潘""陈""郑""秦"等,绝对不能写。因为此类姓氏皆音谐"翻""沉""死""倒",为船上禁忌。一旦写上,有人按旗上姓氏呼出,必遭他人指责。在渔船上,不许双脚伸出船舷外,不许头搁在膝盖上,手捧膝盖,不许船上吹口哨,不许拍手示意打招呼,不许在"龙头(船头)下"撒尿。不许家有红(产房)、白事(丧葬)、未满月的人上船从事生产。如果有家里办过白事后要上船捕鱼的渔民,须带红烛和金纸到船上焚烧,以免带晦气上船。不许妇女上渔船,尤其忌讳妇女跨过"龙头"下,因为女人落(下)船要冲犯船神。

渔民在船上讲话时,不吉利的谐音土语都要改称,如方言"猪"与"输"谐音,因此猪头称"利市",猪耳朵叫"顺风耳"。"石""舌"与"蚀"字谐音,石浦叫"赚浦",小石浦叫"小赚浦",舌头叫"赚头",食罩叫"赚罩"。船上说话忌讳带"倒""翻""没有"等词,更忌讳做倒、翻动作。倒掉称"卖掉",翻个面叫"转个堂","没有"说成"满发"。剩饭菜弃海不说"倒菜",忌"倒掉",要说"过鲜"。船靠岸了不叫"到了",讳"船倒了"。不许船靠岸时高喊"来了""到了"之类的话,说了会把"野鬼引上岸"。

船上吃饭也有一套规矩。开饭时,船老大先要拣几粒饭撒向海中,以敬鬼神,然后才能进膳,这叫"结缘";吃饭时筷子不准搁在碗上,意忌"搁船";酒杯和羹匙不可反放,意忌"翻船";吃鱼要先吃头,意示"一头顺风";船中的鱼不可翻身,以为鱼翻身即隐示"翻船";吃鱼的时候,不准先挖眼睛吃;在船上吃鱼,若整条的全鱼,要先把上面吃后,再吃下面,不准说"翻过来",而应说"扳过来";船上称筷子叫"撑篙",羹匙叫"掏箪",菜桶叫"羹搭",饭镬叫"锅子",猪耳为"顺风";等等。在小钓船上吃饭忌讳说"不吃",担心鱼不吃饵料不上钩。另外,船上渔民也不吃竹笋。

此外,渔船通常不向邻船借物,意谓不借别人财气;而当邻船缺乏淡水或其他必需物资时,则须主动给予帮助。接受帮助者必须回馈:一根木柴即可。

(五)庙祀信俗

庙祀信仰是宁波民间信仰的重要组成部分。宁波自古以来就形成"尚鬼神,喜祭祀"习俗,祭神活动风靡各地。唐宋伊始,宁波就有以神庙为基地,形成结社形式的庙祀信仰,并以庙会形式表现出来。因此,庙会是依附于对庙神崇拜而产生的宗教信仰活动。庙会也因城乡各地的经济、文化及地方习俗的不同而形式各异。

与全国其他地区一样，庙是凝聚民心、尊崇神灵之地，民国《鄞县通志》载："今之庙，即古之社也。古者，人民聚落所在必奉一神以为社，凡期会要约，必于社申信誓焉。"由此可知，庙是实体，有一定建筑，各庙皆供奉一定的神，有一定的设施，还有一定的庙规和管理人员；会是群众的集聚，依赖于庙，是庙的附属产物。在宁波，庙会是庙择一个最有意义的日子，让大家在统一的时间都来庙上庙。庙会是最活跃的载体，庙以之扩大影响，兴盛香火。一般大庙和有影响的庙，都定有庙会，没有会的庙慢慢地就会破败消失。宁波历史上具有典型代表性的庙会有城隍庙庙会、胜山庙会、临山庙会、屯山庙会、鄞江庙会等。

在20世纪30年代，鄞县城乡共有517处庙祀，其中当时城区（一区至五区）有159处，这是崇神、信鬼、好祀的民间习俗的表现。《鄞县通志》所载"庙社一览表"的栏目，有名称、地址、所祀之神、庙社组织、建修年月、庙下（庙脚）户口、庙会报赛、地图纵横线交点、备注等。在城区社庙中，庙下（庙脚）户口在千户以上的神庙主要有新水仙庙、汤君庙、栎木庙、白马庙、显德庙等。这种庙祀信仰主要以庙会形式进行。庙会俗称行会，是旧时群众性的庙祀活动，所请之神以行宫的东岳大帝为首。东岳大帝即泰山神，元世祖尊其为东岳大帝。行会出行之前，先请戏班子演戏以娱神。戏罢，举行出巡大典，由当地最高官吏主祭。在锣鼓和鞭炮声中，主祭人率众参拜，并高声诵读祷词，然后将大帝及其侍卫——黄灵官的塑像请出大殿，使之坐上神轿，开始向各村落巡视。其他庙的塑像，如唐大将薛仁贵，尽管有平阳郡公的爵位，也只能以陪侍身份以轿代之，随后而行。礼仪队伍的排列先后有序，规定严格，各种器具都显示着大帝的尊严。手持三角令旗的号令卒骑着骏马，率先向设有嚼献（即祭坛）的村落通报信息，俗称其为报马。接着而来的是高达十多米、由几个人轮流擎着旗杆、绣有飞龙的黄色三角形总头旗。整个行列中还有蜈蚣旗，以及众多十来岁小孩拿着的清道旗。清道旗意谓清除道路上的污物，使之净化。旗锣"铿铿"敲响，四个穿着"卒"字对襟衣服的"喝道喽"大声吆喝向前，这就是所谓"开锣喝道"。两旁观会的老人们合掌参拜，表达对神的尊敬。随后，队伍要放铜铳和登地炮，拿着"肃、静、回、避"四个头牌和十八般兵器的"武士"，威风凛凛簇拥着神的塑像，每到设有嚼献之处，就让神停下来享受一下丰盛的祭品。

一般情况下，庙会时间多在春、秋二季，会期随生产季节而定，三五天不等,所祭之神,多为老百姓推崇的对象,或是文臣武将,或是名医侠士,或是孝子烈妇,或是行业保护神,等等。庙会内容是祀神、迎神赛会,形式分官祭、族祭、民祭三种,但余姚一隅无官祭。

庙会时,地方民间会社除了参加游艺,沿途还要不停放爆竹与火铳,有的则是奏鼓击乐,互比高低。届时,沿途百姓焚香迎拜。在县前街、东门口、灵桥及其他重要地方气氛更红火,各商号店铺还设香案供桌迎拜。待队伍到达城隍庙前停轿,各种游艺队伍便轮流在神像前表演,此时巡行气氛达到高潮。

除了敬神,庙会的另一大内容是商贸。庙会期间,以城隍庙为中心的街头巷口,到处是南来北往的商贩、各种各样的摊档,庙内、庙外万商云集,大街小巷行人如织,吃喝玩乐,穿戴用品无所不有。吆喝声、欢笑声此起彼伏,宁波城可谓万民空巷,热闹非凡。

进入现代文明社会后,宁波的庙会演变成农村春、秋季物资交流大会。庙会虽然去掉了敬神的内容,但保留并发展了商贸的形式,扩大了商品交易的规模和内容,农村的庙会同时保留规模庞大的娱乐活动和民俗文化内容。

二、词　条

掸　尘

"掸尘"又称除尘、除残、打埃尘等,北方叫扫房,是中国民间春节传统习俗之一。"腊月二十四,掸尘扫房子"的传统风俗由来已久,其最初起源于古代汉族人民驱除病疫的一种宗教仪式。《吕氏春秋》记载,早在尧舜时代,汉民族就有春节扫尘风俗,这种仪式后来演变成了年底的大扫除。宋人吴自牧所写的《梦粱录·除夜》中记载说:"十二月尽,俗云月穷岁尽之日,谓之除夜。士庶家不论大小家,俱洒扫门闾,去尘秽,净庭户,换门神,挂钟馗,钉桃符,贴春牌。"清人徐崧、张大纯在《百城烟水·苏州》中写道:"二十七日扫屋尘,曰除残。"每逢农历十二月二十四日这一民间扫尘的日子,家家户户趁晴天"掸尘",清洗各种器具,拆洗被褥窗帘,洒扫六间庭院,掸拂尘垢蛛网,疏浚明渠暗沟,务求室堂门庭内外整洁,连家具杂物都被清洗揩擦干净(如今扫尘已没有确切的日子,年前哪一天都可以)。除打扫卫生之外,"掸尘"日还有一套特别的仪式。当日掸尘时,人们要用稻草和一根比人的身高还长的木棍扎成长扫把,将房子屋梁上、墙角的灰尘和蜘蛛网等脏东西打扫干净。然后把那些稻草留着,等除夕夜吃完年夜饭后,再点燃稻草,供男人们跳"火墩"。按汉族民间的说法,因"尘"与"陈"谐音,新春扫尘有"除陈迎新"涵义,其用意是要把一切"穷运""晦气"统统扫出门。

"掸尘"这一习俗也与灶王爷有关。人们所祭的灶神曾由炎帝、火神祝融担当,后来则由一个叫张单的人担任。传说张单是一个专门收集一家一户善恶,然后向玉皇大帝打小报告的角色,是个驻扎在百姓家中的监察员。据《敬灶全书·真君劝善使》说,灶王"受一家香火,保一家康泰,察一家善恶,奏一家功过"。若有错被告发者,大错要减寿 300 天,小错也要减寿 100 天。人们为了避免灶王上天告状,故每逢小年,即农历腊月二十三日,老百姓都要祭灶神,祈求平安。神话传说中,灶王爷会把每户人家一年来所做过的好事坏事都在灰尘上面记下来,那户人家如果灰尘越多,灶王爷记的事情就越多。因此在祭灶王之前,即十二月廿三之前,人们会在家里进行大扫除:先掸尘,除掉房子积累的灰尘,然后清洗家里的家具、床上用品、炊事用具,清洗家里的杂物,把家里打扫得干干净净。到了廿三夜,再将祭祀的灶果放在灶神的神像之前,由女主人点燃香烛,倒一杯净茶,然后祈祷灶神菩萨保佑新的一年中阖家平安,来年交好运。结束时再烧一些经忏、锡箔,其用意在于让灶王上天回禀玉皇大帝时只说好话,不说坏话。为此,人们还在灶神像边贴上这样的对联:"上天言好事,下界降吉祥。"

掸尘这一古老习俗寄托了汉族劳动人民一种辟邪除灾、迎祥纳福及辞旧迎新的美好愿望。

参见〔宋〕吴自牧撰:《梦粱录》,文渊阁四库全书本;〔清〕徐崧撰:《百城烟水》,江苏古籍出版社 1986 年版,第 61 页。

正月十四请屙缸姑娘

旧时北仑有这样一个习俗:正月十四请屙缸姑娘。《光绪定海厅志》引《嘉靖志》曰:"正月中旬夜,女子邀天仙或厕姑,问吉凶。"这里说定海女子在正月十五夜"邀天仙"和"厕姑","问吉凶",就是指请"屙缸姑娘"。屙缸姑娘为当地俗称,其原称紫姑。据传紫姑系山东莱阳人,姓何名媚,唐垂拱元年(685)被寿阳刺史李景纳为妾,因遭正室曹大姑所嫉,于正月十五被溺杀于屙缸中。上苍同情她,封她为厕神。

正月十四夜迎紫姑这一风俗,大约始行于唐朝。至明清时期,宁波地区已有正月十四请屙缸姑娘的习俗。每到正月十四夜,几个未出嫁的姑娘一起把一只四周缀以红色绉纱的淘米筲箕作为轿子到屙缸边去迎请紫姑,筲箕上要嵌一根"骨针",并且盖上一块红布。迎请紫姑要选露天老屙缸,要年代久远以至于缸外生青苔,且无破损的,只有这样的屙缸才会显灵。到了屙缸边,姑娘们会边焚香燃烛,边虔诚念道:"请姑娘上轿,到阿拉屋里聊聊天……阿拉一定会把姑娘送回来的。"同时,人们在家里的正堂前放一张八仙桌,供上香案,再在桌上放一盘米筛,铺满米粒。"姑娘"请来后,人们把托盘翻个面,在边上绑好一枚女孩挑头路用的竹针,将竹针尖细的一头朝下,当作"乩禾"。两位姑娘相对站于桌子两边,均用食指顶起那只筲箕。用手指勾着托盘的女孩不能用力,让手顺其自然跟着投托盘走。求神者以虔诚的心态暗向屙缸姑娘问道:年成是否丰歉、家人是否平安,乃至于年轻女子和后生的婚姻大事是否有着落,等等。如果"姑娘"愿意回答,这个盘子就会在撒满米粒的米筛上自行移动。如问某姑娘再过几年成婚,"乩禾"就会上下颠动,颠几下,就表明这个姑娘是过几年结婚,或者是"乩禾"写字告诉大家。竹针随着托盘的平稳一定,会在米面上"写"出一个个"字"来。这些"字",有的端正,有的潦草,需要猜测和揣摩。"字"一般是一笔到底,有时写了一笔即停下来。抬着托盘的女孩,这时须把托盘拿起来,移开一点再放下,"姑娘"会继续"写"。每年请来的"姑娘",字迹有别。如果抬托盘的女孩子累了,跟"姑娘"请示一下,"姑娘"同意的话,就可以换人了。人们问话时,都要先拜三拜,不论问什么基本都能得到回答。如果答案是无法辨认的、花里胡哨的花纹,围观的人还需说:"瞧这位屙缸姑娘多乖巧啊,她描花描得多好看啊。"

完事后,人们须将"姑娘"用淘米的筲箕依原样送回原屙缸。如有人出言不逊,冒犯了"姑娘",当天晚上淘米筲箕会在夜间不断地发出响声。据说,这意味着姑娘未回。如此,第二天大家还得和紫姑讲讲好话,再把她虔诚地送回去。由于紫姑干的活都是倒屙缸、刷马桶的脏活、粗活,有的地方就以请水缸姑娘、井头姑娘代之,以示姑娘的清白,但形式、过程一样。

正月十四请屙缸姑娘在旧时作为农村对俗神的信仰而存在,随着城镇化的建设,该习俗也在当地民间已不多见,只有在偏僻的小山村还有请屙缸姑娘这一习俗。

参见〔清〕史致训等撰修:光绪《定海厅志》,上海书店 1993 年版;王万盈、何维娜、魏亭编著:《宁波风物志》,宁波出版社 2012 年版,第 52 页;宁波市文化广电新闻出版局编:《甬上风物:宁波市非物质文化遗产田野调查·镇海》,宁波出版社 2009 年版,第 117 页。

拜　忏

拜忏是宁波民间颇为流行的民间信仰习俗,从形式上看,拜忏属于一种纯粹的佛教超度仪式,然而从拜忏者的心理动机与出发点考虑,拜忏则属于一种极为世俗的行为。拜忏的目的,简言之,就是通过仪式将死者的灵魂介绍给佛或菩萨,希望他们在超度的过程中给予死者格外的照顾和帮助。宁波方言中把祈求和希冀称为"忏念",这就透露出这一仪式的根本出发点。

拜忏不同于水陆法会等佛教仪式需要信徒前去寺庙参加,拜忏的仪式可以在居民家中举行,并没有特别的地点规定。同时,拜忏仪式的举行也没有特定时间,理论上说,一天二十四小时都可举行拜忏仪式。举行仪式时,信徒须在家中主位设"菩萨桌"。所谓"菩萨桌"就是将家中的八仙桌加高成高台,置桌围,桌前搭一个框型的门饰,称为"唤门",以香烛供以水果、糕点、净茶。"菩萨桌"前置一张供信徒诵经用的长条桌。在"菩萨桌"的右首另置一张"阴位桌",以香烛供死者灵位,即被"介绍"者的座位。"阴位桌"边放置纸钱、纸做的钱箱及纸做的家具、器物,发展到当代,有纸做的电视机、电冰箱、轿车等。拜忏的目的就是将"阴位桌"上的供主介绍给"菩萨桌"上的神,以求得到他们的保佑和超度。

一切准备妥当后,人们先举行"开忏"仪式,相当于"请神"和"引见"。佛事执事先在"菩萨桌"前念《杨枝引水》《大悲咒》《十小咒》等经书以请神,并表达敬神之意。随后由死者家属各人分别拿一支"菩萨桌"上的香火,将之引到"阴位桌"的香炉内,引入过程中持香人口宣佛号,称为"接香"。接香后,众人在"阴位桌"前念《弥陀经》《往生咒》等经文,以示接洽关系,并点明主题。

"开忏"仪式结束后便可举行正式的"拜忏"仪式。"拜忏"仪式开始时,先由佛事执事七人站在长条桌前,面对"菩萨桌"诵经。根据家属要求,佛事执事在各种"忏念"仪式中选取一种,如壬申忏、十王忏、地藏忏、阎王忏、梁王忏等,其意义相当于在诸神之中具体地拜托一位,落实责任制。随后,诵经人根据不同的"忏念"念相关的佛经。每念到佛号时,家属都要随诵经人一起叩拜,这也就是"拜忏"名称的出处。

最后举行的是"通疏"仪式。这一仪式相当于把被拜托的阴魂具体情况介绍给有关神。仪式开始之前要事先写好一红一黄两纸"疏头",内容一样。"疏头"中写明被介绍灵魂的姓名、籍贯、生卒、性状等,并有程式化的祷念词。仪式完毕,将红疏烧给神,作为副本的黄疏烧给死者本人,然后焚烧纸钱、钱箱及器物,意为让死者带入冥间享用。民间有一种说法,这些钱币和器物通过拜忏仪式可以一变七,七变四十九,这样以七的倍数不断地增加,以至于永恒而万世享用不尽。在"开忏""拜忏"和"通疏"三个仪式的间隙,佛事稍事停顿,执事休息,家属则在此间上供,通常供以"五素三饭",以作享神。

参见周时奋:《宁波老俗》,宁波出版社 2008 年版,第 123 页。

葛仙翁信俗

葛仙翁信俗是在全国比较普遍的信俗。在宁波,以北仑灵峰山为祖庭的葛洪信仰是浙东地区最有代表性、最有广泛性的群众信俗。葛仙翁信仰不同于宗教,没有严格的传承和经典,但保留着最原始的多神崇拜和医药崇拜痕迹,并有良好的道德示范性。

葛仙翁姓葛名洪,生于西晋太康五年(284),字稚子,自号抱朴子,江苏丹阳句容县人。据说当时东晋政权腐败,民心散乱,葛洪所居的东沙湾将发生大地坍陷的劫难。灾难降临时,葛洪背着母亲西逃离开东沙湾,从此定居于大碶的灵峰山,并在灵峰山上搭茅房炼丹,此外还在山上挖中草药为当地百姓治病,还治愈了当地的瘟疫,被人们传为百病可治的神医。同时,因为葛洪"背母逃难"的神话传说,民间还把他列为"二十四孝子"之一及九十二位仙人之一。为了纪念葛洪,当地人根据葛洪"儒道调和,相互补充"的理念,建成了一个佛道合一的奇特寺院:前面为有天王殿、大雄宝殿的佛寺,后面为有葛仙殿和圣母殿的道观。这种非道非佛的寺院,过去道教不承认它,佛教也不承认它,成为宗教界的"孤家寡人"。正是这种宗教史上罕见的现象,反倒成为今天不可多得的文化遗产。从浙东各地的葛洪遗迹调查看,被称为灵峰的遗迹竟达 72 处之多,但均属祭祀葛洪的"小灵峰",唯北仑灵峰

葛仙翁信俗

寺才称为"大灵峰",才被人们认为是葛洪真正的传道炼丹的大本营,因此成千上万的人都来这里拜谒。此地香火渐旺,成为浙东地区一道独特的文化景观。

灵峰寺位于北仑大碶街道西面 15 千米的瓶壶山巅开阔处,山因灵峰寺闻名,取名灵峰山。灵峰寺历史悠久,与洛阳白马寺齐名,北宋治平元年(1064)敕赐"灵峰寺"。寺后来被毁,清光绪年间(1875—1908)重建,到"文化大革命"时,全部被拆。1992 年,宁波市批准重建。

四月初十是葛仙翁葛洪的生日,每逢这一天,远近数百里的香客皆来灵峰寺进香求药。灵峰寺葛仙翁信仰的主要内容有"坐夜""三步一拜""求药""买戒牒""赶茅洋"五项。"坐夜"又称"守庚申""守三尸""斩三尸",是指善男信女于庚申日在灵峰山上通宵静坐不眠,以消灭"三尸",该风俗从唐代流传至今,已有千年历史;"三步一拜"指的是香客们从灵峰山脚开始,走三步跪地拜一拜,一直拜到山顶,以此表示对葛仙翁的虔诚,认为如此便能得到葛仙翁的赐药;"求药"阶段,香客们在葛仙翁菩萨前烧香烛,阐明病情并跪拜许愿,随后在山上摘些树叶、草根或被称为"仙水"的井水作为信物,带回给病人服用;"买戒牒"中的戒牒是长尺余、宽 4 寸的纸牒,纸牒上印有灵峰寺的红印,传说此牒能消灾减祸、祛病,田稻发病时也可烧此牒以求去水稻瘟疫;"赶茅洋"是指香客们前往灵峰寺后六七里处的茅洋庵(望娘岗),相传此处是葛翁菩萨望娘处,若去此庵进香,能使儿孙孝顺。

葛洪以采炼丹药、"走方郎中"的形象走进浙东民间,并在这里被神化,成为普通百姓世代相传的一种民间信仰,寄托精神情感,发扬道德传统。

参见宁波市文化广电新闻出版局编:《甬上风物:宁波市非物质文化遗产田野调查·北仑》,宁波出版社 2009 年版,第 99 页。

茅洋寺葛仙圣母习俗

茅洋寺坐落于宁波市北仑区小港镇依山村茅洋岗上,距今已有千年历史。茅洋寺始建于西晋,盛举于唐,最后前身古刹建于北宋治平四年(1067),至 20 世纪 50 年代毁为平地,成为荒山野岗。2001 年 3 月,经国家批准,在原来废墟上重建此寺。茅洋寺地理独特,原为洋中之山,山中之峰,峰中之天,为天灯阴阳八卦型(又像金燕栖窝)。东为"金龙沐日卧山岗",西为"银虎赏月安守门",南为"朱雀息在大元宝",北为"玄门大开通四海"。其地常年云雾缭绕,清凉无染。禅寺占地面积 20 亩,建有天王殿、大雄宝殿、三圣殿、圣母殿、地藏殿、放生池及方丈室、厢房等。周围的景点规划为十处:景区牌坊、茅洋宾馆、天然浴池、仙人洞天、多宝佛塔、望娘阁楼、茅洋禅寺、圣母道地、休闲游艺、灵峰公路。

据传茅洋寺是葛仙圣母修道成佛之地。葛仙翁名葛洪,祖籍江苏句容。其母葛门洪氏名翠凤,生于孙吴末帝元兴元年(264)四月初十,葛母20岁生葛洪,28岁丧偶,后与长子及长子媳移居于浙江舟山东湾。传说当时东晋政权腐败,民心散乱,东湾将发生大地坍陷的劫难。玉帝委派吕仙下凡,以卖油为名试探人心,拯救心地善良的凡人逃离劫难。吕仙卖油不论大桶小壶只收分文,众人贪财,心中庆幸。只有葛氏翠凤知书达理,洁身自好,教育儿子以劳动为荣,不要占别人小便宜,将多得之油退回。吕仙感动,告诉葛洪东湾将发生大地坍陷的劫难,若庙前石狮子眼睛出血,只要背母亲向西逃跑就能避免遭劫。一日,葛洪果然发现庙前石狮子眼睛出血,在神仙的点拨下,当即背着母亲向西而逃,躲过了东湾坍陷的劫难。自此之后,葛母在茅洋岗,葛洪在灵峰定居修炼。两人坚持采药炼丹,救治百姓,功德累累,终于感动了上苍,极乐成仙,并为民众所祭祀。

农历四月初一至初十是茅洋禅寺香客进香的日子,而初十那天则是葛先翁圣母生日的日子。这一日在进山朝拜之前,多数香客有四个步骤。第一步在临行前需要洗澡洁身,夫妻分床而睡,并全身里里外外换上经过洗涤的干净衣服。由于农历四月初八是葛仙翁的生日,因此大家一般先到灵峰禅寺向葛仙翁拜生。第二步是四月初九十二点后,由灵峰禅寺启程前往茅洋禅寺向葛仙圣母拜生。据传,葛仙圣母向朝拜者每人赠送白银一千两,存入阴间钱庄,供拜生者离世后在阴间使用,故有"灵峰转茅洋,白银一千两"之说。第三步是敬香朝拜。香客们到茅洋禅寺后,点燃自带的或在禅寺里买的清香,拜上三拜,插入香炉内。随后,香客在圣母殿朝拜圣母,随缘乐助,把钱投入功德箱内。第四步是请戒牒,又称请"关牒"。香客朝拜葛仙圣母后到禅寺法师处请戒牒。戒牒分红黄两色。红色戒牒之妙用在于保佑香客广进财源、兴旺发达、平安消灾。黄色戒牒用作已亡先考、先妣及上代祖宗的寿终冥钱,可超生避

茅洋寺葛仙圣母习俗

邪,解冤结、结缘等。传说农作物、牲畜有戒牒保护可不生病,孕妇有戒牒则可安胎、催生。

参见宁波市文化广电新闻出版局编:《甬上风物:宁波市非物质文化遗产田野调查·北仑》,宁波出版社 2009 年版,第 106 页。

走八寺拜十桥

旧时宁波妇女在正月有"走八寺、拜十桥"习俗。"拜十桥"又称"走十桥","走八寺"也叫"拜八庙",此习俗源于何时已无从考证。但约在 19 世纪 60 年代,宁波民众已有"走十桥"之举,以后慢慢扩展到走庵、走庙。传说"拜八寺"与"走十桥"的习俗与人死之后见阎王、过奈何桥有关。民间传说认为人死后会去阴曹地府见十殿阎王,这一段阴阳之间的路十分坎坷,黑白无常会押解着亡魂走十庙和十桥,而最艰险的就是过"奈何桥"。"奈何桥"非常难走,并能分辨人的善恶,善者有神佛护佑顺利过桥,恶者被打入血河池受罪。于是,百姓就相信在生前多祭拜菩萨、桥神等各方神圣,以求得神佛的庇护,能够让自己的灵魂在阴间得到更多便利,走奈何桥时会变得容易。

"走八寺"有两种走法,一种是"小八寺"。从正月初八开始,八月初八走头八寺,八月十八走中八寺,八月二十八走后八寺。一种是"大八寺",每到农历二月初八、八月初八,一天内走八个寺。具体的八寺根据地区不同有所差异。妇女们在走八寺时,每走一座寺庙都要点香插烛、跪拜、祈祷,口里念道:"拜八寺,求八寺,求一来生好八字。"这是因为"八"与"发"谐音,"八寺"又与"八字"发音相似,因此人们认为可以通过"走八寺"为来世修一个好八字,祈祷下一世自己和家人都能一生富贵、平安长寿、和谐安康。

"正月十四走十桥"的十桥不像"八寺"那样有比较固定的场所,这"十桥"无论是木桥还是石桥都可以。正月十四夜圆月初升之时,就有妇女肩挎香袋出门,每到一桥必焚香燃烛,然后三步一拜过桥。拜桥神的目的是期盼桥神相助,让来生有个美满婚姻。"拜十桥"不能走回头路,否则来生婚姻必受挫折。到了第一个桥头要念:"第一座是金桥,金打金锁金链条,风吹吹,浪漂漂,童男童女扶过桥。"接下来每过一桥,分别冠以"银、铜、锡、铁、竹、石、木、板、草"等字。

象山地区,则是在农历正月初十有着走十桥十庙的习俗,定海则称之为"烧十庙,拜十桥"。参与这项活动的多为中老年妇女,每队由十人组成。到初十这天,一对对肩背念佛袋的妇女必须清晨出门,行至晚上才能到家。她们走在乡间道上,每至一桥,在桥头旁燃烛一副,点香三烛,并烧土地经,然后按长幼次序成对牵手过桥。在过桥时,大家齐诵"童男童女牵过桥",反复齐诵,直至最后一对过桥。她们逢庙必参拜菩萨,献上供品,再排队许愿,每队由一人领诵,众人跟诵。每人烧烛一副,点香一束,先拜天地,后拜庙里的满堂菩萨,然后烧观音经、财神经、土地经等。必须注意的是,起点桥、庙一般选本村的(若本村无庙,选附近村庙),走时道路不能重复(原路返回意为不吉利),人们往往是走了数十里,绕个大圈子才回到本村。所以整个活动需要整整一天才能完成全部路程。走十桥十庙是一种祛灾祈福活动。走十桥的目的是将邪气、晦气抛于桥后,以消疾病,并求新年好运。

拜八庙、走十桥参与的人群几乎都是妇女,这是由于旧时宁波沿海居民多靠捕鱼为生,妇女常常与出海生产的家人分别,而每次分别又有前途未卜的担忧,因此,这种寄托精神的神佛信仰对她们来说尤为重要。拜十庙、走十桥这种大规模的活动几乎成为海岛妇女的一个节日,她们聚在一起参加这移动中的庙会,其中的娱乐、社交功能也不可忽视。

参见宁波市鄞州区地方志编纂委员会编:《宁波市鄞州区志(1978—2008)》,浙江古籍出版社 2016 年版,第 1815 页;宁波市文化广电新闻出版局编:《甬上风物:宁波市非物质文化遗产田野调查·北仑》,宁波出版社 2009 年版,第 190 页;张行周编:《宁波习俗丛谈》,民主出版社 1973 年版,第110 页。

石浦如意信俗

"如意娘娘"信俗是浙江沿海渔民在出海劳作及祈求平安中产生的信仰,后又演化为大陆象山石浦和台湾台东小石浦海峡两岸共同祭拜"如意娘娘"的习俗。

据象山当地传说,"如意娘娘"是"妈祖娘娘"的妹妹,也是象山渔山岛上的渔家少女。如意娘娘的父亲出海采贝时不幸落崖身亡,她从家中赶回,得知父亲身亡地点后,二话不说便纵身跃入海中殉葬。众人大惊,只见姑娘投身的海面上浮起了一块木板。人们既为姑娘的孝心所感动,又为神奇的木板所震惊,因此以木板与少女塑像建庙于岛上,后来称之为如意娘娘庙。该庙至 1965 年因台风倒废,1990 年由富岗村、渔山村集资重修,至今庙宇完好,香火不绝。

象山渔山岛建如意娘娘庙之后,1955 年,国民党撤退时将渔山岛 587 人统称"义胞",打算带至台湾。渔山岛居民撤退前,以柯位林为代表的渔民决心要把本岛如意娘娘一起带至台湾。若干年后,去台的渔山人建设了台东富岗新村,在村中建"海神庙"以安置故乡带去的如意娘娘塑身,仍以故乡旧民俗的方式在台湾祈祷如意娘娘保佑百姓讨海平安,生活安康。因思念故土,富岗新村逐渐被众人爱称为台湾的"小石浦"。2007 年 7 月 27 日,台东富岗村村民柯位林率渔山岛原住民与后代组团的 54 人,首次奉台湾如意娘娘赴故土渔山岛祈福祭祖,开创了两岸娘娘神明省亲迎亲习俗。

如意娘娘的迎亲基本习俗是从老仪式中延伸发展而成,同时又有创新。首先为起身祭。如意娘娘在富岗海神庙动身前一天,庙里要为她诵经祭拜。人们置八仙桌几台,放鸡、鸭、鱼、肉、水果、饼干等祭品,祭祠告知娘娘,某年某月某日,因何要起身回大陆家乡省亲。其次是落地祭。当如意娘娘到达家乡之后,接待方要摆祭桌,置祭品鸡、蛋、鱼、肉,备酒及老式酒杯,置香炉。请吹打乐队迎候,并组织村中信徒几百人,每人持香接驾。对方省亲队伍要在村外下车,步行进村,由己方铜鼓队开道。当娘娘坐轿到接待方祭桌前,要停轿受拜,人们念经烧纸,然后共迎娘娘进庙进村。落地祭之后是守夜。如意娘娘省亲来访,一般都要在客庙住上几天,夜间香火与陪客不能断。主客双方各指派信徒 4～6 人负责夜间通宵上香、陪护,称为"守夜"。此外还有神明之间的往来赠礼,礼品轻重不计。如 2007 年 9 月,福岗村海神庙赠东门岛妈祖庙功德红包 1200 元,"安澜赐福"旌旗一面。东门妈祖庙回赠红包人民币 1888.88 元,"百世蒙庥"旌旗一面。除了神明之间的往来外,当地信徒对于远道而来的客神如意娘娘还有"客祭"。众人至娘娘处烧香礼拜,男人祈祷合境平安,女人祈祷生活安康,姑娘祈祷美丽快乐,孩子祈祷学业有成。客祭一般只上香,个人不设祭品。待所有事物皆了,如意娘娘便要回程,起身之日,人们同样要在村口祭拜欢送,称为"送别祭",仪式与落地祭相同,只不过娘娘回程时,众信徒要护送她一程。最后是回庙祭,是如意娘娘返回台湾本庙后的香火祭拜仪式,以告慰娘娘一路辛苦,平安到家。

如意娘娘信俗作为两岸石浦人一脉相承的古老习俗,已被命名为"石浦—富岗如意信俗",列入国家级非物质文化遗产名录,这是中国唯一包括海峡两岸民俗文化的国家级"非遗"项目。

参见宁波市文化广电新闻出版局编:《甬上风物:宁波市非物质文化遗产田野调查·象山》,宁波出版社 2009 年版,第 256 页。

请龙祈雨

古代中国是一个以农业为主的国家,粮食的收成与人民生活息息相关,因而作为影响粮食收成的雨水不但受到朝廷的重视,也受到广大农民的重视。旧时人们普遍认为,龙王爷掌管天下雨露,若天降大旱,必定是因为得罪了龙王爷,需要举行一系列形式不一的祭祀来求雨,以求龙王开恩,赐雨人间。具体的求雨仪式随着地区的不同亦略有不同。

宁波慈溪地区在求雨之前一般都先晒龙王,将家庙中的龙神塑像抬出神龛,将其晒在天井中的烈日底下。农民们焚香膜拜,祈求龙王降雨在人间。若是再不下雨,人们则报请族长,说龙神已经扛出,需到龙潭求雨。随后选出良辰吉日,由旗锣开道,跟着青、黄、赤、白、黑五色共12面旗子。旗仗后面由族长手持三柱点燃着的清香,领着龙王菩萨前行。龙王之后则有两人抬着盛有清水的"龙桶"以作"养龙"之用。龙桶后面是手持法器的道士。

到龙潭之后,先由道士点燃香烛,边摇铃念经边作法,身旁众人敲响锣鼓,吹奏唢呐。待道士念完经咒,农民们便用木棒、旗杆在龙潭里搅拌,将发现的鱼、泥鳅、田鸡、虾等活物作为"龙"抓起来,养在放着清水的龙桶里,盖上盖,由道士贴上封皮符咒,放入龙桶抬回来。若是龙潭里没有动物,则需到山坡上捉一条四脚蛇或田鸡之类的动物作为"龙"封入桶中。捉到"龙"后,迎神队伍依旧以旗开道而回,途经每一个大晒场时必定表演一番,直到回到家庙。到家庙后,人们将龙神塑像抬回家庙中的神龛里,把龙桶供在龙神面前的香案上,直到下雨之后才把请来的"龙"等小动物放回河里。

象山地区的求雨方式与慈溪略有不同。若遇大旱,人们一般都是请算命先生择选定一个"大雨生"的日子,如"壬戌癸亥,平地作海"这样的日子。随后由族长出面召集几百人组成大刀队、棍棒队、长枪队、响钹队等进行训练,并购买供品、制作两顶鼓轿及雨旗、准备瓷瓶、选择龙潭、聘请鼓乐队等,做好祈雨的事先准备。

到黄道吉日的那一天,由四人或八人组成雨旗队,雨旗的数量与求雨时途径的村庄数量相同,旗上书"向某某神龙祈求降雨,保五谷丰登"等字。雨旗队之后是鼓轿,轿内放有盛着洁净清水的瓷瓶。鼓轿之后跟着由18名背着大刀的青年男子所组成的大刀队,大刀队后是18名响钹队男子,响钹队后是18名男子组成的棍棒队,此三队称为护卫队。护卫队后是鼓乐队、鞭炮队和尾随保驾的武术队。到龙潭之后,供上祭品,由道士念咒施法,并将潭中出现的动物作为"龙",用网兜捞起后放入鼓轿瓷瓶之中抬回村中。路上的行人要避让一边,并且不可戴帽子和打伞。每过一村,该村村长焚香跪拜轿中"神龙",将雨旗拆下一节,意为该村会降雨。到本村祠堂后,将"龙神"请入正厅,直到降雨后方才将捕捉来的"龙神"送回龙潭。

拜龙王求雨这一延续千百年的民间习俗蕴含着人们对丰收的希望和对风调雨顺的祈求,是信天、信神理念下百姓的一种精神寄托。

参见宁波市文化广电新闻出版局编:《甬上风物:宁波市非物质文化遗产田野调查·鄞州》,宁波出版社2009年版,第137页。

商民信仰

自古以来宁波就有极为浓厚的崇商风气,甬人谋业商界成为巨贾者甚多,民国《鄞县通志·礼俗》篇载:"本邑为通商大埠,习与性成,兼之生计日绌,故高小毕业者,父兄即命之学贾。而肄业中学者,其志亦在通晓英、算为异日得商界优越之位置,往往有毕业中学不逾时即改为商。即大学毕业或自欧美留学而归者,一遇有商业高等地位,亦尽弃其学而为之。故入仕途者既属寥寥,即愿拥皋皮而终身为教师者,十之中亦不过三四。"又记:"商业为邑人所擅长,惟迩年生齿日盛,地之所产不给于用,本埠既无可发展,不得不四出经营以谋生活……邑人之足迹尤以上海为最盛,经商于此者,溪啻二三万人,故有第二故乡之谚。"因此,宁波崇商风气所及,城区街道巷弄多以集市、店铺、商号集中地冠名,也有以市集集期冠名,如南门三市。

宁波自古以来崇商风气的盛行,也使得商业信仰氛围浓厚。商业信仰主要有财神信仰和谢年等。

旧时商人信财神,店堂设财神堂。财神神像有泥塑、木雕、彩瓷、白瓷、神纸等多种。有的在偶像背孔内垂一条"银菱"。新店开张,人们在偶像内塞进一只活癞蛤蟆,以牛皮纸封口,久之成为蛤蟆干,谓可得灵验。平日,人们供以清香、净茶,初一、月半置素食,端午供粽子,中秋供月饼。学徒进店要先拜财神。

正月初五为财神日,亦称五路财神日。商界习俗,初五五更祀神,人们于椅背挂神纸,燃檀香,点足斤重的红烛,供糕饼、干果、水果。祭礼同民间各业,稍异处为"牲礼"虚称"全猪全羊",即猪头加猪尾,羊头羊尾中加羊肉一刀。供品要公鸡、雄鹅,意为"鸡啼鹅叫",商店会发;要两条金黄透鲜黄鱼,或用一对活的"鲜鲤鱼",供毕由两人放生江河中,讨"生意兴隆通四海,财源茂盛达三江"的彩头。接财神时店主手执三炷香,从屋外蹑步摇香至店堂,示意财神已被接进店内,而后按程序膜拜。是日,第一个顾客登门,店方奉上"元宝茶",以示开笔赚元宝。请过财神,店主、同行间相互轮流办"分岁酒",以时新佳肴宴客,联络商谊,洽谈生意。

商家一年中将端午、中秋、岁终视作大节,尤以岁终为重。谢年礼仪与民间相同,其特殊一点就是以能否参加祀神膜拜表明店员明年的去留,俗称"拜神无份卷铺盖",是一条不成文的习俗。谢年祀神前,老板、阿大或经理依店内职务指名邀拜,若内中某人未被邀请,即为解雇,也有告知"另请高就"的。店员众多的商店老板、阿大事先书就名单,按单邀请,以防出错。故谢年时,店员多提心吊胆,唯恐拜神无份,饭碗敲碎。是夕,人们亦吃汁水青菜年糕汤,意为年年高、油水足。然后在财神堂上吊纸元宝,洋箱(保险箱)贴上"一本万利""宝藏兴焉"等吉词。行贩亦在钱桶上贴财神纸,秤尾扎上红头绳,秤钩吊起纸元宝。

参见王万盈、何维娜、魏亭编著:《宁波风物志》,宁波出版社 2012 年版,第 130 页;陈训正编纂:民国《鄞县通志》,成文出版社 1974 年版,第 2630 页。

渔民信仰

宁波滨海,渔业资源极为丰富,渔业生产自古以来是宁波地区最重要的生产之一,在长期的江海渔业生产中,宁波渔民形成了自己独特的习俗和信仰。

出海捕鱼需要船,因此渔船是渔民最重要的生产资料。造渔船对渔民来说是一件大事,于是就形成了浙东很有特色的造船习俗。关于这点,前文"渔事习俗"已经有述,不再赘言。

渔业生产也有许多习俗。如渔船出海捕鱼称"开洋"。"开洋"时,人们要在船上祭告神灵,向神灵行跪叩礼后烧化疏牒,称为"行文书"。船老大捧一杯酒泼入海中,并把少量肉块抛到海里,成为"酬游魂",以祈祷渔船出海顺风顺水。渔民在船上吃饭时,先向海上撒饭,称为"结缘"。渔船回港称为"拢洋"。渔汛过去,渔船修整不出洋称为"谢洋"等。出海后的渔船上还有许多禁忌,如渔民在渔船之上不许把双脚荡出船外,据说可以避免"水鬼拖脚",坠入海中;因为姿势像哭,所以渔民坐在船上之时,不许将头搁在膝盖上,手捧膝盖;不许在船上吹口哨,以免招风引浪;不许拍手示意打招呼,因为拍手意味着两手空

渔民信仰

空,无鱼可抓。

汉民族自古重视拜龙王,宁波一带渔民更是把龙当作神圣的图腾,敬畏有加。人们认为海龙王既是主宰大海的神,也是主宰渔民命运的神,海龙王能保佑他们出海平安,鱼虾满仓,生活幸福。于是,一批有关"龙"的词语就进入了方言中。如木龙是对渔船的尊称;龙骨,船的骨架;龙筋,船底正中的筋木;龙桠头,船嘴;龙裤,渔民出海时穿的大裤管裤子;龙巾,渔姑戴的花头巾;龙化水,海上飓风;龙光闪,闪电;活龙介,形容鲜活的样子;祭龙王,渔汛到来出海捕鱼前的祭海;谢龙王,渔汛结束后庆丰收的一种活动等,都颇具海洋文化特色。

潮水崇拜也是浙东尤其是宁波地区渔业生产的一个民俗特色。捕鱼跟潮水有密切关系,大潮、涨潮往往是捕捞的好时机,涨潮又象征着丰收发财、兴旺发达,因而形成了对大潮尤其是涨潮的崇拜。浙东沿海一带举凡造船、上梁、入殓、孵化家禽等都选择在涨潮时开始,图的就是一个"涨"字。

参见周志峰:《浙东方言与海洋文化探析》,《绍兴文理学院学报》2009 年第 2 期。

佛教信仰

宁波素有"东南佛国"之称,自 239 年孙吴东乡侯阚泽在今慈湖北畔舍宅建造宁波历史上首座佛教寺院普济教寺开始,佛教就在宁波境内流播。此后,阿育王寺、天童寺、七塔寺、雪窦寺、保国寺等一大批著名佛教寺院在宁波建立。与许多中原地区的汉人一样,宁波人在没有受到其他信仰影响以前,都以为佛是世界上唯一的真神,他们义无反顾地接受佛教的主张,使佛教在这片土地上扎根的时间比城市要早得多。695 年或者次年,宁波便建造了第一座僧伽佛塔,此时正值唐朝的天册万岁、万岁登封年间,这座塔就命名为天封塔。唐开元二十六年(738)置明州,为对外交往通道和贸易港口。日本、高丽等国僧人,或随遣唐使,或随商舶,朝礼求佛法至天童、育王山,或转道天台山,因此明州佛教勃兴。之后一度知名浙东的开元寺便建于此时。伽佛塔和开元寺这两座佛寺是三江口地区建城前的两大建筑,也是宁波地区早期建立州城的基础。毫不夸张地说,佛寺在宁波城市格局中起到了标志性的作用。唐代明州城内的几条主要道路,大体上都与佛寺有关。唐代所建的著名佛寺除开元寺外,还有瀑布观音院(后为雪窦资圣寺)、东津禅院(后为七塔寺)、岳林寺、宝陀寺等。至五代,明州为吴越王钱镠所辖,钱镠信佛护教,于明州地区增建梵宇寿昌寺、洞山寺等。到宋代,四明地区佛教更为兴盛,"缁流猥集,梵宇林立",信徒众多。南宋时朝廷钦定禅院"五山十刹",宁波地区的阿育王寺(时称广利寺)和天童寺(时称景德寺),列为"五山"之第二和第三,白莲教寺列为教院"五山十刹"中"五山"第五,雪窦资圣寺列为"十刹"之第五。宋时佛教的蓬勃兴起为以后佛教在宁波的持续发展奠定了基础,甚至影响到今天宁波民众的生活。如乾道九年(1173)鄞县人史浩于镇江金山寺做水陆斋法,启四时水陆法会,因声势浩大,得宋孝宗赐"水陆无碍道场",自此,水陆法会流行于宁波,并逐渐演变为战乱以后的一种超度法会。

由于特殊的地理位置和文化积淀的影响,当代宁波民众信仰佛教的形式与全国其他地区有明显差别,其信仰形式、精神体验、对于佛教道德原则的感受已与传统佛教相去甚远,呈现出明显的个人化倾向。据相关学者调查研究,宁波信仰佛教者经常去寺院参加佛教礼仪和活动的并不多,更多的人需要时才去,在时间安排上比较分散。77.6%的宁波佛教信徒选择在家里设佛龛礼佛,88.1%的宁波佛教信徒在家中礼佛,说明佛教生活的家庭化。宁波佛教徒对宗教的神圣性认同度较低,阅读佛经与相关佛教书籍的比例与杭州、厦门、莆田等地相较比较低,同时仅有 31.1% 的宁波佛教徒认同因果报应观念,34.4% 的佛教徒认为菩萨时刻保佑自己,远低于杭州的 88.5%、90.8%。这种信仰但不归属的宗教生活成为现代宁波佛教信仰的新特点。

参见陈训正编纂:民国《鄞县通志·政教志》,成文出版社 1974 年版,第 1267—1348 页;李向平:《信仰但不归属——以浙闽地区佛教的宗教生活为中心》,《世界宗教研究》2004 年第 4 期。

道教信仰

宁波道教始于何时已经难以稽考,相传汉时著《四明山记》的梅子真弃官隐居于四明山,其东游时挂冠处即今之鄞县梅墟。又有传说汉时上虞县令刘纲偕妻樊云翘辞官隐居于大岚山,并修道成仙,后人于其飞升处建观以表纪念的。此观于唐天宝三年(744)移建漯潑洞外。至 1116 年,即北宋政和六年,宋徽宗题门额曰:"丹山赤水洞天",建玉皇殿,封刘纲为"升玄明义真君",封樊云翘为"升真妙化元君"。南宋嘉熙初,宋理宗赐之金龙玉简。元代道士毛永贞建石田山房、清晖亭。今余姚让贤乡有白水冲瀑布,摩崖石刻"白水漯潑",传为其遗址。

除刘纲与樊云翘外,在中国道教史上有相当影响的道教人物葛洪也与宁波颇有渊源。葛洪是东晋时丹阳句容(今江苏句容)人,是东晋时期一位"博闻深恰,江左绝伦,著述篇章富于班马"的著名学者,尤精"炼丹秘术"。四十多岁时,葛洪到灵峰(今宁波北仑区大碶镇的灵峰山燕窝岩)采药炼丹。如《四明谈助》记载:"葛洪尝居灵峰炼丹,丹井犹存,久旱不涸。偶植竹箸,化竹而方,今或间生岩谷。"后葛洪又曾长期以宁海的天河作为修炼地。葛洪在天河的修炼遗址分布在大松溪两侧,即东侧的柯仙山、学士坪和西侧的天姥山抱朴洞。葛洪在宁海的传道炼丹之举,在中国道教史上留下了浓浓一笔。

唐初推崇道教,唐高宗尊老子为太上玄元皇帝,命各州置一观一寺,738年,唐政府在鄞县县治东南建造开元宫,这是宁波地区最早设立的道观。南宋和元朝时期,宁波道教最为兴盛,但始终难以和佛教相提并论,信道教者也远不及佛教。楼钥撰《蓬莱观记》云:"以吾乡一境记之,僧籍至八千人,而道流不能以百,其居才十数,而佛庐至不可数。"从明代开始,宁波地区的道教逐渐衰落,到1950年,宁波老市区仅存道教宫观7处,即佑圣观、报德观、冲虚观、吕祖殿、荧镇观、关帝庙、朱天庙,有道士50人。1953年,宁波市道教小组成立,1957年停止活动,道士仅剩8人;老市区仅存西北街佑圣观、慈城清道观。其中佑圣观始建于公元1321年(元至治元年)建,后又有明市舶太监梁瑶修葺。1694年至1730年(清康熙三十三年至雍正八年)重修扩建此观。1843年(道光二十三年)美国浸礼会医生玛高温至甬曾借观内厢房施医传教。清道观始建于公元749年(唐天宝八年),后废。1160年(南宋绍兴三十年)道士叶景虚重建此观。尚书楼钥题入观之路为"列仙游馆"。此后历代皆有重修扩建,直至"文化大革命"期间,观舍尽被拆毁殆尽。至1990年,宁波全市无道观。改革开放后,宁波地区道教有所恢复和发展,位于宁海默林镇方前村的金溪道观是目前宁波地区唯一的道教活动场所,有20名左右的道士,每天大概有50人前去叩拜。

参见俞福海主编:《宁波市志》,中华书局1995年版,第2794页;陈训正编纂:民国《鄞县通志》,成文出版社1974年版。

基督教信仰

基督教于清道光二十三年(1843)11月11日传入宁波,是随着西方列强的炮舰而传入的。最早来宁波传播基督教的是美国浸礼会医生玛高温,他设诊所于北门佑圣观厢房,施医传教,被称为近代宁波传教第一人。1847年,玛高温的中文教师周祖廉入教,成为第一个宁波籍基督教徒,入教后,周祖廉著《消罪集福真言》等书宣传教义。1844 年 6 月,美国长老会教师韦理哲夫妇来甬。是年冬,韦理哲的膳夫、广东人洪部入教,为宁波长老会发展的第一个教徒。同年,英国苏格兰长老会东方女子教育促进会的奥德绥女士至甬办女塾,是为外国人在中国所办第一所女校,1850 年妇女塾更名崇德女校,1923 年改名甬江女子中学。1851 年 2 月,美国长老会建成槐树礼拜堂,5 月建成府前礼拜堂,为宁波最早的 2 个基督教堂。随后英国长老会、美国长老会、德国福汉会、英国圣公会、美国神召会等教会机构相继在宁波建立教堂、学校、医院、孤儿院,以此为掩护进行传教。1876 年,宁波人沈恩德任宁波圣公会会长,是为英国圣公会在中国的第一个华人会长。1893 年,英国女教师华以利沙伯姐妹等 3 人至宁波传教,在张斌桥创立基督徒公会,此派在中国只有宁波设立。此后,基督教在宁波发展迅速。现在宁波市信仰基督教者超过 10 万人,入教信徒成分发生变化,一些较高学历者开始信奉基督教。

传入宁波的基督教派众多,据 1950 年调查,当时宁波共有基督教派 14 个,下属堂所 258 所,并建有三一神道院、仁爱女子圣经学院、伯特利圣经学校、华东圣经学校四所神学院。现存宁波较有名的基督教教堂主要有百年堂、圣教堂、慈城堂、镇海城关堂、镇海骆驼堂、北仑大碶堂、北仑柴桥堂、鄞县咸祥堂、鄞州邱隘圣教堂、鄞州集士港堂、慈溪逍林堂、慈溪观城堂、慈溪桥头堂、慈溪周巷堂、余姚城堂、余姚镇海堂、奉化大桥堂、宁海城关堂、宁海长街堂、象山石浦堂、象山丹城堂等。

参见俞福海主编:《宁波市志》,中华书局 1995 年版,第 2797 页。

天主教信仰

宁波天主教信仰最早出现于明代中期,由占据宁波双屿港的葡萄牙人传入。明嘉靖二十七年(1548),朱纨指挥明朝军队捣毁了宁波双屿港的葡萄牙人居留地,岛上已建的圣母无原罪大堂和小堂六七处一同被捣毁,侵占双屿港的葡萄牙人被驱逐,这也意味着天主教在宁波的传播中断。

明崇祯元年(1628),葡萄牙传教士费乐德从杭州到宁波乡村传教,发展教徒 80 人。1640 年,意大利传教士孟儒望为首任宁波天主教神父,历 5 年,入教者 560 人,其中官吏较多,并建有神父住房。1648 年,意大利传教士卫匡国来甬,设立天主堂,但很快被清兵拆毁。法国耶稣会士郭中传(又名高尚德)、利圣学于 1701 年自江西来宁波传教,在宁波居住 20 年,建立了药行街住宅和小教堂(今天主堂址)。1723 年,禁教废堂,天主教在宁波衰落。

第一次鸦片战争后,天主教传教士又把宁波作为重要的传教地区。1842年,法国味增爵会传教士顾芳济来甬传教,从此,天主教传教士纷至沓来。1870年12月8日,第四任浙江教区代牧苏凤文到宁波上任,1871年开始兴建江北天主教堂。教堂于1872年建成,定名为圣母七苦堂。1876年增建主教公署、藏经楼等,成为主教常驻堂,1887年添建钟楼。江北天主堂还是主教赵宝禄遗枢所在地。1879年,法国传教士赵宝禄至甬,1884年任浙江省代牧主教,历42年。赵宝禄在宁波权势显赫,时人称:道台一颗印,不如赵主教一封信。1926年,赵宝禄逝世于法国巴黎,其遗枢运回宁波,现置于江北岸天主堂。现今的宁波江北天主教堂具有典型的哥特式建筑风格,是国家级优秀近代建筑物,被列为浙江省重点文物保护单位和第六批全国重点文物保护单位,具有较高的历史、文化、艺术价值,是宁波市著名的旅游景点之一。

天主教传入宁波以后,积极吸纳信徒,1844年信徒有228人,1912年增加到2505人,1940年教徒达8950人,1941年有5123人。1947年,宁波代牧区改称宁波教区,戴安德任主教。新中国成立后,1951年宁波教区有信徒17300人,神父35人,修女50人,修士17人。1958年6月30日,宁波市天主教爱国会成立,徐春茂任主任,吕德意、舒其谁、李斐雅、庄中汉任副主任,是年宁波有天主教教徒5400人。"文革"期间,宁波天主教宗教活动停止。1979年12月江北岸堂恢复宗教活动,信教人数又开始增加。迄今为止,宁波有已开放的教堂和祈祷所80余处。

目前,宁波保存下来的比较完整的天主教堂有药行街天主堂、江北岸天主堂、余姚天主堂、慈溪新浦天主堂、腰塘天主堂、逍林天主堂、宁海城关天主堂、象山鱼山天主堂、象山吉港天主堂、象山石浦天主堂等。

参见王万盈、何维娜、魏亭编著:《宁波风物志》,宁波出版社2012年版,第126—127页。

伊斯兰教信仰

自宋代以来,随着明州港的对外开放,许多阿拉伯人、波斯人到宁波从事通商贸易和文化交流,一部分人在宁波定居,并一度在灵桥门内北面即现在天一广场的东端形成自己的聚居区,今天的地图上还保留着波斯巷的地名。这些来宁波经商甚至定居的阿拉伯人和波斯人把他们信仰的伊斯兰教(回教)传入宁波,同时伊斯兰教信徒重要的礼教堂——清真寺也开始在宁波建立。

北宋淳化三年(992)明州设市舶司,后建波斯馆,接待阿拉伯、波斯等商

宁波清真寺

人,伊斯兰教至此传入。北宋真宗咸平年间(998—1003),宁波的第一个清真寺始建于罗城东南的狮子桥北,元至元年间(1264—1294)迁建至海运公所以南的冲虚观前(即今天的后营巷),后一度被毁,清康熙三十八年(1699)重建于今天的海曙区月湖西后营巷,是宁波现有唯一的伊斯兰教建筑,也是浙东地区唯一的清真寺,于1981年被公布为区级重点文物保护单位。在这三次重大迁移中,宁波清真寺每一次重建的规模都比前一次有所扩大,这说明宁波文化中的伊斯兰文化不断发展壮大。同时,宁波清真寺的建筑形式也颇具特色,其总体布局、柱网型制、装饰艺术等方面,在基本遵循伊斯兰教寺院原则的同时,采用了传统的中国建筑的某些做法。如在伊斯兰世界清真寺内不设神像,也不使用描绘人物和动物等写实的图案,但在我国就不尽

伊斯兰教信仰

然,杭州凤凰寺、西安化觉巷清真寺装饰画中均有极少量的动物图案,宁波清真寺的雕刻、装饰彩画也有极少量的动物图案。伊斯兰寺院建筑原则与传统中国建筑方法,两者有机结合,形成了中国式伊斯兰教建筑风格。这在宁波乃至江浙一带都具有明显的历史文化价值,也是宁波作为历史文化名城的宝贵财富和

重要组成部分。

伊斯兰文化不仅是宁波文化的重要组成部分,而且在宁波历史文化名城建设中也具有很大的历史文化价值。伊斯兰文化自 1100 年以来在宁波大地上生根发展,它遗留下来的文物史迹对研究伊斯兰教、挖掘和研究宁波伊斯兰文化对于建设现代化港口城市有着重要作用,也可以丰富宁波城市的文化内涵,提高宁波的国际声誉。

参见黄定福:《伊斯兰文化与月湖清真寺》,《宁波经济·三江论坛》2008年第 2 期;王万盈、何维娜、魏亭编著:《宁波风物志》,宁波出版社 2012 年版,第 127 页;俞福海主编:《宁波市志》,中华书局 1995 年版,第 2808 页。

妈祖信仰

民国以前,宁波城区民众信仰繁芜,各种信仰并存,当时宁波城区有庙社 150 余个,城隍庙、永泰王庙、天后宫、文昌阁、关帝庙、岳殿、孝子烈女祠、先师庙、药王殿、花果庙等遍布宁波城厢。其中妈祖信仰是宁波民间重要的信仰之一,妈祖(天妃)庙成为信仰者重要的聚会场所。

宁波地区的妈祖信仰始自北宋晚期,源自在宁波经商的福建商帮。南宋时期,朝廷建都临安,明州成了京畿之地,当时国际交往、沿海贸易都要通过宁波港,宁波港成为全国的中心港和物资中转港。去日本、高丽的船只多在宁波放洋。浙东运河船只猛增,宁波造船业也相应发展,宁波城内商人云集,南邦、北邦、海运、漕运呈现一派兴旺景象,这就为妈祖信仰的传入奠定了社会基础,而福建商帮在宁波发迹又为妈祖信仰起了传播媒介作用,扩大了信仰群体。南宋光宗绍熙二年(1191),福建船商沈法询在宁波首立天后神龛,通过妈祖这个海上保护神,把福建船商联合起来,可以说这是宁波妈祖信仰的肇始。清代中晚期,妈祖信仰在宁波达到鼎盛,并逐渐被本地舶商和渔民认同,成为海运业的共同保护神。甬籍舶商所建规模最大、最为著名的天后宫,当属位于甬江东岸、与闽人所建的老天后宫隔江相望的"甬东天后宫"。该天后宫

妈祖信仰

又称"庆安会馆",是清咸丰三年(1853)甬籍北洋舶商(即"北号")所建,"规模宽敞,视东门旧庙有其过之",其规模之大,在当时宁波首屈一指。其南侧另有清道光年间甬籍南洋舶商(即"南号")所建的"安澜会馆"。两会馆每逢旧历妈祖诞辰和飞升之日,都要举行盛大的祭祀活动,各类地方戏剧奉于舞台,成为弘扬妈祖文化的主要场所。天后宫在人们心目中和宁波府城隍庙一样,不仅是一个供奉神像的神庙,也是一个商业活动场地,又是偶然进城的农村劳动人民和外地来客的参观游览场所。每年农历三月二十三日,天后神诞,庙内官祭,敬神演戏,轰动城厢,本来已经拥挤的东门口、江厦街更是人山人海,各行各业也可得到一笔可观收入。

随着科技进步和人类文明程度的提高,19世纪晚期,妈祖信仰衰退,天后宫成为历史遗迹。在宁波,其他天后宫都被高楼大厦所替代,唯独位于江东木行路的庆安会馆仍保留着它的建筑风貌,两根石柱上立体雕琢的青龙作为文物而被保存,"甬东天后宫碑记"也受到保护。

参见王万盈、何维娜、魏亭编著:《宁波风物志》,宁波出版社2012年版,第128页;陈焕文:《妈祖信仰及其在宁波的影响》,《宁波师院学报》1993年第1期。

江北岸天主教堂

鸦片战争以后,作为五口通商口岸之一的宁波,成为西方传教士文化入侵中国的重要桥头堡,他们的目光自然聚焦到水运便利的江北岸。1856年,浙江主教顾芳济购进江北岸土地,准备把宁波外滩建成天主教活动的中心,开设医院、施药局和育婴堂,并开始建造江北岸小圣堂。1870年,苏凤文就任浙江省第四任代牧主教,积极进行教会建设工作。从1871年开始兴建江北岸天主教堂,于1872年建成,定名为"圣母七苦堂"。成为江北岸最高建筑物。1876年,天主教堂再度扩建,成为主教驻堂,并增建了主教公署、藏经楼等。1897年添造钟楼。1980年更名为"耶稣圣心堂",总建筑面积约4380平方米。

宁波老外滩天主教堂(又名江北岸天主教堂)为砖木结构,教堂由主教公署、钟楼、本堂区、修道院、偏房等组成。教堂建筑采用单钟塔形式,主体建筑钟楼高30米左右,属典型哥特式建筑风格。老外滩天主教堂1989年被公布为浙江省省级文物保护单位,2006年6月被公布为第六批国家级重点文物保护单位,是浙江境内等级最高、现存最完整的教堂建筑,具有重要的历史、文化和艺术价值,也是当年法帝国主义入侵中国的重要见证。

江北岸天主教堂

　　宁波老外滩天主教堂坐东朝西,即大门朝西,圣坛位于东端,寓意教徒举行仪式时面对耶路撒冷圣墓,属于典型的基督教堂朝向。教堂的平面总体呈拉丁十字布局,为天主教最基本的教堂建筑形制。东西纵长 43.94 米,分别有钟楼、大厅、横翼(袖厅)、后厅(圣坛);南北横长 20.58 米,横翼各开一道侧门。大厅南侧突出,外墙专辟一间赵主教墓室,为方形抹八角平面,建筑面积 795 平方米。江北岸天主教堂设计虽然源自哥特式建筑风格,西方文化特征明显,但与西方纯正天主教堂建筑相比,其建筑形式已经产生一定变异,形成一个中西方建筑艺术交融的产物,建筑中融合了中国传统建筑的诸多成分,如采用中国传统技术容易适应的木构架抬梁式做法,在建筑材料上也采用许多本土传统材料,如用筒瓦和小青瓦盖顶;墙体基本上使用中国传统建筑常用的青石筑基,青砖砌筑;宁波地产梅园石砌造入口;门窗、地板、楼梯与扶手均用木质材料等。江北天主教堂在中国近代建筑发展史中具有不可忽视的地位,是近代中西文化交流的重要历史见证,是中西方建筑文化交融的一个缩影,从一定层面反映了中西文化特别是中西建筑文化的碰撞、冲突、融合,成为宁波近代建筑史上具有典型意义的物质沉淀和城市个性文化的历史记忆。

2014 年 7 月 28 日凌晨,已有 140 余年历史的宁波江北岸天主教主教座堂突发大火,过火面积约 500 平方米,最具标志性的钟楼被烧毁。2015 年 7 月,江北岸天主教堂修复工作全面启动,2016 年 1 月,宁波江北岸天主教堂主教堂已修复完成。

参见傅亦民:《移植和本土化——中西文化共同作用下的宁波江北天主教堂》,《中外建筑》2014 年第 2 期;张利军:《宁波外滩》,《宁波通讯》2009 年第 10 期。

庆安会馆

庆安会馆位于浙江省宁波市区三江口东岸,又称"甬东天后宫",为甬埠行驶北洋的舶商所建,始建于清道光三十年(1850),落成于咸丰三年(1853),既是祭祀天后妈祖的殿堂,又是舶商航工娱乐聚会的场所。庆安会馆不但是中国八大天后宫和七大会馆之一,同时也是江南仅存二处融天后宫与会馆于一体的古建筑群之一。2001 年 6 月,庆安会馆作为清代古建筑,被国务院公布为第五批全国重点文物保护单位,现改建为全国首家海事民俗博物馆。

庆安会馆为甬埠行驶北洋的泊商航工娱乐聚会场所,也是一座祭祀"天后神"的宫殿,也是浙江省唯一保存完整的一处会馆建筑群。会馆由甬籍舶商所建,是宁波地区规模最大、最为著名的天后宫。会馆坐东朝西,规模宏大,占地面积约为 5000 平方米,是浙东近代木结构建筑典范。会馆平面布局呈纵长方形,中轴线上的现存建筑有宫门、仪门、前戏台、正殿、后戏台、后殿、左右厢房、耳房及附属用房,占地面积约 5000 平方米。建筑上保存了 1000 多件朱金木雕,200 多件砖雕、石雕艺术品。采用宁波传统的雕刻工艺,历百余年寒暑仍不失奇妙光彩,充分体现了清代浙东地区"三雕"工艺技术的至高水平,不仅有很高的观赏价值,而且为研究我国雕刻艺术提供了实物例证。其中,朱金木雕主要使用在建筑各类构件上,以民间故事,戏曲人物为主,大多采用高浮雕和镂空雕相结合的工艺技法,经过油漆、贴金、拔朱、上彩,显得富丽堂皇、高贵典雅。砖雕则是庆安会馆建筑主要的装饰手法之一,主要分布在门楼和高大的马头墙上,雕刻的笔法细腻,画面充分运用我国传统的立体布局,众多的人物层次分明地并列于画面上,栩栩如生。其内容丰富,主题大多选自民间传说和戏曲中的传奇人物如八仙、三星、九老等,还有花鸟动物和博古。

庆安会馆是商贾、民众祭祀天后妈祖的殿堂和行业办公议事聚会的场所,是我国仅存的宫馆合一的实例。会馆内的砖雕、石雕和朱金木雕珍品,具有重要的观赏价值,也为专家、学者研究中国江南清代道光与咸丰间的雕刻艺术提供了实物资料。庆安会馆是宁波港口城市的标志性建筑,是昔日宁波港与海外各国通商、贸易和友好往来的历史见证。

参见胡新建:《宁波商会组织发展变迁史研究》,浙江大学出版社 2016年版,第 16 页。

吃丫头羹

农历正月十五日是我国民间传统的元宵节,元宵节又称"上元节",元宵节前的正月十三日为"上灯节",元宵节后的正月十八日为"落灯节",在这期间城乡各地家家户户悬挂彩灯,有的举行灯会,祠庙里唱书演戏,十分热闹。在宁波镇海城内,正月十四夜还有吃"丫头羹"的独特习俗。

"丫头羹"类似于现今"缸鸭狗"的百果甜羹。普通的"丫头羹"仅用糯米小圆子、年糕丁、花生仁、红豆、莲心、枣子、桂圆等和入白糖、桂花配合而成,香甜糯滑,别有风味。更有的会加入栗子、核桃、白果、瓜子仁、芝麻及各色各样的蜜饯,味道更可口。"丫头羹"的特点是每户人家可视各自的原料条件和口味爱好,随意增减或调换搭配原料,自由调制甜、酸、咸、香、辣各种味道,亲戚朋友相互馈赠,千家百味,尝起来别有一番滋味。

关于"丫头羹"的故事,相传唐代镇海城中有一大户人家,主子们平时已是山珍海味,日食万钱,到了岁尾年头,更是生活豪奢,但寻常美味已经难以满足大户人家的口腹之欲,于是吩咐男女佣仆,每人制作一道新奇爽口的菜肴。大家绞尽脑汁,想尽办法仍未获得好评。到了正月十四日那一天,轮到一婢女值厨,她左思右想也想不出新奇菜肴。在她苦思冥想之际,忽然心血来潮,想起甜酸咸苦辣五味中,甜味居首,平时主人每天尝咸,何不烧一甜菜,也许合主人胃口。她随即在厨房内配制干果、鲜果、蜜饯、年糕之类,放入白糖、玫瑰,混合煮成一锅甜粥,趁热上桌。婢女本是心存侥幸之心,岂料主子们对这一甜蜜蜜、美味清口的甜羹赞不绝口,甚是欣喜。除重赏婢女,提名"丫头羹"外,主人家更规定每年正月十四日夜都要吃一次丫头羹,以作纪念。

也有说在某一年的正月十四夜,有一大户人家全家出门去赏花灯,独自留下一个丫头管家。丫头忙里忙外打扫,十分疲倦,打扫完后觉得肚子饿了,看到厨房有许多剩下的乱七八糟的东西,于是她把汤圆、瓜子、花生、香蕉、苹果、橘子等都收集到一块儿,一并倒在锅子里煮着吃。正当吃得津津有味的时候,主人回来了,看到丫头正煮着东西吃,十分恼火。丫头看到主人发火,灵机一动,赶忙说:"我怕您回来肚饥,特意准备的夜宵。"主人吃过后赞不绝口。因为这个羹是丫头发明的,所以后来就叫"丫头羹"。后来,不知怎么传开了,家家户户都加以效仿,于是镇海居民就形成了这样一个正月十四吃"丫头羹"的习俗,沿袭至今。

参见贺挺主编:《宁波市故事卷》,中国民间文艺出版 1989 年版,第 461页;王万盈、何维娜、魏亭编著:《宁波风物志》,宁波出版社 2012 年版,第 51 页。

哭 嫁

结婚是人生三部曲(生、婚、死)中极为重要的一环。对于即将出嫁的女儿,父母都满含不舍和期待,希望自己女儿婚后的生活红红火火,幸福和美。在宁波的婚嫁习俗中,女儿出嫁时有母亲哭嫁习俗。

至于"哭嫁"这一习俗,一说源于传说。据传很久以前,一个忠厚的男人在前妻死后续娶了一个妻子,后妻对前妻漂亮的女儿极其嫉妒和厌恶,就将她嫁给了一个穷得叮当响的后生。女儿出嫁那天,为掩人耳目,后妻虚情假意地哭着劝女儿以后要孝顺公婆。而她给自己的女儿却找了个富家子,并在女儿出嫁时说了很多吉利话。但是,没想到前妻的女儿日子越过越好,而自己的亲生女儿被公婆家嫌弃,被丈夫抛弃,后来上吊而死。于是,人们便认为女儿出嫁前娘哭得越厉害,女儿以后的日子就会过得越好,慢慢地,哭嫁也就成为一种风俗。二说源于战国时期,赵国的公主嫁到燕国去做王后,她的母亲赵太后在临别时"持其踵,为之泣,祝曰,必勿使返"。从此以后,"哭嫁"的风俗便流传下来了。

自明、清两朝以来,在宁波鄞西一带也流行"哭嫁"的婚嫁风俗。新妇花轿出门前,其母亲和姐妹于中堂哭诉唱词以送花轿。哭词多为祝词或叮咛,如"抬得去啊,烘烘响啊",意为家业兴旺,如火如荼;或"你一人去啊,领一潮来啊",意为儿孙满堂;再或"敬重公婆敬重福,敬重丈夫有饭吃"之类。女儿也要以哭惜别,必定要以歌代语,哭唱一阵,以悲衬喜,渲染热烈的婚庆气氛。当男方花轿吹吹打打来迎娶女方时,上轿前,新娘情不自禁地抱住娘亲哭泣不止,恋恋不舍;女儿哭声很轻,而母亲却会触景生情泪汪汪地哭唱起来,其声调婉转,悠悠动听,饶有喜事情趣。而且女儿必须一直抽泣到夫家,谓之"哭轿"或"哭发"。此种做法,一是表示姑娘深感父母恩重如山,因不能服侍父母到老而痛心疾首;二是表示姑娘稳重不轻浮,不因嫁得夫家,高兴得忘了娘家。宁波民间认为，女儿出嫁时，母亲哭几回，女儿发几回，母亲哭得越伤心，女儿日后的日子会过得越红火。故有"哭得狠，发得快"的俗语。

下面是一首来自宁波民间的《哭嫁歌》，反映了宁波传统女性对婚后生活的希望与担忧，对父母亲人的不舍与眷恋，对婚姻不能自主的不平与无奈。当女儿出嫁的时候，其所有的情绪涌上心头，"哭嫁"成为一种最好的宣泄的控诉方式。

> 囡嗬囡嗬，抬担去嗬，
> 烘烘响嗬，脚踏楼梯步步高嗬！囡嗬！
> 囡嗬囡嗬，抬担去嗬，
> 进轿门嗬改七分嗬，
> 出轿门嗬改三分嗬！囡嗬！
> 囡嗬囡嗬，抬担去嗬，
> 公欢喜嗬，婆中意嗬，囡嗬！
>
> 囡嗬囡嗬！抬担起，轰轰响喔！
> 独身去，领潮来，公欢喜，婆中意，老公看见笑眯眯。
> 敬重公婆有后福，敬重丈夫有饭吃，姑娘小叔要和睦，
> 敬重田头敬重谷，敬重师傅敬重屋。

参见周时奋：《宁波老俗》，宁波出版社 2008 年版，第 124 页；鄞县民间文学集成办公室编：《中国民间文学集成浙江省、宁波市·鄞县故事歌谣谚语卷》，1988 年，第 484 页。

立夏称人

立夏是一年二十四节气之一，在古代以农为本的传统社会中，立夏占据重要地位，农民对此节气非常重视，立夏过后农民将开始投身田地，忙于农事。在立夏这一天，我国南方地区大都有着立夏称人的传统习俗，宁波民间也不例外。

旧时宁波的一些风俗传说的来源与某些历史传说有关，立夏称人，就与三国时期的孟获救阿斗一事有关。据说孟获受诸葛亮之请，答应在阿斗有难之时出手相救。因此，在司马懿俘虏了阿斗时，孟获前来相救。司马懿要他撤兵，他便向司马懿提出了每年来称阿斗体重的条件，目的是要看看小主公是否受到虐待。因为这天是立夏，孟获也就在每年的此时来称阿斗的体重。慢慢地，此事在民间也开始流传，于是便形成了立夏称人的习俗。

宁波民间以为,人尤其是孩子最易长身体的时期是在春天的"毛笋时"里,这时候人就像自然万物一样,如雨后春笋般欣欣向荣,拔节成长。因此在春去夏来的时候,人们首先要称一下体重。立夏节吃过午饭后,家家户户都会称人。秤磅尚未流行以前,人们在旧时的宁波老房的走廊梁上,挂起一杆大秤,成人双手拉住秤钩,两足悬空,司秤人瞬间移动秤锤,体重多少立马称出。由于孩童的臂力不够,通常在给孩童称重时,人们会在秤钩下悬挂一箩筐或者竹椅,让孩童在箩筐或竹椅内称重。若体重增,称"发福",体重减,谓"消肉"。如今,立夏称人,人们用一杆两米多长的大秤,将一把小藤椅挂在秤钩上,于四周搭着一个架子固定好,大秤和椅子都会缠上红绳,代表吉祥如意。称人看似简单,但里面讲究很多,如秤砣只可向外挂,"不作兴"往里移,报重量的时候,逢"九"便报"十",图个吉利。

关于立夏节称重,传统认为,可以预防疰夏。疰夏是一种季节性疾病,伴有神疲倦怠、乏力嗜睡、眩晕多汗、心烦口渴等症状,至于立夏称人是否真的能预防此疾病,还只是民间传说。在宁波镇海,每年立夏节,会"权人轻重以卜一岁壮遇,并驱疾病";定海县民众也会在立夏节饭后"称体重轻以验肥弱"。另外也有说,立夏节这一天称了体重之后,人在夏天就不怕热,不会消瘦了,否则夏季要畏夏怕热,吃不好饭,消瘦甚至有病灾。不管以上说法是否正确,立夏称人的习俗,反映的是民众对身体健康的关注,通过称重的方式了解体重情况,也寄托着民间祛病消灾、身体健康的希冀,是一种自我心理安慰,时至今日,立夏称人的习俗仍然流传。

参见王万盈、何维娜、魏亭编著:《宁波风物志》,宁波出版社2012年版,第60页;张行周编:《宁波习俗丛谈》,民主出版社1973年版,第278页。

田螺姑娘传说

"田螺姑娘传说"是一则美丽动人的民间故事。田螺姑娘故事最早出现在晋人束晰所撰《发蒙记》中:"侯官谢端,曾于海中得一大螺,中有美女,云我天汉中白水素女,天矜卿贫,令我为卿妻。"束晰的叙述虽然简略,却是传世古籍中最早的一份材料,从这个文本中我们得知田螺姑娘原型故事的最早形态是男主人公谢端得螺,田螺姑娘受上天旨意与之结为夫妇。发展到后来,"田螺姑娘"的传说更为具体化。在我国的东南沿海一带,传说是这样的:有一个以打柴为生的单身汉,有一天从山上回家,发现有人为他准备好饭菜,接连好几天都是如此情景,他甚感奇怪。有一天,他提前回家,偷偷地立在门外观察,惊讶地发现从水缸中跑出一只大田螺,那只田螺壳张开后,跳出一个貌美的姑娘,年轻人被眼前的一幕惊呆了,他果断藏起了田螺壳。原来这田螺是他祖先养育的,为了报恩,所以每天为他准备饭菜。螺壳被藏起来了,姑娘不能变回去,只好留下与年轻人成婚生子。可是当他们的孩子长到六七岁时,一起念书的同伴讥笑他母亲是田螺精。孩子回到家,告诉了母亲。田螺女十分气愤,向其丈夫索回田螺壳,然后就消失不见了。

而浙江地区的"田螺姑娘"的传说,由一位不识字的农民口述,被《中国民间故事集成·浙江卷》收录为《田螺姑娘》,似乎具有故事的原型特征。它讲:小伙子偶然拾回的田螺,养在水缸里化作螺女做了他的妻子,几年之后,只因孩子想外婆,父亲说了声:"你娘是田螺精,哪来的外婆?"螺女不能忍受这种歧视,便愤然离去了。故事中以螺女作为出身卑微、性格温顺、勤恳善良、渴望得到丈夫与世人尊重的农民妻子的象征性形象,同田螺本身的生活习性最为接近。

在浙东水乡地区,田螺姑娘的传说家喻户晓,又以流传于集士港镇万众村为核心的原鄞西广袤的广德湖地区一带为主。2013 年,该传说被列入鄞州区非物质文化遗产名录。万众村地处广德湖核心地带,作为该传说的主要发源地之一,被确立为"田螺姑娘的传说"传承基地。此后,源自浙东民间的田螺姑娘传说被编成《田螺姑娘》话剧,成为一部家喻户晓的甬剧神话剧,20 世纪 80 年代,改编成甬剧电视剧的《田螺姑娘》曾获飞天奖二等奖。

参见罗杨主编:《中国民间故事丛书·浙江宁波江东卷》,知识产权出版社 2015 年版,第 98 页;刘守华:《从〈白水素女〉到〈田螺姑娘〉——一个著名故事类型的解析》,《古典文学知识》2001 年第 3 期。

孟姜女传说

"孟姜女"传说流传范围极广,遍及全国近 20 个省市,几乎各地均设有姜女庙、姜女祠等,然而真正流传甚广、深入人心的要数浙江宁海的"孟姜女"传说,因为"浙江是南宋以来经济文化最盛之地,这里的孟姜女故事虽然产生最晚,但数量最多、文艺性最强,成为最具势力的一支"。

相传宁海桑洲外岗村是孟姜女的家乡。孟姜女长大成人后和有个叫范喜良的书生成亲。谁知小两口成亲才三天,突然间闯来一伙衙役,不容分说抓范喜良修长城去了。孟姜女在家里等着范喜良回家,她等了一年又一年,结果连个音信都没有。眼看又一个冬天到了,孟姜女放心不下,要亲自给丈夫范喜良送衣裳去。谁知孟姜女来到长城脚下,却被告知范喜良已经死了多年,尸首被填在长城里面。孟姜女闻此噩耗,就在长城下痛哭,哭倒了八百里长城。秦始皇听说孟姜女哭倒了八百里长城，非要亲自处死孟姜女不可，可是当看到孟姜女闭月羞花的美貌时，秦始皇顿时改了主意，要和孟姜女成亲。面对秦始皇的逼婚，孟姜女说，我已是范喜良的妻子，如果要我和你成亲，除非答应我三件事。而这三件事：一是给范喜良修坟立碑；二是秦始皇率文武百官给范喜良送葬；三是秦始皇同孟姜女出海游玩一天。前两件事都圆满完成，在履行第三件事即出海游玩时，孟姜女纵身跳入大海。龙王同情孟姜女的遭遇，将她接回龙宫。海面上突然掀起滔天巨浪，秦始皇看情形危险，便逃回都城去了。

在象山一带，又流传着与其他地方完全不同的版本。据传，当年秦始皇巡游渔山岛，沉湎于优美景色，再也不想回去了，于是便让一个名叫马保的人扮作他回去治理国家。谁知假扮"秦始皇"的马保是个好色之徒，阴差阳错地竟然要让秦始皇的母亲做他的妻子，而秦始皇的母亲则以建造一个太阳晒不着的东京城为条件。于是，范喜良被抓去象山东门岛外造东京城，并被冻死在那里。他的妻子孟姜女寻夫之时，被马保看上，又被要求做马保的妻子，孟姜女誓死不从，愤怒之下蹬了三蹬，东京城便沉了。

此外，宁波人还将孟姜女的传说与大陆供土地公公、台湾供土地婆婆的习俗巧妙地联系起来，显示了他们的聪明才智。同时，宁波人还根据宁海县桑州云海寺的"升天石"，编成了孟姜女与范喜良一起升天的传说，表现出宁波人对孟姜女夫妇的美好祝愿和宁波人善良、淳朴的本质。与孟姜女传说相关的就是古代传统建筑中的"压胜"习俗的形成，这一习俗不仅在北方，而且在浙东一带也有流行。

参见王晶编：《孟姜女传说》，吉林出版集团有限责任公司 2014 年版，第 28 页；叶晓慧、谢琳薇：《浅谈孟姜女故事的产生及其演变》，《社会纵横（新理论版）》2008 年第 4 期；王万盈、何维娜、魏亭编著：《宁波风物志》，宁波出版社 2012 年版，第 154—155 页。

吕祖下丹日传说

六月初一水又称为"伏前水"，是汉族地区的一种用水习俗，这一习俗主要流行于浙江宁波地区。六月初一这一天，各家于五更或黎明到河中挑水贮于缸中。伏前水贮至三伏天可用来制作酱品，据说酱品的质量远比用伏水好。又说伏前水有辟邪解毒的作用，而这一说法源于一个很有意思的民间传说。

"吕纯阳丢药箱"的传说促成了宁波人在每年六月初一挑"伏前水"的习

俗。据传,八仙之一的吕洞宾(吕祖)假扮郎中行医时,路遇一人错把有剧毒的"鲠"当"河鳗"买回家食用,就于傍晚借宿其家,以便晚上前去相救。谁知到了第二天这人竟安然无事,吕纯阳问其缘由,才知道此人前夜是心肚绞痛难忍,便顺手喝了在花瓶里已存放一年且浸过死蜈蚣的毒水,以毒攻毒,保住了性命。吕纯阳由此悟到,人的生死自有天定,行医、炼仙药还有什么用?一怒之下,将药箱丢到河里。老百姓看到仙丹溶在了河里,都跑来挑河水,认为喝了此水有辟邪解毒之功效。因为此事发生在六月初一,因此就有了六月初一挑水吃的习俗,这一天又被称为"吕祖下丹日"。

宁波镇海民众在六月初一这一天,"各家争于五更或黎明挑河水贮之",说是这天,吕祖大仙在水中下丹药。此水也称为"伏前水",宁波民众一般"取伏前水以备三伏制酱之用"。在宁海县,"黎明各家担水贮之","以作浆水不坏",这种风俗如今已经不再流行,只在乡村会偶见此俗。在宁波还有这样的传统说法,如果"吕祖下丹日"这天下雨,则被视为吉兆,若此日无雨,则认为要出现夏旱连秋现象。

参见王万盈、何维娜、魏亭编著:《宁波风物志》,宁波出版社 2012 年版,第 63 页;周时奋:《宁波老俗》,宁波出版社 2008 年版,第 28 页;鄞县地方志编纂委员会编:《鄞县志》,中华书局 1996 年版。

王乔乘鹤与宁海缑城

宁海处于祖国半月形海岸突出部、浙江省的中部,西为面海高耸的天台山脉,东是三门湾、象山港,春夏海风直入,秋冬寒流阻隔,环境宜人,为国家级生态示范区。晋代孙绰《游天台山赋》中赞谓:"涉海则有方丈蓬莱,登陆则有四明天台。皆元胜之所游化,灵仙之所窟宅。夫其峻极之状,嘉祥之美,穷山海之瑰富,尽人神之壮丽矣。"明代方孝孺赞称:"连天台之丽,接蓬岛之灵。"宁海县城称缑城,宋代《嘉定赤城志》称:"缑城以城名",宋代储国秀在《宁海县赋》中,有"缑城以北,……"的话语,说明宋代已称宁海县城内缑城。

宁海县城称缑城,得名于周灵王的太子——乘鹤王乔的典故。据说,王乔是春秋时周灵王的太子,爱好吹笙,能吹出似凤鸣般的声音。后来他遇到浮丘公,被接上嵩山修道。30 多年后,已经得道成仙的王乔,遇到名叫桓良的人,于是托桓良叫家人于七月七日在缑氏山头相见。到了这一天,果见王乔乘鹤而至,点头向大家致礼,数日后,他便离开缑氏山飞去了。当地人后来就立祠于缑氏山下,纪念王乔。成仙后的王乔,被封为"右弼真人",主管桐柏山,还掌管吴越地区的水旱。

　　五代、北宋、南宋的历代皇帝,分别给王乔加封,有"元弼真君""元应真人""善利广济真人"等名号。天台山地区的佛教寺院,还奉王乔为护法伽蓝神。王乔从缑氏山乘鹤东来,所以缑城、缑山、缑乡之名,皆源于王乔乘鹤的典故。宁海西门白鹤庙中秋节行会习俗及四乡各村建有很多白鹤庙,这些都与王乔乘鹤相关。

　　王乔乘鹤的典故,在祖国文化史上具有较高的地位,《古今图书集成》"缑山部艺文一"中载有东汉文学家蔡邕写的《王子乔碑》,讲述了延熹八年(165)王乔显灵,皇帝遣使祭祀,时人建庙之事。唐代武则天的《升仙王子碑》,碑文长达2100字,碑中写道:"嵩高岭上,虽藉浮丘之迎。缑氏峰前,终待桓良之告。傍稽素篆,仰叩元经。时将玉帝之游,乍洽琳宫之宴。仙冠岌岌,表嘉称于芙蓉。右弼巍巍,效灵官于桐柏。……乃腾芳万古,擅美千龄。"唐代诗人宋之问的《相和歌辞·王子乔》诗曰:"王子乔,爱神仙,七月七日上宾天。白虎摇瑟凤吹笙,乘骑云气吸日精。吸日精,长不归,遗庙今在而人非……。今中原缑山皆云人去庙存。"而浙东缑山佛教寺院中,供奉着道者形象的伽蓝菩萨,即王乔。缑城、缑乡建有很多白鹤庙,皆是乘鹤王乔降临浙东的纪念地。

　　参见陈梦雷编纂:《古今图书集成》,学生书局1989年版;童章回:《宁海史迹考》,宁波出版社2014年版,第104页。

梁祝传说

　　梁祝传说、白蛇传说、牛郎织女传说和孟姜女传说并称为我国民间四大传说。梁祝传说在民间流传已经有1600多年,是我国最具辐射力的口头传承艺术,可谓家喻户晓,流传深远,被誉为爱情的千古绝唱。在全国各地流传着不同的版本,但故事的大体内容是一致的。

　　在晋代,梁山伯与祝英台同窗三年,同眠三载,却未看出祝英台是女儿身。祝英台在离别之际,假装有意将自己的妹妹许配给梁山伯,其实就是自己私订终身。后来,祝英台被其父亲许配给马家公子马文才,梁山伯求婚不成,一病不起,临死前要求家人把自己葬在祝英台花轿所经之处,以使自己能看到祝英台出嫁。祝英台得知后,身穿孝服出嫁,花轿经过梁山伯坟墓时,她下轿祭拜,就在此时梁山伯墓忽然裂开,于是祝英台跳入墓中。而在宁波,与传说故事内容不同的是,梁山伯是晋代的鄞县县令,为政清廉,因得罪权贵而被残害致死,鄞县百姓为了纪念他,就在当地修墓建庙。而祝英台是上虞侠女,劫富济贫,也被权贵杀害。因为梁山伯与祝英台生前均未婚配,当地老百姓为了纪念他们,就把他们二人合葬在一起,结成"冥婚"。

梁祝传说

宁波人对"梁祝"的关心不止于爱情这一点,梁、祝二人甚至成为宁波人心中的民族英雄。宁波民间流传有梁、祝在明代托梦退倭寇的传说,有一系列关于梁山伯的清官传说、风物传说,如开仓放粮救济百姓、梁县令治水、梁县令托梦治虫、千万阴兵助康王、梁圣君庙传说、梁山伯指点缸鸭狗、梁山伯吃蛋风俗等。关于祝英台的传说也不在少数,有一只绣花鞋、祝英台打赌、清官侠女骨同穴等。宁波民众为纪念梁、祝,把夏历三月一日(梁山伯生日)定为神诞期,八月十六定为其讳日。每年三月初一、八月十六均有祀神戏和赛会,各村出纸会、旗锣、鼓亭、纱船、抬阁、高跷,精彩纷呈。坐夜香会于八月初七夜举行,拂晓自散。20世纪50年代,梁山伯庙屋被移作他用。1985年庙、墓均得到修复。近年来每年赴梁山伯庙的香客增至万人,不仅有礼佛、观光、慕名猎奇者,有祈求婚姻美满、夫妻偕老者,也有为求得子媳者。由此可见,梁祝故事对宁波民众心理的影响远远超过故事本身。

在中国,对梁祝文化进行研究与传承,始于20世纪初期,在20世纪中叶得到发展,80年代以后形成高潮。梁祝传说发展成为一种综合性的文化形态和一门具有广泛意义的学科。宁波无疑是当今梁祝文化的重要研究基地和传承地。当作为口头传说的梁祝故事,在时代变迁中面临失传危险之际,宁波从80年代起,就有意识地开展了抢救、研究工作。"东方爱城"以及"宁波梁祝文化公园"的建设,更是为梁祝文化注入了文化产业、旅游、国际爱情节等当代元素,使梁祝文化迈入现代,走向未来。

参见王万盈、何维娜、魏亭编著:《宁波风物志》,宁波出版社2012年版,第150页;俞福海主编:《宁波市志》,中华书局1995年版,第2844页。

董孝子传说

慈城镇是目前中国江南地区保存最为完整的古县城之一,被列为中国

董孝子传说（三娘井）

历史文化名镇。老城区里有 37 处国家和省、市重点文化保护单位。慈城文化源远流长，慈城文化以"慈孝"这一传统民间文化最为人知，也最有特色。2008 年，江北区（慈城）被命名为"中国慈孝文化之乡"。

慈城之所以作为慈孝文化之乡，其根本源于"董孝子传说"。关于董孝子的故事已经有 1700 多年历史。董孝子董黯，汉董仲舒六世孙。相传董黯居慈城小北门外，母亲生病，思饮故里之水——可能是因为慈城濒临姚江，古时遭咸潮入侵，其水味苦涩，不宜饮用。他竟然每天来回二十余里到大隐溪上游永昌潭担水奉母，母亲竟因而疾愈。董黯有近邻王寄，其因事亲不孝常受母亲指责，其母以董之孝行作比。顽劣的王寄竟然迁怒于董黯，等董黯外出，百般凌辱董母，致董母一病不起，不久而逝。董黯愤怒至极，但待十年后王寄母亲去世，董黯才斩杀王寄报仇，并投案到衙。汉和帝听闻，觉得其孝行卓然可嘉，不仅免除刑事处罚，还发了一道《征孝子董黯擢议郎诏》，这就是史载的"释其罪，且旌异行，召拜郎官"。董黯最后婉拒任命，归隐终老故乡。

乡贤虞翻《孝子董公赞》对此事有记录："往者孝子句章董黯，尽心色养，丧致其哀，单身林野，鸟兽归怀。怨亲之辱，白日报仇，海内闻名，昭然光著。"此后慈城姜水以其孝行改名为慈溪；而在开元年间建城时，房琯则把城市名称也从"句章县"改为"慈溪县"。

慈城因"董孝子之遗风，人知孝爱，乐循理旧矣"。董孝子之后，又出唐代孝子张无择、宋代孝子孙之翰，此二人与董黯并称慈城"三孝"，慈城因此也被称为"三孝镇"。现今，慈城还保留着众多的慈孝文化遗址，如三民路上的张孝子祠，慈湖畔的董孝子溪、孝子井、慈溪桥，孔庙内的节孝祠等。

参见〔元〕袁桷撰：延祐《四明志》卷一《沿革考》，文渊阁四库全书本。

自然禁忌

宁波海洋渔业生产发达，渔民对海洋充满敬畏与无奈，往往将生存希望寄托于海洋神灵的保佑上，因此也有许多禁忌。旧时，出海渔船上的禁忌，大多与物质缺乏、风浪危险的环境有关，而这些来自自然界的危险，给技术落后、物质贫乏的海洋渔民带来了深深的恐惧感。他们无法预料，更无法战胜这些灾害，恐惧害怕的同时，往往小心翼翼不去触碰自然界的所谓禁忌。只好通过一种神秘的禁忌观念，让人在不自觉中也得以遵循。

旧时，船户认为妇女不能下海，认为"妇女乘船舶要翻，妇女下海海要荒"，更忌讳妇女跨过龙头（船头），认为此举冒犯、亵渎神灵。在船上，船员不穿鞋，不洗脸，冬夏都要穿短裤。春汛期间，老大要穿长裤，弟兄伙计穿短裤。船上吃饭各人有固定的位子，不可错位。菜肴必须放在正中，各人只吃朝向自己一边的菜。船头借物称为"拔红头"，一般情况下人们是不借的，必须要借时应先送柴禾给对方。出海前，船上的物品只准进，不准出。待发的渔船如果送错物品，食品折钱不退还，物品待返航时再还。船员不可在桅杆至船头的部位小便，不可搁腿坐，也不可垂腿坐在船沿上；不准用不洁器物装鱼，也不可脚踢黄鱼；说话忌带"倒""翻""没"或做类似意义的活动，"倒掉"叫"卖掉"，"翻个面"叫"转个堂"，"没有"说成"满发"；不可俯睡，碗不可覆，筷子不可搁在碗上，也不可用筷子在船板上戳。此外，产房有不洁之嫌，渔民不进产房，妻子临盆前应先把男人的衣服拿出。

除了海洋禁忌外，也有对自然界的其他禁忌。埋葬过高官或富绅的山称为"风水山"，祠堂和庙宇前的树称为"风水树"。人们不可做有碍"风水"的行为，否则就会遭到神灵的报复。深山冷岙里禁呼他人的名字，人们认为这会遭精怪暗算。上山吃剩的食物忌带回家，认为吃了要肚子痛等。

这些禁忌，反映出了早期宁波民众的生活信仰，以及对自然的敬畏，值得进一步研究。

参见潘莉：《宁波曲艺与宁波民俗文化》，海洋出版社 2011 年版，第 95 页；浙江民俗学会编：《浙江风俗简志》，浙江人民出版社 1986 年版，第 118 页；周琼：《自然的崇拜与禁忌——解读民族民俗中的生态伦理精神》，《伦理学研究》2009 年第 9 期。

动植物禁忌

禁忌本是古代人敬畏超自然力量或因为迷信观念而采取的消极防范措施。它在古代社会生活中曾经起着法律一样的规范与制约作用。今天，许多禁忌随着人们认为被禁物的神秘感和迷信观念的消除已经逐渐消亡,但仍有不少禁忌遗留下来了,并且影响着人们的生活。旧时,动物、植物在人们的世界就是图腾崇拜,人们给予其美好神圣的含义;而有的动植物,人们认为其外形、声音、生活习性带有极大的神秘性,甚至与人们所敬畏的神鬼相纠缠,从而使人们产生了对这些生物的禁忌。

宁波靠海,在宁波渔民心中,无论哪种鱼都有自己的头领,如带鱼中就有"鳇带",即带鱼之"皇"。不管哪位渔民捕到它,都是敬若神明,不吃不杀,也不卖,大多放生,让它回归大海。不杀海龟也是渔人自觉遵守的习俗,在渔民心目中,龟蛇同尊,蛇在海岛就是龙的代表,而龟则是长寿吉祥的代表,伤害它们就会妨碍渔民海上作业的安全。而且海龟被捉上岸后一般都会流泪,据说被放回大海后还会回头三望,这也是渔民们认为海龟有灵性的原因,使得海龟更受尊重。

旧时宁波人视乌鸦为不祥之物,是凶鸟,遇之必遭不幸,不是有口舌事发生,就是有死伤事出现,有俗谚称"乌鸦当头过,无灾必有祸",尤其是白面乌鸦,有类似丧服之嫌,更是忌讳。所以平时生活中听见乌鸦当头鸣叫,人们就会赶紧吐一口唾沫,并念念有词:"乌老鸦,白头颈。叫两声,不要紧",或是骂几句"该死的乌鸦""破嘴老鸪"等,把它轰走,认为这样就可以解禳祛祸。

宁波人认为老鼠是子神,夜里听到老鼠动静时,不能叫,也不能赶,而是口里念念有词:"一万、二万、三万……"直到老鼠活动停止才住口,否则老鼠会把自家的财产转移出去。在浙江的其他地方,对老鼠的信俗各异。老鼠常夜里出来活动,有时其鸣叫如数铜钱一般,有俗谚称"鼠鸣如数钱声,若在前半夜主得财,若在后半夜主散财"。老鼠咬物,则主物价昂贵;咬人,若咬头发,主有喜事,若咬脚底,则主有凶事。

此外,狗是与人关系很密切的家畜之一,民间相信狗是能通神的,它的某些反常的情状有一定的预示作用。在余姚一带有人就认为,若有狗哭,则表示将有死丧事发生。

宁波人种果树时,也忌将人影"埋入"树坑,认为如果将人影埋进树坑,人就会在果树收获时死去。

参见王万盈、何维娜、魏亭编著:《宁波风物志》,宁波出版社 2012 年版,第 136 页;潘莉:《宁波曲艺与宁波民俗文化》,海洋出版社 2011 年版,第 180 页。

建房禁忌

中国是一个有 5000 年历史的文明大国,在漫长的封建社会中,积累了大量的传统习俗和文化,在建筑房屋中更是讲究甚多。旧时宁波民间多是自建房屋,建筑房屋时,对房屋选址、房门朝向等,都有着比较详细的禁忌。

根据发掘的仰韶文化遗址及河姆渡文化遗存来看,旧时祖先建巢葺屋,首先要选一个干燥良好的建宅基地,其次是房屋周围应该有水,背后靠山,最后建筑的朝向要坐北朝南。人们这样做都是为了顺应自然,与农业生产发展息息相关。在宁波房屋选址习俗中,因为庙宇面朝正南,所以建造的房子必须禁朝正南,房屋也忌正西、正北,须略偏东或偏西,否则对神不敬;建宅禁忌"门对门""门对弄""屋脊对门",否则会"相冲"。万一相冲,人们则须在门框上挂米筛、镜子、八卦图,或书写"泰山石敢当"或"姜太公在此,百无禁忌"等字样。

宁波人的房屋开门方向以东为上,称"紫气东来";居屋后墙不能靠河流溪水,认为水从后面流淌,不发家;砌房子时,西首不能高于东首,否则会冲撞青龙。如果新屋周围砌了围墙,西边千万不能开门框,这叫"白虎伸手",犯大忌;建房应单数成间,忌造双数,尤忌四间;不论贫富,厕所绝不能建在正屋的东西方;自家的房子不能比后面人家的房子高出太多,不然就会遮挡人家的财气、运道,容易引起纷争;同样,自家的房子也不能矮人家一截,不然会被人家占了"风水";与邻家同一山墙的相邻两屋称为连屋塔山,具有节约占地面积和建筑材料的优点,但借用邻舍山墙而盖的房屋滴水不能侵入邻舍地界,排水的阴沟也不能在邻舍的地界内修筑,这叫"借山不借水"。

随着社会进步、科学技术的发展,在建房时也因时制宜结合了现代的禁忌元素。如今,人们建房时,建房用地要远离大型电力发电站、高压及超高压电线密集区、输变电设备、电视和广播发射系统、通信发射台站等,因为这些地点都有着不同强度、不同频率的电磁辐射。这些辐射可能对人体健康有一定影响。

参见宁波市文化广电新闻出版局编:《甬上风物:宁波市非物质文化遗产调查·北仑》,宁波出版社 2009 年版,第 139 页;张钰粮:《中国传统禁忌在建筑选址中的表象浅析》,《创意与设计》2011 年第 3 期。

吉凶禁忌

历忌学说古已有之,战国时期已大体形成,西汉时期逐渐同历谱相结合。唐宋时期历谱逐渐发展成为历书,每年、每月、每日都有繁多的历注,吉凶宜忌项目也越来越多。因此,历书几乎成为迷信教科书。人们办事、出行、修造、会亲、求婚、安床、动土、上梁、赴任、临政、祭祀、祈福、修仓、捕捉、栽种、牧养、纳畜、开仓、出货、沐浴、剃头、穿井、迁徙、安葬等须查阅黄历或请人卜日。吉凶禁忌主要表现在人们的生活中,如鬼神禁忌、婚姻禁忌、忌属相不合结婚等。

宁波民间认为,鬼神、精灵大多在夜间或午饭后出来,因此人们忌夜间、午饭后在野外活动,如果这个时候到野外,会撞见鬼神或精灵,带来病患和灾难。特别是孕妇,更忌讳在夜间外出,否则精灵附身,会生怪胎。在宁波,农历七月十五夜,民间称"鬼节",各家在这一天都要祭祖做"七月半羹饭",或放"焰口"为野鬼安魂。有的人家还要煮熟新谷祭祖后食之,称"尝新"。俗传阴司自七月初一"放饿鬼",于是居民集资请祭司诵经念咒,并沿街设祭,用竹篮盛鱼、肉、酒及馒头、南瓜、豆腐、毛豆等 12 碗祀无主鬼魂。这一天的白天,大人一般都让孩子无事不要出去闲逛;晚上尤其禁忌小孩外出,怕小孩撞到孤魂野鬼,灾难降临。

旧时男女定亲先问生辰八字,相差六岁,为大冲,其他则有"鸡犬不和""龙虎相斗""羊落虎口"等迷信说法,认为这些也属相冲生肖,不宜结合。凡五行相克,均被人们认为天命相克而不可结合。这些禁忌大多都来自合婚时的占卜、合八字等活动。节日的禁忌就更多了,如众所周知的正月初一禁忌就是典型。

与传统历法有关的迷信说法和禁忌,就年份来说,有"牛马年,广收田,防备鸡猴饿狗年"的说法。就月份来说,有如《败月歌》所唱:"正蛇二鼠三月牛,四猴五兔六月狗,七猪八马九羊头,十月虎,满山吼,十一月鸡架上愁,腊月懒龙不抬头。"传统历每个月还有月占,例如二月月占中有"月中若能逢三卯,到处棉花豆麦宜";四月月占中有"雷鸣甲子庚辰日,须防蝗虫侵稻禾"的说法。就日子来说,有冬至日中"一日遇壬主大旱,二日遇壬小旱,三日遇壬大旱,四日遇壬五谷丰,五日遇壬大水……"的说法。关于生日,民间有"七十三,八十四,阎王不叫自己去"的说法。还有人认为九的倍数五十四、六十三、七十二等为凶年的。

参见周时奋:《宁波老俗》,宁波出版社 2008 年版,第 30 页;董董:《谈吉凶宜忌——传统历和迷信之三》,《科学与无神论》2004 年第 2 期。

凶 兆

旧时宁波民间认为,出门乌鸦聒噪,夜间乌鸦鸣叫,则必有灾,人们须吐一口唾沫,并说"不吉声消"解之。乌鸦又主火,凭叫声次数有"一声火,二声祸,三声平平过"之说。宁波人认为出门遇到花轿或僧尼为不利;路中被盲人碰触,主凶;出门遇红沙遮日,主凶,认为"出门遇红沙,到老不归家";夜闻犬吠如哭或九头鸟(夜莺)叫,大凶;见两头蛇,大凶;见家蛇,不吉,须撒茶叶拌米,口念"顺顺溜溜,快回笼去"以解魔;鸟粪污衣,主凶;猫上屋拜月,将患"邪病",须拾石头掷猫去邪;老鼠搬窝,主凶;地面冒水,称"出神",主灾;出嫁时花轿遇花轿大不利,必须抢左道上前;指甲上有白点,称"淘气星",谓将发生气恼事情。

孩子忌吃鱼子,人们认为吃后会学不好数学;忌玩火,忌站在门槛上;婴儿尿布及妇女卫生用品忌挂高处,男子忌从妇女裤下走过,称"过头势",认为走后会不吉利;铺床席不可垫双条,认为要弃福,席子不可剪角,否则成尸席,大凶。

老鼠常夜里出来活动,有时其鸣叫如数铜钱一般,有俗谚称"鼠鸣如数钱声,若在前半夜主得财,若在后半夜主散财",老鼠咬物,则主物价昂贵;咬人,若咬头发,主有喜事;若咬脚底,则主有凶事。

此外商船禁忌中,船工不得穿草鞋下船,因为草鞋无边,有"无边无岸"之嫌;又因"袜"与"没"谐音,因而称袜为"锄头套";在船上忌问何时可到,因"到"与"倒"谐音;也忌讳说"死",见到有浮尸称"元宝",并且须将船眼盖住。

在宁波民间,民众习惯设祭祀祖先的神案,神案上放置着祖先的牌位,每逢年节都要敬奉祖先,因而也形成一些禁忌。如神案上的贡品忌讳小孩去摸,如果小孩摸过贡品,祖宗就不会吃,并且在一年内不会给家人赐福。特别是堂屋的正中间供奉祖宗牌位时,忌在此屋放床睡觉,犯之会给个人或家庭带来灾难。

参见潘莉:《宁波曲艺与宁波民俗文化》,海洋出版社 2011 年版,第 96 页;宁波市文化广电新闻出版局编:《甬上风物:宁波市非物质文化遗产调查·鄞州》,宁波出版社 2009 年版,第 117 页。

它山庙会

它山庙会主要是宁波当地民众为纪念唐代鄮县县令王元暐兴修它山堰造福乡民的功绩而出现,至今已延续 1000 多年。王元暐兴修它山堰功绩,自宋代以来就受到褒奖,并为其修建"遗德庙"加以祭祀。由于三月三和十月十是王元暐夫人程素娥和王元暐的生日,也是它山堰竣工和开工的日子,因此,每逢三月三和十月十这两个日子,当地民众都要举行庆典,纪念王元暐造福桑梓、兴修水利的丰功伟绩,久而久之,鄞江镇就形成了具有双重意义的独特庙会习俗。此外,早在它山堰建成之前,当时的光溪及北溪港一带经常水道受阻,淤塞沙石,上游之水直泄鄞江,导致鄞江下游发生水涝灾害。为此,每年农历"六月六"前后,附近乡民利用农闲自发组织起来,携带土箕、沙耙、扁担、铁锹等农具掏沙清淤,修河道,治理水患,俗称"掏沙会"。后"掏沙会"废弃,改为六月六庙会。由于农历六月初适逢稻花盛开,遂加祈求境内丰收之意,又称"稻花会",与"掏沙会"正好谐音。六月六庙会期间,远村近郊的商贾蜂拥而至,摆摊设点,经商盈利。由此,鄞江桥附近逐渐形成了独具特色的会市,称为"稻花会""太平会"或"掏沙会"。

鄞江桥它山庙会,每年有三月三日、六月六日、十月十日三次。三月三、十月十庙会为期均为 2 天,二者均以祭祀为主,兼及演戏娱人娱神;六月六庙会为期 3 天,时间最长,规模也最大,主要内容除歌颂王元暐兴修水利功德之外,还增加了祭祀、商贸、旅游及文化交流等内容。

三月三日庙会正值春耕季节,插秧在即,上市商品多为犁耙、锄头、粪桶、蓑衣、戴笠等。六月六日庙会,在早稻收获前,上市商品多为竹箩、篾簟、扫帚、畚斗、镰刀等。十月十日庙会,晚稻收割,天气转冷,农民山民多采办冬令商品衣着之类,交易兴旺。其间,鄞江之上"乌山船"挤江,章溪上竹排、"小滩船"满溪,它山庙演戏,大街小巷,人山人海。当地店铺老板数月前即至宁波办货,城区商家、行贩涌至,赁房屋,租摊位,搭篷帐,临时设店摆摊。三教九流均赶集凑热闹,有算命测字、游方郎中、"祝由科"(巫医)、拔火罐、卖膏药、变戏法、拔牙齿、吹糖孩、唱小热错卖梨膏糖、"打铜宝"(赌博)、强讨饭的,等等。遇纠纷事发,由庙会社头出面调解、裁决。民国张延章《鄞城十二个月竹枝词》就记载了鄞江十月十庙会盛况:"十月田禾收欲齐,香茎芋芳炖新鸡。讨船庙会赶初十,直放鄞江到小溪。"十月十庙会又是物资交流大集,城中商人多有往来者,视作赚取额外的"窜头"(好运),而其会人山人海,累得人摇头感叹,俗称"甩头",故俚谚:"窜头鄞江桥,甩头它山庙。"这也成为宁波集市贸易习俗的独特风景。

参见李广志:《它山庙会及其文化传承》,宁波市社会科学界联合会编:《宁波市社会科学界首届学术年会文集·历史与人文》,宁波出版社 2010 年版,第 148 页;谢振岳编:《宁波节令习俗》,宁波出版社 2001 年版,第 136 页;陈训正编纂:民国《鄞县通志·文献志》,上海书店、巴蜀书社 1993 年版,第693 页。

高桥庙会

高桥庙会是鄞西最有名的庙会,相传最早始于南宋时期。宋高宗赵构建都临安后,为庆祝抗金胜利的高桥大捷,纪念在宋金大战中捐躯的宋朝将士,特地降旨建庙立祠,与民同乐。当地士绅欢欣鼓舞,遂发起迎神赛会。而农民则为庆祝丰收,祈求风调雨顺、国泰民安、人寿年丰而响应。于是人们以高桥宁德观为中心成立"高桥会",于每年农历三月初举行庙会,会期三到四天。

高桥庙会历经宋、元、明、清及民国几个时期,历经 800 余年不衰。清末民初因人口激增,生产发展,高桥庙会更趋兴旺,其规模庞大,会脚遍及高桥、白岳、望春、集士港、横街头等乡镇。每年三月初举行之际,万人空巷,赛会队伍长达两三里,庙会人数最多时达到十多万人,热闹非凡。

高桥庙会以庙脚、宗族为基础,领导机构由五柱一头组成,称为"五柱头"。高桥庙会的迎赛事项和事务就是由"五柱头"决议和操办。高桥会也有一条"净街吃素"会规,就是要保持街道清洁,要求拆除屋棚,以方便大令旗、抬阁等能顺利通行。它还规定庭室、要打扫干净,衣裤不准往外晾,并规定各家吃素,若发现食荤者,劝说无效则罚款。

迎神与赛会是高桥庙会主要内容,神轿在前,沿途爵献、看戏,赛会队伍紧跟其后。高桥会爵献多达百余处,且有抢抬神轿的习俗,即神轿至本地界,定要本地人去抬,否则风水要被别村占去。故高桥会中常因抢抬神轿而发生殴斗,俚语称"勿打勿算会"。

高桥会的迎赛日期分新老两种,1927 年高桥庙会停止前,主要是在每年农历三月初三、初四、初五三天举行。1946 年为庆祝抗战胜利,日期改为农历三月初七、初八、初九、初十四天,如果遇到大风下雨,会期延后,但赛会的预定路线、行会路线不会改变。高桥庙会整个过程主要由"菩萨出殿""踏阵""菩萨进殿"等仪式组成。

高桥庙会迎赛路线按照四天会期分四路进行,第一天初七日从高桥至望春桥,聚会在石将军庙,赛会队伍行至宁波西郊望春桥止。神轿去社坛庙过夜,社坛庙设香坛,受当地民众礼拜。第二天初八日神轿到横街头,聚会在老庙根大晒场,会过藤岭、大岙,至横街头散。神轿去集士港新凉亭过夜。第三天初九日的地点为集士港,聚会在集士港教堂桥。上午于集士港举行庙会,下午队伍去卖面桥。神轿当日去高桥庵过夜。第四天初十日的地点为高桥,聚会于高桥街至马浦之间。从上午八九点钟聚会,至中午十二点左右,赛会队伍始终原地活动。下午一点左右队伍开始徐徐行进,从高桥到便桥夹塘止。至此,高桥会赛会结束,下午两点钟左右菩萨还观进殿,整个高桥会迎赛活动告一段落。

参见鄞州区高桥镇人民政府编:《蝶乡风韵——高桥寻踪》,宁波出版社2014年版,第126页;包丹虹:《高桥传奇》,《宁波通讯》2011年第18期;宁波市文化广电新闻出版局编:《甬上风华:宁波市非物质文化遗产大观·鄞州》,宁波出版社2012年版,第284页。

胜山庙会

胜山,是钱塘江出口处杭州湾的海中孤岛,在明以前此山如镶嵌在碧波大海中的一颗"翡翠",传说是王母娘娘掉落的"翡翠",故名为悬泥山,后因明代戚继光与倭寇交战屡胜而改名为胜山。胜山下有一庙,名胜山庙。庙内有一尊戴珍珠冠、身穿大红绣袍的女神像,当地人称为"胜山娘娘",外乡人则称之为"胜山老外婆"。民间传说胜山原为海上孤岛,凡在这一带出海捕鱼的渔民遇狂风恶浪或夜归迷途时,只要口中祷念"娘娘保佑",胜山之上便会出现一盏明灯,并且海上会风平浪静,使人辨得归途方向。久而久之,胜山娘娘闻名遐迩,胜山庙会也由此而产生。

胜山庙会是慈溪当地最负盛名的传统风俗节日活动之一。庙会一般每年有三个活动时间段。

一是农历正月十三晚至十九日,称作"上灯夜"和"落灯夜"。在这段时间内,每户人家都要在门口悬挂彩灯,同时还要举行灯会游行,灯会上街穿村活动。在游行之前,组织者先向各户发出"灯包",上刻着灯会名称和征求赞助的意见,乐意赞助者用原纸包好赞助金,多少不等,当众赏赐。游行中得来的灯包费,一般多用于公益事业。

二是在每年农历二月十二至十九,称作"胜山礼拜"。活动时,走在队伍最前面的一般是清道校尉,沿街不断用水流星、火流星舞动,慢慢开道,随之有抬锣鸣锣的,紧跟的是虎头挂牌、火铳队,后面是神轿、香亭等,再下面是抬大锣、炮担,阵容强大,起到震慑倭寇的作用,跟在香亭后的是各式各样的艺术表演,如高台阁、高跷、大头和尚、布龙等。胜山镇缘堂的长龙曾闻名三北,共有60余节,长200多米,用青柴棍作舞杆,动作粗犷,气势极大,颇得民众好评。庙会时间,"行会"、舞龙、舞狮、"车子灯"等乡村队伍绵延蜿蜒,气势引人,煞是"闹猛"。

三是每年农历三月初一至初三,称作"胜山庙会"。"三月三跟庙会起,胜山庙会真闹猛。"明人程登吉的《幼学琼林》记载:三月三为"上巳",是圣母的诞辰。庙会期间,东西客商慕名而来,南北风味萃集一地,戏曲艺术各放异彩。各行各业商贩的摊头从得胜桥东首至西南山脚的沿街,甚至在胜山南山坡上想方设法搭棚设摊。集上货源充足,有春耕用的农具、山货、日用器皿杂物、文化用品等。庙会上各式小吃品种繁多:大饼油条、豆沙馒头、薄荷白印、五仁糕、藕丝糖、豆酥糖、绍兴香糕,还有广东甘蔗、山东阿胶。江湖卖艺的有变戏法的、耍杂技的、演木偶戏的、卖梨膏糖的。在胜山庙戏台上演戏,因戏台造得考究高大,看的人特别多,绍兴大戏绍剧最受欢迎。还有在胜山顶上的拳赛,俗话说"胜山顶甩拳头——拔窜头",赛事精彩激烈,动人心魄。此外,庙会上也有不少推着独轮车、撑着伞招揽病人的医生,也有搞针灸、卖草药的,人们称之为"江湖郎中"。

慈溪胜山庙会颇具影响力,规模大,范围广,热闹非凡,闻名浙东地区,上海、杭州等地民众也纷纷前来参与。胜山庙会不仅是当地民众向"胜山娘娘"祭祀祈福的日子,更是民间物资交流展销的盛会,体现着丰富多彩的民众生活,以及别具特色的民间文化。

参见〔明〕陈登吉撰:《幼学琼林》,江苏少年儿童出版社 2009 年版;慈溪市地方志编纂委员会编:《慈溪市志》,浙江人民出版社 2015 年版。

城隍庙庙会

城隍庙庙会是宁波历史上最有名和最隆重的民间盛会。明洪武年间于大嵩(乡)筑"宁波卫大嵩所城"防御倭寇,城里有座城隍庙,既管滨海之靖,又为大嵩境庙。城隍庙也由鄞县城里居民主办,庙设六境为社:东境"蓬莱会",西境"瑶池会",南境"蟠桃会",北境"天枢会",街境"中天会",所境"千秋会"。城隍庙庙会于每年清明、七月半与十月初一举行。

城隍庙会在北伐前,每年都有三次。七月半庙会期间有两个活动:七月十五日黄昏,城隍老爷要去城北门"恤孤亭",抚恤无主的孤魂野鬼,名曰"城隍抚恤";同时,人们在城隍庙大门口设和尚、道士两台焰口,祈求合境平安,名曰"太平焰口"。农历十月初一为城隍神诞日的"十月醮",又名"十月朝会",古时庙会期间除以上六境会外,尚有街村、方桥村出会相贺,规模盛大。桑文磁老先生在《大嵩十月朝会竹枝词》中赞曰:"小城十月起风波,户彩门灯杂鼓锣。肉酒摊头醉胡突,戏文场里看婆娑,……抬阁纱船锦绣车,街旁观众密如麻。北门盒子深更夜,五彩缤纷天雨花。"到近代,因破除迷信,城隍庙会遭到禁止,此后庙会也不甚热闹,除城隍爷赖信奉者保驾外,其余庙堂陈设均被捣毁破坏。而庙会至朱骝先氏主持省政时,才得以继续。民国时期,宁波警察署官员逢有难破案件,多求诸神,以得到神灵帮助,所以平剧有《打城隍》的一戏。

传统城隍庙庙会期间,一尊木雕的城隍像会被请出,坐在极其华丽的八抬大轿中,在鼓乐仪式的护卫下,在宁波主要大街巡行。庙会时,地方民间会社除了参加游艺,沿途还要不停放爆竹与火铳,有的则是奏鼓击乐,互比高低。届时,沿途百姓焚香迎拜,在县前街、东门口、灵桥门及其他重要地方情况更红火,各商号店铺还设香案供桌迎拜。神像到达城隍庙前停轿,各种游艺队伍轮流在神像前表演,此时巡行气氛达到最高潮。

城隍庙内则设设坛拜忏,日夜诵经。大殿里点起几十斤重的大红烛,烧香敬神的男女老少挤满大殿。天井的大香炉里火光冲天。戏台上日夜演戏谢神,十日半月不消停。人们看戏敬神,四处人山人海。除了敬神,庙会的另一大内容是商贸。庙会期间,以城隍庙为中心的街头巷口,到处是南来北往的商贩、五花八门的摊档,庙内、庙外万商云集,大街小巷行人如鲫,吃喝玩乐,穿戴用品,无所不有。吆喝声、欢笑声此起彼伏,宁波城可谓万民空巷,热闹非凡。

城隍庙会属宁波迎赛神会的传统习俗之一,庙会对神灵的崇拜和祭祀,反映了民众祈求国泰民安、风调雨顺的愿望,虽然属于迷信的做法,但也加强了民间团结,丰富了民众文化生活。

参见周千军主编:《月明故乡》,宁波出版社 2006 年版,第 227—228 页。

城隍庙庙会

象山姜毛庙庙会

姜毛庙俗称姜殿庙,位于象山丹城镇十字街西南。据清代雍正《象山县志》载:"南市中二神,姜姓、毛姓,古传为唐进士,弃官隐此,施药济人,卒而有灵,乃立庙祀焉。"至明嘉靖二十八年(1549)扩修,初具规模。清嘉庆十八年(1813)大修,殿宇恢宏。现存大殿即是此间重修。清同治五年(1866)前部遭火焚,十三年重建倒座楼、两厢楼及戏台。民国九年(1920)建后殿,三十二年(1943)又凿防火"濂井"。20世纪40年代一度将其辟为戏院,后亦作为镇公所和小学。该庙占地两亩,是县内唯一留存的具有清代早期风格的古庙,姜毛庙的大殿中央有眉目慈祥、形态端庄的姜、毛二公塑像,因姜、毛二公扶贫解困,助善抑强,深孚众望。乡里感其德泽,立庙于南市祀之。这里常年香火兴旺,善男信女络绎不绝。明世宗敕封其为护国公,自此逢农历三月十二日至二十七日祭祀日隆,具名传颂不已。这就是象山姜毛庙会的来历。

姜毛庙历来是丹城民间常年举办社戏活动的场所。每年正月初八,姜毛庙开演"灯头戏",并连演五天五夜。紧接着十三夜举行"上灯",挂灯结彩闹元宵的活动就此开始。十四夜闹元宵是所有活动的高潮。到了这一晚,姜毛庙文物保护局和民间都会自发地组织一些社剧,如剧团表演、木偶戏等。每到那天下午,百姓们都会早早地将自家的条凳摆在戏台前抢位子。到了晚上,整个姜毛庙被占得水泄不通。元宵节期间还要演灯头戏,此外还要举行俗称为"羊行街双转会"的姜毛庙社戏灯会。灯会声势浩大,由羊行街集合出发,巡游丹城各境后,再在羊行街散会。

每年农历三月十一日至二十七日半个月,为姜、毛二公祭祀纪念之期,当地会进行社庙会之类的活动,也有为时半个月的社戏演出。十一日夜为"陪生"期。12日早晨,把姜、毛神位抬到南门行宫"落座"看戏。二十七日结尾这天,姜毛庙将举行盛大的行灯迎神赛会。观赏市民倾家而出,灯会队伍浩浩荡荡,这可谓热闹。清朝乾隆年间补诸生的倪象占(丹城人),有一首专门描写姜毛庙灯会盛况的诗:"通街喜见踏跷人,三月城中社鼓闻。莫遣火龙明照海,双灯防遇万将军。"

如今姜毛庙庙会仍在继续,每年庙会都各有新的活动,比如越剧联谊演唱会,你方唱罢我登场,庙内鼓乐阵阵,越音绕梁,台下聚满前来欣赏的观众。除此之外,还有传统社戏和医生义诊等活动,如今的庙会更加贴近实际,走进民众的生活,深受民众喜爱。

参见〔清〕史鸣皋修,姜炳璋:《象山县志》,成文出版社1983年版;宁波市文化广电新闻出版局编:《甬上风物:宁波市非物质文化遗产田野调查·象山》,宁波出版社2009年版,第96页。

慈溪礼拜庙会

慈溪礼拜庙会,相传始于明代。当时日本商人勾结武士,驾船由沿海入岸,杀人越货,进行掠夺活动。戚继光奉命征剿来浙后,人民纷纷组织抗倭队伍,形成结社的礼拜庙会。

慈溪的礼拜庙会以农历正月、二月和三月最盛,时间大抵在春耕以前,规模盛大,范围广泛。据《余姚六仓志》记载:"二月十三至十九迎观音礼拜,化龙堰以东,尽为斋地。"说明庙会在慈溪境内纵横几十里内都极为兴盛。其中规模最大的是二月中旬行观音礼拜。慈溪东部有"初一竖旗杆,十五行礼拜"之说。人们在一寺庙(庵)脚下占土结社,上有柱头执事,下有分类会脚,如龙会、炮担会、文旗会等。每一科会均有地产,部分地产租金作办"斋"之用。礼拜出社,斋船先发,在预定地点借斋,供给随社会脚人员中膳,继出"响团",炮担在前。执事到齐出正社,领头的称"头旗",接着是头牌、月镜、对锣、对号、皇凉伞、帅府等,后穿插文武旗、大纛、土铳、锣鼓队、丝弦细十番和龙等,尾旗压阵在后。龙有长有短,短的有十二节,称十二肖龙,绣花抱彩,缀金闪银,十分讲究。洋浦庙、吴山庙社的龙多属此类。长龙有六七十节,长两三百公尺,如胜山庙社院堂村的长龙。眉山社的龙头最大,不进庙会。金山社有一条特别的"鸡毛龙",舞动起来非常好看。每社礼拜要逢庙进香,见佛朝拜,这时有"盘场"主庙做礼拜戏,人们看戏进香,人山人海,热闹非凡。

晚清至民国时期,慈溪境内较有影响的庙会计有精忠万寿寺庙会、洋山殿庙会、樟树乡文武殿庙会、胜山庙会、崇寿相公殿庙会、五里天妃宫庙会、宗汉眉山庙会、新浦曹娥殿庙会、坎墩娘娘殿兰街、天元关帝殿兰街、彭桥乡中街兰街。抗日战争爆发后,慈溪境内各种庙会很少活动,后虽有恢复,但规模不如以前,逐渐被物资交流会等其他形式所代替。

旧时,礼拜庙会期间,商客游人云集,有在神前问凶卜吉,也有祈财富、还心愿、求子嗣、卜婚配的。各地商贩择地搭棚设摊,香烛锡箔、农具山货、杂物器皿、糕饼小吃,百货竞销;各种摊档小店,形成数里长街。乃至江湖卖艺、测字算命、郎中行医等,相聚成市;商贾资助演戏,赌主开始设局,人来人往,煞为热闹。西部地区,还设有拳坛,举行拳术比赛。每逢集会,各派武林高手,约定设场比武,以提高武艺,增进友谊。这种民间文化习俗一直延至解放初期。

参见杨积芳、张宝琛撰:民国《余姚六仓志》,上海蔚文印刷局 1931 年版。

萧王庙会

萧王庙庙会灯祭(俗称上灯),是为纪念萧公而设。萧公名世显,字道夫,萧相国之后裔,江苏沛县人。北宋年间,奉化连年大旱、大蝗灾,平素生活简朴、勤政为民的奉化县令萧世显为此奔走田间,以至于劳顿过度而暴卒于途。萧世显在任期间施政惠民,扶危济困,秉公节俭,生活简朴,下查民情,为奉化老百姓办了许多实事,如兴修水利、治水、灭蝗虫、兴办学校等,深得民心,是一位难得的清官。民感其恩,在他的殉职处建庙以示纪念,历代朝廷亦多次拨银扩建其庙殿,或为之重新塑像。1252 年,宋理宗钦赐庙额为"灵应庙"。1363 年,元惠宗追封萧世显为"绥宁王",遂称庙为萧王庙。因名"萧王庙"而形成庙会,并成为奉化市一个大集镇的名称,迄今已有千余年的历史。

萧王庙会举办的时间是每年正月十三日至十八日,历时六天六夜。旧时,为纪念萧公的灯祭也是历时六天六夜。庙会灯祭立有庙祝,置有肥田600 多亩,界下有 26 个姓,分四堡,分别是宦江堡、潘村堡、堍上堡、盐浦堡。四堡逐年轮流灯祭,灯祭由当年轮到负责祭祀一堡之中有一定威望的长者主持,主持人一般为萧王庙界下之人,须德高望重,辈分较大,思路清晰,熟悉庙会程序并且热心公众事业。祭祀首先是参拜仪式,庄严谨慎,接着是游行仪式,游行队伍依次是:一是宫灯引路;二是纪念庙神横幅;三是旗锣开道;四是沿途鸣放礼炮;五是"肃静回避"牌四块;六是供品——全猪、全羊、七牲(猪头、羊头、鹅、鸭、鱼、寿面、馒头)、扛箱一对(内置 24 碗菜肴);七是100 斤重烛两支;八是人们执清香随行;九是烟花队;十是乐队和 24 节龙舞队。灯祭还有另外一个目的是新年伊始,祈求未来,保佑地方平安,五谷丰登,六畜平和、百业兴旺。

萧王庙庙会

同时,整个祭祀期间,庙堂内外,昼夜灯火通明,香客不断,戏曲、说书、杂耍轮番上演。此外,庙内还会陈列许多奇珍异物、古玩字画和精美的工艺品供人观赏,庙外可买卖各种乡土小吃、土特产等,这使庙会成为一项既庄严又热烈,既具纪念性又带娱乐性、交易性,以及能以祈求社会平安、土地丰收和百业兴旺的、远近闻名的大型民间习俗活动。

一方水土养育一方人,也许是萧王庙的灵气所致,因庙得名的萧王庙街道也出了不少人物:明代有进士孙胜;清代有进士孙锵,授为内阁中书,他在书画艺术方面也很有造诣;民国时,镇上更是人才辈出,不少人在国外获得了硕士、博士学位,回国后在政府担任要职。现今萧王庙镇林家村有一个农人自办的"耕人书会",其亦耕亦读的书风在宁波乃至国内也小有名气,也反映了当地民众对平安幸福生活的向往和渴求。

参见〔清〕李前泮、张美翊纂:《奉化县志》,成文出版社 1975 年版;宁波市文化广电新闻出版局编:《甬上风物:宁波市非物质文化遗产田野调查·奉化》,宁波出版社 2009 年版,第 100 页。

城北天王会

余姚城北天王会,从清朝中叶建殿塑天王菩萨像后,每年的五月初一至初三,天王庙会在此期间举行,为恭祝忠靖王千秋华诞日。届时,天王殿内热闹非凡,做大戏、行会活动鼎盛,以纪念护国佑民大元帅,各方祈求去疾病保平安。

关于天王菩萨有这样一个传说。据说,清朝时,有年天大旱,江河无水,瘟疫盛行,连井水也有病毒。一次忠靖王发现一口附近的井水也有毒,便劝阻前来提水的百姓,可是百姓生活全靠此口井水,大家听说后均不相信井水有毒,硬要争着抢着去打水。忠靖王劝阻无果,他为了让村民们免遭中毒,就自己毅然投入井中。当他被打捞上来后,被发现全身均已发紫中毒而亡。旧时,百姓一直以为井内有邪神才致使井水有毒,而公认忠靖王是捉拿邪神保百姓平安的瘟神菩萨,便封他为"东嘉忠靖王护国佑民大元帅"。人们为了纪念他,在胜堰桥西建造了天王殿,塑像在殿中,称他为天王菩萨。旧时,有人生病都到天王殿内去辟邪。

自封他为王之后,余姚百姓每年五月初二、初三两天都会举行盛大的出殿巡视行会,以庆贺忠靖王华诞,同时各房祈求平安健康。而在五月初一人们就要先将天王菩萨塑像抬到胜堰桥潭洗金身。

旧时,迎会地盘在今天的东北街道、西北街道北部、低塘郑巷。为期两天的天王像出殿巡游,包含西巡和南巡两条不同的路线。天王殿行会游行队伍甚是浩大:举头牌走在队伍最前头的是首事人,接着是数十担龙头炮担开路鸣炮;每到沿路各村设供会处,都会鸣炮三声;其后紧随的有"犯人"队,也就是由生病的人祈祝许下心愿的男女老少扮成,"犯人"身着红衣、红裤,头颈挂着链条,双手插入铜钱串成或木制的手铐内,个个低头跟着队伍走;再有,就是高跷队、舞龙队、太平队等;最后是迎风飘扬的大旗,大旗上画有各种戏文名人图像,如吕布戏貂蝉、三国演义或水墨龙化水等图样。

整个行会气势庞大,内容多样,参加人数众多,行会游行队伍长达五六里,沿各村设茶、酒等供行会人员免费饮用。沿路各村观看的人,男女老少,不计其数。行会是民间文化艺术的演示盛会,延续历史悠久,从清朝中叶直到新中国成立前每年举办一次。1957年后,因人数多,秩序乱,行会被定性为"迎神闹事"行为而遭取缔。

参见余姚市地方志纂委员会:《余姚市志》,浙江人民出版社1993年版;宁波市文化广电新闻出版局编:《甬上风物:宁波市非物质文化遗产田野调查·余姚》,宁波出版社2009年版,第109页。

临山庙会

临山镇位于杭州湾南岸,余姚西北,是浙东著名的"三卫"之一。临山昔为明朝抗倭卫所之一,是浙东沿海著名的军事要塞基地。旧时临山有城,城内有"十庵九庙",城外有"十庙九庵"之说。据有关史料,明朝进士赵文华,在奏折中上言抗倭条陈道:倭寇狂獗,系沿海军民对海神祭祀不勤,敬奉不周所致。

临山庙会,早在唐朝时候以姚娘庙会为开端,至明代,因军事原因,祭海神成为庙会特色。重要庙会有朝廷敕建的天妃宫——天妃宫庙会;有民间神——乡民建造的晏公殿,晏公殿庙会等。其他还有玉皇庙、太尉殿庙、观音庙、东岳庙、城隍庙、财神庙等。

庙会的主要民间艺术带有浓厚的海防风俗,如迎大旗、迎晏公晒龙王等。其中有两条龙,一为任家村的绷龙,一是方家村的甩龙,还有湖堤村的"蜈蚣队"。比较有特色的是天妃宫。宋以后,妈祖被当作海上的保护神,历代统治者也加封妈祖为"天后""天妃"。临山天后宫庙会甚是宏大,是姚北妇女求子的庙宇。

临山天后宫庙会期初是农历三月二十三举行,后来因与三月下旬的农忙时节冲突,加上天后宫增设了观音殿,于是庙会改在观音忌日(农历九月十九)举行,此后,临山天后宫庙会会期一般三天,即农历九月十九至九月二十一。庙会活动包括妈祖神像巡游,即使夜间也出行,届时临山、泗门街上灯火辉煌,如同白昼,民间称之为"排夜街",胜景尤胜白天。巡游队伍分三大部分:一是仪仗队伍,主要是八面抬锣,鸣锣开道等;二是各乡村各会组织的民间艺术表演队伍,俗称"杠头",包括布龙、高跷、洋船、采莲船等;三是"后拥会",即拥戴神像的队伍,主要包括提香炉的、迎神队、"护驾侍卫队"等。庙会期间,耍火流星、灯塔、鼓亭、舞狮、木偶摔跤、大头和尚等街头表演活动,甚是精彩,庙宇里祭拜的信众络绎不绝,人山人海,集市活动,也是热闹非凡。此俗延至 20 世纪 60 年代后,被"物资交流大会"替代。80 年代以后,"物资交流大会"也逐渐淡出民众生活,至今未复。

参见余姚市地方志纂委员会:《余姚市志》,浙江人民出版社 1993 年版;余姚市政协临山委员小组编:《余姚文史资料·临山专辑》第 14 辑,1996 年,第 69 页。

慈城庙会

慈城,建城于 2500 年前的春秋时期,为越王勾践所筑,城址在慈城西南王家坝。史称"句余""句章"。至唐开元二十六年(738)设慈溪县,因县城建此,故名慈城,迄今已有 2400 多年历史,是目前江南地区保存最为完整的千年古县城。慈城镇是宁波市江北区目前唯一的辖镇,是中国历史文化名镇之一。

古镇慈城,千年文化,当然包含着宗教文化。其地有与民间信仰相关的关帝殿、财神殿、城隍庙、灵应庙、官山庙、紫国庙、柳山庙等。旧时,古镇慈城内庙宇殿堂密布,香烛烟火弥漫,宗教气氛浓厚,信徒香客众多,集宗教信仰、人群交流与民间娱乐为一体的庙会也不在少数,而且规模宏大,场面壮观。光绪《慈溪县志·岁时记》中记载:"九月,在城各坊與祠庙神像游行街市,导以兵仗、彩亭、金鼓、杂技,各相竞赛,观者塞路,谓之社火。"庙会最早亦称为"庙市",是从春秋战国时期开始的"村民社赛"祭祀活动发展而来的,在春秋两季举行。旧时,慈城庙会中最盛大有四:永明寺庙会、城隍庙庙会、关帝庙庙会和清道观庙会。

永明寺庙会在每年释迦牟尼佛祖诞辰日举行,是日永明寺内外张灯结彩,挂旗扬幡,法师筑坛打醮,登座说法。僧众大吹法螺,大打法鼓,诵经颂佛,梵声震天,前来参拜的信众人山人海,商家店铺、行商走贩都来摆摊设点,经营买卖。商品云集,顾客拥挤,交易兴旺,庙会便成为集市。1938 年,日军轰炸慈城,永明寺中弹,千年古刹毁于一旦。

城隍庙庙会是慈城庙会中最盛大的。庙会期间主要是"抬城隍",每年三月十五,城隍庙会日,人们把城隍塑像抬出来。届时旌旗飘扬,仪仗威严。人们相信城隍出巡,扬正气,驱邪气,城隍亲民,爱民,有民谚说"伊拉两人在抬城隍,讲得介闹猛",可见其场面热闹非凡。届时,民众集会,交流物资、信息等,甚是隆重。

关帝庙庙会于每年六月二十四日举行。慈城商人奉关公为武财神,遵行"诚信仁义",这是慈城商人的理念,因此有的当铺叫"义合当",寓意"义字当头,和气生财"。庙会期间,行会组织商人,分行业进入关帝庙祭拜,礼拜后在酒楼饮馆聚伙会饮,叫"吃关帝会酒"。旧时,关帝庙会只是商人饮酒聚会,不是信众集会,也不是商贸集市的庙会。

清道观庙会在每年三月二十八举行,这天正是东岳大帝生日。是日,全城男女扶老携幼挤满清道观,庙会期间的主要内容有"惊悚恐怖地游地狱""旋转木马地转经幢""风雅餐饮的桂花厅"以及"祈神保佑地求仙签",活动内容丰富多彩,人潮涌动,热闹非凡。

慈城庙会是慈城文化的一部分,庙会反映了民众淳朴的宗教信仰,热闹的集市贸易,也是民间经济交流互动的体现。

参见宁波市江北区慈城镇人民政府编印:《慈城的庙会》,《江南古县城——古镇慈城》2015 年第 4 期;任建华、包和平:《风流千古看慈城》,《中国经济时报》2009 年第 11 期。

四月半庙会

四月半庙会为宁波城市庙会。庙会自农历四月十一至十三举行,历时三天。城区都神殿设在大沙泥街,祀五都元帅,庙会期间,要举行迎五都之神外出游行的活动,故又名"都神会"。且四月十三为"五都神"诞期,故以此日期为会期。

会脚由相关店铺和居民组成,按区域分东南西北四柱,设总柱和分柱分工负责,并有江厦文英社、药行彤云社、湖西老文华社、南路协兴社、西路风云社等迎赛吹打班参加。因赛会能招来大批顾客,所以各街坊、店铺或绅豪都乐于出资,会也办得热闹体面。

行会正式进行时,表演在前,神轿在后,沿街受爵献,队伍绵延五六里。清同治八年(1869)的四月半庙会,当时有人这样描述:"会中所陈开路头牌、莲灯、船鼓、旗锣、日照、鼓亭,均仿绝时花样,穷工极巧,式式鲜明;有女太保,花容妍丽,恍如出塞明妃;纱船上梢婆则淡妆素服,雅丽欲仙……"其中"彤云社多且奇",最为好看。当彤云社在城区游行过来时,江北岸观会者涌向新江桥(浮桥),因英国人向每人索取 4 文过桥费,引起民众抗争,人群被堵桥上,浮桥不胜负荷,轰隆一声折断,400 余人坠江丧生,酿成惨祸,后有

"好看彤云社,翻落江桥下"之谚。由此可以想象,庙会的盛况绝非一般。

都神庙会期间,城区半边街、新街、大庙前、廿条街等处都搭彩牌楼,道、府、厅、县及驻军六营官署都备银牌、果包以作赏赐,并派军校维持秩序。沿路供献也超过农村,神前陈分五色,有瓷、铜、玉、石、水器,供献有大菜、软糕细点、蜜饯水果、香烟香茗、金扇拂尘及香烟之类。庙会期间,每夜都会放焰火,以飨市民。

参见谢振岳编:《宁波节令风俗》,宁波出版社 2001 年版,第 149 页;周千军主编:《月明故乡》,宁波出版社 2006 年版,第 225 页。

第四部分　宁波节庆习俗

一、概　述

近代宁波人张延章将宁波的节日习俗加以总结而写成的《鄞城十二个月竹枝词》[①]，一直以来被视为宁波的节日风俗歌："正月人家要拜年，衣裳都换簇新鲜；花生瓜子先供客，待煮汤团乞少延。二月百花生日临，妇人十四作停针；风光最好是初二，闺女露天烧点心。三月清明乌笋香，家家争说上坟忙；归来喜遇高桥会，鼓阁龙灯五彩扬。四月农家尽种田，东湖还放对渔船；人人都说洋生好，乌鲗黄鱼果不蔫。五月端阳老虎描，艾旗蒲剑辟群妖；雄黄细蘸高粱酒，苍术还须正午烧。六月暑天漫郁居，采莲桥下采芙蕖；遥看高阁矗天一，几辈文人共晒书。七月秋风海角凉，儿童竞插地藏香；连宵焰口江心寺，万盏红灯放水乡。八月中秋月饼圆，节筵都作一天延；城东更比城西盛，鼓吹通宵闹画船。九月城中菩萨忙，张飞庙斗白龙王；尤推大庙最奇别，争窃胡须孵米缸。十月田禾收欲齐，香茎芳芋燻新鸡；讨船庙会赶初十，直放鄞江到小溪。十一月当正冬至，大家祭祖集祠堂；后先三日闾阎闹，掉过泥神掉灶王。十二月忙午夜到，挨家挨户做年糕；送年送灶事才了，又把门神贴一遭。"

---

① 王荣兴：《十二月风俗歌》，《浙江民俗》1981年第3期。亦见民国《鄞县通志》之"文献志"。

张延章关于岁时节庆习俗的歌谣读起来朗朗上口,既顺溜,又押韵,便于记忆,又能起到及时提醒人们安排农事活动的作用,至今仍然沿用。二十四节气主要为农事而设,因此也就成为农事活动的主要依据。宁波民众除了按照节气安排农事,有些节气还有一定的民俗节庆活动,从而成为宁波传统的节庆活动日,主要包括春节、元宵节、端午节、七夕、中秋节、重阳节、除夕等。在这些传统节日中,宁波人的民俗节庆活动浓重热烈。

(一)传统节日

春节作为国人一年之中最为隆重的节日,其影响远远超过其他节日,宁波人也不例外,并有一套自己独特的过节方式。宁波民众欢度春节主要分为送旧和迎新两个阶段。

每年农历十二月二十三夜"送灶君"的"祭灶"仪式首先揭开"过年"序幕。农历十二月二十四日是民间扫尘的日子,这一天,家家户户趁晴天"掸尘",务求室堂门庭内外整洁,家具杂物无不清洗揩擦。之后,就举行"谢年"仪式。

大年初一刚起床,首先由男人放炮仗,谓之"开门炮"。所放炮仗要买四个,放三个留一个,称之为"备炮"。头响炮仗必须放响,而且放得越高、声音越响越好,宁波人认为这样预示着来年新年吉利。初一当天不出门拜客,只在本宗族内或邻里之间相拜贺,谓之"贺岁"。晚辈向长辈拜年,长辈须给小孩发"压岁钱"。这一天还有一个特别的习俗,就是要让家里的日用器物都"休息"一天,实际上是让家庭主妇休息,如不汲水、不扫地、不动刀剪、不倒马桶、不洗衣服。到了晚上,全家人在天没黑时便睡下,睡前要放"关门炮",不点灯火,也不出门,俗称过"太平夜"。①

初二开始出外走亲戚,亲戚朋友之间相互走访拜年,馈赠礼物,宴请春酒,称"岁酒"。正月初二走亲访友时,给老一辈的礼品一般是两只"斧头包",一只是红枣,意为红红火火,生意兴隆,另一只是桂圆或胡桃,意为团团圆圆,人丁兴旺。初二又称为"女婿日",出嫁的女儿带孩子和丈夫回娘家居多。通常,走亲戚也有讲究,一般是先近亲后远亲,以少拜长、婿拜翁、甥拜舅、侄拜姑为重。人们互相款待酒席,称为"岁饭"。拜年一般要在初六之前完成,拜年者去得太迟了会让对方觉得受了冷落。

正月初六以后，各家开始做新年羹饭，菜肴必有豆芽、鱼、年糕、豆腐等。豆芽，甬方言中与"如意"互为谐音；"鱼"与"余"相谐，寓意"年年有余"；年糕、豆腐，寓有"年年高""步步高"之意。正月十三这天晚上开始上灯，谓之"上灯夜"。家家户户悬挂彩灯，以茶果香烛供神，谓之"灯祭"，也称"摆祭""摆灯头"，开始过元宵节。夜里吃汤馃或汤团，称"灯圆"。正月十四日，年长的妇女多入庙拜神，谓之"烧十庙香"，或到桥侧跪拜，称之为"拜十桥"。是夜，各家童子各执五色灯纸照墙壁、门庭、户灶，或有拿着竹竿从厨房赶到房里，再从房里赶出门外的，口唱驱逐蛇蚊俚歌，谓之"照蛇虫"，以为这样能减少蛇、虫、鼠害。北仑柴桥一带则用火烧田塍草，田野间飞腾起条条火龙，称为"燂火龙"。

正月十四夜，宁波尤其是镇海一带的民众还有一种独特习俗——吃丫头羹。此俗最先起源于镇海城关一带，这一天晚上，各家以枣、栗、豆子、莲子、桂圆、桃仁等合煮羹饭而食，此羹名叫"丫头羹"。

十五日元宵夜，又称为"上元"节。元宵晚上人们拿着灯烛，从大门起到家里各处走一走，以为可以驱除蛇虫，照（招）进财宝，使此年仓里储存的五谷损坏减少。而集镇村落，处处举行提灯会。孩子们高举鲤鱼灯、兔灯、荷花灯、金鱼灯、走马灯等列队游行。在宁海，则是以正月十四过元宵节，俗称"十四夜"。

十八日祭拜祖先，完毕之后，人们收起祖宗画像，撤下彩灯，谓之"落灯"。至此，春节才算完全结束。

农历五月初五是端午节，镇海一带称"彤红"。每到此日，人们悬挂蒲剑或艾旗。此日午时有喝雄黄烧酒以解百毒的习俗，有人还将雄黄酒洒于屋角，并焚烧苍术、白芷、艾叶，驱赶蚊虫。在余姚、宁海等地还有吃"五黄六白"的习俗。姑娘们在节前缝制各式香袋，端午日将香袋佩戴于小孩胸前或挂在床前，谓可辟邪禳毒，成人也可佩戴。此日，还要在婴儿额头上用雄黄酒写"王"字或涂抹全身，谓可辟祟，或给孩子穿虎纹的衣服，缝制布虎和老虎枕头。

描端午老虎也是宁波端午节最重要习俗之一。旧时，端午老虎由大人白描或从店铺里购买绘有一虎一孩、一虎二孩、一虎三四孩或二虎一孩、二虎二孩、二虎三四孩等各式姿态的黑白版画"端午老虎"纸，供孩童添上红、蓝等颜色戏玩，描好后贴在门或墙上，谓可辟邪。

端午这天，女婿要备"端午担"给岳家送礼，要有鱼、肉、鹅、酒等，以幢篮盛之，少者四色，多者八色、十二色。鱼要成双，鹅颈须涂成红色，且最好一路鸣叫,越叫越发,俗称"吭吭鹅"。宁海等地丈母娘要给女婿回送蕉扇。①

农历七月初七为七夕,也称"乞巧节""女儿节"。七夕之夜,宁波家家户户陈巧果、莲蓬、白藕、红菱等于月光之下,妇女们早早就备上洗脸盆,脸盆内置放着木槿叶、橘子叶和核桃、紫苏等植物,放到院子中,承接织女流下的泪水。次日人们将之加以糅合成浆。其浆腻滑,用以洗头。因此"七夕"在宁波又被称为"洗头节"。

镇海一带有在乞巧节吃童子鸡滋补身体的习俗。此时正值新鸡上市,新鸡肉嫩且肥,宰后蒸于锅中,肉香味鲜,多为农家主要劳力和正在青春期发育之少年补养身体,谓之"吃童子鸡",并且要男的吃母鸡,女的吃公鸡。而僧人道士则在此日"诵经供物",谓之"兰盆会"。

全国各地以农历八月十五日为中秋节,但宁波习俗却以八月十六为中秋,最具宁波特色。史言:"八月十五日中秋,天下皆然,唯四明则以十六为中秋。"②宁波旧俗,此日除了举行各种庆祝活动外,还要设酒馔祭祖。当然,亲邻之间相互馈赠月饼、设酒赏月,在宁波依然是一项较为重要的传统习俗。这一日,宁波民间还有吃"鸭子芋艿"、水拖糕等习俗。

农历九月九日为重阳节。各地于重阳节日登高宴赏,饮茱萸酒,宁波习俗亦是如此,除此之外,"各家制角黍,亲戚互相馈遗,谓之挑重阳担,设酒馔以祀祖先,祀毕,家人欢聚享食"。角黍即粽子,与其他地方不同,宁波在重阳节包粽子。除了粽子,旧时还有重阳糕和牡丹糕,由亲友互相馈赠,谓之"挑重阳担"。③

宁波重阳节日习俗的独特之处,还在于重阳节赛龙灯,这与他处新年赛龙灯有所不同。从重阳节日开始,各庙都有祀神庙会,三牲五礼俱全,备极隆重。神像加披锦袍,冠带一新。黄昏以后,人们抬神像离庙巡街,场面宏大,谓之"迎社火"。不久神像回庙,龙灯出动。龙灯有彩龙、板龙两种。灯内烛火辉映。这样的灯会每晚都有,一直要到十五日神像归龛后才罢。慈溪人称重阳为"重娘",出嫁的女儿会带礼品回娘家探亲,以示敬老。

(二)时令节日

宁波的时令节日主要包括立春、清明、立夏、三伏曝晒节和冬至五个节日。

---

① 王万盈、何维娜、魏亭编著:《宁波风物志》,宁波出版社 2012 年版,第 54 页。

② 〔清〕俞樾纂:光绪《镇海县志》卷三《风俗》,成文出版社 1974 年版,第 151 页。

③ 王万盈、何维娜、魏亭编著:《宁波风物志》,宁波出版社 2012 年版,第 56 页。

旧时宁波在立春前一日"府县官以彩仗迎春,次日祭芒种神,试耕种,各家作春盘、春饼,饮春酒"。《光绪奉化县志·风俗篇》载:立春前一日,"邑令同各官以彩仗迎春于东郊。次日祭芒神,鞭土牛;各家祀太岁,作春盘,饮春酒,谓之'接春'"。宁波各县市此俗大抵相同,以祈求丰收。

此外,乡间还有报春牛、送《春牛图》习俗。丐头肩背褡裢,手持青铜小牛,唱门报春,进屋后,以青铜小牛在米缸、谷仓左右各绕三圈,边绕边唱"黄龙盘谷仓,青龙盘米缸"等吉利话,并挨户送木版印刷的《春牛图》。农户则对报春者酬以钱或年糕。

宁波人自古以来就极为重视清明祭祖扫墓。《宁波府志·风俗篇》载:清明时,宁波"各家为青糍黑饭牲醴祭墓,封土插竹挂纸钱于颠,俗曰上坟,门壁皆插柳,妇女或簪于首"。由此可见宁波的清明习俗,即清明节时家家户户都要准备青麻糍糕、黑饭(乌米饭),来亡故亲人的坟前扫墓祭奠,富家还雇吹鼓手吹打。在奉化,还有早起往屋顶上撒螺蛳壳的习俗,谓之"撒青群"。镇海一带亲人新亡的,三年内"上新坟",带青糍、黑饭之外,还供奉鱼、肉、酒、菜等。

上坟时,人们要给坟墓除草培土,插竹,挂纸钱或红纸球,以示后代子孙已尽孝祭祖,同时又祈求祖宗保佑全家平安、兴旺发达。清明扫墓一般是举家出动,出门在外的,也多会在清明之前赶回家参与祭扫。祭毕,各自在家中设酒馔祭祀,称作"清明羹饭"。主菜要过秤,若未办到要在空碗内放上相等价值的钱,由吃者分取。盘内鹅头颈必须归族长食用,意为"带头者"。席上还按人数分碗或分猪肉。有的把妇女排除在外,或在有妇女的桌上减少酒壶的数量(男桌2壶,有妇女的桌上放1壶)。

"以柳枝插户或簪首"是宁波清明节的又一传统习俗。每到这一天,家家户户门壁上插柳,妇女发簪柳梢,小孩子们戴柳圈,宁波有句俗谚称"清明戴杨柳,下世有娘舅"。如今,上坟扫墓一俗尚存,而且人们不仅为自己的亲人上坟,还为烈士扫墓。此外,郊游踏青一直以来也是清明节中最受人们喜爱的一项娱乐活动,至今尚流行。

宁波旧俗,立夏之日各家以赤小豆和米煮饭,或以赤豆、黄豆、黑豆、青豆、绿豆等五色小豆拌白粳米煮饭,称"立夏饭",也称"五色饭",镇海一带称"五头",意为长辈、夫、妻、子、女俱全,宁海等地称此为"五彩瑞祥"。有的在立夏饭里加雷笋、豌豆、蚕豆、苋菜等佐料,含有"五谷丰登"的意思,立夏吃五色饭,还有一年到头身体健康的寓意。立夏时还以乌笋煮羹,据说吃了之后可使脚骨健壮,谓之"接脚骨"。有的地方吃软菜,认为吃了软菜夏日不怕热。此日,各家还以红茶或核桃壳煮蛋,称"立夏蛋",并互相馈赠。有的还将蛋放在用丝线编成的彩色蛋套里,挂在小孩的胸前。孩子们手持茶叶蛋,互相以蛋相拄为戏,称之为"拄蛋",以蛋壳坚而不碎为赢。此习至今流传。人们手腕系丝织彩绦,称"立夏须"。

宁波还有立夏称人的习俗。不论大人小孩,逐一称过。大人称重时,一般在横梁上挂一杆大秤,双手拉住秤钩,两脚离地,悬在空中称重;小孩一般蹲或坐在一只大筐中,由两个大人扛一杆秤称重。据说,立夏过秤可免疰夏。

旧时,母亲常择此日为女儿穿耳孔。在乡村,农户还以米粥、老酒犒劳耕牛,并称立夏为"牛节"。在余姚、象山一带,还有立夏日尝青梅习俗。此日还有一些禁忌,比如儿童忌坐石阶和门槛,认为这样夏天就会避免脚骨痛。

三伏天是盛夏最炎热的时候。在这个独特时令中,宁波人除了食(如吃杏仁炒麦子、肉等,意在去热消暑和补充营养)、洗(沐浴,意在洁身爽神)、息(指休息,意在"避伏")之外,人们还利用暑热来曝晒衣服、书画,谓之"晒霉",佛寺晒经书,故俗称"三伏"为"曝晒节"。

宁波有句俗语:"冬至大如年。"人们也称冬至为"小年夜",宁波人对冬至的重视可见一斑。旧时,在冬至日要设香烛、酒馔,摆"冬至羹饭",祭祀神祇及先祖;大族宗祠也有演戏的,并备牲醴以祀祖。沿海渔民,在冬至之后置窖藏冰,以为来年渔期之用。在慈溪,旧时宗族定此日让亡故族人神主进祠堂,三五年一次,也有十年一次的,称"进主"。冬至这一天还要为亡故亲人扫墓。今"进主"一俗已废,扫墓之俗尚存。也有选冬至动土做新坟的,或择此日将寺庙、宗祠的棺材入墓穴的,称为"冬至进穴"。

冬至日,各家要以芦穄粉做"芦穄汤馃",后逐渐改为"浆斑汤馃"和"番薯汤馃",邻里互赠,含团圆之意,也有祈求来年有个好收成的意思。慈溪一带做粳米饺子,称"冬至饺"。

冬至正时辰,人们抛掷萝卜至屋瓦上,经日晒雨淋成干后,收集挂于壁上,称"冬至萝卜",传可治痢疾,此俗今废。此夜灶膛、炉心不能断火,须用经烧的柴根、煤饼之类烧文火过夜,以祈来年"红火"。

宁波人尚有"嬉嬉夏至日,困困冬至夜"的说话,在上床入睡前还要洗脚,认为是夕洗脚,天冷脚不会开裂。

宁波的时令节日与传统节日一样,都是民众民俗生活的体现。在宁波民间时令节日中,立夏吃五色饭、立夏拄蛋、称人等习俗是宁波地区有别于其他地方的习俗,也是通过其反映宁波传统文化的良好素材。

(三)信俗节日

宁波信俗节日内容多而杂,有吃露天米饭、花朝节、太阳生日、浴佛日、葛仙翁生日、关帝生日、吕祖下丹日、狗浴日、彭祖生日、观音成道日、火神诞、雷尊诞、七月半日、地藏王生日、灶诞日、九月半社火、蚱蜢将军生日、十月醮、十月庙会及腊月跳灶王等众多内容。

每年的二月初二,宁波本地女子会三五成群带上米和炊具,到郊外或野地搭灶生火烧饭,并摘取别人家田园的青菜煮饭,据说吃后会使人变得更聪明,称"二月二吃露天米饭",乡间称吃"天野羹"。在没吃之前,人们先盛一些饭放在地上或屋瓦上,以让鸟儿吃了捎信给"百花娘子",祈求美丽、智慧与灵巧。

在宁波民众信仰习俗中,花朝节是一个重要节日。相传二月二日是"百花娘子"生日,古称花朝。百花娘子为花神、绣神、美丽与智慧女神。少女用绸缎、丝线、棉絮缝作百花娘子小布人,以祈求如百花娘子一样美貌聪慧,能精绣百花。这一天妇女停刺绣、针线等女红,并将绣花绷子供于桌上,举烛焚香膜拜。至清代,母亲多择此日为女儿缠足,穿耳环孔。

宁波人以三月十九日为太阳生日,这一天宁波各寺庙设醮诵经。相传,三月十九日是明末崇祯帝朱由检自缢于煤山的日子,后来人们就在这一天纪念逝去的明王朝。但在清代避讳"明"字,于是就将这一天改为"太阳生日",因为"太阳"象征"明"。

四月初八为释迦牟尼生日。此日,佛寺僧人要洒洗佛像、焚香设斋,俗称"浴佛"。在慈溪,农家将此日定为耕牛生日,旧时还做牛王戏,洗牛身,并给牛进补食料以保耕牛健康强壮。今已不行此俗。

四月初十为葛仙翁生日,民间相信灵峰寺的"灵峰戒牒"十分灵验,于是人们往往于此日登山膜拜。

五月十三日传为关帝生日,旧时里社在此日就会募钱会祭、赛会,称"关帝会"。此日如遇雨天,民间认为这是关帝在磨他的青龙偃月刀,磨好青龙偃月刀后,邪魔将见而避之。宁波人称此雨为"磨刀雨",有兆丰年之意。

宁波民间传说八仙之一的吕洞宾(吕祖)曾于六月初一在水中下丹药。人们认为下过丹药的水有辟邪解毒的作用,于是,各家就在六月初一五更时分,到河中挑水贮于缸中。此水被称为"伏前水",常被用来做酱品。在宁波,如果此日为雨天,则被视为吉兆;如果此日无雨,就将预示夏旱连秋。

六月初六,宁波人会将所养猫、狗抱至河中洗毛,谓之避跳蚤。也有人为小孩洗澡,期望小孩能苗壮成长,无病无灾。此日,人们要为刚学步的孩子"割脚绷":由属虎的成年人持刀砍断放在地柣(门槛)上的草绳,而后扶孩子开步跨过门槛;同时,由一个属龙的成年人在孩子的身后吹火管,意为割去孩子脚下的绊索,以后虎步龙行,稳健迈步。年长者于此日做寿衣、晒佛经,意能长寿。

六月十二传为彭祖生日。彭祖为传说中的长寿者,寿高八百岁。旧时,此日为老人"夹寿材""做寿衣"(寿衣又称"过老衣"),以讨"长命百岁"的彩头。也有择此日订婚的,以祈长久。

六月十九日,传为观音得道之日,旧时寺庵大作佛事,妇女多在家供奉观音,戒荤食素,并结队前往佛寺祭拜。

六月二十三日,传为火神生日。妇女在此日多不吃饭,不饮茶,不食一切受过烟火的红色食物,通常只以瓜果作食,谓之"火神素",又称为吃"饿菜"。

六月二十四传为雷公生日。旧时有男子在六月间吃"雷斋素",至此日才开荤。

七月十五为中元节,宁波俗称"七月半",又传为"鬼节"。宁波民间于此日野祭,多数人家以新谷米、酒馔祭祀祖先,做"七月半羹饭"。有些乡镇尤重七月,视为鬼祟之月,请道士放焰口。其于七月初一放"开门焰口",中元(月半)放"七月半焰口",至三十夜放"关门焰口"。有的会社还会于中元请僧侣拜忏醮祭,做"盂兰盆会",以超度亡灵。焰口放毕之后,有的地方或"放水灯"、摆"水灯羹饭"或唱滩簧、南词,过午夜才散去。放水灯又称"放河灯",有超度奈何桥之意。慈溪此日做七月半忌(祀)日,飨食无家可归的亡灵。

七月三十传为地藏菩萨生日。据传,地藏菩萨平日闭目不开眼,只有在此日遍地插香时方才开眼。因此,每年此日夜,"户供香烛、碗水于地",妇女以水洗目,并用新摘的棉花擦干。儿童则遍地插香,谓之"插地香"。次日清晨,儿童竞拔香梗,以拔得多者为聪明灵巧。有的将香插于米筛之上,设净茶一碗,称用此水洗眼,可使眼睛明亮有神。

八月初三传为灶神诞辰。各家以蔬果酒食祀神,乡间以新早稻米磨粉,渗以早稻草灰汁,加糖,做成半圆形米粉块蒸熟,叫灰团汁。人们掘新种芋艿做菜,俗称"尝新",亦称"开芋艿门"。

嘉靖《宁波府志》载,九月中"在城各坊各舆祠庙神像,游行街市,导以兵杖、彩亭、金鼓、杂剧,各相竞赛,观者塞路,谓之'社火'"。宁波民间俗称"九月半会"。此日有抢菩萨轿顶的风俗,相传抢得者能肩不痛、腿脚灵便;也有偷拔神像胡须之俗,得后藏于米缸,谓能"孵"出米来。

九月二十,余姚一带为"蚱蜢将军生日"。是日,人们迎大旗,走高跷,舞龙灯,唱荤戏。俗说只要大旗一迎,蚱蜢就会消失,可使田间稻谷收成好。

十月初一,城隍庙设醮诵经,抬城隍神像出巡至北郭庙,以恤孤魂,谓之"十月醮"。祭毕,神像即回殿。城隍为城池的保护神、境土之神,故其庙为公祀,醮祀遂成公众节日。

十月初十为小溪鄞江它山庙会,庙祀唐鄮县县令王元暐。庙会又是物资交流大集,城中商人多有往来者,视之为赚取额外的"窜头"(好运)。

作为社会风俗的重要组成部分,"节日"构成一年的生活节奏,人们年复一年的文化生活之网,就是以此为中心编织出来的,它还体现着人们的精神寄托。

(四)节日禁忌

节日禁忌是节庆习俗重要内容。宁波民众在节日这天,有诸多禁忌。与全国其他地方一样,春节也被宁波民众视为一年之中最隆重的节日。因除夕为一年之终,忌叫骂及口出凶语,除夕夜关门后,忌门再开。春节第一天,禁忌更多,如:初一早上忌喊人起床,否则被喊人一年都要辛苦;这一天宁波人不汲水,不倒水,不洒扫,不乞火,不动刀剪,不杀牲,不串门,不待客,不倒马桶,不洗涤,不打骂孩子,不讲不吉利的话,不走亲访友,不拿扫帚扫地,不倒垃圾,怕"扫走财气,肥水外流"。值得注意的是,宁波有些地方这一天还有不能喝粥的禁忌,认为大年初一如果喝粥,财物就不会进门,而且会像水一样流走。

除夕这一天,说话走路也要格外小心,不能说"破""死""光""穷"这些不吉利的字。如果小孩子不懂事,说了这些不吉利的话,大人就得赶紧说"小囡不懂事,小囡放屁,百无禁忌"之类的话加以补救。走路如果跌跤,要说"元宝一跌"。在余姚一带,如果小孩在初一这天不小心跌倒哭了,大人就要以"跌跌发发"之语劝慰。有些家庭则干脆在除夕这一天在门框或墙上贴上写有"姜太公在此,百无禁忌"的红纸。

大年初一这一天,也不能与人吵架,不能骂人或打碎碗、杯、瓷器等易碎器皿。人们讲究未昏而眠,该晚要早睡,睡前放"关门炮",不点灯,当夜不出门,俗称"过太平夜",认为这样可免夏日虫害。

　　宁波人认为正月初十是石头生日,这一日凡是磨、碓、碾等石制用具都忌动用,人们甚至烧香祭拜石具。

　　立春俗称"打春",立春这一天宁波民间也有禁忌,如出嫁的闺女不能回娘家,即使在娘家,也要在打春的时辰到外面躲一躲。一年两个立春日也忌结婚,据说"一年两个春,死了丈夫断了根"。大家要互说吉利话,不能发生口角,忌打破碗盏,不打骂孩子,以祈太平吉利。

　　宁波在立夏日也有禁忌,比如儿童忌坐石阶和门槛,认为这样夏天就会导致脚骨痛。

　　宁波民间将农历七月十五日称为"鬼节",各家要祭祖做"七月半羹饭",或放"焰口"为野鬼安魂。有的人家还要煮熟新谷,并于祭祖后食之,称"尝新"。俗传阴司自七月初一"放饿鬼",于是居民集资请祭司诵经念咒,并沿街设祭,用竹篮盛碗,装鱼、肉、酒及馒头、南瓜、豆腐、毛豆等12碗祀无主鬼魂。这一天的白天,大人一般都让孩子无事不要出去闲逛;晚上尤其禁忌小孩外出,怕小孩撞到孤魂野鬼,灾难降临。

　　地藏王生日夜也有禁忌,如忌在地上倒水、便溺、跨地香行走等。

　　中秋日,家家户户露天设案祭月。祭品均为素色,有月饼、瓜果、萝卜、毛豆籽等,月饼象征团圆。瓜果不能少,但忌切梨,因梨与离谐音,不吉。供桌上还要放一碗清水,祭毕,用水洗眼,据说能眼净目明,俗称"求甘露"。按照中国古代阴阳五行学说,月亮为太阴,女为阴,而男子属阳,不宜拜月,因此有男子不拜或后拜之俗。

　　宁波自古以来商业气息浓厚,故商业禁忌也多。商家在正月初五财神日出门忌遇见僧尼,如途中遇见僧尼,便要悄悄将其夹在中间走过去,谓这样可把财气兜进来,称为"兜财神"。

　　在宁波民间,民众习惯设祭祀祖先的神案,神案上放置着祖先的牌位,每逢年节都要敬奉祖先,因而也形成一些禁忌。如神案上的贡品忌讳小孩去摸,如果小孩摸过贡品,祖宗就不会吃,并且在一年内不会给家人赐福。特别是堂屋的正中间供奉着祖宗牌位时,忌在此屋放床睡觉,犯之会给个人或家庭带来灾难。

　　禁忌不是孤立存在的,常常会与某些不吉利的事情相联系,由此引发出禁忌的行为,这也是由人们避凶趋吉的心理作用造成的。禁忌作为一种习俗,规范着人们的信仰行为,在生产落后、生活贫困及人们不能完全掌握自己命运的条件下,对民众精神的麻痹作用也显而易见。

二、词　条

腊八节

农历十二月初八是传统节日中的腊八节,简称"腊八"。腊八是古代欢庆丰收、感谢祖先和神灵(包括门神、户神、宅神、灶神、井神)的祭祀仪式,夏代称腊日为"嘉平",商代为"清祀",周代为"大蜡"。因其在十二月举行,故称该月为腊月,称腊祭这一天为腊日。旧时腊八节是用来祭祀祖先和神灵、祈求丰收和吉祥的节日。后来佛教传入,为了扩大在本土的影响力,逐渐附会中国传统文化,把腊八节定为佛成道日。

相传,佛教创始人释迦牟尼修道时,一天,因饥饿难耐晕倒在尼连河边,正好被一位放牧女子看见。女子便把随身携带的杂粮加些野果,用清水煮成粥,喂给他吃。释迦牟尼吃了粥后,恢复精神,跳进尼连河沐浴净身,然后在菩提树下静坐沉思,终于在十二月初八这一天得道成佛,从此,佛教教徒便把这一天当作节日来纪念。据《梦粱录》载:"此月(十二月)八日,寺院谓之'腊八',大刹等寺俱设五味粥,名曰'腊八粥',亦设红糟,以麸乳诸果笋芋为之,供僧,或馈送檀施、贵宅等家。"

在全国大部分地区,每年腊八节这一天,都有吃腊八粥的习俗,而这一习俗自南宋起就非常盛行,距今已有 1000 多年的历史。南宋周密在其《武林旧事》一书中记载了各大寺庙腊八节施粥的史事。到腊八节这一天,宁波民众也会吃腊八粥等传统食品来庆祝。腊八粥的做法各有特色,最早的腊八粥是用红小豆来煮,后经演变,腊八粥食材逐渐丰富起来。北京的腊八粥最讲究,食材不下 20 种。制作、馈送腊八粥风俗在浙东地区特别盛行。宁波靠海,因此宁波民众更有喝海鲜腊八粥的习惯。此外,腊八这一天,宁波许多寺庙、餐饮店及社区都会免费向市民提供腊八粥。其中最为有名的就是宁波佛教寺院居士林每年都会在这一天免费向民众提供腊八粥。许多宁波民众这一天一大早就会来到居士林排队,为的就是吃一口这里的腊八粥。旧时民间吃腊八粥,为的是驱鬼邪,逐瘟疫,庆丰收,讨吉利,寄托着希望健康平安的美好愿望。如今,腊八节吃腊八粥的习俗依然盛行。

在宁波,腊八节当属"年节"的前奏,宁波老话中有:"小顽小顽侬冇皮,过了腊八就是年","吃了腊八饭,就把年来办"。"腊八"一过,春节临近,甬城家家户户开始准备过春节事宜,包括办年货、做年糕、掸尘、谢年、做年夜羹饭等,以崭新的面貌迎接"年"的到来。

参见朱海滨:《浙江节日习俗的区域特征及地域差异》,《节日研究》2010年第2期;朱海滨:《近世浙江岁时习俗的区域差异》,《历史地理》2007年第22辑;吴自牧撰:《梦粱录》,文渊阁四库全书本。

谢 年

"谢年"又称送岁或送年,是宁波民众一年祀神典礼中最隆重的一次。谢年可选岁末的某一日,一般是在祭灶至除夕前一两天之间,祭祀仪式一般选在午夜。宁海"谢年"又称"还福",在除夕接"灶神"回家后举行。谢年祀神前,人们必须先进行大扫除,俗称"掸尘"。祭器均需洗刷干净;主祭的男主人必须沐浴更衣,且剃好过年头。祭祀由男性操办,妇女仅做助手。据说,谢年习俗源于元朝。在这次隆重的家庭祀神中,主祀"南朝一切圣众"。传说宋亡后,1285年8月江南释教总摄杨琏真珈在绍兴攒宫山发掘南宋诸帝陵墓,骸骨被四处抛散。民众十分悲愤,但不敢公然设祭,所以趁过年之际,以"谢年"仪式,祭奠南宋的帝后。"南朝一切圣众"就是"南朝一切帝后"的同义词,而"南朝一切圣众"中的"众"字,也包括了文天祥、张世杰等南宋殉难的忠诚烈士。谢年仪式寄托着人们对南宋众位皇帝的哀思和对故国的怀念,此后该仪式历代相沿成俗。

旧时谢年,大族多在中堂间前,面朝堂屋,用两张或三张八仙桌合拢作供案,上供筷3双,饭3碗,爵杯3只,左右置小酒杯各6只(如遇闰年,左方增小酒杯一只),蔬菜5碗,调味品4碟(即盐、酒、豆腐、葱)。供案后置靠椅1~3把,椅背挂神祇纸,书"南朝一切圣众",有的再加"文武财神",神祇纸两上角夹香各1股,香间悬纸元宝1串。祭五牲或七牲,五牲即为全鸡、全鹅、利市(猪头)、刀肉、鲤鱼(一般为活鱼,眼贴红纸),晚清时"三牲福礼"必不可少:鱼、猪肉、家禽外加整叠年糕、水果、干果等。供品要装在朱漆木质红盘中。一般人家祭品以刀肉、红糖、生麸、桂圆,再加盐、茶、酒,且必放鲤鱼。酒壶1把(也有2壶的),置酒12杯,遇闰年13杯。晚上祭祀时,点红烛一对,主祭人三跪九叩三上香,禁止妇孺偷视,要鸦雀无声地祈神降福,俗称"闷声大发财"。祭毕,焚化年神,恭送上天,燃爆竹。随后,割下各色祭品一小块掷上屋瓦,俗称"请瓦上将军",而后全家合享谢年饭。整个谢年祭祀仪式隆重而庄严,主祭人跪拜默祷,谢当年也祈祷来年,虔诚严肃。

祭毕后,人们开始享用谢年饭。谢年饭在乡间以吃肉吃鱼为主,其他菜肴为辅,备酒不备饭,吃汁水青菜年糕汤,镇海地区称之为"叶露年糕汤",以兆来年油水多,年年高,此外还要将之分送左邻右舍。城里人特别是商家谢年,必备烤麸和黄豆芽(如意菜),寓有"富""旺"之意。"谢年"发展到后来,只被认为是感谢值年太岁。到现在,谢年已经成为一种纯粹的祭祀神灵的仪式,以祈求来年风调雨顺,全家平安。

参见张行周编:《宁波习俗丛谈》,民主出版社 1973 年版,第 35 页;张钦康、张和声:《宁波故乡旧俗》,《史林》2009 年第 S1 期;王万盈、何维娜、魏亭编著:《宁波风物志》,宁波出版社 2012 年版,第 47 页。

除　夕

除夕在宁波民间被称为"过年",如果这一年的十二月只有二十九天,则被称为"廿九夜"。除夕过后就是春节,所以这一天可以说是节前准备的最后一天,也是最忙碌的一天。

宁波除夕这天除了接灶神外,还有其他的几项准备工作需要细致完成:首先,张贴大红对联、福字、门神、年画等,还要将年糕做的元宝、如意等吉祥物放入米缸和柜子里,以象征"缸缸满";其次,要准备好大年初一需要动刀的食物,切好,备好,另外把地打扫干净,水缸水挑满;最后,就是人们于除夕傍晚做年夜羹饭祭祀先人。

最隆重的就是过除夕夜。吃年夜饭,是春节家家户户最热闹愉快的时候。大年夜,丰盛的年菜摆满一桌,阖家团聚,大家围坐桌旁,共吃团圆饭,心头的充实感难以言喻。人们既享受满桌的佳肴盛馔,也享受那份快乐的气氛。除夕夜,各家都会摆"除夕酒",亦称"分岁酒"或"午夜饭"。席间,父辈习惯给孩子们夹菜,共享天伦之乐,多说吉祥之词,讨新年之彩。盘中的全鱼一般不动筷,因为"鱼"与"余"谐音,所以民间都把鱼留到大年初一,以示年年有余。酒毕,全家要吃汁水年糕汤或者油菜年糕汤,寓意新的一年油水多多,年年高。

席后,长辈通常都会给晚辈分发压岁钱。旧时,富家会分发大洋,穷人家分些铜板,用红纸包上,把压岁钱压到孩子的枕头下。慈溪一带,小孩的压岁钱要压到正月初五方能从枕头下取出,幼儿则用红线将压岁钱系至项颈,俗信可以避凶镇邪。

旧时,除夕夜各家都紧闭家门,传说张天师捉妖时曾说"八旗大人红门而进",以躲避野鬼的纠缠。另外,民间讲究出嫁的女子必须回夫家过年,不可住在娘家,认为新灶神要下界点名册。是夜,各家通宵达旦,称之为"守岁"。如今,守岁的习俗已经变成收看中央电视台春节联欢晚会节目了,等待零点钟声敲响后,尽情燃放烟花爆竹,以迎接新的一年。

参见浙江民俗学会编:《浙江风俗简志》,浙江人民出版社 1986 年版,第146 页。

春 节

春节是我国传统节日中最隆重盛大的节日,中国人过春节有着悠久的历史,是日,普天同庆,合家团聚,欢欢喜喜,热热闹闹。狭义的春节指农历正月初一,但宁波民俗中,春节从正月初一算起至正月初五,这五天的时间都是人们欢度春节的时候。

迎接春节第一天的必然是"开门炮"。第一声开门炮必然是在子夜鸣响。新年里第一次见面的人们要拱手作揖,口诵吉词,这也就是传统礼仪"拜年"。这一天人人都要换上新衣裳,以示"万象更新"。对于宁波人,初一早餐必吃"汤圆",取其"团团圆圆"或"恭贺元日"的暗喻,以图吉利。另外,甬人会煮一些糯米粉做的小点心,都用甜水汤煮,取其"甜蜜"之意。整个春节期间,汤圆一贯作为待客的主要点心。早饭结束后,就是给长辈拜年,同时长辈会给未成年的晚辈发放压岁钱。春节当天,宁波人讲究"休息"一天,这天不扫地、不动剪刀、不打骂孩子等,说话也要注意,尽量说吉利话,不能口无遮拦。这天人们都是"图个吉利",希望"开个好头"。

大年初二至初五接财神,这期间主要是亲戚互访,相互拜年,酒肴相庆,称为"走人客"或"做人客"。一般是女婿先去岳丈家拜年,先至亲后远亲;年少的拜年长的,尤以婿拜翁、甥拜舅、侄拜姑为重。邻里、同事之间也要相互走动,互邀宴饮,称之为"岁饭"或"岁酒"。清代时,又增加了"团拜"的形式,清人艺兰生在《侧帽余谭》中说:"京师于岁首,例行团拜,以联年谊,以敦乡情。"今天在政府机关和社会团体中,团拜也颇为流行。

初五接财神,对于商家来说意义重大。清晨要请过财神后,才能开门营业。初七初八,宁波等地有"走七桥""拜八寺"的习俗,即初七夜走七座桥,初八拜八座寺庙,以祈求人畜平安,年岁丰收。

此外,春节期间也有丰富多彩的民间文娱活动,包括舞龙、舞狮、跑马灯、踩高跷、佯扫地、大头和尚等,穿村走户,非常热闹。

参见周时奋:《宁波老俗》,宁波出版社 2008 年版,第 17 页;张行周编:《宁波习俗丛谈》,民主出版社 1973 年版,第 20 页。

元宵节

正月十五为元宵节,亦称"灯节",因正月十五之夜是一年中第一个月圆之夜,故称。元宵节是中国的一个重要的传统节日。元宵节早在两千多年前的西汉就有了,被用作祭祀天帝、祈求福佑的日子。后来,道教信奉者把正月十五定为给"天官神"过生日的日子,故亦称"上元节"。闹元宵就是祈求天官赐福,让人们在新的一年里能够五谷丰登,安居乐业。

旧时宁波民间元宵节的全过程要从正月十三到正月十八前后。正月十三为"上灯夜",到这天城乡各地张灯结彩,各祠庙街巷悬挂彩灯,陈器玩,以供神。彩灯有龙灯、马灯、船灯、车子灯、双狮灯、十二月连环灯,以及各种形状的飞禽走兽灯、花灯、鱼灯等,做工精巧,花样纷呈,大户更有琉璃、金银灯彩,但大多数都悬提兔灯,寓意"玉兔伴月宫",或以地上的兔灯与天上的"玉兔东升"相呼应。正月十四夜"照爬虫",民间赶在春气萌动之前,再次清除阴暗角落里的害虫,提灯照壁脚的视野反倒在夜间更为清晰。有的人还手提小锣,边敲边吆喝。在农村,此日农家会在田头点火烧野草,称"烧地毛"或"驱蝗虫",名为驱邪,实则除虫害。可以想象这一活动可能是元宵节上灯的最初形式。正月十五元宵夜,城乡"闹花灯"。人人手提花灯,摩肩接踵。除了赏灯、猜灯谜等活动外,还会有街头表演活动,包括舞龙、舞狮子。吹吹打打的队伍浩浩荡荡而来,来围观的人群已经迫不及待,场面甚是热闹。晚上的元宵节更为壮观,热闹时还会放焰火,俗称"放盒子"。十五的夜晚,灯火辉煌,交相辉映。

元宵节期间,在镇海、奉化等地还请戏班演戏,唱书,谓之"灯头戏"。民间社庙宗祠有集中设醮、诵经、宣卷、祈福的活动,名为"雨水会",亦有问卜年岁丰歉,稻禾麦黍、瓜菜果实收成的。在镇海,正月十四夜要吃"丫头羹",类似今之百果羹,合瓜果枣栗调之,邻里之间相互馈赠。

与宁波城区稍有不同,慈溪观海卫一带元宵节从正月十三一直持续到正月十七,正月十三为上灯夜,正月十七为下灯夜,当地流行上灯夜吃元宵,下灯夜吃年糕习俗。而宁海元宵节则是在正月十四,俗称"十四夜",到这天,宁海民众放花灯,举行迎赛神会,载歌载舞,演出百戏,祈求三官赐福。清诗人王梦赍在《宁海竹枝词》中写道:"元宵演剧到春残,乘兴何妨日日看。共道经年辛苦甚,三时工作一时欢。"好一个热闹的元宵节。

参见周时奋:《宁波老俗》,宁波出版社 2008 年版,第 21 页;宁波市文化广电新闻出版局编:《甬上风物:宁波市非物质文化遗产田野调查·宁海》,

宁波出版社 2009 年版，第 70 页。

端午节

农历五月初五端午节是宁波民间重要的风俗节日。每年这一天，民间都要举办龙舟竞渡等活动，家家户户都要包粽子，女婿上岳父母家送礼，并进行各种辟邪禳毒活动。虽然随着时间的推移，宁波百姓赋予端午节越来越多的内容，各地过端午节的习俗也呈现出某些差异，但近人张延章《鄞城十二个月竹枝词》中的"五月端阳老虎描，艾旗蒲剑辟群妖；雄黄细蘸高粱酒，苍术还须正午烧"，则集中反映了宁波端午习俗的主要内容。

端午节的历史悠久，晋人周处的《风土记》记载端午这一天，人们要"烹鹜进筒粽""采艾悬于户上"等。宁波传统端午节内容丰富多彩，描端午老虎是最重要的习俗之一。旧时，端午老虎由大人白描或从店铺里购买绘有一虎一孩、一虎二孩、一虎三四孩或二虎一孩、二虎二孩、二虎三四孩等各式姿态的黑白版画"端午老虎"纸，供孩童添上红、蓝等颜色戏玩，描好后贴在门或墙上，谓可辟邪。现大多已不行此俗。同时，端午节要悬挂蒲剑或艾旗。"蒲剑斩千妖，艾旗招百福"，宁波人相信悬挂菖蒲剑、插艾旗能辟邪祛灾，因此每到此日，人们就会悬挂蒲剑或艾旗，有的还会在艾旗下面挂一个大蒜头，也有用菖蒲根削制成人形悬挂于床前的。

端午这天，宁波人也要包粽子。宁波人的习俗是裹四角形的碱水粽，糯米中加入适量碱水，用老黄箬壳裹扎，煮熟后糯米呈浅黄色。宁波人认为，端午喝雄黄烧酒可以解百毒，并烧苍术、白芷、艾叶以驱赶蚊虫。端午节这天，人们也要佩戴香袋。是日，各家小孩会佩戴鸡心形、粽子形、小人形、球形、虎形等各式香袋以辟邪禳毒；也有给小孩佩戴"避毒钱"的，其钱形状同普通铜钱，只是在正面铸有"五月初五"字样，反面铸蛇、蝎、蜈蚣、壁虎、蜘蛛等"五毒"图形；也有系"缠手绳"的，即在小孩的手臂上缠五色线，又称"长寿绳""宛转绳""健绳"，寓意孩子可无病无痛，长命百岁；也有给孩子穿虎纹的衣服，缝制布虎和老虎枕头的，故俗谚有："年年端午五月五，剥过粽子做布虎。"

端午这一天，宁波人的女婿要备"端午担"给岳父家送礼，要有鱼、肉、鹅酒等，以幢篮盛之，少者四色，多者八色、十二色。鱼要成双，鹅颈须涂成红色，且鹅最好一路鸣叫，越叫越发，俗称"吭吭鹅"。

在宁波各地，过端午也有差异，如在奉化、象山等地，"少儿以茧做虎，剪彩做健人戴之"；象山妇女则有插戴"端午花"习俗；余姚等地有吃"五黄六白"的习俗,"五黄"即黄瓜、黄酒、黄鳝、蛋黄、黄蛤,"六白"指白条鱼、白斩鸡、白切肉、豆腐、茭白、小白菜。但"五黄六白"的内容并非固定,往往因地制宜,如在宁海或者宁波市区,五黄则是黄鱼、黄瓜、黄鳝、黄蛤、黄梅,有的甚至用黄泥蛋(咸鸭蛋)、黄豆瓣、黄枇杷等代替。端午节虽然形式多样,但在各种辟邪纳福、禳毒防疫活动中反映出宁波民众对美好生活的向往。

参见浙江民俗学会编:《浙江风俗简志》,浙江人民出版社1986年版,第143—144页;王万盈、何维娜、魏亭编著:《宁波风物志》,宁波出版社2012年版,第53—54页。

八月十六中秋节

说起中秋节,全国绝大部分人会想到八月十五过中秋,回忆起嫦娥奔月、吴刚伐桂、玉兔捣药的神话传说,正如杜甫《八月十五夜月》描写的:"满目飞明镜,归心折大刀。转蓬行地远,攀桂仰天高。水路疑霜雪,林栖见羽毛。此时瞻白兔,直欲数秋毫。"与大部分地区不同,宁波则在八月十六过中秋节,且这一习俗相沿至今。

据南宋宝庆《四明志》等地方志乡俗人物篇记载和民间调查,宁波八月十六过中秋节的民俗始于南宋或元末,与南宋会稽郡王(后加封为"越王")史浩、宰相史弥远和元末明初起义军首领方国珍等传说有关。相传,南宋宰相史浩,明州(今宁波)人,每年八月十五中秋节都从临安回家与民同乐。有一年,其因归途中马失前蹄,坐骑受伤,夜宿绍兴,第二天回宁波已是八月十六,因此百姓等到十六才过中秋节,以后相沿成习。民间还有一种说法认为,八月十六过中秋乃是元末方国珍以自己的生日改的。奉化地方还传有另一种说法,明代赵文华(慈溪人)要回家过中秋,因为路途遥远没有在八月十五赶到,故推迟一天过中秋。清代袁钧《北竹枝词》也载:"峰寿母易中秋节,七百年中俗尚流。从此非时来竞渡,家家十六看中秋。"所以在宁波就形成了八月十六过中秋的传统。

宁波中秋节隆重而欢愉,其喜庆气氛超过元旦、端午和重阳,被视作农历年中仅次于春节的第二大节日。宁波的中秋节庆活动包括祭拜月神、龙舟竞渡、游湖赏月、点放湖灯、湖畔唱晚(民间戏班唱堂会)、月饼寄情和吃芋艿鸭(芋艿炖鸭子)等程序和形式。其热闹程度由张延章《鄞州十二个月竹枝词》可见之:"八月中秋月饼圆,节筵都作一天延。城东更比城西盛,鼓吹通宵闹画船。"旧时宁波,中秋节庆活动中最为激动人心的是龙舟竞渡。民国《鄞县通志》载:"各乡祠庙(中秋)为会祀神,以龙舟竞渡,谓之报赛,与各处端午竞渡不同。"此外,中秋另一项别具节日特色的食物就是中秋月饼。甬式月饼饼质如千层酥,中间以水晶(蜜饯)、果仁等为馅,尤其以苔菜月饼为特色。新中国成立后,每逢八月十六中秋佳节,宁波家家团聚赏月吃月饼,亲友之间亦相互馈赠。此时,正值新鸭肥嫩,芋艿初熟,所以民间还有吃鸭子芋艿、水拖糕(绿豆糕)等习俗,有民谚曰:"鸭肉骨头水拖糕,八月十六等勿到。"

宁波八月十六中秋节是中国宋元时期江南文化和中秋礼俗的活态见证,在家家户户团聚欢笑的时候,也寄托了远在他乡游子浓浓的思乡情谊,这一传统节日具有孝道文化、节庆文化、民俗学、历史学、社会学等多方面研究价值。

参见〔清〕俞樾撰:光绪《镇海县志》卷三《风俗》,成文出版社 1974 年版;周时奋:《宁波老俗》,宁波出版社 2008 年版,第 32 页;浙江民俗学会编:《浙江风俗简志》,浙江人民出版社 1986 年版,第 145 页。

重阳节

农历的九月初九为重阳佳节。《易经》中"六"为阴数,"九"为阳数,九月九日,日月并阳,两九相重,故称"重阳",又叫"重九"。早在战国时期人们对重阳就有认识,到唐代正式将之定为民间的节日,沿袭至今。

重阳节日当天,各地民众都会登高宴赏,饮茱萸酒,宁波习俗亦是如此,民国《鄞县通志》载:"士人登高燕赏,以茱萸汎酒饮之。"除此之外,"各家制角黍,亲戚互相馈遗,谓之挑重阳担,设酒馔以祀祖先,祀毕,家人欢聚享食"。角黍即粽子,与其他地方不同,宁波在重阳节包粽子。重阳粽子做法考究,花样繁多,有"鸳鸯粽""五花粽""和合粽"等。除了粽子,旧时还有重阳糕和牡丹糕,因糕与"高"音谐,寓意登高。亲友互相馈赠,谓之"挑重阳担"。慈溪人称重阳为"重娘",出嫁的女儿带礼品回娘家探亲,以示敬老。旧时奉化一带这天在祠堂里行"秋极礼",乡间庙宇演戏摆酒,俗称"吃戏文酒"。宁海等地舂重阳麻糍,做阳糕,先祭"田公田婆",而后饮菊花酒、登高以避灾祸。

如今九月九重阳节又称为"老人节",因二"九"相逢,"九"又与长久的"久"同音,是长寿的象征,故定为老人节,有尊老敬老的美好祝愿。沿袭传统习俗,重阳这天,宁波民众必吃糕,寓意:吃重阳糕,步步高。宁式糕、百式糕是重阳糕的通称,其糕点主要有白沙印糕、小黄糕、汤馃糕、水绿豆糕、色籽糕、松仁糕、荸荠糕。主要分为两种,一种是条糕(软糕),另一种是硬糕(干糕)。条糕较软,适应年龄大、牙不太好的老年人吃,年轻人则吃干糕。

此外,喝菊花酒、吃重阳螃蟹宴的活动也是必不可少。宁波古时就有重阳饮菊花酒的习俗,元朝鄞县程端学《九月喜敬叔兄自建平归》:"去年今日醉黄花,君在郎川我在家。今日两人逢浊酒,我当击铗君当歌。门闲秋老丹枫落,天远云轻白雁斜。堂上欢亲越强健,共君不乐复如何?"菊花酒清凉甘甜,可活血行气、养肝明目、延年益寿。至于螃蟹,宁波民众关于螃蟹的吃法各式各样,有红烧螃蟹、咸蛋黄螃蟹、螃蟹炒年糕、红膏咸炝蟹等。而最常见的吃法是蒸螃蟹,就像蒸馒头一样,这样做出来的螃蟹肉质最为鲜美。

参见〔清〕曹秉仁等修:《宁波府志》,慈溪沈氏介社堂1846年版;慈溪市地方志编纂委员会编:《慈溪县志》,浙江人民出版社1992年版。

立 春

立春是一年四季的开始,时间在夏历正月间。立春不仅是二十四节气中的第一个节气,而且还是一个重要的节日。自秦代以来,我国就一直以立春作为春季的开始,立春是从天文上来划分的,而在自然界、在人们的心目中,春是温暖,鸟语花香,春是生长,耕耘播种。

旧时宁波在立春前一日,府县官以彩仗迎春,次日祭芒种神,称之为"祭芒神"。然后人们下田试耕,各家以荠菜、艾草作春盘、春饼,饮春酒。《光绪奉化县志·风俗篇》载:立春前一日,"邑令同各官以彩仗迎春于东郊。次日祭芒神,鞭土牛;各家祀太岁,作春盘,饮春酒,谓之'接春'或'闹春'"。寓意一年早耕种,将有好收成。宁波各县市此俗大抵相同,以祈求丰收。此外,乡间还有报春牛、送《春牛图》习俗。举行"报春"仪式时,由丐头着锦袍乌纱,称为"春官",丐头肩背褡裢,手持青铜小牛,唱门报春,进屋后,以青铜小牛在米缸、谷仓左右各绕三圈,边绕边唱"黄龙盘谷仓,青龙盘米缸"吉利话,并挨户送木版印刷的《春牛图》。也有地方让"春官"坐入反向的八仙桌,由兵役抬着巡街,跟在知县后面,边走边报:"某时某刻立春,某某老爷(指知县)高升啰——"这一滑稽的仪式由官方主持,故称"奉宪报春",俗语遂有"叫花子做春官,亦有一日"之说。农户对报春者酬以钱或年糕。新中国成立后,此俗多已不行。

立春当日有"咬春"的传统,"咬春"的风俗早在唐代就已盛行,诗人杜甫在《立春》一诗中曾有"春日春盘细生菜""菜传纤手送青丝"的描述,说的就是立春日咬春的习俗。咬春的食物各地有不同,最简单的,就是买个萝卜回来啃,生萝卜的口感有些辛辣,古人便赋予其"咬得草根断,则百事可做"的寓意。如今在宁波民众的生活中,"咬春"吃得最多的是春卷,品尝春卷中包括的新鲜蔬菜,才符合其"咬春"之意。

将春卷列为立春日食品,始于唐,盛于宋。据周密《武林旧事》记载:"(春卷)翠缕红丝,金鸡玉燕,备极精巧,每盘值万钱。"古人可以把春卷做得这么考究。眼下,超市里各式各样的速冻春卷很多,但宁波人偏好素春卷这一口。人们从菜市场拎点荠菜、豆腐干回家,洗净,剁碎,加点芝麻油、盐,搅拌均匀,就是春卷的馅料。

宁波旧俗,吃春卷要从头吃到尾,取其"有头有尾"的吉祥寓意。另外立春当天还有禁忌,在宁波此日要互说吉利话,不能发生口角,忌打破碗盏,不打骂孩子,以祈太平吉利。

参见〔清〕曹秉仁纂修:《宁波府志》,慈溪沈氏介社堂 1846 年版;王万盈、何维娜、魏亭编著:《宁波风物志》,宁波出版社 2012 年版,第 58 页;余福海主编:《宁波市志》,中华书局 1995 年版,第 2818 页。

二月二

农历二月初二,民间称这一天为"龙抬头",这一天有祭龙的习俗。传说在唐咸通年间,明州刺史李伉因祈祷龙王灵验,在今天的鄞州龙观乡建五龙神堂;宋时又建显济庙,俗称关龙庙,祭祀龙神;宋理宗、元惠宗都曾颁旨敕封五龙潭神为侯。直到今天,五龙潭景区内仍保留着五龙神堂、古祭龙坛、天井寺等具有龙文化色彩的景观,民间也传承着游龙潭、观龙俗、祭龙祖的千年习俗。在鄞州龙观五龙潭,还流传着一个独特的龙头节的传说。传说当年武则天废唐立周称帝,惹得玉帝大怒,令龙王三年不得降雨。龙王不忍生灵涂炭,偷降大雨,被玉帝得知后打出天宫,压于天进山之下。黎民百姓感激龙王降雨,天天向天祈祷,最终感动玉帝,于二月初二将龙王释放,便有了"二月初二龙抬头"之说。

花朝节

在宁波,二月初二又称为"花朝节",相传这一天是"百花娘子"的生日,古称花朝。百花娘子是花神、绣神、美丽与智慧女神。到这天,妇女们会用五色线给女儿耳朵穿孔,今后就可以戴耳环,好像百花娘子一样漂亮。少女也会用绸缎、丝线、棉絮缝作百花娘子小布人儿,以祈求如百花娘子一样美貌聪慧,能精绣百花。这一天,妇女要停刺绣、针线等女红,并将绣花绷子供于桌上,举烛焚香膜拜。张延章在《鄞州十二个月竹枝词》中写道:"二月百花生日临,妇女十四(应为十二)作停针。风光最好是初二,闺女露天烧点心。"

二月二

在宁海,二月初二也是蚕儿的生日,所以又叫"蚕市"。旧时,每到"花朝"这天,乞丐头儿要挨家挨户送蚕花,它是一种用红、黄、绿三色彩纸剪成的小花,糊在筷子长的竹签上。蚕花送到后,主人就将蚕花插在门边和蚕帘子边,再把一枚蚕花插在自己的发髻上,讨个吉利,预卜春蚕兴旺,招财进宝。

二月二这一天,宁波民间也有给小孩子"剃喜头"的习俗,期许新的一年鸿运当头、吉祥如意。在象山有"二月二,草籽绕田头"的说法,这一天人们纷纷外出采摘草籽,亲朋好友,汇聚一堂,吃一份草籽炒年糕。当然二月二要剃头,这一天理发店熙熙攘攘,挤满了前来理发的人群,人们选择"二月二龙抬头"之日理发,希望讨个好彩头,寓意鸿运当头,吉星高照。

二月二之后,大地春回,万物复苏,人们在这天依靠对龙的崇拜,希望驱凶纳吉,人畜平安,五谷丰登,寄托了普通民众对美好生活的向往,以及对孩子的殷切希望。

参见王万盈、何维娜、魏亭编著:《宁波风物志》,宁波出版社 2012 年版,第 61 页。

立 夏

立夏是农历二十四节气中的第七个节气,夏季的第一个节气,表示孟夏时节的正式开始,人们习惯上都把立夏当作温度明显升高、炎暑将临、雷雨增多、农作物进入旺季生长的一个重要节气。明人《莲生八戕》一书中写有:"孟夏之日,天地始交,万物并秀。"这时夏收作物进入生长后期,冬小麦扬花灌浆,油菜接近成熟,夏收作物年景基本定局,故农谚有"立夏看夏"之说。水稻栽插及其他春播作物的管理也进入了大忙季节。所以,我国古来很重视立夏节气。据记载,周朝时,立夏这天,帝王要亲率文武百官到郊外"迎夏",并指令司徒等官去各地勉励农民抓紧耕作。

立夏这天,民间也会通过各种具有节日特色的传统活动来迎接立夏节。在宁波旧俗中,奉化、镇海等地区于立夏之日,各家以赤小豆和米煮饭,或以赤豆、黄豆、黑豆、青豆、绿豆等五色小豆拌白粳米煮饭,称"立夏饭",也称"五色饭",镇海一带称之为"五头",意为长辈、夫、妻、子、女俱全,宁海等地称此为"五彩瑞祥"。有的在立夏饭里加雷笋、豌豆、蚕豆、苋菜等佐料,含有"五谷丰登"的意思。立夏吃五色饭,还有一年到头身体健康的寓意。

此外,立夏时还以乌笋煮羹,据说吃了之后可使脚骨健壮,谓之"接脚骨",这是宁波立夏节必不可少的时菜。关于脚骨笋的制作大多都是油焖乌笋,亦或乌笋煮羹,但是笋的切法却有讲究。笋的每段长度至少在五寸以上,不可剖开,无论直切还是横切,须切至细长以象征脚骨。人们在食用时必须是选择长短粗细相同的两条,一口吃完。据说,按这样的吃法,可保证来生双腿均匀,不致成为跛子,或者双腿粗细不一。有的地方吃软菜,认为吃了软菜夏日不会长痱子,皮肤会像软菜一样光滑。此日,各家还以红茶或核桃壳煮蛋,称"立夏蛋",并互相馈赠。有的还将蛋放在用丝线编成的彩色蛋套里,挂在小孩的胸前。孩子们手持茶叶蛋,互相以蛋相拄为戏,称之为"拄蛋",以蛋壳坚而不碎为赢。人们手腕系丝织彩缕,称"立夏须"。在宁海,立夏又称"痊夏日",民众会准备茶叶蛋、青梅、鲜笋、鲜蚕豆等特色食品,寓意鲜笋拄脚骨、青梅能明目等,此习至今流传。

宁波还有立夏称人和母亲此日为女儿穿耳孔的习俗。吃完立夏饭后,在横梁上挂一杆大秤,大人双手拉住秤钩,两足悬空称体重;孩子则坐在箩筐内或者四脚朝天的凳子上,吊在秤钩上称体重。民间说法立夏过秤可免痊夏,通常把体重增称为"发福",体重减称为"消肉"。为女儿穿耳孔则是在孩子吃立夏蛋的时候,一边哄孩子吃,当孩子张口咬蛋时即一针捷穿。有的

立　夏

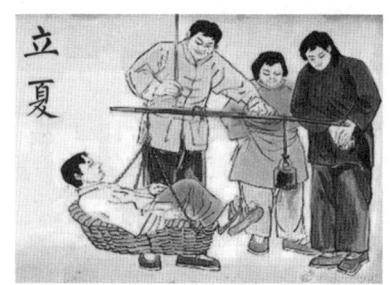

立夏称人

也会为家养猫儿穿耳朵,扎上红头绳。还有农户还以米粥、老酒犒劳耕牛,并称立夏为"牛节"。在余姚、象山一带,还有立夏日尝青梅习俗。

参见浙江民俗学会编:《浙江风俗简志》,浙江人民出版社 1986 年版,第 148 页;王万盈、何维娜、魏亭编著:《宁波风物志》,宁波出版社 2012 年版,第 60 页。

立　秋

立秋,是农历二十四节气中的第 13 个节气,更是秋天的第 1 个节气,标志着孟秋时节的正式开始。"秋"就是指暑去凉来。到了立秋,梧桐树开始落叶,因此有"落叶知秋"的成语。从文字学角度看,"秋"字由禾与火字组成,是禾谷成熟的意思。秋季是天气由热转凉,再由凉转寒的过渡性季节,如宋人刘翰《立秋》中:"乱鸦啼散玉屏空,一枕新凉一扇风。睡起秋声无觅处,满阶梧叶月明中。"

我国古代将立秋分为三候:"一候凉风至;二候白露生;三候寒蝉鸣。"凉风至:刮风时人们会感觉到凉爽,此时的风已不同于暑天中的热风。白露生:大地上早晨会有雾气产生。寒蝉鸣:秋天感阴而鸣的寒蝉也开始鸣叫。立秋节除了气候发生改变外,也关乎民间农事。民众会在这天进行各种活动,以纪念立秋这一传统时令节日。据《礼记·月令》,立秋日,周天子亲率三公、九卿、大夫到京城西郊迎接秋气。天子回朝之后对有功的军人进行奖赏,并开始军事训练,整顿法制,修缮监狱,审理案件,处分罪犯,征讨抗拒王命之人。为了顺应秋天的服色要求,天子衣白衣,乘白色的大车,佩戴白玉,立白色的旗帜,吃糜子与狗肉,居于明堂的总章南室中,向下颁布秋令;并且寻找一些不孝不悌的有罪之人,加以处罚,以助阴气。这一季节,农人新收稻谷,进献给天子;天子尝新之前,先供给祖先。

在宁波民间,立秋被称为"高秋"。这一天,宁波人最熟知、最普遍的习俗,便是吃西瓜,民间也称"啃秋"。至于为什么立秋要吃西瓜,民间说法不一,有说时令过了,不能再吃,因为立秋一过,上市的西瓜少了,口感也大不如前,再加上西瓜性寒,立秋以后多吃容易导致腹泻,所以立秋这天,是最后一次享用夏季瓜果的机会。还有说西瓜落市了,再不吃就要等来年。宁波民谚有说"立秋种冬瓜,脑头剩朵花",说明立秋后,冬瓜就只开花,不结瓜了,对于西瓜,也是一样的道理。旧时种植技术不先进,立秋之后基本吃不到太好的西瓜了,所以有立秋吃西瓜的习俗。

在镇海、奉化等地,每年立秋到来,大人们都会专门给孩子吃绿豆粥,服酒曲,叫"被秋",寓意孩子吃了后能长得快,长得壮。旧时,宁波人在立秋当天,大人们会到河里或者井中取水,然后给小孩子喝下,叫"吃立秋水"。民间认为,吃过立秋水的小孩,即便在秋冬时节不小心喝了生水,也不容易腹泻。在北仑春晓镇民丰村,还有"立秋节"一说,这一天,村民除了吃西瓜外,还会用酒肉款待割稻客等劳动者。民丰村嫁出去的女儿,在立秋时,要磨"炒磨粉"送到娘家来。此时早稻已经收割进仓,各家就用新收的早稻米,拌以黄糖、芝麻,放进锅里烘炒,再用石磨磨成细粉去孝敬娘家父母亲。

立秋节日正值夏、秋交替之时,时令交替之间最易患病,民间以各种各样的方式来纪念,无论是吃西瓜"㪗秋",还是"吃立秋水",都反映了民众希望身体健康、消痛祛病的美好愿望。

参见宁波市文化广电新闻出版局编:《甬上风物:宁波市非物质文化遗产田野调查·鄞州》,宁波出版社2009年版,第149页;梅子编:《不可不知的二十四节气常识》,线装书局2015年版,第151页。

冬　至

冬至是二十四节气之一,也是中国的一大传统节日。冬至是阴气高涨、阳气发生之日,是最困难也是开始萌生希望的时节。冬至作为传统节日,自汉代开始庆贺,六朝时代,称冬至为"亚岁"。是日,媳妇给公婆进献鞋袜,给长辈祈寿。宋代以之作为三大节日之一,其又称"亚岁""冬除""二除夜",有的甚至称"除夜"。官府要在冬至这天放假,如同过新年。明清时,在江南吴越地区,冬至仍然是民俗大节。

宁波有句俗语:"冬至大如年"。又称冬至为"小年夜",宁波人对冬至的重视可见一斑。旧时,在冬至日要设香烛酒馔,摆"冬至羹饭",祭祀神祇及

冬　至

先祖;大族宗祠也有演戏的,并备牲醴以祀祖,还要奏乐演戏,按丁分"祠堂饼",又称"吉饼"。沿海渔民,在冬至之后置窖藏冰,为来年渔期之用。在慈溪,旧时宗族定此日让亡故族人神主进祠堂,三五年一次,也有10年一次的,称"进主"。冬至这一天还要为亡故亲人扫墓。今"进主"一俗已废,扫墓之俗尚存。也有选冬至动土做新坟的,或择此日将寺庙、宗祠的棺材入墓穴的,称为"冬至进穴"。冬至日,各家要以芦穄粉做"芦穄汤馃",后逐渐改为"浆斑汤

馃"和"番薯汤馃",邻里互赠,含团圆之意,也有祈求来年有个好收成的意思。

慈溪一带做粳米饺子,称"冬至饺"。宁波人尚有"嬉嬉夏至日,困困冬至夜"的说法,在上床入睡前还要洗脚,认为是夕洗脚,天冷脚不会开裂。镇海民俗中,冬至当日除了宗祠祭祖外,还要吃汤圆。冬至前几天,主妇们就将汤圆搓好,盛于盘中,以备第二天早晨烧煮。汤圆的馅儿,不外乎是豆沙、芝麻类的,也有肉馅儿的。还有一种和青菜同煮的汤圆,名为"菜汤馃",清鲜可口,别有风味。在宁海,还有"跨灶王"之风,实际上就是古代驱逐散布瘟疫恶鬼的一种仪式。由当地的乞丐头儿来充当鬼判官,头戴乌纱尖翅帽,口挂红须,身穿齐膝大红袍,脚蹬乌靴,手拿宝剑,嘴里念念有词:"大的柯来剥了皮,小的柯来垫脚底,老的柯来高高吊。""鬼判"挨家挨户驱鬼,主人家则对着"鬼判"撒盐米,一直撒到门外,送走鬼判也算赶走疫鬼,讨得了吉祥。这种迷信的形式寄托了人们对平安健康的渴望。此外,冬至这一天大人不能打骂小孩,以求平安吉利;在冬至正时辰,将萝卜干抛到屋瓦上晒成干后,称"冬至萝卜干",据说可以治痢疾。

参见慈溪市地方志编纂委员会编:《慈溪县志》,浙江人民出版社1992年版,第961页;宁波市文化广电新闻出版局编:《甬上风物:宁波市非物质文化遗产田野调查·宁海》,宁波出版社2009年版,第169页。

六月六曝晒习俗

农历六月初六称之为天贶节、翻经节。天贶意为赐赠。据明人周祈在《名义考》一书中考证,六月六天贶节起源于宋真宗赵恒。《宋史》载,北宋真宗大中祥符元年(1008)正月乙丑,天书《大中祥符》三篇降于京城左丞天阙上,真宗赵恒大喜,认为是天赐之福,遂将年号由"景德"改为"大中祥符"。同年六月初六,天书再次降临泰山醴泉,真宗亲往泰山封禅,并下诏"以六月六日天书再降日为天贶节"。六月六也是佛寺的一个节日,叫作"翻经节"。传说唐僧到西天取经回来,不慎将所有经书丢落到海中,捞起来晒干了,方才保存下来,因此寺院藏经也在这一天翻检曝晒。

在宁波民间,农历六月初六则被称为"洗晒节","六月六,黄狗猫汏浴"说的就是这件事,俗称"狗浴日"。旧时宁海某些渔村还会举行祭祀活动,说祖上是"狗太公"。旧时宁波人在"六月六"这一天所做的主要事情就是洗晒。这一天,人们把猫或狗抱到河里洗一洗,谓之"避跳蚤";发展到后来,每到这一天,大人们也会给孩子洗个澡,寓意孩子像小狗、小猫一样容易养,无

六月六曝晒习俗

病无痛。除了洗,还有晒。此时正值一年中最热的时候,经历了梅雨季,人们便想借着夏日骄阳,对家中物品进行晒干和消毒,以免腐坏,长虫。商贾也要在这天将货物搬到院内或街口晾晒:皮货商晒皮毛,书商晒书,笔商晒笔,纸商晒纸,如此等等。因此便有了"六月六日晒衣物,不怕虫咬不怕蛀","六月六,人晒衣裳龙晒袍"的说法。

值得注意的是,在宁波,六月六正好是木槿开花的时节,过去每年到了这一天,爱美的宁波女子就会用木槿树叶洗头。"六月六"这一天也是老宁波忙着晒"双缸酱"的时候。年长者做寿衣,晒佛经,意为长寿。这天,要为刚学步的孩子"割脚绷":由属虎的成年人持刀砍断放在门槛上的草绳,而后扶孩子开步跨过门槛;同时属龙的成年人在孩子的身后吹火管,意为割去孩子脚下的牵绊,以后可以虎步龙行,稳健迈步。

纵观六月六的节日活动中,最主要的还是"晒",有民谚"六月六,家家晒红绿",家家户户都会在这一天拿出衣服来晒,或者晒书,因此今日"六月六"又有"晒书节"之称。

参见余福海主编:《宁波市志》,中华书局1995年版,第2821页;浙江民俗学会编:《浙江风俗简志》,浙江人民出版社1986年版,第151页;鄞县地方志编纂委员会编:《鄞县志》,中华书局1996年版,第1888页。

石浦三月三

农历三月初三,俗称"上巳节",而石浦三月三是象山石浦久负盛名的一个传统民俗活动,其产生年代久远,文化内涵丰富。关于象山石浦"三月三,踏沙滩"活动的来历,人们说法不一。

说法一是为了表达对于忠于爱情,至死不渝的"辣螺姑娘"的敬重。据说,一次南宋大臣陆秀夫受伤,被一个善良的渔家姑娘救起。该姑娘以拾辣螺为生,人们称她为"辣螺姑娘"。姑娘看到受伤的陆秀夫,就把他带回家悉心照料。在治疗康复期间,陆秀夫和辣螺姑娘互生爱慕之心。伤好后,陆秀夫国事在身,匆匆告别,并允诺功成之后娶姑娘为妻。陆秀夫走后,当地的

石浦三月三

渔霸看中辣螺姑娘，想强迫她嫁给他。娶亲当日，辣螺姑娘以死相拼，投海身亡。这天正是三月初三，所以人们也是为了纪念辣螺姑娘而举行"三月三，踏沙滩"的活动。

说法二是这一天纪念为保护百姓而在三月三这天同乌龟精搏斗牺牲的小九龙英灵。相传很久以前，象山昌国卫九条龙与兴风作浪危害百姓的乌龟精展开激烈的搏斗，最后小九龙为了免除百姓的灾难，骑到乌龟精的背上，把它镇在海边的沙滩上，自己变成了一条长长的沙堤。九条龙和乌龟精战斗的这天，正好是农历三月三。后来，百姓为了纪念小九龙，每年这一天，便带了供品，成群结队来到皇城沙滩祭拜小九龙，在长期的传承过程中，便变成了"三月三，踏沙滩"的民俗活动。

说法三是这一天与生产劳动有关。因时值盛春，地温、水温开始升高，这时"浅海辣螺先知暖"，各种海螺争先恐后地爬上滩头繁殖后代，石浦居民竞相去沙滩拾螺，于是就有了"三月三，踏沙滩"的壮观场景。此后，当地渔民结合自己的美好愿景，在办节时不断糅入谢洋祈福的元素，逐渐形成了当下"三月三，踏沙滩"的节庆习俗。

无论何种说法，都未影响石浦三月三成为当地的传统民俗文化。随着人口的增长，滩头资源逐渐枯竭，但老辈们在传统观念的驱使下，仍会耐不住在这个日子带着晚辈赶往沙滩，重温昔日为了收获而走沙滩的兴旺场面，无意间形成了一个全新意义的"三月三，踏沙滩"的民俗文化活动。

每年到了农历三月三，石浦及周边地区的人们，穿着节日的盛装，呼朋引友，来到海边尽情嬉戏，享受阳光海风，观海潮，拾海贝，领略传统民俗文化活动的风情。2009 年，该节庆入围第三批浙江省非物质文化遗产目录。

参见宁波市文化广电新闻出版局编：《甬上风华：宁波市非物质文化遗

产田野调查·象山》，宁波出版社 2012 年版，第 227—228 页；象山东门岛志略编纂委员会：《象山东门岛志略》，象山东门岛志略编纂委员会 2000 年版。

乞巧节

农历七月初七为七夕，也称"乞巧节""女儿节"，这是一个极富浪漫色彩的节日。关于七夕，民间一直流传着一个美丽的爱情神话故事，那就是象征忠贞爱情的牛郎织女传说，所以这一天又被称为"中国的情人节"。《古诗十九首》中有首诗即反映这一传说："迢迢牵牛星，皎皎河汉女。纤纤擢素手，札扎弄机杼。终日不成章，泣涕零如雨。河汉清且浅，相去复几许。盈盈一水间，脉脉不得语。"

七夕之夜，宁波家家户户陈巧果、莲蓬、白藕、红菱等于月光之下，妇女们早早就备上洗脸盆，脸盆内置放着木槿叶、橘子叶和核桃、紫苏等植物，再将脸盆放到院子中，承接织女流下的泪水。次日，妇女们将脸盆中的东西加以糅合，其浆腻滑，用以洗头。相传天上织女，每逢七月初七用木槿叶汁在机杼旁洗头，被牛郎发现。他见织女青丝黑发，十分美丽，遂生爱慕之情，即将自己的头发也洗而髻之，前去求婚，民间遂以此成俗。因此"七夕"在宁波又被称为"洗头节"。宁海一带，妇女们往往在这一天举行别致的活动，她们用茶、酒、水果、"五子"（桂圆、红枣、榛子、花生和瓜子）作供品，加上化妆用的花粉，祭拜牛郎织女星，礼毕将香粉一分为二，一半撒到屋顶上献给织女，另一半留给自己用，并趁此日向织女乞巧，帮助自己提高女红技艺。这一天又称之为"女儿节"。

七夕这一天夜晚，各地妇女陈瓜果乞巧，还有的女孩子对月穿针引线，向织女乞求智慧与灵巧（因为织女被民间视为纺织神、智慧神），穿得快者为得巧，唐代祖咏的《七夕》诗说："向月穿针易，临风整线难。不知谁得巧，明月试试看。"这描绘的就是七夕夜姑娘们乞巧穿针的事。也有人面对星空，认准一组七星，口念"七颗星，七七星，念过七遍会聪明"，称之为"乞巧"；也有以三条长凳搭桥，两条相接，另一条搁于上端，少女相扶走过凳子，称七女"走仙桥"。

七夕这天晚上，有些女孩子会采凤仙花，和明矾一起捣碎成糊状，睡前用布裹在指甲上，次日解开，开始看还略带黄色，可是过几天后就变得鲜红美丽，十分好看。但并不是十个指头都染，主要是染无名指和小指。民间还流传：包过指甲的手，不会生灰指甲，制作腌咸菜、臭冬瓜等时不易坏。

镇海一带有在乞巧节吃童子鸡滋补身体的习俗。此时正值新鸡上市，

乞巧节

新鸡肉嫩且肥,宰后蒸于锅中,肉香味鲜,多为农家主要劳力和正在青春期发育之少年补养身体,谓之"吃童子鸡"。并且要男的吃母鸡,女的吃公鸡。而僧人道士则在此日"诵经供物",谓之"兰盆会"。

参见张行周编:《宁波习俗丛谈》,民主出版社 1973 年版,第 80 页;周时奋:《宁波老俗》,宁波出版社 2008 年版,第 30 页;陈立春主编:《宁波实用大全》,浙江科学技术出版社 1991 年版,第 536 页。

石浦十四夜

我国的元宵节通常在农历正月十五,历史悠久,是中华民族共同的节日,但象山石浦的元宵节却在正月十四夜过。"十四夜"习俗源于明代,兴于清代,形式多样,内容丰富。"文革"之前,十四夜在石浦附近地区风行,在这天,主要包括有 8 项活动,分别是:吃糊粒羹、请"畚箕姑娘"、走十四(灯会)、挂灯(十三上灯,十八倒灯)、打生、看新媳妇、摇小竹娘和扮故事等。

从古至今,石浦十四夜经历了历史变革,在这个富有节日特色的活动中,有以下 5 项活动并存流行。其一,吃糊粒羹。十四晚餐,家家做糊粒羹,糊粒用虾仁、牡蛎、黄豆、鱼肉、蛏肉、芋艿、鸡蛋、香肠、年糕等切细、煮熟后拌上薯粉、食盐,即为羹。是日,小孩子们会拿着碗筷,挨家挨户说一声"吃发财羹啦!"主人笑脸相迎,并分给每人一瓢。石浦人认为小孩子串门越多会越聪明,主人家也就会越发财。其二,十三上灯,十八落灯。旧时石浦寺庙、山门边、各家门口都会点灯,十五晚上,人们要敲锣打鼓去庙里点灯,称之为"点天灯"。其三,走十四。石浦俗语:"要睡冬至夜,要吃三十夜,要走十四夜。"十四夜里,人们从庙里抬出菩萨,称为"行神"。一路上,锣鼓在前,龙灯、鱼灯在后,男女老少提灯观灯,街头小巷人潮如涌,热闹非凡。其四,请畚箕姑娘。在农村,十四晚上最风行请畚箕姑娘祈祷平安、幸福、四季丰收。一般以家族、邻居汇聚形式同欢。人们在屋内外点上亮灯,堂前放一桶水,桶边挂一面镜子,选四位姑娘盘腿坐地,每人右手竖一根筷,上顶一只圆簸箕,簸箕上放剪刀、烙铁、尺、花四样东西,然后,姑娘们静心同诵"簸箕星圆滚滚,剪刀烙铁做媒人,花给你戴,粉给你贴,请你簸箕姑娘来看灯……"念着念着,圆簸箕会按顺时针方向不停地转动起来。此时,问年龄,问亲情,簸箕便会一声声敲响水桶。旁人里三层外三层围观,既好奇又开心。其五,看新媳妇儿。新娘子结婚后未生孩子,过第一个元宵节,十四夜要穿嫁衣,盖婚纱,坐在床边重温新婚夜,让亲朋好友、左邻右舍看、说、笑、玩。

　　石浦十四夜以其独特的风貌蜚声县内外,其活动具有独特性、历史性和丰富性。这些丰富多彩的节日活动背后,蕴含着石浦民众对美好生活的向往和期盼,人们以传统的方式去庆祝,增加了生活的乐趣。

　　参见宁波市文化广电新闻出版局编:《甬上风华:宁波市非物质文化遗产田野调查·象山》,宁波出版社 2012 年版,第 225 页。

石浦十四夜

吃露天米饭

　　农历二月二据说是百花娘子的生日,在北方地区,这一天又被称为"龙抬头"。宁波民间会举行各种各样的活动来纪念这一天,包括吃露天米饭、剃喜头（即理发）等。二月二后万物复苏,天气逐渐暖和起来了,正是百花争艳的时候,春色一片绚丽,野外绿草如茵、桃红柳绿,人们踏青野游,观花赏景,的确是一年中最美好的日子。而在这些传统习俗活动中,"吃露天米饭"也别具特色。

吃露天米饭

宁波习俗,每年的二月初二,女子相邀一起带上米和炊具,到郊外或野地搭灶,生火,烧饭,并摘取别人家田园的青菜煮饭,据说吃后会使人变得更聪明,宁波人称偷菜叫偷"天彩","天"是最高的,"彩"表示彩头好。以前人们认为要偷来最会被人骂的农家的菜,会有好彩头。民间把这种煮饭称"二月二吃露天米饭",乡间称吃"天野羹"。人们在未吃之前,先盛一些饭放在地上或屋瓦上,好让鸟儿吃了捎信给"百花娘子",以祈求美丽、智慧与灵巧。随着宁波城市化的快速推进,"二月二吃露天米饭"习俗今天在宁波市区已经难觅踪迹,仅在郊区部分地区仍有留存。

宁波大部分地区在二月二吃"露天米饭",但也有的地区与此不同,也难怪民间常说"千里不同风,百里不同俗"。比如在慈溪地区有着立夏吃露天米饭的习俗。立夏过后天气渐热,人的疾病开始多起来,为保平安,这时村民有烧露天米饭的习惯。人们会在露天临时搭个灶坑,采集野竹笋、新鲜蚕豆、豌豆、洋芋艿、咸菜等五样东西,放入大米烧成五样米饭,而且烧米饭的时候不能说不吉利的话。据说吃了露天米饭,这年夏天不会生病,表达了人们希望家人身体健康的愿望。而这一习俗源自明代,南方移民因煮盐而将此习俗传入当地,如今慈溪的农村地区还有人行此习俗。

吃露天米饭乃传统习俗,民间这一做法寄托了身体健康、平平安安的美好愿景,表明了人们对美好生活的向往。

参见胡一旻:《宁波饮食文化研究》,宁波大学硕士学位论文,2011年。

宁海四月八习俗

宁海的四月八风俗较为特别,这一天俗称"牛生日"。农家捣制"乌饭"麻糍,谚有"四月八,麻糍乌塌塌"。是日,耕牛辍耕,并且,人们以麻糍、酒、蛋喂牛,以示敬意和备春耕。

关于四月八"牛生日",在宁海民间有这样的一个神话传说。相传古时,地上只长庄稼不长草,农民闲着无事,经常无事生非。玉皇大帝得知,拿一袋草种给天牛星君,叫他到下界撒几颗,使农民增加一点除草的劳作。天牛星君没听清楚,把一袋草种全倒下去了。从此满地都是草,影响了庄稼的生长,农民苦不堪言。天牛星君悔恨交加,于是下凡做牛吃草,并且替农民耕田。这一天正值农历四月初八,所以称作"牛生日"。

到四月初八这一天,耕牛辍耕,人们并以乌饭麻糍、酒、蛋喂牛,来表达对牛的敬意,也准备春耕,开始新一年的辛勤工作。在农历四月初八到来的前几天,家庭主妇们就上山采摘乌饭树叶,浸泡在水里,待其渗出淡紫色的汁水。捣麻糍一天,将糯米浸在乌饭树叶汁水里,等待一段时间。然后沥水,上笼蒸煮,再捣成乌饭麻糍。与往常的麻糍不同,乌饭麻糍呈青绿色,切成菱形,叫四月八麻糍,其颜色青绿发光,香气扑鼻,味道鲜美。宁海当地还流传着"清明吃青草,四月八吃柴脑"的说法。农民将乌饭麻糍混在鲜嫩的青草中喂给耕牛吃,再喂些鸡蛋老酒给它喝——就是用一截中空的竹筒,一头削得稍尖,塞到牛嘴巴里,从另一头灌老酒,牛就喝进酒了。这一天,耕牛一律放耕,人们待之如"上宾",用乌饭麻糍饲牛,用黄酒、鸡蛋喂牛。人们也吃乌饭麻糍过节,名为"人牛共食"。在宁海农村,乌饭树多为烧柴用,故有"四月八吃柴脑"的民谚。耕牛平日吃的是青草和柴脑,人在这一天也吃柴脑(此指乌饭麻糍),表示为牛分吃一半草,感谢牛一年到头的为人们辛勤劳作。

农民非常疼爱自己的耕牛,无论多忙,四月初八这天一定要让耕牛休息,同时,牵引它们到水塘里洗澡,以示谢意。耕牛主人还要置备香烛、供品到牛栏舍间请牛栏公、牛栏婆,还有土地公、土地婆,祈求他们保佑耕牛健壮有力,平平安安,帮忙农事生产顺利。农户人家会在牛生日时,叫小孩子采集山上的野花扎成花环,套在牛头上,以示庆贺。

宁海民众的四月八"牛生日",通过给牛喂食特色食物,吃乌饭麻糍、鸡蛋,以及给牛洗澡等,都表达了对牛的尊敬和感恩,同时也反映了宁海民众对新一年农事的期望,给主要的耕作者牛放假休息,休养生息,以期待新一季的耕作,期待农事丰收,全家安居乐业。

参见惠广亮、葛剑锋:《农历四月八·乌饭馍糍香》,《今日宁海》2015年第5期。

腊月跳灶王

跳灶王,旧时祭祀灶神的一种习俗。跳灶神也是最早的年味儿。自腊月初一至腊月二十三,是"跳灶王"的日子。清人顾张思《土风录》卷一记载:"腊月丐户装钟馗、灶神到人家乞钱米,自朔日至廿四日止,名曰跳灶王……谓之跳灶王者,旧俗在二十四日,是日必祀灶,有若娱灶神者,犹满洲祀神,谓之跳神也。"清人褚人获《坚瓠续集·傩》记载:"今吴中以腊月一日行傩,至二十四止,丐者为之,谓之跳灶王。"清顾禄《清嘉录·跳灶王》中也有记录:"月朔,乞儿三五人为一队,扮灶公灶婆,各执竹枝,噪于门庭以乞钱,至二十四日止,谓之跳灶王。"

"跳灶王"据考是在古代进入腊月初一起,朝廷百官举行"大傩仪"逐疫的习俗活动。到了宋朝,废除扮"大傩仪"的方相后,这些方相扮演者,流落在民间客家地方,转变为乞丐艺人,成为"跳灶王"者,待腊月冬岁,抓住灶王爷在二十三日升天时机,会把各家各户的善与恶、美与丑之事托灶王爷向玉皇大帝汇报。根据这些"情报",灶王爷会在年三十回人间各户"督察"时,带来玉帝的福运或惩罚。据宋人孟元老《东京梦华录》一卷十记载:"自入此月(十二月)即有贫者三数人为一火(伙),装妇人神鬼,敲锣击鼓,巡门乞钱,俗呼为'打夜胡'(跳灶王),亦驱祟之道也。"由上可见,跳灶王的习俗由来已久,是一种主要由乞丐参与的祭祀灶神的传统习俗活动,"跳灶神"的意义主要是讨好灶神,以保佑来年赐福。

旧时在宁波城厢,民间迷信认为,年底群鬼游荡,"跳灶王"能捉鬼,这也是延续跳灶神本来的意义——举行驱鬼活动。当时住在西门盘诘坊(今改拌吉巷)与江东大河桥一带被称为堕民者,每至年末,便足蹬乌靴,头戴钟馗巾,嘴挂红须,袒露一臂,口念咒语,持剑到各家、各商铺"驱鬼逐疫",谓能驱邪禳灾。在乡间,也有乞丐加入其中。其间,丐头持剑念咒,另一乞丐手摇铜铃,喊:"拘,拘,灶王年年来,伤风咳嗽拘进麻袋里。"通过此种方式向各商铺讨钱,俗谓"跳灶王",又叫"打野狐"。此俗今已废。

"跳灶王"的仪式虽是迷信活动,但是反映了人们对鬼神的敬畏,祈求平安健康的美好愿望。在当时不发达的社会里,人们通过跳灶神的方式来迎接旧历新年的到来,满怀新的希望和期盼.

参见朱海滨:《浙江节日习俗的区域特征及地域差异》,《节日研究》2010年第2期;常书侦:《跳灶王——最早的年味》,《新华每日电讯》2013年1月25日。

春节禁忌

春节是指汉字文化圈传统上的农历新年,俗称"年节",传统名称为新年、大年、新岁,口头上又称度岁、庆新岁、过年,是中华民族最隆重的传统佳节。

在春节期间,汉族和一些少数民族都要举行各种庆祝活动。这些活动均以祭祀祖神、祭奠祖先、除旧布新、迎喜接福、祈求丰年为主要内容,形式丰富多彩,带有鲜明的民族特色。人们在春节这一天都尽可能地回到家里和亲人团聚,表达对未来一年的热切期盼和对新一年生活的美好祝福。在如此隆重的盛大节日期间,民间也讲究很多禁忌。

大年初一是新年的开始,这一天宁波民间禁忌不少,由于人们都把正月初一视为新的一年年运的兆示期,任何事情都要讲求和顺吉利,如不汲水,不洒地,不乞火,不用刀剪,要讲吉利话,不能走亲访友,不能拿扫帚扫地,也不能倒垃圾,怕"扫走财气,肥水外流"。主妇全天休息,晚饭要早吃,家人要早睡,睡前要放"关门炮",不点灯,讲究"未昏而眠,不点灯",认为这样可免夏日虫害。人们当夜不出门,俗称"过太平夜"。

在吃饭和说话时,也有比较细致的禁忌。宁波民间讲究这一天不能喝粥,要是大年初一喝粥,财物就不会进门,而且会像水一样流走。这一天,说话也要格外小心,不能说"破""死""光""穷"这些不吉利的字。如果小孩子不懂事,说了这些不吉利的话,大人就得赶紧说"小囡不懂事,小囡放屁,百无禁忌"此类话加以补救。有些家庭则干脆在除夕这一天在门框或墙上贴上写有"姜太公在此,百无禁忌"的红纸。大年初一这一天不能吵架,骂人或打碎碗、杯、瓷器等易碎器皿。此外,有的地方讲究这一天严禁吃药。否则,被认为会导致一年从头到尾疾病缠身,吃药不断。初一早饭,人们忌吃荤,有几种说法:一种是这一顿吃素,其功用等于一年;另一种是暗喻勤俭治家,不可铺张浪费。

正月初一这一天宁波人忌打孩子,若是打了,就被"开年",一年就不顺利;这一天嫁出去的姑娘不回娘家,据说会吃穷娘家;经商的人也不能向债主讨债;等等。

春节是中国古老而又富有文化内涵、极具生命力的节日。新的一年开始,民间以讲究禁忌的方式图个好兆头,以期待这一年顺顺利利、平平安安。如今随着经济社会发展,年轻一代人对传统习俗也不甚关注,民间传承多年的禁忌也渐渐被忽略,但总有长辈提点着,希望有个新的开始。

参见王万盈、何维娜、魏亭编著:《宁波风物志》,宁波出版社 2012 年版,第 134 页。

立春禁忌

立春俗称"打春",是二十四节气中的第一个节气,如遇到正月初一日则称"重春"。旧时宁波在立春这一天有官、民活动,地方官"迎春",叫花子当"春官"。农家有"接春""闹春"活动,统称"闹春"。此俗民国时已废。

立春这一天宁波民间有"闹春""咬春"的传统习俗,以各种活动来迎接春天的到来。"立春"这一节气期间,在宁波民间也有禁忌,如出嫁的闺女不能回娘家,认为"春归娘家去,来年又一春",就是要再嫁人了。即使在娘家,出嫁女也要在打春的时辰到外面躲一躲。一年如果有两个立春日也忌结婚,据说"一年两个春,死了丈夫断了根"。立春当天大家要互说吉利话,不能发生口角,忌打破碗盏,不打骂孩子,以祈太平吉利。

立春当日有"咬春"的传统。在宁波民众的生活中,"咬春"吃得最多的是春卷。品尝春卷中包裹的新鲜蔬菜,才符合其"咬春"之意。吃春卷要从头吃到尾,取其"有头有尾"的吉祥寓意。

由于立春这天寄托着人们的希望,宁波民间也有一些特殊的禁忌。如:立春之日不能看病,寓意着一年四季都不会有好运;立春日不理发。立春日是四季之始,天气回暖,草木逐渐焕发生机,而头发就像是身体的草木,在生机焕发的立春日不能损害,如果立春日理发会违背生长之理。立春的时辰不可以躺着,就是说在具体的立春的那一分一秒不可以躺着。因为这天是阳气开始起步、起升的时刻,所以人应该站立或者坐着来迎接这一美好时刻。立春之日不搬家。因为立春这一天是冬春交接之时,气息驳杂,如果搬迁,会使人一年都动荡不稳。另外,立春之日,人们不能有口舌之争,不口出污秽言语,和和气气,欢度节日。老宁波人也认为,立春当天天气晴朗,则来年丰收,如果当天阴天则来年收成歉收,诸事不吉。

参见任骋:《中国民俗通志·禁忌志》,山东教育出版社 2005 年版,第 353 页;孟勇主编:《中国传统节日饮食习俗》,中国物资出版社 2009 年版,第 7 页。

立夏禁忌

立夏是农历二十四节气中的第 7 个节气,夏季的第 1 个节气,表示孟夏时节的正式开始,人们习惯上都把立夏当作是温度明显升高、炎暑将临、雷雨增多、农作物进入旺季生长的一个重要节气。

立夏这天,民间也会通过各种具有节日特色的传统活动来迎接立夏节。在宁波民间,立夏节当天,民众会以赤豆、黄豆、黑豆、青豆、绿豆等五色小豆拌白粳米煮饭,称"立夏饭",据说吃了可以保证身体健康。还要以乌笋煮羹,据说吃了之后可使脚骨健壮,谓之"接脚骨"。此外,还有吃"立夏蛋"、立夏节"称人"的传统习俗活动。除了这些活动,民间在这一天也有禁忌,是要注意避讳的。

宁波在立夏日也有禁忌。道光十年《太湖县志》中记载:"立夏日,取笋苋为羹,相戒毋坐门槛,毋昼寝,谓愁夏多倦病也。"说是这天坐门槛,夏天里会疲倦多病。20世纪30年代《宁国县志》中记载:"立夏。以秤称人体轻重,免除疾病,所谓不怯夏也。俗传立夏坐门槛,则一年精神不振。"这些立夏禁忌,同样也在宁波存在。旧时宁波人认为,立夏日,孩童忌坐石阶,如坐了则要坐"七根",始可百病消散;忌坐地栿(门槛),谓这天坐地栿将招来夏天脚骨酸痛,如坐了一道就须再坐上六道地栿合成七数,方可解魇。所以立夏这天,儿童忌坐石阶和门槛,这样夏天就会避免脚骨痛。

此外,立夏中午,家家户户煮好囵囵蛋(鸡蛋带壳清煮,不能破损),用冷水浸上数分钟之后再套上早已编织好的丝网袋,挂于孩子颈上。孩子们便三五成群,进行斗蛋游戏。谚称:"立夏胸挂蛋,孩子不疰夏。"疰夏是夏日常见的腹胀厌食,乏力消瘦,小孩尤易疰夏。疰夏绳即长命缕,用五色丝线系于小孩手腕等处,为其消灾祈福,消暑祛病,以防疰夏。

在浙江地区,民间认为,立夏这一天称了体重之后,就不怕夏季炎热,不会消瘦,否则会有病灾缠身。吃完立夏饭后,人们在横梁上挂一杆大秤,大人双手拉住秤钩、两足悬空称体重。孩童坐在箩筐内或四脚朝天的凳子上,吊在秤钩上称体重,谓立夏过秤可免疰夏。若体重增,称"发福",体重减,谓"消肉"。立夏节后,饮食上要重养心,宜清淡,忌贪凉,忌烦躁,多吃瓜果。

参见宁波市文化广电新闻出版局编:《甬上风物:宁波市非物质文化遗产田野调查·江北》,宁波出版社2009年版,第93页。

中元节禁忌

农历七月,中国习俗上称它为鬼月,谓此月鬼门关大门常开,众鬼可以出游人间。七月十五中元节,俗称"鬼节",是我国民间传统节日。中元节这天,家家祭祀祖先,有些还要举行家宴,人们供奉时行礼如仪,酹酒三巡,表示祖先宴毕,合家再团坐,共进节日晚餐。天黑之后,人们携带爆竹、纸钱、香烛,找一块僻静的河畔或塘边平地,用石灰撒一圆圈,表示禁区,再在圈内泼些水饭,烧些纸钱,鸣放鞭炮,恭送祖先上路,回转阴曹地府。

民间认为,七月十四是鬼月中阴气最重的一天。传说这一天的子夜时分,停留于荒郊野外会看到百鬼夜行的奇观。百鬼从奈何桥上过来,冥司点起大红灯笼引领他们,朝着阔别已久的阳界浩浩荡荡而来。七月半当天夜间正是鬼魂最热闹的时候,所以太阳落山之后就忌外出了。

另外,中元节这天忌床头挂风铃,传说如果这天在床头挂风铃很容易招来鬼魂;也忌在非特定场合烧冥纸,因为冥纸是烧给鬼魂的,金纸是烧给神的,因此,中元节这一天烧冥纸的结果只会招来更多的鬼魂。在鬼节这一天大多数人们都会提前为路过的鬼魂烧些纸钱,然后等到隔天再来收拾残局。

民间还忌讳偷吃祭品。在鬼节这一天,人们会为鬼魂准备一些祭品,这些属于鬼魂的食物,未经过他们的同意就动用,只会替自己招来难以解决的厄运。鬼节当天晚上,不能在外面晾衣服,因为当鬼魂觉得你的衣服好看,他就会借去穿,顺便在衣服上留下他的味道。鬼节这一天忌下水,忌游泳。中元节这天也忌讳熬夜,因为人气最虚的时候是在深夜,鬼气最旺的时候也是在深夜,如果在中元节这一天熬夜,容易招致鬼魂缠身。

另外,鬼节这天,忌靠墙。迷信说鬼魂平时喜欢依附在冰凉的墙上休息,此举很容易引起鬼魂缠身。当这一天走在荒郊野外或人烟稀少的地方时,觉得有人叫你,不要轻易回头;这一天也不能半夜庆生,为大忌。

这些虽是旧时迷信的说法,但是这些禁忌背后更蕴藏着人们对未知世界的敬畏,反映了世俗民众只希望平平安安、健健康康的生活愿望。

参见周时奋:《宁波老俗》,宁波出版社 2008 年版,第 31 页;慈溪市地方志编纂委员会编:《慈溪县志》,浙江人民出版社 1992 年版,第 962 页。

中秋节禁忌

全国各地以八月十五为中秋节。说起中秋,人们常常回忆起嫦娥奔月、吴刚伐桂、玉兔捣药等神话传说,正如杜甫《八月十五夜月》描写的:"满目飞明镜,归心折大刀。转蓬行地远,攀桂仰天高。水路疑霜雪,林栖见羽毛。此时瞻白兔,直欲数秋毫。"与各地不同,唯独宁波则在八月十六过中秋节。中秋节除了盛大的传统祭祀活动外,还伴有节日禁忌。

中秋日,家家户户露天设案祭月。祭品均为素色,有月饼、瓜果、萝卜、毛豆等,月饼象征团圆。中秋这一天瓜果不能少,但切忌梨,因梨与离谐音,不吉。供桌上还要放一碗清水,祭毕,用水洗眼,据说能眼净目明,俗称"求甘露"。

旧时汉族中秋节禁忌风俗,流行于全国各地。是日夜,男子多不叩拜月亮。清人富察敦崇《燕京岁时记》记载:中秋节"惟供月时男子多不叩拜。故京师谚曰:'男不拜月,女不祭灶'。"俗谓月亮属于太阴,月神嫦娥是女性。按照中国古代阴阳五行学说,月亮为太阴,女为阴,而男子属阳,不宜拜月,因此有男子不拜或后拜之俗,只能由妇女(包括女孩)拜月。

中秋月圆,赏月是人们必然要进行的传统活动。但是赏月也有需要注意避讳的地方,如果此人近段时间身体很弱,就不宜在外赏月或拜月。民间以为最近失意者,比如官场不顺、生意亏本、不顺事情接踵而来者,如果有具备这些情况的人也不要赏月。此外,赏月时,人们要随身携带红绳,或将红绳缠在手腕上,男左女右。女性要将自己的额前头发捋向后边或者两侧,额头不能被头发遮住。据说前额是女性神灯所在,所以不能用头发遮住前额。赏月前或赏月回家后,最好要烧香。

参见周时奋:《宁波老俗》,宁波出版社 2008 年版,第 31 页;吴康主编:《中华神秘文化辞典》,海南出版社 1993 年版,第 549 页。

清明节禁忌

清明扫墓这个习俗最早要追溯到汉唐。起先,清明仅仅只是一个踏青郊游的季节,后来帝王之家开始选在清明时节祭拜祖先,并渐渐形成规矩,于是普通老百姓也开始效仿,在这一时间给已故亲人扫墓,日更月迭,传至今日,清明就成了扫墓的专门指代词。

既然扫墓也是一种祭祀仪式,那么各种忌讳自然不少了,中国民间就有"清明扫墓八大禁忌"之说。此八大禁忌分别为:孕妇避免扫墓;不可在墓地照相;忌穿大红大紫;外人不要参与他人的扫墓;身体不佳或时运不济者避免扫墓;坟头长草必须修整,忌任其疯长;头发不能遮额,也忌买鞋;忌戏骂、非议先人。

宁波人过清明节也有很多忌讳。如:人们带到坟头用来拜祭祖先的祭品绝对不能是家里拜过神的噶饭(宁波人独特的一种饭菜),因为这个是非常不吉利的;家里如果有亲人刚去世,前三年扫墓一定要在清明节当日,不能是其他时间,三年过后,扫墓的日子就可以根据自己的方便来安排;上坟时坟头树枝绝对不能折断,更不能砍掉,如果折断或砍掉,就是破坏了祖上的荫庇,对家族不利。因此,哪个外人要是拗断了别人坟头的树,是要吃官司的,不仅主人家不放过肇事者,当地的地保还有可能把此人拉去见官。

再者,宁波民间讲究清明祭祖要在下午三点前完成,因为三点之后,阳气已逐渐消退,阴气逐渐增长,若是时运低的人,很容易会招惹阴灵缠身或骚扰。祭祖以诚心祭祀、亲力亲为最好。人们诚心祭祀,自应亲自到墓地去祭祀。如有种种原因不能回家祭祀扫墓的人,也可以在家拜祖先。方法是在家里阳台或客厅,朝家乡方向摆上祭拜用的食品,烧上三支香,鞠躬三次,默念相关词语。扫墓的当日早上,洗漱之前,先照镜看自己的额头,看看有没有乌黑的气色,如有则表示时运较低,当日应尽量避开扫墓为宜。若一定要去,可随身佩戴玉器、桃木等。

按照古人的说法,清明节也是"鬼节"。如果需要在此期间走夜路的朋友,一定要记得随身携带护身吉祥物,同时要亮出自己的额头,不能用头发盖住额头,因为额头是神灯所在。此外,清明节当天最好不要去探视亲朋好友,隔天去探视为宜,因为清明节是祭奠的特殊时节,此时去探视亲朋好友不吉利。

参见周啸天主编:《中国节日》,天地出版社 2009 年版,第 41 页。

地藏王生日禁忌

中国熟知的四大菩萨,往往都在名号上加一赞词"大",如大智文殊菩萨、大行普贤菩萨、大悲观世音菩萨、大愿地藏王菩萨,可见地藏菩萨的愿力是特别深广的。

地藏节是一个和地藏菩萨有关的节日,节期在农历七月三十。传说这一天是地藏菩萨的生日,届期僧众、俗众都有相关的仪俗活动,也就形成了节日。据传,地藏菩萨平日闭目不开眼,只有在此日遍地插香时,方才开眼。因此,每年此日夜,"户供香烛、碗水于地",妇女以水洗目,并用新摘的棉花擦干。儿童则遍地插香,谓之"插地香"。次日清晨,儿童竞拔香,以拔得多者为聪明灵巧。有的将香插于米筛之上,设净茶一碗,称用此水洗眼,可使眼睛明亮有神。

宁海地藏节日的记忆中,"七月种,八月拔,呒不根,呒不叶",七月最后一个晚上家家户户插香,把房前、房后、路边、院子都插上香,嘴里念着地藏王菩萨保佑。旧时在镇海一带,人们将香插在南瓜上,用竹竿悬之高空。也有年长妇人会将香插于米筛上,中间设一碗净水,求祷地藏王菩萨布施法水,据说用此水洗眼,目光明亮。

地藏王生日夜也有禁忌,如忌在地上倒水,便溺,跨地香行走等,如若不然,都是对地藏王菩萨的不敬。

参见周时奋:《宁波老俗》,宁波出版社 2008 年版,第 31 页;于水玉主编:《趣说中华民族传统节日》,吉林文史出版社 2013 年版,第 400 页。

第五部分　宁波礼仪习俗

一、概　述

宁波礼仪习俗主要包括生育习俗、婚嫁习俗、寿庆习俗、丧葬习俗和祭祀习俗五个方面。礼仪作为人类交际的表现形式之一,是人类不断摆脱愚昧、野蛮,逐渐走向文明的标志和见证。中国古代的"礼仪"从本质上偏重于政治体制上的道德教化。旧时宁波地区的礼仪习俗带有浓厚的封建意识,反映了封建礼仪的封闭性和地域特点,但也应该看到,礼仪也随着时代的发展而发展,随着历史的进步而进步。宁波民众礼仪的变化,既反映了当地长期沿袭的风俗,又预示着向着更高程度文明的逐步演进。如今宁波的礼仪习俗,不仅摆脱了旧时封建落后意识,而且已升华到全体社会成员共同遵守的行为模式,成为调节人际关系、维持社会和谐的重要内容。

(一)婚嫁习俗

宁波古代男女婚嫁程序包括说合、问卜、过帖、下聘、择日、搬嫁妆、迎娶、宴请、闹新房、回门等环节。

首先是"说和",即"提亲",请人做媒,牵线搭桥,宁波俗话叫"做媒"。宁波婚俗中有"媒不喝茶"一说,认为媒人喝茶之后会冲淡婚事。经说合,女方将"生辰八字"告知男方,谓之"送日子帖",由男方送到课命馆去合婚。凡五行相克均被人认为是天命相克而不可结合;若相合,男方即遣媒议聘。

　　遣媒议聘包括议"小礼"和"过帖""下聘"两道程序。"小礼"一般为"四样红"或"六样红"。"过帖"又称"递庚帖""下定""过书"。先由男方遣媒人送庚帖，俗称"过书"。旧时，下聘的聘礼以小礼三十六（银元）、中礼六十四（银元）、大礼一百二（银元）计数；食品以六十四计数，即包头六十四对、油包六十四只、麻饼六十四对等；又有老酒两担至八担不等，故生囡有"老酒甏"之称。① 定亲凭证即"过书""文定"。在奉化一带，也有不用"过书"者，男方直接送女方银镯表示定亲之意，时称"寄手"。

　　"议亲""过帖""下聘"完成后，最后一道程序就是"择日"，又称"请期"，即决定迎娶的日期。在宁波，由男方单方面决定举行婚礼的日期。男方于成婚前三五天，向女方送鹅两只，肉一刀，鱼二尾，称"轿前担"。同时，男方向将参加婚礼的亲朋好友发邀请"知单"，告知婚礼日期。

　　宁波人称"嫁妆"为"嫁资"，因此，"搬嫁妆"又称"搬嫁资"。旧时，宁波人非常重视女儿出嫁，认为嫁资越多，新娘在夫家亲戚中的地位就会越高，因此在女儿的结婚嫁妆上无不倾尽所能，极尽奢华。陪嫁的器物上均采用大朱大金的朱金木雕工艺，红红火火、金碧辉煌。嫁妆一路铺陈，充满了喜庆气氛，"十里红妆"的概念由此得以体现。

　　正式成亲前一夜，新郎要在新房里过夜，此夜由一位父母双全的小孩伴新郎同睡，俗称"伴夜"，称此孩童为"伴郎"。晚上要给小孩吃包子、花生、鸡蛋等，寓意"包生儿子"。次日清晨小孩离开时，新郎要给其发红包。"伴郎"同时要贡献一泡童子尿，俗称"掣出尿瓶"。在象山一带，成婚前一夜，由父母双全的男青年作"贺郎"，与新郎同睡，谓之"暖房"。是夜，宾客临门要设宴款待，称"拢纲酒"。

　　成亲之日，男方在五更时分举行"享先"仪式，祭祀神祖，全家人食"享先汤馃"。享先后，请剃头师傅为新郎剃头。在象山，新郎还须沐浴，水中放枣、花生、桂圆、莲子和红绿线、金银饰，寓意"早生贵子，长命富贵"。女方要请喜娘给新娘"开面"，即用棉线绞去新娘脸上的汗毛，同时宴请客人吃"开面汤馃"。

　　宁波旧俗，迎亲时新郎不亲迎，"命使者赍名帖，导彩舆至女家"②。花轿临门，女家放鞭炮迎轿。花轿停放须轿门朝外，新娘的兄弟一手执红烛，一手执镜子向轿内搜照，在慈溪一带是由舅父或叔伯用镜子借烛光在轿内照

---

　　① 　周时奋：《宁波老俗》，宁波出版社 2008 年版，第 119 页。

　　② 　〔清〕戴枚、董沛等撰：光绪《鄞县志》卷 2《风俗》，清光绪三年刻印本。

一照,称"搜轿",认为这样能驱逐藏匿在轿内的凶神恶鬼。新娘上轿前,须由母亲喂吃"上轿饭"。迎亲使者要催促三次,新娘才换妆上轿,谓之"催上轿"。新娘以红绢遮面,拜完天地、祖先后,由兄长抱上轿。也有步行上轿的,但一般须在地上铺红毯,若不铺红毯,则在新娘的新鞋上套一双旧鞋,待到上轿后将旧鞋脱回,俗谓脚不沾地。花轿出门前,新娘的母亲与姐妹于中堂哭诉、唱吉祥词以送轿,新娘也须哭着上轿,谓之"哭轿"或"哭发"。花轿内,新娘座位下放一铜火熜,内贮炭火,意谓新娘像火一样发。铜火熜是宁波新娘出嫁有别于其他地方的标志性婚俗之一。

花轿抵达新郎家后,停放于堂沿。由一盛装幼女轻拽新娘衣角三下,新娘乃出,谓之"请出轿",并由此幼女为新娘脸上扑香粉,俗称"添妆"。下轿后,新娘先要跨过织筐,称"跨鞍",并在喜娘搀扶下站在喜堂右侧位置,由一全福妇女用秤杆轻叩新娘头,挑去头巾,俗称"揭戴头帕"。至此,两位新人才在主婚人的指导下开始拜堂。

男方婚筵以晚餐为正筵,称"贺郎酒"。宁波在筵席上有"弄送阿舅"的风俗,即在给舅老爷吃的点心里放辣椒或盐,选善饮的宾客连连劝酒,弄得阿舅无从下筷,这是一种开玩笑的做法,俗语有"吃煞女婿,饿煞阿舅"之说。筵席上设新娘专席宴新娘,称"待筵"。宴毕,新郎、新娘与众亲友共入新房。旧时有新娘第一天不开口的习俗,因此不论男女老幼都可以跟新娘开玩笑,逗新娘说话,直至深夜,称"闹新房"。

闹完新房,宾客散去。新郎出而谢客及襄办婚事人员,而后回房;喜娘整理卧具,为新娘卸妆换衣,新娘赠给红包。新房的桌上早准备有一果盘,盘中陈有橘子、桂圆、荔枝、花生、红枣等,称"床头果",新人共"吃床头果"后入寝歇息。象山一带,闹房后新娘向新郎敬茶,同吃"和气茶"。还有新娘守花烛到天亮的,称"守白头"。

成婚次日清晨,新娘由婆婆或妯娌、小姑陪同,谒见舅姑及族属戚党。此日,男方要宴请阿舅。阿舅受茶点三道,退至新房歇息。午宴,男方请阿舅坐首席,称"会亲酒"。宁波方言称"毛蟹"为"娘舅",因此席上忌用毛蟹。宴后,送阿舅回娘家,称"回门"。新郎新娘随行,并备各种食品,一同送往,称"望娘盘"。岳家宴请"生头女婿",席间忌用冰糖甲鱼。宴毕返回,不住宿。[①]

回门后,新娘一到夫家,早有宾客爱闹者预先摆下长凳二三十条,从轿

---

①　周时奋:《宁波老俗》,宁波出版社 2008 年版,第 129 页。

前一直铺接至新房门前,架成"仙桥"一座。在众宾欢笑催迫下,新娘由新郎搀扶着从"桥"上走去。若新娘步履稳健,人们则于新房门前"桥"头处再叠上长凳一条,并递上油包一只,令新娘咬住走过,俗称此为"鲤鱼跳龙门"。①

成婚第三日,新娘要亲自煮糖面,分送四邻,俗谚有"三日下厨房,洗手做羹汤"。有的地方,在此三日中,女家亲戚各送礼贺新娘,称"望担"②。在第三日后,新娘要出河头洗涤,表示婚期已经结束,日常生活正式开始。

值得注意的是,"十里红妆"是浙东一带尤其是宁波久负盛名的婚俗形式,充满了喜庆,它不仅是一种民俗文化,更是民众对美好生活的一种向往。

宁波传统婚俗中的另一特色是夸奢比富,尤其反映在"搬嫁妆"上,"嫁妆"名目繁多,几乎囊括生活的方方面面,尤其对女方家影响最大,俗谚有"娶媳人家满堂红,嫁女人家一房空"之说。

过去宁波婚俗中也有许多陋俗,如"租妻"与"典妻"等,这是宁波女性悲惨生活的反映,带有封建时代的烙印。

(二)生育习俗

妇女怀孕生子,在宁波常被视为人生大事而备受重视,由此也衍生了一系列繁缛的生育礼仪和生育禁忌,独具地方特色。

宁波妇女怀孕,一般称之为"避鱼"。由于地处海滨,"鱼"自然是宁波民众饭桌上不可或缺的下饭菜。但由于鱼类产品具有的特殊气味,妇女怀孕后对鱼腥味比较敏感,不能闻此腥味,闻到鱼腥味就要呕吐,因此在宁波就有了"避鱼"一说,孕妇也常被称为"避鱼老戎"。女方父母家闻知后送金团、肉、鸡和其他滋补食品。在"避鱼"期间,凡孕妇想吃的食物,公婆更是设法采购,认为这样生下的孩子以后不会"馋痨",俗称"依耳朵"或"掩耳朵"。③

在临产前一个月左右,孕妇的娘家人要"送孩衣",即准备婴儿衣服鞋帽,一般为黄棉袄、黄夹衣、黄布衫、涎兜、大衲、横衲、夹衲、包被、尿布等,寓意旺子旺孙。催生礼中备红枣、花生、桂圆、粽子、红糖、胡桃、长面、鸡蛋及黄鱼鲞等其他补品,取"早生贵子"之意。这些物品统称"催生担",被娘家人一并送至女儿家,意在"催生"。在余姚,要将染红的鸡蛋拿到孕妇床前抖出,将蛋磕破,意谓"快生快养,擂落算账"。有的地方在送催生担时,还以孕妇当时的状态卜占生产期。送担者至,若见孕妇站着,说快要生了;见坐着,

---

① 浙江民俗学会编:《浙江风俗简志》,浙江人民出版社 1986 年版,第 156 页。

② 鄞县地方志编纂委员会编:《鄞县志》,中华书局 1996 年版,第 1953 页。

③ 俞福海主编:《宁波市志》,中华书局 1995 年版,第 2830 页。

认为还不会生。并且,人们会把催生衣物扎成包袱,从窗口掷到孕妇床上,以包袱朝向来卜婴孩性别,如朝里朝下为男、朝外朝上为女,故称女儿为"朝外货"。① 此俗 20 世纪五六十年代在宁波农村颇为盛行。

孕妇生育,俗称"做生姆""做月里""做产"。旧时,宁波民间由"稳婆"专门从事接生,"稳婆"也称"老娘"。稳婆在接生前要拜过"灶君",以祈求顺利生产。临产前,要给产妇吃补品以增强元气。产房被称为"红房",一般被认作不洁之地,因此不许男子进入。生产时,有些农村妇女采用坐姿,下接"坐桶",将孩子生在桶内,俗称"子孙桶"。旧时如遇难产,有的人家便将所有有盖的日常用具的盖子打开,认为有利于"产门"的打开;有的要求产妇使劲吹火管,以运气催生;有的则放鞭炮,以声震生等。

孕妇生产之后,不能外出,须在产房内养足一个月,俗称"做月里"。婴儿出生后,家中就将染红的熟鸡蛋分送给周围邻居和好友、同事,以示喜庆。旧时,宁波多数人家请"出窠娘"同产妇一起住在产房内,以方便昼夜照顾,外人一般不允许入内探视。产房门口要挂红布条。婴儿出生后,婴儿第一次洗澡要用糖水,有的地方用晒干的七个乌鳢鱼头烧汤洗澡,谓可解毒气。婴儿第一件衣裳要穿婆家的,而后穿外婆送来的衣裳。

婴儿出生后,还要向亲友和四邻分送糖面,称"落地面",表示添丁之喜。婿家备糖、面、鱼、肉、鹅等送至岳父家报生。生男用雄鹅,生女用雌鹅,慈溪一带生女用母鸡报生。岳父家一般并不收鹅。得到女儿生产消息后,娘家须送贺生担,俗称"生姆羹",又称"生姆担",有鸡、肉、鸡蛋、长面、红糖、河虾、鲫鱼等,也有富户用火腿的。亲戚们也要到产妇家"送山"(送礼),一般送索面 5 斤,红糖 3 斤,鱼、肉四色,客气一点送六色。亲近的邻居,多以送鸡蛋为主。娘家人除"送山"外,还要在产妇满月时,挑满月担。宁海一带,如遇初胎为男孩的,女婿携礼(猪腿等)至岳父母家报喜。②

在宁波,婴儿吃的第一口奶,要向邻近刚生过小孩的健康妇女去讨吃,男婴讨吃生女婴者的奶,反之亦然。在喂奶之前,先喂婴儿一口黄连汤,寓意先苦后甜。又把肥肉、状元糕、酒、鱼、糖等分别制成汤,用手指蘸汤涂婴儿嘴,边涂边念:"吃了肉,长得胖;吃了糕,长得高;吃了酒,福禄寿;吃了糖和鱼,往后生活甜蜜又富裕",以祈日后健康成长,生活幸福。余姚风俗,婴儿落地要穿旧衣,俗谓小时着线,大来着绢。婴儿穿好衣服要放在狗窝里躺

---

① 俞福海主编:《宁波市志》,中华书局 1995 年版,第 2830 页。

② 宁海城关镇志编纂办公室编:《宁海城关镇志》,浙江人民出版社 1989 年版,第 419 页。

一下,意为防娇生惯养①,当然也有人认为这样做,孩子容易养大。

与全国其他地区一样,宁波传统生育习俗中,孕产妇的禁忌甚多,如孕妇忌食生姜,以防孩子长畸形六指;忌吃兔肉,以防兔唇;忌吃螃蟹,以防难产;孕妇忌坐地枕,认为会导致难产;忌看别人砌灶,以防生下的孩子会缺唇;忌看蛇,认为孩子会老伸舌头;忌拿吊着的饭篮,以为胎儿会脱落;忌跌跤,认为跌跤会使脐带缠住胎儿的头而导致其死去。

在北仑一带,产妇称"红人",月内不能串邻走舍。在余姚一带,孕妇不能随便出入左邻右舍家门,忌讳参与红白喜事,不能随便进入祠堂庙宇,避免遇到木匠、泥水匠,禁止进入蚕房,等等。产妇在做生姆月内,禁忌照镜子,动刀剪,晒太阳,忌在产房内放置铁制刀具,搬动东西,修补墙壁或打钉等。产妇在产后未满月时,一般不出产房。宁波人将产房称作"红房",认为是"不洁之地",除了产妇的丈夫和"出窠娘",外人一般不许入内。平日产房窗户紧闭,出入随手关门。如果有人误入产房,则认为对小孩不利,宁波人称此为"生人冲"。长辈一般不入红房,意谓婴儿过早见到长辈会"折福减寿"。产妇和婴儿的脏衣服、尿布须设专用脚盆洗涤,俗称"肮脏脚盆",不得接近水井,衣物晾晒时亦不准高悬。

值得注意的是,宁波民众生育习俗中的"催生担"具有地方特色,生产方式也与其他地区有较大差别,如近代宁波籍女作家苏青在其小说《结婚十年》中就曾描述了宁波产妇临产前娘家"催生"的习俗。除却娘家母亲送来的小孩小大衣、绒线衫、背心、披肩、鞋袜等共有 360 件之多的"催生包"之外,也详细描写了"催生"吃食,对研究宁波传统生育习俗具有一定参考价值。

(三)寿庆习俗

宁波旧时,男子自三十岁起"做生",俗语有"三十不做,四十不富"。男子三十岁以后,逢十"做生",四十岁提前一年做生,因"四"与"死"谐音,有"做九不做十"之说。"做生"办酒席宴请亲友的排场较小。五十岁开始,由子女为其庆生,俗称"做寿"。"做寿"排场较大。每逢十年,人们为长者庆寿一次。在鄞县、宁海一带,还有逢九做寿的。宁海习俗中,人们就多于五十九岁做寿,俗称"做六秩",以此类推,六十九岁"做七秩",七十九岁

---

① 　浙江民俗学会编:《浙江风俗简志》,浙江人民出版社 1986 年版,第 159 页。

"做八秩"。①

宁波有俗谚"富做寿,穷做亲"。富有人家从五十岁开始逢十做寿,称"几十"大寿,如"六十大寿""七十大寿"等。宁波人做寿时讲排场、比阔绰。亲朋送礼的寿烛须"足斤",有的还送"福如东海,寿比南山"金字,有的在礼物上置金色"寿"字。寿诞食品有玉(猪肉)、堂(白糖)、富(麸)、贵(桂圆)和寿桃(即馒头,又称双寿馒头),这些东西都向有名气的南货店定购,置于5只大邋盘中。有的叠成五层宝塔状,称"五代富"。寿期临近,做寿者的儿孙向亲友发请帖。寿诞前一日称"暖寿",人们设寿堂于中堂。寿堂挂灯结彩,设香案,挂寿屏,点寿烛。富家于六十大寿庆点寿烛7双,以后依此递增。寿堂悬金色大"寿"字或寿星图,旁挂寿联、寿屏,上书"福如东海水长流,寿比南山不老松"等字样。亲友送来的贺礼,也被列于两侧。

寿诞之日,先由儿孙祭神祀祖,或者由子孙搀扶"寿星"进行祭拜,而后,"寿星"在中堂坐受晚辈跪拜祝寿。同辈来贺寿者,不行跪礼。拜毕,"寿星"分赠银钱给小辈,以"五代见面"、子孙兴旺为荣。

寿筵上饮酒必不可少,一般都是饮花雕老酒,菜肴都用全鸡、全鱼等,寿诞食品一般为猪肉、白糖、麸、桂圆和寿桃,寓意"玉堂富贵"。此外,在寿庆筵席上必不可缺的还有"长寿面",就算是不办寿筵做寿的贫寒人家(宁波有穷人无生日之说),也要吃长寿面,以此来祈求长命百岁。宴毕,主人家向四邻分送寿面、金团、油包等,称"结缘馒头"。殷富人家还请乐队鼓乐、戏班演戏等以示庆贺,也有请僧侣做法事祈祷增寿的。个别寿星亦有免办寿宴,再凑些积蓄,把所收的寿礼钱用于办学校和修桥、铺路、造凉亭等的做法。至于贫苦人家,饭也吃不饱,则是"穷人无生日"。

宁波传统做寿习俗一般都是每逢十年庆寿一次。但在鄞县、宁海一带,还有逢九做寿的,即"做九不做十"。宁海习俗中,就多于五十九岁做寿,俗称"做六秩",六十九岁"做七秩",七十九岁"做八秩"。这是为避"十全为满,满则招损"之讳。

宁波人十分重视六十岁寿诞,将其称作"花甲寿"。旧时年满六十称"花甲",认为六十岁的人真正达到了岁数,故寿庆要大办,一般由寿者儿孙出面张罗。诞日前,子女还得把丧葬时用的一切物品准备好。丧葬时用的物品都是以"寿"字起首,诸如"寿衣""寿材"和"寿坟"等。

六十岁寿期临近时,子女向亲友发帖邀请。在镇海,人们一般不发帖,

---

① 宁海城关县志编纂办公室编:《宁海城关镇志》,浙江人民出版社 2010 年版,第 418 页。

由亲友主动来贺,俗语有"请吃酒,哑拜生"。祝寿的贺礼一般为长寿面、寿桃(油包)、寿烛、寿鞋等,也有送烛票或送银钱的。贺礼上,一般放置金色"寿"字。

旧时宁波人对六十三岁比较忌讳,俗语有"六十三,鲤鱼跳沙滩"之说。人六十三岁这一年,被认为是兆凶之年,为度过这一关,会有人买条鲤鱼到寺院放生池里放生,以求渡过难关,延年益寿。

宁波民间,有六十六岁吃六十六块肉的习俗。"甬俗老人到六十六岁那年,儿女都烧六十六块肉(若父母吃素可用烤麸代)、糯米饭一碗和葱一根,从窗槛递进去请父或母吃。"①慈溪、镇海一带要由女儿烧六十六块肉送给父母,以示孝顺。北仑一带,父母六十六岁生日那天,已出嫁的闺女一定要回娘家给父母拜寿。寿礼主要是一大碗盛有六十六块的红烧肉,肉里还要放上一根带根的葱,同时煮好一碗糯米饭。女儿或女婿提着肉与饭,要走过七座桥,送到父母处,以愿生育和养育自己的父母"六六大顺"。此举可化解"人到六十六,阎罗大王请吃肉"的难关。在经济较差、物资匮乏的年月,老人们常谑称这女儿们送的孝顺肉为"解馋肉"。因此,这六十六块肉往往可以显出女儿家的经济实力或出手大方与否。一般自然以块大肥厚者而被人称颂,以小块为吝啬小气。故有用钵头盛肉或有干脆送上一大只猪蹄膀或猪大腿代六十六块肉的。新中国成立后,宁波寿庆习俗也开始崇尚节俭,但吃六十六块肉的习俗在一些地方至今犹存。

宁波有些地区还有为亡父亡母做寿的,俗称"做阴寿",或称"做十头"。亦自五十岁起逢十做寿,直到一百岁为止。对此,《浙江风俗简志》有较为详细的记载:"寿堂陈素色,礼拜如在世,并办寿宴,称'做十头',阴寿做到一百岁为止。百岁那次仪式更为隆重,迷信说百岁以后便投胎了。"

近年来,为老人祝寿的方式,增添了现代色彩,如子女陪老人旅游;当地党政领导亲往祝寿,送寿幛,赠礼品,致祝词;老年协会在老人节期间,为当地逢十的老人照相留影,馈送礼物,为百岁老人祝寿;群众业余文艺组织为老人作专场演出。家庭则开筵席,宴请宾客,晚辈为长辈赠送礼物如旧。非逢十生日,人们一般送蛋糕,也不受年龄限制。有的举办生日派对(聚会),相互祝贺。

(四)丧葬习俗

宁波民众十分重视丧葬习俗,尤其是儒家之礼对宁波人丧葬观影响极

---

① 浙江民俗学会编:《浙江风俗简志》,浙江人民出版社1986年版,第162页。

大。众所周知,儒家的孝道观对死者十分重视,把送死视为尽孝的重要标志之一。《中庸》说:"事死如事生,事亡如事存,孝之至也。"《论语》也有"慎终追远,民德归厚矣"的说法。由于宁波人乃至国人把送死或葬礼看作是孝道最重要的表现,这种观念自然助长了厚葬之风,故厚葬长期以来成为宁波人的主流丧葬观。

随着佛教的传入和在宁波地区深入人心,佛教世俗化也对丧葬习俗产生了重大影响。如佛教对弥留者的临终关怀就进入了世俗人的生活,许多家庭就会请僧人诵佛号,而对死者的追悼阶段也有佛教的盂兰盆与荐亡仪式的结合。盂兰是梵语的音译,意为倒悬,譬如亡者之苦犹如倒悬;盆是指贡品的器皿。佛教认为供此具就可解救已逝父母、亡亲的倒悬之苦,并以目连救母体现"孝"母主题。这种祭祀仪式,在宋代时期的宁波极为流行。

宁波的丧葬仪式内容繁复且十分讲究,许多习俗沿袭至今。在丧葬方面,宁波人既有土葬也有火葬,但一般以土葬为主,礼仪较为繁琐。葬礼仪式一般要经过做寿域、送终、浴尸、穿寿衣、移尸、报丧、守灵、大殓、出殡、入墓、做七、周年等程序,形式复杂,形成的习俗也最多。

家中老人去世后,孝子撑伞,挈桶至水井或河边烧化纸钱,或投数枚硬币买水,用新毛巾为死者擦抹,一般子浴父,女浴母,谓之"买水浴尸"。浴毕,人们为死者梳发理容,修剪指甲,并换上预先准备好的寿衣。也有在临终前换好的。为死者换好寿衣后,将其送至灵堂,叫"移尸"。"移尸"在鄞县一带称"移板头",慈溪叫"歇床",宁海称之为"晾板头",余姚谓"摊板头"。[①]由长子捧头,幼子抬脚,移尸于中堂木板床上仰卧。尸体一般直摆,头在外,脚在里。余姚有的地方,死者已婚的横摆,未婚的直摆。移尸途经室外时,则须撑伞,谓"尸不见日",移尸中,眷属跪送而不能哭。移妥后,在死者脸上覆一块白布,称"盖面白",也有白布上压一条红线,两头各串一个铜钱。民间这样做表示死者一生未实现父母更高期望,"无颜见爹娘",而两枚铜钱则是为贿赂门神小鬼进入地府的"入门钱"。[②] 一般人们还要在死者脚后跟点清油灯一盏,且要昼夜不息,直至大殓,俗称"脚后灯"或"长明灯"。尸停好后,眷属才可哭泣。此时,人们将死者睡的席子及其他杂物焚烧于户外,俗称"燃荐包"。

移尸后,家属派人向亲戚朋友报丧,报丧人一般不进门,简要告知情况

---

① 浙江民俗学会编:《浙江风俗简志》,浙江人民出版社1986年版,第163页。

② 周时奋:《宁波老俗》,宁波出版社2008年版,第137页。

及入殓日子即走。停尸三天后，设灵堂，在灵堂床前悬巨幅孝幔，设祭桌。祭桌上首悬五色帐沿，桌上供各色糕点，下面摆一张香炉、一个烛台，香、烛昼夜不灭。子女披麻戴孝，轮流日夜守护灵堂，直至出殡，称为"守灵"。孝子守灵，须寝卧于尸侧草垫之上，谓之"陪尸"。其间，有请道士或僧众做法事以超度亡灵的，俗称"做道场"。

孝眷裁制孝服白帽，谓之"破孝"。孝子一般穿麻衣，着蒲鞋，腰束草绳，头戴三梁草冠，侄子辈戴二梁草冠，嫡亲男性戴圆顶白帽头，远亲戴方顶白帽头。孝孙帽檐上别一小块红布，寓意孝中有吉。儿媳、女儿等直系女眷戴麻花或白头花。至亲女眷戴孝兜，孝兜状如披风，长短不一，女儿、媳妇所戴者为最长。奉化一带，孝子、孝媳、孝女、孝侄戴方顶白帽；男帽上套麻布，下缀带籽棉花五朵，俗称"长长帽"；至亲妇女戴白孝兜，一般的女亲友戴白包头；本家晚辈穿麻衣，平辈穿白布衣。[①]

在宁波，自移尸中堂后，丧家每日都要办羹饭待客，凡肩戴白者，皆可就餐。出殡日中午为正餐。葬毕，晚餐称"上堂饭"。在余姚，死的如是老人，吃羹饭的亲友可带点羹饭回家，分送给家人和邻居吃，认为吃了老年羹饭可"脱晦"。[②]

入殓又称"大殓""入木""落材""落棺"。在停尸三天后，选吉时入棺。在宁波习俗中，"入殓"一般要选在涨潮时，有"看潮水落材"之说。棺木内提前铺上草木灰（富户铺石灰包）、灯芯碎末，摊上材席，于死者两头头与脚的部位分置"元宝枕"。入棺时，由孝子捧头扛足，其他亲属扶身。尸脚须碰着棺材板，并要说一声"脚踏实地"。而后，将浴尸时所剪的指甲包好，与死者生前所爱的器物一并放入棺内，亲属所送"重被"（又叫"情被"）依次叠盖于上，并一一报明送者，由一人拿升执斗，佯装向棺内倒"黄金""白银"，各量三次，余姚称此为"量斗"，俗谚有"金、木、水、火、土，三升三斗足"。盖棺前让亲属看最后一眼，然后合棺钉钉。钉毕，子孙方可嚎哭。大殓后，丧家即在廊柱上贴素对，门窗上贴斗方，大门外张贴孝榜讣告。

宁波旧时，在大殓之后，出丧之前，有"点主"仪式，即设立一个木制的神主排位，"题主"者故意将"主"字写成"王"字，请贵人用朱笔点成"主"字，再用墨笔涂盖。点毕，在神主牌上饰以红绸"魂帛"。孝子披麻戴冠，在布幔之后，向"题主"大宾四叩首。布幔面向大宾的一面为红色，面向孝子的一面为

---

① 浙江民俗学会编：《浙江风俗简志》，浙江人民出版社 1986 年版，第 164 页。

② 叶大兵主编：《浙江民俗》，甘肃人民出版社 2003 年版，第 216 页。

白色。仪式完毕,亲友吊客分批赴灵前上香叩拜,以示告别,孝子答礼。

在北仑一带,还有"剃孝子头"的习俗,出丧前孝子应剃头,谓"剃孝子头"。直到"满七"方可再剃。

出殡又称"出丧"。点主后,丧家抬柩出门。旧时,普通人家在灵柩上覆盖条红被面或红毡条。灵柩出门,人们奠酒于杠,称之"醮杠"。出丧时,队伍以纸幡引路,单声破锣开道(出丧敲锣有规定,匀锣敲九下,接紧锣四下,合称"十三记锣"),中途燃放爆竹,谓之"引路炮",沿途撒纸钱,谓之"买路钱"。由大女婿捧灵位坐"魂轿"内,后有像亭,亭内置遗像。小女婿撑伞,亲属跟随其后。在余姚,是由长子捧牌位,一男子撑伞。宁海一带则是由女婿执引路幡,外甥捧牌位坐轿内。孝子、孝孙手持"孝杖棒",守护在灵柩两侧哀哭。出丧途中若遇桥梁,孝子须先过,跪在桥头,意为求路神、桥仙开恩让路;若遇村庄须绕道而行;若逢至亲好友所设"路祭",须歇柩受祭,孝子叩头答谢。在余姚,灵柩过桥时,孝子须在桥堍跪接,或匍匐桥上,让灵柩抬过桥。①

灵柩入墓前,人们须先拜过土地菩萨和山神,请求准许安葬。孝子率送灵者先左后右绕墓穴各三圈后,开启墓门,用芝麻秆点火烘墓穴,称"暖圹",再以青毛竹一株对剖为二,并列覆置穴底,然后将棺材头朝里,滑推入穴。最后封闭墓门,立墓碑,铺铭旌,藏志石,覆土于墓顶,罗拜于墓前,倚丧棒于墓侧,卸丧服,草冠、草带、纸扎仆婢等皆焚之。一般亲友不必送至坟地,途中即可返回。回程时,人们在山脚、桥边燃草堆,送殡者均须从火上跨过,有跨过"阴阳界"之说。葬毕,丧家办羹饭谢亲友和帮忙者。在宁海,死者葬后三日内,孝子每晚携茶一壶,草把数尺,至墓地浇洒,俗称"上饭"。②

从死者亡日算起,丧家每隔七天做祭奠羹饭,祭魂一次,称"做七"。其中以"五七"为重。有的地方认为五七为死者在"望乡台",有不吃家乡饭之说,由女婿祭奠。余姚一带,"五七"时众亲友到场,并做道场,吃"五七酒"。"七七"为断,称"断七"。"七七"以后,丧家不再逢七祭奠。直至死后的第一百天,丧家方做"百日祭"。

死者死后的前三年,要做"周年祭"。一年称"一周年",二年为"二周年",三年为"三周年"。每次都以羹饭祭奠,称"周年羹饭"。于三周年日,送神主入宗祠,俗称"进主"。满三周年后,不再祭奠。

---

① 余姚地方志编纂委员会编:《余姚市志》,浙江人民出版社1993年版,第1003页。

② 宁海城关县志编纂办公室编:《宁海城关镇志》,浙江人民出版社2010年版,第421页。

（五）祭祀习俗

宁波民间祭祀习俗既有与其他地方相似之处，如对天地鬼神的祭祀、节日祭祀等，也有不同于他处的祭祀，如象山渔民的出海祭祀、接财神祭祀等，更有宁波特色。

宁波人自古以来就极为重视清明祭祖扫墓。《宁波府志·风俗篇》载：清明时，宁波"各家为青糍黑饭牲醴祭墓，封土插竹挂纸钱于颠，门壁皆插柳，妇女或簪于首"。由此可见宁波的清明习俗，即清明节时家家户户都要准备青麻糍糕、黑饭（乌米饭），来亡故亲人的坟前扫墓祭奠，富家还雇吹鼓手吹打。在奉化，还有早起往屋顶上撒螺蛳壳的习俗，谓之"撒青群"。镇海一带亲人新亡的，三年内"上新坟"，带青糍、黑饭之外，还供奉鱼、肉、酒、菜等。

上坟时，人们要给坟墓除草培土，插竹，挂纸钱或红纸球，以示后代子孙已尽孝祭祖，同时又祈求祖宗保佑全家平安、兴旺发达。清明扫墓一般是举家出动，出门在外的，也多会在清明之前赶回家参与祭扫。祭毕，人们各自在家中设酒馔祭祀，称作"清明羹饭"。主菜要过秤，若未办到要在空碗内放上相等价值的钱，由吃者分取。盘内鹅头颈必须归族长食用，意为"带头者"。席上还按人数分碗或分猪肉。有的把妇女排除在外，或在有妇女的桌上减少酒壶的数量（男桌2壶，有妇女的桌上放1壶）。

"以柳枝插户或簪首"是宁波清明节的又一传统习俗。每到这一天，家家户户门壁上插柳，妇女发簪柳梢，小孩子们戴柳圈，宁波有句俗谚称"清明戴杨柳，下世有娘舅"。[①] 如今，上坟扫墓一俗尚存，而且人们不仅为自己的亲人上坟，还为烈士扫墓。此外，郊游踏青一直以来也是清明节中最受人们喜爱的一项娱乐活动，至今尚流行。

宁波祭祀习俗中另一个具有地方特色的就是"祭灶"。旧时，差不多家家灶间都设有灶王爷的神位，称"灶君菩萨"或"灶跟菩萨"。祭灶时间有三次。第一次祭灶在八月初三，此日说是灶君生日，每户人家用糕饼果点祭灶君，摆上素菜，点香。此时，芋艿已成熟，农民首次掏芋艿，称"开芋艿门"，并以之祭灶神。第二次祭灶在农历十二月廿三日晚。民谚说："廿三，祭灶关。"在十二月廿三晚，"送灶君"揭开过年的序幕，因此廿三日也被称作"小

① 宁波市文化广电新闻出版局编：《甬上风华：宁波市非物质文化遗产大观·鄞州》，宁波出版社2012年版，第259页。

年夜"。第三次祭灶在除夕晚上。灶神从天上回来,带来新一年的福音和昌盛。这次人们要把新的灶神像贴到灶上,再供上供品,点上香烛,以求新年平安。此为"接灶"。此后,灶神又要接掌新一年的吉凶祸福,因此仍需要虔诚膜拜。

七月十五为中元节,宁波俗称"七月半",又传为"鬼节"。宁波民间于此日祭祀祖神,追奠亡灵,祈求吉祥,禳祸免灾,保佑丰收。这一日,多数人家以新谷米、酒馔祭祀祖先,做"七月半羹饭"。有些乡镇尤重七月,视为鬼祟之月,请道士放焰口。七月初一放"开门焰口",中元(月半)放"七月半焰口",至三十夜放"关门焰口"。有的会社还在中元请僧侣拜忏醮祭,做"盂兰盆会",以超度亡灵。焰口放毕之后,有的地方或"放水灯",摆"水灯羹饭"或唱滩簧、南词,过午夜才散去。放水灯又称"放河灯",有超度奈何桥之意。慈溪此日做七月半忌(祀)日,飨食无家可归的亡灵。

宁波商人十分敬重财神,因而也形成祭祀财神的习俗。每年正月初一,店铺停止营业,初四三更时分祭财神,放爆竹。祭品有猪、羊、鸡、鹅、鲤鱼五种。猪、羊多以头尾代替,称"全副猪、羊"。鸡、鹅、鲤鱼须成双,酒杯要摆五只,称"五路财神",以祈求在新的一年里商家能够得到财神的保佑。如果开门后久无顾客光临,店主则至财神殿焚香祈拜或卜签,称"接财神"。接财神时,店主手持三炷香,从屋外踱步摇香至店堂,示意财神已接进店内,而后按序膜拜,再烧化纸元宝。祭神后吃财神酒。在宁波北仑,生意人家迎接财神时所用的"牲礼"其实都是虚称,所谓"全猪全羊"实际上就是猪头加猪尾,羊头、羊尾加羊肉一刀。贡品还要有公鸡、雄鹅,意为"鸡啼鹅叫",表示自己的商店会发。在祭祀财神期间,须有两条金黄透骨新鲜的大黄鱼(本地人也把金条称为"大黄鱼"),或用一对红纸蒙住眼的雄鲤鱼进行祭祀,供毕由两人将其放生河中,讨"生意兴隆通四海,财源茂盛达三江"彩头;同时,祭祀时需有红膏炝蟹一对,寓意"十全十美"(蟹有十只脚)。

祭海习俗更是宁波渔民信仰习俗中颇具特色的习俗。渔民每泛出海之前,先要在船上祭祀神祇,烧化疏牒,俗称"行文书"。然后由船老大将杯中酒与盘中肉抛入大海,称"酬游魂",以求出海打鱼时渔船平安无事。人们祭祀时要放一副"太平坊",即棺材板,出海时,放在船上。棺材板冠以"太平坊"之名,与渔民在大海作业时很有可能被巨浪吞噬相关。葬身大海是渔民大忌,与"入土为安"的习俗大相径庭。因此渔民放一副棺材板在船上,以求太平无事,若死,也得死在家里,才能"入土为安"。这与他们到市场上去买床,不愿买新的,却要买一张已死过人的,以求到老能死在床上的愿望相一致。一泛结束,亦要祭祀神祇,称"谢洋"。

除以上几种主要祭祀习俗外,宁波民间还有许多祭祀习俗,如"谢年"、祭祖、寿诞祭祀、冬至祭祀及"接春"祭祀,等等,内容丰富多彩,富有文化内涵。

二、词　条

搬嫁妆

宁波人称"嫁妆"为"嫁资",因此,"搬嫁妆"又称"搬嫁资"。明清沿海地区经济发展快速,随之而兴起的奢靡之风使宁波地区深受影响,在嫁妆方面表现得尤为突出。旧时,宁波人非常重视女儿出嫁,嫁妆无不全力以赴,毫不吝啬,认为嫁资越多,新娘在夫家亲戚中的地位就会越高,因此在女儿的结婚嫁妆上无不倾尽所能,极尽奢华。

在宁海县,男方确定迎娶吉日后,提前一年告知女方。女方许诺后,男方即送去财礼,俗称"送日子"。女方会根据男方送的财礼的多少及自身的财力,去为女儿置办嫁妆(即嫁奁)。民初以前,女方的嫁资多为衣物细软、床上用品、桶钵器皿、房里家私(私音"生")之类,殷富人家还会有成套的锡器(锡瓶、锡饭盂、寿字台等)和全套铜器。有些殷实的大户甚至以土地、山林、房产等不动产做嫁资。在慈溪一带,嫁妆除了眠床之外,新房内的桌、椅、台、凳、桶、架、被、帐、枕、毯及新郎结婚时的衣服用品,全由女方嫁去,有的人家还随嫁奉送公婆衣服一套、鞋袜一双、棉被一条等。也有不嫁硬货而备软妆的。在宁海一带还有"助嫁"习俗,婚期临近时,双方亲友都会送贺

礼,送给女方的多属衣料被褥、日用家什、鸡蛋米面等,做娘舅、兄嫂的还要送缎被等。到近代,凡嫁女儿,只要有钱,人们可到百货公司采购其中穿戴盖用,一应俱全。

婚前三五日,女方需将准备好的嫁妆先搬往男家,俗称"搬嫁妆"。搬嫁妆的搬运工

搬嫁妆

具叫扛箱,也有用幢篮挑。第一杠必须置花烛台一对、铜镜一面。前面扛箱下格放衣服之类,上层主要装被头等床上用品,用彩带扎得很高,称为"铺程"。后面挑的便是上述各种器皿,都用红绒和大红剪纸装饰。还有四色干果:黑枣、花生、桂圆、莲子,谐音象征"早生贵子",人们把它们用线串起来,用纸板衬里,在大盆里盘成高高的宝塔状,再用红绒等装饰。最后是脚盆、小橱等木器家具。搬嫁妆的人排成长队,一路上还要吹吹打打,一直抬到男方家。到了男方家,嫁妆陈列在厅堂,由婆婆取锁开箱,让亲友和左邻右舍观赏,余姚一带称此为"掏箱"。

此外,民初以前,在大家看来,搬嫁妆是一件优越的差事,嫁妆送到男方家后,搬嫁妆的工友不仅能享受到精美的酒点招待,而且可以得到优厚的酬金。这些酬金可以抵得上十天半个月的工资,所以美差面前大家都是争先恐后。大户人家会准备一份嫁妆清单,对所有嫁妆分门别类,一一记载各自名称,而且字数必须为双数,寓意成双成对。在搬嫁妆的那天,由聘请的账房先生,"坐轿携册作为先行部队",到男方家除了丰盛的筵席款待外,还可获得丰厚的红包作为赏金,亦是一件美差。

参见慈溪市地方志编纂委员会编:《慈溪县志》,浙江人民出版社 1992 年版,第 962 页;张行周编:《宁波习俗丛谈》,民主出版社 1973 年版,第 213 页;张钦康、张和声:《宁波故乡旧俗》,《史林》2009 年 S1 期。

十里红妆

十里红妆是宁海及浙东地区特有的传统婚妆系列及相关民俗。过去人们常用"良田千顷,十里红妆"来形容嫁妆之丰厚。十里红妆最早起源于南宋,是宁绍地区独有的婚嫁现象,明清时期"十里红妆"达到鼎盛,自宁绍平

十里红妆

原风靡全国。与"十里红妆"相生相伴的不仅有遥远的故事传说,也有历代相传的红妆技艺。在民间记忆中,传统的"十里红妆"甚是宏伟壮观。

浙东人嫁女,嫁妆如此丰厚,民间说法是来自皇帝册封。传说宋朝,康王赵构遭金兵追杀,逃至宁波西乡

时,一个农家姑娘在晒场上用箩筐把康王罩起来,瞒过了追兵。康王被解救后,向姑娘表明了身份,并许诺等到政权稳定后,接姑娘回皇宫,以报救命之恩,并相约将肚兜挂在门口以作凭证。第二年,康王登基为皇,皇帝命人来寻,谁知村子里有姑娘的人家都在门口挂上了肚兜,无法判断是哪家姑娘当初真正救了康王。眼看诺言无法实现,皇帝便下旨:浙东女子尽封王。即浙东女子出嫁时可享受公主待遇,凤冠霞帔,嫁妆可雕龙刻凤。从此,浙东南女子出嫁享受半副銮驾仪式,新娘可以凤冠霞帔,嫁妆可涂朱贴金,雕龙刻凤,也就产生了"千工床,万工轿,十里红嫁妆"这一家喻户晓的民俗现象。

当地嫁女的嫁妆,大到床铺家具,小到针头线脑,一应俱全。扛嫁资队伍可长达十余里,嫁资从细软衣服到房里的一切器具,应有尽有。春夏秋冬的四季衣衫,可穿到 60 岁,直到寿衣为止。另外还有案桌、方桌、茶几、书橱、八仙桌、古董架等,以及提桶、果子桶、大小脚桶、马桶、水桶、坐桶等各种日常用品。甚至有的还包括了厨房的锅碗瓢盆、石磨等厨房用具。有的父母疼爱女儿,甚至会给田契做嫁资。迎嫁妆队伍从新娘家出发,一路浩浩荡荡,绵延十里,十分气派。十里红妆规模声势之大,数量之多,门类之齐全,制作工艺之精湛,艺术价值之高,耗费之昂贵,均为全国罕见。所以"十里红妆"绵延前行之时,更是富裕人家炫耀之日。十里红妆不仅显示了娘家富有的排场,也是女儿婚后生活的依托和家庭地位的支撑,反映了当时社会经济发达、商业繁荣、当地物质生活富庶的美好景象。

"十里红妆"除婚嫁仪式中的"迎嫁妆"习俗外,还包括红妆器物的制作工艺传承。所谓"红妆",不仅是因为女儿置办的嫁妆之意,嫁妆运用的颜色基本以红为主,所有的家具漆器,都是以朱漆髹底,雕饰贴金。泥金彩漆和朱金木雕是宁波传统手工技艺的集中体现。十里红妆中的器物类主要由天然矿物朱砂和黄金为主的材质装饰,集中了雕刻、堆塑、描金、勾漆、填彩等工艺手段,也包含了小木作、雕作、漆作、桶作、竹作、铜作、锡作等民间匠作。绚丽华美的朱金色彩,形成了它独特的艺术风格和装饰特色。十里红妆为研究江南地区婚俗文化提供了实证,是中国传统文化重要的组成部分,具有民俗学、社会学以及历史、艺术、人类学等方面的重要意义。宁海的"十里红妆"婚俗至今仍有部分传承。

参见何晓道、范佩玲、郑旭明:《十里红妆女儿梦》,《中华遗产》2008 年 Z1 期;方艳、胡巍:《十里红妆古越风——感受"十里红妆"经典之美》,《美术大观》2009 年第 3 期。

伴　夜

"伴夜"是汉族婚俗中较为常见的一种仪式,古代就已有之。宋人吴自牧《梦粱录·嫁娶》中有载:"前一日,女家先往男家铺房,挂帐幔,铺设房奁器具、珠宝首饰动用等物,以至亲压铺房,备礼前来暖房。又以亲信妇人与从嫁女使看守房中,不令外人入房,须待新人,方敢纵步往来。"宋时杭州这个婚俗传到宁波后,发生了一定的变化。男女双方在成婚前两三日,男方家里张灯结彩,布置新喜堂,并向赁器店租赁花轿和婚礼器具。正式成亲前一夜,新郎要在新房里过夜,由一位"全福"(指爹娘、公婆都健在的人)的妇女,取二十四双筷子系扎红线,放在新郎席下,暗示人丁兴旺,亲友络绎。这些筷子在新婚满月内要一直放在床上。此夜由一父母双全的小孩伴新郎同睡,俗称"伴夜",称此孩童为"伴郎"。晚上要给小孩吃包子、花生、鸡蛋等,寓意"包生儿子"。次日清晨小孩离开时,新郎要给其发红包,同时小孩童要贡献一泡童子尿,俗称"挈出尿瓶"。"伴郎仪式"实际上也是一种暗示,一是确定了新房的新主人的地位;二是从次日起,新郎将不再与家人合居而开始独立门户。在象山一带,成婚前一夜,由父母双全的男青年作"贺郎",与新郎同睡,谓之"暖房"。是夜,宾客临门,主人家要设宴款待,称"拢纲酒"。

参见王万盈、何维娜、魏亭编著:《宁波风物志》,宁波出版社 2012 年版,第 82 页;〔宋〕吴自牧:《梦粱录》,文渊阁四库全书本。

迎亲上轿

宁波旧俗,迎亲时新郎不亲迎,"命使者赍名帖,导彩舆至女家"。花轿临门,女家放鞭炮迎轿,随之虚掩大门,称"拦轿门",待迎亲使者塞入红包,方才放行,谓之"开门钱"或"开门包"。花轿停放须轿门朝外,新娘的兄弟一手执红烛,一手执镜子向轿内搜照,在慈溪一带是由舅父或叔伯用镜子借烛光在轿内照一照,称"搜轿",认为这样能驱逐藏匿在轿内的凶神恶鬼。慈溪还有这样的习俗,就是要由女方的兄弟向轿顶撒一把白米,祝愿其姐妹到夫家后能吃上白米饭,过上好日子。在镇海,迎亲轿子一进门,新妇家人"噭然而哭",称作"厌凶煞"。女方中午备"起嫁酒"。新娘上轿前,须由母亲喂吃"上轿饭"。迎亲使者要催促三次,新娘才换装上轿,谓之"催上轿"。新娘以红绢遮面,拜完天地、祖先后,由兄长抱上轿。也有步行上轿的,但一般须在地上铺红毯,若不铺红毯,人们在新娘的新鞋上套一双旧鞋。待到上轿后,新娘将旧鞋脱回,俗谓脚不沾地。花轿出门前,其母亲与姐妹于中堂哭诉、唱吉祥词以送轿,新娘也须哭着上轿,谓之"哭轿"或"哭发"。宁波民间认为,女儿出嫁时,母亲哭几回,女儿发几回,母亲哭得越伤心,女儿日后的日子会过得越红火。在余姚一带,新娘上轿后,轿转数圈,由"堕民"撒把米,泼碗水,俗称"嫁出了囡,泼出了水"。新娘的兄弟须送嫁至新郎家中,做新"阿舅"。花轿内,新娘座位下放一铜火熜,内贮炭火,意谓新娘像火一样发。其兄

迎亲上轿

弟送花轿至中途,用火熜之火点香,再带回置于灶间火缸内,说是可共同发达兴旺。在余姚,男方发花轿时,即在轿内放置盛满炭火的铜火熜一只,至女方家后,由女方再放一只,火种从第一只中取。新娘坐轿,两脚各踏一只火熜。兄弟或父亲送一阵,即从火熜内点一袋烟回家,意为把火种接回来。可以说,铜火熜是宁波新娘出嫁有别于其他地方的标志性婚俗之一。

　　到 20 世纪五六十年代,传统的迎娶新娘的花轿已经开始退出历史舞台,但新娘子必须脚不沾地到夫家的习俗仍然存在。没有了花轿,新娘子如何脚不沾地到婆家呢?宁波人又发明出花轿的替代品——元宝篮。所谓"元宝篮",就是用竹篾编成的长约 4 尺、宽约 2 尺的元宝状竹篮。元宝篮的装饰喜庆多彩,不仅有大红的喜字、鲜艳的红绸、明黄的流苏,而且抬元宝篮的竹杠上也扎着红绸蝴蝶结,极为漂亮好看。新娘出嫁时就半躺在元宝篮中,上面盖一条棉被,被轿夫抬着进入夫家。而轿夫一定要事先打点好,否则就会摇摇晃晃抬新娘,让新娘子吃尽苦头。

　　参见〔清〕戴枚、董沛等撰:光绪《鄞县志》,清乾隆三年刻印本;慈溪市地方志编纂委员会编:《慈溪县志》,浙江人民出版社 1992 年版,第 962 页;浙江民俗学会编:《浙江风俗简志》,浙江人民出版社 1986 年版,第 154 页;余姚地方志编纂委员会编:《余姚市志》,浙江人民出版社 1993 年版,第 1002 页;叶大兵主编:《浙江民俗》,甘肃人民出版社 2003 年版,第 183 页;张鹰:《抬新娘的元宝篮》,《宁波晚报》2011 年 8 月 21 日。

　　拜堂入洞房

　　迎新娘的花轿抵达新郎家后,停放于堂沿。由一盛装幼女,轻拽新娘衣

角三下,新娘乃出,谓之"请出轿",并由此幼女为新娘脸上扑香粉,俗称"添妆"。下轿后,新娘先要跨过织筐,称"跨鞍",并在喜娘的搀扶下站在喜堂右侧位置,由一全福妇女用秤杆微叩新娘头,挑去头巾,俗称"揭戴头帕"。至此,两位新人才在主婚人的指导下开始拜堂,即拜天地、祖先、父母及夫妻对拜。拜毕,由陪郎(两小孩)两人手捧花烛,引导新郎、新娘踏着地面上铺的布袋走入洞房。布袋共有五只,每行一袋,喜娘即移置于前接之,谓之"传袋"。传袋音同"传代",意为"传人",有着祝福新婚人家子孙繁衍,家族遗传万代,兴旺发达的美好之意。新郎、新娘入房后并坐床沿,曰"坐床",共饮红粉饵汤。而后,新郎出房,新娘换装。换好装后,新郎、新娘再入中堂,向先人献茶,称"拜茶",并依次拜见长辈,谓之"见礼"。

男方婚筵以晚餐为正筵,称"贺郎酒"。宁波在筵席上有"弄送阿舅"的风俗,即在给舅老爷吃的点心里放辣椒或盐,选善饮的宾客连连劝酒,弄得阿舅无从下筷,这是一种开玩笑的做法,俗语有"吃煞女婿,饿煞阿舅"之说。筵席上设新娘专席宴新娘,称"待筵"。新娘入席,由几名女伴陪同。每上一道热菜,新娘回洞房换一套新衣,称此为"换趟"。旧时,在慈溪,婚筵即将结束时,新娘的大阿舅起身至新房小坐,向新娘叮嘱日后婚姻生活中应注意的琐事,而后再到新娘的公婆房内拜访。

宴毕,新郎、新娘与众亲友共入新房,并请其中有德福的宾客(或寿翁)两人,向新人行"三酌易饮之礼",敬酒三次。主贺者口诵贺郎词,称"贺郎"。贺郎词如:"第一杯酒贺新郎,有啥闲话被里讲,恐怕人家要听房","第二杯酒贺新郎,房里事体暗商量,谨防别人要来张(看)","第三杯酒贺新郎,祝愿夫妻同到老,早生贵子状元郎"等。每敬一次酒,新人相互交换酒杯而饮之。旧时有新娘第一天不开口的习俗,因此不论男女老幼都可以跟新娘开玩笑,逗新娘说话,直至深夜,称"闹新房"。

闹完新房,宾客散去。新郎出而谢客及襄办婚事人员,而后回房;喜娘整理卧具,为新娘卸妆换衣,新娘赠给红包。新房的桌上早准备有一果盘,盘中陈有橘子、桂圆、荔枝、花生、红枣等,称"床头果",新人共"吃床头果"后入寝歇息。象山一带,闹房后新娘向新郎敬茶,同吃"和气茶"。还有新娘守花烛到天亮的,称"守白头"。此俗在新中国成立以后仍存,但在内容上已发生了很大变化。

参见浙江民俗学会编:《浙江风俗简志》,浙江人民出版社 1986 年版,第155 页;周时奋:《宁波老俗》,宁波出版社 2008 年版,第 128 页;慈溪市地方志编纂委员会编:《慈溪县志》,浙江人民出版社 1992 年版,第 962 页;宁波市文化广电新闻出版局编:《甬上风物:宁波非物质文化遗产田野调查》,宁波出版社 2009 年版,第 188 页。

回　门

"回门",在汉族传统婚姻中又称"归宁",是指女子出嫁后首次回娘家探亲。在大多数地方,新婚夫妇在婚后第三天到岳父家。对于新娘来说,则是初为人妇后第一次回娘家。在传统婚姻中,"回门"不仅是新娘第一次回家省亲,也是新郎婚后到岳父家认亲。见到岳父岳母,新郎要改口称爸爸、妈妈,岳家也要设筵席款待新婚及来贺喜的亲朋好友。"回门"不但意义非凡,而且是传统婚俗中非常重要的礼节。宁波地区,"回门"礼俗更具地方性色彩。

宁波传统婚俗中,新人成婚次日清晨,由新郎开门,寓意早生贵子。新娘由婆婆或妯娌、小姑陪同,谒见舅姑及族属戚党。此日,男方发请帖,宴请阿舅。阿舅受茶点三道,退至新房歇息。午宴,阿舅坐首席,菜肴丰盛,俗称"会亲酒"。酒席中忌用毛蟹,因为宁波方言称"毛蟹"为"娘舅",这是筵席间的避讳。宴后,送阿舅回娘家,称"回门",新郎、新娘随行,参拜女方父母。并备各种食品,包括桂圆、黑枣、水果等,一同送往,称"望娘盘"。晚上由岳家宴请"生头女婿"。在旧式婚礼中,多为媒妁之言,翁婿多数未曾谋面,故称"生头"。席间,忌用冰糖甲鱼。宴毕,新人必须返回,不能在岳家留宿。结婚三到五天内,女方父母带着金团等,去女婿家探望女儿,称为"望担"。因为父母没去过女儿家,女儿是不能出远门的。在宁海地区,新人在婚后第三天,新娘偕新郎回门,岳家也要设宴款待女婿,称之为"请新姐丈"。"回门"习俗在慈溪当地已经有 100 多年的历史,至今仍然流行,该地区新婚夫妇在结婚当天或三天、七天后要回娘家,新郎要带礼品,以备丈人家亲戚、朋友欢乐吵闹(叫"敲竹杠")时用。丈人家要准备酒宴,陪客是与新郎同一辈的人,喝酒也要划拳,陪客要"敲竹

回　门

杠"。敲竹杠的东西有每人一包烟、一斤喜糖等,这就要看新郎大不大方,豪不豪爽。

回门后,新娘一到夫家,早有宾客爱闹者预先摆下长凳二三十条,从轿前一直铺接至新房门前,架成一座"仙桥"。在众宾欢笑催促中,新娘由新郎搀扶着从"桥"上走去。若新娘步履稳健,人们则于新房门前"桥"头处再叠上长凳一条,并递上油包一只,令新娘咬住走过,俗称此为"鲤鱼跳龙门"。

在传统婚嫁习俗中,"回门"这一礼节也有禁忌。在浙江地区,忌新妇在冬至节回门,否则以为将克死其夫家家长,俗谚云:"娘屋住个冬,夫家去个公。"

参见周时奋:《宁波老俗》,宁波出版社2008年版,第129页;浙江民俗学会编:《浙江风俗简志》,浙江人民出版社1986年版,第156页。

婚后习俗

宁波婚俗中,婚后习俗也别具特色。其中包括"三日呒大小""三日下厨房和出河头"及成婚满月后送"满月担",这些都是新妇结束婚期、开始正常生活的象征。

"三日呒大小"是宁波婚俗中别具意义的一项习俗。从成婚之日起,三日内,新娘与家族成员间可以不论辈分,不分长幼,互相可以开玩笑,或随便相处,新娘叫错族人的称谓也不会被见怪。新婚三日内,不许打扫,不然有财气扫失之嫌。此俗的意义在于,新娘到达夫家之后,有必要和家里、邻里、族人进一步熟悉、融洽,而新娘一下进入一个全新的人事环境,满目生人,容易认错人,有"三日呒大小"之俗后,环境顿时宽松,也可使新人对新家庭的融洽树立信心。

另外,在宁波地区,成婚第三日,新娘要亲自煮糖面,分送四邻,俗谚有"三日下厨房,洗手做羹汤"。在宁波北仑区,第三天早晨,新娘由兄嫂陪同去河埠头洗一条鱼、一块肉,讨一个"富足有余,有头有尾"的口彩,然后下厨烹煮,称"出厨"。宁波有的地方,在此三日中,女家亲戚各送礼贺新娘,称"望担"。在第三日后,新娘要出河头洗涤,尽管是象征性地洗几件衣物或厨内用具,但这一仪式的意义在于表示婚期已经结束,日常生活正式开始。在宁波地区,河埠正是妇女的社交场所,所谓"河埠头讲阿婆,念佛堂讲新妇",出河表示新娘融入同乡生活,正常交际生活开始。

结婚满一个月,女方父母要给女婿挑"满月担",又称"满月盘",又送礼金若干,供婿家酬谢襄办婚礼人员,称"花笑票"。满月担有四盆菜肴和寓意早生贵子的枣、花生、桂圆、莲子及"龙凤金团"四十八只,还有藤编针筐、剪刀、尺、针等,此后女儿方可在娘家过夜。婚后,新娘第一次做针线活,先为新郎做一条裤子、一双袜子。有俚语:"若要富,先做裤,若要发,先做袜。""满月担"的意义在于,女方娘家对于婚礼和婿家表示满意,并象征继续尽长辈的义务,关心新婚夫妇。满月担习俗今已废。

参见王万盈、何维娜、魏亭编著:《宁波风物志》,宁波出版社 2012 年版,第 86 页;宁波市文化广电新闻出版局编:《甬上风物:宁波市非物质文化遗产田野调查·江东》,宁波出版社 2009 年版,第 86 页;宁波市文化广电新闻出版局编:《甬上风物:宁波市非物质文化遗产田野调查·北仑》,宁波出版社 2009 年版,第 149 页。

再　嫁

在封建礼教盛行的旧社会,寡妇再嫁(再醮)为世人所不齿。旧时受传统"从一而终"贞洁观的影响,寡妇改嫁也为封建宗法所不容。民国时期,宁波当地寡妇再嫁仍遭社会歧视,称为"二婚头"。寡妇改嫁时,要隐蔽进行,须在夜里至庵堂门口或在凉亭里改装动身,不准坐花轿,只准坐青净轿,不准携带前夫任何物品,甚至自己的嫁妆也不许带走,即使想带走,也会遭到原夫家"踏船头"(即拦阻),并被索取"肉身钱"。前夫的公婆再用一桶冷水泼出去,以示断绝关系。

在宁波、舟山地区,寡妇再嫁称之为"再醮"。在人们看来,再嫁婚姻,不但不是正式婚配,而且认为是不幸事件。妇人因为丈夫死亡,家道清寒,无法生活,不得已再醮。再醮有两种:一种是完全脱离先夫关系,重新再婚,但必须征得先夫家属同意,办理离婚手续后再嫁;另一种是妇人因先夫情重,不愿脱离夫家,或因子女关系,又因生活艰难,不得不招夫再醮,但也必须征得夫家同意。再嫁婚姻,没有正规的结婚仪式,半喜半忧,妇人乘一顶小轿到夫家拜一拜祖先,则礼成。有的地方,妇人"再醮",不会举行结婚仪式,仅是夜间,由人悄悄领到男方家,同男的吃了汤圆后即行同宿,到第二天,再煮汤圆分与左邻右舍。

旧时寡妇没有嫁妆,各式礼仪也一律废除。有的地方一般先由中人议定寡妇身价,也不准在婆家上轿,必须走出村口,脱掉脚上的旧鞋,换上男方送来的新鞋,才能上轿。上轿后,男方才付寡妇身价钱。结婚仪式非常简单。若寡妇不愿出嫁,往往由公婆做主,收了男方付的身价钱,将寡妇骗至村外,实行"抢亲",把寡妇捆绑起来,用小轿、小船劫去,强迫成亲。

古代妇女再嫁主要原因有以下几个方面:一是家庭贫困,丈夫死后,寡妇拖儿带女,家徒四壁,无以为生,父母和舅姑及其他亲属要求寡妇改嫁,以求生路的;二是妇女守寡时年纪尚小,10多岁到20余岁,父母、舅姑及其亲属怜其年幼,守寡不易,劝谕或要求寡妇再婚;三是家庭内部成员为争夺其亡夫留下的家产,要求寡妇改嫁;四是家长贪图钱财,试图利用寡妇改嫁收取聘礼而要求寡居者改嫁再婚的。当然,也有不乏寡妇主动要求改嫁再婚的。

古代,再嫁的妇女往往命运坎坷,常常受人歧视,遭人欺辱,如果寡妇把前夫的子女带到新家,这些子女也常受到欺凌,俗称这些子女为"拖油瓶"。

参见浙江民俗学会编:《浙江民俗简志》,浙江人民出版社1986年版,第86页;王万盈、何维娜、魏亭编著:《宁波风物志》,宁波出版社2012年版,第87页。

抢　亲

抢亲,是旧时婚姻的一种,属掠夺婚,古已有之。抢亲一般发生在旧时的基层乡村社会,清末民初四明区山区和姚北海头均存在抢亲习俗,为下层贫困家庭的男女因生活困迫而形成的一种娶亲陋习。过去余姚一带的抢亲,虽谓抢,但也并非都是野蛮的掠夺婚。这是因为山区、海头生活贫苦,男女到达婚龄后,却往往因家庭条件原因,男方出不起聘礼,女方拿不出嫁妆,无法适时完婚。同时由于旧俗婚礼礼仪繁琐,又耗资甚巨,男女双方都有意省钱,就采用了抢亲的方法。

抢亲一般都在婚期临近之前暗中约定,男方不出聘礼,女方也不陪嫁妆。先由媒人领未婚夫设法暗中去认识未婚妻,由男方新郎约几名亲朋好友,商定抢亲的时间和方法。新郎邀集一帮亲友到女家附近隐蔽,女家父母故意遣其待嫁的女儿出门,如到门外晒衣服,挑水,到河边淘米,洗菜,洗衣等。等到新娘出现,新郎和一般伙伴就一拥而上,假装乘其不备,由新郎背起新娘,众人在后边相拥快跑。新娘大声地假装喊叫:"快来人啊,有人抢人啊!"让全村人都听到。女方家人反应迟钝,预计人走出村口后,才装模作样从家中出来,约上几个邻居,追到村口,并装出追不上了后悔的样子。

也有的是新郎率先冲进女家,表面上女家左拦右拦,装出种种反抗情状,实际上总予以配合和支持,如指示未婚妻躲藏之处,甚至将事先关在房内的新娘拉出来交给男方。被抢时,未婚妻的哭爹叫娘声和抢亲者的嬉笑声混成一团,女方家里人追赶时大呼小叫,虚张声势。人们以为此举是对女方的尊敬,说明不是嫁不掉送去的,而是被人抢走的,以使女家脸上有光。这样的抢亲,能省掉嫁妆。如果真的将新娘再夺回娘家,人们会迷信她不吉利。旧时,人们慑于社会舆论,对通行的明媒正娶婚礼无法从简,否则,会被世人视为奇耻大辱,大逆不道,成了世人的话柄笑料,而抢亲却得到社会舆论的谅解和认可。

抢亲在旧时宁波一些地方相沿成习,抢亲不犯法,但不能抢错人,并只能由新郎动手抢。如遇不知情者,男家只要鸣锣,人们便知是抢亲,就承认它的合法性,不会去干涉了。即使是官府里的人见了也是听之任之,不闻不问。这种抢亲,女家当然没有嫁妆,男方一切从简,社会上别有见解,以为时间仓促,来不及准备云云,无可厚非。当事女子虽执意不允,但一入洞房,则木已成舟,无话可说。姑娘被抢到男方家中,男方立即举行婚礼,拜天地、祖宗,进入洞房。第二天,新郎新娘也像正常婚仪中一样,去岳父家"回门",新郎向岳父,岳母"赔礼",以后两家来往交好,并无恶感。

过去,在四明山偏僻山区抢寡妇成风。多是出身贫寒、无力娶妻的男性青壮年探悉某处有孤守青灯的寡妇后,邀集一伙穷兄弟伺机抢她回去成亲。这种抢亲事先没有达成"默契",又是一种野蛮举动,如有叔伯辈护卫寡妇,往往酿成流血的悲剧。

抢亲陋习是古代遗留下来的掠夺婚俗的延伸,生活在社会底层的劳动妇女自然是它最大的牺牲品和受害者。时过境迁,如今,抢亲恶俗已成历史陈迹。

参见姚鹏飞、鲁水平主编:《姚江风俗》,浙江古籍出版社 2011 年版,第46 页。

典 妻

典妻制度是人类买卖婚姻的一种,它和娼妓制度一样,都是正式婚姻制度的一种补充。典妻现象的存在,如同中国婚姻制度的一个毒瘤。契约对于那些被出典的妇女来说无疑等于卖身契,契约一旦成立,被出典的妻子就得供人玩弄,为人生儿育女,最后还得与自己所生子女骨肉分离。我国的典妻风俗主要流行于南方地区,特别是浙江,早在宋代的临安就有此俗,到了清代,典妻现象达到了"全盛",直到民国才开始转衰,清人徐珂《清稗类钞》中说:"浙江宁、绍、台各属,常有典妻之风。"新中国成立后,典妻现象彻底消失。

典妻是旧时宁波婚姻的一大畸形表现。典租双方有媒征,定契约,写明典租期、典租价,一般一至三年为租,三至五年为典。典妻要求妇女必须具备生育能力,典租价以妇女年龄大小、典租期限长短而定。出典者或因病负债累累,或因家贫度日艰难,或因被迫还赌债。受典者有因妻久未生育,有独身穷汉为求子嗣却无力结婚者。典妻进门,以薄礼谢媒,不举行仪式。女方所育之子归受典方,其继承权经宴请亲族长老,待承认后方为有效。典妻期满妇女回原夫家。也有夫死,为生活所迫,妻自典他人的。

柔石以 20 世纪 20 年代浙东农村为背景,在《为奴隶的母亲》里为读者描写的一出人间悲剧就是"典妻"制度。由这部作品改编的《典妻》(甬剧)由宁波艺术剧院甬剧团于 2002 年创作首演,被专家誉为"甬剧史上一部里程碑式的剧作"。

典妻婚俗能在民间长时间的流行并推衍成俗,自有其社会文化及历史发展等诸多方面因素,主要源自经济贫困,文化愚昧,思想落后。封建社会的典妻现象,是与父权制、夫权制相适应的,也是封建社会夫权、父权至尊至贵的伦理秩序的真实反映。柔石的作品《为奴隶的母亲》,实际上是深刻地揭示出这野蛮习俗的产生不是由于穷人为生活所迫,也不因为富人对淫乐的追求,而是封建宗嗣制度和封建伦理观念使然,其批判的锋芒直指封建宗法文化。

参见李群:《典妻与变通的礼法适用》,《当代法学》2010 年第 2 期;徐海燕:《略论中国古代典妻婚俗及其产生根源》,《沈阳师范大学学报(社会科学版)》2005 年第 4 期;王兴泉:《典妻:中国封建社会"无我"文化的怪胎——柔石〈为奴隶的母亲〉文化解读》,《宁波职业技术学院学报》2002 年第 4 期。

催 生

在临产前一个月左右,孕妇的娘家人要行"催生礼"。催生日期一般按照农历挑一个吉祥日子,由娘家派一人挑着"催生担"送到怀孕的女儿家。

在余姚,给孕妇送催生礼一般皆由娘家女眷出面。一般催生礼主要有衣、食两项。送衣服又称之为"送孩衣",即准备婴儿衣服鞋帽,一般为黄棉袄、黄夹衣、黄布衫、涎兜、大衲、横衲、夹衲、包被、尿布等,寓意旺子旺孙。催生礼中备红枣、花生、桂圆、粽子、红糖、胡桃、长面、鸡蛋及黄鱼鲞等其他补品,取"早生贵子"之意。这些物品统称"催生担",被娘家人一并送至女儿家,意在"催生"。在余姚,要将染红的鸡蛋拿到孕妇床前抖出,将蛋磕破,意谓"快生快养,擂落算账"。宁波有的地方在送催生担时,还以孕妇当时的状态卜占生产期。送担者至,若见孕妇站着,说快要生了;见坐着,认为还不会生。并且,人们会把催生衣物扎成包袱,从窗口掷到孕妇床上,以包袱朝向来卜婴儿性别,如朝里朝下为男,朝外朝上为女,故称女儿为"朝外货",此俗 20 世纪五六十年代尚在宁波农村盛行,今仍存。

催　生

在北仑,催生担中送去的小孩子的衣服都是用黄布做的,有的说黄布能做皇帝,有的说黄布能祛邪,有的说黄布做衣,小孩子会像小黄驹一样贱,生出后容易养。在宁海,有的地方娘家在送"催生担"时,还会准备生熟两色"过水面",熟的面条给孕妇吃。这种手工制的长面,非常好吃,可以让女儿补补身子;生的则祝愿产妇生得快便。夫家收到后,将"过水面"煮熟,挨家挨户分送,以示自己要添丁进口。分的户数越多越好,讲排场的人家,会把面条分遍全村各户。

随着经济发展,如今催生担的东西也越来越丰富。红糖和鸡蛋一直以来都是必备的,这些都是给产妇生产后吃的。除了吃的"营养品"外,"外婆"还要买齐小宝宝的衣服,一般四季的东西多少都要买点。除最开始说的传统的服饰外,现在一般都还会买披风、睡袋等。传统的黄夹袄、黄棉袄一直还是必备品,以前都是自己缝制的,现在都是在商店购买。除以上外,"外婆"还要买银器,一般是银锁和手镯、脚镯等,有些是催生的时候买的,有些是满月的时候买的。

现在大多数说"催生担",又称"催生包"的,主要是指待产包,包括产妇和婴儿的用品准备。而传统意义上的催生,有更多一层的含义,就是希望能生得快,生得好,孕妇、婴儿两平安的意思。

参见王万盈、何维娜、魏亭编著:《宁波风物志》,宁波出版社 2012 年版,第 73 页。

做三朝

婴儿出生第三天,要给婴儿洗澡,谓之"解厌"。人们在产房摆上简单羹饭,并于一米筛中点上香烛,放置 12 只"相量盏",两碗"盖糖饭",祭祀床公、床婆,意为把不好的东西从筛孔中漏出去,好的东西留下来,认为床公、床婆能保佑婴儿茁壮成长。此番仪式,通称为"做三朝"。

在北仑区,做三朝的这天,家人将一只米筛放于床上,供床公、床婆,供的地方在小孩睡觉的床上。米筛上的供品有鱼、肉、烤花生三种菜肴,还有一棵根株和一片瓦,象征孩子长大后买田砌房。米筛上有两只"糖拌盏"。"糖拌盏"的做法是用两只酒杯(酒盏)各盛上米饭,将两只酒杯的饭合起来,取去在上的一只酒杯,形成满而圆的一杯米饭,用一块黄糖放在上面,称作"相量盏",其形状好似母亲的乳房,寓意小孩能吸收到母亲充足的奶水。米筛上放着的还有麻饼、红蛋、花生、橘子等,以示吉利。做三朝时,人们须点上三炷香和蜡烛,祈祷床公、床婆保护小孩好吃好睡、不吵不闹、不摔跌。有时候小孩在睡梦中笑,人们便认为这是床公、床婆在睡梦中教导小孩。供奉床公、床婆时,还要烧纸钱给床公、床婆。

做三朝时,婴儿外婆家要送来纯色祭品,用来祭拜神灵,称"还落地福"。外婆也要赠送礼物,外婆送给小外甥的礼物有一年四季的衣裤、兜蓬、尿布、坐车、摇篮等,富人家还送银项圈、手镯,也有送金锁的,还有麻饼、红蛋、花生、橘子等,以示吉利。仪式毕,将"相量盏"分送给邻舍儿童,以祈求儿童和睦相处;"盖糖饭"送给久婚未育妇女吃,认为其吃完后能生育。吃"盖糖饭"的要回送麻油一碗,以示"有"孕。奉化一带办"解厌米饭",主人家须请四邻妇女吃一顿,菜肴比较简单;象山一带,办"三日羹饭",寓感谢祖宗送来子孙之意;余姚多在婴儿出生第七天,请床公、床婆;宁海一带,在婴儿出生三日后要办酒席,称之为"落地轿"。

参见王万盈、何维娜、魏亭编著:《宁波风物志》,宁波出版社 2012 年版,第 75 页;周时奋:《宁波老俗》,宁波出版社 2008 年版,第 132 页。

满 月

媳妇生了小孩子后要坐月子,满一个月后就叫满月。满月后主人家要给孩子办满月酒,旧时一般只有大户人家生了男孩子才会办满月酒,现在几乎家家户户都要办,即使生了女孩子也要办。

满月当日,主人家要设祭享神祀祖,向近邻分送长面或红蛋,办酒席宴请亲友,称"满月酒"。此日要为婴儿剃满月头,因此亦称"剃头酒"。亲友送礼致贺,姨母、舅母、姑妈等以五色丝线编成彩带挂于婴儿项上,以期婴孩"长命百岁"。外家送"满月担",中有老虎头帽、老虎头鞋、抱裙、披风及鸡、鱼、肉等食物,富贵人家还送金锁片、银项圈、响铃和手镯等。旧时若产女婴,满月不办酒席。宴客后,产妇抱婴儿接受众人祝贺,宾客一般要说:"介难看(宁波方言,即很难看)",意谓小孩日后会越长越好看。待宾客散去后,在婴儿鼻间点一点墨,由"出窠娘"撑纸伞,抱婴儿去外婆家或邻家串门。

满　月

婴儿满月要剃头,这是宁波人出生礼中的高潮之一,是较为重要的礼俗,男孩"整一个月",女孩"整一个月缺一天"行剃头礼。一般后脑下边的头发,被认为是"孝顺发"而保留不剃;"囟门"被认为是"聪明孔",因此这个位置上的头发亦不剃。婴儿剃头时,由一福寿双全的老太太抱着。旧时宁波北仑一带,有钱人家请人将剃下来的头发制成"胎毛笔",以留作永远的纪念。在余姚一带,由祖父抱着婴儿剃头,祖父脚下踩着用红纸包的葱、芸香和斧。剃毕,由婴儿父亲去栽葱、芸香,意为婴儿长大会聪明、好运、富贵。在宁海,外孙初见外婆要备礼品,称"外婆担"。外婆送一只背染红色的羊羔,称"外甥羊",以希望小孩如小羊般孝顺、活泼。

在慈溪,满月这一天,主人家要请剃头婆婆为婴儿理发,俗称"剃头",还要办酒席庆贺,邀请长辈亲友前来饮酒。这天早上8点主人家要请满月菩萨、寿星菩萨,保佑小孩活泼健康、长命百岁。人们要先放炮仗,接着摆放12盆供品,用面塑代替荤菜,在破锅中烧纸钱、佛贴。祭拜时按父母辈、祖父母辈依次轮流祭拜,先男后女。外公外婆、舅舅舅妈等亲戚也要来喝满月酒,凡来出席酒席的人都要送礼品,包括"金锁""长命富贵""毛衣毛线"等,祝福小孩子健康富贵。在余姚,除了剃头和做满月酒外,新做父亲的还要抱小孩往村庄周围的溪边拜水神,在房前屋后走一圈,走时不论晴雨,都要随身带把伞。

在北仑,满月当日,除了要给小孩子"剃满月头"外,还要给小孩子"开荤"。"开荤"最好用鸭舌头,因鸭子嘴巴阔,寓意"嘴阔吃四方"。鸭舌头只在小孩子的嘴唇上擦几下就行,这样表示小孩子已开过荤了。当地人有讲究,千万不能用蟹的大脚钳给小孩子"开荤",否则孩子长大了要咬人。在宁海,给婴儿开荤则用大龙虾,意为小孩儿今后跌跤时,头会像龙虾一样翘起来,不至于头颅损伤。此后小孩儿就可以进食五谷百物,不论荤素。满月后,小孩子第一次到外婆家去时,如果是小男孩要在鼻子上用墨灰点一个小黑点,如果是女孩,在鼻子上用红胭脂点上一个小红点,以表示吉祥,农村经常说"黑鼻头管望外婆"。

参见宁海城关镇志编纂办公室:《宁海城关镇志》,浙江人民出版社1989年版,第419页;宁波市文化广电新闻出版局编:《甬上风华:宁波市非物质文化遗产田野调查·慈溪·余姚·北仑》,宁波出版社 2012 年版。

拿 周

婴儿出生一周年,俗称"周岁",北仑地区称之为"格周"。婴儿出生满一周岁时,一般家庭都在这个日子办酒席,亲朋好友也都会前来祝贺。外婆家要送五只从小到大的金团,叫作"五代见面",还要送老虎头鞋。老虎头鞋用黄布做成,也有用红布做,老虎乃百兽之王。人们认为小孩子穿上老虎头鞋,胆子会大,还可以祛邪。外婆还须送玩具和衣服等。在宁海,摆周岁酒席时要准备好"够周面",这一天主要是吃"够周面",祝贺婴儿长命富贵、早日成才。祖父母往往会在这天给孙子、孙女挂上银项圈、银手镯或银脚镯,有的直到成年后才取下。

在宁波旧俗中,婴儿出生满一周岁时还要举行"拿周"仪式,又称"试周""抓周",是想看看小孩子以后的爱好。小孩子一周岁生日这天祭祖以后,则在一张或两张桌子上放满各种各样具有象征性的物品,如书、画、笔、纸、砚、琴、棋、钱、胭脂、化妆品等,任其随意拿取。拿到的物品能预示孩子将来的志向与性情爱好。比如:孩子抓到算盘,人们以为可以当一个好商人,会精于核算;抓到一支笔,则被认为生性习文,将来可以"吃文饭",在文场上有出息;等等。而父母亲友都成为看客。等小孩子抓到东西后,亲友们立即上前表示祝贺,尽量往好处说,让主人开心。"拿周"仪式完毕之后,主人家开筵宴客。但在象山一带,"拿周"时不办酒席,只做蒸团分送亲友和近邻。有的地方也在此后的每个生日,给小孩吃蛋,直至其成人之前。蛋有"生"的含义,意为不忘养育之恩,宁波俗话说:"儿子生日,阿娘(母亲)难日",所以周岁纪念,既是给孩子第一次诞生日的庆贺,也是对母亲生育之功的表彰。

参见浙江民俗学会编:《浙江风俗简志》,浙江人民出版社 1986 年版,第160 页;周时奋:《宁波老俗》,宁波出版社 2008 年版,第 136 页。

做生姆

宁波"做生姆"这一习俗,可追溯到史前时期,具体发展不可考,但为了母亲和子女的健康及对产妇保护的核心理念及讲究没有变化,其中有些被认为不符合科学的如不能洗澡、洗头的禁忌已被破除。近年来,由于居住环境变化,城市里送红蛋的习俗也已经不多见,但产妇的饮食依然相当受重视。

宁波人叫坐月子为"做生姆"。宁波风俗认为,产妇必须在产房养足一个月,产妇月里不能见风,一个月内不能外出,而且一月之内的茶饭都要送到床头,不能广开门窗,以防风寒侵染。产房门口挂红布条,既为辟邪,也是标志,暗示外人一律不得入房探视,尤其是男人。丈夫在月内必须与产妇分房分床,民间以为可避免厄运。其风俗意义在于严格控制外人带菌入内,感染产妇和婴儿。同时,外人入产房也不利于产妇休养恢复,外人也须回避。另外,产妇做生姆期间,即使夏天也必须穿长衬衣、长裤,以防风寒。宁波产妇对做生姆月的不适十分敏感,常会因此遗下病根,俗称"生姆月做病"。

婴儿出生后,大部分人家会请专门伺候产妇坐月子的女佣,称为"出窠娘",出窠娘一般都富有这方面的经验。窠,宁波方言中意为动物的窝,以此比喻孩子命贱,好养育。另外,宁波习俗讲究婴儿须穿叉襟衣衫,袖管和裤腿处须绑住,据说绑过后的孩子手脚不再好动,如宁波话称不再会"蹪手蹪脚"。而且婴儿的第一件衣服要穿自家的,然后再穿外婆家带来的衣服。

婴儿出生,产妇做生姆期间,夫家一般会分送周围邻居红蛋,以示喜庆。产妇主食一般为小米粥、鸡蛋、红糖、长面,其中长面是具有宁波特色的产妇食品。长面是面粉经盐卤处理后拉制成形的特殊面条,细长而有韧性,食用时须用沸水先"白"过,去除咸卤,然后以红糖下成汤面,加生姜汁。长面的特点是下开后软韧不变形,口感好,又特别易于消化。产妇吃的小菜主要是以能给产妇滋补的母鸡、鲫鱼、猪蹄胖为主。宁波人还有送"生母羹"习俗,亲朋好友做生姆时,就会送上述的食品给产妇。如产妇缺奶,则一般用鲫鱼炖汤来催奶。

生育习俗是宁波人相当重视的一个习俗,尤其是对产妇饮食的注重。现在由于物质条件的改善和信息的发达,生育习俗当中的饮食内容也变得越来越科学化,一些传统饮食中不良的因素被自然淘汰。

参见浙江民俗学会编:《浙江风俗简志》,浙江人民出版社 1986 年版,第616 页;周时奋:《宁波老俗》,宁波出版社 2008 年版,第 134 页。

分相量盏

过去宁波老式墙门里住着很多人家,产妇大都在家生产,物质贫乏,为分相量盏风俗的形成提供了客观条件。现在城市建筑都是单门独户,产妇又在医院生产,延续这种风俗的条件发生了改变,也只有少数老人知道分相量盏习俗,还会按照老传统做一些简化的仪式。

旧时宁波,婴儿出生后第三天,要在红房也就是产房举行"做床"仪式。所谓的做床,就是要摆羹饭。在床边放 1 条方凳,与床并排,再把米筛放在方凳上,点香烛于米筛内,米筛上放 1 盆糖、1 块豆腐、1 大碗饭,饭上放一块黄糖,放 12 只酒杯,2 只小碗,嘴里要不停地念:"像呒郎黄狗一样乖乖过,一夜困到大天亮。"意思就是,希望小孩子像黄狗一样很乖,能够每天睡到天亮,寓意小孩子平安长大。仪式做完后,把大碗中的饭盛到一个酒杯里,饭中再放 1 块黄糖,用另一个酒杯盖在这个盛饭的酒杯上面,这个就称"商(读音为'相')量盏",以此方式祭床公、床婆,俗称"解魇",又称"落地还福"。最后把相量盏一杯一杯地分送给邻居的孩子吃,目的是以后自己的孩子和其他孩子一起好好相处,以求得邻里和睦。如果盖糖饭送给久婚未育的妇女吃,相传妇女吃后能生育。吃盖糖饭的要回送麻油一碗,以示"有"孕。由于生活和居住方式的改变,这项习俗已经被时代淘汰。

如今,孩子做三朝时,分"相量盏"的习俗已经渐废。在定海,每当孩子上学时,分发的点心相当于"相量盏"。旧时,在宁海一带,孩子第一次上学,家长备相量盏,以小盏盛饭和糖果,分送给其他新同学,作为见面礼,以示"结缘"。相量,商商量量。如"相量盏吃过,以后不要造孽(吵架)"。

参见胡一旻:《宁波饮食文化研究》,宁波大学硕士学位论文,2011 年。

生育禁忌

旧时,孕妇怀孕称之为"有喜",在这期间有许多祖辈相传的禁忌和习俗,传统时期宁波生育禁忌甚多,细致到"住、行、食、看"等方面。

孕妇怀孕期间,孕妇的住室也是胎神常驻的主要处所,因此孕妇在室内行为要处处小心谨慎,不可稍有大意。王充《论衡·命义篇》说:"《礼》有胎教之法:子在身时,席不正不坐,割不正不食,非正色目不视,非正声耳不听。……受气时母不谨慎,心妄虑邪,则子长大狂悖不善,形体丑恶。"所以对孕妇的行为有许多禁忌。民间认为,孕妇忌坐地枕,如果坐了就会招致难产;忌看别人砌灶,否则生下的小孩会缺唇。也有地方认为,孕妇是"双身人""四眼相",看了新房后,新娘日后不是克夫守寡,就是丧子绝后。孕妇也不能看死人,否则婴儿要生软骨病;不能看蛇,民间说是孕妇看了蛇,婴儿要伸舌头等;忌拿吊着的饭篮,否则胎儿将会脱落;尤忌跌跤,谓跌一跤,胎儿脐带要在头上缠一圈,缠多了胎儿会被缠死。

在饮食方面,孕妇忌食生姜,否则生下的小孩要叉指头;禁吃兔子,认为婴儿会是兔唇;忌食鸭子,否则孩子要摇头;忌食辛辣,认为会使婴儿胎垢多;临产前忌食桂圆等,认为吃了分娩难。在浙江的一些地方,孕妇忌吃螃蟹,据说孕妇吃了螃蟹,会使胎儿横生难产,宋代已有"食螃蟹,令子横生难产"的记载。宁波生育习俗中,孕妇要"避鱼",因为鱼腥味儿会导致敏感的孕妇恶心呕吐。

此外,生产时,产妇产房称为"红房",男子不可入。产妇在做生姆月内禁忌照镜子,动剪刀,晒太阳,且不出产房门。婴儿出生后,"开口奶"又称"乞奶",产妇喂奶之前要先"乞好缘奶",即向邻居讨要奶水喂婴儿。生男孩者要向生女孩家讨要,生女孩者要向生男孩者讨要。并且,乞奶者忌同姓,其意在于祝愿自己的孩子将来能够得到姻缘。被乞奶的一方要产后四个月的人家,否则,会有"喜冲喜"之虞,民间忌之。

参见王万盈、何维娜、魏亭编著:《宁波风物志》,宁波出版社 2012 年版,第 77 页、78 页、135 页。

弃婴、溺婴

弃婴、溺婴都是残害婴儿的一种陋习。尤其是溺婴,更是一种故意将初生儿投置水中淹死,往往扩大解释为一切侵害初生儿生命的行为。溺婴风俗自唐宋已有,一直延续到明清,在民国渐渐消亡。溺婴习俗主要见于南方地区,尤以福建为盛。旧时,在浙江也存在溺婴的陋习。该陋习可以说在东南地区存在广泛:"衢、严、信、饶之民,生子多不举,子昼请禁绝之","东南不举子之俗,伤绝人理,请举汉《胎养令》以全活之,抑亦勾践生聚报吴之意也。"王信在浙东安抚使任上,"筑渔浦堤,禁民不举子,买学田,立义冢,众职修理"。弃婴、溺婴之俗的存在,是一种非人道的行为,不仅律法禁止,而且在道德上也一直受到谴责。

清代,在余姚偏僻处有放生亭,官府设有养育堂,这些都是收容弃婴的地方。有的人家因为贫穷养不起婴儿,或者因为是私生子,往往将刚出生的婴儿丢弃。丢弃婴儿时,一般会在婴儿怀里放一张写有生辰八字的纸条,有的人家会放一块可识别的随身物,偷偷地将婴儿放置在放生亭,然后悄悄离去,留下婴儿在放生亭等待即将抚养自己长大的养父母。运气好的,可能会碰到善良的人家,过着不错的生活;运气不好的,遇到贫穷双亲,整日饱受折磨;也有的婴儿会因为在放生亭等待时间过长,最后悄悄死去。对于刚出生的生命来说,这是极其悲惨的成长经历。

溺婴是指将新出生的婴儿置入马桶、水瓮等器皿中淹杀至毙的行为。早在战国时代,就有"产男则相贺,产女则杀之"的事情。宁海《潇汀葛氏宗谱·族规》中告诫族人:"乾道成男,坤道成女,此自然之理也。无如世事日非,溺女风炽,或以贫而莫养,或以多而生厌,不知虎狼且爱其子,猿鹿且怜其儿,奈何禽兽之不若乎? 况杀人偿命例所不宽揆,以正条倍于故杀,原非寻常犯法事也。且我邑城有育婴堂,乡有育婴会,如嫌多可将女送去,如家贫将钱领来,皆能保全婴命,此亦何忍而不为也? 倘有故蹈恶习忍心溺女者,合族鸣官究治,且上高祖宗,顿令出族,不许入谱……"在宁海其他的大族均有这样的规定。从这些大族的族规上可以看出,宁波溺女婴的现象还是很普遍,虽有官府法规、家族族规的严令禁止,但仍不乏违规违纪者。

溺婴现象的出现,对于贫困家庭而言,其原因主要是缺乏财产,无法养活全家老少大小,此外,嫁女奁费高,遣嫁困难,所以女婴出生后只能选择将其杀死。而最重要的原因还是旧时传统的重男轻女的观念,男孩被认为能传宗接代,女孩儿则不受重视。随着历史发展,溺婴现象也随制度变迁而根绝。

参见〔元〕脱脱撰:《宋史》卷一五九《王信传》,文渊阁四库全书本;《宋史》卷二百四十七《宗室传》,文渊阁四库全书本;《宋史》卷三百八十一《范如圭传》,文渊阁四库全书本;刘昶:《清代江南的溺婴问题:以余治〈得一录〉为中心》,《苏州科技学院学报》2008 年第 2 期。

做 生

生日习俗大约起于江南吴越等地,并在民间长期流行,成为全国性的家庭或个人的重要纪念活动。在浙江杭州等地区,五十岁以下过生日的称为"做生日",五十岁以上过生日的称作"做寿"。原来习俗规定"有钱不做三十,无钱要做四十",但民国以后,则二十、三十都有人做生日的,表明人们对于传统习俗的改变。民间特别重视所谓大生日,即逢十的生日,如十周岁、二十周岁等,尤其是五十周岁之后,只要其人经济条件许可,寿诞规模非常巨大。在宁波地区,"做生"指男子三十岁诞日,应做生,但不称做寿。

宁波男子三十岁就要"做生"(过生日),含"三十而立"之意,民间有"三十不做,四十不富"之说。到男子生日这天,丈人丈母要为女婿送生日礼物,多由丈母娘家为其庆祝生日。此时,只能称"做生",不能叫"做寿"。五十岁开始,凡岁数逢十的生日,才称"做寿"。鄞县、宁海等地有"做九不做十"习俗,据传起因于四十岁,因"四"与"死"谐音,故提早一年做生,以后推而广之,相沿成习,如人们五十九岁就做寿,预祝六十岁来临。做生排场较小,主人家请亲友赴宴,受请者送些生日礼品。

做生当天要请菩萨,在涨潮时把方桌放在堂屋正中央,供上鸡、鸭、鱼、肉、水果、长寿面、蛋糕等十二盆。请完菩萨后要宴请亲戚朋友吃一餐,分送蛋糕、糖果等。俗话说"请吃酒,哑拜生"。大多数亲戚朋友是不请自来的。

参见宁波市文化广电新闻出版局编:《甬上风物:宁波非物质文化遗产田野调查·北仑》,宁波出版社2009年版,第152页。

做　寿

旧时宁波富裕家庭成员从五十岁开始,由其子女为之庆生,逢十做寿,称"做寿"。六十、七十、八十岁以上老人的寿辰,称"做大寿"。做寿一般从50岁开始,有些地方有"做九不做十"的习惯,由于"十"在宁波的习俗中有到头的意思,做寿如逢十便意味着寿满,有不吉利的含义。而"九"又有"久"之意,表示生命的长久。所以宁波人做生一般做"九"不做"十",体现对长者的尊重与祝福,即其六十大寿在五十九岁做,是为避"十全为满,满则招损"之讳。宁海习俗中,人们大多以五十九做寿,俗称"做六秩",以此类推,六十九岁"做七秩",七十九岁"做八秩"。

宁波传统除逢十祝寿外,还有几个关键岁数有一些讲究:如六十三、六十六岁等。"六十三,鲤鱼跳沙滩",六十三岁这一年被认为是凶兆之年。为挨过这关,会有人特地上街买条活鲤鱼,然后将其放生,以求渡过难关,延年益寿。

宁波旧俗中,做寿时讲排场,比阔绰。寿期临近,做寿者的儿孙向亲友发请帖。在镇海,主人家一般不发帖,由亲友主动来贺,俗语称"请吃酒,哑拜生"。寿诞先日称"暖寿",主人家设寿堂于中堂,寿堂挂灯结彩,设香案,迎面挂金色"寿"字、"寿星像"或"福禄寿"三星图,旁边挂寿屏,上书"福如东海水长流,寿比南山不老松"等字样,点寿烛。富家60寿庆点寿烛7双,以后依此递增。祝寿时,亲朋好友一般送"寿星"寿幛、寿烛、寿桃、寿面等,面条取绵长之意,也有送烛票或送银钱的。贺礼上,一般放置金色的"寿"字。旧时寿筵食品须向有名气的南货店定购,一定要有"玉(猪肉)堂(白糖)富(烤麸)贵(桂圆)"和寿桃,寓意"玉堂富贵",人们将之置于5只大蜡盘中,叠成5层宝塔状,谓之"五代富"。寿筵上,寿酒必不可少,"酒"与"久"谐音,"祝酒"也就是"祝久",有祝人长久之意。席上老酒用花雕,点心用"寿桃",菜肴多全鸡全鱼等。

在寿宴中往往还要请戏班来演戏唱曲,上演有吉庆意义的剧目。常演的戏曲有《五女拜寿》《郭子仪上寿》《寇莱公思亲罢宴》等。旧时,一般人家没有条件请戏班,往往都是有钱的富贵人家做寿请戏班。

宴散,主人家向四邻分送馒头、金团,称"结缘馒头"。宁波的长寿面一般以炒面为主,并且寿筵上每人都应吃面。寿筵结束后,"寿星"将做生所用的一些水果、糕点如寿包、青团、金团等分给邻居,邻居纷纷接受,意为"接寿",有平安吉祥之意。在宁海,在寿宴和堂会结束后,"寿星"及其眷属亲友们还要齐聚寿堂,祭祀福、禄、寿三星或麻姑。

参见浙江民俗学会编著:《浙江风俗简志》,浙江人民出版社 1986 年版,第 162 页;王万盈、何维娜、魏亭编:《宁波风物志》,宁波出版社 2012 年版,第 88 页。

六十六岁寿

民间认为人活到六十六岁,是第三关,要吃六十六块肉。六十六岁时"杀年",老人吃了由女儿烧的六十六块肉,便能化凶为吉(若本人吃素则以烤麸代之)。而六十六岁的年龄数又象征"六六大顺",所以旧时宁波民间相当重视。现今由于生活条件改善,人的寿命延长,这个习俗已经不太流行。

六十六岁在宁波当地也被认为是凶年,"六十六,阎罗大王请吃肉"。因此在父母六十六岁生日那天,已出嫁的闺女一定要回娘家给父母拜寿。逢父母六十六岁生日这天,由女儿或媳妇将猪腿肉切成六十六块,形如豆瓣,

六十六岁时吃的带根菜和龙头烤

俗称"豆瓣肉",肉里还要放上一根带根的葱,同时煮好一碗糯米饭,连同一双筷子一起放到食篮里,用红布遮盖。女儿或女婿提着肉与饭要走过七座桥,送到父母处,以祝愿生育和养育自己的父母"六六大顺"。女儿送肉时不进屋,将肉从窗口递进,于糯米饭上放两根"龙头烤"和一根连着头的葱,以示长命百岁。盛饭盛肉的碗盏拣"缺牙"碗,说吃过"缺牙"碗,日后无缺陷,吃了六十六块肉会平安度过六十六岁这一年,得以长寿。有的地方在寿辰之日,将做好的红烧肉敬天一块,敬地一块,其余的肉块送给父亲或母亲吃,认为吃了可以长寿。在各个地方,煮肉方式可根据寿主口味灵活变化,若不用红烧,则改用其他烹饪方法,但都必须是六十六块。

在宁波,六十六岁寿辰要举行较为盛

大的做寿仪式。人们不仅要办酒席,而且要大办酒席,办得有体面,故宁波有"穷娶亲,富做生"的说法。送礼者应不请自来,称之为"请吃酒、哑拜生"。席间,小辈都要给"寿星"敬酒,并说几句吉祥话,"寿星"的儿孙还要代表寿星到各桌进行回敬,以示对宾客的答谢。最后主人家还得向附近地方各家各户分长面和金团,称"结缘"。而穷苦人家,做寿没有较大的排场、铺张,只能亲人团聚吃一餐,小辈给"寿星"敬上几杯酒,意思一下即可。

和周岁的寿庆习俗一样,该习俗也是象征意义大于饮食意义,由于肉的贱价和寿命的延长,以及寿庆习俗开始崇尚节俭,该习俗的传统方式现在已经很少见了,但仍然有部分民众重视六十六岁的生日。

参见叶大兵主编:《浙江民俗》,甘肃人民出版社2003年版,第205页;胡一旻:《宁波饮食文化研究》,宁波大学硕士学位论文,2011年。

做三不做四

旧时民间寿庆习俗中,有"做三不做四"习俗。俗语云"贺三不贺四,贺四要淘气""活人不拜四十,死人不拜四七",这当然是因为"四"与"死"谐音,是一个不吉利的数字,所以四十岁寿辰是不应该大肆渲染庆贺的。还有一种说法,认为"男不做三十,女不做四十",男到三十岁,刚到而立之年,年纪尚轻,无须做寿,而女的上了三十,已经"老"了,所以要做,但到了四十岁,真的老了,又怕人家说老,所以不做。另有一种说法,"三"和"散"、"四"和"死"谐音,不吉利,不做是为了回避。那么,女做三十,男做四十,就不怕"散"和"死"吗?又有一种解说,即旧时妇女没有地位,就怕"散",做了"三"就不怕"散"了,男做了"四",就破了法,该死的也不会死了。这种左右逢源的自圆其说,自然也是为了图吉利、求长寿罢了。

余姚民间有"十岁外婆家,廿岁丈母家"之语,意思就是外婆家和岳父家届时都要送袍褂、文房四宝、馒头等礼物,都要敬神,为外甥或女婿祝福和庆贺一番。过去宁波民间十岁和二十岁青少年虽无寿庆资格,但也符合国人遇"十"举行纪念和庆祝活动的传统习俗,民间叫"做生日"。在余姚和宁波其他地区,逢十的岁数一般要做寿庆,但并不是所有逢十的岁数都可以祝寿,一般是不能为二十岁之前的青年做寿。

参见姚鹏飞、鲁水平主编:《姚江风俗》,浙江古籍出版社2011年版,第48页。

做九不做十

我国民间在举行祝寿活动时,往往有做"九"不做"十"、做虚(岁)不做实

（岁）的习俗。本来遇到五十、六十、七十和八十、九十等整十岁寿辰时，是最值得庆贺和纪念的日子，但民间却往往将其提前到虚岁四十九、五十九、六十九、七十九岁时来举行隆重的祝寿仪式，到了整十岁生日时，则反而无所表示。这是因为在我国传统观念中，认为"十全为满，满则招损"，"十"反而有着到头、到顶的意思，人若做了整十岁的生日，似乎就意味着已将寿做完，这当然是很不吉利的。

在宁波甚至整个江南一带都流行做寿庆"九"不庆"十"的风俗。所谓"做九不做十"是说做寿不逢十，要提前一年逢九做。因为民间迷信认为"十"是到顶的满数，如果做了，就意味着活到头了，所以得提前做。故五十岁的寿，提前到四十九岁就办好。这种"做九"还分为"明九"和"暗九"两种。明九是指带九的年龄，如四十九、五十九、六十九、七十九等；暗九是指九的倍数的年龄，如五十四、六十三、七十二、八十一等。可见这些做寿都是过虚年生日，符合中国传统文化"物极必反"的道理。

古人一般都是以虚岁来计算年龄的。一般过了五十岁再过生日才称做寿（半百寿），特别是满"九"之年，如五十九周岁时虚上一岁即做六十大寿（花甲寿），六十九周岁时虚上一岁即做七十大寿（古稀寿），这些"花甲"寿和"古稀"寿格外受到重视。另外，还有较少见的杖朝寿（八十岁，旧时指八十岁的老人可拄杖上朝）、米寿（八十八岁）、冻梨寿（九十岁）、期颐寿（百岁）、茶寿（一百○八岁）和双甲子寿（一百二十岁）等。

宁海旧俗，父母的寿宴一般由出嫁的女儿和女婿承担，亲翁也要送馒头等寿礼。值得注意的是，宁波人之所以非常讲究"做九不做十"寿庆习俗，就是因为宁波人受中国传统文化影响很深的缘故。在中国人传统观念中，认为"满招损"，而"十"则为"满"之意，意味着"寿终"。而"九"在国人心目中属于一个非常吉利的数字，九是阳数，并且"九"与"久"谐音，寓有生命长久、时日持久之意。因此逢"九"也十分适合庆寿一类的活动。

参见宁波市文化广电新闻出版局编：《甬上风华：宁波市非物质文化遗产大观·宁海》，宁波出版社 2012 年版，第 207 页；宁波市文化广电新闻出版局编：《甬上风物：宁波市非物质文化遗产田野调查·北仑》，宁波出版社 2009 年版，第 127 页。

做寿域

生死是自然而然的事情，方生方死，人们要为自己的死亡做好准备，因此要"做寿域"。做寿域，又称"做坟"。旧时，富裕人家之人到了老年时即做寿域。做坟在民间看来是一件大事,坟址、方位、日期、时辰的好坏会影响子孙后代的吉凶祸福。做坟时,人们要先请风水先生看风水,一般以左边有水、右边有山者为吉地,叫"左青龙、右白虎",再选墓穴方位和朝向,择吉日破土修建。建好后,在域内放"寿砖"两块、茶壶两把、油瓶(称"寿油")两瓶。所刻墓碑一般习惯将"寿域"二字用红漆涂上,以表示此为空穴,直至进棺后才改涂黑色。

在余姚一带,传统的做坟特别是做寿坟很有讲究:自己要先看好(选择)一块儿地或一处山,然后请风水先生踏看。坟的后背要有靠山,左青龙,右白虎,坟前面最好有热水明堂(即有个水塘)。坟要坐北朝南,前面望去要开阔,最好能有村子烟火朝着,远处要对峰脊,俗称"屋对岙,坟对胖(即山峰的最高处)"。经过风水先生反复细致的考察,再择日开工。开工前还得起土,供上三牲福礼拜过,三牲包括生鱼、生蛋、生豆腐,福礼包括一刀三斤重的猪条肉加上两杯酒、两双筷子。人们通过祭拜告诉土地公公、土地婆婆不要惊吓,表示要开工动土了,请土地公公、土地婆婆多多帮助,帮助开工顺顺利利、平平安安完工。

做寿域选择双日,以初十为吉日,本人不能在场。在慈溪,因贫寒而做不起坟墓的人家,将棺材用稻草裹住或用砖块围砌,浮厝于地面。在鄞州一带,祭祀完土地后,用锄头在坟基四周翻动几下泥土,然后回家请菩萨。若寿坟是双穴的,人们则请泥水师傅砌坟穴,石匠师傅刻墓碑。碑是横的,上刻主人的姓名、夫人的姓氏、寿域等字,但字要用红色,两侧的别头柱上刻"不求风水好,但愿子孙贤"之类的对联。

做寿坟要请先生拣日子动工,此日不可和寿坟主人生辰八字相冲。届时,主人家要举办酒席,儿女都要送来长面和寿桃、馒头,寓意长命百岁,亲朋好友也要来贺礼。席间必须用一碗长面,象征长寿,主人还要把馒头分给周围邻居。随着火化的实行,这一套做坟礼俗也慢慢变成了另外的形式。

参见慈溪市地方志编纂委员会编:《慈溪县志》,浙江人民出版社 1992 年版,第 963 页;王万盈、何维娜、魏亭编著:《宁波风物志》,宁波出版社 2012 年版,第 89 页;宁波市文化广电新闻出版局编:《甬上风物:宁波非物质文化遗产田野调查·鄞州》,宁波出版社 2009 年版,第 105 页。

做阴寿

宁波有些地区还有为亡父亡母做寿的,俗称"做阴寿",或称"做十头",亦自五十岁起逢十做寿,直到一百岁为止。对此,《浙江风俗简志》有较为详细的记载："寿堂陈素色,礼拜如在世,并办寿宴,称'做十头',阴寿做到一百岁为止。百岁那次仪式更为隆重,迷信说百岁以后便投胎了。"

"阴寿"自五十岁起每逢十做寿。"阴寿"寿堂陈素色,寿宴称"做十头"。凡逢已故长辈诞辰,即做冥寿,至满百岁而止。做冥寿一是在家中,一是在寺庙。在家做冥寿仪式同阳寿,但须加纸、箔元宝十副,糖茶两杯,而不送鞋袜。送红轴者,上书"仙乡不老,佛国长春",亦有单写一个"庆"字的。家中不拜忏,做水陆道场,或一至三日,或七日不等,以圆满之日为正日。最隆重者请回四十九位和尚,拜忏四十九天。事毕,追荐的牌位可以放在寺院中的根本堂,以承受香火。

旧时,宁波民间大户人家都通行做阴寿。阴寿仪式,一如寿礼。凡送糕、桃、烛、面的亲友,必须加纸元宝十副、送糖茶两杯,也不送鞋袜。在寺院举办阴寿的,必须拜忏,可以一日,也可三日,抑或七日,时间不等。传统民间认为,阴寿要做到一百岁止。百岁那次仪式更为隆重,迷信说百岁以后便可以投胎了。

参见宁波市文化广电新闻出版局编:《甬上风物:宁波非物质文化遗产田野调查·海曙》,宁波出版社 2009 年版,第 123 页;浙江民俗学会编:《浙江风俗简志》,浙江人民出版社 1986 年版,第 162 页。

送　终

关于送终,唐代诗人韦应物《送终》曰:"奄忽逾时节,日月获其良。萧萧车马悲,祖载发中堂。生平同此居,一旦异存亡。斯须亦何益,终复委山冈。行出国南门,南望郁苍苍。日入乃云造,恸哭宿风霜。晨迁俯玄庐,临决但遑遑。方当永潜翳,仰视白日光。俯仰遽终毕,封树已荒凉。独留不得还,欲去结中肠。童稚知所失,啼号捉我裳。即事犹仓卒,岁月始难忘。"该诗不仅抒写送葬的场面,更抒发了诗人惨痛的心境。亲人离世的悲痛,是每一位在世亲人最痛苦的事,而能陪伴亲人最后一程也是无比重要,因此"送终"是人生丧俗中至关重要的部分。

对于寿终正寝的老人来说,善终是一件幸福的事情,这是宁波民间的一种"视死如归"的人生态度。如果一位耄耋老人无疾而终,民间会由衷赞叹其"福气真好",是有福之人,并庆幸其生前行善积德,才有此幸运结局。所以宁波历来有"喜丧"之说,也称"白喜事"。

当老人弥留之际,子女等直系亲属需守护其身边,听取遗言,在老人床前目送,直至亲人去世,这一习俗称之为"送终"。当老人咽下最后一口"海底瘆"之后,多由长子扶起跌坐,直到尸体冷透,帮助"坐化"。甬谚有"晓得死,爬起坐"之说,认为死时必须坐起来,灵魂方可升天。临终时,外人一律回避。老人断气,此时,亲属嚎哭,焚香燃烛,烧化锡箔纸钱,谓之"送盘缠"。有的地方,人一断气,若挂有蚊帐就要赶快取下来,使亡者不再受罗网之苦。有的还要把房屋上头的瓦揭去一片,是草房就捅一个洞,这样死者的灵魂就可以从缝隙升天而去,叫"出煞"。

在宁海,老人一断气,全家人需放声大哭。哭得越伤心,越见其孝心,如果无人哭嚎,定招人非议。稍后,由儿媳为老人沐浴更衣,孝衣则由儿子们轮流象征性地试穿,表示孝道。之后就是为死者梳洗、整理妆容等仪式。对于离世老人的亲人来说,处理后事就是重中之重了。

送终在宁波民间是一件大事,此前即使远在万里之外的子女也要不惜一切代价赶回来,表明子女尽了最后的孝心。未能为老人送终常常成为人们一生中的一大憾事。有没有子女,是不是所有子女都来送终,又是老人是否有福的一个判别标准。在宁海,如果病者在村外,必须在弥留之际设法运回家,否则族人不许遗体入村,只能送入宗祠内安置,甚至要在野外搭簟棚停尸。

参见周时奋:《宁波老俗》,宁波出版社 2008 年版,第 137 页;张伟、苏勇军:《浙江海洋文化资源综合研究》,海洋出版社 2014 年版,第 107 页。

买水浴尸

送终初丧仪式大致包括送终、买水浴尸、移尸、报丧等项内容,是一个人去世后所采取的最初处理形式。而买水浴尸往往在老人去世后不久就进行。

"买水"习俗并不见于中原古代典籍记载,而在中国南方地区较为流行,但各地具体形式会有所区别。浙江地区通常的情形为:人死后,孝子披麻戴冠,提一个盛水用具,后随一人执伞遮盖,前往河边或井边,先投一文钱于水中,后取水,提回家中给死者沐身。如光绪《诸暨县志》载:"及殓,孝子哭往村中井边,烧香烛、纸钱,投铜钱于井,谓之买水。以秤挂瓶,携水浴尸。"直至 20 世纪 80 年代末 90 年代初,何彬在江苏、浙江所做的田野调查中均发现有买水浴尸这一习俗的残存。

在浙江民间,浴尸时的"买水"是非常具有代表性的。旧时,浙江丧葬习俗中讲究死者进棺材前必须买水浴尸。买水的过程,指子女和三个亲人披麻戴孝,由长子撑着破雨伞,擎香端碗或者提着桶结队而行,到溪边或井旁,抛铜钱数枚,舀半勺或者一碗水以归,称之为"向龙王买圣水"。回到家后,他们把水倒于小锅中,烧草纸一张,接下来就是"浴尸"。由收尸抬棺承头(即"棺材头"),手握巾布作入水搓状,在死者的头、身、脚上各擦三次,或用利市蘸水给死者头脚淋几滴水,或含水口中喷于死者脸部,称之为"浴尸"。浴毕,取长子所带的破雨伞,用脚踏碎,扔到阴处,民间认为这样可以镇邪。

宁波民间,买水浴尸也是在老人去世后不久进行。由孝子身穿素服,撑着伞,拿着桶,到水边烧化纸钱,然后汲取井水,返回家中。浴尸时,用新毛巾擦抹死者,整个程序称为"买水浴尸"。浴尸是有讲究的,一般都是子浴父尸,媳浴婆尸,浴尸除了擦抹身体外,还要为死者梳发整容,修剪指甲等。浴尸完毕,要为死者换衣,称为"穿寿衣"。

参见光绪:《诸暨县志》卷 17《风俗志》;叶大兵主编:《浙江民俗》,甘肃人民出版社 2003 年版,第 218 页;宁波市鄞州区地方志编纂委员会编:《宁波市鄞州区志(1978—2008)》,浙江古籍出版社 2016 年版,第 1821 页。

报　丧

报丧,又称"报死讯"。人死后,停枢一段时间之后,诸事准备就绪,亲属和子孙就要选日子报丧。报丧可以说是人死后的第一种仪式。报丧仪式早在周代的时候就已经形成了。它用发信号的方式把有人逝世的消息告诉亲友和村人,即使已经知道消息的亲友家,也要照例过去报丧。

在宁波,移尸后,家属派人向亲戚朋友报丧。报丧人倒夹一把雨伞,伞柄朝前,路上低头急行,不与其他人打招呼。到达目的地后,伞柄朝下放置门口以示凶信,报丧人一般不进门,简要告知情况及入殓日子即走。报丧人走后,亲朋需打碎一碗碟或瓦片之类,以表示"百病消散"或"岁岁平安"。但在有的地方,允许报丧人进门,并吃点心或食物再走,亲友亦要在门前把报丧人用过的碗盏摔破一只,以祛病消灾。在外地的亲人如果收到一封"焦头信"(信封的一角被烧焦),就可以知道这是报丧信。在浙江一些地方,死者的家属身穿孝服,准备好菜肴酒饭等在门外,烧一些银锭、草鞋等,这叫作"送无常"。"无常"就是民间传说的勾魂的鬼。说是"无常"吃了菜肴酒饭,拿了银锭花费,又有草鞋可穿,就不会来打扰死者了。如今,旧时的传统也在延续,但是亲戚朋友距离较远的通常以电报、电话等形式通知。

在宁海,旧时报丧主要是向嫁出去的女儿"报讯",即使女儿已经知道消息,也要照例报讯不误。报讯者持一把纸伞,先来到中堂告明目的,让死者灵魂躲进纸伞。报讯者倒持纸伞上路(即伞柄朝后),逢过桥转弯,报讯者也都要告明。报讯者到亲属家不会径直闯进去,待里面有所准备后再进去,把纸伞放在桌前上横头的椅子上,表示亡灵也同时到达。亲属点香烛致意朝拜,请死者受用点心,报讯者相陪,俗称"收脚趾",待说明下葬日期等事宜后,报讯者即取伞出门,仍旧倒持之,不能回头。亲属则放声大哭和鸣放鞭炮,送别亡灵。一般家里来不及备鞭炮,就用砂锅代替,人们将之掼在报讯者脚后,此俗相沿成习。

得讯后,家属要立即奔丧。女儿、女婿要穿上孝服,到村口放声大哭,一直哭到孝堂,在灵前跪叩,哭悼,哭得越悲伤,表示越孝顺,直到有人劝慰才停止。在民间,报丧不仅是一种仪式,也是一种和亲属家人一起分担悲痛的做法,人们借此互相抚慰失去亲人的痛苦。

参见周时奋:《宁波老俗》,宁波出版社 2008 年版,第 138 页;梁旭东:《宁波历史文化》,中央广播电视大学出版社 2013 年版。

移　尸

亲人去世,给死者换好寿衣后,送至灵堂,称之为"移尸"。"移尸"在鄞县一带称"移板头",慈溪叫"歇床",宁海称之为"晾板头",余姚谓"摊板头"。虽各地叫法不同,但移尸的主要目的都是将死者移到灵堂,受亲人香烛祭拜,也是亲属最后的告别。

在宁波,移尸过程中,由长子捧头,幼子抬脚,移尸于中堂木板床上仰卧,尸体一般直摆,头在外,脚在里。余姚有的地方,死者已婚的横摆,未婚的直摆。移尸途经屋外时,则须撑伞,谓"尸不见日"。移尸中眷属跪送而不能哭,防泪水滴尸。移妥后,人们在死者脸上覆一块白布,称"盖面白",也有白布上压一条红线、两头各串一个铜钱。民间这样做表示死者一生未实现父母更高期望,"无颜见爹娘",而两枚铜钱则为贿赂门神小鬼进入地府的"入门钱"。人们一般还要在死者脚后跟点清油灯一盏,且要昼夜不息,直至大殓,俗称"脚后灯"或"长明灯"。洪塘一带(今属江北区)还在死者脚后放一磨盘,在磨孔内插上一杆大秤,秤钩吊麻袋,袋内装五谷,因为该地区多出门谋生之人,这样的做法称之为"带路粮"。人们在灵床前放上供桌,设灵位、香案、果品、净茶,请道士画符,做羹饭。这时中堂遂成灵堂,或叫"耗堂"。客死他乡者,遗体勿入堂,家人于门外搭篷办丧事。等尸停好后,眷属才可哭泣。此时,终老的床上用品收拾一空,亲属们将死者睡过的席子及其他杂物焚烧于户外的三岔路口或河埠头,俗称"燃荐包",浙东地区有的称之为"送活无常"。

在宁海,由儿媳给死者沐浴更衣,儿子要给死者换上孝衣,同时丧家请人布置孝堂,对死者进行梳妆整容后,最后将死者放在旧门板上,在他嘴里含一块玉器或碎银,以供冥间所用。然后把遗体抬到"堂前",死者脚下也要放置一盏油灯,此灯昼夜长明不灭,俗称"点脚头灯"。要在遗体前供祭品,祀奉香烛,做羹饭,请道士画符。请人将死者生前用过的床褥、草荐、草席加上赠送给亡灵所用的经卷、路牒和阴司差人的经卷、草鞋或蒲鞋一双,送到三岔路口,由长孙点火焚化,全家与亡灵诀别,这一切程序称之为"离床"。另外还要取稻谷舂成米,磨好粉,专门捣馍糍送"无常兄",俗称"羹饭馍糍"。

移尸停至灵堂后,宁波丧礼中的祭奠仪式也就开始了。在发丧之前,对亡灵的祭奠都在灵堂内进行。亲属哭悼,以纪念离世的亲人。

参见浙江民俗学会编:《浙江风俗简志》,浙江人民出版社 1986 年版,第163 页;王万盈、何维娜、魏亭编著:《宁波风物志》,宁波出版社 2012 年版,第86 页。

守 灵

守灵是一种民间的习俗,指人们守在灵床、灵柩或灵位旁。守灵也称为守夜。古人认为亲人虽然死了,但灵魂还在人间,所以灵魂在去阴间前,会回到家里看一看。亲人怕灵魂在回家的路上迷路,会点一盏灯,放在亡灵旁边。活着的人害怕灯熄灭了,而使亡灵找不到家,于是就彻夜坐在遗体旁边,保证那盏指路灯是一直燃烧的。每夜都有亲友伴守,直到遗体大殓入棺为止。演变到现在,守灵便是亲人们聚在一起,悼念死者,抒发缅怀之情。

旧时宁波,死者必须从死亡当天算起,停尸享祭三天,以示慎重。旧时,大户人家也有祭五日和七日的,称为"五日排场""七日排场"。同时,丧家设灵堂,于灵堂床前悬巨幅孝幔,设祭桌。祭桌由三张八仙桌并成,上首悬五色帐沿,桌上供各色糕点,中间一张供鸡、肉、鱼等,下面一张摆香炉、烛台,香、烛昼夜不灭。子女披麻戴孝,轮流日夜守护灵堂,直至出殡,称为"守灵"。早晚有"灵前羹饭"。其间,有请道士或僧众做法事以超度亡灵的,俗称"做道场",还有诵经仪式,俗称"拜忏",为亡灵进入极乐世界或早日超生赎罪积德。在宁海,通常会请鼓乐队彻夜欢唱,剧目有宁海平调、越剧、京剧等折子戏,谓之"闹丧",让亡灵赴黄泉路上不致寂寞。

守灵期间,孝眷要裁制孝服,谓之"破孝",并给前来吊唁的亲友戴白帽,称"散白"。孝子、孝孙身穿麻衣,脚着蒲鞋,腰束草绳,头戴三梁草冠。方顶男帽表示远亲,圆顶男帽表示嫡亲。女戴孝兜,状如披风,有长有短,女儿、媳妇所戴最长。一般女眷戴"白包头",族内本家晚辈着麻衣,同辈则穿白衣。此外,孝子要寝卧于尸侧草垫之上,谓之"陪尸"。

守灵期间,亲朋好友闻讯陆续前来吊唁。到达灵堂,男子在灵前跪拜,女亲则行哭祭礼,吊客送挽幛、挽联、重被,并馒头、油包、面卷。重被是一种专供随葬的象征性的薄被,但其礼节最重,一般只有至亲才有资格送,亦称"情被"。儿媳与女儿早晚要各行一次哭祭礼,并更换祭品。其后,人们又改送鲜花、花圈、锦缎被面等。吊唁仪式也逐渐改为向遗体告别。

家有丧事,总有亲朋好友、邻里同事前往吊丧,其中免不了礼节性的往来,这些看似平常事情,却体现了亲情友谊和文明人的良好素质,是中国民俗文化的重要部分。

参见王万盈、何维娜、魏亭编著:《宁波风物志》,宁波出版社 2012 年版,第 91 页;周时奋:《宁波老俗》,宁波出版社 2008 年版,第 139 页;浙江民俗学会编:《浙江风俗简志》,浙江人民出版社 1986 年版,第 164 页。

入　殓

入殓,又称"大殓""入木""落材""落棺"。一般死者离世三日即行入殓,宁波俗称"落殓"。在民间,人们认为入殓也就是死者起身由一个世界走向另一个世界。也有的认为,这个仪式的核心是为死者在"启程"时准备一切于冥间所需的物质享用,因此入殓这一程序实则非常复杂,分为"报衣单""入木""合棺"三个部分。

在停尸三天后,丧家选吉时入棺。在宁波习俗中,"入殓"一般要选在涨潮时,有"看潮水落材"之说。该仪式从初涨潮开始,到高潮涨平必须结束,据说这样可以保证死者来世兴旺。人们在棺木内提前铺上草木灰(富户铺石灰包)、灯芯碎末,摊上材席,两头头与脚的部位分置"元宝枕"。在宁海,棺底部先铺一层木炭;再依次用量具——斗或升量入米、麦、豆等,其数量是象征性的,几斗几升只是一点点,俗话说"粒米如山,粒豆如担";再放草席、钱币——常用"天下太平"铜钱,或碎银,或银币,排成北斗七星状;然后放入枕头(上贴剪纸公鸡、荷花等),上面放灰粽、桃枝担。

入棺时,尸体由孝子捧头扛足,其他亲属扶身。尸脚须碰着棺材板,并且人们要说一句"脚踏实地"。而后,人们将浴尸时所剪的指甲包好,与死者生前所爱的器物一并放入棺内。亲属所送"重被"(又叫"情被")依次叠盖于上,并一一报明送者,由一人拿升执斗,佯装向棺内倒"黄金""白银",各量三次,余姚称此为"量斗",俗谚有"金、木、水、火、土,三升三斗足"。棺材的缝隙处放死者所喜爱的食品、物件等,在宁海,还有放云月鞋、云月衣等,这些都是古时陪葬之遗风。

宁波地区，人们盖棺前须让亲属看最后一眼，然后合棺钉钉，合棺上的钉子称为"元宝钉"。钉毕，子孙方可嚎哭。大殓后，丧家即在廊柱上贴素对，门窗上贴斗方，大门外张贴孝榜讣告。从宣布合棺起，亲属即可嚎啕大哭。在棺钉钉入棺木时，儿女须手扶棺盖并用力抚摸、按摩。民间认为钉棺时死者会感到疼痛，抚摸、按摩可以减少痛苦感。子女应尽情痛哭，以示孝顺之心和难舍之情。合棺毕，子嗣在棺木边围成一圈，倒顺绕行各三圈，以作最后的告别。在宁海，合棺仪式在道士主持下完成。在道士的指令下，家中大小及近亲，按辈分亲疏依次跪叩。此时，鸣放鞭炮，亲眷放声大哭，与亡灵诀别。棺材盖轻轻地合在棺口，表示死者入殓完毕。

参见周时奋：《宁波老俗》，宁波出版社2008年版，第140页；宁波市文化广电新闻出版局编：《甬上风物：宁波市非物质文化遗产田野调查·奉化》，宁波出版社2009年版，第166页。

出　殡

出殡，俗称"出丧"，指移棺至墓葬地。出殡有一套严格而复杂的程序，从古到今，丧葬礼俗在民间都异常神圣而庄严。

"点主"后，抬柩出门。旧时，普通人家在灵柩上覆盖条红被面或红毡条。穷苦人家出丧，其灵柩两人抬出，称"独龙杠"；富裕人家的灵柩罩以柩套，柩套有"独鹤朝天""五鹤朝天""珠龙"（称"玻璃"杠）几种。一般有钱人家用"独鹤朝天"，四人抬；官宦人家用"五鹤朝天"，八人抬；大官僚用"珠龙"，十六人抬。出丧上路之前，有"点主"仪式，即设立一个木制的神主排位，题主者故意将"主"字写成"王"字，请贵人用朱笔点成"主"字，再用墨笔涂盖。点毕，人们在神主牌上饰以红绸"魂帛"。孝子披麻戴冠，在布幔之后，向题主大宾四叩首。布幔面向大宾的一面为红色，面向孝子的一面为白色。然后起棺，抬柩出门，门外孝子跪着敬酒三杯，执事者高呼"醮—杠！"哭声骤止，醮杠者念醮杠词。鄞县白岳乡昔日醮杠词有"日出东方一点红，棺木放入大路中；四亲八眷叫带拢，亲男亲女送侬终""生也空来死也空，生死如同一梦中；生是百花逢春发，四是黄叶落秋风"，等等，随后，执事者高呼："开肩，升炮！"百子炮、炮仗齐放，鼓钹大作，此称"引路炮"。抬棺上路时，富家多以"方相"即"开路神"为前导，后随两只大灯笼，队伍左右两面"引路幡"各写"魂返家堂"和"魄归窀穸"。出丧敲锣也有规定，匀敲锣9下，接紧锣4下，合成"十三记锣"。出丧队伍中有一人提小灯笼，放小炮仗，分"地路纸钱";随后有人提用纸扎为仆婢状的童男童女及其他冥器,女婿手捧神主排位,坐"魂轿"内;再是"像亭",亭内悬遗像;其后是灵枢,孝子、孝孙孝侄等披麻戴孝,手扶两尺"丧仗棒",称"烂孝子"。孝子、孝孙披麻戴孝,因丧而悲,衣衫不整,意在不肖子孙祸延先人考妣,愿得最苦惩罚。起灵后,孝子、孝孙、孝侄在孝帐内躬身而行,也有不置孝帐者,则随枢躬行。送葬亲族于队伍中殿后,一路抽泣。

遇到过桥时,孝子都要从灵枢下面鱼贯穿过,意为背负先人涉水;途中歇灵,"烂孝子"须号哭,以示孝动天地。农村中有专善于哭丧的妇女,可请来加入哭丧队伍,领哭或大声号啕,以壮气氛。丧事完毕之后,主人会以酬金或者赠物酬谢这些妇女。仪式完毕,亲友吊客分批赴灵前上香叩拜,以示告别,孝子答礼。在北仑一带,还有"剃孝子头"的习俗,出丧前孝子应剃头,谓"剃孝子头"。直到"满七"孝子方可再剃头。

参见宁波市文化广电新闻出版局编:《甬上风华:宁波市非物质文化遗产田野调查·海曙》,宁波出版社2012年版,第125页;余姚地方志编纂委员会编:《余姚市志》,浙江人民出版社1993年版,第1003页。

安 葬

安葬就是人死后埋葬及葬骨骸的仪式,即入土为安。安葬仪式民间原本多以土葬为主。宁波丧葬习俗中,灵枢入墓前,人们先要拜过土地菩萨和山神,请求准许安葬。孝子率送灵者先左后右绕墓穴各三圈后,开启墓门,用芝麻秆点火烘墓穴,称"暖圹"。燃芝麻秆的另一用意是燃烧时会发出爆裂的响声,且"芝"与"子"谐音,暗喻"子孙发达"。人们再以青毛竹一株对剖为二,将之并列覆置穴底,然后将棺材头朝里,滑推入穴。宁海风俗中,棺材在墓穴里定位要正中,左右不能有一丝偏斜——俗信以为祖宗福泽会有偏心,引起后辈纠纷。棺木放妥后,执事掬起一把土,置棺顶,表示入土为安。最后人们封闭墓门,立墓碑,铺铭旌,藏志石,覆土于墓顶,罗拜于墓前,倚丧棒于墓侧,卸丧服,草冠、草带、纸扎仆婢等皆焚之。一般亲友不必送至坟地,途中即可返回。

回程时,要求送丧者原路返回,不可绕近路。道士已在家备好"净水",送丧家用竹枝叶蘸水洒几滴在自己身上,表示去除一切晦气。有的地方会在山脚、桥边燃草堆,送殡者均须从火上跨过,有跨过"阴阳界"之说。

葬毕,主人家办羹饭,又称"斋饭",一方面是行祭奠之礼,另一方面主要是对吊客、执事、帮杂及族亲邻里的酬谢和回礼。宁波风俗认为,斋饭办得越热闹越有面子,对死者也是尊重。菜肴中必有一道豆腐,俗称"豆腐羹饭",其用意在于防止吊客中有高龄而牙口不好者,嚼不下硬食而咽食。斋饭毕,吊客们均可返回。在宁海,葬后三日内,孝子每晚携茶一壶,草把数尺,至墓地浇洒,俗称"上饭"。最后一天孝子要向死者说明,以后要他自己料理了。余姚吃羹饭的亲友带点羹饭回家,分送家人和邻居吃,据说吃了老年羹饭可以"脱晦"。

殡葬后,丧家每日要于死者牌位前供饭一碗,菜三色,筷一双,白烛一对,焚香上酒菜,俗称"上饭",一日三餐如常,到"七七"结束。

旧时的丧葬礼俗仪式,在实际操作过程中极为繁缛,禁忌、礼节甚多。宁波每个县境内各地乡风不一致,古今有异,稍有不慎便会遭人非议。如今丧葬礼俗虽有简化,但多多少少仍带有旧俗的痕迹。

参见浙江民俗学会编:《浙江风俗简志》,浙江人民出版社 1986 年版,第166 页;宁海城关县志编纂办公室编:《宁海城关镇志》,浙江人民出版社2010 年版,第 421 页。

做 七

做七,也被称为"烧七""七七"等。旧时汉族丧葬风俗,流行于全国各地。即人死后(或出殡后),人们于"头七"起即设立灵座,供木主,每日哭拜,早晚供祭,每隔七日做一次佛事,设斋祭奠,依次至"七七"四十九日除灵止。

学者多认为做七习俗来源于生缘说,大约在佛教传至东汉后到南北朝这段时期内形成,从唐初起突破信众范围,走向世俗化。为何要规定"七"为忌日?《瑜伽论》记载:"人生有六道流转,在一个人死此生彼之间,有一个'中阴身'阶段,如童子形,在阴间寻求生缘,以七日为一期;若七日终,仍未寻到生缘,则可以更续七日,到第七个七日终,必生一处。"所以在这七七四十九天中,人们必须逢七举行超度、祭奠仪式。这种由佛教"生缘说"催生的做七习俗之所以在南北朝时形成,应视作当时佛教盛行的产物。

宁波地区做七也从死者亡日算起,每隔七天做祭奠羹饭,丧家在家中祭祀,祭魂一次,称"做七"。其中"头七""五七""断七(七七)"为大七,也有逢单做大七的。在慈溪一带,"头七"前后,丧家请道士择日,于晚间请僧道诵经、唱戏与"解结"。解结,即由丧家以黄线穿铜钱,打成若干死结。僧道边诵经,边解结,意在为死者化解生前与他人所结冤仇。解出之钱币,归僧道所有或分赠亲人。同时,丧家"陈设亡者卧室如生时",列筵款待察看,故亲属均应先期回避。夜半过后,道士吹打乐器,并在畚箕遮掩下以秤杆敲打公鸡,使其作声,借以驱逐煞神。此举俗称"转煞"。宁海地区,做七的祭品要荤素搭配12碗或16碗,每行4碗,习俗叫"神三鬼四"。做七仪式包括招魂、开吊礼鬼、焚香接灵、供羹饭、焚纸、送出等。

　　宁波地区的做七习俗中,以"五七"为重。如宁波有的地方认为五七为死者在"望乡台",回头眺望乡关,心中悲恸,有不吃家乡饭之说,因此五七要出嫁的女儿携女婿来祭奠。余姚一带,"五七"时众亲友到场,并做道场,吃"五七酒"。"七七"为断,称"断七"。在宁海,这一天丧家要举行隆重的祭奠,亲朋好友多来焚纸钱。祭毕,孝子烧孝钱、丧杖等,并撤去灵堂,请僧尼念受生经、放焰口,有条件的还要做水陆道场。有的地方则在"百日"或"周年"才举行此礼仪,因为古代父母丁忧三年才撤去灵堂。"七七"以后,不再逢七祭奠。

　　参见完颜绍元编:《中国风俗之谜》,上海辞书出版社2002年版,第274页;周时奋:《宁波老俗》,宁波出版社2008年版,第143页。

祭　灶

　　旧时,宁波家家灶间都设有灶王爷的神位,祭灶时间有八月初三、十二月二十三和除夕三次。

　　八月初三是灶君生日,每户人家用糕饼、果点祭灶君,摆上素菜,点香供奉。乡间则要做"灰汁团",以新早稻米磨粉,并掺入早稻草灰汁,放入糖,做成半圆形米粉块蒸熟,来祭祀灶君生辰。此时,芋艿已成熟,农民首次掘芋艿,称"开芋艿门",并以之祭灶神。

　　农历十二月廿三日晚为"祭灶夜",又称"送灶君",有民谚曰:"年年有个家家忙,二十三日祭灶王",这天祭灶王成为年前一项非常隆重的传统祭祀习俗。在北方,腊月二十三又称"小年",过了小年也就预示离旧历新年不远了。宁波民俗认为到十二月二十三,灶王爷便要升天,向玉皇大帝汇报这一家人的善行或恶行。为了能让灶王爷来在玉皇大帝前美言几句,一般人家都要在这一日举行祭灶仪式。黄昏,人们在灶头间摆上桌子,向设在灶壁神龛中的灶王爷敬香,由家中男主人主祭,宁波乡俗有"男不拜月,女不祭灶"的传统。人们在灶前供有祭灶果,又称"迎春果",常见的有红球、白球、油果、麻枣、寸金糖、黑脚骨糖、白脚骨糖、黑交切、白交切、冻米糖、黑洋酥、豆酥糖、藕酥糖等,这些供果又甜又黏。祭灶仪式结束后,人们要将旧的灶神画像和纸马、纸船一起烧掉,称之为"送灶",意为送灶王爷上天,祈请灶王爷上天言好事,来年多降福于自家。镇海民间流传有祭灶歌:"一杯清茶一蓬烟,我送灶神上西天。倘若玉帝来问你,讲我穷得答答滴。"祭灶后,祭灶果则由家人、主要是小孩儿分而食之,宁波俗谚有"吃了祭灶果,脚骨健健过","祭灶果,吃了乖乖过","乖乖过,明朝拨侬吃祭灶果"。祭灶过后,家家户户开始掸尘,打扫环境,清洗各种器具,拆洗被褥窗帘,洒扫门间庭院,掸拂尘垢蛛网,疏浚明渠暗沟。此时到处洋溢着家家户户搞卫生、干干净净迎新春的气氛。

除夕晚上,灶神从天上述职回来,家家户户又要接灶神回家,把新买的灶神爷画像贴到灶台上,再把供品供上,香烛点上,以求新年平安,称为"接灶"。因为灶神君要清点名册,所以家庭成员都要回家过年,有的人家会在筷箸笼里多放几双筷子,使灶神点人头时误以为家里又添丁,以祈求灶君降吉祥于家人,为其家多添财,带来新一年的福音和昌盛。

如今宁波城乡居民多数已经不用旧式灶头,祭灶的习俗也略显没落,祭灶果也改成了迎春果。外婆会在"祭灶日"前向未成年的外孙送去一包迎春果,但是祭灶习俗仍然为当地居民所称道,宁波民间流行的《祭灶歌》歌谣:"又到腊月二十三,老灶爷爷要上天。剪好草,拌香料,壮马喂得咴咴叫。走大道,过小桥,一路顺风平安到。别忘人间糖瓜甜,玉皇面前添好言。多说好,不说坏,五谷杂粮多多带,大胖小子抱个来,家家敬仰人人爱。祭灶果,供小菜,除夕夜晚迎您来。多施恩,别作怪,老少早晚把您拜。"

参见谢振岳编:《宁波节令风俗》,当代中国出版社 2001 年版,第 88 页。

谢氏祭祀仪式

泗门谢氏素为姚北大姓,有明以来凤称姚江望族。泗门谢氏系东晋时以指挥淝水之战而闻名、官赠太傅的东山谢安之后。南宋末年,谢安的三十世孙谢长二迁居余姚泗门定居,至明成化五年(1469),子孙已繁衍至十世500 多人。明正德年间(1506—1521)经谢长二的十世孙谢迁(即谢阁老)倡议,在后塘河建宗祠(全名"四门谢氏始祖祠堂",俗称大祠堂)。该宗祠始建时仅一进,曰"宝树堂",奉宋末迁泗门始祖长二公神主及泗门谢氏十八房昭穆神主。嘉靖年间,谢丕增建第二进,奉晋太傅谢安、宋太傅谢深甫、明太傅谢迁神主,故又称"三太傅祠"。清嘉庆十六年(1811),宗祠增建第三进,奉东山谢氏一世祖及宋义士(明封金龙四大王)谢绪、明抗倭英雄谢志望等历代宗贤。现存建筑除门楼为明代原物外,其他建筑均为清同治和光绪年间重建。

泗门谢氏宗祠祭祀仪式自明正德年间开始,至今已有 500 年左右历史。

祭祀有一整套的规范化程序,每年在元旦、元宵、清明、夏祭、秋祭、冬至、除夕等时节,安排不同的祭祀项目,各祭祀仪式的祭祀对象、与祭人员、规模、祭品等也各有不同,主要有:

元旦祭祀:新正日(即正月初一),各房率领全体子孙齐集宗祠,肃具衣冠谒祖;有新娶妇,亦于此日至祠告祖。焚烛至十八夜。

元宵祭祀:十三夜上灯,各房齐集拜谒;十五日再齐集拜祭;至十八夜落灯,每晚奏乐。

清明祭祀:清明日,十六岁以上成丁者齐集宗祠,坐船至鹤柱艮、白虎庄、鸡鸣山等处,墓祭历代宗贤,祭毕散胙。

夏祭:各房长绅耆肃具衣冠谒祖,祭毕散胙。

秋祭:祭祖,社焰。

冬至祭祀:祠内祭祀,日祭元余姚州判、诏封仁功侯叶公恒、配享绳武公;夜祭历代宗祖。各房支长绅耆肃具衣冠,挨次拜谒,祭毕散胙。次日又散胙,与席者照清明式。

除夕祭祀:祖前供奉香烛。

以上祭祀都甚为严肃,过程严谨,祭品包括酒、白饭、海参、鱼肚、炖肉、鲜鸡、羊肉、大虾、肉汤圆等。旧时元宵祭祀因与元宵灯会相合而显得更为隆重、热闹。

新中国成立后,祠中神主、塑像被毁,祭器散失,祭祀仪式被迫中断。到2008年,谢氏宗祠举行了首次元宵祭祀,有来自上虞、台州、桐乡、上海奉贤、江苏新沂等地的500余位谢氏宗亲参加。2009年,浙江省东山文化研究会第一次理事会在泗门召开,谢氏宗祠举行了新中国成立后的第二次祭祀仪式。

参见该条内容主要参考宁波市非物质文化遗产网——"谢氏祭祀仪式",http://www.ihningbo.cn/info.jsp? aid=1070.

清明祭祀

古时清明节又称"三月节",有着2000多年的历史。清明节既是指节气,又指节日。农历二十四节气中,清明在春分后十五日,万物至此皆"洁齐而清明"。春秋时期,晋文公火烧绵山逼迫介子推出山,介子推淡泊名利,最后与其母亲一同被烧死山中。为纪念介子推,清明节开始有了扫墓祭祀的习俗,宋人高菊涧有诗云:"南北山头多墓田,清明祭扫各纷然。纸灰飞作白蝴蝶,泪血染成红杜鹃。"到了唐代,又逐渐形成了清明踏青的习俗。

宁波人自古以来就极为重视清明祭祖扫墓,凡是旅外同乡,在清明节前后都纷纷回乡扫墓。有时远在千里的儿女不一定回家过年,但清明必定赶到,以尽孝道。宁波人称扫墓为"上坟",一是到坟前祭拜;二是清除墓上及周边的杂草,修缮被风雨驳损的墓基、墓椁,在坟头上垒上新土,烧些纸钱、经文。《宁波府志·风俗篇》载:清明时,宁波"各家为青糍黑饭牲醴祭墓,封土插竹挂纸钱于颠,门壁皆插柳,妇女或簪于首"。由此可见宁波的清明习俗,即清明节时家家户户都要准备青麻糍糕、黑饭(乌米饭),来亡故亲人的坟前扫墓祭奠,富家还雇吹鼓手吹打。青麻糍糕简称"麻糍",是宁波地区扫墓祭祖的祭品之一,也是最为重要的祭品。麻糍是由米粉加白糖蒸制,和以青色色素,外敷松花,上面掺少许芝麻,切成菱形,蒸熟即可食用,香糯可口。旧时,扫墓人家会大量准备,用以分发赠予坟墓附近的居民,以示和睦,称之为"抢麻糍"。据说因为麻糍价格贵,后来分于居民的麻糍改由香饼替代,在扫墓祭祀尾声,扫墓者照例会在坟墓前后左右鸣锣一次,附近居民闻声后,便会扶老携幼而来,每人分给香饼两个,大家高兴离去,这一活动口头上仍称为"抢麻糍",不叫"抢香饼"。也有地方用铜钱代替麻糍,故名之"麻糍钱"。无论是分麻糍、香饼,还是铜钱,其目的不外乎是人们希望附近放牧牛羊的居民,看准坟墓,不要入内践踏,并以区区酬谢,略表心意。

宁海地区,清明祭祀扫墓有着"前七后八"之说,即在清明节前七日、后八日的半个月中,人们都可以扫墓祭祖。旧时宁波地区扫墓祭祖最迟不得超过"土王用事"之日。旧时,各姓人家都集中在自己的宗祠内祭祖,一些宗族内的规定明确且十分详细,祭礼也有明确规定,不得有误,称为"做众家"。一般宗族都有"祀产",由人轮流值祀。在奉化,还有早起往屋顶上撒螺蛳壳的习俗,谓之"撒青群"。镇海一带亲人新亡的,须于三年内"上新坟",带青糍、黑饭之外,还供奉鱼、肉、酒、菜等。

"以柳枝插户或簪首"是宁波清明节的又一传统习俗。每到这一天,家家户户门壁上插柳,妇女发簪柳梢,小孩子们戴柳圈,宁波有句俗谚称"清明戴杨柳,下世有娘舅"。如今,上坟扫墓一俗尚存,海外游子在清明前后也多归故里上坟祭祖,以缅怀先人,而且不仅为自己的亲人上坟,还为烈士扫墓。此外,郊游踏青一直以来都是清明节中最受人们喜爱的一项娱乐活动,因此清明节又称"踏青节"。届时父辈在儿女的陪伴下,到郊区游山玩水,观赏漫山遍野盛放的杜鹃花——映山红。儿童喜爱放风筝,湛蓝的天空中,经常会有各式各样的风筝,争奇斗艳。宁海人叫风筝为"鹞"。踏青风俗至今尚流行。

参见王万盈、何维娜、魏亭编著:《宁波风物志》,宁波出版社 2012 年版,第 59 页;张行周:《宁波习俗丛谈》,民主出版社 1973 年版,第 66 页。

七月半日

七月十五为中元节,宁波俗称"七月半",又传为"鬼节",也是佛教普遍施食的盂兰盆会。象山地区,七月半又有不同的称谓,石浦东门称为"太平节",定塘周岙村称为"鬼节",涂茨钱仓村称为"七月半节",珠山村称"中之节",而爵溪称之为"神赛会"。

旧时迷信之说,认为七月半期间,阴间会放鬼活动三日,三日过后,阎王要将所有的野鬼统一收监。宁波民间怕孤魂野鬼到阴曹地府告恶状,便于七月半日进行野祭。多数人家以新谷米、酒馔祭祀祖先,做"七月半羹饭"。有些乡镇尤重七月,视为鬼祟之月,请道士放焰口,以超度鬼魂。七月初一放"开门焰口",中元(月半)放"七月半焰口",至三十夜放"关门焰口"。有的会社还会于中元请僧侣拜忏醮祭,做"盂兰盆会",唱"八剧头",以超度亡灵,让无主孤魂野鬼不要来阳间作祟。焰口放毕之后,有的地方或"放水灯"、摆"水灯羹饭"或唱滩簧、南词,过午夜才散去。放水灯又称"放河灯",有超度奈何桥之意。

慈溪此日做七月半忌(祀)日,馈食于无家可归的亡灵,此俗至今仍有所见。镇海民众亦称七月半为"鬼节",家家户户都要以牲醴羹饭祭祀先祖。在奉化,除了祭祀先祖外,还要招和尚诵经念佛,称之为"兰盆会"。旧时定海,中元节前后,居民会出资让僧道建醮,在地上摆放酒水食物,称之为"施野鬼食也";在路旁焚烧纸钱、纸衣,称之为"施野鬼衣也"。此外还有亲族祭祖后,共同食用"七月半羹饭"的习俗。

而在象山的爵溪,七月十五的赛神会,又称迎神会、赛龙会,起源于明代。当时爵溪以所建制,所内分十条街,每年由各街轮流操办赛神会("七月半")。"七月半"会期以七月十五行会为中心,分初十开印、十四扫街、十六放水灯、卅十放忏等,历时 20 天。七月十五是爵溪人最热闹的日子。户户蒸大糕,家家有来客,街上人声鼎沸,行会队伍数以千计。以头戴假面具、手持拐杖的大头鬼开道,龙灯、鱼灯、马灯、抬阁等民俗队伍和村民装扮的各类神鬼人物一起簇拥着城隍神像随行。七月十五行会最具地方特色的是监斩"犯人"。在古代,因医疗条件限制,经常生病的村民就认为是自己投胎不好,在七月十五行会时扮成"犯人",由行会里的"判官"押至校场宫"行刑",意为经过"斩首"后,获得重生,从此拥有健康体魄。虽然这是一种不科学的迷信习俗,但也反映了人们祈求健康幸福的美好愿望。

无论是"鬼节""赛神会"还是"太平节",都是与七月半日有关的民俗信仰,虽然源于迷信传说,但是这些称谓反映出古时民众对亡灵的敬畏,寄托着对先祖的哀思,对美好生活的向往与追求。

参见周时奋:《宁波老俗》,宁波出版社 2008 年版,第 31 页;慈溪市地方志编纂委员会编:《慈溪县志》,浙江人民出版社 1992 年版,第 961 页。

慈溪龙山祭海习俗

慈溪龙山镇因伏龙山而得名,东临灰鳖洋,与舟山市定海区金塘镇隔海相望,东南与镇海区澥浦镇相邻,南连镇海区九龙湖镇,西南与江北区慈城镇毗邻,西、西北、北与掌起镇接壤,东北仍濒临灰鳖洋,与嵊泗县洋山镇隔海相眺。龙山镇因地处海边,所以该地区的渔民对于海神的祭祀尤为虔诚。龙山的祭海习俗分为岸祭和海祭两种形式,岸祭是在晏公庙内,海祭则是在海边,包括祭祀海神和祭祀船神。旧时祭祀时间分为春、秋两祭,具体日期根据出海时间而定。

岸祭时间一般在元宵节前后,其祭祀除了设祭坛、上贡品、烧高香外,还须主祭人率八名青壮年敬酒。这八碗酒由八位姑娘斟满后,献与八位男子,然后由主祭人率领,恭恭敬敬走到祭坛前,献给晏公。人们每献一碗酒,都要讲几句吉利话,如保佑出入海上平安、清波安澜、柯鱼网网有、鱼虾满船等。然后在乐曲的伴奏下,主祭人读祭文,八位男子行三跪九叩大礼。整个祭祀过程伴有鼓角齐鸣,乐曲高奏,直到祭仪结束。

岸祭结束后,再进行海祭。海祭是在海边举行的祭祀仪式,所祭主要对象是船神冯夷。祭船神前,要将船只内外清洗干净,尤其是船首的一对眼睛,俗称"船眼",因为船眼是海上辨别方向不致迷航的神眼,所以对于船眼的护养极为讲究。祭船的仪式与其他祭仪相类,贡品有鱼、肉等荤菜和豆腐、千张等素菜,另外备点心、酒类等。祭船神时,人们不许讲不吉利的话,祭毕则离去,且女人不可上船。

参见方东主编:《快船江风情》,大众文艺出版社 2010 年版,第 274 页。

接财神

接财神是古老的汉族节日习俗。汉族民间传说正月初五是财神的生日,所以过了年初一,接下来最重要的活动就是接财。传说有兄弟五人封号首字皆为"显",故称"五显财神"。"五显财神"生前劫富济贫,死后仍惩恶扬善,保佑穷苦百姓。"文财神"财帛星君,也称"增福财神",他的绘像经常与

"福""禄""寿"三星和"喜神"列在一起，合起来为福、禄、寿、喜、财。财帛星君脸白发长，手捧一个宝盆，"招财进宝"四字由此而来。一般人家春节必悬挂此图于正厅，祈求财运、福运。正月初五接财神习俗的起源与唐代长安首富王元宝有关。

而在余姚一带，正月初五接财神却有这样的说法。据传有一位赵公元帅在管理国家朝政后，国家太平，经济发展，老百姓生活一年比一年好，国家实力也一年比一年强。他去世之后，老百姓为了纪念赵公元帅，把他塑造成一位手捧元宝、面带笑容的财神菩萨像，日日点香烛、供果品以求年年发财、财源滚滚。

民间从正月初一至初五日，商民暂停营业，到正月初五这天，商家清晨要请财神，一般请财神在早上四五点钟，然后才能开门营业。旧时初五称为"财神日"，商店在这天开门营业称为"开假"。清晨，商家先设祭"接财神"，祭拜时，从阿大（经理）以下按职位下跪。如果没被经理点名参拜的，暗示已被辞退。人们一边叩拜一边口里细语："保佑我们今年生意好一点，收成好一点，财源滚滚来"，等等，同时书写对联："佳年顺景大发财，新春大吉鸿运开。"供奉时，人们还要放鞭炮迎送，烧佛经表示谢意，并把活鱼放归溪流，表示鱼流四方，财源滚滚，每年大吉大利大发财。清人顾铁卿《清嘉录》中引了一首蔡云的竹枝词，描绘了苏州人初五迎财神的情形："五日财神五日求，一年心愿一时酬；提防别处迎神早，隔夜匆匆抱路头。""抱路头"亦即"迎财神"。信奉关帝圣君的商家，在正月初五要为关公供上牲醴，鸣放爆竹，烧金纸膜拜，求关圣帝君保佑一年财运亨通。

请财神

在民间家家户户也要于正月初五接财神。是日,家家户户都会把一张八仙桌放在正堂中央使之面朝门外,桌上放两条鲤鱼、三杯茶、六盅酒、六碗素菜,点一对香烛,供上一回,主人向外顶礼膜拜三下,然后焚烧元宝一对,五百岁佛一件。据说,有钱人家因为每年坚持祭拜财神才年年发财。

请财神习俗反映了民间希望风调雨顺、国泰民安的美好愿景,期待生活越过越好、年年增产增收、财富年年有余的愿望。农民请财神则希望农业丰收,商人店家请财神希望财源茂盛,这都寄托着民众对美好生活的向往。

参见宁波市文化广电新闻出版局编:《甬上风物:宁波非物质文化遗产田野调查·余姚》,宁波出版社 2009 年版,第 105 页。

迎菩萨

迎菩萨,是人们为了消灾,主要是为了消除农业灾害。最初,人们遇到灾荒之年则收成锐减,如大量蝗虫吃稻成灾、久旱不雨、作物干枯或大雨连日、台风破坏及作物淹死等。在科技不发达时代,想要解决这些自然农业灾害问题,人们只能祈求神明保佑。于是,人们或为除虫害,迎将军菩萨;或久旱求雨,迎龙王菩萨;或为求太平,迎关帝菩萨。迎菩萨的日子一般都在菩萨的生日,久而久之,就形成了迎菩萨的风俗,而这一风俗主要在宁波余姚一带较为盛行。

新中国成立前,余姚地区迎菩萨在每年五月二十三、六月初一、八月初一,迎菩萨也就是从庙内抬出菩萨,到附近村庄去巡游。对于余姚牟山来说,迎菩萨主要有三次:第一次是三月初十迎岳帝两天;第二次是五月二十三迎关帝一天;第三次是六月初一迎蚱蜢将军一天。

迎菩萨是旧时农村中的一种娱乐活动,由多种民间活动组成,气氛热闹非凡。迎菩萨由大旗队、炮担队、高跷队、舞龙队、香亭队、鬼会队、銮驾队组成,由附近一二十个村庄的青壮年参加,老人妇女帮忙烧茶送食品,出游时人山人海,非常热闹。

菩萨出迎的组成如下。

大旗队。由 4 人抬,4 人拉纤,4 人作前后左右帮护,4 人预备,还有队长、修理工、后勤员等。一面大旗需 20 人左右,而这些人特别强壮,大旗队排列在首位,共由 10~20 面旗组成。

炮担队。一般由 6~8 人组成,两人一组,轮流放炮。每到一个村的神案前(排好桌凳,供上水果、蔬菜、香烛,组成神桌),由 2 人或 4 人放自己装好的炮,余下几人做下一个神案的放炮准备。

高跷队。一般由 12～20 人组成一队,由 2～3 队组成高跷队。表演者脚上套一米多高的木脚行走,每队服装奇特,有扮"三国"人物的,有扮"杨家将"的,有扮武士的,也有扮其他戏剧人物的,经过化妆形态各异,每到神案前都要表演一番。

舞龙队。龙分布龙、火龙、板凳龙,一般每条龙由 8～12 人组成。出行之时,每至神案处便表演响器敲打、龙嘴喷火等项目,颇受围观群众喜爱。

香亭队。香亭队的表演一般由 2～3 个香亭组成。每个香亭亭内都放置着燃烧檀香木的铜香炉,4 人抬,4 人护。前后以锣鼓开道,中间还有人们装扮成虾兵蟹将,表演各种舞蹈,以此吸引群众驻足观看。

鬼会队。鬼会队一般由十几人扮演黑白无常、判官、大小鬼等地府神怪,于队伍行进之时表演捉拿人犯的场景,并以长唢呐作为配乐,使人观之生惧,以此警示在世之人应做好人,行善事,以免死后堕入地狱,吃苦受罚。

銮驾队。该队是菩萨出迎时的护卫队,因为颇似古时皇帝巡游的仪仗,故名此。队伍中除为菩萨抬轿的轿夫与轿边陪伴的丫鬟外,还有举旗开道的卫士,腰佩宝剑的武士等,敲锣打鼓,热闹非凡。銮驾队每至神案之处,周围百姓便磕头跪拜,祈求祝福。

迎菩萨作为旧时农村中的一项习俗,不但寄托着旧时百姓对未来生活的美好期许,也在很大程度上丰富了农村的娱乐生活,颇受村民们的喜爱欢迎。

参见宁波市文化广电新闻出版局编:《甬上风物:宁波非物质文化遗产田野调查·余姚》,宁波出版社 2009 年版,第 157 页。

后　记

　　这本《宁波区域文化资源概览·"宁波俗"卷》小书编写到此,终于松了一口气。在此,首先感谢宁波市社科院,感谢张伟教授、张如安教授的支持与宽容,使延宕之后的课题得以完成;其次,要感谢我原在宁波大学的同事唐燮军教授,他是我真挚的朋友,给了我许多无私帮助,使得本书能够顺利完成;最后也要感谢我的两个研究生李央琳和张丽娜,两位青年才俊就其中的相关词条做了大量工作,如果没有她们两位参阅大量资料,编撰相关词条,估计本书还可能"难产"。在此道声"谢谢"!

　　在宁波大学工作十几年,自己最美好时光也留在了宁波,在"经世致用,实事求是"校训氤氲下,自己也从单纯研究魏晋南北朝隋唐史进一步拓展到明清史、海洋史诸领域,虽略有所成,但这一切归功于宁波大学宽松的学术环境和较强的研究团队,使自己心无旁骛,专注研究。念及于此,心中更为幸甚。

　　2016 年 7 月,我从宁波大学调入位处"海丝名城"的泉州师范学院,开始新的学术求索。由于刚到新的单位,与原单位相较,学术环境迥异,人际关系复杂,加之杂事繁多,严重影响到自己的科研,使得一些课题无法及时完成。这也使我一度颇为彷徨,更加怀疑自己当初调动工作的目的何在。但这对越挫越勇的我而言,这仅是工作中的"佐料",唯有学术追求,才是我工作中的真正"大餐"。

　　需要说明的是,本书属于"编著",在编写过程中吸收了学界许多已有成果,特向相关研究者致以崇高谢意!

　　是为记。

王万盈
己亥五月于东海之滨

图书在版编目(CIP)数据

宁波区域文化资源概览."宁波俗"卷 / 张如安.张伟
主编;王万盈,李央琳,张丽娜编著. --杭州:浙江大学出
版社,2019.11
ISBN 978-7-308-19697-0

Ⅰ.①宁… Ⅱ.①张… ②张… ③王… ④李…
⑤张… Ⅲ.①地方文化－介绍－宁波 ②风俗习惯－
介绍－宁波 Ⅳ.①G127.553 ②K925.53

中国版本图书馆 CIP 数据核字(2019)第 241436 号

宁波区域文化资源概览

张如安　张　伟　主编

责任编辑	吴伟伟 weiweiwu@zju.edu.cn
责任校对	赵　珏　张培洁　刘葭子　许晓蝶　朱卓娜
封面设计	雷建军
出版发行	浙江大学出版社
	(杭州市天目山路 148 号　邮政编码 310007)
	(网址:http://www.zjupress.com)
排　　版	浙江时代出版服务有限公司
印　　刷	杭州高腾印务有限公司
开　　本	710mm×1000mm　1/16
印　　张	86
字　　数	1498 千
版 印 次	2019 年 11 月第 1 版　2019 年 11 月第 1 次印刷
书　　号	ISBN 978-7-308-19697-0
定　　价	358.00 元(全 5 卷)